SÆCULUM XII

GOFFRIDI

ABBATIS VINDOCINENSIS

OPERA OMNIA

JUXTA EDITIONEM SIRMONDIANAM

ACCEDUNT

THIOFRIDI ABBATIS EFTERNACENSIS, PETRI ALPHONSI EX JUDÆO CHRISTIANI WERNERI ABBATIS S. BLASII IN SILVA NIGRA

SCRIPTA QUÆ EXSTANT

INTERMISCENTUR

HUGONIS LUGDUNENSIS, ADELGORII MAGDEBURGENSIS, ARCHIEPISCOPORUM; PIBONIS TULLENSIS EPISCOPI, GALTERI AB INSULIS, MAGALONENSIS EPISCOPI, ET LIETBERTI ABBATIS S. RUFI, S. ROBERTI ABBATIS MOLISMENSIS, SUAVII ABBATIS S. SEVERI, FOLCARDI ABBATIS LOBIENSIS THEODORICI ABBATIS S. HUBERTI ANDAGINENSIS, MATHILDIS COMITISSÆ

OPUSCULA, DIPLOMATA EPISTOLÆ

ACCURANTE J.-P. MIGNE

BIBLIOTHECÆ CLERI UNIVERSÆ

SIVE

CURSUUM COMPLETORUM IN SINGULOS SCIENTIÆ ECCLESIASTICÆ RAMOS EDITORE

TOMUS UNICUS

VENIT 7 FRANCIS GALLICIS

EXCUDEBATUR ET VENIT APUD J.-P. MIGNE EDITOREM
IN VIA DICTA *D'AMBOISE*, PROPE PORTAM LUTETIÆ PARISIORUM VULGO *D'ENFER* NOMINATAM
SEU PETIT-MONTROUGE

1854

ELENCHUS

AUCTORUM ET OPERUM QUI IN HOC TOMO CLVII CONTINENTUR.

GOFFRIDUS ABBAS VINDOCINENSIS.

Epistolæ.	Col. 33
Opuscula.	211
Sermones.	237
De ordinatione episcoporum et investitura laicorum.	281

THIOFRIDUS ABBAS EFTERNACENSIS.

Flores Epitaphii sanctorum.	297
Sermones duo.	405
Fragmenta Vitæ S. Willibrordi.	411

PIBO EPISCOPUS TULLENSIS.

Diplomata.	413

SUAVIUS ABBAS S. SEVERI

Statuta pro S. Severi villa.	477

FOLCARDUS ABBAS LOBIENSIS.

Epistola ad Henricum imperatorem.	481

ADELGORIUS ARCHIEPISCOPUS MAGDEBURGENSIS.

Epistola ad episcopos Saxoniæ, Franciæ, etc., et omnes Christi fideles.	485

THEODORICUS ABBAS S. HUBERTI ANDAGINENSIS.

Epistola ad Leodienses.	487

HUGO LUGDUNENSIS ARCHIEPISCOPUS

Epistolæ et privilegia.	507

PETRUS ALPHONSI EX JUDÆO CHRISTIANUS.

Disciplina clericalis.	671

GALTERUS AB INSULIS MAGALONENSIS EPISCOPUS, ET LIETBERTUS ABBAS S. RUFI.

Epistola Galteri ad Robertum præpositum Insulanum.	713
Diploma ejusdem pro monasterio Gellonensi.	713
Epistolæ Lietberti.	715

WERNERUS ABBAS S. BLASII IN SILVA NIGRA.

Deflorationes SS. Patrum	721

S. ROBERTUS ABBAS MOLISMENSIS, ORDINIS CISTERCIENSIS FUNDATOR.

Epistolæ.	1293

MATHILDIS COMITISSA.

Vita et diplomata.	1293

PATROLOGIÆ
CURSUS COMPLETUS
SIVE
BIBLIOTHECA UNIVERSALIS, INTEGRA, UNIFORMIS, COMMODA, OECONOMICA,
OMNIUM SS. PATRUM, DOCTORUM SCRIPTORUMQUE ECCLESIASTICORUM
QUI
AB ÆVO APOSTOLICO AD INNOCENTII III TEMPORA
FLORUERUNT;
RECUSIO CHRONOLOGICA
OMNIUM QUÆ EXSTITERE MONUMENTORUM CATHOLICÆ TRADITIONIS PER DUODECIM PRIORA ECCLESIÆ SÆCULA,

JUXTA EDITIONES ACCURATISSIMAS, INTER SE CUMQUE NONNULLIS CODICIBUS MANUSCRIPTIS COLLATAS, PERQUAM DILIGENTER CASTIGATA;
DISSERTATIONIBUS, COMMENTARIIS LECTIONIBUSQUE VARIANTIBUS CONTINENTER ILLUSTRATA;
OMNIBUS OPERIBUS POST AMPLISSIMAS EDITIONES QUÆ TRIBUS NOVISSIMIS SÆCULIS DEBENTUR ABSOLUTAS DETECTIS, AUCTA;
INDICIBUS PARTICULARIBUS ANALYTICIS, SINGULOS SIVE TOMOS, SIVE AUCTORES ALICUJUS MOMENTI SUBSEQUENTIBUS, DONATA;
CAPITULIS INTRA IPSUM TEXTUM RITE DISPOSITIS, NECNON ET TITULIS SINGULARUM PAGINARUM MARGINEM SUPERIOREM DISTINGUENTIBUS SUBJECTAMQUE MATERIAM SIGNIFICANTIBUS, ADORNATA;
OPERIBUS CUM DUBIIS TUM APOCRYPHIS, ALIQUA VERO AUCTORITATE IN ORDINE AD TRADITIONEM ECCLESIASTICAM POLLENTIBUS, AMPLIFICATA;
DUOBUS INDICIBUS GENERALIBUS LOCUPLETATA : ALTERO SCILICET RERUM, QUO CONSULTO, QUIDQUID UNUSQUISQUE PATRUM IN QUODLIBET THEMA SCRIPSERIT UNO INTUITU CONSPICIATUR; ALTERO
SCRIPTURÆ SACRÆ, EX QUO LECTORI COMPERIRE SIT OBVIUM QUINAM PATRES
ET IN QUIBUS OPERUM SUORUM LOCIS SINGULOS SINGULORUM LIBRORUM
SCRIPTURÆ TEXTUS COMMENTATI SINT.
EDITIO ACCURATISSIMA, CÆTERISQUE OMNIBUS FACILE ANTEPONENDA, SI PERPENDANTUR : CHARACTERUM NITIDITAS
CHARTÆ QUALITAS, INTEGRITAS TEXTUS, PERFECTIO CORRECTIONIS, OPERUM RECUSORUM TUM VARIETAS
TUM NUMERUS, FORMA VOLUMINUM PERQUAM COMMODA SIBIQUE IN TOTO OPERIS DECURSU CONSTANTER
SIMILIS, PRETII EXIGUITAS, PRÆSERTIMQUE ISTA COLLECTIO, UNA, METHODICA ET CHRONOLOGICA,
SEXCENTORUM FRAGMENTORUM OPUSCULORUMQUE HACTENUS HIC ILLIC SPARSORUM,
PRIMUM AUTEM IN NOSTRA BIBLIOTHECA, EX OPERIBUS AD OMNES ÆTATES,
LOCOS, LINGUAS FORMASQUE PERTINENTIBUS, COADUNATORUM.

SERIES SECUNDA,
IN QUA PRODEUNT PATRES, DOCTORES SCRIPTORESQUE ECCLESIÆ LATINÆ
A GREGORIO MAGNO AD INNOCENTIUM III.

Accurante J.-P. Migne,

BIBLIOTHECÆ CLERI UNIVERSÆ,
SIVE
CURSUUM COMPLETORUM IN SINGULOS SCIENTIÆ ECCLESIASTICÆ RAMOS EDITORE.

PATROLOGIA BINA EDITIONE TYPIS MANDATA EST, ALIA NEMPE LATINA, ALIA GRÆCO-LATINA. — VENEUNT MILLE FRANCIS DUCENTA VOLUMINA EDITIONIS LATINÆ; OCTINGENTIS ET MILLE TRECENTA GRÆCO-LATINÆ. — MERE LATINA UNIVERSOS AUCTORES TUM OCCIDENTALES, TUM ORIENTALES EQUIDEM AMPLECTITUR; HI AUTEM IN EA, SOLA VERSIONE LATINA DONANTUR

PATROLOGIÆ TOMUS CLVII.

GOFFRIDUS ABB. VINDOCIN. THIOFRIDUS ABB. EFTERNAC. PETRUS ALPHONSI. WERNERUS ABB. S. BLASII. HUGO LUGDUN., ADELGORIUS MAGDEBURG., ARCHIEPP. PIBO TULL. EPISC. GALTERUS AB INSULIS MAGALON. EPISC. ET LIETBERTUS ABB. S. RUFI. S. ROBERTUS ABB. MOLISM. SUAVIUS ABB. S. SEVERI. FOLCARDUS ABB. LOB. THEODORICUS ABB. S. HUBERTI ANDAGIN. MATHILDIS COMITISSA.

EXCUDEBATUR ET VENIT APUD J.-P. MIGNE EDITOREM,
IN VIA DICTA *D'AMBOISE*, PROPE PORTAM LUTETIÆ PARISIORUM VULGO *D'ENFER* NOMINATAM
SEU PETIT-MONTROUGE.

1854

ANNO DOMINI MCVII

GOFFRIDUS
ABBAS VINDOCINENSIS, S. PRISCÆ CARDINALIS

NOTITIA HISTORICA

(*Gallia Christiana nova*, tom. VIII, pag. 1368)

Goffridus I, quem Henrici domini du Lion d'Angers, quartogeniti Roberti Burgundi, filium autumat Menagius (*Hist. de Sablé*, pag. 105), at certe claro et nobili apud Andegavos genere natus, Rainaldum Credonis dominum et Mauricium ejus filium consanguineos habuit, nutritorem vero Hamerium archidiaconum et Guillelmum magistrum. Prima ætate inter monachos monasterii Vindocinensis nomen dedit, nec multo post novitius adhuc et juvenis ac diaconus tantum, sed moribus maturus, forma modesta, corpore firmus, litterisque maxime instructus, et cæteris bonis ornatus, Bernone abdicante, abbas renuntiatus est xii Kalendas Septembris anno 1093. Tum ab Ivone Carnotensi episcopo inauguratus ix Kalendas mensis ejusdem, professionem ei exhibuit, quæ dissidioli inter illos postea seminarium fuit. Primo ordinationis suæ anno Romam ad Urbanum II Guibertinæ factionis metu latitantem profectus, immortali pontificem beneficio devinxit, pecunia unde Lateranum et turrim Crescentiam, hodie castellum Sancti Angeli dictam, redimeret quindecim diebus ante Pascha anni 1094 affatim collata. Quo nomine primus omnium pedem Urbano in sede pontificia cum Laterano restituta osculatus est, a quo presbyter sacratus, ecclesiam etiam beatæ Priscæ, unde vi a Guibertinis dejecti fuerant Vindocinenses, cum annexa cardinalis dignitate postliminio recepit. Reversus in Gallias, Salmurum ad Ligerim eodem ipso anno ab Hugone legato, ad Fulconis Rechini comitis expiationem accitus est. Tum sequenti mox anno ad celeberrimum apud Arvernos concilium ab Urbano vocatus interfuit, adfuturus etiam Lateranensi Paschalis II et Romano item Callixti II, a quibus pariter evocabatur, nisi alterum iter brevitas temporis, alterum hiemis asperitas exclusisset. Urbano quoad vixit unici filii instar charus fuit, quem etiam Vindocini octo dierum spatio hospitem habuit mense Februario anni 1096, a quo monasterii privilegia confirmata, irrita et nulla declarata professio, quam Ivoni episcopo fecerat Goffridus, consecratamque altare sanctæ crucis iv Kalendas Martii. Anno eodem ordinationis suæ tertio Goffridus subscripsit litteris Aquitaniæ ducis Vindocinensibus Sancti Georgii Oleronensis ecclesiam de mandato papæ restituentis iv Idus Decembris, quæ quidem restitutio confirmata fuit in concilio Sanctonensi anno 1097, cui interfuit Goffridus. Querelam habuit anno eodem cum Goffrido de Prulliaco comite, quam sedavit Ivo Carnotensis episcopus. Bullam accepit anno 1098 ab Urbano II ut abbates a quocumque benedicerentur episcopo, ut ecclesia Sancti Salvatoris apud Andegavum cum ecclesia Sancti Eutropii foret unita, in eademque confirmat ecclesiam Sanctæ Priscæ, ubi vidisse se ait fratres monasterii Vindocinensis religiose viventes. Anno 1101, a canonicis Sancti Mauricii ad eligendum episcopum Andegavensem vocatus, Rainaldum de Martiniaco improbavit, eo quod invitis electoribus arreptus fuisset a vulgo, quicum postea in gratiam rediit. Paschalis II mitram, dalmaticam, sandalia, aliaque dignitatis cardinalitiæ insignia Goffrido concessit anno 1102. Componit anno 1104 cum Alexandro abbate Talmundi pro medietate oblationum ecclesiæ S. Hilarii de Castello. Paschalem papam per 11 dies Vindocini habuit anno 1107. Circa id tempus societatem iniit cum Cluniacensibus, quorum abbas Hugo concessit illi quandiu viveret, ut capitulo, mensæ, totique Cluniacensi ordini vice illius absentis præesset, mortuo vero fieret pro ipso ut pro abbate. Societatem quoque iniit cum monialibus Fontis Ebraldi anno 1114. Concordiam inter Vindocinenses et Sancti Albini monachos ab Urbano sancitam confirmavit Paschalis II bulla Goffrido data anno 1115. Huic anno 1117 comes Vindocinensis satisfecit nudis pedibus ante altare Dominicum. Bullam obtinuit pro dignitate cardinalis et ecclesiæ Sanctæ Priscæ anno 1119, a Calixto II, cui ex urbe Pictavorum Turonos venienti, noctuque a furibus nudato, Goffridus grisiam pelliceam, variasque pelles obtulit anno eodem. Adfuit adhuc dedicationi altaris monasterii Roncerei factæ ab eodem papa annoque eodem. Fulco comes uxorque Aremburgis huic obtulerunt aquas et piscationes fluvii Meduanæ a muro civitatis Andegavensis ad rupem Cancianensem anno 1124. Electo circa id tempus Honorio gratulatus est, sed ad eum ire obstitit corporis infirmitas ex nimio labore, multiplicique Romano itinere contracta: duodecies enim pro Romanæ Ecclesiæ utilitate Alpes transcenderat, terque ab ejus adversariis fuerat captus. Vocatus circa annum 1126 ab Humbaldo sedis apostolicæ legato ad concilium Aurelianense, adesse renuit, quod privilegiis Romanorum pontificum interdictum esset, ne alodiarius beati Petri abbas Vindocinensis ab episcopo vel a qualibet sedis apostolicæ legato ad concilium vocaretur. Placito de Ecclesia Belismensi apud Cenomanos adfuit anno 1127. Bullam ab Honorio II obtinuit anno 1129. Concilio Remensi adfuit anno 1131, et subscripsit judicio lato ab episcopo Aletensi in gratiam Majoris Monasterii adversus monachos Sancti Jacuti. Denique, dum causa monasterii de Aquaria, quod paulo ante combustum fuerat, ræedificandi, fratribusque, qui inibi inerant, necessaria procurandi Andegavum venisset, corpus quod suum erat terræ commendavit, spiritus vero, ut credimus, ad cœlestia transmigravit vii Kalendas Aprilis anno 1132, ut legitur in Chronico Vindocinensi. Cæterum Goffridus ingenio fuit acri et vivido, quod in sacris præcipue litteris canonicisque exercitatum omnia ejus opera testantur. Hæc collecta habes a Sirmondo tomo IV, præter Commentarium in psalmos.

NOTITIA LITTERARIA.

(*Histoire littéraire de la France*, tom. XI, pag. 180.)

1° Les lettres de Geoffroi sont partagées en cinq classes. La première classe en contient trente-une, qui sont adressées aux papes Urbain II, Pascal II, Calixte II, Honoré II, et aux légats de ces souverains pontifes; la plus grande partie a été écrite par notre auteur pour implorer la protection du saint-siége contre ceux qui attaquaient les priviléges de son abbaye et en enlevaient ou retenaient les biens; il appuie sa demande sur ce que les biens de son monastère étaient par sa fondation un aleu du saint-siége. C'est effectivement ce que portent la plupart des titres de l'abbaye de Vendôme, comme le remarque le P. Sirmond dans sa note sur la deuxième lettre. Il rapporte à ce sujet la charte par laquelle Geoffroi Martel, fondateur de cette abbaye, en cédant à Foulques, fils de sa sœur, le comté de Vendôme, excepte l'abbaye, qu'il déclare être un aleu et le patrimoine de l'Église Romaine (1); et ne se réserve pour lui et ses successeurs que la défense et la protection de ce monastère. On trouve dans cette charte l'origine des comtes de Vendôme.

Dans la troisième, Geoffroi se plaint au pape Pascal de la comtesse de Vendôme, qu'il ne nomme point; de l'évêque du Mans, qui retenait un de ses religieux; de celui d'Angers, qui avait autorisé l'établissement d'une chapelle dans une paroisse de son diocèse appartenant à l'abbaye de Vendôme. Ce qui fait voir que les abbés prétendaient qu'on ne pouvait sans leur consentement élever des chapelles dans les terres de leur dépendance : cela est conforme à la bulle du pape Luce II en faveur de l'abbaye de Cluni.

La quatrième lettre est adressée à Pascal II, au nom de toute la communauté et de l'abbé, qui s'y plaignent des vexations qu'ils éprouvent de la part de l'évêque de Chartres. Dans la septième, Geoffroi exhorte Pascal II à révoquer le traité qu'il avait fait avec Henri V. Ce pape, ayant été surpris et arrêté dans Rome, l'an 1111, par l'empereur, lui accorda les investitures pour sauver la ville et l'Italie de leur ruine et les prisonniers de la mort dont ils étaient menacés. Quoique la nécessité et les circonstances où s'était trouvé Pascal semblassent devoir porter à excuser sa démarche, elle fut néanmoins blâmée hautement et en particulier par l'abbé de Vendôme, qui lui écrivit sur ce sujet avec beaucoup de force. Après lui avoir remis devant les yeux les travaux des apôtres saint Pierre et saint Paul, le zèle avec lequel ils ont prêché la foi, le courage qu'ils ont montré en répandant leur sang pour sa défense, la gloire dont ils jouissent dans le ciel; où ils attendent leurs successeurs qui ne dégénéreront pas de leur courage, il ajoute que celui qui, étant assis sur leur siège, manque à la glorieuse destinée de ces saints, par une conduite opposée à la leur, doit casser ce qu'il a fait et réparer sa faute en pleurant comme un autre Pierre (2). Si la faiblesse de la chair l'a fait tomber, dit-il, que la force de l'esprit le fasse relever, et qu'il ne rougisse point de se corriger, *emendare non erubescat*. Geoffroi réfute ensuite ce qu'on pouvait alléguer en faveur du pape, qui craignait pour la vie des prisonniers que l'empereur avait entre les mains, s'il lui refusait les investitures; et il soutient que la faute est inexcusable, et qu'en voulant l'excuser, on ne fait que l'augmenter : ainsi il faut, dit-il, la réparer promptement en renonçant à l'erreur, afin que notre mère spirituelle, qui semble être sur le point de rendre le dernier soupir, ne meure pas (3). Notre auteur prétend que l'investiture est une hérésie, selon la tradition des SS. Pères; que celui qui l'approuve mérite d'être retranché, qu'il cesse d'être catholique et est hérétique. Après plusieurs traits aussi vifs que ceux que nous venons de rapporter contre ceux qui reçoivent l'investiture de la main des laïques, il ajoute qu'il parle de la sorte, parce que le prophète s'étant laissé corrompre par Satan, il est nécessaire que l'ânesse sur laquelle il est monté lui reproche sa folie. Et puisque nous avons vu de nos jours, dit-il encore, Lucifer tomber du ciel, ne dissimulons pas son impiété, afin de ne pas tomber avec lui dans l'abîme du désespoir. Il finit en disant que, s'il n'en a pas dit autant qu'il le devait, on doit l'attribuer à l'ignorance; et que si, au contraire, il en a trop dit, on doit lui pardonner, parce qu'il ne l'a fait que par la haine de l'iniquité et par l'amour de l'équité. Nous ne croyons pas que personne puisse reprocher à Geoffroi d'être tombé dans la première faute.

La huitième lettre, adressée à Pascal II, regarde un différend qu'il avait avec l'abbé de Saint-Aubin d'Angers. Il y parle de son attachement pour le saint-siége, et des marques efficaces qu'il en avait données à Urbain par les services qu'il lui avait rendus. Dans la neuvième, adressée au même pape, il se justifie sur quelques accusations formées contre lui : on accusait cet abbé de communiquer avec le persécuteur de l'Église et avec Guillaume, comte de Poitiers, qui avait été excommunié plusieurs fois. Il prie le pape de ne point ajouter foi aux faux bruits que ses ennemis faisaient courir contre lui. Ce qui le met dans la nécessité de dire des choses qu'il voudrait taire touchant son monastère, qui est le mieux réglé qu'il y ait en France, et les services qu'il a rendus au saint-siége. Il espère qu'à cette considération Pascal voudra le rétablir en possession de l'église de Sainte-Prisque, que ses prédécesseurs Alexandre II et Grégoire VII avaient accordée aux abbés de Vendôme. Alexandre II avait donné en 1062 à Ordric, abbé de Vendôme, pour lui et pour ses successeurs à perpétuité, l'église de Sainte-Prisque au mont Aventin, avec le titre de cardinal. Grégoire VII avait confirmé ce privilége en 1079. L'abbé de Vendôme en ayant été dépouillé du temps du schisme de Guibert, Urbain II l'avait rétabli; mais comme la restitution que ce pape en fit à Geoffroi n'eut peut-être pas tout son effet, cet abbé

---

(1) Beato principi apostolorum Petro et Romanæ ejus Ecclesiæ in alodium obtuli et patrimonium. Solummodo loci defensionem mihi et successoribus Andegavensis patriæ principibus retinens.

(2) A quorum sorte beata, qui in eorum sede residens et aliter agens se privavit, factum suum ipse dissolvat, et velut alter Petrus lacrymando corrigat quod fecit.

(3) Et quoniam hæc culpa inexcusabilis nullatenus dubitatur, et excusando augeri potest, non minui; relicto errore scienter commisso sine dilatione corrigatur; ne mater nostra spiritualis, quæ quasi novissimum spiritum trahit, omnino moriatur.

la poursuivit auprès de Pascal II, successeur d'Urbain, et il l'obtint enfin de Callixte II. Honorius II confirma, en 1129, ce qu'avait fait son prédécesseur en faveur de Geoffroi. Les successeurs de cet abbé en furent encore dépouillés dans la suite; Innocent III la rendit à Hamelin avec quelque exception. Depuis ce temps jusqu'au concile de Constance, les abbés de Vendôme demeurèrent en possession du titre de cardinal qu'ils ont perdu depuis, ainsi que l'église de Sainte-Prisqu'.

Les quatre lettres suivantes sont adressées à Calliste II, avec lequel Geoffroi avait été lié d'amitié avant qu'il fût élevé sur le siège de saint Pierre. La quatorzième et la quinzième, à Honorius II : il se plaint dans la dernière de l'évêque d'Angers, qui en agissait mal à son égard; mais c'est sans s'écarter de la charité qui défend de mentir et ordonne de dire la vérité, soit qu'il s'agisse d'un ami, soit qu'on parle d'un ennemi. Dans la seizième, à Pierre, cardinal diacre, légat, il lui témoigne la part qu'il prend à sa maladie et lui fait offre de ses services, le priant de s'adresser à lui comme à un ami, pour toutes les choses dont il pourrait avoir besoin; il lui dit que l'amitié n'est véritable qu'autant qu'on en donne des marques par les services qu'on se rend réciproquement dans le besoin (4).

La dix-septième est adressée à Richard, cardinal, évêque d'Albane, légat du saint-siége; Geoffroi se justifie des accusations que Radulphe, archevêque de Tours, avaient portées contre lui. La dix-huitième est adressée à Conon, cardinal, évêque de Préneste, légat de Pascal II. Dans la dix-neuvième, adressée à Girard, évêque d'Angoulême, légat du saint-siége, il implore sa protection contre les violences qu'on exerçait contre son monastère. Dans la vingtième, au même Girard, il témoigne sa surprise de ce qu'un prélat aussi prudent a avancé contre lui des choses qu'il n'aurait pas même dû penser, ne pouvant être regardées que comme des calomnies inventées par ses ennemis. Les suivantes, jusqu'à la vingt-septième, sont encore adressées à Girard d'Angoulême; la vingt-huitième à Hugues, archevêque, légat du saint-siége, qui est, selon le P. Sirmond, l'archevêque de Lyon de ce nom, qui fut légat du pape Urbain II. La vingt-neuvième est écrite à Umbauld, archevêque de Lyon, qui l'avait invité à un concile; Geoffroi lui répond qu'en vertu d'un privilége accordé par les papes aux abbés de Vendôme, il ne peut ni ne doit assister à un concile convoqué par un évêque ou par un légat du saint-siége. Les deux dernières lettres du premier livre sont adressées, l'une, à Radulphe, archevêque de Tours; l'autre, à Renaud, archevêque de Reims, le même qui avait été élu évêque d'Angers l'an 1101, et à l'élection duquel Geoffroi s'était opposé.

Le second livre contient trente-deux lettres, dont dix-neuf sont adressées à Yves de Chartres, et les autres à Geoffroi, successeur d'Yves. Notre auteur y défend avec beaucoup de fermeté et de respect les priviléges de son abbaye contre l'évêque de Chartres, qui, en lui donnant la bénédiction, avait exigé de lui une profession qui y était contraire et qui fut cassée par les papes Urbain II et Pascal II. Les auteurs de la nouvelle *Gaule chrétienne* (t. VIII, p. 1368) disent que cette profession fut dans la suite cause d'un petit différend entre Yves et Geoffroi, *quæ dissidioli inter illos postea seminarium fuit*. Il paraît néanmoins, par les lettres de Geoffroi et par celles d'Yves de Chartres, que ce différend fut porté assez loin; les récriminations de l'évêque et de l'abbé en sont la preuve. Dans la dix-neuvième, Geoffroi prétend qu'on ne doit point réitérer l'onction des malades; il blâme même et taxe d'erreur considérable l'usage de ceux qui la réitèrent : il désire cependant savoir là-dessus le sentiment d'Yves, qui lui fit une réponse par laquelle il confirma celui de l'abbé de Vendôme, en s'appuyant sur ce que disent saint Augustin et saint Ambroise de la pénitence publique, qui ne se réitérait pas. Raisonnement frivole, dit le P. Sirmond (Not. in ep. 19 l. II, in ep. 20, p. 699 et 700): Il est vrai qu'on ne réitérait pas la pénitence publique; mais cela ne regarde pas l'onction des malades, qui n'appartient point à la pénitence publique, et qui, n'étant point du nombre des sacrements qui impriment caractère, peut se réitérer non-seulement en différentes maladies, mais encore dans la même, lorsqu'après quelque intervalle la maladie se renouvelle et le malade retombe dans un nouveau danger. Le P. Sirmond aurait pu remarquer une autre chose qui n'est pas moins singulière, c'est que ces deux auteurs ne paraissent pas avoir la même idée de l'extrême-onction que nous en connaissent nos catéchismes, qui nous enseignent que c'est un sacrement institué par Jésus-Christ, ainsi que les autres. Geoffroi, au contraire, semble ne pas regarder l'extrême-onction comme un sacrement proprement dit, et croire qu'elle a été insinuée par le saint-siége : *cum ab apostolica sede sacramentum vocetur, secundum apostolicæ sedis institutum, genus est sacramenti*. Le lecteur peut voir la lettre 255 d'Yves de Chartres à Radulphe abbé, qui était malade, dans laquelle il l'avertit de ne point réitérer l'onction des malades.

Les douze lettres suivantes du second livre, adressées à Geoffroi, successeur d'Yves sur le siège de Chartres, ont la plupart le même objet que les précédentes. Dans les unes (Ep. 21, 22, 24, 26, 32) notre abbé a recours au prélat contre les vexations de la comtesse de Vendôme, des religieux de Marmoutiers, etc. Dans d'autres (Ep. 27, 28, 30) il défend les priviléges et l'exemption de son monastère contre le prélat lui-même : « Nous ne sommes point pour cela acéphales, dit l'abbé de Vendôme en répondant dans une de ses lettres (Ep. 27) aux reproches de l'évêque de Chartres; nous avons Jésus-Christ pour chef, et après lui le pontife romain. Notre monastère a toujours eu ce chef depuis sa fondation, et l'aura, avec le secours de Dieu, jusqu'à la fin des siècles. » Quelque zèle, au reste, que Geoffroi ait fait paraître pour la défense des priviléges de son monastère, il a toujours témoigné un profond respect pour les évêques contre lesquels il les défendait. Il proteste qu'il n'a jamais rien voulu enlever à l'Église de Chartres; qu'il veut seulement conserver à l'abbaye de Vendôme la possession de ce qui lui fut accordé lors de sa fondation, et qu'il rendra à l'évêque de Chartres tout ce qu'il s'était réservé alors dans cette abbaye.

Le troisième livre des lettres de Geoffroi en contient quarante-trois écrites à différents évêques, particulièrement aux évêques d'Angers et du Mans. La première est écrite à Geoffroi, évêque d'Angers, qui se retira à Cluni l'an 1101. Dans la seconde, adressée à Renaud de Martigné, successeur de Geoffroi, il l'exhorte à défendre l'Église contre le comte d'Anjou. Il lui dit que celui qui craint l'exil et la mort, et fait quelque chose de contraire à l'équité par la crainte de la mort ou de l'exil, n'est pas un véritable évêque. Les suivantes, jusqu'à la dixième, sont adressées au même Renaud d'Angers. Dans la huitième l'abbé de Vendôme parle d'un moine de Saint-Nicolas qui avait répondu aux accusations formées contre lui par son abbé, en se servant, non de la langue latine, parce qu'il était laïque et qu'il ne l'avait point apprise, mais de sa langue naturelle : *ad cujus objecta monachus, quia laicus est, non Latina, quam non didicit, lingua, sed materia respondet*. Cela fait voir que dès le douzième siècle

---

(4) *Præterea nuda, imo nulla est amicitia quam mutua et maxime in necessitate non probant obsequia.*

le latin n'était plus la langue vulgaire, et que les laïques en avaient une autre qui s'appelait la langue maternelle. Cela peut servir encore à expliquer pourquoi nous avons quelques sermons de saint Bernard à la fois en latin et en français.

L'évêque d'Angers ayant ordonné à un moine de Saint-Nicolas, nommé Savaric, de retourner dans son monastère, Geoffroi lui écrivit à ce sujet (*Ep.* 9); il loue la bonne intention du prélat, mais il lui représente qu'un moine accusé par son abbé ne doit pas être laissé sous sa conduite à discrétion, et que cela est contraire aux canons (5).

Renaud s'étant plaint à Hamelin que Geoffroi avait traversé son élection (*Ep.* 11), notre abbé lui écrivit encore sur cela une lettre dans laquelle il lui dit sans détour que ce qui est contraire aux règles et aux constitutions des SS. Pères lui avait déplu, et qu'il ne serait pas le serviteur de Jésus-Christ, mais du diable, s'il n'avait pas été affligé de voir fermer l'unique porte de la sainte Église pour ouvrir, en foulant aux pieds la doctrine des apôtres et le saint Évangile, celle par laquelle les voleurs et les larrons entrent dans la bergerie. Geoffroi ajoute que Renaud a tort de lui faire un crime personnel de s'être opposé à ce qu'il appelle son élection, puisque tous s'y opposèrent; et que ce fut moins une élection qu'une conspiration du peuple, dans laquelle on n'eut aucun égard aux saintes règles. Il lui reproche encore d'avoir reçu l'investiture des mains d'un laïque, et la traite d'hérésie et de simonie. Notre abbé prétend qu'il n'est personne qui ne doive s'élever contre une si détestable impiété; et que si on n'a pas l'autorité de prélat, on le doit en qualité de chrétien (6). Quand même on serait coupable de quelque crime qui rendrait infâme, ce n'est pas une raison de garder le silence, comme on le voit par l'exemple du bon larron, parce que tout pécheur peut défendre la foi commune de l'Église, dont il fait profession, contre ceux qui l'attaquent.

Renaud, à qui cette lettre est adressée, ayant été transféré sur le siége de Reims, on élut pour son successeur sur celui d'Angers, Ulger, qui renouvela le différend de ses prédécesseurs avec les abbés de Vendôme touchant le rachat des autels, condamné par Urbain II comme un pacte simoniaque dans le concile de Clermont, l'an 1095. C'est ce qui fait le sujet de la douzième lettre de Geoffroi, adressée à Ulger. Les dix-sept lettres suivantes sont écrites à Hildebert, évêque du Mans. Dans la treizième et la quatorzième il est question de l'élection irrégulière de Renaud, évêque d'Angers, à laquelle Hildebert s'était opposé. Dans la quinzième, Geoffroi se plaint des vexations de la comtesse de Vendôme. La seizième roule sur le même sujet, ainsi que quelques autres. Les vingt-quatrième, vingt-cinquième, vingt-neuvième et trentième sont écrites au sujet d'un religieux fugitif de l'abbaye de Vendôme, que l'évêque du Mans retenait, quoiqu'il eût promis de le renvoyer à l'abbé qui le redemandait. Dans la vingt-sixième et la vingt-septième il reproche modestement à Hildebert de lui avoir manqué de parole en n'exécutant pas la promesse qu'il lui avait faite, parce que le clergé de Tours s'y opposait. Geoffroi regarde cette opposition comme un attentat contre la dignité d'Hildebert, et une insulte faite à l'Église du Mans de la part de ces clercs qui, au mépris de toutes les règles, se sont élevés au dessus d'un évêque, qu'il ne leur est même pas permis de reprendre, sinon dans le cas où il s'écarterait de la foi. L'archevêque de Tours, lui-même, ajoute notre abbé, quoique supérieur de ces clercs, n'aurait aucun droit de vous empêcher de me faire la grâce que je vous suppliais de m'accorder; et s'il avait voulu vous en empêcher, vous n'auriez point dû lui obéir. On doit à la vérité obéir à son supérieur, non toutefois dans toutes les choses qu'il ordonne, mais seulement dans celles que Dieu commande. Car si les supérieurs ordonnent quelque chose de contraire à ce que Dieu ou les Pères ont prescrit, ils perdent l'autorité de commander et on ne doit point leur obéir; comme les apôtres nous l'apprennent par leur exemple. Ils avaient assurément appris les règles de l'obéissance d'un bon maître, qui leur avait donné cette instruction en parlant des Scribes et des Pharisiens: *Faites tout ce qu'ils vous diront.* Cependant lorsque dans la suite ces mêmes Scribes et Pharisiens leur défendirent de prêcher au nom de Jésus-Christ, ils évitèrent sagement de tomber dans le piège d'une fausse obéissance, en répondant *qu'il faut obéir à Dieu plutôt qu'aux hommes* (7). Le lecteur sent qu'il ne faut pas prendre à la lettre ce que dit notre auteur, que *les supérieurs qui ordonnent quelque chose de contraire à ce que Dieu et les Pères ont prescrit perdent l'autorité de commander.* Ces paroles signifient seulement que, dans un tel cas, les supérieurs n'ont point d'autorité pour commander ce qui est contraire à la loi de Dieu, puisqu'ils ne l'ont reçue que pour enseigner la vérité et faire observer la loi de Dieu; et qu'ainsi, lorsqu'ils font des commandements par lesquels ils s'en écartent, on ne doit point leur obéir, *in illa re*, quoique d'ailleurs ils conservent l'autorité qu'ils ont reçue pour l'édification, et non pour la destruction; autorité à laquelle on est obligé de se soumettre, lorsque ceux qui en sont revêtus en font le légitime usage pour lequel ils l'ont reçue.

Parmi les lettres qui suivent, il y en a sept adressées à Ranulphe, évêque de Saintes, et à Pierre, son successeur. Le P. Sirmond conjecture que la quarante-deuxième est écrite à Geoffroi de Chartres, et la quarante-troisième à Renaud d'Angers, qui ne sont désignés l'un et l'autre que par la première lettre de leurs noms.

Dans la trente-neuvième, adressée à Pierre, évêque de Saintes, notre abbé prie le prélat d'empêcher un duel entre un clerc et un moine; ce qu'il dit n'être point permis par les lois et avoir été condamné par les sacrés canons. L'éditeur, dans une note curieuse sur cette lettre, rapporte trois exemples de ces sortes de combats: le premier entre Haimeric, vicomte de Thouars, et Thierry, abbé de Saint-Aubin, au sujet d'une redevance exigée par le vicomte et refusée par l'abbé, comme n'étant point due. Le duel n'eut pas lieu, le vicomte s'étant relâché de sa demande. Dans le second exemple, le combat se livra en présence d'Hamelin, évêque de

---

(5) Hoc dicimus inusitatum, et in toto canonum corpore non invenitur, ut quilibet sub illius manere debeat potestate a quo de crimine accusatur.

(6) Et nemo est qui contradicere palam non debeat et possit. Nam si prælati non habent autoritatem, habet tamen Christiani vocem.... Quod si fuerit vitiosus, vel quolibet alio crimine infamis factus, non ideo silere debet; quoniam unicuique peccatori communem Ecclesiæ fidem, quam suam esse credit et confitetur, defendere et contra ejus adversarios libere pugnare licet.

(7) Prælato quidem obediendum est, non tamen in omnibus quæ ipse suggerit, sed in his tantum quæ Deus præcipit. Nam si quid contra constitutionem Dei vel Patrum prælati præcipiunt, statim auctoritatem præcipiendi amittunt, et in illa re nullatenus est eis obediendum, ut videlicet apostolorum. Ipsi certo a bono Magistro formam acceperunt obedientiæ, in qua eis de Scribis et Pharisæis dictum est: *Quæcumque dixerint vobis, servate et facite* (*Math.* xxiii, 3). Sed cum illis præcipientibus ne in nomine Jesu loquerentur, postea audierunt; quod sibi sub nomine obedientiæ fallaciter imperatum fuerat, sapienter vitaverunt dicentes: *Oportet obedire. Deo magis quam hominibus* (*Act.* v, 19).

Rennes, du comte Conan, de Robert de Vitré, alors excommunié, etc. La querelle ne se décida point par le combat, mais elle fut accommodée. Enfin dans le troisième exemple le duel s'exécuta entre Etienne, le champion du comte d'Angoulême, et un nommé Guillaume, qui était celui d'une femme accusée de maléfices. Etienne fut victorieux, et alla rendre grâces à Dieu au tombeau de saint Eparchius, où il avait passé la nuit précédente. Guillaume fut emporté du champ de bataille le corps tout brisé des coups qu'il avait reçus. Ces duels, dont le P. Sirmond ne rapporte pas la date, paraissent fort postérieurs au temps de Geoffroi. Ainsi le zèle que témoigne cet abbé contre un usage si contraire à la loi de Dieu n'eut pas l'effet qu'il serait à souhaiter qu'il eût eu. Eh! plût à Dieu qu'il eût été tellement aboli qu'il n'en fût resté aucune trace dans les siècles suivants, ou que du moins il n'en restât aucune dans le nôtre.

Le quatrième livre contient cinquante lettres écrites à des abbés ou à des moines. La plus remarquable est la quarante-septième, adressée à Robert d'Arbrisselles, devenue célèbre par les efforts que quelques disciples du pieux instituteur de Fontevraud ont faits pour prouver qu'elle n'est point de l'abbé de Vendôme. Le succès n'a pas été heureux; mais s'ils n'ont point réussi à prouver la supposition de cette lettre, elle leur a du moins procuré l'occasion de se faire connaître dans la république des lettres. Le P. de la Mainferme, plein de zèle pour l'honneur de son saint patriarche, a publié un ouvrage sous le titre de *Bouclier de l'ordre naissant de Fontevraud*, dont le but principal est de justifier Robert des reproches que lui fait Geoffroi, en tâchant de prouver que cette lettre n'est point de l'abbé de Vendôme, mais de l'hérétique Roscelin. Il est aisé au P. de la Mainferme de justifier la mémoire du B. Robert, et de détruire tous les faux bruits qui ont donné occasion aux lettres de Geoffroi de Vendôme et de Marbode de Rennes. Si l'apologiste de l'instituteur de l'ordre de Fontevraud en fût demeuré là, il aurait pu se flatter d'avoir tout le succès qu'il désirait. Mais voulant aller plus loin, et entreprenant de prouver que ces lettres sont supposées, il s'est donné une peine inutile. Toutes les conjectures qu'il allègue sont trop faibles pour pouvoir faire seulement douter que cette lettre ait été écrite par celui dont elle porte le nom. Elle se trouve parmi les lettres de Geoffroi non seulement dans le manuscrit de la Couture du Mans, sur lequel le P. Sirmond l'a publiée, mais encore dans deux anciens manuscrits, l'un de la bibliothèque de Christine, reine de Suède, l'autre de la bibliothèque de Sainte-Croix de Florence, qui sont du temps même de Robert d'Arbrisselles. C'est le jugement qu'en porte le P. Mabillon (*Mus. Ital.* t. I, p. 54, p. 164), qui a vu et examiné ces manuscrits, dont il fait mention dans la relation de son voyage d'Italie. Le P. Pagi (*ad an.* 1117, n. 22) témoigne aussi avoir lu la lettre de Geoffroi dans le manuscrit de Sainte-Croix de Florence, qui est un monastère de son ordre. Enfin elle se trouve encore en partie dans le manuscrit de Vendôme parmi les lettres de Geoffroi. Celui qui a arraché le feuillet où était le commencement de la lettre, a respecté le feuillet suivant, et a laissé une suite qui trahit sa fausse précaution, et constate l'authenticité de la pièce qu'il voulait faire disparaître. Ce qui en reste démontre qu'elle y était autrefois et y faisait, comme dans l'imprimé, la quarante-septième du quatrième livre. Nous ne parlons pas du style de la lettre qui est le même que dans les autres, en sorte qu'il n'est pas possible d'en méconnaître l'auteur. Qu'oppose-t-on à des preuves si convaincantes? De frivoles conjectures, qui les laissent subsister dans toute leur force, sans y donner la moindre atteinte. Aussi le dernier apologiste de Robert, qui a publié, l'an 1701, à Anvers, une dissertation contre ce que Bayle a dit de lui dans son *Dictionnaire*, avoue-t-il de bonne foi que la lettre en question est véritablement de l'abbé Geoffroi, et qu'elle se trouve dans le manuscrit de Vendôme. En vain le P. de la Mainferme (*Clyp.* t. I. p. 7), les Bollandistes (*ad diem* xxv Feb., p. 600), et le P. Dubois de l'Oratoire dans son *Histoire de Paris* (Dub. ep. 11, c. 3. n. 5), etc., voudraient-ils la faire passer pour une production de l'hérétique Roscelin, qui publia, selon le témoignage d'Abaylard, une lettre remplie de calomnies contre Robert d'Arbrisselles. Ces critiques n'ont point pris le sens d'Abaylard. Car Abaylard ne dit point que Roscelin eût écrit une ou deux lettres sous le nom d'autrui, pour décrier Robert d'Arbrissell's, mais qu'il avait fait une lettre contre lui et contre saint Anselme (Dup. *Bib.*, sec. xii, p. ii). Ce qui n'a aucun rapport avec la lettre de Geoffroi. D'ailleurs l'écrit de Roscelin contre Robert était un véritable libelle diffamatoire, selon l'idée que nous en donne le théologien de Paris, qui réfuta les erreurs de cet hérétique (*Conc.* t. X, p. 487). Or c'est ce qui ne convient point à la lettre de l'abbé de Vendôme, qui, quoique prévenu par les faux bruits qu'on répandait dans le public contre Robert, ne laisse pas dans sa lettre de témoigner beaucoup de respect pour sa personne, et se recommande instamment à ses saintes prières: *Et nostuarum sanctarum precum, suppliciter precamur, participes effice*. En un mot, la lettre de Geoffroi de Vendôme ne peut et ne doit être regardée que comme la lettre d'un ami à un ami, qui l'avertit librement et charitablement des bruits désavantageux qui courent sur son compte, afin qu'il se corrige si ce qu'on dit de lui est vrai (8). Il ne paraît pas même qu'il ajoute foi à ces bruits, car bien loin d'en parler affirmativement, il ne le fait qu'en doutant (9). Une telle lettre peut-elle être prise pour un libelle diffamatoire, tel qu'était l'écrit de Roscelin? Nous ne nous étendrons pas davantage sur ce point de critique, qui paraît si évidemment décidé, qu'il est étonnant qu'on puisse former là-dessus quelques difficultés. S'il en restait cependant encore quelques-unes, on les trouvera entièrement levées par deux solides réflexions que D. Rivet a faites sur ce sujet dans l'article de *Roscelin*. Le P. Pagi (*Ad an.* 1147, p. 400, col. 2.) avance que le P. Sirmond, éditeur des ouvrages de Geoffroi, a cru que cette lettre était supposée. Cependant le P. Sirmond l'a mise parmi les lettres de l'abbé, sans témoigner aucun doute qu'elle fût de lui. Le P. de la Mainferme lui en a même fait un crime. Il est vrai que les Bollandistes (*ad diem* xxv Febr.) ont prétendu depuis que le P. Sirmond s'était repenti de l'avoir publiée, et qu'il avait dessein d'en rendre un témoignage public dans une seconde édition. Mais Ménage, qui était très lié avec le P. Sirmond et avait eu avec lui des entretiens particuliers sur cette lettre, assure dans son *Histoire de Sablé* que jamais le P. Sirmond n'a eu ce dessein et qu'il ne s'est jamais repenti d'avoir donné cette lettre.

Le cinquième livre des lettres de Geoffroi en contient vingt-huit. Dans la seizième, notre auteur donne des leçons sur la nécessité de la confession, à Guillaume, qui avait été son maître. Ce Guillaume prétendait qu'il n'y avait que quatre sortes de pé-

---

(8) Haec idcirco, venerabilis frater, proposuimus, quia te talia egisse et adhuc agere, fama discurrente sinistra, audivimus; quae si vera sunt, ut nulla excusatione illa defendas, sed cum omni festinatione corrigas, tuam simplicitatem germanae charitatis vi-

sceribus commonemus.

(9) Hoc si modo agis, vel aliquando egisti, novum et inauditum, sed infructuosum genus martyrii invenisti.

chés que l'on était obligé de confesser ; et que, pour tous les autres, Dieu les remet sans confession ; il s'appuyait même d'un passage du Vénérable Bède (lib. v *Expos.*) pour prouver son sentiment. Mais le disciple, plus éclairé et plus habile que son maître, lui apprend quel est le véritable sens des paroles de Bède, et lui soutient que la confession et la pénitence sont nécessaires pour tous les crimes, et que rien n'est plus certain (10).

On voit dans la dix-huitième un trait remarquable de la fermeté de Geoffroi et de son zèle pour le bon ordre, qui le faisait passer par-dessus tout respect humain. Guillaume, duc d'Aquitaine, lui ayant demandé qu'il renvoyât un moine nommé Rainaud, dans une obédience dont il l'avait retiré, et dans laquelle il était utile au duc et nécessaire à la maison, Geoffroi lui fit réponse que cette demande, étant contraire à la règle de Saint-Benoît, il ne pouvait lui obéir. A l'égard des raisons qu'alléguait le duc d'Aquitaine, Geoffroi lui marqua que l'âme de ce religieux, dont il rendrait compte au jour du jugement, devait lui être plus chère que tous les intérêts temporels ; il finit en le priant de ne point se mêler de ce qui regarde le salut des âmes confiées à ses soins (11). Le nombre des lettres de notre auteur est de cent quatre-vingt-quatre, auxquelles il faut en ajouter une, dont le P. Sirmond n'a pas eu connaissance, qui est adressée aux religieux de Cluni. D. Mabillon l'a publiée dans le troisième tome de ses *Analectes* (p. 481), et on l'a depuis insérée dans la collection des ouvrages du P. Sirmond, au troisième tome, où sont les ouvrages de l'abbé de Vendôme (t. III, præf., n. 3).

2° Les lettres de Geoffroi sont suivies de plusieurs opuscules, où il traite, avec assez d'ordre et de lumière, divers points de doctrine et de discipline ecclésiastique.

Dans le premier traité, qui est *Du corps et du sang de Jésus-Christ*, l'auteur établit de la manière la plus claire la présence réelle dans l'Eucharistie. « On met d'abord, dit-il, du pain et du vin sur l'autel ; mais, de même qu'avant la consécration il n'y a que du pain et du vin, ainsi, après la consécration, il ne reste rien du pain et du vin que la saveur, l'apparence et l'odeur, et cela à cause de la faiblesse et de l'infirmité de l'homme ; car si la chair glorieuse de Jésus-Christ et son sang sacré paraissaient dans leur nature propre, les hommes n'en pourraient pas soutenir l'éclat et n'auraient pas le mérite de la foi... Croyons donc fermement et sans aucun doute, que ce que les chrétiens reçoivent à l'autel, après la consécration, n'est autre chose que ce que la Vérité elle-même déclare en disant : *Recevez, ceci est mon corps*;... c'est cette même, unique et véritable chair qui a été conçue par l'opération du Saint-Esprit, qui est née de la Vierge Marie, qui a été attachée à la croix, qu'il a ressuscitée par la toute-puissance de sa divinité, étant Dieu lui-même. Les méchants le reçoivent ; mais comme ils le reçoivent mal, ils en deviennent plus méchants. Les bons qui le reçoivent, ayant la charité dans le cœur, en deviennent meilleurs. » Ce traité, dans sa brièveté, renferme tout ce que l'Église enseigne aux fidèles touchant l'auguste mystère de nos autels, et renverse toutes les hérésies des novateurs des derniers siècles qui ont osé l'attaquer.

5° Le second traité, sur l'ordination des évêques et l'investiture des laïques, est adressé à Pierre de Léon, cardinal. Geoffroy y enseigne que l'élection et la consécration sont aussi essentielles pour faire un évêque que l'invocation du Saint-Esprit et l'eau le sont pour faire un chrétien ; de même l'élection sans la consécration, ou la consécration sans élection, ne suffit pas pour être fait évêque. Quand notre auteur parle d'élection, il veut qu'on entende une élection canonique, qui doit précéder et est absolument nécessaire. Un évêque dont l'élection n'est pas canonique est un arbre sans racine qui, quoique revêtu de feuilles, ne peut porter de fruits. C'est faire injure à l'Église et la couvrir d'opprobre que de lui donner des ministres dont l'élection ne soit pas canonique, et de mettre des personnes sans lumières, sans piété, sans mœurs, dans des places qui sont dues au mérite, à la science et à la vertu. Relativement à l'investiture donnée par la main des laïques, Geoffroi renvoie au premier article du concile tenu par Grégoire VII pour savoir ce que l'Église catholique enseigne et ce qu'elle a décidé sur ce sujet. Il soutient que l'investiture (ou plutôt l'opinion que les laïques peuvent la donner) est une hérésie comme la simonie, et même encore pire que la simonie, parce que celle-ci se fait ordinairement dans le secret, au lieu que l'investiture est toujours publique; qu'elle a été interdite aux laïques par Jésus-Christ et par les apôtres. La raison pour laquelle l'abbé de Vendôme traite d'hérésie l'opinion de ceux qui pensaient que les laïques peuvent donner l'investiture, c'est qu'il regardait l'investiture comme un sacrement, et il lui en donne même le nom, prétendant qu'elle est un signe sacré par lequel l'évêque est distingué des autres hommes et est établi sur le troupeau de Jésus-Christ pour en avoir soin ; qu'ainsi il ne peut recevoir l'investiture que des mains de celui de qui il reçoit la consécration. De plus l'hérésie de l'investiture est encore une simonie ; car la puissance séculière ne serait pas si jalouse de ce droit si elle n'y trouvait un intérêt temporel, soit en extorquant de l'argent, soit en s'assujettissant, ce qui est encore plus grave, la personne de l'évêque. Les laïques doivent recevoir les sacrements de la main des ecclésiastiques, mais ils n'ont pas le droit de les leur administrer. L'anneau et le bâton sont des sacrements de l'Église, comme le sel, l'eau, les saintes huiles, le chrême, lorsqu'ils sont donnés par ceux qui en ont le pouvoir et avec les cérémonies requises. En conséquence, Geoffroi prononce hardiment que celui qui reçoit l'investiture par une main laïque n'est point membre du pasteur qui a donné sa vie pour ses brebis ; mais qu'il est un voleur, un ravisseur et un loup, qui ne vient que pour voler, piller et massacrer.

4° Le troisième opuscule, adressé au pape Calixte II, traite encore de l'investiture laïque, qu'il attaque avec les mêmes arguments ; il exhorte le souverain pontife à la combattre en toute occasion.

5° Dans le quatrième notre auteur continue de parler de la même matière. Il commence par dire que les empereurs et les rois ne doivent pas trouver mauvais ce qu'il avance, en s'attribuant, en vertu de la coutume, ce que la Vérité elle-même, en parlant par la bouche de ses apôtres, a déclaré ne leur point appartenir. Toutefois Geoffroi, en soutenant que la puissance séculière ne peut donner l'investiture par l'anneau et le bâton pastoral, avoue que les princes peuvent donner aux évêques l'investiture des biens temporels que l'Église possède. « Autre chose, dit-il (12), est l'investiture qui fait l'évêque, autre chose est celle qui le fait subsister. La première est de droit divin, la seconde est de droit humain. Otez le droit divin, vous ne faites plus d'évêque ; ôtez le

(10) Certum est, nihil hoc certius, omnia peccata vel crimina confessione indigere et pœnitentia.

(11) De cura animarum nobis commissarum vos intromittere nolite.

(12) Alia utique est investitura quæ episcopum perficit ; alia vero quæ episcopum pascit. Illa ex divino jure habetur ; ista ex jure humano. Subtrahe jus divinum, spiritualiter episcopus non creatur. Subtrahe jus humanum, possessiones amittit quibus ipse corporaliter substentatur. Non enim possessiones haberet Ecclesia, nisi sibi a regibus donarentur, etc.

droit humain, il perd les biens temporels qui le font vivre : car l'Eglise n'aurait point de possessions si elle ne les avait reçues des rois. » Ce qu'il confirme par l'autorité de saint Augustin (tr. vi *in Joan.*); puis il ajoute : « Les rois peuvent donc, après l'élection canonique et la consécration, donner à l'évêque l'investiture des biens ecclésiastiques et lui accorder leur protection. N'importe par quel signe ils le fassent : cela ne fait tort ni aux princes, ni à l'évêque, ni à la foi catholique. Jésus-Christ a voulu que le glaive spirituel et le glaive temporel fussent employés à la défense de l'Eglise. Que si l'un émousse l'autre, c'est contre sa volonté. C'est là ce qui bannit la justice de l'Etat et la paix de l'Eglise ; ce qui cause des scandales et des schismes, et la perte des âmes : cette division de l'empire et du sacerdoce met l'un et l'autre en danger. » Notre auteur avertit ici qu'il faut, en défendant la liberté de l'Eglise, se conduire avec beaucoup de sagesse et de prudence, afin de ne pas briser le vase dont on veut ôter la rouille. Il cite à ce sujet le célèbre passage de saint Augustin (qu'il appelle *bonus et discretus*) dans sa lettre à Parménien, où ce saint docteur dit qu'il ne faut point excommunier celui qui a la multitude pour lui, parce qu'il vaut mieux épargner un seul homme que d'occasionner un schisme qui en ferait périr plusieurs. M. Fleuri dit que cet écrit est le premier où l'on observe l'allégorie des deux glaives, pour marquer les deux puissances, la spirituelle et la temporelle, devenue si célèbre dans la suite.

6° Le quatrième opuscule est adressé, comme le précédent, au pape Callixte II, et a du rapport avec la matière des investitures. Geoffroi y établit les règles qu'on doit suivre dans l'Eglise sur les dispenses : « Il faut, dit-il, accorder quelquefois des dispenses dans l'Eglise, non par intérêt et par faveur, mais par une pieuse condescendance, en permettant pour un temps quelque chose de moins parfait, plutôt que de mettre la foi en péril, avec intention de rétablir la règle dans un temps convenable. » C'est ainsi qu'en ont agi les bienheureux apôtres saint Pierre et saint Paul, pour ne point scandaliser les Juifs ; et qu'ils ont quelquefois observé, en différentes occasions, les cérémonies légales, quoiqu'ils fussent persuadés de leur inutilité. Leur conduite en cela était une pieuse condescendance, et non une dissimulation trompeuse. « On peut aussi, continue Geoffroi, changer par dispense les coutumes des Eglises et des monastères, mais pour établir un plus grand bien à la place d'un moindre... Celui qui dispense autrement dans l'Eglise, contredit la raison et la vérité ; non-seulement il n'a point sa lampe allumée, mais il éteint celle des autres ; et il n'est point un véritable vicaire de Jésus-Christ, mais un aveugle qui conduit d'autres aveugles. »

7° Dans le sixième écrit, adressé encore à Callixte II, Geoffroi traite de trois propriétés spécialement attachées à l'Eglise. Elle doit être catholique, libre et chaste. Comme catholique, elle ne peut être ni vendue ni achetée. Comme libre, elle ne doit point être soumise à la puissance séculière. Comme chaste, elle ne doit point être corrompue par les présents. Ces trois qualités sont essentielles à l'Eglise pour être l'épouse de Jésus-Christ. Ce bon pasteur cherche une épouse fidèle, et ne veut point d'une infidèle ; il s'unit à celle qui est libre, et rejette l'esclave : il aime une épouse chaste, et a horreur de celle qui est corrompue.

8° Le septième opuscule renferme des explications allégoriques de l'arche d'alliance et du tabernacle. Il est adressé à deux religieux nommés Hamelin et André, pour lesquels Geoffroi avait une affection particulière. C'est pour leur consolation qu'il leur adresse ce petit écrit, qui contient des instructions très-solides sur les vertus chrétiennes et religieuses.

9° Dans le huitième, Geoffroi explique quels sont dans une âme chrétienne les effets du baptême, de la confirmation, de l'onction des malades. Dans le baptême, on reçoit la rémission de ses péchés par la vertu du Saint-Esprit. Dans la confirmation, on invoque le Saint-Esprit afin qu'il vienne faire sa demeure dans l'habitation qu'il a sanctifiée, qu'il la défende et la protège. Ce sacrement est conféré par l'évêque, pour marquer qu'il donne la dernière perfection ; on le reçoit sur le front, parce que ce sont les parfaits qui font une profession ouverte du nom de Jésus-Christ. Les apôtres, avant que d'avoir reçu cette onction, avant que d'avoir été confirmés par le Saint-Esprit, n'étaient point parfaits, ils étaient timides, ils ne portaient point sur le front le nom de Jésus-Christ. Dans l'onction des malades, on reçoit la rémission des péchés par la vertu du Saint-Esprit, afin que la miséricorde du Seigneur, ne manque point aux chrétiens ni pendant la vie ni à la mort. Enfin dans la communion du corps et du sang de Jésus-Christ, l'âme chrétienne est guérie de la maladie de ses vices et rétablie dans un état de salut éternel, et fait un même corps avec Jésus-Christ.

10° Dans le neuvième écrit, Geoffroi traite de la réitération des sacrements. Il répète ce qu'il a déjà dit ailleurs, comme nous l'avons remarqué, que l'onction des malades, étant un sacrement, ne peut pas être réitérée ; il y reconnaît que ce sacrement, ainsi que tous les autres, viennent de la tradition apostolique ; puis il ajoute qu'il est défendu de réitérer aucun sacrement ; ce qui est évidemment faux. Geoffroi s'entendait-il lui-même, lui qui savait fort bien qu'on reçoit plusieurs fois la pénitence, l'eucharistie et même le mariage ?

11° Le dixième écrit est sur les promesses que les abbés faisaient aux évêques, sous le nom de profession, lorsqu'ils recevaient d'eux la bénédiction. Geoffroi traite cette profession de simonie.

12° Le onzième est un règlement de discipline monastique, qui prescrit aux religieux la manière dont ils doivent s'accuser et se défendre dans le chapitre.

13° Dans le douzième il parle de trois vertus nécessaires aux pasteurs de l'Eglise pour travailler utilement au salut des âmes qui leur sont confiées, et même pour subvenir aux besoins des corps. Ces vertus sont la justice, la discrétion et la prévoyance. Si l'une ou l'autre de ces vertus manque à un pasteur, il ne fera aucun bien. S'il est équitable dans ses jugements et indiscret dans ses commandements, son indiscrétion détruira le bien qu'il pourrait attendre de l'équité de ses jugements.

14° Le treizième est un entretien entre Dieu, qui reproche au pécheur ses crimes et son ingratitude, et le pécheur qui, reconnaissant sa faute, implore la miséricorde de celui qu'il a offensé.

15° Le quatorzième est aussi en forme d'entretien. Dieu y exhorte le pécheur à reconnaître ses crimes et à en faire pénitence ; il lui remet devant les yeux les bienfaits dont il l'a comblé, la patience avec laquelle il a attendu qu'il revînt à lui, la bonté avec laquelle il l'a recherché et rappelé lorsqu'il s'éloignait de lui. Le pécheur avoue ses crimes, et prie le Seigneur de ne pas permettre qu'il périsse, mais de lui faire la grâce de se reconnaître véritablement pécheur, et de satisfaire à sa justice par de dignes fruits de pénitence avant que de mourir. Il le prie de lui inspirer une tendre compassion pour ses frères, afin qu'il les reprenne dans leurs fautes avec douceur et charité, et qu'il les corrige sans haine et sans hauteur.

16° Le quinzième est une concession et un gémissement du pécheur, qui déplore son état en exposant toutes ses misères, se représentant tout ce que Dieu a fait pour lui. Après avoir confessé ses crimes, et reconnu l'impossibilité où il est d'en sortir par lui-même, il se rassure par la vue de la toute-puissance et de la miséricorde de Dieu, qui ne permettent pas à un pécheur pénitent de désespérer de son salut; il espère qu'en confessant humblement sa misère et son impuissance, et s'appuyant fermement sur la toute-puissance de Dieu, il obtiendra le pardon que Madeleine pénitente obtint par ses larmes.

17° Une courte prière à Jésus-Christ pour implorer sa miséricorde.

18° Une prière à la sainte Vierge en forme d'hymne ou de prose.

19° Trois hymnes ou proses sur la pénitence de Madeleine, qui paraissent avoir été destinées à faire partie de l'office de cette sainte, à Vêpres, à Matines et à Laudes.

20° Les opuscules de Geoffroi sont suivis de onze sermons; savoir, quatre sur la naissance de Jésus-Christ, un sur la Résurrection, un sur l'Ascension, un sur la Purification, un pour toutes les fêtes de la sainte Vierge (dans lequel le prédicateur fait usage de l'*Histoire* de Théophile. *Voy.* l'article MARBODE), un sur Marie-Madeleine, que notre auteur confond, comme la plupart des autres écrivains depuis S. Grégoire le Grand, avec la femme pécheresse; un sur le bon larron, un sur la fête de S. Benoît. C'est moins un sermon que l'abrégé de la vie de ce saint. Mais l'auteur y fait un grand éloge de sa règle, et la regarde comme beaucoup plus parfaite que tout ce qui avait précédé en ce genre.

21° Le dernier ouvrage de Geoffroi est un traité adressé au cardinal Pierre de Léon sur l'ordination des évêques et l'investiture. Le P. Sirmond avait d'abord eu dessein de le supprimer, parce que cet écrit lui avait paru n'être qu'une répétition de ce qui est dit sur cette matière dans les opuscules 2, 3, 4, 5 et 6 du même auteur. Mais ayant fait réflexion que ce traité était dans les deux manuscrits des ouvrages de Geoffroi, que d'ailleurs c'est celui dont s'est servi François Turrian, et qu'il contient des additions considérables, il n'a pas cru devoir retrancher un écrit dont on ne peut douter que l'abbé de Vendôme ne soit auteur.

22° On conserve, dans l'abbaye de Saint-Germain des Prés, un gros manuscrit où se trouve un commentaire sur les cinquante premiers psaumes de David, sous le nom de Geoffroi, abbé de Vendôme : *Goffridi abbatis Vindocinensis Expositio super L psalmos* (Mons., *Bibl.-bibl.*, p. 1126, n. 491). Ce manuscrit, qui a appartenu autrefois à l'abbaye de Vendôme, paraît être de l'auteur; le caractère, de forme carrée, est certainement du commencement du XII° siècle. En comparant ce commentaire avec les autres écrits de Geoffroi, on y trouve certaines expressions qui lui sont particulières. Toutes ces circonstances réunies ensemble semblent persuader que c'est une production de la plume de cet abbé.

L'ouvrage est plutôt une glose assez étendue qu'un commentaire en forme. L'auteur y donne différentes interprétations morales de certains mots sans s'astreindre à une explication suivie des versets. C'était le génie du siècle. Il cite quelquefois les Pères, et plus souvent saint Augustin que les autres. Il fait aussi usage des auteurs profanes, mais très rarement. Térence, Horace, Juvénal, Lucain s'y trouvent cités.

L'explication du premier psaume est précédée d'une préface où il commence par donner la définition de la prophétie en général. C'est, dit-il, une inspiration divine, *Prophetia est divina inspiratio*; il en distingue trois espèces par rapport au présent, à l'avenir et au passé. Il la divise encore en prophétie exprimée par paroles, par vision ou en songe et par action. Le Psautier est une prophétie de l'avenir exprimée par paroles.

Il considère dans ce livre, selon la méthode des philosophes : 1° La matière, l'intention et la fin. Deux corps, dont le premier a Jésus-Christ pour chef, et l'autre le diable, sont, selon notre commentateur, la matière du Psautier. Ces deux corps se font une guerre continuelle. Celui qui a Jésus-Christ pour chef veut le salut des hommes, l'autre ne cherche qu'à les perdre.

2° L'intention de l'auteur des psaumes est de délivrer le genre humain de trois genres de mort désignés dans l'Evangile par la mort de la jeune fille ressuscitée dans la maison, par celle du jeune homme qu'on portait hors de la ville de Naïm, et par celle de Lazare. La mort de la jeune fille est une image de ceux qui pèchent par pensées; la mort du jeune homme représente ceux qui joignent l'action mauvaise à la pensée; enfin Lazare est la figure de ces pécheurs invétérés qui ont vieilli dans le crime. A l'occasion de la résurrection de Lazare, notre auteur établit de la manière la plus précise la nécessité de confesser ses péchés au prêtre. Il n'est pas moins exact lorsqu'il parle de l'eucharistie, du péché originel, de la différence des deux alliances, de la force et de la gratuité de la grâce, de la bonne volonté que Dieu donne par miséricorde, etc.

3° La fin de l'auteur du Psautier est de nous faire arriver à Jésus-Christ, pour demeurer éternellement en lui. Geoffroi est persuadé que David a composé les psaumes, sans leur donner aucun titre ni aucun ordre, et que c'est Esdras qui leur a donné les titres qu'ils portent aujourd'hui et les a rangés dans l'ordre où nous les voyons (15).

D. Mabillon, dans son Commentaire sur l'Ordre Romain (*Mus. ital.*, t. II. p. 9), parle d'un ancien manuscrit de l'abbaye de Vendôme, qu'il dit être de l'abbé Geoffroi et que cet abbé apporta peut-être lui-même de Rome, du temps du pape Urbain II. Ainsi on peut regarder cet ancien manuscrit de l'Ordre Romain, qui, au jugement de D. Mabillon, serait d'une grande utilité pour corriger les imprimés, comme un monument du zèle de Geoffroi pour les cérémonies de l'Eglise.

L'abbé Geoffroi a toujours été regardé avec raison comme une des lumières de son siècle. Les écrits que nous avons de lui donnent une idée très-avantageuse de sa capacité. On y reconnaît aisément qu'il était versé dans la lecture de l'Ecriture et des Pères, et très-habile dans le droit canon. Il était d'un courage ferme et intrépide, sans respect humain, zélé pour la foi, le bon ordre et la discipline, toujours prêt à en prendre la défense contre quiconque y donnait atteinte. Les qualités du cœur répondaient en lui à celles de l'esprit, et la piété égalait ou surpassait même la science. Il était bienfaisant, libéral, vrai ami, ennemi du vice, de la flatterie et de la dissimulation. Il s'acquit par là l'estime des papes, des cardinaux, des princes et des princesses, des prélats et de tous les grands hommes de son siècle, avec lesquels il fut en relation, comme on le voit par ses lettres. Il y en a quelques-unes de fort vives, même parmi celles qui sont adressées à des papes et à des évêques. Telle est la lettre qu'il écrivit à Pascal II après que celui-ci eut accordé les investitures à l'empereur Henri V. Telles sont plusieurs autres lettres adressées à Renaud d'Angers et à Gérard d'Angoulême. Mais on doit regarder cette vivacité comme l'effet de son zèle et de l'horreur qu'il avait de tout ce qui lui paraissait contraire à l'équité, au bon ordre et aux saintes règles. Il y a plus de grandeur d'âme et de noblesse dans les écrits de Geoffroi que d'élégance et de politesse. Toutefois si la diction n'en est pas pure, elle est naturelle, et l'auteur s'exprime avec une facilité qui le fait lire avec plaisir, surtout dans ses lettres.

C'est aux soins de Jacques Sirmond que nous

---

(15) Sciendum est quod Propheta psalmos inordinatos, intitulatos, inemendatos dimisit; Esdras propheta et sacerdos eos emendavit, intitulavit et ordinavit.

sommes redevables de l'édition des œuvres de Geoffroi de Vendôme, que ce Père publia l'an 1610 sur deux manuscrits, l'un de l'abbaye de la Couture au Mans, l'autre de celle de la Trinité de Vendôme. L'éditeur a joint aux lettres des notes très-importantes qui servent non seulement à faire connaître les personnes auxquelles elles sont écrites, mais qui répandent encore beaucoup de lumière sur les lettres mêmes, en donnant des éclaircissements sur les matières qui y sont traitées. Cette édition parut l'an 1610, en un volume in-8°, à Paris, chez Jean Nivelle pour Sébastien Cramoisy; elle a été insérée dans le recueil des ouvrages du P. Sirmond imprimé à Paris et à Venise. On a mis dans la préface, qui est à la tête du troisième tome de ce recueil, une lettre de l'abbé Geoffroi aux religieux de Cluni, et quelques faits concernant cet abbé, qui avaient échappé au P. Sirmond dans la première édition, ou dont il n'avait point eu connaissance. Les œuvres de Geoffroi se trouvent encore dans le second tome du supplément de la Bibliothèque des Pères, de l'édition de Paris, page 487; et dans le vingt et unième tome de celle de Lyon. Il n'y a pas d'autres éditions des ouvrages de Geoffroi, si ce n'est de quelques lettres ou écrits particuliers, qui ont été imprimés séparément dans d'autres collections. C'est ainsi que Melchior Goldast a fait imprimer à Hanovre, l'an 1611, le traité *De l'ordination des évêques et de l'investiture des laïques*, à la suite de l'Apologie de l'empereur Henri IV. Avant même l'édition du P. Sirmond, François Juret avait inséré dans ses notes sur les lettres d'Yves de Chartres des fragments considérables du traité *De l'ordination et de l'investiture*.

Pour ne pas laisser imparfait l'article de Geoffroi, nous nous croyons obligé de le laver d'un reproche injuste qui lui a été fait par deux critiques modernes, au sujet d'un canon du concile de Clermont en Auvergne, quoique les auteurs du *Nouveau traité de diplomatique* aient si solidement détruit l'accusation calomnieuse formée contre cet illustre abbé, qu'il semble que nous pourrions nous dispenser de prendre cette peine; mais c'est ici le lieu de le faire. Commençons par mettre le lecteur au fait de ce qui donna occasion au canon du concile tenu l'an 1095 à Clermont en Auvergne, afin qu'il sache l'état de la question, que les accusateurs de Geoffroi paraissent n'avoir pas entendue ni l'un ni l'autre. (*Vide* Sirm., not. in ep. 12 *ad Ulger.*, lib. iii; Fleur. *Hist. ecclés.* t. XIII, liv. LXIV, n. 29, p. 609.) On sait que toutes les églises sont, par le droit commun, sous la puissance des évêques et à leur disposition. Lorsdonc qu'on offrait des églises aux monastères pour les posséder, il était nécessaire d'avoir l'agrément des prélats, qui, en les accordant aux moines, exigeaient qu'ils leur payassent un droit ou une certaine somme d'argent en des temps marqués, c'est-à-dire à toutes les mutations de ceux qui desservaient ces églises. Ce droit se nommait *rachat*, à l'imitation du rachat des fiefs aux mutations de seigneurs, et on les nommait *rachat d'autels*, *redemptio altarium*, parce qu'on distinguait l'église et l'autel; on appelait *église*, les dîmes et autres revenus fixes; et *autels*, les oblations et le casuel, que les laïques laissaient ordinairement à ceux qui desservaient l'église. Le concile de Clermont condamna ce rachat d'autel comme une simonie détestable, conservant toutefois aux monastères les autels ou les dîmes dont ils étaient en possession depuis 30 ans : *sauf le cens annuel aux évêques*, c'est-à-dire, dit Fleury, l'ancienne redevance nommée synodique ou cathédratique. Après le concile de Clermont (Sirm. *ibid.*), il y eut des évêques qui, à la place du rachat des autels, qui ne se payaient que dans un intervalle de plusieurs années, voulurent exiger un tribut ou droit annuel. De ce nombre furent Yves de Chartres et Ranulfe de Saintes, auxquels Pascal II écrivit à ce sujet. Ulger, évêque d'Angers, voulut faire la même chose (lib. iii, ep. 12) et prétendit que le concile de Clermont avait ordonné que les évêques tireraient des moines un tribut annuel pour le rachat des autels. L'abbé de Vendôme s'opposa à Ulger et lui écrivit une lettre dans laquelle il dit qu'il sait ce qui s'est passé dans ce concile, y ayant assisté; que le rachat des églises, qu'on appelle ordinairement autels, y a été condamné comme une simonie par l'autorité apostolique. Il ajoute que si le rachat des autels, qui ne se payait que dans trente ans, dans quarante, et quelquefois même dans soixante, a été regardé et condamné par le pape comme une vraie simonie, il n'a pas permis que les évêques exigeassent un droit annuel; qu'autrement il aurait condamné une simonie qui ne se commettait qu'une fois dans la vie, pour y en substituer une autre qui se commettrait tous les ans.

Baluze (p. 499), dans ses notes sur le décret de Gratien, est le premier qui ait pris occasion de cette lettre de Geoffroi pour l'accuser de *témérité*, prétendant qu'il a retranché cette clause du canon du concile de Clermont : *salvo utique episcoporum censu annuo, quem ex eisdem altaribus habere soliti sunt*. Il faut avouer que la qualification de *témérité* n'aurait rien de trop dur si Geoffroi était véritablement coupable du crime dont on l'accuse. Mais rien n'est plus aisé que de prouver son innocence et de détruire les faibles raisons sur lesquelles Baluze s'appuie. Il faut d'abord remarquer que Baluze était jeune lorsqu'il fit ses notes sur Gratien et n'avait pas alors les lumières qui ont depuis rendu son nom si célèbre dans la république des lettres. Ce critique a donc supposé qu'il y avait deux éditions du concile de Clermont, l'une générale commune où se trouve la clause en question, et l'autre propre à l'abbaye de Vendôme où elle a été retranchée. Il établit son système, 1° sur le cartulaire de Vendôme, où, selon lui, le canon sur le rachat des autels fut en même temps transcrit et falsifié; 2° sur la lettre de Pascal II, tronquée par rapport à cette clause essentielle. A l'égard de la prétendue falsification du canon de Clermont, dans le cartulaire de Vendôme, Baluze n'avait point vu ce cartulaire, il ne cite ni témoin ni auteur qui dépose en sa faveur. Comment donc a-t-il pu avancer que le canon sur le rachat des rentes a été en même temps transcrit et falsifié? D'où l'a-t-il appris? Peut-être a-t-il conclu que Geoffroi avait falsifié ce canon, parce qu'il en envoya copie à l'évêque d'Angers. Mais, pour parler avec les auteurs du *Nouveau traité de diplomatique*, quand Geoffroi n'aurait eu ni conscience ni honneur, était-il assez dépourvu de bon sens pour soutenir ses droits vis-à-vis d'un évêque, à la faveur de la falsification qu'il aurait faite au canon d'un concile dont la mémoire était toute récente? Mille bouches se seraient élevées contre cette imposture manifeste. Il faudrait donc au moins, que Baluze eût produit un cartulaire de Vendôme d'où la clause favorable aux évêques fût retranchée, pour étayer une prétention si étrange. Mais c'est ce qu'il n'a point fait, et ce que personne ne fera jamais. Nous donnons hardiment sur cela le défi à tous les critiques.

Pour ce qui est de la lettre de Pascal II, dans laquelle Baluze a prétendu que la clause avait été supprimée, nous avons en main de quoi confondre l'accusateur, en détruisant sans ressource le fondement de l'accusation. D. Martène, en cherchant par toute la France des mémoires pour le *Gallia Christiana*, pour ses grandes collections et pour l'édition des lettres des papes, a copié sur le cartulaire de Vendôme celle de Pascal II avec l'exactitude la plus scrupuleuse; nous l'avons sous les yeux, cette lettre, et nous y lisons expressément ces paroles, *salvo utique episcoporum synodali censu*. La voilà donc dans le cartulaire de Vendôme, cette fameuse clause, qu'on accuse Geoffroi d'avoir supprimée, et ce qui mérite une attention particulière, elle ôte l'équivoque d'*annuo censu*, en y substituant *synodali*.

Que deviennent à présent l'accusation de Baluze et la déclamation de Simon? Une accusation de faux contre un abbé de l'ordre de Saint-Benoît, quelque distingué qu'il fût par ses lumières, sa droiture, son intégrité, sa piété, était trop du goût de Simon, si connu par ses emportements pour ne pas l'adopter sans examen. « Peut-on rien de plus hardi, s'écrie-t-il (*Lett. crit. ed. de Basle*, p. 154), que l'action de Geoffroi, abbé de Vendôme, qui, pour exempter ses moines d'une certaine somme d'argent qu'ils payaient aux évêques, qu'on nommait le *rachat des autels*, falsifia le canon du concile de Clermont où il était fait mention de ce rachat?.... Geoffroi avait ôté du canon de ce concile de Clermont cette clause, *salvo utique*, etc. Geoffroi est suffisamment justifié par ce que nous avons dit contre une telle accusation; il reste seulement à savoir si cet abbé a prétendu que le troisième canon du concile de Clermont ait fait perdre aux évêques leur cens annuel sur les cures des monastères.

Les évêques étaient depuis longtemps en possession de lever sur ces cures un cens annuel appelé synodal ou cathédratique (*Nouv. traité de Dipl.*; p. 209). Mais en France cette exaction fut accompagnée d'une autre, condamnée comme simoniaque par un canon du concile de Clermont. A chaque mutation des curés ou vicaires chargés de desservir les églises paroissiales, surtout lorsque des mains des séculiers elles passaient dans celles des réguliers (Sirm., *not. in ep.* 12, *lib.* III), les évêques exigeaient une somme qu'on nommait le rachat des autels. Après la condamnation même de cet abus, plusieurs s'avisèrent d'augmenter leur cens annuel d'une somme pareille à celle que le canon leur avait fait perdre, en la répartissant sur un certain nombre d'années. Mais si la somme exigée à chaque mutation de prêtre était simoniaque, la répartition qu'on en faisait sur plusieurs années ne l'était pas moins. Tel est l'abus contre lequel s'éleva Geoffroi dans sa lettre à Ulger, évêque d'Angers. Le pape Pascal II, successeur immédiat d'Urbain II, s'était déjà déclaré contre le même abus dans une lettre à Yves de Chartres et à Ranulphe de Saintes, où il traite cette fausse interprétation du canon du concile de Clermont d'artifice inventé pour pallier la simonie, et leur ordonne d'exécuter le décret du concile, les faisant même souvenir qu'ils y ont assisté. Il est visible par là que Geoffroi, bien loin de s'écarter de ce qui avait été décidé et réglé à Clermont, s'y conformait au jugement du pape; et qu'au contraire les évêques qui exigeaient un cens annuel des moines méprisaient et violaient la décision de ce concile, puisque Pascal l'oppose à l'exaction des prélats. Est-il quelqu'un, après cela, qui puisse penser que Geoffroi ait falsifié le canon du concile de Clermont? Si Baluze avait fait ces réflexions, jamais il n'aurait formé, contre un abbé aussi respectable que Geoffroi de Vendôme, une pareille accusation. Disons plus, s'il avait compris l'état de la question, qui a été si bien éclaircie par le P. Sirmond dans ses notes sur la lettre de Geoffroi à Ulger, il ne serait point tombé dans cet excès : et il y a lieu d'être surpris qu'ayant eu occasion de reconnaître et de désavouer une si grande méprise, surtout lorsqu'il a publié l'ouvrage de M. de Marca, *De la concorde du sacerdoce et de l'empire*, il n'ait pas rendu à l'abbé Geoffroi la justice qu'il lui devait.

GOFFRIDI

ABBATIS VINDOCINENSIS S. PRISCÆ CARDINALIS

OPERA.

EPISTOLÆ, OPUSCULA, SERMONES.

Jacobus Sirmondus,

Societatis Jesu Presbyter, primum in lucem eruit, ac notis epistolas illustravit, anno MDCX.

ILLUSTRISSIMO PRINCIPI

CÆSARI BORBONIO

DUCI VINDOCINENSI, BRITANNIÆ-ARMORICÆ PROREGI.

Quo tempore, princeps illustrissime, Vindocinensis principatus codicillos regis optimi patris tui liberalitate adeptus es, non magis ille, ut equidem sentio, qua in te esset indulgentia, quam singularem erga Vindocinenses ipsos providentiam benignitatemque declaravit. Hoc agens nimirum, ut quibus gloriosum atque auspicatum ipsius et majorum imperium fuerat, idem per te ac posteros tuos continuaretur: et novo quasi exortu clarissimum Borboniæ domus sidus, quo radiante diutissime floruerant, iterum illis te duce affulgeret. Habui sane Vindocinum, ex quo ad Odonem Burgundum, ne altius repetam, dotali Adelæ conjugis, Fulconis Nerræ Andegavorum comitis filiæ, donatione translatum est, egregios semper ac rebus gestis inclytos principes, Fulcones,

Burchardos, Goffridos, Joannes, Hugones et alios : sed nunquam neque nobiliores, neque armorum aut pietatis gloria illustriores, quam Borbonios : ut tanto scilicet cæteris laudibus præcellerent, quanto regii prærogativa sanguinis anteibant. Unde non sine divino quodam consilio factum videtur, ut Vindocinensis honor, regiæ quondam hæreditatis portio, cum dominos antea sæpe mutasset, ac per singula fere comitum suorum capita familias alternasset, in hac tandem ut sibi honorifica et fortunata regali stirpe conquierit : cum ab Joanne Borbonio Marchiæ comite, qui abavi tui abavus fuit, per quem comitum Vindocinensium familia in Borboniam inserta est, ad Henricum usque IV, patrem tuum, regum fortissimum et clementissimum, Borboniorum Vindocini principum stemma recta et nusquam interrupta serie decurrat : quos omnes aut summi in Gallia gesti magistratus, administrataque provinciæ, aut triumphales devictis hostibus adoreæ, aut parta denique vel externa vel avita regna nobilitarunt. Ex quo quidem præsaga jam mente sentiunt Vindocinenses tui, quo te majorum tuorum decora vocent : quid sibi ex paterno de te judicio spondere debeant ; quid posteris tuis Vindocini futuris ducibus : quibus ut novam familiam ducis, novum etiam, quod eximia hæc indoles tua pollicetur, ad immortalem nominis famam iter ostendes. Goffridus vero noster, si ad vitam rediret, quantopere sibi operibusque suis te potissimum duce lucem redditam gratularetur ? aut cujus illa auspiciis in publicum exire mallet, quam tuis, in cujus ipse tutela et patrocinio, si viveret, versaretur ? Sed tibi præterea debebantur. Nam si fundi dominium fructus sequuntur, quis non intelligat, quod in Vindocinensi olim agro satum, natumque sit, tibi uni deberi ; ad quem integra Vindocini possessio pleno ac solido jure transfusa est ? Hoc ergo majore jam fiducia, quo justiore obsequio, ad te cum proxeneta suo nunc venit : rogantque pariter ; ipse, ut hunc ejus ingenii fetum ipsius vice foveas, et quod jurati olim comites Vindocinenses monasterio suo præsidium spoponderunt, id ratum ac perpetuum esse velis ; ego, ut tenue hoc specimen officii, ad deditissimi animi auctoramentum placidus excipias ; familiamque ordinis nostri universam, paterni hæres exempli, qua ipsum vides, benignitate, clementiaque tueare.

Illustrissimæ A. T.

Deditissimus,
Jacobus Sirmondus, Societatis Jesu.

LECTORI.

Goffridi abbatis, quod jure mireris, neque apud illorum temporum historicos, neque apud eos qui nostra vel avorum memoria illustrium scriptorum indices texuerunt, ulla usquam est mentio. Huic nos silentio ut aliqua ex parte mederemur, vitæ breviarium ex ejus ipsius epistolis collegimus : tum aliquot deinceps ejusdem ævi de illo testimonia, indito etiam Francisci Torrensis nostri elogio ; cujus diligentiæ πολυιστορίαν Goffridi Opera, quæ cæteros fugisse videbantur, minime latuerunt. In editione porro adornanda binis exemplaribus antiquæ et probæ utroque notæ usi sumus. Nam præter Cenomannicum, quod e S. Petri de Cultura cœnobio nacti jam eramus, alterum nobis e monasterio suo suppeditavit prolixa et singularis D. Michaelis Subleti abbatis Vindocinensis humanitas. Cui quidem opuscula duo, XIII nempe, ac XVIII debemus, quæ in altero desiderabantur. Epistolas ab opusculis et sermonibus sejunximus. Permista enim et confusa in utroque erant omnia. Sed in epistolis, quia in codice Vindocinensi perpaucæ erant, Cenomannensem secuti sumus ; ordine etiam intacto, nisi quod epistolas aliquot, quæ extra ordinem, utpote post primam, opinor, collectionem a Goffrido scriptæ, inter alios tractatus et sermones sparsæ legebantur (quibus et asteriscos in indice, ut tui quoque sint judicii, præfiximus) suis, quasque locis ad cæteras adjecimus : totumque utrarumque corpus levandi fastidii gratia in libros quinque partiti sumus : cum lectoribus plerumque idem quod iter facientibus evenire soleat, quibus, ut Numatianus ait :

Intervalla viæ fessis præstare videtur,
Qui notat inscriptus millia multa lapis.

GOFFRIDI VITA.

Goffrido patria fuit in Andegavis : genus clarum in primis ac nobile, quod indicat ejus epistola 2 et aliæ, in quibus Rainaldum Credonis dominum, et Mauricium ejus filium consanguineos suos vocat. Educatus a Guarnerio archidiacono Andegavensi, magistroque usus Guillelmo, ad quem libro IV scribit ; prima ætate inter monachos Vindocinensis monasterii, quod Goffridus Martellus comes paucis ante annis in Carnutum finibus fundarat, nomen dedit. Nec multo post, novitius adhuc et juvenis, ac diaconus tantum, Bernone mortuo, quintus ejusdem cœnobii abbas renuntiatus est. Tum ab Ivone Carnotensi episcopo inauguratus, Romamque ad Urbanum II, Guibertinæ factionis metu latitantem, profectus, immortali pontificem beneficio devinxit, pecunia unde Lateranum, et turrim Crescentiam redimeret, ffatim collata. Quo nomine primus omnium pedem Urbano in sede pontificia cum Laterano restituta osculatus est. A quo et presbyter sacratus, Ecclesiam etiam B. Priscæ, unde vi a Guitbertinis dejecti fuerant Vindocinenses, cum annexa cardinalis dignitate postliminio recepit. Reversus in Gallias Salmurum ad Ligerim eodem ipso anno, qui fuit Christi 1094, ab Hugone legato ad Fulconis Rechini comitis expiationem accitus est. Tum sequenti mox anno ad celeberrimum apud Arvernos concilium ab Urbano vocatus interfuit, adfuturus etiam Lateranensi Paschalis II, et Romano item Callisti II, a quibus pariter evocabatur, nisi alterum iter brevitas temporis, alterum hiemis asperitas exclusisset. Urbano sane, quoad vixit, unici filii instar charus fuit: quem etiam Vindocini, ac postea Paschalem undenum dierum spatio hospitem habuit. Callisto autem veteri necessitudine conjunctus, et, quod utriusque mutuæ epistolæ ostendunt, intimus fuit. Quo præterea in numero apud Ludovicum VI regem Goffridi nomen fuerit, hoc declarat, quod a rege delectus est inter arbitros controversiæ, quæ de majoratu et senescalcia Franciæ ab Andegavorum comite movebatur. Monasterium summa cura et vigilantia rexit, ita ut nullum illo tota Gallia, quod non uno loco prædicat, ea ætate ordinatius haberetur; et quanquam nonnullis asperior videbatur, ipse tamen se ad indulgentiam natura proniorem fuisse scribit. Proventus vero atque opes externas sic amplificavit, ut monasterium duplo quam acceperat, locupletius copiosiusque reliquerit. Sed multæ illi, ut mos est, dum antiqua illius jura et possessiones tueretur, cum vicinis episcopis, abbatibus et principibus viris subeundæ molestiæ et contentiones fuerunt. Ingenio fuit acri et vivido; quod in sacris præcipue litteris canonibusque exercitatum omnia passim opera cum singulari ejus pietate testantur: libertatem vel unica ad Paschalem de investituris ab eo concessis epistola: fidem ac studium erga sedem apostolicam, cujus speciatim filii sunt abbates Vindocinenses, tum impensæ, quas pro ea maximas fecit, tum susceptorum itinerum labores: in quibus Alpes pro Ecclesia Romanæ utilitate duodecies transcendit, ter etiam ab ejus adversariis captus est. De obitu nihil compertum, ad extrema Honorii II tempora pervenisse, Honorii ipsius ad Goffridum litteræ, anno 1129 scriptæ fidem faciunt.

TESTIMONIA

Veterum aliquot ejusdem ætatis scriptorum, et neoterici unius de Goffrido abbate Vindocinensi.

I.

Hugonis archiepiscopi Lugdunensis, sedis apostolicæ legati, litteræ de Fulconis Rechini comitis absolutione, cui Goffridus interfuit.

Hugo Lugdunensis archiepiscopus, apostolicæ sedis legatus, dilectissimis in Christo fratribus archiepiscopis, episcopis, abbatibus, et omnibus sanctæ Dei Ecclesiæ fidelibus, salutem. Communi orthodoxorum omnium notitiæ tradere dignum judicavimus, qualiter ex præcepto domini nostri papæ Urbani pro causa Fulconis Andegavensium comitis usque ad fines Andegavorum veniendi obedientiam suscepimus, ut eum a vinculo anathematis quo diutino tempore innodatus erat pro captione fratris sui Gaufridi, quem in bello publico ceperat, absolveremus: cum tamen ipse comes rationem reddere, aut satisfacere, aut judicium subire non subterfugeret: imo semper paratus esset: et ut virorum probabilium clericorum et laicorum relatione cognovimus, præfatus frater ejus, tempore quo captus fuit, a Stephano cardinale Romanæ sedis legato pro multimoda injuria, quam inferebat Turonensi Ecclesiæ, et abbati S. Martini Majoris Monasterii, excommunicatus erat, et Fulconi huic principatus Andegavensis comitatus ab ipso legato ex parte sancti Petri donatus erat, quem quidem et ab avunculo suo Gaufrido concessum fuisse, virorum probabilium de nobilibus suis veraci cognovimus relatione. Nos igitur hac suscepta legatione, ut vigor apostolicæ obedientiæ majori a nobis tractaretur auctoritate, venerabilem fratrem nostrum Bituricensem archiepiscopum exsequutionis hujus adhibuimus socium: et sic simul positi fratrem comitis, quem captum audiebamus, consulto adivimus, quem ita desipientem, invenimus, ut ferebatur ab omnibus; ut prorsus inutile et vanum videretur regendæ ei patriæ committere principatum, qui sibi et omnibus stultitia sua factus fuisset inutilis: usque adeo, ut nec per manus nostras a captione vellet eripi. Venimus itaque ad cœnobium S. Florentii, et in die nativitatis S. Joannis Baptistæ, virorum religiosorum episcoporum et abbatum, qui invitati advenerant, Fulconem comitem paratum satisfacere aut rationem reddere, unanimi omnium voto et laude absolvimus: acceptis ab eo securitatibus, ut si frater ejus melioritatem sensus reciperet, ex præcepto domini nostri papæ, vel nostro, aut concordiam faceret cum eo, aut judicium subire paratus esset: nec uxorem duceret, de quarum numerositate culpabatur, absque nostro consilio, cujus rei gestæ seriem vobis pandere judicavimus. Religiosorum autem, qui adfuerunt, nomina hæc sunt: Aldebertus venerabilis Bituricensium archiepiscopus. Ouveldus Cenomanensis episcopus. Guillelmus abbas S. Florentii. Bernardus abbas Majoris Monasterii. Bernardus abbas SS. Sergii et Bacchi. Girardus abbas S. Albini. Nualdus abbas S. Nicolai. Baldricus abbas Burguliensis. Gaufridus abbas Vindocinensis. Actum est anno ab Incarnatione Domini 1094 apud abbatiam S. Florentii, die festo S. Joannis Baptistæ.

II.

Ivonis episcopi Carnotensis (epist. 40, ad Goffridum).

Ivo, humilis Ecclesiæ Carnotensis minister, Gaufrido Vindocinensis monasterii abbati, cum dilectione salutem. *Item Epistola* 57, 92, 93 et 94.

III.

Hugonis de Cleeriis, militis Andegav. in Commentario de majoratu et Senescalcia Franciæ, quem integrum post notas edidimus.

Rex Ludovicus requisivit Fulconem comitem, ut de guerra ista eum juvaret. Comes vero respondit quod nullomodo ei servire debebat. Eum namque ex majoratu et Senescalcia exhæreditabat. Tunc rex Ludovicus per Amalricum de Monte-Forti, avunculum Fulconis comitis, et per Gaufridum abbatem Vindocinensem, et Radulphum de Balgentiaco mandavit comiti, de omnibus istis et majoribus aliis istorum consilio se versus comitem emendaturum.

IV.

Callisti II papæ epistola ad Goffridum abbatem Vindocinensem.

Callistus episcopus, servus servorum Dei, dilectissimo in Christo filio suo Gaufrido Vindocinensi abbati, salutem et apostolicam benedictionem. Et tuæ in Romanam Ecclesiam devotionis, etc. *Vide in Callixto II.*

V.

Francisci Torrensis in antapolegitico pro residentia pastorum.

Dicere autem plebem aliquando elegisse episcopos, aut posse modo, ad hæresim de investitura ecclesiastica a laicis accepta pertinere potest, quam Romana synodus Gregorio VII pontifice damnavit, et hoc nomine affecit, ut etiam Goffridus Vindocinensis abbas vetus auctor, et valde in Scripturis sanctis eruditus, in libro De ordinatione episcop. et investitura laicorum ad Petrum cognomento Leonem Ecclesiæ Romanæ cardinalem scripsit, et in epistola 7, ad Pascalem pontificem de pacto inito cum rege Teutonico.

GOFFRIDI

ABBATIS VINDOCINENSIS, S. PRISCÆ CARDINALIS,

EPISTOLÆ.

LIBER PRIMUS.

EPISTOLA PRIMA.

Domino charissimo ac venerabili papæ Urbano, Goffridus suus, reverentiam cum puræ dilectionis obsequio.

1 Sanctitatem vestram visitare cupiens Romam venire disposueram; sed quæ adhuc valde me cruciat febris quartana, detinuit invitum. Et quia velle adjacet mihi, si quando Deus posse donaverit, venire usque ad vos non pigritabor, beata visione vestra satiari non mediocriter optans. Interim, Pater dulcissime, apud pietatem vestram obtineat servus vester litteris vestris benedici pariter et salutari. Santonensi episcopo (1), humiliter quæso, præcipiatis, ne Eblonem, qui vobis semper inobediens exstitit, aliqua occasione **2** absolvat, nisi prius nobis satisfecerit de invasione terræ nostræ, et de redditibus, quos per quatuor annos injuste habuit. Præsentium litterarum portitorem virum religiosum, amatorem justitiæ et veritatis, et, ut videtur, per omnia zelum Dei habentem, bonitas vestra nullatenus dubitet. Hic est enim qui in partibus nostris, quasi primus et maximus, cum Propheta clamare non cessat: *Quis consurget mihi adversus malignantes, aut quis stabit mecum adversus operantes iniquitatem?* (Psal. xcIII, 16.) Pater benigne, nuper canones relegens, quamdam sententiam inveni, quæ Paschali papæ (2) inscribitur, ubi neophytum factum episcopum (3) hæreticum vocat; et sicut Si-

---

(1) *Santonensi episcopo*. Rannulfo, ad quem de eodem Eblone scribit lib. III, epist. 31.

(2) *Paschali papæ*. Id nominis primo. Exstat hic canon apud Ivonem Decreti p. II, cap. 84, cujus etiam meminerunt glossographi editionis Romanæ decretorum Gratiani I, q. 1, *Quisquis*, sed Paschali II tribuunt, cum primi dicere debuerint. Primi etenim fuisse vel hic Goffridi locus ostendit, cum ad Urbanum II scribat, qui Paschalem II antecessit.

(3) *Neophytum factum episcopum*. Neophytus hoc loco non novitius Christianus, quo sensu Apostolus neophytum fieri vetat episcopum I ad Timoth. III, et synodus Nicæna can. 2, sed novitius clericus, ex laicorum cœtu in sacrum ordinem recens ascriptus, et novus adhuc, ut Gregorii Magni verbis utar, in sancta conversatione. Nam et hos quoque neophytos dici Gregorius voluit, et ab episcopali gradu una cum Simoniacis anathemate arceri. Lib. IV, epist. 5, ad Virgilium, et lib. VII, epist. 112, ad Syagrium et alios. Et si enim primis sæculis propter Ecclesiæ necessitatem creati utriusque generis episcopi fuerant non pauci, et in quibusdam præclare successerat, ut in Philogonio Antiochiæ, et Nectario Constantinopoli, et Ambrosio Mediolani, et Sidonio nostro apud Arvernos, et in aliis; postea tamen, sublata necessitate, interdici, ambitumque hominum ad sacros honores repente prosilientium coerceri placuit. Synodus sane Arvernensis II, nondum edita,

moniacum, Ita et neophytum a sancta Ecclesia debere separari docet et præcipit. Hæc autem sententia utrum inter canonicas recipi debeat, satis non video. Sed quod minus inde percipio, paternitate vestra edocente scire desidero. Valeat majestas vestra.

EPISTOLA II.

Dilectissimo domino ac venerabili papæ Paschali, Goffridus per omnia suus, cum dilectione debitam servitutem.

Ad vos venire, optime Pater, paraveram : quod quanto desiderio explere cupiebam, si etiam lingua mea sileret, testis est mihi paratus ipse quem feceram. Sed dum prompta voluntas veniendi adfuit,

(Edita deinde tom. II Conc. Galliæ p. 389), Aurelianensem v imitata, paulo ante Gregorii ætatem, unius anni spatium neophytis præfixerat can. 9, his verbis : *Ut nullus ex laicis absque anni conversatione præmissa episcopus ordinetur, ita ut intra anni spatium a doctis et probatis viris disciplinis et regulis spiritualibus plenius instruatur.* At Gregorii sententiam et verba secutus est suo canone Paschalis. Sed quod in eo scriptum est neophytos istos, si episcopi fiant, hæreticos a Gregorio appellari, cum apud Gregorium nusquam legatur, subdititium videtur. Quæ causa fortasse cur de canone illo ambigat Goffridus. Neophytorum tamen hæresin etiam Ivo nuncupat epist. 149.

(4) *Quidam satis nobiles.* Præpositi Olarionis Santonum insulæ, ubi has consuetudines exigebant. Lib. III, epist. 38, et lib. v, epist. 20.

(5) *Principis potestatem.* Guillelmi Aquitaniæ ducis lib. v, epist 20 et 21. Vindocinense cœnobium fundarunt quidem Goffridus Martellus comes Andegavensis, et Agnes ejus uxor : verum Agnes antea nupserat Guillelmo comiti Aquitano, Guillelmi Caput-stuppæ filio, ex eoque conjugio prognatus Guido Guillelmi hujusce principis avus. Ejus igitur proavia fuerat Agnes fundatrix. Monasterii porro Vindocinensis defensores erant comes Pictavensis una cum Andegavensi et Vindocinensi. Urbanus II, in diplomate anni 1098 : *Præterea statuimus ut Andegavensis, Pictavensis, ac Vindocinensis, comites omni tempore sint defensores et adjutores ejusdem loci ad honorem apostolicæ sedis.*

(6) *In patrimonium et alodium.* Hoc multis locis repetitur a Goffrido. Passim etiam in diplomatis pontificis, aliisque Vindocinensis monasterii monimentis, ut in tabulis fundationis, et in iis quibus Goffridus comes fundator testatur se, cum Vindocinensem comitatum Fulconi sororis suæ filio donaret, de monasterio excepisse, cavisseque ne a potestate Andegavensium comitum subtraheretur : quas quidem integras potius hoc loco subjiciam, tum quia breviores sunt, tum quia originem indicant paucis vulgo notam comitum Vindocinensium; sic igitur habent.

Goffridi Martelli comitis præceptum de tuela monasterii Vindocinensis.

« In nomine Salvatoris Dei, et Domini nostri Jesu Christi. Ego Goffridus divina miseratione Andegavorum comes, notum facio omnibus sanctæ Ecclesiæ fidelibus, quod monasterium in honorem sanctæ et individuæ Trinitatis in quadam possessione mea, quæ jure hæreditario apud Castrum Vindocinum mihi contingebat, pro salute animæ meæ parentumque meorum sumpto meo fundavi, et juxta possibilitatem meam rebus propriis exstruxi, monachorumque congregationem sub regula et abbate viventium divina operante clementia constitui. Monasterium autem ipsum et res illius universas ab omni consuetudine, inopinata necessitas non defuit, quæ meæ voluntati penitus 3 obstitit. Sunt enim in partibus nostris quidam satis nobiles (4) genere, sed multum ignobiles actione, mihi quidem carne propinqui, at moribus et vita longinqui. Ili de rebus monasterii, cujus, licet indignus, curam gerere videor, perversas quasdam exactiones sive consuetudines extorquere laborant, quas prædecessores eorum longe ante per violentiam rebus ipsis impresserant. Quos cum per ecclesiasticam censuram a sua impietate revocare minime potuissem, cœpi laborare, si quo modo flecti potuissent per principis potestatem (5) : cujus videlicet antecessores monasterium fundaverunt, et beato Petro in patrimonium et alodium (6) prosive exactione quietas auctoritate et assertione domini mei regis Francorum Henrici, Theodorici etiam Carnotensis episcopi consilio, beato principi apostolorum Petro, et Romanæ ejus Ecclesiæ in alodium obtuli et patrimonium. Solummodo loci defensionem mihi et meis successoribus Andegavensis patriæ principibus retinens, ad apostolicæ sedis honorem scilicet, et ad perpetuam animæ meæ et successorum meorum salutem. Cum vero nepoti meo Fulconi honorem Vindocinensem, quem Patri ejus Bodoni cuidam Burgundioni pater meus Fulco cum filia sua sorore mea Adela sine mea concessione et assensu ante contulerat, donavissem ; abbatiam cum omnibus quæ tunc habebat et habitura erat ipso nepote meo concedente retinui, et ut abbatiam ipsam et omnes res ejus, pro Dei amore, et nostro deligeret et conservaret, nec aliquo in tempore a potestate Andegavorum comitum subtraheret, diligenter admonui. Quod ille multum suppliciter suscepit, et spontanea voluntate hoc se mihi obtulit juraturum. Unde habito cum Baronibus meis consilio, me suscepturum sacramentum respondi. Venimus itaque ad ecclesiam Beatæ Trinitatis, ibique super textum Evangeliorum extrinsecus de auro fabricatum et super ipsum altare mihi juravit, quod abbatiam et cunctas res ejus ad honorem Dei et beati Petri quanto melius posset conservaret ; nec abbatem loci vel monachos se sciente qualibet occasione molestaret ; nec aliquam consuetudinem vel violentiam rebus eorum inferret : nec unquam ab ipsa Vindocinensi abbatia Andegavensis comitis expelleret potestatem, etiamsi pro aliquibus rebus comes Andegavensis sibi guerram moveret. Concessit etiam ut quidquid ab hominibus suis in toto comitatu suo monasterium venditum esset vel datum, quatenus illud monachi Vindocinenses absque sua vel successorum suorum contradictione seu consuetudine pacifice possiderent, et quidquid inde pro utilitate monasterii agere vellent, liberam facultatem haberent. Actum est apud Castrum Vindocinum in Ecclesia sanctæ Trinitatis, anno ab Incarnatione Christi millesimo quinquagesimo, indict. III, regnante Henrico Francorum rege, anno imperii sui nono decimo. Isti sunt qui adfuerunt :

« Ego Goffridus Andegavorum comes, Fulco nepos meus, Eblo de Blasone, Rainaldus de Malolebrario, Nichardus de monte Aureo, Landricus de Balgentiaco, Hubertus de Munitioue, Fulcherius de Turre, Robertus de Monte Cantorio, Robertus de Burgodio, Goffridus de Pruliaco, Adelardus de Castro Gonteri, Harduinus de Rupibus, Salomon de Lavarzino, Nivelo de fracta valle, Ingelbaldus Brito, Gothardus Budellus, et alii multi.

« Signum. † Goffridi comitis Andegavensis.
« Signum. † Fulconis comitis Vindocinensis. »

Goffrido Martello sorores duæ fuerunt : Hildegardis ex qua et Alberico Vastinensium comite orti sunt Groffridus et Fulco Rechinus, posterique eorum coprimm, cum rebus ab ipsum pertinentibus obtulerunt (7). In his itaque valde suspensus detineor; sed mox ut veritas, pro qua laboro, per gratiam suam ab hac suspensione me liberatum habuerit, sanctitatem vestram, prout dignum est, visitare non pigritabor. Interim tamen, piissime Pater, apud paternitatem vestram obtineat servus vester litterarum vestrarum visione salutari pariter et lætari: quarum auctoritate tyrannorum inhumanitatem, imo bestialem sævitiam refrenemus, quam vix aut nunquam aliter refrenare poterimus.

EPISTOLA III.

Dilectissimo ac venerabili Patri suo Paschali papæ, Goffridus Vindocinensis cœnobii minister indignus, debitam cum dilectione obedientiam.

Alodium beati Petri, Vindocinense videlicet monasterium, cujus gubernandis rebus humilitas nostra 4 præesse dignoscitur, in hoc mundo, quasi in maris medio, gravi nimis tempestate perurgetur. Non quidem jam, ut assolet, sæculari violentia devastatur; sed læsionibus pariter et injuria pontificum, qui Ecclesiæ defensores esse debuerant, assidue molestatur. Ipsi namque nobis mala faciunt, et quæ ab aliis illata fuerint satis libenter consentiunt. In Cenomanensi itaque episcopatu Vindocinensis comitissa (8), ob scelera sua de comitatu ejecta, Ecclesiam quamdam nobis aufert, et alia multa. Episcopus videt, et inultam rapinam patitur: sæpe quæsita justitiæ jura non exercet. Ip-e etiam quemdam monachum (9) nostrum fugitivum, cæmentariorum quidem, non tamen habentem charitatis cæmentum, quo vivo lapidi Christo jungatur, nobis reclamantibus, ob utilitatem suæ artis secum detinet. Ibi ipso sciente, contra propositum monachi, carnibus vescitur, et omnino regulæ sanctæ contrarius, perniciem animæ suæ cum corporis turpitudine operatur.

In episcopatu Andegavensi quamdam ecclesiam in una parochiarum (10) nostrarum, nobis contradicentibus, scimus esse plantatam: non quam Pater cœlestis plantavit, sed quam ibi laicus quidam temeraria potentia impressit. Cujus actionis episcopum sentimus assertorem, quem tantæ injuriæ vindicem habere debuimus et correctorem. Episcopus vero Santonensis (11), quod monasterium nostrum per triginta et eo amplius annos absque omni reclamatione possederat, 5 nobis absentibus, imo nescientibus, quibusdam æmulis nostris ut acciperent licentiam dedit; nos denique vestræ sanctæ paternitatis audientiam appellantes audivit. Sed apud vos, Pater, prosit, quod apud illum penitus obfuit. Quoniam vos diu est, amantissime domine, non visitavimus, suppliciter et obnixe precamur ne ob hoc servis suis misericors vestra sublimitas indignetur. Non enim alia de causa distulimus, nisi quia eos, si non omnes, ex ipsis aliquos, quibus injuste premimur, in vestro justo examine præsentes habere desideramus. Unde vestræ sanctitati toto corde, tota anima, tota virtute supplicamus, quatenus viscera apostolicæ pietatis, quæ oppressis omnibus succurrere consuevit, juxta desiderium nostrum sentiamus, ut vel sic sævire desinat tempestas quam patimur, et, quod decet monachos, optata quiete perfruamur.

EPISTOLA IV.

Beatissimo papæ Paschali, charissimo domino suo et Patri, omnis congregatio Vindocinensis monasterii, eorumque indignus Pater Goffridus, debitam cum filiali timore subjectionem et obedientiam.

Injuriis et persecutionibus, quas Carnotensis episcopus (12) nobis suscitavit, et suscitari fecit, valde fatigati, ad sinum matris nostræ sanctæ Ro-

---

mites Andegavenses: quod prodit inter alios Ordericus Vitalis lib. IV Historiæ ecclesiast.; et Adela, quam Fulco Nerra pater, ut hæ tabulæ declarant, Bodoni, seu, quod verius putem, Odoni uxorem dedit cum comitatu Vindocinensi. Ex Odone porro et Adela satus Hugo, fons et caput familiæ comitum Vindocinensium.

(7) *Et alodium obtulerunt.* Alodium olim dicebant fundum liberum nullius juri obnoxium. Unde et nos prædium liberi alodii nunc etiam dicimus, quod nec fidem nec pensitationem debet, in quo differt a feudo, quod fidem et dominium debet. Ivo Carnot. epist. 168: *Emit comes Rotrocus partem illius fundi quæ alodium erat,* id est quæ liberi juris erat: pars enim altera fundi libera non erat, ut pote in beneficium data. Dare igitur in alodium, est transferre in jus proprium. At dare in feudum non est, quia fundi feudalis proprietas manet penes superiorem dominum; ususfructus tantum vassallo conceditur: cui proinde quod est feudum, id ipsum domino est alodium.

Retinent hodieque priscum alodii vocabulum vici aliquot in Gallia, quos quia liberæ conditionis erant, alodia et alodos appellabant. Nam alodos etiamnum vocant Andegavi, quos Adela comitissa S. Albino dedit, et Pictavi monasterium S. Mariæ de Alodiis, quod in ejus nominis vico situm est.

(8) *Vindocinensis comitissa.* De ea non liquet, sed ecclesiæ, quam invaserat, nomen Saviniacus lib. III, epist. 15.

(9) *Quemdam monachum.* Joannem, cujus crebra mentio in epistolis ad Ildebertum episcopum, lib. III.

(10) *Ecclesiam in una parochiarum.* Antiqui ac perpetui juris fuit, novam ecclesiam sine episcopi, cujus in diœcesi solum erat, permissu non ædificari. Synodus Chalcedon. can. 4: Ἔδοξεν μηδένα μὲν μηδαμοῦ οἰκοδομεῖν μηδὲ συνιστᾶν μοναστήριον, ἢ εὐκτήριον οἶκον παρὰ γνώμην τοῦ τῆς πόλεως ἐπισκόπου. Quod jus ita sanctum apud reges nostros fuit, ut sua etiam lege et parendi exemplo firmarint, capitul. lib. V, cap. 182: *Placuit nobis ne capellæ in nostro palatio, vel alibi sine permissu episcopi, cujus est parochia, fiant.* Quod ergo episcoporum hac in re jus fuit, idem suum esse abbates voluerunt in parochiis, quæ in ipsorum erant potestate. Tale autem Cluniacensium jus fuit ex Lucii II privilegio: *Prohibemus,* inquit, *ut infra parochias ad jus Cluniacensis monasterii pertinentes absque Cluniacensis abbatis consensu ullus ecclesiam vel capellam ædificare præsumat.* Romæ anno 1154.

(11) *Episcopus vero Santonensis.* Ranulfus idem, a quo insulam Flaici, de qua hic sermo, semel atque iterum monasterio suo subtractam queritur lib. III, epist. 37.

(12) *Carnotensis episcopus.* Ivo, quo cum de vexationibus istis multa sæpe expostulat lib. II. Scripta quidem epistola totius monasterii nomine, sed a Goffrido dictata, Romamque ad Paschalem allata.

manæ Ecclesiæ, mamillam justitiæ sitientes confugimus; pro cujus amore ac fidelitate multimodas episcopi infestationes **6** diu portavimus. Ad Romanam itaque confugimus Ecclesiam : cujus sub alas maternitatis dum congregari et foveri, prout justum est, desideramus, nos disgregare et tribulationum funibus alligatos inde abstrahere molitur prædictus episcopus; et contemptis sanctæ catholicæ et apostolicæ sedis privilegiis, quos ab initio nostræ creationis mater omnium ecclesiarum Romana Ecclesia proprios et speciales filios habuit atque lacte suæ dilectionis nutrivit, quia sibi vindicare non valet (13), exsecrandis vexationibus conatur exstinguere. Unde, optimæ et honestissimæ vitæ Pater, vestram pietatem humiliter imploramus, quatenus educto de vagina beati Petri gladio, episcopus et qui sibi in injuriis nostris obtemperaverunt sic corrigantur, ut cæteri timeant, et a nostra persecutione retrahant manus, et sub præsidio apostolicæ virtutis, quæ monachos decet, quietem habere valeamus. Mementote, dilectissime Pater, venerabilium prædecessorum vestrorum qui vos ad æthereas mansiones præcesserunt: quorum sancta astutia, licet in multis divisa minor esset in singulis, in causis tamen monasterii nostri, patrimonii scilicet beati Petri, se totam, prout videbatur, colligebat. Illi quidem, sicut eorum honorabiles epistolæ quas tanquam reliquias reservamus, veraciter testificantur; benefactoribus nostris multiplices gratias referebant, et eos qui nos impugnabant, severissima invectione arguebant. Illis temporibus pacem **7** habuimus et quietem ; et militare Deo licuit, non implicari mundiali negotio. Nam si quis nos molestare cogitabat, ibi moriebatur ubi orta erat iniqua cogitatio. Nunc autem tribulationibus atterimur, fatigamur injuriis, vexationibus, et maxime Carnotensis episcopi, laboramus. At, de vestra bonitate, clementissime Pater, et æquitatis integritate omnino confidentes, ab his omnibus liberari nos credimus. Gravamina, quibus a memorato episcopo premimur, et sub quanto illius onere gemimus, propter nimiam morositatem tacuimus, et domni abbatis lingua melius omnia loquetur, quam indicare possit epistola.

(13) *Vindicare non valet.* Ideo non poterat, quia Theodericus episcopus suo et successorum nomine, monasterium Vindocinense ab episcoporum Carnotensium potestate liberum fecerat privilegio, quod ad calcem operum Goffridi edidimus.
(14) *Archembaldi, dicti abbatis.* Hoc argumentum tractatur in epistola sequenti.
(15) *Beatæ Priscæ ecclesiam.* Et hoc etiam peti debet ex epistola 9 hujus libri.
(16) *Domnum Paganum beati Albini electum.* Vetus et nobile S. Albini cœnobium Juliomagi Andegavorum, in quo post Girardum II creatus abbas Archembaldus anno Christi 1106, cum sua sponte abdicasset, suffectusque in ejus locum esset Paganus, mutata mox voluntate abbatiam iterum affectavit, obtinuitque ut Pagani electio infringeretur. Pro Pagano litteras ad Goffridum dedit Paschalis, de quibus epistola præcedenti; sed ei nec litteræ pontificæ, nec adhibitæ apud legatum et episcopum An-

EPISTOLA V.

Gloriosæ ac venerabilis vitæ Patri et domino Paschali sanctæ et catholicæ Romanæ Ecclesiæ pontifici, frater Goffridus peccator dictus abbas Vindocinensis, quod patri filius et domino servus.

Litteras sanctitatis vestræ cum gaudio et reverentia qua debuimus suscepimus, eisque debitam obedientiam, prout dignum erat, exhibere voluimus; et quidquid a beatitudine vestra nobis in litteris præceptum fuerat, completum utique fuisset, si inobedientia Archembaldi dicti ablatis (14) Sancti Albini et quorumdam monachorum sibi faventium non obstitisset. Sanctum quidem et justum vestrum mandatum fuerat; sed qui **8** justitiam et sanctitatem minus diligunt, ex omnibus quæ præcepistis nihil omnino fecerunt. Hinc igitur vestræ discretioni incumbit, quod inobedienter actum est corrigere; ut vel sic universi cognoscant quam grave sit apostolica præcepta contemnere. Utile est enim, imo necessarium, ne hæc tanta præsumptio monachorum inulta remaneat, forte de monachis sumpta occasione in gradu altiori pestis inobedientiæ caput erigere præsumat. Hoc in anno, dilectissime Pater, ad vos venire desiderio desideravi; sed infirmitate et multiplici monasterii nostri necessitate detentus venire non potui. Sed, Deo volente, quam citius potero ad vos veniam beatam faciem vestram visurus; et B. Priscæ ecclesiam (15), vel de ecclesia justitiam, si bonitati vestræ non displicet, quod minime displicere debet, recepturus.

EPISTOLA VI.

Beatissimo papæ Paschali, charissimo domino et Patri, frater Goffridus, S. Romanæ sedis humilis servus, debitam cum dilectione obedientiam.

Domnum Paganum beati Albini electum (16), quem mihi minimo servorum vestrorum vestræ auctoritatis decreto commendastis, scitote veraciter multa gravamina passum. Prius quidem electio sua sine judicio et audientia ei ablata est. Postea per invidiam in locum, quem per electionem fratrum suorum obtinuerat, Archembaldus subrogatus **9** est. Qui, me præsente, in capitulo suo inter manus Andegavensis episcopi cum regula S. Benedicti (17) degavensem preces profuerunt, quo minus abbatiam retineret Archembaldus.
(17) *Cum regula S. Benedicti.* Hoc est, librum porrigens Regulæ, abbatiam abdicarat. Ductum e prisca illorum temporum consuetudine, qua ad sanciendas firmandasque cessionum et investiturarum actiones baculum, cultellum, aliudve quidpiam ejusmodi adhibebant; interdum etiam librum Regulæ S. Benedicti, apud monachos nimirum. Cujus rei in ipso S. Albini tabulario varia suppetunt exempla, ut in donatione Adelardi de Castro Gonterii, quam lib. v, epist. 25 proferemus. Item in altera concessione Samsonis Passavantii militis, in qua post eorum enumerationem, quæ monasterio apud Curtummcampum donarat anno 1138 sic concludit : *De hac igitur eleemosyna ego ipse Samson cum Regula S. Benedicti, cum qua ecclesiæ beneficium ab abbate et fratribus memoratis acceperam, memoratos investivi abbatem et conventum ; et eamdem Regulam*

abbatiam penitus ante dimiserat; quia, sicut ipsimet et omnis congregatio cum eo publice confitebatur, præ animi et corporis infirmitate tantum onus ferre non poterat. Paganus vero cum se nec auditum, nec vocatum quasi damnatum conspiceret, ne per hanc, quam immerito patiebatur, repulsam, infamia postmodum notaretur, me audiente, domnum episcopum Andegavensem (18) et domnum Engolismensem legatum (19) vestrum convenit : justitiam et audientiam ab eis quæsivit ; sed, sicut utraque quæsita est, utraque ab utroque negata fuit. Salomon tamen rex, et evangelicus judex nec sic egerunt, nec sic agere judices Ecclesiæ docuerunt. Quorum unus meretrices litigantes audire minime contempsit; sed earum causas diligenter discutiens prudenter terminavit. Alter vero in adulterio deprehensam et apud se accusatam sapienter et misericorditer liberavit. His quæ supra diximus, et aliis gravaminibus prædictus frater vehementer oppressus, sanctam apostolicam sedem, quæ matris pietate oppressis omnibus subvenire consuevit, appellavit; et ad eam, sicut ad matrem filius, consilium et auxilium petiturus confugit. Sed nec sua electio, nec sanctæ sedis appellatio, quæ quondam prodesse solebat, adhuc sibi prodesse potuit. Et quia matris injuriam silere non convenit filio, sanctæ matris Romanæ Ecclesiæ injuriam, cujus filius ego 10 sum, licet indignus, occultare nec possum, nec debeo. Archembaldus et monachi qui sustinent partes ejus, omnia quæ de Pagano eis præcepit Romana Ecclesia ita contempserunt, quod ex omnibus omnino nihil fecerunt. Huic tamen universali omnium Christianorum matri obedire est utile, et honorificum, et non obedire criminosum. Hæc obedientibus dilectionem servare semper studuit, et inobedientibus reddere ultionem. Unde præcordialissime Pater, paternæ pietatis viscera qualiscunque filius vester humiliter precatur ; quatenus in matre nostra Romana Ecclesia sic et justitiæ status vigeat et dilectionis affectus, ne pauper innocens opprimatur, nec superbus dives qualibet occasione glorietur. Quod si violentia Teutonici regis (20) aliquid æquitatis minus a vobis extorsit, et timor mortis filiorum vestrorum ad hoc carnem vestram, non animam, inclinavit ; quanto minus justitiæ in hoc actu dignoscitur, tanto in causis aliis amplius peragatur. Pater in Christo charissime, non vos ultra modum afficiat, si qua fuit sinistra operatio; non perturbet oculum mentis vestræ, regis exactio : sed quanto fortius potestis, jura justitiæ in rebus aliis teneatis nunc ex deliberatione, ut, quod regi fecit vestra humanitas, fecisse credatur pro vita filiorum paterna compassione.

EPISTOLA VII (21).

Beatissimo papæ Paschali, charissimo domino et Patri, frater Goffridus, apostolicæ sedis servorum minimus, eam, quæ secundum Deum est, obedientiam.

Optime nostis, Pater optime, navim Petri Petrum simul et Judam habuisse, et sicut, beatus Ambrosius dicit (22) : « Quandiu in ea Judas fuit, semper passa est tempestatem; sed, illo filio perditionis foras expulso, tranquillitatem habuit et quietem. » Judæ siquidem perversitas exigebat ut navi, quæ utrumque, Petrum scilicet et ipsum vehebat, suscitaret tempestatem; sed fides et pietas B. Petri apud Dominum obtinebat, ne collisionem incurreret vel submersionem. Et quia nostris temporibus alter Judas, parturiente diabolo, contra sanctam Ecclesiam natus agnoscitur, qui catholicam fidem, libertatem et beatam ejus castitatem modis omnibus detestanda præsumptione sibi auferre conatur : valde necesse est ut nunc etiam fides B. Petri in sua speciali sede, quæ nunquam errare consuevit, tantum vigeat; quatenus in primis suæ sanctæ Romanæ Ecclesiæ et a collisione provideat, et eam a submersione defendat; ne forte, quod absit ! Satana triumphante, erroris fluctibus intolerabiliter oppressa succumbat; et sic credentium omnium multitudo Scyllam et Charybdim cum illo patiatur et pereat, et B. Petrus sub undis latere credatur, qui olim super undas 12 ambulabat. Firmiter credimus, nec erramus, Dominum

---

super altare B. Albini detuli ob memoriam perpetuæ firmitatis. Ut in his librum Regulæ, sic in aliis tabulis cultellum, baculum, chirothecas in manum missas, altarique impositas legimus; quin exstant hodieque in eodem S. Albini cœnobio, et in aliis plerisque veteris moris monumenta : baculi, inquam, et chirothecæ et alia investiturarum, traditionumque, quas signarant, titulis inscripta.

(18) Episcopum Andegavensem. Rainaldum, ad quem scribit lib. III.

(19) Engolismensem legatum. Girardum, de quo epistola 19 hujus libri.

(20) Violentia Teutonici regis. Henrici IV postmodum imperatoris; de ea re mox dicetur ad epist. sequentem.

(21) Epistola 7. Hujus epistolæ argumentum in Indice codicis Cenomanensis ita concipiebatur : Rationabiliter ostendit pactum quod cum Teutonico rege fecerat non tenendum. Pactum scilicet de investituris episcoporum et abbatum, quas Henricus a Paschali armata militum manu ad urbem circumsesso, captoque per vim extorsit III Idib. Aprilis anno 1111 cum eas Henrico ejus patri ut concederent Gregorius et Urbanus nullis unquam minis, neque blandimentis, neque vexationibus inflecti potuissent. Quod factum Paschalis etsi excusare videatur necessitas, quod alioqui, ut ipse in epistola ad Guidonem Viennensem causatur, servitus Ecclesiæ, captivis interitus, excidium urbi et Italiæ imminere videretur, usque adeo tamen omnibus locis improbatum est, ut apertum schisma tantum non excitarit. Itaque prudentes et cordati viri, quos viol[are] Ecclesiæ jura male habebant, in quibus Goffridus hic noster, et alii, quorum exstant epistolæ, Paschalem hortari atque urgere non destiterunt ut pactum, quod invitus fecerat, et ipsemet ultro damnabat, publico decreto rescinderet. Quod quidem præstitit anno sequenti in synodo Lateranensi, in qua investituras Henrico iterum abrogavit.

(22) Beatus Ambrosius dicit lib. IV in Lucam cap. 4 : Hæc est, inquit, illa navis, quæ adhuc secundum Matthæum fluctuat, secundum Lucam repletur piscibus. Et post alia : Non turbatur ista quæ Petrum habet, turbatur illa quæ Judam habet.

nostrum duobus discipulis, Petro videlicet et Paulo, Ecclesiæ dedisse principatum. Petrum fidei catholicæ principem fecit; Paulum doctrinæ. Quorum unum elegit adhuc in terra corporaliter manens; alium vero in cœlo jam residens. In terra quidem Petrum elegit, ut Ecclesiam suam ejus fidei robore firmaret; Paulum postea de cœlo, quatenus ejus sancta doctrina fide firmatam Ecclesiam exornaret. Isti gloriosi triumphatores operibus veritati fidem servantes non sanguini, maluerunt alter obedienter subire patibulum crucis, alter ensem suscipere diligenter submissa cervice; unde amplius lactis exivit quam sanguinis; quam Ecclesiæ sibi commissæ virtutem fidei et libertatem, quam bonus eorum magister et Dominus fuso sanguine sui sacratissimi corporis comparaverat, paterentur auferri. Isti sanctæ memoriæ et venerabilis vitæ martyres suo capiti Christo fideliter inhærentes, quam veraciter ejus membra fuerunt, mori potius pro illo quam contra illum vivere eligentes, factis amplius quam verbis clamaverunt: Quorum victorioso sanguine laureata sancta Romana Ecclesia olim superatis hostibus triumphavit; quæ in suis doctoribus et mori pro Christo semper optavit, et sibi vivere recusavit. Ii sancti viri in æthereis mansionibus cum suo Domino jam exsultant, ubi pro morte temporali beatam immortalitatem adepti, suos sed non degeneres successores exspectant. Quod si alicui eorum **13** victoria non adfuit passionis, non illud timor negavit; nec tam passio defuit quam dies certaminis. Talibus patronis terra lætatur, cœlum exsultat : et, quia felix eorum vita mortem meruit gloriosam, hinc sancta eorum solemnia plebs Christiana celebrando frequentat, et per supplicabiles ipsorum preces se tota devotione suo Creatori commendat. Horum itaque solemnia celebrare est utile et religiosum; se piis eorum precibus commendare utile pariter et necessarium. A quorum sorte beata qui in eorum sede residens et aliter agens se privavit, factum suum ipse dissolvat, et velut alter Petrus lacrymando corrigat quod fecit. Si metu mortis titubavit ad horam carnis infirmitas, in corrigendis carnis operibus mentis integritas persevere, et emendare non erubescat, causans de carne, velit nolit, moritura, quod acquisita immortalitate vitare potuisset. Si vero timore mortis filiorum suorum potius quam suæ, ea fecisse vel facientibus assensum dedisse convincitur, quæ Christus per semetipsum correxit, et B. Petrus abominatus est, atque sacri canones penitus exsecrantur, nullo velamine tegi potest vulnus tam manifestum; quia pater sic filiis propitiare non potuit, sed salutem impedire filiorum. Mortem siquidem, quæ fructum facit meliorem differre subito morituris, et in æternum victuris vitam a Deo paratam auferre, nulla nos docent exempla sanctorum. Nam, si Paulus ad horam vitavit mortem, in aliquo fidem non læsit, neque deseruit **14** veritatem; et se morti magis reservasse creditur, quam subtraxisse, ut fructum deinceps faceret potiorem. Unde nec justitiæ nec misericordiæ fuisse consilium veraciter agnoscitur, sed Satanæ incitamentum, eos subtraxisse morti, quæ diu deesse non potest mortalibus, qui cum utilitate totius Ecclesiæ vitæ statim sociari potuissent æternæ. O quam venerabilis, et quam pretiosa esset in conspectu Domini mors, imo vita illorum, quibus si pati pro fide datum fuisset desuper, vel in terra permissum, sancta Ecclesia hæretica pravitate superata, suo sponso, qui pro ea mortuus est et resurrexit, usque in finem sæculi fideles filios procreasset; nec frangi, nec flecti deinceps fides catholica potuisset! Si objicitur, quod inviti forsitan paterentur, et idcirco eorum passio crederetur infructuosa, quod spontanea minime videretur; et iterum (Aug. ep. 61 ad Dulcitium): *Pœna martyrem non facit, sed causa*; causa utique idonea et multum idonea erat, quia causa fidei, qua melior non poterat inveniri. Pro hac etiam, si aliter non possent, contra suam voluntatem mori debuissent; quia nec sic martyrii palma fraudari potuissent. Innocentes etenim sancti, qui nec voce nec voluntate martyrium quæsiisse leguntur, quoniam pro Domino pertulerunt, corona martyrii non privantur. Hos sancta Ecclesia non solum martyres esse, verum etiam martyrum flores confitetur. Unde firmiter credendum est et nullatenus dubitandum quod supplicium mortis pro fide Christi homini collatum, etiam si pro carnis **15** infirmitate noluerit, et tamen non negaverit, martyris vindicat nomen et præmium. Si autem adeo fuissent degeneres filii, quod a porta paradisi, cui non Teutonici regis impietate, sed qui bene malis uti consuevit, Domini pietate jam propinquaverant, retro pedem dare negando voluissent: constantia patris et ratio spiritui propitiare potius debuerat quam carni, eosque in fide sancta exhortatione firmare : si necessitas incumberet, primus pro veritate succumbere; et sicut B. Sixtus beatum Laurentium ad vitam prævenit æternam, ita et ipse eos prævenire, ne illorum imperfectione universalis Ecclesia chartam fidei castitatis ac libertatis perderet, quam Salvator ore suo dictatam et sigillatam in cruce manibus propriis Christianis omnibus tradidit in pignus et tenorem dilectionis. Et, quoniam culpa hæc inexcusabilis nullatenus dubitatur, et excusando augeri potest, non minui; relicto errore scienter commisso sine dilatione corrigatur, ne mater nostra spiritualis, quæ quasi novissimum spiritum trahit, omnino moriatur; fide, castitate ac libertate vivit, ac viget Ecclesia : quæ si non habet, languet et separatur a vita. Nam fide fundatur, ornatur castitate, libertate tegitur. Sed, cum laicam investituram, quæ secundum traditiones sanctorum Patrum hæresis comprobatur, non contradicit, sed præcipit; cum corrumpitur ipsa muneribus, cum sæculari potestati subjicitur, fides, castitas et libertas ei simul auferıtur; et quæ vitam non habet, nec immerito **16** mortua creditur. Hujus mortis auctorem vel novissimum Ecclesiæ membrum credere, etiam si pastor videatur, errare est. Huic errori quicunque inhæserit, merebitur ab ipsa vitæ radice præcidi. Super his autem si quis aliter senserit, non est catholicus, manifestetur, et veritatis argumento probabitur esse hæreticus. Tolerandus quidem est pastor (25), ut canones dicunt, pro reprobis moribus; si vero exorbitaverit a fide, jam non est pastor, sed adversarius, a quolibet peccatore tantum catholico detestandus. Licet enim, secundum sanctorum decreta Romanorum pontificum, etiam meretrici communem Ecclesiæ fidem, quam suam credit et confitetur, defendere. Multo igitur amplius atque perfectius religiosum catholicum decet hæreticam pravitatem impugnare; nec Christianæ legis veritatem, qui Christianus est, in tali negotio debet occultare. Sunt quidam episcopi, quos nec clerus, nec populus elegit, sed eos tantum laica persona investivit, qui contra catholicorum statuta Patrum, et maxime contra veridicam B. Gregorii septimi papæ vocem, qui pro defensione hujus fidei mortuus est in exsilio (24), investituram palliantes, eam negarent hæresim esse (25) verbis ad seducendum compositis, si possent. Quorum stateris dolosis, viris fidei non appenditur : hos enim custodit Dei spiritus, quo reguntur. Fratres isti, utinam si fieri posset, fratres catholici, qui non a suo consecratore, sed contra claves Ecclesiæ a laicis investituram susceperunt 17 vel suscipiunt, dum quemlibet auctorem hujus criminis moliuntur defendere, sub illius defensione se, sed quasi productis verendis natibusque nudatis operiunt. Nam, cum castitatem sponsæ Dei sepelire, et nimium sordida pollutione sepultos suscitare fallaciter conantur, se faciunt amplius manifestos, sed, quia hæreticus hæretici testimonio in eo hæresis genere quo conveniunt, minime damnatur, mirum non est si tam nefanda loquuntur. In eum autem qui talia credit et profitetur, de pharetra veritatis David rex et propheta hoc modo jaculatur : *Non est Deus in conspectu ejus; inquinatæ sunt viæ illius in omni tempore* (Psal. IX); et illud : *Verba oris ejus iniquitas et dolus* (Psal. XXXV) : noluit intelligere ut quæ sunt fidei sequeretur. Qui talis est præesse, non prodesse, et *quæ sua sunt tantum quærere, non quæ Jesu Christi* (Philipp. II) desiderat, et per quælibet devia oves præcipitentur nullatenus curat. De quibus lac et lana sibi non sufficit; sed illarum devorat carnes et ossa corrodit. Se tamen æstimat pastorem ovium, cum sit potius lupus earum. Et merito lupus non pastor ovium creditur, qui eas non pascit, sed de ipsis pascitur. Hæc a nobis idcirco dicuntur, quia, dum a satana propheta corruptus agnoscitur, qui non solum verbo, sicut Balaam, sed etiam scripto in Christiani populi necem consilium pariter et assensum dedisse convincitur; valde necesse est, ut cui residet, asina loquatur et prophetæ corripiat insipientiam, qui sacra divinæ legis præcepta transgressus est, sacrilegi regis secutus 18 insaniam. Et, quoniam Luciferum nostris temporibus e cœlo lapsum indubitanter agnoscimus, ne ei qualibet occasione illius impietatem dissimulantes inhæreamus, ne in puteum desperationis cum eo, quod Deus abnuat, corruamus. Si minus dixi quam debui, ignorantiæ deputetur; si amplius, quia eo odio iniquitatis et æquitatis amore processi, ignoscatur.

EPISTOLA VIII.

Dilectissimo Patri et domino Paschali papæ venerabili, frater Goffridus, sanctæ Romanæ Ecclesiæ servorum minimus, debitam cum dilectione obedientiam.

Placuit sanctitati vestræ, Pater charissime, abbatem B. Albini (26) vocare, et ut in præsentia vestra usque ad festivitatem omnium Sanctorum mihi justitiam exsequeretur, decreto vestræ auctoritatis admonere. Quid ipse olim contra sedem apostolicam fecerit, beatitudo vestra melius novit. Nunc autem vobis inobediens esse non audet; quoniam si ad istam vocationem vestram non veniret, comes Andegavensis (27) possessionem, quam monachi B. Albini per subreptionem abstulerunt, monasterio nostro restitueret. Ego vero ad prædictum terminum inevitabili monasterii nostri necessitate detentus, sicut prædicto abbati ante dixi, venire non potero. Sed, si Deus vitam et prosperitatem mihi concesserit, usque ad festivitatem sancti Clementis beatam faciem vestram visitabo, de abbate, et 19 de monachis B. Albini justitiam accepturus; et quia venerabilis memoriæ dominum papam Urbanum deceperunt, multis auctoritatibus sanctorum Romanorum pontificum probaturus. Ipse postea dominus papa, visis privilegiis nostris, se fuisse deceptum asseruit, et auctoritate privilegii sui, quod contra nos fecerat ita retractavit, quod Ecclesiam de qua querela manet, et quidquid prædecessores sui monasterio nostro firmaverant, sine exceptione firmavit. Unde, dilectissime Pater, dinocinenses, Goffridus vero abbas factus, causam suam sic egerat apud Urbanum, ut is judicium suum retractaret, ecclesiamque S. Joannis Vindocinensi postea monasterio inter cæteras ejus possessiones assereret. Quod quidem non solum ab Urbano, verum etiam a Paschali ejus successore factum vidimus diplomate anni 1103. Attamen, quoquo modo composita res fuerit, obtinuit tandem Urbani decretum, potiunturque hactenus illa ecclesia monachi S. Albini.

(27) *Comes Andegavensis.* Fulco ejus nominis V, idem qui Hierosolymorum postea regnum adeptus est, de quo iterum epist. 21, et lib. XI, epist. 7.

---

(23) *Tolerandus quidem est pastor.* Ex Anacleti epist. 5, citat Ivo decreti p. III, cap. 5.

(24) *Mortuus est in exsilio.* Salerni. Henrico imp. cedere coactus, qui Romam expugnarat. Gregorii VII verba, cum in lethalem morbum incidisset, a Petro Bibliothecario hæc memorantur : *Dilexi justitiam, et odi iniquitatem; propterea morior in exsilio.*

(25) *Eam negarent hæresim esse.* Hac de re uberius agit lib. III, epist. 11 et in opusculis.

(26) *Abbatem B. Albini.* Archembaldum, de quo epist. 5. Is nunc Romam cum Goffrido vocabatur, disceptaturi ambo de ecclesia S. Joannis super Ligerim, quam Urbani II judicio Albinianis, pro Credonensi quam repetebant, dare coacti fuerant Vin-

secretam paternitatem vestram, non adoptivus, sed proprius et specialis filius vester (28) precatur humiliter, ne prosit illis quæ de justitia diffidunt, si adventum prævenerint nostrum. Monasterium S. Albini Romanæ Ecclesiæ nunquam servivit vel serviet, nisi pro sua tantum necessitate. Monasterium vero nostrum ita B. Petri est proprium, quod ad ipsis fundatoribus suis alodium ei datum exstitit, et patrimonium. Ab ipso nostræ congregationis initio prædecessores nostri sanctæ Romanæ Ecclesiæ optime servierunt : et, si gloriari oportet, imo quia gloriari oportet in Domino, nemo illorum melius quam ego. Unde, salva veritate, profiteor quod, postquam monasterium regendum suscepi, tredecim millia solidorum (29) nostræ monetæ in Romanæ Ecclesiæ servitium expendi, sola videlicet dilectione, non mea qualibet necessitate. Hæc autem dico, Deus scit, non fallaciter exprobando; sed dilectionem nostram erga Romanam Ecclesiam veraciter approbando : ut, qui Romanam Ecclesiam diligunt, et 20 me diligant, et mecum contra meos adversarios clypeum defensionis opponant. Inter cætera, quæ mea humilitas Romanæ Ecclesiæ in sua necessitate fecit servitia, unum, quia celeberrimum fuit, nec possum, nec debeo silere : quo audito, qui catholicam fidem diligit, me nunquam poterit non amare. Primo anno, quo (30), Deo volente vel permittente, nomen abbatis suscepi; audivi piæ recordationis dominum papam Urbanum in domo Joannis Fricapanem (31) latitare, et contra Guitbertistam hæresim (32) viriliter laborare. Licet locus noster pauper esset, Romam tamen veni, illius persecutionum et laborum volens particeps fieri, et suam pro posse meo desiderans supplere inopiam : quod et Dei gratia feci. Mala quæ in itinere et in civitate passus sum, nostrorum per omnia, ne agnoscerer, factus famulus famulorum longum est enarrare. Quasi alter Nicodemus ad dominum papam in domum prædicti Joannis nocte veni : ubi eum pene omnibus temporalibus bonis nudatum, et alieno ære nimis oppressum inveni. Ibi per Quadragesimam mansi cum illo; et, si fas est profiteri veritatem, ejus opera in quantum potui, charitatis humeris supportavi. Quindecim vero diebus ante Pascha, Ferruchius, quem Lateranensis palatii custodem Guibertus fecerat, per internuntios locutus est cum domino papa, quærens ab eo pecuniam et ipse redderet illi turrim et domum illam. Unde Dominus papa cum episcopis et cardinalibus, qui secum erant, locutus, ab 21 ipsis pecuniam quæsivit ; sed modicum quid apud ipsos, quoniam persecutione et paupertate simul premebantur, invenire potuit. Quem ego, cum non solum tristem, verum etiam præ nimia angustia lacrymantem conspexissem, cœpi et ipse flere, et flens accessi ad eum dicens, ut secure cum Ferruchio iniret pactum. Ibi aurum et argentum, nummos, mulas et equos expendi; et sic Lateranense habuimus, et intravimus palatium. Ubi ego primus osculatus sum domini papæ pedem, in sede videlicet apostolica, in qua longe ante catholicus non sederat papa.

EPISTOLA IX.

Beatissimo papæ Paschali, frater Goffridus, quod charissimo patri humilis filius, et bono domino fidelis servus.

Litteras vestras, dilectissime Pater, triginta quinque diebus ante concilium (33) vidi : in quibus audivi quod noluissem, et quod audire peccando non merui. Pervenit enim ad aures vestras nescio cujus relatione, me persecutoribus Ecclesiæ, et comiti Pictaviensium (34) participare; quod Deus scit, nunquam feci; nec paternitatem vestram optassem de me rem hujusmodi credidisse. Hæc namque seminavit inimicus homo, et fallaciæ spiritus erat in mentis III nomine, adversus Gregorium VII, creatrat Henricus imp. anno 1083. Quo ex tempore et Gregorium quoad vixit, et Victorem Urbanumque successores tum aliis diris modis exercuit, tum Roma extorres pene semper habuit. Ita ut in apostolica sede, quod extrema epistola scribit Goffridus, catholicus papa longo intervallo non sederit. Undecim plane anni fuerant ab exordio Guiberti ad receptum ab Urbano Ferruchii deditionem Lateranum.

(33) *Triginta quinque diebus ante concilium*. Lateranense, anni 1112, de quo ad epist. 7 diximus. Eadem excusatione usus etiam Ivo Carnot. epist. 150 quo minus ad concilium proficisceretur : quod Paschalis papæ litteras quibus vocabatur, septem tantum hebdomadibus; hoc ex 49 diebus ante constitutum concilio diem acceperit.

(34) *Comiti Pictaviensium*. Guillelmo, de quo epist. 2, ejus nominis et familiæ postremo, quem sæpius excommunicatum constat. Sed de ea nunc excommunicatione agitur, quam Girardus Engolismensis legatus, et Petrus episcopus Pictavensis ob illicitas pulsa legitima uxore nuptias inflixerant; ut narrat lib. v Historiæ Guillelmus Malmesburiensis. Multa Vindocinenses et opima in hujus principis ditione prædia possidebant, ut Oleronis et Surgeriarum ecclesias in pago Santonico, Olonensem, et alias in Pictaviensi.

---

(28) *Specialis filius vester*. Lib. III, epist. 54 D. Bernardus epist. 294 ad Eugenium papam : *Abbas Vindocinensis, qui specialiter vester est, rogamus ut et ipse specialem inveniat gratiam.*

(29) *Tredecim millia solidorum*. Duodena tantum millia leguntur epist. 9 et 13 ad Calixtum. Quare mendum hoc loco videtur.

(30) *Primo anno quo*. Christi 1094 ex Bertholdo Constantiensi, qui res Urbani accurate persecutus est, constat initio hujus anni turrim Crescentii in Guibertinorum potestate adhuc fuisse. Goffridus paulo ante ferias Paschales opera sua turrim cum palatio Lateranensi receptam notat : quod in eumdem prorsus annum incidisse compertum est. Goffrido autem ut beneficium Urbanus, ita nos egregii facinoris memoriam debemus. Nam, nisi ipse proderet, nesciremus.

(31) *In domo Joannes Fricapanem*. Vetustissimæ ac nobilissimæ apud Romanos familiæ nomen nunc paululum inflexum, Frangipanes enim dicuntur. Quod ergo generatim scribit Bertoldus, Urbanum Romæ prope S. Mariam Novam in quadam firmissima munitione moratum, ad ipsum videtur quod explicatius dicitur a Goffrido, illum in Joannis hujus domo latuisse.

(32) *Contra Guitbertistam hæresim*. Contra Guibertum, ejusque fautores. Hic est quem ex archiepiscopo Ravennate pseudopontificem indito Cle-

eo. Monasterium siquidem nostrum, quidquid melius habet, et unde pene penitus vivimus, in terra comitis Pictaviensis noscitur habere. **22** Et ideo mutare non possum, quin aliquando cum eo loquar, sed testem in animam meam invoco Spiritum sanctum; hoc necessitate fit monasterii nostri, non mea voluntate. Occasione quondam accepta, quia prædecessor noster (35) non potuit ad eum venire vel noluit, quamdam nobis abstulit obedientiam, quam me postea viginti quinque millia solidorum redimere oportuit. In quibus tamen me ab excommunicato debeo abstinere, si ei communicavi; vel quandiu fuerit excommunicatus, communicavero, nunquam mihi a Deo illius peccati fiat remissio. Hæc et si quælibet alia vobis de me dicta sunt amara, credite firmiter ea fallaciter et invidiose fuisse inventa. Unde, si justum est, competens terminus ponatur; et qui me sagittant in occulto, notificentur contra quos scilicet canonice me præparare debeam, et de quibus forsitan aliquid dicam, et sine misericordia judicemur. Veritatem, dulcissime Pater, attendite, non verborum relationem. Æmulantur enim me quidam, scilicet diaboli æmulatione. Quorum falsis detractionibus compellor palam profiteri veritatem, quam satis tacere voluissem. Nullus itaque veraciter dicet æmulorum, quod in tota Francia monasterium sit ordinatum melius quam nostrorum. Quod nostro tempore per Dei gratiam amplius crevit, quam prius devotio fundatorum ei contulerit : licet nunquam Ecclesiam, nunquam alterius Ecclesiæ decimam, vel quamlibet possessionem ecclesiasticam eo modo acquisierim, quo faciunt quidam. Tempore **23** prædecessorum nostrorum Romana Ecclesia vel debitum censum, duodecim scilicet solidos (36), per annum vix inde habere potuit. Quod non propter jactantiam, sed propter gratiarum actionem dico, in servitio Romanæ Ecclesiæ amplius quam duodecim millia solidorum nostra paupertas expendit. In spatio triginta quinque dierum, reverendissime domine, me præparare et ad vos venire non potui, corporis etiam pressus infirmitate. Iter nostrum quam citius potero, præparabo, et, si Deus mihi vitam et sanitatem donaverit, vos, sicut charissimum patrem, ad præsens videbo, vobis diligenter serviturus, et B. Priscæ misericorditer recepturus ecclesiam (37), vel de ecclesia, si placet,

(35) *Prædecessor noster.* Paulo post : *Prædecessorum nostrorum.* Lib. v, epist. 21 : *Rectores monasterii nostri qui fuerunt ante me.* Quatuor omnino ante Goffridum Vindocini abbates fuerunt Rainaldus, Odericus, David et Berno, quem hoc loco significat. Bernoni obedientiam seu prioratum S. Georgii (de hoc enim agi puto) eripuerat Guillelmus comes, quem Goffrido postea restituit. Urbanus II Goffrido *Ecclesiam S. Georgii in Oleronis insula, quam ab omni exactionis consuetudine liberam Guillelmus Pictaviensis comes excommunicatione nostra coactus reddidit, sicut ab Andegavensi comite Goffrido et Agnete comitissa loco vestro tradita fuerat.* Qua de re iterum lib. v, epist. 19 et 20. De obedientiæ autem hac notione vocabulo lib. iv, epist. 7.

(36) *Duodecim scilicet solidos.* Idem repetit epist. 13 ad Calixtum. Censum hunc abbati Vindocinensi tanquam sedis apostolicæ alodiario indixerant fundatores. Tabulæ fundationis : *Abbas vero, qui alodiarius B. Petri esse dignoscitur, matrem suam Romanam Ecclesiam per singulos annos aut per se, aut per legatum suum visitare studeat, et si majorem charitatem non fecerit, censum saltem* xii *solidorum ad concinnanda luminaria ante venerabile corpus beatissimi Petri ibi persolvere non negligat.* Clemens II in privilegio confirmationis : *Censum vero ad memoriam cognitionemque sempiternam duodecim solidos de moneta patriæ vestræ B. Petro reddi per annos singulos volumus.* Sic olim Cluniacenses tutelæ nomine x solidos quinto quoque anno pendebant. In diplomate Agapiti II : *Sane ad recognoscendum quod prædictum cœnobium S. apostolicæ sedi ad tuendum atque fovendum pertineat, dentur per quinquennium solidi* x. Vizeliacenses singulas quotannis libras argenti. Paschalis II Altardo abbati Vizeliac. : *Ad indicium quoque hujus libertatis, apostolicæ sedi, cujus juris esse dignoscitur libram argenti per singulos annos persolvat;* sic alii alios census.

(37) *Beatæ Priscæ ecclesiam.* B. Priscæ ecclesiam titulum presbyteri cardinalis in monte Aventino abbatibus Vindocinensibus cum dignitate cardinali primus illustri et inusitati exempli prærogativa concessit Alexander II, ita ut quicunque legitimi Vindocini abbates forent, iidem Romanæ Ecclesiæ hujus tituli cardinales essent. Alexandri hæc sunt verba in litteris ad Odericum abbatem anno 1062 : *Concedimus etiam omnibus hujus loci abbatibus ecclesiam B. Priscæ cum dignitate cardinali, sancti Spiritus judicio decernentes, ut nulla deinceps ecclesiastica sæcularisve persona prædictam B. Priscæ ecclesiam seu ecclesiæ dignitatem eis auferre qualibet occasione præsumat.* Quod eidem Oderico beneficium confirmavit Gregorius VII, anno 1029. Verum grassante posthæc in urbe factione Guibertina, ecclesia hæc Vindocinensibus, quod partes illas aversarentur, adempta, atque ad alios translata est. Et quanquam Goffrido nostro, ut est in epist. 16, ejus investituram reddidit Urbanus II, iterum tamen ejus possessione dejectos fuisse ex eo liquet, quod eam nunc repetit a Paschali, et epist. 13, promissum sibi a Callisto testatur : a quo tandem in integrum restitutus, cardinalis B. Priscæ titulum usurpare cœpit. Sic enim ad Callistum ipsum scribens se appellat opuscul. 3, Callisti diploma, quo vindicias Goffrido instauravit, integrum proferetur ad epist. 28, lib. ii. Ejus porro vestigia decimo post anno secutus est Honorius II; cujus etiam exstat privilegium Romæ ix Kal. Apr. anno 1129 perscriptum. Nec tamen diuturna, satis aut illibata Vindocinensibus fuit hæc possessio. Nam, sive quod Ecclesiæ illius sarta tecta negligerent, sive alia potius causa fuit, iterum illis est adempta, et aliis cardinalibus, quos B. Priscæ titulo creabant, per pontifices attributa. Denique Innocentius III, intermissam possessionem Hamelino abbati, qui octavus fuit a Goffrido, postliminio restituit, sed cum hac exceptione, ut ipse quidem ejusque successores abbates pristinam cardinalis dignitatem, ejusque insignia cum B. Priscæ ecclesia perpetuo retinerent. Cæterum, si quando alii ejusce tituli cardinales crearentur, his parerent, quartamque proventuum partem penderent ii, qui B. Priscæ ecclesiam pro Vindocinensibus administrarent. Innocentii verba, tametsi paulo longius excurrunt, non abs re fuerit audire. Sic igitur habent: « *Licet autem antecessores nostri ecclesiam S. Priscæ in monte Aventino sitam cum omnibus pertinentiis suis, et cardinali etiam dignitate prædecessoribus tuis duxerunt concedendam; sicut in ipsorum privilegiis perspeximus contineri; quia tamen post aliqua tempora per incuriam et neglectum eorum ipsa ecclesia destructionem et desolationem incurrit; quidam prædecessorum nostrorum eam diversis*

justitiam. Dignum satis et justum esset, si discretioni vestræ videretur, ut quod sanctorum prædecessorum vestrorum, Alexandri secundi videlicet et Gregorii septimi auctoritate nobis donatum est, et sub eorum anathemate firmatum, et postea pro fidelitate Romanæ Ecclesiæ a Guitberto hæretico ablatum exstitit, a Romana Ecclesia nobis redderetur, quæ mala pro bonis reddere non consuevit. Hæc est enim retributio quam Deus non docuit, nec B. Petrus agnovit. De Guitberto quidem me optime vindicavi; quia post beatæ memoriæ papam Urbanum, et præcipuum sanctæ Romanæ Ecclesiæ filium, Petrum Leonis (38), ei abstulit Lateranense palatium. Valeat dominus papa et vigeat; et qui eum odit, vel decipit, convincatur, ne pereat.

EPISTOLA X.

Dilectissimo domino suo universali papæ Calixto, frater Goffridus suus quidquid est, quidquid potest, quidquid sapit et habet.

In primis, dulcissime Pater, pro universis beneficiis vestris multiplices grates et gratias agit benignæ paternitati vestræ humilis servus vester. Mihi quidem servo suo præcepit vestra dilectio, ut infra vel circa abbatiam nostram exspectarem, donec viderem nuntium vestrum, ad vos venire paratus, quia de charo chariorem, et de familiari familiariorem me facere disponebat vestra sancta et sincera intentio. Charissime domine, obedientiæ vestræ servavi mandatum : exspectavi et adhuc exspecto promissum. Quod si oblivione vel aliqua necessitate exstitit prolongatum, et tamen fraudari qualibet occasione non potero. Sunt etenim tria maxime, quæ de gratuitæ bonitatis vestræ promissis me desperare nulla ratione permittant : nobilitas scilicet generis (59), veritas apostolicæ dignitatis amica; et antiquæ vinculum dilectionis. Jubeat igitur bonus dominus meus me venire ad se, quod suo servo, licet indigno, promisit, et scripsit facturus. Ego autem, si ipse jusserit, quando et quomodo jusserit, sum ad eum venire paratus. Hæc humilitas mea suo præcordialissimo domino scripsit, et si quid minus scriptum est, cum præsens fuerit, non tacebit. Valeat benignissimus dominus noster semper, et vigeat; et omnis ejus inimicus aut convertatur, aut pereat.

EPISTOLA XI.

Dulcissimo patri suo, et charissimo domino universali papæ Calixto frater Goffridus, quod patri filius, quod domino servus.

Loquar ad dominum meum, quamvis non sim omnino utilis servus, sed tamen fidelis. Loquar ad patrem meum; quem toto corde, tota anima, tota virtute dilexi; et probatio meæ dilectionis fuit quondam exhibitio operis. Nihil aliud dicam, nisi quod divina Scriptura loqui me docuit. Apud Noe pium et justum patriarcham, nec Japhet patris amator perdere, nec Cham patris derogator percipere patris benedictionem promeruit : maxime Cham ille, qui non solum patris pudenda detexit, verum etiam quæ in patre non erant pudenda finxit, et publicavit. Unde nullatenus dubito, imo fiducialiter credo, quod nec censura justitiæ, nec jura naturæ, nec vinculum antiquæ dilectionis, nec veritas apostolicæ dignitatis amica, me diutius fraudari patientur promissa mihi patris benedictione. Scit enim pius Pater, quid mihi, licet indigno filio, promiserit; quid mihi postea litteris apostolicæ veritatis significaverit. Faciat igitur Pater bonus; ne facies filii, qui Patrem semper dilexit, de non completa Patris promissione erubescat : ne ille qui iniquo odio semper habebit utrumque, de contumelia Patri irrogata se ejus gratiam adeptum glorietur, et de filii repulsa adgaudeat. Ascendat in mentem piissimi Patris et domini, et in memoria fixum teneat, quantum illum, antequam novissem, dilexi; quam devote ei, antequam charam ejus faciem vidissem, servivi. Ego sum, ego sum ille, qui Armannum monachum missum ab eo ad dominum papam Urbanum honorifice pro ejus amore suscepi; et qui apud dominum papam, qui me quasi

---

temporibus diversis cardinalibus assignarunt, quos ad titulum ejusdem ecclesiæ promoverunt. Nos vero tuo volentes honori deferre, de consueta sedis apostolicæ benignitate concedimus, ut dignitatem, quam antecessores tui ex concessione ipsius ecclesiæ sunt adepti, tu et successores tui nihilominus habeatis. Sandaliorum usum, tunicæ et dalmaticæ, mitræ et annuli, sicut eis presbyteri cardinales utuntur, vobis in perpetuum auctoritate apostolica confirmamus, ipsamque B. Priscæ ecclesiam Vindocinensi monasterio de speciali gratia restituimus : hoc adhibito moderamine, ut si forte nos aut successores nostri presbyteros cardinales ad ejus titulum duxerimus promovendos, pro ea maxime causa ut super altare B. Petri consuetum agant officium, sicut a sanctis Patribus provida fuit deliberatione statutum, hi quibus pro tempore curam et administrationem ipsius ecclesiæ commiseritis, eisdem cardinalibus debitam impendant obedientiam humilem et devotam. Qui videlicet cardinales de proventibus ecclesiæ ejusdem percipiant quartam partem : vos autem de ipsa ecclesia geratis sollicitudinem diligentem, ne per vestram incuriam in sollicitudinem iterum redigatur; quia privilegium meretur amittere, qui permissa abutitur potestate. » Hactenus Innocentius. Ex eo factum est ut gemini deinceps fuerint B. Priscæ cardinales; alii ordinarii, quos pontifices designabant; alii extra ordinem perpetui ac velut nati, abbates Vindocinenses : illi munere et officio, hi titulo tenus et dignitate. Hodie vero nec B. Priscæ ecclesiam retinent nec dignitatem : quam tamen Constantiensis concilii tempore adhuc retinebant. Hæ rerum vices.

(38) *Petrum Leonis.* Præcipuum hoc sæculo Romanæ Ecclesiæ columen et decus Petrus Leonis, Romanorum omnium opibus et potentia facile princeps; nec solum sub Urbano, sed postea etiam sub Paschali; cujus pacis cum Henrico interpres, ut Dodechinus et alii scribunt, atque auctor fuit; quinetiam sub Callisto, ut est lib. v, epist. 3. Is est cujus restat sepulcrum in atrio basilicæ S. Pauli via Ostiensi cum epitaphio, cujus acrostichis *Petri Leonis* nomen notat.

(59) *Nobilitas generis.* Guidoni enim archiepiscopo Viennensi, qui in pontificia dignitate Callistus II appellatus est, pater fuit Guillelmus comes Sequanorum genus, ut cum Sugerio, in Ludovici regis Vita loquar, imperialis et regiæ celsitudinis derivativa consanguinitate clarum.

unicum filium diligebat, pro causis ipsius diligenter peroravi, et totum ejus complevi negotium, testis est mihi conscientia sicut melius potui. Valeat Pater meus semper et vigeat; et omnis eius inimicus aut convertatur, aut pereat.

EPISTOLA XII.

Dilectissimo Patri et domino universali papæ Calixto, frater Goffridus suus quidquid est, quidquid potest, quidquid sapit et habet.

Mihi, dulcissime Pater, præcepit vestra dilectio, ut ad vos venirem, quia de charo chariorem (40) et de familiari familiariorem me facere, personam scilicet nostram honorare, et Ecclesiæ nostræ conferre utilitatem disponebat vestra sancta et sincera intentio. Veniam certe, Deo auxiliante, ad dominum meum ei servire paratus, et recepturus ab eo quod **27** verbo et scripto mihi promisit, nec ero ingratus. Interim humiliter rogo pium Patrem et dominum, quatenus misso ad Carnotensem episcopum (41) suæ auctoritatis decreto, excommunicationem confirmet, quam episcopus ipse litteris apostolicæ sedis coactus reddidit in Nivelonem et Archembaldum, qui plurima damna et multiplices injurias monasterio Vindocinensi, alodio B. Petri et ejus patrimonio fecerunt, et adhuc facere non desistunt. Prædicto etiam episcopo apostolica sinceritas penitus interdicat, ne quidquam a nobis contra Romanæ Ecclesiæ privilegia exigere præsumat. Dictum est mihi quod Hugo præpositus Carnotensis Ecclesiæ ad vos venit, qui, sicut dicitur, sacrilego et excommunicato Niveloni communicat, et eum in rapina possessionum nostrarum manutenere conatur. Si unquam bene aliquid promeruit de celsitudine vestra humilis servus vester, pium erga me sentiat ille vestræ dilectionis affectum, nec verborum ejus relationem suscipiatis; sed nostram potius exspectare veritatem, quia me ad præsens, prævio Spiritu sancto, præsentem habebitis. Si quid minus dixit humilitas nostra, præsentium latoris lingua supplebit. Hoc intersigno præsentes litteras meas esse Pater meus agnoscat, quod Armanno monacho (42) Romæ pro ejus amore bene servivi; et cum apud Turonum nocte nudatus esset a furibus (43), non dimidiam vestem, ut sanctus Martinus, sed grisiam pelliciam atque varias pelles obtuli Patri meo, quem nimia charitate semper dilexi et diligo. Valeat **28** dominus et Pater meus, et vigeat; et omnis ejus inimicus aut convertatur, aut pereat.

EPISTOLA XIII.

Dulcissimo Patri et domino universali papæ Calixto, frater Goffridus, quod patri filius, quod domino servus.

Clericus, quem ad vos misi, charissime Pater, octo diebus ante Pentecosten ad me rediit; qui ex parte bonitatis vestræ mihi nuntiavit ut cum comite Vindocinensi (44), qui iturus est Jerusalem, venirem Romam, B. Priscæ recepturus ecclesiam (45). Unde dulcissimæ paternitati vestræ quantas possum refero grates et gratias. Præsentium etenim bonorum exhibitio est quædam certitudo futurorum. Veniam itaque, Deo auxiliante, cum comite illo, sicut præcepistis, et ante, si potero; et quot et quantos labores et timores, nostrarumque rerum distractiones, dilectissimum Patrem et dominum videre desiderans, anno præterito passus sum in ejus præsentia non tacebo. Confido, imo fiducialiter credo quod humilis servus et fidelis filius adhuc de bono domino valde lætabitur, de cujus benignitate etiam inimici quod desiderant, assequuntur. Nunc utique venissem; sed societatem invenire non potui securam, et mortiferos Italiæ calores timebam. Bajulare quidem crucem Christus jubet, non quærere sepulturam. Et quoniam B. Priscæ ecclesiam non bene paratam satis agnovi, ad vos, dulcissime **29** Pater, fratrem hunc præmittere dignum duxi, qui ibi nobis præparet, ubi aliquantulum honeste possimus conversari. Veritatem, Pater optime, non verborum relationem attendite. Æmulantur nos multi, sed non Dei æmulatione; nullus tamen veraciter dicet æmulorum, quod a mari usque ad mare monasterium melius ordinatum sit quam nostrum. Quod nostro tempore per Dei gratiam amplius crevit, quam prius devotio fundatorum ei contulerit. Nunquam tamen ecclesiam, vel quamlibet possessionem ecclesiasticus cognomento Grisatunica, cujus maternus genus Ivo eadem epist. describit; peregrinationi sacræ superstes ad S. Ægidii oppidum, postea diem clausit, relicto Joanne filio hærede, de quo alibi Goffridus.

(45) *B. Priscæ ecclesiam.* De ea dictum est ad epist. 9, sed omisimus monere Odericum abbatem, quod ex alio Alexandri II diplomate didicimus, quia B. Priscæ monasterium in monachorum Sancti Pauli jure ac potestate tunc erat, illud ab Hildebrando archidiacono cœnobii sancti Pauli œconomo et rectore impetrasse hac lege, ut 11, aut saltem 8 in eu monachi ab abbate Vindocinensi ex ea pensione, quam Hildebrandus approbante Sancti Pauli conventu assignabat, perpetuo alerentur. Itaque ecclesiam hanc deinceps coluerunt monachi Vindocinenses. Urbanus II, Goffrido nostro: *Ecclesiam B. Priscæ in qua fratres monasterii tui religiose viventes ipsi vidimus.* Hoc ex numero inter primos fuit B. Arnulfus, quem Alexander II Vaoincensem postea episcopum creavit.

---

(40) *Quia de charo chariorem.* Supra epist. 10 verba sunt Callixti in litteris ad Goffridum, quas in fronte operis inter elogia præfiximus.

(41) *Ad Carnotensem episcopum.* Gaufridum Ivonis successorem. Hinc patet data a pontifice de excommunicando Nivelone litteras fuisse ad Gaufridum, similes earum quas de eadem re ad Ivonem a Paschali scriptas servant Vindocinenses.

(42) *Armanno monacho.* Quem ad Urbanum papam miserat Callistus, Viennensis tunc archiepiscopus, epist. 11.

(43) *Nocte nudatus esset a furibus.* Simili casu equos sibi Cabillone nocturno furto sublatos queritur Joannes VIII, epist. 97.

(44) *Comite Vindocinensi.* Goffrido, ni fallor, Grisatunica, ad quem Ivo epist. 129. Duo, Goffrido abbate, comites Vindocini Hierosolymitanam expeditionem iniere: quorum utique nomen Goffrido; sed prior Goffridi de Pruliaco filius in ipsa expeditione ad Ascaloneam cæsus occubuit anno 1101, ut narrant Guillelmus Tyrius lib. x, cap. 20 et Malmesburiensis lib. IV De gestis regum Angliæ. Alter hic Goffri-

cam qualibet ingenio comparavi, vel de manu laici accepi : quod utinam nostro exemplo vitarent alii. Tempore praedecessorum nostrorum Romana Ecclesia, vel debitum censum, duodecim scilicet solidos, per annum vix inde habere potuit. Quod non propter jactantiam, sed propter gratiarum actionem dico, in servitium Romanae Ecclesiae, non qualibet nostra necessitate, sed sola dilectione amplius, quam duodecim millia solidorum ante vos et in tempore vestro, quod valuit centum marcas argenti, nostra paupertas expendit. Hinc igitur mihi retribui desidero bona pro bonis : quam retributionem Christus beatum docuit Petrum; et B. Petrus post ipsum hanc te reddam docet et praecipit.

EPISTOLA XIV.

Dilectissimo domino universali papae Honorio, frater Goffridus, quod patri filius, quod domino servus.

Multo desiderio desideravi venire ad vos, Pater optime, et in Ecclesia Romana non ad horam, sed ad moram manere decreveram; sed infirmitas corporis affectum quidem non mutavit, sed negavit effectum. Hanc utique infirmitatem ex nimio labore et multiplici Romano itinere contraxi : et, quod non propter jactantiam dico, sed propter gratiarum actionem, propter utilitatem Romanae Ecclesiae, pro qua ter captus sum, et ter quater transalpinavi. Pro cujus praeterea servitio et maxima ejus necessitate, tempore Guiberti corpus nostrum, et pene quidquid habui, expendi. Ego sum, ego sum ille, qui Romae pane tribulationis cibatus, et aqua potatus angustiae, cum honorabilis memoriae papa Urbano in domo Joannis Fricapanem multos labores et injurias diu passus sum : et quid ibi egerim pro fidelitate Romanae Ecclesiae, et quomodo omnia nostra usque ad novissimam equitaturam pro acquisitione Lateranensis palatii seminaverim, novit Deus et B. Petrus, et noverunt Romani illius temporis. Eo e iam tempore Romae presbyter ordinatus, investituram de ecclesia B. Priscae per manum domini papae Urbani recepi, quam praedecessores nostri longe ante possederant : sed, quia noluerunt obedire Guiberto, inde fuerant ejecti. Et, quamvis aetas et infirmitas nostra quietem potius desiderent quam laborem, animo trahente ad vos, pie Pater, quam citius potero venire aggrediar, licet animus ipse peregrinam non mediocriter timeat sepulturam. Interim ad charissimum Patrem mitto latorem praesentium (46) aliqua nostrae charitatis signa ferentem : cujus lingua supplebit quod minus dixit epistola. Valeat dominus papa semper et vigeat; et nos de sua prosperitate et dilectione laetificet.

EPISTOLA XV.

Bono domino et pio Patri universali papae Honorio, totus Vindocinensis conventus, *quod patri filii, quod domino servi.*

Salvatoris sequentes consilium, ad januam vestrae pietatis pulsamus et illius evangelicae mulieris exemplum imitantes, post vos humiliter clamamus, de injuriis et vexationibus Andegavensis episcopi (47) conquerentes. Pater sancte, ei quidem mandastis ut pro reverentia B. Petri et vestra monasterium nostrum, quod ad Romanam praecipue et singulariter spectat Ecclesiam, et res monasterii manuteneret, et nullis injuriis sive molestiis inquietari permitteret. Ipse vero litteras vestras, quae archiepiscopo Turonensi et Cenomanensi episcopo, sicut et ipsi missae fuerant, in praesentia legati vestri Engolismensis episcopi suscepit ; sed nec tunc legere nec nobis deinceps reddere dignatus est : et sic aliis quibus eas misistis postea non potuimus ostendere. Praeterea aliorum injurias non compescuit, sed ex sua parte exaggeravit et exaggerat, et quos potuit raptores saeculi verbo et exemplo incitavit. Monasterium nostrum, alodium Romanae Ecclesiae, pro cujus amore et timore ei honorem et reverentiam olim episcopi et archiepiscopi deferebant, dominus iste de his quae multo tempore tenuit, sine judicio et audientia exspoliavit, et in proposito exspoliationis perseverat. Unde non contra Susannam testes sumus; sed de domino episcopo germana loquimur charitate, quae et de amico et de inimico nos docet loqui mendacium, et de utroque edocet profiteri veritatem. Nos quidem, quoniam monasi am professionem retractare Philippicam (48) in pontificem minime decet, non dicimus quod mentis tempestate nos persequatur, sive mole suae magnitudinis premat ; sed tamen quo sanctitatis genere hoc faciat, ignoramus, quod in Veteri Testamento praeceptum non legimus, nec in Novo promissum et canonum regulis non dubitatur esse contrarium. Humilitas utique nostra praedicto episcopo in sua necessitate diligenter servivit, sed salva ejus reverentia dicimus, quod retribuit nobis mala pro bonis, retributionem quam Deus non novit. Unde, clementissime Pater et domine, vobis toto corde supplicamus ut de quibus sine judicio exspoliati sumus ab eo; nos investiri faciatis. Quod si deinceps contra nos, qui specialiter vestri sumus, causari voluerit, inter ipsum et nos, quoniam ad vos venire non possumus judicem qui non sit nobis suspectus, constituite. Aemulantur enim nos quidam non bona aemulatione : et propter hoc maxime, quia sub tutela et defensione apostolicae sedis positi sumus. Domnus abbas noster ad vos venire desiderans, usque Vizeliacum profectus, ibi per aliquot dies remansit non modica infirmitate detentus. Valeat pius Pater, et bonus

---

(46) *Latorem praesentium.* Paganum epist. 27.
(47) *Andegavensis episcopi.* Ulgerii, quo cum de iisdem vexationibus conqueritur lib. iv, epist. 12. Archiepiscopus Turonensis Ildebertus, ut conjicio; episcopus Cenomanensis Guido, Ildeberti in ea cathedra successor. Legatus autem Girardus, de quo

epist. 19.
(48) *Retractare Philippicam.* Sic etiam loquitur lib. iv, epist. 12. Ildebertus item epistola 35. *Inrectionem fortassis exspectas, et Philippicam retractari pallidus suspicaris.*

dominus, et sibi placeat, et faciat ut quam prædecessorum suorum temporibus habuimus quietem, suo tempore habeamus.

EPISTOLA XVI.

Petro sanctæ Romanæ Ecclesiæ cardinali diacono (49), *charissimo domino et præcordiali amico, frater Goffridus ejusdem Ecclesiæ servorum minimus, quod habet, et potest, et seipsum.*

Infirmitatem vestram audivimus quam et compassionis affectu et totius animæ nostræ visceribus nostram reputamus. Rogamus itaque, et rogando discretam dilectionem vestram suppliciter admonemus ut, si nobis vel quibuslibet rebus nostris indigetis, significare nullatenus erubescatis. Amicus enim erga amicum erubescere non debet, nisi tantum cum illum offendit. Quibus licet sit aliquando corporum dissimilitudo, una semper esse debet imago animorum. Præterea **34** nuda, imo nulla est amicitia, quam mutua, et maxime in necessitate, non probant obsequia. Valete, et quod placuerit, rescribite.

EPISTOLA XVII.

Richardo beatæ vitæ episcopo, apostolicæ sedis venerabili legato (50), *Goffridus ejusdem sedis servorum minimus, dilectionem, et dilectionis servitutem.*

Fratre, quem ad vos cum litteris domini papæ misimus, referente didicimus, Radulphum Turonensem dictum archiepiscopum in præsentia vestri de nobis verbis inhonestis fuisse conquestum. Quod si ita est, vehementer miramur, quia unde de nobis juste conqueri debeat ignoramus. Mirari autem nec possumus nec debemus, si inhoneste loquitur, qui pene universo mundo clamante, sed nullo adhuc vindicante, multa inhonesta et perversa operatur. Veniat tamen, si placet vestræ sanctitati, vobiscum Vindocinum in alodium B. Petri, et burgenses quorum mercede conducitur secum adducat; et quantum justitia dictaverit, exsequatur et accipiat.

EPISTOLA XVIII.

Cononi vitæ laudabilis episcopo, sanctæ, apostolicæ sedis legato (51), *frater Goffridus ejusdem sedis alodarius, et servus, dilectionem et totius dilectionis servitutem.*

Vindocinense monasterium, alodium B. Petri et patrimonium, quid libertatis, **35** vel immunitatis, seu dignitatis nunc usque habuerit, et usque in finem sæculi, Deo patrocinante, habebit; beatissimorum apostolorum Petri et Pauli auctoritas sancta per venerabiles eorum successores eidem loco concessa vos melius edocebit, et vobis, ut credimus, majorem diligendi nos occasionem præbebit. Nos enim non potest non diligere, nisi qui eorum irretractabilem auctoritatem non diligit. Quædam Ecclesiæ nostræ privilegia vobis idcirco mittimus transcripta; quia quam speciali, imo quam singulari dignitate sancta catholica Romana Ecclesia locum nostrum ab ipso suæ creationis initio sibi conjunxerit, bonitatem vestram nolumus ignorare. Nam, quidquid illa sublimavit et dilexit, vos omnino diligere credimus, et velle honorare nullatenus dubitamus. Optimæ memoriæ papa Urbanus, et qui nunc est, dominus Paschalis papa in Ecclesia nostra, ubi suæ charitatis gratia per undecim dies manserunt, ista et multa alia privilegia nostra viderunt, et ore proprio legerunt, et suæ auctoritatis decreto firmaverunt. Sancta itaque octo catholicorum Romanorum pontificum (52) auctoritate, et confirmatione monasterium nostrum viguit, et quietum mansit, et nulli penitus personæ (53), nisi soli papæ potestatem aliquam aut dominationem in eo exercere vel ejus rectores qualibet occasione sollicitare licuit. Et quidem satis juste; quia ab ipso sui principio per venerabiles et religiosos fundatores suos ab apostolica sede hanc inviolabilem **36** dignitatem obtinuit. Hac tanta a successoribus B. Petri prædecessoribus nostris dignitate concessa, nullus eorum alicui concilio (54) unquam adfuit, quod ab ipso summo Romano pontifice non exstitit celebratum. Illis tamen temporibus, Hildebrandus archidiaconus, (55) Romanæ Ecclesiæ, deinceps papa factus, Giral-

---

(49) *Petro diacono cardinali.* SS. Cosmæ et Damiani : hunc enim esse arbitror Petrum Leonis cardinalem, ad quem de ordinatione episcoporum scribit opusc. 2. Is a Paschali creatus diaconus cardinalis tituli quem dixi, Gelasium in Gallias secutus est : ubi cum ægrotaret, ad eum missa hæc epistola videtur.

(50) *Richardo episcopo legato.* Cardinali scilicet Albano, de cujus in Gallia legatione, conventique Balgentiaci, ac synodo Trecis convocata Ivo Carnotensis, tum in epistolis quas ad ipsum complures scribit, tum in aliis ad Paschalem, cujus legatus erat, sub annum 1104.

(51) *Cononi legato.* Et hic episcopus item cardinalis, sed Prænestinus, ejusdem Paschalis legatus anno 1115, quo anno tria in Gallis, a Conone legato celebrata concilia docuit nos cum Roberto monacho S. Mariani, vetus Chronicon Turonense. Primum Remis, alterum Bellovaci; tertium Catalaunic Sunt et Ivonis aliquot ad Cononem legatum epistolæ.

(52) *Octo pontificum.* Benedicti IX, Clementis II, Victoriis II, Nicolai II, Alexandri II, Gregorii VII, Urbani II, Paschalis II. Quorum omnium de hac monaste-

rii Vindocinensis prærogativa litteras vidimus, præterquam Benedicti : sed hujus quoque concessionis mentio est in litteris fundatorum, quorum scilicet nutu et voluntate id honoris abbati Vindocinensi a sede apostolica tributum est, ut soli papæ subsit.

(53) *Nulli penitus personæ.* Nec episcopis, nec legatis. Gregorius VII ad Odericum abbatem ; *Hoc etiam divina fulti fiducia, apostolica auctoritate prohibemus, ne in Vindocinensi cœnobio ulli unquam personæ, nisi soli papæ liceat potestatem aliquam aut dominationem exercere, aut excommunicare seu interdicere.* Infra lib. II, epist. 10 et 27.

(54) *Nullus eorum alicui consilio.* Epist. 29.

(55) *Hildebrandus archidiaconus.* Id nomen, munusque Gregorio VII, priusquam pontifex renuntiaretur. Legationis, quam a Victore II, missus obiit in Gallia, meminit ipse in colloquio, quod cum Reginaldo Radulfi archiepiscopi internuntio habuisse illum narrat vetus historia in Tabulario S. Martini Turonensis : *Ego autem,* inquit, *memini aliquando tempore Victoris papæ Turoni moras fecisse in diebus Bartolomæi ipsius urbis archiepiscopi ad discutiendam causam fratris nostri B. et me honeste a cle-*

dus Ostiensis episcopus (56), Stephanus (57), et Raimbaldus (58) atque multi postea magnae auctoritatis viri a latere B. Petri in legationem missi, ad has partes venerunt, et monasterium nostrum, et libertatem ejus atque dignitatem dilexerunt, et illibatam omnino servaverunt. Nos siquidem ad vos venire, quem charissimum dominum et amicum credimus, et vobis honorifice servire desideravimus, et desideramus : et desiderium nostrum diligenter compleretur, si necessitas corporis et quorumdam perversitas hominum pateretur. Sunt etenim in itinere quidam Ecclesiae nostrae inimici quorum injurias, quia res B. Petri nobis commissas eis relinquere nolumus, usque ad proprii corporis captionem jam sumus experti : qui nunc etiam nobis captionem solummodo non minantur, sed mortem : Viziliacensis abbatis (59) nobis obitum exprobrantes, quem sine vindicta capite dicunt fuisse truncatum. Unde discretioni vestrae humiliter supplicamus, quatenus aut conductum nobis quaeratis, aut locum significetis securum, ubi possimus vobis occurrere, et quaedam ad utilitatem domini papae vestrae dilectioni revelare.

37 EPISTOLA XIX.

Charissimo domino et praecordiali amico Girardo honorabili Engolismensi (60) episcopo, sanctae Romanae sedis vicario, Goffridus ejusdem sedis alodiarius et servus, dilectionem et dilectionis servitutem.

Pressuras, quas monasterium nostrum, alodium B. Petri et ejus patrimonium patitur, vestrae sanctitati notificare curavimus ; et, ut eas vestras faciatis compassionis affectu, vos humiliter rogare praesu-

A mimus. Magna quidem est haec, sed de magna vestra bonitate praesumptio. Noveritis itaque, dilectissime Pater, Petrum de Monte aureo (61) quoddam coemeterium nostrum violenter infregisse duasque villas nostras, rebus omnibus ablatis, pene penitus destruxisse. Mauricius iterum Rotuniardus unam ecclesiam et terram ad ecclesiam nostram pertinentem iujuste possidet, quam nobis abstulit. Qua de re a Cenomanensi episcopo et ab Andegavensi (62) saepe admonitus, semper ablata reddere contemnit. Unde de sinu matris nostrae sanctae Romanae Ecclesiae, mamillam justitiae filiali dilectione requirentes, vestram bonitatem multum suppliciter precamur, quatenus praedictis episcopis, misso ad eos vestrae auctoritatis decreto praecipiatis ut Vindocinense monasterium, B. Petri patrimonium, nullatenus a parochianis suis vexari, vel rebus exspoliari consentiant. Et quia venerabiles Romani pontifices suorum irretractabili auctoritate privilegiorum 38 omnes persecutores nostros excommunicationis vinculis alligarunt, quandoquidem, quod ab illis ligatum est, ipsi solvere non possunt, tandiu Petrum et Mauricium, qui contra nos inique egerunt, excommunicatos teneant, donec illa, quae nobis injuste abstulerunt, canonica lege restituant.

EPISTOLA XX.

Girardo Northmanno Engolismensi episcopo, sanctae Romanae sedis legato, frater Goffridus ejusdem sedis catholicus servus, discordias non seminare, nec cito credere mendacia proferenti.

Miror te, tantae discretionis pontificem contra me, licet absentem, ea publice protulisse quae in cor tuum, quod armarium veritatis esse debuerat et pu-

icis sancti Martini esse susceptum, quoties volui, et communionibus illorum frequenter usum fuisse. Duas enim ea in legatione synodos egit. Unam Lugduni adversus Simoniacos ; alteram Turoni contra Berengarium.

(56) *Girardus Ostiensis episcopus.* Legatus primum Alexandri II, mox Gregorii VII, qui et Turonis illum fuisse testatur in colloquio quod dixi ; et synodum ab eodem in Novempopulis coactam commemorat, lib. I, epist. 16.

(57) *Stephanus.* Si tempora spectes, praeponi debuit Giraldo. Prior enim legatione functus est Nicolao II pontifice, Gregorius VII in colloquio : *Praeterea Stephanus in diebus Nicolai II, Romanae sedis pontificis ad easdem partes missus est, vices acturus apostolicas, vir maximae auctoritatis. Qui neque processionem a canonicis postulavit : neque exspostulandam esse censuit ; quae scilicet si adeo improbus esset, potuisset negari. Quippe quae nisi regibus Franciae et apostolicis ab ipsis canonicis nunquam fit. Quem etiam quandiu i i fuit honeste habuerunt, et sua maxima charitatis exhibitione largiti sunt.* Praeterea Gregorius idem lib. VII, epist. 18, ubi legati utriusque meminit, Stephanum legatum prius nominat quam Giraldum. Duravit porro Stephani legatio etiam sub Alexandro II. Is enim est qui Goffridum Barbatum co ritem anathemate percussit sub ann. 1068. Quare illi, ut opinor, successit Giraldus.

(58) *Raimbaldus.* Subdiaconus Ecclesiae Romanae, Giraldi Ostiensi in legatione collega. Gregor. VII. lib. I, epist. 6.

(59) *Viziliacensis abbatis.* Epist. 15. *Vizeliacum profectus,* quod oppidum est Aeduorum in dioecesi Augustodunensi, ubi nobile (sic enim appellat Bernardus epist. 150), B. Magdalenae monasterium a Gerado comite, Bertaque uxore, Caroli Calvi temporibus conditum. De eodem Petrus Cluniacensis abbas lib. IV, epist. 28. *In partibus nostris Vizeliacus, excepto Cluniaco, in nostri ordinis studiis nullum patitur habere priorem. Ordinis sui dixit, quia Vizeliacense coenobium, etsi antiquius, sub Cluniacensi disciplina diu stetit, nunc pro monachis canonicis habet saeculares.* Paschalis II exstant litterae, quarum pericopen epist. 9 vidimus, Beneventi anno 1103 scriptae Altardo abbati Vizeliacensi, huic ipsi fortasse, quem impune caesum narrat Goffridus.

(60) *Girardo Engolismensi.* Duo hujus nominis modico intervallo episcopi Engolismenses fuerunt. Prior dedicationi ecclesiae Vindocinensis interfuit anno 1040. Verum hic legationem, cujus exstet memoria, nullam obiit. Alter hic ab illo quartus genere Northmannus, pene continuas in Aquitania sedis apostolicae vices egit, primum sub Pascha I, et aliis post eum legitimis pontificibus ; deinde sub Anacleto antipapa, ad quem, Bernardo teste, quia legationem ab Innocentio extorquere non poterat, foeda praevaricatione defecit. Anacleti binae epistolae quibus legationem illi decernit, in Annalibus ecclesiasticis leguntur : miserabilis vitae exitus describitur in Vita sancti Bernardi.

(61) *Petrum de Monte-aureo.* Lib. III, epist. 17. Hamelinus de Monte aureo eadem ex familia Joannes de Monte aureo comes Vindocinensis.

(62) *A Cenomanensi episcopo et Andegavensi.* Ildeberto et Rainaldo.

ritatis sigillum, nunquam debuissent venisse. Illa siquidem a te, ut arbitror, non fuerunt prius dicta; sed undecunque processissent, ea non dubito invidiose et malitiose fuisse inventa, et sicut verum est quod falsam beatitudinem Northmannorum (63) sequetur vera miseria, ita verum est quod ista quæ contra me dicta sunt fuerunt falsa. Non sum ego adeo perturbati cerebri, nec sanctarum inscius Scripturarum, quod in eum, qui soli cœlo innocentiam debet, sine causa posuissem os meum, in patrem videlicet spiritualem, quem brachiis filialis dilectionis amplecti debeo, et pura veritate venerari, a cujus sancta obedientia non potero vel mortuus separari. Si quis de me aliter sentit, desipit; nec dominum papam (64) honorare satagit, sed publicare, si quid minus vel nimium egit. Nam quicunque contra puritatem meæ mentis, paternæ derogationis se fecerit assertorem, veniat palam, et me statim inveniet suæ falsitatis veridicum correctorem.

EPISTOLA XXI.

Girardo glorioso Engolismensi episcopo, apostolicæ sedis legato, frater Goffridus Vindocinensis abbas, et ejusdem sedis fidelis filius, boni operis fructum, et puræ dilectionis amplexum.

Quoniam sancta Romana Ecclesia non quidem vestris meritis, sed gratia sola, humilitatem vestram adeo sublimavit quod minimus digitus vester dorso Patris vestri grossior videtur, sicut sublimia verba, quæ sæpius multum gloriose profertis, testificantur, tanto fidelius ei debetis obedire, dulci verbo multiplicare amicos, inimicos mitigare, eam factis potius prædicare quam verbis, ne qualibet sinistra operatione ejus amici scandalizentur, et ei inimici valeant derogare. Quod si aliter agitis, vel egistis, sublimitas vestra, quam venerabilis dominus noster papa (65) sua bonitate satis de exili loco creavit, mala pro bonis illi retribuit, retributionem scilicet quam Deus non novit. Nos autem quod audivimus, unde etiam, quod pejus est, cantilenam composuit vulgus, quoniam publicatum est, vobis occultare nec possumus, nec debemus. Audivimus itaque, et dolemus, Andream de Vitreio (66) filiæ suæ vobis conjugium vendidisse, illud etiam a vobis filium vicecomitis de Maloleone comparasse. Quorum alter quingentos solidos vobis pretium dedit conjugii; alter vero quindecim marcas argenti. Hoc episcopus Pictaviensis (67), et Guillelmus archidiaconus ejus, et quidam alii qui adfuerunt, si veritatem sepelire noluerint, non negabunt. Carrofensem abbatem (68) non regulariter electum, sed violenter, ut dicitur, intrusum, pro mille solidis barbarinorum (69), barbara nimis auctoritate consecrari, imo, si verum est, exsecrari fecistis, nolente suo consecratore, et ejus clero, modis quibus poterat, reclamante, et qui vidit et partem habuit, abbas quidam vester vicinus testimonium perhibuit, et multi dicunt ejus testimonium verum esse. Abbatem præterea alium, quem pro reverentia ordinis nominare erubesco, in detestabili corporis turpitudine deprehensum, et ab abbatis potestate, ipso proprium crimen confitente, depositum, nullo præcedente judicio, non modica suffragante pecunia,

---

(63) *Falsam beatitudinem Northmannorum.* Non eo dictum puto, quasi Northmannis peculiare aliquod placitum fuerit de falsa beatitudine, sed quia Girardus Northmannus erat, ad Northmannos id aptavit, quod sæpe universim pronuntiare solet. Ex falsa beatitudine veram miseriam sequi, epist. 30, et lib II, epist. 3. lib. v, epist. 14.

(64) *Dominum papam.* Paschalem II, qui in privilegio investiturarum Henrico nimium indulserat, epist. 7.

(65) *Dominus noster papa.* Paschalis, qui legatum illum crearat.

(66) *Andream de Vitreio.* Notum est oppidum in Armoricis, a quo nomen vetustæ ac primariæ quondam familiæ, in qua et Robertum Vitreiensem in Conani comitis aula memorant litteræ Hamelini episcopi Redonensis, ad librum III, epist. 59.

(67) *Episcopus Pictaviensis.* Petrus, cui successit Guillelmus, is fortasse, qui archidiaconus hoc loco. Guillelmum archidiaconum Pictaviensis Ecclesiæ docent tabulæ S. Albini, anno 1100 Maironensibus monachis concessisse, ut altare conderent in Francavilla.

(68) *Carrofensem abbatem.* In dedicatione Vindocinensi numeratur inter abbates qui adfuerunt, Hugo de Sancto Salvatore Carrofi abbas. Hic enim titulus monasterio pagi Pictonici, a Rothario comite, ut auctor est Theodulfus Aurelianensis, et Euphrasia ejus uxore condito, Ludovici Pii August. temporibus. Carroficum monasterium dicitur a Fulberto epist. 117, quod iterum postea instauratum, dedicatumque ostendit Kalendarium Sancti Sergii Andegavensis, his verbis : xvi *Kal. Julii Carrofense monasterium Dei et Domini nostri Salvatoris mundi dedicatum est anno a nativitate ejusdem ex Virgine gloriosa* 1048.

Theodulfi versus de Carrofensi cœnobio, si quis forte desiderat, hi sunt :

Est locus, hunc vocitant Carroph cognomine Galli,
Quo patet electis aulica porta poli.
Quo Salvatoris sub nomine prænitet aula,
Quove monasterii claustra decora manent.
Enitet hic rutulo sanctorum pignore fretu,
Vivit et eximie turba fidelis ibi.
Denique Rotharius comes ingens, inclytus heros,
Conjuge cum Euphrasia condidit istud opus.
Hoc fulvo argento, gemmisque exornat et auro,
Affluit et libris, vestibus atque sacris, etc.

Carrofum itaque loci nomen est, non viri ut persuasum videtur non infimi; quod mireris, ævi scriptoribus, qui monasterium Sancti Carrofi appellarunt.

(69) *Mille solidis barbarinorum.* Arabicos, Sarracenicos, barbaris notis signatos. Theodulfus idem episcopus in Parænesi.

Hic et crystallum, et gemmas promittit, Eoas.
Si faciam alterius ut potiatur agris.
Iste gravi numero nummos fert divitis auri,
Quos Arabum sermo sive character arat.
Aut quos argento, Latius stylus imprimit albo,
Si tamen acquirat prædia, rura, domus.

Frequens jam tum aureorum hujus notæ nummorum usus erat in Gallia, rerum potiente altera regum nostrorum familia, post stabilitum nempe Sarracenorum Arabum imperium in Hispania : unde ad nos, ut equidem censeo, illa externi auri copia ex commercio fluebat : effodiunturque etiam nunc solidi Arabici multis Galliæ locis, ut docuit nos V. C. Paulus Petavius Parisiensis curiæ senator, cujus indicio Theodulfi quoque hos versus debeo.

contradicentibus illius congregationis fratribus, in pristinum gradum ita restituistis quod sola marcarum congregatio fuit illi culparum purgatio. Hoc Bernerius abbas Bonevallensis (70) testatur, qui hoc facinus pene ubique prædicans detestatur. Fulco Biennensis abbas (71) litteras vestras pro facienda sibi justitia quæsivit; quas illi prudentia vestra tandiu negavit, donec illas centum solidis comparavit. Sed vir ille perdidit pecuniam, nec per vos potuit habere justitiam. Hoc ipsemet profitetur, qui simul utrumque perdidisse conqueritur. Illud itaque quod contra comitem Andegavensem (72) egistis esset satis silentio supprimendum, sed occultari minime potuit quod multis populis exstitit divulgatum. Asserunt quidam vos, quasi Balaam alterum, regis Anglici pecunia fuisse corruptum, et idcirco injustam in prædictum comitem excommunicationis protulisse sententiam. Et licet excommunicatio vestra vires etiam unius diei habere non potuerit, amicis tamen Romanæ Ecclesiæ peperit verecundiam, et ejus inimicis detrahendi dedit materiam. Hoc solum remedium fuit, quod dominus papa excommunicationem illam confirmare sapienter vitavit, et sic ora clausit detrahentium, et quod a vobis seminatum fuerat, apostolicæ sedis delevit opprobrium. Inter cætera debuissem unum silere, si amico liceret amicum non præmunire. Abbati Angeriacensi (73), ut dicitur, promisistis, quod si trecentos solidos Pictaviensium masculorum (74) vobis daret, Rainaldum Chespelli (75) deponeretis : unde capitula, quibus illum accusaret, ei transcripta misistis. Hoc abbas ipse fatetur, et testem in animam suam Deum invocat, quod verum loquitur. Hæc pauca de multis, modica de magnis vobis significavimus, dilectionis videlicet causa, ut, si vera sunt quæ contra vestram astutiam ventilantur, præteritorum transgressio fiat vobis futurorum cautela. Nam, quicunque privilegio utitur Romanæ Ecclesiæ, sanctam ejus auctoritatem perversis operibus non debet impugnare. Et cum Christus Dominus solam B. Petro quæ liganda erant, ligandi, et quæ solvenda, solvendi potestatem contulerit (*Matth.* xvi, 19), vos amplius, vel aliud pro legatione vobis commissa non debetis usurpare. Quod me præsente etiam coram laicis prædicastis; vos videlicet episcopos deponendi habere potestatem, novum genus præsumptionis putavimus; quia nulla ratione legatis apostolicæ sedis conceditur quod ad solius Romani pontificis pertinet dignitatem. Sed si ita est ut a vobis publice prædicatum agnoscitur, quasi alterum papam vos fecistis, et ad Romanam Ecclesiam, quam nunc usque in sua necessitate libere quisquam appellare potuit, vox appellationis negatur. Nos tamen credebamus mediocritatem vestram legationem habere sedis apostolicæ, non apostolicam sedem esse et a domino papa partem suscepisse sollicitudinis, quam solummodo cæteri legati suscipiunt, non plenitudinem exercere potestatis.

EPISTOLA XXII.

Dulcissimo domno, et præcordiali amico, domno Girardo vitæ laudabilis episcopo, sanctæ Romanæ sedis legato, frater Goffridus ejusdem sedis servorum minimus, a Deo salutem æternam, quod ipse est, et a se quidquid sapit et potest.

In primis vestræ dilectioni, quæ se circa me integram et inviolatam servavit, multiplices refero gratiarum actiones. Deinde paternitati vestræ notificare dignum duxi, quod apud dominum papam (76) ipso die, quo legatus noster ad eum pervenit, sua bona gratia, et meorum mala gratia æmulorum, quidquid volui, impetravi. Visione vestra perfrui, et colloquium vestrum habere desidero, et ubi, et quando, quod vehementer opto, obtinere valeam, mihi dignemini aut verbis, aut litteris significare. Hoc enim Ecclesiæ Dei est necessarium, et vobis utile.

EPISTOLA XXIII.

Domno Girardo honestæ vitæ episcopo, sanctæ Romanæ Ecclesiæ venerabili legato, frater Goffridus vestræ religionis servus, dilectionem, et totius dilectionis servitutem.

Audivimus, dilectissime domine, quod abbas Sancti Nicolai (77) abbatiam suam in manu vestra deseruerit, eo siquidem tenore ut non eam deinceps, nisi in misericordia vestra reposceret, et eo etiam pacto ut conventus ille B. Nicolai cum eo firmam pacem et concordiam haberet. Pactum utique, quod monachi illi de pace et concordia ante vos et per vos fecerunt, vix octo diebus, sicut ipse dicit et nos credimus, tenuerunt. Unde vobis, magnæ discretionis Pater, multum suppliciter pro eo supplicamus, ut in adipiscenda abbatia, quam vestræ voluntatis consilio dereliquit, dulcedo vestræ pietatis pro amore Dei, et nostro suffragetur, et de monachis illis, qui promissam sibi pacem et concordiam nec tenuerunt nec tenent, debitam justitiam consequatur. Quod si feceritis, scitote veraciter quod me in-

---

(70) *Bernerius abbas Bonevallensis.* Ad hunc aliquot epistolæ lib. iv.

(71) *Fulco Biennensis abbas.* Monasterium est in Santonum diœcesi, Sancti Stephani de Beania vulgo vocant.

(72) *Comitem Andegavensem.* Fulconem V, de quo ep. 8. Huic enim bellum fuit cum Henrico Anglorum rege, ut duce Northmannorum; anno 1118 ad Alencionem castrum, et Sagium, ubi collatis signis comes victor abiit.

(73) *Abbati Angeriacensi.* Henrico, ad quem lib. v, scribit.

(74) *Solidos Pictaviensium masculorum.* In gestis Ademari episcopi Engolismensis : *Cum episcopus a præposito mille solidos Pictaviensium pro acaptamento exigeret, et ipse reddere non posset, Iterius episcopo mille dedit.* Masculi Pictavienses peculiaris notæ nummi, ut fortes Lugdunenses, in testamento Guichardi de Bellojoco, quem Sibylla uxor litteris suis anno 1200 professa est Ecclesiæ Cluniacensi pro anniversario suo legasse in singulos annos x, libras fortium Lugdunensium.

(75) *Rainaldum Obesnelli.* Lib. iii, epist. 59.

(76) *Dominum Papam* Callistum II, epist. 12 et 13.

(77) *Abbas Nicolai.* Lambertus, de quo lib. iii, epist. 8 et 9.

gratitudinis arguere nullatenus poteritis. Ad januam autem misericordiæ Andegavensis (78) ulterius non pulsabit, quia ibi misericordiam deesse experimento jam didicit. Quidquid tamen de illius promotione actum est, non censura justitiæ, sed sola et immensa misericordia fecit. Valete, et misericordiam vestram nobis notam facite.

EPISTOLA XXIV.

Domino de venerabili Engolismensi episcopo Girardo, sanctæ Romanæ sedis prædicabili legato, frater Goffridus, salutem a Deo, et a se puræ dilectionis servitutem.

Noverit dilectio vestra, Pater charissime, quod semel et secundo de fratribus nostris Pictaviensi (79) episcopo misimus, deprecantes ut nos ad vos usque dignaretur conducere. 45 Quod ipse benigne, suscipiens, in assumptione B. Mariæ scipsum ad Fontem Ebraldi (80) spopondit venturum, et quod petieramus diligenter facturum. Nos autem, sicut mandaverat, ad prædictum locum venimus; ubi nec ipsum, nec ejus nuntium invenientes, fatigati incassum a loco recessimus. Rogamus igitur, humilitate qua possumus, ne sit vobis molestum, fidelis servi et veracis amici supplicationem suscipere, et qualiter usque ad vos transire valeamus, apud prædictum episcopum impetrare. Quædam enim vestræ sanctitatis consilio facere disposuimus, quæ nec scripto, nec ore alieno volumus revelare.

EPISTOLA XXV.

Domino Girardo laudabilis vitæ episcopo, sanctæ Romanæ sedis legato, frater Goffridus ejusdem sedis allodiarius, et servus, et a Deo bonæ operationis fructum, et a se puræ dilectionis obsequium.

Significastis mihi per fratrem, quem vobis ob aliam causam miseram, quia istam penitus ignorabam, ut in concilio, quod mediante Quadragesima celebraturus est is, abbati Batiacensi (81) de ecclesia B. Mariæ (82), et ecclesia B. Nicolai, quas in Olerone per septuaginta annos absque canonica reclamatione monasterium nostrum possedisse noscitur, exsequerer justitiam. Unde mando vobis, quod prædicto termino prædicto abbati, quantum sancta Romana auctoritas docet et præcipit, respondebo, nisi canonico fuero impedimento detentus. Interim etiam, si domnus abbas ille voluerit, omnem sibi 46 justitiam offero, quocunque salvo conductu ire potuero. Quod si neutrum horum placuerit, domini papæ, cujus proprii juris et Vindocinense monasterium, et res ad ipsum pertinentes esse noscuntur, opto et offero illi judicium. Cujus judicii æquitatem qui refugit audire, B. Petrum ne sentiat iratum, debet timere. Monasterium nostrum patrimonium B. Petri, et ejus alodium (83) noveritis, et loco nostro prædictas Ecclesias, perpetuo jure, Romanorum pontificum irretractabili auctoritate firmat, esse, nullatenus dubitetis. Quod abbas Batiacensis dixit me pro causa sua litteras vestras habuisse, scitote eum verbum veritatis non protulisse, sed quod per litteras nostras vobis mandavi de famulo, qui vestras nobis afferre debuit, verum credite.

EPISTOLA XXVI.

Girardo laudabilis vitæ episcopo, sanctæ Romanæ sedis legato, domino suo et præcordiali amico, frater Goffridus, quidquid mandari potest, et haberi salubrius.

Apud bonitatem vestram, honorabilis Pater, cum dolore cordis, et nimia mentis anxietate conquerimur de Petro de Monte Contorio (84), qui infra terminos vestræ legationis (85) in episcopatu scilicet Pictaviensi, fratres nostros a monasterio repatrimoniale. Quare patrimonium dicitur, et hæreditas, quatenus ab alio manat, proprium jus, et proprietas, ut a Domino possidetur. Hinc illa sæpe connexa, in proprio alodio, de proprio alode, et alia id genus. Urbanus II, Hugoni abbati Cluniac. : *Monasterium Sanctiss. Trinitatis in Marciniaco, quod in alodio proprio ædificasti.* Noster epist. 11. *In patrimonium et allodium proprium.*

(84) *Petro de Monte Contorio.* Et tamen eadem e familia Robertus Vindocinense monasterium suis olim beneficiis ornarat. Gregorius VII. *Ecclesia Sancti Petri de Monte Soleti, et quidquid Robertus de Monte Contorio Vindocinensi cœnobio donavit, et ejus filius Bertrannus concessit.* Mons-Contorius Pictonum oppidum, memorabili prælio nostra ætate nobilitatum.

(85) *Infra terminos vestræ legationis.* Girardus in tota Gallia legatus non erat, sed in Aquitania duntaxat quod docent Acta synodi Lateran. anno 1112. Verum Aquitaniæ legatis præter Aquitanicas provincias attribui solebat etiam tertia Lugdunensi. Quo fit ut cum Giraldo Aquitaniæ legato multa tractentur, quæ ad tertiæ Lugdunensis diœcesis pertinebant ut epist. 6. et 23. causæ abbatum Sancti Albini, et sancti Nicolai; apud Ildebertum epist. 28, causa abbatis Ebronensis, quorum hic in Cenomanensi episcopatu erat, illi in Andegavesi. Hoc ipsum liquet ex litteris Amati episcopi Olorensis, qui Aquitaniæ item legatus fuit pro Greg. VII, ut Gregorius ipse testis est lib. 11, epist. 11. Is enim ad Rodulfum

---

(78) *Andegavensis.* Rainaldi episcopi, de cujus electione, quam tacite perstringit, plura lib. III, epist. 11.

(79) *Episcopus Pictavensis.* Guillelmus Petri successor.

(80) *Ad Fontem Ebraldi.* [Epist. 26 et lib. IV, epist. 52.

(81) *Abbati Batiacensi.* In pago Santonico. Gesta Grimoardi episcopi Engolism. : *Hujus tempore quidam de principibus Engolismensibus Guadardus de Lorichis ædificavit in Santonico pago monasterium Batiacense in honore sancti Stephani protomartyris, et censuale fecit Romanæ Ecclesiæ.* Bassacense et de Bassaco nunc dicunt.

(82) *De ecclesia B. Mariæ.* Tres in Olerone insula juris Vindocinensis erant ecclesiæ, quas recenset his verbis Gregorius VII, Oderico abbati : *Ecclesia Sancti Georgii in Oleronis insula, cum magna parte ejusdem insulæ; ecclesia Beatæ Mariæ de Castro Oleronis; ecclesia Sancti Nicolai de Olerone.* Ex his secunda Beatæ Mariæ parochialis erat, ut testatur Nicolaus II.

(83) *Patrimonium B. Petri et alodium.* Duo ista sæpe conjungit, et reipsa conjuncta sunt. Nam quod allodium est, transit ad hæredem, et fit patrimonium, quod in feudis, aliisve beneficiis locum non habet. Etsi enim hodie plerisque locis feuda sunt patrimonialia, id tamen non habent ex feudi natura, quod in personam vassalli constitui solebat, sed ex peculiari pacto et conventione. Alodium vero semper est

vertentes cepit, et equos, et quidquid habebant cis, abstulit violenter. Partem quidem rerum per comitem Andegavensem (86) habuimus; alteram vero adhuc 47 crudeliter detinet ille sacrilegus. De injuria vero personis monachorum illata amplius cruciamur; quam sic a vestra discretione vindicari humiliter exposcimus, ut raptores qui audierint, timeant, et ab hujusmodi scelere retrahant manus. Ad vos venire desiderio desideramus, sicut olim vobis mandavimus, sed propter multiplices guerras, quæ in episcopatu Pictaviensi excreverunt, nec ad vos venire, nec loca, quæ in partibus illis habemus, visitare audemus. Præterea sexum femineum (87), quem etiam amicis novimus inimicum, inimicari nobis, et in itinere insidiari, vera relatione didicimus. Unde vestræ dilectioni præcordialiter supplicamus, quatenus per Pictaviensem episcopum (88), vel per quemlibet alium nos ad vos conduci faciatis, quia ultra fontem Ebraldi progredi secure non possumus. Valeat dominus legatus et vigeat, et ut ad ipsum transire, et cum ipso loqui valeamus, suæ gratia charitatis efficiat.

EPISTOLA XXVII.

Bono domino, et præcordiali amico, G. venerabilis vitæ episcopo, apostolicæ sedis legato, frater Goffridus suus, quod potest, quod sapit, et quod est.

Vestræ dilectioni notum facio quod fratrem Paganum Alerici ad dominum papam (89) mitto, quædam ei nostræ charitatis signa ferentem. Si per illum quod opto efficere potuero, ad præsens Romam non ibo; alioquin 48 Romam ire paratus sum, et Romanam Ecclesiam per memetipsum visitare, in qua a bonæ memoriæ papa Urbano presbyter ordinatus sum. Vestræ autem discretioni grates et gratias multiplices refero, qui Andegavensi episcopo (90) semel, bis, et ter, imo quater præcepistis, ut quæ monasterio nostro abstulerat, restitueret, et privilegiis scribens archiepiscopum Turonorum, ei ut ad synodum Burdigalensem cum suffraganeis suis veniat præcipit his verbis. Præstat enim ejus litteras audire:

Amatus Ellorensis episcopus, sanctæque Romanæ Ecclesiæ, Dei gratia, legatus, Radulfo venerabili Turonorum archiepiscopo salutem, et omne bonum in Domino Jesu Christo.

« Noverit vestra charitas, frater dilectissime, nos, auctoritate Dei omnipotentis, omniumque legationis nostræ episcoporum, abbatum, principum consensu concilium Burdegalæ in Octava sancti Michaelis celebrandum constituisse. Quapropter fraterna dilectione vos rogando admonemus, et apostolica auctoritate jubendo præcipimus, quatenus recrastinatione postposita, cum omnibus suffraganeis vestris, ecclesiæque vestræ privilegiis ad concilium supradictum veniatis, ut consilio vestro solatioque causa Dei confirmetur, et Ecclesiæ vestræ justitiæ, pro qua hactenus magnæ, diversæque contentiones exstiterunt, Deo annuente, restituetur. Nos autem, si Deus permiserit, in reversione nostra de Britannia vobiscum loquemur, ut quidquid super his cæterisque negotiis vestris constituendum sit, Deo omnipotente tribuente salubriter ordinemus. » Ex his ergo manifestum est legationem Aquitanicam totius etiam tertiæ Lugdunensis fines complexam esse, quod apostolicæ sedis obediret. Ipse non solum contempsit utrumque; verum etiam de me in synodo sua presbyteris suis conquestus est, eo quod apud dignitatem vestram de illo clamorem feci. Decretum illud, quod idem dominus papa Urbanus in Arvernensi concilio statuit contra Simoniam, quæ sub nomine vicariorum olim fieri solebat ab episcopis, annullare machinatur. Redemptionem etenim ecclesiarum, quæ in illo magno concilio hæretica pravitas vocata est, et ab apostolica sede damnata, licet in pluribus annis non nisi semel per vicarios fieret, nunc sub nomine annui census a simplicitate nostra extorquere conatur. Et quia ego et fratres nostri hoc esse scelus putamus, et ideo refutamus, divinum ecclesiis nostris interdixit officium. Hujus sceleris suscitator est præcipue et auctor Richardus archidiaconus (91) ejus. Et, quoniam neuter eorum a persecutionibus cessat, nos a clamoribus cessare non possumus. Ad vos itaque clamamus: a vobis, qui apostolicæ sedis vices habetis, et qui B. Petri alodium maxime defendere debetis, consilium et auxilium postulamus. Et, si pro eo quod amici sumus, facere non vultis, saltem 49 pro improbitate nostra facite quod rogamus. Quid comes Andegavensis de justitia nobis facienda bonitati vestræ rogando scripserit, vos ignorare non credimus. Valete, et nos vestræ sanctitatis humiles servos de constantia vestra et justitiæ integritate lætificate.

EPISTOLA XXVIII.

Hugoni vere religioso archiepiscopo (92) sanctæ Romanæ sedis vicario, domino suo charissimo et præcordiali amico, Goffridus Vindocinensis cænobii Abbas indignus, cum dilectione reverentiam.

Litteras sanctitati vestræ a domino papa directas audivi, in quibus, ut mihi relatum est, dicitur quod Andegavensem episcopum apud eum accusavi. Quod si dominus papa dicit, refellere nec possum, nec confirmatur ex iis quæ Bernardus Bonævallis abbas de hoc ipso Girardo scrikit lib. xi Vitæ D. Bernardi cap. 6. *Erubescebat,* inquit, *ad primam domum redire, cujus Potentatui et Turonica, et Burdegalensis, et Auxiensis provinciæ subditæ fuerant, et quidquid a collibus Iberorum usque ad Ligerim complectitur et claudit Oceanus, paruerat ejus imperio.*

(86) *Per comitem Andegavensem.* Fulconem item epist. sequenti.

(87) *Præterea sexum femineum.* Ivo epist. 28. *Ille sexus mihi est suspectus et infestus, qui etiam amicis, aliquando non satis est fidus.*

(88) *Pictaviensem episcopum.* Guillelmum.

(89) *Ad dominum papam.* Honorium II, ut docet epist. 44.

(90) *Andegavensi episcopo.* Ulgerio, epist. 15 et lib. cxi, epist. 12, ubi et de Urbani decreto.

(91) *Richardus archidiaconus.* Epist. 51.

(92) *Hugoni archiepiscopo.* Ex episcopo Diensi factus est archiepiscopus Lugdunensis, legationemque in utroque munere sub Gregorio VII, gessit in Gallia; tum postea etiam, quod ex Ivonis epist. 24, et aliis patet, sub Urbano II, quem hoc loco intelligit Goffridus. Episcopum vero Andegavensem Gaufridum a Meduana, qui ad sedem illam evectus est anno 1097. Hugonis legati litteras, quibus Fulconem IV comitem Andegav. Ecclesiæ communioni restituit apud S. Florentium, inter Goffridi elogia vidimus.

debeo; sed salva ejus reverentia dico, quod prædicti episcopi me in nullo accusatorem fuisse recognosco, nec ideo ut eum accusarem, Romam ivi. Quod alia negotia plenius manifestant, quæ ibi perpetravi, domino siquidem papa adjurante, et sua constrictus adjuratione, quædam de illo celare non potui. Quæ sicut in domini papæ præsentia tacere non licuit, nec in vestra, si vobis placuerit, tempore competenti reticebo.

50 EPISTOLA XXIX.

Dulcissimo domino et præcordiali amico domno Um. honorabilis vitæ archiepiscopo (93) et apostolicæ sedis legato, frater Goffridus ejusdem sedis allodiarius, et servus, quod habet, quod sapit, et seipsum.

Quemdam monachum, ut audivi, ad monasterium nostrum misistis, qui si me invenisset, me ad concilium vestrum invitasset. Ad vos quidem venire et vobis, et Ecclesiæ vestræ, quæ me multum honoravit, et mihi servivit, servire desidero, et vos Aurelianis ante concilium, vel post concilium, si infirmitas corporis permiserit, eo die, qui vobis placuerit, diligenter videbo. Ad concilium autem legatorum, quod salva vestra dico reverentia, vocatus venire nec possum, nec debeo. Nam noverit dilectio vestra, privilegiis Romanorum pontificum, Victoris, Nicolai, Alexandri, Gregorii, Urbani, Paschalis, et Calixti (94) sub anathemate confirmatum esse et interdictum ne allodiarius Beati Petri abbas Vindocinensis, ab episcopo, vel a quolibet apostolicæ sedis legato ad concilium vocetur, nec ullo modo venire cogatur. Valete.

51 EPISTOLA XXX.

Radulfo laudabili Turonensium archiepiscopo (95), Goffridus Vindocinensis monasterii humilis servus, diligere quod Deus diligit, et odio habere quod odit.

Super Arduino de Malliaco (96) apud vos sæpe conquesti sumus, et propter multa gravamina, quæ monasterio nostro injuste, et violenter fecerat, eum a vobis juste et rationabiliter cognovimus excommunicatum. Sed absque præcedente satisfactione illum impœnitentem audimus absolutum. Quod si ita absolvi potuisse creditur, quid peccatum noceat, et quid pœnitentia prosit, non videtur. Nam si vera miseria impœnitentibus negatur, profecto eis qui de peccatis suis pœnitent, falsa beatitudo promittitur. Multo, ut diximus, gravamine memoratus nequam monasterium nostrum vexare consuevit; unde illum, ut quæ inique contra nos gesserat, corrigeret, admonuistis, et ipse propter vos promisit se nobis facturum pejora; quod ad injuriam vestram falsa veritate complevit. Ubi enim servavit veritatem, qui nocuit proximo, fidem amisit. Hinc igitur, venerabilis Pater, humiliter precamur, quatenus perversi hominis iniquitas educto de vagina vestræ æquitatis gladio sic feriatur ut quæ nobis injuste abstulit, restituat, et in injuria vestra pupillam etiam oculi Salvatoris læsisse, vel invitus agnoscere cogatur. Quod si sic egeritis, dignam mercedem a Deo, et a nobis debitam retributionem accipietis. 52 Si vero inimico Ecclesiæ Dei timore vel amicitia parcitis, mutare non possumus quin ad sedem apostolicam recurramus, ubi necessitate cogente tacere non licebit quas in episcopatu vestro tribulationes et angustias vobis consentiente sustinemus.

EPISTOLA XXXI.

Dulcissimo domino, et præcordiali amico, domno R. honorabilis vitæ Remorum archiepiscopo (97), frater Goffridus, quod potest, quod sapit, et seipsum.

Pater bone, esurio, et sitio vos videre, et dominum papam vobiscum visitare desidero. Dilectam mihi paternitatem vestram humiliter precor, ut si Romam usque ad Pascha ire debetis, servo vestro diem et locum notificare dignemini, quo humilitas nostra comitatui vestro valeat sociari. Insuper, etiam ego et mecum nostra congregatio suppliciter et diligenter oramus, ut benignitas vestra episcopum Andegavensem, et R. archidiaconum ejus aut monere, aut rogare dignetur, ne concessionem Ecclesiarum, quam monasterio nostro benigne fecistis, perturbare conentur. Quod si sanctitatis vestræ precem sive admonitionem contempserint, nobis

---

(93) *Umbaldo archiepiscopo.* Lugdunensis etiam archiepiscopus fuit, Joannis post Gauceranum successor, quartus ab Hugone, legatus autem Honorii II. Quod docet epistola 22. S. Bernardi, Honorio pontifice scripta. *Umbaldo Lugdunensi archiepiscopo et Romanæ sedis legato.*

(94) *Victoris, Nicolai,* etc. Horum omnium privilegia exhibet tabularium Vindocinense. Quin et ante hos omnes Clementis II de eadem re diploma, ne abbas Vindocini coactus ad concilium ullum veniat, quod ab ipso Romano pontifice non fuerit celebratum. Quare legatis illum vocare nefas erat. Alexander II Oderico : *Abbas Vindocinensis, qui allodiarius Beati Petri noscitur, ab episcopo, vel a quolibet nostræ sedis vicario ad concilium nullatenus vocetur.* Quod cæteri postea pontifices iteratis sanctionibus approbarunt.

(95) *Radulfo Turonensium archiepiscopo.* Duo in ea sede Radulfi alter alteri successerunt. Prior Fulcredi filius, ad quem multæ exstant Gregorii VII epistolæ: Posterior Aurelianensis patria, qui sub Urbano II iniit, anno 1094. Ad hunc scribit non solum Goffridus hoc loco, sed Ivo etiam Carnotensis epist. 235. De eodem et noster lib. v, epist. 11.

(96) *Arduino de Malliaco.* Haud scio an frater Jaquelini de Malliaco, quem cum fratribus quatuor expeditioni Fulconis V, adversus Henricum regem, de qua superius dictum est, interfuisse narrant Gesta comitum Andegavensium. Malliacus oppidum est agri Turonici versus Andegavos.

(97) *R. Remorum archiepiscopo.* Rainaldo, prius episcopo Andegavensi, qua ex cathedra Ludovici VI, regis ope subnixus ad Remensem translatus est; Ulgerius in ejus locum subrogatus. Breve Chronicum Sancti Albini : *Anno 1124. Exercitus de Mosteriolo. Rainaldus Remensis archiepiscopus eligitur. Obiit Callistus papa. Anno 1125. Ulgerius episcopus ordinatur.* xii Kalend. Octobris. Papa igitur in hac epistola est Honorius II, Callisti successor. Andegavensis episcopus, Ulgerius archidiaconus ejus, Richardus, de quo epist. 27. Fuerat paucis ante annis alter huic cognominis Remorum ex S. Martini thesaurario archiepiscopus Rainaldus, Græciæ postea comitissæ filius, ad quem Ivo epist. 13, et de quo Anselmus in præfatione libri De Incarnatione.

quidam laborem generabunt, sed suam sollicitabunt quietem, et beatæ Trinitatis virtus, et omnipotentia, eorum annullabit conatus. Valete, et quod placuerit, rescribite.

LIBER SECUNDUS.

53 EPISTOLA PRIMA.

Dulcissimo Patri suo Ivoni vitæ venerabilis episcopo (98), Goffridus Vindocinensis cœnobii humilis abbas, quod patri filius, et domino servus.

Beneficiorum vestrorum recordari minime debeo, sed illa potius in corde fixa tenere, ne qualibet oblivione a memoria mea queant recedere. Recordari utique, ut ipse melius nostis, eorum proprie dicitur, quæ interdum oblivioni traduntur. Et ideo beneficiorum vestrorum, ut dixi, recordari non debeo, sed ea in mente semper habere, quia quot vel quanta erga me exstiterint, vix lingua mea dicere posset, si singula conaretur referre. Et quidquid lingua dicat vel taceat, unum certissime scio, quod conscientia vobis ulterius non poterit repugnare. Et lingua quidem ingrata valde existeret, ac justo judicio 54 sempiterno silentio digna, si unquam contra voluntatem vestram aliter foris loqueretur quam intus clamat conscientia. Valete, et ubi vos invenire potero quarta die post festivitatem Omnium Sanctorum, mihi notificare curetis, quia, si aliud sanctitati vestræ obsequium præstare non valeo, eam saltem desidero visitare.

EPISTOLA II.

Suo charissimo Patri et domino Ivoni vitæ laudabilis episcopo, Goffridus Vindocinensis cœnobii humilis servus, cum dilectione reverentiam.

Pater sancte, cum me a vobis prægravari sentio, nollem quidem, sed quod infirmitas carnis velut anxia sustinet, hoc mentis ratione levius porto. Dum enim sanctitatis vestræ beneficia exhibita mihi sæpe mente pertracto, si in aliquo contra me facitis, fateor, murmurare nec possum, nec debeo. Satis congruum, imo laudabile videtur, ut, qui de manu vestra bona suscipere consuevi, mala etiam quandoque sine murmure debeam pati. Quæ cum ita sint, scire tamen vellem quid lateat; quæ causa existat, cur bonitas vestra nunc mihi quasi crudelis appareat. Nam cum in majorem ecclesiam nostram (99) manum mittere non potestis, nec audetis, in cæteris, quæ in episcopatu vestro sunt, nostris ecclesiis divinum officium non quidem satis juste abstulistis, et quia vestra auctoritate hoc injuste actum dignoscitur, auctoritate Romana, quæ omni perversæ auctoritati est contraria, in ipsis ecclesiis 55 a fratribus nostris privatim et publice cantabitur. Sancta et irretractabili Romanorum pontificum licentia nobis conceditur, ut si interdictum in ecclesiis nostris (100) a quolibet episcopo injuste factum exstiterit, nullatenus a nobis observetur. Si vero nimis audacter, vel præsumptuose nos contra vos super hoc agere dicitis, hinc judex invocetur, et fiat sinceritas apostolicæ sedis; cujus æquitatis judicium qui contemnit audire, B. Petrum ne sentiat iratum debet non mediocriter formidare.

EPISTOLA III.

Ivoni honorando valde episcopo, Goffridus Vindocinensis monasterii qualiscunque servus, debitum puræ dilectionis obsequium.

Circa fratrem (101), pro quo rogastis, misericorditer quidem agere volumus; sed quia inordinatam remissionem pietatem esse non credimus, utile sibi, imo necessarium judicamus, ut ad monasterium suum veniens coram fratribus ad pœnitentiam compungatur, et sic de sua transgressione veniam consequi mereatur; et cui olim, suggerente diabolo, non displicuit negligenter agere, nunc tandem non displiceat regulariter obedire. Nos itaque pro dilectione vestra ei quidquid deliquit sine satisfactione remitteremus, sed homini veram infelicitatem et falsam beatitudinem nec audemus promittere, nec debemus. Veniat igitur ad monasterium, sicut jam diximus, et se errasse humiliter confiteatur, quate-

(98) *Ivoni episcopo.* Carnotensi. Notior est quam ut de eo dici multa debeant. De auspiciis episcopatus ejus, tantum monebo, cum discrepant sententiæ, certum videri ea incidisse in annum 1092. Ac labente quidem anno consecratum fuisse, indicant epistolæ Urbani Ivonis epistolis præfixæ; nam Capuæ viii Kalend. Decembris datæ leguntur paulo post consecrationem. Annum autem Christi illum fuisse, quem dixi non sequentem, quod nonnulli tradunt, argumento est locus, unde scriptæ sunt. Urbanus enim anno 1093, a. d. viii Kalend. Decembris Tarenti erat, non Capuæ. Præterea si hoc anno inauguratum dixeris, non constabit ante obitum Urbani septem annorum numerus, quos a suscepto episcopatu exactos numerat epist. 67. Itaque consecratus ab Urbano episcopus fuit Ivo anno 1092. Ipse postea Goffridum electum abbatem solemni benedictione impertiit. Quod nimirum inter beneficia, quæ accepta hoc loco fert Ivoni, præcipuum fuit.

(99) *In majorem ecclesiam nostram.* Monasterii ipsius Vindocinensis, quod Theodericus episcopus Carnotensis, ut lib. 1 epist. 4 observatum est, a sua et successorum potestate exemerat, ac nominatim

etiam de excommunicatione et interdicto caverat, ut Clementis II aliorumque pontificum litteræ declarant. Denique non solum id vetitum episcopo Carnotensi, sed nulli omnino licuit præter loci abbates et pontificem. Alexander II, Oderico abbati: *Hoc etiam adjicimus, ut memoratus Vindocinensis locus nullatenus nisi ab abbate loci pro suis injuriis, vel a primæ sedis pontifice excommunicetur vel interdicatur, etiamsi Carnotensem patriam excommunicari contigerit.*

(100) *Interdictum in ecclesiis nostris.* Subditis monasterio Vindocinensi. Gregorius VII Oderico. *Neque etiam subditas prædicto loco ecclesias, ubicunque sint, excommunicare vel interdicere cuiquam liceat, nisi apertis pro culpis, et quas Vindocinensis abbas et fratres canonice ab ipsis episcopis admoniti emendare contempserint.* Apertas culpas excipit, ut Goffridus justum interdictum, quia in cellis Vindocinensium non proinde ac in monasterio vetitum erat omne interdictum.

(101) *Circa fratrem.* Danielem nomine. Sic enim appellat Ivo epist. 82 ad quam Goffridus hic respondet.

nus per veram humilitatem sui erroris veniam consequatur, **56** et quod deinceps de eo fieri vestrae sanctitati placuerit sine difficultate impetrare potuerit.

EPISTOLA IV.

Ivoni reverendae vitae pontifici, Goffridus Vindocinensis monasterii humilis abbas, quod bono patri devotus filius.

Quoniam omnia cum consilio facienda esse cognovimus, bonum fuit sanctitatem vestram consulere quid nobis agendum sit in ordinis dignitate (102) circa fratres quando revertuntur. De clericis quidem dicimus, qui et religionis habitum abjecerunt, et in ipsa apostasia diu morantes, illicitis se contagionibus commiscuerunt. Quid inde canones dicunt, audivimus simul et vidimus; sed quia regula nostra de talibus parum aut nihil loquitur, quid super hoc regulariter simus acturi, ambigimus.

EPISTOLA V.

Domino ac venerabili Patri suo Ivoni, verae religionis episcopo, Goffridus Vindocinensis monasterii dictus abbas, quod dilecto patri subjectus filius, et pio domino fidelis servus.

Quam pure et sine membro alicujus malitiae, vestrae charitatis benedictio abbatem me, licet indignum, effecerit, quam diligentissime postea, et omnino veraciter in necessitatibus meis vestrae pietatis gratia manum auxilii mihi saepe porrexerit, dum sedula **57** mente conspicio, me ingratum, multumque inutilem servum judicassem, si aut vestra voluntas, aut necessitas mutuae charitatis obsequium exegisset, si non obedissem. Nunc etiam quia nec voluntas exigit, nec necessitas cogit, me ultro offero quodlibet subire servitium. Relatum quidem mihi est quod nunc domini papae (103) mandatum suscepistis, quatenus aut per vos, aut per legatum vestrum Romam usque ad Nativitatem Domini visitetis. Quod si verum est, quia vobis servire desidero, minime displicet. Vellem enim, quod voluntas vestra longo mihi tempore denegavit, nunc saltem necessitas imperaret. Non id dico ut vestra magnitudo auxilio egeat nec parvitatis, sed sic me loqui compellit affectus, quem erga vos habeo, surgens de radice purae dilectionis. Ecce vestrae dispositioni me, et mea pariter tota devotione submitto, et si Romam pro vobis ire jusseritis, quod diu optavi, obedire non recuso. Invenietis forsan, qui melius; sed absit ut inveniatur, qui libentius vestram jussionem exsequatur! Coram Deo, cui mentiri nefas est, testis est mihi conscientia mea, quod nec magis fidum, nec magis voluntarium quam me in hoc vestro negotio invenire poteritis famulum. Valete, et quid super hoc volueritis, mihi, si placet, rescribite.

58 EPISTOLA VI.

Dilectissimo Patri suo Ivoni verae religionis episcopo, Goffridus Vindocinensis monasterii minister indignus, cum dilectione reverentiam.

Cum scriptum inveniamus in decretis Romanorum pontificum, familiares ac propinquos (104), vel de domo prodeuntes, non esse recipiendos in testimonium, utrum in omnibus ecclesiasticis causis, quia ibi nihil excipitur, sen in criminalibus tantum intelligi debeat, ad plenum non videmus. Hinc igitur vobis, quem divina gratia specialiter lumen scientiae mundo praetulit humiliter supplicamus, ut quod inde minus percipimus, scripto vestrae auctoritatis edocti melius agnoscamus. Licet nostrae parvitati utile, imo necessarium esset a magnitudine vestra multa quaerere, hoc idcirco maxime quaerimus, quoniam Andegavensis est decanus cujusdam ecclesiae, qui in unum de confratribus suis vehementer invehitur, dicens quod sibi ille praebendam suam concesserit, et testimonium non habet, nisi eorum qui sunt sui familiares, et de domo sua prodeuntes. Si quod vobis promisimus, differtur, ne gravemini quia dilatum non minuetur.

59 EPISTOLA VII.

Ivoni laudabilis vitae pontifici, domino suo, adhuc et amico, Goffridus Vindocinensis monasterii servus, dilectionem et dilectionis servitutem.

Litteras clericis et laicis Vindocinensibus, a vobis testimonii, etc.

---

(102) *In ordinis dignitate.* Primis saeculis monachi extra clerum erant. Ideo in poenis canonicis non depositione, ut clerici, sed excommunicatione cum laicis plectebantur. Synodus Chalcedonensis canone secundo: καὶ οὗτος εἰ μὲν κληρικὸς εἴη τοῦ οἰκείου ἐκπιπτέτω βαθμοῦ, εἰ δὲ λαϊκὸς ἢ μονάζων, ἀναθεματιζέσθω. Postea sacris ordinibus initiari coeperunt. De monachis igitur clericis, qui post apostasiam ad monasteria sua redeunt, quaerit quomodo recipiendi sint, an ita nimirum, ut in pristina ordinis sui dignitate, graduque maneant; an ita potius ut eo excidant, et ad laicorum sortem revocentur. Qua in re et si severa quondam erga omnium ordinum clericos ecclesiastica censurae lex fuerit, mitius tamen actum est interdum, et pro criminis poenitentiaeque modo indultum, ut videre est in iis quae collegit Gratianus D. L. Ivonis porro epistola, qua de monachis ad Goffridi consultationem respondebat, interiit.

(103) *Domini papae.* Paschalis II, an Goffridi opera usus sit Ivo, non liquet. Bernerium Bonaevallis abbatem, ad Paschalem a se aliquando legatum docet epist. 147. *Unde misi,* inquit, *vobis vice mea dominum Bernerium monasterii Bonaevallis abbatem, boni*

(104) *Familiares ac propinquos.* Eo spectat quod est apud Ivonem Decreti p. xvi, c. 361, *ut contra extraneos parentela aut propinquitas testimonium minime dicat.* Hoc argumento idem Ivo epist. 108 archiepiscopi Turonensis testes Paschali suspectos reddit, ut consanguineos ac de domo productos et Alexander III, c. in. litteris *de testibus,* nobilis item cujusdam Firmani testes rejicit, quos in divortii causa de familia sua producebat. Vel hoc igitur exemplo id patet, quod ambigit Goffridus, testes domesticos non solum in capitalibus, sed in aliis etiam causis non esse recipiendos. At receptos aliquando constat ex privilegiis. Nam ex praecepto Philippi Pulchri regis didicimus, cum ab abbate et conventu Sancti Dionysii adversus Latiniacenses quasdam feminas de statu earum mota lis esset, testesque contra illas producti rejicerentur, quod de corpore essent Ecclesiae Beati Dionysii, et monachi contra obtenderent, se regium privilegium a Ludovico VI in eam rem habere, curiam perfecto privilegio pronuntiasse, testes in ea causa idoneos, eorum testimonium validum videri. Anno 1237, mense Junio.

directas audivi (105); quas vestras minime credidissem, nisi ibi sigillum vestrum appositum vidissem. Dicebant enim litteræ vobis a fidelibus vestris relatum fuisse me contra vos et contra clericos vestros turpia et contumeliosa verba publice protulisse. Ad hæc, salva veritate, prorsus respondeo quod de persona vestra nihil unquam inhonestatis vel contumeliæ dixi; sed quæ potui bona ubique de vobis usque in hodiernum prædicavi. Clericis vero vestris, quoniam ipsi mihi male cantaverunt, bene saltare nec possum, nec potui. Illud equidem plane confiteor quod nulla injuriosa verba illis irrogavi, nisi quia illorum judicio prægravatum me sentiens, Romanam Ecclesiam appellavi, cujus veneranda privilegia videbam ab ipsis despicabiliter refutari, licet sancta Romana Ecclesia talia recipere ab eorum magnitudine non promeruerit, quia quod illi male ligaverant, illa suæ pietatis intuitu relaxavit, et, si ei mala pro bonis reddiderunt, hanc certe eos retributionem Deus non docuit. Qui cum me hominem amari sermonis appellassent, credidissem forsitan illis, si dulcedinem apostolicæ 60 veritatis plenius agnovissent. Cujus beneficiis quandiu ingratos videbo, etiam in veritate suspectos habebo. Me subditum Ecclesiæ vestræ asseruistis, unde ego nullatenus scandalizor, quia, quamvis inter Romanum pontificem et me peccatorem nulla, cujuscunque dignitatis vel ordinis sit, persona media (106) habeatur, si auctoritas Romanorum pontificum inviolata servatur, omnibus tamen Ecclesiis non solum subditum, verum etiam earum inutilem servum me esse contestor. Professum vero vestrum me vocastis (107). Satis melius fuisset ut a vobis sacratum dixissetis. Quod et si pro consecratione professionem, et pro professione ab allodiario B. Petri subjectionem vobis vindicastis, consecrationem utique illam gratis minime impendistis. Non enim gratis impenditur, per quod homo homini subjectus efficitur. In professione siquidem illa consilio vestro nimia simplicitate acquievi; ubi, si quid aliter actum est, vos scienter fecistis, ego autem ignoranter peccavi. Sed dominus noster honorabilis memoriæ papa Urbanus (108) cum per nos transiret, audivit a fratribus me vobis professionem fecisse. Unde columbam seductam, cor non habentem me dicens, et vehementer increpans, illud veraciter mihi pro crimine imputasset, si ignorantiæ meæ ac juventuti misericorditer non pepercisset. Quid vero super hoc contra vos protulerit, pro reverentia vestri ordinis melius est inde silere quam loqui. Igitur quod illicite commiseram irritum fecit, et ne deinceps abbas monasterii nostri 61 cuiquam episcopo profiteatur, privilegii sui irretractabili firmitate prohibuit. Cujus auctoritatem secutus dominus Paschalis papa, qui nunc est, illud iterum sua apostolica auctoritate firmavit. In litteris præterea vestris divulgatum est laicis quod, si ad vos satisfacturus non venirem, auxilium vestrum amplius non haberem, et quicunque malefactores res monasterii nostri diriperent, vos adjutorem suum potius quam nostrum defensorem invenirent. Hoc ex vestra parte litteris non arbitror fuisse insertum, quoniam a Christiana religione omnino discrepat, et Satanæ noscitur incitamentum. Illud amici et inimici firmissime credant, quod nulli dabo mercedem istam, ut pro suo auxilio monasterium nostrum, allodium B. Petri, sibi inordinate subjiciam. Unde si necessitatibus meis auxilium vestrum defuerit, confido de bonitate beati Petri, quia mihi ipse non deerit; cui dum fidem servare desidero, nullus ob hoc episcopus mihi auxilium denegare, nec quod illius est, qualibet occasione sibi deberet usurpare. Vindocinensem Ecclesiam sanctæ Romanæ Ecclesiæ nec dedi, nec auferam. Quod si qualibet suggestione tentarem, peccarem in animam meam, nec etiam cum peccato perficere valerem. Romanæ itaque Ecclesiæ, cui totum me debeo, omni tempore fidem servabo; pro cujus amore ac fidelitate multiplicata gravamina virtute constantiæ, et animi integritate sustineo, nec multo majora, si emerserint, pro illa sustinere recuso. Illam in meis pressuris reclamavi, 62 et adhuc reclamare non desino. Nam si modo ignorat quanta pro illa patior, scio, cum agnoverit, petenti auxilium non negabit quæ semper misericordiæ visceribus affluens oppressis omnibus, et maxime domesticis suis, subvenire consuevit. Domnus Ernaldus (109), quem decanum vestrum dicitis, si sibi

(105) *Litteras vestras.* Nunc exstant hæ litteræ Ivonis.

(106) *Nulla persona media.* In privilegio Victoris II: *Confirmamus igitur, atque BB. apostolorum Petri et Pauli auctoritate ipsum monasterium ita specialiter corroboramus, quatenus inter primæ et apostolicæ sedis pontificem, et venerabilis loci Vindocinensis abbatem nulla cujusque dignitatis vel ordinis persona sit, media habeatur;* quæ eadem fere verba leguntur in aliorum pontificum diplomatis, atque in tabulis ipsius faudationis.

(107) *Professum vestrum me vocastis.* Jure antiquo abbates omnes in episcoporum erant potestate. Concilium Aurelianense primum can. 11: *Abbates pro humilitate religionis in episcoporum potestate consistant.* Synodus Chalcedonensis can. 4: ἔδοξεν τοὺς καθ' ἑκάστην πόλιν καὶ χώραν μονάζοντας ὑποτετάχθαι τῷ ἐπισκόπῳ. Quare episcopis ante consecrationem suam subjectionis, obedientiæque professionem edebant, ad eam formulam, aut ejus certe consimilem,

quam a Cisterciensibus eoi solitam docet Honorius III, c. *Ne Dei Ecclesiam*, de Simonia. *Ego N. abbas Cisterciensis ordinis, subjectionem et reverentiam, et obedientiam a sanctis Patribus constitutam, secundum Regulam sancti Benedicti, tibi, domine episcope, tuisque successoribus canonice instituendis, et sanctæ sedis apostolicæ, salvo ordine meo, perpetuo me habiturum promitto.* Qui vero sedis apostolicæ privilegiis exempti fuerant ab episcoporum potestate, ut Vindocinenses, ii nimirum professionem illam non debebant. Elicuit tamen Ivo episcopus a Goffrido, quem propterea subditum et professum suum appellabat. Sed Ivonis factum ut, mox dicet, improbavit Urbanus professionemque a Goffrido extortam antiquavit. Quod iterum repet t epist. 11.

(108) *Sed papa Urbanus.* Urbani hac de re privilegium insertum est epistolæ 27 hujus libri, ad Goffridum episcopum Ivonis successorem.

(109) *Domnus Ernaldus.* Subscribit is litteris Ivonis, quæ canonicorum Sancti Joannis Valiacensis

secundum justitiam placuisset, teste flocello de capite (110) suo, potius in nostra, quam in vestra sorte (111) manere debuisset. Valete, et contra sanctam Romanam Ecclesiam, cujus pietatis gratia vos non minus creavit episcopum quam religio vestra, agere nolite.

EPISTOLA VIII.

Charissimo Patri suo Ivoni laudabilis vitæ episcopo, Goffridus Vindocinensis monasterii humilis servus, reverentiam cum puræ dilectionis affectu.

De archipresbytero vestro Goffrido Danielis (112) apud bonitatem vestram conquerentes, misimus ad vos duos de fratribus nostris, qui ad aures vestras et clamorem nostrum, ut credimus, detulerunt, et si quid aliter a familia nostra actum exstiterat, vobis rectitudinem obtulerunt. Unde nobis mandastis ut quarto die post festivitatem Omnium Sanctorum, si ad partes nostras interim non descenderetis, ad vos veniremus, habituri et facturi quantum debemus. Optimum quidem hoc vestrum mandatum fuit, et idcirco non minus actionis quam devotionis brachiis amplectendum. 63 Sed quibusdam detenti impedimentis, quæ, antequam ad vos misissemus, archidiacono vestro (113) machinante, ut dicitur, orta jam fuerant, illud observare minime valemus, et quod ratio pariter ac voluntas agendum monet et præcipit, agere necessitas sola non patitur. At cum Spiritus sancti gratia nos consolante, a præsenti, qua detinemur, necessitate liberati fuerimus, die qua mandaveritis, ad vos veniemus, et consilio vestro omnia faciemus. Rogamus tamen, humilitate qua possumus, quod si Vindocinum venire debetis, nullis suasionibus Carnotum ire nos fatigetis. Super Nivelone et filio ejus Ursione (114), eorumque hominibus proclamantes, aures vestræ pietatis sæpe pulsavimus, et adhuc pulsare non cessamus, ut si non pro amicitia, saltem pro improbitate nostra justitiam valeamus obtinere quam petimus. Valete, et eorum incitatione, qui me, si possent, contra vos sæpius incitassent, servitium et dilectionem nostram diligenter obsecro, perdere nolite.

EPISTOLA IX.

Domino suo et amico Ivoni honorabili Carnotensium episcopo, Goffridus Vindocinensis monasterii humilis servus, cum dilectione salutem.

Mandastis quia inducias, quas a vobis quæsivimus, nec datis, nec dare debuistis; non enim certum diem, ut dicitis, mandavimus vobis. Ad hæc salva veritate respondemus 64 quoniam certum diem vobis mandare minime potuimus, quia quando necessitas, qua detinebamur, finem haberet, certi non eramus. Famulos nostros asseritis vos excommunicasse; quod valde miramur, cum in loco nostro, nulli episcopo (115), nisi soli summo Romano pontifici, excommunicare, seu interdicere liceat, vel quamlibet potestatem, vel dominationem exercere. Nos tamen quæcunque jusseritis, salvo apostolicæ sedis privilegio, diligenter faciemus, contra cujus auctoritatem nihil a nobis exigi debet, nec nos obedire debemus. Dignitatis utique excellentiam, quam Christus dominus noster in B. Petro Romanæ Ecclesiæ contulit nec possumus, nec debemus minuere, nec ad hoc ut eam minuamus, debet quis laborare. De hominibus, quorum nomina nobis scripsistis, quatuor ex ipsis nostros esse dicimus, de quibus quarto die post Theophaniam, quantum debebimus, libenter faciemus, quamvis de vobis multum conqueri possemus, qui non solum de malefactoribus nostris, quod nemo alius episcopus unquam fecisse dignoscitur, nobis justitiam denegastis, verum etiam contra nos vestræ auctoritatis decreto incitastis. Hæc vero quæ mandamus si displicent vobis, et mole vestræ magnitudinis nos premere, et cujuslibet incitatione, vel propria voluntate gravare vultis, ipsam pro cujus amore multa gravamina vestra diu portavimus, Romanam Ecclesiam appellamus, cum qua et adversitatem sustinere optamus, et sine qua prosperitatem habere recusamus. Unde si necessitatibus 65 nostris auxilium vestrum, quod diu nobis subtraxistis, defuerit, confidimus de bonitate B. Petri, quia nobis

---

fundationem continent, leguntürque inter epistolas Ivonis num. 296. *Signum Ernaldi decani.* Videtur idem postea ex clerico factus monachus; deinde iterum abjecto monachi proposito ad pristinum gradum regressus. Monachum factum testatur Ivo epist. 262 ad Pontium abbatem Cluniacensem: *Collectiones canonum per dominum Ernaldum modo monachum vestrum, olim clericum nostrum transmisi vobis.* Non perseverasse, tacito sensu indicat hoc loco Goffridus.

(110) *Teste flocello de capite.* Monastici cultus parte, quam retinebat. Flocus, ut docet Clemens V, *De statu monachorum*, capite primo, ea est monachorum vestis quæ longas et amplas habet manicas. Floculus et flocellus, minor flocus. Nostrates hodie, litterula mutata, magnum et parvum frocum vocant. Qui ex canonicis facti fuerant monachi, hi si ad canonicos redibant, cucullam deinceps ad memoriam ex Urbani II decreto deferebant. xix, q. III, *mandamus.*

(111) *Potius in nostra, quam in vestra sorte.* Monachus potius quam clericus.

(112) *Goffrido Danielis.* Archipresbytero Vindocinensi, cujus iterum meminit epist. 9, 12 et 21, ubi easdem de illo querelas retexit.

(113) *Archidiacono vestro.* Vindocinensi, quem tacito etiam nomine perstringit, et gloriosum archilevitam vocat epist. 17. Raimbaldus, opinor, dicebatur. Ivonis sane litteris, quibus Majori Monasterio Ecclesiam Hauchensem concessit, anno 1114 testes primo loco ascripti Raimbaldus Vindocinensis archidiaconus, et Ansgerus Blesensis archidiaconus. In Ecclesia Carnotensi præter Urbanum archidiaconum, qui magnus appellatur, quinque sunt archidiaconi Pagenses, Castrodunensis, Pisciacensis, Blesensis, Drocensis et Vindocinensis.

(114) *Nivellone et filio ejus Ursione.* De his libro I, epist. 12 et infra epist. 11, 13, 23, 30. Exstant in scriniis Vindocinensibus Paschalis II litteræ ad Ivonem, in quibus utrumque ob injurias et damna Vindocinensi monasterio inflicta, sacris arceri jubet.

(115) *Nulli episcopo nisi Romano.* Libro I, epist. 18 et infra epist. 27.

ipse non deerit ; cui cum fidem volumus servare, nullus ob hoc episcopus nobis ecclesiasticam justitiam denegare, nec in nos sæcularium hominum incitare sævitiam, nec, quod sanctæ Romanæ Ecclesiæ est proprium, sub hac occasione sibi deberet usurpare ; a cujus fidelitate non fames, non gladius, non nuditas, non tribulatio, non angustia, non persecutio aliqua nos vel defunctos poterit separare (*Rom.* VIII, 35). Nam si modo ignorat quanta pro illa patimur, scimus, cum agnoverit, petentibus auxilium non negabit, quæ semper misericordiæ visceribus affluens, oppressis omnibus et maxime domesticis suis subvenire consuevit. De archipresbytero vestro, et Nivelone ejusque filio Ursione, atque Buatmundo et eorum hominibus, apud vos sæpius conquesti sumus et conquerimur, nec justitiam, nec justitiæ scintillam aliquam adhuc sentire potuimus. Unde a vobis juratam pacem minus observari conspicimus.

EPISTOLA X.

Ivoni honorando Carnotensum episcopo, Goffridus Vindocinensis monasterii humilis servus, amicos in Deum, et inimicos propter Deum diligere.

Licet injuriæ et vexationes, et quibus monasterium nostrum, et nos non mediocriter (66) oppressistis, et opprimi fecistis, in auribus populorum frequentissime resonent, charitatis tamen, quam Deus præcipit, funibus alligati, amare cogimur etiam non amantem. Vos autem, qui graviores molestias irrogastis, maxime diligere, ac vobis diligenter servire volumus, si amaritudinis pocula, quæ nobis sæpius propinastis, melle dilectionis, temperare placuerit. Genus vero dilectionis, quo et nos diligere, et a nobis serviri vultis et diligi, litteris vestris significate, quia pacem et dilectionem vestram vehementer optamus. Et si senserimus quod nos in veritate diligatis, nullum vestrum recusamus servitium, in quo domini papæ indignationem non mereamur, nec ordinis nostri incurramus periculum.

EPISTOLA XI.

Ivoni magnæ famæ pontifici, Goffridus Vindocinensis monasterii humilis servus, prudenter et simpliciter in omnibus agere.

Litteræ nostræ (116), quas in quibusdam mellis dulcedinem redolere, et in quibusdam fellis amaritudinem respergere dixistis, secundum nostram intelligentiam omni amaritudine caruerunt, quia charitatis dulcedine plenæ fuerunt. Quod iterum asseruistis Romanam Ecclesiam a Deo nullam injustam accepisse potestatem, ita est plane, et nos nec possumus, nec debemus non annuere, quoniam infructuosum est contra adeo apertam (67) veritatem laborare. Quis enim insanus credere vel cogitare audeat bonum Deum aliquid unquam injuste dedisse, aut ejus sanctam Ecclesiam quidquam ab eo injuste accepisse? Sed si quæ sunt solvenda solvendi, et quæ liganda ligandi a Domino collatam ei potestatem credit s, sicut nobis scripsistis, mirandum non est, si illi bene solvit quod vos male ligastis. Professio, quam a me (117) adhuc juvene et novitio extorsistis, regularis minime fuit, eamque fecisse, peccatum exstitit, et accepisse irreligiosum. Nam si pro benedictione, quam omnino gratis dare debuistis, usurpastis professionem, et pro professione ab allodiario B. Petri (118) exigitis subjectionem, profana fuit illa professio, et ideo non tenenda, quoniam subsequens benedictio, quam exhibuistis, navicularia potius videtur, quam gratis data (119), quandoquidem pro illa temporalem mercedem cum injuria fidei Christianæ exigere non erubescitis. In professione siquidem illa, consilio vestro nimis simpliciter acquievi. Ubi tamen quidquid perperam actum est, vos scienter fecistis, ego autem ignoranter peccavi. Sed quem vestræ impuritatis consilio reatum contraxi, apostolica sinceritas, ignorantiæ meæ ac juventuti compatiens, misericorditer indulsit, et ne quis successorum nostrorum in puteum similis deceptionis deinceps corruat, virtute suæ auctoritatis prohibuit. Si vero contra hæc vobis agere placet, illam majorem audientiam, a qua omnis Christianitas dijudicatur, non fugio, sed appello, cujus (68) æquitatis judicium qui contemnit audire ; B. Petrum ne sentiat iratum debet timere.

EPISTOLA XII.

Charissimo domino suo et Patri, Ivoni laudabilis vitæ pontifici, Goffridus Vindocinensis monasterii qualiscunque servus, veræ humilitatis obsequium, et puræ dilectionis affectum.

Formatas et formosas litteras vestras, quas pro

---

(116) *Litteræ nostræ.* Ea est epistola 7 hujus libri. Ivonis autem epistola, cui Goffridus hic respondet, numero 195, hoc habet exordium : *Accepi litteras tuas palpantes et pungentes, in quibusdam mellis dulcedinem redolentes, in quibusdam fellis amaritudinem respengentes.*

(117) *Professio quam a me.* Dictum est epist. 7 diceturque iterum epist. 27.

(118) *Ab allodiario B. Petri.* Beneficario supra epist. 7. Ut feudatarius Domini dicitur, qui ejus feudum tenet ; sic allodiarius, qui allodium. Nec tamen perpetuo hæc sibi respondent. Non abbas Vindocinensis allodiarius beati Petri recte dicitur, quia monasterium ejus allodium est, sedis apostolicæ ; feudatarius dici non potest, quia monasterium feudi jure non habet.

(119) *Navicularia potius quam gratis data.* Utitur eadem voce eadem in re opusculo x, navicularia, benedictio dicitur, ut navicularia functio in codice seu alio sensu. Naviculariam enim benedictionem appellat, non gratuitam, sed mercenariam, et pro qua aliquid exigatur, ut pro transvectione naulum et merces a naviculariis. Non absimili translatione institoriam lectionem dixit epist. 1. Ildebertus, cui sordidus et illiberalis quæstus est propositus, ut lucrum institori, sic enim scribit : *Hinc est quod ambitiosam supellectilem inexorabili odio prosequeris : quod institoriam abdicas lectionem, quod magnum quæstum judicas pietatem cum sufficientia.*

facienda nobis justitia archipresbytero vestro Goffrido (120) misistis, vidimus, et si non tantas, quantas debemus, saltem quantas possumus gratias vestræ sanctitati referimus. Ibi enim nihil aliud videri vel intelligi potuit, nisi erga nos vestræ magnæ charitatis affectus. Omnes quidem presbyteri castelli Vindocinensis cum archipresbytero vestro litteras viderunt, sed cum illo, imo per illum, nescimus quibus privatis consiliis, litteris obedire contempserunt. Unde, dilectissime Pater, pietatem vestram, quibus valemus precibus, exoramus, quatenus circa ea, quæ vobis in veritate scripsimus, sic paterna dilectione sitis sollicitus, ut quam grave sit justis non obtemperare mandatis, agnoscere valeat ille ecclesiasticæ justitiæ interfector, et sanctæ Ecclesiæ inimicus.

EPISTOLA XIII

Honorabili domino suo et cordiali amico, vom religiosæ vitæ pontifici, Goffridus Vindocinensis monasterii humilis servus, a Deo sanctis repromissam beatitudinem, et a se puram et integram dilectionem.

Litteras quidem vestræ sanctitatis cum gaudio et honore suscepimus, sed die, quem nobis in ipsis significastis, ad vos venire nullo modo poterimus, monasterii nostri inevitabili necessitate detenti; quæ etiam in monasterio tunc manere nulla occasione nos patitur. Fratribus autem nostris, ut de possessionibus monasterii absque præsentia nostra judicium subeant, suadere non valemus, et quod eorum voluntati contrarium rationabiliter cernitur, eis, ne forte scandalizentur, imperare non audemus. Sed cum necessitas, quæ inevitabiliter nos detinet, finem habuerit, ante bonitatis vestræ conspectum, loco et tempore competenti, diligenter nos præsentabimus; de Nivelone, quem nec reverentia ordinis, nec honor sacerdotii, nec adventus Salvatoris a genere novi sceleris retraxit, accepturi et ei facturi quantum debemus. Rogamus interim, dilectissime Pater, humilitate qua possumus, ut de his, quæ Nivelo et sui nobis violenter abstulerunt, et adhuc crudeliter detinent, vestra eos cogente justitia, mereamur investiri, quia rebus propriis exspoliati

(120) *Archipresbytero vestro Goffrido.* Epist. 8.
(121) *Rebus propriis exspoliati.* Infra epist. 29.
(122) *Goffridi olim Blesensis abbatis.* Cœnobii Sancti Launomari, ad quem honore jam defunctum, atque ex labbate anachoretam pristinæ solitudini redditum tres leguntur epistolæ Ivonis 164, 208, 240.
(123) *Exercuit inimicitias.* Ob controversiam videlicet inter Blesenses monachos et Vindocinenses agitatam de oblationibus parochiæ Ulchensis, de qua Ivo epist. 162.
(124) *Veritatis testimonium.* Cur testimonium hoc exquisierit Ivo, intelligi potest ex tribus supra scriptis ejus epistolis, in quibus docet pœnituisse postea relictæ abbatiæ Goffridum, Mauricioque successori propterea obtrectare et adversari solitum.
(125) *Brunonis tunc legati.* Ivo epist. 164 ad Goffridum Blesensem : Qui in manu Romanæ Ecclesiæ legati, nullo te cogente, imo ipso legato dissuadente abbatiam dimisisti, et in electione ipsius Mauricii primam vocem dedisti. Incidit Brunonis Signiæ in Cam-

(121), sicut ipse melius nostis, antequam 70 quæ eis ablata sunt, universæ potestati eorum restituantur, ad judicium minime debent convocari. Valete.

EPISTOLA XIV.

Diletissimo domino Ivoni venerabili Carnotensium episcopo, et omni sanctæ Mariæ capitulo, Goffridus Vindocinensis monasterii humilis servus, a Deo salutem, et a se puræ dilectionis servitutem.

Hanc esse virtutem cognovimus veræ justitiæ, amicum non debere juvare mendacio, nec inimico in veritate deesse. De depositione domni Goffridi olim Blesensis abbatis (122), et de promotione domni Mauricii, qui contra nos diu injustas exercuit inimicitias (123), et parum fructuosas, sibi egit querelas, sicut vidimus et audivimus veritatis testimonium (124) perhibemus. Vidimus itaque domnum Goffridum in præsentia domni Brunonis Romanæ Ecclesiæ tunc legati (125) abbatiam suam relinquere, et domnum Mauricium in abbatem propria voce eligere, eumque electum, et suis manibus deductum in locum, quem ante ipse tenuerat, collocare. Hoc vidimus, et coram Deo et hominibus testificamur palam ita factum fuisse. Sed si quid aliter actum est in occulto, confitemur nos prorsus ignorare. Fieri enim potuit ut aliud lingua domnus Goffridus pronuntiaret, et aliud occultaret in pectore. Sed quidquid Blesis nobis præsentibus super hac causa factum exstitit, in quantum cognoscere potuimus, domno 71 Mauricio, ut credimus, non obesset, si nihil aliud impediret.

EPISTOLA XV.

Charissimo domino et amico Ivoni, honorabili Carnotensium præsuli, Goffridus Vindocinensis monasterii humilis servus, delinquentium subditorum culpas ita judicio sancti Spiritus condemnare, ut inculpabilis ante conspectum tremendi Judicis valeat apparere.

Optime nostris, Pater optime, clericos vestros (126), quos humilitas B. Mariæ fecit superbos, non jure cœli, nec judicio sæculi, sed solita mentis tempestate gradus domus nostræ (127) destruxisse. Unde paternitati vestræ humiliter supplicamus ut quod a-

pania Italica episcopi legatio in annum Christi 1106. Hoc siquidem anno in Gallias venisse Buatmundum ducem notat Chronicon Sancti Albini. Buatmundum, autem Paschalis jussu comitatus est Bruno legatus. Auctores Petrus Diaconus, et Sugerius abbas, qui et synodi ab eodem apud Pictavos celebratæ meminerunt.
(126) *Clericos vestros.* Canonicos. Sanctæ Mariæ Carnotensis.
(127) *Gradus domus nostræ.* Ecclesias quinque a Theoderico episcopo Vindocinensibus datas ostendunt litteræ pontificum. Clemens II, Victor item, et Nicolaus II, in Privilegiis confirmationis : *Ecclesias quinque, quas Theodericus Carnotensis episcopus monasterio Vindocinensi dedit amore Dei et supplicatione Goffridi comitis, Ecclesiam scilicet Sancti Beati, ecclesiam Sancti Joannis de Castrodunensi, ecclesiam de Balneolis, ecclesiam de Villarebla, ecclesiam Archerici. Sed harum nulla Carnuto proxima.* Quare alibi quærenda est.

clericis vestris perverse actum dignoscitur, corrigatis, et gradus domus nostræ, quos furiosi spiritus impetu destruxerunt, ab ipsis fieri faciatis. Et cum de re nostra a nobis diu et juste possessa, et injuste ablata, secundum sacros canones investiti fuerimus, si postea de nobis conqueruntur, quod justus judex, quod divina lex faciendum judicaverit, non recusamus. Venerabilis vitæ Pater, res monasterii nostri, quæ in episcopatu vestro esse noscuntur, et monasterium ipsum B. Petro a fundatoribus suis oblatum, si vobis aboriosum non esset, et pro cura episcopali et pro amore B. Petri, in quantum facultas suppetit, custodire, et ab omnibus adversariis defendere deberetis, præsertim rem illam monasterii, **72** quam pene juxta introitum portarum vestrarum esse conspicitis.

EPISTOLA XVI.

Charissimo Patri et domino Ivoni laudabilis vitæ pontifici, Goffridus Vindocinensis monasterii humilis servus, puram cordis dilectionem et puræ dilectionis servitutem.

Paternitati vestræ, Pater optime, gratias agimus, quod comitem Vindocinensem (128) pro causa nostra ad rationem mitti fecistis; et quia quod inique gesserat, corrigere neglexit, ejus castello, et castelli banleugæ (129) divinum officium abstulistis. Ipse vero malis addere pejora minatur; et vobis inobediens, nos et nostra violenter adhuc persequitur. Sed quia ad hoc mandatum suscepimus ut nos affectemus laudes hominum, nec eorum minas timeamus, divina nos protegente clementia, et vestræ auctoritatis suffragante censura, in pressuris constantiores inveniet. Unum tamen utile nobis, imo valde necessarium esset, pro quo vobis, tanquam patri filii, humiliter supplicamus, quatenus genus pietatis, quo pastor Ecclesiæ, cum necessitas exigit, impius pro Domino fieri debet (genus enim pietatis est, ut B. Hieronymus dicit (130), impium fieri pro Domino); ita in comitem, et in omnem terram ipsius zelus vestræ rectitudinis propagaret, totum videlicet ejus comitatum a divinis officiis segregans; et ipsum districtioris justitiæ vinculis alligans, ut universa plebs, quæ nostram injuriam et ejus **73** malitiam non ignorat, et cui illius iniquitas multum displicet, nec major justitia displiceret, hinc occasione accepta proclamaret in eum, et sic quoniam Dei amore ab injusta actione spontaneus non vult desistere, clamore simul et timore hominum desisteret vel invitus. Nam sub quanto ejus malitiæ onere gemimus, nostra humilitas non sileret, si referre singula morosum non esset, et audire tædiosum, et legati nostri lingua fortassis omnia melius dicet, quam nostra indicare posset epistola. Pauperum corpora sepeliri concessistis (131); quod nos abnuere nec

(128) *Comitem Vindocinensem* : Goffridum lib. I, epist. 12.

(129) *Castelli banleugæ*. Gauffridus comes in tabulis fundationis ea enumerans quæ monasterio Vindocinensi obtulerat, *In castro*, inquit, *Vindocino terram ad burgum faciendum, cum rapto et furto et incendio, vicaria et banleuga, et consuetudinibus universis*. Ludovicus VI, in præcepto pro cœnobio S. Dionysii anno 1114 : *Item statuimus, ut quicunque sit intra bannileugam S. Dionysii, vel infra terminos antiquitus institutos, a nullo rapiatur, neque res ejus diripiantur ; sed si aliquid foris fecerit, ab abbate tantum vel a monachis justificetur*. Banleuga seu bannileuga dicitur is modus agri, cujus finibus loci alicujus immunitas vel jurisdictio terminatur. Nota vox et significatio multis in locis Galliæ. Banni apud majores nostros multiplex fuit notio. Nam et publicum edictum bannum appellabant, et multam, et proscriptionem bonorum, et exsilium, et alia judiciariæ summæque potestati connexa. Quos ergo ad fines ea potestas porrigebatur, eum ambitum sive procinctam, ut loquebantur, bannileugam dicebant, seu quia leugæ spatio plus minus definiebatur, seu forte quia leugæ sive leuwæ nomen pro quovis terræ spatio, tractuque usurpabant. In Caroli Calvi præcepto Sancti Dionysii banleuga in hunc modum describitur : *Statuimus ut prædictus locus immunitatem habeat*. Et, post alia : *Cui quidem immunitati ipsos eosdemque terminos imponi censemus, qui in privilegio domni Dagoberti serenissimi regis, quod de fugitivis ad idem cœnobium isdem gloriosissimus rex fecit, præscripti sunt, id est usque ad eum locum, quo ad eamdem Ecclesiam tendentes Tricenam pontem ingrediuntur, nec non etiam usque ad montem Martyrum, ubi ipse præcellentissimus Domini testis agonem suum fideliter complevit, similiterque usque ad viam publicam, quæ ad Luperam ducit. Itaque hanc totam procinctam Deo, Sanctoque ejus Dionysio donamus, cum omni judiciaria potestate. Hoc est bannum, omnemque infracturam, et si quæ sunt aliæ consuetudines legum.* Satis ex hac descriptione liquet Sancti Dionysii ban-

leugam ultra leugæ unius spatium porrectam fuisse. Quod vero leuvam absolute pro spatio et mensura, usurpasse videantur, declarat aliud præceptum Caroli Magni, quo villas Faverolas et Norontem in pago Carnoteno eidem Sancti Dionysii monasterio cum silva Aquilina donat. Ejus autem silvæ leugas, hoc est spatia, regionesque suis finibus circumscribit his verbis. Totum enim locum exscribam, etsi antiquariorum vitio parum castigatum.

Insuper et cum foreste ad eas pertinente, quæ vocatur Aquilina, cum forestariis et cæteris finibus in ea designatis, videlicet contra pagum Madriacensem pervenit leuwa usque ad Petrum fictam. Deinde ad montem Presbyteri, deinde ad Condacum usque ad Cuculosa. Secunda leuwa contra pagum Pinciasensem pervenit ad Codonarias, deinde ad Vennas usque ad Aureovallo, deinde Levieias. Tertia leuwa contra pagum Parisiensem de Ulfanciacas pervenit ad campum Dominicum, deinde ad campum Mulgeverti, deinde ad Sarnecum usque ad cellam Sancti Germani, deinde per illam stratam quæ pergit ad vetus monasterium. Contra pagum Stampensem pervenit leuwa ad Rasbacium, deinde ad Affrumenterilas, deinde ad Waranceras. Contra pagum Carnotensem pervenit leuwa ad Putiolos; inde ad Putilittos, deinde ad Hitlinrilare; inde ad Wadastivillam, et illud pirarium, deinde ad illam fronam quæ fuit Stephanonæ. Inde ad Calmontem; deinde ad illam stratam quæ pergit ad Helmoretum; inde ad Longum lucum et Senonæ vallem super Nivigellam. Pro banleuga leugam simpliciter posuit Ivo, epist. 101 et 259, *quod ab omnibus molendinis Belvacensis leuwæ committitur*.

(130) *Ut B. Hieronymus dicit* : Epist. 23 ad Marcellam de ægrotatione Blæsillæ.

(131) *Pauperum corpora sepeliri concessistis*. Ecclesiasticam sepulturam prohibet interdictum. Excipit Innocentius III clericos, qui tamen interdicto paruerint, c. *Quod in te*, De pœnit. et remis. Quod pauperibus illam concessit Ivo, peculiare fuit privilegium.

possumus, nec audemus. Sed salva vestra pace, et reverentia dicimus, si insepulta remanerent pro Ecclesiæ justitia, non ideo animæ minus haberent de gloria. Et quia a sanctitate vestra pauperibus sepultura conceditur, sub nomine pauperum a sepultura jam nullus excluditur. Valete.

EPISTOLA XVII.

Amantissimo domino et Patri Ivoni, venerabilis vitæ pontifici, frater Goffridus omnem ulcisci inobedientiam, et sic vitam promereri æternam.

Noverit, charissime Pater, vestra dilectio, in castro Vindocini (132), dictos illos regulares beati Georgii canonicos (133), in Ecclesia Beati Petri apertis januis contra interdictum vestrum solemniter festivitatem celebrasse, aliosque ejusdem castelli clericos quemdam burgensem defunctum, et cum defuncto justitiam 74 quasi defunctam sepelientes, publicis processionibus sepulturæ tradidisse. De qua ecclesiasticæ justitiæ sepultura, quæ contumaciæ studio acta dignoscitur, et de hujusmodi sepulturæ vindicta, vestræ sublimitati nostra humilitas aliquid scripsisset, si monachus unus sufficeret de inobedientia clericorum accusare multitudinem, et præsumptuosum non videretur tantæ discretionis docere pontificem. Illud tamen perpendat vestra dilectio quod, si tanta justitiæ injuria patienter portatur, verendum est ne sancta Ecclesia hac occasione de statu suo plurimum perdat, et suæ honestatis et ordinis intolerabilem jacturam patiatur. Unde vestræ paternitati filiali dilectione supplicamus, quatenus ad nos misso vestræ auctoritatis decreto, tam perniciosa præsumptio sine vindicta minime transeat, et quam grave sit suo episcopo non obedire, vel sic unusquisque transgressor agnoscat. De domno archidiacono (134), cujus virtutes vel vitia prudentiam vestram ignorare non credimus, vobis vera scribere non audemus, ne nostra veritas ejus odium nobis generaret, et qui male agit pejus ageret. Certe, si inordinata remissio pietas vel misericordia esset, circa delinquentes, sed impœnitentes, plurimum exhiberet; quibus etiam non pulsantibus, ejus misericordiæ janua patet. Nam quis ex divitibus contra interdictum vestrum vult sepeliri, et non sepelitur? Pauperibus autem, qui culpam non habent, sepultura negatur. Potentibus 75 aperiuntur Ecclesiæ; impotentes per quos quod male actum est, corrigi non potest, ab ecclesiis excluduntur. Sancto Evangelio teste cognovimus, et nullatenus dubitamus, benignum Jesum Dominum nostrum B. Petro quæ liganda erant ligandi, et quæ solvenda solvendi potestatem tradidisse (*Matth.* XVI, 19). Sed aliter quam Dominus dedit, vel B. Petrus ab illo acceperit, indiscrete gloriosus vester archilevita, quasi propheta docens mendacium, solvenda ligat, et solvit liganda. Providete itaque, dilectissime Pater, ne justitia vestra, quæ ex parte jam perire cœpit, omnino pereat, et quod veraciter vobis mandamus, nobis non noceat.

EPISTOLA XVIII.

Honorabili domino, et præcordiali amico, domno Ivoni Carnotensi episcopo, frater Goffridus Vindocinensis monasterii servus, quidquid potest haberi salubrius

De statu domini papæ (135) et Romanæ Ecclesiæ vobis veraciter annuntio quod dominus papa et Romam et Romanam Ecclesiam cum magna pace possidet et tranquillitate. Romæ dominum papam inveni, cum quo inter alia de vobis locutus, bona quæ potui et debui de persona vestra dicere, quidquid alii musitassent, illi non tacui. Inde cum redissem et 76 Lugduni a domno primate Lugdunensi (136), et a tota Ecclesia ejus multum honorifice susceptus, et per quinque dies cum omni comitatu nostro diligenter procuratus fuissem, audivi ab ipso archiepiscopo quæ vestræ dilectioni occultare nec possum, nec debeo. Audivi itaque, domnum Senonensem (137), cum illo fecisse pa-

---

(132) *In castro Vindocini.* Vindocinum, quod castrum Goffrido et castellum dicitur, non obscuræ notæ est oppidum ad Ledi fluminis ripam, in Carnutum agro ac diœcesi. Quod unum argumentum satis est ad minuendam opinionem, quæ multorum hodie animos pervasit, Vindocini a Ptolomæo geographo mentionem fieri, Vindinumque appellari. Vindinum enim Οὐίνδινον Ptolomæus non in Carnutibus, sed in Aulerciis Cenomanis locat, et primariam eorum urbem facit. Quare haud dubium est aliam non esse quam Cenomanum ipsum, totius Cenomannicæ provinciæ caput; cujus nomen Gallica consuetudine suum fecit, etiam apud Goffridum lib. III, epist. 16. Vindocini vero castelli antiquissima, quæ nunc quidem succurrat, mentio est in pactione Guntranni et Childeberti regum, quæ inserta est Gregorii Turonensis historiæ lib. IX, c. 20.

(133) *Regulares B. Georgii canonicos.* Hi originem suam debent Agneti comitissæ, illi ipsi quæ Vindocinense monasterium cum Gaufrido viro suo fundavit, nec multo sunt posteriores, cum tabulæ fundationis annum præferant 1048. Regulares hodie non sunt.

(134) *De domno archidiacono.* Raimbaldo. Supra epist. 7.

(135) *De statu papæ.* Paschalis II, ad quem profectum Goffridum vidimus lib. I, epist. 4 sub annum, ut apparet, 1112.

(136) *Domno primate Lugdunensi*, Joanne Hugonis successore, quem mirum est ab iis hactenus præteritum fuisse, qui antistitum Lugdunensium catalogos texuerunt. Sed Joannis archiepiscopi Lugdunensis nomen, tempusque vindicant epistolæ apud Ivonem 236 et 257, quas scriptas constat anno 1111, successit ergo Joannes Hugoni, rexitque Ecclesiam ante Gauceranum.

(137) *Domnum Senonensem* Daimbertum archiepiscopum; cui cum archiepiscopis Lugdunensibus non una fuit contentio. Prima cum Hugone legato, cum ejus ordinationem moraretur, ut docet Ivonis epistola 60. Altera cum Joanne, cum ab eo ad concilium Ansanum extra provinciam vocaretur, ut est in Daimberti ipsius epistola apud Ivonem. Tertia, quam Goffridus hoc loco indicat, cum Joanne eodem, sed paulo ante alteram nata ob veterem de primatu controversiam. Frequens enim fuit, quod Ivo idem epist. 51, scribit, hac de re præsulum Senonensium cum Lugdunensibus altercatio, etiam post rescriptum Gregorii VII, quo statuit ut archiepiscopo Lugdunensi tanquam primati suo pareant quatuor Lugdunenses provinciæ, id est Lugdunensis, Rotomagensis Turonica, et Senonia, lib. VI, epist. 54 et sequenti.

cem (138), et omnem obedientiam illi, tanquam suo primati, promisisse, nec vos illius pacis aliqua ex parte fuisse participem. Litteras etiam, quas in persona sua fecistis (139), sua voluntate dixit non fuisse factas, nec domino papæ transmissas. Unde sub celeritate domino papæ nuntiaret, quod litteras illas suas fuisse nullatenus crederet. Hæc autem cum audissem, de vobis, sicut de charissimo domino et amico sollicitus, cum domno primate et clericis suis, qui vobis modis omnibus, quibus poterant, adversabantur, locutus fui, et vitæ et personæ vestræ honestatem et magnitudinem ostendens, inter vos et ipsos pacem studiosissime quæsivi. Unde vobiscum quo et quando placuerit, volo habere colloquium, quia ista et quædam alia ad honorem vestrum, et utilitatem, ut æstimo, soli personæ vestræ manifestare desidero. Conductum tamen, si vultis, ut ego veniam, mihi quæratis securum, quia sacrilegos, qui me in adventu domini a curia vestra revertentem ceperunt, adhuc et merito habeo suspectos. Valete et voluntatem vestram super his mihi rescribite.

77 EPISTOLA XIX.

Ivoni Carnotensium præsuli, frater Goffridus, salutem a Domino, et a se debitæ dilectionis servitutem.

Sicut consuetudines monachorum B. Benedicti regulæ concordantes laudamus, sic eas, quas sanctus Benedictus nec docet, nec præcipit, et quæ a ratione penitus discrepare videntur, laudare non possumus. Sunt enim quædam apud monachos institutiones, quas ratio nullatenus admittit, nec sanctorum quilibet Patrum invenit, sed insipientium consuetudo hominum instituit. Has in monasteriis quidam monachi sibi pro lege vindicant, et cum Christus dixerit : *Ego sum veritas* (Joan. XIV, 6), nec dixerit : Ego sum consuetudo, pro sua tamen consuetudine legem veritatis immutant. Et, ut cætera taceamus, in hoc, ut nobis videtur, non mediocriter errant, quod

(138) *Cum illo fecisse pacem.* De hac pace, ni fallor, Joannes ipse ad Daimbertum scribens, *Meminisse potes*, inquit, *quia ex quo amicitiam et familiaritatem Lugdunensis Ecclesiæ recuperasti, gratulanter te vidit, exsultanter recepit, et quanta potuit affectione honoravit. Noli, frater, omni spiritui credere. Sensimus olim procellam istam, sed Deo favente aliquandiu resedit, et ipso faciente quievit.*

(139) *Litteras quas in persona sua fecistis.* Quas ejus nomine dictasti. Scripserat Ivo, ut pote omnium metropolitani sui controversiarum socius et adjutor, litteras Daimberti nomine ad Paschalem, in quibus Joannem primatem perstringebat. Eas litteras Daimbertus, cum pacem cum Joanne, inscio Ivone, faceret, suo nutu scriptas, missasque ad pontificem negabat. Hic germanus hujus loci sensus videtur, et si alium viro docto placuisse sentio in Observationibus ad Ivonem, epist. 67.

(140) *Unctionem infirmorum.* In ea videntur sententia fuisse Goffridus et Ivo epist. sequenti, ut nullum Ecclesiæ sacramentum iterari posse existimarint, cum ex theologiæ placitis ea solum reperi nequeant, quæ characterem imprimunt, baptismus nimirum, confirmatio et ordo. Quo fit ut extremam unctionem, quia ex eo numero non est, iterare li-

unctionem infirmorum (140), cum a sancta catholica et apostolica sede sacramentum vocetur, et cum nullum sacramentum iterari debeat, iterandum putant. Unctionis utique sacramentum B. Innocentius (141) papa adeo magnum dicit, quod pœnitentibus, quibus cætera sacramenta negantur, nulla ratione putatur posse concedi. Quid tamen super hoc magnitudo vestræ discretionis sentiat, et quid tenendum doceat, scire desideramus, quia quamvis ista et ratione, et auctoritate esse vera non dubitemus, ea tamen vestræ auctoritatis decreto firmari volumus, et rogamus.

78 EPISTOLA XX (142).

Ivo Carnotensis Ecclesiæ minister, Goffrido Vindocinensi abbati, salutem et dilectionem.

Unctionem infirmorum non æstimo repetendam, quia, sicut ipse asseruisti, secundum institutum apostolicæ sedis, genus est sacramenti, qui autem sacramenta Christi et Ecclesiæ repetit, injuriam ipsis sacramentis ingerit. Unctio enim infirmorum publicæ pœnitentiæ est sacramentum (143) quam non esse repetendam, sicut nec baptismum, testatur Augustinus, testatur Ambrosius. Augustinus in Epistola ad Macedonium : *Caute salubriterque provisum est, ut locus illius humillimæ pœnitentiæ semel in Ecclesia concedatur, ne medicina vilis minus utilis esset ægrotis; quæ tanto magis salubris est, quanto minus contemptibilis fuerit.* Ambrosius in secundo libro de Pœnitentia : *Sicut est unum baptisma, ita et una pœnitentia; quæ tamen publice agitur. Nam quotidie nos debet pœnitere peccati; sed hæc, delictorum leviorum illa graviorum.*

EPISTOLA XXI.

Goffrido vitæ laudabilis episcopo (144), dulcissimo domino suo, et præcordiali amico, frater Goffridus suus quale et quantum potest, et sapit, obsequium, et puræ dilectionis affectum.

Apud bonitatem vestram, venerabilis Pater, de Vindocinensi comitissa (145) ego conqueror, et meceat, non solum in diversis morbis, verum etiam in uno eodem, quandocunque morbus ex intervallo ita recrudescit, ut vitæ novum fit discrimen.

(141) *B. Innocentius.* Epist. ad Decentium Eugubinum episcopum.

(142) *Epistola 20.* Ivonis est epistola, quæ totidem verbis legitur in epistola 255 ad Radulfum abbatem Sancti Fusciani.

(143) *Publicæ pœnitentiæ est sacramentum.* Futile argumentum. Qui enim dici potest unctio infirmorum ad publicam pœnitentiam pertinere, cum publice olim pœnitentibus, ut Innocentius papa docuit, permitti non soleret? Quare verum sane est, quod Augustinus et Ambrosius affirmant, publicam pœnitentiam non iterari. Sed hoc ad rem nihil facit.

(144) *Goffrido episcopo Carnotensi.* Successor fuit Ivonis vir multis vitæ, rerumque gestarum laudibus insignis, in Aquitanica præsertim legatione, quam adversus Girardum Engolismensem, aliosque Anacleti fautores gessit pro Innocentio secundo. De quo in Vita sancti Bernardi lib. II, Bernardus ipse epistola 47 et 55; Petrus Cluniacensis epist. 40; Joannes Sarisber. lib. V; Polycratici cap. 15.

(145) *Vindocinensis comitissa.* Lib. I, epist. 3.

cum omnis congregatio nostra. **79** Ipsa enim, dum pro necessitate monasterii essem in pago Andegavensi, terram quam monasterium nostrum pacifice tenuerat, nobis bis abstulit, corticem etiam arborum, quam ad usus suos homines nostri collegerant, sicut diu consueverant, cremari fecit. Præterea monachi Majoris Monasterii (146), quos B. Martini humilitas aliquantulum sublimes fecit, decimam, de qua, vobis præsente, eis obtulimus justitiam, nobis auferunt violentia sæculari. Robertus de Monte laudato, non laudandus, prædam nostram rapuit, de cujus redemptione centum accepit solidos, quos male acceptos, Vindocini pejus expendit. Quis istorum erga nos melior fuerit, nec ab homine, nec ab angelo sciri potest, cum unusquisque eorum contra nos pessime egerit. Pro quibus omnibus vestræ dilectioni multum humiliter supplicamus, quatenus ad Vindocinenses clericos misso vestræ auctoritatis decreto, sic unusquisque supradictorum malefactor corrigatur, ut in his quæ contra nos male commiserunt, nullus eorum gratuletur. Archipresbytero vestro (147) vestræ bonitatis gratia præcepistis, ut nobis, si necessarium esset, ecclesiastica justitia subveniret. Ipse quidem ad jussionem vestram omnia se facturum pollicetur, sed ex omnibus nihil omnino operatur. Certe circa ea quæ sæculi sunt, pronum eum novimus, et multum sollicitum, et alienam aquam satis prudenter conducere novit ad suum molendinum. In his autem, quæ ad Ecclesiæ justitiam pertinent, eum quidem laudaremus, sed pro eo incurrere mendacium nolumus.

80 EPISTOLA XXII.

Dilectissimo domino suo, domno Goffrido catholicæ vitæ episcopo, frater Goffridus, dimidium animæ suæ, et, si non sufficit, totam animam et corpus.

Multiplices gratiarum actiones, dulcissime Pater, pro multis beneficiis vestris, vobis referimus, et maxime pro visceribus vestræ charitatis, quæ circa nos firma, et inconcussa sentimus. De monachis Majoris, ut dicitur, Monasterii, quos B. Martini humilitas (148) superbos, et ejus paupertas pecuniosos fecit, sæpius conquesti, adhuc conquerimur; et de ipsis in præsentia vestra die festivitatis B. Ægidii justitiam accipere desideramus. Carnotum autem venire propter illum leprosum Guillelmi filium, et propter alios Ecclesiæ nostræ inimicos non audemus; et pro importuna etiam multitudine laicorum, quam prædictos monachos ibi habituros

(146) *Monachi Majoris Monasterii.* Infra epist. 26.
(147) *Archipresbytero vestro.* Goffrido. Danielis, supra epist. 8.
(148) *Quos B. Martini humilitas.* Sic epistola præcedenti de iisdem monachis. epist. 15 de canonicis B. Mariæ Carnotensis.
(149) *Molendina quæ apud Pisostum.* Numeratur inter molendina, quæ fundator monasterio dedit, apud Pisostum unum. Id castello nomen paulo supra Vindocinum in eadem Ledi ripa positos, cujus meminit etiam Odo Tusculanus episcopus legatus in litteris ad abbatem Vindocinensem anno 1247.

nullatenus dubitamus. Ad voluntatem tamen vestram ire et redire, ubi vel quando placuerit, vestro conductu non recusamus. Honesta tamen discretio vestra, sic vestro honori, et nostræ utilitati provideat, ne vestrorum amicorum fidelissimus justitiæ suæ detrimentum patiatur, vel personæ opprobrium qualibet occasione incurrat. Valete, et quod vobis placuerit, litteris significate.

81 EPISTOLA XXIII.

Charissimo domino suo et dulcissimo amico, Goffrido venerabilis vitæ Carnotensi episcopo, frater Goffridus a Deo salutem, et a se puræ dilectionis servitutem.

Audivit parvitas nostra de vestra magnitudine, quod sine admiratione audire non potuit. Frater unus ex nostris, sicut nobis retulit, olim ad vos venit, querimoniam facturus de Ursione filio Nivelonis, cujus dimidium clamorem vix audire dignatus, quod a fratribus nostris excommunicati vestri suscipiebantur, ei opposuistis. Hoc non a vobis, sed ab alio inventum credimus qui, quasi Susannam crimi natus, testimonium protulit falsitatis. Absit enim a sinceritate fratrum nostrorum tanta Christi injuria, et ecclesiasticæ justitiæ tam detestabilis sepultura! Ipsi enim Dei justitiam sepelire non noverunt; sed ubi mortuam agnoscunt, suis orationibus conantur suscitare. De prædicto Ursione, et de Pagano Nivelonis fratre, honestæ vitæ Pater, conquerimur, quorum unus, Ursio scilicet, post multa alia mala, quæ jam nobis fecit, mille oves et quatuordecim boves nobis abstulit. Paganus vero molendina nostra, quæ apud Pisostum (149) habebamus, igne cremavit. De monachis Majoris Monasterii apud bonitatem vestram multoties proclamavimus, et ut clamor noster nobis proficiat, multum suppliciter vos rogamus. Valete

82 EPISTOLA XXIV.

Bono domino et præcordiali amico Goffrido honorabilis vitæ episcopo, frater Goffridus quidquid a Deo animæ fideli datur salubrius.

Optime nostis, Pater optime, de comitissa Vindocinensi me apud paternitatem vestram conquestum fuisse. Postulans adhuc rogo, et rogans postulo sæpe quæsitam de domina illa justitiam. Mihi vestra bonitate mandastis, quod inter me et illam aut placitandi (150), aut concordiam faciendi respectum usque ad festivitatem (151) sancti beati accepistis. Dei domini bona gratia, cum omni Christiano pacem Christi et concordiam habeo, et satis desiderarem

(150) *Placitandi.* Disceptandi, litigandi. Honorius II Goffrido abbati : *Prohibemus ne ullus te vel aliquem successorum, de his quæ ille venerabilis locus sub tricennali possessione tenuerit cogat placitare.* Item in placito monachorum Sancti Albini, et Sancti Sergii de controversia pro Campiniaco anno 1704. *Et cum voluissent monachi Sancti Sergii de minoribus rebus prius placitare, et postea de Campiniaco, visum fuit judicibus hoc esse injustum, ut causa illa posterior discuteretur, pro qua abbates vocati fuerant, et in unum convenerant.*
(151) *Respectum usque ad festivitatem.* Frequens

habere concordiam cum domina illa, sed semper est discors ejus concordia. Ego tamen aut vobis mediatore volo concordiam, aut vobis judice quæso justitiam. Verbo et scripto, ne causam nostram agerem sine judicio vestro, mihi interdixistis, et merito. Omnino enim injustum est, et sacris canonibus, sicut ipse melius nostis, penitus obviare videtur, ut ecclesiastica causa sæculari (152) et peregrino judicio terminetur, et quod vos et vestros facere decet, aliis, etiam personis ecclesiasticis, concedatur. Hoc si fieri posset, Ecclesia vestra damnum pateretur, et sui juris et honoris perderet plurimum. Ecclesiæ etenim vestræ gloriam alteri dare, nec sanctitatis genus est, nec religionis membrum. Hoc etiam bene nostis, dilectissime, quod sæculares 83 homines sua consuetudine sanctæ Ecclesiæ auctoritatem conantur annullare. Et cum eis in modico occasio cujuslibet consuetudinis contra ecclesiastica jura conceditur, hoc deinceps omni tempore sibi vindicare nituntur. Sic qui hoc facit contra suam Ecclesiam, mundialem suscitat rixam, et cum aliquando aliter facere voluerit, sæcularis tempestas non patitur. Dilectionem itaque vestram ad locum nostrum, imo vestrum, venire humilitas nostra multum precatur, ad nos vestræ sanctitatis servos prædicto termino accedere discretio vestra non pigritetur. Quod si vobis tunc non licet, vel displicet, alius terminus inter me et comitissam, loco mihi et sibi securo, a vobis ponatur, ubi aut vestro consilio concordiam faciamus, aut vestro judicio Ecclesia nostra justitiam consequatur. Valete.

EPISTOLA XXV.

Dilectissimo domino et Patri Goffrido catholicæ vitæ pontifici, frater Goffridus pro Christo carcerem, exsilium, vel mortem non timere, nec ea quæ sunt his contraria, justitiæ et veritati qualibet occasione præponere.

Adversitatem siquidem vestram audivimus, quam veraciter facimus nostram totis visceribus, et quia sine vobis prosperitatem habere non gaudemus; et adversitatem 84 sustinere vobiscum optamus, diligenter et humiliter supplicamus vobis, ut si nostræ humilitatis servitio indigetis, nobis litteris significetis, quia privatim et publice, et voluntati et necessitati vestræ nos et nostra offerimus. Non sit vobis anxiosum, dulcissime Pater, in vestra necessitate, nostræ parvitatis, imo magnitudinis servitium suscipere, nec vestrum super hoc, sed sanct. Spiritus sensum habeatis per Salomonem dicentis : *Si possides amicum, in tentatione posside eum* (*Eccli.* VI, 7). Amicus enim in necessitate probatur, et medicus. Valete, et si quid unquam de vobis bene promeruimus, nobis in vestra necessitate non parcite.

EPISTOLA XXVI.

Goffrido honorabilis vitæ Patri Carnotensi Ecclesiæ a Deo dato pastori, frater Goffridus ei perpetuam salutem a Domino, et a se debitæ dilectionis servitutem.

De monachis Majoris Monasterii sæpius conquesti adhuc conquerimur, qui sagittis rapinæ et sæcularis violentiæ in nobis assidue jaculantur. Decimam, quam fratres nostri a primo abbate monasterii sui (153) pacifice tenuerunt, et de qua eis, vobis

---

illius ævi scriptoribus vocabulum, quo litis sive negotii alterius inducias ac prorogationem significabant. Goslenus episcopus Carnoten. ad Sugerium abbatem Sancti Dionysii de præposito Ilienvillæ : *Respectum nobis postulantibus dare noluit, timens lucris suis aliquid deperire, si causam nostram contigerit ad vos discutiendam venire, Proinde discretionem vestram super hoc imploramus, ut hujus rei discussionem non ante alium quam in conspectu vestro ponatis, et donec a vobis id ipsum examinari valeat induciari jubeatis*. Plura exempla collegit doctissimus et diligentissimus Franc. Juretus ad Ivonis epist. 127. Manet hodieque vox vernacula. Nam *sine respectu* dicimus *sine intermissione, sans répit*. Inde et respectandi verbum formarunt. Rodulfus Viromanduorum comes Sugerio eidem : *Comes Andegavensis respectavit colloquium.* Idem eidem : *Si ergo placeret vobis negotia Parisius facere, vel respectare, multum vellem et bonum esset. Nescio enim quando venire potero a curia.*

(152) *Sæculari et peregrino judicio.* Alterum pertinet ad κοσμικὰ δικαστήρια, sæcularia seu publica tribunalia : alterum ad extranea judicia, hoc est, ecclesiastica quidem, sed alieni judicis non sui, ut si extra provinciam, quorum utrumque est sacris legibus interdictum. Ivo epist. 125. *Cum autem in provincia vestra peregrinum sit judicium nostrum, peregrinum tamen non putamus esse consilium nostrum.*

(153) *A primo abbate monasterii sui.* Is fuit Raginaldus ex monacho Majoris Monasterii destinatus abbas Sancti Nicolai Andegavensis, sed a Gauffrido Martello Vindocinensi præpositus. Rem prodit

Fulco Nerra comes in commentario, quo cœnobii Sancti Nicolai, quod fundarat, originem exponit. *Postquam vero,* inquit, *Baldricus abbas monasterium dereliquit, eremumque furtim petiit, ac postremo ad Majus-Monasterium repatriavit; apud Tabennesium monasterium vitam finiit. Post hunc domnus Albertus abbas Raginaldum monachum loco ejus restituit; qui ante benedictionem ad filium meum Gauffridum fugit, atque regimen monasterii Vindocinensis noviter constructi absque licentia sui abbatis suscepit. Postquam me vidi esse illusum a duobus abbatibus, iratus valde jussi ut monachi alii ad monasterium suum cito remearent. Deinde rogavi domnum Walterium abbatem Sancti Albini, ut domnum Hildinum priorem illius Ecclesiæ concederet, qui ordinatus anno 1033 ab Incarnatione Domini, die Nativitatis beatæ Mariæ, qui est annus tertius Henrici regis, monasterium regulariter rexit.* Hucusque ascripsi, ut quo anno monasterium Vindocinense abbatem habere cœperit exploratum habeamus. Ab hoc Raginaldo ad Michaelem Subletum, qui monasterio Vindocinensi nunc præest, abbates fuerunt 37, quorum seriem indicat hic elenchus.

Elenchus abbatum monasterii sanctæ Trinitatis Vindocinensis.

I. Rainaldus. II. Odericus. III. David. IV. Berno. V. Goffridus. VI. Fromundus. VII. Hubertus. VIII. Robertus. IX. Guillelmus. X. Gerardus. XI. Lucas. XII. Hamekinus. XIII. Goffridus II. XIV. Hugo. XV. Rainaldus II. XVI. Raginaldus III. XVII. Raginaldus IV. XVIII. Philippus. XIX. Joannes. XX. Guillelmus II. XXI. Joannes. II. XXII Michael. XXIII. Simon.

præsente, obtulimus justitiam, contra interdictum vestrum, cum gladiis et fustibus, quasi etiam Herodianis adductis secum, nobis auferunt, et alteram etiam, quam antea non auferebant, et sic nobis mala quæ possunt, faciunt; et quæ faciunt, licere putant. Vos eis verbo, et eorum **85** abbati (154) scripto interdixistis, ne ulterius caperent decimam illam, eosque admonuistis, ut venirent in curiam vestram, inde habituri omnem justitiam. Ipsi vero verbi et scripti vestri pariter contemptores, magis ac magis nos infestare conantur, et vestram auctoritatem persequi, et vobis derogare videntur. Unde paternitati vestræ humiliter supplicamus, quatenus ex adverso ascendatis, et murum pro domo Israel inobedientibus opponatis; quod nobis necessarium, et vobis honorificum esse minime dubitatis. Mirari tamen nec possumus, nec debemus, si in nos et in vos quasi in arido hoc faciunt, qui in viride lignum (*Luc.* xxiii, 51), in pastorem scilicet proprium Turonensem archiepiscopum (155), sulfureo igne quondam exarserunt, nec male accensum sulphuris ignem postea exstinxerunt. Quos utinam superbi Saulis mors digna, et Mariæ sororis Aaron lepra, atque Judæ perversi discipuli pœna deterrerent, et sic mortua in ipsis superbia, quæ mater est et nutrix totius iniquitatis, et maxime cupiditatis, a monasticæ fraternitatis infestatione desisterent, nec pontificalem, ut Judas Christum, persequerentur dignitatem, nec pontifici, sicut Maria Moysi, derogarent. Valete. Justitia vestra nota sit omnibus hominibus, et amplius nobis, qui amplius indigemus.

de Plessiaco. XXIV. Guillelmus de Plessiaco III. XXV. Joannes de Buffa III. XXVI. Petrus. XXVII. Ivo de Fonte. XXVIII. Joannes de Villeraya. XXIX. Aimericus de Cosduno. XXX. Ludovicus de Crevanto. XXXI. Antonius de Crevanto doctor Parisiens. XXXII. Antonius Sanguinus card. II. XXXIII. Carolus de Borbonio card. XXXIV. Marcus Siticus ab Altaemps card. XXXV. Ludovicus de Camera. II. XXXVI. Carolus de Borbonio card. II. XXXVII. Michael Subletus II.

(154) *Eorum abbati* Odoni, ad quem exstat epistola Hugonis Pontiniaci, et Bernardi Clarævallis abbatum, et altera Goffridi nostri lib. iv.

(155) *In pastorem proprium Turonensem archiepiscopum.* Gravis et diuturna fuit Majori Monasterio cum utroque Radulfo metropolitanis suis contentio. De qua fuse anonymus ejusdem cœnobii monachus, cujus prolixam narrationem ex veteri codice describit Juretus ad Ivonis epistolam 108.

(156) *Papa Calixtus.* Infra epist. 30.

(157) *Non noctes secundum consuetudines laicorum.* Lib. LI, capitulorum 45 de quadruplici legitima vocatione. *Prima mannitio super noctes* 2. *Secunda super noctes* 14; *tertia super noctes* 21; *quarta super* 42, *fiat.* Item addit, 4, 83. *Postquam cives et pagenses de qualicunque expeditione hostili reversi fuerint, ex eo die super* 40 *noctes sit bannus rescisus,* quod lingua Theodisca scastlegi, id est, armorum depositio vocatur. Galli olim, ut ad priorem locum ex Cæsare observat vir doctissimus, spatia temporis non numero dierum, sed noctium finiebant : quod ipsum de Germanis item scripsit Tacitus, manetque in vernacula nostra prisci moris vestigium, cum præsentem diem interdum sic enuntiamus, ut non *hodie,* sed *hac nocte* dicere videamur. Goffridi ergo ætate

86 EPISTOLA XXVII.

Domno Goffrido glorioso Carnotensis Ecclesiæ episcopo, frater Goffridus Vindocinensis monasterii qualiscunque servus, suæ bonæ consuetudinis obsequium, et puræ dilectionis affectum.

Semel et secundo scripsit vobis dominus vester et noster papa Calixtus (156), præcipiens, ut nobis de his, qui in episcopatu vestro nostra auferrent, justitiam faceretis. Quæsivimus eam de Herveo de Scalis, et de duobus presbyteris, et adhuc habere non possumus. Rogamus iterum ut secundum domini papæ præceptum de prædictis hominibus nobis justitiam faciatis. Parati enim sumus ante vos loco opportuno et tempore competenti venire, quod justum fuerit accepturi, et de fratribus nostris, quibus crimen sacrilegii intenditis, quantum justitia dictaverit, et apostolicæ sedis permittit auctoritas, responsuri. In hoc tamen non noctes, secundum consuetudines laicorum (157) sed secundum instituta canonum, inducias postulamus. Nolite judicare personaliter. Domini verba sunt hæc : Nemo recte in judicio personam accipit alienam, nisi prius accipiat suam. Certe non plus in concessione ornamentorum sacerdotalium (158) ab apostolica sede abbatibus indulgetur quam illi qui sine vitæ meritis et ordinibus sacris (159) episcopus eligitur. Si cuilibet retractare **87** placet quod Romanus pontifex facit, et in eum qui soli cœlo innocentiam debet, os ponere præsumit, et illud retractare placeat, quod illum magis intuitu misericordiæ, quam censura justitiæ respexit. Acephali non sucum dilatio in judiciis petebatur, laici noctes postulabant, et clerici inducias. Felix II, in epistola ad Ægyptios : *Cum accusatus ad judicium venerit, si voluerit et necesse fuerit, induciæ ei petenti a Patribus constitutæ absque impedimento concedantur.*

(158) *In concessione ornamentorum sacerdotalium.* Id est episcopalium. Sacerdos enim primi ordinis est episcopus; secundi presbyter, apud Sidonium, et alios. Episcopalia ergo insignia sunt mitra, annulus, sandalia et cætera, quæ abbatibus nonnullis a sede apostolica concedi male nimirum habebat episcopos. Neque episcopis modo, sed aliis sane permultis parum olim ea res probata, in quibus sanctus Bernardus epist. 42 ad Henricum Senonensem, et Petrus Blesensis epist. 90 ad Guillelmum abbatem. Et tamen incredibile dictu est quam late tandem hoc privilegium patuerit. Vindocinensibus quidem, utpote cardinalibus, mitræ, aliorumque jus fuisse Innocentii III litteræ nos docuerunt ad lib. i, epist. 9. Cæterum cum offenderentur episcopi quod in conciliis et synodis abbates, quibus mitræ jus erat, ab episcopis non distinguerentur, hoc discrimen instituit Clemens IV, ut in synodis exempti mitris auri phrygiatis, sed sine gemmis, laminisque aureis vel argenteis utantur non exempti simplicibus albis et planis. In aliis vero locis utrisque iis uti mitris liceat, quas sedis apostolicæ indulta permiserint. Viterbii xix Kal., Septemb. anno 2.

(159) *Quam illi qui sine ordinibus sacris.* Quod Goffrido Carnotensi tacite objicit, idem de Rainaldo Andegavensi ante sacros ordines electo scribit lib. iii, epist. 11, sed Goffridum præterea humili loco natum, atque ex nihilo, ut loquitur, a papa creatum indicat epist. 30 hujus libri et 42 lib. iii.

mus (160) quia Christum Salvatorem caput habemus, et post ipsum, Romanum pontificem. Hoc caput habuit monasterium nostrum in initio sui, et habebit, Deo auxiliante, usque in finem sæculi. Professionem, quam objicitis (161), a sanctæ memoriæ papa Urbano, prædecessoris vestri tempore, irritam penitus factam in hæc verba noveritis : « Urbanus episcopus, servus servorum Dei, venerabili congregationi Vindocinensis monasterii, salutem et apostolicam benedictionem. Relatum nobis est quod Carnotensis episcopus a charissimo filio nostro Gauffrido vestro abbate, in consecratione, quam accepit ab eo, professionem extorserit. Quam quia contra Romanæ Ecclesiæ auctoritatem factam agnovimus, abbati quidem nos misericorditer hujusmodi noxam indulsisse noveritis, professionem vero ipsam ita annullamus, ut nullas penitus vires obtineat. Insuper etiam, ne abbas monasterii vestri deinceps episcopo professionem faciat, et nostræ auctoritatis privilegio firmatum est, et præsentibus litteris prohibemus. Si quis autem in posterum contra hæc venire tentaverit, a sanctæ ecclesiæ liminibus arceatur, et maneat excommunicatus, donec resipiscat, et Romanæ Ecclesiæ satisfaciat. » Datum Romæ vιιι Kalend. Decembris. 88 Hoc ipsum dominus papa Paschalis (162) sua auctoritate firmavit. Quod super quemlibet Vindocinensem monachum (163) nulli episcopo potestatem aliquam exercere liceat, ab ipso eodem felicis memoriæ papa Urbano hoc modo prohibetur : « Urbanus episcopus, servus servorum Dei, omnibus sanctæ et apostolicæ Ecclesiæ filiis, salutem et apostolicam benedictionem. In Arvernensi concilio residentibus nobiscum Galliarum episcopis, præceptum, et Romæ postea præsenti decreto firmatum est ut nullus episcoporum vel archiepiscoporum super quemlibet monachum Vindocinensis monasterii potestatem aliquam exercere præsumat. Monasterium enim ipsum, et fratres ejusdem loci ita specialiter sub apostolicæ sedis defensione, ac Romana libertate positi sunt ut nulli

(160) *Acephali non sumus.* Synodus Parisiensis apud Ivonem, p. vi, de clericis qui nulli parent episcopo : *Tales acephalos, id est sine capite, prisca Ecclesiæ consuetudo nominavit.* Alterum id caput veteris episcoporum querimoniæ adversus abbates, ipsorum scilicet exemptio, ægre enim ferebant illos potestati suæ subduci. Ideo acephalos appellabant. Quod nomen ut illis immerito forsan exprobari videatur, qui sedis apostolicæ privilegio nituntur, ut Goffridus, ita jure in illos conveniat, qui libertatem sibi sine auctoritate vindicant et usurpant. De quibus, opinor, et prava, quam obtendebant consuetudine, Innocentius II Henrico regi Anglorum : *Expedit ut in regno, sive ducatu divina dispositione tibi commisso tuo tempore pravæ consuetudines amputentur, et vitiorum radicibus resecatis, bona quæque per tuæ nobilitatis studium Domino cooperante plantentur. Aliter enim abbates et reliqui clerici nec gratum Domino famulatum impendere, nec animarum suarum saluti poterunt providere. Imo acephali, id est sine capite reputantur, nisi episcopis suis et prælatis debita fuerint humilitate subjecti.* Alio sensu tanquam acephalos Petrus Blesensis monachos dixit, qui segnem et in officio languidum præsidem habent.

(161) *Professionem quam objicitis.* Epist. 7 hujus libri. Ilis vero Urbani, Paschalisque decretis attexendæ Goffridi ipsius Carnotensis episcopi litteræ, quibus testatur se propter hujusmodi diplomatum interdictum Fromundo et Huberto Goffridi nostri successoribus, cum abbates illos sacraret, professionem remisisse. Eæ igitur sic habent :

Goffridus Dei gratia Carnotensis episcopus, sedis apostolicæ legatus, Huberto eadem gratia Vindocinensi abbati, salutem et gratiam.

« Cum venerabilis prædecessor tuus Goffridus Deo, ut credimus, vocante, præsentis vitæ cursum terminasset, communi assensu capituli Fromundus cum vitæ honestate prudentia decoratus in abbatem electus est. Qui cum ad benedicendum nobis præsentatus fuisset, professionem ab eo sicut ab aliis nostræ diœcesis abbatibus quæsivimus. Ille vero respondit professionem se nullo modo facturum ; quoniam a venerabilibus sedis apostolicæ pontificibus Urbano et Paschali sub anathemate interdictum erat, ne abbas Vindocinensis pro benedictione sua professionem faceret, et ne ullus eam ab eo acciperet, et si Carnotensis episcopus eum nollet benedicere, a quocunque vellet episcopo benedictionem acciperet. Quorum, visis privilegiis, cum eis resistere nec vellemus, nec possemus, sine professione illum benediximus. Illo defuncto te quoque postea benediximus, nullam a te professionem exigentes. Accepta benedictione rogasti nos humiliter, ut tuæ et antecessoris tui benedictionis sic factæ nostrum tibi sigillum daremus, et ne aliquis successorum nostrorum a tuis successoribus professionem quæreret, nostra auctoritate prohiberemus. Perhibemus itaque testimonium veritati, quod venerabilis prædecessor tuus Fromundus et tu sic a nobis benedictionem accepistis, quod nullam nobis vel nostræ Ecclesiæ professionem fecistis. Insuper Dei et nostra auctoritate prohibemus ne successores nostri a tuis successoribus professionem exigant, ne tui successores nostris eam successoribus faciant. Concedimus etiam monasterio, cui Deo auctore præsides, omnem dignitatem et libertatem, quam bonæ memoriæ prædecessor noster Theodericus ei concessit, et quidquid in episcopatu nostro tam in decimis, quam in ecclesiis vel in quibuslibet possessionibus hodie possidet, ei confirmamus, et quidquid vel legitima emptione, vel fidelium donatione acquirere poterit. Et quoniam idem monasterium procul est a nobis disjunctum, concedimus tibi tuisque successoribus, ut ad quoscunque volueritis episcopos monachos vestros ordinandos mittatis eosdem episcopos rogantes, ut eos sine hæsitatione ordinent, nullam inde nostri sive successorum nostrorum verentes offensam. Gratia Dei et Domini nostri Jesu Christi sit cum omnibus eidem loco ista servantibus. Contradictores autem, nisi resipuerint, in æternum pereant, et in æterna morte et damnatione permaneant. »

(162) *Papa Paschalis.* Exstat in armariis Vindocinensibus exemplum privilegii Romæ scripti ιι Idus Martii.

(163) *Quod super quemlibet Vindocinensem monachum.* Huic simillimum aliud Urbani decretum servant Vindocinenses, datum Romæ viii Kalen. Decemb. Aliud item ejusdem Urbani rescriptum ad episcopos Ivonem Carnot. et Ranulfum Santonensem : in quo post alia hæc leguntur : *Ipsi enim Arvernensi concilio adfuistis, in quo residentibus nobiscum Galliarum episcopis dictum est, et præsentium litterarum auctoritate firmamus, ut episcopi vel archiepiscopi super quemlibet monachorum Vindocinensis monasterii potestatem aliquam exercere, sive de rebus ejusdem loci quidquam distrahere non præsumant.* Romæ, ιι Kal. Martii.

omnino hominum, nisi Romano pontifici et eorum abbati, in ipsis potestatem aliquam aut dominationem liceat vindicare. Si quis autem ista temerare scienter præsumpserit, excommunicatus maneat, nisi resipuerit, et Romanæ Ecclesiæ satisfecerit. Datum Romæ, n Kaléndas Aprilis. » Privilegia sanctæ Romanæ Ecclesiæ, quibus monasterium nostrum munitur, vobis videnda sæpe obtulimus. Sed quia sublimitas vestra distulit videre, vel noluit, quædam ex ipsis vestræ dilectioni transcripta mittimus, ne deinceps quasi ex ignorantia contra apostolicæ sedis benignitatem brachia erigatis, quæ vos et nos creavit, non nostris meritis, sed sua gratia. Valete in Domino semper.

EPISTOLA XXVIII.

Bono domino et pio Patri Goffrido, laudabilis vitæ episcopo, frater Goffridus, quidquid haberi vel mandari potest salubrius.

Dum apud Bonam Vallem (164) vos et nos simul essemus, præ amaritudine animi perturbati, præsens dicere nolui quod absens vobis scribo, ne vos merito teneam suspensum, qui me immerito habuistis suspectum. Animus quippe meus juste fuerat perturbatus, quia mala pro bonis, odium utique p o dilectione mea sentiebam mihi retribui, retributionem videlicet, quam Deus nec novit, nec docuit. Quidquid seminatores discordiarum subpungant vel mussitent, præsentes litteræ non fabularum relationem, sed puram loquentur veritatem, me videlicet nihil unquam contra vos, vel contra Ecclesiam vestram a domino papa Calixto quæsiisse, vel ipsum fecisse. Privilegium quidem apud Stampas mihi fieri debuit, et scriptum fuit. Sed quia in eo quædam sunt posita, quæ neque Ecclesiæ vestræ utilia, neque monasterio nostro necessaria videbantur, in loco, quo scriptum fuerat, remansit non bullatum (165). Postea vero Parisius factum (166) est privilegium, in quo dignitas et honor monasterii nostri memoratur pariter et firmatur, nec in eo honor Ecclesiæ vestræ minuitur, sed augetur. Quod patet omnibus, qui invidum oculum non habent, nec obliquo sidere res bene gestas considerare

---

(164) *Bonam Vallem*. Lib. IV, epist. 14.
(165) *Non bullatum*. Sine bulla et sigillo. Rathodus archiepiscopus Trevirensis in epistola sua formata, *hanc epistolam Græcis litteris hinc inde munire decrevimus, et annulo Ecclesiæ nostræ bullare censuimus.* Bullare etiam litteras dixit Petrus Blesensis, obsignare. Quin et Bullarum inde nomen diplomatis pontificum et imperatorum, ut Formatarum ecclesiasticis antistitum epistolis, a forma, seu sigillo quod addebatur, ut ailit (*Ad epist.* 8, lib. vi Apoll. Sidon.), si Deus volet, ostendemus.

(166) *Parisius factum est*. Privilegium hoc Callisti, non solum ut confirmentur quæ de illo scribit Goffridus, sed quia præcipuas monasterii Vindocinensis prærogativas et immunitates continet, ita ut instar multorum esse possit, integrum describemus. Hoc vero est antigraphum:

Callisti II privilegium Parisiis datum pro monasterio Vindocinensi.

Callistus episcopus, servus servorum Dei, dilecto filio Gaufrido Vindocinensis monasterii abbati, ejusque successoribus regulariter substituendis in perpetuum.

« Cum universis Ecclesiæ sanctæ filiis ex apostolicæ sedis auctoritate ac benevolentia debitores existamus, illis tamen locis atque personis, quæ specialius atque familiarius Romanæ adhærent Ecclesiæ, propensiori nos convenit charitatis studio imminere. Quamobrem, charissime in Christo fili Gaufride abbas, tuis petitionibus non immerito annuendum censuimus, ut Vindocinense monasterium, cui Deo auctore præsides, quod videlicet ab ipsis fundatoribus Gaufrido Andegavensi comite et Agnete Pictaviensi comitissa sedi apostolicæ ablatum est, ad prædecessorum nostrorum sanctæ memoriæ Alexandri, Urbani, Paschalis Romanorum pontificum exemplar apostolicæ sedis privilegio muniremus. Sicut ergo iidem fundatores devoverunt, et in eorum chirographo continetur, sub apostolicæ sedis defensione ac Romana libertate ab omni conditione aliarum personarum absolutum semper et liberum idem monasterium permanere sancimus. Ita videlicet ut inter Romanum pontificem et te, tuosque successores, nulla cujuscunque dignitatis vel ordinis persona sit, media habeatur. Nec ipse Vindocinensis abbas ad concilium iret, ubi papæ persona non aderit, ullatenus cogatur. Porro ecclesiam Beatæ Priscæ in monte Aventino sitam, quam cum universis pertinentiis suis prædicti domini nostri Alexandri papæ concessione prædecessores tui longo tempore possedisse noscuntur, tibi tuisque successoribus cum omni dignitate, quæ ad eamdem ecclesiam pertinet, confirmamus sancti Spiritus judicio decernentes, ut nulla deinceps ecclesiastica sæcularisve persona prædictam Beatæ Priscæ ecclesiam seu ecclesiæ dignitatem tibi tuisve successoribus qualibet astutia vel occasione auferre præsumat. Quod si forte contigerit Romanæ legatum Ecclesiæ prædictum Vindocinense monasterium visitare, charitative ibi suscipiatur, et ei juxta loci possibilitatem diligenter quæ corpori fuerint necessaria ministrentur. Porro legatus ipse in eodem loco nihil per se disponere vel corrigere audeat, neque occasione legationis rectorem loci vel fratres molestare præsumat; sed si quid forte corrigendum cognoverit, papæ notificare licebit. Si quis autem adversus locum illum pro aliquibus rebus causari voluerit, nullatenus abbas vel fratres ei respondeant, antequam Romanum pontificem consulant, quia quod sine nostro vel successorum nostrorum judicio distractum vel diffinitum fuerit, irritum erit. Sane ad indicium perceptæ hujus a Romana Ecclesia libertatis duodecim solidos monetæ vestræ patriæ quotannis Lateran. palatio persolvetis. Si qua igitur in futurum ecclesiastica sæcularisve persona, hanc nostræ constitutionis paginam sciens, contra eam temere venire tentaverit, secundo tertiove commonita, si non satisfactione congrua emendaverit, potestatis honorisque sui dignitate careat, reamque se divino judicio de perpetrata iniquitate cognoscat, et a sacratissimo corpore et sanguine Dei et Domini Redemptoris nostri Jesu Christi aliena fiat, atque in extremo examine districtæ ultioni subjaceat. Cunctis autem eidem loco ista servantibus sit pax Domini nostri Jesu Christi, quatenus et hic fructum bonæ actionis percipiant, et apud districtum Judicem præmia æternæ pacis inveniant. Amen.

« Ego Callistus catholicæ Ecclesiæ episcopus SS.

« Datum Parisiis per manum Chrysogoni sanctæ Romanæ Ecclesiæ diaconi cardinalis ac bibliothecarii, viii Idus Obtobris, indict. xiii, Dominicæ Incarnationis anno millesimo centesimo decimo nono, pontificatus autem Domini Callisti II papæ anno primo. »

conantur. Absit hoc a sinceritate animæ meæ, ut amico vel inimico aliud promptum in lingua exhibeam, et aliud teneam clausum in pectore. Illud veraciter credatis quod in privilegio ipso nulla contra Ecclesiam vestram, vel de Ecclesia vestra facta est mentio. Quod si dominus papa aliquid de suo nobis contulit, nec vobis quod vestrum est abstulit, vos dominum nostrum et præcordialem amicum inde lætari desideramus. Sed si inimici nostri inde lugent et contristantur, nos idcirco quod apostolica auctoritate firmatum est, atque sub anathemate ligatum, nec possumus solvere, nec debemus. Valete, et si bene locutus sum, et bene operatus, testimonium perhibete. Non enim contra memetipsum facere consuevi, nec nostram mordere linguam, cum loqui debui.

EPISTOLA XXIX.

Bono domino et suo viscerali amico, Goffrido laudabilis vitæ episcopo, frater Goffridus puram dilectionem, et puræ dilectionis servitutem.

Docent nos decreta sanctorum Romanorum pontificum, Leonis videlicet (167) magni, Symmachi (168), Felicis (169), Gregorii (170), Hormisdæ (171), Sixti (172), Eusebii (173), nullum suis rebus exspoliatum, vel a propria sede pulsum, in aliquo judicari, vel ad concilium debere vocari, donec omnia quæ sibi ablata fuerunt ex integro restituantur; quæ tanto tempore possideat, quanto ea amisisse cognoscitur. Si quis dicit non ad judicium causæ, sed ad judicium investituræ exspoliatum posse vel debere vocari, claves sanctæ Ecclesiæ agitare et leges catholicæ et apostolicæ sedis violare conatur ; quibus prohibitum est ne quilibet exspoliatus vocetur ad judicium, sive in aliquo judicetur. Si igitur exspoliatus in aliquo judicari non debet, manifestum est, nec super hoc ullatenus rationabiliter dubitari potest quod non solum judicium causæ, et investituræ ab exspoliato removetur, verum etiam nulla contra eum judicii vocatio fieri permittitur, quoniam inane esset et vacuum cum ad judicium vocari cui in nullo judicari conceditur. Præterea novimus, qui præsentes eramus, dominum papam Urbanum, in Arvernensi concilio (174) super hoc diffinitam, et ab omnibus qui aderant episcopis et abbatibus laudatam dedisse sententiam, ut quicunque sine vocatione et judicio exspoliarentur, etiam sine vocatione et judicio investirentur. Valeat dominus meus, et vigeat, et sic sanctarum Scripturarum veritate pascatur ne cibo indigeat alieno, qui sæpe famelicum facit, et neminem satiat.

EPISTOLA XXX.

Goffrido venerabili episcopo, frater Goffriaus, salutem et benedictionem.

Leges Romanorum pontificum exposuistis, quæ vestra expositio magis exspoliandi vestitos occasionem præbere noscitur, quam investiendi exspoliatos, dum exspoliatores defendere nititur. Licet ipsa mihi minime placuisset, forsitan tacuissem, nisi aliter exponi et teneri ab apostolica sede vidissem et audissem. Bonæ memoriæ dominus noster papa Urbanus, non in occulto, sed in generali concilio, adjudicavit eos absque judicio et vocatione debere investiri qui sine judicio et vocatione sunt exspoliati, ne sub occasione vocationis et judicii interveniret dilatio, et per dilationem aut diuturna, aut sempiterna maneret exspoliatio. Leges itaque istas exposuit sedes apostolica, quæ illas dedit, et legum datores jure debent esse legum expositores. Hoc utique et in Veteri, et in Novo Testamento reperitur. Nam leges dederunt Christus et Moyses, et exposuerunt. Si qui vero post ipsos legum expositores dicuntur, in hoc tantum sunt recipiendi, ubi nihil perversum, nihil eis sensere contrarium. Eodem spiritu (175), quo dictante et lex prima per Moysen data est et per Christum secunda, sancta apostolica sedes leges, quas canones appellamus (176), dedit et ipso inspirante exposuit. Si quis igitur apostolicæ sedi, quæ leges canonum dedit, in canonum expositione contrarium sentit, non sapit, quicunque est ille, sed desipit, et quia suo spiritu loquitur, non cultor, vel expositor divinæ legis, sed insidiator et oppressor indubitanter agnoscitur. Olim Carnotensis Ecclesia boves et oves, vel quæcunque Ecclesiarum prædæ si caperentur, reddi aut recredi (177) faciebat, aut statim

---

(167) *Leonis videlicet.* Huc facit quod est in 47 ejus epistola ad synodum œcumenicam, de restituendis episcopis sede sua pulsis.

(168) *Symmachi.* In quinta synodo Romana.

(169) *Felicis* II, cujus est canon ex epistola ad episcopos Ægypti 3, q. 2. *Tandiu in sede.*

(170) *Gregorii.* Magni, lib. VIII, epist. 24 Fortunato episcopo Neapolitano.

(171) *Hormisdæ.* Quem pro Helix, Thomatis, et Niscostrati episcoporum restitutione laborasse docent epistolæ 56 cum aliquot sequentibus, et 72.

(172) *Sixti.* Xystus II, in epist. ad episcopos Hispanorum.

(173) *Eusebii.* In epist. ad Ægyptios et Alexandrinos. Horum pleraque, et alia ejusdem notæ pontificum decreta videre est in Collectaneis Gratiani II, q. 2, et 3, q. 1, et 2; et Decretalium lib. II, *de restitutione spoliatorum.*

(174) *In Arvernensi concilio.* Epistola sequenti, sed nulla, quod sciam, hujus rei mentio in iis quæ supersunt ejus synodi reliquiis.

(175) *Eodem spiritu.* Damasi est sententia 25, q. 1: *Violatores canonum voluntarii graviter a sanctis Patribus judicantur, et a Spiritu sancto, cujus instinctu ac dono dictati sunt.*

(176) *Apostolica sedes leges quas canones appellamus.* Κανόνες ἐκκλησιαστικοί, regulæ ecclesiasticæ, Athanasio in epist. ad Orthodoxos. Quod proprie sunt in republica leges, hoc in Ecclesia canones. Ideo sæpe comparantur, ut cum dicuntur, τάξιν νόμων ἐπέχειν οἰκανόνες, et τοῖς κακῶσι οἱ νόμοι ἀκολουθεῖν. Noster opusc. IV : *Quamvis nec in legibus, nec in canonibus inveniatur,* et lib. III, epist. 39 : *Sæculi leges nulla ratione fieri permittunt, et sacri canones omnino ne fiat interdicunt.* Inde et Photius patriarcha nomocanonum opus suum inscripsit, ex legibus scilicet canonibusque compositum.

(177) *Reddi aut recredi.* Ivo epist. 275. *Reddet aut recredet comitem Nivernensem.* Synonyma sunt. Nam recredere pragmaticis est restituere. Unde et recredentia, pro vindiciis seu possessione restituta notum Gallicanis foris vocabulum.

in rapinarum auctores ultionem ecclesiasticam exercebat. Nunc autem Ecclesia Dei quinquagenaria possessione sine ultione privatur, et vocatur ad judicium, quæ sine judicio et vocatione, seu qualibet reclamatione exspoliata dignoscitur. Hoc sanctus Eusebius (178) non docuit, cujus sententia minus sapientis, quam ipse fuit, expositione non indiget; qui exspoliatum ad judicium vocari penitus interdixit: Et beatissimus doctor et martyr Cyprianus dicit rem manifestam non dilatione consilii, vel disceptatione debere differri. Et Damasus papa (179) exspoliatis quæ ante possidebant prius ex integro reddi, et postea respondere præcepit. Qui exspoliato, quæ ante possidebat primitus reddi, et eum postea respondere admonuit, præposterum ordinem in Ecclesia fieri non permisit, ut videlicet prius ad judicium vocaretur exspoliatus, et post judicium investiretur. Item ex Africano concilio : *Si quis absens exspoliatus est, quidquid et a qualibet persona ablatum fuerit, sine omni dilatione reddatur.* Qui omnem dilationem prohibuit, exspoliatum ad judicium vocari non permisit, cum ipsa judicii vocatio sine dilatione fieri non possit. Ego siquidem absens exspoliatus fui ; sed me privata causa non absentaverat, sed domini papæ obedientia. De exspoliatis, sanctorum Patrum plures sententias protulissem, nisi timerem paginam facere longiorem. Unum tamen propono, quod expono, ecclesiasticum scilicet rigorem immanitati posse malignitate odiorum. Valde dura et pertinax est indignatio, quæ aut culpabilem humiliter culpam agnoscere, aut inculpabilem se rationabiliter excusare non patitur. Hoc permaxime ab illis fit qui aliorum humilitate superbiunt, et dominatione, non miseratione gloriantur. Charissime Pater et domine, per primæ regenerationis, et per monasticæ religionis sacramentum veterem exuisse hominem, et induisse novum me profiteor, sed postea veteris vestigia secutus, novum offendisse me non diffiteor. Nam contra vitæ merita ordinatus levita (180), deinceps vero, non quidem sapientiæ doctrina, abbas factus, et Romæ presbyter consecratus, in sancto et sacro ordine de mea minus quam debui, et de aliorum salute sollicitus fui. Me miserum, me infelicem prorsus confiteor. In hoc tamen miseratio divina me servavit, quod neque Ecclesiarum, neque ecclesiasticorum honorum occultus fui vel publicus emptor. Nulla ratione ab illa arbore volo evelli, imo desiderio desidero ejus radicem colere, et illius qualiscunque ramulus fieri quam a Patre cœlesti plantatam cognovero. Si ille timendus est, ille cavendus, quod bene dixistis, qui per pacis imaginem decipit; ille valde diligendus est et honorandus qui per charitatis veritatem dilexit, nec sua tantum ei quem amicum credebat in sua necessitate exhibuit, sed etiam per semetipsum magna humilitate servivit. Qui debita etiam inimico ecclesiasticæ æquitatis auxilia memoravit, servitia sibi exhibita cum magnæ dilectionis obsequio silere non debuit. Tutius est enim aliorum beneficia publicare quam sua, ne forte in præsenti sæculo recipiat mercedem quam recipere debuerat in futuro. Qui bene vigilavit et vigilat, ut melius vigilet, admoneri debet. Nam qui bonus est, admonendus est ut melior fiat. Qui tamen aliquando bene vigilavit, etiam quando voluit, obdormivit, et qui voluntarie subvenit, iterum quando voluit, subvenire distulit. Ducentas etenim libratas (181), præter amissas possessiones et consuetudines rebus nostris violenter impressas, in vestro episcopatu, vestro in tempore, nobis apud vos conquerentibus, monasterium nostrum perdidit : unde postea quod valeret solidos sexaginta, recuperare non potuit. Nec vos idcirco pulsatum aliunde vel coactum existimo, si dominus papa (182) apud reverentiam vestram apostolicæ sedis injuriam deposuit, quam silere non debui, nec silebo, et quam ipse per semetipsum juste vindicare potuisset ; et adhuc, si necessarium fuerit, Deo auxiliante, vindicabit. Ille, inquam, vehementer est ingratus gratiæ Romanæ Ecclesiæ, si ei obedire dissimulat; pro quo ipsa censuram justitiæ quasi ignorare voluit , et eum respexit solo intuitu misericordiæ. Nec bene servat Romanum pontificem juratum fidelitatis sacramentum, qui suum ei auferre machinatur alodium. Si legatus apostolicæ sedis (183), sicut scripsistis, de nobis faceretis justitiam, præcepit, contra constitutionem Dei, et domini papæ præceptionem fecit, et in seipsum suam ipsius sagittam retorsit, dum potestati, pro qua sibi obeditur, obedire prohibuit. Nam cum adversus potestatem, qua sibi præcipere conceditur, præcepit, præcipiendi potestatem amisit. Privilegium enim, quo quisque utitur, meretur amittere (184), qui sibi concessa abutitur potestate. Ille veraciter sibi concessa potestate abutitur, qui occasione legationis Romani pontificis contra Romanum pontificem agere conatur, sed, dum contra torrentem brachia erigit, frustra fatigatur. Et angelo quidem male contigit, qui Deo æquari voluit ; et legato, qui ipso pontifice Romano major videri concupiscit , male continget; qui, dum plus fieri appetit quam apostolicus, apostaticus fiet. Et quoniam, sicut dicitur, in ipso præcessit quædam elatio reprimenda, ut videlicet de domino papa, charissimo Patre nostro, cum quodam episcopo, quem Romana Ecclesia creavit ex nihilo, perverse loqueretur, ab Ecclesia Dei

---

(178) *S. Eusebius.* II, q. 2, in scripturis.
(179) *Damasus papa.* Epist. 4, ad Stephanum capite 5.
(180) *Ordinatus levita.* Diaconus erat Goffridus, cum abbas creatus est; exin sacratus abbas ab Ivone, tum Romæ presbyter ab Urbano.
(181) *Ducentas etenim libratas.* Lib. III, epist. 10 et 15.

182) *Si dominus papa.* Callistus, opinor. Vide lib. I, epist. 12 ubi litteras petit a Callisto ad episcopum Carnotensem adversus Nivelonem, et hujus lib. epist. 27 ubi semel atque iterum scripsisse significat.
(183) *Si legatus apostolicæ sedis.* Cono, ut videtur.
(184) *Privilegium meretur amittere.* Simplicius, epist. 6.

respuendus esset et detestandus, ut vel sic posset agnoscere quam grave sit in eum qui soli cœlo innocentiam debet os ponere. 97 Novit præterea vestra dilectio quid magistro debeatis, et quid discipulo. Nam secundum Salvatoris testimonium : *Non est discipulus supra magistrum. (Matth.* x, 24), neque apostolus major eo qui misit illum. Si vero pro domini papæ obedientia mihi injuria redditur, lætor non mediocriter et delector pro tanto domino injuriari, pro quo non solum quamlibet injuriam sustinere, sed etiam pro ipso crucem portare paratus sum; a cujus sancta obedientia et fidelitate nemo unquam vivum vel mortuum me poterit separare. Cum Nivelone non causam agendam apud Carnotum, sed terminum audientiæ de investitura, vestro consilio inductus, non nostra ductus voluntate suscepit, quod totum occasione vestra credidi et credo præteriisse. Nam dum adhuc apud Bonamvallem essem vobiscum, dixistis, quod Carnotum me minime conducere poteratis, et ideo utile, imo necessarium erat ut terminum mutaretis et locum, sicut fecistis. Per Hugonem etenim decanum vestrum (185) mihi postea mandastis ne termino inter me et Nivelonem statuto Carnotum venirem, quia ibi adesse non possetis. Præterea per fratres nostros Paganum et Galterium usque ad Rogationes vos ad partes nostras venturum significastis, ubi secure et certo die de investitura tractaremus, et interim Nivelonem, ut nos investiret, rogaretis. Exspectavimus quidem terminum, sed neque vos neque aliquem ex parte vestra vidimus; et adhuc exspoliati, et 98 multiplicis dilationis pondere prægravati, ut investiamur, et domini papæ præceptum observetur, diligenter rogamus. Alioquin cum Naboth Israelita, et plebe Israelitica advocatum de cœlo, ut nobis subveniat, imploramus.

EPISTOLA XXXI.

Dilectissimo Patri et domino Goffrido, honorabilis vitæ episcopo, frater Goffridus puræ dilectionis affectum pariter et effectum.

Nescio cujus suggestione et consilio mihi sæpius dixistis in hoc anno, quod Ecclesiæ vestræ non tollerem quod habuit, et habere debet in monasterio nostro. Et ego vobis jam dixi, et scripto præsenti adhuc dico, quod Ecclesiæ vestræ quidquam tollere nec possum, nec volo; imo illam, et in tempore vestro maxime, diligere et honorare toto corde desidero, si malignitas invidorum permiserit; si non amplius, non tamen minus quam quilibet prædecessorum nostrorum ante me fecerit. Et quidquid Ecclesia vestra in creatione monasterii nostri sibi in ipso reservavit, vel deinceps juste et regulariter habuisse dignoscitur, non contradico, sed concedo et, quandiu vixero, velint nolint angeli discordiarum, diligenter observabo. Injustum est enim et impium, quod justa et pia dispositione bonorum prædecessorum vestrorum et fundatorum monasterii nostri 99 factum et per ip os irrefragabili ap stolicæ sedis auctoritate firmatum novimus, violare. Ea quæ ab antecessoribus vestris nobis sunt scripta, vobis Andegavis monstrare volui, sed vos non habuistis spatium videndi. Ibi enim præcepta et privilegia jam per tres annos reservantur, propter superfluitates aquarum, quæ armaria nostra, quæ sunt Vindocini, adeo inundaverunt et aquosa reliquerunt, quod ex parte libri nostri, qui ibi fuerant, perierunt. Et quoniam ad præsens partim corporis infirmitate, partim monasterii necessitate detentus, Vindocinum fortassis venire non potero, rogo suppliciter ut domnum Bernardum, et domnum Rainardum, vel eorum alterum ad nos mittatis, et ego eum a Vindocino usque Andegavim conduci faciam et ad vos reduci qui nostra videat scripta, et ad vos, si placet, reportet transcripta. Vobis iterum, si quæsieritis, quando Vindocinum venerimus, ea libenter monstrabimus. Ibi, Deo auxiliante, videbitis unde reprimi debeat importuna loquacitas æmulorum, qui, suorum ventositate verborum, tempestatem suscitare conantur in tranquilla mente bonorum.

100 EPISTOLA XXXII.

Dulcissimo domino et amicorum præcipuo, Goffrido venerabilis vitæ episcopo, frater Goffridus dictus abbas, et omnis congregatio Vindocinensis monasterii, quod possunt, quod sapiunt, et seipsos.

Bene, imo optime, charissime Pater, de justitia nobis facienda præcepit vestra dilectio; sed quod bene præceptum est, non est bene servatum. Theobaldus enim de Gravia homines excommunicatos, quos suos esse negabat, secum habet ad mensam et in servitio suo : quod noverunt multi, et fortassis domnus decanus non ignorat. Præter ista et multa alia damna domnus Joannes filius comitis Vendocinensis (186) et cum eo quidam vavassores (187) milites de Castro Vindocini, quamdam optimam obedientiam nostram adeo deprædati sunt et devastaverunt quod necesse est monachos, qui eam inhabitabant, et cultores ejus discedere, eamque in solitudinem redigi. Hoc novit domnus decanus vester. Locutus est inde cum comite, nostra admonitione. Sed comes nihil penitus fecit quod nobis sit utile. Unde dilectioni vestræ humiliter supplicamus, ut quod contra nos actum est, et quotidie pessime agitur, sic corrigatis, quatenus malefactores nostri,

---

(185) *Hugonem decanum vestrum.* Ernaldi successorem.

(186) *Domnus Joannes filius comitis Vindocinensis.* De quo dictum est ad epist. 15 lib. I. Comes fuit post Patrem, bellumque gessit cum Sulpitio domino Ambasiæ, cum quo et Goffridus Joannis parens antea pellarat, uterque infelici exitu, ut narrat vetus auctor Historiæ Ambasiensis.

(187) *Vavassores.* Vassali. Inter epistolas Sugerii: *Sugerio abbati domino suo G., major, et vavassores, et tota sancti Richarii communia.* Quod hodie dicimus, *nobiles atque incolæ oppidi alicujus.* Valvasores appellat Obertus lib. II de feudis, tit. 10 eosque proprie dici docet qui a capitancis feudum tenent; qui vero a vavasoribus habent, valvasinos nuncupari.

parochiani vestri, et ablata nobis restituant, et quietos deinceps nos esse permittant. Bone et pie domine, tot et tantas pressuras, tribulationes et angustias a Vindocinensibus hominibus nobis illatas, quarum etiam partem præsentibus comite et hominibus ejus, vobis diximus, ultra sustinere ulla ratione non possumus. Inter cætera, quæ contra nos eorum intolerabilis rabies egit, homines B. Martini, et Sancti Launomari captos et ligatos, nuper in unam de obedientiis (188) nostris adduxerunt, et ibi eos, quandiu placuit, tormentaverunt. Rapuerunt quæ erant in domo, et monachorum claustra carcerem fecerunt captivorum. Hac itaque nimia et inaudita necessitate cogente, dominus papa a nobis requirendus est. Cujus auctoritate et consilio oportebit nos aut mutare locum, aut in loco quæ decet monachos quietem habere. Horum alterum necessarium imminet, vel nos ab invicem separari et ad alia monasteria transmigrare.

LIBER TERTIUS.

EPISTOLA PRIMA.

Goffrido Andegavensium episcopo (189), domino suo t amico, Goffridus Vindocinensis monasterii indignus minister, salutem.

Litteras vestras accepi, quibus nullo modo credidissem, nisi eas sigillatas sigillo vestro vidissem. Ibi enim dicitur vos electioni Petri Bellilocensis (190) consensisse, et ideo nunc necesse habetis ut eum in abbatem consecretis. Quod si ita est, parvitatis nostræ consilio super hoc amplius non indigetis, quippe quia rem jam factam habetis. Tamen si placet et bonum vobis videtur, ut ad hoc me exspectare dignemini, termino quo mandaveritis ad vos veniam, et quidquid melius consulere vobis potero minime dissimulabo. Unum tamen vobis celare nec possum, nec debeo, quod cum Guillelmo communionem habuerit et habet excommunicato nostro. Quem, quia res Ecclesiæ nostræ subtraxerat et fratri suo contulerat, in quantum fas est et ecclesiastica censura exigit, excommunicavi. Quod Petrus idem non ignorat. Valete, et quod secundum Deum de ejus promotione facere potestis, hoc facite.

EPISTOLA II.

Rainaldo Andegavorum episcopo (191), domino suo et præcordiali amico, Goffridus Vindocinensis monasterii humilis servus, salutem et in adversitate constantiam.

Si Scripturæ sacræ firmiter credimus, scimus veraciter episcopum non esse, qui timet exsilium, dolorem, vel mortem, aut qui ea, quæ sunt his contraria, æquitati anteponit. Nolite igitur in defensione sanctæ Ecclesiæ (192) deficere; nolite consiliis eorum qui carnaliter vivere volunt, aurem cordis inclinare; nolite a via justitiæ pedem retrahere, ne incidatis in Satanæ muscipulam, in qua capiatur anima vestra, ubi pereat, et sine fine, quod Deus abnuat, torqueatur. Propterea verendum vobis est ne de incœpta justitia in conspectu hominum vilescatis; quod utique erit, si defeceritis. defectione vestra Ecclesia Dei, quæ casta et libera vobis commissa dignoscitur, meretrix efficietur et ancilla. Si autem constanter egeritis, si incœptam juste justitiam optimo fine consummaveritis, totius fortitudinis et sanctitatis exemplum relinquetis vestris successoribus; et gloria et pax vobis erit, et Ecclesiæ vestræ dilectioni commissæ castitas multiplicabitur et libertas. Si quis vero amore pecuniæ suæ, vel cujuslibet rei occasione, vobis suggerit ut desiliatis, dicite sibi: *Si quis est Domini, jungatur mihi* (Exod. XXXII, 26); et quia esurientes et sitientes pecuniam minime justi sunt apud Deum, sed qui diligunt justitiam et odio habent iniquitatem, isti satiabuntur. Ego sum ille, certissime credatis, qui anxietates et tribulationes vestras meas facio affectu compassionis, et adversariis Ecclesiæ Dei vobiscum resistere opto, etiam, si necesse fuerit, usque ad effusionem sanguinis.

EPISTOLA III.

Rainaldo excellentissimo episcopo, Goffridus Vindocinensis monasterii humilis servus, salutem cum puræ dilectionis affectu.

Vir vitæ venerabilis archidiaconus vester Hubertus (193), qui vos multum diligit, nec me multum, ut arbitror, odit, de vestro honore, et nostra utilicri ultra Augerem fluvium Bello-Loco construxit, ubi et sepulturæ locum sibi delegit.

---

(188) *Unam de obedientiis.* Lib. IV, epist. 7.
(189) *Goffrido Andegavensium episcopo.* Hugonis de Meduana filio, qui postea relicto episcopatu factus est monachus Cluniacensis. Chronicum S. Albini: *Anno 1093 ordinatus est Gaufridus filius Hugonis de Meduana VIII. Kal. Decembr. Vix septem annis in episcopatu mansit. Accusantibus namque et conquerentibus plurimis apud papam, quod eo jubente neophytus et pene illiteratus fuisset ordinatus, monitu ejusdem Urbani papæ sedem deserens monachus Cluniaco factus est. Post cujus abscessum ordinatus est Andegavis episcopus Rainaldus prid. Id. Jan., anno 1102.*
(190) *Electioni Petri Bellilocensis.* Hujus nominis monasteria multa sunt in Gallia, ut dubitari possit cujusnam abbas hic fuerit. Labor ut de Lucacensi in pago Turonico agi credam, quod Fulco Nerra comes Hierosolymis reversus in honorem S. Sepul-

(191) *Rainaldo Andegavorum episcopo.* Rainaldus hic seu Reginaldus de Martiniaco, Brientii filius, Goffridi Meduanensis successor, ut modo dictum est, ad quem Ivo epistola 272 et Marbodus episcopus Redonensis apud Ildebertum epist. 80. Translatum inde ad metropolim Remensem docuit nos epist. 31 lib. I Kalendarium Sancti Mauricii Andegavens. XIX Kalend. Februarii. *Obiit Rainaldus Junior primo noster episcopus, posmodum archiepiscopus Remensis, in cujus anniversario singulis annis 13 pauperes alere debemus, et signa pulsare.* Juniorem vocat, ad discrimen alterius Rainaldi, a quo hic sextus.
(192) *In defensione sanctæ Ecclesiæ.* Contra comitem Andegavensem epist. 7.
(193) *Archidiaconus vester Hubertus.* epistolæ aliquot lib. V.

tate sollicitus, cum audit quæ nos a mutua charitate debeant separare, statim aut per se, aut per nuntios suos omnem culpam in animam meam transfundit, adeo me increpans, quod verbera verborum suorum vix sustinere valeo patienter. Novissime autem diebus istis ita gladio oris sui viscera mea penetravit quod in eis nihil pene sanitatis reliquit. Asserit sibi dictum, nescio a vobis, vel a quo de vestris, me in concilio, non quidem manifeste, sed in abscondito, contra pacem et salutem vestram fuisse locutum. Si vos dicitis, verba vestra refellere non audeo, quia episcopus estis. Alter vero quicunque super hoc se fecerit assertorem, veniat palam, et suæ falsitatis me inveniet veridicum correctorem. Contra magnitudinem vestram, sicut dixi, proferre quidquam nec possum nec debeo. Sed unum tamen firmiter teneo, quod in legibus criminosum habetur, amicum causari immerito, illum præsertim, qui eos qui se diligunt colere novit valde feliciter, et cui semper verecundum exstitit de æmulis suis cuidquam suggerere latenter. Valete.

EPISTOLA IV.

Rainaldo magno et glorioso episcopo, Goffridus Vindocinensis monasterii servus, puræ dilectionis affectum.

Quidam servus Ecclesiæ nostræ, quem, propter sacrilegium quod fecerat, a servitio nostro diu removeramus, quæstionem quamdam sinistra admiratione dignissimam nobis proposuit, postquam a vobis recessimus. De duobus viris loquebatur, quorum unus monachus, alter episcopus dicebatur. Episcopus ad locum monachi veniens, cum ipso hospitari voluit; quem monachus cum gaudio et honore suscepit, nec sua tantum verum etiam seipsum in episcopi servitium tota dilectione exhibuit. Monachus episcopum ibi diutius manere voluisset, si episcopus consensisset. Ille recessit; recedenti monachus unum de famulis suis associavit, qui sibi, quandiu voluit, servientis explevit officium. Episcopus cum famulo locutus, cœpit ab ipso innocentis hospitis vitam non approbando, prout dignum fuerat, sed reprobando inquirere, et, quibus poterat verbis, vas charitate plenum conabatur incrustare. Quibus auditis, respondimus hoc esse novum sceleris genus, et in novi sceleris facto, majorum necesse erat uti consilio. Unde vos præcipue interrogare volumus, et quid super hoc sentiat vestra magnitudo, audire desideramus. Nostræ autem parvitati videtur quod non erat omnino episcopus qui tantæ pravitatis sectabatur opus. Nec circa proximum se diligenter habebat, post cujus cibos tam nequiter eructabat.

EPISTOLA V.

Rainaldo egregio Andegavorum episcopo, Goffridus Vindocinensis monasterii qualiscunque servus, humilitatem, patientiam ac benignitatem diligere, et ea quæ sunt his contraria odio habere.

Magistra Scripturarum auctoritate didicimus, præsul in Christo charissime, nullum Christianum debere, multo minus igitur Domini sacerdotem, malum pro malo reddere, vel qualibet occasione proprias injurias vindicare. Cum itaque reddere malum pro malo, et suam vindicare injuriam sit periculosum, malum pro bono reddere, vel diligenti se proximo sine causa injurias irrogare, minime dubitatur damnosum. Hæc idcirco, vir venerabilis, proposuimus, ut, si in altero horum, vel, quod est gravius, in utroque peccavimus, peccatum non erubescamus corrigere, quod utiliter vitare debuimus. Divina gratia, magis quam nostris meritis, Dei Ecclesiæ prælati sumus. Quod si in tanta positi dignitate alter alterum odio habens delinquimus, non solum nostras lampades non illuminamus, verum etiam aliorum ardentes sinistræ operationis exemplo exstinguimus. Cumque trabem portamus in oculo nostro, festucam considerare non possumus in alieno. Si quando bona quæ novimus, hominibus loquimur, non sequuntur verba quæ audiunt, sed sola quæ conspiciunt exempla pravitatis imitantur. Pronior est enim ad imitationem mali humana fragilitas; quæ si nostris moribus, quod absit! destruitur, ejus sanguis nobis a Domino requiretur. Quapropter non odibiliter nobis agendum est, dilectissime, quos magis prodesse quam præesse decet, et de reddenda ratione animarum nostræ fidei commissarum plurimum esse sollicitos. Et quoniam sanctitatis nomen et ordinem accepimus, cæcos illuminare, non eos qui vident, excæcare debemus; dum nos invicem, quod criminaliter peccare est, odio et linguæ gladio persequimur, pro luce tenebras mundo relinquentes, populum, qui per se nimium ut diximus, pronus est ad peccatum, cum periculo animarum nostrarum ad peccandum amplius incitamus. Certe in minimis Dominum gravius exacerbamus peccatis, quam populus faciat in summis. Nam pene tanta distantia est inter peccatum pastoris et peccatum populi, quanta distantia fuit inter peccatum angeli et peccatum protoplasti. Unde veraciter dictum est quod majori reatu ab eo delinquitur, qui potiori honore perfruitur, et graviora facit vitia peccatorum sublimitas dignitatum. Non ergo nos pigeat alterum alteri humiliari, quia scriptum est : *Quanto magnus es, humilia te in omnibus* (*Eccli*. III, 20). Et qui se amplius humiliaverit, illum Deus promisit, qui neminem decipit, amplius exaltari. Si alter de altero victoriam habere desiderat, illam quæ secundum diabolum esse dignoscitur, victoriam quæret. Humilitate, patientia, benignitate vincere, victoria Dei est; superbia, impatientia, ac malignitate superare, victoria diaboli. Ex his duobus timeamus quod damnat; et quod coronat totis visceribus amplectamur, et ad charitatem quæ *operit multitudinem peccatorum* (I *Petr*. IV, 8), quidquid ab illa separat contemnentes, revertamur, sine qua cæteras virtutes habere damnabile est, et cum qua non habere alias, veniale.

EPISTOLA VI.

Rainaldo, honorabilis vitæ episcopo, Goffridus Vindo-

cinensis monasterii minister indignus, quod amanti patri devotus filius, et bono domino fidelis servus.

Noverit bonitas vestra, Pater optime, servum servorum vestrorum Andegavim super equam venisse: nec dedignatus est Andegavim venire super equam, qui novit Salvatorem suum et omnium Hierusalem venisse super asinam. Sibi quidem non magna facultas veniendi inerat, vel voluntas; sed traxit illum epistolae vestrae formositas quem asperitas temporis retinere non potuit, vel quaelibet sua necessitas. Venit itaque, et multum fatigatus venit. Quid mirum? qui indesinentes pluviarum inundationes, ac paludum repercussiones saepius usque ad oculos ipsos sustinuit. Valete, et tantus labor, quem, ut aestimo, vestrum facitis compassionis affectu, quanta sit requie dignus, considerate.

EPISTOLA VII.

Rainaldo, vitae laudabilis episcopo, domino charissimo et cordiali amico, Goffridus Vindocinensis monasterii humilis servus, ex adverso diligenter ascendere, et pro domo Israel fideliter murum opponere.

Pater dilectissime, fama vociferante sinistra audivimus comitem vestrum (194) sanctam 110 Ecclesiam pretioso Dei et Domini nostri Jesu Christi sanguine a diaboli servitute redemptam, jugo servitutis iterum velle subjicere; et honorabilium principium veneratione, quam et in veteri et in nova lege circa Domini templum olim habere studuerunt, contempta, matri, quae spiritualiter eum genuit, novis et exsecrandis consuetudinibus chartam libertatis, propriis manibus Salvatoris scriptam pariter et sigillatam, conatur auferre. Unde, si ita est, imo quia ita esse ingemiscimus, oportet vos Christianae legis auctoritate monitum simul et munitum, ejus temerarios conatus, quibus membra Christi persequitur, annullare, et quod in eo ad injuriam universalis matris filius nimium crevit, lima canonicae discretionis amputare. Si vero, quod absit! sponsam Domini liberam, quam ipse vestrae fidei, tanquam Matrem suam B. Joanni custodiendam commisit (*Joan.* XIX, 27) ancillam fieri videritis, et tacueritis, quam debuissetis mortuam suscitare, divinae legis et justitiae jura sepeliens, illam penitus exstinxistis. Nullum utique Christianum gregem, multo minus igitur gregis pastorem, decet Christi legem et ju titiam, quae mortuos vivificant, tanquam mortuum sepelire; sed hunc specialiter oportet, ut justitiae veritatem praedicans, Dei legem non sileat, et quidquid sanctae Ecclesiae libertatem impugnare conspexerit, judicio et veritate sancti Spiritus studeat expugnare. Plurima vobis scripsissemus de praesenti materia, si abbatis esset officium exacerbare principem, et p aesumptuosum 111 non videretur pontificem edocere. Exacerbatio tamen culpabilis non probatur, et est venialis illa praesumptio, quae de odio iniquitatis et aequitatis amore generatur. Valete.

EPISTOLA VIII.

Dilectissimo domino et amico, domno Rainaldo venerabili Andegavorum episcopo, Goffridus Vindocinensis monasterii servus, veraciter et simpliciter in omnibus agere.

Calumniam, quam abbas B. Nicolai (195) in monachum suum absentem quidem, sed quem ipse absentaverat; protulerit, audivimus; et quia crimen sacrilegii, seductionis, et monasterii sui dissipationem in eum intenderit, quoniam praesentes eramus, ignorare non possumus. Ad cujus objecta monachus, quia laicus est, non Latina, quam non didicit, lingua, sed materna respondet, et dicit in hoc tantummodo se esse culpabilem, quod abbati, ut se absentaret, praecipienti obedivit. De caetero autem, sicut in hoc solum se fatetur esse culpabilem; ita se inculpabilem non refugit in curia vestra ostendere, et seductum potius quam seductorem fuisse. Quod si verum est, imo quia verum esse jam ex parte cognovimus, abbas contra nos nec indignari rationabiliter, nec juste de nobis conqueri potuit, si veritatis causam sustinemus. Cum enim Christus sit veritas, si in Christo manere volumus, necesse est ut in veritate maneamus, et pro veritate etiam usque ad mortem, si opus fuerit, decertemus. Quod praedictus abbas jam dictum monachum admonet 112, ut se revertatur, et eum, quem sine causa publice criminatus est, sub potestate sua esse conatur, hoc canonica ratio prohibet, non praecipit, nec monastica religio cogit. Absit enim ut religio monastica canonicae veritati inveniatur contraria! In secretis sanctissimi Felicis papae prioris (196) legitur; quod stitui, atque ad fratrum sustentationem, atque pauperum, ex meis rebus propriis ipsam ditare curavi, etc. Monasterium hoc post Fulconem fundatorem multis rebus auxerunt Goffridus Martellus filius, et Guffridi successor Fulco IV, cujus quidem ac Natalis abbatis rogatu, ecclesiam Sancti Nicolai ab Urbano II, iterum dedicatam, in Urbani ipsius litteris legimus apud Sabloilum datis XVI Kal. Martii, anno 1096.

(196) *Felicis papae prioris.* Leguntur haec magnam partem in epistola Felicis II, ad episcopos synodi Alexandrinae III, q. 3. *De induciis.* Nonnulla etiam alludere videntur ad Felicis primi epistolam ad Paternum. Sed si Felicem II intelligit Goffridus, cur priorem appellat? si primum; cur illo antiquiorem facit synodum Nicaenam? Scripserat fortasse posterioris. Nicaenae porro synodi decretum cum in iis quae hodie restant, non exstet, ubi natus sit incertum est.

---

(194) *Comitem vestrum.* Fulconem V, lib. I, epist. 3.

(195) *Abbas S. Nicolai.* Lambertus, qui Natali successit anno 1096. Monachi vero nomen, Savaricus epistola sequenti, Coenobium S. Nicolai ad Juliomagum Andegavorum in suburbano situm est; ejus conditor, ut obiter notatum est, ad epist. 26, lib. II. Fulco III, comes; cujus etiam commentarii meminimus, in quo monasterii originem explicat, narrationemque orditur his verbis: *Hisce temporibus nonnulli reges ac principes ecclesias in Christi nomine aedificare curaverunt. Et ego Fulco comes Andegavorum, licet de ultimis et desidiosis hominibus unus, in Dei nomine, atque summi praesulis, ecclesiam in prospectu urbis Andegavae aedificare decrevi, ac* 1020 *anno ab Incarnatione Domini a domino praesule Huberto praedictae urbis feci sacrare. Post cujus sacrationem non multo post tempore ex monachis S. Martini monasterii Majoris, nomine Baldricum, abbatem in*

tamen in Nicæna synodo longe ante constitutum fuisse reperitur; quod si quislibet impetitur crimine, nulla detentionis custodia teneatur, sed liceat ei in omnibus liberam habere potestatem, ad repellenda videlicet impetitorum machinamenta, et præparandas suas responsiones, atque amicorum quærenda juvamina, donec aut convincatur reus, aut liberaretur innoxius. Quod si aliter a quoquam præsumptum fuerit, secundum sanctorum instituta canonum nihil erit, et viribus omnino carebit.

EPISTOLA IX.

Domno Rainaldo laudabilis vitæ episcopo, charissimo domino et præcordiali amico, Goffridus Vindocinensis monasterii humilis servus, salutem, cum puræ dilectionis affectu.

Mandastis, dilectissime domine, per fratrem nostrum Robertum (197) ut domnus Savaricus ad abbatem Lambertum revertatur. Quod licet a vobis bona intentione dicatur, salva tamen vestræ paternitatis reverentia, hoc dicimus inusitatum, et in toto corpore canonum non invenitur, ut quilibet sub illius manere debeat, potestate, a quo de crimine **113** accusatur. Non vos, charissime Pater, docere præsumimus, a quo melius doceri et possumus, et optamus. Et quoniam cognovimus vobis placere ut prædictus frater faciat quod mandastis, ipse vestræ voluntati non refugit obedire. Hoc autem, quod satis justum et canonicum potest videri nec sibi ulla canonica ratione debet negari, a dulcedine vestræ pietatis deposcit, et nos cum illo deposcimus, quatenus auctoritatis vestræ præcepto sic in monasterio suo maneat, ne quolibet genere damnationis vel detentionis opprimatur, donec præsentem habeat accusatorem, locumque defendendi accipiat convenientem, quo blasphemiam repellere valeat criminosam. Quod si jam dictus abbas se exspoliatum dicit, utique non mentitur, et utinam exspoliatorem suum quanto gravius posset, impugnaret, persequeretur, modis omnibus infamaret, quia sic in foveam, quam paravit proximo, primus incideret! Ipse enim se expoliavit; nam ubi apud subliminorem personam accusavit subjectum, quod suum erat, alterius potestatis fecit. Si iterum ab eo, ad quem jugulandum de vagina mortalis infamiæ eduxit gladium, obedientiam exigit, desipit domnus abbas ille, aut insanit, et apostatæ angeli perversitate nititur, qui hominibus suggerit ut sibi obediant, quos ad mortem ille persequitur. Pater optime, non est tutum male astuto pastori obedire, qui jam de exsecutione injunctæ discipulo obedientionis argumentum assumpsit contra discipulum criminosæ accusationis. **114** Præcepit enim pastor ille crudeliter astutus ovi simplici ut se quasi inter fruteta absconderet, quatenus nullo reclamante eam lupina consuetudine criminando devoraret. Pastor ille bonus evangelicus lassam ovem vexisse legitur, non abjecisse (*Luc.* xv, 5), et quam damnatam invenit, liberavit, non liberam condemnavit. Valete, et valeat nobis apud vos, magnæ discretionis Pater, æquitatis censura; decepti monachi innocentia; qua vos diligimus, cordis nostri sinceritas; et, si unquam bene aliquid de vobis promeruit, nostra humilitas.

EPISTOLA X.

Rainaldo Andegavensi episcopo, quem in Deum diligit, frater Goffridus, purum ejusdem dilectionis affectum.

Priori nostro et domno Hamelino (198) dixistis, quod adversarius adversariorum nostrorum Romam ivistis. Præterea habebatis dispositum, quod centum libratas (199) Ecclesiæ nostræ daretis, quia bene vobis servieram, sed postea bonæ intentionis animum commutastis, quia contra vos multum peccaveram. Servitium quidem scio, peccatum nescio. Nec mirum, quoniam hujusmodi peccatum in charta diaboli non invenitur; Deus illud non odit, nec pro eo damnatur anima, nec pœnitentiam agit. Hoc forsitan, quod bene et sæpe servivi, peccatum mihi ascribitur, et sic malum pro bono, et odium pro dilectione mea retribuitur. Hanc utique **115** retributionem Deus non docet, sed prohibet, et qui illam sectatur, diabolum in malitia superare conatur. Justius enim judicare diabolus videtur quam ille, cum diabolus sic agat quod tantummodo mala pro malis, ille vero mala pro nobis retribuat. Ego si quidem pro servitiis meis nullum aliud præmium, nisi dilectionem vestram quæsivi, vel quæro; quam quidam indigne cito inveniunt, et quidam satis quidem digne eam promerentur, sed aut nunquam consequuntur, aut subito perdunt. Hoc autem dico, Deus scit, non amaro animo; et, si vobis non displicet quod minime displicere debet, detur mihi audientia; et quod dictum est vera propositione probabo.

EPISTOLA XI.

Rainaldo prudenti et multiplici genere pecuniarum sublimi, frater Goffridus Vindocinensis monasterii

---

(197) *Fratrem nostrum Robertum.* Ad quem lib. IV, epist. 28.

(198) *Priori nostro et domno Hamelino.* Utrique scribit lib. IV.

(199) *Centum libratas.* Lib. II, epist. 50, et hujus libri epist. 15, *ducentas libratas*, terræ nimirum. In præcepto sancti Ludovici regis, anno 1230 : *Dilecto et fideli nostro Joanni de Valeriaco in augmentum feudi quod tenebat, dedimus centum libratas terræ.* In Arverniis scilicet, apud Escurolas et Mæsium Scholæ. Antiqui mensores integras agri mensuras ad similitudinem assis aut libræ in uncias, et unciæ partes dividebant, ut videre est apud Columellam lib. V, cap. I.

Varro De re rustica libro primo, capite 10 : *Ab hoc principio mensores nonnunquam dicunt in subsicivum esse unciam agri, aut sextantem, aut quid aliud, cum ad jugerum pervenerunt. Id habet scrupula 288, quantum as.* Quod ergo fiebat in partibus, id etiam in toto a nonnullis factum est, ut integris agri mensuris a libra vel solido asse nomen darent. Libratam ergo terræ dixerunt integrum jugerum terræ, arapennem, aut aliud simile. Dicta etiam ab eodem principio solidata terræ. In litteris Seguini episcopi Matisconensis anno 1260 : *Cum Guillelmus de Oblato miles ab ecclesia Clunianiensi LX solidatas terræ teneret in feudum* etc.

humilis servus, Christianam legem diligenter observare, et neminem pro assertione veritatis odio habere.

Domno H. (200) fratri nostro dixistis me vobis in electione vestra (201) fuisse infestum. Sic magnitudini vestræ loqui placuit; meæ tamen parvitati satis displicuit, quod canonum regulis et sanctorum constitutionibus Patrum ibi novi esse contrarium. Nam ubi vidi unicum et singulare sanctæ Ecclesiæ ostium claudi, et aliud aliunde, per quod qui intrant fures sunt et latrones (*Joan.* x, 1),, ostium aperiri apostolicam violari doctrinam, sanctum **116** Evangelium penitus contemni, si mihi placuisset, Christi servus non essem, sed diaboli. At mihi soli, sicut arbitror, pro crimine non debet ascribi, quod Stephano decano vestro (202), et personis quæ affuerunt, potest potius imputari. Omnes utique contradixerunt illam quam vestram fuisse dicitis electionem, et reprobaverunt. Nec immerito; nam illis invitis et non petentibus, arreptus fuistis a vulgo, et quod ibi factum est, hoc præsumptuosa et perniciosa fecit seditio. Nos autem quæ vidimus et audi-

vimus, nec possumus nec debemus non loqui. In illa siquidem actione, imo vulgi conspiratione, quam pro electione reputatis, lex velut inter arma siluit; vox divina locum non habuit. Totum ibi levitas vindicavit et vanitas, ubi mima quædam et mulier publica, quæ vos garruliter acclamabat, amplius potuit quam plebis maturitas, vel clericalis honestas potuerit. Hinc Ildebertus (203) vir religiosus, qui post metropolitanum in provincia primus erat episcopus (204), non tacuit; qui a vestra consecratione, licet a suo metropolitano vocatus (205), seipsum absentavit, et exsecrationem esse potius quam consecrationem apostolica et evangelica veritate prædicavit. Bonus Maurilius (206), quem vestrum prædecessorem fuisse gloriamini, beato eligente Martino et præsignante Spiritu sancto, electus est et consecratus. Vos autem vulgo furente et spreta canonica electione estis creatus. Frustra utique de bono prædecessore gloriatur, qui sortem electionis et bonitatis, **117** quam ille sortitus est, non sortitur. Nam et alterius bonitas ei qui in crimine manet nullatenus suffragatur, et episcopus sine canonica electione (207),

(200) *Domno H.* Hamelino, ut epist. præcedenti.
(201) *In electione vestra.* De Rainaldi episcopi electione, cui multis nominibus adversatus est Goffridus, agel iterum lib. iv, epist. 9 : eamdem impugnat tribus epistolis Ildebertus; 9, ad archiepiscopum Turonensem; 12 et 13, ad Rainaldum ipsum electum, cui suadet ut promotionem non canonicam curet. De eadem etiam Marbodus in epistola ad Rainaldum.
(202) *Stephano decano vestro.* Cui cum aliis inscriptæ epistolæ 4 et 5, lib. v. De eodem præterea Marbodus epistola eadem, et Ildebertus epist. 9. Utriusque verba quia tuum hunc locum illustrant, subjiciemus. Sic igitur in ea epistola Ildebertus : *Petitio vestra, qua vocamur ad electi vestri consecrationem, facilem apud nos inveniret assensum, si eam ratio tueretur. Sed testantur qui adfuerunt, quod ad juvenem, infra sacros ordines et annos inventum, nec a clero electum, seditiosus turbatæ turbæ clamor pontificalem detorserit electionem. Asserit etiam decanus cantorem, archidiaconos, et majorem capituli partem, quantum licuerit, obclamasse, simulque talibus ausis assensum subtraxisse pro ratione, seipsum præsentiam pro timore. Item epist.* 12 : *Quippe non elegit te clerus, sed minæ populares intrusere renitenti.* Hactenus Ildebertus, deinceps Marbodus : *Nec tamen elapsus destiti, ut tunc putabam constanter, ut nunc intelligo pertinaciter urgere propositum, et contra optimos clericorum, qui pluribus ex causis absque suo assensu a vulgo factam improbabant electionem, quoniam et infra annos, et extra ordines, et per tumultum populi magis ficta esset quam facta, promotionis tuæ causas asserere.* Et de Stephano, post pauca : *Idem cum Stephanus cum quibusdam, quos omnes tibi postmodum meam ut ferretur puctus dejectionem ex infestissimis amicos fecisti, in ipsam esse clamaret, ego stulte quidem et improvide, sed nimio tuo favore seductus, meipsum devovi, In me, inquiens, sit ista iniquitas.*
(203) *Ildebertus.* Hoc tempore Turonorum archiepiscopus; sed cum Rainaldus electus est, tum adhuc Cenomannorum episcopus, de quo epist. 13, et sequentibus.
(204) *Post metropolitanum in provincia primus erat episcopus.* Utpote Cenomannorum antistes. Inter episcopos ejusdem provinciæ primus interdum censebatur is cujus civitas secundum a metropoli locum

tenebat, ac secundo ab ea loco in provinciæ notitia describebatur. Hoc enim prærogativæ argumento utitur Fulbertus in epistola ad Deodatum episcopum Suessionensem : *Sed ne civitati vel Ecclesiæ Catalaunorum suum denegetis honorem, meminisse vos decet, quod in antiqua descriptione provinciæ Belgicæ secundum ipsa civitas a Remensi locum habeat.* Ut igitur in Belgica ii provincia, proxima Remensi metropoli est civitas Catalaunorum, sic in tertia Lugdunensi, prima post Turonorum metropolim civitas Cenomanica. Quare episcopus Cenomanensis primus est episcopus illius provinciæ. Eodemque modo in prima Aquitania, primus episcopus Arvernorum; in Aquitania ii, primus episcopus Pictavorum, atque ita in cæteris. Alio modo primus inter comprovinciales episcopos dicitur, qui honoris ævo antecedit; quem et primatem quoque dici solitum ex Hilarii papæ litteris didicimus. Sic enim scribit ad episcopos provinciæ Viennensis, et alios : *Ei qui nunc Ecclesiæ Narbonensi præsidere permittitur, ordinandorum episcoporum ob hæc quæ pravæ facta sunt sustulimus potestatem. Quam ita ad fratrem et coepiscopum nostrum Constantium Uceticæ Ecclesiæ antistitem, quia, ævo honoris esse dicitur, pertinere censuimus, ut si superstite Hermæ episcopo defunctus fuerit, illum hæc cura respiciat quem repererit episcopalis ordo primatem, id est episcoporum provinciæ antiquissimum, qui quidem ante alios sedere et subscribere in concilio solet, ex synodo Cabilon. cap. 6.* At D. Gregorius singulari privilegio in Syagrii episcopi Æduensis gratiam statuit lib. vii, epist 112, ut, episcopus ejus Ecclesiæ primum locum in provincia prima Lugdunensi post metropolitanum obtineat; cæteri post illum suæ quisque ordinationis tempus et prærogativam sequantur.
(205) *A suo metropolitano vocatus.* A Radulpho Turonum archiepiscopo. Unde apparet, quod paulo ante monuimus, epistolam 9 Ildeberti, quæ titulo caret, ad Radulphum hunc rescriptam esse, cum ab eo vocaretur ad Rainaldi consecrationem. Quam quidem deprecatur, et epistolam claudit his verbis : *Parcat mihi Pater, quia ego parcam animæ meæ; frustra, inquam, exspectabitis me, quia manus imponetis sine me.*
(206) *Bonus Maurilius.* Vitæ B. Maurilii cap. 13.
(207) *Episcopus sine canonica electione.* Totus hic locus de canonica electione et sequens de investi-

est quasi arbor sine radice. Arbor autem quæ radicem non habet, etiamsi folia habeat, fructum ferre nullatenus valet. Ad hujusmodi arborem Christus quidem accessit, et cum ibi fructum non invenisset, eam maledixit (*Marc.* xi, 15, 14). Tota utique ordinatio episcopi in sola electione consistit, et consecratione, si tamen illam electio recta præcesserit. Hæc autem prius per semetipsum fecit Christus, deinde vero vicarii ejus. Et in apostolis quidem a Christo facta sunt, quoniam ab ipso electi et consecrati fuerunt; in aliis vero omnibus, a nullis aliis fieri licet, nisi a vicariis Christi. Sunt autem vicarii Christi clerici in electione, episcopi in consecratione. Cæteri omnes petere quidem episcoporum possunt; eligere vero vel consecrare non possunt. Quicunque igitur alio modo, quasi sub nomine pontificis, Ecclesiam vel potestatem ecclesiasticam sibi vindicare præsumit, hic jam non per ostium intrat, sed aliunde ascendit, ut merito non inter episcopos computetur, sed inter fures et latrones connumeretur (*Joan.* x, 1). Investituram, quam de manu laici accepistis per pastoralem virgam, silere non debeo, nec loqui sine dolore, quod ad majorem injuriam sanctæ Ecclesiæ in occulto factum non fuit, sed publice. Qui autem cognoscere voluerit quid catholica et apostolica Ecclesia de investitura senserit; quid docuerit, quid judicaverit **118** et constituerit, legat in primo capitulo illius concilii, quod tempore Gregorii septimi papæ factum est. Et ibi omnes clericos, qui de manu laici investituram suscipiunt, hæreticos vocatos, et ideo damnatos esse et excommunicatos inveniet. Licet enim alia hæresis de investitura dicatur, alia Simoniaca; ista tamen quæ de investitura dicitur, contra sanctam Ecclesiam fortius jaculatur. Ibi enim in primis omnis ecclesiasticus ordo confunditur, quando hoc quod unicuique a suo consecratore in Ecclesia cum orationibus, quæ ibi conveniunt, dari debet, a sæculari potestate prius accipitur. Quod sancti apostoli non solum interdixerunt, verum etiam omnes illos, qui per sæcularem potestatem Ecclesiam obtinent, a Christo sibi tradita potestate damnaverunt. Et merito apostoli judicio Spiritus sancti hanc hæresim in ipso Ecclesiæ principio damnare decreverunt, quam longo post tempore ex patre diabolo nascituram esse præviderunt. Cum igitur laico et investitura, et omnis etiam disponendarum ecclesiasticarum rerum facultas a Spiritu sancto, qui in apostolis loquebatur, negata sit penitus et interdicta; qui investituram a laico suscepit, non est jam contra apostolos tantum, imo contra Dominum apostolorum; quod sanctum est canibus exponit. Investitura enim, de qua loquimur, sacramentum est, id est sacrum signum, quo princeps Ecclesiæ, episcopus scilicet, a cæteris hominibus secernitur pariter atque dignoscitur : et quo supra **119** Christianum gregem cura pastoralis ei tribuitur. Hanc investituram ab illo solo suscipere debet

a quo et consecrationem habet. Illum siquidem prius oportet consecrari, deinde vero tanquam ducem Ecclesiæ sacris insigniri decorari. Si quis autem cuilibet sæculari potestati ista licere putat, errat. Quod si defendere nititur, apostolorum doctrinam, et sancti Spiritus sensum annullare desiderat : unde hæreticus esse nullatenus dubitatur. Hæc præterea hæresis de investitura, si recte perspiciatur, etiam hæresis Simoniaca esse, viva et vera ratione probatur. Nam, quæ sæcularis potestas sibi vindicare nititur investituram, nisi ut per hoc, aut pecuniam extorqueat, aut, quod est gravius, sibi inordinate subjectam efficiat pontificis personam? Nullus est utique laicorum, etiamsi ei liceret, qui tanta intentione annulum, vel virgam dare desideret, nisi per hæc, quæ sunt sacramenta Ecclesiæ, temporalibus lucris inhiaret. Laicis quidem sacramenta ab Ecclesia suscipere licet, non Ecclesiæ quælibet sacramenta dare, annulus autem et virga, quando ab illis dantur, a quibus dari debent, et quando, et ubi, et quomodo debent, sacramenta Ecclesiæ sunt, sicut sal, et aqua, et quædam alia, sine quibus hominum et Ecclesiarum consecrationes fieri non possunt. Semper laicus de investitura, ut diximus, aut pecuniam sibi vindicat; aut quod est amplius, episcopi vel abbatis personam. Hac utique non tam humana quam diabolica malignitate **120** Ecclesia catholicam fidem, libertatem et castitatem amittit, sine quibus nulla ratione subsistit. Hæc etenim tria semper Ecclesia habere debet, quorum vel si unum defuerit, velut paralytica jacet, nec ligandi, nec solvendi potestatem habet. Hanc igitur quicunque sub specie pastoris suscipere præsumit, fit paralyticus, et hæretica lepra pollutus. Illum non pastorem fiducialiter dico, nec illius Pastoris qui animam suam posuit pro ovibus suis (*Joan.* x, 11), quodlibet membrum. Sed fur et latro, et lupus est; nam ad hoc venit ut furetur, et rapiat, et mactet (*ibid.*, 10). Hanc autem detestabilem impietatem non solum qui faciunt, sed qui consentiunt ei, damnati sunt. Ille vero consentit, qui eam tacet, qui eam non corrigit, et qui ei palam non contradicit. Et nemo est qui contradicere palam non debeat, et possit. Nam, si prælati non habet auctoritatem, habet tamen Christiani vocem, et Scriptura dicit, et neminem excipit : *Maledictus est, qui prohibet gladium a sanguine* (*Jer.* xlviii, 10), id est, vocem suam ab increpatione peccati. Illud etiam factum meminerit, quod asina fatuum prophetam olim correxerit (*Num.* xxii, 28). Quod si fuerit vitiosus, vel quolibet alio crimine infamis factus, non ideo silere debet, quoniam unicuique peccatori communem Ecclesiæ fidem, quam suam esse credit et confitetur, defendere, et contra ejus adversarios libere pugnare licet. Nam illi duo, qui in passione Domini crucifixi sunt cum eo, omnino infames erant, nam publici latrones : quorum unus non tantum quia credidit, **121** sed quia suæ

tura laicorum ad verbum leguntur opusculo 2 ad Petrum Leonis cardinalem, ubi argumentum utrumque tractat ex instituto.

fidei veritatem contra alterum defendere cœpit, bonum illud et delectabile verbum a Salvatore nostro audire meruit : *Hodie scilicet mecum eris in paradiso* (*Luc.* XXIII, 43). Unde in latrone illo maxime declaratum agnoscitur quod defensio fidei paradisum pariter et cum Christo esse meretur. Hæc pauca de multis, quæ forsitan oblivioni tradidistis, vestræ sublimitati dignum duxi ad memoriam revocare, ut unde et quomodo sumpsistis episcopi nomen, vobis ulterius non liceat ignorare. Illa vero sileo quæ dominus papa novit et indulsit, quia meum non est retractare quod ipse fecit. Vitam enim vestram nullo genere religionis approbatam noverat, et vos infra annos esse (208), et nullum penitus ordinem habere (209) fortassis audierat. Prius quidem ordines accipere contempsistis, ut vobis liceret ea liberius exercere, quæ minime licent ad animæ salutem. Omnes postmodum ordines, sed sine ordine, quia in octo diebus, et non certis temporibus accepistis propter episcopatus ambitionem. Unde vera propositione probatur, quod eos amore gloriæ temporalis accepistis, non Christi charitate. Quicunque tamen sacramentis Ecclesiæ cæmento charitatis non jungitur, injuriam quidem Ecclesiæ facit, sed quasi paries luteus dissipatur, qui licet dealbari possit ad tempus, ejus subita dissolutione qui ante considebant in eo premuntur. Hac igitur similitudine recte colligitur quod qui ad injuriam sanctæ Ecclesiæ ecclesiasticum ordinem **122** et maxime pontificatum assequitur, suam destructionem in primis, deinde populi mortem operatur. Et tunc Ecclesia injuriam pariter sustinet et verecundiam, quando in eligendo pontifice canonica perit electio, et quod ordinato soli debetur, datur inordinato, et qui non vocatus a Deo præponitur, sed violenter intrusus a vulgo. Gravius nihil est apud Christum Ecclesiæ injuria; cujus sacramenta qui perverse suscipiunt, cum Christo esse, vel prodesse non possunt. Cum Christo etenim simul esse, et contra Christum facere, nemo potest, cum ipse dicat : *Qui non est mecum, contra me est* (*Luc.* XI, 23). Qui autem cum Christo non est, nec sibi prodesse, nec aliis potest, cum ipse iterum asserat : *Qui non colligit mecum, dispergit* (*ibid.*). Et alibi dicit : *Sine me nihil potestis facere* (*Joan.* XV, 5). Hæc idcirco vestræ dilectioni scripsi, quia salvo ordine nostro, pacem vobiscum feci, et salvum nostrum non fecissem ordinem, si hanc vobis veritatem tacuissem. Valete, et non quæ vestra sunt, sed quæ Jesu Christi quærite et diligite (*Philipp.* II, 21).

EPISTOLA XII.

Domno Ulgerio (210) *venerabili Andegavensi episcopo, frater Goffridus dictus abbas, salutem et dilectionem in Christo.*

Mihi dictum est quod in synodo vestra (211) de me querimoniam fecistis. Sed miror si ita est; non enim bonitatem vestram offendi in aliquo. Si monasterium nostrum (212) alodium **123** B. Petri, et patrimonium, de his quæ multo tempore pacifice possederat, et apostolica auctoritate sibi firmata sunt, sine judicio et audientia exspoliastis, in hoc me peccare vel peccasse non credo. Si sanctorum Romanorum pontificum privilegia vobis oblata ad videndum, videre noluistis, merito culpari nec possum, nec debeo. Si legatus Romanæ (213) Ecclesiæ vobis præcepit ut sedis apostolicæ privilegiis debitam reverentiam exhiberetis, et redderetis quod nobis abstulerat vestra sublimitas, si neutrum observastis, inde noxam minime contraxit nostra humilitas. Annuntiastis, ut dicitur, presbyteris vestris, et personis Ecclesiæ vestræ, quod dominus papa Urbanus (214) in Arvernensi concilio præceperat, ut episcopi annuum censum habeant a monachis pro

---

(208) *Vos infra annos esse.* Ildebertus, epist. 9 : *Infra sacros ordines et annos inventum.* Idem, epist. 12 : *Est ætas, quam rigor canonicus, quia consecratis metuit, a consecrandis excludit.* Et mox : *In summis enim sacerdotibus ætas integra postulatur, unde nec periculum religio metuat, nec reverentiam dignitas amittat.*

(209) *Nullum penitus ordinem habere.* Ildebertus idem, epist. 12 : *Ordines tibi desunt, quos in promovendis cognovimus inquirendos.* Et post alia : *Præterea quisquis in sacris non fuit ordinibus inventus, ad summum sacerdotium accedere canonicis prohibetur Ecclesiæ institutis.* Leges ecclesiasticæ in eligendis episcopis non solum ordines requirunt, sed ordines sacros, ac saltem diaconatum. Synodus Arvernensis, cap. 5 : *Ut nullus laicus, clericus, vel tantum subdiaconus in episcopatum eligatur.* Quin illum demum summo gradu dignum censuerunt, qui per singulos inferiores diu ante probatus fuisset. Quo nomine Joannem Cabillonensem episcopum designatum commendat Sidonius noster lib. IV, epist. 25, quod in lectoris, diaconi, et secundi ordinis sacerdotis, hoc est presbyteri gradu versatus, per singulos ordines stipendia fecisset.

(210) *Ulgerio.* Rainaldi archiepiscopi Remensis in Andegavensi cathedra successori, ut dictum est, ad epistolam ultimam, lib. I, sedem illam rexit solos annos 23. Hoc est anno 1125 ad 1148. Ejus opus est epitaphium, quod tricenis versibus elegis incisum est in tumulo Marbodi episcopi Redonensis, Juliomagi apud S. Albinum, ad Ulgerium vero scripta est S. Bernardi epist. 200.

(211) *In synodo vestra.* Lib. I, epist. 27.

(212) *Si monasterium nostrum.* Controversia hæc, quæ Vindocinensi monasterio fuit cum episcopo Andegavensi de ecclesiis et oblationibus, et ante Ulgerium nata est, et Goffridi ætate non desiit. Composita tandem est inter Ulgerium eumdem et Fromundum abbatem Goffridi successorem, arbitrio et auctoritate Innocentii II, cujus exstant de ea re litteræ ad Fromundum prid. Idus Januar. anno 1136 datæ.

(213) *Si legatus Romanæ Ecclesiæ.* Girardus episcopus Engolismensis, epist. 27.

(214) *Quod dominus papa Urbanus.* Epist. eadem. Jure communi, Ecclesiæ omnes in episcoporum sunt ordinatione et potestate. Synodi Aurelian. I, cap. 19; Cabilonensis cap. 10, et passim. Plerique autem ecclesias vel a se conditas, vel juris sui, monasteriis olim offerebant, ut in eorum essent potestate. Quod quia, sine episcoporum consensu fieri non poterat, episcopi nonnunquam ecclesias monachis hac lege permittebant, ut statis annis, quotiescunque scilicet illarum vicarii, seu personæ, ut vocabant, mutarentur, certam pecuniam episcopo penderent, quæ redemptio altarium dicebatur. Hanc

redemptione altarium. Bene novit prudentia vestra non esse bonum quod apostolica sinceritate disponitur per contrarium prædicare. Bone domine, vos illi non adfuistis concilio ; et ego interfui, qui hujus rei cognosco veritatem. Redemptionem Ecclesiarum, quæ vulgari vocabulo altaria nuncupantur, beatus vir ille Simoniacam pravitatem vocavit, et apostolica auctoritate damnavit. Illa tamen magica et Simoniaca pecunia, aliquando in triginta, aliquando vero in quadraginta, aliquando etiam in sexaginta annis solvebatur episcopis. Qui autem redemptionem altarium, quæ in pluribus annis non nisi semel per vicarios fieri solebat, hæresim vocavit, et condemnavit, sub nomine annui census pro redemptione vicariorum, **124** sive altarium annuam pecuniam extorquere dedocuit, non præcepit, imo omnia quæcunque abbates et monachi in Ecclesiis sub redemptione vicariorum tenuerant, ut quiete deinceps, et sine cujuslibet exactione pecuniæ possiderent, beatorum apostolorum Petri et Pauli auctoritate firmavit. Nam si in pluribus annis non nisi semel, ut dictum est, per vicarios pecunia pro altaribus dabatur episcopis, et pecuniam ipsam apostolica auctoritate probatum sit Simoniam esse, singulis annis episcopis pro vicariis altarium pecuniam dare, quid est aliud, quam pro plurimorum annorum Simonia, per annos singulos, sub nomine census, annuam Simoniam exercere? Non est hoc doctrina Christianæ fidei, sed exactio pessima quæ Simoniam multiplicat, et sanctæ Ecclesiæ violat castitatem. Pecunia itaque pro Ecclesiis sub palliata cupiditate extorta, quæ redemptio altarium dicitur, ab apostolica sede damnata, sive per vicarios rarius, sive pro vicariis frequentius, sub qualicunque nomine vel occasione extorqueatur, Simoniaca pravitas esse nulla ratione dubitatur; illa tamen gravior, quæ sæpius agitur. Quapropter illam specialiter Christianus catholicus

ut nefariam et Simoniacam interdixit Urbanus in synodo Arvernensi. Post synodum vero fuerunt episcopi, qui pro redemptione illa, quæ multorum annorum intervallis fiebat, annui census pensitationem exigerent. Quo e numero Ulgerius Andegavensis, hoc loco, et Ivo Carnotensis, ac Rannulfus Santonensis quos eo nomine arguit Paschalis II, cujus hæ litteræ exstant in chartophylacio Vindocinensi.

« Paschalis episcopus, servus servorum Dei, venerabilibus episcopis Ivoni Canotensi et Rannulfo Sanctonensi, salutem et apostolicam benedictionem.

« Juxta sanctorum canonum sanctiones non ignotum vobis esse credimus, quid ultionis maneat ecclesiastici ordinis viros apostolicæ sedis decreta spernentes. Ipsi enim Arvernensi concilio affuistis, in quo præsidente prædecessore nostro bonæ memoriæ papa Urbano, considentibus Galliarum episcopis, decretum est ut altaria, quæ ab annis triginta et sub vicariorum redemptione monasteria possedisse noscuntur, quiete deinceps et sine molestia qualibet monasteriis ipsis firma permaneant. Vos autem huic simplicitati incongruas duplicitates innectitis, et personarum redemptionem mutatis nominibus extorquere conamini. Verum oportet nos hujusmodi versutiis sinceritate veritatis apostolicæ obviare. Præcipimus ergo ut decretum illud omnino teneatur integre, nec super illud quidquam ulterius, pro eisdem altaribus exigatis. Sane quod vobis dicimus, vitare, et episcopus maxime detestari debet, ne fiat novissimus error pejor priore. Semel, bis et ter, imo multipliciter vos rogavi et monui, et adhuc humilitate, qua debeo et possum, diligenter rogo et moneo, ut quæ nobis abstulistis, non differat reddere vestra magnitudo. Alioquin, quia vestra **125** gravamina fratres nostri diutius portare non possunt, ipsi et nos cum ipsis Romanam Ecclesiam appellamus, licet eam et legatos suos vos sæpe contempsisse minime dubitemus. Et ne ulterius de decreto vicariorum dubitetis, illud vobis transcriptum mittimus. Vale.

EPISTOLA XIII

Ildeberto (215) *venerabili Cenomannorum episcopo, Goffridus Vindocinensis monasterii inutilis servus, neque ad dexteram, neque ad sinistram declinare, sed rectam viam tenere.*

Si eos qui sunt Domini, ut vobis jungantur, quæritis, ecce nos paratos habetis. Abrahæ etiam filios nos esse confitemur, et ejus opera facere desideramus; qui in die Domini stare in prælio, et nosmetipsos murum opponere pro domo Israel nullatenus formidamus, ubi tutus vel competens fuerit locus. Turonum vero nec possumus, nec debemus, et vos illuc tendere penitus dislaudamus. Ibi enim congregabuntur omnes factores Rainaldi (216), furore ac seditione potius quam ratione vobiscum agere parati. Putat etiam ille, qui vos illuc vocavit (217), aut justitiam vestram turbæ importuno clamore facilius ibi pervertere, aut vos, ut ejus dementiæ consentiatis, quod absit! prece vel pretio flectere. Bene quidem incœpistis, quoniam pro libertate **126** sanctæ Ecclesiæ contra ejus adversarios viriliter vos erexistis. Unde Deo, et Dei amicis vos magis carum reddidistis, et famam nominis vestri per hoc non mediocriter dilatastis. Grande per omnia vobis decus exstiterit, si constanter egeritis; sed grande dedecæteris quoque Galliarum episcopis erga suarum diœcesim monasteria, præcipimus observandum. Datum Romæ n Idus Martii. » Ex his litteris Paschalis, et ex Goffridi verbis intelligi licet cujusmodi fuerit synodicum Urbani decretum de vicariis, cujus extrema epistola fit mentio. Hactenus enim in lucem non prodiit.

(215) *Ildeberto.* Cujus exstant epistolæ et alia opuscula. Hoello in cathedra Cenomannensi suffectus fuerat anno 1097. Hac relicta Gilleberto postea in Turonensi successit anno 1025, vir in episcopatu eximius; ante illum, vitæ solutioris, ut indicat Ivonis epist. 277, quam quidem qui de Ildeberto, de quo agimus, scriptam pertinacius negat, is opinor clausis oculis sibi credi velit. Ecquæ enim alia Ivonis tempore Cenomannensis episcopi electio fuit, quam Ildeberti? quem præterea scimus ex archidiacono, quod Ivo notat, ad episcopalem cathedram evectum; neque tamen hæc ita dissero, ut viri docti, qui contra sensit, nomini obtrectem, sed quia immortalis memoriæ cardinali Baronio debere me judico, ut quæ recte et vere ab eo dicta sunt, ea ut pro veris habeantur, enitar quoad possum.

(216) *Omnes factores Rainaldi.* Electi episcopi Andegavensis, epist. 11.

(217) *Qui vos illuc vocavit.* Radulfus Turonensis, epist. eadem.

cus, si defeceritis. Valete; et quia contra Rainaldum et ejus auctores vobiscum erimus veraciter credite. Usque ad Castrum Ledæ (218), vel usque ad Carcerem (219) sexta feria dignemini accedere: ubi de hoc et aliis invicem loqui possimus et conferre.

EPISTOLA XIV.

Ildeberto beatæ vitæ episcopo charissimo domino suo et amico, Goffridus Vindocinensis monasterii qualiscunque servus, dilectionem et dilectionis servitutem.

Quoniam illicitæ electioni (220) non consensistis, bonitati vestræ gratias refero; quod mecum nemo facere recusat, qui Deum diligit corde perfecto. Pro captione Redonensis episcopi (221) fama nostra minui nullatenus debet, nec in aliquo lædi. Non enim per me hoc actum est; neque etiam sciebam quod ab illis a quibus captus est deberet capi. Inimici mei me in hoc habent suspectum, quem suæ pravitati semper sensere contrarium. Et quia factis mihi nocere nequeunt, hoc verbis mendacibus facere moliuntur et cupiunt. Quorum venenosa verba, Deum testor, nec timeo, nec unquam timui; quibus, me Christo protegente, velint nolint, quandiu vixero, ero timori. Ego tamen quod mihi laudando mandastis, libenter facio, nec aliquando a consilio vestro deviabo, de cujus dilectione dubitare nec possum, nec debeo.

EPISTOLA XV.

Ildeberto Cenomannorum episcopo, Goffridus Vindocinensis monasterii minister indignus, diligere justitiam et odio habere iniquitatem.

Multoties apud vos conquesti, adhuc conquerimur de comitissa Vindocinensi, quæ nobis ecclesiam de Saviniaco (222), et omnia quæ ibi habebamus, tam mobilia quam immobilia, nobis injuste abstulit, et violenter semper detinuit. Annonam nostram, quæ in ipsa ecclesia in arcis habebatur, arcis ipsis fractis rapuit, et impiis, quos secum habebat, distribuit. Archipresbyter vester (223) quasi ex vestra parte nobis dixit, ut in curiam vestram iremus, et de his omnibus subiremus judicium. Quod magis ab ipso inventum esse credidimus quam a vobis mandatum, cum nec justum nec canonicum esse videatur, ut quisquam rebus exspoliatus, antequam investiatur, judicetur. Nec in hoc vos docere præsumimus, a quo semper doceri desideramus. In curiam etiam vestram libenter venissemus, si conductum possemus habere, quem a prædicto clerico vestro quæsivimus. Plures enim sustinemus inimicos, non quia velimus quæ sua sunt auferre, sed quia nolumus eis conferre quæ possidemus. Olricus de Sancto Karileffo (224) et milites sui multum de nostro nobis abstulerunt; unde vos eis divinum officium interdixisse audivimus. Sed quomodo postea fuerint absoluti, ignoramus, quia de his quæ perdidimus, nihil penitus recuperare potuimus. Hoc etiam, salva vestra reverentia, veraciter dicimus, quod postquam, ut credimus, disponente Deo episcopus factus estis, in episcopatu vestro plusquam ducentas libratas amisimus, nec deinceps quod viginti solidos valeat per justitiam vestram consecuti sumus. Hoc tamen non aliter quam vobis serviendo, et vos diligendo peccavimus. Sed forsitan ita amicos vestros beare nostis. Quod si ita est, novum genus beatitudinis invenistis. Hac siquidem beatitudine nec vos, nec amicos nostros beare didicimus, nec sic a vobis beari desideramus. Valete; et quoniam *meliora sunt vulnera diligentis quam obedientis oscula fraudulenta* (Prov. xxvii, 6), ad mentem revocate.

EPISTOLA XVI.

Ildeberto Cenomannorum episcopo Goffridus, Vindocinensis monasterii servus, salutem.

Justitiam in curia vestra obtulit nobis, et adhuc offert comitissa, sicut ipse mandastis. Qua de re visum est quod ejus injustitiam magna ex parte defenditis, cum neutrum verum sit, nisi quia vos hoc verum esse perhibetis. Nondum enim vidimus vel audivimus aliquem ex parte comitissæ illius nobis justitiam offerentem. Hoc tantum novimus quod archipresbyter vester Petrus ex parte vestra nuntiavit, quod de illa nobis justitiam faceretis,

---

(218) *Castrum Ledæ.* Oppidum in finibus Turonum et Cenomannorum, sed in horum pago, ac diœcesi. Castrum Lidi appellat vetus historia Vitæ Ildeberti, quem eo se recepisse narrat post captam urbem ab Henrico rege Anglorum. Ledam ergo fluvium dicit, qui aliis Lidus, vel Ledus, ut Sidonio in panegyrico Majoriani.
(219) *Usque ad Carcerem.* Oppidi nomen, de quo epist. 16 et 27 hujus libri.
(220) *Illicitæ electioni.* Rainaldi Andegavensis, de qua dictum, epist. 11.
(221) *Captione Redonensis episcopi.* Marbodi; captus est a parte adversa, dum Rainaldi electioni inconsulto favet. Sic enim Rainaldo scribit, qui pessimam postea gratiam Marbodo reposuit: *Nam et carcerem et catenas, dum ad te in auspiciis tuæ illius electionis vocatus festino, tui causa passus sum, machinamento ejus, qui tibi nunc placet, Stephani, quasi tunc jam præsagiente, et præmanente fortuna, ut ab infausto cœpto desisterem.* Hujus sancti præsulis egregias virtutes, præter Ulgerium, qui ejus scripsit epitaphium, his versibus complexus est Rivallonus archidiaconus Redonensis:

Reddidit ingenium sapientem, lingua disertum,
Mens memorem, vigilem sollicitudo gregis;
Ætas longa senem, jucundum gratia moris
Ordo pontificem religioque sacrum;
Sobrietas parcum sibi, munificentia largum
Pauperibus, rectum regula justitiæ.
Hic basis Ecclesiæ pondus portabat, et idem
Mansuetudine bos et feritate leo.

Quia nimirum, ut scripsit Ulgerius in epitaphio:
Lenis erat placidis, et rigidus tumidis.
(222) *Ecclesiam de Saviniaco.* Epist. 21, ecclesiam Saviniacensem.
(223) *Archipresbyter vester.* Petrus, epist. seq.
(224) *Olricus de S. Karileffo.* Nunc nomen familiæ, alias monasterii Anisolensis, ut in litteris Theodorici episcopi; *Ebrardus abbas de S. Karilefo;* alias Castri, villa Cajani olim dicebatur in finibus Cenomannorum et Carnutum, ubi S. Carilefus ad Anisolam fluvium, cœnobium Childeberto rege condidit, et monasterio, Castro, Castrique dominis nomen reliquit. S. Calesium hodie vocitant.

sed ubi vel quando, aut ignoravit dicere aut noluit. Quod conductum quæsivimus multum miramini; et certe vehementer mirandum esset, si non potius vestræ debilitati imputari posset quam nostræ formidini. Quis etenim potest in episcopatu vestro non timere vobis episcopante? Vos vidimus parochianos vestros metu devitare, et fugere velut hostes; puduitque videre. Si miramini, hoc utique mirari potestis quod nusquam securus præsumit cuiquam securitatem promittere. Non tunc personis nostris, sed equitaturis timebamus et famulis, de quibus si aliquod damnum incurrissemus, non plus justitiæ per vos nos habituros credidissemus quam de nostris aliis rebus habuimus. Mandastis ut, si in aliquo nobis defuistis, determinate vobis scriberemus, et supplere paratus eratis. In hoc prudenter estis locutus, si dicta factis non evacuatis. In quibus autem nobis defuistis, juxta rei veritatem melius determinare non possumus, quam si fateamur in omnibus, de quibus vos nunc usque rogavimus. Et idcirco vos tanquam promissionis et propositi, quod semel et iterum in capitulo nostro fecistis, oblitum miramur, et mirando dolemus. Hoc etiam tam subito a memoria vestra cecidisse non debuisset, cum quondam de Sigebranno apud comitem clamorem facturus Vindocinum venissetis; **130** quod comitem et comitissam contra nos pro vobis ad iram concitavimus, eorum inimicitias incurrere pro amore vestro minime recusantes. Tunc propter vos offendimus comitissam, de qua, et propter quam nunc, sed immerito, distulistis nobis, et adhuc differtis justitiam. In libro canonum de Grato episcopo (225) mentionem factam audivimus, sed quis fuerit ipse, penitus ignoramus. Ingratus vero episcopus quis sit, vel unde sit, quid valeat, qualiter vivat, ipso seipsum revelante, occultare non possumus. Si vos quoquo modo gravat quod diximus, non nobis, sed vobis imputetis qui prius contra nos indisciplinata verba profudistis, non quidem æquitatis censura, sed amore mulieris. Domine episcope, meminisse debuissetis, quoniam multum vos dileximus, multum vobis servivimus; multum in futuro servituri erimus. Bene, in quantum potuimus, vobis cantavimus, et, ut nobis saltaretis, exspectabamus. Sed dum exspectaremus, quatenus juxta cantilenam nostram saltum ipse daretis, amaritudines quas jam sub ironica locutione conscriptas, contra nos direxistis. Nunc vos erga nos veraciter agnovimus pigrum, contra nos factis et dictis velocem et pronum. Unde fraternitate qua conjungimur vos rogamus, et rogando monemus, ut quod minus justitiæ et dilectionis nostro et vestro monasterio exhibuistis, sub celeritate emendare curetis. Non est nobis necessarium, nec vobis utile, propter injustam jam dictæ feminæ causam, a charitate, **131** qua vos pure semper dileximus, separari. De illa siquidem justitiam accipere in curia vestra parati fuimus, et sumus; et apud Montem-aureum (226), vel apud Carcerem (227), seu apud Seusam (228) ob hoc vobis obviam ibimus. Cenomannum vero ire nec possumus, nec volumus, quia vos gravare timemus et olim nobis mandastis, ne ad vos cum turba famulorum veniremus. Sed, credite, mihi non tam mirum exstitit, si ibi, ubi nemo tutus esse potest, quæsivimus conductum, quam mirandum foret si tam longa terræ spatia transissemus sine consortio famulorum. Hilgoto et Vulgrino, de quibus nobis scripsistis, justitiam exsequi volumus, et ab ipsis idem accipere desideramus. Valete. Joannem cæmentarium (229), monachum nostrum, quem vobiscum habetis, propter iniquitatem suam a nobis excommunicatum indubitanter agnoscite.

EPISTOLA XVII.

Ildeberto bonæ vitæ episcopo, Goffridus Vindocinensis monasterii servus, salutem.

Hamelinum de Monte-aureo (230) propter mala quæ nobis fecerat, a vobis et a legato (231) Romanæ Ecclesiæ excommunicatum, nulla tamen nobis facta satisfactione absolutum audivimus et scimus. Unde bonitati vestræ diligenter supplicamus, ut aut ea quæ nobis abstulit sub celeritate restituat, aut excommunicationi, quam evasisse illicite **132** videtur, iterum subjaceat, ne, quod in eum a vobis, et a vicario sedis apostolicæ actum dignoscitur, irritum fiat.

EPISTOLA XVIII.

Ildeberto vitæ laudabilis episcopo, suo in Christo dilecto, Patri, Goffridus Vindocinensis monasterii servorum minimus, beate vivere semper, nec omni spiritui credere.

Didicistis, sicut nobis mandastis, quod propterea

---

(225) *De Grato episcopo.* Mirum est ignorari potuisse a Goffrido Gratum episcopum fuisse Carthaginiensem, cum docere id potuerit non modo Carthaginiense concilium primum cui præfuit, verum etiam Sardicense, cui subscripsit, sed nimirum in libro canonum, ubi Grati episcopi nomen præfixum viderat, civitatis nomen cui præerat non legebatur.

(226) *Apud Montem-aureum.* Hoc oppidum infra Vindocinum situm est in altera Lidi ripa.

(227) *Apud Carcerem.* Infra Montem-aureum in læva ejusdem fluvii ripa, non procul a castro Lidi et Turonum finibus, Carcer Cenomanicæ diœcesis castellum non ignobile, quod a Fulcone VI captum narrat Chronicum S. Albini anno 1004: *Post non multos igitur dies,* inquit, *dum Fulco comes quod volebat implere non posset, pacem cum filio suo Gaufrido Martello fecit, pariterque sequenti anno castellum Carceris ceperunt, et Toarcium magnum et nobilissimum castellum concremaverunt.* Chartram hodie appellant, quod vernacula majorum lingua Carcerem sonat. Itaque ut Parisii S. Dionysii de Chartra ædem vocant, ubi carcer illi fuit : sic indigenæ Chartram, aut S. Vincentium de Chartra castellum id dicunt, quod Carcer est Goffrido.

(228) *Apud Seusam.* Nomen hactenus retinet cum titulo comitatus in pago Cenomanico ad Sartam fluvium, qui et ipsam Cenomannorum principem urbem præterfluit.

(229) *Joannem Cæmentarium.* Epist. 25.

(230) *Hamelinum de Monte-aureo.* Hic familiæ nomen, non patriæ, ut et lib. I, epist. 19. Petrus de Monte-aureo, de Hamelino iterum epist. sequenti.

(231) *Et a legato.* Girardo Engolismensi.

clerici vestri H. prohibitam sibi communionem reddiderunt, quia fratres nostri justitiam de eo recipere noluerunt. Hoc fratres veridica voce se fecisse abnegant, et quod nec justitia, nec justitiæ faciendæ securitas eis oblata fuerit, affirmant. Et ideo salva vestra pace dicimus, quod gravat nos, vos talia didicisse; contristat nos vos talia mandasse; conturbat nos funditus vos in his clericis vestris credidisse, quæ et nobis nostra differendo auferunt, et canonicis regulis contraria prorsus existunt. Habetur enim, ut ipse melius nostis, in decretis Patrum (232), sancitum, quatenus judices Ecclesiæ summopere caveant, ne absente eo, cujus causa ventilatur, sententiam proferant. Et sicut accusatum, eo absente, non statim sequitur pœna damnationis, ita excommunicatus vel interdictus eo reclamante (233), qui ejus injuriam sustinuit, consequi non debet remedium absolutionis. Quæ cum ita sint, miramur vehementer, qua ratione H. absolutus dicitur, contra quem injuriæ nostræ adhuc clamant, et adhuc queruntur. Nec illud minus est mirandum, si quis illum conatur absolvere, vel absolutum jam habet, quem Romana Ecclesia vinculo excommunicationis tenet ligatum. Nec sub nomine justitiæ, quam obtulisse fertur, absolvi jure debuerat, vel induclari. Nam qui semel ab ecclesia jussu episcopi ejicitur, non jam contentione, seu qualibet occasione reconciliari permittitur, sed satisfactione. Hoc in Toletano concilio sic fuisse definitum, a vobis, ut credimus, non ignoratur. Hæc clericis dicta sufficiant, qui si bene Deum timuissent, ejus justitiam utroque pede claudicare minime fecissent. Vestræ autem religioni, optime præsul, tota devotione supplicamus, ut querimoniæ nostræ finem imponatis, et justitiæ vitiatæ a clericis statum erigere diutius non differatis. Valete, et nobis servis vestris, ne sic omnia in diœcesi vestra perdamus periclitante justitia, pro Dei amore succurrite.

EPISTOLA XIX.

Domino suo et amico Ildeberto venerabili Cenomannensium episcopo, Goffridus Vindocinensis monasterii servus, cum dilectione reverentiam.

Vitæ venerabilis præsul, cum Turonis vos et nos essemus, dixistis quod de comitissa Vindocinensi in uno de diebus Paschali hebdomadæ nobis justitiam faceretis, ipsumque diem nobis ante significare promisistis. Et quia aut noluistis facere, aut fortassis oblivioni tradidistis, adhuc vestræ dilectioni supplicamus diu desideratam justitiam, et promissum justitiæ diem diligenter requirentes. Valete, et festinanter atque veraciter voluntatem vestram nobis rescribite.

EPISTOLA XX.

Ildeberto vitæ laudabilis episcopo, Goffridus Vindocinensis monasterii qualiscunque servus, salutem cum puræ dilectionis obsequio.

Formatæ et formosæ litteræ prudentiæ vestræ ad nos usque venerunt; quæ et mentem nostram pro causa quam nostis, non mediocriter perturbatam modulatione suæ citharæ mitigaverunt, et quibus oculus noster penitus obtundebatur, manu suæ lenitatis lacrymas deterserunt. Et quia nobis optime cantare nunc tandem incœpistis, si perseveraveritis usque in finem negotii, nos non ingratos saltatores habebitis.

EPISTOLA XXI.

Ildeberto prudenti ac simplici Cenomannorum episcopo, Goffridus Vindocinensis monasterii servus, salutem cum puræ dilectionis obsequio.

Comitissa Vindocinensis, licet modo aliud dicat, ecclesiam Saviniacensem (234), et quidquid monasterio nostro abstulerat, nobis reddidit in præsentia cardinalis. Quod humilitas nostra comprobare minime recusasset, si Romanæ Ecclesiæ testimonium non præcessisset, cujus testimonio aliquid addere temerarium est, et contradicere criminosum. Unde cavendum est vobis, venerande præsul, ne fœmina decipiat vestram simplicitatem, et compellat vos agere contra Romanam Ecclesiam vestram matrem. Usitatus est valde ad decipiendum sexus fœmineus. Sexus enim iste sua suasione decepit hominem primum, suaque interrogatione circumscripsit apostolum Petrum. Illum ad prævaricandum impulit; hunc compulit ad negandum. Hic itaque sexus more ancillæ ostiariæ gerens officium, omnes quos illicit, aut excludit a vita, sicut Petrum a Christo; aut includit in mortem, sicut Adam in paradiso. Hæc idcirco vestræ dilectioni scripsimus, quatenus de ruinis aliorum cautelæ melioris vobis sumatis exemplum. Quod si magis ruina placet quam cautela et retractare velitis quod fecit Romana Ecclesia, licet inviti et multum coacti faciamus, Romanam audientiam, cujus roboramur auctoritate, appellamus.

EPISTOLA XXII.

Ildeberto venerabili Cenomannorum episcopo, Goffridus dictus Vindocinensis abbas, salutem et dilectionem.

Termino quem significastis, conspectui vestro præsentabimur, si interim vitam et sanitatem nobis

---

(232) *In decretis Patrum.* Infra epist. 33, verba sunt Zephyrini papæ ad episcopos Galliæ, ut ei quidem tribuuntur, in. q. 9 : *Caveant judices Ecclesiæ, ne, absente eo, cujus causa ventilatur, sententiam proferant, quia irrita erit.*

(233) *Eo reclamante.* Hoc est, nisi adversæ parti satisfecerit. Unde et lib. I, epist. 30, pari expostulatione apud Radulfum Turonensem conquestus est, quod Harduinum de Malliaco absque præcedente satisfactione absolverit. Ivo, epist. 38 : *Quos sine sa-*

tisfactione reconciliare non valeo, et excommunicatos in hostem mittere non debeo.

(234) *Ecclesiam Saviniacensem.* Ecclesiam de Saviniaco dixit epist. 15, cujus archipresbyter Petrus epist. 16, et in scriniis S. Albini, Durandus item presbyter de Saviniaco, Heliæ Cenomannorum comitis, id est Goffridi nostri temporibus. Abest autem Saviniacus pagi Vindocino, qua ad Cenomannos itur, leucas fere VII.

concesserit Deus. Nostræ tamen parvitati satis inconveniens esse videtur quod minus vicario Romanæ Ecclesiæ credi debeat quam verbis comitissæ, et propter sexum femineum hominem tantæ auctoritatis habere suspectum.

EPISTOLA XXIII.

Charissimo domino suo et viscerali amico Ildeberto venerabilis vitæ episcopo, Goffridus Vindocinensis monasterii servus, quidquid potest obsequii et amoris.

Quia nobis quod promisistis minime facere potuistis, vos apud nos, sicut rogastis, excusatum habemus. Nec propterea apud Deum vos accusare possumus, vel debemus, apud quem si etiam in cæteris rebus illum offendistis, si non quantis debemus, saltem quibus possumus, orationibus excusamus. De vestra charitate et humilitate adhuc præsumentes, iterum supplicamus vobis, ne nostram 137 petitionem, et vestram promissionem amplius qualibet occasione implere differatis, sed veniatis. Lavarzinum (235), quod optamus, facturus sicut ante proposuistis, et in (236) qua hebdomada Junii jejunia sitis celebraturus, nobis notificare curetis.

EPISTOLA XXIV.

Dilectissimo Patri Ildeberto venerabili Cenomannorum episcopo, Goffridus Vindocinensis monasterii humilis servus, cum dilectione salutem.

Significastis nobis (237) Joannem monachum Hierusalem rediisse. Satis melius sibi esset in monasterio suo bene vixisse. Non omnes qui terrestrem Hierusalem viderunt, sed qui bene egerunt, Hierusalem quæ in cœlis est habere meruerunt. Quod ad vos declinavit, nobis minime displicuisset, si ad nos venisset prius, sicut debuisset. Quod ex nostra licentia eum requiritis vobiscum habitare, non est hoc animæ suæ consulere, sed nocere. Monasterio etenim suo, a quo per inobedientiam discessit, regulari satisfactione reconciliari prius debet, quam vestra sit vel alicujus catholici dignus communione. Veniat itaque ad monasterium suum, et se minus perfecte egisse confiteatur et de sua imperfectione non pœnam, sed medicinam consequatur, et quidquid deinceps sanctitas vestra a nobis petierit, nostra humilitas prosequetur. Non timeat ille venire; non trepidet, ubi non est timor 138, timore; vulneratum utique curare nos decet, non vulnera augmentare, quia Pastor summus lassam ovem portasse legitur, non abjecisse. Cujus infirmitati in tantum compassus est ut infirmus ipse fieri mallet quam ejus infirmitatem pietatis remedio non sanaret. Si vero nobis eum diligenter vocantibus non acquiescit, si oblata sibi et sæpe exhibita paternæ dilectionis remedia refugit, si maternæ dulcedinis viscera contemnit, eum sicut sacrilegum excommunicamus, donec regulariter satisfaciat, in quantum regula ipsa docet et præcipit.

EPISTOLA XXV.

Charissimo domino et amico Ildeberto honorabili Cenomannorum episcopo, Goffridus Vindocinensis monasterii amicorum servus, salutem et dilectionem.

Joannem cæmentarium esse monachum Ecclesiæ nostræ, et ab ipsa Ecclesia sæpius per inobedientiam recessisse, firmissime scitis, et nullatenus dubitatis. Eum tamen, contra suæ professionis fidem et nostram voluntatem, diu retinuistis et adhuc retinetis, illius, ut videtur, salutis contemptor, et vestræ oblitus promissionis. Promisistis enim quando novissime nobiscum locutus fuistis, quod illum ad monasterium suum sub celeritate remitteretis. Et quia nec a vobis missus, nec a sua iniquitate permissus, nondum venire voluit, illum jam admonitum; iterum admonemus, et monendo rogamus, ut qui a nobis recessit 139 inobedienter, ad nos usque ad proximam Dominicam veniat obediturus regulariter et suscipiendus misericorditer. Quod si qualibet occasione distulerit, eum, donec resipiscat, ita excommunicamus ut nec communionem percipiat vivus, nec sepulturam defunctus. Vobis autem charissimo domino nostro et amico supplicando mandamus ut quem vestræ petitioni ad tempus concessimus, cha-

---

(235) *Lavarzinum.* Lavarzinense Castrum in Vita Ildeberti, cui patria fuit Lavarzinum, sive ut hodie loquuntur Lavardinum, Monti-aureo in adversa ripa finitimum.

(236) *Qua Hebdomada Junii.* Hinc apparet, jejunii æstivi ante illa tempora statam ac definitam sedem non fuisse. Quod sane verum est. Nam in concilio Arvernensi cap. 27 eorum, quæ collegit Lambertus episcopus Atrebatensis, decretum constat *ut semper fiat jejunium veris in prima hebdomada Quadragesimæ. Jejunium vero æstatis, infra hebdomadam Pentecostes.* Et apud Bertoldum in appendice ad Hermannum Gebehardus episcopus legatus sedis apostolicæ idem statuit in synodo, quam Constantiæ habuit anno 1094 exemplum ut reor secutus Greg. VII, quem primum hujus decreti auctorem facit Micrologus. Quam vero incerta et anceps antea res fuerit, testatur synodus Salegunstadiensis, cum incertum jejunium Quatuor Temporum vocat. Et mira prorsus per gentes et ætates varietas fuit. Nam ut de æstivo tantum Junii mensis jejunio dicam, etsi receptum fuerat a plerisque, ut secunda ejus mensis hebdomada celebraretur; quod ex synodo Moguntina anni 813 excerptum legimus lib. v, capitul. c. 86, et in synodo Rothomagensi Joannis archiepiscopi anno 1072; in ipsius tamen hebdomadis designatione non idem omnium sensus et mos fuit, cum alii a feria IV rationem inirent, quod præcipit synodus Salegunstadiensis; alii a Sabbato, quod faciendum docet Berno abbas Augiensis. Fuerunt præterea qui, si quando evenerat ut secunda Junii Sabbatum in vigiliam Pentecostes incideret, illa ipsa nihilominus hebdomada jejunium observarent; nonnullis tum prævertere, atque in antecedentem hebdomadam jejunium revocare placuit; alii contra in sequentem (quam hodie sequimur) rejicere maluerunt. Nec minor fere in verno, hibernoque jejunio diversitas. Hoc igitur quamvis in re non magna discidium ab Ecclesia tolli, et communem omnibus legem dari intererat, quam sancitam diximus in synodo Arvernensi: Sed non ubique statim obtinuit. Adeo difficile est plerisque antiquos mores, ritusque vel melioribus mutare. Propterea Goffridus tanquam in re adhuc incerta Ildebertum interrogat.

(237) *Joannem monachum.* Cæmentarium, epist. seq. 29 et 30.

ritatis gratia, eum nobis diutius non deneget vestra prudentia

EPISTOLA XXVI.

Dilecto in Christo Patri et domino Ildeberto Cenomannorum episcopo, Goffridus Vindocinensis monasterii humilis servus, veritatem diligere, et quidquid est veritati contrarium odio habere.

Sagitta, quæ quasi a Turono (238) contra nos missa est, ex qua pharetra processit, satis cognovimus; non enim versutias hominum ignoramus. Nulla siquidem ratione vel auctoritate vobis potuit prohiberi ut bonum, quod gratia dilectionis pene centies promiseratis, nobis debuisset negari. Defuit plane auctoritas; sed, si unquam affuit vobis, est immutata voluntas. Promissionem tamen vestram veritatis affectus commendare debuisset, non quælibet impedire dolositas. Illud etiam vestræ bonitati nec debemus, nec possumus occultare, quod excellentiæ pontificali minime videtur expedire, amicum scilicet incassum fatigare, et decipere credulum, qui se suaque omnia commiserat fidei vestræ. Valete; et quod minus erga amicum, amicum dico non quemlibet, sed vobis in omnibus fidum, et contra illum amplius sinistro consilio fecistis, sicut vitare debuissetis, ita studeatis corrigere.

EPISTOLA XXVII.

Ildeberto Cenomannorum episcopo honorabilis vitæ viro, Goffridus Vindocinensis monasterii humilis servus, ubi non est timor, non timere, nec qualibet suasione minus Deo quam hominibus obedire.

Litteras, quas clerici Turonenses (239) vobis miserunt, nobis misistis, in quibus altitudinem ordinis vestri subjectionis vinculis alligantes, mandaverunt, ne in castro Carceris apud ecclesiam S. Nicolai (240) cœmeterium faceretis. Hoc totum ad depressionem vestræ dignitatis, et ad injuriam Cenomannensis Ecclesiæ dignoscitur præsumptum, quia episcopum in aliquo subjectum clericis nulla patitur regula Scripturarum. Quo igitur adipe iniquitatis præsumpserunt episcopum sibi inordinate subji-

(238) *Sagitta quæ quasi a Turono.* Litteræ clericorum Turonensium ad Ildebertum, de quibus epist. seq.

(239) *Clerici Turonenses.* Metropolitanæ Ecclesiæ S. Gatiani.

(240) *Ecclesiam S. Nicolai.* In privilegiis Innocentii III, et Joann. Castri carceris Ecclesiæ tres numerantur, quas Goffridi de Meduana illustris viri consensu cœnobio Vindocinensi concessisse dicitur Ildebertus. Easdem recenset Guido episcopus Ildeberti successor in litteris quibus Fromundo abbati Ecclesias omnies confirmat, quas in episcopatu Cenomannico possidebat. *Ecclesiæ*, inquit, *de carcere, capella scilicet S. Mariæ, capella S. Vincentii, et capella S. Nicolai sub perpetuo anathemate prohibentes, ne infra Banleugam ejusdem castri ecclesia vel capella construatur sine licentia Vindocinensis capituli.*

(241) *Etiamsi aliter egisset.* Aliter agere trita Goffrico significatione est male et perverse agere, turpiter et indecore. Sic enim usurpavit lib. I, epist. 7, lib. II, epist. 7 et 8; et hoc libro, 41: *Rogamus ut quod aliter actum est corrigatis.* lib. IV, epist. 12. Item 47: *Aliquid aliter agere esse humanæ perfectio-*

cere, quem in nullo, etiam si aliter egisset (241), redarguere debuissent, nisi dissentiret a catholica fide. Archiepiscopus (242) eorum magister si adesset, nulla divina lege, quod a vobis juste fieri precabamur, potuisset prohibere; quod si præsumpsisset, vestrum non esset ei super hoc obedire. Prælato quidem obediendum est, non tamen in omnibus, quæ ipse suggerit, sed in his tantum quæ Deus præcipit. Nam si quid contra constitutionem Dei, vel Patrum, prælati præcipiunt, statim auctoritatem præcipiendi amittunt, et in illa re nullatenus est eis obediendum, exemplo videlicet apostolorum. Ipsi certe a bono Magistro formam acceperunt obedientiæ; in qua eis de Scribis et Pharisæis dictum est: *Quæcunque dixerint vobis, servate et facite* (Matth. XXIII, 5). Sed cum illis præcipientibus, ne in nomine Jesu loquerentur, postea audierunt quod sibi sub nomine obedientiæ fallaciter imperatum fuerat, sapienter vitaverunt dicentes: *Oportet obedire Deo magis quam hominibus* (Act. v, 29). Hanc lineam obedientiæ si tenere vobis placuisset, promissionem utique vestram veritatis dedicasset effectus (243), et quid contra vos archiepiscopus propter hoc rationabiliter diceret, non haberet. Si vero contra doctrinam apostolorum, quibus ipse non est melior, ira, vel odio, seu qualibet mentis tempestate simplicitatem vestram inquietare voluisset, evangelicæ auctoritatis testimonia vobis essent in adjutorium, et contra illum jaculareutur ad sempiternum ejus opprobrium. Litteræ, quas (244) vobis ante istas misimus, mansuetudinem vestram aliquantulum turbaverunt, sicut audivimus: unde eas misisse eos pœnitet, fatemurque errasse. Sed nimio labore fatigati et immoderata spiritus agitati procella, contra tot reluctantium fluctuum impetus navem nostræ rationis gubernare nequivimus. Valete, et bonum quod inordinato timore dimisistis, charitate, quæ *foras mittit timorem* (I Joan IV, 18), perficite.

EPISTOLA XXVIII.

Charissimo domino suo et præcordiali amico Ildenis: et quod aliter actum est nolle corrigere diabolicæ præsumptionis: et lib. V, epist. 22. Legerat nimirum in S. Benedicti Regula, cap. 4: *Præceptis abbatis in omnibus obedire, etiamsi ipse aliter, quod absit! agat.* Quæ eadem verba, sed de episcopis scripta, leguntur in epist. 1 Clementis ad Jacobum, Rufino interprete.

(242) *Archiepiscopus.* Radulfus, ad quem lib. I, epist. 30.

(243) *Promissionem dedicasset effectus* Epist. præcedente, *promissionem tamen vestram veritatis effectus commendare debuisset;* id est *probare.* Tunc enim approbantur promissa, cum præstantur. Sæpe ludit in hoc verbo Tertullianus; De Monogamia: *At ubi primum scelus homicidium in fratricidio dedicatum est;* De pœnitentia: *Jam inde in semetipso pœnitentium dedicavit.* Et in Apologetico Neronem damnationis nostræ dedicatorem vocat, hoc est primum auctorem persecutionis. Dedicare in his locis Tertulliani est auspicari, rem novam exhibere. At Goffrido, exsequi et perficere. Quia nimirum et nova dedicamur, et dedicari nisi perfecta non solent.

(244) *Litteras quas vobis.* Epist. 26.

berto vitæ laudabilis episcopo, fr. Goffridus Vindocinensis monasterii humilis servus, dilectionem et totius dilectionis servitutem.

Nostis, dilectissime Pater, quod monasterium nostrum patrimonium B. Petri sit, et ejus alodium, et res ad ipsum pertinentes, ubicunque sint, sub sanctæ Romanæ Ecclesiæ positæ sint defensione. Unde benignæ paternitati vestræ humiliter supplicamus, quatenus et pro B. Petri dilectione, et pro nostra humilitate de Petro de Caortiis (245), et de castello in quo habitat, nobis justitiam faciatis; qui quemdam monachum nostrum de equo suo prostravit turpiter, et ei unum servum nostrum et duos asinos injuste abstulit, et adhuc eos detinet violenter. Valete.

EPISTOLA XXIX.

Domno Ildeberto honorabilis vitæ pontifici, charissimo domino et Patri, fr. Goffridus Vindocinensis monasterii humilis servus, quidquid potest mandari, et haberi salubrius.

Noverit, optime Pater, vestra dilectio, Joannem Cæmentarium monachum nostrum (243), qui nostra licentia usque hodie vobiscum mansit, a nobis multoties esse vocatum, ut ad nos veniret, et se quidem multoties promisit venturum, nec venit, timens fortassis ne rediret. Nunc autem a vestra discretione nostra humilitas eum reposcit, quem pro vestra necessitate vobis ad horam nostra charitas commendavit. Quod si usque ad quintam feriam, nisi gravi corporis infirmitate detentus, ad nos non venerit, indubitanter agnoscat quia in eum faciemus quod in illum fieri debet qui et proprii loci deseruit obedientiam et suæ professionis fidem irritam fecit.

EPISTOLA XXX.

Omnibus episcopis, abbatibus et universis sanctæ Ecclesiæ filiis, præcipue tamen domno Ildeberto, discreto et venerabili Cenomannensi episcopo, frat. Goffridus Vindocinensis monasterii humilis servus, diligere quod Deus diligit, et odio habere quod odit.

Joannem Cæmentarium monachum quidem (246), sed non habentem charitatis cæmentum, quoniam proprii loci deseruit obedientiam, et suæ professionis fidem irritam fecit, et multoties admonitus et longo tempore exspectamus, quod deliquerat emendare neglexit et negligit, a nobis noveritis excommunicatum, et a corpore sanctæ Ecclesiæ separatum, in quantum regula sancta docet et præcipit. Unde omnes Christianos in Christum credentes, qui (244) neminem extra catholicæ et apostolicæ Ecclesiæ unitatem vovit, humiliter rogamus et obtestamur ut ab hujus excommunicati consortio se abstineant, ne ejus, quod absit! fœda et nimium sordida participatione maculentur et pereant. Memorato autem honorabili viro Cenomanensi, episcopo diligenter supplicamus ut, non solum a communione nequam illius, quem ei pro Ecclesiæ suæ necessitate ad horam commendavimus, se abstineat, sed, quod jam se facturum promisit, nobis reddere studeat commendatum.

EPISTOLA XXXI.

Ranulfo beatæ vitæ episcopo (247), Goffridus Vindocinensis monasterii inutilis servus, et fratres sibi commissi, cum dilectione reverentiam.

Satis notum vobis esse scimus, quod consilio vestro et admonitione, cum Eblone (248) et ejus uxore pacem fecerimus. Hoc etiam qualiter factum fuerit, vos minime latere cognoscimus; quem nimirum hujus facti mediatorem pariter et laudatorem habuimus, et per cujus manum hoc ipsum fieri et firmari decrevimus, hac conditione scilicet et intentione, ut si quis in posterum quod in vestri præsentia factum fuerat violare præsumeret, vestra auctoritate a sancta Ecclesia alienus, donec resipisceret, haberetur; quod totum ecclesiastica censura continere videtur. In sacris enim canonibus reperitur ut qui rem quamlibet (145) in præsentia episcopi sui juste dispositam quassare tentaverit, semel, secundove commonitus, si emendare contempserit, ab ipso episcopo excommunicetur, cujus præsentiam irritam facere præsumpserit. Hinc itaque facile advertere potestis quid contra Juetam et Isembertum, et homines eorum agere debeatis. Eblo quidem et nunc dicta ejus uxor Jueta, nobis per fidem promiserunt, et vobis et nobis obsides super hoc tradiderunt quod Isembertus eorum filius, qui aberat, concederet pacem, quam ipsi in manu vestra firmaverunt. Quod quia facere distulit et adhuc differt, ei et ejus matri, quod dignum et justum fuit, divinum officium abstulistis, et litteris vestris nobis postea mandastis, id de justitia, quam incœperatis, nihil penitus dubitaremus; quod ad laudem vestræ dignitatis in multis locis jam prædicaveramus. Sed quia nunc vos Juetam absolvisse, in qua mali summa tota consistit, fama referente sinistra, audivimus; si ita est, non mediocriter admirari et possumus et debemus, quippe cum de vestra constantia, et justitiæ integritate amplius dubitare potuerit nullus. Valete; et quod in causa nostra minus justitiæ peregistis, supplere rogamus vos non differatis. Non enim in-

---

(245) *Petro de Caortiis.* Lib. V, epist. 12. Hugo Caorcinus.

(246) *Joannem Cæmentarium monachum quidem.* Fugitivus hic monachus a Goffrido sæpe frustra revocatus, ob artis suæ utilitatem ab Ildeberto retinebatur, ut questus est lib. I, epist. 3, ad Paschalem. Verisimile est post excommunicationem redditum monasterio fuisse, et deprecatoria quapiam epist. commendatum, qualis est 23 inter epistolas Ildeberti quam libenter huc transferrem, nisi mona-chi nomen, pro quo intercedit, aliud fuisse primi apicis nota indicaret.

(247) *Ranulfo episcopo.* Sanctonensi, Bosonis successori. Hujus auspicia episcopatus in vetere Chronico Vineti conjiciuntur in annum 1083. Synodo Arvernicæ interfuit, ut testantur litteræ Urbani et Paschalis, quas produximus ad lib. II, epist. 26 et 42 hujus: sequenti anno Urbanum Santonos venientem excepit Idibus Aprilis.

(248) *Cum Ebrone.* Lib. I, epist. 4.

EPISTOLA XXXII.

Ranulfo honorandæ vitæ episcopo charissimo domino suo et præcordiali amico, Goffridus Vindocinensis monasterii servus, salutem et reverentiam.

Illud quod quasi pro concordia Goffridus Tauniacensis (249) se nobis obtulisse asserit, nunquam mihi placuit, nec placet, nec in æternum placebit. Cæterum quod consilio vestro se satisfacturum nobis promittit, satis laudamus; sed verendum vobis est ne sub hac humilitatis specie simplicitatem vestram decipiat: quod et nos non mediocriter formidamus. Rogamus igitur sanctitatem vestram, et rogando monemus, ne a vobis inducias habeat, nisi prius vos bene securum fecerit, quod secundum domini papæ decretum nobis satisfaciendo obediat.

EPISTOLA XXXIII.

Ranulfo venerabili episcopo, Goffridus B. Petri allodiarius, prudenter et simpliciter in omnibus agere.

Litteras a vobis directas suscepimus, quas vestras esse minime credidissemus, nisi eas sigillo vestro sigillatas vidissemus. Ibi quidem continetur, vos de rebus monasterii nostri, allodii videlicet B. Petri, diffinire cœpisse, et quibusdam insperatis adversariis nostris, nobis absentibus, imo nescientibus, diffinitionis diem dedisse. Quod, salva pace vestra, dicimus nec justum fuisse, nec canonicum. In decretis utique Romanorum pontificum præcipitur ne judices Ecclesiæ sententiam proferant absente eo (250) cujus causa ventilatur. Quod si objicitis quia per fratres nostros qui aderant nos monuistis, ad hæc, optime præsul, non magis humiliter quam veraciter respondemus quoniam nec vestrum erat sic nos per eos monere, nec eorum, quod sapienter vitaverunt, hanc vestram monitionem suscipere. Monitio namque (251) hujusmodi, quod vos ignorare non credimus, non per eos qui impetuntur, sed per eos qui impetunt, sive per alios judicis legatos debet fieri. Impetiti autem si legationem contra se susciperent, quasi cultrum, quo jugularentur, secum portarent. Si quis aliter sentire voluerit, ecclesiastica sibi deerit auctoritas, et erit pro ratione voluntas. De vobis, charissime Pater, vehementer miramur, qui privilegia Romanæ Ecclesiæ, quæ habemus, et vidistis sæpe et legistis; et hæc omnia, pro quibus adversarii nostri contra nos clamant, nodo apostolicæ virtutis monasterio nostro indissolubiliter esse firmata, legendo invenistis. In quibus etiam scriptum scitis, si oblivioni non tradidistis, quia quidquid de rebus monasterii nostri sine judicio et voluntate Romani pontificis definitum, vel distractum (252) fuerit, irritum manebit et vacuum, et qui deffinire tentaverit, potestatis, honorisque sui dignitate privabitur, spe recuperationis sublata. Nos tamen, quia vestri debitores charitate sumus, reverendo conspectui vestro tempore competenti diligenter præsentabimur, ibi de prædictis adversariis justitiam accepturi et exsecuturi, quantum debebimus. Tempus vero et diem per fratres, qui ad festum sanctæ Trinitatis venerint, accepto cum eis consilio, vobis mandabimus. Quod si hæc displicent, quæ minime displicere debent, domini papæ audientiam appellamus, cujus gratia et auctoritate firmiter stantes, neminem timemus quem non diligimus. Valete in Domino, Pater sancte.

EPISTOLA XXXIV.

Ranulfo Santonensium venerabili episcopo, domino suo et præcordiali amico, Goffridus B. Petri allodiarius, æquitatem diligere, et odio habere iniquitatem.

Terminum quem mandastis gratanter suscepimus, si tamen interim ex integro, sicut jus ecclesiasticum exigit, investiti fuerimus. In decretis enim Romanorum pontificum legimus quod nemo ad comprovincialem, sive ad generalem synodum (253) vocari debet, vel in aliquo judicari exspoliatus. Et si contra hæc, vobis consentiente, nos deinvestire et exspoliare quisquam tentaverit, adversus consentientem pariter et tentatoris præsumptionem, domini papæ audientiam appellamus, cujus speciales filii sumus. Valete; et ne talia fieri permittatis, pro quibus intolerabilis labor vobis nascatur, quod non optamus, optime præsul, providere debetis.

EPISTOLA XXXV.

Ranulfo honestæ vitæ episcopo, Goffridus ejus præcordialis amicus, constanter in omnibus operari.

Judicium, quod vos et nos vobiscum fecimus, animos æmulorum nostrorum vehementer commovit, adeo, uti mihi relatum est, quod ad eum, qui sinistra semper graditur via, vox eorum rauca pervenerit. Quorum latrantia ora veritate sanctorum canonum et potestis Dei gratia, et debetis obstruere, et in rebelles illos censuram ecclesiasticæ disciplinæ totis viribus exercere, ut vel sic cognoscant quam grave sit episcopo suo juste judicanti non obedire. Auctoritate namque Toletani concilii (254), illorum importuna lingua refrenatur, cum dicitur: *Quia cleri-*

---

(249) *Goffridus Tauniacensis.* Tauniacus duplex in Santonis prælabentium fluviorum nominibus distinguuntur; nam altera Carantoni dicitur, altera Vultonnæ.

(250) *Absente eo.* Supra epist. 28.

(251) *Monitio namque.* Judicii vocatio. lib. II, epist. 29.

(252) *Definitum vel distractum. Privilegium Gregorii VII : Si quos vero contra illum B. Petri locum pro aliquibus rebus causari voluerit, non ei abbas vel fratres respondeant, antequam Romanum pontificem* consulant, quia quidquid sine nostro vel successorum nostrorum judicio definitum sive distractum fuerit, irritum erit. Item Urbani II, 1099.

(253) *Nemo ad synodum.* Eusebius papa in epistola ad Alexandrinos et Ægyptios de episcopis exspoliatis : *Quos scialis*, inquit, *nec ad synodum comprovincialem, nec ad generalem posse vocari, nec in aliquo judicari, antequam cuncta, quæ eis sublata sunt, legibus potestati eorum redintegrentur.* Lib. II, epist. 29.; lib. IV, epist. 12.

(254) *Toletani concilii.* IV, can. 48.

cum sive monachum aut paterna devotio, aut spontanea professio fuit. Quidquid horum fuerit, alligatum tenebit. Michaelem vero, non dico obedientem archangelum, sed illum inobedientem clericum, Antiochenum (255) his verbis damnat Concilium : *Si quislibet de clero episcopum proprium contempserit, vel ei obedire noluerit, hic omnino damnetur, nec ultra remedium consequatur. Quod si Ecclesiam conturbare, vel sollicitare nititur, per potestates exteras ut seditiosus opprimatur.* Iterum contra archiepiscopum (256), qui in parœcia vestra, vobis inconsulto, multa jam egit, et adhuc agere conatur, ex pharetra Julii papæ (257) sagitta **150** dirigitur hoc modo : *Si quis metropolitanus episcopus, nisi quod ad suam solummodo propriam pertinet parœciam, sine consilio et voluntate omnium comprovincialium episcoporum, aliquid agere in provincia tentaverit, gradus sui periculo subjacebit, et quod egerit, irritum habeatur et vacuum.*

EPISTOLA XXXVI.

Ranulfo Santonensi episcopo, et Petro archidiacono, dominis suis charissimis et præcordialibus amicis, Goffridus abbas, licet indignus, salutem et dilectionem.

Quod abbas sancti Joannis (258) cum sociis suis abbatibus testificatur, placitum (259) videlicet, quod in præsentia vestra facturi eramus, mea concessione ac consilio, donec Hispania rediret, fuisse dilatum, scitote penitus a veritate esse alienum. Cæterum, quod vestro judicio se nobis facturum justitiam pollicetur, amicus vester qualiscunque toto corde amplectitur, si ejus promissio actione firmetur. Ad vos tamen, sicut mandastis, ad præsens venire non potero, multo renum dolore detentus, et inevitabili monasterii nostri necessitate occupatus. Sed cum corporis infirmitas, et monasterii nostri necessitas, Deo donante, transierit, benigno conspectui vestro servus vestræ sanctitatis præsentabitur, de prædicto abbate tempore competenti justitiam accepturus, et quantum debebit, diligenter exsecuturus. Si hæc refutatis, quæ canonice minime refutare potestis, appello Romam cujus fultus auctoritate, nullius formido injuriam.

151 EPISTOLA XXXVII.

Ranulfo Santonensi episcopo, Goffridus Vindocinensis monasterii servus, non omni vento agitari.

Fama referente sinistra, ad nos usque pervenit, quod de insula Flaici (260), de qua olim nos absentes et Romanam audientiam appellantes exinvestistis, et postea vestro et clericorum vestrorum judicio revestistis, nunc iterum nos deinvestitos habetis. Si verum est, vehementer miramur, unde tantam potestatem accepistis, quod res Ecclesiæ Romanæ deputatas, de quibus nullus pontificus, nisi anathemate suscepto, quidquam subtrahere vel diffinire conceditur ita leviter nobis auferre, et quibus voluerilis, conferre possitis. Altitudinem itaque vestram monendo rogamus, et rogando monemus, ut, juxta præceptum cardinalis, nos adhuc amicos vestros investiatis, alioquin contra vos, sicut contra persecutorem nostrum, et privilegiorum Romanorum violatorem proclamabimus illud etiam, quod in Haimerico de Rancone (261) a vobis actum est, non tacentes. Haimericus siquidem propter multa mala, quæ nobis mediante Quadragesima iniere Suessonis. Placitum venditionis, capitul. lib. III, 75. Concilium Tribiriense, cap. 9 : *Cum episcopus episcopatum circumeundo placitum canonice decreverit, populumque illo invitaverit, et comes eadem die placitum cum populo suum condixerit, et per bannum illuc venire præceperit, placitum comitis omnes posiponant, et comes ipse, idemque populus post episcopum festine pergunt, scientes se non illic seditiosa contentione decertare, sed pro fide catholica invigilare ; non cumulum pecuniarum, sed lucrum congregare animarum.*

(260) *De insula Flaici.* Insula est non maris aut fluminis, sed mediis olim ex paludibus eruta. Qui nunc etiam ejus situs cernitur non procul Surgeriis, quarum Ecclesiæ membrum est. In privilegio Urbani II, Romæ anno 1098 : *Ecclesia B. Mariæ de Surgeriis cum insula Flaici, quam a se prorsus eruta Hugo miles per manum Ranulfi Santonensis episcopi Vindocinensi cœnobio dereliquit.*

(261) *Haimerico de Rancone.* Clara superioribus sæculis familia, ex qua huic cognominis alter Haimericus de Rancone fundationis Vindocinensis cœnobii litteris inter proceres subscripsit anno 1040. Item Gaufridus de Rancone Pictavensi regioni a Ludovico VII, rege, Aquitaniæ duce præpositus, cujus exstant ad Sugerium abbatem litteræ inter epistolas Sugerii. Haimerici præterea Ranconensis his omnibus antiquioris, cruentique ejus interitus meminit vetus Chronicum Ademari Engolismensis : *Haimericus*, inquit, *princeps Ranconensis, contra Guillelmum Engolismæ comitem insurgens a Goffrido comitis filio ferro confossus occiditur.*

---

(255) *Antiochenum.* Canone 5 : *Si quis presbyter, aut diaconus, episcopum proprium contemnens se ab Ecclesia sequestravit, et seorsum colligens, altare constituit, et commonenti episcopo non acquieverit, nec consentire vel obedire voluerit, semel et iterum convocanti, hic damnetur omnino, nec ultra remedium consequatur, quia suam recipere non potest dignitatem. Quod si Ecclesiam conturbare et sollicitare persistat, tanquam seditiosus, per potestates exteras opprimatur.* Hic integer est canon adversus presbyteros ac diaconos, qui ab episcopis suis secessionem faciunt, et altaria sibi seorsum erigunt. Goffridus, aut si quis ante illum, ita contraxit ut clericos omnes, qui episcopis suis quaqua in re non obediunt, constringere videatur.

(256) *Contra archiepiscopum.* Burdigalensem Aquitaniæ II, metropolitanum. Is erat hoc tempore, ut opinor, Arnaldus Amati successor.

(257) *Julii papæ.* Epist. 1 ad Orientales pro Athanasio, c. 23.

(258) *Abbas. S. Joannis.* Qui Angeriacensis lib. IV, epist. 3. Abbas de S. Joanne, lib. V, epist. 19 ; qua ad hoc pertinet argumentum.

(259) *Placitum.* Lib. III, capitul. 83 : *Unusquisque comitum placitum suum habeat, et justitias faciat.* Placitum dicebant judicium, aut conventum judicii causa. Unde et placitare lib. III, epist. 24. Nec judicii modo ; sed cujuslibet negotii causa conventus agerent, et conventiones ipsas, transactionesque rerum quarum causa convenerant, placita vocabant, ut placitum Ticinense Caroli Calvi anno 877. Principum, apud Ivonem, epist. 28. Flodoardus in chronico, anno 853. *Placitum concordiæ ac pacis rex et Hugo*

fecerat, a domino papa et a vobis fuerat excommunicatus, et in ipsa excommunicatione justo Dei judicio peremptus est, et ideo merito exstitit a cœmeterio alienus. Postea vero precibus uxoris illius, et pretio, ut quidam dicunt, corruptus, excommunicato, excommunicatum illum sine satisfactione absolvendo, communicastis, et præsentibus fratribus nostris, per quos **152** injuriæ nostræ in auribus vestris resonabant, quæ adhuc resonare non cessant, corpus ejus sæpulturæ ipsemet tradidistis. Auctoritate tamen sanctorum canonum (262) firmiter tenemus, et nullatenus dubitamus, quia quibus vivis non communicamus, nec mortuis communicare debemus; et qui aliter fecerit, si laicus est, debet et ipse excommunicari; si clericus, cujuscunque dignitatis vel ordinis sit, debet penitus degradari. Valete, et quæ dicta sunt sapienter advertite.

EPISTOLA XXXVIII.

Charissimo domino et præcordiali amico Petro honorabili Santonensium episcopo (263), *Goffridus Vindocinensis monasterii humilis servus, orationum instantiam cum puræ dilectionis affectu.*

Absentes quidem corpore, sed præsentes mentis devotione, venerabilis Pater, pro beneficiis, quæ nobis sæpius exhibetis, vobis gratias reddimus, cujus charitatis ignem tanto erga nos ardentiorem esse cognovimus quanto, contra eos qui de nobis quæruntur, vester constantior existit animus. Et quamvis dignas meritis vestris grates non valeamus rependere, adhuc tamen de vestra bonitate non mediocriter præsumentes, humiliter rogamus ut quæ in episcopatu vestro contra nos injuste fiunt, non sit vobis tædiosum corrigere. Guillelmus Oleronis præpositus (264), et quidam alter, Astho nomine, sed nequam crudeliter novas quasdam, et prædecessorum nostrorum **153** temporibus penitus inusitatas exactiones terris nostris violenter impresserunt, quas vobis melius dicent fratres nostri qui eorum angarias portaverunt. Nos autem, ista licet vera sint, idcirco non loquimur, quia excusabilius est etiam vera quædam reticere quam qualibet suggestione lineam veritatis excedere. Vitæ laudabilis præsul, malorum semina nulla occasione dissimuletis; sed mox ut oriri cœperint, radicitus amputetis. Arbusta etenim, si statim ut plantata sunt concutiantur, radicari non possunt; si vero diutius tolerantur, altius radicem figunt, et quæ prius poterant quasi sola manu et absque difficultate avelli, nunquam sine securi, et vix cum securi, volent deinceps exstirpari. Ex hac igitur similitudine facile advertitur quod si in primo impetu inimicis sanctæ ecclesiæ minime resistitur, eorum crescit iniquitas, et resistendi facultas minuitur. Valeat dominus noster episcopus, de cujus constantia et justitiæ integritate omnino confidimus.

EPISTOLA XXXIX.

Charissimo domino et præcordialissimo amico Petro honorabilis vitæ episcope, Goffridus Vindocinensis monasterii humilis servus, salutem a Deo, et a se puræ dilectionis obsequium.

Audivimus, dilectissime Pater, Rainaldum Chesnellum (265) clericum vestrum cum domno **154** Guillelmo monacho nostro duellum cepisse (266), nullum tamen ex sua parte, vel ex parte monachi calidæ aut frigidæ, vel ferri igniti judicio. Nam hæc alia erant genera vulgaris purgationis. Qui ritus e prisco Francorum, Germanicarumque gentium more in Ecclesiam olim receptus, reclamantibus licet Ecclesiæ rectoribus, sic invaluit ut multorum sæculorum contentione impetrari vix potuerit ut abrogaretur. Sed ut de duello seorsim dicamus, fiebat hæc pugna scuto et fuste, lib. IV, capitul. 25. Qui cum scutis et fustibus in campo decertent. Et 29 : *Liceat ei contra unum ex ipsis cum scuto et fuste in campo contendere.* At quanquam his armis dimicabant, vix tamen sine sanguine, interdum etiam non sine cæde pugnabatur. Vel hanc igitur ob causam ecclesiasticis præcipue vetita erat monomachia quod multis etiam locis docet. Ivo, ut epist. 247. Propterea in diplomate Stephani regis duellum in curia regis indicitur; in ecclesiastico foro aquæ vel ignis purgatio, quia ecclesiasticis non solum ipsis duello contendere non licebat, sed nec alios committere. Sæpius tamen ab illis temporum vitio utramque in partem peccatum est. Quod subjecta etiam duo exempla testantur; quæ quoniam veterum duellorum morem illustrant, et memorabilium præterea rerum notitiam continent, non indigna visa sunt quæ in lucem proferantur. Alterum e Tabulario Sancti Albini Andegavensis specimen exhibet duelli oblati et accepti, sed non peracti, in controversia Theoderici abbatis cum vicecomite Toarcensi, in hæc verba:

Haimerici vicecomitis Toarci cum Theodorico S. Albini abbate controversia.

« Notum fiat omnibus Christianis, præsentibus et futuris, quod vicecomes Toarcensium, Haime-

---

(262) *Auctoritate canonum.* Leo Rustico Narbonensi : *Nos autem quibus viventibus non communicavimus, mortuis communicare non possumus.* Innocentius III archiepiscopo Nidrosiensi, cap. 12 de sepulturis : *Sacris est canonibus institutum, ut quibus non communicavimus vivis, non communicemus defunctis, et ut careant ecclesiastica sepultura, qui prius erant ab ecclesiastica unitate præcisi, nec in articulo mortis Ecclesiæ reconciliati fuerint. Potest tamen in excommunicationi mortuis absolutio impertiri, et post absolutionem sepultura, C. A nobis, de sentent. excommunicationis.*

(263) *Petro Santonensium episcopo.* Rapulfi successori.

(264) *Guillelmus Oleronis præpositus.* Hujus atque Haimerici fratris iterum fit mentio lib. v, epist. 21. Olero, sive, ut loquitur Sidonius, Olario insula est Oceani Santonici. De qua dictum etiam lib. I, epist. 25. Uliarius Plinio.

(265) *Rainaldum Chesnellum.* Rainaldum Chesnelli dixit lib. I, epist 21.

(266) *Duellum cepisse.* Monomachiam, singulare certamen quo ambiguas disceptationes dirimebant, quæ ordinario judicio terminari non poterant. In diplomate Stephani regis Anglorum ad Hugonem archiepiscopum Rothomag. *De his qui treviam Dei infringunt, et in trevia Dei homines occidunt similiter statui, quemadmodum Henricus avunculus meus teneri mandavit, videlicet si occisorem aliquis in trevia Dei duello probare voluerit, duellum illud in curia erit. Et post alia : Si vero defuerit, qui occisorem in trevia Dei duello probare voluerit, tunc ille occisor per ministros Ecclesiæ vocatus, aperta lege judicii, aut aqua vel igni se purgabit.* Aquæ nimirum

testem habuisse. Quod quia sæculi leges nulla ratione fieri permittunt et sacri canones omnino, ne fiat, interdicunt, humiliter rogamus ut quod in episcopatu vestro ab ecclesiasticis viris contra ecclesiasticas regulas præsumptum dignoscitur, vestra auctoritate irritum fiat et corrigatur, ne forte percus nomine, exigebat officialium suorum persuasione ab abbate S. Albini, Theodorico nomine, qui noviter onus susceperat abbatis, consuetudinem quamdam inauditam, et omni religioni contrariam, videlicet pro abbatis mutatione et relevatione abbatis, equum unum centum solidorum, aut solidos centum. Dicebat enim, sicut illis fuerat suggestum a talium aucupibus lucrorum, quod quicumque noviter crearetur abbas in monasterio S. Albini, prædictum pro sua ordinatione præjudicium solveret vicecomiti. Quod cum prædicto de parte vicecomitis nuntiatum fuisset abbati, pervidens et sibi et successoribus suis nocituram, si redderetur, hanc consuetudinem negavit solvere quod intelligebat exigi perverse. Unde factum est ut ob hanc causam peteret Toarcium, vicecomitem adiret, paratus aut calidi ferri judicio secundum legem monachorum per suum hominem probare, aut scuto et baculo juxta legem sæcularium defendere, nunquam in abbatiam S. Albini fuisse istam, et injuste exigi consuetudinem. Utrum fieret horum, vicecomitis est judicio relictum. Cumque ille duellum potius elegisset, obtulit abbas hominem S. Albini, qui et sacramentum faceret, et sacramento fidem brachio daret. Interea vicecomitis optimates quam immaniter hæc consuetudo omni Christianitatis professioni, et præcipue monastico ordini possit officere, perpendentes; simulque vicecomiti, quod contra Deum et sanctos ejus et animam faceret, protestantes, injustum proclamabant esse pro tam iniqua bellum fieri consuetudine. Ipse quoque vicecomes, ut homo prudens et nobilis, et bene morigeratus, licet juvenis sentiens in periculum animæ suæ pugnam istam, uter pugnantium vinceretur, vergere, quæ aut suum aut sancti cogeret hominem fortassis occidi; consilio inito cum fidelibus suis, pro anima patris sui jam pridem defuncti, cujus ipso die anniversaria volvebatur dies, nec non et suæ quotidie periclitantis salute, et ut abbas sibi, uxorique suæ, et fratribus societatis daret beneficii congregationis S. Albini, remisit pugnam, remisit et consuetudinem, et ut nullus posthac suæ vel ditionis vel parentelæ hanc valeat exigere, notitiam hujus rei scribi præcepit. Quam fratres suos, Gauffridum videlicet et Rodulfum, nec non et milites, qui hanc consuetudinem de illo in fevum [*f.*, in ævum] reclamabant, Guillelmum scilicet et Americum præpositum, auctoramento gratuito firmare persuasit. Data igitur ab abbate beneficii societate, et irrita facta a vicecomite sæpedicta consuetudine, ab utraque parte discessum est in pace. Facta sunt hæc apud Toarcium in Curia vicecomitis Haimerici, » etc.

Alterum e codice S. Petri Redonensis, Hamelini episcopi litteris continetur, quæ duellum commissum, sed sine victoria diremptum ostendunt. Sic igitur habet:

Hamelini Redonum episcopi litteræ de controversia Mainguenoii et Ivonis, duelloque inter eos commisso.

« Ego Hamelinus, Dei gratia, Redonensis episcopus, memoriæ commendo, et posterorum meorum trado notitiæ finem controversiæ, quæ fuit in præsentia nostra inter Mainguenoium filium Eveni de Crotenioco, et Ivonem quondam filium Hamelini, nepotem Galterii Groisnardi. Iste Ivo anno quinto episcopatus mei clamorem mihi fecit super hæreditate, ut asserebat, sua, quam Galterius patruus

versa consuetudine prævaleat hominum iniquitas canonicæ æquitati, et sic, quod absit! subdatur veritas falsitati. S! vero Rainaldus vester claves sanctæ Ecclesiæ agitare et Romanorum decreta pontificum, quæ inter ecclesiasticos viros monomachiam penitus inhibent, annulare conatur, contra ejus suus et Hamelinus pater suus ab episcopo Mainone emerant, et in pace possederant in vita sua. Post quorum mortem ipse Ivo et fratres ejus cogente paupertate et solitudine sua, in aliam demorantes parochiam, hæreditatem suam dereliquerunt in manu episcopi solutam et quietam. Nunc autem reposcere se hæreditatem suam, quam Mainguenoius injuste possideret interim sibi traditam a ministris episcopi, quam nullus antecessorum antea possedisset. Ad hunc clamorem vocatus Mainguenoius die constituto et loco, hujusmodi dedit responsum: Ego nec tuam, nec patris tui, nec patris [*f.* avi] tui possideo hæreditatem, sed hæreditatem meam, quam pater meus, et avus, et proavus meus in pace tenuerunt et possederunt tempore Mainonis, et Silvestri, et Marhodi, et Rotaldi episcoporum, et nunquam a justitia defuerunt, neque unquam a possessione ista dejecti sunt, sed neque ego. Ad hæc Ivo: Nec tu, Meinguenoi, terram istam sine calumnia nostra possedisti, nec pater tuus, nec avus tuus, nec proavus tuus aliquando de ea fuerunt investiti. Super his sententia data est, scilicet ut Mainguenoius narrationem suam jurejurando assereret. Huic juramento resistere se Ivo dixit. Itaque judicatum est inter illos duellum. Acceptum est ab utraque parte, et laudatum judicium. Cumque die constituto ventum esset in campum, et post facta juramenta pugiles hinc et inde fortiter et viriliter dimicarent in prato episcopi, juxta fluvium Isolam, præsentibus nobis, et comite Conano, et Roberto Vitreiensi tunc excommunicato, et Oliverio de Dinanno, et Hamone de Guirchia, et aliis proceribus multis, et fere omni clero et populo Redonensi, tractatum est de concordia, et convenit, et placuit, ut Mainguenoius terram suam quietam teneret et possideret, et Ivoni daret quinquaginta solidos propter impensas, et ita Ivo calumniam possessionis illius prorsus dimitteret, et factum est ita; deditque Ivo fidem suam in manum episcopi de hujus pacis compositione firmiter et fideliter observanda. Similiter et fratres Rainaldus, et Judicael, et Ruellonus Bodinardus, et Radulphus socer Ivonis, et Robertus ex pallare. Datusque est locus et terminus, ut quinquaginta illi solidi Ivoni redderentur. Die constituto cum Mainguenoius præsto esset, et Ivo a nobis invitatus semel, et secundo, et tertio pecuniam nollet recipere, ego illam recepi, dans Mainguenoio securitatem et tutelam promittens omni tempore meo, et successorum meorum episcoporum. Chartulam quoque pactionis signavi sigillo episcopali, ut rata sit et firma, et inconcussa permaneat. » Sed quoniam huc usque provecti sumus, accedat et tertium duelli exemplum, in quo pugilum alter vincitur, et suo, quod monuimus, cruore perfusus describitur. Id deprompturus ex vetere Historia seu Gestis comitum et antistitum Engolismensium, ubi de Guillelmo Arnaldi F. comite agitur, in quem malefica mulier noxias artes exercuisse ferebatur.

Stephani pro comite Engolismensi, et Guillelmi pro malefica duellum.

« Dum malefica, inquit, mulier non confiteretur, judicio Dei commissum est ut quod verum latebat, per duellum duorum virorum inter se pugnantium data victoria probaretur. Factis ergo sacramentis feria secunda primæ hebdomadæ Passionis, decertaverunt diu multumque extra civitatem in insula inflatos conatus humilitatem Romanae Ecclesiæ, quæ inflata crepare et superba premere novit, appellamus.

EPISTOLA XL.

Charissimis dominis et præcordialibus amicis, domino Petro Santonensium venerabili episcopo, et domno Goscelino honorabili ejus archidiacono, Goffridus eorum humilis et fidelis amicus, salutem, servitium et dilectionem.

Pervenit ad nos, quod oblationes confessionum in ecclesia Surgeriarum (267) nobis abstulistis. Quod si ita nos absentes, de hoc quod per triginta annos nullo episcopo vel archidiacono reclamante tenuimus, atque Romanorum pontificum licentia nobis concessum est, exinvestistis, et presbytero nostro, quod nostrum erat, nobis nolentibus, contulistis, nec dilectionem circa nos exhibuistis, nec dilectionis speciem. Vel si ita amicos vestros beare nostis, novum genus beatitudinis et dilectionis invenistis. Hoc tamen si ab aliis hominibus contra nos agerctur, non dilectionis, sed odii opus videretur. Si aliquid mali vobis fecisse videremur, debuissemus prius admoneri, ut sic aut culpam, si adesset, nobis liceret humiliter agnoscere, aut si non esset, rationabiliter excusare. Si vero aliquid boni vobis facere potuimus, et fecimus retributionem, quam Deus non novit, recipere non optamus. Unde vos, sicut dilectissimos domnos et amicos suppliciter rogamus, ne a vobis, de quibus semper speravimus bona, quælibet mala sentiamus, quia vestra gravamina, quoniam amici nostri præcordiales estis patienter portare non possumus. Si dicitis quod ille oblationem confessionis habere debet cui pœnitens confitetur, simili modo dicere potestis ut oblationem altaris habeat a quo missa cantatur, et oblationem mortui, a quo mortuus sepelitur, et sic minister noster totum accipiat ut nihil oblationum in ecclesiis, quibus die ac nocte servimus, nobis relinquat. Pro reverentia vestræ religionis hoc injustum non dicimus, sed justum esse penitus ignoramus. Nam lex Moysi non præcepit, prophetæ non prædixerunt, sanctum Evangelium inde siluit, auctores canonum aut noluerunt dicere, aut oblivioni tradiderunt. Valete.

EPISTOLA XLI.

P. honorabili episcopo (268), frater Goffridus abbas Vindocinensis, allodiarius apostolicæ sedis et servus, non facere aliis quod non vult fieri sibi.

Domini papæ Calixti accepistis decretum, in quo vobis et quibusdam episcopis aliis fuerat præceptum ut rerum Vindocinensi monasterii, sicut earum quæ apostolicæ sedis sunt propriæ, defensores essetis et adjutores. Et alii quidem omnes non verbo nec lingua tantum, sed opere et veritate, domini papæ servaverunt mandatum. Vos autem quæ in episcopatu vestro nobis ablata sunt, et quot, et quantas fratres nostri, qui ibi habitant, portaverunt injurias, satis audistis, sed aut noluistis corrigere, aut minime potuistis. Insuper etiam decimas salinarum vestrarum, quas monasterium nostrum, patrimonium scilicet B. Petri et ejus allodium, per sexaginta annos pacifice noscitur possedisse, nobis aufertis. Unde dilectionem vestram rogamus, ut quod aliter actum est corrigatis, ne qui apostolica præceptione nobis defensor constitutus fuerat, videatur persecutor, et sic lupus fiat, quod Deus abnuat! qui esse debuerat pastor. Nobis dictum est quia dicitis quod Ecclesia non debet decimam dare (269). Hoc verum est, ubi Ecclesia nihil habet in parochia alterius Ecclesiæ, ubi vero Ecclesia in alterius Ecclesiæ parochia possessionem aliquam habet, vel quidpiam quod decimari debeat; ibi Ecclesia Ecclesiæ decimam reddere debet, si illud juste possidere desiderat. Hoc tenet Italia; hoc tenet Gallia. Ibi enim novimus Ecclesias Ecclesiis decimas reddere, et majores minoribus, et minores majoribus, ubi altera earum possessionem obtinet in jure alte-

---

Carantoni fluminis, scilicet missus comitis Stephanus, et defensor maleficæ Guillelmus, cum baculis et scutis; defensor enim maleficæ erat ipso die maleficatus a quibusdam incantatoribus, et quibusdam potionibus herbarum initiatus. Sed Stephanus, de solius Domini vero judicio confidens, victor sine sui corporis damno fuit. Alter toto corpore conquassato, suo nimium sanguine coopertus, victus stetit in pedibus ab hora tertia usque ad horam nonam. Cum se movere jam non posset, clypeo et baculo evomuit quædam malefica quæ gustaverat, semivivus aliorum manibus deportatur, et longe tempore languens decubuit ; incantatores vero ejus de longe stantes, qui ei quædam præcantamina dicebant, mox territi fugerunt. Stephanus vero lætus et exsiliens eadem hora cucurrit Deo gratias referre ad tumulum sancti Eparchii, ubi prædicta nocte pervigil excubaverat. Deinde reversus est equitans in civitate ut se reficeret. Malefica vero multis tormentis ignorante comite mox excruciata nec sic confessa est, sed a tribus mulieribus, quæ cum ea interfuerant maleficiis, convicta est testimoniis. Comes tamen ei pepercit et vitam concessit.

(267) *Oblationes confessionum in ecclesia Surgeriarum.* Non dissimilis fuit Vindocinensium controversia cum episcopo Andegavensi, uti observatum est ad epist. 12 de qua inter Ulgerium episcopum et Fromundum abbatem coram Innocentio II, ita conventum est, ut abbas oblationes baptisteriorum in ecclesiis episcopi Andegavensis remitteret, episcopus abbati oblationes purificationum vel nuptiarum, et alias, sicut antea obtinuerat; in posterum concederet: Surgeriarum Castellum nomen retinet in episcopatu Santonensi; de cujus ecclesia Urbanus Gaufrido abbati. *Ecclesia parochialis S. Mariæ de Surgeriis, et omnes ecclesiæ, quæ infra terminos ejusdem parochiæ continentur.*

(268) *P: honorabili episcopo.* Petro eidem Santonensi. Habuit et decimas salinarum cœnobium Vindocinensium, ut ex tabulis fundationis liquet, in pago Pictaviensi ad Olonam. Quare dubitari posset an scripta sit epistola ad Petrum episcopum Pictaviensem, nisi compertum esset Calixti tempore non Petrum Pictavis sedisse, sed Guillelmum Petri successorem.

(269) *Ecclesia non debet decimam dare.* Non negabat episcopus decimas a monachis jure possideri, sed contendebat ab ecclesiasticis non deberi. Quod scite refellit Goffridus.

rius. Hoc facimus nos Ecclesiis, et hoc Ecclesiae faciunt nobis. Hoc etiam bonæ vitæ et bonæ memoriæ vestri prædecessores, qui vos præcesserunt ad sidereas mansiones, fecerunt, decimas scilicet quas sine judicio et sine audientia nobis auferunt reddiderunt. Sed illi beati viri forsitan idiotæ fuisse putantur, quoniam charitatem habuerunt, et vitaverunt rapacitatem, et neminem mole suæ magnitudinis premere voluerunt. Non convenit matri Ecclesiæ aliarum Ecclesiarum jura vel decimas sibi usurpare. Parentum est enim, Paulo testificante Apostolo, thesaurizare filiis (*II Cor.* xii, 14), non quæ sunt filiorum auferre. Si tamen aliquid quod justum sit in prædictis decimis vos habere confiditis, Romani pontificis judicium vobis offerimus, cui soli de rebus monasterii nostri judicare licet et definire. Et ut ista quæ dicimus vera credatis, nec deinceps per ignorantiam adversum nos contrahatis offensam venerabilium Romanorum pontificum, Urbani et Calixti privilegia (270) vobis transcripta mittimus. Novit enim prudentia vestra, quod sine periculo non dissolvitur sive contemnitur, quod apostolica auctoritate firmatum esse noscitur, vel præceptum. Valete, et, dum **158** precemur, nostram audite precem, si vestram non vultis sollicitari quietem.

EPISTOLA XLII.

Domino suo et præcordiali amico, I. honorabilis vitæ episcopo (271), *frater Goffridus abbatum minimus, dilectionem et dilectionis servitutem.*

In crastino capitis jejuniorum ad vos venire non possum, necessitate corporis occupatus. Cum vero a necessitate, qua detineor, fuero liberatus, ad vos veniam tempore competenti, de Pagano, et de suis justitiam recepturus. Paganus ille, sicut dicitur, a vobis exposcit quod olim a sanctis apostolis interdictum est, et decretis apostolicæ sedis nunc interdicitur. Laicis enim, etiam religiosis (272), ut ipse melius nostis, disponendarum ecclesiarum vel ecclesiasticarum rerum omnis facultas negatur. Clericus autem, qui per laicam personam ecclesiam, sive possessionem ecclesiasticam nititur obtinere, secundum Gregorium septimum (273), et Urbanum (274), et Paschalem (275) secundum, excommunicatus est, et ab ipsis etiam hæreticus judicatus. Vale; et de gradu in gradum Deus vos promotum habeat ad utilitatem Ecclesiæ suæ. In vobis completum est, ut creditur, quod legitur in Evangelio: *Qui se humiliat, exaltabitur* (*Matth.* xxiii, 12). Humilem mentem vestram nunc usque credidimus; audivimus humilem loquelam; satis etiam humilem vestem conspeximus. Ista utique omnia oportebit vos augere, non minuere, ne vobis contingat, **159** quod Deus abnuat! *Qui se exaltat, humiliabitur* (*ibid.*). Quod hic novissime locutus sum, est quidem præsumptuosum; sed præsumptum amica præsumptione. Vos viscera mea nostis, et ego vestra similiter. Nec vobis, nec mihi mutua familiaritas contemptum pariet; sed in divina justitia assensionem nutriet, et magis in Deo devotam dilectionem.

EPISTOLA XLIII.

Dulcissimo domino et præcordiali amico, domno R. laudabilis vitæ episcopo (276), *frater Goffridus dilectionem et dilectionis servitutem.*

Concilium, ut nunc dicitur, Romæ (277) celebrabitur, non, sicut audieramus, Cremonæ. Unde animus meus vehementer perturbatur, quoniam illuc ire voluntas domini papæ cogit, sed asperitas temporis et longioris viæ tribulatio dissuadet. Et hæc quidem pro tanti domini et magistri voluntate postponenda fuissent, si corporis infirmitas quod jubetur fieri ulla ratione permitteret. Seipsum exponere morti, nisi certa spe retributionis æternæ, nullus sensatus unquam fecit. Si quis vero in se concitavit mortem, quam vitare debuisset, requiem invenisse non legitur, sed ærumnam. Christus utique bajulare crucem jubet (*Luc.* xiv, 24), non quærere sepulturam. Vale.

---

(270) *Urbani et Calixti privilegia.* Urbani hac de re decretum citatum ad epist. 33 Calixti integrum attulimus ad lib. ii, epist. 28.

(271) *I. episcopo.* Goffrido suspicor Carnotensi, ad quem scribens epist. 39. Pagani etiam monachi meminit. Joffridum pro Goffrido interdum scribebant: atque ita vetus codex abbatem nostrum repræsentat epist. ad Honorium : Locus ergo huic epistolæ debebatur in calce lib. ii.

(272) *Laicis etiam religiosis.* Ex Symmachi papæ synodo iii, lib. vi, capitul. 294; Ivo p. xvi, cap. 36, et Gratianus xvi, q. 7 laicis.

(273) *Gregorium septimum.* In synodo Romana, epist. 11 et opusc. 2.

(274) *Urbanum.* In synodo Arvernensi.

(275) *Paschalem.* In synodo Lateranensi.

(276) *Episcopo.* Rainaldo fortasse Andegavensi, nec enim occurrit, cui potius ascribi queat. Hoc pacto adjungi cæteris debet, quæ ad illum supra scriptæ sunt.

(277) *Concilium Romæ.* A Calixto II, anno 1123. Appendix Sigeberti, *Concilium Romæ celebratur, pax inter regnum et sacerdotium reformatur, et jus investiturarum episcopalium ab imperatore exsetuctuar, 4 abdicatur.* Hoc idem est concilium, opinor, ad quod evocatus Ildebertus, graves in itinere difficultates meditatur in epist. 76 : *Maxime autem hac in tempestate orationibus tuis egemus fatigandi Romam, quo papa cardinalibus citramontanis episcopis et abbatibus convocatis generale concilium in urbe est celebraturus; nobis illuc profecturis tempus hieme suspectum, nivibus Alpes, incrementis aquæ, vinculis imperator, seditionibus civitas, exactione palatium.*

LIBER QUARTUS.

EPISTOLA PRIMA.

Dilectissimo domino ac beatissimo Patri suo (278) *Hugoni omnium abbatum excellentissimo, Goffridus filiorum suorum minimus, quod patri filius, et domino servus.*

Quid salutis, quidve honoris, nullis meis præcedentibus vel subsequentibus meritis, pura dilectio vestra mihi contulerit, dum sæpe mente considero, quæ pro tantis beneficiis digne rependere valeam invenire non possum. Quod tamen charius habeo, offero meipsum, quippe cujus totum bonitate vestra hausistis animum. Sed quem bonitas vestra sapienter hausit, quem diligenter sibi subdidit, domnus (279) Henricus abbas impugnare non desinit. Antequam haberet abbatiam, et postea, bona quæ potui de illo dicere, dixi; ad honorem monasterii Cluniacensis nomen ejus prædicavi. Illorum etiam inimicitias, quibus præest, incurrere pro eo non metui. Ipse vero mihi confratri suo mala pro bonis retribuit (280), retributione videlicet quam Deus non novit. Nescio qua mentis tempestate agitatur, et in me servum vestræ sanctitatis sine causa invehitur. Terram, quam monasterium nostrum tempore venerabilium antecessorum suorum per triginta annos et eo amplius pacifice et apostolica auctoritate sibi firmatam noscitur posedisse, terris suis quia vicina est, sibi satis immoderate nititur copulare. Hinc occasione accepta, omnia machinamenta, quibus potest nocere in me exercet, cui si non pro fraternitate, saltem pro vestra paternitate parcere debuisset. Velut alter Saul, me quasi David fugientem persequitur; nulla erga me fraternitatis compassione movetur. Ego ei resistere nec possum, nec debeo, quoniam mansuetudinem vestram offendere metuo. Et quia me erigere contra eum nullatenus præsumo, vestra pia severitas, humiliter quæso, se contra eum erigat, et sibi mandare dignetur, ne me vestro amore potius quam mole suæ magnitudinis premat. Si autem de me queritur, querimoniæ suæ præsentia vestra judex existat. Vos semper appellavi, et adhuc appello. Sapientiæ vestræ judicium subire desidero. Ambo filii vestri sumus; ille quidem oris professione, sed ego, Deus scit qui corda novit, cordis devotione. Non debemus igitur invicem dissentire, sed honorem et utilitatem Cluniacensis monasterii quærere concorditer, vobis multiplicare amicos, inimicos mitigare; si necessitas exigit, eis pariter obviare. Magnæ discretionis Pater, ne aliter agat, compescite domnum illum abbatem, quem dicunt homines ex longo tempore fuisse discordiæ amatorem, seminatorem jurgiorum, pacis perturbatorem. Non auferat fratribus nostris vestram charitatem; non eos sine utilitate provocet ad iram; non tribuat eis contra locum Cluniacensem, quem (281)

---

(278) *Hugoni abbatum excellentissimo.* Singulare prorsus sæculi hujus ornamentum, ordinisque sui decus Hugo Cluniacensium abbas v. Ordericus Vitalis de Roberto, abbate postea Uticensi : *Cluniacum perrexerat, ubi tunc monasticæ phalangi Hugo abbas temporibus nostris speciale monachorum decus præerat.* Hujus tanto illustrior laus fuit, quanto præfectura diuturnior. Annos enim præfuit 43. Quanti autem eum fecerit Urbanus II, qui monasticæ vitæ initiatus ab eo fuerat, declarant quæ ad illum in ipsis pontificatus sui exordiis inter alia scripsit his verbis : *Tibi ergo, sanctissime, reverentissime ac dilectissime frater, tum ex antiqua sedis apostolicæ familiaritate quam ex nobilissima tuæ, tuique cœnobii religionis reverentia; singularis a nobis debetur prærogativa dilectionis. Est præterea quod nos tibi non minus, tuoque monasterio debitores faciat, quoniam per te monasticæ religionis rudimenta suscepi, in tuo cœnobio per secundum sancti Spiritus gratiam renatus.*

(279) *Henricus abbas.* Angeriacensis, ad quem epist. 3. Angeriacense monasterium in iis hoc tempore censebatur, quæ a Cluniacensi abbate regebantur. Tanta enim fuit primis sæculis fama Cluniacensium ut principes atque antistites antiqua juris sui cœnobia in eorum corpus et familiam cooptare certatim expeterent. Quo in numero Goffridi ætate, abbatias duodeviginti Gelasii et Honorii II, ad Petrum venerabilem litteris expressas vidimus : S. Martialis Lemovicensis; in Pago Arvernensi, S. Austremonii Mauziacensis, Tiernensem et Menatensem; in Pictavico, Novi Monasterii, S. Petri Malleacensis, et S. Cypriani Pictaviensis; in Cadurcino Figiacensem, et S. Petri Moysiacensis; S. Germani Altisiodorensis; in Æduensi, S. Mariæ Viziliacensis; in Rothomagensi, apud Po t·seram ; in Tarvanensi, S. Bertini, et S. Ulmari; in Camera e-si, Huno!di curtis : in Santonico, S. Joannis Angeriacensis; in Nemausensi, S. Ægidii; in Italia S. Benedicti super Pa-

dum. Fuerunt et aliæ postea complures, in quibus præter consensum abbatis Cluniacensis abbas non eligebatur. Itaque non vana laus est, quam Cluniacensium ordini tribuit Paschalis ad Hugonem scribens : *Religioni,* inquit, *vestræ per omnipotentis Dei gratiam sedis apostolicæ benignitas gratulatur, quoniam plerisque in locis, largiente Domino per vestræ sollicitudinis studium, ubi nulla fuerat, instituta, ubi defecerat, per Galliarum partes est restituta religio.* Et Calixtus II ad Pontium abbatem, religionis monasticæ suis temporibus speculum, in Gallia documentum Cluniacense monasterium fuisse scribit.

(280) *Retributione quam Deus non novit.* Marbodus Redonensis ad Rainaldum Andegavorum episcopum : *Hæc est retributio impiorum, quam Dominus nescit, qua mala retribuuntur pro bonis.* Noster lib. I, epist. 15; lib. II, epist. 17 et 28; lib. III, epist. 10 et 40.

(281) *Secundum paradisum.* Sic Fulbertus epist. 71, ad Guillelmum abbatem Divionensem; *sua culpa de vestri cœnobii paradiso se conquerebatur expulsum.* Quod autem hi de uno atque altero cœnobio, idem alii de omnibus recte institutis cœnobiis prædicare non dubitarunt. Petrus Blesensis epist. 13 : *Juxta sententiam cordis mei, si paradisus in hac vita præsenti est, vel in claustro est, vel in scholis.* Sed admonet hic locus veteris in hoc genere poematii, auctoris quidem adhuc incerti, sed ut tempora ferebant minime insulsi : quod quidem huic loco inseri, et ex codice S. Melanii Redonensis a nobis exscriptum est, ferent, ut spero, quos ejus vitæ laudes capiunt, non inviti.

Laus vitæ monasticæ.

Felix grex hominum, qui Christi dogma sequentes
  Contemptis opibus nil proprium retinent.
Unius arbitrio quos Regula sancta coercet,
  Quorum quisque suo nil agit ex libito.

secundum paradisum vocare audeo, proclamandi occasionem. Et quæ olim amputata sunt vestræ dilectionis dulcedine, pullulare non faciat sua amaritudine. Non separet a Cluniaco, beatitudinis videlicet loco monasterium nostrum; non inter vos et fratres nostros suscitet scandalum. De me, quia scandalizari debeam, minime loquor; nam *et si omnes scandalizati fuerint, ego nunquam scandalizabor* (Matth. xxvi, 33). Valeat dulcissimus dominus meus et Pater meus.

EPISTOLA II.

Dilectissimo Patri domno Pontio, honorabilis vitæ abbati (282), *frater Goffridus Vindocinensis monasterii humilis servus, sanctæ Romanæ sedis allodiarius, puram dilectionem, et puræ dilectionis servitutem.*

Quemdam monachum nostrum, Petrum Goscelini (283) nomine, ad vos venisse audivimus, sed qua intentione venerit, ignoramus. Quod si vos, vel locum vestrum visitandi gratia fecit, licet cum licentia nostra fieri debuisset, pro reverentia vestra, vit iperare non audemus. Sed si ea intentione actum est ut locum in quo secundæ regenerationis habitum suscepit, relinquat, laudare non possumus, cum hoc S. Benedicti Regula omnino contradicat, et sanctorum Romanorum pontificum auctoritas, qua patrimonium B. Petri, monasterium videlicet nostrum, munitur, sub anathemate interdicat. Unde sicut charissimum dominum et patrem humiliter vos rogamus, quatenus ad nos secundum humilem petitionem nostram frater ille noster remittatur, ne primam sui monachatus fidem irritam fecisse videatur, et vinculum charitatis, quo venerabilis prædecessor vester, vir piæ recordationis, domnus Hugo sibi et monasterio Cluniacensi nos diligenter alligavit, sub hac occasione, quod absit! rumpatur. Illud vobis veraciter dicimus, ut si quid prædictus frater contra nos egit, si tamen ad nos venerit, pro amore vestro, et pro anima gloriosi viri domni Hugonis, qui nos, cum nec servi ejus fieri digni fuissemus, suos charitate filios fecit, illi totum et toto corde dimittimus. Si vero ad nos minime veniens obedire contempserit; et prima professione, quam apud nos fecit, violata, alio in loco profiteri præsumpserit nec prima ejus professio Deo grata erit, nec secunda quia nec prima promissæ stabilitatis exspectavit fructum, et secunda, quæ primam sui monachatus oblationem ecclesiæ nostræ abstulit, habebit sacrilegium. Quod si alicujus privilegii auctoritate monachum de noto et regulari monasterio sine licentia sui abbatis vobis retinere conceditur, hujus auctoritas privilegii contra sancti Benedicti Regulam nititur et aliud quam privilegium, quod Christus Dominus B. Petro donavit, continere videtur. Hoc enim privilegium fuit a Deo Petro collatum, ut quæ erant solvenda solveret, et quæ liganda ligaret, non ut hominibus fidem mentiendi, vel se perjurandi occasionem præberet. Et quoniam quem S. Benedictus damnationis vinculis alligat, nec B. Petrus solvit, hos solvere non debemus, licet multum inviti et coacti faciamus, in virtute sanctæ Regulæ, et auctoritate sanctorum canonum, illum ita, donec resipiscat, excom-

---

Cor quibus est unum, quibus indiscreta voluntas.
  Par cunctis habitus et cibus est similis.
Sic tamen ut capiat quo quisque videtur egere,
  Ætas ut fragilis debilitasque jubet.
Luxus abest omnis, peccandi rara facultas,
  Cunct i cunctorum cum timeant oculos.
Lex communis habet visas mox prodere culpas,
  Ut nascens vitium pœna sequens resecet.
Desidiam fugiunt, labor utilis occupat omnes.
  Noxia torpentes ne subeant animos.
Confusum nihil est, ubi fiunt ordine cuncta,
  Curatur totum, negligiturque nihil.
Nec solum vitæ, sed constat et ordo loquendi.
  Dispensant æque maxima cum minimis,
Non nisi præscripto quisquam loquiturve siletve,
  Stat, sedet, incedit, ordine quisque suo.
Ecclesiæ limen noctesque diesque frequentant,
  Et sanctis precibus seque suosque juvant.
Quid moror, et verbis evolvere singula tento?
  Quidquid agunt opus est corporis aut animæ.
Quid? quo l sic habitant ut sit sacer ipse domorum
  Et situs et numerus, sufficiensque sibi.
Quadratam specie in structura domestica præfert.
  Atria bis binis inclyta porticibus.
Quæ tribus inclusæ domibus, quas corporis usus
  Postulat et quarta quæ domus est Domini.
Discursam monachis, vitam dant, et stationem.
  Qua velut in caulis contineantur oves.
Qu rum prima domus seivat potumque cibumque,
  Ex quibus hos reficit juncta secunda domus.
Tertia membra fovet vexata labore diurno,
  Quarta Dei laudes assidue resonat.
Plurima prætereo simili condigna relatu
  Sed breviter dicam; nil superest, vel abest.
Hos igitur proceres, hunc dignum laude senatum,
  Exiguum specie, moribus eximium,
Comparo formicis, quarum studiosa laborum
  Turmula convectat corpore majus onus.
Quæ ne non possint communem ducere vitam,
  Isdem sub laribus horrea parva locant.
Comparo divinis apibus, quæ corpore parvo
  Ingentes animas egregiasque gerunt.
Hexagonis cellis quæ melle liquentia condunt,
  Utile mirificum quæ fabricantur opus.
Quæ disciplinam, quæ jura domestica servant.
  Quasque simul reficit ingeniosa domus.
Comparo sideribus, quibus aula superna refulget,
  Aera quæ furvum noctibus irradiant.
Quæ semel impositam servant per sæcula legem.
  Quæ solitos cursus et numeros peragunt.
Comparo gyranti solemniter omnia cœlo;
  Insuper angelicis comparo spiritibus,
Qui semper Sanctus triplicata voce resultant,
  In terris monachi quod modulantur idem.
Sic cherubin cœlo, monachi tellure manentes,
  Unum dant uni servitium Domino.

(282) *Pontio abbati.* Cluniacensi, Hugonis successori, sed longe dissimili, ut ostenduut quæ de illo narrant Petrus Venerabilis, et Petrus alter Pictaviensis.

(283) *Petrum Goscel ni.* Transierat hic a Vindocinensibus ad Cluniacenses, illum repetit Goffridus, ac sine suo consensu retineri non posse docet. Ejusdem argumenti est epistola prima S. Bernardi ad Robertum nepotem qui a Cisterciensibus ad Cluniacenses convolarat. Quo loco, et in libro De præcepto et dispensatione, ubi hoc etiam argumentum tractat, multa sunt cum verbis Goffridi consentanea.

municamus, ut nec communionem sacram vivus percipiat, nec mortuus sepulturam. Unum præterea vobis mandamus, quod simplicitatem vestram ignorare non credimus, quia unumquemque pastorem decet oves proprias conservare, non rapere alienas. Quod si alienas rapuerit, lupi consuetudinem habet, non pastoris. Si quis iterum auctoritate privilegii se talia posse confitetur, eadem auctoritate quod non seminavit colligere, aliorum villas, castella, et civitates obtinere, patribus suis subtrahere filios, suas hominibus uxores auferre. Quid plura? omnem alienam substantiam suam facere se posse confitetur. Privilegium utique pravitatis **165** plurimum habet, et nihil penitus divinæ legis; cujus auctoritas suos in primis observatores reos facit, et proximos opprimit innocentes. Et quicunque privilegio, contra privilegium quod Christus contulit Petro, facere conatur, quasi propheta docens mendacium comprobatur. Cujus vocem, falsam beatitudinem et veram miseriam protestantem, dum animæ sequuntur Christianæ, periclitantur.

EPISTOLA III.

Dilectissimo domino suo Hainrico (284), *vitæ venerabilis viro, Goffridus Vindocinensis monasterii qualiscunque servus, eamdem quam sibi optat salutem.*

Quæ mutuæ charitatis affectu nuper a nobis sunt constituta, multis modis postea impedire voluit inimicus. Ab ipso quippe, ut æstimo, fratribus nostris suggestum est ut contra ea recalcitrare deberent, nec pacis dilectionisque a nobis constitutæ vinculo paterentur astringi. At benignus Deus, qui malignum etiam in superioribus Ægypti ligatum tenet, ita loris suæ potentiæ illum colligavit, ut quidquid discordiæ ac dissensionis fratribus prius suggesserat, habere vires non potuit. Unde præsentibus litteris dilectionem vestram admoneo, ut usque ad proximam festivitatem B. Mariæ quacunque die volueritis in capitulum nostrum veniatis, de confirmatione pacis

(284) *Hainrico.* Abbati Angeriacensi, ad quem etiam Ivo epist. 233. Angeriacum Santonum ad Vultonam fluvium oppidum olim dixerunt; deinde litterulæ mutatione Angeliacum, et S. Joannem de Angeliaco, postquam eo delatum est caput præcursoris Domini, monasteriumque a Pippino Aquitaniæ rege conditum, ut habet vetus narratio ad calcem operum S. Cypriani. Ademarus S. Martialis monachus : *Pippinus rex Aquitaniæ, Ludovici imperatoris filius, jussu Patris monasterium S. Joannis Angeriaco ædificari fecit.* Priscam igitur appellationem cum nova reinuit, quod in paucis id genus factum est; nam in aliis priora nomina plane silent. Ut mons Indiciatus in S. Floro apud Arvernos, Centula in S. Richario apud Ambianos, Segestrum in S. Sequano apud Lingones, Cessato in S. Tiberio apud Septimanos. Catuliacus et Novigentum in S. Dionysio et S. Clodoaldo apud Parisios, et aliis innumeris. Monasterium porro Angeriacense instauratum postea et redditibus auctum est ab Agnete fundatrice Vindocinensi, et nova basilica, anno 1058 Goffrido abbate, Arnaldi, qui Vindocinensi dedicationi adfuerat, successore consecrata.

(285) *Gladiatorium spiritum.* Epist. 1. de eodem : *Dominum illum abbatem, quem dicunt homines ex longo tempore fuisse discordiæ amatorem, seminato-*

et concordiæ, sicut a nobis et a vobis constat esse statutum, nihil **166** penitus hæsitantes. Non enim tales sumus qui aliud promptum in lingua, et aliud clausum in pectore habeamus.

EPISTOLA IV.

Domno Hainrico venerabili Angeriacensi abbati, domino et amico, frater Goffridus a Deo puræ veritatis effectum, et a se veræ dilectionis affectum.

Locutionem, quam de causa Dei habuimus ad invicem, labialem ex vestra parte fuisse arbitror, non præcordialem. Unde vos minus vigilanti verbo usum doleo, et gladiatorium spiritum (285) habere intelligo. Ego tamen, Deo volente, quod dixi, incipiam, et quod inceptum fuerit, ipso largiente perficiam. Valete; et si qua sunt in vobis catholicæ pietatis viscera, mihi et in veritate rescribite.

EPISTOLA V.

Dilectissimo Patri et domino Hainrico honorabilis vitæ abbati, frater Goffridus cum dilectione salutem.

Fere duorum mensium jam præteriit spatium, ex quo vobis usque Pictavim nostrum transmisi (286) sigillum, sicut locutus fueram vobiscum. Et quia ibi inveniri minime potuistis quod tunc libenter fecissem; usque ad Quadragesimam facere non possum. Facultas utique faciendi quod vobiscum facere disposueram, mihi subtracta est, non immutata **167** voluntas. Pecunia etenim mihi non suppetit; guerræ imminent et asperitas temporis interdicit. Valete; et quod fratres nostri queruntur, quod apud abbatiam vestram minus regularis humanitas eis impenditur, agnoscite; et quod aliter factum est, si placet, corrigite. De susceptione hospitum vobis scripsissem sed docere Minervam novi superfluum.

EPISTOLA VI.

Joanni vitæ venerabilis abbati (287) *Goffridus abbatum omnium minimus, in omnibus misericorditer agere.*

Huic fratri, qui necessitate simul ac voluntate ad rem jurgiorum, pacis perturbatorem.

(286) *Pictavim transmisi,* Flodoardus Chronic. anno 955. In *Aquitaniam profectus, urbem Pictavim petiit.* Lib. II, 21. *Andegavim conduci faciam.* Petrus Blesensis. Epist. 13. *Tota fere in lacrymas Aurelianis effluerel.* Aurelianum, Blesim, Pictavim ejus sæculi et proximorum scriptores singulari numero usurpabant. Et tamen ubi aliquid in his locis esse, aut fieri significabant. Aurelianis, Blesis, Andegavis plurium numero dicebant. Fulbertus, ut quidem legendus est, in epistola 113 ad Robertum regem : *sed audito quod Aurelianis in civitate videlicet incendio vastata consilium habiturus sis, miror et paveo.* Noster, epist. 14 : *Andegavis negotium acturi sumus.* Eodemque modo Turonum, et a Turono dicere solet, et Turonis esse, ac Turonis loqui.

(287) *Joanni abbati.* Dolensi, ut docuit nos elenchus Codicis Cenomanensis. Est autem Dolense seu Burgi Dolensis illustre monasterium in Biturigibus ab Ebbone Toparcha, Carolo non Calvo, ut quibusdam visum est, sed simplice regnante, iisdem fere quibus Cluniacense temporibus conditum. Fuit et Dolense aliud cœnobium in Armoricis in episcopalem, postea cathedram conversum; quæ Dolensis Ecclesiæ Ivoni epist. 176.

vos, sicut ad spiritualem patrem suum revertitur, necesse est ut magna misericordia suffragetur. Multum quidem peccavit; quod ejus lingua satis convenienter loquitur. Unde si vestræ pietati placet, magis dignus venia, quam cum eo et ipsi postulamus esse videtur. Valeat igitur apud bonitatem vestram hujus pœnitentis humilis et vera, ut credimus, confessio. Valeat etiam nostra pro eo devota et charitativa supplicatio. Super omnia autem hæc, consideretur a vobis pii patris revertentis filii pia susceptio, qui in longinqua regione partem substantiæ, quam acceperat, dissipavit luxuriose vivendo (*Luc* xv).

169 EPISTOLA VII.

Dilecto in Christo Patri Guillelmo honorabilis vitæ abbati (288), *Goffridus Vindocinensis monasterii humilis servus, hospitalitatem, per quam multi placuerunt, nullatenus oblivisci.*

Quoniam utilitati proximi tanquam nostræ providere, ipsa evangelica præceptione monemur, quod honori et bonæ opinioni monasterii nostri contrarium esse cognoscimus, vobis celare nec possumus nec debemus. Cum nuper Santonicum iremus, sicut prius vobis nos illuc ituros dixeramus, metuenda repente tonitrui et coruscationis tempestas exoritur; qua vehementer territi, et reverberationibus grandinis, et pluviæ inundationibus non mediocriter fatigati, ad obedientiam vestram de Pinu (289), quam obviam habuimus, hospitandi gratia divertere dignum duximus. Ubi valde indignum obedientia reperimus monachum Garinum cellarium domus, inhumanum videlicet hominem et avaritiæ servum. Qui quande primum primam domus portam intravimus, grunnire cœpit, et nos torvo vultu, et obliquo oculorum lumine inspicere; postea vero indisciplinata verba proferre non distulit, Deum non metuens, nullam nobis, nullam ordini reverentiam

(288) *Guillelmo abbati.* Salmurensi, hoc est S. Florentii ad Ligerim; viro, ut ejus cœnobii monumenta tradunt, genere ac religiosis moribus insigni. Frater enim fuit Dolensis Toparchæ; qui in ejus gratiam lautam S. Florentio et proventibus opimam apud Dolum obedientiam dicitur obtulisse, præfuit annis 48, usque ad excessum fere Paschalis II.

(289) *Obedientiam de Pinu.* Id est prioratum paulo inferius *Quo intratis? Prior abest.* Ecclesias, cellas, altaria, quæ monasterio, vel majori cuipiam Ecclesiæ parent, quia ejus nutu et imperio reguntur, ejus loci obedientias vocabant. Sic lib. I, epist. 9, lib. II, epist. 32 et lib. V, epist. 38. Fulbertus epist. 1 : *Alii duo, Vivianus scilicet et Durandus, ambo præpositi simulantes ad obedientias suas se velle exire.* In epistolis pontificum passim ut Urbani II : *Urbanus episcopus archiepiscopis, episcopis, in quorum parochiis prioratus et obedientiæ Ecclesiæ Cluniacensis existunt.* Ulgerius episcopus Andegavensis ad Sugerium de electione Roberti abbatis Burguliensis : *Sane venerabilis ac religiosus ejusdem loci conventus, qui ad festum loci illius etiam de remotissimis obedientiis convenerant, festinaverunt eligere sibi in Patrem et pastorem unum de visceribus monasterii sui, Robertum virum magnum.* Hinc et obedientiarii obedientiarum præpositi, ut in litteris Innocentii II : *Priores et obedientiarii Cluniacensium fratrum.* Cæterum in pago Pictaviensi, præter hunc prioratum S. Florentii, a Pinu etiam nomen gerit monasterium S. Ma-

exhibens; vocibus quas in eo deformis formabat tenacitas, nos subsannando dominos vocans, dæmoniacus 169 monachus ille clamabat; Quo intratis? Prior abest; nihil faciemus vobis; non habemus etiam spatium, in quo duodecim equi vestri (290) valeant collocari. Et locus stabulorum sufficienter capere poterat, et adhuc potest equos viginti. Qui cum hæc et alia multa expulsoria verba ab eo diu similitudine tantum patientiæ supportassemus, licet in corde nostro aliud versaretur, impatientiæ tamen flammam ratione supprimente, diximus sibi : Frater, noli contristari; vides quia pluvia nos urget; jam sol occidit; necessitas admonet hospitari; panem et vinum, piscem et caseum nobiscum portamus; ememus libenter cætera quæ non habemus. Sic tandem cœpit atrocitatem vultus paulatim deponere; aliquantulum levare supercilia, et quos prius quasi clausos tenuerat oculos, monstrare, deinde nobis dignatus est loqui; nobiscum etiam, sed multum rogatus voluit refici. Panem et vinum, quæ nos habere sciebat, et quæ longius ferre equos gravabat, nobis obtulit; fenum et annonam, quibus abundabat, et nos prorsus indigebamus, penitus denegavit. Valete et discipulum Satanæ, qui charitate conditum ordinem sua amaritudine insapidum reddit, ne amplius noceat, loris monasticæ severitatis alligate.

170 EPISTOLA VIII.

Venerabilibus dominis et fratribus Guillelmo S. Florentii abbati (291), *et Bernardo abbati S. Sergii, Goffridus Vindocinensis monasterii servorum servus, Deum et quæ Dei sunt perfecto corde diligere, et quæ contra illum fiunt in mundo perfecto odio habere.*

Si veræ charitatis vinculo in invicem alligati sumus, et si fervore Spiritus sancti accensi contra tortuosum et subdolum illum (292), quem nostis, ne animæ nostræ cum populo Dei pereant, pugnare

riæ de Pinu ordinis Cisterciensis.

(290) *Duodecim equi vestri.* Numeroso equitatu stipatum iter facere solitum Goffridum indicant ea, quæ scribit lib. I, epist. 8, ad Paschalem, et lib. III, epist. 16 ad Ildebertum. Nimirum is Ecclesiæ splendor et opes tunc erant; neque tamen immodicum dixeris in Goffrido, qualem in alio quodam abbate merito perstringit S. Bernardus in Apologia ad Guillelmum abbatem : *Quod enim,* inquit, *ut cætera taceam, specimen humilitatis est, cum tanta pompa et equitatu incedere, tantis hominum crinitorum stipari obsequiis, quatenus duobus episcopis unius abbatis multitudo sufficiat? Mentior, si non vidi abbatem 40 equos, et eo amplius in suo ducere comitatu. Triginta equos mi episcopo concederet; quot pauci hodie alere possint episcopi.*

(291) *Bernardo abbati S. Sergii.* In suburbio Andegavæ civitatis. Numeratur in litteris Hugonis legati inter abbates, qui Fulconis comitis absolutioni ad fuerunt, Bernardus abbas SS. Sergii et Bacchi, sic enim hoc monasterium interdum appellant; interdum SS. Sergii et Medardi, ut in diplomate Childeberti III regis, ad cujus avum Clodovæum II originem suam referunt monachi S. Sergii.

(292) *Contra tortuosum et subdolum illum.* Rainaldum electum Andegavensem, cujus hic nomen præ indignatione supprimit, sed nominat epistola sequenti. De hujus electione dictum est epist. 21, lib. III.

decrevimus, ejusdem Spiritus sancti igne magis ac magis igniri de die in diem debemus. Scimus quidem quoniam non omnibus bene inchoantibus æternæ beatitudinis præmium repromittitur; sed illis solummodo, qui perseveraverint, habere conceditur. Parum enim vel nihil penitus esse monstratur, bene aliquid inchoasse, quod imperfectum dimittitur. Hoc etiam apud sæculares magna irrisione, dignum videtur, cum aliquis eorum quidquam incœpit, quod ad finem minime perducit. Si ita est, imo quia ita est in negotio sæculi, liquet profecto quales esse debeamus in negotio Dei. Nam si illi, qui mundum et ea quæ mundi sunt, diligunt, de opere suo si imperfectum relinquatur, sic erubescunt: quanto magis nos, qui Deum, et quæ Dei sunt, ante omnia et super omnia diligere debemus, erubescere possumus, si ejus opus, quod incœpimus, imperfectum relinquamus? **171** Dilectissimi, si nunc in Dei opere tepidi, vel negligentes existimus, et quasi sub specie simplicitatis adversariis Ecclesiæ suæ resistere dissimulamus, verendum nobis est ne in die magni et formidandi valde judicii illum contrarium sentiamus, et illo increpante cognoscamus nos stulta simplicitate fuisse deceptos. Tunc forsitan in contumeliam nostram, quod absit, vulnerum suorum cicatrices denudabit, dicens : O falsa simplicitate decepti, hæc pro vobis ipse pertuli; et quam vicem mihi rependistis, qui semper homines laudari ac venerari occultando veritatem præsumpsistis? Hæc omnia, ne contra nos in judicio suo Dominus proferat, non mediocriter formidare debemus, quæ jam ex parte per ejus ministros annuntiata esse cognovimus. Ex testimonio enim Scripturæ divinæ didicimus quod si propter personam hominis veritatem reticemus, ipsum, qui est veritas, Christum negamus. Quod etiam præ nimia simplicitate quidam damnari merentur, in Propheta aperte monstratur, ubi sicut oves in inferno positi memorantur (*Psal.*, XLVIII, 15). Oves ibi, non propter veram innocentiam, sed propter inhonestam simplicitatem, qua malis resistere nolunt, vel nesciunt, homines appellat; quos sine fine perituros esse denuntiat. Et ideo rejecto simplicitatis velamine, palam loquatur veritatem, cum Propheta dicentes : *Quis consurget nobis adversus malignantes, aut quis stabit nobiscum adversus operantes iniquitatem?* (*Psal.* XCIII, 16.) Illud Apostoli subjungentes: *Si Deus pro nobis, quis contra nos?* (*Rom.* VIII, 31.) Nos **172** tales simus, imo tales esse debemus, qui laudes hominum non affectemus, neque eorum vituperationes expavescamus, quoniam qui hujusmodi sunt, juxta apostolum, servi Christi esse non possunt. Unde et Propheta : *Qui hominibus placent, confusi sunt* (*Psal.* LII, 6). Si forte quærimus, quid pro Deo agere, vel pro ejus nomine pati debeamus, quid ipse egerit, quidve pro nobis pertulerit consideremus, et sic quid pro illo simus acturi plenius agnoscamus. Omnia quidem, quæ pro nobis Dominus in mundo egit, et pertulit referre non possumus sed illud firmiter credamus, et credendo asseramus, quia quidquid fecit et pertulit, totum nostræ salutis mysterium fuit. Factus est homo de Virgine matre, cum Deus esset; opprobria, irrisiones, convicia, tribulationes, flagella, percussiones, infidelium sputa sustinuit : cruci clavis affigi, spinis coronari, felle cibari, aceto potari, lancea vulnerari voluit; et gustans mortem ad horam æternæ mortis vincula solvit. Quid, fratres, aliud hæc agendo nos docuit, nisi ambulare vias; quas prior ipse ambulavit ? Ambulemus igitur vias ejus, et sequamur eum, sicut frequendum se docuit; quem qui modo sequi noluerit, illum procul dubio sequetur, cujus pœna fine carebit. Sed quomodo Deum ac Dominum nostrum sequimur, quomodo ejus vias ambulamus, videntes abominationem stantem in loco sancto, si tacemus? In loco sancto abominatio stare videtur, cum in sancta Ecclesia abominabilis quisque, nemine contradicente, **173** aliis dominatur. Qui hoc videt et tacet, maledictus a Domino esse perhibetur, dicente propheta : *Maledictus qui prohibet gladium suum a sanguine* (*Jer.* LVIII, 10), id est vocem suam a peccati increpatione. Si illi qui quodlibet malum non increpant, maledici a Domino merentur, quanto graviorem maledictionem incurrunt, qui abominationem tacendo augmentant, per quam sine dubio plures fœdantur ? Abominationem quippe satis augmentat, qui, in quantum prævalet, eam non amputat. Ortum est certe moderno tempore novum genus abominationis; jam incipit regnare filius perditionis; et quod olim quasi in occulto faciebat, nunc palam operatur mysterium iniquitatis. Quem contra qui legitime certaverit, vere coronabitur : et velut alter Henoch vel Elias effectus, licet martyrium ob hoc non consequatur, martyrum tamen immortalitate glorificabitur. Et ut adversus prædictum nequam fortiores animos habeamus, quid Moyses, cum quosdam, de populo Israel proclives ad peccandum considerat, dicat audiamus : *Si quis est Domini, jungatur mihi, occidat vir fratrem et amicum et proximum suum* (*Exod.* XXXII, 26, 27). Fratrem quippe, et amicum, et proximum suum interficit, qui, cum punienda invenit, neque eis quos per cognationem diligit, parcit. Si ergo ille Dei dicitur, qui contra delinquentes zelo divini amoris excitatur, profecto se Dei esse denegat, qui eorum pravas actiones increpare recusat. Hinc itaque facile advertitur quid ambitioso illi a Christi fidelibus debeatur, cujus nomen præ **174** indignatione suppressimus. Nam quo proprio nomine dignus habeatur prorsus nescimus. Illum utique ultra modum malitiosum esse, a puero fama referente didicimus, et ex parte per nos cognovimus. Et quia hunc ad augmentum iniquitatum suarum contra sanctam Ecclesiam arte Simonis Magi niti audivimus, utile valde est, imo necessarium, quatenus auctoritate Simonis Petri ei in faciem resistamus. Cui si pro officii loco vehementer non restiterimus; cum ipso

Simone Mago, qui hoc genus iniquitatis primus invenit, nos habituros portionem, quod Deus abnuat, nullatenus dubitemus. Nam quid prodest nobis orare? quid prodest aliquando jejunare? quid etiam pauperes recreare? vel quælibet alia bonitatis opera exercere, si Simoniacam hæresim a finibus nostris dissimulamus repellere? Quæ, ut B. Gregorius dicit, ante omnes alias in sancta Ecclesia subdola fraude irrepsit, et quasi prima et maxima Ecclesiæ castitatem fœda nimium pollutione contaminare præsumpsit. Igitur in Deum, et propter Deum rogamus vos et obtestamur, si habere partem in Christo vultis, una nobiscum summopere laboretis, ut tam sæva pestis, quæ per sæpe dictum hæreticæ pravitatis ministrum in partibus nostris diabolica suggestione emersit, non quidem gladio ferri, sed gladio Spiritus sancti penitus computetur, ne nobis tacentibus in Spiritum sanctum peccetur, quod neque hic, neque in futuro sæculo remittetur (*Matth.* xii, 32). Valete in Domino semper; iterum dico : Valete. Et contumax ille, de quo agitur, sentiat nos Dei virtute plus posse quam possit ipse Simonis Magi impia arte.

EPISTOLA IX.

Guillelmo sancti Florentii abbati, et Guillelmo archidiacono (293) *fideli suo, Goffridus Vindocinensis monasterii indignus servus, prospera mundi despicere, et nulla ejus adversa formidare.*

Rogamus vos, et per veritatem, quæ Christus est, obtestamur, ne in causa Dei, quam contra Rainaldum inspirante Spiritu sancto assumpsistis, aliquo modo deficiatis. Quod si feceritis, Christum, qui est veritas, plane abnegastis, et Ecclesiam suam, quæ omnino casta debet esse et libera, sæcularitatis concubinam et ancillam cum periculo animarum vestrarum constituistis. Præterea etiam omnibus amicis vestris, quod evenire non credimus, mendaces facti estis, et eorum inimicitias merito incurristis. Non est vobis timendum, quia multos post Deum bonos adjutores habetis. Inter quos me et abbatem (294) S. Sergii veraciter reputare potestis, qui mallemus vivi excoriari, quam huic tantæ consentiremus abominationi. Valete; et substantiam temporalem nullatenus ob hoc timeatis amittere.

Non enim diabolus tanta poterit auferre quanta vobis potens est Deus restaurare. Nihil tamen pro hac causa amittetis, et de manu Dei mercedem recipietis, si pro ejus fide et nomine constanter egeritis.

EPISTOLA X.

Goffridus Vindocinensis monasterii humilis servus, dilecto in Christo Patri Archembaldo (295) *S. Albini abbati, fratres sibi commissos diligere, et eorum vitia odio habere.*

Ex testimonio divinæ auctoritatis didicimus quoniam de profectu proximi, sicut de nostro, debemus gratulari, et de ejus defectu, tanquam de proprio, tribulari. Unde de quodam fratre vestro, Joscelino nomine, vehementer tribulamur; in quo non solum læsam esse charitatem cognovimus, sed defunctam. In diebus istis, cum monasterii nostri necessitate cogente, juxta Maironem (296), ubi obediens sibi, et non Deo ille commoratur, transitum fecissemus, misimus ad eum, ut in domum B. Albini et vestram nos hospites susciperet, deprecantes. Verba, quæ his, qui a nobis missi fuerant, responderit, mala quidem et omnino indisciplinata fuerunt; sed facta satis pejora. Omnia quæ ille conversus aversus in nos protulerit, vobis scribere noluimus, quia longum esset, et in nullo veritatem lædere volumus, quæ vix in longinquo illæsa servatur. Illud firmissime tenemur quia dixit quod nullatenus nos susciperet; et postea non bene devotus complevit. Hæc vestræ dilectioni de servo avaritiæ conscribentes, non nostram, sed charitatis injuriam vindicari deposcimus.

EPISTOLA XI.

Goffridus Vindocinensis monasterii humilis servus, dilecto in Christo confratri Archembaldo S. Albini abbati, peccata delinquentium non dissimulare, sed mox ut oriri cœperint radicitus amputare.

De vestro Joscelino (297) conquerentes vobis scripsimus, et ut de illo manifestam justitiam Deo et ordini vestro faceretis, diu auscultavimus, et adhuc auscultamus; et nihil a vobis actum super hoc audire potuimus. Unde manifestum est quia aut aures nostræ surdæ sunt, et audire non possunt, aut manus vestræ contractæ, et ad exercenda jura jus-

---

(293) *Guillelmo archidiacono.* Andegavensis Ecclesiæ, qui cum Stephano decano Rainaldi electioni præcipue refragabatur : uterque postea eidem amici ex infestissimis facti, quo nomine taxantur, in epistola Marbodi : *multiplex est Andegavensis malitia, multos Stephanos habet, multos Willelmos.*
(294) *Et abbatem S. Sergii.* Bernardum, de hac abbatum contra Rainaldum conspiratione, Ildebertus epist. 11 ad Rainaldum ipsum : *Pro eo religiosos abbates, et integri nominis personas audivi stare adversum te cum quibus tanto periculosius est congredi, quanto eorum fama sincerior, causa justior, dignitas major.* Inter hos erat et Benerius Bonævallis abbas epist. 16.
(295) *Archembaldo S. Albini abbati.* De quo lib. I, epist. 6 Chronicum S. Albini : *Anno 1106 obiit Girardus abbas S. Albini, v Idus Januar. qui fuit abbas annis 9. Eodem anno ordinatus est Archembaldus*

abbas, viii *Idus Februar.*
(296) *Juxta Maironem.* Vetustissima monasterii S. Albini possessio curtis Maironis in pago Pictaviensi, cum ejus partem a primis Andegavorum comitibus usurpatam, a Goffrido grisa tunica, Widone fratre ejusdem cœnobii abbate, restitutam antiquæ tabulæ testentur, Andegavis datæ anno Domini 966. Lotharii regis xv. Maironis etiam castelli fit mentio in chronico S. Albini, ubi de bello agit inter Ludovicum VII, regem et comitem Goffridum an. 1151. *Monasteriolum destruitur. Maironus pristinæ libertati restituitur. Rex et comes pacificantur. Goffridus comes obiit.*
(297) *De vestro Joscelino.* Epistola præcedenti Joscelinum et Goscelinum promiscue scribebant, ut Joffridum et Goffridum, quod ante monuimus.

titiæ nullatenus eas potestis aperire. Sed nos Dei gratia aures non habemus surdas. Cavete igitur, ne manus habeatis contractas. Quòd si forte contractæ vel aridæ nunc usque fuerunt, non jam olivæ, sed oleo justitiæ ungantur, ut sanentur, et ad reprimendum Joscelinum pestifera inflatum superbia citius aperiantur. Et quoniam cor ejus repletum novimus iniquitate, et vestrum credimus plenum charitate, toto dilectionis affectu vos rogamus, ut adeo vigeat contra illum vestra æquitas, ne amplius sancto ordini illius dominari possit iniquitas. Si vero bonitati vestræ suggesserit, quia causam contra vos (298) habemus, nolite sibi **178** parcere propter hoc, sed quanta sint viscera charitatis considerate. Charitas enim, sicut bene nostis, solummodo amicum non diligit, verum etiam esurienti et sitienti inimico cibum et potum pariter cum hilaritate tribuit. Nos tamen inimici vestri non sumus, sed omnia quæ in vobis Deus diligit, et nos diligimus, et vobis et vestris, si placet, germana charitate servire volumus. Nam quidquid de querelis nostris, quæ concipiunt laborem et dolorem parturiunt, faciamus, charitatem, quod est vinculum perfectionis, erga vos semper integram, Deo donante, servabimus. Hæc est, inquam, illa bona, imo optima virtus, sine qua habere cæteras virtutes est damnabile, et cum qua non habere eas, veniale. Valete, et quid de his, quæ vobis scripsimus, facturus sitis, nobis rescribite.

EPISTOLA XII.

Frater Goffridus Hamelino abbati (299) *S. Albini, diligere quod Deus diligit, et odio habere quod odit.*

Et formicam plaustrum trahere dedecet, et doctorem Ecclesiæ manu tenere mendacium, sed oportet illum veritatem semper attendere, non relationem verborum. Si Albericus se nobis condonatum diffitetur, et si Paganus filius ejus (300) in Ecclesia nostra sub titulo monasterii vestri se factum monachum profitetur, negat uterque veritatem, dum falso loquitur. **179** Quod Paganus vobis suggerit, etiam si verum esset, sicut veraciter falsum dignoscitur, discuti tamen prius debuisset, antequam illum, reclamantibus monachis nostris, prudentia vestra suscepisset. Injustum est enim, et canonum regulis prorsus contrarium, sine judicio exspoliare vestitum. Quod illum non esse fugitivum dixistis, mihi non mediocriter displicet hoc ab ore vestro fuisse probatum, quod sobrietatis armarium olim credideram,

et veritatis sigillum. Ille utique de loco nostro, in quo monachus noster factus fuerat, aufugit, et stola secundæ regenerationis rejecta occulte fugiens, claustrum B. Clementis (301) infregit. Unde non solum fugitivus agnoscitur, verum etiam vera propositione sacrilegus esse probatur. Si de illo nobis offertis justitiam, quod justum est facite, nos de illo prius investite. Nam vos ignorare non credimus quod nec ad comprovincialem, nec ad generalem synodum, multo minus igitur ad quamlibet causam vocari debet exspoliatus. Præterea noveritis, nec genus veræ religionis esse, nec signum puræ dilectionis, pro Pagani familiaritate Philippicam retractare in amicum, nec pro illo, si vestræ magnitudini placuisset, contentio, quæ inter monasterium nostrum et vestrum esse solebat, et quæ pene vel penitus pro dilectione vestra fuerat exstincta, rediviva fieri debuisset. Nos vero quod contra Paganum fecimus, adhuc facimus; nec extractum de vagina canonicæ justitiæ **180** gladium, nisi præcedente satisfactione, ab illo retrahemus. Quod si prius aliter actum intelligit, nos tamen juste et rationabiliter factum esse, sanctorum canonum auctoritate monstrabimus.

EPISTOLA XIII.

Goffridus Vindocinensis monasterii humilis servus, domino Gualterio vitæ laudabilis abbati (302), *salutem cum dilectionis obsequio.*

In Regula B. Benedicti, secundum quam professi sumus, prohibitum dignoscitur et quod est amplius, auctoritate sancti Evangelii, ne alter alteri faciat, quod sibi fieri non optat (*Luc.* VI, 31). Unde tota mentis intentione cavendum est, ut quod nobis fieri non optamus, nulla occasione aliis faciamus, ne fidei nostræ professionis scissuram facientes, evangelicæ etiam traditionis contemptores a Deo judicemur. Hæc idcirco, venerabilis Pater, proposuimus, quoniam hominem quemdam, Garinum scilicet Galandi (303), qui sub confessionis actione et suæ fidei promissione se suaque omnia nobis devoverat, subita pressum infirmitate monachastis, et res suas, imo nostras, quia Ecclesiæ nostræ prius fideliter oblatas accepistis. Quod quam sit religioni Christianæ contrarium, si scienter actum est, quod absit, nos minime latet, et vos certum habetis. Requirimus igitur a dilectione vestra hunc hominem, et universas res hujus hominis cum homine **181** ipso nobis reddere non differatis, ne forte actio dilationis vobis ascribatur argumentum cupi-

---

(298) *Quia causam contra vos.* Lib I, epist. 8.
(299) *Hamelino abbati S. Albini.* Postea episcopo Redonensi. Successit Hamelinus in monasterii præfectura Archembaldo anno 1119 ad episcopatum Redonensem evectus est anno 1127 Chronicum S. Albini, eo anno : *Hamelinus episcopus Redonensis efficitur Idibus Maii.* Idem ejus obitum annotat anno 1141. *Obiit Hamelinus episcopus* IV *Non. Februarias.* Is est cujus litteras de duelli probatione libro superiore protulimus, ad epist. 39.
(300) *Paganus filius ejus.* Idem videtur qui in epist. 27, lib. I : *Fratrem Paganum Alerici ad domi-*

num papam mitto, cognomen videlicet factum ex nomine parentis, qui rectius hic Albericus vocatur. Quare sit etiam legendum arbitror libro primo.
(301) *Claustrum B. Clementis.* Prioratus Credonensis, de quo epist. 44.
(302) *Gualterio abbati.* S. Sergii, Bernardi, ad quam epist. 8 successori. Bernardi obitum S. Sergii tabulæ conjiciunt in annum 1102, VIII Idus Aprilis; Walterii, in annum 1113, V Idus Januarias.
(303) *Garinum scilicet Galandi.* Ea forma dictum, qua Petrus Goscelini, Paganus Alberici, etc.

ditatis, et sic per vos fraterna charitas vulneretur, quod est vinculum perfectionis (Col. III, 14). Valete.

EPISTOLA XIV.

Bernerio honorabilis vitæ abbati (304), Goffridus, abbatum omnium minimus, a Deo salutem, et a se germanæ dilectionis devotionem.

Servitio vestræ bonitatis, quod mihi licet immerito, sæpe obtulistis, nunc opus habeo, et quem charitas debitorem fecit promittendo, non pigeat debitum solvere promissa reddendo. Andegavis si quidem ecclesiasticum negotium in crastino Ascensionis acturi sumus, ad quod prudentiæ vestræ consilium et auxilium diligenter invitamus, et ne in præsenti necessitate nobis desit, humiliter deprecamur. Quod si deprecationem nostram qualibet occasione exaudire dissimulatis, amicus utique dici potestis, sed qui non permanet in tempore necessitatis.

EPISTOLA XV.

Goffridus Vindocinensis monasterii humilis servus charissimo domino et præcordialissimo amico, Bernerio Bonævallis abbati, viro vere religioso, beatam Trinitatem puro semper corde diligere, et ejus proximæ festivitati nulla occasione deesse.

Ad celebrandam nobiscum, quam diximus, sanctæ et individuæ Trinitatis festivitatem (305), et tantæ solemnitatis devotio vos venire compellit, et ut sepositis curis omnibus nullatenus differatis venire, quem erga vos habemus puræ dilectionis affectus suppliciter exposcit. Debitum quippe religionis est, et germanæ charitatis augmentum, festa sanctorum Dei, et maxime suam ipsius festivitatem devotione celebrare, et diligentis se proximi justum desiderium totis visceribus adimplere. Valete, et in his quæ humiliter rogamus, non sit vobis tædiosum Deo et nobis obedire.

EPISTOLA XVI.

Goffridus Vindocinensis monasterii inutilis servus, viro æterna memoria digno, Bernerio abbati Bonævallis, in valle spiritualis frumenti abundare, et hymnum Deo dicere sempiternum.

Sancti Spiritus, ut arbitror, igne succensus et ab increpatione Simoniacæ impietatis spiritum, quo agitaris, reprimere non valens, multos in te adversarios incitasti, inter alios maxime unum (306) cujus nomen dicere superfluum puto, quia nec vulgo manet incognitum. Et si illud, natura negante, surdi non audiunt, nec muti loquuntur, eis tamen ab aliis nutibus et signis est indicatum. Tibi, religiose abba, a multis dicitur quod Simonem Magum nostris temporibus in Ecclesia suscitatum frustra exstinguere verbis conaris, quia in hominibus qui corrigat non invenitur. Tu vero desiderio repletus prophetico, tibi suaderi nullatenus potest, quin semper inquiras, qui tecum assurgat contra regnantem in sancta Ecclesia abominationem, cum ipso Propheta fideliter clamare non cessans : *Quis consurget mihi adversus malignantes, aut quis stabit mecum adversus operantes iniquitatem ?* (*Psal.* XCIII, 6.) Clama itaque tu organum Dei, tuba Spiritus sancti. Ne sileas, egregie præco veritatis, nec vocem retrahas a correctione hæreticæ pravitatis; et si eos qui sanctæ Ecclesiæ castitatem fœda nimium pollutione commaculant, de templo ejicere, sicut Salvator fecit, non vales verberibus, saltem verbis nulla desinas occasione. Noli, vir sancte, noli credere illis, qui te loqui asserunt sine utilitate, quoniam eos, contra quos loqueris, revocare non potes a scelere. Qui talia dicunt, tecum pariter Joannem sanctum domini præcursorem redarguunt. Ille enim quamvis Herodem ab incesto revocare non posset, veritatem tamen non siluit, dicens quod ei uxorem fratris sui habere nulla ratione liceret (*Matth.* XIV, 4). Unde si vir sanctus decollari meruit, et coronari, Herodes impius, cum eis qui sibi consenserunt, promeruit æternaliter cruciari. Satis est igitur melius cum Joanne redarguere quam reticendo veritatem consentire Herodi. Nulli certe Christiano Christi Dei et Domini sui legem silere licet, nec propter personam veritatem occultare. Nam qui propter personam veritatem occultat, Christum, qui est veritas, videtur abnegare. Vale, et agnoscant impii Simoniaci, te veritatis virtute plus posse quam possint ipsi Magi Simonis perversitate.

EPISTOLA XVII.

Goffridus Vindocinensis monasterii humilis servus, venerabili abbati Bernerio, viro vere religioso, dimidium animæ suæ, et si non sufficit animam totam.

Pater in Christo charissime, esse vestrum desiderio scire desiderans, quoniam præsens corpore non possum, præsentibus litteris dilectam Deo et charam hominibus dilectionem vestram interrogare præsumpsi, qualiter congregatio vestra se erga vos habeat ; vos enim erga illam optime habere non dubito. De viribus corporis iterum quæro ; nam de virtutibus animæ vestræ quærere superfluum æstimavi, quia illam de die in diem proficere credo

---

(304) *Bernerio abbati.* Bonævallis, est autem id monasterium ejusdem ac Vindocinense diœcesis, hoc est Carnotensis, sed in agro Castrodunensi. Bernerii facta est mentio lib. I, epist. 21, alibi religiosum et boni testimonii virum vocat.

(305) *Trinitatis festivitatem.* Titulus hic monasterii Vindocinensis, ut Goffridi fundatoris, et Theodorici episcopi litteræ declarant. Urbanus II : *Dilectis in Christo filiis Girardo abbati S. Albini Andegavensis, et Bernoni abbati S. Trinitatis Vindocinensis.*

Breve Chronicum S. Albini : *Pridie Kalend. Junii apud Vindocinum. Castrum monasterium S. Trinitatis dedicatum est anno ab Incarnat. Domini 1040.* Goffridus ipse lib. V, epist. ultima.

(306) *Unum cujus nomen.* Rainaldum electum Andegavensem. Huic videre est, quod epist. 9 monuimus, Bernerium e numero abbatum fuisse, qui Rainaldi electionem conjunctis studiis oppugnabant.

certa fide, cum divina **185** cooperante gratia, vestræ bonitatis longæva consuetudo in hac credulitate sensus meos omnino firmet et muniat. De esse vestro quærens, mirandum non est si valde sollicitor, nam in prosperitate vestra lætor vehementer et delector, in vestra adversitate non mediocriter afficior et contristor, licet in adversitate, quæ justum hominem probat, esset potius lætandum, si vis amoris, quo vos semper amavi, virtutem rationis admitteret. Hæc autem ratio, quamvis ad ostium mentis sæpius pulset, ei pulsanti non aperitur; nam funibus vestræ dilectionis alligata, intrare non sinitur. Vestram igitur prosperitatem diligere possum, vestram adversitatem desiderare ulla ratione non possum, sed illam meam faciens compassionis affectu, vobiscum usque ad mortem humeris charitatis portare paratus sum. Valete.

EPISTOLA XVIII.

Honorabili Patri et suo præcordiali amico Bernerio, viro sapientiæ doctrina, et vitæ meritis decorato, Goffridus Vindocinensis monasterii humilis servus, se totum cum posse suo.

Quod vobis, venerande Pater, dixi simpliciter, sicut audivi, monachi vestri intellexerunt nequiter. Et ego mando vobis, quia illud libenter corrigam, nec unde vestri insidiatores, quos filios credebam, vos valeant molestare, ulterius dicam. Simplicibus et bonæ **186** voluntatis hominibus me loqui putabam, sed præsentibus illis religiosæ simplicitatis inimicis ponam ori meo custodiam. Quorum impuritas, velit nolit, quandiu vixero, certis indiciis poterit approbare quam pura charitate vos diligo. Cum quo, si necessitas exigit, et adversitatem sustinere lætor, et sine quo prosperitatem habere non delector.

EPISTOLA XIX.

Bernerio vitæ laudabilis abbati, frater Goffridus, salutem et dilectionem.

Noveritis, quod tamen vobis in aure dico, Deo volente, me ad præsens Romam iturum: sed nec mulam habeo, nec mulum; et quia vos habere credo quod ego non habeo, humiliter supplico ut animal utrumque mihi præstetis, aut unum, vel, si placet, neutrum. Non tamen ideo de amicitia minus, quia vos propter vestra non diligo, sed propter vosmetipsum.

EPISTOLA XX.

Amico suo charissimo, Bernardo abbati (307) S. Launomari, Goffridus Vindocinensis monasterii humilis abbas, salutem.

Fratrem hunc, quem vobis notum, et ex parte familiarem agnovimus, cum litteris nostris ad vos

(307) *Bernardo abbati.* S. Launomari. Id est Blesensi, ut scripsit lib. II, epist. 14. Ivo epist. 172 : *Mauricius Blesensis cœnobii S. Launomari abbas.* Mauricii, ut puto successor Bernardus.

(308) *Coabbati Odoni.* Majoris Monasterii. Sic enim nostra est conjectura. Odonem virum religiosissimum, post restitutos Majori Monasterio monachos abbatem nonum, ejusdem cœnobii tabulæ succes-

mittere curavimus, ut eum **187** ad salutem animæ suæ in congregatione vestra recipiatis, si tamen recipere vultis. Diu enim, ut ipse bene nostis, nobiscum fuit, sed mores suos juxta desiderium nostrum corrigere noluit. Unde merito aut ejus malitiosa vita blasphemari potest, aut ignorantia, vel incuria nostra, quod Deus abnuat, accusari.

EPISTOLA XXI.

Venerabili fratri et coabbati, Odoni (308) suo præcordiali amico, frater Goffridus, salutem et dilectionem.

Fama discurrente sinistra ad nostrum usque pervenit auditum, quod Hierusalem redeundi habetis animum. Hierusalem semel vidisse vobis sufficere debet, quam si nunquam vidissetis, neque propter hoc contra vos orta esset calumnia diaboli, neque vobis necessaria indulgentia Dei. Fides utique monasticæ professionis eundo Hierusalem observari minime potest; sed violari. Hierusalem etenim ire, sicut indictum est laicis, sic interdictum est monachis ab apostolica sede. Quod novi ego ipse, sicut ille, cujus aures erant ad os domini Urbani papæ, cum et eundo Hierusalem peregrinari præciperet laicis, et ipsam peregrinationem monachis prohiberet. Ubi sanctus Benedictus de peregrinis monachis mentionem facit, de illis loquitur qui eo tempore mundo quidem renuntiabant, sese in Domini servitutem profitentes, nullam **188** tamen sua professione alicubi firmantes stabilitatem. Eos vero, qui certo in loco profitentur, ubi professi sunt, et bajulare crucem Domini, et Dominum sequi necesse est, non peregrinam quærere sepulturam. Non igitur sub occasione Hierosolymitani itineris deviemus ab itinere nostræ professionis, ne, dum falsam beatitudinem quærimus, veram et corporis et animæ inveniamus miseriam. Carnalis amore fratris vestri, qui in Hierusalem est, aut fortasse jam mortuus est, aut quousque illuc perveniatis mori potest, mens vestra ad illicita minime trahatur et spiritualium filiorum, et fratrum, quos sub pollicitatione fidei, vestræ regendos suscepistis, et de quibus etiam Domino redditurus estis rationem, cura deseratur. Non est enim opus fidelis et bonæ mulieris, proprios partus porcis exponere, et quos semel vigilans peperit, dormiendo opprimere. Hac arte Satanæ multi, qui in regeneratione prima diabolo, et in secunda diabolo simul et sæculo renuntiaverunt, terramque promissionis prævio Spiritu sancto jam ingressi fuerant, corde in Ægyptum sunt reversi, et manna fastidientes, ollas carnium, et cætera; quæ divinæ legi erant contraria, petierunt. Habuerunt itaque escas; sed in escis illis retia, quibus capti

sorem faciunt Guillelmi, diemque obitus notant XIII Kalend. Julias, et tumuli locum in dextra porticu ecclesiæ, juxta abbatem Bernardum Guillelmi prædecessorem. Hic rursus est Odo, abbas Majoris Monasterii, ad quem exstat Hugonis et Bernardi abbatum epistola post Ivonis epistolas edita. Quare Odoni haud dubie inscribenda est.

et hamum, quo sunt strangulati, invenerunt. Hi comparabiles sunt corvo infideli nuntio, qui cupiditate cadaveris Noe sancti patriarchæ contempsit imperium. Prius quidem, ut columbâ, acceperunt ramum olivæ, 189 cum quo ad arcam redirent, et in arca manerent, sed de fenestris arcæ, ad quas fide baptismatis et monastica professione jam volaverant, non redituri evolaverunt. De quorum numero quemlibet hominem, multo minus igitur Dominici gregis pastorem et custodem esse non opto, ne forte contingat, quod Deus abnuat, illum ex pastore lupum fieri, et ex custode latronem. Valete, et quæ bono animo scripsimus, vobis placeat retinere.

EPISTOLA XXII (509).

Frater Goffridus, dilecto confratri Amblardo Lemovicensi abbati (509*), sic fratres tibi commissos diligere, ne a te eorum diligantur errores.

Perlectis litteris tuis, quibus de monacho tuo conquestus es, agnovimus quod immemor ecclesiastici vigoris, et honoris, et officii ac ministerii sui oblitus, linguæ aculeis te exacerbare præsumpserit. Lingua quidem secundum Jacobum, inquietum malum est, modicumque membrum, sed magnam silvam incendit, quia animæ et corporis substantiam perdit. Lingua ignis est, et in ea universitas iniquitatis consistit (*Jac.* xi, 5-8). Lingua gladius est, quo Conditor et Redemptor noster a Judæis interfectus noscitur; nec illis tantum qui Christum gladio ferri, quantum illis qui eum gladio verbi peremerunt, mors Christi deputatur. Christus ipse in cruce jam positus pro illis potius oravit, qui eum gladio ferri pupugerunt, 190 non pro illis, qui eum gladio verbi occiderunt. Si igitur linguæ perversitas non restringitur, non multum prodest, si cætera mala corrigantur. Habes circa hujusmodi delinquentes, et in Veteri et in Novo Testamento, divina consilia et præcepta, cum Dominus Deus in Deuteronomio dicat : *Et homo, quicunque fecerit in superbia ut non exaudiat sacerdotem aut judicem, quicunque fuerit homo ille morietur, et omnis populus cum audierit, timebit, et non aget impie, ne moriatur* (*Deut.* xvii, 12, 13). Et ut sciamus hanc Dei vocem cum vera et summa majestate ejus processisse, ad honorandos et vindicandos sacerdotes, qui in ejus loco stant, aut de ejus loco cadunt cum adversus Aaron sacerdotem tres de ministris Core, Dathan et Abiron ausi sunt superbire, hiatu terræ absorpti ac devorati pœnas statim sacrilegæ audaciæ persolverunt. Nec illi soli, sed et cæteri ducenti quinquaginta, qui eorum comites ad audaciam fuerunt, prorumpente a Domino igne consumpti sunt (*Num.* xvi, 1). Unde vera proposi loqu probatur, quod non solum qui contra præpositos Ecclesiæ superbiunt, sed etiam qui consentiunt eis, a Deo damnantur. In libro quoque regnorum, cum Samuel sacerdos a populo contemneretur, exclamavit Dominus, et dixit : *Non te spreverunt, sed me* (*I Reg.* viii, 7). Et ut hoc ulcisceretur, excitavit Saulem regem, qui superbum populum calcaret et premeret, et per diversa pœnarum genera affligeret, ut contemptus sacerdos ultione divina vindicaretur. David sanctus, cum oram chlamidis Saulis regis pessimi, 191 et jam in Dei dispositione depositi, occulte abscidisset, quod factum parvissimam contra doctorem musitationem significat; magna cordis contritione se arrexit, quia in peccatore præposito Dei potestatem, quam venerari debuisset, et auctoritatem agnovit, quæ nec major justis pastoribus a Deo conceditur, nec minor injustis. Sed et Salomon in Spiritu sancto constitutus docet, quæ sit sacerdotalis auctoritas et potestas, dicens : *Ex tota anima tua time Deum, et sacerdotes ejus sanctifica* (*Eccli.* vii, 32). Et iterum : *Honora Deum tuum ex tota anima tua, et honorifica sacerdotes ejus* (*ibid.* 35). Quorum præceptorum memor, B. Paulus, cum sacerdoti, nesciens eum sacerdotem esse, maledixeret, et ei diceretur : *Sic insilis in sacerdotem maledicendo?* (*Act.* xxiii, 4) statim culpam agnovit : et quia noxam ex ignorantia contraxerit, asseruit dicens : *Nesciebam, fratres, quia pontifex esset. Scriptum est enim : Principem populi tui non maledices* (*ibid.*, 5). Et alibi dicit : *Non est potestas nisi a Deo. Et qui resistit potestati, divinæ ordinationi resistit; et qui resistunt, ipsi sibi damnationem acquirunt* (*Rom.* xiii, 1, 2). Dominus etiam noster ipse Jesus Christus, rex et judex et magister noster, usque ad passionis diem servavit honorem sacerdotibus, quamvis illi nec timorem Dei, nec agnitionem Christi servassent; nam cum leprosum mundasset, dixit illi : *Vade et ostende te sacerdoti* (*Matth.* viii, 4; *Luc.* xvii, 14). Ea humilitate qua nos quoque humiles esse docuit, sacerdotem appellabat quem sciebat esse sacrilegum. Item sub ictu passionis cum alapam accepisset, et ei diceretur; sic respondes pontifici ? Nihil contumeliose 192 locutus est in personam pontificis; sed magis innocentiam suam servavit, dicens : *Si male locutus sum, exprobra de-*

---

(509) Epistola hæc maximam partem exscripta est ex Cypriani 65 ad Rogatianum.
(509*) *Amblardo Lemovicensi abbati.* In diplomate Philippi I regis de translatione Mauziacensis cœnobii ad ordinem Cluniacensem subscribit *Ademarus abbas Lemovicensis*, hoc est S. Martialis, ut in dedicatione monasterii Vindocinensis *Odolricus abbas de S. Martiale* monasterium Lemovicense (quod pro monachis canonicos sæculares nunc habet) et monasterium S. Martialis unum atque idem est ut Floriacense, et S. Benedicti; Miciacense et S. Maxi- mini; Segestrum et S. Sequani; Uticense et S. Ebrulsi; Ricomagense et S. Amabilis. Alterum enim tituli nomen est; alterum loci, in quo condita fuerunt. Atque in iis sane locis, quæ unicum habent monasterium, id statim intelligitur. In ampliori vero civitatibus, et quæ multis cœnobiis nunc florent, de vetustissimo et sui temporis unico accipi debet, ut in synodo Remensi Leonis IX. Oylardus abbas Catalaunensis; de abbate S. Memmii; apud Ivonem epist. 216, abbas Carnotensis, id est S. Petri.

malo; si autem bene, quid me cædis? (JOAN. XVIII, 25.) Quæ omnia ab eo ideo facta sunt humiliter atque patienter ut nos suæ humilitatis ac patientiæ haberemus et sequeremur exemplum. Docet doctores Ecclesiæ legitime et plene honorari, etiamsi aliter agant quam debeant, dum circa falsos doctores Deus ipse talis existit. Præterea sanctos apostolos Scribarum et Pharisæorum, perversorum atque sacrilegorum doctorum, potestati substituit, quatenus apostolorum et probaretur humilitas, et meritum augeretur, et per hoc plebs Christiana disceret portare jugum veri sacerdotis, etiam sub falso sacerdote. Meminisse monachi debent, quoniam abbates Deus instituit; abbates autem monachos constituerunt. Quod si nos aliquid audere contra Deum possumus, qui abbates facit; possunt et contra nos audere monachi, a quibus fiunt. Qualescunque sunt Ecclesiæ doctores, de ipsis tamen Dominus dicit: *Qui vos audit, me audit, et qui vos spernit, me spernit* (Luc. X, 16); et : *Qui tangit vos, tangit pupillam oculi mei* (Zach. II, 8). Tangere hoc in loco non verberum quamlibet actionem significat, sed quæ fit in prælatos a subditis, præloquente prælato eis diabolo, linguæ vel cordis detractionem. Maria utique soror Aaron prophetissa, dum Moysi detraxit, quamvis ipse aliquanto aliter fecerit, illico stigmate lepræ perfusa est, et de castris Domini foras projecta (Num. XII.). Ozas etiam Levites, cum arcam Domini recalcitrantibus **193** bobus cerneret inclinatam, eam volens erigere, statim ab angelo Domini percussus interiit (II Reg. VI, 6, 7). Per arcam præpositus Ecclesiæ signatur, quem reprehendere minore ordini nulla ratione permittitur. Utile est et necessarium, ut B. Eusebius (510) dicit, ut rectores a subditis timeantur, et ab ipsis corrigantur ut humana formidine peccare metuant, qui divina judicia non formidant. Deteriores quippe sunt, ut idem ipse asserit, qui detractionibus doctorum vitam moresque, quamvis videantur reprehensibiles, insequuntur, his qui substantias aliorum prædiaque diripiunt. Et ideo juste infames sunt, et ab Ecclesia extorres fiunt. Nam sic odit Deus eos qui linguarum gladiis, seu quolibet alio modo adversus Patres armantur, ut Patrum invasores, et in omni mundo notantur infamia. Quos enim Deus suo reservavit judicio, humano examine condemnari nec debent, nec possunt. Et B. Gelasius papa (511): « Oves quæ pastori suo commissæ sunt, eum reprehendere, nisi a catholica fide exorbitaverit, nec debent, nec ullatenus accusare possunt, quia facta pastorum oris eorum gladio ferienda non sunt, quamvis recte reprehendenda videantur. Et B. Gregorius in Moralibus (512) scribit, dicens : « Magistrorum vita, etiam si jure reprehenditur oportet tamen ut a subditis sufferantur pariter et timeantur. » Subtilis ergo via tenenda est a subditis rectitudinis, et humilitatis, ut reprehensibilia magistrorum facta nec placeant, nec tamen eorum mentes a servanda **194** magistrorum reverentia recedant. Quod bene Noe debriato exprimitur, cujus nudata verecundiora boni filii aversi veniendo texerunt (Gen. IX, 23). Quid est quod filii verecundiam patris superjecto dorsis pallio aversi venientes operiunt, nisi quod bonis subditis sic præpositorum suorum mala displicent ut tamen hæc, ab aliis occultent? Si vero subditi a rectorum suorum reprehensione temperare se negligunt, usque ad reprehensionem ipsius conditoris excedunt, cujus superna dispositione prælati sunt. Nam si opera hominum injusta videntur, potestas, quæ a Deo est, nunquam erit nisi justa; quam injusti homines multoties propter subjectorum merita habere permittuntur. Non est toleranda a præpositis superba loquacitas vel præsumptio subjectorum. Hæc sunt enim sicut venerabilis (513) doctor et martyr Cyprianus, scribit, hæreticorum ortus, atque conatus schismaticorum male cogitantium, ut sic superbi superbis placeant ut præpositum superbo tumore contemnant. Sic de Ecclesia receditur, sic altare profanum extra Ecclesiam collocatur, sic contra pacem Christi et ordinationem, atque unitatem Dei rebellatur.... Oportet ergo monachum, de quo mihi scripsisti, ne et ipse dæmonium fiat, agere audaciæ suæ pœnitentiam, et honorem Dei in sacerdote etiam aliter agente agnoscere, et tota cordis et corporis supplicatione suo præposito satisfacere. Quod si superbus exstiterit, exerce in eum honoris tui potestatem, ut tanquam homicida, **195** ab omni ordine depositus, vel sic agnoscat ecclesiasticæ censuræ rigorem; nam si Deus superbis angelis non pepercit, superbis hominibus parcendum dedocuit. Homicidarum vero tria genera esse Clemens sanctus (314), discipulus B. Petri et successor ejus, in consilio residens asseruit, et pœnam eorum parilem fore nos docuit. Sicut enim interfectores fratrum, ita et detractores eorum, eosque odientes, homicidas appellavit, quia et qui occidit, et qui odit fratrem suum, et qui detrahit, homicida est, quoniam detractio, etiam si cum veritate misceatur, ex odio surgit. Optare tamen debes magis injurias odientium pietate et patientia vincere quam concessa tibi licentia et auctoritate vindicare. Vale, et quæ tibi scripsimus, si bona sunt, tene.

EPISTOLA XXIII.

Goffridus Vindocinensis monasterii abbas G. vene-

---

(510) *Eusebius*. Papa, cui tribuitur etiam ab Ivone decreti part. v, cap. 252.

(511) *B. Gelasius papa*. Quæ hic Gelasii dicitur sententia, eam Caio papæ tribuit Ivo part. v, cap. 253. Legitur in Eusebii epistola ad Ægyptios; unde et a Gratiano citatur II. q. 7. *Oves quæ*.

(512) *B. Gregorius in Moralibus*. Lib. XXV, cap.

14 et 15 et apud Adelbertum diaconum lib. II, cap. 155. Speculi, quod ex Gregorii Moralibus excerpsit.

(513) *Doctor et martyr Cyprianus*. Epist. 65 ad Rogatianum de diacono contumelioso.

(514) *Clemens sanctus*. Epist. 1 ad Jacobum fratrem Domini.

rabili priori de Charitate (315), *cum dilectione salutem.*

Præsentium latorem vestræ bonitati transmittimus, quatenus eum in congregatione vestra ad salutem animæ suæ, si vultis, recipiatis. Hoc tamen vobis laudare nec audemus, nec vituperare volumus. Diu etenim nobiscum fuit, et pravos mores suos semper emendare contempsit. Sed bonum, quod apud nos diutius facere distulit, apud vos forsitan facere curabit.

EPISTOLA XXIV.

Goffridus Vindocinensis monasterii humilis abbas, dilectis in Christo filiis Hamelino (316) *et cæteris omnibus, prospera mundi despicere, et nulla ejus adversa formidare.*

Gaudeo plane propter constantiam vestram, quam Deo acceptam esse non dubito, et coram bonis hominibus cognovi approbatam. Si molestum habetis, quod in ecclesia voces (317) cantando non exaltatis, dico vobis quia oris vocem Deus non attendit, sed cordis. Quare non est opus sonantibus verbis cum oramus; sed ubi sacrificamus, ibi et orare debemus. Ubi vero sacrificandum sit, Psalmista manifestat dum dicit: *Sacrificium Deo spiritus contribulatus; cor contritum et humiliatum Deus non spernit* (Psal. L. 19). Si quis forte huic sententiæ obviare tentaverit, asserens in ecclesia super altare esse sacrificandum, sicuti fit, verum est utique quod dicit... Sed scire debet, quia in Ecclesia altare ibi nihil aliud significat, quam cor in homine. Quæ ergo, fratres, *dicitis in cordibus vestris, in cubilibus vestris compungimini. Sacrificate sacrificium*, ut diximus, *sperantes in Domino* (Psal. IV, 5, 6) cujus misericordia adjuti visibilem et invisibilem superabitis inimicum. Certe, fratres, vos non pugnatis eo quod alicui sua auferre vel subripere velitis, sed ne sponsa Dei Ecclesia, quæ casta omnino debet esse et libera, sæcularitatis concubina fiat, et ancilla. Hoc si fieri posset, quod absit, non tam domus Dei quam spelunca latronum, et sentina vitiorum dici deberet. Est etiam alia causa vestræ magnæ securitatis, quod non feriendo, sed patiendo resistitis; et non tam pro vobis quam pro successoribus vestris hoc facitis. Unde patet quod ipsius Domini nostri Jesu Christi exemplum tenetis, qui et pro aliis pertulit [*f. mortem*], et patiendo hostem superavit: Et sicut Dominum Jesum, caput nostrum, vicisse diabolum veraciter credimus, ita et nos omnes adversarios nostros superare valebimus, si illius membra fuerimus. Charissimi, mirari nolite quod ad vos venire differo, quia sexum illum mihi suspectum (318) invenio, quem nec amicis bene fisum agnosco. Sexus iste nostrum primum venenavit parentem, suum quoque maritum et patrem, jugulavit Joannem Baptistam, inimicis suis fortissimum tradidit Samsonem, quodam etiam modo interfecit Salvatorem, quia nisi ejus culpa exigeret, Salvator noster pro nobis mori necessarium non haberet. Heu quantos jam perdidit! quos adhuc potest perdere non desistit! Ut breviter dicam, omnibus qui perierunt, qui pereunt, seu qui usque in finem sæculi perituri sunt, sexus iste duplicem contulit mortem. Nisi enim peccasset, et peccando primum hominem peccare fecisset, homo non moreretur in corpore, nec ejus anima in æternum periret. Væ sexui, cui nec timor inest, nec verecundia, nec bonitas, nec amicitia, qui magis timeri potest cum amatur, quam cum odio habetur. In his verbis epistola nostra concluditur. Dominus Jesus Christus sit abbas et Pater vester; bona ejus genitrix Maria, vestra mater. Ipsi Deo et Domino nostro, qui pro peccatis nostris in cruce positus, B. Joanni suam sanctissimam commendavit matrem, vestram, commendo fraternitatem, ut sua pietate vobis donare dignetur veram charitatem, veram obedientiam, puram cordis et corporis castitatem, et inter prospera humiles, et inter adversa securos vos faciat, et ad gaudia sine fine mansura perducat.

EPISTOLA XXV.

Goffridus Vindocinensis cœnobii servorum servus, dilectis in Christo fratribus, æternam benedictionem.

Quod vos diu est non visitavi, scitote hoc non meæ voluntatis fuisse, sed penitus necessitatis. Infirmitas enim, quæ dum apud vos essem me cepit, ut a vobis recessi, quatuor tantum diebus me dimisit; sed postea graviter invasit. Unde ab amicis nostris accepto consilio potionem sumpsi, qua dum corpus purgare debui, pene me corporis vita purgavi. Sed Dei gratia de infirmitate illa convalui, et ad vos quam citius potero, revertar, quos præ cunctis hominibus semper diligo et dilexi.

EPISTOLA XXVI.

Dilectis in Christo discipulis, Ingelbaldo (319), *et omnibus aliis, Goffridus eorum indignus Pater, salutem a Deo et benedictionem.*

Calumniæ, quæ in partibus patriæ Andegavensis fessos omni tempore habendum, tenendum et possidendum.

(315) *G. priori de Charitate.* Inter primarios quinque prioratus ordinis Cluniacensis principem locum tenet is, qui Charitati agri Nivernensis oppido ad Ligerim nomen fecit. Quibus acceptum hunc debeant Cluniacenses, Ludovici VI regis diploma Aurelianis editum docet his verbis: *Prioratus B. Mariæ de Charitate super Ligerim, quem Gaufridus Antissiodorensis episcopus et Guillelmus comes Nivernensis, et Bernardus de Chaillant, et alii fideles regni nostri, ad quos locus ille de charitate cum villa et pertinentiis suis omnibus, in spiritualibus et temporalibus totaliter pertinebat, Hugoni abbati et monasterio Cluniacensi et eorum successoribus dederunt, et concesserunt, absque ulla retentione per se monachos suos pro-*

(316) *Hamelino.* Lib. III, epist. 10 et 11, monachis Vindocinensibus scripta est hæc epistola cum aliquot sequentibus.

(317) *Quod in ecclesia voces.* Interdictum, opinor, designat quod Vindocinensibus suis indixerat adversus comitissam.

(318) *Sexum illum mihi suspectum.* Lib. I, epist. 26.

(319) *Ingelbaldo.* Monacho Vindocinensi. Ostiarius jam erat ante Goffridum abbatem, quando ad Urbanum papam, una cum Frotmundo priore missus est ob litem Credonensem cum monachis S. Albini.

olim contra nos ortæ fuerunt, divina opitulante gratia, ad honorem nostrum et utilitatem sunt sedatæ. Nevitium quemdam honestæ vitæ, et optime litteratum suscepi; quem sæculi pannis exutum regulari veste habeo vestitum. Domnus prior noster (520) infirmus tenetur, sed de beata illa anima quid dicerem, quæ si, vocante Domino, a sæculo migraret, nunquam, ut æstimo, gehennam sentiret? Sed me infelicem! me miserum! quem nulla peccatorum meorum recordatio momordit, dum carnis sanitas blandiretur, nunc saltem inopinata infirmitas, quæ me subito pressit, circa mea mala reddere deberet sollicitum. Cum sanguinis immoderantiam metuens parum me minui fecissem, minutionis die tertia, discors humorum fluxus ordinem naturæ transgrediens per diem et noctem de corpore meo emanavit. Quem dum bona Dei pietas restrinxisset, febris mihi cognita pridem me vacuum pariter et fatigatum statim arripuit. Hinc igitur non jam ut subditos, non jam ut discipulos, sed sicut dominos et amicos charissimos, ex intimo cordis affectu vos deprecor, quatenus quidquid in vos deliqui, propter charitatem, quæ Christus est, corde, ore mihi dimittatis, et infirmitati animæ meæ succurrere, quia valde necesse est, non differatis. Caro quidem, unde gloriari oportet, affligitur; animæ vero succurrendum est orando; de qua lugendum vehementer, si periclitatur.

EPISTOLA XXVII.

Frater Goffridus Vindocinensis monasterii qualiscunque minister et humilis servus, dilectis filiis et fratribus, Hugoni priori, et cæteris omnibus, perpetuam benedictionem a Domino et a se puram et integram dilectionem.

Quoniam oculus animæ nostræ vobis vigilat diligenter, ut mihi vicem mutuæ dilectionis reddatis, quæso humiliter. Vigilate itaque orantes pro me, licet indigno, vestro tamen pastore, qui vos intra sinum memoriæ nostræ semper contineo, et de mamilla proprii pectoris lac paternæ dulcedinis, absens quidem corpore, sed præsens dilectione, vobis tribuo, potum simul animarum vestrarum et escam. Tali potu et esca fidelium discipulorum mentes satiantur, dulcedine scilicet sui pastoris sui amore. Ego certe vestræ anxietati, quam pro nostra absentia vos habere non dubito, valde compatiens, pane tribulationis mens nostra frequenter cibatur, et potatur aqua angustiæ. Est mihi tamen consolatio maxima, chara videlicet dilectio vestra, et malorum hominum patienter portata persecutio. Vere vera dilectio vestra me consolatur, quæ pro purificatione animæ nostræ Deum die ac nocte precatur. Pravorum autem hominum etiam maledictio vehementer optanda est, et eorum benedictio non mediocriter formidanda. Nam maledictio illorum creat beatitudinem, et eorum benedictio acquirit damnationem. Unde si mihi non creditur, Christo saltem credatur, qui non mentitur, qui discipulis suis loquitur, dicens: *Væ cum benedixerint vobis homines* (*Matth.* v, 11); et: *Cum vos maledixerint beati estis* (*Luc.* vi, 26). Non horariam, sed assiduam fidelibus, non infidelibus, Christus in hoc mundo promisit pressuram. Unde vera ratione et Christi auctoritate probatur quod quicunque pressuram odit quam Christus promisit, non fidelis filii sortitur hæreditatem, sed infidelis servi carcerem promeretur. Nec promittentem diligit Christum, qui Christi promittentis odit promissum. Nos autem, fratres, et promittentem Christum et ejus promissum toto corde, tota anima, tota virtute diligamus, et pressuræ, quam suis promisit, si sui esse volumus, nos ultro offeramus, quia parum est, vel nihil penitus quamlibet pressuram pro tanto domino sustinere, cum ipsum Dominum pressuræ præmium agnoscamus. Omnis itaque pressura, tribulatio, et angustia desiderio desideranda est, ubi Christus est in causa. Christus utique semper est in causa Ecclesiæ suæ, in qua nulli deest homini sive justo, sive peccatori. In hac causa justum quidem probat, ut adhuc justificetur; hac examinat peccatorem, ut justus efficiatur. Pro hac causa ipsemet etiam carnem suscepit, et decertavit usque ad mortem; nec feriendo, sed patiendo superavit. Nos igitur amplius non affectemus laudes hominum, ut quaslibet eorum pressuras timeamus, sed Christum in sua causa esse nobiscum firmissime credamus, et pro ipso, qui nos redemit sanguine proprio, etiamsi opus fuerit, usque ad sanguinem decertemus. Nam pene aut penitus irremissibile nobis ab ipso peccatum imputabitur, si sanguinem nostrum pretiosiorem habeamus quam suum. Valete; et in causa Dei cum ipso constantes estote.

EPISTOLA XXVIII.

Goffridus Vindocinensis monasterii abbas, charissimo fratri Roberto, salutem.

Abstinentia, quam facis, scilicet quod tribus diebus tantummodo in hebdomada reficis, satis laudabilis esset, si quo modo videretur regularis. Regula namque, quam te observaturum coram Deo et sanctis ejus promisisti, præcipit quod, si quis fratrum aliquid Deo offerre voluerit, illud prius abbati suo ostendat, ut ejus voluntate et consilio fiat; si autem

---

(520) *Domnus prior noster.* Legendum ex veteri codice domnus, item lib. v, epist. 2: *Domno Radulfo.* Domni et domini perpetuum hoc discrimen apud Goffridum, quando de hominibus sermo est, quod domni vocem præponit nominibus propriis, aut iis, quæ propriorum vicem gerunt; ut *domnus Ildebertus, domnus Paganus, domnus Ernaldus, domnus Hamelinus,* et *domnus episcopus, domnus abbas, domnus prior, domnus archidiaconus.* In cæteris dominum dicit cum adjecti locum habet, ut in epistolarum inscriptionibus passim, *Domino et Patri Domino et amico.* Hac tamen exceptione, quod cum de papa loquitur, præcipui honoris causa dominum pro domno usurpat, ut *dominus papa, dominus papa Urbanus;* cum alii fere scriptores *domnum papam* et *domnum apostolicum* dicere soleant, domini nomen uni Deo tribuentes.

aliter fecerit, præsumptioni deputabitur, et non mercedi. Tu vero sine voluntate nostra hanc abstinentiam arripuisti. Unde timeo ne vanitati potius deputetur quam saluti. **203** Te igitur, frater, admoneo, ut quod voluntate propria præsumpsisti, voluntate nostra et consilio deseras, et cum Domino dicas : *Non veni facere voluntatem meam* (Joan. VI, 38). Iterum si te jejunare delectat, laudo, ut jejunando comedas (321), et comedendo abstineas. Ille enim jejunando comedit, et comedendo abstinet, qui sic quotidie comedit, quod ventri nullatenus satisfaciat. Uno siquidem die omnino abstinere, et altero ad plenum reficere, non satis videtur probabile. Die enim quo homo nihil cibi accipit multoties murmurat; altero vero cum multum desideratum cibum habuerit, vix modum in comedendo servat, et cum jam repletus fuerit, ineptam lætitiam gerit. Et idcirco utile valde, imo necessarium animæ et corpori esse cognoscimus, ut et caro quotidie cibis sustentetur, et tamen a vitiis refrenetur. Nam qui sic vivit, duobus modis sibi proficit, quandoquidem et ab elatione alienus existit, et cætera bona operari non renuit. Ad conquirendam itaque salutem æternam abstinentia corporalis sola non sufficit, nisi et animæ quoque jejunium per abstinentiam vitiorum fuerit sociatum. Et ideo, dilectissime, ita corpus exerce jejuniis, ut purges mentem a vitiis. Hoc est autem spirituale jejunium, per quod sine dubio societas acquiritur civium supernorum, et ille laudabiliter hoc jejunium servat, quem detractio nulla exasperat, quem nec furor nec immoderata ira exagitat, quem superbia gratia Dei **204** non spoliat, quem maledictis lingua non maculat, quem rancor seu murmur non cruciat. Vale; et super hoc obedire non negligas.

EPISTOLA XXIX.

Goffridus Vindocinensis monasterii servus, suo multum dilecto fratri et filio Rainaldo, Deum timere et cum timore diligere.

Infirmitas vestra, quam nostram facimus compassionis affectu, non magis sibi subveniri exigit quam nostra optat dilectio. At quia animo cupienti nil satis festinatur, forsan venit vobis in mentem quod salus vestra aut non curetur a nobis, aut oblivioni tradatur. Sed non ita est, quia omnia, quæ mandastis vobis esse necessaria, quæsivimus; quæsita jam quædam invenimus; quædam adhuc invenire nequivimus. Medicus vero, in quo spes sospitatis vestræ tota suspenditur, ad nos venit, Turonum rediturus, ibi confecturus medicinam omnino vobis profuturam, ut asserit, et sic ad vos nobiscum venturus. Interim mittit vobis electuarium utile valde vestræ infirmitati, imo necessarium, quod quotidie jejunus accipiatis, et post cœnam antequam dormiatis.

(321) *Laudo ut jejunando comedas.* Idem est consilium S. Hieronymi epist. 22 ad Eustochium : *Sint tibi quotidiana jejunia, et refectio satietatem fugiens. Nihil prodest biduo, triduoque transmisso vacuum portare ventrem, si pariter obruatur, si compensetur*

205 EPISTOLA XXX.

Frater Goffridus, fratribus et filiis, R. priori et aliis omnibus, omnia quæ corpori sunt necessaria, et utilia animæ, a Deo Patre et Domino Jesu Christo, et Spiritu vobis multiplicentur, ut bona voluntate Domino serviatis, et gaudeatis in ipso.

Cum tranquillitate, et multa pace, et omni amicitia desiderio desidero venire ad vos; sed quæ sunt necessitatis vestræ et utilitatis me impediunt : unde Deo auxiliante expediar, et quam citius potero vos videbo. A quibus licet absens corpore videar, me vobis firma fide credatis corde semper et dilectione præsentem; vos enim estis sensus mei, mea cogitatio; vos viscera mea, vobis utrumque dedi, corpus utique meum, et animam meam; pro vobis utrumque, ut fidelius possum, expendo quotidie. Per vos utrumque commendo Domino Deo vivens; et etiam moriens commendabo. De cætero, fratres, quæ bona sunt et sancta, quæ bonæ famæ, quæ sanæ doctrinæ et disciplinæ cogitate et facite, quoniam vobis a Deo optime retribuetur, et a me pro viribus meis, qualicunque vestro pastore. Valete, et quæ vobis in membranis scripsi, in cordibus vestris transcribite, ne me pœniteat, ingratis, quod absit! tam bona scripsisse.

206 EPISTOLA XXXI.

Frater Goffridus fratribus et filiis, R. priori, et cæteris omnibus, Deum timere, observare mandata ejus.

Mandavi et mando quod pro vestra necessitate et utilitate feci moram; sed ad præsens prævio Spiritu sancto veniam ad vos, quos puræ dilectionis affectu dilexi, et diligam. Si tales invenero, quales vos invenire desidero, talem me invenietis, qualem invenire desideratis. Servate innocentiam, humilitatem habetote, diligite patientiam. Ista sunt enim quæ discipulorum obedientiam laudabilem faciunt, et tranquillam mentem magistrorum. Hæc absens scribo, ut mihi detis occasionem vobis quod melius potero faciendi cum præsens fuero. Si fratres, qui aliter quam debuissent fecerunt, se digna emendatione correxerunt, mihi multum placet, et omnipotenti Deo multiplices grates et gratias ago. Natura nostra etiam ad culparum vindictam invita trahitur, et velox est ad indulgentiam. Consilium quidem stabile unicuique rectori animæ inesse debet, sed in eo qui peccavit et pœnitet, non sit difficilis mutare sententiam. Utinam qui peccavit, tam cito pœnitentia duceretur quam cito mutaretur in ipso nostra sententia. In ædificationem me missum intelligo, non in destructionem. Neminem vestrum vexare quæro **207**, sed vobis omnibus opto quietem. Sed ille, inquam, insanus est, et malignum spiritum habet qui eum ad iram provocare satagit, a quo post *saturitate jejunium, et epist. 10 ad Furiam : Parcus cibis et venter semper esuriens, triduanis præfertur jejuniis, et multo melius est quotidie parum quam raro satis sumere.*

Dominum omnia sperare licet, et sine quo nihil ei possit esse quod prosit. Valete.

EPISTOLA XXXII.

Goffridus abbas non suis meritis, sed Dei gratia, dilectis filiis R. priori, et omnibus aliis salutem et dilectionem.

Quod vobiscum in Pascha non fui, nostri corporis infirmitas causa exstitit. Gibbus enim mihi crevit in dorso; unde me secari oportuit. Et quamvis inter manus et lacrymosas voces dilectarum Deo (322) sanctimonialium de Fonte Ebraldi, rasorio scribente in nostra carne suas litteras, corpus nostrum infirmitate pariter et vulnere non mediocriter fatigatum teneretur, nec infirmitas, nec secantis crudelitas, nec statim impositi salis asperitas, ut vos vel ad momentum oblivisceret, facere potuit, sed spiritus puræ dilectionis, quo vos semper dilexi, et diligo, et diligam, mansit vobiscum. Dei laudem adjuvante clementia aliquantulum de infirmitate convalui, et partim aqua, partimque equo portatus Andegavim veni. Valete in Domino omni tempore, ipsum Deum, et Dominum nostrum rogantes, ut me, et in infirmitate patientem, et in prosperitate 208 humilem faciat, et me, et vos in sui dilectione custodiat.

EPISTOLA XXXIII.

Goffridus abbas non suis meritis, sed Dei gratia, dilectis filiis R. priori, et omnibus aliis illam a Deo quam dedit suis sanctis discipulis benedictionem.

Pro vestris piis precibus et lacrymis, quas pro me, licet indigno pastore vestro, filiali devotione Domino Deo obtulistis, multiplices gratiarum refero actiones. Pius et patiens Dominus, cujus patientia me diu peccantem sustinuit, pietate sua, vestris intercedentibus meritis, meæ infirmitatis et vulneris specialis medicus fuit. Unde nullatenus valeo despe-

(322) *Sanctimonialium de Fonte Ebraldi.* Fontis Ebraldi nudum nomen vidimus lib. I, epist. 24 et 26. Hic sanctimoniales nominat, quibus celeberrimum eo loci monasterium Petri episcopi Pictaviensis, in cujus diœcesi haud procul a Turonum Andegavorumque finibus est locus, nutu et auctoritate instituit Robertus de Arbrissello is ad quem scripta est epistola 47 hujus libri. Conditum anno Christi 1100 notat Chronicum Turonense his verbis : *Anno Domini 1100 Henrici imper.* XLIV, *Philippi regis* XL, *concilium Pictavis celebratur, nec multo post abbatia Fontis Ebraldi in Pictaviensi diœcesi fabricatur.* Mirum est quod de ingenti sanctimonialium ejus loci numero prodit Sugerius abbas, cum scriberet, hoc est annis nondum ab ortu cœnobii quinquaginta, ad quatuor fere aut quinque millia excrevisse; sed digna est Sugerii epistola, quæ propter argumentum integra legatur. Sic ergo scribit ad Eugenium III papam :

Sugerii abbatis epistola ad Eugenium III pro sanctimonialibus Fontis Ebraldi.

« Charissimo domino et Patri. Dei gratia summo et universali pontifici Eugenio Sugerius, beati Dionysii abbas, obedientiæ et servilii plenitudinem. Pro sororibus apud Fontem Ebraldum sancta et Deo acceptabili religione degentibus, quas episcopus Pictaviensis, subjectionem ab eis requirens, earumque abbatissam benedicere nolens defatigat, sancti apostolatus vestri celsitudinem, qua possumus prece pulsamus, ut sicut vestræ incumbit discretioni, im-

fare sospitatem. Ego quidem quam citius poterø ad vos veniam, quos desiderio videre desidero, et in quibus post Deum totius animæ meæ posui intentionem. Valete.

EPISTOLA XXXIV.

Goffridus Vindocinensis monasterii servorum servus, dilectis in Christo filiis (323), Goffrido de Surgeriis, Jordano de Podio rebelli, Rainaldo Cartaldo, Herveo de Olona, salutem.

Mandamus vobis, et mandando præcipimus, quatenus in proxima sanctæ Trinitatis festivitate ad nos venire, et monasterium vestrum, prout dignum est, visitare non differatis 209, quod etiam non invitati facere deberetis. Hoc autem si quis vestrum contempserit, nisi gravi corporis infirmitate detentus, donec de inobedientia satisfaciat, a sanctæ ecclesiæ liminibus alienus existat.

EPISTOLA XXXV.

Goffridus Vindocinensis monasterii humilis servus, dilectis in Christo filiis, Jordano, Rainaldo Cartaldo, salutem et benedictionem.

Si jussionibus nostris aliquando vos gravamus, non ideo contra nos murmurare debetis, vel, quod absit! nos odio habere, quoniam vobis multa imperamus necessitate monasterii potius quam voluntate. Obedientia tamen hanc sibi specialiter potestatem vindicat, ut non tam ejus cui præcipitur quam ejus qui præcipit voluntas fiat. Unde Dominus in Evangelio obedientiæ formam tribuens, dicit : *Non veni facere voluntatem meam, sed ejus qui me misit* (Joan. VI, 58). Expedit itaque vobis, secundum Domini sententiam, alterius obedire voluntati, non vestram sequi. Sed quæ, vel quanta vobis ob hoc in futuro merces repromittitur, si bene consideratis, suave leveque vobis erit quidquid in præ-

becillitatem debilium confovendo sustinere, quid unicuique expediat providere, fragilitati sexus condescendatis, et quæ vestra auctoritate innituntur, eas sub vestra protectione retineatis, nec alteri subjici velitis, et ab hac defatigatione in pace eas esse faciatis. Novit enim vestra discretio quod animabus earum non expedit claustra monasterii sui exire, nec hac occasione, vel alia sæculo se jungere. Nostis enim, si vestræ placet paternitati, quod præfatus episcopus subjectos suos consuevit inquietare. Placeat igitur excellentiæ vestræ ab iis molestiis eas eripere, et ut in pace Deo deserviant, eis in multitudine misericordiæ vestræ providere, sub protectione Dei cœli, et vestra apostolica auctoritate confovere, et protegere, utpote tantum tantæ religionis locum, quem cum in partibus illi in scholis essemus, noviter inceptum esse vidimus, et pro Dei voluntate fere usque ad quatuor aut quinque millia sanctimonialium jam excrevisse audivimus, et gaudemus. »

(323) *Goffrido de Surgeriis.* Elenchus epistolarum in codice Cenomanensi, fratribus de Santonia scriptam monet; quod majori ex parte verum est. In pago enim Santonico est ecclesia Surgeriarum, de qua dictum lib. III, epist. 40; itemque ecclesia de Podio rebelli quam Vindocinensi cœnobio, approbante filio Guillelmo comite Pictaviensi, dedit Agnes comitissa. At Olona in littore Pictavico, tabulæ fundationis : *In pago Pictaviensi medietatem ecclesiarum de Olona cum decimis, salinarum, et vinearum et omnium inde exeuntium.*

senti pro Domino sustinueritis. Repromittitur siquidem vobis vita sine senio, satietas continua sine fastidio, societas angelorum, et quod super omne bonum est, facie ad faciem assidue videre Deum. Et quia de obedientia charitatis vestræ loqui cœpimus, sub ipsius obedientiæ nomine 210, et in remissionem omnium peccatorum vestrorum mandamus vobis, quatenus pisces nostros, cibaria videlicet fratrum vestrorum, usque Andegavim adducatis. Valete, si obedientes fueritis.

EPISTOLA XXXVI.

Goffridus, qui gratia Dei est id quod est, dilectis in Christo fratribus, Hamelino priori (324), Briccio cellarario, salutem.

Volo vos non ignorare, sed firmiter credere, me cum magno comitatu pro causa, quam scitis, Andegavim venturum vigilia Ascensionis, si detentus non fuero, quod Deus abnuat! corporis infirmitate. Hoc vobis curavi prædicere, quos ad expensas faciendas paratos desiderio desidero invenire. Si vero verbis aut clamore cordis objicitis paupertatem vestram ad hæc minime posse sufficere, hic nulla necessitas cogit me respondere, sed imperat veritas vos non debere sic loqui, nec sic cogitare, qui divite Christo non debetis pauperiem formidare, et quibus quod habemus, nullatenus potest deficere. Mallemus quidem quidquid Credonis possidere cernimur honorabiliter expendere quam rebus ecclesiæ Dei injustas ac pravas consuetudines homo incompositus et fatuus absque reclamatione violenter posset imprimere. Valete, et cui servitis, de sancti Clementis magna clementia confidite, de victoria nihil penitus hæsitantes.

211 EPISTOLA XXXVII.

Goffridus Vindocinensis monasterii humilis servus, dilecto fratri Hamelino, sic obedire, ut obedientiæ fructum possit recipere.

Infirmitati tuæ, qua, ut mandasti, ingravescente ad nos venire non potuisti, sed domum redire potuisti, quanto possumus, et debemus cordis affectu compatimur. Illam tamen infirmitatem vehementer miramur, quæ tibi impedimento fuit, ne ad nos venires, et impedimento esse non potuit, ne redires. Certe si non potuisses venire, sicut potuisti redire, mittere debuisses per quem constitutionem Dei et nostram compleses. Firmissime crede, et nullatenus dubites, fili in Christo charissime, quod monachus qui verbis obedientiam sapit, et obedientiæ opus non facit, verbis quidem monachus videtur, sed opere monachus esse negatur. Unde ejus verba verbera potius quam gratiam promerentur. Vale, et formosa verba obedientiæ prosequere obedientiæ formoso opere.

(324) *Hamelino priori.* Credonensi. Urbanus II Goffrido : *Ecclesia parochialis S. Clementis de Credone, et universæ ecclesiæ, quæ infra terminos ejusdem parochiæ continentur.* Sed de Credonis castro et quæ in eo est ecclesia S. Clementis, epist. 44, et lib. v, epist. 27.

(325) *Andreæ.* Priori, ut patet ex epistola 40, sed

EPISTOLA XXXVIII.

Goffridus Vindocinensis monasterii servus, dilecto fratri Andreæ (325), salutis monita oblivioni non tradere.

De te nobis relatum scias quod generalem refectorii panem et vinum respuisti, et ut 212 alium panem, vinumque aliud tibi quæreret, cellarario præcepisti. Si per invidiam et non ex veritate dictum est, dicentem non dubites pœnam acquisisse sibi. Si vero a te actum est, sapienter corrige quod fecisti. Oportet enim te, frater, sic in omnibus temperari, ne quasi libera utens potestate quidquam facias, unde merito fratribus, quos tuæ dilectioni commisimus, scandalum valeat vel murmur generari.

EPISTOLA XXXIX.

Goffridus Vindocinensis monasterii humilis servus, dilecto in Christo filio Andreæ, prudenter et simpliciter in omnibus ministrare.

Circa fratres, quos tuæ fidei commisimus, sic te decet esse sollicitum, ut dum animas eorum salvare desideras, curam corporum exhibere non negligas. Non enim bene in homine animam diligit, qui corpori in sua necessitate refugit subvenire. Utrumque Deus condidit, et ut utrumque repararet, utrumque suscepit; carne quidem mortuus est, et animæ vitam, quam peccato suo perdiderat, iterum dedit. Non ex carnis corruptione, sicut quidam putant (326), animæ mors processit; nec diabolus prius carnem nostram infecit quam animam. Unde qui recte credit, intelligit quod corruptibilis caro non animam peccatricem, sed anima peccatrix carnem corruptibilem fecit. In quibus fraternitati tuæ non dicimus, ut ea facias, vel consentias 213 quæ inordinate concupiscit voluptas, sed quæ juste fieri cogit necessitas. Vale.

EPISTOLA XL.

Goffridus Vindocinensis monasterii humilis servus, venerabili fratri suo Andreæ. « *Non veni facere voluntatem meam, sed ejus qui misit me* (Joan., VI, 38), » *memoriter retinere.*

Ad te, dilectissime, dilectum filium nostrum Ilebertum misimus, quem in rebus sæculi providum esse cognoscimus, et ut ea quæ foris agenda sunt, sapienter et tuo consilio agat, præcipimus, hoc sibi specialiter injungentes, quatenus te toto corde diligat, et tibi tanquam priori suo diligenter obediat. Tu vero te talem circa ipsum et cæteros tuæ dilectioni commissos fratres cura pastorali exhibe, ne quid minus perfectionis in eis Pastor æternus valeat invenire. Quod si circa animas tuæ fidei creditas, juxta admonitionem nostram, te sollicitum exhibueris, firmissime crede, et nullatenus dubites, quoniam de minori substantia merito causari non poteris. Deus enim per me indignum famulum suum tuam supplecujus loci prior fuerit non significat.

(326) *Non ex carnis corruptione sicut quidam putant.* Ex Augustino, lib. xiv. De Civitate Dei, cap. 3 : *Corruptio corporis quæ aggravat animam, non peccati primi est causa, sed pœna; nec caro corruptibili animam peccatricem, sed anima peccatrix fecit esse corruptibilem carnem.*

bit inopiam, et pro grege bene servato mercedem ab ipso recipies sempiternam.

EPISTOLA XLI.

Goffridus Vindocinensis monasterii humilis servus, Guillelmo, et aliis fratribus apud Castellum (327) manentibus, salutem.

Frater Guillelme, diximus tibi ut ad nos quam citius posses venires, et Bernardum tecum adduceres. Tu autem quæ tibi diximus non fecisti, sed litteras, quales tibi placuit, nobis misisti, in quibus Bernardum, non posse venire significasti. Ad hæc tibi respondemus quia, si venire non potest, deferri potest. Præcipimus igitur tibi auctoritate sanctæ Regulæ, ut infra quatuor dies, visis his litteris, ad nos venias, et Bernardum, si equitare non potest, afferri facias. Si vero aliter feceris, et te perpetuæ infamiæ nota damnamus, et Bernardum ita excommunicamus ut nec communionem percipiat vivus, nec sepulturam defunctus.

EPISTOLA XLII.

Goffridus Vindocinensis monasterii servus, Guillelmo priori de Castello et fratribus qui cum eo sunt, observare regulam, et gulæ irritamenta declinare.

Pervenit ad aures nostras de vobis irreligiosa et inordinata prorsus opinio. Dictum est enim quod contra Regulam, quam coram Deo et sanctis ejus vos observaturos promisistis, carnes solemniter et generaliter manducatis. Unde si ita est, imo quoniam ita esse credimus, vestræ intemperantiæ vehementer condolemus; et ne ulterius fiat, Regulæ vobis auctoritate prohibemus. Carnis comestio, sicut monachis pro corporis infirmitate conceditur, ita eis in carnis voluptate negatur, infirmi etiam si a carne penitus abstinerent, non propter hoc Regulam violarent. Carnibus namque vesci in Regula non est præceptum monachis infirmis, sed permissum. Sed quia paucorum vel nullorum istam virtutem esse cognoscimus, ut videlicet a carne omnino abstineant, cum alicui carnem comedendam tribuimus, rationabilis est consideranda necessitas, non carne carnis nutrienda cupiditas.

EPISTOLA XLIII.

Goffridus Vindocinensis monasterii humilis servus, dilecto in Christo filio Guillelmo, et fratribus cum eo apud Castellum manentibus, obedire Deo magis quam hominibus.

Nuntiatum est nobis quia tantam sæcularium hominum, et quod periculosius est, mulierum frequentiam vobiscum esse patimini quod vix aut nunquam quæ Dei sunt loqui potestis vel meditari. Et ubi inordinate sæcularis est assiduitas, diu deesse non creditur grandis iniquitas, maxime in loco, in quo sexus femineus habitare permittitur, per quem etiam religiosæ personæ suspectæ habentur. Sexus tamen ille, ubi bonus, nullus melior, sed ubi malus, nullus est pejor. Bonitatem vestram, dilectissimi fratres, præsentibus litteris admonemus, et admonendo rogamus, ut si quid minus caute nunc usque egistis, nullomodo corrigere differatis, ne forte ordini vestro, quod absit! acquiratis infamiam, et sic, justitia dictante, nos contra vos provocetis ad iracundiam. Valete, et quæ mandamus diligenter observate.

EPISTOLA XLIV.

Goffridus Vindocinensis monasterii minister indignus, dilecto in Christo fratri Bernerio priori Credonensi (328), Deum diligere et cum dilectione timere.

Suæ professionis fidem non bene custodit, qui B. Benedicti Regulæ, quam se [f. a se] coram Deo

---

(327) *Guillelmo et aliis apud Castellum.* Priori et monachis. Honorii II et aliorum litteræ, plurali numero enuntiant, *Ecclesiam B. Mariæ de Castellis*, quo modo nunc etiam vulgo vocitant Andegavorum vicum in extrema eorum diœcesi Turonum finibus conterminum. Qui igitur Goffrido prior de Castello dicitur, aliis prior B. Mariæ de Castellis diceretur.

(328) *Bernerio priori Credonensi.* Notissimum est Credonis, sive ut Gallicus mos inflexit Craonis castrum in inferiore Andegavorum pago Armoricis finitimum. Huic proximam Ecclesiam S. Clementis nomine insignem Suhardus Credonis olim dominus S. Albini monasterio statis legibus cum donasset, post modum Guarinus Suhardi filius, quod pacta non expleserent, in jus suum revocavit, et clericos pro monachis in ea constituit. Deinde vero Goffridus Martellus comes Credonensi dominio in manum suam ac fiscum recepto, S. Clementis ecclesiam Vindocinensi cœnobio, quod recens fundarat, addixit, priusquam Credonense dominium Roberto Burgundioni concederet, quod ipsemet in Tabulis fundationis Vindocinensis testatur his verbis: *In episcopatu Andegavensi ecclesiam S. Clementis apud castrum Credonense cum omnibus ad ipsam pertinentibus, quam quidem exceptam, sicut prius B. Petro donatam, retinuimus, cum honorem Credonensem Roberto Burgundioni fideli nostro donavimus.* Inde orta monachorum S. Albini cum Vindocinensibus de ecclesia Credonensi diu ac sæpe agitata contentio. Primum apud Nicolaum II, qui eam Vindocinensibus adjudicavit, ut ejus nos litteræ docent ad Ordericum abbatem: *Apud Castrum,* inquit, *Credonense parochialis ecclesia S. Clementis, de qua inter Vindocinenses et B. Albini monachos in præsentia nostra querimonia orta fuit, et apostolicæ sedis judicio Vindocinensi monasterio adjudicata.* Iterum apud Urbanum II qui rem ita composuit ut Vindocinensibus maneret quidem ecclesia S. Clementis, sed ita ut ejus loco unam de tribus designatis, quam ipsi mallent, S. Albini monasterio cederent. Delecta est et S. Albino transcripta ecclesia S. Joannis super Ligerim. De qua rursum a Goffrido nostro et Vindocinensibus, qui se Urbani sententia læsos judicabant, nova excitata est controversia. Sed vicit tamen, ut ad lib. I epist. 8, dictum est, Urbani auctoritas, relicta S. Albini monachis, quorum in potestate hodieque manet; S. Joannis ecclesia, Goffrido, ut reor adhuc superstite, cum ab Innocentio II in litteris ad Frotmundum Goffridi successorem, inter eas jam non numeretur, quas Vindocinense cœnobium in diœcesi Andegavensi possidebat. Quæ omnia paulo fusius hoc loco exposita sunt, ut controversiæ, cujus aliquot locis meminit Goffridus, quænam causæ fuerint intelligatur. Nunc Urbani de ea re decretum, quoniam aliis etiam in rebus usui esse potest, ex S. Albini armario proponemus. Hoc igitur est exemplum:

Urbani II decretum de controversia Credonensi inter monachos S. Albini et Vindocinenses.

Urbanus episcopus, servus servorum Dei, dilectis

et sanctis ejus jurejurando tenendam promisit, non obedit. Sancta etenim Regula nos edocente didicimus quod sua peccata et aliena quibus inficitur, abbati suo non occultare, sed revelare debeat monachus. Tu vero peccatum præpositi tui (329), quod consentiendo tuum fecisti, non occultum, sed publicum, quia cum publicis mulieribus publice factum, nobis occultasti. Unde evidentissime patet quod te peccando et nos contemnendo læsisti. Præsentibus igitur litteris tibi præcipimus ut camerulam illam in qua sordidator ille et sordidus pravam exercuit actionem omnino et festinanter destruas, et extraneum a claustro, et a curte B. Clementis (330) facias eum. Quod quandiu distuleris facere, **217** tandiu te ab introitu sanctæ ecclesiæ esse volumus alienum. Vale.

EPISTOLA XLV.

Frater Goffridus, Bernerio priori, benedictionem a Deo, et a se dilectionem.

Infirmitatem tuam, frater in Christo charissime, audivimus, quam fecimus nostram compassionis vi

In Christo filiis Goffrido abbati S. Albini Andegavensis, et Bernoni abbati S. Trinitatis Vindocinensis, salutem et apostolicam benedictionem. Anno Dominicæ Incarnationis 1093, pontificatus nostri v, indict. I, cum essem in provincia Calabriæ apud monasterium S. Mariæ quæ dicitur de Matina, monachi S. Albini, Girardus prior, Milo, Stephanus, adversus monachos S. Trinitatis de Vindocino, Frotmundum priorem, Ingelbaldum ostiarium, qui præsentes aderant, conquesti sunt, quod Vindocinenses fratres ecclesiam S. Clementis Credonensis, quæ a monachis S. Albini juste secundum illorum temporum consuetudinem acquisita, et per 50 annos quiete, et sine interruptione possessa, violenter ablatam injuste detinerent. Qui cum suis instrumentis et rationibus causam suam defendere niterentur, primo die proclamationis, res diu et multum ventilata nullo potuit fine terminari. Secundo vero die similiter multum discussa, ad nullum tamen est finem deducta. Die autem tertio, xii scilicet Kalendas Decembris, residentibus nobis in Anglone civitate Apuliæ, præsidentibus religiosis et venerabilibus tam episcopis quam sanctæ Romanæ Ecclesiæ cardinalibus sive diaconibus, astantibus etiam nobilibus Romanis, et comitibus Apuliæ gloriosissimis, Boamunte et Guillelmo; re iterum diu et multum inquisita tandem inspirante Deo lucidius eluxit, in quam potius partem justitia declinaret. Cum enim utraque pars suis nobis allegationibus obviaret, et hinc pactionem abbatum, confirmationem pontificum, Romanæ Ecclesiæ legatorum, illinc vero legitimum introitum, et canonicam 30 annorum possessionem nobis opponerent, nos qui omnium fidelium causas æqua lance pensare debemus, utriusque utilitati providentes, ipsam litem concordiæ convenientis æquitate decidere maluimus. Omnes igitur qui nobiscum aderant hanc sententiam collaudantes, consentientibus prædictis utriusque cœnobii fratribus, et in manus nostras fidem pollicendo firmantibus, concordia et pax inter eos hoc modo posita est, ut scilicet Vindocinenses monachi de his tribus ecclesiis, aut ecclesiam Manitilium, vel S. Saturnini, sive S. Joannis supra Ligerim, unam quam congregatio tota S. Trinitatis elegerit, cum omnibus quæ ad eamdem ecclesiam, tam mobilibus quam immobilibus, interius exteriusque ad præsens pertinent, infra dies 30 postquam domum redierint, monasterio S. Albini in perpetuum tradant. Fratres itaque S. Albini omnem litem, omnemque calum

sceribus. Et quia te consilio, et auxilio pariter indigere non ignoramus, dilectum nostrum fratrem et filium Gilbertum tibi transmittimus, qui pro te curam totius domus B. Clementis adimpleat, et tuis præceptis in nullo contradicat. Tu vero sic tua moderare præcepta ut quod ipse fecerit, cum timore Dei faciat et amore. Vale.

EPISTOLA XLVI.

Goffridus Vindocinensis monasterii servus dilectis fratribus, I. priori et cæteris omnibus, benedictionem a Domino Deo, et a se dilectionem.

Mandastis nobis, quod dictum vobis fuerat, quod Herbertus presbyter de Saviniaco quamdam maritatam tenebat, cujus maritum nocte graviter vulneravit, eo quod propriæ uxori adulterini amoris habenas non laxabat. Si vera sunt hæc, quæ de presbytero fama sparsit, valde nequam est presbyter qui talia fecit. Nos tamen non decet, et secundum canones (331) nulli licet, in incerta re certam sententiam dare. Licet enim vera sint, non sunt tamen credenda, nisi prius canonico ordine **218** fuerint comprobata,

niam ex causa hac in manus nostras et Vindocinensium fratrum refutarunt; Vindocinenses vero unam supradictarum ecclesiarum in manus nostras reddiderunt, et per nos eosdem monachos investierunt. Præsenti igitur auctoritate fraternitatem vestram admonemus et præcipimus, ut hoc pactum a nobis intentione pacis et quietis dispositum et statutum omni tempore deinceps ratum et inconcussum teneatis et observetis. Quæcunque autem pars hanc nostræ decisionis sententiam non susceperit, vel transgredi præsumpserit, tam canonum severitati subjaceat quam legitimæ compositionis pœnam, id est auri centum librarum sustineat, et a causa penitus cadat. Data Tarenti viii Kal. Decemb.

(329) *Præpositi tui.* Præpositus monasterii dicebatur is, cujus secundum abbatem cura erat domus et domesticæ disciplinæ. Priorem claustralem hodie vocant. Aliud ergo abbas seu Pater monasterii, aliud præpositus, ut Fundani monasterii, de quo B. Gregorius l. Dialog. 4. Abbas erat Honoratus, præpositus Libertinus Soractensis, de quo cap. 7 præpositus Nonnosus: abbas alius, quem asperrimum fuisse scribit. Eodem modo distinguunt Græci πατέρα καὶ ἡγούμενον τῆς μονῆς. Ex hoc vero loco patet non solum sub abbatibus, verum etiam sub prioribus fuisse præpositos, in iis nimirum prioratibus qui conventuales essent, ut appellant: cujusmodi est Credonensis.

(330) *A claustro et a curte B. Clementis.* Id est a monasterio et villa. Curtes olim villas vocabant, sed allodes et liberi juris: In donatione Adelæ comitissæ, quam S. Albini monasterio instituit, anno 974: *Domo igitur illi curtem, dono mihi a parentibus traditam, sitam in pago Belvacensi, quæ vocatur Undanis villæ, cum duabus ecclesiis, una in honore sanctæ Dei genitricis Mariæ constructa, altera in honore S. Aniani.* Sic curtis et ecclesia Campiniaci, curtis Maironis, curtis Chiriaci, et aliæ in ejusdem cœnobii tabulario. Hæret hodie curtis nomen in extremis plurimorum Galliæ locorum vocabulis, ut Bovonis curtis in pago Remensi, Hunoldi curtis in Cameracensi, et aliis.

(331) *Secundum canones.* Gregorius Magnus lib. viii, epist. 50, Constantio episcopo Mediolanensi. *Grave satis est et indecens ut in re dubia certa detur sententia.* Quæ sequuntur, nunc ex Victoris I epistola ad Alexandrinos; nunc ex Sixti II epist. 2 citat Ivo part. v, cap. 244 et 247: Gratianus XI, q. 5. *Quamvis vera*, ex Augustino De pœnitentia cap. 3.

n c rebus suis presbyter exspoliari, vel ab Ecclesia projici debet, donec aut convincatur reus, aut liberetur innoxius. Nec ista a nobis, sed ab episcopo suo sunt examinanda. Scripsistis nobis quod presbyter pro veritate, quam populus de eo dicit, populum odit. Et ego scribo vobis utrumque verum esse, quia et veritas sæpe odium, et odium sæpe mendacium parit. Potuit itaque et presbyter pro veritate odisse populum, et populus pro odio adversus presbyterum incurrisse mendacium. Ducendus est, fratres, populus, non sequendus, nec recipiendus in accusatione clericorum. Et verum est proverbium illud : *Præcedere debet qui ducit asellum*. Populus est asellus, quem vos præcedere et ducere debetis, non sequi eum.

EPISTOLA XLVII.

Goffridus Vindocinensis monasterii humilis servus, suo in Christo multum dilecto fratri Roberto (552), *servare modum discretionis, et terminis quos Patres posuerunt esse contentum.*

Novit, charissime, et bene novit tua dilectio, aliquid aliter agere esse humanæ imperfectionis, et quod aliter actum est nolle corrigere diabolicæ præsumptionis. In nullo agere, præter id quod est agendum, est angelica perfectio, quam habere minime potest, quandiu hic sumus, nostra conditio 219. Dum igitur non habemus perfectionem angeli, nullatenus habeamus præsumptionem diaboli. Hæc idcirco, venerabilis frater, proposuimus, quia te talia egisse, et adhuc agere fama discurrente sinistra audivimus,

(552) *Fratri Roberto.* Elenchus codicis Cenomanici : *Ad Robertum de Arbrussello procuratorem sanctimonialium de Fonte Ebraldi, in qua hortatus est eum ut magis discrete se haberet circa sexum femineum.* Procuratorem vocat, quem alii fundatorem. Chronicum S. Albini. Anno 1116, *obiit Robertus de Arbrussellis* v *Kal. Martii. Iste fuit fundator monasterii Fontis Ebraldi.* — Hanc epistolam subditiciam esse atque haud dubie a Roscelino hæretico aut alio quopiam homine improbo confictam, existimaverunt Bollandus et Henschenius *(ad diem xxiv Februarii,* pag. 606), Theophilus Raynaudus (In *Triade fortium David,* pag. 46), Joannes Bona cardinalis, aliique, a leo incredibile quam id. quod in ea epistola de Roberto Arbrussellensi narratur. Illam tamen, quamvis præstantium criticorum censuram, haud satis firma nisi rationum momentis alii plures censent ; non quo vera esse putent quæ de viro sanctissimo jactata fuisse perhibent, eæ litteræ, sed novum, videlicet sanctimonialium institutum, cujus ille conditor fuit, atque adeo colloquia, uti necesse fuit, cum feminis illis crebra improbis ac malevolis hominibus calumniandi ansam præbuisse; id quod summis etiam ac sanctissimis viris, Hieronymo aliisque accidisse nemo nescit, dum ii peculiarem feminis ad pietatem instituendis operam impenderent.

Omnino Robertum de Arbrussello quacunque nequioris facti suspicione satis liberant innumera et illustria planè testimonia quæ ipsius virtuti, pietati, sapientiæ, præclare gestis, plurimi antistites sacri, viri principes, summi etiam pontifices tribuerunt. Illum Paschalis II *magnæ religionis virum nominavit,* Robertus de Monte *virum aptum ad lucrandas animas*; B. Petrus episcopus Pictavorum, *virum apostolicum, verbo divinæ prædicationis sagaciter invigilantem, et tonitruo sanctæ exhortationis plures tam viros quam mulieres a sæculari luxu revocantem.* Alia

quæ si vera sunt, ut nulla excusatione illa defendas, sed cum omni festinatione corrigas, tuam simplicitatem germanæ charitatis visceribus commonemus. Audivimus enim quoniam circa sexum femineum, quem regendum cœpisti, duobus modis altero alteri prorsus contrario te ita sollicitum reddis, quod modo in utroque modum discretionis penitus excedis. Feminarum quasdam, ut dicitur, nimis familiariter tecum habitare permittis, quibus privata verba sæpius loqueris, et cum ipsis etiam, et inter ipsas noctu frequenter cubare non erubescis. Hinc tibi videris, ut asseris, Domini Salvatoris digne bajulare crucem, cum exstinguere conaris male accensum carnis ardorem. Hoc si modo agis, vel aliquando egisti, novum et inauditum, sed infructuosum genus martyrii invenisti. Certe nec utile fieri potest, nec aliquo modo fructuosum, quod contra rationem noscitur esse præsumptum. Tu autem contra rationem non mediocriter præsumpsisti, si qualibet occasione cubasti cum mulieribus, quas mundo furatus lucrari Domino debueras. Præsertim cum prohibitum sit a Salomone, in ipso, et per ipsum Spiritu sancto intonante : *Cum muliere,* inquit, *non accumbas, nec sis assiduus cum ea, nec* 220 *illam conspicias, ne forte scandalizeris in pulchritudine illius, et pereas* (Eccli: ix, 3-5). Et item : *Mulier pretiosas animas capit; cujus colloquium velut ignis cor hominis accendit* (ibid., 11, 12). Nunquam, frater, de tua religione tantum confidas, ut credas te non posse labi, si caute non ambulas. Labilis est mundus, plenus limo, diu in eo mittimus, quæ alii collegerunt, ejusdem Roberti elogia. Certe quotquot ea ætate exstiterunt virtute vel doctrina insigniores viri, tum Robertum ipsum magnis præconiis extulere, tum impense laudaverunt institutam ab ipso religiosam familiam; quam quidem in ipsis exordiis, vivente adhuc auctore et parente, sacrarum virginum quinque millia numeravisse, testis est sane locuples Sugerius abbas in epistola ad Eugenium papam, hujus nominis tertium, ac *sanctimoniales* illas ipse Goffridus tanquam *Deo dilectas* in quadam epistola (*epist.* 32) prædicat.

Quis igitur non sentiat, nequiquam insimulari aut reprehendi a Goffrido Robertum, sed de iis quæ homines maledici spargebant, libere ac sincere, ut fit inter amicos, admoneri. Atque id vel ipsa epistolæ verba satis demonstrant : *Ut dicitur : sicut fama spargit : diceris hæc facere : te talia egisse fama discurrente sinistra audivimus. Tu quidem in mundo quasi montem excelsum ascendisti, ac per hoc in te linguas et oculos hominum convertisti.* Et, quod minime prætermittendum, in epistolæ clausula, *Vale,* inquit, *et nos tuarum sanctarum precum, suppliciter precamur, participes effice.* Quæ omnia satis ostendunt quam honorifice de Roberto sentiret Goffridus, et quam parum sinistris illis rumoribus tribueret, vel tunc cum epistolam illam scribebat.

Ac plurimis ejusmodi luculentisque testimoniis, aliisque argumentis gravissimis, sanctitatem Roberti Arbrussellani comprobavisse, satis esse potest viro docto, qui abhinc aliquot annos grandi commentario causam hanc egit sanejustissimam; cujus scriptoris consilium certe studiumque laudabile. Sed profecto, æquum non fuit, neque ad vanam criminationem diluendam necessarium, ut Goffridi Operum editorem, virum omnibus probatissimum, vocaret in invidiam, ac nihil unquam tale promeritum acerbe carperet. EDITOR VENETUS *Opp. Sirmondi.*

stare firmus homo non potuit; subito lapsus est; vix aut nunquam surrexit. Tu quidem in mundo quasi montem excelsum ascendisti, ac per hoc in te linguas et oculos hominum convertisti. Ergo stans in monte, vide ne corruas, nec per martyrium martyribus sanctis penitus ignotum, religiosæ vitæ principio notam infamiæ derelinquas. Nulla etiam tua actione mundo, qui pene totus te sequitur, suscites scandalum. Nam fieret tibi damnatio gravior ruina plurimorum. Mulierum quibusdam, sicut fama sparsit, et nos ante diximus, sæpe privatim loqueris, et earum accubitu novo quodam martyrii genere cruciaris. Illis siquidem te semper sermone jucundum ostendis, et alacrem actione, omneque genus humanitatis exhibes, nulla servata parcitate. Aliis vero, si quando cum ipsis loqueris, semper locutione nimis durus appares, nimis districtus correctione, illas etiam fame et siti, ac nuditate crucias, omni relicta pietate. Quod si ita est, in utroque vehementer offendis, et modum totius discretionis transgrederis. Nam et erga illas nimium remissibiliter, et contra istas nimium pœnaliter agis. Duram valde provinciam regere cœpisti, et quæ suum rectorem sæpissime **221** traxit ad mortem: *A muliere enim initium factum est peccati, et per illam moriuntur homines universi* (*Eccli.* xxv, 33). Unde tibi ita prudenter ac simpliciter agendum est ut te et matrem pietatis gratia, et patrem circa mulieres exhibeat disciplina, et quæ minus non habebunt perfectionis, minus non habeant tuæ dilectionis. Non una a te plus diligi debet quam alia, nisi quæ melior fuerit inventa. Juxta modum meriti vel culpæ, extende modum correctionis vel gratiæ. Illud tamen præcipue in mente tua fixum teneatur, quod in Evangelio Dominus dicit: *Beati misericordes, quoniam ipsi misericordiam consequentur* (*Matth.* v, 7). Fragilis est multum et delicatus sexus femineus, et idcirco necesse est ut pietatis dulcedine potius quam nimia severitate regatur, *ne forte abundantiori tristitia absorbeatur* (II *Cor.* ii, 7), et qui eum regere debet, sic a Satana circumveniatur. A Satana rector circumvenitur, si per nimiam tristitiam regendum perire contingat, qui potuit liberari per indulgentiam. Cum de pietate tuam hic hortamur bonitatem, tibi auferre nolumus justitiæ actionem, te justum esse pariter desideramus et pium. Sit igitur tibi pietas respuens inordinatam remissionem; sit tibi justitia piam semper habens compassionem. Vale, et nos tuarum sanctarum precum, suppliciter precamur, participes effice.

222 EPISTOLA XLVIII.

Goffridus Vindocinensis monasterii humilis servus, servo et ancillæ Dei, Herveo et Evæ inclusis (333), *bona initia fine meliori terminare.*

Admonendo nos docent, et docendo admonent, quibus feliciter obedire proposuistis, sacra eloquia, ut id usque in finem operemur, unde sine fine gaudere mereamur. Ultra enim omnem infelicitatem est, pro temporali vita doloribus ac laboribus plena, quæ utique brevis est, et ejus brevitas incerta, vitam perdere, quæ nec oculo cerni, nec tacita mentis cogitatione potest comprehendi; quam revera consequi est facilius quam enarrari. Ibi namque vivitur sine termino, sine dolore et senio, absque timore et periculo, ubi refectio sine fastidio, quæ nullo cibi vel potus indiget adjutorio. In illa siquidem beatitudine refici, nihil est aliud quam contemplatione divinæ majestatis satiari. Hanc sancti angeli considerant, et considerantes eam semper considerare desiderant. Huic beatæ visioni perfecti quique non deerunt, qui in mundo pro Christi nomine se et sua pariter contempserunt. Ad illam igitur, charissimi, dum tempus habemus, sanctis operibus accedere

---

(333) *Herveo et Evæ inclusis.* Inclusi monachorum genus, sed horum duplex classis. Quidam enim monasticam disciplinam nunquam experti hanc professionem statim arripiunt, ac suburbanis fere locis in cellulas inclusi solitudinem æmulantur, monachorum potius umbræ quam monachi. Eremitas et reclusos vulgus nuncupat, quorum frequens in Gallia jam olim numerus, eoque ex numero hi videntur, ad quos scribit Goffridus. Alii vero erant monachi qui, cœnobiis relictis, in quibus aliquandiu cum aliis vixerant, sublimioris profectus studio in solitarias cellas se abdebant; ἐγκλείστους, *inclusos*, etiam Græci vocabant. Hujus generis illi, ad quos non semel scribit Theodorus Studita. Cujus etiam exstant non inelegantes iambi εἰς ἐγκλειστὸν quos subjiciam :

ΕΙΣ ΕΓΚΛΕΙΣΤΟΝ.

Ἐγκλειστός ἐστιν, ὃς παθῶν ἔξω μένων.
Ὅλην καθεῖρξε πρὸς θεὸν τὴν καρδίαν.
Κλείων λογισμοὺς τοὺς γυρευτὰς τῆς πλάνης.
Νοῦν ἀντιπέμπων (a) ταῖς ἄνω θεωρίαις,
Ἔχων προσευχὴν καυστικὴν τῶν δαιμόνων,
Φέρων σιωπὴν μυσταγωγοῦσαν βάθη.
Ψυχήν ἄθλιπτον ἐν χαρᾷ τῶν ἐλπίδων,
Ἔργῳ τε χειρῶν, καὶ κόπου λιμοῦ τόνῳ.
Ὠδὴν ἄπαυστον, πνεῦμα συντετριμμένον.

(a) Cod. Reg. Νοῦν αὐτοῦ πέμπων.
(b) *Schedæ Sirmondi*, Non spe fatiscens, non inerti

Οὕτως ἀνοίγων ἀγγελοπρεπῆ θέαν,
Ἀκτινολαμπεῖ τοὺς ὁρῶντας ἐνθέως.
Λέγων μὲν οὐδὲν τῶν ἀχρήστων εἰς γέλως,
Ἀλλ' ὅπερ ἐστιν ὠφελεῖσθαι τὸν ξένον.
Καὶ ταῦτα φεύγων μακρορρημεῖν εἰς κόρον.
Ἂν οὖν δύνῃ πρὸς ταῦτα, σωστικῶς ἔχεις.
Εἰ μὴ δὲ φεύγοις εἰς βίον ζώντων ἅμα,
Ἐν ᾧ πλείονως τοὺς ἀγῶνας λαμπρύνῃς.

In inclusum.

Inclusus ille est, qui procul ab affectibus
Toto reclusit in Deum se pectore.
Freno coercens mentis errores vagos,
Animumque curis erigens cœlestibus,
Precibus inhærens, quæ perurunt dæmones,
Et, quo retrusæ res patent, silentio.
Spe (b), gaudioque nescius fatiscere.
Labore corpus et fame exercens gravi.
Hymnos gemente spiritu juges canens.
Hic angeli ritu, ore conspicuo nitens,
Dia intuentum corda (c) collustrat face.
Nil unquam inane suetus ad risum loqui :
Sed quo juvari sentiant se, qui audiunt;
Nec sic profusæ vela dans loquentiæ.
Hæc assequi si potis es, in tuto est salus.
Sin ; ad gregalem protinus vitam redi,
Ubi porro agonas excolas asceticos.

gaudio.
(c) *Sched.* perstringit.

festinemus ; quam qui semel viderit, nullo inimico insidiante ultra amittere poterit. Et certe festinare debemus dum **223** vocat, certi de tanta mercede, qui incerti sumus de die. Vigilantes nos inveniat extrema necessitas, quæ sæpe prævenit dormientes. Tarde etenim nos male egisse pœnitebit, et cum die ultimo superveniente se unusquisque separari a suo corpore viderit, cum sibi in fine oculos claudenti nigrescere et horrescere nox perpetua cœperit. Tunc, verum est, malitia nostra cessabit, mundi vanitas velut umbra deficiet, carnalis delectatio quasi fumus evanescet, pro quibus opprobria sola et crimina remanebunt, et tormenta sine fine mansura. O quam infelix erit anima illa, cui mox egressa de corpore insultare et insistere cœperint infernalium diræ facies ministrorum ! cum rebus humanis vale ultimum dicens, mortem ante se habens, et vitam post se relinquens, in illud horrendum, et vix oculis attingendum pertrahetur profundum. Heu ! quantum perdidit gaudium tantum exceptura supplicium. Quid tunc animi habebit, cum corpus suum recipiet ad æternæ damnationis augmentum ? Illo die præsentabitur ante Regem sæculorum, eorum quæ gessit in corpore rationem redditura. Sed quia nulla ad comparationem malorum bona ostentare poterit, ab ipsa sanctæ Ecclesiæ radice præcidetur, et nunquam effugiendis gehennæ ignibus tradetur perpetuo crucianda. O quam triste, quam lugubre erit a dulci intuitu sanctorum separari, et quam terribile immundorum spirituum agminibus sociari ! quibus qui sociabitur, **224** beatum se diceret, si, ut quodlibet brutum animal, in anima et in corpore mori valeret. Sed quia mors illa finem non habet, sic ibi semper moritur homo, ut semper resurgat, sed ad hoc resurgit ut pereat, nec tamen pereundo omnino esse desinat; sed semper moriens mortis exitum nunquam inveniat. In hoc autem damnati hominis miseria prorsus augebitur, quod Deum videbit, nec habebit, et ante sui Redemptoris conspectum peribit. Væ illis, qui hæc in posterum toleranda timere nunc recusant; quæ si modo timerent, nunquam talia tolerarent. Timere dico non timore quolibet, sed illo, quem vera fides adducit, qui ex charitate non ficta procedit. Charitas enim timorem parit, et timorem repellit. Parit timorem, ut Scriptura dicit : *Beatus homo qui semper est pavidus* (*Prov.* xxviii, 14). Timorem repellit, ut ait apostolus : *Qui perfectus est in charitate, non timet* (1 *Joan.* iv, 18) : Quorum unus filialis esse dignoscitur, alter servilis. Iste filialis videlicet cum dilectione et desiderio, sed ille cum fastidio exhibetur et odio. Inter hæc forsitan aliquis dicit : Cur homini tot et tanta minaris de Deo ? Nunquam perdet ipse quem sua gratia creavit, quem creatum et propria culpa perditum ineffabili dilectione, dato se pretio, a diabolo liberavit. Hunc quasi non desperantem prospicio, sed ultra quam debet sperantem, nisi ante finem vitæ sic sperare desierit, periturum non dubito. In quantum enim mihi videtur, et ipsa exigit ratio, tanto graviora apud Deum sunt nostra delicta quanto **225** majora erga nos se ostendunt ejus beneficia. Verendum est etiam ne vocem illam gloriosæ resurrectionis pretiosa crucis vestigia protestantem, in judicio suo ad vasa iniquitatis prolaturus sit atque dicturus : *Infer digitum tuum huc, et vide manus meas; et affer manum tuam, et mitte in latus meum* (*Joan.* xx, 27), et agnosce quæ pro te et a te, impietas humana, pertulerim. Hoc contra illos dictum sit, qui sibi nimis blandiuntur de promissionibus misericordiæ, et contemnunt vires justitiæ. Non est Deus talis qui in uno verum dicat, et in alio mentiatur. Sed sicut certum est quod promittit, ita certum est et quod ipse minatur. Et ideo, dilectissimi, Deum ac Dominum nostrum Jesum Christum pium et justum pariter credendo confitentes, et confitendo credentes, cum Psalmista dicamus : *Universæ viæ Domini, misericordia et veritas* (*Psal.* xxiv, 20). Universæ viæ Domini sunt duo adventus Filii ejus. Qui in primo prærogavit misericordiam; in secundo vero prærogaturus est justitiam. Et ne tunc justitia dictante pereamus, nunc confugiamus ad ipsum, qui magis præsto est dare veniam quam peccator converti ad pœnitentiam; satis promptior ad ignoscendum quam quilibet homo ad peccandum. Hæc ideo dixi ut qui converti voluerint, spem habeant, et spem habentes penitus resipiscant. Quod ejus pietas præstare dignetur, qui ita dispensavit utramque vitam ut in præsenti sæculo labores ac dolores cito finem haberent; in futuro vero honorum et præmiorum gaudia sine fine manerent.

226 EPISTOLA XLIX.

Goffridus Vindocinensis monasterii indignus servus, Herveo incluso amico suo, sancti propositi perseverantiam.

II. secretarius B. Mariæ (354), si monachus vult fieri, sicut nobis mandastis, non est respuendus. Vigilate itaque ut citius convertatur, et mundum deserat, cui forsitan illicite famulatur. Alterum vero, qui noverit presbyter factus est, de quo iterum significastis, si vobis bonæ vitæ esse videtur, nobis mittere curetis; et quoscunque honestæ vitæ clericos inveneritis, nobis transmittere non differatis. Plus itaque in hominibus diligimus honestam paupertatem, quam superbas eorum divitias, quas si habuerint, respuendæ non sunt; habent enim et illæ locum suum, nihil tamen pro faciendis monachis quærimus, sed si quid oblatum fuerit, quia illud Regula suscipi jubet, suscipimus. Ordo siquidem noster exigit ut tales simus, qui non lucris temporalibus sed lucrandis animabus operam demus.

227 EPISTOLA L.

Goffridus Vindocinensis monasterii inutilis servus, dilecto suo Herveo incluso, inter parietes lapidum

(354) *Secretarius B. Mariæ.* Ecclesiæ Carnotensis. Libro ii, epistola 14. *Sanctæ Mariæ Capitulum* et epist. 15.

εἰς *includi, ne lapideis detrahentium verbis aliqua* A sat, sed nos potius criminatur. Nullum enim per violentiam nobis sociasti, quia libenter suscepimus quos mundo auferre potuisti. In qua nostra et tua actione, si aliquid aliter actum est, nos quidem amplius et tu minus peccasti. Hæc autem peccata sia impœnitenti corde simul portemus, ut Deo donante nulla alia habeamus. **228** Et si quid tu et nos fecerimus charitate, mirari non debes, si illi displicet, cujus cor plenum est iniquitate. Semper etenim dissentient a filiis Hierusalem filii Babyloniæ. Illud etiam religio tua indubitanter agnoscat, quod nemo Abel justitiam valet obtinere, quem Cain malitia non impugnat. Vale, et quæ dicta sunt, sæpius ad mentem revoca.
ex parte possit violari.

Nobis, fili in Christo charissime, significasti, quoniam unus de fratribus nostris dixerit, quod de Britonibus, quos monasterio nostro monachandos misisti, congregationem nostram dedecorasti, sed nomen fratris ista dicentis qua nescimus occasione tacuisti. Nos contra garrulosa verba illius infidelis fratris veraciter protestamur, quod congregatio nostra per te et per eos, quos nobis misisti, non dedecoratur, sed convenienter ornatur. Illum tamen, qui quod bonum est, esse malum asserit, manifestum vellemus habere, ut veritas ejus falsitatem manifeste posset arguere. Certe, optime frater, qui adeo nequiter loquitur, solummodo te immerito non accu-

229 LIBER QUINTUS.

EPISTOLA PRIMA.

Goffridus Vindocinensis monasterii humilis servus, Gualterio vitæ laudabilis thesaurario (335), *Goffrido de Alogia* (356), *suis præcordialibus amicis, cum dilectione salutem.*

Infirmitatem siquidem vestram audivi; quam, sicut animus meus veraciter novit, meam feci compassionis affectu. Dilectum mihi valde misi vobis medicum; satis libentius, si necessarius essem, misissem meipsum. Hunc si adhuc habere placet, quod vobis placere cognosco, mihi non displicet. Si iterum remittere vultis, bonum est mihi, et necessarium habeo, si sine damno corporis vestri remittere potestis. In Domino semper **230** valeatis, et quia in quantum humilitas mea sufficit vos diligo, nullatenus dubitetis.

EPISTOLA II.

Goffridus Vindocinensis monasterii servus, Gualterio honorabilis vitæ, thesaurario, se et omnia sua.

Cum de subversione adversariorum Ecclesiæ Dei B nuper Turonis in domo vestra loqueremur, et nos ibi mutuæ dilectionis vinculis sub testibus alligaremus, inter alia quæ sumus locuti, ut cum domino Radulfo archiepiscopo (357) concordiam facerem me admonuistis, quoniam utilis erat, et multum necessarius in causa quam scitis. Quod iterum atque iterum considerans, invenio esse salubre consilium, ut pravis hominibus semper utamur in bonum, exemplo videlicet Salvatoris, qui Judam apostatam habuit nostræ salutis instrumentum. Ars etiam optima, et altus est sensus, si per unum nequam nequam alter fuerit condemnatus. Hinc igitur volo ut cum eo prudentia vestra sapienter loquatur, et quid super hoc actum exstiterit, mihi celeriter notificare non pigritetur.

EPISTOLA III.

Gualterio Turonorum archiepiscopo designato (358), *frater Goffridus se et suum posse.*

Mentis quidem desiderio desidero vobis obedire; sed quod mentis firmitas vehementer optat, carnis

---

(355) *Gualterio thesaurario.* Ecclesiæ B. Martini Turonensis, de quo mox pluribus epist. 3.

(356) *Goffrido de Alogia.* Villæ Alogiæ, unde Goffrido huic nomen, meminit Fulbertus epist. 23.

(357) *Cum domino Radulfo archiepiscopo.* Turonensi, de eo dictum lib. I, epist. 50. Taxatur item epist. 17, et ab Ivone multis locis, sed præcipue epistola 66 et 108.

(358) *Turonorum archiepiscopo designato.* Designatus fuerat post mortem Radulfi archiepiscopi anno 1119, sed non iniit, cedere coactus Gilleberto Radulfi nepoti, quem cleri pars altera divisis suffragiis elegerat. Hujus rei notitiam debemus veteri Historiæ Rerum Ambasiensium, quæ totum hoc discidium de cathedra Turonensi, cladesque locorum inde consecutas, favente Gualterii partibus Hugone domino Ambasiæ, Gilleberti autem Archembaldo de Bresis, qui ejus duxerat sororem; denique exitum controversiæ explicat his verbis : « *Post obitum Radulfi, pars clericorum Gillebertum fratrem Gillæ in pastorem et procuratorem Turonensis Ecclesiæ elegit; alia pars Galterium B. Martini thesaurarium, virum genere nobilem, bonis moribus apprime imbutum, sanctæ matri Ecclesiæ Turonensi episcopum destinavit. Galterio episcopo totius diœcesis proceres Turonorum omnes excepto Archembaldo de Bresis favebant. Hugo tunc Archembaldo ex amico factus inimicus Bliriacum* munit*, milites et famulos ibidem posuit, quidquid circa Blesim invenit vastando delevit. Larchaiacum, et Vernonum vicos archiepiscopales cremavit. Econtra Gillebertus milites et clientes multos Bresis posuit, qui Campaniam fere totam usque ad Carum fluvium excepto Bliriaco vastaverunt. Quadam die Archembaldus Bresis et sui, Caro flumine evadato, terram Hugonis intraverunt. Quod Hugo comperiens eadem nocte copiis suis congregatis, summo mane illos terram suam deprædantes reperit, quos invadens fusos fugatosque Carum transire coegit; multisque captis reliquos usque ad Andresium fluvium fugavit. Archembaldus vero usque Lochas fugiens evasit. Non longo tempore post Hugo Bresim iterum excepto domicilio totum succendit et cremavit. Gillebertus habens secum Alveredum archidiaconum, virum prudentia inter clericos illius urbis pene singularem, persona insignem, bonitate morum per omnia pollentem, humilitate præditum, patientia perlustratum, divina et humana sapientia divinitus solertem, indulgentia domni Ludovici regis, deliberante et favente omni populo, suffraganeis episcopis jussu domini papæ manum præbentibus, omnipotentis Dei auxilio cathedram episcopalem in pace possedit. Gillebertus tunc Hugoni ex inimico amicissimus effectus est, et cum Archembaldo Bresis firmiter concordatus est.* »

infi... i as vehemente **231** formidat urbem Romam, referentibus peregrinis inde noviter venientibus, ita audivi perturbatam quod dominus papa (339) ibi non est, et Sutrium Petro Leonis ablatum est. Dominus siquidem papa apud Beneventanam urbem moratur; sed revertendi Romam non habet facultatem. Si vero persona quælibet ad eum transiens invenitur, non ei aufertur (340) cappa, sed de vita statim et membris agitur. Unde oportet me consilium vestrum adhuc audire, et si pro certo vitæ periculo vos exponere vultis antequam legati vestri revertantur, quod laudare non possum nec debeo, mihi notificate. Ego autem sine vobis movere non audeo, vobiscum tamen, sed pro vestra utilitate, si sanus fuero, paratus sum et in carcerem et in mortem ire. Vale, et quod in aure vobis dico, nulli prædicate.

EPISTOLA IV.

Goffridus Vindocinensis monasterii humilis servus, suis in Christo dilectis, Stephano decano (341), Huberto cantori, Guarnerio archidiacono, puræ dilectionis obsequium.

Quia me indignum et peccatorem vocastis ad episcopi vestri electionem, multas vobis refero gratias. Ego quidem vestræ vocationi satis libenter acquievissem, nisi sub hac occasione, quod dicere nolo, subire timuissem. Et quoniam, ut postulastis, me præsentem nunc habere minime potestis, absens **232** laudo quod secundum Deum feceritis.

EPISTOLA V.

Goffridus Vindocinensis monasterii minister indignus, Stephano decano, Huberto cantori, Guarnerio archidiacono, salutem.

Subdolum illum, quem multa falsitas facit etiam in veritate suspectum, nunc veraciter a desiderio suo frustratum cognoscimus. Unde omnipotenti Deo, cujus misericordiæ dono hoc actum esse dignoscitur, gratias referre unanimiter debemus. Et quia ejusdem Dei et Domini nostri Jesu Christi operante clementia causam nostram omnino in prospero statu consistere cernimus, summopere cavendum est ne prosperitatem, quam ipse nobis misericorditer tribuit, in errorem vertamus. Sæpe enim quidam in adversitate positi Deo servire et eum quærere desiderant, sed cum jam prosperitatem adepti fuerint, ei quem quasi prius dilexerant, obedire recusant. Et ideo sicut in adversitate, bonitate ejus suffragante, fracti non fuimus, in prosperitate nullatenus extollamur, ne nos quos adversitas nocere non potuit terrendo, gravius noceat prosperitas seducioris blandiendo. In Domino semper valeatis, et de adjutorio nostro minime diffidatis.

233 EPISTOLA VI.

Goffridus Vindocinensis monasterii minister ind gnus, venerabili præcentori Huberto (342) diligere quod Deus diligit, et odio habere quod odit.

Amicus vester sum ego, non qualiscunque, sed qui animum suum a dilectione, qua vos diligere cœpit, nullo tempore poterit revocare. Vos tamen, ut mihi videtur, me minus solito diligitis, et quod vos diligo, parum vel nihil penitus curatis. Si utrumque aut unum horum verum est, vellem quidem neutrum, non ideo vos pigrius diligam, qui per germanam charitatem amare compellor etiam non amantem. Si causam habuissetis, qua me minus diligere juste possetis, culpam certe minime excusassem; sed Dei gratia quod ex me actum foret perperam, non invenistis. Hoc tantum objicitis, quod inter me et domnum Redonensem episcopum (343) pacem reformatam videtis. Ex hoc nulli, qui Deum diligit, scandalum nascitur, et vobis gaudendum esset, si cor vestrum quoquomodo pateretur. Nam si odium declinare culpa merito nuncupatur, diabolus, qui sectatur illud assidue, immerito deputatus ad pœnam prædicatur. Sed non ita est, optime cantor, nullum Christianum decet, multo minus igitur sacerdotem, fraternum odium exercere, nec proprias vindicare injurias, sed toto animo condonare. Condonandæ quippe injuriæ non essent, si remittenda nobis peccata deessent; sed quia tales sumus, **234** quibus debetur, et qui debemus necesse valde est ut dimittamus hominibus quæ debent nobis, si ea, quæ a nobis debentur, dimitti desideramus. Nunc forsitan dicitis vobis non displicere, quod nos prius discordantes, reconciliatos tandem conspicitis; at quia sine vestro consilio hoc egerim, mihi quasi pro crimine imputatis. Quærendum siquidem est consilium, et maxime in dubiis rebus; in re autem tam manifesta opus fuisse consilio non videmus. O vitæ de Rainaldi episcopi electione agereretur, de qua hic etiam sermo, et in epistolis sequentibus:

---

(339) *Dominus papa.* Callixtus II quo Romam ex Gallis adventante anno 1120. Burdinus antipapa urbe relicta Sutrium propinquum Etruriæ oppidum, pulso, ut hinc apparet, Petro Leonis, ibi se tutaturus invasit. At Callixtus, ut copias ad expugnandum Sutrium compararet, in urbe haud diu moratus, Beneventum ad Guillelmum Apuliæ ducem profectus est. Sequenti anno Sutrium recepit, Burdinumque ad Cavense monasterium relegavit, quæ singula a Pandulpho, aliisque illorum temporum scriptoribus commemorantur.

(340) *Non ei aufertur cappa.* Non spoliatur, sed necatur. Negotiatorum cappas legimus a Lupum Ferrar, abbatem epist. 125, sed analogia Goffridi lectionem confirmat. Sic enim dicta videtur cappa, ut cappis poculi genus, et capulum, seu manubrium, seu feretrum, a capiendo. unde et capella.

(341) *Stephano decano.* Ecclesiæ S. Mauricii Andegavensis, ut dictum est lib. III, epist. 11, cum

(342) *Præcentori Huberto.* Nunc cantorem vocat, nunc præcentorem, ut in dedicatione Vindocinensi. A Carnoto Arnulfus archidiaconus et præcentor. Proximus Huberto gradu, ac tempore fuit Stephanus cantor, item et archidiaconus Andegavensis, de quo in hæc verba Kalendarium S. Mauricii: xv Kalend. Novembris obiit Stephanus cantor et archidiaconus propter servitium hujus Ecclesiæ ab hostibus interemptus, anno Domini 1116.

(343) *Redonensem episcopum.* Marbodum, qui pro Rainaldi electione primum stetit, pro qua et captus est, ut dictum lib. III, epist. 14. postea eidem, ut ingrato adversari cœpit, ut declarat ipsius Marbodi epistola inter Ildebertinas 80. Quare facilis illi, tum fuit cum Goffrido, qui Rainaldi electionem præ cæteris improbabat, reconciliatio.

venerabilis cantor! si quantum te diligo veraciter scires, crederes utique nostro consilio, et quemdam tibi valde contrarium humorem accepta potione purgares, sicque futuram vitares passionem. Si nondum nosti istum humorem, nec istius humoris passionem; vade, consule medicos, et quis sit iste humor agnoveris, nec de ejus passione amplius poteris dubitare. Medicos dico, non qui reparant salutem corporis ad horam, sed qui, si bene intelligantur, vitam conferunt sempiternam. Medici isti sunt libri divini, quibus si firmiter creditur, contrarius humor statim agnoscitur; jam passio ipsa timetur, medicamentum etiam, quo humor sanari, ac passio vitari valeat, invenitur. Licet in homine quasi contrarius humor peccando nascatur, certum est, nihil hoc certius, quod nimis abundanter illi dominatur; qui Simonem Magum a B. Petro olim exstinctum contra sanctam Ecclesiam iterum suscitat (344) vel suscitatum exstinguere qualibet occasione dissimulat. Hic ex contrario humore subito sentiet **235** passionem, quia nisi ante finem vitæ pœnituerit resipuerit, pro perpetrata iniquitate sine fine patietur dolorem. Vale, et quid dixerim sapienter adverte.

EPISTOLA VII.

Goffridus Vindocinensis monasterii humilis servus, charissimo suo Huberto vitæ laudabilis archidiacono (345), *a Deo æternæ benedictionis effectum, et a se germanæ affectum dilectionis.*

Felix amicitia vestra circa me diu utiliter egit, nec defectum habuit, nec est passa fastidium. Illa me quæsivit, imo acquisivit, quæsitum invenit, invento, licet immerito, se contulit. Semel cœpit, nunquam desiit; quidquid utilitatis vel honoris valuit et valet mihi conferre, nec differt, nec distulit. Si quis hæc mea verba adulatorie, sive ironice dicta intelligit, non ei sophistica garrulitate resistitur, sed pura veritate pravum intellectum habere convincitur. Quid enim amplius amicus facere potuit, qui se suaque omnia et mihi obtulit sæpe, et sæpius dedit? Coram Deo, cui mentiri nihil est aliud quam damnari, firmiter assero, si talem se omnibus exhibet, cœlo dignus est potius quam mundo; in mundo tamen multum necessarius habetur, quia multis vivendi forma proponitur. Hic loquens silentium tenet, honesto silentio etiam loquitur. **236** Verba oris ejus æquitate plena sunt, et tranquillitate. Honesto silentio loquitur, quia videlicet dum rationabiliter silet, qualiter cæteri se habere debeant serena silentii voce aperte monstratur. Prudenter ea quæ sunt mundi possidere novit, et simpliciter quæ Dei sunt quærere non desistit. Quoties hominum mores vult sermone componere, de se protinus invenire potest quid dicat, et unde melius instruere valeat. Hujus namque vitam doctrinam merito dicere possumus et disciplinam. Vivat dilectus meus, cui etsi absens corpore loquor, hunc tamen præsentem retineo mente, et fixum habeo in corde.

EPISTOLA VIII.

Goffridus Vindocinensis monasterii amicorum servus, dilectissimo suo Huberto, nondum dissolvi, et semper esse cum Christo.

Fratres nostri, beneficia quæ eis fecistis et quotidie facitis cognoscentes, nobis humiliter supplicarunt, ut quod ipsi verbis nequeunt, saltem litteris ex eorum parte vestræ charitati grates non pigritaremur referre. Sed si millies mille membra haberemus, et omnium juncturæ membrorum in singulas verterentur linguas, beneficia quæ nobis impenditis non possemus loqui, nec aliquo modo condignam gratiarum actionem rependere vestræ dilectioni. Quod tamen per nos minime valemus, Deum, qui omnia potest, ut sua ineffabili **237** pietate vobis recompensare dignetur, cordis affectibus imploramus.

EPISTOLA IX.

Goffridus Vindocinensis monasterii humilis servus, Huberto honestæ vitæ archidiacono, amico suo præcordialissimo, inimicos propter Deum diligere, et nullas eorum insidias formidare.

Abel justitiam, dilectissime, si vultis obtinere, non sit vobis contrarium Cain malitiam sustinere. Alter Joseph fieri non potestis, nisi persecutiones a falsis fratribus vobis illatas expertus fueritis. Quod in præsentia domni episcopi (346) causam, quam mihi significastis, sine consilio nostro cœpistis tractare, laudare non valeo; et quia vobis parco, nolo vituperare. Solent tamen infirmæ et vitiatæ causæ, amicorum juvamine et consilio relevari, et eis, quæ sanæ et firmæ videntur, ne æmulorum dolositate infirmari, vel qualibet ex parte vitiari possent, provideri. Vos autem de altitudine sensus vestri, et suffragiis eorum, qui me ætate et scientia præcellunt, adeo præsumpsistis, quod in tanto negotio, consilio nostræ parvitatis, quæ specialiter vestra est, opus non habuistis. Sæpe tamen contingit minores majoribus succurrere; et quod a sapientibus et prudentibus Dominus abscondit, consuevit parvulis revelare (*Luc.* x, 21). Advocate me parvulum vestrum in omni vestra necessitate, cujus sinceritatis oculi providebunt, ne quis vestræ **238** simplicitati statera fraudulenta appendere valeat; et qui se Neptunus et Æthiops, de quo mihi scripsistis, vel in suam foveam mersus, non poterit occultare. Valete semper in Domino, et vestri negotii diem non impero quidem notificari mihi, sed opto.

EPISTOLA X.

Goffridus Vindocinensis monasterii humilis servus, amico suo præcordiali Huberto honorabili archidiacono, mundum præcipitem non sequi, nec ejus amara dulcedine velle repleri.

Præcipitem hunc, dilectissime, qui sequitur, non

---

(344) *Iterum suscitat.* In Rainaldo.
(345) *Huberto archidiacono.* Andegavensi, lib. III, epist. 3, ad Rainaldum episcopum; *Vir vitæ venerabilis archidiaconus vester Hubertus.* Elenchus codicis Cenomanensis eumdem facit cum Huberto cantore, ut idem fuerit archidiaconus et cantor, quod verisimile videtur.
(346) *Domni episcopi.* Rainaldi Andegavensis.

potest non præcipitari, et qui ejus repletur dulcedine, non potest non amaricari. Vero graviter et multum graviter præcipitatur, qui mundum per devia sequens, illius amore deceptus, viæ, quam per semetipsam veritas docuit, cæmento charitatis non jungitur. Ille etiam vehementer amaricatur, cui dum præsens sæculum prosperitatis dulcedine blanditur, in amaritudinem vertitur vitis alienæ, et quia veræ viti Christo inseri noluit, ut palmes fieret, ab ipso, ut sarmentum fiat, præciditur. Viam, quam specialiter ac singulariter tenendam vita docuit æterna, utinam sicut ignorare non possumus, ita non accipere non possemus, et tenere vellemus! Via utique illa hæc est, non solum quæ sua sunt Christi pauperibus erogare, sed pro Christo etiam seipsum abnegare. Pauperibus **239** quod suum est dare, virtus est perfectionis. Licet enim omnia nostra pauperibus conferamus, nobis prodesse non poterit, si nos Deo auferimus, cujus sumus. Quando Deus ex limo terræ hominem fecit, ad hoc factus est, ut divitias sine fine mansuras cum illo possideret in cœlo, non ut divitias subito perituras pauperibus donaret in sæculo. Postea vero cum falsam beatitudinem appetens, et veram miseriam inveniens, de altitudine veræ beatitudinis homo confractus cecidit, Deus qui eum creaverat, ejus miseriæ compassus, collegit fracturas, et igne charitatis conflavit, et quod omnino confractum fuerat, integrum fecit. In qua suæ inæstimabilis dilectionis operatione pius Dominus, non quod homo habebat, sed quod homo erat, non quidem sua necessitate, sed hominis utilitate, quæsivit. Seipsum pro homine dedit Deus, pro homine factus homo, et cum de plaga lateris, imo potius de vena suæ dulcissimæ charitatis pro homine in cruce funderet sanguinem proprium, tali commercio hominem comparavit, non hominis censum. Reddat igitur homo, nec reddere differat Deo seipsum, credat se ejus pretioso sanguine emptum misericorditer et redemptum, nec se illi præferat qui eum redemit; sed id potius tribuat quod ille maxime quærit. Injustum est enim ut homo se Deo auferat, quem tanto pretio acquisivit; **240** sed Creatoris sui et Redemptoris diligenter tenens consilium, sua omnia pro ejus amore relinquat, et seipsum, quia licet omnia reliquerit, ad conquirendam salutem æternam sibi non proderit, nisi mundo renuntians Christum sequatur, sicut sequendum se docuit. Christum sequi simul et mundum est impossibile. Unde si nobis non creditur, illi saltem credatur, qui non mentitur, qui in Evangelio dicit; *Quia nemo potest duobus dominis servire* (*Matth.* vi, 24), Deo videlicet et mundo. Liberalitates eleemosynarum pauperibus factas absit ut vituperemus! sed divitibus hujus sæculi hoc daremus consilium, si nobis acquiescere vellent, ut ventres pauperum horrea facerent, ne pauperes fame, nec ipsi tenacitate perirent. Certe pauperes pascere probabile est; sed valde probabilius se pro Deo pauperem facere. Multi enim et pauperes paverunt, reliquerunt omnia, sed quia se servaverunt, sibi damnati inventi sunt; at nemo unquam se pro Deo pauperem fecit, et Deum habere nequivit. Unde Salvator in Evangelio, cum Petrus se et alios discipulos omnia reliquisse, et illum secutos esse dixisset, non ad hoc quia omnia reliquerant, sed ad hoc quia eum sæculi fuerant, respondit, et inde illis præmium æternæ retributionis promisit. Quod utique Dominus non fecisset, si homo pro sola rerum dimissione Deum habere potuisset. Ille tamen pro se relinquere omnia non reprobavit; sed illud, ubi certam hominis salutem sciebat, approbavit. Et nos itaque pro Deo relinquere omnia, et pauperes recreare, **241** quia bonum est, non reprobamus; sed quod melius est, Veritate docente, approbamus et omnes et maxime amicos nostros, ut viam indubitatæ salutis teneant, germana charitate rogamus, et rogando monemus. Hæc autem deprecatio nostra vel exhortatio si contemnitur, merito culpari non possumus, sed eos plangere, et de ipsis non mediocriter dolere debemus, qui de tanto contemptu existunt culpabiles, et minus capaces rationis esse videntur, quam pecudes. Pecudes enim pascua meliora libenter appetunt, et ad illa pastorem suum diligenter sequuntur, et si ad alia minus bona forte ducantur, quibus valent motibus contradicunt. Cum igitur homo, quem formans Dominus non solum rationalem fecit, verum etiam ei sigillum suæ imaginis et similitudinis impressit, videat animalia, quæ creator omnium creaturarum irrationabilia creavit, propriæ saluti providere, et melioris utilitatis causa, pastori suo corde et corpore obedire, vitare minus bona, ut meliora valeant invenire : si Dei et Domini sui consilio, vel præcepto duci non patitur, saltem pecudis exemplo ad meliora provocetur : relinquat transitoria, cum quibus pro certo et ipse transierit, quatenus æterna invenire mereatur. Satis tamen est melius hominem rationalem rationalis sapientiæ Dei duci consilio, quam insensati et irrationalis animalis provocari exemplo. Ducatur itaque consilio Dei, seipsum pro ejus amore pauperem faciens; qui non idcirco reconciliationis opibus nos **242** ditavit, quia pauperes pavit, quamvis bonum esset; sed quia se pro nobis pauperem fecit. Si enim Dominus in mundo dives fieri voluisset, militia utique sua ne Judæis traderetur, sicut ipse in Evangelio dicit, pro illo decertasset, nec pro nobis crucifigi potuisset, nec mori. Et quia humana miseria aliunde non invenisset suffragium, miserorum caruisset fine supplicium. Si ita est, imo quia veraciter ita esse creditur, post suspensionem Salvatoris, post poculum fellis, post plagam lateris, post perceptam gratiam baptismatis, qui a Creatore suo discordasse peccando se meminit, utile est atque necessarium, ut peccator homo voluntaria paupertate Domino reconcilietur, quia justus Dominus peccatorem hominem sibi reconciliasse agnoscitur, unde et pauperi paradisi janua patet, et ab illa dives excluditur.

EPISTOLA XI.

Goffridus indignus Vindocinensis monasterii servus

Guarnerio archidiacono (347), quod verus amicus amico.

Si pro rebus nostris adversus Adelardum de Castro Gunterii (348) censura justitiæ vos erexistis, grates vobis referre et possum et debeo. Sed quia vos aliter fecisse, fama referente audieram, mirabar dolendo, et mirando dolebam. Nunc autem, sicut mandastis, in tyrannum illum pro rebus nostris, quas injuste tulit, et adhuc violenter detinet, plenam justitiam exercetis, nec unquam exercere distulistis. Unde si ita est, et vos mihi magis charum, et me vobis magis obnoxium reddidistis. Quod si perseveranter hoc egeritis, scitote quia non ingrato amico servitium vestrum exhibuisse sentietis.

EPISTOLA XII.

Goffridus Vindocinensis monasterii qualiscunque servus, Guarnerio suo charissimo nutritori et præcordiali amico, salutem et dilectionem.

Pervenit ad aures nostras quod Hugo Chaorcinus (349), apud Credonem monachi habitum susceperit : unde gratulari oportet quia qui jamdudum in anima mortuus fuerat, Deo suscitante revixit. Sed quia quod in eo actum est blasphematis, rogamus vos, quatenus ab hujusmodi blasphemia benitas vestra, quæ me diligenter nutrivit, pro amore nostro penitus desistat, ne qui longo tempore perversus exstitit, sub hac occasione pejor fiat. Sic enim necesse est, vulneratæ animæ medicamentum temperetur, ne nimia medicamenti austeritate amplius vulneretur.

EPISTOLA XIII.

Goffridus Vindocinensis monasterii servus servorum, Guarnerio archidiacono, salutem.

Cum in litteris, quas archipresbytero tuo misisti, raptorem me significares, si te potius raptorem animarum, et alienæ pecuniæ importunum exactorem assereres, et sic te, quem pastorem fateris, lupum crederes, optime fecisses. Decuerat enim te, frater non optime, prius ejicere trabem de oculo tuo, ut posses festucam in meo agnoscere, et excutere pulverem quo gravatur ab eo, ut pure considerares maculam in membro alieno. Cum luteas manus habeas, cur niteris sordes tergere alienas? Raptorem me vocasti, quod utique bene fuissem, si te avaritia oneratum, et cupiditate fœdatum, de lacu tantæ miseriæ, et de luto fæcis rapere potuissem (*Psal.* xxxix, 3). Dixisti me agere contra synodale decretum, cui prorsus obedire desidero, si constat apostolica discretione sancitum. Decretum etenim sive concilium nullum ratum (350) legitur, quod non fuerit apostolica auctoritate firmatum; multo minus igitur, quod ejusdem auctoritatis privilegiis videtur esse contrarium. Monasterium siquidem nostrum, patrimonium B. Petri et ejus allodium, sub protectione sedis apostolicæ specialiter permanere, et omnia quæ olim habuisse dignoscitur, quatenus absque distractione, vel qualibet diminutione possideat, apostolicæ sinceritatis privilegia mansuro in perpetuum decreto corroborant, et cum qui inde quidquam subtraxerit, perpetuo anathemate damnant.

EPISTOLA XIV.

Goffridus Vindocinensis monasterii humilis servus, charissimo nutritori suo Guarnerio archidiacono, mundo deceptori non credere, nec ei labenti diutius inhærere.

Religiose vivere honorificum est; peccata et crimina, quæ diaboli sunt opera, fugere et exsecrari, utile, imo necessarium est; Deum toto corde diligere, gloriosum. Religiose itaque vivit qui peccata et crimina sua perfecto odio habet, et Deum toto corde diligere valet, qui mundum et ea quæ sunt mundi despiciens, extremi judicii diem ante suæ mentis oculos revocat, assidue orans et dicens cum Propheta : *Ne perdas cum impiis, Deus, animam meam, et cum viris sanguinum vitam meam* (*Psal.* xxv, 9). Et illud : *Esto mihi in Deum protectorem, et in domum refugii, ut salvum me facias* (*Psal.* xxx, 3). Prius quidem descerendus est mundus, et sic orandus Deus, ne mundialis inhabitatio vocem orantis impediat. Nam qui Deum ore precatur, et cor ejus quæ mundi sunt cogitat, hujus orationem non approbat Deus, sed improbat, sicut ipse de quibusdam, qui quasi bene loquebantur, et corde terram sapiebant, asserit, dicens : *Populus iste labiis me honorat; cor autem eorum longe est a me* (*Isai.* xxix, 13). Certe hi quorum corda implicantur sæculari negotio, longe fiunt a Deo, et pereunt; unde Psalmista : *Qui elongant se a te, peribunt, perdidisti omnem qui fornicatur abs te* (*Psal.* lxxii, 27). A Deo procul dubio fornicatur, qui ab illo recedens, mundum fugientem sequitur, quem tamen nunquam consequitur. Sed qui, ut diximus, extremum illud et formidandum valde judicium ante animæ suæ faciem

---

(347) *Guarnerio archidiacono*. Andegavensi, ad quem cum aliis epist. 4.
(348) *Adelardum de Castro Gunterii*. De Adelardo dicemus epist. 25 quæ ad cum scripta est. Castrum Gunterii Meduanæ fluvio impositum in pago Andegavensi ad veterem vicum basilicarum, nobilem sortitum est conditorem Fulconem III, comitem, sed nomen ignobile a villico Fulconis Gunterio. Rem narrant antiquæ tabulæ monasterii S. Albini de Castro firmato in Curte basilicarum, quibus Fulco ipse subscripsit anno 1037. Earum hoc initium : *Anno ab Incarnatione Domini* 1007, *indictione* v, *Goffridus Martellus natus est. Et pater ejus Fulco nobilissimus comes Andegavorum filius Goffridi, fortissimi comitis qui cognominatus est Grisia Gonella, firmavit castellum super Meduanam fluvium, in curte*

quæ vocatur Basilicas, quam ipse ante plurimos annos pro quadam curte, quæ nuncupatur Undanisvilla in pago Belvacensi sita, Rainaldo abbati, et monachis S. Albini commutaverat, eisque solidam et quietam cum omnibus ad ipsam pertinentibus in perpetuum possidendam tradiderat. Firmato itaque castello, eoque ut poterat munito, ex nomine cujusdam villici sui illud Castrum Gunterii appellavit.
(349) *Hugo Chaorcinus*. A Caortiis Cenomanensis pagi castello; cujus et Petri de Caortiis mentio facta lib. iii, epist. 28, ad Ildebertum.
(350) *Concilium nullum ratum*. Julii papæ contra Orientales, pro Athanasio. *Nec ullum ratum est aut unquam erit concilium, quod non fultum fuerit ejus auctoritate, id est Romanæ Ecclesiæ*, apud Gratianum. 517, 10. 2.

ponit, quidque ibi sit futurum oculo puræ intentionis considerat, nil sibi aliud restat faciendum, nisi ut deposita omni alia sollicitudine, at pondus tanti examinis incitatus, totis visceribus contremiscat, et ut justum, ac vehementer districtum judicem in illa hora propitium sibi valeat invenire, quidquid hic temporaliter delectare potest, pro ejus amore contemnat. Quis, inquam, de die illo perfecte cogitare poterit, et præsentem mundum diligere, cujus tunc amatores in horrendum gehennæ puteum intolerabili fetore et igne inexstinguibili, vermeque immortali (*Marc* II, 42, 43), et cæteris indicibilibus tormentis plenum præcipitati, sine remedio, ac spe remedii cruciabuntur? Hæc qui ante non credit, quam videat cum jam videre cœperit, quæ utiliter credere et vitare potuisset, æternaliter patietur. Reminiscamur, dilectissime, dum licet, extremæ et tremendæ horæ illius, et in memoriæ nostræ oculis ponamus illum diem, in quo quidem pœnitentia futura est, sed sera, perpetui gemitus erunt, sed infructuosi ; indeficientes lacrymæ, sed steriles ; planctus et fletus assiduus, sed inanis; nec jam tunc a **247** peccatoribus datur hostia quælibet pro peccatis. Recogitemus etiam quanta erit tunc retributio illorum, qui propinquorum dulces affectus, et charas parentum facies, quasi odissent, fugientes, præsens sæculum cum suis delectationibus reliquerunt, et ut Deum pure et sine impedimento diligerent, divitias aut omnino noluerunt habere, aut habitas contempserunt. Illo, inquam, die receptis corporibus, de beata immortalitate et inenarrabili gloria jam securi, ante Judicem sæculorum, o quam feliciter apparebunt, sedesque duodecim obtinentes, sicut sancto Evangelio teste didicimus, cum illo judicabunt! (*Matth.* XIX, 28.) Quid admirationis, quidve exaltationis tunc esse poterit, cum unusquisque eorum donum divinæ gratiæ subsequentibus meritis, in angelorum statum promovebitur, et cum terreno quondam corpore super excelsa regni cœlestis elevatus, tanquam dilectus filius, præclara Dei hæreditate ditabitur? Inde loqui multa mihi inesset voluntas, sed tantæ gloriæ, tantæ lætitiæ, tantæque beatitudinis negat immensitas, quæ etiam sanctorum doctorum linguas superat et sensum. Non est humanæ facultatis ad plenum disserere quantum sit præmium quod præparavit Deus his qui diligunt eum in veritate. Diligamus eum, charissime, non verbo tantum, nec lingua, sed opere et veritate ; sequamurque, sicut ha docet sequendum, qui nec fallit nec fallitur, pro ejus amore mundum relinquentes, qui magis decipit dum blanditur. **248** Consuetudinem illam perversam atque damnabilem, quam impugnante diabolo in sæculi conversatione quasi monstruosum partum concepimus, vel quadam nobis illata violentia, ut mortem animæ fugiamus, et revertamur ad illum, qui nos ad imaginem et ad similitudinem suam diligenter creavit; a quo sæpius peccando discessimus, et tamen adhuc misericorditer vocat, ut nos multo pulvere peccatorum, et criminum fœdatos mundet et pulchros faciat. Redeamus, dilectissime, ad misericordissimum Creatorem nostrum, dum tempus habemus, et illum animæ nostræ brachiis semper amplectentes, illius dilectionem mundo, et fallacibus ejus divitiis anteponamus; nulla occasione corvum illum inobedientem imitantes, qui aviditate fetentis cadaveris, Noe sancti patriarchæ contempsit imperium. Acquiescamus itaque Domini ac Salvatoris nostri consilio, et ut ipse præcipit, qui neminem decipit, mundo renuntiemus, cujus falsam beatitudinem sequitur vera miseria, cujus voluptas brevis est, et voluptatis pœna perpetua. Eligamus potius pauperem vitam cum Lazaro humili et despecto quam divitias cum glorioso divite et superbo. Pauperem Lazarum sinus Abrahæ suscepit glorificandum cum sanctis; superbum divitem tartarus horrens absorbuit cruciandum cum impiis. Hic paupertate beatam sortem meruit; ille divitiis perpetuam mortem. Hunc sua paupertas fecit excelsum; illum suæ divitiæ fecere dejectam. **249** Dives factus omnino indigens sepultus est in inferno (*Luc.* XVI, 22), et sine fine damnatus; Lazarus, in sinu Abrahæ collocatus (*ibid*), et paradisi divitias obtinens cum Deo lætatur. Væ divitiis, quæ non solum pereunt, sed suum etiam perire faciunt amatorem! Felix et secura paupertas, quæ ditat et sublevat se patienter portantem. Non jam nobis spes divitiarum incerta qualibet occasione blandiatur; sed voluntariam sectemur pauperiem, quatenus divitiarum suarum nos faciat esse participes, qui ideo pauper fieri voluit in terra ut nos sua paupertate ditaret in cœlo Jesus Christus Dominus noster, cui est cum Patre et Spiritu sancto honor et gloria in sæcula sæculorum. Amen.

EPISTOLA XV.

Goffridus Vindocinensis monasterii dispensator immeritus, G. venerabili decano (551), *suo utili amico et veraci, feliciter vivere et esse beatum.*

Quam pure, quam firmiter nos dilexeritis ipse toties effectus probavit quoties voluntas, aut necessitas nostra vos in sua causa advocavit. Mens mea confitetur quod lingua loquitur, et neutra ingrata efficitur. Mens igitur mea grata est confessione, lingua locutione; Deus abnuat ut ingratus efficiar actione? Et quia, sicut prælocuti sumus, dilectio vestra nobis servire parata nunc usque exstitit, in nostra multa anxietate suam optimam consuetudinem non amittat; quam vester amicus fidelis non merito quidem, sed **250** gratia optando reposcit. Habemus enim negotium contra consanguineum nostrum Mauritium de Credone (552) in crastino Ra-

---

(551) *G. decano.* Goffrido, ut docet Elenchus codicis Cenomanici. Sed cujus Ecclesiæ decanus fuerit non indicat; suspicor Cenomanensem, illum ipsum, ad quem exstat epistola 52 Ivonis.

(552) *Mauritium de Credone.* Filium et successo-

rem Rainaldi dynastæ Credonensis, quem consanguineum etiam suum vocat epistola 27. Sed Mauritii Credonensis peculiaris mentio inter proceres, qui Fulconis V, comitis, castra Northmannico bello, secuti sunt adversus Henricum regem. Gesta comitum mispalmarum, cui ut assitis, multipliciter rogamus. Si qualibet occasione defueritis, vehementer dolemus, quippe quoniam amicum talem perdidimus quem in nostra charitate nulli secundum possidebamus. Si primum possedimus in charitate, primum possidere eum debuimus in tentatione, sicut scriptum est : *Si possides amicum, in tentatione posside eum* (Eccli. vi, 7). Vale.

EPISTOLA XVI.

Goffridus Vindocinensis monasterii servus, Guillelmo (353) *olim suo magistro,* « *Non plus sapere, quam oportet sapere, sed sapere ad sobrietatem* (Rom. xii, 3).

Omnes qui in fide non ficta vivere cernimur, ut fidei nostrae veritas instruatur, non ut destruatur, in omnibus locis unanimiter laborare debemus. Igitur de proposita nobis quaestione, quae magna ex parte, imo prorsus, secundum suam intelligentiam fidei catholicae obviare videtur, plenam sectandae fidei reddimus rationem, ita quemadmodum olim intellexisti aut adhuc forsitan intelligis, intelligi non debere. Credens enim, nisi fallimur, proposuisti, quod solummodo quatuor peccata confessione indigebant, caetera autem a Domino sine confessione sanabantur. Quod te invenisse asseris in expositione Bedae de Evangelio (354), ubi decem leprosi sanati a Domino memorantur. Sed hoc ita intelligendum minime **251** censemus, et juxta fidem Christianam sic intelligere nec possumus, nec debemus. Determinanda est enim ista sententia sapienter, ut intelligi possit utiliter, et fidei nostrae integritas conservetur. Illa utique quatuor peccata, error videlicet gentilis, schisma fraternum, haeretica pravitas, et Judaica perfidia, in quantum praevalent, universalis Ecclesiae castitatem commaculant. Unde necesse est ut quicunque istis peccatis vel uno ex ipsis polluuntur, non jam soli

Andeg. *Erant autem cum eo Hugo de Matafelone, et Theobaldus filius ejus, Fulco de Candeio, Mauricius de Credone, Petrus Camilliacensis, Jaquelinus de Malliaco cum quatuor fratribus suis,* etc.

(353) *Guillelmo.* Elenchus Cenomanensis : *Ad Guillelmum qui ante magister ejus fuerat, in qua cum redarguit non bene sentire de confessione peccatorum,*

(354) *Bedae de Evangelio.* Bedae verba ad quae impegit Guillelmus, exstant lib. v Expositionis in Lucam, cap. 69; quae quidem, ut a Goffrido exponuntur, planam habent et certam sententiam.

(355) *Sibi dico,* quia illi qui in ejus loco. Deo nimirum praecipue fit confessio quae fit sacerdoti. Leo Magnus epistola ad episcopos Campaniae : *Sufficiat illa confessio, quae primum Deo offertur, tum etiam sacerdoti.* Sidonius item lib. iv, epist. 14. Sed Sidoni insignis est locus de sacra confessione, dignusque qui ab aetatis nostrae Guillelmis attentius expendatur. Scribit jam episcopus ad Polemium PP. Galliarum, discrimenque ostendit fori sui, hoc est ecclesiastici, et-saecularis, seu praetoriani. *At si,* inquit, *videtur humilitas nostrae professionis habenda contemptui, quia Christo res humanas vitaeque medicaturo putrium conscientiarum cultro squalens ulcus aperimus, quod in nostri ordinis viris, et si adhuc aliquid de negligentia fetet, nihil jam tamen de superbia tumet, noveris volo, non ut est apud praesulem fori,*

A sacerdoti, sicut in caeteris agitur, sed universae Ecclesiae confiteantur; et sic ad ejus unitatem redeant cujus fidem antea impugnabant. Justum est enim ut qui alios diabolica praesumptione infidelitatem docent, eos etiam publica satisfactione in fide confirment, et quibus ante fuerunt occasio et exemplum publicae perditionis, forma et exemplum fiant publicae reconciliationis. Caetera vero vitia, sicut dicis, per semetipsum Dominus sanat et corrigit. Licet enim omnia quaecunque sanantur, Dominus sanet et corrigat, quaedam tamen per semetipsum sanare atque corrigere perhibetur, ea videlicet, quae sibi privata in confessione revelantur, ut sanentur. Sibi dico, quia illi qui in ejus loco (355) esse dignoscitur. Certum est, nihil hoc certius omnia peccata vel crimina confessione indigere et poenitentia; et quamvis quaedam ex ipsis per publicam poenitentiam puniri videantur, nulla tamen alia publica confessione opus habent, nisi ea quae communem Ecclesiae fidem violare conantur.

252 EPISTOLA XVII.

Clarissimo duci Northmannorum, et praecellentissimo regi (356) *Anglorum Hainrico, charissimo domino et praecordiali amico, frater Goffridus Vindocinensis abba, in praesenti prospere semper et feliciter vivere, et in futuro manere cum rege Anglorum.*

Vestrae magnitudini, dulcissime Pater et domine, significavi iter nostrum; et quia vobis sensi esse contrarium, itineris statim mutavi propositum. Vester itaque servus, testis est mihi Deus, in vestra fidelitate remaneo, in qua; quandiu vixero, indesinenter permanebo. Quod quando et quomodo excellentiae vestrae placuerit, secundum meum posse operibus comprobabo. Valeat dominus meus rex, et vigeat : quem omnipotens Deus ab omni adversitate defendat, et tribuat ei quod bene desiderat.

EPISTOLA XVIII.

Guillelmo Aquitanorum duci (357) *clarissimo, Goffrisic esse apud Judicem mundi. Namque ut is qui propria vobis non tacuerit flagitia damnatur, ita nobiscum qui eadem Deo fuerit confessus, absolvitur.*

(356) *Hainrico duci Northmannorum et regi.* Guillelmi Magni regis filio, natu omnium postremo, sed unico in regia patris purpura progenito. Post Guillelmi Rufi fratris interitum anno 1100 regnum occupavit, absente in Hierosolymitana expeditione Roberto duce altero fratre, cui aetatis praerogativa debebatur. Chronicum Turonense : *Eodem anno Guillelmus Rufus, rex Angliae, in silva venaturus progrediens a Gualtero Tirello milite pro cerva sagitta percussus interiit, et ad Wintoniam est sepultus, cui successit Henricus frater ejus minor.* Novo regni paterno solium adepto gratulatus est Ivo episcopus, epist. 406. Is est quo cum Fulconem V comitem bellasse jam diximus. Postea vero duplici cum eo matrimonii foedere sociatus est. Nam et Mathildem, Fulconis filiam Guillelmo filio suo copulavit, et filiam item suam Mathildem alteram, Henrici imperat. viduam, Goffrido Fulconis filio uxorem dedit, ex qua prognatus est Henricus II.

(357) *Guillelmo Aquitanorum duci.* Qui comes Pictaviensis lib. i, epist. 9 et in suis ipsius litteris, quas ad epist. 22 proferemus, Aquitaniae dux, et Vasconiae comes. Ad comitatum Pictaviensem, qui comitum Pictaviensium (quorum familiam clausit

dus Vindocinensis monasterii humilis servus, dilectionem Dei et de inimicis victoriam.

Sicut quidquid est secundum Dei timorem et B. Benedicti Regulam vos decet a nobis quærere, et nos super hoc libenter obedire: sic quidquid est Deo et sanctæ Regulæ contrarium nec dignitatem vestram exigere decet, et nos super hoc vobis obedire non oportet. 253 Parum enim et vos, et alii benefactores nostri, in servitio, quod Deo quotidie, licet indigni, in missis, et orationibus et pauperum recreationibus exhibemus, confidere potestis, postquam a nobis Regulam, secundum quam professi sumus, videritis violari, a quibus omnino debet observari. Rogastis itaque ut Rainaldum Quartaldum (358) in obedientiam de qua eum amovimus remitteremus, quia et vobis utilis erat et nobis valde necessarius. Quod vobis utilis erat, quia dicitis, credimus; sed quia nobis necessarius esset, si vellet, nullatenus dubitamus. Et quanto magis se vobis esse utilem et nobis esse necessarium agnoscebat, tanto securius turpitudinem corporis sui et animæ suæ perditionem exercebat; et ideo profectus temporales pretiosiores quam animam fratris nostri facere non debuimus, de qua sine dubio in die judicii rationem redditurí sumus. Nunc autem pro quibus culpis cum ad salutem animæ et corporis sui nobiscum habeamus, nec vestrum est inquirere, nec nostrum vobis amplius aperire. Sed cum ad præsens ad partes vestras venerimus, quidquid secundum Deum et ordinem nostrum a nobis petieritis, libenter faciemus. Valete, et de cura animarum nobis commissarum vos intromittere nolite. Mallemus enim quidquid est temporale amittere quam cujuslibet fratris nostri animam consentiremus perire.

254 EPISTOLA XIX.
Guillelmo omnium militum magistro, et nobilissimo duci Aquitanorum, Goffridus Vindocinensis monasterii servus, in præsenti de inimicis victoriam, et in futuro gloriam sempiternam.

Meminisse debet, optime princeps, vestra prudentia, nos domino abbati de sancto Joanne (359), de querelis, quas adversus illum habebamus, pro amore vestro terminum dedisse, non de terra nobis Guillelmus, ut dictum est lib. I,) antiquissima fuit possessio; accesserunt postea conjugum beneficio primum Aquitaniæ ducatus, deinde Vasconiæ, hoc est veteris Julianæ cis Garumnam Aquitaniæ comitatus.

(358) *Rainaldum Quartaldum.* Sic etiam nominat epist. 22 pro eo quod, lib. IV, scriptum est Cartallo et Cartaldo. Prioratus seu obedientiæ, quam rexerat hic Rainaldus, nomen supprimit. Quo modo et Ivo, epist. 163, Goffridi nostri consultationi de altera quadam obedientia respondens, propriam ejus appellationem reticuit. *De monacho,* inquit, *illo quem juramento constrinxisti ne ultra illam administraret obedientiam quam aliquandiu sibi usurpaverat per inobedientiam, consilium meum est ut ulterius eam non habeat, quod et illi esset criminosum et cæteris fratribus ruinosum.*

(359) *Domino abbati de S. Joanne.* Angeriacensi Henrico. Huc faciunt, quæ scripsit lib. III, epist. 36, ad Rannulfum episcopum Santonensem, de quo etiam

stra, quam violenter invaserat, ullas inducias concessisse. Unde ad episcopum Santonensem, cujus judicio se illam cepisse asserebat, perreximus, et ili per os ejusdem episcopi nullum inde factum fuisse judicium veraciter cognovimus. Et ideo quod ab illo injuste præsumptum fuerat, canonico episcopi et clericorum ejus judicio irritum factum est et vacuum. Vos autem, dux vitæ laudabilis, quem corporis pulchritudine super alios Deus honoravit in mundo, ut ipse, *speciosus forma præ filiis hominum* (*Psal.* XLIV, 3), pulchrum et magnum vos faciat in cœlo, monasterium nostrum, quod in jure suo, sumptu suo parentes vestri honorifice construxerunt, exhonorari vel rebus suis minui nullatenus permittatis. Hoc si feceritis, verendum vobis est ne a sanctis angelis parentibus vestris sit nuntiatum; et eorum animas tristes reddatis, qui eos potius lætificare debuistis. 255 Si olim in aliquo (360) nos læsistis, Dominum Deum quibus valemus precibus exoramus, ut illud vobis perdonet dono suæ pietatis, et de omnibus, quæ illicite commisistis, cor pœnitens vobis tribuat, et erga omnes, et erga nos maxime puræ charitatis viscera vos habere concedat. Ad vos venire, vir venerande per orbem, voluntas nostra minime distulisset, si renum infirmitas cum dolore lateris non obstitisset. Et quia me necessitas detinet, non voluntas, humilis amici, imo servi vestri, excusationem diligenter recipere dignetur vestra sublimitas. Vale.

EPISTOLA XX.
Glorioso ac venerabili Aquitanorum duci Guillelmo, Goffridus Vindocinensis monasterii humilis servus, Deum timere, et cum timore diligere.

De honore et utilitate vestra plurimum sollicitus, optime princeps, mando vobis ut, si Romam mittere debetis, sicut olim mecum estis locutus, nullo modo differatis ulterius. Paratus sum enim de hoc vobis consilium et auxilium, quod melius potero, dare, et, pro regni vestri augmentatione, cum uno vel duobus de clericis vestris tantum laborem subire. Quod facere nec possum nec debeo, nec vos exigere debetis sine digna remuneratione. Hanc ad præsens remunerationem quæro, ut consuetudines, seu exactiones, hic sermo. Posteriorem hanc illa fuisse constat, quia episcopum interea convenerat, et tamen renum adhuc dolorem causatur, quo retentus fuerat, quo minus tum ad episcopum iret.

(360) *Si olim in aliquo nos læsistis.* Cum Oleronensem ecclesiam Bernoni abbati eripuit Goffridi decessori. Qua de re dictum lib. I, epist. 9; verum Urbani litteras, quibus obsequens Guillelmus ecclesiam restituit, ob alia etiam quæ de illo ejusque patre narrat, operæ est audire. Sic igitur habent in tabulario Vindocinensi:

Urbani II ad Guillelmum Aquitaniæ ducem.

« Urbanus episcopus, servus servorum Dei, dilecto filio Guillelmo Pictaviensium comiti, salutem et apostolicam benedictionem. Sæpe tuam indolem commonuimus, ut egregii principis patris tui devotionem atque prudentiam imiteris. Ipse principatus sui ecclesias devotissime coluit, plures rebus suis ditavit, novas etiam a fundamentis exstruxit. De te vero miramur, qui cum aliis bonis studiis, quantum quas terris nostris præpositi vestri (361) violenter impresserunt, quas tamen terras religiosi principes prædecessores vestri, et monasterii nostri fundatores, absque consuetudine vel qualibet exactione, donaverunt, Deo et loco nostro relinquatis, et, ne deinceps repetantur, me bene securum faciatis. Si vobis hoc placet, quod omnino placere debet, in prædicto negotio non recuso obedire, licet fieri non possit sine rerum nostrarum magnis expensis, et, quod est amplius, absque corporis nostri labore maximo et anxietate. Valete, et quidquid super hoc vobis placuerit per litteras vestras multum familiariter mihi notificate.

EPISTOLA XXI.

Clarissimo Aquitanorum duci et incomparabili militi Guillelmo charissimo domino et præcordiali amico, Goffridus Vindocinensis monasterii humilis servus, diligere quod Deus diligit, et odio habere quod odit.

Dux vitæ laudabilis, ut ad vos venirem mihi mandastis; sed diem et locum, quo vos invenire potuissem, non significastis. Quapropter misi statim ad partes vestras quemdam monachum qui me ad vos, quo ipse jubetis, diceret venturum. Qui per duodecim dies ibi vos exspectans, cum invenire non posset, inde ad me reversus, mihi nuntiavit vos ad Clarummontem profectum (362). Mitto iterum vobis istum fratrem, per quem mihi mandetis si magnitudini vestræ meæ parvitati ad præsens loqui placuerit, et ubi, et quando placebit. Ad vos, charissime domine, sæpius venissem et de utilitate vestra ad militem, polleas, in hoc a patris tui probitate degenerare perhiberis quod ecclesiarum jura perturbes, et quas ille fundavit exspolies. Pervenit ad nos quod monasterio Vindocinensi ecclesiam Beati Georgii, in Oleronis insula sitam, cum quadam optima terra abstuleris. Te itaque, charissime fili, præsentibus litteris admonemus, ut, sicut sanctorum apostolorum et nostram gratiam diligis, Ecclesiam illam et cætera, quæ Vindocinensibus monachis abstulisti, eorum potestatem omnino restituas. Res enim eorum parentum tuorum eleemosynæ sunt et apostolicæ sedis allodium. Quod si infra dies triginta, visis his litteris, quod mandamus adimplere contempseris, et indignationem nostram incurristi, et apostolicæ sedis anathemate te percussum indubitanter agnoscas. Monasterium Vindocinense et res ad ipsum pertinentes ita apostolica auctoritate corroboratæ noscuntur ut, si quid inde ablatum vel distractum a quoquam fuerit, a prædecessoribus nostris excommunicatum non dubites. Et quem beati illi viri excommunicaverunt, non possumus solvere, nec debemus; sed quod fecerunt, nos eadem auctoritate firmamus. Datum Romæ II Kalendas Aprilis. »

(361) *Præpositi vestri.* Guillelmus Oleronis præpositus, Haimericus. Asto, et alii de quibus lib. I, epist. 2; lib. III, epist. 38, et hoc ipso, epist. sequenti.

(362) *Vos ad Clarummontem profectum.* Arvernorum urbem primariam, quæ nomina subinde mutavit. Antiquissimum fuit, quod apud Straboneum legitur νεμωσσός Nemossus, etsi male ad Ligerim locat. Ex inflexa et conflata voce, *Augustonemetum*, post tempora Augusti, tum propria et recepta in singulis Galliæ civitatibus consuetudine, communi totius gentis vocabulo, *Arverni* et urbs *Arverna*. Denique *Clarus mons*, de priscæ arcis appellatione, cum inibi post Pippinianum incendium inædificari

vobiscum locutus fuissem, si gratiam et dilectionem apud vos potuissem invenire quam apud prædecessores vestros nostri veraciter dicuntur invenisse. Sed fortassis hoc apud Deum peccando mereri potui ; sed, Deus scit, nunquam apud vos nisi serviendo et diligendo promerui. Desiderio tamen vobiscum loqui desidero, apud vos querimoniam facturus de præpositis vestris, Guillelmo videlicet et Haimerico fratre ejus, qui res, quas pretium redemptionis animarum suarum venerabiles antecessores vestri, loci nostri fundatores, eidem loco contulerunt, pene penitus destruxerunt. Res ipsas opulentas et divites de larga manu prædecessorum vestrorum, qui vos, ut credimus, ad æthereas mansiones præcesserunt, rectores monasterii nostri, qui fuerunt ante me, susceperunt, et tota vita sua sine labore tenuerunt. Ego autem qui multum pro rebus istis et laboravi et expendi, eas inveni pauperes, et prædictorum mala gratia præpositorum de die in diem invenio pauperiores. Unde, optime princeps, si mihi non creditur, saltem rerum distractioni et locorum paupertati, quæ nec mentiri nec occultari potest, credatur. Vale, dux multum dignus laude humana, et utinam amplius divina. I.

EPISTOLA XXII.

Goffridus Vindocinensis monasterii humilis abbas, charissimæ dominæ suæ Mathildi Pictaviensi comitissæ (363), Deum timere, et cum timore diligere.

Quod postquam dominus comes, maritus vester, cœpisset. Arvernorum comes hoc tempore feudatarius fuit ducis Aquitaniæ : multæ proinde Guillelmo suberant causæ, cur ad Arvernos proficisceretur.

(363) *Mathildi Pictaviensi comitissæ.* Guillelmi comitis, ad quem epistolæ superiores, conjugi. Non nobis in Mathildis hujus investigatione hærendum fuerat, nisi opportune succurrisset vetus diploma Guillelmi mariti, cui ipsa subscripsit, de altari S. Mariæ de Solaco, quod paternum exemplum secutus Burdigalensi S. Crucis monasterio, unde id exscriptum est, concessit anno 1096. Id ad verbum sic habet :

Guillelmi ducis Aquitaniæ privilegium pro monasterio S. Crucis Burdigal.

« Ego Willelmus, divina ordinante providentia, Aquitaniæ et Vasconiæ dux et comes. Notum omnibus fidelibus per hoc privilegium nostræ auctoritatis fieri volumus quod vir venerabilis Fulco, S. Crucis abbas, postulavit a nobis ut sicut clarissimus genitor noster venerandæ memoriæ Willelmus, qui et Goffridus vocatus est, altare S. Mariæ de Solaco, cum omnibus suis appendiciis, judicio legatorum sanctæ Romanæ Ecclesiæ, Amato videlicet Florensium episcopo, et Hugone Diensium pontifice, in concilio Burdegalensi præsidentibus, Goscelino Burdegalensi archipræsule assistente, cum multis aliis archiepiscopis, et episcopis, et abbatibus, Arnaudo abbati S. Crucis jure perenni et ejus successoribus concessit, ita et nos concederemus ; et locum S. Crucis cum loco S. Macarii sub tutela et defensione nostra susciperemus. Cui petitioni libentissime nostrum præbuimus assensum, et Petro decano et archidiacono Ecclesiæ Burdigalensis, ut totum hoc scriberet aut scribi præciperet, sub testimonio, etc., præcipimus, et sigilli nostri impressione signari. Ego Mathildis uxor domini

Hierusalem perrexit (564), vos non vidimus, ne miremini humiliter rogamus, quoniam hoc potius necessitate quam voluntate dimisimus. Ad præsens igitur, Deo volente, ad vos veniemus, et de bonis Ecclesiæ nostræ vestræ nobilitati libenter serviemus. Unum tamen vobis celare nec possumus nec debemus, quod et animæ vestræ periculosum esse, et charissimo domino et amico nostro, marito vestro, contrarium, si per vos, quod absit! factum est, non mediocriter formidamus. Est itaque in partibus vestris quidam, Rainaldus videlicet Quartaldus (565), qui tonsura et habitu esse videtur monachus, sed ab operibus et vita monachi valde est alienus. Iste enim, penitus contempta professione sua et B. Benedicti Regula, in vobis, ut idem ipse asserit, confisus, sanctæ obedientiæ et monasterii sui refugit præcepta, et pro lege regulari utitur voluntate propria, animæ suæ nullatenus curans detrimenta. Unde vos sicut charissimam sanctæ Ecclesiæ filiam obtestamur, et pro timore Dei et amore mariti vestri, ut ipse Deus eum ad vos sanum et incolumem cum omni victoria reverti faciat, **259** suppliciter rogamus, ne, per vestram fiduciam, animam suam perdat ille, qui jam propria iniquitate a Deo cognoscitur separatus. Hunc siquidem cum omnibus sibi consentientibus a domino papa et a nobis excommunicatum vestra excellentia indubitanter agnoverit, si unquam ulterius nobis et monasterio suo inobediens esse præsumpserit.

EPISTOLA XXIII.

Goffridus Vindocinensis monasterii humilis servus, dilectæ in Christo filiæ Ermengardi Britannorum comitissæ (566), nec mundum sequi, nec ejus flore, quia cito marcescit, velle delectari.

Est utique quem sequi, cujus pulchritudine debemus potius delectari, Jesus Christus videlicet Dominus noster, qui adeo nos dilexit quod pro nobis corpus et animam suscepit; et ne perpetua morte damnaremur, inæstimabili charitate in mortem se tradidit. Ejus, inquam, beneficia, si diligenter considerare voluisses, o creatura, pro qua auctor vitæ mortuus est, adulantium linguæ non te a Creatore tuo separassent, nec unde semel recesseras, iterum sociassent mundo, in quo nihil præter id quod est funestum reperies. Præsentem namque mundum sic vera miseria, et falsa beatitudo comitatur ut vix aut nunquam Deum habere valeat, quicunque illum amplectitur. Vale, et quæ dicta sunt, sapienter considera.

260 EPISTOLA XXIV.

Goffridus Vindocinensis monasterii humilis servus, dilectæ in Christo filiæ Ermengardi vitæ laudabilis comitissæ, sic in hoc sæculo misericorditer agere ut in futuro misericordem Dominum videre valeat et habere.

Pervenit ad me de te, regia proles, quod mihi non displicet, et nemini debet displicere, quia Deo placet. In terreno regimine, ut audivi, exercens jura justitiæ, et patriæ faciens pacem, multis proficis, pauperes pascis esurientes, sitientibus porrigis potum, nudos vestis, et nobilitatem generis morum nobilitate superans, Deo potius militare quam sæcularibus negotiis implicari videris. Hæc sancta justitiæ et pietatis opera in te cum gaudio laudare et possum et debeo. Sed est aliud, quod sicut pro tua reverentia non præsumo reprobare, approbare non audeo. Nam dum charitate tua leniente pene omnis mœstus ad te veniens lacrymam tergat, et vix aliquem a tua præsentia recedere liceat tristem, insuper etiam multarum ecclesiarum januas sæpissime aperiat tuæ devotionis oblatio, mirum valde nec est pia admiratione mirandum, cur ecclesiam, in qua tuus venerabilis pater (567) sibi elegit sepulturam, et quæ pro illo a te amplis

---

Guillelmi ducis Aquitaniæ et comitis Guasconiæ affui et assensum præbui. Ego Petrus decanus sanctæ matris Ecclesiæ Burdegalensis et archidiaconus subscripsi; confirma hoc, Deus. Eblo archidiaconus, Arnaldus Simonis cantor, Andro, et multi alii canonici S. Andreæ interfuerunt. Hugo frater comitis Guillelmi, Arnaldus de Blancafort, Willelmus præpositus, Gumbaldus Austrini, et multi alii milites similiter. Actum est et concessum anno 1096. Incarnationis Dominicæ viii Kal. April., epacta. xxiii, concurrente ii, indict. iv, domino papa Urbano II, et D. Amato Burdegalensi archiepiscopo. Data per manum D. Guillelmi comitis ante altare S. Andreæ. Fulconi coabbati viii Kalend. April. prima concessio in turri Aastellari xi Kal. Aprilis.

(564) *Maritus vester Hierusalem perrexit.* Secundæ in Palæstinam expeditionis, quæ priorem paucis post annis secuta est anno 1101 princeps et coryphæus fuit Guillelmus comes Pictaviensium, et cum eo comites alii, Stephanus Burgundiæ, Hugo Viromandensis, Stephanus item Blesensis et Carnotensis, Goffridus Vindocinensis, cum Hugone fratre Raimundi comitis Tolosani. Militum millia 60 multo plura peditum fuisse, auctor est Willelmus Malmèsburiensis, lib. iv. De gestis regum Anglorum. De iisdem Guillelmus Tyrius lib. x Historiæ belli sacri, c. 12 et 19.

(565) *Rainaldus videlicet Quartaldus.* Epist. 18.
(566) *Ermengardi Britannorum comitissæ.* Filiæ Fulconis IV, comitis Andegavensis, Fulconis V, regis sorori. Nupsit enim Alano Fergento comiti Britannorum, Conanumque III procreavit, qui Conanus Ermengardis a matre cognominatus est. Kalendarium S. Mauricii Andegavensis : *Kal. Junii obiit Ermengardis comitissa Britanniæ, mater Conani ducis, et soror Fulconis regis Hierosolymitani.* De eadem conditor Gestorum comitum Andegavensium : *Fulco plures duxit uxores, filiam Lanceloti de Balgentiaco, ex qua edita est comitissa Britanniæ; illa quæ post obitum viri sui Hjerusalem in ecclesia S. Annæ vitam monialem exercuit.* Monialem ergo post viri mortem professa est, sed consilio exinde mutato ad sæculum resiliit. Quo tempore hæc ad illum scripsit Goffridus, suadens ut pristinum institutum repetat. Quod tandem fecisse videtur. Multis siquidem post annis Ermengardi tanquam Deo devotæ, et humili Christi ancellæ scripsit Bernardus epist. 116, 117.

(567) *Ecclesiam in qua tuus venerabilis pater Ermengardis patrem,* epistola superiore, dictum est fuisse Fulconem IV comitem, qui Rechinus appellatus est. Ejus obitus diem annumque notant Chronicum utrumque S. Albani, Kalendarium S. Sergii et Kalendarium S. Mauricii his verbis : xviii *Kalendas Maii obiit Fulco dulcissimus comes Andegaven*

debuit honorari, filiali dilectione honorare non studeas, et naturæ jura conservans, te ejus fuisse **261** filiam, sicut veraciter fuisti, debitis beneficiis non ostendas. Olim, et in veteri lege et in nova, religiosi et omni laude et memoria digni principes exstiterunt qui loca, ubi patrum suorum corpora sepulta sciebant, semper charius diligentes, ut ea vario ornamentorum genere decorarent et multimodis possessionibus dilatarent, tota intentione studebant. Nos, quos ille vir piæ recordationis nec carne genuit, nec magnas divitias, nec aliquam nobis possessionem reliquit, ecclesiam, in qua sepultus est, pro illo diligimus magis et honoramus, et numerum monachorum qui in ea sacrificia pretiosa, pretia scilicet animæ suæ, Deo quotidie offerant, augmentantes, de rebus abbatiæ nostræ maximam partem, unde ibi vivere valeant, eis contulimus. Has pro patre tuo, qui defunctus est sæculo, utinam Deo vivat! tibi specialiter litteras scripsimus, quia nisi tu sola patris tui animæ hæres exstiteris, qui ejus hæres existat alium de sua carne genitum ad præsens invenire non poterit. Cum vero memor paternæ salutis aliis tuæ charitatis expanderis sinum, contra locum, in quo tuus pater egregius princeps corpore jacet, nulla occasione deinceps contineas clausum. Vale: et parce mihi, si male locutus sum ; si bene, acquiesce.

262 EPISTOLA XXV.

Goffridus Vindocinensis monasterii humilis abbas, Adelardo de Castrogunterii (368), timorem Domini pariter et amorem.

Multa mala nobis fecisti, et Deum in nobis, cujus, licet indigni, servi sumus, ac iracundiam non mediocriter provocasti. Nos autem diu te satis patienter portavimus, quem de tantis malis acturum quandoque pœnitentiam sperabamus. Sed quia præteritis malis nova quædam pejora prioribus addere non timuisti, rogamus te, sicut charissimum nostrum, ut quod contra nos illicite commisisti, emendare festines, et prædam quietam dimittas (369) quam cepisti. Quod si consilio nostro acquiescere nolueris, verendum tibi est ne tota terra tua tali interdicto feriatur quod solvi deinceps non possit sine apostolicæ sedis licentia, cujus allodium Vindocinense cœnobium esse dignoscitur. Insuper etiam in eodem monasterio, et in omnibus ecclesiis quæ ad prædictum locum pertinent, per singulos dies ante sacratissimum corpus et sanguinem Domini nostri Jesu Christi de te clamorem faciemus, quatenus ipse qui omnia potest, violentiam tuam, quam vi humana refrenare nec possumus, nec debemus, suæ dexteræ virtute corrigere et refrenare in præsenti dignetur, ne anima tua in futuro, propter hoc, æternum incendium patiatur. Vale.

263 EPISTOLA XXVI.

Goffridus Vindocinensis monasterii abbas, Goffrido de Meduana (370), salutem.

In præsenti vita sapiens ut mala ageres diu fuisti ; bene autem agere vix potuisti, quia noluisti. Quædam tamen bona fecisti, sed ad comparationem malorum tuorum pauca sunt aut penitus nulla. Unde te quasi jam in ultima hora positum admonendo consulo, et consulendo admoneo, ut mala opera quæ longo tempore perpetrasti, saltem in fine emendare festines,

---

sis, nepos Goffridi prioris Martelli. Sepulturæ locum non tradunt.

Sepultum fuisse in ecclesia prioratus Andegavensis S. Trinitatis, ex illius Ecclesiæ necrologio notavit V. C. Ægidius Menagius in sua Historia Sabloliensi.

(368) *Adelardo de Castrogunterii.* Ex Fulconis Nerræ litteris, quarum initium recitavimus epist. 11, constat illum castrum Gunterii, quod muniverat, Rainaldo cuidam Ivonis donasse, quem optimum militem vocat. Hujus Rainaldi post alios hæres, castrique dominus fuit Adelardus, ad quem scripta hæc epistola. Hujus præterea insigne monumentum exstat in antiquis tabulis monasterii S. Albini, quibus decimam portus sui S. Albino concedit. Eæ porro sunt hujusmodi :

Adelardi de Castro Gunterii concessio decimarum, quas obtulit S. Albino.

« Rainaldus Andegavorum episcopus donum quod Adelardus Castrigunterii dominus per manum nostram S. Albino de decima portus castelli sui fecit, litteris mandare curavi ; quod factum est hoc modo: Anno Incarnationis Domini 1125, indictione I, Kalendis Martii, feria v, ipsa scilicet die qua celeberrima B. Albini solemnitas agitur, veni ad ecclesiam ejusdem sancti, et rogatu D. Hamelini abbatis et monachorum ejus, cum multis illustribus clericorum et laicorum personis ingressus sum eorum capitulum. Ubi veniens Adelardus Castrigunterii dominus, decimam portus castelli sui de vino de qua paucis ante diebus Hamelinum abbatem apud castellum suum, concedente hoc Mathilde uxore sua, et filio suo Adelardo revestierat ; tunc etiam in manus nostras in libro Regulæ misit, et per nos supradictum abbatem et monachos Sancti Albini revestivit, ipsumque librum Regulæ, quem in manus meas miserat, super altare ejusdem sancti detulit. Et quia idem Adelardus hanc eleemosynam benigne faciebat, dedit ei prædicius abbas sub nomine charitatis XXVI libras denariorum et decem solidos, ac filio ejus quinque. In testimonium hujus concessionis decrevimus aut propter auctoritatem et inviolabilem istius rei firmitatem, ut nostro sigillo, et sigillo abbatis, atque sigillo ejusdem Adelardi præsens pagina firmaretur. Præsentibus Petro abbas S. Georgii, Daniel abbas S. Mariæ Ebronensis, Ranulfus abbas S. Mauri, et plures alii. » Hæ tabulæ Adelardi uxorem fuisse docent Math Idem, filium Adelardum. Illum fortasse, cujus et Melissendis conjugis mentio in Kalendario S. Mauricii : *Nonis Augusti obiit Adelardus dominus Castrigunterii*, pro quo facere debemus, quantum pro uno episcoporum nostrorum. XVIII *Kalend. Septembris, obiit Millissendis uxor Adelardi domini Castrigunterii.*

(369) *Prædam quietam dimittas.* Epist 11.

(370) *Goffrido de Meduana.* Meduana Cenomanici pagi oppidum, ad fluvium cognominem, ducatus hodie titulum gerit. Facit autem Goffridi de Meduana ætas, quam noster affectant atque annis gravem fuisse significat, ut illum ipsum esse conjiciam, qui pro Cenomanorum libertate adversus Northmannos, eorumque principem Guillelmum diu pugnavit, ut narrat inter cæteros Ordericus Vitalis, qui Goffridum Meduanensem fortissimum Cenomanorum appellat, lib. IV Historiæ ecclesiasticæ.

ne cum morte corporis etiam in anima moriaris. Residuum vitæ tuæ, quod modicum est, certissime scias, conserva vivendo Deo, Creatori et Redemptori tuo, quia quidquid huc usque vixisti, totum aut pene t um vixisti sæculo. Præveni igitur peccata tua, ne ipsa te præveniant. A quibus si sorte sinistra, quod absit! præventus fueris, credo veraciter quoniam pœna tua fine carebit. Peccata quippe sua quisque prævenit, quando mala quæ fecit, et adhuc facere potest, pœniten lo deserit. Sed tunc a peccatis prævenitur, cum jam mala agere urgente mortis necessitate non sinitur. Vale, et consilio nostro acquiesce.

EPISTOLA XXVII.

Goffridus Vindocinensis monasterii amicorum servus, Rainaldo dulcissimo consanguineo (371) suo et amico præcordiali, sic possidere temporalia ut non amittat æterna.

Pietatis divinæ pia flagella, quæ hoc in anno super vos venerunt, mentem vestram valde terrere debuissent, et ab his quæ contra Deum egistis velocius revocare. Ad hoc enim, ut credimus, vobis a Deo misericorditer collata fuerunt, ut qui in incolumitate corporis voluntate Deum quærere differebatis, necessitate saltem timore ac de illicitis operibus vestris satisfacere festinaretis. Hoc etiam nobis promisistis, quando novissime locuti vobiscum fuimus, quod vitæ vestræ emendationem Dei et nostro consilio sumeretis. Opera, quæ deinceps fecistis vel facitis, ignoramus; sed si piissimo Redemptori nostro contraria existunt, non parvum dolorem ob hoc sustinemus. Utinam, charissime, assidue cogitaveris, quanta in die judicii tristitia, A quanta tribulatio, quanta miseria, quantus super omnes dolores dolor erit homini, qui Deum videbit, nec habebit, et ante Redemptoris sui conspectum peribit. Hoc autem nemo unquam ad plenum cogitare potuit, qui magis sæculo quam Deo militare decrevit. Nunc forsitan cogitatio vestra vobis dicit, aut qui vobis adulantur dicunt : Si dominus noster efficeretur monachus, vel moreretur, jam tota terra sua dissiparetur. Scitote quia animæ vestræ minime consulunt, qui sic loquuntur. Terram enim, et quidquid temporaliter possidetis, oportet vos ad præsens, velitis nolitis, relinquere. Sed animæ vestræ valde erit contrarium, si hoc necessitate feceritis, non voluntate. Certe, dilectissime, Deus, qui permisit vos honorem Credonensem (372) habere, ipse, si voluisset, honorem illum conferre potuisset Orlandi monoculæ, quam, dum puer essem, in curia vestra recolo me vidisse. Et quanto plura vobis dedisse Deum agnoscitis, tanto magis ei obnoxius estis. Valde miser est, nec veraciter credit in Deum, quem mundus ante deserit quam ipse deserat mundum. Mundum enim, antequam ipse nos deserat, deserimus, cum illi sponte renuntiantes, quidquid ex eo sordis vel criminis contraximus, ob vitæ perennis amorem odimus. Sed tunc quasi prior mundus nos deserit, cum in sordibus nostris prostratos extrema dies invenit. Et tunc miseranda hominis conditio gemit, quod Deo servire noluit, quando jam reparare non potest quod nequiter vixit.

EPISTOLA XXVIII.

Goffridus Vindocinensis monasterii servus, dilectissimo domino suo et præcordiali amico (373) Ra-

---

(371) *Rainaldo consanguineo.* Domino Credonis, ut sequentia declarant, et Elenchus Cenomanensis; idem qui Rotæ in pago Andegavensi monasterium fundavit anno 1096. Hujus filius Mauricius de Credone, quem suum etiam consanguineum dixit, epist. 15 Credonensium, dominorum familiæ illo sæculo duæ fuerunt. Prior, quam clauserunt Suhardus de Credone et Guarinus ejus filius, qui Fulconis Nerræ comitis temporibus Credone potiti sunt. Posterioris caput Robertus Burgundio, cui Goffridus Martellus Nerræ F., castrum Credonis, quod tunc in anu sua indominicatum habebat, iterato concessit. Roberti hujus filius et hæres fuit Rainaldus de Credone, Mauricius vero, Rainaldi; Goffridus abbas, utriusque consanguineus.

(372) *Honorem Credonensem.* Id est dominium. Honor pro ditione ac dominio passim in ejus ævi monimentis. Vidimus in pericope Fundationis Vindocinensis ad lib. IV, epist. 44. Idem Martellus in Fundatione Credonensi : *Cum vero honorem Credonis in manu dominicatum habui, sanctæ Trinitati illam ecclesiam dedi, antequam honorem Roberto Burgundioni fideli meo donavissem.* Sic honor Vindocinensis pro comitatu in litteris ejusdem Martelli, quas ad epist. 2, lib. I, produximus. Honor Andegavensis in litteris Fulconis junioris anno 1096 : *Pro animabus parentum meorum, Fulconis scilicet avunculi mei, Goffridi Martelli patrui mei, qui me nutrivit, per quem post Deum hunc honorem teneo.*

(373) *Radulfo.* Elenchus Cenomannensis. *Ad Radulfum de Balgentiaco,* cui etiam scribit Ivo epist. 248. Est autem Balgentiacum Aurelianensis agri ad Ligerim oppidum, crebris qui in eo acti sunt episco- porum et principum conventibus celebre. Nobilem ibi ecclesiam hodie quoque possident Vindocinenses, de qua Urbanus Goffrido his verbis : *Ecclesiam S. Sepulcri de Balgentiaco, quam ipsius castri domino Lancelino petente Raunarius b. m. Aurelianensis episcopus prædecessori tuo Oderico perpetuo possidendam concessit.* Lancelinus de Balgentiaco socer fuit Fulconis Rechini comitis, avus Ermengardis, de qua dictum est, filiæ Fulconis. Lancelini ejusdem filius, opinor, Radulfus. Quare quæ de Radulfi patre in hac epistola dicuntur, de Lancelino accipienda sunt. Radulfum vero Guillelmus Tyrius inter præcipuos Hierosolymitanæ militiæ duces numerat, lib. I, cap. 17. Eumdem cum Amalrico de Monteforti et Goffrido abbate nostro legatum a Ludovico VI rege missum legimus ad Fulconem comitem Rechini F. ad componendam controversiam de majoratu seu senescalcia Franciæ, quam Fulco proavo suo, posterisque ejus hæreditario et perpetuo jure concessam a Roberto rege petebat. Rem memoriæ prodidit Hugo de Cleriis, miles Andegavensis, Fulconis et ipse ad Ludovicum regem eadem de causa legatus, cujus proinde integrum commentarium coronidis loco his notis apponam, ut nunc lucem accipiant, quæ de ea re ambigere se testatus est vir clarissimus, et rerum nostrarum peritissimus Joannes Tilius in collectaneis suis, cap. de magno Franciæ magistro. Ejus ergo commentarii, quem a Fulconis comitis verbis exorditur, in antiquis S. Albini codicibus hoc exstat exemplum. (*Vide infra in* HUGONE DE CLERIIS, *ad annum* 1420. — EDIT. PATROL.)

dulfo, sic transire per bona temporalia ut consequatur æterna.

Scimus quoniam monasterium nostrum, quod in honore et nomine sanctæ Trinitatis constitutum est pariter et sacratum, toto corde diligitis. Et nos ipsam beatam Trinitatem, Patrem et Filium et Spiritum sanctum, pro cujus amore hoc facitis, toto mentis affectu imploramus, quatenus corpus et animam vestram in præsenti ab omni impedimento custodiat, et in futuro vitam vobis conferat sempiternam, atque animam patris vestri, de quo plurimum vos sollicitum esse cognoscimus, sua ineffabili pietate, et gloriosa B. Mariæ semper Virginis intercessione, ab omni vinculo peccatorum et criminum suorum absolvat, et ipsum suum et omnium Deum ac Dominum videre et habere valeat, qui est remissio peccatorum, et suorum merces et retributio servorum. Rogastis fratrem, qui noviter venit ad ordinem, veste religionis mutata remitti parentibus suis, ut vel sic damnum possent recuperare terrenum. Pro amore vestro remitti quidem potest; vestis autem religionis sine offensione et nota infamiæ mutari non potest. Si quis objicit, quod episcopi et abbates Romam sæpe ierunt veste mutata, scire debet, quia illud cogebat quæ Domino papæ debetur obedientia. Pro temporis necessitate novum dedit Dominus papa obedientiæ præceptum; in hac vestra postulatione novum, ut ita dixerim, audio cupiditatis peccatum. Iterum si dicitis eum nondum fecisse professionem, nondum monachi habuisse benedictionem, firmiter credite et veraciter agnoscite, nec professione, nec benedictione perfectum monachum sive Christianum posse fieri sine cordis devotione. Et ubi est cordis devotio, ibi sancta benedictio deesse non potest, et vera professio. Igitur si consuetudinaria professio, quæ fit visibiliter, et benedictio illum, sicut dicitis, non tenet ligatum, proposita devotio religionis, in qua adhuc perseverat, mundo amplius non patitur esse solutum, præsertim cum illam professionem sua voluntate jam fecisset, et suscepisset benedictionem, si per nos eis dilatum non exstitisset.

MONITUM IN EPISTOLAM SEQUENTEM.

Goffridum confraternitatem et suffragiorum societatem iniisse cum Cluniacensibus, testatur epistola ipsius Goffridi a Joanne Mabillonio viro clarissimo tom. III Analectorum edita, quam hoc loco apponimus, ne illud Goffridi scriptum desideret nova hæc ipsius Operum editio.

GOFFRIDI EPISTOLA AD CLUNIACENSES.

Ad ineundam suffragiorum societatem.

Ego frater Goffridus, Vindocinencis monasterii qualiscunque abbas, veniens ante præsentiam domni Hugonis, venerandi Cluniacensis abbatis, petii ab illo dari mihi societatem et loci confraternitatem sui totiusque gregis a Deo sibi commissi: ut, qui de propria perfectione minus præsumebam, eorum suffragiis æternam valerem acquirere vitam. Quod ille clementer suscipiens, et libentissime complens, decrevit generali præcepto ut, quandiu vixero, si in ejus absentia venero Cluniacum, capitulo et mensæ, totique ordini vice illius præsim: et cum hac luce migravero, ita per omnia in ipso loco pro requie animæ meæ agatur in orationibus et eleemosynis, sicut pro uno abbate illorum professo vel monacho, cum adjectione tricenarii missarum brevium quoque missione ac regulæ adnotatione.

GOFFRIDI

ABBATIS VINDOCINENSIS B. PRISCÆ CARDINALIS

OPUSCULA.

I.

TRACTATUS DE CORPORE ET SANGUINE DOMINI JESU CHRISTI.

Frater Goffridus peccator, in præsenti tractatu catholicus scriptor, omnibus Christianis de corpore et sanguine Domini fideliter credere, et ipsum, cujus corpus et sanguinem percipiunt, Christum Dominum videre pariter et habere.

De corpore et sanguine Dei et Domini nostri Jesu Christi, dum a fidelibus pie quæritur quod veraciter dicendum est et firmiter credendum, ipso Christo Deo et Domino nostro donante dicatur, ut in illorum cordibus dubitatio nulla relinquatur. Prius quidem panis et vinum super altare ponuntur; sed sicut ante consecrationem nihil aliud præter propriam panis et vini naturam habent, ita post consecrationem nullam naturam, nullam materiam panis vel vini retinent, nisi quantum ad saporem, speciem et odorem; hoc tamen propter infirmitatem hominum et imbecillitatem. Nam si illa gloriosissima caro, et sacratissimus ille sanguis non in specie panis et vini, sed in sua propria natura hominibus apparerent, præ sui magnitudine, homines illa ferre non possent. Quod si fieri posset, fidei meritum non haberent. Sed si sancti apostoli Petrus, Jacobus et Joannes

Dominum in terra adhuc mortalem et corruptibilem carnem portantem transfiguratum non potuerunt aspicere, jam incorruptibilis et glorificati corporis illius tantam claritatem alii homines quomodo possent sustinere? illis siquidem sanctis discipulis non natura divinitatis, ut quidam existimant, Dominus ostendit, sed speciem postea glorificandæ carnis exhibuit. Firmiter itaque credamus, et nullatenus dubitemus quia quod in altari post consecrationem a Christiana religione sumitur, nihil aliud est, nihil aliud habet præter quod ipsa Veritas per se profitetur : *Accipite*, inquit, *hoc est corpus meum* (*Matth.* xxvi, 26); et de quo suo corpore diceretur, per semetipsum exposuit dicens : *Quod pro vobis tradetur* (*I Cor.* xi, 24). Similiter et de calice : *Hic est sanguis meus, qui pro vobis effundetur in remissionem peccatorum* (*Matth.* xxvi, 28). Si quis autem aliam carnem præter istam habuisse Dominum Jesum credit, desipit, non est catholicus, sed hæreticus. **271** Hac carne redemit hominem Christus; hac in carne Christum homo peremit. Anima tamen et caro hominis sunt redempta; sed hæc caro hominis fuit pretium redemptionis. Hæc est illa una eademque vere vera caro, non alia, quæ, cooperante Spiritu sancto, concepta, nata est de Maria Virgine et passa in cruce, quam ipse Deus omnipotentia divinitatis suscitavit a mortuis tertia die. Quapropter nemo formidet hanc carnem Christi Dei, Dei Patris unigeniti Filii, naturalem et propriam, incorruptibilem et immortalem jam factam dicere, et dicendo credere, et credendo accipere, non tantum in sacramento, quod et multi mali faciunt, sed usque ad spiritus participationem. In isto sancto mysterio, quod et sacramentum, id est sacrum signum, dicitur, quia aliud est, id est Christi sancta caro, et aliud, id est panis species, videtur, ipsam beatissimam et vivificatricem carnem multi homines perversi accipiunt, sed quia mali male accedunt, pejores quam prius fuerant existunt. Quidam vero sumunt usque ad spiritus participationem, quia qui cum charitate, id est cum Dei et proximi dilectione, percipiunt, cum Christo participantur usque ad animæ vivificationem. Et sicut nemo sine charitate Christi sacrosanctum corpus et sanguinem accipere potest quin pejor existat, sic nemo cum charitate illud accipere potest, quin inde melior fiat. **272** Unde si quis quærit quomodo panis caro Christi, et vinum sanguis ejus fieri possit, certe si ea quæ sunt, Dominus non creasset, creata forsitan mutare non posset. Sed minoris miraculi non fuit ex nihilo omnia creare quam in melius ex omnibus quædam convertere. Qui talia quæris, noli errare. Si Deum omnipotentem esse credis, nullatenus super hoc poteris dubitare; quoniam si omnia posse confiteris eum, et istud posse negare non poteris, cum sit ex omnibus unum. Ille namque qui carnem in Virgine matre, omnino servata virginitate, ineffabiliter et veraciter assumere potuit, qui etiam cum sit immortalis, pro nobis mortuus est, et die tertia imperii sui potentia seipsum a morte suscitavit, panis et vini materiam in sui corporis naturam in consecratione convertit.

II.
DE ORDINATIONE EPISCOPORUM, ET DE INVESTITURA LAICORUM

Goffridus Vindocinensis monasterii humilis servus, charissimo Domino et præcordiali amico Petro Leonis, sanctæ Romanæ Ecclesiæ cardinali, catholicam fidem toto corde diligere, et eos qui et contradicunt totis viribus impugnare.

Vestræ petitionis et meæ promissionis non immemor, si non ut debui, saltem ut potui, **273** tertavi solvere et quod a vobis quæsitum est, et a me promissum, de ordinatione videlicet episcopi, et de investitura laicorum. In primis firmiter credere nos oportet, et nullatenus dubitare, ut quemadmodum baptismus Christianum facit, ita electio et consecratio facit episcopum, et sicut impossibile est sine baptismate Christianum fieri, ita est impossibile episcopum sine electione et consecratione creari. In ordinatione episcopi electio et consecratio sic est utraque necessaria, quod consecratio sine electione, et sine consecratione electio episcopum facere sola non sufficit. Nam sicut in baptismate aqua et invocatio Spiritus sancti sunt necessaria, quæ faciunt Christianum, ita in ordinando episcopo electio et consecratio sunt necessitate conjuncta, quæ creant episcopum. Et sicut aqua sola, aut sola invocatione sancti Spiritus, nec baptismus fieri potest, nec homo esse Christianus, ita sola electione, aut sola consecratione nemo ordinari vel fieri valet episcopus. Magnum quidem et baptismatis et electionis et consecrationis episcopi est sacramentum; sed illud præcepit et per alios facit Christus, et hoc egit per semetipsum. In illo spiritualiter creatur homo, et a Christo Christianus dicitur; in isto vero dominus et imperator creatur Christianorum, qui non solum vocatur Christianus a Christo sed etiam Christi vices agere creditur. Sciendum vero est quod hic vel ubicunque de electione episcopi agitur, canonicam necesse est electionem, et **274** evangelicam intelligi, ut qui bene electus est, et juste consecretur. Alioquin fit quædam prava simulatio in Ecclesia, et ecclesiasticæ dignitatis illusio non parva. Nam quicunque canonice non electus quasi sacrandus accedit, exsecratus recedit, et falso nominatur episcopus, qui annullare conatur electionis et consecrationis ordinem, quem Christus per semetipsum primus instituit. Ipse enim primus et elegit apostolos, et consecravit, quos nisi prius electos consecrare non voluit. Hoc sanctum sacramentum, electionem videlicet et consecrationem apostolorum, Christus primus primum fecit, per quod cætera fierent sacramenta. Nullus autem apostolorum apostolatum audacter appetiit, nullus eorum se impudenter obtulit eligendum. Tota itaque ordinatio episcopi non in sua, sed in aliorum electione consistit et consecratione, si tamen illam electio recta præcesserit. Hæc autem prius per semetipsum, ut dictum est, Christus fecit; deinde vero vicarii ejus. Et in apostolis quidem a Christo facta sunt, quoniam ab ipso et electi et consecrati fuerunt. In aliis vero omnibus a nullis aliis fieri licet, nisi a vicariis Christi. Sunt autem vicarii Christi clerici in electione, episcopi in consecratione. Cæteri omnes petere quidem episcopum possunt; eligere vero vel consecrare non possunt. Quicunque igitur alio modo, quasi sub nomine pontificis, Ecclesiam vel potestatem ecclesiasticam sibi vindicare præsumit, hic jam non per ostium **275** intrat, sed aliunde ascendit, ut merito non inter episcopos computetur, sed inter fures et latrones connumeretur (*Joan.* x, 1). Iste aliis benedictionem non porrigit, sed pestem, et vulnus potius inferre videtur quam salutem, qui tanta præsumptione Dei maledictionem meretur. Nam episcopus sine canonica electione est quasi arbor sine radice. Arbor autem quæ radicem non habet, etiam si folia habeat, fructum ferre nullatenus valet. Ad hujusmodi arborem Christus quidem accessit, et cum ibi fructum non invenisset, eam maledixit (*Marc.* xi, 13, 14). Ille maxime a Deo maledicitur, qui sacramentis Ecclesiæ quasi sociari sua cupiditate desiderat, non Christi charitate. Et omnis qui sacramentis Ecclesiæ cæmento charitatis non jungitur, injuriam quidem Ecclesiæ facit, sed quasi paries luteus dissipatur, qui licet dealbari possit ad tempus, ejus subita dissolutione, qui ante confidebant in eo, premuntur. Hac igitur similitudine recte colligitur quod qui ad injuriam sanctæ Ecclesiæ ecclesiasticum ordinem, et maxime pontificatum assequitur, suam destructionem in primis, deinde populi mortem operatur. Et tunc Ecclesia injuriam pariter sustinet et verecundiam, quando in eligendo pontifice canonica perit electio, et quod vitæ meritis, et sapientiæ doctrinæ, atque sacris ordinibus debetur, illis quasi imponitur quibus nec bonæ vitæ merita, nec sapientiæ doctrina, **276** nec sacri ordines suffragantur. Isti terrenum, imo paludosum habent fundamentum, et ideo corruunt qui tali fundamento ædificantur. De talibus enim dicitur in Psalmo : *Projecisti eos, dum allevarentur* (*Psal.* lxxii, 18). Gravius nihil et apud Christum Ecclesiæ injuria, cujus sacramenta qui perverse suscipiunt, cum Christo esse, vel prodesse non possunt. Cum Christo etenim simul esse, et contra Christum facere nemo potest, cum ipse dicat: *Qui non est mecum, contra me est* (*Luc.* xi, 23). Qui autem cum Christo non est, nec sibi prodesse, nec aliis potest; cum ipse iterum asserat : *Qui non colligit mecum, dispergit* (*ibid.*), et alibi dicit : *Sine me nihil potestis facere* (*Joan.* xv, 5). Sunt quidam qui Romanæ Ecclesiæ omnia licere putant, et quasi quadam dispensatione aliter quam divina Scriptura præcipit eam facere posse. Quicunque itaque sic sapit, desipit; nam Romanæ Ecclesiæ post Petrum minime licet, quod Petro non licuit. Petro quæ liganda erant ligandi, et quæ solvenda solvendi est a Christo data potestas (*Matth.* xvi, 19); non quæ liganda solvendi, vel quæ erant solvenda ligandi concessa facultas. Petrus etiam si aliquando aliter egit, Paulus licet in conversatione novitius ei in faciem resistere minime timuit (*Gal.* ii, 11). Petrus vero sui junioris increpationem libenter suscipiens, quod plus justo fecerat, diligenter correxit. Præterea nulla ratione fieri licet quod Christus suo exemplo dedocuit. Ipse enim legem solvere non venit, sed adimplere (*Matth.* v, 17). **277** Romana itaque Ecclesia divinarum Scripturarum legem solvere non debet, sed conservare ; et tradita sibi a Christo potestate, non ad suam voluntatem uti, sed secundum Christi traditionem. Si etiam a suo juniore Romano pontifici suggeritur, ut si aliquando plus justo fecerit, juste corrigat, tanquam Petrus Pauli admonitionem suscepit, et ipse suscipiet, si Petrum imitari desiderat. De investitura autem laicorum si quis cognoscere voluerit quid catholica et apostolica Ecclesia senserit, quid docuerit, quid judicaverit, quid constituerit, legat in primo capitulo illius concilii quod tempore Gregorii septimi papæ factum est, et ibi omnes clericos, qui de manu laici investituram suscipiunt, hæreticos vocatos, et ideo damnatos esse et excommunicatos invenerit. Licet alia hæresis de investitura dicatur, alia Simoniaca, ista quæ de investitura dicitur, contra sanctam Ecclesiam fortius jaculatur. Simoniaca etenim pravitas multoties fit latenter; hæresis vero de investitura, semper publice agitur. Ibi etiam in primis omnis ecclesiasticus ordo confunditur, quando hoc quod unicuique a solo suo consecratore in Ecclesia, cum orationibus quæ ibi conveniunt, dari debet, a sæculari potestate prius accipitur. Quod sancti apostoli non solum interdixerunt, verum etiam omnes illos, qui per sæcularem potestatem Ecclesiam obtinent, a Christo sibi tradita potestate damnaverunt. **278** Et merito apostoli judicio Spiritus sancti hanc hæresim ipso Ecclesiæ principio damnare decreverunt, quam longo post tempore ex patre diabolo nascituram esse præviderunt. Cum igitur laico et investitura, et omnis etiam disponendarum Ecclesiarum, vel ecclesiasticarum rerum facultas a Spiritu sancto, qui in apostolis loquebatur, negata sit penitus et interdicta, qui investituram a laico suscipit, non jam contra apostolos tantum, imo contra dominum apostolorum, quod sanctum est canibus exponit. Investitura enim, de qua loquimur, sacramentum est; id est sacrum signum, quo princeps Ecclesiæ, episcopus scilicet, a cæteris hominibus secernitur pariter atque dignoscitur, et quo super Christianum gregem cura pastoralis ei tribuitur. Hanc investituram ab illo solo suscipere debet, a quo et consecrationem habet. Illum siquidem prius oportet consecrari, deinde vero tanquam regem Ecclesiæ sacris insignibus decorari. Si quis autem cuilibet sæculari potestati ista licere putat, errat. Quod si defendere nititur, apostolorum doctrinam, et sancti Spiritus sensum adnullare desiderat; unde hæreticus esse nullatenus dubitatur. Investitura itaque laicorum, quæ fit per virgam, et annulum, merito hæresis appellatur. Nam sicut a Simone Simoniaca hæresis dicitur, ita ab eo qui investit, et ab illo qui investitur, quoniam uterque in illa sua **279** actione, et agitare claves Ecclesiæ, et ejus unicum ac singulare ostium violare conatur, recto nomine hæresis de investitura vocatur. Hæc præterea hæresis de investitura, si recte perspiciatur, etiam hæresis Simoniaca esse, viva et vera ratione probatur. Nam quæ sæcularis potestas sibi vindicare nititur investituram, nisi ut per hoc aut pecuniam extorqueat, aut, quod est gravius, sibi inordinate subjectam efficiat pontificis personam? Nullus est itaque laicorum, etiam si ei liceret, qui tanta intentione annulum, vel virgam dare desideret, nisi per hæc quæ sunt sacramenta Ecclesiæ, temporalibus lucris inhiaret. Laicis quidem sacramenta ab Ecclesia suscipere licet, non Ecclesiæ quælibet sacramenta dare. Annulus autem et virga, quando ab illis dantur, a quibus dari debent, et quando, et ubi, et quomodo debent, Sacramenta Ecclesiæ sunt, sicut sal et aqua, oleum et chrisma, et quædam alia, sine quibus hominum et Ecclesiarum consecrationes fieri non possunt. Semper laicus de investitura, ut diximus, aut pecuniam sibi vindicat, aut, quod est amplius, episcopi vel abbatis personam. Hac non tam humana quam diabolica malignitate Ecclesia catholicam fidem, libertatem et castitatem amittit, sine quibus nulla ratione subsistit. Hæc etenim tria semper Ecclesia habere debet; quorum vel si unum defuerit, velut paralytica jacet, nec ligandi, nec solvendi potestatem habet. **280** Hanc igitur, quam supra diximus, investituram quicunque sub specie pastoris suscipere præsumit, fit paralyticus et hæretica lepra pollutus. Illum non pastorem fiducialiter dico, nec illius pastoris, qui animam suam posuit pro ovibus suis (*Joan.* 10, 11), quodlibet membrum, sed fur et raptor et lupus est. Nam ad hoc venit, ut furetur et rapiat et mactet (*ibid.*, 10). Hanc autem detestabilem impietatem, non solum qui faciunt, sed qui consentiunt ei, damnati sunt. Ille vero consentit, qui eam tacet, qui eam non corrigit, et qui ei palam non contradicit. Et nemo est qui contradicere palam non debeat, et possit; nam si prælati non habet auctoritatem, habet tamen Christiani vocem, et Scriptura dicit, et neminem excipit: *Maledictus est, qui prohibet gladium suum a sanguine* (*Jer.* XLVIII, 10), id est vocem suam ab increpatione peccati. Illud etiam factum meminerit, quod asina fatuum prophetam olim correxerit (*Num.* XXII, 28). Quod si fuerit vitiosus, vel quolibet alio crimine infamis factus, non ideo silere debet, quoniam unicuique peccatori communem Ecclesiæ fidem, quam suam esse credit et confitetur, defendere et contra ejus adversarios libere pugnare licet. Nam illi duo, qui in passione Domini crucifixi sunt cum eo, omnino infames erant, nam publici latrones; quorum unus non tantum quia credidit, sed quia suæ fidei veritatem contra alterum defendere cœperit, bonum illud, et delectabile **281** verbum a Salvatore nostro audire meruit: *Hodie scilicet mecum eris in paradiso* (*Luc.* XXIII, 43). Unde in latrone illo maxime declaratum agnoscitur, quod vir catholicus licet infamiæ maculis aspersus, fidei defensione paradisum pariter, et cum Christo esse meretur.

III.

DE SIMONIA ET INVESTITURA LAICORUM; QUARE UTRAQUE DICATUR HÆRESIS.

Universali papæ Calixto, bono domino suo et præcordiali amico, Goffridus abbas Vindocinensis, beatæ Priscæ cardinalis, quod patri filius et domino servus.

Cum Simonia et laicorum investitura hæresis dicatur, quare utraque sit hæresis, et merito hæresis appellari debeat, præsenti brevique satis epistola monstrabitur, ne super hoc deinceps dubitetur. Firmissime crede, Pater charissime, quod nihil aliud proprie hæresis dicitur, nisi quod a Patris unitate Filium sive Spiritum sanctum conatur separare, vel personarum alteram altera minorem vel majorem asserere. Igitur Simon Magus non tantum hæreticus, sed hæreticorum primus et pessimus exstitit; qui non solum a Patris æqualitate separari posse Spiritum sanctum existimavit, sed etiam ipso Spiritu sancto major esse præsumptuose tentando concupivit. **282** Nam cum se posse pecunia possidere Spiritum sanctum putavit, quid appetiit aliud, nisi ut Spiritu sancto major ipse haberetur, cum major sit qui possidet quam quod possidetur? Cum itaque Patris et Filii et Spiritus sancti personas inæquales quilibet nititur astruere, ratione pariter et auctoritate hæreticus habeatur, multo magis Simon Magus, qui Spiritum sanctum Deo Patri et Filio æqualem per omnia sibi pecunia subjicere tentavit, hæreticus, et Simonia, quæ ab ipso inventa est, et ab eo dicitur, hæresis comprobatur. Laicus autem, cum investituram Ecclesiarum tribuit per virgam et annulum, quæ sunt Ecclesiæ sacramenta, sicut sal et aqua, oleum et chrisma, et quædam alia, sine quibus hominum et ecclesiarum consecrationes fieri non possunt, sibi jus Christi usurpat et potestatem; et quodammodo se Dei Filio prædicat altiorem. Nam dum illa Ecclesiæ sanctæ sacramenta ibi dantur, ubi dari debent, et quibus, et quando debent, a Dei Filio dantur, per consecratorem videlicet illius actionis ministrum, sicut in remissionem peccatorum Spiritus sanctus dabatur per Petrum. Unde Deus Pater ad Joannem loquitur, dicens: *Super quem videris Spiritum descendentem, ille est qui baptizat* (*Joan.* I, 33). Quando dixit, ille est qui baptizat, a parte totum significavit. Nam Dei Filius universa Ecclesiæ conficit et tribuit sacramenta. Laicus autem, quando contra Dei Filium sic præsumit, si non amplius, non minus tamen quam Simon Magus intumuit, et ipse intumescit, **283** qui in collatione sacramentorum se Dei Filio antepontit. Et quia Deo Dei Filio non solum sui Patris æqualitatem demere nititur, sed seipsum Dei Filio superiorem sua impia actione significare videtur, recto nomine et ipse hæreticus, et ejus investitura hæresis appellatur. Vale, et Simoniam et laicorum investituram omni occasione, vel qualibet dispensatione seposita impugnare satagite.

IV.

DE POSSESSIONUM ECCLESIASTICARUM INVESTITURA, QUOD REGIBUS CONCEDATUR.

Non sit imperatoribus et regibus molestum quod dicimus, nec consuetudine sibi vindicare nitantur, quod eis veritate negatur. Cum laicis, etiam religiosis, disponendarum Ecclesiarum vel ecclesiasticarum rerum omnis facultas ab apostolis prohibeatur, manifestum est quod eis investitura negatur ab ipsa Veritate, a Christo videlicet, qui in apostolis loquebatur. Quod autem Christus in apostolis locutus sit, Paulus apostolus asserit dicens : *An experimentum ejus quæritis, qui in me loquitur Christus?* (*II Cor.* XIII, 3.) Cum igitur Christus veritas sit, sicut ipse dixit : *Ego sum veritas* (*Joan.* XIV, 5), nec unquam, Ego sum consuetudo, dixerit ; qui Christianus est Christum, et qui rex est, Regem regum, ipsam scilicet veritatem, sequatur, non consuetudinem. In ecclesiasticis possessionibus, quamvis nec in legibus, nec in canonibus inveniatur, tamen propter scandalum et schisma vitandum, talis **284** regibus investitura conceditur, ut nec ipsi propter hoc pereant, nec sancta Ecclesia detrimentum patiatur. Investituram per virgam et annulum accipere, nisi a suo consecratore, manifestum est esse damnosum, quia nulli laico licet illa Ecclesiæ sacramenta dare, sicut ei non licet episcopum consecrare. Res etiam quæ semel Ecclesiæ datæ sunt, reges iterum eas dare, vel de ipsis investire, nec debent nec convenienter possunt. Nam alicui dare quod habet, et de hoc investire aliquem quod ille jam tenet, superfluum est et vanum ; non tamen videtur criminosum. Alia utique est investitura, quæ episcopum perficit, alia vero quæ episcopum pascit. Illa ex divino jure habetur, ista ex jure humano. Subtrahe jus divinum, spiritualiter episcopus non creatur. Subtrahe jus humanum, possessiones amittit, quibus ipse corporaliter sustentatur. Non enim possessiones haberet Ecclesia, nisi sibi a regibus donarentur, et ab ipsis non quidem divinis sacramentis, sed possessionibus terrenis investirentur. Ex jure divino regibus quidem et imperatoribus dominamur ; ipsis tamen ex eodem jure, quia Christi Domini sunt, honorem debemus et reverentiam, sicut dicit Apostolus : *Regem reveremini* (*I Petr.* II, 17). Ex jure autem humano tantum illis debemus, quantum possessiones diligimus, quibus ab ipsis, vel a parentibus suis Ecclesia ditata et investita dignoscitur. Unde B. Augustinus super Joannem sic loquitur : « Noli dicere, Quid mihi et regi? Quid tibi et possessioni? Nam per jura regum **285** possessiones habentur. Si vero dixeris, Quid mihi et regi? noli jam dicere possessiones tuas, quia ad ipsa jura, quibus possessiones possidentur, renuntiasti. Nam secundum jus imperatorum possides terrena. Tolle imperatorum jura, quis audet dicere, Mea est illa villa, aut Meus est iste servus, aut Mea est ista domus? Quo jure defendis villas? divino, an humano? Divinum jus in Scripturis habemus, humanum jus in legibus regum. Unde quisque possidet, quod possidet, nonne jure humano? nam jure divino : *Domini est terra et plenitudo ejus* (*Psal.* XXIII, 1). Pauperes et divites Deus de uno luto fecit, et divites et pauperes una terra supportat. Jure tamen humano dicis : Hæc mea villa est, hæc domus mea, hic servus meus est. Jure ergo humano, jure imperatorum, quare? quia ipsa jura humana per imperatores et reges sæculi Deus distribuit Ecclesiæ suæ. » Possunt itaque sine offensione leges, post electionem canonicam et consecrationem, per investituram regalem in ecclesiasticis possessionibus concessionem, auxilium et defensionem episcopo dare, quod quolibet signo factum exstiterit, regi vel pontifici, seu catholicæ fidei non nocebit. Voluit bonus Dominus et magister noster Christus spiritualem gladium et materialem esse in defensione Ecclesiæ. Quod si alter ab altero retunditur, hoc fit contra illius voluntatem. Hac occasione de regno justitia tollitur, et pax de Ecclesia, scandala suscitantur et schismata, et fit animarum perditio simul et corporum. Et dum regnum et **286** sacerdotium, unum ab altero, impugnatur, periclitatur utrumque. Nam rex et Romanus pontifex, cum unus contra alium, alter pro regni consuetudine, alter pro Ecclesiæ libertate erigitur, regnum illam consuetudinem obtinere nec potest, nec poterit, et Ecclesia suæ libertatis amittit plurimum. Rex præterea sacrosancta communione pariter et regia dignitate privatur ; a Romano vero pontifice multis qui sibi servire debuerant, necessitate cogente servitur : et qui a pontifice docendus erat, et ducendus a rege, rex et pontifex populum sequitur. Habet autem Ecclesia pacem, et regnum justitiam : habeat rex consuetudinem, sed bonam, non quam male reposcit, sed quam supra diximus investituram. Habeat Ecclesia suam libertatem, sed summopere caveat, ne dum nimis emunxerit, eliciat sanguinem, et dum rubiginem de vase conatur eradere, vas ipsum frangatur. Hoc est præcipuum discretionis membrum, ne quis qualibet actione Ecclesiæ a Satana circumveniatur. Tunc enim a Satana quis circumvenitur, quando sub specie justitiæ illum per nimiam tristitiam perire contingit, qui potuit liberari per indulgentiam. Præterea bonus et discretus Augustinus in epistola ad Parmenianum dicit vix aut nunquam excommunicandum eum esse qui in malo opere obstinatam multitudinem habet secum. Nam tolerabilius videtur uni parcere, ne in Ecclesia schisma seminetur plurimorum. Et beatissimus doctor et martyr Cyprianus asserit, dicens : **287** Schisma non est faciendum etiamsi in eadem fide, et in eadem traditione non permaneat qui recedit. Et Salomon in Ecclesiaste : *Scindens ligna periclitabitur in eis, si exciderit ferrum* (*Eccle.* X, 9). Item in Exodo : *In domo una comedetur ; non ejicietis de domo carnem foras* (*Exod.* XII, 46). Ex quibus verbis colligitur eum non excommunicandum esse qui multitudinem habet secum, ne dum unum corrigere nitimur, perditio fiat multorum. Hoc etiam Hieronymus ad Augustinum scribit, dicens quod, secundum beatorum apostolorum Petri et Pauli prudentiam, dispensationemque honestam, aliquando fieri necesse est quod jure reprehenditur, ne Christianæ plebi scandalum oriatur. Nam propter metum Judæorum, ne ipsi scandalizarentur, et Paulus, post conversionem, Timotheum circumcisum fecit, et cæremonias etiam exercuit Judæorum; et Petrus coegit quosdam Judaizare gentilium, uterque sanctus apostolus simulans se veteris legis præcepta servare, ne qui fideles ex Judæis facti fuerant susceptam veritatis notitiam scandalizati negarent. Fecerunt hoc sancti apostoli misericordi et pia compassione, non simulatione fallaci, quamvis legem post Evangelium non esse servandam minime dubitarent. Ubi beatissimæ vitæ viri intelliguntur non quidem commutasse consilium, sed ad horam pro aliorum salute suæ doctrinæ sententiam. Si de præsenti materia minus vel aliter dixi, quam debui, ignorantiæ deputetur, et indulgeatur misericorditer; si autem bene, benigne suscipiatur, et observetur diligenter.

288 V.
AD CALIXTUM PAPAM, QUALITER IN ECCLESIAM DISPENSATIONES FIERI DEBENT.

Dispensationes aliquando in Ecclesia faciendæ sunt, non quidem amore pecuniæ, vel quolibet humano favore, sed pia et misericordi intentione. Tunc enim a pastore Ecclesiæ dispensatio pia et misericorditer fieri creditur, cum aliquid minus perfecte ad tempus fit ab illo vel fieri permittitur, non voluntate sua, sed aliorum necessitate, ne in ipsis videlicet fides Christiana periclitetur. Sic igitur facienda est dispensatio ab Ecclesia, ut semper fidei nostræ veritas instruatur, et si quid aliter ad horam factum fuerit vel permissum, opportuno tempore corrigatur. Hac discreta et sancta dispensatione usi sunt beati apostoli Petrus et Paulus propter metum Judæorum, ne ipsi scandalizarentur. Nam Paulus post conversionem Timotheum circumcisum fecit et cæremonias etiam exercuit Judæorum; et Petrus coegit quosdam Judaizare gentilium. Uterque sanctus apostolus simulans se veteris legis præcepta servare, ne qui fideles ex Judæis facti fuerant, susceptam veritatis notitiam scandalizati negarent. Fecerunt hoc sancti apostoli misericordi et pia compassione, non simulatione fallaci; quamvis legem post Evangelium non esse servandam minime dubitarent. Ubi beatissimæ vitæ viri intelliguntur non quidem commutasse 289 consilium, sed ad horam pro aliorum salute suæ doctrinæ sententiam. Nam super hoc quod ipsi et alii aliter fecerant, et se et alios postea correxerunt. Possunt etiam et debent fieri dispensationes, quibus Ecclesiarum et monasteriorum consuetudines immutentur, sed ubi postponitur minus bonum, ut quod est melius instituatur. In nullo autem malum fieri debet vel permitti, nisi in ea tantum necessitate, ubi timetur ne periclitetur fides, et illud post modum corrigatur. Nam qui mala faciunt ut veniant bona, horum justam esse damnationem Paulus apostolus protestatur. Si quis vero aliter in Ecclesia dispensationes facit, rationi simul et veritati contradicit, nec solum lucernam ardentem non habet, verum etiam aliorum ardentes exstinguit. Et ideo non recte dicitur Christi vicarius, sed dux est cæcorum ipse cæcus.

VI.
QUÆ TRIA ECCLESIA SPECIALITER HABERE DEBET, AD EUMDEM PAPAM.

Ecclesia semper catholica, libera, et casta esse debet. Catholica, quia nec vendi debet, nec emi; libera, quia sæculari potestati non debet subjici; casta, quia nullatenus debet muneribus corrumpi. Quando enim Ecclesia venditur vel emitur, evacuatur fides, quia quod incomparabile factum est a Deo, ab homine comparari posse æstimatur. Præterea qui vendit Ecclesiam, cupidum Judam imitatur; qui autem 290 emit illam, Judaicam avaritiam sectatur. Judas utique cupiditate vendidit Christum qui est caput Ecclesiæ, et Judæi avaritia emerunt illum. Quando vero Ecclesia sæculari potestati subjicitur, quæ ante domina erat, ancilla efficitur; et quam Christus Dominus dictavit in cruce, et quasi propriis manibus de sanguine suo scripsit, chartam libertatis amittit. Hanc enim libertatis chartam Christus vindicavit in cruce, et suæ sponsæ Ecclesiæ per semetipsum dedit, ut homines alios per peccatum factos diaboli servos, ipsa libera liberos et Dei filios faceret, et suos, qui sibi diligenter servirent, et tanquam bonæ matri devoti filii humiliter obedirent. Tunc etiam Ecclesiæ castitas omnino periclitatur, cum corrumpitur ipsa muneribus et ex casta et virgine sponsa Domini, quasi mulier publica veraciter facta dignoscitur. Hoc enim est proprium meretricis, ut semper sub pretio redigatur. Hæc tria quæ diximus, proprie propria Ecclesia habere debet; quorum unum si defuerit, falso nomine dicitur sponsa Christi; quæ velut paralytica jacet, nec ligandi, nec solvendi potestatem habet. Nam Christus pastor bonus sponsam fidelem quærit, respuit infidelem, liberam sibi sociat, abjicit ancillam, castam diligit, odit corruptam.

VII.
291 DE ARCA FOEDERIS.

Goffridus Vindocinensis monasterii humilis servus, dilectis in Christo discipulis Hamelino et Andreæ, bona principia sorte meliori terminare.

Multis ac diversis actibus sæculi deditus, fratribus, quos meæ imperfectioni divina patientia regendos commisit, loqui vel scribere quæ debeo non possum. Justum tamen est velle magis prodesse quam præesse; nec pastorem Ecclesiæ decet minus de salute animarum quam de rerum administratione esse sollicitum. Unde, licet animus meus pro sua consuetudine circa alia versaretur, vobis, quos specialiter diligo, quædam ad consolationem vestram religiosum credidi non tacere. Et quoniam de consolatione vestra proposui, vos salubrius consolari, vel ædificare non valeo, quam si pauca de pluribus, quæ in veteri lege facta memorantur, vestræ humilitati studeant revelare. De his autem quæ palam sunt, et valde omnibus trita, disserere superfluum æstimavi, quia et fastidium auditoribus generant, et eos culpabiles exhibent de contemptu. Illa tamen proferri necesse est quæ et a vobis possint intelligi, et vitæ vestræ convenienter aptari. Igitur post Hebræorum de Ægypto profectionem, post maris Rubri transitum, post Ægyptiorum exstinctionem, quid Dominus ad Moysen ad suorum utilitatem præceperit, diligenter audiendum est, 292 atque memoriter retinendum. Dicit itaque Moyses ad universum populum, ut unusquisque pro viribus conferens faceret tabernaculum. Collatio quidem illa non debuit fieri qualibet coactione, sed spontanea voluntate. Ait namque Deus ad Moysen, ut unusquisque, sicut visu fuerit cordi suo, ea offerat quæ ad construendum tabernaculum sunt necessaria (*Exod.* xxv, 2). In primis quidem de Hebræorum ex Ægypto profectione, de maris transitu, de Ægyptiorum exstinctione mentionem feci, et quoniam ista quibusdam clausa sunt, ea reserare utile, imo necessarium duxi. Quamvis enim realiter fuerint hæc omnia, latent tamen in ipsis mysteriorum pretiosa monilia. Per Ægyptum namque, in qua, velut Dominus, Pharao principabatur, præsens sæculum, cujus princeps est Satanas, designatur. Hujus principis infelicissimum dominatum Hebræus, per quem signatur fidelis populus, proficiscendo, id est proficiendo, Moyse duce sapienter devitat. Qui Ægypto, præsenti scilicet sæculo renuntiat, et suum legislatorem Christum, ejus inhærendo mandatis, dilectione amplectitur, neque amplius audit vocem alienorum malignorum videlicet spirituum, sed suam, qua dicit : *Qui mihi ministrat, me sequatur* (*Joan.* xii, 26). Mare quidem Rubrum, quod Hebræis fuit præsidium, et Ægyptiis dedit interitum, aqua baptismatis, vel lacrymabilis pœnitentia intelligitur. Quod idcirco rubrum dicitur, quia et in baptismate Christi sanguine consecratur, et in lacrymabili pœnitentia aliquando usque ad sanguinem oculorum, nonnunquam autem 293 usque ad carnis macerationem pervenitur. In hoc itaque mari adversarii nostri Ægyptii suffocantur, quia et per baptismum, et per pœnitentiam lacrymarum peccata et crimina nostra, quæ inter nos et Deum separant, mortificantur. Tabernaculum, unde loqui maxime cœpi, pellibus et ciliciis extrinsecus fuisse coopertum, intrinsecus vero auro et argento, ære atque lapidibus pretiosis, multisque aliis, de quibus dicendum per singula necessarium modo non arbitror, legimus adornatum. In tabernaculo etiam erat candelabrum, et arca de lignis setim fabricata ; et intra arcam, ut legitur, lex, et manna, et virga Aaron continebantur (*Hebr.* ix, 4). Tabernaculum significat Ecclesiam, congregationem videlicet justorum ; pelles et cilicia, quibus extrinsecus tegebatur, mortificationem indicant vitiorum ; per aurum, fides, per argentum, confessio ; in ære fortitudo exprimitur, in lapidibus pretiosis pretiosa vitæ æternæ designantur eloquia. In candelabro bonæ intentionis manifesta operatio intelligitur. Per arcam memoria, per ligna setim munditia, per legem mandata Dei signantur. Manna vero pietatis dulcedinem dicimus : sed virgam, disciplinæ severitatem. Præcipit benignus Deus in lege sua, pro nostra utilitate, non pro sua necessitate, ut tabernaculum, id est sanctificationis habitationem, ei faciamus. Ubi vero habitatio ista facienda sit vel construenda, Scriptura insinuat, cum dicit : *Præparate corda vestra Domino* (*I Reg.* vii, 5). Corda utique nostra domino præparamus, si sibi ea receptacula munda, 294 quæ digne inhabitare possit, exhibemus. Hæc etiam receptacula non vult sibi exhiberi cum aliqua difficultate, sed cum omni devotionis hilaritate. Multum discretus omnipotens Dominus, non velut importunus exactor, a nobis exigit quæ non habemus, nec ejus jussio nos sibi cogit offerre quod debeat esse contrarium cordi nostro. Pellibus siquidem et ciliciis tabernaculum extrinsecus bene tegimus, cum exterius et inferius nostrum, carnem scilicet nostram, ita cum vitiis et concupiscentiis mortificamus, ut cor nostrum, quod tabernaculum Dei dicitur, ejus illecebris minime corrumpatur. Ornamus tabernaculum auro, si pura et integra fides est in corde nostro. Fides autem pura et integra hæc est, ut Patrem et Filium et Spiritum sanctum unum Deum et Dominum esse, sine aliqua hæsitatione, sed cum omni dilectione credamus. Licet enim Trinitas sit in personis, una sola natura, una sola substantia est deitatis. Et quamvis alius sit Pater, alius Filius, alius Spiritus sanctus, non tamen aliud Pater, aliud Filius, aliud Spiritus sanctus, sed Pater et Filius et Spiritus sanctus tres quidem sunt personæ, ut diximus, et istæ tres personæ, unus est Deus, unius solius naturæ, unius solius substantiæ atque essentiæ. Et ne in creatrice omnium creaturarum Trinitate, cui nihil est impossibile, aliquid huic fidei contrarium sentiamus, in humanis etiam creaturis eorum, quæ dicta sunt, similitudinem habemus. In ipsis etenim creaturis quædam inveniuntur, quæ licet tria sint, 295 et unumquodque eorum propriam in se habeat personam unam, camdemque naturam habent, et unam, eamdemque substantiam. Veniamus itaque ad fontem, et fontis rivum consideremus : aquam etiam ab utroque procedentem, quod videlicet stagnum vocatur, nihilominus videamus. Ecce fontem, rivum, et stagnum, tres personas invenimus ; et licet sint tres personæ, una tamen est aqua, et aquæ una eademque natura atque substantia. Argentum ad decorem tabernaculi offerimus, cum per veram et sanctam confessionem animas nostras ab omni contagione peccati et criminis mundamus. Sed ubi, et cui, et quando confessio ipsa fiat, scire debemus. Ubi ? non apud hæreticos, sicut sæpe solet, fieri sed in Ecclesia catholica unumquemque Christianum necesse est confiteri. Cui? suo pastori præcipue, si tamen talis est ille, qui sua et aliena vulnera curare sciat germana charitate, non per superbiam, detegere et publicare. Quando? dum salus corporis manet, dum sua quisque utitur potestate. Non debent homines, ut confiteantur, exspectare suæ vitæ extremum diem, quoniam qui usque in finem confessionem differunt, vix aut nunquam perveniunt ad salutem. De talibus enim dicitur in psalmo : *Cum Deus occideret eos, tunc quærebant eum (Psal. LXXVII, 34).* Æs etiam in tabernaculo cum auro et argento solidamus, si in fide et confessione Christi fortes usque ad finem hujus vitæ perseveramus. Multo quippe pretiosior est fides **296** atque confessio, si cum ipsis contra adversa omnia fuerit operis fortitudo. In ædificio tabernaculi lapides pretiosos ponimus et componimus, cum verba sanctæ exhortationis ad invicem proponimus atque exponimus. Debet enim alter alteri exponendo proponere ubi fuit, ubi est, ubi non est, et ubi erit. Ubi fuit, videlicet in paradiso, in beatitudinis loco, ubi omni munditia abundabat ac sanctitate, et perpetua, nisi primus homo peccasset, fruebatur immortalitate ; ubi est utique, in hoc mundo, sub jugo asperæ conditionis, ubi quotidie in lacu miseriæ versatur, et in luto fecis ubi non est, in ea scilicet mentis devotione, qua beati apostoli, martyres et confessores sanctæque virgines Deum ac Dominum nostrum multum benignum Jesum dilexerunt, et pro ejus amore mundum cum suo flore penitus contempserunt ; ubi erit, in illo, inquam, valde tremendo die judicii, ubi verbis ad loquendum compositis nemo alterum protegere, vel quasi tueri præsumpserit, ubi iniquitas verborum compositione colorari non poterit, ubi nulli se excusare vel quidquam occultare licebit, ubi de ipsa conscientia accusator procedet et testis. Ibi certe semel accusari nihil erit aliud quam æternaliter condemnari. Candelabrum ad honorem tabernaculi fabricamus, cum bonæ intentionis manifestis operibus aliis bonitatis exempla monstramus. Collocamus etiam in tabernaculo arcam, quando ad ea , quæ Dei sunt, nostram applicamus memoriam. **297** Idcirco arca de lignis setim, quæ imputribilia sunt, dicitur fabricata, quia memoria nostra corruptionis, vel cujuslibet turpitudinis locus esse non debet, sed totius munditiæ armarium, et castitatis sigillum. Arca quoque intra se legem perhibetur continere, quia nostra mens et memoria divina mandata assidue debet observare. Manna præterea in arca continetur et virga ; nam memoriæ nostræ et pietas inesse debet, qua humiles et mansuetos, ut in melius proficiant, convenit obsecrari, et disciplinæ severitas, qua superbos et immites corrigi necesse est et increpari. Correctio quidem nostra vel increpatio non cum ira et indignatione fieri debet, sed cum tranquillitate. Licet enim extrinsecus disciplina sæviat, cor semper plenum sit charitate. Sciendum tamen est, quia delinquentibus aliquando irasci possumus et indignari. Sed iterum non oblivioni tradendum

est quia ira nostra, vel indignatio, ultionis exsecutio esse non debet, sed magis absolutionis operatio. Ad hoc namque irasci, indignari debemus, ut eos qui delinquunt ad satisfactionem, non ad desperationem provocemus. Non enim in destructionem, sicut ait Apostolus, sed in ædificationem missi sumus (*II Cor.* x, 8). Cuncta ergo, fratres, quæ agimus, justa pietate et pia severitate pariter faciamus, ut et cætera quæ de tabernaculo dicta sunt, nihilominus retinentes, sanctum et immaculatum tabernaculum efficim reamur, præstante Domino nostro Jesu Christo, qui immensæ pietatis et summæ justitiæ **298** vivit et regnat Deus cum Patre et Spiritu sancto per æterna sæcula sæculorum. Amen.

VIII.

QUID BAPTISMUS, QUID CONFIRMATIO, QUID INFIRMORUM UNCTIO, QUID CORPORIS ET SANGUINIS CHRISTI PERCEPTIO IN ANIMA CHRISTIANA OPERENTUR.

In baptismate, per Spiritum sanctum datur remissio peccatorum. In confirmatione, Spiritus sanctus invitatur ut veniat, et domum ipsam, quam sanctificavit, inhabitet, muniat et defendat. Ipsi etiam apostoli post baptismum acceperunt Spiritum sanctum quem in ipso baptismo jam acceperant in remissionem peccatorum. Acceperunt iterum Spiritum et in die Pentecostes, ad totius virtutis et scientiæ perfectionem. Hæc igitur ultima confirmatio fieri jubetur ab episcopis, ad totius perfectionis similitudinem. Quæ idcirco fieri jubetur in fronte, quia perfectorum est, non in occulto, sed in manifesto Christi nomen semper habere. Apostoli utique, antequam hac unctione ungerentur et sancto Spiritu confirmarentur, nondum perfecti erant, adhuc timebant, et nondum Christi nomen in fronte gerebant. In unctione autem infirmorum datur iterum per Spiritum sanctum remissio peccatorum, ut neque in vita, neque in morte desit Christianis Christi misericordia. In perceptione vero corporis et sanguinis Domini anima Christiana sanatur **299** a vulnere vitiorum, et reformatur in statum salutis æternæ, et unum cum Christo corpus efficitur.

IX.
QUID SIT SACRAMENTI ITERATIO.

Ibi reiteratur sacramentum, ubi idipsum iterum datur, quasi quod prius datum est, postea posse dari credatur. Verbi gratia, si aliquis baptizatus, iterum in aquis baptismatis mergeretur ea intentione ut ab originali et aliis peccatis solveretur. Aliter enim non rebaptizatur, etiam si multoties aliquis aquis baptismatis submergatur. Ubi vero propter aliud et aliud datur, non iteratur sacramentum, sed tribuitur ad virtutis augmentum. Quamvis enim prius in vertice, et postea in fronte homo chrismate ungatur, non tamen iteratur chrismatis sacramentum, quia, ut superius diximus, propter aliud et aliud fit ; sicut et baptismus minime iteratur, etiam si multoties post baptismum aquis baptismatis aspergamur. Inunctio infirmorum magnum sacramentum est, et ideo nulla est ratione iterandum. Sicut enim cætera sacramenta per apostolos Christiana religio suscepisse creditur, ita et istud suscepisse ab apostolica traditione minime dubitatur. Omne autem sacramentum a Spiritu sancto per doctores sanctos, in quibus ipse loquitur, iterari prohibetur, idcirco videlicet ne medicina sancta vilesceret, et minus utilis esset, quæ tanto magis salubris est, quanto minus contemptibilis invenitur.

X.

DE PROMISSIONIBUS QUAS PRO CONSECRATIONE, SUB NOMINE PROFESSIONIS, ABBATES FACIUNT EPISCOPIS.

Deus et Dominus noster Jesus Christus in Evangelio monet et dicit: *Gratis accepistis, gratis date* (Matth. XVI, 8): et quod monet verbo, facto complevit. Ipse enim gratis nos creavit, et redemit misericordia. Suis itaque sermonibus monet, et docet operibus, munera sua, sanctæ videlicet Ecclesiæ sacramenta, et gratis accipi debere et gratis dari, quia licet haberi possint, non possunt tamen comparari dona Spiritus sancti; et hæreticus esse ratione et auctoritate convincitur, qui quod incomparabile factum est a Deo, credit vel actione prædicat posse comparari ab homine. Ideo Simon Magus hæreticus factus est, quia donum Dei se posse æstimavit pecunia possidere. Non est utique venundandum vel emendum Ecclesiæ quodlibet sacramentum, quod est donum sancti Spiritus, ex quo, et in quo, et per quem divina mysteria jure celebrantur, et peccatorum datur remissio, et sine quo nulla sanctificatur oblatio. Igitur Ecclesiarum et hominum consecrationes, sive benedictiones, omnino gratis fieri debent, nec quolibet ingenio pro hujusmodi facto quidpiam exigatur, ne dum falsa quæritur beatitudo, vera miseria inveniatur. Sunt quidam episcopi qui pro benedictionibus abbatum, sub nomine professionis, ab eis exigunt, quod est Christianæ professioni valde contrarium. Nam cum professio alia in divina laude sit, alia pro peccatorum depositione, ista laudem Dei non facit, sed minuit, nec deponit peccata, sed apponit. Nec sacræ fidei professio recto nomine dicetur, sed exsecranda promissio, quæ claves Ecclesiæ agitare, et unicum ac singulare ejus ostium violare conatur. Ista neque veritate, neque auctoritate inventa, sed consuetudine et hominum cupiditate reperta, triplici genere Simoniæ contra sanctam Ecclesiam jaculatur, quoniam Simonia a lingua, Simonia a manu, Simonia ab obsequio ibi committitur. Est a lingua, cum publice recitatur illa promissio; fit a manu, quando charta, qua continetur, scripta ponitur super altare; fit ab obsequio, cum ipsum male promissum subjectionis obsequium servatur. Qui sic agit forsitan dicit: Pro benedictione non quæro pecuniam: imo satis amplius exigit, quia hominis personam. Sicut anima plus est quam corpus, ita corpus simul et anima, tota videlicet hominis persona multo plus est quam ejus pecunia. Divina lege et manifesta ratione probatur quia benedictio minime datur gratis quam præcedit abbatis illa proscriptio, ut quod desiderat assequatur. Non enim faceret illam, si repulsam non pateretur. Illud etiam quod bonum est fit perniciosum, cum promittitur non bene, vel male suscipitur. Nam pecunia quam Simon Magus obtulit Petro, bona quidem erat, sed quia male obtulit illam, damnatus a Petro prædicatur. Et ideo nec evangelica, nec canonica, sed navicularia est illa quæ dicitur benedictio, quam, quæ falso nomine vocatur, professio præcedit, sive subsequitur. Ibi venditur simul et emitur primum Ecclesiæ sacramentum. Christus etenim primus hoc sacramentum per semetipsum fecit, consecrationem scilicet apostolorum. Præterea sciendum est, nec oblivioni tradendum, quod quicunque emit Ecclesiam, Judæorum perfidiam, et qui vendit eam, traditorem Judam imitatur. Judæi etenim Christum emisse noscuntur, qui est caput Ecclesiæ, et eum vendidisse Judas minime dubitatur. Qui vero pro divino mysterio munus exigit, Giezi sequitur discipulum Elizæi, et Naaman Syri lepram consequitur. Caveant igitur episcopi et abbates, qui ideo dicuntur Christi vicarii, quoniam Christi creduntur agere vices, ne contra Christi auctoritatem, qui gratis tribuit et ejus vocem, qui gratis dari monet et præcipit, cupiditatem sive consuetudinem sequantur, qua fides Ecclesiæ, libertas, et castitas simul corrumpitur. Non mediocriter utique delinquit episcopus, nisi gratis dederit; et abbas, nisi gratis acceperit, similiter peccat, quia facientem et obsequentem par pœna constringit; et facinus quos inquinat, æquat (LUCAN. lib. v, 290).

XI.

DE ILLIS QUI IN CAPITULO INORDINATE CLAMANT; ET DE HIS QUI IBI INORDINATE RESPONDENT.

Sæpe inter monachos agitur, ut per eos, qui de aliis in capitulo clamores faciunt, et per illos, de quibus clamores fiunt, animorum perturbationes, verba amara, contentiones nascantur, propter hoc maxime, quod hi qui accusantur, modum responsionis, et hi qui accusant, modum accusationis ignorant. Nam cum ex odio peccati et ex dilectione fratris culpam tantum notificare debeant qui accusant, non ita faciunt, sed minantur et increpant. Illi autem qui increpantur, cum patientiam Christi, quia Christiani sunt et monachi, imitari deberent, qui coram tondente non aperuit os suum, nec in sua passione contra suos accusatores impios et mendaces verba contumeliosa protulisse, sed judici, se licet injuste judicanti, patienter respondisse legitur, quod Christus fecit facere erubescunt, et Christum et ejus exemplum nomenque Christianum, suum etiam monachatum; summæ videlicet humilitatis signum, obliviscuntur et verba superba et litigiosa contra eos præparant, qui de ipsis loquuntur atque malis prioribus pejora jungentes, suos similes adjutores invocant, quasi injuriarum ultores. Unde, Deo auctore, quomodo vel cui, filii et fratres nostri in capitulo accusati respondere, et qui accusant quomodo accusare debeant, ordinare volumus. Ordinamus itaque, et ordinando sub nomine sanctæ obedientiæ præcipimus ut alter alterius culpam sic in capitulo notificet quatenus eum minari non præsumat, nec increpet. Is vero qui accusatus fuerit adversus suum accusatorem verbis quibuslibet non contendat, sed unde accusatur soli abbati, vel ejus priori humiliter atque veraciter respondeat. Liceat unicuique qui accusatur aut humiliter culpam agnoscere, vel si culpabilis minime fuerit, se non audacter, sed patienter excusare. Ordinationem istam, a Deo potius quam a nobis pro pace et quiete animarum et corporum fratrum nostrorum factam, si quis scienter violaverit, præter præsentium plagas virgarum, septem continuatis diebus absque indulgentia cibus ei detur solummodo panis et aqua.

XII.
QUÆ TRIA PASTORIBUS INESSE DEBEANT.

Pastoribus Ecclesiæ tria specialiter inesse debent, justitia videlicet, discretio et providentia. Unumquemque igitur dispensatorem Ecclesiæ in judicio justum esse decet, discretum in præcepto, in consilio providum. Tribus istis præcipue pastor Ecclesiæ et animarum saluti, et corporum necessitati prodesse potest. Quod si unum istorum defuerit, cætera duo aut minus, aut nihil penitus prosunt. Nam si juste judicet pastor, et indiscrete præcipiat, ipsa indiscreta præceptio etiam justi judicii erit destructio. Quod si discrete præceperit, et injuste judicaverit, injusta et iniqua adjudicatio fiet discretæ præceptionis corruptio. Si vero et juste judicaverit et discrete præceperit, in consilio autem animarum providus minime fuerit, improvida consilii præcipitatio erit et justi judicii et discretæ præceptionis dissolutio. Ea propter unumquemque pastorem Ecclesiæ habere oportet et in judicio veritatem, et dilectionem in præcepto, et in consilio sollicitudinem.

XIII.
INVECTIO DEI CONTRA PECCATOREM, ET PECCATORIS CONFESSIO PRECANTIS MISERICORDIAM.

Miser homo, ego te feci de luto, et usque ad imaginem et similitudinem meam sublimavi. † Ita est, Bone; sola tua gratia ex fragili satis materia immortalem et æternum, si non peccassem, me factum cognosco. † Tantæ gratiæ ingratus, factus es contemptor obedjentiæ. † Sic est, Sancte, ut asseris; locum dedi inventori meæ miseriæ. † Deus et Dominus pro te servo peccati factus sum caro, et ex anima rationali et carne perfectus homo. † Quod profiteris, Conditor pie, et ipse profiteor; et hoc factum est ne perirem, ego peccator. † Super hæc omnia, natus de femina, captus, ligatus, verberatus, multas et multiplices passus injurias, occisus etiam, ut Dei filium te facerem, qui diaboli eras mancipium. † Credo veraciter, Benigne, quod loqueris, sed sustinere vix valeo, confusus mea magna et longa iniquitate. † Multa et multa circa te mea bona: multa et multa contra me sunt tua mala. † Ulla ratione, Altissime, negare non possum tua verba vera esse, quia et tua bona, sicut vera propositione proposuisti, circa me multa sunt; et contra te multa mea mala; et quod est culpæ gravioris, non me reum aliquando pure confessus sum, nec meum bene agnovi reatum. † Nullis præcedentibus vel subsequentibus meritis te custodem Ecclesiæ meæ fieri permisi, et pastorem. † Et ista quidem, Miserator et Misericors, veritate amplector; sed tuæ misericordiæ, et miserationi utrumque confiteor, et ante fuisse, et postea esse me miserum peccatorem; et qui vehementer timere debeo, ne ex pastore lupum me fecerim, et ex custode latronem. Meam itaque miseriam non occulto, et tuam quæro misericordiam, omnipotentiæ et gratiæ immensæ. Tua igitur, Deus, gratia qua factus sum, et qua sum redemptus misericordia, mei miseri et peccatoris miserere, et beatitudinis illius latronis me participem facito, cui pendens in cruce dixisti: *Hodie mecum eris in paradiso* (*Luc.* XXIII, 43).

XIV.
ALIA INVECTIO CONTRA PECCATOREM, ET POENITENTIS PECCATORIS CONSOLATIO.

Peccator, agnosce, et pœnitentiam age, qua præsumptione contra Creatorem tuum et Redemptorem egisti, quam tepide et negligenter in sancto ac sacro ordine longo tempore vixisti. Serve inutilis, recole beneficia Dei, et dilige. Appende peccata tua in quantum appendi possunt, et expavesce. Miser Ecclesiæ sanctæ minister, tracta apud te quid bonus Dominus fecerit tibi, et tu quid fecisti: multa bona contulit tibi, et tu multa mala commisisti. Hanc retributionem ipse te non docuit, nec tu ab alio sic doceri debuisti. Debitor Dei et tui deceptor, memento promissionum, quas summo Domino sæpius fecisti, et non bene tenuisti. Ipse multum patienter te diu exspectavit, et tu contempsisti; ipse te vocavit, et vocat, et tu ad ipsum redire noluisti; ipse te fugientem sequitur, non propter peccata tua persequitur, et, ut ad eum revertaris, paterno affectu blanditur, dicens: *Nolo mortem peccatoris, sed tantum pœniteat, et vitam consequatur* (*Ezech.* XXXIII, 11). Iterator peccaminum, recordare extremi judicii, et quanta ibi futura sit gloria sanctorum, et miseria impiorum, ubi nec mala anima aliqua ex parte bonum inveniet, nec bona malum. Vas penitus peccatis confractum, ingemisce, dum licet, et dum induciaris, lacrymabiliter plange quidquid contra benignum Deum, ac Dominum, corruptus a Satana, perpetrasti; et tuam magnam miseriam confitens, ejus magnam misericordiam humiliter quære. Non plus homo peccator desperes de tua imperfectione, quam pœnitendo præsumas de pietate illius qui te redemit inæstimabili charitate. Miserum te quærit, non abjicit plenus misericordia, infirmum non respuit omnipotens medicina. Optat misericors misericorditer misero subvenire, ne justum juste contingat miserum condemnare. Pastor ille bonus lassam et sauciatam ovem non abjecisse, sed vexisse legitur; nec vexisse solum, verum etiam mori maluit, quam illa moreretur. Hæc Dei misericordiam sapiunt et pietatem, et peccatori occasionem auferunt d-sperandi. Vult enim Dominus vitam peccatoris, non mortem; perire peccatum, non hominem. Unde unicuique peccatori de magna Domini miseratione indulgentiam sperare licet, si se cognoverit peccatorem, et suis proximis compatiens de peccato pœnitere voluerit. En ego sum ille, Jesu pie, quem, non meis meritis, sed tua gratia sola, Ecclesiæ tuæ qualemcunque pastorem aut voluisti fieri, aut permisisti ; et quem, licet indignum, ad pastoris vocasti officium, perire non sinas : sed inter cætera tuæ gratiæ dona tribue ut me veraciter peccatorem agnoscens, antequam de præsenti vita tollar, de peccatis meis tibi digne satisfaciam : et quotiescunque cujuslibet fratris mei peccatum audiero, non superbe increpem, sed compatiar, et quamvis odio habeam peccatum, ipsum tamen diligam peccatorem. Sit mihi semper non modica de peccatore compassio, et contra peccatum moderata correctio. Absit ut odio culpæ perire faciam jura naturæ! Natura enim humana sibi indulgeri quærit, non ultra modum affligi; et quia satis cito per se labitur, eam erigi necesse est, non conculcari. Quod est diaboli in homine Deus perire faciat; et quod suum est, servet ne pereat. A diabolo culpa est, creatura a Deo. Divina itaque moderatio in me suam etiam justitiam temperet, ne, dum quasi amore justitiæ culpam persequi videor, perire contingat creaturam; et si quem disciplinæ vinculis me ligare contigerit, non mea auctoritate eum premam, sed dignum faciam absolutione. Nullum sub manu mea per nimiam tristitiam perire contingat, sed omnes potius per indulgentiam valeant liberari. Quod ipse præstare digneris, Jesu pie et bone, qui cum Patre et Spiritu sancto regnas et dominaris per sæcula sine fine mansura. Amen.

XV.
LAMENTATIO CUJUSDAM PECCATORIS ACCUSANTIS SE ET JUDICANTIS.

Non tantum me terret misera vita mea, quantum terrere deberet : nam anima mea, propter sordidas cogitationes suas a fideli amico dejecta, et crudeli subjecta inimico, dum pium Pastorem deseruit, facta est præda lupo, et quæ ante fuerat sponsa Christi, se in servitutem redegit Antichristi. Peperit itaque adultera tristitiam et verecundiam Deo, gaudiumque diabolo atque victoriam. O multum peccatrix et multum infelix anima mea! cur pessimas cogitationes concepisti, quibus ignem libidinis, immunditiæ, et avaritiæ prudenter et scienter accendisti, quibus etiam jugiter, et non mediocriter exarsisti, et te gehennæ ignibus perpetuo cremendam tradidisti ? Nonne legeras, et legendo audieras, imo legeras et intellexeras Apostolum dicentem : *Quia omnis fornicator, aut immundus, aut avarus in regno Christi et Dei non habet hæreditatem?* (*Ephes.* v, 5) Habebas utique unde, si voluisses, utiliter cogitare potuisses, scilicet beneficia Dei, et quod tu contra egisti. Meminisse etenim et cogitare debueras quis est qui te fecit; et quid pro te fecit, et quid tu fecisti, et qualem tu te fecisti, quatenus aut amore Creatoris tui, aut timore inferni peccare desisteres, et quod a te impie actum est, pœnitendo defleres, ut si non requie digna, esses saltem aliena a pœna. Benignus Deus et Dominus ipse est, qui sola gratia te fecit cum non esses, sanctam scilicet et immortalem, si non postea propria voluntate peccasses. Nam ibi mortua fuisti, ubi ab eo peccando recessisti, ipse tamen ut majoris charitatis vinculis te sibi colligaret, quæ recesseras ab eo, et capta eras a diabolo, te redemit, nec qualecunque pretium pro tua redemptione, sed proprium Filium dedit; tibi quidem natura et veritate carnis et animæ similem, sed virtute et omnipotentia deitatis longe dissimilem. Et quia utrumque te quidem primum et sociam carnem corrupisse Dei Filius agnovit, ut utrumque redimeret, utrumque suscepit. Ecce pro te factus est homo Deus. Factus est servus Dominus pro ancilla. Pro te factus est creatura Creator, pretium tuæ redemptionis ipse Redemptor. O infelix anima mea, indigna requie, et digna perditione, agnosce, crede, et pie confitere quæ pro te misera, imo miserrima Deus sustinuit in carne assumpta! Conceptus siquidem in Virgine matre, comite et cooperante Spiritu sancto, eodemque duce virgineo egressus de utero speciosus forma præ filiis hominum, novus homo venit in mundum, ibi pro te multas modico tempore passus injurias. O impia et crudelis, quando superbe et sordide cogitabas, ubi erat memoria Dominicæ passionis et crucis? ubi spinea corona capiti tui Creatoris infixa? ubi ejus chara facies sanguine profluente de capite cruentato suffusa? ubi ligaturæ, quibus pro te nimis crudeliter ligatus est pius et humilis Salvator? ubi alapæ palmarum? ubi plagæ virgarum, et pugnorum ictus, et impiorum sputa Judæorum, quæ pro te sustinuit mansuetus Redemptor? ubi crux ei imposita ad opprobrium ejus, in qua et ipse crucifixus est? ubi loca clavorum? ubi poculum fellis? ubi latus lancea perforatum? Hæc omnia credis et discredis; confiteris et diffiteris. Credis corde, confiteris ore; sed discredis et diffiteris operatione. Habes itaque fidem, sed mortuam. Nam fides mortua est sine Dei dilectione. Si credis et non diligis, diabolum imitaris. Credit enim diabolus, et Dominum confitetur; et quoniam illum non diligit, nec vel unius momenti remedium habet, et sine caret ejus supplicium. O inverecunda, sordida, nequam! veraciter sic egisti. Credidisti quidem; et adhuc forsitan credis; sed Deum minime dilexisti. Quem si dilexisses, odisses utique diabolum, et acceptam notitiam veritatis diligenter observans, nec primam fidem irritam fecisses, nec secundam. Abrenuntiaveras siquidem diabolo in baptismate; in monastica autem professione, diabolo simul et sæculo. Sed jam nec prima professio tua Deo grata erit, nec secunda, quia perjurium pariter commisisti et sacrilegium. Perjurium, dum quod Deo juraveras non enuisti: sacrilegium, dum ei, cui te devoveras, abstulisti. **313** Quæ non te solam, verum etiam carnem sociam ita voluntati et cupiditati turpissimi et fœdissimi corruptoris exposuisti, quod universa tui corporis membra vasa vitiorum fecisti. O superba et inflata, cujus bona opera non sprevisti? Tua vero, quæ vix aliquid, vel pene nihil bonitatis habebant, semper admirando laudasti. Cum millies et millies aut cogitatione sola, aut cogitatione simul et actione fuisses corrupta, te quasi coloribus castitatis pingebas, et cum immundissima esses, pudica dici gaudebas. Quod si aliquando te ream confitens accusasti, auditori potius, non Deo auctori placere desiderabas. Filia diaboli, violatrix templi Spiritus sancti, quid de te dicam, imo quid digne contra te proferam, quæ pene te totam, vel penitus totam abstulisti Deo, et comulisti diabolo? Memento, captiva, quo pretio fuisti redempta, cujus sponsi fueris sponsa, quam pulchra, quam sancta cum eo semper mansisses, si ei fidem servare voluisses. Memento etiam unde, et quo cecidisti. Vocatione utique et electione Dei usque ad cœlum ascenderas, et in infernum corruisti. O quam pessimam sortem sortita es, quæ crudelissimum damnatorem tuum secuta, totius bonitatis auctorem reliquisti! Deus tuus, Dominus tuus, Conditor et Redemptor tuus, amplius quam seipsum tibi conferre non potuit, vel melius. Primum quidem quando te fecit, tibi dedit seipsum. Postea cum peccato perdita esses, se tuæ redemptionis **314** contulit pretium. Tu certe peccasti, et ipse tui pœnitentiam fecit peccati. O multum ingrata! abnegasti benignum Redemptorem, qui pro te, ne perires, mortuus est, et terribilem inimicum tuum, qui per linguas Judæorum, et manus militum eum interfecit, tibi Dominum elegisti. Sancto fonte olim exstinxeras, et suscepti ordinis sanctitate exstinctum contriveras, quem ad tuam perpetuam pœnam peccando suscitasti. Quandiu cum bono Deo et pio Domino fuisti, eras contra diabolum fortis, et debilis contra te erat diabolus; tu sana, ille infirmus; tu domina, ille servus. At postquam ab eo recessisti, qui te sua bonitate creavit, et inæstimabilis charitatis dilectione redemit, contra te, spiritus fornicationis erexit caput, et intra viscera tua se totum immersit. Ibi pessimus fornicator fœda nimium pollutione te maculans, et ad te cum multitudine dæmonum sæpius intrans, fetida in te vestigia dereliquit. Itaque veneno libidinis imprægnata concepisti dolorem, et iniquitatem peperisti. Talium conjugum est partus monstruosus, horribilis, turpis, immundus. Væ tibi misera, quæ tui vilissimi servi ancilla facta es, et fornicatoris pessimi concubina! O vilis facta nimis, ubi speras? quid exspectas? jacere in sordibus est damnabile; surgere de sordibus est tibi impossibile. Dic mihi, si nosti, a quo tibi consilium, per quem auxilium, ad quem refugium? Non vales accedere ad sanctos, quia ligata es, nec invocare eos, quia muta es. Quod si etiam tibi loqui dignarentur, **315** non audires eos, quia surda es. Quid facies? quod tibi remedium invenies? Multa et multa sunt peccata et crimina tua. His tamen omnibus major est Dei misericordia. Omnipotens est Deus, pius est, cujus omnipotentia et pietas immensa neminem patitur desperare pœnitentem. Agnosce igitur infirmitatem tuam; confitere te propria iniquitate damnatam et si ad piscinam salutaris aquæ, in quam angelus Domini descendebat, propriis pedibus non potes venire, saltem bonæ voluntatis gressibus accede, et si vociferari vel loqui non potes, respirare et suspirare adhuc potes. Respira tandem, et ex intimo corde suspira, et fortassis inveniet te Christus suspirantem, qui hominem triginta octo annos in infirmitate habentem invenit, et tuæ infirmitati compatiens, prout pius et benignus consuevit, dicet tibi: *Vis sana fieri? (Joan.* v, 6.) Quod si miseriam et impotentiam tuam humiliter confessa fueris, et omnipotentiam firmiter credens agnoveris suam, quod illi exhibuit, et tibi exhibebit, et quod Mariæ Magdalenæ pœnitenti, et lacrymis peccata confitenti minime negavit, nec tibi negabit. Et, qui leprosum mundavit humilem, omnem lepram peccatorum et criminum tuorum mundabit; et te quasi quatriduanum mortuum, etiam jam fetentem, de sepulcro miseriæ, e de luto fæcis suscitabit, et solvi præcipiet Jesus Christus Dominus noster, qui immensæ pietatis et omnipotentiæ Deus, vivit et regnat cum Patre et Spiritu sancto, per omnia sæcula sæculorum. Amen.

316 XVI.
ORATIO AD JESUM.

Jesu bone et pie, Fili Dei vivi et David, te adoro, te laudo, te glorifico. Tibi omnipotenti Deo, Creatori meo piissimo, summo et vero Sacerdoti, et tuæ beatissimæ matri Mariæ semper virgini, et omnibus sanctis tuis, confiteor me multum miserum et peccatorem, et qualem tu nosti. Sicut meis meritis justificari nec possum, nec potui, sic tua magna misericordia me posse salvari profiteor, de cujus magnitudine præsumens in te speravi. Possem quidem desperare, quia aliter vixi quam debui: sed illa tua magna miseratio me desperare non patitur, quæ te de cœlis deposuit ad terras, ne perirem. Salvum fac, quæso, benigne Jesu, servum tuum, quoniam speravi in te; et omnes qui speratis in ipsum orate pro me, ut, si non ad præsens requie dignus, saltem ab æterna pœna, ipso miserante, alienus inveniar.

XVII.
ORATIO AD MATREM DOMINI.

O Maria gloriosa,
Jesse proles generosa;
Per quam fuit mors damnata,
Atque vita reparata!
Virgo semper pretiosa **317**,
Super omnes speciosa;
Stella maris, cœli porta,
Ex qua mundo lux est orta.
Templum sacrum Salvatoris,

Refugium peccatoris,
Mundi salus, mors peccati.
Summi facta parens nati,
  Quæ filium habes regem,
Qui divinam dedit legem :
Tu mater, tu sponsa Dei,
Mei miserere rei.

  De convalle lacrymarum,
Pressus mole peccatorum,
Ad te clamo; Virgo pia,
Sis mihi dux, atque via.

  Quem tu benedicta regis,
Observat præcepta legis,
Deum amat, Deum credit,
Nunquam ab illo recedit.

  Rege, quæso, me miserum,
Sanctissima mulierum,
Ut divinæ memor legis
Sim ad velle magni regis.

  Qui per suam charitatem,
Præstet mihi castitatem :
Et mundus ab omni sorde,
Hunc diligam puro corde.

  Hic cujus est semper esse,
Scit quid mihi sit necesse :
Meam scit infirmitatem,
Quam sanet per pietatem.

  Est hæc mea infirmitas,
Peccatum et iniquitas :
318 Cicatrix mei vulneris,
Obduratio sceleris.

  Morbo peccati langueo,
Qui me curet non habeo :
Sola misereri mei
Potest medicina Dei.

  Peccans corde, peccans ore
Recessi a Creatore :
Sed succurre mihi reo,
Mater ejus, sancta Virgo.

  Fac mihi propitium,
Quem genuisti Filium :
Pro me apud ipsum ora,
Et succurre sine mora.

  Qui assumpsit ex te carnem
Exaudiat tuam precem ;
Nihil tibi denegabit,
Quem mamilla tua pavit.

  Et cui inter cunabula
Chara dedisti oscula,
Quidquid illum petieris,
Impetrare poteris.

  Deus puer ex te natus,
Et Filius nobis datus,
Mundet sua pietate,
Me ab omni iniquitate. Amen.

XVIII.
HYMNUS DE S. MARIA MAGDALENA.
Ad vesperas.

Maria pœnitentiæ
Formula lapsis, spes veniæ,
319 Ut nos auctor bonitatis
Jam sepultos in peccatis
Resuscitet, obtine.

  Ora pro peccatis nostris,
Justificata peccatrix,
Eo mentis studio
Quo æterno, vivo, vero
Supplicasti Domino.

  Irrigavit te, Maria,
Christi pietatis unda.
Qui te lavit et mundavit,
Nos abluat a peccatis
Charitatis gratia.

  Hæc infirma ad medicum
Venit, quærens remedium ;
Prosternitur, non loquitur
Sed lacrymis confitetur :
Sic agit negotium.

  Plenus misericordia
Dat medicus remedia.
Nulla respuit vulnera
Omnipotens medicina :
At vult cordis intima.

  Offert hæc pœnitentiam,
Hic confert indulgentiam :
Fugat septem dæmonia
Septiformis clementia,
A conversa femina.

  Pœnitentis devotio
Peccatorum remissio
Fiat nobis, summo Deo,
Qui est nostra redemptio,
Laus, honor et gloria. Amen.

320 *Ad Nocturnos.*

Maria quædam nomine
Magdalena cognomine,
Arte seducta dæmonum,
Peccatrix fuit nimium.

  Quæ specie intumuit,
Et turpiter succubuit,
Superbæ mentis vitio
Venit carnis corruptio

  Crimen quidem est gravius
Mentis, sed carnis turpius ;
Dum turpius erubuit,
Quod est gravius timuit.

  Quærit ancilla Dominum,
Optat infirma medicum ;
Obtulit hæc obsequium,
Hic contulit remedium,

  Mirifica potentia,
Et pietatis gratia,
Quæ in ista peccatrice
Vulnus sanavit vulnere.

  Gloria sit Patri summo,
Laus ejus Unigenito,
Honor Spiritui sancto,
Trinitati, uni Deo. Amen.

In matutinis Laudibus.
Et miseras et miseros
Vocat Deus misericors,
Omnes ad pœnitentiam.
Et pollicetur veniam.
Contemptor pœnitentiæ
Solus est expers veniæ :
Factor misericordiæ
Christe, nostri miserere.
Immensa tua bonitas
Mariæ dedit lacrymas :
Per lacrymarum fluvium
Fluxum restrinxit criminum.
Hæc subdita dæmoniis,
Atque dedita vitiis,
A te prius obtinuit,
Quidquid tibi exhibuit.
A te cordis compunctio,
Et capillorum tersio,
Et pedum osculatio,
Et unguenti effusio.
Totum tuæ pietatis,
Quod fecit hæc pro peccatis,
Quod pro nostris faciamus,
Da, pie, ne pereamus.
Deo Patri, et Filio,
Spiritui paraclito,
Honor, virtus, et gloria
In sempiterna sæcula. Amen.

GOFFRIDI

ABBATIS VINDOCINENSIS B. PRISCÆ CARDINALIS

SERMONES.

SERMO PRIMUS.
IN NATIVITATE DOMINI I.

Hodie, dilectissimi, venerabilis et universalis regina angelorum et hominum virgo Maria, quem verbo concepit angelico, clauso utero natum mundo edidit Salvatorem. O cum gaudio et fide admiranda nativitas! Ecce mulier sine coitu concipit, gravida sine gravitate efficitur, parit sine dolore, virgo sancta ante partum, in partu virgo sanctior, sanctissima virgo post partum, hæc sola lætitiam matris simul obtinere meruit, et gloriam virginitatis : de cujus castis visceribus, Deus homo factus ad nos venit, in sinu Virginis matris beata ubera quibus pie nutriebatur filiali dilectione appetere non dedignans. Et nos, fratres, Dei et hominis nativitatem devotione celebrantes exsultemus, quia hæc Dei et Domini nostri nativitas perditum vitæ remedium hominibus reddidit; novum intulit cœlo gaudium. Reparatio generis humani facta est mors peccati, diaboli confusio, exspoliatio inferni. Hæc, inquam, ineffabilis, chara angelis, hominibus necessaria Dei nativitas hominem, primum servum diaboli per inobedientiæ peccatum, liberum fecit; eumque, unde ceciderat, reduxit ad paradisum, non minus gloriæ obtinentem, quam antequam peccasset, habuerat. Ad dejiciendum hominem potens fuit inobedientiæ culpa, sed ad illum erigendum Dominicæ nativitatis potentior exstitit gratia. Valuit equidem inficere antiqui serpentis venenosa astutia, sed infectum curavit nati Salvatoris præpotens medicina. Inimicus Dei et hominis diabolus miseriæ inventor exstitit, sed Deus factor misericordiæ. Ille sua fraude hominem miserum reddidit; Deus compatiens misero, ne miser in miseria remaneret, misericordiam fecit, et qui prius peccantem angelum juste damnaverat, ab eo seductum hominem misericorditer respexit. Peccavit angelus, et a Deo in æternum damnatur : peccavit homo, et Deus in tantum illi compatitur, ut non solum pro illo incarnari et nasci dignaretur, sed mori. O mira et inenarrabilis circa hominem Domini pietas! O valde districta, sed omnino justa contra angelum Dei severitas! Justus itaque et pius Dominus et contra angelum egit severitate, et erga hominem pietatis amore. Uterque peccando corruerat, sed angelum ad pœnam Deus deputavit æternam censura justitiæ, et hominem revocavit ad gloriam intuitu misericordiæ. Provida namque et rationabili Dei dispensatione actum est ut cujus gradus fuerat altior, ejus casus fieret gravior; et qui, nullo alio, nisi seipso, suadente vel decipiente, nec carnem portabat humanam, de qua forsitan, licet injuste, materiam peccandi posset contrahere, sed, sola iniquitate superbiæ, suæ perditionis factor fuit et alterius culpæ, dum in illo superbia cepit initium, ejus careret fine supplicium; nec ulla deinceps ratione ei liceret habere spem veniæ, qui inventor exstitit et manet auctor tantæ nequitiæ. Homo vero inexcusabilis, quia peccavit per inobedientiam, et interrogatus culpam confiteri distulit, dejectionem meruit et ruinam. Et qui ante in paradiso solam beatitudinem noverat, cum se per peccatum diabolo mancipatum cerneret, et diversas in mundo experiretur miserias, nimia infelicitate compulsus amissam felicitatem plangere cœpit conversus ad lacrymas. Gemebat homo reus sub onere reatus, nec suis lacrymis a peccato valepat ablui, quia lacrymas illius miseri superabat magnitudo peccati. Sed Deus reum salvare volens et damnare reatum, nuntiante angelo, et superveniente Spiritu sancto, in uterum Virginis descendit; et in qua pro homine pateretur, carnem assumpsit. O stupenda, et **326** fidei ac dilectionis brachiis amplectenda assumptio, per quam factura Factori, natura creata unitur Creatori, Deus, pro homine homo, misericors efficitur pro misero, justus pro peccatore damnatur, pius pro impio! O inæstimabilis divinæ pietatis miseratio, per quam natus Dei Filius mundo apparuit; et cum esset Dominus omnium, ut a morte servum redimeret, immortalis mortem suscepit; sed, quia beatæ vitæ mors dominari nequivit, die tertia Dominus resurrexit. Morte sua Salvator noster hominem suscitavit peccato mortuum, resurgens a mortuis non solum illi paradisum reddidit, sed contulit cœlum. Incarnatio itaque Redemptoris nostri, nativitas, mors, et resurrectio, nostræ salutis operatio fuit, et diabolicæ artis destructio. Sua præterea incarnatione benignus Jesus nobis humilitatis exemplum proposuit. Natus apparens mundo et loquens hominibus, sapientiæ suæ doctrina nos instruxit, morte sua nos docuit patientiam; resurrectione, invitavit ad gloriam. Igitur, dilectissimi fratres, quæ sursum sunt diligamus, non quæ super terram; et sanctis operibus Redemptorem nostrum sequamur ad gaudia æternæ felicitatis, quo nos ipse in carne nostra præcessit, et vocat sedens ad dexteram Patris. Ipsum etiam pro nobis apud Patrem intercedere toto corde credamus, quia, nisi ejus sanctissima intercessione et virtute muniamur, diabolo non valemus resistere, qui vires suas mutavit **327** quidem, non amisit dejectus. Vere orat pro nobis Dominus in carne quam assumpsit pro nobis. Nec mirandum, si Patri suo preces propitiationis pro salute hominis exhibet, qui homo fieri voluit, ne homo periret. Non dedignatur pius Dominus in cœlum assumptus, hominem juvare in terris, quem et a peccato mundare vult, et secum regnare in cœlis, illumque tanto amore amplectitur, ut si eum adhuc pro illo mori justitiæ jura exigerent, pietatis sibi viscera non deessent. Non debet homo desperare de proprio lapsu, cui Deus compatitur tantæ dilectionis affectu, nec iterum sine timore sperare, ne sumat occasionem peccandi de magnitudine misericordiæ. Culpabilis est valde homo ille, inquam, omnino culpabilis, qui de pietate Salvatoris se facit impium, et ejus beneficium dilectionis vertit in iniquitatis augmentum. Christianæ fidei obviat, et derogat pietati, qui præsumens de misericordia Dei securius peccat, vel spe agendæ pœnitentiæ peccata cumulat. Divina enim misericordia, et pœnitentia, quæ ab illa nobis tanquam infirmis porrigitur medicina, remedia sunt peccandi, non incitamenta peccati. Cum timore pariter et amore, fratres charissimi, admiremus et admirando intelligamus collata nobis divinæ dilectionis et gratiæ munera pretiosa, et peccatis nostris perfecto odio renuntiemus. Perfecto odio peccatis renuntiare est, se qualem illum Deus fecit **328** deligere, et qualem seipse peccando fecit, odisse. Ponamus ante faciem animæ nostræ, et in memoria fixum teneamus quam admirabili gratia, antequam essemus, Deus nos condidit; de quanta miseria, et quanta ejus misericordia liberati postea sumus; et illum, qui hodie de sua sanctissima virgine matre gloriosa Maria natus est nobis, totis visceribus diligamus. Qui nos, licet reos, et diligit, et nostros odit reatus. Quos ipse suæ pietatis gratia mundare dignetur Jesus Christus Deus et Dominus noster, cui est cum Patre et Spiritu sancto omnis honor et gloria, per omnia sæcula sæculorum. Amen.

SERMO II.

IN NATIVITATE DOMINI II.

Hodie, dilectissimi, Redemptoris nostri facta est quædam specialis, et singularis operatio, quia ipse natus est de matre sine patre in sæculo, qui ante sæcula sine matre de Patre natus est, ad nos veniens de cœlo. Natus est itaque de femina virgine, omnipotentia divinitatis ordinem naturæ transgrediens, et honorem suæ honestissimæ matris, pudicitiæ et virginitatis sigillo custodiens. Non est jam amplius miseris desperandum de venia, si tantum admissorum pœniteant, quibus hodie in humana carne nascitur de Virgine misericordia. Hodie medicina de cœlo datur mundo, per quam infirmæ et peccatrices **329** animæ sanantur, et damnata atque facta deformis peccato humanæ conditionis natura, in statum pristinum reformatur. Hodie de splendida stella radius satis splendidior ad tenebras processit, qui inibi residentes homines magno et admirabili fulgore irradians, honorans creaturam, et consumens culpam, ad patriæ cœlestis claritatem provexit. Hæc, dilectissimi fratres, de nostri Salvatoris omnipotentia et pietate diligenter considerantes, non desperemus magis de nostris excessibus quam de illius bonitate pœnitentes præsumamus. Fructuosa est valde, sed de Domini pietate præsumptio, cum prius pœnitendo accusatur anima et sanatur, proditur peccatum et deletur, et qui ante peccator exstiterat, ex peccatore justus efficitur. Talis namque præsumptio Judicem mitigat, non provocat cujus est intentio ab accusatore diabolo accusatum hominem liberare, ne pereat. Et si aliquando pius dominus nobis peccatoribus indignans irascitur, ad hoc facit ut suæ indignationis terrore nos convertat et ejus ira vel indignatio, non executio ultionis, sed magis peccatorum nostrorum absolutio fiat. Vere bonus et benignus est per omnia Dominus, cujus indignatio artem exhibet piæ et compatientis justitiæ et ejus ira est operatio juste consulentis misericordiæ. Hujus piissimi Redemptoris nostri est incomparabilis amicitia, incomprehensibilis patientia; qui hominem, pro quo passus est mortem, quotidie peccantem patitur, diu **330** exspectat, et, ut revertatur ad ipsum, non solum veniam, sed mercedem pollicetur. Homini itaque peccanti, sed pœnitenti, non quia peccavit, sed quia pœnituit, Dominus indulget, qui si non peccasset, nunquam pœnitere de peccato potuisset et quid creaturæ Creator dimitteret, non haberet. Est igitur bonum hominem peccare qui pœnitet? Non, inquam, sed bonum est eum pœnitere qui peccavit, et non peccet. Nec iterum peccabimus, ut Deus ignoscat : absit. Sed peccata quæ facimus, ut deleat, confessione prodamus, et tegamus pœnitentia, ne ipse agnoscat. Aliquando tamen bonus et pius Dominus, ad ostensionem suæ bonæ voluntatis, qua semper circa peccatores, quasi quodam pii Patris affectu hæret, ne ad pœnam tradat errantes, cum nos, qui nec bonis bene utimur, de medicina nostra facimus plagam; ipse de vulnere nostro nobis adhibet medicinam. De medicina etenim nostra miseri et insipientes vulneramur, cum de abstinentia, vel qualibet virtute nostra, quæ medicina esse debuit animæ, superbimus. Sed misericors et omnipotens Deus de vulnere nostro medicinam operatur, cum in luxuriam corruentes, non quia sit luxuria superbia gravior, sed quia turpior esse videtur, nos humiliat; et sic in nobis vulnus de vulnere sanat. Iste veraciter verus et plenus pietatis visceribus medicus, nostræ infirmitati omnino compatiens, pro exhibenda nobis infirmis sanitate nullum exigit pretium; sed, **331** si tantum ab illo sanari desideramus, mercedem promittit, seipsum videlicet et tribuit. Venit de cœlis cœlorum Conditor hodierna die, ut supra diximus, de Virgine matre natus, qui contra superbientes et impœnitentes angelos sententiam protulit damnationis et pœnitentibus attulit absolutionis remedium. Licet, fratres charissimi, hunc sacratissimum diem in laudem Dominicæ nativitatis totum debeamus celebrare festivam, et in hac tam jucunda solemnitate tristitia temporali, seu mœrore carnali affici non oporteat, pro quo hodie natus est Christus, Christianum; tamen si placet, quod satis placere debet, aliquid vel parum loquamur de pœnitentia, sine qua peccatoribus nulla prosunt sacramenta, nulla ab eis digne festa celebrantur. Dicamus prius quid est pœnitentia, quo agenda sit fructu, quo tempore, et qua mentis intentione. Pœnitentia est præteritorum humilis satisfactio peccatorum, et cavendorum provida sollicitudo futurorum, finis et odium mali, quoddam initium et amor boni. Fructus pœnitentiæ est magnus, utilis pariter et necessarius. Nam pœnitentia, præcedente bonitate divina, ut justus fiat, vertit peccatorem; hominem a diabolo victum, diaboli facit victorem. Delicta lascivæ juventutis Deum meminisse non sinit, nec ignorantias pueritiæ; senes etiam longa peccandi consuetudine deceptos reparat, sed virtute potius mentis, quam corporis novitate. **332** Pœnitentia siquidem more fidelis ostiariæ gerens officium, ostium paradisi peccantibus clausum, quando vult, aperit; et quos pœnitentes agnoscit, recipit intra; impœnitentes vero nec prece, nec pretio intrare permittit sed, quia mortem dilexerunt, eos penitus excludit a vita. Eo agenda est pœnitentia tempore quo salus corporis manet, quo sua quisque utitur potestate. Ad agendam pœnitentiam non debemus exspectare vitæ nostræ extremum diem quoniam, qui usque in extremum diem pœnitentiam differunt, vix aut nunquam perveniunt ad salutem. Fit plerumque, in miseris hominibus, quod eorum vita per voluptatem carnis expenditur sed cum repente voluptas ipsa subtrahitur, cum caro infirmitate atteritur, cum jam egredi anima urgetur, tunc quasi ad bene vivendum salus amissa ab illis requiritur, quibus pro voluptate brevi perpetua pœna debetur. De talibus enim dicitur in Psalmo : *Cum Deus occideret eos, quærebant eum* (*Psal.* LXXVII, 84). Certe nimis tarde ante Judicem, qui facit omnia juste, suam quisque causam exponere cœperit, cum in se prolatam tristem et immutabilem suæ damnationis sententiam ab illo susceperit. Igitur dum licet, et agendæ pœnitentiæ tempus conceditur, nos otiari non decet, nec nimium esse securos; quibus pro meritis singulorum, post vitam, quæ brevis est, et ejus brevitas incerta, aut sempiterna felicitas reservatur, aut miseria sine fine mansura. Ea mentis intentione pœnitentiam agamus, ut inde non affectemus laudes hominum, sed soli **333** Deo. de bono pœnitentiæ placeamus, cui displicere veraciter non possunt pœnitentes, et sine pœnitentia placere ulla ratione peccantes. Ita præterita peccata nostra plangamus, ut nulla deinceps plangenda, auxiliante pietate divina, faciamus. Pietas enim divina auxiliari desiderat, si homo non differat pœnitens confiteri, occasionem quærit vas confractum reparandi, non conterendi quassatum, et ut peccator ad Deum convertatur, patienter exspectat, ut se Deus ad peccatorem convertat. Nostros gemitus optat, sed temporales, ut remittat perpetuos. Ab oculis nostris brevis hujus temporis lacrymas exigit, ut sancti Spiritus unctionem super nos effundat; quæ et a nobis in præsenti omnem maculam, et ab oculis nostris in futuro omnem lacrymam tergat. Non est, fratres, de Domino tantæ pietatis desperandum nec ab illo, sed ad illum fugiendum, qui magis voluntarius creditur ad ignoscendum quam diabolus ad suggerendum fuerit, vel homo ad peccandum. Quod hic a nobis dictum est de pœnitentia, non erat prætereundum; quæ sola medicina peccati hominibus relinquitur post baptismum. De nativitate Dei et Salvatoris nostri Jesu Christi, unde tractare proposuimus, quamvis vita nostra non mereatur, et facundia ad loquendum non suppetat et parum vel penitus nihil scientia nostra suffragetur, tamen de dulcissima Domini charitate, et pia ejus patientia amplius præsumentes, quam de nostra desperantes imperfectione prout ipse quo indignis **334** sæpe tribuit, digna loqui donaverit, prosequemur. Solemnitas hæc quæ hodie a Christiana religione annua celebratur, jucunditatem mentis magis quam carnis afflictionem requirit quia hodierna die valde jucundari et lætari oportet, qua homo perditus inventus est, et qui mortuus fuerat, revixit. Natus est hodie Deus factus homo, pro nobis modico tempore multas passus injurias. Qui cum in cruce positus esset ab illis pro quibus venerat, de sacratissimo ejus latere lancea vulnerato, unda potius pietatis exivit quam sanguinis. O humana impietas, nisi a Deo permissa, omnino impotens, audi et intellige quæ pro te et a te pertulit Deus omnipotens. Tuis exsecrandis manibus, quas faciens ille sacraverat, non est alligatus cruci, sed clavis affixus, ut majori dolore eum constringeres, qui venerat ut te ab æternis doloribus liberaret, et graviorem in eum exerceres vindictam, qui nullam commiserat culpam. Tu quidem contra eum impie sæviens, sed in hoc etiam ipse tibi pie compatiens, idcirco sustinuit graviora tuæ crudelitatis tormenta, ut tibi, qui eum oderas sine causa, majorem dilectionem ostenderet, et per memoriam tam injuriosæ passionis, quasi quibusdam misericordiæ clavis animam transfigeret peccatricem, ut vel sic revocaret errantem, ne periret. Pius ac benignus Deus, cum in cruce se sitire perhiberet, et ab illo infideli populo accepisset amaritudinem fellis, pro illis orans dulcedinem exhibuit charitatis. Nec tunc multum humilis dispensator nostræ salutis, tam vitis vel aquæ calicem, quam populi se interficientis sitiebat salutem. O inæstimabilis Dei et Domini nostri Jesu Christi circa peccatores benignitas! o ineffabilis misericordia! o misericordia inenarrabilis! o admirabilis patientia! Quæ enim major benignitas, sive misericordia, humillitas vel patientia peccatoribus exhiberi potuit quam ut ipse Deus se contemnentis fieret pretium hominis ita ut contra Deum peccaret homo, et Deus pœnitentiam faceret pro peccato, homo etiam contra Deum sæviret, sævienti etiam Deus propitiaret, formam servi cœli et terræ Dominus assumeret, in qua ipse panis verus esuriret, fons vivus sitiret, virtus firmissima infirmaretur, immortalis vita pro suo interfectore moreretur? Quidquid boni in terra exhibuit Deus, pro homine fecit; et quidquid mali sustinuit, ab homine et pro homine fuit. Quid ad hæc, fratres, cogitabimus? quid dicemus? quid faciemus, cum Deus talis sit circa nos, quod melior esse non possit; et nos tales contra eum simus, quod pene pejores esse non possumus? quo ibimus? quo fugiemus? aut quem consiliatorem aut auxiliatorem contra justum judicem Deum nos injusti habere poterimus? Nullum penitus, nisi ipsum. Ab illo ergo consilium et auxilium dilectione, humilitate, patientia et castitate imploremus, cujus bonitatis et misericordiæ non est numerus. Utinam enim tam cito unusquisque nostrum se pœnitendo agnosceret reum, quam cito Deus ignosceret reatum. Utinam tam cito converteremur ad pœnitentiam quam cito pius Conditor noster etiam præfinitam de nobis præsto esset mutare sententiam. Mutatur sententia incommutabilis Conditoris pro conversione, et bona conversatione peccatoris et cui peccanti ante pro sua iniquitate minabantur mortem, eidem converso vitam promittit et tribuit sempiternam, quam ipse Deus et Dominus noster Jesus Christus, qui hodie pro mundi salute nasci dignatus est, sua dulcissima charitate, misericordia ac bonitate nobis donare dignetur, qui cum Patre et Spiritu sancto vivit et regnat per omnia sæcula sæculorum. Amen.

SERMO III.

IN NATIVITATE DOMINI III.

Christus Dei Filius, fratres charissimi, qui in Evangelio, ut eum hodierna die corporaliter natum credamus, docet et præcipit, ipse etiam quod concipiendus esset in virgine, et quod de virgine nasceretur per prophetam dixerat ante, quod sic fuisse prædictum agnoscitur: *Ecce virgo concipiet et pariet filium* (Isai. VII, 14). Quod olim a propheta de incarnatione et nativitate Dei et Domini nostri Jesu Christi futurum prædicebatur, jam factum agnovimus. Nam secundum vaticinium sanctissimi prophetæ illius, virgo quædam erat conceptura, et paritura filium; et hæc virgo fuit bona Maria. Hæc enim concepit et peperit, non quemlibet, vel cujuslibet filium, sed Deum et Filium Dei. Deus cum Patre, Filius de Patre, Deus unus cum Patre quia unius substantiæ, unius essentiæ, unius divinitatis, unius potentiæ et naturæ. De Patre Filius quia in Patre, et de Patre est sapientia ejus. Merito sapientiam Patris ejus Filium dicimus quia, sicut rex quilibet temporalis per sapientem filium suum regna terrarum regit et ordinat, ita Pater cœlestis per sapientiam suam omnia creavit, disponit et gubernat. Hunc charissimum Filium suum consubstantialem sibi, atque coæternum incarnari, id est ab illo hominem assumi, et ipsum hominem misericorditer mori disposuit, ut hominis morte secundi, primum suscitaret a morte peccati. Sic cœlestis et novus Adam, Adam terrestrem et veterem, unde recesserat, reparavit ad vitam. Hæc sancta miseratio, id est, incuarrabilis divinæ pietatis circa peccatores exhibitio, a Deo Patre per Filium, cooperante Spiritu sancto, de virgine, et in virgine, et per virginem facta est, nuntiante archangelo. Pater quidem ut Filius incarnaretur, præcepit charitate; Filius voluntate carnem suscepit; carnem ipsam, quam suscepit Filius, sanctificavit in Maria Spiritus sanctus. Et sicut sunt duo præcepta charitatis, ita duobus principaliter modis Spiritus sanctus operatus est in sanctificatione Virginis. Prima in Virgine sancti Spiritus operatio exstitit; in ea omnium peccatorum mortificatio. Secunda, beatæ ejus virginitatis sancta custodia. Et hoc est quod Mariæ ab angelo dicitur, priusquam in ea Dei Filius conciperetur: *Spiritus sanctus superveniet in te, et virtus Altissimi obumbrabit tibi* (Luc. I, 35). Supervenit in eam Spiritus sanctus quia corpus ejus et animam ab omni peccato mundificavit. Altissimi virtus ei obumbravit quia beatam ejus virginitatem illibatam servavit. Et quæ ante partum erat virgo sancta; in partu facta est virgo sanctior, et post partum virgo sanctissima; Spiritus sanctus et Altissimi virtus non sunt duo, sed unum, sicut in Evangelio discipulis suis Christus dicit: *Ego mittam promissum Patris in vos*. Spiritum videlicet sanctum: *Vos autem sedete in civitate, quoadusque induamini virtute ex alto* (*Luc.* xxiv, 49), id est, repleamini Spiritu sancto. Archangelus Gabriel missus a Deo venit ad Mariam virginem, annuntians ei divinam simul et humanam ex ea futuram nativitatem. Christus itaque de Virgine carnem in Virgine, non quidem de Adam peccatore, sed unde Adam justus animam suscepit, et per virginem carnem egrediens Deus homo mundo apparuit. A Deo data est Adæ anima, sicut in Genesi legitur: *Inspiravit in faciem ejus spiraculum vitæ* (*Gen.* ii, 7). Et qui carnem Adæ animavit factam de limo, animavit et Christi carnem in matris utero Spiritus sanctus. Igitur unde Adam longe ante susceperat animam, et qualem susceperat, et Christus suscepit, non talem qualem Adam eam peccando postea fecit. Cæteri siquidem homines, qui sunt homines tantum, nascuntur lege **339** hominum, in peccato scilicet, cum dolore et corruptione matrum. Filius autem Dei qui Deus erat et homo, lege quidem hominis natus est, sed amplius lege Dei. In quantum natus est de femina, natus est lege hominis, sed amplius lege Dei natus est, quia sine peccato et sine dolore et corruptione matris. In eo quod de femina natus est, se verum hominem ostendit; in eo vero quod natus est sine peccato et de virgine matre, Deum omnipotentem. Nec credendum est impossibile fuisse ei qui omnia potest, et seipsum in matre, et de matre creasse hominem, et matris suæ servasse virginitatem. Potuit itaque et voluit Deus et homo fieri, et de virgine nasci, ut per hoc quod factus est homo, veritatem ostenderet carnis; per hoc autem quod inviolato virginitatis sigillo prodiit de matris utero, omnipotentiam divinitatis monstraret. Præterea aliorum hominum prius formantur corpora in uteris matrum, et formatis corporibus inspirantur postea animæ; quibus corpora ipsa vivificantur. Filii vero Dei vera caro, non priusquam ipse venisset in virginem, in utero virginis concepta est, nec postquam carnem suscepit, carni ipsi anima conjuncta; sed mox ut ipse venit in virginem, totum simul suscepit hominem, animam scilicet et carnem. Unde Augustinus: *Cum Verbum Dei permistum est animæ habenti corpus, simul et animam suscepit et corpus*. Et Leo Magnus: *Dei Filius accepit simul in Virgine animam et corpus*. Et B. Gregorius, **340** *Domini*, inquit, *caro non prius in utero Virginis concepta est, et postmodum divinitas venit in carnem; sed mox ut Verbum venit in uterum, factum est caro, et perfectus homo*, id est, in veritate carnis et animæ. Hoc admirabili modo, dilectissimi, puer *natus est nobis, et filius datus est nobis.* (*Isai.* ix, 6). Pueri naturæ est, nulli nocere, humiliter obedire, suam cito condonare injuriam. Puer Christus nulli nocuit, omnibus profuit, Patri usque ad mortem obediens fuit, mortis suæ condonavit injuriam; pro illis etiam qui eum occiderunt, diligenter oravit. Puer iste, fratres, verus innocens, verus humilis, verus patiens, et nostræ fragilitati multum compatiens, pueros quærebat non ætate, sed malignitate parvos, nec tamen æquales sibi, sed similes. Huic enim puero æquari nemo potest; sed, sicut ei nemo potest æquari, ita nemo est qui eum in aliquo, quo salvari valeat, eo adjuvante, non possit imitari. *Natus est nobis*, nostræ videlicet causa salutis. Ad hoc enim natus est, ut sacerdos esset, nec sacerdos tantum, sed sacerdos et sacrificium. Non est sacerdos secundum id quod natus est de Patre, sed propter carnem assumptam de Virgine matre. Propter victimam utique quam accepit a nobis, et pro nobis obtulit ipse. Ad hoc etiam nobis apparuit, ut suæ nos innocentiæ, humilitatis, et patientiæ prius exemplo doceret, quam pro nobis mortem subiret. Vitam suam novam nos docuit, quam teneamus; dedocuit veterem nostram, et interdixit, ne eam sequamur, quia vitam malam **341** mors bona non sequitur. Christus puer parvulus natus de matre, Filius excelsus Dei Patris est, æqualis ei per omnia in divinitate. Hic pius, humilis, dulcis, benignus *datus est nobis*, nostræ utique pretium redemptionis. Debitores eramus diaboli, et quia nemo nostrum solvere poterat quod ei debebatur per primi hominis peccatum, in ejus carcere tenebamur captivi, duris et diris legibus peccatorum astricti. Nos autem a peccato liberare nemo valebat, nisi qui solus erat sine peccato, Filius Dei. Iste sapientis more medici, qui languebat diligens hominem, et odio habens hominis languorem, carnem assumpsit, et de carne sua nostri fecit medicinam peccati. Vere assumpsit carnem, inæstimabilis scilicet misericordiæ artem invenisse veraciter creditur, ut beata vita, quæ mori non poterat, pro vita hominis moreretur. Unde Isaias propheta sic loquitur: *Et vocabitur nomen ejus Emmanuel*, quod est *nobiscum Deus* (*Isai.* vii, 14). Quid est, *Nobiscum Deus*, nisi Deus de nobis, et pro nobis homo futurus? Quod futurum propheta prædixit, hoc evangelista Joannes jam esse factum asserit, dicens: *Verbum caro factum est, et habitavit in nobis* (*Joan.* i, 14). Verbum factum caro, nihil est aliud quam Dei Filius factus homo. *Habitavit in nobis*, id est in carne nostra; nostram dico, secundum carnis proprietatem, non secundum peccati originem. Ipse enim sanctam in sancta, immaculatam in immaculata matre animam suscepit, et carnem, totum, **342** ut dictum est, in Virgine hominem. Christus, fratres, Deus et Dominus angelorum, ut a diaboli servitute hominem liberaret, non solum homo factus est, sed servus hominum. Suscepit, inquam, formam servi Filius Dei, in qua servivit hominibus usque ad mortem, et usque ad ipsam, quam peccando perdiderant, vitæ cœlestis reparationem. Primus etenim homo peccaverat, et confractus est, elapsus de paradiso, sed Deus misericors compatiens misero, collegit fracturas, et conflavit igne charitatis in cruce, et quod confractum fuerat, integrum fecit. Sic peccatorem hominem Deus homo, et suæ divinæ nobilitatis voluit esse consortem, et æternæ beatitudinis sublimavit hæredem. Scire autem et firmiter credere debemus quod Christi nativitas, et mors ejus, illis solummodo proficit, qui dilectione sequuntur eum, sicut sequendum se docuit. Hos autem non sua membra tantum, sed sua viscera facit, firmat eos in bono, et a malo custodit. Unde per prophetam dicitur : *Butyrum et mel comedet, ut sciat reprobare malum et eligere bonum* (*Isai.* vii, 15). Butyrum suave est, et mel dulce, et nihil dulcius, vel suavius est charitate, in qua tota lex pendet et prophetæ (*Matth.* xxii, 40). Christus hujusmodi *butyrum et mel comedet*: suaves et dulces, suam videlicet charitatem habentes, in corpus suum trajiciet, id est, sua membra, ut dictum est, et viscera faciet. Et merito qui charitatem habent, membra et viscera Christi dicuntur, quoniam Christus meditatur in ipsis, et per ipsos operatur. Ut sciat, id est, ut scire hoc modo eos faciat, *reprobare malum*, a malo scilicet declinare, *et eligere bonum*, in electione boni usque in finem perseverare, sicut ipse in Evangelio dicit : *Qui perseveraverit usque in finem, hic salvus erit* (*Matth.* x, 22). Tali butyro et melle suam beatissimam matrem maxime Christus cibavit. Hac sua et proximi dilectione ejus sacravit viscera, de quibus sibi humana membra aptavit. Nunquam enim in ea carnem sumpsisset, nisi prius ab eo charitate cibata fuisset. Sed ista charitatis gratia Maria repleta, Deo prima devovit virginitatem, unde filium habere meruit, suum et omnium Patrem. Hæc est illa certe bona mulier, imo beatissima Dei mater, cujus mentionem Dominus faciebat, quando in paradiso diabolo comminabatur, qui in specie serpentis latebat. *Ponam,* inquit, *inimicitias inter te et mulierem, et inter semen tuum et semen illius : ipsa conteret tibi caput* (*Gen.* iii, 15). Vere beata Maria diaboli caput contrivit, quæ in se principalem ejus suggestionem penitus exstinxit. Suggestio diaboli principalis est concupiscentia mentis et corporis. Per concupiscentiam mentis, quamlibet perversam cogitationem intelligimus, et per concupiscentiam carnis, omnem pravam operationem. Bona vero Domini mater virgo Maria horum neutrum habuit, quæ, Spiritu sancto repleta, mente et corpore pariter sancta fuit. Semen beatæ Mariæ, Christus, et quas in Christo peperit virtutes animæ. Semen diaboli, vitia sunt universa. Quæ vero inimicitia inter virtutes et vitia positæ sint, satis est manifestum, quia nullum eorum quidquam desiderat, quod alteri non sit contrarium. Verum est, fratres, nihil est verius, quod Maria semel de virgine carne peperit Christum, et quod Christus in baptismate spiritualiter parit quotidie Christianum. Unde nos, qui Christiani a Christo vocamur et sumus, Christum verum Deum et verum hominem hodierna die de matre Virgine natum toto corde credamus et confiteamur, et condignis nostræ fidei laudibus, ipsum et beatissimam ejus matrem Mariam virginem humiliter atque suppliciter imploremus, ut sua dulcissima pietate, et suæ dulcissimæ matris intercessione, animas et corpora nostra a peccatis omnibus purget, virtutibus illustret, quatenus hanc suæ sanctissimæ Nativitatis festivitatem digne celebremus, et eum, qui pro nobis nasci et mori dignatus est, et die tertia resurrexit, videre et habere mereamur, qui cum Patre et Spiritu sancto vivit et regnat Deus, per omnia sæcula sæculorum. Amen.

SERMO IV

IN NATIVITATE DOMINI IV.

Mirum est quod hodie factum est, sed fide et devotione mirandum. Hodie pro salute nostra natus est Deus de femina, de filia pater, Dominus de ancilla, de creatura Creator, sol de stella. Hodie natus est in sæculo ante sæcula natus, qui sæcula fecit, et omnia creavit ex nihilo, Christus, per quem Deus Pater cuncta creavit, quod homo est esse voluit, ut quod Christus est fieri posset homo. Tunc homo factus est quod Christus est, cum Christus factus est homo. Hoc autem secundum naturam assumptæ humanitatis dico, non secundum deitatis substantiam. In hoc utique est homo quod Christus est, quod Christus assumpsit de homine. Non in eo est homo quod Christus est, quod Christus factor est, sed in eo quod Christus factura est. Ex tribus enim substantiis Christus in una persona subsistit, divinitate scilicet, carne, et anima. Sicut Pater et Filius, et Spiritus sanctus sunt tres personæ, et trium personarum est una substantia, sic Verbum, caro et anima sunt tres substantiæ, et trium substantiarum est una persona, Deus et homo. Nata est itaque hodie in una persona, et homine vera divinitas, et in Deo vera anima et vera caro. Hac nativitate diabolus, quam mendacio ceperat, præda privatus est veritatis compassione, erexit Creator creatum qui lapsus fuerat, et perdidit perditor perditum. Hodie nata est inter Deum et hominem major concordia quam fuerat ante casum, et inter hominem et diabolum discordia gravior; qui se non solum victum erubescit, sed quem vicerat hominem, etiam angelis esse prælatum indubitanter agnoscit ille pessimus æmulator. Hodie hortus conclusus ex illa porta processit, et in illam et per illam fons manavit signatus, de qua propheta dicit : *Est porta, quæ non aperietur in domo Domini, clausa* (*Ezech.* xliv, 1). Hæc porta templi, et templum Domini est Maria beatissima et incomparabilis virgo, de cujus utero ad nos venit Dei Patris imago. Et quomodo venerit, et quare venerit, ostenditur, cum ad Mariam et ad Joseph ab angelo eis revelante divinæ dispensationis consilium dicitur; ad Mariam quidem : *Spiritus sanctus in te veniet, Maria, et concipies Filium Dei* (*Luc.* i, 31); ad Joseph vero : *Noli timere accipere Mariam conjugem tuam; quod in ea natum est, de Spiritu sancto est. Pariet filium, et vocabis nomen ejus Jesum, qui salvum faciet populum suum a peccatis eorum* (*Matth.* i, 20, 21). Ortus nostri Salvatoris, licet angelis sanctis et per eos hominibus bonæ voluntatis manifestus exstiterit, occultus tamen fuit diabolo et idolis ejus. Idola diaboli sunt præcipue infideles, et retrogradi homines, quibus propter cor impœnitens eorum, ignotum est conceptionis Dominicæ et nativitatis mysterium. Quæ idola diaboli recte vocantur, quia in ipsis, et per ipsos loquitur pariter et operatur. Salvatorem nostrum Scriptura sacra merito fontem appellavit, quia ipse unda aquæ et sanguinis, suo profluentis ex latere, genus humanum lavit a sordibus peccatorum, et creavit Ecclesiam sine ruga et macula (*Ephes.* v, 27), id est sine deformitate et immunditia, et sibi sponsam elegit et templum. Fons iste esse signatus non incongrue, perhibetur (*Cant.* iv, 12), quia in **347** omni veritate et sanctitate est a Patre sanctificatus. Fons iste manens, et indeficiens suo rore, sancti Spiritus scilicet infusione, rigavit viscera gloriosæ Mariæ, quam plenitudo divinitatis corporaliter inhabitans (*Col.* ii, 9), dedit illi suam benignitatem (*Psal.* lxxxiv, 15), novam et solam sine exemplo conceptionem. Illa autem sanctissima terra dedit fructum suum (*Psal.* lxvi, 7), virgo videlicet Maria, quem angelo nuntiante fide ei dilectione concepit, clausa ejus uteri porta peperit filium, in Deo quidem hominem et in homine Deum. Hoc ineffabili et inexcogitabili modo, *Verbum factum est caro* (*Joan.* i, 14), Deus scilicet Dei Patris Filius, factus est filius feminæ virginis, naturaliter simul et potentialiter natus. Naturaliter utique, quia ex ea parte corporis Mariæ virginis, qua homo quisque de sua matre nascitur, natus est Christus; sed potentialiter, quia, sicut dictum est, porta ventris ejusdem virginis clausa, servans igitur in uno naturam humanitatis, in altero vero humanam naturam superans omnipotentia divinitatis. Si quis super hoc aliter sentit, vel aliter loquitur, vitandus est, non sequendus, quoniam ipse devia sequitur. Dedocet enim veritatem, et docet errorem. Et cum aliena ab his quæ Spiritus sanctus per os sanctorum suorum locutus est, dicere nititur, quasi novam sibi gloriam pingit, et dum falsam sequitur felicitatem, veram infelicitatem consequitur. Hoc idcirco dixerim, quia quibusdam personis ascribitur quod matrem Domini et ante partum et post partum **348** prædicant quidem virginem, sed portam ventris ejus apertam in suo partu, et post partum statim clausam fuisse fatentur, quasi ad horam fuerit virgo, et ad horam perdiderit virginitatem. Insanum est hoc dicere, et credere profanum. Qui hoc dicit, vel credit, Spiritui sancto contradicit. Nam diffitetur veritatem quam Spiritus sanctus per Ezechielem prophetam confitetur dicentem: *Est porta in domo Domini clausa, et non aperietur* (*Ezech.* xliv, 2). Ego autem in Spiritu sancto firmiter credo, et indubitanter profiteor, et ad horam, et ad moram, et ante partum, et in partu, et post partum eam fuisse virginem, et peperisse in una persona Deum et hominem, et sine carnis apertione, et sine corporis et animæ corruptione. In paradiso fuisset quidem ista conditio, nisi primi parentes peccassent, quod sine corruptione, id est sine læsione corporis et animæ crearent et crearentur, non tamen sine carnis apertione. Nam si deesset carnis apertio, virginitas servaretur, et ita unusquisque nasceretur de virgine. Sed fieri minime potuit ut nasceretur de virgine homo, nisi ille solus, qui est Deus et homo. Quicunque igitur super hoc aliter sapiunt, desipiunt, et quod est prorsus alienum a veritate narrant, sed errant, et nihil prodest eis matrem Salvatoris, et ante partum, et post partum confiteri virginem, qui eam in suo partu fuisse virginem negant. Virgo etenim sancta fuit ante partum, et in partu virgo sanctior, et sanctissima virgo post partum, quia quanto majora egit in ea divina operatio, tanto major **349** in ipsa sanctitas crevit atque religio. Hoc docemur fide catholica, et Christiana doctrina contrarium exsecratur. Nunquam itaque aperta, sed clausa semper et sigillata fuit uteri matris nostri Salvatoris janua, per quam exivit ipse Deus homo, *tanquam sponsus procedens de thalamo* (*Psal.* xviii, 6). Uterus bonæ et beatæ virginis Mariæ thalamus dicitur, quia in eo sociata sunt et divinitas carni, et caro nostra divinitati. Vulva mulieris, porta ventris ejus recte dicitur, quia per illam exit homo, et venit in hunc mundum cum ipse nascitur. Quæ in aliis quidem mulieribus, prole exeunte, aperitur, in sola autem matre Domini, et eo nascente, et ante, et postea clausa fuisse legitur veraciter, et firmiter creditur, Ezechiele propheta attestante, qui dicit: *Est porta in domo Domini clausa, quæ non aperietur* (*Ezech.* xliv, 2). Honorabilis et prædicabilis femina, digna Deo virgo Maria domus Domini appellatur, in qua porta orientalis clausa semper esse perhibetur. Recto nomine Maria, domus, id est templum Domini dicitur, quia Deus ipse habitavit in ea, et per sanctificationem Spiritus, et per humanam conceptionem. Servata itaque divinæ proprietate naturæ, in utero virginis factus est caro, et perfectus homo in veritate carnis et animæ, et per portam templi quæ respicit ad Orientem, quæ nec per se patuit, nec ab alio aperta fuit, processit de virgine matre. Eadem quippe possibilitate vulva suæ matris clausa processit, ac si fuisset aperta. Utrumque mirandum est: et factum Deum hominem, et Deum hominem **350** de virgine natum. Si quis Deum hominem factum attendat, quare de partu virginis dubitat? Non enim minoris miraculi fuit Deum fieri hominem quam parere feminam virginem. Breviter dicam, ne fastidium faciam audienti. Quæro unde, et a quo facta sunt omnia? A quo siquidem facta sunt, scitur; sed unde facta sunt nescitur. Deus utique omnia fecit, sed nulla materia fuerat ante, de qua faceret ea. Solummodo voluntatem habuit faciendi: *Dixit et facta sunt, mandavit et creata sunt* (*Psal.* xxxii, 9). Ecce Deus sine difficultate, et sine materia creavit universa. Nonne quædam ex his quæ fecit, in alios usus convertere, et quibus voluit, et sicut voluit, uti potuit? Potuit plane. Omnipotens est Filius Dei, in quo et a quo sunt omnia. Ipse quod voluit, et modo quo voluit facere potuit pro sua voluntate. Et sicut ad discipulos januis clausis intravit (*Joan.* xx, 26), licet per ipsas januas clausas, et propter metum Judæorum etiam obseratas intraverit, ita per illam beatitudinis, et uteri virginalis portam clausam pariter et obseratam exivit, et mundo apparuit, una eademque divinitatis omnipotentia, et ad discipulos clausis januis ingrediens in sua resurrectione, et clausa suæ matris uteri porta in sua nativitate egrediens. Voluit Deus et homo concipi in femina, et homo de femina nasci, ut per hoc quod factus est homo veritatem ostenderet carnis, et in eo quod in virgine homo conceptus est, et homo de virgine natus, se Deum monstraret omnipotentem; qui omnia 351 creavit ex nihilo. Adhuc fortassis aliquis quærit, quomodo fieri potuit, Deum videlicet hominem factum de femina nasci, servata feminæ virginitate. Qui hoc inquiris, non dubites, sed firmiter crede, quia si Deum omnipotentem veraciter credis, nullatenus super hoc poteris dubitare, quoniam si omnia posse confiteris eum, et istud posse negare non poteris, cum sit ex omnibus unum. Non enim Deus omnipotens esset, nisi posset facere quæcunque vellet. Perfectus itaque Deus a Deo Patre Christus; perfectus homo, animæ et carnis assumptione. Et licet aliud sit Deus, et aliud homo; non est tamen alius Filius Dei, Deus, et alius filius virginis, homo. Sed Filius Dei et filius virginis unus est, non unum; Deus et homo revera, ut dictum est supra, ex tribus substantiis constans, verbo videlicet carne, et anima. Hic Unigenitus Dei Patris, et primogenitus virginis matris in mundum venit plenus misericordiæ et veritatis. Venit misericorditer, venit veraciter, qui nos a potestate Satanæ liberavit, et sicut se venturum per prophetas suos dixerat ante, jam venisse novimus eum, non parvas parvo tempore in hoc mundo pro nobis passum injurias. Ab illo enim die quo Patris charitas et sua voluntas Christum deposuit ad terras et apparuit mundo, homo, pro cujus salute venerat, ut eum occideret, fallaciter ei tetendit insidias. Et ut brevi narratione comprehendam, multiplices ab hominibus, et pro hominibus persecutiones 352 sustinuit, et contumelias. Ipse vero pius Deus et misericors Dominus, non ultionem in hominibus desiderans, sed eorum absolutionem, non solum suas condonavit injurias, verum etiam pro injuriosis crucem passus est et mortem. Ita lux vera et beata vita Deus Filius Dei nos miseros, qui de jure et lucro peccati in tenebris eramus et in morte sepulti, sua pietate et misericordia suscitavit; et quæ nobis ab ipso data prius fuerant, sed a nobis non bene servata, gaudia lucis et vitæ remedia iterum dedit. Unde licet ejus gratiæ et misericordiæ nos indignos fuisse et esse non dubitemus, nostro tamen Conditori et Redemptori grates et gratias referamus, eo auxiliante, sine quo nihil boni facere possumus. Ipsum quoque hodierna die pro nostra salute Deum et hominem de Maria virgine natum pura fide credamus, et vera confiteamur dilectione, cui est omnis honor et gloria cum Deo Patre suo et Spiritu sancto, per omnia sæcula sæculorum. Amen.

SERMO V.
DE RESURRECTIONE DOMINI.

Hodie, dilectissimi, quia Dominicæ Resurrectionis solemnia celebramus, de tanta solemnitate loqui religiosum est, et silere irreligiosum putamus. Proponamus itaque, et exponamus, prout ipse donaverit qui omnia novit, cur nec prima die, qua mortuus est pro nostra salute, nec secunda, sed die tertia 353 Dominus resurrexit. Quærendum est etiam, quare post resurrectionem suam solis bonis et paucis, et modico tempore apparuit, cum ante resurrectionem multis, et bonis et malis, et aliquanto tempore apparuerit. Quod tertia die vita beata Deus seipsum suscitavit a morte, resurrectionem utique nostram die tertia futuram significavit: quod longe ante dixerat per prophetam. Locuturus Osee propheta de resurrectione nostra ante mortem et nostram resurrectionem, nos, ne justus Judex imparatos inveniat, pia et fideli exhortatione sollicitat, dicens: *Venite, et revertamur ad Dominum, quia ipse cœpit, et sanabit nos, percutiet et curabit nos* (*Ose.* vi, 2). Dicit, *venite*, id est, viam tenete, neque ad dexteram declinemus, neque ad sinistram, sed unusquisque nostrum fide, confessione et pœnitentia revertatur ad Dominum. Habeamus fidem, quæ per dilectionem omne bonum et præcipue peccati odium operatur. Nam fides sine opere bono, et maxime sine peccati odio, mortua creditur. Veniamus ad confessionem, qua venenum antiqui serpentis evomitur, solvitur a peccatis peccator, Deo victoria, diabolo verecundia generatur. Agamus pœnitentiam, qua divina pietas sic nobis ignoscit quod nos diabolus peccatores ignorat, nec Deus agnoscit. Hoc est post peccatum reverti ad Dominum; ad quem quicunque revertitur, viam tenet, non devia sequitur. Cœpit nos sanare bonus Dominus, quando ab infirmitate mortis æternæ sua magna miseratione liberavit. 354 Nos quidem in primo homine diabolus per peccatum infirmos pariter et miseros fecit. Deus vero pius et omnipotens medicus, nostræ miseriæ et infirmitati compatiens, quod ante non fuerat, et nobis miseris nomine et actione conveniret antidotum, quo nos sanaret, invenit. Hoc autem suæ charitatis maximum opus baptizavit per semetipsum, nomen imponens ei misericordiam, quam miseriæ et infirmitati nostræ opposuit medicinam. Hac igitur salubri et salutari medicina animas nostras sanavit et corpora. Per hoc incomparabilis suæ dilectionis opus præcipuum nobis condonavit, et donavit plurimum. Condonavit culpam, et donavit gratiam. Mortem nostram mortificavit, et reddidit vitam. Hac arte pietatis diabolum vicit, et confregit infernum, nobis aperuit portas cœli, et dedit seipsum. Diximus quod misericordia sua omnipotens Deus hæc sua tanta beneficia nobis donaverit, quomodo etiam ipsam misericordiam fecerit, eo adjuvante, dicemus. Operante itaque tota Trinitate Dei Filius conceptus est homo in Virginis utero, et de Virgine matre natus in mundo. Beata Trinitas Pater et Filius et Spiritus sanctus unus est Deus, una est totius Trinitatis operatio. Hanc admirabilem, sed dilectione et fide mirandam operationem Pater disposuit charitate; Spiritus sanctus, quam ante sanctificare cœperat, longe amplius Virginem sanctificavit, quia totam sanctissimam et anima et corpore fecit : Filius vero in illa sanctissima Virgine totum hominem, id est, animam et carnem suscepit. Non enim aliqua ex parte non sanctissima esse poterat 355, in qua plenitudo divinitatis corporaliter habitavit. Deus itaque Dei Filius in suscepta carne multas non multo tempore passus injurias, ut pro nobis moreretur crucem ascendit, et licet ab homine judicatus esset injuste, ibi etiam judicem hominis novimus eum, et factum pro homine sacerdotem, et sacrificium. Vere positus in cruce Dominus judicabat ; jam agnos ab hædis regia potestate separabat, ibi latronem alterum, in dextris positum, in quo fidei et confessionis sacramentum præcesserat, vocavit ad gloriam pia compassione; alterum, positum in sinistris, in pœna dimisit censura justitiæ. Et ea hora diei, qua primus homo factus latro, latronem diabolum secutus, ejectus est de paradiso et vitam perdidit, ea hora, nona videlicet, Christus passus est mortem, et latroni paradisi januas reseravit. Ille siquidem in Evangelio dicit : *Majorem charitatem nemo habet, quam ut animam suam ponat quis pro amicis suis* (Joan. xv, 13). Dixit, nemo, sed ipse qui Deus est homo, multo majorem charitatem exhibuit, qui non solum pro amicis, verum etiam pro inimicis posuit animam, et pro inimicis apud Patrem oravit. Pontificatum vel regnum, quod aliquando hominem facit superbum, Christus habere noluit, sed a Patre rex et sacerdos ordinatus in cruce, in ara crucis, quam præsentia sui corporis sanctificavit, semetipsum obtulit pro nostra redemptione sacrificium, et ita pius rex et justus judex ad regna cœlestia rexit. In illa sancta cruce de ejus latere dextro *exivit sanguis et aqua* (Joan. xix, 34); sanguis, quo nos a diaboli potestate redimeret; aqua, qua 356 nos a peccatis mundaret. Quare de latere exivit sanguis et aqua ? Ut videlicet unde culpa processerat, inde processisset et gratia. De latere Adæ femina facta est, quæ nos peccati cibo cibavit. De latere Christi manavit gratia, quæ et peccatum abstulit, et contulit vitæ remedium. De latere Christi dextro sanguis et aqua potius exisse dicitur, non de sinistro. Nam quod per sinistram illius manum, hoc ipsum per latus ejus sinistrum accipimus, humanæ videlicet carnis susceptionem, per dextrum vero latus ejus, quod per illius dexteram intelligimus, divinam scilicet majestatem. Quam quia aliter exprimere nemo potuit, hujusmodi, id est dexteræ, nomen accepit. Ab illa ergo et incarnatio Christi, et ille sanguis et aqua, et universa ejusdem incarnationis sacramenta processerunt, a qua omne bonum procedit. Hac etiam ratione justi ponendi sunt in dextris in die judicii, quoniam in Christo et intellexerunt divinam majestatem, et ejus cum dilectione crediderunt incarnationem, et si aliqui ex ipsis nondum credentes, Christum in carne occiderunt, postea comederunt carnem Christi credentes, et ejus, quem effuderunt, sanguinem biberunt. Injusti autem in sinistris erunt, quia nec gustaverunt divinæ majestatis dulcedinem, quæ in Christo est, nec ejus venerati sunt incarnationem, sed semper sapuerunt propriam carnem, et ideo sinistra, id est injusta opera, dilexerunt, pro quibus perpetuum odium sui Creatoris habebunt. De latere Christi sanguis 357 quidem exivit, et aqua, sed exisse simul utrumque non dicit evangelista. Quod si aqua simul cum sanguine exisset, aqua in sanguine dignosci ab homine minime potuisset. Sanguis itaque prius exivit quam aqua ; et merito, quia sanguinis effusionem, id est, fidem Dominicæ passionis, baptismus sequitur, et peccatorum remissio. Hac fide patriarchæ et prophetæ, et multi alii in utroque sexu Christum venturum Redemptorem speraverunt, et quod nos factum credimus, ipsi exspectando futurum crediderunt, et quia jam conceperant fidem Christi, Christiani erant, et fuerunt redempti. Omnes etiam quicunque, viso Salvatore, apud inferos de illo speraverunt salutem, de pœnis inferni liberati sunt. Nos autem, et illi beati nostri prædecessores, qui nos præcesserunt ad sidereas mansiones, quoniam ex primis parentibus traximus offensam, per gratiam Redemptoris, quasi quibusdam unguentis de ejus sanguine factis, sanati sumus, ut qui aliorum infidelitate et prævaricatione cecidimus in mortem, alterius, id est nostri Conditoris compassione et miseratione resurgeremus ad vitam. Dicit propheta : *Percutiet nos Dominus, et percutiendo sanabit* (Deut. xxxii, 39). Quibus verbis manifeste ostendit quia leve non est iterare crimina, quæ sunt semel Christi passione redempta. Reus erit, inquam, reus erit non modicæ rei, sed passionis sanguinis Christi, qui iterum occidit animam, Christi passione et sanguine a morte redemptam. Prius, ut diximus, Redemptor noster et Dominus per 358 sanguinem proprium a transgressione parentum nos sanavit, sed illis vulneribus nostris quasi unguentum adhibuit, et qui aliunde peccati plagam habuimus, aliunde habuimus et peccati medelam. Nunc vero quia propria voluntate, et in perfecta ætate peccavimus, percussione opus est, id est cordis contritione, et si curari volumus, jam non quæramus olivæ oleum, vel quodlibet aliud unguentum, quoniam ignitum gravis pœnitentiæ ferrum necessarium est, quo nostrorum uratur rubigo peccatorum. Nemo unquam post perpetratum vel semel criminale peccatum, illam utilem sibi confessionem, seu pœnitentiam credat, quam *spiritus contribulatus, cor contritum, et humiliatum* (Psal. L, 19) non præcedit, quia ubi non est vera cordis conversio, non sequitur plena remissio. Debet igitur quisque nostrum, secundum Salvatoris exemplum, infremere spiritu contra capitale commissum, et quadam sollicitudine turbare seipsum, quatenus super exstinctam animam dare valeat gemitus præ cordiales et lacrymabiles planctus, ut vel sic Dei miseratione reviviscat. Christus enim quando venit ad suscitandum Lazarum qui significat hominem in criminali peccato sepultum, *lacrymatus est, infremuit spiritu, turbavit seipsum* (*Joan.* XI, 33-35), et dixit : *Lazare, veni foras* (*ibid.*, 43). Et sic illum a Domino legimus suscitatum. Ibi verba non prævenerunt lacrymas, sed lacrymæ verba Redemptoris præcesserunt. Neque prius Lazarum vocavit de monumento, neque Lazarus prius resurrexit, donec Christus infremuit spiritu, et seipsum turbavit. Quo facto, plus Redemptor et bonus doctor **359** docuit peccatorem, quo studio, quo mentis affectu, quo corporis actu, qua intimorum concussione viscerum, pœnitentiam agere debet, si suscitari desiderat de sepulcro peccatorum. Utilis est, imo necessaria pœnitentia post peccatum, cum Christum mortuos quidem suscitasse, nullum autem in peccatis mortuum absolvisse legamus. Mirandum vero non est, si pro peccatis propriis et scienter commissis fortiter est agendum, cum alieni peccati pœna nos sequatur, nec nos solum, sed sanctos apostolos secuta sit, etiam post baptismum. Licet ignoremus quis, a quo, et ubi, et quando baptizati fuerint, ipsos tamen baptizatos fuisse non dubitamus, cum ipsum Salvatorem credamus fuisse baptizatum. Prius quidem Salvator noster baptizari voluit, ac postea dixit : *Nisi quis renatus fuerit ex aqua et Spiritu sancto, non intrabit in regnum cœlorum* (*Joan.* III, 5). Istam formam baptismi verbo et exemplo discipulos docuit suos, quam cum prædicarent aliis, hanc prius observassent in semetipsis. Neque conveniens esset, et minus prodessent, si docerent alios baptizandos, et ipsi baptizati non essent. Et ideo et eos baptizatos fuisse credimus, et quod alter ab altero exstitit baptizatus, cum ipsi soli tunc accepissent a Domino potestatem baptizandi. Nulla ratione immutari potuit quod Veritas dixit : *Nisi quis renatus fuerit ex aqua et Spiritu sancto, regnum cœlorum non habebit.* In nullo majorem auctoritatem vel meliorem auctorem habere possumus quam ipsam Veritatem. Unde veræ fidei propositione, imo ipsius veritatis voce probamus quod nemo salvus fieri poterit, vel **360** potest, qui non fuerit baptizatus. Sed alii, ubi visibiliter baptismi mysteria celebrantur, baptismum accipiunt. Alii vero, sicut evangelicus latro et martyres sancti, licet visibiliter mysteria baptismi circa eos non fuerint celebrata, baptismum tamen fide et voluntate perceperunt. Nam, sicut veraciter legimus : *Quicunque Spiritum Dei habent, accipiunt et gratiam ejus* (*Rom.* VIII, 14). Accepisset utique latro ille visibiliter baptismum, si potuisset, quia passione sua, vel quolibet bono opere, quod ante fecisset, salvatus non est, sed fide Christi et confessione; non enim pro nomine Christi crucifixus est, nec quia credidit passus creditur, sed credidit, dum pateretur. Aliquem etiam quasi pro nomine Christi martyrem fieri vanum est, nisi præcesserit in illo fides baptismi. Quantum itaque valeat, etiam sine baptismi sacramento visibili, quod ait apostolus Paulus : *Corde creditur ad justitiam, ore autem confessio fit ad salutem* (*Rom.* X, 10), et in illo latrone, et in martyribus sanctis declaratur. Sed tunc impletur invisibiliter, cum visibilia baptismi mysteria articulus necessitatis minime fieri permittit, non religionis contemptus. Nam postquam semel Veritas prædictum baptismi fecit edictum, clamans et dicens : *Nisi quis renatus fuerit ex aqua et Spiritu sancto, non intrabit in regnum cœlorum,* si latro, cui in cruce ab ipsa Veritate dictum est : *Hodie mecum eris in paradiso* (*Luc.* XXIII, 43), vel quilibet martyrum, visibiliter baptismum potuissent habere, et contempsissent, incassum et latro Dominum rogasset, cujus sprevisset mandatum, et martyr sustinuisset sine utilitate **361** martyrium. Hoc, ut dictum est, habent boni et mali, quod eos sequitur paterni pœna peccati. Pœna peccati est esurire, sitire, labores et dolores perpeti, informari et mori in corpore, atque diversas in mundo miserias experiri. Hæc omnia ex primi parentis peccato proveniunt, quæ tamen sine peccato haberi possunt. Sed mirum videtur; cum a Deo nobis peccatum dimissum fuerit, quod adhuc peccati illius jam dimissi pœna nos sequitur. Nonne Deus ita nobis indulgere peccatum potuit, quod nos peccati pœna minime sequeretur? Potuit plane ; sed noluit. Potuisset etiam in paradiso, quod nec diabolus instigaret hominem ad peccandum, nec homo peccaret. Sed si potestatem sui non dedisset homini, et ideo non peccaret, quia peccare non posset, nec unde laudaretur a Deo, nec unde remuneraretur, haberet. Laudem sui Creatoris, et magnam ejus remunerationem primus homo semper habere potuisset, si non superbia tumidus, et propriæ uxoris nimio amore corruptus se contra Creatorem erexisset. Non, ut pene omnes loquuntur, primum Adæ peccatum fuit, quod comedit vetitum. Jam enim de magnitudine præsentis et futuræ beatitudinis præcesserat in ipso quædam elatio reprimenda : unde justo Dei judicio permissus est a diabolo tentari, et succumbere tentatori. Extollenti utique se animæ, et nimium de propria virtute præsumenti, experimento pœnæ fuerat demonstrandum, quam non bene se habeat facta natura, si a bono factore recesserit. **362** Eodem gladio quo angelus nequam seipsum peremit in cœlo, eodem gladio hominem in paradiso occidit. Non enim ex eo tantum angelus ille intumuit, quod jam a Deo susceperat, quantum ex eo quod ab illo acciperet, si ei humiliter subdi voluisset. Si igitur in illis locis beatitudinis, imo in ipsis creaturis, in quibus præcesserat dignitas prælationis, reperta est pravitas elationis, quid de nobis futurum esset, vel quid nobis restaret agendum, si in hoc sæculo proximo inferis, et vicino peccatis, nunquam senes, sed semper sani, semper juvenes essemus, et immortales effecti? Certe nullam aliam quæreremus beatitudinem, nec ipsum etiam agnosceremus Creatorem, sed elati semper et superbi, et Creatoris gratiæ, et Redemptoris misericordiæ essemus ingrati. Nam licet pœna peccati nos sequatur, ita inflati sumus et superbi, quod superbia nostra mortem animæ nostræ quotidie, imo assidue operatur. Divina tamen miseratio idcirco nos pœna peccati flagellari voluit et castigari, ut vel sic agnoscamus quales per nos, et quales a Deo facti sumus, et habeamus odio, quales nos fecimus, et ipsum ante omnia et super omnia diligamus, et nos quales fecit, et ei gratias agamus, qui peccati pœnam, peccatorum nobis exhibet medicinam. Quod die tertia resurgamus, asserit propheta Dei dicens: *Vivificabit nos Dominus post duos dies, et in die tertia suscitabit nos* (Ose. VI, 5). Hæc dies prima fuit ab Adam usque ad Noe. A Noe est dies secunda usque ad finem sæculi. Tertia dies erit secundus adventus Christi. In illa tertia die omnipotentia divinitatis suæ corpora nostra Christus suscitabit, qui mortis suæ de tertia seipsum suscitavit. Quod dicit propheta: *Vivificabit nos post duos dies*, scilicet die tertia, et ipsa eadem die *nos suscitabit*, ordinem nostræ resurrectionis ostendit. Eo utique ordine resurgemus quo Christus resurrexit, excepto quod non suscitabimus nos, ut ipse seipsum suscitavit. Sed sicut anima Christi, semel ab eo suscepta, nec deinceps separata ab ipso, die tertia rediit ad sepulcrum, et ibi corpus suum vivificavit, et ita de sepulcro Christus suscitavit seipsum, ita et animæ nostræ die tertia, Deo præcipiente, corporibus suis sociabuntur in sepulcris, et ita vivificata, statim de sepulcris suscitabuntur. Prius enim a Deo vivificata, id est, animata erunt corpora, quam suscitentur. Quod, inquam, triduano mortuo a Domino suscitato aperte monstratur, qui ante mortuus erat, quam illuc Dominus veniret et illum vocaret de monumento, sed mox ut illum vocavit, qui mortuus fuerat, de sepulcro vivus exivit. Non enim ei dixit Dominus: Mortue, sed: *Lazare, veni foras* (Joan. XI, 43). Unde manifestum est, quod in monumento jam animaverat quem viventem vocabat. Una vox Domini ibi duo miracula simul egit, quia et mortuo vitam reddidit in sepulcro, et ligatum hominem extra sepulcrum produxit. Post resurrectionem suam Christum Deum et Dominum nostrum soli boni et pauci, et modico tempore viderunt. Soli etenim boni futuræ resurrectionis gloriam habebunt, et Creatorem suum ac Redemptorem, cujus præsentiam corporis post resurrectionem modico tempore habuerunt, sine fine videbunt. Et pauci erunt ad comparationem malorum. Nam, sicut ipse in Evangelio dicit: *Multi vocati, et pauci electi sunt* (Matth. XX, 16). Ante resurrectionem suam multi et boni et mali, et aliquanto tempore Salvatorem nostrum viderunt, et habuerunt in carne præsentem, ut qui pro multis, imo pro cunctis salvandis venerat, ab omnibus aliquanto temporis spatio videretur, quo in illum credere possent et salvarentur; qui vero credere nollent, de peccato suo nullam excusationem haberent et damnarentur. Multa Salvator noster in hoc mundo operatus est, unde omnes in eum potuissent credere si voluissent; sed tria specialiter et principaliter egit, quæ nemo alius faciet, vel fecit. Unum videlicet, quod de virgine natus est; alterum vero, quod a morte suscitavit seipsum; aliud, quod carne suscepta de virgine ascendit in cœlum, Rex et Dominus etiam in humano corpore factus angelorum. Supra diximus, quod postquam Christus Dei Filius animam nostram suscepit, adeo dilexit eam, quod se ab illa deinceps minime separavit. Sicut enim carnem nostram, ita et animam nostram in beata et gloriosa virgine Maria suscepit; sed talem qualem habuit Adam ante peccatum, non qualem Adam peccando fecit. Quo nos docuit exemplo, ne animam nostram, quam adeo dilexit, ut moreretur pro ea, nec in mortis angustia se separavit ab illa, infideli servo, et crudeli inimico nostro qualibet occasione tradamus, qui eam nititur adulteram facere, et ancillam. Mors namque Filii Dei, et ejus passio carnem quidem ab anima separavit; animam vero a Verbo id est, a Dei Filio, separare non potuit. Ad commendandam itaque erga hominem præcipuæ dilectionis suæ gratiam, ut homo possit esse quod Christus est, quod homo est Christus esse voluit. Illum, fratres, qui nos tanta charitate sibi conjunxit, totis animæ nostræ visceribus diligamus; cumque humiliter atque suppliciter exoremus, ut qui se participem fecit naturæ nostræ, participes nos faciat gloriæ suæ; et qui jam semel de fonte baptismatis per ejus gratiam et misericordiam sine peccato surreximus, eadem gratia et misericordia sua, in illa resurrectione secunda absque omni contagione peccati resurgamus, ipsumque videre pariter et habere mereamur Jesum Christum, Creatorem et Redemptorem nostrum, qui unus Deus cum Patre et Spiritu sancto vivit et regnat per omnia sæcula sæculorum. Amen.

SERMO VI.
DE ASCENSIONE DOMINI.

Hodierna die, dilectissimi, homo in Deo cœlos ascendit et Deus in homine. Christus Dei et Virginis Filius, matrem, in qua cepit animam, et carnem corporaliter in terra reliquit, et ascendens in cœlum petiit Patrem: qui licet in alio aliud esset, in altero exstitit idem. Aliud quidem in natura divinitatis, non aliud tamen in persona assumptæ humanitatis. Forma utique Dei forma hominis induta est, quod salubriter creditur, et qui erat cum Patre, Patrem petiit in homine. Sed alter ab altero elevatur, et susceptus a nube in Patris dextera collocatur. Hanc venerabilem ascensionem suam prius quidem per semetipsum, et postea Magdalena nuntiante Maria, Christus prædixit apostolis: qui eum ascendentem in cœlum videntes pariter et admirantes, loquentibus ad eos angelis, in fide et spe primæ et secundæ resurrectionis confirmantur. Prima quidem resurrectio in capite nostro jam præcessit, quæ vera fide creditur; secunda vero sequetur in membris, quæ certa spe exspectatur. Hujus miræ gaudio et dilectione mirandæ divinæ et humanæ ascensionis magna sunt sacramenta, de quorum magnitudine nec homo, nec angelus de cœlo tantum dicere posset, quod ad comparationem magnitudinis eorum modicum non videretur, et esset. Hoc inter cætera est magna devotione mirandum, quod homo prius diabolo subditus per peccatum, non solum liber factus est a peccato, sed quodcunque ligat, ligatum est, et quodcunque solvit, noscitur absolutum. Homo minor angelo ante factus fuerat, sed gloria et honore postea coronatus, constitutus est super omnia quæ Deus fecerat. Homo siquidem angelos, archangelos, thronos, dominationes, **367** principatus, potestates, virtutes cœlorum, cherubim et seraphim sua magnitudine superat, et eis imperat, et ei obediunt voluntate. Homo præterea, in Dei Filio collocatus in cœlo, in sede majestatis divinæ venturus est ad judicium, non in ea humilitate qua injuste judicatus est, sed in ea potestate qua juste judicaturus est. Quoddam præcipuum videtur fuisse divinæ dispensationis mysterium, quod in eo quod minor est Patre Filius, æqualis Filio esset homo; et ab initio hoc speciale privilegium homini servaretur, ut non solum hominum judex fieret, sed etiam angelorum. In qua potestate judicii cum homo judex futurus singulariter dicitur, membra a capite minime separantur. Deus Filius hominis, homo, est caput Ecclesiæ, et hujus capitis membra apostoli præcipue dicuntur, qui cum illo judicabunt, quod Christus in Evangelio protestatur (*Matth.* xix, 28). Nec apostoli soli judicabunt cum eo, sed qui apostolos vita et moribus imitantur. Hæc potestas a Deo Patre data est Filio, et a Filio data est Petro, et in Petro data Ecclesiæ. Hanc Filius accepit in forma hominis, qua Patre minor est, non in forma Patris, qua Patri æqualis est. Forma Patris, in qua Filius est Patri æqualis, sicut nec minor esse potest, nec major, sic nec minus potest habere quam habet, nec amplius. In ea utique forma nihil filio datur, in qua ipse omnia continet et habet. Potestatem autem, de qua loquimur, accepit humanitas a divinitate, sicut in Evangelio dicitur : *Data est* **368** *Christo potestas judicium facere, quia Filius hominis est* (*Joan.* v, 27). Potestatem quam Christus non habuit ex eo quod est Filius hominis, aliunde accepit. Unde? desuper utique, a Patre, a Filio, a Spiritu sancto. Inde Christo potestas data est, unde ejus anima et caro beata facta est. A Christo Deo Christus homo beatus factus est, et ei ab illo potestas data est. Aliud quidem est Christus Deus, et aliud Christus homo, non tamen duo Christi, sed unus est Christus, Deus et homo. Potestate autem in humanitate suscepta, Christus homo in Christo Deo, et Christus Deus in homine Christo ligat, solvit et judicat. Adeo enim sunt unita in Dei Filio, et divinitas humanitati, et humanitas divinitati; quod licet non sint unum, una tamen est persona utriusque, unum opus, una velle, una potestas, una veritas, una misericordia, una censura justitiæ : Patris, et Filii, et Spiritus sancti est ubique una et communis operatio, et totius Trinitatis dispositione ad formam hominis, quam solus Filius suscepit, specialiter judicium pertinet. Quod ipse in Evangelio asserit, dicens : *Pater non judicat quemquam, sed judicium omne dedit Filio* (*Joan.* v, 22). Quod alibi dicitur : *Ego non judico quemquam* (*Joan.* viii, 15), ad hoc respicit quod dixerat Judæis : *Vos secundum carnem judicatis* (*ibid.*), id est carnaliter : *Ego autem*, carnaliter, scilicet injuste, *quemquam non judico*, sicut vos facitis. Sive, *non judico quemquam*, secundum carnem tantum, sicut vos judicatis : sed etiam secundum cordis intentionem. Vel, *Ego non judico quemquam*, non dixit, non judicabo; sed **369** illa hora, qua ista dicebat, neminem judicabat. Veraciter judicandus, et judicaturus in hunc mundum venit, et sacra testificante Scriptura, iterum judex venturus asseritur. Ubi eum iterum venturum judicem sacra Scriptura testatur, eum exstitisse jam judicem manifeste monstratur. Quod utique iterum faciendum est, hoc altera vice fuisse factum minime dubitatur. Nos quidem miseros bonus factor et pius Redemptor respexit intuitu misericordiæ, sed contra diabolum egit censura justitiæ. Nam ubi pro nobis ad mortem judicabatur injuste, quid aliud faciebat, quam nos vero judicio ab æterna morte liberabat? Ubi vero ligabatur, quod aliud agebat opus, quam justo judicio vincula peccatorum nostrorum solvebat? Judicat etiam in hoc sæculo suos Christus, cum eos aut martyrio, aut exsilio, sive falsorum persecutione fratrum examinat. Unde apostolus Paulus dicit : *Cum judicamur, a Domino corripimur, ut non cum hoc mundo damnemur* (*I Cor.* xi, 32). Christus ipse quod judex venerat testificabatur, quando dicebat : *Ego sicut audio judico, et judicium meum verum est* (*Joan.* v, 30). Et iterum : *In judicium ego in hunc mundum veni* (*Joan.* ix, 39). Et alibi : *Princeps hujus mundi judicatus est* (*Joan.* xvi, 11). *Ego sicut audio*, scilicet a Patre meo in assumpta carne, *sic judico, et judicium meum verum est*. Ac si diceret : non potest verum non esse judicium meum; quia Pater, qui mihi judicandi tribuit potestatem, verax est, et ego qui judico, veritas sum. In judicium in hunc mundum se venisse testatur, ut judicaret, non solum **370** ut judicaretur. Unde subditur : *Ut qui non vident, videant, et qui vident, cæci fiant* (*Joan.* ix, 39). Qui Christo veniente non videbant; qui se non videre, scilicet non justos esse æstimabant, sed peccatores confitebantur, illuminati sunt, quia lumen vitæ perceperunt. Et qui videbant, videlicet Scribæ et Pharisæi; qui se solos videre, id est, justos esse credebant, et cæteros tanquam cæcos aspernabantur, cæci facti sunt, quia lumen veritatis, quam habuerunt præsentem, perdiderunt. Hoc itaque Christi judicio actum est;

et etiam quotidie agitur, quod illuminantur humiles peccatores, et justi superbi excæcantur. Istam discretionem, quam inter bona et mala opera hominum tenuit Christus et tenet, judicium appellavit. Alibi dictum est : *Non misit Deus Filium suum in mundum ut judicet mundum, sed ut salvetur mundus per ipsum* (Joan. III, 17). Hoc utique verum omnino creditur; non enim potest verum non esse quod Veritas loquitur. Vere Filius Dei non est in mundum missus a Patre ut mundum judicaret, qui ad hoc in mundum venit, ut mundus per ipsum salvaretur, si mundus voluisset. Sed quod voluit Christus, noluit mundus. Si voluisset mundus quod voluit Christus, in Evangelio ipse non diceret : *Hierusalem, quoties volui congregare filios tuos, quemadmodum gallina congregat pullos suos sub alas, et noluisti?* (Matth. XXIII, 37.) Si quod voluit Christus mundus voluisset, credere utique et salvari potuisset. Non enim credere potuit, quia noluit quod Christus voluit. Et quia sua sponte, non Christi **371** voluntate infidelis factus est, eum judicatum non dubitamus, cum Christus dicat : *Qui non credit, jam judicatus est* (Joan. III, 18). Hoc in loco mundi nomine populus Judæorum intelligitur, quibus ipse specialiter locutus est, ad quos præcipue missus est. Mundus itaque et princeps mundi hujus (Joan. XVI, 11.), Christo testimonium perhibente, judicatus est. Ubi principem hujus mundi diabolum judicatum asserit, se profecto judicasse diabolum ostendit cum a nullo nisi ab ipso, et per ipsum possit diabolus judicari. A Christo igitur diabolus judicatus est, cum eos quos infidelitatis vinculis alligaverat, Christi prædicatione conversos amitteret, et seipsum plangeret ejectum foras de cordibus hominum, et nullum posset tenere, qui crederet. Etiam in cruce positus circa duos illos latrones crucifixos, inter quos et ipse crucifixus fuerat, jura justitiæ exercebat, ubi illorum alterum judicavit ad gloriam, alterum vero deputavit ad pœnam. Sua voluntate stans fixus in cruce verus imperator ille de hoste superbo triumphabat. Jam divina potestate justus Judex judicabat; jam agnos ab hædis separabat, et quid in alio judicio sit facturus significabat, Ratione pariter et auctoritate docetur, quod judex jam venerit, et judex venturus exspectatur. Majestatem divinam, quam unam eamdemque æqualiter habet cum Patre et Spiritu sancto, Filius humiliavit, ubi formam servi suscepit; in qua Dominus omnium factus est hominum servus, et servivit hominibus usque ad mortem. **372** Hanc quidem suscitavit, quam secundo assumpsit, in ea novissimum illud et formidandum valde judicium facturus, ad quod omnia elementa, et etiam virtutes cœlorum commovebuntur (Matth. XXIV, 29). Forma divinitatis, quæ una est Patris et Filii et Spiritus sancti, nec mundo apparuit, nec apparebit in judicio; sed forma hominis cum claritate multa, et magna potestate videbitur, quæ in Dei Filio, et Dei Filius in ea judicabit. Et hoc quidem justa et rationabili ordinatione constat esse dispositum, ut Deus in ea forma, in qua judicatus est a mundo, judicet mundum. Quam quia mundus vidit humilem, et superbus contempsit, videbit sublimem et timebit, et quæ fuit in cruce exaltata ad pœnam, et in ascensione exaltata ad gloriam, et in judicio exaltabitur. et humiliabuntur superbi. Et tunc maxime complebitur quod dicitur : *Qui se exaltat humiliabitur, et qui se humilat exaltabitur* (Luc. XVIII, 14). Nostri Salvatoris adventus quia Dei est et hominis, vehementer diligendus est et quia judicati, et judicaturi est, non mediocriter metuendus, et nos itaque Dei et hominis adventum cum dilectione timeamus et cum timore diligamus, quatenus ipsum qui secum hodie naturam nostram elevavit in cœlum, læti judicem videre et habere valeamus Dominum nostrum Jesum Christum, qui una eademque gloria et majestate, cum Patre, et Spiritu sancto, vivit et regnat Deus, per omnia sæcula sæculorum. Amen.

373 SERMO VII.
DE PURIFICATIONE SANCTÆ MARIÆ.

Solemnitas hæc, quæ ad honorem Dei et ejus sanctissimæ matris hodie celebratur, majoribus festivitatibus anni jure creditur non minor esse; quod ratione et veritate monstrabitur. Donabit Deus homo et mater virgo, ut quod ad laudem et gloriam utriusque promissum est, utriusque reddatur auxilio. Eadem quippe devotione qua dies Nativitatis Domini et Epiphaniæ a Christiana religione noscitur celebrata, debet et ista celebrari. Nam sicut illa est sua præcipue, et matris ipsius; sic et ista est sua specialiter et matris illius. Est quidem illius diei solemnitas magna, qua Christus de Virgine matre natus est, et qua est a Joanne baptizatus ; et ista æqualiter magna, qua ab ipsa eadem Virgine, et a justo Simeone est Deo Patri in templo oblatus. Deus Pater ante tempora, ex se genitum Filium, ut homo fieret in ea, contulit virgini matri; mater virgo eumdem ipsum ex se in tempore natum, hodierna die hominem obtulit Deo Patri. Manet itaque et Deo Patri et virgini matri mirandus filius. Valde namque mirandum est, quod excepta hominum communi creatione, Deus habet Filium hominem, et femina filium Deum. Hoc utique in Christo factum constat, qui est Deus et homo, et uterque unus, **374** et filius utriusque. Hic unicus filius unico Patri ab unica matre oblatus est, unus uni; imo in uno omnes fideles sunt oblati. Hanc diem venerabilem, diem esse purgationis Mariæ secundum legem Evangelium testatur. Merito mater legem servavit, cujus Filius et legem dederat, et venerat ut in se legem adimpleret, quam aliis dederat ante. Illa tamen pudica puella, nec in aliquo, nec de aliquo habuit, unde tunc purgaretur. Sancta etenim virgo fuit et in conceptione, et in nativitate prolis, et idcirco puer natus ex ea vulvam ejus non aperuit, licet per illam illius uteri portam nasceretur. Porta ventris ejus virginis exstitit vulva ejus de qua Ezechiel propheta sic loquitur : *Est porta in domo Domini* *clausa, et non aperietur* (*Ezech.* XLIV, 2). Domus Domini est bona Maria, quia ipse fundavit eam, et homo factus est in ea (*Psal.* LXXXVI, 5). Porta hujus domus, ut dictum est superius, fuit vulva in virginis utero, per quam clausam quidem egressus est in una persona Deus et homo. Cujus beatissima mater, licet non ignoraret quis esset quem genuisset; cui videlicet non erat lex posita, sed subjecta in templo tamen filium obtulit, juxta legis mandatum. Exspectavit quidem diem purgationis, et occultavit filii deitatem. Nam si Christi incarnatio fuisset nota diabolo, nec Christus pro nobis moreretur, nec fieret nostra redemptio. Nata prole agnum, par turturum, aut duos pullos columbarum offerri pro ea fuerat legis præceptum (*Lev.* XII, 6). Quod si forte 375 alicui agnus deesset, alterum horum vel utrumque, par videlicet turturum, aut duos pullos columbarum, Domino in filii oblationem offerret (*ibid.*, 8). In utroque Testamento, et in lege, et in Evangelio mentis et corporis paritatem Dominus exigit. Paritas illa hæc est, quæ a Domino exigitur, ut bonum quod a nobis foris ostenditur, prius concipiatur in mente. Non enim cum difficultate bonum opus fieri debet, sed cum hilaritate; nec inde affectare debemus laudem hominum, sed exspectare a Domino retributionem. Hoc modo fit hostia grata Deo, gratumque sibi Deum facit, qui sic pauperi porrigit manum. Turtur avis casta est, quæ numerosa conjugia respuens, blanditias non curat aliorum, uno solo conjuge contenta. Per hanc Ecclesia catholica signatur, quæ uni viro, sponso Christo solummodo desponsata, nec muneribus corrumpitur, et quasi numerosa conjugia respuens, hæreticorum vitat consortia. Duo pulli columbarum, juxta legis decretum, in holocaustum offeruntur. Quod duo sunt, commendat charitatem; quod pulli, innocentiam signat; quod columbarum dicuntur, indicat unitatem. Merito duobus charitas commendatur, quoniam in ea duo continentur præcepta, quibus Deus et proximus diligitur. In pullis, id est in parvulis, recte signatur innocentia, a quibus non propria vindicatur, sed condonatur injuria. In columba non incongrue Ecclesiæ unitas figuratur, 376 sicut Dominus dicit: *Una est columba mea* (*Cant.* VI, 8). Columba præterea cohabitantium secum unitatem non deserit, sed fideliter servat; et si causa expostulet, fortiter dimicat. Tunc fidelis quisque columba erit, si pia longanimitate, usque in finem in Ecclesiæ catholicæ manserit unitate, et si legitime pro fidei defensione certaverit. *Et ecce homo erat in Hierusalem, nomine Simeon; et homo iste justus et timoratus, exspectans consolationem Israel* (*Luc.* II, 25). Ecce, desiderantis signat affectum, quia Simeonis animo Christum videre cupienti nil satis festinabat. *Et erat homo, nomine Simeon, in Hierusalem*, id est in pacis visione. In qua visione pacis, sicut omnis in quo manet Spiritus sanctus, indubitanter esse creditur, ita omnis qui Spiritum sanctum non habet, longe fieri ab illa minime dubitatur. Unde tot et tanta bona, quæ in præsenti Evangelio memorantur, seni Simeoni collata fuerunt; si quis desideraret nosse, ex ejus nominis interpretatione discat. Simeon enim *audivit tristitiam* interpretatur; et tristitia significat pœnitentiam. Simeon, in quo omnes pœnitentes figurantur, per pœnitentiam desiit esse peccator, et factus est justus ex peccatore. Qui non solum de se, sed etiam de proximis suis solicitus, orabat pro illis assidue. Orabat pro illis et pro illis timebat. Siebat enim quod ita pro proximis sicut pro seipso erat agendum; et quod sibi et proximis fuerat præmium exspectandum. Timoratus igitur ex præteritorum memoria peccatorum, et ex legis observatione, et 377 ex fidei operatione, atque pia compassione proximorum justus, juste perhibetur in eo esse Spiritus sanctus. *Et responsum acceperat a Spiritu sancto non visurum se mortem, nisi prius videret Christum Domini* (*ibid.*, 26). Sicut nescimus ubi et quando acceperit, ita quod acceperit, et a quo et quomodo acceperit certi sumus. Nam fide et dilectione, multiplici prece, assidua oratione, et bonorum assertione operum hoc responsum meruit a Spiritu sancto, et obtinuit promissum. Hoc ipsum spiritualiter unaquæque fidelis anima a Spiritu sancto percipit, sed videlicet non visurum mortem, nisi prius videat Salvatorem. Vidit Simeon corporali intuitu Christum in carne, et corporaliter habuit præsentem. Et nos obtutibus mentis et fidei illum in suis sacramentis videmus manentem in nobis, et operantem. Nam, nisi quisque ante mortem corporis spirituali gratia cerneret et haberet Deum, morte damnaretur æterna. Vidit Simeon oculis corporis Christum hominem, et corde et corpore Dei in homine adoravit majestatem. Et nos quidem in baptismate oculis carnis aquam videmus, et in aqua Christum ipsum oculis animæ præsentem cernimus, et in ipso totam Trinitatem. Sicut enim tota Trinitas adfuit in baptismate Christi, sic tota Trinitas firmiter adesse creditur et in baptismate Christiani, in quo non solum cernimus Christum, sed ipsum induimus. *Et venit in Spiritu in templum* (*ibid.*, 27). Si quæritur, in quo spiritu Simeon justus in templum venerit, utique in Spiritu sancto; qui secundum evangelicam veritatem 378 in eo erat. Vere Spiritus sanctus, quo ductus est Jesus in desertum, in Simeone erat; et Simeon in ejus virtute venit in templum. *Et cum inducerent puerum Jesum parentes ejus, ut facerent secundum consuetudinem legis pro eo, et ipse accepit eum in ulnas suas* (*ibid.*, 27, 28). Et hoc siquidem justa Domini dispositione factum contigit ut cujus divinitati longo tempore justus iste cordis devotione servierat, nunc tandem quasi in ultimo positus, et ejus corpori corporis deserviret officio, et sic piam vitam digna morte finiret. *Et benedixit Deum* (*ibid.*, 28). Benedixit Deum, ei scilicet gratias agens, benedici ab eo meruit. Benedicere Deum, est optare a Deo benedici, et ei gratias agere. Sciebat beatus senex per Spiritum sanctum, quo erat ipse repletus, per Christi incarnationem, ei originale peccatum esse sibi dimissum, et quem per se contraxerat reatum. Unde exsultabat interius, et exterius gaudebat, dicens : *Nunc dimittis servum tuum, Domine, secundum verbum tuum in pace* (*Luc.* II, 29). Se servum dicit et Christum Dominum vocat, servum utique illius, et dimissum, secundum quod ei ille promiserat. Propheta sanctus missus creditur et dimissus. Quo missus? unde dimissus? dimissus a tribulatione sæculi, a prima transgressione, a propria offensione, et in pacem missus. Nemo enim pacem, quam Simeon habuit, habere potest, nisi ab hoc sæculo alienus fiat, et a peccatorum pondere fuerit absolutus. *Quia viderunt oculi mei Salutare tuum* (*ibid.*, 30). Quem corporis oculis videbat hominem, corde credebat et voce confitebatur mundi Salvatorem. Hujus itaque venerabilis senis cordis intentio ad suam ipsius justitiam pertinebat, et ejus oris confessio ad proximorum salutem. *Quod parasti ante faciem omnium populorum* (*ibid.*, 31). Hoc salutare Dei paratum, id est, ad salutem omnibus propositum, omnes populi, nec corporeis, nec spiritualibus oculis viderunt. Sed ideo *ante faciem omnium populorum paratum* dicitur, quia ex omnibus populis crediderunt in Christum, et credentes eum oculis conspexerunt. *Lumen ad revelationem gentium* (*ibid.* 52). Hoc enim lumine, gentes quæ deos colentes alienos se a facie Creatoris absconderant, revelatæ sunt; hoc lumine quæ perditæ fuerant, sunt inventæ. Hoc etiam lumine illuminatæ sunt, quia hoc lumine, lumen fidei perceperunt. Christus lumen est; qui non solum gentes illuminat, sed lumen omnium qui illuminantur, sive in anima interius, sive exterius in corpore. De hoc lumine dicit Propheta : *Accedite ad eum, et illuminamini, et facies vestræ non confundentur* (*Psal.* XXXIII, 6). Quæ enim fiunt in tenebris, mala sunt, et digna confusione. Unde Dominus in Evangelio dicit : *Omnis qui male agit, odit lucem, et non venit ad lucem, ne ejus mala opera manifestentur* (*Joan.* III, 20). *Lumen paratum ad revelationem gentium*, paratum est *et ad gloriam plebis Judæorum* (*Luc.* II, 52). Plebs ista valde illuminata est, et specialiter sua est, quia præ cæteris nationibus electa est. De plebe ista patriarchas, et prophetas, apostolos sanctos elegit, et de illis qui in plebe ista erant, custodes pecorum, rectores populorum, et dominos fecit. Legem, promissiones, multum per omnem modum, quod apostolus Paulus testatur, huic populo dedit. Præter cætera et super omnia quæ eis dederat, de ipsis elegit matrem, et de eorum carne carnem assumpsit. Caro siquidem omnium hominum una est, et de uno limo facta. Sed magis in plebe Israelitica Christus carnem accipere voluit, ad majorem eorum gloriam, quam in alia gente. In hac igitur carne ejus honorabilis Mater Virgo eum concepit, et peperit, et causa salutis, et humilitatis exemplo obtulit in templo hostiam vivam et vivificantem in odorem suavitatis. Vere bona Maria peperit Christum, et in Christo peperit Christianos.

Est itaque mater Christi, mater Christianorum. Si mater Christi, Christianorum mater est, patet profecto, quia fratres sunt Christus et Christiani. Nec solum Christus Christianorum frater est, sed pater omnium hominum et præcipue Christianorum. Et nos quidem Christiani sumus : et voluntate, malitia et multiplici malignitate a tanta fraternitate facti degeneres, tanti Patris nos indignos fecimus hæreditate. Unde ad matrem ipsius, et per ipsam ad ipsum recurramus, qui pia et misericordi dispensatione matrem suam nostram esse voluit, ut nobis in nostra necessitate ferret auxilium. Et quoniam Redemptorem nostrum paratissimum ad ignoscendum novimus, et ejus gloriosam matrem habemus, si volumus, in adjutorium, non est nobis jacendum in peccatis, sed citius resurgendum. Et quia nostris meritis hoc minus, imo, nihil penitus agere possumus, aliunde quæramus consilium. Solummodo et misericordia Redemptoris, et ejus matris auxilio, nobis restat agendum. Et ideo, fratres, nos miseros et infelices humiliter confiteamur, et cum timore pariter et dilectione oremus bonam Domini matrem Mariam piam virginem, ut nobis peccatoribus non indignetur, quam nunquam, ut dignum est, honoravimus, sed multis injuriis provocavimus ad iram. Non sit memor injuriarum, sed quo nos genuit amore vincatur, et matris pietate circa nos hæreat, quasi jam pro peccatis deputatos ad pœnam. Suscipiat causam nostram piissima mater, et negotium nostrum agat, nobisque auxilietur, ut nos a morte peccatorum ejus auxilio suscitatos inducat cum lumine fidei et sapientiæ in templum gloriæ cœlestis, et offerat filio suo; ad pedes ejus nos ponat, et in Hierusalem, quæ pacis est visio, cum justo Simeone suis piis precibus faciat permanere; quod ipse Filius Dei, et filius Virginis Jesus Christus Dominus noster nobis donare dignetur, qui unus Deus, una et æquali gloria et majestate cum Patre suo et Spiritu sancto vivit et regnat per omnia sæcula sæculorum. Amen.

SERMO VIII.

IN OMNI FESTIVITATE B. MARIÆ MATRIS DOMINI.

Diem istum, fratres, merito celebramus festivum, quem ad honorem gloriosæ matris Domini beatissimæ et incomparabilis Virginis Mariæ novimus consecratum. Hæc est enim quæ sola virgo concepit, virgo peperit, et post partum virgo mente et corpore inviolata permansit. Sicut radius ex stella procedit, sic Dei Filius processit ex Maria. Nec stella radio prodeunte corrumpitur, nec beata mater filio nascente violatur. Sane hujus virginis partus deificus ei quidem fecunditatem attulit, et salvam fecit ejus virginitatem. Et sicut voluit ut veraciter in ea fieret una persona ipse Deus et homo, ita voluit ut ipsa fieret una persona mater et virgo. Hunc itaque partum beatum dicamus, imo beatissimum certa fide credamus, quem singularis et honorabilis Regina cœlorum Virgo Maria mundo protulit, non mundi meritis, sed Dei gratia. Verum Dei Filium, verum hominem hæc virgo ineffabilis ineffabiliter concepit et peperit, in sua conceptione et partu satis amplius sanctitatis et incorruptionis percipiens, quam ante susceperit. Unde Dei Filio hæc sancta virgo tantum placuerit, si quæratur; dilectione videlicet et humilitate, qua prima Domino virginitatem devovit. Ipsa enim Dei sapientia dicit : *Ego diligentes me diligo* (*Prov.* VIII, 17). Vere dilexit Dei sapientia **383** Mariam, et Maria dilexit, et multum dilexit Dei sapientiam, Deum scilicet Dei Patris Filium. Dilexit quidem alter alterum, sed Deus amplius dilexit, qui amplius diligere et novit et potuit. Dilexit utique eam super beatam societatem apostolorum, angelos et archangelos, et super omnes virtutes et potestates cœlorum. Ad hanc beatissimam virginem Deus Pater ex se genitum Filium misit, ut ipse Dei Filius, virginis etiam filius fieret et sponsus. Hoc Pater disposuit charitate, Filius voluntate complevit, Spiritus sanctus paravit thalamum et ornavit, id est ab omni corruptione peccati mundavit virginis uterum, et multiplici sanctitate replevit. Ibi tanquam in aula regia Deus qui omnia ante creaverat, seipsum creavit in Maria. Nemo miretur quod sponsum Mariæ ejus filium diximus. Nam Pater et sponsus hujus virginis, est filius ejus. Pater plane, quia ab ipso creata est; filius, quia natus ex ea; sponsus, quia ei charitate conjuncta. Mirum conjugium, sed fide et pietate mirandum; ubi virgo mater exstitit, virginitas uxor, maritus Spiritus sanctus, per aurem conceptio, conceptionis interpres angelus, semen Christus, proles virginis Filius Dei. In hac utique sacrosancta conjunctione non caro carnem carnaliter tetigit, sed Deus Pater sapientiam suam visceribus virginis infudit; quæ et in Virgine Matre carnem assumpsit, et suam beatissimam matrem incorruptam servavit, et per virgineum corpus egrediens Verbum, quod Maria verbo concepit angelico, verus Deus in vero homine apparuit. Assumpsit vere in vera virgine verus Dei **384** Filius Christus Dominus totum hominem, animam scilicet et carnem. In hac carne natus est homo pro homine. Hac in carne hominem in cruce redemit. Hac in carne Christum homo peremit. Homo quidem et in anima et in corpore redemptus est, sed hæc caro Domini fuit pretium suæ redemptionis. Carnem istam in specie panis discipulis suis in cœna, quam ante passionem suam cum eis novissimam fecit, manducandam donavit. Unde illis asseruit dicens : *Hoc est corpus meum* (*Luc.* XXII, 19). Et quia de suo proprio proprio corpore diceret, subjunxit, *Qui pro vobis tradetur* (*ibid.*). Nemo hæsitet super hoc, quod Christus carne sua discipulos cibaverit suos, cum cibus iste animarum sit potius intelligendus quam corporum. Nam si caro Christi animarum tantum cibus non esset, post cibos corporum Christus eam discipulis nequaquam dedisset. Morte suæ carnis redemit suos; suorum etiam animas eadem carne spiritualiter pavit. Fecit enim Deus quod voluit, et quod voluit facere potuit. Alioquin Deus omnipotens non esset, si aliquid vellet facere quod minime posset. Qua autem ratione hoc Deus fecerit, non est opus disputatione, sed fides adhibeatur et sufficit. Fide etenim hæc opera Dei noscuntur, non sophistica contentione. Hanc suam veraciter carnem ipse suscitavit a mortuis tertia die omnipotentia divinitatis, istam videntibus apostolis elevavit in cœlum, in hac ad judicium veniet cum potestate magna et majestate, Deum in hac carne videbunt impii, non in ea humilitate **385** qua pro ipsis et ab ipsis injuste judicatus est, sed in ea sublimitate qua pro suis eos sceleribus juste judicaturus est. Videbunt, inquam, illum quos ipse dilexit, et quem ipsi oderunt, suum videlicet Redemptorem, et ante sui Redemptoris conspectum peribunt. Justi autem, super id quod dici vel cogitari potest, ab auditione bona lætabuntur, et exsultabunt. Audient enim ipsum Dei Filium vocantem eos, et dicentem : *Venite, benedicti Patris mei, percipite regnum, quod vobis paratum est ab origine mundi* (*Matth.* XXV, 34). Illo utique die homines qui in hoc sæculo humiles sunt et obedientes, patriam illam cœlestem et supernam, duce suo capite Christo, cum honore magno et exsultatione intrabunt; unde superbi et inobedientes angeli cum verecundia magna et confusione ceciderunt. Ibi videbunt homines Deum facie ad faciem, sicuti est, et donabitur eis vita, salus et gloria sempiterna, quæ Deus est. Beata autem Maria mater virgo, et sponsa intacta, ibi piissima apud piissimum filium suum obtinebit ut nemo illorum pereat, pro quibus vel semel oraverit. Nec mirum, quia universum suis precibus mundum salvare potest, si ipsa voluerit. Et ipsa quidem pro universo mundo paratissima esset ad precandum, totusque mundus salvaretur, si precibus ejus se faceret dignum. Hæc veracissime apud omnipotentem Filium, ut diximus, orando potest quidquid desiderat, sed pro illis, qui semper peccare desiderant, nullatenus orat. Nam qui hujusmodi sunt, Deo placere ulla ratione non possunt. **386** Pro talibus nullus sanctorum supplicare præsumit, nec eis eleemosynæ ad conquirendam vitam æternam, nec sacrificia prosunt. Unde princeps Christianæ doctrinæ, Paulus apostolus dicit : *Post acceptam notitiam veritatis voluntarie peccantibus nobis jam non relinquitur hostia pro peccatis* (*Hebr.* X, 16); ac si diceret : Nullus baptizatus post peccatum Deum sibi reconciliare potuerit, quandiu in peccati voluntate permanserit. Cæteri siquidem sancti Dominum Deum orant, et orando impetrant, sed honorabilis Virgo Maria si illum ex eo quod Deus et Dominus est, exorare merito creditur, ex eo tamen quod homo est, et natus ex ea, quasi quodam matris imperio apud ipsum impetrare quidquid voluerit pia fide non dubitatur. Nam si quilibet sanctus apud justum judicem Deum obtinet quidquid sibi jure debetur, hæc quæ est mater judicis et omnium sanctorum domina, jure matris nunquam fraudabitur. Hoc est enim materni juris apud filios dignitate sublimes, ut si eos matres eorum sæpius rogent, quia domini sunt, eis etiam aliquando quasi imperent, quia filii sunt. Bonum utique naturæ, quod Deus hominibus dedit, nunquam sibi, qui est summum bonum, et a quo bona cuncta procedunt, negabit. Et quod hæc beatissima Virgo Mater Domini fecisse legitur in terris, immerito facere dubitaretur et in cœlis. Nam vino deficiente nuptiarum in Cana Galileæ, dixit Mater Jesu ad Jesum, Virgo videlicet Maria ad filium: *Vinum non habent*, ac si ei ipsa præciperet, ut ipse faceret quod qui non habebant vinum, haberent. 387 Hoc bona mater pietate quidem præcepit, quod bonus filius pia obedientia complevit. Nihil in hujus virginis laudibus hæsitemus; honorat siquidem filium qui laudat matrem, sine cujus laude Deo placere impossibile est, et cum laude ejus ei displicere nemo potest. Hanc igitur sanctissimam et admirabilem virginem laudemus, quia virginis filio placere sine matris virginis laude non possumus. Diligamus eam sicut charissimam Domini Matrem, quam ipse diligit ut propriam carnem. Cujus etiam laudabilem virginitatem adeo approbare et honorare disposuit ut quosdam magis de suo ortu quam de ejus virginitatis integritate dubitare voluerit. Hæc est dulcissima mater Virgo Maria, quæ mortis peperit mortem, vitam hominis, diaboli confusionem, absolutionem peccatorum, omnium justorum beatitudinem. Res mira, sed cum gaudio et fide miranda! Homo qui est ex hac virgine natus, non solum hominum Rex est, sed angelorum et omnium cœlestium virtutum Creator et Dominus. Hæc est cui angeli serviunt, archangeli famulantur; omnis etiam militia cœlestis exercitus hanc virginem laudat et veneratur. Hæc sola post Deum super omnes creaturas obtinet principatum. O quam venerabilis, quam sublimis hæc beatissima mater, cujus filius, quamvis omnipotens Deus sit, ei tamen nihil unquam negare potuerit! Hæc virgo tam sancta, tam gloriosa, tam honorata, a Deo tam sublimata, ita est humilis, ita compatiens, ita misericors et pia, quod propter animam peccatricem, et jam pœnis deputatam 388 æternis, severitati districti judicis se opposuerit. Christianus etenim quidam, Theophilus nomine, sicut veraciter legitur, suis infortuniis adeo desperatus fuerat, et seductus a quodam Judæo, quod Christum Dominum et ejus sanctissimam Matrem negaverat, Christianæ fidei renuntians, quam susceperat in baptismo, et ipsum diabolum adorans, hujus detestabilis operationis ei fecerat chartam proprio annulo sigillatam. Postea vero divinæ pietatis miseratione compunctus, ad misericordissimam Domini Matrem Mariam piissimam Virginem consilium et auxilium petiturus se convertit, secum merito reputans quod nullus sanctorum, nec angelus, nec quælibet cœlica virtus tantum poterat apud Deum quantum mater ejus. Hoc etiam mente pertractans, quod filius matris injuriam gravius ulciscitur quam suam, et nulla ratione inultam dimitteret, nisi prius ipsa pro suo injuriatore rogaret. Gloriosæ itaque Virgini Matri misericordiæ amaritudinem peccati amare lacrymans confitetur, pectus verberibus urget, gemitibus supplicat continuis, eam deprecatur assidue, sed cordis potius intentione quam verbis. Mater autem pietatis diligenter audiamus quid fecerit. Consolatur utique peccatorem, et quasi suum quodam compassionis affectu faciens peccatum, causam peccatoris suscipit, pro eo peroratura ad judicem. Perorat misericors mater pro misero ad misericordem filium, misericordia a miseria liberat miserum. Lacrymatur peccator iste, 389 ut diximus, sed amare. Mater pro peccatore filio supplicans accedit; filius respicit peccatorem; a peccatore peccatum discedit; ut decepti hominis chartam reddat, diabolo deceptori Virgo potenter imperat; invitus et confusus criminator obedit; homo per manum Virginis chartam recipit absolutus, et ubertim lacrymas fundens præ gaudio, Deo et ejus beatissimæ matri laudes non modicas et multiplices gratiarum actiones rependit. Hæc est laudabilis, et universalis imperatrix angelorum et hominum Virgo sanctissima, quæ licet a Creatore omnium creata sit, in ipsa Creator ipse factus est creatura. Filia quidem Dei, sed Dei simul et hominis Mater incorrupta. Hæc post filium suum est præcipuum refugium peccatoribus, quo post lapsum fugiant, consilium, ut pœniteant, auxilium, ut convertantur ne pereant. Nulla tam gravis est peccati vel criminis plaga, cujus non sit, si ipsa voluerit, medicina. Confessionem et pœnitentiam in hominibus desiderat peccatorum, ut pro illis occasionem habeat deprecandi. Huic igitur excellentissimæ ac piissimæ Matri Domini semper Virgini Mariæ humiliter supplicantes, quod male fecimus confiteri nulla occasione differamus, et per supplicabiles ipsius preces, nos et omnes actus nostros Domino commendemus, ut ad ipsum qui et peccantibus juste irascitur, et pœnitentibus misericorditer indulget, pervenire mereamur, præstante eo qui pro nobis ex ea factus est homo Christus Dominus noster, qui cum 390 Patre et Spiritu sancto vivit et regnat Deus per omnia sæcula sæculorum. Amen.

SERMO IX.

IN FESTIVITATE B. MARIÆ MAGDALENÆ.

Audivimus, fratres, cum Evangelium legeretur, quia quidam Pharisæus rogavit Dominum ut manducaret cum illo (*Luc.* VII, 36). Cujus superbiam licet non ignoraret Dominus qui omnia novit, Pharisæi tamen domum ingressus est, et sic discubuit. Unde prudenter considerandum est quantum Deus charitatem diligat, qui nec speciem charitatis refutat. Pharisæus namque valde superbus erat, et idcirco charitatem habere non poterat. Dum igitur Dominum, ut secum manducaret, rogavit, non virtutem quam non habebat, sed speciem charitatis exhibuit. Inter hæc *mulier quæ erat in civitate peccatrix, ut cognovit quod benignus Jesus accubuit in domo Pharisæi, attulit alabastrum unguenti, stansque retro secus pedes Domini, cœpit humiliter lacrymis rigare pedes ejus, et capillis capitis sui tergere et* osculari. Ac deinde *unguento quod attulerat, ungere non cessabat*. Istam peccatricem feminam nulli dubium est Mariam fuisse Magdalenam, quæ prius quidem exstitit famosa peccatrix, sed postea facta est gloriosa prædicatrix. Hæc ut cognovit Salvatorem esse cum Pharisæo, humilem videlicet cum superbo, elegit magis de pietate Salvatoris confidere, quam austeritatem Pharisæi formidare. Formidabat sexus fragilis Pharisæum, hominem sine misericordia et nimis asperum, qui mulierem **391** aspernabatur, et alienam a salute credebat, et ab ea tangi penitus dedignabatur. Sed fons bonitatis et pietatis origo Deus humilis, qui humiles peccatores quærebat, non ut damnaret, sed ut justificaret, mulierem peccatricem non despexit, nec ei suos subtraxit pedes, sed tradidit, et ejus obsequium multum gratanter suscepit. Illa vero quando primum accessit ad Dominum, attentius audiamus quid fecerit. *Retro secus pedes stetit, et flebat*, quia, quamvis de misericordia Domini plurimum præsumeret, accusatrix peccatorum conscientia eam vehementer urgebat. Hæc itaque peccatrix dum dilectio dat ei spem, et memoria peccatorum suorum incutit timorem, dubitavit pene quid faceret, quoniam et ad Christum accedere propius recordatio criminum et timor eam retardabant, et ab illo abstinere diutius spes et dilectio prohibebant. Timore tandem bonæ spei concorditer sociato, ambo duces peccatricis mulieris fiunt, et eam pariter usque ad tenendos ipsos pedes multum benigni Salvatoris adducunt, ubi illam devotione prosternentes feliciter commendarunt. Beati tales duces, qui semper ducunt ad Christum! et beata peccatrix, quæ talem meruit habere ducatum! Spem atque timorem, dilectissimi, ita alterum alteri necessarium esse cognoscamus, quod unum sine altero nunquam nobis prodesse credamus. Timor utique sine spe, est desperatio; et spes sine timore, stulta præsumptio. Ecce mulier peccatrix pedes tenet, quos tenere diu desideravit; super ipsos lacrymas fundit. **392** Non ibi eam locutam fuisse legimus, sed lacrymatam; et tamen optime locutam credimus, sed lacrymis potius quam verbis. Valde namque fructuosa est apud bonum Deum locutio lacrymarum. Dum mulier ore tenet silentium, lacryma agit negotium, et dum lingua silebat, lacryma melius confitebatur, et decentius perorabat. Merito sancta peccatrix dum flevit, tacuit, ne forte minus diceret quod nequiter egit. Satis sunt utique meliores lacrymarum preces, quam verborum. Nam qui verbis precatur interdum offendit; lacryma autem offendere minime novit. Verba aliquando non proferunt totum negotium; lacryma semper totum mentis ostendit affectum. Et ideo mulier jam non utitur verbis, per quæ multos deceperat, ac decipiendo multum peccaverat, ne per verba minus illi credatur ad confitendum, quibus uti consueverat ad peccandum. Multa enim hominis falsitas eum reddit etiam in veritate suspectum. Unde maluit causam suam ante judicem, quem nec cordis arcana latent, fletibus agere, et quod voce delique-

rat, lacrymis confitendo dolere. Certe Deus ipse fons misericordiarum peccatrici feminæ fontem contulerat lacrymarum, et fons per se deficiens non deficiebat, quia fons naturaliter indeficiens illum abundanter irrigabat. Capillis suis tersit pedes, quos lacrymis lavit. In quo nobis fortitudinis exemplum monstravit. Dum enim humiliter flendo peccata et crimina nostra abluimus, multum necesse est ut mentis ratione, **393** quod est nostra fortitudo, non solum crimina, verum etiam peccata deinceps vitemus. Lacrymæ itaque non verbo, sed opere peccatorum prædicant exstinctionem, et tersio capillorum, quia postmodum peccata vitare debemus, fortitudinis indicat actionem. Capilli licet superfluere capiti videantur; in ipsis tamen aliquando hominis fortitudo figuratur. Quod in Samsone illo fortissimo aperte monstratur, cujus maxima fortitudo in capillis fuisse refertur. Unde Salvator etiam discipulis suis loquitur, dicens: *Capilli capitis vestri omnes numerati sunt* (*Matth*. x, 30). Non illos utique capillos esse numeratos, qui vel ferro attonderi et projici solent, vel temporis ætate defluere ac perire, dicit; sed virtutes animæ, et multitudinem sensuum, qui de principali mentis, quasi de capite apostolorum producebantur, capillos capitis appellavit. Isti profecto capilli in Nazaræis erant, istis, ut ita dicam, funibus alienigenas alligabant. Pedes quos lacrymis laverat, et capillis, ut diximus, terserat, osculatur. Osculum familiarissimum pacis est atque concordiæ signum. Ecce quantus est fortitudinis fructus et lacrymarum. Pacem et concordiam firmat inter multum ream ancillam et justissimum judicem Deum. Vere multum ream, sed multum gloriosam hanc feminam dicam. Non quidem inde gloriosa est, unde rea, quia multum rea, cum peccando Dominum contempsit; sed multum gloriosa, cum illum dilexit. Hæc mulier, dum Domini pedes unguento quod secum detulerat, **394** unxit, odorifero medicamento suæ bonæ actionis, quam per universum mundum longe lateque dispersit, non sua tantum, verum etiam multorum vulnera peccatorum mitigando sanavit, et quotidie sanare non desinit. Quis enim peccata Mariæ audiens poterit amplius veniam non sperare, si perfecte pœnitere voluerit? Impium est credere ut ad pœnam deputetur æternam qui, vel postea quam peccavit, pœnitet et Domini mandata custodit. Hæc, inquam, peccatrix a septem dæmoniis possessa legitur, id est universitate vitiorum plena fuisse perhibetur. Sed cum ad misericordissimum Dominum compuncta corde revertitur, imo ab ipso ad ipsum misericorditer trahitur, statim peccatorum et criminum sordibus purgatur, et quæ prius fuerat possessio dæmonum, gratia Spiritus sancti tota repletur. Ac sic ex miseranda peccatrice felix discipula facta, in omni vita sua deinceps Domino diligenter obsequitur. Inter obsequia, quæ sancta femina illi exhibuit, licet universo sit mundo notissimum, irreligiosum credidi silentio præterire. Cum ipse Dominus et Salvator noster Jesus Christus cum discipulis suis in domo Simonis cœnaturus recumberet; hæc ad illum mulier accessit, atque, prout bene consueverat, unguentum detulit, et, quod ipsi apostoli minime præsumpsissent, super caput ipsius illud cum magna devotione effudit. O quam beata mulier, quæ humilis peccatrix antea cum timore Domini pedes unxit, postmodum non minus quam ipse Petrus, **395** sui Creatoris ardens dilectione, caput ejus ungere meruit! Illum siquidem Petrus negat quem mulier prædicat, et quia Deus est universorum mystica unctione designat. Hæc est, inquam, illa bona femina, quæ prima cum puræ dilectionis studio ad monumentum venit; hæc est illa veraciter, quæ ibi beatas lacrymas flevit. Huic Christus surgens a mortuis primum apparuit; et hæc illum surrexisse apostolis prima nuntiavit. Hæc est peccatoribus forma pœnitentiæ, spes veniæ; quæ peccatorem etiam multis criminibus reum desperare non patitur, si tantum admissorum pœniteat, et corde ad Dominum convertatur. Hæc præterea non ignorat humanam fragilitatem, pro qua divinam pietatem incessanter exorat. Hanc specialiter, post Dominum et ejus sanctissimam matrem, mirabilem et incomparabilem Virginem, lacrymis potius imploremus quam verbis, ut quæ, Domino propitiante, suorum veniam lacrymis obtinuit delictorum, sancta intercessione suum propitiatorem nobis peccatoribus propitium reddat, et, peccatorum remissione percepta, nos intra januam recipiat paradisi, illiusque divino conspectui sanctos et immaculatos exhibeat. Hæc specialiter, ut diximus, a nobis est invocanda; hæc, ut nobis patrocinetur, humiliter et frequenter deprecanda. Nam quid sit magis necessarium peccatoribus experimento didicit, quomodo per se ruit humana fragilitas, quomodo **396** ex divino auxilio resurgit, quidquid est intus, et quidquid extra cognovit. Hæc divini adhuc ignara mysterii, prius quidem peccando corruerat, sed de suo casu se erexit fortiorem quam si peccando minime cecidisset. Quæ enim vincula peccatorum non relaxaret fusa super pedes Salvatoris sanctarum inundatio lacrymarum? Cujus plagam criminis non sanaret illa cum tanta devotione celebrata capitis unctio Redemptoris? O quam pura, quam provida exstitit hujus pœnitentis intentio, cui licet pius Dominus quidquid deliquerat, dimisisset, quasi odisset, propriam deinceps persecuta est carnem, continuis castigans eam jejuniis, et longa orationum et vigiliarum assiduitate fatigatam legi mentis ac rationis diligenter subjiciens. Non quia sancta caro spiritui repugnaret, sed sic agebat, ut de sua carne non quotidianam dico, sed assiduam hostiam laudis suo propitiatori offerret. O quam venerabilis discipula veritatis, quæ post perceptam a Domino Jesu Christo absolutionem omnium peccatorum, post ejus resurrectionem et ascensionem in cœlos, et Sancti Spiritus adventum, declinans invidiam Judæorum, et patriæ ultimum vale dicens, pro sui Conditoris amore suscepit gaudens exsilium! Est itaque de propriis egressa finibus, Dominum Jesum Christum Deum verum assidue prædicans et ejus resurrectionis testificans veritatem. Mansit usque ad exitum vitæ, in hac veritatis assertione perseverans. Hæc sancta mulier corrigendis **397** hominibus præbuit correctionis documentum, et correctis virtutis exemplum. Hujus oratio est medicina peccati, ejus lingua pia ostiaria facta cœli. Omni perfecte pœnitenti januam aperit, nullus ab ea peccator excluditur, nisi qui impœnitens intrare noluerit. Huic igitur gloriosæ feminæ, fratres mei, animas et corpora nostra tota intentione ac virtute commendemus, quatenus ejus suffragiis et intercessionibus intra illam beatitudinis januam recipi valeamus, et ad ipsum, ad quem jam ipsa feliciter pervenit, et nos pervenire, eumque videre et habere mereamur Dominum nostrum Jesum Christum, qui cum Patre et Spiritu sancto vivit et regnat Deus per omnia sæcula sæculorum. Amen.

SERMO X.
DE LATRONE SALVATO IN CRUCE.

In passione nostri Salvatoris latro ille, qui in sinistris positus fuerat, et adulabatur Judæis, et conviciabatur Christo, malam vitam pejori morte finivit, et recepit sicut meruerat. Et ideo diu loqui de eo inanis labor est, et mora inutilis. Loquimur igitur de alio, de quo loqui et materia fidelis est, et causa salubris. Hic vero in dextris positus, non quia crediderat Christo, patiebatur, sed credidit, dum pateretur. Christum hominem crucifixum clavis in cruce, toto corpore tensum vidit aspectu corporeo, et in ipso spinarum vulnera, **398** sanguinem de membris radiantem, et sola signa afflictionis et mortis, sicut in homine mox morituro. Concepta autem et nata in eo fide, operante Spiritu sancto, angelicis oculis immortalem et divinam in Christo contemplatur majestatem, admiratur, adorat, laudat et confitetur. De cruce pro fide pugnat, socium increpat blasphemantem, et in eo Judæorum, qui aderant, infidelitatem arguit, nec blanditur eis, nec eos veretur. Mirabilis divina potentia! Crux quæ ante ad supplicium gerebatur, jam suffragatur ad præmium, et reus qui pro suo scelere damnabatur in cruce, de reatu suo antidotum, quo sanatur, conficit, et de cruce operatur mysterium. Reatus in pœnitentiam, mortis interitus in æternam vitam commutatur. Ista quidem felix commutatio, nec est inferior illa quæ sequitur. Latro confessor ex latrone efficitur, et martyr ex confessore; et tormenta quæ prius in latrone cœperant, nova gratia coronam et præmium martyris sortiuntur. Huic beato et mirando viro nullum salutare defuit sacramentum. Nam quod per vicarios Christus visibiliter agit in aliis Christianis, hoc invisibiliter egit in illo per semetipsum. Per Christum itaque baptismum in cruce percepit, et cætera fidei sacramenta. Nisi enim a Christo baptizatus esset, et factus omnino perfectus Christianus, ei Christus minime diceret: *Hodie mecum eris in paradiso* (*Luc.* xxiii, 43). Jam enim dixerat: *Non intrabit in regnum cœlorum, nisi qui renatus fuerit ex aqua et Spiritu sancto* (*Joan.* iii, 5). Vir iste beatus quam perfectus a Deo factus est, videamus. Eo tempore venit ad fidem quo Petrus fidem deseruit; et quam apostolus perdiderat, hanc die sequenti latro invenit. Ad vocem ancillæ primus pastor Ecclesiæ illum se nosse negat, quem voce publica latro prædicat; et quem princeps apostolicæ electionis se etiam hominem nosse diffitetur, hunc Deum esse latro manifeste et pie confitetur. Tota illa beatorum apostolorum electio relicto Domino perturbatur et fugit; latro inter sævientes Judæos manet intrepidus, Christum asserit innocentem, et se reum publice dicere non erubescit, nec suum confiteri reatum. A Christo itaque veniam postulat, precatur misericordiam, dicens: *Memento mei, Domine, cum veneris in regnum tuum* (*Luc.* xxiii, 42). Christus veniam postulanti compatitur, miseretur misericordiam deprecantis, et Deus crucifixus in homine crucifixo latroni sic loquitur: *Hodie mecum eris in paradiso.* Confirmationem utique, quam in die Pentecostes apostoli pe Spiritum sanctum susceperunt, latro iste positus in cruce primus susceperat, qui nec Judaicam perfidiam formidabat, et nomen Christi perfectus Christianus, pius confessor, et martyr gloriosus, non in occulto, sed palam portabat. Apostoli quidem a Christo vocati fuerant et electi, et sæpe privatim et publice ab eo vitæ æternæ verba audierant, illum cæcos illuminantem, leprosos mundantem, ejicientem dæmonia viderant, et mortuos suscitantem. Multa præterea, quæ nemo alius facere poterat, nisi solus Deus, in illo cognoverant. Illi etiam in ejus nomine quæ ipse faciebat, et ipsi faciebant. In passione vero illius quam eis ante prædixerat, ita conturbantur quod et illum ignorant, et seipsos, quales in ejus virtute fuerant, obliviscuntur. Latro sanctus nec fidem ante noverat, nec dilexerat sanctitatem, quippe qui initium bonæ vitæ nunquam perceperat; in morte autem Christi fidei cognovit veritatem, quam Petrus præsente corporea divinitate et ipsum edocente didicerat. Mira res! ubi fidem deposuit apostolus, latro recepit. Iste si Christum antea cognovisset, credidisset utique, et in illo felici apostolorum conventu non esset novissimus, qui in regno exstitit primus, et nulli in fide secundus. Utraque autem, et primi electi in Christi passione negatio, et venerabilis latronis in cruce confessio, ex medicinæ cœlestis venit consilio. Permissus est cadere electus, ut unusquisque discat nulla perfectione de se præsumere. Erectus est latro qui lapsus fuerat, ut nullus de sua imperfectione, si tantum pœniteat, et digne confiteatur, valeat desperare. Hunc Deus virga justitiæ castigat, et illum sustentat baculo misericordiæ. In isto justis, ne incidant in elationem, timorem incutit, et in illo spem tribuit peccatoribus, ne veniant in desperationem. Dicamus aliquid et breviter quod dici potest, et de Petro et de latrone veraciter. Petrus a Christo vocatus est, et electus est; latro electus est, non vocatus. Petrus apostolus et martyr, latro confessor et martyr factus est. In operibus bonis, in virtutibus, in miraculis, in laboribus, in ligandi et solvendi potestate, Petrus latrone longe excelsior; Latro si non major Petro in fide, non tamen exstitit minor. Uterque bonus valde: sed latro est in his, quæ diximus, Petro inferior. Quicunque istorum minus potest apud Deum, ab illo obtinet quod rogat, quod petit, et quod desiderat. Nos autem et beatum Petrum præcipuum apostolorum et principem, et illum gloriosum confessorem et martyrem, Dimam nomine, diligenter oremus, quatenus suis precibus et meritis apud bonum Creatorem nostrum, et pium Redemptorem nobis obtineant, ut ipse in exitu vitæ nostræ, animas nostras à diaboli potestate custodiat, et cum in suum regnum venerit, in illam scilicet regiam et admirabilem claritatem qua vivos et mortuos judicaturus est, nostri meminisse dignetur, et unicuique nostrum dicere: *Hodie mecum eris in paradiso*, qui vivit et regnat unus Deus cum Patre et Spiritu sancto per omnia sæcula sæculorum. Amen.

SERMO XI.
IN FESTIVITATE BEATI BENEDICTI.

Licet, dilectissimi fratres, aliorum sanctorum festivitates celebrare pio debeamus amore, beatissimi Patris nostri Benedicti hæc sancta solemnitas a nobis, quasi ex debito, præcipuum honorem exigit et devotionem. Gloriosus etenim iste sanctus nostræ secundæ regenerationis inventor pariter exstitit et scriptor. Monastica, inquam, religio, quam ipse instituit, secunda regeneratio jure nominatur et etiam pontificali confirmationi non immerito comparatur. Hujus namque vitæ observatione et præterita peccata, sicut in baptismate, delentur, et contra futura, velut in confirmatione, Christianus munitur. Hac beata vita, qui prius in sæculari conversatione peccando mortui fuerant, vivificantur; et hac postea, dum correctione districta peccandi licentia moritur, optime munitur anima Christiana, cui solummodo facultas bene operandi relinquitur. Hujus igitur sanctissimi et honorabilis viri diem festum debita veneratione et speciali devotione celebrantes, gaudeamus, de cujus beata et amica societate angelos et archangelos et omnes cœlorum ordines gaudere, et Dei Filium collaudare minime dubitamus. Ex gratia supernæ benedictionis Benedictus benedictum nomen accepit, sed vir sanctus gratiæ ingratus non exstitit. Nam cum adhuc puer esset, opus quodlibet puerile contempsit; sed solummodo in pio pectore humilitatem, patientiam et innocentiam retinens, mundi relicta conversatione, se totum Domino commendavit. Despectis itaque litterarum studiis, quibus a parentibus traditus fuerat, ne amor parentum, sive divitiæ eorum vitæ melioris propositum immutarent, eos, tanquam odisset, fugiens, dum Christi divitias paupere vita lucrari desiderat, vanum et quasi impium reputat, quod multis aliis charum et pium videtur. Sic Dei famulus inspiratione divina repletur; ejus adhuc tenera et delicata caro mentis constantia et vigore spiritus roboratur, et si violentia opus fuit, eam sibi inferre non distulit, ut crucifixus crucifixum Dominum sequeretur. Hunc Domini servum sola nutrix sua, quæ eum tenere nutrierat, et quam ipse satis pie diligebat, secuta est, non quidem sanctitatis amore flagrans, sed ei etiam nolenti carnalis affectionis studio ministrare desiderans. Sed vir beatus Deo potius ministrare volebat, non sibi ministrari ab homine. Erat tamen in utriusque pectore pietas; at diversa valde intentio, licet amica videretur, dum illa carni, ille spiritui servire meditatur. Ibant ambo simul, tanquam mater et filius, donec ventum est ad locum, qui Effide dicitur. Quo in loco a quodam paupere viro, pro Christi amore, pauper Christi cum sua nutrice hospes suscipitur. Nutrix vero illius cum a vicinis mulieribus capisterium accepisset, quo modicum tritici, quod eis pro Dei amore collatum fuerat, purgare debuisset, vas ipsum super mensam non bene **404** collocatum cecidit, et ita confractum est ut in duas partes inveniretur divisum. Quæ cum præstitum sibi capisterium fractum conspiceret, et gentem regionis illius tenacem, et importune quod suum est repetentem agnosceret, nec omnino haberet unde damnum reparare posset alienum, flere cœpit, et domum in qua hospitati fuerant, lacrymosis vocibus replere. Puer autem pius et sanctus, cum nutricem suam clamantem et flentem audiret pariter et videret, illius anxietatem suam faciens compassionis affectu, duas fracti capisterii partes accepit, et cum lacrymis orationis sacrificium tota mentis devotione Domino obtulit. Quod completa oratione ita sanum et integrum inventum est, ac si minime fractum fuisset. Quod religiosa anima omnipotenti Deo gratias referens accepit, et nutricem suam sanctis et humilibus verbis consolatus, ei capisterium reddidit. Quæ licet stupefacta miraculo fuisset, illam tamen capisterium sanum vehementer lætificat, quod non mediocriter mœstificaverat fractum. Rem itaque gestam cum ejusdem loci incolæ, non quidem sine magna admiratione, agnovissent, super fores Ecclesiæ, quæ ibi in honore B. Petri ædificata fuerat, vas ipsum suspenderunt, quatenus omnes agnoscerent, præsentes scilicet et futuri, fidelis servus Domini Benedictus a quanta perfectione ei cœperit famulari. Templum autem Spiritus sancti gratia repletum, laudes hominum et vituperationes eorum eodem animo suscipiens, **405** nutricem suam occulte deseruit, deserti loci secessum petens amicum religioni. Quo dum tenderet, cuidam monacho, Romano nomine, obviavit; a quo diligenter inquisitus, viæ voluntatis secretum ei tandem sub nomine confessionis aperuit. Cujus devotam Christo animam cum Romanus monachus cognovisset, non sicut invidus sanctitatis alterius derogator, sed pius conciliator simul et adjutor exstitit, et ei, cujus virtutem jam mente conceperat, religionis habitum tradidit. Cultor autem Dei, et sui contemptor Benedictus, ad locum, qui Sublacus vocatur, perveniens, inter petrarum scissuras, in quemdam arctissimum specum se contulit, ubi desideria carnis mentis ratione mortificans, tribus annis nulli hominum notus, excepto Romano monacho, mansit. Romanus vero abbatis sui, Adeodati nomine, aspectibus, horis quibus poterat, se pie absentabat, et quem suo corpori subtrahebat panem Benedicto portabat. Ad prædictum antrum, quod Dei famulus pro patria possidebat, quia nimis gravis erat ascensus, Romanus venire non valebat; sed in rupe, quæ desuper eminebat, longissimum copulaverat funem, in quo panem ligabat, ubi etiam parvum inseruit tintinnabulum, ad cujus videlicet tintinnabuli sonum vir sanctus posset agnoscere, ad se Romanum cum pane venisse. Sed inimicus amicorum Dei diabolus, quatenus et in Romano ignem charitatis exstingueret, et a bona intentione Benedicti animum vel fame cogente revocaret, lapidem **406** jactavit, et quod funi fuerat insertum tintinnabulum fregit. Bonus tamen Romanus opus charitatis, quod cœperat, non reliquit. Omnipotens vero Deus et Dominus, bonus remunerator et pius indultor, cum beato viro Benedicto, in cujus corde et corpore mundus et flos ejus, patriæ cœlestis amore, prorsus aruerat, in hoc sæculo centuplum reddere decrevisset, ut prima promissione completa, secundam, vitam videlicet æternam, perfectus mundanæ imperfectionis contemptor se recepturum indubitanter agnosceret, cuidam religioso presbytero, qui sibi in die Paschæ cibos parabat, Dominus per visum apparere dignatur: eumque diligenter sollicitat dicens : *Tu tibi cibos delicatos parasti, et servus meus Benedictus fame cruciatur*. Qui licet et locum, et illum Domini servum ignoraret, statim surrexit, et quidquid ad manducandum sibi paraverat, Dei hominem cibaturus secum assumpsit. Et quoniam admonitioni divinæ obedire minime distulit, sancto Spiritu sui itineris duce carere non potuit. Quo prævio pervenit ad locum, in quo vir sanctus se occultans latitabat. Qui soli Deo placere cupiens, non solum notitiæ hominum, sed etiam eorum, quæ in mundo fiebant adeo expers erat quod, quando Pascha, vel quælibet solemnitas ageretur, penitus ignorabat. Facta itaque oratione post dulcia vitæ perennis colloquia, presbyter, qui ad eum venerat, sic sanctum alloquitur : *Surge, et ambo pariter sumamus cibum, quia hodie paschalis solemnitas celebratur*. **407** Cui vir Dei protinus respondit : *Novi quia Pascha est, quoniam humilitas mea videre te meruit*. Honorabilis vitæ presbyter item asseruit : *Veraciter hodie dies est resurrectionis Dominicæ; abstinere tibi non licet in tam gloriosa festivitate. Propterea a Domino missus sum, ut quem mihi cibum paraveram tibi debeam ministrare*. Benedicentes itaque Dominum et pariter cibum sumentes, post expletam refectionem et sanctam collocutionem, quem Deus hominibus exemplum bene vivendi voluit demonstrare presbyter, ad Ecclesiam quam regebat veniens, nec potuit occultare nec voluit. Fama igitur discurrente sanctæ conversationis illius, Benedicti nomen non mediocriter mundo innotuit, quia posita super candelabrum lucerna latere non potuit, quæ in hominibus peccatorum tenebras fugans et eorum mentes splendore bonæ actionis irradians, in amorem sui Creatoris convertit. Vir iste laudabilis vitæ, mira sunt, sed fidei admiratione miranda quæ in hoc mundo, Domino cooperante, peregit. Nam præter Regulam monachorum, ubi invenitur omnis perfectio hominum, quam dictante Spiritu sancto scripsit, nec ipse quidem minus perfecte vixit quam docuit. Omnes sanctos ac venerabiles Patres, quotquot ab initio sæculi fuerunt, imitatus veraciter agnoscitur, qui aut æquale, aut opus simile, quod illi fecerunt, fecisse minime dubitatur. Unde merito non omnium justorum spiritum habuisse tantum, sed omnium justorum spiritu plenus fuisse in secundo libro Dialogorum sancti Gregorii laudabilis vitæ doctoris, qui venerabilem vitam illius scripsit, prædicatur. Nulla ratione silendum est, sed veritate dicendum quomodo Romano monacho tunc licebat, sine sui abbatis licentia quodlibet opus bonum patrare, cum monachis modo non liceat. Hoc utique satis agnoscitur, si tempus, et temporis ordo diligenter pensatur. Fuerunt namque ante sanctum Benedictum abbates et abbatum institutiones, sicut ante Christum legislator exstitit Moyses. Bonam quidem et sanctam Judaico populo Moyses attulit legem, sed Christus Christiano populo contulit meliorem. Ita sancti viri illius temporis secundum datam sibi a Deo gratiam monachorum leges statuerunt, sed Pater ac legifer noster Benedictus, sicut a Deo majorem gratiam percepit, ita meliorem legem instituit. Nam quidquid illi minus vel amplius faciendum prædixerunt, vel fieri permiserunt, ipse post illos correxit. Unde monachis, ut opera bona sine spiritualis Patris licentia minime faciant, idcirco nunc prohibetur, ne quisquam eorum propriam voluntatem sub specie pietatis, vel cujuslibet bonæ operationis, sequatur. Et per hoc maxime qualis et quanta sit virtus obedientiæ ostenditur, qua non solum mala vitare, sed etiam a quibusdam bonis operibus subditis abstinere præcipitur. Cum igitur alligati funibus obedientiæ subditi ea non faciunt quæ sibi bona videntur, necesse est, ut hi qui eis præsunt, ex sua parte bona demonstrent, quæ operentur. Hanc obedientiæ formam Dominus in paradiso parentibus primis primus instituit; qui cum omnes alias paradisi arbores eis concessisset, unam interdixit, quatenus videlicet ipsi agnoscerent quod Dominum et magistrum super se habebant, cujus voluntati obedire debebant. Qui non ideo peccaverunt, quod malum esset pomum quod comederunt, sed quia quod bonum erat contra interdictum Domini tetigerunt. Hujus obedientiæ virtutem S. Benedictus plenius agnovit, quam ante illum quilibet abbatum aut noluit revelare, aut minus intellexit. Romanus igitur in illo suo facto merito laudatur, quia ista et quædam alia monachis tunc licebant, quæ nunc prohibentur. Sunt etenim quædam bona, quæ prius quidem licere possunt, sed illicita postea fiunt. Nam monachis illius temporis illa humanitatis opera licebant, quia se non ab illis operibus abstinere promiserant. Modernis vero sic illa licere minime possunt, qui nec illa, nec alia bona facere sine spiritualis patris voluntate devoverunt, et fide suæ professionis firmaverunt, quam videlicet suæ professionis fidem, secundum Regulam S. Benedicti, tenendam coram Deo, et sanctis ejus promiserunt. Licet etiam mulieri, si voluerit, nubere, quia ei bene conceditur. Sed si virginitatem voverit, et postea nupserit, rea tenebitur. Bonum est tamen conjugium; sed conjugio virginitas melior. Sic sanctorum præcedentium Patrum omnis institutio est quidem bona, sed venerabilis Benedicti longe præstantior. Quæ ante illum Patres sancti constituerunt, velut lex Moysi, dura et aspera fuerunt. Sapientis vero Benedicti institutio sancta, suavis et levis est, et mater virtutum discretione videlicet plena. Antiquorum sanctio Patrum, quasi veteris legis cultores habuit. Pius autem et discretus Pater Benedictus illorum statuta tanquam duræ legis auctoritatem temperans, nos novæ gratiæ filios procreavit. Illa quasi vetera pene vel penitus omnia transierunt, et ecce a S. Benedicto facta sunt nova. Illa etiam tanquam umbra et figura futuræ monasticæ vitæ fuisse videntur, sed per laudabilem Patrem Benedictum, cooperante Spiritu sancto, est veritas revelata. Ipse tamen pro magna sua humilitate S. Basilii et præcedentium vitam et opera Patrum, vel sua tacens, vel quasi modica dicens, laudat et miratur. Bonus optimus discipulus Magistrum imitatus, qui taceri præcipiebat, cum ea, quæ sine ipso nemo alius facere poterat operabatur. Et quidem illi nostri sancti prædecessores, qui nos præcesserunt ad sidereas mansiones, et religiose vixerunt, et religiose scripserunt. Sed sicut post beatos tres evangelistas, Matthæum scilicet, Lucam et Marcum, eorum quartus Joannes apostolus scripsit, et melius, sic vir iste beatus post alios Patres monachorum Regulam scripsit, qua tanquam dulcioris charitatis cæmento, vivo lapidi Christo homine diligentius jungit, de quo veraciter dicere possumus, et firmiter credere debemus quod a Deo nobis sit tanquam apostolus et angelus destinatus. Nam illum idcirco nobis specialiter misit Deus ut ipsæ formatæ et formosæ vitæ suæ exemplo nos proprie et singulariter informaret, atque suæ doctrina sapientiæ nobis quæ sunt bona familiariter nuntiaret. Illum etiam post se præcipuum Patrem, pastorem, medicum et magistrum decrevit esse monachorum. Hunc igitur beatissimum virum, præcordiales amici et fratres, corde et ore suppliciter exoremus, quatenus Pater, pastor, medicus et magister sic noster esse dignetur, ut pia paternitate nos nutriat, animas nostras pascat pane virtutum, vulneribus peccatorum et criminum nostrorum medeatur, et suo magisterio diligenter edocti, quæ bona sunt operemur, et ad ipsum pervenire mereamur, qui est dator et remunerator bonorum operum, Deus et Dominus noster Jesus, qui cum Patre et Spiritu sancto vivit et regnat per omnia sæcula sæculorum. Amen.

LECTORI.

Pene, ut vides, consilium fuerat hunc libellum omittere, quod aliud nihil videretur quam aliquot opusculorum, hoc est 2, 3, 4, 5, 6 unum in corpus congesta repetitio. Postea tamen cum animo subiret, non solum in utroque codice nostro exstare, verum in illo etiam fuisse, quo usus est Fr. Turrianus : ac præterea sic in isto repeti quæ in illis opusculis dicta sunt, ut nonnulla interdum adjecta, detracta, interpolata constet, dubitari ut nequeat, quin hujus etiam libelli auctor sit Goffridus : præteriri omnino nefas rati, vel hoc saltem loco edendum curavimus.

DOMNI GOFFRIDI

TRACTATUS

DE ORDINATIONE EPISCOPORUM, ET DE INVESTITURA LAICORUM.

Goffridus Vindocinensis monasterii humilis servus, suo præcordiali amico Petro Leoni S. Romanæ Ecclesiæ cardinali, catholicam fidem toto corde diligere, et eos qui contradicunt totis viribus impugnare.

Tuæ petitionis et meæ promissionis non immemor, si non ut debui, saltem ut potui, tentavi solvere, et quod a te quæsitum 418 est et a me promissum : de ordinatione videlicet episcopi et de investitura laicorum. In primis firmiter credere nos oportet et nullatenus dubitare ut quemadmodum baptismus Christianum facit, ita electio et consecratio facit episcopum. Et sicut impossibile est sine baptismate Christianum fieri, ita est impossibile episcopum sine electione et consecratione creari. In ordinatione episcopi electio et consecratio sic est utraque necessaria quod consecratio sine electione, et sine consecratione electio episcopum facere sola non sufficit. Nam sicut in baptismate aqua et invocatio Spiritus sancti sunt necessaria, quæ faciunt Christianum, ita in ordinando episcopo electio et consecratio sunt necessitate conjuncta, quæ creant episcopum. Et sicut aqua sola, aut sola invocatione sancti Spiritus nec baptismus fieri potest, nec homo esse Christianus, ita sola electione, aut sola consecratione nemo ordinari vel fieri valet episcopus. Magnum quidem et baptismatis, et electionis et consecrationis episcopi sacramentum; sed illud præcepit, et per alios facit Christus; et hoc egit per semetipsum. In illo spiritualiter creatur homo, et a Christo Christianus dicitur ; in isto vero dominus et imperator creatur Christianorum, qui non solum vocatur Christianus a Christo, sed etiam Christi vices agere creditur. Sciendum vero quod hic vel ubicunque de electione et consecratione episcopi agitur, canonicam necesse est electionem, 419 et liberam consecrationem intelligi, ut qui canonice eligitur, et libere consecretur. Alioquin fit quædam prava simulatio in Ecclesia, et ecclesiasticæ dignitatis illusio non parva. Quicunque igitur canonice non electus quasi sacrandus accedit, vel qui non est libere consecratus, etiam si canonica præcesserit electio, exsecratus recedit. Nam sicut ubi non est vera cordis conversio, non sequitur plena remissio, ita ubi non sequitur libera consecratio, etiamsi canonica electio præcedat, minime prodest; cum neutra sola episcopum creare sufficiat. Nec est illa libera consecratio quam præcedit factum sine judicio et justitia juramentum, cum B. Hieronymus super Jeremiam dicat juramentum non esse faciendum, ubi non est justitia simul, veritas et judicium. Quod si aliter fuerit præsumptum, juramentum non erit, sed perjurium.

Præterea tria proprie propria Ecclesia habere debet, quorum unum si defuerit, velut paralytica jacet, nec ligandi nec solvendi potestatem habet. Debet itaque Ecclesia catholica esse, casta et libera : catholica, quia nec vendi debet nec emi; casta, quia nullatenus debet muneribus corrumpi; libera, quia sæculari potestati non debet subjici nec ab ejus sponso qualibet occasione a sæculari potestate sacramentum extorqueri, cum omnino lege divina prohibeatur nec ab episcopo nisi pro sola fide catholica sacramentum exigatur. Christus utique pastor bonus sponsam 420 quærit fidelem, infidelem respuit; castam diligit, odit corruptam, liberam sibi sociat, ancillam abjicit. Falso itaque nominatur episcopus, qui adnullare conatur electionis et consecrationis ordinem, quem Christus per semetipsum primus instituit. Ipse enim primus et elegit apostolos, et consecravit. Tota itaque ordinatio episcopi in electione et consecratione consistit. Hæc prius per semetipsum, ut dictum est, Christus fecit; deinde vero vicarii ejus. Et in apostolis quidem a

Christo facta sunt, quoniam ab ipso et electi et consecrati fuerunt. In aliis vero omnibus, a nullis aliis fieri licet, nisi a vicariis Christi. Sunt autem vicarii Christi clerici in electione, episcopi in consecratione. Cæteri omnes petere quidem episcopum possunt, eligere vero vel consecrare non possunt. Hoc sanctum sacramentum, electionem videlicet et consecrationem apostolorum, Christus primum fecit, per quod cætera fierent sacramenta. Si vero sacramentum, quod primum, ut dictum est, Christus fecit per semetipsum, aliter factum fuerit quam docuit, Sacramenta cætera quæ sequuntur, quas vires habere valeant, nec ratio docet, et fides ignorat Christiana. Quicunque ergo sine canonica electione et libera consecratione sub nomine pontificis ecclesiam vel potestatem ecclesiasticam sibi vindicare præsumit, hic jam non per ostium intrat, sed aliunde ascendit ut merito non inter episcopos computetur, sed inter fures et latrones connumeretur (*Joan.* x, 1). **421** Iste aliis benedictionem non porrigit, sed pestem, et vulnus potius inferre videtur quam salutem, qui tanta præsumptione Dei maledictionem meretur. Nam episcopus qui canonicam electionem, et liberam consecrationem non habet, est quasi arbor non habens radicem. Arbor autem quæ radicem non habet, etiam si folia habeat, fructum ferre nullatenus valet. Ad hujuscemodi arborem Christus quidem accessit, et cum ibi fructum non invenisset, eam maledixit (*Marc.* xi, 21). Ille maxime a Deo maledicitur, qui sacramentis Ecclesiæ quasi sociari sua cupiditate desiderat, non Christi charitate. Et omnis qui sacramentis Ecclesiæ cæmento charitatis non jungitur, injuriam quidem Ecclesiæ facit, sed quasi paries luteus dissipatur, qui licet dealbari possit ad tempus, ejus subita dissolutione, qui ante confidebant in eo, premuntur. Hac igitur similitudine recte colligitur quod qui ad injuriam sanctæ Ecclesiæ ecclesiasticum ordinem, et maxime pontificatum assequitur, suam destructionem in primis, deinde populi mortem operatur. Et tunc Ecclesia injuriam pariter sustinet et verecundiam, quando in eligendo pontifice, canonica electio et libera consecratio perit et quod vitæ meritis, et sapientiæ doctrinæ atque sacris ordinibus debetur, illis quasi imponitur quibus nec bonæ vitæ merita, nec sapientiæ doctrina, nec sacri ordines suffragantur. Isti terrenum, imo paludosum habent fundamentum, et ideo corruunt **422** qui tali fundamento ædificantur. De talibus enim dicitur in Psalmo: *Projecisti eos, dum allevarentur* (*Psal.* LXXII, 18). Gravius nihil est apud Christum Ecclesiæ injuria, cujus sacramenta qui perverse suscipiunt, cum Christo esse vel prodesse non possunt. Cum Christo etenim simul esse et contra Christum facere nemo potest, cum ipse dicat: *Qui non est mecum, contra me est* (*Luc.* XI, 23). Qui autem cum Christo non est, nec sibi prodesse, nec aliis potest, cum ipse iterum asserat: *Qui non colligit mecum, dispergit* (*ibid.*). Et alibi dicit: *Sine me nihil potestis facere* (*Joan.* XV, 5). Sunt quidam, qui Romanæ Ecclesiæ omnia licere putant, et quasi quadam dispensatione aliter quam divina Scriptura præcipit, eam facere posse. Quicunque ergo sic sapit, decipit. Nam Romanæ Ecclesiæ post Petrum minime licet, quod Petro non licuit. Petro quæ liganda erant ligandi et quæ solvenda solvendi est a Christo data potestas, non quæ liganda solvendi, vel quæ erant solvenda ligandi concessa facultas. Petrus etiamsi aliquando aliter egit, Paulus licet in conversione adhuc novitius ei in faciem resistere minime timuit (*Gal.* II, 11). Petrus vero sui junioris increpationem libenter suscipiens, quod plus justo fecerat, diligenter correxit. Præterea nulla ratione fieri licet quod Christus suo exemplo non docuit; ipse enim legem solvere non venit, sed adimplere (*Matth.* v, 18). Romana itaque Ecclesia divinarum Scripturarum legem solvere non debet, sed conservare et tradita sibi a Christo potestate non ad suam voluntatem uti, sed secundum **423** Christi dispositionem. Si etiam a suo juniore Romano pontifici suggeritur, ut si aliquando plus justo fecerit, juste corrigat, tanquam Petrus Pauli admonitionem suscepit, et ipse suscipiet, si Petrum imitari desiderat.

Adversus eos qui contra Christi dispositionem armantur, bonus doctor et martyr Cyprianus loquitur, dicens: *Adulterum est, impium et sacrilegum, quodcunque humano facto instituitur, ut dispensatio Christi violetur.* Qui sic agit, tenebras pro luce, noctem pro die, pro cibo famem, pro potu sitim, venenum pro remedio tribuit, pro vita mortem. Non fuit illorum ætas venerabilis nec est auctoritas imitanda, qui Susannam pudicam corrumpere voluerint; quorum veterem nequitiam imitantur, qui Christi veritatem, et ejus sponsæ virginitatem violare machinantur. Hi sunt utique qui Dei dispositiones immutant, et traditiones suas statuere conantur. A quibus recedente doctrina Dominica, recedit et Domini gratia, quorum secus acta quandoque summus Pastor vindicabit et ultoris vigore, et judicis potestate. Dispensationes quidem in Ecclesia faciendæ sunt, non amore pecuniæ, vel quolibet humano favore, sed pia et misericordi intentione. Tunc enim a pastore Ecclesiæ dispensatio pie et misericorditer fieri creditur, cum aliquid minus perfecte ad tempus fit ab illo, vel fieri permittitur, non voluntate sua, sed aliorum necessitate ne in ipsis videlicet fides Christiana periclitetur. Sic igitur facienda est dispensatio **424** ab Ecclesia, ut fidei nostræ veritas instruatur et si quid aliter ad horam factum fuerit vel permissum, opportuno tempore corrigatur. Hac indiscreta et sancta dispensatione usi sunt beati apostoli Petrus et Paulus propter metum Judæorum, ne ipsi scandalizarentur. Nam Paulus post conversionem Timotheum circumcisum fecit, et cæremonias etiam exercuit Judæorum et Petrus coegit quosdam judaizare gentilium. Uterque sanctus apostolus simulans se veteris legis præcepta servare; ne qui fideles ex Judæis facti fuerant, susceptam veritatis notitiam scandalizati negarent. Fecerunt hoc sancti apostoli misericordi et pia compassione, non simulatione fallaci : quamvis legem post Evangelium non esse servandam minime dubitarent. Ubi beatissimæ vitæ viri intelliguntur non commutasse consilium, sed ad horam pro aliorum salute suæ doctrinæ sententiam. Nam super hoc quod ipsi et alii aliter fecerant, et se et alios postea correxerunt. Possunt etiam et debent fieri dispensationes, quibus Ecclesiarum, et monasteriorum consuetudines immutentur; sed ubi postponitur minus bonum, ut quod est melius instituatur. In nullo autem malum fieri debet vel permitti, nisi in ea tantum necessitate ubi timetur ne periclitetur fides, et illud postmodum corrigatur. Nam qui mala faciunt, ut veniant bona, horum justam esse damnationem Paulus apostolus protestatur. Si quis vero aliter in Ecclesia dispensationes facit, rationi simul et veritati **425** contradicit, nec solum lucernam ardentem non habet verum etiam aliorum ardentes exstinguit. Et ideo non recte dicitur Christi vicarius, sed dux est cæcorum ipse cæcus.

De investitura autem laicorum, si quis cognoscere voluerit quid catholica et apostolica Ecclesia senserit, quid docuerit, quid judicaverit et constituerit, legat in primo capitulo illius concilii (374), quod tempore Gregorii septimi papæ factum est et ibi omnes clericos, qui de manu laici investituram suscipiunt, hæreticos vocatos, et ideo damnatos esse et excommunicatos invenerit. Licet alia hæresis de investitura dicatur, alia Simoniaca; ista quæ de investitura dicitur, contra sanctam Ecclesiam fortius jaculatur. Simoniaca etenim pravitas multoties fit latenter; hæresis vero de investitura semper publice agitur. Ibi etiam in primis omnis ecclesiasticus ordo confunditur, quando hoc quod unicuique a solo suo consecratore in Ecclesia cum orationibus, quæ ibi conveniunt, dari debet, a sæculari potestate prius accipitur. Quod sancti apostoli non solum interdixerunt, verum etiam omnes illos, qui per sæcularem potestatem Ecclesiam obtinent, a Christo sibi tradita potestate damnaverunt. Et merito apostoli judicio Spiritus sancti hanc hæresim in ipso Ecclesiæ principio damnare decreverunt, quam longo post tempore ex patre diabolo nascituras esse præviderunt. Cum igitur laico et investitura, et omnis etiam disponendarum Ecclesiarum vel **426** ecclesiasticorum rerum facultas a Spiritu sancto, qui in apostolis loquebatur, negata sit penitus et interdicta, qui investituram a laico suscipit, non jam contra apostolos tantum, imo contra Dominum apostolorum, quod sanctum est canibus exponit. Investitura enim, de qua loquimur, sacramentum est, id est sacrum signum, quo princeps Ecclesiæ, episcopus scilicet, a cæteris hominibus secernitur pariter atque dignoscitur, et quo super Christianum gregem cura pastoralis ei tribuitur. Hanc investituram ab illo solo suscipere debet a quo et

(374) De quo et supra, epist. 11, lib. III.

consecrationem habet. Illum siquidem prius oportet consecrari, deinde vero tanquam regem Ecclesiæ sacris insignibus decorari. Si quis autem cuilibet sæculari potestati ista licere putat, errat; quod si defendere nititur, apostolorum doctrinam et sancti Spiritus sensum adnullare desiderat. Unde hæreticus esse nullatenus dubitatur. Investitura itaque laicorum, quæ fit per virgam et annulum, merito hæresis appellatur. Nam sicut a Simone Simoniaca hæresis dicitur, ita ab eo qui investit, et ab illo qui investitur, quoniam uterque in illa sua actione, et agitare claves Ecclesiæ, et ejus unicum ac singulare ostium violare conatur, recto nomine hæresis de investitura vocatur. (Hæc præterea hæresis de investitura, si recte perspiciatur, etiam hæresis Simoniaca esse, viva et vera ratione probatur. Nam quæ sæcularis potestas sibi vindicare nititur investituram, nisi ut per hoc pecuniam extorqueat, aut, quod **427** est gravius, sibi inordinate subjectam efficiat pontificis personam? Nullus est utique laicorum, etiamsi ei liceret, qui tanta intentione annulum vel virgam dare desideret, nisi per hæc quæ sunt sacramenta Ecclesiæ, temporalibus lucris inhiaret. Laicis quidem sacramenta ab Ecclesia suscipere licet, non Ecclesiæ quælibet sacramenta dare. Semper laicus de investitura, ut diximus, aut pecuniam sibi vindicat; aut, quod est amplius, episcopi vel abbatis personam. Hac non tam humana quam diabolica malignitate, Ecclesia catholicam fidem, libertatem, et castitatem amittit, sine quibus nulla ratione subsistit. Hanc igitur, quam supra diximus, investituram quicunque sub specie pastoris suscipere præsumit, fit paralyticus, ei hæretica lepra pollutus. Illum non pastorem fiducialiter dico, nec illius Pastoris qui animam suam posuit pro ovibus suis, quodlibet membrum, sed fur, et raptor et lupus est. Nam ad hoc venit ut furetur, et rapiat et mactet (Joan. x, 10). Hanc autem detestabilem impietatem non solum qui faciunt, sed qui consentiunt ei, damnati sunt. Ille vero consentit qui eam tacet, qui eam non corrigit, et qui ei palam non contradicit, et nemo est qui contradicere palam non debeat, et possit. Nam si prælati non habet auctoritatem, habet tamen Christiani vocem. Et Scriptura dicit, et neminem excipit : *Maledictus qui prohibet gladium suum a sanguine* (Jer. XLVIII, 10), id est, vocem suam ab increpatione peccati. Illud etiam factum meminerit, quod asina fatuum prophetam olim correxerit (Num. XXII, 28). Quod si fuerit vitiosus, vel quolibet alio crimine infamis factus, non ideo silere debet, quoniam unicuique **428** peccatori communem Ecclesiæ fidem, quam suam esse credit, et confitetur, defendere, et contra ejus adversarios libere pugnare licet. Nam illi duo, qui in passione Domini crucifixi sunt cum eo, omnino infames erant; nam publici latrones, quorum unus non tantum quia credidit, sed quia suæ fidei veritatem contra alterum defendere cœpit, bonum illud et delectabile verbum a Salvatore nostro audire meruit : *Hodie scilicet mecum eris in paradiso* (*Luc.* XXIII, 43). Unde in latrone illo maxime declaratum agnoscitur, quod vir catholicus, licet prius infamiæ maculis aspersus, fidei defensione paradisum pariter et cum Christo esse meretur. Et quoniam de Simonia mentionem fecimus, cur ipsa et laicorum investitura sit hæresis, et merito hæresis appellari debeat, amplius Deo adjuvante dicetur, ne super hoc deinceps dubitetur. Hoc etiam silendum non erit, quod sicut quædam investitura laicorum contra fidem, ita quædam investitura eorum salva fide fieri potest. Credendum est, frater charissime, et firmiter tenendum illud præcipue hæresim esse quod a Patris unitate Filium, sive Spiritum sanctum conatur separare, vel personarum alteram altera minorem vel majorem asserere. Sunt quidem errores et divisiones, quæ hæreses appellantur, quibus de persona Patris vel Filii, sive Spiritus sancti, vel de simul tota Trinitate perverse sentitur. Sed sciendum est quod ille maxime et magis proprie hæreticus nominatur, qui fidem Christi quam accepit, obstinato animo impugnare videtur. Igitur Simon Magus a S. Philippo baptizatus non tantum hæreticus, sed hæreticorum primus et pessimus exstitit; qui non solum a Patris æqualitate separari posse Spiritum sanctum existimavit, sed etiam ipso Spiritu sancto major esse præsumptuose tentando concupivit. Nam cum se posse pecunia possidere Spiritum sanctum putavit, quid appetiit aliud, nisi ut Spiritu sancto major ipse haberetur, cum major sit qui possidet quam quod possidetur (*Act.* VIII)? Cum itaque Patris et Filii et Spiritus sancti personas inæquales quilibet nititur astruere, ratione pariter et auctoritate hæreticus habeatur, multo magis Simon Magus, qui Spiritum sanctum Deo Patri et Filio æqualem per omnia sibi pecunia subjicere tentavit, hæreticus, et Simonia, quæ ab ipso inventa est, et ab eo dicitur, hæresis comprobatur. Laicus autem cum investituram Ecclesiarum tribuit per virgam et annulum, quæ sunt Ecclesiæ sacramenta, sicut sal et aqua, oleum et chrisma, et quædam alia, sine quibus hominum et ecclesiarum consecrationes fieri non possunt, sibi jus Christi usurpat et potestatem, et quodammodo se Dei Filio prædicat altiorem. Nam dum illa Ecclesiæ sacramenta ibi dantur, ubi dari debent, et quibus, et quando, et quomodo debent, per consecrationis ministrum, a Dei Filio dantur, a quo universa fiunt sacramenta, et a quo tribuuntur. Unde Deus Pater ad Joannem loquitur dicens : *Super quem videris Spiritum descendentem,* **430** *ille est qui baptizat* (*Joan.* I, 33). Quando dixit, *ille est qui baptizat,* a parte totum significavit. Nam Dei Filius universa sanctæ Ecclesiæ conficit et tribuit sacramenta. Laicus autem, quando contra Dei Filium sic præsumit, si non amplius, non minus tamen quam Simon Magus intumuit, et ipse intumescit, qui in collatione sacramentorum se Dei Filio anteponit. Et quia Deo Dei Filio non solum sui Patris æqualitatem demere

nititur, sed seipsum Dei Filio superiorem sua impia actione significare videtur, recto nomine et ipse hæreticus, et ejus investitura hæresis appellatur. Non sit imperatoribus et regibus molestum quod dicimus, nec consuetudine sibi vindicare nitantur, quod eis veritate negatur. Cum laicis etiam religiosis disponendarum Ecclesiarum vel ecclesiasticarum rerum omnis facultas ab apostolis prohibeatur, manifestum est quod eis investitura negatur ab ipsa veritate, a Christo videlicet qui in apostolis loquebatur. Quod autem Christus in apostolis sit locutus, Paulus apostolus asserit dicens : *An experimentum ejus quæritis, qui in me loquitur Christus ?* (II *Cor.* XIII, 3.) Cum igitur Christus veritas sit, sicut ipse dixit : *Ego sum veritas* (*Joan.* XIV, 6), nec unquam, Ego sum consuetudo, dixerit, qui Christianus est, Christum; et qui rex est Regem regum, ipsam scilicet veritatem, sequatur, non consuetudinem. In ecclesiasticis possessionibus, quamvis nec in legibus, nec in canonibus inveniatur, tamen propter scandalum et schisma vitandum, talis regibus investitura conceditur, ut nec ipsi propter **431** hoc pereant, nec sancta Ecclesia detrimentum patiatur. Investituram per virgam et annulum accipere, nisi a suo consecratore, manifestum est esse damnosum, quia nulli laico licet illa Ecclesiæ sacramenta dare, sicut ei non licet episcopum consecrare. Res etiam, quæ semel Ecclesiæ datæ sunt, reges eas iterum dare, vel de ipsis investire nec debent, nec convenienter possunt. Nam alicui illud dare quod habet, et de hoc investire aliquem quod ille jam tenet, superfluum est et vanum, non tamen videtur criminosum. Alia utique est investitura, quæ episcopum perficit; alia vero, quæ episcopum pascit. Illa ex divino jure habetur, ista ex jure humano. Subtrahe jus divinum; spiritualiter episcopus non creatur; subtrahe jus humanum, possessiones amittit, quibus ipse corporaliter sustentatur. Non enim possessiones haberet Ecclesia, nisi sibi a regibus donarentur, et ab ipsis, non quidem divinis sacramentis, sed possessionibus terrenis investiretur. Ex jure divino regibus quidem et imperatoribus dominamur; ipsis tamen ex eodem jure, quia Christi domini sunt, honorem debemus et reverentiam, sicut dicit Apostolus : *Regem reveremini* (I *Petr.* II, 17). Ex jure autem humano tantum illis debemus, quantum possessiones diligimus, quibus ab ipsis vel a parentibus suis Ecclesia ditata et investita dignoscitur. Unde B. Augustinus super Joannem sic loquitur (*tract.* 6) : *Noli dicere : Quid mihi et regi ? Quid tibi ergo et possessioni ?* Nam per jura regum possessiones habentur. Si vero **432** dixeris, Quid mihi et regi ? Noli jam dicere possessiones tuas, quia ad ipsa jura, quibus possessiones possidentur, renuntiasti. Nam secundum jus imperatorum possides terrena. Tolle imperatorum jura, quis audet dicere : Mea est illa villa, aut meus est iste servus, aut mea est ista domus ? Quo jure defendis villas ? divino, an humano ? divinum jus in Scripturis habemus ; humanum jus in legibus regum. Unde quisque possidet quod possidet? Nonne jure humano? Nam jure divino, *Domini est terra et plenitudo ejus* (Psal. xxiii, 1). Pauperes et divites Deus de uno luto fecit, et divites et pauperes una terra supportat. Jure tamen humano dicis : Hæc villa mea est, hæc domus mea est, hic servus meus est. Jure ergo humano. Jure imperatorum quare? Quia ipsa jura humana per imperatores et reges sæculi Deus distribuit Ecclesiæ suæ. Possunt itaque sine offensione reges post electionem canonicam et liberam consecrationem per investituram regalem in ecclesiasticis possessionibus, concessionem, auxilium, et defensionem episcopo dare; quod quolibet signo factum exstiterit, regi, vel pontifici, seu catholicæ fidei non nocebit. Voluit bonus Dominus et magister noster Christus spiritualem gladium et materialem esse in defensione Ecclesiæ. Quod si alter ab altero retundatur, Hoc fit contra illius voluntatem. Hac occasione de regno justitia tollitur, et pax de Ecclesia, scandala suscitantur et schismata, et fit animarum perditio simul et corporum, et dum 433 regnum et sacerdotium unum ab altero impugnatur, periclitatur utrumque. Nam rex et Romanus pontifex cum unus contra alium, alter pro regni consuetudine, alter pro Ecclesiæ libertate erigitur, regnum illam consuetudinem obtinere non potest, nec poterit, et Ecclesia suæ libertatis amittit plurimum. Rex præterea sacrosancta communione pariter et regia dignitate privatur, a Romano vero pontifice multis, qui sibi deservire debuerant, necessitate cogente, servitur. Et qui a pontifice docendus erat, et ducendus a rege, rex et pontifex populum sequitur. Habeat autem Ecclesia pacem, et regnum justitiam; habeat rex consuetudinem, sed bonam, et non quam male reposcit, sed quam supra diximus, investituram. Habeat Ecclesia suam libertatem; sed summopere caveat ne dum nimis emunxerit, eliciat sanguinem, et dum rubiginem de vase conatur eradere, vas ipsum frangatur. Hoc est præcipuum discretionis membrum, ne quilibet rector Ecclesiæ, sua qualibet actione a Satana circumveniatur. Tunc enim rector a Satana circumvenitur, quando sub specie justitiæ per nimiam tristitiam regendum perire contingit, qui potuit liberari per indulgentiam. Præterea bonus et discretus Augustinus in epistola ad Parmenianum dicit, vix aut nunquam excommunicandum eum esse qui in malo opere obstinatam multitudinem habet secum. Nam tolerabilius videtur uni parcere, ne in Ecclesia schisma seminetur 434 plurimorum. Et beatissimus doctor et martyr Cyprianus asserit dicens : *Schisma non est faciendum, etiamsi in eadem fide, et in eadem traditione non permaneat qui recedit.* Et Salomon in Ecclesiaste : *Scindens ligna periclitabitur in eis, si exciderit ferrum (Eccle.* x, 9). Item in Exodo : *In domo una comedetur, non ejicietis de domo carnem foras (Exod.* xii, 46). Ex quibus verbis colligitur quod sit tolerandus ab Ecclesia qui multitudinem habet secum, ne dum unum corrigere nitimur, perditio fiat multorum. Hoc etiam Hieronymus ad Augustinum scribit, dicens quod, secundum beatorum apostolorum Petri et Pauli prudentiam dispensationemque honestam, aliquando fieri necesse est quod jure reprehenditur, ne Christianæ plebi scandalum oriatur. Si vero imperatoris et regis personæ, non tamen illius terræ aliquando in summa justitia parcendum est, ne summa crescat inde malitia. Ministris Ecclesiæ penitus interdicatur, ne quod justum est injuste consequantur. De præsenti materia, si minus vel aliter dixi quam debui, ignorantiæ deputetur, et indulgeatur misericorditer. Si autem bene, benigne suscipiatur, et observetur diligenter.

APPENDIX.

PRIVILEGIUM THEODERICI

CARNOTENSIS EPISCOPI

Pro monasterio Vindocinensi, ipso dedicationis ejus die scriptum (375).

In nomine Dei omnipotentis Patris et Filii et Spiritus sancti. Ego Theodericus Dei gratia Carnotensis episcopus, universis sanctæ Ecclesiæ fidelibus notum facio, quod Gaufridus inclytus comes, et uxor ejus venerabilis Agnes comitissa, monasterium sanctæ et individuæ Trinitati dicatum in castello suo, quod Vindocinum dicitur, ex nostro consilio propriis sumptibus construxerunt, nostroque et clericorum nostrorum assensu et concessione B. Petro et ejus Romanæ Ecclesiæ in patrimonium et alodium obtulerunt, exinde futuræ vitæ beatitudinem se facilius precibus B. Petri adepturos, et præsentem felicius exacturos non vana spe confidentes. Quod cum rerum suarum amplitudine liberali munificentia locupletassent, et ornamentorum vario ac multiplici genere decorassent, ad illius venerabilis loci dedicationem nos, et multos alios episcopos et abbates vocaverunt, et ut fratres inibi Deo ex S. Benedicti norma militaturi tranquillius et absque ulla inquietudine permanerent, petierunt a nobis, ut quidquid redhibitionis sive debitæ subjectionis nostræ episcopali sedi aliæ persolvunt Ecclesiæ,

(375) De quo in notis ad Goffridi epist. 4 lib. 1.

huic noviter ædificatæ, pro summæ Trinitatis honore et amore, et eorum supplicatione, in præsentia personarum, quæ ad dedicationem convenerant, remitteremus, et ne quis ecclesiam vel possessionem ecclesiasticam in Vindocinensi comitatu, in quantum ad nostrum pertinebat episcopatum, alteri abbatiæ nisi Vindocinensi donaret, vel concederet, nostra auctoritate prohiberemus. Nos vero quod ab initio ipsius monasterii et ipsi petierant, et nos feceramus laudantibus clericis nostris, in tanto conventu confirmare justum putavimus. Concessimus itaque et concedimus, ut prædictum monasterium omnino liberum ex nostra parte, et ab omni subjectione absolutum perpetualiter existat, nullam nobis vel successoribus nostris potestatem, nullam dominationem in eo loco, sive in habitatoribus loci retinentes, sed eis fraternæ charitatis consilium annuentes, et in sua necessitate nostræ auctoritatis auxilium. Concedimus etiam eidem monasterio quidquid in episcopatu nostro hodie possidet, et quidquid in futuro juste acquirere poterit, et ne quis Ecclesiam, seu quamlibet Ecclesiæ possessionem in comitatu Vindocinensi ad nostram diœcesim pertinentem alteri monasterio nisi Vindocinensi tribuat vel concedat, prohibemus. Quod quidem concessionis et libertatis firmamentum ut veracius per tempora successura credatur, firmiusque conservetur, præsentem chartam conscribi jussimus, et in auditu popularis frequentiæ recitari, et omnes tam ecclesiasticæ quam sæcularis militiæ huic nostræ actioni obviantes, nisi dignos pœnitentiæ super hoc fecerint fructus, publica excommunicatione damnavimus. Chartam etiam istam propriis manibus posuimus super altare Vindocinensis monasterii, in signum et testimonium perpetuæ libertatis. Hujus autem rei assertores et testes nobiscum fuerunt honorabiles personæ episcoporum, abbatum et clericorum.

Arnulfus Turonorum archiepiscopus
Isembertus Pictavorum episcopus.
Gervasius Cenomanensis præsul.
Hubertus pontifex Andegavensis.
Geraldus Ingolismensis præsul.
Amelinus Albiensium episcopus.

A civitate Cornato.

Arnulfus archidiac. et præcentor.
Georgius archidiaconus.
Sigo magister scholarum.
Aginerius capellanus.
Hildegarius subdecanus.
Holduinus juvenis.
Walterius archidiaconus.

A civitate Turono.

Bovo decanus.
Wenilo archidiac. et thesaurarius.
Robertus cellararius.
Gauterius ædituus.

A monasterio S. Martini.

Goffredus decanus.
Walterius cantor.
Frogerius subdecanus.
Albertus cellararius.
Odo subcantor.

A civitate Pictava.

Arnulfus decanus.
Willelmus cantor.
Raino cantor S. Hilarii.

A Cenomanno.

Gerardus cantor.
Ingoisus. Isbertus.
Ermenulfus scholasticus.
Manselinus.
Rainardus capellanus.
Willelmus.

A civitate Andegava.

Gauslenus decanus.
Beringerius archidiaconus.
Buchardus thesaurarius.
Rainaldus archidiaconus.
Fulcoius capellanus.
Joannes scholasticus.
Gauslenus puer.
Gaufridus puer.
Petrus subdiaconus.

Ab Ingolismo.

Guillelmus archidiaconus.
Vivianus capellanus.

A Santonis civitate.

Ranulfus archidiaconus.
Acbaldus archidiaconus.

Nomina abbatum

Hugo de S. Salvatore Karofi abba.
Fredericus de S. Florentio.
Walterius de S. Albino.
Ebrardus de S. Karilefo.
Landricus de S. Petro Carnot.
Durandus de S. Gildasio.
Salomon de Bonavalle.
Hugo Longiledii abbas.
Fulco de S. Joanne.
Ansegisus pecc.
Petrus de Nantoilo.
Algerius de S. Amando.
Arnaldus de Angeliaco.
Odo de S. Sabino.
Azo de S. Michaele eremi.
Archembaldus de S. Maxentio.
Joannes de Luzione.
Theobaldus de Quinciaco.
Ansbertus de Ponteleveo.

Theudo de Burgulio.
Odolricus de S. Martiale.
Ermenteus abbas de Tufeio.
Theobaldus de S. Benedicto.

Actum Vindocinensi in Castro, anno ab incarnatione Domini MXL. Indict. VIII, regnante Henrico à Francorum rege anno nono. In Dei nomine feliciter.
Ex Calendario S. Sergii, et Chronico S. Albani.

Pridie Calend. Junii. Apud Vindocinum Castrum Monasterium S. Trinitatis dedicatum est anno ab Incarnat. Domini M. XL.

ANNO DOMINI MCVIII.

THIOFRIDUS
ABBAS EFTERNACENSIS

NOTITIA HISTORICA.

(FABRIC. *Biblioth. med. et inf. lat.*, t. VI, p. 233.)

Thiofridus, abbas *Efternacensis*, ord. S. Benedicti, obiit A. 1110. Scripsit *Vitam S. Willebrordi*, fundatoris cœnobii sui, et Ultrajectensis archiepis., a Surio editam d. 7 Dec. *Flores epitaphii sanctorum* lib. IV, qui Luxemburgi editi sunt cum Vita S. Willebrordi et cum notis Joan. Roberti, S. J., 1619, 4. Vid. Val. Andreæ Bibl. Belgicam, pag. 852; Sweertii Athenas Belgicas, p. 692. Libros *de consummatione sæculi*, ac *de novissimo die*, ex Eisengreinio ipsi tribuit Possevinus tomo II Apparatus p. 469. [Willebrordi Vita à Surio edita alia plane est ab ea quam Thiofridus scripsit; vulgavit enim Surius eam quam Alcuinus prosa oratione dedit. Thiofridi opus nunquam prodiit, uti monent Historiæ litterariæ Galliæ scriptores tom. IX, pag. 508. Aliam pariter Vitam idem abbas composuit, nempe S. Irminæ abbatissæ Heresiensis in diœcesi Trevirensi, quæ tamen nunquam comparuit. Opusculum *De fine mundi* a Possevino Thiofrido huic tributum, est Theofridi abbatis Carmeriensis, nec aliud profecto est quam liber Micrologi de lapsu mundi senario ab eodem Thiofrido scriptus, ut ex iisdem auctoribus discimus. MANSI.]

B *Thiofridi* cujusdam abbatis sermones duo *De sanctorum reliquiis*, et *De veneratione sanctorum*, primum editi cum Berengoso, Colon. 1555, 8, post in Bibliothecis Patrum, eruditis controversiam moverunt. Plerique cum Caveo ipsum sæc. XI abbatem Efternacensem fuisse contendunt, de quo supra. Auctores autem Historiæ litterariæ Gallicæ, tom. IV, p. 60, eos *sermones* ascribunt Thiofrido, qui sæculo VII fuit abbas primum Menatensis in Alvernensi diœcesi, post Camteriensis in territorio Velannensi. *Thiofridi abbatis sermones* mss. sunt in Bibl. Vaticana. Bern.—de Montfaucon-Bibl. bibl. mss., p. 154. [Quanquam sermones illi duo Bibliothecario hic noti ab auctoribus Historiæ Gallicæ Thiofrido huic abbati in t. IV operis ascripti fuerunt, in volumine tamen IX, ad Vitam Thiofridi abbatis Efternacensis eidem Efternacensi monacho, revocata priori opinione, ascribunt. Vide ibi quibus permoveantur conjecturis. Porro Thiofridus iste abbatem agebat Carmeriensem Velaunensi diœcesi. MANSI.]

NOTITIA LITTERARIA.

(*Histoire littéraire de la France*, t. IX, p. 505.)

1° Le principal et peut-être le premier écrit de Théofroi, par la raison qu'il le qualifie les prémices de son travail, est un recueil intitulé les *Fleurs de l'épitaphe des saints*, qu'il entreprit aux sollicitations de l'abbé Regemburg, son prédécesseur immédiat (MAB. *An.* l. LXXI, n. 23). On sait que cet abbé avait une vénération singulière pour les saints : ce qui le porta en 1059 à établir, du consentement de sa communauté, une fête au dix-neuvième de décembre pour honorer ceux dont les reliques étaient conservées à Epternac. C'est peut-être à cette époque qu'il faut rapporter l'origine de cet ouvrage. L'auteur le dédia plus tard à Brunon, archevêque de Trèves (BROW. *An. Trev.* I, XII, n. 9). Rien de plus magnifique ni de plus honorable pour le Mécène, rien aussi de plus modeste et de plus humble de la part de l'auteur, que l'inscription de cette dédicace, qui mérite de trouver ici place pour sa singularité. *Olivæ uberi, pulchræ, speciosæ, fructiferæ in domo Domini, sanctæ Trevericæ sedis archipræsuli Brunoni, oleaster aridus Efternacensis cœnobii hegumenus Thiofridus.* On voit par la pénultième expression, qui est grecque, et signifie le *chef*, ou *premier en dignité*, que l'auteur se plaisait aux hellénismes. C'est de quoi se ressent tout l'ouvrage, et ce qui en rend le style dur et peu coulant. On y découvre au reste une grande érudition pour ce temps-là, et une éminente piété avec beaucoup de modestie.

Le dessein de Théofroi dans cet écrit est de relever les merveilles que Dieu avait opérées et opérait encore par la vertu des reliques de ses saints, la vertu de leurs cendres, de leurs vêtements, ou autres dépouilles mortelles, et même des instruments de leurs supplices. Théofroi entreprenant d'y censurer le luxe en usage de son temps, et coloré d'un prétexte de dévotion apparente, s'exprime de la sorte : « Il ne faut pas s'imaginer, dit-il, que les saints recherchent l'or et l'argent; ils ne recherchent qu'à se rendre propices à ceux qui en font un saint usage. Ils ne désirent point qu'on leur élève de magnifiques églises où l'on voie cet ingénieux ordre de colonnades toutes brillantes d'or, ni de riches lambris, ni d'autels enrichis de pierreries. Ils ne demandent point qu'on emploie le velin de prix, comme le pourpré, pour copier les livres, ni l'or moulu pour embellir les lettres, ni les pierres précieuses pour en décorer la couverture : tandis qu'on n'a presque aucun égard pour les ministres de l'autel, et qu'on laisse mourir à sa porte les membres de Jésus-Christ dans leur nudité. »

Cet ouvrage est divisé en quatre livres. Il fut imprimé en 1619, à Luxembourg, chez Hubert Reulandt, en un volume in-4°, par les soins du P. Jean-Robert, jésuite, qui l'a enrichi de notes.

2° Dès 1555 on imprima à Cologne, sous le nom d'un Théofroi qualifié simplement abbé, deux sermons ou homélies, qui ont passé depuis dans les divers recueils qui portent le titre de *Bibliothèque des Pères*. Le rang que leur ont assigné les éditeurs du dernier de ces recueils, imprimé à Lyon, en les plaçant entre les écrits de l'abbé Isaïe et ceux de S. Maxime le Confesseur (*Bib. PP.* t. XII, p. 417-419), nous fit naître la pensée, lorsque nous travaillions à notre huitième Siècle (*His. lit. de la Fr.*, t. IV, p. 60, 61), que ces homélies pouvaient appartenir à S. Théofroi, mort en 752 abbé de Carmeri, plus connu dans le vulgaire sous le nom de S. Chaffre, au diocèse du Puy en Velay. Nous nous en expliquâmes alors conformément à cette idée. Mais nous apercevant que le style retenait le génie du xi° siècle plutôt que celui du viii°, nous eûmes la précaution d'avertir qu'il pourrait y avoir plus de raisons pour faire honneur de ces deux pièces à Théofroi, abbé d'Epternach. C'est de quoi nous sommes maintenant persuadés, après un nouvel examen. Il n'y a qu'à rapprocher de l'ouvrage précédent ces deux homélies pour ne pas douter qu'elles sont du même auteur.

L'une de ces homélies roule sur le respect que méritent les reliques des saints, par plusieurs motifs que Théofroi déduit dans un grand détail, et principalement par la vertu des miracles que Dieu y a attachée. On a vu que c'est là un des principaux objets de l'écrit précédent. L'autre homélie traite de la vénération qu'on doit aux saints mêmes, et touche encore le point du respect que méritent leurs reliques. Théofroi les prononça de vive voix, comme il paraît par divers endroits du texte, et où il que le lieu où il parlait était riche en ces saintes dépouilles : ce qui convient parfaitement à l'abbaye d'Epternach, où l'on avait le corps de S. Willibrode, premier évêque d'Utrecht, des reliques de S. Liutwin, évêque de Trèves, de l'abbesse sainte Irmine, et encore d'autres saints. On y découvre beaucoup d'érudition et une saine doctrine sur tous les points de religion qu'y touche l'auteur. Il ne cite nommément que S. Grégoire le Grand ; mais on voit bien qu'il était versé dans la lecture de S. Ambroise, de S. Augustin et des autres Pères de l'Eglise. La seconde homélie est une allusion presque perpétuelle à quantité d'endroits de l'Ecriture sainte. Le style de l'une et de l'autre est peu coupé que celui du recueil des *Fleurs de l'épitaphe des Saints*. Mais il est rempli de consonances, ce qui montre bien le xi° siècle, où écrivait l'abbé Théofroi. Le cardinal Bona (*Not. auct.* p. 45) a trouvé assez de beautés pour le qualifier un style clair et poli, *nitidi eloquii*. L'on n'y aperçoit point au moins le génie de l'auteur tourné aux hellénismes. Barthius, ne faisant attention qu'aux deux principaux caractères des écrits de Théofroi, qui sont l'érudition et la piété, le qualifie *scriptor eruditus et piissimus* (BARTH. *Adv.* l. XLII).

Le titre d'un manuscrit de la bibliothèque du Vatican annonce des sermons sous le nom de Théofroi (MONTFAUC. *Bibl. bibl.*, p. 134). Mais la place qu'ils occupent dans ce manuscrit, entre les opuscules de l'abbé Isaïe et ceux de S. Maxime, étant la même que tiennent dans les bibliothèques des Pères les deux homélies dont nous venons de rendre compte, c'en est assez pour ne pas douter que ces sermons manuscrits sont les mêmes que les homélies imprimées.

3° Il y a de Théofroi une Vie de S. Willibrode, patron, fondateur et titulaire de l'abbaye d'Epternach. Le célèbre Alcuin l'avait déjà écrite en prose et en vers avant la fin du viii° siècle, comme il a été dit en son lieu. Cet ouvrage, qui semblait devoir suffire, surtout ayant été fait par un aussi habile écrivain, et presque du même temps que le saint, n'empêcha pas que l'abbé Théofroi, soit par un motif de vénération, ou autrement, n'entreprit un nouveau travail sur le même sujet. De sorte qu'à l'imitation d'Alcuin il fit à son tour une Vie de S. Willibrode aussi en prose et en vers (MAB. *Act.* t. III, p. 630, n. 3) : l'une divisée en trente-six chapitres, l'autre en quatre livres. M. Cave (p. 559) dit que l'ouvrage est imprimé avec le *Flores epitaphii sanctorum*, et donne à entendre qu'on le trouve aussi dans Surius au septième de novembre, où néanmoins il n'y en a point d'autre sur S. Willibrode que celui d'Alcuin écrit en prose. Oudin (*Scri.* t. II, p. 949), qui fait un procès à Cave d'avoir passé sous silence l'abbé Théofroi, ce qui n'est pas, comme on le voit, épouse cependant son opinion sur les éditions prétendues de l'ouvrage de notre savant abbé. Mais jusqu'ici il n'y a rien d'imprimé que ce que don Mabillon en a publié à la suite de celui d'Alcuin, en manière d'appendice ou de supplément (MAB. *ib.* p. 629, 630).

Si cette Vie par l'abbé Théofroi avait été imprimée par le P. Robert, éditeur du *Flores epitaphii*, comme il en a fait la promesse dans sa préface, le P. Brower, son confrère, qui y a beaucoup puisé pour ses *Antiquités* et *Annales de Trèves*, se serait servi de cette édition qui, dans la supposition dont il s'agit, aurait été connue longtemps avant qu'il écrivît. Cependant il ne la cite jamais que manuscrite. L'auteur y a fait entrer dans un assez grand détail ce qui se passa à Anvers et à Walchre lors du voyage qu'il y fit pour rétablir la paix parmi les peuples de cette île. Si les trois vers que le P. Brower copie dans la relation de cet événement sont pris de l'autre Vie en vers de S. Willibrode, et que tous les autres se soutiennent également, ils feraient honneur au siècle qui les a produits.

4° Théofroi laissa aussi une Vie en prose de S. Liutwin, ou Ludwin, évêque de Trèves au commencement du vii° siècle. Il l'avait dédiée à Udon, archevêque de la même Eglise depuis 1067 jusqu'en 1078. Ainsi l'auteur l'avait écrite avant qu'il fût élevé à la dignité d'abbé, et il paraît par là qu'elle fut une des premières productions de sa plume. Mais on ignore aujourd'hui ce qu'est devenu cet ouvrage. Le docte P. Henschenius, suivi en ce point de M. Baillet (BOLL. 4. Mar., p. 314, n. 5 ; 319, n. 19 ; BAIL. 4. Mar., tab. cr., n. 3), en a voulu transporter l'honneur à Nizon, que d'autres nomment *Mizon*, abbé de Mithlac, dont il y a une Vie de S. Basin, autre évêque de Trèves avant S. Liutwin, dont il était oncle maternel. Pour l'établir, le premier de ces critiques apporte en preuve un endroit de l'écrit de Nizon, mais qui, considéré de plus près, prouve tout le contraire.

L'histoire de S. Ludwin étant naturellement liée avec celle de S. Basin, dont il était le neveu, l'élève et le successeur, Nizon qui fait lui-même cette remarque, avertit qu'il ne peut entreprendre de faire la Vie de l'un sans dire quelque chose de l'autre (BOLL. ib., p. 319, n. 19). A cet effet il a recours à celle de S. Ludwin, qui existait dès lors ; et après en avoir emprunté quelques traits, en copiant même les termes de l'auteur original, il renvoie pour le reste à l'ouvrage entier. Bien loin que Nizon dise ici un seul mot qui insinue le moins du monde que l'écrit qu'il avait sous les yeux soit de sa façon, la manière dont il s'exprime fait juger tout le contraire. D'ailleurs les hellénismes qu'on découvre dans ce qu'il en a extrait annoncent clairement la manière d'écrire de l'abbé d'Epternac, à qui d'autres monuments attribuent cette Vie de S. Ludwin. Au reste, lorsque les laborieux continuateurs de Bollandus l'auront fait reparaître, comme il y a lieu de l'espérer, on y pourra trouver d'autres preuves encore plus fortes pour appuyer ce que nous venons d'établir.

5° Théofroi écrivit aussi une Vie de sainte Irmine, vierge, abbesse d'Oëren, ou Horren, dans la ville de Trèves (MAB., *Act. ib.*, p. 532, n. 2; CALMET; *Hist. de Lor. t.* IV, par. 1, p. 123), que l'on suppose avoir été fille du roi Dagobert, c'est à dire Dagobert II, puisqu'on la fait vivre au commencement du VIII° siècle. Mais personne ne nous apprend ce qu'est devenue cette Vie, non plus que celle de S. Ludwin.

Possevin (*App.* t. III, p. 287), confondant, d'après Eisingrenius, Théofroi, abbé d'Epternac, qu'il ne place qu'en 1145, avec S. Théofroi, ou Chaffre, abbé de Carmeri dès les premières années du VIII° siècle, lui attribue un traité touchant la fin du monde et le dernier jour, avec plusieurs autres écrits en prose et en vers. Mais ce traité annoncé sous un tel titre n'est autre que l'opuscule sur le cours du sixième âge du monde, intitulé *Micrologus*, etc., dont il a été parlé à l'article de S. Théofroi (*Hist. lit. de la Fr.*, ib. p. 61), à qui il appartient, suivant le témoignage de l'auteur de sa Vie, qui écrivait au X° siècle, et ainsi au moins cent ans avant Théofroi d'Epternac.

D. THIOFRIDI

ABBATIS ET DOMINI EFTERNACENSIS

FLORUM

EPITAPHII SANCTORUM

LIBRI QUATUOR

HACTENUS NUNQUAM EDITI

Opus multa pietate, eruditione multigena et vere florida refertum.

JOANNES ROBERTI

SOCIETATIS JESU PRESBYTER, SANCTÆ THEOLOGIÆ DOCTOR,

Ex duobus mss. biblioth. Efternacensis S. Clementis Willibrordi, descripsit, recensuit, distinxit et notis illustravit.

(Luxemburgi 1649, in-4°.)

PROLOQUIUM DEDICATORIUM.

Admodum reverendo in Christo Patri, nobili atque amplissimo præsuli, D. Petro RICHARDOTO, *SS. theologiæ licentiato, imperialis monasterii S. Clementis Willibrordi in Efternaco abbati ac domino.*

Sapiens ille Jerosolymita, præsul amplissime, Jesus filius Sirach, qui renovavit sapientiam de corde suo (*Eccli.* L, 19), cum in codice ecclesiastico scripsisset doctrinam omnigenæ sapientiæ, et disciplinæ parum tamen se fecisse existimavit, nisi post omnia laudaret viros gloriosos (cap. XLIV, 1), et parentes suos in generatione sua. Nempe ostendit se esse sapientem, quem ante (cap. XXXIX, 1 seqq.) descripserat, cum diceret: Sapientiam omnium antiquorum exquiret sapiens. Rationem hujus studii justam omnino, et gravem reddit (cap. XLIV, 6), *quia fuerunt antiqui illi, homines divites in virtute, pulchritudinis studium habentes, pacificantes in domibus suis:* Sed gravior est, quam subdit (v. 13): *Filii eorum propter illos usque in æternum manent.* Quid enim justius, quam eorum te cum grata et honorifica recordatione meminisse, qui si non fuissent qui fuerunt, tu utique non esses, qui es? Hic ego, si dicam te imitatorem esse hujus

Jesu, sicut et ipse Jesu Christi, nihil utique tibi tribuam, nisi quod ab omnibus Christiani nominis hominibus Apostolus serio, et sæpius (I Cor. iv, 16; xi, 1 ; Philipp. iii, 17) exigit. Itaque hoc malo dicere quod ad meam rem proprie facit, quam eos imitari, qui ubi præfationem aut dedicationem scribunt, omnia undique, etiam externa consectantur, quæ quoquo modo ad illius commendationem spectare videantur, quem alloquuntur. Si id agerem, benigna mihi suppeteret copia. Suggereret mihi familia tua, ut de vivis sileam, tuorum fratrum magnanimum par, Franciscum et Antonium, peditum equitumque præfectos, quos pro patria, principibus, rege, fide, Deo, sanguine suo purpuratos, alterum Neoportum, alterum Reinberga, gloriosa morte occumbentes vidit. Ultro occurreret alius frater, Johannes, de cujus episcopi sui rebus gestis et vita in illustrissimo loco posita, Atrebatum; archiepiscopi, Cameracum; senatoris sui, Sanctius concilium; legati de gravissimis rebus ad se missi, summum Ecclesiæ caput pontifex max., quid non sancte, et quasi pro testimonio, referrent? Ingereret se interea alter Atrebatensium episcopus, Franciscus, patruus tuus major, nepotum utique justis laudibus pie delectatus, sed suis ita illustris ut eum Burgundia, Belgium, gravissimum orbis terræ theatrum, concilium Tridentinum, ac ipse denique orbis terræ, tot nobilissimis editis libris, non modo vita, clarissimum nov't. Jam de parente tuo præside Richardoto (hac enim nuncupatione, etsi aliud addas nihil, tota Europa est notissimus) quando mihi uni deesse posset quod dicerem, cum pluribus scriptoribus argumentum suggesserit, qui negant se calamo adumbrare posse quod ille vita expressit? Hinc reperta scribendi, laudandique ingeniosa illa et majestatis plena compendia. Burgundiæ Phœnix, alter Parmenio, Leonidas, Zopyrus, Nestor, Aristides. Si mihi de ejus rebus gestis dicendum esset uterer et ipse compendio, et tantum verbo indicarem, ejus potissimum sapientia, industriaque tria gravissima, perniciosissimaque bella exstincta fuisse: duo cum duobus potentissimis regibus; tertium, cum civibus dicam, an hostibus acerrimis? Jam genus tuum maternum, illustris familia de Baillencourt, quæ decora mihi suggereret? quæ facinora, vel domi, vel militiæ præsuntissima? Utriusque generis longo ordine hæres Claudius de Baillencourt, triremium totiusque militiæ Melitensis præfectus, illustrissimo principi D. Alophio de Wignacourt, Magno Melitensium Magistro, affini tuo; simulque toti Christianæ reip. operam etiamnum præstat, seque et majoribus suis dignum. Sed istis omissis, malo, uti dixi, ea memorare quæ proprie ad te pertinent, lubens enim audio bonum poetam :

   Nam genus, et proavos, et quæ non fecimus ipsi,
   Vix ea nostra voco.

Neque tamen omnia tua dicenda (quod panegyrici potius sit, quam brevis epistolæ) sed unum axniaxat, quod, ut, dicere institueram, cum eo, quod in manibus mihi est, ita est conjunctum, ut omitti a me non possit. Atque hoc ipsum sic dicam, ut non tam tibi id tribuam (vetat hoc pietas tua, et religiosus pudor) quam Deo Opt. Max. A quo est omne datum optimum, et omne donum perfectum (Jac. 1, 17). Ac sic faciam, quod de se profitetur divinus Bernardus, qui quiddam de fratribus suis prædicaturus, Laudem Domini loquetur os meum, inquit, non vestram. Hujus igitur Domini laudem et ego merito loquor, qui ut Maurum puerum, sibi sanctoque Benedicto, a parente Euthychio, tradi voluerat : sic te pene adhuc infantem, sibi consecrari voluit, patrocinantibus et educantibus eodem S. Benedicto et Vedasto, in quorum nobili ascetterio ad virilem usque ætatem, ut te, illisque dignum erat, eductus et informatus : ut hac quoque in re Maurum virum vir imitareris, cui puero puer assimilatus eras; utroque illo divo volente, S. Willibrordo commodatus es, cujus familiæ Efternaci præesses. Id quomodo præstes, non dicam, ne a laudibus Domini ad tuas deflexisse videar. Sed cum ipsum Dominum merito mecum laudes, qui eam tibi mentem, gratiamque contulerit, ut non modo tuis filiis omni ope consuleres, verum etiam patres tuos velut a mortuis excitares, ut ex his quoque redivivis illi haurirent vitæ beatæ præcepta, atque adhortationes, te singulis illorum occinente salutare illud carmen :

   Disce, puer, virtutem ex his, verumque laborem,

aut potius illud divinioris vatis : Interroga patrem tuum, et annuntiabit tibi : majores tuos, et dicent tibi (Deut. xxxii, 7).

Dubitabit fortassis imperitus quispiam quid mihi ista mortuorum excitatione velim. An non quodammodo a mortuis excitat, qui eos qui tam altum tot sæcula silentium tenebant, loquentes, imo clamantes inopinato facit? Altum tacebat Thiofridus, delitescentibus in unius bibliothecæ angustiis ejus monumentis, immortalitate dignissimis ; idque annos jam quingentos prope et quinquaginta. Thiofridus, cujus FLORES, sanctorum tumulis aspersi, ipsi tumulo, ut sic dixerim, oblivionis inclusi, et indignæ ignorationis, latebant : cum dignissimi essent qui omnium piorum naribus applicarentur, quippe qui sint Christi bonus odor Deo, et odor vitæ in vitam iis qui salvi fiunt (II Cor. xi, 15, 16). Quod si qui immundi scarabæi hoc tam suavi odore offendentur, nihil mirum : nam etiam ille bonus Christi odor iis qui pereunt, odor est mortis in mortem (versu decimo sexto). Hunc igitur odorem, hos FLORES producis, Præsul amplissime, non contentus iis recreari, nisi, quod sine fictione didicisti, sine invidia omnibus communices (Sap. vii, 13). Magnas tibi debebit eo nomine orbis Christianus gratias; sed tu majores Deo : qui post tot annos, te potissimum elegerit (cum tot alii, Thiofridi ante te, hæredes, de eo, æque atque ipse, siluerint) qui hanc lucernam sub modio latentem, super candelabrum poneres

(*Matth.* v, 15) *et ostenderes, tibi cordi esse illud Sapientis :* Sapientia abscondita, et Thesaurus invisus, quæ utilitas in utrisque? *(Eccli.* xx, 32). *Quæ hæc Sapientia? quis thesaurus? Epigraphe loquitur.* FLORES EPITAPHII SANCTORUM. Non sunt hi Flores decidentes, quibus horrendum Væ intonat propheta (*Isa.* XXVIII, 1). Sunt potius qui quasi rosa plantata super rivos aquarum fructificent : quasi Libanus, odorem suavitatis habeant; quasi lilium dent odorem, et frondeant in gratiam (*Eccli.* XXXIX, 17, 18, 19).

Hic videlicet odor sagaces tibi nares replevit, et effecit ut curreres in odorem *Florum* istorum. Parum hoc tibi fuit. Ne parum utilis (etsi perquam gratus) videretur odor rosæ, Libani, lilii; effloruit tibi *Thiofridi liber,* tanquam præcox uva, et lætatum est cor tuum in ea (*Eccli.* LI, 19). Longius te provexit hæc lætitia. Consiliatus es, ut enarrares quid hi FLORES odoris funderent; et enarrandi studio, ut furore repletus es. (*Eccli.* XXXIX, 16).

Nihil do auribus tuis. Adeo te vidi ferri in horum *Florum* vulgationem, ut revera ferri potius, quam tua sponte agere videreris. Mihi quidem visa est hæc præcox uva odore suo te inebriasse. Ac sic factus quasi vir ebrius, et quasi homo madidus a vino a facie verborum sanctorum (*Jerem.* XXIII, 9) quæ per *Thiofridi* os Dominus fundit : sensisti in corde tuo, quasi ignem exæstuantem, et defecisti ferre non sustinens (*Jerem.* xx, 9). Itaque totis portis apertis, hunc odorem, hos *Flores* emittis, et publici juris facis hunc Thesaurum hactenus absconditum.

Hic thesaurus, ut in tuo fundo inventus, ad te jure redit, etsi tua liberalitate, omnium futurus. Hi Flores ex tuo horto lecti, tibi potissimum offeruntur non suavius fragrantes, sed nitentes aliquanto jucundius. Opellam, quam, te volente, impendi non peto ut boni consulas. Persuadet hoc tua tibi humanitas, cui injurius sim, si odiose flagitem quod sponte mihi porrigit. Faciet eadem, ut eo alacrius recenseam Vitam magni sancti Willibrordi, ab eodem florilego Thiofrido conscriptam, et tuis item auspiciis propediem typis divulgem. Eadem opera apparebit magis ac magis Dominum, qui tibi dedit ut portares jugum ab adolescentia, imo a pueritia, ut ante dixi, tua (*Thren.* III, 27) etiam dedisse, ut levares super te. Quod ego hoc loco non videor perperam accepturus, si exponam, super se levare eum, qui animum, cogitationes, curas erigit ad majorum suorum vitam, virtutes opera et scripta cognoscenda, ac aliis quoque patefacienda; ut tu ad Thiofridum te levas, qui plus quinis sæculis supra te est; ad Willibrordum, qui fere novennis.

Sic pergito, et Ecclesiam catholicam tibi demereri ne cessa : cujus filii mecum orabunt ut ad eorum conspectum aliquando leveris in cœlum; quorum opera, et res gestas, notas esse voluisti in terris. Ita faciat ille æternus.

Luxemburgi, 21 Martii ipsis S. Benedicti, magni monachorum Patris, feriis, anno Christiano 1619.

Admodum R.

Atque Amplissimæ P. T.

Servus in Christo

Johannes ROBERTI.

LECTORI.

Vix video, quid tibi dicam, lector amice, quod vel ex proloquio ad amplissimum antistitem, vel ex Thiofridi Vita, vel ex notis meis, haurire ipse non possis. Tamen hæc pauca habe.

1. Correctiora dare non potui quæ do, meliorum librorum destitutus auxilio. Spero tamen nihil esse momenti alicujus quod commode intelligi non possit. In obscurioribus, notæ juvabunt.

2. Capitum singulorum epigraphas, tui commodi causa, capitis cujusque initio, auctoris verbis ascripsi : cum ipse ad libri initium duntaxat posuisset.

3. Notas, quo magis in promptu essent, malui singulis capitibus subjungere quam ad operis finem rejicere. Spero tibi probatum iri.

Hæc tenes? vale, et reliqua Thiofridi a me exspecta. Quin et, si potes, juva, ut alia ejus opera, aut epistolæ alicunde ad me deferantur. Curabo ut recipias cum fenore et cum gratia.

Sed heus tu. Etiam hoc verbum. Si Zelandus es, aut Hollandus, hunc librum tibi commendo, vel ob nobilem historiam, quam reperies in Vita Thiofridi, § 4.

ITERUM LECTORI.

Ut sunt tempora, mihi Thiofridi *Vitam* vulgare paranti, suggerit animus non defuturos qui dicant, non tantum illum esse, ut magni referat scire quis fuerit, quid fecerit. At, qui sic sentiat, ex iis forte sit, qui maximi faciat *Vitas* Romanorum Græcorumque a Plutarcho scriptas. Nec ego eas contemno. Quid? Philosophorum apud Laertium *Vitæ*, quid videntur? Sit et his suus honos. Quid poëtarum a Crinito vulgatæ? Poterant certe quædam ignorari sine magno detrimento. Quid *Icones* et *Vitæ Calvini*, et similium pestium, quas epidemica ipse pestis, *Beza*, inficiendo Christiano orbi, sparsit? Hunc vero dignum judico, qui, cum profiteretur se celebrare *vivos doctrina simul et pietate illustres, quorum præcipuæ ministerio, vera religio instaurata sit*: de uno tamen horum tam illustrium heroum, justo Dei justi judicio excæcatus, disertis verbis scripserit. Cum *in aula, pessima pietatis et honestatis magistra, vitam fere omnem consumpsisset, mores parum Christianos ne in extrema quidem ætate emendasse.* Is fuit clemens Marotus. En, a quo veræ religionis *instaurationem* petas! Petat Beza, illi similis. Me quidem certe rivalem non habebit.

Thiofridum nostrum cum ejusmodi monstris ne componi quidem fero. Quin et fidenter dico, et Plutarchi Catonibus, et Laertii Biantibus, et Criniti Propertiis, longe præferendum. Ita sentio: Tu, Lector, voveo ut mecum.

D. THIOFRIDI

ABBATIS ET DOMINI EFTERNACENSIS

VITA.

Ex ejus operibus studiose collecta, a P. Jo. Roberti, societ. Jesu presbytero.

Damno ipse meum institutum, erudite Lector, qui scribere aggrediar Vitam quam profiteri cogor me pene totam ignorare. Itaque rectius mutem epigraphen, et rescribam : Vitæ Fragmenta. Atque hæc ipsa sunt oppido pauca; sed, quod magni facias, ex ipso Thiofrido collecta; qui unus optime novit quid de se scriberet. Si quis aliunde juvare poterit (hactenus frustra opem imploravi) amice fecerit si suggeret; et erit, cum licebit addere. Sed ad tam brevem scriptionem, sat præfatum.

§ I. Nomen.

Non probo, qui nomen ei mutant, et vocant *Theofridum*, cum ipse ubique se scribat *Thiofridum* : aut, Latino fine in vernaculum mutante, *Thifrid*, aut *Thiefrid*. Lib. III Carm. De Vita S. Willibrordi :

Venit in emporium mandrita Thifrid memoratum.

Minus etiam capio, aut probo, quod eum quidam, nescio unde, vocabat *Theodefridum*.

An et *Vernatus* dictus censeat quis ex illo ejus versu, quo Vitam S. Willibrordi a se scriptam, ipsi sancto dedicat :

Thiefrid Vernatus, Wilbrord hoc dedico munus
Pauperis ingenii

Apage. Legendum sine dubio *Verna tuus*. Sancti Willibrordi se *vernam* vocat, qui etiam se *vernarum Domini* vocat *vernulam*, Vitæ ejusdem sancti cap. 36, quod infra in hac Vita leges.

§ II. Patria.

Nomen mihi videbatur Anglicum quid, aut Frisicum sonare. Sed nomina facile migrant. Neque aliud habeo quod addam, nisi ingenuam meæ ignorantiæ confessionem.

§ III. Vitæ decursus.

Hic iterum parum mihi liquet. Pauca quæ legi, vel collegi, accipe. Ut de Vita ejus ante ingressum in religionem, et Efternacensem coetum, sileam, de qua nihil omnino habeo quod dicam, adolescentem admodum, ac pene puerum id Vitæ institutum arripuisse, colligo ex ætate, de qua infra, § 9. Post annos religiosæ professionis, ut minimum 59, abbas factus. Vide ibid. Abbas vixit annos 28. Hoc me docet *Annotatio religiosi cujuspiam* Efternacensis, antiqua manu ad finem libri IV. Florum ascripta, ex qua et alia de Thiofrido discimus itaque eam hic verbotenus repræsento. Est ejusmodi : *Thiofridus abbas hujus monasterii, doctor egregius, dictator hujus libri, anno Incarnationis Domini M. LXXVIII, XIII Kalend. Septemb. abbatiam Romæ suscepit, eamque per XXVIII annos strenuissime rexit : vir subtilis ingenii, monimenta plurima, in prosis, et metris, et diversis historiarum cantibus, in quibus mirifice claruit, dereliquit.* Hactenus ibi, atque hæc de vitæ decursu generatim. Jam quædam particularia videamus.

§ IV. Res gestæ.

Præter illa quæ proxima *Annotatio* suggerit, ista observavi.

1. Successit Regimberto abbati, cum hic annos 50 præfuisset. Ita ms. Efternacensis, nomine Liber aureus, pag. 115.

2. Hujus Regimberti adhuc viventis fuit *coadjutor*, sive designatus successor. Sed post ejus mortem, cum quidam competitor Cæsarem adversus Thiofridum interpellaret, *pontificem* ipse vicissim adiit, qui ea tempestate erat *Gregor. VII*; quo æquissimo judice jus suum obtinuit, ac sic quod ait *Annotatio*, *abbatiam Romæ suscepit*. Vide Bertelium in Historia Luxemb. et Catalogum ms. abbatum Efternac.

3. Jura et libertates Efternacensis monasterii per Cæsarem-Henricum quartum confirmari curavit. *Liber aureus* cum Cæsareum diploma posuisset, sic concludit pag. 101 in fine : *Hæc acta sunt anno Dominicæ Incarnationis M. XCV, Indictione III; anno*

vero domini imp. Augusti Henrici regni XL, imperii XII, annitente venerabilis domini abbatis Regimberti successore Thiofrido. Addit : Testes hujus concessionis, et confirmationis idonei, et nobilissimi sunt isti. Henricus Palatinus, etc. Videlicet tanti erat tum Dei ecclesias beneficiis prosequi, ut et Caesares id unice studerent ; et maximi quique principes, vel testium vice adesse, sibi honorificum in primis ducerent. Jam, quomodo in eo genere res habeant, videmus. Sed omittendum non est, ab ipso Thiofrido scripta videre illa verba proxime ex *Aureo libro* descripta. Quis enim alius defunctum quidem *Regimbertum, venerabilem dominum abbatem* diceret; Thiofridum vero, tum ad sacrae gubernationis clavum, sedentem, ne uno quidem honoris vocabulo dignaretur?

4. *Gichilingen allodium apud Born, et Alstorff comparavit, eaque fratrum usibus delegavit*. Verba sunt *Catalogi abbatum Efternacensium*.

5. Magnum virum fuisse Thiofridum, et in aestimatione maxima, ex eo apparet quod Bruno Treverensis archiepiscopus, eum non modo intimum amicum habuerit, sed et *animam illi suam commendarit*, ut leges in epistola hujus operis *Florum* dedicatoria. Hoc accipio, tanquam ei fuerit a *sacris confessionibus*, et *sacris conscientiae consiliis*. Perseveravit hic Brunonis in Thiofridum amor, et affectus ad hujus usque *mortem*, imo *sepulcrum*. Docet hoc *Catalogus abbatum* : *In senectute bona*, inquit, *obdormivit in Domino, sepultusque est in conventu, a Brunone Treviransi archiepiscopo*. Fuit porro hic Bruno ex illustri comitum Brethermiorum, et Lauffensium familia patre Arnoldo, matre Adelheida, ut refert Christophorus Browerus noster in Annalibus Trevirensibus, hactenus non editis, ad annum Christi 1102, qui et ibi, et deinceps tum alia memorat de Brunonis virtutibus, atque in primis de insigni ejus munificentia: tum illud de ejus auctoritate, et summa dignitate, vicedominatum pro Henrico Caesare, rerumque summam obtinuisse; et in maximis reip. motibus, gubernacula scite, sapienterque tractasse. Nec mihi dubium est quin etiam ad haec, nostri Thiofridi optimis saluberrimisque consiliis uteretur.

6. Inter ista rerum Thiofridi fragmenta, religioni mihi ducam, praetermisisse singulare ejus facinus, in quo, si alibi usquam, apparet ejus tum prudentia, tum auctoritas, tum sanctitas. Accedit, quod gemmula quaedam est historiae, quam non temere alibi reperias, cum sit memoria dignissima. Gratias mihi pro publicatione agent (certe debebunt) tum quivis alii antiquitatis studiosi, tum maxime Belgii ocellus, Antuerpia, et Walichrensis insula, atque in ea Mittelburgensis urbs. (Heu! ubi hujus jam, antiqua illa catholica pietas?) Sed multo majores gratias debebunt admodum reverendo, atque amplissimo viro, D. Petro Richardoto Efternacensi abbati, ac domino, qui ejus narrationis copiam ex divi Clementis Willibrordi bibliotheca, fecerit : longe autem amplissimas ipsi Thiofrido, qui talia et sic patraverit, et sic piae posteritati, immortalibus scriptis tradiderit. Unde piaculum censeam, vel me verbum in ejus verbis mutare, vel a quoquam illi fidem abrogari. Igitur in Vita Willibrordi, quam triginta sex capitibus distinctam accurate scripsit Thiofridus (habebit hanc Vitam, publico hactenus non visam, notulis aliquot meis illustratam, antiquae pietatis amans Lector, favente coelesti Numine) cum capite 35 exposuisset accurate, quemadmodum Walichrenses bello graviter vexati a Ruperto juniore, Balduini filio, Flandriae comite ope divi Willibrordi, nobilem, atque adeo miraculosam victoriam obtinuissent : de bello deinceps intestino, inter ipsos exorto, caput 36 texit : quod ecce habes cum sua epigraphe.

Caput xxxvi. — *De adventu Ygumeni Thiofridi in Walichrensem insulam et pace ibi reformata et confirmata per jucunda miracula.*

« Post, ubi pericula virtute et Domini gratia propulit, (nempe insula Walichrensis) ab externis bellis, velut in viscera sua, arma convertit, et exemplo furentium, manus ac membra sua, ipsa caesura, ab hostili, in civilem sanguinem ferrum exacuit. In perniciem exarsit mutuam, et caesis nobilioribus insulae primatibus, in tantam prorupit discordiam, ut neque libere ingredi, neque egredi ulli esset copia. De uno populo duo compugnantia effecta sunt corpora, et eorumdem castrorum homines in duas hostiles divisi sunt acies. In partibus exitialis odii adeo conflagravit incendium, ut absque apparatu armorum, et coetu contribulium, et satellitum, ne ipsa quidem Parasceve, qua summus veri tabernaculi pontifex ac pastor essentialiter bonus pro ovibus suis animam suam ponens, domino Patri obtulit sacrificium, sanguinem suum, inaestimabile mundi pretium; auderent accedere ad deosculandum lignum dominicum. Fessis demum, et fractis, post multa suorum funera, variosque labores, in tanto aestu periculorum, tutissimus portus consiliorum visus est, communi Legatione Efternacensem ygumenum Thiofridum philochristum ad se accersere, ut ex auctoritate praecluis patroni Willibrordi, cujus vice fungebatur, mersis rebus suis consulere : et disturbatae pacis foedera operam daret, reconciliationis gratia, reformare et componere. In portu Antwerpensi eum adventantem biduo exspectaverunt cum sedecim longis navibus; sed eo necessitate itineris, moras innectente, generalis placiti sui, quod tertio imminebat die redire coacti exactionibus, ejus adventus et susceptionis honorem necessariis suis, et dilectoribus commendaverunt; ipsius emporii magistratibus. Aruerant autem omnia sata eorum, aeris intemperie, nec irrigabantur ullo humore roris et pluviae, sed minitabantur sterilem annum messibus ingruere. Cumque classem velis cedentibus ventus incumberet propellere, mediumque rates profundum tenuissent, mente licet lugubri, ingenti tamen accensi ardore fidei, exclamaverunt devotione hilari: o Domine, o sancte Willibrorde, si venturus es ad nos, tuum peculiarem populum, apostolatus tui in domino signaculum, evidens da indicium, et antequam portu condamur alto, fac descendere ac influere imbrem frugiferum. Nec mora subito *intonuit lævum, et turbida testantur conceptum æquora ventum.* Jamque polo pressæ nubes densantur in imbres, spissatæque fluunt, et caumatis ac siccitatis dispendia excludunt. *Pluviam voluntariam Dominus hæreditati suæ segregavit*, quo evidentissimo clementiæ suæ signo dilecti sui in spiritu adventum declaravit. Nauticus illico clamor ferit æthera, et adductis lacertis spumant, ac dehiscunt, convulsa remis, rostrisque stridentibus æquora, et omnes ecclesiasticum, non nauticum, concinentes celeuma, in sua hilares prosiliunt littora. Vix vero illis propria subeuntibus mœnia, vicarius egregii antistitis Willibrordi, ab universis Antwerpensibus, longe a civitate, cum sanctorum suorum pixidibus, auri et argenti operoso artificio incusis, procedentibus obviam, sicut angelus Domini, sicut Christus Jesus, cum ingenti susceptus est gloria; ibique dissidentibus reductis in gratiam, et confœderatis pace firmissima, eorum honorabili evectique transvectus est in Mitthilburgensis portus navalia. In crepusculo diei, ejus comperto adventu, omnes utriusque sexus et diversæ ætatis insulani *læto complerant littora cœtu*, et eum, ac si ipse communis eorum patronus, et Dominus in carne venisset, intimæ devotionis affectu ac honoris magnificentia exceperunt, et hymnilogica vociferatione in orationis proseucham deduxerunt. *Postera cum primo stellas oriente fugaret clara dies*, per læta frequentes convenere limina, et coram legato Domini, ad firmandum rerum præsentium statum, contra morem barbaricum, summa astitere disciplina, ac reverentia. Sed *ille regens dictis animos et pectora mulcens* primum aggredi, ac tractare mediocria, in crastinum decrevit differre majora et magis aspera. Cumque his intentus, eorum, et aliorum quos idoneos ducebat, haberet consilium, vidit cominus quemdam de grege inopum, prosterni, et amplecti pedes cujusdam ex prosapia, et ordine divitum, cui aliquando inconsiderata insolentia inflixit vulnus pene irremediabile, et lætiferum. Exsurgit, accurrit, cum prostrato prostratus genua ejus exosculatur, et deposito in terram ante abnuentem et obstinatius renitentem egregii antistitis baculo, gratiam delicti pœnitenti facere deprecatur, monet, ac obtestatur. Adamantinum vero illius cor et contemptor animus, nullis sanæ doctrinæ fomentis emollescit, ac conclamantibus, et tantam duritiem detestantibus, universis circumstantibus, non erubescit, non adquiescit. Impos animi discessit, erupit, domum rediit, et ibi e vestigio contemptus, et inobedientiæ suæ pœnas luit; energumenus enim factus omnes astantes percussionis suæ spectaculo perterruit, et omni viciniæ, et familiæ suæ summum mœrorem et luctum intulit. Anhelum ejus pectus, et protensus aqualiculus crebris et gravissimis exagitari pulsibus, et sonus audiri, quasi costarum cratem, et stomachum interius aliqua vis duris propulsaret vectibus. Et quid tanto

A cruciatu crudelius, quid amarius? Tanta divinæ ultionis animadversione clientes illius, et contribules exterriti, multa supplicatione defatigatum compulerunt illo ire veredariuin Domini, ut captivum de tanti eriperent amaritudine supplicii. Venit, scriniolum suum, in quo portiuncula costæ clementissimi Patris Willibrordi recondita est, ventri arrepticii superposuit, et e vestigio Zabulus, quia tantæ sanctitatis pondus ferre non potuit, vas quod ob vindicandam inobedientiam arripuit ad glorificandam summi opificis potentiam deseruit. Tripudium ingens exortum est, quia *salus domui illi facta est*, quia filius Abrahæ a filio æternæ mortis liberatus, et absolutus est. Interea in concione astantis et exspectantis populi, nobilitatum est aliud signum, de causa quidem B simili, sed pœna dissimili. Procidit quidam in faciem ante vulneratum jam pridem a se divitem, ac summis precibus laboravit eum sibi efficere propitium et placabilem. Accessit una ad negitantem et reluctantem interpres domini ygumeni Ekehardus cœnobita egregius, ante conversionem inter principes ejusdem insulæ nominatissimus, accessit inquam et pluribus ac humillimis supplicavit supplicationibus, et genuum inflexionibus, ut veniam petenti, ejus jure gentium aversus, pie propter dominum, et Clementum Wilibrordum reconciliaretur animus. Sed ille improbus juvenili fastu exaudire contempsit, exilivit, discessit, et paululum secessit, cum ecce ultio in eum divina incessit. Nam sicut interiores C interiori, sic exteriores oculi ejus exteriori privati lumine subita obtenebrati sunt cæcitatis caligine; et cujus *iniquitas prodiit quasi ex adipe*, et qui non flagellatus intumuit flatu superbiæ, et non timuit *os suum in cœlum ponere*, quid esset sentire coactus est sub verbere. Impingebat et impingebatur huc et illuc palpans, vacillans vertebatur, et *confusione sua sicut diploide indutus* occursum et conspectum hominum verebatur. Occurrit tandem illi offensus nutanti pedibus genitor ejus totus imbre lacrymarum perfusus, et increpans duritiem cordis ejus, porrecta manu reduxit eum in locum unde bile commotus temerario ausu est egressus. Veniam ibi supplici suo dedit, visus claritatem recepit, illuminatori omnium quantascunque potuit grates rependit. Pulchrum specta- D culum illo die divina pietas piis mentibus exhibuit, et elatis formidinem, et maximum incutiendo terrorem, futuræ pacis, et reconciliationis fundamentum posuit. In angusti temporis articulo, in duobus viris quatuor celebrata sunt miracula, alter quippe pro contemptus sui reatu, desipuit amentia, et pro multorum profectu resipuit, ac saniori convaluit intelligentia: alter *in oculo fratris festucam videns, in suo trabem non videns*, cæcitatis incurrit offendicula: sed ductus pœnitentia, clariori lumine illustratus est in corpore ac anime. *Proxima vero cum prima lustraret lampade terras orta dies*, uno animo, eademque sententia totius insulæ, quasi apum examina, convenerunt agmina, ut coram vicario pontificis egregii, et ejus reliquiis, examinarentur, et terminarentur omnium causæ ac jurgia, et sopirentur simultatum veteres offensæ et exitialia odia: *Steterunt, ut stellæ in statione sua et ordine*, et subtilissima indagine investigaverunt lucem, et consilia prudentiæ, quia omnes viæ ejus pulchræ, et omnes ejus semitæ pacificæ. Nec mora, æterna sapientia, quæ se cecinit per os Salomonis Ididæ, *Eruditis*, inquiens, *intersum cogitationibus; meum est consilium, et æquitas, mea est prudentia et fortitudo; per me legum conditores justa decernunt* : occultæ inspirationis suæ gratia, in unius ejusdemque consilii summam, omnium illexit pectora, ut de singulis in utraque parte peremptorum familiis, septena sanguine proxima eligerentur capita; et eorum ac præsidentis Dominici archimandritæ, et comitum ejus, decreto, ac investigatione diligentissima, componerentur firmissimæ pacis fœdera. Igitur juxta commune illorum consilium, ac decretum, rei sanguinis depositis prius, more gentis, trigenis, tripla compositione libris, vellent, nollent, ne qua dissensio nasceretur ex anteactis, in æternam discordiarum oblivionem, effecti sunt milites ultorum sanguinis. Nullo humano sed divino terrore, viri ea formæ pulchritudine, et corporum proceritate, et virium ac sapientiæ magnitudine præditi, ut qui eos ignoraret, non ex una gente, sed ex toto terrarum orbe, electos judicaret; viri inquam, genere, fama, et opibus excellentissimi coacti sunt, longe se inferioribus pupillis submitti, et obsequi : quod quasi dedecus improperii, nisi cœlesti virtute essent coerciti, mallent morte lucrari quam perpeti. Notandum profecto, et pro summa admiratione in posteros est transmittendum, quod gens tam aspera, audax, bellicosa, quæ nunquam ferro edomari potuit, simplicium verborum loris se ligari, et constringi pertulit; et ut de ipsius veredarii domini edictis taceamus quidquid præfatus interpres ejus, ex auctoritate ejus, et sancti Patris Willibrordi jussit, ac si ex ipsius ore juberetur, nemo omnium temerare, aé transgredi præsumpsit, nemo parere distulit; tantus in omnes domini terror irruit. *Pax* exinde *bonæ voluntatis* tam privata quam per mirifica antistitis egregii Clementis Willibrordi merita, tanquam ipso corporali assidente consessu, ac ordinante, reparata, et jurisjurandi sacramento confirmata est, non modo in Walichrensi, sed in omni adjacente insula, et *aurea fruges pleno cornu defudit copia*; et per duorum mensium curricula, quibus ibi moras pro communi utilitate innexuit ygumenus vernarum domini vernula; nulla ibi opera, nulla exercebantur studia, nisi gaudium, honor, et tripudia, mira exsultatio, festi dies, epulæ, et convivia. In summa tum demum honoris magnificentia rediit in patriam, et cum ingenti totius civitatis suæ in occursum ejus effusæ susceptus lætitia, sempiternæ Trinitati laudis debitæ immolavit hostiam. Ac nos quia *immensum spatiis confecimus æquor, et jam tempus est equum spumantia solvere colla*, præterito quodam inusitato miraculo, videlicet quod in basilica sanguine tanti Patris dotata, furto ablatum de cruce argentum, admoto igni, per triduum non potuit conflari; et secatum in æquas partes in seminarium dissidit trium nominum, viris nullomodo visum est exæquari; pallium vero altaris non forfice, non cultello, postremo non gladio acutissimo valuit scindi : præterito, inquam, signo tam mirabili, finem longo operi imponamus, ut in fine, qui est sine fine, permaneamus; in Christo Jesu, unico Domino nostro; multimodas pro modulo nostro, grates ei solventes, super omnibus quæ reddidit nobis, et super multitudinem bonorum, quæ per inclyta dilectissimi sui Clement's Willibrordi, patrocinia, largitus est nobis secundum indulgentiam suam, et secundum multitudinem misericordiarum suarum, cui laus, honor inexcogitabilis, ac ineffabilis gloria, et imperium per infinita sæcula. Amen. »

Claudit Vitam S. Clementis Willibrordi Thiofridus noster hoc nobili capite, in quo, si quid esse videbitur aliquanto obscurius, ejus explicationem candidus Lector reperiet loco proprio; id est in ipsa S. Willibrordi Vita, quam, Deo et sancto ejus bene juvantibus, non ita multo post emittemus.

Cæterum (quod rectius forte ante hoc caput posuissem) tacere plane non debeo, quod Thiofridus meus non tacuit extremo capite 35. Post illam, quam dixi de Ruperto comite relatam miraculosam victoriam, *Victrix phalanx*, inquit Thiofridus, *post tanti triumphi gloriam, debitæ laudis Triumphatori omnium solvit victimam : et votum suum, quo se ante obligaverat, renovans, et confirmans, duo devicti principis vexilla ad Efternacensem transmisit Ecclesiam, ibi conservanda in æternam collatæ sibi per magnifici pontificis Clementis Willebrordi merita gloriosæ victoriæ memoriam.* Hæc videte, et majores vestros cogitate Walichrenses Zelandi, et vicini Hollandi.

§ V. *Virtutes et sanctitas.*

Non is fuit Thiofridus, qui virtutes suas ebuccinaret, sanctitatem ostentaret. Sed tamen, ut aromatum, quantumvis occulte gestes, studiose celes, odor erumpit tamen; sic virtus emicat, etsi premas. Evenit hoc auctori nostro, cujus, ut aliàs virtutes taceam, Humilitas passim splendet,

. . *velut inter ignes*
Luna minores.

Hæc talem tantumque virum facit oleastrum aridum, et nullius momenti Efternacensis cœnobii ygumenum (*Præm. Florum*, initio). Hæc eumdem facit terram, et indignum scabello pedum Domini (*ibid*). Hæc multis, maximisque a Deo, cœlo terraque probantibus, et plaudentibus, gloriosum miraculis, et in eorum, ut sic dicam, medio natantem; efficit tamen « vernarum Domini vernulam » (*Vitæ S. Willibrordi cap.* 56.) Eadem denique, « cujus in quamvis procelloso mari, regendæ navi aptum gubernatorem, negat tamen vel scapham in lacu regere posse. » (*Prolog. in Vitam S. Liutwini.*) Jam Religio, et Dei, sanctorum, sacrarum reliquiarum cultus, ex totis his, aliisque ejus libris, notior est, quam ut ullis meis verbis explicari debeat.

Charitatem, et publici boni studium in eodem leges, cum hæc ejus verba leges : « Nimia charitas, quæ omnia potest, omnia sperat, omnia sustinet, nos impellit, tumida malo vela suspendere, rudentes explicare, clavum regere, et S. Spiritu cursum prosequente, considere. » (*Prolog. in Vitam S. Liutwini.*)

Reliquas hujus S. viri virtutes, tute ipse in scriptis ejus deprehendes, miraberis, et, quod voveo, imitaberis.

Huic paragrapho præscripsi etiam sanctitatem, quam scio equidem in Dei gratia, virtutibusque consistere. Itaque dum de virtutibus dixi, satis de sanctitate dixisse videri possum. Sed ego illustria quædam sanctitatis signa præterea addere velim, quæ qui videat, statim sanctitatis opinionem concipiat. Ejusmodi sunt, quæ paulo ante ex ipso Thiofrido posuimus, in Walichrensi insula patrata. Ejusmodi quod idem, divinum quemdam odorem percipit e sanctorum reliquiis, ut disces ex lib. 1 Flor. cap. 6. Ejusmodi alia, quæ ipse notabis.

§ VI. *Familiares et contemporanei.*

Pertinet ad illustrandam Thiofridi Vitam, scire cum quibus familiariter versatus sit. De Brunone archiepiscopo, ante audisti, suam Thiofrido *commendasse animam*. Regimbertus, abbas, vir sanctus de Thiofridi tum sanctitate, tum eruditione et stylo, eam opinionem habuit, ut dignum censuerit, cui scribenda committeret, quæ a Spiritu S. ipse acceperat (lib. IV *Flor.* c. 7).

Vixit cum abbate Humberto, homine *summæ religionis*, ut ait ipse Thiofridus, et sanctitatis ut narratio indicat lib. 1 *Flor.* c. 6.

Addamus, hoc ipso tempore vixisse in orbe Christiano viros multos, sanctitatis et eruditionis laude clarissimos, cum quibus (*certe* aliquibus) fas est credere, nostrum Thiofridum, vel colloquii, vel litterarum, habuisse commercium. Tales *Gregorius VII*, pont. max. *Lanfrancus Cantuar. archiep. Hugo archiep. Gratianopol. S. Bruno Carthusiensis instituti auctor, Ivo episc. Carnotensis, S. Anselmus Cantuar. archiepisc. Robertus Cistertiensium fundator*; et alii plures.

Sed sine conjectura, et controversia, constat, familiarem fuisse, maximis illis Mediolacensis cœnobii viris, de quibus ita refert in Vita S. Liutwini, cap. 5 : *Nostra quoque memoria, tam clara mundi luminaria, tam magnifica ibi* (Mediolaci) *virorum claruerunt nomina, ut qui minimus inter eos censeretur ordine, dignissimus haberetur summi honoris culmine : et quæcunque Ecclesia ex eis nacta esset rectorem; ut mundus solis jubare, sic ejus doctrinæ, ac virtutum, illustraretur lumine.*

Cæterum tot aliorum præclarorum virorum conditione, et fortuna usus Thiofridus, *adversarios* etiam, *Momosque* habuit. Lege Prolog. *Flor.* et Vitæ S. Liutwini.

§ VII. *Eruditio, stylus.*

Eruditione fuit Thiofridus, ut illis temporibus maxima, et quod magis mireris in cœnobita, maxime varia. Scripturam fere perpetuam loquitur, ut post illum S. Bernardus. Sensus mysticos a S. Gregorio Magno potissimum mutuatur, etsi sæpe adhibet suæ inventionis, eosque acutissimos. Patres reliquos, Augustinum maxime, sæpe allegat. Historias sacras, profanasque diligenter legerat; et illas sæpe ac perite admodum adhibet. Oratoriam, et Poeticen, et utriusque vim, mirari licet in eo, qui nullo magistro, (ut bonis argumentis conjicio) nulla disciplina, suo studio omnia assecutus erat. Notabis etiam philosophiam mathematicasque disciplinas suis locis, docte, graviterque, in medium adductas. Quid quod theologiam scholasticam, ut alibi noto, usurpavit, antequam vel ejus magistri, vel nomen, inter eruditos, audiretur? Linguas, Græcam, et Hebræam non ignoravit, etsi, quod usus deesset, non videtur eas perfecte assecutus. Jam

Stylus qui sit, vides. Copia in eo verborum, ac sententiarum, ingens, periodi rotundæ, et velut circino in orbem actæ : sed eædem ut plurimum nimis longæ, ac sic, impeditæ, et dormitantem lectorem fallentes. Remedio erunt, ni fallor, notulæ nostræ, quibus totam ejus sententiam breviter, ac dilucide comprehendimus. Frequens est in allegoriis, antithesibus, allusionibus ad Scripturas, historias, poetas. Affectatio Græcanicarum vocum delicatiores aures offendit. Vides me non agere Thiofridi encomiasten, qui vitia quoque ejus aperiam : etsi ea lubens tribuo sæculo, et magistri inopiæ.

§ VIII. *Scripta.*

Quæ hactenus videre potui, sunt : Vita S. Liutwini, Flores Epitaph. Sanct. Vita S. Willibrordi prosa, atque eadem carmine heroico. Item Sermo in ejusdem sancti natalem, et alter Sermo in natalem S. Wlgisli, qui pater fuit S. Willibrordi. Plura fuisse testatur Annotatio supra a me laudata, § 4, et aliquot Fragmenta apud Jodocum Coccium in Thesauro Catholico.

§ IX. *Ætas.*

Centenarium obiisse puto, aut centenario proximum. Hoc ut ostendam, attende.

Abbas factus anno 1078, duravit annos 28, desiit ergo 1106.

Atqui vivebat anno 1031 ut constat ex lib. I, Florum cap. 6, litter. O.

Habes annos 75.

Jam, fuisse tum non multo minorem 25 annis, res illo capite narrata, satis indicat.

Adde, quod scribunt Bertelius, et Miræus, obiisse Thiofridum anno Domini 1110.

Quod si est, abbatiam quadriennio ante mortem, tradidit successori Gerardo.

Ac sic, etsi 24 annorum tantum fuit in illo cap. 6, obiit tamen CENTENARIUS.

THIOFRIDI VERSUS DE SUIS FLORIBUS.

Extruo pyramides, ciboria, colligo FLORES,
Spargo super tumulos sanctorum carne sacratos.
Vincla, cruces, crates (1) *serras* noto, saxa, catastas.
Mundi vita, salus tot eorum sunt cruciatus.

(1) *Serras de meo addidi, fulciendæ carminis labentis ruinæ, neutro exemplari juvante*

INCIPIT PROHEMIUM (2) IN LIBRUM (3) FLORUM (4) EPITAPHII SANCTORUM.

Olivæ (5) *uberi, pulchræ, speciosæ, fructiferæ* (Jerem. 1, 16), in domo Domini, S. Trevericæ sedis archipræsuli Brunoni (6); oleaster aridus (Rom. 11, 17), (7) Efternacensis cœnobii nullius momenti (8) ygumenus, Thiofridus (9) psyches et somatis incorruptionem, et internam summi boni contemplationem.

Antequam, domine mi, præsulum gemma, et gloriosa initio, et in carmine, imagini, ad ipsum libri limen, inscripto, ubi sic canit:

(2) *Prohemium.* Monet me hæc prima vox, ut semel dicam, Thiofridum nostrum, suos quosdam modos habere orthographiæ, quos morosus quispiam *kakographiam* potius vocet. Sed usui deferendum in his talibus, de quo, ut Flaccus eleganter,

Quem penes arbitrium est, et jus, et norma loquendi :

sic eodem jure dixerim, *scribendi.* Sed et si quis molestius acclamet, originem manifeste reclamare, sciat, non fuisse meum, in alieno scripto auctoritatem mihi vindicare, et scalpello, ac spongia pro arbitrio, uti. Appareat etiam in his Thiofridi sæculum. Cæterum, aliæ voces occurrunt, quæ, etsi a vulgato scribendi more abhorrere videntur, bonos tamen auctores habent, atque adeo magnos : si non alios, at poetas. Ejusmodi sunt *ammirari, optinere, abicere, disicere, adprime, amminiculum, inlecebræ, inlectus, flagrantia* pro *fragrantia, ortus,* pro *hortus.*

(3) *Florum.* Merito sic vocat. Florida in hoc opusculo omnia, atque adeo meri Flores. Ut de dictione nihil dicam (quam eo sæculo, non floridam tantum dicas, sed et *gemmeam*) rem vide. Nugari fateberis Græculum, qui undique, etiam e fæce, hausta epigrammatariorum, ἀνθολογίαν vocavit : affanias, Apuleii *Floridorum* libros : *apinas* Stobæi e Philosophis comportatas in communes locos, sententiæ, quas Suidas ἀνθολόγιον dixit. Longe hos, et hæc præcedunt hi flores, hic florilegus. Denique quod de se mentitus est Carus, id jure, et vere gloriatur Thiofridus Deo charissimus.

Floriferis ut apes in saltibus omnia libant,
Omnia nos itidem depascimur aurea dicta. (Adde et *facta*).

Aurea perpetua semper dignissima vita.

Lege, et mirum, ni Florum istorum suavitatis odore illectus, optes te, totum esse nasum.

(4) *Epitaphii Sanctorum.* Videlicet sepulchra, monumenta, reliquias sanctorum, ornanda sibi sumpserat. Spectat et veterum Christianorum morem, qui hodieque perseverat, sanctorum monumenta floribus spargendi. Calvinistæ idololatriam inclamant, sed nos eorum blasphemiam et impietatem. Utri rectius? judicet Augustinus; imo judicet Deus, et ejus thaumaturga manus. Narret ipse suis verbis antistes Hipponensis : *Ad aquas Tibilitanas, episcopo afferente Projecto, reliquias martyris gloriosissimi Stephani, ad ejus memoriam veniebat magnæ multitudinis concursus, et occursus. Ibi cæca mulier, ut ad episcopum portantem pignora sacra duceretur, oravit : flores, quos ferebat, dedit, recepit, oculis admovit, protinus videt. Stupentibus, qui aderant, præibat exsultans, viam carpens, et viæ ducem ulterius non requirens.* (*De civitate Dei*, lib. XXII, cap. 8.) Hanc mentem fuisse nostro Thiofrido, ipsimet credo, id affirmanti lib. IV, cap. 7,

ipso initio, et in carmine, imagini, ad ipsum libri limen, inscripto, ubi sic canit:

Flores
Spargo super tumulos sanctorum carne sacratos.

(5) *Olivæ uberi.* Gaudet noster scriptor allegoriis, et Scripturæ sensibus mysticis, et accommodatitiis, quibus perite admodum utitur, ut legens deprehendes. Huic allocutioni gemina, et germana est illa Vitæ D. Willibrordi : *Plantatis in domo Domini cedris Libani,* etc.

(6) *Oleaster aridus.* Iterum prooemio Vitæ S. Willibrordi : *Oleaster insertus olivæ in misericordia uberi,* etc.

(7) *Efternacensis cœnobii.* Scio scribi et Epternacum, et Echternacum. Sed, variantibus auctoribus, cur alium sequar quam qui in manibus est?

(8) *Ygumenus.* Iterum sic se vocat Vitæ S. Willibrordi soluta oratione scriptæ, ca. 36, quod est ultimum; et in carm. lib. III. Arbitror esse Græcanicum ἡγούμενον quod *ducem, ductorem, præfectum* significat. Græcis vocibus, textui suo miscendis delectari hunc auctorem, totis ejus operibus claret. Eas maxime adhibet, quibus divinæ litteræ utuntur. Porro apud Matth. legis (cap. II, 6). ἐκ σοῦ γὰρ ἐξελεύσεται ἡγούμενος, *ex te exiet Dux;* et apud Lucam (XXII, 26) ὁ ἡγούμενος ὡς ὁ διακονῶν, *Qui præcessor est, sicut ministrator.* Et apud Stephanum (Act. VII, 10.) κατέστησεν αὐτὸν ἡγούμενον ἐπ' Αἰγύπτου. *Constituit eum præpositum super Ægyptum.* Eodem lib. (XIV, 11) ἡγούμενος τοῦ λόγου, *Dux verbi.* Denique cap. XV, 22, ἄνδρας ἡγουμένους ἐν τοῖς ἀδελφοῖς, *viros primos in fratribus.* Significat itaque Thiofridus se abbatem esse, ac reliquis præpositum. Unde in Carm. loco allegato, non ita multo post, tanquam se explicans de se ait :

Venit in emporium Mandrita Thifrid memoratum.

Neque alibi usquam, quod sciam, ulli eam nuncupationem tribuit, qui cum imperio aliquo non sit. Sic etiam Thiofridum intellexit Christophorus Browerus noster, inter cujus, τοῦ μακαρίτου, schedas, hoc adnotamentum se reperisse testatur Joannes Dulmenius, Societatis nostræ sacerdos, aliquanto post datas ad me super ea re, aliisque, litteras, immatura morte exstinctus, et cum eo, multa eruditio, et magnæ spes. His scriptis, incido in octavam synodum, et in ea, in epistolam Ignatii Constantinopolitani patriarchæ ad Nicolaum papam, in qua ista verba : ἡγουμένων τε καὶ πρεσβυτέρων, καὶ ἑτέρων μοναχῶν πλῆθος ἄπειρον, etc., ubi ἡγούμενοι manifeste sunt monachorum præsides, sive cœnobiarchæ. Nam alioqui non recte diceret, ἑτέρων μοναχῶν.

(9) *Psyches et somatis.* His Græcis vocibus, præ aliis, frequentissime paginas suas aspergit. ψυχῆς, καὶ σώματος, *animæ et corporis.*

ria, (10) archiantistica ascendissetis fastigia, ut David Jonathæ, sic sanctæ vestræ animæ mea (11) exasperatrix conglutinata est anima (*I Reg.* xviii, 1), cum pro honestissima morum comitate et modestia, tum ex (12) consanguineorum vestrorum, summæ generositatis et dignitatis heroum, in me dignatione, ac benevolentia. Ex quo autem per divinæ providentiæ multiformem gratiam inthronizatus, mihi vilissimæ favillæ familiarius vestram, quasi alicujus apud Dominum essem momenti, commendastis animam: *in meditatione mea* intimæ dilectionis vestræ ardentius *exarsit flamma* (Psal. xxxviii, 4), et in vos, omnes et totas cordis mei effudi medullas et viscera. Et Jesum testor, et sanctos ejus, et regnum ejus, in amicitia mea nihil fictum, nihil simulatum est : sed quidquid est, id totum verum, totum voluntarium est : neque ut munificentiam vestram ad impendenda mihi ac meis quælibet beneficia astu alliciam, sed ob divulgatæ ac notæ virtutis vestræ excellentiam. Nihil enim est, ut oratorum rex protestatur Tullius, virtute amabilius, nihil quod magis alliciat ad diligendum ; quippe cum propter virtutem et probitatem etiam eos quodammodo diligamus, quos nunquam vidimus. Igitur,

(15) *O et præsidium et dulce decus meum,*

et corona totius per orbem cleri, nullius unquam immemor honestatis ; ob tantum in dilectionem vestram accensum amoris mei ignem, tanquam excelso Numini, laboris mei primitias, libellum, cujus est (14) Inscriptio tituli : Flores Epitaphii Sanctorum, vestro consecro nomini : quem per (15) quaterna ea ratione distinxi volumina, et singulis septem præfixi capitula ; quia ex quatuor elementis compacta somata, exacta in doloribus et angustiis præ-

(10) *Archiantistica.* Vox a Thiofrido, ut arbitror, novata, pro eo, quod est, *archiepiscopalia*
(11) *Exasperatrix.* Frequens apud Ezechielem prophetam, *domus exasperans,* de populo Israel. Rebellem significat, et præfractum contra Numen. Talem se, humilitatis studio, profitetur noster.
(12) *Consanguineorum vestrorum.* De Brunone, ejusque familia, quantum satis sit, in Thiofridi Vita. Itemque de familiaritate cum Thiofrido, et commendata ei anima.
(13) *O et præsidium.* In breves notas ad talem scriptorem, putidum sit, et puerile, quidvis, e grammatico et am censu, comportare. Itaque omitto hic monere hunc versiculum mutuo sumptum ab Horatio, ii so ejus primo aditu. Hoc moneo, quod in Vita tetigi, Thiofridum, qui nullo eruditionis genere caruit, non pauca etiam a poetis hausisse, ut legens ipse deprehendes.
(14) *Inscriptio tituli.* Epigraphe psalmi xv est : *Tituli inscriptio ipsi David.* Versatissimo in divinis litteris Thiofrido, verba inde in os, inque calamum, nec opinanti veniunt. Quod in D. Bernardo itidem observes.
(15) *Quaterna volumina-septem capitula.* E numeris mysteria exsculpere gaudet hic scriptor. Hausit hoc a Patribus, quos videas totos sæpe se iis immergere. Etiam magnum illum Augustinum. Id anoto, ne sciolo alicui Thiofridus levicula videatur esse consectatus. Porro de quaternario numero, multa Philo, De opific. mundi, et Vita Moysis, et quædam Origen. in Ezechiel, hom. 1 ; Aug. lib. ii Doct.

senti vita, quasi sexta feria, in septima sabbathizant, et requiescunt intra sepulcri penita ; in die Dominica, *a quatuor ventis veniente spiritu* (*Ezech.* xvii, 9), resurrectura in incorruptionis gloria. Non tamen meipsum latet, meum hoc opusculum non usquequaque ad dignæ subtilitatis unguem esse expolitum, multaque nimis in eo reprehensioni patere, tam in ipsa verborum compositione, quam (16) in rerum veritate ; quod mihi profecto constat accidisse : primo ex officii cura : tum providentia familiaris rei, etsi exiguæ : deinde crebra corpusculi mei inæqualitate ; postremo ex interioris hominis quam pluribus, imo absque numero molestiis, conceptis, (17) de novis, et insolitis rebus, quas repente nostris diebus ad dissipationem omnium honestarum artium emergere : nemo tam ferreis præcordiis, qui non possit prægravari gravissimo tristitiæ ac doloris pondere. Nec clam me est, qui libros Sapientiæ, et ipsos lacerant sanctos, mihi non parsuros ; sed cum ingenti rancore animi indignaturos, qua animatus temeritate, ad tam difficillimam materiem non extimuerim prorumpere ; quare sacris litteris reverentiam non servaverim ; ne indigne tractarem, et *culpa ingenii deterrerem* (HORAT.). Tacitus autem mecum reputo, quod rarus aut potius nullus scriptor sua auctoritate ita unquam fretus fuerit, ut principum et sapientum defensione non indiguerit. Flaccus Horatius Mecænatis gaudet præsidio ; (18) Maronem Virgilium amat Pollio, utrique favet Augusti imperialis defensio. Comicorum lepidissimus Terentius, concitante æmulorum invidia, odium incurrisset pro gratia, nisi (19) Calliopii callidis argumentis accusatoribus obstitisset prudentia. Anicius Manlius Torquatus Boetius, vir cunctarum artium perfectione et consulari dignitate præcipuus, Christ., c. 16, atque alias sæpius. Alii item alibi. De septenario vero idem Philo, i Allegor, et De mundi opif. Ambros. De Noe, Gregor. in I Reg., et xxxv Moral., cap. 7, et passim cæteri.

(16) *In rerum veritate.* Hæc infirmitatis humanæ conscius dicit metuens, non sciens. Cæterum sanam ubique doctrinam sedulus lector deprehendet.
(17) *De novis et insolitis rebus.* Iniit abbatiam Thiofridus anno 1078, tenuit ad usque annum 1106, Magnæ toto eo tempore in Ecclesia turbæ. Schismata aliquot. Illud fædissimum, quo Benno cardinalis a sanctissimo pontif. Gregor. VII dissidens, ut alter Lucifer, duodecimo alios cardinales, tanquam stellas, secum traxit. Accessit Berengarii hæresiarchæ sacramentarii fædissimus lapsus, post recantationem sæpius iteratus. Has arbitror dici res *novas et insolitas,* maxime, Henrico imperat. id temporis et romani et ecclesiam turbante ; et incautis, vel ambitiosis episcopis turpiter ei adhærentibus. Vide Baronium.
(18) *Maronem Virgilium amat Pollio.* Sumpsit ab ipso Virgilio :

Pollio amat nostram, quamvis sit rustica, musam.

(19) *Calliopii callidis argumentis.* Pleramque exemplaria Terentii, ad singularum Comœdiarum finem addunt : *Calliopius recensui.* Hic actor poetam a malevolis graviter accusatum, rationibus tueri solet. Vide Prologum *Andriæ Eunuchi, Heautontim. Adelph.* et reliquarum. Quod autem Thiofridus ejus argumenta vocat callida, maxime fecisse puto, ut alluderet ad nomen Calliopii.

cum (20) in Latinos thesauros in signis (21) quadrivii transtulisset theoremata, a Pythagora omnium veteris philosophiæ ducum judicio probata et excocta, frequenti tamen et humili orat precum instantia, ut labor ille Symmachi patricii paterna provehatur gratia. Atque cum tanti nominis viri, præclarissimo labori suo absque favore primatum sint diffisi; multo magis ego, quem neque fortuna, neque scientia commendat, sine vestri obtentu præsidii, nihil habeo spei et consilii. Si vestro solius, qui *cœlum sedes Domini* (*Isa.* LXVI, 1), qui *signaculum estis similitudinis* Domini (*Act.* VII, 49), qui *perfectus divini decoris eminentia,* et *plenus sapientia* (*Ezech.* XXVIII, 12), *in medio ignitorum lapidum incedilis* (*ibid.*, 14); si vestro, inquam, ego terra, indignus *scabello pedum Domini* (*Isa.* LXVI, 1), qui deflens miserabili dolore ærumnas exsilii mei, in mea exclamo exstasi: *Projectus sum a facie oculorum Domini* (*Psal.* XXX, 23); læter amminiculo, et in (22) prima tripartitæ Galliæ metropoli, primo et nobilitate, ac religione tuter defensore : nullo modo vereor oblatrantis invidiæ lædi morsu et reprehensione : quia ubi radius splendidæ auctoritatis vestræ, velut ipsius solis, infulserit; necessarium erit ignorantiæ meæ tenebras non apparere. Extremam ergo meo operi manum imponite, et pro vestra in me benevolentia, supervacua resecate, hiantia supplete, errata corrigite, et consultus exemplo prædecessoris, ac nutritoris, et sanguine propinqui vestri, Udonis archipræsulis, æternæ memoriæ; qui vitam summæ sanctitatis et popularis lætitiæ (23) Lwttwini, a me qualicunque stylo (24) caraxatam (χαράττω f. χαράξω) sui testimonii corroboravit, examine : commode dicta animi alacritate suscipite, et id nostræ liberale pignus amicitiæ, in posteros, vestri auctoritate nominis transmittens, archivis sanctæ Ecclesiæ consecrate ac inserite. Valete.

(20) *In Latinos Thesauros.* Boetius Præfatione in Arithmeticam ad Symmachum patricium : *Ex Græcarum opulentia litterarum in Romanæ orationis Thesaurum sumpta conveximus.*

(21) *Quadrivii Theoremata.* Rursum Boetius eodem opere cap. 1. *Prudentiæ nobilitas quodam quasi quadrivio vestigatur. Obscuram sententiam claram facit Boetius mox eodem loco : Multitudinem, quæ per se est, arithmetica speculatur integritas. Illam vero, quæ ad aliquid, musici modulaminis temperamenta pernoscunt. Immobilis vero magnitudinis, geometria notitiam pollicetur. Mobilis scientiam, astronomicæ disciplinæ peritia vindicavit.* Paulò infra : *Hoc igitur illud quadrivium est, quo iis viandum sit, quibus ex-* *cellentior animus a nobiscum procreatis sensibus, ad intelligentiæ certiora perducitur.*

(22) *Prima Tripartitæ Galliæ metropoli.* Cæsar Bell. Gall. libr. 1, sic orditur : *Gallia est omnis divisa in partes tres : quarum unam incolunt Belgæ, aliam Aquitani, tertiam, qui ipsorum lingua Celtæ, nostra Galli appellantur.* Sic et Plin. libr IV, cap. 17. Agnoscit itaque Thiofridus, Treviros Galliæ Belgicæ nobilem metropolim.

(23) *Lwttwini.* De hujus Vita, in Thiofridi Vita, ubi de scriptis.

(24) *Caraxatam.* E Græcia vocem hanc transtulit, et Latio habitu donavit. χαράττω est *sculpo, scribo;* futur χαράξω Occurrit iterum infra.

Explicit Prohemium.

INCIPIUNT CAPITULA.

I. De eo quod Dominus Deus noster, magnus in magnis, gloriosius operetur in minimis.
II. De spiritus et carnis post duellum concordia, et felicitatis utriusque prærogativa.
III. Quod nulla carnis substantia carne sanctorum sit nobilior, et in ipsa corruptione gloriosior.
IV. De reliquiis Babylæ martyris, et in apostatam angelum potestate hominis.
V. De Sanctorum somatum suavissimi odoris fragrantia, et templi Dei, et arcæ, et altaris coaptatione mystica.
VI. De dote sanctæ animæ, et de odoris in corpus exanimatum transfusione.
VII. De distantia inter defuncta veteris Adæ et novi Adæ filiorum somata.

Expliciunt capitula.

FLORES EPITAPHII SANCTORUM

LIBER PRIMUS.

CAPITULUM PRIMUM

De eo quod Dominus Deus noster magnus in magnis, gloriosius operetur in minimis.

Cum Dominus Deus noster sit *magnus, et laudabilis nimis, et magnitudinis ejus non sit finis* (*Psal.* CXLIV, 3), omnino difficile, imo impossibile est, ut pro magnitudine *det gloriam laudi ejus* (*Psal.* LXV, 2.) homo *terra et cinis* (*Eccli.* X, 9). Sed quia tamen universa creatura ad laudandum Conditoris sui nomen et magnificentiam, naturali intentione ducitur, et solum post mortem carnis, sanctorum exercitium et jubilum, interna divinæ gloriæ contemplatio, ac æterna collaudatio esse creditur, nos aliqua, licet infima, portio creaturæ ejus, et *opus manuum ejus* (*Job* XXXIV, 19), laudare et glorificare essentialiter et summe *laudabilem, et gloriosum in sæcula* (*Daniel.*

III, 56), promodulo infirmitatis nostræ, conemur, et ad cujus laudem per naturam trahimur, propria voluntate, ac ardentissimo mentis desiderio, *confiteumur nomini sancto ejus, et gloriemur in laude ejus* (*Psal.* CV, 47), Corde et ore dicamus Domino Deo salutari nostro : Quam terribilia, *quam magnificata sunt opera tua, Domine, nimis profundæ factæ sunt cogitatationes tuæ* (*Psal.* XCI, 6), quia quam *terribilis est in consiliis super filios hominum* (*Psal.* LXV, 5); et, licet magnus in magnis, (25) gloriosius tamen mirabilia operatur in minimis. Nam quid minus dissoluto cinere? quid brevius est transitivo nomine, (26) cujus esse transeundo est esse? Sed divinæ majestatis virtus incomprehensibilis, ineffabilis sicut terram informem formavit *in animam viventem* (*Gen.* II, 7); sic terram corpori humanitatis suæ conformem in terram et *pulverem reversam* (*Gen.* III, 19), in pulverem dat mirabilius vivere per *Spiritum vivificantem* (*I Cor.* XV. 45); et qui ex nihilo rerum condidit universitatem; intransitivi, ac æterni nominis sui virtutem declarare dignatur in pulveris nomine, (27) cujus nulla substantialiter est natura essentiæ quod antequam dicatur, nihil est; in dicendo nihil; postquam dicitur, remota omni sophisticæ augmentationis stropha, quantum ad se, nihil est. (28) Nihil, et transitivum apud nos, quorum esse ex nihilo, et in transitu est, in conspectu ejus qui solus est, intransitive ac vere est; et quod nostræ mortalitati mortuum, ejus immortalitati est vivum, et quod nobis esse, illi constat non esse. Atque ut *invisibilia ipsius, ac sempiterna virtus ejus, et divinitas* altius *intellecta conspiciantur* (*Rom.* I, 20), operosiore in his, quæ orta ex nihilo, redisse videtur in nihilum, potentia operatur. Et cum (29) sancti, divina et cœlestia animalia, post *flumina Babylonis, super quæ sederunt et fleverunt dum recordarentur Sion* (*Psal* CXXXVI, 1); (30) post gravem *gurgitem Chobar* (*Ezech.* III, 15), habitaverint in Hierusalem *Civitate Domini virtutum* (*Psal.* XLVII, 9), et hæreditate acquisierint eam : terrestrem illorum *domum habitationis hujus dissolutam* (*II Cor.* V, 1), cum omnibus apperiditiis suis tam intimis quam extimis, tanta exornat gloria; ut tum demum jure credantur esse, quando mortalitatis conditione, in originem suam redisse, ac nihil æstimantur esse; tum denuum exaltetur lignum humile, et ex arido fiat viride, quando *senuerit in terra radix ejus, et in pulvere mortuus fuerit truncus ejus* (*Job* XIX, 8, 9). Ad odorem enim aquæ, ad glorificationem glorificati Spiritus, finita fine infinito nomina; et arescentia

(25) *Gloriosus in minimis.* Verba sunt epigraphes, et totius capitis breviarium. Perpetuum hoc est Thiofrido, diserte sententiam aliquam cujusque capitis initio ponere, quæ totum paucis verbis argumentum contineat. Qui attendit, facile animadvertit, hoc primum caput, non tantum esse totius Operis Præfationem, sed item continere paucis, quod pluribus tractatur totis quatuor libris. Eo enim omnia redeunt, ut ostendatur Deum mirabilem esse, non tantum in sanctis suis, sed et in sanctorum quibusvis rebus, etiam minimis. Quod ad rem attinet, in *naturalibus* quoque verum videtur, ut plus admirabilitatis sit in parvis rebus quam magnis. Non tacuit hoc Scriptura. *Quatuor sunt minima terræ* (inquit *Proverb.* XXX, 24) *et ipsa sunt sapientiora sapientibus.* Tum nominat *formicas, lepusculos, locustas, stelliones.* Nec fugit sæculi sapientes, et solertes naturæ scrutatores, ut Patres a Deo inspiratos sileam. Plinius quidem (lib. undecimo, cap. 1.) et acutum se horum spectatorem ostendit, et exhibet disertum descriptorem. *Restant,* inquit, *immensæ subtilitatis animalia.* De parvis loquitur. Iterum de iisdem : *Nusquam alibi spectatiore naturæ rerum Artificio.* Cap. seq. *In magnis corporibus, aut certe majoribus, facilis officina, sequaci materia fuit. In his tam parvis, atque tam nullis, quæ ratio quanta vis, quam inextricabilis perfectio? Ubi tot sensus collocavit in culice? et sunt alia dictu minora, Sed ubi visum in eo prætendit? ubi gustatum applicavit? ubi odoratum inseruit? ubi vero truculentiorem illam, et portione maximam vocem ingeneravit? qua subtilitate pennas annexuit?* Vide plura ibi, et deinceps de aliis animalculis, maxime de *apibus formicisque.* Concludamus ejusdem verbis, cum justa aliqua indignatione : *Sed turrigeros elephantorum miramur humeros; taurorumque colla, et truces in sublime jactus, tigrium rapinas, leonum jubas, cum rerum natura nusquam magis, quam in minimis, total sit.*

(26) *Cujus esse transeundo est esse.* Transimus enim cum *tempore* in quo sumus, et a quo , velimus, nolimus, rapimur, ut, unnquam iidem simus; et tollimur, ut ne sic quidem, diu simus. De tempore ejusque fluxu, multa divinitus lib. II. Confess. pluribus capp. D. Aug.

(27) *Cujus nulla substantialiter est natura essentiæ.* Vel hyperbole est, cum nihil esse possit sine essentia; vel comparat pulveris essentiam cum divina ; vel, quod magis censeam, indicat, pulverem nihil censeri, cum non sit exiis quorum aliqua habeatur ratio; non, inquam, homo, non animal aliud, non arbor, lapis, etc.

(28) *Nihil, et transitivum apud nos,* etc. Sensus est, Deum sua benevolentia et potentia id efficere, ut aliquid censeatur, atque adeo magnum, quod alioqui pro nihilo putabatur. Sic gentium Doctor *vocat ea quæ non sunt, tanquam ea quæ sunt* (*Roman.* IV, 17). Et Magister vitæ (*Luc.* XX, 58) *Omnes vivunt ei.* Ex hoc Thiofridi loco, aliisque colligimus theologia scholastica , quam vocamus , imbutum fuisse (non modo philosopho) idque non magistrorum sermone, aut libris (qui nihil dum ea ætate vulgaverunt) sed ingenii præstantia, et studii assiduitate. Itaque nihil verear, ipsum inter eos referre, qui eam disciplinam vel repererint, vel illustrarint.

(29) *Sancti, divina, et cœlestia animalia.* Cur sic eos hoc loco vocet, non assequor, nisi ut ostendat, non *redisse in nihilum,* ut videri dicebat : sed *rediisse in cœlum,* unde, ut mox subjungit, *originem traxerant.* Tamen propter hanc cœlestem originem, forte alludit ad quatuor animalia, quæ Ezechieli juxta fluvium Chobar apparuerunt. De quo fluvio mox.

(30) *Post gravem gurgitem Chobar.* Ad hunc fluvium mira ostensa sunt Ezechieli, ipso teste cap. I; et alibi. Esse ipsum Euphratem, bona et bonorum auctorum sententia est. *Gravem* vocat Thiofridus, quod ad illum habitarent captivi Israelitæ, *Ezech.* I, 1, et clarius, cap. III, 15; sed cur hunc fluvium nominat inter tot flumina Babylonis, ubi sederunt et fleverunt? An, quod hujus nomen notum est, aliorum non est? an ob etymologiam nominis, quam solens consectatur? Nam Chobar, ut alios significatus taceam, in Ecclesiaste cap. I, 10, valet JAM, quatenus usurpatur in rebus præteritis. JAM *præcessit,* inquit, in *sæculis, quæ fuerunt ante nos.* Sic censebitur rapidissimo suo cursu nos secum rapere, quod Thiofridus asserit, dum ait, nos perpetuo transire. Lubens audiam aliorum judicia.

olivæ in domo Domini fructiferæ germinant (31) ramalia (Jerem. xi, 16), exstinctæ profecto carnis (32) lemmata, et *faciunt comam, quasi eum primum sunt plantata* (Job xiv, 9) et compacta, viriditatemque suam ostendunt in affectu admirandi operis, quam a conditione mundi habuerunt in præscientia conditoris. Denique secundum immutabile divinæ decretum providentiæ, quæ electorum cum animas, tum tam corpora, quam omnia ad somatum naturam, et quamcunque necessitudinem attinentia, inexcogitabili, et incomparabili modo decrevit glorificare, mira, et vehementer stupenda, per virtutem ac meritum sanctificati Spiritus sui, operantur, ejusque inæstimabilem in contemplatione interna summi et incircumscripti Spiritus Dei honorem et magnificentiam testantur, et cum arescant et nihil sint per se, virescunt, et sunt per eum, qui (33) *regnavit in se*, qui, confirmato ingeniæ rationis examine, erraticos, ac irrationabiles motus, ratione correxit, et compressit sub se. Possunt quæcunque dives, et nihil hæsitans meretur fides, possunt profecto per habitatorem quondam et professorem suum, qui se in hac vita, a vinculis corporis, morte, quam virtutes præstant, dissolvit, qui corporeas illecebras contempsit, qui cupiditatum dulces insidias, reliquasque omnes exitus passiones, claustra carnis transcendit, et ad possessionem suam, cœli palatium, fere liber ascendit: fere liber, inquam, utpote edomita carne victor et Dominus; et in nullo ei, nisi solo animandi et vegetandi officio obnoxius.

CAPITULUM II.

De spiritus, et carnis, post duellum, concordia, et felicitatis utriusque prærogativa.

Et nimirum, cum homo compositus sit ex carne ac spiritu, quæ *invicem sibi adversantur* (*Spiritus enim concupiscit adversus carnem, et caro adversus spiritum* [Galat. v, 17]), postquam *in virtute Domini pax fuerit data* (Psal. cxxi), et *facta carnis mortificata* (Rom. viii, 3), quanta ante discordia, tanta post duellum, inter utrumque coalescit concordia, et in morte quæ est solutio animæ a corpore, non finitur, imo perficitur : non deficit, sed in augmentum Dei proficit. (34) *Caro siquidem subjugata spiritus imperio*, quasi unum cum eo efficitur, cujus naturam sequitur, fitque spiritualis, sicut e contrario spiritus si degenerat, si conditionis et dignitatis suæ prærogativam non considerat, si a carne vincitur, et in servitutem redigitur, fit carnalis : et sicut hæc morientem, sic ille *vermem pascit non morientem* (Isa. lxvi, 24; Mar. ix, 43, 45, 47). Spiritus item carnem suam quam afflixit, et concupiscentiis suis mortificavit, glorificatus glorificat; et per cujus mortificationem, mortem evasit, et beatæ vitæ meruit æternitatem : post finem, non finiri, post corruptionem, dat (35) *incorruptionis gloria supervestiri*. Omnia præmia, omnia spiritus gaudia adipiscitur caro, si spiritui consentit; omnia supplicia omnes carnis ærumnas patitur Spiritus, si se carni substernit (36), si ejus spurcitias immaculato calle non transit, si clibanum ignis ejus, et (37) *ollam accensam, cujus facies est a facie Aquilonis* (Jerem. i, 13) non exstinguit. Caro de terra sumpta, sed terrenis, voluptatibus mortua ascendit cum spiritu sursum; spiritus de cœlo sumptus, sed cœlestibus desideriis non accensus, imo totus carni deditus descendit cum carne deorsum : et sicut hæc infeliciter victrix, in reprobis nec inter supplicia deficit, sed semper deficiendo subsistit, et moriendo non moritur; sic ille infelicius victus, semper essentialiter vivendo, non vivit, sed non moriendo moritur; non deficiendo, non subsistendo, deficit, subsistit, finitur semper, et sine fine est. O quam infelix spiritus hominis, si a carne, quæ *corrumpitur et aggravat animam* (Sap. ix, 15), deprimitur et obruitur! quam felix caro, quæ non reprimitur, sed spiritui subditur! quam felix homo, qui cor suum ad Dominum, dirigit, cujus spiritum Dominus ad se trahit, ut ad conversationem sui desiderii, et interiora, et exteriora ejus commutet, ut nihil jam menti exterius libeat nihil caro interius, vel si appetit, adipisci studeat; sed omne, quod homo est, ad eum, a quo est, et interius desiderando ferveat, et exterius se

(31) *Ramalia*. Vox Ovidio et Persio usurpata; quorum hic :

Veteris ramalia fagi.

(32) *Lemmata*. Græcum est. *Reliquiæ*, Λείμματα, à λείπω, *Relinquo*.

(33) *Regnavit in se*. Spiritum, sive animam hominis intellige, quæ carnem deprimit, ut attolleret. *Mortificatio* hæc dicitur, de qua Apostolus in hanc eamdem sententiam : *Si spiritu facta carnis mortificaveritis, vivetis* (Rom. viii, 13.) Cui Apostoli loco, hic Thiofridi bonus est commentarius.

(34) *Caro fit spiritualis*. Non mutata natura, sed obedientia, et spiritus imitatione, cui se ad nutum attemperat. Sic equum quasi rationis participem dicimus, cum eo alacer, et acer tendit, quo domini insidentis minimus nutus indicat. Hac mente David : *Cor meum, et caro mea exsultaverunt in Deum vivum* (Psal. lxxxiii, 3).

(35) *Incorruptionis gloria supervestiri*. Respicit illud Apostoli (I Cor. xv, 53). *Oportet corruptibile hoc induere incorruptionem*. Porro verbum *Super-*

vestiri sumpsit ex Epist. II, ad Cor. cap. v, vers. 4. Quod non adnotassem, nisi ut simul indicarem, familiare esse Thiofrido, cum e Scriptura aliquid affert, e pluribus locis simul haurire. Hoc argumento est, undique non plenum, undique redundare; ut de eo dici possit : *Hoc ructat quod bibit*.

(36) *Si carnis spurcitias immaculato calle non transit*. Translatum ex officio Ecclesiæ de sancta Agnete.

(37) *Ollam accensam*. Allegorias et sensus mysticos frequens miscet. Quid hoc loco olla? Dicat D. Gregorius Magnus, quem noster diligenter lectitavit, ac non semel allegat. *Olla succensa* (inquit, lib. xviii. Mor. cap. 11) est cor humanum, sæcularium curarum ardoribus, desideriorumque anxietatibus fervens. Quæ a facie Aquilonis succenditur, id est, diaboli suggestionibus inflammatur. Ipse enim vocari nomine Aquilonis solet, qui dixit : *Sedebo in monte testamenti, in lateribus Aquilonis* (Isa. xiv, 15). Vide plura ibi, et ejusdem operis lib. xxxiii, c. 44.

edomando constringat! felix profecto caro, quæ simul omnis in hac vita deficit, quæ jam nullis suis motibus servit, sed præsidens spiritus cuncta ejus fluxa restringit, et quodam districtionis suæ gladio omne quod in illa male vivebat interficit. Felix proculdubio omnis homo, qui vivens, in cinerem revertitur, qui mortalitatis suæ non obliviscitur, qui ante carnis mortem, carni moritur, cujus interna (38) *vermis* (*Psal.*, XXI, 7) de solâ et purâ terrâ, intemerata videlicet Virgine, procreatus depascitur. Felix, inquam, qui jam non est in carne, sed in spiritu cujus *corpus mortuum est propter peccatum, spiritus vero vivit propter justificationem et corporis sui exspectat redemptionem* (*Rom.* VIII, 10, 23). Cumque in uno homine duo sint homines, interior et exterior, et duo unum sint, felix utique ille est, in quo fit illud, quod scriptum est: *Si duo consenserint de omni re quamcunque petierint fiet eis a Patre meo, ubi enim duo congregati fuerint in nomine meo, ibi sum in medio eorum* (*Matth.* XVIII, 19). Summa quippe et interna felicitas est hominis in corpore peregrinantis, si in medio duorum unum habentium consensum, *mediator Dei et hominum, homo Christus Jesus est* (*I Tim.* II, 5), *qui pax nostra, fecit utraque unum, et medium parietem maceriæ solvit inimicitias in carne sua, ut duos conderet in uno homine, faciens pacem, et reconciliaret utrosque in uno corpore Deo per crucem, interficiens inimicitias in semetipso, ut in utroque accessum habeamus in uno spiritu ad Patrem* (*Ephes.* II, 14, 18). Et revera exceptis angelis lucis, nihil in creaturis felicius est homine, qui a carne non superatur, sed *desideriis ejus quæ militant adversus animam* (*I Pet.* II,) dominatur. Nihil item, exceptis spiritibus apostatis, infelicius est homine, qui quotidie de vita periclitatur, et cujus animæ libertas captivatur. Victor *judicabit angelos* (*I Cor.* VI, 3); Victus cum *angelis peccantibus, et rudentibus inferni detractis, detrahetur in Tartarum* (*II Pet.* II, 4), ubi *ignis eorum non exstinguetur, sed erunt usque ad satietatem visionis omni carni* (*Isa.* LXVI, 24). Ille sanctis æqualis erit angelis, iste inferior et infelicior bestiis; quippe cum hæ, ut quidam æternæ sapientiæ symmysta asserit, non sperent judicium, nesciant cruciatum nec salutem post mortem repromissam sibi; hujus vero in hac vita *gaudium*, licet innumeris adversis casibus implicitum, tamen sit *instar puncti, et velut visio nocturna* (*Job* XX, 5, 8) transeat; et quia hic ex anima simul et carne peccat, illic in igne, (39) *qui non succenditur* (*Job* XX, 26), in anima et carne pariter cruciatus sustineat. Hic,

(38) *Vermis de sola, et pura terra.* Christum Indicat, qui seipsum in psalmo *vermem* vocavit. Hic intima nostra depascitur, cum ejus amore urimur.

(39) *Ignis, qui non succenditur.* De infernali loquitur. Non *succendi* dicit, nempe studio humano, et aggestis lignis. Est enim absque his, Dei voluntate, æternus.

(40) *Dei et angelorum civis.* Arrogans assertio videatur, nisi Apostolus (*Ephes.* II, 19) audacius etiam dixisset: *Estis cives sanctorum, et domestici*

cujus *infirmitatem spiritus adjuvat* (*Rom.* VIII, 26), cujus *absconditus cordis est homo in incorruptibilitate quieti et modesti Spiritus, qui in conspectu Dei locuples est* (*I Pet.* III, 4), pergit ubi vita est, et sicut *in profundissimum infernum descendunt omnia reprobi inlecebris carnis abstracti et illecti* (*Job* XVII, 16; *Jac.* I, 14), ut nec hoc ei a tormento sit liberum, quod hic relinquit mortuum; sic omnia ejus, qui in mundo extra mundum est, ad cœlum cœlorum ascendunt, ut nec id quod ex insensibile in terra deserit, ab interna remunerationis gratia immune sit; sed caro, quæ in omnibus, comes et particeps fuit laboris et mortificationis, sit etiam consors honoris et glorificationis. Igitur si carnem damnati peccatoris spectes, quid homine abjectius, quid putidius? si spiritum, quid miserabilius, quid damnabilius? Si item spectatæ sanctitatis hominis carnem consideres, quid illa in terra nobilius, quid mirabilius? si spiritum, quid excellentius, quid gloriosius?

CAPITULUM III.
Quod nulla carnis substantia carne sanctorum sit nobilior, et in ipsa corruptione gloriosior.

Nimirum, excepta carne Christi, quæ pretium est mundi, nulla carnis substantia carne sanctorum est nobilior, quæ quanto spiritui subjectior, tanto est liberior, et in ipsa corruptionis resolutione gloriosior. In nativitate ad laborem et miseriam; in morte nascitur ad requiem et gloriam. Ad gloriam, inquam, nascitur, quamvis quod ex verme conceptum et progenitum est, a vermibus comedatur, et pulvis in pulverem revertatur: quia quæ in plerisque sanctorum nihil distare visa est a carne peccatorum, et suppliciis deputata, et contemptui est habita, in morte, ut lux a tenebris, grandi discernitur distantia; et evidentissime agnoscitur, aliud esse ex natura, aliud ex meritis et gratia. Ex natura est putribilis; ex meritis et gratia longissimo tempore, etiam contra naturam durat imputribilis, ac ab ea esuriens repellitur vermis. Cumque vermes sint cives hominis, illum civem suum non facile, non subito cognoscunt, qui (40) *Dei et angelorum civis est*; et qui vermes, infestas videlicet cogitationes, a se repulit, (41) dulcedo vermis non est, non avide discerpitur, non quasi famelicam ingluviem satians, avidius absumitur. Caro sanctificata, per naturam induta putredine, et sordibus pulveris, *dormit in pulvere* (*Job* VII, 5, 21); per gratiam et meritum, vigilat in mirifico opere, et cum *cujus dulcedo est vermis* (*Job* XXIV, 20), resuscitat de pulvere, et

Dei. Magnum est esse Dei civem, sed plus esse, *domesticum* utinam, quoties gloriamur, hinc *in Domino gloriemur.*

(41) *Dulcedo vermis non est.* Job de impio loquens (cap. XXIV, 20). *Dulcedo*, inquit, *illius vermes.* Thiofridus verbis illis ultro se offerentibus in alium sensum utitur, sensu quem dicunt *accomodatitium.* Fuit hæc ratio Scripturis utendi, post Thiofridum nostrum, sancto Bernardo usitatissima, ut etiam quandoque pie jocari videatur.

reddit gratiæ. Et omnino mirum est : vermes pascit, et homines sanat ; putredo est, et putredinem tollit ; jacet, et jacentes erigit ; in nihilum resolvitur, et a principibus et potestatibus aeris hujus timetur: *et qui signaculum similitudinis, plenus sapientia, et perfectus decore, in deliciis paradisi Dei fuit* (Ezech. xxviii, 12), *et qui factus est, ut nullum timeret* (Job lxi, 24); dissolutum cinerem revereretur : *et rex super universos filios superbiæ, qui omne sublime videt* (ibid., 25), a favilla torquetur; inter *astra matutina* ad *laudandum* (Job xxxviii, 7) conditus Conditoris magnificentiam ; rugit ad pulveris memoriam, et concentum angelicum vertit in sonum brutorum animalium. Sentit pulverem regnare super se, qui noluit *Deum regnare super se* (Luc. xix, 14), qui voluit Deo adæquare se. Plagas suas in energumenis confitetur, parere cineri cogitur, cujus nefaria seductione homo post vermem, in pulverem resolvitur. Cujus esse tantum de cœlo est, cruciatur ab eo, cujus esse etiam de terra est. Mutire apud favillam non audet, qui *principium viarum Domini est* (Job lx, 14), qui Dominum Deum suum tentare ausus est. Et licet hoc insigne æternæ

(42) *Per usum.* Usu et exemplis constare ait, dæmones ad reliquias sacras horrere, et, ut ipse loquitur, *mutire, apud favillam, non audere.* Omni sæculo id obtinuit, ex quo Dei Filius nostra mortalitate vestitus est. Non est brevium notarum, longas complecti historias. Alioqui difficile non sit multa de hoc genere producere. Sufficiat unum, alterumve. Sanctus Ambrosius, sermone de sanctis Nazario et Celso : *Cur non honorent corpus illud fideles, quod reverentur et dæmones ? quod et afflixerunt in supplicio, sed glorificant in sepulchro !* Sanctus Hieronymus contra Vigilantium scribens, et indignans, ab impuro illo hæresiarcha, sanctorum reliquias, *vilissimum pulverem* appellatas, diabolum alloquens, ait : *sæpius hoc vilissimo tortus es pulvere.* Idem ad Marcellam (epist. 17, capit. 5) : dum de Christi sepulcro : *Si nobis non credimus, credamus saltem diabolo, et angelis ejus, qui quotiescunque ante illud de obsessis corporibus expelluntur, quasi in conspectu tribunalis Christi, stantes contremiscunt, rugiunt, et sero dolent, crucifixisse, quem doleant.* Hoc non magnopere mirabitur, ad Christi sepulcrum contigisse, qui eumdem Hieronymum; et sanctissimam feminam Paulam, non minora audierit: testantes de sepulcro tanto inferiore ; Elisei, inquam, Abdiæ, et Joannis Baptistæ. De illo igitur ita in epitaphio Paulæ ad Eustochium virginem filiam : *Ubi multis intremuit consternata mirabilibus. Namque cernebat, variis dæmones rugire cruciatibus, et ante sepulcra sanctorum, ululare homines more luporum, vocibus latrare canum, fremere leonum, sibilare serpentum, mugire taurorum.*

(43) *Ex auctoritate Scripturarum.* Narret Lucas, et triumphet Paulus, ejusque reliquiæ : *Virtutes non quaslibet faciebat Deus per manum Pauli : ita ut etiam super languidos deferrentur a corpore ejus sudaria, et semicinctia, et recedebant ab eis languores,* τὰ τε πνεύματα τὰ πονηρὰ ἐξέρχεσθαι ἀπ' αὐτῶν, *et spiritus nequam egrediebantur* (Act. xix, 12). Erubescant miseri Calvinistæ.

(44) *Daphnei Pythii.* Apollinem *Dafneum* vocat, quod in Daphne coleretur. Locus erat prope Antiochiam. Historiam totam, quam suo stylo se narrare Thiofridus profitetur, vide apud Sozom. lib. v Hist., cap. 18, 19; Ruffinum, lib. i, cap. 36; Socrat. lib. iii, cap. 18; Theodoretum, lib. iii, cap. 16. Contra ho-

divinitatis donum cum (42) per usum, tum (43) ex auctoritate Scripturarum sit perspicuum ; ad levigandum tamen lectoris fastidium, quod uniforme solet generare eloquium, evidens de tripartita historia nostro stylo proferamus testimonium.

CAPITULUM IV.

De reliquiis Babylæ martyris, et in apostatam Angelum; potestate hominis.

Julianus, apostatarum Idea, de Parthici belli quod administrabat, sollicitus victoria : cum Dominus Deus secundum prophetam *requirendus sit pro vivis ac mortuis* (Isa. viii, 19), Ochoziæ Israelitici idololatræ, qui *misit ad consulendum Beelzebub deum Accaron* (IV Reg. i, 2), secutus vestigia, (44) Dafnei Pythii consuluit oracula. Sed cum voce negata, (45) Cirrheæ vates templi (46) fruerentur justicio : et ante in (47).

Limine terrifico metuens consistere Phœbas, tunc in ipso fatidico penetrali, afflaret pectore quieto, nec Phebeio urgeretur verbere ac stimulo ; tandem tam alti Delius causam requisitus silentii, responsum dedit (48) *in verbo Domini :* in vicino esse tumulum Babylæ martyris egregii, seque tantæ sanctorum omnium auctorum fidem, atque etiam D. Chrysostomum, lib. Contra gentiles, prodigiose mentiuntur *centuriones Magdeburgenses* (cent. iv, cap. 13) diabolum de industria simulasse se impediri a martyre, ut translationem et venerationem reliquiarum promoveret.

(45) *Cirrheæ vates templi.* Cirrha, Phocidis oppidum, Apollinis oraculo clarum. Hinc ipse Apollo Cirrheus dictus. Juvenalis :

Et Martis frameam, et Cirrhei spicula vatis.

Inde et Phœbades *Cirrheæ* dictæ nostro Thiofrido, ut ante Senecæ, Œdipo :

Fatidica vatis ora Cirrheæ movens.

Ex quo loco hunc translatum crediderim.

(46) *Fruerentur justitio.* Notum est, justitium vacationem esse, sive cessationem a jure dicundo potissimum. Auctor eleganter transfert ad ignavum oraculorum silentium ; quod post Christi adventum, toto orbe consecutum, mirantur cum plausu Christiani Patres ; indignantur, et deflent poetæ. Audiatur pro omnibus Prudentius in Apotheosi :

Dominis Deus induit artus
Delphica damnatis tacuerunt sortibus antra .
Non tripodes cortina tegit.

(47) *Limine terrifico metuens consistere Phœbas.* Phœbades sacerdotes femineæ dicebantur, Phœbo, et furore plenæ. Maro describit, ut spectare videaris. Æneid. vi.

At Phœbi nondum patiens immanis in antro
Bacchatur vates, magnum si pectore possit
Excussisse deum : tanto magis ille fatigat
Os rabidum, fera corda domans, fingitque premendo.

Daphneam igitur vatem, eos furores solitam metuere, jam quietissimam fuisse, non sine sanna Thiofridus refert, cessante videlicet oraculo. Eo furore agitari, mox dicit, esse, urgeri Phœbeio verbere ac stimulo. Eleganter, et pro ingenio ac usu : nam poeticos idiotismos in sermone amat.

(48) *In verbo Domini.* Quomodo Apollo, id est cacodæmon, responsum dat *in verbo Domini ?* Id est, *Domino imperante,* ut illud : *In verbo tuo laxabo rete* (Luc. v, 5). Adhuc hodie exorcismi Ecclesiæ dæmones veritatem fateri cogunt.

ctitatis ejus pondere opprimi ; et tam resoluti somatis vereri viciniam , quam spiritus cum Deo deorum regnantis præsentiam. Cumque imperator tanti prærogativa confusus præconii, a Galilæis, (quo nomine nostros odio nominis Christiani solebat appellare) quasi gratia probri, reliquias martyris jussisset auferri : convenit Ecclesia Dei *nigra, sed formosa, obscura, sicut tabernacula Cedar; pulchra, sicut pelles Salomonis (Gant.* 1, 4), concurrit omnis ætas ecclesiastici ordinis omnis sexus et conditio ; et *deducebant arcam servi Domini in jubilo (II Reg.* vi, 15). In lætitia cordis, per sex millia passuum , psallebant voce altisona : *Confundantur omnes qui adorant sculptilia* (Psal. xcvi, 7). *Cum ambularent, quasi sonus erat multitudinis, ut sonus castrorum* (Ezech. i, 24), et resonabat terra in voces illorum, et de se interpretabantur illud propheticum : *In lætitia egrediemini, et in pace deducemini (Isa.* lv, 12). Dissolutos egregii martyris cineres prosequebantur, ut exercitus ducem : *Caritas,* quæ *foras mittit timorem* (I Joan. iv, 18), ab eis omnem terreni principatus exclusit terrorem : nihil in eorum mentibus profani valuit principis sævitia. Sitiebant *dulciora super mel et favum* (Psal. xviii, 11) pro Christi nomine supplicia. Chariora et gloriosiora eis habebantur ossa mortua, quam fulgenti curru invecta totius mundi gloria. Sed cum *filii Dei jubilarent (Job* xxxviii, 7) præ cordis exsultatione, idololatræ *operti sunt, sicut diploide, confusione* (Psal. cviii, 29), et *tabescebant mærore præ spiritus contritione* (Isa. lxv, 14), *confusum* profecto *est gaudium a filiis hominum (Joel* i, 12), et (49) in ultionem proditi athletæ Dei, *commoti sunt cardines cœli* (Isa. vi, 4), et templum antiquitatis consumptum est igne cœlesti; et deauratum simulachrum Pythii contritum, et (50) *materialiter assimilatum est favillæ et cineri (Job* xxx, 19). Proditor sepulcri martyris, auctor proprii factus est dedecoris, et unde gloriosissimi testis Dei gloria, inde dæmoniacæ falsitatis aucta est ignominia, et proditionis pretium in proditoris versum est supplicium. Est nimirum mira Dei dispensatione dispositum, ut homo etiam exutus homine, jus habeat et exerceat in angelum, cujus super hominem imperium, in morte *mediatoris Dei et hominum, hominis Christi Jesu (I Tim.* ii, 5), est dirutum ; et qui primæ conditionis prærogativa factus est super omnia condita, primæ quoque transgressionis irremediabili ruina redactus sit infra omnia ; et quem ad culpam nulla traxit infirmæ carnis substantia; illi caro, cujus infirmitas ruinæ suæ ac præsidentis et vivificantis se animæ exstitit causa, dominetur etiam mortua; et versa vice, ei imperet præposita, cui servivit subdita; et cujus esse est ex lutea materia,

(49) *In ultionem proditi athletæ Dei.* Sententia est quod diabolus prodidisset, et ejici curasset Babylam, ipsius templum statim fulmine tactum conflagravit. Vide auctores ante nominatos.

(50) *Materialiter.* Valet, meo judicio, *reipsa* : ne quis existimaret sola Christianorum æstimatione, pro favilla et cinere habitum; quod utique jam ante

præsit ei cujus natura est cœlestis et angelica ; et pœnas quascunque victor devictæ potuit inferre, redemptæ victrice ac dominatrice Dominica carne, et victrix victum cogat persolvere. Et quis investigabiles divinæ dispensationis investiget divitias, quis excogitet, quis explicet, quanta sensus Domini sit profunditas? Vermem facit angelum ; infra vermem, et omnia infima redigit angelum : de terra cœlum; de summo cœlo, inferiorem condit abyssum : quæ supra infra, quæ infra ponit supra : et inextricabilem sua sapientia contexit labyrinthum; ut prorsus non sit mirum eminentissimum vas electionis Paulum, qui raptus est ad tertium cœlum, et in paradisum, altitudinem divinæ mentis admiratum, exclamasse per Spiritum sanctum : *O altitudo divitiarum sapientiæ et scientiæ Dei, quam incomprehensibilia sunt judicia ejus, et investigabiles viæ ejus !* (Rom. xi, 33.) Non substantiam, non formam assumpsit angeli, sed venit *in similitudine carnis peccati* (Rom. viii, 3), assumpsit lutum nostrum et cognovit figmentum nostrum; *ac recordatus, quoniam pulvis sumus, homo sicut fenum* (Psal. cii, 14, 15). factus est iste fenum, ne nostra in perpetuum caro permaneret fenum, et fenum nostrum vertit in frumentum, et *se nobis dedit panem vivum* (Joan. vi, 31 52), ut trajiceretur in corpus nostrum, et nos efficeremur corpus suum, et *os ex ossibus ejus, et caro de carne ejus.* (Gen. ii, 23). In paupertate carnis suæ omnes thesauros sapientiæ et scientiæ recondidit (Colos. ii, 3); et cum nos sua membra fecit, divitias quas secum attulit in exstinctam quoque electorum carnem ac ossa mirifice transtulit : et sicut ipse natura est Filius Dei, sic, *qui Spiritu Dei aguntur,* hi adoptione *sunt filii Dei* (Rom. viii, 14); et sicut *caro ejus non vidit corruptionem* (Act. ii, 27, 31); sic caro illorum naturaliter corruptibilis, non amittit Dei sui super se sanctificationem.

CAPITULUM V.

De sanctorum somatum suavissimi odoris fragrantia, et templi Dei, et arcæ, et altaris, coaptatione mystica.

Non (51) habet in se, non egerit ex se corruptionis fetorem, sed futuræ incorruptionis odorem ; non olet, sed redolet; non aerem inficit, sed paradisiaci odoris suavitate nares et pectora fidelium afficit : nulli officit, imo saluti omnium proficit ; fetentes artus facit non fetere : infirmitatem expellit infirmitate : saniem corporis ac animæ peccati confectæ vulnere, tam suæ corruptionis sanie, quam spiritus sui curat medicamine. Quæ plerumque in sanctis vel podagrici, vel chiragrici, aut hydropici, aut alius alicujus inordinati humoris exuberantia (52), etiam familiarissimorum a se summovit frequentiam , et verum er t.

(51) *Non habet in se.* De carne sanctorum loquitur, de qua in fine cap. 4.

(52) *Etiam familiarissimorum a se summovit frequentiam.* Id non infimis tantum et terræ filiis accidit, sed et regibus. Testis impius ille *Antiochus, cujus odore et fetore exercitus gravabatur, et quem*

sedulitatem jucundissimam; post animæ dijugium, omnes cujuscunque conditionis et nationis, ad glorificandum Auctoris internæ suavitatis munificentiam, persuavissimi odoris de putredine spirantis, allicit fragrantiam. Odoris quippe suavitas animæ dignitatem et munditiam; fetoris obscenitas ostendit carnis vilitatem et immunditiam : In olenti carne, carnis olent spurcitiæ ac vitia; in odorifera anima, redolent virtutes ac merita. Caro olida, spiritus immundi curia, quam ille, *assumptis septem spiritibus nequioribus se, ingressus est vacantem, et scopis mundatam* (*Matth.* XII, 45); resoluta, ostendit quam in se turpissimi hospites exercuerunt immunditiam : Caro autem sancta, spiritus sancti aula, et *reclinatorium aureum* (*Cant.* III, 10), in quo *cum Patre cœnavit Filius* (*Apoc.* III, 20), cui per *ascensum purpureum, de lignis Libani* est *ferculum* (*Cant.* III, 10, 9), evidentissime declarat per odorem mirificum, ejus in se cum summa reverentia, cum summa honestate ac modestia recubitum; *cujus guttur est suavissimum et genæ sicut areolæ aromatum* (*Cant.* V, 16, 13). Sed si quis dente Theonino rodere nos voluerit, quod carnem sanctorum domum Dei præsumimus astruere, noverit, esse *tabernaculum exterius et tabernaculum interius* (*Hebr.* IX, 2, 3) : noverit, Apostolum dixisse, eodem spiritu sed longe alio intellectu, *Scio quod non inhabitat in carne mea bonum* (*Rom.* VII, 18); et item : *Nescitis quia corpora vestra templum est Spiritus sancti?* (*I Cor.* VI, 19.) Templum profecto Dei sunt tam corpora quam spiritus electorum Dei, et *benedicta gloria Domini de loco suo* (*Ezech.* III, 12), ubi in *spiritu humilitatis, et animo contrito* (*Daniel.* III, 39), holocausta pinguia et medullata, opera videlicet Deo acceptabilia, et tota orationum lacrymis infusa, Deo offerunt filii Dei, *et ascendit fumus incensorum de manu angeli, super altare aureum, quod est in conspectu Domini* (*Apoc.* VIII, 4, 5). In tanti sanctuario templi posita est arca testamenti (*III Reg.* VI, 19) ex imputribilibus et ad ignem durescentibus non ardentibus (53) *lignis setim* (*Exod.* XXXVII, 1); caro videlicet Redemptoris nostri, *viridis ligni* (*Luc.* XXIII, 31), sola tremenda et adoranda cherubin et seraphin; sola extra conditionem naturæ, in æternum imputribilis, et (54) exiguæ passionis; durabilis et incorruptibilis, quia sola in fine temporum concepta et progenita est contra naturam carnalis conditionis ac propaginis. Est, inquam, intra *Sancta sanctorum arca testamenti, circumtecta ex omni parte auro mundissimo* (*Hebr.* IX, 4), et mystico operta propitiatorio, corpus videlicet Christi Domini, qui est auctor

nemo poterat propter intolerantiam fetoris, portare (*II Mach.* IX, 9, 10).

(53) *Lignis setim.* Albæ spinæ genus, sed quod in justam arboris molem excrescit. Vide Hieron. in Isa. c. XLI. Quidam existimant esse ipsam cedrum.

(54) *Exiguæ passionis.* Non vult Christum modicum quid passum, absit : sed *non diu passum*, maxime si cum æternitate conferas.

(55) *In tribu Levi.* Hoc non otiose addit Thiofridus, sed ut indicaret se agnoscere Christi car-

Veteris et Novi Testamenti; cujus sanguis clavis est paradisi; qui sapientia Patris *factus est propitiatio pro peccatis nostris* (*I Joan.* II, 2); cui *non comparatur aurum obrizum* (*Job* XXVIII, 15); qui *vincenti dat manna absconditum* (*Apoc.* II, 17) dulcissimum et eminentissimum, immortalitatis et cœlestis panis donum; qui leges suas *non atramento, sed spiritu Dei vivi; non in tabulis lapideis, sed in tabulis cordis carnalibus* (*II Cor.* III, 3) superscribit; cujus carnis tertia die resurrectionem *virga Aaron* præfiguravit (*Num.* XVII, 8) : quæ inter duodecim virgas, nostræ usque in tempora restitutionis, omnium ariditatis typos, sola in mysterium corporis Domini, veri Sacerdotis nostri, post mortis ariditatem, in resurrectionis florem erumpentis, (55) *in tribu Levi* ad florem rediit et fronduit; et quod natura non habuit, fructum protulit. Atque hæc mystica et salutaris arca, *inter duos aureos et productiles cherubin* (*Exod.* XXV, 18) est constituta; inter cherubin, inquam, per quos sanctæ animæ, et carnis in plenitudine divinæ scientiæ et charitatis, sanctimonia intelligitur, et munditia; quia per redemptionis humanæ mysterium sanctificantur corpus et anima, et de auro fulgent purissimo, de divina profecto sapientia; atque cuduntur et producuntur per laboriosissimæ hujus vitæ exercitamina, ut utrique *in die Domini nostri Jesu Christi serventur sine querela* (*I Thess.* V, 23). Cumque omnia quæ tropologice de electorum dicuntur capite, ipsis quoque membris congruant mystice; animæ etiam sanctorum et somata sunt testamenti arca, intus et foris auro tecta : quia intus fulgent divina scientia, et foris optima morum congruentia : et in eis *posita est testificatio* (*Exod.* XXV, 16), id est omnis sanctæ doctrinæ abundantia; et *ex utroque latere assistunt cherubin* (ibid. 18), angelorum videlicet custodia; ut interius exteriusque muniantur ab exterminatoris Ægypti sævitia (*Exod.* XII, 29). Et in tam mirifico Dei templo est mysticum altare (*Exod.* XXV et seqq.); cor purgatissimum et spirituale; in quo sacerdos (*Lev.* VI, 12 seqq.) homo quisque sanctus, anima et corpore, indeficientem nutrit ignem charitatis geminæ; ac ne unquam exstinguatur, mane per singulos dies, in ortu solis justitiæ, illustrata mentis caligine, ligna, tam exempla Patrum, quam præcepta Dominica congerit, et sese holocaustum desuper imponit, dum omne vitium in se exurit; et de interna impinguatione, quasi de hostiæ pacificorum adipe, pacem inter se et Dominum faciens, odorem de se suavissimum reddit : et tanti ardoris flamma inexstinguibilis nunquam deficit, nunquam

nem non modo ex Juda, tribu videlicet regia; sed et ex Sacerdotali, esse sumptam. S. Hilarius (*can.* 1. *in Matth.*) de SS. evangelistis Matthæo et Luca sermonem faciens : *Suis uterque partibus*, inquit, *Domino nostro Jesu Christo, qui est æternus et Rex, et Sacerdos, etiam in carnali ortu, utriusque generis gloriam probaverunt.* Simili probandi ratione usus S. Augustinus (lib. II *De consen. evangelist.*, cap. 4) concludit : *Firmissime tenendum est, carnem Christi ex utroque genere propagatam, et regum scilicet et sacerdotum.*

decrescit; sed etiam (56) post hujus vitæ unguem, ferventius et amplius ex interna contemplatione accrescit. In tanti templi Dei præconium dicitur per Ezechielem, Spiritus sancti os, et organum, cui totius spiritualis ædificii, et portæ in domo Domini clausæ, mystico ænigmate revelatum est mysterium : *Ostende domui Israel templum, ut confundantur ab iniquitatibus suis, et metiantur fabricam, ut erubescant ex omnibus quæ fecerunt (Ezech. XLIII, 10).* Templum quippe Dei ad confusionem peccati ostenditur, dum electorum Dei corporis et animæ sanctitas, in exemplum virtutis subtiliter pensanda, et utiliter imitanda proponitur; dum quanto subtilius pensando discutitur, tanto amplius peccatrix anima ex omnibus quæ fecit erubescit, et confunditur : et tanto districtius in se culpas judicat, quanto altius quod admiretur, considerat. (57) Erubescit profecto de se, dum recognoscit non posse ullo modo salvari se, nisi pulvis exiguus, per meritum sanctificati Spiritus salvet se; dum se in vita non vivere, et exstinctos cineres videt post mortem efficacius vivere : imo non tam vivere quam regnare, et miraculorum gloria coruscare. Igitur nihil mirum si templum Dei resolutum, si arca testamenti, caro scilicet electorum Dei, odoris fragrantia omnia longe excedit aromata, cum ex ea per inhabitantem Spiritum, virtutum opera *ascenderint sicut virgula fumi ex aromatibus myrrhæ ac thuris (Cant. III, 6),* continentiæ scilicet ac salutiferæ orationis; *et universi pulveris pigmentarii,* qui præparat et discernit pigmenta boni operis; qui *descendit in hortum suum ad areolam aromatis, ut pascatur in hortis, et colligat* in regnum suæ dilectionis, *lilia eximii et perpetui candoris (ibid., 1).*

(56) *Post hujus vitæ unguem.* Ita in utroque ms. Unde mutare non lubuit. Sed cum nullus inde sanus sensus exculpi possit, dubium mihi non est, quin sit legendum, *ignem.* Nam certe de indeficiente igne agebat : quem, cum charitatem interpretetur, rectissime convenit cum illo Apostoli : *Charitas nunquam excidit (I Corinth. XIII, 8).*
(57) *Erubescit profecto de se, dum recognoscit, non posse ullo modo salvari se, nisi pulvis exiguus, per meritum sanctificati Spiritus, salvet se.* Caute legendum, et sane intelligendum. Potest utique aliter quis salvari : sed Deus bonus, qui varie *mirificat sanctos suos,* decretum videtur, de quibusdam salvandis, non nisi per sanctorum reliquias exsequitur. Quis enim, nisi Calvinista, aut alioqui hæreticus, neget salutem multorum promotam, spectatis ad martyrium, aliorumque SS. sepulcra, miraculis? Similis loquendi modus est sancti Pauli (*Act.* XXVII, 51). *Nisi hi in navi manserint, vos salvi fieri non potestis.*
(58) *Secundum Ambrosium.* Locus est ad cap. XXIV S. Lucæ, v. 1, ubi SS. mulieres portant quæ paraverant aromata.
(59) *Optat spirare Austrum, non Aquilonem.* Vox sponsæ est (*Cant.* IV, 16). *Surge, Aquilo, et veni, Auster.* Ubi τὸ *surge* ugantis est et pellentis; quasi dicat, *cede, abi.* Quid ita? Breviter hic explicat Thiofridus, *ut,* inquit, *horti sui vernent, non decutiantur flores.* Ergo utriusque venti ille est effectus. Sed dubio procul mystice hoc loco ista accipienda. Ergo cum D. Hieronymo (*in Isa.* cap. XIV). *Aquilonem* censeamus *exstinctionem charitatis* : *Austrum* vero,

CAPITULUM VI.

De dote sanctæ animæ, et de odoris in corpus exanimatum transfusione.

Dos profecto piæ animæ (58), secundum Ambrosium, sunt mystici et suavissimi odores myrrhæ, croci et aloes, et ipsa habens in se *odorem agri pleni, cui benedixit Dominus (Gen.* XXVII, 27) (59), optat spirare austrum, non aquilonem (*Cant.* IV, 16); ut horti sui vernent, non decutiantur flores. Invitat sponsum *in hortum suum, ut comedat fructum pomorum suorum (Cant.* V, 1), ut *fluant ei aromata illius (Cant.* IV, 16), ut delectetur varietate fructuum et odorum ipsius. Venit sponsus, sponsæ libat oscula, inter ejus commoratur ubera, et audit inter epithalamii (60) crusmata, *pulchriora vino sunt tua ubera, et odor unguentorum tuorum super omnia aromata (Cant.* IV, 10). Et *cum rex est in accubitu suo, et regina (Cant.* I, 11), perfecta profecto anima, *assistit a dextris ejus in vestitu deaurato; circumdata varietate (Psal.* XLIV, 10) virtutum; *nardus sua dat odorem suum (Cant.* I, 11), et summæ suavitatis fragrantia, totum interius et exterius vaporat ac implet sponsi et sponsæ cubiculum : et ut odor alicujus odoriferi pomi, vel pretiosi unguenti, aut pigmenti, transfunditur in attrectantis manum, aut in obvolventis involucrum; sic de *aureo veri Salomonis reclinatorio (Cant.* III, 10), summæ scilicet sanctitatis spiritu, propensius transit in compaginatum et affixum (61) ratis proportionibus, somatis tabernaculum : et dum habitator recesserit, et domus carnis vacua remanserit, et caro in putredinem vertitur, et putredo in pulverem redigitur, et pulvis in elementum solvitur, ut nequaquam ab humanis oculis videatur; nihilominus tamen (62) illa odora vi

cum D. Gregorio (*lib.* IX *Mor.* c. 9.) *Fervorem Spiritus sancti cujus adventu antiquus hostis, velut Aquilo, expellitur.*
(60) *Crusmata.* κρούω Græcis est, præter cætera, musica instrumenta pulso. Hinc κροῦμα, ipse *pulsus.* Thiofridus vel legit, vel formavit κροῦσμα, quod et *plausum* significat. Sic accepisse arbitror, ipsa epigraphe præfationis in Vitam S. Willibrordi.

Prologus in vitam Wilbrordi crusmate dignam.
Neque male ita hic quoque capias.
(61) *Ratis proportionibus.* Proportiones, id est magnitudinum, longitudinis, latitudinis. Altitudinis rationes in tabernaculo Mosaico, habes accurate descriptas in Exodo, cap. XXVI. Mystice autem explicatas a variis, et varie. Breviter accipe ex S. Gregorio, quod ad mentem hujus loci sit : *Mensuratur atrium tam in longitudine, quam in latitudine, quia cum ad fidem peccator ducitur, necesse est ut ejus doctor consideret quantum in longitudine spei. et quantum in latitudine charitatis, ex ejus admonitione proficiat (Hom.* 19 *in Ezech.).* Nec te moveat quod sermo sit de *tabernaculo somatis,* id est *corporis*; nam de corpore agitur, *animæ sanctæ,* ut sic dicam, *commensurato.*
(62) *Illa odora vi olfactus dulcoratur.* Cum Thiofridus ipse, hoc ipso capite, hujus odoris exempla afferat, nihil silere licet. Alioqui benigna suppetit copia. Suberat multorum vicem S. Hubertus, Arduennæ apostolus, qui decimo septimo post excessum suum anno, non integer modo repertus est, sed et cœlesti odore nares assistentium animosque imple-

olfactus dulcoratur, et ibi homo summa quasi thymiamatis dulcedine satiatur; ubi quid sit, quid fuerit ab homine ignoratur. An non redolent aromatum cellæ ac involucra, etiam cum ablata fuerint aromata? Sed longe alia odoris aura spirat ex sanctorum exanimatis artubus quam ex aromatibus, quia longe aliud suavitatis genus est, quod creaturam rationalem vivificans et illustrans, subtiliter ac (63) substantialiter suavis diffundit Spiritus : aliud quod per accidens, licet inseparabile, insitum est rebus insensibilibus, creatis in odoramentum et delectamentum rationalibus, mentis ratione; in sanctitate et justitia, in se sui conditoris, totius dulcedinis auctoris, imaginem præferentibus. Odor aromaticus] corpus afficit, non animam reficit, in delictum vertitur, si quis eo in delicias abutitur. At suavias Spiritus in sanctos transfusa artus, psychen et soma, sui affectione inungit, et sancti Spiritus unctione in amorem spiritualis vitæ compungit. Ille fastidium sui generat : hæc, quo amplius satiat, eo profusius dulcedinis suæ sitim multiplicat; quæ in typum sitis, quæ satiatur in angelis de *fonte vitæ et torrente voluptatis* (Psal. xxxv, 10, 9), non habet in se tædium satietatis ; quia et sitientes sine omni fastidio satiat; et satiatos absque omni anxietate sitire facit, ut reficiat. Ille temporis intervallo deficit; ista proficit : hic adjumento exterius indiget, ut non deficiat, hæc in ipsa putredine, cujus natura est ut feteat, habet unde contra naturam, omnibus diebus sæculi, redolendo proficiat. Et vere ampla mihi est copia, ex sacris scriptis, tam suavis et diutinæ fragrantiæ eligere testimonia; sed animo percurrenti singula, semper præclara et egregia in comparatione superexcellentium, videntur parva et minus illustria. Memorare equidem possem, quæ odoris fragrantia, in inventione pretiosissimi corporis terque quaterque beati Stephani protomartyris (64) post CCCLXXXII annorum curricula a passione Dominica, omnium astantium adeo perfuderit nares et pectora, ut se (65) non in Chaphargamala, sed inter paradisi æstimarent deambulare rosas et lilia. Memorare item possem, omisso interim insigni miraculo, quod profecto sub gratia longe præstantius est æstimandum, quam quod sub lege, tam irato, quam placato Domino, nubes apparuit super fœderis tabernaculum (*Num.* xiv, 10 ; *Exod.* xxxiii, 9, 10); videlicet quod post lucidissimi (66) totius mundi solis, Willibrordi primi sanctæ Trajeciensis Ecclesiæ archipræsulis, carnis occasum, ingens globus, quasi fumi aromatum in modum densissimæ nubis totum sæpissime replevit et cooperuit vestibulum, (67) ubi lucis vitæ hujus passus deliquium, transivit in cœtum et claritatem cœlestium luminum ; omisso, inquam, tanti præconio miraculi, memorare possem quod (68) anno ccxcii ab ejusdem gloriosissimi antistitis de spirituali Sodoma et Ægypto exitu; anno vero progeniti Verbi millesimo xxxi cum ejus sacratissimi somatis xiv Kalend. Novembr. (69) disponeretur translatio, tantæ suavitatis de tumba ejus exuberavit oblectatio, ut infusis et magnifice refectis omnibus, divino munere dignis, summæ religionis (70) ygumenus, nomine Humbertus, qui aperto paululum sarcophago manum, non præsumptuosa temeritate, sed ardentissimo animi injecit desiderio, ut aliquantulum de eminentissimo sacrarum reliquiarum auferret thesauro : interrogatus quid visu, quidve odoratu perceperit; imitatus plenum clamoris silentium Pauli, in se reversi de *tertio cœlo,* et ex amœnitate paradisi, ubi *audivit secreta verba, quæ non interpretatur* Villa Gamalielis, *viginti millia habeas a civitate,* etc. Vide totam historiam lectu dignissimam apud Baronium, anno 415 : Quod ad nominis interpretationem attinet, constat, Copher, sive Caphar, esse *Villam.* Exemplum habes lib. I Reg., vi, 18.

vit. Plura noster Dauroultius in Catechismo histor. cap. iii, tit. 57. De sancto Huberto Baronius anno 771.

(63) *Substantialiter suavis diffundit spiritus.* Ex dissimili, quod de accidente inseparabili subjungit, hoc velle videtur Thiofridus, non esse existimandum, alicunde, ex accidenti, ejusmodi suaveolentiam SS. reliquiis contingere; sed divinitus ipsam *substantiam* suo id merito adeptam. Fateor locum esse obscurum, et cum gratia lumen aliunde hauriam.

(64) *Post* ccclxxxii *annorum curricula a passione Dominica.* Rectissime. Nam si annos quibus Christus mortalem hanc vitam vixit, adjicias, nempe xxxiii, confeceris annum ab ejus nativitate, ccccxv quo anno, magni protomartyris reliquias, indicante Gamaliele, Lucianus presbyter invenit. Vide Baronium.

(65) *Non in Chaphargamala.* Villæ nomen in qua DD. Stephani et aliorum corpora reperta. Ipse Lucianus presbyter, inventor, Libellum super ea re scriptum sic inchoat : *Lucianus misericordia Dei indigens, et omnium hominum minimus presbyter Ecclesiæ Dei, quæ est in villa Caphargamala, in territorio Hierosolymorum, sanctæ Ecclesiæ, et omnibus sanctis,* etc. Si quæras quid et unde hoc nominis ? respondet tibi Gamaliel, eo libello se sociosque Luciano prodens. Nam de corpore sancti Stephani loquens, *Hortatus sum eos,* inquit (Christianos), *et persuasi illis ire occulte, ut portarent corpus ejus meo vehiculo, in villam meam, hoc est Caphargamala,* quod

(66) *Totius mundi solis.* Sanctum Willibrordum alibi quoque *solem* vocat. Vitam ejus, numeris ligatam, sic orditur :

Quadrifidi cosmi solem peperere Britanni,
Solem Wilbrordum, qui comit lumine mundum.

(67) *Ubi Lucis vitæ hujus passus deliquium.* Id Trajecti, ubi sedes erat ejus episcopatus, contigisse, præter alios testatur S. Bonifacius, epistol. ad Stephanum papam. Habes eam apud Baronium, anno Christi 755.

(68) *Anno* ccxcii, *ab exitu ; et progeniti Verbi* mxxxi. Obierat mortem S. Willibrordus anno Christi dccxxxix, adde ccxcii, plane accuratum invenies calculum Thiofridi, de anno Christi mxxxi.

(69) *Disponeretur translatio.* De hac S. Willibrordi translatione, vide Vitam, cap. 54, et lib. iv Carminum.

(70) Ygumenus *nomine* Humbertus. Fuit hic abbas Efternacensis annos 24; successit Regimbertus, qui obtinuit annos 50. Hunc excepit noster Thiofridus. Sic ms. ejusdem monasterii, qui *Liber Aureus* dicitur, pag. 115.

icet homini loqui (II Cor. XII, 4) : non quæ æqualia, sed quam grandia, quam stupenda persenserit, proderet; non rei visæ ordine, sed testimonii magnitudine; insinuaretque per ea quæ potuit dicere, facile (71) nos posse conjicere, maxima esse quæ vel non potuit, vel timuit verbis exprimere. Ineffabile mihi est, inquit, quod me fari deposcitis; non plane scio quæ me scire creditis; non cor ad excogitandum, non lingua sufficit ad enarrandum. Hæc consulto prætereo; non dico quæ summæ auctoritatis virorum comperta et memoriæ tradita sunt, relatione ac testimonio : taceo quæ (72) ipse, Deo mihi teste et conscio, olfactu persensi, de nostræ Ecclesiæ peribolo, ubi plerumque, licet delictorum olidus nidore putido; tamen inundatus et refectus sum odore salvifico, spirante de orto aromatico, quem desuper irrigavit *fons aquarum viventium*, spiritualium scilicet charismatum, *quæ fluunt cum impetu de Libano* (Cant. IV, 15).

CAPITULUM VII.
De distantia inter defuncta veteris Adæ, et novi Adæ filiorum somata.

Sed fidenter dico, cum electi Dei sint æternæ Sapientiæ (73) archisterium, cujus *habitationem vaporat odor*, sicut *cynnamomum et balsamum* (Eccli. XXIV, 21); et cum habeant *fialas aureas, plenas odoramentorum* (Apoc. V, 8) largæ prædicationis, et latæ charitatis mysterium : æquissima nimirum divinæ æquitatis agitur ratione; ut, qui in carne corruptibili, attendentes illud apostolicum : *Corruptio incorruptelam non possidebit* (I Cor. XV, 50), spiritus elegerint incorruptionem; contra carnis conditionem, suavissimi odoris fragrantiam, qua incomparabiliter animæ illorum perfruuntur, in conditoris sui contemplatione, sensibus quoque mortalium ingerant, dum mortali conditione *descenderint in corruptionem* (Job XXXIII, 24). Corruptionis siquidem infirmitatem trahunt ex veteri Adam; sed tanto excellentiorem super filios Adam adepti sunt gloriam, quanto eminentiori distantia differt novus a veteri; a terreno cœlestis Adam. Quod a veteri acceperunt, *descendit in corruptionem* (Coloss. III, 9); quod a novo mutuati sunt, solam novit incorruptionem : et quia *exuerunt veterem hominem cum actibus suis, et induerunt novum, qui secundum Deum creatus est* (Ephes. IV, 24); ex gratia novi, in eadem carnis corruptione, quam ducunt ex veteri, internæ suavitatis habent et exhibent incorruptionem. Adæ quippe veteris natorum, et minus perfectorum cadavera fetent super omnia olida; et licet defuncti divites, purpurati, (74) ceratis brandeis involvantur; licet ferinis tergoribus insuantur; tamen, nisi obfirmatis diligentissime (75) libitinis includantur, a putore eorum viva somata aut moriuntur, aut gravi ægritudine afficiuntur. In Adam autem novo renatorum, et *in novitate vitæ ambulantium*, et non deviantium perfectorum corpora, *quæ configurata corpori divinæ claritatis* (Philip. III, 21), in resurrectionis gloria, erunt spiritualia; tum demum instar pigmentorum; quæ non tam integra quam comminuta : instar aromatum, quæ suavis redolent trita et diffusa; eminentioris ac evidentioris divini miraculi gratia, fragrantiore odoris aura, humana perflant pectora; cum, pretiosissimo (76) fracto margarito, (77) ad originem et antiquam possessionem suam aromatibus virtutum condita revolaverit anima. Nam cum natura animæ de cœlo ducat originem, ac ejus sit particeps naturæ; carnis autem substantia de terra sortiatur materiem, ac ejusdem originis suæ servet qualitatem ac similitudinem : esset quidem, sed non adeo mirabile, si in mutua, et rata complexione utriusque, id quod de cœlestibus est, et cujus *inter homines conversatio in cœlis est* (Philip. III, 20), ubi perpetuæ suavitatis odor naturaliter est : vim conditionis suæ exereret in terra, ubi alterutrum ex implicatione impedimentum naturæ est; in *terra*, inquam, quam *serpens comedit* (Gen. III, 14); quæ in protoplasto, *maledictione*

---

(71) *Nos posse conjicere.* Clare indicare videtur se adfuisse huic translationi. Qua de re in Vita.

(72) *Ipse olfactu persensi.* Et de hoc in Thiofridi Vita leges.

(73) *Archisterium.* Vox ab auctore nostro ficta et sæpius usurpata ad normam illarum, μοναστήριον φροντιστήριον. Sumit autem pro principe alicujus habitationem; sive palatio, in quo τὴν ἀρχὴν, id est principatum, et imperium, potissimum os endit. Ut plurimum autem magnis Dei amicis attribuit eam appellationem, et ad singularem eorum laudem utitur. Quandoque tamen alia omnia significat, ut cum infra, apostatam Julianum sic insultabundus appellat.

(74) *Ceratis Brandeis involvantur.* Genus vestis, qua cadavera ad sepulturam involvebantur. Lineam fuisse, aut gossipinam suspicari licet, quando quidem cera densabatur. Non memini hanc vocem alibi legere, excepto Joanne Diacono, Vitæ B. Gregorii Magni lib. II, c. 42, in historia quam inde noster Thiofridus describit, infra, lib. III, c. 4, et Gregorio ipso, lib II Registri, epist. 30.

(75) *Libitinis.* Feretrum Libitina solet significare. Hic pro *sarcophaga* poni facile apparet.

(76) *Fracto margarito.* Alludit, opinor, ad illud Marc. XIV, 3, *fracto alabastro, effudit*, etc. Itaque etiam hoc loco accipiendum *margaritum* pro *vasculo* inde confecto. Tropica tamen locutio corpus, sive carnem nos jubet intelligere.

(77) *Ad originem et antiquam possessionem.* Error fuit Origenis, animas ante corpora fuisse, et nescio quibus in receptaculis latitasse, donec a Deo, alia alias, in corpus mitterentur. Vide lib. I Periarchon, cap. 7. Platonici jam longe ante hoc delirium delirarant. Vide, si placet, Rodiginum, lib. X, cap. 16. Absit ut noster Thiofridus id sentiat, aut hoc loco velit. Non ignorabat homo studiosissimus, non negligebat vir religiosissimus, Leonis primi papæ sententiam, qua eum errorem damnavit, contra Priscillianistas scribens, epist. 93. Itaque Thiofridus tantum animæ originem docet esse a Deo, cujus majestatis thronus in cœlo : non autem ex *traduce*, quem Tertulliani errorem hæretici quidam, nostro hoc sæculo, innovarunt. Nec nos ius loquendi multum abhorret ab illo Sapientis, (Eccle. XII, 7) : *Spiritus redeat ad Deum, qui dedit illum*. Nam illud *redeat*, quasi indicare videtur ibi ante fuisse, quam corpori daretur. Sed solam originem significat, et auctoris effectionem.

damnata, *spinas et tribulos*, punctiones profecto, et incentiva vitiorum, *germinare* permissa est (*ibid.*, 17); quæ ut intolerandi fetores per naturam comitentur omnino necesse est. Sed hoc incomparabili est dignum admiratione, quod in utriusque separatione, cum utrumque ad principalitatem suæ redierit naturæ; id quod de *immundo terræ conceptum est semine* (*Job* xiv, 4), ac fetore, quasi de summa cœli, non de terrena oriundum sit, habitatione; secundum naturam cœlestem, non suam terrestrem, inæstimabiliter suavem de se exhalat odorem : et non (78) effectivæ materiei suæ, sed vivificatricis animæ in se repræsentat dignitatem, et conditionem : et sicut supra animas, anima in carne, extra carnem est; sic caro supra carnem, in terra, supra, imo extra terram est; et non tam sequitur naturam ejus unde sumpta est, quam ejus, unde vivificata, et vegetata est. In cœlestem terrestris (79) mutatur natura, mors in sanctorum carne sua superfecto non obtinet jura : sed caro in carne Christi, morte destructa, efficacius vivit defuncta. Matricis suæ nescit fetorem, sed fragrantissimi spiritus sui servat in se odorem; et, quia ex se fetet in conceptione, in procreatione, in educatione, postremo in totius vitæ præsentis administratione; tandem ex præcedenti utriusque connexione, totius suavitatis fragrantiam spirat de se in resolutione, quam non habet ex conditione.

(78) *Effectivæ materiei*. Catachresis videtur. *Effectivam* vocat, quod ex ea corpus compactum, et effectum esset.

(79) *Mutatur natura*. Non secundum *substantiam*, sed *accidens*.

Explicit liber primus.

INCIPIUNT CAPITULA SECUNDI LIBRI.

I. De mausoleis sanctorum, et quare omnis lapis pretiosus et aurum sit eorum operimentum.

II. Quod tanto cineri non comparetur materiale aurum, nec omne quod in rebus volventibus est pretiosum.

III. Quod jus sanctæ animæ sanctitatis suæ affluentiam transfundat in omnia pulveris sui ornamenta et operimenta.

IV. Quod cives civitatis uranicæ floccipendant quidem monstra avaritiæ, sed magnipendant devotionem fidei Christianæ.

V. Quod per mundi concupiscibilia comparentur etiam cœlestia.

VI. Quod præclara sit sanctorum paupertas, quæ post carnis mortem cœli et terræ meretur divitias, et quare habeant ciboria et pyramidas.

VII. Quid sentiendum sit de illis electorum Dei pigneribus quæ consumuntur a bestiis et avibus, vel immerguntur fluminibus.

Expliciunt capitula secundi libri.

INCIPIT LIBER SECUNDUS.

CAPITULUM PRIMUM.

De Mausoleis sanctorum, et quare omnis lapis pretiosus, et aurum sit eorum operimentum.

Non sordent profecto (80) sanctorum mausolea, ut sepulcra Pharisaica, foris dealbata (*Matth.* xxiii, 27), sed eum ipsa quoque *mors*, quæ primæ transgressionis summa et irreparabilis est pœna, in eis sit pretiosa (*Psal.* cxv, 15); vitalis et gloriosa; et quæ in minus perfectis, obitus; in terræ animantibus est interitus; in illis sit transitus : et quæ in aliis vitæ finis, in ipsis celebretur (81) natalis : nihil omnino in eorum carnis corruptione, mentis oculis fetidum, nihil est sordidum; sed omnia sunt tam suavia, omnia tam honesta, et tanta divina virtute prædita, ut omnis Deo dedita in voce exsultationis et dignæ admirationis jure exclamet anima : *Quam pulchra tabernacula tua, Jacob, et tentoria tua, Israel! ut valles nemorosæ, ut horti juxta fluvios irrigui, ut tabernacula quæ fixit Dominus* (*Num.* xxiv, 56); et cum ipsa quæ *in quadrum posita est* (*Apoc.* xxi, 16), *cœlestis regis civitas* (*Apoc.* xxi, 16), ad quam sanctorum attinet universitas; cum ipsa, inquam, *aurum mundum* (*ibid.*, 18) ex auro et lapidibus pretiosis stratas habeat plateas, in quibus æterna

(80) *Sanctorum mausolea*. Majorum nostrorum quanto major fuit pietas et religio, tanto in ornandas et exquisitis honoribus honestandas SS. reliquias, profusior fuit liberalitas. Hinc illa mausolea, quæ hodieque plurima visuntur, sanctorum corporum receptacula. Plurima solo æquarunt, atque adeo infra solo eruerunt hagiomachi Calvinistæ, non magis sanctorum odio, quam auri argentique amore.

(81) *Natalis*. Sic diem obitus sanctorum vocant antiqua Ecclesiæ Martyrologia, eo haud dubie, quod nobis denati, Deo et beatorum cœtui multo sint feliciús nati. Magna erat pompa, et multa vanitas antiquorum, nataliis suis diebus. Martialis :

Natales mihi Martiæ Kalendæ,
Lux formosior omnibus Kalendis.

Cur ita? Quia eo die natus homulus e luto et argilla fictus. Quanto formosior lux illa æterna, qua *pretiosa est in conspectu Domini*, non magis mors, quam vita *sanctorum ejus*? Quam formosa, inquam, lux illius civitatis, quam claritas Dei illuminat, et lucerna ejus est Agnus! (*Apoc.* xxi, 23.) Itaque ejusmodi Natalis, quod hic ait Thiofridus merito celebratur.

deambulat, et oblectatur divinitas ; digne profecto *nes (Exod.* xxxix, 8, 10), et nominum et colorum pignora electorum Dei, qui *super fundamentum Christi ædificant aurum, lapides pretiosos, non ligna neque stipulam (I Cor.* III, 12) ; quorum sapientia, et sincera corporis ac animæ, in auro metallorum pretiosissimo, intelligitur puritas; de auro et gemmis exstructas et redimitas sortiuntur pyxides et capsulas, (82) ciboria et pyramidas. Nam, ut intellectum prætereamus allegoricum, quare, secundum litteram, *omnis lapis pretiosus et aurum non sit eorum operimentum (Ezech.* xxviii, 13), qui *in abundantia virtutum ingrediuntur sepulcrum (Job* v, 26), qui, (83) *reges et consules terræ, ædificant sibi solitudines (Job* III, 14) per tranquillæ mentis studium, et possident sapientiæ aurum et divini *eloquii argentum igne examinatum! (Psal.* XI, 7.) Nimirum electi Dei sunt *vasa auri excelsa et eminentia, quæ non computantur pro æterna Dei sapientia (Job* xxvIII, 18), ipsi *topazion ex Æthiopia (Psal.* cxvIII, 127), ipsi *aurum mundum* unde condita est ipsa, de qua prælibavimus, (84) *civitas* uranica *(Apoc.* xxi, 18) : in cujus structuræ, ac inæstimabilis ornatus præconia, per Spiritum sanctum, mystice promittitur voce prophetica : *Ecce ego sternam per ordinem lapides tuos, et fundabo te in sapphiris, et ponam jaspidem propugnacula tua, et portas tuas in lapides sculptos et omnes terminos tuos in lapides desiderabiles (Isai.* LIV, 11, 12) ; et quod (85) *involuti ænigmatis* sit solutio, *universos filios tuos doctos a Domino (ibid.,* 13). Sunt quippe *filii Sion inclyti, et amicti auro primo (Thren.* IV, 2) ; sunt miræ magnitudinis et summi pretii lapides, qui in *summi pontificis rationali,* (86) mystice per *quatuor intexti ordi-*

(82) *Ciboria et pyramidas.* Scio Horatio scriptum :
    Oblivisio levia Massico
    Ciboria exple.....
quo loco *ciboria* capacis poculi genus esse constat. Scio in sacra Christianarum Ecclesiarum supellectili, *ciborium* esse vas quo sacrosanctum Christi Domini corpus conditur et asservatur. Sed hic alio significatu, et minus usitato, poni arbitror, pro *conditorio sacrorum corporum.* Non dico pro loculo, aut sarcophago sed ampliore vel casa, vel sacello, vel fornice, quo plures sarcophagi reponi possent. Sic manifeste accipit Ægidius Aureæ-Vallis monachus, additionibus ad Anselmum canonicum, in Floriberto, capit. 30. *Quod feretrum,* inquit, *in ciborio, juxta corpus beati Lamberti, usque in hodiernum diem, collocatum est, cum aliis sanctorum pignoribus.* Ibidem infra, de corpore S. Madelberlæ : *In præfato ciborio est collocatum : in quo et alia multa sanciorum corpora requiescunt.* Hinc versibus hujus operis initio positis, non modo *pyramidas,* sed et *ciboria exstrui* ait : quo indicat, genus fuisse *ædificationis.* Qua vero forma ea *ciborii structura* esset, eleganter ab auctore nostro descriptum videbis infra, lib. hoc secundo, c. 6.

(83) *Reges et consules terræ.* Verba sunt Job. Quomodo noster sanctos vocet reges, dicit ipse infra. hoc ipso capite.

(84) *Civitas uranica.* Id est cœlestis. Magis usurpant Græci οὐρανιος.

(85) *Involuti ænigmatis solutio.* Quod tanto apparatu et varietate de lapidibus dicitur, sed obscure et quasi ænigmatice, explicatur, inquit, dum subjungitur : *universos filios tuos,* etc., id est, Hi ipsi, *fili*

nes (Exod. xxxix, 8, 10), et nominum et colorum suorum varietate, tropologice distinctas, et desiderabiles virtutum omnium in se prætundunt species. Sunt quoque *regale sacerdotium* (I Petr. II, 8), et cum ad numerum *octo beatitudinum (Matth.* v, 3-10), (87) octo sint in lege inæstimabilis pretii et decoris ex typico lino, purpura, cocco, bysso, hyacintho, et auro, et gemmis pretiosissimis *(Exod.* xxxix) : non tam *vestimenta* quam *ornamenta pontificum,* cum totius mundi fabricæ tum omnium sacramentorum, quæ in Ecclesia, per sacerdotale oportet administrari officium mirabile, ac vix humanis verbis explicabile mysterium ; et tanti ornatus majestate vestiatur caro infirmitate circumdata, dum adhuc *peregrinatur a Domino (II Cor.* v, 6) anima ; nonne cum illa post exhausta tot laborum tempora, immortalitatis vestita stola, et gloriæ corona, in cœlesti gloriosa regnaverit curia ; quidquid est *terrestris domus ejus habitationis (ibid.,* 1), hujus operosas arteque elaboratas vestes, (88) minervale pretium, et fusilis metalli admirandis figuris opus incusum, ac multiplicia varii coloris gemmarum genera, pro devotione fidelium, jure mereatur habere in operimenti sui (89) *redimicula ?* Et cur eorum infima non summo induantur et obvolvantur decore, ac gloria, cum sint uranicæ civitatis, non tam primates quam reges ; cum de eis non ut de suis Babylonius rex, sed vere ac merito summus regum princeps Deus glorietur, inquiens, *nunquid principes mei simul sunt reges ? (Isa.* x, 9.) Reges profecto, et senatoriæ dignitatis sunt, et regem sæculorum, qui *habet in vestimento, et in femore scriptum ; rex regum et Dominus dominantium (Apoc.*

sunt *lapides,* quod diserte subdit.

(86) *Mystice per quatuor intexti ordines.* Mysticum et *typicum ;* itemque *mystice* et *typice* fieri dicit *Thiofridus,* tum quidquid in *Veteri* Testamento mysterium aliquod *Novi,* sive rem sacram et spiritualem significabat : tum ipsum mysterium, aut rem eo modo significatam. Hoc si observes, multa hujus auctoris loca facile intelliges. Sic hoc loco, *lapides in rationali pontificis,* vult fuisse typum insignis, et sacræ varietatis, earum virtutum quæ in sanctis futuræ erant.

(87) *Octo ornamenta pontificum.* Hæc octo describuntur Exodi xxxix et Dei jussu concinnantur a Beseleel ; nempe *superhumerale, rationale, tunica superhumeralis, tunica byssinæ, mitræ, feminalia, cingulum, lamina sacræ venerationis.* In numero octonario nullam vim aut mysterium hic ponere videtur auctor, sed tantum varietatem ornatus significare. Porro de singulis his dicere, infinitum sit, et minime necessarium ; modo hoc teneamus, ea varietate ornamentorum, varias indicari sanctarum mentium dotes. Vide, si placet, eos qui scripserunt super Exodum, ut Orig. homil. 9 et 13 ; Rupertum lib. IV, c. 25. Item Clementem Alexandr. lib. v Stromat. ; Hieron. De veste sacerd.

(88) *Minervale pretium.* Pretium arbitror positum pro re pretiosa. Et quoniam de vestibus arte elaboratis agit, poetici commenti memor, *Minervale* vocat. Nam Minerva textrinæ præerat.

(89) *Redimicula.* Ampliter hoc verbum ponit, pro eo omni quo quis redimitur, sicut amictus, quo amicitur.

xix, 16), in decore suo vicinius in domo sua cœlesti contemplantur beati oculi eorum, et æternæ festivitatis frequentant tripudium, nullum unquam tantæ celebritatis, et lætitiæ visuri terminum. Cumque quilibet rex terræ, in summis festivitatibus summis, non quasi homo, sed ut alter deus, mundi ornatibus decoretur, et *qui in domibus regum sunt, mollibus et exquisitissimis vestiantur* (*Matth.* xi, 8); quare sanctorum ossa et cineres, quibus ipsi purpurati reges, et principes genu flectunt, et inclinantur, non in operosis et maximo sumptu elaboratis mausoleis et capsulis et involucris recondantur?

CAPITULUM II.

Quod tanto cineri non comparetur materiale aurum, nec omne, quod in rebus volventibus est pretiosum.

Nimirum sicut æternæ *Sapientiæ non adæquatur aurum obryzum* mysticum (*Job* xxvin, 15), sic tanto cineri non comparatur materiale aurum, nec omne quod in rebus temporalibus est pretiosum. Quid enim est aurum et omne quod ex terra est pretiosum nisi mutato colore lutum? Sed inter cineris naturam et (90) auri auram magna distantia est, quia cinis naturaliter squalet, aurum claret, hic spiritualiter, hoc oblectat carnaliter. Hoc non permittit securum ire inter latrones, hic invisibili compede ligat sacrilegos ac fures, et cum præda sua facit s.are immobiles,

ut stat Marphesia cautes.

Hoc quippe vigilantissimi papæ theologi (91) Gregorii habet Dialogus, quod coram (92) cujusdam magnificæ sanctitatis viri sacratissimis cineribus, fur noctis furvum præcipue appetens, cum vervecé, quem de vicinis ejusdem electi Dei tumulo caulis ovium, (93) cleptim involavit, invisibilibus *canis vinus, a leone mortuo (Eccl.* ix, 4), imo dormiente, steterit ligatus nexibus ; nec usquam niti et se proripere, neque prædam, quam in vultus sui confusionem, permissus est subripere, ullo nisu potuerit amittere; donec post matutinalem synaxin, egre-

A dientes (94) fratres, oves Dominicæ, offenderent eum torqueri, cum conscientia vindice, tum (95) divino examine; et cum dubium esset, utrum venisset offerre an auferre, certi tandem redditi reatus confessione ac evidentissima divinæ animadversionis ostensione, summa vix obtinerent supplicatione : ut qui res eorum venerat insidiis excipere, saltem vacuus et liber posset abscedere. Profecto cum sit scriptum, *de terra constant omnia (Eccle.* iii, 20); specie non genere : colore (96) non veritate naturæ differunt, tantus sanctorum cinis, et aurum, ac *omne quod in mundo concupiscentia est oculorum* (*I Joan.* ii, 16). Sed non tantum ex hoc avaritiæ monstro, effeminatur virile corpus et animus, quantum ex illo excellentissimi meriti thesauro in omnes supereminentis gratiæ Dei divitias corroboratur et locupletatur homo; cujus divinus incircumscripto spiritui adhæret spiritus. Pretiosior est pulvis exiguus auro mundo obryzo, licet utrique terræ matrix sit origo : pretiosior, inquam, quia illud fallit, et infelici avaritiæ blanditur deceptorio colore : hic absque omni deceptionis fuco, cum ingenti et digna omnium admiratione, in salutem mundi proficit ex spiritus sui sanctificatione. Aurum, et quidquid in rebus materialibus, oculos carnis fulgore suo perstringit; quanto magis dividendo, cum summo dividentis dispendio, minuitur; tanto minoris pretii ducitur; (97) tanti autem pulveris electrum, quanto latius (98) in patrocinia Ecclesiarum Dei, sine ullo distribuentis intertrimento, distribuitur, tanto profusius illi reverentiæ ac honoris pretium et ægris mortalibus salutis remedium impenditur. Ex venis terræ aurum summo cum labore eruitur, summo cum sudore *scoria ejus ad purum excoquitur (Isa.* i, 25), et in fornace tum demum ad naturæ suæ claritatem proficit, dum sordes amittit et abjicit. Sic et tanti pretii thesaurus de terra quidem oritur, sed de terra tollitur, dum in sanctis adhuc in acie pugnantibus, a terrena actione cum spiritu, qui in ipso est divinæ

---

(90) *Auri auram.* Versato in poetis Thiofrido ultropoetarum sermo occurrit. Virgil. vi Æn.

Discolor unde auri per ramos aura refulsit.

Auram intellige *splendorem.*

(1) *Gregorii habet Dialogus.* Vide lib. iii Dialog. c. 22.

(2) *Cujusdam magnificæ sanctitatis viri.* D. Gregoris nihilo magis nominat. Tantum ait fuisse presbyterum provinciæ *Valeriæ.*

(5) *Cleptim.* Notum est Græcum, κλέπτω, ex quo Plautus, *clepo.* Utrumque est, *furor.* Jam sicut ex hoc dicitur *furtim*, ita ex illo noster, liberali quadam nec insolita licentia, fecit *cleptim*, eodem significatu.

(94) *Fratres, oves Dominicæ.* Amat Thiofridus in oratine eas connexiones, quas *appositionem* grammatici dicunt. Cœterum crediderim *ovium* hic meminisse, quod de *vervece* subducto sermo esset.

(95 *Divino examine.* Examen intellige, adhibitis tormentis; ut illud : *Igne me examinasti.* (*Psal.* xvi, 2

(96 *Non veritate naturæ.* Intellige quoad *materiam*, it addita ratio indicat.

(97) *Tanti pulveris electrum.* Eleganter duo disjunctissima conjungit, ut cum sancti vocant opu

lentissimam paupertatem , et Origenes de Maria Magdalena, a Christo, tanquam ab hortulano, quærente, num se sustulisset? ait, eam *docte ignorare*, *et sapienter errare.* Electrum auro ipso pretiosius metallum Origenes censuit. Plinius, mistum ex auro, argentoque hujus quinta parte duntaxat addita. Quidquid ejus sit , splendorem certe habet eximium, quo et aurum haud dubie superat. Itaque locum fecit Proverbio : ἠλέκτρου διαφεγγέστερον *Electro pellucidius.* Unde Ezechiel propheta alias comparat cum igni (cap. 1, 27), opinor, quia similiter vibrat, alias (c. viii, 2) clare *quasi aspectus splendoris, ut visio electri.*

(98) *In patrocinia Ecclesiarum.* Erubescant Cavinistæ, qui dum hujus *pulveris electrum* conculcant, succenturiatos se ostendunt illius serpentis qui *terræ pulverem*, maledictione urgente, *comedit.* Is ille est qui Julianum, Dei et religionis perduellem, stimulavit, ut nobilem illum *Babylæ martyris pulverem* Daphnitico delubro procul amoveret. Imm apostatæ illius nepotes Calvinicrepos longe ultra provexit, ut sanctissimas sanctissimorum reliquias exurerent. Porro solita per Ecclesias distribui sanctorum lipsana, disces infra lib. iii, c. 4, et lib. iv, c. 5.

miserationis respectu, secernitur, et quasi aurum quod per ignem transit, exustione tribulationis probatur, et exuritur; et ab omni vitiorum sorde purgatissimus, (99) ex *corona Melchom, in diadematis* ornamentum *(II Reg.* xii, 30; *I Paral.* xx, 2), (100) vere manu fortis *David*, procuditur. Pulveris tanti sanctificatio aurum, gemmas, et omnia, quæ secundum Ezechielis vaticinium *negotiatores Aran et Eden, et venditores Saba et Assur,* (101) in nundinis typicæ Tyri, multifariam in involucris *hyacinthi, et polymitorum, gazarumque pretiosarum,* habent *obvoluta,* et peccatorum *funibus astricta (Ezech.* xxvii, 23), *de mammona iniquitatis (Luc.* xvi, 9) liberat gazophylacio, ac sanctitatis suæ commercio dat esse *sanctificata. Domino; ut reposita in thesauris ejus (Josue* vi, 19), ad ornandum locum quietis suæ, et in cultum mystici tabernaculi et templi sui, non tam proprio quam longe præstantiore conditi in se thesauri effulgeant pretio. Auri aura, et similia mundi delectabilia, et visu pulchra, ex commistione et conspersione non sanctificati pulveris, obducta specie sui decoris et pulchritudinis, obscurantur; sed per pulverem sanctificatum clarificata, non tam ornant quam exornantur; et propensiore claritudine illustrantur. Unde materialiter offuscari inde spiritualiter solent illustrari, fulgore suo, carnales; meritis et gratia ejus, quod in se reconditur; oculos in se alliciunt spirituales. Ex se avaritiam carnis exitialem; (102) per inclusum depositum suum, cum (103) Augustinus Dominum quoque vocet avarum, avaritiam animæ incitant vivificam et salutarem. Quanto enim quisque est sanctior, tanto et tanti thesauri avidior;

et cum mortuus mundo, *non diligat mundum, nec ea quæ sunt mundi (I Joan.* ii, 15); subtili tamen æstimat judicio animi, de mundo non esse, quod includit, vel obvolvit, id quod evidenti ratione constat, super mundum esse. An non super mundum sanctificati pulveris pretium est, in quo per glorificati spiritus meritum, (104) salus mundi est? In mundo extra mundum non de mundo est, sed (secundum hoc, quod *Christus in se mundum reconcilians (II Cor,* v, 1) *Deo Patri, apostolis suis, quos per Spiritum sanctum elegit,* locutus est *(Act.* i, 2); *de mundo non estis sed ego elegi vos de mundo (Joan.* xv, 19), quod in mundo, de mundo procreatum est, ut inde jam non sit; non sui meriti prærogativa, non suapte natura, sed gratuita Dei gratia, de mundo electum est. In auro, et omnibus (105) spoliis Damasci, quæ mundi est typus, est præsumptio et gloria mundi : sed dum eliguntur, et secernuntur, in operimentum et ornatum dissoluti tanti pulveris electorum Dei; est quoque in eis evidentissima virtus et gloria Dei. Nam quemadmodum *de spiritu* legislatoris *Moysi (Num.* xi, 25), absque omni imminutionis detrimento, infusi et repleti sunt *septuaginta viri (Jerem.* xxix, 10), minorum in Ecclesia sacerdotum typi; sic per *septuaginta annorum Dan.* ix, 2) (106) mysticum septem decadarum numerum, per omne profecto tempus labentis sæculi, de sanctitate Spiritus glorificati; gratiarum omniumplenitudine infunduntur et implentur dilectorum Dei, non tam artus examinati; quam omne, quo vel interius, vel exterius cooperiuntur eorum cineres, in naturæ suæ originem, naturali resolutione revoluti, ac relati.

(99) *Ex corona Melchom.* Erat hic rex Ammonitarum, e cujus pretiosissimo diademate David sibi diadema concinnavit: ac si quodammodo e profano sacrum fecit. Sic ait Thiofridus, sanctorum cineres et reliquias, si originem spectes, profanas esse, sed spiritus sanctitate ita consecrari, ut Christus, verus David, eas non dedignetur : quin imo sint *tanquam corona gloriæ* in manu *Domini et diadema regni in manu Dei sui (Isa.* lxii, 3). Quod dixi Melchom fuisse regem Ammonitarum, non me latet esse qui Deum potius, et idolum fuisse velint, ejusque fuisse hanc coronam. Sed mihi non persuadent. Vim mihi facere videntur claris Scripturæ verbis : *Tulit diadema regis eorum de capite ejus (II Reg.* xii, 20). Ausim prope dicere, vim quoque fieri pietati Davidis, qui utique contaminari se magis quam ornari, eo gestamine censeret. Argumentum de pondere talenti, librarum Romanarum cxxv minime terret eos, qui talentum nec duodecimam hujus ponderis partem habuisse, bonis rationibus sibi persuaserunt; quibus assentior. Vide Ludovicum ab Alcasar, De ponderibus, sacris, propositione 22, § 3, lit. G. Denique quid attinet dubitare, ne dicam, negare, Davidem id diadema gestare potuisse, cum dicat Scriptura tam disertis verbis : *Et impositum est super caput David.* Quod certe omnes argutias excludit.

(100) *Vere manu fortis David.* Alludit ad etymon nominis *David,* quod aliqui interpretantur *manu fortis.*

(101) *In nundinis typicæ Tyri.* Tyrus *mundum, sive* impiorum congregationem notat. Corpora igitur humana (quæ in mundo quasi venalia exponi videntur, et in thesaurum, sive gazophylacium quodammodo iniquitatis reponi) animæ sanctæ, opera, ab illa ignominia, liberata ; in sacrum Domini thesaurum comportari ait. His nundinis (quæ nihil sunt, præter *emptionem et venditionem*) non dissimile est, quod ait Scriptura de Achab, *venumdatum fuisse, faceret malum in conspectu Dom. (II Reg.* xxi, 25).

(102) *Per inclusum depositum suum.* Venusti sacras reliquias vocat *depositum* auri argentive, quibus tanquam custodiendæ, includuntur.

(103) *Augustinus Dominum quoque vocat avarum.* Augustini locus est in Psal. xcvi. Verba : *Avarus est Deus salutis nostræ.* Sancta ista avaritia est illis, quæ dierectum Dominum torquebat cum diceret, *Sitio.*

(104) *Salus mundi.* Ringetur ad hæc Calvinista. Sed catholicus prudens facile capiet bonum senum. Qui juvari velit, videat supra notata lib, i, c. 5.

(105) *Spoliis Damasci.* Alludit ad locum Isa, viii, 3, 4.

(106) *Mysticum septem decadarum numerum.* Septuaginta annis captivitatis, hujus miseræ vitæ tempus indicari, plures docuerunt. Et coronat Scriptura *(Psal.* lxxxix, 10). Dies annorum nostrorum in ipsis septuaginta anni. Absolutam porro sanctitatem (cujus in hoc numero mysterium Thiofridus ponit), per Decalogi observationem, septormi Spiritus sancti gratia obtineri, nemo catholicus dubitat.

CAPITULUM III.

Quod jus sanctæ animæ sanctitatis suæ affluentiam transfundit in omnia pulveris sui ornamenta, et operimenta:

Sicut enim *sermo Dei vivus, et efficax, et penetrabilior omni gladio ancipiti, usque ad divisionem animæ ac spiritus, compagum quoque et medullarum (Hebr.* IV, 12), mystice pertingit; sic sanctæ vis animæ, cum Deo jam regnantis, ab intimis ad extima ad se, cum in carnis carcere clausam, tum in cœlestis Hierusalem municipatum translatam, pertinentia, se mirifice diffundit : et quidquid sanctis prævenientibus, ac intercedentibus meritis, per carnem et ossa, mirabile gerit; idem mirabilius de dissoluto pulvere, in omnia tam exteriora, quam interiora, cujuscunque materiæ, vel pretii, tantæ favillæ ornamenta, et operimenta transfundit. Atque ut ipsa anima in corpore non videtur, et tamen mira per corpus operatur, sic pretiosi pulveris thesaurus, licet non videatur, licet non tangatur; sanctitatis tamen affluentiam (qua *de fonte qui manat de domo Domini, et* (107) *irrigat torrentem spinarum (Joel.* III, 18), per præclara sanctificati sui spiritus merita, irrigatur) transmittit in omnia, in quibus intra et extra occultatur. Si constantissimæ manu fidei, exterior ejus attrectetur clausula, auri ac argenti bractea, seu cujuscunque pretii gemmula, sive quælibet textilis vel productilis, aut fusilis aut marmorea vel lignea materia ; ac si hoc tangatur, quod interius occultatur. Sic divinæ majestatis potentia *salutem in medio terræ operatur (Psal.* LXXIII, 12). In pulveris glorificatione, *recordatur misericordiæ suæ (Luc.* I, 54); declarat super nos viscera condescensionis suæ : nec vult ignorare hominem, post vermem futurum pulverem, quod illa sua incomprehensibilis, illa inexcogitabilis, illa ineffabilis sublimitas sublimitatum, ideo humiliata et *detracta est usque ad pulverem (Isa.* XXVI, 5), ideo internæ pulchritudinis suæ speciem per assumpti pulveris obduxit caliginem. Ideo postremo dormivit in pulvere *(Job* VII, 21); ut pulvis sanctificatus in ipso corruptionis suæ somno, et putredine ; et si non qualitate corruptibilis substantiæ, meriti tamen prærogativa, et gratuito dono cœlestis gratiæ, omnium in terram dissolubilium excelleret pulchritudinem. *Speciosus forma præ filiis hominum (Psal.* XLIV, 3), noluit habere *decorem, et speciem (Isa.* LIII, 2,); sed *vultum quasi absconditum, et despicabilem (ibid.,* 3) :

voluit se *vermem* in carne natum sine semine, et *non hominem*, imo in homine ultra hominem, *opprobrium hominum et abjectionem (Psal.* XXI, 7) esse, propter pulverem, ut pulvis natura et specie fœdissimus gratia et sanctificatione sui glorificati spiritus, reputaretur pulcherrimus : et sicut secundum egregium (108) yperaspisten Ecclesiæ Hieronymum, perpetua virgo Maria, de qua natus est ipse Deus et homo, plus est meritis, non natura, quam virgo et homo ; sic non per naturam, sed per gratiam hoc pulveri daretur privilegium, ut plus quoque esset quam pulvis et vermis edulium, per inæstimabile profecto, quod in crucis statera appensum est, mundi talentum, mundi admirabile pretium. Pulveri vicem rependit incomparabilem, et sicut ejus summa et essentialis claritas et pulchritudo, tam latuit, quam claruit in pulvere; sic incomprehensibili rerum vicissitudine, et dissimili præordinavit similitudine, ut pulveris substantialis putredo et fœditas, ex sanie, in auri, et cujuscunque pretiosissimi metalli, gemmæ, ac operosæ vestis, tam lateret, quam claresceret pulchritudine : ac non tam acciperet decorem quam redderet; et non pulvis propter auri speciem, quæ fascinat oculos avaritiæ; sed aurum magni penderetur propter pulverem. Omnem mundi gloriam et ornatum substravit pulveris ornatui et gloriæ : quia ipse cum sit pulveris conditor, exinanita majestatis suæ specie, concipi, condi, et nasci dignatus est ex pulvere : ipse, quod fidenter dico, secundum essentiam corporeæ substantiæ, factus est, unde conceptus et editus est, pulvis de pulvere : Deus homo factus est ex pulvere propter hominem ; et homines, ad quos sermo Dei factus est, Deos fecit de pulvere : Et cum pulveri nominis et divinitatis suæ concesserit participium, quare quidquam ex terra pretiosum in ejus non expendatur ornatus impendium ; cujus se participem ac socium, cujus sanguinem suum voluit esse pretium? Carnis suæ gloriam pulveri sanctificato quodammodo dedit esse communem, quia qui se a vitiis carnis reddit immunem, *adhærendo Domino, unus cum eo spiritus est (I Cor.* VI, 17), et una cum carne ejus caro est. Carnem igitur suam homo Christus Jesus in homine non quolibet, sed qui in carne est, refovet ac *diligentem se diligit (Prov.* VIII, 17), et cum amicissimum confabulatorem suum legislatorem (109) locutus sit Moysen : *qui honorificat me,*

---

(107) *Irrigat torrentem spinarum.* Fonte gratiæ divinæ hunc torrentem irrigari ait. Lucem huic loco, non nimis alioqui claro, affert S. Hieronym. Apolog. ad Pammachium pro lib. contra Jovinianum, circa finem : *Fons signatus*, inquit, *de quo fonte ille fluvius manat, juxta Joel, qui irrigat torrentem, vel funium, vel spinarum : funium, peccatorum, quibus ante illigabamur : spinarum, quæ suffocant sementem Patris familias.* In gratiam Calvinistarum, obiter notemus, Hieronymi mente, hoc loco, fluvium quidem esse Dei gratiæ perenne profluvium : at fontem, esse beatissimam Dei matrem, Virginem Mariam ; per quam omnis ad animas nostras gratia derivatur.

(108) *Yperaspisten.* Septuaginta Interpretes in Psalmis frequenter Deum vocant ὑπερασπιστην. Latinus vertit *defensorem*, aut *protectorem* ; quasi qui clypeum nobis tuendis prætendat. Nam ἀπις est *clypeus*. Thiofridus, neglecta aspirandi notula, hoc verbo uti videtur pro quovis viro primario aut palatino. Sic Prologo in Vitam sancti Willibrordi Carm. Alcuinum vocat Caroli Magni *yperaspisten*.

(109) *Cum locutus sit ad Moysen.* Humanum aliquid hic passus Thiofridus, vacillante memoria, Moysi dictum refert, quod longo post tempore sacerdoti Heli, prophetæ, Dei jussu, exprobrans retulit. Verba quidem in Regum historia clara sunt : ad Moysen nusquam ejusmodi quidpiam dictum repe-

honorificabo eum (*1 Reg.* II, 50); (110) honorem pene eumdem, quem divinitati ac humanitati suæ persolvi, immutabili providentiæ suæ decreto censuit, spiritui quoque et carni, ac resoluto sanctorum cineri, impendi, ejusdem æterni decreti lege disposuit. *Non auro corruptibili redemit pulverem de vana conversatione, sed pretiosissimo suo sanguine* (*1 Petr.* I, 18), qui, secundum assumptæ veritatem naturæ, venarum suarum principia habuit pulverem. Ideoque prævidens, viventem in carne hominem, non posse sine nausea, et acri bile, videre ac attrectare putrescentis humani corporis saniem; sicut sacrosanctum corpus suum, et sanguinem, ne percipientes cruda et cruenta exhorrerent, velavit consueto et usitato hominibus, panis et vini velamine; sic persuasit mentibus filiorum Ecclesiæ, ut auro, et quibusque rerum utensilium pretiosissimis, obvolverent et includerent pignera carnis beatæ, quia in Domino mortuæ : ne dum humanis aspectibus, sub naturæ suæ specie ingererentur, et offenderent, non tam honorarentur quam vilescerent : cum nemo in eis supereminentes multiformis gratiæ Dei divitias, sed humanæ conditionis vilitatem attenderet. Non enim tam conspicienda sunt oculis carnalibus, quam spiritualibus; ut, dum considerantur, quam pretiosæ materiæ includantur vel involvantur, non quid per naturam sint, sed quam excellentis meriti apud Deum, cum quo regnant Spiritus et animæ justorum, æstimentur, subtilissime pensetur; et ex eo quod per aurum, ac electrum, et similia, virtutum fulgore transiucet lutum; absque scrupulo credatur esse ratum et verum; *fulgebunt justi sicut sol in regno Patris eorum* (*Matth.* XIII, 43).

CAPITULUM IV (110*).

Quod cives civitatis uranicæ floccipendant quidem monstra avaritiæ; sed magnipendant devotionem fidei Christianæ.

Sed nos, qui molle lutum sumus, qui Ægyptias de rio. Græci hoc vocant ἁμάρτημα μνημονικόν, *memoriæ peccatum*, vel *lapsum*.

(110) *Honorem pene eumdem.* Hoc dicto nemo offendetur, qui meminerit, ab ipso hujus honoris agonotheta, diserte dictum : *Qui credit in me, opera, quæ ego facio, et ipse faciet, et* MAJORA *horum faciet* (*Joan.* XIV, 12). Et notant sancti, piscatoris illius Petri *umbram* morbos curasse (*Act.* V, 15,) quod de Christi umbra nusquam legas.

(110*) Hoc caput, ut epigraphe præsefert, stultam hæreticorum sapientiam subsannat, dum eorum stoliæ, objectioni docte ac solide respondet.

(111) *Nos proselyti.* Humilitatis studio potius proselytis, quam Israelitis se annumerat. Respicit proselytos, sive *vulgus illud promiscuum innumerabile*, qui cum filiis Israel ex Ægypto egressi (*Exod.* XII, 58).

(112) *Peccatum, quod super plumbi talentum sedet.* Erudite illam Zachariæ visionem de avaritia interpretatur. Nam belle quadrat et plumbi terreum pondus; et amphora, condendis flavi metali laminis comparata. Certe de eodem vitio hunc locum exponunt Origenes et D. Gregorius Magnus. Recte autem peculiariter notat Thiofridus, avaritiæ habitationem

luto et paleis civitates exstruimus (*Exod.* I, 11-14); non idcirco aurum, et quidquid in metallis, vel vestibus, aut gemmis est pretiosum tantis præcociis extollimus, quod vel (111) nos proselyti, vel veri Israelitæ qui *in manu valida egressi* (*Exod.* XIV, 8), spolia Ægypti consecrant in mystici cultum tabernaculi Dei, inepte affirmemus, his delectari animas electorum Dei, cum pro contemptu talium, ipsi aurum probatissimum, transponi meruerint in cœlestis imperatoris gazophylacium. Cives siquidem civitatis uranicæ floccipendunt ea monstra avaritiæ, quæ coæquatur idololatriæ; sed magni pendunt devotionem fidei Christianæ, et in exemplum Dei Israel, qui typica Israelitici populi sacrificia sibi, quam idolis, maluit immolari, malunt se eminentissimos omnium de pretiosissimis, cum in probationem, tum in usus, concessis, hominum, ab hominibus honorari; et sua quæ de terra in terra deserunt; quantum ad illorum immortalitatis sublimitatem, vilissima; quantum ad nostræ mortalitatis necessitatem, excellentissima pignora; his circumtegi ac exornari, quam mammonæ iniquitatis apothecas constipari; et (112) peccatum, quod super *plumbi talentum* sedet, augmentari, et in *terram Sennaar*, latissimam diri fetoris vallem, a *duabus alatis mulieribus* (*Zach.* V, 7 *seqq.*), principalibus. videlicet vitiis, superbia et inani gloria, propheticam *amphora inter cœlum et terram elevatam transportari* (*ibid.*), et in Babylonis, summæ confusionis ex ædificata domo, collocari. Non quidem appetunt aurum, sed propitiari religiose dispensantibus aurum; non appetunt in altum exstructa oratoriorum ædificia, non ex auro fabrefacta columnarum epistilia, non splendentia divitiis laquearia, non crebro maculis distincta smaragdo altaria; non ut membranæ purpureo colore inficiantur, non ut (113) aurum liquescat in litteras, non ut gemmis codices vestiantur; et ministrorum Christi aut minima, aut nulla diligentia habeatur; et nudus ante fores eorum esse in terra Sennaar, quæ vox, ex origine sua, est *dormientis suscitatio.* Qui enim minus quiete dormiunt, frequentius misere excitantur, quam quos in ditionem suam redactos, iniquissimus Mammon

Imperio premit, ac vinclis et carcere frenat ?

(113) *Aurum liquescat in litteras.* Dubium nullum mihi est, de iis codicibus Thiofridum insinuare, quos illius, et superiores ætates mero auro exaratos viderunt : cujusmodi aliquot etiam nunc in illustribus ecclesiis et monasteriis pia posterorum servat diligentia. Bambergæ quidem unum mihi videre contigit a raro illo, et, ut sic dicam, paradoxo principum conjugum pari, Henrico et Kunigunde, fundatoribus illius ecclesiæ, donatum, cum hac inscriptione :

Heinrich et Kunigund, Deus, hæc tibi munera promunt.

Neque Efternaci ejusmodi supellex deest. Asservatur hodieque quatuor Evangeliorum volumen prægrande, liquido auro conscriptum, cum multa imaginum et titulorum pompa. Cujus asseres qui extrinsecus pro munimento sunt, aureis lamellis teguntur, eleganti quidem et antiquo opere effigiatis. Præter aliquot sanctorum imagines, visuntur etiam duæ Augustali habitu. Dexteriori subscriptum, OTTO REX; alteri,

Christus moriatur. Nam, ut secundum Isaiæ vaticinium, *Medi argentum non quærunt, nec aurum volunt (Isa. XIII, 17)*; et sicut, Solino physiologo teste, universi mortales qui sunt (114) in oppido Carbilæ sive Barbitæ, quod a Susis, opinatissima civitate Persidis cccxxxy, millibus passuum distat, odio auri, cœmunt hoc genus metalli, et abjiciunt in terrarum profunda, ne polluti usu ejus, corrumpant æquitatem per avaritiam; sic multi sanctorum, ne quasi commendare et conciliare avidis hominum mentibus videantur philargyriam, tanquam excellentissimæ sanctitatis suæ impedimenta pretiosa respuunt, et abhorrent ornamenta : et ut vitæ tuta facultas, pauperis angustique laris, et munera nondum *intellecta Dei, per ea quæ conspiciuntur (Rom.* I, 20), sint, et intelligatur manifesta non Eois splendentia gemmis sacraria, non ullis violata per ævum divitiis habere dignantur mausolea. Aurea redimicula, quæ filiis sæculi sunt *lucra; arbitrati sunt ut stercora (Phil. III, 8)*, non in suggillationem et præjudicium devotionis Christianæ, quæ sancto sanctorum Deo, et sanctis omnibus est gratissima; sed ut liquido constet, mentibus carnalium, quam detestabilis sit avaritia. Non caput a membris, non membra dissident a capite; sed quemadmodum Deus, qui solus, secundum ordinatissimam dispensationem suæ providentiæ, congruentem humanæ infirmitati medicinam novit impendere; nunc, ut antidoto parcimoniæ, morbum sanet avaritiæ, rejicit materiam philargyriæ : nunc eam admittit in sacrificium justitiæ; ut placere sibi prohibet devotionem, et oblationem cujusque fidelis animæ; sic ejus corpus, electi, alii quidem omnem mundi ornatum, salutaris exempli gratia, ut alios lucrifaciant, sibi existimant detrimentum; alii se tali dignantur honore, in sanctæ charitatis et orthodoxæ devotionis augmentum. Si enim æquè et cœlo-

rum Dominus, et omnes cœlites, exteriora orthodoxorum xenia non susciperent, falso sacra Scriptura diceret : *Redemptio animæ viri, propriæ divitiæ (Prov. XIII, 8)*; Sed cum is qui sustentandis vulgi pauperibus invigilat inter quorum pannos et illuviem corporis, flagrans libido dominatur : et, qui non possunt habere æterna tabernacula, cum nec præsentia possideant, nec futura; cum is, inquam, animam suam propriis divitiis redimat; quanto magis ille *beatus qui super egenum et pauperem spiritu intelligit (Psal. XL, 2)*, et tam sanctorum necessitatibus quam dignis et debitis ornatibus communicat?

CAPITULUM V.

Quod per mundi concupiscibilia, comparentur etiam cœlestia.

Nimirum beati pauperes spiritu (Matth. v, 3), sunt electi et domestici Dei, tam cœli quos, quasi micantibus, et (115) mysticis stellis, pleiadum, et Arcturi, virtutum fulgoribus ornavit Spiritus Dei; quam ornamenta sedis Dei et idcirco omnis orthodoxus, qui, secundum dictum Arati, comprobatum testimonio magistri gentium Pauli (Act. XVII, 28), (116) est *genus Dei*, terque quaterque beatus; (117) cubum meretur octo beatitudinum; si omne quod æstimare poterit pretiosum in auro aut argento, aut margaritarum, et varia vestium sericarum suppellectile, summa devotione, ac aviditate animi, expenderit in expensas domus Domini, et ornatum gloriæ filiorum Dei. Nam nisi per mundi concupiscibilia, et delectabilia comparentur cœlestia, non tanta animi vigilantia, (118) et Veteris, et Novi Testamenti Patres, suas expenderent expensas, in domus Dei, et sanctorum ædificia, et in multiplicia divini cultus redimicula. Sed cum apud mentes summæ divinitatis luce illustratas, constaret, quod ex *iniquo mammona*, æterna quoque acquirantur ta-

---

THEOPHANIU IMP. Hunc oportet esse Othonem secundum : uxorem enim habuit Theophaniam, Nicephori Bizantini imp. filiam, cujus frater fuit B. Gregorius abbas Porzetanus. Vide Molani Natales SS. Belg. 4 Novemb. Nihil itaque dubii est quin horum principum munus sit hic codex : quem proinde vidit Thiofridus noster; quippe cum eum illi præcesserint totis 100 annis. Notabis obiter Christianissimorum principum, in hoc quoque genere, pietatem et munificentiam, et sanctorum cultum tot argumentis testatum. Sancti quorum imagines spectari dixi, sunt primo loco Willibrordus (cujus honori potissimum hoc muneris datum), tum sanctus Benedictus : e regione vero sanctus Bonifacius, et sanctus Ludgerus. Non didicerant hæc in schola Calvinistarum, qui hæc talia, sicubi reperiunt, docent everrenda cum pulvisculo. Ac insuper ipsos sanctos blasphemant, eorum SS. reliquias exurunt, et cineres in ventum spargunt. Hoc vere est, esse reformatos et reformatores.

(114) *In oppido Carbylæ, sive Barbitæ.* Vitium videtur irrepsisse in Scripturam. Solini verba sunt cap. 56. *Babytace, oppidum Persidis: In eo mortales universi, odio auri, cœmunt genus hoc metalli, et in terrarum profunda abjiciunt, ne polluti usu ejus, avaritia corrumpant æquitatem.* Plinius lib. VI c. 27. *In septentrionalis Tigr: alveo oppidum est Babytace*, etc. Subdit eadem quæ Solinus.

(115) *Mysticis stellis Pleiadum et Arcturi.* Multus fuit Thiofridus in lectione D. Gregorii Magni, quem *lucidissimum theologum* solitus est nominare. Is in Job scribens, *Arcturum* vult significare *Ecclesiam*, in qua sit *septiformis gratiæ Spiritus claritas*; *Pleiades* vero, *sanctos omnes, qui inter præsentis vitæ tenebras, ejusdem gratiæ nos lumine illustrant*; etc. Vide Job IX, 9, et XXXVIII, 31. Ipsum autem S. Gregor, XXIX Mor. c. 28, 29.

(116) *Est genus Dei.* Hemistichium Arati a Sancto Paulo, in Actib. allegatum, est : Τοῦ γὰρ καὶ γένος ἐσμέν.

(117) *Cubum meretur octo beatitudinum.* Scitum est in magnitudinibus cubum figuram esse ex omni parte quadratam, ut tesseras videmus. At in numeris, proportione dicitur. Ut alios cubicos numeros sileam, (ut sunt 27, 64) de octonario sic breviter, et aperte Boetius (lib. II *De arithm.*, cap. 25). *Si bis binos bis facies, octonaria quantitas crescit, et est primus hic cubus.* Hierographis erat cubus nota supremi numinis. Thiofridus pro suprema beatitudine ponit quæ in illius Numinis aspectu sita est.

(118) *Et Veteris et Novi Testamenti Patres.* In Veteri, noti sunt David et Salomon : in Novo, Constantinus et Carolus Magni. Nec plura exempla congero, quibus Christiana historia scatet.

bernacula (*Luc.* XVI, 9); egregii mortales, viri cum mulieribus, sub lege ac sub gratia, temporalium rerum optima, quæ sibi ex divina provenere munificentia ipsi mystica, secundum Ezechielis visionem tropologicam (*Ezech.* XLV, 5, et XLVI, 19), uranicæ civitatis *gazophylacia*; quidquid in cultum tam materialis, quam spiritualis tabernaculi, et templi Dei, et electorum ejus oratoria, et ad vestes sanctas, necessarium erat, *obtulerunt mente promptissima* (*Exod.* XXXV, 21), armillas, et inaures, annulos, et dextralia, hyacinthum, purpuram, coccum bis tinctum, byssum et pilos caprarum, et pelles rubricatas, dona typica; et eorum distributione ordinatissima *omne vas aureum separatum, et consecratum est in Domini donaria.* (*ibid.* 22). Possem equidem, si vellem, digressione uti; possem, inquam, qualicunque stylo prosequi, quanta devotione legislatoris Moysi, et totius Israelitici populi in itinere exornatum et erectum sit tabernaculum testimonii (*Exod.* XXXVI, seqq.), typus Ecclesiæ, tendentis in terram repromissionis, per desertum hujus sæculi; possem item eloqui, quam ingenti sollicitudine animi, David decachordum Spiritus sancti. (119) Initium quartæ ætatis mundi et (120) caput secundæ tessareskædecados, genealogiæ incarnati Verbi, præparaverit, et Salomoni filio suo descripserit impensas domus Domini (*I Paral.* XII et XXVIII): quantave cura et divini subtilitate ingenii, ipse (121) Ididia amabilis Dei, mysticis dimensionibus, mysticis cherubin, leonibus, atque bobus, mirifice anaglyfis insignitum ædificaverit, et consecraverit templum nomini Domini (*III Reg.* VI, et *II Paral.* III *seq.*), quod constructum in patria, et civitate regia sacramentum est regalis, et permanentis, ac super inviolabile fundamentum, quod est Christus Jesus, positi cœlestis ædificii.

Ante diem clauso componeret vesper Olympo. quam in annales et fastos, mentis retorquens lumina, ulla exprimerem eloquentia quanta industria (quod secundum Hieron. in oculis hominum visum est difficile, imo impossibile, sed in oculis Domini facillimum et omnino possibile) (122) potestas sacerdotalis et regia, quæ persecutionis tempore fidelium destruxit conciliabula, cujus invidia (123) divinos libros edax consumpsit flamma, cujus infando edicto confessorum et martyrum catenatis gregibus impletæ sunt insulæ et ergastula, quæ quasi ex senatus consulto Christi nomen summa conata est exstinguere pertinacia; versa vice ex pensis reipublicæ Ecclesiarum basilicas exstruxerit, et eminentia exaltaverit fastigia; et non solum (124) laquearia et tecta aureo decore fulgentia, sed ipsos quoque parietes diversi marmoris vestierit crustis, et (125) compositione lithostroti multimoda, et sacros codices deauratos, et purpuratos, et gemmarum varietate distinctos, in S. Ecclesiæ consecraverit libraria. Ante quidem desereret me tempus quam disserendi copia, de quantæ majestatis fastigio, secundum sæculi fastus, descenderit; sed secundum Deum ascenderit Constantini Augusti imperialis magnificentia, cum (126) super collum regium XII arenæ cophinos, (127) in mysterium perfectionis duodenarii, princeps, ad principum apostolorum ordinis Petri et

(119) *Initium quartæ ætatis mundi.* Prima ætas Thiofrido, ut aliis multis auctoribus, censetur ab Adam ad diluvium; altera, ad Abraham; tertia, ad David, qui hac numerandi ratione, quartam inchoat.

(120) *Caput secundæ tessareskædecados.* S. Matthæus, cum Christi generationem, initio ab Abraham facto, descripsisset, concludit (cap. I, v. 17): *Omnes itaque generationes ab Abraham usque ad David, generationes quatuordecim, et a David usque ad transmigrationem Babylonis, generationes quatuordecim*, etc. Gr. γενεαί δεκατέσσαρες: quod, mutato compositionis ordine, etiam dicitur τεσσαρέσδεκα, et, addita conjunctionis notula, τεσσαρες-καί-δεκα. Unde formata illa Thiofridi vox, quæ longitudine sua, et sono horridiore, imperitos terrere possit, et maxime linguæ Græcæ ignaros; quibus hæc scripsimus.

(121) *Ididia amabilis Dei.* Ex historia Regum, (lib. II, c. XII, v. 25) hoc sumpsit, ubi de Salomone infante recens nato, ita legimus: *Dominus dilexit eum. Misitque in manu Nathan prophetæ, et vocavit nomen ejus* AMABILIS DOMINO. Heb. una voce IDIDIA.

(122) *Potestas sacerdotalis et regia.* Horum maxime vel auctoritate, vel calumniis, tum apud Judæos, tum tot gentilium populos, in innocentes martyres sævitum est. Nihil frequentius in ecclesiasticis scriptoribus.

(123) *Divinos libros edax consumpsit flamma.* Arnobius contra Gent. (lib. IV) flebiliter id deplorat: *Nostra quidem scripta cur ignibus meruerunt dari?* etc. Ea barbaries diocina persecutione maxime exercita, quæ fuit Diocletiani et Maximiniani. Initium factum anno Christi 302. Inventi, qui sacros codices traderent, eoque nomine dicti *traditores*; de quibus multa Baron. Illo anno et seq. Quanto melius gloriosi illi confessores, quorum et illud æternum elogium in Martyrolog. Rom. 2. Januar. *Romæ, commemoratio plurimorum sanctorum martyrum, qui, spreto Diocletiani imperatoris edicto, quo tradi sacri codices jubebantur, potius corpora carnificibus, quam sancta dare canibus maluerunt.*

(124) *Laquearia et tecta aureo decore fugentia.* Unus Constantinus tanta in eo genere præstitit, ut scriptoribus difficile fuerit exarare; nobis longum legere. Vide mira apud Euseb. lib. III Vitæ Constantini, c. 39 et multis seqq.

(125) *Compositione lithostroti.* Λιθόστρωτον, si compositionem consideres, nihil sonat, nisi *lapidestratum*, ut sic quævis platea dici possit. Sed usus vocis, ornatum præterea et eximium quid insinuat. Sic ille Jerosolymis locus, Joannis XIX, vers. 13. Sic hoc loco Thiofridus. Describit antiquus vates, carmine, quod cum ipso opere certat?

*Compostæ ut tesserulæ omnes
Endo pavimento, atque emblemate vermiculato.*

quod noster: *Compositione multimoda.*

(126) *Super collum regium duodecim arenæ cophinos.* Factum id cum a baptismo adhuc in *albis* esset, die octavo. Vide rei gestæ seriem memoratu dignissimam, in Actis Liberii pontificis, apud Baronium, anno 324.

(127) *In mysterio perfectionis duodenarii.* Multa de duodenario numero Patres, Origen., Ambros., Hieron. Unus Augustini locus sufficiat. Is in Joan. scribens (tract. 27) hunc numerum in apostolis mysterium habuisse vult, quod per universum mundum, id est, per *quatuor mundi cardines, Trini-*

Pauli gestaret limina. In promptu quoque esset revolvere qui S. Romanæ sedis summi pontifices, qui diversarum dignitatum fascibus præditi; et cum ad sæculum, tum in Deum divites, summa cum diligentia privatis ac publicis impendiis exstruxerint, renovaverint, exornaverint sanctorum oratoria. Sed ne a propositi serie longo protrahar sirmate, prætereo quæ præclara nobilium scriptorum ingenia indiderunt annalibus et memoriæ. (128) De vicino petam exemplum, quantum prosit cujusque orthodoxi animæ eductæ de carnis carcere si quid de suis copiis, in carne sanctorum patrociniis impenderit, honoris ac reverentiæ. Cum divæ memoriæ Henricus rex, ejusdem nominis regum secundus, et imperatorum (129) imperator primus, naturæ solveret debitum, et in ipsa hora qua tam clari solis mundo imminebat deliquium; quidam theoreticæ vitæ prærogativa insignis, in oratione *contribulati spiritus sui, et cordis contriti et humiliati* (*Dan.* III, 40), Deo offerret sacrificium; innumerabilem, quasi ad amplissima et certa spolia congregatum immundorum spirituum, cellam suam summa cum alacritate præterire conspexit exercitum. Nec in tanto agmine *castra Dei* (*Gen.* XXXII, 2), sed *principatus et potestates aeris hujus* (*Col.* II, 15; *Ephes.* II, 2) recognoscens, insolita visione, ut homo ex hominibus, primo expavit; sed dein, ut extra homines homo, *armatura Dei* armatus (*Ephes.* VI, 11, 15), extremum commeantium imperiosa auctoritate accitum, causam tantæ properantiæ diligenti inquisitione interrogavit; et, ubi verum ab auctore omnis mendacii exsculpsit, ut abiret, ac eodem itinere ad se, sive effecto, seu infecto, quo properabatur, negotio, rediret; sub terribili divini nominis obtestatione imperavit. Nec mora, ille paruit, et

Par levibus ventis, celerique simillimus somno [Euro], disparuit; et in brevi reversus, non alius in habitu, in incessu, in putido Stygii fetoris halitu, quam vere ac sine ulla cunctatione picea obtectus calitatem erant annuntiaturi. Ideo placuit Christo esse ter quaternos.

(128) *De vicino petam exemplum.* Nempe ipso Thiofrido in humanis agente, contigit. Adi Baron. anno 1056.

(129) *Henricus imperator primus.* Baronius secundum facit. Sed dum de re constet, parvi refert, quo ordine censeatur. Cæterum nobilis hæc historia in Chronico Cassinensi item describitur. Thiofridus sic denarrat ut videatur specimen præbere voluisse suæ facundiæ.

(130) *Vedius apparuit.* Scimus, *Vejovem* dici numen, vel potius cacodæmonem, ad nocendum mortalibus, intentum. Hunc antiqui etiam Vedium dicebant.

(131) *Voluntate, non natura extra ordinem.* Amicum Thiofrido ludere in commissione, et quasi collisione vocum. Ergo, hic dicturus, quo ordine cacodæmon rem gestam narrasset, ea occasione, ait, illum esse extra ordinem; ac si dicat : Quantumvis extra, aut etiam contra omnem ordinem est, in narrando tamen bonum ordinem tenuit. Quod ait, eum *natura non esse extra ordinem*, facile illi persuadet, qui credit, damnatos illos spiritus, creaturas esse

gine (130) Vedius apparuit, et teterrima unguibus ora fœdans et pectora pugnis cum ingenti ejulatu rei gestæ eventum ipse quidem (131) voluntate non natura extra ordinem hoc ordine aperuit. Eheu! quid super nostra conquerar sorte ac injuria, qui ubique amittimus nobis debita, et per censuram immutabilis decreti jam tradita ! Nobis, quorum natura mutabilitati est obnoxia, nostrum semper urgentibus proposito, cum summa semel fixæ, ac nunquam immutatæ, perversæ voluntatis pervicacia: immutabilis in suis, mutatur ubique in nostris Dei sententia; et dum Deus, qui *mundum ratione gubernat perpetua, stabilisque manens dat moveri omnia* (131'), delectatur quasi adulatoria invocari oratione Davidica : *Susceptor meus, Deus meus, misericordia mea* (*Psal.* CXLIII, 2), *superexaltat judicium misericordia* (*Jacob.* II, 13), et nescio quo incomprehensibili divinæ rationis modo, sic sibi invicem *obviant veritas et misericordia*, sic se *osculantur pax et justitia* (*Psal.* LXXXIV, 11), ut sine mutatione, mutabilis, et *præstabilis sit super malitiam* (*Joel.* II, 13) et semper laudari de justitia, nunquam redargui possit de injustitia.

Sed quid me

Infandum..., jubes renovare dolorem.

qui quod

Animus meminisse horret, luctuque refugit, retexere ? quid me *super vulnus concidis vulnere?* (*Job* XVI, 15) *Tartarei nos fratres, horrendum concilium* (VIRGIL.), tantæ majestatis viri auspicati obitum, imperiali edicto monarchi nostri, æterna silentis regni silentia rumpentis, et terrifica voce intonantis : *Congregamini et properate ad devorandum illum* (*Jerem.* XII, 9); quasi summe necessarium inivimus consilium, quo pacto eum contereremus *de terra viventium.* Et conglobati in unum fere omnes umbrarum domini et principes, et (132) Cocytii cœtus phalanges, quot peccatorum sunt genera et species; tanquam ad opima, et nostris non indebita regnis spolia properavimus, et ubi ad destinatum

Dei, nec dubitandum quin Deus, qui omnia fecit, *in numero, pondere, et mensura* (*Sap.* XI, 21), etiam ordine fecerit. Quod vero subdit, *voluntate esse extra ordinem*, quid magis contra omnem ordinem, quam recalcitrasse auctori suo, et sacrilega voluntate illi parem esse voluisse? Itaque eo merito deturbatis, *ubi nullus ordo, sed sempiternus horror inhabitat.* (*Job* X, 22).

(131') Boetius De consolatione Philosophiæ, lib. III, metro IX, edit. Migne, p. 758 :
O qui perpetua mundum ratione gubernas
Terrarum cœlique sator, qui tempus ab ævo
Ire jubes, stabilisque manens das cuncta moveri.
[EDIT.]

(132) *Tot Cocytii cœtus phalanges, quot peccatorum sunt genera et species.* Etsi dubium nullum est quin omnes infernales spiritus ad omnia scelera omnes impellant quos possunt, tamen ex aliunde ex eorumdemmet confessione per exorcismos extorta, constat esse, qui præ cæteris, ad aliquod vitium, ex professo et quasi peculiari sibi dato negotio, urgeant : et Scriptura non siluit, ab impuro potissimum dæmonio Asmodæo, septem impuros viros, Saræ maritos, interfectos fuisse, Tob. III, 8.

natum examinandæ peccatricis animæ locum, in tempore convenimus, tabulas æterni decreti protulimus, ac duas æquato examine lances suspendimus; et tam omnia quæ ab ipsis infantiæ crepundiis, usque in ipsius ultimæ necessitatis horam, honesta et Deo placita; quam universa quæ vel publice sine pœnitentia, quasi alter Deus terræ, regio egerat fastu, et licentia, vel quæ

. . . . . . *furto lætatus inani*

Distulit in seram commissa piacula mortem, summæ ac subtilissimæ discussionis libramine libravimus. Et quia pondus bonorum actuum ejus, *appensum in statera inventum est minus (Dan.* v, 26), judiciali sententia nobis traditum in damnationis nostræ barathrum, ut consortem nostrum protrahendum, juri nostro mancipavimus. Sed cum exsultaremus, *sicut exsultant victores capta præda, quando dividunt spolia (Isa.* ix, 3), et jam via scrupea proscriptam animam, per tartarei descensus pegmata in mortis traheremus diversoria; ecce, ille martyr adustus, ille triumphator egregius, ille de gloriosa, et continua in nos laurea, ominoso nobis dictus nomine Laurentius, *egressus in salutem* temporalis Christi vestri, *cum* sempiterno *Christo suo accurrit ut turbo ad dispergendum nos, et percutere* volens *caput de domo impii, maledixit non modo sceptris ejus, sed etiam capiti bellatorum ejus,* et ne exsultatio nostra esset *sicut ejus qui devorat pauperem in abscondito (Habac.* iii, 13, 14), terrifico clamore clamavit post tergum triumphantium, et instar allophylorum in typici Samsonis captivitate exsultantium (*Judic.* xvi, 23 seqq.), redite prævaricatores justitiæ ad judicium (*Isa.* xlvi, 8). Quid igitur impotes possemus agere, quo conatu quo ausu ei, a quo toties victi toties ab obsessis corporibus sumus ejecti, auderemus resistere? Intolerabilis quidem nobis res visa est, quod non licuerit *principibus aeris hujus* (*Ephes.* ii, 2) semel juste definita uti sententia, quod novæ legis rogationem, quam nec sæcularia quidem admittunt judicia, Tartarea cogerentur suscipere conciliabula. Quis enim de una eademque re semel subtili examine discussa, et judicum arbitrio, et communi omnium consensu terminata, duo non absque injuria cogitur subire judicia? Sed nos, nollemus, vellemus, contra fas et jus, emensum remetientes iter, ubi *sederunt sedes in judicio (Psal.* cxxi, 5) convenimus, et cum æquissimam nostræ partis causam, per omnes argutissimas propositionum strophas, per omnia rhetorum enthymemata, per omnia argumenta sophistica, summis niteremur asserere conatibus; ille imperiosæ auctoritatis martyr, vas quoddam aureum admirandis figuris opus incusum, et miri pretii et artificii, ansis decusatum, de Mersiburgensis extulit ecclesia: et cum ingenio omnium nostrum admiratione et contradictione, posuit in trutinam, cujus o quam horrendo, o quam enormi, o quam infausto pondere nostræ portionis lanx est subruta, et tantus bolus subito ereptus est nobis de faucibus, opima profecto Orci victima, tanti Romanæ reipublicæ monarchi anima. Et ne me caput omnis mendacii, tuæ quoque existimes sanctitati per cætera mentiri, per veredarios tuos hoc idem totius stygii exercitus, judicio maledictum, sed divino mysterio benedictum pondus fac inquiri, et ubi certa mei inveneris signa indicii, noveris me obstrictum a te juramento Domini, (133) non fungi vice aretalogi. Nam cum suspensa nostræ partis lance quasi omnino vacua, iniquo pondere prægravaretur, et inclinaretur pars altera, decidit illa excussa damnosa moles aurea, et sub ingenti ruina, ansarum ejus operosissima resoluta sunt retinacula, et ut in æternum nostra testentur litigia, nulla unquam arte humana nulla poterunt resolidari materia. Hac ubi veritatis extorta professione, auctor mendæ zabulus tandem absolutus, evanuit ut fumus; eremita archisterium sancti Spiritus, pro ereptione tantæ ac tam generosæ animæ exhilaratus, in admirationem inexcogitabilis, incomprehensibilis divinæ miserationis in mentis jubilo psallebat Domino, *quoniam bonus, quoniam in sæculum misericordia ejus.* (Psal. cxxxv, 4 seqq.) Nec mora, missa Mersiburg legatione, donum regia dignissimum munificentia calicem videlicet, auro et requisitissimis gemmis (134) subtilissimoque artificio præcluem, et pretiosissimum, in donaria victoriosissimi martyris Laurentii, religiosa jam dicti principis devotione consecratum, irreparabili comperit ruina, ansis resolutis, minoratum, et tum demum revelatum sibi compendiosa symmystis narratione pandit arcanum; (135) utillimum profecto in omne sequens ævum, omnibus cujuscunque dignitatis et conditionis divitibus, salutiferæ, ac Deo placitæ liberalitatis exemplum. Si enim (136) sub auri colore, lutum datur, et pretiosissima margarita, de cœlestibus oriunda anima, *de ipso lacu novissimo miseriæ, et de luto fæcis* liberatur (*Psal.* xxxix, 3); quis fallacibus et fugacibus divitiis sic misere abutatur, ut non prodige in cultum et ornatum Dei ac sanctorum ejus, eas expendendo, ipse ornamentum, et *corona gloriæ in manu Domini* (*Isa.* lxii, 3), ipse pretiosissimus fieri, pervilissima enitatur.

CAPITULUM VI.

Quod præclara sit sanctorum paupertas, quæ post carnis mortem, cœli et terræ meretur divitias, et quare habeant ciboria et pyramidas.

Sed o quam felices, quorum deliciæ sæcularibus

---

(133) *Non fungi vice aretalogi.* Sic vocantur circumforanei illi nugatores, qui personas comicas, et ad libitum confictas, populo in publicis theatris exhibent.

(134) *Subtilissimoque artificio præcluem.* Vocabulum parum usurpatum posuit pro eo quod est, *nobilem, præclarum.*

(135) *Utillimum.* Non abhorret ab ingenio Thiofridi hoc posuisse pro *utilissimum,* sicut dicitur, *facillimum.*

(136) *Sub auri colore lutum datur.* Nemo, inquit, magnum aliquid se dare existimet, cum aurum dat; nam aurum est, mutato colore, lutum.

deliciis omnifariam contrariæ, inedia profecto, vigiliæ, nuditas ac lacrymæ et exesa jejuniis membra in nuda humo collidere; et corporis inimicari, otio, ac lasciviæ; tanta recompensantur talione divinæ gratiæ, ut in eorum exigui pulveris operimentum ac ornatum pretiosissimæ totius mundi expendantur divitiæ; ut quorum spiritibus in carnis ergastulo mortali conditione exsulantibus, maxime viluerant, eorum cineribus post *exitum Israel de Ægypto* (Psal. cxiii, 1), de *fornace ferrea* (Deut. iv, 20), officiosissime serviant. O quanta voluntariæ abrenuntiationis mundi recompensatio? o quanta rerum vicissitudo! o quali et quanto humana divinis, terrena cœlestibus, vilissima pretiosissimis commutantur commercio! O quam præclara paupertas, quæ post carnis mortem, cœli et terræ meretur divitias! o quam egregia nuditas, quæ stola immortalitatis vestita, imperiales excellit trabeas! o quam pretiosissimum consertum tegimen spinis, vetustissimæ servorum Dei (137) xerampeliæ, quibus ne comparari quidem regum possunt purpuræ; quarum tenuissima fimbria in deaurata et gemmata reconditur pyxide; et honorata, operatur salutem tam in exteriore quam in interiore homine. Qui in carne aut omnino nullum, aut vilissimum vestimentum habuerunt; exuti carne, serico et auro obvoluti, in Domino quiescunt, et sublimium imperatorum et ducum purpuras et paludamenta pedibus suis substernunt. Et o quam digne, quam congrue, regum reges, profecto pauperes spiritu, post habitationem *cum habitantibus* (158) *Cedar* (Ps. cxix, 5), operosissima ex auro et argento ac lapidibus pretiosissimis (139) ciboria, et regias habent pyramides, quæ quadam similitudine arcæ Noe a latitudine excrescentes angustantur in altitudine (Gen. vi, 15), quia ignea virtus eos extra homines, igne sancti Spiritus ardentes, et dilatatos in visceribus Christi Jesu, per mandatorum Dei latitudinem, per *viam vitæ angustam* (Matth. vii, 14) et ascensu difficilem, ad interminabilis gloriæ evexit altitudinem. In forma quippe pyramoide, virtus ignea; in ciboriis, quibus a cubis nomina sunt indita, pensatur animæ perfectio cubica. Nam pyramis a basi tetragona erigens se in altitudinis fastigia, designat electorum Dei spiritus et somata, per quaternarum virtutum genera, ad individuæ ac incircumscriptæ monadis simplicitatem, et cœli cœlorum se erexisse culmina, et arcæ quæ in carnalibus lata, in spiritualibus quadam constringitur angustia, et mystici *cubiti consummabitur* mensura

(137) *Xerampeliæ* Orationis contextus manifeste prodit genus esse vestis, quandoquidem cum regum purpuris componit. Græcum nomen ab arida vite ductum sonat, ac si dicas *sicci vitex*. Lux ex Suida affulget, cui ξηραμπέλινος χιτών, *sicci-vitea* vestis dicitur, cui color est vitis arefactæ, quam consentaneum est esse vilissimam. Confirmat hoc quod proxime sequitur de ejusmodi xerampeliarum fimbria.

(158) *Cedar*. Nigredinem et tristitiam hoc verbum sonat; quod in hunc locum recte quadrat.

(139) *Cyboria et pyramides*. Multa de his ex ari-

(*Gen.* vi, 16), quando erit Deus in omnibus omnia (*I Cor.* xv, 28), suprema occupasse ac possedisse cœnacula. Sed et hoc quoque perfectorum mystice congruit meritis, quod in arithmeticis, sicut triangulus primus est numerus in planis, sic in solidis figuris principium profunditatis est pyramis, et progressionis initio sumpto a trigonis ab omnibus in altum progreditur epipedis, et solis per latera continentur triangulis. In sempiternæ quippe Trinitatis fide insolubili, et prima basi, electi Dei fundati, et superædificati, ex virtutibus multimodis, politicis et purgatoriis, ac purgati jam et defæcati animi, quas ex tot formis multiangulis, secundum theorema perfectæ ac in altioris summæ spatia provectæ pyramidis, excrescunt et consolidantur ad apicem indivisæ, et incommutabilis unitatis: et Ecclesiæ Dei, ipsi anguli, angulari connexi et compaginati, lapidi in lateribus aquilonari frigori oppositis, unicis fidei, spei et charitatis atque Patris et Filii et Spiritus Paracleti compaginantur isopleuris. In ciborii vero forma conoide, quæ columnarum sustentatur columine, insinuatur tropologice, quod sancti Dei mystice, *ferculi de lignis Libani* (Cant. iii, 9), a vero Salomone exstructi sint, *columnæ argenteæ* (ibid. 10), et *de tribulatione exauditi in latitudine* (Psal. cxvii, 5), *viam mandatorum Dei currere* (Psal. cxviii 32); *et toti teretes* totique *rotundi*.

Externi ne quid posset per leve morari: animas in æternum meruerunt sanctitatis orbem colligere. Et revera omnes geometricæ formæ, sive trigonæ, sive tetragonæ, seu circulares, quæ ob circumductionem unius lineæ, sunt divinitati aptissimæ, ac omnium excellentissimæ, quibus decussantur sanctorum reliquiæ, testimonium perhibent eorum sanctimoniæ ac magnificentiæ; et ad virtutum ornamenta et delectationes, alliciunt pulchritudinem cujusque fidelis animæ.

CAPITULUM VII.

Quid sentiendum sit de illis electorum Dei pigneribus quæ consumuntur a bestiis, et avibus, vel immerguntur fluminibus.

Sed quid sentiendum de illis electorum pigneribus, quorum sepulcra sunt vel avium et bestiarum aquaticuli, vel profundissimæ fluminum et maris abyssi, vel cloacarum cumiculi? An non apud Deum ejusdem sunt meriti, cujus et illi, quorum tumuli sunt aurei aut argentei, in quorum ornamenta desudant, et defatigantur latomi et cœmentarii; sapientes architecti, aurifices et (140) plumarii, et opifices gemthmeticis et geometricis hoc loco Thiofridus ad spiritualem intellectum transfert. Supra aliquid diximus.

(140) *Plumarii, polymitarii*. Exodus quandoque hæc duo promiscue usurpat, pro eo qui vario et versicolore opere vestes pretiosas distinguit. Alias eatenus videtur distinguere, ut *plumarius* sit is qui *acu pingit*, et ea pictura, subtili artificio, tanquam *variarum avium colores* effigiat: *polymitarius* vero qui eadem fere præstat, sed in ipsa vestis *textura*. Vide nostrum Cornelium a Lapide in Exod.

marii ac polymitarii? Sed nos (141) secundum Hieronymi, de protomartyris et primi archidiaconi Stephani, et (142) Timothei toparchia, dictum, ut eos subjicere non audemus, ita nec anteponere; quia quomodo in exercitu sunt duces, sunt tribuni, sunt centuriones, sunt (143) ferentarii ac levis armaturæ et gregarius miles, ac manipuli; commissaque pugna, vacant nomina dignitatum, et sola fortitudo quæritur; ita et in Dominico bello, quo contra invisibiles dimicatur acies, non quæruntur dignitates et gloriolæ, sed gloriosior ille sub vero imperatore Christo est, non qui nobilior aut opulentior, sed qui fortior et victoriosior est. Nihil omnino derogatur sanctorum gloriæ, quomodocunque vel ubicunque in suam redigantur originem. Nam neque si terrenis honorentur ornatibus, apud Deum sunt honoratiores, neque si etiam in sterquilinium abjiciantur, sunt abjectiores. Non enim tantum quærit Deus ornamenta materialia, quantum spiritualia. Et cum mundi fabricam idcirco condiderit sphæricam, (144) ut omnibus, quæ volvuntur coercitis intra nihil accedat, nihil recedat extra, *et cœlo tegatur, qui non habet urnam*: non pluris eorum apud eum sunt pignora, quæ reconduntur ubi sunt latæ porticus, ubi aurata laquearia, ubi (145) domus miserorum pœnis, et damnatorum labore vestitæ; ubi instar palatii exstructæ sunt basilicæ; ut vile corpusculum hominis pretiosius inambulet; et quasi mundo quidquam possit esse ornatius, tecta magis velit aspicere, quam cœlum: non pluris, inquam, sunt, quam quæ cum typo Domini Jona. (*Jonæ* II, 1), præda sunt avidis faucibus piscium, ac juxta allegoriam, (146) perimunt, *qui in mari est, cetum* (*Isa.* XXVII, 1), et cum *Hieremia ante sanctificato quam nato descendunt* imo projiciuntur in *cœnum* (*Jerem* I, 5, et XXXVIII, 6). Non loci qualiscunque facies aut auget aut minuit sanctitatis merita, sicut nec sacro loco sanctitatem ulla quantacunque adimit ignominia. Non enim idcirco locus Dominicæ resurrectionis factus est inglorius, quod ab Helii Adriani monarchi temporibus, usque ad imperium Constantini Augusti, (147) per annos circiter CLXXX Jovis simulacro et immolatitii cruoris squalebat sordibus. Nec salutiferæ crucis ob id despectior est locus, quod in eo marmorea colebatur Venus; nec (148) Bethlehem nostra, cœlestis panis domus, augustissimus totius mundi locus, ubi *veritas de terra orta est* (*Ps.* LXXXIV, 12), ideo abjectior est, quod Adonidis eam inumbrabat lucus; et in specu, ubi quondam Christus Dominus vagiit parvulus, ubi obstetricum vice militiæ cœlestis circumstabat exercitus, (149) Veneris turpissimus Tahtmoz plangebatur amasius. Et profecto nil corpore Christi Domini pretiosus, nullum supplicii genus patibulo crucis est vilius, sed

(141) *Secundum Hieronymi dictum*. Est ea Hieronymi sententia. lib. I Contra Jovinianum, post medium.

(142) *Timothei toparchia*. Ephesinam Ecclesiam intelligit, cujus Timotheus episcopus fuit.

(143) *Ferentarii*. Sallustio iidem fere sunt, qui levis armaturæ, ut qui lapidibus et fundis utebantur.

(144) *Ut omnibus quæ volvuntur, coercitis*. Volvi dicit Thiofridus quæcunque creata, quæ simul cum ipsa mundi machina, et decurrentium sæculorum serie feruntur. Hæc intra mundi fabricam coerceri ait; ac sic æqualiter ipso cœlo tegi. Proinde parum referre si aliud operimentum accedat, aliis nobilius, vilius aliis.

(145) *Domus miserorum pœnis et damnatorum labore vestitæ*. Notum est, pœnæ genus fuisse, damnari ad latomias et lapides effodiendos. Martyrum toti greges id supplicium, imperatoribus tyrannis, subire. Unus S. Clemens Roman. pontifex in exsilium a Trajano projectus, ad duo millia in illis ærumnis reperit: quibus ipse bonus pastor innocentibus ovibus adjunctus est.

(146) *Perimunt, qui in mari est cetum*. De diabolo sermo est, quem abbas noster, non modo in terra, sed et in medio mari, a piis superari asseverat.

(147) *Per annos circiter* CLXXX. Anno enim imperii sui XVIII (qui fuit Christi 137) *Adrianus imperator* (inquit sanctus Paulinus, epistola undecima) *existimans se fidem Christianam loci injuria peremptorum, in loco Passionis simulacrum Jovis consecravit*. Si his Christi annis addas 180, nos Thiofridus memorat, exsurgit annus 317, circa quem dedecus illud amotum a locis omni honore dignissimis. Paulinus ibidem: *Mansit hoc sæculi prioris nefas, in tempora nostris proxima Constantini: qui princeps esse principibus Christianis, non magis sua, quam matris Helenæ fide meruit*, etc. Vide et Severum Paulini coævum, et velut fratrem unanimantem, lib. II Historiæ eccles.

(148) *Bethlehem-Adonidis inumbrabat lucus*. Pro explorato habeo, Thiofridum, cum hæc scriberet, si non ob oculos, certe in mente habuisse memoratam divi Paulini epistolam. Confer, si placet, hunc locum, cum illo qui, ut magis in promptu sit, ejus partem non gravabor ascribere. Pius et ore itus lector, sat scio, honestissima voluptate mulcebitur. Ergo sic Paulinus: *In Bethlehem, ubi agnoverat bos possessorem suum, et asinus præsepe Domini sui, ibi principes hominum, inficiati Salvatorem Deum, infames hominum amores, mortesque coluerunt. Prodita novo sidere Regis æterni ubi cunabula, supplices cum suis opibus adoraverunt, Chaldæi: ibi barbaras libidines sacraverunt Romani. Ubi natum Salvatorem cum exercitu angelorum concinentes cœlesti gaudio, salutiaverunt, illustrata nocte pastores, ibi Veneris amasium mistæ semiviris planxere meretrices. Ubi nati Salvatoris infantia vagierat, illic Veneris lamenta fingentium, lascivis luctibus infamis ritus ululabat: et ubi Virgo pepererat, adulteri colebantur*. Hactenus antistes Nolanus.

(149) *Veneris turpissimus Tahtmoz plangebatur amasius*. Multas abominationes describit Ezechiel propheta, tum alibi, tum capit. VIII in quo; ut alias sileam, est hæc, vers. 14. *Et ecce, ibi mulieres sedebant plangentes Adonidem*. Hebraicè, vel potius Chaldaice, *plangentes Thammuz*. Ex hoc ab imperito scriptore factum videtur *Tahtmoz*; quod tamen in contextu reliqui quod utrumque exemplar id exhiberet. Cæterum Thammuz, teste S. Hieronymo, Chaldæis et Syris est *Adonis*, impurus ille Veneris amasius, ab apro in venatione interfectus. Vide Ovid. lib. X Metamor. Macrob., lib. III Saturn. et Lucian. lib. De dea Syria, ubi luctum istum graphice, suo more, describit. Cæterum existimant nonnulli Adonidi hoc nomen datum à mense Junio, qui illis populis item dicitur *Thammuz*. Sed multo probabilius, est mensi ab isto impuro concubino nomen impositum, ut a principibus Romanis duo Romani menses, Quintilis et Sextilis, *Julius* et *Augustus* dicti.

cum illa summa illa sempiterna majestas, crucis non abhorruit scandalum, et post gloriosissimum mortis triumphum, in loco ubi mundi appensum est pretium, et humanæ captivitatis solutum est vinculum, per tot annorum cursum, ipsa passionis ignominia, et omni dedecore dolentius inæstimabili patientia pertulerit opprobrium, spurcissimum videlicet idololatriæ cultum, et non *commoverit terram pariter et cœlum* (*Agg.* II, 22), et per terræ hiatum, ut *Dathan et Abiron* (*Num.* XVI, 31), idololatras inimicos suos non demerserit in abyssum; constat nimirum, sanctos Dei, quorum *factus est in pace locus, et habitatio in Sion* (*Psal.* LXXV, 3); quo non in auro positi, nec thure sepulti perveniunt, videre suorum ludibria et abjectiones pignerum, et floccipendere, unde vel ubi absumatur; quod per primæ prævaricationis irreparabile dispendium, concessum et deputatum est ventriculis vermium. Et verum procul dubio est, quod humanam naturam dignitas longe præcellat angelica, et nec vel comparari angelicæ subtilitati, et sapientiæ humana possit ars; et quantacunque in rebus excellentissimis excellens scientia. Sed angelicis, ut religiose creditur, manibus, in terris divina dispensatione constructa ædificia, nullis mundi ornatibus, nulla architectorica, nulla arte mecanica sunt conspicua; sed quantum ad visum hominum, humanis constructionibus longe inferiora, ac divinæ virtutis operatione exædificatis auro et argento basilicis, omnimodo sunt excellentiora. Nam longe vilioris est schematis (150) in monte Gargano Michaelis archangeli ecclesia; et inter fluctivagas maris undas, egregii (151) Clementis papæ et martyris templum, inaudito a sæculis miraculo, angelico factum mysterio, (152) ex suspensa collo ejus mole saxea, quam Salomonis sapientissimi hominum exstructa auri et argenti materia, et lapidibus pretiosissimis, et lignis cedrinis et thyinis domus typica. Sed licet illam impleret umbraticæ legis typus, nebula (*II Paral.* v, 13); in his tamen quanto legali umbra præclarior est evangelicæ lucis veritas et gratia; tanto excellentioribus miraculis crebrior, et evidentior sempiternæ divinitatis, et angelicæ visitationis exuberat magnificentia. Igitur quæ mens tantam divinæ dispensationis abyssum penetret, quis penset quam ordinatissima provisione omnia dispenset ac ordinet? *Abscondita*

est æterna Sapientia *ab oculis omnium viventium* (*Job* XXVIII, 21) *posuit tenebras latibulum suum* (*Psal.* XVII, 12), et secundum mysticum sponsæ in epithalamio exordium, Sponsus *assimilatus capreæ hinnuloque cervorum* (*Cant.* II, 9); fugit super altitudinem nubium, respicientiumque hominum frustratur intuitum. Sicut incomprehensibili æterni decreti constitutione *hunc humiliat, et hunc exaltat* (*Psal.* LXXIV, 8); et his *promptuaria dat plena, ex hoc in illud eructantia* (*Psal.* CXLIII, 13), cum illis ipsa etiam vitæ deneget necessaria : sic æque inscrutabili providentiæ suæ consilio, sanctorum quoque dispensat pignera; ut hæc quidem in omnibus materialium rerum optimis cum summa recondantur gloria; illa communi etiam sepultura, et omni humano careant obsequio et cura; cum tamen in cœlestis regni curia, spiritus eorum vel pari vel eminentiori dignitatis et internæ familiaritatis præmineant excellentia. Inter insepultos, quos fluvius, aut sol nimbique, diesque longior, resolutos terræ miscuit; quorum caro in pisces, in feras et aves abiit; habet familiarissimos tanto in toto cœlo conspectiores et honoratiores, quanto in terra habiti sunt despectiores. Damna sepulturæ inexcogitabili et ineffabili rependit recompensatione gloriæ; et quidquid honoris temporaliter deficit carni mortuæ, incomparabili numero et modo, æternaliter proficit sanctæ, cum Sancto sanctorum viventi, et gloriosius regnanti animæ. Atque idcirco sacrosanctæ sanctorum carnis exuviæ, tam hæ quæ sunt sine nomine ac honore venerationis debitæ, quam illæ quarum ornatibus omnes pretiosissimæ mundi serviunt divitiæ, summa reverentia sunt honorandæ ac glorificandæ; et ut vasa Dominica, in quibus recondita sunt septiformis gratiæ dona, amplectendæ ac admirandæ, et oculis et ore, si liceat, contingendæ ac osculandæ. Igitur ut *osculentur nos osculo oris sui* (*Cant.* I, 1), osculo interni amoris sui, omnes ex pulvere conditi, sed ultra communem pulveris conditionem sanctitatis gloria et honore sublimati electi Dei; eorum sacrosancta pignora et *nomina scripta in libro vitæ et Agni* (*Apoc.* XIII, 8), non præsumptuosa temeritate, sed ut Maria olim impia peccatrix nunc peccatorum pia intervertrix *stans retro osculis fovit, lacrymis lavit, crinibus tersit pedes Domini* (*Luc.* VII, 37, 38) : Sic deosculemur, et profluo fletuum fonte rigemus ; et (153)

pes noster, quod monet Sapiens, *sensatis* esse *honoris exhibendum* (*Eccl.* VI, 36), sed *caput* nostrum, profunda humilitate ad solum usque inclinatum. Neque nimium a nobis postulatur, cum id præscribitur, cum etiam *reges et reginæ vultu in terram demisso adorent* Ecclesiam, *et pulverem pedum ejus lingant* (*Isa.* XLIX, 23). Jam autem quæ nobiliora Ecclesiæ membra, quam de quorum pretiosis pulveribus hic noster agit? Capilli porro sensu allegorico, si sancto Gregorio (libro quinto Moralium, capitulo vicesimo tertio) aliisque Patribus credimus, sunt bona temporalia, ut aurum, argentum, gemmæ, quæ Thiofridus in sanctarum reliquiarum ornamentum et honorem conferenda docet.

---

(150) *In monte Gargano Michaelis arch. ecclesia.* Inventa anno Christi 493. Sigebert. et Baronius. Unde adhuc in Dei Ecclesia, celeber dies Apparitionis 8 Maii.

(151) *Clementis papæ et martyris templum.* Vide Baron. anno Christi 102.

(152) *Ex suspensa collo ejus mole saxea.* Unde hoc noster Thiofridus hauserit, equidem nescio. De anchora id ex Actis constat.

(153) *Capillis historico et allegorico sensu tergamus.* Ultrovis modo, inquit, accipiantur *capilli*, sive, inquam, sensu proprio, et historico, sive mystico, iis utamur ad tergendum SS. pignora et reliquias. Et quidem capillis ipsis, proprie sic dictis, tergere videmur, cum eorum gradus ostiorum exterit, non

capillis historico, et allegorico sensu tergamus tota intentione et applicatione animi (154) : quia vestiti vellere Agni immaculati Christi, *sine macula sunt ante sedem Dei et Agni* (Apoc. xiv, 5). *Consortes divinæ naturæ* (*II Petr.* 1, 4) *sunt in Domino lux* (*Ephes.* v, 8) : et incedunt *per viam, per quam spargitur lux* (*Job* xxxviii, 24), et dum mutantur *de temporali claritate in æternam claritatem tanquam a Domini Spiritu* (*II Cor.* iii, 18), interni splendoris sui radiis dilectum quoque cinerem suum, hominem illustrant exteriorem : quem juxta lucidissimum theologum Gregorium exterius gestaverunt internæ intentionis suæ ac bonæ operationis adjutorem (155). *Lampades apud cogitationes divitum* exteriora carnaliter judicantium, *contemptæ, sed in tempus statutum paratæ*, fulgorem suum exerunt, et quanta claritate fulgeant, ostendunt, dum lucem gloriæ, quam in carnis carcere clausi non habuerunt, mirabilius, dum desuper fulgent, in dissolutos cineres suos, et putredinem transfundunt. Diem de die, Deum, qui *habitat lucem inaccessibilem*, internæ contemplationis perspicacissimo contemplantur lumine; et *Agnus, qui in medio throni est*, omni eos majestatis suæ illustrat jubare. Lucidissimæ sunt lucernæ, a *vera luce, quæ illuminat omnem hominem*, accensæ, et pro diversitate meritorum, et doctrinæ, ac sapientiæ, *fulgent quasi splendor firmamenti, et quasi stellæ in perpetuas æternitates*, per incomparabilem et inæstimabilem splendorem Solis justitiæ, qui solus mystica ratione *micantes* (156) *Pleiadas*, sanctos omnes, divisos quidem tempore, sed non prædicatione, et dissimilibus virtutibus præditos, fulgore unius ejusdemque intentionis, unire et *conjungere ac gyrum Arcturi*, labores sanctæ Ecclesiæ, potest disjungere, et in requiem permutare, et transponere. *In die Madian*, cujus est interpretatio, *de judicio*, ad *superandum jugum oneris ejus, et virgam humeri ejus,*

et sceptrum exactoris ejus, de divinæ æquitatis judicio, sub vero et invicto duce Gedeone, virorum fortissimo, qui fortis et potens in prælio, divinitate cuncta circumplectendo, et humanitatem intra uterum perpetuæ virginis assumendo, mystice (157) interpretatur, circuiens in utero. *Insigniti thau* (*Ezech.* ix, 4) crucis charactere mystico, et (258) ejusdem elementi, nota prætitulato recensiti, *numero* (159), quo designatur individuæ Trinitatis perfecta cognitio; haurientes fluentu uranicæ doctrinæ *poplite recto* (*Judic.* vii, 6), ne ulla in eis esset operum dissolutio; animas suas pro domo Israel, inusitato et inaudito a sæculis pugnæ apparatu, optulerunt discrimini in bello Madianitico. *Stellæ manentes in ordine et cursu suo, dimicaverunt* (*Judic.* v, 20) contra Madian, et (160) metu judicii æternarumque pœnarum, *turbatæ sunt pelles terræ Madian* (*Habac.* iii, 7). *Dominus in fortibus dimicavit* (*Judic.* v, 13), *et nova bella elegit* (ibid., 8). An non est novum, et omnino insolitum, cum *tubis*, cum *lampadibus*, cum *lagenis* (*Judic.* vii, 16) venire in prælium. Principes Israel, ut populus Domini obtineret principatum, sub duce suo tubis evangelicæ prædicationis cecinerunt : lagenas confregerunt, dum corpora sua omnium adversitatum gladiis, et jaculis resolvenda opposuerunt : et lampadibus resplenduerunt, dum post resolutionem corporum, miraculis coruscaverunt. *Hymnum de canticis Sion, in terra aliena decantaverunt* (*Psal.* cxxxvi, 5, 4), *in tubis ductilibus* (*Psal.* xcvii, 6), diversis tunsi passionibus, et durissimi mallei continuis et incessantibus, nec unquam parcentibus, percussi et afflicti ictibus. Mallei inquam illius diris attriti percussionibus, de quo protestatur propheta veridicus: *Contritus est universæ terræ malleus*. Dominator Dominus, secundum (161) nobilis, et urbanæ elegantiæ Isaiæ vaticinium : *Confregit lagunculam in terrore :*

(154) *Quia vestiti vellere Agni immaculati.* Lavandos profluo fletuum fonte a nobis, in suis reliquiis vult sanctos, sicut oves agnique, certis anni temporibus, lavari solent.

(155) *Lampades apud cogitationes.* De his multa S. Gregorius lib. x. Moral., c. 28 seqq.

(156) *Pleiadas.* De his et Arcturo, et iterum supra hoc lib. c. 5.

(157) *Interpretatur*, circuiens in utero. De nomine Gedeon sermo est. Eamdem originem indicat Rupertus Tuitiensis, in Numer. libro primo, capite secundo, et Judic. libro primo, capite undecimo. Non est cogitandum, Thiofridum a Ruperto mutuatum, nam etsi contemporanei fuerunt, fuit tamen Rupertus aliquanto junior. Nec tamen hunc ab illo sumpsisse dico. Sed uterque a sancto Gregorio Magno accepit, apud quem hoc invenies libro tricesimo Moralium, capite tricesimo secundo. Decet omnino his talibus viris, integram esse suam auctoritatem et reverentiam, quam nos pusilli illis debemus. Sed ego me fateor eam originem ex Hebræa radice exsculpere non posse. Agnosco cum omnibus philhebræis *gadagh* valere *conterere, confringere* : ex quo Gedeon sit *conterens*, aut *confringens*. Sed neque *circuitum*, neque *uterum* usquam video. Exspecto quemvis qui doceat, cui hanc gratiam debere cupio.

(158) *Ejusdem elementi prætitulato recensiti numero.* Numerus elementi *thau*, est trecenti. Nam eum

numerum litterula illa sui alphabeti postremis ma Hebræi exprimunt. Historia sacra est in Judicum Gestis. Nobilissima allegoria a pluribus sanctorum Patrum describitur. Vide, si lubet, sanctum Augustinum sermone centesimo octavo de tempore, Gregorium libro tricesimo Moralium, capite tricesimo secundo, Rupertum in Judic. libro primo, capite undecimo. Numerum porro istum cur vocat *prætitulatum?* est id, fateor, obscurum. Mihi videtur, cum dixisset, insignitos fuisse Gedeonicos milites thau, crucis charactere mystico, *titulum* vocare ipsum *characterem, tau*, quo titulat aut prætitulati fuerint.

(159) *Quo designatur individ. Trinitatis perfecta cognitio.* Centenarium numerum perfectionem designare, notius est, quam ut judicandum sit. Is triplicatus SS. Trinitati honorem habet.

(160) *Metu judicii turbatæ sunt pelles terræ Madian.* Paulo ante dixit Madian significare, *de judicio*. Hic in ea etymologia suaviter ludens, innuit in ipso Madianitarum nomine, omen esse timoris et trepidationis.

(161) *Nobilis et urbanæ elegantiæ Isaiæ.* Hausit hæc Thiofridus a sancto Hieronymo. Præfatione in Isaiam : *De Isaia sciendum*, inquit ille doctor, *quod in sermone suo disertus sit; quippe vir nobilis, et urbanæ eloquentiæ, nec habens quidquam in eloquio rusticitatis admistum.* Crediderim in Thiofrido pro *elegantiæ*, reponendum *eloquentiæ*.

dum sicut corpus suum confractum in passionis dolore, glorificavit per resurrectionis gloriam, in totius humani generis terrore; sic electorum Dei somata, confracta in carnis et animæ dijugio, et resolutione, terrori, et admirationi dedit esse omnibus in miraculorum efficacia, et glorificatione. Et doxa in altissimis Deo, secundum Job dictum, qui in Domini Dei, nostris doloribus condolentis, præcessit typum, omnes *qui imbribus montium irrigantur*, qui sanctorum Patrum doctrinæ fluentis satiantur, A *non habentes* tamen perfectæ actionis suæ *velamen*, *lapides amplexantur*, cum de nulla sui operis virtute confidentes, ad sanctorum interventionem currunt, atque ad sacra eorum corpora, fletibus insistentes, pavimenta, capsulas, et mausolea, summa cum devotione et cordis contritione deosculantur; et promereri se veniam, piis illorum intercessionibus, obnixius et profusius deprecantur, nec deprecationis et intentionis suæ, spe ac effectu frustrantur

Explicit liber secundus.

INCIPIUNT CAPITULA TERTII LIBRI.

I. *De sanctorum nominum gratia et potentia.*

II. *De umbris.*

III. *De virgis et baculis.*

IV. *De cujuscunque texturæ ac generis vestibus*

V. *De liquoribus aquæ, et vini, et olei, et tumba Nicolai.*

VI. *De Symmystæ Joannis polyandro.*

VII. *De vasculis et lectulis.*

Expliciunt capitula libri tertii.

INCIPIT LIBER TERTIUS.

CAPITULUM PRIMUM.

De sanctorum nominum gratia et potentia.

Sed hæc ex parte dicta *viarum Domini* (Job XXVI, 14), de gloriosissimis sanctorum somatibus, gloriosius et miraculis longe præstantioribus approbari possunt in omnibus eorum appendicibus exterioribus: primum videlicet in sacrosanctis (162) intransitive transitivis nominibus; in salvificis corporum umbris, in virgis, in baculis, in ciliciniis, vel cujuscunque texturæ vestibus, in vasis utensilibus, in diversis aquæ, vini, et olei liquoribus, eorum contactis et consecratis manibus; postremo in omnibus ad supplicia illorum, non tam humana, quam dæmoniaca crudelitate excogitatis, et inventis tormentorum generibus, catenis, cippis, fustibus, catastis, et crucibus, et lapidum ictibus, quibus in fornace ferrea, *tanquam aurum probati* (Sap. III, 6); postquam *de corpore mortis hujus soluti* (Rom. VII, 24), nexibus liberi evolaverunt; quasi de Tartarei carceris cruciatibus, uranicæ curiæ inæstimabilibus inserti et intexti sunt ornatibus. Nomina quippe eorum vivunt in sæcula, et per *Verbum in principio, Deum apud Deum* (Joan. I, 1), qui tuba intonat evangelica: *Cœlum et terra transibunt, verba autem mea non transient* (Luc. XXI, 33); per Verbum, inquam æterni Patris sapientiam, cujus sermo, qui non transeundo transit, sine mutabilitate permanentes exprimit sententias, licet suapte natura sint transi-

B tiva, participatione tamen et communione immutabilis et intransitivæ naturæ, in ipsa naturali transitione sua, sunt intransitiva, et non manendo permanentia. Non enim manent per articulatæ vocis irrevocabilem fugam; sed per immutabile, ac æternaliter permanens *nomen Domini*, quod *de longinquo venit* (Isa. XXX, 27), et *servos suos nomine alio vocavit* (Isa. LXV, 15) ad ratam omnium credentium salutem, ac sospitatem; permanent, ac vigent in immutabilitatis censura. Immutabili sempiternæ providentiæ decreto, dum per ora in fide invocantium transeunt, in effectum sanitatis, et liberationis, absque sui mutabilitate et transitione proficiunt, et transeundo non transeunt. Per immutabiles ac permanentes multiformis gratiæ Dei divitias, per

C certæ curationis, et salvationis efficaciam, non transeunt, imo permanent; et longe diversam in voce mutabilitatis, in operatione immutabilitatis, naturam exhibent. Ore Domini nominata nomina, nova, fixa, et sine transitu apud Deum, qui sponsæ suæ Ecclesiæ promisit: *Et vocabitur tibi nomen novum, quod os Domini nominavit* (Isa. LXII, 2); fixa, inquam, et sine mutatione durabilia, ad æternitatem, sunt, et tenentur; quia sine mutabilitate manentes, omnium sanitatum, et gratiarum sententiæ, per ipsa decernuntur ac obtinentur. Quid enim peragere non prævaleant, cum Rege regum regnantium nomina, cum adhuc peregrinantium a Deo ver-

in benedictione est, et manet. Nam *nomen eorum vivit in generationem et generationem* (Eccli. XLIV, 14).

D Manens et in suis effectis, quod mox ipse explicat.

(162) *Intransitive transitivis nominibus.* Transeunt videlicet nomina cum ipso sono, cum sonus utique sint. Nec tamen transeunt quo ad *memoriam, quæ*

bis simplicibus, cœlestis regni claudatur et recludatur janua (Joan. xx, 22), ligetur peccatrix, et absolvatur veniæ optatrix anima (163)? Per verba illorum absentium, non voce prolata, sed in scedulis digesta, ut veridica testantur scripta, diversarum ægritudinum curantur incommoda; et quasi litteras intelligant elementa, prima rerum semina; sic ad sacros eorum apices in se missos (164), cataclismum minantia, licet tanquam ad intransmeabilem obicem indignantia, verbis tamen potentibus obedientia, in alveos suos resiliunt et resident flumina. Cum intransitivum quodammodo sit, quod per eorum ora transit, multo magis nomen, quod substantias eorum notione includit et circumscribit. Vox quæ de illorum arteriis exit, antiqui serpentis virus excludit : benedictionem et maledictionem adducit. Et ut eorum semel emissa volant irrevocabilia verba, et nunquam mutantur; sic et nomina nullo fine terminantur. Scripta profecto sunt digito Dei *in libro vitæ et Agni* (Apoc. xiii, 8); et sicut *salvus erit quicunque invocaverit nomen Domini* (Act. ii, 21), sic (165) in quantacunque corporis et animæ angustia, et tribulatione aliquis deprehensus et anxius, si memor nominis Dei revolverit secum illud emistichion carminis Davidici : *Et honorabile nomen eorum coram illo* (Psal. lxxi, 14; et a condigne honoraverit, et nominaverit intima devotione animi, salvus et incolumis evadit ærumna, et anxietates totius imminentis damni, adversitatis et periculi. In æternitate, scripta, et (166) a notamine vel notione nomina per etymologiam dicta, electorum Dei in conspectu divinæ majestatis gloriam, et virtutum efficaciam, nobis in hac mortalitatis corruptione ignotam, et sui invocatione, et salutaris auxilii, per divinam propitiationem, exsecutione efficiunt notam. Ad salvificam enim invocationem sanctorum nominum, adsunt pretiosissimorum merita et præsentia spirituum; et sicut summus et incircumscriptus Spiritus promittit per prophetam, os suum et organum : *Invocabis et Dominus exaudiet, clamabis et dicet: Ecce adsum* (Isa. lviii, 9); sic sancti Dei nomina sua invocantibus, et perfecta fide inclamantibus, largitione subitæ ac inspiratæ salutis, conclamant : Ecce *adjutores in opportunitatibus, in tribulatione adsumus* (Psal. ix, 10). Et sicut Dominici corporis et sanguinis mysterium, quod in specie panis et vini quotidie per sacerdotum conficitur ministerium, vere ac absque ulla dubitatione fidelium (167), repræsentat illud corpus Christi Domini, quod crucifixum, quod lancea militis perfossum est et mortuum; et illum cruorem, qui de perfosso Crucifixi somate, cum aqua profusus est, redemptionis humanæ pretium : sic invocatio sanctificatorum nominum, absque omni ambiguitate, promerentibus insinuat omnem internæ virtutis veritatem, et potentiam, ac præsentiam regnantium cum incircumscripto Spiritu spirituum. Dum enim eorum in fidei devotione nominantur nomina, ipsi in Dei conspectu, et in illo uranici senatus conventu, invocantium causas perorant, ut per eorum merita, *judicium superexaltet misericordia* (Jacob. ii, 13); et cum semper divino vultui assistant, et nunquam recedant, inexcogitabili, et ineffabili divinæ dispensationis modo, sperantibus in se, et clamantibus, suam in omnibus angustiis et pressuris exhibent præsentiam; per exoptatam, et summe necessariam boematum (βοημάτων *clamorum*), in summa rerum difficultate, efficaciam. Et sicut per signaculum salutiferæ crucis, fronti cujusque fidelis inditum, fugatur omnis infestatio invisibilium hostium, et consecratur (168) chrisma sacerdotale ac regium, et (169) consecrationis oleum et baptismatis mysterium, postremo

(163) *Per verba illorum absentium.... in schedulis digesta*, etc. Fragmentis duntaxat Epistolarum, a SS. viris scriptarum, grandia patrata miracula, præter antiquiora, quæ Thiofridus memoret, recentiora fidem faciunt, in scriptis BB. Ignatii et Xaverii nostrorum, quorum Vitæ sunt in manibus.

(164) *Cataclismum minantia flumina.* Aliis quoque modis aqua sanctis eorumque orationibus aut reliquiis honorem habuit. Exemplo sit Maria Ægyptiaca, quæ aquam ut solidum corpus calcavit, quod aliquando fecerat Christus, aquæ Dominus, et, eo jubente, Petrus : Bessarion, qui et idem fecit, et quo orante maris amaror in dulcedinem vertit; Gregorius ille Thaumaturgus, qui defosso in littore stipite, Lycum fluvium, furenter accolis minantem, ultra procedere vetuit; quod nostri auctoris exemplo, de cataclismo, est similius. Priora vide in Vitis Patrum a Rosweydo nostro restitutis : hoc ultimum in Vita, apud Surium decimo septimo Novembr.

(165) *In quantacunque corporis, et animæ angustia.* Et comparatio invidiosa videri potest, qua nomina sanctorum nomini Domini æquare videtur; et propositio ipsa audax, ut quidvis quivis impetret, qui eorum memor, ea honoravit. Itaque Calvinista, si in hæc incidat, statim hæreseos suæ venenum sparget. Sed est in promptu antidoton. Hoc ipso capite : *Invocatio sanctificatorum nominum, absque omni ambiguitate, promerentibus insinuat omnem internæ virtutis veritatem et potentiam.* Audisne illud *promerentibus*?

Non omnes promerentur, ac sic nec omnes impetrant. Clarius iterum eodem capite : *Affatim prosunt, quandocunque, et ubicunque secundum fidem promerentium necesse est.* Jam nec calumnia ipsa quod calumnietur habet.

(166) *A notamine vel notione nomina per etymologiam dicta.* Solens in verbo ludit. Nihil, inquit, mirum si nomina sanctorum virtutem, alioquin ignotam notam efficiant, cum ipsa vox *nomen* a *notamine* vel *notatione* dicatur.

(167) *Repræsentat illud corpus Christi.* Cave impietatem Calvinisticam, a qua longissime abest Thiofridus, ut verba, et loquendi modus satis ostendunt. Τὸ *repræsentat* non notat imaginem tantum et figuram, sed significatu Latinis et bonis auctoribus frequenter usurpato, *repræsentare* est rem reapse præsentem exhibere aut sistere, ut in illo Columellæ : *Villicus ista non ægre consequetur, si semper se repræsentaverit.*

(168) *Chrisma sacerdotale ac regium.* Notum est in Dei Ecclesia jam inde ab antiquissimis temporibus ungi solitos non modo sacerdotes, sed et reges. Elizabetha, quæ in Anglia utramque dignitatem sibi attribuebat, unctionem, tempore sic exigente, admisit. Sed ab altari ad gynæceum suum reversa, irrisit. Quam pie, jam novit.

(169) *Consecrationis oleum.* Quo vel catechumeni, vel moribundi ad luctam contra dæmones, perliniuntur.

quidquid in Ecclesia consecrandum est in profectum et salutem credentium : sic et per invocationem sanctorem nominum. Ante nominantur nomina, et dehinc sanctis spiritibus, quorum sunt significativa, cooperantibus, divina et ecclesiastica per salvifice crucis mysterium, peraguntur ministeria. Et nescio quo inenarrabili divinæ providentiæ modo, sic sibi confœderentur crux pretiosissima, et sanctorum nomina, nisi quia *tulerunt crucem suam, et secuti sunt Crucifixum* (*Matth.* xvi, 24) gloriantes in Domino cum eminentissimo electionis vase Paulo, *Mihi mundus crucifixus est, et ego mundo* (*Galat.* vi, 14). Crux Dominica dum nominatur, *Dominus in medio terræ suæ salutem operatur* (*Psal.* lxxiii, 12); intransitiva itidem sanctorum nomina dum nominantur, omnis Christianæ religionis consecratio confirmatur, imminens undecunque; periculum devitatur, inimica phalanx expugnatur, temporum intemperies temperatur, procellosum mare tranquillatur, vivis et defunctis somatibus salus redintegratur. Et revera si ea quæ assero exemplis vellem probare et enumerare, quorum sanctorum in *periculis fluminum, periculis latronum* (*II Cor.* ii, 26), periculis in carcere, in captivitate, in catenis, in desesperatione salutis ac vitæ, invocata nomina, præsentiam sanctorum spirituum exauditione repræsentaverint subita; *non mihi centum linguæ, non centum sufficerent ora, non vox ferrea.* At, quod fidenter dictum sit, salva omnium sanctorum gratia, multo gloriosiora sunt eorum nomina quam somata. Nam cum hæc naturali resolutione deficiunt, illa fidelium continua invocatione quasi proficiunt; cum hæc in unius exiguæ libithinæ angustia arctissime occultantur, illa per universum mundum, terra marique, corde ac ore omnium officiosissime celebrantur. Cum enim innumera hominum millia, sanctorum summa cum devotione invocent et glorificent nomina, nesciunt ubi gentium recondita sint sacratissima eorum pignora : et cum ab illa refugium longa terrarum intercludant interstitia, per horum invocationem in omni pressura, quibuscunque auxiliis indiget, et promeretur omnis *in fide nihil hæsitans* (*Jacob.* i, 6), consequitur anima. Unum sunt cum Verbo incarnato, et nomine Domini infinito, ideoque sicut illud ubique totum est, et summe prodest, sic illa tota adsunt et affatim prosunt, quandocunque et ubicunque, secundum fidem promerentium, necesse est. Non ubique circumferri præclare possunt et dignantur reliquiæ; sed nomina in omni ubique necessitudine, ultro ingeruntur contritæ ac afflictæ animæ. Illæ de loco ad locum, nisi minutatim, non transeunt; hæc in corda et ora omnium non particulatim, sed tota abeunt; totum auditum, totum implent animum, nec ad videndum se exteriorem, sed interiorem admitti dignantur oculum; ubique sunt fidei præsentia, cum corpora longe sint absentia. Nihil omnino est quod per ea fides non impetret; nihil quod divina virtus perficiendo non explicet. Cum pretiosa in pace requiescunt somata, in æternæ quietis suæ sinu quas inquietantur et devocantur, sanctorum animæ, per invocata, cum cordis contritione, nomina. Unde (170) cuidam eximiæ sanctitatis ierarchæ, in oratione pernoctanti cura pervigili, pro liberatione sibi crediti gregis Dominici, dictum tandem est apostolica voce amicabili : « Quid nos inquietas, sanctissime vir? Requiescunt profecto electi Dei, dum eorum resolvuntur corpora : quasi inquietari videntur, dum in auxilium opportune importune invocantur per nomina. Inquietantur, dico, non quod quietis suæ ulla damna patiantur, sed quod, sicut sancti (171) angeli, cum semper assistant, mitti tamen asseruntur; sic illi, cum æterna requie et divini vultus contemplatione perfruantur, ad conferenda exterius auxilia, nominum suorum invocatione eliciuntur. Et non solum cum in cœlesti regnant et jubilant palatio, sed etiam cum in hac mortalitate *peregrinantur a Domino* (*II Cor.* v, 6), præsentiora quam corpora, sancta sunt nomina in omni tentatione ac periculo. Sanctus sanctorum Deus æterna sua providentia, ante mundi constitutionem, ac ornatum, immutabili præordinavit et disposuit sententia, ut, quanto majora præelectorum et prædestinatorum reliquiæ per spiritus suos possent efficere miracula, tanto præclariora perpetrarent et nomina, et permanerent non permanentia, et absentia ubique essent præsentia. »

CAPITULUM II.
De umbris.

Cum autem divinæ virtutis excellentia sine transitione transeuntia nomina, tanta ubique accumulet et comitetur gloria, nimirum in umbras quoque corporum, sed in uberi transfundit misericordia, et ingenti stupore attonita percellit mortalium pectora. In plateis quippe olim *ponebantur infirmi, ut veniente apostolorum principe, ac quolibet sanctitatis ejus compare, saltem umbra illius obumbraret quemquam illorum, et liberarentur ab infirmitatibus suis* (*Act.* v, 15), ut gloriosior et *mirabilior prædicetur Deus in sanctis suis* (*Psal.* lxvii, 36). Et quid tam gloriosum, quid tam mirabile, quam quod umbra, quæ non est substantialiter de corpore, fugat omnem adversam valetudinem de corpore (172)?

---

(170) *Cuidam ierarchæ in oratione pernoctanti.* Fuit hic sanctus Servatius, Tungrensis episcopus, qui Romæ ad sepulcrum apostolorum pernoctans, ab ipso apostolorum principe hoc responsum accepit, quod hic refert Thiofridus. Vide Harigerum, abbatem Lobiensem, in S. Servatii Vita, apud Chapeavillum, tom. I, et Greg. Turonensem, lib. ii Histor. Franc., c. 5.

(171) *Angeli cum semper assistant, mitti tamen asseruntur.* Vere mittuntur; neque id negat Thiofridus

sed sic mitti negat, ut non assistant. Hoc *assistere* est quod dicit angelorum Dominus, *semper videre faciem Patris* (*Matth.* xviii, 10).

(172) *De monte umbroso.* In nobili illo cantico (*Habac.* iii, 3) scriptum est; *Deus ab Austro veniet, et sanctus de monte Pharan* lxx. Græci reddiderunt : Ὁ ἅγιος ἐξ ὄρους κατασκίου δασέος, Id est, *Sanctus de monte umbroso, condenso.* Sic etiam S. Gregor. xxxiii. Mor. c. 1. Id significat Pharan, sive deducas a radice *Phara* sive a *Pharah*, quorum utrumque

De monte umbroso venit (173) mons fortitudinis (Deut. xxxii, 2; Habac. iii, 3), cujus matri Spiritus sanctus obumbravit in virtute (Luc. i, 35); sub cujus protectionis umbra omnis sancta requiescit anima, et cui in Canticis canticorum canit mater et sponsa Ecclesia (174) : *In umbra ejus, quem desideraveram sedi* (Cant. ii, 3). Post primæ quippe prævaricationis culpam (175), sub fici umbram, prævaricator, heu! fugit Adam, sed ibi non tam protectus, quam detectus, omnem posteritatem suam (176) in mortis transposuit umbram. At propitiator et propitiatorum mystici tabernaculi secundus Adam, qui transgressorem reparavit Adam, idcirco *habitantibus in regione umbræ mortis* (Isa. ix, 2; Matth. iv, 16), infulsit splendor lucis æternæ; ut umbram excluderet sempiternæ veritatis claritas, et non tam corpora, quam umbras corporum, *corpori claritatis suæ configurandorum* (Phil. iii, 21) per clarificatorum spirituum merita, omnis comitaretur sanitas; et cum secundum quemdam practicæ professorem disciplinæ accidentalis diffinitio sit umbræ; umbra est supra spoliatus lumine aer; per contrarium umbræ somatum veri solis illustratorum jubare (177), per suas cælibes et lucidissimas animas, spoliarent omni ditione sua potestates aerias, et illustrarent et amoverent humanæ calamitatis tenebras. In umbra et caligine sponsus habitat, ibi dum *inclinantur umbræ* (Cant. iv, 6), sponsam ad se evocat. Merito ergo umbram filiorum sponsæ suæ glorificat, et quantam sanctæ manus suæ contactui, tantam imo gloriosorem curationum gratiam imaginariæ umbræ accommodat. Et sicut lætatus et *delectatus est* typus Domini *Jonas, super obumbrationem* (178) *hæderæ* (Jonæ iv, 6) quæ Judæam significat typice; Sic *anima, quæ secundum Jeremiam tristis est super magnitudine, et incedit cura, et infima* (Baruch. ii, 18), lætificatur umbræ sanctificati somatis protecta defensamine, et curat medicamine. In obumbrationis obtentum, aliquod materiale instrumentum solis radiis opponitur; ut

ejus fervor et splendor sudantibus et lippientibus declinetur et temperetur; et dissimili similitudine, si certe et indubitabilis fidei spiritualis materia interponitur, per gratiam (179) de summa νοῦ (Νοῦ, *mentis*) in sanctam animam, de psychæ in somata, de corporibus manantem in umbram; totius infirmitatis intemperies, non tam temperatur, quam omnino effugata excluditur. Umbra lucem repræsentat et veritatem, dum obumbratio sospitatem per sanctificati somatis reddit sanctitatem.

CAPITULUM III.
De virgis et baculis.

Et cum per umbras corporum, omnia, quæ secundum voluntatem præsidentis summi, et incircumscripti Spiritus volunt, sanctorum operentur merita, spirituum; constat nimirum, quod non inferiora, imo excellentiora divina virtus operetur per ea, quæ illorum consecrata sunt usu et contactu manuum. *Virgæ amigdalinæ* typice ante legem *decorticatæ, et positæ in canalibus* (Gen. xxx, 37, 38,) varios fœtus typicis dederunt gregibus; quod licet physiologi rebus naturalibus, Ecclesiastæ philosophi, mysticis sacræ Scripturæ ascribant intellectibus; nos tamen idcirco id potissimum gestum esse credimus, quod tot et tantis patriarchæ sui compassus laboribus, sic geri præordinavit totius naturæ Conditor, et Dominus. Deus enim, qui juxta Zachariæ vaticinium (180) *assumpsit sibi duas virgas, et unam vocavit decorem* (Zachar. xi, 7) sub Noe profecto restaurato mundo decoram totius humanæ propaginis universitatem; *et alteram appellavit* (181) *funiculum* (ibid.), Israeliticum videlicet populum, peculiarem suam hæreditatem, et creator et pastor, *cujus oves propriæ agnoscunt vocem* (Joan. x, 14), *in virga ferrea* (Psal. ii, 9) invincibili imperio pavit gregem; *virgæ regni, et directionis suæ* (Psal. xliv, 7) virtutem, in sanctificatas transfudit virgas, ob sanctorum suorum honorem, ac fidelium salutem. Notum est fere omnibus utriusque Testamenti stu-

valet *fructificare, crescere*: unde et *condensæ* arbores, aut arbusta et τὸ σκιερόν. Hunc umbrosum montem, D. Virginem matrem interpretatur Thiofridus, cum Euthymio et Theophylacto.

(173) *Mons fortitudinis*. Sic vocat Christum Dominum, quem multi Patres *montem* vocant. Et certe negari non potest quin Christus sit *lapis* ille, qui *abscisus est de monte sine manibus, et factus est mons magnus, et implevit universam terram* (Daniel. ii, 34, 35). Hunc non immerito Thiofridus vocat *montem fortitudinis*: nam quomodo illi desit fortitudo qui est *mons lapideus*, imo *mons lapis*?

(174) *In umbra ejus, quem desideraveram, sedi.* Per accommodationem de B. Virgine hoc exponit. Nam et Latine est, *quem*, et Gr. et Heb. pronomina et affixa, masculina sunt. De hoc sensu accommodatitio dixi aliquid obiter in notis ad prœmium.

(175) *Sub fici umbram*. Consuerunt enim *folia ficus, et fecerunt sibi perizomata* (Gen. iii, 7).

(176) *In mortis transposuit umbram*. Respicit illud: *Illuminare his qui in tenebris, et in umbra mortis sedent* (Luc. i, 79).

(177) *Per suas cœlibes animas*. Ita eleganter vocat, quæ jam non sunt cum corpore copulatæ, et quasi conjugatæ. Sic supra dixit corporis, et animæ *diju-*

gium.
(178) *Hæaeræ, quæ Judæam significat typice*. Ita S. Augusti. epist. 49, q. 6.

(179) *De summa* νοῦ. Imperita manus aliquid corrupisse videtur, quod sine melioris libri ope non tento corrigere. Sententia est, gratiam, qua infirmitates excluduntur, a summa mente (quæ Deus est) manare in animam, ab anima in corpus, a corpore denique in *umbram*. Si liceat, scripserim. *De summo* Νῷ, locutio dura est.

(180) *Assumpsit sibi duas virgas*. Has virgas sic explicat S. Hieronym. Isai. liv et Zarchar. xi.

(181) *Funiculum, peculiarem suam hæreditatem*. Hoc ex usu Scripturæ dicit, quæ hæreditatem, aut possessionem *funiculum* aut *funem* vocat. Vocationis ratio ex ritu Judæorum est, qui agros, si quando dividerentur, funiculis metiebantur. Unde illud : *Funes ceciderunt mihi in præclaris*, psalmo decimo quinto, versu sexto. Mox explicans quid velit, addit : *Etenim hæreditas mea præclara est mihi*. Unde alibi ipse *funiculus* dicitur *distributionis*. Sed, quod ad hunc locum magis facit, etiam perticis, aut baculis aut virgis fiebant illæ dimensiones, et divisiones. *Redemisti virgam hæreditatis tuæ*, ait idem vates, psalmo septuagesimo tertio, vers. 2.

diosis lectoribus, quomodo in Ægypto, *virga sit conversa in colubrum* (*Exod.* vii, 10); quomodo in *sanguinem converterit Nili fluvium* (*ibid.*, 20); quomodo in *exitu Israel de Ægypto diviserit mare Rubrum* (*Exod.* xiv, 21), sacri baptismatis typum; quomodo in deserto, ex *petra* typica elicuerit dulcifluæ *aquæ rivulum* (*Num.* xx, 11), et sitientis populi compescuerit murmurium. Non est eruditis mentibus incognitum, quod tantæ virgæ elogium, Dominicæ passionis præsignavit præconium, unde *petra Christus* (*I Cor.* x, 4) Jesus his percussus, primo acclamatione Judaica; deinde militari sævitia, *de latere suo* (*Joan.* xix, 34), largissimum, et vivificum totius Ecclesiæ produxit mysterium, ineffabile ejusdem sponsæ suæ ornamentum, et dotalitium. Et cum Spiritus sancti organum David canat, *virga tua et baculus tuus ipsa me consolata sunt* (*Psal.* xxii, 4), et virga Dei, disciplina profecto Dei, et baculus Dei, substentatio videlicet Dei in omni tribulatione carnis et spiritus, ipsa consolata sint omnes electos Dei; et ita sibi confœderentur virga et baculus, ut neque absque baculi substentatione, virgæ correctio; neque sine virgæ correctione, baculi omnifariam prodesse possit substentatio : Jure ac æque præcellenti præconio, eadem, quæ in sanctificatas virgas, in baculorum quoque substentamina divinæ virtutis transfusa glorificatur operatio. Virga legalis insequentes hostes mari obrutos morti tradidit (*Exod.* xiv, 27, 28), et populum per quadraginta annorum curricula in deserto probandum, et erudiendum, per inviam maris viam transposuit; in initio gratiæ (182), baculus principis apostolici ordinis (183), per quadragenos dies sepultum (184), per totidem annos domus Dei dispensatorem futurum pristinæ vitæ reddidit. Sub lege, ut prælibavimus, arida virga revirescens, contra naturam fructum edidit, in testa nucleum (*Num.* xvii, 8); præfigurans dulcissimum in carne Dei Filium : sub gratia pro testificanda et commendanda in posteros castimonia (185).

Legitur bacillus cujusdam eremitæ fronduisse, et fructum protulisse ariditate deposita. Et revera ob id in passione aruit lignum viride, ut lignum aridum (*Luc.* xxiii, 31) per glorificati Spiritus virorum revirescere, ac transcursa naturæ suæ instituta repetere, et jura peragere, et arefacta in morte somata vitæ restituere, ac omnium ægritudinum incommoda posset excludere.

CAPITULUM IV.

De cujuscunque texturæ, ac generis vestibus.

Hoc idem, remota omni ambiguitate credendum, et ratum habendum, de cujuscunque texturæ ac generis vestibus sacris, sanctorum aptatis artubus, divitum purpuras auro intextas, longe præcellentibus. Nimirum sub lege per vestem, quæ, translato in curru igneo prophetæ, currui, et aurigæ Israel, decidit, *Jordanis cursus sui jura perdidit* (*IV Reg.* ii, 12), et duplicis Spiritus hæredem in citeriorem ripam per siccum transposuit. Nihil autem sub gratia unquam, nihil profecto usquam terrarum compertum ac repertum est, sanctitatis duntaxat excellentia, pretiosius et eminentius Dominicis vestibus; ex quorum *fimbriæ tactu, æmmorrousæ restrictus est sanguinis fluxus* (*Matth.* ix, 20); et *quotquot tangebant* (*Matth.* xiv, 36), redintegrata sospitate, abolitus et annihilatus interiit interitus ; de quorum partitione et sortitu, subtiliter distinguendo David psaltes egregius vaticinatus est in psalmo cujus pro susceptione matutina vel pro cervo matutino, mysticus est titulus : *Diviserunt*, inquit, *sibi vestimenta mea, et super vestem meam miserunt sortem* (*Psal.* xxi, 19). In quadripartitæ profecto typum Ecclesiæ, per quatuor mundi climata, æqualiter, et concorditer distributæ, quadripartita facta est distributio vestis Dominicæ; et ad præsignandam partium unitatem, quæ continetur vinculo perfectionis, *charitatis gemmæ*; quæ supereminentiorem habens viam, *supereminet scientiæ* (*Ephes.* iii, 19); (186) sors, qua significatur Dei gratia, *missa est super tunicam inconsutilem*,

---

(182) *Baculus principis apostolici ordinis.* Hoc testimonium tot reliquis obi er addamus pro *primatu* S. Petri, ab homine et doctissimo, et pietate commemorabili, et qui ante annos 550 floruit.

(183) *Per quadragenos dies sepultum.* His fuit S. Maternus, a B. Petro apostolo, cum SS. Eucario et Valerio, Treviris missus. Is in ipso itinere, *a febre valida interceptus* (inquit Harigerus abbas Lobiensis) *humanis subito rebus est exemtus.* Vide in Materno, cap. 6. Ibidem adjungit socios ad S. Petrum regressos, et ab eo, ejus accepto *baculo*, die quadragesimo, ad defuncti Materni corpus, ubi, *cujus umbra sanaverat omne genus morborum, ejus baculus beatum revocavit a morte Maternum.*

(184) *Per totidem annos domus Dei dispensatorem futurum.* Fuit enim B. Maternus annos xl episcopus. Harigerus (cap. 15) disertim : *Sicut quadraginta diebus prius jacuerat in sepulcro ita et totidem annis postea mansit in sacerdotali ministerio.* In tota hac tam illustri historia mirari licet Baronii tam altum silentium. Non viderat ille, opinor, Harigerum, non Ægidium Aureæ Vallis, non Latina et Gallica Leodiensium Chronica, quæ Chapeavillus legit et allegat, Harigero consonantia : sed in promptu erat Otto Frisingensis (*Chron.* lib. iii, c. 15) ejusdem veritatis testis in omnibus, nisi quod pro xl diebus ponit xxxiii. Non omittam ascribere testimonium famæ publicæ, et vigentis adhuc in media hæresi, traditionis. B. Rhenanus, vir eruditus, sed pravis opinionibus corruptus, dum de S. Materni morte et anastasi loquitur (*Hist. rerum Germ.*) *Neque inanem ejus rei famam puto*, ait. *Apud Hellum vicum tribus milliaribus a Selestadio distantem* (Est Selestadium nobile in Alsatia oppidum, ipsius Rhenani natale solum), *adhuc conditorium ostenditur, in quo jacuerit mortuus aliquandiu : sed mox vitæ restitutus, ut adhuc Treviros, Agrippinensesque erudiret.* Addit, et si de tempore dubitet, *de re ipsa se satis certum esse.* Hæc ante me ex Rhenano citavit Ægidius Bucherius noster in Disputat. Hist. cap. 2.

(185) *Legitur bacillus cujusdam eremitæ frondurisse. Legitur hoc*, tacito eremitæ nomine, apud *Ruffinum* in *Hist. SS. Patrum*, lib. iii, § 24 in editione Rosweydi nostri.

(186) Sors, qua significatur Dei gratia. Doctrina est Augustini, in psal. xxx, qui eam rationem addit, quod neque sors, neque gratia in electione humana sint : sed in divina voluntate. Unde et *sortes justorum dicuntur esse in manibus Dei.*

et desuper contextam per totum (Joan. xix, 24) mystice, a quo toto Ecclesia catholica Græco appellatur nomine. Et tunica inconsutilis, ne unquam dissuatur, ad unum sorte divinæ gratiæ pervenit, quia *charitas Dei, quæ per Spiritum sanctum diffusa est in cordibus nostris* (*Rom.* v, 5), in unum omnes collegit. Sed, o quam impium, quam grande et immane piaculum, quod sanctissimam vestem, quam scindere reveriti sunt milites præsidis, assidue scindit impia hæresis; dissuit, et disicit immanitas exitialis odii et schismatis. Nullum revera cor ad excogitandum, nulla sufficit lingua ad enarrandum, quantæ sanctitatis exuberantia prædita sit illa inconsutilis tunica, per quam præfiguratur individua unitas, et, quæ Deus est, charitas, et qua, carne velata se contexit inexcogitabilis, ineffabilis Majestas et Deitas; sub qua omnem aeris, et temporum intemperiem sibi temperavit, declinavit illa sublimissima, illa thronis et dominationibus tremenda et adoranda sublimitas. Nam, sicut de incorruptibili carne Dominica, in omnem sanctorum carnem incorruptionis, et sanctificationis transfusa est gratia, sic de vestitura ejus dispensatoria et mystica, in omnia sanctificatorum somatum, qualiacunque tegmina, inenarrabilis translata est virtutum affluentia. O quam pretiosa staminis et subteminis fila, quibus contexta est salutaris tunica, quæ ex carne calefacta est Dominica; quæ artus Dominicos calefecit relatione vicaria : sub cujus textura inconsutili et mystica, ea quæ intrinsecus latent, abscondit Dei *sapientia, quæ ab oculis omnium viventium est abscondita* (*Job* xxviii, 21).

Hæc tanti præconii tunica, in cujus typum Joseph usus est talari (*Gen.* xxxvii, 3), et polymita, quanta debeat amplecti et honorari fide ac reverentia, Judaicæ perfidiæ vigilantissima nos edocuit diligentia. Denique tam pretiosi thesauri custodia, per successiones legitimas devoluta, tandem jure hæreditario Simoni cuidam filio Jacob est credita. Hic cervicis durissimæ Judæus, (187) tempore Mauricii imperatoris, ingenita sibi duritia, per duas septimanas immania pro silentio perpessus supplicia, tandem prodidit eam in civitate Zaphat, haud procul ab Hierosolyma, reconditam esse in arca marmorea. Perpendat oro, quicunque se recognoscit vas esse fictile, ac fragile, quam ingentis pretii visa sit humanæ menti, pro qua propriæ non pepercit carni, pro qua omnium tormentorum genera maluit perpeti, quam

(187) *Tempore Mauricii imperatoris.* Nempe anno imperii ejus octavo, qui fuit Christi 593. Ita ex Sigeberto Baronius.

(188) *Prætermitto egregios adelfos.* Imitatur Terentium, qui hoc nomen Græcum retinuit. Indicat autem duos fratres Zebedæi filios, quorum Jacobi sudarium; Joannis tunica, quorum Thiofridus hic meminit. Utramque historiam vide apud Ribadeneiram in utriusque Vita. Sed quia non omnibus omnes auctores ad manum sunt, paulo pluribus accipe de sudario, quod *vincti Phileti solvit vincula.* Cum paulo ante extremum vitæ actum, in prædicandi officium Jacobus, ut cum maxime, incumberet, in illum, cum populo Jerosolymitano, coorti duo magi, Hermogenes, et Philetus, magnum tonitrui filium, brutis

gentem suam tanto thesauro privari ac destitui. Sed, Jesu bone ac benigne, quod cor excogitet, quæ lingua explicet, quanta tunc de tanti inventione thesauri, uranicæ patriæ civibus jubilatio, quanta oborta sit filiis Ecclesiæ exsultatio? Omnia a passione Dominica, transacta tempora, quasi infelicia, sua prædicabant nimium felicia, in quibus tantum thesaurum, tandiu absconditum, tandem revelare divina dignata est munificentia. Concurrebant viri summis honoribus, summis prædiſti virtutibus, Gregorius patriarcha Antiochenus, Thomas Hierosolymitanus, Joannes Constantinopolitanus, cum multis aliis egregiis præsulibus, et diversæ ætatis ac sexus et dignitatis hominibus, *super inenarrabili dono Dei* (*II Cor.* ix, 15), tripudiantibus : et ne temeritatis notarentur elogio; ne fidei obsequium non tam videretur devotio, quam præsumptio ; ne, ut in *Bethsamitas* (*I Reg.* vi, 19), et *Ozam Leviten* (*II Reg.* vi, 7), divina desæviret ultio : triduano prius expiati et sanctificati jejunio, elevaverunt *arcam Domini in jubilo* (*II Reg.* vi, 15), nullo modo gravem naturali pondere marmoreo ; sed divinitus levissimam, tanquam *ex lignis setim, ut arca testamenti, compacta* (*Exod.* xxv, 10) esset opere ac labore architectorio : et prosecuti quasi salutari sua tunica induto, et præeunti Christo Domino ; posuerunt eam in opinatissima civitate Helia, in loco Dominicæ Anastasis, potentia et gloria celeberrimo ; ubi omnibus et singulis horarum momentis, et atomis, præsentissima ad salutem omnium credentium divina adest dignatio et propitiatio. Hæc salutaris et inconsutilis tunica mystice nuditatem omnium cooperit, quos primæ transgressionis reatus stola immortalitatis nudavit, *tunicis pelliceis* (*Gen.* iii, 21), obruit. Si mihi esset animi evolvere, quæ, et quorum electorum Dei abditorum carnis carcere indumenta, stupendæ sanctitatis effulserint claritudine, prolixo et tædioso operam insumerem syrmate. Idcirco (188) prætermitto egregios adelfos, symmystas Dei insignes, ore Verbi incarnati nominatos. *Boanerges* (*Marc.* iii, 17) ; quorum alterius sudarium vincti Phileti solvit vincula ; alterius tunica duobus proscriptis, et haustu veneni exstinctis vitæ ac salutis pristinæ contulit beneficia. Reticendum arbitror, quod Augustinus altisono disserit ore, examinatorum quorumdum indumenta delata, (189) ad terque quaterque beati protomartyris Stephani memoriam, magiæ fulminibus parant obruere. Itaque Philetum, ut discipulum, Hermogenes mittit, jubetque et disputatione victum, multitudini despicabilem reddere, et Tartareis spiritibus tradere cruciandum. At longe aliter cessit. Nam Philetus, qui infeliciter vincere appetebat, feliciter victus, Jacobi tum divinis rationibus, tum stupendis coram patratis miraculis, ultro manus dedit, sacrisque pedibus advolutus, sibi ignosci postulavit. Ea re in rabiem actus Hermogenes, maleficis artibus, Philetum ita constringit, ut prorsus se loco movere nequiret. At apostolus, minime territus, misso duntaxat sudariolo, mox diabolicum solvit vinculum.

(189) *Ad B. protomartyris Stephani memoriam. Memoriam* pro sepulcro aut conditorio poni omnibus

tantæ salvationis accepisse gratia, ut relata, et super exanimatos artus posita exstinctis, ac si ipsis essent propria, amissam redintegraverint vitam, et sospitatem integram. Prætereo (190) Pauli primi eremitæ tunicam, quam in sportarum modum de palmarum foliis ipse contexuit; qua diebus solemnibus Paschæ ac Pentecostes, Antonius virtutum ejus hæres, pro pretiosissimo et celeberrimo ornatu se induit, cujus divinæ Scripturæ interpretum corona Hieronymus sic meminit : *Si Dominus mihi adoptionem daret, multo magis eligerem tunicam Pauli cum ejus meritis, quam regum purpuras cum regnis suis.* Non dico, imo taceo; quam præclaris, quam pretiosis egregii pontifices (191) Serapion et Athanasius gloriati sint se ditatos muneribus, cum alteri melotem et pallium tritum cui superjacuit, alteri alterum melotem de fornace ferrea migrans, in memoriam sui idem distribuit Antonius, specialis et principalis curia sancti Spiritus. Prætermisso autem egregiæ virginis et martyris (192) Agathæ galummate (κάλυμμα *velum*), quod quoties,

. . . *Horrificis juxta tonat Ætna ruinis*
Attollitque globos flammarum, et sidera lambit,
Interdum scopulos avulsaque viscera montis,
expansum et oppositum
Erigit eructans fundoque exæstuat imo,

in tanto turbine ab incendii et tremoris discrimine liberat (193) populum Trinacriæ. Ad profectum et gloriam regum et imperatorum, libet compendio perstringere, quid et quantum (194). Gunderamni potentissimi regis meritum ipso ignorante, apud divinam majestatem obtinuerit gratiæ et gloriæ. Cum cujusdam mulierculæ filius quartano typo in tantum vexaretur, ut de ejus vita desperaretur; mater orbitatis metu anxia, sed præfatæ evangelicæ æmmorrousæ fide prædita, gloriosissimi regis ad ecclesiam procedentis prosecuta est vestigia; et inter confertissimas stipatorum catervas, clanculum tergo ejus acclinis, pio et fideli furto regalis indumenti abrupit fimbriam; et voti compos reversa domum, medicinale filum in aquam posuit, filioque præmortuo potandum obtulit, et anhelantem febrem salutaris liquor exstinxit; ac expulit. Quis vero excogitet, quis digne explicet, quam sit mirabile, et memorabile, quod tempore lucidissimi Theologi Gregorii contigit ad laudem et gloriam divinæ magnificentiæ? (195) In sancta Romana Ecclesia antiquitus mos inolevit et in indissolubilem consuetudinem devenit, ut pro reliquiis sanctorum, (196) consecrati brandei rogantibus fidelibus transmitterentur, et condigno honore reconditi honorarentur. Cumque hoc more quibusdam Occidentalium legatis, ter quaterque beatus Gregorius, in singulis pixidibus sub nominibus petitorum martyrum brandeum includens, et apostolico sigillo præmuniens tradidisset, et abeundi licentiam dedisset; illi post emensa aliquot itineris spatia, obscura usi diligentia, pro certo scire cupientes, quæ ac qualia sanctorum transferrent pignora; pontificale sigillum ausu temerario removerunt; et pro reliquiis, traditas brandei particulas invenientes quasi delusos se esse indoluerunt. Nec mora, nimia cum indignatione animi, in urbem reversi, cum in lacrymas, tum in convicia tanti pontificis proruperunt, et cum gravi exprobratione per apostolicæ sedis archidiaconum, domno apostolico, missarum solemnia celebranti, mandaverunt, Dominos suos pretiosissimis et pulcherrimis abundare palliis, ac Romanorum vilissimis non egere brandels. Lucidissimus vero Theologus brandeum recipiens, super altare posuit; se in orationem cum omnibus astantibus dedit; exauditus, surrexit; incredulos legatos propius stare jussit; cultello pannum pupugit; et mirum dictu, per singulas punctiones uberrim sanguis effluxit, et ingenti stupore universorum astantium mentes concussit. Attoniti autem omnes, cum apostolico prostrati in terram, tandiu intentissimæ orationis immolaverunt hostiam; donec cunctæ brandei perfusuræ, per divinæ majestatis redintegrarentur potentiam. *In fimbriis* profecto *aureis* (Psal. XLIV, 14), sancti Dei in *Ecclesia non habente maculam neque rugam* (Ephes. v, 27); processerunt, in sancta sanctorum, cum *tintinnabulis* (Eccli. XLV, 10), *circum amicti varietatibus* (Psal. XLIV, 14), diversarum videlicet virtutum vocalibus redimiculis. Ideoque, quidquid eorum vestium est, cujuscunque staminis et subteminis; jure ex insitæ sibi divinæ virtutis calore, pro excellentibus meritis, exsudat salutem, et sospitatem animæ et corporis; et in siccitatis, et inundationis intemperie, elevatum ex suis sacrariis, et exportatum cum summæ fidei ac devotionis litaniis, ipsis imperat motibus aeris, et nunc sudam serenitatem, nunc pluviam, congruentem supplicibus impertit Christicolis; et evidentissimis declaratur indiciis, quam in

sic dicitur Sicilia, Pachyno, Lilybæo, Peloro.

(194) *Gunderamni*. Sanctus hic Galliæ rex dicitur et *Guntheramnus*, et *Guntramnus*: Historiam hanc, et plura de eodem vide apud Gregor. Turon. Hist. Franc. lib. IX, cap. 21.

(195) *In sancta Romana Ecclesia antiquitus mos inolevit*. De hoc more, ut vestes, quæ SS. reliquias attigissent, pro reliquiis haberentur, præter hoc nobile exemplum tam illustri miraculo a Deo approbatum; vide Baron. anno 549 et 560.

(196) *Consecrati Brandei*. Quid esset *Brandeus*, dixi supra, lib. I, cap. 7. Porro, quæ hic Thiofridus narrat de S. Gregorio Magno, invenies in ejus Vita, a Joan. Diacono scripta, lib. II, cap. 42.

---

constat, qui sacros auctores vel a limine salutarunt. De indumentis eo delatis, et ad exanimatos relatis, eosdemque redanimantibus, vide apud S. Augustin. lib. XXII De civit., cap. 8.

(190) *Pauli primi eremitæ tunicam*. Hæc distincte S. Hieronymus in Vita hujus Pauli.

(191) *Serapion et Athanasius*. Horum Antonii munerum honorifice meminit ipse Athanasius in illius, quam scripsit, historia.

(192) *Agathæ galummate*. Tego, velo, Græcis est καλύπτω unde κάλυμμα, velum. At vel Thiofridus cognatam litteram pro germana sumpsit, vel scriptoris lapsu irrepsit. Non est tantum piaculum, ut mutandum fuerit. Malui indicare.

(193) *Populum Trinacriæ*. A tribus promontoriis

sanctis suis Deus sit dapsilis, misericors, præstabilis, et mirabilis. Nec mirum est, sanctorum intima, et extima tanta glorificari virtutum magnificentia, cum de eis incarnata Patris protestetur Sapientia : *Omnia mea tua sunt, et tua mea* (Joan. xvii, 10); nec secundum aquilæ altius volantis Augustini sententiam, fas sit, ut sancti cujusquam sint, nisi ejus a quo creati, et sanctificati sunt; ac per hoc, et omnia, quæ ipsorum sunt necesse sit ut ejus sint cujus et ipsi sint.

CAPITULUM V.

De liquoribus aquæ, et vini, et olei, et tumba Nicolai.

Ne vero fastidium generet incultior et prolixior oratio, silentii clausula supprimo, quam stupenda et jucunda miracula, per diversos, aquæ vini et olei liquores illorum consecratos benedictione, divina operata sit dignatio. Sed ne locum calumniandi dem æmulo improperanti, ea quæ profero, ne nullo authentico posse probare testimonio; de aquæ elemento liquido, unum tam evidens testimonium in medium affero, ut de omnibus aliis omnis removeatur dubitatio; cum constet liquido, quid in seriis rebus singulorum valeat meriti ostensio, cum etiam in nugis hujus liquoris tantum profuerit sanctificatio. In Gazensis emporii oppido, cum quidam (197) ad Circenses ludos equos nutriret, ac suspectum sibi maleficum quemdam timeret, ne dæmoniacis quibusdam imprecationibus eos impediret; ac sancti Spiritus archisterio Hilarione nimium reluctante, utpote cui ineptum visum est in hujuscemodi nugis orationem perdere; (198) scyphum fictilem, in quo bibere consuevit impletum aqua accepit et stabulum, equos, et aurigas suos, carcerumque repagula *in fide nihil hæsitans* (Jac. i, 6) aspersit. Nec mora, statuta die dato signo, hi avolant, adversarii ejus præpediuntur : sub horum curru rotæ fervent, illi prætervolantium terga vix vident; isti cum ingenti omnium favore, gloriosa victoria potiuntur, illi segnes et inglorii abjiciuntur. Aqua quippe, melle meritorum sancti viri condita, totius fascini, et magicæ artis virus exinanivit, et *ab ubertate domus Dei, de torrente voluptatis* (Psal. xxxv, 9) internas emanans, et *lapides excavans* (Job. xiv, 19) in gloriam Dei (199) lapidea ethnicorum corda emollivit. Et quid mirum, si divina clementia per elementum, *super quod Spiritus* (Gen. i, 2) sanctus ante mundi ornatum, numen suum expandit in futuri baptismatis typum; quod Patris *Verbum caro factum* (Joan. i, 14), signorum suorum voluit esse initium, cum in *Cana Galilææ* illud *converterit in vinum* (Joan. ii, 9); quod in redemptionem, et ablutionem humanæ propaginis, *de latere suo cum sanguine profudit* (Joan. xix, 34) in Ecclesiæ suæ sponsalia, et pignus hæreditarium : quid, inquam, mirandum, si per hoc glorificavit sanctum suum summæ perfectionis virum; cum (200) sub nostri quoque temporis fæce, lutulenta etiam aqua, quæ lotis servorum Dei manibus cum ipsis projicienda est sordibus, clanculum expetita, et concessa a cubiculariis, diversa eliminet genera, infirmitatum, et impertiat gratiam sanitatum ? Sancti sane Dei, *de quorum ventre profluxerunt flumina aquæ vivæ* (Joan. vii, 38), spirituales profecto gratiæ, et fluenta cœlestis doctrinæ, non *biberunt in via Ægypti*, (201) *aquam* Geon *turbidam* (Jer. ii, 18), sed aquam divinæ Scripturæ limpidissimam, et non *turbaverunt pedibus suis reliquam* (Ezech. xxxiv, 18). qua potarent oves Dominicas. Ideo aqua usibus eorum quomodocunque adhibita, tantam divinæ operationis consecuta est efficaciam. Et quis modicæ fidei requirat, quid valeat sanctificati olei unctio; quid vinum, quod in sanguinem Dominicum sacerdotalis in verbo Domini vertit benedictio ? Per consecratum quippe misericordiæ oleum, reparatur salus animarum et corporum; per *vinum*, quod tam juxta humanæ consuetudinis usum, quam intellectum mysticum, *lætificat cor hominum* (Psal. ciii, 15), sospitantur membra languentium et exhilarantur mentes mœrentium. Et ut de olei liquore compendiosa utar traditione, quid in tota Lycia tam mirabile, quam quod oleum emanat de terque quaterque beati Nicolai, Myrensium Jerarhæ, pretioso tumbæ marmore, ac unctione sua delibutos, liberat de omni adversa valitudine ? Mirum profecto est æstimatione hominum, unde ille sit liquor, quem non sua exsudat et distillat arbor. Nulla ibi materialis oliva ex radice pullulat, non ramos expandit, non germinat, non fructificat, et tamen contra jura naturæ oleum quasi in prælo expressum exuberat. Unde ergo ibi oleum inundat in salutem credentium ? An est aliqua illius terræ vena, eo liquore naturaliter dives et proflua ? an potius profluit ex præclari, antistitis carne mortua ? At extinctæ carnis habet natura, ut potius fetidam tabem ex se generet, et putredinis putorem, quam ullum suavitatis liquorem. Humus autem civitatis ejusdem nulla ita divite vena

---

(197) *Ad circenses ludos.* Lepidam hanc historiolam mutuatus est noster abbas ex S. Hieronymo, qui B. Hilarionis Vitam conscripsit.

(198) *Scyphum fictilem.* Sic reposui ex ipso S. Hieronymo, etsi utrumque exemplar inepte suggerebat *fertilem*.

(199) *Lapidea ethnicorum corda emollivit.* Multi enim eo conspecto miraculo, ad Christianum nomen accesserunt, damnata deorum suorum imbecillitate.

(200) *Sub nostri quoque temporis fæce.* Sæpius indicat noster Thiofridus, sanctos suo tempore viros vixisse, atque etiam quosdam, quos familiariter noverit. Vide Vitam. De quibus autem hic proprie loquatur, me latet.

(201) *Aquam* Geon *turbidam.* Quod Jeremias (ii, 18), dixit aquam *Schichor*, noster interpres vertit, *turbidam*; Vatablus et Pagninus, *Nili*; Septuaginta senes, γηών. Notum est, veteres Patres, Sæpe, omisso textu Hebræo, adhærere Græcis. Thiofridus noster idem aliquoties fecit. Hoc tamen loco, et Latinam versionem integre repræsentavit, et ex Græca, explicationis causa, addidit *Geon*. Cæterum nihil pugnat, et Hebræum *schichor* esse fluvium Nilum, quem Græci *Geon* vocent, et ejus aquam esse *turbidam*, quod maxime Latinus consuit exprimendum.

naturaliter est prædita, ut conjici datur ratione veritati congrua.

Nam cum quidam egregius successorum antistitis egregii, civili expulsus esset discordia, tandiu (202) cessavit profluere olei exuberantia, donec præsul ejectus cum injuria, Ecclesiæ suæ, cum ingenti restitueretur honore ac gloria. Si enim per naturam proflueret, fluxus sui cursum non amitteret. Sed quia eximiæ sanctitatis Nicolaus *ut palma floruit* (Psal. XCI, 13), et *sicut oliva fructifera fructificavit in domo Domini* (Psal. LI, 10) : inaudito a sæculis miraculo, inaudita munificentia, et benevolentia, Domini Dei, qui creavit omnia ex nihilo, ex gleba tantarum virtutum viri, in cujus legitur præconium; *Erat enim valde compatiens, et pia super afflictos gestans viscera pietatis et misericordiæ;* stillat oleum, non in naturæ rei materialis præjudicium, sed in evidentissimum largifluæ ac supereminentis in sanctos suos divinæ clementiæ indicium.

CAPITULUM VI.

(203) *De Symmystæ Joannis polyandro.*

Sed licet per tropum (204) ysterologiam præpostero sit mihi utendum ordine, mausoleum tamen Joannis apostoli et evangelistæ, in reverberata mentis acie, in ipsos æterni Solis radios evolantis aquilæ, non præsumo prætermittere. Prærogativæ virginalis ejus castimoniæ congruit, quod ex ejus tumba pro vermibus, manna scaturiens profluit. Panem angelorum; *Verbum in principio*, *Deum apud Deum* (Joan. I, 1), enucleatius omnibus Dei Symmystis, orbi terrarum comedendum apposuit : dcirco contra conditionis humanæ naturam, in dijugio psyches et somatis honorari meruit. Solus mortalium, egesta et ejecta extra basilicæ valvas, humo (205), vivus poliandrum introivit, et inde concionatus ad suos oblata orationis victima tanquam suavissime repausans in Domino obdormivit. Manna Mariam virginem perpetuam, subtilem, suavissimam, de qua prodit vermis, qui psallit in psalmo; *Ego sum vermis et non homo* (Psal. XXI, 7), (206) Mariam, inquam, conspersam oleo similam, in Dominicæ passionis hora, sibi ab ipso. *Pane cœlesti, habente omne delectamentum, et omnem saporem suavitatis* (Sap. XVI, 10), commendatam, *in suam virgo suscepit* (Joan. XIX, 27), custodia : pluit, quasi de cœlo, de purissimi cordis sui firmamento, *manna minutum, et quasi pilo tunsum* (Exod. XVI, 4), doctrinam profecto evangelicam, ab omni erroris segregatam immunditia, per internam Dei sapientiam. In Apocalypsi sua *vincenti spondet manna absconditum* (Apoc. II, 17). Ideo in evidentissimum victoriæ ejus et candidæ ac perpetuæ castitatis testimonium corpus ejus virgineum manna est coopertum et recondittum. Quod autem cor ad excogitandum esse poterit idoneum, quantum erga electorum etiam minima, et abjectissima, divinæ dignationis et gratiæ sit impendium? Natura cui illud præscriptum est elogium, *Pulvis es et in pulverem reverteris* (Gen. III, 19), non modo in cœlum ascendit, sed in ipsa quoque suæ corruptionis resolutione, non tam putredinis tabo sordescit, quam divina glorificatione splendescit. Nimirum non mirabilius est æstimandum; quod *manna, cujus gustus sapuit quasi similæ cum melle* (Exod. XVI, 31), per quadragenorum revolutiones annorum, Israeliticum pavit populum (Deut. XIII, 3); quam quod pro effusione sordium, ac ebullitione vermium, ex putrescente carne naturaliter profluentium, per mysteriarchæ Joannis, usque in hodiernum diem, ebullit tumulum.

CAPITULUM VII.

De vasculis et lectulis.

Si profusione, quam
.... *Romani maximus auctor*
Tullius eloquii....
cujus plerumque
Addidit invalidæ robur facundia causæ,
redundarem eloquentia, non digne exprimerem, quam stupenda signa, et prodigia, per vascula operati sint sancti, vasa Dominica. Quæ mihi suppeteret fandi copia, si conarer stylo prosequi *lecythum olei, et farinæ hydriam*, quibus apud *Sareptanam viduam*, Elias præco venturi Judicis sustentatus est *usque in diem, qua Dominus Deus super aridam triennio, et mensibus sex terræ faciem dedit pluviam?* (III Reg. XVII, 16.)

Nulla mihi tanta ingenii sait vena, qua expromere, queam, quam magnifica successoris ejus, et duplicis spiritus hæredis Elisei, apud Deum obtinuerint merita ; ut *pauperis viduæ*, quæ in typum præcessit Ecclesiæ, ex *minutissimo oleo omnia sua*,

---

(202) *Cessavit profluere.* Tradit hoc Joannes Diaconus in Vita S. Nicolai, quam ex patriarcha Methodio collectam, luci dedit. Recte hinc concluditur, divinitus hoc oleum fluxisse, nullo naturæ adminiculo. Itaque ex Breviario Ecclesiæ Toletanæ, de B. Nicoláo merito canamus :

Cujus tumba fert oleum,
Matres olivæ nesciunt ;
Quod natura non protulit,
Marmor sudando parturit.

(203) Epigraphe hujus capitis est : *De Symmystæ Joannis polyandro.* Symmystam vocat apostolum, quod plures essent ejusdem collegii mystæ. Porro *polyandrum* (seu potius *polyandrium*) vocat per catachresin, S. Joannis *sepulcrum.* Nam *polyandrium*, et eruditorum usus habet ; et vocis ipsius origo indicat, locum esse, multis sepulcris refertum, cujusmodi est *cœmeterium.*

(204) *Per tropum ysterologiam.* Hoc vult, se posterius dicere, quod prius dictum oportuit. Hoc enim *Hysterologia* est. Sed cur id dicit? ideo opinor, quia, cum de pluribus aliis egerit, quæ non ita prope sanctorum corpora attingunt, jam de sepulcro agit, quod illis est intimum, aut potius cui corpora plane intima sunt.

(205) *Vivus polyandrum introivit.* De paradoxa morte dilecti hujus discipuli vide Baron. anno Domini 101.

(206) *Mariam conspersam oleo similam.* Ejusmodi conspersio significat abundantiam misericordiæ, auctore B. Gregorio Magno (Hom. 12, in Ezech.) quem noster Thiofridus lubens auctorem sequitur.

et *ex vicinis praestita*, usque ad summum *infunderentur doliola, et avidissimi creditoris demergeretur avaritia (IV Reg.* iv, 5). Silere melius puto, quam parum dicere, qui electi Dei, Dominici altaris aromatum fialae, ex itineris sui vasculis contextis vimine, et capacitatis modicae (207) maximam satiaverint multitudinem, et principes adversus reipublicae hostes profectos, tandiu exhilaraverint parvo sed inexhausto ac jugi abundantia, exuberante Lyaei latice, donec potiti essent palma victoriae. Quid eloquar de lectulis, summae sanctitatis gloria praeditis, qui, per quot phoenix vivit saecula omni carent carie; quorum quaelibet stramina, et astulae, ab acerbissimo dentium dolore, et laetifera febrium liberant amaritudine? Atque de aliis omnibus eorum utensilibus, dum compendiosae brevitati studeo, quid caraxare possum de singulis specialius? Cum una eademque divinae virtutis operatio, aeque per omnia dispensetur in omnibus? Mundum inimicissimum et crudelissimum pertulerunt, eumque non repugnando, sed moriendo vicerunt. *In camino tribulationis excocti sunt ad purum*, mira patientia, et ideo in tantis miraculis, tanta eos et omnia ad eorum usus attinentia, tanta ista prosequitur potentia. Ad nullius tamen mortalium, ut Augustinus in xxii libro. De civitate Dei protestatur, potest pervenire notitiam, utrum Deus ipse per seipsum, an per ministros suos tanta operetur mirabilia, sive eadem ipsa, quae explicat per ministeria, quaedam faciat etiam per sanctorum spirituum, in majestatis suae jubilantes praesentia; sicut per homines extra homines adhuc in carnis aerumnosa constrictos custodia, sive per angelos, quibus invisibiliter, incorporaliter, immutabiliter, imperat, peragat omnia talia, ut quae per sanctos fieri dicuntur, eis orantibus tantum, et impetrantibus, non etiam operantibus fiant, ratione soli sempiternae divinitati cognita. Sed quibuscunque modis incomprehensibilibus efficiantur, Dei gloriam et electorum ejus merita attestantur.

(207) *Maximam satiaverint multitudinem.* Sufficiant duo exempla Domini, Mar. vi, 41, et Joan. vi, 41, et Mar. viii, 6, et unum servi, Elisei, inquam, IV Reg. iv, 43. Alia reperies in Vitis PP. aliisque sacris historiis.

Explicit liber tertius.

INCIPIUNT CAPITULA LIBRI QUARTI.

I. *De ligno praevaricationis.*
II. *De ligno reparationis.*
III. *De clavis Dominicis, et lancea militis.*
IV. *Quod ex salutari crucis patibulo, in omne sanctorum supplicium transfusa sit sanctificatio.*
V. *Quod nihil in mundo pretiosum comparetur crucibus Petri et Andreae, ac Pauli catenae.*
VI. *De lapidibus protomartyris Stephani et craticula Laurentii.*
VII. *Qua illectus cupidine scriptor libelli hujus difficillima materiei praesumpserit ingenioli sui manum inserere.*

Expliciunt capitula libri quarti.

INCIPIT LIBER QUARTUS.

CAPITULUM PRIMUM.
De ligno praevaricationis.

Nunc necessitate compellor, quasi inter saxa et scopulos, imminente naufragio, dictatus mei navim flectere, et ne subito impingat, attendere. Ex difficilibus enim transeo ad difficillima; ex his profecto quae hominum utilitati, et recreationi sunt aptissima, et dulcia; ad ea, quae imbecillitati humanae sunt omnino contraria, et amarissima: ad diversa tormentorum genera. Sed sancti Spiritus aspiret aura, et vela intendat, et me inter spirituales epibatas, utinam vel ultimum, in tranquilli portus sinum transponat. In protoparentis igitur nostri irremediabili praevaricatione, *scriptae sunt ungue adamantino* (Jer. xvii, 1), *contra nos amaritudines* (Job xiii, 26), mortis chirographum, jura et leges; et repleta et inebriata est absynthio omnis posthuma proles. Et quia praevaricationis *lignum, pulchrum, et delectabile visu.* (Gen. iii, 6), et gustu suave per guttur protoplasti demissum, ad viscera totius posteritatis transivit, ut acutissimus gladius, et insanabile inflixit vulnus; in summis *amaritudinibus noster, pro dolor! moratur oculus (Job* xvii, 2). Lignum praevaricationis primaria, ipsaque efficiens causa est, cum aeternae damnationis, tum omnis supplicii et doloris; et exordium et fomes totius moeroris et tribulationis. Unde hominis prima oborta est perditio; inde innumerabiles poenarum species, humanae crudelitatis commenta est adinventio. (208) Excogitatae sunt inde cruces, scopae cutim exarantes, nodosi fustes, cippi

(208) *Excogitatae sunt cruces, scopae.* De his aliisque poenarum instrumentis, elegans tractatio et erudita exstat Antonii Gallonii, congregationis Oratorii presbyteri.

et clavæ exanimantes. Et quia lignum exedunt termines, et consumit caries, in omnium tormentorum species procusa est ferri metallorum durissimi materies; et procuditur dies ac noctes, ut pœnarum formæ sint durabiles, ut crudelitas absumat ossa et carnes, ut nulla mollities, nulla obsistere possit durities. In noxialis enim ligni pomo, præsumpta et appetita dulcedine, ac per viscera protoparentis, in omnem posteritatem transfusa amaritudine, *amaricatus est venter* (*Apoc.* x, 10), omnium, et nescio quo dæmoniaco commento, exinde fastiditur gaudium, diligitur plusquam pabia, triste exilium, et pro vitæ deliciis, propinatur et exhauritur mortis poculum. Delectationi est amaritudo, in fastidio est dulcedo. Inter tormenta homo vas fictile, et fragillimum, risu exsultat; et obstupenda mirandaque lætitia tortorum crudelitati insultat. Bellum ardentius quam pax appetitur; si extraneus deest, domi hostis quæritur. Dulce crudelitati est, effusa videre viscera et sanguine decolorari, et ad inundationem propelli flumina. Suave est, audire stridorem dentium et gemitum in morte procumbentium. Et *homo homini servans iram* (*Eccli.* xxviii, 3), non se *circumdatum infirmitate* (*Hebr.* v, 2), non se attendit esse vas testaceum; sed etiam si ipse comprehensus effugeret crudeles, manus torquentium, multo crudelius e vestigio excogitat supplicium. Quasi escis delicatis et exquisitissimis dapibus; sic diris et asperrimis incubat et delectatur pœnarum novis inventionibus. Summa pascitur et exhilarescit amaritudine, qui conditus est ad inexcogitabilis et ineffabilis suavitatis dulcedinem; ut nullam omnino sentiret, vel sciret doloris, et mœstitiæ amaritudinem; ut nihil aliud cogitaret, nihil videret, nihil audiret, nisi sempiternæ lætitiæ jubilum et beatitudinem. Tantæ calamitatis et miseriæ immanissimo pondere, captivæ totius humanæ propaginis cervicem prægravavit lignum concupiscentiæ, et concupiscenda non cupere, et non concupiscenda concupiscere; ac malum pro bono, pro dulci amarum consuefecit appetere.

CAPITULUM II.
De ligno reparationis.

Sed, sicut dispensatorie incommutabili impermutabilis divinæ dispositum est decreto Providentiæ, ut non per aliam quamlibet creaturam, visibilem aut invisibilem, primæ ruinæ repararetur damnum irreparabile; et homo; *Leviathan homo captus* (*Job* xL, 20), non absolveretur, nisi per similem forma, non peccato; hominem ; sic divina quoque præordinatum est dispensatione, ut omnes ligni transgressionis amariudines salutaris ligni dulcedo eliminaret; ac vitiatum in radice termitem , (209) sanctificatus pondere suo termes expiaret, ac sanctificaret. Nimirum quod primæ transgressionis reatus, summum et turpissimum mortis dedit esse supplicium, unde illud universale legis prodiit elogium, *Maledictus omnis qui pendet in ligno* (*Deut.* xxi, 23; *Gal.* iii, 13): hoc idem reparatrix gratia humanæ restaurationis proposuit mysterium; ut unde homo primum infandos meruit cruciatus, inde primum mirifice sit reparatus, et ab æternis cruciatibus liberatus et unde sublegis censura, horrendæ maledictionis pronulgata est generalis sententia, inde in initio gratiæ, per eum qui *pro nobis factus est maledictum* (*Gal.* iii, 13), totius benedictionis emanaret ac exuberaret copia. Indignissimum, et miserrimum olim mortis supplicium, per *mutationem dexteræ Excelsi* (*Psal.* LXXVI, 11), nunc est summa salus summa suavitas, et summum vitæ remedium. Nam, quia in eo dulcissima vitæ pependit dulcedo, non modo ad tactum minutissimæ astulæ ejus, sed etiam ad invocationem nominis ejus, et signum figuræ ejus, digitis fidei expressum, solvitur et excluditur congesta ex antiqui serpentis versutia, in genus humanum amarissima maledictio; et in omnem creaturam transfunditur dulciflua benedictio et consecratio. Quod in prævaricatione primi Adæ intulit mortem; in confessione veræ fidei secundi Adæ damnat, excludit, et mortificat mortem (210). Quid enim sine ejus mysterio baptismatis mystica ablutio? Quid summa chrismatis consecratio? Quid sanctificati olei prodest unctio? Si *ligni vivifici* mysterium ad spiritualem *petram* non accesserit; *aqua æternæ refectionis et satietatis non profluit* (*Num.* xx, 11); et egressis de Ægypto, et ad Rubri maris gurgites venientibus, et Pharaonem cum suo exercitu pereuntem videntibus et cum Maria præcinente, (211) in tympanis corporum resonantibus carmina triumphantium, fons in Marath, abundans quidem aqua (*Exod.* xiv, 15), sed dulcedine nulla, amaritudinis suæ naturam non

---

(209) *Sanctificatus pondere suo Termes.* Crux est ille termes. Cujus pondus, quod aliud est nisi quo crux onusta fuit? Nemo Christianus ignorat, eum esse Christum. Nobilis Ecclesiæ hymnus :

Dulce pondus sustinet.

(210) *Quid enim sine ejus mysterio baptismatis mystica ablutio.* De cruce loquitur, de qua, eadem mente illustrissimus martyr Cypri. (*De baptismo Christi*) *crucis virtus omnia peragit sacramenta, sine quo signo nihil est sanctum, neque aliqua consecratio meretur effectum.*

(211) *In tympanis corporum.* Origeni (*hom.* 6 *super Exod.*) *tympanum* expelle mortuorum animalium, *carnis mortificationem* significat. Et Catholicis notum est, inter alia crucis, sive mortificationis genera (hic mente hoc loco Thiofridus crucem nominat) illud quoque esse, quo flagellis corpus atteritur, ac tympani instar, pulsatur. Talis tympanista S. Paulus, qui *castigat*, sive ὑπωπιάζει, lividum reddit corpus suum (*I Cor.* ix, 27). Hoc vult : nisi mortificemur cum Christo, fore ut non vivamus cum illo, neque ejus dulcedine fruamur. Maxime cum ex ipso Christo (quem cum Apostolo, *spiritualem Petram* vocat), aqua æternæ refectionis profluere non poterit , nisi crucis mysterium accederet. Catholica omnino doctrina est, etsi cuipiam mira videri queat. Poterat utique Deus, etiam sine Filii sui passione, nos reficere. Sed sic decreverat, ut non nisi per passionem fieret. Itaque ex divino decreto aliter fieri non poterat. Ut totam hanc elegantissimam allegoriam intelligas, omnino non pigeat attente legere Exodi loca quæ in parenthesibus includuntur.

amittit, neque ullum reficit, si dux populi Dei Sacerdos confessionem crucis et passionis Dominicæ sacramenta non immiserit. Vivificum ergo salutiferæ crucis lignum, primæ prævaricationis expiavit et exinanivit lignum : Et quia in eo Patris Victima salutaris *de amarissimo bibit torrente* (Psal. cix, 7), humanæ mortalitatis, *conscriptam adversùs nos æternæ damnationis*, et *perditionis amaritudinem* (Job xiii, 26), in sempiternæ salvationis vertit dulcedinem. Nisi salvificæ crucis intercessisset mysterium ; totius humani generis universitas tartareum nullo modo evasisset supplicium. Ad supplicium prædestinati antequam nati, longe præstantiori reparatricis gratiæ prædestinatione, a supplicio per supplicium sumus liberati. Per supplicium indebitum, supplicium evasimus debitum ; et, quod ad perpetuum meruimus exitium, in perpetuæ vitæ translatum est inexcogitabile remedium. In cruce mors Filii Dei, facta est merx mortium omnium in terra filiorum Dei ; in cruce grande factum est commercium, dum *mediatoris Dei et hominum* (I Tim. ii, 5), *latus lancea militis percussum* (Joan. xix, 34). Solvit redemptionis humanæ sæculum, et emanavit inde totius mundi pretium (212). Ibi enim, licet *abscondita sit fortitudo ejus* ibi tamen *ante faciem ejus ivit* (Habac. iii, 4) et in *victoriam absorpta est mors* (I Cor. xv, 54). Ibi empti sunt omnes fideles, empti sunt omnes martyres nomine, et prodigo sanguine suo, Dominici sanguinis, pretii communis totius humani generis, egregii et invictissimi testes ; et debellatæ ac expugnatæ et contritæ sunt aeriæ acies. Hoc lignum vitæ, in typico clysmate, per *arcam Noe, trecentos cubitos habentem in longitudine* (Gen. vi, 15); qui numerus (215) signatur thau charactere), hoc mystice præfiguratum est in cancellatis manibus *Jacob patriarchæ, dextera videlicet super caput Ephraim* filii junioris; *sinistra in Manassen* (Gen. xlviii, 14) seniorem translata in crucis similitudinem. Cujus sacramento, *major populus, qui oblitus est Domini Creatoris sui* (Deut. xxxii, 18), *servit minori* (Gen. xxv, 23); qui *in misericordia uberi* (Psal. xci, 11), fecundatus est per mundi latitudinem. Hoc *in Marath, in dulcedinem* spiritualem, versa *legis amaritudine* (Exod. xv, 25)

(212) *Ibi, licet abscondita sit fortitudo ejus.* Nam in cruce, infirmitas carnis potius apparuit, quam fortitudo Divinitatis.

(213) *Signatur tau charactere.* De hoc eodem charactere et mystico numero supra egit, ubi de militibus Gedeonicis. Vide lib. ii, cap. 7.

(214) *Interpretatur imaguncula.* Ita S. Hieronymus, epist. ad Fabiolam, *de quadraginta duabus mansionibus.* Reddit quoque ejus significationis rationem illis verbis : *Unde et imaguncula, veræ expressæque imaginis Filii Dei passionem ejus intuens, conservatur.* Et clare ipse Christus per serpentem designatus, id de serpente docet (Joan. iii, 14). Sed quod Salmonam mansionem xxxi Thiofridus dicit, nisi error est exscriptoris in numero, lapsus memoriæ est ipsius auctoris. Est enim mansio xxxv quod si Hieronymus non scripsisset, nobis promptum fuit numerare.

(215) *In corpore Christi dedicata.* Verba S. An-

Hoc in Raphidim, per extensionem manuum legislatoris Moysi contra Amalec (Exod. xvii, 11). Hoc in torrente botri, præsignatum est *per vectem, quo duo viri duorum populorum typi, uvam detulerunt cum palmite* (Num. xiii, 24) in typum divinitatis et humanitatis Dominicæ. Hoc in Salmona (Num xxxiii, 41), mansione filiorum Israel, xxxi, quæ (214) interpretatur *imaguncula*, prærogatum est per lignum, in quo dux populi Dei, in mortis Dominicæ mysterium *exaltavit serpentem æneum*, et absorpti, ac sanati sunt lethales morsus *ignitorum serpentium* (Num. xxi, 9). Hoc item in *duobus lignis Sareptanæ viduæ* (III Reg. xvii, 12), figuræ matris Ecclesiæ : hoc præmonstratum est per lignum, quo *ferrum, quod elapsum de manubrio, cecidit filio prophetæ* (IV Reg. vi, 6). Propheta Eliseus, duplicis hæres spiritus Eliæ, elevavit de gurgite. In tam salutaris ligni, et pastoralis officii, et condescensionis typum, idem vates *os ori, manus imposuit manibus examinati filii Sunamitis viduæ* (IV Reg. iv, 34); ac eum restituit vitæ et sanitati pristinæ. In tam salutaris ligni præconium, Spiritus sanctus per Ezechielem, qui interpretatur *fortitudo Dei*, longe ante incarnationis mysterium, tale contexuit vaticinium : *Transi per mediam civitatem in medio Jerusalem, et signa thau super frontes virorum gementium et dolentium super cunctis abominationibus quæ fiunt in medio ejus* (Ezech. ix, 4). Et, o quam beatus est, qui bonæ operationis, et latissimæ charitatis perfectionem, in salvificæ crucis latitudinem ; perseverantiam usque in finem in longitudine ; supernum finem, quo cuncta opera bene ac perseveranter peracta referuntur, in altitudine ; bona omnia de profundo divinæ gratiæ, quæ comprehendi ac dijudicari non potest, procedentia, pensat, et imitatur in profunditatis margine. Sed, ut de ipsa vivifica taceam cruce, quæ (215) in corpore Christi dedicata, et ex membris ejus tanquam margaritis est ornata ; quæ (216) secundum Augustinum fuit tribunal, in quo, constituto Judice, in medio in similitudinem venturi judicii alter latro, qui credidit liberatus; alter qui insultavit, est damnatus : et qui judicabatur, jam judicium minabatur. Ut de ipso, inquam, vitali taceam ligno, in cujus præconium, (217) Sibyllæ, non Theophilæ

dreæ apostoli, ad crucem anhelantis, ut scripserunt presbyteri et diaconi Achaiæ.

(216) *Secundum Augustinum fuit tribunal.* Scripsit hoc Augustinus tract. xxxi in Joan. *Ipsa crux, inquit, si attendas, tribunal fuit.*

(217) *Sibyllæ.* De sibyllis multi auctores multa, et varii varia. Ex antiquis Varro, ex quo plures alii hausere. Vide Clementem Alexand. libro i Strom. Lactantium, lib. i divin. Inst., cap 6, et De ira Dei, cap. 22; Sanct. Augustin. libr. xviii Civit., cap. 23; Suidam, in Lexico, et alios. E recentioribus vero diligentius hoc argumentum tractasse videntur Onuphrius proprio libello, et Ludovic. Vives in locum Augustini citatum. Omitto multa quæ nihil ad rem. De numero, plurium opinio est decem fuisse. Thiofridus suo loquenti modo satis aperte insinuat se Martianum Capellam sequi auctorem, qui duas tantum ponit, atque eas, quas noster hic nominat ; nisi quod librarii errore factum

Trojanæ Marmensi, sed Erythriæ Symmachiæ Hippotensis filiæ, quæ interpretatur quasi syosbulæ, id est consilium Dei, vel Dei sententia, veridicum promulgatum est vaticinium (218) *O ter beatum lignum, in quo Deus extensus est;* ad figuram ejus vel in qualibet materia depictam, sculptam, infusam, incusam, vel in fronte et pectore digitis expressam; omnes potestates aeriæ, et in cœlestibus spiritualia nequitiæ extabescunt, et instar fumi evanescunt. In aere contra se duobus digitis ingestum, aerii principes magis perhorrescunt crucis signaculum, quam inextinguibile ex flammivoma inferni fornace ebulliens incendium. Et licet hoc noctu et interdiu ipsa sit experientia notissimum, ad honorificentius tamen glorificandum mirificæ crucis labarum, singulare, ex supplicio translatum humanæ salutis pretium et remedium, et tutissimum contra sæva inimicorum jacula obstaculum : collectis quasi odoriferis floribus, de paradiso sacræ Scripturæ testimoniis, fastidientis lectoris recreemus animum. Ac primum exordiamur facili compendio, quanta virtutum efficacia, tanti signi in qualibet materia prædita sit figuratio. Cum Constantinus monarchus, post Philippum primum omnium Romanorum imperatorum, ad hoc tantum divina prædestinatione, sacri baptismatis unda regeneratum, ut sub Christiano imperatore, mundus (219) millesimum a conditione, appellatione, et rerum gloria, et dignitate, excelsæ et admirabilis Romæ, quasi natalem celebraret annum. Constantinus, inquam, in Christiana religione secundus, in Catalogo Augustorum, ab Augusto XXXIV (220) primo ducentissimæ primæ olympiadis, secundum tripartitam Historiam, anno, ordinatus imperator, bellum pararet adversus Maxentium Herculi Maximiani filium ; et intumescens, et inundans curarum pelagus in diversa fluctuantem ejus raptaret animum; ut *Cornelius centurio ante baptisma, vas electionis eminentissimum, hora nona, manifesta visione lucis angelum* (Act. x, 3) : sic necdum divinis initiatus mysteriis, circa meridiem, declinato jam sole, ex lumine factum in cœlo victoriosissimæ crucis vidit signaculum. Dumque tantæ visionis attonitus prodigio, quid esset, quid portenderet, per noctem revolveret A in animo; Christus Dominus, ut eum faceret Christum suum, resoluto in somnum apparuit, cum eodem signo cœlitus in die ostenso, jussitque ut summæ devotionis studio, ejus produceretur figuratio, quæ in omni congressione præliorum, invicta exercitus Dei foret liberatio, et inexpugnabilis hostium expugnatio. Nec mora, divæ memoriæ Augustus, exorto solis jubare, convocatos ad se viros virtutum, egregios stemmate, et pontificatus functos ordine, consuluit de Christianæ religionis dogmate : edoctusque ab eis, demonstratum divinitus signum, tropheum esse totius salutaris victoriæ; (221) signum bellicum, vocabulo *labarum*, quod inter alia pretiosius, et excellentius ante imperatorem gestari et adorari moris erat Romanæ militiæ, per eruditissi-
B mos aurifices, ex auro purissimo, et pretiosissimis gemmis, procudi et transformari jussit in vexillum crucis vivificæ. Deputatis dein id officii indixit vexillariis, ut ante universos ordines hoc vicissim veherent in humeris, et adessent phalangibus, maxime laborantibus in præliis. Cumque id quidam non miles dicendus, utpote sine pectore corpus ferens, hostium impetu exterritus alteri vehendum tradidisset, ac quasi vitæ suæ consultum ratus, pugnæ se subtraxisset, ac jacula declinare voluisset; dum vitæ trophæum a se in alterum transposuit, (222) illum in vitam, se in mortem deposuit. Nam e vestigio dum fugiens mortem, fugit in mortem, transfossus oppetiit; vivifici vero vexilli majulus, innumeris in se jaculis contortis, sed divina virtute
C retortis, illæsus, ut victor cum signo victoriæ domum rediit. Neque unquam postea ullus in bello aut vulnere interiit, aut captivitatis calamitatem pertulit, qui ejusdem salvificæ crucis labarum gestare meruit. In palatio ejusdem divæ memoriæ Augusti Constantini (223), primas quidam, Probianus nomine, vir summæ probitatis et industriæ, insanabili podagræ elanguit vulnere, ac nullo humanæ artis potuit curari medicamine, quia ex pagano factus Christianus, primariam totius salutis causam, salutiferæ crucis virtutem, noluit agnoscere; et ei, per quam *in nomine Jesu omne genu flectitur* (Philip. II, 10), respuit duram cervicem ac genua flectere. Cumque diutius divino attritus verbere, quasi jam
D
gentilibus, teste Eutropio, una cum filio, in divos sit relatus.

(220) *Primo ducentesimæ primæ olympiadis anno.* Immanis parachronismus, id est error in tempore, quem malim tribuere scriptori quam auctori. Desunt enim totæ septuaginta olympiades, id est anni ducenti octoginta. Vide Baronium anno Christi 306, et ex illo ejusque auctoribus hic rescribe, *olympiadis ducentesimæ, septuagesimæ primæ.*

(221) *Signum bellicum, vocabulo labarum.* De labaro ejusque effigie res est omnibus fere scriptoribus tractata, eoque notissima. Vide eumdem Baronium, anno 312.

(222) *Illum in vitam, se in mortem deposuit.* Id contigit anno Christi 317. Idem Baron.

(223) *Prima quidam, Probianus nomine.* Anno Christi 330.

videtur, ut *Therophilæ* scriptum sit pro *Erophilæ*, vel *Herophilæ*, et *Marmensi* pro *Marmesi*.

(218) *O ter beatum lignum.* Alii versum Græcum, hoc Latino versiculo exprimunt :

O lignum felix, in quo Deus ipse pependit.

(219) *Millesimum Romæ annum.* Quod hunc annum ait celebratum sub Christiano imperatore, de Philippo intelligi, non de Constantino. Nam ille Christianus factus anno Christi 249. Adde his ab N. C. usque ad Chr. stum 751, exsurgore videbis rotundum millenarius. Sed illud mirum videtur quod ait *Philippum ideo tantum Christianum factum, ut mundus millesimum conditæ Urbis, sub Christiano imperatore celebraret natalem.* Arbitror ideo hoc asserere, quod Philippus, quadrienio, quo Christianus imperavit, nihil quidquam contra gentiles eorumque superstitionem moverit. Adeo ut ab ipsis

imminentis sibi mortis necessitatem diffideret se posse evadere, effecit se deferri super Gargani montis supercilium, in venerandum angelis et hominibus oratorium, quod a creberrima visitatione ac præsentissima ope Michaelis archangeli, nuncupatur Michaelium. Ibi, post effusum largissimum lacrymarum imbrem, post longa suspiria, ægro in soporem resoluto, divina virtus apparuit, et sospitatem reddidit, ac incredulitatem et duritiam cordis ejus increpans, signum vivificæ crucis, in altari ejusdem mirificæ ecclesiæ positum, ante mentis ejus oculos posuit, et apertissima veritatis assertione exposuit quod ex quo salus mundi Christus (224) in ara stayros, se Deo Patri hostiam vivam, hostiam sanctam et immaculatam pro totius mundi peccatis obtulit; quidquid ad utilitatem et salutem humani generis, quolibet modo, vel ab angelis lucis, vel hominibus sanctitatis excellentia eximiis factum sit, præter virtutem thronis et dominationibus adorandæ crucis fieri nullo modo potuerit. Et utinam divinæ virtutis aspiratio, (225) Berengarianæ hæreseos complices non morbo exulceret podagrico, sed interni consilii sui antitodo, a simili blasphemiæ liberet peste ac periculo; qui dum *plusquam oportet sapere, sapiunt* (Rom. xii, 5) *ad nimium calorem transeunt ab aquis nivium* (Job xxiv, 19); et sicut (226) panem et calicem in altari, humanæ reconciliationis, et fidei mysterium non credunt, verum esse corpus et sanguinem Dominicum, sic tam inconsulta, quam prophana temeritate, omni sophistica argutia, syllogismorum, ac enthymematum, persuadere conantur mentibus dogmata sua admirantium, (227) ne in flexione genuum, et effusione fletuum, cuilibet salvificæ cruci, formatæ ad illius similitudinem, in qua pependit salus angelorum et hominum, reverentiam et honorem impendant debitum. Nimirum *dicentes se esse sapientes, stulti facti sunt* (Rom. i, 22), quia (228) qui nocturnis tenebris, et insomniis et phantasiis perterriti, se crucis charactere digitis in fronte vel in aere edito, contra pericula muniunt, invictæ virtuti ejus in qualibet materia, *persuasibilibus humanæ sapientiæ verbis* (I Cor. ii, 4) derogare non metuunt. Victoriæ signo defensantur, et salutis suæ tropæum dehonestare conantur : et in hoc Zabuli archisterium Julianum Apostatam imitantur. Is enim infestissimus crucis Christi adversarius, cum imperii ambitione accensus a quodam magicæ artis peritissimo (229) in fatidicum intromissus esset adytum, ut consuleret oraculum; seductoribus sibi apparentibus spiritibus, juxta morem solitum, terroris magnitudine ac necessitudine compulsus in fronte sua invisum, et illis et sibi victoriosissimum stayros expressit signaculum. Dominici vero tropæi figuram inimica phalanx respiciens, suæ memor devictionis, evanuit, et fulminandus Apostata tantæ visionis horrore obstupefactus expalluit, et inconsultus et confusus exiit, et in omnes *thau* charactere in *fronte signatos* (Ezech. ix, 4), singulare exitialis odii vexillum extulit; nec eos impugnare ante destitit, donec in Persarum regno, *singularis ferus* (Psal. lxxix, 14). Dominicæ vineæ devastator, diutinæ vastationis suæ pœnas exsolvens, (230) injecto divinitus vulnere, æternæ morti succubuit. Et, ne meum in vivificæ crucis præconia propensius studium generet fastidium, prætereo, quod Laurentius nominis sui laurea laureatus, per insigne crucis signum, cæcis reddidit visum. Non adnoto; quod moderatissimus monachicæ conversationis dispositor Benedictus, eodem vitali signo digitis in aere edito, lethalis veneni confregit et excussit poculum, taceo quod quidam Symmysta sancti Spiritus (231) nomine Martyrius, cum manu signaret panem subcinerium, prunis et cineribus suppositum, panis idem, immensum instar crepitantis in ignibus ollæ, dedit crepitum, excoctus, ejus characteris in se ostendit titulum; quem non tactus, sed fidei inscripsit meritum. Tanta enim, et tot sunt mirificæ crucis laudum insignia, ut humano corde non concipi, non comprehendi, lingua nullo modo possint exprimi; et ideo pro summæ devotionis meæ in eam affectu, summæ temeritatis denotari elogio, et non injuria, vereor vehementissime redargui, quod tanta reparatricis et salutis, et vitæ omnium reparatorum præconia, detero culpa insulsi et sterilis ingenii. Nam quid tanti signaculi prærogativa evidentius? quid potentia præstantius? Est crux Domi-

(224) *In ara stayros.* Crux Græcis σταυρὸς dicitur. Quam vocem hic noster aliquoties usurpat in secundo casu.

(225) *Berengarianæ hæreseos complices.* Vixit Thiofridus cum illo toties relapso hæresiarcha, Calvinistarum prototypo.

(226) *Panem et calicem in altari non credunt, verum esse corpus, et sanguinem Dominicum.* Non censet manere *panem*, ut Lutherani hæretici; sed panem vocat, qui *panis* fuerat. Item, *panis est, sed spiritalis, et qui de cœlo descendit.*

(227) *Ne flexione genuum, et effusione fletuum.* Hanc Berengarii hæresim ex Thiofrido discamus, quam apud alium non memini me legere. In ea iterum spiritum Calvinisticum, jam tum spirantem et inspirantem agnoscimus.

(228) *Qui nocturnis tenebris.* Credendum est, asserente nostro auctore, Berengarianos, vel consuetudine suadente, vel cogente necessitate, salutifero illo signo quandoque usos, cui alias honoris nihil habendum, nequiter docerent.

(229) *In fatidicum adytum.* Memorabile hoc eventum operæ pretium est legere apud Theodoret. in Histor. lib. iii cap. 3, et apud Nazian. orat. in hunc apostatam.

(230) *Injecto divinitus vulnere.* Variantibus de miserabili Juliani morte sententiis, illa maxime placet, a Mercurio martyre, Dei jussu interemptum. Narrat Damascen. orat. 1, De imag. Et, ut major sit geminata auctoritas, narrat non ex se, sed ex Helladio. Videat, qui plura desiderat, apud Baronium, anno Christi 363.

(231) *Nomine Martyrius.* Lege elegantem hanc narratiunculam, aliquanto fusius et clarius expressam apud D. Gregor. Magnum, lib. i Dialog., cap. 11, ubi ait, reliquos panes, pro more, *cruce signatos fuisse*; hunc solum neglectum, quem vir sanctus, eo signo in aere duntaxat edito, sub cineribus latentem, cruce insignem fecit.

nica, *vitta coccinea* (*Cant.* IV, 3) cui in (232) Sirasirim sponsæ assimilantur *labia* (*ibid.*); quia omnis doctrina evangelica et authentica Dominicæ passionis auctoritate, quasi cruore profluo, est illita et prædita: et dum noxii cogitatus ex immissione adversaria volvuntur mente tacita, si divinæ miserationis respectu fluctuanti pectori (233) medicinalis per digitos imprimitur fascia, quidquid illicitum et nefarium tractatur, ut lethale virus extrahitur, et abjicitur vitalis signi victoria, et (234) compressa fluxa et inordinata cogitationum, quasi crinium, exuberantia, menti animæ, capiti naturalis et divinitus insiti decoris, reparatur compositio decens et congrua. Omni creaturæ dominatur, omnis rerum natura jure ei famulantur. In quatuor elementis et omnibus quæ constant ex eis virtutis suæ magnificentiam exerit, dum digitis in aere expressum, ventorum collisiones et fulgurum coruscationes disjicit et adimit; igni ingestum, sanctificatum, et (235) paschalibus gaudiis dignum efficit; incendium aut exstinguit, aut abigit; in aquam editum, regenerationis gratiam et (236) naturæ transmutationem perficit, et (237) inundantiam fluminum, et elevationes et montes fluctuum compescit, ac in alveos dejicit, ac quasi insolubili objecto obice, intra ripas et littora concludit et imminuit: terræ inæqualitati oppositum, sterilitatem agrorum fecundat, et uberi copia reficit. Postremo omnem intemperiem ad temperiem redigit, et (238) arboream vel saxeam molem ruituram, aut immobiliter in ipso casu suspendit, ligat et comprimit; aut sine omni periculo summa cum admiratione spectantium dejicit. Et quid amplius mihi immorandum, quid profusius eloquendum? Omnia cœlestium, terrestrium et infernorum regna, crucis vivificæ subjecta sunt Dominio, per eum, cujus carnali reparata sunt commercio: qui mortuos prævaricationis ligno (*Gen.* II, 17), vivificavit, et resuscitavit redemptionis ligno; qui mortem exortam et ingressam per inobedientiæ arborem, per veræ obedientiæ exstinxit et exclusit arborem; qui momentaneum carnis assumptæ supplicium, æternorum suppliciorum singularem dedit esse medicinam, refrigerium ac exterminium.

(232) *Sirasirim.* Canticum canticorum Hebræi dicunt *Sir hasirim.* Unam vocem noster, aut ejus amanuensis, fecit.
(233) *Medicinalis per digitos imprimitur fascia.* Crucem pectori impressam *fasciam* vocat, qua ejus fluctuatio sistatur.
(234) *Compressa fluxa, et inordinata, cogitationum quasi crinium, exuberantia.* Respicit, quod paulo ante dixit, crucem Dominicam esse *vittam coccineam.* Nam capilli vitta coercentur.
(235) *Paschalibus gaudiis dignum efficit.* Manifeste spectat Ecclesiæ antiquum ritum, quo, Sabbato sancto, recens excussus e silice ignis benedicitur, coque Paschalis cereus accenditur. Erubescant hæretici, vix nudiustertius nati.
(236) *Naturæ transmutationem perficit.* Cum hic de baptismo loquatur, non alia transmutatio intelligi potest quam spiritualis. Cum enim *essemus na-*

CAPITULUM III.
De clavis Dominicis et lancea militis.

Sed quid censendum est de pretiosissimis clavis, per manus et pedes Dominicos, in crucem sanctam transfixis? quid de salvifica militis lancea? quæ Dominici sanguinis, et sacri Baptismatis, de latere Crucifixi Domini elicuit et produxit mysteria? O quam præclara Dominicorum clavorum, et salutaris lanceæ specialis materies, quæ auri et argenti ac omnium metallorum longe excellit species, qua non per discordiam in perniciem mutuam armati, sed interna concordia, per pacem bonæ voluntatis angelis confœderati sunt homines! O quam sancta, quam pretiosa, quam dulcis, quam amabilis et delectabilis ferri materia, unde clavi in carne confixi Dominica, unde salutaris procusa est lancea, per quam flammea paradisi remota est romphea (*Gen.* III, 24), et *inimici defecerunt frameæ in finem* (*Psal.* IX, 7), diversorum profecto errorum et opinionum spicula, quibus tanquam hostilibus gladiis infelix perimitur anima; ad quæ convincenda, et ad finem defectus perducenda, et ad *civitates* principatuum aeris hujus *destruenda* (*ibid.*), bis acuta, primo adventu in vagina humilitatis abscondita, in secundo adveniens, in manifesto claritatis suæ splendore ac terroris coruscatione, vibrabitur framea, in secundo, inquam, adventu, cum secundum veridica egregiorum vatum Amos et Sophoniæ vaticinia, *in gladio morientur omnes peccatores* (*Amos* IX, 10) *terræ,* et tetri coloris *Æthiopes* (*Sophon.* II, 12) interficientur districta et amarissima et irrevocabili ultimæ discussionis ac examinis sententia. In tam salutarium clavorum, et Dominicæ lanceæ præconium, longe ante vaticinatus est Spiritus sanctus per Zachariam prophetam, organum suum: *Aspicient ad me quem confixerunt* (*Zachar.* XII, 10; *Joan.* XIX, 37); et paulo inferius: *Framea suscitare super pastorem meum* (*Zachar.* XIII, 7). Et quæ pretiosior omnium metallorum materia, quam illa, cui Pater per Spiritum sanctum imperavit suscitari super pastorem suum, et *percutere pastorem* (*ibid.*), omnium principem unigenitum suum? Hæc tanti pretii framea, anno progeniti Verbi (239) millesimo nonagesimo octavo, divina revelatione Antiochiæ reperta in arca mar-

tura filii iræ (*Ephes.* II, 3), per baptismum facti sumus filii Dei.
(237) *Inundantiam fluminum.* Illustrissimum hujus miraculi exemplum est in *Vita S. Gregorii,* cognomento Thaumaturgi, cujus baculus ad Lyci fluvii ripam defixus, et ejus rabiem compescuit, et momento in virentem arborem excrevit.
(238) *Arboream molem ruituram.* Vide Severum Sulpicium in *Vita S. Martini:* qui id cum multorum stupore primum, tum etiam salute, exanimatis metu suis, intrepidus ipse exhibuit, cui soli extremum discrimen imminere videbatur. De saxea mole, crucis virtute suspensa, D. Gregor. Magnus, lib. I *Dialog.,* cap. 1.
(239) *Millesimo nonagesimo octavo.* Baronius encyclicam de hac inventione epistolam ponit anno millesimo centesimo. Sed par est credere scriptam biennio post inventionem. Nam Thiofrido

moreu, et vexillo præfixa, innumera ethnicorum ad internecionem prostravit millia, et Christianorum phalangas, ante omni obsidionis et famis adversitate afflictas, læta et incruenta glorificavit victoria. Et quid Crucifixi Domini clavis sanctius, quid eminentius? Nimirum sicut plasmator rerum omnium (240) de protoplasti dolens ruina, quando pomi noxialis morsu in mortis corruit officinam, redemptionis lignum, quo damna ligni prævaricationis solveret, prænotavit; sic materiem clavorum, quibus manus redemptoris hominis, pro manibus prævaricatoris hominis, incontinenter extensis, quibus pedes pro pedibus, ad vetitos concupiscentiæ ramos, callidi serpentis astutissima persuasione, (241) irrevocabiliter progressis, in arbore stayros configerentur, ordinatissima providentiæ suæ dispositione, inter ipsa mundi exordia præordinavit.

CAPITULUM IV.

Quod ex salutari crucis patibulo, in omne sanctorum supplicium transfusa sit sanctificatio.

Sed ut de altissima salutaris ligni altitudine, in cujus mysterium sponsus canit mystice in amoris carmine: *Dixi: Ascendam in palmam, apprehendam fructus ejus* (Cant. VII, 8), et item: *Sub arbore mali suscitavi te* (Cant. VIII, 5): ut, inquam, de tam pretiosi ligni altitudine pedetentim *descendam, in hortum nucum, ut videam mystica poma convallium* (Cant. VI, 10), in quorum per amicam amico decantatur typum, *dabo tibi poculum ex vino condito, et mustum malorum Punicorum* (Cant. VIII, 2): protestari salva fide præsumo, fiducia accepta per Spiritum sanctum, quod ex vivifico et salutari crucis patibulo, quo primæ prævaricationis vindicatum et expiatum est peccatum et mortis solutum chirographum, salvatio et sanctificatio transfusa est in omne supplicium, quo sancti et electi Dei, *crucifigentes carnem suam cum vitiis et concupiscentiis* (Gal. V, 24), acceptabile et medullatum Jesu Christo crucifixo meruerunt in odorem suavitatis esse sacrificium. Unigenitus enim Patris qui secundum vas electionis Paulum, *est caput corporis Ecclesiæ, ac principium, primogenitus ex mortuis, pacificans per sanguinem crucis ejus, sive quæ in terris, sive quæ in cœlis sunt* (Col. I, 18-20); unigenitus, inquam, Patris, qui *donans nobis omnia delicta, et delens quod adversum nos erat chirographum decreti, nobis omnino contrarii, ipsum tulit de medio, affligens illud cruci* (Col. II, 14), de amaritudine sua amarissima (Isa. XXXVIII, 17), dulcissimam dulcedinem transfudit in omnia acerbissima Sanctorum cujuscumque supplicii genera, et carnis per illustrationem spiritus sanctificatæ, quantacumque ac qualiacumque supplicia, in corporum et animarum suavissima et saluberrima transtulit oblectamenta et remedia; ut quasi immutato et converso naturæ ordine, omnes cruciatuum materiæ electorum corporibus adhibitæ ardentius appetantur quam exquisitissimæ epulæ, quam opulentissimæ totius mundi deliciæ; et in earum acquisitionem ac venerationem, (242) prodige dispensentur acquisitæ summo cum labore ac periculo perituræ in momento divitiæ.

CAPITULUM V.

Quod nihil in mundo pretiosum comparetur crucibus Petri, et Andreæ, ac Pauli catenæ.

Quis enim thesaurus, quis lapis pretiosus, quæ operosæ texturæ vestis, comparetur sanctæ cruci, et vinculis principis apostolici ordinis Petri, inversis humilitate incomparabili pedibus crucifixi? quæ item mundi transeuntis divitiæ conferantur patibulo crucis germani ejus nomine et gratia virilis Andreæ? quod eximii metalli genus æquiparetur doctoris et magistri gentium Pauli catenæ, cujus præconium, Gregorius, lucidissimus et vigilantissimus expositor, et contemplator theoriæ, descripsit religiosæ, ac ejusdem (243) spermologi amatrici ardentissimæ (244) imperatrici Constantiæ: *De catenis*, inquit, *quas ipse sanctus Paulus in collo et manibus gestavit, ex quibus multa miracula in populo demonstrantur, partem vobis aliquam transmittere festinabo, si tamen hanc tollere limando valuero, quia dum frequenter ex catenis ejusdem multi benedictionem petunt; ut parum quid ex limatura percipiant, assistit sacerdos cum lima, et aliquibus petentibus ita concite aliquid inde excutitur, ut mora nulla sit: quibusdam vero rogantibus, diu per catenas ipsas lima ducitur, et tamen ut aliquid inde exeat non obtinetur.* O quam præclarum, quam excellens per egregium apostolicum, speciale paracleti organum, apostolici supplicii præconium, quo excellentissimum et magnifici spiritus et corporis ejus declaratur meritum! Est profecto summa veneratione et admiratione dignum, quod lima ferrum ad excutiendum et limandum subtili arte humana excogitatum et transformatum, astante summa cum supplicatione et digna elimato ad unguem et eminentissimo electionis vase reverentia Dei sacerdote cum ecclesiastico ordine nihil potest excutere, nisi quando, et

---

sua fides hac in re constare debet, qui eo tempore florebat.

(240) *De protoplasti dolens ruina.* Hunc locum descripsit ex nobili Ecclesiæ hymno, cujus initium:

Pange, lingua, gloriosi
Prælium certaminis,

cujus auctor Venantius Fortunatus, qui in humanis agebat anno Christi 570.

(241) *Irrevocabiliter.* Nam revocare gradum homo lapsus non poterat, nisi cum Christi crux et passio erigeret.

(242) *Prodige dispensantur.* Plenæ sunt omnes historiæ hoc cultu, hoc SS. reliquiarum studio. Exemplum cape, et ex capite quinto, quod jam sequitur.

(243) *Spermologi.* S. Paulum apostolum Athenis sic vocabant philosophi: quod vetus interpres vertit, seminiverbius Act. XVII, 18.

(244) *Imperatrici Constantinæ.* Corrigendum, *Constantiæ*, ex ipso loco D. Gregorii. lib. II Registri, epist. 30.

quantum, ac quibus concesserit indulgentia et proflua pietas dignationis apostolicæ. O quam longe auro obrizo pretiosior est catena apostolica; per quam alligata, et ad Domini Dei Sabbaoth notitiam attracta, et in fide catholica solidata est ferrea gentium duritia.

CAPITULUM VI.
De lapidibus protomartyris Stephani, et craticula Laurentii.

At quid conjiciendum de torrentis lapidibus, quibus protomartyr Stephanus pro nominis sui corona est obrutus? Quid censendum de craticula ferrea, super quam adustus est ex gloriosissima laurea sortitus nomen Laurentius? Utriusque supplicium in totius mundi versum est remedium et solatium, et de supplicio liberat corpora et animas, intimo corde et firma fide supplicantium. Par utriusque meritum pari divinæ dispensationis gratia distributum est in dispar utriusque supplicium, et dissimilis pœnæ instrumentum factum est mundi simile ac per emolumentum, et ingens angelis et hominibus tripudium. In utroque summæ pulchritudinis et sanctitatis membro suo, caput electorum Christus Dominus est passus; in altero, saxea mole prostratus; in altero, prunis superpositus, (245) piscis paschalis assatus; et ideo sicut salvificæ crucis suæ patibulum, sic utriusque de sacratissimo passionis suæ calice, *de vino condito et musto malorum granatorum* (*Cant.* VIII, 2) inebriati supplicium, modo dispensatorio providit, procuravit, et consecravit in salutem omnium promerentium. Et quis non longe excellentioris æstimet pretii qualecunque fragmen ex rigidis lapidibus tactis, et infectis, imo consecratis sanguine protomartyris Stephani; quam juxta sensum historicum, *operimentum*, et ornamentum *principis Tyri* (*Ezech.* XXVIII, 13), duodenorum videlicet lapidum sub lege per quatuor ordines, in rationali summi pontificis, mystica ratione dispositorum nitorem perstringentem et excæcantem oculos concupiscentis animi? (*Exod.* XXXIX, 8 seqq.) Sunt profecto illi lapides pretiosi, instrumenta et incitamenta lætiferæ avaritiæ: sunt isti revera de torrente accepti, munimenta et propugnacula contra spiritualia nequitiæ, et victricia jacula Davidicæ victoriæ (*I Reg.* XVII, 40). Illorum fulgor mentis aciem obtenebrat, in mutuam cædem fraterna et amicissima corda concitat; istorum rigor uno ictu mystico Goliam hostem immanem, robustum, armis terribilibus munitum exsuperat, totaque Allophylorum contrariæ videlicet fortitudinis castra conturbat, fugat, proculcat et exterminat (*ibid.*, 49-55): ac inimica corda omni propulsa discordia, artissimis amicitiæ ac charitatis vinculis alligat, et danti pacem super pacem Deo reconciliat. Per horum quasi imbrem lapidum, collisa durities, et completa est arida terra cordium: et (246) Saulus lupina rabie mane involans, et comedens prædam (*Gen.* XLIX, 27); prostratus mutavit nomen et meritum; et erectus Paulus vas electionis, vespere dividit spolia evangelicæ prædicationis in universitatem gentium: et *ter virgis cæsus, semel lapidatus* (*II Cor.* XI, 25), ac omnibus humanæ afflictionis periculis terra marique periclitatus; et amarissime senex luens, quod adolescens temere observavit sarcinulas vestium, et omnes exertos reddendo, (247) saxa injecit per omnium manus lapidantium, innumeros *lapides vivos* (*I Petr.* II, 4), spirituales, pretiosos, in fundamento, quod est Christus Jesus, fundatos, in uranicæ curiæ comportat et transponit ædificium. Nimirum summa devotione veneranda et appetenda est tantorum lapidum materia, quæ ipsum protomartyrem, *lapidi summo angulari* (*I Petr.* II, 6) familiarius compaginatum. Christo Jesu, et per ejus præclara exempla et merita, innumerabilia martyrum millia, lapides dolatos instructura muri cœlestis *Jerusalem quæ ædificatur ut civitas* (*Psal.* CXXI, 3), ubi *non auditur securis et malleus* (*III Reg.* VI, 7): adversitatibus et disciplina veritatis exercitatos, et ad unguem perfectionis expolitos, dispositione ordinatissima transposuit per loca meritis singulorum congrua. Et quid *piscis assi cum favo mellis* (*Luc.* XXIV, 42), exquisitissimi cibi paschalis Agni Christi, craticula Laurentii, quid, inquam, per meritum martyris egregii, in se habet pretii? Quid, inquam, materiale quisquam ei potest comparare? Nam ipsum, de quo magnificum illud prolatum est præconium: *Quam abscondi potest Roma, tam abscondi potest Laurentii corona*, ipsum, inquam, tanquam aurum igne excoctum, *probatum, purgatum septuplum* (*Psal.* XI, 7), et in numerum ejus inæstimabili exemplo provocatum, et flammis ardentioris fidei et charitatis accensum utriusque sexus populum, thesaurum incomparabilem ac pretiosissimum in Regis regum omnium et Domini dominantium transmisit gazophylacium. Unum profecto tantæ cratis ferreæ segma minutissimum, longe, imo incomparabiliter præcellit omne, quod in oblectatione rerum materialium est avidissimæ mentis humanæ præstigium. Et unde hæc largiflua superabundat gratia, unde tanta exuberat gloria; nisi de inexcogitabili et ineffabili, (248) conditoris yles et aplanes munificentia? Nam *qui operatur omnia in omnibus* (*I Cor.* XII, 6), qui statum conditionis humanæ, per os dolentis, et ingemiscentis Job mystice ac tropologice, comparat *navibus poma portantibus* (*Job* IX, 26), in omnium electorum suorum, (qui, dum ad ingenita naturæ bona, per gloriosissimæ

---

(245) *Piscis paschalis*. Alludit ad piscem prunis superpositum, *Joan.* XXI, 19. Per eum vult Thiofridus Christum designatum, secutus plures antiquos Patres, ut Augustinum, Tractat. CXXIII in Joan.; Greg. hom., 24; item Hieron.; Origen., Tertull.

(246) *Saulus lupina rabie mane involans*. Ex Augustino hæc sumpsit: apud quem elegantem hanc allegoriam ne te pigeat legere, serm. 14, de sanctis.

(247) *Saxa injecit per omnium manus*. Augustinus ibid.

(248) *Conditoris yles et aplanes*. Græcis hyle, ὕλη, est *materia*; *aplanes* vero, ἀπλανής, *cœlum, stelliferum*. Macrob. libr. I De somn. Scip., capit. 6 et 9.

crucis restringuntur mysterium, quasi poma portant per lignum) in electorum, inquam, qualecunque materiale supplicium, ut paulo superius prælibavimus, ex ejusdem pretiosissimi ligni stayros radice, quasi per fructiferum stipitem, in ramos succum et fructum sic transfudit salutis humanæ pretium; ut, sicut tanto ejus patibulo nihil æquiparari potest in natura rerum omnium; sic nihil æquiparari possit suppliciis eorum qui *stigmata Jesu in corpore suo portantes* (*Gal.* VI, 17), in ara passionis meruerunt esse Domino Deo acceptabile sacrificium, et holocaustum pingue ac suavissimum. Est ipse illis factus via; *ambulavit super mare* (*Matth.* XIV, 25), ut ostenderet esse *in mari viam* (*Sap.* XIV, 3), sed nulli per viam, nisi qui vehitur navi, portatur ligno, cruce videlicet Dominica. Sicut per mortem unigeniti Filii Dei, *pretiosa est mors omnium electorum Dei* (*Psal.* CXV, 15), sic per ejusdem salutare supplicium, salutifera et consecrata sunt omnia eorum supplicia pro honore ac gloria Dei.

Sicut per intinctionem sacrosancti corporis ejus in Jordane (*Matth.* III, 16), in omnes aquas, ubicunque ad baptismum prædestinatas, transmisit sanctificationem, sic per ejusdem somatis sui in crucis patibulo affixionem, in omnia materialia sanctorum supplicia, transposuit animarum et corporum salvationem ac redemptionem. Atque hoc omni cunctatione longe remota certum tenet fides in *petra*, quæ *Christus est* (*1 Cor.* X, 4), fundata; quod hæc omnia quæ de paucorum cœli ac terræ excellentissimorum procerum suppliciis, styli officio caraxavimus præconia, in cippos (249), in fustes, in scopas, in plumbatas, in catastas; postremo in omnia omnium electorum Dei diversa, jure ac digne depromi possunt tormentorum genera; quæ per illorum merita, quos hostias pacificas, et holocausta medullata, et pinguia, transtulerunt in cœlestis tabernaculi et templi sanctuaria, meruerunt humanæ cujuscunque infirmitatis salutifera esse remedia.

CAPITULUM VII.

Quâ illectus cupidine scriptor libelli hujus difficillimæ materiei præsumserit ingenioli sui manum inserere.

Sed quia pro colligendis odoriferis floribus quibus serta consererem, et electorum Dei epitaphia deflorarem, evagatus sum diutius, distichon Mantuani vatis.

Qui legitis flores, et humi nascentia fraga,
Frigidus, o pueri, fugite hinc, latet anguis in herba,

revolvo mecum secretius; et ne nudis incedens pedibus, ut Orpheå Eurydicæ, physica ratio et designatio musicæ, anguinis pericliter morsibus, longo labori finem imponere mihi est animus. Ante tamen quam exspectato potius littore celeuma læto decantem pectore, et *tympanum tenens cum Maria* (*Exod.* XV, 20), Israeliticum populum præcedente, concinam canticum victoriæ; ante, inquam, mea interest, quam verissime paucis absolvere, quare ac unde tanta sim attractus et illectus cupidine, ut difficillimæ ac longe eminentioribus ingeniis in id temporis intentatæ materiæ, tenuissimi ingenioli mei ausus sim manum inserere; et confisus in aspirationem omnium spirituum Conditoris, et Domini Spiritus sancti paracleti, præsumpserim vela suspendere, et ejus benigna charitate ac dignatione, clavum (250) regente, Maleæ persecutricibus undis mentis meæ navim credere. Igitur ejusdem incircumscripti spiritus archysterium, sanctæ Efternacensis Ecclesiæ (251) ygumenus, Reginbertus nomine, secundum etymologiam nominis sui, excellentissime in sanctæ religionis proposito et regimine gubernatus: cum alto admodum volatu contemplationis sæpenumero suspenderetur, ac præpeti mentis annisu ad æthera libraretur more aquilæ, repente conditionis humanæ aggravatus compede, a sublimibus deorsum evolans, eamdem interni optutus aciem, quam solitus est radiis æterni solis infigere, inclinavit et defixit ad respectum carnis quidem mortuæ, sed glorificatæ per merita vivificatricis animæ; et escam quæsivit in sanctificato cadavere (*Job* XXXIX, 30). Quasi post volatum, spiritualis aquila pro sumendis carnibus terram petiit, dum quasi de summis ad ima veniens, quam pretiosa sit mors sanctorum (*Psal.* CXV, 15), qua se reflci atque reformari ad vitam expetiit: item quanta in examinatis et in originem suam resolutis artubus, et in omnibus eorum appendiciis, tam substantialibus quam accidentalibus, divinæ virtutis et operationis divitiæ ac deliciæ superabundent, summæ devotionis aviditate et acutissimi ingenii sui perspicacitate pensare ac perscrutari studuit: neque esum mysticarum victimarum verus Israelita fastidiit; sed mystice *subtracta pelle hostiæ, artus in frusta concidens* (*Levit.* I, 6), inter beatos beatior *labores manuum suarum manducavit* (*Psal.* CXXVII, 2); ac intimæ refectionis affatim refectus dapibus, *verbum bonum per incarnati Verbi gratiam eructavit* (*Psal.* XLIV, 2). Nam omnia quæ in hujus quasi libelli paginulis sunt inserta, (252) per inspirationem Spiritus paracleti excogitavit, et mihi suorum ultimo, ac pedum ejus pulvere indignissimo, quasi quædam semina, in mentis area ventilanda, et post subtilissimæ discussionis ventilabrum, serenda commendavit. Per infusam vero profusius a Domino

---

(249) *Cippos, fustes.* De his cruciamentorum instrumentis, vide Anton. Gallonium proprio et eleganti libello.

(250) *Maleæ persecutricibus undis.* Malea promontorium est in Laconia, longissime in mare procurrens, crebris naufragiis infame, adeo ut proverbio locum dederit. Virg. v Æneid.

. . . . . *Maleæque sequacibus undis.*

Hunc locum haud dubie respicit hic Thiofridus.

(251) *Ygumenus Reginbertus.* Hic abbas proxime nostrum Thiofridum præcessit, quod jam notavi ad cap. 6, lib. I.

(252) *Per inspirationem spiritus S.* Hinc vide quanti hoc opus faciendum. Neque est cur figmentum putemus hoc optimi viri de optimo viro testimonium, præsertim quem scimus eximium fuisse humilitatis cultorem.

Deo animi ejus sanctuario sapientiam, pensavit, perpendit, quod appropinquante mundi termino, et accrescente peccato, Leviathan (*Job* XXI, 33), humanæ propaginis adversarius, qui *post se omnem hominem carnaliter viventem trahet, et ante se*, ante ingressum suum in æternæ perditionis hominem : *innumerabiles*, non tamen omnes carnales (aliis per brevis, quibusdam per longæ pœnitentiæ labores, de *maxilla ejus* divinæ misericordiæ *armilla perforata* evadentibus [*Job* XL, 21]) trahit exitiali odio; pensavit, inquam, quod pernicies, et æterna perditio tanto acriori invidia nostro immineat et incubet exitio, quanto celerius novit appropinquare tempus, quo eductus de abyssi puteo (*Apoc.* XX, 5, 7), omne serpentinum virus evomet hiatu vastissimo, putido ac lethifero, ut in congerie mortuorum vigilans, et *in circuitu suo sepulcra sua* conspiciens (*Ezech.* XXXII, 22), de damnatorum, et per se secum perditorum, exsultet ac triumphet innumerabili numero. Pensavit et attendit quantis contra aerias potestates et phalangas, quæ incessabili et indeprecabili bello dimicant, adversus animam, opus sit auxiliariorum armis et patrociniis : revolvit quam justa et inexcusabilis ultio a *Deo ultionum* (*Psal.* XCIII, 1), nostris debeatur negligentiis, quod nulla specialis gratiarum actio, nullus honor condignus et debitus, tantis eorum specialiter rependatur beneficiis, quorum singulæ universalis Ecclesiæ filiæ, (de quibus (253)) in Cantico pro dilecto cantatur mystice : *Adducentur Regi virgines post eam* [*Psal.* XLIV, 15]) pro suis pignoribus in eis reconditis, licet nominibus incognitis, familiarius reguntur et sustentantur meritis et suffragiis. Perpendens ergo, et pensando perhorrescens divinæ æquitatis judicium, ac ut penatum, et *ante ac retro animal oculatum* (*Apoc.* IV, 6), longe providere ac procurare cupiens, summe necessarium humanæ necessitati, inter tot intolerabiles ærumnas, electorum Dei suffragium (254), anno incarnati Verbi 1059 indictione XII, anno vero regni domini nostri Henrici IV regis, tertii imperatoris quarto, suæ autem sanctæ ordinationis IX, cum prioribus (255) conciolæ curæ suæ creditæ, viris summæ religionis et prudentiæ, *consilii sui habuit mysterium* (*Judith.* II, 2); et communi eorum omnium, et totius sancti conventus læto consensu et applausu, posuit et confirmavit S. Spiritus decretum, ut XIII Kalend. Decemb. (qua nocte revelatione angelica (256) papa insignis meriti Sergius est admonitus, ut egregiæ sanctitatis viro Willibrordo, quarto die Romam venturo, et ad summum antistitii honorem sublimando, quidquid in ornamentis ecclesiasticis et sanctorum patrociniis complaceret, summa cum alacritate animi concederet); sancti Spiritus, inquam, promulgavit decretum, ut eo die, per omne subsequens ævum, vespertinum et matutinum sacrificium ritu solemni et magnifico in omnium eorum celeberrime offeratur commemorationem, ac familiarius obsequium; quorum tunc et postmodum, sacratissimæ illi Ecclesiæ tantum cœlitus provisum et transmissum est solatium, et inæstimabile ac incomparabile incolumitatis pretium.

Non vero aggressus est tantam rem, tantam salutem, suapte quasi præsumptuosa devotione; sed paracliti Pneumatis, ut prælibavimus, illustratione ac divina revelatione.

Nam dum tirocinii sui tempore credita sibi, utpote viro summæ castitatis ac munditiæ, esset custodia Ecclesiæ; post longas vigiliarum excubias, post *oblatos* in ara cordis *labiorum vitulos*, fragilitate naturæ humanæ resolutus in soporem, sicut legislator Moyses, qui in typum integritatis (257) theoticos Mariæ, rosæ pulcherrimæ de spinis plebis Israeliticæ exorituræ, et lilium convallium parituræ; *rubum admiratus est, quasi ardere, et incombustum permanere* (*Exod.* XXXIII): sic æque typica significatione, mirabilem videre meruit visionem. Per Spiritus sancti enim gratiam elevatus et assumptus, vidit in visione Domini, de conclavi sacri scrinii, in quo familiarius et copiosius sacratissimarum reliquiarum reconditus est thesaurus inæstimabilis pretii, sensim excrescere flammam (258) ignis, tactu innoxii, et mystici; et per laquear et tectum sancti periboli, evolare ac pertingere ad arcem cœlestis palatii : ubi cum Rege sempiternæ gloriæ gloriosissime regnant *stolis albis indutæ* (*Apoc.* VII, 9) omnes electorum animæ. Vidit hoc vir perspicacissimi ingenii, vidit internus *auditor sermonum Dei, et intuitus visionem Omnipotentis* (*Num.* XXIV, 4), cum Daniele; vir desideriorum *languit, et ægrotavit per dies* (*Dan.* VIII, 27), non languore corporis, sed sancti desiderii; *et stupens ad visum, posuit faciem suam ad Dominum Deum cœli, rogare ac deprecari* (*Dan.* IX, 3) in asperitate cilicii, et parcimonia salutaris et medicinalis jejunii. Atque Dominus Deus, *desiderium collium æternorum* (*Gen.* XLIX, 26), desiderium animæ ejus illi tribuit, *et voluntate labiorum ejus eum non fraudavit* (*Ps.* XX, 3); sed eum in gradu suo, et super pedes suos per ingressum in se Spiritum sanctum *statuens* (*Dan.* VIII, 18), confortavit; confortato pastor essentialiter bonus, qui *posuit ani-*

---

(253) *In cantico pro dilecto.* Sic inscribitur psalmus XLIV, quem hic citat. *Dilectum* autem intellige Christum.

(254) *Anno incarnati Verbi* 1059. Convenit recte annus Christi cum indicata indictione, et anno imperatoris. Baronius tamen imperium Occid. tunc vacare per plures annos ponit, et Henricum regem tantum agnoscit.

(255) *Conciolæ.* Novo flexu dixit pro *conciunculæ.* Ipsam congregationem significat.

(256) *Papa insignis meriti Sergius est admonitus.* Idem pontifex divinitus intellexit mortem S. Lamberti martyris, et subrogationem S. Huberti, ut in hujus Historia doceo.

(257) *Theoticos.* Vox corrupta, pro Θεοτόκου; id est Deiparæ.

(258) *Ignis tactu innoxii.* Cum hoc Thiofridus scriberet, in mente habebat hos Maronis versus, lib. II Æneid.

Ecce levis summo de vertice visus Iuli
Fundere lumen apex, tactuque innoxia molles
Lambere flamma comas, et circum tempora pasci.

mam suam pro ovibus suis (Joan. x, 15), gregem suum *in montibus Israel, in pascuis uberrimis* (Ezech. xxxiv, 14), bono, ex accidentali dono suo, pastori pascendum commendavit. Ex egregio ergo custode rerum et ornamentorum materialis Ecclesiæ, electus, raptus, translatus ad custodiam et regimen spiritualis Ecclesiæ; et unus spiritus factus cum spirituum omnium custode, de quo prophetico ingeminatur ore : *Custos, quid de nocte? custos, quid de nocte?* (Isa. xxi, 11.) ante mentis suæ oculos illius *Samaritani* exemplar posuit (Luc. x, 30 seqq.), qui humano generi *ab Hierusalem* cœlesti visione pacis, *descendenti*, (259) *in Jericho*, defectum internæ lucis, *et a latronibus vulnerato*, *misericordia motus condoluit, et a; propians* per incarnationis suæ mysterium, *vulnera ejus summæ pietatis et internæ compassionis manu alligavit*, ac peccata ejus perferens, et *luens in corpore suo super lignum* (I Pet. ii, 24), illum *in jumentum suum posuit, et ducens in stabulum duos denarios* æterni regis charactere inscriptos, duo scilicet legis et Evangelii Testamenta, sive geminæ charitatis præcepta, *stabulario*, ordini videlicet apostolico per Spiritus paracleti gratiam, et illustrationem cœlestis medicinæ apprime scientia prædito, pro summa sanandis sauciati vulneribus diligentia impendenda, contradidit. Exemplar, inquam, tantæ miserationis et compassionis, egregius animarum custos Samaritanus noster, *spiritus oris nostri, cui diximus : Sub umbra tua vivemus in gentibus* (Thren. iv, 20), imitandum sibi, et in posteros suo exemplo transmittendum proposuit, et quod excellentissimum cœlestis medicinæ remedium excogitare potuit, medendis Dominici gregis vulneribus providit et contulit; et tot sanctos vigiles ac custodes super custodiam suæ familiaris Ecclesiæ procuravit et disposuit, quot electorum Dei pignoribus ibidem reconditis, specialem honorem ac reverentiam impendi censuit. Denique imitatus (260) quartum a vigilantissimo Gregorio in sede apostolica Bonifacium (qui post consecratum a se Pantheon, celeberrimam Omnium Sanctorum solemnitatem indixit), festivum, sicut prænotavimus specialis commemorationis diem, specialius summa devotione et alacritate celebrandum, in omnem sanctæ congregationis ejus successionem prærogavit, et constituit ut omnes qui per totius anni orbitam in condigna et debita specialium sanctorum patronorum suorum obsequia, obliviosæ negligentiæ funibus astricti prægravarentur, *redimentes tempus* (Ephes. v, 16), multiplicatis familiarissimorum intercessorum patrociniis, et interventionibus, a *malitia diei* liberarentur (Matt. vi, 34), et una unius celeberrimæ festivitatis salutari victima expiarentur, et in cœtum senatus uranicæ curiæ (ubi interminabilis festivitas inexcogitabili et ineffabili jubilo celebratur) transcribi et transferri mererentur. Igitur nos pensantes summi patriarchæ Abrahæ summæ humilitatis exemplum, omnibus qui in semine ejus, in Christo Domino nostro benedicti sunt, hæreditarium : *Abrahæ*, inquam, *qui exsultavit ut videret diem Domini sui, seminis sui, et vidit et gavisus est* (Joan. viii, 56) : et tamen post internam indivisæ unitatis et individuæ Trinitatis revelationem ac speculationem, locutus est ore humili, voce supplici: *Loquar ad Dominum meum, cum sim pulvis et cinis* (Gen. xviii, 27); redeamus ad nos, ponamus nos ante nos, intueamur et respiciamus opprobrium nostrum. Lutum nos molle ac vilissimum esse recognoscamus, immundi cineres vivificis sanctorum cineribus, et omnibus omnino rebus ad eos sive substantialiter, seu accidentaliter pertinentibus, debitum honorem ac servitium impendamus. Et quia ex illis summa oritur exsultatio, et ex illis pendet humanæ propaginis salvatio omnes et totas cordis medullas in illorum gloriam ac laudem effundamus; ut post vermem, redacti in pulverem, per eorum omnium continuam, et devotissimam interventionem mereamur transire de mortalitate ad immortalitatem, de corruptione ad incorruptionem; propitio et præstante propitiatore nostro, cujus caro pro redemptione ac reparatione animæ ac carnis nostræ ab incorrupta illibatæ theotocos carne assumpta, *non vidit corruptionem* (Act. ii, 31); *qui interficiens inimicitias in carne sua* (Ephes. ii, 14. 16; Ephes. iii, 7), et delens veteris piaculi cautionem, carnem nostram in se, *secundum potentiæ virtutis suæ operationem, constituit ad dexteram Patris in cœlestibus, supra omnem principatum, et potestatem, et virtutem, et dominationem* (Ephes. i, 20, 21).

(259) *In Jericho defectum internæ lucis.* Respicit nomen, *Jericho*, quod Hebræis *lunam* significat, quam mutuum lumen sæpe deficit.
(260) *Quartum a vigilantiss. Gregorio.* Fuit hic Bonifacius quartus, qui Pantheon, a Phoca imp. impetratum, in honorem Virginis Matris et SS. martyrum consecravit, anno Christi 607. Ita Baronius ex Anastasio.

LAUS DEO VIRGINIQUE MATRI

THIOFRIDI ABBATIS
SERMONES DUO.

(Exstant in *Bibliotheca Patrum Luydun.*, tom. XII, pag. 417, inter monumenta sæculi viii. Vide *Notitiam litterariam* in Thiofridum, supra.)

SERMO PRIMUS.
DE SANCTORUM RELIQUIIS.

Laudemus Dominum, mirabilem in sanctis suis, sed mirabiliorem in eorumdem reliquiis; quia licet sit magnus in magnis, gloriosus tamen mirabilia operatur in minimis. Non satis est illi quod sanctorum animas in æternæ felicitatis glorificat regione, nisi et eorum reliquias glorificet in hac peregrinatione. Neque sufficit quod immortalitatis illis donat delicias, nisi et totius mundi conferat divitias. Oppida enim et castella, vicos et urbes, quæ omnia jam magni tenuere principes, exiguus sanctorum pulvis possidet, locuples rerum copia illorum reliquiis subjacet. Animæ in cœlesti jubilant palatio, reliquiæ eorum exaltantur in subdito sibi sæculo. Non poterunt unquam tam profunde in terræ recondi visceribus, quin super terram per miraculorum effectus effulgeant ipso sole lucidius. Has singulis provinciarum et civitatum populis dedit in solatium, ut dum importunis urgentur incursibus hostium visibilium et invisibilium, per harum defensentur meritum. Rex enim quilibet urbis alicujus defensurus mœnia, quanto audaciora et plura hostium comperit esse agmina, tanto fortiora et numerosiora in munitionibus militum opponit pectora. Sic et Deus noster videns hostium multitudinem per totum volitare aerem, et pugnam adversus adoptionis suæ filios struere multiplicem, humanæ miseriæ misericorditer consulit; et multiplicatis super arenam patrociniis, civitatem suam, id est Ecclesiam, custodit et protegit. Unicuique locorum, sicut et huic nostro, abunde magnas sanctorum reliquias accommodat; quatenus dum ab indigenis digne ac familiarius honorantur, iidem indigenæ earum perpetua defensione firmentur. Ubicunque vero terrarum aliquid est earum, mortem habent lucernarum, lucernæ ubicunque locorum sint, abscondi non possunt, sed luminis sui splendorem longe lateque spargunt. Nemo namque *accendit lucernam, et in abscondito ponit, neque sub modio : sed supra candelabrum, ut cum ingrediuntur lumen videant* (*Luc.* xi). Accensæ lucernæ sanctorum sunt reliquiæ; licet et lucernam ipsum Sanctum sanctorum non a credentibus absconsum, nec sub modio, id est sub legis mensura inclusum, intra unius Judææ gentis terminos cohibitum, sancti doctores doceant intelligere. Hæ, inquam, lucernæ ab illa salutis æternæ lucerna accensæ non in abscondito, neque sub modio locantur, id est non in aliquo indecenti vel ignoto loco sine honore locantur: Occultari nusquam permittuntur, sed supra candelabrum, quod est Christus et Ecclesia, propatulo ponuntur, ut fidei et divinæ agnitionis lumen videant, qui ingrediuntur. *Ut lumen*, inquam, *videant*, dum sanctorum reliquias miraculis coruscare considerant, quam mirabilis et quantæ sit pietatis Deus intelligant. Si vero sanctorum reliquiæ occultarentur, et virtutum signis non illustrarentur, quid durum et lapideum cor hominis, ad desideranda cœlestia excitaret? quid a vitiis ad virtutes renovaret? Quæ homo speraret præmia, si eos, quos in vita sua justissimos esse novit, non videret esse in memoria; et qui vix ad cultum et amorem Dei nunc proficit, vix torporem a se infidelitatis nunc excutit, dum electorum Dei reliquias miraculorum gratia illustrari aspicit? Sacræ profecto fidei constructio per miracula crevit, et eisdem deficientibus in quibusdam gentibus decrevit. Nisi enim sancti prædicatores miraculis coruscarent, frustra verbum vitæ prædicarent. Et licet signa *non sint fidelibus, sed infidelibus* (*I Cor.* xiv), fides tamen fidelium per signa solidatur, quæ aut a sanctis audierunt facta Patribus aut per eorum reliquias in suis vident fieri obtutibus. Vere mundi lucernæ sanctorum reliquiæ claritatis suæ splendorem longius spargunt, easque, ut præfati sumus, illorum merita, quorum sunt, nusquam negligenter latere sinunt. O mira divinæ pietatis miseratio! o ineffabilis circa sanctorum reliquias dignatio! Deus sanctus sanctorum est, et sanctorum congregatio Dei habitatio est. Non parvi sed maximi apud eum pretii sunt reliquiæ illorum, quas exaltat super omnem mundi ornatum. Namque earum excellentiæ omnis lapis pretiosus non comparatur, sed quidquid in rebus volventibus pretiosum est, in earum comparatione vilissimum judicatur. Terrarum sunt munimenta et æternæ retributionis, divinæque magnitudinis documenta. Nam evidentibus patet judiciis, quanta sit Dei magnificentia, cum sanctorum reliquiæ tanta polleant gloria. Si enim humana divinis, si parva licet comparare magnis; quicunque alicujus temporalis Domini servos cernit, in eis quantæ dignitatis sit, idem Dominus perpendit. Si potentes et divites sunt servi, ditior et multo amplioris potentiæ esse creditur, cujus subjacent ditioni. Sic perpenditur quanta sit divina magnitudo et majestas, cum et ejus gratuito dono sanctorum reliquiis tantæ concessa cernitur esse claritas et potestas. Ad arida enim eorum ossa, ut Patris luculentissimi dictis utamur Gregorii, ægri veniunt et sanantur; perjuri veniunt, et a dæmonio vexantur; dæmoniaci veniunt, et liberantur, leprosi veniunt, et mundantur; deferuntur mortui, et suscitantur. Nam ut ex uno quid omnibus sit advertendum perpendamus, per Elisæi prophetæ ossa revixit mortuus, benedictus Deus in omnibus. Ossa Elisæi vitam dederunt mortuo, mortuum de mortis solvebant periculo. Post mortem ergo carnis sancti Dei melius vivunt quorum hic ossa in tot miraculis vivunt. De his mirificis sanctorum ossibus dicit propheta veridicus: *Et ossa vestra ut herba germinabunt* (*Isai.* LXVI). Ossa sanctorum licet mortali conditione arescant, virtutum tamen viriditate ut herba germinant, quanquam idem in generali resurrectione perfectius implendum esse divinæ Scripturæ astruunt; in dispositissima sane Dei tanta quasi patrisfamilias domo vasa in honore (*Rom.* IX) esse ac fuisse electi creduntur, ideo et eorum reliquiæ in vasis aureis atque argenteis et gemmatis, ac in omnibus quæ pretiosa sunt, reconduntur. Et, sicut sanctum altare non sanctificatur ab auro sed sanctificat, sic et quodlibet vas, quod sanctarum reliquiarum in se continet thesaurum, non dat sed accipit gratiam sanitatum; et tactum, quasi etiam illud, quod interius latet, tangatur, fugat multa genera infirmitatum. Inimica invisibilium phalanx ante eas stare non poterit, confusam et devictam se ingemit, et qui sedem suam in monte testamenti in lateribus Aquilonis se positurum, seque Altissimo similem futurum gloriabatur (*Isai.* XIV), a dissoluto sanctarum pulvere superatur, igneisque catenis religatur. Pulvis iste licet dissolutus sit et exiguus, hujus tamen aeris dominatur potestatibus, honoratur digne a cunctis mortalibus pusillis et majoribus, quia ut calor inseparabiliter insitus est in natura ignis, sic sanctitas est sita in illis. Si enim sanctitatis amitterent donum, amitterent pariter etiam sanctorum. Ex accedenti dono habent sanctitatem, sed non amittunt eamdem, quia ex immortalitate non fit transitus ad mortalitatem. *O quam magnificata sunt opera Domini, nimis profundæ factæ sunt cogitationes Dei nostri* (*Psal.* IX). Reliquiæ sanctorum sunt, ut pretiosa aromata, et poma odorifera, quæ si quis manu tractaverit, manus ejus ab eisdem odorem suscipit, ut lilia, inquam, et pretiosa aromata redolent, nares mortalium miri odoris suavitate complent. Distantia quippe grandi *divisit Deus lucem a tenebris* (*Gen.* I), id est pios ab impiis, et minus perfectorum ossa a sanctorum reliquiis.

SERMO II.

DE VENERATIONE SANCTORUM.

Christiana religio vocabulum propterea trahit a Christo, ut Christianus semper habeat in memoria quomodo tantæ dignitatis custodiatur gloria, ne dissonum videatur in opere, quod lingua sonat in nomine. Sed virtus sanctæ charitatis, quæ fidei cultum olim in Patribus decoravit, nunc senescente mundo et accrescente peccato, in filiis decessit, et intantum in singulis dilabitur, ut vix in paucis ejus vestigium recognoscatur. Hujus etenim periculi discrimina clementissimi Redemptoris nostri prævidens gratia sanctæ Scripturæ thesauros ostendit, sanctorum exempla proposuit, ut et pietas in operatione semper fulgeat, et doctrinæ remedium nunquam in lingua torpescat. Quia ergo, fratres, habemus exempla sanctorum, quasi certissimæ curationis antidotum, sanctæ charitatis virtus in nobis redintegretur, ut in sanctis suis Deus per nos digne laudetur. Igitur in sanctis suis laudemus Dominum, qui est gloria et virtus sanctorum (*Psal.* CL), ut per ejus misericordiam, ad eorum pervenire valeamus consortium. In memoria justorum justitiæ auctorem; in meritis sanctorum sanctitatis magnificemus largitorem: digna enim memoria justorum erit cum laudibus (*Prov.* X), in quibus delectetur Deus illorum et Dominus, ut per eorum intercessionem nostris misereatur excessibus. Exemplo fidelis Moysi sunt inter nos et Deum mediatores positi, ut qui per nostra despicimur merita cum Pharisæo, per illorum justificationem justificemur cum Publicano (*Luc.* XVIII). Credimus eos apud Deum multa posse, cujus dilectioni nihil in hoc mundo præposuere. Non suam, sed cœlestis voluntatem Patris in omnibus adimplentes, Jesu merito et dici et esse meruerunt fratres et sorores (*Matth.* XII), cujus propinquitatis lineam nulla degeneravit superbia, sed in generationes et generationes nobilitavit humilitas sancta. In conspectu Dei, fratres, semper sancti talem exhibebant cordis meditationem, ut transeuntem filiam David figerent ad spiritualem mentis illuminationem. Non defecit eis virtutum sanctitas, quorum in ore non est diminuta veritas; quorum labia cœlestis purgavit calculus (*Isa.* VI), quorum eloquia sui ardoris flamma sanctus animavit Spiritus. In operibus manuum suarum non comprehensi sunt ut peccatores (*Psal.* IX) qui minimis Domini omnem exhibuerunt humanitatem, ut fideles. Cum beato Job oculus cæco et pes claudo (*Job* XX), in mortuorum sepultura non inferiores inventi sunt Tobia (*Tob.* XII). Oratio eorum nubes penetravit (*Eccli.* XXXV), quæ per jejunium et eleemosynam in cœlum volavit, et implevit phialas viginti quatuor seniorum (*Apoc.* V), ut sit suavitatis odoramentum ante majestatis Dei thronum. Carnis corruptionem labor vitæ gravavit, libertatem animæ actionum puritas expiavit. Vixerunt pietatis amici per pietatis opera spectaculum facti Deo et hominibus (*I Cor.* IV). Hæc operationis grana in activæ vitæ sparserunt area, ut horreum implerent contemplativæ in supernæ pacis visione; thesaurum fidei, quem habuerunt in vasis fictilibus, non effuderunt negotiis sæcularibus, sed ubi nullum latet detrimentum, in cœlestis posuerunt regis gazophylacium; quia dum spiritus tegmina carnis exuit, liber et expeditus ad cœlos volavit. Ecclesia, quæ in transcursu dubii cernitur orbis, filios contrivit probatos, in operibus bonis, quos manens super astra suscepit sponsa cœlestis. Exeuntes de Ægypto, id est de peccatorum tenebris, per columnam nubis venerunt in terram promissionis, quæ est patria, ad quam suspirabant quotidie, cum adhuc essent in hujus peregrationis captivitate. Ibi est habitatio, quam fidelium desiderat intentio, qui Deum portant in mente, quandiu tenentur in carnis carcere. O quam felix civitas, ubi nulla regnat captivitas, ad quam qui virtutum passibus confugerit, jam ultra captivus esse desiit! Hujus structura sunt lapides vivi, quos pax et concordia compaginavit reprobato lapide, qui *factus est in caput anguli* (*Psal.* CXVII). Quam nullius adversitatis procella potest concutere, cujus fundamentum (*Apoc.* XXI) impositum est stabili petræ: lumine non eget lucernæ, cujus claritas est ille lapis angularis, qui petra fundamenti *Agnus qui tollit peccata mundi* (*Joan.* I). Ipse est etiam sponsus, qui regnat in hoc tabernaculo Deus cum hominibus, ante cujus sedem personant canticum spiritus et animæ justorum. Laus eorum et exsultatio ipse est, qui coronat eos in gaudio, per quem bene currentes in hujus mundi stadio, digno in cœlis remunerantur bravio. Non est ultra quod concupiscent, ubi Deum facie ad faciem considerant, qui eos perduxit ad palmam victoriæ, quo præcessit ipse rex gloriæ, dignitas felicitatis eorum humani sensus excedit modum, qui revera in *cor hominis non ascendit, quæ Deus illis præparavit* (*Isai.* LXIV; *I Cor.* II). Decernat igitur pietas fidelium, quid venerationis potissimum corporibus debeatur sanctorum, quorum spiritus inæstimabili gloria honorantur apud Deum. Tanto itaque devotius eorum laudem celebremus in terris, quanto majoris meriti eos credimus esse in cœlis. Quid apud Deum eorum possint animæ, artus exanimatorum corporum ostendunt quotidie. Si quid forte natura negat, vel improvisus casus in humanis debilitat, ad eorum sepulcra clementia divina restaurat. Cæcitatem illuminant, gressus consolidant, linguas reparant, aures reserant, dæmonibus imperant, carceres aperiunt, vincula resolvunt, elisos erigunt, injustos corrigunt, justos diligunt. Hæc operantur per corpora spiritus, qui jam divinis assistunt obtutibus. Quid mirum, si possunt talia in immortalitatis gloria constituti, qui similia potuerunt sub mortalitatis velamine positi. Legimus et credimus, fratres, multa, quæ mirabilis in sanctis per sanctos operatus est Deus (*Psal.* LXVII) in hac vita. Taceamus carnem et ossa, dicamus minora, quæ sunt carne inferiora. Exemplum damus de paucis, ut fides dubitantium solidetur in multis. Umbra curabat Petri quotquot in plateis ponebantur ægroti (*Act.* V.) Pauli semicinctia expulerunt ab obsessis corporibus dæmonia (*Act.* XIX); Jacobi sudarium vinctum solvit Philetum. Has virtutes curationum operabantur corporum species, ut intelligat fides credentium quale sanctorum sit meritum, et quid potuit eorum præsentia ubi in tanta virtute refulsit absentia. Non solum hæc de apostolis credimus, verum etiam de sanctis omnibus plurima suppeterent exempla, si fastidium non generaret oratio prolixa. Quid mirum, si tanti fuerunt meriti spiritales sanctæ matris Ecclesiæ filii, cum etiam carnalis Synagogæ soboles per similes polleret virtutes? In Ægypto Moysi virga signa fecit et prodigia, et sub baptismi specie Rubrum divisit mare (*Exod.* XLV). Eliæ pallium Eliseo duplicavit spiritum, et cursum Jordanis divisit eadem vestis (*IV Reg.* II). Hæc sub lege et gratia fecit Deus per sanctos in carne miracula ut intelligamus et fideliter teneamus quid apud ipsum eorum possit spiritus. Quidquid, fratres, de reliquiis sanctorum possidemus, sive in veste, sive in pulvere, vel in ossibus diligenter et caute custodiamus, et quod valemus, potissimum servitute illorum exhibeamus venerationi. Digni sunt apud homines honore, qui quotidie interpellant pro hominum salute. Memor humanæ fragilitatis, hoc gratiæ nobis clementia Salvatoris contulit, ut quod peccatores per nostra non possumus merita, per sanctorum impetremus patrocinia. Jam securi de sua solliciti sunt pro nostra salute; et unde nec eorum perficietur gaudium, quandiu nostræ peregrinationis cernunt exsilium; nec erit illis perfecta beatitudo, donec totius Ecclesiæ intraverit plenitudo. Ad illorum, charissimi, consortium, quia nos habitare in unum, pulchrum erit atque jucundum (*Psal.* CXXIX), quanto illorum nobis prodesse credimus orationem, tanto devotius illorum meritis exhibeamus venerationem. Offeramus illius sacrificium, ut pro nobis fumus incensorum ascendat de oratione sanctorum, qui per manum angeli divino præsentatur conspectui (*Apoc.* VIII); vestigia sequamur eorum, quibus ipsi secuti sunt Dominum. Gradiamur per semitam justitiæ ut perveniamus ad mansionem cœlestis patriæ. Inspiciamus perfectam eorum vitam, et quæ minus est composita, emendemus nostram ut nostri sint adjutores in precibus quorum sumus imitatores in actibus. Relinquamus cum apostolis omnia, ut libere sequamur Domini vestigia. Martyribus associemur in pass'one, ut eisdem participemur in consolatione. Ne fur domum nostram perfodiat (*Luc.* XII), confessorum vigilias mens nostra custodiat. Ornemus lampades nostras cum virginibus, ut intremus ad nuptias, quando venerit sponsus, et ubi nos perterreat illud durissimum: *Nescio vos* (*Matth.* XXV), quod erit impiorum confusio; sed lætificet cor nostrum justorum benedictio, per eum, qui est vita et resurrectio, Deus deorum et Dominus dominorum, per sæcula sæculorum. Amen.

FRAGMENTA VITÆ DUPLICIS S. WILLIBRORDI

A THIOFRIDO ABBATE EFTERNACENSI SCRIPTÆ

(Mabill. Acta sanctorum ord. S. Benedicti, Sæculum III, part. 1, pag. 629.)

I.

De primordiis monasterii S. Willibrordi.

Dux excellentissimæ generositatis Pippinus cum Blitrude, conthorali sua, æque generosis orta natalibus, tertio Idus Maii, anno duodecimo Childeberti gloriosissimi regis, dedit beato Willibrordo Efternacensis fisci medietatem integram, a Theodardo egregii ducis Theotharii filio sibi traditam. Irmina vero, Dagoberti regis (*nimirum secundi, ut putant*) filia, hæreditario jure possessam cum omnibus appendiciis et adjacentiis suis, cum villa montis sitam in pago Tulbiacensi (*de Zulpich* diœc. Coloniensis) in Kalendis Decembris addidit partem alteram. Idem munificus princeps sub chirographi conscriptione anno IV regis Dagoberti, VI Nonas Martii, tradidit illi villam in pago Mosariorum sitam, et a præterfluentis fluvii nomine Suestram nuncupatam, et egregiæ Blitrudis sagaci industria ab ingenuis viris pecuniæ impendiis comparatam. Et quia utriusque loci situs tam sapienti architecto visus est amœnus, et cœnobialis vitæ studiis apprime aptus et dignus, in utroque jactis fundamentis exædificavit cœnobium, et in montibus Israel, in pascuis uberrimis pascendum aggregavit gregem Dominicum.

II.

De translatione S. Willilbbordi, et de Frithelone ex comite monacho.

Anno progeniti Verbi 1031, a transitu ejusdem gloriosi Patris 292, oratorii caduci fabrica instaurata, Himberto abbati totique congregationi sedit sententia, ut XIV Kalendas Novembris, invitato præclaro Poppone sanctæ Trevericæ sedis archipræsule, et defensore Henrico glorioso duce Bajoariæ, inter dedicationis solemnia ejus ossa transferrentur in locum ubi hodie cum reverentia et honore debito recondita visuntur. Delecti sunt ad tam pretiosum inquirendum et effodiendum thesaurum cœnobitæ celebres et in sanctæ conversationis proposito nobiles qui dum obseratis ecclesiæ januis pavimentum conarentur infringere, unus ex eis, Thietmarus nomine, oblitus nocturno se delusum phantasmate, Lipennem libraturus, brachia quasi divinitus colligata sensit. Quare attonitus et anxius animo, ab A Huberto præposito in secretioris loci adytum deductus, monitusque paterne ut puræ confessionis se gemitibus expurgaret, si cujus criminis sibi conscius esset. Ille vero hæsitans cum nihil ab se novi admissum invenisset, jussus est ad lavatorium divertere, et sarabara (*id est* vestimenta) sua diligenter inspicere. Quod cum fecisset, et polluta vestimenta deprehendisset, subeunte animum pœnitentia sacro labori se reddidit. Egesta autem humo et effractis duabus cryptis in tertia sacratissimum repererunt sarcophagum et sericum desuper pallium quod (mirum dictu!) per tot sæcula non modo incorruptum, verum etiam pulchrum et integerrimum usque in id temporis ad basilicæ Dei suspenditur ornatum, incorruptæ vitæ ac meritorum tanti pontificis evidens testimonium.
B Accessit inde Humbertus abbas pro reliquiis distribuendis (*f.* detegendis) : et elevato paulisper operculo videre meruit dilectissimum dominum suum jacentem illæsa cuculla et cilicio, et pene toto corpore integro, tantisque fragrante odoribus, ac si delibutum esset unguentis omnibus, et aromata de carne mortua ebullirent pro vermibus. Idem inseruit manum, nec sine summa formidine unam quoque de costis sancti viri extraxit. Cumque omni diligentia obserato et elevato sarcophago sacræ celebrarentur excubiæ, quidam ex cœnobitis Frithelo nomine, qui nobili ortus prosapia, deposito cingulo terrenæ militiæ, oblatis ante se duobus filiis indolis egregiæ, suavi se jugo subdidit servitutis Dominicæ, supervenit tota debilitatus membrorum compagine, utpote
C intestinis ejus prolapsis et dependentibus in secessus confinio et margine; intimæ orationis prostratus obtulit hostiam, et exsurgens nescius impegit in tumbam: et absque ulla mora ex collisione salutifera visceribus in sedem revocatis pristinam sanitatem adeptus est.

III.

De eodem Frithelone, ex lib. IV Vitæ metricæ S. Willibrordi.

Clarus militia dum militis induit arma
Sed vexilla ferens cum sterneret acrius hostes,
Lapsus equo jacuit, prolapsaque viscera luxit (261).

---

(261) Ad hæc tempora, inquit Browerus, ex cujus libro ista decerpsi, revocanda sunt quæ de altero D Frithelone, Efternacensis monasterii advocato, Thiofridus scripsit. Is Bedensi pago late rerum potitus, cum S. Willibrordi fortunas per se suosque fœde divexasset, ausus denique est Namurcensem comitem Adelbertum bello lacessere. Sed prima congressione fusus, fuga se proripuit suorum maximo detrimento. Inde Bedensis pagus direptus, Frithelo a gregario milite confossus. Bertramus gener ejus, et ipse in sanctum injurius, miseram vitam exegit.

RHYTHMUS DE S. WILLIBRORDO

(Dom GERBERT, *Script. de musica*, II, 121.)

A
Laudes Christo die nunc isto
Celebrent omnes ubique fideles
Magno tripudio,
Ob venerationem patris eximii
Sancti Willibrordi.
Hunc cœlitus delapsa enitens notavit luna,
Quæ ejus matri visa per cœleste oroma.
Hinc veluti sidus clarissimum
Sui jubaris radium
Per mundi sparserat circulum
Dum tetras peccati tenebras
Cordi hominum insitas
Verbi splendore fugaverat.
Hoc gens Britonum atque Hibernia
Cum omni Fresia,
Hoc testantur Franci et Germani
Gallorum populi.
Nec inclita ignoravit hunc urbs Romula
Etsi potens mundi domina.
Angelico quando præsul doctus oraculo

Illum subsecravit Domino.
Dehinc fidei fervore succensus,
Aras dæmonum fregit providus.
Gladii ictus attigit
Ipsius caput, aliquid sed non nocuit.
Nam lympha suæ preci tradita
Jam multorum agmina potavit in arida.
Tum vini auxit satis pocula :
Infirmis perplurima contulit subsidia
Hic hodie verus Israelita
Ægypti tenebras evasit
Vicini auctus spoliis.
Et veniens cum lucro fideliter,
Audire meruit gratanter,
Euge intra feliciter.

B
Eia nunc devoti quem rogitemus
Cuncti ore, corde psallentes ac dicentes :
Nos tui qui festa colimus
Mente pia, o clemens, clementer
Adjuva semper.

ANNO DOMINI MCVII

PIBO EPISCOPUS TULLENSIS

NOTITIA HISTORICA

(Ex *Gallia christiana* novæ editionis, tom. XIII, pag. 991)

Natione Saxonicus Pibo vel Poppo, parentes genere claros habuit, patrem scilicet Theotmarum et matrem Duguercam al. Udicam. Sub Annone magistro, qui postea Coloniensis factus fuit archiepiscopus, sex integros annos litteris studuit. Primum fuit canonicus in ecclesia Alberstadiensi, tum in Moguntinensi. Dehinc ab imperatore Henrico IV eleemosynarii et cancellarii munere honestatus, cum eodem principe anno 1070 Tullum accessit, ipso tempore quo de præsulis electione agebatur. Pibonis germanus Bernardus comes nihil non movit apud Cæsarem ut ad episcopalem dignitatem frater suus promoveretur. Equidem canonici, principis cognita voluntate, unanimi voto Pibonem in episcopum elegerunt. Probavit electionem Trevirensis archiepiscopus, rogatusque ab imperatore Metis electum consecravit; assistentibus Metensi et Virdunensi præsulibus, qui novum episcopum usque Tullum comitati, pontificali sedi imposuerunt. Linguæ Tullensium inscius Pibo, valde ingemuit quod populum sibi creditum patria lingua erudire non posset : verum etsi jam sexagenarius, tantam Francicæ linguæ exhibuit operam, ut uno minus anno plebem suam capax fuerit edocere. Adalberoni abbati S. Benigni Divionensis factas a decessoribus suis donationes hoc ipso anno 1090 confirmavit. Epistolam circa annum 1072 ab Alexandro II papa accepit, qua pontifex queritur quod ille ecclesiam Sancti Mauricii, sitam in loco qui dicitur Villa, super Blesam, eadem libertate vellet destruere qua domnus Leo papa Dervensibus concesserat, ut inibi habitantes monachi absque ulla emptione altare S. Mauricii perpetuo possiderent, excepto quod capellanus, cui cura villæ contigisset, censum persolveret. Plurimas res eodem anno monasterio sancti Apri Pibo indulsit, videlicet altare de Bladenaco super Mosellam, et altare de Fanis ultra Mosam juxta Barrum castrum; confirmavit etiam omnia quæ eidem loco ab antecessoribus suis aliisve donatoribus tradita fuerant. Vetuit insuper in synodo ne ullus toparcha vassallos monasterii ad capienda arma cogeret absque consensu abbatis, quem solum, vel monachum ab eo designatum, penes jus esset illos ad militiam deducendi. Inter Widonem ejusdem cœnobii Sancti Apri abbatem et Odelricum militem exortam de portione prædii Bainivillæ controversiam compescuit v Id. Octob. 1074. Ad ipsius Widonis abbatis preces anno 1079 et insequenti res omnes tam a Bruchardo quam a Gauzlino et Brunone Sancto Apro traditas laudavit. Una cum Herimanno episcopo Metensi, cujus inaugurationi adstitit anno 1073, testis et arbiter fuit in Kal. Maii hujusce anni factæ compositionis inter Walonem abbatem S. Arnulfi Metensis et Buxeriensem abbatissam, cui licitum fuit construere pontem super fluvium *Murth*, ea conditione ut annuatim ipsa abbati censum duodecim denariorum persolveret. Dedit quidem Pibo litteras in gratiam ecclesiæ Sancti Deodati. Designatus est anno 1074 cum Udone Trevirensi archiepiscopo et Hermanno Metensi præsule a Gregorio VII pontifice, ut Theodoricum Virdunensem, qui monachos Sancti Michaelis anathemate percusserat, ex eo quod generali adesse detrectassent supplicationi, ad solvendam excommunicationem incitaret. Privilegium monasterio S. Michaelis ad Mosam indulsit an. 1076, quo gravissima ei intenta est actio : clericus enim quidam, Tullensis ecclesiæ custos, querelam ad papam detulit, quod episcopus non ei tantum ecclesiam ab officio custodis dependentem denegasset, sed et ipsum a functionibus suspendisset. Præter hæc aiebat se episcopo respondisse nullam ei deberi obedientiam, ex eo quod Simoniæ reus esset : illum siquidem custos insimulabat archidiaconatus, ecclesiarum consecrationes, ipsasque ecclesias vendidisse; publice cum concubina, quam laicorum more sibi copulaverat sacramento, et ex qua filium susceperat, degere; quin et episcopatum pretio comparasse. Ad hæc addebat clericus se aliosque canonicos audivisse Pibonem crimina hæc fatentem ac dicentem velle pœnitentiam agere. Ira fervidus Pibo, graviter clerico succensuit et urbe discessit. Quo absente, milites in claustrum introeuntes, minas intendere clerico, qui vitæ suæ et honori veritus, clam urbe egressus est. Antistes, accepta custodis fuga, omnes ejus facultates exhausit ac diripuit, eumque ad extremam adegit egestatem. Huic itaque visum est summum pontificem appellare, qui ea de re ad Udonem Trevirensem ejusque suffraganeos Theodoricum Virdunensem et Herimannum Metensem duas direxit epistolas episcopum ergo commonendi, ut debitam clerico exhiberet justitiam. « Deinde, inquit pontifex, convocatis Tullensibus clericis per veram eos obedientiam, imo sub criminatione anathematis constringite, ut quidquid de introitu et vita episcopi sciunt, et vos undique explorata veritate, quid nobis inde credendum sit, in synodo vel ante synodum, quam in prima hebdomada Quadragesimæ celebraturi sumus, per litteras vestras notificare nullatenus prætermittite. Quod si episcopus, ut optamus, innocens de tot ac tantis criminibus apparuerit, quod clericus temere peccavit, quoniam ad nostram venit audientiam, qualiter juste corrigatur, Deo aspirante procurabimus. Si vero episcopus ea, quæ sibi intenduntur, veraciter removere non poterit, nullo modo ferendum est nobis vel vobis, ut locum pastoris lupus obtineat. » Interea Pibo schismaticorum partes suscepit, ac paulo post comitiis ab Henrico IV imperatore Vormatiæ habitis præsens, cum multis aliis præsulibus sub falsorum criminum specie Hildebrandum summum pontificem non esse judicare ausus est. Plures ex episcopis qui adfuerunt conventui, quos inter Udo Trevirensis, Theodoricus Virdunensis et Herimannus Metensis in adeo gravem culpam cecidisse ingemuerunt. Quod ubi Gregorio papæ notum fuit, litteris eos admonuit, ut quod schismaticorum pervasione deliquerant, competenti emendatione corrigerent, « ut sicut, inquit pontifex, mater vestra de excessu vestro condoluit, ita de satisfactione lætetur. » Dedit et eisdem præsulibus mandatum Pibonem admonendi, ut ea quæ illi injuncta sunt, deinceps facere non omittat : « Decuerat enim, addit hic pontifex, ut de objectis sibi debuisset respondere magis, quam contra actoritatem principis apostolorum ad defensionem iniquitatum suarum arma corripere, atque regem sollicitare, id contra nos præsumere, quod nunquam licuit, neque Deo annuente licebit in aliquem clericum fieri. Qui si verba exhortationis nostræ contempserit, auctoritate beati Petri eum a communione corporis et sanguinis Domini nostri Jesu Christi separatum esse sibi notificetis. » Porro schisma ejuravit Pibo circa annum 1078, et in gratiam cum papa rediit. Insequenti astitit cum comprovincialibus episcopis electioni Egilberti Trevirensis, cui haud canonica via, sed regia auctoritate electo manus imponere recusavit. Ad id tempus imposita sibi a clerico Virdunensi crimina diluere constituit. Qua de re exstat epistola Gregorii VII ad Herimannum Metensem, in qua ait pontifex quod cum Pibo propter imperii turbas sex episcopos, qui innocentiam ejus testificarentur, cogere non potuisset, ei munia episcopalia obire permittat, prius tamen probata coram quatuor episcopis innocentia. Si eum, pergit ille, inculpabilem indubitanter esse cognoveris, fraternam manum auxilii præbere non differas.

Verumtamen, qua nescio inconstantia, ad schismaticorum partes Pibo reversus, ad coactum imperatoris jussu Ultrajectinum conciliabulum, ubi Gregorium VII statutum fuit anathemate plectere, accessit anno 1080, et quidem ipse ab imperatore id exsequendi curam accepit. Ille vero timore perterritus, nocte cum Theodorico Virdunensi clam se proripuit, ne tam scelerati facinoris esset particeps. Post hoc conventiculum, Romam pontificem adiisse dicitur, a quo sibi non absolutionem modo, sed et potestatem schismaticos absolvendi præsules, qui ad ecclesiæ reverterentur gremium, assecutus est. Imperatoris in offensam prolapsus anno 1084, ex eo quod Moguntiam non convenisset ad consecrationem Egilberti Trevirensis, ad tempus iræ cedendum duxit. Consilium itaque cepit Jerosolymam religionis causa adeundi. Priusquam vero proficisceretur, Sophia comitissa cœptam a Theodorico duce Lotharingiæ avo suo, et a se absolutam capellam sub Asmantia consecrari desideravit. Intercessit Hodierna S. Glodesendis in urbe Metensi abbatissa, hac inducta ratione quod hæc capella in territorio Domni Martini de jure capituli sui constructa esset : sed tandem eo pacto assensit, ut certum censum comitissa S. Glodesendi persolveret. Tum capellam hanc, in honorem S. Mariæ a Pibone dedicatam, Sophia sancto Michaeli ad Mosam in manu Sigifridi abbatis tradidit. Libertatem ejus capellæ concessit Pibo episcopus, qui ait hoc pactum firmatum fuisse illo anno, quo Jerusalem ipse iturus erat, scilicet anno ab Incarnatione Domini 1085, indictione VIII. Peregrinationem Jerosolymitanam aggressus est cum Conrado Luciliburgensi, et in itinere voto se obligavit, si in patriam salvus et incolumis rediret, monasticam vitam se professurum. Quod reipsa redux præstitit in Divionensi Sancti Benigni cœnobio, cui primo sui pontificatus anno altaria duo ab Udone concessa litteris suis confirmaverat. Facta vero professione, a diœcesanis suis desideratus, jussu pontificis Victoris III Ecclesiæ suæ curam resumere coactus est, cui veræ crucis portionem, a Constantinopolitano dono acceptam, auro gemmisque ornatam dedit. Cellulam monachorum apud Barrum a Sophia comitissa conditam et subjectam monasterio S. Michaelis diœcesis Virdunensis probavit anno 1088. Suum præbuit assensum anno 1091 ut Lutulfus decanus monasterium in honorem S. Leonis ædificaret; laudavitque omnes eidem loco factas donationes. Eodem anno turrim jussit ædificari in cathedrali ecclesia, in qua duas suspendit campanas, triaque erexit altaria. Magnam quidem hanc coronam, chorum inter et altare suspensam, in cujus circuitu accenduntur cerei, ecclesiæ suæ dono dedit. Ad hæc adde quadraginta modios vini nec non ecclesiam quamdam, quæ largitus est ea lege, ut quotannis fieret ejus anniversarium. Ecclesiam S. Chlodulfi apud Laium dedicavit anno 1092, ac paulo post Beatricem, quondam uxorem Bertholdi ducis, defunctam VII Kal. Novembris hujus anni, in urbe Tullensi sepelivit. Egilberto metropolitano schismate inquinato, ille, ejusque comprovinciales episcopi, significarunt anno 1095 se amplius ei non obtemperaturos. Ad eam ætatem referendum videtur responsum Urbani II papæ ad plurimas a Pibone propositas quæstiones. Dedit litteras anno 1094 de fundatione prioratus S. Theobaldi de Amerevilla. Richerum Virdunensem nuper ab Hugone Lugdunensi ordinatum in episcopalem civitatem redeuntem honorifice accepit anno 1095. Claromontano concilio, in quo Saracenis ad terræ sanctæ recuperationem indictum est bellum, interfuit hoc ipso anno; quin et ipse crucem sumpsisset, nisi ætate infirmitatibusque fuisset præpeditus. Quamplurimarum ecclesiarum in diœcesi sua fecit consecrationes, plurimumque abbatiarum et prioratuum fundationes probavit. Largitus est an. 1096 altare situm in Commarceio beatæ Mariæ Molismensi cum conditione sex denarios census solvendi. Ursus quidam ortu Beneventanus, post varias peregrinationes in Lotharingiam accessit, substituitque prope Novum Castum in monte Sionna, ubi oratorium construxit in honorem sancti Jacobi apostoli, cujus reliquias, quas secum attulerat, ibidem reposuit. Id oratorium a Pibone consecratum fuit; dein cella oratorio adjuncta est, quam Pibo ad Ursi preces S. Mansueti monasterio contulit, ut in ea collocarentur monachi, quibus altare S. Germani de Sionna concessit, litterisque datis 1097, IV Kal. Martii statuit ut omnes montem illum inhabitaturi, et cellam illam convenirent pro baptismo et sepultura, cæterisque animæ et corporis subsidiis. Consecravit anno 1101 v Id. Octob. ecclesiam de Portu. Rogante Theomaro abbate S. Mansueti, ratum habuit donum Drogonis capiferi et Evæ uxoris ejus, in ecclesia Sancti Mansueti sepultorum, anno 1102, indict. x. Ad ejusdem abbatis preces firmavit omnes S. Mansueti possessiones an. 1103, indict. XI. Subscripsit anno 1105 litteris de fundatione cellæ apud castrum Vallis-coloris, in fundo a Josfrido nobilissimo principe Molismensi cœnobio attributo. Richardum Albanensem episcopum et apostolicæ sedis legatum honorifice accepit anno 1107, ipsumque precatus est ut consecraret recens instauratam Sancti Mansueti ecclesiam, itemque absolutam a Sehero abbate Calmosiacensem, cujus in gratiam quam plurima jam ab ipso acta fuisse testatur Calmosiacense chronicon. Eodem anno decessit mense Novembri ex necrologio Sancti Mansueti XI Kalendas Decembris, ex necrologio S. Vitoni et S. Benigni Divionensis IX Kalendas, et ex necrologio cathedralis VIII Kalendas, cum Tullensi ecclesiæ præfuisset annis 58. Sepultus in ecclesia Tullensi, in sacello S. Mariæ Magdalenæ : unde pluribus post annis eruta ejus ossa, cum ossibus Reginaldi de Sylvanecto episcopi humata sunt prope minorem portam, qua ex cathedrali in claustrum descenditur.

DIPLOMATA PIBONIS.

I.
Privilegium pro monasterio S. Apri.
(Anno 1072.)
[Dom CALMET, *Hist. de Lorraine*, t. IV, *Preuves*, p. 472.]

In nomine sanctæ et individuæ Trinitatis, omnium quæ subsistunt æternaliter creatricis atque moderatricis, PIBO sanctæ Tullensis Ecclesiæ humilis præsul divinæ dispositionis gratia.

Agitur quotiescunque animus uniuscujusque, ad bonum velle inspiratur, maxime ille qui plus cæteris in hoc mundo aliquid habere cernitur, cum invigilat ut ex rebus terrenæ dominationis Dei clementia sibi propitietur. Nobis tamen pastoribus Ecclesiæ pia sollicitudo indicitur, ut grex Dominicus in ea constitutus, nostra providentia pascatur, et gemina vitæ substantia sub temporali administratione fulciatur. Idcirco universis Ecclesiæ nostræ, cui Deo auctore præsidemus, tam præsentibus fidelibus quam etiam post longe sequentibus, certa ratione manifestum esse volumus quod, ad locum Sancti Apri devenientes et victualem monachorum administrationem pie considerantes, nobis in futuri districtione judicii non modice profuturum esse credimus, si ea quæ ad alimenta fratrum illic Deo servientium pertinent, augeremus, ut per hoc et memoriale nostrum in eo loco certius consisteret, et servorum Dei pro adeptione salutis nostræ perpetualiter oratio non cessaret.

Hujus itaque rei gratia ducti nostrorumque prædecessorum provocati exemplo, qui de rebus ad se pertinentibus quædam eidem loco pro suarum remedio animarum contulerunt, consilio nostrorum fidelium, eis donatione firma concessimus duo altaria pro nostræ remedio animæ, nostrorumque antecessorum et successorum hujus sedis pontificum, scilicet altare de Bladenaco super Mosellam ex integro, cujus medietatem hactenus ab antiquo retinebant, sicut etiam adhuc medietatem retinent ecclesiæ ejusdem villæ, et altare ecclesiæ de Fain ultra Mosellam juxta Barum castrum, ea videlicet lege qua cætera altaria totius abbatiæ antiquitus tenuerant, id est ut decedentibus vicariis quibus tantummodo curam animarum per eorum electionem committimus, ipsi eadem altaria redimere nequaquam compellantur, sed solummodo, ut dictum est, succiduos vicarios exhibeant, qui de manu nostra curam animarum suscipiant. Nostro etiam pontificali dono tradimus loco et fratribus Sancti Apri, cum laude nostrorum fidelium, quamdam mulierem, nomine Peilam, cum duobus filiis ad nostram potestatem dudum pertinentem Gavalonem, ac de nostro jure ad eorum jus perpetualiter retinendas transfundimus, ut pro nostræ

A remedio animæ, nostrorumque antecessorum atque successorum, omnis eorum posteritas in fratrum prædicti loci servitio permaneat.

Confirmamus quoque eidem loco cuncta quæ in privilegiis nostrorum antecessorum, videlicet Gauzlini, Gerardi ac beatæ memoriæ Brunonis in ejusdem loci armario continentur, et quæ adhuc Dei gratia solide retinere videntur, nec non etiam confirmamus ea quæ temporibus prædicti venerabilis Brunonis idem cœnobium acquisivit, id est cellam de Danguiliaco, cum omnibus suis appenditiis, sicut in chirographo felicis memoriæ Walteri comitis, qui ejusdem cellæ dominum Sancto Apro ob suæ remedium animæ contulit.

Quin etiam confirmamus ea quæ temporibus nostri antecessoris Udonis apud Baini-Villam ab Holdierde et filio ejus Odelrico, sicut in eorum chirographo continetur, prædictum cœnobium acquisivit.

Hæc ergo omnia præsenti cartha nostra pontificali auctoritate prælibato monasterio perpetualiter possidenda corroboramus, quatenus ex hac pietate fratres præsentialiter in memoriam reducant quantum pro bona voluntate omnipotenti Deo pro nobis instanter supplicare debeant.

Petimus denique et obsecrantes deprecamur successorum nostrorum paternam benevolentiam, ut hæc nostræ largitatis oblatio firma habeat et rata, sicuti et ipsi quoque sua decreta constituturi sunt, servari perenniter illibata; scientes proculdubio se ita pro bona voluntate remunerandos, sicut pro temeritate ea quæ pro animarum remedio instituta sunt, ab auctore mundi gravius puniendos. Ut autem hæc nostræ traditionis concessio in futuris temporibus firmior habeatur, et perpetualiter illæsa conservetur, manu omnium fidelium nostrorum ea corroborari fecimus, et auctoritatis nostræ gratia durare per succedentia tempora decrevimus.

Ego Pibo gratia Dei Leucorum episcopus signavi.
Sign. Hugonis primicerii.
Sign. Milonis Virdunensis primicerii, et hujus sedis archid.
Sign. Lamberti majoris archid.
Sign. Rudolphi archid.
Sign. Hugonis majoris archid.
Sign. Lamberti junioris archid.
Sign. Albrici archid.
Sign. Luitulfi archid.
Sign. Hugonis junioris archid.
Sign. Theodorici archid.
Sign. Friderici hujus urbis comitis.
Sign. Haimonis comitis, et filii ejus Odelrici.

Sign. Everardi comitis, et filiorum ejus Gilberti et Henrici.

Sign. Milonis et fratris ejus Walteri.

Sign. Hugonis et fratris ejus Warneri.

Sign. Henrici advocati.

Sign. Domini Widonis abbatis cœnobii S. Apri.

Sign. Domini Vinbaldi abbatis cœnobii S. Mansueti.

Data IV Idus Octobris in plenaria synodo, anno ab Incarnatione Domini 1072, indictione decima, regnante Henrico IV Romanorum rege, anno regni ejusdem XVII., duce Theodorico.

Ego Walterus cancellarius decanus, et archid. recognovi et subscripsi, atque signavi.

II.

Controversiam Valonem inter abbatem S. Arnulfi et abbatissam Buxeriensem de ponte quodam exortam compescit.

(Anno 1073.)

[D. CALMET, *ibid.* p. 474, ex authentico Buxeriensi.]

In nomine sanctæ et individuæ Trinitatis, Patris, et Filii, et Spiritus sancti, PIBO gratia Dei Leucorum præsul.

Quoniam divina gratia dignata est nos, non nostris meritis, ad pastorale officium promovere, oportet ut res nostræ ecclesiæ solerter studeamus tam in minimis quam etiam in maximis providere. Quapropter noverit omnium posteritas, tam præsentium quam futurorum, quod fuerit exorta contentio inter duas abbatias, scilicet Buxeriensem nostræ ecclesiæ, et Sancti Arnulphi Metensis ecclesiæ, de quodam ponte quem noviter construxerat abbatissa Buxeriensis super suum proprium fundum, sed tamen in banno et cursu aquæ, nomine Murth, pertinente ad abbatiam Sancti Arnulfi; pro qua contentione amicabiliter diffinienda convenimus ego et confrater noster Metensis Ecclesiæ venerabilis præsul Herimannus, cum duce Theodorico, atque venerando abbate Walone cœnobii Sancti Arnulfi, ubi disposuimus, fraterna charitate mediante, quatenus prædictus abbas concederet ibi fieri pontem, eo tenore ut annuatim sibi persolveretur census XII denariorum publice, festo sancti Remigii, et ad hunc censum recipiendum esset præsens eo die supra pontem legatus abbatis Sancti Arnulfi, ab hora prima, usque ad sextam; qua transacta legatus recederet.

Si vero usque ad vesperam legatus abbatissæ Buxeriensis persolveret prædictum censum apud cellam Laium, susciperetur sine justitia. Si autem ultra noctem negligeret persolvere, in crastino redderet cum justitia. Quod si pons per incuriam, aut imminente impetu aquæ, fuerit destructus, et noluerint restituere, abbas Sancti Arnulfi redeat ad pristinam banni sui consuetudinem, et abbatissa ad suarum navium transmeantium antiquitatem; et eradicet statuas ipsius pontis, ne sint impedimento piscaturæ, vel navibus abbatis Sancti Arnulfi. Ut vero hæc nostra communis diffinitio rata et stabibilis perpetualiter maneat, statuimus hoc chirographum conscribi, quatenus utraque abbatia istius chirographi partem habeat, ad confirmandum hujus nostræ diffinitionis perpetuale testimonium.

Ego PIBO, Tullensis Ecclesiæ præsul, signavi.

Sign. primicerii Hugonis.

Sign. Lamberti archidiaconi.

Sign. Hugonis archid.

Sign. Odelrici archid.

Item sign. Odelrici archid.

Sign. Friderici comitis.

Sign. Odelrici advocati de Nanceio.

Sign. Alberti.

Sign. Henrici advocati.

Sign. Hugonis villici.

Sign. Berengeri advocati.

Ego gratia Dei Herimannus Metensis Ecclesiæ episcopus, consilio nostrorum fidelium laudavi.

Sign. Alberonis primicer.

Sign. Richeri decani et archidiaconi.

Sign. Walonis abbatis Sancti Arnulfi.

Sign. Gervaldi archidiaconi.

Sign. Johannis ærarii.

Sign. Folmari comitis.

Sign. Menzonis advocati.

Sign. Chunonis de Tincherei.

Sign. Haimonis.

Sign. Everardi de Asmantia.

Sign. Alberici.

Sign. Ottonis.

Sign. Lamberti.

Sign. Dodonis.

Sign. Gerardi.

Actum Tulli publice anno Dominicæ Incarnationis 1073, indictione XI, III Kalend. Maii, regnante Henrico juvene Romanorum rege, ducamen regni Theoderico duce regente.

Data per manus cancellarii et archidiaconi Walteri, astipulantibus idoneis suprascriptis testibus.

III.

Confirmatio privilegiorum prioratus de Asmantia.

(Anno 1076.)

[Dom CALMET, *ibid.*]

In nomine Patris, et Filii, et Spiritus sancti. Utile summopere et necessarium est rectoribus ecclesiarum gestarum rerum dispositiones ad notitiam posterorum litterarum memoriæ firmissime commendare. Innotescat igitur universis sanctæ matris Ecclesiæ filiis et fratribus quoniam ego PIBO gratia Dei Tullensis episcopus, precibus et gratia comitissæ Sophiæ dilectæ filiæ nostræ, quamdam ecclesiam in honore beatæ Mariæ, quam ipsa a fundamento construxerat, consecravi. Sed quia parochiani Asmantiæ priscis temporibus subjecti ad Domnum-Martinum fuerant, sicut et aliarum circumjacentium villarum, scilicet de Layo, de Œmunt [*alias*, de Eumont], de Blanzéyo, et de Secbamp, et nunc et illi de Asmantia et de prædictis villis omnes certis ex causis a tali subjectione remoti erant, consilio nobilium suorum rogavit nos prædicta comitissa Sophia ut quid juris, qui ecclesiæ Beatæ Mariæ deservirent, habuissent, vel habituri essent, vel quibus ex causis parochiani de Asmantia a subjectione Domni Martini remoti essent, ne aliqua contentio vel controversia in posterum oriretur, scripto mandaremus.

Noverit igitur omnis ecclesiam beatæ Mariæ cum sua capella de castro ita liberam a dominis et principibus castri taliter constitutam fuisse, quod nec censum, nec respectum aliquem Ecclesiæ Tullensi debeat. Ita ut tamen quod clericus a comitissa vel successoribus ejus de præbenda beatæ Mariæ investitus Tullum veniet, et a sede nostra curam animarum suscipiet, et pro Christianitate conservanda fidelitatem faciet. Quibus enim ex causis parochiani de Asmantia a subjectione Domni Martini remoti sint, sicut ab ipsa comitissa vel fidelibus ejus didicimus, fideliter scribimus. Theodericus dux, comitissæ avus, qui jure hæreditario comiti Folmaro in Asmantia successit, mediam partem decimarum ecclesiæ Domni-Martini hoc pacto dedit et concessit, ut presbyter de Domno-Martino in Sabbato sanctæ Paschæ oleum et chrisma capellano Beatæ Mariæ daret, et in omnibus synodis et conciliis per omnia et pro ipsa decima ipsum capellanum excusatum haberet. Prædecessor etenim meus bonæ memoriæ Bertholdus episcopus, ad memoriam pristinæ subjectionis duas oblationes ad Domnum-Martinum quoquo anno ferendas instituit, et quia illi de Asmantia duri et feroces semper exstiterant, ita ut archidiaconus vel decanus aliquis oppidum eorum tam causa minime auderet intrare, hoc similiter idem episcopus constituit, ut ad Domnum-Martinum ad synodum vocarentur et irent. Præterea muneribus et precibus ipsius Theoderici ducis interpellatus, laude et assensu Berengarii illius castri archidiaconi, et concessione sui capituli, in plena synodo constituit; et in posterum tenendum censuit ut nullam subjectionem, vel redhibitionem, vel exactionem aliquam ecclesia Domini-Martini ab ecclesia Beatæ Mariæ, vel a parochianis ejus exquireret vel haberet amplius. Igitur comitissa Sophia ecclesiam Beatæ Mariæ, a nobis, ut prædiximus, dedicatam, quam ipsa novam de veteri reddiderat, satis plenarie diligens, duos mansos inibi a prisco tempore datos pro eleemosyna ut ecclesia possideret, libenter concessit, et in augmento eleemosynæ item alios duos mansos, cum duabus ancillis, et uno servo, eo tenore quo ipsa tenebat laude filii sui comitis Theoderici, dedit ad altare Beatæ Mariæ; dedit et omnes decimas grossas et minutas de castro et oppido, scilicet de omnibus dominicaturis, de censalibus, de arigalibus, de styrpalibus. Nos itaque pro honore Dei Genitricis Mariæ tale donum laudamus et confirmamus, libertatem et ecclesiæ in præsentia nostra testimonio multorum nobilium et ignobilium recognitam et laudatam recognoscimus et laudamus, et impressione sigilli nostri in perpetuum conservandam anathemate confirmamus.

Signum Pibonis episcopi.
Sign. Alberici abb. Sancti Mansueti.
Sign. Richardi abb. Sancti Apri.
Sign. Hugonis primicerii.
Sign. Riquini archidiaconi.
Sign. Stephani archidiaconi.
Sign. Dodonis decani.
Sign. Theoderici archidiaconi et cancellarii.
Sign. Ibini scabinii.
Sign. Theoderici comitis.
Sign. Rainardi comitis.
Sign. Wirici de Belrain.
Sign. Wirici de Danubre.
Sign. Walterii et Arnulfi fratrum.

Acta sunt hæc Tulli in majori ecclesia, anno ab Incarnatione 1076 indic. xiv, ordinationis vero nostræ x, imperante Henrico III, regnante per sæcula Domino Jesu Christo feliciter. Amen.

IV.
Charta pro ecclesia Sancti Deodati
(Anno 1076.)
[*Gall. Christ.* XIII, *Pr.* 472.]

In nomine sanctæ et individuæ Trinitatis, Patris, et Filii, et Spiritus sancti, PIBO, Dei gratia, sanctæ Tullensis ecclesiæ episcopus, universis in Christo renatis Christi pacem et regnum.

Amor futuræ patriæ, qui in filiorum Dei cordibus plurimum exæstuat de præsentis Ecclesiæ cura et administratione vigilanter deliberat, tantoque potentius eam fovet et amplectitur, quo agnoscit quia eo quod suspirat, non alio modo felicius pervenitur: et nos ergo pro ratione nostri officii in iis quæ ad nos pertinent satagentes, ecclesiæ quoque Sancti Deodati, quæ in tuitione nostra similem curam impendimus, ecclesiamque de S. Remigii monte, quam dux Theodoricus diu per invasiones obtinuerat, tempore Reimbaldi præfatæ ecclesiæ præpositi, synodali judicio et canonicali auctoritate, ipsius quoque præpositi legali comprobatione recuperatam præbendæ fratrum in perpetuum concessimus : quia vero ejusdem ecclesiæ frater episcopus sui altare acquisitæ ecclesiæ in memoriam mei obitus per singulos annos eodem jure, eademque integritate qua tenuimus fratribus ibi servientibus perpetuo tenendum tradimus : verum quia charitati invident charitatis inimici, bonisque institutis pars adversa reluctatur, decernimus, ut quisquis hoc decretum turbaverit, nostro anathemate percussus, iram justi judicii sentiat. Præsentem itaque descriptionem nostra auctoritate confirmamus, testimonio etiam fidelium nostrorum roborari censuimus. Signum Pibonis episcopi, S. Ricuini primicerii, S. Reimbaldi archidiaconi, et S. Deodati præpositi, S. Stephani archidiaconi, S. Hugonis archidiaconi, S. Gotberti cantoris, S. Alberonis cantoris, S. Thromari abbatis, S. Mansueti, S. Widrici abbatis, S. Apri, S. Bertrici abbatis Mediani monasterii, S. Rainaldi comitis, S. Varini advocati, S. Letfridi, S. Henrici de S. Vedusto, S. Gilberti villici.

V.
Litteræ de ecclesia de Munz.
(Anno 1079.)
[BALUZ. *Capitul.*, t. II, p. 1555, ex archivo S. Mansueti Tullensis.]

In nomine sanctæ et individuæ Trinitatis Patris et Filii et Spiritus Sancti. PIBO, Dei gratia, Leuchorum episcopus, omnibus sanctæ Ecclesiæ filiis, salutem in perpetuum.

Quoniam tempora, quæ semper defluunt et nunquam in eodem statu permanent, ex longitudine dierum oblivionem pariunt, et per oblivionem contentiones sæpe oriuntur, eapropter ad cautelam actiones temporum scripturæ commendantur, et per scripturam posteris mandantur. Facile enim retinetur quod scripturæ commendatur. Notum sit igitur præsentibus et futuri temporis hominibus ecclesiam de Munz antiquitus capellam de Blano exstitisse, hominesque apud eamdem villam de Munz commorantes ter in anno, videlicet in Pascha, Pentecosten, et Natale Domini, ex consuetudine apud matrem suam ecclesiam de Blano convenire et debitas oblationes presbytero de Blano ibidem persolvere. Verum quoniam huic antiquæ consuetudini homines ejusdem villæ de Munz tempore nostro obviare conati sunt, per duos annos nostra pastorali justitia et judicio sanctæ Tullensis Ecclesiæ prædictis hominibus divina sunt interdicta, donec præsumptionem suam condigna satisfactione emendarent. Hac necessitate homines de Munz compulsi, dominum suum ducem Theodericum, in cujus manu prædicta villa tunc erat, convenerunt, obnixe precantes ut per eum ab hujusmodi sententia absolverentur. Mediante igitur domino duce Theoderico, prædictis hominibus de Munz ibidem baptisterium et liberam sepulturam concessimus, et ut deinceps in tribus jam dictis solemnitatibus ad Blano ire non cogerentur statuimus. Cujus rei compositio cum ad aures domni Theomari, qui tunc temporis præerat Ecclesiæ beatissimi Mansueti, pervenisset, consilio sapientum, quos consiliis suis asciverat, huic facto rationabilibus modis contradixit pro eo ne si forte præfata capella licentia diaconi et archidiaconi mater Ecclesia fieret, baptisterium et liberam sepulturam haberet, homines de parochia successores ipsius aliquando ac tectum ecclesiæ cooperiendum provocarent et inquietarent. Eapropter dominus dux, præviso in posterum damno Ecclesiæ Sancti Mansueti, et prænotata rusticorum quæ fieri poterat inquietatione, communi assensu et rogatu Albrici villici et aliorum hominum de Munz, præsente venerabili abbate Theomaro et laudante, statuit ut homines de Munz tectum præfatæ ecclesiæ, si quando destrueretur, cum cæteris utensilibus interioribus, videlicet indumentis, calice, missali, scarsali repararent. Sic igitur memoratus abbas Theomarus, rogante et instante supradicto duce, cæterisque qui multi ad eum rogandum super hoc convenerant, eorum petitioni assensum præbuit, et quæ sui juris erant in oblationibus trium festivitatum ad cooperiendum ecclesiæ tectum in auxilium concessit, exceptis panibus oblationum earumdem festivitatum. Et ne tam nostra quam prædicti abbatis institutio aliqua posterorum calumnia vel oblatrantium improbitate valeat quandoque ullo modo transmutari, hanc chartam conscribi jussimus in signum monimenti, quam etiam sub interminatione anathematis impressione propriæ imaginis, signis quoque et testimoniis nostrorum censuimus fidelium roborari.

S. Pibonis episcopi.
S. Theomari abbatis.
S. Theodorici ducis.
S. Widrici abbatis.
S. Apri.
S. Riguini primicerii.
S. Brunonis archidiaconi et præpositi.
S. Gengulfi.
S. Alberonis cancellarii.
S. Ogeri sacerdotis ejusdem capellæ de Munz.
S. Albrici villici ejusdem villæ.
S. Bencelini militis subadvocati de castro Castanaii.
S. Humberti militis ejusdem castri.
S. Milonis de Gundricort.

Acta sunt hæc anno ab Incarnatione Domini 1079, anno ordinationis nostræ XI, imperante Henrico III, duce Lotharingorum Theoderico, comite Tullensi Raynardo, regnante per sæcula Domino Jesu Christo feliciter. Amen.

VI.
Litteræ de cella Asmantiæ.
(Anno 1085.)
[BALUZ., *Miscell.* III, 58, edit. Mansi.]

Quoniam de incertis certa requirenda sunt, utile et necessarium est posteris ea litteris commendare. Ego igitur Pibo Tullensis episcopus notum facio meis successoribus quoniam inter Sophiam comitissam et Hodiernam Sanctæ Clodesindis abbatissam controversia diu fuerat ne capella sub Asmantia sacraretur, ideo quod in territorio Domni-Martini constructa erat. Sophia autem multoties nos adiit, ut consilium nostrum in hoc poneremus. Denique convocato Hermanno Metensi episcopo, consilio et auxilio ejus apud abbatissam obtinuimus ut si censuales redditus quos habebat comitissa Sophia apud Layez et tribueret, et Aremifridum, Badinum, et Lampizonem cum quartariis et foresta de Eingiviler et benigne concederet laude sua et capituli Sanctæ Glodesindis capella sacraretur. Huic consilio interfuit abbas Sancti Mansueti Albricus, Evrardus Sancti Apri, Hugo noster primicerius. Post hæc, præsente Hermanno Metensi episcopo et abbatissa Hodierna donum cellæ, donum capellæ castri in manu abbatis Sancti Michaelis, Sophia comitissa posuit cum decimis arengalium et stirpalium et indominicatuum et decimas omnium decimas quæ acquirere posset ex proprio ære. Chartam itaque fieri sibi expetiit de libertate cellæ, quam liberam feceram laude capituli nostri ab omni exactione, vicarium liberum qui utrique deserviret et cellæ et capellæ castri, qui etiam vicarius fidelitatem faceret abbati Sancti Michaelis de his quæ essent sui juris, fidelitatem etiam abbatissæ de his quæ ad eam pertinerent, conductum vicarii abbati Sancti Michaelis benigne annuens, et in perpetuum scripto astipulans. Cujus petitioni libenter annuimus, imposito sigillo nostro et banno. Ut autem certius teneatur et sciatur, præsens chirographum conscribi rogavimus cum signis illorum qui interfuerunt. Hocque pactum firmatum est illo anno quo Jerosolymam iturus eram, anno ab Incarnatione Domini 1805, indictione VIII, epacta XXII, concurrente II, papante Gregorio VII, regnante Henrico III.

Signum Pibonis Tullensis episcopi.
S. Hermanni Metensis episcopi.
S. Albrici abbatis S. Mansueti.
S. Evrardi abbatis S. Apri.
S. Hugonis primicerii.

Hi autem sunt testes de familia, Maimboldus, Bovonius, Emyco, Enzelinus, per quorum manus XXX libræ Metensis monetæ Hodiernæ abbatissæ traditæ sunt.

Præterea antecessores prædictæ comitissæ Sophiæ mansum infra suburbium civitatis juxta portam quæ dicitur Eckeardi Sancto Stephano protomartyri dederant in Raimbaldi angulo, sed per longa tempora oblivioni traditum fuerat. Renovatum est ergo donum per manum nostram, et præsenti scripto confirmatum, ut memoria antecessorum ejus in nostra charta firmius habeatur, maxime pro libertate cellæ Asmantiæ, quam liberam feceram ab omni exactione.

VII.
Fundatio monasterii S. Leonis Tullensis.
(Anno 1091.)
[Dom CALMET, *Histoire de Lorraine*, IV, Pr. 489.]

In nomine sanctæ et individuæ Trinitatis. De Scripturis evangelicis et apostolicis præmoniti, pii reges, religiosi pontifices, cæterique Christiani principes, quorum cor dilatatum est in charitatis latitudine, et rerum suarum multimoda possessione, ipsi quidem solent ecclesias ædificare, congregationes Sanctorum adunare, stipendia necessaria suppeditare omnique sufficientia locupletare.

Ego autem Luctulfus humilis clericus, Tullensis ecclesiæ claustri decanus, quamvis nulla rerum possessione subnixus, animatus sum tamen æmulari tam grande propositum, quadam magnanimitate bonæ spei quotidie interpellante adversus pusillanimitatem meam, et incessanter sugillante timidum animum meum. Qua in re prudens hujus mundi taxans sumptus operis et rationis, nequaquam commiretur vel contemnat pusillanimitatem meam, quia Dei munificentia semper fidus comes bonæ voluntatis, in quo omnia possibilia credenti, inceptum meum conducit et perducit ad bonam efficientiam. Si quidem expositus inter spem et curas, Hugoni comiti filio comitis Henrici, sicut eram ei notissimus, hanc voluntatem meam et sollicitudinem exposui. Vir autem Domini fidelis, Spiritu Dei intrinsecus corde tactus, in hæc mihi verba respondit, sese curarum mearum futurum socium, et suscepti laboris indefessum cooperatorem, imo principem, si in honorem beati Leonis papæ, Tullensis episcopi, inibi cœnobium dedicarem, et circa illud xenodochia pauperum ædificarem, ut, quoad viverent ipse et uxor sua, pro incolumitate et prosperitate eorum fieret ibi quotidiana oratio; cum appositi essent ad patres suos, tunc quoque impensius deberetur animabus suis et patrum suorum ecclesiastica memoria, et prodesset pauperum benigne subministrata refectio. Quod quidem ego Luctulfus gratanter assensi.

Igitur ipse comes et sua comitissa, et ego communicato consilio adivimus episcopum Tullensem, virum piæ memoriæ venerabilem Pibonem, ecclesiarum Dei amatorem, omni bono incepto congratulantem et cooperantem. Sanctus itaque sacerdos, audito consilio pie admiratus sæcularis viri devotionem, sacerdotali admonitione excitat, et confirmat bene compunctam mentem, et ipse eidem operi multum se promisit auxiliaturum, quamvis tunc temporis sibi esset in manibus opus grande, quia ædificabat turrim ante Protomartyris principem oratorium. Habebat autem idem piissimus comes Hugo magnum et antiquum beneficium de eodem venerabili episcopo; ex hoc beneficio quamdam villam, quam dicunt Martini-montem avulsam, uterque comes et comitissa de manu sua emisit, et exclusa hæreditaria postulatione omnium successorum, in manum dominicam episcopi reposuit. Item Ger.r.us de Brescio filius Walfridi, capita hominum utriusque sexus, quotquot in eadem villa habuit commanentes, quos de episcopo in beneficio tenebat, in dominicam manum episcopi reposuit. Ipse similiter egregius pontifex quos homines in eadem villa commanentes ad mensam suam pertinentes habebat, ad integritatem doni de virtu suo emisit. Quæ villa cum redintegrata membris suis et indominica fuisset, venerabilis episcopus Pibo, consilio et assensu eorumdem comitum, super altare sancti Stephani quieta et solida traditione eam imposuit, divinum et humanum contestatus auxilium, ut eadem villa, id est Martini-mons, cum ecclesia et suis appenditiis, altari sancti Stephani appenderet, et cum ædificatum esset cœnobium, et aliquot cœnobitæ adunati, usibus eorum deserviret.

Addidit etiam mansos in civitate, qui appendebant ad beneficium ejusdem villæ, censos duobus solidis. Acquisivi præterea ego Luctulfus ecclesiam de Wandelini-villa, cum omni integritate dotis ejusdem ecclesiæ, de comitissa Recheza, quæ etiam dedit unum hominem, cum duabus quartis unius mansi, eo pacto ut censum suæ terræ quem debebat ad bannum, solveret ad altare nostri cœnobii, et sic maneret quiete in banno villæ.

His itaque dispositis, deerat adhuc mansus in quo ecclesia et xenodochia, et illis appenditia receptacula possent construi, quem piissimus antistes ipse, sua charitate admonitus, statim contulit, quod longum et latum non solum ad ædificia, sed etiam ad altera largissime suppedilanda sufficit. Ecclesia igitur ædificata congruisque receptaculis, ego Luctulfus visitationem Dei et auxilium ejus eidem loco præsidere indubitanter percepi, ideoque fiducialiter præsumens de benevolentia Omnipotentis, quosdam sanctos qui venditis patrimoniis, et in pauperes erogatis, in monte Rumberch religiose degebant; multis precibus ambitos sollicitavi, et episcopali auctoritate invitatos demum ad me traxi, ut apostolicam vitam, scilicet primitias Christianæ religionis, sicut prius in monte, ita quoque in nostro cœnobio ducerent, sub regula et conscriptione sancti Augustini; salutare namque et congruum symbolum videbatur, ut una civitas tria perfectiora membra Christianæ religionis contineret, videlicet canonicos suas proprias possessiones obtinentes, et monachos sub regula sancti Benedicti cuneis nigrantes, et candidos Nazaræos apostolicam vitam ducentes, ut quisquis converti vellet ad Dominum, in hac una civitate appositum haberet quidquid arctioris religionis eum delectaret. Igitur hi sancti viri perfecte viventes in tranquilla sinceritate sui propositi, delectabili odore sanctæ conversationis suæ multos sæcularium utriusque sexus converti ad sequendum pauperem Christum allexerunt, et illectos quosdam ad contubernium suum attraxerunt.

De quibus Petrus filius Dodoni seipsum et vineam suam contulit, item Walterus filius Bereri juvenis clericus, sicut et Petrus seipsum cum vineis et manso uno contulit. Item Varnuldis virgo Christi seipsam eorum præbendæ et disciplinæ contradidit, et aliquot jugera arvi et vineam apud Scrupulas contulit, quam ego vel emendo vel cum fratre suo commutando postea augmentavi; item vineam in Barromonte de clerico Trelino emi; item allodium apud Focaucart a quadam matrona, nomine Aia, sicut habebat hæreditario jure ab antecessoribus suis per integritatem, mea pecunia comparavi. Officia puella, soror Hugonis, vineas et duo jugera terræ contulit; quidam etiam timentes Dominum, gratuita benevolentia aliquanta jugera passim contulerunt, quæ per singulos donatores, et per singula loca enumerare, ne fatigarem synodales aures, odiosum putavi.

Post hæc ego Luctulfus videns multiplicata et multiplicanda bona sanctorum, et reputans quoniam apud improbos mores non est satis tuta per se propter innocentiam suam probitas justorum sine patrocinio magnorum, boni consului donata superius conscripta, et in posterum donanda, ne quis temerator audeat aliquid eorum avellere, synodali auctoritate sub anathemate confirmare, et immunitatem in qua vivat nostra congregatio secundum regulam sancti Augustini, breviter describere, videlicet ut nostri canonici sicut sunt suæ et ab aliis dissimilis regulæ, ita liceat illis absque censura aliorum, vel canonicorum vel monachorum, sub episcopali obedientia suo privato jure vivere. Priorem suum ipsi sibi eligant, ipsi sibi præficiant; curam animarum ab episcopo suo priori expostulent et accipiant, delicta illorum, quæ divina virtus prohibeat, nullus primicerius, nullus decanus, nullus abbas judicare præsumat, nisi prior ipsorum vel episcopus, seu inobedientia vel necessitas illum invitat. In festivitatibus majoris ecclesiæ, sive aliarum ecclesiarum, ad stationes vel ad sepulturas magnorum extra atrium suum nullus eos appellet vel cogat, sed vita eorum, sicut est singularis, secreta tranquillitate se contineat.

Ego Pibo Tullensis Ecclesiæ antistes, in plena synodo residens, quæsivi in synodali corona si immunitatem canonicorum sancti Augustini, quæ superius descripta est, qui canonici degunt in cœnobio quod ædificavit frater Luctulfus extra muros civitatis, si illam laudaret et firmari postularet, aut si aliquid donorum quispiam infringeret, proclamaret. Quæ superius promulgata, cum omnes favorabiliter excepissent et firmari postularent, ego quoque spontanea commonitus voluntate, addidi ex meo dono perpetualiter illos habere hoc juris, quod habet episcopus super altare de Wandelini-villa, et super altare de Martini-monte, excepto quod censum debeant persolvere. Item donavi eis licentiam et auctoritatem, ut in suo atrio possent sepulturam constituere, in qua sive plebeios sive nobiles, quicunque postulabunt, sepeliri ab eis concessionem meam habeant eos suscipere, et in suscipiendis nullus abbas, nullus presbyter pro conterminio suo audeat eos conturbare vel contristare. Hæc omnia superius descripta et donata et fidelium devotione in posterum donanda, ego Pibo Tullensis episcopus et volo, et jubeo manere rata, et inconvulsa, et episcopali auctoritate sub anathemate synodali judicio confirmo observanda. *Hæc faciat Dominus et hæc addat* (II *Reg.* III, 9), respondit universa corona.

Signum Pibonis episcopi.
Sign. Hugonis primicerii.
Sign. Requini archidiaconi.
Sign. Alberonis archidiaconi.
Sign. Stephani archidiaconi.
Sign. Hugonis cantoris et Stephani Rufi.
Sign. Theoderici.
Sign. Angeheri.
Sign. Deodati.

Anno ab Incarnatione Domini millesimo nonagesimo primo, indictione XV, VI Idus Octob., confirmata est et signata hujus privilegii charta a domino Pibone venerabili episcopo præsidente in synodo plenaria.

VIII.
Privilegium pro abbatia S. Leonis Tullensis.
(Anno 1091.)
[Dom Calmet *ubi supra*.]

In nomine Patris, et Filii, et Spiritus sancti, Pibo Dei gratia Leucorum humilis episcopus, fidelibus Christi universis tam præsentibus quam posteris, gratiam Spiritus sancti.

Officii nostri est fidelibus Christi maxime nobis commissis, non solum spiritualia, sed etiam temporalia bona providere, et filiis pacis, ut tranquillam vitam agant, quæ ad pacem sunt procurare. Igitur devotioni et studio filii nostri Luctulfi Ecclesiæ nostræ decani, quo in ædificanda memoria beati Leonis noni papæ desudat congaudentes, et ipsius manui manum nostram in adjuvando conjungere volentes, studuimus diligenter exarare qualiter ipse et ecclesia quam ædificat, villam Martinimontis acquisierit, Dei munificentia adminiculante. Siquidem strenuus comes Hugo de Dasbore, venerabilis Henrici filius, intrinsecus Dei tactus inspiratione, et nobilis prosapiæ beati Leonis, de qua descenderat, ductus dulcedine, prædictam villam, assensu conjugis suæ et hæredum suorum, a quodam magno beneficio, quod a nobis tenebat, avulsam, de manu sua emisit, et exclusa omni hæreditaria postulatione, in nostram dominicam manum reposuit, nihilque donationis vel advocatiæ, nihil omnino juris alicujus in manu sua retinuit. Gerardus quoque de Briceio, filius Valfridi, capita hominum utriusque sexus, quotquot in eadem villa commanentes, quod a nobis in beneficio tenebat, in dominicam manum nostram reposuit.

Horum igitur devotioni congratulantes, nos etiam quotquot homines in eadem villa commanentes ad nostram mensam pertinentes habebamus, ad integritatem dominicam de victu nostro emisimus. Hanc ergo villam, cum redintegrata membris suis et indominicata fuisset, consilio et assensu supradictorum virorum, super altare beati Leonis libere reposuimus, et ad præbendam fratrum inibi Domino servientium ipsi ecclesiæ in perpetuo possidendam sub anathemate confirmavimus. Reposuimus etiam super ipsum altare beati Leonis, in banno et potestate Maseriarum, croadam quamdam desuper ipsam villam inter vineas et prata jacentem, omni decimatione et censu liberam, et pratum inter publicam stratam et pratum nostrum jacentem, pro quo custodibus banni solvuntur quatuor nummi. Denique præsentibus et futuris volumus notum fieri, Maseriarum et Martinimontis fines, pascuas, silvas, omnino ita esse communes ut injuria et injustitia sit, si alii alios ab his omnibus excludere præsumpserint; ipsis enim et animalibus suis, sine damno his communiter uti licebit. Quod si forte damnum fieri contigerit, per fidelitatem hominum restituatur, et pro justitia banni nostri remittantur duo nummi, et non amplius persolvantur. Quod jus in omnibus villis et curiis nostris concessimus et confirmavimus ecclesiæ Beati Leonis habendum. Præterea matrimoniorum et desponsationum usus et consuetudo talis ibidem habetur, ut, si quis Maseriarum aliquam de feminis Martinimontis ducere voluerit, sine contradictione liceat; hoc etiam Martinimontis homines, in curia Maseriarum jus obtinent.

Si vero desponsata ex sulcis Martinimontis fuerit dotata, vel die desponsationis ejus in ipsa villa primum fuerit pernoctata, ubicunque postea moretur præter Maserias, ad Martinummontem censualis erit, et cum omni progenie sua, ibi placita prosequetur. Hoc idem fiet de feminis Martinimontis in banno Maseriarum ductis. Concessimus igitur, et præsenti privilegio confirmavimus, ut in villis et curiis nostri juris, ecclesia Beati Leonis et collata pace possideat, et conferenda devotione fidelium libere accipiat. In quibus omnibus pro salute animæ nostræ omnia jura nostra ipsi ecclesiæ remittere voluimus, et ut nullus advocatus, nec aliquis ministrorum nostrorum, super hoc ei molestiam inferat, vel calumniam cupidine moveat, auctoritate Dei et nostra præcipiendo sub anathemate interdicimus; nihil enim juris nisi a nobis, nihil potestatis nisi per nos, in his omnibus habeat aliquis eorum. Quod si cupiditate ductus, inde molestiam ecclesiæ intulerit, anathematis nostri vinculo ligatus, divinæ justitiæ reus erit. Deinde cum eadem ecclesia Dei dono crevisset, et abbatem adepta fuisset, ipse abbas, Scherus nomine, vita et moribus honestus, et consilio providus, considerans malitiam in dies suberescere hominum, et præcavens in posterum, et attendens sine providentia alicujus principis eamdem villam ab infestationibus malefactorum securam nullo modo per se existere, nostro et religiosorum virorum bono usus consilio, cum pro quodam negotio ego et dux Theodericus, et Simon puer ejus filius, et frater ducis Gerardus comes, et Renardus comes Tullensis, et alii quamplurimi nobilium, tam clericorum quam laicorum, ad Chantenoi in unum convenissemus, in manu ipsius ducis et custodiam prædictæ villæ, et non advocatiam, nobis omnibus videntibus et audientibus, abbas reposuit, et pro custodia singulis annis septem modios vini et dimidium in ipsa villa duci recipere concessit; quod si vini minus fuerit, aut omnino defuerit, pro modio sexdecim denarios recipere terminavit.

Dux vero, sicut erat pius et benignus in salute animæ suæ, custodiam villæ recepit. Consideratione autem paupertatis villæ, constitutum inibi fuit ut quemcunque dux pro ipso dirigere vellet, illic, cum tribus aut quatuor sociis, in eadem villa duo servitia per annum haberet, nec amplius aliquid exigeret, in placito non resideret; nec ad placitum aliquem cogeret, nisi forte abbas vel præpositus ejus, ad reprimendum aliquem sibi rebellem, id ab eo fieri postulasset. Quam utique constitutionem dux clementer annuens, in fidelitate sua obtestatus est, et custodiam villæ se diligenter procuraturum, et constitutionem præscriptam fideliter servaturum.

Quod si forte ex eadem villa aliquis inopia vel aliqua necessitate recesserit, et ad aliam transierit, quocunque declinet, nullus, nisi abbas, in eo aliquid habet.

Ne vero super his omnibus in posterum ab aliquo ecclesia Beati Leonis aliquam molestiam sustineat, vel aliqua controversia emergat, præsenti scripto his omnibus testimonium perhibemus, quod sigillo nominis nostri signari voluimus, et auctoritate pontificali confirmavimus. Quod si aliquis superbia vel cupiditate ductus, his contrarius exstiterit, et amplius quam quod constitutum est exigere præsumpserit, eum excommunicatum divina auctoritate et nostra esse censemus, et anathematis vinculo subjicimus. Subscribi etiam voluimus in testimonium horum, nomina virorum legitimorum, qui his interfuerunt.

Signum Pibonis episcopi.
Sign. Theoderici ducis.
Sign. Gerardi comitis.
Sign. Reinardi comitis Tullensis.
Sign. Hugonis primicerii.
Sign. Luctulfi decani.
Sign. Riquini archidiaconi.
Sign. Widerici militis de castro de Noviler.
Sign. Karlonis de Fonteniaco.
Sign. Hodivat militis Deprées, et aliorum plurimorum.

Anno ab Incarnatione Domini millesimo nonagesimo primo, indictione XV, VI Idus Octobris, confirmata est et signata hujus privilegii charta a domno Pibone venerabili episcopo.

IX.

Fundatio prioratus S. Theobaldi.

(Anno 1094.)

[Dom CALMET, *Hist. de Lorraine* IV, *Pr.*, 498.]

PIBO Dei gratia Ecclesiæ Tullensis indignus episcopus, universis tam futuris quam præsentibus temporalem salutem et æternis ditari muneribus.

Quia non omnium hominum ad patriam redeundi eadem est possibilitas vel voluntas, sed sicut dicit Apostolus, unusquisque proprium donum habet a Deo, alius sic, alius autem sic; alii, Dei misericordia operante, terrenorum possessione vel etiam appetitu nudati, cum adversario vias hominum obsidente, audaces luctamen ineunt. Nonnulli eorum quæ perdere timent sarcina prægravati, quamvis timidi, ad certamen veniunt, et quod ex propriæ imbecillitatis conscientia desperant, eorum qui jam cum Deo regnant, orationibus, et eorum qui hic spiritualiter vivunt fulcimento, ne succumbant, vel si ceciderint ne collidantur, expetunt. Justissima recompensatione ex his quæ vel tandem relinquere habent necessarium, eorum usibus largientes, felici commercio pro perituris æterna commutant: inter quos Hugo et frater ejus Haymo in sylva de Amerellivilla, quamdam partem certis consiliis a toto corpore disjunctam, beato Mansueto et fratribus in ejusdem cœnobio commorantibus communiter tradiderunt. Nam quidquid est inter viam mercatoriam, et viam veterem, quæ est desuper vallem, usque ad ripam fluminis, et usque ad sylvulam de Flaviniaco; eorum devotio, hæredibus suis assentientibus, prædicto cœnobio contulit. Et ut ibidem cella constructa monachi statuerentur, qui pro eorum et reliquorum excessibus Domino jugiter supplicarent; ab abbate qui tunc erat, obtinuit.

Ad quorum sumptus necessarios junior frater Haymo gravi languore decubans, quidquid in eadem Amerelli-villa habebat, et apud Asmancium, et in villa quæ dicitur Saphez, et alodium de Sendruviler, cum conductu ecclesiæ in mancipiis, in cultis et in incultis supradicto confessori concessit, et in eodem cœnobio abjurato sæculo monachi habitum suscepit. Postmodum vero frater senior Hugo partem suam in prædictis villis omnino sicuti possidebat, eidem cellulæ dedit; necnon consilio et instinctu suæ uxoris, alia quædam addidit in eadem Amerelli-villa, duos quartarios, et manentes, et uxores eorum, et filios, cum dimidio banni villæ, et districto, et cum omni debito. Totam terram de Mizon cultam et incultam, et in aqua piscatorem unum, redecimationem portæ et piscium. Apud monasteriolum duos quartarios, cum manentibus, et eorum uxoribus, et filiis, in omni usu de dominico labore totam decimationem; panis et vini decimationem; dimidium de Crusillis. Similiter apud Helegiam duos quartarios, et habitatores cum omni jure debito. Totum alodium de Senungis, in sylvis, in agris, in pratis, in cunctis usuariis.

Huic dono interfuerunt liberi homines, et ad testificandum idonei, Drogo junior de Bosanivilla, Widricus de Stræna, Paulinus, Odelricus de Ferreris, Hugo de Buxeris, Hugo de Claromonte.

Et ne temporalium stipendiorum inopia fratres in hac cellula conversantes divino servitio minus intentos faceret, vel a proposito penitus revocaret, supradicti cœnobii abbas, fidelium et fratrum suorum consilio, nonnulla subscripta hac conditione adjunxit : ut si aliquo divinæ dispositionis nutu destructioni subjacuerit, omnia ibidem deputata beato Mansueto capitaliter restituantur. Apud Haleium VIII quartarios. Apud Avios II quartarios. Apud Chalmontem II quartarios. Apud Novumvillare II quartarios cum manentibus. Apud Petrævillam II quartarios. Apud Huldeni Montem I quartarium et dimidium. Apud Hulcioli villam I quartarium et dimidium. Apud Domnumbasolum quidquid Drogo de Estraines dedit sancto Mansueto in eadem villa, pro anima sua et antecessorum suorum, et pro præbenda filii sui : domum videlicet lapideam, contiguam parieti ecclesiæ, et homines ad ipsum alodium pertinentes. Albertum et quidquid possidebat in terris, pratis, sylvis, molendinis, et in cunctis usuariis. Herimannus de S. Christophoro dedit B. Mansueto apud Novumcastrum quartarium, ı in mansis, mansionilibus, in terris cultis et incultis, servis et ancillis.

Quia vero gradus altior a ruina non defendit, sed interdum gravius præcipitat, nos qui nulla meritorum prærogativa suffragante, sancti Mansueti vices indigne tenemus; ut eodem porrigente manum de lacu miseriæ et de luto fæcis possimus resurgere, et eo protegente quæque periculose imminentia devitare, visum est nobis non incongruum, cleri nostri consilio et hortamine, de nostro jure huic cellulæ profuturum aliquid recidere. Denique ad domni abbatis Temari petitionem, totum illum locum certis limitibus terminatum, cum cella, annuente archidiacono et decano, assentientibus etiam canonicis sancti Gengulfi, cum præposito, in quorum parochiali est territorio, ab omni subjectione illius matris ecclesiæ liberum reddimus. Omnem decimationem cujuscunque rei intra descriptos terminos cellæ concedimus. Omnes advenas, nisi sint de ipsa parochia, qui in jam dicto loco mansionem acceperint, a jugo antiquioris ecclesiæ absolutos esse omnino decernimus. Et ut contra hæc statuta nulla aliquando exsurgere audeat violenta improbitas, omnes qui de his donatis aliquid substraxerint, vinculo anathematis innodamus; ut decursione temporum ab humana memoria nihil horum possit excidere vel augeri, hac scriptura firmamus. Ut confundatur et obmutescat omnis invida et repens judicialis calumnia, tam nostræ imaginis notissima assignatione, quam talium virorum, quibus non credere nefas est, subnexa testificatione roboramus.

Signum Pibonis episcopi.
Sign. Themari abbatis sancti Mansueti.
Sign. Seheri abbatis sancti Leonis.
Sign. Hugonis primicerii.
Sign. Luctulfi decani.
Sign. Riquini archidiaconi.
Sign. Brunonis archidiaconi et præpositi.
Sign. Adelberonis archidiaconi.
Sign. Stephani archidiaconi.
Sign. Hugonis archidiaconi.
Sign. Tecelini archidiaconi.
Sign. Adelberonis cancellarii

Ista quidem peracta sunt in Tullensi sede, in ecclesia majore vııı Kalendas Martii, in capite jejuniorum, audiente clero, et innumera plebis multitudine, anno ab Incarnatione Domini 1093, ordinationis vero nostræ anno xxıv, indictione ıı, feria ıv, concurrente v, lunæ ııı, epacta ı.

X.
Privilegium pro ecclesia S. Mariæ.
(Anno 1096.)
[Dom CALMET, *ibid.*, p. 502.]

In nomine Domini summi et veri Dei. Quoniam, ut quidam sapiens ait, pulchrum est bene facere mundanæ reipublicæ, constat summe pulchrum et salubre esse id fieri spirituali et divinæ curiæ. Quapropter volumus notum esse omnibus nostræ diœcesis fidelibus, tam posteris quam præsentibus, quod ego Pibo Dei gratia Tullensis sedis præsul, dedi ecclesiæ Sanctæ Mariæ, que est in Molehme (l'abbaye de Molesme) altare, quod situm est in Commarceio ad utilitatem monachorum inibi Deo famulantium. Quia vero cœnobium illud ad nostram aut ecclesiæ nostræ non attinet subjectionem, statuimus ut supra censum debitum, nostræ solvant sedi assidue cum ipso censu, sex denarios. Ne quis autem amodo hoc donum aut statutum vel non ita factum esse intendat, aut id violare præsumat, curavimus illud corroborare, et præsentis privilegii conscriptione, et nostri sigilli impressione, et eorum qui subscripti sunt, tam clericorum quam laicorum idonea attestatione.

Testes doni prioris. Sig. Riquini archidiaconi.
Sign. Gerardi comitis.
Sign. Reinardi comitis.
Sign. Odelrici comitis de Brisseio.
Sign. Godberti de Aspero-monte.
Testes doni renovati. Item sign. Riquini archid.
Sign. Tasselini archid.
Sign. Stephani archid.
Sign. Ramboldi cancellarii.
Sign. Joannis decani.
Sign. Bernardi sacerdotis.
Sign. Edelrici de Rinnel.
Sign. Henrici advocati Tullens.
Sign. Sigiffridi et Hugonis villici et Godberti camerarii.

Donum renovatum actum est anno ab Incarnatione Domini 1096, indictione ıv, epacta xxıv, occurrente ıı, Urbano papa, Pibone episcopo, regnante Henrico IV, imperatore, duce Theodorico, comite Reinardo, ubique regnante Domino nostro Jesu Christo, cui sit honor, laus et gloria per omnia sæcula sæculorum. Amen.

XI.
Fundatio prioratus S. Jacobi in Castello Novo pro abbatia S. Mansueti Tullensis.
(Anno 1097.)
[Dom CALMET *ubi supra*, p. 509.]

Universis Christianæ religionis cultoribus, PıBo Tullensis Ecclesiæ Dei gratia dispensator, salutem, et simplicis veritatis integram dilectionem.

Pietatis et bonæ actionis officia tanto magis appetere et amplecti debet omnium fidelium devota affectio, quanto magis non aspernabilem honestæ opinionis odorem longe et late diffundunt, et desiderabilem animarum vivificationem, et postmodum corporum reparationem efficaciter operantur. Unde nos quos summus ille pater familias, utinam non ad judicium, in domo sua speculatores posuit, eo propensius in hujus stadii cursu legitime certando convenit reliquos anteire, quo non solum de nobis, verum etiam de omnibus quos regendos et corrigendos suscepimus, si desidiosi apparuerimus, tandem ille qui commisit, iratus exiget rationem.

Audito itaque et accepto apostolicæ prædicationis

præconio, quod non est apud Deum personarum acceptio, cujusdam pauperis et exsulis preces cum alacritate suscepimus, et ad ejus petitionem, interveniente Grimbaldo abbate, in cujus tutela se et sua omnino commendaverat, ecclesiam quam ipse in monte Sion ædificaverat, cleri nostri consilio dedicavimus. Hic etenim pauper Ursus, natione Beneventanus, multorum locorum opportunitatibus exploratis, prædictum montem proposito suo congruum remotæ conversationi suæ prælegit, reliquias sancti Jacobi apostoli quas secum habere credebat, ibidem deposuit, ab illis, qui cum temporaliter quasi beneficium possidebant, licentiam incolendi obtinuit; sed cum pro reliquiarum reverentia, et novitate loci, innumerabilis populorum turba illuc conflueret, divino munere idem pauper sublevatur, et frequentissima circummanentium visitatione et impulsu confortatur, ecclesiam, qualem potuit, illic construxit, locum illum, sicut olim, inhabitatum esse putatur, et adhuc aggere lapidum quasi muro clauditur, apud illos in quorum potestate erat, ut ecclesiæ et in ea Domino servientibus dedicationis tempore, nostro assensu traderetur effecit, quam beato Mansueto sicut in ea monachi stabilirentur perpetuo possidendam per manum nostram tradidit.

Cum vero fratres et loci incolæ præ ejus ariditate infra proprios terminos aquam necessariam non haberent, aditum ad fontem qui in descensu montis, illorum vesania in quorum alodio erat, humanitate postposita per violentiam interclusit. Qui pro ea inspiratione divina correcti, Aidricus scilicet de Syonna, cum uxore et filiis, Odelricus et Ahelinus terram in qua fons est, et in qua vinea postea facta est, et quidquid habebant in monte, eidem cellulæ concesserunt.

Dedit etiam huic ecclesiæ Albricus de Haynolvilla pro animabus patris sui Framberti, et matris suæ Dadæ, et fratris sui Theoderici, qui ibidem sepulti sunt, medietatem totius fundi quem pater ejus habuit in villa Rossoil, cum IV mansis, mansionilibus, et dimidium molendinum, cum duobus hominibus Herberto, Seyardo, et femina Wigerda, et fere duas partes silvæ quæ est in australi parte ejusdem montis. Walterus de Monh dedit quartarium terræ, et quinque curtos mansos, in quibus sunt II fontes usui villæ valde necessarii. Et Tebaldum cum uxore et filiis, cum fundo proprio, usque ad LX jugera. Frater ejus Haymo addidit huic dono I quartarium, et Richardum cum allodio.

Præterea contulit huic loco domnus Albricus abbas quidquid comes Haymo Beato Mansueto in eadem villa dederat, videlicet medietatem decimarum et Drogonem cum fundo, uxorem autem ejus et filios. Conjugem Bernardi filii ejus dedit comes Humbertus de Claromonte.

Gerardus de Corcelles dedit beato Jacobo in villa Syonna curtum mansum, in quo est molendinum quod vocatur Atalenum, et quidquid allodii habebat in eadem villa, in qua Hatto et uxor ejus dederunt dimidium mansum, et pratum dimidium, quod portat IV carratas feni, et quidquid allodii habebant in monte. Hugo quondam.................., Camerarius dedit in eadem villa VII curtos mansos, et mancipia, Erundum, Benhelinum, Bernardum, cum uxoribus et filiis, et reliquis utriusque sexus, et mansum in quo est molendinum, et terras, et prata integre huic manso appendentia, consentientibus nepotibus suis, duobus fratribus, Alberico milite, et Hugone sacerdote, accepto a Thiemaro abbate centum solidorum pretio, et a jam dicto Hugone recepto servo et ancilla, cum infantibus, et duobus curtis mansis hac conditione retentis. Presbyter tota vita, singulis annis denarium inde persolvet, quod eo defuncto reliquo allodio redintegrabit, similiter et de milite, si sine hærede legitimo morietur.

Widricus et Albricus de Paterniaco, annuente eodem Hugone, dederunt funditus in villa eadem quidquid possidebant, et in Paterniaco servum Hardenum. Rodulfus de Sorceio et uxor ejus dederunt XII jugera. Drogo, Rainerus, Henricus fratres in villa Syonna dederunt unum quartarium. Apud Munh in Estraes ad præsens totius fundi sui hoc pacto medietatem, ut si absque legitimis filiis de hac vita decesserint, pars reliqua priorem sequatur. In eadem villa Henricus presbyter vineam unam et Malbertus quidquid in hac villa habebat. Addita fuit etiam ad usus fratrum dispensante domino abbate Tiemaro, ecclesia de Bu, quam dedit Walfridus. Allodium de Buris, quod dedit Angilbertus. Allodium de Lizeivilla, quod dedit Sancto Mansueto Morundus de Aquaso, et Redulphus de Germincio. Allodium de Allinivilla, cum mancipiis utriusque sexus, quod dedit Widricus de Deusluwart. Allodium de Lisou, quod dedit Baldowinus. Allodium de Sulz, quod dedit Walterus. Allodium de Seroltmunt, quod dedit Robertus, et uxor ejus pro se et animabus fratrum suorum. Apud Marceiam quarta pars allodii Widrici, quam dedit ipse in omni usu; addidit insuper servum et ancillam, cum filiis et fundo. Allodium quod dedit Odelricus de Munh et uxor ejus, apud Bunnecourt.

Nos vero de temporali hujus ecclesiæ cremento, et maxime de spirituali multorum provectu gratulantes, libertati fratrum et quieti in posterum prospicientes, ut omnem sollicitudinem eis penitus absciderremus, altare sancti Germani de Syonna, consentiente et laudante Riquino archidiacono, et Hugone presbytero, qui tunc altare habebat, hac conditione concessimus ut, quandiu presbyter viveret, VI denarios inde persolveret; post ejus mortem per manum abbatis disponendum sine controversia ecclesiam possideret.

Dedimus etiam Warinum et uxorem ejus receptam a Joffrido, de cujus erat beneficiis. Ut autem hæc nulla vetustate abolita, in præsentiam revocata, si opus fuerit, humana possit invocari memoria...... scripto mandavimus, ut omnium oblatrantium nostra auctoritate temeraria obtundatur improbitas propriæ imaginis impressione signamus. Si quis de his quæ jam acquisivit, vel quæ adhuc ecclesia ista juste acquisierit, imminuere tentaverit, ab omni congregatione Christiana remotum esse præcipimus; usque ad dignam satisfactionem, anathematis vinculo innexum esse eo quo possumus et debemus rigore decernimus; nostro et probabilium virorum qui affuerunt, testimonio subscripto roboramus.

Signum Pibonis episcopi.
Sign. Riquini archidiaconi.
Sig. Alberonis cancellarii.
Sign. Herberti decani.
Sign. Hugonis presbyteri.
Sign. Bosonis presbyteri.
Sign. Desini presbyteri, qui etiam huic ecclesiæ II prata contulit.
Sign. Milonis, de cujus beneficio erat mons supradictus
Sign. Odelrici de Briseio.
Sign. Walteri et Haymonis fratrum.
Sign. Cuononis.
Sign. Albrici.
Sign. Hugonis.
Sign. Drogonis.
Sign. domni Tiemari abbatis Sancti Mansueti.
Sign. Widrici abbatis Sancti Apri.
Sign. Hugonis primicerii.
Sign. Liutulphi decani.
Sign. Alberonis.
Sign. Stephani.
Sign. Hugonis.
Sign. Thiebaldi monachi.

Anno ab Incarnatione Domini 1097, indictione v, epacta IV, concurrente III, luna XI, IV Idus Aprilis, peracta sunt hæc in Tullensi sede, in ecclesia majore, audiente et vidente Clero cum universa multitudine plebis, feliciter. Amen.

XII.
Fundatio prioratus de Landecourt.
(Circa annum 1100.)
[Dom CALMET, ibid., col. 513.]

Ego PIBO gratia Dei, Tullensis Ecclesiæ minister indignus, omnibus sanctæ matris Ecclesiæ filiis tam præsentibus quam futuris, salutem in Christo perpetuam.

Omnibus in domo Dei pastorale officium administrantibus, in construendis basilicis et earum ampliandis et conservandis rebus præcipua inesse debet sedulitas, et si quis laicorum eodem exarserit desiderio, eorum debet ubique fulciri auxilio. Notum itaque vestræ in Christo fraternitati facimus, et omnium vestrum memoriæ mandamus, quod dominus Bencelinus noster charissimus amicus Jerosolyma rediens, a domino Paschali papa libertatem cujusdam ecclesiæ suis precibus impetraverit, quam illo die nondum construxerat, sed in animo jamdudum ædificare deliberaverat. Reversus autem ad propria, et prosperis utens successibus, desiderium quo calebat intus, exterius aperuit, ædificare scilicet ecclesiam cœpit, et honeste sicut decuit, cœptum opus usque ad finem perduxit; quam ædificatam, et optimis thesauris decoratam, et a nobis in honore Dei Genitricis, sanctique Sigismundi gloriosi martyris Christi, necnon beati Nicolai confessoris consecratam et dedicatam, Deo et S. Apro ejusque servientibus tradidit, et ad præsens fratres inibi ad Deo serviendum, constituta eis annona, qua sine scrupulo alerentur, constituit. Cujus ego bona intentione permotus, ejusque precibus evictus, et quia filium ejus de sacro fonte suscepi, consilio clericorum meorum, qui sanioris videntur esse consilii, actoritate et præcepto magistri mei domini Paschalis papæ, et nostra Dominique nostri Jesu Christi, principio ecclesiam illam, cum omnibus suis appenditiis, esse in perpetuum liberam, sine censu, sine omni consuetudine, neque archidiacono, neque decano, esse subjectam, ad nullam omnino respicientem, nisi ad Sancti Apri, cujus libera est, ecclesiam. Præterea jubeo auctoritate qua debeo, et ratione qua valeo, monachos qui ibi Deo servierint, pro qualibet violentia infra eorum atrium, sive in ipsa ecclesia a quolibet facta, nunquam ab officio divino cessare, nisi sola obedientia abbatis sui. Quare approbatissimorum nostrorum consilio usus, ligamine indissolubili perpetuo anathemate obligamus quicunque mente excessus, demere libertatem præfatæ ecclesiæ voluerit, cujuscunque sit ordinis aut dignitatis. Ad confirmandam etiam hujus rei notitiam, testes idoneos adhibemus, quorum nomina subter inscribere dignum duximus:

Ricuinus primicerius.
Stephanus archidiaconus.
Hugo calvus.
Thiemarus abbas Sancti Mansueti.
Berengerius decanus.
Walfridus de Roseriis.
Walterus frater suus.
Paganus de Sancto Germano.
Siccardus de Paureio.
Theodericus de Jorcei.
Richardus de Episcopi villare.

XIII.
Charta Pibonis episcopi Tullensis de consecratione ecclesiæ de Porto.
(Anno 1101.)
[*Gall. Christ.* XIII, 481.]

In nomine sanctæ et individuæ Trinitatis, Patris et Filii, et Spiritus sancti, omnibus Christianæ fidei cultoribus, PIBO gratia Dei Tullensis Ecclesiæ episcopus, in vinculo pacis uniri, ut possint Christo incorporari. Supernorum civium societas, quot quibusque commoditatibus exuberet humani ingenii facultas evolvere gestiens succumbit, cum scriptum sit: *In cor hominis non ascendit quæ præparavit Deus diligentibus se*, ad quam variarum gradibus virtutum devotioni fidelium facilis patet progressus, veritate attestante quæ ait: *Jugum enim meum suave est et onus meum leve*; sed charitatis virtus, cujus opus in proximi dilectione perpenditur, velut quodam privilegio specialem introducendi obtinet dignitatem. Spe igitur illius desiderabilis societatis et fraternæ dilectionis amore, homines de Porto toties raptorum sævitia et fere omnibus casibus expositos, non sine grandi dolore recolentes intervallo quippe et frequenti intercurrentis fluvii magnitudine a monasterio divisi, nec prout erat dignum sacris pasci mysteriis, nec necessitatis tempore in atrio poterant habere refugium, ecclesiam quam piæ memoriæ abbas Henricus eis ædificare concesserat, in eadem libertate quam antiquitus et nostri temporis obtinet mater ecclesia Warengensi villæ, scilicet a censu et omni exactione immunem cleri nostri consilio consecravimus homines ejusdem villæ; præpositus tali dispensatione juramento astrinxit ne propter vicinam ecclesiam a servitio fratrum liberiores se crederent, ne decimas vel cæteros redditus minuerent, sed licet in atrio habitarent, quidquid antiqua consuetudine soliti erant, absque refragatione persolverent; si alicujus necessitatis causa ibidem missam audire vellent, vicarium monasterii familiaritas vel obsequium interpellaret. Sin autem ad monasterium sicut prius convenirent, et præpositus qualiter ibi divinum obsequium ageretur ordinaret; si quidem ad locum illum de pastorali cura nihil attinet, sed velut quodlibet altare monasterii hoc fratrum dispositioni concessimus. Præpositus ibidem custodem deputabit, qui si quid fidelium devotio Deo sanctoque Nicolao præsentaverit, in usus fratrum fideliter servet, nisi quod vicario monasterii oblationis quæ quidem in missa ad manum offeretur mediam partem tribuet. Videtur etiam idoneum vestræ insinuare dilectioni, quod præfata ecclesia Warengisvillæ antiquitus possidet mediam partem decimarum de novem quartariis Delherimontis quicunque eos colat. Possidet etiam in parochiis circumjacentibus de omnibus corvadis suis omnem decimationem, de Ancingis mediam partem; apud villam autem et apud Mannonis curtem, et apud Bellois de Crovadis et Ancingis suis omnem decimationem, et de aliis terris ad eamdem ecclesiam pertinentibus mediam partem: hæc ne vetustatis situ aboleret oblivio scripto memoriæ commendare curavimus; quod autem misericordia quidem cooperante charitatis affectu impendimus, ne quis successorum immutare præsumat, pontificali auctoritate sub anathematis vinculo cum sigilli nostri impressione confirmare decrevimus, addito etiam probabilium virorum testimonio, quorum nomina subnotantur.

Signum domni Pibonis episcopi.
Signum Riquini primicerii.
Signum Brunonis cardinalis archidiaconi.
Signum Stephani ejusdem archidiaconi.
S. Raimbaldi archidiaconi.
S. Hugonis archidiaconi.
S. Thizelini archidiaconi.
S. Alberonis cancellarii.

S. Albrici capellani.
S. Vidrici abbatis.
S. Apri.
S. Teinari abbatis.
S. Mansueti.
S. Seheri abbatis.
S. Leonis.
S. Odelrici abbatis.
S. Michaelis.
S. Hubini decani.
S. Theoderici ducis.
S. Gerardi fratris ejus.
S. comitis Reinardi.
S. Odelrici de Brissei.
S. Petri filii ejus.
S. Morundi de Altirei.
S. Theoderici de Hancei.

Acta Tulli in majori ecclesia, in plena synodo, v Idus Octobris, anno ab Incarnatione Domini 1101, indictione IX, anno ordinationis nostræ XXXII, interveniente domno Adelone ejusdem loci præposito.

XIV.

Privilegium pro ecclesia S. Gengulfi.

(Anno 1105.)

[Dom CALMET, *Hist. de Lorraine*, IV, Pr. p. 513.]

In nomine sanctæ et individuæ Trinitatis, Patris, et Filii, et Spiritus sancti, omnibus sanctæ matris Ecclesiæ filiis, præsentibus scilicet ac futuris, PIBO Dei gratia Leuchorum episcopus.

Universorum fidelium, et maxime pontificum, ea debet esse sollicitudo præcipua, ut ecclesiæ quarum patrocinium episcopi susceperunt, temporibus suis incommutatæ vigeant, et, si fieri possit, sic debent eas in diebus suis stabilire, ut nulla subsequentis temporis adversitas possit eas a statu suæ integritatis avellere, quia enim Veritas ait: *Ubi sum ego, et minister meus erit* (*Matth.* XII, 26), qui in regendis ecclesiis ministros Dei se esse recognoscunt, recte debent super hoc vigilare, atque inspectum beatæ promissionis ministerium sibi creditum fideliter ministrare. Ego igitur Tullensis Ecclesiæ provisor magnus, me ministrum Christi recognoscens, et jam beatæ spei particeps esse desiderans, commissæ mihi Ecclesiæ, quod potui et quantum potui invigilavi, et de incolumitate meæ sedis, et earum quæ ei subjectæ sunt Ecclesiarum, sollicite pertractavi. Ecclesiam itaque Sancti Gengulphi, infra moenia nostræ urbis constitutam, quam prædecessores mei, S. Gerardus, et piæ memoriæ Udo episcopi fundaverunt, quam possessionibus donisque quamplurimis locupletaverunt, quam per congregationem fratrum, æterno Regi inibi militantium celebrem reddiderunt, hanc ego quoque paterno amplexus sum animo, hanc semper in eo quo potui tutatus sum patrocinio, et quoniam eidem ecclesiæ meis quoque temporibus multa, et a me ipso aliqua accesserunt, venerabilium consilio virorum decrevi, possessiones ejus atque privilegia in præsenti charta adnotavi, et ea, omnia mea auctoritate, et assensu totius cleri et populi in evidentia generalis synodi confirmavi.

Notum igitur sit omnibus, tam præsentibus quam futuri sæculi fidelibus, ecclesiam Sancti Gengulphi certo jure et absque ulla contradictione hæc quæ scripta sunt possidere : Omnem terram quæ est in villa Bosonis montis, cum appenditiis, et cum ecclesia integra Sancti Georgii; ecclesiam Travillonis, ecclesiam Marbagii, ecclesiam Senoensem, cum capella de Cheulaio; ecclesiam Menovilli villæ, LXVI mansos et dimidium, excepta terra indominicata, apud Pomponium vineas duas; apud Medium vicum, quatuor sessos, et tantum terræ indominicatæ quæ sufficit arationi trium aratorum, cum septem quartariis, et banno in prato indominicato, cum reliquis pratis et aliis appenditiis; apud Fagum, in Lersivalle vineas quatuor, et viginti jornales terræ, et duos mansos mansionales; apud Wandini-villam, quatuor mansos, excepta terra indominicata ; apud Hermotesceim, vineas quas dedit B. ejusdem loci præpositus; et frater ejus comes Albertus; apud Ameralli-villam, septem mansos et dimidium, cum ecclesia et omni integritate sua; apud Banniolum, septem mansos, et tres quartarios, exceptis indominicatis, et partem quam ibidem habebant fratres de Calmesiaco, data enim per commutationem ecclesia de Domno-Martino, et dato eo quod apud Hundinivillam habere videbantur; Prædium de Cruceliis, cum ecclesia, et quatuor molendinis, et prædium quod dicitur Sancti Aniani, juxta portam hujus urbis situm, cum ecclesia et molendino, et cuncta ad utraque prædia pertinentia, cum integro banno, et mancipiis utriusque sexus, silvis, pratis, vineis, terris cultis et incultis, aquarumque decursibus, exitibus et reditibus; et intra hujus civitatis mœnia mansum, in quo sedet domus et cellarium quæ dedit Ascelinus pro remedio animæ suæ, cum omni hæreditate sua, scilicet in Varneri plantiditio duos ordines, et dimidium vineæ, et omnem hæreditatem quam Duorardus pro filio suo dedit. Mansum vineæ juxta Sanctum Amantium, et in Barro vineam unam, quam dedit Romanus pro filio suo; supra Mosellam juxta Caldeniacum, molendinum unum cum sesso et vinea, quam dedit Renaldus illic canonicus; furnum cum manso, apud fontem Sancti Mansueti, cum una vinea in Mardeau; in Barro monte, vineas duas; in Carravalle, quatuor ordines vinearum; in Hattonis valle, sex ordines; in summo Barro, vineam unam ; in Calvomonte, ordines octo; in prato Amantii, ordines undecim; in intervallis vinearum, unum; in Gula, vineam unam; in Calcatoriis, vineam unam, quinque ordines, viginti et unum emptos a Maria, et alios duos.

His igitur possessionibus prædecessores mei prædictam locupletantes ecclesiam, eidem tradiderunt, ut scilicet soli episcopo subjecta esset, ut nulli unquam in beneficium cederet, et præpositum quem communis electio, et certe sanioris partis exposceret, illum susciperet, et ut ipse præpositus in beneficium ipsius præpositure cardinalem archidiaconatum obtineret, tali namque tenore præpositum Oldericum et secundum Brunonem in eadem basilica fuisse cognovimus, et Richuinum tertium eis succedere decrevimus, non quidem jure hæreditario, ut ad ejus primiceriatum lege beneficii seu aliqua alia ratione respiceret seu respiciat, aut ut aliquis alius primicerius super hoc successionem aliquam requirat, sed pro eo tantum quia fratres ejusdem ecclesiæ eum elegerunt, utpote in cujus sapientia satis consilii, in cujus honestate multum præsidii sibi adesse cognoverunt. Constituit etiam præfatus antecessor meus Udo episcopus, ut congregatio ejusdem cœnobii diebus infra nominatis ad divinum officium celebrandum præparatam sedem nostram adeat, scilicet in festo sancti Stephani post Nativitatem Domini, ad publicam missam, in die Inventionis ejus, ad vesperas, et in diebus quibus præsul sedis hujus plenarium ordinem habuerit, videlicet in Cœna Domini, in Pascha, in Pentecoste, de eadem congregatione assumentur ad ordinem diaconi, subdiaconi, prout opportunitas contulerit.

Hanc ergo sacratissimam tantorum institutionem ego Pibo benigna mente suscepi, et prædictas possessiones, et ea omnia quæ in prædicto sunt privilegio legitima auctoritate confirmavi, omnes illos anathematis maledictione feriens, quicunque in prædictis aliud pervertere aut derogare præsumerent. Ut autem hæc omnia firmiora et perpetuo inconvulsa permaneant, consilio totius cleri, sigilli mei impressione firmavi, et idoneorum testium subscriptione roboravi.

Ego Pibo gratia Dei Leuchorum episcopus subscriptus faveo, et annulo nostræ Ecclesiæ signo.

Signum Riquini primicerii, et ejusdem ecclesiæ præpositi, sancti Stephani archidiaconi.

Sign. Thiercelini archidiaconi.

Sign. Hugonis archid.

Sign. Elberici archid.

Sign. Rambaldi archid.

Sign. Hugonis junioris archid.

Sign. Goberti archid. et exinde canonici.

Sign. domni Widrici abbatis Sancti Apri.

Sign. domni Thiemari abbatis Sancti Mansueti.

Sign. domni Seheri abbatis Sancti Leonis.

Sign. Humbaldi ejusdem loci decani, et aliorum canonicorum Theodorici, Gilberti.

Sign. comitis Renardi, et Warini filii ejus.

Sign. Valteri de Cominatu.

Sign. Sigifridi advocati.

Sign. Henrici de Sancto Vedasto, et Theodorici filii ejus.

Sign. Renaldi dapiferi.

Sign. Vileri.

Sign. Wolfandi.

Sign. Bereti.

Sign. Promidi, etc.

Data et recitata in majori ecclesia, in plena synodo, octavo Idus Junii, anno ab Incarnatione Domini 1105, indict. XIV, ordinationis vero nostræ anno XXXV.

EPISTOLA PIBONIS AD PASCHALEM PAPAM.

(Vide in Paschali, infra.)

APPENDIX.

GESTA EPISCOPORUM TULLENSIUM

EDENTE GEORGIO WAITZ PROF. PUBL. KILONIENSI.

(PERTZ *Monum. germ.*, Script. t. VIII, p. 631.)

Tullensium episcoporum brevis Historia usque ad a. 1107, quo Pibo episcopus obiit, producta quin uni eidemque debeatur scriptori non video cur dubitemus (1). Eadem namque narrandi ratio, idem dicendi genus ubique occurrit, et codices quos novimus omnes, si unum mancum excipias, hunc attingunt annum. Qui vero Adsoni, Widrico aliisque scriptoribus Tullensibus libri partem tribuerunt, historiam ex illorum scriptis, ut post videbimus, interpolatam ante oculos habuerunt (2). — Gestorum auctor, qui saec. XII incipi nte vixis e videtur, procul dubio Tullensis sive monachus sive clericus, quae antea de rebus Tullensibus scripta erant, una brevi serie comprehendit et quantum potuit supplevit. Adsonis librum De vita et miraculis sancti Mansueti (3), Vitas sancti Apri (4), sancti Gerardi, auctore Widrico (5), sancti Brunonis, auctore Wiberto (6) partim exscripsit, partim lectores ad eas remisit; fortasse etiam Vitam Udonis ante oculos b buit (7), quam pro parte Gestis his inseruit. Praeterea ubique potissimum diplomata et chartas adhibuit, donationes et fundationes enotavit. Quibus ubi destitutus erat fontibus, traditionem quamdam secutus esse videtur. Quo factum est ut priorum episcoporum Historia satis sit incerta et erroribus gravibus foedata (8), praesertim vero temporum ratio ita turbata, ut certum stabilire ordinem sit difficillimum (9). Ideo ne catalogos quidem antiquiores auctor habuisse videtur. Adso quidem jam *Gesta praecedentium Leucorum urbis antistitum* affert (10), quae tamen, sive fuerint deperdita, sive iisdem erroribus repleta, nostrum nihil fere docuerunt; certe de primis episcopis nonnisi Adsonis librum fide indignum exscripsit (11). Postea quoque ubi res bene compertas habere potuit, brevitate studens multas easque graviores res praetermisit, ita ut etiam Pibonis acta nonnisi breviter perstringat et quas cum Heinrico IV imperatore habuit contentiones vix verbo tangat.

Sincera haec episcoporum Tullensium Acta ex codice Camberonensi edidit Martene Thes. III, p. 991. Eumdem, ut videtur.

1) Hagae comitum Nro. 274ᵃ. invenit Bethmannus noster atque cum editis contulit. Librum membr. in 4to saeculo XIII nitide et satis accurate scriptum (12) huic editioni fundamento posui.

2) Codicem olim S. Mansueti Tullensis, quem Martene vidit, Calmet (I. Probb. p. 83—166) exprimi fecit, Nancei in bibliotheca viri Cl. Noel notarii publici asservatum in usus nostros converti. Codex membr. in 4to s. XII scriptus, jam foliis 134 constat et textum multis locis auctum et interpolatum, praeterea integras S. Mansueti, Apri, Gerardi, Brunonis Vitas habet insertas. Quo factum est ut magis rerum Tullensium scriptorum collectionem quam gesta exhibere videatur. Liber jam Martenii tempore in fine mutilus in Brunonis Vita, 1, 12 deficit.

3) Parisiis in bibliotheca regia inter Baluzii collectanea Armoire V, paq. 5, Nr. 2 anterius codicis sancti Mansueti apographum asservatur, quod cum 2 in multis convenit, interdum vero solum veram lectionem servavit neque Vitas illas integras inseruit. Quorum loco alia partim ex iisdem vitis partim aliunde hausta addita sunt. Neque tamen hunc textum uberiorem, sed breviorem codicis Hagensis genuinum auctoris esse opus persuasum habeo. Nam eodem modo ejusmodi historias auctas esse saepe vidimus; cur vero librarius haec omisisset, intellegi nequit. Accedit quod plerumque fontes satis notos in his additamentis adhibitos videmus, Vitas sancti Gerardi, Brunonis, quas Gestorum auctor se exscribere nolle diserte dicit. Ita fortasse etiam quae in Udonis historia adduntur ex ipsius vita, Riquini jussu scripta, sunt inserta.

His subsidiis fulta editio nostra textum exhibet puriorem, quem adnotationibus necessariis illustrare conatus sum.

G. WAITZ.

NOTAE.

(1) Cf. Martene Thes III, p. 990, Hist. litter. IX, p. 590. Verba c. 39 : *Quoniam gesta priscorum pontificum hujus sedis, prout contigit, scripta cognovimus, videtur nobis incongruum, ut acta venerabilis Udonis — sub silentii sera occultemus* ad Vitam Brunonis aliorumque respiciunt.

(2) Calmet l. Probb., p. 85.
(3) c. 2, 3.
(4) c. 8, 31.
(5) c. 31, 34.
(6) c. 38.
(7) c. 39 sqq. Benoit enim cum Udonis afferat Vitam, cujus initium cum Gestis ad verbum convenit, addit, canonicum Tullensem eam scripsisse et his usum fuisse verbis : *Domino itaque Riquino hujus sedis primicerio nos sollicitante ut quaedam acta Udonis exaremus.* Quae verba in Gestis non exstant, et cum Riquinus Pibone vivo primicerius esset, ante illa scripta sint oportet.

(8) Cf. Benoit pag. 207; Acta SS., Sept. I, pag. 620.

(9) Calmet, qua solet levitate, has res tractavit, nihilominus auctor vol. XIII Galliae Christianae illum ubique sequitur et ad verbum fere exscribit.

(10) Acta SS., Sept. 1, p, 644.

(11) Neque, ut I Limpenus putavit (Acta SS., Sept. 1, p. 619, 620) haec Vita Adsone est antiquior.

(12) Continet etiam Calixti papae librum de translatione S. Jacobi, Turpinum, Vitam Amelii et Amici.

INCIPIT [1] CATALOGUS PONTIFICUM TULLENSIUM A BEATO MANSUETO ET DEINCEPS.

Licet sanctorum omnium virtutes et exempla merito semper sint recolenda et memoriæ [2] commendanda juxta scripturæ vocem : *Sapientiam sanctorum narrant omnes populi, et laudem eorum nuntiat ecclesia* (*Eccli.* XLIV, 15) : illorum tamen crebrius nobis sunt gesta revolvenda, quorum [3] reliquias possidemus. Igitur quia de actis [4] pontificum Leucorum [5], prout Dominus dederit, scribere ad memoriam posterorum decernimus, ab ipso primo ejusdem civitatis patre ac præsule [6] exordium sumamus.

2. Fuit [7] (13) idem venerandus pater, sicut relatu majorum didicimus, nobili Scotorum [8] genere [9] oriundus ; sed divina providentia clementia, quæ cuncta mirabiliter præordinat atque disponit, a suis finibus exul factus est, quatinus in regione superna colonus fieret, et illos qui a patria regni cælestis erant exules, supernorum civium efficeret coheredes. Nec mirum ergo, si dominus et Salvator omnium, qui omnes vult salvos fieri et ad [10] agnitionem veritatis venire, tantum doctorem de remotis terræ partibus vocatum, ad seminanda verbi divini semina et illustranda cæca barbarorum corda destinavit ; qui et [11] per semetipsum de [12] supernis descendens sedibus, genus humanum originali et actuali delicto astrictum visitare dignatus est. Tempore namque, quo beati Petri apostolorum principis prædicatione et apostolatu Romana fulgebat Ecclesia, duce Christo illuc perductus est beatus Mansuetus [13], seque doctrinæ apostolicæ subdidit. A quo documentis fidei catholicæ imbutus, atque scientia divinorum eloquiorum pleniter institutus, ad præfatam urbem pontificali benedictione consecratus, velut lampas fulgida ad repellendas [14] erroris tenebras directus est. Ubi quantum vitæ sanctitate et prædicationis refulserit instantia, non sufficit sterilis [15] enarrare lingua. Non solum enim ad superandam gentilium ferocitatem copiosa ewangelicæ fidei claruit doctrina, sed etiam tanta virtutum meruit illustrari gratia, ut filium principis civitatis ejusdem suis precibus suscitatum a morte restitueret incolumem vitæ. Quo miraculo territus pater, devotæ fidei Christi collum summisit, omnique errore diaboli [16] excluso, cum filio et omni paganorum multitudine a sancto Mansueto baptismatis meruit purificari lavacro. Emundata igitur omni idolorum superstitiosa ac vana spurcitia [17], edificavit ibi Domino templum in honore perpetuæ Virginis genitricis ejus [18] sanctique protomartyris Stephani, aliasque circumquaque [19] ecclesias, ordinatis presbyteris et diaconibus, ubi glorificaretur admirabilis Deus in sanctis suis usque in præsentem diem. Impossibile vero [20] est cuncta scribendo perstringere, quæ tantus ac talis vir in corpore positus gessit, vel quanta docuit, quantamque credentium multitudinem per evangelium in Christo genuit, necnon qualiter in custodiendo grege dominico et [21] sibi credito digne docendo ac sancte vivendo vigilavit. Sed hoc [22] tantum brevitatis compendio ponimus, ne talis lucerna per indebitum silentium nostrum velut sub modio posita lateret, sed luceret omnibus qui in domo Dei sunt. Peracto enim [23] ammirandæ vitæ cursu, et ecclesia in Christo confirmata, reliquit ipse gloriosus Domini [24] sacerdos præsentis seculi naufragium, petens perpetuæ quietis portum, coronatus a Christo in perpetuum. Sanctissimum namque corpus illius sepultum non longe a prædicta civitate, tenetur in ecclesia, quæ ab ipso fundata dicitur et nomine beati apostoli Petri dedicata, quamque et præsentia suarum reliquiarum decorat et innumerabilibus virtutibus illustrat [25]. Ubi quisque [26] aliquid cum fide petiturus accedit, procul dubio se impetrasse gratulatur. Cujus humili supplicatione flagitemus auxilium, et suo patrocinio ac pastorali defensione nos in præsenti tueatur ab adversitatibus universis, et peracto istius vitæ certamine, ad remunerationis bravium faciat feliciter pervenire, miserante gratia Redemptoris nostri, qui talem suis ovibus [27] præposuit pastorem, quippe cum coæterno [28] Patre et Spiritu sancto æqualis Deitatis obtinet Trinitatem per infinita sæculorum [29] sæcula. Amen [30].

3. Post excessum igitur prædicti sanctissimi pontificis et egregii doctoris quis ei in sede episcopali successerit, memoremus. Primus post eum domnus Amon (*c.* 400?) cathedræ pontificalis adeptus est dignitatem (14) ; qui cum eodem videlicet suo decessore beato Mansueto requiescit in ecclesia præfata sanctissimi apostolorum principis Petri [31]. Quorum meritis, id est sancti Mansueti atque prælibati beati Amonis, plurimi cecitatis, lepræ ac [32] febris ceterorumque languorum egritudine detenti, redduntur sanitati. Ad quorum patrocinia multi reges et principes venire consueverant, atque eorum locum

VARIÆ LECTIONES.

[1] *ita* 2. *deest* 1. [2] *merito* 3. [3] *q patrociniis Domino donante regimur vel quorum r.* 2. 3. [4] *actu* 1. [5] *leuchorum* 2. [6] *videlicet sancto Mansueto dignum est ut add.* 2. 3. [7] *fuit enim* 2. 3. [8] *scottorum* 2. [9] *deest* 2. [10] *in* 2. 3. [11] *etiam* 2. [12] *de s. descen avulsa* 2. [13] *b. m. desunt* 2. 3. [14] *repellendas* 1. [15] *sterili*? 1. [16] *diabolico* 2. 3. [17] *purificata* 1. [18] *dei* 2. 3. [19] *circumquasque* 2. [20] *est vero* 3. [21] *d. et desunt* 2. 3. [22] *hæc* 1? [23] *etenim* 2. 3. [24] *s. d.* 3. [25] *irra diat* 3. [26] *quisquis* 3. [27] *omnibus* 3. [28] *æterno* 1. 3. [29] *deest* 3. [30] *Hoc loco* 2. *vitam S. Mansueti ab Adsone scriptam* (*Mon. SS. IV, p.* 487) *inserit.* [31] *pr. a. petri* 2. 3. [32] *et* 2.

NOTÆ.

(13) Sequitur auctor Vitam S. Mansueti ab Adsone fabulose conscriptam.

(14) Hæc quoque ex Adsonis Vita S. Mansueti lib. I ad finem hausta sunt.

ex proprio ditabant. Erat enim illic confluens turba advenientium et innumera multitudo pauperum, quibus unde viverent erat a fidelibus constitutum; unde usque hodie dicitur : *Ad matriculam domni Mansueti et domni Amonis.*

4. Post quem adeptus est pontificatus honorem vir egregius nomine Alcha [33]. Qui proprii vocabuli usus privilegio, supra sibi commissum [34] gregem sollicito vigilavit studio. Alchos enim Eolice albus [35] dicitur Latiali [36] notamine [37], quia [38] ipse virtutum omnigenum decore dealbatus, verbis et exemplis oves sibi creditas duxit ad amœnum,

Pastor ovile bonus, qua vellere prævius albo,
Virginis agnus ovis grexque omnis candidus intrat [39].

5. Eo ergo de terrea [40] calamitate [41] exempto, Celsinus factus est [42] episcopus. Qui summa celsitudine divinarum gratiarum exaltatus, terris emicuit cœlestium virtutum operibus, et quia fideli [43] mente conplexus est Dominum excelsum super omnes gentes, idcirco ab ipso exaltatus est in cornu populi sui.

6. Quo vitæ hujus excessu facto, cum Deo (c. 470), Auspicius [44] in prædicta sede extitit ordinatus (15), vir bonitate præclarus, circa suos sollicita circumspectione dum vixit perspicax. Quocirca sempiternam a Christo remunerationem meruit, et consortium supernorum civium cum electis pastoribus est adeptus.

7. Inde sequens est Ursus, qui in tantum suorum sectatus est vestigia, quo credatur cum illis sempiterna perfrui gloria [45].

8. His [46] ita transactis, largiflua omnipotentis Dei miseratione disponente ac locum ipsum misericorditer respiciente, sanctissimus vir et amirandæ vitæ confessor domnus Aper ad culmen ejusdem pontificii (c. 500), sicut in libro vitæ ejus legitur, raptus fuisse dinoscitur potius quam electus. Qui primi præcessoris [47] sui domni Mansueti imitatus exempla, non solum doctrinæ copia, sed et mirabilium virtutum effulsit efficatia. Quod si quis nosse desiderat, librum vitæ ejus [48] perlegat; et illic pleniter inveniet. Hic septem annis pontificali sede functus est, ejusque sacratissimi corporis depositio 17 Kal. Octobris cælebratur in ejusdem civitatis suburbio, in ecclesia quam ipse cepit construere a fundamento. Quique, ut in libris auctoralibus reperitur, temporibus Adriani crudelissimi imperatoris fuisse cognoscitur (16). Qui omnes totius orbis sub se judices suo nomine vocari censuit. Cujus quarto anno beatus Aper episcopus ordinatus, undecimo hominem exuit [49].

9. Omittentes ergo ea quæ de eo jam ab aliis scripta novimus, successorum ejus et gesta in quantum novimus et nomina inseramus. Successit vero illi domnus Albinus [50] (17) episcopus vir egregius omnique bonitate conspicuus. Is desiderabile votum sui præcessoris adimplevit, et ecclesiam, quam cœperat sanctus Aper, sagaci studio peredificavit. Atque inibi fideles viros, sub apostolorum victuros exemplo, aggregans, apostolicum præceptum [51] de eodem cenobio nactus est a summis pontificibus atque martyribus Stephano et Fabiano (18), ut in antiquissimis repperitur thomocartis.

10. Post quem Trisoricus cathedra [52] episcopali est sublimatus. Ipse quoque non inferior superioribus, pro posse in divinæ religionis fervore sibi creditas oves sagaciter pavit divini eloquii pabulo, et ad superna duxit atria imitabilium [53] virtutum exemplo.

11. Deinde Dulcitius communi voluntate parique plebis clerique [54] consilio [55] episcopus est ordinatus [56].

12. Post hunc extitit Præmon [57]. Hic divini juvaminis auxilio præmunitus, contra spirituales nequitias, viriliter certando bellavit, atque subditorum mentes evincere Christi hostes studiose præmonuit. Qui scilicet præfati patres qua religione qualive modo in hac sede vixerunt atque in Dei messe laboraverunt, plurimum restat a nobis prætermissum, quod pridem ab antiquioribus habetur neglectum.

13. Abstracto autem ab hac luce præscripto Præmone, Autmundus ordinatus est episcopus. Cujus affabili bonitate multi suo tempore diligentes ac requirentes Deum, odio cœperunt habere sæculum.

VARIÆ LECTIONES.

[33] alcna 3. [34] commissi 1. [35] d. a. 3. [36] latiari 3. [37] nomine 1. [38] et 2. 3. [39] intra 3. [40] terra 1. 2. [41] deest 1. [42] deest 3. [43] fidei 3 [44] aspicius 3. *corr.* auspicius 2. [45] Sui namque nominis ferociam contra vitia imitatus, mansuetudinem virtutum laudabiliter est sequutus *add.* 2. 3. [46] 3. *ante* His *add. quæ infra* : Qui omnes totius orbis — hominem exivit, *e corr. tamen suo loco restituta.* [47] *corr.* prædecessoris 2. [48] qui apud locum sepulcri illius habetur *add.* 2. 3. [49] Hoc loco 2. *vitam et miracula* S. Apri *inseruit.* [50] albauldus *corr. rec. manu* albinus 2. [51] privilegium 2. [52] chathedra 2. *sæpius.* [53] imitabili 3. [54] cleri ac plebis 3. [55] consensu 2. [56] Nec immerito, quia cum nominis dulcedine mellita affluebat morum honestate, et velut apes prudentissima [prudentissimas *corr.* prudentissima 2.] in subjectorum cordibus piæ religionis favos aggregabat *add.* 2. 3. [57] episcopus *add.* 2. 3.

NOTÆ.

(15) Exstat epistola ejus metrica ad Arbogastem comitem, Duchesne I, pag. 844.

(16) In Vita Apri apud Martenium Thess. III, p. 1030. Acta SS., Sept. V, pag. 87 legitur sanctum Aprum ad Adrianum, *qui per id temporis in præfata urbe judicis officium exhibebat,* accessisse, quod huic opinioni falsissimæ ansam dedisse, Martene putavit.

(17) Si *Albauldus* legimus, idem fortasse est qui in concilio Aureliacensi anni 549 Alodius nominatur, Conc. ed. Harduin. II, 1449. Certe hic episcoporum ordo non magnam mereretur fidem.

(18) Toto hic auctor aberrat cœlo in nomine summorum Stephani et Fabiani, qui longe ante Albinum vivebant. MART.

Inter quos fuerunt miræ sanctitatis viri Pihentius [58] et Agentius necnon et [59] sancta Columba et reliqui quam plurimi, qui cum prædicto domno Antmundo obsecundantes Deo, in pace facti sunt. Is memoriam Christi confessoris Apri sollicita devotione excoluit; cujus et cœnobium in divina religione augmentavit, et in ejus veneratione nonnulla scripta ac responsoria ad posterorum recordationem exaravit.

14. Deinde pontificatus culmen adipisci meruit Eutulanus [60] (c. 600); cujus diebus locum quem tenebat terrarum possessionibus cœpit magnificare Dominus; inter quas Luciacus [61] (19) ibi est adquisitus. Quo episcopali cathedra residente, quædam Dei famula, atque in augmentandis ecclesiis Dei [62] devota, nomine Prætorja, dedit ad præscriptam sedem sanctæ Mariæ Dei genitricis semperque virginis et sancti prothomartyris Stephani, ecclesiam sancti Maximini villamque Videliacum (20) et aliam villam eodem nomine nuncupatam, Buchuliacum quoque necnon et [63] abbatiam sancti Pientii et alium locum, qui dicitur Ardinio (21) sive Titiliacum, et Brueriacum (22), sicut in ejus carta [64] continetur (23).

15. Post domnum Eutulanum [65] adeptus est culmen pontificalis honoris vir egregius et admirandæ [66] sanctitatis, et non modicam curam dominici [67] gregis gerens, omnibusque amabilis, regibus scilicet ac ducibus, quod postea rei probavit eventus et augmentatio suæ sedis demonstrat attentius, domnus Teutfridus [68] (c. 630). Qui inter plurima pietatis opera [69] apud gloriosissimum regem Dagobertum, interventu venerandæ genitricis ipsius (24) Chimechildis reginæ, adquisivit ad locum, cui venerandus pontifex præerat, villam nuncupatam Bladenau (25) cum suis adjacentibus villis, videlicet Cotanicurtem ex integro, Montis (26) et Montenonis, Gaiacum (27), Fredoni mansum. Adquisivit etiam prælibatus præsul alias villas ad supradictam sedem, scilicet Bladenau [70], aspicientes super fluvium Arufiam sitas, Vennam scilicet cum ecclesia, Medulfi mansum, Gebeni villare et multa alia, sicut in cartis ejus repperitur [71].

16. Quem in ordine pontificalis dignitatis est subsequutus Leudinus episcopus (28) (c. 660). Qui vero lucerna Domini posita super candelabrum circumcirca resplenduit, finitimus ac longinquis per sanctæ religionis exemplum [72].

17. Post quem Eborinus extitit episcopus (29) (c. 665). Qui juxta Hieremiæ vaticinium [non *add.* 3] rubicundior ebore antiquo, quamvis in pace positus martyrii rubore caruerit per cruoris effusionem, tamen voto et desiderio martyrii adeptus est sortem per sanctæ fidei confessionem (30).

18. Cui successit Ermenteus episcopus. Qui vere [73] bonus animarum pastor, nequam mercennarii carens timore, armentum cœlestis regis pascens superni pabuli dulcedine, pro viribus eruit ab infernalium luporum incursione (36).

VARIÆ LECTIONES.

[58] pientius 2. 3.   [59] *deest* 2.   [60] cudula 3.   [61] lucianius *corr.* lucicus 2.   [62] Dei — Mariæ *desunt* 1. 2.   [63] *deest* 3.   [64] cartis 3.   [65] eudulam 3. *corr.* eutulanum 2.   [66] amm. 3.   [67] gerens d. g. 1.   [68] teutertous 3.   [69] *deest* 1. 2.   [70] blandenau 1. blandenau 2.   [71] et—repperitur *desunt* 2. 3. *ubi hæc adduntur* : et quicquid ad supradicta pertinere videtur loca. Studuit etiam idem venerabilis antistes apud eundem regem adquirere alias villas super fluvium Mosæ, Traveronem, Paterniacum (31), Campaniacum (52), Biliniacum, Afonum, Huncilinimontem, et quicquid in Saviniaco et Lamnari [lannaricurte 3.] curte et Regniaco [reginaco 3.] pertinens ad fiscum regale esse videtur. Dedit etiam præmemoratus [premoratus 2.] rex, interveniente eodem venerando antistite, fiscum ad præfatam Leuchorum sedem nominatum Noviantem (33), in pago Bedinse super fluviolum Vidum cum palatio regio et ecclesiis ibidem constructis et omni apparatu ecclesiastico. Suggerente utique ac inspirante Omnipotentis clementia, idem rex religiosus et largifluæ pietatis ad augmentum hujus episcopatus pro devotione ejusdem antistitis, concessit et fiscum nuncupatum Viskerium (54) cum regio palatio et ecclesiis et omnibus ad ipsum fiscum adjacentibus. Adeptus est etiam idem venerabilis pontifex apud Sigibertum regem, filium scilicet præfati religiosissimi regis Dagoberti, villas nuncupatas Longum campum, Vicricino [vicritino 3.], et terram quantumcumque in Framariaca [framarata 3.] habere videtur, Rufiaco (35) (et Ribojacam [et ribojacam *recenti manu add.* 2.]) villam cum omni integritate, et adjacentia eorum. Hæc omnia sepe nominatus præsul apud piissimum regem Dagobertum cum omni integritate et absque ulla diminutione Dei omnipotentissima miseratione favente meruit adquirere.   [72] Pennis etiam geminæ caritatis ad cœli convexa sublimatus, mundi contempsit ludicra, ditatus divitiis cœlestibus *add.* 2. 3.   [73] vero 1.

NOTÆ.

(19) Lucey, ut Benoit dicit, quem in his nominibus explicandis secutus sum.
(20) Villey (Villers)-Saint-Étienne, Villey-Le-Sec, Biqueley.
(21) Andilli.
(22) Bruleg.
(23) Diploma Theodeberti regis, quo hæc confirmasse dicitur (Benoit p. 250), haud exstare videtur.
(24) Dagoberti II fuit mater.
(25) Blenod.
(26) Mont. et Montenoy.
(27) Galiaud aut Gayaux ?
(28) Leuduinus qui et Bodo episcopus Tullensis, frater Salabergæ, in virginis hujus Vita occurrit cap. 17.

(29) Chartam Numeriani archiepiscopi Treverensis, in qua Ebroinus (Eboricus) episcopus nominatur, falsam habet Brequigny p. CCLXVII, multis tamen levioribus argumentis nisus.
(30) Anno 680 Adeodatus episcopus Tullensis concilio Romano subscripsit. Conc. ed. Harduin. III, p. 1154.
(31) Pargney.
(32) Sampigny aut Champugney. CALM.
(33) *connu aujourd'hui sous le nom de Void.* BENOIT.
(34) Vicherei.
(35) Rufe.
(36) Ermenteum ab Adeodato presbyterum ordinatum esse et a rege Theoderico villam Ociacavillam, quam Hildramnus comes usurpaverat, rece-

19. Et huic extitit succiduus Magnardus [74] epi-scopus (37). Hic magnus apud Deum virtutum meritis, magnus etiam in populis bonorum actuum exemplis, ab Omnipotente est in terris magnificatus pontificali munere, et in cœlis coronatus gloria et honore. Cujus venerabile corpus tumulatum est [75] in cimiterio sancti Apri; jacet transpositum in sinistro latere juxta altare sancti martyris Christofori.

Post hunc Dodo factus est episcopus (38) (c. 700). Qui fidei indutus lorica, et sanctæ spei tectus galea, caritatis etiam nuptiali veste amictus, viriliter decertavit in hujus mundi laboriosa [76] pugna; ideoque victoriosus [77] repedavit ad supernum regem in cœlesti receptus aula.

20. Deinde Garibaldus filius Volfaudi [78] (39) est a cunctis electus idoneus [79] pontificii (c. 710). Ipse dedit ecclesiæ cui præerat, de sua hereditate quicquid habebat. Acquisivit etiam multa alia, sicut in ejus cartis habetur [80]. Hujus etiam [81] temporibus Deodatus vir summæ sanctitatis, olim Nevernensis episcopus, renuntians [82] sæculo, in saltu Vosago locum conversandi a præfato præsule optinuit (40).

21. Huncque, subsecutus est Godo episcopus (c. 750?) vir venerandus, cujus temporibus, populorum urgente scelere, urbs Leucha est igne concremata; sed is præsul et emunitatem suæ civitatis et recuperationem cartarum quas ignis consumpserat suæ ecclesiæ apud Pipinum adquisivit regem. Is vita obiens, jussit se tumulari in ecclesia cujusdam A sui prædii nomine Castellum; cujus sepulcrum usque hodie demonstratur ibidem.

22. Quo vita decedente, extitit domnus Bodo (41) episcopus [83], cujus vita laudabilis per omnia memoria [84] posterorum permanet digna [85]. Qui inter cetera bonitatis studia quæ incessanter gerebat, edificavit monasterium in honore [86] beatissimæ Dei genitricis Mariæ et beati [87] Petri apostolorum principis, constituens inibi Deo sacratas feminas [88] ad serviendum illi; quibus præposuit filiam suam nomine Teuthbergam [89], quod ad honorem nominis sui usque hodie Bodonis monasterium vocatur (42). Ipsumque locum cum omnibus, quæ ibi adquirere potuit, ecclesiæ cui præerat in possessionem jure dereliquit; et exinde [90] apostolicum privilegium a B magno doctore Gregorio ejusque præcessore Agapito (43) suscipere meruit. Dedit etiam in pago Odernensi eidem ecclesiæ villas, quæ vocantur Nasius [91] et Nasitus [92] (44), de suæ proprietatis [93] rebus. Idemque [94] contulit sancto Stephano locum Stivajum [95] (45 sibi a suis parentibus derelictum, ubi monasterium in honore beati Petri apostoli construxit super fluvium Murt (50), et duodecim canonicos [96] ibidem aggregavit. Eodem modo monasterium Offonis villæ [97] (51) in honore sancti Leodegarii jure perpetuo [98] sibi ad servitium Dei concessum suæ jam dictæ sedi tradidit. Post sanctorum ergo operum exercitia, consummato præsentis sæculi labore, sepultus est in cimiterio beati [99] Mansueti pontificis. Unde postea translatus ad Ludunum [100]

VARIÆ LECTIONES.

[74] magnaldus 2. [75] deest 2. [76] labriosa 2. [77] victoriosius 2? [78] volfaldi 3. [79] adonus 3. [80] Acquisivit — habetur desunt 2. 3. ubi hæc adduntur: in Tranculfi villam et in Arusiam [arusgam 3.], necnon et in Ribodi villam. Adquisivit etiam ad eandem quam regebat ecclesiam apud gloriosum regem Childebertum, interveniente Ermenechilde regina ejus uxore, abbatiunculam unam in honore sancti Petri dicatam, quæ est [deest 3.] sita in saltu nomine Dervo (46), et villas quæ cognominantur Magniaca villa (47) et Boneriacus, cum Copedonia (48) super fluvium Saltum. [81] deest 2. 3.? [82] renunciat 3. [83] Bodo. Qui relinquens amorem seculi ad Christum conversus, religiosissimæ vitæ sectator et ecclesiarum atque monasteriorum fuit fundator 2. 3. [84] deest 3. [85] Ex pago enim Odernensi (49) ortus, patre Bertoldo [bertauldo 3.] et matre Bertilde editus, moribus et conversatione probatus, Tullensis meruit fieri episcopus add. 2. 3. [86] h. beatissimæ dei 1. beatissimæ Virginis mariæ 3. [87] sancti 2. [88] deest 2. [89] teubergam 1. zeuthbergam 2. tembergam 3. [90] inde 3. [91] nasyus 3. [92] nasytus 3. [93] proprietatibus 2. [94] Idem quoque 3. [95] stivanum 1. [96] canones 3. [97] villa 3. [98] paterno 2. [99] in 2 quadam vocabula avulsa sunt. [100] lugdunum 3.

NOTÆ.

pisse, Benoit, p. 271 ex nescio quo Vitæ fragmento affert.

(37) Benoit, p. 272 ex catalogo episcoporum hæc affert: Magnaldus ad matriculam sancti Stephani addidit Gereonis curtem in pago Sungentensi, itemque dedit res quasdam in pago Vabrincensi, villam scilicet Corniacam.

(38) Ecclesiam domni Martini consecrasse et plurima bona acquisisse dicitur, Benoît l. l.

(39) Qui S. Michaelis monasterium fundavit. Cf. Chron. S. Michaelis SS. IV, p. 79 et Wolfoldi dipl. ap. Calmet I, p. 264.

(40) Quod aperte falsum est.

(41) Mabillonius hunc Bodonem eumdem esse existimat cum Baudino (lege, Leuduino) S. Salabergæ Laudunensis abbatissæ fratre, alio nomine Bodone appellato: cujus sententiam confirmare videtur hujus operis auctor, dum eum a S. Mansueti cœmeterio Laudunum translatum tradit: neque enim alia hujus translationis causa videtur, nisi C quod Salabergæ germanus existebat. Mart. Hoc tamen, nisi episcoporum ordinem valde perturbatum statuamus, esse nequit.

(42) Bonmoutier.

(43) Fallitur hic auctor in nomine pontificum Romanorum Agapeti et Gregorii Magni, qui longe ante Bodonem defuncti erant. Mart.

(44) Le grand et petit Nançois. Benoit. Nas et Nançoy. Calm.

(45) Estival.

(46) Montier-en-Der.

(47) Mogneville.

(48) Couvonge.

(49) Ornois in Lotharingia.

(50) La Meurthe.

(51) Odonville-sur-la-Plaine postea destructum prope Badonviller situm fuisse videtur, fortasse ubi villa Fonviller erat; v. Calmet, p. 455. S. Leodegario a. 678 mortuo frater Salabergæ monasterium dedicare vix poterat.

urbem, mira ibi fidelium veneratur devotione. Cujus vitæ dies ultima 3 iduum Septembris fuit.

23. Jacob [101] vero episcopus, qui post domnum Bodonem in cathedra resedit episcopali (52) (c. 756), adquisivit abbatiam sancti Deodati apud Pipinum piissimum [102] regem (53). Cujus tempore (54) sanctus Hildulfus [103] achiepiscopus Trevirorum sæculi honore relicto [104], in saltu Vosago cenobium construxit Medianum, præfati præsulis suffragante consensu et solatio. Idem vero Jacob Christi pontifex mortem subiens [105], requiescit in cripta [106] sancti Benigni martyris ecclesiæ Divionensis (55), habens [107] ad capud altare in honore sancti Mansueti confessoris.

24. Postquem domnus Borno fuit episcopus (c. 770), vir venerabilis atque adeo religiosus, ut ab omnibus vir vocaretur apostolicus. Quo præsulante sedi Leucæ [108], eadem urbs demum [109] igne conflagravit, peccatis exigentibus; sed ipse impetravit a Karolo rege restaurationem cartarum igne crematarum [110], atque ab eodem rege adquisivit abbatiam de Ottonis villa. Obiit autem in pace 11 Kal. Aprilis.

25. Hujus [111] successor extitit Wanincus [112] episcopus (c. 800), erga ecclesiam Dei vir studiosissimus. Hic tum in adornandis subjectorum moribus, tum in ornamentis ecclesiæ construendis, curam semper habuit indefessam, et beato fine transiens, excessit a sæculo [113] Kal. Januarii. Sepultusque est in cimiterio sancti Apri [114].

26. Huic [115] Frotarius [116] vir sanctissimus, primum abbas cenobii [117] sancti pontificis Apri, post idoneus [118] episcopatus successit (56) (813). Quique præfatum cœnobium et divinæ religionis augmento sublimavit, et rerum exteriorum supplemento non modice adornavit (57). Is adquisivit a Ludovico [119] et Lothario imperatoribus immunitatem comitatus et thelonei et restitutionem cartarum concrematarum et forestem cum banno quam Ermundies dicunt. Rexit autem ecclesiam eamdem annis 33, ordinatus est 11 Kal. Aprilis, mundo est exemptus 11 Kal. Jun. Corpus vero illius in cimiterio sancti Apri retinetur, infra claustrum, in introitu monasterii [120].

27. Deinde adeptus est præsulatum domnus Arnulfus pontifex (847), ortus ex pago Aureliensi [121], patre Alnaldo [122], matre vero Flammola, vir sanctæ et magnæ [123] religionis atque in doctrina verbi Dei studiosissimus, et quasi columna immobilis fundamenta sanctæ fortiter tenens immo fastigium sustentans ecclesiæ, inter adversa fluctuantis [124] seculi discrimina nec prosperitatibus valuit extolli nec adversitatibus a rectitudinis tramite deviare. Namque [125] tempore quo is venerandus presul Tullensem regebat ecclesiam, fuit rex Lotharius, qui dicebatur junior, qui permulta strenue gessit, quippe qui [126] erat regio satus genere; sed antiqui hostis depravatus astutia, non recto calce finivit bene cepta. Accipiens namque uxorem nomine Zeutbergam [127] clarissimis, uti decebat, ortam natalibus, concubinam quandam nomine Waldradam ceco dilexit amore, adeo ut, quod nefas erat, ab eo conjunx legitima videretur derelicta. Quod multi qui tunc pontificali præditi [128] videbantur honore audientes, proh nefas! partim timore, partim injusto amore, silentio ceperunt tegere. Quod ubi comperit jam prædictus [129] athleta fortis et pontifex [130] domnus Arnulfus, maluit pro Christi nomine temporalibus atque caducis destitui bonis, et ad ultimum, si necesse foret, discrimen pati vitæ præsentis, quam ut ab eo deficeret congrua rectitudo pastoris. Ideoque prædictum regem super hoc scelere persæpe arguens, cum revocare nequiret, pastorali religavit sententia, donec resipisceret. Quapropter ab ipso rege suisque in malum fautoribus [131] venerabilis præsul suaque ecclesia abbatiis prorsus ad tempus spoliata remansit. Sed Dei favente clementia, post excessum vitæ regis insani, tam per ipsum quamque per venerabilem Arnaldum [132] successorem ipsius atque nepotem, abbatiis quibus [133] fuerat spoliata [134] præfata ecclesia, alioque honore partim est recuperata (58). Hujus tempore subdiderunt se ecclesiæ sancti Stephani ingenui homines quam plurimi ex Ingolini curte et Mauri villa. Sedit autem idem vir venerandus in sede præsulatus annis 25, recessit quoque ab hac valle [135] lacrimarum 15 Kal. Decembris, sepultusque est [136] juxta corpus sancti Apri in cripta sancti Aniani [137] sanctorumque martyrum Cornelii et Cy-

VARIÆ LECTIONES.

[101] aco e corr. rec. manus 2. [102] gloriosissimum 2. [103] hidulfus 1? [104] posthabito 2. 3. [105] morte obiens 2. obiit 3. [106] scripta 1. [107] habet 3. [108] leuchæ 2. 5. [109] denuo 3. [110] concrematarum 1. [111] Cujus 3. [112] wanicus corr. wanincus 2. wannicus 3. [113] VII 3. [114] A confessoris 2. 3. [115] Hinc 2. [116] frotharius 2. frotuarius 3. [117] deest 1. [118] ad onus 3. [119] leudonvino corr. rec. manu ludovico 2. [120] sed postea translatum subtus altare s. crucis add. 1. Nunc vero quiescit transpositum retro altare sanctæ crucis 3. [121] aureliauensi 3. [122] arnaldo 3. [123] sanctitate magnæ r. D. conspicuus 2. 3. [124] fluctuans 1. [125] Nec 2. [126] quia 2. 3. [127] zeubergam 1. teutbergam 3. [128] deest 1. [129] prælibatus 2. 3. [130] domini add. 2. 3. [131] factoribus 1. [132] arnauldum 2. [133] quibus—subdiderunt se in loco raso 2. [134] privata 2. 3? [135] convalle 2. [136] deest 1. [137] amani 3.

NOTÆ.

(52) Subscripsit concilio Compendiensi a. 765, Conc. ed. Harduin. III, p. 2008, et Attiniacensi a. 765, Mon. Leg. I, p. 50.

(53) V. diploma Ottonis II, apud Benoit, p. XXIII.

(54) Iterum auctor valde tempora turbavit. Eadem vero jam in antiquiori Vita S. Hildulfi ap. Belhomme Histor. Mediani monast. p. 56 leguntur.

(55) Cf. Chron. S. Benigni Divion. ap. Dacherium, ed. 2, II, p. 370.

(56) Cf. Flodoard: Hist. Rem. II, 18.

(57) Cf. Frotharii diplom. ap. Calmet, I, 301; Gall. Chr. XIII, 447.

(58) Cf. diplomata Ludovici Balbi Bouq. IX, p. 598. Arnulfi regis Bouq. IX, 566 sqq.

priani; nunc autem est transpositus secus altare sancti Petri apostolorum principis.

28. Post quem domnus Arnaldus episcopus, Deo favente, suscipiens ecclesiam (59) (872), secutus avunculi sui prædicti pontificis vestigia, rexit eam pio moderamine annis 25. Qui [138] quamvis in cura gregis atque profectu ecclesiæ sibi commissæ non parvo studio elaboraret, præcipue tamen orationi intentus, et curæ egenorum extitit larga manu [139] beneficus. Hic adquisivit ecclesiam et 4 mansos Frabodi [140] curte, et a rege Karolo 7 mansos in [141] Oscado, et 6 mansos in Waldini villa et in Cretenau et in Rusb [142]. Sepultus igitur habetur in prædicta cripta ad Sanctum Aprum, decedens ab hujus sæculi [143] ærumnis Nonas decembris (894, Dec. 5), nunc vero jacet transpositus juxta altare sancti primi apostolorum Petri.

29. Cujus post obitum irruperunt [144] ecclesiam rapaces lupi, sicut in ovile a pastore relicto, quorum morsibus non minima afflicta est laceratione, et cum adhuc vita sperari posset, peccatis impedientibus, tota civitas concremationem incendii funditus visa est desolari; sed Domini immensa pietas, qui delinquentes perire non vult, si ad eum toto corde redierint, condolens ecclesiæ suæ dispendio, et considerans gregis [145] sui detrimenta, ne [146] velut errabundus relinqueretur in deserto, domnum Lugdelmum [147] magnæ sagacitatis virum, eidem urbi in tristitia sedenti reponere [148] dignatus est pastorem (895). Qui quanta fortiter illic adversus tam flebilem et lacrimosam vastationem egerit, ipsa ejusdem templi atque urbis restauratio patefecit. Non tantum enim ad pristinum decus secundum suum posse ecclesiam restituit, sed etiam ampliori et altiori fastigio eam sublimare honorifice studuit, necnon et decore clericorum nobiliumque laicorum atque patrimoniis terrenarum rerum; quantum valuit, ditavit. Adquisivit etiam abbatiolam sancti Pientii, quam [149] Pretoria Dei fidelissima dederat, et villam quæ Videliacus dicitur, quam ad mensam canonicorum tradidit (60), eo tenore ut diatim missa omnium fidelium defunctorum ad ejus memoriam celebraretur [150]. Monetam etiam civitatis et teloneum cum immunitate comitatus a rege Ludovino [151] impetrans, necnon et mercatum civitatis ecclesiæ suæ subdidit [152]. Insuper [153] adquisivit ab Everelmo regali medico in Isciaco (61) mansos 4 et dimidium cum ecclesia, octo [154] quoque mansos in Bella villa (62) et in Rauserias et in Melarido et in Merbachia [155] cum ecclesia. Nactus est quoque a rege Arnulfo ecclesiam de Gundulfi villa [156], et in pago Liuvensi 20 mansos in villis quæ dicuntur Wandra, Savia [157], Retines, et capellam de Arvia [158]; et a rege Zendebaldo impetravit silvam ecclesiæ sancti Stephani sitam in Gundulfi villa [159], liberam esse ab omni banno, et homines sancti Stephani esse liberos a custodia forestis ejusdem villæ. Cujus sanctitatem et opera felicia, si per omnia scriberemus, magnum libri textum efficeremus [160]. Hic itaque decem annis pontificali regimine potitus, undecimo gravi brachii dolore est percussus. Quo ingravescente et penetrante vitalia, præsentem vitam mutavit alia, seque in civitate sepeliri mandavit, multis mirantibus, cum nullus hoc ante fecerit; qui jam pridem sepulturam suam apud monasterium sancti Apri in suburbio delegerat [161]. Hujus beatæ memoriæ transitus, quo a mundo excessit, 5 Idus Septembris fuit, sepultusque est intra suæ sedis ecclesiam ante altare sancti Martini.

30. Post cujus excessum (906) hujus sedis cathedram, nolentibus [162] regni [163] primatibus, domnus Drogo nobilissimis ortus natalibus, tum vi, tum ingenio, tum consensu civium occupavit; sed post communi omnium voto nobiliter rexit. Ut enim superbia sanguinis, ita subtilitate singularis ingenii illinc rebus publicis, hinc spiritualibus negotiis insudabat. Quare [164] omnibus ita se habilem præbuerat, ut cunctorum amorem venerationemque difficile [165] solubilem sibi asciceret. Hic de [166] suo proprio contulit huic sedi villam Domni Martini cum ecclesia, eamque ad canonicorum stipem delegavit, et [167] reimpetravit (63) a Karolo rege Bodonis monasterii abbatiam, diu suis antecessoribus ablatam. Atque ex præcepto Ludowici regis abbaciam Pauliniacensem [168] tenuit. Adquisivit etiam a Sigiberto quodam milite in Bertrici curte mansum unum cum ecclesia, et medietatem ecclesiæ Domni Apri (64), et terciam partem ecclesiæ sancti Hylarii [169] in Vermense, et farinarium unum cum piscatione, et quicquid in ea villa potuit habere; et a Karolo rege impetravit forestem regiam quæ dicitur Ermundies [170]. Ejus tempore seva Danorum pestis, Hungrorum rabiei juncta, carceribus suæ nativæ habitationis egressa, multarum regionum finibus devastatis, post cedem

VARIÆ LECTIONES.

[138] Et 2. 3. — [139] manus beneficiis 1. — [140] fratbodi 3. — [141] moscado 3. — [142] rusp. 3. — [143] post add. 2. vitæ 3. — [144] in eandem add. 2. 3. — [145] s. g. 2. 3. — [146] deest 3. — [147] ludelmum 3. — [148] imponere 3. — [149] olim add. 3. — [150] celebretur 2. — [151] ludouuino 2. — [152] tradidit 1. subdidit suæ 3. — [153] In 1. — [154] octo —Nactus in loco raso 2. — [155] mebarchia 1. 2. — [156] cumdulfi villam in 1. — [157] cavia 3. — [158] harvia 2. — [159] guandulfivilla 3. — [160] efficerem 3. — [161] delegaverat 3. — [162] volentibus corr. nolentibus 3. — [163] hujus regni 3. — [164] Talem 1. difficilem 1. — [165] Isdem corr. Is de 2. Is de 3. — [166] Qui 2. — [167] pauliniascensem 1. — [168] hilarii 3. — [170] hermundies 3.

NOTÆ.

(59) Cf. Flod., Hist. Rem. III, 21.
(60) Cf. ejus chartam apud Benoît, p. LX.
(61) Issey, cf. diploma Zwentiboldi ap. Bouquet IX, p. 578; Caroli Simplicis, ibid., IX, p. 553.
(62) Rauslères en Haye, Belleville, Meillery, Marbache.
(63) V. diploma Bouquet, IX, p. 515.
(64) Domèvre.

Germaniæ Galliam Belgicam incendit. Quorum nuntio perterriti cenobitæ sancti præsulis Apri, veneranda ejus pignora in urbem deferunt, demumque ne a præfato pontifice vi retineretur furtim referunt, atque per longa annorum curricula abscondunt. Hic ergo divinæ religioni insistens, 7 annis sacerdotio infulatus 5 Kal. Februarii rebus est humanis exutus, atque ante altare beati Petri apostoli infra civitatem est tumulatus.

51. Cui pastor (65) et amor gregis domnus Gauzlinus successit (922), vir summe catholicus [171] atque monasticæ religionis cultor devotissimus. Qui Francorum nobili sanguine ortus, in palatio inter regni proceres est altus, atque mox futurus pontifex, super multos sui generis coætaneos enituit [172] geminæ scientiæ dono. Omnium ergo votis pontificali infula sublimatus, 16 Kal. Aprilis est, Christo favente, ordinatus, dulcedinemque suæ prosapiæ benivolentia clementissimi cordis serenitateque adeo jocundi vultus et lenitate sermonis sedule superabat [173], totus in vigiliis, in elemosinis intentus. Qui ad cumulum bonorum suorum, 14 ordinationis suæ anno, nutu Dei regulam sancti Benedicti hujus regni habitatoribus omnibus ignotam, diu quæsitam, proculque inventam, sancti Apri instituit loco. Cenobium sanctæ Dei [174] genitricis Mariæ Buxeriis a fundamentis construxit, chorum ancillarum Dei inibi constituit, rebus et prædiis ac ornamentis decoravit. Ob cujus facti meritum suo successori præsuli Gerardo est a Deo præmonstratum cum martyri Apollinari in celesti gloria sociatum (66). Cujus gloriosi facti occasionem operæ precium reor posteris tradere ad rememorationem [175].

52. Denique Hardradus [176] præfati pontificis [177] Gauzlini frater germanus, in militari studio vir quam maxime strenuus, in bonitate morum cunctis percarus, quadam vice super Murt fluvium venationis excercitationi insistebat [178]. Contigit itaque, ut canes ejus aprum ferocem insequerentur, quorum coactus latratibus, mortem contiguam idem aper effugere nitebatur. Qui diu per quæque avia discurrit [179], tandemque in montem supra Buxeriis villam situm fugitando pervenit. Quo pertingens, sub quadam spinosa arbore fixit gressum, moxque subsequens latrando grex canum, divina virtute celerem continuit gradum. Fera sub arbore stabat intrepida, vis latrantium [180] a longe subsistebat muta et stupida, nec ullatenus audebat proximare ad spineti vicina [181]. Prædictus miles equitando insequitur, rem insolitam sibi contigisse demiratur; equo desiliens, frutectum ingreditur, altare dirutum cum circumvicinis ædificiis contemplatur. Ergo rem veneratus divinam, feramque sinens abire securam, ad propria celer repedat, fratri suo pontifici acta et inventa nuntiat. Domnus autem præsul certos [182] nuntios dirigens, et a majoris ætatis senibus, quomodo se res habuerat exquirens, didicit ab antiquo ecclesiam sanctæ Dei genitricis inibi constructam, sed vetustate consumente [183] et incuria neglegente desolatam. Astruebant etiam, noctu inibi quam sepe divina luminaria splendere, et loca proxima sua claritate perfundere. Quod pernoscens præsul venerabilis, permaxime lætatur [184]. Et quia mons prælibatus ad Metense pertinebat episcopium, petiit [185] a Teodorico præsule (67) qui et Sixtus vocabatur, illum sibi dari per concambium [186], conferens illi sancti Petri [187] apostoli baculum venerabile [188], quem beatus Mansuetus secum detulerat a Romana urbe. Adepto itaque monte, ecclesiam restruxit [189], ac super stipitem [190] præfatæ arboris altare in honore beatæ Mariæ stabilivit. Quoniam [191] ejusdem Dei genitricis precibus inibi sanabantur infirmi diversis detenti languoribus, et vota vulgaris populi ibidem confluebant sepius, divina inspirante clementia dignum duxit, ne diutius [192] careret cultibus. Cepit vero cogitare, quatinus in eodem oratorio, si Deo donante inveniri possent, sanctimonialium virginum societas fieret, quæ sub regula sancti Benedicti obsequiis perpetuæ Virginis deserviret. Quod sane factum per divinam clementiam meruit provectum. Nam Deo præordinante invenit quasdam sanctimoniales, velut oves errantes, sed tamen æternæ vitæ pascua [193] quærentes, in Dei dilectione ferventes, et ad serviendum illi locum remotum desiderantes; quarum miseratione permotus, consultu domni abbatis Archemboldi, qui præerat cœnobio [194] sancti Apri, ceterorumque [195] fidelium, jam dictam cellulam eis ad habitandum delegavit, præficiens [196] eis Rothildim abbatissam, quæ earum regeret vitam. Atque ut ibidem liberius possent rebus vacare spiritualibus, providit illis, unde viverent de episcopii possessionibus, ecclesiam videlicet in eadem villa Buxeria cum decimis et omnibus ad eam pertinentibus, nec non capellam Porcheræ curtis cum omni decimatione. Tale ergo [197] fertur habuisse exordium Buxeriense cœnobium, quod Deo [198] juvante in dies sumit incrementum.

53. Venerandi autem hujus pontificis [199] tempo-

VARIÆ LECTIONES.

[171] summe chat. 2. [172] emicuit 3. [173] sperabat 3. [174] deest 2. [175] rememorationem 3. [176] Varderadus, N super V scripto 3. [177] deest 2 ubi gaulini. [178] exsistebat 1? [179] discurrit 3. [180] latrandum corr. latrantium 2. latrantum 3. [181] vicinia 3. [182] illuc add. 2. 3. [183] consumptam 3. [184] et ecclesiam restruere consilium tractando meditatur add. 2. 3. [185] petit 3. [186] concabium 2. [187] a. p. 2. 5. [188] venerabilem 3. [189] rextrucxit 1'. [190] stipem 3. [191] autem add. 5. [192] divinis add. 2. [193] deest 1. 2. [194] s. a. c. 2. 3. [195] ceterorerumque 2. [196] proficiens rec. manu corr. pref. 2. [197] deest 3. [198] dõ e corr. 2 [199] autem gachlini 3.

NOTÆ.

(55) Hæc ex S. Apri miraculis descripta sunt.   (67) Tunc temporis Adelbero sedit.
(66) Ex Vita Gerardi, c. 17.

ribus adeo antiqua prodigia renovantur, dum tricesimo (68) ejus præsulatus [200] anno, cruces apparuerunt in vestibus, quas Omnipotens, ut in historia ecclesiastica legimus (69), ad infidelium confutandam incredulitatem sinit apparere mortalibus. Is adquisivit sedi, cui pontificabatur, alodium [201] in Boiaco (70) ab [202] Angelberto [203], et a Fulmaro silvam in Brieri valle. Quique a rege Ottone adeptus est abbatiam Medii monasterii, ea lege ut Fredericus dux, dum adviveret, advocatiam retineret, ac pontifex præbendam loci ordinaret, postque finem ducis tota abbatia ad episcopum perveniret. Teloneum quoque civitatis et comitatum per præceptum regis Heinrici [204] optinuit (71) abbatiamque Paulipiacensem et Derversem [205] atque de Offonis villa solide possedit. Isdem [206] per concambium [207] dedit Archado [208] episcopo Linguonensi abbatiam de Varennis [209], et econtra Archadus [210] dedit Tullensi episcopo [211] quicquid in Bosonis monte (72) et Ursacii villa et Sejonz videbatur habere. Adeptus est etiam a Rotgero [212] comite Amboldi [213] villam (73) in pago Ordonensi [214] (74), et ab Eva comitissa Angeriacam [215] (75) villam cum capella, et Molisiacam, et villam quæ dicitur Girinvicinus (76), et Nordalli vadum [216], et partem in Buchuliaco [217], et Radaldi villam (77), et Sionni villam, et ecclesiam quæ dicitur [218] in villa Blascius, et partem ecclesiæ in Rameii [219] villa, quæ solvit 5 solidos; et ab An-

gelranno [220] duos mansos in villa quæ dicitur Portus, et ab Hanone [221] ecclesiam de villa Bladini. Hic tempore Ottonis imperatoris probavit cum 12 ingenuis hominibus contra abbatissam de Andelach, Bodonis monasterium esse subjectum ecclesiæ sancti Stephani, et ab eodem imperatore nactus est medietatem telonei de monte sancti Eliphii (78). Idem impetravit ab Heinrico rege per adjutorium Ebahardi [222] comitis, quicquid ipse rex possidebat in Gundulfi villa (79). Qui (80) felix vir in semel arrepto proposito boni operis jugiter omnibus mirabilem extendens animositatem, post in Christi militia multiplices labores, quadrienni languore [223], ut alter Job a Domino probatus, 44 sui episcopatus anno, 7 Idus Septembris (962) cælicas recessit ad sedes. Delatus ergo a clero et populo in Buxeriensi [224] cœnobio, dignissimam, sicut vivens jusserat, accepit sepulturam, inter choros virginum, quas illic plures numero vitæ districtioris aggregaverat, longis seculis in Dei laudibus excolendam [225].

34. Interea (81) domno Gauzlino Tullensis sedis pontifice rebus humanis exempto, qui morum illustris sanctimonio, angelorum, ut credimus, in cælis est ascitus consortio, plebs Leucha graviter merebat tanti orbata pastoris solatio. Erat tunc temporis venerandus Bruno Aggripinæ ecclesiæ summus pontifex, qui in tota Germania sibique finitimis partibus imperiales agebat vices, utpote Magni Ottonis au-

VARIÆ LECTIONES.

[200] episcopatus 3. [201] alodum 3. [202] deest 1. 2. [203] angeberto 1? [204] henrici 1. et infra. [205] deversem 1. corr. derversem 2. [206] Idem 2. 3. [207] concabium 2. [208] achardo 3. [209] uerennis 1. [210] archardus 2. achardus 3. [211] ecclesiæ 2. 3. [212] rogero 1. [213] ambodi 3. [214] ordernensi 3. [215] angwiacam 3. [216] ualum corr. ualum 2. [217] buculiaco 3. [218] in villa quæ dicitur 3. [219] ramei 2. ramey 3. [220] angelanno 1. [221] hanone 3. [222] ebardi 3. [223] langore 1. semper. [224] buxiensi 1. [225] Hoc loco 2. vitam S. Gerardi a Widrico scriptam inseruit, in 3. vero hæc ex ipso excerpta leguntur. Omnipotens autem Deus, qui gregem hereditatis filii sui, ne insidiis et prædæ diripientis inimici pateat, pastorum benedictione consolatur, ecclesiam, rectoris solatio destitutam inter fluctus seculi jactari sine remige nolens, visitavit; eique ut domnus præsul Gerardus præesset, instituit. Qui antequam sciret vocare patrem et matrem, quodam præsagio designatus episcopus, scolis traditus, hinc clericatus honore in ecclesia sancti Petri apostolorum principis apud Coloniam donatus, ut nobilissimus nobiliter est educatus. Nec multo post augusti Ottonis auctoritate, agente quoque germano ejus domno Brunone Coloniensi archipræsule una cunctorum acclamatione electus, 4. Kal. Aprilis Leuchorum urbis sacratus est antistes. De cujus ammirandis operibus plura effari supersedemus, quia ejus memorandarum virtutum liber penes nos retinetur. Hic adeptus est præceptum..... abbatiam usurpavit. c. 21 Widrici. Prælibato autem Dei præsuli summum fuit studium in constructione Dei ecclesiarum, quæ et decoravit exoptabili munere, plurimorum scilicet sanctorum pignoribus. Basilicam suæ sedis a fundamentis reparavit, cum reliquis sibi annexis ecclesiis. Sanctæ quoque Dei genitricis ecclesiam, juxta pontificalem cameram officinasque sui palatii decenti honore construxit. Abbatiam sancti Mansueti primi hujus sedis pontificis pene adnullatam in decentem statum restituit, ejus a fundamentis cœnobium restruxit. Sancti quoque Gengulfi abbatiam ad meridianum introitum civitatis primus extruxit, ibidemque sanctimonialium cœtum sub normali vigore Deo servire constituit. Corpus beatissimi confessoris Christi Apri diu abscondum ejus meritis Dominus revelavit, ipsiusque sororis beatissimæ virginis Aproniæ corpus non modico precio a Trecassinensibus emit. His et aliis sanctorum laborum exercitiis adornatus, plurimis etiam miraculorum signis in populis declaratus, 34 anno præsulatus regimen servavit, et 8. Kal. Maii glorioso fine spiritum cœlis reddidit. Cujus venerabile corpus in medio suæ sedis choro honeste tumulatum plurimarum fulget prodigiis virtutum, si id exigat vera fides potentium. Huic extitit successor d. Stephanus seq.

NOTÆ.

(68) Ann. Hersfeld, a. 958; Ann. Corb., a. 959. D.
(69) Hist. eccl. Tripart, lib. v, fin. ed. Paris. 1544, p. 412.
(70) Bosc. sive Bouc.
(71) V. diploma ap. Benoît, p. XVIII.
(72) Bauzemont.
(73) Ambleville.
(74) Ornois.
(75) Aingerey.
(76) Girovoisin.

(77) Fortasse Rainville prope Soulosse-sur-le-Vair. CALM.
(78) Cf. diploma Ottonis II, a. 974. ap. Benoît, p. XIX. Est Mont S. Elophe prope Soulosse.
(79) Vid. dipl. ap. Benoît, p. XVIII.
(80) Quæ sequuntur ex Mirac. S. Apri sumpta sunt.
(81) Integrum caput ex Widrici Vita Gerardi c. 5 descriptum.

gusti germanus frater. Ipse autem prænominatus A prælationis prægravari pondere. Tamen plurimum princeps tum forte aberat, quia fines Italicos causa urgente adierat. Mœstus ergo Leuchorum populus, consilio viduatus pastoris, ad memoratum archipræsulem Brunonem legatos dirigit, desolationem sui humili suggestione intimat, utque sibi succurratur suppliciter expostulat, ne velut grex errabundus, pastore perdito, dispereat. Is vero clementis compassione animi eorum et lamentationi condolens, ipsamque urbem, Franciæ regno confinem, Romano nuperrime adjunctam imperio perpendens, summa mentis angebatur sollicitudine, cogitans, quem eidem ecclesiæ idoneum juxta canonum scita potuisset pontificem eligere, secundum divinæ religionis cultum cum bonitate morum sapientiæ sale conditum et in scientiæ secularis studio excercitatum. Sed Deus, qui in bonis [226] semper dispositionibus B piorum assistit effectibus, ejus non permisit animum diutinis agitari curarum fluctibus, suoque inspiravit [227] consilio, venerabilem Gerardum huic præficiendum officio asciscere, quem constabat utilem superni dono conditoris in cunctis existere. Ea tempestate idem Dei famulus cellarii obedientia impeditus, pro quodam non maximo excessu in levioris culpæ nexu infra claustralia erat septa constitutus, ibique lacrymarum ac orationum holocausto sese immolabat attentius; quem ideo cælestis dispensatio hac parva permisit temptari afflictione, ut cunctis palam innotesceret hic vir eximius, cujus foret meriti ante oculos divinæ contemplationis. Religiosus ergo pontifex Bruno ad sese primos cleri convocat, C eis cœpiscopi sui domini Gauzlini [228] transitum flebilem notificat, quemque illi successorem dignum subroget, familiariter consultat. Mox decanus divinæ amator religionis, sani prudens consilii, ejus consultibus hæc reddidit: *Si, domine præsul, meo dignaris tantillo credere dicto, fratrem Gerardum huic gradui præ ceteris idoneum veridico* [229] *assero testimonio, quem vera humilitate subjectum, promta obedientia clarum, longanimi patientia certissime attestor probatum.* Insuper ejus diutinam in pœnitentia perseverantiam intimat, Deique nutu ad sibi credendum mentem præsulis non tarde inclinat. Tunc decanus prælibatus beatum Gerardum a claustri pœnitentia rapit, ad domum propriam insperato D adducit, balneatum vestibus nitidis ex suo induit, mirantique, quid novi portenderet, eum fore episcopum prædicit. Sed vir Domini in humilitatis fundamento firmiter stabilitus, huic ordinationi cunctis obnitebatur viribus, magisque elegit pristinum pœnitentiæ otium repetere, quam hujus laboriosæ reclamans, plurimum repugnans, coram jam dicto archipræsule deducitur, et sub jussione obedientiæ pontificalem apicem suscipere compellitur. Dum ergo annus incarn. dom. 963 curreret, Leucham urbem adducitur, obviisque populorum turmis cum hymnisonis laudibus excipitur, ac, sicut mos exigebat, præsulari sede intronizatur. Itaque fit mira exultatio in commixto populo, omnes tripudiant pro pastore adepto, cunctorum terguntur lacrimæ hujus ingressu novo. Omnes sibi divino nutu datum adseverant, atque in ejus ordinationis assensu plausibiliter insonant. O si quem gesta ejus delectat audire, librum vitæ et actuum ejus, qui apud sepulcrum ejus retinetur, perlegat, et illic pleniter inveniet.

35. Huic [230] ergo viam universæ carnis ingresso (994), domnus Stephanus successor ejus extitit, nobili Parisiensium stirpe editus, de Lineri villa (82) antiqua propagine ortus. Qui in Metelahc [231] (83) cenobio 8 Kal. Julii pontificali unguine consecratus, modico temporis spatio, anno [232] scilicet et semis, regimine potitus, 4 Idus Martii (996) vita excessit apud Bodonis monasterium, et juxta beati apostolorum principis Petri altare est tumulatus apud Medianense cœnobium (84).

36. Sed hæc eadem Leucorum civitas suo rectore destituta, nequaquam diutius est, Deo disponente, pessumdari permissa. Nam votis utriusque fidelium ordinis, aspirante clementia divinæ majestatis, triumphatoris invicti, domni [233] videlicet Ottonis tercii augusti, decreto statuente, domnus Bertoldus (85) nobilissimis Alemannorum natalibus ortus, in sancta religione conspicuus, per Dei providentiam electus, in hac sede est 5 Idus Octobris pontifex ordinatus. Qui prædecessoris sui domni Gerardi mores et instituta pro posse imitatus, non valet explicari, quantæ bonitatis et munificentiæ operibus ad propriam decorandam sedem fuerit comprobatus. Nam diligenter clerum instituens, viros prudentes familiari [234] dilectione præ ceteris amplectens, eorumque consilio in omnibus nitens, urbem rebus auxit, sapientia decoravit, provida dispensatione munivit. Quis autem queat ullo rationis affatu pandere, quam prudens et cautus fuerit in omni sua re disponenda, quæ et quanta suæ ecclesiæ acquisierit ornamenta, quibus ædificiis claustram sui cleri adornaverit [235], quibus emolumentis suam sedem amplificaverit? Verum pauca perstringamus de pluribus, cum singula percurrere sufficiat nullus. Hic adquisivit a Theodorico duce Askeim [236] villam (86) et Alraldi [237] curtem et Monolci villam,

VARIÆ LECTIONES.

[226] *deest* 1. [227] inspirante 1? [228] gauzelini 1? [229] juridico 1? [230] Huic extitit successor domnus Stephanus nobili Patriensium 2. 3. [231] metebacho 2. 3. [232] annis 1. [233] *deest* 1. [234] familiori 2. familiariori 3. [235] ornaverit 3. [236] askim 1. aschei 3. [237] adraldi 3.

NOTÆ.

(82) Luneville.
(83) In diœcesi Trevirensi.
(84) Cf. Chron. Mediani mon. SS. IV, p. 91.
(85) Benoît ante Bertholdum Robertum quemdam episcopum fuisse electum monet p. 341, diplomate allato, quod cum nondum editum invenerim, rem incertam relinquo.
(86) Acreignes, Haracour, Manonville.

dans in concambium [238] Vamplenam villam et reliquas quas domnus [239] Geraldus præsul a duce Beatrice pro Barro-monte acceperat. Adeptus est ecclesiam de Sorciaco [240] ab Hugone clerico, et prædium Dominica via [241] dictum, et ecclesiam quæ dicitur Castellum, et alodium Baddonviler [242] dictum, et ecclesiam et castellare de Pauniaco [243] (87), et prædium de Pauniaca villa, et terciam partem silvæ de Haseio [244] prædium de Marceio, et partem Odelrici in villis de Wasleio et de Longort et de Laio et de Orcadis. Idem impetravit (88) ab imperatore Heinrico et [245] bannum venationis super Mosam fluvium (1011), a Segintensi [246] comitatu (89) usque Sorciacum [247]. Ipse reimpetravit [248] ab eodem imperatore [249] reddi ecclesiæ suæ [250] villam in Halsacio [251] sitam (90) quæ vocatur Berchem [252], et theloneum et districtum minæ. Adquisivit etiam ab Emma comitissa prædium quod dicitur Fontiniacum, et a præfato imperatore quicquid in Caulei [253] villa videbatur habere. Cenobium quoque in honore [254] sancti Salvatoris in saltu Vosago construxit, quod diversis ecclesiasticis ornamentis decentissime locupletavit, et stipem ex his quæ adquisierat ad viginti monachorum coetum inibi delegavit. Ecclesiam beati baptistæ Johannis, quæ dicitur ad Fontes, necnon basilicam venerandi pontificis Vedasti intra suam sedem edificavit, cum ecclesia sanctæ Genovefæ [255] virginis (1018). In saltu [256] Vosago restruxit Bodonis monasterium, necnon sancti Deodati cenobium. Valvas suæ sedis miro polivit decore, altare summum incomparabiliter exornavit auri ac gemmarum fulgore, innumerabilia vasorum [257] adquisivit genera pulcritudine et multitudine nullo precio taxanda [258]. Quique ut apes prudentissima undecumque perquirens, quomodo ecclesiæ suæ sedis posset prodesse, pernoscensque [259], qualiter nequam et detestabiles homines suo prædecessori domno [260] Gerardo fuissent injuriati, eos usquequaque ob vindiciam sanctæ ecclesiæ est persecutus [261], ac ipsorum foveas, ubi velut crudeles feræ abscondebantur, funditus evertit; castrum scilicet de Reuvalt [262] et de Pauniaco, omnem quoque [263] illorum odiosam progeniem ita adnullavit, ut neu ini ex ipsis diutius pullulare possibile sit. Hic ergo 22 annis pontificali honore potitus, non est facile narratu, quid utilitatis ejus desiderabilis vita contulerit [264], quid detrimenti ejus præsenti seculo lugenda mors effecerit, quia ad ipsius enarrandos actus omnis lingua succumbit, majusque dispendium præbuit ejus obitus inconsolabiliter flebilis, quam, si fas est dici; profuisset illius vita omni mundo exoptabilis. Itaque 8 Kal. Septembris beato fine hominem exiens, ita suo casu propriam sedem pessumdedit, ut de eo ab omnibus possit veridice protestari: « Bertoldus cunctis succiduis sibi [265] incomparabilis. » Sepultus autem est in medio suæ pontificalis ecclesiæ, inconsolabilem relinquens fletum omni nostræ patriæ.

37. Quem subsecutus est domnus Herimannus nobili Agrippinensium [266] genere procreatus, litterarum studiis, ut decet nobiles, adprime eruditus. Qui 15 Kal. Januarii pontificali sacratus unctione, in sibi [267] a Deo injuncto munere septennali vixit tempore. Ipse corpus beati Amonis a coenobio gloriosi [268] Mansueti transtulit et [269] in ecclesia episcopalis sedis, ubi nunc honorifice veneratur, collocavit. [Is [270] quamquam nichil prædiorum suæ ecclesiæ adquisierit, præventus brevitate temporis, tamen eam diversis pro posse suo [271] decoravit ornamentis. Nam sedi domus sancti Stephani contulit non minimam auri quantitatem, de quo disposuerat fieri miri decoris calicem. Singulis etiam abbatiis suæ diœceseos [272] argenteas adtribuit coronas, amplians eas palliorum diversitate numerosa. Ipse perfecit castrum Rodortei [273] (91) a suo prædecessore inchoatum, Domnique Martini castellum a fundamentis construxit firmum, custodiæ circumvicinorum prædiorum utillimum. Quique [274] ecclesiam sibi a Deo commissam ita sapienti gubernamine rexit, ut integram pacem a cunctis circumvicinis hujus sedis adversariis habuerit; nec quisquam ejus præcessorum [275] ac successorum in tanta tranquillitate hunc episcopatum [276] gubernavit]. In qua [277] etsi nichil proprio sudore adquisivit, tamen suppeditante [278] Dei gratia nichil detrimenti de his quæ possidebat pertulit. Ab hac ergo terrea mole exemptus Kal. Aprilis apud sanctum Gereonem est honorabiliter Coloniæ tumulatus, in cujus cenobio fuerat a puero sapientiæ divinæ et humanæ lacte sapienter [279] educatus [280].

VARIÆ LECTIONES.

[238] concanbium 2. [239] beatus 3. [240] sortiaco 2. [241] p. de Nintauia 3. [242] de baddonwiller d. cum ecclesia 3. [243] panniaco 1. et infra panniaca. [244] saseio 1. [245] deest 3. [246] seguitensi 3. [247] sortiacum 1. 2. [248] impetravit 3. [249] impetore 2. [250] deest 5. [251] halsatio 2. [252] [belchem 1.] ei mercatum et bannum in eadem villa Berkem add. 3. [253] taulei 3. [254] deest 1. 2. [255] genofevæ 2. [256] autem add. 3. [257] inibi add. 2. 3. [258] m. texanda 1. [259] pren. 2? [260] deest 1. [261] pros. 1. corr. pers. 2. [262] ... reuualt 2. Mirowat 3. Mirovalt etiam Benoît p. 546. dixit. [263] omnemque 3. [264] nobis c. 3. [265] sibi succidius 3. [266] agripinensium 3. [267] visibili 1. [268] præsulis add. 2. 3. [269] deest 1. [270] Is — gubernavit desunt 3. — 2. alio atramento pergit. [271] suo p. 2. [272] diocesis 1? [273] rodotei 1. [274] vocabulum erasum 2. [275] præcessor ac successor 1. [276] hanc ecclesiam 2. [277] q. sede 3. [278] d. s. 3. [279] sagaciter 2. 3. [280] Sequitur in 2. vita Brunonis auctore Wiberto, in 3. vero hæc: Cui successit lux orbis venerabilis Bruno, postmodum Romanæ sedis papa electus a Domino. De cujus actibus hic multum dicere supersedemus, quoniam ea alibi ad plenum descripta esse novimus. Hoc tantum hic inserere

NOTÆ.

(87) Pagny.
(88) V. diploma ap. Benoît, p. XXIV.
(89) Saintois.
(90) Cf. Chron. Mediani monasterii SS. IV, p. 93.
(91) Rorley.

38. Viam igitur universæ carnis ingresso pontifice Herimanno (1026), successit venerabilis Bruno, qui postea in Romana urbe apostolatus functus honore Leo nonus nomen accepit. Quapropter si aliquem fidelem audire delectat quæ et quanta in episcopatu Leuchorum gesserit, et quomodo in Romana urbe pontifex factus se habuerit, librum de vita et virtutibus, qui in ecclesia beati Apri habetur, perlegat, et illic pleniter inveniet [281].

39. Quoniam gesta priscorum [282] pontificum hujus sedis, prout contigit, scripta cognovimus, videtur nobis incongruum, ut acta venerabilis Udonis [283], qui fuit in hac sede successor [284], sanctissimæ memoriæ papæ noni [285] Leonis sub silentii sera occultemus [286]; sed ad cognitionem sequentium recordationi tradamus servanda [287]. Fuit hic ex nobilissima parentum [288] stirpe ortus, ex utraque parte regali stemmate clarus. Pater ejus dictus est comes [289] Riquinus, ex Reubariorum regione ortus; mater vero ejus, Mathildis nomine, ex Alemannia duxit genus. Ambo ab avitis parentibus prædiorum redilibus et divitiarum amplitudine præditi, divinæ religionis calore fervidi, non multum flectentes animos ad disponendos honores hujus seculi. Hunc itaque puerulum fere decennem Deo dicatum glorioso Leuchæ sedis præsuli Brunoni tradiderunt divinis litteris imbuendum, ac venerandæ congregationi [290] domus sancti Stephani canonice [291] adnectendum. Qui sub domni Walteri, postea prædictæ congregationis decani, doctrinæ bonæ [292] eruditus, ad sufficientiam instructus, omissis puerilibus, immo juvenilibus nugis, sollicite vacabat psalmis et orationibus. De sumptibus sibi a parentibus [293] quamvis admodum satis ad mensuram decretis [294] parce vivebat, et si qua sibi exinde resederant, indigentibus erogabat, ac cum columbina simplicitate prudentiæ serpentis insistebat [295]. Gloriosus ergo pontifex Bruno cernens eum in utilitate sanctæ ecclesiæ ita ad alta [296] crescere, intimo lætabatur corde, atque cogitabat cum qualitercumque quolibet honore exaltare. Nam Gebizone primicerio humanis rebus exempto [297], istum promovit ad honorem ejusdem primiceriatus, quamvis tunc primum adhuc imberbis intraret adolescentiæ gradus [298].

§ 40. Virginitatem suam regi cælorum voverat, pro qua retinenda ejus majestatem indefessis precibus exorabat [299]. Huic Deo placitæ et sanctæ voluntati nequam non defuit temptator; qui eum noctu et diu [300] insistendo, a sancto nitebatur avellere proposito. Itaque secundum humanam fragilitatem suum animum ad ejus pravam [301] suggestionem obsequendam inclinaverat; et nisi Dominus adjuvisset [302], paulo minus ejus anima in inferno habitaverat. Nam divina præventus gratia, in diutinum incidit languorem, nec hostis antiquus in eum malignam prævaluit adimplere suggestionem [303]. Sed ut Deus omnipotens ostenderet, hanc se ei infirmitatem causa correctionis transmisisse, in somnis per sanctum Johannem evange-

VARIÆ LECTIONES.

placuit, quod abbatias Mediani monasterii et sancti Deodati dono Chonradi gloriosi imperatoris receperit, ac solide in propria vestitura sanctæ Leuchorum sedi reliquit. Is etiam inter multa, quæ suæ contulit ecclesiæ, præbendam fratrum canonicorum sancti Stephani admodum ampliavit, reddendo eis Mumiri vallem cum ecclesia et cunctis appendiciis, et Ranculfi quoque villam et omnia ejus appendicia, necnon ecclesiam de Luciaco pro memoria suæ ordinationis, ut per manus decani claustri suæ sedis fieret exinde fratribus ea die congrua refectio et centum pauperibus elemosynæ largitio. Qui etiam ad apostolicam sedem provectus, non immemor suæ primitivæ sedis, Tullensis videlicet ecclesiæ, Romæ in ea synodo, in qua sanctum Gerardum constituit nominari in sanctorum numero, fecit consecrationem domni abbatis Dervensis cœnobii sancti martyris Bertharii. Siquidem præfata abbatia Dervensis ab antiquo, scilicet a Garibaldo Leuchorum præsule, filio Volfadi, cujus temporibus fuit constructa eadem abbatia, fuerat huic sedi subjecta dono et benedictione; sed comes Odo violenter eam tenuerat et quendam ejusdem loci fratrem Milonem nomine, accepto non modico precio, eidem cœnobio præfecerat, et ad suffocandam subjectionem ecclesiæ Leuchorum eum a Rogerio Cathalaunensi præsule ordinari coegerat. Dum ergo beatissimus papa Remis synodum ageret, idem Milo pœnitudine motus, quod injuste ordinationem suscepisset, publice coram domno apostolico satisfecit, domum abbatiæ reddidit, Cluniacum abiens in bona conversatione vitam duxit. Totius autem congregationis consensu domnus Wandelgerus ejus loco subrogatus (92), ad subruendam omnem occasionem petiit a Cathalaunensi præsule Rogerio benedictionem, qui inventis occasionibus distulit illius ordinationem. Jam dictus vero Wandelgerus Romæ domnum apostolicum, qui adhuc Tullensem gerebat plebem, adiit, cunctam rem ordine pandit, consilium ejus et solamen exoravit. Dominus ergo papa archiepiscoporum consilio Helinardi Lugdunensis, Hugonis Besontiensis, Mainardi Senonensis et aliorum pontificum, qui synodo interfuerant, prædictum abbatem ordinavit, et ob memoriale facti eum suo pristino nomine Brunonem scilicet vocari instituit, ac quædam privilegia de rebus ejusdem abbatiæ, sua auctoritate roboravit. Quoniam, etc. [281] 2. *in vita Brunonis media deficit.* [282] *priorum* 3. [283] *udonis* 3. [284] *deest* 3. [285] *noni papæ* 3. [286] *occultamus* 3. [287] *s. t.* 3. [288] *progenie p. stirpe editus* 3. [289] *deest* 3. [290] *congregationis* 1? [291] *deest* 3. [292] *doctrina impense* 3. [293] *apparentibus* 3. [294] *directis* 3. [295] *transcursis ergo puerilibus annis ac in bivio Pythagoricæ y literæ adolescentiæ gradibus ascensis dextrum callem studiose recurrebat atque per arctam viam de virtute in virtutem ascendendo diutius proficiebat add.* 3. [296] *altare* 3. [297] *e. r.* 3. [298] *hujusmodi ergo promotus honore virtutum studiis studebat alios præcellere, castitatem super omnia amare, subjectos ad illam sollicite servandam studiose commonere, nec tamen quos videbat in hac re fragiles volebat ullo modo vilipendere add.* 3. [299] *inter plurimas sanctorum memorias dilectissimi domini sancti Joannis evangelistæ nomen invocabat, ut ipso, qui erat virginis matris filius adoptivus, sibi ad ejus gratiam promerendam esset tutor ac defensor propicius add.* 3. [300] *interdiu* 3. [301] *deest* 3. [302] *adjuvasset.* 3. [303] *itaque continua et pene annuali infirmitate detentus a cunctis sibi familiaribus jam ad mortem usque desperabatur de.. lis funebribus exequiis a cunctis præsentibus tractabatur add.* 3.

NOTÆ.

(92) Cf. miracula S. Bercharii, c. 12; Mabill., Act. II, p. 850 : *Hic vir — schedulis annotata.*

listam dignatur admonere, quatinus a perversa resipisceret voluntate. Cui et dixit [304] : *Scias te, frater, ideo talia pati, quia votum quod Deo voveras infringere disposuisti; sed si in promisso fideliter perseverare volueris, et desiderata sanitate citius donaberis, et divina gratia in cunctis tuis actibus foveberis.* Quod [305] cum [306] in somnis hæc [307] se observaturum Deo annuente promisisset, erat ei simile quod quasi [308] tres subscriptiones præsagas futurorum sibi traderet, et in os ad comedendum imponeret, quarum memoriam semper in animo retinuit, nec ulli suorum familiarium, nisi in ultimo vitæ fine, notificare voluit. Tamen earum seriem post dicemus, cum locus oportunus evenerit. Affirmabat autem hujusmodi visionem ea [309] nocte sibi apparuisse, qua suo venerabili patri domno præsuli Brunoni in somnis visum est, beatum Petrum apostolum [310] cum prothomartyre Stephano se infulatum ad principale altare apud Wormaciam deducere honorifice, et ei quinque calices aureos ad præsagium rerum sequentium tradere (95).

41. Non multo post idem gloriosus Bruno apud prædictam urbem Wormaciam ad apostolicam sedem est promotus (1049), et istum de quo loquimur venerabilem Udonem Romam duxit, cum quibusdam suis familiaribus, quique in omnibus [311] præ ceteris servitio adhæsit, idcirco illum in majori familiaritatis amicitia connexit [312]. Biennio autem fere exacto [313] (1050), domnus apostolicus antiquam patriam primamque sedem revisere voluit, et interventu ejusdem Udonis congregationi fratrum sancti Stephani ecclesiam de Trancufi villa et prædium de Mundrivalle restituit, et eisdem canonicis privilegium libertatis apostolica excommunicatione subnixum corroboravit (94). Demum domnus apostolicus cernens eum in sancta religione de virtute in virtutem proficere, disposuit eum, præcedente cleri plebisque electione, in hujus sedis præsulatus officio sibi subrogare (1051), ac legatione ad Henricum tertium Romani imperii rectorem directa, illum sibi successorem substituere.

42. Adepto ergo honore pontificatus, ita cœpit esse in cunctis agendis rebus strenuus, veluti fuisset a primævo [314] in his disponendis sagaciter institutus. Ventum erat Treverim 13 Kalendas Septembris ad sacræ ordinationis benedictionem, ubi Deus ei clementer ostendit suæ pietatis dispositionem. Nam, ut moris est, posito super humeros ejus sanctorum evangeliorum libro, trium prædictarum prædictionum [315], quas in somnis viderat, exemplaria veridico recognovit oraculo. Siquidem primo loco a legente est recitatum divini eloquii exemplum : *Numquam legistis in scripturis : Lapidem quem reprobaverunt ædificantes, hic factus est in caput anguli ? A Domino factum est istud, et est mirabile in oculis nostris* (*Matth,* xxi, 42). Deinde secundum exemplum est dictum de prologo evangelii Lucæ evangelistæ : *Serviens Domino sine crimine.* Tertium autem fuit in eodem evangelista de Zacharia et Elisabeth : *Incedentes in omnibus mandatis* [316] *Domini sine querela* (*Luc.* I, 6). Horum ergo verborum exemplaria sibi a Domino [317] reminiscens dudum præmonstrata, veluti apes prudentissima dapes florum inde esse animo revolvebat. Quamlibet enim a quibusdam quasi pro nimia simplicitate reprobaretur, tamen incessanter satagebat, ut in divino servitio sine crimine ac sine querela secundum humanam possibilitatem ante Dei oculos inveniretur [318].

43. Studebat etiam mores sui prædecessoris [319] domni Bertoldi [320] in multiplicandis reditibus et ornamentis ecclesiæ suæ sedis pro posse imitari; atque hostes patriæ non timebat, pro defensione pauperum et ecclesiarum [321] inimicos fieri. Adquisivit quoque ab Haimone comite ecclesiam quamdam [322] ad servitium fratrum congregationis sancti Stephani, quam eis pro annuali die suæ ordinationis perpetualiter rememorando contradidit. In destruendo castello Vallicolor [323] (95), in quo annullando suus antecessor venerabilis Bruno sine fine laboraverat, ita multimodo precatu et pretio per circumvicinos compatriotas effecit [324], quod bis cum [325] armis bellicis a fundamentis dejecit. Monasterium sancti Gengulfi jam diu pene dirutum, et etiam igne combustum, in congruum reparavit statum, atque ornamentis ecclesiasticis et necessariis subsidiis ac ædificiis ampliatum, fecit divino servitio et sanctæ religioni locum aptum (96), ubi laudabiliter viget canonicali more superna servitus, et Christo annuente vigebit in perpetuum, ut speramus. Prædium sancti Aniani cum suis appenditiis in suburbio suæ civitatis situm ab Indensi abbate regali auctoritate gloriosi Henrici tertii Romanorum imperatoris per commutationem accepit (97). Pro quo etiam quasdam res hereditario jure sibi a parentibus concessas legitime delegavit (98), ubi disposuerat ædificia monachorum usui apta divina suppeditante gratia construere, ac fra-

---

VARIÆ LECTIONES.

[304] v. Siquidem in apostolico habitu eidem sanctus Joannes ewangelista apparuit, cujus formam quasi solito sibi visam recognovit. Qui eum quare tamdiu in languore jaceret requisivit. Ipsoque respondente se nescire, videbatur sibi sat amicabiliter respondisse 5. — [305] Et 5. [306] *deest* 1. — [307] se h. 5. — [308] *deest* 5. [309] eadem 5. — [310] a. 5. — [311] quique ei p. c. in omni servicio sollicitius adh. 5. — [312] connexuit 5. [313] exacto 1. — [314] primicerio 1. — [315] superscriptionum 5. — [316] m. et justificationibus eum sine 5. — [317] deo 5. — [318] inveniret 5. — [319] p. sui 5. — [320] beltodi 1. — [321] sibi *add.* 5. — [322] de. . . . . 5. — [323] vallicolorum 5. [324] efficit 5. — [325] eum 1.

NOTÆ.

(93) V. Wiperti Vitam Brunonis, II, 1.
(94) Cf. diploma ap. Benoît, p. CXXVI.
(95) Vaucouleur.
(96) V. dipl. Udonis ap. Benoît, p. LXXIV et

Heinrici IV regis, a. 1065, ib., p. XXVIIII.
(97) V. diploma ap. Benoît, p. XXVIII.
(98) V. chartam Udonis l. l. p. LXXIX.

tres sanctæ religionis amore ferventes ad 24 ibidem congregare, ei de propriis reditibus suæ hereditatis, quibus plurimum abundabat [326], ei congrue necessarios sumptus ordinare. Cujusmodi autem fuerit rerum ibidem ab eo destinatarum dispositio, continet apostolicum privilegium Alexandri papæ, quod in sancti prothomartyris Stephani retinetur archarismo [327]. Sed morte præventus nequivit ad unguem suum perducere desiderium, quod cuicumque suo successori, cui Deus velle et posse dederit, reliquit perducere ad effectum.

44. Itaque urbs Leucha suo tempore multis adversitatibus [328] a circumvicinis [329] compatriotis et extraneis aggravata, non tantum doluit de laboribus, quos eo vivente est perpessa, quantum flevit, quod hujusmodi sagacitatis et fervoris erga utilitatem suæ ecclesiæ virum non fuit diu possidere digna. Nam, ut jam diximus, castellum Vallicolor [330], quod pene 40 annis [331] Leuchorum ecclesiam vehementer afflixerat, se vivente destructum [332] dimisit, quamvis eodem quo præsentem vitam transiit fraude quorundam restructum fuerit; omnes inimicos suæ sedis aut victos aut pacatos in suo fine habuit; quicquid ad pontificalem præbendam pertinebat, sicut antecessor suus Bertoldus præsul tenuerat, suo successori solide habendum reliquit. Ergo sicut superna fuit voluntas pridie Idus Julii (1069), 18 suæ ordinationis anno, ab hac luce subtractus est [333], et in suæ sedis ecclesia ante altare sancti Blasii est honorifice tumulatus.

45. Domno Udone [334] de medio facto, venerabilis Pibo ad eandem sedem mox successit [335], ordinandus. Qui parentibus non infimis, scilicet patre Thietmaro [336], matre vero Dudicha, progenitus, de terra Saxonum oriundus extitit. Qui ab ætate primæva litterarum disciplinæ traditus, sub magistro Annone postea futuro Agrippinensium [337] præsule, scolarum excercicium transigens [338], divinæ institutionis atque mundanæ peritia adprime emicuit. Dein vero jam adolescentulus in Halverletensi ecclesia efficitur [339] canonicus, ubi omnem callem prudentiæ cum modesta fortitudinis operatione inter coæquævos ita præcucurrit [340], ut cuncta officia ipsius ecclesiæ paulatim susciperet, laudabiliter peragerel, quin etiam honores ecclesiæ cunctos præter pontificium adeo probabilius disponeret, ut exinde sublatus in regali palatio primum capellanus, postmodum factus sit cancellarius. Ibi etiam quantus fuerit principibus regni satis apparuit.

46. Qui Omnipotentis occulta dispositione [341] conceditur antistes et ordinatur Tullensi ecclesiæ (1070). Cujus ædificium non solum imperfectum, sed etiam ruinosum reperiens, non minimum condoluit [342], immo repedare cogitavit; quia, quod mentem ejus dirius [343] angebat, sine intermissione ingemiscens, de consolatione [344] animarum sibi commissarum desperabat, quoniam qua populum doceret lingua [345] prorsus ignorabat. Sed divina virtus circa ipsum dignabatur gloriosum ostendere miraculum, cum jam sexagenarius parvo quidem tempore loquelam [346] inauditam (99) didicerit, qua plebem Christi satis intelligibiliter et a malis desistere et quæque bona perficere edocens, pervigili cura gubernare satageret. Porro quam infatigabilem in Dei famulatu se exhibuerit, in divini officii nocturnis horis [347] quam assiduus fuerit, in celebritate sacrosancti mysterii, interius corde mactato, exterius quam sollemnis extiterit, in sacris ordinationibus pontificii quam angelicus apparuerit, sicut nec de memoria qui viderunt labi, ita nec futuris mortalibus facile poterit innotesci. Hic nimirum in elemosinis fuerat misericordissimus, in peregrinorum vel hospitum susceptione hilarissimus, vinctis et ægro is visitator piissimus, in viduarum vel pupillorum defensione justissimus, postremo in dilectione Dei et proximi perseverabat ferventissimus [348]. Sicque Dei gratia perfusus, quoscumque genere vel fa u ta e tenuiores in clero considerabat, non tam verbis paternæ consolationis, quam etiam rebus sustentabat [349].

47. Civitatem cum suburbio ceterisque suis appenditiis, quæ a diebus sui prædecessoris [350] quasi deserta fuerant, quemadmodum locupletaverit, ædificia suo tempore constructa demonstrant. Quotiens enim episcopio [351] bellum imminebat, quam pluribus [352] mensæ suæ victualibus distractis, ecclesiæ pacem a tyrannis irruentibus circumquaque comparabat [353]. Primo igitur aditu prædictæ sancti Stephani basilicæ turrim cum gemellis campanaribus (100), sub qua præsul idem juxta aram sanctæ Mariæ Magdalenæ

VARIÆ LECTIONES.

[326] habitabat 3. [327] archarissimo 1. [328] adversantibus 1. [329] c. et c. 3. [330] vallicoloris 5. [331] annos 3. [332] destruendum 3. [333] est 1 s. 3. [334] leuchorum pontifice add. 3. [335] s. m. 3. [336] thiemaro 3. [337] agrippinesium 1. [338] transiens 1. [339] deest 1. [340] præcurrit 3. [341] dispensatione 3. [342] cor doluit 1? [343] durius 3. [344] condolatione 1. [345] lingam 1. [346] prius add. 3. [347] atque diurnis add. 3. [348] Qui nec propiciis exaltatus nec adversis dejectus, sed illatas sibi contumelias pro Christo patienter ferens, non solum notis et amicis verum etiam inimicis apparebat amabilis add. 5. [349] ingenuos autem egregie nutriens opibus ecclesiæ seu dignitatibus ditabat add. 2. [350] p. sui 3. [351] episcopo 3. [352] plurimum 3. [353] Super his autem quæ memorando retexuimus si quispiam incredulus hæsitaverit, ad templum prothomartyris revolvat oculos mentis, nosque mendacii minime redarguet vel adulationis. add. 5

NOTÆ.

(99) Scilicet Gallicam. P.

(100) Benoit, p. 598, hoc in a. 1091 collocavit et ex quodam codice (Gestorum?) hæc refert : *Fundavit Pibo et construxit turrim hujus templi cum duabus campanie et dedicavit; unde quolibet anno in crastino translationis S. Gerardi celebrabantur horæ a toto conventu in dicta turre a primis vesperis usque ad secundas. Sciendum est, quod ab antiquo juvenes de ecclesia; etiam canonici, illa die conveniebant, et in dicta turre simul bibebant et comedebant, et quilibet*

honorifice sepultus requiescit, a fundamentis construxit, sed nec minus celsitudine ejusdem media tria altaria, medium quidem gloriosæ Dei genitricis Mariæ, dextrum vero apostolis omnibus, tertium a sinistris martyribus sanctis, sed et pigneribus multis reliquiarum impositis, devotus consecravit. Item laquearia ejusdem monasterii mystico opere fulgentia, picturam quoque dominicæ majestatis imminentem altari præcipuo arte vel scemate decoravit preciosissimo. Coronam similiter argenteam aurea varietate micantem, quæ speciosa amplitudine medio sinu dependet basilicæ fabricare [354] jussit. Sacrorum etiam vasorum numero calicem ex auro purissimo preciosissimis ornatum lapidibus adauxit. Item campanar exstruens ligneum, summa tecti [355] crepidine prominens, plumbeis operuit laminis; cancellum quoque simili curavit tegere metallo. Quis unquam [356] tanti pontificis gesta possit rememorare [357] per singula? Qui profecto quod legerat: *Ociositas inimica est animæ*, semper mente [358] retinens, aut in augmentandis ecclesiæ ornamentis restruendisque sacris ædificiis insudando [359], aut publicis ordinationibus universæ parrochiæ [360] suæ sollicitando numquam inventus est ociosus.

48. Sed quoniam nec minis nec blandiciis regiæ potestatis a fide et obedientia sanctæ Romanæ sedis venerabilis Pibo flecti nequibat, inter innumera tantæ persecutionis damna, quæ sedulo perferebat, curtem Tullensis [361] ecclesiæ juri debitam Bercheim [362] nomine, honore quondam et frugalitate opinatissimam, quam per fideles regis diebus amiserat multis, ante vitæ suæ terminum ecclesiæ restituit per quinquennium. Denique videns prædictus pastor imperialem persecutionem minime [363] minui, sed nonnullos episcoporum per omne [364] Theutonicorum regnum adhærentes regi de inobedientia Romanæ sedis condemnari, non tamen [365] de sui constantia ambigebat, immo instinctu divino propter peccatorum suorum pœnitentiam [366] locum dominicæ passionis adire cupiens, cum comite Conrardo (101) multisque regni principibus, ducente Deo, Hierosolymam pervenit (1083), ubi quæque sanctissima dominicæ [367] conversationis loca non minus corpore quam corde contrito perlustrans, ante Domini monumentum pro reatuum suorum venia lacrimarum uberrimis imbribus profusis, orationibus diutissimis incumbendo, pro animabus etiam sibi commissis Dominum exorabat. Inibi supplex episcopus sociis audientibus devovit, si quando Deus repatriare [368] sibi concederet, ilico monacus fieret. Constantinopolitana igitur urbe regrediens (1087), a gloriosissimo Græcorum imperatore, qui valde ipsum diligebat, non parvam dominicæ crucis portionem impetravit, quam cum sacris reliquiarum pigneribus dorsalibusque preciosissimis multisque [369] alterius modi donariis ecclesiæ suæ [370] devotus contulit. Jussit ergo crucem magnam ex auro purissimo gemmisque radiantibus artificiose fabricari, in qua vitalis ligni margaritum cunctis opibus preciosius condigne imponeretur ad comportandum, utque superpositi tamen [371] claritate lapidis oculis intuentium evidenter appareat, et fidelium cordibus compunctionem afferat pariter [372] et salutem. Quid plura? Deinde mundi relictis omnibus, jam consecratur monachus; quod tamen fiebat clanculo in Divionensi cœnobio.

49. Postquam autem plebs Tullensis tanto se orbatam patrono persensit, incomparabiliter lugens quod sanius potuit consilium cælitus sumpsit, summumque Romanæ sedis pastorem per legatos adiens, desolationis suæ seriem et quod desiderabat patefecit; et eo usque supplicationibus lacrimosis ante ipsum incubuit, donec piæ petitioni ipsorum papa sanctissimus ignoscens, proprium pastorem, quem repetebant, vel sicut erat monachum reddi juberet, quin immo apostolica auctoritate compelleret. Hac ergo gratia divinæ miserationis suscepta, Omnipotenti apostolorumque principibus laudes non indebitas persolventes, Divionense monasterium læti adgrediuntur, reverentissimum Pibonem quasi redivivum cum gratiarum actione recipiunt, et majore admodum quam prima exultatione Leuchorum sedi solemniter reinthronizato, a [373] maximo usque ad minimum fideli obedientia, quoad vixit, clerus cum populo pariter obsequuntur [374], et sicut vera religione monachus, ita sollicita dispensatione permansit [375] episcopus venerabilis Pibo dilectus [376] et Deo et hominibus.

50. Nec illud silentio prætereundum [377] censuimus, quod sæpe dictus pater, quamdiu superstes foret, pro consecrationis suæ die, sed nec minus post vitæ præsentis metam, pro depositionis annuali luce celebriter memoranda [378] ecclesiam de Buc fratribus suis contulerit. Tribus similiter altaribus in turre [379] consecratis idem benignissimus pater de propriis redditibus, videlicet de theloneo, 30 solidos eo tenore concessit, quod [380] singulis annis pro dedicationis celebritate ex his 10 solidi fratribus deservirent, alios autem 20 solidos quilibet frater haberet, qui inibi sedulo serviens, nocturnum lumen cum lineis velamentis altaribus semper subministret; et ad supra-

VARIÆ LECTIONES.

[354] fabricari 3. [355] templi 3. [356] inquam 3. [357] rememorari 1? [358] deest 1. [359] desudando 3. [360] barrochiæ 1. [361] tellensis 1. [362] bertheim 3. [363] nequaquam 3. [364] omnem 3. [365] tantum 1? [366] pœnitudinem 3. [367] dominicæ — sibi commissis *desunt* 3. [368] repatriari 1? [369] m. quoque 3. [370] *deest* 1. [371] tantum 3. [372] p. a. 3. [373] ad 1. [374] obsecuuntur 1. [375] permanxit 1. [376] d. episcopus et 1? *ed. et deest* 3. [377] prætereundum 3. [378] rememoranda 3. [379] tare 1. [380] quo 3.

NOTÆ.

portionem apportabat ob reverentiam dicti festi et causa fraternitatis, et legebat unus in mensa.

(101) Lucemburgensi.

dictum canonicorum servitium medietatem vini, A sufficiens donavit [382]. Qui tandem oves sibi [383] commissas, quas jam diuturna pace foverat, summo quod dicebatur de taberna episcopi, cujus summa pastori [384] commendans, anno ordinationis suæ 38, 40 modiis constat [non minus contradidit [381]. Alo- ab incarnatione Domini 1107, 8 Kal. Decembris dium etiam in Geminoldi villa comparavit, quod venerabilis Pibo maturus [385] senio beato fine requiesanctæ Mariæ Magdalenæ, penes cujus altare extre- vit in Christo. mæ resurrectionis diem præstolatur, ad luminaria

VARIÆ LECTIONES.

[381] desunt 1. [382] His atque similibus exercitiis desudando vir felicis memoriæ ornavit tempora multa bono odore usque ad consummationem vitæ. add. 3. [383] olim sibi 3. [384] p. Christo recommendans 3. [385] maturo fessus 3.

ANNO DOMINI MCVII.

SUAVIUS

ABBAS S. SEVERI IN CAPITE VASCONIÆ.

NOTITIA HISTORICA.

(*Histoire littéraire de la France*, t. IX, 528.)

Suave n'est connu dans l'histoire que depuis qu'il fut parvenu à la dignité d'abbé de Saint-Sever au Cap de Gascogne, diocèse d'Aire. C'est ce qui arriva en 1092, y ayant succédé à Arnaud Destios. Il paraît avoir été fort zélé pour le bien de son monastère, et ne le fut pas moins pour le lieu où il est situé. D'abord ce n'était qu'un bourg ou village; mais le généreux abbé eut assez de courage pour entreprendre de l'ériger en titre de ville, et assez de crédit pour y réussir. Ayant obtenu de Guillaume Sanche, duc de Gascogne, et d'Urraque, son épouse, la permission de l'entourer de murs, il trouva le moyen d'en faire la dépense. Le dessein exécuté, il assembla les habitants et convint avec eux des coutumes et usages qui y seraient inviolablement observés dans la suite pour y maintenir le bon ordre et une police uniforme. Quelque attentif au reste que fût l'abbé Suave à revendiquer les biens de son monastère, il n'avait point le génie tourné aux procès. Il en donna des preuves par le soin qu'il prit d'accommoder ceux que sa maison et l'abbaye de la Sauve Majour avaient entre elles. Et pour resserrer plus étroitement les liens de la paix, il établit entre l'une et l'autre une société mutuelle de prières. Suave continua à gouverner son monastère sur ce même pied jusqu'au treizième de février 1107, qu'il finit ses jours. Il fut heureux en successeurs, dont le premier et le troisième devinrent successivement évêques d'Agen avant le milieu du XIIe siècle.

Il y a de cet abbé deux monuments de littérature. Le premier est le recueil des usages et coutumes dont on vient de parler, et que dom Martène et dom Durand ont tirés de l'obscurité. Ils sont compris en dix-neuf articles, et forment le code des lois suivant lesquelles la ville de Saint-Sever se devait gouverner à l'avenir. On y est entré dans un grand détail, et l'on y a pris de justes mesures pour bien distinguer les droits respectifs de l'abbaye d'une part et ceux des citoyens de l'autre.

L'autre monument de l'abbé Suave est une lettre aussi forte que respectueuse au pape Pascal II, pour lui demander justice contre une sentence portée par ses légats au préjudice de son monastère. Il s'agissait de l'église de Notre-Dame de Solac, que l'abbaye de Saint-Sever et celle de Sainte-Croix de Bordeaux se disputaient, et que les légats Amat d'Oléron et Hugues de Die avaient adjugée à ce dernier monastère, quoiqu'il y eût des rescrits des papes Alexandre II et Grégoire VII qui en confirmaient la possession à l'abbaye de Saint-Sever. Suave, ayant recouvré ces pièces qu'on n'avait pu produire, demanda une révision du procès; et c'est le sujet de la lettre au pape Pascal. Quoiqu'il eût intérêt de se concilier les bonnes grâces de ce pontife, il ne cherche point à lui faire sa cour, en lui donnant des titres pompeux, comme en usaient tant d'autres en semblables occasions. L'auteur se borne dans l'inscription de sa lettre à le qualifier simplement *évêque de Rome par la grâce de Dieu*; et c'est un des points qui la rendent plus remarquable.

SUAVII ABBATIS STATUTA
PRO S. SEVERI VILLA.

(Circa an. 1100.)

[MARTENE, *Thesaur. Anecd.* I, 277, ex chartario abbatiæ S. Severi.]

Quoniam dies hominis breves sunt, et labilis est memoria eorum, ideo quæ utilia sunt, et esse poterunt, litteris duximus esse committenda. Notum sit igitur præsentibus et successoribus quod Suavius, Sancti Severi abbas, salvitatem quam SS. dux Vasconiæ, et Urraca uxor sua, in honorem Sancti Petri Sanctique Severi constituerant, ad instantiam et preces hominum ejusdem loci permisit et sustinuit circumquaque vallari et muniri, ut ab incursu et malignitate hominum ibidem tutius possent permanere. Verumtamen antequam suum assensum de clausura villæ eis concederet, de moribus, consuetudinibus, lesdis, et pedagiis ibidem percipiendis inter se convenerunt, et tactis sacrosanctis reliquiis, jam dicti homines pro se suisque successoribus jurejurando firmaverunt, ut quod constitueretur, inviolabiliter observaretur. Simili modo præfatus abbas eadem observanda in perpetuum affirmavit.

1. Primum igitur statutum fuit, quod abbas semper portas villæ clauderet et muniret; et in eisdem, ratione dominii et portarum clausuræ, ab intrantibus et exeuntibus pedagia perciperet. Burgenses vero reliquam clausuram villæ, arbitrio abbatis, semper clauderent et munirent. Similiter abbas duas plateas circa monasterium, causa spatiandi et domos ædificandi, sibi et suis, libere et absque ulla servitute, retinuit; unam ab arenario usque ad vallatum, directe ab inde usque ad Galam, alteram a refectorio usque ad viam quæ vadit ad Pontillum; quædam etiam alia spatia, ut ibi domos ædificarent, jam concesserat, et tunc concessit libere episcopo Adurensi, et quibusdam aliis militibus.

2. Insuper, institutum fuit, quod si quis vicinum suum interficeret, interfector, et suæ res in potestate abbatis essent. Similiter si extraneum quis infra ambitum villæ occideret, simili pœna damnaretur, nisi constaret eum aliquem de villa interfecisse, vel ad redemptionem coegisse. E furibus etiam, et eis consentientibus, eadem pœna ut de homicidio servetur. Si quis vero ex superbia, vel ex indignatione motus, contra aliquem extra domum suam arma extraxerit sex solidos abbati persolvat.

3. Si vero aliquem vulneraverit, pro vulnere similiter sex solidos persolvat abbati; et pro qualibet specie armorum, sex solidos persolvat abbati. Si vero vulnus legitimum fuerit in profunditate, vel in longitudine, XVIII solidos vulnerato persolvat; si non legitimum fuerit, faciat læso quod fuerit judicatum. Statutum fuit, quod si alter alterum verberaverit, sex solidos abbati persolvat, et sex verberato, nisi ipse eum repercusserit; tunc uterque abbati sex solidos persolvat. Statutum etiam fuit, quod si aliquis domum vicini sui invaserit, sex solidos abbati persolvat, et domino domus similiter. Si quis hominem, sine licentia, vel præcepto abbatis, intra villam ceperit, nisi furando, vel cum furto ipsum invenerit, CL solidos pro invasione villæ abbati persolvat, et captum abbati reddat. Item, si quis bannum, vel sigillum abbatis, a quocumque factum vel interpositum infregerit, sex solidos abbati persolvat. Similiter, quotiescumque præco, vel nuntius abbatis, aliquid præceperit, vel interdixerit, ab omnibus observetur; qui non observaverit, quinque solidos abbati persolvat.

4. Et hoc statutum fuit, quod si abbas miserit pro aliquo de suis burgensibus, ut ad eum veniat, sine mora ad eum veniat; si vero aliquid incœperit antequam ad eum veniat, sex solidos persolvat abbati, nisi jam mensa ad comedendum sit ei posita, vel nisi caput suum jam incœperit abluere, vel nisi pannos proprios inciderit, vel nisi aliqua infirmitate sit gravatus, ita quod ad eum venire non possit, vel nisi aliquis mortuus fuerit in domo sua. His peractis, ad eum statim venire non differat. Item statutum fuit quod si abbas, vel sui, injuriam passi fuerint ab aliquo, et injuriator judicio stare noluerit, et abbas propter injuriam sibi illatam caballicare super eum voluerit, vel contra eum exercitum movere, burgenses de præcepto abbatis, super injuriantes ipsum sequantur; et si quis sine licentia abbatis, a cavallicatione abfuerit, sex solidos abbati persolvat; si de exercitu remanserit, sex solidos abbati persolvat, et damnum quod propter absentiam ejus habuerit, abbati restituat.

5. Præterea cum magna deliberatione, et pluries requisito consilio, mercatum quod dicitur *Labere*, statuerunt, quod quisquis ad illud mercatum venerit, secure, et absque ullo impedimento veniret, nisi debitor esset, vel fidejussor, vel homicida. Statutum etiam fuit, quod si quis extra terminos mercati aliquid emerit, vel vendiderit, et extra ter-

minos ejus retineri possit, rem emptam vel venditam custos mercati sibi retineat.

6. Præterea, si alter alteri in mercato injuriam fecerit, abbati vel nuntio suo viginti denarios persolvat, et injuriato legitime satisfaciat. Mercatum et ejus securitas durat a die Jovis post meridiem usque ad Dominicam, donec prima celebretur. Statutum etiam fuit quod, si quis extra villam pergeret, et in via aliquam mercaturam venientem ad villam emeret, a venditore lesdam reciperet, et abbati persolveret, vel de suo daret.

7. Similiter statutum fuit quod, si quis ad domos rusticorum extra villam perrexerit, et ab eis vinum vel pomacium emerit, et per se, vel per alium in periculo suo illa ad villam attulerit, quocunque tempore illa vendat, liber erit a lesda. Eamdem libertatem habet, si boves, vaccas, oves, capras, porcos vendiderit, nisi tantum ea in macello vel mercato statuto vendiderit. Si vero annonam, vel aliud emerit, et intra mensem et diem aliquid de illa mercatura vendiderit, lesdam pro toto dabit. Extranei vero, si aliquid venale ad villam attulerint, sive in præsenti, sive in futuro, vendiderint in introitu portarum, lesdam persolvant, vel securitatem non vendendi lemnario faciant.

8. Statutum etiam fuit quod, si mercator viator, ut pedagium possit evadere, a strata deviaverit, vel per villam transiens, pedagium non persolverit; si consequi poterit, mercaturam amittat; vel eam cum abbate componat.

9. Statutum etiam fuit quod qui pannos laneos in villa venales habuerit, octo solidos annuatim abbati persolvat.

10. De nundinis similiter statutum fuit quod incipiunt feria quinta post Pentecosten, et durant per undecim dies, ut omnis qui ad eas venerit, securus sit, nisi fuerit homicida, vel aliquem de villa ad redemptionem coegerit. Et quandiu durant, omnes banniti et pignorati sint absoluti. Si quis in ipsis alicui injuriam fecerit, viginti denarios pro pœna dabit abbati, et quod justum fuerit faciat conquerenti, nisi homicidium in eis perpetraverit.

11. Præterea jam dictus abbas concessit habitatoribus villæ, non ad vendendum, sed ad construendas domos, faciendos focos, et ad cæteros usus, duo nemora, unum quod dicitur Padoence, et alterum, quod dicitur Martini... Cætera, videlicet culta et inculta sibi retinuit, sicut a fundatoribus monasterii donata et concessa fuerunt beatissimo martyri Severo, necnon Salvatori abbati ejusdem loci sicut in membranis et privilegiis nostris scriptum est.

12. Statutum etiam fuit quod, si extranei, causa vendendi, in animalibus, vel in plaustris aliquid abstraxerint, in exitu portarum lemnam persolvant. Item dicimus de corariis, quod lemnam debeant dare.

13. De burgensibus villæ statutum est quod in exitu non debeant dare lemnam, nisi de ferro, sale, et piscibus. Verumtamen quandiu nundinæ duraverint, jam dicti burgenses, sicut cæteri homines, lemnam persolvant.

14. Statutum etiam fuit, quod si quis falsam mensuram de quacunque re, ad emendum, vel vendendum, habuerit, sine misericordia persolvat abbati sex solidos; si vero de mensura falsa vicini conquesti fuerint, pro unoquoque conquerente abbas sex solidos habeat, et conquerentibus falsarius damnum restituat.

15. Ad ultimum videns abbas raritatem hominum, et quod de facili non posset villa populari, ut citius popularetur, dixit et concessit, quod si de hominibus Sancti Severi vellent ibi ædificia facere, quod liceret eis intra vicennium; vicennio vero transacto, si in illa vellent morari, et per annum et diem secum essent, et de suo proprio pane comederent, et sine querimonia abbatis, deinde more burgensium se haberent, nisi forte casalli eorum manerent postea desolati, tunc per filios suos, vel per seipsos, quamvis in villa ædificarent, casallos cooperiant, teneant, et serviant, et in eisdem maneant. Si vero servientes, vel conductitii burgensium exstiterint, quantumcunque abbati placuerit, de eis tanquam de aliis hominibus voluntatem suam faciat, et eos ubicunque voluerit collocet.

16. Statutum etiam fuit et bene firmatum quod, si, portis clausis villæ, aliquis in eam aliunde intraverit, vel exierit, nisi causa evadendæ mortis, tamquam invasor villæ judicetur et condemnetur.

17. Statutum etiam fuit quod, si quis de villa altero de suis membris majoribus se privaverit, LX solidos abbati persolvat, et cum eo de turpato membro conveniat, et de turpatione aliorum membrorum in arbitrio sit judicantium.

18. Statutum etiam fuit, quod si quis sine hærede decedat, abbas in omnibus rebus suis ei succedat; et si quis testamentum facere noluerit de rebus suis, monasterio, pro anima sua, medietatem tribuat.

19. Procedente tempore statutum est quod, si abbas apud se mensuram legitimam emendi et vendendi annonam semper habeat, pro mensura e venditore manus plenas annonæ percipiat. In fine statutum est quod, si de novo aliquid statuendum evenerit, statuatur et conservetur. Amen.

ANNO DOMINI MCVII

FOLCARDUS

ABBAS LOBIENSIS

NOTITIA HISTORICA IN FOLCARDUM

(Hist. litt. de la France, IX, 348)

Folcard, abbé de Lobes, au diocèse de Cambrai, avait succédé à Arnoul dès 1094. Il y avait alors dix-huit ans que ce monastère, autrefois si illustre, gémissait sous l'oppression de ce dernier et du faux prieur Oibalde, qui l'avaient réduit à un état déplorable. La discipline monastique se ressentit, comme c'est presque toujours l'ordinaire, de la disette des choses temporelles.

L'hospitalité et les aumônes y étaient presque abolies, par la raison qu'on avait dissipé les fonds destinés à cet effet. Ce fut une grande occasion d'exercice pour la sagacité et le zèle de Folcard. Il fit tellement usage de l'un et de l'autre, que, dans l'espace de treize ans qu'il gouverna ce monastère en qualité d'abbé, il réussit à lui rendre quelque chose de son ancien lustre, et mourut avec la réputation d'un serviteur de Dieu exact et zélé pour la bonne discipline, surtout pour l'office divin.

Il y a de lui un mémoire sur l'état où se trouvait alors son monastère. Il le présenta à l'empereur Henri IV, et ce prince y fit droit par un diplôme qu'on a imprimé à sa suite, comme il se trouve dans la Chronique de Lobes (*Spicil.* VI, 601-4). Le mémoire de Folcard est intéressant pour l'histoire de cette abbaye, principalement en ce qui regarde la conduite des anciens avoués. On sait qu'ils devaient être défenseurs et protecteurs des monastères, comme leurs pères temporels et les conservateurs de leurs privilèges; et l'on voit par cet écrit qu'ils en étaient devenus les plus grands pillards. Le début qui précède le détail des misères de Lobes, et la fin sont d'un bon goût. L'auteur y témoigne la confiance de trouver au tribunal du prince la justice qu'il n'espérait pas de la part de ses ministres. Il y a laissé des marques de sa modestie et de son humilité, en s'y qualifiant abbé seulement de nom, *nomine, non merito*.

EPISTOLA XIV

FULCARDI ABBATIS HENRICO IMPERATORI.

(*Spicil.* VI, 631.)

HENRICO, gratia Dei excellentissimo Romanorum imperatori Augusto, FULCARDUS, abbas nomine, non merito, et pusillus grex cœnobii Lobiensis, augmentum cœlitus victoriæ et pacis, ad salutem utriusque hominis.

Salomon rex quondam pacificus primordia regni sui justitiæ judicio sub contentione mulierum dedicans, super eo sententiam posteris memoriæ dignam commendat, dicens : *Facere misericordiam et judicium magis placet Domino quam victimæ.* Hujus præscripti fiducia et spe, misericordia et judicio potiundi, ego Fulcardus cum delato corpore patroni nostri, videlicet et S. Ursmari pontificis, et familia præsenti, usque ad thronum regium cum temerario ausu prorumpens (etenim subselliis imperialibus nusquam locum obtinet justitia, omnes quippe retributionem sequuntur et munera), super multimoda afflictione et egestate nostra, et miserabili direptione prædiorum, et possessionum et facultatum, ac pristinæ libertatis

dominæ nostræ sanctæ Lobiensis Ecclesiæ, oramus patienter nos audias pro tua clementia, et exaudias in tua justitia.

Ecclesia nostra, in angulo regni tui penultimo fundata, sub titulo Apostolorum B. Petri et Pauli dedicata, jam quingentis annis optima libertate potita est priorum regum, et regno et auctoritate firmiter concessa, nec non amplissima prædiorum ac possessionum munificentia, pro quibus omnibus pene sibi subtractis clamat ad te, utpote vidua, quoniam non alias, si non coram te, o Cæsar, obviant sibi veritas et misericordia, neque ullatenus justitia et pax ruunt in oscula. Tales igitur in abbatia Lobiensi fuerunt leges majorum, quæ integræ perduraverunt usque ad Theoduinum episcopum. Castellanus Tudiniensis, quod nobis adjacet, castri totam præfecturam abbatiæ debet tenere in manu sua, nec aliquos debet sustinere defensores vel advocatos, nisi qui hæreditarii sunt hæreditate antecessoria : modo habentur in villis Sancti Petri multi advocati, imo raptores, in aliquibus quinque, in aliquibus quatuor, in aliquibus tres, in aliquibus etiam septem; qui præter tres principales generales placitos quandocunque volunt ibi sigillatim placitant: precaturas, imo rapinas, quas nullas omnino habere debent de avena, de multacibus, de denariis, de omnibus pene mobilibus contra voluntatem pauperum, non precando, sed tollendo faciunt sæpius, ubi sigillatim nocturno diverticulo jacendo pauperes. mansionarios omnimodis affligunt. In placitis præter bincinam et testeiam non debet habere advocatus nisi tres denarios, et alicubi duos, modo si aliquis non placito scabinorum banno fuerit devictus sine potestate advocati, advocatus vult habere tertium denarium; quod nullo modo debet fieri, nisi omnino resistens devictus fuerit censura advocati. In loris, in sanguinis fusura, in manumissuris, in licentia maritandi, in mortua manu, nihil debet habere advocatus, nisi minister abbati declamaverit apud eum, et ipse advocatus ei redemerit: modo aliquando tertiam partem et aliquando totas tres partes diripiendo sibi vindicant.

Legitimus advocatus totam familiam altaris Sancti Petri debet tenere in manu sua: nunc his et illis per partes in beneficium distracta depraedatur, et annihilatur non unius, sed multorum violentia. Ubicunque in vadiis advocatus tertium denarium debet habere, communiter minister abbatis, et minister advocati vadium debent appretiare: modo advocati hinc se separant, et secundum arbitrium suum leges suas ex integro accipiunt. Præter hæc vero quæ diximus, ita nobis quidam horum sunt infesti, ut nisi quotannis quidpiam muneris ad libitum suum a nobis acceperint, etiam ipsas suæ defensionis villas qualibet occasione invadant, omnemque annonam cum redditibus exinde nobis provenientibus aut pro se accipiant, aut tandiu violenter detineant, donec majora quam prius petierunt ab invitis exigant. Crebrescentibus his apud nos malis jam triginta annis, in hoc biennium pervenit gladius usque ad animam; et dum ab æstu tribulationis quærimus nondum inventam requiei umbram, incurrimus succisionis falcem et lanceam, quam intulisse nobis plangimus, Montensis comitissæ militiam, quæ in successionem ignis et deprædationem, et captivitatem et mortem redegit totam juris nostri viciniam. In his omnibus non est aversus furor ejus, sed adhuc manus ejus extensa: quanquam prohibeat gladium a sanguine, excessit terris justitia.

Sub his diebus Eibertus, nobilis adolescens, bellico ictu vita decedens, in agonia positus S. Petrum sanctumque Ursmarum devovit sibi hæredem, quibus omnia juris sui possessiva reliquit ad sui requiem. Post triennium obitus ejus perlato corpore hujus B. patroni nostri Ursmari, omnia legitime pervadimus, seu in nostram possessionem convertimus, legitimo jure; sed præcipuum illud allodium Asgup nominatum, non est veritus sancto nobisque contradicere consobrinus illius licet injuste Henricus Marbasiæ, pro quo vestræ dignitatis excellentiam seu clementiam imploramus, quatenus ejus excellentiam, quæ adhuc nobis resistit, ex hoc coerceri impetremus. De cætero, ne nostra exscremini multiloquia, fiat querimoniæ nostræ clausula. *Fiat pax in virtute tua*, et sic erit in turribus nostris abundantia, quibus singulis annis deficiunt etiam victualia.

INTRA ANNUM MC-MCX

ADELGORIUS SIVE ADELGOTUS

ARCHIEPISCOPUS MAGDEBURGENSIS

ADELGORII ET ALIORUM EPISTOLA

AD EPISCOPOS SAXONIÆ, FRANCIÆ, LOTHARINGIÆ, ET OMNES CHRISTI FIDELES.

Auxilium petunt adversus paganos, qui Christianos crudelissime cædebant.

(Edidit Dom Martene Ampl. Collect. t. I, col. 626, ex ms. codice Graffchatensi.)

Adelgorius, Dei gratia Magadaburgensis archiepiscopus, Albuinus Merseburgensis, Waleramnus Nuenburgensis, Herewigus Misnensis, Hecil Habelbergensis, Hartbrath Brandeburgensis, Otto comes; LUDOWICUS et universi orientalis Saxoniæ majores et minores, REGINHARDO venerabili episcopo Halberstetensi, ERKAMBERTO Corbeiensi abbati, HEINRICO Paderbrunnensi, N. Mindensi, FRIDERICO archiepiscopo Coloniensi, N. Aquensi, O Leodiensi, G. Lutaringorum duci, RUOTBERTO gloriosissimo Flandringensium comiti, LAMBERTO archidiacono, BURICHOLDO circumspectissimo præposito, et TANCHRADO insigni philosopho, et omnibus Christi fidelibus, episcopis, abbatibus, monachis, eremitis, reclusis, præpositis, canonicis, clericis, principibus, militibus, ministerialibus, clientibus, omnibusque majoribus et minoribus, dilectionem, orationem, et in idipsum salutem.

Multimodis paganorum oppressionibus et calamitatibus diutissime oppressi, ad vestram suspiramus misericordiam, quatenus Ecclesiæ matris vestræ nobiscum sublevetis ruinam. Insurrexerunt in nos, et prævaluerunt crudelissimi gentiles, viri absque misericordia, et de inhumanitatis suæ gloriantes malitia, ecclesias Christi idololatria profanaverunt, altaria demoliti sunt, et quod humana mens refugit audire, ipsi non abhorrent in nos perpetrare. In nostram regionem sæpissime efferantur, nullique parcentes, rapiunt, cædunt, fundunt, et exquisitis tormentis affligunt, quosdam decollant, et capita dæmoniis suis immolant. De quibusdam visceribus extractis manus abscissas et pedes alligant; Ubi est, inquiunt, Deus eorum? Quosdam in patibulo sublatos permittunt ad majores cruciatus omni morte miserabiliorem vitam pertrahere, cum vivi aspiciant se per abscissionem singulorum membrorum mortificari, et ad ultimum cæso ventre miserabiliter eviscerari. Quamplures vivos excoriant, et cute capitis abstracta, hoc modo larvati in Christianorum fines erumpunt, et se Christianos mentientes, prædas impune abigunt. Fanatici autem illorum quoties comessationibus vacare libet, Ferus in dictis, capita, inquiunt, vult noster Pripegala. Hujusmodi fieri oportet sacrificia. Pripegala, ut aiunt, Priapus est et Beelphegor impudicus. Tunc decollatis ante profanationis suæ aras Christianis, et horrendis vocibus ululantes : Agamus, inquiunt, dies lætitiæ, victus est Christus, vicit Pripegala victoriosissimus.

Hujusmodi afflictiones sine intermissione vel toleramus vel formidamus, quoniam eos semper progredi et in omnibus ingemiscimus bene prosperari. Itaque, fratres charissimi, totius Saxoniæ, Franciæ, Lutaringiæ, Flandriæ episcopi, clerici et monachi, de bonis sumite exemplum, et Gallorum imitatores in hoc etiam estote : clamate hoc in ecclesiis : Sanctificate jejunium, vocate cœtum, congregate populum, annunciate hoc, et auditum facite in omnibus terminis prælationis vestræ. Sanctificate bellum, suscitate robustos. Surgite principes contra inimicos Christi, arripite clypeos, accingimini, filii potentes, et venite omnes viri bellatores. Infirmus dicat, Quia fortis sum ego, quoniam Dominus fortitudo plebis suæ, et protector salvationum Christi sui est. Erumpite et venite omnes, amatores Christi et ecclesiæ, et sicut Galli ad liberationem Jerusalem vos præparate. Jerusalem nostra, ab initio libera, gentilium crudelitate facta est ancilla. Hujus muri propter peccata nostra corruerunt. Sed ruina hæc sub manu vestra, quatenus lapides pretiosi omnes muri ejus et turres Jerusalem gemmis ædificentur. Plateæ ejus sternantur auro mundo, et præ horrendo sonitu gentilium in conspectu Pripegalæ cantetur in ea canticum lætitiæ, et pro immolatione de Christiani sanguinis effusione, carnem et sanguinem edant pauperes et saturentur, ut laudetis Dominum qui requiritis eum, vivantque in sæculum sæculi corda vestra, ut non deficiat de ore vestro alleluia, alleluia.

Ad hoc bellum devotas offert manus cum populo suo rex Dacorum et alii principes per circuitum. Ipse etiam rex noster, hujus belli auctor, cum omnibus quos poterit adducere promptissimus erit adjutor. Sabbato in hebdomada Rogationum erit conventus noster Mersburch, et ubicumque in orientali Saxonia opportuna habemus loca.

Sanctissimi Patres, monachi, eremitæ atque reclusi, optimam partem cum Maria elegistis; sed quia nunc tempus ita exigit, de contemplationis quiete cum Martha surgendum est vobis, quoniam fratribus vestris plurimum turbatis, cum Martha admodum necessaria est Maria. Vobis loquimur, imo in nobis Christus loquitur vobis. Surge, propera amica, columba mea, et veni. Flores bonæ operationis apparuerunt in terra principum nostrorum, tempus putationis advenit idololatriæ, vox turturis audita est, quoniam casta mater Ecclesia ingemiscit de idololatriæ spurcitiis. Nemo accendit lucernam et ponit sub modio, sed super candelabrum, ut qui ingrediuntur lumen videant. Luceat lux vestra coram hominibus, ut videant opera vestra bona. Surge itaque, sponsa Christi, et veni. Sonet vox tua in auribus Christi fidelium, quatenus omnes ad Christi festinent bellum, Christi militibus veniant in adjutorium. Gentiles isti pessimi sunt, sed terra eorum optima, carne, melle, farina,.... avibus, et si excolatur, omnium de terra ubertate proventuum, ita ut nulla ei possit comparari. Sic aiunt illi quibus nota est. Quapropter, o Saxones, Franci, Lotharingi, Flandrigenæ famosissimi et domitores mundi, hic poteritis et animas vestras salvificare, et si ita placet, optimam terram ad inhabitandum acquirere. Qui Gallos ab extremo Occidente progressos in brachio virtutis suæ contra inimicos suos in remotissimo triumphavit Oriente, ipse tribuat vobis voluntatem et potentiam, hos affines et inhumanissimos gentiles subjugare, et in omnibus bene prosperari.

CIRCA ANNUM MCVII

THEODORICI
ABBATIS S. HUBERTI ANDAGINENSIS
EPISTOLA AD LEODIENSES.

(Vide Chronicon S. Huberti Andaginensis, Patrologiæ t. CLIV, col. 1428.)

ANNO DOMINI MCVI

HUGO
LUGDUNENSIS ARCHIEPISCOPUS

NOTITIA HISTORICA

(*Gall. Christ.* nov., IV, 97).

Hugo vir fuit primæ nobilitatis, ut pote qui ex Burgundiæ ducum stirpe prodierat; prior S. Marcelli Cabilonensis, imo, ut videtur, monachus, neque enim, ut observat noster Mabillon, verisimile est tunc temporis sæculares monachorum priores exstitisse. Eum Lugdunensem camerarium vocat R. P. Pagi, quo fundamento nescio. Fuit deinde Diensis episcopus, sedis apostolicæ legatus, Lugdunensis archiepiscopus et cardinalis. Jam ostendimus eum ad sedem Lugdunensem evectum ante annum 1086, at quo definite anno pedum illud susceperit, dictu difficile est. Annum 1080 assignant Baronius, et D. le Laboureur, in Insulæ Barbaræ Ruderibus, cap. 17, octogesimum secundum supra millesimum, Sammarthani fratres et Mabillonius noster, sequentem D. de Lamures. Prima sententia inde confutatur, quod ubique annis 1080, 1081, imo et 1082, Diensis episcopus constanter appelletur. Sic Gregorius VII, lib. VII, epist. 12, quæ data est III Nonas Januar., indict. III, id est anno 1080, scribens Manassi Remensi archiepiscopo, ait: « Volumus te coram vicario nostro, Diensi videlicet episcopo, in concilio Lugdunensi sisti; » et in vigesima data xv kalend. Maii indict. III : « Sciat fraternitas tua quod depositionis sententiam a legato nostro Diensi episcopo in Lugdunensi concilio prolatam, nos in Romana synodo apostolica auctoritate firmavimus. » Eadem habet, lib. VIII, epistolis 17, 18, 19. Sic etiam in Historia S. Arnulphi. Theobaldus de Petra-fonte Suessionensis episcopus, obiit anno 1080. Episcopatum favore regis obtinuit Ursio, sed cum in eo aliquid reprehensione dignum esse Gregorio relatum fuisset, datis litteris ad Hugonem Diensem episcopum et tunc Galliarum legatum ut de ejus vita inquireret, hic concilium indixit Meldis, cui cum se sistere renuisset Ursio (1), depositus est, et in præsulem electus Arnulphus, ac post electionem venit ad *Hugonem Diensem, a quo Diæ ut videtur, consecratus est Dominica ante Natalem Domini quæ accidit* XIV *kalendas Januar.* Sic in collectione conciliorum Labbeana, Hugo Diensis episcopus S. R. E. legatus concilium Avenionense celebravit anno 1080. Sic in charta electionis Walterii in Cabilonensem episcopum, factæ *anno incarnati unigeniti Verbi* 1080, inter fautores illius electionis recensetur *domnus Gibuinus archipræsul eximius sacrosanctæ cathedræ Lugdunensis*. Vivebat ergo tunc et Lugduni præerat; Diensis ergo præsul erat Hugo noster. Sic in Chronico S. Petri Vivi Senonensis auctore Clario monacho, t. II, Spicil., pag. 747 : « Anno 1082, XIV, kalendas Novemb., obiit Walterius Meldensis episcopus, et in sequenti septimana Hugo Diensis episcopus, Romanæ Ecclesiæ legatus, congregavit concilium in eadem urbe, et ordinavit episcopum in eadem urbe Robertum abbatem Ecclesiæ Resbacensis. » Mabillonii sententiam tradit vir coætaneus, et legato nostro familiaris Hugo Flaviniaç, in Chronico Virdunensi, his verbis : « Defuncto per id temporis Lugdunensi archiepiscopo Gebuino, cum varia quorumdam esset electio, dominus Hugo Diensis episco-

(1) Acta SS. ord. Bened. sæc. VI, part. II, pag. 554 et 556.

pus, electione cleri et populi, auctoritate et præcepto Romani pontificis, in archiepiscopum Lugdunensem promotus est anno Jesu Domini 1082 » Si tamen verum est, quod fert vetus ecclesiæ instrumentum a Severtio relatum, sedem eum tenuisse annis XXIII, mensibus XIII, diebus VII, cum constet eum vita functum fuisse nonis Octobris anno 1106, inisse anno 1083 cum de Mura dicendum est. Ad eum scripta videtur Gregorii epistola 18 libri IX, quæ caret titulo, et in qua sic loquitur : « Summopere procurandum tibi est ut in magna sede Lugdunensi non diu differatur ordinari episcopus... Quod si cito non potest reperiri, ex apostolica tibi præcipimus auctoritate ut rogatus a fratribus tuis, et electus ab ejusdem Ecclesiæ filiis, indubitanter præsumens de adjutorio cœlesti ad regimen prædictæ Lugdunensis accedas Ecclesiæ, imitando... B. Petrum, qui de minori Ecclesia Antiochena translatus est in Romanam. » Scribit ad eum Gregorius VII : « Dilecto, inquit, fratri et coepiscopo H... Lugdun. archiepiscopo sal. Abbas præsentium lator retulit nobis officium sibi ecclesiæque suæ a fraternitate tua fuisse interdictum, » quod loco statuto ad dirimendam ejus cum abbate Casæ Dei litem se sistere contempsisset, jubetque ut ei officium restituat et litem componat.

Anselmus, Lucensis antistes, ad finem epistolæ Pontio Fraxineti abbati datæ ante annum 1086, quo decessit, suo nomine salutari jubet domnum Lugdunensem archiepiscopum, « si tamen rationabilis necessitas a totius orbis necessitate excusat. Si enim aut timore, aut negligentia, aut quietis noxiæ amore matrem suam Romanam Ecclesiam visitare et liberare de manu mortis distulerit, reus erit judicio, nisi sine mora venire et in omnibus auxiliari studuerit. » Tanta tunc temporis erat ejus fama, tantaque de eo concepta a Gregorio existimatio, ut instante obitu rogatus pontifex ut in tanta rerum perturbatione successorem designaret, trium dederit optionem, quorum unus Hugo Lugdunensis archiepiscopus. Sed quæ postea gessit de ejus fama plurimum detraxere; et electo Desiderio abbate Casinensi, aliquid humani passus est, imo animum invidia exulceratum et odio tabescentem ostendit in epistola ad Mathildem comitissam, apud Hugonem Flaviniacensem in Chron. Virdun. Scribit enim Casinensem abbatem, antequam ipse Romam advenisset, electum fuisse in pontificem, seque ut et cæteros fratres, hominum magis quam Dei respectu, ejus electioni assensum præbuisse. Ast ubi Casini eum convenisset tam nefanda ex ejus ore se audivisse, ut statim deprehenderit quam intolerabiliter Deum in ipsius electione offendissent. Eum quippe dixisse quod, nisi ex ipsius ore audiisset, nequaquam crederet se Henrico dicto regi fidem dedisse, quod ad obtinendam Romani imperii coronam fideliter eum adjuvaret; eumdemque suo ipsius consilio et persuasione adductum fuisse ad B. Petri terras invadendas. Ad hæc in sui suorumque audientia addidisse, Romanum electum; quisquis tandem futurus esset, excommunicatum fore, nisi Attonem cardinalem, Mediolanensem electum, quamvis a Gregorio papa, ipso subscribente, publice excommunicatum et sine pœnitentia defunctum, beatum esse pronuntiaret; seque non in alia, nisi in qua ipse est, gloria futurum orare. Addit se horum omnium testes advocare Il... et B... qui vel ipsi de ejus ore audierunt, vel bonis viris quibus indubitanter credunt referentibus, se audivisse dixerunt. Denique eumdem abbatem decreta domini sui papæ Gregorii, aliorumque sanctorum Patrum palam improbare ac destruere. Sæpissime electionem suam non secundum Deum, sed tumultuarie factam asseruisse. Quæ omnia cum ipsum pontificatu indignum probarent, sibi aliisque visum fuisse ut electione, toties ab eo refutata, Ecclesiæ reddita, sub prætextu designandi episcopi, Capuam adeundum, ibique Romanum pontificem eligendum; seque revera cum abbate Massiliensi, Aquensi archiepiscopo, aliisque Salerno illuc venisse, Casinensem vero abbatem suos asseclas perpulisse, ut se ad sumendum pontificatum quasi cogerent; at se cum episcopo Ostiensi et Witmundo monacho, ac aliis ejus institutioni obstitisse, nisi de quibusdam quæ contra ejus famam vulgabantur se purgaret: eum vero negasse se id facturum, iterumque electionem suam refutasse, sicque conventum solutum fuisse. Desiderium interea consecratione Alfani in Salernitanum episcopum, ducem sibi conciliasse, ejusque favore fultum, et pluviali sibi imposito, Romam iter instituisse, Ostiensi, seque ac suis inconsultis et prorsus ignorantibus. Verum hunc, qui et hactenus restiterat, veritum ne, si ab alio consecraretur, sua dignitate privaretur, propositi et factæ sponsionis immemorem abbati reconciliatum, reverentiam ei per omnia, uti papæ exhibuisse. Addit Hugo Flaviniacensis, tantum crimen non diu inultum mansisse, consecratum Victorem cum missas apud S. Petrum diceret, infra actionem judicio Dei percussum fuisse, et quamvis tarde, cognoscentem se errasse, se ipsum deposuisse, et accitis fratribus de Monte Casino, qui secum aderant, præcepisse se illo deferri, et in capitulo non ut papam, sed ut abbatem sepeliri.

Hæc quo horribiliora, eo minus fide digna sunt, certe relatis a scriptoribus coætaneis contraria, et etiam a verisimilitudine omnino aliena videntur, unde ut falsa, ut mendacia saltem in plerisque rejicienda : fuere tamen semina schismatis illius, quod Hugo una cum Richardo Massiliensi abbate excitavit; ob id ambobus in Beneventano conventu a communione remotis anno 1087. Schismatis tamen infamiam a se repellere nititur in epistola ad camdem Mathildem scripta an. 1088, post Urbani pontificis electionem, in qua sic loquitur : « Et nos quidem licet de recuperatione electionis D. abbatis Montis Casini a quibusdam S. R. Ecclesiæ episcopis et cardinalibus presbyteris dissenserimus; unde aliquibus illorum cur nobis aliter videretur, etiam apud Capuam palam rationes reddidimus, tamen scire v s volumus ab unitate eorum, in corpore sanctæ Ecclesiæ ad serviendum B. Petro divina dignatione compacti sumus, nec discessisse, nec in perpetuum Deo miserante discessuros, imo habere propositum apostolicæ sedis profectibus modis omnibus deservire. » Tum in eadem de Hugone abbate et monachis Cluniacensibus conqueritur sibi tantas ab eis injurias inferri, ut eas pati non possit, nempe se ab illis ut schismaticum et schismatis auctorem et uti excommunicatum vitari, allegatis quibusdam Urbani papæ litteris, quas suspectas reddere conatur, etc. Si in illum commotus est Urbanus, statim sedatus est, statim ei ab ipso sedis apostolicæ legati dignitas restituta : hoc eodem quippe anno absolutionem in extremis Theoderico Virdunensi episcopo, qui Henrico imperatori præfracte adhæserat a duobus monachis concessam approbavit synodus « cui præsidebat legatus apostolicæ sedis Hugo, quondam præsul Diensis, tunc Lugdunensis episcopus, » inquit Hist. episc. Virdun. a Laurentio de Leodio conscripta. Idem testatur Petrus Venerabilis, lib. I, Miracul., cap. 22, his verbis : « Erat tunc forte in loco Lugdunensis Ecclesiæ archiepiscopus venerabilis Hugo multa morum probitate et religiosa conversatione, a D. papa Urbano cunctarum ferme Galliarum constitutus legatus. » Idem probat quod anno 1090, cum Salmurii esset, lis quædam de Campiniaco jam diu agitata inter monachos S. Sergii et S. Albini Andegavenses delata est ad ipsum virum *spectandæ virtutis et totius Galliæ primatem*, inquiunt, qui eam episcopis provinciæ definiendam commisit.

Anno 1092, Poppo Trevirensis clericus electus est in Metensem episcopum, et quia eum a Trevirensi antistite schismaticorum communione contaminato ordinari timebat Jarento abbas Divionensis , Hugonem Lugdun. archiepiscopum cum duobus suis suffraganeis Matisconensi et Lingonensi præsulibus, « per bella et gladios, cum omnia mortem intentare viderentur, Metim usque deduxit, » a quo Poppo consecratus est « prima hebdomada Quadragesimæ. Sequenti anno Richerius pro consecratione sua Lugdunum veniens, cum sacramento se de simonia purgasset, in die sancto Paschæ consecratus est. » Ita Hugo Flaviniensis. Aliter Laurentius de Leodio in Historia episcoporum Virdunensium, qui de Richerio sic loquitur : « Anno Incarnat. 1088 Richerius electus est Virduni episcopus; sed quia Romanæ Ecclesiæ offensam incurrerat, septem annis sine episcopali benedictione permansit : donec a Rodulfo S. Vitoni abbate, anno quo Urbanus papa apud Clarummontem synodum celebravit, Lugdunum ductus est ubi cum Hugo archipræsul post abjurationem Henricianæ partis in S. Paschali Sabbato in presbyterum, in die autem festo in antistitem consecravit. Reversus, a coepiscopis suis Poppone Metensi et Pibone Tullensi, et a tota urbe decentissime susceptus est. » Anno 1093 cum Lambertus electus Atrebatensis antistes a metropolitano suo pro consecratione sua deluderetur, Romam profectus est, et in itinere ab Hugone « lucerna ardente et lucente in domo Domini, laudabiliter honorabili, et honorabiliter laudabili, Lugdunensi primate, et apostolicæ sedis legato exceptus est, et apud Lugdunum per sex dies pro nimia aquarum inundantia et hiemis asperitate detentus, » et omnibus ad iter necessariis instructus; cui et ex itinere reverso dedit epistolam ad Robertum Flandriæ comitem commendatitiam. Anno 1094 habitum est concilium Augustodunense, quod Bertholdus ex vulgari vocabulo *Auun* Ostionense nuncupat, præfuit Hugo noster, adfuere 32 episcopi, abbatesque quamplurimi. In eo inter alia renovatur excommunicatio Henrici imperatoris, Guiberti antipapæ, et Philippi Franciæ regis qui, rejecta Bertha conjuge, Bertradam induxerat. Exstat Hugonis epistola qua Lambertum Atrebatensem episcopum ad hanc synodum invitat. Præfuit et alteri Æduensi hoc eodem anno, ut et Brivatensi, et Dolensi colloquio. Eodem anno dedit Cluniacensibus monachis ecclesiam S. Desiderii in Bressia ; et in festo S. Joannis Baptistæ, jubente Urbano II, Fulconem Andegavi comitem in monasterio S. Florentii absolvit ab excommunicatione qua innodatus erat. Litteras absolutionis exhibent Sirmondus in elogio Gofridi Vindocinensis, et tom. I Gall. Christ., pag. 5. Circa id tempus prodigium illud accidit quod describit Petrus Venerabilis De miraculis, lib. I, cap. 22. Ingenti flamma Marciacensis parthenonis omnia devastante, « erat tunc forte in loco Lugdunensis Ecclesiæ archiepiscopus... cursim monialium claustrum ingreditur, omnes summa instantia, ut periculo cedant, hortatur; cumque illæ omnino renuerent, et prius se posse mori quam propositum infringere constanter affirmarent, ait : Ex auctoritate B. Petri et D. papæ, atque abbatis vestri obedientia vobis præcipio ut ad præsens hinc exeatis... Ad hæc quædam magnæ nobilitatis : Noli, inquit, hoc nobis injungere, quod nobis agere non licet ; sed sicut nos ignem præcipis fugere, ita magis igni, ut a nobis fugiat, virtute Christi armatus injunge. Ad quam mulieris fidem stupefactus archiep'scopus, ac subito et ipse fide repletus, ait : In nomine Domini, et per virtutem fidei hujus quæ nunc locuta est, recede, ignis pestifer, ab ancillarum Dei habitaculis. His a pontifice verbis prolatis, repente immensitas flammarum invisibili virtute repressa... ultra procedere non potuit, et absque ullo humano subsidio, absque aliqua pluviæ gutta, incredibili celeritate semetipsam exstinxit. » Eodem denique anno, indict. II, dedit Hugoni Cluniacensi altare de Reortorio cum ecclesia S. Pauli infra ejusdem castri munitionem, sub annuali censu V solidorum, cujus media pars solvenda foret in festo sancti Martini, media in Purificatione B. M. ex chartario secundo Cluniac., fol. 212, charta 339.

Anno 1095 ad Placentinam in Longobardia synodum vocatus, cum non venisset, nec legatum cum canonica excusatione pro se direxisset, ab officio suspensus est, inquit Bertholdus Constantiensis ;

haud diu tamen stetit pontificis indignatio, plena satisfactione accepta. Eodem anno II *Nonas Aprilis*, iter arripuit ad S. Jacobum, honesto clericorum et laicorum comitatu decoratus, et apud Anicium tribus diebus remoratus cum maxima difficultate ab eis avulsus est. Venit ad S. Jacobum imminente vigilia Pentecostes, et in die sancto missarum solemnia ad altare sancti publice celebravit, astante episcopo et clero populoque infinito. In crastinum reversus est, et Lugdunum intravit die tertia ante nativitatem S. Joannis Bapt. Eodem anno, sed die incerto, subscripsit præcepto Philippi I Francorum regis de subjectione Mausiaci cœnobio Cluniacensi. Urbanum papam in Gallias ingressum comitatus est, et cum eo Cluniacum venit; et altare in nova basilica consecravit. Adfuit concilio Arvernensi cui præsidebat summus pontifex. In eo cum Bituricensi archiepiscopo electus arbiter litis Hugonem Cluniaci abbatem inter et Pontium Casæ-Dei archimandritam, de cella Boortensi motam, eam definiit, et cellam Cluniacensibus asseruit Kalendis Decembris. Vidimus supra confirmatum Lugdunensibus archiepiscopis in quatuor Lugdunenses provincias primatum a Gregorio VII. Cum illarum archiepiscopis in hac synodo expostulavit Hugo, quod illum qua data occasione minuere, imo et non agnoscere conarentur. Hinc, Urbano jubente, lecta sunt omnia ad illum pertinentia monumenta. Deinde in jus vocatus Richerius Senonensis antistes, cum judicium variis dilationibus et induciis elude re tentaret, tandem « ex totius synodi favore et judicio sancitum est Senonensem archiepiscopum Lugdunensi tanquam primati subjectionem obedientiamque debere. Cui profecto sententiæ se humiliter obedituros, » ut data fide promiserant, « Senonensis Ecclesiæ suffraganei propria quisque voce professus est. Id ipsum *insuper* de Rothomagensi Ecclesia confirmatum est. De Turonensi enim, quia jam a retroactis temporibus sine refragatione obedierat, nulla jam quæstio movebatur. » Nec sic acquiescente Richerio, Urbanus « toto consentiente concilio, » ei pallii usum et suffraganeorum obedientiam, donec ipse obediret interdixit. Repetita fuit et iterum confirmata sententia in Turonensi et Nemausensi synodis : sed nec sic vinci potuit Richerii pervicacia. De his omnibus sententiis conquestus est apud Ivonem, a quo consilium retulit sapientia plenum, scilicet ut rei judicatæ interim pareret, donec authenticis instrumentis, si quando reperiri possent, Ecclesiæ suæ libertatem posset demonstrare. Consilium respuit Senonensis antistes, sicque Ivonem coegit a reverentia Senonensis Ecclesiæ sibi papæ decreto interdicta, recedere : unde cum pro Sancionis electi Aureliarum episcopi ordinatione evocatus fuisset, a Richerio ad castrum Nantonense, mandato parere recusavit, *propter primatum Lugdunensis Ecclesiæ, quem irrationabiliter refutabat*. Et ipse cum aliis provinciæ suffraganeis manum imposuit Sancioni. Quid quod ob inobedientiam, eadem causa agente Hugone nostro repetita est in Turonensi pariter et Nemausensi concilio, et simili modo definita, ut patet ex altera Urbani bulla ad Lugdunensem archiepiscopum. Nihil his commotus Richerius maluit *interdictus* obire, quam Ecclesiæ suæ dignitati tantisper derogare. Non me latet quid reponant Lugdunensis primatus adversarii, falsam esse et supposititiam Urbani bullam. Verum si id admittitur, ruunt omnia antiquitatis monumenta, vix enim ullum est quod majoribus nixum sit testimoniis. Illam edidit D. de Marca ex vetusto codice Lugdunensi. Deinde ejus, ut aiunt, *Vidimus*, Lugdunensis in rebus ecclesiasticis judex publice ac in solemni foro exaravit anno 1409, et a quatuor notariis subscribi curavit, quo nihil in hisce rebus solemnius haberi potest. Tertio Martinus V in diplomate dato Genevæ 1 Augusti, primo sui pontificatus anno, Christi 1418, utramque Urbani bullam refert. Quarto in ms. Centii camerarii canone VII, sic legitur : « Lugdunensis Ecclesiæ primatus restitutus est super Lugdunensem, Senonensem et Rothomagensem provincias ; » quæ eadem verba se in pervetusto codice Ananiensis abbatiæ vidisse asserit Baluzius in notis ad lib. De concordia sacerdotii et imperii, tom. II, pag. 286. Denique ea omnia quæ in bulla continentur, ab Ivone Carnotensi præsule qui Claromontensi concilio adfuerat, referuntur, ut ex jam dictis et ex infra dicendis palam est. Ut vero quæ ad hanc controversiam pertinent, simul et semel exponam, Richerio Senonensi archiepiscopo e vivis sublato, in ejus locum electus est Daimbertus : occasionem nactus Lugdunensis antistes vetuit ne ei prius manus imponeretur, quam debitam Lugdunensi Ecclesiæ obedientiam professus fuisset; ut docet Ivonis ad ipsum epistola sexagesima. In ea primo significat se suosque comprovinciales episcopos « manus a consecratione Senonensis electi continuisse, » ex ejus imperio. Mirari se tamen asserit eum præcepisse ut « Senonensis electus ante consecrationem suam sibi præsentaretur, et jure primatus sui subjectionem et obedientiam profiteretur, quod hactenus nec in Senonensi provincia nec in aliis antiquitas instituit, nec consuetudo servavit. » Unde obtestatur ut si nihil in eo, quod sacris canonibus obviet, repertum fuerit, secundum antiquum morem consecrari permittat. « Quod si huic petitioni nostræ acquieveritis, inquit, consecrato omni studio persuadebimus ut primatum Lugdun. Ecclesiæ vobis sicut primati suo deferat, et omnem debitam reverentiam secundum traditiones Patrum exhibeat. Qui si acquiescere noluerit persuasionibus, nos tamen ab his quæ præceperit apostolica sedes non recedemus. » Rescripsit Lugd. antistes epistolam quam videre est in Misc. Baluz. t. VI, p. 426. Scripsit et ad Urbanum epistolam sexagesimam quintam idem Ivo « De Senonensi electo, cujus consecratio a legato vestro Lugdunensi archiepiscopo ob hoc impeditur, quia ei jure primatus sui, ante consecrationem suam, obedientiam non profitetur, quid nobis agendum sit rescribat vestra paternitas. » In Ivonem commotus fuit Urbanus, et ut ipse putabat, agente Hugone legato, de quo sic in epistola 67 ad cum pontificem, quia in ea epistola nonnulla « verba secus quam vellet sonuerant, maxime de primatu Lugdunensi... secundum quod affectus fuit, participem vos, inquit, suæ amaritudinis fieri voluit. » Demum cum nihil proficeret Daimbertus, Romam profectus est, et a pontifice conditione apposita consecratus. Postea tamen Romam iterum profectus tum pro causæ primatus actione, tum « pro communi synodica vocatione, » præsentibus Hugonis legatis Ismione Diensi episcopo, Girino decano, etc., sedis apostolicæ cogente judicio, omni demum tergiversatione posita, in manibus Urbani professus est se et Lugdunensis Ecclesiæ primatum agnoscere, et Hugoni ejusque successoribus tanquam primatibus obsecuturum, protestatus insuper, statuto a pontifice tempore, se Lugdunum venturum, et in conspectu Lugdunensis Ecclesiæ id ipsum ore proprio professurum. Promissis vero stetisse inde manifestum est, quod ipsi rescribens Hugonis successor hæc habeat : « Meminisse potes quia, ex quo amicitiam et familiaritatem Ecclesiæ Lugdunensis recuperasti, gratulanter te vidit, exsultanter recepit, et quanta potuit affectione honoravit. » Id ipsum testatur Goffridus Vindocinensis abbas epistol. 18 lib. II : « Roma cum rediissem, inquit, et Lugduni a domino primate...... honorifice susceptus fuissem, audivi ab ipso archiepiscopo.... domnum Senonensem cum illo fecisse pacem ; et omnem obedientiam illi, tanquam suo primati, promisisse. »

Anno 1096 Urbanum Turonos comitatus est, ibique adfuit concilio a pontifice celebrato, subscripsit et compositioni litis inter Cormeriacenses monachos et ecclesiam S. Martini Turonensis ; definitioni papæ qua S. Crucis et sancti Nicolai de Lausduno ecclesiæ monasterio Trenorchiensi adjudicatæ sunt adversus abbatem S. Florentii ; ac tandem ecclesiæ Majoris Monasterii consecrationi. Hoc eodem anno Guillelmus Forensis comes ecclesiam S. Juliani de Mondonio, quam comites Forenses per multa tempora in fevo ab ecclesia S. Stephani Lugdunensis tenuerant, in manus Hugonis archiepiscopi restituit : Hugo vero dedit eam in manu Pontii abbatis Casæ-Dei, hocque donum confirmavit Lugduni in conventu canonicorum.

Mirum quanta benignitate, qua reverentia, quali munificentia Anselmum exsulem apud se receperit, et quanta mutuo devincti sint amicitia. Inita jam fuerat priusquam Anselmus Cantuarienses infulas induisset, ut patet ex ipsius epistolis 11 et 17, libri secundi. Hinc cum anno 1095 turbata omnia forent in Anglia, quia Urbanum pro legitimo pontifice, adversus regis propositum, se habere professus fuerat, scripsit Hugoni nostro consulens num inter tot turbas satius non esset episcopatum abdicare quam sine fructu retinere (lib. III, epist. 54). Anno sequenti cum in Galliam venisset, ac Lugdunum

(2) Exord. mag. Cisterc. cap. 12.

profecturus nuntium præmisisset ad archiepiscopum hic magno se illius videndi desiderio teneri per d guiores ex suis familiaribus significavit, et ut quam tocius ad se veniret exoravit : ubi vero Lugdunu attigit vir sanctus, incredibile dictu est quanta cu veneratione exceptus fuerit. Anno 1099 Roma Lu gdunum reversus, ibi non sicut hospes aut peregrinus, sed vere sicut indigena et loci dominus h bitus est, episcopalia munia, non secus ac in propri ecclesia exercens, sacramenta conferens, omniqu jure vel invitus gaudens. Tanta in eum Hugon reverentia, ut missas celebranti suffraganei loc serviret, ubicunque sermonem facienti ad pede sederet. Unde in epistola ad Hugonem Cantuariensem archidiaconum, quæ nona est in Spicil. tom. IX in qua refert quam benigne ubique ab episcopis ex ceptus fuerit, hæc habet : « Inter quos venerabil archiepiscopus Lugdunensis gaudet ad præsens s suam mihi munificentiam copiose et honorifice ex hibere et desiderat me semper secum, quandiu exs ero ab ecclesia nostra, manere. » Anno 1103, cu iterum ex Anglia egredi cogeretur sanctus pontifex Roma Lugdunum repetiit, ubi ab archiepiscopo, p more solito, summo honore exceptus, apud eum ann integro et mensibus quatuor hospitatus est. Exsta inter Anselmi litteras, Hugonis ad ipsum epistol qua significat se incolumem Jerosolymis rediiss cumque invitat ut, si a rege Anglorum divexetu ad se declinare non dedignetur, « et ad domum v stram, inquit, quæ vestra fuit, et quæ modo vestr est, et de die in diem semper melius vestra erit. Sed jam ad Hugonis annales.

Anno 1097 Berardum Lugdunensem archidiac num consecravit in episcopum Matisconensem ; H gonem monachum San-Benignianum concessit Fl viniacensibus in abbatem, eumque ad se profectum ad Haganonem Eduensem remisit consecrandum scriptis ad episcopum litteris quas ipse Hugo refe in chronico. Litem quoque quam habebant monac Trenorchienses cum Cluniacensibus ad sedem R manam perlatam, remisit Urbanus ad pontifice nostrum, qui eam statim composuit.

Anno 1099 rem fecit æterna memoria dignar Cisterciensis monasterii et ordinis primordia foven Cum enim S. Robertus Molismensis abbas cum no nullis monachis regulam S. Benedicti absque ul mitigatione servare decrevisset, timens Lingonen episcopi auctoritatem, qua jam a Vivico revocat fuerat, Molismo cum sex sociis profectus, Lugd num petit, atque Hugoni archiepiscopo suum s rumque propositum exponit, præsidium et favo postulat : ille non statim acquiescit ; jubet ut Dei consulant, ac sibi rescribant : morem gerunt, co stantem in proposito voluntatem significant : quil in hunc modum respondet (2) : « Hugo Lugdunen episcopus, et A. S. legatus, Roberto Molisme abbati et fratribus cum eo secundum regul S. Benedicti Deo servire cupientibus. Notum omnibus de S. matris Ecclesiæ profectu gaudentibus, etc. *Vide infra inter epistolas Hugonis.* Nec id solum, sed et solitariorum Cisterciensium sanctimoniam commendavit Odoni Burgundiæ duci, a quo plurima acceperunt. Interea Romam profecti Molismenses, abbatem suum in concilio Molismo restitui maximo deposcunt ardore. Eorum questibus commotus Urbanus scribit Hugoni, his verbis: « Coacti, dilectioni tuæ per præsentia scripta mandamus, significantes gratum nobis existere, ut, si fieri possit, abbas ille ab eremo ad monasterium reducatur. Quod si implere nequiveris, curæ tibi sit, ut et qui eremum incolunt conquiescant, et qui in cœnobio sunt regularibus disciplinis inserviant. » Acceptis his litteris concilium coegit Hugo, cujus suasu jussit, licet invitus, Molismum regredi Robertum et de synodi decreto Lingonensem antistitem monuit ut illud exsecutioni demandari curaret.

Anno eodem 1099 concilium provinciale indixit apud Petram Incisam, et Daimbertum Senonensem ad illud invitavit; quod cum Ivoni videretur contra jus, mordaces ad illum scripsit epistolas, in quarum una non id duntaxat arguit, sed et eum carpere videtur, quod facilior esset in excommunicationibus, interdictisque decernendis, nullo sui, multo autem aliorum periculo. Circa hoc tempus Paschalis Urbano suffectus, morem decessorum suorum deserens, vices suas in Galliis, non Hugoni, aliive Gallo commisit, ut illi fecerant; sed legatos misit ex Italia, quorum immoderatione fatigati nostrates, ipsos ægre tulerunt. Hinc Ivo Carnotensis, suo collegarumque nomine papam rogavit ut alicui Cisalpino legationem injungeret; « cui sollicitudini, inquit, nullum cognovimus magis idoneum quam D. Lugdun. archiepiscopum qui et in eodem officio tam diu ministravit, et ut experimento cognovimus tam Romanæ Ecclesiæ quam Transalpinis mirabiliter profuit. » Stetit nihilominus in proposito Paschalis, misitque legatos Joannem et Benedictum, qui concilium indixere Augustoduni et habuere Valentiæ anno 1100, II Kal. Octobr. Ad illud invitarunt Hugonem, qui tamen non accessit, quia infirmabatur, inquit Chronic. Virdun., sed misit legatos suos, quin nec adfuere ejus suffraganei Lingonensis et Cabilonensis episcopi, « prohibiti ut dicebatur ab eodem Lugdunensi, » inquit idem chron. Imo et quod adversus Norgaudum Æduensem episcopum in hoc et postea in Pictaviensi concilio sanxerant legati palam improbavit, et ita tandem egit ut infringeretur; scilicet ingens et excelsus animus suetus imperio, inferius nunc gravitate et dignitate sua arbitrabatur subjici et parere minoribus, atque ut videtur ea omnia vitandi causa Hierosolymitanum iter animo concepit, legatos Romam misit qui papam ea de re consulerent: annuente Paschali, legationemque apostolicæ sedis in Asia offerente, iter aggressus Romam petiit anno 1101, ubi auctoritate qua plurimum valebat in curia Romana, Norgaudum absolvi curavit (3).

Antea, anno scilicet 1100, novam Cisterciensem plantationem semper fovens, Joanni et Ildebodo Romam ab Alberico missis, commendatitias ad Paschalem papam litteras dedit, in quibus : « Sciatis, inquit, eos esse de quodam loco qui Novum Monasterium vocatur (sic tunc Cistercium appellabant), ad quem de Molismensi ecclesia cum abbate suo exeuntes » etc., *Vide infra inter epist.* Nec effectu caruit archiepiscopi postulatio, cum privilegio Rom. pontificis ad suos reversi sunt novæ reformationis alumni.

Milo cardinalis et Præenestinus episcopus, in Galliam a Paschali missus, conventum habuit apud Massiliam in quo jura et immunitas Cluniacensium confirmata sunt. Acta sunt hæc apud Massilias anno 1103, præsente Berardo Matisconensi episcopo, « qui tunc cum episcopatu suo Lugdunensis archiepiscopi domni Hugonis vices agebat. » Circa idem tempus Bego abbas Conchense apud Ruthenos monasterium regebat, cui Hugo noster ecclesias S. Fidei de Castelleto, et S. Victoris ad fluvium Ligeris positas sub annuo censu concessit. Chartam exhibet de Mura, pag. 298. Guntramnus rex dederat cœnobio S. Marcelli Cabilonensis Floriacum villam in pago Divionensi, ubi postea cella monachorum erecta est; illius servos contra jus Otto Burgundiæ dux usurparat, et retinebat Hugo ipsius filius, donec prioris S. Marcelli dignitas devenit « ad domnum Hugonem venerandum Lugdunensem archiepiscopum, Hugonis nepotem. » Qui aliquando in ea villa ducem hospitio excepit, et rogavit ut eam a tali servitute liberaret. Concessit Hugo dux, et ea de re chartam postea conscripsit « in camera Divionensis abbatis nomine Jarentonis, et posuit in manu venerabilis Hugonis archiepiscopi Lugdunensis supra nominati.... anno ab Incarnatione Domini 1104, indict. XII. » Eodem anno scripsit Daimberto Senonensi de multis eum arguens, et citans ad concilium Trecense. Anno sequenti idem archiepiscopus, Norgaudus Æduensis et Walterius Cabilonensis episcopi, domno Hugoni Cluniacens. abbati monasterium S. Magdalenæ de Quadrella (*le Charolais*); confirmarunt ejusdemque pagi ecclesias de quibus litem movebant Leotbaldus Digniensis et filius ejus cognominis. Denique an. 1106 cum quererentur cathedralis ecclesiæ canonici quod ecclesiam Artensem, quæ ad B. Stephanum ab antiquis temporibus pertinebat, Hugoni Cluniacensi donasset, eam illis restituit, et pro ea Cluniaco dedit aliam de S. Germano nuncupatam. Cum, lis orta domada Quadragesimæ. In quo conventu fecit hoc donum ecclesiæ de Foro conventui nostro, » etc. Si enim III. Idus seu 13 Martii, erat feria IV. hebdomadæ primæ in Quadragesima, dies Cinerum fuit dies sexta ejusdem mensis : atque adeo Pascha incidit in diem 21 Aprilis, quod anno 1101 convenit.

---

(3) Tempus hujusce peregrinationis eruitur ex charta donationis ecclesiæ B. Mariæ de Foro factæ monasterio Savigniacensi (DE MURA pag. 392) : « Eo anno quo Hugo archiepisc. Lugdun. Jerosolymam petiit. . . . fecit conventum ecclesiæ suæ . . . . tractaturus de utilitate Ecclesiæ suæ, et de suo itinere, et hoc III Idus Martii, die quarta feriæ heb-

fuisset inter San-Benignianos monachos et clericos Bisuntinenses pro ecclesiis Salinensibus, eam amice composuit « Hugo Dei gratia Lugdunensis archiepiscopus, S. apost. sedis legatus.... Actum Lugduni publice, anno Incarnat. Dominicæ 1106, pridie Kal. Aprilis, Sabbato in Albis (4). » Paulo ante obitum ecclesiam S. Treverii Aimerico Casæ-Dei abbati concessit: Paschalis enim II id testatur in diplomate quo monasteria et cellas eidem cœnobio subjectas, et inter alias Treverianam, quam, inquit, « Venerabilis memoriæ » Hugo Lugdun. archiepiscopus recens contulit.

Diem clausit extremum hoc ipso an. 1106, et quidem Nonis Octobr., si fides adhibenda necrolog. San-Benigniano, Segusii (*Suze*), ad Alpium radices, dum ad concilium Guastaliense ex mandato pontificis proficisceretur, ac in eadem urbe sepultus est in abbatia S. Justi, ut docet Hugo Cluniacensis abbas in epistola ad Anselmum Cantuariensem sic loquens: « Quoniam noveramus quanta inter vos et D. Hugonem Lugdun. archiepiscopum, Deo volente, exstiterit familiaritas, dignum duximus vobis significare ejusdem obitum nobis et omnibus viris bonis gravem et irrecuperabiliter dolendum; quatenus et per vos et per vestros, veram quam vivens exhibuit dilectionem, nunc ei defuncto repensare studeatis. Obiit enim in pace Nonis Octobris apud Segusiam, dum iret ad apostolicæ vocationis concilium; sepultusque est ibidem satis honeste in abbatia Sancti Justi, » etc.

Hoc ejus epitaphium scripsit Baldricus Burguliensis abbas (5):

(4) Collect. ad histor. Burgund. pag. 209, 210.

Post Lugdunensis præsul, prius Hugo Diensis,
 Magnus Romanæ filius Ecclesiæ.
Quem sibi legatum Romanus papa rogavit,
 Ad synodum veniens, proh dolor! occubuit.
Virtutum cellam, Divini pectoris aulam,
 Hac tumulavit humo Segusiensis homo.
Lætatus Justus, hospes bonus, hospite tanto,
 - Quem Deus eximius misit ei socium.
Lugdunum luge, solemnia conciliorum
 Occubitu patris occubuere tibi.

Ex antiquo monumento hæc refert Severt. « Hugo bonæ et fidelis memoriæ archiepiscopus eidem Ecclesiæ utiliter providit. Reliquit cappas ix, cum aurifrisio, casulas iv, dalmaticas vi, » etc., hoc est omnia et singula ornamenta quibus opus est pontifici sacrificanti, aut ordines conferenti. « Insuper parietem ecclesiæ et quinque vitreas adornavit, majus altare construxit, cameras episcopales cum parte turrium et atriis ædificavit, capellam episcopalem picturis et pavimento decoravit, cellaria domus plena reliquit. » Dedit et plurimos libros. » Rexit autem hanc Ecclesiam Lugdun. annis xxiii, mensibus viii, diebus vii. Apud S. Irenæum canonicos regulariter viventes instituit, quibus terras quæ quondam juris ejusdem sancti fuerant, multo pretio a laicis redemptas in communes usus traduxit, » etc. In primo instrumento, quod inter probationes Historiæ Lugdun. refert Menestrier, S. Stephano seu cathedrali ecclesiæ dicitur dedisse ecclesiam de Sandrens cum appenditiis, ecclesiam S. Mariæ de Cherers, et S. Stephani de Coisia, et de Castello S. Symphariani, et S. Martini de Pomey, et S. Martini de Noaillis.

(5) Tom. IV Hist. Franc. Duchesne, pag. 258.

NOTITIA LITTERARIA.

(*Histoire littéraire de la France*, t. IX, page 515.)

Tout ce qui nous reste des productions de la plume de l'archevêque Hugues se réduit presque à de simples lettres, mais qui sont à priser, tant pour leur grand nombre que pour les sujets dont elles traitent. Encore ne sont-elles qu'une partie de celles qu'il eut occasion d'écrire et qu'il écrivit effectivement. C'est ce que fait juger cette multitude d'affaires ecclésiastiques dont il fut chargé pendant plus de vingt ans, qu'il exerça les fonctions de légat en France et en Bourgogne. Il n'y a pas à contester que toutes les lettres d'un prélat qui eut une telle part au gouvernement de l'Eglise ne fussent intéressantes, et ne méritassent d'être conservées à la postérité. Mais il est encore arrivé que celles qui ont échappé du naufrage des autres sont extrêmement dispersées dans les recueils étrangers, où elles se trouvent souvent comme noyées. Si quelqu'un s'avisait un jour de les réunir ensemble, afin qu'on les eût de suite, pour se mettre mieux au fait de ce qui se passa alors dans l'Eglise gallicane, nous serions charmés d'abréger son travail par le soin que nous allons prendre de les faire connaître, et d'en marquer la Chronologie autant qu'il sera possible.

Le recueil où il s'en trouve le plus sont les *Miscellanea* de Baluze, qui en a publié trois dans le cinquième volume et neuf ou dix autres dans le suivant (BAL. *Misc.* t. V, p. 273, 274). Les trois premières sont enchâssées dans les actes du rétablissement de l'ancien siége épiscopal d'Arras. Il n'y a cependant que la première qui ait directement rapport à ce sujet; mais on y a fait entrer les autres, par la raison qu'elles sont adressées à Lambert, le premier évêque qui remplit alors ce siége. Cette première lettre est écrite à Robert, comte de Flandres, pour lui enjoindre de reconnaître le nouvel évêque, qui venait de Rome, où il avait été sacré, et de lui accorder sa protection, principalement pour revendiquer les biens aliénés ou enlevés de son évêché. La lettre fut écrite par conséquent en 1094, après que le métropolitain et les évêques suffragants de la province eurent reconnu eux-mêmes Lambert pour leur confrère, ce qui se fit dans un concile tenu à Reims le dix-sept septembre de la même année. Dom d'Acheri (*Spic.* t. V, p. 552) avait déjà publié cette lettre au cinquième volume de son Spicilége.

Dans la seconde des trois, Hugues donne avis au même prélat de la mort d'une religieuse, qui avait passé d'Arras à Lyon, où elle avait fini ses jours le vingt-quatre janvier, apparemment de l'année suivante 1093, par où l'on peut conjecturer la date de la lettre. Elle est écrite avec de grands sentiments de piété et de foi aux prières pour les morts.

La troisième est en faveur de celui qui s'était chargé de la rendre à l'évêque Lambert. Cette personne ayant un différend avec l'évêque d'Amiens, qui était alors Gervin, et avec Foulques, archidiacre de la même église, avait prié le légat Hugues d'engager l'évêque d'Arras à lui faire rendre justice. Hugues, en le chargeant de cette commission, lui enjoignit, au cas qu'il refuse de s'en acquitter, de prier de sa part Renaud, archevêque de Reims, de faire droit aux plaintes du porteur de la lettre. Celle-ci semble avoir été écrite la même année que la précédente. Dans l'une et l'autre l'auteur prend, par une humble modestie, la qualification de serviteur de l'Eglise de Lyon, ce qu'il fait encore dans plusieurs autres.

Entre celles que contient le VI° volume du recueil dont il est question, il y en a quatre qui furent écrites dès que Hugues n'était encore que simple évêque de Die. La première est adressée à Raoul, archevêque de Tours, pour l'inviter à une conférence, où il se devait agir d'affaires qui feraient voir si ce prélat était autant attaché au pape qu'il le voulait paraître. Hugues n'y prend d'autre titre que celui d'apocrisiaire de la sainte Eglise romaine. L'éditeur en marque la date en 1075 : par où l'on voit que Hugues commença dès lors, c'est-à-dire l'année d'après qu'il fut ordonné évêque de Die, à exercer les fonctions de légat en France.

Les trois suivantes sont écrites au même archevêque, pour l'inviter à autant de conciles, auxquels il était prié d'amener avec lui les suffragants de sa province. Elles sont courtes, mais elles disent beaucoup de choses en peu de mots. La première surtout contient une vive description du triste état auquel l'Eglise se trouvait alors réduite, et qui devait piquer le zèle des bons évêques. Elle fut écrite aussitôt après que le légat eut terminé le premier concile qu'il tint à Anse, et indique à Raoul celui qu'il devait tenir à Dijon le 2 janvier de l'année suivante 1077. Par la seconde des trois, il lui indique un autre concile à Clermont, en Auvergne, pour le 9 août de la même année ; et par la dernière, celui qui devait s'assembler à Autun le 10 septembre suivant, et auquel le légat souhaitait que se trouvassent aussi les abbés et les plus habiles clercs de la province de Tours avec tous les évêques. Ces lettres, au reste, sont les seuls monuments qui nous fournissent l'époque précise de la tenue de tous ces conciles.

Suit une autre pièce de notre légat sous le titre de lettres, mais qui n'est proprement qu'une donation des églises de Sainte-Foi du Châtelet et de Saint-Victor, faite à l'abbaye de Conques, en Rouergue, par Hugues même, alors archevêque de Lyon, du consentement de ses chanoines, et à certaines conditions, portées par l'acte passé dans la maison archiépiscopale sans date.

Deux autres lettres de notre archevêque légat : l'une à Hugues, nouvellement ordonné archevêque de Besançon, où il montre qu'il s'agit de Hugues de Bourgogne ; l'autre à Lambert, évêque d'Arras (Mart., An. t. V, app. p. 675, 2). L'objet de la première, qui a été réimprimée par dom Mabillon, est d'engager le premier de ces prélats à restituer à l'abbaye de Saint-Bénigne de Dijon l'église de Notre-Dame de Satine, conformément à ce qui avait été réglé au concile de Meaux, auquel l'archevêque de Besançon, son prédécesseur, avait refusé de se trouver, quoiqu'il y eût été appelé. L'auteur ajoute que le pape avait confirmé ce règlement, et apporte en preuve un extrait de sa lettre. C'était sans doute Urbain II, car Hugues ne fut ordonné archevêque de Besançon que dans le cours de l'année 1088. On n'a point d'autre indice pour découvrir la date de cette lettre du légat. Par la suivante il invite l'évêque d'Arras au concile d'Autun, qu'il devait assembler le 15 septembre, et qui s'y tint effectivement en 1094. Pour lever la difficulté qu'il y aurait pu avoir de la part de son métropolitain l'archevêque de Reims, qui en vertu des privilèges de son église ne se croyait pas obligé d'obéir aux ordres des légats du saint-siège, l'auteur lui copie la décision du pape à ce sujet.

Autre lettre de notre archevêque, qui eut des suites fâcheuses, et brouilla pour un temps son auteur avec Ives, évêque de Chartres, à qui elle est écrite. C'est la réponse à la soixantième lettre d'Ives, dans laquelle, après lui avoir demandé, en qualité de légat suffragant de la métropole de Sens, la permission d'ordonner au commencement du carême Daïmbert, qui en avait été élu archevêque à la place de Richer, mort sur la fin de décembre 1096, il insiste sur le refus que le légat lui en avait fait. De sorte que la lettre d'Ives et la réponse de Hugues sont du commencement de l'année suivante. La raison du refus de Hugues est qu'il voulait qu'on préalable Daïmbert reconnût le droit de primatie accordé à l'Eglise de Lyon. Ives entreprit de lui montrer par plusieurs autorités que ce qu'il exigeait du nouvel archevêque élu, n'avait jamais été observé ni dans la province de Sens, ni dans aucune autre, et lui reprochait d'avoir réconcilié à son insu les seigneurs du Puiset, excommuniés par les évêques de la même province, pour les pillages qu'ils avaient faits sur les terres de l'Eglise de Chartres. La lettre d'Ives est forte en raisons, mais un peu vive et pas assez mesurée dans les termes.

Aussi le légat en fut piqué, et y fit réponse en persistant dans son refus, et tâchant de montrer qu'il était fondé sur la désobéissance du clergé de Sens, d'où le nouvel archevêque avait été tiré. C'est ainsi qu'il qualifie l'opposition de cette Eglise à reconnaître la primatie de celle de Lyon.

Quant à la réconciliation des seigneurs du Puiset, dont l'évêque de Chartres lui faisait une espèce de crime, le légat répond que c'est une pure calomnie, et en administre la preuve. Il finit sa réponse en priant Dieu d'adoucir lui-même l'émotion qu'Ives avait fait paraître contre lui, sans l'avoir mérité. Cette lettre d'Ives en suppose visiblement une autre de la part du légat, en réponse à la cinquante-neuvième du même évêque. Hugues dans cette lettre, qui ne paraît nulle part, marquait nettement son refus à la permission pour le sacre de Daïmbert, ce qui le suspendit, et l'y accusait d'avoir reçu de la main du roi l'investiture de l'archevêché. Ce n'est pas, au reste, la seule lettre de notre archevêque à Ives qui soit perdue. Nous en avons huit que cet évêque lui adresse, et il ne nous en reste que deux de celles que l'autre lui écrivit.

Vient ensuite dans le recueil de Baluze, qui nous sert ici de guide, une autre lettre de Hugues à Daïmbert même, alors ordonné et faisant les fonctions d'archevêque de Sens. Dom Martène, ne le croyant pas encore imprimée et la trouvant dans un manuscrit de Saint-Victor de Paris, l'a donnée de nouveau au public. L'auteur, après avoir témoigné à Daïmbert son juste étonnement de n'avoir encore reçu aucune réponse de sa part à plusieurs autres de ses lettres, touchant les accusations intentées contre lui par les abbés de son diocèse, lui enjoint avec beaucoup de politesse, en lui faisant néanmoins sentir l'autorité dont il était revêtu, de se trouver au concile qu'il avait indiqué à Troyes après l'octave de la Pentecôte. Les éditeurs de la lettre sont partagés entre eux au sujet du temps de ce concile. L'un prétend qu'il fut tenu en 1104, et l'autre soutient que ce ne fut que l'année suivante. S'il y en eut effectivement quelqu'un à Troyes, ces deux années-là, il est certain qu'il ne s'agit ici ni de l'un ni de l'autre. La raison est sans réplique : Hugues était encore légat du saint-siège lorsqu'il convoqua ce concile, comme il est visible, et par le pouvoir qu'il avait de l'assembler hors de sa province, et par le titre qu'il en prend dans l'inscription de sa lettre. Or, il cessa d'en exercer les fonctions dès le mois d'août 1099, que Pascal II fut élevé au souverain pontificat, comme on l'a vu dans son histoire. On ne peut point non plus entendre par ce concile celui dont fait mention Manassé I, archevêque de Reims, dans son apologie à notre légat, puisqu'il n'était point encore parvenu à l'archevêché de Lyon, ni Daïmbert à celui de Sens. Reste donc à dire que c'est un concile tenu, ou au moins indiqué à Troyes la pénultième ou dernière année du pontificat d'Urbain II, et qui nous est inconnu d'ailleurs.

Baluze a publié dans le même recueil deux actes de donation : l'un de l'année 1094, et l'autre de 1106, par lesquels notre archevêque cède à l'abbaye de Cluny deux ou trois églises qui y sont nommées. Ces actes, au reste, ne sont pas autrement intéressants, sinon pour faire connaître la piété du bienfaiteur. Elle éclate principalement dans le premier, dont une des conditions est que les moines de cette abbaye prieront pour la rémission des péchés de l'archevêque, pour le bien de l'Église de Lyon, et pour le salut de tous ses chanoines et de leurs parents. Nous apprenons du même acte deux traits qui ne sont pas à omettre : le premier, que Hugues avait alors un neveu du même nom que lui entre les chanoines de son église ; l'autre, que ce fut un moine de Saint-Bénigne de Dijon, aussi nommé Hugues, qui écrivit l'acte en l'absence du chancelier, quoique cela se passât à Lyon.

Revenons à la suite des lettres de notre archevêque légat. On en a quatre d'une juste étendue, et fort importantes, dans la Collection générale des conciles (t. X, p. 364, 365). La première, dans laquelle l'auteur se qualifie très-inutile serviteur et prêtre de l'église de Die, est adressée au pape Grégoire VII, à qui il y rend compte de tout ce qui s'était passé au concile d'Autun, tenu en septembre 1077. Elle ne fut cependant écrite qu'au commencement de janvier de l'année suivante : ce qui est visible en ce que Hugues y faisant mention du concile de Clermont, qui précéda environ d'un mois celui d'Autun, en parle comme ayant été célébré l'année précédente. Hugues différa de faire ce détail au pape, sur ce qu'il avait chargé un clerc de Paris, affidé à ce pontife, de l'en instruire de vive voix, lorsqu'il serait auprès de lui, où il se devait rendre bientôt à la sortie du concile, auquel il avait assisté. Mais ce clerc était de retour, et Hugues ne recevant ni de ses nouvelles ni de celles du pape, prit le parti de lui écrire la lettre dont il est question. L'on y voit le caractère disgracieux de plusieurs évêques de France accusés, ou même convaincus de différents vices à ce concile d'Autun. C'est dans la même lettre que le légat Hugues rend à Manassé II, depuis archevêque de Reims, et à saint Bruno ces glorieux témoignages que nous avons recueillis dans leur histoire. A la fin, l'auteur annonce au pape le concile qu'il devait tenir à Poitiers le 15 janvier. Autre preuve de la date que nous assignons à cette lettre.

Le concile se tint au temps marqué, et c'est ce qui s'y passa qui fait l'objet de la seconde lettre du recueil, qui contient les quatre que nous entreprenons de discuter. Hugues, abbé de Flavigny, qui a eu soin de nous instruire de ce qu'il savait de l'histoire de notre légat, a cru devoir faire entrer cette même lettre dans sa chronique. Elle y figure à merveille, étant tout historique. On y a un triste détail des contradictions que le légat et ceux qui lui étaient attachés eurent à souffrir de la part de ce concile, qui fut plein de trouble et de violence, et où quelques-uns coururent risque de la vie. L'archevêque de Tours et l'évêque de Rennes, qui en furent cause en partie, y sont représentés d'une manière qui ne leur est pas honorable. Hugues termine sa lettre par des plaintes de ce que les coupables qu'il condamnait en France couraient à Rome, où, au lieu d'être traités plus rigoureusement, comme ils l'auraient mérité, on leur faisait grâce, et ils en devenaient plus insolents.

La troisième lettre de notre archevêque légat, entre les quatre dont il est ici question, se trouve aussi enchâssée dans la chronique de Hugues de Flavigny. Elle est adressée à Mathilde, comtesse de Toscane, la plus zélée protectrice des papes en ce temps-là, et fut écrite en 1087, lorsque Didier, abbé du Mont-Cassin, élu pape dès 1085, accepta enfin cette souveraine dignité, après une résistance de près de deux ans. Jusque-là l'archevêque Hugues avait espéré de s'y voir élevé lui-même. Mais piqué de voir alors ses prétentions avortées, il écrivit cette lettre pour s'opposer à l'ordination de Didier, et déduire les prétendues raisons qu'il croyait avoir de s'y opposer, quoique de son propre aveu il eût consenti à son élection. Raisons, au reste, qui sont presque toutes autant de calomnies dont il charge le nouveau pape, et dont quelques-unes retombent sur le cardinal Odon, qui fut lui-même pape peu après sous le nom d'Urbain II. Pour s'en convaincre, il suffit de savoir que presque tout ce que l'auteur avance ici se trouve contredit par l'histoire publique de ce temps-là. De sorte qu'il eût été à souhaiter, pour l'honneur de l'archevêque légat, que sa lettre eût été ensevelie dans un éternel oubli. Mais il n'est point de si grand homme qui n'ait son faible.

Enfin la quatrième lettre du recueil, qui avait été déjà publiée par dom d'Achéri, est encore adressée à la comtesse Mathilde, et fut écrite en 1088, aussitôt après l'élection d'Urbain II. L'auteur la commence par un fort bel éloge de cette princesse, et y parle du pape Grégoire VII et d'Anselme, évêque de Luques, mort deux ans auparavant, comme de deux saints qui jouissaient de la gloire éternelle. Mais le principal but de Hugues est de s'y justifier du bruit qui s'était répandu qu'il avait fait schisme avec l'Église romaine. Il y proteste donc que jamais il ne s'était séparé de sa communion, et qu'il était bien éloigné de le faire dans la suite. Il se plaint un peu amèrement de saint Hugues, abbé de Cluny, et des frères du monastère, de ce qu'ils étaient du nombre de ceux qui le regardaient comme schismatique, et lui insultaient en conséquence. La pique qu'il en eut le porta à faire au saint abbé, auprès de la comtesse, une espèce de crime d'avoir récité à l'office du Vendredi-Saint l'oraison pour l'empereur Henri IV, quoique excommunié plusieurs fois. Le porteur de cette lettre était chargé de plusieurs autres que l'archevêque écrivait à Rome, et qu'il recommande à Mathilde. Cette lettre paraît avoir été le prélude de la paix de son auteur avec le saint-siège.

Outre toutes ces lettres du légat Hugues, il y en a encore deux autres qui lui appartiennent entre celles de saint Anselme de Cantorbéry. Ce sont la soixante-quatrième et la cent vingt-quatrième du troisième livre, où l'ordre qu'elles tiennent est renversé. La première écrite effectivement étant celle qui est la première, et n'est point à sa place par une autre raison. On lui a donné le rang qu'elle tient, sur ce qu'on a supposé que c'est la réponse à la cent soixante-troisième, qui la précède immédiatement, au lieu que c'est la réponse à la vingt-quatrième du même livre, dans laquelle saint Anselme consulte l'archevêque son ami, touchant la perplexité qui l'agitait ; savoir : si, en conséquence des raisons qu'il lui expose, il devait abdiquer l'épiscopat où il était entré depuis peu, ou y demeurer. Il n'y a qu'à lire ces deux lettres de saint Anselme pour se convaincre de ce que nous établissons ici.

Hugues détermine son ami à l'affirmative, c'est-à-dire à retenir son archevêché, et lui en apporte des motifs pressants. Mais en lui donnant cet avis il ajoute qu'il va contre sa propre inclination, par la raison qu'il sera privé par là de voir celui qui après Dieu fait sa plus chère consolation. Ce trait semble supposer que les deux archevêques s'étaient déjà vus, et qu'ils se connaissaient autrement que par lettres. Celles qu'ils se sont écrites l'un à l'autre respirent une pieuse et tendre union. Ils s'y donnent mutuellement le titre de sainteté, qui n'était pas encore, comme on voit, réservé au seul souverain pontife.

L'autre lettre de Hugues à saint Anselme est pour lui apprendre son retour de Palestine, où il était allé visiter les saints lieux, ainsi qu'a été dit plus haut. De sorte qu'elle n'a été écrite que dans le cours de l'année 1105, avant le plus long séjour que saint Anselme vint faire à Lyon à la fin de la même année, lorsqu'il y passa plus d'un an entier. C'est dans cette lettre que notre archevêque le presse avec une affection merveilleuse d'y revenir habiter la maison archiépiscopale, qui était entièrement à lui. Cette lettre n'est point non plus à sa place. Saint Anselme y répond par la dix-huitième de son quatrième livre, où elle devait être placée immédiatement avant la réponse, et faire ainsi la dix-septième du même livre.

Il ne nous reste, que l'on sache, de toutes les lettres de notre archevêque légat à saint Anselme, que les deux dont on vient de rendre compte. Nous en avons cependant cinq de celui-ci à l'autre, sans compter les autres qui se seront perdues, comme celles de Hugues, dont il est visible que trois au moins ont subi ce sort.

Les *Origines de l'ordre de Citeaux*, imprimées par le Père Labbe en 1657, nous fournissent trois autres lettres de l'archevêque de Lyon, qui, s'intéressant pour le premier établissement de ce grand ordre, les écrivit en faveur de ceux qui l'entreprirent. Du recueil de cet éditeur ces lettres ont passé à la tête de la bibliothèque de Citeaux, où l'on a réimprimé en 1660, sous le titre d'Exorde de l'abbaye de Citeaux, les *Origines* publiées dès 1657. La première de trois lettres se trouve encore répétée dans ce qu'on nomme le grand Exorde de l'ordre de Citeaux, imprimé à la suite du précédent, et dans le nouveau *Gallia Christiana*, avec une lacune facile à remplir. Celle-ci est proprement une permission accordée à saint Robert, abbé de Molesme, et à six de ses moines qui y sont nommés, de sortir de ce monastère, où ils ne pouvaient, pour plusieurs causes qu'ils alléguaient, pratiquer exactement la règle de saint Benoît, qu'ils avaient embrassée, et qu'ils espéraient suivre ailleurs avec plus de perfection. Ils allèrent exprès à Lyon demander cette permission au légat, qui la leur accorda volontiers, tant à eux qu'à tous ceux qui seraient inspirés de les imiter. C'est ce que porte expressément l'écrit qu'il leur accorda, et sur lequel ils se retirèrent au nombre de vingt-un dans le désert de Citeaux, le 21 mars 1098, ce qui montre que les lettres du légat précédèrent de peu cette date.

La seconde lettre du recueil est adressée à Robert, évêque de Langres, dans le diocèse duquel est située l'abbaye de Molesme, et fut écrite dans le cours des premiers mois de l'année suivante. L'auteur y détaille ce qui avait été réglé à l'assemblée qu'il venait de tenir à Pierre-Encise avec plusieurs évêques et abbés, touchant le renvoi de l'abbé Robert à Molesme, où le pape, cédant aux importunités des moines du lieu, souhaitait qu'il retournât. La lettre est intéressante pour ce point d'histoire, qu'on ne trouve point si bien circonstancié ailleurs. On y voit de plus que les mesures avec lesquelles il fut arrêté que Robert quitterait Citeaux pour rentrer à Molesme furent si sages, que toutes les parties intéressées n'y pouvaient rien perdre de leurs droits. Il y est parlé d'un bréviaire, dont l'usage commença alors, ainsi que nous l'avons observé autre part.

La troisième lettre qui suit dans les recueils indiqués est écrite au pape Pascal II, à qui elle fut rendue avec celles des légats Jean et Benoît, et de Gautier, évêque de Châlons-sur-Saône, dans le diocèse duquel Citeaux était alors situé, par Jean et Ilbolde, moines de ce monastère naissant. Le but de toutes ces lettres était d'engager ce pontife à accorder sa protection à ce même monastère, dont Albéric venait d'être élu abbé. Il avait cru après son élection devoir faire cette démarche auprès du saint-siège, et avait chargé ses députés de passer par Lyon, et de prendre la recommandation de l'archevêque. Sur sa lettre et les deux autres, Pascal accorda une bulle en faveur du nouveau monastère, dans laquelle en parlant de notre archevêque, il donne à entendre qu'il n'était plus son légat, comme il a été dit dans son histoire. Hugues écrivit cette lettre peu de temps avant qu'il allât lui-même à Rome, par où il passa pour se rendre en Palestine. Ce qu'il y dit de la jalousie qu'avaient déjà conçue d'autres moines voisins de Citeaux, en voyant la vie pauvre et pénitente de ses premiers habitants, fait voir que ce mal, qui eut depuis de fâcheuses suites, avait commencé dès lors.

Au même volume du Père Labbe, où ont été imprimées pour la première fois les trois lettres précédentes, il y en a encore une autre du même auteur, enchâssée dans la chronique d'Hugues, abbé de Flavigny. Elle fut écrite en 1097, et adressée à Haganon, évêque d'Autun, en faveur de cet abbé, à la mémoire de qui elle est fort honorable. Notre archevêque ayant confirmé son élection en qualité de légat, le renvoya avec cette lettre à Haganon, évêque diocésain, pour recevoir la bénédiction abbatiale.

L'auteur de l'histoire de l'abbaye de Saint-Hubert en Ardennes, qui a été attentif à faire entrer dans son ouvrage plusieurs pièces originales des temps dont il a occasion de parler, nous y a donné une autre lettre de notre archevêque légat. Elle est intéressante, et adressée au pape Urbain II, pour l'instruire de ce qui s'était passé à l'institution et destitution de Robert, abbé de Saint-Rémi de Reims, un des historiens de la première croisade. Le détail y est fort bien circonstancié, et l'on n'a rien de plus propre à nous mettre au fait de cet événement, qui fit alors quelque bruit. L'auteur de la lettre, qui s'y qualifie serviteur de l'église de Lyon, comme il fait dans presque toutes les autres qu'il écrivit depuis sa translation à ce siège primatial, dit avoir refusé de consentir à ce qu'on élût un autre abbé à la place de Robert, par la seule raison que celui-ci avait appelé au saint-siège. Que néanmoins l'archevêque Manassé II l'avait prié par ses lettres d'y consentir, et qu'Hilgode, évêque de Soissons, Ponce, chanoine de la cathédrale de Reims, et Raoul, qui en était prévôt, étaient venus lui demander la même grâce. Cette lettre fut écrite en 1097, comme il paraît par un rescrit du pape Urbain, référé en partie dans les archives de l'abbaye de Saint-Remi.

Autre lettre qui appartient encore à l'archevêque Hugues, et que Jean-Baptiste Souchet a pris soin de publier dans ses observations sur les lettres d'Yves de Chartres, après l'avoir tirée des manuscrits. Hugues l'adresse à cet évêque, qui gouvernait alors le diocèse de Sens à la mort de Richer son archevêque, pour lui enjoindre de faire observer l'interdit prononcé contre Ursion, maître d'hôtel du roi, et ses complices, en conséquence de ce qu'Ursion avait pris et emprisonné un homme du diocèse d'Evreux qui allait en pèlerinage à Sainte-Marie-Madeleine de Vézelai, et à Saint-Gilles en Languedoc. La lettre est de l'année 1096, comme le montre le temps de la mort de l'archevêque Richer; et dès lors au moins on était persuadé dans le public, que les reliques de sainte Madeleine étaient à l'abbaye de Vézelai, ce qui ne favorise pas la prétention des Provençaux.

Encore une autre lettre de notre archevêque, imprimée dans divers recueils indiqués à la marge. Celle-ci est circulaire, étant adressée à tous les archevêques, évêques, abbés et autres fidèles, pour leur notifier la sentence d'absolution que l'archevêque légat, assisté d'Aldebert de Bourges, d'Hoël du Mans et de plusieurs abbés, avait prononcée à l'abbaye de Saint-Florent de Saumur, le jour de la fête de Saint-Jean-Baptiste, 1094, en faveur de Foulques Rechin, comte d'Anjou, excommunié depuis longtemps pour les raisons détaillées dans la lettre.

HUGONIS
LUGDUNENSIS ARCHIEPISCOPI
EPISTOLÆ ET PRIVILEGIA.

I.
Epistola Hugonis Diensis episcopi ad Rodulfum archiepiscopum Turonensem de legatione sua.
(Anno 1075.)
[BALUZ. *Miscell.* edit. Mansi, III, 53.]

RADULFO, venerabili Turonensium archiepiscopo, Hugo, sanctæ Romanæ Ecclesiæ apocrisiarius, æternæ vitæ beatitudinem.

Quanti matrem vestram sanctam Romanam Ecclesiam liberalitas vestra habeat, an ex corde domino apostolico adhæreat, quanto amore eum amplectatur, nunc ostendetis; ex cujus parte habeo vobis quædam dare et dicere, pro quibus necessarium est vos ad me venire. Licet enim suorum fidelium minimo, tamen suo et sanctæ Romanæ Ecclesiæ filio, in tradendis ecclesiasticis negotiis vices suas mihi commisit; pro quibus, prudentiam vestram elaborare vigilanter et scientiolam nostram, Deo auxiliante, prius quam a vobis recedam diligentissime oportebit insudare. Unde, admoneo, precor, auctoritate etiam mihi commissa et suggero ut mecum loqui quam citius poteritis non differetis. Valete.

II.
Alia ad eumdem, qua eum invitat ad concilium Divionense.
(Anno 1076.)
[*Ibid.*]

Hugo, gratia Dei Diensis episcopus, sanctæ sedis apostolicæ legatus, Turonensi archiepiscopo, salutem.

Dilectionem vestram, charissime, latere minime credimus quanta Dominicarum ovium pericula, abundante iniquitate et refrigescente charitate multorum, sancta patiatur Ecclesia, dum sanctæ fidei adversantium quotidie multiplicatur numerus, et pastoralis ordo ad susceptam curam minus debito inveniatur sollicitus. Sed si sanctorum Patrum auctoritas ut Christianæ religionis a semper augeretur dignitas omni intentione laboravit, nobis invigilandum summopere est ne nostra depereat negligentia quod illorum crevit diligentia. Vestræ itaque fraternitati nos in Lugdunensi diœcesi apud Ansam concilium habuisse et quibusdam ecclesiasticis necessitatibus, Deo auxiliante, consuluisse notificamus; in quo nonnullis emergentibus causis ad reparandum sanctæ Ecclesiæ statum non minimum necessariis consilio considentium fratrum aliud IV Non. Januarii apud Divionem castrum Burgundiæ celebrandum preposuimus; ad quod vos venire et suffraganeos vestros ex parte nostra invitare præcipimus. Valete.

III.
Alia ad eumdem, qua eum invitat ad concilium Arvernense.
(Anno 1077.)
[*Ibid.*]

Hugo, dignatione Dei Diensis episcopus, Romanæ Ecclesiæ legatus, RODULFO Turonensi archiepiscopo, salutem.

Messis quidem multa, operarii vero pauci. Unde nobis magis lamentandum, qui in area Domini triturare videmur. Quapropter, quia Ecclesiam Domini undique distrahi videmus, apud Arvernicam urbem VII Idus Augusti synodale concilium indiximus. Comprovinciales tuos et aliarum regionum religiosos quos potuimus invitavimus. Te quoque sicut fidelissimum socium in via Dei et adjutorem ejus charitative vocamus et auctoritate nobis concessa præcipimus ut venias, omnesque tuos suffraganeos venire invites omni remota excusatione. Vale.

IV.
Alia ad eumdem, qua eum invitat ad concilium Augustodunense.
(Anno 1077.)
[*Ibid.*]

Hugo, gratia Dei Diensis episcopus et sanctæ

Ecclesiæ Romanæ legatus, Rodulfo Turonensi archiepiscopo, salutem.

Gratias habeo innumeras quia semper obediens exstitisti et sanctæ Ecclesiæ in necessitate subvenire pro posse et scire tuo non refugisti. Te igitur valde nobis necessarium pro tua ipsius etiam necessitate apostolica auctoritate vocamus, et per te tuos suffraganeos episcopos, tuos etiam utiliores clericos et abbates, ad synodum in Augustodunensi civitate iv Idus Septembris celebrandam venire præcipimus.

V.

Litteræ Hugonis archiepiscopi Lugdunensis de Ecclesia Sanctæ Fidis de Castelleto, data monasterio Conchensi.

(*Ibid.*)

In nomine sanctæ et individuæ Trinitatis. Notum sit omnibus sanctæ Dei Ecclesiæ filiis præsentibus et futuris quod ego Hugo Dei gratia Lugdunensis archiepiscopus dono Deo et sanctæ Fidi de Conchis et Begoni abbati et successoribus ejus et fratribus monasterii ipsius ecclesiam Sanctæ Fidis de Castelleto et ecclesiam Sancti Victoris cum appenditiis suis, quam præfatam ecclesiam dividit Liger fluvius, sub annuali censu octo solidorum, quorum medietas solvetur in festivitate sancti Martini, medietas vero in Purificatione sanctæ Mariæ; retentis synodo et paratis secundum morem aliarum ecclesiarum, et obedientia exhibenda tam nobis et successoribus nostris quam et archipresbyteris nostris. Facta est donatio hæc Lugduni in domo nostra episcopali consilio canonicorum nostrorum, Bladini decani, Arbeti archidiaconi, Verini capellani nostri. Et ut hæc donatio firma permaneat, sigillo proprio subter signavimus, et testibus corroborandam tradidimus. S. Bladini. S. Arberti. S. Verini Calvi. S. Verini capellani nostri. S. Rostagni Ferlot. S. Fulcherii. S. Veraldi. S. Poncii. Ego Hugo ad vicem cancellarii scripsi et subscripsi.

VI.

Ad Gregorium VII pontificem Romanum. — De Augustodunensi concilio.

(Anno 1077.)

[Mansi, *Concil.*, t. XX.]

Vide in Gregorio VII, Patrolog. t. CXLVIII.

VII.

Ad eumdem. — De concilio Pictaviensi.

(Anno 1078.)

[Mansi, *Concil.*, t. XX.]

Domino ac meritis beato papæ Gregorio, Hugo humilis presbyter Diensium, in Domino Deo salutem.

In concilio, quod Pictavis per gratiam Dei cum aliquo fructu celebravimus, multa nobis pericula prius in itinere, multa nobis adversa in ipsa civitate, tum in concilio, tum extra exstitere. Ecce enim rex, Francorum contrarius sibi ipsi, quia contrarius erat Regi cœli, misit litteras primum mihi, in quibus confitebatur Domino, desiderio desiderans se vocari filium meum, et cum omni gloria et honore auctoritatem nostræ legationis commendabilem efficiens.

Deinde comiti, tum etiam episcopis sui juris litteras misit, adjurans eos omni attestatione, et suæ majestatis ac fidelitatis reos esse instituens. Scilicet comitem, si pateretur nos uspiam ubi posset, conventicula et quasi concilia, sic ea vocans, celebrare. Episcopos vero si interessent vel nostris faverent decretis, in quibus nitebamur splendorem coronæ ejus obfuscare, et principum regni ejus. Ex hac ergo adversitate inimici veritatis audaciam nacti nobis insultandi, eos pene traxerunt in sinistram, quos considerabam ad dexteram, et videbam, et non erat qui cognosceret me. Ecce enim pestis et dedecus sanctæ Ecclesiæ archiepiscopus Turonensis, et cum eo episcopus Redonensis, superbissime perversi totum pene occupaverunt concilium. Redonensis namque comprobatus est reus, quia, non prius ordinatus in clericum, ordinatus est in episcopum, promissa prius ac postmodum data pallii cappa ab episcopo Andegavensi, Redonensi tamen illud nesciente; sed aliud ante ordinationem confitente, scilicet cum eques esset equitem inimicum ab equo dejecit, et hujus Redonensis socius eques dejectum illum vulnere confodit, qui pro ea dejectione et vulnere in mortem occubuit. Nos igitur multorum precibus inclinati, nondum depositum sed interim suspensum, quia suæ utilis erat Ecclesiæ, vestræ misericordiæ præsentandum et judicandum reliquimus. Turonensis vero comprobatus est ante episcopatum decaniam emisse, quam ex consuetudine ejus Ecclesiæ nisi qui jam sacerdos fuisset, vel jam futurus sacerdos esset, habere non posset. Hic igitur Turonensis nullo modo canonice electus non potuit obtinere a rege donum episcopatus, usque dum nepos hujus ipsius per nummos præfatam decaniam fuerit adeptus. De simonia etiam aliter accusatus est, quia cuidam militi silvam promiserit, si pro episcopatu eum juvisset. Quod cum postea miles ipsi improbasset [*f.* improperasset], Andegavensis episcopus adfuit, qui nobis ex eodem clara voce testimonium perhibuit. Longum est, Pater, enumerare turbas et conflictus, quos et quantos, quomodo et ubi hic Turonensis nobis intulerit, aliquando pro Redonensi nunquam ratiocinando sed semper garriendo, aliquando pro se inclamitando, cum omni suorum garrulitate et impudenti audacia clericorum. Nam dum etiam archiepiscopum Lugdunensem pene inflecterent ad tuitionem suam, ita ut pro eis oraret, vel obloqueretur, foribus ecclesiæ effractis servientes eorum securibus armata manu introeuntes, ita concilium magno tumultu exturbaverunt, quo fratrem T. in mortem dedissent, nisi Dominus ut scuto bonæ voluntatis suæ coronasset eum. Ita nobis cum paucitate ac dedecore relictis, Turonensis et suffraganei ejus cum superbo tumultu inordinate et non canonice recesserunt. Altera die in ecclesia B. Hilarii inito concilio nulla nobis promissa vel præmissa satisfactione de injuria, iterum draco ille insurgens tanquam leo rugiens non potuit audiri diutius; sed exerentes gladium spiritus, quod est verbum Dei, percussimus ejus superbiam, et decreto hujus negotii prolato suspendimus eum etiam a sacerdotali officio. Et quia sedem apostolicam appellavit ubi se purgaturum fuisse de simonia asseruit, ad apostolicam sedem eum remisimus, et vestro judicio deponendum relinquimus. Abbas Bergensis ecclesiæ de Flandria fuisse simoniacus comprobatus est et depositus. Bisontinus archiepiscopus nec Æduensi nec Pictavensi concilio se præsentavit, nec canonicam misit excusationem. Belvacensem pulsatum de simonia, et qui post decretum præbendas vendiderit judicandum vobis remisimus. Noviomensem pro causa sua similiter. Item Ambianensem pervasorem cum ordinatoribus suis, videlicet Laudunense, Suessonense, Silvanectense. Mala quædam nostra etiam intestina reticemus, quia personas a quibus sunt illata, Deo juvante, quam citius venturi commodius vobis in aure dicemus. Causas Andegavensis comitis sicut præcepistis ab ipsius ore audientes, rationabiles pene esse credidimus; sed de absolutione ejus non præsumentes diffinitionem hujus rei prudentiæ sanctitatis vestræ committimus. Si quid vero minus scripsimus sanctitati vestræ, Teuzo filius vester fidelissimus cooperator noster in domino, de Tarvanensi episcopo cum Pictaviensi quid statuerimus plenius intimabit. Provideat itaque sanctitas vestra, ne diutius tam opprobriose nobis improperetur, quod simoniaci vel quicunque criminosi a nobis suspensi vel depositi aut etiam damnati libenter currunt Romam, et ubi deberent sentire ampliorem rigorem justitiæ, inde reportant quasi misericordiam pro voluntate. Et qui antea nec in levibus præsumpserunt peccare, postmodum exercent aptissimam negotiationem cum tyrannide in commissis sibi ecclesiis. Ora, sanctissime papa, pro me inutili servo sanctitatis vestræ.

VIII.

Ad Mathildem comitissam. — De electione, promotione et consecratione Desiderii, abbatis Casinensis, in pontificem Romanum sub nomine Victoris III.

(Anno 1087.)

[Mansi, *Concil.*, tom. XX.]

Hugo, sanctæ Lugdunensis Ecclesiæ servus, dilectissimæ in Christo sorori M., divinæ consolationis uberrimam gratiam.

Quot et quantis sanctæ Romanæ Ecclesiæ litteris et reverentissimæ memoriæ beati Anselmi, et vestris tam legationibus, quam et litteris coactus Romam venerim, quantoque tempore in partibus Italiæ contra officii mei propositum moratus sim, prudentia vestra doceri non indiget : electionem vero Casinensis abbatis antequam ego Romam venerim factam sufficienter audistis; cui tam ego quam et cæteri fratres mei sanctæ Romanæ Ecclesiæ filii, diligentes, magis gloriam hominum quam Dei, pro tempori infirmitate assensum præbuimus. Postquam autem ad montem Casinum, quo ipse jam præcesserat, Romæ aliquandiu morati ipsius ducatu pervenimus, ex ejusdem familiaribus nobiscum colloquiis, dum videlicet nefandissimos actus suos in auribus episcoporum et cardinalium jactanter recitare non erubesceret, copiosius necessario deprehendimus, quam intolerabiliter Deum in ipsius electione offenderimus. Quis enim, nisi ex ipsius ore audisset, unquam crederet Henrico dicto regi fidem eum dedisse, ut de obtinenda Romani imperii corona fideliter eum adjuvaret? Aut cujus accusatio contra talem virum reciperetur, nisi ipse, quasi ad cumulum gloriæ suæ ascribendo, nobis narrasset, prædictum regem ad invadendas terras beati Petri nunquam, nisi suo consilio et persuasione animaretur, Romam transisse? nunquid non delirans videretur, si quis Romanum electum post absolutionem a beatissimo papa Gregorio susceptam excommunicatum garriret, nisi ipse Attonem cardinalem Mediolanensem electum a prædicto papa eodem abbate subscribente publice excommunicatum, et sine pœnitentia defunctum; non solum beatum in communi nostra audientia prædicare præsumeret, verum etiam seipsum non in alia, nisi in qua ipse est, gloria futurum oraret? in quibus omnibus dilectissimos fratres nostros H. et B. cardinales, quos vobiscum esse putamus, testes advocamus, qui vel ipsi de ejus ore audierunt, vel bonis viris, quibus indubitanter credunt, referentibus, se audisse dixerunt. Quoties decreta domini sui papæ Gregorii, aliorumque sanctorum Patrum non solum verbo aperte improbaverit, verum etiam manifestis operibus postea destruxerit, in quot et quibus locis electionem suam non secundum Deum, sed tumultuarie factam asseverans, publice refutaverit, et nunquam se acquievisse, vel in perpetuum acquieturum sub terribili attestatione affirmaverit : quasve personas electionem reddendo ecclesiæ, idoneas eligi in Romanum pontificem dixerit, inter quas quamdam vobis ex nomine, Metensem scilicet Her., quorundam consilio scripsit, quoniam vobis magna ex parte manifesta sunt, et epistolarem modum excederent, ex ordine scribere omittimus. Nunc vero cum jam tandem post tantum laborem inaniter insumptum respirare videamur, et electionem toties refutatam, et Ecclesiæ redditam, divina gratia, et vestro fulti consilio et auxilio in proximo libere facere sperabamus, sub occasione eligendi R. pontificem, concilium in Capua, sicut illarum partium apostolicus vicarius, congregavit. Ac quod ego, et abbas Massiliensis, atque archiepiscopus Aquensis apud Salernum commorantes, ab episcopo Ostiensi, et principe Salernitano, et Conciano R. ex parte vicarii et R. Ecclesiæ invitati, ut communi consilio R. pontificem eligeremus, veniendo obedivimus. Dux etiam quibusdam circumventionibus a Jordano principe juveniliter illectus, illuc venit. Cum ergo de proposito negotio tractare disponeremus, abbas quibusdam mollibus et gestuosis repulsionibus, fautores suos episcopos et principem ad compellendum se provocare cœpit. Comperta autem versutia sua, cum prædicti ad restitutionem sui quasi invitum eum compellerent, nos prænominati cum Ostiensi episcopo et Witmundo monacho, et quibusdam aliis consilium habuimus, qualiter astutiæ illius contrairemus. Postquam ergo ipse jam paratus erat insignia pontificatus resumere et electionem etiam in ipso conventu multoties refutatam, iterum in se retorquere, prædictorum consilio, nos tantam hominis levitatem et propositi sui mutabilitatem improbantes, in audientia omnium nos nequaquam assensum præbituros diximus; nisi de quibusdam contra famam suam, et tanti ordinis dignitatem quæ post electionem suam nobis de eo innotuerant, primum canonica examinatio fieret. Quod ipse indigne ferens, neque ad examinationem venturum, neque electionem unquam suscepturum se publice affirmavit. Sicque data nobis iterum licentia ab eo quem vellemus eligere, excutiens brachia sua, cœpit a nobis recedere, cum Witmundus ex consilio Ostiensis episcopi publice exclamavit, infamem personam non debere in Romanum pontificem eligi, vel ordinari, cum constaret eum indubitanter infamiam incurrisse, quoniam quidem excommunicationem domni papæ Gregorii per annum integrum et continuum, et eo plus sine canonica pœnitentia sustinuisset. Taliter itaque dissoluto conventu, et quia nox imminebat, nobis recedentibus, remansit dux cum eo, retento secum Ostiensi cum cæteris R. episcopis et cardinalibus. Ubi cum diu rogando dux institisset, ut quemdam Alfanum in Salernitanum episcopum consecraret, sed Ostiensi contradicente abbas voluntatem ducis implere non auderet, quoniam de manifestissima ambitione Alfanus convictus fuerat, dux graviter indignatus recessit ab eis. Abbas igitur gratia destitutus, quoniam sine eo ad Rom. pontificatum aspirare desperabat, profunda jam nocte cunctis dormientibus legationem ad ducem misit, sicque duce ad abbatem redeunte, et abbas gratiam apud ducem ut papa fieret, et dux quod quærebat obtinuit apud abbatem, ut Alfanus consecraretur sequenti die, videlicet Dominica in Palmis, ex præcepto abbatis id se cunctis facere respondentibus. Eadem itaque die cum post prandium abbas, dux et princeps, uterque a somno meridiano surrexissent, sole declinante ad inferiora, sed vino obtinente superiora, heu, proh dolor! abbas pro mercede nefandissimæ consecrationis, fultus auctoritate ducis, pluvialem sibi ipse imposuit, Ostiensi et nobis inconsultis et prorsus ignorantibus. His ita gestis cum Ostiensis episcopus nobiscum bene per omnia cucurrisset, ut vidit quod abbas per potentiam principis Jordani ad consecrandum se Romam ire intendebat, timens forte ne sui dignitate privaretur, si ab alio prima manus consecratio ei imponeretur, conversus est in die belli; et immemor factus propositi et factæ nobis sponsionis, quod dicere pudet, cum abbate pacem faciens, reverentiam ei per omnia sicut papæ persolvit. Qualiter autem vel quomodo Romam ire disponat, quoniam præcentulator, et peregrini, quidquid postquam a nobis recesserunt per Capuam transeuntes de hujusmodi apparatu fieri viderunt, vel aliis referentibus didicerunt, plenius vobis referre poterunt. Hic igitur consecratus ab Ostiensi episcopo, cum missas apud S. Petrum diceret, infra actionem judicio Dei percussus est. Et quamvis tarde, cognoscens se errasse, seipse deposuit, et accitis fratribus de Monte Casino, qui secum aderant, præcepit se illo deferri, et in capitulo non ut papam, sub ut abbatem sepeliri.

IX.

Ad eamdem. — De iisdem.
(Anno 1088.)
[MANSI, *ubi supra.*]

MATHILDI dilectissimæ in Christo sorori ac unicæ filiæ beati Petri, Hugo sanctæ Lugdunensis Ecclesiæ servus, salutem in charitate non ficta.

Quamvis sciamus, veneranda domina, hoc solum te sapere, hoc solum inhianter te quærere, quod ad honorem Dei et apostolicæ sedis pertineat, tamen dissimulare non possumus quin ex abundanti pietatem tuam super hoc admoneamus, ut sanctis desideriis tuis parvitatis nostræ studia adjungamus. Scimus quidem qualiter, supra femineum modum in virili pectore ferventem charitatis flammam concipiens, in exemplum facta sis omnium principum, ut cum te, quæ temporali potentia et opibus affluebas, cuncta pro nomine Domini expendisse, et mundi furorem potestatemque tenebrarum, fidei armatura evicisse cognoverint, similiter se et non fecisse erubescant, et facere prompta devotione non dubitent. Sed inter hæc, dilectissima domina, ad mentem tibi sæpe reducendum est ut in omnibus modis contendas usque in finem perseverare, et gloriosa principia feliciori consummatione perficere, quia sicut prudentiam tuam per Spiritum edoctam cognoscimus, tunc salutis et præmiorum certa fiducia est, cum usque in finem sancti propositi perseverantia dilatatur. Habetis siquidem in hac re fidissimos adjutores, et benignos devotionis vestræ apud Dominum commendatores, piissimum scilicet Patrem nostrum sanctæ memoriæ papam; et beatum A....... Lucensem episcopum, qui sicut, cum adhuc viverent, in omni pietate et justitia vos instruxerunt, ita nunc ab illo æternæ quietis sinu, in quo eos receptos esse confidimus, meritis suis et precibus, charitatis vestræ opera commendabunt, ac amorem perpetuæ vitæ quo ineffabiliter satiantur, devotionis vestræ visceribus inspirabunt. Eorum itaque patrociniis adjuta in consulendo Romanæ Ecclesiæ totis viribus accingimini, summopere providentes, ut talem ibi personam eligi consentiatis, in qua possit esse et tantorum laborum finis, et animarum salus, inimicorum confusio, et apostolicæ reparatio dignitatis.

Et nos quidem licet de recuperatione electionis domni abbatis montis Casini a quibusdam sanctæ Ecclesiæ Rom. episcopis et cardinalibus presbyteris dissenserimus, unde aliquibus illorum cur nobis aliter videretur, etiam apud Capuam palam rationes reddidimus : tamen scire vos volumus ab unitate eorum, qua in corpore sanctæ Ecclesiæ ad serviendum beato Petro divina dignatione compacti sumus, nec discessisse, nec in perpetuum, Deo miserante, discessuros, imo habere propositum apostolicæ sedis profectibus, modis omnibus deservire. Præterea notificamus unanimitati vestræ a monachis Cluniacensibus nobis tantas supergressiones et injurias inferri, ut nullo modo eas æquanimiter sustinere valeamus. Et quidem anno præterito, antequam Romam tenderemus, compertum nobis fuerat, abbatem in sancta Parasceve orationem quam pro imperatore facere consueverat, quæ nunc præ excommunicatione et depositione Henrici a domino papa Gregorio facta, interposita est, publice celebrasse, de quo cum eumdem ad rationem posuissemus, conscientia debilitatus respondit orationem illam pro imperatore quolibet se dixisse. Cumque ex circumstantia ipsius orationis ad Romanum eam specialiter pertinere imperium prosequeremur, quia ex apostolicæ sedis judicio nunc vacaret, veritate oppressus conticuit, neque tamen debita pœnitentia errorem cognitum emendavit. Post reditum vero nostrum, cum effrenatæ invasioni monachorum suorum resistere conaremur, objecit nobis quasdam litteras, quas dicebat a papa Urbano sibi directas, in quibus continebatur ut, tam ipse quam sancti fratres sui a communione nostra, et Ricardi Massiliensis abstinere curarent, ut sub prætentione litterarum nostras injurias retinerent. Quæ litteræ contra apostolicum moderamen et gravitatem conditæ manifesta mendacia continebant. A tempore enim electionis quæ de abbate Casinensi facta est, usque ad conventum Capuæ habitum, integri anni spatium protestantur exactum, cum verum sit in eo spatio nullatenus annum integrum evolutum. Inter alia autem unum impudentissime mentiuntur, quia a communione Romanæ Ecclesiæ nos sponte nostra sejunximus; cum testis nobis sit conscientia nostra, et charitas, qua in Domino copulamur, nos non solum communionem eorum non evitasse, sed omnibus hoc persuadentibus restitisse. Adhibito ergo nobis confratrum et coepiscoporum nostrorum consilio, et per eorum manum inter nos et abbatem colloquio constituto, cum intelligeret nos aliter cum illo concordiam non habituros, nisi culpa cognita præfatam orationem interponeret, judicium nobiscum subire prætensis multis occasionibus recusavit, episcoporum tamen qui aderant studiis discordia nostra aliquantulum mollificata est, et per inducias usque ad præfinitum terminum mitigata.

Hæc de his quæ circa nos sunt charitati vestræ communicavimus, invicem postulantes ut si quid vobis de servitio humilitatis nostræ placuerit, sine hæsitatione nobis hoc summopere cupientibus assignetis. Si vero præsentium portitoribus Romam eundi occasio aut facultas defuerit, de benignitate vestra plurimum confidentes, rogamus ut litteras quas illis perferendas commisimus, episcopis sanctæ Ecclesiæ Romanæ filiis, et cardinalibus presbyteris, celeriter dirigi faciatis. De cætero dilectum fratrem nostrum domnum Rotgerum sanctæ Ecclesiæ apostolicæ sedis cardinalem subdiaconum, qui in proximo Romam per vos ad utilitatem sanctæ Ecclesiæ venturum se dicit, nobilitati vestræ sicut necessarium commendamus, rogantes ut in conductu, et in cæteris, in quibus benignitatis vestræ consilio indiguerit, pro gratia beati Petri et nostra subveniatis : quo referente de his quæ circa nos sunt plenius cognoscetis.

X.

Litteræ Hugonis archiepiscopi Lugdunensis ad Hugonem archiepiscopum Bisuntinum pro monachis S. Benigni Divionensis.

(Circa an. 1088.)

[BALUZ. *Misceil.* ed. Luc. III, 56.]

Hugo, Dei gratia Lugdunensis Ecclesiæ servus, dilecto in Christo fratri Hugoni venerabili Bisuntinorum archiepiscopo, salutem.

Significamus dilectioni vestræ dominum papam nuper nobis litteras direxisse in quibus post alia quædam nobis præceptum est ut vos conveniremus et auctoritate sua commoneremus quatenus abbati Divionensi ecclesiam Sanctæ Mariæ de Salina redderetis. Super qua querimonia, prout reminiscimur, antecessor vester sæpe a nobis ad justitiam exsequendam cum prædicto abbate vocatus fuit, et ad ultimum ad Meldense concilium invitatus ; a quo cum nulla existente canonica excusatione se absentasset, ab eodem concilio judicatum est abbatem inde investiendum aut ecclesiam divino officio usque ad plenam justitiam esse privandam. Proinde præscripta præceptione constricti dilectionem vestram apostolica auctoritate commonemus ut, secundum quod rationabiliter prædicti concilii judicio provisum est, abbatem de prædicta ecclesia investiatis. Quod quantum prudentiæ vestræ satagendum sit ex sententia domini papæ, quam per eadem verba hic subjecimus, poteritis cognoscere, quibus ita nobis scribit.

Præterea præcipimus strenuitati tuæ ut ex nostra parte Bisuntinum antistitem convenias et Divionensi abbati ecclesiam Sanctæ Mariæ de Salina reddere auctoritate nostra commoneas, insuper et fructum prædiorum quem retentionis tempore usurparunt.

XI.

Litteræ ejusdem Hugonis ad Lambertum episcopum Atrebatensem, quibus eum invitat ad concilium Augustodunense.

(Anno 1094.)

[BALUZ., *ibid.*]

Hugo Lugdunensis archiepiscopus, apostolicæ sedis legatus, venerabili in Christo fratri LAMBERTO Atrebatensi episcopo, salutem.

Novit fraternitatis vestræ dilectio quam frequentibus domni papæ Urbani litteris de convocanda in Gallia synodo sim commonitus et obedientia adstrictus, et quod diutius onus illud suscipere recusaverim. Quia vero ulterius repugnare nec volui nec debui, tandem consilio domni abbatis

Cluniacensis et religiosorum virorum episcoporum atque abbatum apud Augustodunum Idus Octobris concilium habendum designavimus; ad quod dilectionem vestram apostolica auctoritate invitamus. Et quamvis credamus vos non ignorare quid de charissimo fratre nostro Remensi archiepiscopo vel de privilegio quod ab apostolica sede accepit domnus papa nobis mandaverit, ipsa tamen ejus scripta vobis direximus, quibus nos de his post aliqua in hæc commonuit verba: « Et nos Remensi Ecclesiæ debitam reverentiam conservantes in privilegio quod confratri nostro Rainaldo archiepiscopo dedimus et statuimus ne ejus causæ alterius nisi Romani pontificis arbitrio decidantur, quod et de cæterorum episcoporum majoribus causis canonum scita constituerunt. Quod videlicet ita sentiendum est ut nullus primas quasi pro peculiari Ecclesiæ suæ reverentia id præsumat exigere. Cum vero legato Romani pontificis subjicitur, ipsi soli subjicitur cujus per legatum vices aguntur. Et ipsum ergo Remensem et cæteros qui legationi tuæ solent esse subjecti ad concilium tuæ sollicitudinis studium convocet et Ecclesiæ sanctæ utilitatibus omni dissimulatione seposita ferventer insudet. » Juxta hæc ergo domni papæ verba ad denominatum concilium fraternitatem vestram cum abbatibus vestris apostolica auctoritate invitamus, quia de amicitia vestra confidimus, et in re tanta utile amici consilium et pernecessarium nobis esse scimus. Nos quoque consiliis tuis acquiescere, Deo volente, parati sumus.

XII.

Hugonis Lugdunensis archiepiscopi Roberto comiti Flandriæ. — Vice SS. Pont. ut Lambertum excipiat, tueaturque rogat.

(Anno 1094.)

[Spicil. V, § 2.]

Hugo Lugdunensis archiep., apostolicæ sedis legatus, Roberto Flandrensium comiti, salutem.

Venerabilem in Christo fratrem nostrum Atrebatensem episcopum excellentiæ vestræ commendamus, ut eum tanquam cardinalem episcopum, tanquam beati Petri manibus consecratum, ope vestra et auxilio tueamini rogamus, et vice domini papæ secundum præceptum ipsius in remissionem peccatorum vestrorum præcipimus. Ad restituenda quoque bona Ecclesiæ ipsius brachium adjutorii vestri ei porrigite, cognoscentes vos pro obedientia hac habituros gratiam apostolicam, et a Deo retributionem.

XIII.

Charta Hugonis, Lugduniensis archiepiscopi et apostolicæ sedis legati, de absolutione Fulconis Andegavensis comitis.

(Anno 1094.)

[Gall. Christ. nov. instr. t. IV, p. 10].

Hugo Lugdunensis archiepiscopus, apostolicæ sedis legatus, dilectissimis in Christo fratribus archiepiscopis, episcopis, abbatibus sanctæ Dei Ecclesiæ fidelibus salutem.

Communi orthodoxorum omnium notitiæ tradere dignum judicavimus, qualiter ex præcepto domini nostri papæ Urbani pro causa Fulconis Andegavensium comitis usque ad fines Andegavorum veniendi obedientiam suscepimus, ut eum a vinculo anathematis, quo diutino tempore innodatus erat pro captione fratris sui Gaufridi, quem in bello publico ceperat, absolveremus: cum tamen ipse comes rationem reddere, aut satisfacere, aut judicium subire non subterfugeret : imo semper paratus esset: ut virorum probabilium clericorum et laicorum relatione cognovimus, præfatus frater ejus, tempore quo captus fuit, a Stephano cardinale Romanæ sedis legato pro multimoda injuria, quam inferebat Turonensi Ecclesiæ et abbati S. Martini Majoris monasterii, excommunicatus erat, et Fulconi huic principatus Andegavensis comitatus ab ipso legato ex parte S. Petri donatus erat. Quem quidem et ab avunculo suo Gaufrido concessum fuisse, virorum probabilium de nobilibus suis veraci cognovimus relatione. Nos igitur hæc suscepta legatione, ut vigor apostolicæ obedientiæ majori a nobis tractaretur auctoritate, venerabilem fratrem nostrum Bituricensem archiepiscopum executionis hujus adhibuimus socium; et sic simul positi fratrem comitis, quem captum audiebamus, consulto adivimus. Quem ita desipientem invenimus, ut ferebatur ab omnibus ; ut prorsus inutile et vanum videretur regendæ ei patriæ committere principatum, qui sibi et omnibus stultitia sua factus fuisset inutilis : usque adeo, ut nec per manus nostras a captione vellet eripi.

Venimus itaque ad cœnobium S. Florentii, et in die nativitatis S. Joannis Baptistæ, virorum religiosorum, episcoporum, et abbatum, qui invitati advenerant, Fulconem comitem paratum satisfacere aut rationem reddere unanimi omnium voto et laude absolvimus; acceptis ab eo securitatibus, ut, si frater ejus melioritatem sensus reciperet, ex præcepto domini nostri papæ, vel nostro, aut concordiam faceret cum eo, aut judicium subire paratus esset, nec uxorem duceret, de quarum numerositate culpabatur, absque nostro consilio, cujus rei gestæ seriem vobis pandere judicavimus. Religiosorum autem, qui adfuerunt, nomina hæc sunt : Aldebertus Bituricensium archiepiscopus, Ouvellus Cenomanensis episcopus, Guillelmus abbas S. Florentii, Bernardus abbas SS. Sergii et Bacchi ; Girardus abbas S. Albini, Nualdus abbas S. Nicolai, Baldricus abbas Burguliensis, Gaufridus abbas Vindocinensis.

Actum est anno ab Incarnatione Domini 1094, apud abbatiam S. Florentii, die festo S. Joannis Baptistæ.

XIV.

Hugo Lugdunensis archiepiscopus ecclesiam Sancti Desiderii in Brixia Cluniacensibus donat.

(Anno 1094.)

[Baluz. Miscell. ed. Luc. III, 59.]

In nomine sanctæ et individuæ Trinitatis, Patris, et Filii, et Spiritus sancti. Noverint omnes sanctæ Dei Ecclesiæ filii, præsentes scilicet et futuri, quod ego Hugo, Dei gratia Lugdunensis archiepiscopus, donoque Deo et sancto Petro et reverentissimo in Christo patri nostro domno Hugoni Cluniacensis ecclesiæ abbati et successoribus ejus fratribusque sub eorum ducatu militantibus ecclesiam Sancti Desiderii, sitam in Brixia, sub annuali censu trium solidorum, retentis paratis et synodo secundum antiquum morem aliarum ecclesiarum episcopatus nostri, et capellam de Reorterio, cum ecclesia Sancti Pauli infra-castri ipsius munitionem sita, cum appenditiis ejus, sub annuali censu quinque solidorum; cujus medietas solvetur in festivitate sancti Martini, medietas vero in Purificatione sanctæ Mariæ. Hæc itaque salva subjectione sanctæ Lugdunensis Ecclesiæ, do Ecclesiæ Cluniacensi per manum dilectissimi in Christo fratris nostri Seguini, ipsius domni abbatis camerarii, jure perpetuo possidenda pro remedio animæ meæ, et ut fratres Ecclesiæ Cluniacensis Deum deprecentur pro excessibus meis et pro statu Ecclesiæ Lugdunensis necnon et pro salute omnium canonicorum et consanguineorum nostrorum. Facta est autem donatio hæc Lugduni in præsentia Gerini capellani nostri, et Hugonis nepotis nostri, et Godonis archipresbyteri canonicorum, et Girardi archipresbyteri. Ut autem hæc donatio firma permaneat, sigillo proprio subterfirmavi.

Actum Lugduni, anno ab Incarnatione Domini nostri Jesu Christi millesimo nonagesimo quarto, indictione II, concurrente VI.

Ego Hugo, Divionensis Ecclesiæ monachus, vice cancellarii scripsi et subscripsi.

XV.

Ad Lambertum Atrebatensem episcopum.

(Anno 1095.)

[BALUZ., *Miscell.* ed. Luc. II, 139.]

Hugo, sanctæ Lugdunensis Ecclesiæ servus, reverentissimo fratri LAMBERTO Atrebatensi episcopo, salutem.

Curamus innotescere vestræ dilectioni sororem nostram in Christo Emmam, quæ apud nos reclusa amore nominis Christi fuit multis diebus, nono Kal. Februarii de sæculo præsenti ad cœlestia, ut credimus, migrasse. Sed quia soli Deo nota est salus vel perditio mortalium, nullusque merito suo justificari apud illum valet, nisi miseratione divinæ purgetur pietatis, præmonendo obsecramus charitatem vestram, quatenus in orationibus vestris et benefactis animæ ipsius succurratis, ut et vos quoque idem præmium ab eodem creatore et redemptore nostro Jesu Christo consequi mereamini. Filia quippe vestræ Ecclesiæ, sicut ipsa sæpissime testabatur, erat vestræ fraternitatis. Valete.

XVI.

Ad eumdem.

(Anno 1095.)

[*Ibid.*]

Venerabili fratri LAMBERTO Atrebatensi episcopo, Hugo Lugdunensis Ecclesiæ servus, salutem.

Frater iste gerulus horum querimoniam nobis fecit de fratre nostro Ambianensi episcopo et Fulcone archidiacono amico et familiari nostro, rogans quatenus causam suam fraternitati vestræ committeremus. Injungimus itaque charitati vestræ ut Ambianensem episcopum et prædictum Fulconem archidiaconum conveniatis, et ut prædicto fratri de quibus conqueritur justitiam in audientia vestra faciant admoneatis. Quod si facere noluerint, ex parte nostra amicum nostrum Remensem archiepiscopum rogate ut eos quod justum fuerit jam dicto fratri exsequi faciat.

XVII.

Ad Ivonem Carnotensem episcopum.

(Anno 1096.)

[*Opp. Ivonis*, not. ad epist. 153, p. 235.]

H. Lugdunensis episcopus, apostolicæ sedis legatus, reverendo fratri I, Carnotensi episcopo, salutem.

Noverit fraternitas vestra clamorem fratris nostri Gis. Ebroicensis episcopi nuper ad aures nostras pervenisse de Ursone dapifero regis, qui in sanctæ Quadragesimæ diebus cepit quemdam parochianum ejus nomine Rotgerum, causa orationis tendentem ad Sanctam Mariam Magdalenam de Vizeliaco, et ad sanctum Ægidium. Scias autem non solum quadragesimali, verum etiam omni tempore, oratores, et pro Deo peregrinantes, ab omnium hostium incursu securos esse debere: et perturbatores eorum, utpote Dei timorem præ oculis non habentes, debere puniri severitate ecclesiasticæ disciplinæ. Interdiximus itaque omne divinum officium tam ipsi Ursoni, quam toti familiæ domus ejus, omnibusque in tanto sacrilegio ipsius coadjutoribus, vobis (cujus parochianus esse dicitur, quique vices defuncti archiepiscopi Senonensis geritis) apostolica auctoritate præcipientes, ut idem interdictum faciatis, et ex parte nostra, atque vestra clericis Aurelianensibus scribendo injungatis, quatenus ipsi Vitoni et familiæ domus ejus, atque coadjutoribus ipsius divinum similiter officium interdicant, donec prædictum Rotgerum absque redemptione aliqua de captione sua liberum abire permittat, et ablata ei restituat. Interdicimus etiam eadem auctoritate apostolica divinum officium fieri ubicunque captus tenebitur, dum ibi fuerit.

XVIII.

Ad eumdem. — *Respondet epistolæ* 60 *Ivonis.*

(Anno 1097.)

[BALUZ., *Miscell.* ed. Luc. III, 57.]

Hugo, primæ sedis Lugdunensis episcopus, reverendo fratri IVONI Carnotensi episcopo, salutem.

Inter cætera capitula quorum congestione innocentiam nostram quasi ex obliquo tangendo inficere nisus estis, quibus suo tempore respondebimus, secundum petitionem vestram de duobus ultimis ad præsens respondere decrevimus. Quod tam vo'is quam suffraganeis vestris ne Senonensi electo manus imponeretis interdiximus, donec obedientiam et debitam subjectionem nobis promitteret, primatum Lugdunensis Ecclesiæ secundum domni nostri papæ

Urbani et prædecessorum ejus apostolicas sanctiones recognosceret, non irrationabiliter vel contra antiquas patrum regulas factum esse putavimus. Non enim notitiam vestram subterfugisse credimus quam contumaci pertinacia, et pertinaci contumacia Senonenses clerici, de quorum grege electus ille esse dinoscitur, apostolicis de primatu Lugdunensi institutis ac privilegiis obviantes et inobedientes exstiterint et archiepiscopum suum modo defunctum usque ad mortem in sua inobedientia perseverare fecerint. Propter quam videlicet inobedientiam domnus noster papa Urbanus ab episcopali eum officio suspendit, et vos et alios suffraganeos vestros obedientiam et subjectionem nobis ut primati vestro promittere fecit. Testante autem Gregorio in ultimo Moralium libro inobedientia hariolandi peccatum dicitur, et quasi scelus idololatriæ nolle acquiescere. Obedientia vero fidei meritum possidet : qua sine quisque infidelis convincitur, etiamsi fidelis esse videatur. Hac itaque beati Gregorii ratione et auctoritate tam prædictus quam alii clerici Senonenses cum primatum Lugdunensis Ecclesiæ respuendo, apostolicæ auctoritati tam arroganter tamque pertinaciter obedire recusaverint, et episcopum suum, quemadmodum diximus, usque ad vitæ exitum, non solum persuadendo, verum etiam violenter instigando, in sua inobedientia perdurare compulerint, quamvis fideles videantur, infideles tamen et quasi idololatræ esse convincuntur. Perpendat igitur vestra discretio utrum infidelis aut idololatra, donec ab infidelitate vel idololatria resipiscat, in episcopum canonice possit aut debeat eligi vel consecrari. Perpendat etiam utrum si hoc fieri prohibemur privatis legibus et novis traditionibus, quemadmodum dicitis, veteres traditiones et consuetudines de metropolitani consecratione removere contendamus, vel in hoc facto improperastis culicem colantes camelum glutiamus. Legationis autem nostræ privilegio nec ipsum de quo agimus vel quemlibet alium electum nobis præsentari contendimus, sed secundum apostolicam traditionem electionem et nomen electi ad notitiam nostram referri volumus, ut eam cognitam approbemus. Si vero jure primatus Lugdunensis Ecclesiæ privilegiis et auctoritate domni nostri papæ Urbani ac prædecessorum ejus firmati a Senonensi electo obedientiam et subjectionem primati debitam ante consecrationem exigimus, per hoc sanctorum patrum traditiones nos rescindere vel illi, si professus fuerit, officere, quasi hac professione consecrationem comparasse videatur, nequaquam cognoscimus, cum episcopalis dignitas bonis meritis et fructibus ex obedientia prodeuntibus acquiri debeat, et in examinatione consecrandi electi, utrum Romanæ Ecclesiæ obediens esse velit ante consecrationem requiratur. His itaque freti rationibus, quod de eo vobis vel comprovincialibus vestris præcepimus immutare nolumus. Si autem domnum papam de traditione probatissimorum Patrum præcedentium aliquid diminuisse vel immutasse aut novitatem aliquam admisisse dicitis, vel decreto ipsius de investitura episcopatuum vel aliarum dignitatum ecclesiasticarum, quam reges olim mutationes usurparunt et adhuc usurpare contendunt, contraire vultis vel contraeundum esse decernitis, vos videritis. Quod videlicet cum non solum modo verum etiam tempore beatæ memoriæ Gregorii papæ tam firmiter promulgatum videritis vel audieritis, si quid addendum vel demendum vel ad tempus intermittendum, ne spiritualia vel temporalia commoda impedirentur, cognovistis, non quasi insidiando vel redarguendi occasionem haberetis reticere, sed magis ipsis velut patribus bonus ac prudens filius reverentiam suggerere et intimare deberetis. Nos vero ipsam constitutionem canonicam et secundum antiquas legales sanctorum patrum consuetudines factam videntes et servare volumus et servandum omnibus super quibus legationis officio fungimur præcipimus. Dixistis nos Puteacenses a vobis et coepiscopis vestris propter prædam in vos et in Carnotensem Ecclesiam communione privatos vobis nescientibus communioni reddidisse. Quod cum nec videritis nec audieritis, neque nos fecerimus talia, nequaquam objicere deberetis. Nos tamen bonum pro malo reddentes, et hanc contumeliam sive criminationem dissimulantes, Puteacensibus capellanis et clericis litteras direximus, et divinum officium, excepto parvulorum baptismate et infirmorum visitatione, ibidem fieri prohibuimus. Quoniam nostram redargutionem de consecratione Sanctionis gravius justo tulistis, prout exitus divina virtute probabit, omnipotentis Dei clementiam obsecramus ut animi vestri motus in nos immeritos temperare dignetur.

XIX.

Ad archiepiscopum Senonensem, pro abbate Sancti Petri Vivi.

(Ante an. 1099.)

[Baluz., *ibid.*]

Hugo Lugdunensis Ecclesiæ servus, apostolicæ sedis legatus, venerabili fratri et coepiscopo Daimberto Senonensi metropolitano, salutem et servire Domino in timore.

Pro quorumdam adversum vos querimoniis abbatum vestrorum sæpius nos vobis scripsisse meminimus; sed quod in nullo apud vos profecerimus, nec vestræ dignationis responsa aliqua habuerimus, non minima admiratione stupemus. Sane si vos Romanæ Ecclesiæ legatus essetis, sicut nostrum salubriter esset vobis obedire, ita vestra magnificentia ex auctoritate nostræ super vos legationis parvitati nostræ deberet obaudire. Ecce itidem venerabilis nostri fratris abbatis Sancti Petri Vivi querimonias vobis recensemus. Queritur enim sub occasione debilis cujusdam presbyteri et justitiam reclamantis quamdam suam a divino officio per vos cessare ecclesiam, cuidam etiam presbytero defuncto nulla culpa dum adhuc viveret notato, bene et sapienter testato, sepulturam negatam, ipsis quoque qui eumdem pie et officiose sepelierunt communionem ecclesiæ interdictam. Mandamus igitur et sicut fratrem attentius commonemus ut intermissa vestra, si qua est, justitia, abbati et ecclesiis suis pacem conservetis, taliter excommunicatos salubrius absolvatis, et in concilio quod secunda post octavas Pentecostes feria adjuvante Domino Trecis celebraturi sumus de vestris pariter ac ejusdem abbatis querimoniis justitiam et accipiatis et exhibeatis. Verendum profecto vobis est, si aliter egeritis, ne et sacris obvietis canonibus et domni papæ indignationem aliquatenus incurratis, a cujus liberalitate privilegium idem abbas nuperrime acceperat, et hac quoque vice nostra videamini contempsisse mandata.

XX.
Ad Haganonem Æduensem episcopum, pro Hugone Flaminiacensi.
(Anno 1097.)
Vide Patrologiæ tom. CLX, col. 355, *in Hugone Flaviniacensi.*

XXI.
Ad Urbanum papam. — De Roberto abbate S. Remigii Remensis.
(Anno 1197.)
Vide Patrologiæ tom. XLC, col. 1452, *in Chronico S. Huberti Andaginensis.*

XXII.
Epistola Hugonis legati, ad Robertum abbatem Molismensem, ordinis Cisterciensis institutorem.
(Intra an. 1097-98.)
LABBE *Biblioth. nov. mss.* II, 640, *in Originibus Cisterc.*]

Hugo, Lugdunensis archiepiscopus et apostolicæ sedis legatus, ROBERTO Molismensi abbati, et fratribus cum eo secundum Regulam sancti Benedicti Deo servire cupientibus.

Notum sit omnibus de sanctæ matris Ecclesiæ profectu gaudentibus, vos et quosdam filios vestros Molismensis cœnobii fratres Lugduni in nostra præsentia astitisse, ac Regulæ beati Benedicti, quam illuc usque tepide ac negligenter in eodem monasterio tenueratis, arctius deinceps atque perfectius inhærere velle professos fuisse. Quod quia in loco prædicto pluribus impedientibus causis constat adimplere non posse, nos utriusque partis saluti videlicet inde recedentium atque illic remanentium providentes, in locum alium, quem vobis divina largitas designaverit, vos declinare, ibique salubrius atque quietius Domino famulari utile duximus fore. Vobis ergo tunc præsentibus Roberto abbati, fratribusque Alberico, Odoni, Joanni, Stephano, Letaldo et Petro, sed omnibus quos regulariter et communi consilio vobis sociare decreveritis, hoc sanctum propositum servare, et tunc consuluimus et ut in eo perseveretis præcipimus, et auctoritate apostolica per sigilli nostri impressionem in perpetuum confirmamus.

XXIII.
Decretum Hugonis legati de toto negotio Molismensium atque Cisterciensium.
(Intra an. 1097-98.)
[LABBE *ubi supra.*]

Hugo, Lugdunensis Ecclesiæ servus charissimo fratri ROBERTO Lingonensium episcopo, salutem.

Quid de negotio Molismensis Ecclesiæ in colloquio apud portum Ansillæ nuper habito definierimus fraternitati vestræ notificare necessarium duximus. Venerunt ante nos illuc cum litteris vestris Molismenses monachi loci sui desolationem atque destructionem quam per remotionem Roberti abbatis incurrerant ostendentes, ipsumque sibi reddi in patrem magnopere postulantes. Nullo modo enim aliter sperabant pacem et quietem Molismensi Ecclesiæ posse restitui vel monastici ordinis vigorem in pristinum statum illic revocari. Adfuit etiam ibi in præsentia nostra frater Gaufridus, quem eidem Ecclesiæ in abbatem ordinavistis, dicens se libenter ipsi Roberto velut Patri suo locum daturum, si nobis placeret, ut eum Molismensi Ecclesiæ remitteremus. Audita igitur vestra et ipsorum Molismensium petitione, relectis etiam domini papæ litteris super hoc negotio nobis directis, totum dispositioni et arbitrio nostro committentis, tandem multorum virorum religiosorum, tam episcoporum quam aliorum qui nobiscum aderant concilio precibus vestris et eorum acquiescentes Molismensi Ecclesiæ ipsum restituere decrevimus, ita videlicet ut priusquam illuc redeat Cabilonem veniens in manu fratris nostri Cabilonensis episcopi cui secundum consuetudinem cæterorum abbatum professionem fecit, virgam et curam abbatiæ reddat, atque monachos Novi monasterii, qui ei sicut suo abbati professionem fecerant, et obedientiam promiserant, ab ipsa professione et obedientia liberos et absolutos dimittat, ac sic ab ipso episcopo professionis, quam ei et Cabilonensi Ecclesiæ fecit, absolutionem accipiat. Dedimus etiam licentiam cum eo redeundi Molismum omnibus illis de fratribus Novi monasterii qui cum secuti fuerint quando a Novo monasterio recesserit, tali conditione ut decreto neuter neutros sollicitare vel recipere præsumant, nisi secundum quod beatus Benedictus monachos Novi monasterii præcipit recipiendos. Postquam hæc supradicta fecerit remittimus eum dilectioni vestræ, ut Molismensi Ecclesiæ illum in abbatem restituatis, ita tamen ut si deinceps eamdem Ecclesiam solita levitate deseruerit, nullus ei substituatur vivente Gaufrido abbate, absque vestro et nostro, ejusdemquo Gaufridi assensu. Quæ omnia apostolica auctoritate rata esse præcipimus. De capella autem prædicti abbatis Roberti et de cæteris rebus quas a Molismensi Ecclesia recedens secum et cum eis Cabilonensi episcopo atque Novo monasterio se reddidit, id statuimus ut omnia fratribus Novi monasterii salva permaneant, præter Breviarium quoddam quod usque ad festivitatem sancti Joannis Baptistæ retineant ut transcribant assensu Molismensium. Huic autem definitioni interfuerunt episcopi Nortgaudus æduensis, Galterius Cabilonensis, Beraudus Maticensis, Pontius Belicensis, et abbates Petrus Trenorciensis, Jacento Divionensis, Gaucerannus Athanacensis. Petrus quoque, domini papæ camerarius, multique alii viri honesti et boni testimonii.

XXIV.
Epistola Hugonis Lugdunensis ad Paschalem papam. —Nuntios Alberici, abbatis Cisterciensis primi commendat.

(Intra an. 1097-98.)
[LABBE, *ibid.* p. 643.]

Reverentissimo Patri et domino suo PASCHALI papæ, Hugo, Lugdunensis Ecclesiæ servus, per omnia seipsum.

Fratres isti præsentium geruli ad paternitatis vestræ celsitudinem tendentes per nos transitum fecerunt. Et quia infra provinciam nostram, videlicet in episcopatu Cabilonensi, permansionem habent, humilitatis nostræ litteris apud celsitudinem vestram se commendari petierunt : sciatis autem tunc eos de quodam loco qui Novum monasterium vocatur, ad quem de Molismensi Ecclesia cum abbate suo exeuntes propter arctiorem et secretiorem vitam secundum Regulam sancti Benedicti quam proposuerant tenendam habitandum venerunt, depositis quorumdam monasteriorum consuetudinibus, imbecillitatem suam ad tantum pondus sustinendum imparem judicantes. Unde Molismensis Ecclesiæ fratres, et quidam alii adjacentes monachi eos infestare et inquietare non desinunt, æstimantes se viliores et despectiores haberi apud sæculum, si isti quasi singulares et novi monachi inter eos habitare videantur; quapropter desiderantissimam nobis paternitatem vestram humiliter et cum fiducia deprecamur, ut fratres istos totam spem suam in vobis, post Deum ponentes, et idcirco ad apostolatus vestri auctoritatem confugientes, benigne pro more vestro respiciatis, et eos ac locum ipsorum ab hac infestatione et inquietudine liberando, auctoritatis vestræ privilegio muniatis, utpote pauperes Christi nullam contra suos æmulos divitiis vel potentia defensionem parantes, sed in sola Dei nostri clementia spem habentes.

XXV—XXVI.
Hugonis ad S. Anselmum Cantuariensem archiepiscopum.

(Vide inter epistolas S. Anselmi, epp. 64 et 124, libri III, *Patrologiæ* tom. CLIX.)

XXVII.
Donatio Hugonis archiepiscopi Lugdunensis de ecclesia Sancti Germani.

(Anno 1106.)
[BALUZ., *Miscell.* III, 62.]

Reverentissimo Patri domino Hugoni Cluniensium abbati et toti congregationi Cluniensi illi commissæ, Hugo Lugdunensis Ecclesiæ servus, salutem.

Scimus nos rogatu domni P. domini papæ camerarii ecclesiam Artensem vobis et Ecclesiæ vestræ olim dedisse. Qua de causa filii nostri canonici Lugdunensis Ecclesiæ turbati cœperunt instanter precari clementiam nostram ne præfatam ecclesiam Artensem pateremur aliqua occasione alienari et separari ab ecclesia Sancti Stephani Lugdunensis, juris cujus ab antiquis temporibus fuerat. Quorum clamoribus ac precibus flexi promisimus jam dicto A domino P. pro Artensis Ecclesiæ commutatione nos daturos vobis ecclesiam de Sancto Germano, quæ sita est inter ecclesiam de Capella et ecclesiam de Marlico. Quam promissionem nunc perficientes concedimus vobis et ecclesiæ Cluniensi supradictam ecclesiam Sancti Germani jure perpetuo possidendam, retinentes in ea synodales census et censum alium quem beatæ memoriæ domnus Gibuinus archiepiscopus in illa imposuit, obedientiam quoque et reverentiam episcopalem sicut in cæteris ecclesiis quas beato Petro concessimus. Signum Girini decani. S. Teotardi camerarii. S. Girini capellani. S. Gauscerani cantoris. S. Arnaldi magistri. S. Godonis canonici et archipresbyteri.

Actum Lugduni anno Incarnationis Dominicæ 1106, indictione XIII.

XXVIII.
Hugo Lugdunensis archiepiscopus coram episcopis Gratianopolitano, Diensi et Lingonensi, componit discordiam inter monachos Sancti Benigni Divionensis et clericos Bisuntinos uro ecclesiis Salinensibus.

(Anno 1106.)
[PÉRARD, *Burgundiæ chartæ*, p. 209.]

Hugo Lugdunensis archiepiscopus, sanctæ apostolicæ sedis legatus.

Omnibus fidelibus notum esse volumus quod tempore domni Paschalis II papæ et præcepto ipsius, Bisuntinos clericos, et abbatem Divionensem Jarentonem ad definiendam controversiam quæ inter eos erat de ecclesia Sanctæ Mariæ Salinensi, Lugdunum convenire fecimus : quorum actionibus et responsis auditis, visum est nobis, et qui nobiscum erant venerabilibus episcopis, Hugoni scilicet Gratianopolitano, Irmioni Diensi, et Roberto Lingonensi, ut amicabili pacto potius quam judiciali sententia, eorum litem finiremus. Convenit igitur inter eos ut monachi Divionenses omnes querelas quas adversus clericos Bisuntinos aut scripto, aut sine scripto, in Salinensibus ecclesiis habere videbantur, per manum nostram illis clericis omnino wirpirent et dimitterent, et Ecclesiæ quidem Bisuntinæ clerici, omnes ecclesias Salinenses sine omni Divionensis Ecclesiæ querela jure perpetuo possiderent ; clerici vero Divionensibus monachis concederent, quatenus in terra Divionensis Ecclesiæ, in aliquo convenienti loco, capellam septem statuarum in longitudine, excepta obsidia, ad unum tantum altare competente, et quatuor in latitudine in Salinis ædificare liceat. Cimiterium autem ex omni parte circa ipsam capellam septem statuarum similiter, ad sepeliendum tantum monachos, alias vero personas ibi non sepeliant. Parochianos autem Salinenses, nec vivos, nec mortuos suscipiant. Quod si aliquis parochianorum Salinensium, in ægritudinis lecto positus, monachus pro metu mortis effici voluerit, non, nisi presbytero cujus parochianus est, annuente, eum suscipiant. Concesserunt etiam clerici ipsis monachis, decimam unius tantum vineæ ejus, quam ex his quos eo tempore in dominicatu tenebat, usque ad proximum Pentecossten potissimum elegerint, et clericis notum fecerint. Promisit autem abbas et monachi sui, per manum nostram, quod tam in his quam in aliis quæ ad Bisuntinam diœcesim pertinent, Ecclesiæ Bisuntinæ, salvo ordine suo, obediant, et canonicos bannos, atque excommunicationes archiepiscopi et ministrorum ejus diligenter observent. Statuimus igitur, et apostolica auctoritate firmamus, ut definitio ista utrinque inconcussa servetur. Si quis vero hujus nostræ definitionis scienter temerator exstiterit, nisi infra quadraginta dies post commonitionem resipuerit, et ei cui injuriam intulerit amicabili compositione aut judicio competenti satisfecerit, læsæ apostolicæ majestatis reus habeatur.

Actum Lugduni publice, anno Incarnationis Domicæ 1196, pridie Kal. Aprilis, Sabbato in Albis. Hujus vero definitionis testes sunt isti : S. Hugonis Gratianopolitani episcopi; S. Irmionis Diensis episcopi; S. Lingonensis episcopi; S. Rostanni Lugdunensis archidiaconi , S. Theotardi Lugdunensis camerarii, S. Jocerani Lugdunensis cantoris, S. Godonis canonici et archipresbyteri, S. Mainerii decani Bisuntini, S. Hugonis, S. Stephani, S. Willelmi archidiaconi, S. Stephani cantoris, S. Hugonis archid. S. Jarentonis abbatis, S. Joffredi prioris, S. Hugonis monachi, S. alterius Hugonis de Berth monachi, S. Odonis monachi, S. Eurardi monachi.

XXIX.

Charta donationis ecclesiæ Sancti Joannis de Bruillolis ab Hugone archiepiscopo Lugdunensis Ecclesiæ, abbatiæ Saviniensi.

(DE LA MURE, *Hist. ecclés. de Lyon*, p. 390, ex chartulario Saviniac., fol. 120.)

Archiepiscopus Hugo Lugdunensis Sancto Martino Saviniensi et domno Iterio abbati secundo et monachis ibi Deo servientibus ecclesiam Sancti Joannis de Bruillolis donavit atque laudavit sub testibus his : Girino Calvo, Girino capellano, Berardo Ursel, Catardo, Bostanno, Ferlo. Willelmus d'Algerolis quoque et frater ejus Pontius pro se suisque parentibus partem quam in hac ecclesia possidebant dederunt Sancto Martino, et memorato abbati sine aliquo munere : reliquam partem Artaldus senex qui jure hæreditario suam esse dicebat, dedit similiter in capitulo Saviniensi coram abbate et fratribus. Wilelmus de Malboson etiam quod in ipsa ecclesia quærebat sine ullo retentu dedit atque wirpivit. Amblardus et Theotyrinus Portati et Bosi quod illic visi erant habere, ex toto dedere. Qui hæc dona infregerit, sive calumniatus fuerit, anathema sit. Amen.

XXX.

Charta donationis ab archiepiscopo Hugone Lugdunensi abbatiæ Saviniensi de capella S. Petri de Camopseto.

(DE LA MURE, *ibid.*, ex chartulario ejusdem abbatiæ, fol. 121.)

Domnus Hugo Lugdunensis archiepiscopus ecclesiam Sancti Laurentii, et capellam Sancti Petri Camopseti cum decimis et eorum appendiciis dedit atque laudavit Sancto Martino Saviniensi, et abbati Iterio secundo, monachisque inibi Deo famulantibus.

Signum Wigonis abbatis fratris ejus, Arberti archidiaconi, Girini Calvi, Girini capellani, Bostanni, Arberti archipresbyteri.

XXXI.

Charta donationis ecclesiæ de Bessennaco abbatiæ Saviniacensi ab Hugone Ecclesiæ Lugdunensis archiepiscopo.

(DE LA MURE *ibid.*, ex chartulario abbatiæ Saviniacensis.)

Lugdunensium archiepiscopus Hugo, Deo inspirante, ecclesiam de Bessennaco dedit Sancto Martino Saviniacensi et abbati Iterio secundo, monachisque ibidem degentibus. Huic ecclesiæ dominabantur Wigo Longus, Amblardus et Willelmus fratres illius, qui pro sua suorumque parentum redemptione absque ullo munere S. Martino Saviniacensi ex integro dederunt atque laudaverunt, teste Barnnino archipresbytero et Hugone de Lasney; Stephanus Nigellus partem quam ab uxore acceperat dedit in obitu suo Sancto Martino; testibus filiis ejus Wilelmo et Stephano, necnon Stephano Willenco, et fratre ejus Hugone.

ANNO DOMINI MCVI

PETRUS ALPHONSI

EX JUDÆO CHRISTIANUS

NOTITIA HISTORICA ET LITTERARIA

(*Bibliotheca Hispana vetus*, auctore D. Antonio, III, 16)

Moyses, Hebræus natione sectaque, ab ea ad Christianismum conversus anno 1106, in urbe Osca regni Aragoniæ, ac PETRUS ALPHONSI nuncupatus, eo quod in festo SS. apostolorum Petri et Pauli sacro tinctus lavacro Alphonsum Aragoniæ simul et Castellæ atque Legionis regem, cujus medicus fuit, sponsorem aut susceptorem, sive ut vocat ipse spiritualem patrem, habere meruit. Id quod expressissime idem narrat in prologo ejus dialogi, de quo paulo post dicemus. Hunc esse quem innuimus Alphonsum de quo loquitur, tum ratio temporis, tum Hispaniæ imperatoris titulus, quo eum vocat, contra eos evincunt, qui Alphonsum hujus nominis II Aragoniæ intelligunt, qui non ante annum sexagesimum tertium ejusdem sæculi regnum suum inchoavit. Nec minus virga censoria dignus est Petrus Amboesius, qui in præfatione Apologiæ pro Petro Abailardo, Alphonsum hunc regem optimum et mathematicum doctissimum appellat, confundens eum cum Alphonso X, Castellæ rege, Ferdinandi Sancti filio, Sapiente cognominato.

Baptismatis item locum Oscensem urbem ejus regni nobilissimam Sertorii academia, et longe plus sanctissimorum martyrum Laurentii Vincentiique natalibus celeberrimam (1), unde domo idem forte Petrus noster Alphonsus fuit (2), corrupte *Ostam* vocat auctor *Magni Chronici Belgici* inter Scriptores rerum Germanicarum a Pistorio editi, dum anni 1101 gesta refert; atque eo corrupte magis Vincentius Bellovacensis, et S. Antoninus Florentinus, apud quos *Hostia* legitur. Male itidem Matthæus Palmerius in Chronico ad annum 1068 nostri meminit (3), qui ante sex tantum fuerat natus; anno enim 1106, quo in gremio Ecclesiæ fuit susceptus, quartum et quadragesimum, ut ipse ait, in ætate habebat. Quo autem nomine appellandus erit eorum crassissimus in paucis error, qui uno et ultra sæculo antequam Dominicus, Prædicatorum sanctissimus parens, ordinem suum instituisset, Dominicano Prædicatorum ordini Petrum ascribunt? Quem errorem Andreas Schotus in *Bibliotheca Hispana*, et Valerius Andreas Taxander in *Catalogo* suo *Hispanorum scriptorum* inadvertenter admisere. Scripsit, nomen suum a gentilium suorum, qui ejus ad castra Christianorum transitum maligne interpretabantur, calumniis vindicaturus doctissime atque eruditissime :

Dialogos (sive dialogum in XII partes sive titulos distributum) *in quibus impiæ Judæorum opiniones evidentissimis, cum naturalis, tum cœlestis philosophiæ argumentis, confutantur, quædamque prophetarum abstrusiora loca explicantur*. Quomodo nuncupati Coloniæ primum ex Gymnici officina anno 1536, in-8°, prodiere, ab Hermanno comite Nuenario Ecclesiæ Argentinensis præposito, viro doctissimo ac

(1) Quæ hactenus hoc numero traduntur panegyrin mihi potius quam historiam videntur sapere : certe obrusam desiderant. Et mirandum sane quod Nostro, Catoniani alias supercilii critico, tam facile exciderint.
(2) Ita credit Lanuza *Hist. de Aragon*.
(3) Et cum eo Paulus Langius in *Chronico Citizen*, et ad hunc ann.
(4) III par., dist. 3, cap. 4, pag. 540 editionis Parisinæ anni 1651.
(5) In *Spec. histor.*, par. II.
(6) In Chron. ad annum 1068.
(7) Lib. I, fol. 39, 65, et lib. III, col. 122, 128, 154, 157.
(8) Lib. VIII, tit. 6, cap. 9.
(9) In *Enchiridio*.
(10) Supplem. lib. 12, fol. 210.
(11) In *Chron. Citizen* ad annum 1068.
(12) Bergomensi ubi supra, Venero in *Enchiridio*.
(13) Vide infra notitiam libro *Disciplinæ clericalis* præmissam. EDIT. PATROLOGIÆ.
(14) Petri Alfonsi *Dialogorum* opus *adversus Judæos* non raro occurrit in celebrioribus mss. bibliothecis, varieque inscribitur. In Cottoniana, *in Galba*, cod. XV, pag. 68, col. 1 : *Judaismus*, In Alnensi, Classi IV, Decur. 6, pag. 247, a Bosquiero : *De vera amicitia*. In Galliarum regis, t. III, pag. 252, cod. 2213 : *De prophetiis Veteris Testamenti*. Non item

doctorum amicissimo sedulo conquisitum, et in bibliotheca tandem Corbeiensi repertum opus. Quod Moyses Judæus et Petrus Christianus, nempe is qui olim fuerat, cum eo qui jam esse cœperat, accuratissime pertexunt. *In eo* (auctor ait) *omnium aliarum gentium credulitatis destructionem præposui : post hæc Christianam legem omnibus præstantiorem esse conclusi : ad ultimum etiam omnes cujuslibet Christianæ legis adversarii objectiones posui, positasque pro meo sapere cum ratione et auctoritate destruxi*. Prodiit quoque in editionis *Bibliothecæ Veterum PP.* tomo XII, et in novissima Lugdunensi tomo XXI. Laudat hominem opusque sequentis sæculi scriptor Raymundus Martini, Dominicanus, in *Pugione fidei adversus Mauros et Judæos* (4), fuisse eum, priusquam Christianus fieret, magnum apud Judæos rabbinum asserens. Vincentius, uti diximus, Bellovacensis (5), et Antoninus Florentinus, et Matthæus Palmerius (6), Alphonsus item Spina *Fortalitii fidei* auctor (7), qui sapientissimum et eruditissimum, et Alphonsi imperatoris medicum, et venerabilem vocat : Valerius historiarum noster (8), Alphonsus Venerus (9), Jacobus Philippus Bergomensis (10), Paulus Langius (11), præter noviores Bibliothecarum editores, Possevinum, Schotum, Miræum et Hispanos historicos. Tribuitur quoque eidem a nonnemine (12)

De scientia et philosophia lib. 1. Qui forsan idem est cum libro *Disciplinæ*, ita ab eo appellati (13) : cujus exemplum veteris valde scripturæ codex Vaticanus ms. 4161 conservat; cujus initium : *Dixit Petrus Alphonsus servus Jesu Christi, compostor hujus libri : Gratias ago Domino*, etc. Et mox : *Prologus libri Petri Alphonsi. Deus in hoc opusculo mihi sit in auxilium, qui me librum hunc componere et in latinum convertere compulit. Cum enim apud me sæpius*, etc. Et paulo inferius : *Propterea ego libellum compegi, partim ex proverbiis philosophorum, et suis castigationibus Arabicis, et fabulis, et usibus; partim ex animalium et volucrum similitudinibus*, etc. Principium libri : *Hoc philosophus qui lingua Arabica cognominatur Edrich, dixit filio suo*, etc. Et in fine est : *Explicit liber Petri Alphonsi, qui intitulatur* Disciplina, prout habetur in proœmio. Character est lectu difficilis ob frequentes abbreviaturas, et æqualis, aut fere sæculo huic quo auctor vixit. *Dialogorum ms.* codicem, Labbeus laudat in *Novæ Bibliothecæ mss. librorum* parte secunda, pag. 26 (14).

Liber de scientia et philosophia e quo, num idem sit cum opere ab ipso Petro Alfonso *Disciplina*, ab Oudino, Fabricio et aliis *De clericali disciplina* inscripto, Noster ambigit. Mihi utrumque idem videtur opus; nam in Escurialensi bibliotheca Lit. q, plut. 1, sub n. 14, notatum reperi : *Petri Aldefunsi, sive Alfonsi-Oscensis opus Proverbiorum seu clericalis Disciplinæ* : quo loco, in ejus bibliothecæ codicum recensione (tom. III Latinor., pag. 10, init.) hæc addidi : *Tribus libris : Latino quidem sermone, sed Hebraici aut Arabici saporis*. Jure igitur *Disciplinæ* titulo, *Proverbiorum* titulus præponitur; nam *ex proverbiis philosophorum compactum* opus ab ejus auctore dicitur. Exstat in regia Taurinensi tom. II, cod. DCCXXXVII, pag. 236, ac eodem atque apud Nostrum initio : *Dixit Petrus Adelfonsus*, etc. Itemque in Oxoniensi et Cantabrigiensi apud Oudinum t. II, pag. 993, col. 1, qui et *Logicam* a Petro Alfonso conscriptam fuisse tradit, exstareque in bibliotheca regis Galliarum cod. 6279, eo tamen numero, atque in IV ejus Bibliothecæ tomi indicibus frustra quæsivi; et puto Petri potius *Hispani* cognominati quam *Petri Alfonsi* Logica esse. Sanderus apud Fabricium *Bibioth. med. et inf.* t. V, pag. 259, eidem tribuit : *De abundantia in sermonibus ad omnem materiam*. In bibliotheca regis Galliarum t. IV, pag. 212, col. 1, cod. 6184, hæc legi quasi in eo codice contenta : 7° *Fragmentum ex libro Petri Alphonsi contra Ju-*

NOTITIA ALTERA.

(Præmittitur Petri Alphonsi *Disciplinæ clericali*, anno 1824. Parisiis curante D. Labouderie, Avenionensis Ecclesiæ vicario generali, primum in lucem editæ).

Pierre Alphonse ou d'Alphonse, auparavant Rabbi Moïse Sephardi, naquit en 1062, à Huesca, dans le royaume d'Aragon, fut elevé dans la religion judaïque, qui était celle de ses pères, et se distingua par ses connaissances dans plus d'un genre. A l'âge de quarante-quatre ans, il embrassa le christianisme, et fut baptisé dans sa ville natale, par Étienne, qui en était évêque, le jour de la fête de saint Pierre, 1106 (1144 de l'ère d'Espagne), d'où il prit le nom de Pierre, auquel il ajouta celui d'*Alphonse*, en l'honneur d'Alphonse VI, roi de Castille et de Léon, qualifié d'empereur, qui voulut bien être son parrain, et qui lui donna la charge de médecin dans son palais. Ses coreligionnaires calomnièrent sa démarche, et la représentèrent sous le jour le plus défavorable : les uns l'accusèrent d'avoir changé de religion par mépris pour Dieu et pour sa parole; d'autres, par ignorance de la loi et des prophètes; d'autres enfin, par vaine gloire, par intérêt, et parce qu'il voyait sa nation plongée dans l'opprobre et l'ignominie. Pour réfuter toutes ces imputations, et pour faire connaître les veritables motifs de sa conduite, il composa un dialogue en douze titres, ou plutôt douze dialogues entre un juif et un chrétien, dans lesquels le juif *Moïse*, nom qu'il portait avant son baptême, propose les difficultés, et le chrétien *Pierre d'Alphonse*, nom qu'il reçut au baptême, répond à tout d'une manière victorieuse. Ces dialogues furent imprimés à Cologne, 1536, in-8°, sous ce titre : *Dialogi lectu dignissimi, in quibus impiæ Judæorum opiniones... confutantur, quædamque prophetarum abstrusiora loca explicantur.* Ils ont été insérés dans la grande bibliothèque des Pères, tome XXI, page 172-221, édition de Lyon. Mariana, *Historia general de Espana*; Ferreras, *Synopsis historica chronologica de Espana*; Nicolas Antonio, *Biblioth. Hisp. vet.*; Vincent de Beauvais, *Speculum historiale*, lib. xxv, cap 118; Bartolocci, Thomas Hyde, Casimir Houdin, Raymond Martin, Alphonse Spina, Paul de Burgos, Possevin, Hermann Hardt, Noël Alexandre, et d'autres écrivains, en parlent avec de grands éloges : en effet, ces dialogues sont très-solides et très-savants, quoique l'on puisse y reprendre quelques raisonnemens faibles ou bizarres. Nous pensons que le lecteur ne sera pas fâché d'en connaître l'analyse.

TITRE I. — Les Juifs se font une fausse idée de la Divinité ; ils défigurent ses attributs. Pierre Alphonse raconte des faits curieux à l'appui de ses raisonnements.

TITRE II. — La cause de la dispersion des Juifs n'est autre que la condamnation de Jésus, qu'ils ont accablé d'opprobres, et fait passer pour adultérin. Dieu ne les conserve au milieu des nations que pour éterniser le souvenir de l'horrible déicide qu'ils ont commis.

TITRE III. — Rêveries des Juifs sur la résurrection des morts à l'avènement du Messie, et sur son règne intermédiaire, adopté par quelques Pères des premiers siècles et par quelques modernes. Il y a bien de la mauvaise physique; on y remarque aussi une légère tendance à affaiblir le dogme de la résurrection générale tel que le professent les chrétiens.

TITRE IV. — Les Juifs n'observent que la moindre partie de la loi de Moïse, et conséquemment ils ne peuvent être agréables à Dieu.

TITRE V. — Pierre Alphonse développe les motifs qui l'ont porté à embrasser la loi des chrétiens de préférence à celle des Arabes, parmi lesquels il avait vécu dès son enfance, et dont il connaissait parfaitement la langue.

TITRE VI. — Après avoir réfuté le judaïsme et l'islamisme, Pierre Alphonse passe à l'exposition des mystères de la religion chrétienne. Il traite d'abord de la Sainte Trinité, dont il découvre les traces dans l'Ancien Testament, dans le nom ineffable de Dieu (15), et dans la manière dont les prêtres, descendants d'Aaron, bénissaient le peuple (16).

TITRE VII. — La Vierge Marie conçut par l'opération du Saint-Esprit, sans avoir connu d'homme, conformément à la prophétie d'Isaïe, chap. VII.

TITRE VIII. — Le Verbe s'est fait chair. Jésus-Christ, Dieu et homme tout ensemble. Multitude de passages en faveur de ces dogmes divins.

TITRE IX. — Le Messie est venu dans le temps déterminé; tout ce que les prophètes ont annoncé

---

dæos; porro illud fragmentum desinit in hæc verba : « Sed inter jam dicta et dicenda, libet hic metricam illam interserere fabulam quam alias ante triennium scripsi; cujus figuræ et similitudines plene et perfecte intellectæ, proprietates gentium et ordinum, et causas perturbationum universalis Ecclesiæ declarabunt. »

Et statim subjicitur carmen ae pavone figurali, id est..... unde colligas carminis hujus auctorem esse *Petrum Alphonsum.* Hactenus.

(15) Col. 608.
(16) Col. 612.

de sa personne s'est accompli à la lettre. On y trouve des choses très-solides.

Titre x. — Le Messie s'est soumis à la mort, de sa pleine volonté; il a permis aux Juifs de l'attacher à la croix. Pierre Alphonse traite dans ce dialogue plusieurs questions incidentes : *Qu'est-ce que le diable? Comment l'homme est-il tombé en sa puissance? Pourquoi Dieu l'en a-t-il délivré?... etc.*

Titre xi. — Le Messie est ressuscité d'entre les morts; il est monté au ciel, d'où il viendra juger les vivants et les morts. Plus subtil que solide.

Titre xii. — La loi chrétienne n'est point opposée à la loi mosaïque; l'une est l'accomplissement de l'autre. Il offre des rapprochements assez ingénieux entre les rites de l'Ancien Testament et les événements du Nouveau. (17).

Ce que nous avons dit jusqu'ici de Pierre Alphonse est puisé dans ses propres écrits; les historiens espagnols ne s'expriment pas en tout comme lui; on en jugera par les deux que nous allons citer.

« De mas desto, dit Mariana, cierto judio, llamado Moyses, de mucha erudicion, y que sabia muchas lenguas, en lo potrero del reinado, de don Alonso, abjurada la supersticion de sus padres, se hizo christiano. El rei mismo fue su padrino en el baptismo, que fue ocasion de llamalle Pedro Alonso. Impugno per escrito las sectas de los Judios, y de los Moros : y muchos de la una y de la otra nacion, por su diligencia, se reduxeron a la verdad. Famosa devio de ser, y notable la conversion deste judio, pues los historiadores de Aragon la atribuyen a don Alonso, rey de Aragon : dizen que en Huesca a veinte y nueve de junio se baptiso el ano de mil y ciento y seis : que don Estevan Obispo de aquella ciudad hizo la ceremonia, y el padrino fue el rey mismo de Aragon. En este debate, no queremos, ni aun podriamos dar sentencia por ninguna de las partes, cada qual por si mismo siga lo que le pareciere mas probable. » Mariana, *Histor. gen. de l'Esp.*, tome I, page 471.

« Don Alphonse, roi d'Aragon et de Navarre, dit Ferreras, se trouvant à Huesca dans le mois de juin, un hébreu appelé Moïse, homme d'une érudition profonde, lequel était établi dans cette ville, se détermina à embrasser la religion chrétienne, après s'être pleinement convaincu de son erreur par les saintes Écritures. Sa résolution parvint bientôt à la connaissance du monarque, qui, pour témoigner sa joie, voulut lui faire l'honneur de le tenir sur les fonts ; ainsi le juif reçut dans la cathédrale de cette ville le baptême, qui lui fut administré par l'évêque de la même Église, le jour de l'apôtre saint Pierre : il quitta son nom pour prendre celui de Pierre Alphonse, en l'honneur du saint et du roi son parrain. Il a écrit depuis contre les juifs plusieurs livres très-savants, intitulés *Dialogues*, qui sont imprimés dans la Bibliothèque des Pères. » *Histoire générale d'Espagne*, traduite de l'espagnol de Jean de Ferreras, par d'Hermilly, tome III, page 299.

Il est vraisemblable que les dialogues de Pierre Alphonse ont fait soupçonner à quelques biographes, qu'il avait sollicité du souverain pontife l'autorisation d'entrer en conférence avec deux rabbins, nommés Samuel Abrabalia et Salomon Levita, pour défendre contre eux les intérêts de la religion chrétienne, et leur demander raison de divers passages du Talmud. Nous avouons cependant que nous n'avons là-dessus aucune certitude, et que nous sommes conduits à cette conjecture par quelques expressions de Wolf, *Biblioth. hebr.*, art. 1824.

Nous n'avons pas pu acquérir plus de certitude que c'est contre l'ouvrage de Pierre Alphonse que Rabbi Jacob ben Ruben a écrit le sien, intitulé *Milchamoth Jehovah* (18) (Guerres du Seigneur), et que Rabbi Seem Tov ben Isaac ben Sprot de Tudèle a dirigé son *Even Bochen* (19) (Pierre de touche), dans lequel il introduit deux interlocuteurs, dont un juif, sous le nom d'*Ammejached* (20) (unitaire), et l'autre chrétien, sous le nom d'*Ammescalesc* (21) (trinitaire), qui traitent à peu près les mêmes sujets que Pierre Alphonse avait traités, et qui finissent par céder la victoire à la loi de Moïse ; car si Wolf et Hardt sont pour l'affirmative, le célèbre abbé de Rossi se prononce pour la négative. Voy. *Mss., cod. hebr.*, art. 760; *Biblioth. Jud. antichrist.*, art. 146, etc.

Le second ouvrage de Pierre Alphonse est celui que nous donnons au public, sous le titre de *Disciplina Clericalis*, Discipline de Clergie, parce qu'il *rend le clerc bien doctriné*; ou autrement le *Chastoiement*. L'auteur *l'a compilé en partie des proverbes des philosophes arabiques et de leurs chastoiements, et des fables, et des vers; en partie de semblance de bêtes et d'oiseaux.*

Le texte latin, encore inédit a été collationné par M. Méon, sur sept manuscrits de la Bibliothèque du Roi, et sur quelques autres qui appartiennent à des puissances étrangères, mais qu'on possédait en France il y a quelques années. Rodriguez de Castro n'en connoissait qu'un dans la bibliothèque de l'Escurial, *Escritores Rabinos expañoles*, page 20; Nicolas Antonio ne parle que de l'exemplaire du Vatican, et encore n'en parle-t-il pas exactement.

La version en prose française était également inédite. Elle date évidemment du quinzième siècle. M. Méon, dont l'opinion est d'un si grand poids, pense qu'elle est de Jean Miellot.

Quant à la version en vers français, sous le titre de *Chastoiement* ou *Castoiement d'un père à son fils*, il en avait déjà paru une en 1760, dans les *Fabliaux de Barbazan*. M. Méon, à qui nous devons d'excellentes éditions des poëtes des onzième, douzième, treizième, quatorzième et quinzième siècles, l'avait pu-

(17) Col. 000.
(18) מלחמות יהוה
(19) אבן בוחן
(20) המיחד
(21) המשלש

bliée de nouveau en 1808, avec des additions considérables. Celle que nous publions dans nos Mélanges est entièrement différente; c'est un autre ouvrage.

Les Orientaux possèdent plusieurs compilations qui ont de la ressemblance avec celle de Pierre Alphonse, quoique très-inférieures à celle-ci; entre autres : *Pirke Aboth* (8) (Chapitres des Pères), recueillis par Rabbi Nathan, de Babylone, qui florissait en 121, et traduits dans toutes les langues; *Mivchar Happeninim* (9) (Choix de pierres précieuses), compilé en arabe par Rabbi Jédaia Bedraschi, vers 1298, contenant beaucoup de sentences des anciens philosophes grecs et arabes, traduit en hébreu par Juda Aben Tibbon (Soncino, 1484), et en latin par Erbert (Francfort, 1653); *Proverbiorum arabicorum Centuriæ duæ*, par Abi Ubeid, traduit en latin par Scaliger et Thomas Erpen (Leyde, 1614, in-4°); *Apophthegmata Ebræorum ac Arabum ex aboth R. Nathan, Aristea, libro selectarum margaritarum, et aliis auctoribus selecta, latineque reddita, cum brevibus scholiis*, par J. Drusius (Francfort, 1612, in-4°).

Nous avons trouvé quelques-unes des fables du *Castoiement* dans les *Mille et une Nuits*; nous pensons qu'il est inutile de les indiquer.

On attribue à Pierre Alphonse, 1° une Logique qu'on dit avoir été d'abord traduite en langue hébraïque, et que l'on prétend aussi l'avoir été en grec longtemps après par Georges Scholaire, connu sous le nom de Gennade. Lambécius en rapporte un extrait (*Biblioth. Cæs. Vindobon.*, tom. VIII, pag. 285); Διαλεκτική ἐστι τέχνη τεχνῶν, καὶ ἐπιστήμη ἐπιστημῶν, etc., *Dialectica est ars artium, scientia scientiarum, ad omnium habituum principia viam habens*; mais il est bien évident que maître Pierre, Espagnol, auteur de ce dernier ouvrage, et qui mourut en 1277, suivant Lambécius, n'est pas Pierre Alphonse, qui florissait au commencement du siècle précédent.

2° *De abundantia in sermonibus ad omnem materiam.* Voyez Fabricius, *Biblioth. mediæ et infimæ latinitatis*, lib. xv, tom. III, pag. 259, qui cite Sanderus, pag. 205, et qui renvoie mal à propos à Trithème, *De scriptoribus ecclesiasticis*, pag. 149, edit. Coloniæ, 1546, in-4°.

3° *De scientia et philosophia*. Wolf croit que ce traité est le même que la *Disciplina clericalis*; *Biblioth. Hebr.* tom. I, pag. 971. D. Joseph Rodriguez de Castro, *Escritores Rabinos españoles*, pag. 20, adopte aussi cette opinion, que Nicolas Antonio rend certaine en citant quelques passages du livre *de la Science et de la Philosophie*, qui se trouvent dans la *Disciplina de Clergie*; *Biblioth. Hisp.*, vet., tom. II, pag. 7-8, edit. Romæ, 1696, in fol.

4° *De Pavone figurali*. Ce petit poëme, dirigé contre les vices de la cour de Rome, et contre les religieux mendiants, ne peut être de Pierre Alphonse: il est postérieur au premier concile de Lyon, tenu en 1245.

Il serait ridicule de prolonger l'énumération des ouvrages qui sont attribués à Pierre Alphonse, et qu'une critique éclairée lui refuse justement. On ignore l'époque et le lieu de sa mort; cependant Casimir Oudin insinue que ce savant mourut en 1110.

J. LABOUDERIE,
Vicaire général d'Avignon, etc.

PETRI ALPHONSI

EX JUDÆO CHRISTIANI

DIALOGI

In quibus impiæ Judæorum opiniones evidentissimis cum naturalis, tum cœlestis philosophiæ argumentis confutantur, quædamque prophetarum abstrusiora loca explicantur.

(*Biblioth. Patr. Lugdun.*, XXI, 172.)

PETRI ALPHONSI PRÆFATIO.

Uni et æterno primo, qui caret principio et qui caret termino, Omnipotenti, rerum omnium Creatori, omnia scienti, omnia quæ vult facienti, qui hominem ratione et sapientia præditum, omni præposuit animali, quibus duabus virtutibus et quæ justa sunt intelligens appeteret, et quæ saluti contraria sunt effugeret, honor et gloria, sitque mirabile nomen ejus benedictum in sæcula sæculorum. Amen.

Dixit sequentis operis compositor : Omnipotens suo nos Spiritu inspiravit, et ad viæ rectæ semitam direxit, tenuem prius oculorum albuginem, et post grave corrupti animi velamentum removens,

Tunc nobis prophetiarum claustra patuerunt, et earum arcana revelata sunt, et admovimus animum ad percipiendum verum earum intellectum, moratique sumus super ipsum explanandum. Unde perpendimus, et quod in eis intelligendum, et quod inde est credendum, videlicet quod unus sit Deus, in personarum Trinitate, quæ nec ullo se præcedunt tempore, nec aliqua a se segregantur divisione, quas Christiani Patrem, et Filium, et Spiritum sanctum nominant, et quod beata Maria de Spiritu sancto concipiens, sine virili commistione Christum peperit, corpus generans animatum, quod incomprehensibilis deitatis esset habitaculum. Unus itaque Christus tribus perfectus substantiis, corpore scilicet anima et deitate, idem et Deus et homo est, et quod eum Judæi crucifixerunt, sua dispositione et voluntate, ut sicut erat creator, fieret et redemptor totius sanctæ Ecclesiæ, fidelium scilicet præcedentium et sequentium, mortuusque corpore et sepultus, et tertia die resurrexit a mortuis, ascendit etiam in cœlum, et ibi simul est cum Patre, venturus in die judicii, judicare vivos et mortuos, sicut prophetæ locuti sunt, et futurum prædixerunt. Cum itaque divinæ miserationis instinctu ad tam excelsum hujus fidei gradum pervenissem, exui pallium falsitatis, et nudatus sum tunica iniquitatis, et baptizatus in sede Oscensis civitatis, in nomine Patris, et Filii, et Spiritus sancti, purificatus manibus Stephani gloriosi et legitimi ejusdem civitatis episcopi. Hora etiam baptismatis, præter ea quæ præmissa sunt, credidi beatos apostolos, et sanctam Ecclesiam catholicam. Hoc autem factum est anno a nativitate Domini millesimo centesimo sexto, ætatis meæ anno quadragesimo quarto, mense Julio, die natali apostolorum Petri et Pauli. Unde mihi ob venerationem et memoriam ejusdem apostoli, nomen quod est Petrus, imposui. Fuit autem pater meus spiritualis Alfunsus, gloriosus Hispaniæ imperator, qui me de sacro fonte suscepit, quare nomen ejus præfato nomini meo apponens, Petrus Alfunsi mihi nomen imposui. Cumque notum esset Judæis qui me antea noverant, et probaverant peritum in libris prophetarum et dictis doctorum, partem etiam non magnam habere omnium liberalium artium, quod legem et fidem accepissem Christianorum, et unus essem eorum, quidam eorum arbitrati sunt me hoc non fecisse, nisi quia adeo omnem abjeceram verecundiam, quod et Deum et legem contempseram. Alii vero propterea me fecisse dicebant, quod non ut decuerat prophetarum et legis verba intellexissem. Alii autem vanæ gloriæ imputabant, et me hoc fecisse calumniabantur ob honorem sæculi, eo quod Christianorum gentem cæteris omnibus superesse conspicerem. Hunc igitur libellum composui, ut omnes et meam cognoscant intentionem, et audiant rationem, in quo omnium aliarum gentium credulitatis destructionem præposui, post hæc Christianam legem omnibus præstantiorem esse conclusi. Ad ultimum etiam omnes cujuslibet Christianæ legis adversarii objectiones posui, positasque pro meo sapere cum ratione et auctoritate destruxi. Librum autem totum distinxi per dialogum, ut lectoris animus promptior fiat ad intelligendum. In tutandis etiam Christianorum rationibus, nomen quod modo Christianus habeo, posui: in rationibus vero adversarii confutandis, nomen quod ante baptismum habueram, id est Moysen. Librum etiam in titulos duodecim divisi, ut quod lector quisque desiderat, citius in illis inveniat.

INCIPIT DIALOGUS PETRI

COGNOMENTO ALPHONSI, EX JUDÆO CHRISTIANI

ET

MOYSI JUDÆI.

Petrus. A tenera igitur pueritiæ ætate quidam mihi perfectissimus adhæserat amicus, nomine Moyses, qui a primæva ætate meus consocius fuerat et condiscipulus. Ad hunc cum pervenisset sermo quod ego paterna lege relicta Christianam delegissem fidem, relicto suæ stationis loco, ad me festinus pervenit, in ipso adventu quemdam vultum ferens hominis indignantis, et increpans salutavit me more non amici, sed quasi alieni, et sic exorsus est: Vah, Petre Alfunsi! Multum pertransivit temporis, ex quo ad te venire, te videre, tecum loqui et commorari sollicitus fui, sed meus affectus caruit effectu usque modo, cum te læto Dei gratia video vultu. Nunc tuam mihi, quæso, patefacias intentionem, et per quam vel antiquam deserueris, vel novam legem delegeris pandas rationem. Novi enim bene olim te valere in scriptis prophetarum, et verbis nostrorum doctorum a pueritia quoque super omnes coæquævos tuos legis relatorem fuisse, et si quis adversarius esset, te illi defensionis clypeum opposuisse; Judæis in synagogis ne a sua unquam fide recederent prædicasse, conscios docuisse, doctos in majus provexisse. Ecce autem nescio quo pacto video commutatum, et a semita rectitudinis alienatum, quod ut meo videtur animo, errore existimo factum. Cui ego : Plebeiorum et imperitorum mos est hominum, ut si quem quidquam contra suam agere viderint consuetudinem, licet id rectum et justissimum permaneat, illorum tamen æstimatione atque judicio, injustitiæ et nomen et culpam subeat. Tu vero in philosophiæ cunis enutritus, philosophiæ uberibus lactatus, qua fronte me potes inculpare, donec ea quæ fecerim, justa an injusta valeas probare?

Moyses. Quoniam duo contraria meo occurrunt animo : unum, quia æstimo te prudentem virum non potuisse recedere ab ea quam tenebas lege, nisi hanc quam suscepisti veraciter cognovisses meliorem; alterum, quia legem quam teneo ego, et tu reliquisti, pro meliori habeo, ideo et quod tu fecisti errorem æstimo, et cui potius parti acquiescam ignoro. Quamobrem peto a te ut hujus dubitationis scrupulum ab animo meo depellas, et uterque in alternæ rationis campo discurramus, donec ad hujus rei indaginem perveniam, et an justum sit factum tuum, an injustum cognoscere valeam.

Petrus. Natura habet hoc humana, ut animo quoquo pacto conturbato, in vero falsoque discernendo discretionis careat oculo. Nunc itaque nisi omnem a pectore tuo perturbationem dimoveris, ut more sapientum et quæ justa sunt collaudemus, et quæ injusta sine contentione rejiciamus, nostro operi finem nullatenus imposituri, in vacuum verba jactabimus.

Moyses. Pactionem istam libens suscipio, et ut tu eamdem in te suscipias rogo.

Petrus. Ego certe lætus consentio.

Moyses. Hoc etiam si placet imploro. Quod si aliquam de Scripturis auctoritatem attuleris, secundum veritatem Hebraicam hoc facere velis. Quod si aliter facias, me non recepturum esse agnoscas. Sed et si ego aliquam, juxta quod apud nos est, tibi adducam, et ut eam volo recipias, et quod verum agnoveris, nullatenus contradicas.

Petrus. Et hoc ego certe non abnego, tuo namque ipsius gladio occidere te multum cupio.

Moyses. Præterea si quid interciderit aliquando, quod a legum alienum videatur proposito, non te pigeat quæso, sed de cæteris artibus cum opportunus exigerit locus, interroganti respondere studeto, concedasque volo ut mutua ratione mihi aliquando interrogare, aliquando liceat respondere, aliquando etiam adversari, prout sermo dederit mihi.

Petrus. Concedo. Jam interrogare tibi liceat, de quacunque re vis sapere, et quavis intentione.

Moyses. Concedis tu Moysen filium Amram verum prophetam, Israelitici populi, et vere a Deo missum fuisse (*Exod.* III), et quidquid ex Dei nomine prophetaverit fideliter enuntiasse et dixisse?

Petrus. Concedo utique.

Moyses. Concedis quoque omnes post Moysen prophetas pro ejus lege confirmanda venisse; non in aliquo redarguenda?

Petrus. Et hoc etiam concedo.

Moyses. Nec negas legem, quam in præsenti Judæi tenent, et a Moyse scriptam asseverant, eamdem per omnia, sicut Moyses eam scripsit, permanere?

Petrus. Quomodo, quæso, negare potero, præcipue cum eadem lex eisdem Moysi verbis, a nostris olim, quibus fidem adhibemus, doctoribus translata, et apud nos scripta habeatur, præter in quibusdam locis, ubi licet mutentur verba, eadem est tamen sententia?

Moyses. Quomodo igitur te video eam esse transgressum, et ab ipsius semitis devium?

Petrus. Non est ita, sed nunc completam ejus, prout debeo, fidem conservo, et per rectissimas ejus semitas recto gressu procedo.

Moyses. Ex verbis tuis datur intelligi, ex legis et prophetarum verbis te rectum sensum concipere, Judæos autem, ejusdem legis cultores, ab ejus recta intentione alienos existere; unde et tuo judicio male videntur intelligere.

Petrus. Bene verborum meorum sensum penetrasti.

Moyses. Fac igitur me cognoscere in quo tibi videtur Judæos errasse in legis explanatione, te vero melius intelligere.

Petrus. Quomodo video eos solam legis superficiem attendere, et litteram non spiritualiter, sed carnaliter exponere, unde maximo decepti sunt errore.

Moyses. Quid his verbis significes non satis perpendo, unde ut apertius loquaris exoro.

Petrus. Non reminisceris doctorum vestrorum, qui vestram doctrinam, cui lex vestra tota, secundum vos, annitur, scripserunt, quomodo asseverant Deum corpus et formam habere, et ejus ineffabili majestati talia applicant quæ nec ulla constant ratione? Quin et de eo tales protulere sententias, quæ non aliud nisi verba videntur jocantium in scholis puerorum, vel nentium in plateis mulierum. Item, secundum vestri intellectus capacitatem legem explanantes, vos captivitatem speratis evasuros eo modo quo fieri nequit. Item in captivitatis evasione speratis vos adeo inusitatum fieri miraculum, ut vestros suscitet mortuos, qui terras denuo ut prius incipiant inhabitare. Item vos in captivitate existentes, de omnibus legis præceptis, etiam secundum vestram explanationem, nihil nisi minimum quid contueor agere. Idipsum autem quod agitis Deo placere, et acceptabile creditis, de eo quod prætermittitis, eum nequaquam vos culpaturum confiditis, omniaque complesse vobis videmini, quod evidenter obtinet maximum locum erroris. Sunt enim alii, perplures errores, in quos vos conjecerunt non sanæ legis explanationes.

Moyses. Nimis profunde in nostram inveheris infamiam, et vis opprimere gentem Judaicam. Et verba quidem sunt pauca et levia, sed est in eis multa et gravis sententia. Et si sub uno totam velimus concludere rationem judicio, multaque sub uno comprehendere titulo, cum singula elucidare debeamus, omnibus indiscrete commistis, obscuritatem inferimus. Unde si bonum tibi videtur, singulis rationis sententiis singulos ascribamus titulos, ut, unoquoque alterna sermonis ratione discusso, ad alium ordinatim accedamus, ut sic operi nostro congruum terminum imponamus.

Petrus. Quod a te bene dictum est perficiatur, et quod digne consulis compleatur. Singulis itaque sententiis titulis suis appositis, de quo prius volueris quære, quoniam paratus sum respondere.

TITULUS PRIMUS.

Ostendit quod Judæi verba prophetarum carnaliter intelligunt, et ea falso exponunt.

Moyses. Primum sic instituamus titulum, qui contineat rationes, quibus in nos et in nostros inveheris doctores, quod Deo scilicet corpus et formam ascribimus, et ejus naturæ talia adnotamus, quæ rationis veritas abhorret. Hanc igitur rem diligenter discutiamus, donec ad ejus indaginem ratione et argumento perveniamus.

Petrus. Dictum collaudo.

Moyses. In primis itaque mihi volo ostendas, ubi doctores nostri Deum corpus et formam habere dixerunt, et quomodo super hac re locuti fuerunt.

Petrus. Si nosse cupis ubi scriptum sit, in prima parte vestræ doctrinæ, cujus vocabulum est *benedictiones*. Si igitur vis scire quomodo dixerunt Deum habere caput et brachia, et in cæsarie pixidem gestare ligatam corrigia, ipsiusque corrigiæ nodum a postera capitis parte sub cerebro firmatum, intra pixidem vero quatuor esse cartulas, Judæorum laudes continentes, in summo autem sinistri brachii gestare aliam pixidem, simili modo corrigia ligatam, chartamque ibi esse continentem omnes laudes quæ in prædictis quatuor scriptæ dicuntur. Concedis hæc omnia in eo quem dixi loco hoc modo scripta haberi?

Moyses. Negare quod est evidens nequeo.

Petrus. Quam super hac re, quæso, habent auctoritatem?

Moyses. De pixide quam gestat in cæsarie, et de nodo corrigiæ, auctoritatem sibi attrahunt, ab eo loco ubi Dominus ait ad Moysen: *Videbis posteriora mea, facies enim mea non videbitur* (Exod. xxxiii). Tunc enim Moyses nodum corrigiæ vidit. Nodum autem ipsum alicujus pixidis esse necessarium est. De ea autem quam gestat in brachio auctoritatem, profertur ab Isaia dicente: *Juravit Dominus in dextra sua, et in brachio fortitudinis suæ* (Isa. lxii). Per brachium enim fortitudinis vult intelligi sinistram, in qua illa pixidis virtus continetur.

Petrus. Ad memoriam me reduxisti. Reminiscor enim me jam hunc perlegisse locum, sed auctoritas hæc nullum tibi confert patrocinium. Cum enim lex perhibeat Deum Moysi dixisse: *Posteriora mea videbis*, et quoniam Deum mentiri non posse constat, ita postea factum, licet Scriptura tacente, non dubitemus, nusquam tamen lex meminit quod Moyses in ejus posterioribus aliquid viderit. Qualiter igitur cum corrigiæ nodum, quod sine risu vix dici potest vidisse dicitis? Item, cum per posteriora non solum cervix, sed etiam quælibet corporis pars convenientius intelligi possit, hoc quod vos cervicem eum vidisse asseritis, non ratione vel legis auctoritate, sed sola probatis voluntate.

Moyses. Nostri doctores per posteriora cervicem debere intelligi dicunt.

Petrus. Secundum vestræ stultæ explanationis seriem, quæ et Scripturæ et rationis juvamine caret, progredi libet. Nam ut Deum cervicem, quod sapienti nefas et videtur, et est, habere concedam, potuit tamen fieri ut Moyses nihil in eo præter cervicem viderit. Aut si quid aliud vidisse fingamus, potuit videre pileum sive corrigiæ nodum, illius scilicet coronæ quam vos dicitis angelum, nomine Mitraton, singulis diebus capiti Dei imponere.

Moyses. Doctores utique nostri, illud quod vidit corrigiæ nodum contendunt fuisse: ideoque Deum Moysi cervicem astruunt ostendisse, ut illum videret nodum corrigiæ.

Petrus. Ita esse ut asseris ad tui destructionem concedamus. Nam ut Moysen illum coronæ nodum vidisse mentiamur, cum ejus faciem nullatenus viderit, unde Deum pixidem in anteriori capitis parte gestare probavit?

Moyses. Quomodo Moyses nodatam corrigiam vidit, pixidem quæ illa ligaretur, in capite Dei fuisse doctores intellexerunt.

Petrus. Non omnino sanus est hic intellectus, ut Deum aliquid gestare dicamus; potuit tamen illa corrigia ligari cymbalum, aut tintinnabulum aliquod, aut gemma quævis pretiosa, aut aliquid hujusmodi. Verumtamen ut omnia tibi fatuitatis tollam responsa, hoc ut vis et dicis esse concedam. Sed hoc concesso, unde, quæso, Moyses intelligere chartas potuit intus contineri, nedum scisse eum dicas quid in eis scriptum haberetur? Sed et quod super hæc omnia admiratione dignissimum est, quod in illa charta, ut creditis, nihil aliud scriptum est, nisi versus quos Moyses longe post moriens Israeliticum populum, docendo, ex semetipso eum laudans edidit, et post multa annorum curricula, Salomon Deum adorans composuit de eorum laude; nulla est ratio quare in Dei capite scriptum esse debeat credi.

Moyses. Quod oculis carneis Moyses non vidit, ex sancti Spiritus revelatione cognovit. De chartarum autem scripturis nulla, fateor, est mihi ratio.

Petrus. Gloria Deo. Jam pauli sper stultitiæ cares responso. Item si concedamus Moysen horum quædam vidisse, quædam sancto revelante Spiritu cognovisse, cum nec ipse Moyses usquam scriptum reliquerit, nec ullus post eum propheta prodidit, unde vestris doctoribus tam secretæ rei arcanum patuit?

MOYSES. Per veterum successores, ad nostrorum tandem doctorum pervenit notitiam.

PETRUS. Cum ad tam irrationabilis conclusionis diffugium vestrum deviet argumentum, per antiquorum successiones omne tibi licebit firmare mendacium. Est tamen valde indigne ferendum, quia vestris doctoribus apponitis quod ipsi forsitan nolunt, cum ipsi hoc se non a veterum relatione per Moysen habuisse testentur, sed ipsi in versuum explanatione talia commententur.

MOYSES. Respondi non ratione recti, sed occasione diffugii.

PETRUS. Veritatem itaque tenentes vanitatem vitemus, quoniam in rationis exordio sic uterque statuimus.

MOYSES. Dignum judico.

PETRUS. Dic, quæso, nosti quanta ista narratio verificetur ratione, præter hoc etiam quod jam dudum nulla constat auctoritate?

MOYSES. Video quidem in utroque auctoritatis destructionem. Nunc autem a te exigo ut id ostendas per naturæ rationem.

PETRUS. Vos Deum caput, brachia et totam corporis formam habere contenditis. Quod si hoc est, igitur Deum longitudinis et altitudinis dimensionibus constare necesse est fateamini. Si vero his tribus dimensionibus clauditur, sex nempe corporis partibus terminatur, quod est inconveniens, ut suo ostendetur in loco. De corrigia autem quam eum in capite habere dicitis, duo tibi propono. Tua enim corrigia, aut est de ipso, aut aliunde. Si de ipso est, jam Deus a se divisus est; si vero aliunde est, aut Creator, aut creatura est. Si ergo Creator est, ergo duo sunt creatores; si creatura est, jam quædam creatura major est quadam parte Creatoris, quod inconveniens est. Item, quæro: Hoc quod in capite vel brachio gestat, utrum necessitate aliqua, an sine necessitate illud gestet? Si necessitate gestat, jam Creator indiget creatura, quod aliud est inconveniens. Nunc itaque aperte potes cognoscere quod tibi ostendi ea qua postulabas ratione, scilicet quod de corrigia credidis, quam sit vile.

MOYSES. Teneo.

PETRUS. Iterum vestri doctores in doctrinarum libro asserunt quod Deus in occidente est tantum, auctoritate Esdræ illud confirmantes, dicentis: *Exercitus cœli supplicat tibi* (II Esdras IX). Exponentes hoc quod, cum omnes stellæ in occidentem decidunt, tunc exercitus cœli supplicat Deo, et quoniam hæc stellarum supplicatio fit in occidente, ideo Deum in occidente asserunt esse. Hæc quam dico est eorum sententia. Qui quanquam a Dei sunt cognomine alieni, si mundi saltem figuram agnoscerent, non de Deo tam indigna sentirent.

MOYSES. Volo mihi ostendi, si placet, quomodo ex hoc verbo possit perpendi, quod ipsi figuram mundi non agnoverint.

PETRUS. Quoniam nos orientem non dicimus, nisi locum illum, ubi prius stella apparet, nec occidentem, nisi ubi nostro subtrahitur aspectui.

MOYSES. Nunc obsecro ut orientis et occidentis mihi certum locum ostendas, et hujus rei notitiam subtiliter discutias.

PETRUS. Quemadmodum rem istam tibi subtiliter monstrari rogasti, te quoque illud subtili decet oculo intueri. Quod hoc modo considera. In quocunque vis loco consiste, et ab eodem lineam rectam ad orientis dirige partem. Quæ cum pervenerit ad locum ultra quem visum tendere nequis, locum ipsum tibi orientem esse cognosce. Eodem modo si ab eo in quo consistis loco lineam rectam in occidentem direxeris, cum ad talem pervenerit locum, qui visui tuo terminum ponat, tibi ipsum occidentis constitue locum.

MOYSES. Nunc horam recti ortus, et horam recti occasus mihi monstrari desidero.

PETRUS. Nascente stella prædictam lineam usque ad ipsum stellæ locum protende, et in centro ipsius stellæ lineam fige, ita ut media super terram appareat, et media adhuc lateat ipsamque horam ipsius stellæ ortum dices. Cum ergo sol tali modo oriri cœperit super terram, illa hora apud astrologos est verus ortus diei. Eodem modo si occidente stella præfatam lineam usque ad eam occidentis partem dirigens summitatem lineæ in stellæ fixeris centro, ita ut media super terram, et media sub terra consistat, illam horam esse occasum dices. Cumque sol tali modo occiderit, illa hora apud astrologos verus est occasus diei, et initium noctis.

MOYSES. Ex ratione tua talis procedit conclusio, quod cum pars orientalis orbis eadem sit omnibus, locus tamen orientis non idem est omnibus. Itidem quoque, cum occidentalis non idem est omnibus, nec eadem hora ortus, quæ est nobis et cæteris gentibus, nec eadem hora occasus est nobis et cæteris gentibus, sed secundum varietatem locorum terræ in longitudine, variatur locus orientis et occidentis, et hora ortus et occasus.

PETRUS. Lætor te rei capere veritatem.

MOYSES. Adhuc, quæso, apertius loquere, et per aliquam similitudinem rem tam subtilem ostende.

PETRUS. Constituamus ergo solem in primo arietis gradu et in primo puncto gradus, et dicamus quia cœpit modo oriri civitati Aren, quæ sita est in primo septem climatum terræ, habens nonaginta gradus ad orientem, et totidem ad occidentem, habens etiam nonaginta gradus ad polum aquilonalem, totidemque ad australem. Cum huic, inquam, civitati sol cœperit oriri, quænam hora erit illi civitati quæ sexaginta gradibus distat ab occidente civitatis Aren?

MOYSES. Secundum quod in astrologorum libris reperi scriptum, duæ adhuc horæ de præcedenti remanent nocte.

PETRUS. Cum igitur civitati Aren sol occubuerit, quæ hora prædictæ erit civitati?

MOYSES. Duæ similiter remanent horæ de die.

PETRUS. Cum autem sol illi oriri cœperit urbi, quota jam hora est Aren civitati?

MOYSES. Duabus transactis, tertia inchoat hora.

PETRUS. Cumque illi urbi sol occubuerit, quota hora erit Aren civitati?

MOYSES. Duæ jam de nocte completæ sunt horæ.

PETRUS. Si igitur filum rectum ab Aren pertrahas civitate, et perducas summitatem unam ad orientem, et aliam ad occidentem, et simili modo in alia facias civitate, proferens ab ea rectam lineam, cujus una summitas ad orientem, et alia pertingat ad occidentem, num, quæso, utriusque lineæ termini ab utravis parte in simul poterunt convenire?

MOYSES. Minime, sed quanto ab invicem ipsæ distant civitates, tanto linearum in utraque parte distabunt summitates, triginta scilicet gradus.

PETRUS. Nunc apertissime tibi patet quoniam loca orientis et occidentis, et horæ ortus et occasus non eadem sunt omnibus, sed variantur pro variis terræ longitudinibus.

MOYSES. Bene tandem intelligo.

PETRUS. Item cum sol Aren oritur civitati, sic eadem hora apud alteram quam diximus civitatem ab ejusdem civitatis oriente in ejusdem occidentem lineam protendas, quæ cœli puncta utriusque ejus summitatis cacumen continget?

MOYSES. Illa quidem summitas quæ vergit ad orientem, primum punctum primi gradus Piscium obtinebit, illa vero quæ directa est ad occidentem, primum punctum primi gradus Virginis percutiet.

PETRUS. Rursus si sole Aren civitati occumbente, apud alteram civitatem lineam eo quo diximus modo ad cœlum usque utrinque tendamus, utraque summitas ejus quas cœli partes continget?

MOYSES. Quæ ad orientem tenditur, primo puncto primi gradus Virginis; quæ vero ad occidentem primo puncto primi gradus Piscium occurrit.

PETRUS. Iterum autem si sole urbi illi oriente lineas apud Aren civitatem ad ejusdem orientem, et occidentem tendentes usque ad ipsum cœlum ducamus, utraque summitas quam cœli partem continget?

MOYSES. Quæ orientem continget, primam particulam primi gradus Tauri percutiet; quæ vero occidentem primo puncto primi gradus Scorpionis occurret.

PETRUS. Si autem sole urbi illi occumbente prædictam lineam Aren civitatis prædicto modo ad cœli cardines ducamus, quas ejusdem cœli partes summitas quæque continget?

MOYSES. Orientis summitas initium primi gradus Scorpionis, occidentis vero initium primi gradus Tauri continget.

PETRUS. Nunc cognoscere potes, quia gradus signi qui est in oriente sole Aren civitati apparente, non est idem cum eo qui eadem hora alii civitati apparet. Similiter gradus qui est in occidente sole in Aren occumbente, non est idem cum eo qui eadem hora alii apparet civitati. Sicque omnibus contingit A civitatibus, prout una distat ab alia in longitudine.

MOYSES. Cuncta patenter intelligo.

PETRUS. Nec illa cœli particula, quæ hodie in ortu solis quovis terrarum loco in oriente apparet, est eadem quæ cras eadem hora eodem terræ loco in eodem apparebit.

MOYSES. Et hoc lucide patet.

PETRUS. Hæc graduum in cœlo variatio contingit quotidie sicut ipse sol per eosdem gradus variatur assidue.

MOYSES. Quod ratio ostendit negare non valeo.

PETRUS. Quandoquidem ita esse, ut diximus necessaria constat ratione, et in totius terræ spatio non sunt loca orientis et occidentis æqualia, nec horæ ortus et occasus eædem. Unde necessario sequitur stellas quæ quibusdam occidunt, aliis eadem hora oriri, nec in tota cœli sphæra certus est orientis et occidentis locus, sed quotidie variatur per varios gradus, multo minus credi debet orientis et occidentis mutationem cœlestibus accidere creaturis, quibus nulla unquam intervenit obscuritas, sed sempiterna indeficientis luminis irradiat claritas, sicut David propheta dicit: *Quia tenebræ non obscurabuntur a te, et nox sicut dies illuminabitur : sicut tenebræ ejus ita et lumen ejus (Psal. XXXVIII)*; et Daniel: *Ipse*, inquit, *revelat profunda et abscondita, ei novit in tenebris constituta, et lux cum eo semper erit (Dan. II)*. Cum etiam nulla in cœlo ascensus, vel descensus possit esse localis mutatio, apertissime igitur cuivis patet, quod in cœlo nec oriens sit, nec occidens. Quo probato, fatuitas evidens est dicentium, quod Dei locus occidens est ubi stellæ supplicant Deo.

MOYSES. Licet manifestis refragari nequeam rationibus, volo tamen mihi, si placet, ostendi quomodo probari possint, vel cognosci longitudines distantium ab invicem civitatum, ut melius cognoscamus diversitates horarum eodem tempore super easdem apparentium.

PETRUS. Constituamus ergo solem in primo Arietis puncto, et incipiat fieri eclipsis solis apud Aren civitatem, primo puncto septimæ diei horæ erit utique eadem hora primus Cancri gradus in ipsius Aren oriente. Quod si tunc nosse desideras quota hora fieri incipiat eadem eclipsis, apud aliam quam prædiximus civitatem, si diligenter inspicias, primo quintæ horæ puncto invenies eam ibidem fieri incipere, eodemque momento apparebit primum Geminorum punctum in illius civitatis oriente, unde indubitanter patet triginta longitudinis gradus inter utramque esse civitatem. Et hoc quidem modo ab astrologis invenitur quanta inter duas civitates habeatur longitudo.

MOYSES. Magnæ cæcitatis velamen de pectore meo educens, veritatis lucernam clarissime infudisti, quare digna a Deo compensetur retributio tibi. Sed quoniam superius dixisse te memini Aren civitatem in medio cœli hemisphærio sitam, ita ut æqualiter ab omnibus partibus distet, et in primo septem climatum esse positam, volo ut hujus situs descriptionem lucidissime ostendens, ita me facias intelligere, ut videar mihi in eadem urbe consistere. Cùm enim dicas Aren in medio terræ positam, significare videris ipsius terræ superficiem esse planam; ex ratione vero orientis et occidentis præmissa significaveras terram rotunditatem habere sphæricam. Omne autem rotundum principio caret ac fine, sed ubicunque principium quæris vel terminum, ibidem procul dubio invenies et medium.

PETRUS. Considera igitur Aren in tali loco sphæræ terrestris esse, ut et ab aquilonali et ab australi æqualiter polo distet utroque, et per medium ejus quotidie transeant duo prima puncta Arietis et Libræ. Habebit igitur ad utrumque polum, nonaginta gradus, eritque ita Aren in prima parte primi climatis, quantum ad longitudinem.

MOYSES. Ex verbis tuis colligitur quod tota pars terræ habitabilis in una tantum parte consistat. Volo itaque nosse quænam sit illa.

PETRUS. A medio terræ ad partem septentrionis.

MOYSES. Geometrica figura hoc mihi monstrari visibiliter cupio quoniam de hac re diversas gentes ex librorum scriptis diversa sensisse non dubito. Quinque etiam zonarum partitione dividunt terram, quarum mediam solis calore perustam, et ideo inhabitabilem dicunt, duas quoque extremas a sole remotissimas præ frigoris immensitate similiter inhabitabiles probant, duas autem medias illius calore et illarum frigore temperatas, solas habitabiles perhibent esse.

PETRUS. Opinio ista visus obstat effectui. Visu enim probamus Aren in medio terræ sitam, et initium Arietis et Libræ super eam recta progredi linea, aeremque ibi temperatissimum esse, adeo ut veris, æstatis, autumni, et hiemis, semper ibi fere tempus sit æquale, ibi aromaticæ species pulchri coloris et melliflui nascuntur saporis. Corpora quoque hominum non macilenta ibi sunt nimis aut pinguia, sed mediocris succi discretione decora. Temporis quoque temperies hominum corpora sibi consona reddit, et pecora, quia ineffabili pollent sapientia et naturali justitia. Quomodo igitur quisquam dicere præsumat locum super quem sol recta præterit linea inhabitabilem esse? Potius totum terræ habitabile spatium existit continuum a prædicto loco usque ad septentrionalem globum, quod antiqui in septem diviserunt partes, quas septem climata vocaverunt, secundum numerum septem planetarum. Primum ex illis est in media linea, ubi Aren civitas est condita, septimum autem septentrionalis orbis tenet extremum, reliqua vero medium continent spacium. Nullus est inhabitabilis locus, nisi ubi vel multarum arenarum siccitas cum aqua modica, vel montium asperitas aratri non patitur onera. Hæc omnia autem oculis subjecta figura demonstrat:

Extremitas septentrionalis inhabitalis frigore.

ostendens, meo satisfecisti desiderio. Rogo itaque mihi ostendas, quare vel illa pars terræ quæ est ultra Aren ad meridiem non incolatur, prout ista quæ est citra ad septentrionem, ut ista Aren sit in medio habitabilis regionis, vel quare pars illa quæ est ultra, non est habitabilis, et illa quæ citra est versus aquilonem inhabitabilis.

PETRUS. Quoniam centrum circuli solis est extra centrum circuli terræ a septentrionis parte, unde cum sol ad sex meridianæ plagæ signa, quæ sunt a Libra ad Arietem descenderit, quia tunc terræ propior est, vicinitate caloris terram exurens, omnium rerum infecundam et omnino sterilem reddit, ideoque inhabitabilis existit. A primo igitur climate usque ad septentrionem habitabile remansit spatium climatibus septem distinctum. Quidquid autem a septimo climate, cum sol inde ad sex meridianæ partis signa declinat, totius caloris expers remanet abundatque imbrium, nubium et frigoris superfluitate, unde et omnis animalis caret habitatione. Quomodo autem centrum circuli solis extra centrum circuli terræ sit, a parte septentrionis, oculis subjecta aperte demonstrat descriptio:

Moyses. Rem hactenus ignoratam brevi, sed luculenta mihi, gratias ago, demonstrasti ratione, satisque illis responsum esse video, qui aliter aliquatenus de terræ sentiunt divisione.

Petrus. Expleto Dei nutu præsenti sermone, ad propositum libet redire.

Moyses. Dignum censeo.

Petrus. Vestri doctores in doctrinæ libro tertio, Deum in loco esse asserunt sex partibus terminato, affirmantes testimonio hoc Danielis qui ait : *Cum egrederer ecce princeps Græcorum ingressus est* (*Dan.* x). Concipiunt enim ex hoc quia in loco tali est Deus, ubi introitus sit et exitus. Quod si ita est, patet ergo quia in loco consistat sex partibus terminato. Si vero terminato circumscribitur loco, tunc aliquis locus vacuus est a Deo. Quod si est, quomodo scit quid fit in alio loco ubi ipse non est, aut quomodo operatur in eo?

Moyses. Potest quippe sapientiam talem et voluntatem habere, ut quod alibi est et per sapientiam norit, et per voluntatem operetur.

Petrus. Volo igitur mihi respondeas, utrum illa sapientia atque voluntas sint in eo et cum ipso semper, an extra illum, et sic quoque sine ipso. Si enim dicas quod in eo sint, et non extra illum, idem de eis proveniet quod de ipso, quia non in omni erit loco. Quomodo ergo scire potest quid alibi sit aut operari? Si vero dicas extra illum esse et omnem locum implere, tunc ab illo sunt diversæ. Sciunt enim aliquid quod nescit ipse, et operantur per se quod non operatur ipse. Igitur ipsæ creatrices, et non indiget mundus Deo.

Moyses. Possunt quidem in eo esse, et in omnem locum sciendo et operando emicare, ut sol cum in uno consistat loco, radios tamen usquequaque calefaciendo diffundit, et illuminando.

Petrus. Si ita est, sequitur ergo quod illa sapientia atque voluntas non æqualiter ubique consistant. Quidquid enim ita diffunditur, non eamdem vim in ultimo quam in suo habet principio, quod minime convenit Deo. Quoniam quidem autem terminum Deo imponere audetis, utinam vel simplum crederetis et non corporea ei accidentia ascriberetis!

Moyses. Quomodo nos hoc credere dicis?

Petrus. Dicitis siquidem eum singulis diebus semel in die irasci, afferentes in medium testimonium David, dicentis : *Fortis irascitur quotidie* (*Psal.* vii). Prima etiam hora diei eum irasci asseritis, causam hujus iræ esse dicentes, quod in illa hora reges iniquitatis exsurgentes, diademata sibi imponunt, et solem adorant. Videsne quam absurdus sit sermo iste et quoniam fatui sint qui hæc protulerunt, cum iræ discretionem prorsus ignorent, quam si nossent, non hoc de Deo sentirent.

Moyses. Quid igitur iram censes esse?

Petrus. Ira est quando audito aliquo quod displiceat verbo colera rubea, id est, fel fervet, et super hepatem diffunditur, et sanguini commiscetur. Inde siquidem homo calescit, et in facie pallescit. Hoc autem nulli convenit rei, nisi quæ ex quatuor componitur elementis. Deus autem talibus non subjacet lineamentis.

Moyses. Veritati contradicere nequeo.

Petrus. Non minus hoc etiam illud abhorrendum est quod dicunt eum de tali re irasci, de qua se non possit ulcisci. Quod si posset, ira profecto ejus quiesceret. Aiunt præterea quod ipsius horæ qua irascitur punctum nemo noverit unquam, nisi Balaam filius Beor. In hoc autem verbo vobis ipsis contrarii estis, cum ex una parte Moyses eum vocet ariolum (*Num.* xxii), vos etiam vocetis iniquum, ex altera vero parte eum prudentiorem Moyse esse significetis, quia punctum horæ noverit quod Moysen latuit. Licetque hoc magna dictum sit admiratione, vilescit tamen majoris fatuitatis comparatione, qua dicitis gallum irrationale animal ipsius horæ punctum quotidie scire. Concedisne hæc omnia eos ita dixisse?

Moyses. Etsi velim negare nequeo.

Petrus. Nec hoc sufficit eis de Deo dicere, sed eum etiam quotidie semel in die plorare, et ab ejus oculis duas prodeuntes lacrymas in magnum mare dicunt concidere, et has fulgorem esse affirmant illum qui tempore nocturno de stellis videtur cadere. Hæc autem ratio, Deum ex quatuor elementis ostendit compositum esse. Neque enim fiunt lacrymæ nisi ex humiditatis abundantia descendentis de capite. Si vero ita est, ergo elementa sunt Dei materia. Omnis autem materia prior est et simplicior forma. Ergo et hæc priora et simpliciora Deo sunt, quod nefas est credere. Itaque si Deus talis est ut dicitis esse, cum nec cibo fruatur nec potu, et quotidie duas ex se emittat lacrymas, necesse est eum decrescere, nisi forte de aquis quæ super cœlo sunt jugiter bibat. Ex verbis quoque eorum colligitur quia ignorent quid ille sit fulgor.

Moyses. Quid tu de illo sentias fulgore desidero nosse.

Petrus. Fumosus quidam vapor de terra consurgit nimium siccus, unde et locum nubium transit, perveniens ad locum ubi non multus est calor, quoniam remotus est a motu firmamenti. Quo cum pervenerit, et jam multus in loco uno coierit, ipsius loci calore licet exiguo paulatim crematur, et crematus evanescit, et id est quod per aerem discursitare videmus.

Moyses. Quoniam per te non intermisse doctior fio, non immerito sine intermissione gratias ago.

Petrus. Fletus quoque ipsius quem Deo indigne ascribunt, Judæorum captivitatem causam esse dicunt; quin etiam propter dolorem eum ter in die ut leonem rugire asserunt, et propter id cœlum pulsare pedibus more calcantium in torculari, more etiam columbæ quemdam susurri sonitum dare, et quaque vice caput movere, et dolentis dicere voce: Heu mihi, heu mihi! ut quid domum meam in desertum redegi, et templum meum cremavi, et filios meos in gentes transtuli? Heu patri qui transtulit filios suos! et heu filiis qui translati sunt de mensa patris sui! Dicunt etiam quod quidam doctorum vestrorum hanc audierit vocem in quodam loco rumoso. Præterea quod tanquam parturientis invicem collidat pedes, et more dolentis manibus plaudat, et quia quotidie orat, ut misericordia ejus sit super iram ejus, et ut eat in populo suo in misericordia. Dic, o Moyses, cum Deus oret, quem, quæso, adorat? Se ipsum an alium? Si alium, is quem adorat potentior est eo. Si seipsum adorat aut potens est ejus propter quod orat, aut impotens. Si impotens est, frustra se adorat, si vero potens, aut vult id pro quo orat, aut non vult. Si non vult, pro nihil orat. Si autem vult, non est necesse orare. Vides igitur, o Moyses, quam omnino sit gens hæc aliena a cognitione divina? Si vero verum est Deum pro vobis plorare, ut leonem rugire, cœlum pedibus pulsare, more columbæ gemere, caput movere, et præ nimio dolore heu mihi clamare, ipsum præterea præ dolore pedes collidere, manibus plaudere, et quotidie ut vestri misereatur orare, quid ergo vestram ne liberemini impedit captivitatem? An a vobis, an ab ipso procedit hæc mora? Sic enim ab ipso eum ad complendam voluntatem suam minus esse potentem ostenditis cum aliquid volentem complere nec valentem, puerili more eum plorare astruitis. Si igitur nunc impotens est, dicite utrum in futuro potestatem habiturus sit an non? Si unquam habiturus est, igitur et vester et illius dolor fine carebit, vestraque oratio est vacua, et spes nulla. Si vero posse habiturus est, aut illud nondum habuit, sed in præfixo et certo habiturus est tempore quod, cum habebit, vos de captivitate liberabit, aut jam habuit, sed quorumdam interventu accidentium amisit, quibus iterum quandoque remotis, et illud recuperatus est, et de captivitate vos educet. Si vero habiturus est tempore certo, restat vobis dicere quid sit quod modo eum prohibet habere, scilicet utrum hoc paucitati imputetis annorum ejus, an debilitati membrorum, an obstaculo cujuslibet rei, a qua nequeat defendi. Hoc autem credere de Deo nefas est. Legimus enim in Scripturis sacris, quibus vos nobiscum fidem adhibetis, Deum antiquis temporibus majora miracula fecisse quam si vos de captivitate liberaret, veluti cum decem plagis Ægyptum percussit (*Exod.* VII, VIII), et inde vos in manu valida eduxit, et Rubrum mare divisit, in quod Pharaonem cum exercitu suo demersit (*Exod.* XIV), manna quoque et coturnicibus de cœlo in deserto pavit (*Psal* LXXVII; *Exod.* XVI; *Num.* XI), aquas etiam Jordanis in loco uno montis instar constituit (*Josue* III), solem et lunam Josue precibus fixit (*Josue* X), de exercitu Sennacherib centum octoginta quinque millia nocte una occidi fecit (*IV Reg.* XIX; *Eccli.* XLVIII). In diebus Ezechiæ solem gradibus quindecim reverti præcepit (*IV Reg.* XX). Danielem de lacu leonum liberavit (*Dan.* XVI). Ananiam, Misaelem et Azariam de igne (*Dan.* III), et vos de Babylonis captivitate liberavit (*I Esdræ* VII), et multa alia quæ enumerare longum est miracula fecit. Non ergo dicere potestis quod antiquis diebus potens non fuerit. Si autem eum potentem quidem fuisse, ut æquum est, concedatis, sed aliorum interventu accidentium, eum impotentem factum dicatis, post quorum abscessum eum posse suum recuperaturum credatis, alterum horum necesse est fateamini; illa accidentia aut ex eo et in eo fuisse, ut infirmitas accidens homini, donec convalescat, ab effectu cohibet voluntatis; aut ei ab alio esse illata, ut captivitas cuilibet a rege illata suæ voluntatis eum potestate privat, donec libertate succedente recedat. Quod si ex eo et in eo fuisse dicatis, Deum ergo corpus habere dicitis, quod contrariorum susceptibile sit, quod de Deo sentire non convenit. Si vero ei ab alio illata dicitis, illum qui intulit Deo potentiorem esse ostenditis, quod non minus est inconveniens. Si autem vos ipsos vestræ esse captivitatis causam dicatis, quasi melius modo in captivitate quam olim in libertate vos habeatis cuivis patet esse mendacium, quia nunquam captivitas libertati est comparabilis. Si vero non hac intentione vestram libertatem remoramini, sed eo volente vos liberare, vos per pertinaciam ejus voluntati obsistitis, scilicet ut quia ille vos in captivitatem conjecit, vos econtrario plus quam ipse velit in ipsa captivitate perduretis, deberet utique vestræ satisfacere voluntati, et non seipsum assidue tanto mœrore deprimere, aut vos ei parcere deceret nec tantum facere contristari. Sed hoc stare nullatenus potest, cum eum quotidie ut vos de captivitate eripiat oretis. Oro itaque te, Moyses, ut tantæ circuitionis ambages a pectore meo excludas.

MOYSES. Nihil horum quæ tu enumerasti nostram impedit captivitatem, sed Deum semper et omnipotentem fuisse et esse fatemur, nec nos captivitatem evadere velle negamus, sed Deum captivitati nostræ certum terminum præfixisse, et donec illud quod constituit, juravit et firmavit tempus adveniat, nos nullo modo liberari posse dicimus.

PETRUS. In hoc verbo inscitiam Deo ascribitis, cum eum tale statuisse dicatis atque jurasse, quod postea eum jurasse et firmasse pœniteat, cujus rei signum est quod tot modis jugiter pro vobis affligitur, quod si præscisset, non antea statuisset. Insipiens ergo secundum vos fuit. Quod cum apud vos constet, indulgere utique ei debetis, nec precibus eum inquietare assiduis, quanto enim frequentius oratis, tanto magis ejus dolorem innovatis, et quo magis ab oratione cessando eum non inquietaveritis, tanto magis eum consolari permittetis. Sed dic precor, o Moyses, dic, inquam, debet quisquam hujusmodi credere doctoribus, et fidem eorum accommodare tractatibus?

MOYSES. Cum ipsi dicta sua prophetarum confirment auctoritate, quare tam graviter in eos inveheris, et in prophetas nihil dicis? An nescis prophetas dixisse Deum caput, oculos, nares, manus, brachia et universa corporis lineamenta habere?

Ipsi etiam dixerunt singulis diebus irasci, et ut leonem rugire, et multa alia quæ illorum probantur auctoritate.

Petrus. Obscura sunt prophetarum dicta, nec omnibus satis aperta. Ob hoc etiam cum in prophetis talia invenimus quæ secundum litteram accipientes a rationis tramite exorbitemus, ea allegorice interpretamur, ut ad rectitudinis semitam reducamus. Necessitas enim cogit nos sic agere, eo quod aliter non potest litteræ ratio stare. Vestri autem doctores non cognoverunt, ut oportuit, Deum, ideo dicta prophetarum superficie tenus exponentes, in eum erraverunt. Ergo ego propter hoc et propter multa hujus similia dixi me superius dicta prophetarum, prout sanus exigit sensus, intelligere.

Moyses. Nunc mihi volo locum ostendi quem necesse sit nos allegorice intelligere, eo quod ad litteram expositus non possit stare, ut quod dicis verum pateat esse.

Petrus. Quod quæris ostendam. Moyses enim ad Pharaonem : *Locusta*, inquit, *operiet oculum omnis terræ* (*Exod.* x). Nunquid enim terra oculum habet? Item, idem de filiis-Core : *Aperiens*, inquit, *terra os suum, devoravit illos* (*Num.* xvi). Nunquid autem terra os habet? Item, in libro Judicum ait Gaal ad Zebul : *Ecce populus de umbilico terræ descendit* (*Judic.* ix). Sed nunquid terra umbilicum habet? Iterum Isaias dicit : *De ala terræ laudes audivimus* (*Isa.* xxiv). Nunquid terra alam habet? David quoque ait : *Exsultabunt campi et omnia quæ in eis sunt* (*Psal.* xcv). Item idem : *Flumina plaudent manibus, montes exsultabunt* (*Psal.* xcvii). Nunquid autem campi gaudere, flumina manus habere, vel montes possunt exsultare? Salomon quoque ait : *Aves cœli portabunt verbum tuum; et qui habet pennas annuntiabit sententiam* (*Eccle.* x). Nunquid vel avis verbum dicere, vel habens pennas aliquid potest nuntiare? Habacuc quoque propheta ait : *Lapis de pariete clamabit, et lignum quod inter juncturas ædificiorum est respondebit* (*Habac.* ii). Num vel lapis clamare, vel lignum potest respondere?

Moyses. Verum quidem quod dicis fateor esse, in plerisque locis sensum allegoricum necessarium esse, tamen quod de corporeis Dei lineamentis dixerunt prophetæ, si secundum litteram exponatur, nescio quare absurdum dixeris esse.

Petrus. Corporea accidentia quæ Deo ascribitis, non nisi corporeæ substantiæ et rei imaginariæ congruunt. Deum autem hujusmodi esse, indecens est credere. Non igitur convenit quæ de Deo tanquam corporeo dicta sunt ad litteram solam exponere. Si enim quis hoc sentiat, et Scripturæ pariter et rationi contrarius exstat.

Moyses. Volo ostendas quare quis ita accipiens sit Scripturæ contrarius.

Petrus. Quoniam Deum imaginem aut similitudinem ullam habere dicamus, multis prophetarum auctoritatibus contraimus. Moyses enim dicit filiis Israel : *Custodite sollicite animas vestras. Non vidistis similitudinem aliquam in die qua locutus est vobis Dominus in Horeb de medio ignis, ne forte decepti faciatis vobis sculptam similitudinem aut imaginem viri vel feminæ, similitudinem omnium jumentorum quæ sunt super terram, vel avium sub cœlo volantium, aut reptilium quæ moventur in terra, sive piscium qui subter morantur in aquis* (*Deut.* iv). Cumque eis prohibuisset ne Deum compositis corporibus assimilarent, veritus etiam ne forte eum simplicibus corporibus conformarent, adjunxit : *Ne forte elevatis oculis ad cœlum, videas solem ac lunam, et omnia astra cœli, et errore deceptus adores ea, et colas quæ creavit Dominus Deus cunctis gentibus quæ sub cœlo sunt* (*ibid.*). Nec reputes Moysen hæc populo præcipientem metuisse quod prædictorum corporum figuras vel imagines adorarent, cum creaturas esse non dubitarent, sed hoc potius timuit, ne Deum imaginem alicujus horum habere crederent, et ideo pro eo hujusmodi factas similitudines adorarent.

Moyses. Subtilis admodum est ista sententia, nec sensu cujuslibet pervia, unde adhuc aliqua patentior est mihi necessaria.

Petrus. Isaias propheta ait : *Cui assimilastis me, et æquastis, dicit Sanctus?* (*Isa.* xl). Et rursus : *Cui similem fecistis Deum, aut quam imaginem ponetis ei?* (*Ibid.*) Et iterum : *Cui assimilastis et adæquastis et comparastis me, et fecistis similem?* (*Ibid.*) David quoque verba Deum non esse localem comprobant, ut per hoc consequenter eumdem corporeum non esse innuant. Ait enim : *Quo ibo a spiritu tuo, et quo a facie tua fugiam? Si ascendero in cœlum tu illic es, si descendero in infernum, ades. Si sumpsero pennas meas diluculo, et habitavero in extremis maris, etenim illuc manus tua deducet me, et tenebit me dextera tua* (*Psal.* cxxxviii). Salomon quoque idem sentiens dicit : *Ergone putandum est quod vere Deus habitet super terram? Si enim cœlum et cœli cœlorum te capere non possunt, quanto minus domus hæc quam ædificavi?* (II *Par.* ii.) Et alibi : *In omni loco oculi Domini contemplantur bonos et malos* (II *Par.* xvi). Et Jeremias : *Si occultabitur vir in absconditis, et ego non videbo eum, dicit Dominus? Nunquid non cœlum et terram ego impleo, dicit Dominus?* (*Jer.* xxiii.) Nunc liquido advertere potes quoniam si Deum corpus et omnia corporis membra habere dicentes, Scripturas quarum hoc auctoritate volumus probare, superficie tenus exponamus, omnibus supradictis testimoniis contraimus.

Moyses. Quia sensus meus quantum Scripturis sit contrarius video, quantum et a ratione deviet, secundum promissum audire desidero.

Petrus. In magnæ rationis palatio accubituri ipsius palatii solum quibusdam sententiarum floribus sternamus, ut post delectabilius in eo ratiocinaturi sedeamus. Illæque sententiæ erunt nobis quidam gradus ad comprobandum quod Deus sit, et ad cognoscendum quid sit. Prius enim debemus probare Deum esse, et post ostendere nihil illi simile esse. Quædam enim pars hominum et Deum esse negant, et mundum ab æterno ac sine Creatore fuisse confirmant. Quæ nos necessitas cogit ut pr us Deum esse qui mundum creavit monstremus.

Moyses. Quare hoc in prædictis de Scripturis loquens minime fecisti, ut prius Deum esse ostenderes?

Petrus. Qui Scripturis fidem accommodant, Deum esse non negant, ideoque non necesse fuit probare hoc Scripturæ credentibus, sed tantummodo nulli scripto credentibus.

Moyses. Cum Deum esse per Scripturas nolis probare, ipseque nullo sensu corporeo sit comprehensibilis, multum audire me juvat qua ratione philosophica comprobari valeat.

Petrus. Si mundum cum omnibus quæ in eo sunt creatum esse monstravero, tunc Deum qui interpretatur *Creator* necessario esse concludam.

Moyses. Et quomodo hoc probare poteris?

Petrus. Sapere tribus modis dicitur. Aliud enim est quod aliquod corporeo sensu percipitur, aliud quod necessaria ratione tantum cognoscitur, aliud quod per aliarum rerum similitudinem invenitur. Illud quod aliquo sensu percipitur, nullo alio argumento comprobari potest, ut aliquis a nativitate cæcus nullo alio modo nisi solo auditu colorum varietates distinguere potest, auditusque non ex toto satisfacit animo ejus, et sic de cæteris sensibus corporeis. Quod vero necessaria cognoscitur ratione, tale est velut cum dicimus aliquod corpus eodem momento moveri, et stare non posse; aut est et non est de nulla re veraciter prædicare posse. Illud autem quod per similitudinem percipitur, tale est ut sicubi vocem audieris, ibi aliquid vocale esse intelligis, quamvis minime videas, vel cum ubilibet fumum conspexeris, illic ignem et si non videas esse cognoscis. Itidem si vas aliquod factum conspicimus, factorem ejus aliquem fuisse pro certo scimus (*Rom.* 1), etsi non videmus. Itaque mundum prius creatum esse debemus probare, ut ita constet aliquem ejus Creatorem fuisse. Cumque mundi Creatorem probaverimus, consequenter quod ipse Creator nullam habeat similitudinem ratione ostendemus.

Moyses. Dignum est me sermonibus tuis benedicere, a quibus tantum me credo fructum suscipere. Promissum igitur comple, jamque palatium quibus dixisti floribus sterne.

Petrus. In hoc vero philosophi omnes consentiunt quod principium rerum est perfecta sapientia, lumen præclarum, substantia substantiarum, argumentum rerum universarum; post hoc est mundus animæ universalis, post illum vero materia. Hæc autem duo, universalis scilicet anima atque materia, simplicia sunt, et omnium creaturarum prima, totiusque rei compositæ origo et causa, de quibus gradatim factum est firmamentum, cum omnibus quas possidet formis et imaginibus.

Moyses. Ex verbis tuis datur intelligi, firmamentum cum omnibus quæ in eo sunt esse compositum. In plerisque autem locis reperi scriptum quidquid iufra circulum lunæ est esse compositum, quidquid autem supra simplum.

Petrus. Firmamentum quidem cum omnibus quæ continet in rei veritate est compositum, sed respectu eorum quæ circulo subjacent lunæ dicitur simplum. Sic enim est in omnibus rebus, ut aliquid respectu ejus de quo factum est dicatur compositum, respectu vero ejus quod de eo fit, simplum. Eodem modo quidquid supra lunam est ad ea quæ sub luna sunt simplum est, quod de eo facta sunt. Ad materiam vero compositum, quoniam de ea est factum.

Moyses. Apertius intelligere volo quomodo firmamentum, cum una sit substantia, dicatur compositum.

Petrus. Omne corpus est compositum, omne autem compositum aut est substantiale aut partitiale: substantiale, veluti cum una substantia alii jungitur; partitiale, cum unius substantiæ partes conjunguntur. Substantia vero jungitur, ut caput ex ossibus, carne et venis insimul junctis componitur, velut janua ex ligno et ferro composita. Sic omne quod diversarum substantiarum conjunctione perficitur, substantiale compositum dicitur. Partitialis autem compositi subtilior est compositio. Quod patet per hoc quia omne corpus, quod longitudinem, latitudinem et altitudinem habens, diverso non jungitur corpori, solius suæ substantiæ componitur partibus, ut si argenti partes multæ junguntur, donec aliquid ponderosum ac solidum reddant. Hoc autem compositum superiori simplicius est. Illud vero ex toto dicitur simplum, quod hujus utriusque compositionis est expers. Et quoniam firmamentum est corpus, tribus constans dimensionibus, vere quidem est compositum.

Moyses. Rationem nosse desidero, quomodo omne corpus longitudine, latitudine et altitudine constans compositum sit.

Petrus. Omne corpus cujus natura in aliquam partem est mobilis, non movetur in eamdem partem nisi per naturam suam. Notum est autem quod pars illa ad aliquam movetur per naturam, illa est ejus naturalis locus. Cumque ita sit, impossibile est ut ullam dimensionem habeat ad aliam partem, quæ sit contraria naturali ejus loco. Quod si inventum fuerit ad aliam partem aliquam habere dimensionem, aliquid horum duorum est causa quare id faciat, scilicet vel quia extrinsecus est compositum, ut paries ex superpositione lapidum junctus, vel intrinsecus, ut arboris partes ab intimo prodcuntes, sese hac illacque diffundunt, et aliquam dimensionem recipiunt. His datur intelligi quod quidquid aliquam habet dimensionem, ad aliam partem, quæ naturali sui motus parti contraria est, compositum esse. Ergo et firmamentum, quamvis una substantia sit, compositum est.

Moyses. Ratio jam firmamentum, cum omnibus quæ possidet, perducuit esse compositum. Quomodo autem in eo anima universalis et materia inveniri possit, quomodo ipsa sint simpla nescio.

PETRUS. Quomodo firmamentum probatum est esse compositum, necessario concluditur aliquam esse materiam de qua compositum sit, ut lectus, cujus est materia lignum; vel cultellus, cujus est materia ferrum. Hanc autem materiam firmamento simpliorem esse necesse est, quemadmodum lignum lecto, et ferrum cultello simplius est. Et quoniam omnis materia ipso quod de ea factum est simplior est, nec habet in se formam vel imaginem sui compositi, patet firmamenti materiam nullam corpoream in se formam habere, et ideo omnino simplam esse. Quod si dicamus in ea aliquid compositum esse, aliam esse materiam de qua composita sit esse necesse est, quæ et simplior sit. Sed et illam dicentes compositam, aliam fatebimur simpliorem habere materiam, et sic in infinitum. Quod ut vitemus, necesse est ut materiam illam simplam esse fateamur. Ecce probatum satis est in firmamento materiam, et ipsam simplam esse. Animam autem in eodem taliter inveniemus, quia scilicet formæ illæ quibus ipsa materia est informata, non propter solum corporis complementum factæ sunt. Formæ enim duobus modis dicuntur. Aliæ enim solum corporis ostendunt terminum, ut triangulatio vel rotunditas, vel quælibet alia figura; in lapide ad nihil aliud valent, nisi quod ipsius corporis figuram efficiunt. Aliæ vero et corpus informant et ad quamdam utilitatem natura cogente habiles factæ videntur, ut auris forma ad audiendum, oculi ad videndum, et singulæ aliorum membrorum formæ aptæ sunt ad suum officium. Item forma cultelli ad incidendum, serræ ad serrandum, rastri quoque habilis est ad fodiendum. Et quoniam materia varias in se quas nunquam habuerat noviter formas suscepit, constat quia eas non ex se, sed alterius rei adjunctione quæ et potior et simplior sit habuit, quæ in se diversas et formas et imagines fecit, maxime cum nulla necessitas esset, ut tales in ea fierent formæ vel imagines. Sed hoc magis ex desiderio factum est animæ: quæ voluit commisceri tali rei cui nunquam fuerat commista simul et conglutinata, ex nova commistione novis est materia formis informata. Quoniam igitur firmamentum cum omnibus quæ possidet compositum secundum philosophos non dubitatur, necesse est ut principium habere credatur. Omne enim compositum aliquod habet principium. Hoc igitur modo patet mundum esse creatum. Omne autem compositum necesse est compositorem habere. Neque enim aliquid se ipsum potest componere, eodemque modo omne creatum creatorem habere necesse est. Nihil enim seipsum potest creare. Creatorem igitur mundi qui Deus dicitur esse necesse est.

MOYSES. Adversarius igitur insistere poterit, dicens compositorem istum vim universalis animæ esse, quæ scilicet vis natura vocatur. Quæ, inquam, anima materiæ juncta, firmamentum et omnia quæ sunt in eo composuit et nullus alius rerum compositor aut creator est.

PETRUS. Quod dicis, stare non potest. Quoniam enim videmus formas quibus materia informata est, varias et ad varios usus habiles esse, naturam ipsam, cujus admistione et potentia factæ sunt formæ, constat non omnino laxam sed restrictam quodammodo posse habere. Sed hanc restrictam naturam restrictorem aliquem, qui tamen a nullo restringatur habere necesse est.

MOYSES. Restrictorem istum animam ipsam esse respondeo, quæ vim suam, prout libuit, sibi restrinxit.

PETRUS. Opera talia esse animæ non possunt, sed talis factoris, qui per se perfectus sit sapientia. Anima autem perfectam non habet sapientiam.

MOYSES. Qua ratione potes monstrare quod anima perfectam non habet sapientiam?

PETRUS. Quia ex quo anima commista est materiæ, et materia est animæ incorporata, nunquam postea dolorum vicissitudine et voluptatum caruit anima. Nulla quippe voluptas oritur, nisi dolor præcesserit, ut nemo unquam delectatur bibendo, nisi prius doluerit sitiendo, nemo delectatur comestione, nisi præcesserit dolor in fame, aut etiam in requie, nisi ante doluerit ex labore. Sed et sic in cunctis affectibus. Ratio autem corporea se contagione denudans, et se ipsam puram considerans, perpendit illud quod nihil sentit melius et dignius esse eo quod tot diversarum passionum accidentibus non subjacet. Constat igitur animam non perfectam habere sapientiam. Alia item de eadem re potest dari ratio, quod scilicet anima, cum rationem exuit, statim luxuriam, furta, homicidia, et cætera diligit vitia, quæ perfectæ rationis exsecratur sapientia; unde iterum evidens est imperfectam esse animæ sapientiam. Probatum igitur satis est illis qui Scripturis non credunt, alium esse factorem, cujus per se perfecta sit sapientia, sicut patet per rationem nobis ab eo attributam opera animæ sine ipsa ratione esse vitiosa et quodammodo turpia. Consequitur ergo illum per quem rationem accepimus, non animam, sed alium esse, quoniam fieri nequit ut is qui rem aliquam abhorret, vel exsecratur, eam facere velit. Sequitur quoque ex hoc animam imperfectæ, datorem vero rationis perfectæ esse sapientiæ. Cumque ratio operetur in anima, necessario dator rationis factor est animæ. Quod cum sit, et anima, ut superius probatum est, in materia omnia composita formaverit, concludi indubitanter potest quod qui rationem dedit, et omnia fecit, et omnium causa existit. Et hæc quidem de anima sententia, utique est philosophica. Dicunt enim philosophi quod rationalis anima procedit de universali. Judæi autem, ut nosti, omnes animas in mundi principio simul asserunt esse creatas, et in loco uno repositas, et quousque incorporentur omnes non esse diem venturum judicii, et ex quo incorporabuntur statim provenire finem mundi. Christiani vero astruunt novas quotidie animas procreari, formatisque novis in ventre corporibus infundi. Quidquid autem de anima credere eligas, procul dubio, ut dictum est, qui rationem dedit, omnia fecit et omnium causa existit. Oportet autem hunc Creatorem, qui perfectam habet sapientiam, æternum existere, et nec creatum nec novum esse, quoniam, si hic aut creatus credatur aut novus, alium utique creatorem necesse est habeat aut novatorem. Nihil enim se unquam creare aut novare poterit, et sic creatorum aut novatorum numerus fine carebit. Factoribus autem fine carentibus, factura quoque nunquam ad certum terminum perveniet. Credendum ergo est primum factorem, nec creatum esse nec novatum, sed necessario æternum. Præterea non compositum, sed simplicem credere convenit eum. Omnis enim compositio motus est, et actus simplicis rei. Item, quod prius est, principium habere non potest. Compositio autem omnis aliquod habet principium. Creator ergo primus non est compositus, sed neque est corporeus. Omne enim corporeum, ut supra latius disseruimus, est compositum. Item, neque mobilis est. Omne enim quod movetur, partibus constat. Sed quidquid partibus constat, compositum est. Quod autem primum est omnium non est compositum. Igitur nec mobile est. Rursus omnis motio in corpore fit, sive sit recta motio, veluti cum quis unum deserens locum occupat alium, seu sit motio in gyrum, cum aliquid scilicet in eodem existens loco ut firmamentum versatur in orbem, sive sit motio partium alicujus rei ad invicem facta, vel ab extremis ad medium, vel a medio ad extrema, veluti fit in partibus aeris, seu sit motio rei in eodem quidem loco existentis, sed per quædam quasi incrementa hac illacque spatiantis, quemadmodum in ramis arborum paulatim ad omnes partes crescentibus fit. Hæ autem omnes motiones non nisi in corpore fieri possunt. Sed quod primum omnium est, corporeum non esse probatum est. Igitur nec variatur, nec corrumpitur. Iterum, nec crescit per se, nec augetur aliunde. Omne enim quod vel incrementum recipit, vel augmentum, procul dubio est et compositum. Sed quod primum est omnium, supra ostendimus non esse compositum. Igitur nec crescit nec augmentatur. Item, non decrescit. Quod enim decrescit corrumpitur. Sed quod omnium primum est non corrumpi probatum est : igitur nec decrescit. Rursus nullius creaturæ in aliquo similitudinem habet. Similitudo enim qualitas est. Sed quod primum est, nulli subjacet qualitati ; ergo nec similitudini. Item, ponamus quod alicujus creaturæ similitudinem habeat. Sed evidens est quod similitudo aliquorum duorum alium parificat alii, velut si dicantur in albedine similes, albedo alterius par esse debet albedini alterius; similiter de nigredine, et de omni re quæ inter aliquos similitudinem facit. Quare si hoc esset, quod primum est omnium, primum simul esset atque novissimum ; et quod novissimum, novissimum simul atque primum. Quod utrumque quantum inconveniens sit, neminem latet. Iterum cum materia quæ creata est nullam in se habeat formam vel imaginem, multo minus Deus ipsius naturæ, Creator, qui simplioris et subtilioris est naturæ ullam putandus est habere similitudinem. Promissum ergo complentes, Deum nullam habere similitudinem, lucide, ut opinor, per rationem probavimus.

Moyses. Gratias Deo et tibi, quoniam omnium Creatorem nulli creaturæ similem esse, nullum principium aut finem habere, sine ullo dubitationis cognovi obstaculo. Patuit etiam ex verbis tuis Deum Creatorem omnium rerum radicem et fundamentum principaliter esse; secundario vero, animam et materiam et quod Deus fecerit animam, et quod anima a Deo facta operetur in materia. Scrupulum autem unum qui adhuc mentem remordet, tua sagacitate expostulo enodari. Legi siquidem in libris philosophorum plerisque, quinque ante mundi constitutionem fuisse, Deum scilicet qui omnium rerum originem tenet, post eum vero animam et materiam, tempus et locum. Cum ergo de tribus præcedentibus disserueris, valde miror quare de ultimis duobus nullam feceris mentionem.

Petrus. Quia nihil ad præsentem pertinent tractatum, de eis loqui indicavi superfluum.

Moyses. Et si a tractatu videtur alienum, tamen quid tu de his sentias audire desidero, quia sapientes catholici ad quorum fidem tu conversus es, longe aliter de his senserunt quam antiquorum philosophorum libri loquantur. Nam catholici hæc principium habuisse, philosophi autem veteres æterna testantur esse.

Petrus. Illis procul dubio fidem adhibeo qui ea non cum mundo, sed ab antiquitate fuisse dixerunt.

Moyses. Qualiter hoc possit constare, per rationem desidero nosse.

Petrus. Locus duobus modis dicitur. Aliquando enim causa alterius rei, aliquando per se. Alterius causa dicitur, dum alicui loco res aliqua inseritur, et ipse dicitur esse locus illius rei, dum res illa in eo consistit, et locus dicitur partialis. Quod si res illa a loco ipso discesserit, locus unum quod prius habebat, scilicet relationem, amittit, quia jam illius locus esse non dicitur. Locus autem per se qui universalis dicitur, vacuitas quævis vocatur, de quo non debemus existimare quod causa ejus rei quæ est in eo existat, quoniam locus semper rem præcedere debet quæ in eo futura est. De quo videlicet loco talis est Platonis syllogismus : Omne, ait, quod totum consistit per aliud totum, si corrumpatur pars quælibet ejus, quod est causa consistendi, corrumpitur utique et pars ejus, quod illius causa consistit. Si vero ejus quod per aliud consistit pars corrumpatur, non tamen necesse est ejus quod causa est consistendi partem ullam corrumpi. Cum ergo locus sit causa existendi ei rei quæ in eo est, necessario concluditur non ideo partem aliquam loci corrumpi, quia quævis rei in eo consistentis pars corrumpatur. Quo concesso, consequitur et hoc quod locus non alterius causa consistit. Ad hujus rationis evidentiam talem inducamus similitudinem : Si montem aliquem de qualibet mundi parte ablatum dicamus, non ideo locus ille in quo consistebat, est imminutus. Nomen itaque pristinum perdidit, quia jam illius montis locus vocari non poterit, sed universalis loci ibidem et nomen et natura remansit. Rursus cujuslibet hominis servum mortuum dixeris. Nunquid quia servus est mortuus, ideo dominus suus esse jam desiit? Non, sed domini tantum nomen quod ejus respectu habebat amisit. Patet ergo quod dimota re quæ in loco quolibet est, partialis utique loci nomen mutatur, sed loci substantia minime tollitur. De tempore etiam ait quia est substantia per se existens, et non accidens, quod alterius causa subsistat; verbi gratia, si ponamus vas cum aqua ad cognoscendum tempus singularum horarum, non æstimandum est vas illud causa existendi, sed tantum discernendi signum temporis esse. Neque enim aliter tempus eveniret et si vas illud non esset. Ad hunc quoque modum debemus intelligere firmamentum nequaquam causam, sed mensuram et signum tantummodo temporis esse, sed tempus scilicet simplum, sine signo et mensura, et ulla discretione esset, sicut et tempus horarum diei indiscretum maneret, si vas cum aqua signatum non esset. Nunc ita breviter omnia concludamus. Probatum est Deum omnium rerum esse factorem, quem sua nobis indicant opera, quia de perfecta prodeunt sapientia ; animam autem et factam esse, et factricem, quia facit aliquid in materia, nec tamen corpoream, tempus etiam et locum per se existentia non corporea, sed tamen substantialia esse, materiam vero factam quidem, sed factricem non esse.

Moyses. Apertæ rationi claritas de pectore meo totius dubitationis expulit tenebras. Cognovi siquidem mundum cum omnibus quæ in eo sunt factum esse, non æternum. Sed hoc tibi restat ad tui operis perfectionem, contra eos videlicet qui mundum ab æterno dicunt fuisse, aliquam quæ destruat dare rationem. Dicunt enim ita : Quid visum est Creatori summo, in tam subita et novella rerum creatione, cum eas jamdudum non creasset? Nefas enim est, inquiunt, credere de Deo quod aliquid vel recordatus fuerit, vel subito viderit, quod olim aut oblitus esset aut non vidisset. Contra hanc eorum quæstionem, nullam antehac inveni solutionem.

Petrus. Nosse debes omnium actionum tres esse radices. Actio enim alia est quæ debet esse, alia quæ non, alia simpliciter bona. Illa quæ debet esse talis est, quam si facias, grates habebis ; si vero non facias, culpaberis. Quæ vero non debet esse, si facias gratus eris ; si vero non facias, non tamen culpaberis. Hæc ultima et mensura caret et tempore, velut si quis hodie eleemosynam faciat, non est inquirendus quare non fecerit heri. Similiter si unum dederit nummum, non est investigandus quare non dederit duos. Et quoniam totius mundi creatura est bona, teste etiam Scriptura quæ ait : *Vidit Deus cuncta quæ fecerat et erant valde bona* (Gen. 1), non est inquirendum cur hæc non fecerit antea.

Moyses. Juste tibi a Deo opto magnum præmium dari, eo quod quæstionem non credentium mundi constitutionem contra credentes tam subtiliter persolvisti. Nunc quod supradixisti volo patefacias, quomodo omnia ex conjunctione animæ cum materia gradatim sunt facta.

Petrus. Dicunt philosophi quia cum conjuncta et conglutinata materiei est anima primum omnium formatum est, et compositum firmamentum majus, in quo nulla sunt sidera, et quod circulos omnes facit moveri. Post illud autem formatus est signifer circulus in quo duodecim emicant signa. Tertio loco factus est circulus siderum, quæ semper situm suum servantia, in suis locis perdurant fixa. Quarto loco, Saturni locatus est circulus. Quinto autem Jovis est orbis locatus. Sextum porro locum, Martis sibi vindicat ensis. Septimo autem Solis circulus lucet. Octavum, Veneris possidet globus. Nonum, Mercurius sortitus est, dat lunæ partes decimus locus inferiores. His vero circulis completis omnibus et cunctis quæ in eis sunt, tunc cœpit motus iste rotundus, qui dicitur simplex et perfectus, et genuit ille motus in materia calorem, qui effusus est per eam ipsaque eum receperit, et inde facta sunt quatuor elementa : ignis, aer, aqua et terra. Constat autem quia omnis motus qui de aliquo movente procedit, et omnis virtus cujuslibet virtuosi, quanto propinquiora sunt his de quibus prodeunt, tanto majorem vim et fortitudinem obtinent, quantoque remotiora ab eis fuerint, tanto molliora atque debiliora redduntur. Quod quoniam ita est, patet quia calor ille qui de motu firmamenti processit, in locis vicinioribus multo plus incaluit, et concremans fuit, faciusque ignis est videlicet siccæ naturæ et calidæ. Quia vero paulisper calor ille longius a firmamento recessit, vim suam jam modicum amittens aliquantulum tepuit, et debilior fuit, sed et se hac illacque commovit, unde facta est natura aeris calida et humida. Omnis enim calor quandiu fortissimus est, desiccat et comburit. Ex quo vero tepescit, mollescere rem ac liquefieri facit. Quomodo autem adhuc longius a firmamento recessit, radice quasi procul existente vigorem amisit, et ideo natura frigida perstitit, et facta est liquida et ponderosa. Et quoniam longius adhuc quam erat a firmamento recessit, ipsa frigiditatis natura propter nimiam remotionem reddita est fortior, spissior, congelatior, et durior, factaque sicca et frigida, et ipsa est terra. Completa itaque hoc modo elementorum natura movit ea natura, et vis firmamenti, ad faciendam voluntatem et jussionem Dei. Cumque vis firmamenti sic ea ad invicem cuncta movisset, commista pariter et conjuncta inter se sunt, et ex ipsa eorum commistione genita sunt alia minora corpora, inanimata, animata et animalia. Inanimata quidem, ut lapides et metalla, aliaque quæ intra terram continentur nec crescunt, ut vivum argentum, sulphur, et cætera ;

animata vero, ut arbores et herbæ; animalia autem et irrationalia, ut bruta, et rationale, id est homo qui factus est post omnia. Omnis igitur creatura exordium coepit ab universali anima, et terminatur in homine gradatim ab uno in aliud migrans. Sunt igitur anima atque materia simplæ, et omnium subjectorum ineffabili summi Creatoris disponente providentia factrices. Quidquid autem ab his inferius est, superni rectoris voluntati obtemperans, facti pariter et facientis tenet officium. Singulum enim eorum et fit a suo superiori, et facit suum inferius ita. Unde et de eisdem David propheta ita præcinit dicens: *Benedicite Domino, omnia opera ejus, in omni loco dominationis ejus* (Psal. cii). Ea etiam omnia licet diversa, ita tamen divina restringit potentia, ut in nullo penitus sibi pugnantia videantur aut dissona. Quod item David alio loco sic testificatur dicens: *Laudent nomen Domini, quia ipse dixit et facta sunt, ipse mandavit et creata sunt. Statuit ea in sæculum, et in sæculum sæculi, præceptum posuit et non præteribit* (Psal. cxlviii). Sed unumquodque inferiorum superioris respectu simplum, inferioris vero dicitur compositum. Corpus autem humanum quod omnibus inferius est eo quod sub eo nihil est ad quod simplum dicatur, ex toto compositum non immerito dicitur, factusque est homo de simplici omnino creatura, idem anima et corpore omnino composito. Perfudit itaque eum et illustravit Deus suæ celsitudinis sapientia, per quam cognosceret et discerneret omnia. Facta est igitur species hominis inter omnes species animalium melior, et elegantior, et in omnibus præstantior. Unde haud injuste minor mundus vocatur.

Moyses. Rem difficilem et multis obscuram atque ignotam, luculento et satis aperto sermone demonstrasti, jamque de tuis verbis istis, quid Moyses potuerit significare in principio libri Geneseos secundum philosophiam aperte intelligo. Ait enim: *In principio creavit Deus coelum et terram* (Gen. 1), idem animam universalem atque materiam. Gradatimque omnes enumeravit creaturas, donec pervenit ad hominem, qui per dierum successionem sexto tandem die est creatus. Sed in hoc alia quibusdam Deum mundi Creatorem esse minime credentibus, quæstio oritur, quæ talis est: Si omnia, inquiunt, mundana non per se sunt creata, sed alius est Creator qui cuncta creaverit, cum ipse ut dicitis omnipotens sit, cur hæc omnia non in uno, sed in tot dierum spatio pauliper operando complevit? Ad hæc quid responderi debeat, conjicere nescio.

Petrus. Non patitur ratio ut, quoniam una creatura tardius est creata quam alia, ideo summus earum Creator minus potens credatur. Neque enim in hoc ejus fuit impotentia, sed quia ipsarum creaturarum altera mollior, altera durior fuit in suscipienda sua creatione et forma, veluti si accipias massam unam in qua ferrum, æs, et plumbum, stannum, pix, et cera simul sint posita, et hanc massam ex omnibus istis commistam, uno eodemque momento in ignem mi- seris totam, nunquid omnia uno eodemque temporis ictu liquefient? Non utique, sed prius cera, postea pix, dehinc stannum, deinceps plumbum, post æs, ad ultimum ferrum liquefiet. Imputas igitur hoc ignis virtuti, quod alia aliis citius liquefiant, an eorum variæ ascribis debilitati?

Moyses. Virtutem ignis eamdem esse erga omnia nemo dubitat, sed eorum quæ molliora sunt citius, quæ vero duriora tardius liquefiunt.

Petrus. Eodem modo in creaturis mundi non alia de causa tot dierum transivit mora, nisi quia quædam earum tardiores fuere in suscipienda forma.

Moyses. Dubitationis errore sublato jam veritatis lumen aspicio.

Petrus. Aperta satis et firma cuilibet est hæc oratio, quam et argumentorum et rationis undique fulcit probatio. Sed vestri doctores, dum in quibusdam pertinaciter nobis obsistere conantur, ipsi etiam sibi contrarii inveniuntur.

Moyses. Mihi velim, si placet, ostendi quisnam error iste sit.

Petrus. Dicunt enim quod Deus, cum firmamentum constituit, perficere penitus nolens cujusdam magni foraminis spatium in septentrionali parte imperfectum reliquit. Quod ob hoc videlicet eum fecisse asseverant, ut si quis aliquando exsurgens et ei æqualem se faciens Deum esse se diceret, ipse Deus illius spatii perfectionem ei opponeret dicens: « Si Deus es ut ego, locum illum claude si potes, quem apertum reliqui ego. » Hoc autem quam patens mendacium sit, nullius oculi aciem latet. Septentrionalis etenim poli axem altissimum semper super nos, nec unquam occultari conspicimus, ipsumque totum integrum perfectumque videmus. Perpendis igitur quam manifestus sit error iste?

Moyses. Perpendo quidem, et hunc sermonem omni rationis vigore destitutum cognosco.

Petrus. Nonne adhuc mendacium quod de Core clavibus confinxerunt, multo inhonestius et absurdius est?

Moyses. Quo pacto tibi mentiri videntur?

Petrus. Dixerunt ut ipsemet nosti, quoniam Core, dum eremum cum Moyse et filiis Israel præteriret, trecentos habebat camelos onustos, nihil aliud ferentes nisi solas claves thesauri ejusdem, quæ claves de vaccarum corrigiis factæ erant omnes, ut levius ferri possent. Computemus ergo si placet, o Moyses, et utrum hoc stare possit videamus. Demus ad minus libræ sex claves, et quod quisque camelus ad minus sexcentas tulerit libras, eruntque claves quas unus camelus ferebat, tria millia sexcentæ. Fient itaque claves ccc camelorum, mlxxx millia. Sed cum quæque clavis ad minus unius sit arcæ, quot sunt claves, totidem procul dubio erunt et arcæ. Dentur itaque cuique camelo ad minus duæ arcæ, et erunt cameli arcas ferentes quingenta et quadraginta millia. Sed et secundum consuetudinem divitum quibus major cura de custodiendis divitiis est, oportuit ad minus duos camelos unum habere custodem, qui thesauros cum summa servans diligentia, vix etiam dormitaret, invenienturque camelorum custodes ducenta et quadraginta millia. Libro autem attestante didicimus, quomodo exercitus Core per domos et cognationes et familias suas, non erant nisi octo millia sexcenti. Huic simile non minus ridiculosum est illud quod dicunt filiis, scilicet Jacob, patrem suum ad sepulcrum portantibus, filios Esau suum similiter patrem ad sepulcrum deferentes cum magno comitatu eis occurrisse: cumque utrinque magnus esset exercitus et singulæ partes sepulcrum sibi vindicare vellent, filium Dan montem ascendisse dicunt, et tantæ magnitudinis præcidisse lapidem, quanta multitudo esse poterat totius exercitus Esau, ipsamque molem capiti impositam attulisse, ut super hostium cuneum, eum projiciens, omnes uno prosterneret ictu. Cumque adveniens jam ambos cuneos concordes invenisset, molem quam attulerat in mare projicit, cujus magnitudine aqua maris terminos suos excedens, duas civitates sui effusione subvertit, et ipsæ sunt quas longo tempore post Pharao rex Ægypti filios Israel ædificare præcepit. Nonne, quæso, hæc adinventio tibi juste summo risu digna videtur? Cum enim Jacob filii duodecim adhuc tantummodo essent, viri Esan de tribu sua jam quadringenti existebant. Nunc igitur numero filiorum Jacob aucto, quanto major existimari potest filiorum Esau numerus fuisse? Tantam igitur oportuit eorum esse multitudinem, ut et filiis Jacob, et toti Ægyptiorum genti quæ cum Joseph venerat, obsistere potuisset. Nunc igitur indica quid horum admiratione sit dignius, scilicet vel ubi tantum invenerit montem, vel quo monte tam miræ magnitudinis molem, vel quomodo in capite tanti ponderis gestare potuisset lapidem, ut tam magnam prosternere posset cohortem. Non minus stupendum est illud monstrum, quod Og rex Basan videns ingentem exercitum Israel, sexcenta scilicet millia et quatuor millia, et quingentos viros a viginti annis et supra, exceptis mulieribus et parvulis qui supputari non poterant, molem inauditæ magnitudinis capiti suo imposuit, et cum ea expeditionem totam prosternere voluit, sed upupa avis minima moli ipsi subsedit, et tam diu rostro suo eam contudit donec foramine magno juxta quantitatem capitis ejusdem regis peracto, moles caput transiliens, in ejusdem humeris subsedit. Capite autem sano et toto corpore incolumi, fortassis adhuc a collo sublevasset, nisi adauctorum subito dentium quantitas impedisset. Mox enim ut lapis in collum descendit, dentes sibi repente ita sunt adaucti quod, cum voluit jam sublevare, minime potuit. Quod Moyses intuens, cujus corpus decem cubitos habuisse asseritis, et totidem ejus virgulæ ascribitis, se super terram in modum salientis decem cubitos erexit, ut eum in aliquo corporis loco cum virga percuteret. Si ergo computes decem cubitos quibus a terra elevatus est, et decem ejus corporis cubitos, et decem alios quos virga in altum porrecta habebat, a terra ad summitatem virgæ triginta invenies cubitos. Sed cum in tantum erectus esset Moyses, virgæ tamen summitas qua eum percutere intendebat, nequaquam ulterius attingere potuit, quam ad eum nodum quo sura jungitur pedi, quæ vulgo cavilla vocatur. In quo quidem cum eum percussisset, continuo cadens exspiravit. In hoc cognoscere quilibet potest quod a planta pedis quam in terra fixam tenebat usque ad nodum in quo percussus est, triginta cubitos habebat. Ab eo igitur loco usque ad summum, non minus quam octingenti cubiti erant, solumque caput decem cubitis facile constare poterat. Unde sequitur quod avis illa molem ipsam decem cubitis perforavit. In quo facto quot sunt miranda, quidve potius mirer, cum considero, stupeo. Ubi enim vel tantum lapidem invenire, vel qualiter tantum pondus potuit portare? Aut quomodo tam parvula avis tantum, tam durum, tamque spissum saxi corpus tam cito valuit penetrare, quove pacto dentes ei tam cito crescere? Aut qua ratione tam immensæ et inauditæ magnitudinis credendus est fuisse, præsertim cum lex dicat lectum ejus ferreum non nisi novem cubitos habuisse (Deut. III), quove pacto tantus homo tam facili vulnere cecidisse? Libet adhuc aliud innotescendo ridiculum majorem eorum fatuitatem ostendere. Aiunt enim quod Moyses pro lege suscipienda in cœlum ascendit, et ibi cum angelis taliter altercatus sit. Dicebant enim, inquiunt, angeli: « Legem hanc te minime ferre sinemus, quam nobis plus quam filiis Israel necessariam scimus. » Ad hæc Moyses insolita visione perterritus, nihil respondere præsumpsit, sed Domino se confortante ut secure responderet, et præcipiente, ait angelis: « Cum lex hæc regendorum corporum præcepta contineat, non satis considero quid vobis qui spiritualis tantum creatura estis sit necessaria. » Angeli quid ad hæc dicerent non habentes, victi conticuerunt. De Moysi igitur victoria Deum risisse, et valde lætatum esse dicitis, et ita Moysen post triumphum cum lege alacrem descendisse. Quot, quæso, fatuitatis diversitates in hac continentur lascivia? Quomodo enim Moyses corporis mole depressus, altitudinem cœli conscendere potuit, aut quomodo Deo dare legem volente, angeli prohibere? Quid iterum stolidius est quam dicere Deum angelis victis exsultare, et puerili more ridere? Item si angeli, ut dicitis, tam avidi illius legis retinendæ erant, cur eam non prius a Deo quæsierant? vel quid contentionibus proderat eis desævire? Poterant enim legem ipsam etiam simul cum Judæis observare, nec ratio cur eam Moysi deberent inhibere. Non minus his omnibus cuilibet præstat ridiculum, aliud quod ipsi memorant factum. Dicunt enim angelum mortis cuidam viro apparuisse, nomine Josue, filio Levi doctori, eique dixisse: « Ad hoc venisse me scias, ut animam tuam suscipiam, et moriaris. — Nequaquam, inquit ille, quod commones faciam, nisi prius mihi paradisum ostenderis. » Susceptum igitur angelus in alis suis, duxit ad locum unde videret paradisum. Callidus autem ille de alis ejus delapsus, in paradisum cadere se permisit. Angelus deceptum se esse dolens, irato nimis vultu : « Egredere, ait, ut moriaris. — Nequaquam, ait ille, egrediar. » Cumque secundo ac tertio angelus idipsum cum magno clamore repeteret, et ille ejus verba negligeret, commotus nimium angelus, ad Deum pergens hujus rei querimoniam fecit. Deus autem eum redire rogavit, ut hominem illum ex Dei nomine de paradiso egredi præciperet. Veniens itaque angelus ad paradisum, ait : « Deus ut egrediaris præcipit. » Juravit ille, et ait : « Per Deum non egrediar : » Rediit angelus ad Deum et dixit : « Jurejurando se nunquam inde egressurum firmavit. » Dans itaque judicium Deus respondit : « Omnia volumina vitæ et actuum ejus revolve, et diligenter relege. Si quando eum jurasse et perjurasse inveneris, modo quoque nihil sibi jurasse valebit. Si autem nunquam perjurum esse probaveris, non in hac vice timebis. » Volumina itaque omnia angelus studiose discutiens, nunquam perjurasse invenit. Dimisit ergo eum victus, qui, ut dicitis, usque in præsentem diem incolumis permanet atque vivus. Considera, quæso, quam risu dignissima in hoc possunt notari sermunculo. Quid enim plus miremur? an fatuitatem angeli qui callidam hominis artem non prius agnovit, an hominem, audito per angelum Dei præcepto, contra ipsum præceptum ausum fuisse jurare, an dicamus Dei impotentiam fuisse, quod non nisi per nuntium eum de paradiso potuisset expellere, an ascribamus Dei ignorantiæ : quod non aliter scire potuit utrum perjurus fuisset, nisi ejus vitæ libros revolvi juberet? Nonne hæc omnia fatuissima sunt? Quod si omnia quæ doctores vestri similia his conscripserunt poneremus, multos sicut et ipsi libros nugarum fabulis impleremus. Pauca autem induximus, ut eorum vel sapientia, vel fatuitas, cunctis patesceret. Hoc itaque est quod tibi superius dixi, verba doctorum vestrorum non aliud videri quam verba jocantium in scholis puerorum, vel nentium in plateis mulierum. Sed dic, precor, o Moyses, talium hominum vel legem suscipiendam, vel auctoritatem judicas comprobandam? Eruat te divina miseratio de eorum exsecrabilibus præceptis atque consiliis, quemadmodum et me, licet non meis eripuit meritis, et te mecum pariter salutiferis subdat imperiis, quatenus utrumque pariter ditet suis ineffabilibus præmiis.

TITULUS II.

De cognoscenda præsentis Judæorum captivitatis causa tractat, et quam diu durare debeat.

MOYSES. Quoniam quæcunque nostri doctores divinæ majestati indigne applicant, tu omnia inexpugnabilium luce rationum, nec Scripturæ auctoritate, nec cujuslibet rationis vigore consistere posse monstrasti, nunc ad secundam propositorum partem in qua de nostra es captivitate locutus veniamus, si placet. Dixisti enim (nisi menti exciderit) nos tali modo sperare captivitatem evasuros esse, quo scilicet modo nequaquam possumus evadere. Nunc itaque propter hoc quæro utrum nos illo quo credimus, sed alio, an etiam nullo (quod absit) modo evadere concedas.

PETRUS. Eo quidem modo quo ipsi æstimatis non credo, sed alio modo vos evasuros esse non abnego.

MOYSES. Quare eo quo dicimus liberari nequaquam possimus modo, et quisnam sit liberationis modus audire desidero.

PETRUS. Cum Christum Filium Dei esse, aut in mundum pro humani generis redemptione negaveritis venisse, et ejus præcepta nolueritis servare, liberari nequibitis a captivitate. Si vero eum et Dei Filium esse, et jam venisse credideritis, et mandata cujus custodieritis, statim de captivitate exibitis.

MOYSES. Quam auctoritatem poteris afferre super hujusmodi sermone?

PETRUS. Prius quæ vestræ captivitatis fuerit causa videre debemus, ut sic etiam evadendi modum melius agnoscamus, more sapientis utentes medici, qui prius infirmitatem inspicit, ut qua opus sit medicina scire possit.

MOYSES. Bene dictum collaudo.

PETRUS. Prius causam Babylonicæ captivitatis, quæ non nisi per septuaginta annos duravit, dicas volo, quia ipsam cum audierimus, adjuverit nos ad cognoscendam causam hujus tantæ captivitatis.

MOYSES. Plurima peccata, quæ longum est enumerare, prioris captivitatis causa fuere.

PETRUS. Ita quidem concedo esse, sed tamen ex illis aliqua volo a te ego audire.

MOYSES. Pauca ex illis in medium deducam quæ prophetica auctoritate probantur, scilicet usuram, vel munus pro iniquitate accipere, juramentum falsum jurare, in vendendo et emendo pecuniam falsam dare, falsa testimonia dicere, alterutrum detrahere, parentes, et loca sanctificationis et dies Sabbatorum inhonorare; matris, sororis, filiæ, socrus, vel cujuslibet illicitæ feminæ turpitudinem revelare, homicidia perpetrare, idola adorare, stellis sacrificare, Deum negare, Deique prophetas, tanquam Uriam, Zachariam, Isaiamque necare, et alia multa, quæ, ut superius dixi, longum est enumerare, quæ in tantum creverunt, ut Deus ad Jeremiam diceret prophetam : *Circuite vias Hierusalem, et aspicite et considerate, quærite in plateis ejus an inveniatis virum facientem judicium et quærentem fidem, propitius ero ei* (Jer. v). Item Ezechiel ait : *Quæsivi de his virum qui interponeret sepem, et staret oppositus contra me, propterea ne dissiparem eam, et non inveni* (Ezech. XXII).

PETRUS. Gaudeo et gratias ago, quia jam te aliquam veritatis scintillam videre cognosco. Dic ergo, si nosti, quænam causa hujus tam longæ tamque diræ fuerit captivitatis, quæ jam mille quadraginta duravit annis.

MOYSES. Hæc eadem peccata et his similia.

PETRUS. Hanc rationem nulla poteris auctoritate firmare quia a trecentis annis ante subversam Hierusalem nullus in Israel propheta exstitit, qui hoc prædixerit vel scripserit, maxime cum doctores vestri dicant hoc tantum fuisse causam subversionis Hierosolymorum, quod alter alteri sine re inimicaretur et invideret. Insuper etiam ad tuæ rationis destructionem adjiciunt, quod, ædificato templo, Deus in manus eorum peccati principem tradiderit cui ligatis manibus et pedibus unum evulserunt oculum, et ab ea die non habet potestatem decipere posse in homicidio et idololatria, et consanguinearum turpitudine revelanda. Non ergo omnia ea quæ fuerant prioris, secundæ quoque causa fuerunt captivitatis. Dicunt etiam quod, templo existente, multi erant homines bonæ vitæ, qui prophetæ debuerant esse, si tempus fuisset prophetiæ. Multi etiam præter usum faciebant nova miracula, veluti dicunt Joannem filium Zachai tantæ sanctitatis fuisse quod, cum in cathedra sua ad legendum libros suos sederet, Deus ad ostendendam meritorum ejus virtutem, omnes aves super eum volitantes, concremari et in terram ruere fecit. De alio quoque, Hunni videlicet, tale aliud miraculum astruunt. Temporibus quidem ejus terram dicunt siccitatem pertulisse. Qui circulo de lapidibus fabricato ingressus est ipse in eum, et ait ad Deum : « Juro per nomen tuum, Deus, quod non hinc egrediar, nisi pluvia in terram descendat. » Cœpit ergo minutim pluere, sed ipso majorem pluviam postulante, tantus imber descendit ut pene terras omnes vastaverit. Sed eodem mediocriter petente, pluvia temperata descendit, et terra bonis omnibus redundavit. Aiunt etiam de Annania filio Dosa quod vox quotidie de monte Horeb sanctitati ejus tale afferebat testimonium, dicens : « Propter bonitatem Annaniæ filii Dosa totum mundum guberno, cui tamen parum quid satis de ipso sufficit mundo. » De quo et aliud tale miraculum astruunt. Cum enim ipse et uxor ejus ambo pro Deo vitam pauperrimam ducerent, omni die Veneris clibanum calefieri jubebat, ut proximi et vicini ejus eum cibis affluere, et bene crederent vivere. Quadam igitur die cum solito more clibanum succendi præcepisset, et quædam vicinarum quare hoc fieret animadvertens, ad clibanum subito venit, et eorum facta revelans tam viro quam mulieri verecundiam inferret. Ut igitur ad clibanum venit et introspexit, plenum panibus vidit, quod velociter currens præfatæ mulieri nuntiavit. Quæ eam hoc non veritatis, sed improperii causa dicere æstimans, credere noluit, donec ipsamet probavit. Ivit igitur, aspexit, sicut vicina dixerat esse invenit, et ad virum lætabunda regressa, quomodo iniquæ mulieris voluntatem Deus commutaverit in honorem, ei ex ordine retulit. Ille indignum judicans ut quod Deus ad miraculum fecerat in proprium suum sumeret usum, nihil ex eo se gustaturum esse respondit, sed totum dari pauperibus fecit. Aiunt præterea eisdem temporibus Nicodemum Guirionis filium valde laudabilis vitæ fuisse virum. Cujus diebus siccitas tanta terram pressit, ut euntes ad templum orationis causa, nihil quod biberent in via habere potuissent. Erat autem in itinere illic euntibus cisterna quædam cujusdam principis gentilium. Ad hunc principem accedens Nicodemus ait : « Cisternam tuam mihi ad totius populi opus, si placet, concede, et usque in diem illum cisternam cum aqua, vel æque valens pretium reddam. » Quid multa? Quod postulavit impetravit, et populi sitim compescuit. Sed cum statuto die creditor ille pretium quæsiturus adesset, et præ nimia siccitate nihil aquæ cisterna haberet, Nicodemus, oratione ad Deum fusa, pluviam de cœlo impetravit super totam terram, et cisternam, sicut acceperat, plenam domino suo restituit. Sed quia in hora qua eadem pluvia descendit, jam dies inclinata erat ad vesperum, ait princeps ad Nicodemum : « Aquam quidem oratione tua recipio, sed tamen quoniam constitutæ diei tota transiit hora, pretium ex debito mihi solvere debes. » Ille igitur facta iterum oratione, solis cursum detinuit, et toto mundo ejus lumine illustrato debiti quæstionem evasit. De Achiba etiam scriptum habetis quod quodcunque postulasset a Deo impetrabat. De cujus sanctitatis magnitudine hoc legitur. Quod cum Moyses in montem pro suscipienda lege subisset, et omnia post eum futura tempora, et omnes sæculorum generationes Spiritu sancto dictante prænovisset, et inter homines Achiba humanam excedere vitam, et magnis meritis pollentem vidisset, ait ad Deum : « Cum tam probabilis vitæ futurus sit homo, quare, Domine, per me et non magis per eum legem tuam populis places ministrare ? » Ad hæc Deus : « Quoniam, inquit, lex in præsenti est mundo necessaria, Achiba autem post longa futurus est tempora. » In his datur intelligi quod Moyses illum de quo talia dicebat, longe se meliorem prævidebat. Hi et alii similes his erant vobis majores et judices, qui minoribus bona agere imperabant, et quorum monitis cæteri libenter obtemperabant. Quorum si vel unus similis in prioris captivitatis tempore fuisset, nequaquam, ut supra Deum dixisse per Jeremiam ostendimus (*Jer.* v), captivitas facta fuisset. Et quod magis mirandum est, his diebus quibus meliores horum pollebant, iidem destructo templo captivati sunt Judæi. Dic ergo, o Moyses, quænam hujus captivitatis fuerit causa, quia quam dixeras supra, nulla ratione stat firma.

MOYSES. Quid aliud dicam non habeo, nisi quod longo tempore subsistente templo peccata multa paulatim succreverunt, cum illo, quod nostri doctores dixerunt, sed multiplicato delicto.

PETRUS. Quod dicis templum substitisse tempore longo, decem profecto tantum annorum curricula substitit, supra quod alterum scilicet Salomonis ante subsisterat. Quod autem dicis quia peccata sunt cumulata peccatis, ratio non recipit. In prima enim captivitate ideo peccata sunt addita peccatis, quia reges iniqui exemplum mali præstabant aliis, scilicet Deum postponebant, idola adorabant, et populum idem facere cogebant, velut fecit Ochozias, Achas, Manasses, Amon, Sedecias (*IV Reg.* I, XVI, XXI *et* XXIV). Principes autem secundi temporis omnino contrarii erant, quia bonam agentes vitam etiam populum exemplo sui bene vivere cogebant. Qua ergo ratione ostendi potest tot peccata succrevisse, ut propterea sit captivitas facta? Quod autem dicis propter malevolentiam quam ad invicem habebant captivitatem illam factam fuisse, rectæ rationis non innititur anchora. Hoc enim peccatum pars una fuit eorum quæ in prima fecerant captivitate, nec propter illud tamen captivari deberent, nisi cum eo et alia majora eo succrevissent. Majorum enim et minorum criminum quantitatem nos nescimus discernere, nisi secundum modum ultionis a Deo indictæ. Hujus autem vindicta, non est nisi quadraginta flagella. Alia sunt crimina, quorum est major vindicta, scilicet cum quis præcipitur vel capite plecti, vel laquei suspensione necari, vel lapidibus obrui, vel etiam igne cremari. Quomodo ergo verum esse potest malevolentiæ crimen majoribus æquari debere? Rursum ratio refugit credere crimen hoc temporibus illis in tantum regnasse, cum Aggæi prophetæ verba testentur constructo templo Deum dixisse : *Magna erit gloria domus istius novissimæ plus quam primæ, dicit Dominus exercituum, et in loco isto dabo pacem (Agg. II)*.

MOYSES. Quoniam omnes mearum rationum sunt aditus obstrusi, tu mihi, quæso, hujus quæstionis tuæ solutionis clave januam solve.

PETRUS. Cum captivitatis originem et causam ignores, quare eadem tam dura fuerit, tam crudelis et intolerabilis, respondere non potes. In prima etenim captivitate cum aliorum more captivorum in Babylonem ducti fuissent, nullam præter servitutem pœnam sustinuerunt. Colebant enim agros, plantabant vineas, ædificabant domos, cum uxoribus et filiis secure vivebant. In secunda autem tot et tanta eis opprobria, et tam inaudita intulerunt, quibus similia vel æqualia non sunt visa unquam nec audita. Occisi quidem sunt, sunt et cremati, et captivorum more venditi, adeoque crevit illa venditio, donec pro uno argenteo triginta darentur captivi, nec tamen inveniebatur qui emeret, sicut promisit Moyses dicens : *Venderis inimicis tuis in servos et ancillas, et non erit qui emat (Deut. XXVIII)*. Naves etiam ipsis impletæ, sine ullo remige vel gubernaculo vagari per pelagus sunt dimissæ, ad ipsorum dedecus et vilitatem. Præterea postquam in hac captivitate dejecti estis, intolerabilia vobis dabantur mandata, ne legem videlicet legeretis, nec vestros eam filios doceretis. Quod si quis legens eam aut docens filios inventus fuisset, aut cremabatur, aut pectinibus ferreis acutissimis pectebatur. Præterea nec Sabbatum nec Pascha celebrare permissi estis. Si vero quis hoc faciens inventus fuisset, acerrime puniebatur. Prohibiti super hoc estis, vestros pristino more filios circumcidere, multumque transiit temporis, quo nemo nisi in occulto suum ausus est filium circumcidere. Circumcidens autem inventus quivis, pœnis afficiebatur gravissimis. Edictum præterea durissimum vobis promulgatum est, ut si quis vestrum puellam virginem uxorem duceret, prius eam ad provinciæ principem duceret, ut cum ea dormitaret, et sic demum ad Judæum rediens nuberet. Qua de re adeo confriti estis, ut nemo virginem desponsare vellet. Sic per omnium successiones temporum diversa vobis indicebantur mandata malorum, ut ipsis vestrorum testimoniis probatur librorum.

MOYSES. Omnia procul dubio malorum genera concedo, sed jam dudum inhianter tantæ tribulationis causam audire desidero.

PETRUS. Quia malorum causam ignoras, idcirco quare tam longa sit nescis. Ecce enim jam in ea mille quadraginta annos expletis, et adhuc quanto durare debeat tempore, nullo scripto certum habetis; forensis autem justitia exigit ut, punitis aut mortuis his qui facinus aliquod commisere, sequaces a captivitate liberi debeant esse, quemadmodum habetur scriptum in lege, quod exploratores qui ad considerandam repromissionis terram missi erant, cum Dei voluntati rebelles voluissent existere, ne peccatum eorum inultum existeret, quadraginta annis morati sunt in solitudine, et in eorum dierum spatio, omnes illi prævaricatores obiere (*Num.* XIII et XIV). Quibus tali morte punitis, filii qui a patrum erant insontes crimine, terram patribus promissam introiere. In transmigratione quoque Babylonis septuaginta anni sunt demorati, donec defunctis omnibus quorum peccatis captivitas fuerat facta, filii qui nihil commeruerunt de jugo sunt liberati. In hac vero captivitate quæ a Tito facta est, innumerabiles jam transierunt generationes, nec adhuc finem habet. Hoc autem factum est contrarium ei sermoni quem ait Dominus ad Moysen : *Non occidentur patres pro filiis, nec filii pro patribus, sed unusquisque pro peccato suo morietur (Deut. XXIV)*. Ezechiel quoque ait : *Vivo ego, dicit Dominus Deus, si erit ultra parabola hæc in proverbium in terra Juda. Ecce omnes animæ meæ, ut anima patris, ita et anima filii mea est. Anima quæ peccaverit, ipsa morietur (Ezech. XVIII)*.

MOYSES. Et si his exemplis contraria est longævitas nostræ captivitatis, sed tamen aliis legis concordat Scripturis. In Exodo enim dicit Dominus : *Ego sum Dominus Deus tuus, fortis, zelotes, visitans iniquitatem patrum in filiis in tertiam et quartam generationem, in his qui oderunt me (Exod. XX)*. Jeremiæ quoque verba sunt hæc : *Patres nostri peccaverunt et non sunt, et nos iniquitates eorum portavimus (Thren. V)*.

PETRUS. Aliter res se habet quam dicis. Si enim ita essent verba prophetæ, sibimet contraria essent. Sic autem utrumque dissolvitur. Quod enim dicitur, quia filii non portabunt iniquitatem patrum (*Ezech.* XVII), ita intelligitur si filii non fecerint iniquitatem patrum. Quod autem dicitur, quia filii portant iniquitatem patrum (*Exod.* XX), hoc modo dicuntur portare, si scelera fecerint patrum.

MOYSES. Quod loqueris sapientibus rationabilem et justam parit intelligentiam. Hoc autem ex tuis verbis intelligi datur quod omnes sequacium generationes idcirco in patrum captivitate permanent, quod patrum suorum, in quantum possunt, opera exsequuntur. Quod si patrum opera dimitterent, et de captivitate exirent.

PETRUS. Ita utique sentio.

MOYSES. Jam si placet tanti reatus magnitudinem aperi.

PETRUS. Quia Christum Dei Filium occidistis, dicentes eum magum, et de scorto natum, et quod totam gentem in errorem induxit. Majores vestri hæc et his similia protestati sunt, donec totam plebem suæ pravæ voluntatis efficientes consortem, virum justum injuste in injustum valde judicium adduxerunt, crucifixerunt et occiderunt. Tanti igitur reatus magnitudo tam longinquæ captivitatis causa existit. Dumque vos in paterna manseritis tam voluntate quam fide, in eadem procul dubio existetis damnationis tribulatione.

MOYSES. Utrum ille homo Filius Dei fuerit, latius postea disputare oportebit, quia tantæ quæstionis auctor validissimi argumenti vehiculo indiget. Nunc interim hoc modo ostendi volo quonam modo aut auctoritate coneris asserere quod is de quo loqueris homo nostræ tribulationis causa exstiterit.

PETRUS. Quam, quæso, a me super hoc exigis auctoritatem, cum jam superius mihi concesseris tam inauditæ afflictionis inauditum omnino peccatum causam fuisse? Cumque illud tu nullo prorsus modo ostendere valeas, a me judicii æquitas jubet ut audias, nec unde comprobem quærere debes, sed destruere quoquo pacto si potes, aut concedere quod denegare non vales. Verum licet non me judicii censura constringat, non unam, sed multas super hac re auctoritates inducam.

MOYSES. Id est quod toto desidero animo.

PETRUS. Nosse debes quia, quadraginta annis post Christi mortem expletis, Hierosolymorum a Tito civitas fuit destructa. Item quadraginta annis antequam destrueretur, portenta et signa in eadem sunt visa, liquido indicantia quod hæc templi et urbis destructio esset futura, quemadmodum vestræ doctrinæ libri testantur. Aiunt enim quod quadraginta annis antequam subverteretur, rubra lana quæ hædi cornibus annectebatur, nequaquam more solito albescebat, candela quoque candelabri quæ ad occidentem respiciebat, ante consuetum tempus exstinguebatur. Valvæ præterea templi, nullo tangente, cum magno strepitu sponte sua reserebantur. Quas cum quidam doctorum vestrorum, nomine Joannes, filius Zachai, sic aperiri sæpe vidisset, valde commotus tandem clamavit : « Quiescite; » et adjecit : « Templum, templum, profecto cognovi quod novissima tua concrematio possidebit, sicut et propheta ait : *Aperi, Libane, portas tuas, et comedat ignis cedros tuas* (Zach. XI). » Cum igitur ista prodigia quadraginta annis ante destructionem fuerint visa, et quadragesimo a Christi morte anno civitas fuerit destructa a Tito, liquido concluditur quod hæc signa a tempore mortis Christi sint facta. Sed et hoc cum aliis doctoribus vestris Joannes intellexit, quod mors Christi captivitatis vobis causa exstitit. Non autem eam, sed malevolentiam hominum et invidiam causam, scilicet causæ, captivitatis causam esse dixerunt, sed veram causam tacuerunt. Invidia quippe Judæorum et malitia causa mortis Christi fuit, mors autem Christi, causa captivitatis.

MOYSES. Si illum hominem talem, ut dicis, fuisse constaret, et ejus mortem nostræ tribulationis causam fuisse, nullus ex nobis dignus esset vivere. Tale enim peccatum majus est quam Deum negare. Qui enim Deum negat, fidem tantum quam acceperat a se alienat; qui vero Dei Filium necat, præter hoc quod deitatem quæ est invisibilis denegat, etiam illud superaddit peccatum, quod rem visibilem quam corporeis conspicit oculis, eam etiam ab animi fide sequestrat, cum id quod videtur majorem debeat menti credulitatem afferre quam quod non videtur. Præterea autem eum nostri patres sputis illitum, colaphis cæsum, multis et variis injuriis affectum, mortique innocenter addictum cruci affixerunt. Unde non immerito hoc scelus majus fuit eo quod commiserunt in eremo, cum vitulum scilicet aureum adorarent pro Deo. Tunc vero legimus Deum voluisse Israel omnino delere, nisi Moyses pro eis interveniens multo fletu et jejunio, et oratione, Domini iram avertisset, quadraginta diebus et quadraginta noctibus assidui jejunii maceratione se pro eodem peccato affligens (*Exod.* XXXII), sicut lex perhibet dicens : *Procidi ante Dominum sicut prius, quadraginta diebus panem non comedens et aquam non bibens, propter omnia peccata vestra quæ gessistis contra Dominum, timui enim iram et indignationem illius, qua adversum vos concitatus, delere vos voluit* (*Deut.* IX). Nisi igitur Moysi oratio intervenisset, de toto populo nullus superesset. Cum autem hoc aliud facinus quod criminum quantitatem excedit, Dei scilicet Filium occidere præsumpsissent, nec ullus esset qui pro eis interveniret, nullus itaque debuit vivere. Vides autem quia ita non est, sed Deus nos et vivere permittit, et quotidie quantum amat ostendit, cum nobis in conspectu inimicorum nostrorum gratiam præstat, et opibus locupletat, et honoribus exaltat, sicut nobis per os Moysi prophetæ pollicitus est dicens : *Cum essent in terra hostili non penitus abjeci eos, neque sic despexi ut consumerentur, et irritum facerem pactum meum cum eis. Ego enim sum Dominus Deus eorum* (*Lev.* XXVI).

PETRUS. Non rectam de hac re intelligentiam concipis. Neque enim Deus ideo reliquias de vestro vivere patitur populo, quod de eorum aliquid cogitet commodo, sed ideo tantum ut universis gentibus serviatis, et in omnium oculis improperium et fabula et maledictio sitis, sicut vobis promisit lator legis, dicens : *Eris perditus in proverbium ac fabulam omnibus populis, ad quos te introduxerit Dominus* (*Deut.* XVIII), et ut sitis toti populo in parabolam, et proverbium quærentibus omnibus ad invicem. Quid putas causæ est propter quod Deus gentem hanc ubique terrarum dispersam perpetuæ servituti subjecit, et tot malorum multatione damnavit? Respondebitque alter: Ob tale peccatum, quod Dei Filium invidiæ tantum causa occiderunt, ideo in hæc mala devenerunt. Quod si in ipso tempore quo peccatum a vobis est commissum, totam Judaicam progeniem funditus delevisset, multis temporum circulis transactis, culpa oblivione deleta, a nullo mortalium sciretur, sicque et infamiæ opprobrium, et malorum evitaretis periculum, sicut et de multis contigit gentibus et regibus, quorum gesta temporum sunt vetustate deleta. Est et alia causa, propter quam Deus Judaicam noluit perdere gentem. Videbat enim quosdam de semine vestro quandoque in se credituros, atque salvandos, et ideo propter eos noluit omnino vestram disperdere stirpem, sicut dicit Isaias: *Quomodo si inveniatur granum in botro, et dicatur: Ne dissipes illud, quoniam benedictio est; sic faciam propter servos meos, ut non disperdam totum* (*Isa.* LXV). Testimonium autem divinæ circa vos pietatis quod Moysi promissum de legis libro protulistis, non ad præsentem, sed ad præteritam respicit Babylonis captivitatem, quoniam de ea quandoque vos erat educturus.

MOYSES. Qua comprobas auctoritate promissum illud ad solam Babyloniæ captivitatem pertinere?

PETRUS. Quoniam in loco ubi promissum hoc fecit Deus ad Moysen, si paulisper attendas superiora, eumdem Moysen præmisisse invenies: *Tunc placebunt terræ sabbata sua, cunctis diebus solitudinis suæ, quando eritis in terra hostili, sabbatizabit, et requiescet in Sabbatis* (*Lev.* XXVI). Hoc autem eis in Babylonem ductis completum esse Ezras in libro Temporum comprobat, dicens inter cætera: *Ductus est Israel in Babylonem, et servivit regi et filiis ejus, donec celebraret terra Sabbata sua. Cunctis enim diebus desolationis egit Sabbatum* (II *Par.* XXXVI). In his verbis liquido apparet quia de prima captivitate loquatur.

MOYSES. Auctoritas ista meæ non sufficit dubitationi, quia non moustrat nos propter hominem illum in hanc decidisse captivitatem.

PETRUS. Quod evidentius testimonium quæras vos propter Christi mortem hanc subisse captivitatem, quam id quod scriptum apud vos legitis, quia scilicet in ipso adhuc captivitatis exordio, quidam terræ vestræ princeps decem de melioribus totius Israelitici populi, Ananiam scilicet Terradionis filium, Simeonem Gamalielis filium, Ismael Elisei filium, et Achiba cæterosque captos in carcerem misit, sciscitans ut quid justum vendidissent. Lex enim, inquit, discernit ut quicunque Judæum vendiderit, mortis multetur sententia. Et vos igitur secundum judicium legis mori debetis. « Dicto decreto, vario dat corpora leto. » Non enim omnes una coercuit pœna, sed singul's singul' sunt genera mortis proposita. Alium videlicet ignis cremavit, alter ferrei pectinis unguibus laceratus exspiravit, alium vero mors quævis diversa consumpsit, quemadmodum mortes illas vestræ doctrinæ liber exposuit. Doctores autem vestri hujus justi pro quo illi ita puniti sunt nomen mutantes, in hoc facto de Christo prorsus conticuerunt. Dixerunt enim quia princeps ille justum nomine, Joseph filium Jacob, quem in Ægyptum vendiderant fratres (*Gen.* XXXVII), intelligebat, ejusque sanguinem ab eis exigens, propter eum talibus illos affecit suppliciis. Absurdum autem rationi videtur, ut id ab eis exigeret quod ad minus ante mille quingentorum erat factum annorum curricula, maxime cum temporibus quibus Joseph venundatus fuit, nulla lex esset qua princeps ille eos mortis reos convincere posset.

MOYSES. Rationes tuæ non mihi sufficiunt, quoniam non aliqua eas auctoritate confirmas, sed proprio fingis arbitrio, nec inest eis ulla necessitas qua me ad credendum tibi cogere debeas. Volo autem, ut, si vales, aliquam de prophetis auctoritatem in medium deferas, qua captivitatem istam propter hominem illum, et cum Christum esse necessario monstres, nec nobis in hac tribulatione posse certum terminum esse.

PETRUS. Isaias propheta ait: *A finibus terræ laudes audivimus, gloriam justi* (*Isa.* XXIV). Hæc verba, justi hujus laudes ubique terrarum fuisse ostendunt. Nullius autem hominis justi laudes tantas fuisse unquam audivimus, ut usque ad fines terræ pervenirent. Cui justo quia tribulationes quas sine causa passurus erat prævidebat, his compatitur verbis, dicens: *Væ mihi: prævaricantes prævaricati sunt, prævaricatione transgressorum prævaricati sunt* (*Isa.* XXIV). Prævidens enim propheta quas prophetis Dei adventum prænuntiantibus tribulationes illaturi essent, ait: *Prævaricantes prævaricati sunt*, intuitus autem, quia nec membris contenti, ipsum etiam caput invidia pleni quibuscunque possent modis essent oppressuri, et secundum corporis passibilitatem occisuri, prævaricationis nomen ingeminavit, ita subjiciens, *prævaricatione transgressorum prævaricati sunt*. Sed quia pro hoc peccato pœna plectendi essent, dictante spiritu præsciens, illico subjungens ait: *Fortitudo et fovea, et laqueus super te qui habitator es terræ* (*ibid.*). Inter cætera quoque de eadem gente ait: *Gravabit enim iniquitas sua, et corruet, et non adjiciet ut resurgat* (*ibid.*), ubi videlicet certum vobis terminum evadendi captivitatem funditus depressit. His consona Dominus per eumdem prophetam in alio loco posuit dicens: *Nunc ingressus scribe super buxum, et in libro diligenter exara illud, et erit in die novissimo in testimonium usque in æternum: Populus enim ad iracundiam provocans est, et filii mendaces, filii nolentes audire legem Dei, qui dicunt videntibus: Nolite videre, et aspicientibus: Nolite aspicere nobis ea quæ recta sunt. Auferte a me viam, declinate a me semitam, cesset a facie nostra sanctus Israel* (*Isa.* XXX). Buxus lignum durum est, et imputribile. Ideo autem in buxo scribi, et in libro diligenter præcepit exarari, ut in æternum duraret, et usque in novissimum diem in testimonium incredulitatis suæ et opprobrium permaneret. Per hoc etiam quod ait, *erit in novissimo die*, etc., innuit quia usque in novissimum diem perseveraret error Judæorum. Quid autem et quare scribi debeat, utrumque in uno versu insinuat cum dicit : *Populus enim ad iracundiam provocans est, et filii mendaces, filii nolentes audire legem Dei*. De qua lege Dei dixit ? Si enim de lege Dei quam per Moysen dederat, dicere vellet propheta, nolentes audire legem Dei, cum jam illam frequenter audissent, utique non diceret hoc, sed nolentes implere. De lege ergo quam daturus erat Christus intelligebat, de qua quod eam audire nollent, propheta jam præsciebat. Quod autem innuit, *qui dicunt videntibus : Nolite videre, et aspicientibus : Nolite aspicere nobis ea quæ recta sunt. Auferte a me viam, declinate a me semitam*, hoc quidem addidit propter Joannem filium Zachariæ Christi præcursorem (*Joan.* 1), et cæteros qui Christum non solum venturum prædixerunt, sed etiam digito ostenderunt, quibus Judæos non esse prænoscebat credituros, sed hujusmodi verba dicturos. Quod autem in sequentibus dicunt prætereundum non est. Dicunt enim : *Cesset a facie nostra sanctus Israel*. Quisnam est iste sanctus Israel? Nunquid Deus visibilis est, ut de eo dicerent, *cesset a facie nostra*, aut de re invisibili dici potest, quod ab humana facie cesset, cum ab ea videri non possit? Si ergo quæras Deum qui possit videri, non invenies nisi Christum. Ipse enim et unus cum Patre est Deus (*Joan.* x,), et tamen per humanitatem apparuit mundo visibilis (*Tit.* III). Cum autem tot eorum prævaricationes præmisisset, vindictam ipsius peccati subintulit dicens : *Pro eo quod reprobastis verbum hoc, et sperastis in calumnium et tumultum, et innisi estis super eo, propterea erit vobis iniquitas hæc sicut interruptio cadens, et requisita in muro excelso, quoniam subito dum non speratur veniet contritio ejus, et comminuetur sicut conteritur lagena figuli contritione prævalida et non inveniebam de fragmentis ejus testam, in qua portetur igniculus de incendio, aut hauriatur parum aquæ de fovea* (*Isa.* xxx). Verbum Dei Christus est (*Joan.* 1). Qui ergo reprobat Christum, utique reprobat et Verbum e converso. Puniti itaque, quia Dei reprobaverunt Verbum, puniti concluduntur quod reprobaverunt Christum, et confisi sunt in verbis doctorum suorum. Contritio autem pro isto eis eventura peccato, quam sit dura considera. Eveniet enim, inquit, eis interruptio subita, ideoque magis nociva, et de muro excelso, quia quodlibet tanto magis conteritur in imo, quanto de celsiori ceciderit loco. Comparatur etiam lagenæ figuli comminutæ contritio ista, tantaque ut dicitur erit, quod de ejus confractione nec testa remanebit. Omnis quippe vasis fractura, solidari, et in aliquod opus utile potest redigi, testulæ autem vas si confringatur, contritione valida partes ejus ad nihil utiles esse possunt : et quo magis testa quassata durat, tanto semper augetur fractura. Cum itaque tali testæ eorum contritio comparetur, quæ nec ad ignem de incendio tollendum, nec ad aquam de fovea hauriendam valeat, aperte datur intelligi, quia vestra captivitas in tantam venit dejectionem, quod nunquam in pristinam redibit libertatem. Quod autem propter quosdam qui quandoque in Christum credituri sunt, ideoque salvandi, Deus vestrum servare voluit semen, ideo propheta sub descriptione gratiam benedicti subintulit dicens : *Quomodo si inveniatur granum in botro, et dicatur : Ne dissipes illud quoniam benedictio est* (*Isa.* LXV), eodem modo se minime vos dispersurum promisit cum dicit : *Sic faciam propter servos meos, ut non disperdam totum* (*ibid.*). Quare autem hoc promiserit illeo aperit dicens : *Educam,* inquit, *de Jacob semen, et de Juda possidentem montes meos, et hæreditatem meam, electi mei et servi mei habitabunt ibi* (*ibid.*), montes videlicet apostolos appellans, qui ut montes excelsi toti mundo sunt conspecti, licet in sequentibus montem sanctum singulari numero prolatum intelligat Christum; electos autem et servos, sanctos quoslibet alios vocans, propter quorum futuram salvationem vos estis reservati. De his autem qui non sunt credituri, quam subjiciat sententiam audi : *Vos,* ait, *qui dereliquistis Dominum, qui obliti estis montem sanctum meum, qui ponitis fortunæ mensam, et libatis super eam, numerabo vos in gladio, et omnes in cæde corruetis, pro eo quod vocavi et non respondistis, locutus sum et non audistis* (*Isa.* LXV). Increpata vero eorum iniquitate hoc modo condemnat eos, et aliter scilicet laudando suos fideles, et increpando infideles his verbis : *Propter hoc hæc dicit Dominus Deus : Ecce servi mei comedent, et vos esurietis; ecce servi mei bibent, et vos sitietis; ecce servi mei lætabuntur, et vos confundemini; ecce servi mei laudabunt præ exsultatione cordis, et vos clamabitis præ dolore cordis, et præ contritione spiritus ululabitis, et dimittetis nomen vestrum in juramentum electis meis* (*ibid.*). Et quia omnibus his malis transactis aliqua adhuc spes evadendi captivitatem non posset esse residua, adjicit aliud quod eis totum fiduciæ tollat solatium. Dicit enim : *Interficiet te Dominus Deus tuus* (*ibid.*). Qui interficitur nequaquam ulterius quod fuerat reparatur. Qui igitur in infidelitate permanebunt, reparari non poterunt. Hoc de infidelibus dicto, de credituris subjicit ita : *Et vocabit servos suos nomine alio* (*ibid.*). Cum enim servi fuerint Christi, a Christo dicentur Christiani (*Act.* XI). Quod autem sequitur, *et dimittetis nomen vestrum in juramentum electis meis,* tale est ac si diceret : Jurabunt electi mei in nomen vestrum, sicut hodie usque a Christianis jurando dicitur, cum aliquid quod nolunt facere rogantur : « Judæus sim ego, si faciam. » Idem ipsum Amos propheta aperte comprobat dicens : *Audite verbum istud quod ego levo super vos planctum, domus Israel. Cecidit, non adjiciet ut resurgat virgo Israel. Projecta est in terram suam, non est qui suscitet eam.* (*Amos,* v); Item ipse alibi : *Venit finis super populum meum Israel, non adjiciam ultra ut pertranscam eum* (*Amos,* VIII). Quod utrumque vobis spem evadendi captivitatem funditus tollit. Ipse etiam hoc malum vobis propter Christum evenisse confirmat, dicens : *Hæc dicit Dominus Deus : Super tribus sceleribus Israel, et super quatuor non convertam eum, pro eo quod vendiderit justum, et pauperem, pro calceamentis* (*Amos*, II). Hoc in loco *quatuor* pro *quarto* posuit, idemque fuit dixisse *super quatuor*, quam si dixisset *super quarto*. Huic simile Salomon perhibet. Ait enim, secundum quod Hebræorum libri testantur : *Tria sunt difficilia mihi, et quatuor, quæ penitus ignoro* (*Prov.* xxx). Si tria hic per se, et quatuor per se intelligere velis, septem fient. Ipse autem non nisi quatuor numerat, quæ se ignorasse insinuat. Ergo oportet ut *quatuor* pro *quarto* accipiamus. Sic et in hoc propheta est accipiendus. Hoc autem quartum scelus est, ut illico subdit, *quia vendiderunt argento justum* (*Amos*, II). Quem scilicet justum, Christum intelligi convenit.

Moyses. Idonea et digna laude huc usque dixeras omnia, nisi hanc introduxisses auctoritatem, quæ nulla consistit ratione, præcipue cum multa contra hoc objici possint adversa. Plures enim ante te veteres hunc eumdem versiculum contra Judæos in testimonium protulere frequenter, sed nulla tutari potuerunt ratione. Sed te prudentem virum maxime miror tam vilem introduxisse rationem, quæ nullius firmitatis fundamento insidat, præsertim cum omnia quæ contra hoc dici valeant, ipse optime scias.

Petrus. Considerans omnes qui ante me hanc in Judæos recte quidem induxisse auctoritatem, sed Judaicas objectiones non sufficienter nec aperte destruxisse dicuntur, ex industria in præsenti loco eamdem induxi, ut omnes quæ fieri possunt objectiones ut melius poteris facias, et earum destructionem mutata vice suscipias.

Moyses. Hoc primum verbis recte objici potest, quia dicens propheta, *super tribus sceleribus*, statim subjunxit, ostendens quod Israel tria illa peccata commiserit, Christum autem quem vos intelligere vultis, non Israel, sed Juda occidit.

Petrus. Nullum tua objectio ingerit impedimentum mihi, cum omnia frequentissime testentur volumina pro Juda Israel poni.

Moyses. Ut asseris ita esse non ambigo. Sed cum peccatum Juda supra retulerit, et consequenter Israelis peccatum subjunxerit, satis innotescit quod peccatum Israel a peccato Juda aliud sit.

Petrus. Nec hoc meæ obstat rationi. Peccatum enim quod tantummodo Juda fecerat, peccatum Juda appellat, quod autem Juda simul fecit et Israel, peccatum vocatur Israel.

Moyses. Cum Israelis populus totus per omnes terras divisus, Hierusalem terram nequaquam incoleret illis temporibus, quonam modo mortis Christi haberi potuit reus?

Petrus. Nunquidnam negas cum Juda magnam filiorum Benjamin et Levi partem tunc Hierosolymis fuisse?

Moyses. Quod certum omnibus est, negare quis audeat?

Petrus. Jure igitur pars totius debet suscipere nomen. Est et alia non inferior causa quia videlicet Israel populus licet tunc morti non corpore præsens adfuisset, audito tamen quod eorum fecerant socii, consortes culpæ, laudatores et consentanei, et participes omnino facti sunt voluntatis. Voluntas itaque eis pro facto est reputanda.

Moyses. Et sicut dicis ita esse concedam, tamen quod liber ait quod pro justo vendito hoc eis acciderit, ad Israel posse pertinere non video. Ipsi enim Christum quem dicis, non vendidisse, sed tantum a Juda Iscariote leguntur emisse (*Matth.* xxvi; *Luc.* xxii; *Marc.* iv).

Petrus. Objectio tua nulla rationis innititur anchora, quia qui ut Christus venderetur consensum auxiliumque adhibuerunt, non minus quam si ipsi vendidissent scelus incurrerunt (*Rom.* I). Neque enim et Salomon idola fabricavit, sed quia uxoribus et concubinis fabricantibus assensum præbuit, eum fabricasse littera dicit (*III Reg.* xi).

Moyses. Licet in supradictis verum fatear te dixisse, nulla tamen necessitas me cogit concedere hunc justum Christum intelligi oportere, cum Joseph sano intellectu debeat accipi, quem fratres sui triginta argenteis vendidere (*Gen.* xxxvii).

Petrus. Si Joseph voluisset intelligi propheta, per justum, non quartum, sed potius primum dixisset peccatum. Illud enim prius commisere delictum, propter quod postea Pharaonis sunt passi durissimum jugum (*Exod.* xii). Sed cum pœnitentia peracta, jam sint liberati a pœna, quare de indulto rursus criminentur peccato?

Moyses. Et si defendere nequeo de Joseph hoc dictum fuisse, attamen de alio quolibet justo dictum esse possum asserere.

Petrus. Indignum nec rationabile esse videtur, ut cum tantum crimen sit quod indulgentia nulla sequatur propter quod divina sententia in totum Israelis desæviat, populum, illius celetur ac ignoretur persona in quem illud fuit admissum, insuper cum reatus iste in Hebræo sermone tali describatur vocabulo, quale imponitur illi qui negaverit Deum. Venditio autem Judæi non æquatur negationi Dei. Sed ipsi talem ac tantum vendiderunt hominem Christum videlicet Filium Dei, quod in culpa sunt pares Deum negantes.

Moyses. Quatuor volo ostendas peccata, quæ omnia pateant ad Deum negare esse æqualia.

Petrus. Quod liber tacuit ego nescio aperire, sed forsitan primum fuit peccatum, cum in eremo vitulum conflatilem pro Deo adorarunt (*Exod.* xxxii), in quo facto satis verum Deum negaverunt, et quia hoc peccatum ab omnibus est perpetratum, ideo commune fuit omnium. Secundum est in quo et Deum similiter negaverunt, et omnes communiter peccaverunt, quando videlicet Jeroboam vitulos similes fabricavit, et ab omnibus adorari constituit (*III Reg.* xii). Tertium autem cum Dei prophetas universi eadem voluntate occiderunt, et eorum dicta contempserunt (*II Par.* xxxvi). Quartum vero, quod majus omnibus est et gravius, quod nec veniale dicitur esse, quando Christum Dei Filium et hominem ab omni peccati contagione alienum (*Isa.* liii; *I Petr.* ii), inique vendiderunt, et injusta condemnaverunt nece. Ecce in hac auctoritate quam adversum te induxi, cuncta quæ objicere potueris nullo stare vigore probavi, et Christo rationabiliter convenire conclusi. Hac igitur et omnibus supradictis auctoritatibus in inconvulsa firmitate fundatis, probatum indubitanter arbitror esse tam longævam hanc captivitatem ob Christi mortem et malevolentiam evenisse. Concluso autem quod propter Christum sit captivitas facta, consequitur quod et vos de ea non exibitis, donec patrum vestrorum in vobis peccatum emendabitis, idem quod non crediderunt credetis. Mundata vero mente cujusquam a culpa, confestim eum consequetur pietas divina. Quod etiam quidam doctorum vestrorum subtilius et occultis voluit exprimi verbis, si vestræ illud penetrasset duritia mentis. Interrogatus enim quando filius David esset venturus, « hodie, ait, si verbis credideritis ejus. » His enim verbis intelligi dedit quod quicunque quavis hora mandatis Christi obediens et credulus fuerit, illico Dei Filius ad eum accedit. Manifeste etiam et liquido tibi credo patere quæcunque ego vestrorum librorum probavi testimonio. Mecum igitur, frater, ejusdem Christi misericordiam implora, ut totius falsitatis errore sublato tuæ mentis oculis veræ fidei et totius bonitatis splendorem pariter et amorem infundat, et rectam fidem in futuro digna mercede compenset, ut per eam de captivitate exeas. Amen.

TITULUS III.

De stulta Judæorum confutanda credulitate super mortuorum suorum resurrectione, quos credunt et resurrecturos esse, et iterum terram incolere.

Moyses. Quod ad præsentem pertinuit titulum, quæ scilicet nostræ tam longæ captivitatis fuerit causa, quove modo eam valeamus effugere, cuncta quæ de ea oportuit duci, inexpugnabilibus et evidentissimis probasti rationibus, nec quid de ea ulterius aut dubitandum, aut quærendum sit video, unde ut ad alia transeamus, prout superius sunt in ordine digesta exopto. Quod igitur in libri nos exordio errare dixisti, eo quod post captivitatis evasionem, inusitatum nobis miraculum, scilicet mortuos qui denuo terras inhabitarent resuscitari a Deo crederemus, quare in hac fide errare tibi videamur, precor, aperias.

Petrus. Hoc miraculum vosmet asseritis esse præter usum. Quidquid autem præter consuetudinem evenit, sine auctoritate aut ratione, antequam eveniat non debet credi. Errorem igitur judico credere, quod nulla potes auctoritate probare.

Moyses. Hoc sane multis auctoritatibus probare valemus. Moysi enim hoc probatur testimonio dicentis ad populum Israel : *Videte quod ego sim solus, et non sit alius Deus præter me. Ego occidam et ego vivere faciam, percutiam et ego sanabo* (*Deut.* xxxii).

Cum ergo Deus se occisurum promittat, et vivificaturum, quare tibi fides nostra super hac re videtur abjicienda?

Petrus. Auctoritas ista a rationis exorbitat semita. Hoc enim verbum ad ostendendam suam omnipotentiam dicit, non quod ipse vestros mortuos suscitaturus sit.

Moyses. A Die qua Deus hoc se facturum promisit, usque in præsentem diem, concedis eum aliquando hæc fecisse miracula?

Petrus. Omnia utique fecit. Ipse enim Mariam sororem Moysi prophetæ, Job, Ezechiam, Naaman, et alios quamplures cum voluit percussit, cum voluit sanavit (*Num.* xii; *Job.* xii; *I V Reg.* iii; xx). Item ipsæ in una nocte omnia primogenita Ægypti interfecit (*Exod.* xii), et sub unius noctis spatio in castris Sennacherib centum octoginta quinque millia occidit (*I V Reg.* xix). Sed idem e contrario in manu Eliæ filium viduæ (*III Reg.* xvii), in manu autem Elisæi Sunamitis filium suscitavit (*I V Reg.* iv).

Moyses. Quandoquidem eum jam fecisse hæc credis miracula, quid te credere prohibet cum adhuc quandoque facturum eadem ipsa?

Petrus. Omnipotentem mortuos suscitare posse non nego (*I Cor.* xv), quin omnes homines in die judicii ab eo resuscitandos (*Joan.* v; *Matth.* xxiv), et confiteor et credo, sed quod adjicitis, quia scilicet denuo terras inhabitaturi sint, non credo.

Moyses. Nec hoc tibi contra fidem esse debet videri, cum ab Elia vel Elisæo resuscitatus, postea longam vitam duxerit, uxorem habuerit, filios genuerit, et pristina humanæ vitæ cuncta officia impleverit.

Petrus. Verum est et bene potuit esse, vel per miraculum vel per precem sancti viri, quia corpus nondum erat dissolutum, quamvis etiam nequaquam crederemus, nisi testimonium super hoc propheticum haberemus. Verum ea quæ contra usum contingere solent, fides hominum suscipere facile non solet, nisi talium confirmentur auctoritate prophetarum, quibus omnium favor applaudat auditorum, et ut ea ipsa apertissime loquantur prophetæ. Hoc autem nullus aperte pronuntiavit propheta. Sed cum vestri hoc dixerint doctores, nemo tamen ex his qui ante Christum fuerunt istud prædixit. Sequaces autem errorem hunc invenere ut Judæorum gens in sua persisteret infidelitate.

Moyses. Et si doctores nostros seducendi causa finxisse hæc astruis, quid de prophetis idem facientibus respondebis? Ait enim Isaias : *Vivent mortui tui : interfecti mei resurgent. Expergiscimini et laudate qui habitatis in pulvere* (*Isa.* xxvi).

Petrus. Verba hæc nequaquam ostendunt mortuos vestros ad inhabitandam terram resuscitari, quoniam si diligenter quod dicitur attendamus nec mortuorum resurrectionem ibi patenter præsignatam inveniemus. Alioquin sibimet propheta contrarius esse videbitur, cum in superioribus dixerit : *Morientes non vivent, gigantes non resurgent* (*ibid.*). Quod igitur et a naturæ usu dissentit, et ipsi prophetæ contrarietatem ingerit, nequaquam secundum libitum uniuscujusque ad sensum naturæ contrarium debet exponi, cum aliter sano sensu possit intelligi, nisi necessaria ratio ita coegerit accipi.

Moyses. Audire delectat quonam alio modo versus hujus sententiæ juste queat intelligi.

Petrus. Duobus modis verbum hoc intelligi potest, videlicet ut vel de extremi judicii suscitatione dictum credatur, vel resuscitationis nomine captivitatis evasionem significaverit. Hic autem sensus magis ad literam pertinere videtur, cum paulo superius propheta suæ gentis captivitatem et afflictionem defleverit, statimque divinæ promissionis et pietatis solatium intulit dicens: *Vivent mortui*, et reliqua. Nec hanc evasionem quolibet incerto tempore, sed post modicum tempus eventuram insinuat dicens: *Vade, populus meus, intra cubicula tua, claude ostia tua super te, absconde modicum ad momentum, donec pertranseat indignatio* (ibid.). Hæc ad captivitatem congruenter referuntur.

Moyses. Nunquidnam aliquid tale in verbis Danielis objicere poteris? Ait enim: *Multi de his qui dormiunt in terræ pulvere vigilabunt, alii in vitam æternam, alii in opprobrium ut videant semper* (Dan. XII).

Petrus. Tanto longius auctoritas hæc a tua discrepat intentione, quanto evidentius de ultimo judicio intelligitur dicta fuisse. In illa enim resurrectione, ibunt vel in vitam æternam vel in æternum opprobrium (Joan. v; Matth. xxv).

Moyses. Inveniesne aliquid quod contra Ezechielem prophetam dicere possis? Qui cum plures mortuos divina suscitasset virtute, de futuris quoque his vaticinatus est verbis: *Hæc dicit Dominus Deus: Ecce ego aperiam tumulos vestros, et educam vos in terram Israel* (Ezech. xxxvii). Et post pauca: *Et requiescere vos faciam super humum vestram* (ibid.). Ecce et mortuos suscitandos, et terras suas inhabitaturos apertissime propheta atque indubitanter ostendit.

Petrus. Hoc prius debemus discutere, ut scilicet quali eos suscitaverit modo valeamus agnoscere, videlicet utrum post suscitationem omnia humani corporis officia expleverint, necne. Nam et hoc plerisque in dubium venit.

Moyses. Ut nostri testantur doctores, non per somnium sed vigilans eos exsurgere fecit. Et ut hoc magis verum esse innotescat, ipsos omnes mortuos quos ipse suscitavit de Ephraim tribu perhibent fuisse, quos in egressione populi de Ægypto dicitur obiisse in Philisthinorum regione. Hæc autem suscitatio signum fuit futuræ, ut quemadmodum illi omnes sunt per eum suscitati, sic et reliqui universi quandoque credantur suscitandi.

Petrus. Quomodo illis veram et perfectam contulit resurrectionem, cum animam nequaquam illis reddiderit rationalem?

Moyses. Qualiter eos non rationalem recepisse animam contendis, cum idem propheta ex Dei præcepto ad spiritum vaticinetur talibus verbis? *Hæc dicit Dominus: A quatuor ventis veni, spiritus, et insuffla super interfectos istos et reviviscant. Et prophetavi sicut præceperat Dominus, et ingressus est in ea spiritus, et vixerunt, steteruntque super pedes suos exercitus grandis nimis valde* (ibid.).

Petrus. Spiritus hic qui a quatuor venire ventis jubetur, nequaquam rationalis est anima, sed quæ ex quatuor elementorum fit conjunctione.

Moyses. Ex verbis tuis intelligitur aliud esse spiritum corporalem, aliud animam rationalem: quod si ita est, tunc et eorum opera sunt diversa.

Petrus. Ita esse nemo sapiens dubitat.

Moyses. Utriusque differentiam audire desidero.

Petrus. Spiritus corporalis corpus quidem levissimum est et subtilissimum, quod in hominis corpore ex quatuor elementorum fit conjunctione, et ex eo loco in omnes spargitur venas, ipsique corpori tribuit vitam, et halitum, et arteriis assiduum pulsum, et naturalem hominis motum, hoc cum corpore quod vivificat simul corrumpitur. Est autem rationalis anima substantia per se subsistens incorporea voluntario motu moveri faciens corpus, ipsa tamen immobilis permanens, corpore quoque cui inhæret corrupto, incorruptibilis existens, generi etiam adjuncta speciem hominis ipsa perficiens.

Moyses. Memini multos ante nos dixisse animam rationalem ex quatuor elementorum conjunctione creari. Quæ conjunctio, cum subtiliter fit, nihil densitatis habens in se, dixerunt animam subtilem esse; si vero obscuritatis aliquid habeat et spissitudinis, dixerunt animam segnem esse et obtusam tali illud argumento probantes. Ex adjunctione, inquiunt, quarumdam rerum talia gigni sæpe videmus, colores scilicet, virtutes et opera quæ de nulla illarum si disjunctæ [sigillatim accipiantur proveniunt. Similiter quoque igne et aere, aqua, terra pariter junctis, rationalis producitur anima, quæ tamen si quæratur in singulis, non invenitur manifesta.

Petrus. Si ex corpore quatuor elementorum conjunctione perfecto rationalis nascitur anima, debet ergo deficiente corporis robore animæ virtus deficere. Si autem virtus animæ, cum corporis deficit robore, sequitur ergo ut inchoante corporei vigoris dissolutione, pariter dissolvatur et virtus animæ. Quod si concedatur corrupto corpore, anima etiam corrumpi concluditur.

Moyses. Rectus ordo consequentiæ sic evenire demonstrat.

Petrus. Sed argumenti conclusio oculorum fidem impugnat. Sæpe enim contingit, quanto magis corpus debilitatur et morti appropiat, ut tanto magis convalescat anima, veluti aliquoties multis infirmis solet accidere, ut quanto morti proximior est, tanto perspicaciori mentis acumine plus solito recordetur, et cuncta provideat, et in ipso quo melius anima vigeat, momento homo intereat. Cum autem tanta ut dixi perspicacia vigeat anima, tunc omnia languentis corporis plus decrescunt officia. Invenimus præterea senes plerosque cum ad talem pervenerint senectutem, ut nulla sit in eis fortitudo corporea, tunc pollere consilio animam et omni sapientia. Hinc itaque evidens colligitur ratio, quod nequaquam de elementorum copula rationalis prodeat anima, sed sicut superius diximus, sit per se subsistens substantia. Quidquid enim unum numero existens et in sui natura immutabile permanens, contrariorum est susceptibile, substantia est utique per se subsistens. Quoniam igitur anima una est numero, veluti Platonis, Socratis, sive cujuslibet alius hominis anima, nec in sui natura ullatenus permutatur, sed boni malique est susceptibilis, restat necessario ut sit per se subsistens substantia. Hoc autem modo probatur quod non sit corporea. Omnis corporis qualitas humanis subjacet sensibus. Cujuscunque autem rei qualitates nulli corporeo subjacent sensui, nec corporea est ipsa dicenda. Qualitates autem animæ bonum sunt et malum, quæ nullo corporeo percipiuntur sensu. Anima igitur non est corporea. Item idem alio sic probatur argumento. Omne corpus aliquo corporeo percipitur sensu. Anima autem nulli subjacet corporis sensui. Non est ergo corporea. Hæc etiam anima corrupto corpore non corrumpitur. Corporis namque corruptio tribus modis fit, vel cum quid marcessit et arescit, ut in arboribus videmus et herbis, vel cum detrimentum sui patitur, ut sal vel fenum cum de loco ad locum movetur, vel cum dissolvitur, ut domus cum destruitur, vel aliquod vas cum frangitur. Nulla autem harum fit nisi vel in corpore, vel in re quæ corpori accidit. Sed anima nec corpus est, nec fundatur in corpore. Nullo itaque horum modo corrumpitur. Præterea hæc ipsa rationalis anima hominis speciem complet, quoniam ipsa rationalem efficit hominem.

Moyses. Quid Spiritus corporalis a rationali differat anima patenter agnovi. Sed quoniam philosophi dicunt in homines tres esse animas, postulo ut quænam hæ sint aperias.

Petrus. Tres illæ quas dicunt animæ, sunt anima vegetabilis, anima bestialis, anima rationalis.

Moyses. Harum singularum opera et officia ut dicas expostulo.

Petrus. Ab imis ad superiora gradatim ascendere libet. Vegetabilis animæ duo sunt officia. Facit enim rerum incrementum, et corporibus ipsis præstat nutrimentum. Hoc autem utrumque non facit nisi per quatuor naturæ virtutes, appetitivam scilicet, retentivam, digestivam et expulsivam. Et hæc anima in omnibus invenitur virgultis de terra nascentibus, et universis animalium speciebus. Officia autem bestialis animæ, vere sunt corporis sensus, motus etiam de loco ad locum. Hæc autem in animalibus tantum reperitur, et hæc anima cum spiritu corporali quasi quibusdam nexibus connitur. Rationalis autem animæ hæc sunt officia, meditari, meditata recordari, discernere, fixum aliquid ac certum firmare, memoriam habere, et velle rerum causas discutere, et discussis ad rei veritatem pervenire. Hæc in nulla animalis specie, nisi in solo permanet homine.

Moyses. Quali modo istæ tres animæ in uno convenerint homine: duæ vero in irrationalibus animalibus. Tertia autem sola in omnibus de terra nascentibus, et ignoro, et vehementer admiror.

Petrus. In quorumdam philosophorum libris legi, quod cum rerum placuit creatori animantium omnium atque virentium procreare corpora, quatuor in unum commiscuit elementa, et eorum qualitates aliam sua temperavit contraria, et ex illa commixtione procreata sunt corpora supradicta. Ex qualitatum vero temperantia quatuor provenerunt naturæ, quas prædiximus virtutes, appetitiva scilicet, retentiva, digestiva et expulsiva. Corporibus autem hujusmodi procreatis omnibus quidem vegetabilis adhæsit anima et sua in eis exercuit officia, crescendo scilicet, nutriendo et generando. Subtilioribus autem bestialis juncta est anima, ut sua in eis exhibere posset officia, præstando scilicet sensum et motum de loco ad locum. Quod autem ex eis omnium subtilissimum, levissimum fuit et temperatissimum, et ad suscipiendam rationem aptissimum illi se rationalis anima sociavit et illa sua quæ prædiximus officia ibi exhibuit. Hoc itaque modo juxta voluntatem Dei ac dispositionem, tres illæ animæ omnes convenerunt in homine, in animalibus irrationalibus solummodo duæ. Tertia autem sola in arboribus et herbis quæ nascuntur de tellure.

Moyses. Bene tui gratia quod ignorabam ostendisti, sed unum restat quod mihi postulo aperiri. Cum enim corpora omnia de quatuor sint elementis composita, vehementer admiror quare alia aliis existant leviora.

Petrus. Hoc contingit sive ex diversitate quantitatum elementorum, in corporum creatione inæqualiter adjunctorum, et ex diversitate temperantiæ qualitatum eorum. Quod si largius nosse desideras, in libris invenies philosophorum, quia ad præsens de hujusmodi re explananda, nec tempus habemus, nec locum, ad vestrum potius est nos redire propositum.

Moyses. Huc usque satis philosophice tractasti, quæ distantia sit inter spiritum corporalem et animam rationalem. Sed quoniam minus doctorum simplices mentes subtilium rationum profunda non penetrant, eamdem differentiam legis aut prophetarum quæso, si vales, testimonio proba, ut quorum profundarum rationum gravitas non illustravit mentem, eis saltem auctoritas faciat fidem.

Petrus. In exordio libri Geneseos Moyses ait propheta: *Formavit Deus hominem de limo terræ, et inspiravit in faciem ejus spiraculum vitæ, et factus est homo in animam viventem* (Gen. ii), per spiraculum scilicet vitæ spiritum corporalem, per animam vero viventem, rationalem intelligens animam.

Moyses. Per spiraculum vitæ rationalem animam nos intelligere possumus.

Petrus. Quod dicis stare non potest. In eodem enim lib. in sequentibus scriptum est: *Consumpta est omnis caro quæ movebatur super terram, volucrum, animantium, bestiarum atque reptilium quæ reptant super terram, universi homines, et cuncta in quibus spiraculum vitæ est, in terra mortua sunt (Gen.* vii). Ecce enumeratis volucribus, animantibus bestiarum atque reptilibus, sive hominibus, subito intulit, cuncta in quibus est spiraculum vitæ mortua sunt. Si igitur per spiraculum vitæ animam intelligi voluisset rationalem, jam cuncta rationalem animam habent. Sed cum nulla creatura præter hominem rationalem habeat animam, constat quia per spiraculum vitæ nequaquam rationalem significaverit animam. Salomon quoque sapientissimus idem sentiens ait: *Quis novit si spiritus filiorum Adam ascendat sursum, et si spiritus jumentorum descendat deorsum? (Eccle.* iii.) Ecce spiritum hominis quoniam post corpus incorruptibilis permanet, sursum ascendere, spiritum vero jumentorum qui cum corpore simul corrumpitur et interit, deorsum descendere perhibet.

Moyses. Aliud rationalem animam, aliud spiritum corporalem esse ex omnibus partibus manifeste cognovi, ipsumque spiritum corporalem de quatuor elementorum conjunctione fieri. Spiritum ergo quem Ezechiel propheta a quatuor mundi partibus ex Dei jussu venire præcepit (*Ezech.* xxxvii), spiritum corporalem intelligi debere cognosco, et de mortuis quos suscitavit quod rationalem animam receperunt, licet sic a multis credatur, nullam, confiteor, auctoritatem reperio. Ipsam tamen quoquo modo facta fuerit resurrectionem, signum futuræ resurrectionis, et dico et credo fuisse, quod Deus scilicet nostros quandoque qui denuo terras inhabitent resuscitaturus sit mortuos, quemadmodum idem propheta superius ostendit dicens: *Et scietis quia ego Dominus cum aperuero sepulcra vestra, et eduxero vos de tumulis vestris populus meus, et dedero spiritum meum in vobis, et vixeritis, et requiescere vos faciam super humum vestram* (ibid.).

Petrus. Hoc sane potuit dici de mortuorum resuscitatione in die judicii.

Moyses. Si de illo intelligi volebat judicio, non debuerat in sententiæ fine dicere *requiescere vos faciam super humum vestram.* Tunc enim nemini super terram suam requiescere licitum erit.

Petrus. Requies ista hoc modo accipi potest, ut animam significet requiescere in corpore, quod non immerito terræ nomine de qua sumptum est exprimitur, teste insuper Scriptura, quæ frequenter illud nomine terræ appellat. Ait enim Moyses: *Formavit Deus hominem de limo terræ (Gen.* ii). Ecce homo cum quatuor elementorum fit conjonctione perfectus, de terra tantum quæ est unum elementum dicitur factus, sed non inconvenienter, quia terræ nomine significat corpus. Intelligere possumus ergo quod dicit, faciet eos requiescere super humum suam, quod anima redibit ad corpus, et judicabitur utrumque (*I Cor.* xiii; *II Cor.* iii; *I Thess.* iv). Hic autem sensus in illius prophetiæ explanatione sano intellectu concipi potest, ita ut nec Scriptura aliqua vel ratio ulla eis videatur contraria. Quidquid autem in tenebrosis dictis prophetarum, multis accipi potest modis, ita ut quis eam exponens, nec a Scripturæ testimonio, nec a rationis exorbitet semita, nihil est inconveniens si quis eam diverso, sed justo exposuerit sensu. Si cujus autem talis sit expositio, quæ vel a Scriptura vel a ratione aut sit aut videatur extranea, ea justo judicio carere viribus est æstimanda. Quoniam ergo tua explanatio tam Scripturæ quam rationi invenitur contraria, æquitatis judicio est repellenda.

Moyses. Quonam modo sententia mea sit Scripturæ contraria, audire delectat.

Petrus. David propheta de mortuis taliter inquit: *Sepulcra eorum domus illorum in æternum; tabernacula eorum in progenie (Psal.* xlviii). Item de eadem re: *Introibit usque in progenies patrum suorum, et usque in æternum non videbit lumen* (ibid.). Item alibi: *Sicut vulnerati dormientes in sepulcris, quorum non es memor amplius, et ipsi de manu tua repulsi sunt (Psal.* lxxxvii). Job etiam idem sentiens dicit: *Memento quia ventus est vita mea, et non revertetur oculus meus ut videat bona, nec aspiciet me visus hominis. Oculi tui in me, et non subsistam. Sicut consumitur nubes et pertransit, sic qui descendit ad inferos non ascendet, nec revertetur ultra in domum suam, nec cognoscet eum amplius locus ejus (Job* vii). Idem alibi: *Vadam et non revertar ad terram tenebrosam (Job* x). Item idem: *Homo cum dormierit non resurget (Job* xiv). Salomon etiam his consona sentit dicens: *Viventes sciunt se esse morituros, mortui vero nihil norunt amplius, nec habent ultra mercedem, quia oblivioni tradita est memoria eorum. Amor quoque et odium et invidia simul peribunt, nec habent partem in hoc sæculo et in opere quod sub sole geritur (Eccle.* ix). Ecce Salomon sapientissimus, cæterorum auctoritatibus concors existit, quod mortui scilicet ad hoc ut terras inhabitent, resuscitandi non sint, et tamen quod quandoque resurgent perhibet dicens, quod non habent partem in his quæ sub sole geruntur, id est in terrenis, per hoc videlicet innuens, quod in his partem sint habituri, quæ supra solem fiunt, id est in cœlestibus.

Moyses. Introductarum rationum aut auctoritatum medietas sapienti cuilibet satis sufficeret. Verumtamen quoniam expositionem nostram tam Scripturæ quam rationi contrariam esse dixisti, restat ostendas in quo a ratione dissentiat.

Petrus. Nonne creditis quia, cum vestri resurrexint mortui adveniente uncto, Adam quoque et Seth, Mathusalem, Abraham, Isaac et Jacob, Moyses et Aaron, cæterique patriarchæ et prophetæ, et omnes justi qui ante adventum ejus obierunt, pariter cum eis sint resurrecturi, et omnia humani corporis officia agentes et patientes, pristinosque ritus recolentes, antiquo more terras denuo sint inhabitaturi, et Aaron ac filii ejus sacrificium ut olim oblaturi, et a Moyse sacerdotalibus vestimentis induendi sint?

MOYSES. Ita nostros doctores cuncta dixisse negare non valeo.

PETRUS. Quisnam rogo tunc maximus erit pontifex?

MOYSES. Quis Aaron major esse poterit?

PETRUS. Quid igitur de Eleazaro multisque aliis tunc fiet, qui olim omnes summi fuere pontifices? Eruntne simul uno tempore maximi, an illius ordinis dignitate privabuntur? Si dixeris vivente Aaron eos summo sacerdotio fungi non posse, quid ergo eis proderit resurrectio? Plus enim ad dedecus et incommodum, quam ad decus et utilitatem erit eis resurgere, meliusque eis fuisset in morte permanere, quam ærumnosam ducere vitam, licet et Moysi lex in hoc facto destruatur, qua præceptum habetur, ne quis majori sublimatus ordine ulterius ad minorem reducatur. Si autem omnes in summi sacerdotii ordine æquales futuros esse concesseris, honorem suum Aaron adimis, quia nullus inter complures æquales, excellentem habere potest honorem. Præterea multis pontificibus multa necessaria sunt templa. Ex hoc ergo aliud inconveniens itemque legis destructio sequitur, præcipientis, nec plus quam unum sacerdotem, nec plus quam unum existere templum.

MOYSES. Argumentum quod tuæ obstet rationi non habeo. Video enim aut novam nos legem habituros concedere: aut Moysi legem nequaquam totam consistere posse.

PETRUS. Gaudeo quia veritatis lumen ex parte jam animo tuo illabitur. Dic ergo, nunquid plures reges habituri estis, an unum?

MOYSES. Unum utique habere debemus, sicut propheta Ezechiel perhibet dicens: *Unum pastorem omnes habebunt* (Ezech. xxxvii). Si enim fuerint plures, cum concordes esse non poterunt, regni pacem destituent.

PETRUS. Sapienter respondere inchoasti. Sed quisnam ille rex erit potes edicere?

MOYSES. Unctus, in cujus adventu captivitatem sumus evasuri, mortuique nostri sunt suscitandi, nostrique merito moderamen habere debet imperii.

PETRUS. Bene quod dicis esse posset; si unctus ille homo et Deus esset. Si vero ut creditis homo tantum futurus sit, quid tunc Abraham, Isaac et Jacob sunt facturi, Moyses etiam cæterique prophetæ? Nunquid ejus subjicientur ditioni?

MOYSES. Non mirum videri debet, si ejus subjecti fuerint potestati. Sic enim et Samuel subjectus est Sauli, et Elias Achab regi, et Eliseus Joram et alii multi prophetæ regibus suis.

PETRUS. Rerum præsentium similitudo non convenit. Nam, etsi prophetæ, qui minime reges fuerunt, regibus subditi fuerint, non ideo convenit aut est necesse ut rex propheta cuiquam terreno regi subjiciatur, velut Abraham et David, et Josue, quorum quisque fuit rex atque propheta, Moyses etiam qui et rex, et propheta et legislator totius exstitit populi, cui legis liber tale testimonium perhibet dicens: *Non surrexit propheta ultra in Israel, sicut Moyses, quem nosset Dominus facie ad faciem, in omnibus signis atque portentis quæ misit super eum* (Deut. xxxiv). Nonne cum isti tanti talesque viri resuscitati illius uncti fuerint juri subjecti, nonne, quæso, melius fuisset eis ne resuscitarentur? Præterea duo inde inconvenientia proveniunt. Si enim minor eo est Moyses, Scriptura ergo mentitur; si autem major, tanto plus vilificatur.

MOYSES. Ipsum ergo Moysen regem esse proponamus.

PETRUS. Quid ergo unctus ille facturus est? Quid etiam Abraham, Isaac et Jacob sunt facturi, quos Moyses ipse dum viveret in tanto pretio habebat (Exod. xxxii), quod cum aliquid a Deo implorabat, pro eorum amore se adepturum esse orabat? In magno si attendas discrimine estis. Sed volo ut dicas, si nosti, nunquidnam illi qui tunc suscitandi sunt mortui, naturam et potestatem habebunt filios generandi?

MOYSES. Ut quid responsurus sis audiam, illos generaturos negabo.

PETRUS. Volo prius respondeas, si generationis officium in eis natura negabit, aut legis jussum prohibebit.

MOYSES. Legis præcepto eos constringendos respondeo.

PETRUS. Cum igitur Moysi lex filios procreari præcipiat, novam vos legem habituros demonstras; quod est contra fidem vestram.

MOYSES. Natura eis non lege generationem inhibitam esse mutata vice probabo.

PETRUS. Stare quod dicis non potest. Auditus enim abhorret, et mens credere refugit, aliquod animal modo esse cui sit naturale generare non posse, nisi aliquo interveniente, vim generandi amittat. Quod si naturam ipsam esse dixeris novam, non debes dicere eos resuscitandos, sed novam creaturam futuram similem primæ in forma tantum, non in natura tota; comedent quippe et bibent, sed non generabunt.

MOYSES. Quidquid hactenus mutata altercatione locuti sumus, non tam ex veritatis defensione quam ex syllogismorum ambagibus diximus. Fides enim nostra est, quia quemadmodum cætera humanitatis officia, sic et generandi naturam habebunt, adeo ut mulierem quotidie concepturam, quotidie parituram credamus.

PETRUS. Quod dicis vix humanæ aures possunt audire. Ut enim quæ dicis vera fatear esse, scilicet ut in unctum et credituri sunt omnes et resuscitandi; at cum quotidie filios procrearent, profecto, nec terra eos caperet etiam si dupliciter major esset, aut pontus etiam terra fieret et adeo loci coarcta rentur angustia, quod non haberent quæ colere possent arva, imo inde semper esset inter eos pro terræ angustia certamen et rixa. Cum item suscitentur omnes, redibit quisque vir ad uxorem suam quam habuit, aut aliam novam habebit?

MOYSES. Quisque sane rehabebit suam. Hæc namque erit lætitiæ consummatio.

PETRUS. Illa igitur mulier quæ post tres aut plures habitos maritos est mortua, in resurrectione quem ex his est habitura? (*Matth.* xxii; *Luc.* xx; *Marc.* xii.) Nam, si primum habituram responderis, lex Moysi destruetur dicentis, quod post secundum non debeat ad primum redire maritum; si vero alium quam primum habituram responderis, in eo etiam est destructio legis, eadem namque jubente, primo viro vivente, nec eam repudiante, cuiquam non poterit nubere (*Lev.* xx). Sed ecce cum tot suscitati, totque post eos fuerint nati, quilibet horum erunt quandoque morituri?

MOYSES. Immortales exinde permanebunt.

PETRUS. Ratio stare non posse quod dicis demonstrat. Cum enim homo comederit, biberit, generandi usum habuerit, necesse est quod ex quatuor elementis compositus sit. Quidquid autem taliter compositum est, id etiam corrumpi necesse est. Ergo et eos mortis corruptioni cum taliter compositi sint, subjacere necessitas concludit. Rursus, si immortales fuerint, jam nequaquam speciali, quæ nunc est hominis, subjiciuntur diffinitioni. Diffinitio enim hominis est animal rationale, mortale. Sed de immortalibus hominibus diffinitio ista prædicari non potest. Quare nec specialis homo. Unde per hoc medium colligitur recte, ut quos homines vocas, homines non sint, quod est inconveniens. Iterum sicut superius diximus, multitudini eorum spatium totius terræ non sufficere posset, si ipsam maximam multitudinem immortalem asseramus, cum supra sine intermissione eos generaturos esse dixerimus, et si ad lapidum modum sibimet superponerentur, nullatenus in duplicato terræ spatio concluderentur.

MOYSES. Cum immortales eos esse defendere nequeam, saltem mortales concedam.

PETRUS. Cum morituros eos esse concedas, volo dicas, illa resurrectio utrum erit eis ad pœnam an ad coronam.

MOYSES. Ad gloriam et honorem illa erit resurrectio, ut uncti gloriam et regnum conspiciant, et perfectam corporis et cordis habeant lætitiam.

PETRUS. De statu interim bonorum donec resurgant, audire volo quid sentias, scilicet utrum in pœnis an in quiete usque ad resurrectionis tempus permaneant.

MOYSES. Quietis eos beatitudine cum Deo perfrui certissimum est.

PETRUS. Quandoquidem ut asseris ita est, resurrectio illa ad pœnam potius quam ad coronam futura est. Cum enim nunc æternæ vitæ munere glorientur, cur iterum in corporum ergastulis retradentur, ubi fame, siti, vigiliis, et variis atque innu-

meris denuo cruciatibus agitentur? Quin insuper secundum tuam sententiam secundæ mortis timorem et pœnam sustinebunt. His omnibus satis cuilibet patet, resurrectionem illam magis illis ad dedecus quam honorem et gloriam fieri.

MOYSES. Et si nunc in quiete et deliciis permanent, de quibus ad corporum sint redituri angustias, sed tamen tanta eis erit exsultatio unct præsentiam cernere, et ejus regno exsultare, Hierosolymis ut olim habitare, in templo veterum ritu sacrificare, ut et corporum pœna sit eis nulla, et quam modo habent, requies habeatur postea pro minima.

PETRUS. Quod dicis a veritatis exorbitat semita. Nullus enim præsentis mundi honor et gloria æternæ vitæ deliciis et quieti comparatione convenit aliqua quia nec uno momento quisquam hujus mundi poterit sine labore et pœna uti deliciis. Illius autem beatæ vitæ gloria, nulla intercedente molestia permanet perpes et continua, præcipue cum vestri testentur doctores, omnem hujus mundi honorem et gloriam idem esse ad illius vitæ delicias, quod est unum ad sexaginta. Patet insuper cuilibet, nisi quis totius rationis sit expers, incomparabiliter majus esse gaudium cernere Deum, quam talem, qualem vos dicitis.

MOYSES. Quæcunque hactenus locuti sumus, ratiocinandi et argumentandi causa diximus. Hæc enim est nostræ fidei certitudo, quia resuscitandi sint, comedendi, et bibendi, sive generandi et naturam et usum sint habitaturi, et post mille annorum transacta curricula, in perpetuæ beatitudinis et immortalitatis regnum sine aliqua morte transferendi.

PETRUS. Si immortales concedis, ad pristinum inconveniens redis. Intra mille etenim annos, in tantum multitudo propagabitur eorum, ut nullo modo intra terræ concludi valeant ambitum. Multo minus igitur ad incolendos agros ullum supererit spatium. Insuper etiam illud quod supra diximus est in questione, quia patriarchæ, prophetæ et omnes justi, qui jam fulgebant in gloria, novis denuo pœnis subduntur reducti ad corpora. Item aliud: Omne enim quod comedit, bibit et gignit, delectatur etiam ac tristatur, procul dubio ex quatuor elementis compositum non dubitatur. Quomodo autem quod ex eis componitur, et passionibus prædictis afficitur, cum eisdem affectibus sine mutatione in regnum illud transferetur? Sed ut omnia concedamus, quidnam de his qui adveniente uncto et post nascituri sunt es dicturus? Moriturosne esse asseris necne?

MOYSES. Morientur sane in Christi regni fine.

PETRUS. Quid igitur facient parentes eorum in morte ipsorum? Melius namque illis foret non resurgere, quam tantum dolorem ex eorum morte sustinere.

MOYSES. Dicamus ergo eos non esse morituros.

Petrus. Tunc mentitur Scriptura quæ dicit, David scilicet in psalmo : *Quis est homo qui vivet et non videbit mortem?* (*Psal.* LXXXVIII.) Undique igitur, si perpendas, sunt tibi semitæ rationis et diffugii clausæ, quod nullatenus eo quo dicis modo fieri possit mortuorum resurrectio, propter quod idem superius destruxeramus legis testimonio. Quomodo ergo, frater, anima tua hujusmodi fabulis auscultans potest indulgere? Mecum itaque Domini misericordiam precare, ut sicut me, sic te quoque ab hujus infidelitatis absolvat errore. Amen.

TITULUS IV.

Ad ostendendum Judæos de tota lege Moysi, nisi parum observare, et illud parum Deo non placere.

Moyses. Cordium Illuminatori non immerito gratias ago, qui tantæ cæcitatis tenebras, etsi sero, a nostro depulit animo. Tibi quoque non injuste maximas grates rependo, qui et apertissimarum et inexpugnabilium luce rationum, hujus a me infidelitatis errorem tulisti. Nunc si placet cœptum ex ordine prosequens, sequentem propositorum nostrorum aperi partem. Dixisti enim nos de præceptis legis minimum quid agere, et id ipsum Deo non placere. Quod quare vel qua intentione dixeris, inhianter audire desidero.

Petrus. Quod dixi vos de legis mandatis minimum quid observare, nec auctoritatis, nec rationis, cum liquido pateat, indiget probatione, ut in ipsis sacrificiis probari potest, quæ nequaquam celebratis. Nam nec agni victimam prout olim matutino et vespertino immolatis tempore, nec neomeniarum, Sabbatorum, cæremoniarumque holocausta celebratis, nec panis, vini et olei quæ similiter postposuistis libamina (*Num.* XXVIII; *Psal.* LXXX), aut quotidianum etiam apparatum mensæ, in qua septimo semper die panes propositionis ministrare vestri patres consueverant (*Exod.* XXV). Luminaria quoque matutino tempore præparata, vespertino accendebant, eisdemque temporibus thymiama thuribulis impositum in templo cremari faciebant, ordinationes etiam atque unctiones sacerdotum, variasque vestimentorum mutationes (*Exod.* XXX), nec multimodas in sumendis cibis varietates, ministeriorum quoque per singulas hebdomadas vicissitudines, secundum legis præcepta servabant (*Lev.* VIII), Levitæ etiam secundum legem electos ordinabant (*Deut.* XIV), et musicis instrumentis prout Moyses instituerat psallere faciebant (*Levit.* III ; *Psal.* LXXX). Primogenitum autem hominis atque immundorum animalium pretio redimebant (*Num.* X), primitivosque arborum fructus, in esum Domini offerebant altario (*Exod.* XIII), qui in esum sacerdotibus credebant (*Lev.* XXIII). Trium annorum fructus in arboribus permanens, nihil conferebant utilitatis. Quarto anno omnis fructus earum sanctificabatur laudabili Domino. Primitias quoque fructuum sacerdotibus offerebant (*Num.* XVIII; *Exod.* XXXVI), et ex duabus decimis unam dabant Levitis, alteram Hierusalem in loco sancto comedendam deportabant. Levitæ etiam decimam decimæ quam accipiebant eisdem sacerdotibus persolvebant. Septimus autem annus Sabbatum erat terræ, quinquagesimus vero jubilæus (*Lev.* XXV). Lex etiam omnis lepræ et lepræ percussuræ vestigium (*Lev.* XIII), et domorum cicatricis, et erumpentium papularum lucentes maculæ, et in varias species colorum mutatorum, ut posset sciri quo tempore mundum quid vel immundum esset sacerdotum erat judicio subdita. Lex quoque ejus qui fluxum seminis patiebatur et mulieris quæ menstruis temporibus separabatur (*Lev.* XV), sacrificiaque purificationis eorum, sacerdotum constituebantur arbitrio. Si quis hominis mortui tentorium introiret, aut cadaver occisi tetigisset, sive os illius aut sepulcrum tam ipse quam universa vasa tentorii, immunda erant, donec combustæ vitulæ cineribus aspersa mundarentur (*Deut.* XIV). Præterea alia quamplurima in lege præcepta sunt (*Lev.* IV), quæ a vobis jam dudum omnino prætermissa sunt.

Moyses. De legis præceptis quæ minime observamus nequaquam redarguendi sumus, cum et patria nostra exules simus, temploque et legitimis careamus.

Petrus. Excusationis causam invalidam protulisti. Nam si Deo vestra sacrificia accepta essent, non vos ita de terra ejecisset, ut hæc quæ jusserat minime possetis implere.

Moyses. Absit ut nos ideo de solo paterno expulisset, ne ejus præceptis obsecundari valeremus quoniam non esset opus sapientis et justi aliquid jubere, quod idem postmodum fieri prohiberet. Et iterum cur ea non fecerimus, rationem habeat a nobis exigere, sed quia deliquimus in conspectu ejus, iratus adversus nos, ejecit de terra ubi ejus non possumus implere præcepta. Nostra itaque impossibilitas non erit inculpanda, donec tempus adveniat, quo ad terram habitationis nostræ revertamur, et tunc ea quæ jussit nobis Dominus opere complebimus, eique sacrificium nostrum acceptabile erit, quemadmodum propheta testatur Malachias dicens : *Et placebit Deo sacrificium Juda et Hierusalem sicut dies sæculi, et sicut anni antiqui* (*Malac.* III).

Petrus. Hujus prophetiæ testimonium, nihil ad nostrum attinet propositum. Nam, si præcedentem et sequentem discusseris historiam, de sacrificiis templi quod Esdræ temporibus ædificatum est, dictum esse invenies (*III Esdr.* VIII). De exilio autem vestro quod dixi idem confirmo; scilicet quod ideo vos de terra ejecit, ne sacrificia faceretis, neomenias, vel quaslibet festivitates coleretis pristino more, nec templi limina tereretis. Cum enim Deus per Moysen sacrificia fieri præcepit, ideo utique fecit, ut in eum recte credentes, et tota eum mente diligentes, legis suæ præcepta cum quanta decebat sollicitudine et munditia custodirent, non quod furta, homicidia, rapinas, et cætera exercendo vitia, nec non idolis sacrificando, Dei legem indigne tractarent, et multis polluti contagiis, Deo vero sacrificaturi, sanctum ejus templum indigni ingrederentur, quemadmodum propheta Hieremias testatur dicens : *Ecce vos con-*

fidilis vobis in verbis mendacii quæ non proderunt vobis, furari, occidere, adulterari, jurare mendaciter, libare Baalim, et ire post deos alienos quos ignorastis, et venistis et stetistis coram me in domo hac, in qua invocatum est nomen meum, et dixistis : Liberati sumus, eo quod fecimus omnes abominationes istas (Jer. VII). Abominatus est itaque Deus opera vestra, et victimas, cum canticis, expulitque vos de templo suo, et terra sicut Isaias propheta apertissime talibus verbis insinuat: Quo mihi multitudinem victimarum vestrarum, dicit Dominus? Plenus sum, holocausta arietum et adipem pinguium, et sanguinem vitulorum, et agnorum, et hircorum nolui. Cum veniretis ante conspectum meum, quis quæsivit hæc de manibus vestris, ut ambularetis in atriis meis? Nec offeratis ultra sacrificium frustra. Incensum abominatio est mihi. Neomeniam, Sabbatum et festivitates alias non feram. Iniqui sunt cœtus vestri. Kalendas vestras et solemnitates vestras odivit anima mea, facta sunt mihi molesta. Laboravi sustinens. Quod et Hieremias confirmat dicens : Ut quid mihi thus de Saba affertis, et calamum suave olentem de terra longinqua? Holocaustomata vestra non sunt accepta et victimæ vestræ non placuerunt mihi (Jer. VI). Item alibi : Cum jejunaverint non exaudiam preces eorum, et si obtulerint holocaustomata, et victimas, non suscipiam ea (Jer. XIV). De hoc etiam Amos propheta ait : Odi et projeci festivitates vestras, et non capiam odorem cœtuum vestrorum. Quod si attuleritis mihi holocaustomata, et munera vestra non suscipiam, et vota pinguium vestrorum non respiciam. Auferam tumultum carminum tuorum, et cantica lyræ tuæ non audiam (Amos v). De hoc iterum Malachias ait : Non est mihi voluntas in vobis, dicit Dominus exercituum, et munus non suscipiam de manu vestra (Malac. I). Et Psalmista : Sacrificium et oblationem noluisti, aures autem perfecisti mihi (Psal. XXXIX). Per Osee quoque Prophetam sic ait : Cessare faciam omne gaudium ejus, solemnitatem ejus, neomeniam ejus, Sabbatum ejus, et omnia festa temporum ejus (Ose. II); et multa alia; quæ enumerare longum est. Hæc sunt præcipua et majora legis vestræ præcepta, quæ, sicut prophetica auctoritas et præsentium temporum indicat ætas, Deus nequaquam vult de manu suscipere vestra.

Moyses. Omnia, quæ induxisti prophetarum verba, de Babyloniæ captivitate et dicimus et credimus fuisse prædicta, et in eadem completa. Nam post ipsam et divinitas nos respexit, et sacrificia nostra suscepit.

Petrus. Explanationi tuæ meus optime intellectus concordat. Cum enim Deus vos de captivitate eductos ad templum patriamque reduxit, patet quia prophetarum minas complevit, et culpis indultis victimas vestras acceptabiles habuit. Sed cum postea in pristina scelera redissetis, pristinis denuo pœnis multati estis, et quanto secunda captivitas major graviorque fuit, quam prima, tanto majorem in hac quam in illa Dei super vos liquet indignationem fuisse.

Moyses. In hoc verbo tibi ipsi contrarius ostenderis, cum superius dixeris homines illius temporis religiosos et justos fuisse, et legis præcepta fideliter custodisse, nunc autem eorum opera Deo displicuisse confirmas.

Petrus. Secundum quod legislator Moyses a Deo legem acceperat, et eis proposuerat, eos digne servasse non denego. Sed postquam Christus advenit, qui prophetarum arcana revelavit, et legis sublato velamine, spiritualem qui latebat sensum aperuit (Luc. XXIV), ex tunc non secundum litteram occidentem, sed secundum spiritum vivificantem (II Cor. III) legalia debuerunt instituta servare, quoniam qui legem dederat, melius eam quam prophetæ qui auditores fuerant intelligebat. Quod quia facere neglexerunt, ideo eorum antiquas observationes Deus suscipere renuit, quemadmodum et veteres ritus quos ante susceptam per manum Moysi legem excolebant (Lev. XVIII), post eamdem susceptam prohibuit exercere, duas videlicet sorores simul ducere uxores, vel amitam uxorem accipere, omnibus animalibus vesci (Deut. XIV). Hæc et similia ante legem agentes, rei non habebantur, sed postea nemo sine peccato facere potuit.

Moyses. Legem nostram prout Moyses dedit, et omnis patrum nostrorum generatio antiquitus coluit, et sic etiam a nobis per omnia servandam et credo et censeo.

Petrus. Si veteres legis observationes Domino acceptabiles fuissent, dum eas opere compleretis, nequaquam vos de templo et patria ejecisset. Sed ut tuis acquiescam sermonibus, tuo te redarguendum esse ostendo judicio, cum, sicut dixi, nihil nisi pauca de legis observeis præceptis, et nec ipsa prout lex præcipit ex toto custodiatis, quandoquidem nec in Sabbatis, nec in solemnitatibus, aut jejuniis vestris, aut victimas aut alia quæ necessaria sunt et præcepta habeatis. Orationes etiam quas loco sacrificiorum Domino funditis, non ut exaudiantur ad ejus aures ascendunt. Nec hoc malevolentiæ meæ potes aut audes ascribere, cum ipsimet vestri doctores testentur Deum ab illo tempore preces vestras non suscepisse, quo templum destructum est. Quod etiam Hieremiæ prophetæ firmant auctoritate dicentis : Cum clamavero et rogavero, exclusit orationem meam (Thren. III). Et iterum : Opposuisti nubem tibi, ne transeat oratio (Thren. III). Et Isaias : Et cum extenderitis manus vestras, avertam oculos meos a vobis, et cum multiplicaveritis orationem, non exaudiam (Isa. I). Præterea omnes vos secundum Moysi legem immundi estis. Nullus enim in vobis est, qui mortuorum attactu pollutus non sit (Num. XIX). Quæ scilicet macula, nisi conspersione cineris vaccæ rufæ non deletur (Lev. XV), quam cum ad præsens habere non possitis, ab immunditia liberari nequitis. Mulieres etiam vestræ omnes fluxu pollutæ creduntur, cum pristini desint sacerdotes; quorum erat relictum judicio inter menstruam et sanguinis fluxus pollutam discernere, et filii de pollutione. Omnes quoque cibi vestri legis judicio polluti probantur. Cum igitur, o Moyses, tota gens vestra probetur polluta, mulieres omnes pollutæ, et ideo omnes filii de pollutione sint nati, cibique vestri universi immundi, et eorum orationes nequaquam ad aures perveniant Dei, nec opera placeant ei. Quomodo, quæso, ullam possunt securitatem habere, quod vel malorum finem sint habituri, vel apud Deum sint ullius pretii? Ipsa quia me de eorum liberavit errore, debitas ago gratias, et ut te etiam liberet devotus exoro. Amen.

TITULUS V.
De Sarracenorum lege destruenda, et sententiarum suarum stultitia confutanda.

MOYSES. Hactenus Judaicæ gentis fides quam inanis et inconstans in omnibus esset, eorumque obsequium quam irrationabile Deo atque ingratum existeret, vel cur ab ejusdem fide recesseris, et evidentissimis edidisti probastique rationibus, et mihi in quanto permanserim hactenus monstrasti errore. Sed cum paternam reliqueris fidem, miror cur Christianorum et non potius Sarracenorum cum quibus semper conversatus atque nutritus es delegeris fidem. Libet enim mihi, quemadmodum in Hebraica ita et hac secta quæcunque potero inferre obstacula, ut sicut de nostra, sic et de hac rationem prætendas, qua destrui valeat. Semper enim ut dixi cum eis conversatus et enutritus es, libros legisti, linguam intelligis, ut enim in me eorum personam suscipiam, hanc utique præ cæteris debuisses eligere, quam constat reliquis honestiorem et habiliorem existere. Lex est si quidem larga, de præsentis vitæ deliciis multa servans mandata, in quo ostendit divina circa eos fuisse dilectio maxima, pariterque suis cultoribus gaudia repromittit ineffabilia. Cujus videlicet legis radicem si quæras, invenies super inconvulsæ fundamentum rationis fundatam. Cujus rei videlicet quod Deus eos dilexit, et multis præceptis eos onerari noluit, sed pepercit, signum est quod quinquies tantum in die orare eos præcepit, quin etiam semper antequam orent, ut perfectam munditiam habeant, culum, veretrum, manus, brachia, faciem, os, nares, aures, oculos, capillos, decentissime, et ad ultimum pedes lavant. Hoc facto, publica voce præconantur, unum confitentes Deum, qui nullum vel similem habeat vel æqualem, ejusque Mahometh esse prophetam. In anno quoque integrum mensem jejunant. Jejunantes autem nocturno comedunt tempore, diurno abstinent, ita ut ab ea die hora qua nigrum ab albo distinguere per visum poterunt filum, usque ad solis occasum, nemo comedere, bibere, aut uxoris commissione se præsumat fœdare. Post solis autem occasum, donec ad sequentis diei crepusculum, semper eis cibo et potu, propriisque uxoribus prout cuique libet, liceat uti. Si tamen aut infirmitate fuerit prægravatus aut in via erit, quandiu aut languoris aut itineris duraverit tempus, ei quibuscunque voluerit et vesci simul et uti, sic tamen ut quod vel ægritudinis vel viæ necessitate minus implevit, postea emendet quando licuerit. Semel autem per singulos annos propter solam recognitionem præcipiuntur omnes ire ad Dei domum, quæ est in Mecha videndam, et ibi adorare eamque inconsutilibus tegumentis induti circuire, et lapides prout lex præcipit, per media scilicet femora jacere retro pro lapidando diabolo. Hanc autem domum dicunt Adam cum de paradiso exsulasset, Domino exstruxisse, et omnibus filiis ejus donec ad Abraham advenit locum orationis fuisse. Abraham autem fidelis Dei servus, eam roboravit, et instauravit et in ea Domino vota vovit, et sacrificia obtulit, filioque suo nomine Ismaeli post mortem reliquit, eique et omnibus filiis ejus per multa annorum curricula, donec Mahometh natus est, orandi domus permansit; quo nato, eamdem Deus sibi, cunctisque suis generationibus, hæreditariam ut ipsi perhibent, promisit. Adversarios præterea Dei et eorum prophetæ prædari, captivare, interficere, et omnibus modis persequi atque delere jubentur, nisi resipiscere et ad eorum fidem converti voluerint, aut servitutis indictum censum persolverint. Absoluta etiam eis est omnis caro, præter porci carnem et sanguinem nec non morticinum ad vescendum. Respuunt etiam, quidquid in alicujus rei nisi Dei fuerit nomine consecratum. Licet præter hoc eis eodem tempore quatuor legitimas habere uxores, et qualibet repudiata aliam semper accipere, ita tamen, ut nunquam quaternarium transeat numerum. In repudio quoque hoc observatur, ut usque tertio ei quamlibet repudiare et eamdem rursus recipere liceat. Emptitias vero atque captivas quotcunque voluerit habere licitum erit, sed et easdem vendendi denuoque emendi liberam potestatem habebit, sic tamen, ut, postquam semel gravidam fecerit, nequaquam se alterius servitutis jugo astringere possit. Conceditur insuper eis de propria cognatione habere uxores ut sanguinis proles accrescat, et fortius inter eos amicitiæ vinculum vigeat. De possessionibus repetendis judicia talia sunt apud eos, qualia esse apud Hebræos ipse optime nosti, ut petitor testibus comprobet, et negator juramento semet expurget. Testes autem nullos nisi valde idoneos probatasque personas suscipiunt et quibus sine juramento credere possint. In quibusdam etiam aliis Mosaicæ legis morem custodiunt, ut qui hominis sanguinem fuderit, eadem pœna plectatur (*Gen.* IX), et quisquis in adulterio deprehensus fuerit, cum adultera pariter lapidetur (*Lev.* XX). Qui autem cum qualibet alia fornicatus fuerit, LXXX flagellis subjacebit. Furti talis indicta est pœna, ut prima et secunda vice octoginta flagella sustineat, tertia manum, quarta pedem amittat, et qui cuilibet homini membrum abstulerit, digno pretio redimet. Hæc universa præcepta idcirco sunt a Deo proposita, ne si nimis larga quælibet faciendi esset licentia, totius gentis fieret cito ruina. A vino semper abstinere jubentur, quoniam fomes est et seminarium omnis peccati. Hæc sunt præcipua legis mandata, quoniam longum esset morari in singulis. Promisit itaque Deus sibi et Mahometh suo fideli prophetæ credentibus, legisque ejus mandata complentibus, paradisum, id est, hortum deliciarum, præterfluentibus aquis irriguum, in quo sedes habebunt perpetuas. Proteget eos arborum umbra, nec frigore affligentur, neque calore. Omnium fructuum, omnium ciborum vescentur generibus. Quidquid appetitus cuique suggeret, coram se confestim inveniet. Sericis induentur vestibus omnicoloribus. Accubabunt in deliciis, et angeli pincernarum ministerio inter eos cum vasis aureis et argenteis deambulabunt, in aureis lac, in argenteis vinum offerentes, et dicentes: Comedite et bibite in omni lætitia, et quod vobis Deus promisit ecce completum est. Jungentur virginibus, quas nec humanus, nec dæmoniacus violavit contactus, hyacinthi coraliique splendore forma præstantioribus. Hæc bona dabuntur credentibus, non credentibus vero Deo et prophetæ ejus Mahometho, erit infernalis pœna sine fine. Quantiscunque autem peccatis quisque obligatus fuerit et in die mortis suæ Deo et Mahometho crediderit, in die judicii Maometho interveniente salvus erit. Hæc et alia quamplurima, quæ enumerare longum est, cum tu nihilominus a puero noveris scripta, et ab omni Sarracenorum gente maxima celebratione habita, cur potius Christianam quam Musulmiticam sectatus es religionem, et præsentis vitæ melius et futuræ pariter felicitate fruiturus?

PETRUS. Quamvis orationis tuæ contextus, plurimum decoris et dulcedinis habens, apud eos qui delicias corporis summum bonum putant, non minorem quam si ipse Mahometh adesset, captare benevolentiam valeat, de me tamen id sperare te mirum est, ut ad hoc persuadendum institeris, in quo me nullatenus falli posse credideris. Certus enim es mihi non incompertum esse quis Mahometh fuerit, quomodo callida simulatione prophetam se confinxerit, et ad hoc machinandum quis ejus consiliarius exstiterit. Unum, reor, tibi incertum manet, ipsam Mahomethi quam dicunt doctrinam quam inanem judicem. Dum igitur vitam moresque ejus mea narratione digesta audieris, tunc me scire de eo quod verum est aut nescire, facile internoscere poteris.

MOYSES. Illud inhianter exspecto audire abs te.

PETRUS. Mahometh igitur utroque parente orbatus, sub avunculi sui Panephi patrocinio, pueritiæ annos agebat, idolorum tunc temporis cultui cum universa gente Arabum inserviens, quemadmodum ipse in Alcorano suo testatur, dicens Deum sibi dixisse : Orphanus fuisti, et te suscepi, in errore, et te direxi, pauper, et locupletavi. Post aliquantum vero annorum spatium, mercenarius apud nobilissimam quamdam viduam nomine Chadigiam, brevi ita dominæ suæ animum obtinuit, ut jure conjugii rebus omnibus et rerum pariter dominatrice potiretur. Cujus opibus de pauperrimo ditissimus effectus, in tantam prorupit mentis superbiam, quod regnum Arabum sibi sperandum polliceretur, nisi suos timeret contribules, quia eum pro rege non tenerent, cum sibi et æquales fuissent et majores. Viam tamen excogitans qua rex effici potuisset, voluit se prophetam confingere, ea videlicet fretus facetia eloquentiæ, quam apud diversas nationes, dum negotiationi desudaret, ingenii susceperat levitate, et hoc etiam quod tunc temporis major pars milites erant atque agricolæ, et ipsi fere omnes idololatræ, præter quosdam qui Moysi legem secundum Samaritanos tenebant hæretice et alios Christianos qui Nestoriani erant et Jacobitæ. Jacobitæ autem sunt hæretici, a quodam Jacobo dicti, circumcisionem prædicantes, Christumque non Deum, sed hominem tantum justum de Spiritu sancto conceptum, ac de virgine natum, non crucifixum tamen neque mortuum credentes. Fuit etiam eo tempore, in regione Antiochiæ, archidiaconus quidam amicus Mahometh, et hic Jacobita, unde ad concilium vocatus est, et damnatus. Cujus damnationis pudore contristatus, de regione aufugit, et ad Mahometh devenit. Hujus igitur nixus est consilio Mahometh, quod cogitabat et per se tamen adimplere non poterat, ad effectum perduxit. Fuerunt quoque duo Judæi ex illius Arabiæ quos diximus hæreticis, Abdias et Cahbalahabar dicti, et hi quidem Mahometho se adhibuerunt, et ad complendam stultitiam ejus auxilium præbuerunt. Et hi tres legem Mahomethi quisque secundum hæresim suam contemperaverunt, et talia eum ex parte Dei dicere monstraverunt, quæ et hæretici Judæi et hæretici Christiani qui erant in Arabia vera esse crediderunt, qui vero sponte credere noluerunt vi tamen et gladii timore crediderunt. Et ejus quidem nec aliam prophetiam nec miracula ulla scimus sicut de Moyse, Josue, Samuele, Helia et Elyseo audivimus, quos multa fecisse miracula legimus.

MOYSES. Plerosque prophetarum credimus, quorum nulla miracula legimus, ut Hieremiam, Abdiam, Amos, Osee, et alios.

PETRUS. In illis ideo quærenda miracula non sunt, quomodo neque novitatem aliquam legis induxerunt, neque Mosaicæ doctrinæ ullatenus contradixerunt, et quæ prædixerunt ex parte completa cognoscimus.

MOYSES. Noe et Abraham Patriarchæ nova divinitus dedisse mandata dubium non est, sicut sacrificiorum, comedendarum carnium, circumcisionis, et aliorum rituum. Cur ergo eis absque miraculorum luce fides exhibita a posteris est?

PETRUS. Ideo eis veraciter creditur, quoniam is eis propheta attestatur, de cujus testimonio a nemine dubitatur, Moyses videlicet. Mahomethus igitur qualiter inter prophetas recipiendus sit, qui nulli prophetarum aliqua probabilitate comparabilis est?

MOYSES. Quare nulla probabilitate demonstratum prophetam dixeris, quem satis miraculis denotatum frequenter audieris? Nonne prophetam eum brutum animal bos videlicet Doregele nuncupavit? Nonne per utramque manicam ingressa luna de sinu redintegrata progrediens, prophetam eum mirificum designavit? Nunquid ad hoc innotescendum illius manu demulsa omni populo affluentem mamilla ovis haustum lactis præbuit? Mirum etiam fuit, quod cum ficum arborem ut ad se veniret vocavit, venit quidem arbor ad eum, et ipse de fructu ejus comedit; et brachium ovis quod invenenatum sibi erat in scutella appositum cum eo locutum est et dixit. Ne comedas, quia sum invenenatum.

PETRUS. Frivola sunt quæ prosequeris, neque omnium vestrorum judicio fide digna probantur, maxime cum ipse Mahometh in Alcorano suo nihil tale retulit, sed potius quidquid in Alcorano de eo scriptum non fuerat, omnino verum credi prohibuerit. De omnibus, inquit, multi multa mentiti sunt, quod ne mihi contingat, illud solum de me verum teneatur, quod Alcorani fultum auctoritate probatur. Qui cur miraculum non faceret ostendere volens, loquentem ad se Dominum introducit dicens: Dixit Dominus ad me: Ideo te facere miracula non permitto, quia, ne tibi sicut aliis prophetis in miraculis contradicatur timeo. Suo ergo testimonio nullum fecisse virtutis signum monstratur; quibus aliis indiciis verus propheta probatur? Indicia namque veri prophetæ sunt probitas vitæ, miraculorum exhibitio, dictorum omnium firma veritas. Bonitas vitæ in Mahometho violentia erat, qua se prophetam Dei prædicari vi faciebat, furto et rapacitate gaudens, et igne libidinis in tantum fervens, ut et alienum thorum fœdare adulterio tanquam Domino præcipiente non erubesceret, sicut de Zanab filia Jas uxore Zet legitur. Dominus, inquit, tibi Zet uxorem dimittere tuam præcipit. Quam dimissam ipse sibi continuo copulavit. Cujus evidentius prophetiam quam nulla sit lassæ uxoris ejus turpitudo patefecit, quando in adulterio deprehensam, eam multorum testimonio non deprehensam, eo quod nollet eam dimittere, falso Gabrielis nuntio confirmavit. De cujus vitii potentia, libidinis scilicet laudasse Deum legitur, eo quod in eo quadragies supra humanum modum abundaret, congratulans sibi, eo quod suavis odor et speciositas mulierum dante Deo plurimum eum oblectaret. De miraculis jam dictum est. De bellis autem quæ Domino præcipiente et victoriam promittente se iniisse fatebatur, dentes ejus contriti in bello, facies que collisa, multa etiam cædes et fuga suorum, veritatem testantur; quæ si angelus Domini ut dicis eum custodiret, minime sibi accidissent, sicut de Elia et Eliseo legimus (III Reg. XIX), quos ab inimicis suis semper eripuit Deus, quem etiam si talis esset ut dicit, semper victoria sequeretur, ut Moysen, Josue et David, quos divino jussu prælia committentes, semper victoria comitabatur (IV Reg. VI; Exod. XVII; Josue. I). Si vero etiam propheta verus, ut ais, esset, prælia commissurus utrum sibi male eveniret sciret. Quomodo ergo mea lege dimissa illius me legem dicis potius quam Christianam insequi debere?

MOYSES. Hæc pro certo ratio, quam qui perspicue inspexerit vera videtur.

PETRUS. Quod superius me libros legisse, linguam scire, nutritum fore semper inter Sarracenos dixisti, non idcirco convenit ut illorum assequar legem.

MOYSES. Quoniam credebam eam bonam esse, ideo te eam debere recipere dixi.

PETRUS. Dixisti etiam legis illorum radicem in inconvulsæ rationis fundamento constructam, unde in alternæ disputationis campum, verba verbis, mandata mandatis, discurramus, si eam bene fundatam invenire poterimus.

MOYSES. Placet.

PETRUS. Quod quinquies Mahumetum in die orandum præcipere dicis, ideo utique fecit, quia consilio doctorum suorum mediatricem Judæorum et Christianorum legem effici voluit suam, non probitate sui, neque adjutorio Dei. Judæi enim secundum legem ter in die orant, Christiani vero septies, sed iste nec ter nec septies, sed quinquies orando terminum inter utramque posuit. Quod antequam orent illos manus et brachia et cætera corporis membra abluere laudas, non ad orationem pertinet. Ad orationem quidem pertinet mundari, intrinsecus non extrinsecus. Munditia autem de ablutione membrorum pertinebat cultoribus stellæ Veneris, qui volentes eam orare, ad modum feminæ se aptabant. Quia vero puncto stellæ Veneris rex effectus est, ideo hæc præcepit. Tempore orationis publica voce eos præconari fateris, quod non convenit orationi, nisi quia aliud novum nequit imponere signum. Jejunare per mensem integrum eos, ut ais, quod restringant vitia carnis præcepit, quod est initium pœnitentiæ. Sed dic, quæso, mihi, quid prodest diem jejunare, et nocte ter vel quater comedere, et bonis carnibus optimisque cibis frui, et mulieribus uti? Hæc non debilitant, sed potius corroborant carnem. Quod semel in anno dicis eos ad domum Dei, quæ est in Mecha, ire propter recognitionem, et ibi orare quam dicunt fuisse Adæ et Abrahæ, non ex auctoritate habent, sed quasi commentum aliquod fingunt. Antequam enim legem prædicasset, domus hæc idolis plena erat. Sed si tu, o Moyses, scires qualis esset domus illa, et quod secretum ibi inesset, et cur illuc Mahomethus iret, et quæ in lege inveniuntur jussit facere, valde mirareris inde.

MOYSES. Istud rogo mihi quod dicis insinues. Licet enim hanc legem tibi prædicem, quare iter illud et cætera quæ lex præcipit ibi facere jussit, nescio.

PETRUS. Breviter quidem volebam tibi notificare, sed modo rogatus monstrabo aperte. Duo filii Lot Amon et Moab, hanc domum honorabant, et duo idola ab eisdem ibi colebantur, alterum ex albo, alterum ex nigro lapide paratum. Nomen quidem illius quod ex nigro erat lapide Mercurius, nomen vero alterius Chamos. Alterum quod ex nigro lapide est, in honore Saturni, alterum quod ex albo in honore Martis ædificatum est. Bis in anno cultores eorum ad ipsa ascendebant adoranda, ad Martem quidem quando sol in primum gradum arietis intrat, quia aries honor est Martis. In cujus discessione, prout mos erat, lapides jaciebantur. Ad Saturnum vero, quando sol in primum gradum libræ intrat, quia libra honor est Saturni. Quod thurificabant nudi tonsisque capitibus, usque in hodiernum diem in India, ut dixi, celebratur. Arabes vero cum Amon et Moab idola adorabant. Mahomethus autem post longum tempus veniens, pristinam consuetudinem nequivit auferre, sed quasi quodammodo more mutato inconsutilibus tegumentis coopertos domum circuire permisit. Sed ne videretur idolis præcipere sacrificare, simulacrum Saturni construxit in pariete, in angulo domus, ne facies appareret, dorsum vero tantum exterius est positum. Alterum Martis scilicet idolum quia sculptum undique, erat subtus terram et lapidem suprapositum misit, hominibus vero qui ad adorandum ibi conveniunt, lapides istos osculari præcepit, et humiliatis tonsisque capitibus inter crura lapides retro jactare, qui humiliantes se dorsa denudant, quod est signum legis pristinæ. Dic ergo, Moyses, qua intentione ista præcepit, nisi ea qua dico?

Moyses. Dixi tibi intentionem me nescire, quia nusquam reperi scriptum, unum tamen de lapidibus jaciendis scio, quia ad effugandum dæmones ista se dicunt facere. In libris illorum scriptum vidi quia Bomar quidam ex decem sociis Mahomethi more solito lapides deosculans sic exorsus est. Vobis, inquit, lapidibus dico, quod nec adjuvare nec nocere potestis scio, sed, quia Mahomethus fecit, illius morem exsequor.

Petrus. Quod dixisti lapidibus jaciendis dæmones effugare, non consequens ratio videtur esse, quia quod non aliquo percipitur sensu corporeo, effugare leviter nequaquam potest. Nomine vero divino effugantur dæmones.

Moyses. Quoniam quosdam audivi dicentes dæmonia vidisse et ea audisse, ac collocutos fuisse, miror te dicere sensu non corporali percipere.

Petrus. Licet angelos corporeo sensu non percipi possit, illis tamen qui secundum mandata Dei incedunt, visibiles fiunt. Similiter diabolus amicis suis visibilis apparet.

Moyses. Istud quidem vellem scire, quo magisterio, quave arte illos videre, vel colloqui possem.

Petrus. Quare quod ad te minime pertinet scire desideras?

Moyses. Non ut opera exercerem, sed scientiam tantum vellem.

Petrus. Quomodo quod errorem tuum augeat vis addiscere?

Moyses. Bene me Deo gratias correxisti, in verbis tuis sensum didici.

Petrus. Jam satis dictum est, ad inceptum redeamus. Quia Dei adversarios Mahomethus prædari, captivare et interficere jussit, donec vel credere, vel censum persolvere voluissent, non est hoc ex Dei operibus, neque prophetarum cuilibet jussit

A cogere aliquem credere, sed ipse hoc cupiditate præcepit pecuniæ, et ut inimicos suos destrueret. Hoc autem ut nosti non debet fieri, imo si quis aliquem convertere velit, non per violentiam, sed diligenter et dulciter hoc facere debet, sicut ipse Mahometh in suo testatur Alcorano, sub persona Domini ita idipsum dicentis : Si vellet Dominus Deus tuus, totius sæculi gentes crederent. Cur ergo ut credant cogis? quia nullus nisi voluntate Dei credit. Et in alio loco, vobis, inquit, gentibus veritas Dei jam venit. Qui crediderit, pro semetipso fecerit, qui vero erraverit, pro semetipso fecerit, et ego non sum super vos bajulus. Sequere vero, Deus, inquit, quod revelatur tibi, et exspecta donec Deus judicet, qui super omnes judex est. Item in eodem, Dominus, inquit, Deus tuus sub una lege cunctos si vellet sine discordia poneret. Fingit item in alio loco tanquam sibi Deus loquatur. Non, inquit, violentia in lege debet esse, jam veritas et justitia apparet, qui voluerit sponte sua credat. Item in Alcorano, vos increduli non quod oratis oro, nec quem oro oratis, et quem adoratis non adoro, mihi lex, et vobis lex discors. Et in alio loco ait: Non altercetis cum alterius legis gentibus, nisi mollibus verbis. Quare ergo prædari, captivare, et gentes vi cogere ad credendum jussit, et hæc omnia semitas Dei esse fatetur? Dic mihi, Moyses, legem quæ secum dissidet, quare ergo credere jubes.

Moyses. Liber Alcorani talis est, quod et posterior primum destruit ordinem.

Petrus. Alcoranus non manu Mahometh scriptus est, si enim hoc faceret ordinatus esset. Post mortem vero ipsius, socii ejus qui secum morati fuerant, quisque, ut ita dicam, lectionem suam renuntians, Alcoranum composuerunt, unde nescimus quis prior quis posterior fuit ordo. Ideo autem Mahometh prædari, captivare, et gentes interficere jussit, quod Arabes qui Deum ignorantes in deserto manebant, in prædationibus delectarentur, et ut maxime illi crederent.

Moyses. Æstimo verum esse quod dicis.

Petrus. Quod dicis illis absolutam esse omnem carnem, præter porci carnem et sanguinem, et morticinum ad vescendum, nobis quoque absoluta est omnis caro. In hoc tantum scilicet in porci carne discordamus. Hoc autem fecit Mahomethus, ut in eo a lege sua nos Christiani differremus. Quod de uxoribus dixisti licere quatuor accipere et qualibet repudiata aliam accipere, hoc nulla quidem præcipitur ratione, neque enim nisi causa filios procreandi, præceptum est uxorem accipere (Lev. xviii). Quod autem emptitias et captivas quotlibet possunt habere, hoc quidem quantum ad nos adulterium est, quia multoties pater emit aliquam stupratam a filio, et contra filius vel frater a patre corruptam.

Moyses. In verbis tuis verum creditur. Ut vero talis dissensio inter hæc præcepta erat, quare Mahomethus qui tam sapiens videtur fieri jussit.

Petrus. Mahomethus valde feminas diligebat, et

pernimium luxuriosus erat, et sicuti ipsemet professus est, vis luxuriæ quadraginta hominum in eo manebat. Et maxime quia Arabes valde luxuriosi erant, voluntati eorum ut crederent satisfecit. Quod de propria cognatione habere uxores dixeris, mos erat omnibus tunc temporis, ut inter eos amicitiæ vinculum vigeret. De judiciis unde supra dixisti, in quibusdam sane Moysi consentiunt legi, in quibusdam vero dissentiunt, quod Mahometh fecit ut aliquantulum diversa esset lex sua a lege Moysi. A vino ideo semper abstinere jubentur, ne forte socii inebriati patefacerent ruinam populi. Quæ de paradiso prædicasti prætermittenda sunt, quia ratione non possunt comprobari. Separata quippe anima a corpore et quatuor elementis a se invicem separatis, non utetur homo his rebus sæcularibus, eo modo quo prius, quod supra damnavimus in titulo tertio, ubi locuti sumus de resurrectione mortuorum. Sapiens minime hujusmodi paradisum credit, nec talibus decipitur verbis. Homines autem temporis Mahomethi, sine lege, sine scriptura, totius boni inscii, præter militiam et aratrum, appetentes luxuriam, deditique gulæ, facile secundum voluntatem eorumdem prædicari poterant. Si enim aliter faceret, non ad legem suam eos impelleret.

Moyses. Absque Dei adjutorio talis namque magna gens non in eum crederet.

Petrus. Si cum Dei adjutorio cuncta peregisset, non multoties devictus fuisset, nec ut supra diximus, dentes illius in bello crepuissent, qui ut cæteri reges vincebatur, et vincebat aliquando. Sed post mortem ipsius omnes ab ejus lege discedere voluerunt. Ipse enim dixerat tertio die corpus suum deferendum esse ad cœlum. Ut vero illum mendacem cognoverunt, et cadaver fœtere viderunt, inhumato corpore maxima pars discessit. Alius autem Abitharii filius, quidam ex decem Mahomethi consociis, post mortem ipsius regnum adeptus est. Qui blande prædicavit, et callide admonuit ad credendum gentes, et dixit illos non bene intelligere Mahomethi sermonem. Mahomethus, inquit, non dixit, quod ante sepulturam vel videntibus hominibus sublevaretur ad cœlum. Dixit quippe quod post sepulturam corporis, angeli eum nescientibus cunctis delaturi essent ad cœlum, unde, quia statim non eum sepelierunt, idcirco fœtere incepit, ut statim sepeliretur. Hac ergo causa gentem in errore pristino parumper detinuit. Duo fratres scriptores Mahomethi, nomine Hazan, et Hozain, jejuniis et vigiliis fortiter corpora macerantes, pene ad mortem devenerunt. Pater vero eorum sæpe filios admonebat, ne per tam longam macerationem sua fatigarent corpora. Ipse autem videns illos stultos esse, et ad mortis ostium præ nimio labore jam devenisse, de Mahometho uti erat rem patefecit. Cognita autem nequitia illius a patre, cœperunt comedere, et vinum bibere, et sicut in sua lege fortiter antea perstabant, ita denique legem quamvis non ex toto dimittere cœperunt. Sed quædam pars gentis istos in consuetudine insecuti sunt. Omnibus ergo modis, o Moyses, possumus agnoscere eum neque verum prophetam esse, neque dicta illius vera fore. Licet multa, quæ de eo dicere possumus prætermittamus, unum tamen quod nos et vos credimus intromittamus, Christum scilicet quem æqualiter credimus mortuum et crucifixum, ipse denegat. Ait enim ipse : Christum non occiderunt neque crucifixerunt, sed visum est illis. Non solum autem in hoc mendacem eum invenies, sed omnes libros et prophetarum dicta relege, et in cunctis quæ de ipsis dixit, mentitum reperies. Quomodo ergo illum mendacem me credere hortaris, cum in omnibus fallacem inveneris? Dei omnipotentis deprecor pietatem, ut me ab illius errore liberet et quam cœpi legem implere perficiat. Amen.

TITULUS VI.

De Trinitate.

Moyses. Satis hucusque contra sectam nostram et sectam Sarracenorum disputatum est. Utramque enim, tum ex ratione, tum ex auctoritate confutasti. Nunc autem qualis sit tua fides expone, et modum tuæ credulitatis sub capitulis distingue.

Petrus. In mei principio libri, meæ jam modum credulitatis sub titulis tibi prædixi. Nunc autem quære sub quolibet titulo in eodem disputando, et liceat tibi si potueris quæ a me dicta fuerint destruere.

Moyses. Hoc desidero, si potero. Nunc itaque incipiam quærere de prima tuæ credulitatis parte, scilicet quomodo Deus est unus, et tres personæ, ita ut nulla harum anterior naturaliter alia tempore sit, nec alia substantialiter separetur ab alia, quas videlicet Christiani Patrem et Filium et Spiritum sanctum dicunt. Deinde de aliis tuæ partibus credulitatis disputabimus, donec omnes compleamus. Explana ergo quid sint hæ tres personæ, et hoc primum rationabiliter.

Petrus. Volo tres personas, substantiam, sapientiam, et voluntatem dicere. Ideo autem personam primam substantiam appello, quia in ipsa et de ipsa sunt sapientia et voluntas, et ipsa de nullo, quamvis tres personæ omnes sint una substantia.

Moyses. Possuntne ratione inveniri hæc tria?

Petrus. Possunt. Nam in prima parte mei libri de substantia quidem satis firmiterque, quia sit tractavimus, nec ultra de ea quærere indigemus. Sed utrum sapientia et voluntas ipsi insint substantiæ, restat explanandum.

Moyses. Hoc interrogo ego.

Petrus. Cum igitur constet vere substantiam esse, et ipsam creatricem omnium rerum, et initium initiatarum, et factricem facturarum, necesse est ut habeat sapientiam et voluntatem, ut scilicet sciat quid facere velit, antequam facere velit quia faciat, et ut etiam antequam opus in demonstratione prodeat, prius in animo imaginando formatur, et hæc imaginatio est sapientia. Cum autem sic sapit, aut facit, aut non facit. Non autem facit, si non velit. Si vero facit, et vult, et hæc est voluntas.

Ergo apparet in nostro sermone, opus præiri sapientia et voluntate. Mundi ergo Creator, creare aliquid nequivit, antequam in eo sapere esset et velle.

MOYSES. Verum est.

PETRUS. Ergo Deus est substantia, sapientia, et voluntas.

MOYSES. Verum est. Sed adhuc probare habes, quia hæc sapientia et voluntas, æternaliter in Deo sunt, et ab eo sint inseparabiles, nec per tempus ipsis anterior est ut credis.

PETRUS. Verificabo. Cum enim constet, quia Deus sapientiam habeat et voluntatem scire debemus, si hæc sapientia et voluntas in eo existentes, et non separentur ab eo, aut extra eum, an aliquando cum eo sint, aliquando non.

MOYSES. Verum est quia in eo sunt, et non separantur ab eo, quia nisi sic esset, tunc Deus esset non sapiens, postquam esset sapiens, et esset sine voluntate, postquam habuisset voluntatem, quia fieri non potest, ut postquam in eo sint separentur ab eo, nisi per accidens, et accidens non invenitur in eo.

PETRUS. Benedicat te Deus, quia bene intellexisti veritatem et concessisti, et bonam fidem te habere monstrasti. Sed adhuc debes inquirere, utrum hæc sapientia et voluntas sint æternæ, vel initium habuerint.

MOYSES. Ponatur modo quia initium habuerint.

PETRUS. Tunc verba tua sibi sunt repugnantia. Dixisti enim, quia Deus non potest esse non sapiens, postquam esset sapiens, nec sine voluntate, postquam habuisset voluntatem. Deinde, quia posuisti easdem habuisse principium, tunc aliquando in eo sunt, aliquando non.

MOYSES. Hoc assertioni meæ minime est contrarium. Dixi enim superius. Deum non posse sapientia et voluntate carere, postquam habuerit. Quia vero easdem principium habere concessi, nequaquam contradixi eum posse habere, quod non habuerit.

PETRUS. Sane, si exordium habuerunt, aut Deus eas creavit, aut ipse se.

MOYSES. Procul dubio Deus eas creavit, quia nulla res seipsam creat.

PETRUS. Ergo, si Deus eas creavit, cum initium habuerint, indiguit ipse Creator alia sapientia, et voluntate, quibus eas crearet, et, ut dictum est, necesse est operatori sapientiam habere et voluntatem, antequam quid operetur, et sic in infinitum. Necesse ergo est ut sapientia et voluntas æternaliter in Deo sint, et ab eo inseparabiles, nec anterior illis sit tempore. Et hoc est quod cupimus explanare.

MOYSES. Verum est, rectum enim est et utile veritati nos annuere.

PETRUS. Sed restat dicendum, quæ harum, scilicet sapientiæ et voluntatis, dicatur Filius, et quæ Spiritus sanctus.

MOYSES. Cum ergo nulla earum anterior alia sit A tempore, neque substantia anterior ipsis, potest ne aliquod horum trium anterius esse aliquo locutionis ordine.

PETRUS. Potest equidem, et est ordine nominum, non natura. In substantia enim sunt sapientia et voluntas, et ideo est prima. Sapientia vero ideo prior est voluntate, quia, priusquam creator aliquid velit, oportet eum sapere quid velit. Hac itaque nominum ordinata ratione, substantia, sapientia et voluntate anterior est, et sapientia anterior voluntate. Simili etiam modo in his nominibus, Pater scilicet, Filius et Spiritus sanctus. Ideo autem de hujusmodi re tecum egimus ita crasse, ut tu, qui subtiliora non percipis, isto saltem modo quidquam inde posses percipere. Quod si, cum aliquo inde loqueremur Christiano, multo inde subtilius cum eo disputare possemus.

MOYSES. Cum igitur ratione ostenderis Deum sapientiam et voluntatem habere, potesne in alicujus authentici libri reperiri serie, Creatorem ipsum in mundi creatione, sapientia et voluntate usum fuisse.

PETRUS. Etiam. De sapientia enim Salomon in Proverbiis ait : *Dominus fundavit sapientia terram, stabilivit cœlos prudentia* (Prov. III). De voluntate vero David in Psalmo : *Omnia quæcunque voluit fecit* (Psal. CIII).

MOYSES. Et quid est quod tu secundam Trinitatis vestræ personam nomine isto, quod est sapientia nuncuparis, cum verbum appelletur ab aliis.

PETRUS. In hoc sane contrarietas est nulla. Verbum namque Dei perfecta ejus est sapientia : quod et Psalmista ostendit cum dicit : *Verbo Domini cœli firmati sunt* (Psal. XXXII). Patet igitur quia sapientia Dei et verbum ejus idem est.

MOYSES. Hactenus de explanatione Trinitatis satis philosophice tractasti, sed vellem una saltem Scripturarum auctoritate approbari in Deo plures esse personas.

PETRUS. Non una probabo sed pluribus, nec objectis, sed apertis intelligentibus.

MOYSES. Pande ergo.

PETRUS. Quæ est res apertior, et ad hoc comprobandum valentior, quam nominum Dei explanatio, ut *Elohim* et *Adonai*? Elohim enim pluralitatem demonstrat, cujus singulare est *Eloha*. Cum autem dico Elohai, tale est ac si dicerem Dei mei, pluralitatem deorum, et unam tantum dicentis personam, cum vero Elohemi dico, quasi dicerem Dii nostri, pluralitatem utrorumque signando, et deorum et ipsorum dicentium. Quod etsi Elohi dicatur, tale est ac si diceretur, Deus meus. Sed hoc in nulla Hebraica invenitur scriptura, quod aliquis homo Deum unquam Elohi appellaret, quamvis, secundum ipsius Hebraicæ linguæ regulas, dici possit.

MOYSES. Nam in vestro invenitur Evangelio Christum in cruce Elohi appellasse (*Marc.* XV; *Matth.* XXVII).

PETRUS. Hoc quidem mihi nullum esse novi contrarium. Christus enim Deum Patrem invocabat una scilicet tantum de tribus personis, unam tantum alia. Simili modo in nomine quod est Adon, id est Dominus. Nam cum dicimus Adon, singularitatem demonstrat, cum Adonai, quasi dicam Domini mei, pluralitatem signando dominorum, et dicentes unitatem : cum autem dico Adonemi, quasi dicam Domini nostri, et plures Dominos, et plures signando dicentes; cum vero dico Adoni, quasi dicam Dominus meus, et Dominum unum, et dicentem notando unum. Hoc vero nomine homo tantum ab homine, sed Deus nusquam sic appellari invenitur. Cum itaque in Scripturis sacris reperiatur Deus appellari Eloha, et Adon, quod singulariter Deus vel Dominus interpretatur, ergo est unus. Et alias cum iterum reperiatur appellari Elohim, et Adonai, quod pluralitatem significat, plures demonstrantur dii. Quod videtur contrarium. Aut enim unus erit Deus, aut plures. In Deo autem non est hoc contrarium. Quod enim se singulari nomine appellavit, ad unam profecto respicit substantiam, quod vero plurali, ad plures personas. Est enim unus Deus in pluribus personis.

MOYSES. Quod hæc nomina Dei Elohim scilicet et Adonai pluralitatem significant, secundum regulas artis litterariæ contingit. Quod vero Deus se ita appellavit, nullis coactus regulis, sed juxta placitum suum fecit, et placitum quidem suum nullis debet regulis subjacere.

PETRUS. Verum quippe est nomina illa nullis debere regulis supponi, sed hoc, si propria sint, non appellativa. Sunt autem hæc appellativa, et ideo regulis recte debent supponi, sicut superius explanavimus. Itaque, ubi singulariter proferuntur, singularitatem, ubi vero pluraliter, pluralitatem significant, quemadmodum invenimus in Genesi, Lot angelos appellasse Adonai (Gen. XIX), hoc est Domini mei, quia angeli duo profecto erant. Et alias in eodem libro Laban increpans Jacob, ait : Cur furatus es Elohai (Gen. XXXI), hoc est, deos meos ? Et in Psalmis invenitur scriptum : Ego dixi Elohinatem (Psal. LXXXI), id est, dii estis. Et ad Israeliticum populum Dominus per Moysen loquens, ait : Non habebis Elohim Merini (Exod. XX), hoc est, deos alienos. Similibus quoque testimoniis libri prophetarum satis abundabunt.

MOYSES. Licet ostensum sit Elohim et Adonai pluralitatem significare, cum tamen de Deo dicuntur, significant singularitatem, quod per actum cui adjunguntur notatur, cum singulari voce dicatur. Dicit enim de Deo, fecit, dixit (Gen. I), vel aliud aliquid tale, et non dicitur, fecerunt, sive dixerunt.

PETRUS. Hæc est mea auctoritas, quod nomen Dei pluraliter dicitur, et actus singulariter, ac per hoc patet, quia Deus unus est in pluribus personis. Et tamen ut omnes tuas objectiones præcidam, possum quidem demonstrare, et nomen Dei et ipsum etiam actum pluraliter proferri. Quod licet ita sit, cum jam superius multis ostensum sit rationibus unum

tantummodo Deum esse, ad plures deos illud referre non possumus. Ad unum ergo Deum, et plures personas illud referri necesse est.

MOYSES. Si hoc quidem ostenderis, jam optime quod proposuisti probatum erit.

PETRUS. Quod si Deo opitulante hoc tibi ostendero, credes unum et plures personas ?

MOYSES. Nullum sane tecum super hac re feriam pactum, sed tantum attente vellem audire.

PETRUS. Novi certe cordis tui duritiam, sed tamen jam illud tibi ostendam, per hoc enim forsitan boni alicujus memor eris. In lib. itaque Samuelis scriptum est, quia cum Philisthiim arcam Domini contra se venire viderent, dixerunt. Elehem Elohim (II Reg. IV); id est, hi sunt dii qui percusserunt Ægyptum omni plaga in deserto. Hic enim et nomen Dei et actus pluraliter profertur.

MOYSES. Ego sane per hoc quod proposueras te probasse non concedo. Hæc enim dicebat gens non unum, sed plures deos credens, et opinabatur quia plures essent dii Israel, quemadmodum et sui erant.

PETRUS. Quandoquidem hoc non concedis, jam tibi consimilem in prophetarum libris ostendam sermonem. Est enim scriptum in Genesi : Locutus est Dominus ad Jacob : Surge, et ascende Bethel, et habita ibi, facque altare Deo, qui apparuit tibi quando fugiebas fratrem tuum (Gen. XXXV). Hic quippe et nomen Dei et actus, singulariter profertur. Deinde scriptum est in eodem libro præceptum Domini Jacob implesse. Sequitur enim : Ædificavitque ibi altare, et appellavit nomen loci domus Dei. Ibi enim apparuit ei Deus, cum fugeret fratrem suum. Hic autem et Deus et apparuit; in Hebraico pluraliter profertur. Habetur quippe ibi Elohim et Niglu, quod pluraliter apparuerunt significat. Si enim singulariter apparuit dicere vellet, Nigla posuisset. Item in libro Samuelis David laudans Deum, ait : Quæ est autem, ut populus tuus Israel, gens in terra, propter quam ivit Deus, ut redimeret eam sibi in populum ? (II Reg. VII.) Hic etiam similiter et Deus, et ivit, in Hebraico plurale est. Hic enim similiter habetur Elohim, et Halcu, quod est iverunt, cujus singulare est Halac. Redimeret autem, et sibi, singulare. Item in Hieremia legitur : Dominus autem Deus est verus, Deus vivens, et rex sempiternus (Jer. X). Hic iterum et Deus, et vivens, in Hebraico pluraliter dicitur. Cum igitur in Scripturis Dei nomen et actus, quandoque singulariter, quandoque etiam pluraliter proferatur, utrumque patet, quia et Deus unus est, et plures personæ.

MOYSES. Cum ex nominibus Dei ostensum sit, unum esse Deum in pluribus personis, restat quærendum cur tres tantum sint personæ sicut credis, et non duæ, vel quatuor vel plures.

PETRUS. Illud sane jam superius ostendimus, tres scilicet esse personas, cum de hoc per rationem ageremus, quod si tu dissentias cum jam ex nominibus Dei plures esse personas concesseris, dic ergo quot personas numero credere volueris, et ego si possum rationes tuas debilitabo.

Moyses. Ego certe neque duas neque tres, nec ullum credo numerum personarum, hoc vero quæsivi, ut tuis rationibus contrairem.

Petrus. Trinitas quidem subtile quid est et ineffabile, et ad explanandum difficile, de qua prophetæ non nisi occulte locuti sunt et sub velamine, quoadusque venit Christus, qui de tribus una personis, fidelium illam mentibus pro eorum revelavit capacitate. Si tamen attendas subtilius, et illud Dei nomen, quod in secretis secretorum explanatum invenitur, inspicias, יהוה, nomen inquam trium litterarum, quamvis quatuor figuris, una namque de illis geminata bis scribitur, si inquam illud inspicias, videbis quia idem nomen et unum sit et tria. Sed quod unum est, ad unitatem substantiæ, quod vero tria, ad Trinitatem respicit personarum. Constat autem nomen illud his quatuor figuris, י et ה et ו et ה : quarum si primam tantum conjunxeris et secundam, י scilicet et ה, erit sane nomen unum. Item si secundam et tertiam, ה scilicet et ו, jam habebis alterum. Similiter, si tertiam tantum copulaveris atque quartam, scilicet ו et ה, invenies et tertium. Rursus si omnes simul in ordine connexueris, non erit nisi nomen unum, sicut in ista patet geometrali figura.

Perpende itaque o Moyses quam secretum sit et subtile nomen istud et ineffabile, et quod non nisi perspicaci mentis intuitu, et profunda valeat agnosci indagatione, testante Moyse qui ait in Deuteronomio : *Scito hodie et cogita tu in corde tuo, quod Dominus ipse est Deus, in cœlo sursum, et in terra deorsum, et non sit alius (Deut.* iv). Ubi enim in Latino ponitur *Dominus,* in Hebræo quidem prædictum nomen invenies, ubi vero *Deus* in Latino, in Hebræo scribitur *Elohim,* quod pluralitatem significat. Ut autem patesceret eumdem esse Deum qui et singulari proprio et plurali appellativo nuncupatur vocabulo, sed et ne plures deos fore putarent, adjunxit, *et non sit alius.* Quod vero dixit Moyses, *scito et cogita tu in corde tuo (Exod.* xx), revera insinuat quia nominis hujus arcana subtilitas, neque visu, neque auditu, neque de corporeis sensibus, aliquo, nisi tantum mentis intellectu perspicuo, et miro possit perpendi ingenio. Potest etiam in multis aliis Trinitas denotari, sicut in fimbriis quas Dominus filios Israel in vestimentis suis per Moysen habere præcepit dicens : *Loquere filiis Israel, et dices ad eos, ut faciant sibi fimbrias in angulis palliorum, ponentes in eis vittas hyacinthinas, quas cum viderint, recordentur omnium mandatorum Domini* (Num. xix). Fimbriæ quippe illæ quatuor erant filorum, sed duplicatorum; in superiori quidem sui parte tres nodos habentes, in inferiori vero duos. Sed per fila quatuor, quatuor anni tempora designantur; per filorum vero duplicitatem dies et noctes, videlicet ut quatuor anni temporibus, iidem toto anno, nocte quoque et die, Dei mandatorum memores essent. Nam per tres nodos superiores, Trinitas personarum, per duos autem inferiores, duo insinuantur Testamenta; lex scilicet Moysis, et Evangelium. Notatur quoque Trinitas in tribus benedictionibus, quibus Aaron et filii ejus benedicebant filiis Israel ex præcepto Domini dicentis ad Moysen : *Loquere Aaron et filiis ejus : Sic benedicetis filiis Israel, et dicetis eis : Benedicat tibi Dominus, et custodiat te, ostendat Dominus faciem suam tibi, et misereatur tui, convertat Dominus vultum suum ad te, et det tibi pacem* (Num. vi). His quippe benedictionibus sacerdos alicui benedicens, protensas ante vultum suum palmas utrasque tenebat. Cum vero dicebat Dominus quem Hebraice illo quod supra diximus trino et uno nomine exprimebat, tres digitos priores, pollicem videlicet, indicem, atque medium manus utriusque rectos altius erigebat, et dicto ita Domino, digitos ut prius remittebat. Sed dic mihi, o Moyses, quid trium digitorum elatione melius quam Trinitatis excellentia poterit allegorizari? Quod si quid aliud super his notare tu noris et valeas, mihi, quæso edisseras.

Moyses. Sane neque illud quod dixistis, neque quidquam aliud super hæc unquam notavimus. Sed nec doctores nostri quidpiam notandum esse dixerunt.

Petrus. Quid etiam nisi trinitas personarum in eo quod dicit Isaias propheta notari potest, trina videlicet angelorum voce laudantium Deum et dicentium : *Sanctus, sanctus, sanctus, Dominus Deus Sabaoth? (Isa.* vi.) Cur enim ter tantum sanctus dicunt magis quam semel, vel bis, vel decies, vel centies, vel alio numero aliquo? Cur si breviter laudare vellent semel *sanctus* non dicerent? Si vero multum, cur non centenam vel millenam, vel innumeram laudem exhiberent?

Moyses. Nos quidem in angelorum laude causam nullam vocis illius trinæ, nisi placitum scimus ipsorum.

Petrus. Si ad singula quæ proposuero nescimus responderis, quid aliud quam te victum et contraire nescientem fateris? Testatur sane et David personarum trinitatem cum dicit : *Quærite Dominum [et confirmamini,* etc.] *et virtutem ejus, et quærite faciem ejus semper* (*Psal.* CIV). Quid est enim quod dixit : *quærite Dominum et virtutem ejus, et quærite faciem ejus*, nisi quærite Patrem, et Filium, et Spiritum? Qui namque per virtutem Domini nisi Filius ejus, qui vero per faciem, nisi Spiritus sanctus intelligitur? Quod si tu aliud intelligas, edissere. Hæc itaque sanctarum testimonia Scripturarum de trinitate personarum, satis intelligentibus sufficere poterunt. Si enim cuncta quæ possem super hæc inducerem testimonia, liber ea magnus non caperet. De his igitur hactenus. Si quid autem aliud habes interrogare, ne moreris.

TITULUS VII.

Quomodo Virgo Maria, de Spiritu sancto concipiens sine viri commixtione peperit.

MOYSES. Jam de Maria volo edisseras, qualiter eam sine viri copula peperisse (*Luc.* I; *Matth.* I) credas, et ego si potero contraibo.

PETRUS. Credimus sane Spiritu sancto in eam superveniente, virtute Altissimi ipsam obumbrante, de ipsius membris, ut Deo placuit, vires in unum convenisse, et ita eam sine viri copula concepisse.

MOYSES. Mira quidem res et ad intelligendum difficilis, quemadmodum de matre filius sine patre carnali gigni potuerit. Videmus enim in ista hominum consueta generatione, quia nisi duabus naturis convenientibus, viri quidem ac feminæ, homo generari non possit.

PETRUS. Cur ista generatio mira tibi videtur, et ineffabilis, cum jam consimilem audieris, quam credimus et nos et vos, Evam videlicet sine matre de patre, hoc est de carne Adam procreari? (*Gen.* II.)

MOYSES. Potuit sane generatio illa sicut et ista per miraculum fieri, sed de ista quidem quod fuerit auctoritatem habemus, Moysi videlicet (*Gen.* II), cui nullus contradicit legitimus, de illa vero nullam puto auctoritatem invenies, si tamen de libris prophetarum aliquam audieris profer.

PETRUS. Non unam quidem super hujusmodi re dicam auctoritatem, sed multas, cum de futura Christi nativitate, multis in locis prælocuti sint prophetæ

MOYSES. Si quod dicis effeceris, tuam procul dubio fidem tutaberis.

PETRUS. In primis igitur recordare quid per Isaiam ad Achaz dictum est, regem Juda : supervenientibus enim super eum hostibus suis, rege videlicet Armeniæ, et rege Israel, sic ad eum locutus est Isaias : *Ne timeas,* inquit, *o Achaz,* quia non destruetur Hierusalem, et ne dubites. *Pete tibi signum a domino Deo tuo in profundum inferni, sive in excelsum supra ;* et dixit Achaz : *Non petam et non tentabo Dominum* (*Isa.* VII). Cum autem cognovisset Isaias, quia non bona fide dixisset Achaz, imo quia Deum non timeret, aut amaret, respondens : *Audite,* inquit, *ergo domus David : nunquid parum vobis est molestos esse hominibus, quia molesti estis et Deo meo? Propter hoc dabit Dominus ipse vobis signum : Ecce virgo concipiet, et pariet filium, et vocabit nomen ejus Emmanuel* (*Luc.* I; *Matth.* I). Et hæc quidem prophetia propter Christum dicta est, et ad beatam per angelum Mariam repetita.

MOYSES. Et quomodo hoc stare poterit, quod hæc quæ ad Achaz nuntiavit Isaias, propter Christum ut asseris dicta sint et Mariam, cum ab Achaz usque ad Mariam multa, ut ipse nosti, annorum centena transierint?

PETRUS. Si propter Christum et Mariam dicta esse non credis, propter quem ergo prolata fuisse arbitraris?

MOYSES. Profecto propter uxorem Achaz, et filium ejus Ezechiam qui de ea natus est.

PETRUS. Falsum est quod dicis, et hoc per imperitiam astruitis, vel quia Deo nec reverentiam nec honorem exhibetis, quin de eo mentiri et male sentire præsumatis. Eo namque tempore quod hæc ad Achaz dicta sunt, jam erat rex ipse, sed et filius ejus Ezechias novem jam annos transierat. Die etenim prima regni Achaz erat ipse viginti annorum, et regnavit annis sexdecim. Ezechias autem filius suus, qui ei proximus in regno successit viginti quinque annos habebat, quando regnare cœpit. Novem itaque annos habebat Ezechias, quando pater suus rex effectus est. Hæc igitur de qua agimus prophetia, neque propter uxorem Achaz, neque propter filium suum Ezechiam dicta est.

MOYSES. Volo igitur mihi ostendas et explanes qualiter propter Mariam, et ejus filium dicta sit ista prophetia.

PETRUS. Multa certe in ipsis prophetiæ verbis inveniam, quibus perfacillime convincam ipsam non propter Achaz vel filium ejus, imo propter Mariam et filium ejus Christum fuisse prolatam. Licet enim ad Achaz loqueretur propheta, non solum tamen ad eum, vel de suo tempore dicta est prophetia. Propter hoc enim dictum est (*Isa.* VII) : *Audite, domus David,* non, Audi, tu, Achaz. Item quod propheta : *Dabit Dominus,* inquit, *ipse vobis signum,* quia addidit, *ipse,* ac si diceret non alius, ex hoc potest intelligi ipsum Dominum signum esse futurum. Quod etiam pluraliter ait, *vobis,* et non tibi, innuitur non propter Achaz, vel ad ipsum solum hoc fuisse dictum. Sed et quod sequitur : *Ecce virgo concipiet et pariet filium, et vocabit nomen ejus Emmanuel,* patenter insinuat non de uxore Achaz, vel filio ejus dixisse prophetam. Nam neque mulierem maritatam virginem vocasset, nec miraculum aliquod esset sive signum, mulierem virum habentem concepturam, vel filium forte parituram. Quin et in hoc quod ibidem legitur, *vocabit,* duo sunt notanda, scilicet quod et Deus sic appellari Filium volebat, et quod sine carnali patre virgo foret puerum genitura. Propter hoc enim ait, *vocabit,* ac si diceret, ipsa tamen vocabit, et non pater. Novimus etiam quod neque aliquid Achaz filius neque quisquam alius homo temporis illius, hoc nomine quod est Emmanuel sit vocatus.

Moyses. Miror sane super te, viro linguæ nostræ tam perito, quod ita verba confundis, et Scripturas pervertis. Neque enim, ut ipse nosti, posuit propheta nomen in Hebraico, quod virginem reddat in Latino. Quod si facere vellet, utique bethula posuisset. Posuit autem halma, quod puellam tantum significat.

Petrus. Injuste profecto, o Moyses, contradicis, nec linguæ usum Hebraicæ, vel naturam agnoscere videris. Mulier namque sive juvenis sive annosa; quandiu autem juvenis est, virgo, si autem corrupta, potest nuncupari nahra. Halma vero vocatur nulla, nisi sit et juvenis et intacta. Quod autem addidit propheta de puero dicens: *Butyrum et mel comedet, ut sciat reprobare malum et eligere bonum*, dic, quæso, o Moyses, quid per mel illud intelligi voluit et butyrum? voluit ibi aliquam innuere allegoriam, vel mel simpliciter protulit et butyrum?

Moyses. Nos quippe illud nequaquam, nisi simpliciter intelligimus, scilicet quia sapiens erit, bonique et mali discretionem habebit, ideo, inquit, *mel comedet et butyrum*, quod dulce est atque bonum.

Petrus. Non ideo sane sapiens est reputandus, quod mel comedet et butyrum. Licet enim sint et dulcia, cum salubria non sint, nec sunt bona, et qui illud quod nec salubre nec bonum est comedit, quomodo sapiens erit? Quod si alio modo ut possibile est, verbum illud intelligas, scilicet, quod mel comedet et butyrum, propter hoc ut sciat reprobare malum et eligere bonum, id est, ut per mellis comestionem et butyri, boni habeat cognitionem et mali, id est, sapiens sit, si ita inquam intelligis, sapiens mihi non videris, ubi enim in rerum innuitur naturis, quod sapientiam conferat butyri comestio sive mellis? Sane nusquam. Restat igitur ut illud allegorice intelligamus.

Moyses. Et quam ibi potes intelligere allegoriam?

Petrus. Potest quippe per hæc duo verba lex utraque intelligi, evangelium et lex Moysi. Multis siquidem in locis invenimus in prophetis verba Domini melli comparari et lacti (*Psal.* xviii, cxviii; *Ezech.* iii).

Moyses. Quid est igitur quod sequitur, *antequam sciat puer reprobare malum et eligere bonum, derelinquetur terra, quam tu detestaris a facie duorum regum suorum* (*Isa.* vii). Quid inquam per hujusmodi verba voluit intelligi propheta? Innuunt enim verba ista puerum de quo est prophetia tempore illo fuisse natum.

Petrus. Vis quæso, o Moyses, prophetarum verba ordine locutionis humanæ consueto accipere? Nequaquam potest hoc esse. Sunt enim ut somnium verba eorum, et sicut verba hominum febri acuta laborantium, vel alio morbo delirantium, nullo ordine sunt connexa, sic et prophetarum verba nulla sunt continuatione prolata, nec quid prius dicant respiciunt, sive posterius, nisi sicut eis sanctus revelat Spiritus. Quare sic sunt verba hæc connectenda: *Butyrum et mel comedet, ut sciat reprobare malum, et eligere bonum*, quia ante subauditur quam comedat, sciet reprobare malum et eligere bonum. Hæc enim est hebraica veritas, et hic demum finitur illa quæ propter incredulitatem Achaz, ad domum David dicta est prophetia. Nam, quod statim sequitur, *terra derelinquetur, et cætera* propter aliud dicitur, sicut et alibi invenimus. Legitur enim in Exodo: *Dixit Moyses ad Dominum: Quis ego sum ut vadam ad Pharaonem, et educam filios Israel de Ægypto? Qui dixit ei: Ego ero tecum, et hoc habebis signum quod miserim te. Cum eduxeris populum meum de Ægypto immolabis Deo super montem istum. Cum eduxeris populum meum* (*Exod.* iii), etc.; signum esse videtur illius quod ait *quod miserim te*, sed non est. Educto enim populo de Ægypto et Moyse super montem illum immolante, jam cognoscebant omnes Moysen, et prophetam, et a Domino missum esse. Aliud igitur more prophetæ cœpit ibi Moyses dicere quam quod prius dixisset. Quod si contradicas, et quod signum illud fuerit quæras, scias esse signum illud quod ait: *Ego ero tecum* (*Isa.* viii).

Moyses. Si ita est, quid est quod in sequentibus legitur, *antequam sciat puer vocare patrem suum et matrem suam, auferetur fortitudo Damasci, et spolia Samariæ coram rege Assyriorum?* Nonne enim de eodem puero dicta sunt hæc omnia, illo scilicet qui et ante destructionem natus fuit?

Petrus. Non omnia sane de Christo intelligimus dicta esse. Potuerunt ista itaque dici non de eo, sed de puero illo qui eo tempore natus fuit, de quo Dominus ad prophetam: *Voca* inquit, *nomen ejus, accelera spolia detrahere, festina prædari* (*Isa.* viii), vel de alio aliquo.

Moyses. Illum certe puerum qui Emmanuel est vocat, ostendam ego tibi, quia illo sit tempore natus. Cum enim loqueretur propheta de adventu regis Assur super terram Juda, ait de eo: *Et erit extensio alarum ejus, implens latitudinem terræ tuæ, o Emmanuel* (*Isa.* viii). Hic namque ostendit, tempore adventus ejus jam esse Emmanuel.

Petrus. Non sane per hoc convinces, Emmanuel tunc temporis natum fore. Neque enim fuit hoc ejus nomen secundum corpus, sed secundum deitatem, secundum quam et in eo tempore, et ante et post constat Emmanuel esse.

Moyses. Jam ex his tuis verbis intelligo tale quid, quod antea non dixisti, videris enim innuere, puerum de quo loqueris Deum et hominem fore.

Petrus. Ita procul dubio credo ego, quod et in meæ fidei explanatione notavi et tibi ostendam, si quando illud quæsieris.

Moyses. De hoc non quæro ad præsens ego, imo prius volo respondeas, si quam adhuc auctoritatem habeas de prophetia, quod puer ille, filius Mariæ, de matre sit natus sine carnali patre.

Petrus. Habeo utique. Ait enim: *Rorate, cœli, desuper, et nubes pluant justum; aperiatur terra et germinet Salvatorem, et justitia oriatur simul; et: Ego Dominus creavi eum (Isa.* XLV). Per hoc namque quod ait: *Rorate, cœli, desuper, et nubes pluant justum*, notavit Spiritum sanctum de cœlo fore descensurum; per hoc autem quod sequitur: *aperiatur terra et germinet Salvatorem*, corpus Virginis accipimus, quæ, superveniente Spiritu sancto, et conceptura et Salvatorem fuerat paritura. Sed et per hoc quod est: *Ego Dominus creavi eum*, innuitur, quod absque patris carnalis auxilio, Dominus eum progenuit (*Psal.* CIX). Unde et contra illos qui hoc non credunt intulit in sequenti: *Væ qui contradicit fictori suo, testa de Samiis terræ, et nunquid dicet lutum figulo suo: Quid facis, et opus tuum absque manibus est?* et: *Væ qui dicit patri: Quid generas; et matri: Quid parturis? (Isa.* XLV.) Sic enim invehitur in illos, qui de hoc dubitant, et quærunt quomodo Deus eum genuerit, et beatam causantur Mariam, quod absque viri commistione peperit. Iterum contra incredulos loquens prophetia, ait: *Nunquid ego, qui alios parere facio, ipse non pariam, dicit Dominus? Si ego, qui generationem aliis tribuo, sterilis ero, ait Dominus Deus tuus? (Isa* LXVI.) Sic namque ostenditur quod Deus eum sine carnali patre genuerit. Hæc sane intelligentibus credo sufficere, quod de matre sine carnali patre natus fuerit puer ille.

TITULUS VIII.

Quomodo in corpore Christi incarnatum est Verbum Dei, et fuit Christus homo, simul et Deus.

Moyses. Satis hucusque per auctoritatem egisti de pueri generatione, et satis patitur ratio sic fieri potuisse, sed omnibus est mirabilius qualiter humano corpori, quod est compositum, deitas quæ simpla est adjungi potuerit et uniri. Precor ergo, ut promisisti, edissere qua id fieri potuit ratione.

Petrus. Nulla certe fieri debuit necessaria ratione, quod solo Dei nutu factum fuit atque bonitate (*Tit.* III). Nisi enim ipse voluisset, humanæ se naturæ non uniret. Verumtamen nulla ratione perhibetur fieri debuisse. Sicut enim anima, quæ simpla est, adjungitur corpori composito, et fiunt duo illa unus homo, et hoc absque rationis contradicto, ita nulla quoque obstante ratione, potuit Deus homini se unire.

Moyses. Aliud quoque abs te, si placet, volo audire. Cum enim Patrem et Filium et Spiritum sanctum dixeris et credas esse unum, dicas velim quonam modo Filium solum credas incarnatum, et non Patrem vel Spiritum sanctum.

Petrus. Tibi, puto, certe mirum est et impossibile, quod nos mirum non credimus esse. Licet enim ostendi nequeat hoc in Deitate, quia subtile quidem et spirituale, in rebus tamen corporeis simile possumus invenire, per quod et illud potes agnoscere, sicut in igne qui est substantia, semper inest claritas cum calore. Neque enim ignis substantiam absque claritate et calore, nec sine ignis substantia claritatem simul invenies cum calore. Venit autem ad nos aliquando calor sine claritate, aliquando etiam claritas sine calore.

Moyses. Verum est certe quod aliquando venit ad nos claritas sine calore. Nam hoc possumus ex candela percipere, cujus videmus claritatem, et non sentimus calorem. Sed non video de calore qualiter ad nos veniat sine claritate.

Petrus. Hoc facillime possum ostendere. Si enim de metallis aliquod acceperis, et illud sic calefeceris, ut inde aliud corpus calefacere possis, si eidem te adhibueris, calorem quidem senties, et claritatem non videbis.

Moyses. Jam ex verbis tuis videris credere, quod sicut quandoque claritas absque calore, et calor provenit absque claritate, et tamen non separantur ab igne, ita et Filius absque Patre et Spiritu sancto carnem suscepit, nec propter hoc tamen ab eis recessit.

Petrus. Utique sic credo ego, et tu bene intellexisti, si crederes. Dixit enim Veritas ipsa: *Ego sum in Patre, et Pater in me est (Joan.* XIV); et iterum: *Ego et Pater unum sumus (Joan.* X, XVII).

Moyses. Concedo satis quod potuit homini Deitas se unire; verumtamen, cum sic fieri necesse non fuerit, cur credere debemus factum esse?

Petrus. Nos sane qui prophetas mentitos esse non credimus, cum ipsi Christum Deum et hominem futurum fore prædixerint, veraciter eos et hoc dixisse credere debemus.

Moyses. Vellem modo mihi ostenderes quo loco hoc prophetæ perhibeant de illo. Nam ego certe super omnia illud abs te audire desidero.

Petrus. Legimus sane in Genesi Dominum dixisse: *Faciamus hominem ad imaginem et similitudinem nostram*, et alibi: *Creavit Deus hominem ad imaginem et similitudinem suam (Gen.* I). Dic nunc mihi, quæso, quæ est Dei imago ista vel similitudo? In quo enim consimiles sunt imago Dei et imago hominis?

Moyses. Bonum est certe veritatem agnoscere, et ego veraciter dico in nullo illas consimiles esse. Nam et superius tum ratione, tum auctoritate ostensum est et nos concessimus Deum rei similitudinem habere nullius.

Petrus. Mentitur ergo Scriptura quæ dicit, quod ad imaginem et similitudinem suam Deus hominem creavit.

Moyses. Nequaquam.

Petrus. Cui igitur duorum illorum credendum est prophetarum, an illi qui dixit Deum rei nullius habere similitudinem, an illi qui ait: *Creavit Deus hominem?* etc. Uter eorum veraciter est locutus?

Moyses. Neutrum sane eorum dicendum est esse mentitum.

Petrus. Et duo contraria quomodo possunt in eodem esse, Deum scilicet et habere imaginem, et non habere?

Moyses. Hoc certe volo ego mihi edisseras quonam modo ea ipse intelligas.

Petrus. Et hoc profecto verum est, Deum scilicet ut praediximus rei similitudinem habere nullius, et Moysen veraciter dixisse novimus, quod *ad imaginem et similitudinem suam creaverit homines Deus*. Veridicus enim fuit ipse in omnibus. Sed per imaginem Dei de qua Moyses est locutus, imaginem illam, id est, formam humanam necesse est intelligamus, quam assumpsit Dei Filius incarnatus.

Moyses. Et quomodo hoc stare poterit, cum eo tempore, quo factus est Adam, nondum imaginem illam, quam Deum creditis assumpsisse, ipse assumpserit?

Petrus. Et si imago illa nondum erat in opere, in ejus tamen providentia jam fuerat atque voluntate. Cum autem voluntas ejus non mutetur, quantum ad ipsum nil obstat, quin imago sua semper fuisse credatur. Et hoc quippe alibi invenimus in prophetis (*Num.* II, III; *Mal.* III) quod de futura re quasi praeterita sint locuti, sicut Isaias sub persona Domini, ait: *Dies ultionis in corde meo, annus retributionis meae venit* (*Isa.* LXIV). Dies profecto vel annus non venerat, quae tamen quia in corde suo jam erat, jam venisse dicebat.

Moyses. Habes adhuc aliquam aliam auctoritatem, per quam apertius possis ostendere puerum illum esse Deum debuisse et hominem?

Petrus. Habeo utique multas. Ait enim de eo Isaias: *Parvulus enim natus est nobis, et filius datus est nobis, et vocabitur nomen ejus Admirabilis, Consiliarius, Deus fortis, Pater futuri saeculi, Princeps pacis* (*Isa.* IX). Haec enim nomina omnia non nisi Deitati conveniunt.

Moyses. Tu male Scripturam intelligis. Neque enim ita legendum est, quod dicatur puer ille Admirabilis vel Consiliarius, etc., imo ita: Ille qui est admirabilis, qui est consiliarius, qui est Deus fortis, qui est pater futuri saeculi; ille, inquam, vocabit eum principem pacis. Sin autem, de quo igitur dictum est *vocabit*?

Petrus. Hoc mihi sane nullum affert incommodum, quia Deus sic appellavit seipsum. Et hoc lingua bene patitur Hebraica, sicut in libro Numeri invenitur: *Ista est lex consecrationis: Cum dies quos ex voto decreverat complebuntur, adducet eum ad ostium tabernaculi foederis*. (*Num.* VI). De eodem namque dictum est, et *adducet*, et *eum*. Sed et quod in eodem loco ait propheta: *Multiplicabitur ejus imperium, et pacis non erit finis: super solium David, et super regnum ejus sedebit, et, ut confirmet illud,*

et corroboret in judicio et justitia, a modo et usque in sempiternum (*Isa.* IX); hoc, inquam, totum ostendit puerum illum Deum et hominem debuisse esse futurum. Quidquid enim hominis est, finem est habiturum, Deus autem et quod hujus est, manet in aeternum (*Psal.* XVI). Praeter haec etiam omnia injuste mihi contradicis de nominibus supradictis, vestri namque doctores, et Christum septem nomina habiturum esse dixerunt, et haec eadem posuerunt. Hoc autem in disputationis exordio pactum non firmaras, ut injuste aliquid contradicas.

Moyses. Recordor et verum est, ita nostros dixisse doctores.

Petrus. Adhuc et aliam dabo, si vis, auctoritatem, puerum illum Deum esse futurum et hominem. Ait enim de eo idem propheta: *Egredietur virga de radice Jesse, et flos de radice ejus ascendet, et requiescet super eum Spiritus Domini, Spiritus sapientiae et intellectus, Spiritus consilii et fortitudinis, Spiritus scientiae et pietatis, et replebit eum Spiritu timoris Domini. Non secundum visionem oculorum judicabit, nec secundum auditum aurium arguet, sed judicabit in justitia pauperes et arguet in aequitate pro mansuetis terrae et percutiet terram virga oris sui, et spiritu labiorum suorum interficiet impium* (*Isa.* XI). Quod enim ait, *non secundum visionem oculorum judicabit*, et caetera quae sequuntur, procul dubio nulli conveniunt, nisi soli Deo. Homo enim nisi quod viderit, vel audierit, juste aliquid judicare non poterit.

Moyses. Pars sane hujus, quam tibi in auxilium adduxisti auctoritatis, ad hoc obstat ostendendum quod tu probare contendis. Legitur namque ibi: *Et requiescet super eum Spiritus Domini, Spiritus sapientiae et intellectus, Spiritus consilii et fortitudinis, Spiritus scientiae et pietatis, et replebit eum Spiritu timoris Domini*. Si enim Deus esset futurus, daturus utique esset haec et non accepturus.

Petrus. Nihil est quod opponis. Dixi namque tibi in primis in meae explanatione credulitatis, tres ipsum esse substantias Christum, corpus scilicet, animam, et Deum. Et secundum Deitatem septem illa sibi sunt attributa vocabula, secundum animam vero septem munera potuit suscipere supradicta. Haec quippe anima praeter quod erat Deitati adjuncta, per se quoque omnium fuit animarum dignissima.

Moyses. Cum itaque secundum Deitatem septem vocabula, et secundum animam septem illa susceperit munera, velim mihi certe aperias quid secundum corpus ei attribuas.

Petrus. Licet ridiculose hoc proferas, tamen, si vis, dicam quid secundum carnem ei attribuam. Dicit quippe idem Isaias: *Dabo in solitudine cedrum, et sethim, et myrthum, et lignum olivae, et ponam in deserto abietem, pinum et buxum simul* (*Isa.* XLI). Per has sane arbores septem, corpus Christi designatur. De aliquo namque hoc deserto cur diceret, cum semper in deserto hujusmodi arbores commorentur? Per desertum ergo intelligitur mundus, qui, tempore Christi adventus, omni bono vacuus erat et desertus.

Moyses. Cum igitur corpus ejus per arbores designavit, cur arbores, quæso, fructiferas et pretiosiores in ejus designatione non posuit?

Petrus. Magno satis intuitu et ratione hoc fecit. Sicut namque semper virent arbores illæ, nec aliquando sua viduantur fronde, sic et corpus Christi semper vivum, semper totum manet et integrum. Habeo autem et aliud auctoritatis argumentum, ad comprobandum uniri potuisse hominem et Deum. Dicit namque Isaias: *Et dicent in die illa: Ecce Dominus noster iste. Exspectavimus eum, et salvabit nos* (*Isa.* xxv). Hunc certe versum aliter non curamus explanare, quam doctores vestri illum dudum exposuere. Per eum namque venturum docuerunt fore tempus, quo et Deum mundus esset visurus, et digito sibi ad invicem populus ostensurus. Hoc vero fieri posset nullatenus, nisi corpus fieret quis et Deus. Hoc etiam quod ait propheta: *Vox speculatorum tuorum; levaverunt vocem, simul laudabunt, quia oculo ad oculum videbunt cum converterit Dominus Sion* (*Isa.* liv). Hunc, inquam, versum doctores vestri eodem modo quo diximus, exposuerunt, propter illud: *Oculo ad oculum videbunt.* Sed et aliud posuit propheta, per quod non minus comprobari possunt supradicta. Ait enim: *Et revelabitur gloria Domini, et videbit omnis caro pariter quod os Domini locutum est* (*Isa.* xl). Potest quippe rei vox spiritualis audiri, sicut filii Israel vocem Domini audierunt in monte Sinai (*Exod.* xx). Loquentem vero non videbis, nisi fuerit res carnalis. Item aliud quod ait Zacharias: *In die illa proteget Dominus habitatores Hierusalem, et erit qui offenderit in die illa quasi David, et domus David quasi Dei, et angelus Dei in conspectu eorum* (*Zach.* xii). Per hoc namque quod ait, *et domus David quasi Dei,* voluit utique intelligi quod de domo David esset nasciturus, qui ab omnibus haberetur Deus. Quod etiam ait, *quasi Dei,* et non posuit simpliciter Deus, insinuat quod is qui de domo David erat oriturus, in aliquo minor esset, quam Deus (*Joan.* xiv). Quod et David in Psalmo testatur cum dicit: *Minuisti eum paulo minus a Deo* [*ab angelis*] (*Psal.* viii). Item Michæas: *Et tu,* inquit, *Bethlehem Ephrata, parvulus es in millibus Juda. Ex te mihi egredietur qui sit Dominator in Israel, et egressus ejus ab initio a diebus æternitatis* (*Mich.* v). Hoc quippe, *ex te mihi egredietur qui sit Dominator in Israel,* secundum corpus dictum est, secundum quod princeps ille adventurus erat in tempore. Quod autem sequitur, *et egressus ejus ab initio a diebus æternitatis,* perpetuitatem insinuat Deitatis. Hoc enim Deitati attribuit, quod homini, puto, non convenit. Item David in Psalmo cum dicit: *Sedes tua, Deus, in sæculum sæculi; virga directionis virga regni tui; et dilexisti justitiam et odisti iniquitatem, propterea unxit te Deus, Deus tuus, oleo lætitiæ præ consortibus tuis* (*Psal.* xliv); cum hoc, inquam, dicit, eum ad quem loquitur Deum esse et hominem ostendit. Aiens enim: *Sedes tua, Deus, in sæculum sæculi, virga directionis virga regni tui,* nunquid non eum manifeste appellat Deum? Deinde cum dicit: *Dilexisti justitiam, et odisti iniquitatem, propterea unxit te Deus, Deus tuus, oleo lætitiæ præ consortibus tuis,* ad hominem eum loqui percipimus. Neque enim vel Deum, vel consortes habet Deus. Item David alibi in Psalmo: *Deus, judicium tuum regi da, et justitiam tuam filio regis* (*Psal.* lxxi), et quæcunque alia sunt in psalmo, dic nunc quis est iste regis filius? Salomon an Christus, qui de ipso David erat venturus, et filius ejus nuncupandus?

Moyses. Nolo sane te super hoc fatigare. De Christo enim dictum est, ut doctores nostri docuere.

Petrus. Cum igitur de Christo psalmum esse concesseris, videamus utrum ista quæ in eodem leguntur: *Et permanebit cum sole et ante lunam in generatione et generatione;* et: *Sit nomen ejus benedictum in sæcula, ante solem permanet nomen ejus;* et illud: *Et adorabunt eum omnes reges, omnes gentes servient ei* (*Psal.* lxxi); videamus, inquam, si de puro homine dicta sunt hæc omnia, sed nequaquam, imo de Deo. Sequitur ergo, ut Christum et hominem dicamus esse et Deum. Quod etiam, quia David Spiritu sancto revelante cognovit, et miracula quæ facturus erat prævidit, ideo hujusmodi finem psalmo fecit: *Benedictus Dominus Deus Israel, qui facit mirabilia solus, et benedictum nomen majestatis ejus in æternum et replebitur majestate ejus omnis terra.* Item in libro Dabrejamin, id est Verba dierum, legitur [Paralipomenon], quia cogitante David domum Domino ædificare, ait ad eum Nathan propheta sub persona Domini in hæc verba: *Cum compleveris dies tuos ut vadas ad patres tuos, suscitabo semen tuum post te, quod erit de filiis tuis, et statuam regnum ejus. Ipse ædificabit mihi domum, et firmabo solium ejus in æternum. Ego ero illi in patrem, et ipse erit mihi in filium; et misericordiam meam non auferam ab eo, sicut abstuli ab eo qui ante te fuit, et statuam eum in domo mea, et regno meo usque in sempiternum, et thronus ejus firmissimus in perpetuum* (*I Paral.* xviii). Dic, inquam, o Moyses, ista de quo dicta est prophetia?

Moyses. De Salomone.

Petrus. Nequaquam potest hoc esse. Quod enim ait, *cum compleveris dies tuos, ut vadas ad patres tuos, quod est,* cum mortuus fueris, *suscitabo semen tuum post te,* patet quod dictum non est de Salomone: rex namque jam erat Salomon vivente adhuc patre suo. Quod si de Salomone vellet dicere, utique non dixisset, *quod erit de filiis tuis,* sed, *quod erit de te.* Quod etiam sequitur, *et statuam eum in domo mea, et in regno meo usque in æternum, et thronus ejus firmissimus in perpetuum,* patenter agnoscitur non de Salomone esse dictum. Salomon namque nec in domo Dei sive regno est statutus, nec fuit in perpetuum firmissimus thronus ejus. Et cum hoc conveniat Deo soli, tunc ille de quo hic agitur, homo futurus atque Deus fuerat.

Moyses. Cum hæc omnia, Petre, dicta esse intelligas propter Christum, qui est quod ait : *Ipse ædificabit mihi domum?* Quænam fuerat illa domus, quam ædificaturus erat Christus?

Petrus. Sanctam sane Ecclesiam intelligimus per domum illam, quam ædificavit Christus supra firmam petram.

Moyses. Quid igitur respondit Nathan ad David, de domo quam ædificare se Domino velle dixit?

Petrus. Sano hoc quod Salomonem filium suum loquens refert ipse David : *Factus est,* inquit, *sermo Domini ad me dicens : Multum sanguinem effudisti, et plurima bella bellasti; non poteris ædificare domum nomini meo, tanto effuso sanguine coram me. Ecce natus est tibi filius, vir quietissimus, faciam enim eum requiescere ab omnibus inimicis suis per circuitum, quia Salomon vocabitur, et pacem et otium dabo in Israel cunctis diebus ejus. Ipse ædificabit domum nomini meo, et ipse erit mihi in filium, et ego ero illi in patrem, firmaboque solium regni ejus super Israel in æternum* (I *Par.* xxii). Et hoc quidem de Salomone concedo ego dictum esse propter illud : *Ecce natus est tibi filius, et postea, Salomon vocabitur.* Quod etiam testatur David loquens ad filios Israel de eodem in hæc verba. *De filiis meis, filius enim multos dedit mihi Dominus, elegit Salomonem filium meum* (I *Par.* xxviii). Et hic quidem sermo David ad Salomonem omnino diversus est ab illo, quem dixit Nathan ad David de Christo. Hic namque legitur, *natus est tibi filius, et Salomon vocabitur :* ibi autem, *quia suscitabo semen tuum post te, quod erit de filiis tuis;* et nullum ei nomen attribuit. Ibi etiam ait, *et statuam eum in domo mea, et regno meo usque in sempiternum, et thronus ejus firmissimus in perpetuum.* Hic vero solummodo, *firmabo solium ejus super Israel in æternum.* Per quod ostenditur, quia, quandiu regnum Israel permaneret, de Salomonis progenie rex non deficeret, regnum vero Christi semper fine careret (*Isa.* ix ; *Luc.* i). Sed et Christi regnum sine conditione, Salomonis autem promissum est sub conditione. De eo quippe in libro Regum legitur, ubi David ad filium suum Salomonem sic loquitur : *Confirmet,* inquit, *Dominus sermones suos, quos locutus est ad me dicens : Si custodierint filii tui legem meam, et ambulaverint coram me in veritate, in omni corde suo, et in omni anima sua, non auferetur tibi vir de solio Israel* (III *Reg.* ii). Testatur quoque ipse David illam quam prædiximus prophetiam, scilicet *cum compleveris dies tuos,* etc.; testatur dico illam propter Christum fuisse prolatam. Audiens namque illam, et sicut explanavimus intelligens, sed et inde Deo gratias agens ait : *Quis ego sum, Domine Deus, et quæ est domus mea, quia adduxisti me hucusque? Sed et hoc parum visum est in conspectu tuo, Deus, nisi loquereris de domo servi tui etiam in longinquum, et vidisti me in lege hominis exaltati Domini Dei* (II *Reg.* vii). Hoc quippe quod ait, *quis ego sum, Domine Deus, et quæ est domus mea, quia adduxisti me hucusque,* de se dixit et filio suo Salomone ; quod autem deinde intulit, *sed et hoc parum visum est in conspectu tuo, nisi loquereris de domo servi tui etiam in longinquum,* hoc revera dixit propter Christum, quem de domo sua videbat esse venturum. Sed et per hoc quod ait : *Et vidisti me in lege hominis exaltati Domini Dei,* cum id quoque de Christo dixerit, profecto innuit quod et exaltatus et homo esse debeat et Deus.

TITULUS IX.

Quod in eo tempore Christus venit, quo eum venturum fore a prophetis prædictum fuit, et quæcunque de eo prædicaverunt, in ipso et ejus operibus patuerunt.

Moyses. Cum igitur multis auctoritatibus ostenderis illum quem dicitis Christum fore hominem, potuisse et Deum, qua, quæso, auctoritate poteris ostendere eum, ut credatis, jam venisse? Fortasse enim non diu venit, sed venturo veniet in tempore.

Petrus. Plura sunt profecto, o Moyses, quæ eum venisse patenter ostendunt. Nam et tempus in quo eum prædixerunt venturum esse prophetæ quod et transactum est, et in eo ipsum novimus advenisse, et præter id alia multa, quæ in ipso et verbis ejus agnovimus, atque operibus, ut prædictum est a prophetis.

Moyses. In primis quæso ostendas de tempore, ubi videlicet et qualiter inde locuti sint prophetæ, et quomodo illud terminavere.

Petrus. Legimus sane quia Jacob, filiis suis loquens, et singulis ad se vocatis, benedicens ait : *Non auferetur sceptrum de Juda, et dux de femore ejus, donec veniat qui mittendus est, et ad eum congregabuntur gentes* (*Gen.* xlix). Hanc autem prophetiam aliter non exponam, quam exposuerint vestri doctores antiqui. Dixerunt namque et ipsi : *Non auferetur sceptrum,* id est virga, *de regno Juda, et dux de femore,* id est, *de filiis filiorum ejus in sæcula, donec veniat qui mittendus est,* id est Christus, *cujus est regnum, et ad ipsum congregabuntur gentes.* Et nos quidem novimus, quia, postquam venit Christus, neque rex neque dux de Juda fuit ulterius. Credere itaque debemus quod ille tempus Christi adventus determinatum fuit, et quod is qui tempore illo venit, sine dubitationis scrupulo Christus exstitit. Item in libro Danielis de tempore Christi adventus sic est angelus cum Daniele locutus : *Septuaginta hebdomades constitutæ sunt super populum tuum, et super urbem sanctuarii tui, ut consummetur prævaricatio, et finem accipiat peccatum, et deleatur iniquitas, et adducatur justitia sæculorum, et impleatur visio, et prophetiæ, et ungatur Sanctus sanctorum. Scito ergo et animadverte. Ab exitu sermonis, ut iterum ædificetur Hierusalem, usque ad Christum ducem, hebdomades septem. Et hebdomades sexaginta duæ erunt, et rursum ædificabitur platea et muri in angustia temporum. Et post hebdomades sexaginta duas occidetur Christus, civitatem et sanctuarium dissipabit populus cum duce venturo, et finis ejus vastitas, et post finem belli statuta desolatio. Confirmabit autem pactum multis hebdomada una, et in dimidio hebdomadis deficiet hostia et sacrificium, et in templo erit abominatio desolationis, et usque ad consummationem et finem perseverabit desolatio (Dan.* IX). Prophetia sane ista, o Moyses, clausa est, et ad intelligendum difficilis, et sunt ibi termini multi designati, sed tamen omnes ad ostendendum Christi adventum sunt positi. In primis igitur sciendum est, quia hebdomades istæ annorum sunt hebdomades. Cum igitur dat : *Septuaginta hebdomades constitutæ sunt super populum tuum, et super urbem sanctuarii tui, ut consummetur prævaricatio, et finem accipiat peccatum, et deleatur iniquitas, et adducatur justitia sæculorum, et impleatur visio, et prophetiæ, et ungatur Sanctus sanctorum;* cum illud, inquam, ait, adnotari voluit, quia septies septuaginta, id est, quadraginta et nonaginta anni erant constituti ab ejusdem anno prophetiæ usque ad destructionem Hierusalem et templi, quæ a Tito Romanorum imperatore fuit facta, cujus tempore destructionis jam Christus venerat, qui et justitia sæculorum et sanctorum Sanctus erat, per quem etiam peccatum omne et iniquitas est deleta, et prophetia omnis impleta. Cætera autem quæ sequuntur omnia ad horum quadringentorum et nonaginta annorum divisionem et determinationem sunt posita. Per hoc ergo quod est *ab exitu sermonis, ut iterum ædificetur Hierusalem, usque ad Christum ducem hebdomades septem,* innuitur quod ab hujus die prophetiæ usque ad Cyrum ducem Persarum qui ab ipso Deo per Isaiam Christus est appellatus (*Isa.* XLV), fuerunt septem annorum hebdomades, id est quinquaginta et novem anni, cujus Cyri præcepto cœpit Hierusalem reædificari. In cujus reædificatione et postquam consummatum est opus, usque ad adventum Titi super Hierusalem quadringenti triginta et quatuor anni fuerunt, et hoc est quod dicit : *Hebdomades sexaginta duæ,* id est, quadringenti triginta et quatuor anni erunt ; *et rursum ædificabitur platea et muri in angustia temporum, et post habdomades septem occidetur Christus,* quod est post hebdomades septuaginta, et postquam occidetur Christus. *Civitatem et sanctuarium dissipabit populus* scilicet Romanus, *cum duce venturo,* id est cum Tito, *et finis ejus vastitas, et post finem belli statuta desolatio.* Quod autem sequitur, *confirmabit pactum multis hebdomada una,* illa profecto hebdomada una septem sunt anni obsidionis. Septem enim annis obsessa est civitas ab exercitu Romanorum, et infra illos septem annos, adeo coacti fuerunt intus et afflicti, quod non haberent unde sacrificium facere possent, et hoc est quod ait : *In dimidio hebdomadis,* id est infra hebdomadem, *deficiet hostia et sacrificium, et in templo erit abominatio desolationis.* Quod etiam additur, *usque ad consummationem et finem perseverabit desolatio,* insinuat quod captivitas, et desolatio illa fine foret caritura. Septem ergo hebdomades usque ad Cyrum, et sexaginta duæ hebdomades a Cyro usque ad Titum, et hebdomada obsidionis una, profecto septuaginta sunt hebdomades.

Moyses. Postquam de tempore adventus Christi ex prophetarum testimoniis asseruisti, de quo satis esse patuit ut dixisti, volo ut alia illa exsequaris, quæ in ipso et operibus ejus patuerunt, atque verbis, quæ et de ipso ut asseris prædicta sunt a prophetis.

Petrus. Legimus in Deuteronomio, quia Moyses morte sibi jam imminente sic ad populum Israel est locutus : *Prophetam,* inquit, *de gente tua, et de fratribus tuis sicut me suscitabit tibi Dominus Deus tuus, ipsum audies, ut petisti a Domino Deo tuo in Oreb, quando concio congregata est atque dixisti : Ultra non audiam vocem Domini Dei mei, et ignem hunc maximum amplius non videbo, ne moriar. Et ait Dominus mihi : Bene omnia sunt locuti. Prophetam suscitabo eis de medio fratrum suorum similem tui, et ponam verba mea in ore ejus, loqueturque ad eos omnia quæ præcepero illi. Qui autem verba ejus quæ loquetur in nomine meo audire noluerit, ego ultor existam (Deut.* XVIII). Quis est autem, o Moyses, quis est ille quem dicit Dominus similem Moysi suscitandum, et ipsum esse præcipit audiendum ?

Moyses. Utique de Josue filio Nun dici potuit, qui post Moysen et in ipsius loco surrexit.

Petrus. Profecto de Josue nullatenus potest esse. De eo quippe patenter Scriptura loquitur, sicut in lib. Numeri legitur : *Respondit Moyses ad Dominum : Provideat Dominus Deus spirituum omnis carnis hominem, qui sit super multitudinem hanc, et possit exire et intrare ante eos, et educere illos vel introducere, ne sit populus Domini sicut oves absque pastore. Dixitque Dominus ad eum : Tolle Josue filium Nun, virum in quo est Spiritus Dei, et pone manum tuam super eum. Qui stabit coram Eleazaro sacerdote, et omni multitudine, et dabis ei præcepta cunctis videntibus, et partem gloriæ tuæ, et audiat eum omnis synagoga filiorum Israel (Num.* XXVII). Cum vero tam aperte de Josue hic agatur, cur illa alia quæ adeo clausa est prophetia, illa scilicet prophetia, *suscitabit tibi Dominus Deus tuus,* et cætera; cur inquam, illa de ipso dicta intelligatur? Sed et per hoc quod legitur : *dabis ei partem gloriæ tuæ,* ac si diceret non omnem gloriam tuam, per quod ostenditur quia similis Moysi non fuerit, et in fine Deuteron. : *Non surrexit propheta ultra in Israel sicut Moyses (Deut.* XXXIV); per hæc, inquam, innuitur quia de Josue dictum non sit : *Suscitabit tibi Dominus Deus tuus,* etc., cum sequitur in eodem, *similem tui.* Sed et aliter differunt, prophetia illa quæ est : *Suscitabit tibi Dominus,* etc., et ea quæ de Josue sunt dicta. In illa namque habetur, *qui verba ejus audire noluerit, ego ultor existam,* de Josue vero legitur, *qui contradixerit ori tuo, et non obedierit cunctis sermonibus quos præceperis ei, morte moriatur.* Patet igitur omnibus modis, quia prophetia illa de Josue non est prolata.

Moyses. De quo ergo?

Petrus. De Christo, qui Moysi similis fuit, quia sicut Moyses et ipse legem dedit.

Moyses. Nunc itaque singulas prophetiæ partes.

ostende, quomodo universas ad ipsum possis applicare.

PETRUS. Prophetia quidem ista petitioni filiorum Israel respondet. Petierant enim, sicut scriptum est (*Exod.* xx), in monte Oreb, ne ultra vocem Domini visibiliter audirent, aut tantum ignem ne morerentur aspicerent. Contra quod dicit Dominus ad Moysen (*Deut.* xviii) : *Prophetam suscitabo eis de medio fratrum suorum similem tui*, quasi diceret : Ille quem suscitabo, de ipsorum erit progenie Judæorum, sed et tui similis erit, hoc est, sicut tu legem dedisti, ita et ipse dabit, quod etiam per hoc notatur, quod *prophetam* singulariter et per excellentiam posuit. Nisi enim et ipse legem daturus esset, prophetas sane, non prophetam suscitabo, dixisset. Prophetas quippe plures suscitavit Deus, qui annuntiaverunt verba ejus, sed nullus eorum legem dedit ad similitudinem Moysi, nisi Christus. *Et ponam verba mea in ore ejus*, quod est, quia vocis meæ impetum nequeunt tolerare, per ipsum loquar eis sub carnis velamine. *Loquetur ad eos omnia quæ præcepero illi*. Ac si aperte diceret : Præter id quod volam et præcipiam, nihil omnino dicet : *Qui autem verba ejus quæ loquetur in nomine meo audire noluerit, ego ultor existam*, id est, qui præceptis ejus parere renuerit, non occidetur, nec alio modo carnaliter punietur, sed ego ipse juxta placitum meum misericorditer vindicabo in ipsum. Cum igitur Christus et de Judæorum natus progenie, et tanquam Moyses legislator exstiterit et Verbum Dei sub ejus carnis velamine latuerit, nihilque aliud quam præcepit Deus Pater, ipse docuerit, ipso attestante in Evangelio et dicente : *Sermonem quem audistis, non est meus, sed ejus qui misit me Patris* (*Joan.* xii), cum ipse nullum occidi vel corporaliter puniri voluerit, sed misericordiam per omnia prædicaverit, profecto nihil obstat quin tota de ipso prophetia dicta fuerit.

MOYSES. Adhuc restat unum, de quo mihi volo respondeas. Cum enim Christus, ut credis, Deus simul et homo fuerit, quomodo eum prophetam appellavit?

PETRUS. Æstimare videris quod propheta solummodo hominis nomen sit, sed nequaquam, imo propheta appellatur quisquis ea quæ porro sunt ventura effatur. In Isaia quoque sic legitur : *Ecce servus meus, suscepi eum, electus meus, complacuit sibi in illo anima mea. Dedi spiritum meum super eum, judicium gentibus proferet. Non clamabit, nec exaltabitur, aut audietur foris vox ejus. Calamum quassatum non conteret, et lichnum fumigans non exstinguet, in veritate judicium educet, non deficiet aut effugiet, donec ponat in terra judicium, et legem ejus insulæ exspectabunt* (*Isa.* xlii). Sed et hanc, o Moyses, prophetiam ad quem melius quam ad Christum applicare possumus? Ipse namque et Dei servus, et electus fuit ejus, in quo complacuit sibi Deus. Et hoc quidem de eo dictum est secundum corpus. Quod autem sequitur, *dedi spiritum meum super eum*, secundum animam est prolatum. *Judicium*, id est legem, *gentibus profe*-

ret. Christus quippe legem quæ clausa erat et operta, et inter Judæos tantum, protulit, id est enucleavit, patefecit, et medullam elicuit; ad hoc ut gentes illam possent accipere. Sequitur, *non clamabit, nec exaltabitur, aut audietur foris vox ejus*. Et nos scimus quia Christus non clamosus, non arrogans, non inanis gloriæ appetitor fuit (*Joan.* xiii; *Matth.* ii), imo super omnia humilitatem dilexit. *Calamum quassatum non conteret, et lichnum fumigans non exstinguet*. Videmus sane quod calamus quassatus leviter potest perfringi : lichnum autem fumigans, id est linum combustum, sed tamen adhuc retinens fumi, id est ignis, perfacillime potest exstingui. Sed quid per calamum quassatum, vel lichnum pene exstinctum, melius quam peccatoris fragilitas, qui conquassatus et pene in peccato est exstinctus, potest intelligi? Calamum autem quassatum Christus non contrivit, et lichnum fumigans non exstinxit, quia peccatores pene mortuos in peccatis, occidi non præcepit, sed misericorditer toleravit (*Matth.* iii), et ad pœnitentiam revocavit (*Matth.* xi), quod et in consequentibus designavit propheta cum addidit : *In veritate educet judicium*. Veritas quippe et justitia, idem est. In lege vero Moysi judicium erat et præceptum, peccatorem occidi. Christus autem ad veritatem et justitiam judicium adduxit, quando peccatores non occidi, sed quod justius est, donec pœniterent sustineri præcepit, cum dixit : *Nolo mortem peccatoris, sed magis ut convertatur et vivat* (*Ezech.* xxxii). *Non deficiet aut effugiet, donec ponat in terra judicium*. Mortem sane Christi voluit propheta notari per defectum, per effugium vero ascensum ejus in cœlum. Ac si diceret : Non morietur aut de terra recedet, id est in cœlum ascendet, donec mittat legem in terra. Et Christus quidem antequam secundum carnem obiret, aut ad Patrem in cœlum ascenderet, judicium in terra posuit, quando legem, id est Evangelium, nobis dedit. Ideo autem nequaquam non morietur, sed *non deficiet* dixit, quia mors Christi non revera mors, sed quasi transitus quidam et defectus fuit. Qui enim moritur homo amplius jam non vivit. Christus autem die tertia resurrexit et jam in æternum (*Joan.* xiii) vivit, *et legem ejus insulæ exspectabunt*. Per insulas gentes accipimus. Legem autem Christi gentes exspectarunt, quia non ab ipso, sed a discipulis ejus, id est ab apostolis eam acceperunt. Neque enim ipse, imo apostoli, gentibus prædicarunt. Item in Isaia : *Ego Dominus vocavi te in justitia, et apprehendi manum tuam, et servavi te, et dedi te in fœdus populi, in lucem gentium, ut aperires oculos cæcorum, et educeres de conclusione vinctum, de domo carceris sedentes in tenebris. Ego Dominus; hoc est nomen meum : gloriam meam alteri non dabo, et laudem meam sculptilibus* (*Isa.* xlii). Et hoc quoque de Christo protulit Isaias. Vocavit namque eum Dominus de utero Virginis in justitia, hoc est, sine peccato et carnis concupiscentia; de sanctæ et justæ Virginis natus est Christus carne munda (*Luc.* i; *Isa.* vii). Manum ejus apprehendit, quod signum est protectionis et patrocinii, et servavit eum, sicut de manu Herodis adhuc vagientem eripuit, in Ægyptum duxit ac reduxit (*Matth.* II), de manibus Judæorum eum lapidare et interficere volentium sæpius liberavit (*Luc.* IV; *Joan.* VIII), et in aliis adversitatibus suis multis, ejus custos et protector exstitit. Dedit eum Dominus in fœdus populi Israelitici, scilicet, id est ad hoc dedit eum, ut populo Israel legis veritatem ostenderet. Et in lucem gentium (*Joan.* XVIII) dedit eum Dominus, quia gentes relicto errore, et expulsis tenebris incredulitatis suæ, luce legis Christi sunt respersæ. Et adhuc misit eum, ut aperiret oculos cæcorum, et educeret de conclusione vinctum, et de domo carceris sedentes in tenebris. Et Christus oculos cæcorum aperuit, cum infidelium corda patefecit, et depulsa umbra legis lumen ostendit. De conclusione vinctum eduxit, quia in se credentes de captivitate omni usque hodie liberat et emittit. Eduxit etiam de domo carceris sedentes in tenebris, quia eos qui in tenebroso carcere tenebantur inferni, descendens ad inferos ipse extraxit. Gloriam et laudem suam alteri quam Christo Dominus non dedit, quia deitatem suam nulli alii homini unquam convivit, aut laudem tantam attribuit. Item Isaias: *Quærite Dominum dum inveniri potest, invocate eum dum prope est. Derelinquat impius viam suam, et vir iniquus cogitationes, et revertatur ad Dominum et miserebitur ejus, et ad Deum nostrum, quoniam multus est ad ignoscendum. Non enim cogitationes meæ cogitationes vestræ, neque viæ meæ viæ vestræ, dicit Dominus, quia sicut exaltantur cæli a terra, sic exaltatæ sunt viæ meæ a viis vestris, et cogitationes meæ a cogitationibus vestris. Et quomodo descendit imber et nix de cœlo, et illuc ultra non revertitur, sed inebriat terram, et infundit eam, et germinare eam facit, et dat semen serenti, et panem comedenti: sic erit verbum meum quod egredietur de ore meo. Non revertetur ad me vacuum, sed faciet quæcunque volui* (*Isa.* LV). Et dic, o Moyses, verbum istud totum qualiter exponis? Quando invenitur Dominus, et quando non invenitur? quando est prope, et quando longe?

Moyses. Deum quidem inveniri et prope esse, idem est. Prope autem est et invenitur ab illis qui ei fideliter famulantur.

Petrus. Propius sane vult esse Dominus, et magis offert se peccatoribus et eis qui longe esse videntur, quam justis et fidelibus ac prope, ut dicis, existentibus. Quod et alibi propheta testatur, ubi dicit: *Pacem, pacem ei qui longe est, et qui prope est, dixit Dominus* (*Isa.* LVII). Quid namque per longe Deo existentem nisi peccatorem, et per eum qui prope est, nisi justum intelligimus? Et propheta prius qui longe est, et postea qui prope est dixit, et sic peccatori quam justo Deum propius esse, monstravit.

Moyses. Possumus etiam dicere prope Deum esse decem diebus illis, qui sunt a prima die mensis septimi usque ad diem expiationis, sic namque dictum est a doctoribus nostris.

Petrus. Et hoc quoque malum est. Si enim decem illis tantummodo diebus prope est Deus et invenitur, tunc, si alio tempore peccator converti volens Deum quæsierit, et eum quia longe existentem non invenerit, jam Dei et non peccatoris culpa erit, quod converti ad Deum non poterit.

Moyses. Dicunt etiam aliud doctores nostri, Deum scilicet prope fuisse et potuisse inveniri, quandiu stetit templum Domini, destructo autem templo se elongavit, et jam ultra se inveniri non voluit.

Petrus. Et in hoc quoque stulti fuerunt ipsi. Nam et contra hoc dicit Moyses ad filios Israel, quod si quando Deum ad iracundiam provocarent, ut eos inter gentes captivos dispergeret, si tamen novissimo etiam revertentes eum quærerent, procul dubio invenirent (*Exod.* XXXIV; *Deut.* XXXII).

Moyses. Quandoquidem et hoc et illud contradicis, tu ergo, quando et qualiter inveniri Deum vel prope esse asseris?

Petrus. Inventus est sane Dominus et prope, cum de sancta Virgine carnem assumpsit, et inter nos præsentialiter habitavit, et tunc quidem propheta quæri eum et invocari præcepit, cum dixit, *quærite Dominum*, etc. Nam et hoc Spiritu sancto revelante futurum esse prævidit, unde et in sequentibus addidit: *Derelinquat impius viam suam, et vir iniquus cogitationes suas, et revertatur ad Dominum*, videlicet ne de eo inique cogitarent, aut Deum esse eum propter assumptam carnem dubitarent, imo fideliter crederent, nam et fides in sola cogitatione est (*Joan.* XVII). Et cogitatio hominis diversa quidem est a cogitatione Dei. Unde et sequitur: *Non enim cogitationes meæ cogitationes vestræ, neque viæ meæ viæ vestræ, dicit Dominus*, ac si diceret: Ne cogitetis quia quod videtis et auditis, Filium scilicet sine Patre carnali, contra usum esse sciatis, aliter namque ego, et vos aliter cogitatis. Vos enim non nisi corporaliter, ego vero spiritualiter. Aliter etiam incedo ego, et vos aliter inceditis. Vos namque viam nisi quæ in usu est non novistis, ego vero quoque illam novi quæ est contra usum, et quæcunque volo efficere possum. Et hoc est: *Sicut exaltantur cæli a terra*, etc. Quod autem sequitur: *Quomodo descendit imber et nix de cœlo, et illuc ultra non revertitur, sed inebriat terram, et infundit eam, et germinare eam facit, et dat semen serenti, et panem comedenti: sic erit verbum quod egredietur de ore meo, non revertetur ad me vacuum, sed faciet quæcunque volui*, hoc utique addidit, ut per visibilium similitudinem rerum ostenderet, quod in deitatis subtilitate tam plane videri non posset, et dixit: Sicut pluvia cum de cœlo descendit non revertitur rursus in cœlum, priusquam terram molliat, fecundare et germinare faciat; sic et verbum meum quod egredietur de ore meo, id est Filius meus, quem in mundum ut carnem accipiat sum missurus, ad me vacuus non redibit, quin, priusquam redeat, quæcunque volam efficiat, hoc est, sicut disposui, carnem assumat, flagelletur, moriatur, de inferno suos eripiat, ac resurgat, et legem quæ clausa est minus intelligentibus aperiat. Quod si de verbo suo, id est, de sermone suo, Deus se dixisse intelligi voluit, quod ait, *verbum meum quod egredietur de ore meo,* non utique addidisset, *non revertetur ad me,* etc. Neque enim verbum, id est sermo, postquam semel de ore egreditur, ad os ultra revertitur. Per hoc igitur aperte ostendit, quod de Filii persona verbum meum dixit.

MOYSES. Jam ex verbis tuis innuitur quod nix et imber postquam de coelo emittitur, in coelum rursus revertitur.

PETRUS. Verum est.

MOYSES. Vellem modo mihi ostendi, qua id possit ratione comprobari.

PETRUS. Scrutari sane prius debes unde nubes proveniant atque imbres, et sic facilius quod modo quaeris invenies.

MOYSES. Illud precor mihi manifestes.

PETRUS. Videndum itaque tibi est, o Moyses, quia sole super mare et super terram recta linea existente, de mari quidem vapor humidus, de terra vero consurgit siccus, sed et sursum conscendit per calorem solis, sicut et fumus aquae per fervorem ignis, qui vapores duo, cum sursum veniunt, altero alteri misto, ex se nubes densas conficiunt. Nubes autem, cum circiter milliaria sexdecim in altum crepserint, aerem ibi frigidum reperiunt, unde jam altius transire nequeunt, et sic rursus in terram decidunt, et ex illis imbres proveniunt. Fecit autem Deus montium concavitates, ut ibi quasi thesaurus quidam receptarentur imbres. Fecit et in ipsis montium extremitatibus imis foramina quaedam parva, per quae paulatim derivatur aqua, quae sicut in thesauro tenebatur abscondita, et hi sunt fontes, ex quibus universa proveniunt flumina. Quibus fluminibus universi nutriuntur pisces, prata et vineae irrigantur, et segetes hominum et animalium adaquantur greges, villulae praeterfluuntur et magnae urbes. Hujus autem argumentum rei est, quod deficiente pluvia, fontes siccantur et flumina, sicut in libro Regum tertio invenimus, dicente Elia: *Post dies autem aliquantos siccatus est torrens, non enim pluerat super terram* (III Reg. XVII). Flumina vero postquam super terram diutius cucurrerint, ad pelagus tandem deveniunt ac marinis fluctibus se componunt, et sic vapor maris sursum ut supra diximus reascendit, et ex se iterum nubes conficit, et hujus ascensus vel descensus finis non est nec unquam fuit, ex quo mundum Deus composuit, sed nec erit, quandiu rerum Creatori placuerit, teste Salomone, qui dicit in Ecclesiaste: *Omnia flumina intrant mare, et mare non redundat. Ad locum unde exeunt flumina revertuntur, ut iterum fluant* (Eccle. I).

MOYSES. Auctoritates quidem ex libris prophetarum multas adduxisti, et eas secundum voluntatem tuam explanasti, sed vellem unam saltem mihi patentem ostendi, per quam quod intendis manifeste possit approbari.

PETRUS. Non est profecto nova cordis tui et tui similium duritia. Neque enim etiam credebatis, cum manifeste et sine allegoria prophetae loquebantur vobis, quare mirum non est, si tibi surda videntur meae verba explanationis. Verumtamen ut omnes occasiones et objectiones tuas praecidam, jam de ipso Isaia auctoritatem unam patentissimam tibi dicam. Dicit enim ipse Isaias: *Ecce intelliget servus meus, exaltabitur et elevabitur, et sublimis erit valde. Sicut obstupuerunt super te multi, sic inglorius erit inter viros aspectus ejus, et forma ejus inter filios hominum. Isic asperget gentes multas. Super eum continebunt reges os suum, quia quod non est narratum eis viderunt, et quod non audierunt contemplati sunt. Quis credidit auditui nostro* (Rom. X), *et brachium Domini cui revelatum est? Et ascendet sicut virgultum coram eo, et sicut radix de terra sitienti. Non est species ei neque decor, et vidimus eum et non erat aspectus ejus, et desideravimus eum, despectum, et novissimum virorum, virum dolorum et cognitum infirmitate, et quasi absconditus vultus ejus et despectus, unde et nec reputavimus eum. Vere languores nostros ipse tulit, et dolores nostros ipse portavit. Et nos putavimus eum quasi plagatum, et percussum a Deo, et humiliatum. Ipse autem vulneratus est propter iniquitates nostras, attritus est propter scelera nostra. Disciplina pacis nostrae super eum, et livore ejus sanati sumus. Omnes nos quasi oves erravimus, unusquisque in viam suam declinavit, et Dominus posuit in eo iniquitatem omnium nostrum. Coactus est et afflictus, non aperuit os suum. Sicut agnus ad occisionem ducetur, et quasi ovis coram tondente se obmutescet, et non aperiet os suum. De angustia et de judicio sublatus est. Generationem ejus quis enarrabit?* (Jer. XI; Act. VIII) *Quia divisus est de terra viventium. Propter scelus populi mei plagatus fuit, et dedit cum impiis sepulturam suam, et cum divitibus mortem suam, licet iniquitatem non fecerit; neque dolus fuit in ore ejus* (I Pet. II), *et Dominus voluit conterere cum, et infirmari. Si posuerit pro peccato animam suam, videbit semen, et elongabitur tempus, et voluntas Domini in manu ejus dirigetur. Ex labore animae suae videbit et saturabitur. In scientia sua justificabit justus multis, et iniquitates eorum ipse portabit. Ideo eum participare faciam in plurimis, et cum fortibus dividet spolia, pro eo quod tradidit in mortem animam suam, et cum sceleratis computatus est, et ipse peccatum multorum tulit, et pro transgressoribus rogabit* (Isa. LII; LIII). Multum sane in ista, o Moyses, super omnes alias laboravi prophetia, ut juxta quod apud vos est, illam inducerem, in quo etiam beati Hieronymi licet veram deserui translationem. Hoc autem feci, ut occasiones tuas omnes auferrem. Quam quia Christo applicamus, et tu forsitan non concedis, velim dicas de quo illam dictam esse intelligis.

MOYSES. Doctorum profecto quidam nostrorum eam de Jeremia dictam esse asserunt, quia flagellatus, verberatus, et incarceratus fuit (Jer. XI), et multa alia quae enumerare longum est mala pertulit. Secundum alios vero de Josia rege intelligimus, qui, cum vir sanctus esset et justus, pro peccatis non suis, sed populi est interfectus (*IV Reg.* XXIII).

PETRUS. De neutro certe istorum potest esse. Neutri namque prophetiam totam poteris applicare. Nam si de Jeremia intelligis, Jeremias quidem flagella, carcerem, et multam afflictionem sustinuit, sed nec occisus fuit, nec flagellatus conticuit, nec peccata nostra tulit, nec cætera ipsi applicabis, de Josia vero nihil quod in prophetia habeatur potuisse dici invenies præter id quod et sanctus, et pro populi scelere fuit interfectus.

MOYSES. De quo ergo prophetiam dictam intelligis, cui partes ejus omnes applicare possis?

PETRUS. De Christo. Quod enim dixit, *ecce intelliget servus meus, exaltabitur et elevabitur, et sublimis erit valde*, nos quidem novimus quia Christus et Dei servus et magni fuit intellectus, et super omnes servos Dei sublimis et exaltatus. Cujus et opera mira fuerunt ac stupenda, et nunquam gloriæ fuit sibi cura. Et hoc est, *sicut obstupuerunt super te multi, sic ingloriosus erit inter viros aspectus ejus, et forma ejus inter filios hominum*. Sequitur: *Iste aspergęt gentes multas*. Et Dominus quidem Christus israeliticæ genti quasi pluviam magnam pluit, cum inter eos tanquam *in propria venit* (*Joan.* I), et eis opera et magnalia sua ostendit. Alias autem gentes multas aspersit, quia eas non signorum præsentia, sed eorum auditu et fama quasi rore quodam de longe irrigavit, et omnes stupidos ac præ admiratione taciturnos reddidit. Unde est: *Super ipsum continebunt reges os suum, quia quod non est narratum eis viderunt, et quod non audierunt contemplati sunt*, sicut Judæis narratum fuit de eo, et audierunt. Quod et ipse propheta admirans, ait: *Quis credidit auditui nostro, et brachium Domini cui revelatum est?* Ac si diceret: Adeo sunt miranda quæ prædicta esse ventura, quod vix erit qui judicet esse credenda, scilicet quod brachium Domini debeat revelari, id est Filius ejus debeat incarnari, et sic per assumptam carnem mundo visibiliter ostendi. *Et ascendet*, inquit, *sicut virgultum coram eo, et sicut radix de terra sitienti*. Videmus quidem quod de terra sitienti, id est de terra arida, neque virga, neque radix sine humore possit procreari. Humor enim quasi mas est ipsius soli. Christus autem quasi radix aut virgultum de sicca terra coram Domino ascendit, cum de carne Virginis sine maris copula Deus Pater eum progenuit. Quod autem addidit, *non est species ei neque decor, et vidimus eum et non erat aspectus, et desideravimus eum despectum, et novissimum virorum*, ad ostendendam humilitatem suam addidit, et pompæ mundanæ contemptum. *Eum*, inquit, *virum dolorum*. Vir sane dolorum fuit ipse, quia nec in infantia, vel pueritia, nec in juventute, malevolorum insidiis caruit, aut labore, unde et majoris famæ fuit, et majoris notitiæ, quod est *cognitum infirmitate*. Hic namque per infirmitatem istam nil aliud propheta intelligi voluit, quam miserias et labores, quos secundum carnem in mundo Christus sustinuit. Sequitur: *Quasi absconditus vultus ejus et despectus, unde nec reputavimus eum.* Quasi absconditus Christi vultus fuit, quia, et sub ejus carne deitatis splendor delituit, et impetentibus se resistere cum posset noluit, quare despectus, et non reputatus, id est non appreciatus fuit. Et *vere languores nostros ipse tulit, et dolores nostros ipse portavit*, cum dolores atque supplicia quæ nostris debebantur sceleribus, ipse sustinuit. *Et nos putavimus eum quasi plagatum et percussum a Deo et humiliatum*, quod est, putavimus quod plaga, id est flagellum illud et percussio, et depressio illa sibi contingeret ob seipsum, sed nequaquam. Et hoc est quod ait: *Ipse autem vulneratus est propter iniquitates nostras, attritus est propter scelera nostra. Et disciplina pacis nostræ super eum*, id est, disciplinam et correctionem quam ut pacem haberemus passuri eramus, pro nobis ipse sustinuit, ut misericors et benignus. Unde sequitur, quia *livore ejus sanati sumus*, livore scilicet flagellorum et vulnerum, quæ pro nobis est perpessus. Item sequitur: *Omnes nos quasi oves erravimus, et unusquisque in viam suam declinavit*. Oves quippe simplicia et stolidissima sunt animalia et vaga. Et *nos stulti quasi oves erravimus*, quia ipsum quis vel qualis esset non novimus, *unusquisque autem in viam suam declinavit*, hoc est, doctrinæ illius vix ullus credidit, sed suam veterem quisque retinuit. *Et Dominus posuit in eo iniquitatem omnium nostrum*, id est, originale peccatum, quo irretimur omnes, per eum, id est per baptismum quem ipse dedit Dominus, condonat et abluit. *Coactus est et afflictus, et non aperuit os suum, et sicut agnus ad occisionem ducetur, et quasi ovis coram tondente se obmutescet, et non aperiet os suum*. Hoc totum explanatione non indiget, imo omnibus est manifestum. Christus namque ante Pilatum adductus, falsoque accusatus, verberatus, etiam et colaphis cæsus, conticuit, et ipsi Pilato pluribus cum interroganti, verbum vix aliquod respondit. Sed quod sequitur: *De angustia et judicio sublatus est*, per endiadim dicitur. *De angustia* enim inquit *et judicio*, pro de angusto judicio. Et nos quidem angustum judicium, judicium vocamus injustum. Christus vero de angusto judicio sublatus est, id est per angustum et injustum judicium, cum nihil deliquisset captus est. *Generationem ejus quis enarrabit?* Hoc utique de divina generatione quæ inenarrabilis est et ineffabilis, protulit, et per hoc eum futurum fore Deum ostendit. Unde et sequitur: *Divisus est de terra viventium. Propter scelus populi mei plagatus fuit*, idem est quod superius dixit, *ipse vulneratus est propter iniquitates nostras, attritus est propter scelera nostra. Et dedit cum impiis sepulturam suam, et cum divitibus mortem suam*. Cum impiis et divitibus idem est. Divites quippe hujus mundi, pene omnes impii sunt (*Matth.* XIX; *Luc.* XVIII; *I Tim.* VI). Apud Judæos autem erat consuetudo, impios et pro aliquo scelere suo interfectos, extra communionem hominum sepeliri cæterorum. Et Christus cum impiis, id est cum latronibus est crucifixus, et mortuus, et extra communem sepulturam sepultus, *licet iniquitatem non fecerit, nec dolus fuerit in ore ejus,* sed ita voluit Dominus, sicut scriptum est in sequentibus : *Et Dominus voluit eum conterere et infirmari,* id est pati. *Si posuerit pro peccato animam suam, videbit semen,* etc. Scimus profecto quod antiquitus Scriptura sacrificium quod pro peccato fiebat, peccati nomine appellabat. Unde et hic propheta dicit : *Si posueris,* Domine, *animam tuam,* id est, animam Christi, *pro peccato,* id est, pro peccati sacrificio, hoc est, si pro peccato nostro sacrificabitur, *semen videbit,* id est, semen magnum, et hæredes multos habebit (*II Cor. v*). Et Christus per sacrificium corporis sui, et mortem suam, semen magnum vidit, et hæredes permultos, et elongatum est tempus, et voluntas Domini in eo completa fuit : *Ex labore animæ suæ videbit, et saturabitur.* Ac si diceret : Adeo laborabit anima sua, quod cum videbit laborem illum quia tantus fuit, saturabitur, id est, nimius sibi videbitur, sicut hodie etiam dicitur, tantum pertuli mali et angustiæ, quod satus effectus sum inde. Et Christus angustias et labores nimios sustinuit. *In scientia sua justificabit justum multis,* hoc est per scientiam suam eum qui est justus ostendet multis justum esse Dominus. Christus autem et justus fuit, et eum justum esse Dominus multis ostendit. Sed et quod sequitur, *et iniquitates eorum ipse portabit,* idem est quod superius dixit, *vere languores nostros ipse tulit, et dolores nostros ipse portavit.* Ideo, inquit Dominus, *participare eum faciam in plurimis, et cum fortibus dividet spolia.* Et Christus in plurimis participavit, quia de plurimis gentibus crediderunt in eum multi. Et cum fortibus spolia divisit, quia cum principibus inferni qui mundum istum spoliaverant, quasi prædam partitus, partem suam asportavit, quando eos qui ipsum venturum esse crediderant, inde eripuit. Sequitur : *Pro eo quod tradidit in mortem animam suam.* Causam sane repetit, quare in plurimis participavit, videlicet quia ex nimia pietate sua pro mundi redemptione mori sustinuit. Item sequitur : *Et cum sceleratis computatus est.* Et Christus, sicut prædiximus, cum sceleratis est computatus, quia cum latronibus est suspensus. *Et ipse peccatum multorum,* non omnium tulit, quia non omnes, sed multos salvificavit. Item sequitur : *Et pro transgressoribus rogabit.* Christus autem pro transgressoribus rogavit, quando pro crucifigentibus se oravit dicens : *Pater, dimitte eis, non enim sciunt quid faciunt* (*Luc.* xxiii). Quia igitur, o Moyses, et tempus et alia omnia quæ de Christo prophetæ prædicarunt, in eo quem ipsum fuisse credimus, sed et in verbis ejus operibusque patuerunt, patet revera eum jam venisse, nec debes jam inde ulterius dubitare.

Moyses. Satis intelligo quod dixisti. Sed si ita est, cur cætera omnia quæ de Christo in prophetis sunt conscripta, in isto quem dicitis venisse homine, non sunt completa ?

Petrus. Quæ ?

Moyses. Dicit quippe de Christo idem Isaias : *Et judicabit gentes, et arguet populos multos, et conflabunt gladios suos in vomeres, et lanceas suas in falces : non levabit gens contra gentem gladium, nec exercebuntur ultra ad prælium* (*Isa.* ii). Et hæc quidem nondum completa sunt, quæ post Christi adventum procul dubio complebuntur. Usque hodie enim gentes ad invicem præliantur.

Petrus. Tu quod dicis quomodo dictum sit non respicis. Neque enim illud quod est, *conflabunt gladios suos in vomeres, et lanceas suas in falces, et non levabit gens contra gentem gladium, nec exercebuntur ultra ad prælium,* non, inquam, illud dixit propheta, quid facturæ sunt gentes enarrando, sed quid præpturus sit Christus ostendendo, quemadmodum et alibi Zacharias dicit de ipso : *Et loquetur,* inquit, *pacem gentibus* (*Zach.* ix) : Sicut enim hic de eo quod pacem sit præcepturus (*Joan.* xiv), dictum esse intelligimus, ita et ibi : quam cum et ipse præceperit, si completum non est, culpa ejus nulla fuit.

Moyses. Dicit enim Hieremias : *In diebus illis,* id est Christi, *salvabitur Juda et Israel habitabit confidenter* (*Hier.* xxiii). Sed et hoc quoque nondum est completum, quod post hominis illius quem Christum dicitis, compleri debuit, si Christus esset, adventum. Juda namque et Israel, adhuc in miseria et captivitate est.

Petrus. Promissio sane ista, o Moyses, eis duntaxat est facta, qui de Israel credituri erant atque Juda, unde et in incredulis non est completa, quemadmodum populo Israel de Ægypto educto, quidam quia peccaverunt et a præceptis Domini recesserunt terram promissionis non intraverunt (*Psal.* xciv ; *Num.* xiv), quam promisit Dominus Moysi dicens : *Descendi ut liberarem eum de manibus Ægyptiorum, et educerem de terra illa in terram bonam et speciosam* (*Exod.* iii), imo omnes in deserto mortui sunt.

Moyses. Item aliud, quod nondum completum, quod in adventu Christi prophetavit Isaias esse futurum. Ait enim : *Habitabit lupus cum agno, et pardus cum hædo accubabit ; vitulus, et leo, et ovis, simul morabuntur, et puer parvulus minabit eos ; vitulus et ursus pascentur, simul requiescent catuli eorum, et leo quasi bos comedet paleas* (*Isa.* xi ; lxv).

Petrus. Stultissime omnium, o Moyses, intelligis tu istam simpliciter, ut posita est, prophetiam ?

Moyses. Etiam.

Petrus. In eo nempe cordis tui patet inscitia. Si enim, ut dicis, lupus pacem non habeat nisi cum agno, nec pardus nisi cum hædo, nec leo nisi cum ove et vitulo, quid proderit talis confœderatio ? Inquietabit namque et lupus hædum, et leo agnum, et pardus ovem ac vitulum.

MOYSES. Quomodo ergo illam intelligis?

PETRUS. Nos sane per bestias illas quæ rapina et carne vivunt, impios homines intelligimus, et raptores; per reliquas vero pecudes, mansuetos ac simplices, et de illis dixit propheta quod Christus eos simul habitare ac pacem habere præciperet. Quod autem hoc de hominibus intelligi voluerit, in sequentibus insinuat propheta, cum subjungit, *quia repleta est terra scientia Domini* (Isa. XI). Neque enim hoc propter pecudes dixit quæ cum nec animam habeant rationalem, nec Domini scientiam habere possunt, id est Domini cognitionem. Sed ad hujus vestræ super prophetam istam intelligentiæ destructionem, dixerunt doctores vestri nullam inter tempus modernum et tempus Christi futuram esse distantiam, nisi quod ejus tempore captivitatem omnem exibitis atque miseriam.

MOYSES. Ecce item aliud Isaiæ quod nondum scimus completum esse; dicit siquidem et ipse : *Et erit lux lunæ sicut lux solis et lux solis erit septempliciter sicut lux septem dierum, in die qua alligaverit Dominus vulnus populi sui* (Isa. XXX).

PETRUS. Non est gens in toto mundo stolidior vobis, qui putatis quod corpus vel lumen lunæ Deus augeat sive solis : sol enim si quantus nunc est major tantum esset dupliciter, totum profecto mundum combureret, ne cum si septempliciter; quod si et lumen ejus septempliciter majus esset, oculos utique nostros nimio splendore obtunderet. Lunæ etiam lumen si splendore solis par fieret, nemo jam ultra quiesceret, semper etenim dies esset. Per lunaris igitur lucis sive solaris augmentum, voluit propheta intelligi fidem et gloriam in Christum crediturorum. Ac si diceret : Fides illorum et gloria multipliciter major erit et perlucidior quam modernorum. Et quod non de luna vel sole isto visibili, sed de Christianorum credulitatis gloria et splendore propheta loquatur, in sequentibus testatur cum subjungit : *Non erit tibi amplius sol ad lucendum per diem, nec splendor lunæ illuminabit tibi, sed erit tibi Dominus in lucem sempiternam, et Deus tuus in gloriam tuam, et non occidet ultra sol tuus, et luna tua non minuetur, quia Dominus erit in lucem sempiternam* (Isa. LX). Nam si de sole vel luna proprie diceret, hoc quidem quod dicit, *non erit tibi amplius sol ad lucendum per diem, nec splendor lunæ illuminabit te*, illi quod supra dixerat contrarium esset, *erit* scilicet *lux sicut lux solis, et erit septempliciter*. Patet igitur quia de splendore et gloria fidei sanctæ Ecclesiæ propheta hic loquitur, quod et ex consequentibus designatur, cum subditur, *sed erit tibi Dominus in lucem sempiternam, et Deus tuus in gloriam tuam*. Ac si diceret : Nequaquam ulterius luce crudelitatis vestræ hujus, quæ similis est solis istius transitorii, vel lunæ indigebitis fulgoribus, gloria quippe lucis suæ vos æternaliter illuminabit Dominus. Sed et quod sequitur, *non occidet ultra sol tuus, et luna tua non minuetur :* si hoc, inquam, ita simpliciter intelligeretur, scilicet ut solis splendor vel lunæ foret continuus, non esset jam dies vel nox, mensis vel annus, quæ omnia ex solis ac lunæ proveniunt vicissitudinibus. Ergo non immerito de luce et gloria fidei nostræ quæ neque minuetur nec occidet, spiritualiter dictum intelligimus.

MOYSES. Quid est etiam quod adhuc dicit Isaias : *Tunc videbis et affluens, et mirabitur et dilatabitur cor tuum, quando conversa fuerit ad te multitudo maris, fortitudo gentium venerit tibi, inundatio camelorum operiet te, Dromedarii Madian, et Effa, et omnes de Saba venient, aurum et thus deferentes, et laudem Domino annuntiantes?* (Isa. LX.) Hæc enim etiam nondum sunt consummata.

PETRUS. Consummata sane fuerunt tempore templi secundi, quod fabricavit Ezra ex præcepto Cyri, teste Aggæo propheta, qui ait : *Hæc dicit Dominus Deus exercituum : Adhuc modicum est, et ego commovebo cœlum et terram, mare et aridam. Et movebo omnes gentes, et venient desiderata cunctarum gentium, et implebo domum istam gloria, dicit Dominus exercituum. Magna erit gloria domus istius novissimæ plus quam primæ, dicit Dominus exercituum. Et in loco isto dabo pacem, dicit Dominus exercituum* (Agg. XI). Et quippe quæ ibi dixerat Isaias fore ventura, Aggæus quidem in templo quod jam tempore suo ræedificari cœperat, innuit esse complenda.

MOYSES. Potest equidem esse ut dicis.

PETRUS. Sed dic, o Moyses, quid est quod ait Aggæus, *magna erit gloria domus istius novissimæ plus quam primæ?* In quo enim domus novissimæ major fuit quam primæ gloria, cum in novissima non fuerint illa pretiosa insignia quæ fuerunt in prima ? Nam neque arca Domini fuit in secunda, nec rationali usi sunt in ea, nec venit ibi ignis de cœlo qui combureret holocausta, nec fuit tunc temporis unctus aut propheta, et alia item quamplurima.

MOYSES. De hoc utique nescimus, nisi quod a doctoribus nostris audivimus, sed et ipsi nihil aliud dixerunt, nisi quod domus secunda decem annis permansit diutius quam prima.

PETRUS. Hæc profecto nulla est gloria.

MOYSES. Ergo Aggæus procul dubio est mentitus.

PETRUS. Absit. Sed in hoc fuit magna domus novissimæ gloria quam primæ, quod venit Christus adhuc ea stante, cujus adventus major fuit gloria quam illa supradicta omnia habuere. Sed et hoc, si placet, subtilius multo possumus intelligere, scilicet quod de eadem domo dictum sit, *novissimæ atque primæ*, de ejus videlicet principio et fine. Nam cum circa finem ejus Christus advenerit (Coloss. II), per quem et in ipsa domo deitas habitavit, gloria utique ejus novissimo plusquam primo magna fuit. Cujus Christi adventu omnia quæ et Isaias dicit et Aggæus testatur, sunt completa. Ipso quippe adveniente, maris multitudo et terræ ad eum est conversa, cœlum, tellus, et maria, sunt commota. Commota, inquam, sunt, id est cœli et terræ et habitatores exsultarunt, et undecunque Hierusalem oblationes varias ad laudem ipsius Christi attulerunt.

Moyses. Quare jam amplius tibi objicerem aliquid, cum tu auctoritates meas omnes ad tuam explanes voluntatem?

Petrus. Habet veritas robustas, quibus innititur, columnas.

TITULUS X.

Quod voluntate spontanea a Judæis crucifixus est Christus et occisus.

Moyses. Ad rem, Petre, volo nos redire? et de aliis tuæ credulitatis partibus mihi, quæso, responde. Cum itaque Christum et hominem credas fuisse et Deum, cur se crucifigi passus est, nec se de manibus eripuit Judæorum? Quomodo enim omnipotentiæ imminutum est imperium?

Petrus. Bene quidem se tueri et servare si vellet potuit, sed hoc sponte sua ob suorum salutem pertulit, licet carni quæ de mundo erat non placuit. Verbum enim Dei carnem ob aliud nequaquam caperet, nisi ut eos qui in se crediderant et credituros de diaboli captivitate liberaret (*Joan.* 1).

Moyses. Ex hoc sane tuo sermone quæstiones oriuntur multæ: prima, quid sit diabolus; secunda, quare homo devenerit in potestatem illius; tertia, cur de manu ejus homines liberaverit Deus, quandoquidem ipsos in eam decidere sit passus; quarta, cur cum eos redimi voluit sua hoc potestate non fecit, imo incarnari ac pati maluit.

Petrus. Quoniam plura simul dixisti, et de pluribus simul plene non potest responderi, quæras si placet de singulis volo, et quod inde sentio respondebo.

Moyses. In primis igitur de diabolo quid sit, audire desidero.

Petrus. Diabolus, o Moyses, subtilis quidem et spiritualis est res, et fuit olim unus de bonorum ordinibus angelorum. Cujus ordinis duo de principibus Huza et Hazazel in Hebraica, Haroth vero et Maroth in lingua appellantur Arabica. Et hic diabolus peccato et iniquitate sua aggravatus, et quasi aliquantulum ponderosior effectus, et sic de summo cœlorum delapsus, paulo descendit inferius, et est hic infra firmamentum habitatio ejus.

Moyses. Scriptum profecto apud nos est esse diabolos, et de principibus eorum Huza et Hazazel esse appellatos, sed hoc vellem ego libenter audire qua philosophica ratione eos esse, vel quid sint, possis ostendere.

Petrus. In primis igitur debes scire, artis illius quæ necromantica appellatur, novem particulas esse, quarum quatuor primæ de quatuor tractant elementis, qualiter in eis operari possimus physice, quinque vero reliquæ quemadmodum non nisi per invocationem malignorum operari quis possit spiri-

tuum. Illi autem maligni spiritus, diaboli ab hominibus appellantur.

Moyses. Verum hi forsan diaboli, nunquam boni ut dicis angeli, sed semper spiritus fuerunt impii.

Petrus. Non est utique hoc verum. Neque enim Deus quidquam fecit nisi bonum, cum in verissima legatur Scriptura, *Vidit Deus cuncta quæ fecerat, et erant valde bona* (*Gen.* 1). Sed quia malum elegerunt, ideo maligni effecti sunt.

Moyses. Cum et argumento experimentali, et doctorum approbationibus diabolum esse noverimus, jam inde ulterius quin sint, dubitare non debemus, nec ultra super hujusmodi quæstione longo sermone indigemus. De hoc igitur dimittamus, et cur in ejus arbitrium homo devenerit inquiramus.

Petrus. Quoniam ergo Deus Adam ad imaginem suam conditum et similitudinem (*ibid.*), ideoque inter creaturas excellentem, compositum creavit et simplicem: compositum quidem, ut mundum istum habitaret, ac super eum potestatem imperiumque haberet, dissolutionisque etiam susceptibilis esse posset; simplicem vero, ut quando Creatori placeret, ad cœlestem angelorum patriam sine carnis morte transiret: quoniam, inquam, eum talem Deus creavit, cum hoc vidisset diabolus, qui in hoc aere inferiori prope terram habitabat, invidit, et ejus damnationem prout potuit perquisivit, quin et ut Dei præceptum transiret, et de fructu vetito comederet, cordi ejus inspiravit, propter hoc, ut de dignitate sua concideret, quemadmodum et ipse concidit.

Moyses. Priusquam aliud dicas, mihi volo, Petre, respondeas, quid sit quod Adam factum simplicem dixeris atque compositum, videtur namque esse contrarium, et tu etiam cum de resurrectione disputabamus mortuorum, corpus aliquod negasti posse fore simplex atque compositum. Sed et aliud est contrarium, quod et mortis eum susceptibilem dixisti esse creatum, et talem, ut sine morte, ad patriam transire posset angelorum. Per alterum namque mortalis, per alterum vero esse ostenditur immortalis.

Petrus. Scias quia animalia omnia de quatuor elementis sunt composita. Quæ etiam se variarunt pro ipsorum varietate elementorum, in eorum compositione secundum qualitates et quantitates suas impariter adjunctorum, inde etenim diversarum provenit dissimilitudo specierum. Quoniam vero ipsorum quibus componuntur elementorum, calor frigori, humiditas siccitati, inanitas soliditati, ponderositas levitati, et subtilitas obtusitati repugnat, omnesque reliquæ quæ in eis sunt qualitates sibi ad invicem contrariæ sunt, ideo ex ipsis quoque composita semper mutantur, crescunt videlicet atque minuuntur, calescunt et infrigidantur, cæterisque accidentibus, vicissim, afficiuntur. His autem qualitatibus ita altera ad alterius expulsionem tendentibus, si alia paulo supercrescat, alia paulum deficiat, provenit aegritudo. Si vero una ultra modum abundante alia ita deficiat ut ei contra stare nec parum valeat, connexa dissolvuntur, adjuncta separantur, composita destruuntur, et dissolutio illa mors appellatur. Cum vero Adam Deus creavit, placuit sibi creare eum talem, qui et mori et non mori valeret. Fecit ergo eum de elementis subtilioribus, et omnino aequaliter de omnibus, et hoc, ut et ipsorum qualitates vim aliquam se ad invicem superandi, aliquatenus non haberent. Taliter autem factus est, ut non mori ipse potuisset, et ego eum ideo simplicem appellavi, et immortalem. Hoc modo quippe fuerat immortalis, quemadmodum et caetera simplicia immortalia sunt omnia. Cujus rei manifestum quaedam animalia tribuunt argumentum, quae quia aequalius caeteris elementis condita sunt procul dubio diutius vivunt. Quia vero de quatuor factus est Adam elementis, et quidquid ex eis fit susceptibile est dissolutionis, ideo dixi eum mortalem atque compositum.

MOYSES. Placet quod dicis. Sed cum ut asseris et mori et non mori potuerit, quare mortalitas immortalitatem superavit, ita quod usque hodie omnis homo mortalis sit?

PETRUS. Hoc est quod explanare disposui, et haec est causa cur in potestatem diaboli Adam devenerit. Cum ergo Creatoris obedientiam transire cordi ejus immisit, super eo cogitavit; postquam vero cogitavit, elegit, postquam elegit, optavit; postquam optavit, et fecit, cum autem fecit, peccavit; postquam vero peccavit, qualitatem quam habebat et sic immortalitatem amisit, et omnino ut compositorum natura est mortalitatem suscepit, ita quod ulterius ab eo separari non potuit, unde et hujusmodi diffinitionem recepit, quod rationalis et mortalis dictus fuit, quin et omnis qui de ejus semine processit, naturam eamdem, et ipse habuit. Est quippe justum, ut si quid ab alio prodeat, naturae ejus similitudinem recipiat. Anima vero Adam cum subtilioris esset naturae quam corpus, atque fortioris, quia peccato illi assensum praebuit, et cum posset non restitit, omnis anima quae corpori ex corruptione illa progenito se miscuit, ob culpam illam cum de corpore exiret, coeli summitatem quod suae erat naturae transcendere jam nequivit, imo in inferiori aere hic prope terram remansit. Quem in locum quia ipsa quasi advena devenit, civis autem erat diaboli, propter hoc diabolus super eam potestatem habuit et desiderium suum quod ipse desideraverat, completum fuit. Quia vero etiam Adae peccatum duplex fuit, spirituale scilicet et corporale: spirituale quidem, quia diabolo potius quam Deo credere, quod ad spiritum pertinet, et obedire elegit, corporale autem, quia se in vetiti fructus dulcedine, quod sui est corporis delectavit, ideo sane mortem carnis et mortem animae, poenam scilicet duplicem ipse sustinuit.

MOYSES. Satis composite ut mihi videtur ordinateque egisti, qualiter Adam propter peccatum suum, et ita omnis homo in arbitrium venerit diaboli. Sed et hoc mihi, si nosti vellem aperiri, quale et quomodo secundum physicam propter praecepti transgressionem, eam, quam in sui compositione Adam habuerat, amiserit aequalitatem.

PETRUS. Scias ergo quod Adam cum aequaliter de elementis omnibus factus esset, aequalem etiam affectuum temperiem habere debuisset, ut irae et moestitiae, comedendi atque bibendi, ac caeterarum quarum nulla in homine superabundat aut decrescit, nisi ex elementorum superabundantia vel diminutione qualitatum. Cum vero ei diabolus Domini sui praeceptum transgredi consuluit, ipse autem inde cogitavit, ita quod et facere elegit, nec anima ut posset prohibuit; jam extunc peccare et aequalitatem suam exire incoepit, quia temperiem illam amisit, et quo non indigebat, imo sibi vetitum fuerat, comedere exoptavit, et sic gradatim usque ad opus devenit et comedit, et tunc omnino aequalitatem suam perdidit. Quod si in primis ita super eo cogitaret, ut, bonumne an malum esset, quod audiebat tantum inspiceret, non etiam eligeret, procul dubio nec peccaret nec aequalitatem amitteret, verbi gratia, quemadmodum cum quis nec nimium laetus est, nec nimium tristis, sed in utroque aequalis, si rumorem tunc talem audiat, quo et irasci et non, si velit, valeat, ipse vero super illo sic cogitaverit, ut etiam aegre ferat hoc quod audierit, cholera quidem rubea de qua procedit ira, ex hujuscemodi cogitatione in eo commovetur, et sic ille calescit atque irascitur, et quo magis calescit, magis et cholera movetur, donec omnino irascatur, et sic mediocritas et temperies illa moestitiae atque laetitiae quam prius habebat destruitur. Si vero de rumore illo ita quod eum non pigeat meditetur, nec cholera movetur, nec ipse homo calescit aut irascitur, nec ab eo temperies illa separatur.

MOYSES. Hoc sane credimus nos, quod et consilio serpentis Adam peccaverit (Gen. III), et ex ejus peccato omnis homo morti addictus sit. Doctores namque nostri multos fuisse viros attestantur, qui nisi serpentis consilio et Adae peccato nullatenus morerentur, de sanctorum autem animabus quod ad infernum post mortem descenderint non credimus. Quare si inde aliquam auctoritatem habeas, mihi precor illam ostendas.

PETRUS. Breviter quidem tibi illud aperiam, sed tamen nonnullas inde auctoritates manifestas inducam. In Genesi namque de Jacob legitur, quod et filiabus suis ad consolandum eum super filio suo Joseph congregatis, noluit consolari dicens: *Quia descendam ad filium meum lugens ad inferos* (Gen. XXXVII).

MOYSES. Hoc sane Jacob secundum corpus dixit. Per inferos enim terram, in qua sepeliuntur omnes, intelligi voluit. Ac si diceret: Quousque moriar? et in terra cum filio meo sepeliar, quin et interitu ipso semper lugebo.

PETRUS. Non est verum quod dicis. Sciebat enim quod filius suus in terra non erat sepultus, imo putabat quod ab aliqua bestia esset devoratus. Hoc ergo dixit secundum animam : *Quia ad filium meum lugens ad inferos descendam.* Ac si diceret : Quia mortuus est filius meus, moriar, et ad inferos ubi anima ejus est, et omnes animæ mortuorum, lugens deveniam. Quin et hoc testatur David in Psalmo cum dicit : *Quid est homo qui vivet et non videbit mortem, et eruet animam suam de manu inferi?* (*Psal.* LXXXVIII.) Per hoc namque quo ait : *Quis est homo qui vivet et non videbit mortem,* innuit nullum esse qui non moriatur hominem, per hoc autem quod est, *et eruet animam suam de manu inferi,* insinuat nullam tempore suo animam de inferni manu potuisse servari. Ezechias quoque ut in Isaia legimus licet bonus homo et sanctus fuerit, sicut in oratione sua testatur ipse cum dicit : *Obsecro, Domine, memento, quæso, quomodo ambulaverim coram te in veritate et in corde perfecto, et quod bonum est in oculis tuis fecerim* (*IV Reg.* XX), licet, inquam, sanctus fuerit, ad infernum tamen se descensurum esse ostendit, cum in sequentibus dicit : *Ego dixi, in dimidio dierum meorum vadam ad portas inferi* (*Isa.* XXXVIII).

MOYSES. Si ita est ut asseris, tunc et patriarcharum animæ et prophetarum, cæterorumque sanctorum omnium ante mortem illius, quem Christum dicitis, defunctorum, una cum animabus impiorum in loco uno demoratæ sunt.

PETRUS. Verum profecto est, quod in obscuritate omnes ac tenebris, sed non erant omnes in locis pœnalibus, sive suppliciis, nam juxta merita sua retribuebatur singulis, verumtamen omnes in inferno et sub jure erant diaboli. Nullus enim mortuus ab Adam usque ad mortem Christi claustra devitavit inferni, et hoc percipimus ex verbis Moysi, qui cum filios Israel admoneret facere præcepta Domini, et eis prædiceret quæ inde præmia essent habituri, nihil unquam de beatitudine pollicitus est paradisi. Notum enim jam extunc fuerat omnibus neminem illuc esse intraturum ante mortem Christi.

MOYSES. Non ob hoc opinor quod dixisti de paradiso loqui Moyses distulit, sed agnovit quia magis vel his visibilibus bonis quæ summopere exoptabant, ad obediendum Dei præceptis admonere, vel præsentibus malis laboribusque quos timebant, ab iniquitatibus suis posset absterrere; quam si de futuris suppliciis prædiceret, aut cœlesti quam nesciebant beatitudine.

PETRUS. Prava est ista tua opinio. Nam si et de duplici præmio, et de duplici cum eis ageret supplicio, tanto magis et ad malum fugiendum, et ad bonum admoneret amplectendum. Præterea autem si vis ostendam tibi secundum tuam ipsius credulitatem, sanctorum animas in inferno fuisse, et sub diaboli jure, ante Christi mortem

MOYSES. Ego sane nihil desidero nisi veritatem.

PETRUS. In primis itaque quæro a te quo in loco fuerint sanctorum animæ, cum eas in inferno credas non fuisse.

MOYSES. In cœlo utique fuere.

PETRUS. De hoc etiam, quæso, responde, si unquam vel legeris vel audieris, quousque altius potestas eorum, qui in necromantica arte operantur, possit ascendere.

MOYSES. Usque ad firmamentum tantummodo.

PETRUS. Et potest illud aliquatenus transire?

MOYSES. Mirum est quod quæris, cum non solum a sapientibus, sed et a vetulis in proverbio dictum esse audieris, tantum habes in hoc, quantum habet diabolus in cœlis.

PETRUS. Nunc igitur volo dicas quemadmodum credas factum quod in libro legitur primo Regum (*cap.* XXVIII), Samuelem scilicet per mulierem quæ pythonem habebat suscitatum, verumne enim fuit sive fantasticum?

MOYSES. Multis modis profecto verum ostenditur, uno quidem quod inde patenter loquitur, qualiter scilicet de terra ascenderit, qualis forma ejus, ætas, vestimentumque fuerit, et quomodo ex parte Dei omnia quæ Saul quæsivit, veraciter ipse responderit, et quidquid dixit, falsum inde quidquam non fuit, alio vero, quod Saul in potestate mulieris esse sciret, quod Samuelem suscitare posset, utique eum suscitari non rogaret, tertio autem, quod doctores nostri Deum Sauli peccatum suum in morte sua asserunt condonasse, ex ipsius Samuelis ad Saulem sermone. Ex hoc enim quod dicit : *Cras autem tu et filii tui mecum eritis* (*ibid.*), comprobant Saulem cum Samuele in locum devenisse quietis.

PETRUS. Verumne an falsum fuerit, diutius disputare non placet. Sed si ita est, ut asseris, qualis per artem necromanticam potuit suscitari, si in cœlo esset? Quod si in cœlo non erat, procul dubio sub diaboli jure, et in inferno quiescebat.

MOYSES. Bene mihi insidiatus es, et bene me vicisti, satisque huc usque ostensum est, qualiter devenerit homo in manum diaboli. Sequitur ergo ut explanes, cur inde eum Deus eduxerit, cum decidere perpessus sit.

PETRUS. Damnato igitur genere humano ex serpentis consilio, et primi parentis Adæ peccato, damnato, inquam, ac duplici, ut diximus, morte multato, quoniam fuerunt multi sancti viri, qui nullo commisso suo in laqueum deciderant diaboli, nisi illo veteri peccato ac quasi jam naturali, intuitus hoc generis Conditor humani, pietate motus ac misericordia, eos inde voluit liberari.

MOYSES. Et cum, ut asseris, super eos fuerit pietate commotus, quare eos ibidem tandiu detineri est passus, videlicet ad illius quem Christum appellatis tempus.

PETRUS. Non hoc sane justitia aliqua, sed sola fecit pietate sua, ac simplici bonitate, et simplex quidem bonitas, ut in nostræ collocutionis exordio diximus, nec mensuram nec terminum debet habere.

MOYSES. Et quare, ut supra dixi, cum eos redimi voluit sub hoc potestate non fecit, imo Verbum suum incarnari ac pati maluit.

PETRUS. Quod hoc modo eos eripuit, sapientia profecto perfectissima fuit, sicut in aliis suis invenitur operibus priscis. Cum enim quondam, ut ipse nosti, populum suum Israel de Ægyptiaca captivitate pararet educere, Ægyptiorumque primogenita maligno spiritu vellet occidere, suos incolumes servare, agnum vel hædum ipsos per domos singulas præcepit immolare, ostia domorum inficere (*Exod.* XII), ut veniens malignus spiritus domum illo transiret infectam sanguine. Sed cum vellet eos ita custodire, nonne poterat absque hoc opere?

MOYSES. Poterat utique.

PETRUS. Quid ergo indiguit hujusmodi liberatione?

MOYSES. Sapientia sane ejus est, causam aliquam rebus singulis attribuere, per quam eas ad effectum velit producere, sicut per agni vel hædi sacrificium ab illa morte voluit eos redimere, causas autem rerum illas non possumus omnes percipere.

PETRUS. Arcana namque Dei adeo profunda sunt et inscrutabilia, quod ea nullus potest penetrare. Quare ergo quærendo miraris cur Verbum suum incarnari Dominus ac mori pro redemptione miserit hominis?

MOYSES. Et cur eos non redemit ab illo Adæ peccato animalis cujuslibet immolatione, sicut in lege præceptum est (*Levit.* IV; *Num.* V), pro peccato sacrificari de aliqua pecude?

PETRUS. Stultissime omnium, ubi tot pecudes posset invenire? Quot enim fuerunt homines, ab ipsius mundi origine, et, et futuri erant usque in ipsius consummatione, tot utique pecudes immolari fuisset necesse. Præter hoc etiam peccatum illud quod et corpus occuparat et animam, rationabiliter deleri non poterat, nisi per sacrificium quod et corpus haberet et animam.

MOYSES. Cum igitur illud per sacrificium tale redimi voluit, quare illud sacrificium de propheta aliquo vel quolibet alio viro sancto fieri non potuit, quin potius Verbum suum carnem suscipere ac mortem subire promisit?

PETRUS. Quia hominem illum qui pro tanto ac tali peccato redimendo occumberet, ab omni esse delicto immunem necesse fuisset. Si enim non peccata propria morte sua redimere indigeret, hoc vero in aliquo qui tantum esset homo reperiri non posset. Natura enim corporis a peccato sibi cavere non sustinet, testante Deo in Genesi, et dicente, quia insidet mens hominis diligenter ad nequitias a juventute (*Gen.* VIII). Dicit quoque et Salomon in Ecclesiaste: *Non est homo in terra qui faciat bonum, et non peccet* (*Eccle.* VII). Ratio igitur et Dei sapientia fuit, ut Verbum suum corpus humanum acciperet, quod totius contagionis et peccati expers servaret, quatenus ipsum ita mundum et ab omni vitio purum, illud generale delictum redimere posset, et ipsum ab eo qui rerum est principium assumptum, primum omnium peccatum deleret, quin et si sine carnali patre progenitum, commissum ejus qui sine patre factus est auferret. Præterea ut Deus eos qui cum morte filii sui a diaboli laqueo liberati essent, propria deinceps iniquitate in ipsum recidissent, in die judicii rationabiliter damnaret.

MOYSES. Cum illum quem Christum dicitis pro redemptione humana voluntate spontanea occubuisse asseratis, cur ejus interfectores condemnatis, et cum tantum voluntatem ejus complessent, peccati reos astruitis?

PETRUS. Si ea utique intentione fecissent, scilicet, ut voluntatem ejus complerent, et ipsius morte, de diaboli potestate exituros fore se crederent, nullum procul dubio peccatum incurrerent. Quia vero eum negaverunt, et ex invidia occiderunt, ideo et tanti hujus sceleris rei sunt, et nec in præsenti sæculo, nec in futuro, miseriam ac tribulationem exibunt, quandiu in hac sua nequitia permanebunt. Quod autem et rei et merito sint condemnati, per simile ostendam tibi, et tu etiam ipse rectum esse judicabis.

MOYSES. Ego sane cum audiero, si rectum est, rectum judicabo.

PETRUS. Habebat igitur homo quidam navim unam, et erat voluntas ejus comburere illam, ut et clavos seorsum haberet, et sibi de lignis carbonem faceret. Hoc autem eo cogitante, quidam inimicus ejus noctu ad navem venit, et nescius voluntatis hujus, odio eam combussit. Mane autem facto, homo prædictus ut volebat clavos quidem navis suæ in parte una, in alia vero carbonem invenit. Item aliud: Erat domus quædam lapidea viro cuidam, quam cum destruere vellet, ut de lapidibus aliud quoddam ædificium faceret, forte quidam hostis ejus ita die quadam dejecit, quod nec super lapidem lapis remansit, et hoc non pro illius quam nesciebat voluntate complenda, sed per odium fecit. Vir autem prædictus, cum ad domum suam die altera venisset, quod facere cogitabat et volebat, effectum reperit. Cum vero nec ille qui navim combussit, nec ille qui domum dejecit pro voluntate hostis sui complenda, sed ex odio invidiaque fecerit, quid de eis judicabis?

MOYSES. Ego sane et eos reos esse judico, et puniendos.

PETRUS. Eadem ergo ratione rei sunt atque judicandi, qui Christum non pro ejus voluntate complenda, sed odii occiderunt invidiæque veneno.

MOYSES. Procul dubio rei essent, si hoc modo quo dicis fecissent. Nequaquam vero sic fecerunt, imo usto eum judicio occiderunt.

PETRUS. Et quam ei culpam imputarunt, quia eum morti addixerunt?

MOYSES. Quia et magus fuit, et per artem magicum filios Israel in errorem misit, et præter hoc Filium Dei se vocavit.

Petrus. Non est mirum, si hæc et alia de eo dixerunt mendacia, licet ad redimendum eos ipse advenerit. Hoc namque de eis Osee prophetavit: *Væ eis quoniam recesserunt a me. Vastabuntur, quia prævaricati sunt in me. Et ego redemi eos, et ipsi locuti sunt contra me mendacia* (Ose. vii). Præterea tamen ubi tantum artis magicæ addiscere potuit, ut per eam in vinum aquam converterit (*Joan.* ii): de quinque panibus, hominum millia quinque refecerit (*Joan.* vi), leprosos (*Luc.* xvii), hydropicosque sanaverit (*Luc.* xiv), claudis gressum, surdis auditum, mutis verbum (*Matth.* ix), cæcis quoque visum reddiderit, et, quod majus omnibus est, mortuos suscitaverit (*Marc.* vii; *Joan.* xi; *Luc.* vii), aliaque quæ omnia enumerare longum est, miracula fecerit?

Moyses. Dicunt sane doctores nostri quod in Ægypto eam addidicit.

Petrus. Ex verbis igitur tuis in Ægypto tunc temporis fuisse comprobantur, qui opera eadem et ipsi operarentur.

Moyses. Potest esse.

Petrus. Quare ergo opera eorum divulgata et audita non sunt, quemadmodum et ejus fuerunt? Quare etiam sapientes Ægypti doctrinam ejus ac legem susciperent, si eum magum esse agnoscerent?

Moyses. De hoc tibi certe nescio ego respondere. Neque enim de eis audivi, quod in eum unquam crediderint, nec quomodo, aut quando fecerint?

Petrus. De his modo dimittamus, et opera ejus singula inquiramus, ut an vel per artem magicam, vel per aliam physicam aliquam, an potius per virtutem Dei facta fuerint inquiramus.

Moyses. Bene dicis. Et ego etiam de minoribus inquirendis multum non curo. Si enim de majoribus ostendetis, quod per virtutem Dei facta sunt, de minoribus non dubitabo.

Petrus. Sapienter loqueris. Et ego, ut dicis, ita et concedo, quare de quolibet primum inquirito.

Moyses. Primum omnium mihi, de leprosis qualiter mundati sunt (*Matth.* viii; *Luc.* xvii), et de cæcis qualiter illuminati (*Luc.* xviii), responderi volo.

Petrus. Scias, quia lepra ullatenus aliter quam vel per medicinam, vel per Dei virtutem curari non potest. Quod si per medicinam, vel per potiones interius, per unctiones purgatur exterius. Cum autem medicinam aliquam operari ab eo homo non viderit, sed eos verbo tantum et in momento curaverit, profecto quod per virtutem Dei factum sit.

Moyses. Nonne de Firmino mago legimus quod leprosum unum mundaverit?

Petrus. Falsum sane est quod eum curaverit; ipse vero per magicam artem suam oculos hominum decepit, et quod in re non erat videri effecit. Cujus rei argumentum est, quod æger post aliquod tempus eamdem ægritudinem recepit, et licet exterius cutem suam, ut alii, mundam aspiceret, nunquam tamen, ut ipse dixit, infirmitatem interius non sensit. Præterea autem nusquam in tota necromantica legitur quod per eam veraciter leprosus unquam curetur. De cæcis autem, de eis qui cæci nascuntur, contradicit physica quod eos illuminare valeat medicina. Assitha vero magus testatur quod, per artem necromanticam, eis veraciter lumen non reddatur.

Moyses. Esse potest. Sed de mortuis quid dices, cum idem Assitha perhibeat quod eos suscitare et cum eis loqui homo possit, et in libro suo quo fieri valeat modum ostendit, et ex alia parte in libro Regum legatur, ut diximus, qualiter per mulierem pythonissam Samuel suscitatus sit? (*I Reg.* xxviii.)

Petrus. Verum profecto est; quia, sicut dicis, Assitha testatur. Sed inter Dei opus et illud quod per artem magicam fit, in resuscitatione mortuorum, distantia ingens habetur. Mortui enim per magum aliquem suscitati, ultra quam longa est umbra sua ambulare non possunt, sed cum ad ejus finem venerint, in terram mortui recidunt, qui autem per Dei suscitantur virtutem, bibunt ac comedunt, quolibet et quantumlibet incedunt, et, quandiu Dei placitum est, ut cæteri homines vivunt, sicut illi quos et Eliseus et Elias suscitavit et Christus (*III Reg.* xvii; *IV Reg.* iv; *Luc.* vii).

Moyses. Cum huc usque satis ostensum sit quod nihil per artem magicam, imo per Dei virtutem, ut prophetæ alii, homo ille cuncta patraverit, dicas, volo, cur se non prophetam, sed Dei Filium vocare præsumpserit.

Petrus. Ideo sane fecit, quia veraciter Filius Dei fuit. Quod cum superius auctoritatibus multis ostenderimus, cum de ipso quod Deus et homo fuerit ageremus (*Joan.* i), jam id ulterius probare non indigemus. Quod si etiam velis, in angustam inde disputationem veniamus, et ego tibi per rationem ostendam quod, cum se Dei Filium vocavit (*Joan.* xi), veritatem locutus fuit.

Moyses. Placet.

Petrus. Qui itaque per virtutem operatur Dei, potestne quidquam absque ipsius Dei voluntate operari?

Moyses. Necesse est, mihi videtur, quod qui per virtutem Dei facit aliquid, nullatenus nisi voluntate ejusdem Dei illud operetur.

Petrus. Et qui per virtutem Dei, et ejus operatur voluntatem, nunquid non sequitur, quod Dei amicus, et fidelis ejus sit servus?

Moyses. Utique sequitur. Nam hoc legendo invenimus, quod sancti prophetæ, qui miracula quondam fecerunt, Deo dilecti eique fideles fuerunt, sicut Moyses, Elias, et Eliseus, multique alii, qui in vita sua miracula plura patrarunt (*Exod.* ii, iii; *III Reg.* xvii et xviii; *Eccle.* xlviii; *IV Reg.* ii, iv, v, vi).

Petrus. Et qui amicus Dei et fidelis ejus est, de

Deo vel ex parte Dei falso quidquam eum non dicere necesse est.

MOYSES. Verum est.

PETRUS. Cum igitur Christus, ut supra probatum est, et per Dei virtutem voluntatemque miracula fecerit, et ex hoc sequatur quod amicus ejus servusque fidelis exstiterit, procul dubio concluditur quod de Deo vel ex parte ejus falso nihil unquam locutus sit. Quod cum ita sit, veraciter ergo Filium Dei se vocavit (*Joan.* x).

MOYSES. Ratio est quod dixisti. Sed hoc cum stupore admiror ego vehementi quod cum tempore illo complures fuerint viri, intellectu magno ac sapientia præditi, nequaquam eum talem fuisse perceperint. Quod si agnoverunt, quare fidem ejus doctrinamque respuerunt, et eum crucifigendo, suarum damnationem animarum scienter incurrerunt?

PETRUS. Sane, sicut prædiximus, ex invidia hoc fecerunt, quia videlicet per eum dignitatem suam ac famam amittere timuerunt (*Joan.* xi). Et huic simile invenimus tempore Jeroboam regis Israel factum esse. Mortuo quippe Salomone, in duo divisum est regnum ejus, Scriptura attestante, obtinuitque partem unam filius ejus Roboam, partem vero alteram servus ejus Jeroboam. Accepto autem Jeroboam cum optimatibus suis consilio, duos aureos fecit vitulos quos populus adoraret, ne, si Hierusalem ad orandum et sacrificandum, ut mos erat, sæpius ascenderet, forsan aliquando ibidem remaneret, partique Roboam adhæreret; et ita dignitatem suam Jeroboam amitteret, sicut eadem Scriptura docet, dicens: *Dixitque Jeroboam in corde suo: Nunc revertetur regnum ad domum David, si ascenderit populus iste ut faciat sacrificia in domo Domini in Hierusalem, et convertetur cor populi hujus ad Dominum suum Roboam regem Juda, interficientque me et revertentur ad eum. Et cogitato consilio, fecit duos vitulos aureos, et dixit eis: Nolite ultra ascendere Hierusalem. Ecce dii tui, Israel, qui eduxerunt te de terra Ægypti* (*III Reg.* xii). Cum autem et ipse Jeroboam, et proceres sui, sapientia multa essent præditi, tum per Salomonem qui præcesserat, qui omnium et præcedentium et sequentium se, teste Scriptura, sapientissimus fuerat (*III Reg.* iv), tum per pacem ipsius tempore Salomonis magna exstiterat, quæ ad discendum sapientiam, opportunitatem magna præstat, patet profecto, quia, sicut diximus, per invidiam et timorem regni sui admittendi hoc fecerint. Mirari igitur non debes, si legis doctores et Scribæ invidiæ veneno Christum occiderint, cum per eum gloriam et dignitatem suam amissuros se esse timuerunt.

MOYSES. Verisimile est quod dicis. Verumtamen adhuc etiam miror vehementer, licet de eodem alibi quæsierim, miror, inquam, cum a Deo secundum quod dicis potens exstiterit, cur se statim non vindicaverit.

PETRUS. Hoc nempe sua magna bonitate fecit et misericordia. Et hoc percepimus nos ex verbis ejus, dum in cruce penderet, dicentis: *Pater, dimitte eis, non enim sciunt quid faciunt* (*Luc.* xxiii). Per quod ostenditur ipse eos admodum dilexisse, licet contra eum operarentur inique, ut propheta testatur Zacharias: *Et dicetur*, inquit, *ei: Quid sunt plagæ istæ, in medio manuum tuarum? Et dicet: His plagatus sum in domo eorum quos diligebam* (*Zach.* xiii). Sed, o Moyses, si Deo placet, adhuc tempus veniet quo et nepotes patrum suorum nequitiam recognoscent, et eorum peccata condolendo plangent et dolebunt, et ad Dominum convertentur et redibunt, sicut dicit Zacharias propheta: *Et effundam super domum David, et super habitatores Hierusalem spiritum gratiæ et precum, et aspicient ad me quem confixerunt, et plangent eum planctu quasi unigenitum, et dolebunt super eum, ut doleri solet in morte primogeniti* (*Zach.* xii). Et det tibi, quæso, omnipotens Deus, ut tu de illis qui convertentur, sis unus. Amen.

TITULUS XI.

De resurrectione et ascensu Christi in cœlum

MOYSES. Hucusque satis ostensum est de homine illo quod voluntate spontanea pro genere humano mortem susceperit redimendo. Nunc autem de eo tecum loqui volo, quod, sicut in tuæ fidei expositione dixisti, die resurrexit tertio. Et bene quidem esse potuit, cum deitatis plenitudo, ut dicis, in ipso habitaverit (*Col.* ii), cæterosque mortuos vitæ reddiderit, ut seipsum resuscitaverit. Sed hoc modo quæro a te si, postquam resurrexit, Deus et homo ut prius fuerit, necne?

PETRUS. Credo procul dubio quia sic fuit. Cum enim ejus anima a corpore dissoluta ad inferos ut inde bonos eriperet descendit, nunquam ab ea divinitas ipsa recessit. Unde et cum ad corpus remeavit, semper cum ea permansit, quare et tunc et nunc et usque in æternum et homo et Deus erit.

MOYSES. Satis reor quia sic credas, sed restat adhuc unum de quo mihi volo respondeas. Cum enim non ob aliam causam quam ut filios Adam de diaboli jugo eriperet carnem susceperit, postquam, ut dicis, illud complevit, ut voluit, quare iterum corporis se gravitate impedivit?

PETRUS. Corpus quidem Christi subtile fuit, et ab omni peccato mundissimum (*Isai.* liii; *I Petr.* ii). Neque enim vel primi parentis Adæ, vel ex seipso aliquod contraxit peccatum, et cum tale fuerit, nunquid mori debuit, cum et Adam, nonnisi propter peccatum obierit, et præterea cum in eo deitas habitaverit?

MOYSES. Non.

PETRUS. Cum ergo nullam ob culpam, quam admisisset, imo pro salvandis suis solummodo mortem suscepit, nunquid non merito resuscitari debuit?

MOYSES. Ordo sane rationis sic exigit. Sed cur adeo suscitari festinavit, et non quousque boni qui mortui sunt, alii suscitentur in fine mundi (*I Cor.* xv; *Matth.* xxv), exspectavit?

PETRUS. Alii namque mortui peccata in mundo

isto plura commiserunt, quin et pro Adæ delicto mortem, pœnam scilicet peccati, susceperunt, ideoque quousque Deo placuerit suscitari non poterunt, ille autem nec Adæ, nec aliud, ut diximus, peccatum habuit, imo sponte sua, et pro nostra redemptione, die quidem una occubuit, alia vero ad infernum, ut inde bonos educeret, ipse descendit. Cum ergo omnia propter quæ venerat jam complesset, nec foret ulterius, ut ita dicam, quod facturus esset, merito die tertia resurrexit. Præterea etiam Enoch et Elias, quia sancti viri ac digni fuerunt, sicut credimus et nos et vos, adhuc vivunt (*Gen.* v; *IV Reg.* II), et licet in fine mundi morituri, statim tamen propter sanctitatem suam resurrecturi sunt. Quod cum ita sit, corpus Christi quod, sanctissimum omnium et a peccato mundissimum fuit, statim ut voluit suscitari non debuit? Ideo etiam eum suscitari necesse fuit, ut sicut per mortem suam descendens ad inferos de jure diaboli mortuos liberavit, ita et per resurrectionem suam de ejusdem diaboli manu, venturos liberaret, quia cum eum resurrexisse audiunt, credunt, et de jugo ipsius ita exeunt.

Moyses. Ratio est quod dicis. Sed posses tu aliqua prophetarum auctoritate quod suscitari deberet ostendere?

Petrus. Possum utique. Dicit namque David in psalmo : *Dies super dies regis adjicies, annos ejus usque in diem generationis et generationis* (*Psal.* LX). De quo etiam rege ista nisi de Christo dici potuit prophetia? Per dies quippe regis, definitum tempus quo ante passionem Christus in mundo vixit, notari Propheta voluit; per dies autem quos super dies regis adjiciendos esse dixit, quos et sine determinatione posuit, tempus post ejus resurrectionem intellexit, quod et fine cariturum esse signavit, cum addidit, *annos ejus usque in diem generationis et generationis*. In Isaia quoque legitur : *Nunc consurgam, dicit Dominus, nunc exaltabor, nunc sublevabor* (*Isa.* XXXIII). Et hic tria Dominus intelligi voluit. Quod etiam ait : *Nunc consurgam*, de resurrectione sui corporis, de morte dixit, quod autem sequitur : *Nunc exaltabor*, de ascensu suo in cœlum intulit, tertium vero, quod est : *Nunc sublevabor*, de exaltatione et gloria in se credentium addidit.

Moyses. Quandoquidem de ascensione mentionem fecisti, et ego jamdudum de hoc quærere disposui, nunc de eo, si placet, qualiter factum credas mihi postulo responderi. Prohibet namque ratio ponderosam rem super levem vel ascendere vel sustineri.

Petrus. Fides profecto mea est quod in cœlum ascenderit, credo etiam quia suæ virtus omnipotentiæ tanta sit quod quocumque modo factum fuerit, possibile fuit esse ut placuit. Quod si inde cum fideli aliquo agerem, aliud sane non responderem. Quia vero tu incredulus es, et nil nisi grossum quid, et quod quasi palpari possit intelligis, ideo aliquantulum grossius tibi respondebo, et quia per hoc boni aliquid crediturum te esse desidero.

Moyses. Ut sic facias expostulo.

Petrus. Nosti itaque quod anser et gallina, passer et alauda de quatuor elementis omnes facti sunt, et alas habent?

Moyses. Utique novi.

Petrus. Dic ergo passer et alauda cur adeo sursum volando ascendunt, anser autem et gallina similiter facere non possunt?

Moyses. Quia et illi sunt parvi corporis, et ideo leviores, et isti majores, et propter hoc ponderosiores.

Petrus. Si ex quantitate levitas provenit, quare vultur vel aquila cum omnibus his major sit, sublimius omnibus volando conscendit?

Moyses. Quia de elementis subtilius compositum est corpus.

Petrus. Et licet leve sit et subtile, quid est quod corpus illud sursum facit condescendere?

Moyses. Procul dubio spiritus, sine quo non solum non volare, sed nec moveri posset ullatenus.

Petrus. Cum igitur Christi corpus post resurrectionem levissimum et subtilissimum fuerit, quippe cum in morte omnem ponderositatem et spissitudinem amiserit, cujus rei argumentum est quod ulterius nec cibo nec potu indiguit; cum, inquam, tale fuerit, et spiritum, id est animam secum habuerit, et præterea deitatem, quæ omnibus carnis spiritibus Moyse attestante dominatur et præcellit, nunquid non in cœlum, cum placuit, ascendere potuit? Item de Elia, cujus corpus nullam per mortem subtilitatem suscepit, et tamen coram discipulo suo Eliseo in altum ascendit, quomodo credis rationabiliter et secundum physicam factum fuit?

Moyses. Elias sane multum jejunavit, et parum comedit, unde et corpus suum levitatem et subtilitatem tantam accepit, quod usque in aerem conscendere potuit, ubi etiam et angeli eum acceperunt, et quo Deo placuit deportaverunt (*IV Reg.* II, IV).

Petrus. Cum ergo corpus Christi et per mortem subtile factum sit, et per hoc quod post resurrectionem necessitate aliqua nec manducavit nec bibit, quin et deitatis plenitudinem, quæ super angelos est in se habuerit, cur, sicut diximus, conscendere in cœlum nequivit? Sed et ratio est quod ascenderit. Si enim locum, in quo Moyses stabat cum sibi in rubo apparuit Dominus propter vicinitatem suam horæ unius sanctum Dominus appellat et propter ejus sanctitatem Moysi imperat; ut sua calceamenta solvat, dicens : *Solve calceamentum de pedibus tuis; locus enim in quo stas terra sancta est* (*Exod.* III), corpus Christi in quo divinitatis plenitudo non momentaneo, sed perenniter habitavit, nunquid in sordibus mundi hujus post resurrectionem remanere debuit? Imo justa, ut diximus, ratione, eum deseruit, sursumque in cœlum conscendit.

Moyses. Aperta quidem ratione hoc probasti, et

bona similia induxisti. Sed poterit aliqua de ascensu ejus in prophetis auctoritas inveniri?

PETRUS. Poterit utique. In Genesi namque legimus Dominum super hoc locutum fuisse ad Abraham, licet occulte. Scriptum enim est : *Et produxit illum foras, et dixit illi : Aspice in cœlum et numera stellas, si poteris dinumerare illas. Et dixit : Sic erit semen tuum. Et credidit Abraham Deo, et æstimatum est illi ad justitiam (Gen. xv)*. Sed dic, o Moyses, quid est quod ait, *produxit illum foras?* Quare enim hoc fecit? Nunquid intus ut foris Abraham non sciebat, quod stellas numerare non poterat? Vel nunquid Deus si vellet intus ei ut foris quod dixit dicere non valeret? Item, cum ait, *sic erit semen tuum*, quare non dixit, faciam semen tuum sicut stellas cœli, si potest quis dinumerare stellas cœli, et semen tuum dinumerabitur, quemadmodum et alibi dicit : *Faciam semen tuum tanquam arenam maris, si potest quis dinumerare arenam maris, et semen tuum dinumerabitur?*

MOYSES. In hoc certe aliud nescio, nisi quia sic dicere placuit Deo.

PETRUS. Sermonem quippe volo totum intelligas, et quod verbum aliquod temere Scriptura non posuit scias. Quod itaque scriptum est, *produxit illum foras*, duabus de causis a Domino factum est. Una quidem, ut ei cœli locum ostenderet, quod per hoc designatur, quod est *aspice cœlum (Gen. v)*. Altera vero ut stellarum multitudinem, et hoc est quod dicit, *numera stellas, si poteris dinumerare illas*. Quod autem sequitur : *sic erit semen tuum*, in Hebraico quidem ponitur tale verbum quod in Latino *et huc* reddit *et sic*, eo scilicet quod et locum et similitudinem significat. Si enim tale ponere vellet, quod locum tantummodo significaret, הנה, henna, utique diceret : si vero tale quod solum sic redderet, כה, cacha, posuisset. Per hoc igitur quod ibi כה, co posuit, notari voluit et locum, in quo futurum erat Abrahæ semen, Christus videlicet post suam ascensionem, et ipsius seminis multitudinem.

MOYSES. Illud scio ego quod co Hebraice, Latine *sic* reddat, sed nusquam puto *locum* significat.

PETRUS. Facit utique : In Exodo namque legitur de Moyse quod *vidit virum Ægyptium percutientem quemdam de Hebræis fratribus suis. Cumque circumspexisset huc atque illuc, nullumque adesse vidisset, percussum Ægyptium abscondit sabulo (Exod. II)*. Ubi enim *huc atque illuc* ponitur, in Hebraico quidem invenies *co et co*. Sed ad hujus sententiæ confirmationem sequitur in eodem : *Credidit Abraham Deo, et æstimatum est illi ad justitiam (Gen. xv)*. Quare enim in hac promissione *credidit Abraham Deo* plus quam in aliis promissionibus quæ sibi factæ sunt a Deo?

MOYSES. In omnibus profecto credidit, qui incredulus nunquam fuit.

PETRUS. Et quare in singulis promissionibus non dicit Scriptura quia *credidit Deo*, sicut hic; vel cum semper credulus fuerit, cur sicut in aliis super hoc tacuit, similiter non tacuit et hic?

MOYSES. Nescio, sed sic dicit.

PETRUS. Nunquid non supra diximus, quod verbum aliquod temere Scriptura non posuit?

MOYSES. Dic ergo tu, quare hoc dixerit.

PETRUS. Profecto quia contra usum erat et incredibilis illa promissio, de ascensu seminis sui in cœlum, ideo additur ad ostendendam ejus sanctitatem : *Credidit Abraham Deo*. Quia vero, cum non foret mirum si dubitaret, non tamen dubitavit, sed credidit, ideo sequitur, *et æstimatum est illi ad justitiam*. Sed et David in psalmo de Christi ascensu loquitur, cum refert quod de semine suo a Domino promittitur : *Semen*, inquit, *ejus in æternum manebit, et thronus ejus sicut sol in conspectu meo, et sicut luna perfecta in æternum, et testis in cœlo fidelis, semper (Psal. LXXXVIII)*. Hæc autem promissio fuitne facta propter aliquem de semine David præter Christum, an de Christo solum?

MOYSES. Cum mihi nullum surgat proficuum ex contradicendo, revera propter Christum factam fuisse non abnego. Inde enim argumentum est quod promissionem illam, quæ David a Domino facta est, de semine suo alio quam de Christo comitatur semper conditio, sicut in libro Regum invenimus tertio, quod David, cum jam appropinquarent dies mortis suæ, castigans Salomonem filium, inquit ad eum : *Confortare et esto vir*, etc., statimque causam cur eum castigaret, adjunxit, dicens : *Si custodierint filii tui viam meam, et ambulaverint coram me in veritate in toto corde suo, et in omni anima sua, non auferetur tibi vir de solio Israel (III Reg. II)*. Promissio autem illa, quæ sibi de Christo est facta, etsi filii tui peccarent utique punirentur, sed tamen promittitur esse complenda, sicut in eodem legitur psalmo: *Si autem dereliquerint filii ejus legem meam, et in judiciis meis non ambulaverint, si justitias meas profanaverint, et mandata mea non custodierint, visitabo in virga iniquitates eorum, et in verberibus peccata eorum; misericordiam autem meam non dispergam ab eo, et quæ procedunt de labiis meis, non faciam irrita (Psal. LXXXVIII)*.

PETRUS. Bene dixisti, et bene Scripturas intelligere te demonstrasti, et contrarium nullum posuisti. Sed Christus quomodo *in æternum manebit*, nisi Deus erit, *et thronus ejus sicut sol vel luna in conspectu Domini erit, et ipse testis in cœlo fidelis semper*, nisi in cœlo sit? Christum itaque Psalmista in cœlum fore ascensurum designavit. Hoc autem facere quisquam ut credimus non posset, nisi et Deus et homo esset.

MOYSES. Sermonis profecto mihi videtur sic exigit ordo.

PETRUS. Item David alibi in psalmo de eodem : *Exsurge, gloria mea, exsurge, psalterium et cithara, exsurgam diluculo. Exaltare super cœlos, Deus, et super omnem terram gloria tua (Psal. LVI)*. Hic quippe David et Christi resurrectionem insinuat, et ascensionem, et quædam alia. Quod enim ait : *Exsurge, gloria mea*, Christi resurrectionem designat. Ac si diceret : Exsurget de morte Christus qui est gloria mea. Illud autem quod est : *Exsurge, psalterium et cithara*, propter gaudium intulit, et lætitiam quæ ex Christi resurrectione fuerant proventura, quæ bene per psalterium designantur, et citharam, cum tempore prosperitatis et lætitiæ, hujusmodi exerceantur instrumenta. Ac si diceret: Christo resurgente, omne cum eo gaudium exsurget atque lætitia. Per tertium vero quod est : *Exsurgam diluculo*, ubi supplendum est *in diluculo*, notatur quia ipse David de tenebris inferni eripiendus erat resurgente Christo. Sic namque hic per diluculum intelligimus lucem, sicut multis in locis per nomen quod est vesper, tenebras intelligere solemus et noctem. Ac si aperte diceret : Christo resurgente, exsurgam et ego de tenebris cum eo in gloria et magna luce. Quartum autem quod dixit : *Exaltare super cœlos, Deus, et super omnem terram gloria tua*, de exaltatione et ascensu Christi in cœlum addidit, de quo ascensu per totum sibi mundum provenire debebat gloria. Quasi diceret : Exaltaberis super cœlos et ascendes, et inde tibi per totam terram accumulabitur gloria. Quod vero dixit, *Deus*, necessario de Christo intelligimus, qui et homo fuit et Deus. Purus enim Deus cum nec de loco ad locum moveatur, procul dubio nec descendit, nec ascendit aut exaltatur.

Moyses. Sufficit, fateor quod de ascensu dixisti. Sed in tuæ fidei expositione adhuc unum tetigisti, videlicet quod vivos judicare et mortuos venturus sit in die judicii. Cujus rei nec argumentum nec rationem expostulo. Si enim, ut creditis, et Deus est et homo, satis eum judicem etiam mundi esse concedo. Sed habes tu aliquam de Scriptura auctoritatem super eo?

Petrus. Utique habeo. Sic namque legimus in Danielis libro : *Aspiciebam donec throni positi sunt, et Antiquus dierum sedit* (Dan. vii). Et postea in eodem : *Judicium sedit, et libri aperti sunt.* Deinde etiam in eadem visione : *Aspiciebam ergo*, inquit, *in visione noctis, et ecce cum nubibus cœli quasi Filius hominis veniebat, et usque ad Antiquum dierum pervenit, in conspectu ejus obtulerunt eum, et dedit ei potestatem, et honorem, et regnum, et omnes populi, tribus et linguæ servient ei. Potestas ejus potestas æterna quæ non auferetur, et regnum ejus non corrumpetur* (ibid.). Antiquus quippe dierum qui sedit, Deus Pater est. Per hoc vero quod dixit : *Judicium sedit, et libri aperti sunt*, judicium designatur, quod in fine mundi est futurum, in quo quasi in libris scripta discutientur merita singulorum (Matth. xxv). Qui autem cum nubibus cœli veniebat, Christus est, qui recte non Filius hominis absolute, sed *quasi Filius hominis* dicitur, quia non de Patre carnali et matre, imo de virgine et Deo Patre natus est. Per hoc vero quod parato judicio, et apertis libris, *Antiquus dierum ei potestatem, et honorem, et regnum dedit, et omnium populorum, tribuum ac linguarum* servitutem ipsi promittit, patet profecto, quia judicium omnium in mundi consummatione sibi concessum sit. Per hoc etiam quod est, *potestas ejus æterna quæ non auferetur, et regnum ejus quod non corrumpetur*, quod tantum ad regnum divinum pertinet, et per illud quod præcedit, *quasi Filius hominis veniebat*, procul dubio innuitur, quod ille cui judicium ac regnum tale dabatur, Christus est, qui et Deus, ut diximus, et homo futurus erat. Concedat autem tibi, amice, Dominus, ut tu in judicio illo eorum qui in parte dextera collocandi sunt (ibid.), sit unus. Amen.

TITULUS XII.
Quod lex Christianorum legi Moysi non est contraria.

Moyses. Hactenus de singulis tuæ crudelitatis partibus sufficienter disputatum est, sed in disputationis exordio unum adhuc dixisti, videlicet quod hora baptismatis tui apostolos credidisti de qua credulitate quid sit mihi postulo responderi, utrum scilicet eos bonos, et sanctos credas tantummodo viros exstitisse, vel quod prædicarunt verum fuisse, et quod ipsi crediderunt te etiam credere.

Petrus. Utrumque profecto credo ego, et eos sanctos fuisse, et verum per omnia prædicasse, et quod prædicarunt, operor pro meo posse.

Moyses. Jam in laqueum decidisti, de quo non poteris expediri. Cum enim in principio de lege quæsissem Moysi, si eam ut ab ipso data est observares, quam transgressus esse videbaris mihi, tu quidem eam te complere, veraciter observare, et per rectissimas ejus semitas recto gressu incedere respondisti. Ille etiam quem Christum dicitis, eam per omnia conservavit, sicut testatur ipse cum dicit : *Quia legem non solvere, sed adimplere veni* (Matth. v). Apostoli autem quos te asseris credidisse, eam dissolverunt, et præceptis ejus alia contraria præceperunt (Gal. iv). Quare, cum eorum illud dicis, unum quid et ejus contrarium credere videris.

Petrus. Apostoli sane veri discipuli Christi fuerunt, et quidquid prædicarunt per Christum utique fecerunt, et legem Moysi non solverunt, sed adimplerunt.

Moyses. Et quomodo scire poterimus quod per Christum illam prædicarunt, cum notum sit quod nullam nisi post mortem ejus prædicationem fecerunt?

Petrus. Quomodo autem inde possemus dubitare, cum sciamus eos nihil aliud quam Christum et præcepta ejus prædicasse? Quod enim et eum et ejus præcepta prædicarunt, argumentum est quod ipsi ut ejus fidem dilatarent, diversas et longinquas terras nudipedes petierunt, sitim, famem, nuditatem, frigus simul et calorem, angustiam et laborem, flagra et occisionem ob ejus confessionem fere omnes pertulerunt. Nam quomodo hæc pro eo potuissent sustinere, et præceptis ejus contrarii vel inobedientes existere?

Moyses. Si, ut dicis, nec a Christo dissenserunt

APOSTOLI, nec Christus in aliquo a lege Moysi, cur ergo Moysi contrarii fuerunt apostoli?

PETRUS. Et in quo invenientur contrarii?

MOYSES. In cunctis.

PETRUS. Nimium dixisti. Ipsi enim jejunium, eleemosynam ac misericordiam prædicarunt, Deum super omnia et proximum ut se diligi præceperunt, homicidia, fornicationes, furta, testimonia falsa, invidiam, et alia vitia quæ ratio abhorret, et Moyses prohibet, ipsi etiam prohibuerunt (*Ephes.* v; *Rom.* vi). Quomodo ergo dicis quia Moysi in cunctis contrarii fuerunt?

MOYSES. Si in supradictis Moysi consenserunt, quare in quibusdam aliis ab eodem discordarunt?

PETRUS. In quibus?

MOYSES. Primum est quod circumcisionem, quam et Abrahæ et Moysi Deus præcepit, et Christus etiam quem dicitis circumcisus fuit, apostoli postposuerunt, quin et fieri prohibuerunt (*Gal.* v).

PETRUS. Prius de hac circumcisione quare et ad quam utilitatem præcepta sit intueri debemus, et tunc justum an injustum sit quod apostoli fecerunt, melius agnoscemus.

MOYSES. Placet.

PETRUS. Dic tu ergo, circumcisio illa quam utilitatem credis poterat afferre, vel quare fieri præcepta est octava die? (*Gen.* xvii; *Levit.* xii.)

MOYSES. De octava profecto die causam nullam nisi placitum Dei scio. Utilitatem autem afferebat, quia salvationis erat occasio.

PETRUS. Ex verbis igitur tuis perpenditur quod quilibet quavis die circumcisus sit salvabitur, et ita incassum et absque proficuo die octava fieri jubetur. Sed et aliud quærere placet. Circumcisio illa utrum aliæ re ad salvationem indiget, vel ipsa sola salvatione conferre valet?

MOYSES. Alia utique indiget, quia ad salvationem perfectam, præter circumcisionem, legem Moysi compleri oportet, et modum quo fiat potes audire, si placet. Si enim quis et circumcisus fuerit, et legem totam fideliter custodierit, procul dubio salvus erit. Si vero circumcisus erit, et legem in quibusdam non observare præsumpserit, supplicia quidem pro transgressione sustinebit, sed inde tamen ad salvationem transibit. Quod si totam legem servaverit, circumcisus autem non fuerit, per nulla, quæ patiatur supplicia salvari ullatenus poterit.

PETRUS. Unde vobis hujusmodi credulitas venit, cum nec Abrahæ nec Moysi Deus illud unquam promiserit, nec propheta ullus hoc unquam dixerit?

MOYSES. Nos illud quippe intelligimus ex verbis quæ ad Abraham dicit Dominus: *Masculus*, inquit, *qui non circumcidetur carne præputii sui, disperiet anima illa de genere suo* (*Gen.* xvii). Per hoc enim innuitur quod qui circumcisus fuerit non peribit, imo salvabitur.

PETRUS. Secundum hujus auctoritatis tuæ explanationem, ille, qui decima septimi mensis die non jejunaverit, licet circumcisus sit, nullam tamen habebit salvationem. Sic enim scriptum est in Levitico: *Omnis anima quæ afflicta non fuerit die hoc, peribit de populis suis* (*Lev.* xxiii). Quod, si propter hoc peribit, circumcisio procul dubio non valebit.

MOYSES. Hoc certe videtur ratio.

PETRUS. Quid ergo dicis de Adam, Seth, Enoch, Mathusale, Noe et filio ejus Sem, et aliis multis quos nequaquam circumcisos, et tamen fuisse credimus salvatos?

MOYSES. Siquidem, antequam circumcisio præciperetur, fuerunt, et ideo sine ea salvari potuerunt.

PETRUS. Et quid dices de Job et sociis ejus, qui post circumcisionis præceptum exstiterunt, et licet incircumcisi tamen salvi fuerunt?

MOYSES. Quippe de gente illa non fuerunt, cui datum erat circumcisionis præceptum.

PETRUS. Quid itaque prædictos omnes fecit salvos?

MOYSES. Nescio revera, sed puto quia bona fides sua, et quibus utebantur sacrificia.

PETRUS. Quid igitur dicis de Ismael, cui præcepta est circumcisio, lex non, et cujus progenies usque hodie circumciditur? Nunquid enim per circumcisionem illam salvantur? Sed dices quia sic, tunc sola circumcisio confert salutem, absque legis Moysi complemento. Si vero dices non, tibi ipsi contrarius eris, cum superius dixeris, circumcisionem causam esse salvationis.

MOYSES. Ratio est quod dicis.

PETRUS. Quid item judicabis de mulieribus Judaicis quæ nequeunt circumcidi, et tamen credentur salvari?

MOYSES. Ideo quidem salvantur, quod de hominibus circumcisis nascuntur.

PETRUS. Quid ergo de Sara et Rebecca, Rachel et Lia, et uxore Moysi Sephora, quæ Madianitidis fuit, et Ruth, quæ et omnes, ut credimus, salvæ sunt, et tamen de Judæis natæ non fuerunt? Si enim salvæ futuræ non essent, utique viri sui, qui et sancti et prophetæ erant, eas pro uxoribus non haberent, aut in eis filios generarent.

MOYSES. De hoc sane tibi dare nescio ego responsum, quod mihi nunquam fuit ostensum. Tu autem mihi, si nosti, circumcisionis pande proficuum.

PETRUS. Circumcisio profecto propter hoc data fuit, ut gens Domini ab aliis gentibus discerni posset et agnosci. Ad cujus etiam gentis majorem discretionem, præceptum est et aliud, videlicet ne quis de alia tribu duceret uxorem (*Num.* xxxvi). Et hoc quidem totum præceptum est, quia de semine Abrahæ et lege Moysi, et tribu Juda, Christus venturus erat, ut videlicet, cum veniret, posset agnosci, quia ipse esset, et ne de alia natione quis surgeret, qui Christum esse se diceret, et sic in errorem mundum dimitteret. Et quod ad gentis discretionem, mandata fuerit circumcisio, non, ut dixisti, ad salvationem duo sane habemus argumenta. Unum quidem quod præceptum esset, fieri octava die, et non antea propter hoc quod nec ante octavam diem puer a matre separatur, nec formido ulla habetur, quod aliis commisceatur, die autem octava qua de illa pollutione mundari mulier ac lavari præcipitur, priusquam hoc faciat, puer circumciditur, ne remota matre cambiatur, seu alius commisceatur (*Lev. xii*). Aliud vero quod quadraginta annis, quibus in deserto filii Israel morati sunt, omnes qui ibidem nati sunt circumcisi non fuerunt, ex quo autem ad terram habitabilem venerunt, ne aliis gentibus miscerentur, statim per Josue a Domino circumcidi jussi sunt, sicut invenium qui ipsius Josue librum legunt (*Jos. v*). Quod autem circumcisionem, salvationis causam esse dixisti, utique circumcisio tantum causa non fuit ejus rei, imo etiam fides bona, sacrificia atque opera recta, et post datam circumcisionem, et antea, sicut patet in Adam, Seth, Enoch, Mathusale, Noe et Sem, Job et sociis ejus atque Judaicis mulieribus, qui omnes sine circumcisione, fide recta salvati sunt, ac bonis operibus. Quin etiam nullum prædictorum salvationis generum salutem conferebat, nisi eis tantum qui discretionem habentes, Christi credebant adventum, et se salvari posse non credebant, nisi per eum. Cum vero Christus salvator scilicet quem exspectabant advenit, ut Moysi legem compleret, circumcidi se voluit, et ut etiam per hoc patesceret quod de semine Abrahæ, et lege Moysi, et tribu Juda, sicut prædiximus, venire deberet. Completis ergo omnibus propter quæ circumcisio data fuit, jam nemo ulterius circumcisione, quia nec generis aliqua discretione indiguit (*Col. iii*). Quisquis enim ad legem Christi se conferens, cujuscunque generis ac linguæ sit, fidelis tantum esse velit, cæteris Christianis par existit. Præterea, postquam baptismus venit, cum ipse generalis salvatio virorum ac mulierum sit, jam ultra circumcisio ad salvationem necessaria non fuit. Quoniam igitur modis omnibus ostensum est circumcisionem post Christi adventum necessariam non esse, ideo patenter agnoscere potes, cur eam apostoli nequaquam fieri præcepere.

Moyses. Et si eam non præceperunt, quare etiam fieri prohibuerunt?

Petrus. Ideo utique fecere, ne reputarent homines ut baptismum ita et circumcisionem salvationem conferre, vel circumcisionem, salvationem una cum ipso baptismate, et ita in errorem deciderent, sicut Nestoriani et Jacobitæ, qui nullum hominem salvari posse putant, nisi per utrumque, et sicut vosipsi quisquis hodie de externa progenie ad legem vestram volueritis converti, si vir sit primum circumcidi, et postea præcipitis baptizari, si vero femina, tantum baptizari.

Moyses. Ex istis tuis innuitur sermonibus quod nos non nisi post Christi adventum baptismum fecerimus, quasi ab ipso illum Christo addidicissemus.

Petrus. Si ab ipso non, a quo ergo addidicistis?

Moyses. A Moyse.

Petrus. Falsum est. Et inde duo habemus argumenta, unum, quod cum Dominus Moysi de extraneis præceptum daret, dicens: *Si quis peregrinorum in vestram voluerit transire coloniam, et facere Phase Domini, circumcidetur prius omne masculinum ejus, et tunc rite celebrabit, eritque sicut indigena terræ* (*Exod. xii*). Utique, si baptismus tunc necessarius esset, ipsum sicut et circumcisionem præciperet, et cum nec hic ubi præcipue, si verum esset quod dicis, deberet, nec usquam alibi inde mentionem fecerit Moyses, vos illum ab eo addidicisse nullatenus approbare potes. Aliud vero argumentum est, quod doctores vestri, illi quidem qui ante Christum fuerunt nunquam de baptismo illo quidquam locuti sunt, per quod illum a Moyse vos non accepisse ostendunt. Qui vero post Christi adventum fuerunt, baptismum ab ipso didicerunt et ita eum circumcisioni commiscentes, in errorem populum dimiserunt.

Moyses. De circumcisione quod placet respondisti. Sed quid dices modo de die Sabbati, quem et multis in locis Dominus per Moysen præcepit observari, et per seipsum loquens ad filios Israel de monte Sinai, et cujus observationis præceptum in tabulis lapideis fuit scriptum ita: *Memento*, inquit Deus, *ut diem Sabbati sanctifices?* (*Exod. xx; Deut. v*.) Et causam subdit in sequentibus, dicens: *Sex enim diebus fecit Deus cœlum et terram et mare, et omnia quæ in eis sunt, et requievit in die septimo. Idcirco benedixit Dominus diem Sabbati, et sanctificavit eum* (*ibid.*), et præterea lapidare præcepit, qui non observaverit illum (*Num xv*). Apostoli autem eum respuerunt, et diem alium observari præceperunt.

Petrus. Sane quod diem illum Dominus observari præcepit, in exordii mundi memoriam, sicut dixisti, et rei cujusdam alterius quæ ventura erat signum fecit.

Moyses. Et quæ erat res illa ventura.

Petrus. Adventus Christi, qui omnia opera sua quæ in mundo vivens patravit, sexto die, id est die Veneris complevit, quando pro nobis mortem suscepit. Die autem septimo, id est die Sabbati requievit, quin et omnes qui ante mortem suam in se credentes obierunt, secum ab inferni doloribus requiescere fecit. Completo autem illo cujus observatio Sabbati signum fuit, jam illud ultra observari necesse non fuit.

Moyses. Secundum verba tua, si observatio Sabbati, ejus quam dicis rei signum fuit, completa illa, multo magis observari debuit, tum ob memoriam mundi exordii, tum ob sanctorum requiem a doloribus inferni.

Petrus. Non est, utique res ut tu reris. Parentes enim vestri, qui ante adventum fuerunt Christi, diem observarunt Sabbati, et ob memoriam, ut dictum est, mundi exordii, et quia eadem die per

Christum se requiescere debere credebant, a doloribus inferni. Post resurrectionem vero Christi, quæ causa fuit Christianæ credulitatis, et credulitas causa salvationis, quamvis ex morte Christi provenerit salvatio omnis, sed absque credulitate nihil contulit utilitatis; post resurrectionem, inquam, Christi jam omnibus in eum credentibus Sabbatum observare necessarium non fuit, imo diem Dominicam, diem scilicet resurrectionis, quæ suæ salvationis causa exstitit.

Moyses. Et quare non observaverunt utrumque Sabbatum, videlicet ob memoriam mundi originis, diem vero alteram ob memoriam suæ salvationis?

Petrus. Quod ob memoriam originis mundi Sabbatum diximus observari, profecto observatum est, propter rerum creationem, quæ tunc completa fuit, sicut scriptum est: *Complevitque Deus die septimo opus suum quod fecerat, et requievit ab omni opere quod patrarat* (Gen. 1). Quia vero eadem dies damnationis animarum prima exstitit, et hoc quidem per Adam, qui in præcedentis diei vespere hora, videlicet duodecima, peccavit, quare de gloria in damnationem decidit, postquam per Christi resurrectionem salvatio animarum venit, jam amplius damnationis dies celebrari non debuit, imo illa, quæ salvationis exordium fuit. Et hoc per exemplum tibi si placet ostendere possum. Rex enim quidam civitatem quamdam fecit, in qua ædificia pretiosa fundavit, virgulta et vineas circumquaque plantavit, et per mediam illam hac illacque aquarum rivos deduxit, quin et omnium deliciarum fertilem redundantemque patravit, adversus quam rex gentis cujusdam cœpit belligerari, unde quotiescunque aliquis de ea exibat paratus erat hostis ille, et insidians eum capiebat, et in tenebrosum carcerem detrudebat. Rex autem ille qui civitatem condiderat, ejus incolis venturum esse tempus promittebat, quo eos de hoste illo liberare decreverat. Nullum autem alium ab eis censum vel remunerationem exigebat, nisi ut diem illum celeberrimum colerent, quo civitas perfecta fuerat, et ob hoc etiam quod eadem die, de hoste prædicto eos liberaturus erat, qui eam diu celebrarunt, sicut rex eis præceperat. Transacto autem nonnullo temporis spatio, super eos misericordiam atque pietatem habuit, et eos de illa captivatione præsentialiter liberare disposuit, filium igitur suum misit. Qui, devicto hoste, de ejus manu captivos emisit. Liberatis itaque de jugo inimici rex prædictus taliter urbem ordinavit, quod nequaquam amplius illius captivationem inimici formidare oportuit. Sed dic, o Moyses, utra dies potius debuit celebrari, vel illa qua civitas peracta est, sed plebs in manum decidit inimici, vel illa qua taliter ordinata est, quod amplius ab illo hoste non timuit captivari?

Moyses. Dies procul dubio illa, quæ ordinata est ejusmodi.

Petrus. Eadem sane ratione diem Dominicam debemus nos celebrare, propter resurrectionem Christi, quæ, sicut diximus, et credulitatis fuit causa, salvationis præcipuæ, quia quicunque ante mortem Christi in ipsum credentes obiere, utique ipso moriente salvati sunt, sed inferni tenebras prius subiere. Qui vero post resurrectionem crediderunt, et per mortem ejus salvantur, et tamen tartara nescierunt. Hæc igitur causa est, quare eam apostoli summopere observari præceperunt, et Sabbatum non, licet Dominus noster Christus ipsum observaverit, sed hoc nequaquam nisi ut legem Moysi compleret, et quia nondum venerat dies resurrectionis quam servaret.

Moyses. Et quid de Phase dices festivitate, quam præcepit Dominus observare, et in ea agnum immolare, ipsumque cum pane azymo et amaris herbis comedere (*Exod.* xii), quod totum apostoli dimisere, et aliud festum præceperunt, et alio ordine cum Christus (quem dicitis), quoad vixit, nunquam illud, quoad apostoli præceperunt, voluerit celebrare?

Petrus. In primis sane, o Moyses, diligenter debemus inspicere ritus, et causas rituum, quibus in Ægypto fieri præceptum est Phase, et quare postea vice altera præceptum est in solitudine (*Lev.* xxiii; *Num.* xviii). Quod cum fecerimus, profecto videbimus utrum post mortem Christi festivitatem Phase celebrare, vel non debeamus.

Moyses. Placet.

Petrus. Ii nempe ritus et religiones illius sunt. Decima die mensis est præceptus agnus vel hædus tolli, et usque in quartam decimam diem servari. Quem etiam masculum esse præceptum est ac juvenem, et absque infirmitate omni, et illum ab omni multitudine filiorum Israel quarta decima die inter duo vespera immolari, ac de ejus sanguine super utrumque postem et super liminaria domorum poni, et hoc in domibus tantum illis, in quibus debebat manducari, quin et carnes ejus non crudas vel aqua coctas, sed igni tantum assas comedi, integer etiam et totus cum capite et pedibus et intestinis jussus est igni coqui, noctuque et festinanter comedi, et os illius non confringi, et sic cum azymo pane et amaris herbis manducari (*Exod.* xii).

Moyses. Profecto ita est ut dixisti.

Petrus. Dic ergo quibus de causis præcepti sunt ritus isti.

Moyses. Nescio, sed sic voluit Dominus fieri. De sanguine autem scio, quod super utrumque domorum postem, et super liminaria ideo poni præceptus est, ut veniens malignus angelus, domum illo infectam sanguine pertransiret.

Petrus. Nonne tibi sæpius supra dixi, quod verbum aliquod temere nunquam exierit ab ore Domini.

Moyses. Dic tu ergo. Quare observari jussi sunt ritus illi?

Petrus. Agnus nempe ille Ægypti, atque ritus sui figura et similitudo fuerunt Agni Dei, qui immolandus erat, id est Christi. Sicut enim per agnum illum de manu angeli qui corpora occidebat servati sunt fideles Domini, ita et per Christum credentes in se, de diabolo, qui animas damnabat erant redimendi, et fuit Agnus ille quasi annuntians illum qui venturus erat post se.

Moyses. De agno quidem quod placet respondisti, sed prædictos ritus agni quomodo poteris applicare ad Christum, quem vocas Agnum Dei ?

Petrus. Nam, sicut agnus ille die mensis decima tolli præceptus est, et usque in quartam decimam conservari (*Exod.* xii), sic et die mensis decima, die scilicet lunæ, de observando Christo consilium acceperunt doctores vestri (*Joan.* xi). Die siquidem Dominica præcedenti Hierusalem, ut ibi Phase celebraret, Christus venit, quem cum lætitia et pompa magna et honore plebs tota suscepit, unde doctorum invidia ac malevolentia major crevit, et de ipso observando atque occidendo die crastina alter cum altero consilium cœpit (*Matth.* xxi; *Joan.* xii; *Marc.* xi; *Luc.* xix). Illud autem consilium usque in quartam decimam diem tectum et celatum fuit. Et sicut agnus ille masculus esse, ac juvenis esse præceptus est, ac sine infirmitate omni, ita Christus et masculus, et juvenis, et omni infirmitate, id est peccato carens fuit (*I Petr.* ii). Quod autem hostia illa de ove vel capra accipi præcepta est, et non de vacca, licet de animalibus illis vacca sit de quibus fieri sacrificium in lege præceptum fuit, propter hoc factum est quod ovis vel capra cum capitur non repugnat sicut vacca facit. Et signum etiam fuit, quod Christus cum captus est non restitit, nec se ut posset defendit. Quod vero ab omni multitudine filiorum Israel jussus est immolari, cum singulariter de uno præceptum sit, licet non omnes unum, sed unusquisque per domos et familias suum immolarit, designavit quod omnis Judæorum multitudo Christum occidit. Licet enim non omnis adfuit, omnis tamen assensum præbuit. Quia vero die quarta decima, et inter duo vespera, videndum est quæ sint duo diei vespera. Et unum quidem est, cum sol a medio cœli puncto descendere incipit, alterum vero, cum ante noctem ex toto occidit. Et Christus ei die quarta decima et inter duo diei ejusdem vespera id est hora nona ut vosipsi creditis expiravit. Possunt autem et per duo vespera, duæ vestræ captivitates intelligi, Babylonis videlicet atque Titi. Et Christus inter duo vespera obiit, quia et post Babylonicam, et ante captivitatem Titi. Nam et quod sanguis agni super utrumque postem et super liminaria domorum in signum, scilicet crucis poni præceptus est, sanguinem designavit Christi qui super crucem effusus est. Et sicut sanguis illius agni, ut diximus, de morte corporis custodivit fideles Domini, ita et fideles suos de interitu animæ, sanguis redemit Jesu Christi (*Apoc.* i). Sicut etiam sanguis ille domum nullam, nisi illas in quibus comedebatur conservavit, unde et in illis tantum præceptus est poni, ita et sanguis Christi qui super crucem effusus est nullum salvat, nisi in quo Agnus Dei comeditur, illum videlicet qui ejusdem corpus comedit Christi. Præterea quemadmodum agnus nocte jussus est manducari, sic est Christus nocturno tempore captus fuit, ne a populo liberari posset aut defendi. Quemadmodum etiam nec crudus nec aqua coctus, sed assus igni, ita et Christus nec sine judicio, nec tamen justo judicio, sed injusto condemnatus fuit, sicut non omnino cruda, nec bene cocta est caro assa igni. Sed et ob eamdem causam festinanter et cum pane azymo præceptus est manducari. Sicut enim panis azymus nequaquam donec fermentetur pasta exspectatur fieri, imo festinanter sit, ita et in Christo nullam rectitudinem exspectarunt judicii, imo festinanter condemnatus fuit. Per amaras vero herbas cum quibus præceptus est agnus ille comedi, designatur quod ex illa damnatione injusta, calamitas et amaritudo venit. Quod autem et totus cum capite et pedibus et intestinis mandatus est coqui, et post comestionem os illius non confringi, insinuat quod nec in occisione membrum Christi aliquod cæsum est, imo suspensus cum omnibus membris fuit, nec post occisionem os aliquod ejus computrivit, aut quamlibet aliam dissolutionem sustinuit, imo totus et integer resurrexit. Vides igitur quia sicut prædictum est agnus ille Ægypti, atque ritus sui, figura et similitudo agni Dei fuerunt, id est Christi. Quod si ritum aliquem prætermisimus non explanatum, si attente investiges, similiter poteris applicare ad Christum.

Moyses. Quoniam, Petre, Phase Ægypti, ut placuit, explanasti, volo dicas, si placet, quare vice altera Phase in deserto præceptum est fieri (*Lev.* xxiii; *Num.* xxviii).

Petrus. Nulla sane de causa aut utilitate factum est, nisi ob memoriam Phase Ægyptiaci, et ad nuntiandum illud, quo immolandus erat Christus Agnus Dei. Sed et illud Phase semper, quoad vixit, Christus celebravit, tum ut legem compleret Moysi (*Matth.* v), tum quia nondum completi essent ritus illi. Postquam vero per mortem suam totum completum est, jam illud Phase fieri necesse ulterius non est, imo Pascha illud quod ab apostolis nostris ordinatum nobis est. Rectum est enim ut diem salvationis animarum quæ coli dignior est commutemus pro die salvationis corporum. Nam et veniente majore lætitia, minor recedit, et oriente sole, stellarum claritas aufugit. Sed et memoriam prioris debemus dimittere pro memoria sequentis, sicut et per Jeremiam prophetam Dominus promisit : *Ecce dies venient*, inquit, *dicit Dominus, et non dicetur amplius : Vivit Dominus, qui eduxit filios Israel de terra Ægypti, sed : Vivit Dominus qui eduxit et adduxit filios Israel de terra aquilonis* (*Jer.* xvi).

Moyses. Promissio sane ista Christo adveniente complebitur.

Petrus. Verum est quod adveniente Christo compleri debuit. Sed cum jam venisse Christum probatum sit, tunc et completa est prophetia quando venit. Quæ sic intelligenda est, quia amplius recordari non debemus, quod filios Israel de Ægypto eduxit Dominus, imo *de terra aquilonis*, id est de inferno, cum per aquilonem intelligatur diabolus, cujus terra et habitatio est infernus, sicut dicit Joel propheta: *Et qui ab aquilone est procul faciam a vobis, et expellam eum in terram inviam et desertam, faciem ejus contra mare orientale, et extremum ejus ad mare novissimum, et ascendet fetor ejus, et ascendet putredo ejus, quia superbe egit* (*Joel.* II). Et ego quidem non curo explanare qualiter per aquilonem diabolum possimus intelligere, nam hoc vestri doctores satis exposuere. Præterea autem quomodo vos Phase celebrare dicitis, cum nec sacrificium faciatis nec altare, nec sacerdotem, qui illud faciat habeatis? Putatis enim quod propter herbas tantum et azymos, quos manducatis Phase complere possitis? Quin etiam ipsum diem Paschæ, quandoque commutatis, et usque in sequentem differtis, quia illud nec die Lunæ, nec Mercurii, nec die Veneris unquam celebratis. Quod mihi volo edisseras quare facias.

Moyses. Nescio aliud, nisi quod nostri doctores sic ordinaverunt illud, et Gamaliel præ omnibus.

Petrus. Et nosti quare Gamaliel fecit istud?

Moyses. Non.

Petrus. Gamaliel quippe vir sanctus et fidelis fuit Christianus (*Act.* v). Et quia novit quod die quidem Lunæ consilium inierunt Judæi, quo Christus posset condemnari, die autem Mercurii datum fuit argumentum pro traditione Christi, die autem Veneris affixus est cruci, quia, inquam, hoc novit, et diebus illis gaudium aliquod exerceri non voluit, ideo in illis celebrari Phase prohibuit (*Exod.* XII), et in sequentem diem differre præcepit. Hoc autem secretum omnibus revelare non voluit.

Moyses. Postquam Phase festivitatem damnasti, quæ cæteras omnes præcedit ac præcellit, et de qua præcipitur, quod qui eam non fecerit peribit, de aliis minoribus frustra jam disputaremus, cum eas posses multo condemnare levius. De jejunio autem decimi diei mensis septimi (*Lev.* XXIII) mihi postulo responderi, quod ad nostrorum expiationem peccatorum in tantum Dominus præcepit observari, quod eum qui non observaret de generatione sua disperire dixit, et vestri illud postposuerunt apostoli.

Petrus. Prius volo ut de illo jejunio mihi dicas, utrum ipsum solum alicui ad peccatorum destructionem sufficiat, vel cum illo etiam pœnitentia quis indigeat.

Moyses. Sane absque pœnitentia non potest expiatio esse ulla.

Petrus. Item quæro a te vim illius expiationis in quo eam constare, vel in die jejunii, vel in pœnitentia asseris?

Moyses. In utroque.

Petrus. Item responde: si quis prætermisso jejunio pœnituerit et ita obierit, alius vero jejunando sed non pœnitendo mortuus similiter fuerit, uter eorum potius salvari debebit?

Moyses. Ille procul dubio, qui pœnitentiam fecerit.

Petrus. Ergo possumus affirmare, vim expiationis illius in pœnitentia non in jejunio constare, testante Isaia, et dicente: *Nunquid hoc est magis jejunium quod elegi. Dissolve colligationes impietatis, solve fasciculos deprimentes* (*Isa.* LVIII).

Moyses. Quid igitur valet jejunium?

Petrus. Totius est sane boni initium, quod et ad corpus humanum præcipitur debilitandum et a vitiis compescendum.

Moyses. Secundum verba tua quicunque quolibet die jejunaverit simul et pœnituerit, peccatorum remissionem habebit.

Petrus. Verum est.

Moyses. Quare igitur Deus diem illius jejunii nominatim præcepit? (*Lev.* XXIII)

Petrus. Ut in die determinato omnes convenirent, et jejunantes pœnitentiam agerent.

Moyses. Et quare apostoli vestri hoc totum dimiserunt?

Petrus. Quia Christus venit, et totam legem complevit, et quadraginta dies jejunavit (*Matth.* IV; *Luc.* IV; *Marc.* I), ideo apostoli discipuli scilicet sui quadraginta dies in loco unius præceperunt, quia magis valet jejunium quadraginta dierum quam unius, et pœnitentia quadraginta dierum magis proficit quam unius.

Moyses. De jejunio, sicut placuit, respondisti. Sed quid dices de sacrificiis quæ de bove, capra et ove Dominus præcepit fieri, quod apostoli vestri prætermiserunt, ac de pane tantum et vino sacrificium fieri præceperunt.

Petrus. Omnia sacrificia quæ in lege Moysi fieri præcepta et ordinata sunt, nihil nisi figura et significatio sacrificii præcipui quod venturum erat, fuerunt, et ut gentes sacrificiis se assuefacerent et per illa agnosceretur quod, sicut ipsa consuetudinaria ista abluunt peccata, ita per maximum sacrificium maximum posset deleri peccatum. Ut autem Christus, Sanctus scilicet sanctorum (*Dan.* IX), et præcipuum sacrificium venit, ac pro nostra redemptione immolatus fuit, jam illa antiqua fieri sacrificia necessarium non fuit. Postquam itaque ipse Christus venit, jam illo utimur sacrificio, pane scilicet et vino, quod nobis ordinarunt apostoli, imo Christus ipse dedit (*Matth.* XXVI; *Marc.* XIV; *Luc.* XXII; *I Cor.* XI). Et hoc sacrificium simile est sacrificio illi quod in lege Moyses præcipiens, sacrificium *todx*, id est laudis appellavit (*Exod.* XXV; *Lev.* II, VII, XXIV; *Num.* XXVIII), et quod de pane tantum et vino in hujus nostri figuram præcepit. Quod et David venturum esse prænoscens, et præ illo cætera omnia contemnens, inquit in psalmo: *Nunquid manducabo carnes taurorum, aut sanguinem hircorum potabo. Immola Deo sacrificium laudis* (*Psal.* XLIX). Per hoc enim insinuavit cætera sacrificia omnia esse postponenda et illud sacrificium quod laudis vocabatur fore faciendum. Et hoc quidem sacrificium nostrum, laudis est. Illud enim faciendo, Deum laudamus de beneficio quod nobis fecit, per filium suum Jesum nos salvando.

MOYSES. Et quid de carnibus illis, dices, quas et in lege Moyses manducari prohibuit (*Lev.* XI), et Christus etiam vester non manducavit, apostoli autem non solum eas manducari non prohibuerunt, imo etiam ipsi comederunt?

PETRUS. Cum omnia quæ Deus fecit bona sint, testante Scriptura et dicente: *Quia vidit Deus cuncta quæ fecerat, et erant valde bona* (*Gen.* I). Et Noe ac filiis ejus dicat Deus : *Omne quod movetur et vivit, erit vobis in cibum, quasi olera virentia tradidi vobis omnia* (*Gen.* IX), cum et Abraham et Isaac et reliqui patriarchæ, omnia quæ volebant comederint usque ad Moysen, et Moyses etiam antequam suscepisset legem, cur ergo in lege prohibitæ sunt carnes manducari?

MOYSES. Quoniam in mundi exordio quasi silvestres erant adhuc homines et bestiales, nullatenus tam cito possent admoneri ab obediendum præceptis Dei. Quod Dei compariens sapientia, nequaquam simul omnia eis voluit dare præcepta, imo paulatim unum dedit Adæ, videlicet ne de fructu quem prohibuerat præsumeret comedere (*Gen.* II), aliud vero Noe, scilicet carnem cum sanguine non manducare, et homicidium non perpetrare (*Gen.* IX), sacrificia autem et circumcisionem præcepit Abrahæ (*Gen.* XVII). Cum autem Moyses venit, et Deus filios Israel secum adjungere, et ab aliis gentibus discernere voluit, præcepta eis sua præcepit, ut placuit, et carnes immundas ne inquinarentur in illis eis prohibuit, quin et eis inter mundas et immundas, signum discretionis dedit (*Lev.* XI).

PETRUS. Et hæc immunditia quam de carnibus dixisti, est ipsa corpus, vel res quæ accidat corpori?

MOYSES. Neutrum, imo est res quædam spiritualis, quæ in corpus descendit, nec ei tamen incrementum, vel detrimentum attribuit, sed tale quid prohibet, quod ei nunquam antea prohibitum fuit, et hoc modis quatuor corpori se adjungit, uno quidem, quando corpori adhæret, ab ipsius creatione, nec ab eo in æternum secedit, veluti cum de patre et matre hæreditarie provenit, ut in porco videmus et aliis carnibus prohibitis. Secundo, cum ei cum quo non fuerat adjungitur, sed postea non separatur, ut in mortuis ac leprosis videtur. Tertio, cum aliqua de causa superveniente corpori adhibetur, et postea alia operis causa sejungitur, sicut illi qui mortuum tangunt immundi sunt, donec cineris conspersione mundi fiant (*Num.* XIX). Quarto autem, cum aliqua de causa corpori se adjungit, ac sine opere ullo recedit, ut illi qui morticinium aliquod contrectarint tota die sordidi, sole vero occidente absque purgatione aliqua mundi sunt (*Lev.* XI), quia autem carnes illæ immundæ fuerunt, ideo et a Moyse prohibitæ sunt, videlicet ne immundos facerent, qui ea comederent. Sed et ideo ut doctores vestri asserunt, prohibitæ fuerunt ne duritiam cordibus inferrent, aut hebetudinem, ne intelligerent.

PETRUS. Hæc nempe duo vitia immunditia, scilicet atque duritia, olim corporibus et carnibus accidebant, quando ipsa adhuc generali peccato irretiti erant, et Spiritus sancti plenitudinem non habebant. Ut autem Christus venit, et per baptismum credentium corpora mundificavit, et Spiritus sancti plenitudinem infundit, jam carne aliqua nec sordidari corpus hominis, nec hebetari potuit. Et hoc testantur doctores vestri, qui dixerunt post adventum Christi de incomestibili in comestibilem debebat converti. Hæc autem ratio de omnibus immunditiis potest dari. Sed et carnium absolutionem protestatur Moyses esse futuram post adventum Christi, loquens ad populum Israel verba hujusmodi : *Quando dilataverit Dominus Deus terminos tuos, sicut locutus est tibi, et volueris vesci carnibus quas desiderat anima tua, locus autem quem elegerit Dominus Deus tuus, ut sit nomen ejus ibi, procul fuerit, occides de armentis et operibus, quæ habueris, sicut præcepit tibi, et comedes in oppidis tuis ut tibi placet. Sicut caprea comeditur et cervus, ita vesceris eis, et mundus et immundus in commune vescentur* (*Deut.* XII). Ante adventum quippe Christi termini Israel fuerunt angusti, quia nec totam etiam terram habuerunt, quam eis per Moysen Dominus promisit. Dilatavit autem Dominus terminos Israel post adventum Christi, quando legem per totum mundum prædicaverunt apostoli. Sed et locus quem Dominus elegerat ut esset nomen ejus ibi, jam procul est, quia destructum est antiquum illud templum Domini. Carne igitur omni, munda sit vel immunda, jam quilibet, prout sibi placet, sine ulla transgressione potest vesci. Quod autem, o Moyses, huc usque dixi, utique feci ut tuæ satisfacerem voluntati. Si vero aliter me vellem defendere, profecto novam legem dicerem nos habere, et legi Moysi contrariam nullatenus esse. De præceptis enim Domini contrarium non est alterum alteri, sed quando tempus præcepti unius est completum, aliud, ut sibi placet, dat præceptum, quemadmodum de præcepto videmus, quod de carnibus comedendis Dominus Noe dedit (*Gen.* IX), quia, postquam Moyses venit, et illud præcepti tempus completum fuit, Moysi ipsi jam aliud præceptum de carnibus, videlicet prohibendis, donavit (*Lev.* XI). Cujus iterum tempus, postquam Christo adveniente completum fuit, jam ecce iterum illud antiquum quod Noe datum fuerat præceptum, de carnium videlicet absolutione, rediit. Et Dominus quidem prophetam esse suscitandum tanquam Moysen, id est Christum, qui novam legem videlicet daret, sicut Moyses, quemadmodum supra diximus, per Moysen ipsum promisit (*Deut.* XVIII). Rursus de nova quam venturam esse prævidebat, lege hunc in modum Isaias præcinuit : *Erit*, inquit, *in novissimis diebus præparatus mons domus Domini, in vertice montium, et elevabitur super colles, et fluent ad eum omnes gentes, et ibunt populi multi et dicent : Venite, ascendamus ad montem Domini, et ad domum Dei Jacob, et docebit nos vias suas, et ambulabimus in semitis ejus, quia de Sion exibit lex, et verbum Domini de*

Hierusalem (Isa. xi). Quis est enim, o Moyses, mons iste Domini? Si enim de monte Sion dicere volueris, in quo domus Domini templum videlicet fuit, ratio utique contradicit, quia nec in vertice montium situs est, cum etiam circa eum sint alii colles ipso celsiores, nec quod super colles aliquando elevetur, esse potest. Quid est etiam quod dicit : *Ibunt populi multi et dicent : Venite, ascendamus,* etc. *et docebit nos vias suas et ambulabimus in semitis ejus, quia de Sion exibit lex,* etc. Quæ enim sunt viæ illæ Domini, et semitæ ejus vel lex, quæ de Sion erat egressura, et verbum quod de Hierusalem? Nam neque de lege Moysi, quæ omnibus nota est, diceret, hoc docebit nos vias suas, nec lex illa vetus de Sion, imo de monte Horeb exivit, nec de Hierusalem, sed de Sina verbum Domini quod Moyses annuntiavit (*Exod.* xx; *Deut.* v). Sic igitur intelligenda est prophetia. Sancta quidem Ecclesia procul dubio domus est Domini, montibus vero reges et collibus prophetæ solent comparari. Mons autem, id est, Rex sanctæ Ecclesiæ, Christus videlicet, super quem fabricata est Ecclesia ipsa, et in vertice montium præparatus et super colles est elevatus, quia et super omnes reges et super omnes prophetas sublimatus est et honoratus. Et merito de sancta Ecclesia et Christo dicit propheta : *Fluent ad eum,* id est ad Christum, *omnes gentes,* quia de omnibus gentibus crediderunt in eum complures, dicentes : *Venite, ascendamus ad montem Domini,* id est ad Christum, quem Dominus omnium regem constituit, *et ad domum Dei Jacob,* id est ad sanctam Ecclesiam, *et docebit nos vias suas,* id est doctrinam legis suæ, *et ambulabimus in semitis ejus,* id est in observationibus legis ejus, quæ nova est, sicut novas vias semitas appellamus. Quod autem sequitur : *Quia de Sion exibit lex, et verbum Domini de Hierusalem,* insinuat quod lex Christi de Sion, et verbum ejus de Hierusalem egressurum fuit. Nam in Sion super apostolos Spiritus sanctus venit, cujus adventus, legis fundamentum exstitit, atque ab ipso data, ac per ipsum prædicata fuit, et in Hierusalem priusquam alibi, et apostoli, et Christus ipse prædicavit, et inde per totum mundum prædicatio exivit. Patet itaque quia de nova hæc lege Isaias prophetavit. Item de nova lege sic loquitur Jeremias : *Ecce dies venient, dicit Dominus, et feriam domui Israel et domui Juda fœdus novum, non secundum pactum quod pepigi cum patribus eorum, in die qua apprehendi manum eorum, ut educerem eos de terra Ægypti (Jer.* xxxi). Ubi enim in Latino habetur *fœdus novum,* in Hebraico invenies ברית חדשה, *berith, hadasa,* quod interpretatur *lex nova,* Moyse attestante, qui multis in locis præcepta legis suæ, *berith,* appellat. Ipse enim Jeremias quod de nova lege *fœdus novum* dixerit, innuit cum ait : *Non secundum pactum quod pepigi cum patribus eorum in die quo apprehendi manum eorum, ut educerem eos de terra Ægypti.* Hic namque aperte loquitur de pacto, id est de lege illa quam dedit Dominus Moysi in deserto post egressum Ægypti.

MOYSES. Satis diuque de lege nostra et vestra et alterna alternatione disputavimus, et objectiones meas omnes, prout placuit, persolvisti, et nihil contra te explicare potui. Sed unum quod adhuc quasi in thesauro tibi reservavi, quod cum opposuero te absque defensione confido posse superari, quia non invenies quod contra valeat responderi.

PETRUS. Et quæ est res hæc tantæ valentiæ et vigoris, de qua tibi tantum præsumis, et mihi usque adeo minitaris?

MOYSES. Tale quid profecto est quod vos contra Deum et omnes prophetas facitis, videlicet quod in nemore arborem quamdam conciditis, et postea artificem lignarium, qui illam secet, sculpat, et in hominis speciem formet, poliat et depingat exquiritis, et imaginem illam in vestris Ecclesiis in celsiori videlicet loco construitis, et adoratis. Unde etiam Isaias ad increpationem et opprobrium vestrum dicit his verbis : *Artifex lignarius extendit normam, formavit illud in runcina, fecit imaginem viri quasi speciosum hominem habitantem in domo. Et postea in eadem : Non recogitant in mente sua neque cognoscunt, neque sentiunt ut dicant : Medietatem ejus combussi igni, et coxi super carbones ejus panes, coxi carnes et comedi et de reliquo ejus idolum faciam? Ante truncum ligni procidam? Pars ejus cinis est. Cor insipiens adorat illud et non liberabit animam suam, neque dicet. Forte mendacium est in dextera mea (Isa.* xliv).

PETRUS. Non est sane res ut putatis. Neque enim idola fabricamus, nec adoramus, imo crucem facimus et ei imaginem hominis superponimus, et per crucem quidem altare, per imaginem sacrificium quod super altare est designamus. Sicut tamen super altare animalia sacrificabant, ita et super crucem immolatus fuit Dei Agnus; et sicut de lapidum reliquiis quibus altare construebant, cura nulla erat quid fieret, ita et de reliquiis crucis vel supra impositæ imaginis quid fiat non curamus. Sicut etiam Salomon et alii ante altare procidentes, nequaquam illud, imo Deum solum adorabant. Ita et nos ante crucem genua flectentes, nequaquam crucem illam aut imaginem superpositam, imo Deum Patrem et Filium suum Jesum Christum adoramus.

MOYSES. Ratio utique esset quod dicis, si crucem illam super quam immolatus est Dei Agnus haberetis. Sed nunc adoratis crucem aliam, super quam nunquam fuit Agnus ille immolatus.

PETRUS. Profecto crucem illam ubique habere non possumus, quare nec mirum nec malum est, si cruces alias ad ejus similitudinem faciamus, ut qui illam Christi crucem non viderunt, alias saltem quæ ad illius similitudinem factæ sunt videant, et sacrificium quod in illa factum est : ecordentur atque intelligant quemadmodum etiam filii. Sed et filii Ruben altare construxerant trans Jordanem ad similitudinem altaris illius Hiericho, ut filii sui et uxores, qui ascendere non potuerunt illud aspicerent, in testimonium tantum alterius et cognitionem, sicut in libro Josue scriptum poteris invenire. (*Jos.* xxii).

MOYSES. Multum certe tibi dedit Deus sapientiæ, et te plurima illustravit ratione, quod in te Scripturæ intelligentia tanta sit, ut te superare nequeam, imo quod contradicam non habeam.

PETRUS. Hoc procul dubio donum sancti Spiritus baptismi gratia contulit, quæ corda nostra ita illuminat, ne falsi aliquid credere præsumamus. Quod si tu quod credimus, ipse etiam crederes, et baptizari te faceres, eamdem Spiritus sancti illuminationem haberes, ut et quæ vera sunt agnosceres, et quæ falsa respueres. Nunc autem, quoniam super te pietatem habeo, Dei misericordiam imploro, ut Spiritus sui plenitudine te illustret, et finem meliorem quam principium tibi præstet. Amen.

DISCIPLINA CLERICALIS

AUCTORE PETRO ALPHONSO

(Juxta editionem principem Parisiis anno 1824 curante D. LABOUDERIE, Avenionensis Ecclesiæ vicario generali, datam, typis Rignoux, in-12. — Tomis duobus seu partibus constat, quorum primus sub uno conspectu exhibet textum primigenium et versionem Gallicam, sæculi, ut videtur, decimi quinti ineuntis, cui titulus : *La Discipline de Clergie.* Incipit : *Pierre Alphonse, serf de Jhesus-Crist, qui fist cestui livre,* etc. Desinit : *Cy fine Pierre Alphonse.* Pars secunda, quæ intitulatur. *Le chastoiement,* versionem veteram Gallicam ejusdem libri, metrice exaratam, exhibet. Incipit :

Qui veut honor en siecle aveir
Premereiment deit saveir, etc.

Prodiit postmodum Petri Alphonsi *Disciplina clericalis* curis Fr. W. Val. Schmitt, Berolini 1827, apud Theod. Chr. Fr. Enslin. — Nos, utraque versione omissa, textum Latinum repræsentamus.)

Dixit Petrus Anfunsus, servus Christi Jhesu, compositor hujus libri : Gratias ago Deo qui primus est sine principio, a quo omnium bonorum est principium, finis sine fine, totius boni complementum, sapiens qui sapientiam præbet homini et rationem, qui nos sua aspiravit sapientia, et suæ rationis ammirabili illustravit claritate, et multiformi sancti Spiritus sui ditavit gratia, quia igitur me licet peccatorem Deus multimoda vestire dignatus est sapientia, ne lucerna michi credita sub modio tecta lateat. Eodem Spiritu instigante, ad multorum utilitatem hunc librum componere ammonitus sum, ipsum obsecrans ut huic libelli mei principio bonum finem adjungat; meque custodiat, ne quid in eo dicatur quod suæ displiceat voluntati; amen. Deus igitur in hoc opusculo mihi sit in auxilium, qui me librum hunc componere, et in Latinum transferre compulit. Cum enim apud me sæpius retractando humanæ causas creationis omnimodo scire laborarem, humanum quidem ingenium inveni ex præceptis Conditoris ad hoc esse deputatum, ut quamdiu est in hoc sæculo, in sanctæ studeat exercitatione philosophiæ per quam de creatore suo meliorem et majorem habeat notitiam, et moderata studeat vivere continentia, et ab imminentibus sciat sibi præcavere adversitatibus, eoque tramite gradiatur in sæculo, qui eum ducat ad regnum cœlorum. Quod si in præfatæ sanctæ disciplinæ notitia vixerit, hoc quidem pro quo creatus est, complevit, debetque perfectus appellari. Fragilem etiam hominis complexionem esse consideravi, quæ, ne tædium incurrat, paucis instruenda est. Duritie quoque ejus recordatus ut facilius retineat, quodammodo necessario mollienda et dulcificanda est, quia et obliviosa est, multis indiget quæ oblitorum faciant recordari. Propterea libellum compegi, partim ex proverbiis philosophorum, et suis castigationibus Arabicis, et fabulis, et versibus, partim ex animalium et volucrum similitudinibus. Modum autem consideravi ne si plura necessariis scripserim, scripta oneri potius sint lectori quam subsidio et legentibus et audientibus desiderium et occasio ediscendi. Scientes vero per ea quæ hic continentur, oblitorum reminiscantur. Huic libello nomen injungens, et est ex re, id est CLERICALIS DISCIPLINA. Reddit enim clericum disciplinatum. Vitandum tamen decrevi pro possibilitate sensus mei, ne quid in nostro tractatu inveniatur quod nostræ credulitati sit contrarium, vel a nostra fide diversum. Ad quod adjuvet me omnipotens Deus cui super nitor. Amen.

Si quis tamen hoc opusculum humano et exteriori oculo percurrerit, et quid in eo quod humana parum cavit natura, viderit, subtiliori oculo iterum et iterum relegere moneo, et demum et ipsi, et omnibus catholicæ fidei perfectis corrigendum appono : nihil enim in humanis actionibus perfectum putat philosophus.

Enoch philosophus, qui lingua Arabica cognominatur Edric, dixit filio suo : Timor Domini sit negotiatio tua, et veniet tibi lucrum sine labore. Dixit quidam philosophus : Qui timet Deum, omnia timent eum; qui vero non timet Deum, ipse timet omnia. Dixit alius philosophus: Qui timet Deum, diligit eum; qui timet Deum, obedit Deo. Dixit Arabs in versu suo : Inobediens es Deo si simulas te Deum amare, et incredibile est; si vere eum amares, obedires ei; nam qui amat, obedit. Dixit Socrates discipulis suis : Videte ne sitis Deo obedientes et inobedientes in eodem. Dicunt ei : Enuclea nobis quid dicis. Qui ait : Dimittite hypocrisim; est enim hypocrisis coram hominibus simulare se obedire Deo, in occulto vero inobedientem esse. Dicit ei unus ex discipulis suis : Est-ne aliud genus hypocrisis unde homini cavendum sit? dicit Socrates : Est homo qui in aperto et non in occulto obedire se Deo ostendit, ut sanctus ab omnibus habeatur, et ab eis ideo plus honoretur. Est alius isto subtilior qui hanc relinquit hypocrisim ut majori deserviat. Cum enim jejunat, vel eleemosynam facit, et ab eo quæritur si fecerit, respondet : Deus scit, vel non, ut in majori reverentia habeatur et dicatur quod hypocrita non est qui hominibus factum suum nolit propalari. Credo etiam paucos esse qui aliquo hujus hypocrisis genere non participent. Videte igitur ne hac seducti, laboris vestri præmio privemini, quod ne contingat omnia facite munda intentione, ne inde gloriam habere quæratis. Dixit alius philosophus : Si Deo firmiter immiteris, omnia erunt prospera quocunque ieris. Balaam, qui lingua Arabica vocatur Lucaman (18), dixit filio suo : Fili, ne sit formica sapientior te, quæ congregat in æstate unde vivat in hieme. Fili, ne sit gallus vigilantior te, qui in matutinis vigilat, et tu dormis. Fili, ne sit gallus fortior te, qui justificat decem uxores suas, tu solam castigare non potes. Fili, ne sit canis corde nobilior te, qui benefactorum suorum non obliviscitur : tu autem benefactorum tuorum obliviscaris. Fili, ne videatur tibi parum unum habere inimicum, vel nimium mille habere amicos; dico tibi.

FABULA PRIMA.

Arabs moriturus, vocato filio suo, dixit : « Dic, fili, quot tibi, dum vixisti, acquisieris amicos? » Respondens filius dixit : « Centum, ut arbitror, acquisivi amicos. » Dixit pater, « quia philosophus dixit : Ne laudes amicum donec probaveris eum. Ego quidem prior natus sum, et unius dimidietatem vix mihi acquisivi; tu ergo centum quomodo tibi acquisisti? Vade igitur probare omnes, ut cognoscas si quis hominum tibi perfectus erit amicus. » Dicit filius : « Quomodo consulis? » Dicit pater : « Vitulum interfectum et frustatim comminutum in sacco repone, ita ut saccus forinsecus sanguine infectus sit, et cum ad amicum veneris, dic ei : Hominem, chare mi, forte interfeci, rogo te ut eum secreto sepelias, nemo enim te suspectum habebit, sicque me salvare poteris. » Filius fecit sicut pater imperavit. Primus amicus ad quem venit, dixit : « Fer tecum mortuum super collum tuum; sicut fecisti malum, patere satisfactionem, in domum meam non introibis. » Cum autem per singulos sic fecisset, eodem responso omnes responderunt. Ad patrem rediens, renuntiavit quæ fecerat. Dixit pater : Contigit tibi ut dixit philosophus : Multi sunt dum numerantur amici, sed in necessitate pauci. Vade ad dimidium amicum quem habeo, et vide quid dicat tibi. Venit, et sicut aliis dixerat huic dixit, qui ait : « Intra domum, non est hoc secretum quod vicinis debeat propalari. » Emissa ergo uxore cum omni familia sua, sepulturam fodit. Cum autem ille omnia videret parata, rem prout erat disseruit gratias agens. Demum retulit patri quæ fecerat. Pater vero dixit : « Pro tali amico philosophus ait : Hic est vere amicus qui te adjuvat cum tibi sæculum deficit. » Dixit filius ad patrem : « Vidisti hominem qui integrum sibi amicum lucratus fuerit? » Tunc pater : « Non vidi quidem, sed audivi. » Tunc filius : « Renuncia mihi de eo, si forte talem mihi acquisiero. » At pater

FABULA II.

Relatum est mihi de duobus negotiatoribus quorum unus erat in Ægypto, alter Baldach, seque solo auditu cognoverant et per internuncios pro sibi necessariis mittebant. Contigit autem ut qui erat Baldach in negotiationem iret in Ægyptum. Ægyptiacus, audito ejus adventu, occurrit ei et suscepit eum gaudens in domum suam. In omnibus ei servivit sicut mos est amicorum per octo dies, et ostendit ei omnes manerias cantus quas habebat in domo sua. Finitis octo diebus infirmatus est, quod valde graviter dominus de amico suo ferens, accivit omnes medicos Ægyptiacos ut amicum viderent. Medici vero, palpato pulsu iterum et iterum respecta urina, nullam in eo cognoverunt infirmitatem, et quia per hanc corporalem cognoverunt infirmitatem, amoris sciunt esse passionem. Hoc agnito, dominus venit ad eum et quæsivit si qua esset mulier in domo sua quam diligeret. Ad hoc æger : Ostende mihi omnes domus tuæ mulieres; et si forte inter eas hanc videro, tibi ostendam. Quo audito, ostendit ei cantatrices et pedisequas quarum nulla ei placuit. Post hoc, ostendit omnes filias, has quoque sicut et cæteras omnino repulit atque negglexit. Habebat autem dominus quandam nobilem puellam in domo sua quam jamdiu educaverat ut eam acciperet in uxorem, quam et ostendit ei. Æger vero, aspecta hac, ait : Ex hac est mihi mori, et in hac mea vita. Quo audito, dedit puellam in uxorem ægro cum omnibus quæ erat cum ea accepturus, et præterea dedit ei quæ erat daturus puellæ si eam acciperet in uxorem. His completis, accepta uxore et his quæ cum uxore acceperat, et negotiatione facta, rediit in patriam. Contigit autem post hoc Ægyptiacus omnia sua multis modis amitteret, et pauper effectus cogitavit apud se quod iret Baldach ad amicum suum quem ibi habebat ut sui misereretur. Iter ergo nudus et famelius arripuit, atque Baldach intempeste noctis silentio pervenit, pudor autem ei obstabat ne domum amici adiret, ne forte incognitus tali tempore expelleretur, templum vero quoddam intravit ut ibidem pernoctaret. Sed, cum ibi anxius multa diu secum volveret, occurrunt sibi duo

(18) Lockman.

viri prope templum in civitate, quorum unus alium interfecit, clamque aufugit. Multi igitur cives pro strepitu decurrentes, interfectum repperiunt et quaerentes quisnam homicidium perpetrasset, intraverunt templum sperantes homicidam reperire. Ægyptium vero repererunt ibi, et sciscitantes ab eo quisnam virum interfecisset, audierunt ab ipso quia ego interfeci eum, paupertatem enim suam morte saltem finire cupiebat: Captus itaque incarceratus est. Mane autem facto producitur ante judices, et morte condempnatus ducitur ad crucem. Multi ergo de more occurrunt, quorum unus fuit amicus ejus cujus causa adierat Baldach. Hic acutius eum intuens deprehendit esse amicum quem in Ægypto reliquerat; reminiscens itaque bonorum quae sibi in Ægypto fecerat, cogitans quia post mortem retribuere illi non poterat, mortem pro illo se subire decrevit, voce ergo magna clamavit. Quid innocentem condempnastis, quove eum ducitis? non mortem meruit, ego virum interfeci. At illi injecerunt manus in eum, atque ligatum secum ad crucem traxerunt, aliumque a poena mortis absolverunt. Homicida vero in eodem agmine hoc intuens gradiebatur atque secum dicebat: Hunc interfeci et iste dampnatur. Hic innocens supplicio deputatur, ego vero nocens libertate fruor. Quaenam causa est hujus injustitiae? Nescio, nisi sola Dei patientia sit. Verum Deus judex justus impunitum nullum scelus dimittit. Ne igitur posterius in me durius vindicet, hujus me prodam criminis esse reum, sicque eos solvendo a morte, quod commisi luam peccatum. Objecitque se in periculo dicens: Me, me qui feci, istum dimittite innoxium. Judices autem non parum ammirantes, hunc, alio a morte absoluto, ligaverunt, jamque de judicio dubitantes, hunc cum reliquis prius liberatis ante regem adduxerunt eique omnia ex ordine referentes ipsum etiam hesitare compulerunt. Communi itaque consilio rex eis omne crimen quod sibi imposuerant condonavit, eo tamen pacto ut criminis sibi imposti causas patefacerent, ut illi rei veritatem ei exposuerunt; communi autem consensu omnibus absolutis, indigena qui pro amico mori decreverat, ipsum in domum suam introduxit, eique omni honore pro ritu facto inquit: Si mecum manere acquiescis, omnia nobis, prout decet, erunt communia; si vero repatriare volueris, quae sunt mea aequa lance partiamur. At ille natalis soli dulcedine irretitus, partem totius substantiae quam ei obtulerat recepit, sicque repatriavit. His itaque relatis, inquit filius ad patrem: Vix poterit repperiri amicus.

Dixit alius philosophus: Propter amicos non probatos provide tibi semel de inimicis et millies de amicis, quia forsan quandoque amicus fiet inimicus, et sic levius poteris requirere dampnum tuum. Item alius philosophus: Cave tibi a consilio illius a quo petis consilium, nisi sit tibi fidelis comprobatus. Item alius: Consule amico tuo in bonum quantum poteris, etsi tibi credere noluerit; justum enim est ut sibi consulas, licet rectum ut inconsultus tuum non sequatur consilium. Alius: Noli consilium tuum omni homini revelare; qui enim consilium tuum in corde suo retinet, sui juris est melius eligere. Alius: Consilium absconditum quasi in carcere tuo est retrusum; revelatum vero te in carcere suo tenet ligatum. Alius: Ne te associaveris inimicis tuis, cum alios possis repperire socios: quae enim male egeris notabunt, quae vero bona fuerint devitabunt. Dixit quidam versificator: Est una de adversitatibus hujus saeculi gravioribus libero homini quod necessitate cogitur ut sibi subveniat requirere inimicum. Quaesivit quidam a quodam Arabe quae major adversitas contigit tibi in hoc saeculo? Arabs: Necessitas compulit me convenire inimicum ut quae volebam mihi concederet. Alius: Ne te associes leccatori, cujus consortium est tibi dedecus. Alius: Ne glorieris in laude leccatoris, cujus laus est tibi vituperium, et vituperium laus. Quidam philosophus transiens per viam, alium philosophum repperit cum quodam leccatore jocantem, et ait: Sibi simile attrahere adamantis est. At ille inquit: Numquam me sibi adjunxi. Ad hoc transiens: Cur ergo ei applaudebas? At ille inquit: Non, sed magna necessitate cogitur etiam honestus homo latrinam adire. Alius philosophus: Fili, grave est arduas mentiones ascendere et ab eisdem descendere facile. Alius philosophus: Melior est inimicitia sapientis quam amicitia insipientis. Alius philosophus: Ne habeas pro magno amicitiam stulti, quia non est permanens. Alius philosophus: Dulcior est sapienti aspera vita inter sapientes, quam dulcis vita inter insipientes. Alius philosophus: Sapientiae duae sunt species, una naturalis, altera artificialis, quarum una non potest manere sine alia. Alius: Ne committas stultis sapientiam, quia eis esset injuriosum, neque sapientibus eam deneges, quia suum est eis conferre. Alius: Hujusmodi dona diversa sunt, quibusdam enim datur rerum possessio, quibusdam sapientia. Quidam enim loquens filio ait: Quid malles tibi dari, censum an sapientiam? Cui filius: Horum quodlibet alio indiget. Fuit quidam sapiens versificator egregius, sed egenus et mendicus, semper de paupertate sua amicis conquerens, de qua etiam versus composuit, talem sensum exprimentes: Tu qui partiris, monstra cur pars mea mihi desit. Culpandus non es, sed dic mihi quem culpabo, nam si constellatio mea est mihi dura, a te quoque id factum esse indubitabile est. Sed inter me et ipsam tu orator et judex es. Tu dedisti mihi sapientiam sine substantia, dic ergo mihi quid faciet sapientia sine substantia. Accipe partem sapientiae et da mihi partem pecuniae. Ne patiaris me illo indigere, dampnum cujus erit mihi pudori. Dixit alius philosophus: Tribus modis unus indiget alio. Cuicunque benefeceris, in eo major eo eris, quo non indigueris, par ipsius eris; quo vero indigueris, minor. Alius: Sapientia mortua corpora vivificat claritate sua, velut terra arida humiditate pluviae virescit.

Alius : Claritas animæ est sapientia, census vero est claritas corporis. Discipulus magistro : Quomodo me habendo inter sapientes discipulos computabor? Magister : Serva silentium donec sit tibi loqui necessarium. Maledicam linguam indictum emendat silentium; ait enim philosophus : Silentium est signum sapientiæ, et loquacitas signum stultitiæ. Ne festines respondere donec fuerit finis interrogationis, nec quæstionem in conventu factam solvere temptes, cum sapientiorem te ibi esse perspexeris, nec quæstioni alii cuiquam factæ respondeas, nec laudem appetas pro re tibi incognita. Philosophus enim dicit : Qui de re sibi ignota laudem appetit, illum mendacem probatio reddit. Alius : Acquiesce veritati sive a te prolatæ, sive tibi objectæ. Ne glorieris in sapientibus verbis tuis, quia prout philosophus testatur, qui in suis verbis sapientibus gloriatur, stultus esse comprobatur. Alius : Qui prudenter inquirere voluerit solutionem, prudenter intelliget. Alius : Qui brevi tempore pro pudore disciplinam non patitur, omni tempore in pudore insipientiæ permanebit. Alius : Non omnis qui sapiens dicitur sapiens est, sed qui discit et retinet sapientiam. Alius : Qui in doctrina defecerit, parum generositas sua ei proderit. Dogmate indiget nobilitas, sapientia vero experientia.

FABULA III

Arabs : Quidam versificator prudens et facetus, sed ignobilis, cuidam regi versus suos optulit. Cujus notata prudentia, rex cum honorifice suscepit; huic igitur invidebant alii versificatores sua superbi generositate regi convenientes ita inquiunt : Domine rex, cur hunc tam vili ortum prosapia adeo magnificas? Ad hoc rex : Quem vituperare putastis, magis laudastis. Ipse vero qui vituperabatur hæc adjunxit : Rosa ex spinis orta nequaquam blasphematur. Rex autem maximis honoratum muneribus eum dimisit.

Contigit ut quidam versificator nobili ortus prosapia, parum disciplinatus, regi cuidam versus suos offerret. Quos acceptos rex male quidem compositos sprevit, nihilque sibi dedit. Inquit igitur versificator regi : Si non pro versibus, saltem pro generositate aliquid mihi tribuas. Rex ergo ait : Quis est pater tuus? At ille sibi indicavit. Ait rex : Semen in te degeneravit. At ille : Rex, sæpe in frumento oritur siligo. Ad hoc rex : Te minoris generositatis quam patrem tuum probasti, illumque immunem sic dimisit.

Alius versificator item venit ad regem, patre ignobili, sed matre generosa; incompositus equidem incompositos optulit versus. Cujus mater habebat fratrem litteratum et facetia splendidum. Rex autem eum nequaquam honorifice suscepit; quæsivit tamen ab eo cujus filius erat, at ille prætendit ei avunculum suum, unde rex in nimium risum se convertit. Aiunt ei sui familiares : Unde iste tantus risus procedit? Ait rex : Fabulam quandam in libro quodam legeram quam hic oculis conspicio. At illi : Quænam est illa? Ait rex : Mulum noviter natum vulpes in pascuis invenit, atque admirans ait : Tu quis es? Mulus dicit se Dei esse creaturam. Cui vulpes : Habesne patrem aut matrem? Mulus ait : Avunculus meus est equus generosus. Sicut ergo mulus non recognoscit asinum patrem suum, eo quod pigrum et deforme animal est, sic iste patrem suum confiteri erubescebat, pro inertia sua incognitum. Rex tamen convertens se ad versificatorem ait : Volo ut indices mihi patrem tuum. At ille sibi indicavit. Cognovit igitur rex quia pater ejus vilis et indisciplinatus erat, et ait servis suis : Demus huic de rebus nostris, quia non degenerat.

Arabs ait patri suo : Miror me legisse in temporibus præteritis nobiles facetos sapientes honorari, modo vero soli honorantur leccatores. Ad quod pater : Ne mireris, fili, quia clerici clericos, generosi generosos, faceti facetos honorant, leccatores a leccatoribus venerantur. Filius : Vidi et aliud, quod clerici pro sapientia sua non sunt honorati, unde facti sunt leccatores, et ad magnum venere honorem. Tunc pater ait illi : Hoc quidem hac inertia temporis contigit. Ad quod filius : Edissere mihi, pater carissime, veram nobilitatis diffinitionem. At pater : Ut, inquit Aristoteles in epistola sua quam Alexandro regi composuit, meminit, qui cum ab eo quæreret quem sibi ex hominibus consiliarium faceret, taliter per epistolam respondit. Accipe, ait, talem qui septem liberalibus artibus sit instructus, industriis sepiem eruditus, septem etiam probitatibus edoctus, et ego æstimo hanc perfectam nobilitatem. At filius : Hæc nobilitas in tempore meo non contigit, imo auri et argenti tota est quam video nobilitas, ut ait quidem versificator : Glorificant gazæ privatos nobilitate, paupertasque domum premit altera nobilitate. Versificator quidam de adversitatibus sæculi, quæ superveniunt nobiles inquit : Dic illis qui pro adversitatibus quæ nobis accidunt, nos contempnunt, quod sæculum nullis fecit contrarium nisi nobilibus tantum. Nonne vides quod mare devehit stercora et paleas, et pretiosi lapides in fundum vadunt? Nonne vides quod in cœlo sunt stellæ quibus nescimus numerum? At insuper nulla quidem patitur eclipsim, præter solem et lunam. At pater : Ex temporis inertia accidit quod homines in divitiis solum judicant gloriandum. Unus ex discipulis interrogavit magistrum suum, dicens : Cum septem sint artes et septem probitates et septem industriæ, vellem ut has mihi, sicut se habent, enumerares. Magister : Enumerabo. Hæ sunt artes : dialectica, arithmetica, geometria, physica, musica, astronomia. De septima vero diversæ sunt plurimorum sententiæ quænam sit; philosophi qui prophetas non sectantur, aiunt nigromantiam esse septimam. Aliqui ex illis qui prophetiis et philosophiæ credunt, nolunt esse scientiam quæ res naturales vel elementa mundana præcellit. Quidam qui philosophiæ non student, grammaticam esse affirmant. Probitates vero hæ sunt : equitare, natare, sagittare, cestibus certare, aucupare, scachis ludere, versificari. Industrize sunt ne sit vorax, potator, luxuriosus, vinolentus, mendax, avarus et de mala conversatione. Discipulus : Hoc tempore puto neminem hujusmodi esse. Correxit quidam philosophus filium suum : Cave mendacium, quia dulcius est carne volucrum, cum aliis leve sit mendacium proferre, quare videtur grave veritatem dicere. Alius philosophus : Si dicere metuas unde pœniteas, melius est numquam dicere sic verecundia negandi, cave ne inferat tibi necessitatem mentiendi, quia honestius est rem negare quam longos terminos dare. Alius : si mendacio quilibet salvatur, multo magis veritate servatur.

Accusatus quidam ductus est ante regem judicem, negansque crimen impositum tandem convincitur. Cui rex : Dupliciter punieris, semel pro crimine commisso, secundo pro crimine negato. Alius cum similiter accusatus quod commiserat non negavit, dixerunt regi qui astiterant, de crimine confesso judicium sumet. Non ita, rex inquit, quia philosophus dicit : Confitenti peccatum ratio est relaxare judicium, sicque liber factus a rege discessit. Socrates : Sicut homo mendax in principiis comitatu non convenit, sic a regno cœlorum excludendus erit. Quidam philosophus dixit filio suo : Sicut ignis ignem non punit, sic malum malo non cedit ; ut ignem aqua extinguit, sic bono malum quilibet destruit. Ne reddas malum pro malo, ne sis similis malo, sed redde bonum, ut melior sis malo. Alius philosophus : Ne confidas in malo si periculum evaseris ut aliud ineas, quia illud non facies ut simile pertranseas. Dixit Arabicus filio suo : Si videris quemlibet malis operibus prægravari, ne te intromittas, quia qui pendulum solverit, super eum erit.

FABULA IV.

Transiens quidam per sylvam, invenit serpentem a pastoribus extentum et stipitibus alligatum, quem mox solutum calefacere curavit. Calefactus serpens circa foventem serpere cœpit, et tandem ligatum graviter strinxit. Tunc homo : Quid, inquit, facis ? Cur malum pro bono reddis ? Ad hæc serpens : Naturam meam facio. Bonum, ait ille, tibi feci, et illud malo mihi solvis ? Illis sic contendentibus, vocata est inter eos ad judicium vulpes, cui totum ut evenit ex ordine monstratum est. Tunc vulpes : De hac causa per auditum judicare ignoro, nisi qualiter inter vos primum fuerit ad oculum video. Religator iterum serpens ut prius. Modo, inquit vulpes, o serpens, si votes evadere, discede ; et, homo, de solvendo serpente noli laborare. Nonne legisti quia qui pendulum solvit, super illum erit.

Dixit Arabs filio suo : Si gravatus fueris aliquo modo et facile possis liberari, non expectes, quia, dum expectabis liberari facilius, gravaberis amplius, et ne tibi contingat quod contigit gibboso de versificatore. Et quomodo, inquit filius ?

FABULA V.

Quidam versificator versus faciens præsentavit regi, et laudavit rex ingenium, jussitque ut donum pro facto exposceret. Qui donum tale expostulat ut se janitorem suæ civitatis per mensem faceret, et ab omni gibboso denarium, de scabioso denarium, de monoclero denarium, et de impetiginoso denarium, et de hernioso denarium haberet, quod rex concessit et sigillo roboravit. Qui, ministerio suscepto, portæ assedit et ministerium suum egit. Quadam die gibbosus bene capatus cum baculo portam intravit ; cui versificator obvius denarium postulat, qui dare denegat. Versificatore vim inferente, dum caputium levat de capite, gibbosum deprehendit monoclerum esse, duos ergo denarios postulat a quo prius unum expetiit. Noluit dare, retentus est. Non habens auxilium fugere voluit, sed per caputium retractus, capite nudato apparuit scabiosus. Interrogat protinus tres denarios. Videns gibbosus neque fuga, neque auxilio se posse defendi, cœpit vi resistere, defendensque se nudatis brachiis apparuit habens impetiginem, quartum vero denarium postulat. Cui defendenti cappam abstulit, et cadente illo in terram, herniosum comperit, quintum ergo denarium extorsit. Sic contigit ut qui unum dare noluit, quinque invitus dedit.

Dixit philosophus filio suo : Fili, vide ne transeas per sedem gentis iniquæ, transitus namque causa fit status, status occasio sessionis, sessio causa operis.

FABULA VI.

Dictum est duos clericos de civitate exisse vespere ut expatriarentur. Venerunt ergo in locum ubi potatores convenerant. Dixit alter socio suo : Divertamus alia via, quia philosophus dicit non transeundum per sedem gentis iniquæ. Respondit socius : Transitus non nocebit, si aliud non fuerit ; et transeuntes audierunt in domo cantilenam. Sustitit alter retentus dulcedine cantus. Monuit socius ire, qui noluit. Recedente socio remansit solus, illectusque cantu domum intravit. Undique vocatus sedit, sedens cum aliis potavit. Et ecce præco exploratorem civitatis fugientem sequens, post illum domum potantium intravit. Invento exploratore in illa domo, ipse et omnes capti sunt : Hic, inquit, hospitium hujus exploratoris fuit, hinc exiit, huc rediit, omnes conscii et socii fuistis hujus. Ducti sunt omnes ad patibulum, et clericus inter illos magna voce prædicabat omnibus : Quisquis iniquæ gentis consortio fruitur, procul dubio mortis immeritæ pœnas lucratur.

Fertur de duobus discipulis quod exeuntes de quadam civitate venerunt in locum ubi vox cujusdam feminæ valde sonora audiebatur, verbaque cantus bene composita erant, et cantus ipse musice constructus valde delectabilis et amatorius insonuit. Sustitit alter cantilena retentus ; cui socius : Divertamus, et diverterunt hinc, quia interdum volucris decipitur cantu quo ad mortem producitur, et iterum unus : Ista vox dulcior est illa quam ego et magister meus jampridem audieramus. Et qualis erat, inquit alter, et quomodo illam audistis ? Evenit, dixit socius, quod a civitate exieramus, et sic vox una asperrima audiebatur, et cantus incompositus, verbaque inordinae sonabant, quique cantabat sæpius per idem repetebat, et suo licet aspero cantu quasi delectabili detinebatur. Tunc mihi magister : Si verum est quod homines dicunt vocem bubonis hominis mortem portendere, tunc ista sine dubio vox bubonis homini mortem annuntiat. Cui ego : Miror, cum cantus sit tam horridus, cur iste tantum in illo delectatur. Et ille mihi : Non recordaris illius philosophi qui dicit : In tribus delectatur homo, et si bona non sunt, in sua voce, suo carmine, suo filio. Ut istud de se et de magistro narraverat, digressi sunt inde ambo.

Dixit quidam philosophus filio suo : Sequere scorpionem, leonem, draconem, sed malam feminam non sequeris. Alius philosophus : Ora Deum ut te liberet ab ingenio nequam feminarum, et tu ipse ne deciparis tibi provide. Dictum namque est de philosopho quod transiens in talem locum quo auceps rete retenderat avibus decipiendis, vidit mulierculam cum eo lascivientem; cui dixit : Qui aves decipere conaris, vide ne avicula factus hujus visco tenearis. Dixit quidam discipulus magistro suo : Legi in libris philosophorum quibus præcipiunt ut ab ingenio feminæ perversæ custodiat se homo, et Salomon in Proverbiis hoc idem admonet (19). Sed tu si super ingenio ejus sive de fabulis, sive de proverbiis aliquid memoriter tenes, vellem enarrando me instrueres. Faciam, inquit, tui causa libenter, sed vereor ne si qui nostra simplici animo legentes carmina quæ de mulierum artibus ad earum correctionem et tuam et aliorum instructionem scribimus, viderint videlicet quomodo earum, nescientibus viris, suos advocent amasios, et complectentes deosculentur advocatos, et quæ illarum expetit lascivia in ipsis expleant earum nequitiam in nos redundare credant. Discipulus : Ne timeas hoc, magister, quia Salomon in libro Proverbiorum (20), et multi sapientes pravos earum corrigendo mores talia scripserunt, nec culpam sed laudem inde promeruerunt. Tu similiter de illis scribens, rogata sine cunctatione demonstra. Tunc magister :

FABULA VII.

Perrexit quidam vendemiare vineam : quod uxor illius videns, intellexit illum circa vineam diutius moraturum, et misso nuncio convocat amicum, conviviumque parat. Accidit autem ut dominus ramo vineæ in oculo percussus domum cito rediret, nihil de oculo percusso videns, veniensque ad portam domus suæ ostium pulsavit. Quod uxor intelligens nimium perturbata convocatum amicum abscondit seorsum, domino suo postea aperire currit, qui intrans et graviter pro oculo tristis et dolens jussit cameram parari et lectum sterni, ubi ibi posset quiescere. Timuit uxor ne intrans cameram amicum latitantem videret, dixit ei : Quid tantum properas ad lectum ? Dic mihi quid tibi sit prius. Narravitque ei totum ut acciderat. Permitte, inquit illa, ka-

rissime domine, ut oculum sanum medicinali arte confirmem et carmine, ne ita eveniat de sano ut mihi evenit jam de percusso, quia dampnum tuum commune est nobis. Apponens os suum ad oculum sanum tam diu fovit quousque a loco ubi erat absconditus amicus, viro nesciente, discessit. Tandemque se erigens : Modo, inquit, karissime vir, sis securus ne similiter de hoc oculo eveniat qualiter de altero evenit. Jam si placet, potes ad lectum descendere.

Tunc discipulus ait magistro : Bene me instruxisti, et quod de illarum artibus retulisti desideranti animo commendatur, nec quod inde scio pro divitiis Arabum commutare volo, et si placet, progredere, et quod transferre in altum publicæ amministrationis futurorum valeamus edissere. Faciam, inquit.

FABULA VIII.

Dictum est de quodam qui peregre proficiscens commisit uxorem suam suæ socrui. Uxor autem sua alium quemdam adamavit, et matri hoc indicavit, quæ commota pro filia favit amori, et convocans eumdem cœpit cum illo et filia epulari. Epulantibus illis supervenit maritus et ostium pulsavit. Et consurgens mulier procum abscondit et ostium postea domino aperuit. qui, postquam intravit, ut lectus sibi pararetur præcepit, nam quiescere volebat et lassus erat. Turbata mulier dubitavit quid faceret. Quod videns mater : Ne festines, inquit, filia, lectum parare donec monstremus lintheum marito tuo quod fecimus. Et extrahens lintheum vetula, quantum potuit unum cornu illius sustulit, et alterum filiæ sublevandum dedit, sicque lintheo extenso delusus est maritus quousque qui latuerat egrederetur amicus. Tunc ait filiæ suæ : Extende lintheum super lectum mariti tui, quia manibus tuis et meis est compositum et contextum. Cui maritus : Et tu, domina, scis tale lintheum præparare ? Et illa : O fili, multa hujusmodi præparavi.

Ad hæc discipulus : Mirabile quid audivi, sed vellem amplius me instrueres, quia quanto plus ingenium illarum attendo, tanto magis ad mei custodiam exacuor. Respondit magister : Adhuc tibi dicam, et sic tibi ad instructionem exempla nostra sufficient. Discipulus : Ut placet.

FABULA IX.

Relatum est, inquit iterum, quod quidam proficiscens commisit conjugem suam socrui suæ servandam. Uxor autem introduxit amatum juvenem. Quibus epulantibus dominus veniens januam pulsavit. Surrexit itaque uxor ei dimisit maritum intrare ; sed mater cum amasio filiæ remanens, quia locus ubi absconderetur non erat, quid faceret prius dubitavit. Sed dum filia suo aperiret ostium marito, arripuit vetula nudum gladium et commisit amasio, jussitque ut ante ostium in introitu mariti filiæ suæ stricto gladio staret, et si aliquid ei mariturus loqueretur, nihil responderet. Fecit ut jusserat, et aperto ostio, ut illum maritus sic stare vidit substitit. Quis, in-

---

(19) Cap. v, vers. 8. אל תקרב אל פתח ביתה

(20) V. 2, 3, 4, 5, 6, et alibi passim.

quit, tu es? Quo non respondente cum primum obstupuisset, tunc magis extimuit. Respondit intus vetula : Care gener, tace, ne aliquis te audiat. Ad hæc ille magis mirans : Quid hoc est, inquit, cara domina? Tunc mulier? Bone fili, venerant huc tres persequentes istum, et nos aperto ostio hunc cum suo gladio intrare permisimus donec discederent qui illum interficere volebant, qui tunc timens te aliquem ex illis esse, stupefactus nihil tibi respondit. Et ait : Bene habeas, domina, quæ hoc modo hunc liberasti a morte; et introiens advocavit amasium uxoris suæ et secum sedere fecit, sicque dulcibus alloquiis delinitum circa noctem exire dimisit.

Discipulus : Miranda dixisti, sed nunc magis illarum præsumptuosam miror audaciam. Volo tamen ut adhuc mihi de earum ingeniis, si non fuerit grave, dicas. Quantum enim magis dixeris, tantum majora mereberis. Ad quod magister : Nonne tibi sufficiunt ista ? Tria tibi narravi, et tu nondum desinis instigare ? Discipulus : Tria dicendo nimium auges recitando numerum, si pauca sonuerunt verba. Dic ergo unum quod longa verbositate meas repleat aures, et sic mihi sufficiet. Magister : Cave ne contingat inter nos quod inter regem et suum accidit fabulatorem. Discipulus : Quid, care magister, quid tandem accidit ?

FABULA X

Rex quidam suum habuit fabulatorem qui singulis noctibus quinque sibi narrare fabulas consueverat. Contigit tandem quod rex curis quibusdam sollicitus minime posset dormire, pluresque solito quæsivit audire fabulas. Ille autem tres super hoc narravit fabulas, sed parvas. Quæsivit rex plures. Ille vero nullatenus voluit, dixerat enim, sicut visum fuerat sibi, multas. Ad hæc rex : Plurimas jam narrasti, sed brevissimas : vellem te aliquam rem narrare quæ multis producatur verbis, et sic te dormire permittam. Concessit fabulator et sic incipit :

Erat quidam rusticus qui mille solidos habuit. Hic autem proficiscens comparavit bis mille oves, singulas sex denariis. Accidit eo redeunte quod magna inundatio aquarum succresceret, qui cum neque per pontem, neque per vadium transire posset, abiit sollicitus quærens quocum ovibus suis transvehi posset. Invenit tandem exiguam naviculam, et necessitate coactus duas oves imponens aquam transiit. His dictis fabulator obdormivit. Rex siquidem illum excitans ut fabulam quam inceperat finiret, commonuit. Fabulator ad hoc : Fluctus ille magnus est, navicula autem minima, et grex ovium innumerabilis, permitte ergo supradictum rusticum suas transferre oves, et quam incepi fabulam ad finem perducam.

Fabulator etenim hoc modo regem longas audire fabulas gestientem pacificavit. Quod si amplius me prædictis etiam alia subtexere compuleris, jam dicti præsidio exempli me deliberare conabor. Discipulus : Dictum est in antiquis proverbiis quod non eadem compunctione dolet qui pro muneribus lacrimatur,

et qui sui corporis dolere gravatur. Neque regem adeo dilexit fabulator sicut et tu me diligis. Voluit enim fabulis suis eum aliquantum seducere, sed prælibata mulierum ingenia pande. Magister.

FABULA XI

Dictum est quod quidam nobilis progenie haberet uxorem castam nimium et formosam. Contigit forte quod orationis studio Romam vellet adire, sed alium custodem uxoris suæ nisi semetipsam noluit deputare, illius castis moribus satis confisus et probitatis honore. Uxor vero caste vivendo et in omnibus prudenter agens remansit. Accidit tandem quod necessitate compulsa a domo sua propria suam conventura viciniam egrederetur, quæ peracto negotio ad propria remeavit. Quam juvenis aspectam ardenti amore diligere cœpit, et ad eam plurimos direxit nuncios, cupiens ab illa quantum amabat amari. Quibus contemptis eum penitus sprevit. Juvenis cum se sic contemptum sentiret, dolens adeo efficitur ut nimio infirmitatis onere gravaretur, sæpius tamen illuc ibat quo dominam egressam viderat, desiderans eam convenire, sed nequaquam valuit efficere. Cui præ dolore lacrimanti sit obvia anus religionis habitu decorata quærens quænam esset causa quæ eum dolore compelleret ; sed juvenis quid in sua versabatur conscientia minime detegere volebat. Ad quem anus : Quanto quis infirmitatem suam medico revelare distulerit, tanto graviori morbo attritus fuerit. Quo audito narravit ex ordine quæ acciderant et suum propalavit secretum. Cui anus : De his quæ jam dixisti Dei auxilio remedium inveniam, et eo relicto ad propria remeavit. Quæ caniculam quam apud se habebat, duobus diebus jejunare coegit. Die tertia panem synapi confectum jejunanti largita est, quæ dum gustaret, pro amaritudine oculi ejus lacrimari cœperunt. Deinceps anus illa ad pudicæ domum fœminæ perrexit quam juvenis prædictus adamavit, quæ honorifice pro magna religionis specie ab ea suscepta est. Hanc autem sua sequebatur canicula. Cumque vidisset mulier illa caniculam lacrimantem, quæsivit quod haberet et quare lacrimaretur. Anus ad hoc : Cara amica, ne quæras quid sit, quia adeo magnus dolor est quod nequeo dicere. Mulier magis instabat ut diceret, cui anus : Hæc quam conspicis caniculam mea erat filia casta nimis et decora, quam juvenis adamavit quidam ; sed adeo casta erat, ut eum omnino sperneret, et ejus amorem respueret. Unde dolens adeo efficitur, ut magna ægritudine stringeretur, pro qua culpa miserabiliter hæc supra dicta filia mea in caniculam mutata est. His dictis præ nimio dolore erupit in lacrimas anus illa. Ad hæc fœmina : Quid, cara domina, similis peccati conscia, quid, inquam, factura sum ? Me etenim dilexit juvenis, sed amore castitatis eum contempsi, et simili modo ei contigit. Cui anus : Laudo tibi, cara amica, ut quam citius poteris hujus miserearis et quod quærit facias, ne et tu simili modo in canem muteris. Si enim scirem inter juvenem prædictum et filiam meam amorem, numquam in canem mutaretur filia. Cui ait mulier casta : Obsecro ut consilium hujus rei utile dicas, ne propria forma privata efficiar canicula. Anus : Libenter pro Dei amore et remedio animæ meæ, et quia misereor tui, hunc supradictum juvenem quæram, et si quo invenire potero, ad te reducam. Cui gratias egit mulier, et sic anus artificiosa dictis fidem præbuit. Quem promisit reduxit juvenem, et sic eos adsociavit.

Discipulus magistro : Numquam audivi tam mirabile quod et puto fieri arte dyaboli. Magister : Ne dubites. Discipulus : Spero quod si quis tam sapiens erit ut semper timeat se posse decipi arte mulieris, forsitan ab illius ingenio se custodire valebit. Magister : Audivi de quodam homine qui multum laboravit ut suam custodiret, sed nihil profuit. Discipulus magistro : Dic mihi quid fecit, ut melius sciam, si quam duxero, illam custodire. Magister :

FABULA XII.

Quidam juvenis fuit qui totam intentionem suam et totum sensum et adhuc totum tempus suum misit ad hoc ut sciret omnimodam artem mulieris, et hoc facto voluit ducere uxorem. Sed primitus perrexit quærere consilium et sapientiorem illius regionis adiit hominem. Qualiter custodire posset quam ducere volebat quæsivit uxorem. Sapiens vero hoc audiens sibi dedit consilium quod construeret domum altis parietibus lapideis, poneretque intus mulierem, daretque sibi satis ad comedendum et non superflua indumenta, faceretque ita domum quod non esset in ea nisi solum ostium solaque fenestra per quam videret, et tali altitudine per quam nemo intrare posset vel exire. Juvenis vero, audito consilio sapientis, sicuti ei jusserat egit. Mane vero cum juvenis exibat de domo, ostium firmabat et similiter quando intrabat. Quando autem dormiebat, sub capite suo clavem abscondebat. Hoc autem longo tempore egit. Quadam vero die dum juvenis iret ad forum, mulier, ut erat solita facere, ascendit fenestram et euntes et redeuntes intente aspexit. Hac una die cum ad fenestram staret, vidit quemdam juvenem formosum corpore atque facie, quo viso statim illius amore succensa fuit, et ut supradictum est, custodita cœpit cogitare quomodo et qua arte posset loqui cum adamato juvene. At ipsa plena ingenio ac dolositatis arte cogitavit quod claves domini sui furaretur dum dormiret, et ita egit. Hæc vero assueta erat dominum suum unaquaque nocte inebriare vino ut securius ad amicum suum posset exire et suam voluntatem explere. Dominus vero illius philosophicis jam edoctus monitis sine dolo nullos esse mulieribus actus, cœpit cogitare quid sua conjux strueret frequenti et cotidiana potatione, quod ut sub occulto poneret se finxit ebrium esse. Cujus rei mulier inscia de lecto nocte consurgens, perrexit ad ostium domus, et aperto exivit ad amicum. Vir autem suus in silentio noctis suaviter consurgens, venit ad ostium et apertum clausit, firmavit, fenestram ascendit, stetitque ibi donec in camisia uxorem suam revertentem vidit, quæ domum rediens ostium pulsavit. Vir mulierem suam audiens et videns, ac si nesciret interrogavit quis esset. At ipsa culpæ veniam petens et numquam amplius se hoc facturum promittens nihil profecit, sed vir iratus ait quod eam non intrare permitteret, sed esse suum suis parentibus ostenderet. At ipsa magis et magis clamans dixit quod nisi ostium recluderet, in puteum qui juxta domum erat saliret et ita vitam finiret, sicque de morte sua amicis et propinquis rationem redderet. Spretis minis dominus suæ mulieris, intrare non permisit. Mulier vero plena arte et calliditate sumpsit lapidem quem projecit in puteum, hac intentione ut vir suus audito sonitu lapidis in puteum ruentis putaret sese in puteum cecidisse, et hoc peracto mulier post puteum se abscondit. Vir simplex atque insipiens audito sonitu lapidis in puteum ruentis, mox de domo egrediens, celeri cursu ad puteum venit, putans verum esse quod mulierem audisset cecidisse. Mulier vero videns ostium domus apertum, et non oblita est suæ artis, intravit domum, firmatoque ostio ascendit fenestram. Ille autem videns se esse deceptum, inquit : O mulier fallax, plena arte dyaboli, permitte me intrare, et quidquid mihi foris fecisti me condonaturum tibi crede. At illa eum increpans introitumque domus omnino et sacramento denegans ait : O seductor, tuum esse atque tuum facinus parentibus tuis ostendam, quia unaquaque nocte es sollicitus ita furtim a me exire et meretrices adire ; et ita egit. Parentes vero hæc audientes atque verum existimantes increpaverunt eum, et ita mulier illa liberata arte sua flagitium quod meruerat in virum detrusit, cui nihil profuit immo offuit mulierem custodisse. Nam iste etiam accidit cumulus miseriæ quod existimatione plurimorum quod patiebatur meruisse crederetur, unde quidem bonis quampluribus pulsus, dignitatibus exutus, existimatione fœdatus ob uxoris maliloquium, incestus tulit supplicium.

Discipulus : Nemo est qui ab ingenio mulieris custodire se possit, nisi quem Deus custodierit, et hæc talis narratio ne ducam uxorem magna est dehortatio. Magister : Non debes omnes mulieres credere tales esse, quoniam magna bonitas atque castitas in multis repperitur mulieribus, et scias in bona muliere bonam societatem repperiri posse. Bona mulier fidelis custos est et bona domus. Salomon in fine libri Proverbiorum suorum viginti duos versus de laude atque bonitate mulieris bonæ composuit (21). Discipulus ad hæc : Bene me confortasti, sed audisti tamen aliquam mulierem quæ sui sensus ingenium niteretur in bonum mittere? Magister : Audivi. Discipulus : Refer mihi de illa, quia videtur mihi res nova. Magister :

FABULA XIII.

Dictum fuit mihi quod quidam Hispanus perrexit

(21) Cap. xxxi, 10-31. אשת־חיל מי ימצא

Mech, et dum ibat pervenit in Ægyptum, qui deserta terræ intrare volens et transire, cogitavit quod pecuniam suam in Ægypto dimitteret, et antequam dimittere voluisset interrogavit si aliquis fidelis homo esset in illa regione cui posset committere pecuniam suam, et ostenderunt ei antiquum hominem nominatum probitate fidelitatis, cui de suo mille talenta commisit, demum perrexit, factoque itinere ad illum rediit cui pecuniam commisit, et quod commiserat ab eo quæsivit. At ille plenus nequitiæ illum numquam antea se vidisse dicebat. Ille vero sic deceptus perrexit ad probos homines regionis illius, et quomodo tractasset eum homo ille cui pecuniam commiserat eis retulit. Vicini vero illius de eo talia audientes credere noluerunt, sed nihil hoc esse dixerunt. Qui vero pecuniam perdiderat, unaquaque die ad domum illius qui retinebat injuste pecuniam ibat, blandisque precibus eum deprecabatur ut pecuniam redderet, quod deceptor audiens, increpavit eum dicens ne amplius tale quid de eo diceret vel ad eum veniret, quod si faceret, pœnas ex merito subiret. Auditis minis illius qui eum deceperat, tristis cœpit redire, et in redeundo obviavit cuidam vetulæ pannis heremitalibus indutæ. Hæc autem baculo suo fragiles artus sustentabat, et per viam laudando Deum lapides ne transeuntium pedes læderentur locabat. Quæ videns hominem flentem, cognovit eum esse extraneum. Commota pietate in angiportum vocavit et quid ei accidisset interrogavit. At ille ordinate narravit. Fœmina auditis verbis ejus inquit : Amice, si vera sunt quæ retulisti, feram tibi inde auxilium. Et ille : Quomodo potes hoc facere, ancilla Dei? At illa inquit : Adduc mihi hominem de terra tua cujus factis et dictis fidem habere possis. At ille adduxit. Demum decepti socio præcepit decem cofros externis pretiosis depictos coloribus, atque ferro deargentato ligatos cum bonis seris emere et ad domum sui hospitis afferre, lapidibusque comminutis implere. At ipse ita egit. Mulier vero ut vidit omnia illa quæ præceperat esse parata, ait : Nunc decem homines perquire qui euntes ad domum illius qui te decepit mecum et cum socio tuo deferant scrinios unus post alium venientes ordine longo, et quam cito primus venerit ad domum hominis qui te decepit et requiescet ibi, veni et interroga pecuniam, et ego tam confido in Deum quod reddita tibi tua pecunia fuerit. At ipse sicuti vetula jusserat fecit, quæ non oblita incepti quod præceperat, iter incepit et venit cum socio decepti ad domum deceptoris et inquit : Quidam homo de Hyspania hospitatus mecum fuit et vult Mech adire, quæritque antea pecuniam suam quæ est in decem scriniis servandam alicui homini donec revertatur commendare : precor itaque ut mei causa in æde tua custodias, et quia audivi et scio te bonum hominem et fidelem esse, nolo aliquem alium præter te solum hujus pecuniæ commendatorem adesse. Et dum ita loqueretur venit primus deferens scrinium, aliis a longe apparentibus. Interim deceptus præceptorum vetulæ non oblitus, post primum scrinium sicut ei præceptum fuerat venit. Ille vero qui pecuniam celaverat, plenus nequitiæ et malæ artis, ut vidit hominem venientem cui pecuniam celaverat, timens ne si pecuniam requireret, alius qui suam pecuniam adducebat non committeret, contra eum ita dicendo perrexit : O amice, ubi fuisti et ubi diutinasti? Veni et accipe pecuniam fidei meæ jamdiu commendatam, quia inveni et amodo tædet me custodire. At ille lætus et gaudens recepit pecuniam gratias agens. Vetula, ut vidit hominem pecuniam suam habere, surrexit et inquit : Ibimus ego et socius meus contra scrinios nostros et festinare præcipiemus; tu vero expecta donec redeamus et bene serva quod jam adduximus. Ille autem lætus animo quod acceperat servavit, adventumque eorum, quod adhuc potest, expectavit; et ita bono ingenio vetulæ reddita fuit viro summa pecuniæ.

Discipulus : Istud mirum fuit ingenium atque utile, nec puto quod aliquis philosophus subtilius cogitaret per quod levius vir suam pecuniam recuperaret. Magister : Bene posset philosophus suo facere naturali ingenio. Discipulus : Hoc bene credo; sed si aliquem philosophorum hujus modi reposuisti in cordis armariolo, largire mihi discipulo, et ego fideli memoriæ commendabo, ut quandoque discipulis lacte philosophiæ educatis delicatissimum largiri possim alimentum. Magister.

FABULA XIV.

Contigit quod quidam homo habuit filium cui post mortem suam nihil præter domum dimisit. Iste cum magno labore corpori suo vix etiam quæ natura exigit suppeditabat, et tamen domum suam, licet magna coactus inedia, vendere nolebat. Habebat autem puer iste quemdam vicinum valde divitem qui domum emere cupiebat ut suam largiorem faceret. Puer autem nec prece, nec pretio vendere volebat. Quod postquam iste dives comperit quibus ingeniis et quibus artibus puero subtraheret domum cogitabat; at juvenis secundum posse suum familiaritatem ejus devitavit. Denique contristatus dives ille causa domus et quod non posset puerum decipere, quadam die venit ad puerum et inquit ei : O puer, accommoda mihi partem parvam tuæ curiæ pretio, quoniam in ea sub terra decem tonellos cum oleo custodire volo, et nihil tibi nocebunt, sed habebis inde aliquod sustentamentum vitæ. Puer autem coactus necessitate concessit et dedit ei claves domus. Juvenis vero iterum more solito liberis liberaliter serviens victum perquisivit. At dives homo acceptis clavibus curiam juvenis suffodiens, quinque tonellos plenos oleo ibi recondidit et quinque dimidios, et hoc facto juvenem advocavit clavesque domus illi tribuens inquit : O juvenis, oleum meum tibi committo et in tua custodia trado. Juvenis simplex putans omnes tonellos esse plenos, in custodia recepit. At post longum tempus contigit quod in terra illa oleum carum fuit. Dives hæc audiens, puero inquit : O amice, veni et juva me oleum effodere quod tuæ jamdudum mandavi custodiæ, et laboris præmium accipies et tutelæ. Juvenis audita prece cum pretio diviti concessit ut secundum posse suum eum juvaret. Dives non oblitus suæ fraudis nequissimæ, adduxit homines ut oleum emerent. Quibus adductis, terram aperuerunt, et quinque plenos tonellos et quinque dimidios invenerunt. Perceptis talibus vocavit puerum ita dicendo : Amice, causa tuæ custodiæ amisi oleum ; insuper quod tibi commisi fraudulenter abstulisti, quapropter volo ut mihi mea restituas. Illis dictis eum cepit et vellet nollet ad justitiam deduxit. Justitia eum videns accusavit, sed juvenis quid contra diceret nescivit, attamen inducias unius diei quæsivit, quod justitia, quia justum erat, concessit. In civitate autem illa morabatur quidam philosophus qui cognominabatur Auxilium egentium, bonus homo et religiosus. Juvenis audito bonitatis illius præconio perrexit ad eum, quæsivitque ab eo consilium dicens : Si vera sunt quæ de te mihi referentibus multis dicta sunt more domestico, fer mihi auxilium, etenim injuste accusor. Philosophus audita prece juvenis interrogavit si juste vel injuste accusarent eum. Juvenis vero quod injuste accusaretur firmavit sacramento. Audita rei veritate philosophus pietate commotus ait : Auxiliante Deo feram tibi auxilium; sed sicut a justitia respectum usque in crastinam diem accepisti, noli dimittere quin eas ad placitum, ero tibi paratus succurrere tuæ veritati atque eorum nocere falsitati. Juvenis autem quod philosophus eum jusserat egit. Mane autem facto, venit philosophus ad justitiam, quem postquam vidit justitia ut sapientem et philosophum vocavit, vocatumque juxta se sedere fecit. Inde justitia vocavit accusantes et accusatum, præcepitque quod suorum recordarentur placitorum et ita fecerunt. Illis vero astantibus, justitia ait philosopho quod causas audiret et inde judicium faceret. Inde philosophus : Præcipe, justitia, clarum oleum de quinque tonellis plenis mensurari, et scias quantum sit tibi clari olei, et similiter de quinque dimidiis, et scias quantum ibi clari olei fuerit. Deinde spissum oleum de quinque plenis tonellis sit mensuratum et scias quantum spissi olei in eis sit, et similiter de quinque dimidiis facias mensurari, et scias quantum spissi olei fuerit ibi ; et si tantum spissi olei inveneris in dimidiis tonellis quantum in plenis, scias oleum fuisse furatum. Et si in dimidiis tonellis inveneris talem partem spissitudinis qualem oleum clarum ibi existens exigit quod quidem et in plenis tonellis invenire poteris, scias oleum non fuisse furatum. Justitia hæc audiens confirmavit judicium, factumque est ita, et hoc modo juvenis evasit sensu philosophi. Finitis placitis juvenis philosopho grates reddidit. Tunc philosophus ait illi : Numquamne illud philosophi audisti ? Non emas domum antequam cognoscas vicinum. Ad hoc juvenis : Primum habuimus domum antequam juxta nos hospitaretur. Cui philosophus : Primum vendas quam maneas juxta malum vicinum.

Discipulus : Tale judicium apparet esse philosophi, et hoc est gratia Dei. Merito vocatus est hoc nomine Auxilium miserorum. Iterum discipulus : Etsi jam audita mente sedeant, ad audiendum plura incitant. Magister inquit : Libenter tibi dicam, et sic inquit :

FABULA XV.

Dictum fuit de quodam divite in civitatem eunte quod sacculum cum mille talentis deferret secum, et insuper aureum serpentem oculos habentem jacinctinos in sacculo eodem, quod totum simul amisit. Quidam vero pauper iter faciens invenit, deditque uxori suæ, et quomodo invenisset retulit. Mulier hoc audiens ait : Quod Deus dedit custodiamus. Alia die per viam præco ita clamando perrexit : Qui talem censum invenit reddat, et absque aliquo peccato centum talenta inde habeat. Hæc audiens inventor census, dixit uxori : Reddamus censum et absque peccato centum talenta inde habeamus. Inde mulier ait : Si Deus illum voluisset hunc censum habere, non amisisset ; quod Deus donavit custodiamus. Inventor census ut redderetur elaboravit, at ipsa omnino denegabat, et tamen vellet nollet mulier, dominus reddidit et quod præco promiserat expetiit. Dives autem plenus nequitiæ ait : Adhuc alium serpentem mihi deesse sciatis. Hoc prava intentione dicebat ut pauperi homini talenta non redderet promissa; pauper vero se nihil amplius invenisse dicebat. At homines civitatis illius diviti faventes pauperi derogantes inexorabile contra fortunam pauperis odium gerentes, illum ad justitiam provocaverunt. Pauper autem, ut supra dictum est, se nihil amplius invenisse dicebat. Sed dum sermo hujuscemodi pauperum divitumque per ora discurreret ministris referentibus tandem percussit ora regis. Quod simul audivit divitem et pauperem et pecuniam sibi præsentari præcepit. Adductis omnibus, philosophum scilicet Auxilium miserorum cum aliis sapientibus ad se vocavit, eisque accusatoris vocem et accusati audire et enodare præcepit. Philosophus hæc audiens, commotus pietate pauperis ait : Auxiliante Deo te liberare conabor. Ad hoc pauper : Scit Deus quia reddidi quantum inveni. Inde philosophus ad regem : Si rectum judicium inde vobis audire placuerit, dicam. Rex hæc audiens ut judicaret rogavit. Tunc philosophus regi : Iste homo dives bonus est multum, et non est credibile cum aliquid interrogare quod non amisisset; ex alia parte credibile mihi videtur quod iste pauper homo nihil amplius invenit quam reddidit, quia malus homo si esset, non quod reddidit redderet, imo totum celaret. Inde rex : Quid autem inde judicas, philosophe ? Philosophus : Rex, sume censum, et da ex eo pauperi centum talenta, et quod remanserit serva donec veniat qui censum quærat, quia non est hic cujus iste census sit, et iste dives homo eat ad præconem et faciat interrogare sacellum cum duobus serpentibus. Regi autem placuit hoc judicium, atque omnibus ibi circumstantibus. Dives vero qui sacellum perdiderat, hoc audiens inquit : Bone rex, dico tibi in veritate censum istum fuisse meum, sed quia volebam pauperi homini quod præco promiserat auferre, dixi mihi alium serpentem adhuc deesse; sed modo, rex, mei miserere, et quod præco promisit reddam pauperi. Inde rex censum reddidit diviti, dives pauperi. Ita philosophus sensu et ingenio pauperem liberavit.

Discipulus: Apparet hoc esse ingenium philosophiæ: hoc exemplo non est mirum quod de duabus mulieribus Salomon judicavit (22).

Philosophus ait: Ne aggrediaris viam cum aliquo nisi prius eum cognoveris. Si quisquam ignotus tibi in via associaverit iterque tuum investigaverit, dic te velle longius ire quam disposueris, et si detulerit lanceam, vade ad dexteram; si ensem, ad sinistram. Arabs castigavit filium suum dicens: Sequere calles quamvis sint semitis longiores. Item accipe puellam in uxorem quamvis sit vetula, et iterum fer merces tuas ad magnas civitates quamvis vilius ibi vendere putes. Ad hæc filius:

FABULA XVI.

Verum est quod dixisti de magnis viis, nam quadam die dum ego et socii mei perrexerimus ad urbem sole ad occasum propinquante et adhuc longe essemus a civitate, vidimus semitam quæ secundum visum ituris ad civitatem promittebat compendium. Invenimus senem a quo requisivimus de itinere illius semitæ: at senex ait: Propius semita ducit ad civitatem quam magna via, et tamen citius per magnam viam ad civitatem venietis quam per semitam. Hæc audientes illum pro stulto habuimus, et magnam viam prætermittentes semitæ declinavimus, quam insistentes ad dexteram et ad sinistram quanta fuit nox deerravimus, nec ad civitatem pervenimus. At si per callem tendissemus, procul dubio media nocte civitatem subintrassemus.

Pater ad hæc: Hoc nobis alia vice evenit cum pergeremus per magnam viam ad civitatem. Præerat nobis fluvius quem quocumque modo transituri eramus antequam civitatem intraremus, sicque nobis iter agentibus in duas partes secta est via, quarum una ad civitatem per vadum, altera per pontem ducebat. Demum quemdam senem vidimus quem de duabus viis quæ prius duceret ad civitatem interrogavimus. Senex ait: Brevior est via per vadum ad civitatem duobus miliariis quam via per pontem, sed tamen citius potestis ire per pontem. Et quidam ex nostris illum senem sicut vos vestrum antea deriserunt et per vadum iter aggressi sunt; sed eorum alii socios submersos dimiserunt, alii equos et sarcinas perdiderunt, quidam vero per amnem madefactos alios omnino amissos defleverunt, sed nos et senex noster qui per pontem transivimus sine impedimento et absque omni incommodo processimus et eos super ripam fluminis adhuc jacturam deflentes repperimus. Quibus flentibus et cum rastris et sagena ima fluvii perscrutantibus senex ait: Si nobiscum per pontem perrexissetis, non ita contigisset. Aiunt: Hoc fecimus quia viam tardare nolebamus.

Ad hæc senex: Nunc magis tardati estis, et illis relictis læti subintravimus portas urbis. Tale est proverbium quod audivi: Magis valet longa via quæ ad paradisum, quam brevis ad infernum.

Arabs castigavit filium. Fili, si fueris in via cum aliquo socio, dilige eum sicut te ipsum, et ne mediteris aliquem decipere ne et tu decipiaris veluti duobus contigit burgensibus et rustico. Filius: Refer mihi ut aliquid utilitatis inde accipiant posteri.

FABULA XVII.

Dictum fuit de burgensibus duobus et rustico causa orationis Mech adeuntibus quod essent socii victus donec venirent Mech, et tunc defecit illis cibus ita quod non remansit eis quicquam nisi tantum farinæ qua solum panem et parvum facerent. Burgenses vero hoc videntes dixerunt ad invicem: Parum panis habemus et noster multum comedit socius, quapropter oportet nos habere consilium quomodo sibi partem panis auferre possimus, et quod nobiscum debet soli comedamus. Deinde acceperunt hujuscemodi quod facerent panem et coquerent, et dum coqueretur dormirent, et quisquis eorum mirabiliora somniando videret, solus panem comederet. Hæc artificiose dicebant quia simplicem rusticum ad hujusmodi fictitia deputabant. Et fecerunt panem quem coxerunt, demum jacuerunt ut dormirent. At rusticus, percepta eorum astutia, dormientibus sociis, traxit panem semicoctum, comedit et iterum jacuit. Unus de burgensibus sicut somno perterritus esset evigilavit sociumque vocavit, cui alter de burgensibus ait: Quid habes? At ille inquit: Mirabile somnium vidi, nam mihi visum fuit quod duo angeli aperiebant portas cœli et me sumentes ducebant ante Deum. Cui socius: Mirabile est hoc somnium quod vidisti; at ego somniavi quod a duobus angelis me ducentibus et terram findentibus in infernum ducerer. Rusticus hoc totum audiebat et se dormire fingebat; sed burgenses decepti decipere volentes ut evigilarent rusticum vocaverunt. Rusticus vero callide et ut territus esset respondit: Qui sunt qui me vocant? At illi: Socii tui sumus. Et rusticus: Redistis jam? At ipsi contra: Quo perreximus unde redire debeamus? Ad hoc rusticus: Nunc visum erat mihi quod duo angeli unum ex vobis accipiebant et aperiebant portas cœli, ducebantque illum ante Deum; deinde alium accipiebant duo alii angeli, et aperta terra ducebant in infernum, et his visis putavi neminem jam amplius rediturum, et surrexi et panem comedi.

O fili! sic evenit eis qui socium decipere voluerunt, quia suo ingenio decepti fuerunt. Tunc filius: Ita evenit eis sicut in proverbio dictum est: Qui totum voluit, totum perdidit. Hæc est autem natura canis cui faverunt illi quorum unus alii cibum auferre cupit, sed si naturam cameli sequerentur, mitiorem naturam imitarentur; nam talis est natura cameli, quando insimul datur præbenda multis, nullus eorum comedet donec omnes edant insimul; et si unus infir-

---

(22) III Reg., cap. III, 27. וַיַּעַן הַמֶּלֶךְ וַיֹּאמֶר תְּנוּ לָהּ אֶת הַיָּלוּד הַחַי וְהָמֵת לֹא תְמִיתֻהוּ הִיא אִמּוֹ.

matur quod nequeat comedere, donec removeatur alii jejunabunt. Isti burgenses postquam volebant animalem naturam sibi sumere, mitissimi animalis naturam sibi debuissent vendicare, et merito cibum amiserunt. Quin etiam hoc eis evenisse voluissem quod magistro meo narrante jamdudum audivi evenisse incisori regis pro discipulo suo proprium nomen Nediu, ut fustibus cæderentur. Pater ad hæc : Dic mihi, fili, quid audisti quomodo contigit discipulo, quoniam talis narratio animi erit recreatio. Filius :

FABULA XVIII.

Narravit mihi magister meus quemdam regem habuisse incisorem qui diversos diversis temporibus aptos ei incidebat pannos. At ille discipulos sutores habebat quorum quisque artificiose suebat quod magister incisor regis incidebat. Inter quos unus erat discipulus nomine Nediu qui socios arte sutoria superabat. Sed die festo veniente rex suorum incisorem pannorum vocavit et pretiosas vestes sibi et familiaribus parari præcepit. Quod ut citius et sine impedimento fieret, unum de camerariis suis eunuchum cujus illud erat officium sutoribus custodem addidit, et ut eorum curvos ungues observaret, et eis ad sufficientiam necessaria ministraret rogavit. Sed in una dierum ministri calidum panem et mel cum aliis ferculis incisori et consociis comedendum dederunt, et qui aderant comedere cœperunt. Quibus epulantibus eunuchus : Quare absente Nediu comeditis nec illum expectatis ? Magister inquit : Quia mel non comederet etiamsi adesset ; et comederunt. Deinde venit Nediu et ait : Quare me absente comedisti, nec partem meam reservastis ? Eunuchus ad hæc : Magister tuus dixit quod mel non comederes etiamsi adesses. At ille tacuit et quomodo magistro suo illud recompensare posset cogitavit. Et hoc facto, magistro absente, Nediu secreto dixit eunucho : Domine, magister meus quandoque frenesim patiens sensum perdit et indiscrete circumstantes verberat et interimit. Cui eunuchus : Si scirem horam quando ei contingit, ne quid inconsulte ageret ligarem et loris corrigere constringerem. At Nediu ait : Cum videris eum huc et illuc aspicientem et terram manibus verberantem et a sua sede surgentem et scamnum super quod sedet manu rapientem, tunc scias eum esse insanum, et nisi tibi et tuis provideris, caput fuste dolabit. Talibus dictis Nediu sequenti die magistri sui forfices secreto abscondit, at incisor quærens forfices et non inveniens, cœpit manibus terram percutere et huc et illuc aspicere et a sua sede surgere et scamnum super quod sedebat manu dimovere. Hæc videns eunuchus statim suos vocavit clientes præcepitque incisorem ligari et ne aliquos verberaret graviter verberari. Sed incisor clamabat ita dicendo : Quid foris feci, ut quid talibus me affligitis verberibus ? At illi acrius verberando tacebant. Quando autem lassi fuerunt verberando exosum vitæ solverunt, qui respirans sed longo temporis intervallo

(23) Levitic. xix, 18. אהבת לרעך כמוך.

quæsivit ab eunucho quid foris fecisset. Eunuchus ad hoc : Dixit mihi Nediu discipulus tuus quod quandoque insanires et non nisi vinclis et verberibus correptus cessares, et ideo te ligavi. Hoc audito incisor Nediu discipulum suum vocavit et ait : Amice, quando me novisti insanum ? Ad hoc discipulus : Quando novisti me mel non comedere ? Eunuchus et alii hæc audientes riserunt, et utrumque merito pœnas suscepisse judicaverunt.

Ad hoc pater : Merito hoc illi accidit, quia si custodiret quod Moyses præcepit ut diligeret fratrem suum sicut seipsum (23), non hoc ei evenisset.

Castigavit filium suum dicens : Vide ne imponas aliquod crimen socio tuo servo sive libero, ne ita tibi contingat sicut duobus joculatoribus contigit ante regem. Ad hoc filius : Narra mihi, pater, obsecro. Pater : Fiat.

FABULA XIX.

Venit quidam joculator ad regem, quem vocatum rex cum alio joculatore fecit sedere atque comedere ; sed qui prius erat joculator cœpit invidere supervenienti quem rex sibi præferebat et omnes aulici. Quod ne duraret diu pudorem illi facere ut sic saltem aufugeret cogitavit. Itaque nescientibus aliis ossa latenter primus joculator coordinavit et ante socium posuit, finitoque prandio in opprobrium socium conjectans struem ossium regi ostendit et mordaciter inquit : Domine, socius meus omnium ossium istorum vestituram comedit. Rex vero torvis oculis respexit. Accusatus autem regi ait : Domine feci quod natura humana requirebat, carnes comedi et ossa dimisi ; socius autem meus fecit quod sua natura scilicet canina inquirebat, quia comedit carnes et ossa.

Dixit philosophus : Honora minorem te et da sibi de tuo sicut vis quod major te honoret et de suo tibi tribuat. Alius : Turpe quidem est multum diviti esse avarum, mediocri pulchrum esse largum. Discipulus ait : Diffinitionem largi et avari et prodigi mihi subscribe. Pater : Qui dat quibus dandum est, et retinet quibus retinendum est, largus est; qui prohibet quibus prohibendum non est, avarus est: qui dat quibus dandum est et quibus non est dandum, prodigus. Alius : Noli associari rei deficienti et ne proponas te rei crescenti. Alius : Magis valet parva beatitudo quam plena domus auro et argento. Alius : Utilia perquire magno sensu, non magna velocitate. Alius : Ne respicias ditiorem te ne in eum pecces ; sed respice pauperiorem te et inde grates Deo redde. Alius : Non deneges Deum pro paupertate, pro divitiis noli superbire. Alius : Quisquis multa cupit, majorum fame tabescit. Alius : Si vis in hoc sæculo tantum habere quantum suffecerit naturæ, non multa te decebit congregare ; et si cupido satisfacere volueris animo, licet congregatis quæcunque in toto mundo ambitu continentur divitiis, sitis tamen ardebit habendi. Alius : Qui parce sua dispendit, diu durant ei possessa. Alius

Qui vult relinquere sæculum, videat ne aliquid retineat quod sit illius partium, quoniam tantumdem valent ac si paleis ignem extingueret. Alius : Qui pecuniam congregat multum laborat, vigiliis tabescit ne perdat, ad ultimum dolet quando perdit quod obtinuerat. Discipulus magistro : Laudas congregari pecuniam? Magister : Ita, acquire juste et in bono expende, nec in thesauro reconde. Alius : Ne desideres res alterius et ne doleas de amissis rebus, quoniam dolore nihil erit recuperabile; unde dicitur:

FABULA XX.

Quidam habuit virgultum in quo rivulis fluentibus herba viridis erat, et pro habilitate loci conveniebant ibi volucres modulamine vocum cantus diversos exercentes. Quadam die dum in suo fatigatus quiesceret pomerio, quædam avicula super arborem cantando delectabiliter sedit. Quam ut vidit et ejus cantum audivit, deceptam laqueo sumpsit. Ad quem avis : Cur tantum laborasti me capere, vel quod proficuum in mea captione sperasti habere. Ad hæc homo : Solos cantus tuos audire cupio. Cui avis : Pro nihilo, quia nec prece nec pretio cantabo. At ille : Nisi cantaveris, ite comedam. Et avis : Quomodo comedes? Si comederis coctam aqua, quid valebit avis tam parva? Et etiam caro erit hispida. Si assata ero, multo minor fuero; sed si me habere dimiseris magnam utilitatem consequeris. At ille contra : Quam? Avis : Ostendam tibi tres sapientes manerias quas majoris pretii facies quam trium vitulorum carnes. At ille securus promissi avem permisit abire. Cui avis ait : Unum est de promissis, ne credas omnibus dictis; secundum, quod tuum erit semper habe; tertium, ne doleas de amissis. Hoc dicto, avicula arborem conscendit et dulci canore dicere cœpit : Benedictus Dominus qui tuorum aciem oculorum clausit et sapientiam abstulit, quoniam si intestinorum plicas meorum perquisisses, unius ponderis unciæ jacinctum invenisses. Hæc audiens ille cœpit flere et palmis pectus percutere, quoniam fidem dictis præbuerat aviculæ. At avis ait illi : Cito oblitus es sensus quem tibi dixi. Nonne dixi tibi : Ne credas quicquid tibi dicetur? Quomodo credis quod in me sit jacinctus qui sit ponderis unius unciæ, cum ego tota non sum tanti ponderis? Et non dixi tibi : Ne doleas de rebus amissis? Quare pro jacincto qui in me est doles? Talibus dictis rustico deriso avis in nemoris avia devolavit.

Philosophus suum castigavit discipulum dicens : Quicquid invenies legas, sed non credas quicquid legeris. Ad hæc discipulus : Credo non esse verum quicquid est in libris, nam simile huic legi in libris et proverbiis philosophorum : Multæ sunt arbores, sed no omnes faciunt fructum; multi sunt fructus, sed non omnes comestibiles. Castigavit Arabs filium suum dicens : Fili, ne dimittas pro futuris præsentia, ne forsitan perdas utrumque, sicut evenit lupo de bobus promissis a rustico.

FABULA XXI.

Dictum namque fuit de aratore quod boves illius recto tramite nollent incedere, quibus dixit : Lupi vos comedant! Quod lupus audiens acquievit. Cum dies declinaret et jam rusticus de aratro boves solvisset, venit ad eum lupus dicens : Da mihi boves quos promisisti. Ad hæc arator : Si verbum dixi, non sacramento firmavi. Et lupus contra : Habere debeo quia concessisti. Dixerunt tandem quod irent ad judicium. Quod dum facerent vulpi obviaverunt. Quibus adeuntibus ait vulpes : Quo tenditis? Illi quod factum fuerat narraverunt vulpi. Quibus dixit: Pro nihilo alium quæritis judicem, quoniam rectum vobis faciam judicium; sed prius permittite loqui consilio uni ex vobis et deinde alii, et si potero vos concordare sine judicio, sententia celabitur; sin autem, in commune detur. At ipsi concesserunt. Vulpis primum locuta cum aratore ait : Da mihi unam gallinam et uxori meæ alteram, et habebis boves. Arator concessit, et hoc facto cum lupo loquitur dicens : Amice, audi : Meritis tuis procedentibus pro te debet, si qua est facundia, laborare. Tantum locuta sum cum rustico quod si boves illius dimiseris, omnino quietos, dabit tibi caseum ad magnitudinem clypei factum. Hoc lupus concessit. Cui vulpes ait : Concede aratorem boves suos ducere, et ego ducam te ad locum ubi parantur illius casei, ut quem volueris de multis eligere possis. Sed lupus astutæ vulpis deceptus verbis quietum abire permisit rusticum. Vulpes vero vagando huc et illuc quantum potuit lupum deviavit, quem veniente obscura nocte ad altum puteum deduxit, cui super puteum stanti formam lunæ semiplenæ in ima putei radiantis ostendit et inquit : Hic est caseus quem tibi promisi, descende si placet, et comede. Ad hæc lupus : Descende primitus, et si sola deferre non poteris, ut te juvem faciam quod hortaris. Et hoc dicto viderunt cordam pendentem in puteo in cujus caput erat urceola ligata et in alio capite cordæ altera urceola, et pendebant tali ingenio quod una surgente altera descendebat. Quod vulpes simul ac vidit quasi obsequens precibus lupi urceolam intravit et ad fundum venit. Lupus autem inde gavisus ait : Cur non affers mihi caseum? Vulpes ait : Nequeo præ magnitudine; sed intra aliam urceolam et veni sicut mihi spopondisti. Lupo intrante aliam urceolam, ponderis magnitudine ducta cito fundum petiit, altera surgente cum vulpe quæ erat levior. Vulpecula tacto ore putei foras exiliit et in puteo lupum dimisit, et ita quia pro futuro præsens dimisit, lupus merito boves et caseum perdidit.

Arabs castigavit filium suum : Ne credas omni consilio quod audies donec fuerit probatum in aliquo an sit utile, ne contingat tibi sicut latroni contigit qui consilio domini cujusdam domus credidit. Ad hæc filius : Quomodo, pater, evenit ei? Pater:

FABULA XXII.

Dictum est mihi quod quidam latro ad domum cujusdam divitis perrexit intentione furandi. Ascendens tectum ad fenestram per quam fumus exibat et si aliquis intus vigilaret auscultavit. Quod ut dominus domus comperit, suaviter suæ uxori ait : Interroga alta voce unde venit mihi iste tam magnus census quem habeo; quod ut rem scias multum elabora. Tunc ipsa alta voce ait : Domine, unde tam magnum censum habuisti cum numquam mercator fueris? At ille : Quod Deus donavit serva et fac inde voluntatem tuam et non inquiras unde mihi tanta pecunia venerit. At ipsa sicut injunctum fuerat, magis et magis ut rem sciret instigabat. Demum quasi coactus precibus uxoris suæ inquit dominus : Vide ne cuiquam secreta nostra detegas; latro fui. At ipsa ait : Mirum mihi videtur quomodo tam magnum censum latrocinio acquirere potuisti, quod numquam audivimus clamorem sive aliquam calumniam inde. At ipse ait : Quidam magister meus me carmen edocuit quod dicebam quando ascendebam super tectum et veniens ad fenestram accipiebam radium lunæ manu et carmen meum septies dicebam, scilicet, saulem, et ita descendebam sine periculo. Quidquid pretiosum inveniebam in domo corrodens sumebam. Hoc facto iterum ad radium lunæ veniebam, et eodem carmine septies dicto, cum omnibus in domo sumptis ascendebam, et quod sustuleram ad hospitium deferebam. Tali ingenio hunc quem possideo censum habeo. At mulier ait : Bene fecisti quod mihi talia dixisti, nam si quandoque filium habuero, ne pauper degat, hoc carmen docebo. At dominus inquit : Permitte me dormire quoniam somno aggravatus volo quiescere, et ut magis deciperet, quasi dormiens stertere cœpit. Perceptis denique talibus verbis, fur inde gavisus et dicto septies carmine, et sumpto manu radio lunæ, laxatis manibus et pedibus per fenestram in domum, magnum faciens sonum, cecidit et fracto crure et brachio congemuit. Ad dominus domus quasi nesciens inquit : Tu quis es qui ita cecidisti? Ad hæc latro : Ego sum ille fur infelix qui tuis credidi fallacibus verbis.

Ad hoc filius : Pater, tu benedicaris, quoniam dolosa edocuisti me vitare consilia. Philosophus : Cave consilium azimum donec sit fermentatum. Alius : Ne credas consilium monentis quod deneges alterius benefactum ; qui denegat coram oculis cernentis omnia se accusat. Alius : Si fueris in aliquo bono ne pecces inde, quoniam sæpissime maximum comminuitur bonum vel amittitur. Discipulus ad magistrum : Prohibuit philosophus benefactum negare. Ad hoc magister : Qui denegat benefactum, denegat Deum, et ille qui non obedit regi victori, est inobediens Deo. Discipulus : Ostende mihi rationem quomodo hoc esse possit. Magister : Nullum benefactum procedit de creatura et creaturæ nisi ex Deo procedat, et illi qui denegant benefactores, et ita denegant Deum. Alius : Custodi te a rege illo qui ferus est ut leo, cui est levis animus ut puer. Alius : Qui malum dicit de rege, ante tempus suum morietur. Alius : Diutius durare patitur Deus regnum regis in sua persona peccantis si bonus sit gentibus et mitis, quam faceret justo regi in sua persona si malus esset gentibus et crudelis. Alius . Tene rectam justitiam inter homines et diligenti te, nec properes ulli reddere mutuum boni vel mali, quia diutius expectabit te amicus, et diutius timebit te inimicus.

FABULA XXIII.

Plato retulit in libro de Prophetiis quod quidam rex erat in Græcia senex gentibus crudelis. Huic crevit maximum e multis partibus bellum, cujus ut sciret eventum, totius suæ regionis et viciniæ mandavit philosophos, quibus congregatis ait : Videte quoniam magnum mihi et vobis ingruat bellum, quod propter meum credo vobis evenire peccatum ; sed si aliquid est in me quod sit reprehendendum, dicite et vestro judicio corrigere festinabo. Philosophus : De criminalibus in corpore vestro nullum scimus, nec quid vobis et vobis venturum sit cognoscimus ; sed hic prope via trium dierum moratur quidam sapiens homo nomine Marianus, qui per Spiritum sanctum loquitur. Ad eum ergo de philosophis nostris aliquos legate, ipse vobis in tota vita vestra quid venturum sit per eos declarabit. His ita peractis septem philosophos ad eum misit, qui postquam ubi habitaverat intraverunt, urbem desertam illius maximam invenere partem ; sed illis quærentibus hospitium Mariani, dictum fuit quod ipse et multi de concivibus petissent heremum. Istis auditis perrexerunt ad eum. Quos ut vidit sapiens, dixit : Venite, venite, legati regis inobedientis. Deus enim in custodia ei diversas nationes subdidit, quarum non rectus gubernator sed immitis extitit. Deus qui illum et illius subditos de eadem materia creavit ejus immoderatam diu passus nequitiam multimodis correctionibus ut converteret ammonuit, sed tamdem ad malum ejus in illius necem immisericordes barbaras suscitavit gentes ; et hoc dicto tacuit sapiens homo. Quod audientes philosophi mirabantur et qui aderant universi. Die vero tertia philosophis quærentibus licitum repatriandi, reverendus ille philosophico spiritu dixit : Revertimini quoniam mortuus est dominus vester, et Deus jam novum regem ibi posuit qui sit rectus gubernator et mitis gentibus subditis. Auditis talibus philosophi qui venerant, tribus cum prædicto sapiente remanentibus, quatuor repatriaverunt qui omnia ut eis dictum fuerat vera et constituta invenerunt.

Arabs dixit filio suo : Ne moreris in civitate regis dispensa cujus erit major quam redditus.

FABULA XXIV.

Dictum namque est quod quidam rex suorum communi assensu procerum cuidam suo familiari quem antea cognoverat in secularibus esse prudentem totius regni commisit habenas, qui provinciæ redditus susciperet et causas tractaret. Cujus frater, alterius regni dives mercator, remotam incolebat civitatem, qui percepto de fratris sublimatione parato comitatu prout decuit ut fratrem viseret iter incepit, præmisso tandem nuncio ne subitus aut improvisus veniret; qui de adventu suo fratri referret. Civitati in qua frater aderat appropinquavit. Audito fratris adventu, frater occurrit et hylari vultu satis eum accurate suscepit. Transactis aliquot diebus proviso tempore et loco regis etiam fratrem suum advenisse inter cætera quæ sciebat placere retulit. Cui rex : Si frater tuus tecum in meo regno remanere acquieverit, omnia tecum illi etiam rerum mearum custodiam communem esse concedo; quod si laborem renuerit, in hac civitate largas ei possessiones donabo et consuetudines et quæ deberet mihi facere condonabo. Si vero demum tactus amore natalis soli repatriare voluerit, plura vestimentorum mutatoria, et quæcumque ei fuerint necessaria largire cum habundantia. Auditis sermonibus regis frater fratrem convenit, et quanta dominus promiserat ordine retractavit. Cui frater : Si vis ut tecum morer, ostende mihi quanti sunt redditus regis. Ipse vero omnes ostendit. Deinde interrogavit quas expensas rex faceret; quod ipse indicavit. Tunc ipse computavit cum fratre quia quantus erat redditus tanta erat et expensa, et dixit fratri : Amice, video tantam esse regis expensam quantus est redditus, et si consurrexerit bellum regi vestro, vel aliquid tale, unde procurabit ipse milites suos, vel unde inveniet eis nummos? Frater : Aliquo consilio acquiremus. Cui frater : Timeo ne census meus sit pars hujus consilii, et ideo vale, quia nolo amplius morari.

Philosophus : Rex est similis igni, cui si nimis admotus fueris, cremaberis; si ex toto remotus, frigebis. Filius ad patrem : Si credidero verbis philosophi, numquam familiaris ero regi. Cui Pater : Fili, placere regi summa prudentia est. Filius : Pater, erudi me quomodo, si oportuerit me regi servire, ut prudens et bene doctus valeam placere. Pater : Ad hujusmodi instructionem multa essent necessaria quæ modo ad memoriam non revocamus, et fortasse si præscriberentur tibi pusillo, in tædium verterentur, sed de multis pauca et quæ si observaveris erunt utilia referemus. Ad quem filius : Et si erectis auribus multa cupio promissa mihi audiendi avidus vehementer efflagito. Pater : Qui vult regi esse familiaris, debet videre omni visu mentis quod cum venerit ad regem stare diu possit, nec umquam sedeat donec rex præcipiat, nec loquatur nisi cum opus fuerit, nec moretur cum rege nisi rex præceperit morari, et fideliter consilium taceat. Semper sit intentus audire quod rex dicet, ne oporteat regem bis præceptum repetere. Quodcumque præcepit rex faciat. Caveat ne mentiatur regi et sic erit ei obediens; ne umquam adsociet se homini quem rex odio habebit. Cum hæc omnia et multa alia fecerit, forsitan de rege non magnum habebit proficuum. Filius : Nihil pejus contingit homini quam diu regi servire et nihil boni acquirere. Pater : Hoc multis jam evenit; et ideo præcepit philosophus ne quispiam nimis moretur in servitio regis. Philoso-

phus : Qui servit regi sine fortuna, hoc sæculum perdit et aliud. Filius : O Pater, quare oblitus es dicere quomodo debet homo comedere coram rege? Pater : Non oblitus fui dicere, quia nulla est differentia comedere coram rege et alibi. Filius : Dic ergo quomodo ubique debeam comedere. Pater : Cum ablueris manus ut comedas, nihil tangas nisi prandium donec comedas. Ne comedas panem priusquam veniat aliud ferculum super mensam, ne dicaris impatiens; nec tantum bolum mittas in ore tuo ut micæ defluant hinc et inde, ne dicaris gluto. Ne glutias bolum priusquam fuerit bene commasticatum in tuo ore, ne stranguleris; nec pocula sumas donec sit os vacuum, ne dicaris vinosus; nec loquaris dum aliquid in ore tenueris, ne aliquid intret de gutture in intimam arteriam ne sit tibi causa mortis. Si videris bolum qui placeat tibi in parapside coram sodali, ne sumas, ne dicatur tibi prava rusticitas. Post prandium manus ablue quia physicum est et curabile; ob hoc enim multorum oculi deteriorantur quando post prandia manibus non ablutis terguntur. Filius : Si quis invitaverit me ad prandium, quomodo respondebo? Concedam statim an non? Pater : Fac sicut auctoritas Judæorum præcipit (24). Dicit enim : Si quis invitaverit te ad prandium, videas personam invitantis. Si enim magna persona fuerit, statim concede; sin autem, secundum quod erit, secunda vel tertia vice. Hoc etiam refertur de Abraham. Quadam enim die dum coram sua staret janua, transeuntes sub humana specie vidit tres angelos quos ipse suam domum intrare honesto vultu rogavit, pedes lavare, cyborum refectionem sumere, lassos artus somno recreare. Ipsi vero, quoniam magna persona erat, acquieverunt ejus petitioni (25). Juvenis ad senem : Cum invitatus fuero ad prandium, parum vel nimis comedam? Cui senex : Nimis, quoniam si amicus tuus fuerit qui te invitavit, gaudebit multum; si autem inimicus, dolebit. Hoc audito risit puer, ad quem senex : Recordatus sum verbi quod audivi de Maimundo nigro. Quidam enim senex quæsivit ab eo quantum posset comedere. Cui ipse : De cujus prandio, de meo vel alterius? At ille : De tuo. Maimundus : Quantum magis possum. Senex : Tu modo recordaris verborum cujusdam gulosi, pigri, stulti, garruli et nugigeruli, et quicquid de illo dicitur amplius in eo invenitur. Juvenis : Multum placet mihi de eo audire, quia quicquid de eo est derisorium est, et si quid de ejus dictis vel factis mente retines, eloquere, et habebo pro munere. Senex.

FABULA XXV.

Dominus servo præcepit quadam nocte ut clauderet januam; ipse vero desidia pressus surgere non potuit, et ideo dixit quia clausa erat. Mane autem facto Dominus dixit servo : Maimunde, aperi januam. Cui servus : Domine, sciebam quod volebas eam hodie esse apertam, et ideo nolui sero eam claudere. Tunc primum comperit dominus quod propter pi-

(24) Talmud.

(25) Genes. xviii.

gritiam dimiserat, et dixit : Surge, fac opus tuum, quia dies est et sol jam altus est. Cui servus : Si sol jam est altus, da mihi comedere. Cui dominus : Serve male, vis nocte comedere. Servus : Si nox est, permitte me dormire. Iterum dominus in nocte : Maimunde, surge et videas utrum pluat nec ne. Ipse vero advocavit canem qui jacebat extra januam, et cum venisset canis, palpavit pedes ejus, quibus inventis siccis, domino inquit : Domine, non pluit. Iterum dominus ad eum noctu an ignis esset in domo. Ipse vero vocato murilego, temptavit si calidus esset an non; cum invenisset eum frigidum ait : Non. Juvenis : Pigritiam audivi, modo garrulitatem ejus audire cupio. Senex : Dictum est quod dominus suus veniebat de foro lætus pro lucro, quia multum lucratus fuerat, et exivit servus Maimundus contra dominum suum, quem cum videret dominus, tim lit ne aliquos rumores, ut mos suus erat, diceret, et dixit : Cave ne dicas mihi rumores malos. Servus : Canis nostra parva pipella mortua est. Cui dominus : Quomodo mortua est? Servus : Mulus noster exterritus fuit et rupit chamum suum, et dum fugeret, sub pedibus suis canem suffocavit. Dominus : Quid actum est de mulo? Servus : In puteum cecidit et mortuus est. Quomodo exterritus fuit mulus? Servus : Filius vester de solario cecidit ita quod mortuus est, et inde exterritus fuit mulus. Dominus : Quid agit genitrix ejus? Servus : Præ nimio dolore nati mortua est. Dominus : Quis custodit domum? Servus : Nullus, quoniam in cinerem versa est et quicquid in ea erat. Dominus : Quomodo combusta fuit? Servus : Eadem nocte qua domina mortua fuit, pedissequa quæ vigilabat pro domina, oblita fuit candelam in thalamo et ita combusta fuit domus tota. Dominus : Pedissequa ubi est? Servus : Ipsa volebat ignem extinguere et cecidit super caput et mortua est. Dominus : Tu quomodo evasisti cum tam piger sis? Servus : Cum viderem pedissequam defunctam, effugi. Tunc Dominus valde contristatus ad vicinos suos venit orans eos ut reciperetur in alicujus domo et hospitaretur. Interea obviavit cuidam amico suo qui cum videret eum tristem interrogavit quare ita tristaretur. Ipse vero retulit omnia quæ dixerat sibi servus. Amicus autem desolato retulit versus amico ut consolaretur eum, dicens : Amice, noli desolari quia multociens contingunt homini tam graves adversitatum inundationes, quod desideret eas etiam inhonesta morte finire, et statim eveniunt ei tanta commoda quod prorsus dulce sit ei præteritarum reminisci adversitatum; sed hæc humanarum rerum tam immensa fluctuatio variante meritorum ordine summi Rectoris distinguitur arbitrio: Hæc et prophetæ Job corroborantur exemplo, cujus animum non pessum dedit amissio rerum (26). Numquid etiam audisti quod dixit philosophus : Quis potest in hoc sæculo, cum mutabile sit, aliquid stabile habere? Arabicus filio suo : Fili, cum forte contigerit tibi aliquid adversi, noli nimis desolari nec nimis inde tristari, quoniam hoc est genus Deum negandi. Deum debes semper laudare tam de adversitate quam de prosperitate. Multa enim mala contingunt hominibus quæ eveniunt eis ut majora mala effugiant, et multa contingunt quæ in bono finiuntur, et ideo debes laudare Deum in omnibus et in eo confidere sicut dixit versificator : cum fueris in tristitia nihil inde sollicitus eris; sed horam in dispositione permitte et renuncia semper bonum futurum, et ita eris oblitus malorum, quia multa mala eveniunt quæ in bono finiuntur. Philosophus : Hujus sæculi bona commixta sunt : non enim comedes mel sine veneno. Alius : Quæcumque in sæculo sunt, commutabilia sunt, et quæ ex eis tibi sunt bona ventura, licet sis debilis, tamen habebis et mala viribus devitare non poteris. Alius : Quod pigro assequi desiderata donat, idem consequi cupita velociter negat. Alius : Se per venustatem sæculum dedecorat et per optantem se terra deglutit et vorat. Alius : Quasi in ictu oculi finit gloria mundi, et cura fragilis maneat non exoptantem se videt.

FABULA XXVI.

Proverbialiter dicunt Socratem seculares tumultus devitantem et agrestem vitam cupientem nemus incoluisse et tugurii loco dimidium inhabitasse dolium, cujus fundum vento opponebat et imbri, et quod erat apertum jocundo soli, quem venatores regis inventum dum intuerentur et illuderent pediculos suffocantem cœperunt avertere solis radiorum amenitatem. Quibus ille placido vultu : Quod mihi non datis, auferre non præsumatis. Talibus irati de lare quo degebat expellere voluerunt et inde via abducere, ne prætereuntis oculi domini tam vilis persona offenderet, quod non valentes, minati sunt ei dicentes : Vide ne quid mali ex protervitatis studio tibi contingat, quia rex et dominus noster cum familiaribus suis et primatibus est hac parte transiturus. Illos autem in se latrantes philosophus intuens : Non est, inquit, vester dominus dominus meus, sed potius est mei servi servus. Quod audientes et novercali vultu eum respicientes, quidam detruncare proposuerunt. Minus improbi donec regis sententiam audirent, placere decreverunt. Dum vero in hunc modum detricarent, rex adveniens et quæ causa litigii foret perquirens, quæ gesta fuerant vel dicta famulis referentibus cognovit. Volens itaque rex an ficta fuissent cognoscere, ad philosophum properavit inquirens quid de se diceret. Sicut prius famulis, ita eum sibi sui servi servum esse asseruit, quorum sententiam verborum rex benigno affatu diligenter enodari sibi postulavit. Ad quem philosophus, servata vultus dignitate, leniter inquit : Voluntas quidem subjecta est et servit mihi, non ego sibi. Tu e converso subjectus es voluntati et sibi servis, non ipsa tibi, itaque servus es ejus qui mihi servit. Tunc rex, defixo paululum visu, sic incepit :

(26) Job. I, 22: בכל זאת לא חטא איוב ולא נתן תפלה לאלהים

Ut patet in verbis nihilum esse potentiam confiteris. Cui philosophus in angustam suæ mentis sedem receptus ait : Scis ipse nimium tibi ambitionem mortalium rerum dominatam fuisse et materiam rebus gerendis te optavisse quod ne virtus tua, ut ipse fateris, consuesceret tacita; sed ob cupidinem gloriæ, sicut rei sinceritas est, fecisti adipiscendæ, quæ quam sit exilis et totius vacua ponderis sit considera. Tuæ præterita gloriæ potentia utpote quæ jam nulla est, metuenda non est, sed neque futura, cujus eventus dubitabilis est et incertus. De præsenti constat quia ita parva est, ita momentanea et quæ in ictu oculi adnullanda : ob hoc enim nulla sui parte est formidanda. Perceptis denique philosophi verbis, rex ait complicibus suis : Servus Dei est, videte ne quid molestum ei faciatis aut inhonestum.

Discipulus magistro : Cum celeria ista sunt exilia, cur præparamus tanta quasi durabilia? Magister : Quoniam vitæ terminus est incertus. Philosophus : Operare pro futuro sæculo quasi nunc sis moriturus, et pro præsenti sicut semper victurus; melius enim est quod post tuam mortem a te quæsita habeant inimici, quam in vita egeas quod tibi subveniant inimici. Ob hæc itaque cum honestate tibi omnia provide, quia brevis est cursus vitæ. Alius : Sæculum est quasi fons instabilis cujus introitus est matris uterus, et ejusdem mors erit exitus. Versificator :

Mors est porta patens terrenis pervia cunctis,
Sed quæro post hanc quæ sit habenda domus.

Est domus delitiarum Deo famulantium, est et diversa pœnas promerentium. Arabs ad Patrem : Pater, quomodo domum delitiarum et gloriam ejus lucrari potero? Pater. Quicquid melius et pretiosius habes repone in ea custodiendum et invenies, cum illuc veneris, tibi paratum. Filius : Quomodo possum in eam domum pecuniam præmittere cujus ostium non novi adire? Pater : Audi quod fecit filius consiliarii regis post obitum patris. Filius : Pater, fare, nec subterfugiam monitis obedire. Pater

FABULA XXVII.

Rex quidam habuit sapientem consiliarium et familiarem qui tandem naturæ legibus favens parvum reliquit hæredem bene disciplinatum et curialem, cui totam, quæ magna erat, possessionem et divitiarum acervos subscripsit et morti cessit. Quo facto rex ad se puerum vocavit, et de patris occasu ne plus justo doleret ammonuit, et quæcumque pater illi regenda dederat testimonio firmavit, et insuper quod ætate ejus exigente in patris locum cum susciperet illi promisit. Inde vale dicto lætus juvenis ad propria remeavit, quem rex oblivioni tradidit, nec ipse ad regem remeare properavit. Longo temporis intervallo in eadem regione in qua puer erat cœperunt egere adeo quod cyborum inedia periclitarentur fame. Quod videns puer bonæ indolis animo condoluit, condolens horrea deplevit et pauperibus distribuit, et de penu vinum extraxit et carnes quas egenibus erogavit. Crescente penuria, decrescens pecunia indigentibus non suffecit. Postea dato pro annona

thesauro vitam fame vel siti laborantium quousque potuit sustinere non distulit nec suffecit: Hic idem de vestibus et pretiosis lapidibus egit, et sic transiit circulus anni in quo non paucos jam mortis nexibus irretios liberavit. Erat autem in eadem regione quidam regis præscripti notarius qui livoris macula tactus puero invidebat, et graves inimicitias latenter exercebat, et regem erga puerum in iram exasperabat in his verbis : Domine, lenitas vestræ moralitatis in vestri filium consiliarii cui pater infinitam reliquit pecuniam, ne dicam stulte, nimium mollis fuit; modo namque nec vos nec ille pecuniam habetis quam inconsultus superflue dilapidavit. Rex vero talibus in iram commotus pro puero legavit cui talia dixit : Insipiens fili sapientis, iners artificiosi prodige largi, ut quid divitias sapienter congregatas et tibi ad servandum commissas dedisti perniciei? Ad hæc puer visu in terram defixo, principis enim vultuositatem utpote torvis inflammatam luminibus verebatur : Domine, si pace vestra licet dicere non ut quibusdam videtur stultus patre sapiente vobis sum relictus, pater etenim meus thesaurum congregavit, congregatum unde fures rapere possint collocavit et mihi cui possetis auferre vel ignis comburere, sive aliquis casus eripere reliquit. Ego vero eumdem ibi collocavi ubi fideliter sibi servabitur et mihi. Rex autem quid inde fecisset rogavit. Puer vero quid et qualiter fecerat retaxavit. Comperta denique peritia juvenis remuneratum prius cum circumstantibus laudavit, patris servitium recompensavit. Qui ex inde lucrando novas et majores prioribus divitias acquisivit. Hoc modo quod pretiosus habuit filius consiliarii regis, in domo delitiarum thesaurisavit. Auditis sermonibus patris filius inquit : Juvenis iste sapienter egit et magnæ speciem bonitatis in se futurum indicavit, et fecit sicut philosophus filio præcepit dicens : Fili, vende hoc sæculum pro futuro et utrumque lucraberis, quod ita contingit. Alius filium corrigens dixit : Fili, pro futuro sæculo operare, antequam mors te segreget ab opere corporali. Alius : Vide ne dicipiant te sæculares delitiæ, et irretitus fallaciis sæcularibus mortis venturæ obliviscaris, ne tibi contingat sicut latroni domum divitis ineunti. Cui filius : Ede, pater, quid accidit. Pater :

FABULA XXVIII.

Domum divitis fur intravit, et diversis eam gazis plenam invenit. Illinc stupefactus de diversis diversa, de pretiosis pretiosiora eligere studendo curavit, et quia villa relinquens in eligendo tempus consumpsit donec dies veniens quid facere vellet detexit. Experrecti de improviso vigiles domus in eligendo furem repperiunt, capiunt, inde loris et fustibus cæsum in yma carceris detrudunt. Ad ultimum data sicut jam de confesso sententia amaras audiens hystorias capitalem sententiam subiit, qui si tam prope diem venturum præcogitasset, ne loris et fustibus cæderetur, vel quod gravius extitit, ne capite privaretur præcavisset.

Alius philosophus dixit : Hujus sæculi divitiæ sunt

transitoriæ sicut hominis somnia dormientis, qui evigilans quæcunque habuerat in aperiendo oculos irrecuperabiliter perdit, sicut vulgo dicitur.

FABULA XXIX.

Opilio quidam in somnis mille oves habuit, quas magno quidam cupiens emere ut carius venderet, sicut somnianti visum fuerat, pro unaquaque duos solidos dare volebat. Sed qui vendebat cum duobus solidis denarium de unaquaque plus poscebat. Illis de pretio contendentibus, hoc modo somnus evanuit; sed venditor, dum esse somnium comperit, non apertis oculis clamare cœpit : Pro unaquaque mihi viginti quinque denarios tribue, et quotquot sunt tecum abduc.

Hunc vero in modum transeuntia mundi gaudia sectantes et diversis ut retineant inhiantes de improviso veniens dies et finis vitæ intercipit, et quæque cupita, velint nolint, adimit. Item filius : Mortis nexus aliquo modo fugere poterimus? Pater : Minime, quoniam illius est incurabilis morsus, nec medicis artibus ejus amaras fugiemus manus. Filius : Quomodo ergo, ne nimis lædat, sustinebimus? Pater: Fac sicut dicit versificator :

Quod vitare nequis constanti suscipe mente;
Sic quæ dura fuit mors tibi mitis erit.

FABULA XXX.

Dictum est de quodam philosopho quod per antiquum transiens cimiterium laminam vidit marmoream cujusdam mortui cineribus superpositam, sed in ea versus inscripti verba sepulti prætereuntibus loquentis exprimebant hoc modo :

Tu prope qui transis, nec dicis avelo, resiste;
Auribus in cordis hæc mea verba tene.
Sum quod eris, quod es ipse fui, derisor amaræ
Mortis dum licuit, pace juvante frui;
Sed veniente nece postquam sum raptus amicis
Atque meis famulis, orba parente domus
Me contexit humo deploravitque jacentem,
Inque meos cineres ultima dona dedit,
Inde mei vultus corrodit terra nitorem,
Quæque fuit formæ gloria magna cadit,
Méque fuisse virum nequeas agnoscere, si jam
Ad visum fuero forte retectus humo.
Ergo Deum pro me cum pura mente precare,
Quatinus æterna det mihi pace frui,
Et quicunque rogat pro me comportet id unum
Ut mecum maneat in regione poli.

Relectis iterum et iterum versibus istis, sæcularibus postpositis, factus est eremita philosophus.

Iterum de Alexandro dictum est quod sepultura ejus foret aurea et in pervio omnibus atrio posita ad quem plurimi convenerunt philosophi de quibus unus ait : Alexander de auro fecit thesaurum, nunc e converso aurum de eo facit thesaurum. Alius : Heri totus ei non sufficiebat mundus, hodie quatuor solæ sufficiunt ei ulnæ; heri populo imperavit, hodie populus imperat illi. Alius : Heri multos populos potuit a morte liberare, hodie nec ejus jacula potuit devitare. Alius : Heri ducebat exercitus, hodie ducitur ab illis et datur sepulturæ. Alius : Heri terram premebat, hodie eadem premitur ipse. Alius : Heri eum gentes timebant, hodie cum vilem deputant. Alius : Heri habuit amicos et inimicos, hodie habet omnes æquales. Sed de viginti duobus philosophis circumstantibus quid quisque de potentissimo rege dixerit memoriæ longum est reducere.

Iterum heremita philosophus hoc modo suam correxit animam : Anima mea, scias et cognoscas, dum potentia est in manu tua, quid operaris antequam de tuo movearis loco ad domum in qua manet justitia et ad portam judicii ubi leges in rotulo quicquid tua manus egit in hoc sæculo, ubi angeli a dextris et a sinistris discooperient et renuntiabunt consilium et quicquid fuerit a te excogitatum. Ante Deum veniet tuum judicium; una lance quicquid boni et alia quicquid mali egeris uno et eodem declarabitur examine. Omnes tui fratres et amici non invenient tuam redemptionem et te deserunt ac dimittunt : hodie itaque redemptionem accipe et bonum fac assidue et antequam veniat dies submonitorum ad Deum revertere, et non dicas, cras revertar et non morabor, quia sic crastinantem te impediet concupiscentia vel forsan detinebit dies extrema : itaque dierum sæculi reminiscere generationum annorum antiquorum qui omnes transierunt. Inde accipe sensum : ubi sunt reges, ubi principes, ubi divites qui thesauros thesaurisaverunt et inde superbi fuerunt? Modo sunt sicut qui non fuerunt; modo sunt finiti sicut qui non vixerunt; modo sunt sicut folium quod arbore decidit quo ulterius non redit. Non timeas, anima mea, non timeas; nimis de sæculi adversitatibus non oriatur timor tuus. Time tui diem judicii, paveas tuorum multitudinem peccatorum; memento tui Creatoris qui tuus est judex et testis.

Alius heremita per vicos clamabat : Ne tradatis oblivioni durabilia pro habituris finem. Alius : Diligite animas vestras quantum et corpora, et perficietis. Alius : Nolite oblivisci quod non obliviscitur nostri et servite gubernatori. Alius : Timete Dominum, quia timor Domini est clavis ad omne bonum et ad percipiendam gloriam conductum. De quo Salomon : Deum time (27). Ad cuncta quæ fiunt adducet Deus judicium pro omni errato, sive bonum sive malum sit. Ob hoc igitur immensam Dei omnipotentiam supplices exoramus quatinus vestris operibus bonis præcedentibus post districti diem judicii a dextris Filii ejus collocari et æterna requie cum suis fidelibus mereamur perfrui in aula cœlesti, præstante Domino nostro Jesu Christo cui est honor et gloria cum Patre et sancto Spiritu per infinita sæculorum sæcula. Amen.

Explicit Clericalis Disciplina translata a Petro Alfonso de Arabico in Latinum.

---

27) Et mandata ejus observa : hoc est enim omnis homo. Et, etc. Eccl. XII, 13, 14. את־האלהים ירא
ואת מצותיו שמור כי זה כל האדם כי את כל מעשה האלהים יבא במשפט על כל נעלם אם טוב ואם רע

ANNO DOMINI MCX.

GALTERUS AB INSULIS

MAGALONENSIS EPISCOPUS

ET

LIETBERTUS ABBAS SANCTI RUFFI.

NOTITIA HISTORICA IN GALTERUM.

(Gall. Christ. nov., t. VI, p. 745.)

Gothofredum proxime excepit Galterus, ex Insulis oppido Flandriæ oriundus, vir in divinis studiis longo studio exercitatus, et sæcularium litterarum non ignarus, ingenio præstans, et clarus eloquio, qui suo tempore propter doctrinam et eruditionem magno fuit in pretio. Hic ille namque est Galterus, quem a Waltero episcopo Magalonensi, de quo Trithemius, perperam secernit Gariellus : non enim Magolensem, sed Magalonensem apud Trithemium legendum probat epistola ipsiusmet Galteri ad Robertum præpositum Insulanum edita a Mabillonio, cum Maagalæ in Palæstina, vel Magalis in Hispania nullum ascribat pontificatuum episcopatuum notitia: Ex hac autem et altera a Brunone Signiensi episcopo ad Galterum data, quam habes tom. XII Spicileg., p. 79, apparet Galterum Scripturis sacris plurimum studuisse tum cum apud Insulas moraretur. Sub Gothofredi postea disciplina meruisse, antequam fieret episcopus, docent Verdalæ carmina. Defuncto autem magistro successit discipulus an. 1103, aut saltem 1104, ut liquet ex veteri charta data vii Id. Maii, anno 1125, quem vicesimum secundum præsulatus sui annumerabat Galterus, ut diximus. Factus episcopus animum adjecit ut ædes sacras restauraret, nempe Magalonensem basilicam ex parte dejectam suffulsit, turrim Sancti Sepulcri, triclinium, dormitorium, conclave a fundamentis excitavit; sacerdotalem ecclesiæ supellectilem auxit, auream, argenteam, sericamque tradidit, ecclesias Sancti Briccii et de Laureto canonicis largitus est. A Paschali II una cum aliis decem arbitris electus est, qui ortam Casadensem inter et Anianensem abbates super monasterio de Gordanicis querelam referrent, quam Valentiæ compescuit summus pontifex anno 1107. Datam Gellonensibus a B. memoriæ Gothofredo Sancti Martini de Lundris ecclesiam confirmavit anno 1110, indict. III, quarta decimarum parte servata sibi et oblationum, canonicisque duo-

decim solidis Melgoriensibus assertis ex arch. Gellonensi. Eo circiter tempore Guillelmus dominus Montispessulani fidei sacramentum dixit Galtero, cui anno 1111 Eleazarus de Castris ecclesiam S. Martini de Cretio, quartam partem decimarum S. Michaelis de Agusanicis, et quæ prius Gothofredo dimiserat, concessit. Concilio Viennensi adfuit Galterus anno 1112. Guillelmus de Fabricis largitus est anno eodem mediante Galtero ecclesiæ Sancti Baudilii podium in quo sita ecclesia, et quidquid habebat in valle Carreria. Ato de Cornone medietatem decimæ S. Michaelis de Grimiano Gellonensibus solvit in manibus Galteri v Idus Maii, anno 1113. Guillelmus Monspelii dominus contra paganos ad expugnandam insulam Majoricam pergens, testamentum condidit anno 1114; de consilio ejusdem episcopi, cui et Ecclesiæ Magalonensi totam villam Montispessulani, quæ erat antiquitus allodium sancti Petri Magalonensis ecclesiæ, et totum feudum quod habebat ab episcopo in parochia S. Firmini et S. Dionysii de Montepelyreto, et alia domina legavit. Testamento subscripsit Galterus; cui exemplar custodiendum commisit Guillelmus. A Petro Bernardi Helenensi episcopo ascitus fuit anno eodem ut finem simul imponerent diuturnæ controversiæ, quæ inter monasteria Cuxanense et Arulense inerat propter ecclesiam S. Petri de Turriliis. Circa idem tempus Pontius Raimundi Galtero restituit quidquid in ecclesia Sancti Stephani de Piniano habebat. Ademarus de Monteárnaldo eidem reliquit ecclesiam de Senteiranicis, Petrus de Salsas ecclesiam de Casa veteri et feudum in Gigeano pro quatuor libris Melgoriensibus eidem oppigneravit. Recepit hominia Guillelmi Ribaute, Dalmatii filii et Raimundi de Castris pro castro de Gigeano. Bernardus comes uxorque Guillelma cœmeterium et stare ei reddiderunt juxta ecclesiam S. Romani de Melgorio. Eleazarus de Monterotundo communiæ sedis Magalonensis ecclesiam S. Egidii de Fisco pro L solid. Melgor. in manibus Galteri dereliquit. Recensetur inter praesules qui anno 1115 ecclesiam Cassianensem consecrarunt, cujus altare SS. apostolis Petro et Paulo, Andreae, Jacobo et S. Fidei ab ipso solemni ritu dicatum. L. Vivariensis et A. Avenionensis episcoporum rogatu Stephano Casæ Dei abbati concessam jam a decessore ecclesiam Sancti Vincentii de Junquariis confirmavit an. 1116, adjunxitque ecclesias Sancti Petri de Portiano et de Caucone. Approbavit anno 1118 aedificationem ecclesiae Murlensis. Concilio Tolosano adfuit, ubi judicio a Calixto II pro Anianensibus lato Idibus Julii anno 1119 subscripsit. Ad eumdem revocat annum Gariellus Templariis a Guillemo Monspelii ad Sonariae suburbium erectam aedem, dicatamque a Galtero ecclesiam B. Mariae de Lezes, nunc vero Sancti Joannis Magni, quae postea in praeceptorialem domum commutata est: at non animadvertit vir doctus Templarios in Occidentem non penetrasse ante annum 1128. Cum plurimis episcopis subscripsit Galterus bullae a Calixto II datae II Id. Julii 1120 pro monasterio Electensi. Memoratur in charta Raimundi de Cornone et Ricardae uxoris pro monasterio Gellonensi VIII Id. Decem. an. 1121. Eodem anno Guillelmus Montispessulani dominus ecclesiae Magalonensi testamento legavit moriens vasa sua omnia argentea. Anno 1122 Galterus astitit conventui habito apud Caslarum in dioecesi Leutevensi, ubi ipsius judicio finita fuit, quae monachos Juncellenses inter et Conchenses inerat controversia super ecclesia de Casulis. Discordantes Guillelmum Monspeliensem et comitem Melgorii cum magna eloquentia suavitateque praeditus componere non posset Galterus, ad Calixtum II pontificem scribit, qui anno 1124 Petrum archiepiscopum Viennensem, Hugonem Gratianopolitanum, Hildegarium Tarraconensem, et Artaldum Carpentoractensem induxit, ut cum Galtero has consopirent inimicitias. Arbitri itaque electi in ecclesia Sancti Martini de Cretio die Sabbati 9 Maii anno 1125, Galteri pontificatus an. XXII, convenerunt, ubi quaecunque comitem inter et toparcham controvertebantur definire, et Guillelmo auctores fuere, ut Bernardo fidei sacramentum diceret. Hanc definitionem mandat Galterus Roberto praeposito Insularum epistola, in qua se ipsum S. R. E. legatum nuncupat; quo forte titulo a summo pontifice fuerat cohonestatus, ut judicio inter comitem et toparcham ferendo praeesset. Hoc adhuc nomine Casadenses excommunicavit, qui litem adversus Anianenses repetierant circa ecclesiam de Gordanicis. Iisdem etiam suadentibus arbitris, Guillelmus fidei sacramentum quod abnuebat Galtero exhibuit, ut liquet ex actis consulum a Gariello citatis.

Eo circiter tempore quod muneris pastoralis et legationis curis praepeditus praestare nondum potuerat, promissos tandem duobus in libris, non quidem scripsit, ut apud Trithemium, sel vulgavit *Flores psalmorum* a Letberto canonico S. Petri apud Insulas et postea abbate Sancti Rufi collectos, et misit ad Robertum ejus consanguineum praepositum insulanum, caeterosque ejusdem ecclesiae canonicos. Ipsi quoque non inelegantes ad diversos epistolas ascribit Trithemius, aliaque nonnulla. Denique cum abbas Anianensis synodis Magalonennibus adesse recusaret, re per episcopum ad Honorium II tunc in cathedra S. Petri sedentem, delata, archidiaconum et praecentorem Agathensis Ecclesiae commisit summus pontifex bulla data Laterani II Kalendas Junii, pontificatus anno V, Christi 1129, qua per legatos significata, Petrus Anianensis abbas Galtero episcopo ante altare Sancti Briccii obedientiam secundum Deum promisit, nonnullisque cessit ecclesiis, ac vicissim episcopus cum assensu canonicorum Anianensi monasterio ecclesiam sanctae Mariae de Roveto tradidit, aliasque cum abbate praedicto permutavit, quemadmodum habetur in instrumento veteri apud Gariellum. Hanc autem initam non multo post concordiam e vivis excessisse Galterum necessum est : Raimundus enim ejus successor jam praeerat mense Augusto, ut mox videbimus. Defunctus autem sepelitur eodem quo decessor Gothofredus positus fuerat loco, ut constat ex carminibus infra subjiciendis : unde concludit Gariellus sub finem vitae decessorum praesulum pietatis aemulum Palaestinam petiisse Galterum, ibique diem ultimum obiisse, et in monte Peregrino eodem quo decessor tumulo conditum : at cum prius non constet, et a quibusdam in dubium revocetur, ut jam diximus, posterius incertum manet, et fidem omnem superat propter exiguum et breve temporis spatium. In veteri necrologio Magalonensis ecclesiae legitur : *Prima die Lunae post synodum Paschae tenetur capitulum facere missam pro anima D. Galteri Magalonensis episcopi*. Ejus obitus assignatur ad Nonas Decembris in Necrologio Sancti Egidii asservato in bibliotheca Fr. Praedicatorum Chamberiacensi, ubi dicitur monachus Molismensis, quod nullibi adhuc reperi. De Galtero vetus quoque musa apud Verdalam cecinit.

Illi Galterus succedit filius ejus,
Filius obsequio, filius officio;
Doctus, et astutus, per versus (1) clarus, acutus,
Magnus consilio, magnus et eloquio,
Corpore sincerus, et religione severus,
Impatiens sceleris, compatiens miseris,
Normae cultores, et nostros auxit honores,
Crevit thesaurus, fabrica, fama, domus.
Inde sequens tristi vestigia sorte magistri
Interiit, positus quo pater ante suus.

---

(1) Hoc forsan deceptus loco confundit doctissimus Pagi Galterum nostrum cum Galterio de Castellione celebri poeta, qui saeculo XIII floret. at. Alii autem legunt *percomis*.

NOTITIA HISTORICA IN LIETBERTUM.

(FABRIC. *Biblioth. med. et inf. lat.*, IV, 271).

Lethbertus, Lietbertus, Augustinianus, canonicus Insulensis, postmodum S. Rufi abbas prope Valentiam in Gallia Narbonensi. Scripsit *explanationes* sive *Flores psalmorum*, quos ab ipso collectos ad Robertum præpositum Insularum deinde misit Galterus Magalonensis episcopus. Mss. memorat præter Oudinum tom. II, pag. 1081, Sanderus pag. 154. Galterus episcopatum Magalonensem gessit ab a. 1108 ad 1129. Itaque fallitur Pitseus, qui, secutus Baleum XIII, 52, hunc Libertum pag. 275 refert a. 1210. [Virum hunc doctum non superasse annum 1101, vel saltem 1114, tradunt ac demonstrant auctores Historiæ litterariæ Gallicanæ tom. IX. Vide de aliis ejus scriptis eosdem, pag. 577. MANSI.]

NOTITIA LITTERARIA.

(*Histoire littéraire de la France*, tom. IX, pag. 575.)

Les écrits du pieux et savant abbé Lietbert participèrent à la célébrité dont jouissait leur auteur. On en trouve un grand nombre d'exemplaires parmi les manuscrits des bibliothèques de France et d'Angleterre. Tous les bibliographes néanmoins, jusqu'à Trithème inclusivement, l'ont oublié dans leurs catalogues. Jean Buléé est le premier qui l'ait élevé à la dignité d'écrivain ecclésiastique, et cet honneur lui était dû à juste titre - sinon pour le nombre, au moins pour le mérite.

1° Il y a de lui un Commentaire sur les Psaumes, intitulé Les Fleurs des Psaumes, ou encore mieux Les Fleurs sur le Psautier (1). Lietbert y travailla lorsqu'il n'était encore que simple chanoine de Lille, et semble ne l'avoir fini qu'après qu'il fut abbé. Il lui donna le titre qu'il porte par la raison qu'il l'avait tiré des Pères de l'Eglise qui avaient entrepris, avant lui, d'expliquer les Psaumes, nommément saint Augustin et Cassiodore. L'ouvrage est presque tout moral, l'auteur s'étant proposé, pour principal but d'y recueillir ce qui lui parut de plus convenable pour corriger les vices qui défiguraient alors la face de l'Eglise. L'abondance de la matière l'obligea de le diviser en deux parties, quoiqu'il s'en trouve quelques exemplaires divisés en trois.

Lietbert en sortant de Lille emporta avec lui son ouvrage, qui vraisemblablement n'était pas encore fini. Après sa mort, ou même de son vivant, Gautier, évêque de Maguelone, qui connaissait personnellement l'auteur, et avait pour lui une estime singulière, trouva moyen d'en avoir une copie. Au bout de quelque temps les fonctions de sa légation l'ayant conduit à Lille, où il fit quelque séjour, Hescelin, chanoine du lieu, qui avait entendu parler du Commentaire de Lietbert, pria instamment l'évêque-légat de lui en donner communication, en tout ou partie. Les grandes occupations de Gautier ne lui permettant pas d'acquiescer de suite au désir d'Hescelin, celui-ci réitéra ses instances jusqu'à ce qu'il eût obtenu ce qu'il postulait.

L'évêque Gautier adressa l'ouvrage, avec une lettre en son nom, à Robert, prévôt de Lille, son proche parent, afin que toute sa compagnie, et nommément Hescelin, toutes les fois qu'il voudrait, en prissent lecture. Depuis ce temps-là les copies de ce commentaire se multiplièrent beaucoup.

On en trouve des exemplaires, tantôt en deux volumes, comme l'auteur l'avait divisé lui-même, tantôt en trois, dans les bibliothèques d'Angleterre, dans celles des Pays-Bas, et, encore en plus grand nombre, dans celles de France (2). Mais la lettre de l'évêque Gautier, qui est ordinairement en tête, et qui marque bien clairement que le Commentaire appartient à Lietbert, en a fait quelquefois attribuer l'honneur à l'évêque de Maguelone. Il se trouve effectivement décoré de son nom à la bibliothèque du Roi, et à celles des abbayes de Clairvaux et de Pontigny.

Ce Commentaire commence par ces mots : Prophetia est inspiratio divina. Estiene Petringon, savant théologien et habile prédicateur de l'ordre de saint François, qui était évêque de Saint-David au commencement du xve siècle, en fit beaucoup d'usage en son temps. On peut consulter la dissertation que M. de Villebrun, curé de Montpellier, a publiée sur l'auteur de ce Commentaire, et qui se trouve dans le Mercure français du mois de Novembre 1759.

2° Nous avons, de Lietbert, deux lettres qu'il écrivit lorsqu'il était déjà abbé, l'une assez prolixe et l'autre fort courte. La première (3) est adressée à Otgier, prévôt ou supérieur d'une maison nommée Ferran, qu'on ne connaît point d'ailleurs, et à toute sa communauté. Mais l'intention de l'auteur était qu'elle fût aussi circulaire, comme le sujet qu'il y traite le demandait; et c'est pourquoi il comprend dans l'inscription tous ceux qui avaient embrassé l'ordre des chanoines réguliers. Lietbert s'y propose de montrer que plus excellent est cet ordre, plus il exige de perfection et de sainteté de la part de ceux qui le professent. Pour en faire voir l'excellence, il l'unit au sacerdoce, qui en était ordinairement inséparable, et dit d'abord que cet ordre a été figuré par le sacerdoce de l'ancienne loi, et que tout ce qui est dit des habits et du ministère des prêtres et des lévites de ce temps-là, est une figure de ce que doivent pratiquer les chanoines réguliers.

(1) Mab. *Analect.* t. I, p. 289-290; Sand. *Bib. Belg.* ms. p. 1, p. 97.
(2) Pits. *Script. Angl.* p. 275; Sand. *ib.* p. 97, 154, 238; Andr. *Bib. Belg.*, p. 626; Oud. *Script.*, t. II, p. 1081; Monts. *Bib.* 1182; Le Long *Bib. sac.* t. II, p. 287. — L'exemplaire en trois volumes qui se conserve à l'abbaye de Braine, de l'ordre de Prémontré, au diocèse de Soissons, est de la main de Jean d'Abbeville, moine de la maison, puis cardinal vers 1210 (HUGO *Annal. Præmonstr.* t. I v. 1, p. 411).
(3) Mart. *Anecd.* t. I, p. 329-332.

De là il passe à la nouvelle loi, et ajoute que Jésus-Christ a prescrit, lui-même, leur genre de vie qui a été mis en pratique par ses apôtres et les fidèles de l'Église primitive. Que les habits blancs avec lesquels Jésus-Christ avait paru dans la Transfiguration, et le vêtement de lin dont usait saint Jacques, frère du Seigneur, annonçaient ceux des chanoines réguliers. Que saint Pierre avait porté le premier, en mémoire de la passion de Jésus-Christ, la même forme de couronne qu'ils portaient eux-mêmes. Que la charité venant à se refroidir, et les persécutions à s'accroître, cet ordre, qui avait été florissant au temps des apôtres et des premiers fidèles, était tombé en décadence. Mais que le pape saint Urbain, martyr, l'avait fait revivre par ses décrets. Que saint Augustin l'ayant rétabli par sa règle, saint Jérôme et les autres prêtres de l'Église en avaient relevé le mérite dans leurs écrits. On voit ici quelle était l'opinion des premiers chanoines réguliers touchant l'origine de leur ordre.

L'autre lettre de notre abbé est écrite à un clerc séculier qui l'avait prié de lui prescrire, en peu de mots, une conduite de vie. Lietbert se borne à lui persuader d'éviter la fréquentation des personnes de l'autre sexe qui ne seraient pas de ses plus proches parentes. Toute la lettre roule sur ce point.

3° Outre le Commentaire sur les Psaumes, Pitseus en attribue encore à Lietbert un autre sur l'Écriture sainte en général. Mais, ne copiant point les premiers mots de celui-ci, comme il en use à l'égard du premier, il donne à entendre qu'il ne l'avait pas vu.

Le manuscrit 1545 de la bibliothèque du Vatican, entre ceux de la reine de Suède, nous présente une explication de la première Épître de saint Paul aux Corinthiens jusqu'au XI° chapitre, sous le nom d'un Lietbert (4). Mais cet interprète est qualifié de Poitiers, Pictaviensis, ce qui nous empêche de le donner pour le même que Lietbert abbé, de Saint-Ruf.

(4) Le Long, Biblioth. p. 824.

GALTERI
EPISCOPI MAGALONENSIS
EPISTOLA AD ROBERTUM,
PRÆPOSITUM INSULANUM,

De Floribus Psalmorum a Lietberto collectis.

(MABILLON Analect. nov. edit., pag. 461.)

GALTERUS Magalonensis episcopus, et sanctæ Romanæ Ecclesiæ legatus, dilectissimo consanguineo suo ROBERTO Insulano præposito, et universis ejusdem Ecclesiæ canonicis, in Domino salutem.

Cum vobiscum dudum apud Insulam moraremur, concanonicus vester Hescelinus, inter alia verba quæ nobiscum familiariter habuit, cœpit diligenter inquirere de Floribus Psalmorum, quos a sanctæ memoriæ Lietberto, olim canonico vestro, postmodum Sancti Ruff abbate, audierat exceptos et in unum collectos. Cui nos, in quantum ex ipsa scriptura percepimus, qui et religionem et intentionem illius beati viri novimus, respondimus animum suum in hoc opere fuisse, ut quod moribus corrigendis magis esset Ecclesiæ Dei necessarium, hoc tantum de diversis expositurus traheret, et in duobus corporibus poneret. Magnam quippe et diffusam expositionem super Psalmos a beato Augustino editam noverat, et Cassiodoro, et reliquis Ecclesiæ Dei doctoribus. Sed qui totus igne divini amoris inflammatus cœlestibus inhiabat, et in animarum lucro, temporalibus curis omnino postpositis tantum intendebat, totum studium et ingenium suum ad hoc vertit ut omnipotenti Deo, sive scribendo, sive loquendo, quas posset animas acquireret, quod studiosus lector in eisdem Floribus animadvertere potest. Audito itaque beatissimi viri studio, audita etiam utilitate illius lectionis, cœpit vehementer idem concanonicus vester precibus instare ut si quem locum familiaritatis, si quam gratiam apud nos obtinebat, aut totum aut partem illius operis per nos habere mereretur ex promissione nostra, illud psalmi frequenter replicans: *Memento verbi tui servo tuo, in quo mihi spem dedisti.*

Verum nos occasione curæ pastoralis et nobis injunctæ legationis in multis et diversis negotiis extunc occupati, desiderium et promissionem nostram implere hactenus minime potuimus. Cæterum charitas illa qua vos in Deo et propter Deum diligimus, hujus debiti nos nequaquam sinit esse immemores. In duobus igitur corporibus, sicut ab illo sancto viro iidem Flores excepti sunt et divisi, non singulariter alicui personæ, sed toti Ecclesiæ vestræ mittimus, fraternitatem vestram præsentibus litteris adhortantes quatenus semper memores vitæ illius, dudum alumni vestri et studii, eamdem scripturam et frequenter legatis et memoriæ commendetis, tanti viri conversationem ante oculos habentes et imitantes. Nec attendatis quid quantumve a nobis vobis offertur, sed ex quanto vobis offeratur. Testis est enim mihi Deus quomodo omnes cupiam vos in visceribus Jesu Christi; et hoc oro ut omnipotens Deus per condignum pœnitentiæ fructum vos ad pascua vitæ æternæ perducere dignetur. ¶ Neque enim vestri oblivisci aliquando possumus. Volumus et rogamus ut quoties domnus Hescelinus ad legen- dum eosdem libros postulaverit, pro sua petitione et nostra promissione semper habere mereatur.

Gratia Dei præcedente per importunum laborem et instantiam nostram pax inter principes nostros reformata est, unde tota patria nostra lætatur. Valete, et amici vestri memoriam semper habetote (5).

(5) Ex hac epistola seu præfatione, quam ex Belgica Dunensis monasterii bibliotheca eruimus, confirmatur sententia Roberti in breviori Gallia Christiana, censentis Galterum Magalonensem episcopum eumdem esse cum Galtero, qui Flores Psalmorum vulgavit. Immerito proinde hoc in loco Robertum erroris postulant San-Marthani in fusiori Gallia Christiana, ac Petrus Gabriel in serie præsulum Magalonensium, qui Galteros duos distinctos volunt. Præterea, ex hac epistola constat, Galterum Magalonensem episcopum legati apostolici dignitate functum esse: quod nullus eorum notavit. Ad hæc, consanguineus fuit Roberti Insulani præpositi, uti ipse diserte agnoscit. Sedit Galterius ab anno 1105, ad annum 1129, tempore sancti Bernardi Clarævallis abbatis, qui in epistola 98 laudat fratrem Hescelinum, non alium, ut puto, quam qui hic a Galtero memoratur canonicus Insulanus.

GALTERI EPISCOPI DIPLOMA
PRO MONASTERIO GELLONENSI.

(*Gallia Christiana* nov. edit., tom. VI, instrum., col. 275.)

Notitia donationis quam fecit Gotafridus Magalonensis episcopus Gellonensi monasterio. Dedit itaque bonæ memoriæ Gotafredus episcopus Gellonensi monasterio ecclesiam S. Martini de Lundras, ante quam donationem idem episcopus retinuit sibi quartam partem in decimis, et oblationibus, cæterisque ejusdem ecclesiæ redditibus, sicut sacri canones instituunt: quam quartam partem dedit præfatus episcopus in manibus Augerii archidiaconi et Rostagni de Cavaierago in usum fratrum regulariter viventium profuturam. Postea vero mortuo Gotafrido episcopo, et in loco ejus Galterio episcopo, substituto, fecerunt Magalonenses canonici definitionem cum abbate Petro talem videlicet, quod singulis annis persolvant eis Gellonenses monachi vaccam unam valentem XII solidos: et si vaccam dare noluerint, donent XII solidos Melgoriensis monetæ. Hoc tamen in monachorum erit arbitrio, utrum vaccam persolvant vel XII solidos, debitum autem istud, vaccam videlicet aut XII solidos, reddant monachi Magalonensibus canonicis prima vel secunda hebdomada Adventus Domini. Episcopus vero retinet sibi et successoribus suis in jam dicta ecclesia S. Martini reverentiam episcopalem, et debitam obedientiam, et synodos, videlicet inter ambas synodos quinque solidos, et decem denarios, et albergos sibi et successoribus suis. Hanc definitionem fecerunt episcopus Galterius et abbas Petrus inter canonicos Magalonenses et monachos Gellonenses in Montepessulano in præsentia canonicorum Magalonensium Petri archidiaconi, et Deodati mancipii, et Nicetii, et Petri de Frizonicis, et Guillelmi de Diæ, et cum abbate fuerunt ibi Raimundus de Pradinas vocatus prior, et Raimundus de Baladuc, et Seguinus Clericus, et Guillelmus Belinus. Et ego Galterius Magalonensis episcopus propter reverentiam sancti loci et amorem sancti Guillelmi confessoris laudo ecclesiam jam dictam Petro abbati et successoribus ejus secundum definitionem, quæ superius continetur, cum decimis et primitiis, et allodiis, et oblationibus, et cœmeterio, et cum omnibus justitiis ad eamdem ecclesiam pertinentibus.

Actum anno Dominicæ Incarnationis 1110, indict. III.

LIETBERTI ABBATIS S. RUFI
EPISTOLÆ.

(MARTENE, *Anecdot.*, t. I, p. 329-332, ex ms. Stamedii.)

I.

Ad Ogerium præpositum congregationis Ferranicæ.— Commendat ei ordinem canonicum.

OTGERIO Ferranicæ congregationis venerabili præ-

(6) In indicibus abbatum sancti Rufi non *Lambertus*, sed *Lietbertus* vulgo appellatur.

posito, sanctoque ejus conventui, et omnibus in canonico ordine secundum Deum viventibus LAMBERTUS (6) humilis ecclesiæ Sancti Rufi (7) servus, salutem et gratiam in Christo Jesu atque cœpti sacri

(7) Sancti Rufi insigne monasterium Canonicorum Regularium, ordinis sancti Augustini, caput

ordinis nitidam perseveranter observare puritatem.

Sancto Spiritui gratias agimus, cujus instinctu circa canonicum ordinem vos fratres fervorem et studium habere cognoscimus. Decet enim ut quanto sanctior ordo, tanto militantibus in hac gratia sit major devotio et sollicitudo. Dignitas quippe hujus ordinis, videlicet canonici et sacerdotalis, veteribus et novis multipliciter demonstratur figuris atque exemplis. Hanc commendat Spiritus sanctus in psalmo dicens: *Moyses et Aaron in sacerdotibus ejus invocabant Dominum et ipse exaudiebat eos* (Psal. xcviii, 6). Et iterum *deduxit. . . . .* sive regula disciplinæ, percutit Ægyptum, liberat Israel, dividit mare Rubrum, aquas vertit in dulcedinem, flumina producit de petra. Per sacerdotem dat Deus legem, instruit tabernaculum, arcam, vasa, vestimenta, ritus sacrificiorum, et cætera quæ pertinent ad cultum Dei. Hanc sacerdotalem dignitatem commendat claritas vultus Moysis, gloriaque vestimentorum Aaron et filiorum ejus, et quod dictum est Moysi: *Omnia fac juxta exemplar quod tibi monstratum est in monte* (Exod. x, 4). Ex quibus verbis colligitur quoniam canonica et sacerdotalis regula ex ipsis cœlestibus exemplaribus informatur, plusque est dicenda divina quam humana. In figura nostri ordinis præceptum est sacerdotibus et levitis, ut non habeant hæreditatem inter fratres. *Ego*, inquit Dominus, *ero hæreditas eorum. Isti vasa sacra custodiunt, circa tabernacula excubant, placant iram Dei, portant peccata populi, atque inter Deum et populum mediatores sunt constituti.* Quibus verbis patet quia hi qui sunt hujus ordinis, etsi sunt homines, debent esse super homines. Hi tribus excitant populum, hi in virga Aaron ferrea florent, fructificant, cæterisque ordinibus præeminent. Hi arcam portant, Jordanem dividunt, promissionis terram occupant, Jericho destruunt, barbaras gentes opprimunt. Omnia hæc in nostro ordine spiritualiter figurantur. Noster quoque habitus pluribus modis est ibi figuratus et consecratus in vestimentis Aaron. Plurimum nitet byssus retorta, filii ejus in Dei ministerio lineis resplendent indumentis, posteri eorum ephod utuntur lineo. Cum ergo a femoralibus usque ad tiaram lineo candore cum cæteris speciebus fulgeant sacerdotes, quid figuratur nisi ordinis nostri inviolabilem auctoritatem et resplendentem castitatis et honestæ vitæ puritatem? Quid tunica Samuelis reges constituentis designat, nisi tunicam nostram lineam et talarem, quia fiunt a sui nominis etymologia mundo corde? Observavimus genus regium et sacerdotale, coram summo rege astabimus. Veniat in mente nostra vir ille qui apud Ezechielem indutus lineis et atramentarium scriptorii ad renes habere dicitur, cui tanta potestas ascribitur, ut a sanctuario incipiens, quos dignos perpendit per *Tau* litteram scripturæ reservet, quos vero indignos judicat sine scriptura gladiis sex virorum exponere non formidet. Cujus potestatis sublimitas terræ illis attribuitur, qui castitatem corporis munditiæ cordis ex discretione associantes, gladio divini verbi circa femur potentissime accincti, lectulum veri Salomonis observantes, puro oculo ipsum regem in decore indesinenter contemplantur. Deinde paucis et pluribus memoratis, ad Novum Testamentum veniamus. Ipsum Dei et hominis Filium constat omnes gradus clericalis ordinis in seipso consecrasse, regulam quoque qua vivimus suis apostolis tradidisse. Hic discipulos congregat, vitam communem instituit dicens: *Qui non renuntiat omnibus quæ possidet, non potest meus esse discipulus* (Luc. xiv, 33). Hanc apostoli primitivæ tradunt Ecclesiæ sicut in Actibus eorum scriptum est: *Erat cor unum et anima una in Deo, et non dicebant aliquid proprium, nam erant illis omnia communia* (Act. iv, 32). Et impletum est quod longe ante de hoc nostro ordine scriptum est: *Ecce quam bonum et quam jucundum habitare fratres in unum* (Psal. cxxxii, 1). Primi audierunt: *Ecce quam bonum*; nec soli audierunt; non enim usque ad illos tantum ista dilectio et unitas fratrum venit, descendit namque ad posteros usque etiam ad modernos, ut jam dicamus: *Ecce quam bonum et quam jucundum habitare fratres in unum*. Sed cui rei similes sumus dicat psalmus, *sicut unguentum in capite, quod descendit in barbam, barbam Aaron* (ibid., 2). Noster Aaron, sacerdos noster, est Christus. Ipse seipsum obtulit pro nobis in sacrificium, resurrexit, ascendit in cœlum, venit Spiritus sanctus a capite in barbam, a Christo ad discipulos. Barba maturitatem figurat et perfectionem: quod descendit in oram vestimenti ejus, hoc est ad posteros Ecclesiæ derivavit. Secuta est enim Ecclesia, quæ vestis Domini est, et peperit monasteria. Implentur, ut dixi, Spiritu sancto, jubentur prædicare omni creaturæ, dæmones fugant, infirmos sanant, mortuos suscitant, sacramenta conficiunt, peccata solvunt, cœlum aperiunt. Demum ad nitorem vestium et habitum commendandum redeamus. Audistis, Domino in monte transfigurato, quod vestimenta ejus claruerunt sicut nix, angelos etiam in albis vestibus apparuisse legimus. Jacobus frater Domini episcopus episcoporum lineis vestimentis semper usus est. Petrus hanc tonsuræ nostræ et coronæ formam in memoriam passionis Christi primus gestavit. Hic ordo noster, ut dixi, in Christo, in apostolis, in primitiva Ecclesia primo exfloruit; sed frigescente charitate, et instante persecutione, postmodum emarcuit, quem Urbanus papa martyr deinde suis decretis cœpit suscitare, beatus quoque Augustinus suis regulis ordinare, sanctus Hieronymus suis epistolis commendare, cæterique sancti viri, quos longum est memorare. Unde excitati servi Dei, jam ad scholarem pristinum inde prope Valenciam translatum, ac demum in ipsa civitate Valentina restauratum, ipsius ordinis a Benedicto episcopo Avenionensi fundatum anno 1058, haud procul ab Avenione, multi reneunt per multas terras hujus nostri ordinis Salvatoris; jam regiones albæ sunt ad messem. Unde, fratres dulcissimi, vos hortamur qui tam præclarum ordinem suscepistis, quatenus summopere vigiletis ut qui ordine et habitu fulget in corpore, resplendeat etiam in vobis in mentis puritate et decore vitæ, quatenus vita concordet cum nomine, professio sentiatur in opere. Decet enim ut de vobis veraciter dicatur: Vos estis lux mundi, vos estis sal terræ. Luceat ergo lux vestra coram hominibus, ut videant opera vestra bona, et glorificent Patrem vestrum qui in cœlis est. Tria his verbis maxime commendantur, id est ordo, vita et habitus.

II.

Ad amicum. — Dehortatur clericos a frequenti ad feminas accessu.

Deprecatus es ut tibi breviter exponerem qualiter clerici victitare debeant. Hinc me plerique maledicti æmuli præstolantur, quia non sileo veritatem. Prima igitur tentamenta sunt clericorum feminarum frequenter accessus. Iste sexus reprehensibiles exhibet clericos. Quid tibi revera cum feminis, qui ad altare cum Domino famularis? Te cuncti in publico, te in agro rustici aratores ac vinitores quotidie graviter lacerabunt, si, contra dispositum fidei, cum feminis habitare contendis; et quia, ut arbitror, concupiscis irreprehensibilis inveniri, testimonio bono muni te. Nunquid in choro apostolorum feminæ adfuerunt? Prohibe virgines tecum commorari, quæ de genere tuo non sunt, ne, dum secretaliter ac solus ingrederis, macules testimonium tuum. Aliter namque conjugati, aliter continentes edocentur ecclesiasticum subire ministerium. Feminarum cum clericis nullo pacto convicta præcipitur conversatio; lamia diaboli, via iniquitatis, scorpionis percussio, nocivumque genus femina. Cum propinquat stipula, incendit ignem, flammigero igne percutit femina conscientiam pariter habitantis, exuritque fundamenta montium. Ego judico, si cum viris feminæ habitant, vicarium non deerit diaboli. Ex eis occupatus est homo...... ferreas mentes libido domat. Si alligat quis ignem in sinum suum, vestimenta non comburentur? aut si quis per medios carbones ignis ambulet, pedes suos non comburet? Mihi crede, non potest toto corde habitare cum Domino, qui feminarum accessibus copulatur. Sed dicis: Qui ambulat simpliciter, ambulat confidenter. Bene et argute; sed oportet testimonium habere bonum.

ANNO DOMINI MCII-MCXXVI

WERNERUS
ABBAS S. BLASII IN SILVA NIGRA

NOTITIA

(Dom GERBERT, *Historia Nigræ Silvæ*. 1793, 4°, tom. I)

Wernerus, abbas S. Blasii Silvæ Nigræ, eruditione non minus quam eximia vitæ integritate claruit, sæculumque hoc illustravit. Testantur de eo monumenta domestica, illum præclare admodum scripsisse de SS. Trinitatis mysterio, de quo autem ejus opere nihil ad nos pervenit (1). De eodem sic loquitur Felix Faber in Historia Suevorum: « Vir sanctus et admodum religiosus, de Ellerbach nobilis genere, et multo nobilior religione. Hic abbas, quia devotissimos nutriebat monachos, rogatus fuit a multis Deo devotis virginibus, ut et conventum vel claustrum pro eis juxta suum ædificaret monasterium. Inclinatus autem precibus earum ad latus conventus reclusorium fecit, in quo multo tempore virginum Deo devotarum fuit congregatio, juxta capellam B. Mariæ virginis, quæ hodie stat in cœmeterio in quo sepultura fuit prædictarum sororum, inter quas multæ sanctæ creduntur fuisse. Obiit Wernerus anno Domini 1126 et abbatiæ suæ an. 24 feliciter. »

(1) Librum Deflorationum quem sub ejus nomine ex editione Basileensi recudimus, Fabricius et auctores Benedictini Galliæ litterariæ, qui tamen volumen non viderant, Warnero cuidam Anglo vindicant.

LIBRI DEFLORATIONUM

SIVE EXCERPTIONUM

Ex melliflua diversorum Patrum, signanter Augustini, Hieronymi, Ambrosii, Gregorii, Hilarii, Chrysostomi, Maximi, Origenis, Remigii, Cassiodori, Bedæ, Alcuini aliorumque doctorum orthodoxorum doctrina,

SUPER

EVANGELIA DE TEMPORE PER ANNI CIRCULUM,

Per reverendum Patrem

DOMINUM WERNERUM

ABBATEM MONASTERII S. BLASII MARTYRIS ET PONTIFICIS IN NIGRA SILVA, ORDINIS

S. BENEDICTI, CONSTANTIENSIS DIOECESIS,

CONSCRIPTARUM

In sermones postillares subsequentes syntagmatizati sive compositi.

(Titulum supra recusum ex editione Basileensi anni 1494, typis Gothicis duabus columnis impressa ad verbum exscripsimus. Litteras initiales minio effigiatas exhibet; desunt paginarum numerales notæ. Volumen est in folio minori; duabus partibus constat in unam compactis, quæ tamen seorsim lucem vi derant. Werneri sermones claudit notula typographi, suppresso tamen ipsius nomine : « Explicit libe Deflorationum Patrum, Basileæ impressus anno Domini 1494. » Pars prior sermonum collectionem com plectitur, cujus initium tale est : « Incipiunt sermones notabiles valde, et multum formales, fratris Socci ordinis Cisterciensis, de sanctis, sic nuncupati cum de succo, id est de medulla sacræ paginæ stylo subele ganti exquisitissime sint collecti. » Legitur ad calcem : « Sermones de sanctis flosculis melliflui doctori sancti Bernardi præ cæteris utcunque exornati, a sagaci viro Johanni (*sic*) de Grüningen in inclyta Ar gentinensi civitate diligenter elaborati, anno a Christi nativitate 1484, Idus mensis Aprilis. expliciunt feli citer. »)

INCIPIT PROLOGUS

DOMNI WERNERI ABBATIS MONASTERII B. BLASII EPISCOPI, ORDINIS S. BENEDICTI IN NIGRA SILVA, CONSTANTIENSIS DIOECESIS, IN LIBROS DEFLORATIONUM SS. PATRUM SUPER EVANGELIA DE TEMPORE PER ANNI CIRCULUM, CUM SERMONIBUS UTILISSIMIS.

Quoniam dies mali sunt et tempus instat in quo homines sanam doctrinam, ut Apostolus ait (Ephes. v), fastidiunt, et se potius ad fabulas convertunt quam ad ea quæ suæ saluti congruunt, placuit ista describere ut qui doctrinæ verbi Dei inserviunt in promptu habeant quidsuis auditoribus præferant. Verum quia ex assiduitate audiendi verbum Dei melliflua doctrina Patrum multum fastidit in auribus modernorum; ac per hoc rectum iter quo ad regnum cœleste pervenitur, jam a pluribus nescitur, syntagma in compositione sermonum ascripsimus diversorum Patrum ex quibus refocillentur animæ salvandorum. Consuetudinarium est enim inter mortales ut cibi frequentius oppositi fastidio fiant his quibus apponuntur. Quod ne proveniat in sermonibus repetitis sæpius copiam eorum conscripsimus, ut cum ista pro sua frequenti pronuntiatione refutantur, saltem ex altero pro sui raritate Dei populus per doctorem animetur. Præterea sciendum quod hic liber, Defloratio, id est excerptio Patrum prænotatur, quia ex authentica doctrina Patrum, Gregorii, Hilarii, Augustini, Isidori, Hieronymi, Bedæ, Remigii, aliorumque, qui modernis temporibus catholici atque orthodoxi magistri fuere syntagmatizatur.

Explicit prologus.

Incipiunt capitula libri primi Deflorationum ab Adventu Domini usque ad Dominicam primam post octavam Pentecostes.

Cap. I. *De Dominica quarta ante Nativitatem Domini. Expositio super evangelium* : « *Ecce mitto angelum meum, etc.* » *Sermo de Adventu Domini, et de ætatibus hujus sæculi, ac computatione annorum hujus sæculi, divisus in tres partes.*

Cap. II. *De Dominica tertia. Expositio super evangelium* : « *Erunt signa in sole et luna.* » *Item sermo de tempore Antichristi novissimo, et de ultima tribulatione. Item narratio de Antichristo, de ortu ejus, et de gestis ipsius, de persecutione ac de fine illius, divisa in tres partes.*

Cap. III. *De Dominica secunda. Expositio super evangelium* : « *Cum audisset Joannes in vinculis.* » *Item sermo de Adventu Domini, divisus in duas partes.*

Item alius de die Judicii, et de Adventu Domini, divisus in duas partes.

Cap. IV. *De Dominica prima ante Nativitatem Domini. Expositio super evangelium* : « *Miserunt Judæi ab Hierosolymis.* » *Item de eo quando homines obligari cœperunt præcepto percipiendi baptismum, et de initio baptismi. Item sermo de adventu et de qualitate personæ judicis in judicio, divisus in duas partes.*

Cap. V. *In vigilia Nativitatis. Expositio duplex super evangelium* : « *Cum esset desponsata.* » *Item de desponsatione sanctæ Mariæ sermo. Item sermo de eo quomodo intelligendum sit quod scriptum est* : « *Conceptus est de Spiritu sancto.* »

Cap. VI. *In Nativitate Domini. Expositio super utraque evangelia* : « *Exiit edictum; et* : « *Pastores loquebantur.* » *Item de eo quod solus Filius carnem suscepit. Item sermo de assumpta carne in Christum, hoc est de eo quomodo filius Virginis assumi potuit sine peccato de humani generis massa peccato fermentata. Item sermo de Nativitate Domini, et alius in duas partes divisus.*

Cap. VII. *Dominica prima post Nativitatem Domini. Expositio super evangelium* : « *Erant pater Jesu et mater.* » *Item sermo de tribus silentiis. Item de eo quod Verbum carnem sumpsit cum pœna sine culpa, cum mortalitate sine iniquitate.*

Cap. VIII. *In octava Nativitatis Domini. Expositio super evangelium* : « *Postquam consummati sunt dies octo.* » *Item sermo de Octava Domini, divisus in duas partes.*

Cap. IX. *In Epiphania Domini. Expositio super evangelium* : « *Cum natus esset Jesus.* » *Item sermo de Theophania, divisus in duas partes. Item de evangelio* : « *Cum natus esset Jesus.* »

Cap. X. *Dominica prima post Epiphaniam. Expositio super evangelium* : « *Cum factus esset Jesus annorum duodecim.* » *Item sermo de eo quod Verbum cum carne rationalem animam sumpsit; et qualis fuit anima illa in sapientia et virtute, et justitia et bonitate. Item expositio de eodem evangelio* : « *Cum factus esset Jesus annorum* XII. »

Cap. XI. *Dominica secunda post Epiphaniam. Expositio super evangelium* : « *Nuptiæ factæ sunt.* » *Item de sex hydriis alia expositio.*

Cap. XII. *Dominica tertia. Expositio super evangelium* : « *Cum descendisset Jesus de monte.* » *Item quæstio de eo si pares sint potestas Dei et voluntas Dei. Item expositio de eodem evangelio* : « *Cum descendisset.* »

Cap. XIII. *Dominica quarta. Expositio super evangelium* : « *Ascendente Jesu in naviculam.* » *Item sermo de mensura diligendi Deum et proximum, divisus in duas partes.*

Cap. XIV. *Dominica quinta. Expositio super evangelium :* « *Confiteor tibi, Pater Domine cœli.* » *Item sermo de eo :* « *Venite ad me, omnes qui laboratis,* » *et de septem criminalibus vitiis, et eorum operibus; de septem quoque virtutibus et earum operibus, divisus in duas partes.*

Cap. XV. *In Septuagesima. Expositio super evangelium :* « *Simile est regnum cœlorum homini patrifamilias.* » *Item sermo de Septuagesima, et de Sexagesima, et de Quinquagesima, quoque quare hæ Dominicæ sint ita appellatæ, divisus in duas partes.*

Cap. XVI. *In Sexagesima. Expositio super evangelium :* « *Exiit qui seminat seminare.* » *Item sermo de septuagenario, et de sexagenario, et de quinquagenario quoque, et de quadragenario numero, divisus in duas partes.*

Cap. XVII. *In Quinquagesima. Expositio super evangelium :* « *Assumpsit Jesus duodecim discipulos suos.* » *Item sermo de* XV *gradibus charitatis. Item de timore et amore, et de quatuor timoribus.*

Cap. XVIII. *In Quadragesima. Expositio super evangelium :* « *Ductus est Jesus in desertum.* » *Item sermo de tentatione diabolica, et de quatuor tentationibus. Item sermo de Quadragesima.*

Cap. XIX. *Dominica secunda in Quadragesima. Expositio super evangelium :* « *Egressus Jesus secessit in partes.* » *Item sermo de tribus osculis pedum, manuum, oris, et de labio superiori et inferiori.*

Cap. XX. *Dominica tertia. Expositio super evangelium :* « *Erat Jesus ejiciens dæmonium.* » *Item sermo de peccato, et confessione peccati, divisus in duas partes.*

Cap. XXI. *Dominica in media Quadragesimæ. Expositio super evangelium :* « *Abiit Jesus trans mare Galilææ.* » *Item sermo de piscibus, de etaro, de cæco, de murena, de vipera, de polypo, de cancro, de echino terrestri, et de echino marino.*

Cap. XXII. *Dominica in Passione. Expositio super evangelium :* « *Quis ex vobis arguet me de peccato.* » *Item sermo de carne quam Verbum assumpsit, qualis fuit secundum passibilitatem et affectus.*

Cap. XXIII. *Dominica in Palmis. Expositio super evangelium :* « *Cum appropinquassent.* » *Item sermo dicendus in die Palmarum.*

Cap. XXIV. *In Cœna Domini. Expositio super evangelium :* « *Ante diem festum Paschæ.* » *Item duo sermones in Cœna Domini.*

Cap. XXV. *In die Parasceves. Expositio super evangelium :* « *Maria Magdalena.* » *Item sermo in die Paschæ de resurrectione Christi, et de duobus infernis, ac novem pœnis inferni, de animabus quamplura et de immortalitate earum, atque resurrectione corporum, divisus in tres partes.*

Cap. XXVI. *Expositio super evangelium. Feria secunda Paschæ.*

Cap. XXVII. *Expositio super evangelium. Feria tertia Paschæ.*

Cap. XXVIII. *In octava Paschæ. Expositio super evangelium :* « *Cum esset sero die illo.* » *Item sermo in octava Paschæ.*

Cap. XXIX. *Dominica prima post octavam Paschæ. Expositio super evangelium :* « *Ego sum pastor bonus.* » *Item sermo de pastoribus et subjectis.*

Cap. XXX. *Dominica secunda. Expositio super evangelium :* « *Modicum et jam non videbitis me.* » *Item sermo de visione Dei.*

Cap. XXXI. *Dominica tertia. Expositio super evangelium :* « *Vado ad eum.* » *Item sermo de tribus diebus Passionis, Resurrectionis, et Ascensionis.*

Cap. XXXII. *Dominica quarta. Expositio super evangelium :* « *Amen amen dico vobis : Si quis petieritis.* » *Item sermo de ordine resurgendi, qualiter, aut qualia resurgant corpora, divisus in duas partes.*

Cap. XXXIII. *In Rogationibus. Expositio super evangelium :* « *Quis vestrum habet amicum.* » *Item in Rogationibus sermo divisus in quatuor partes.*

Cap. XXXIV. *In Ascensione. Expositio super evangelium :* « *Recumbentibus.* » *Item, sermo de Ascensione, divisus in duas partes.*

Cap. XXXV. *Dominica post Ascensionem. Expositio super evangelium :* « *Cum venerit Paraclitus.* » *Item sermo de* X *descensionibus Christi ad homines. Et de* VIII *ascensionibus animæ ad Deum. Item, quomodo terrena corpora in cœlo maneant.*

Cap. XXXVI. *In die Pentecostes. Expositio super evangelium :* « *Si quis diligit me.* » *Item sermo in die Pentecostes, divisus in quatuor partes.*

Cap. XXXVII. *Feria secunda Pentecostes. Expositio super evangelium :* « *Sic enim dilexit Deus mundum.* »

Cap. XXXVIII. *Feria tertia. Expositio super evangelium :* « *Amen, amen dico vobis : Qui non intrat.* »

Cap. XXXIX. *In octava Pentecostes. Expositio super evangelium :* « *Erat homo ex Pharisæis.* » *Item sermo de eo quid sit baptismus, et de institutione baptismi.*

Explicunt expositiones seu capitula primi libri.

CONFESSIO FIDEI CATHOLICÆ DOMNI WERNERI ABBATIS

Sumpta ex tertio libro Ambrosii de Trinitate

Assertio nostræ fidei, hoc est, ut unum Deum esse dicamus, non duos aut tres. Tres deos esse dicit qui divinitatem separat Trinitatis. Nos autem Patrem, et Filium et Spiritum sanctum unum Deum esse confitemur, ita ut in trinitate perfecta et plenitudo sit divinitatis, et unitas potestatis. Deus enim unus est. Deus nomen est magnificentiæ, nomen potestatis. Si ergo unus Deus, unum nomen, una potestas, una est trinitas. Denique dicit : « Ite baptizantes in nomine Patris et Filii et Spiritus sancti (*Matth.* XXVIII). » In nomine itaque, non in nominibus unum nomen est, ubi est una divinitas, una substantia, una majestas. Hoc nomen est in quo oportet omnes salvos fieri (*Act.* IV). Item : « Ego et Pater unum sumus (*Joan.* X). » Unum dixit, ne fiat discretio potestatis. Sumus addidit, ut personas cognoscamus. Non enim Pater ipse qui Filius, sed ex Patre genitus Filius, ex Deo Deus, ex pleno plenus. Non sunt ergo hæc nuda nomina, sed virtutis indicia, plenitudo divinitatis in Patre, plenitudo in Filio, sed non discrepans, nec confusum quod unum est, nec multiplex quod indifferens.

Quomodo Filius a Patre genitus sit, impossibile est scire : mens deficit, lingua silet, non hominum tantum, sed et angelorum, supra angelos, supra cherubim, supra seraphim, supra omnem sensum est. Credere jubemur, non discutere permittimur. Aufer argumenta ubi fides quæritur. Credimus unum Deum, Patrem et Filium et Spiritum sanctum : Patrem eo quod habeat Filium, Filium eo quod Patrem, Spiritum eo quod fit ex Patre et Filio. Pater ergo principium deitatis, qui sicut nunquam fuit non Deus, ita nunquam non fuit non Pater. A Patre Filius natus, ab eo vero et a Filio procedit Spiritus. Pater æternus eo quod habeat Filium æternum, cujus æternus sit Pater. Filius æternus eo quod sit Patri et Spiritui sancto coæternus. Spiritus sanctus æternus dicitur; eo quod Patri et Filio sit coæternus, non confusa, ut Sabellius dicit, Trinitas in persona, neque separata aut divisa in natura divinitatis, ut Arius blasphemat, sed alter in persona Pater, alter Filius, alter Spiritus sanctus, unus in natura, in trinitate Deus, Pater et Filius, et Spiritus sanctus. Item : Non Pater carnem assumpsit, nec Spiritus sanctus, sed Filius tantum, ut, qui erat in divinitate Patris Dei Filius, ipse fieret in homine hominis filius, neque Filii nomen ad alterum transiret, qui non esset nativitate Filius. Dei ergo nativitate filius hominis factus est Filius : natus secundum veritatem naturæ, ex Deo Dei filius ; secundum veritatem naturæ, ex homine hominis filius, ut veritas geniti, non adoptione, nec appellatione, sed in utraque nativitate filii nomen nascendo haberet, et esset verus Deus, verus homo, unus filius.

Item non ergo duos christos, neque duos filios, sed Deum et hominem unum Filium. Quem propterea Unigenitum dicimus, manentem in duabus substantiis, sicut ei veritas naturæ contulit, non confusis naturis, neque immistis. Ita enim Filius assumpsit hominem, ut qui suscepit, et quod suscepit, una esset in trinitate persona. Neque enim homine assumpto quaternitas facta est. Sed trinitas mansit, assumptione illa ineffabiliter faciente personæ unius in Deo et homine veritatem, quoniam non Deum tantum, nec hominem tantum dicimus Christum, sed Deum verum natum de Deo Patre, et verum hominem natum de homine matre : nec ejus humanitatem minorem Patre minuere aliquid ejus divinitati, quæ æqualis est Patri. Hoc ergo utrumque unus est Christus, qui secundum Deum dixit : « Ego et Pater unum sumus (*Joan.* x). » Et secundum hominem : « Pater major me est (*Joan.* xiv), » ex quo homo cœpit esse, non aliud cœpit esse quam Dei Filius, et hoc unigenitus, et propter Deum verbum, quo, illo suscepto, caro factum est (*Joan.* i), ut quemadmodum est una persona quilibet homo, anima scilicet rationalis et caro, ita sit Christus una persona, Verbum et homo. Christus Jesus Dei Filius est, et Deus et homo : Deus, quia Dei Verbum, homo, quia in unitate personæ accessit Dei Verbo, anima rationalis et caro. Et qui unicus Dei Filius est, etiam et filius hominis, id est ipse utrumque ex utroque unus Christus, unus Dei Filius, idemque hominis filius, non duo filii, Deus et homo, sed unus Filius. Item Deus hominem assumpsit, homo in Deum transivit; non naturæ versibilitate, sed Dei dignatione, ut nec Deus mutaretur in humanam substantiam assumendo hominem, nec homo in divinam glorificatus in Deum. Quia mutatio vel versibilitas naturæ vel diminutionem vel abolitionem facit, creditur a nobis sine confusione conjuncta Trinitas, sine separatione distincta. Item. Nihil creatum, aut serviens in Trinitate credendum est, nihil inæquale, nihil gratiæ æquale, nihil anterius, nihil posterius, aut minus, nihil extraneum aut officiale alteri, nihil sibi invisibile, nihil creaturis visibile, nihil moribus vel voluntate diversum, nihil de Trinitatis essentia ad creaturarum naturam deductum, nihil officio singulare, nec alteri communicabile, nihil confusum, sed totum perfectum : quia totum ex uno, et unum, non tamen solitarium. Item : Homousion ergo in divinitate Patri Filius; homousion Patri et Filio Spiritus sanctus : Homousion Deo et homini, unus Filius manens Deus in homine suo. In gloria Patris desiderabilis videri ab angelis : sic Pater et Filius, et Spiritus sanctus adoratur ab angelis et omni creatura, non homo propter Deum, vel Christus cum Deo, sed homo in Deo, et in homine Deus.

INCIPIT
LIBER PRIMUS DEFLORATIONUM.

DOMINICA QUARTA
ANTE NATIVITATEM DOMINI.

« Initium Evangelii Jesu Christi, filii David. Sicut scriptum est in Isaia propheta : Ecce mitto angelum meum ante faciem tuam, qui præparavit viam tuam ante te, etc. (*Marc.* i) » Evangelium Græce, La-

tine *bona annuntiatio* dicitur, quod proprie ad regnum Dei et ad remissionem peccatorum pertinet. Inde dicitur : « Pœnitemini et credite Evangelio et appropinquabit vobis regnum cœlorum (*Marc.* 1). »
— « Jesu Christi » id est Salvatoris uncti. In Hebræo Jesus, in Græco Sother [σωτήρ], in Latino Salvator; Christus unctus, id est rex et sacerdos dicitur, dum de genere David regis nascitur, et vocibus vatum generis Levitici prophetatur. Sequitur :

« Ecce mitto angelum meum ante faciem tuam qui præparabit viam tuam ante te. » (REMIGIUS.) Utique plusquam propheta Joannes, quia, quod angelus dicitur, hoc non natura, sed officii dignitate dicitur. De quo Pater ad Filium, sicut ait in Malachia : « Ante faciem tuam » id est manifestationem tuam « præparabit viam, » hoc est prævia reddet tibi corda auditorum, pœnitentiam prædicando et baptizando. Omnes etiam qui sacerdotii nomine censentur, angeli vocantur, propheta attestante, qui ait : « Labia sacerdotis custodiunt scientiam, et legem requirunt ex ore ejus, quia angelus Domini exercituum est (*Malach.* 11). » Nec non unusquisque fidelis si a pravitate proximum revocat et ad bonum exhortatur, si æterni regnum, vel supplicium erranti denuntiat, profecto angelus, id est nuntius Domini existit, cum hæc facit. Deinde sequitur :

« Hic est enim qui dictus est per Isaiam prophetam dicentem : vox clamantis in deserto : Parate viam Domini, rectas facite semitas ejus. » (BEDA, *super* MARCUM.) Sic nimirum Joannes prædicabat : « Hic est enim, dicente Isaia propheta : vox clamantis, » etc. Sicut prius sonat vox, et postea intellectus concipitur, sic Joannis prædicatio anteibat, adventum Christi nuntiando. Ideoque Joannes vocatur vox Christi, id est « Verbi quod erat in principio apud Deum (*Joan.* 1), » quod in Joanne clamat ad Judæos surdos, per peccata longe positos, indignationis clamore dignos. Ad Judæos obdurantes aures fit vox et clamor in deserto quia sine Spiritu Dei sunt, sine propheta, sine rege et sacerdote. Quid clamat Christus per Joannem? « Parate viam Domini. » Via Domini per quam Deus ad nos descendit, et nos ad illum ascendimus est fides in pœnitentia, dilectio. Semitæ, id est intentiones, rectæ sunt, si pure elevantur ad Deum. Curvantur autem, si pro terrenis facimus quæ propter Deum facienda sunt. Phyris Græce, Latine Dei visio. Inde Dei propheta, id est procul videns. Deinde subjungit :

« Fuit Joannes in deserto baptizans, et prædicans baptismum pœnitentiæ in remissionem peccatorum. »
— « Fuit Joannes in deserto, » et reliqua. Joannes *gratia Dei* interpretatur. A gratia narratio incipit. Unde sequitur : « Baptizans. » Per baptismum enim gratia datur qua peccata gratis dimittuntur. Unde dicitur per Apostolum : « Gratia salvati estis per fidem; et hoc non ex vobis; Dei enim donum est : A non ex operibus, ne quis glorietur (*Ephes.* 11). »
— « Et prædicans baptismum pœnitentiæ in remissionem peccatorum. » Quod consummatur per Sponsum annuntiatur per paranymphum. Unde catechumeni, hoc est instructi incipiunt per sacerdotem, et chrismantur per episcopum. Nunc autem per amicum Sponsi inducitur Sponsa, ac per Isaac puerum Rebecca pallio velata albo conducitur.

« Et egrediebantur ad illum omnis Judæa regio, et Hierosolymitæ universi, et baptizabantur in Jordane flumine ab illo, confitentes peccata sua. » Baptizabat Joannes, non ut suum baptismum remissionem peccatorum daret, sed ut baptismum Christi remissorum peccata procurreret. Inter baptisma Joannis et baptismum Christi hæc distantia est, quod in baptismo Joannis per intinctionem aquæ solum sacramentum dabatur. In baptismate vero Christi cum sacramento res etiam sacramenti percipitur : Joannes autem peccatores aqua tinxit, et peccata confitentibus pœnitentiam injunxit. Christus baptizabat, et peccata dimittit. Ille baptizans venturum, et baptizaturum se Spiritu prædicavit; hic baptizans ad remissionem peccatorum Spiritum infundit. Illic homines baptizabantur in nomine venturi ; hic homines baptizantur in nomine Patris, et Filii et Spiritus sancti. Sacramentum ergo utrobique, quantum ad formam exteriorem, idem fuit; sed, quantum ad effectum, idem non fuit, quia illic sacramentum solum fuit, sed remissio peccatorum non fuit; hic autem et sacramenti forma præponitur, et virtus sacramenti. Pariter in remissionem peccatorum condonatur. Baptizabantur homines a Joanne in Jordane, qui *descensio* interpretatur, de superbia veteris hominis ad humilitatem confessionis et emendationis descendentes.

« Et erat Joannes vestitus pilis cameli, et zona pellicea circa lumbos ejus. Esca autem ejus erat locustæ et mel silvestre. » Joanni solitudo locus est et meditari operatio. Pœnitentiam pronuntiat per quam reditus et ab errore, recursus a crimine, et post vitiorum pudorem professio desinendi : Pilis, non lana erat vestitus, quod est indumentum austeritatis non luxuriæ. Zona autem pellicea, sunt pauperes mundo mortui, qua etiam accinctus fuit Elias. Cingulum est de pellibus siccis animalium. Unde Joannes cingebatur circa lumbos ad luxuriam mortificandam. Locustas et mel silvestre edebat, quia solitudinis habitatorem congruum est non sequi divitias, sed necessitatem. Aiunt Peripatetici nostri quod herba, nomine mel silvestre, circa oram Jordanis abundat, cujus cannæ decorticatæ mellis sapore medullas dant. Locusta autem est herba procul dubio, et ipsa eximii saporis. Cujus natura est a loco in locum nemine ferente annotinum transponere fructum. Unde et a Latinis id nomen accepit, cum quidem ambo nomen herbæ habeant ejusdem notaminis vel significationis quod est locusta. Hujus nominis Joannem edere dicunt animalia, quidam herbas. Judæis autem locustæ animalia sunt licita in esum.

Mel autem silvestre herbam constat esse, sicut et locustas, et amborum copia in eremo est. Hæc de locusta et melle silvestri. Vilis et aspera quoque vestis de pilis camelorum, vel de quibuslibet exuviis animalium, cor contritum et humiliatum pœnitentis designat. Zonæ autem præcinctio monet, ut ad omne ministerium voluntatis Christi simus accincti. Locustæ fugaces, in esum electæ, figurant nos qui prius quasi quibusdam corporum saltibus efferebantur, voluntate vagi, operibus inutiles, verbis queruli, sede peregrini. Nunc autem sumus sanctorum alimonia et satietas prophetarum, electi simul cum melle silvestri, quia dulcissimum cibum præbituri sumus, non ex alveariis legis, sed ex nobis veluti ex truncis silvestrium arborum gentilitatis.

SERMO DE ADVENTU DOMINI.

« Beati sunt servi illi quos cum venerit, Dominus invenerit vigilantes (*Luc.* xii). » Si quis vestrum, charissimi, dominum suum ad se noctu venturum speraret, tota vigilantia adventum ejus exspectaret, venientemque summopere excipere festinaret, quo se magnis gratiæ ipsius commendaret. Ecce verus Dominus noster ad nos indignos servulos suos se venturos denuntiat; suum adventum pervigiles præstolantes sibi venienti occursantes beatos pronuntiat. Idcirco cum nesciamus diem neque horam quando veniat, oportet ut unusquisque nostrum in bona actione vigilare studeat, ne sero vel media nocte, aut galli cantu seu mane adveniens (*Marc.* xiii) nos imparatos inveniat. Sero Dominus venit, cum aliquem in senectute de hac vita exire præcipit. Media autem nocte advenit, cum aliquem in juventute inopinata morte vocaverit. Galli cantu adventat, cum quemlibet in adolescentia abire imperat. Mane supervenit, cum quempiam in pueritia subtraxerit. Beati ergo sunt quos in fide et operatione invenerit vigilantes, quia erunt cum eo in æterno convivio epulantes. Nimium vero infelices sunt quos somno desidiæ deditos inveniet. Quia ab electis suis editos dividet, et partem illorum cum hypocritis, id est cum dæmonibus ponet. Et notandum quod Dominus non in die, sed in nocte venturus dicitur (*Matth.* xxiv), quia quando veniat a nullo præscitur. Si enim paterfamilias præsciret qua hora fur adveniret, utique vigilaret, et domum suam perfodi, ac res suas tolli minime sineret. Domus est nostrum corpus, paterfamilias est animus, fur est mors. Hæc in nocte venit, dum hominem inopinate premit, dominum invenit dormientem, dum animum reperit in bonis torpentem. Domum perfodit, quia mox corpus occidit. Occiso autem domino bona ejus tollit, quia miseram animam a bonis æternæ vitæ evellit et ad tartara crucianda pertrahit. Nox duodecim horas habere cognoscitur, quæ in quatuor vigilias dividitur et unaquæque vigilia tribus horis ascribitur. Humana quippe vita nocti comparatur, quia tenebris ignorantiæ obscuratur. Hæc in duodecim horas dimensuratur, quia præsens vita duodecim mensibus circumrotatur. In quatuor vigilias partitur quia annus quatuor temporibus, vere, æstate, autumno, hieme metitur. Tres horæ singulis vigiliis annotantur, quia tres menses unicuique tempori assignantur. Quatuor etiam vigiliæ quatuor ætates intelliguntur, in quibus bene vigilantes, cœlesti præmio remunerabuntur.

§ De his vigiliis dicit Dominus : « Si in secunda vigilia, et si in tertia vigilia venerit, beati sunt quos vigilantes invenerit. » Prima vigilia est pueritia. In hac bene vigilant qui innocentiam conservant. Hi Domino pulsanti confestim aperiunt, dum mortem securi suscipiunt, quia mox se cum Christo regnaturos sciunt. Secunda vigilia est adolescentia. In hac pervigiles excubant qui se carnis illecebris non coinquinant. Hi quoque Domino venienti læti ostium reserant, quia per mortem se gaudia percepturos sperant. Tertia vigilia est juventus. In hac pervigiles Dominum præstolantur, qui mundi desideriis non superantur, scilicet divinis præceptis exercitantur. Hi etiam alacres Domino occurrunt, quia mox in gaudio metunt quæ in lacrymis seminaverunt. Quarta vigilia est senectus. In hac vigilando Dominum exspectant qui in bona actione usque in finem perseverant. Hi diu desideratum Dominum ovantes suscipiunt, quia statim ab eo denarium vitæ pro labore percipiunt. Sic enim celebraturi sumus. Cœlestis rex venit in hujus mundi Babyloniam accipere sibi conjugem Ecclesiam, quam servis custodiendam tradidit : ipse convivium instructurus in cœlum abiit. Servis præcepit. Vigilate ut quacunque hora advenerit, parati sint cum lampadibus obviare (*Matth.* xxv). Promisit autem se cum magno apparatu adventurum, et sponsam suam in præparatam civitatem inducturum. O nimium beat.; qui ei occurrere tunc sunt parati. Nam in gaudium Domini sui cum eo ad nuptias intrabunt, et super omnia bona ipsius constituti, in æternum exsultabunt. Heu! quam nimium miseri, qui tunc in peccatis sopiti invenientur, quia clausa jam janua ab æternis epulis excluduntur. Igitur, charissimi, cum horam Christi adventus, scilicet diem mortis nostræ ignoremus, omnes, simul juvenes et virgines, senes cum junioribus, in bonis operibus vigilemus faciem Domini in confessione præveniamus, ut in Nativitate ejus sacramentum corporis ejus digne percipiamus, quatenus, cum secundo venerit, cum ipso in gloria appareamus.

Hic fiat divisio sermonis, si placuerit, et hoc idem servetur in aliis ubi divisio facta fuerit.

Totum tempus hujus sæculi nocti comparatur : cui sereuus dies venturi sæculi superveniens, sole justitiæ illustratur. Sicut etenim tempus noctis luci diei collatum, tetra caligine offuscatur ita lux omnium dierum hujus sæculi luci venturi diei comparata, prorsus densa obscuritas reputatur. De tempore autem vel die hujus sæculi dicitur quod in principio ipsius Deus creavit XXII opera. Primo itaque die fecit septem opera (*Gen.* 1), id est materiam informem, angelos, lucem, cœlos superiores, terram, aquam atque aerem; secundo die firmamentum solum; tertio die quatuor, id est maria, semina, sationes atque plantaria; quarto die tria, id est solem et lunam et stellas; quinto die tria id est pisces, reptilia aquarum et volatilia; sexto die quatuor, id est bestias, pecudes et reptilia terræ, et hominem, et facta sunt omnia XXII in diebus VI. Et XXII generationes sunt ab Adam usque ad Jacob, ex cujus semine nascitur gens Israel. Et XXII libri Veteris Testamenti usque ad Esther, et XXII litterarum sunt elementa, quibus constat divinæ legis doctrina. Igitur consummatis XXII operibus VI diebus requievit ab eis septimo Deus (*Gen.* II) : quia sex ætatibus consummabitur iste mundus. Quarum ætatum prima est ab Adam usque ad Noe, quod fiunt secundum Isidorum anni II, MCCLII; secunda, a diluvio usque ad Abraham, quod fiunt anni III, MCLXXXVII. Tertia, ab Abraham usque ad David : quod fiunt anni IV, MCXXXIV; quarta, a David usque ad transmigrationem Babylonis, quod fiunt anni V, MDCIX; quinta, a transmigratione Babylonis usque ad Christum, quod fiunt anni V, MCLIV. A nativitate autem Christi usque ad id quo Isidorus hæc scripsit, certus numerus non habetur nisi fiat illorum annorum computatio quæ fuerunt ad tempora Heraclii religiosi principis. Hujus quarto et quinto Sisipoti principis anno, Judæi in Spania baptizabantur, et tunc fuerunt anni a nativitate Domini V, MDCCCXXXVI cum superioribus annis ætatum computatis. Et hæc est sexta ætas quæ nunc agitur usque ad diem judicii. Septima vero sanctorum erit requies, quæ non habet vesperam, quia eam nullus terminus claudit.

Primo enim sæculo factus est homo in paradiso quasi lux (*Gen.* 1) [AUGUSTINUS, *de Genesi contra Manichæos*]; in qua ætate filios in lucis nomine divisit Deus a filiis hominum, quasi a tenebris, fitque hujus diei vespera diluvium. Secundo sæculo factum est quasi firmamentum inter aquam et aquam, arca utique illa quæ natavit, inter pluvias et maria erat. Hac vespera fit confusio linguarum. Tertio sæculo factum est quod separavit populum suum a gentibus per Abraham discernens eum quasi aridam ab aquis ut proferret germen herbarum atque lignorum, id est sanctos et fructum Scripturæ sanctæ. Hac vespera fuit peccatum regis Saul. Quartum sæculum cœpit a David, quando Deus constituit luminaria in cœlo, id est David in splendore regni tanquam solis excellentiam, et in spem lunæ obumbrantem tanquam Synagogam, et stellas principes ejus. Hujus ætatis fuit vespera tempus : quando populus Dei in Babylonem ductus est captivus. Quinto sæculo, id est in transmigratione Babylonis, facta sunt quasi animalia in aquis et volatilia cœli, quia tunc inter gentes tanquam in mari Judæi vivere cœperunt, nec habebant stabilem locum tanquam volantes aves. Hujus diei quasi vespera est muliplicatio peccatorum in populo Judæorum quando sic excæcati sunt, ut etiam Dominum Jesum non possent agnoscere. Jam sextum sæculum fuit in adventu Domini nostri Jesu Christi. Nam sicut in illa sexta die primus Adam de limo terræ ad imaginem Dei factus est, sic in ista sexta diei ætate secundus Adam, id est Christus, in carne de Virgine Maria natus est : ille in anima vivente, hic in spiritu vivificante. Et sicut in illa die fit anima viva, sic in isto sæculo desiderantes vitam æternam. Et sicut in illa die sexta serpentium et ferarum genera producit terra, ita et in hac sexta ætate sæculi gentes vitam appetentes æternam Ecclesiam generavit. Et quemadmodum in illa die creatur masculus et femina, sic in ista sæculi ætate manifestatur Christus et Ecclesia. Et sicut homo præponitur in die illa pecoribus, serpentibus, volatilibus cœli, ita Christus in hac ætate gentibus, populis et nationibus, ut ab eo regantur vel carnali concupiscentia dediti sicuti pecora, vel terrena obscurati curiositate quasi serpentes, vel superbia quasi aves. Et sicut in illo die pascuntur homo et animalia, quæ cum ipso sunt, herbis seminalibus lignis fructiferis et herbis viridibus, sic ista ætate ipse populus spiritualiter pascitur sanctarum Scripturarum alimentis, et lege divina ad accipiendam fecunditatem rationum atque sermonum tanquam herbis seminalibus partim ad utilitatem morum conversationis humanæ, partim ad vigorem fidei, spei, et charitatis in vitam æternam tanquam herbis viridibus, quæ nullo æstu tribulationum arescunt. Carnalis autem, id est parvulus in Christo tanquam pecus Dei, ut in illum credat, quem intelligere nondum potest et tamen eosdem cibos omnes habent.

Post istam vesperam fiet mane, cum ipse Dominus in claritate venturus est. Tunc requiescent cum Christo ab omnibus operibus suis. Post talia enim opera speranda est requies in die septimo qui vesperam non habet. O qualis gloria lucis illius septimi diei, in qua Christus in sua claritate prædicatur, quæ ab ipso sole angelorum illuminatur, cujus pulchritudinem hic sol et luna mirantur ! O qualis gratia illius diei quam omnes angeli omnesque sancti illuminabunt : qui singuli septuplum plus hoc sole radiabunt. Et si hic mundus tam amœnus judicatur, qui uno sole tamen illustratur, quid æstimandum est de illa vita quæ tot solibus illustratur? Sed forte diceret aliquis: Hic sol magnum lumen exhibet, quia magno corpore fulget, animæ vero, quamvis serenissimæ, quid luminis præbere poterunt quæ omnino parvæ sunt? Certe hic sol oculis nostris circumscribitur, radius ejus quolibet corpore opposito penetrari non sinitur, nubibus obtegitur, noctibus a nobis prorsus occultatur. Angelici autem spiritus vel animæ sanctorum nullo corporali loco comprehenduntur, soli Deo incomprehensibili atque incircumscripto circumscripti creduntur, cuncta obstantia lucem suæ claritatis penetrare noscuntur. Hi singuli ab æterno sole illustrati, immensum fulgorem suum cum illa die participantur, ipsique invicem alterutra claritate deliciantur.

DIVISIO SERMONIS.

De hujus diei incomparabili gloria cecinerunt omnium prophetarum præconia, quia hæc dies melior est vita super annorum millia. Nox itaque hujus temporis quasi in quatuor vigilias dividitur (*Luc* xii), quia hic mundus quatuor interstitiis distinguitur: Prima vigilia ab Adam usque ad Noe fuerat in qua pauci, in bono pervigiles, periculum evaserant; somno vero malitiæ oppressos diluvium dimerserat. Secunda vigilia a Noe usque ad Moysen exstiterat: in qua bene vigilantes colloquio Dei frui meruerant, sopore vero negligentiæ gravatos partim sulphur et ignis consumpserat, partim mare Rubrum absorbuerat. Tertia vigilia a Moyse usque ad Christum fuerat: in qua galli quasi media nocte cantus edebant, dum Moyses lege, prophetæ scriptis dormientes ad laudem Dei excitabant. Vigilantes in præceptis Domini terram lacte et melle manantem capiebant, torpore desidiæ dediti, captivitate et bellis disperierant. Quarta vigilia ab adventu Christi usque ad finem mundi se tetendit: in qua verus lucifer Christus apparuit; per quem exortus æterni diei adesse patuit. In hac nobiles, galli alis et vocibus somno desides, excitabant, dum apostoli et eorum sequaces factis et dictis omnes gentes ad lumen veri Dei evigilare incitabant. In hac vigiles sponsi lætificabuntur, erroris vero somno involuti, torrente ignis devorabuntur. His autem singulis vigiliis ternæ horæ ascribuntur, quia in his singulis temporibus justi fidem sanctæ Trinitatis habuisse noscuntur. Harum igitur quatuor vigiliarum custodes ad vigilandum nos informaverunt, dum nos quatuor principales virtutes verbis et exemplis docuerunt. Primæ namque vigiliæ observatores prudentiam. Secundæ excubitores, fortitudinem. Tertiæ vigiliæ custodes justitiam. Quartæ vigiliæ debellatores nos instruxerunt temperantiam. Et quia in his quatuor vigiliis adventum Christi præstolabantur, ideo quatuor Dominicæ de adventu Domini inofficiantur. Et quia quatuor mundi climata per secundum ejus adventum erant purganda, ideo quadripartita Ecclesia adventum ejus celebrare solet per quaterna officia. In hujus autem temporis caliginosa nocte, quædam stellæ diversis temporibus cum jucunditate luxerunt, lumen quem suum super nos fuderunt. Et quamvis horrorem nobis effugare non potuerit tunc cum gradientibus ad verum Solem præsignaverunt. In prima quippe vigilia Abel velut stella claruit: qui nos pro justitia mori docuit, dum ipse innocens occubuit. Post hunc alii ut astra in nocte micuerunt, dum per pietatem Enos Deum invocare; Enoch per munditiam cum Deo ambulare; Lamech per piam operationem futuram requiem nos sperare docuerunt. In secunda vigilia alii ut sidera cœli resplenduerunt, dum Noe rectitudinem, Sem verecundiam, Heber stabilitatem, Melchisedech devotionem, Abraham fidem, Loth hospitalitatem, Isaac obedientiam, Jacob tolerantiam, Joseph castitatem nobis præmonstraverunt. In tertia vigilia varii stellarum globi noctem radiis depinxerunt, dum Moyses mansuetudinem, Phinees zelum, Josue constantiam, Job patientiam, Gedeon fidentiam, Samuel temperantiam, David humilitatem, Salomon prudentiam, Ezechias obsecrationes, Josias religionem, Elias abstinentiam, Eliseus honorificentiam, Isaias sanctitatem Jeremias sinceritatem nos informaverunt. Duodecim quoque prophetæ ut pleiades micuerunt, dum nos concordiam docuerunt, et Ezechiel benignitatem, Daniel fidelitatem, tres pueri laudationem, Tobias eleemosinas, Esther honestatem, Judith modestiam, Machabei sufferentiam exemplis ostenderunt. In quarta vigilia, stella maris, virgo Maria, splendida flamma rutilavit, dum iter ad æternum solem humilitate atque castitate demonstravit. In hac quoque Joannes Baptista velut planetaria stella resplenduit qui peccantes pœnitentiam primus docuit. In hac etiam verus lucifer decus astrorum Christus, lux angelorum fulsit, qui fulgorem æterni diei astruxit, dum nos charitatem instruxit. In hac nihilominus rutilantia sidera flammivomum jubar per orbem sparserunt, dum apostoli dilectionem, martyres fortitudinem, confessores sobrietatem, eremitæ mortificationem, virgines pudicitiam, viduæ continentiam nos instruxerunt. Hi omnes ut astra in hac nocte claruerunt, et iter nobis ad æternum diem præbuerunt. Transacta autem ista nocte, verus sol in unitate sua splendebit. Cum Filius Dei, splendor Patris, in majestate sua ad judicium fulgebit, tunc lunam, scilicet Ecclesiam, de tenebris exemptam, æterna claritate illuminabit, omnesque stellas in solis gloriam commutabit. Tunc harum vigiliarum excubitores remunerabit, quando a judicio transiens in nuptiis Agni eis æterna dulcedine ministrabit. Igitur, charissimi, in hoc adventu Domini sobrie et juste et pie vivamus, quatenus in secundo adventu læti eum suscipere et in æternum cum eo regnare valeamus, ubi oculus non videt, nec auris audivit.

DOMINICA TERTIA ANTE NATIVITATEM DOMINI.

« Et erunt signa in sole et luna et stellis, et in terris pressura gentium præ confusione sonitus maris et fluctuum. Arescentibus hominibus præ timore et exspectatione quæ supervenient universo orbi, » etc. (*Luc.* xxi.) Paulo superius Dominus præmisit dicens: Exsurget gens contra gentem, et regnum adversus regnum, et erunt terræ motus magni per loca, et pestilentiæ, et fames (*ibid.*) : et quibusdam interpositis, hoc evangelium adjunxit : Et erunt signa in sole, et luna, et stellis. (Gregorius.) Ex quibus profecto omnibus, alia jam facta cernimus, e proximo ventura formidamus. Nam gentem super gentem exsurgere, earumque pressuras terris insistere, plus tam in nostris tribulationibus videmus quam in codicibus legimus. Quod terræ motus urbes innumeras subruat ex aliis mundi partibus pene quotidie audimus. Signa vero in sole, et luna et stellis adhuc aperte minime vidimus. Sed quia et hæc non longe sint, ex ipsa jam aeris immutatione colligimus, quamvis prius quam Italia gentili gladio ferienda traderetur, igneas in cœlo acies vidimus, et ipsum qui postea humani generis fusus est sanguinem coruscantem. Confusio autem maris et fluctuum necdum nova exorta est; sed dum multa jam prænuntiata completa sunt, dubium non est quin sequantur et pauca quæ restant, quia sequentium rerum certitudo est præteritarum exhibitio. Hæc idcirco diximus, ut ad cautelæ studium vestræ mentes evigilent, ne securitate torpeant, ne ignorantia languescant, sed semper eas et timor in bono opere sollicitet, et sollicitudo confirmet. (Beda.) Quod autem præ confusione, hoc est ante confusionem, ut antea signa sint, et pressura gentium. Deinde sequatur confusio sonitus maris et fluctuum. Sol convertetur in tenebras, ait Joel propheta, et luna in sanguinem antequam veniet dies Domini magnus et manifestus (*Joel.* ii). Merito incumbente judicio, sonitu maris et fluctuum confunditur orbis terrarum, prementibus se invicem colonis, inficitur, maxima cœli luminaria turbantur, quia quomodo impulsæ ad casum arbores fragoris motusque sui præmittere solent indicia, sic termino mundi appropinquante quasi paventia nutant elementa. Nec mirum homines arescere præ timore, in quibus illud implebitur : « Pugnabit pro eo orbis terrarum contra insensatos (*Sap.* v). » (Gregorius.) Omnia namque quæ ad usum accepimus vitæ, ad usum convertimus culpæ. Sed cuncta quæ ad usum inflevimus pravitatis, ad usum nobis vertuntur ultionis. Tranquillitatem namque humanæ pacis ad usum vertimus vanæ securitatis : peregrinationem terræ pro habitatione dileximus patriæ. Salutem corporum redegimus in usum vitiorum. Ubertatis abundantiam non ad necessitatem carnis, sed ad perversitatem intorsimus voluptatis. Ipsa serena blandimenta aeris ad amorem nobis servire coegimus terrenæ delectationis. Jure igitur restat ut simul nos omnia feriant, quæ simul omnia vitiis nostris male subacta serviebant, ut quot prius in mundo incolumes habuimus gaudia, tot de ipso postmodum cogamur sentire tormenta.

Et nisi breviati fuissent dies illi non fieret salva omnis caro sed propter electos breviabuntur dies illi. Sensus est. Nisi Deus qui dat virtutem patiendi dispositione sua breviasset potentiam persequendi, rarus vel nullus fieret salvus. Non ergo hoc dicit ut tempora mutentur secundum deliramenta quorumdam non attendentium quod scriptum est : « Ordinatione tua perseverat dies (*Psal.* cxviii) : » sed ne malitiæ mora fides credentium concutiatur. Quanto enim tempore tribulatio Antichristi gravior est futura cæteris, tanto moderatior est futura brevitate temporis. Tribus annis et dimidio impugnabitur Ecclesia per Antichristum.

« Statim autem post tribulationes dierum illorum sol obscurabitur, et luna non dabit lumen suum, et stellæ cadent de cœlo, et virtutes cœlorum movebuntur, et tunc parebit signum Filii hominis in cœlo. » Signum intellige crucem aut vexillum victoriæ. Non diminutione luminis, sed comparatione veræ lucis omnia erunt tenebrosa in die judicii, de quo prophetavit Isaias dicens : « Erubescet luna et confundetur sol, cum regnaverit Dominus exercituum in monte Sion et in Hierusalem et in conspectu senum suorum fuerit glorificatus (*Isa.* xxiv). » Cæterum, peracto die judicii et clarescente gloria futuræ vitæ, tunc incipiet cœlum novum esse et terra nova; tunc fiet quod idem propheta alibi dicit : « Tunc erit lux lunæ sicut lux solis, et lux solis erit septempliciter sicut lux septem dierum (*Isa.* xxx). » (Gregorius.) Quid Dominus virtutes cœlorum nisi angelos, archangelos, thronos, dominationes, principatus et potestates appellat quæ in adventu sui oculis nostris visibiliter apparent, ut districte tunc a nobis erigant hoc quod nos modo invisibilis conditor æquanimiter portat? (Beda.) Quid nimirum tremere homines cum aspectu judicii tremant angelicæ potestates. Unde Job : « Columnæ cœli contremiscunt et pavent ad nutum ejus (*Job* xxvi). » Quid ergo facient tabulæ quando tremunt columnæ. Quid virgula deserti patitur cum cedrus paradisi concutitur. « Et tunc mittet angelos suos cum tuba et voce magna, et congregabunt electos ejus a quatuor ventis a summis cœlorum usque ad terminos eorum. » Tuba et potestas suscitandi mortuos, vox magna, ut nullus remaneat non suscitatus, et ut omnes sint in judicio. (Beda *super Marcum.*) A quatuor ventis, id est a quatuor climatibus mundi, oriente, occidente, aquilone et austro. Et ne quis putaret non etiam a Mediterraneis regionibus congregandos, subjunxit Marcus : « A summo terræ usque ad summum cœli (*Marc.* xiii), » id est ab extremis terræ finibus per directum, usque ad ultimos terminos ejus ubi longe exspectantibus circulus cœli et terræ videtur insidere. Omnes ergo occurrent ad judicium et electi et reprobi. Matthæus dicit : « A summis cœlorum usque ad terminos eorum (*Matth.* xxiv), » quod significat omnes qui sunt sub curvitate cœli quasi per horizontem. Aliter : Statim post tribulationem dierum illorum incœptam, non adhuc finitam, sol justitiæ obscurabitur ad gelida corda. (AMBROSIUS.) Sicut ei per captum videntis radius mundani solis aut pallidior videtur, aut clarior, ita per devotionem credentis unicuique spirituale lumen infunditur. Luna non dat lumen, si objectu terræ radii solis excludantur, sic et Ecclesia non dabit, cum vitia carnis obsistent, ne fulgorem divini luminis de radiis possit mutuari. Namque in persecutionibus lucem Dei solus plerumque amor vitæ hujus excludit. Stellæ cadent de cœlo, idem de Ecclesia, quoniam pene deerit semen Abrahæ cui assimulatæ sunt stellæ. (REMIGIUS.) Virtutes cœlorum movebuntur, quia quidam fideles fortissimi turbabuntur, impiis ultra modum sævientibus. Vel angeli movebuntur ad iram vindictæ, qui cum tuba mittendi sunt a Filio hominis. In tuba enim dicuntur descendere, hoc est nomine Dei bellum ingerere, quia per novissimam tubam intelligitur ultimum bellum malignorum spirituum qui sæpe victi sunt ab angelis, ut ait Joannes apostolus : « Vidi Michael et angelos in cœlo pugnantes adversus draconem (*Apoc.* xii). » Extremum bellum tunc erit, quia in gehennam mittentur. Tempore tribulationis Antichristi apparebit signum Filii hominis, in cœlo subaudis, et non in terra. Efficacia enim crucis tunc latitabit in terris, sed in millibus sanctorum manifestissima est in cœlis. « Tunc plangent omnes tribus terræ, » id est digna planctu facient, et quæ planctus necessario sequetur. Nullum enim malum erit impunitum. Et tandem « videbunt Filium hominis venientem in nubibus cœli, » id est in sanctis, sicut et nunc venire non cessat secundum id quod ait : « Amodo videbitis Filium hominis sedentem a dextris virtutis Dei, et venientem in nubibus cœli. » Sed ideo tunc cum potestate magna et majestate veniet, quia major potestas et majestas illius apparebit sanctis, quibus magnam virtutem dabit, ne tanta persecutione vincantur. « Et mittet angelos suos, » id est prædicatores; « in tuba, » id est manifestatione. In lege enim præcipiuntur fieri tubæ ductiles ex auro et ære et argento, ut sublimia doctrinarum resonent sacramenta.

« Et congregabunt electos ejus de IV mundi partibus, » id est de toto orbe terrarum. Haud dubie magna erit sanctorum constantia cum auditum fuerit quod Antichristus spiritu oris Domini interfectus sit, et omnis Israel conversus ad fidem.

« His autem fieri incipientibus respicite et levate capita vestra quoniam appropinquat redemptio vestra. » (GREGORIUS.) Cum plagæ mundi crebrescunt, et terror judicii commotis virtutibus ostenditur, levate capita, id est exhilarate corda, quia dum finitur mundus cui amici non estis, prope fit redemptio quam per fidem quæsistis. In Scriptura sacra sæpe caput pro mente ponitur, quia sicuti capite reguntur membra, ita cogitationes mente disponuntur. Capita itaque levare est mentes nostras ad gaudia patriæ cœlestis erigere. Qui ergo Deum diligunt ex mundi fine gaudere atque exhilarescere jubentur, quia eum quem amant mox inveniunt, dum transit is quem non amaverunt. Absit enim ut fidelis quisque, qui Deum videre desiderat, de mundi percussionibus lugeat quem finiri eisdem suis percussionibus non ignorat. Scriptum namque est : « Qui voluerit amicus esse sæculi hujus inimicus Dei constituitur (*Jac.* iv). » Qui ergo appropinquante mundi fine non gaudet, amicum se illius esse testatur, atque per hoc inimicus Dei convincitur. Sed absit hoc a fidelium cordibus! absit ab his qui et esse aliam vitam per fidem credunt, et eam per operationem diligunt. Ex mundi enim destructione lugere eorum est qui radices cordis in ejus amore plantaverunt, qui sequentem vitam non quærunt, qui vel illam neque aliam esse suspicantur. Nos autem qui cœlesti patriæ gaudia æterna cognovimus, festinare ad eam quantocius debemus; optandum nobis est citius pergere, atque ad illam via breviori pervenire.

De tempore Antichristi novissimo, et de ultima tribulatione.

(AUGUSTINUS, ad Hesychium in epistola De fine sæculi.) De Salvatoris adventu qui exspectatur in fine, tempora dinumerare non audemus, nec aliquem prophetam de hac re numerum annorum existimamus præfinisse, sed illud potius prævalere, quod ipse Dominus ait : « Nemo potest cognoscere tempora quæ Pater posuit in sua potestate (*Act.* i). » Tempora ergo computare hoc est chronologis, ut sciamus quando sit finis hujus sæculi vel adventus Domini. Nihil aliud mihi videtur quam scire velle quod ipse ait : « Scire neminem posse (*Matth.* xxiv). » Opportunitas vero illius temporis profecto non erat, antequam prædicetur Evangelium universo orbi in testimonio omnibus gentibus. Apertissima enim de hac re legitur sententia Salvatoris dicentis : « Et prædicabitur hoc Evangelium regni in universo orbe in testimonio omnibus gentibus; tunc veniet finis (*ibid.*). » Tunc veniet finis, quid est nisi ante non veniet. Quando ergo post veniet, incertum est nobis, ante tamen non esse venturum dubitare utique non debemus. Si ergo latet quando Ecclesia fructificante atque crescente universus a mari usque ad mare orbis implebitur, procul dubio latet quando finis erit. Ante quippe non erit. « Tunc revelabitur ille iniquus, » id est Antichristus, « quem Dominus Jesus interficiet spiritu oris sui (*II Thess.* ii). » De ultima autem tribulatione dicit idem Augustinus in libro De civitate Dei. Tunc solvetur Satanas de custodia sua, et exibit ad seducendas nationes, quæ sunt in quatuor angulis terræ, Gog et Magog (*Apoc.* xx), quorum interpretationem nominum esse comperimus : Gog *tectum,* Magog *de tecto,* tamquam domus et ipse qui procedit de domo. Gentes ergo sunt, in quibus diabolum, velut in abysso superius intelligebamus inclusum, et ipse de illis quodammodo sese efferens et procedens, ut illæ sint tectum, ipse de tecto. Videndum est autem quare diabolus modo ligetur. Alligatio diaboli est non permitti exercere totam tentationem quam potest, vel vi, vel dolo ad seducendos homines in partem suam cogendo violenter, fraudulenter, vel fallendo. Quod si permitteretur, in tam longo tempore et tanta infirmitate multorum plurimos tales quales deos, id perpeti non vult, et fideles dejiceret, et ne crederent impediret. Quod ne faceret alligatus est. Tunc enim solvetur, quando et breve tempus erit. Nam tribus annis et sex mensibus legitur suis totis suorumque viribus sæviturus, et tales erunt cum quibus ei belligerandum est, ut vinci tanto ejus impetu insidiisque non possint. Solvetur autem Satanas in fine sæculi ut quam fortem adversarium Dei civitas superavit, cum ingenti gloria sui redemptoris, adjutoris, liberatoris aspiciat. Quare vero in novissimo solvatur videatur: Exibit, ut dictum est, Satanas in apertam persecutionem, de latebris erumpet odiorum. Hæc enim erit novissima persecutio. Novissimo imminente judicio quando sancta Ecclesia toto orbe terrarum patietur, universa fidelis civitas Christi ab universa civitate diaboli quamtacunque erit utraque super terram. Unde Apostolus : « Refrigescet charitas multorum, et abundabit iniquitas (Matth. xxiv). » Unde Daniel ; « Et erit tempus, » inquit, « tribulationis, qualis non fuit ex quo nata est gens super terram usque ad tempus illud (Dan. xii). » Hæc persecutio novissima futura ab Antichristo tribus annis et sex mensibus erit. Non enim veniet ad vivos et mortuos judicandos Christus, nisi prius venerit ad seducendos in anima mortuos adversarius ejus. Antichristus, quem Dominus Jesus interficiet spiritu oris sui. Veniet tunc quoque Elias Thesbites, antequam veniat dies Domini magnus et illustris, qui convertet cor patris ad filium, et cor hominis ad proximum suum, ne forte veniens percutiam terram penitus (Malach. iv). » Per hunc Eliam magnum mirabilemque prophetam exposita sibi lege novissimo tempore ante judicium Judæos in Christum verum, id est in Christum nostrum esse credituros celeberrimum est in sermonibus cordibusque fidelium. Ipse quippe ante adventum judicis Salvatoris non immerito speratur esse venturus, qui etiam nunc vivere non immerito creditur. Curru namque igneo raptus est de rebus humanis : quod evidentissime Scriptura sacra testatur (IV Reg. ii). » Cum venerit ergo exponendo legem spiritualiter, quam nunc Judæi carnaliter sapiunt. Convertet cor patris ad filium, id est cor patrum ad filios. Sic enim cor patrum ad filios convertetur, cum intelligentia patrum perducetur ad intelligentiam filiorum, et cor filiorum ad patres eorum, dum in id quod senserunt illi consentiunt et isti.

Item narratio de Antichristo.

Ante terribilem adventum nostri Redemptoris, ut præfatum est, venturus est Antichristus, qui in magna Babylonia de meretrice generis Dan nascetur. Sed volens de eo scire, primo notabit quare sic vocatus sit. Ideo fit, quia Christo in cunctis contraria faciet. Christus venit humilis humiles erigere, peccatores justificare : ille econtra venturus est superbus, dejiciet humiles, peccatores magnificabit, impios exaltabit, et vitia quæ sunt contraria virtuti docebit. Legem evangelicam dissipabit, dæmonum culturam in mundum revocabit, gloriam vanam quæret : et omnipotentem deum se nominabit. Hic itaque Antichristus multos habebit suæ malignitatis ministros, ex quibus jam in mundo præcesserunt quidam, qualis fuit Antiochus, Nero, Domitianus. Nunc quoque nostro tempore Antichristos multos novimus esse (I Joan. ii). Quicunque enim laicus sive clericus, seu etiam monachus contra justitiam vivit, et ordinis sui regulam impugnabit, et quod bonum est blasphemat, Antichristi sunt et ministri Satanæ. Sed jam exordium Antichristi videamus. Non enim quod de eo dico ex proprio sensu excogito sed in libris diligenter relegendo omnia scripta invenio. Sicut ergo auctores nostri dicunt, Antichristus ex populo Judæorum nascetur de tribu Dan, secundum prophetam qui dicit : « Fiat Dan coluber in via, cerastes in semita (Gen. xlix). » Sicut enim serpens in via sedebit ; et in semita erit, ut eos qui per semitam justitiæ ambulant feriat, et veneno suæ malitiæ occidat. Nascetur autem ex copulatione maris et feminæ, ut alii homines, non ut alii dicunt, de sola virgine, sed tantum totus in peccato generabitur. In ipso conceptionis suæ initio diabolus simul introibit in uterum matris ejus, et ex virtute diaboli confovebitur, et tutabitur in ventre matris, et ipse diabolus semper cum illo erit. Et sicut in matrem Domini nostri Spiritus sanctus venit, et eam virtute sua obumbravit, et divinitate replevit, ut de Spiritu conciperet, et quod nasceretur divinum et sanctum esset, ita quoque diabolus in matrem Antichristi descendet, et totam eam replebit, ut quod natum fuerit, totum sit iniquum, malum, perditum. Unde et ille homo filius perditionis appellatur (II Thess. ii), quia in quantum potuerit, genus humanum perdet, et ipse in novissimo perdetur. Ecce audistis qualiter nascetur, audite et locum ubi nasci debeat. Nam sicut Dominus Bethlehem sibi prævidit, ut ibi pro nobis humanitatem assumeret, et nasceretur, sic diabolus illi homini perdito qui Antichristus dicitur, locum novit aptum, unde radix omnium malorum oriri debeat, scilicet Babylonem. In hac enim civitate quæ quondam inclyta et gloriosa urbs gentilium fuit et caput regni Persarum, Antichristus nascetur, et in civitatibus Bethsaida et Corozain conversari dicitur.

Quibus civitatibus Dominus in Evangelio improperat dicens : « Væ tibi, Bethsaida, væ tibi, Corozain ! » (Luc. x.) Habebit autem Antichristus magos, maleficos, divinos et incantatores : qui eum, inspirante diabolo, nutrient et docebunt in omni iniquitate, falsitate, et nefaria arte, et maligni spiritus erunt duces ejus et socii, et comites individi. Deinde Jerusalem veniens omnes Christianos, quos ad se convertere non potuerit, per varia tormenta jugulabit, et suam sedem in templo sancto parabit. Templum etiam destructum quod Salomon ædificavit, in statu suo restaurabit, et circumcidet se, et filium Omnipotentis se mentietur. Totum genus hominum sibi quatuor modis subjugabit, quia universo orbi imperabit. Uno modo nobiles sibi divitiis asciscit, quæ sibi maxime affluent, quia omnis abscondita pecunia erit ei manifesta. Reges et principes primum ad se convertet, deinde per illos, alios. Secundo modo vulgus sibi terrore subdit, quia maxima sævitia in Dei cultores furit. Tertio modo sapientia et incredibili eloquentia clerum obtinebit, quia omnes artes et omnes Scripturas memoriter scit. Quarto modo mundi contemptores, ut sunt monachi, signis et prodigiis fallit. Loca vero per quæ Christus Dominus deambulavit et illustravit destruet. Deinde per universum orbem mittet nuntios et prædicatores. Prædicatio autem ejus et potestas a mari usque ad mare, ab oriente ad occidentem, ab aquilone ad septentrionem erit. Faciet quoque signa multa, magna et mirabilia et inaudita. Faciet ignes de cœlo terribiliter descendere, arbores subito florere et arescere, mare turbari subito et tranquillari. Naturas in diversis figuris mutari, aquarum cursus et ordinem converti, agitari aera ventis, et multimodis commotionibus, et cuncta innumerabilia et stupenda, mortuos in conspectu hominum suscitari, ut in errores ducantur, si fieri potest, etiam electi. Faciet quoque ut ignis qui quasi jussu suo de cœlo descenderit adversarios suos coram se consumere, et mortuos qui surrexerint sibi testimonium dare. Suscitabit autem mortuos vere? Nequaquam; sed diabolus ejus maleficio alicujus damnati corpus intrat, et illud apportat, per illud loquitur quasi vivum videatur. Hic antiquam Jerusalem reædificabit, in qua se ut Deum coli jubebit. Quando talia et tanta signa vident etiam illi qui perfecti et electi sunt Dei, dubitabunt utrum ipse Christus sit qui in fine mundi venturus est an non. Hæc autem omnia miracula, ut dictum est, modis omnibus falsa erunt per incantationes diabolicas, sed peccatoribus et incredulis videbuntur vera.

Divisio narrationis.

Excitabit Antichristus persecutiones sub omni cœlo in Christianos et in omnes electos. Eriget se itaque tribus modis contra fideles, scilicet terrore, miraculis, muneribus. Dabit enim in se credentibus abundantiam auri et argenti. Quos vero non potuerit decipere muneribus tentabit terrore. Quos non terrore, signis et miraculis tentabit. Quos nec signis illudere potuerit, in conspectu omnium miserabili morte necabit. « Tunc erit talis tribulatio, qualis non fuit ex quo gentes esse cœperunt usque ad illud tempus. Tunc qui in agro sunt fugient ad montes; et qui supra tectum, non descendet in domum ut tollat aliquid de ea (*Marc.* xiii). » Tunc omnis fidelis Christianus qui inventus fuerit, aut Deum negabit, aut per ferrum, aut per ignem fornacis, sive per serpentes, seu per bestias, sive per aliud quodlibet genus tormenti interibit, si in fide permanserit. Hæc autem terribilis tribulatio tribus annis et dimidio durabit in toto mundo. « Tunc breviabuntur dies propter electos. Nisi enim Dominus abbreviasset dies non fuisset salva omnis caro (*ibid*). » Tempus siquidem quando Antichristus veniat, vel quando dies judicii apparere incipiat, Paulus apostolus in Epistola ad Thessalonicenses dicit: « Rogamus vos per adventum Domini nostri Jesu Christi. » Manifestat eo loco ubi dicit: « Quoniam, nisi venerit discessio primum, et revelatus fuerit homo peccator et filius perditionis (*II Thess.* ii). » Scimus enim quoniam post regnum Græcorum, sive etiam post regnum Persarum, ex quibus unumquodque suo tempore magna gloria viguit, et maxima potentia floruit, ad ultimum quoque post cætera regna, regnum Romanorum cœpit: quod fortissimum omnium superiorum regnorum fuit, et omnia regna traxit ac sub dominatione sua habuit, omnesque nationes Romanis servierunt sub tributo. Inde ergo dicit apostolus Paulus Antichristum non in mundum autem esse venturum, nisi venerit discessio primum (*II Thess.* ii); hoc est, nisi discesserint omnia regna a Romano imperio, quo prius subdita erant. Hoc autem tempus nondum venit, quia, licet videamus Romanum imperium ex maxima parte destructum, tamen reges Francorum quamdiu duraverint, qui Romanum imperium tenere debent, Romani regni dignitas ex toto non peribit, quia in regibus suis stabit. Quidam vero doctores nostri dicunt quod unus ex regibus Francorum Romanum imperium ex integro tenebit, qui in novissimo tempore erit maximus et ultimus omnium regum. Qui postquam regnum suum feliciter gubernaverit, ad ultimum Jerosolymam veniet et in monte Oliveti sceptrum et coronam suam deponet. Hic erit finis et consummatio Romanorum, imperiique Christianorum. Statimque secundum prædictam sententiam apostoli Pauli Antichristum dicunt adfuturum; et tunc revelabitur quidam homo (*II Thess.* ii); Antichristus videlicet, qui licet homo sit, fons enim erit omnium peccatorum, filius perditionis, hoc est filius diaboli, non per naturam, sed per imitationem; quia per omnia adimplebit voluntatem diaboli, quia plenitudo diabolicæ potestatis et totius mali ingenii corporaliter habitabit in illo, in quo erunt omnes thesauri malitiæ et nequitiæ et iniquitatis.

Qui adversatur, id est contrarius est Christo et omnibus membris ejus, et extollitur, id est in superbiam erigitur supra omne quod dicitur Deus, id est supra electos vel deos gentium, Jovem, Apollinem, Mercurium, quos pagani deos existimant. Supra omnes istos extollitur Antichristus, quia majorem et fortiorem se faciet illis omnibus. Et non solum supra illos, sed etiam supra omne quod colitur, id est sanctam Trinitatem, quæ solummodo colenda et adoranda est ab omni creatura. Ita se extollet, ut in templo Dei sedeat, ostendens se tanquam sit Deus. Nam sicut supra diximus, in civitate Babyloniæ natus, Jerusalem veniens, circumcidet se dicens Judæis : Ego sum Christus vobis repromissus, qui ad salutem vestram veni, ut vos qui dispersi estis congregem et defendam. Tunc confluent ad eum omnes Judæi, æstimantes se Christum suscipere, cum suscipiant diabolum. Sed ne subito et improvise Antichristus veniat, et totum simul humanum genus decipiat, et suo errore perdat, ante exortum ejus duo magni prophetæ mittentur Enoch et Elias in mundum, qui contra impetum Antichristi fideles Dei divinis armis permunient, et instruent, et confortabunt electos ad bellum, et prædicabunt tribus annis et dimidium. Quali ætate veniunt illi duo? In ea qua assumpti sunt. Filios autem Israel quicunque eo tempore fuerint inventi, hos prophetæ et doctores ad fidei gratiam convertent, et pressuram tanti turbinis in parte electorum superabilem reddent. Tunc implebitur quod Scriptura dicit : « Si fuerit numerus filiorum Israel sicut arena maris, reliquæ salvæ fient (*Rom.* VIII). » Postquam ergo per tres annos et dimidium prædicationem suam compleverint, mox incipiet excandescere Antichristi persecutio, et contra eos Antichristus primum arma sua arripiet, eosque interficiet, sicut in Apocalypsi legitur : « Et cum finierint, inquit, testimonium suum, bestia quæ ascendit de abysso adversus eos faciet bellum, et vincet eos, et interficiet (*Apoc.* XI). » Postquam isti duo interfecti fuerint, inde cæteros fideles persequens, aut martyres gloriosos faciet, aut apostatas reddet. Et quicunque in eum crediderint, signum caracteris ejus in fronte accipient. Sed de principio ejus jam satis diximus : nunc quem finem habeat dicamus.

Divisio narrationis.

Hic Antichristus, diaboli filius et totius malitiæ artifex, in tribus partibus mundi, Asia, Africa, et Europa, tribus linguis appellatur. In Hebræa, Amoime, id est *nego*; in Græca, Antimosi, id est *contrarius*; in Latina, Titan, id est *sol* vel *gigas*. Qui per tres annos et dimidium, sicut supra dictum est, magna persecutione totum mundum vexabit, et omnem populum Dei variis poenis circumdabit. Postquam Enoch et Eliam interficiet, et cæteros in fide permanentes martyrio coronaverit, ad ultimum veniet ira Dei super illum. Nam tentorium suum ad expugnandos justos in monte Oliveti extendet, in quo invenitur subita morte mortuus. Et sicut beatus Paulus scribit dicens : « Quoniam Dominus Jesus interficiet spiritu oris sui (*II Thess.* II), » sive Dominus Jesus interficiet illum potentia visionis suæ, sive archangelus Michael interficiet illum per virtutem Domini nostri Jesu Christi; non per virtutem cujuslibet angeli vel archangeli occidetur. Tradunt quoque doctores quod in monte Oliveti, sicut jam præmisimus, Antichristus occidetur in papilione, et in solio suo in illo loco quo Deus ascendit in cœlum. Debemus autem scire quod, postquam fuerit occisus, non statim veniet dies judicii (*Joan.* III), sed sicut libro Danielis legimus, quadraginta ies concedet Dominus electis ut agant pœnitentiam, qui aliquantulum seducti erant ab Antichristo.

Postquam vero pœnitentiam egerint, quantum temporis fiat quousque Dominus veniat, nullus est qui sciat, sed in dispositione Dei manet, qui ea hora sæculum judicabit, qui ante sæculum judicandum esse præfixit. Erit autem judicium in valle Josaphat, ut dicitur. Vallis Josaphat dicitur *vallis judicii*. Vallis est semper juxta montem. Vallis est hic mundus, mons est cœlum. In valle igitur fit judicium, id est in isto mundo, scilicet in aere, ubi justi ad dexteram Christi, ut oves statuentur; impii autem, ut hædi ad sinistram ponentur. Quomodo ad dextram vel sinistram? Ad dextram, scilicet sursum in gloria ; ad sinistram, deorsum in terra. Justi geminis alis charitatis ad alta sublevantur, ut dicitur, sancti sument pennas ut aquilæ, impii peccatis, ut plumbum ad terrena quibus toto corde inhæserant, deorsum deprimuntur. De celeritate vero hujus judicii Augustinus ait ad Consentium : In atomo, inquit Apostolus, hoc est in puncto temporis, quod dividi non potest, in ictu oculi hoc est in summa celeritate; novissima tuba, hoc est in novissimo signo quod dabitur, ut ista compleantur. Canet enim, inquit, tuba, et mortui resurgent incorrupti, et nos immutabimur, et istam commutationem in melius sine dubitatione oportet intelligi, quia omnes, et justi et injusti, resurrecturi sunt. Sed sicut Dominus in Evangelio loquitur : « Quod bonum fecerit, in resurrectionem vitæ; quod male egerit, in resurrectionem judicii (*Joan.* V), » judicium appellans pœnam sempiternam; sicut alio loco : « Qui non credit, inquit, jam judicatus est (*Joan.* III). » Proinde illi qui ad judicium resurrecturi sunt, non commutabuntur in illam incorruptelam, quæ nec doloris corruptionem pati potest. Illa namque fidelium est atque sanctorum. Isti vero perpetua damnatione cremabuntur, quia ignis eorum non exstinguetur, et vermis eorum non morietur. Ac per hoc incorrupti quidem resurgent integritate membrorum, sed tamen corrumpendi dolore pœnarum, cum audierint : « Ite in ignem æternum qui præparatus est diabolo et angelis ejus (*Matth.* XXV), » a quo audito malo justus non timebit.

De eodem. Ut radius oculi nostri non citius pervenit ad propinquiora, nec tardius ad longinquiora, sed utraque intervalla pari celeritate contingit, ita cum in ictu oculi, sicut Apostolus dicit, sit resurrectio mortuorum; omnipotentiæ Dei et ineffabili nutui tam facile est quæque recentia quam diuturno tempore dilapsa cadavera suscitare. Item de eodem. Erit judicium ipso inopinato Domini adventu celerrimum : quod tardissimum putabatur, quia ipsas conscientias, si non sermonis prolixitate, convincet. In cogitationibus enim, sicut scriptum est, « impii interrogatio erit (*Sap*, 1). » Et Apostolus : « Cogitationibus, » inquit, « accusantibus vel excusantibus in die qua judicabit Deus occulta hominum secundum Evangelium meum per Jesum Christum *(Rom.* II). » Etiam Dominus sic futurus est testis intelligendus velox, cum sine mora revocaturus est in memoriam, unde convincat puniatque conscientiam. Quali autem forma apparebit ibi Dominus ? Electis in ea forma qua in monte apparuit ; reprobis vero in ea forma qua in cruce pependit. Erit ibi crux, scilicet lignum in quo passus est Dominus? Nequaquam, sed lux in modum crucis, splendidior sole. Qua hora fiet judicium? Media nocte qua hora angelus Ægyptum devastavit, et Dominus infernum despoliavit, ea hora electos suos de hoc mundo liberabit.

DOMINICA SECUNDA ANTE NATIVITATEM DOMINI.

« Cum audisset Joannes in vinculis opera Christi, mittens duos de discipulis suis ait illi : Tu es qui venturus es, an alium exspectamus ? » *(Matth.* XI.) Jesus es : Manda mihi utrum te debeam annuntiare inferis quo descensurus sum, an non conveniat te gustare mortem, cum Dei sis Filius? (GREGORIUS *super Ezechielem*.) Spiritus prophetiæ prophetantis animam tangit aliquando ex præsenti et non ex futuro, ut Joannes ait : « Ecce agnus Dei (*Joan.* 1). » Moriturus autem requisivit per discipulos suos dicens : « Tu es qui venturus es, an alium exspectamus ? » In quo ostendit quia venisse Redemptorem noverat, sed an per seipsum in infernum descenderet dubitabat. Tali quippe lapsu pietatis et amoris, non infidelitatis, nec sancti crediderunt Christum moriturum. Unde princeps fidei Petrus ait : « Absit a te, Domine, non erit tibi hoc (*Matth.* XVI). » Mittit quoque Joannes discipulos ad Christum, eorum ignorantiæ consulendo, ut videntes signa credant. Scandalum enim patiebantur, quia audierant Jesum præponi magistro suo. Hoc autem innotuit, ubi dixerunt : « Rabbi, cui tu testimonium perhibuisti, ecce hic baptizat, et omnes veniunt ad eum (*Joan.* III). »

In ipsa autem hora curavit multos a languoribus et plagis et spiritibus malis, et cæcis multis donavit visum. Et respondens dixit illis : « Euntes renuntiate Joanni quæ vidistis et audistis ; quia cæci vident, claudi ambulant, leprosi mundantur, surdi audiunt, mortui resurgunt, pauperes evangelizantur (*Luc.* VII). » Ad scandalum nuntiorum referuntur hæc, non ad interrogata. Pauperes dicit vel spiritu vel operibus, ut in prædicatore nulla distantia sit inter nobiles et ignobiles, inter divites et egenos. Pauperes evangelizantur, id est Evangelio trahuntur, et ad fidem convertentur. « Et beatus est qui non fuerit scandalizatus in me. » Hic respondet Dominus de humilitate mortis suæ. Beati fideles sunt quorum fidei nihil tentamenti afferet crux, mors, sepultura. Nuntios Joannis, qui eum esse Christum non credebant, a perfidiæ scandalo castigat, et eidem Joanni quod quærebat exponit, quia Deus est salvos faciendi, et Domini Domini exitus mortis (*Psal.* LXVII). Visis tot signis, non scandalizari, sed admirari quisquam potuit. Mens tamen infidelium graviter tulit cum Dominum post tot miracula mori vidit. Unde Paulus : « Nos autem prædicamus Christum crucifixum, Judæis quidem scandalum, gentibus autem stultitiam (*I Cor.* 1). » Mira faciebat Dominus, sed tunc mori non dedignatus est. Et vero quia multis videtur Joannem saltem per scripturas prophetarum scivisse novissime Christum moriturum, legamus et ita. Quomodo Dominus Lazaro : « Ubi est positus, » dixit, sic Joannes interrogat Christum, nullo modo sibi, sed discipulis. Interrogatio quoque sic intelligi potest : Tu es quem lex venturum prædixit, an alius Christus exspectabitur ? Respondet autem Dominus factis potius quam dictis. Utique visa miracula plenum testimonium dant quod sit Filius Dei. Hæc enim ante Evangelium vel rara vel nulla fuerunt. Unus Tobias oculos recepit, et hæc fuit angeli, non hominis medicina. Elias mortuum suscitavit, ipse tamen rogavit et flevit. Hic jussit. Eliseus leprosum mundari fecit, non tamen ibi valuit præcepti auctoritas, sed ministerii figura. Addit post supradicta de cruce et obitu et sepultura, quod est plenitudo fidei. Nullum enim majus est testimonium quam toto se unum obtulisse pro mundo. Hoc solo plene Dominus declaratur. Sic etiam a Joanne declaratus est : « Ecce agnus Dei, ecce qui tollit peccata mundi (*Joan.* 1). »

« Illis autem abeuntibus cœpit dicere de Joanne ad turbas : Quid existis in desertum videre ? » (*Matth.* XI.) Arundinem vento moveri. Quia turba circumsians interrogationis mysterium nesciebat, et putabat Joannem dubitare de Christo, ut intelligeret Joannem non sibi, sed discipulis suis interrogasse, inquit istud ad laudem Joannis. Per arundinem designat animum cogitatione Dei vacuum, et ad immundorum spirituum flatum vagantem, quem non habebat Joannes, quia nec prosperis erigebatur nec adversis inclinari noverat. Sequitur :

« Sed quid existis videre ? hominem mollibus vestimentis indutum ? Ecce qui in veste pretiosa sunt et deliciis in domibus regum sunt. » (*ibid.*) (HIERONYMUS.) Unde vana gloria ductus lucra quærit; pro dapibus vel vestibus qui locustis vivit, et pilis camelorum induitur. Hic notandum quod rigida vita et prædicatio declinare debent mollium palatia quæ frequentant mollibus induti; adulantes, qui ponunt pulvinaria sub cubitu, qui vitam peccantium palpant, non pungunt, ut vel sic aliquid venerentur. GREGORIUS *in homi-*

lia.) « Nemo existimet in studio pretiosarum vestium peccatum non deesse. » Unde Petrus apostolus in epistola sua ad feminas: « Non in veste pretiosa (*I Petr.* I). » « Sed quid existis videre? Prophetam? Utique dico vobis et plus quam prophetam. » (*Matth.* XI.) In hoc est Joannes plus quam propheta, quod digito monstravit quem cæteri venturum prædixerant. (HILARIUS.) Illa duo, *sed*, *sed*, leguntur pro *et*. Mystice. Lex peccatis populi juncta et pectoribus peccatorum quasi carceribus luce vacuitatis inclusa tenebatur, ne per eam Christus intelligi posset. (AMBROSIUS.) Mittit ergo discipulos ad Evangelium contuendum, ut supplementum consequantur, quia plenitudo legis est Christus. Cumque plerumque nutaret veritas sine factis, fides plenissima gestorum testificationibus exhibetur. (GREGORIUS.) Joannes non fuit mollibus vestitus, quia vitam peccantium non blandimentis fovit, sed aspere increpavit. Unde Salomon : « Verba sapientum quasi stimuli et sicut clavi in altum defixi (*Eccle.* XII). »

« Hic est enim de quo scriptum est : Ecce mitto angelum meum ante faciem tuam qui præparabit viam tuam ante te (*Matth.* XI). » (GREGORIUS.) Quod enim Græce angelus, hoc Latine nuntius dicitur. Recte ergo qui nuntiare supernum judicem mittitur angelus vocatur, ut dignitatem servet in nomine quam explet in operatione : altum quippe nomen est, sed si vita inferior non est. Omnes itaque qui sacerdotii nomine censentur angeli vocantur, propheta attestante qui ait: « Labia sacerdotum custodient scientiam et legem requirent ex ore ejus, quia angelus Domini exercituum est (*Malach.* II). » Sed hujus altitudinem nominis etiam vos si vultis potestis mereri. Nam unusquisque vestrum inquantum sufficit, inquantum gratiam supernæ aspirationis accepit, si a pravitate proximum revocat, si exhortari ad bene operandum curat, si æternum regnum vel supplicium erranti denuntiat, cum verba sanctæ exhortationis impendit, profecto angelus existit. Et nemo dicat: Admonere non sufficio, exhortari idoneus non sum. Quantum potes exhibe, ne male servando quod acceperis in tormentis exigaris. Scimus enim quod in tabernaculo non solum phialam, sed præcipiente Domino etiam cyathi facti sunt (*Exod.* XXV). Per phialas quippe doctrina exuberans. Per cyathos vero parva atque angusta scientia designatur. Alius doctrina veritatis plenus audientium mentes inebriat. Per hoc ergo quod dicit, profecto phialam porrigit. Alius exponere quod sentit valet. Sed quia utrumque denuntiat profecto per citatum præbet. In Dei ergo tabernaculo, id est in sancta Ecclesia, positi, si per doctrinæ sapientiam ministrare phialas minime potestis, in quantum pro divina largitate sufficitis, proximis vestris boni verbi cyathos date, ut quantum vos profecisse pensatis, etiam alios trahere vobiscum satagite. In via Dei habere socios desiderate.

SERMO DE ADVENTU DOMINI.

« Dicite pusillanimis: Confortamini. Ecce Deus noster veniet, et salvabit nos. Tunc aperientur oculi cæcorum et aures surdorum patebunt et saliet sicut cervus claudus, et aperta erit lingua mutorum (*Isa.* XXXV). » Ante adventum Domini, fratres charissimi, in tanta caligine totum genus humanum involvebatur, quod neque Deum cognoscebant, neque verba ejus audire volebant, neque bene operabantur, neque peccata sua confitebantur. Cumque multis animæ infirmitatibus detinerentur, placuit summo medico eos visitare, et suis medicinis eos relevare ; sed notat eos Isaias propheta in quatuor languoribus specialiter laborare : cæci enim erant, et surdi, et claudi, et muti. Cumque ægritudines eorum sanare vellet, ne miseri desperarent, voluit eis suum adventum prænuntiare, voluitque eos confortationibus suis consolare.

Vultis scire qui sint legati? Isaias et alii prophetæ. Audite ergo quam consolationem injunxit legatis : Vos ministri mei, dicite miseris populis qui jacent in doloribus, qui desperant in infirmitatibus : « O pusillanimes, confortamini, quia ecce Deus noster veniet. Ecce medicina nostra, ecce salus nostra veniet, et salvabit nos. Eas infirmitates quibus subjacetis sanabit, quia tunc aperientur oculi cæcorum, » etc. Cæci erant, quia Deum ignorabant. Surdi erant, quia verba Dei negligebant ; claudi, quia non recte per bona opera incedebant ; muti quia peccata sua tacebant. Hæc surditas et cæcitas, et alia quæ sequuntur a primo homine initium sumpsere. Adam enim in primo præcepto a Deo sibi injuncto surdus effectus est. Cum enim dictum est ei (*Gen.* III) : « In quacumque die de ligno scientiæ boni et mali comederis, morte morieris, » non audisse visus est : morte morieris. Sed cum non fuit observator mandati, cæcus fuit cum verba diaboli non intellexit dicentis: « Eritis sicut dii (*ibid.*). » Cum putaretur, videlicet se fieri Deum, excæcatum jam gerebat animum, quod deinceps sibi improperavit Dominus dicens : « Ecce Adam quasi unus ex nobis factus est (*ibid.*), » quasi dicens deridendo : Ecce Adam qui putavit se futurum Deum, modo invenit se miserum ; factus quasi unus ex nobis, id est similis Patri et Filio et Spiritui sancto factus est Deus, sub ironia dictum est, quasi aliter se invenit quam putavit. Claudicavit etiam Adam, quia cum cœpit incedere, pravo incessit gressu, vulneratus aculeo venenosi serpentis, et sic male operando claudicavit. Primum quoque quod legitur fecisse peccatum, hoc est claudicare. Duos pedes debet habere homo dilectionem Dei et proximi. Qui altera illarum caret, claudus est. Adam ergo claudicavit : quia nimium uxorem dilexit, cum ab amore Dei se flexit. Deum non dilexit, cujus mandata neglexit. Uxoris amorem Dei amori prætulit, dum libentius uxoris quam Dei obedivit voluntati (Augustinus.) Nam posteaquam de ligno prohibito seducta muliere manducavit, eique dedit ut simul ederent, noluit eam contristari, quam credebat posse sine suo solatio contabescere, si ab ejus alienaretur animo, et omnino illa interire discordia, non quidem carnis victus concupiscentia, quæ nondum senserat, sed amicabili quadam benevolentia, qua plerumque fit ut offendatur Deus, ne homo ex amico fiat inimicus.

Ergo alio modo quodam, etiam ipse deceptus est, sed dolo illo serpentino quo mulier seducta est, nullo modo illum arbitror potuisse seduci (Augustinus *lib. super Gen. ad litteram c. 27*). « Seducta enim erat illa primo per serpentem deinde vir per feminam. Diabolus autem locutus in serpente, utens

Hic dividatur sermo, si placet.

Audistis, fratres, quomodo Adam surdus, mutus, cæcus, et claudus effectus est. In hæc eadem vitia genus humanum involutum erat, antequam Christus in mundum venisset. Adeo enim excæcati erant, quia idola coluerunt. Unde Apostolus : « Evanuerunt in cogitationibus suis, et obscuratum est cor eorum insipiens. Et quia non probaverunt Deum habere in notitia, tradidit illos Deus in reprobum sensum (*Rom.* 1). » Surdi erant juxta hoc quod Isaias ait: « Incrassatum est cor populi hujus, et auribus graviter audierunt. Cor et oculos suos clauserunt ne quando oculis videant, et auribus audiant (*Isa.* vi). » Claudicaverunt male operando, juxta illud omnes declinaverunt, etc. Et iterum : « Filii alieni mentiti sunt mihi, » etc. (*Psal.* xvii). Muti sunt facti tacendo peccata, juxta hoc quod David de se ait : Quoniam tacui et inveteraverunt ossa mea (*Psal.* xxxi). » Hæc omnia, fratres charissimi, sanavit medicus cœlestis. Cœcos illuminavit, cum aperuit sensus hominum, ut intelligerent Scripturas, et patrem suum annuntiavit mundo, juxta hoc quod ait ipse : « Pater, manifestavi nomen tuum hominibus (*Joan.* xvii). » Et quia prius erat in mundo, et mundus eum non cognovit. Hæc est illuminatio quam postulat David dicens : « Illumina oculos meos, ne unquam obdormiam in morte, » etc. (*Isa.* xii.) Aures aperuit, cum clamavit : Qui habet aures audiendi audiat (*Matth.* xi). » Et gentilis populus habuit aures apertas, cum prædicationem ejus libenter suscepit, juxta quod ipse per David ait : « Populus quem non cognovi servivit mihi, » etc., (*Psal.* xvi). Hæc sunt illa duo quæ propheta promisit cum ait : « Tunc aperientur oculi cæcorum : et aures surdorum patebunt (*Isa.* xxxv). » Sequitur :

« Et saliet sicut cervus claudus (*ibid.*). » Claudi erant, ut diximus, quia recte non incedebant, operibus bonis non vacantes. Sed direxit gressus homi-

eo velut organo, movensque ejus naturam eo modo quo movet ille serpens, et moveri illa potuit ad exprimendos verborum sonos, et signa corporalia per quæ mulier suadentis intelligeret voluntatem. » Non itaque serpens verborum sonos intelligebat, quæ ex illo fiebant ad mulierem, quandoquidem nec ipsi homines quorum rationalis natura est, cum dæmon in eis loquitur ea passione cui exorcista requiritur, sciunt quid loquantur. Adam itaque, ut prælibavimus, quia libentius uxoris persuasioni obedivit quam Dei voluntati, ideo claudicavit. Nutus quoque fuit in confessione peccati, quia non solum non confessus est peccatum, sed etiam excusare cœpit malefactum dicens : « Mulier quam dedisti mihi sociam de ligno dedit mihi, et comedi (*Gen.* iii). » Cum ergo ait « mulier, quam dedisti mihi sociam, » in mulierem convertit culpam, et Deum etiam infamare voluit in hoc verbo, « quam dedisti mihi. »

num, cum corda eorum ad viam cœlestis patriæ direxit. Corda diriguntur, cum neque ad dexteram neque ad sinistram divertuntur. Dextera est misericordia Dei, sinistra vero desperatio. Unde ait Isaias. « Hæc via, ambulate in ea, neque ad dexteram neque ad sinistram declinantes (*Isa.* xxx). » Judas et diabolus qui desperaverunt, ad sinistram declinaverunt. Origenes quoque qui nimium confidendo in misericordia Dei prædicavit diabolum salvandum et solvendum post mille annos, et nimis ad dexteram declinavit. Itaque medius callis sequendus est, ut neque desperent homines, neque confidentes in misericordia licenter peccent. Hujus rei figura est, quod arca fœderis cum reduceretur de regno Philisthinorum in locum suum, vaccæ duæ ducebant in plaustro per directam viam quæ non declinabant neque ad dexteram neque ad sinistram. (*I Reg.* vi). Arca est Ecclesia. Duæ vaccæ prædicatores gentilium et Judæorum, quo alios lacte suo pascunt et alios ad Ecclesiam ducunt. Ideo David ait : « Bene placitum est Domino super timentes eum, et in eis quo sperant super misericordia ejus (*Psal.* cxlvi). » Utrumque posuit et spem et timorem. Spes sine timore præsumptio est. Timor sine spe desperatio est. Timor aufert in misericordia securitatem, ne nimis adhæreat dextræ. De hac recta via ait Joannes : « Parate viam Domino » etc. (*Matth.* iv). Sed in hac recta via saliendum est. Unde dicitur : « Et saliet sicut cervus claudus. » Sunt duo genera cervorum, unum quod dum invenerit serpentem in caverna ubi latitat, cum se gravatos infirmitate præsenserunt, spiritu nariam eos extrahunt de cavernis, et egredientes percutiunt collum, hinc inde jactando occidunt. Deinde propter tumorem ex pernicie veneni currens ad aquas purissimas ex potu illarum venenum evomit, ac sic pilos amittit, et cornua abjicit. Iste cervus figuram pœnitentium tenet. Qui dum constringuntur intrinsecus conscientia peccatorum cadunt ad fontes, id est ad doctrinam Scripturarum. Hi quoque foris projiciunt quia segregantur per pœnitentiam a corpore et sanguine Christi usque dum recipiuntur per reconciliationem sacerdotis. Aliud genus cervorum, si invenerit serpentem, occidet eum, et post victoriam petit montes ubi inveniat pabulum. Sic et unusquisque dum senserit diabolum in se, vel in alios venena male persuasionis infusa, cum virtute Domini eum interficere, id est a se projicere studeat, veniatque ad montem, id est Christum pabulum quærat ne omnino deficiat.

(AUGUSTINUS.) Cervi quoque quando in agmine suo ambulant, vel quando natando alias terrarum partes petunt, onera capitum suorum super invicem ponere solent, ita ut unus præcedat, et sequantur qui super eum capita ponunt et supra illos alii consequentes, et deinde alii donec agmen finiat. Ille autem unus qui pondus capitis in primatu portabat, fatigatus redit ad posteriora ut alter ei succedat qui portet quod portabat, atque ille fatigationem suam recreat, posito capite, sicut et cæteri ponebant. Ita vicissim portando quod grave est, et viam peragunt et invicem non deserunt. Itaque spirituales magistri cervi vel cervæ vocati sunt, sicut per Jeremiam de doctoribus genitos filios incaute deserentibus dicitur. « Cerva in agro peperit, et reliquit (Jerem. XIV). » Apostoli magistri dum labentia hujus temporalitatis momenta, quasi quædam flumina transeunt, compatientes charitate, onera sua sibi invicem superponunt, quia cauta observatione custodiunt id quod scriptum est: « Invicem onera portate, et sic adimplebitis legem Christi (Gal. VI). » Cervus, cum venit ad loca spinosa et lutosa, saliendo transilit. Similiter, o peccator, si occurrerit tibi amor divitiarum, qui pungit sollicitudine; si lutum luxuriæ vel alicujus voluptatis fetidæ, transilito mente. Cervus deserit valles et ascendit in montes, ita tu desere terrena et pete cœlestia. Inde ait Dominus per David : « Qui perfecit pedes meos tanquam cervorum, » etc. (Psal. XVII.) Cervus senescens devorat serpentem et tunc præ nimio ardore currit ad fontem. Post cujus potum deponit veterem pellem et cornua et revlviscit. Sic et tu peccator, occide serpentes et curre ad fontem, id est Christum, et depone veterem hominem, id est superbiam, ut dicas cum David : « Quemadmodum cervus desiderat ad fontes aquarum » etc. (Psal. XLI.) Sequitur : « Et aperta erit lingua mutorum. Cum enim clamavit Christus: Agite pœnitentiam, » etc. (Matth. IV.) qui prius erubescebant confiteri peccata sua tunc penituerunt et confessione peccata sua detexerunt. Clamavit veniam Maria, quæ prius muta erat. Clamavit latro veniam in cruce qui prius tacebat peccata. Ecce muta locuta est ; et ecce mutus locutus est. Ostendimus quid utilitatis primus adventus summi medici mundo contulit. Completa est prophetia : venit medicus ; ægrotos curavit. Verum quia de primo adventu Christi quædam protulimus, congruum est ut et de secundo ejus adventu aliqua proferamus.

DIVISIO SERMONIS.

Omnis Ecclesia Dei tenet in confessione et in professione Christum de cœlo esse venturum ad vivos et mortuos judicandos, ut ait beatus Augustinus. Hunc divini judicii ultimum diem dicimus, id est novissimum tempus. Nam per quot dies futurum judicium testatur, incertum est. Christus Dei Filius finito mundi termino, in ea corporis forma qua ascendit cœlos, ad judicium cum sanctis omnibus veniet. Illo enim de cœlis ad judicium veniente, virtutes cœlorum movebuntur, et tunc parebit signum Filii hominis in cœlo. Et tunc plangent omnes tribus terræ et videbunt Filium hominis venientem in nubibus cœli cum virtute multa, et mittet angelos suos cum tuba et voce magna et congregabunt electos a quatuor ventis a summis cœlorum usque ad terminos eorum (Matth. XXIV). Ignis ante eum præcedens ardebit et in circuitu ejus tempestas valida (Psal. XLIX); quia idem qui aliquando venit ut judicaretur occultus, tunc veniet ut omnes judicet manifestus. Congregatis ergo omnibus sanctis suis de cœlo est descensurus, et tremendus valde, atque pavendus adveniet in die examinis sui, quando cum angelis et archangelis, thronis et dominationibus cæterisque virtutibus, cœlis quoque ac terris ardentibus cunctis in sui obsequii terrore commotis visus fuerit in gratia majestatis. Sed videndum est quomodo Christus cum cruce sua veniat secundum hoc quod dictum est : Et tunc parebit signum Filii hominis in cœlo. » Joannes Chrysostomus de hac quæstione sic diffinit dicens : « Si dixerint : Ecce in promptuariis est Christus, ecce in solitudine, nolite credere (Matth. XXIV). » De secunda præsentia gloriæ Christi. Hoc dicitur propter pseudochristos et falsos prophetas, et propter Antichristum, ne aliquis errore præventus in falsum incidat Christum, quando Christi salvatoris adventum præveniet Antichristus. Ideo præcavendum est sollicite ne quis, pastorem, id est Christum quærens, lupum, id est antichristum, inveniat. Ob hoc prædicitur ibi. Unde dignoscas veri pastoris adventum, hoc dedit signum. Hoc enim fuit voluntas ejus, ut primus adventus ejus latenter fieret et quæreret quod perierat. Secundus vero adventus non ita, sed simpliciter ait : « Quemadmodum, » inquit, « fulgur exiens ab oriente apparet in occidente, ita erit adventus Filii hominis (ibid.). » Subito enim omnibus apparebit, nec indigens quisque interrogare sive hic sive illic est Christus. Quemadmodum enim fulgur emicuerit, non egemus inquirere si facta sit coruscatio, ita cum revelatio præsentiæ ejus effulserit, non indigemus interrogare an venerit Christus. Sed quod quæritur si cum cruce venerit? De hoc subsequentia videamus.

« Tunc, inquit, quando venturus erit Christus sol obscurabitur, et luna non dabit lumen suum (ibid.). Tanta enim erit eminentia splendoris in Christo, ut etiam clarissima luminaria cœli præ fulgore divini luminis abscondantur. Tunc vero stellæ cadent, quando apparuerit signum Filii hominis in cœlo. Considerasti quanta sit virtus signi, hoc est crucis. Sol obscurabitur et luna non dabit lumen suum : crux vero fulgebit, et obscuratis luminibus cœli, dilapsisque sideribus, sola radiabit, ut dicas quoniam crux lunæ et soli præclarior est. Quorum splendorem divino illustrata fulgore superabit, et quemadmodum ingrediente rege in civitatem exercitus antecedit præferens signa atque vexilla regalia et habitum præparationis armisonæ annuntiat regis introitum, ita Domino descendente de cœlis præcedit exercitus angelorum et archangelorum qui signum illud ac triumphale vexillum sublimibus humeris præferentes, divini regis cœlestis ingressum trementibus nuntiabunt. » Item idem doctor : « Sed quare crux apparebit tunc, et quam ob causam in ejus prælatu Dominus adveniet ? Ratio perspicua est, ut agnoscant consilium iniquitatis suæ qui Dominum majestatis crucifixerunt. Per hoc enim signum imprudens Judæorum redarguitur impietas, quoniam propter hoc ipsum habentes crucem, veniet, juxta Evangelium, quia tunc plangent omnes tribus terræ, et videntes accusatorem suum ipsam scilicet crucem et ipsam arguentem cognoscunt peccatum suum sero ; et frustra fatebuntur impiam cæcitatem.

DOMINICA PROXIMA ANTE NATIVITATEM DOMINI.

« Miserunt Judæi ab Hierosolymis sacerdotes et levitas ad eum, ut introgarent eum. Tu quis es ? Et confessus est et non negavit. Et confessus est, quia non sum ego Christus, etc. (Joan. 1). » Confessus est se non esse Christum ; etiam non negavit quod erat, scilicet se esse præcursorem, ut sequentia determinant. Hic humilitas Joannis commendatur. Qui dum infirmitatem suam humiliter studuit agnoscere, Dei celsitudinem meruit obtinere. Mira cæcitas Judæorum ! Qui cum Joannem crederent esse Christum credere nolebant ipsi Joanni attestanti Christum esse Salvatorem, tot signis ac virtutibus approbatum :

« Et interrogaverunt eum. Quid ergo ? Elias es tu ? Et dixit : Non sum. Propheta es tu ? Et respondit : Non (ibid.). » (Gregorius.) Dominus dixerat discipulis suis : « Joannes ipse est Elias (Matth. xi), » quia Joannes in spiritu erat Elias non in persona : enim quod dicit hic se non esse Eliam. Ideo Joannes negavit se esse prophetam, quia plus erat quam propheta, quod alii pronuntiaverant ostendens. Vel quia nuntii quærere intendebant an esset Elias et Eliseus, in quibus figura baptismi præcessit, vel alius ex antiquis prophetis.

« Dixerunt ergo ei : Quis es ut responsum demus his qui miserunt nos : Ait. Ego vox clamantis in deserto : Parate viam Domini, sicut dixit Isaias propheta (Joan. 1). » Joannes est vox in quo verbum sonat, ostensio, et prophetia, et lucerna verbi Dei præsentis in Joanne, per quem clamat, præsentis in carne assumpta cui Johannes testimonium perhibet, juxta illud . « Paravi lucernam Christo meo (Psal. cxxxi). » Viam Domini dirigit, qui veritatis sermonem humiliter audit. Viam Domini dirigit qui ad præcepta ejus vitam præparat. Unde illud : « Si quis diligit me sermonem meum servabit (Joan. xiv). »

« Et qui missi fuerant erant ex Pharisæis. Et interrogaverunt eum. Et dixerunt ei : Quid ergo baptizas si tu non es Christus neque Elias neque propheta ? (Joan. 1.) Audierant Pharisæi in prophetis Christum venturum et baptizaturum, scientes etiam Jordanem figuram baptismi gessisse, eumque Eliam et Eliseum in figura baptismi siccis pedibus transisse, putabant et nunc eos surrexisse ad baptizandum. Quia ergo Joannes nullum de his dicit se esse, interrogant qua audacia baptizet.

« Respondit eis Joannes dicens : Ego quidem baptizo vos aqua in pœnitentiam. Qui autem post me venturus est, fortior me est ; cujus non sum dignus calceamenta portare. Medius autem vestrum stetit quem vos nescitis. Ipse vos baptizabit in Spiritu sancto et igni (ibid.). » (Augustinus, Gregorius.) Ac si dicat : Non imputetur audaciæ quod ago. Baptizo in aqua in pœnitentiam, id est in signum pœnitentiæ purgantis animas ; lavo corpora, et usum baptizandi instituo, parans viam fortiori me, cujus calceamenta portare non sum dignus. Tanta est ejus excellentia, quæ supra meam est parvitatem. Inter vos autem medius est quem prædico, sed nescitis eum, quia ejus humilitate non abutimini. Ipse baptizabit in Spiritu sancto et igni, hoc est et purgatione sanctificationis et probatione tribulationis ; vel in Spiritu sancto, id est in igne, quem venit mittere super terram. (Beda.) Spiritus sanctus per ignem intelligitur, quæ et corda incendit per amorem et illuminat per sapientiam. Sunt qui ita exponunt. In Spiritu sancto in præsenti ; in igne, in futuro. Sicut enim nunc renascimur ex aqua et Spiritu sancto in remissionem peccatorum, ita tunc de levibus peccatis cum quibus morimur per ignem purgatorium, quasi per baptismum, mundabimur. Unde Apostolus uniuscujusque opus quale sit ignis probabit (I Cor. iii). » Evangelista Joannes scripsit : « Cujus non sum dignus ut solvam ejus corrigiam calceamenti (Joan. 1), » quod ad mysterium spectat. Mos apud veteres fuit ut si quis eam quæ sibi competeret accipere uxorem nollet, ille ei calceamentum solveret qui jure propinquitatis eam sibi desponsaret. Christus autem sponsus Ecclesiæ fuit, ut Joannes ait : « Qui habet sponsam sponsus est (Joan. iii). » Unde Joannes qui Christus esse putabatur, recte se indignum esse denuntiat ad solvendum corrigiam ejus calceamenti. Quasi dicat : Ego Redemptoris vestigia denudare non valeo, quia sponsi nomen mihi non usurpo. Vel ita : Calceamenta ex mortuis animalibus fiunt. Dominus vero quasi calceatus apparuit postquam carnem assumpsit. Hujus incarnationis mysterium nemo unusquisque ad plenum investigare potuit. Corrigia calceamenti est ligatura tanti mysterii. Non valet ergo Joannes ad plenum corrigiam solvere, quae incarnationis mysterium non sufficit investigare.

« Cujus ventilabrum in manu sua. Et permundabit aream suam, et congregabit triticum suum in horreum, paleas autem comburet igni inexstinguibili (*Joan.* I). » Ventilabri opus est ab infructuosis fructuosa discernere. Quod in manu Domini situm indicat arbitrium potestatis recondentis triticum, id est perfectos fructus credentium in horreis; paleas vero, id est infructuosam hominum inanitatem, igne judicii concremantis. Per ventilabrum discretio justi examinis, per aream vero praesens Ecclesia figuratur. Cujus areae purgatio etiam nunc geritur, cum perversi ob manifesta peccata de Ecclesia ejiciuntur, vel post mortem divina districtione damnantur. Inter paleas et zizania distat, quia paleae a semine puri tritici prodeunt; zizania vero a diversa origine procreantur. Ergo paleae significant illos qui fidei mysteriis imbuuntur, sed levitate perfidiae ab electis dissentiunt; zizania illos qui opere et professione ab electis secernuntur. Hi ventilabro hoc non removentur, qui jam judicati sunt; sed paleae tantum ventilantur.

« Multa quidem et alia exhortans evangelizabat populo. Haec in Bethania facta sunt trans Jordanem, ubi erat Joannes baptizans (*ibid.*). » Bethania villa est in secundo ab Helia milliario in latere montis Oliveti, ubi Salvator Lazarus suscitavit. Bene praecursor Domini nostri in Bethania dicitur baptizasse. Nam Bethania *domus obedientiae* interpretatur, ut demonstret per obedientiam fidei omnes ad Christi baptisma debere pervenire.

De eo quando coeperint homines obligari praecepto percipiendi baptisma.

Quaeritur quando institutum sit sacramenta baptismi, ex quo deinceps licitum non fuit illud negligere, quando illud suscipere debitum fuit. Et sunt quidem super hoc diversae plurium aestimationes. Alii dicunt ex eo institutum baptismum quod Christus Nicodemo nocte ad se venienti modum novae regenerationis insinuans ait : « Nisi quis renatus fuerit ex aqua et Spiritu sancto, non potest videre regnum Dei (*Joan.* III). » Alii dicunt institutionem baptismi ex eo incoepisse quo Christus post resurrectionem suam in coelum ascensurus discipulos ad praedicandum misit, dicens : « Ite docete omnes gentes baptizantes in nomine Patris, et Filii et Spiritus sancti (*Matth.* XXVIII). » Quidam institutionem baptismi ex eo coepisse putant quod Joannes in aqua baptizare coepit, praedicans baptizaturum in Spiritu (*Matth.* III). Alii in passione Christi, quando

dixit : « Consummatum est (*Joan.* XIX), » omnia Veteri Testamenti sacramenta finem accepisse, et Novi exordium putant. Commodius autem videtur ut dicamus baptismum prius per Joannem, deinde per Christum, sive per discipulos Christi, aliquandiu solum, ne a consuetudine abhorreret in usum productum; novissime autem, quando in universum mundum praedicatores baptizare missi sunt, generaliter institutum. Videntur autem haec tria tempora distinguenda : Primum enim ante baptismum circumcisio sola statum habuit, et suscipiebatur ad justificationem sine baptismo. Novissime autem nunc post circumcisionem solus baptismus statum habet, et celebratur ad salutem sine circumcisione. Fuit autem tempus medium quoddam, quando et circumcisio et baptismus simul concurrerunt : primum circumcisio, ut finiretur, aliud, id est baptismus, ut confirmaretur. Oportuit enim ut et illa quae finienda erant nequaquam subito vel praecipitarentur, sed paulatim, et quasi cum quadam reverentia dimitterentur, ut ostenderentur bona fuisse tempore suo, et similiter quae incipienda erant non subito in auctoritatem assumerentur, sed cum mora et gravitate inchoarentur ne velut aliena, et propter rem aliunde inducta subito putarentur. Illa igitur dimissa sunt, non projecta, id est ista instituta sunt, non usurpata : ut divini consilii auctoritas ubique servaretur, et humana causatio, ne divina opera reprehendere auderet, amoveretur. Quamvis ergo in passione Christi, per quam consummata sunt omnia, veteris figurae status finem accepit, et novi constitutio sacramenti exordium, tum et prius aliquanto tempore et nova inchoata sunt ad consuetudinem, et vetera postmodum aliquandiu tolerata secundum dispensationem. Similiter ergo fuerunt utraque tempore illo, sive ante passionem, sive post, ab eo quando inchoata sunt nova, donec postmodum vetera sunt interdicta. Et in isto medio tempore quod fuit baptismus cum circumcisione ab inchoatione sua usque ad passionem Christi, hoc fuit circumcisio cum baptismo; post passionem Christi usque ad illud tempus quo ipsa circumcisio coepit prohiberi. Sicut enim ante passionem ipsa circumcisio in statu suo ad remedium suscipiebatur, et tamen tunc etiam baptismus sine periculo salutis non contemnebatur ab his quibus praedicabatur, ita post passionem baptismus, quamvis in statu suo suscipiebatur ad salutem, et tamen tunc circumcisio sine periculo salutis non contemnebatur ab his quibus finis ejus nondum manifestabatur. Postquam autem dictum est : « Si circumcidimini, Christus nobis nihil prodest (*Galat.* V), » jam deinceps non poterat circumcisio ad salutem percipi, sicut prius, postquam dictum fuerat : « Masculus cujus caro praeputii circumcisa non fuerit, peribit anima illa de populo suo (*Gen.* XVII). » Non potuit circumcisio ab his duntaxat quibus injuncta fuerat sine periculo salutis contemni. Rursum quemadmodum in principio baptismus a Joanne secundum solum sacramentum dabatur, ut hi qui baptizandi usum non noverant erudirentur, sic in novissimo a quibusdam fidelibus circumcisio dispensatorie secundum solum sacramentum suscipiebatur, ne hi qui circumcidi consueverant scandalizarentur.

De adventu et de qualitate personæ judicis.

« Cum venerit Filius hominis in gloria sua, et omnes angeli cum eo, tunc congregabuntur ante eum omnes gentes (*Matth.* xxv).» (AUGUSTINUS.) Et Judæi quippe qui in malitia perseverantes, in illo judicio puniendi sunt, sicut alibi dictum est : « Videbunt in quem pupugerunt (*Joan.* xix). » Cum enim boni et mali visuri sunt judicem vivorum et mortuorum, procul dubio enim videre mali non poterunt, nisi solam formam qua filius hominis est; sed tamen in claritate in qua judicabit, et in humilitate in qua judicatus est. Non enim iterum Christus in cruce videndus est. Cæterum illam Dei formam in qua æqualis est Patri, procul dubio impii non videbunt. Non enim sunt mundicordes qui beati, quoniam ipsi Deum videbunt? (*Matth.* v.) Alioquin si Filius Dei judex in forma in qua æqualis est Patri, et impiis cum judicaturus est apparebit, quid est quod pro magno dilectori suo pollicetur dicens : « Ego diligam eum, et ostendam meipsum illi (*Joan.* xiv). » Quapropter Filius hominis judicaturus est, nec tamen ex humana potestate, sed ex ea qua Filius Dei est. Itaque utrumque dici potest : et Filius hominis judicabit, et non Filius hominis judicabit, ut verum sit quod ait : « Cum venerit Filius hominis, tunc congregabuntur ante eum omnes gentes » et non Filius hominis judicabit, ut verum sit quod ait : « Ego non judico (*Joan.* i), » et : « Ego non quæro gloriam meam, est qui quærat et judicet (*ibid.*). Nam secundum hoc quod in judicio non forma Dei, sed forma Filii hominis apparebit, nec ipse Pater judicabit: secundum hoc enim dictum est: Pater non judicabit quemquam, sed omne judicium dedit Filio. Secundum autem quod dictum est : « Dedit Pater Filio vitam habere in semetipso (*Joan.* v). » non utique dicitur : Pater non judicabit quemquam; sed secundum hoc quod æqualem Pater genuit Filium, judicabit cum illo. Secundum hoc ergo dictum est, quod in judicio non forma Dei, sed forma filii hominis apparebit. Non quia judicabit qui dedit omne judicium Filio, cum de illo dicat Filius . « Est qui quærat et judicet: ». sed ita dictum est : « Pater non judicat quemquam, sed omne judicium dedit Filio » : ac si diceret: Patrem nemo videbit in judicio vivorum et mortuorum, sed omnes Filium, quia et filius hominis est, ut possit et ab impiis videri, cum et illi videbunt, in quem pupugerunt. Omne ergo dedit judicium Filio, quia judex in forma filii hominis apparebit, quæ forma non est Patris, sed Filii, nec ea Filii in qua æqualis est Patri, sed in qua minor est Patre, ut sit in judicio bonis et malis conspicuus. Quando autem judicem videbunt mali, non eis videbitur bonus, quia non ad eum gaudebunt corde, sed tunc plangent se omnes tribus terræ.: id est numero utique malorum omnium et infidelium. Visio illa Filii hominis, nec bonum erit impiis qui mittentur in ignem æternum, nec summum bonum erit justis. Adhuc enim vocat eos ad regnum quod eis paratum est ab initio mundi. Sicut enim illis dicet : « Ite in ignem æternum (*Matth.* xxv) » : sic justis : « Venite, benedicti Patris mei, possidete paratum vobis regnum (*ibid.*). » Et sicut illi ibunt in combustionem æternam, sic justi in vitam æternam. Quid est autem vita æterna nisi ut recognoscant de, inquit, unum Deum vivum, et quem misisti Jesum Christum (*Joan.* xvii) : sed in illa claritate, de qua dicit Patri : « Quam habui apud te priusquam mundus fieret (*ibid.*). » Tunc enim tradet regnum Deo et Patri, ut intret servus bonus in gaudium Domini sui.

DIVISIO SERMONIS.

Nunc, dilectissimi, diem mortis nostræ et adventum Domini nostri Jesu Christi et terribile ac metuendum judicium ejus studeamus jugiter cogitare. Ad omnium enim peccatorum vulnera nulla inveniri possunt utiliora remedia, quam ut unusquisque cogitet horam illam, quando erit de hoc sæculo migraturus. Quomodo enim potest fieri, ut aliquis gravia peccata præsumat suscipere, quando se momentis singulis credit de hac luce posse migrare. Sicut enim et Scriptura dicit : « Memento, fili, quoniam mors non tardabit (*Eccl.* xiv),» et illud : « Memento novissimorum tuorum, et desines inimicari (*Eccli.* vii),» qui enim diligenter attendit, quam dura erit examinatio ante tribunal Christi, ubi recepturus est unusquisque secundum opera sua, non ei poterunt placere peccata vel crimina propria. Cum enim ante illum tremendum judicem congregatæ fuerint omnes gentes (*Matth.* xxiv), quid tunc erit injustis, et adulteris, ebriosis, atque raptoribus? Fletus oculorum et stridor dentium, cum sanctorum multitudinem ad dexteram regis, et ad gloriam segregatam, peccatorum populum in profundum tartari sine ulla miserationis ac veniæ spe dimersum, recludi se in tenebris suis a beata sanctorum luce viderint, et in profundum inferni descendere, et super se urgentem os suum puteum, æterna supplicia et perpetuam mortem morituri aspexerint. Frustra pauperis quem in hac vita despexit peccator, misericordiam postulabit, frustra extremum Lazari digitum, quo ardens refrigeretur, ardentibus labiis rogabit apponi, cum velit miser cum justorum humiliumque pauperum lætari gloria, quos vidit duris, quondam paupertatis subjacuisse laboribus, et illa in vita qua cum vita moriuntur mala portasse, ne ad illa æterna mererentur supplicia pervenire. Ut ergo hæc tam dura, et tam terribilia ante tribunal æterni judicis audire non mereamur, dum adhuc licet, et cum Dei adjutorio in potestate nostra est, consideremus conscientias nostras, et si aliqua crimina vel peccata capitalia, necdum eleemosynis et orationibus purgata in nobis, adhuc dominari cognoscimus, portum pœnitentiæ, devictis peccatorum fluctibus, Christo gubernante festinemus intrare. Et si quod in navicula animæ nostræ multis tempestatibus peccatorum, aut per superbiam fractum, aut per avaritiam ruptum, aut per luxuriam resolutum esse cognoscimus, conponere vel reparare bonis operibus festinemus. Studeamus jugiter vitiorum exhaurire sentinam. Non enim peccata nocent præterita, si non placent. Sicut enim nulli justorum sufficit justitia, si non perseveraverit usque in finem, ita nulli peccatorum nocere poterit iniquitas sua, si antequam de corpore isto discedat ad eleemosynarum remedia, vel ad pœnitentiæ medicamenta confugerit. Sed quia quando vel qua hora de hoc sæculo rapiamur, scire non possumus, sine ulla dilatione vel mora de sinistra fugere festinemus ad dexteram. Hoc sanitati credendum est, non ætati. In remedium salutis suæ semper paratus sit, qui vitæ suæ semper incertus est, quia qui nos securos fecit docendo, « Peccator in quacunque die conversus fuerit, omnes iniquitates ejus oblivioni tradentur (*Ezech.* XVIII), » ipse etiam cautos esse voluit dicens : « Nolite tardare converti ad Dominum, nec differatis de die in diem (*Eccli.* V). »

Sed forte quando generaliter omnes ad pœnitentiam provocamus, aliquis inter se cogitat dicens : Ego juvenis homo uxorem habens, quomodo possum aut capillos minuere, aut habitum religionis assumere ? Nec nos hoc dicimus, fratres charissimi, non hoc prædicamus, ut juvenes, qui conjuges habere videntur, habitum magis quam mores debeant commutare. Quod enim homini uxorem habenti nocet, si se voluerit ad opera bona vel honesta convertere, si peccatorum suorum vulnera eleemosynis, jejuniis, et orationibus ad sanitatem pristinam studeat revocare. Vera enim conversio sine vestimentorum commutatione sufficit sibi. Vestimenta religiosa sine bonis operibus non solum remedium habere non poterunt, sed etiam justum Dei judicium sustinebunt. Convertamur ergo ad meliora, dum in nostra sunt potestate remedia. Hic exstinguamus mortem moriendo peccatis : hic vitam vitæ meritis acquiramus. Per Dominum nostrum Jesum Christum Filium Dei unigenitum qui cum ingenito Patre et Spiritu sancto vivit et regnat Deus per omnia sæcula sæculorum. Amen.

IN VIGILIA NATIVITATIS DOMINI.

Secundum Matthæum.

« In illo tempore : Cum esset desponsata mater Jesu Maria Joseph, antequam convenirent, inventa est in utero habens de Spiritu sancto (*Matth.* I). »

Cum nativitatem Domini et Salvatoris nostri Jesu Christi qua æternus ante sæcula Dei Filius hominis ex tempore filius apparuit, Matthæus evangelista, brevi quidem sermone, sed ab Abraham usque ad Joseph virum Mariæ perduxisset, omnesque communi humanæ conditionis ordine genitos simul et generantes ostendisset, mox de ipsa locuturus quantum ejus generatio a cæteris distaret aperuit, quia videlicet cæteri per conjunctionem maris et feminæ solitam, ipse autem per virginem, utpote Dei Filius nasceretur in mundum. Et quidem decebat omnimodis, ut cum Deus homo propter homines fieri vellet, non ex alia quam de virgine nasceretur, et cum virginem generare contingeret, non alium quam qui Deus esset filium procuraret.

« Cum esset, inquit, desponsata mater Jesu Maria Joseph, antequam convenirent, inventa est in utero habens de Spiritu sancto. » Quo ordine vel in qua civitate sit celebrata conceptio, Lucas evangelista sufficienter exponit. Sed quia vestræ sanctitati constat esse notissimum, dicendum paucis de his erit quæ Matthæus scribit. Notandum in primis quia in eo quod ait « antequam convenirent » verbo conveniendi non ipsum concubitum, sed nuptiarum quæ præcedere solent tempus, insinuare voluit quando ea quæ prius desponsata fuerat esse conjux incipit. Ergo antequam convenirent dicit antequam nuptiarum solemnia rite celebrarent, inventa est in utero habens de Spiritu sancto. Siquidem memorato ordine, postea convenerunt quando Joseph ad præceptum angeli accepit conjugem suam ; sed non concubebant, quia sequitur : « Et non cognoscebat eam. »

« Inventa est autem in utero habens » a nullo alio quam a Joseph, qui licentia maritali futuræ uxoris pene omnia noverat. Ideo tumentem ejus uterum mox curioso deprehendit intuitu. Sequitur :

Joseph autem vir ejus, cum esset justus et nollet eam traducere, voluit occulte dimittere eam. » Videns Joseph sponsam concepisse suam, quam bene noverat a nullo viro fuisse attactam, cum esset justus, et juste omnia vellet agere, optimum duxit, ut neque hoc aliis proderet, neque ipse eam acciperet uxorem, sed mutato occulte nuptiarum proposito in conditione eam sponsam manere pateretur, ut erat. Nam et in Isaia legerat virginem de domo David esse concepturam et parituram Dominum, de qua etiam domo noverat genus duxisse Mariam, atque ideo non discredebat in ea prophetia hanc fuisse completam. Sed sic eam voluit occulte dimittere, ut neque acciperet conjugem, et illa sponsa pareret. Nimirum pauci essent qui eam virginem et non potius autumarent esse meretricem. Unde repente consilium Joseph consilio meliore mutatur, ut videlicet ad conservandam Mariæ famam, ipse eam celebrato nuptiarum convivio conjugem acciperet, sed castam perpetuo custodiret. Maluit namque Dominus aliquos modum suæ generationis ignorare quam castitatem infamare Genitricis. Nam sequitur :

« Hæc autem eo cogitante, ecce angelum Domini apparuit ei dicens : Joseph, fili David, noli timere accipere Mariam conjugem tuam. Quod enim in ea natum est de Spiritu sancto est. Pariet autem filium et vocabis nomen ejus Jesum; ipse enim salvum faciet populum suum a peccatis eorum. » Quibus profecto verbis modus conceptionis ejus, simul et dignitatis partus edocetur, quia videlicet de Spiritu sancto concepit, et paritura sit Christum. Quem et si aperta voce angelus Christum non appellet, in eo tamen quod etymologias nominis Jesu exponens, ipsum salutis ostendit auctorem, populorumque salvatorem ac populum ejus nuncupat manifesta ratione, quia sic Christum significat ut per hæc et quæ nescierat dicat Joseph, et a contactu Dei Genitricis funditus mentem amoveat. (BEDA.) Quam tamen dispensatione justæ necessitatis accipere jubetur solo de nomine conjugem, ne videlicet quasi adultera lapidaretur a Judæis, et ut in Ægyptum fugiens haberet solatium masculi, qui familiari cura et tutor femineæ fragilitatis, et testis ejus perpetuæ virginitatis existeret. Produnt Catholici expositores et alias causas quare Dei Genitricem Joseph accipere debuerit conjugem. Quas in suis, qui vult, inveniet locis. Adhibet autem evangelista partui virginali etiam prophetici sermonis exemplum, ut tantæ miraculum majestatis eo certius videretur, quod hoc non solum ipse fictum crederet, sed etiam a propheta prædictum recoleret. Nam et huic evangelistæ, id est Matthæo moris est omnia quæ narrat propheticis affirmare testimoniis. Scripsit namque Evangelium suum ob eorum maxime causam, qui ex Judæis credebant, nec tamen legis cæremoniis, quamvis renati in Christo, valebant evelli, et propterea satagebat eos a carnali legis et prophetarum sensu ad spiritualem qui de Christo erigere, quatenus sacramenta fidei Christianæ tanto securius perciperent, quanto hæc non aliud esse perciperent quam quæ prophetæ prædixerant.

« Ecce, » inquit, « Virgo in utero habebit, et pariet filium, et vocabunt nomen ejus Emmanuel, quod est interpretatum *nobiscum Deus*. » Nomen salvatoris, quod nobiscum Deus a propheta vocatur, utramque naturam unius personæ ipsius signat. Qui enim ante tempora natus ex Patre Deus est, ipse in plenitudine temporum Emmanuel, id est nobiscum Deus, in utero matris factus est quia nostræ fragilitatem naturæ, in unitatem suæ personæ suscipere dignatus est, quando «Verbum caro factum est et habitavit in nobis (*Joan*. I), » mirum videlicet in modum incipiens esse quod nos sumus, et non desinens esse quod erat : sic assumens naturam nostram, ut quod erat ipse non perderet.

«Exsurgens autem Joseph a somno fecit sicut præceperat ei angelus Domini, et accepit conjugem suam, et non cognoscebat eam.» Accepit eam ad nomen conjugis ob causas quas prædiximus, et non cognoscebat eam ad opus conjugale ob arcana quæ didicerat. Quod si quis huic nostræ expositioni obsistere et contendere voluerit, beatam Dei Genitricem, nunquam a Joseph celebratis nuptiis, in nomen conjugis assumptam, exponat ipse melius hunc sancti Evangelii locum : pariterque ostendat licitum fuisse apud Judæos, ut sponsæ suæ quisque carnali copula misceretur, sano ejus intellectu libenter cedimus, tantum ne erga Matrem Domini quidquam gestum quod publica opinione posset infamari credamus. Quod vero additur « donec peperit filium suum primogenitum » nemo ita intelligendum putet quasi post natum filium eam cognoverit, ut quidam perverse opinantur. Scire enim debet vestra fraternitas quia fuerunt hæretici qui, propter hoc quod dictum est « non cognoscebat eam donec peperit filium , » crederent Mariam post natum Dominum cognitam esse a Joseph, et inde ortos eos quos fratres Domini Scriptura appellat, assumentes et hoc in adjutorium sui erroris quod primogenitus nuncupatur. Dominus Deus avertat hanc blasphemiam a fide omnium nostrum, donetque nobis Catholica pietate intelligere parentes nostri Salvatoris intemerata fuisse semper virginitate præclaros, et non filios, sed cognatos eorum fratres Domini Scripturarum more nuncupari. Sed ob id evangelistam an post natum Filium Dei eam cognoverit dicere non curasse, quia nulli de hoc ambigendum putaverint, quod conjuges, quibus in virginitatis castimonia permanentibus, Dei Filium nasci singulari gratia datum est, nullatenus ex eo castitatis jura temerare potuerint.

Notandum quoque est quod primogeniti non, juxta hæreticorum opinionem, soli sunt quos fratres sequuntur, sunt alii. Sed juxta auctoritatem Scripturarum omnes qui primi vulvam aperiunt sive fratres eos aliqui seu nulli sequantur, primogeniti vocantur. Attamen cum Dominus speciali ratione possit primogenitus dictus intelligi, juxta hoc quod in Apocalypsi dicit de eo Joannes : « Qui est testis fidelis primogenitus mortuorum, et princeps regum terræ (*Apoc*. I). » Et apostolus Paulus : « Nam quos prescivit et prædestinavit conformes fieri imagines Filii sui, ut sit ipse primogenitus in multis fratribus (*Rom*. VIII). » Primogenitus est in multis fratribus, quia «quotquot receperunt eum, dedit eis potestatem filios Dei fieri (*Joan*. I).» Quorum recte primogenitus appellatur, quod omnes adoptionis filios, etiam illos qui incarnationis ejus tempora nascendo præcesserunt, dignitate progreditur. Siquidem possunt illi cum Joanne veracissime testari. Qui prius nos venit ante nos factus est, id est post nos quidem in mundo genitus. Sed merito virtutis primogenitus omnium jure est vocatus, quanquam et in ipsa divina nativitate non inconvenienter possit primogenitus dici, quia priusquam creaturam faciendo gigneret aliquem, coæternum sibi Pater genuit Filium. Prius enim quam verbum veritatis adoptionis filios sibi redimendo gigneret aliquos, coæternum sibi Pater genuit Verbum. Unde ipsum Verbum ipse Filius Dei, ejus videlicet virtus et sapientia loquitur: Ego ex ore Altissimi prodivi, primogenita in omnem creaturam. Deus de Deo natus erat, et in ea qua creatus est humanitate omnem creaturam præibat.

« Et vocabis, inquit, nomen ejus Jesum. » Jesus Hæbraice Latine salutaris sive salvator dicitur. Cujus vocationem nominis prophetis liquet esse certissimam. Unde sunt illa magno visionis ejus desiderio cantata: « Anima autem mea exsultabit in Domino, et delectabitur super salutari suo (*Psal.* xxxiv). » Et iterum: « Defecit in salutari tuo anima mea (*Psal.* cxviii). » Et alibi: « Ego autem in Domino gloriabor, gaudebo in Deo Jesu meo (*Habac.* iii). » Et maxime illud: « Deus, in nomine tuo salvum me fac (*Psal.* liii). » Ac si diceret: Nominis tui gloriam, qui vocaris Salvator, in me salvando clarifica. Jesus ergo nomen est Filii qui ex Virgine natus est, angelo exponente, significans quod ipse salvum faciet populum suum a peccatis eorum. Qui autem salvat a peccatis, idem utique a corruptionibus mentis et corporis quæ ob peccata contigerunt salvabit. Christus vero vocabulum est sacerdotis vel regiæ dignitatis. Nam et sacerdotes ac reges in lege a chrismate, id est unctione olei sancti, appellabantur christi, significantes eum qui verus rex et pontifex in mundo apparens unctus est oleo lætitiæ præ participibus suis. A qua unctione id est chrismate ipse Christus et ejusdem unctionis id est gratiæ spiritualis participes sunt christiani vocati, qui per id quod Salvator est nos salvare a peccatis, per id quod pontifex est nos reconciliare Deo Patri, per id quod Rex est regnum nobis Patris sui dare dignetur in æternum.

ITEM EXPOSITIO DE EODEM.

« Christi generatio sic erat (*Matth.* i). » Quæritur cur non ait Jesu Christi, sed solummodo Christi, quod angelo mox dicturo servavit. Generatio, id est ipse Christus in carne generatus. Ac si diceret: Generatio, quæ est Christus, sic erat bifarie explananda, velut a decursæ genealogiæ loco, ubi ait: « Jacob genuit Joseph virum Mariæ, de qua natus est Jesus qui vocatur Christus. Omnes ergo generationes ab Abraham usque ad David generationes xiv, et a David usque ad transmigrationem Babylonis generationes xiv, et a transmigratione Babylonis usque ad Christum generationes xiv. Generatio autem Christi sic erat (*ibid.*). » Prima hominis conditio est, quod Adam de terra plasmatus est; secunda est quia femina de latere viri creata est; tertia vero quod natus est homo ex viro et femina. Christi autem generatio sic erat, ut sine viro nasceretur de femina, conceptus per ipsum sanctum. Prima et secunda generatio ruerunt. Tertia de ruina generaverunt. In quarta salutem invenerunt.

« Cum esset desponsata mater Jesu Maria Joseph, » et reliqua. Sic autem erat Christi generatio, id est sic ad Christum pertinet hæc genealogia. « Cum esset desponsata. » His causis non de simplici virgine, sed de desponsata natus est Christus ne per feminam, sed per virum, juxta morem Scripturæ genealogia taxaretur, ne lapidaretur a Judæis ut adultera, ut in Ægyptum fugiens haberet viri solatium, ut partus celaretur diabolo, dum putat non de virgine, sed de uxore genitum, ne inteneratæ Virginis adverteretur infamia. Maluit enim Dominus aliquos de suo potius ortu, quam dubitare de matris pudore, ne virginibus velamen excusationis fieret, quo infamata sit mater Domini, ne dicenti Domino: « Non veni solvere legem, sed adimplere (*Matth.* v), » ullus objecerit: Quod cum legis injuria natus sit, ut testis pudoris maritus adhiberetur, qui possit dolere et vindicare opprobrium, si non agnosceret sacramentum, ne videretur Maria culpam obumbrare mendacio. Causam enim mentiendi desponsata non habuit, cum conjugii præmium partus sit feminarum, ne Herodi et Judæis excusandi præberetur occasio, quod natum ex adulterio persequerentur, ut fidelibus conjugatis ex pari consensu continentia insinuaretur, ut nisi prævaricationi esset obnoxia, qualiter humana progenies multiplicari sine virginitatis detrimento potuisset demonstraretur. « Desponsata, » id est nondum nupta. « Mater ejus. » Mater ejus, inquit, non uxor Joseph. « Maria Joseph. » In ipsa janua amborum ponuntur nomina, quæ facti congruunt. « Antequam convenirent. » Proximum nuptiarum tempus ostendit, non quod sequeretur ut postea convenirent, sicut dicit Elvidius. « Inventa est » a nullo alio, nisi a Joseph, qui maritali licentia futuræ uxoris omnia noverat. Sic Matthæus prætermisit multa, quæ Lucas narravit, dicens: « In mense, inquit, sexto missus est angelus Gabriel a Deo in civitatem Galilææ cui nomen Nazareth, ad virginem desponsatam viro, cui nomen erat Joseph, de domo David. Et nomen virginis Maria. Et ingressus angelus ad eam dixit: Ave, gratia plena, Dominus tecum, » etc. (*Luc.* i.) Nimirum enim usque ad id genealogiam deduxit ut diceret Joseph virum Mariæ, de qua natus est Jesus, qui vocatur Christus. Et ideo conceptum ejus quem transcenderat Lucæ narrandum reliquit. « In utero. » Non in uterum accipiens, id est non aliunde acceptum, sed interius veniente Spiritu sancto habitum, ut illud: « Femina circumdabit virum (*Jer.* iii). » — « De Spiritu sancto. » Quæritur si inventa a Joseph habens de spiritu sancto, cur dimittere eam voluit. Ideo, quia nec totum scivit, nec totum ignoravit. Noverat in utero habentem, non de carnali concubitu, sed de spirituali virtute. De quo vero conceperit ignorabat: quod ei aperitur quasi nescienti, dum inducitur de sancto. Et reliqua.

Item quæritur cur Matthæus anticipavit, quod mox angelus erat dicturus. Hoc nimirum fecit pro spirituali fervore, et ne lectoris animus paucissimis licet lineis dubitaret, et ut in ore duorum vel trium testium stet omne verbum (*Deut.* xviii). « Joseph vir ejus. » In Scriptura sponsæ uxores, et sponsi viri vel mariti dicuntur. « Cum esset justus. » Cum conscii criminum obnoxii sint peccato (*Rom.* i), cur Joseph, cum crimine zelet, justus vocatur? Ideo, ut idoneum ejus testimonium commendet. Inde plerisque exemplariis additur : « Cum homo esset justus, » ut ostendat secundum humanam justitiam Joseph justum fuisse, quia comparatione justitiæ Dei pro nihilo ducitur. Et ideo recte sequitur : « Nollet eam. » Non solum celat, sed nec audet contingere templum Dominici corporis. Recte justus, justitiæ templum non corrumpit. « Traducere. » Ac si diceret : Nollet ducere sponsam, quam suspicatus est esse adulteram, ut alii, sive traducere ad pœnam quam sciebat non ab homine concepisse. Traductionis enim verbum sæpius in mala quam in bona parte invenitur. Quod etiam Græcus non absurde sermo significat, vapardeir, mathysai, id est propalare, quod est palam facere et omnibus notum facere conceptum. « Occulte. » Ne aut publice dimissa uxore sua, alieni coitus reatum super eam induceret, aut detenta seipsum quasi adulterii conscium reum constitueret. « Dimittere, » id est uxorem non ducere, sive a pœna adulterii innocentem liberare. Ecce Adam cœlestis nova opponit veteribus. Priori vice ex solo viro femina facta est sine matre. Secunda vero vir ex sola muliere natus est sine carnali patre. Ex feminis decuit nova redemptio, a quibus præcessit antiqua prævaricatio. Terrenus Adam de incorrupta terra formatus est. Secundus Adam de incorrupta et immaculata carne virginis Mariæ.

« Hæc autem eo cogitante, ecce angelus Domini. » Bono viro et justo, bona et justa cogitanti, bonus et justus apparuit nuntius. Ideoque additur « Domini » ad distinctionem apostatarum angelorum. Hunc angelum Gabrielem multi putant, juxta Lucæ fidelem narrationem, non quia ipse sit nuntius nativitatis omnium, quia interpretatur fortitudo Dei ; et victoria bellorum est ei commissa. Et ideo in nativitate Joannis et Christi ad vincendum inimicum venientium recte mittitur. Recte de Domino quoque cogitanti opportuna adhibetur consolatio, sicut et duobus in via ambulantibus ostensus est Christus (*Luc.* xxiv). « In somnis apparuit. » Sermo apparendi insolitam rem significat. Duobus modis locutio divina distinguitur, aut per angelos aut per semetipsum. Sed cum per semetipsum sola inspiratione interna sine verbis et syllabis cor docetur, quia auditum aperit, et habere sonitum nescit. Sicut Spiritus Philippo dixit : « Junge te ad currum istum (*Act.* viii). » Cum vero per angelum his modis, aliquando verbis sine ulla imagine, sicut Christo dicenti : « Pater, clarifica Filium tuum, » protinus respondetur : « Clarificavi, et iterum clarificabo (*Joan.* xii). » Et reliqua. Aliquando rebus sine verbis. Sicut Ezechiel Electri speciem vidit in medio ignis (*Ezech.* i), per hanc Christi incarnationem designans ; aliquando verbis et rebus, sicut Adam deambulantem Dominum in paradiso post meridiem vidit (*Gen.* iii), significans lucem veritatis a se recessuram. Aliquando imaginibus cordis oculis ostensis, sicut Jacob demissam e cœlo scalam (*Gen.* xxviii), et Petrus vas plenum animantibus in exstasi viderat (*Act.* x). Aliquando imaginibus ante corporeos oculos ex aere assumptis, sicut Abraham non solum vidit, sed et in domum accepit, et insuper etiam pavit aliquando cœlestibus substantiis (*Gen.* xviii) ; sicut baptizato Domino vox sonuit dicens : « Hic est Filius meus (*Matth.* iii). » Aliquando terrenis et cœlestibus sicut coram Moyse in monte ignem rubumque sociavit (*Exod.* iii), significans se doctorem populi fore, qui legis flammam acciperet, et tamen peccati spinam non relinqueret, sive quod ex illo populo exiret, qui ignem divinitatis in humanæ naturæ spinas imponeret. Aliquando humanis cordibus secreta pœnitentia inspirat, ut Zacharias ait : « Et dixit mihi angelus qui loquebatur in me (*Zach.* ii). » Cum vero hic beato Joseph apparuisse dicitur imagine cordi ostensa apparuit. « Joseph, fili David. » Blandientis affectu loquitur notum eum significans et familiarem, cujus nomen et genus designatur. Hinc apparet quod ex eadem tribu erant Joseph et Maria. Juxta illud : « Nemo copuletur : nisi de tribu sua (*Exod.* xxvi). » In quo notandum quod non tam carne quam spiritu filium David cum dixit, ut justum virum ex genere justi propagatum hoc meruisse declararet. « Noli timere, » apparet quod causa timoris apparuerit dimittere eam, quia timebat profiteri speciale conjugium. Vide quod metu ille non sit coercitus, quo accipere uxorem prohibitus est, sed jubetur ne ad suam pœnitentiam illam accipere pavescat. Prius timor expellitur, ut libentius dicenda postea audiantur. « Conjugem tuam. » Solet Scriptura sponsas conjuges vel uxores vocare. Sive ideo Maria conjux dicitur, quia sub eodem jugo educandi salvatorem erat. « Quod, inquit, natum, » non extrinsecus est seminatum, sed de Spiritu sancto. Hic solvitur quod Joseph scierit, quid ignoraverit. (Augustinus.) Sed non ob hoc Spiritus pater Christi existimandus est, ut Deus Pater Verbum genuerit ; Spiritus vero hominem. Sed quia ejus ministerio civitas Christi adimpleta sit. « Pariet autem filium. » Parere tamen faciet sine dolore pariendi, sicut sine peccati voluntate fuit conceptus. Sic monstrantur quatuor incerta uniuscujusque nascentis : « Qui pariet filium, qui vocabitur Jesus, qui salvum faciet populum suum, et vocabis, etc. » O Joseph, vocibus prophetarum non contradicas. Notandum quod juxta Matthæum ad Joseph, juxta Lucam ad Mariam vocare nomen pueri prædictum sit, quia Jesus ad salutem utriusque sexus venit. Jesum sequitur etymologia nominis cum ait : « Ipse enim salvum faciet populum suum. » Vere suus ejus aliis esse possit a peccatis. Contra Judæos qui putant populum eorum de captivitatibus, non de peccatis per Christum liberandum. Nota quod ejus est salus, nostra vero sunt peccata.

SERMO DE DESPONSATIONE SANCTÆ MARIÆ.

« In sole posuit tabernaculum suum, et ipse tanquam sponsus procedens de thalamo suo (*Psal.* XVIII). » Iste sponsus cum Verbum caro factum est, in utero virginali thalamum invenit atque inde, humanæ conjunctus naturæ, tanquam de castissimo processit cubili, humilis misericordia infra omnes, fortis majestate supra omnes. Hujus conjunctionis Christi et Ecclesiæ sacramentum est conjugium humanum. Quod conjugium diffinitur esse solus consensus, de quorum conjunctione agitur. Alibi etiam dicitur. « Coitus non facit matrimonium sed voluntas. » Item : « Non defloratio virginitatis facit conjugium, sed pactio conjugalis. » Ex his manifestum est, quia commistio sexuum non est conjugium, sed opus conjugii, quamvis Leo papa dicat : « Cum societas nuptiarum ita ab initio constituta sit, ut non sit præter sexuum conjunctionem, quæ habet in se Christi et Ecclesiæ sacramentum, dubium non est eam mulierem non pertinere ad matrimonium, in qua docetur nuptiale mysterium non fuisse. » Sed nisi convenienter istud intelligatur, contrarium videtur Augustino qui asserit etiam perfectius ac sanctius conjugium inter eos esse qui ex communi consensu abstinere semper ab hujusmodi opere decreverunt. Et quia quidam consensus esse conjugium affirmant, quæritur cujus rei consensus sit conjugium. Quidam respondent consensum commistionis sexuum esse conjugium. Sed objicitur quod conjugium perfectum est etiam inter eos qui hoc proposuerunt, quod in perpetuum abstineant ab hoc opere. Et Maria conjux Joseph vocatur quæ tamen ipsa respondet angelo : « Quomodo fiet istud quoniam virum non cognosco (*Luc.* I) ? » Quomodo fieri potest ut concipiam, pariamque filium, quæ in castimonia virginitatis vitam consummare disposui ? Ad quod iterum opponitur. Sed non habuit voluntatem carnalis hujus contubernii beata Virgo. Quare consensit desponsari ? Cui opponenti sic respondetur a quibusdam. Aliud est desponsari, aliud est commisceri, sicut aliud est conjugium, aliud est opus ipsius, sicut aliud est presbyterium, aliud officium ejus. Nam presbyter est ex ordinatione sola, etiam si nunquam missam celebret. Presbyter ergo est ex potestate, non ex actu. Similiter conjugium consistit in potestate, quæ attrahitur per desponsationem et pactionem conjugalem, non in coitu. Et sicut aliquis consentit ad hoc, ut presbyter ordinetur, licet habeat in voluntate quod nunquam celebret missam, sicut legitur de quibusdam : sic beata virgo Maria plena voluntate consensit illis omnibus quæ in desponsatione solemniter fieri debeant circa se, licet quam Deo voverat virginitatem, nunquam violare vellet. Nam sicut Abraham paratus erat Deo jubenti immolare filium suum, ex quo tamen sperabat semen in quo benedicerentur omnes gentes, ita prudentissima Virgo obedivit Deo jubenti per parentes suos ut desponsaretur, et tamen certissime credidit, quia per providentiam Dei custodiretur intacta ab omni virili commistione, sicut et in ipsa re completa constat. Attamen vere conjux fuit propter consensum conjugalis pactionis, non propter consensum carnalis conjunctionis. Conjugium quippe est consensus legitimus de conjunctione duarum idonearum personarum, sed non de conjunctione quæ fit per coitum, sed de conjunctione quæ fit in desponsatione. Ex prima quippe desponsationis fide conjuges appellantur. (AUGUSTINUS). Quibus placuerit ex consensu, ab usu carnalis concupiscentiæ, id est perpetuum continere, absit ut vinculum inter illos conjugale rumpatur, imo firmum erit, quo magis ea pacta sacra inierunt quæ carius concordiusque servanda, non voluntariis corporum nexibus, sed voluntariis nexibus animorum. Neque enim fallaciter ab angelo dictum est. « Joseph, noli accipere Mariam conjugem tuam. » Conjux vocatur ex prima desponsationis fide, quam nec concubitu cognoverat, nec fuerat cogniturus. Nec perierat nec mendax manserat conjugalis appellatio, ubi nec fuerat, nec futura erat ulla carnis commistio. Erat quippe illa virgo ideo sanctius et mirabilius juncta suo viro, quia etiam fecunda sine viro prole dispar, fide compar, propter quod fidele conjugium parentes Christi ambo vocari meruerunt, et non solum illa mater, verum etiam ille pater ejus, sicut conjux matris ejus, utrumque mente, non carne. Et omne nuptiarum bonum impletum est in illis parentibus Christi, proles, fides, sacramentum. Prolem cognoscimus ipsum Deum Jesum; fidem, quod nullum adulterium; sacramentum, quia nullum divortium. Sed sciendum quod bonum conjugii, non ipsum conjugium tripartitum est in fides, proles, sacramentum. Quorum primum est munditia conjugii, secundum fructus ejus, tertium stabilitas illius. Nam in fide attenditur, ne propter vinculum conjugale cum altero vel altera concumbatur, in prole, ut animatum suscipiatur, et religiose educetur, in sacramento, ut conjugium non separetur, et dimissus et dimissa ne causa prolis alteri conjungatur. Quod ipsum bonum conjugii, id est sacramentum, est sacramentum, id est sacræ rei signum, scilicet inseparabilis conjunctionis, quæ est inter Christum et Ecclesiam. Inter quod unusquisque habeat suam uxorem, non suas, et unaquæque suum virum, non suos. Et quod eorum corpus est unum, et animus unus, sacramenta sunt Christi et Ecclesiæ, cui nos hoc et in futuro consociet ipse Dominus noster Jesus Christus, qui vivit et regnat Deus per omnia sæcula sæculorum. Amen.

Quomodo intelligendum sit quod scriptum est « conceptus est de Spiritu sancto. »

Dum incarnationem Filii cum ipso Filio, Pater

simul et Spiritus sanctus operatus sit, merito queritur quare in Scriptura sacra singulariter de Spiritu sancto conceptus memoratur. Hæc quidem sicut et cætera quæ de ipso dicuntur, humana intelligentia timide contingit, sed devotio fidei amplius præsumens secundum puram conscientiam fideliter inquirit. Quærendum itaque inprimis est quomodo intelligi oporteat quod dictum est beatam Mariam de Spiritu sancto concepisse (*Luc.* I). Scimus namque et omnes jam frequentissimo usu naturæ didicimus, quod cum mulier a viro concepisse dicitur, non aliud nisi substantiam carnis ad generandam carnem per carnis coitum suscepisse memoratur. Et hæc quidem carnis substantia, de carne viri per ipsum carnis coitum transfusa, cum carne mulieris una caro efficitur et id quod nasciturum est ex utriusque substantia veraciter originem sumens ab illo, per istam etiam ab ista generetur. Ergo mulier a viro concipit cum a carne viri per coitum carnis semen suscipit ad generandam carnem, nec aliud concipit, quam ille est a quo concipit : aut ipsa quæ concipit, et quod concipit hoc parit. Quid ergo dicemus? Nunquid Spiritus sanctus de sua substantia semen partus infudit alvo Virginis? Quomodo ergo semen carnis ministrare potuit substantia spiritalis? An forte semen carnis non fuit quod conceptum est et caro fuit quod natum est. Quid dicemus? Quomodo Maria de Spiritu sancto concepit? Et si de Spiritu sancto concepit, quomodo Spiritus sanctus Pater Christi non fuit? Hæc omnia magna consideratione indigent, ne forte in re difficili, et valde timenda et obscura sensus humanus aliquid amplius sua possibilitate præsumat. Nec ideo dubitandum est de his, quia obscura sunt; nec ideo aliquid temere diffiniendum quia credenda sunt. Quæramus ergo, quid concepit Maria? Aut carnem non concepit, et carnem non genuit, aut si carnem genuit, carnem concepit. Quod enim concepit, hoc genuit. Sed quomodo carnem ministrare potuit non caro; aut non carnem gignere caro. Ista perplexa inquisitio, sive quærendi ratio, quemadmodum sane et competenter intelligi valeat consideremus. Et primum quidem in ea qua secundum solitam ac usitatam naturæ operationem peragitur conceptione, ejusdem naturæ opus quomodo compleatur intueamur. In parentibus carnaliter generantibus, et per carnis coitum nascituram carnem ex carne fabricantibus, utrobique natura substantiam ministrat partui creando, ut ex utriusque carne procedat et quod solum in unius carne formanda est caro. Tamen hoc vectigal quod natura quasi debitum quoddam ex instituto Creatoris ad fabricam humani corporis exsolvendam impendit, ita prorsus sine ulla necessitate, aut coactione ab ea requiritur, ut nisi sola dilectione, et ut sic dixerim spontanea voluntate ad tribuendum id non inclinetur. Nihil enim est præter solam voluntatem, quod hoc debitum a natura extorquere possit; sed cum spontanea voluntate fuit persuasa, tunc nimirum sibi ad invicem ad opus consummandum ex utraque parte libenter atque graviter occurrit. Sane quidquid violenter volenti abripitur, ad ejusmodi causæ effectum incongruum prorsus atque inefficax demonstratur. Sola ergo dilectio est quæ naturam persuadere, et volentem quodammodo cogere potest ad seminandum partum. Equidem in muliere amor viri, in viro autem amor mulieris id agere solet, ut quæ in altero solum sibi natura sufficiens non est, alterutrum sibi per dilectionem subveniat, ut quod in neutra per se potuit in utraque per se cum altera possit. Igitur semen humani partus a sola muliere formandum concipit, quod simul a viro et muliere seminatur. Quod quidem, sicut jam dictum est, in muliere per amorem viri, et in viro per amorem mulieris natura operatur. Propter quod etiam mulier non nisi a viro concipere dicitur, licet tam de se quam de viro accipiatur unde fecundatur. Et recte de solo viro concipit, quæ id quod concipit, in altero quidem de carne viri sumitur, in altero vero per amorem viri ministratur. Non itaque hoc solum de viro concipit, quod de viro accipit, sed hoc etiam de viro concipit quod ex se de amore viri accipit. Hoc prætermittere nolumus propter hoc quod dictum est Mariam de Spiritu sancto concepisse (*Luc.* I). Concepit ergo Maria de Spiritu sancto, non quod de substantia Spiritus sancti semen partus acceperit, sed quæ per amorem et operationem Spiritus sancti, ex carne virginis divino partui natura substantiam ministravit. Nam quia in corde ejus amor Spiritus sancti singulariter ardebat, ideo in carne ejus virtus Spiritus sancti mirabilia faciebat. Cujus dilectio quia in corde illius non suscepit socium, ejus operatio in carne illius non habebat exemplum. Hoc igitur solum Virgo concepit quod de sua carne per amorem et operationem Spiritus sancti accepit : de quo etiam solo sine viriliter seminis commistione filium genuit. Hoc ergo libido carnis conceptionem operata est in Virgine, quæ nec de carne viri semen accepit, nec de sua per amorem viri concepit, sed per amorem et operationem Spiritus sancti. Hæc ipse Spiritus sanctus idcirco Pater dicendus est, quia ejus amor conceptione Virginis operatus est, quia nec de sua essentia Virgini semen partus tribuit, sed ipsi de carne propria Virgini per amorem suum atque virtutem substantiam ministravit. Christus ergo et de Virgine natus est quia de carne Virginis carnis substantiam accepit, et de Spiritu sancto conceptus est, quia ipsa cum virgo, ex sola carne sua sine admistione virilis seminis per Spiritus sancti operationem amoremque concepit. Hinc est quod eidem Virgini pariturae per angelum dicitur : « Spiritus sanctus superveniet in te, et virtus Altissimi obumbrabit tibi (*Luc.* I). » Spiritus sanctus namque Virgini supervenit, ut per ejus operationem caro Christi de carne Virginis substantiam carnis ministrans, carnali concupiformaretur, et virtus Altissimi obumbravit ei ne scentia ureretur.

IN NATIVITATE DOMINI.

Secundum Lucam.

« Exiit edictum a Cæsare Augusto, ut describeretur universus orbis, » etc. (*Luc.* II.) [BEDA.] Juxta fidem historiarum, tanta pace regnavit Augustus annis duodecim circa tempus Dominicæ nativitatis, ut tam forinsecis quam civilibus bellis toto orbe sopitis, et ad litteram completum videatur illud propheticum : Conflabunt gladios in vomeres, et lanceas in falces. Non levabit gens contra gentem gladium (*Isa.* II). » Pacatissimo autem tempore nascitur Christus, quod Deus erat in Christo mundum reconcilians sibi (*II Cor.* V). Hæc itaque pax quam fecit Augustus significabat pacem quam Mediator noster facturus erat, et per se et per discipulos inter Deum et homines. Opportunum quoque fuit, ut tremenda Romani nominis umbra protegerentur discipuli quocunque ad prædicandum transirent. Nam sicut a Cæsare exigebatur professio census ab universo orbe, sic a Christo exigenda erat fidei professio in toto mundo. Unde illud : « Euntes in mundum universum prædicate Evangelium omni creaturæ (*Marc.* XVI). »

Hæc descriptio prima facta est a præside Syriæ Cyrino. « Et ibant omnes ut profiterentur singuli in suam civitatem. » Nec descriptio prima dicitur quantum ad tempus Cyrini ; nam antea sæpe descriptæ fuerunt pleræque partes terrarum. Cyrinus a Cæsare missus jus dare gentibus, et censor patrimoniorum futurus Syriam venit. Et quia Judæa quasi umbilicus totius terræ est, census primum in medio terræ exigitur, ut inde postea usque ad fines orbis requiratur. Hic primum facta est Judæa stipendiaria Romanis ; imperante Augusto et præsidente Cyrino ibant omnes ad descriptionem, ut singuli in suam civitatem reversi profiterentur debitum census. Sic ergo nunc imperante Christo et præmio pollicente, per doctores Ecclesiæ præsides censum justitiæ profiteamur, jugum ejus quod leve est subeamus, et inveniemus requiem animabus nostris (*Matth.* XI). Cæsari solvebatur denarius, qui decem nummos habebat ; qui etiam nomine Cæsaris titulabatur. Et nos offeramus regi nostro Decalogum legis in quo vultum regis, id est agnitionem veritatis ejus inveniemus :

« Ascendit autem Joseph a Galilæa de civitate Nazareth in Judæam in civitatem David quæ vocatur Bethlehem, eo quod esset de domo et familia David, ut profiteretur cum Maria desponsata sibi uxore prægnante. » (GREGORIUS.) « Alibi concipi alibi nasci voluit Dominus, ut insidiantis Herodis furorem facilius evaderet. Nascituro Domino mundus describitur, quia ille apparebat in carne qui electos suos scriberet in æternitate. Quo contra de reprobis dicitur : « Deleantur de libro viventium, et cum justis non scribantur (*Psal.* LXVIII).

Factum est autem cum essent ibi, impleti sunt dies ut pareret, et peperit filium suum primogenitum. (BEDA.) Bene, tum propter judicium stemmatis regis, tum propter nominis sacrum Dominus in Bethlehem nascitur : Bethlehem namque *domus panis* interpretatur. (GREGORIUS.) Et ibi panis vivus qui de cœlo descendit apparet in carne, qui electorum mentes interna reficiens satietate. Quotidie Dominus in Nazareth concipitur, et in Bethlehem nascitur, cum quilibet fidelis verbi flore suscepto domum se æternæ pacis efficit. (BEDA.) Quotidie in animo credentium quasi in utero virginali per fidem concipitur, per baptisma gignitur. Quotidie Ecclesia quasi Dei Genitrix comitatur suum doctorem, ut Maria Joseph de ruina mundanæ conversationis quod Galilæa sonat, ascendens in civitatem Juda, id est confessionis et laudis, æternoque Regi censum persolvit devotionis. Quæ Ecclesia in exemplum beatæ Mariæ, alii est quasi desponsata, sed ab alio fecundata, dum jungit pontifici proposito sibi, sed cumulatur virtute Spiritus sancti. Und bene Joseph *auctus* interpretatur, indicans nil valere instantiam loquentis magistri sine augmento superni juvaminis. Natus itaque Dominus est secundum carnem, et tu secundum spiritum nasceris. Quod enim non ex voluntate carnis viri, sed ex Spiritu sancto natus est, generationem signavit, quam utique daturus erat ex Spiritu.

« Et pannis eum involvit, et reclinavit in præsepio quia non erat ei locus in diversorio. » Non erat locus in diversorio. Erat enim difficillimum vacantes reperire domos propter conventum ac frequentiam Judæorum quos in unum eadem tunc descriptionis causa collegerat. (GREGORIUS.) Qui mundum vario vestit ornatu, vilibus induitur, ut stolam immortalitatis reciperemus. Manus pedesque cunis astringuntur, ut nostræ manus ad bene operandum pedesque in viam pacis dirigantur. In præsepio reclinatur ut fideles omnes, sancta videlicet animalia, carnis suæ frumento reficeret qui panis est angelorum. In angusto præsepi continetur ut nos per cœlestis regni gaudia dilatet. Non in domo parentum natus est Dominus, ut ostenderet quia per humilitatem assumptam quasi in alieno nascebatur, non secundum potestatem, sed secundum naturam humanitatis. Nam de potestate ejus scriptum est in propheta : « Et quia omnis caro fenum (*Isa.* XL), » factus homo Deus. Fenum nostrum vertit in frumentum qui de semetipso ait : « Nisi granum frumenti cadens in terram mortuum fuerit ipsum solum manet (*Joan*. XII). » Unde et natus in præsepio reclinatur. Reclinavit puerum mater. Joseph autem non audebat attingere quem sciebat de se non esse generatum. Quicunque es pauper, accipe consolationem. Joseph et Maria mater Domini non habent servulum, non ancillam, non jumentum ; ipsi sunt domini et famuli. Non audet paupertas timida inter divites accedere. In diversorium vadunt, nascitur in stabulo qui de stercore inopem levat. In stercore Job sedebat et postea coronatus est, etc.

« Et pastores erant in regione eadem vigilantes et custodientes vigilias noctis super gregem suum. Et ecce angelus Domini stetit juxta illos, et claritas Dei circumfulsit illos. » Nato Domino pastores vigilant, gregemque suum custodiunt ut ostendatur adesse tempus quod ipse olim promiserat dicens : « Ecce ego ipse requiram oves meas, et visitabo eas sicut visitat pastor gregem suum (*Ezech*. XXXIV). » Per gregem populus, per noctem sæculum, per pastores significantur sacerdotes animabus pervigili cura provisuri. Angelus cum tanto lumine apparens, quod in tota Testamenti Veteris serie non invenitur, mystice præmonuit quod Apostolus postea aperte dixit : « Nox præcessit, dies autem appropinquabit (*Rom*. XIII). »

« Et timuerunt timore magno. Et dixit illis angelus : Nolite timere. Ecce enim evangelizo vobis gaudium magnum, quod erit omni populo, quia natus est vobis hodie Salvator, qui est Christus Dominus, in civitate David. » Omni populo fidelium, de cunctis diversitatibus gentium congregando, æternum gaudium nuntiatur. Cum nox esset, non ait angelus, hac nocte, sed hodie, quia magnum gaudium nuntiabat ; ubi autem tristia geruntur noctis mentio solet fieri, ut ibi : « scandalum hac nocte patiemini (*Matth*. XXVI). » — « Et hoc vobis signum : Invenietis infantem pannis involutum et positum in præsepio. » Signum salutis est fidelibus, humilitas Salvatoris, quæ est opposita superbiæ per quam mors.

« Et subito facta est cum angelo multitudo militiæ cœlestis laudantium Deum et dicentium : Gloria in altissimis Deo, et in terra pax hominibus bonæ voluntatis. » Uno evangelizante angelo, multitudo in consonam laudem profrupit, et officium Deo impendens et nos instituens, ut quoties sacram eruditionem ex fratris ore audimus, Deo laudes corde, ore et opere reddamus. Unde militiæ cœlestis dictum est quia illi militabant, qui contra malignos spiritus ad tutelam nostram angelorum ordinabat exercitus. Quia vero Deus et homo natus est, hominibus pax, et Deo gloria canitur, qui ab angelis pro nostra redemptione glorificatur. Et quia neque Judæi, neque gentiles pacem habent ; « non est enim pax impiis, dicit Dominus (*Isa*. LVII) ; » ideo determinate dicitur, « hominibus bonæ voluntatis, » qui scilicet natum Christum suscipiunt. (GREGORIUS.) Quoniam peccando extranei eramus, a Deo extraneos nos angeli deputabant. Sed quia recognovimus regem nostrum, recognoverunt nos angeli cives suos. Et timet angelus ab humana natura adorari quam in suo rege considerat : hinc Lot et Josue non prohibiti sunt adorare angelos. Joannes vero in Apocalypsi prohibitus est. « Vide, inquit, ne feceris, conservus enim tuus sum et fratrum tuorum (*Apoc*. XXII). » Et factum est ut discesserunt ab eis angeli in cœlum.

ITEM IN EODEM DIE.

« Pastores loquebantur ad invicem : Transeamus usque Bethlehem, et videamus hoc verbum quod factum est, quod fecit Dominus et ostendit nobis (*Luc*. I). » Non dixerunt videamus puerum, sed Verbum ; ac si dicerent : Verbum erat in principio et factum est caro (*Joan*. I). Quod Dominus, id est Pater, et ipsum Verbum, et Spiritus sanctus fecit, id est incarnari constituit, et sic factum ostendit, quod in deitate videri non poterat ?

« Et venerunt festinantes, et invenerunt Mariam, et Joseph, et infantem positum in præsepio. Videntes autem cognoverunt de verbo quod dictum erat illis de puero hoc. » Nonnulli quærentes Christum, non inveniunt, quia desidiose quærunt. Pastores autem invenerunt, quia fide non ficta cucurrerunt. Sic Ecclesiæ pastores, imo quilibet fideles, cœlesti doctrina allecti, quasi portas Bethlehem subeuntes, reperiunt Ecclesiam Catholicam quasi Mariam, et cœtum doctorum quasi Joseph, atque humilem Mediatoris adventum Scripturæ paginis insertum, quasi in præsepio. Videntes puerum cognoverunt de verbo quod dictum erat, et nos per fidem Incarnationis, veniemus ad gloriam Verbi confuendam. Notandum quia ipsæ res interdum dignæ dictu atque relatu verba vocantur. Unde in Isaia : « Non fuit verbum, id est res digna nomine, quod non ostenderet Ezechias Chaldæis (*Isa*. XXXIX). » Similiter dicunt hic pastores : Videamus hoc Verbum quod factum est, id est istam rem verbo narrationis dignam, quam fecit ipse Dominus excellentissimam, et significavit nobis per angelos. Ubi vero dicitur : « cognoverunt de verbo quod dictum erat, » accipe verbum pro locutione.

« Et omnes qui audierant mirati sunt de his quæ dicta erant a pastoribus ad ipsos. » Mirantur et de mysterio Incarnationis, et de pastorum attestatione tanta, qui fucate audita nescirent, sed simplici facundia verba prædicarent. Sic Dominus, non rhetores, sed piscatores ad evangelizandum destinavit. Sic et in Veteri Testamento suæ dispensationis nuntios, pastores ordinavit : ideo non est parvipendenda pastorum attestatio.

« Maria autem conservabat omnia verba hæc conferens in corde suo. » Maria non minus ore pudica quam corpore tacita confert ea quæ viderat circa se acta, et quæ legerat in Scripturis agenda. Legerat in Isaia : « Ecce virgo concipiet et pariet filium (*Isa*. VII). » Legerat : « Bos cognovit possessorem suum, et asinus præsepe domini sui (*Isa.* 1). » Videbat in præsepio Dei Filium, suum Filium, unicum Filium vagientem. Videbat se de stirpe David ortam, de Spiritu sancto in Nazareth concepisse, in Bethlehem peperisse, quorum omnium testimonia in prophetia legerat. Comparat ergo verba prophetarum factis, et in omnibus habet argumenta fidei. Si Maria a pastoribus didicit, discamus et nos a sacerdotibus. « Et reversi sunt pastores glorificantes et laudantes Deum in omnibus quæ audierant et viderant, sicut dictum est ad illos. » De his quæ audierant ab angelis laudabant Deum, et de his quæ viderant in Bethlehem glorificabant eum. Sed et magistri spiritualium gregum modo fidelium castra lustrant, probitatis exempla quærendo, modo ad pastorale officium redeunt docendo. Præterea notandum, quare Filius missus est potius quam Pater vel Spiritus sanctus. Ideo Filius missus est, non Pater aut Spiritus sanctus, quia inconveniens erat ut Pater ab alio mitteretur qui non erat ab alio. Si enim ab alio mitteretur, ab illo venire haberet a quo mitteretur, et esset illi quasi quoddam principium ab illo a quo mitteretur. Propterea ergo Pater ab alio mitti non habet, quia ab alio esse non habet. Missus est autem primum Filius, qui a solo Patre est, deinde etiam Spiritus sanctus, qui est a Patre et Filio. Primum Filius venit ut liberarentur homines. Postea Spiritus sanctus venit ut homines beatificarentur. Primum ille a malo liberavit, postea iste ad bona revocavit. Ille abstulit quod sustinebamus, iste reddidit quod perdideramus. Venit Filius naturalis missus a Patre ut adoptandos in hæreditatem vocaret, et consensum suum ut gratia adoptionis comprobaret. Neque enim sine consensu Filii a Patre alieni in hæreditatem ducendi erant. Misit ergo Pater pro filiis, venit Filius pro fratribus, quia in Patre et Filio paternitatis et filiationis nomen constat, ut Filii nomen adoptandi perciperent, et per illum cujus erat et ab illo a quo erat. Venit sapientia, ut hostis ratione vinceretur, et ut habitaculum suum ipsa vindicaret, quod malitia possidebat. Qui enim astutia vicerat, justum fuit ut non fortitudine, sed prudentia vinceretur, ut in eodem in quo se victor erexerat victus sterneretur. Factus est Filius Dei filius hominis, ut filios hominum filios Dei faceret, et ne Filii nomen ad alteram transiret personam, et essent in Trinitate duo filii, et confunderetur Trinitatis discretio. Si enim Pater carnem assumpsisset, idem ipse et Pater et Filius esset: Pater Filii quem genuit ex æternitate, et Filius matris a qua genitus esset ex tempore. Si autem Spiritus sanctus carnem assumpsisset, duo Filii in Trinitate essent. Alter Filius Patris sine matre, alter Filius matris sine patre. Ne ergo incommunicabile nomen divideretur, Filius solus carnem suscepit, ut unus et idem esset et Filius Dei, et filius hominis: Filius Dei secundum divinitatem genitus a Patre, Filius hominis secundum humanitatem natus ex matre.

Quod solus Filius carnem susceperit.

Quod solus Filius carnem susceperit ab hinc videndum erit. Sed forte aliqui erunt qui dicant: Si inseparabilia sunt opera Trinitatis, ergo quidquid facit Filius, facit Pater. Si autem omne quod Filius facit, facit et Pater (*Joan.* v), ergo, si Filius carnem assumpsit, et Pater carnem assumpsit, quia Filius sine Patre carnem assumere non potuit, si nihil sine Patre facere potuit. Sed hic primo considerandum est, quia, cum dicitur facere Filius omne quod Pater facit, de illa nimirum operatione intelligendum est qua creaturam suam condit, et regit, et disponit conditor et opifex Deus. In qua operatione Pater et Filius et Spiritus sanctus omnino separari non possunt, quia in deitate una in qua et per quam operantur unum sunt. Hæc autem idcirco de divina operatione distinguimus, ne quis contra id quod dictum est: « Omnia quæ facit Pater, hæc et Filius facit, » opponendum putet quia Pater gignit, quod Filius non facit, et Filius gignitur, quod Pater non facit. Si enim Filius sicut Pater gigneret, Pater esset, et si Pater sicut Filius gigneretur, Filius esset. Itaque ne quis, propterea quia Filius non gignit, quod Pater facit, existimaret Filium non facere quæcunque Pater facit, dicimus quia hoc de illa operatione intelligendum est qua vel creaturam operatur, ut quod non erat esse incipiat, vel in creatura operatur, ut quod factum est in eo quod factum est subsistat. Ibi enim tota Trinitas inseparabiliter operatur, ubi nec Pater a Filio, nec Filius a Patre, nec Spiritus sanctus ab utroque in operatione separatur. In opere quippe operatio proprie designatur. Nam in eo quod factum non est, quod est Deus non facit ipse, sed tantum est. In eo autem quod factum est, ab illo utique factum est a quo factum est omne quod factum est. Hic ergo omnia quæ facit Pater, et Filius facit similiter (*Joan.* v). In hac itaque operatione, quia carnis assumptio invenitur, quomodo soli Filio conveniat et non Patri non inconvenienter quæritur. Cum enim dicitur quia Filius carnem assumpsit, opus utique significatur quod Filius facit, a quo opere si Pater excluditur, non omnia quæ facit Filius, Pater operatur. An forte quia dictum non est, omnia quæ fecit Filius, Pater fecit, sed quæcunque Pater facit, hæc et Filius facit, existimandum est omnia quidem Filium facere quæ Pater facit, quædam autem Filium facere quæ Pater non facit. Absit, sed omnia quæ Pater facit Filius facit, et omnia quæ Filius facit, Pater facit, quia in eo quod in Deitate unum sunt, in operatione separari non possunt. Omne ergo quod Filius facit, Pater facit, quia in divinitate qua Filius est Patris, quia cum Patre unum est, nihil facit sine operatione Patris. Fecit quædam in humanitate secundum quam Filius Patris non erat, quia nascendo a Patre non acceperat. Quæ propterea ad solam personam Filii referuntur, quia ea in illa et secundum illam naturam fecit, quam cum Patre communem non habuit, sed solus ex tempore propriam singulariter accepit. Verumtamen omnia quæ in divinitate, ideo solus non fecit, quia in divinitate solus non fuit, sed idem cum ipso fecit, quia cum ipso idem fuit.

Si ergo Filius in divinitate humanitatem assumpsit, quomodo in eadem divinitate Pater idem cum ipso non fecit, qui cum ipso idem fuit. An forte, cum dicitur Filius carnem assumpsit ex vi relationis qua intelligitur quia sibi univit, idem de Patre non dicitur, quia si idem diceretur, non idem, sed aliud intelligeretur? Si enim diceretur : Pater carnem assumpsit, intelligeretur similiter quod Pater sibi carnem univit, quod jam idem non esset, sed aliud. Aliud quippe esset, si Patri caro unita diceretur, quam cum Filio unita dicitur, quia sicut est alius in persona Pater, et alius Filius, sic aliud dicitur, cum Filius incarnatus dicitur, quam diceretur si Pater incarnatus diceretur. Nunc igitur consequens est, si Filius carnem assumpsit, idcirco carnem assumpsisse et Patrem, sicut consequens non est, si Filius sibi carnem univit, carnem sibi unisse et Patrem. Consequens autem est, quia si Filius sibi carnem univit, eamdem carnem ipsi Filio univisse et Patrem, quia dum una utriusque operatio ostenditur, nec Filius sine Patre, nec Pater sine Filio operatus demonstratur. Si autem Pater sibi carnem induisset, et Filius sibi, non hoc idem esset, sed aliud, quoniam in eo ipso non eadem demonstraretur operatio, quod non ad eumdem utrumque facta probaretur relatio. Nunc autem assumptionem sive unionem carnis et Pater operatus est, quia carne induit Filium, et Filius operatus est, quia carne induit semetipsum; et fuit una unio et operatio una. Propterea unio una, quia quod unitum est, uni unitum est ; propterea operatio una, quia quod factum est in uno factum est. Tres operabantur, et non tria ; sed unum operabantur, et quod fiebat et unius erat, quantum ad illum solum factum est, et trium erat, quantum ab illis factum.

Legitur in libro Judicum quia Manue uxorem accepit filio suo Samson (*Judic.* XIII), nec tamen sibi uxorem accepit, quia filio uxorem accepit. Et postulabat filius patrem, ut sibi uxorem accipiat, quasi per se solus hoc facere non possit, et nemo est qui argumentetur ut dicat. Si pater filio uxorem accepit, ergo uxorem accepit pater, et contendat uxoratum esse patrem, quia filio accepit uxorem. Quare ergo incarnatus dicatur esse Pater, quia Filio suo carnem univit, sicut ipse Filius incarnatus dicitur, quia sibi carnem copulavit? Sponsa quippe, Verbi caro est, et assumpsit illam Verbum sibi, et Pater Verbi similiter Verbo suo univit eam, et operati sunt duo unum, et fuit in uno operatio duorum una. Propterea ait : « Quæcunque Pater facit, hæc et Filius similiter facit. » Hæc, inquit, et Filius similiter facit. Quid est « hæc ? » Non alia. Quid est « similiter ? » Non aliter. Non poterat unitas operationis perfectius demonstrari. Non alia. Non aliter : eadem et eodem modo. Si eadem operaretur, et non eodem modo operaretur. Operatio una non esset quia alia esset. Nunc autem et eadem, et eodem modo operatur, ut nihil sit aut aliud, aut aliter in operatione illius. Ostende mihi aliquid quod facit Pater, si tamen quærendum est quid facit qui totum facit. Pone tamen exempli causa unum aliquid ex omnibus quæ facit Pater. Dico quia Filius hoc ipsum facit. Neque utique hoc ipsum dico quasi simile ille, sed idem ipsum. Cum enim dico : Idem facio quod tu facis, quia forte domum ædifico, sicut tu ædificas domum, et cum alia sit domus tua quam tu ædificas, quam illa domus mea quam ego ædifico, tamen idem me facere dico quod tu facis, quoniam id quod facio ego, secundum aliquid simile est illi quod tu facis, non sic intelligo cum dico quia Filius hoc ipsum facit quod Pater facit. Si autem ego domum ædificarem, et tu eamdem mecum ædificares domum, dico quod idem faceres quod ego. Etiam verius unum, quia idipsum et non aliud ; nec tamen vere adhuc unum quia tu partem unam, et ego alteram ; tu instrumentis tuis, ego instrumentis meis ; tu manibus et lacertis tuis, et ego meis. Denique tu viribus tuis, ego meis : et jam non vere unum, sed in alio et per alia. Nunquid sic dico cum dico ; quia Filius hoc ipsum facit quod Pater facit? Ergo alia est manus Filii, et alia est Patris ; aliud brachium Filii, et aliud brachium Patris ; alia virtus Filii, alia virtus Patris, cum ipse Filius et manus, et brachium, et virtus sit Patris? Sicut idem est quod homo manu facit, et quod manus hominis facit ; et quod homo brachio facit, et quod brachium hominis facit ; et quod homo fortitudine facit, et quod fortitudo hominis facit. Sic idem est quod Pater facit, et quod Filius facit ; quia omne quod Pater facit, per Filium facit. Si essentia una est, si natura una, si fortitudo una, si voluntas una, quomodo non est una operatio? Dicis quia hæc facit Pater. Ego dico : Hoc ipsum Pater, hoc ipsum Filius, totum Pater et totum Filius. Ipsum facere Patris, Filii est. Noli pensare quasi duas actiones, unam majorem, unam minorem ; aut forte similis ponderis æquales duas ; unitas sibi est, nihil multiplices : una est actio duarum in uno, trium, actio una, sicut deitas una ; et in una actione tres, non tres agentes sunt, sed unus agens, sicut in deitate una tres, non tres dii sunt, sed unus. Pater, et Filius, et Spiritus sanctus, tres personæ sunt, sed tres dii non sunt, nec tres creatores, nec tres factores, quia in eo quod unum sunt, dividi non possunt. Quæcumque ergo Pater facit, hæc et Filius facit (*Joan.* V). Similiter, quid magis simile esse potest quam unitas? Quomodo dividi potest quod multiplicari non potest, aut quomodo a se recedere potest quod unum est? Ne ergo mireris, si assumptionem carnis quæ ad solum Filium refertur, non solus Filius operatus est, sed cum Filio Pater etiam et Spiritus sanctus. Neque idcirco tres incarnatos dixeris, quia incarnationem unius tres operati sunt, quia Trinitas naturæ inseparabilem facit operationem, et proprietas personæ singularem assumptionem.

De assumpta carne in Christum.

Quæritur quomodo homo, personaliter unitus Verbo, sine peccato potuit assumi de massa humani generis : quod totum corruptum, et quasi fermentatum est peccato in Adam. Ad quod respondetur quod Virgo Maria per fidem futuræ mortis Christi ante conceptionem mundata fuerit a peccato. Nempe decens erat ut ea puritate qua major sub Deo intelligi nequit, virgo illa niteret, cui Deus Pater unicum Filium suum, quem, de corde suo genitum, sibi coæqualem, tanquam seipsum diligebat, ita dare disponebat, ut naturaliter esset unus. Idemque communis Dei Patris et Virginis Filius, et quam ipse Filius substantialiter facere sibi matrem eligebat, et de qua Spiritus sanctus volebat et operatus erat, ut conciperetur et nasceretur ille, de quo ipse procedebat, quare de mundissima virgine potuit sine peccato concipi Filius Dei, et nasci per unitum sibi hominem. Excepta saucta Virgine Maria, de qua, propter honorem Domini, nullam prorsus cum de peccatis agitur, haberi volo, quæstionem, scimus enim quod ei plus gratiæ sit collatum ad vincendum omni ex parte peccatum. Inde quod concipere ac parere meruit, quem constat nullum habuisse peccatum (AUGUSTINUS. *De nat. et grat.*, c. 36). Hac ergo virgine excepta, si omnes sancti et sanctæ congregari possent, quid responderent, nisi quod Joannes ait : « Si dixerimus quia peccatum non habemus, nos ipsos seducimus? » (*I Joan.* 1.) Legimus : Mariam totam repleverat Spiritus sancti gratia, totam incanduerat divinus amor, ita quod in ea nihil esset mundanus quod violaret affectus, sed ardor continuus et ebrietas profusi amoris. (AUGUSTINUS). Si Spiritum Dei omnis virtus angelorum constat, beatam et gloriosam Virginem, in quam supervenit Spiritus sanctus, et totus Deus illapsus portatur novem mensibus in utero, credendum est majora promeruisse virtutum privilegia, et percepisse gratiam, ab angelis etiam collaudatam.

Suscepit Christus de terra terram, quia de terra caro est, et de carne Mariæ carnem accepit, et in ipsa carne hic ambulavit, et ipsam carnem nobis ad manducandum ad salutem dedit. » Apostolus. « Qui factus est ei ex semine David secundum carnem (*Rom.* 1). » Nam sicut Deus ex substantia Patris ante sæcula natus est, ita homo ex substantia matris in sæculo natus. Nam si de nihilo factus esset, ille homo unitus Deo personaliter, sicut nonnulli asserunt, vel de alio genere quam de Adam? Humana natura quæ tota erat in Adam, et ibi peccavit, nullo modo satisfecisset Deo pro peccato suo, quia nec ipse Adam, nec aliquis de genere illius natus debitum illud solvisset. Et si Christus alienus esset ab humano genere quod peccaverat, satisfactio ejus nulla ratione pertineret ad Adam, et ex eo genitos, et non eis subvenire posse videretur amplius quam diabolus. (AUGUSTINUS.) In vulva Virginis genitalis sanguis et femineus humor fuit. Huic sanguini vel humori Verbum se miscuit, et substantiam sanguinis in carnem congelatam fecit. Accessit Spiritus sanctus, et hæc quæ fuerant Verbi glutinio commassata, animando formavit, et formata distinxit. (BEDA.) Numerus XLVI annorum perfectioni Dominici corporis aptissime congruit. (AUGUSTINUS.) Tradunt enim naturalium scriptores rerum, formam corporis humani tot dierum spatio perfici, quia videlicet proximis sex a conceptione diebus, lactis habeat similitudinem, sequentibus novem convertatur in sanguinem, deinde XII solidetur, reliquis XVIII formetur usque ad perfecta liniamenta omnium membrorum, et hinc jam reliquo tempore usque ad tempus partus, magnitudine augeatur. Sex autem. et IX, et XII et XVIII, XLV faciunt. Quibus si unum adjecerimus, id est ipsum diem quo discretum per membra corpus crementum sumere incipit, tot nimirum dies in ædificatione corporis Domini, quo in fabricatione templi annos invenimus.

(AUGUSTINUS.) Non in utero Virginis prius concepta est, et postmodum divinitas venit in carnem, sed mox ut venit Verbum in utero (*Joan.* 1), servato propriæ naturæ varietate, factum est caro, et perfectus homo, id est in veritate carnis et animæ, natus est de carne illa, cui unitum est Verbum. Est quoque alia ratio : Dictum est nimirum alibi quia hoc quod assumitur ad prolem de parente nullam habet voluntatem : ideoque nullum peccatum. Itaque perspicuum est, quoniam in eo quod Filius Dei in suam personam assumpsit, de Virgine nulla potuit esse macula peccati. (AUGUSTINUS.) Incommutabilis veritas per spiritum animam, et per animam corpus suscipiens, toto homine assumpto ab omnibus eum infirmitatibus liberavit. Quidquid enim hominis non in se assumpsit, nec liberavit. Sicut autem in sepulcro carnem suam moriendo non deseruit, sic in utero Virginis eam nascendo formavit. Sic ergo non discedente vita, mortuus est, sicut passus est, non pereunte vitæ potentia. Quamvis ergo raro reliquerit animam, et expiraverit, deitas tamen neutrum reliquit, ex quo Verbum caro factum est. Quidam flagitant sibi reddi rationem quomodo Deus homini permistus sit, ut una persona Christi fieret, cum hoc semel fieri potuerit, quasi rationem ipsi reddant de re quæ quotidie fit, quomodo misceatur anima corpori, ut una persona fiat hominis. Nam sicut in unitate personæ anima utitur corpore, ut homo sit ita in unitate personæ; Deus utitur homine, ut Christus sit. In illa igitur persona, mistura est animæ et corporis, et in hac persona mistura est Dei et hominis, si tamen recedat auditor a consuetudine corporum, quia solent duo liquores ita misceri, ut neuter servet integritatem suam, quamquam et ipsis corporibus aeris lux incorporea misceatur. Ergo persona hominis mistura est animæ et corporis. Cum enim Verbum Dei permistum est animæ hærenti corpus, simul et animam suscipit et corpus. Illud quotidie fit ad procreandos homines : hoc semel factum est ad liberandos homines. Verumtamen duarum rerum incorporearum commistio facilis credi debuit quam unius in corpore. Nam si anima in sui natura non fallitur, incorpoream se comprehendit. Multo magis est incorporeum Verbum Dei, ac per hoc Verbi Dei et animæ credibilior debuit esse permistio quam animæ et corporis.

SERMO DE NATIVITATE DOMINI.

Quia hodie Redemptor natus in mundum modo salutis æternæ remedium attulit, nativitatis suæ tempus multis miraculorum declaravit insignibus. Ex universis autem primum Dominicæ nativitatis signum erat, quod eo tempore quo Christus natus est, solus Cæsar Augustus nimis pacificus toto mundo præfuit (*Luc.* 11): quod antea inauditum fuit tot populos et nationes unum posse pati dominum. Ex hoc autem Cæsaris Augusti principatu vere designabatur illum venturum in carne, qui solus regit et gubernat omnia, qui unus præest omnibus : quæ sunt in cœlo et in terra. Secundum signum erat, quod tunc tanta pax erat in terra, quanta ad illud tempus a sæculo non est audita, ita ut nemo in toto mundo auderet bellum movere, sed omnes homines viverent sub una et tranquilla pace et quiete. Completa illa veraciter Isaiæ prophetia : « Et conflabunt gladios suos in vomeres, et lanceas suas in falces (*Isa.* 11). » Verum significavit illa pax, illum in carne natum, qui humanum genus reconciliavit, qui angelos et homines unica pace conjunxit, qui omnibus veram pacem servantibus potestatem filios Dei fieri donavit, dicens : « Beati pacifici, quoniam filii Dei vocabuntur (*Matth.* v). » Unde et angeli Dei hac nocte Christi nativitatem annuntiantes cantaverunt : « Gloria in excelsis Deo (*Luc.* 11). » Tertium signum erat, quod ipso Cæsari concedente, unusquisque, sive nobilis sive ignobilis, liber aut servus, si fuerit in captivitate, ad propria jussus est redire, et unicuique hæreditas propria reddebatur, et singuli se census Cæsari reddituros profitebantur; et ille census trium denariorum habuit pensionem, quæ drachma appellabatur. His rebus quid aliud significabatur, nisi quod quandiu in mundo sumus peregrinamur a Deo, usque dum per nativitatis Dominicæ gratiam ad paradisi gaudia reducimur, atque ab antiquo hoste liberati divinæ servituti subjicimur? Census vero, quem Cæsari reddere profitebatur, significat fidem sanctæ Trinitatis, quam rex noster requirit ab omnibus : qui nominis esse videntur Christiani. Quartum signum erat, quo Cæsar Augustus omnes servos, qui fugitivi erant, ad dominos proprios fecit redire, et ex eis qui hoc edictum neglexerant, et suos spreverunt dominos, una die xxx fere millia fecit interire.

In hoc ergo decreto significatum est unumquemque hominem, postpositis concupiscentiis sæculi, ad suum cœlestem Dominum reverti. Ille vero qui hoc neglexerit : cum diabolo et angelis ejus æternæ damnationi subjacebit. Quintum signum erat stella novi signi et insoliti fulgoris, quæ eadem nocte, eademque hora qua Christus natus est, in Oriente visa est a Magis (*Matth.* 11). Ex cujus insolito fulgore ipsi cognoscentes natum esse Regem regum, ejusdem ductu stellæ Hierosolymam venerunt. Dehinc duce eadem Bethlehem, xiii die venerunt, ibique Deum mysticis muneribus adoraverunt. Hæc stella significabat illustrationis divinæ gratiam, qua Dominus in carne natus illuminabat eos qui sedebant in tenebris et in umbra mortis. Sextum vero signum erat circulus magnus aureo rutilans splendore, qui fulsit circa solem, tota die illa qua Christus natus est, significans illa : Nasci verum solem justitiæ, qui sua gratia illustraret omnem hominem venientem in hunc mundum (*Joan.* 1). De quo Psalmista ait : « Exortum est in tenebris lumen rectis corde, misericors et miserator et justus Dominus (*Psal.* cxi). » Septimum signum erat que tota die nativitatis Dominicæ, rivus olei in urbe Roma Tiberi effusione emanavit. Oleum significat misericordiam; et in hoc demonstrabatur, quod in illa die natus est qui sola sui misericordia venit quærere et salvum facere quod perierat. Juxta quod Paulus ait ad Timotheum discipulum suum : « Apparuit benignitas et humanitas Salvatoris nostri, non ex operibus justitiæ quæ fecimus nos, sed secundum suam misericordiam salvos nos facit (*Tit.* III). » Istis et aliis innumerabilibus signis voluit Deus suam nativitatem declarare, ut de mundi concupiscentia nos reducat ad cœlestem patriam. Juxta quod Paulus dicit : « Renovamini spiritu mentis vestræ in justitia et sanctitate (*Ephes.* 4). »

Hodie Virgo genuit « Christum, Judæis quidem scandalum, gentibus autem stultitiam (*I Cor.* 1). » Judæi ex impossibilitate naturæ opponunt et Virginem non posse parere, nec attendentes quod in lege eorum scriptum reperitur : « Ecce Virgo concipiet et pariet filium, et vocabitur nomen ejus Emmanuel, quod interpretatur *nobiscum Deus* (*Isa.* vii). » Hoc testimonio Isaiæ, beata Maria partu fecundanda esse perhibetur. Præcepit namque Dominus Moysi de singulis tribubus virgas afferri. Allatæ sunt virgæ duodecim, inter quas erat virga Aaron sacerdotis, posita in tabernaculum testimonii. Altera autem die inventa virga Aaron floruisse, et frondes produxisse, nucesque peperisse. Qui virgam hanc, radice privatam, succo siccatam, frondescere jussit, et ipse veram virginem præclare gravidam fecit. De hac virga item Isaias ait : « Egredietur virga de radice Jesse, et flos de radice ejus ascendet (*Isa.* xi). » Jesse pater David regis, de cujus semine virga, beata virgo, scilicet Maria processit, et flore vitæ Christum protulit. Ex David gratia et miserationis Deus, homo factus, ut idem Isaias ait : « Ipse enim salvum faciet populum suum a peccatis eorum (*Isa.* vii). » Vere populum suum salvum faciet a peccatis eorum, quia quicunque Christo fideliter credit, cohæres ejus in regno Patris sui erit, « qui eruit nos de potestate tenebrarum, et transtulit in regno Filii charitatis suæ (*Colos.* 1). » Similiter voluit Dominus nativitatem suam declarare testimonio dicentis Jeremiæ : « Hic est Deus noster, et non æstimabitur alius absque eo, qui invenit omnem viam sapientiæ. Post hæc in terris visus est, et cum hominibus qui salutis nostræ causa natus est in mundum. conversatus est (*Baruch.* III). » Judæi rursum dicant nondum venisse Christum; sed adhuc venturum, non attendentes Danielem qui dixit : « Cum venerit Sanctus sanctorum cessabit unctio (*Dan.* IX). » Judæi igitur si contendunt Christum adhuc venturum, demonstrent quem habeant de suæ stirpis regem proprium. Si hunc ut Patrem nequeunt monstrare, credant Christum qui est Sanctus sanctorum venisse. Attendant autem quod ante tempora Danielis Jacob patriarcha dixit, corporeis quidem oculis privatus, prophetiæ autem spiritu plenus : « Non auferetur sceptrum de Juda, et dux de femore ejus, donec veniat qui mittendus est; et ipse erit exspectatio gentium (*Gen.* XLIX). » Demonstrabitur etiam Dominicus adventus in facto Gedeonis Israelitæ. Cum enim filii Israel multa mala in conspectu Domini facerent, ideoque in Madian et Amalec traditi, durissime opprimerentur, clamaverunt ad Deum, postulantes ab eo auxilium. Commotus autem Dominus clamore eorum, apparuit Gedeon et dixit quia per eum vellet filios Israel liberare de oppressione Madian et Amalec. Dixitque Gedeon ad Dominum : « Da mihi signum hoc : Ponam vellus lanæ in aream, et si solum vellus erit rore perfusum et terra in circuitu sicca, scio quia per manum meam liberabis Israel (*Judic.* VI). » Quod cum Deus ad votum Gedeonis impleret, rogavit iterum ut vellere foris posito, vellus siccum maneret. Quod cum Deus similiter adimpleret, hoc signo animatus Gedeon, conserto cum Madianitis prælio, copiosam multitudinem cum pauco milite delevit, et sic liberati sunt filii Israel ab oppressione durissima quam passi sunt a crudelissimis Madian et Amalec. Madian vero et Amalec, qui filios Israel dure afflixerunt, significant antiquum hostem qui humanum genus ante adventum Domini servitutis jugo oppressit, qui illatis concupiscentiis afflixit. Gedeon vero Christum significat, qui mundum ab antiqui hostis subtraxit imperio. Quod vero Dominicus adventus in vellere demonstratur, declarat Psalmista dicens : « Descendet sicut pluvia in vellus (*Psal.* LXXI). » Dominus sicut pluvia in vellus descendet, sicca adhuc circumjacens terra, cum Dominus adhuc soli populo Israel innotuit, cum de stirpe Judæorum sibi et matrem de qua nasceretur, et discipulos quos ad prædicandum mitteret elegit. Adventus Dominicus velleri sicco, et terræ rigatæ circumpositæ comparatur, cum Christi fides toto mundo innotuit, et solum gens Judæorum ut nunc, videtur arida, et incredula permansit.

Hunc quidem, quia Deus ea quæ de suo adventu per patriarchas et prophetas rebus et verbis promisit, jam homo implevit, pertractemus solliciti. Si Deus venit in hunc mundum, ut nos faceret cives angelorum, ne nos ipsi causa simus nostræ perditionis, si nos in peccandi concupiscentiis persistendo, a Deo salvatore nostro elongaverimus, exuamus veterem hominem, et induamus novum hominem, qui salutis nostræ causa natus est in mundum. Videamus quantam dignitatem nobis nativitas Domini concesserit. Prius enim quam Redemptor noster per carnem nasceretur, alienos a suo consortio nos damnabant angeli, quia peccando nos cœlestem patriam perdidisse sciebant. Postquam vero Redemptor terram nostræ carnis assumpsit, nostram fragilitatem illa angelica celsitudo non despexit, et quos prius habebant despectos, jam venerantur ut socios. Hinc ipsi angeli, hac nocte de Christi nativitate et de nostra redemptione gloriantes, cantaverunt : « Gloria in excelsis Deo, et in terra pax hominibus bonæ voluntatis (*Luc.* II). » Hinc est quod Lot (*Gen.* XIX), et Josue (*Judic.* V) angelos adoraverunt, et tamen adorare non prohibentur. Joannes vero angelum adorare voluit, et tamen angelus hunc ne se adorare debeat compescit dicens : « Vide ne feceris : conservus enim tuus sum; et fratrum tuorum (*Apoc.* XIX). » (GREGORIUS). Postquam vero angeli humanitatem in Deo conspiciunt, se adorare ab homine pertimescunt, nec habere dedignantur hominem consocium, qui super se adorant hominem Deum. Obtineamus ergo moribus dignitatem nostram, nulla nos luxuria inquinet, nulla nos turpis cogitatio accuset, non malitia mentem mordeat, non invidia consumat, non elatio inflet, non ambitio dilaniet. Qui enim Dei cohæredes et cives angelorum esse debemus mundam et angelicam vitam ducamus. Quod ipse præstare dignetur qui Deus homo factus est causa nostræ salutis, Jesus Christus, Dominus noster, qui cum Patre et Spiritu sancto vivit et regnat per omnia sæcula sæculorum.

SERMO DE NATIVITATE DOMINI.

« Apparuit benignitas et humanitas Salvatoris nostri Dei, non ex operibus justitiæ quæ fecimus nos, sed secundum suam misericordiam salvos nos fecit (*Tit.* III). » Acquisiverat sibi, fratres charissimi, genus humanum astutia diabolicæ fraudis, subdiderat eos suæ conditioni per peccata primi parentis. Dominus vero justus judex, qui nec adversario suo aliquid injustum vult irrogare, sed omnia sive per misericordiam sive per justitiam facere, sic voluit genus humanum per gratiam redimere, ut nec injustitiam videretur inferre diabolo. Cum ergo Satanas contra hominem astute egisset per fallaciam, voluit Dominus contra Satan propter hominem prudenter agere per sapientiam. Tali igitur Dominus egit consilio de humana reparatione, necessarium erat ut contra diabolum pugnaturus talis mitteretur, qui nec succumberet, sed rationabiliter ageret, et cum sapientia omnia tractaret. Adam purus homo erat, et ideo ex humana fragilitate tentationibus diaboli succubuit, et propterea purus homo ad redemptionem nostram mittendus non erat, qui vel per se cum tentaretur, peccare potuisset. Quale autem peccatum Adam commisit? Tale utique peccatum, quod majus mundo erat. Sex enim criminalia flagitia in uno crimine admisit, quibus sex ætates suæ posterioritatis morti involvit. Primum namque superbia fuit, cum Deo æqualis esse voluit, et ideo factus est omnium infimus qui fuit omnibus prælatus. Secundum inobedientia exstitit, cum mandatum præterivit, et ideo facta sunt etiam ei omnia inobedientia quæ prius erant subjecta. Tertium avaritia erat, cum plus quam concessum erat concupierat, et ideo omnia juste concessa amiserat. Quartum erat sacrilegium, cum vetitum in sacro loco quasi per furtum subripuit, et ideo de sacrario excludi meruit. Quintum spiritalis fornicatio fuit. Anima enim illius erat Deo conjuncta. Sed cum spreto Deo diabolum admisit, quasi cum extraneo adulterium commisit, et ideo veri sponsi amicitiam amisit. Sexto homicidium perpetravit, quo se et omne genus humanum in mortem præcipitavit. Unde et interiori homine mox est mortuus, et jacuit in sepulcro corporis sepultus. Quamobrem duplici culpa est obstrictus : una qua Deum contempsit et opus obedientiæ deseruit; alia qua foveam mortis incidit, et se adjunctum opus impotem fecit. Quali autem modo oportuit eum reverti ? Honorem quem Deo abstulit reddere debuit, et pro peccato satisfacere quod fecit. Valde enim justum est, ut qui alii sua abstulerit, et ablata restituat, et pro injuria illata satisfaciat. Quid abstulit homo Deo ? Totum quod proposuit in sua cura de ejus genere facere. Qualiter ablatum honorem reddere debuit ? Diabolum ita vincere ut ipse victus est ab eo, seipsum omnesque prædestinatos ad vitam tales restituere quales futuri erant, si permansissent. Qualiter autem debuit satisfacere ? Quia peccatum majus mundo commisit, aliquid majus mundo Deo solvere debuit. Sed cum horum neutrum facere posset nulla ratione, ideo permansit in morte. Et cur penitus non periit, quia statutum Dei immutari non potuit. Proposuit enim ex genere Adæ electorum numerum implere. Quid ergo ? Quia debitum honorem non solvit, Deus ab eo invito accepit, cum eum pœnis subegit. Ad quem finem tandem pervenire debuit ? Quoniam transfuga servus cum furto Domini sui ad sævissimum profugerat tyrannum, filius regis missus est de palatio in carcerem post exsulem servum, qui tyrannum contereret, et fugitivum servum cum rebus in gratiam regis reduceret.

Quare homo non potuit redire solus post lapsum ? Quia sicut non per se, sed per alium impulsus cecidit, ita dignum erat, cum per se non posset et vellet, per alium adjutus resurgeret. Cur non misit angelum ut eum redimeret ? Si angelus hominem redemisset, tunc illius etiam servus esset. Homo autem sic restitui debuit ut æqualis angelis esset. Et aliud oberat. Angelus in sui natura invalidus erat hominem redimere. Si autem homo fieret minus posset. Angelus etiam mittendus non erat in hac militia, quia peccare potuisset, qui prius peccavit in superbia. Quare non creavit alium hominem de terra, et misit eum pro perdito ? Si novum hominem Deus creasset et misisset, tunc ad genus Adæ redemptio non pertineret. De suo enim genere esse debuit qui pro homine satisfaceret. Cur non misit patriarcham vel prophetam ? Patriarchæ et prophetæ in peccatis concepti et nati erant, et ideo genus humanum redimere non poterant. Igitur quia angelus redimere non debuit, et homo satisfacere non potuit, Dei filius per quem omnia, ut et redemptio per eum fieret assumpsit plenum hominem, et in duabus naturis factus est una persona. Et in illa natura qua Deus erat, vicit diabolum, ut ipse vicerat hominem, et omnibus prædestinatis cœlum aperuit et angelis coæquavit : quod solus Deus facere potuit. In ea autem natura qua homo erat pro injuria majus mundo solvit, cum mortem indebitam subiit, quod solus homo facere debuit. Quare ergo non est missus Pater, nec Spiritus sanctus ; sed solus Filius est incarnatus. Si Pater vel Spiritus sanctus incarnaretur, duo filii in Trinitate computarentur : unus filius Virginis qui esset incarnatus, alter Filius Dei. Et alia causa erat. Filius est Dei similitudo, angelus autem et homo assumpserant sibi similitudinem Dei. Debuit ergo ille incarnari cui specialiter injuria facta fuerat, ut istum misericorditer servaret, illum etiam juste damnaret. Quare ergo Filius solus est incarnatus, quia contra astutiam diaboli, agendum erat per sapientiam ejus. Sapientia autem et providentia Patris est Filius per quem omnia facta sunt et provisa. Quia igitur providentia est, egit prudenter et rationabiliter, et quia sapientia est, egit sapienter ; et quia Deus exstitit, peccare non potuit, missus est ergo Filius. Qui cum esset providentia, rationabiliter egit, cum esset sapientia, sapienter omnia tractavit; cum esset Deus peccare non potuit : sed rationi congruum erat, ut sicut homo superatus captus erat, sic et homo, superando naturam, hominem liberaret. Non ergo purus Deus missus est, sed et Deus et homo. Homo qui pugnaret : Deus qui pugnantem sustentaret. Est et alia ratio. Magna discordia erat inter Deum et hominem per veterem hominem, facta est concordia per novum mediatorem. Sed cum mediator esset, dignum erat, ut cum utroque affinitatem haberet. Itaque cum hominem Deo reconciliaturus erat, qui erat inter utrumque, Deus et homo debuit esse. « Apparuit igitur benignitas et humanitas Salvatoris nostri Dei, » etc. Id est Deus et homo : non tamen ex operibus justitiæ quæ fecimus nos, sed secundum suam misericordiam salvos nos fecit. (*Tit.* III.) Bene ait : Apparuit, hoc est de Virgine nasci voluit. Cur autem de Maria et non ab alia ? Quia hæc prima in mundo virginitatem vovit. Quomodo potuit nasci sine peccato de massa peccatrice ? Ab initio Deus quosdam qui se familiarius colerent, de aliis segregavit, de quibus virgo quasi de linea ducta pullulavit. Quæ velut olim virga arida sine humore florem, ita sine concupiscentia mundo edidit Salvatorem. Qualiter genuit? Sine sorde et sine dolore. Clausa enim janua; thalamum uteri introivit, et humanam naturam sibi conjunxit; clausa porta, ut sponsus de thalamo processit. Cur novem menses clausus fuit in utero? ut homines qui erant clausi in miseriis hujus mundi seu inferni, reduceret ad consortium novem ordinum angelorum. Quâ hora est natus? Media nocte, ut dicitur : « Dum nox medium iter haberet, omnipotens sermo tuus a regalibus sedibus venit (*Sap.* xviii.) » Cur in nocte? Primo quia occultus venit, deinde ut eos qui in nocte erroris erant, ad lucem veritatis perduceret. Ideo apparuit benignitas et humanitas Salvatoris nostri Dei.

DIVISIO SERMONIS.

Benignitas et humanitas nostri Salvatoris apparuit quoque per septem specialia miracula, id est per stellam nimis præfulgidam (*Matth.* ii), per circulum aureum vel purpureum, qui circa solem claruit, per fontem olei qui de terra erupit. Per maximam pacem quæ tunc fuit. Per censum ad quem descriptus est universus orbis. Et per hoc quod multi censum Dominicum reddere recusaverunt, sunt una die occisi, et per hoc quod brutum animal loquebatur : Quid itaque designant ista? Stella sanctos significavit. Stella ergo præclara illuxit, quia Sanctus sanctorum venit. Circulus circa solem præfulsit, quia sol justitiæ Ecclesiam auro suæ divinitatis illustrare, et purpura suæ passionis coronare venit. Fons olei de terra fluxit, quia fons misericordiæ de virgine manavit. Oleum enim est misericordia. Pax ingens exstitit, quia pax vere in terris apparuit. Mundus ad censum est descriptus, quia ad supernum regnum genus humanum est chrismate consignatum. Qui Dominicum censum reddere recusarunt occisi sunt, quia qui dixerunt : « Nolumus regnare hunc super nos (*Luc.* xix), » disperierunt. Pecus loquebatur, quia populus gentium ad laudem Dei convertebatur. Apparuit et hæc nativitas nostri Salvatoris, sive revelata est per angelos pastoribus. Audivimus enim in Evangelio, quod pastores erant in regione eadem vigilantes et custodientes vigilias noctis supra gregem suum. « Et ecce angelus Domini stetit juxta illos; et claritas Dei circumfulsit illos, et timuerunt timore magno. Et dixit illis angelus. Nolite timere, ecce enim evangelizo vobis gaudium magnum quod erit omni populo, quia natus est nobis Salvator, qui est Christus Dominus, in civitate David, id est in Bethleem. Et hoc vobis signum : Invenietis infantem pannis involutum, et positum in præsepio. Et subito facta est cum angelo multitudo militiæ cœlestis exercitus laudantium et dicentium : « Gloria in excelsis Deo et in terra pax hominibus bonæ voluntatis (*Luc.* ii). » Hoc audientes pastores venerunt usque Bethlehem, et invenerunt sicut fuerat dictum ad illos per angelum. Merito angelus hæc annuntiavit, quia rex angelorum natus erat, ut cum magna luce apparuisset angelus, quia solem justitiæ lumen exortum in tenebris declaravit.

Nuntiatum pastoribus est, quia natus est qui ait : « Ego sum pastor bonus (*Joan.* x). » Per stellam apparuit regibus, quia natus est rex et stella. Rex inde dictus est, ut ibi : « Ego autem constitutus sum rex ab eo super Sion montem sanctum (*Psal.* ii). » Stella quoque quia orietur stella ex Jacob. Merito itaque apparuit pastoribus et regibus, quia ipse erat rex et sacerdos, et natus de regali et sacerdotali semine. De regali semine quia de David. De sacerdotali quoque probatur natum esse, quia Maria erat cognata Elizabeth de qua legitur : « Et erat Zachariæ uxor de filiabus Aaron, et nomen ejus Elizabeth (*Luc* i). » Satis commendabilis est nuntius, quia et angelus et cum magna luce. Sed audite quid attulit : « Ecce evangelizo vobis gaudium magnum, » etc.

Vere gaudium magnum. Captivi eramus, in carcere jacebamus, et in infirmitate natus est Salvator, natus est medicus. Ecce gaudium magnum. Multo magis erat gaudendum hominibus, cum et angeli gauderent et dicerent : « Gloria in excelsis Deo, » etc. Gloria erat apud angelos in excelsis : De restauratione diminuti ordinis. Laudant Deum de reparatione hominum ad restaurationem angelorum. Et hominibus est pax. Pacem nuntiavit hominibus qui cum Deo et angelis prius discordiam habuimus, sed per mediatorem reconciliati sumus. Et quia peccando extranei eramus a Deo, extraneos nos a suo deputabant angeli consortio. A Deo vilipendebant angeli homines, quod se ab eis adorari permittebant. Hinc est quod angelos Lot et Abraham adorant (*Gen.* xix), nec ipsi prohibentur ante Christi adventum. Sed nato Domino cum Joannes vellet adorare angelos in apocalypsi, id est angelus ne se debeat adorare compescuit dicens : « Vide ne feceris : conservus enim tuus sum et fratrum tuorum (*Apoc.* xix). » Prius naturam humanam despiciunt angeli, ut inferiorem, sed postquam eam super se assumptam conspiciunt, prostratam sibi videre pertimescunt, nec dedignantes hominem socium, qui super se adorant hominem Deum. Pax nuntiatur hominibus, sed non omnibus hominibus, sed tantum hominibus bonæ voluntatis. Ac si diceret : Illi se Deo reconciliabunt, qui habent bonam voluntatem reconciliandi. Ille vero habet voluntatem reconciliandi qui se subdit Creatori, nec facit aliquid contrarium ejus voluntati. Notandum est quare dixerit bonæ voluntatis, et non actionis, quia sufficit bona voluntas, etiam si desit operationis facultas. Itaque bona voluntas valet aliquid sine operatione, bona operatio nunquam sine bona voluntate. Maluit ergo dicere bonæ voluntatis, quod commune est in omnibus salvatis. Ostendimus, fratres charissimi, vobis quomodo apparuit benignitas et humanitas, etc., sed non est silendus ordo ejus gloriosæ nativitatis. Prædictus erat ejus adventus multis ante temporibus, a prophetis præsignatus erat in multis figuris. Ait enim Isaias : « Egredietur virga de radice Jesse, et flos de radice ejus ascendet (*Isa.* xi). » Hic etiam primus ostensus est in tempore Aaron in figura. Dominus enim præcepit Moysi de singulis tribubus virgas afferri. Allatæ sunt duodecim virgæ : inter quas etiam una allata est, quæ Aaron fuerat sacerdotis. Positæ sunt ergo a sancto Moyse in tabernaculum testimonii. Virga autem Aaron post alteram diem invenitur produxisse flores et frondes et peperisse nuces (*Num.* xvii). Ecce quomodo conveniunt prophetia et figura. Jesse fuit pater David, radix Jesse est familia Judæorum, virga est Maria ; flos filius ipsius, super quem descendit Spiritus sanctus in specie columbæ. Similiter virga Aaron quæ sine semine protulit nuces, significat Mariam, quæ sine semine genuit Christum : in nuce, quæ significat Dominicum corpus, tria sunt : cortex, testa, nucleus. Cortex amarus significat carnem, quæ habuit passionis amaritudinem. Testa significat ossa ; nucleus interior, animam candidam virtutibus. Cum his ei similibus esset Domini nativitas pronuntiata et demonstrata, voluit Dominus promissa implere. Missus est itaque Gabriel ad Mariam virginem in Nazareth, annuntiavit descensum Domini in uterum ejus. Dignum erat ut Gabriel, qui *fortitudo Dei* dicitur, annuntiaret nasciturum Deum, qui forti manu pugnaturus contra mundi principem erat. Et valde conveniens erat, ut Christus, qui flore supradicto præsignatus erat, in Nazareth conciperetur, quæ *flos et virgultum* interpretatur, egregium præcursorem habuit. Egregius imperator Joannem Baptistam, qui ab utero matris Deum recognovit, qui per eumdem angelum Gabrielem nuntiatus est, et contra usum naturæ de sterili, Elisabeth videlicet cognata Mariæ natus est. In sexto mense a conceptione Joannis, conceptus est Christus. Quo concepto abiit Maria in montana cum festinatione, et intravit in domum Zachariæ, et salutavit Elisabeth. Et audita salutatione exsultavit infans in utero Elisabeth (*Luc.* i). Cœpit Joannes esse propheta antequam nasceretur ; recognovit servus Dominum, prophetavit conceptus conceptum, et per gratiam pueri repleta est mater spiritu prophetiæ, et ait : « Unde hoc mihi, ut veniat mater Domini mei ad me? Et mansit ibi Maria tribus mensibus, et reversa est in domum suam (*ibid.*). » Post hæc contigit ire Joseph Bethlehem cum uxore sua prægnante. Cumque impleti essent dies ut pareret, divertit in stabulum, et peperit sine dolore, et pannis eum involvit, et divina potentia operante natus est de virgine (*Luc.* ii) Maria Christus, non aperta virginis porta, quia virgo ante partum, et virgo in partu, et virgo post partum. De hac virginis porta dixit Dominus ad Ezechielem : « Porta hæc quam vides clausa erit et non aperietur, et vir non transiet per eam, quoniam Dominus Deus Israel ingressus est per eam, et semper erit clausa (*Ezech.* xliv). » Magnum meritum, magnum donum, magna gratia : ancilla peperit Deum, creatura Creatorem, filia parentem, filia divinitatis, mater humanitatis. Duas nativitates Domini accipimus, unam divinam ; alteram humanam : illam sine matre, istam sine patre. Hodie, fratres charissimi, celebramus temporalem nativitatem propter nos acceptam, gaudeamus propter reparationem nostram. Hodie suscepit mundus infirmus sanitatem, hodie captivus libertatem, hodie recuperavit exsul hæreditatem. Suscipiamus hodie Regem venientem, præparemus habitacula pectorum contra talem imperatorem, ut dignetur nos recipere in cœlesti Hierusalem.

DOMINICA PROXIMA POST NATIVITATEM DOMINI.

« Ibant pater Jesu et mater admirantes super his quæ dicebantur de illo, et benedixit illis Simeon (*Luc.* ii). »

(Beda.) Joseph, quia nutritius erat, et Mariæ famam observabat secundum opinionem vulgi, Pater Salvatoris appellatur.

« Et dixit ad Mariam matrem ejus : Ecce positus est hic in ruinam et in resurrectionem multorum in Israel et in signum cui contradicetur. »

In ruinam multorum positus est Dominus, quia ipse est lapis offensionis, et petra scandali, id est ruinæ his qui offendunt verbo, nec credunt. De quibus ipse dicit : « Si non venissem et locutus eis non fuissem, peccatum non haberent (*Joan.* xv). » In resurrectionem autem positus est, quia credentes in eum resurrexerunt a peccatis per eum. In suis prædicatoribus quoque positus est in ruinam et resurrectionem, ut ait Apostolus : « Christi bonus odor sumus Deo in his qui salvi fiunt, et in his qui pereunt (*II Cor.* ii). » Signum cui contradicetur fidem Dominicæ crucis accipe, de qua Judæi ad Paulum dixerunt : De hac secta notum est nobis, quod ubique ei contradicetur. « Et tuam ipsius animam pertransibit gladius, » id est dolor Dominicæ passionis, quia non potuit Filium videre crucifigi sine affectu materni doloris, etsi sperabat resurrecturum. Usque ad finem sæculi animam Ecclesiæ gladius tribulationis pertransit, cum signo fidei ab improbis contradicitur, cum multos ruere videt. Aliter. (Origenes.) Positus est Dominus in ruinam vitiorum, et in resurrectionem virtutum, nec fit resurrectio nisi ruina præcedat. Omnia quæ de Christo narrantur, quod natus de virgine, quod resurrexit, quod januis clausis intravit, omnia, inquam, signum sunt cui contradicitur ab infidelibus. (Ambrosius.) « Tuam ipsius animam pertransibit gladius, » qui est verbum Dei, revelans tibi mysteria ; « ut revelentur ex multis cordibus cogitationes. » (Beda.) Ante erat incertum, quia Judæorum Christum reciperent, qui respuerent ; sed audita nativitate revelabantur cogitationes, cum Herodes et sui turbabantur. Postea vero doctrina ejus et virtute diffamata, alii eum quasi magistrum veritatis habuerunt. Alii ab eo quasi a seductore recesserunt.

« Et erat Anna prophetissa filia Phanuel de tribu Aser. Hæc processerat in diebus multis, et vixerat cum viro suo annis VII a virginitate sua. Et hæc vidua erat usque ad annos LXXXIII, quæ non discedebat de templo, jejuniis et obsecrationibus serviens Deo die ac nocte. » Juxta historiam Anna et devotæ conversationis et venerandæ ætatis digna describitur, quæ Domino testimonium perhibebat. Mystice autem significat Ecclesiam, quæ in præsenti quasi sponsi Domini sui morte viduata est. Septies XII, LXXXIII faciunt. Et VII pertinent ad cursum sæculi, qui diebus septem volvitur; XII vero pertinent ad perfectionem apostolicæ doctrinæ. Quisquis ergo totum vitæ suæ tempus apostolicis mancipat institutis, quasi LXXXIII annis cœlestis templi limina servare, et Domini postulare adventum laudatur, dum a Domino peregrinatur. Septem anni quibus anna cum viro suo vixit, significant perfectionem illius temporis quo a Domino in carne conversante docetur Ecclesia. Qui anni postea per XII multiplicantur, propter apostolicam doctrinam, deinde regentem Ecclesiam.

« Et hæc ipsa hora superveniens confitebatur Domino, et loquebatur de illo omnibus qui exspectabant resurrectionem Israel. »

Ipsa hora qua Simeon accepit puerum superveniens Anna confitebatur, id est laudabat Dominum, et omnibus fidelibus qui jugo Herodis alienigenæ gravati liberationem exspectabant, promittebat per adventum Christi in proximo redemptionem fieri. Non solum angeli, sed et omnis ætas et sexus testimonium nato reddidit puero, et sicut ab omnium sæculorum fidelibus præsagiebatur, ita veniens omnium sanctorum laude prædicatur. (BEDA.) Quod Simeon et Anna provecti Jesum excipiunt et laudant, significat fidelem Synagogam, quæ post longam exspectationem promissionum non ficta fide eum receperunt qui prænuntiabatur.

« Et ut perfecerunt omnia secundum legem Domini, reversi sunt in Galilæam in civitatem suam Nazareth. » Prætermisit hoc loco Lucas, quæ a Matthæo satis exposita noverat, Dominum videlicet, post hæc ne ab Herode necandus inveniretur, Ægyptum a parentibus esse delatum. Defunctoque Herode, sic demum Galilæam reversum, Nazareth civitatem suam inhabitare cœpisse. Solent enim evangelistæ singuli sic omittere quædam, quæ vel ab aliis commerata viderint vel ab aliis commemoranda in spiritu præviderint, ut continuata suæ narrationis serie, quasi nulla prætermisisse videantur. Quia tamen alterius evangelistæ considerata Scriptura, quo loco transulta fuerint, diligens lector inveniat.

« Puer autem crescebat et confortabatur plenus sapientia, et gratia Dei erat in illo. » Crescere corpore et corfortari, ætate humana intellige. Sapientia est ipsa divinitas, qua plenus erat, gratia vero est conjunctio divinitatis in unam personam. Gratia autem, quia eidem mediatori Dei et hominum, homini Jesu Christo magna gratia donatum est, ut ex quo homo fieri cœpisset, perfectus et Deus esset. Hoc hominum natura non recipit, ut ante duodecim annos sapientia impleatur. Quomodo omnia illo mirabilia fuerunt, ita pueritia mirabilis fuit, ut Dei sapientia impleretur.

SERMO DE TRIBUS SILENTIIS.

« Dum medium silentium tenerent omnia, etc. (Sap. XVIII). » Tria sunt silentia : Primum est ignorantia languoris; secundum, desperatio curatoris; tertium silentium est adoptio sanitatis. Primum silentium fuit, quando homo non agnovit morbum suum, et idcirco silebat, nec quærebatur remedium. Sed postquam lex subintravit, et ostendit languidis vulnera sua, statim ruptum est silentium, et cœperunt mox ægri salutem quærere. Sed quia per opera legis ubi salus non est sanari volebant, quod quærebant non poterant invenire. Tandem ergo considerans homo, per legem neminem justificari posse, quasi post diuturnos clamores fatigatus, etiam secundum silentium. Locutum est pacem, dedit desperans, loqui rursum cessavit, et subsecutum est gratiam, proposuit misericordiam, promisit veniam, et cœperunt ægri currere ad medicum, et quasi magnis clamoribus, sic pura fide cordis et vera confessione oris flagitari remedium. Hoc itaque et nunc in vita hac præsenti agitur, ut cum homo per Dei gratiam sanitatem receperit, et ad illam felicitatem venturæ immortalitatis perductus fuerit, non erit amplius quid petat; et tunc sequitur tertium silentium, quod nunquam finem habebit. Inter primum et medium silentium multa verba sonuerunt, inter medium et ultimum silentium sonat unum verbum. Multa fuerunt multiplicia legis mandata, quæ per Moysen data est. Unum verbum est, una Dei gratia quæ per Jesum Christum facta est, vel potius Jesus Christus est. Moyses famulus Dei multa verba, multos sermones edidit; Deus Pater unum Verbum, unum sermonem misit. Sed sermones Moysis omnipotentes non fuerunt, quia quod dicebant facere non potuerunt : ideo tandem quandoque in promissione deficiendo siluerunt. Et tunc omnipotens Sermo venit, qui non solum dixit, sed quæcunque dixit, imo quæcunque voluit, fecit. Iste Sermo, istud Verbum adhuc loquitur, quandiu in fidelibus suis promissiones operatur. Sed cum promissa impleverit, tunc quasi cessavit. Cum autem promissa fuerint impleta, quia amplius quod petatur, nihil deerit, tunc felix et sempiternum silentium erit. « Dum ergo medium silentium tenerent omnia. » Bene omnia : Hoc non solum illi qui in petitione desperabant, sed et illa quæ in promissione : « Et nox in suo cursu iter haberet. » Nox in sacra Scriptura aliquando pro diabolo, aliquando pro umbris ejus, in peccatoribus et iniquis, aliquando pro peccatis, aliquando pro præsenti vita accipitur. Per noctem ergo in hoc loco, mortalis hujus vitæ fluctus signatur, sicut per diem alibi claritas vitæ perpetuæ. Præsens ergo vita mors est, vita vero futura dies. Nox ista habeat vesperam, dies illa habeat auroram. Vespera hujus noctis etiam fuit ex quo Adam peccavit, donec accepta sententia mortis, a paradiso pulsus est in tenebras hujus mundi. Exiit aurora sequentis diei, id est a resurrectione Christi usque ad finem sæculi. Gutta ista nox est. Sed quis est cursus hujus vitæ? Igitur vita mortalis deorsum est in inferis, sicut vita immortalis sursum. Item. Iter sursum est in cœlis. Item medium est stadium vitæ præsentis: quod nascendo intramus, vivendo percurrimus, moriendo eximus. Quoniam ergo nox in suo cursu medium iter haberet, ideo quando mors universos quos in stadio vitæ præsentis reperit, secum ad inferos traxit, et nemo mortalium ad vitam immortalem ascendere potuit. Unde per noctem accipere possumus peccatum. Quæ videlicet nox ab originali peccato cœpit, et per actualia cucurrit. Quando igitur post originalem prævaricationem primæ prævaricationis naturalis legis, ac deinde scriptæ legis prævaricatione succedente, peccatum ad summum incrementum venerat, quasi nox in suo medium cursu iter habebat. Sed ista nox vera luce apparente, mox deorsum vergere cœpit, et non quasi quadam alterna immutatione paulatim decrescens elongat, quousque lux crescendo ad plenam diem perveniat. Vide ergo ordinatissimum divinæ dispensationis consilium. Quando omnis recuperandæ salutis spes perierat, et mors omnia secum deorsum rapiebat, tunc omnipotens sermo ad liberandum mittitur, et amplius divinæ gratiæ munus commendetur. Venit, inquit. Quis? Sermo Altissimi, Verbum Dei, unicus Patris, rex filius regis. Unde, vel quo? De concessu Patris, ad celebrandum mysterium passionis, de æqualitate majestatis ad patibulum crucis, de sede regali ad officinam peccati, de lumine cœli usque ad tenebras inferni. Sed nunquid ideo regnum perdidit, imo eos qui servi erant peccati liberans usque ad conregnandum sibi sublimavit, et ideo fortassis a regalibus sedibus venit, quia in domo Patris mei mansiones multæ sunt (*Joan.* xiv), et regnabunt cum illo in æternum, cum acceperint regnum quod paratum est ab origine mundi.

De eo quod Verbum carnem sumpsit cum pœna sine culpa, cum mortalitate sine iniquitate.

Dei itaque Filius cum esset unigenitus Patris Filius volens sibi fratres adjungere, descendit ad humanum genus, et assumpsit hominem, ut faceret sibi fratres, nullum despiciens in fraterno loco suscipere quem cognovit obedientem iri præceptorum suorum. Multi autem quærunt de carne illa quam assumpsit, qualiter a peccato munda fuerunt, qualiter sine peccato pœnam peccati portaverit. Et de eo quod qualiter a peccato munda fuerunt vel mundata, quorumdam æstimationem tacere non debemus, ne forte si non exponatur non videatur, et si non videatur quod est, credatur quod non est. Quidam putant carnem illam quæ assumpta est a Verbo, ita ab initio et in primo parente, quando tota massa naturæ humanæ per peccatum corrupta est, a contagione et a corruptione peccati immunem fuisse custoditam, et ab ipso primo parente usque ad susceptionem sui a Verbo, liberam ab omni peccato et mundam deductam, ut nunquam sub peccato fuerit, et ideo a peccato non liberatam, sed liberam. Aiunt enim quia illa pars naturæ humanæ sub peccato esse non debuit, per quam ipsa natura humana ubi obnoxia peccato fuerat, a peccato liberanda erat. Ad probandam quoque eamdem æstimationem adducunt illud quod Apostolus, cum novum sacerdotium veteri præferendum assereret, Melchisedech, qui typum ipsius Christi ac novi sacerdotii gerebat, ab Abraham decimas accepisse ostendit, in qua decimatione etiam Levi, a quo veteris sacerdotii ministros descendisse dubium non est decimatum comprobavit, ac per hoc vetus sacerdotium quod in Levi decimas dedit inferius, novum autem quod in Melchisedech qui forma Christi est, decimas accepit, superius et dignius æstimandum (*Hebr.* vii). Ubi tamen Christus, qui tunc secundum carnem similiter ut Levi in lumbis Abrahæ fuit, decimatum non dicimus, ne simili ratione novum sacerdotium quod in Christo est, ibidem decimas dedisse convincamur. Quomodo autem Levi qui secundum carnem in lumbis Patris tunc fuit decimatus est, et Christus, qui secundum carnem ibidem fuit, decimatus non est, nullam causam aliam inveniri posse putant, nisi quia caro Levi cum culpa ibi fuit, caro Christi non fuit, atque ideo quod peccato obnoxium erat, expiatione eguisse; quod autem mundum atque a peccato liberum erat, non eguisse. Tali ergo se ratione probare putant, quod caro illa, quæ a verbo assumpta est, nunquam obnoxia peccato fuerit, sed ab initio sive in eo a quo descendit sive in his per quos descendit, munda servata sit a peccato, ut aliquando esse possit hostia pro peccato. Sed catholicæ veritatis diffinitio Filium Dei qui pro peccatoribus et de peccatoribus natus est de carne obnoxia peccato carnem assumpsisse asserit liberam a peccato, et ideo liberam quia liberatam. Ideo liberam non quia sub illo unquam fuit, sed quia sub illo esse aliquando cessavit. Quando assumpta est, mundata est. Per eamdem quippe gratiam natura humana mundata est ut verbo Dei libera a peccato uniretur. Per quem Christianus a peccato liberatur, ut eidem naturæ Christianus in Christo capite societur. Appareat itaque nobis, sicut dicit beatus Augustinus, gratia in nostro capite, unde secundum uniuscujusque mensuram se per cuncta membra ejus diffudit. Ea gratia fit ab initio fidei suæ homo quicunque Christianus, qua gratia homo ille ab initio suo factus est Christus. De ipso spiritu et hic renatus de quo est ille natus eodem spiritu fit in nobis remissio peccatorum, quo spiritu factum est ut nullum haberet ille peccatum. Sic ergo factum est per gratiam, ut caro illa a peccato, sub quo ab origine sua erat, mundaretur, et mundata in illo qui liber ab omni peccato, in ea futurus erat, a peccato libera assumeretur, ut nec gratia corruptioni naturæ præjudicium faceret, nec corruptio naturæ gratiam impediret. Quomodo ergo, inquiunt, Christus in lumbis Abrahæ decimatus non fuit, si caro ejus peccato obnoxia fuit? Sed sciendum est, quia licet caro Christi sicut caro Levi adhuc in lumbis Abrahæ sub peccato fuit, tamen ipsum peccatum ejus non fuit, sub quo ejus caro fuit. Hoc enim solum ejus ibi fuit, quod inde futurum ejus fuit. Quapropter Levi illic et naturam et culpam habuit, quia inde per propagationem originis, et naturam et culpam trahere A debuit. Quia ergo Christus in lumbis Abrahæ suam naturam habuit, propterea quod ipsam solam tamen accepturus fuit, procul dubio oblatione non eguit, quæ pro eo quod ejus solum ibi erat, necessaria non fuit; oblatio enim non natura, sed pro culpa offertur, quia si pro culpa non esset, natura oblatione opus non haberet. Sic itaque Levi in lumbis Abrahæ decimatus est, quia et naturam et culpam ibi habuit, qui et naturam et culpam inde accepturus fuit. Christus vero decimatus non est. Propterea quod inde solam naturam accepturus erat, illam etiam tunc ibi culpam non habuit, cui ipsa quæ ejus futura erat sine culpa natura, in sua origine culpæ obnoxia fuit.

IN OCTAVA DOMINI.

« Postquam consummati sunt dies octo ut circumcideretur puer, vocatum est nomen ejus Jesus. Quod vocatum est ab angelo priusquam in utero conciperetur (*Luc.* II). » Ritus circumcisionis ab Abraham sumpsit exordium, quando et nominis amplificationem accepit. Ad cujus imitationem nomen imponebatur pueris in die circumcisionis eorum. Sic etiam factum est ipsi Jesu. Bene autem octava die circumciditur ut et ejus resurrectio octava die celebranda, et nostra figuraretur octava ætate futura. Sex etenim sunt ætates, in quibus pro Domino laboratur; septima est animarum usque ad tempus resurrectionis. Octava est resurrectio, quando gloria perfectæ circumcisionis coruscabit, et totus homo visioni Conditoris inhærebit (BEDA). Nunc autem qui videns mulierem ad concupiscendam eam, incircumcisum visum habens. Incircumcisi sunt auribus quibus Veritas dixit: « Qui est ex Deo, verba Dei audit. Propterea vos non auditis, quia ex Deo non estis (*Joan.* VIII). » Incircumcisi sunt lingua et manibus: « quorum os locutum est vanitatem, et dextera eorum dextera iniquitatis (*Psal.* CXLIII). » Incircumcisi sunt gustu, quos propheta redarguit dicens: « Væ qui potentes estis ad bibendum vinum, et viri fortes ad miscendam ebrietatem (*Isa.* V). » Incircumcisi sunt olfactu et tactu qui variis odoribus deliboti sequuntur amplexus meretricis, cinnamomo cubile suum aspergentis. Incircumcisi sunt gressibus, de quibus Psalmista commemorat: « Contritio et infelicitas in viis eorum, et viam pacis non cognoverunt (*Psal.* XIII). » Porro qui in similitudine carnis peccati venerat remedium, quo caro peccati mundabatur non respuit, sed circumcisus est factus sub lege, ut eam justam probaret, et eos qui sub lege erant redimeret. Nota quod idem auxilium circumcisionis in lege circumcisio contra peccati originalis vulnus præstitit, quod nunc baptismus tempore gratiæ confert, non quod introitus in regnum nondum patebat circumcisis, ut modo baptizatis. At vero hoc non solum baptismus facit, sed et passionis adjunctio. Quæ si circumcisioni addita esset, et similiter ibi fieret.

B Quæritur autem quare baptismus successerit circumcisioni. Ut enim beatus Gregorius ait quarto libro in Job: Quod apud nos valet aqua baptismi, hoc egit apud veteres vel pro parvulis sola fides vel pro majoribus virtus sacrificiorum, vel pro his qui ex Abrahæ stirpe prodierunt mysterium circumcisionis.

Solutio. Decebat novum regem novam legem instituere, inimicitias inter Judæos et gentiles solvere, ut duo populi in unum jungerentur, et fieret unus populus. Quare necesse fuit inimicitiarum causas, videlicet ritus Judæorum quo gentiles abhorrebant evacuare, et alia sacramenta quæ utrisque communia forent substituere. Propter hoc quoque baptismus circumcisionis loco subiit, quia circumcisio C erat imperfectum sacramentum, utpote maribus solis attinens. Baptismus vero perfectum est sacramentum; quia utrique sexui sine dolore commodatur. In aqua vero ideo uniformiter consecratur baptisma, quia de Christi latere manavit aqua, et quia nullus liquor adeo valet ad abluendum sicut aqua, et apud omnes facile acquiritur, ne se aliquis propter inopiam excusaret.

Nota quia multipliciter accipitur: Baptismorum namque unum tantum est aqua, ut Joannis, quod remissionem peccatorum non dedit. Aliud in igne vel spiritu, quo baptizati sunt apostoli in die Pentecostes. Unde illud: « Vos autem baptizabimini Spiritu sancto (*Matth.* III). » Tertium in aqua et spiritu, D quo baptizaverunt apostoli (*Act.* I). Quartum in sanguinis effusione. Tria visibilia, id est sacerdos, baptizandus, aqua, sunt in baptismate; et tria invisibilia, id est fides, anima, Spiritus sanctus. Verum Dominus, ut ait Ambrosius in primo libro De Sacramentis, ideo prior descendit in baptismum quam Spiritus sanctus cum modo econverso fiat, quia Dominus non inde debebat mundari. Nobis autem virtus et præsentia Trinitatis quæ in baptismate Christi manifestata est, invisibiliter operatur in baptismatis visibili sacramento. Sacramentum vero est visibile signum invisibilis gratiæ, veluti cum quis baptizatur, ipsa exterior corporis ablutio quam videmus;

signum est interioris ablutionis animæ, quæ consistit in remissione peccatorum. Aqua etiam purgans exterius a sordibus corporalibus signum est fidei mundantis interius a peccatis. Sacerdos quoque lavans in aqua designat Spiritum in fide remittentem peccata. Videndum tamen est de hoc sacramento, sicut de aliis, quia nihil refert a quocunque detur ministro. Minister enim ministrat, Christus baptizat. Unde illud : « Hic est qui baptizat (*Matth.* III). » Quapropter sive a clericis sive a laicis, seu etiam a mulieribus necessitate imminente detur, non tamen reiteratur. Hoc sacramentum sicut et sacramentum altaris, alii ad vitam, alii ad mortem accipiunt. Qui enim recte accedent, et rem et sacramentum accipiunt; qui ficte, sacramentum tantum. Unde si postmodum resipuerint non rebaptizabuntur. Forma autem baptismi sunt ista verba : In nomine Patris et Filii et Spiritus sancti, vel sua æquipollentia. Dominus enim generaliter instruens baptismum, præcepit dicens : « Ite, docete omnes gentes, baptizantes eos in nomine Patris et Filii et Spiritus sancti (*Matth.* XXVIII). » A morte Christi et sanguinis effusione habet baptismus virtutem et efficaciam sicut alia sacramenta sive ante legem, sive in lege. Per hunc enim Christus quæ facta sunt dimittit, adjuvat ne amplius fiant, perducit ut omnino fieri non possint, facit ut lex impleatur, ut natura liberetur, ne peccatum dominetur. Hæc de circumcisione et baptismo sufficiant. Quod autem circumcisio in membro virili fiebat, causa, ne aliud membrum aut debile fieret, aut turpe quod publice videretur, et ut Christus per castitatem significaretur venturus. Ipso quoque in carne præputii fiebat circumcisio, quia in parte illa magis dominatur concupiscentia, per quam originale peccatum propagatur. Ubi ergo via peccati est, ibi apte significabatur peccati remedium, et significabatur per circumcisionem carnis circumcisio mentis, qua mundabatur anima a vitiis. Tres itaque constat esse circumcisiones : Una est sacramentum, duæ vero sunt res illius sacramenti, videlicet circumcisio a peccato, quæ quotidie est in anima, et circumcisio a peccato et ab omni pœna peccati, quæ in resurrectione erit in anima et corpore. Petrinis autem cultris circumcidit Josue intraturos terram repromissionis, quia petra erat Christus (*I Cor.* X) qui tollit peccata mundi (*Joan.* I).

SERMO IN OCTAVA DOMINI.

Natalis Dominici diem hodie celebramus octavum, in quo puer Jesus a parentibus carnis suæ carnalis circumcisionis accepit sacramentum (*Luc.* II). Non enim sicut ipse ait, legem venerat solvere, sed adimplere (*Matth.* III). Legem quidem implevit, quia de fæce carnalium observationum spirituale elinquit intellectum, et quadam arcana præcepta mortalia, quæ Judæis propter infirmitatem suam remissa fuerat. Item in Evangelio superaddit præceptis eorum, et ipsas observationes carnales usque ad tempus correctionis observavit. Inde est quod puer a parentibus octava die est circumcisus, XL die ab eis cum legalibus hostiis in templo est præsentatus. Juvenis etiam ad diem festum dedicationis et ad cæteros dies festos Hierosolymis, sicut in Evangelio legimus, frequenter occurrit et in nullo sacramenta legalia refutavit, donec in sancto die Cœnæ immolato, veteri Pascha, vetus sacerdotium innovavit et mutavit, quando seipsam convivam ad convivium discipulis exhibuit. Translato ergo sacerdotio sicut apostolus ait, necesse erat ut fieret et legis translatio, et hoc erat tempus correctionis, quando removendæ erant carnales umbræ sub quibus natus, et usque ad puerilem ætatem educatus est Christus. Unde dicit Apostolus : « Postquam venit plenitudo temporis misit Deus Filium suum, natum ex muliere, factum sub lege, etc. (*Gal.* IV). » Si enim a lege alter aliquis observatione extraneus scientibus legem sacramenta exponeret, quis ei auditum præberet. Recto igitur ordine magisterii, qui prius voluit auditor esse quam doctor, prius eam servare quam ejus sacramenta reseraret, ut per vitam et doctrinam suam ipse esse cognosceretur cui testimonium dabant lex et prophetæ.

Hunc igitur quia quasdam causas reddimus, quare sub lege natus est Dominus ; de circumcisionis sacramento quam in manibus habemus, quod Dominus dederit tractemus. Octava etenim circumcisio uni concinuit sacramento. Octava in Scripturis pro æternitate accipi consuevit. Sicut enim septenarii numeri circuitu rerum temporalium volubilitas, ita per octavam qui septenario succedit congrue designatur æternitas. Octavæ autem ideo celebrantur, quia primis diebus concurrunt sicut primus Dominicus dies ad alterum qui eodem ritu celebratur. Et quoniam sequentia opera bona ad prima recurrunt, aliquo modo octavas exercemus. Tanta miseria fuit in hominibus ante Christi adventum, ut nemo ad eamdem innocentiam perveniret quam habuit primus homo antequam peccaret. Nam et circumcisio quæ octava die celebratur, in recordatione primæ innocentiæ agebatur, id est ut mens circumcisa esset ab omni contagione carnali, quam jussit ipsa umbra futurorum verorum. Christus per baptismum restituit in genere humano eamdem innocentiam, ideoque octava die, id est Dominica ex baptismo resurrectio colitur, hoc est inter istos qui primi innocentiam hominis imitantur et illos qui in Veteri Testamento erant. Quod quamvis illi justi essent, tamen detinebantur infra claustra inferni ante Christi adventum, isti penetrant regna cœlorum. Et quoniam ad meliorem statum vult nos perducere Redemptor noster, quam haberet primus Adam, adhuc exspectatur octava dies quæ erit in resurrectione corporum. Primus Adam ita erat innocens ut posset peccare, si vellet, et nos ita accipimus innocentiam per baptismum, ut possimus peccare et possimus non velle, sed post receptionem corporum nemo poterit, nemo volet peccare.

Igitur quia ad hoc institutæ sunt octavæ, ut redeant ad primum, oportet considerare quid in octavis Domini redeat ad primum diem nativitatis. Primo die nativitatis exivit de utero Virginis, et inventus est in præsepio involutus pannis. Nunquid octava die iterum exivit de utero Virginis, et inventus est involutus pannis in præsepio et celebrata sunt ea que de angelorum affatu leguntur prima die acta? Possumus tamen invenire in quo octava dies congruat primæ. Duas causas intelligimus in Christi nativitate : primam, scilicet Christum venisse ad homines; secundam homines venisse ad Christum. De qua re dicit Augustinus in libro primo De doctrina Christiana. Non enim ad eum, qui ubique præsens est locis movemur, sed bono studio, bonisque moribus. Quod non possemus nisi ipsa sapientia tantæ etiam infirmitati congruere dignaretur, ut vivendi exemplum nobis præberet. Sed non aliter quam in homine. Nam et nos homines sumus. Sed quia nos cum ad illam venimus sapienter facimus, ipsa, cum ad nos venit ab hominibus superbis quasi stulte fecisse, putata est. Et quoniam nos ad illam venimus convalescimus, ipsa cum ad nos venit quasi infirma existimata est. Cum ergo ipsa sit patria, viam quoque se fecit ad patriam. Et cum sano et puro interiori oculo ubique sit præsens, eorum qui oculum illum infirmum immundumque habent, oculis apparere dignata est. Quia enim in sapientia Dei, non poterat mundus, et per suam sapientiam cognoscere Deum; placuit Deo per stultitiam prædicationis salvos facere credentes (*I Cor.* 1). Non igitur per locorum spatia veniendo, sed in carne mortali mortalibus apparendo venisse ad nos dicitur. Illuc ergo venit ubi erat, quia in hoc mundo erat, et mundus per eum factus est (*Joan.* 1).

Divisio.

Christi adventum ad homines colimus in die Nativitatis. Hominum autem adventum ad Christum colimus in octavis ejus. Sicut enim septenario dierum spatio temporalem nativitatem Christi repræsentavimus, qua venit inter homines exsilii hujus mala perferre, et languenti mundo sua bona conferre, ita præsenti octava eam Christi nativitatem, in figura celebramus, quæ cum assumpto homine transivit de hoc mundo ad Patrem, quia et transformata est ejus caro de corruptione ad incorruptionem, de mortalitate ad immortalitatem. In carne illius jam absorpta est mortis victoria, quia sicut in eam completam certa fide jam credimus, ita in carne nostra futuram certa spe non dubitamus.

Ita enim dicit Apostolus : « Si complantati sumus similitudini mortis ejus, simul et resurrectionis erimus (*Rom.* vi). » Quæ autem illa sit similitudo mortis audiamus ab ipso : « Complantati enim sumus ei per baptismum in mortem, ut quomodo Christus resurrexit a mortuis, per gloriam Patris, ita et nos in novitate vitæ ambulemus (*ibid.*). » Hæc mortis similitudo peccati est ablutio perfecta; novitas vero vitæ observatio justitiæ. Hæc ipsa est prima resurrectio animæ, de qua dicit Joannes : « Beati qui habent partem in resurrectione prima (*Apoc.* xx). » In his secunda mors, id est æterna non habet potestatem. Hæc eadem vera est circumcisio, per quam non cutem carnis petrinis cultris exspoliamus, sed veterem hominem, id est veteris hominis similitudinem Christo conformati, cum suis actibus deponimus. De qua alibi dicit Apostolus : « Non enim circumcisio est quæ sit in manifesto, id est in carne, sed circumcisio cordis quæ non fit littera, sed spiritu (*Ephes.* 11). » Illa ergo exterior hujus interioris figura est, sicut de Abraham jam per fidem justificato dicit ipse Apostolus, quia signum circumcisionis accepit signaculum justitiæ (*Rom.* iv). Bene autem convenit octavæ nostræ; quod circumcisio carnis in ea parte fit corporis, per quam humana mortalitas propagatur. Vera enim circumcisio in nostra octava, id est in generali resurrectione complebitur, cum corruptibile hoc incorruptibili, et mortale hoc immortalitate vestietur. Sicut autem in ea parte carnis visa est impleri carnaliter, ut significaretur implenda spiritualiter, licet ut non exhibeatur corporaliter, quatenus, secundum Apostolum, « non exhibeamus membra nostra arma iniquitatis peccato, sed arma justitiæ Deo (*Rom.* vi). » Circumcidamus ergo aures ab illicito auditu, oculos ab illicito visu, nares ab illicito olfactu, os ab illicito gustu, cor ab illicita cogitatione, linguam ab illicita locutione, manus ab illicito tactu, pedes ab illicito incessu, ne, secundum prophetam, mors intret ad animas nostras per fenestras (*Jer.* ix). Unde primus martyr : Judæis sensus corporis ab illicitis non observantibus dicit. « Incircumcisi cordibus et auribus, vos semper Spiritui sancto restitistis (*Act.* v). » Quoties ergo festivitatem istam annuis solemnitatibus frequentamus, secundum fidem gestorum, quæ de ea leguntur honoremus, et eam ad morum ædificationem referentes, fidem firmam, charitatem non fictam, spem certam tam diu teneamus, donec, evacuato quod ex parte est, perfectionem nobis promissam comprehendere mereamur. His enim inconcusse manentibus dissoluta hujus habitationis domo, domum non manufactam æternam in cœlo præparatam habeamus, præstante Domino nostro.

IN EPIPHANIA DOMINI.

« Cum natus esset Jesus in Bethlehem Judæ, in diebus Herodis regis, ecce Magi ab Oriente venerunt Hierosolymam, dicentes : Ubi est qui natus est rex Judæorum ? » (*Matth.* ii.) (BEDA). Tempus quoque Herodis Dominico attestatur adventu. Prædictum namque fuerat, quia « non deficiet princeps ex Juda, neque dux de femoribus ejus, donec veniat qui mittendus est (*Gen.* XLIX). » Ex quo patres de Egypto exierunt suæ gentis ducibus usque ad Samuelem prophetam regebantur, deinde regibus usque ad transmigrationem Babylonis. Post reditum vero de Babylone per pontifices rerum summa gerebatur usque ad Hircanum regem simul et pontificem, quo in tempore fraude ab Herode cujus patrem ipse Hircanus de ignobili advena, hoc est gentis Idumææ, sublimaverat, Judææ regnum ipsi Herodi jussu Cæsaris Augusti traditur gubernandum. Verum quia Herodis mentio hic se intulit, qualiter ad Judaici regni apicem pervenerit constringam. Cum enim hi qui Mathatiæ stirpe descenderant, per aliqua annorum spatia ducatum regni Judæorum tenuissent, pervenit tandem potestas ad quemdam virum ex stirpe corum genitum, nomine Alexandrum. Qui cum post aliquod tempus obiisset, reliquit uxorem cum duobus parvulis, quorum unus Aristobolus, alter Hircanus vocabatur. Qui cum adulti essent, desiderio regnandi jurgia inter se habere cœperunt. Et erat tunc quidam vir, nomine Antipater, fortis viribus, facultate ditissimus, ex Herode quodam genitus, qui in templo Appollinis erat ædituus. Hunc sibi Hircanus in amicitiam et societatem contra fratrem vocavit. Cumque eum non solum armis, sed etiam facultatibus adjuvaret, ita etiam Romanorum ducum auxilium petere perdocuit, eo quod tunc Romani præ ceteris hominibus in ordinandis regni negotiis fide et sapientia et fortitudine præcellerent. Et quia longum est ire per singula, cum Aristobolus a Romanis captus, sub custodia duceretur, ducatus Judaici regni ad Hircanum pervenit. Tunc memor beneficii ab Antipatro sibi collati, eum ut amicum et socium coluit, in tantum, ut procurationem alicujus partis Judaici regni ei subesse committeret. Habuit vero idem Antipater uxorem Lypidem nomine, ex Arabico genere natam, ex qua habuit duos filios, quorum unum Faselum, alterum Herodem nominavit. Cumque longo confectus senio vitam finisset, potestatem quam ab Hircano in Judæis acceperat, Herodi filio suo reliquit. Qui cum callidus et cautus strenue ea quæ ad se pertinebant agere cœpisset, Hircani neptem filiam Aristoboli duxit in uxorem. (BEDA.) Cum vero post aliquod tempus Hircanus in prælio quod contra Arabas suscepit, captus esset, etiam in exsilio detentus est. Tunc primum Herodes quasi vice illius potestatem ejus obtinuit. Sed cum post aliquod tempus Hircanus amputatis auribus Judæam reverteretur, simulavit se idem Herodes eum in pace suscipere. Sed postea cum eum fraude necasset, fraudulenter potestatem illius obtinuit. Et primum a Casso Romanorum duce, postea ab ipso imperatore potestate accepta, regnum Judæorum sibi subjugavit. Hac igitur fraudulentia, primus ex alienigenis Herodes regnum Judæorum sub sua custodia accepit. Quo regnante, Dominus noster Jesus Christus secundum prophetas prædictus natus est in Bethlehem Judæ, anno XXXI Augusti Cæsaris. In Bethlehem Judæ dicitur, quia est et alia Bethlehem in Galilæa. Magi ab Oriente venerunt, id est a partibus quæ sunt versus Orientem. Erant enim de terra Persarum et Chaldæorum, ubi est Saba fluvius. Unde Saba regio vocatur.

« Vidimus enim stellam ejus in Oriente, et venimus adorare eum. » Ad confusionem Judæorum dictum est vidimus stellam ejus, ut nativitatem Christi a gentibus discerent. (AMBROSIUS.) Successores Balaam fuerunt magi, qui stellam noverunt vaticinio ejus. Ille stellam vidit in spiritu, isti viderunt oculis et crediderunt. Utique non adorassent, si parvulum tantummodo credidissent. (GREGORIUS.) Angelus apparuit pastoribus nato Domino, Magis stella, quia Judæis tanquam ratione utentibus creatura rationali prædicari debuit, et gentibus quasi ratione carentibus signa danda erant, et dignum fuit, ut jam loquente Domino apostoli gentibus prædicarent. Et necdum eo loquente elementa prædicarent. Magi appellati sunt reges orientales, vel quia de stirpe Balaam fuerunt, qui multum scivit de incantationibus, vel quia fefellerunt Herodem per aliam viam regressi in patriam. Magi etiam dicuntur qui vel per stellas, vel per aves, seu per quælibet alia signa putant aliqua cognoscere. « Audiens autem Herodes rex turbatus est et omnis Hierosolyma cum co. » (GREGORIUS.) Rege cœli nato rex terræ turbatus est, quia terrena altitudo confunditur, cum cœlestis celsitudo aperitur. Turbatur Hierosolyma favens Herodi, quem timebat juxta illud Salomonis: « Rex injustus omnes ministros habet impios (*Prov.* XXIX). »

« Et congregans omnes principes sacerdotum et scribas populi sciscitabatur ab eis ubi Christus nasceretur. At illi dixerunt ei: In Bethlehem Judæ. Sic enim scriptum est per prophetam: Et tu Bethlehem terra Juda nequaquam minima es in principibus Juda. Ex te enim exiet dux qui regat populum meum Israel. » Bethlehem vicus quidem minimus est, sed nequaquam minima es in principibus Juda, id est in excellentia dignitatis principum Juda. In ea enim nascetur Salvator. Hoc testimonium Michææ prophetæ est, sed evangelista more suo sententiam prophetæ sumens verba mutat.

« Tunc Herodes clam vocatis Magis, diligenter didicit ab eis tempus stellæ quæ apparuit eis. Et mittens illos in Bethlehem dixit: Ite, et interrogate diligenter de puero, et cum inveneritis, renuntiate mihi, ut et ego veniens adorem eum. » GREGORIUS.) Cognito loco et tempore personam pueri non vult ignorare. Herodes significat hypocritas aliud dicentes et aliud cogitantes, qui dum ficte Deum quærunt, nunquam invenire merentur.

« Qui cum audissent regem abierunt. Et ecce stella, quam viderant in Oriente, antecedebat eos, usque dum veniens staret supra ubi erat puer. » Magis appropinquantibus Hierosolimam disparuit stella, quia quicunque propinquat ad hypocritas et hæreticos, Dei lucem amittit. Sed postquam recedit ab eis divinam lucem recuperat, ut Christum credat de Virgine natum. Stella Dominum discernens non tenuit sidereas vias, sed domi vicina stetit supra, subaudis locum ubi erat puer. Hæc stella, ut ait Fulgentius, nunquam antea apparuit quam Magis prævia putaretur, sed tunc creata est, et peracto officio mox esse desiit.

« Videntes autem stellam Magi gavisi sunt gaudio magno valde. Et intrantes domum invenerunt puerum cum Maria matre ejus, et procidentes adoraverunt eum. » Et intrantes domum, id est diversorium, quod Lucas commemorat, invenerunt puerum et matrem ejus. Joseph autem idcirco tacetur, quia nullum de officiis ad nutritium pertinentibus commemoratur. Vel fortassis non aderat, ne male suspicionis occasio esset. Et procidentes tam mente quam corpore humiliter adorant in carne Verbum.

« Et apertis thesauris suis obtulerunt ei munera, aurum, thus et myrrham. » In auro regem, in thure Deum, in myrrha mortalem intellige. Aurum namque ad tributum, thus ad sacrificium, myrrha ad sepulturam pertinet mortuorum, quia solet myrrha condiri ne putrescant. (Gregorius.) Habes itaque in his non modicam sacrorum cognitionem, in homine mortis, in Deo resurrectionis, in rege judicii, in auro quoque sapientiam intellige, ut ait Salomon : « Thesaurus desiderabitur, requiescet in ore sapientis (*Prov.* xxi). » In thure virtutem orationis, ut illud : « Dirigatur oratio mea sicut incensum in conspectu tuo (*Psal.* cxl). » In myrrha intellige nostræ carnis mortificationem. Unde illud : « Manus meæ distillaverunt myrrham primam (*Cant.* v). » Mystice, stellæ ortus primum a Magis intellectus indicat mox gentes in Christum credituras. Stella enim per propheticum sermonem Christi ortum confitentem significat. Herodes vero diabolum, qui cognita sibi nativitate persequitur eum in membris suis. Ad quem Magi pergunt, dum ab idolatria gentes recedunt, et ad domum in qua Christus est, id est ad Catholicam Ecclesiam perveniunt. In quam per fidem intrantes invenerunt Christum cum Maria matre ejus. Christi mater intelligitur fidelium societas, in qua Christus per fidem habitat. Apertis thesauris, id est litterarum peritia, obtulerunt ei terna munera, scilicet physicam, logicam, ethicam, vel historiam, allegoriam, tropologiam, vel sanctæ Trinitatis fidem. Nomina autem trium Magorum Hebraice Appellius, Amerus, Damascus. Appellius interpretatur *fidelis*. Amerus *humilis*, Damascus *misericors*; Græca autem lingua vocati sunt : Magalach, Galgalach, Saracin. Malgalach interpretatur *nuntius*, Galgalach *devotus*, Saracin *gratia*.

« Et responso accepto in somnis ne redirent ad Herodem, per aliam viam reversi sunt in regionem suam. » Pio affectu desiderantes quid divina juberet voluntas, accipiunt responsum non per angelum, sed a Domino divinitus edocentur, ne redeant ad Herodem. (Hilarius). In quo admonemur omnem salutem et spem in Christo locare, et ab itinere prioris vitæ abstinere. (Gregorius). Per aliam viam ad regionem nostram regredimur obediendo, a qua discessimus inobediendo.

De eo quod omnis creatura dici possit Theophania, et de tribus apparitionibus.

Theophania est apparitio divina. Ipsa est similitudo divina, in qua apparet et manifestatur Deus. Si quis omnem creaturam Theophaniam dixerit, non errabit. Theophania potentiæ est creaturarum magnitudo. Theophania sapientiæ creaturarum pulchritudo. Theophania bonitatis creaturarum utilitas. Omnis creatura aliquam similitudinem habet cum Domino. Prima similitudo creaturæ ad Deum est quod est; secunda, quod una est; tertia, quod omne quod est, in hoc est, quod unum est. Sed ex his quæ sunt, et unum sunt, alia ex uno sunt, ut naturaliter simplicia; alia ex pluribus, ut composita. Illa autem quæ sunt et unum sunt, et ex uno sunt, magis Deo similia sunt, præcipue, si unitatem suam quam ex pluribus non colligunt, ad plura non effundunt. Tales sunt naturæ spiritales, quæ magis ad similitudinem Dei accedunt, quia nec ex pluribus sunt, quia sunt natura simplicia; nec plura ex ipsis, quia non possunt esse materia. In his posuit Dominus duo ad naturam, duo ad formam : vitam et sensum ad naturam, cognitionem et dilectionem ad formam; ad vitam cognitionem, ad sensum dilectionem. Hæc duo suprema, et Deo proxima sunt, et expressa imago : cognitio veritatis et amor virtutis. Præterea videndum est de tribus indiciis quibus Christus hodie apparere voluit. Cum Creator olim, fratres charissimi, formam servi pro servis accipiens, latenter in mundum venisset, voluit se tribus hodie indiciis hominibus demonstrare. Hodie enim in Bethlehem a Magis est adoratus (*Matth.* ii). Hodie a Joanne in Jordane baptizatus est (*Luc.* iii). Hodie in nuptiis mutatione aquæ in vinum clarificatus est (*Joan.* ii).

Prima manifestatio facta est in primo anno nativitatis suæ; secunda, in tricesimo; in tertia, in sequenti anno post tricesimum annum. Divina dispositione hæ tres manifestationes eodem die diversis annis contigerunt. Sed modo de prima agamus. Voluit namque Dominus ostensione novæ stellæ tribus Magis in Chaldæa positis nativitatem suam ostendere. Cumque periti astrorum et novam stellam apparere viderent, ejus peritia artis ortum novum regem intellexerunt (*Matth.* ii). Sed quia quidam propheta multis ante temporibus Balaam apud eos prædixerat : « Orietur stella ex Jacob, et exsurget vir de Israel (*Num.* xxiv), » cum mirabilem stellam nec ulli comparabilem conspicerent, illum, de quo Balaam pronuntiaverat, natum fuisse crediderunt. Veniunt autem divina inspiratione in Hierusalem, quæ metropolis erat Judæ. Divertunt ad Herodem, quærunt de puero. Cumque diverteret ad Herodem, disparuit eis stella. Herodes autem vocans Scribas interrogavit ubi Messias, qui promissus erat in lege, nasciturus esset. Dicunt ei : In Bethlehem. Herodes igitur, cum esset alienigena, et regnum Judææ dono Romanorum injuste possideret, cogitavit quo puerum posset occidere, timens ne regnum amitteret. Non est igitur ausus ire cum Magis ad quærendum puerum, ne parentes puerum occultarent, cum adventum regis audirent. Præcepit ergo Magis diligenter puerum inquirere, sibi renuntiare, et ait se velle eum adorare. Discedunt Magi, videtur iterum stella. Lætantur et ea prævia veniunt in Bethlehem. Stella vero non erat in cœlo fixa, sed in aere pendebat. Ostendit ergo domum manifeste ubi erat puer. More autem Persarum offerunt munera, sacramento tam congrua, aurum scilicet, thus et myrrham. Auro regem, thure Deum et sacerdotem, myrrha mortalem significantes. Ecce prima apparitio.

In trigesimo vero anno venit ad Joannem, qui baptizabat non in remissione peccatorum (*Luc.* III), sed in præparatione baptismatis Christi, ut homines mansueti non abhorrerent baptismum Christi. Cumque aquæ prius abluerent corpora, voluit eas sanctificare, ut potestatem mundandi animas haberent. Jesus ergo immunis a peccato baptizari petit, ut aquam sanctificaret, et hominibus exemplum daret. Eo baptizato aperti sunt cœli, et vidit Spiritum in speciem columbæ descendentem super se, et vox Patris audita est : « Hic est Filius meus dilectus in quo mihi bene complacui (*ibid.*). » Ecce secunda demonstratio. In sequenti vero anno invitatus est ad nuptias; defecit vinum, jussit impleri sex hydrias aqua, et mutavit aquam in vinum. Et hoc fuit initium signorum. His tribus indiciis, fratres charissimi, manifestavit se Christus mundo, et in omnibus Deus apparuit. In primo, adoratur a Magis ut Deus. In secundo, voce Patris Filius Dei asseritur. In tertio, sicut per miraculum primum divina potentia declaratur, vocatur itaque hic dies Theophania, quæ, ut supra dictum est, *divina apparitio* interpretatur. Audistis veritatem historiæ, causam quoque a nobis didicistis hujus festivitatis. Videamus itaque nunc si quid mysterii præterea in supradictis lateat.

DIVISIO.

Ideo, fratres, fulgens stella apparuit quia lumen esse in tenebris exortum populo significavit, de quo dicitur : « Erat lux vera, etc. » (*Joan.* I.) Ideo apparuit gentibus quia gentes prænuntiabat lucem fidei recepturas, juxta Isaiam : « Populus qui ambulabat in tenebris vidit lucem magnam, etc. » (*Isa.* IX.) In Bethlehem voluit nasci, quia Bethlehem *domus panis* interpretatur. Ergo in ea natus est, et in Hierusalem, quæ erat populosa, mortem subiit, quia non quærebat gloriam mundi. Magister enim humilitatis de pauperibus parentibus, in humili loco, in vili præsepio nasci dignatus est, moriturus vero, elegit populosam urbem, ut in conspectu tot hominum, qui convenerant ad festivitatem, cum majori opprobrio pro nobis susciperet mortem. Dum divertunt ad Herodem, stellam admiscrunt ducem, quia Herodes diabolus. Ad quem qui divertit amisso vero lumine excæcatur, quem qui deserit, statim verum lumen recipit quod amiserat. Domus ubi puer erat significat Ecclesiam. Quicunque autem quærunt Christum, in Ecclesia eum inveniunt : ibi eum adorant et colunt. Invento autem Christo, quid offerre debeamus in muneribus eorum didicimus. Myrrham videlicet. Myrrha competit mortuis quia amaritudine ejus vermes exstinguuntur. Homo autem accedens ad Ecclesiam, mortificare debet carnem cum vitiis et concupiscentiis, ne vermes peccatorum nascantur. Exstinctis vitiis necessaria est oratio quæ per thus significatur, quæ impetrat veniam. De quo dicitur : Dirigatur oratio, etc. (*Psal.* CXL). » Inde sequuntur opera charitatis, quæ per aurum designantur. Sicut enim cæteris metallis prævalet, sic inter cæteras virtutes charitas præcellit. Ipsa est namque plenitudo legis. Hæc tria igitur necessaria sunt : pœnitentia quæ per myrrham, oratio quæ per thus, charitas quæ per aurum significatur. In secunda autem manifestatione sunt ostensa sacramenta nostræ salutis. Voluit enim in se ostendere, dum baptizaretur, quid baptizatis conferretur. Quando aliquis in baptismo regeneratur, ibi tota Trinitas operatur. Unde tota Trinitas ostensa est, ubi Christus baptizatus est. Filius erat in Christo, Spiritus in columba, Pater in voce se revelavit. Spiritus in columba apparuit (*Matth.* III), quia columba est avis magnæ simplicitatis. Per hanc autem avem innocentiam voluit significare quam confert regeneratis. Quod Pater dixit : « Hic est Filius, » etc., significat quod baptizati filii Dei sunt, et qui prius displicebant, incipiunt ei placere. Quod aperti sunt cœli significabat baptizatis cœlum reserari quod prius erat pro peccato obseratum. Nuptiæ vero, in quibus se tertio manifestavit, significant copulationem Christi et Ecclesiæ. In quibus mutatur aqua in vinum (*Joan.* II), dum vetus lex conversa est in Evangelium. Lex antiqua aquæ comparatur, quia subjectos sibi ad amorem Dei non inflammabat. Evangelium est vinum quod fideles in Dei amore per inspirationem Spiritus facit fervere.

Tantis et talibus sacramentis, hæc dies, fratres charissimi, consecrata est, quodammodo major est hæc festivitas, quam Nativitatis solemnitas. Major est enim ut ait Augustinus, secunda quam prima nativitas. In hac enim habuit baptismus initium, qui est regeneratio animarum. In hac, aqua effecta est mater multorum populorum. Prima nativitas est carnalis, hæc autem est spiritualis. Sicut ergo dignior est anima quam caro, sic nativitas animæ dignior est quam carnis. In prima ingressus est in mundum, in secunda ingressus est in cœlum. Quam opportune hæc tria sub tali ordine uno die convenerunt! stella ducens ad Christum, baptismatis sacramentum, mutatio aquæ in vinum. Et in hoc ordine apparet instructio nostræ vitæ. Cum enim convertitur aliquis ad fidem, stella, id est lux fidei, ducit ad Christum; deinde postquam ad Christum instructus est fide, accedit ad baptismatis sacramentum; postea potatur et reficitur per evangelicæ doctrinæ poculum. Qui ne deficiat in via siti, paratur quotidie potus prædicationis peregrinanti. Ergo hæc solemnitas, tot mysteriis plena, summa devotione est celebranda. Cum hodie gaudetis de nativitate nostra, quæ hodie initium sumit in baptismo, hodie quoque gaudeatis de conversione gentium, quarum primitiæ hac in die accesserunt ad Christum, Magi videlicet quos cum muneribus ad se attraxerat. Quare hos tres Magos attraxerat? quia tres partes mundi, Asiam, Africam, Europam, fide et operatione ad se trahere voluit. Verum cum in eo fuerit plenitudo divinitatis corporaliter, et nihil posset ei gratiæ accidere, cur est baptizatus? ut nobis aquas ad baptisma sanctificaret. Quare in aqua baptizatur? quia aqua contraria est igni: ignis enim peccatum est. Sicut ira in animo, sic et concupiscentia in carne. Ut autem ignis exstinguatur in aqua baptizatur, sicque peccatum deletur, ne igne æterni supplicii puniatur. Aliter, aqua sordes diluit, sitim exstinguit, imaginem reddit : ita gratia Spiritus sancti in baptismate sordes peccatorum abluit, sitim animæ verbo Dei restinguit, imaginem Dei per culpam amissam restituit. Nunc igitur ad mensas nostras suscipiamus Christum hodierno baptizatum, qui et hodie suscepit gentes ad se venientes. In paupere vestitur, in paupere pascitur; pauper enim in mundo fuit, et pauperibus regnum tribuit, et pauperes diligit. Ipse enim ait : « Quod uni ex minimis meis fecistis, mihi fecistis (*Matth.* xxv).» Si eos recipitis in mundo, et ipsi vos recipient in cœlo. Unde Dominus : « Facite vobis amicos de mammona iniquitatis, etc. (*Luc.* xvi). » Unde iterum : « Beati pauperes spiritu (*Matth.* v). » Dominus autem noster Jesus Christus, qui pro nobis voluit in mundum descendere, det nobis incrementum virtutum, ad cœlestia ascendere. Amen.

ITEM DE EODEM EVANGELIO.

« Cum natus esset Jesus in Bethlehem Judæ in diebus Herodis regis, etc. (*Matth.* ii). » Quid hic textus Evangelii significet, charissimi, breviter refero vestræ dilectioni. Quod tres Magi ad Dominum venerant, significat quod tres partes mundi, Asia, Africa, Europa, fidei sanctæ Trinitatis colla subdere debebant. Quod tertia decima die venerunt, denuntiat quod tres partes mundi Decalogum legis per eum receperunt. Ter quoque quatuor faciunt duodecim. Absque die natalis Domini, duodecim dies computantur, quia per duodecim apostolos quatuor plagæ mundi ad fidem sanctæ Trinitatis convertebantur. Rex impius qui de illorum adventu turbatur, est diabolus, qui fidelibus in via salutis insidiatur. Stella qui eos ad Christum ducit, est sacra Scriptura; quæ nobis iter ad vitam ostendit. Domus in qua Christus invenitur, est Ecclesia vel superna patria, ubi Dominus videbitur in gloria sua. Munera, quæ Magi offerunt sunt bona opera, quæ fideles Deo per fidem persolvunt. Aurum ei offertur, dum rex omnium et pretium nostræ redemptionis creditur. Thus ei immolatur, dum Deus super omnia, et sacrificium Deo Patri pro nobis prædicatur. Myrrha ei sacrificatur, dum sua mortalitate putredo vitiorum nostrorum, exterminata affirmatur. Hæc quoque tria munera nos Deo offerimus, si eum ubique regnantem, cuncta ut Deus gubernantem, pro nobis mortalem factum credimus. Magi in patriam redeunt per aliam semitam, quia nimirum necesse est ut nos, qui per superbiæ venimus in hujus exsilii miseriam, pariter humilitatis revertamur ad paradisi patriam. Hæc stella clarior sole fuit : unde et in die radians a sole obscurari non potuit, quia solem solo suo fulgore prætulit. Hæc etiam in cœlo, non cum aliis sideribus in aere prope terram cucurrit, quia conditorem astrorum terris illuxisse innotuit.

Cur autem visa stella Magi putaverunt Dominum in Judæa inquirendum, paucis est vobis dicendum. In libris suis legerant scriptum per prophetam ipsorum Balaam, de Christo dictum : « Orietur stella ex Jacob, et exsurget homo potens de Israel (*Num.* xxiv). » Cum Deus per Moysen populum suum de Ægypto duceret, et iter per terram Madian ad terram repromissionis haberent, advocavit rex Balac sacerdotem idolorum Balaam, ut eis malediceret, et eos a regno suo maledicto averteret. Qui ascendens asinam, ad regem tetendit. Sed ei angelus Domini cum igneo gladio in via obstitit, insuper asina locuta prophetam increpuit. Tandem cum angelo permittente ad regem pervenisset, et eum rex in cacumen montis duxisset, intuitus castra filiorum Israelis, Christum de eis nasciturum intellexit, et hæc de eo prophetans prædixit : « Orietur stella ex Jacob, et consurget homo de Israel, cujus fortitudo ut rhinocerotis, et omnem terram sibi subjugabit (*ibid.*). » Qui postquam a rege pecuniam accepit, consilium contra eumdem populum dedit, videlicet ut puellæ auro et gemmis ornatæ, cum vino et idolo venienti populo occurrerent, et dum eas ad commistionem peterent, prius idolo immolare cogerent, et sic offenso Deo, per manus ipsius corruerent. Quod ita evenit; nam adolescentes vino inebriati in amore puellarum exarserunt, et libidine victi, idolo Beelphegor sacrificaverunt : unde xii [xxiv] millia perierunt. Postea rex cum omni populo suo et impio consiliatore gladio transverberatur, et tota regio ferro et igne vastatur.

Hæc, charissimi, in figura præcesserunt ; sed nostra tempora designaverunt. Populus, qui de Ægypto ducitur per Moysen ad terram repromissionis, est Christianus populus, qui per Jesum de hoc mundo ducitur ad patriam æternæ claritatis. Rex qui eis in via obstitit est diabolus, qui multis modis nobis iter vitæ obstruit. Sacerdos qui asina vehitur, est ordo malorum sacerdotum, qui irrationabili desideriorum suorum motu regitur ; qui etiam ab asina increpatur, quia horum vita etiam a vulgo reprobatur. Propheta obmutescit et asina loquitur, quia clero tacente verbum Dei ab indoctis sæpe profertur. Etenim dicitur : « Canes muti non valentes latrare (*Isa.* LVI). » Ob conscientiam pravæ vitæ a verbo Dei obmutescunt, et, ne redarguantur contra perverse viventes, latratus prædicationis non edunt; quibus cum ab angelo flammeo ense obsistitur, quia judicium æterni ignis in omni Scriptura eis prædicatur. Balaam montem scandens, de futuris prophetat, et tamen pecunia corruptus populum Dei impugnat, quia et isti aliquando altitudinem scientiæ attingunt, de futura vita populo plurima prædicant, et his tamen per reprobam vitam contradicunt. Etenim per prophetam dicitur : « Vidi in monte quasi ædificium civitatis, et ecce terra ascendit super fenestras (*Ezech.* XL). » Civitas in monte ædificata est Ecclesia in Christo locata. Sacerdotes vero sunt fenestræ, per quos lumen divinæ notitiæ debuit subjectis splendescere. Sed, heu ! terra super fenestras crevit, et lumen intrare non sinit, quia cupiditas terrenarum rerum visum mentis sacerdotum excæcat; et ideo lumen divinæ scientiæ per eos minime in Ecclesiam radiat. Stella quæ de Jacob orta fulsit, est Christus qui de genere Israel mundo illuxit. Cujus virtus ut unicornis fuit, qui omnia obstantia cornu supprimit. De quo unicornu dicit physiologus hanc naturam habere quod unicornis sit, et quod sit pusillum animal, et hædo similis, acerrimumque : atque illud singulare cornu in capite habeat, et nullus venator eum capere potest. Sed hoc argumento capiunt illum : ducunt puellam virginem in illum locum ubi moratur, et dimittunt eam ibi solam. Ille autem mox ut viderit eam, salit in sinum virginis et complectitur eam, donec obdormit, sicque comprehenditur et perducitur ad palatium regis. Hunc per rhinocerotem Christus designatur, qui principatus et potestates mundi cornibus crucis perdomuit, et jamdudum cuncta regna suo imperio subdidit. Puellæ ornatæ cum quibus populus fornicatur, et ad idololatriam inclinatur, sunt pompæ et illecebræ mundi, quibus populus irretitur, et diabolico cultui subjicitur. Balaam interit gladio, quia sacerdotalis ordo, dux cæcus cæcorum perit divino judicio. Demum rex cum populo exterminatur, et regio concrematur, quia ad ultimum diabolus cum omnibus membris suis damnabitur, et hic mundus quem pro patria dilexerant, a flamma vorabitur.

Hodie etiam, dilectissimi, Christus a Joanne in Jordane post xxx annos baptizatur, et cœlum ei reseratur, et Spiritus sanctus in columba specie super eum descendisse memoratur, et paterna vox dilectum lium protestatur (*Matth.* III). Dominus, charissimi, non sua, sed nostra crimina lavit, et nobis baptisma suo ingressu consecravit. Cœlum ei patet, et Spiritus descendens super eum manet, quia qui in ejus nomine baptisma consequuntur, Spiritu sancto replebuntur, et si columbæ simplicitatem imitantur, in cœlo cum Christo exaltantur. Per bestias etiam informamur, ut veterem vitam deponentes, nova induamur. Fertur enim de serpentibus quod nomen acceperunt eo quod occultis accessibus serpunt. Physiologus dicit quatuor naturas habere serpentes. Primam naturam cum senuerint, caligant oculi ejus, et si voluerit novus fieri, abstinet se a cibo, et jejunat diebus quadraginta et noctibus donec pellis ejus in eo laxetur, et quærit petram in fissura angustam, et inde se vehementer coarctat, atque contribulato corpore deponit senectutem, et iterum novus fit. Secundam autem naturam cum venerit bibere aquam ad fontem, non secum affert suum venenum, sed in cubili suo deponit, et sic aquam bibit. Tertiam vero naturam, si viderit serpens hominem nudum, timet valde accedere ad eum; si autem vestitum vidit non facile fugit. Quartam quoque naturam serpentis, quando venerit homo et voluerit eum occidere, totum corpus tradit ad pœnam, caput autem solum custodit. Per hunc itaque serpentem quilibet peccator designatur qui in multis flagitiis inveteratur. Hunc oportet, ut ad petram Christum quantocius veniat, angustam viam quæ ducit ad vitam accipiat, veteri tunica vitiorum exspolietur, nova veste virtutum circumdetur.

Hodie etiam, dilectissimi, Dominus invitatus ad nuptias post annum baptismi sui, convivas exhilaravit, dum deficiente vino sex hydrias aquæ in vinum commutavit (*Joan.* II). De hoc vino nos quoque potat, dum hæc nos spiritaliter intelligere donat. Istum diem etiam gentiles olim celebrem ducebant, ob trinum triumphum quem hodie Romani Augusto Cæsari exhibebant, eo quod tria regna, scilicet Parthiam, Ægyptum et Mediam devincens, Romano imperio subjugaverat. Hunc nihilominus Ecclesia ob tres causas solemnem judicat, et regi omnium cum triumphali laude jubilat, quod videlicet tres partes mundi, hodie per tres Magos sceptro sui dominii subdidit, et crimina nostra in Jordane abluit, et aquam legis hodie in vinum gratiæ ad spiritales nuptias transtulit. Hujus imperio, charissimi, vos tota mente et corde subdite, debitum servitium omni tempore ei persolvite, ut post hujus miseræ vitæ inopiam, percipiatis ab illo divitias et gloriam quam oculus non vidit (*I Cor.* II).

DOMINICA PRIMA POST EPIPHANIAM.

« Cum factus esset Jesus annorum duodecim, ascendentibus illis in Hierosolymam secundum consuetudinem diei festi, consummatisque diebus, cum redirent, remansit puer Jesus in Hierusalem, et non cognoverunt parentes ejus (*Luc.* II). » Ubi ad ætatem duodennem venit, cœpit aperire quid Patri cœlesti deberet, quid terrenæ matri. Ætas autem duodennis typus erat duodecim apostolorum, per quos divinitas et humanitas ejus erat per orbem nuntianda. Ætas duodennis typus erat duodecim graduum humilitatis in ascendendo. Primus itaque gradus humilitatis est corde et corpore semper humilitatem ostendere, defixis in terram conspectibus; secundus, ut pauca et rationabilia verba loquatur, non in clamosa voce; tertius, si non facilis aut promptus fuerit in risu; quartus, taciturnitas usque ad interrogationes; quintus, tenere quod communis regula habet; sextus, credere et pronuntiare se omnibus viliorem; septimus, ad omnia indignum et inutilem se confiteri debere; octavus confessio peccatorum; nonus, pro obedientia in duris et asperis patientiam amplecti; decimus omni obedientia subdi omnibus; undecimus, propriam non amare voluntatem; duodecimus, timore Domini custodire se omni hora ab omni peccato. Duo primi horum graduum extra claustrum monasterii ascendendi sunt, ut demum in tertio gradu subdatur majori qui ascendit. His duodecim gradibus in ascensione opponuntur alii duodecim superbiæ in descensione. Primus itaque gradus superbiæ in descendendo est curiositas, cum oculis cæterisque sensibus vagatur in ea quæ ad se non attinent; secundus, levitas mentis, quæ per verba indiscrete læta vel tristia notantur; tertius, inepta lætitia, quæ per facilitatem risus notatur; quartus, jactantia, quæ in multiloquio diffunditur; quintus, singularitas privata, affectare cum gloria; sextus, arrogantes credere se omnibus sanctiorem; septimus, præsumptio ad omnia se ingerere; octavus, defensio peccatorum; nonus, simulata confessio, quæ per dura et aspera injuncta probatur; decimus, rebellio in magistrum et fratres; undecimus, libertas peccandi; duodecimus, consuetudo peccandi. Duo isti ultimi superbiæ gradus intra claustrum descendi non possunt. Notandum quoque quod in septem superioribus notantur contemptus fratrum; in quatuor sequentibus contemptus magistri; in duobus qui restant contemptus Dei. Sed ut ad duodennem ætatem Christi qui horum typus erat redeamus, recte in hoc duodenario numero jubar perfectionis ejus incipit declarari. Remansit in Hierusalem sine parentibus, ut nos instrueret se Deum habuisse Patrem, antequam mundus fieret

« Existimantes illum autem esse in comitatu, venerunt iter diei et requirebant eum inter cognatos et notos. Et non invenientes regressi sunt in Hierusalem requirentes eum. » Si quis quærat quomodo parentes reliquerunt eum tanta cura nutritum, respondemus quia filiis Israel mos fuit ut temporibus festis, vel Hjerosolymam euntibus, vel inde redeuntibus, seorsum viri, seorsum incederent feminæ, et pueri cum quolibet parente irent. Ideoque Mariam et Joseph vicissim putasse Jesum cum altero parente esse in reversione.

« Et factum est post triduum invenerunt illum in templo, sedentem in medio doctorum, audientem illos et interrogantem. » Quasi fons sapientiæ doctorum medius sedebat; sed quasi exemplar humilitatis prius interrogat et audit quam instruat, ne parvuli a senioribus doceri erubescant, et ne infirmus docere audeat (AMBROSIUS.) Post triduum reperitur in templo dans judicium, quia post triduum triumphalis passionis resurgeret qui mortuus crederetur.

« Stupebant autem omnes qui eum audiebant, super prudentia et responsis ejus. Et videntes admirati sunt. » Eo amplius stupebant super prudentia responsionum, quo paucitatem videbant annorum. Divinam sapientiam lingua prodebat, sed infirmitatem humanam ætas prætendebat.

« Et dixit mater ejus ad illum: Fili, quid fecisti nobis sic? Ecce pater tuus et ego dolentes quærebamus te. Et ait ad illos: Quid est quod me quærebatis? Nesciebatis quia in his quæ Patris mei sunt oportet me esse. » Non quod eos qui quasi filium quærunt vituperat, sed cogit eos attollere mentis oculos ad quærendum quid debeat æterno Patri, ostendens et templum et omnia quæ Patris sunt, non minus ad se quam ad Patrem pertinere, quorum una majestas est.

« Et ipsi non intellexerant verbum quod locutus est ad illos. Et descendit cum eis et venit Nazareth, et erat subditus illis. » Quid de sua divinitate loquitur non intelligunt parentes, et tamen ipse condescendit, et subditur illis ut impleat officium pietatis. Quantum ergo debemus obedire Deo, quoniam quidem et ipse Deus obedit hominibus.

« Et mater ejus conservabat omnia verba hæc in corde suo. » Omnia quæ de Domino vel a Domine dicta vel facta cognovit, sive intellecta sive non intellecta in memoria recondebat pia mater ut tempore suo universa prout gesta erant intelligeret, et quærentibus explicaret.

« Et Jesus proficiebat ætate et gratia apud Deum et homines ». Sapientia pertinet ad animam, ætas ad corpus, gratia ad utriusque salutem. Ætate itaque proficiebat, sicut carnis est incrementa suscipere: porro juxta quod ætate proficiebat, dona gratiæ quæ sibi inerant et sapientiæ magis ac magis patefaciebat hominibus, quod erat sapientia et gratia proficere non in se, sed in aliis; apud Deum et homines, id est ad honorem Dei et salutem hominum. In se autem nequaquam per intervalla temporum proficiebat sapientia vel gratia, quia ab hora conceptionis plenus fuit gratiæ et veritatis. Nota doctores communiter affirmare animam Christi Verbo Dei unitam esse, et in tantum sapientiæ et bonitatis suscepisse, quantum possibile fuit creaturam suscipere. In ea enim, ut Apostolus ait, sunt omnes thesauri sapientiæ et scientiæ; in ea omnis plenitudo divinitatis inhabitat (*Coloss.* II). Aliis Spiritus ad mensuram datur (*Ephes.* IV), sed Christo, ut ait Joannes evangelista, datus est non ad mensuram (*Joan.* III). Multi ergo asserunt, ut Alcuinus in libro De Trinitate ad Carolum, animam Christi tantam scientiam de omnibus habere, quantam divinitas habet, ita scilicet quod divinitas a se, non ab alio. Sapiens est per naturam, anima vero Christi a divinitate per gratiam. Aliis vero non videtur quod aliqua creatura capax possit esse totius divinæ cognitionis, vel totius divinæ bonitatis, sicut nec omnipotentiæ. Ducunt namque pro inconvenienti creaturam etiam hoc modo parificari Creatori, ut ab ipso tantam scientiam habeat quantam et ipse Creator.

De eo quod Verbum cum carne rationalem animam sumpsit, et qualis fuit anima illa in sapientia, et virtute, et justitia et bonitate.

Quidam hæretici fuerunt qui putaverunt in Christo cum carne a Verbo rationalem animam assumptam non fuisse, sed solam carnem Verbo unitam, et ipsam divinitatem Verbi, carne loco animæ vivificasse, eamdemque divinitatem ab ipsa carne, quando in cruce mortua est recessisse, rursumque ad ipsam, quando resuscitata est, vivificandam et resuscitandam redisse. Sed catholica fides habet totum, quod hominis erat propter culpam, Deum assumpsisse : quia nec aliter verus homo esse potuisset, nisi totum quod ad diversitatem humanæ naturæ pertinebat assumpsisset. Accepit ergo cum carne et in carne ipsam animam rationalem, quæ et carnem ipsam regeret, et sensificaret ad vitam, et secundum liberam voluntatem peccatum respueret, et sectaret justitiam. Cui et hoc ex societate divinitatis collatum est, ut spontanea quidem libertate bonum faceret, sed ad malum faciendum nulla prorsus necessitate vel infirmitate declinare potuisset. Dicit quippe beatus Augustinus : De Spiritu sancto et Virgine Maria Dei Filius unicus natus est, non carnis cupidine, sed solo Dei munere. Libera in illo voluntas erat, ac tanto magis erat, quanto magis servire peccato non poterat. Multa autem queruntur de illa anima rationali, e quibus unum est, utrum videlicet æqualem cum divinitate scientiam habuerit ; de qua quæstione in alio opusculo, quod De anima Christi intitulatur, prolixius disputavi. Hic vero hoc solum commemorare sufficit, quia eadem anima sicut plenam et perfectam Dei sapientiam unitam habuit, ita plene et perfecte ex ipsa et per ipsam sapientiam sapiens fuit, nec tamen ipsi sapientiæ natura æqualis fuit ; quia longe aliud est sapientia sapere, atque aliud sapientiam esse. Ex quo enim humanitati divinitas conjuncta est, ex ipsa divinitate humanitas accepta per gratiam, totum quod divinitas habuit per naturam, ita ut secundum illam ineffabilem unionem et Dei esset in humanitate sua totum quod divinitatis erat. Sic ergo humanitatem Verbi, in anima rationali, a prima conceptione sua ex ineffabili unione divinitatis plenam et perfectam sapientiam, et potentiam, et virtutem, et bonitatem accepisse credimus ; et ipsam sicut in unione divinitatis inseparabiliter, sic in ipsa quæ ex unione divinitatis erat plenitudine virtutis incommutabiliter permansisse confitemur. Neque enim idcirco Deus homo inter homines conversari voluit, ut quasi per intervalla temporum sapientia aut virtute proficiens, meritum compararet, et seipso melior fieret, sed ut ea sapientia et bonitate, quam ipse etiam divinitate sua plenam et perfectam semper habuit, et in humanitate sua plenam et perfectam semel et simul accepit, dispensationem salutis humanæ secundum ineffabilem ordinationem suam compleret. Quapropter id quod dicit evangelista, quia proficiebat Jesus ætate, sapientia et gratia, non ita accipitur quasi semetipso melior factus sit, sed quia hominibus quam ipse habebat, sed latebat sapientiam et gratiam, prout ratio temporum postulabat, magna semper ac magis aperuit : ita apud homines ipso proficiebat, quando homines ipsi in ejus cognitione profecerunt. Apud ipsum autem profecit in eo quod, dum se sapientia et gratia Dei plenum ostenderet, eos ad laudem Dei Patris, a quo hoc esse testabatur, magis semper ac magis provocavit.

ITEM EXPOSITIO DE EODEM EVANGELIO.

« Cum factus esset Jesus annorum duodecim, etc. (*Luc.* II). » Sicut mundus iste dupliciter servit homini ad sustentationem carnis, et ad eruditionem mentis, sic Verbum caro factum, remedium præstat et exemplum. Remedium in eo quod oblatum est ad redemptionem, exemplum in eo quod operatum est ad imitationem. Remedium in eo quod factum est, exemplum in eo quod fecit imitatio ejus, similitudo ejus. « Vidi civitatem sanctam Hierusalem novam descendentem de cœlo (*Apoc.* XXI). » De cœlo descendit, et fabricata est terram. De cœlo forma, de terra materia. Sicut forma hominis homo, sic et forma Christi Christus Induimini Dominum Jesum Christum formam Christi, imaginem Christi. Ipsa imago ipsa est imitatio. Idcirco factus est tibi exemplum, ut tu illum imitando indueres. Fecit corporaliter, tu spiritualiter imitare. « Et sic cognovimus, inquit, Christum secundum carnem, sed nunc jam non novimus (*II Cor.* v). » In exemplo secundum carnem cognovimus, in imitatione secundum carnem jam non novimus. Secundum carnem Christus natus est in mundo, secundum spiritum veritas nascitur in corde tuo. Christus in Judæa nascitur de Virgine, et veritas nascitur in confessione de puritate. « Veritas de terra orta est, et justitia de cœlo prospexit (*Psal.* LXXXIV). » Quando confiteris peccata tua, veritas de terra oritur ; quando vero confitenti ignoscit Deus, justitia respicit de cœlo. Vis autem ut Deus tecum sit? confitere quid es. Cum verax esse cœperis, veritas tecum esse incipiet. Dic malus sum (breve verbum, sed verum), veritas te veracem faciet. Si veritas tecum est, Deus tecum est, quia veritas est Deus. Ecce quomodo in Judæa nascitur, id est in confessione, veritas. Mater virgo, puritas est cordis ; cum corde credis quod ore confiteris. In confessione criminis puritas est sine macula. Si bonum non simulas, non habes rugam ; si malum odis, non habes maculam (*Ephes.* v). Sic veritas in te desiderio concipitur, opere nascitur, studio nutritur, ut proficiat ætate in progressu temporis, sapientia in augmento cognitionis, gratia in incremento virtutis : apud homines in fama, apud Deum in conscientia; apud homines ut cognoscatur, apud Deum ut glorificetur. Duodecim annorum in Hierusalem ascendit, quia post perfectionem operis et duplicatam virtutem charitatis ad pacem contemplationis proficit. Parentes Jesu ab Hierusalem itinere unius diei redeunt, quia sensus carnis per exercitium boni operis internam veritatem nutriunt, per exteriorum delectationem retracti.diu in interna pace persistere non possunt. Unus dies, una claritas, unum gaudium, una benedictio quam Esau accepit, qui duplicem stolam non potuit promereri. Hic est ille unus dies, in quo puer unius diei sine peccato esse non potuit super terram, quia sensus carnis, qui quantum ad se semper puerilia appetit, hujus tantum vitæ claritatem amans in ea nunquam sine peccati macula consistit. Non enim venit ad alium diem, de quo dictum est : « Nuntiate diem de die (*Psal.* xcv). » et rursum : « Dies super dies regis adjicies (*Psal.* lx). » Propterea unius diei iter est elongantibus ab Hierusalem, quia delectatio præsentium longe facit animos a contemplatione æternorum. Post triduum Jesus in templo invenitur, quia post correctionem cogitationis, locutionis et operis, veritas in corde mundo percipitur. Invenitur autem inter doctores et sapientes, quia in lege et prophetis, et evangelistis, et apostolis, et sacri verbi doctoribus, veritas cognoscitur. Legitur quoque de itinere trium dierum; in quibus ierant filii Israel in desertum, ut ibi sacrificarent Domino Deo suo (*Exod.* iii). Est quidam accessus, et recessus animæ ad Deum, sive a Deo; accessus ad Deum, recessus a Deo. Abeunti, iter est per noctem, redeunti iter est per diem.

Quot noctibus recedit, tot diebus redit. Abeunti primæ noctis iter est per superbiam, qua Deum deserit; secundæ noctis iter est per concupiscentiam, qua alia præter Deum appetit; tertiæ noctis iter est per obstinatiam, qua in aliis extra Deum requiescit. In superbia est vanitas, in concupiscentia delectatio, in obstinatia consensus. Per vanitatem igitur abit, per delectationem stat, per consensum sedet. Per superbiam a Deo recedens, vadit ad se ut requiescat in se; per concupiscentiam descendit sub se, ut requiescat in carne; per obstinatiam trahitur extra se, ut requiescat in carne a specie visibilium et permaneat in delectatione. Primum vadit de virtute sua gloriari, secundo vadit in vitiis suis delectari, tertio vadit in transitoriis consolari. Primo, « maledictus homo qui confidit in homine (*Jer.* xvii); » secundo, « qui ponit carnem brachium suum (*ibid*); » tertio, « qui speravit in multitudine divitiarum suarum, et prævaluit in vanitate sua (*Psal.* li). » Revertenti autem primæ diei iter est quando intentionem suam convertit anima ab eo quod extra ipsam est, ad id quod ipsa est. Secundæ diei iter est, quando ab eo quod in alio est ducitur ad id quod esse debet. Tertiæ diei iter est, quando a perceptione illuminationis rapitur ad fontem luminis. Prima revisio est ab alienis ad propria; secunda est a malis ad bona; tertia est a studio virtutum ad perceptionem internæ et æternæ dulcedinis. Et sic post triduum, hoc est post correctionem cogitationis, locutionis, operis ; Jesus, id est veritas in templo, hoc est in mundo corde percipitur : ita et per sacri verbi doctores, veritas horum trium dierum egressionis Hebræorum ex Ægypto fidelibus declaratur.

DOMINICA SECUNDA POST THEOPHANIAM.

« Nuptiæ factæ sunt in Cana Galilææ, et erat mater Jesu ibi. Vocatus est autem Jesus et discipuli ejus, ad nuptias (*Joan.* ii). » Voluit Dominus suis nec non miraculo nuptias commendare, ne eas hæretici damnare præsumerent. Mystice desiderio Patrum præcedentium ante legem, sub lege vocatus est sponsus, ad Ecclesiam sponsam venire, et in gratia Evangelii venit. Vocati sunt et discipuli, ut ministri in nuptiis. Hanc sponsam conjunxit sibi sponsus, in utero Virginis. Verbum enim sponsus, et sponsa caro humana est. In Cana Galilææ, in cœlo transmigrationis fiunt nuptiæ, quia hi sunt digni Christo, qui fervore devotionis de vitiis ad virtutes, de terra ad cœlos migrant.

« Et deficiente vino, dicit mater Jesus ad eum : Vinum non habent ». Quasi dicat : Vinum da eis. Vinum deficit, quia spiritalis intelligentia legis fallacem Pharisæorum expositionem latere cœperat.

« Et dixit ei Jesus : Quid mihi et tibi est, mulier? nondum venit hora mea. »

Quid commune est tibi mater, secundum carnem, et mihi æternæ Dei virtuti ac Dei sapientiæ, ex qua futurum est miraculum quod petis. Veniet hora mea, id est passionis opportunitas, in qua videlicet cum pendere in cruce infirmitas cœperit, cujus tu mater es agnoscam te matrem ut filius, curam tui discipulo committens. Prædicato autem Evangelio et virtute divina ostensa mundo, fuit hora passionis. Non necessitatis scilicet hora, ut hæretici calumniantur; sed voluntatis. Unde illud : « Potestatem habeo ponere animam meam, et iterum sumere eam (*Joan.* x). » Non enim auctor temporum fato temporis regitur.

« Dicit mater ejus : Quodcunque dixerit vobis facite. Erant autem ibi lapideæ hydriæ sex positæ, secundum purificationem Judæorum, capientes singulæ metretas binas vel ternas. » Confisa mater de filii pietate ad ipsam, ut fiat quod petit fiducialiter imperat ministris. Hydor [ὕδωρ] est aqua. Inde dicitur hydria vas aquæ. Purificationem Judæorum dicit quod crebro lavabant manus et vasa. Metron [μέτρον] Græce, mensura Latine dicitur. Inde metreta nomen mensuræ.

« Dicit eis Jesus : Implete hydrias aqua. Et impleverunt eas usque ad summum. Et dixit eis Jesus : Haurite nunc, et ferte architriclino. Et tulerunt. »

Architriclinus est princeps triclinii, id est discumbentium in triclinio. Triclinium vero dicunt esse aulam tricameratam, vel tres domos vel tres cameras cum testudine factas, in quibus sedebant discumbentes, quasi sub tribus arcubus.

« Ut autem gustavit architriclinus aquam vinum factum, et non sciebat unde esset, ministri autem sciebant qui hauserant aquam, vocat sponsum architriclinus, et dicit ei : Omnis homo primum bonum vinum ponit; et cum inebriati fuerint, tunc id quod deterius est. Tu autem servasti vinum bonum usque adhuc. Hoc fecit initium signorum Jesus in Cana Galilææ, et manifestavit gloriam suam. »

Inter multa signa quæ fecit Jesus in Cana Galilææ fuit hoc primum, et quodam dignitatis privilegio elementorum conversione, manifestavit gloriam suam, id est latentem deitatem. Miraculum aquæ conversæ in vinum miramur, et non miramur quia omni anno bene facit Deus in vitibus, et de uno grano multa facit. Et (quod majus est) cœlum et terram de nihilo creavit, eaque mirabiliter gubernat. Ergo quia homines in aliud intenti, perdiderunt considerationem operum Domini, in qua quotidie cum laudarent, servavit sibi Deus quædam inusitata quæ faceret, ut tanquam dormientes homines ad se colendum mirabilibus excitaret. Aquam vertit Jesus in vinum, cum insipidam mentem carnalium sapore scientiæ cœlestis imbuit. Eramus enim aqua, id est insipientes, et fecit nos vinum, id est sapientes fidem ipsius. Vel aqua intelligitur scientiam mundans auditores a sordibus peccatorum : quæ tunc convertitur in vinum, quando aliquis ex toto obliviscitur præteritorum malorum, ne in ea incidat, et incipit calere in Dei amore, sicut vinum inebrians obliviosos facit potatores et calefacit. Convertit aquas Christus in vinum, dum quæ carnalia videbantur in lege, spiritualia ostendit, et superficiem litteræ plenam cœlesti virtute videri fecit. Christus enim in prophetis necdum manifestatus quasi vinum in aqua latuit; sed cum discipulis aperuit sensum ut intelligerent Scripturas. (*Luc.* xxiv), vinum inebrians fuit ipse Christus in lege et prophetis manifestatus. Illa igitur Scriptura, dum in eo sublevamine, id est ad operationem litteræ latet Christus sapit aquam insipidam. Cum vero aufert velamen est vinum inebrians. Sex hydriæ sex ætates sunt quæ inaniter currerent, nisi Christus in eis prædicaretur. Prima ætas est ab Adam usque ad Noe; secunda, usque ad Abraham; tertia, usque ad David; quarta, usque ad transmigrationem; quinta ad Joannem Baptistam; sexta, inde usque ad finem sæculi. Prophetia in singulis ætatibus, quasi hydrus. Secundum litteram aqua insipida, quomodo in vinum mutetur, cum ad Christum et ad omnes gentes referatur videamus. Quidquid figurabatur in Adam de Christo, ad omnes gentes pertinebat, ut illud in Genesi : « Relinquet homo patrem et matrem, adhærebit uxori suæ, et erunt duo in carne una (*Gen.* II). » Christus adhæsit Ecclesiæ, ut essent duo in carne una, et fuit relinquere patrem non in ea forma apparere hominibus in qua est æqualis Patri. Reliquit matrem quando de Synagoga transivit ad Ecclesiam. Poterat Dominus vigilanti Adæ costam sine dolore evellere (*ibid.*), sed procul dubio Christi dormitio in cruce in eo significabatur, de cujus latere tanquam sponsa fluxerunt sacramenta Ecclesiæ. De vino aliarum hydriarum bibamus. Christus figuratus est in Noe. Nam ideo in arca omnia animalia sunt inclusa (*Gen.* VII), ut omnes gentes significarentur salvandæ per Christum. Non enim deerat Deo rursus causare omne genus animalium, sed ideo per lignum salvata sunt, quia et nos per lignum salvandi eramus. In tertia hydria audivit Abraham.

« In semine tuo benedicentur omnes gentes (*Gen.* XXII). » Quis non videt cujus figuram habuit unicus ejus ligna portans ad sacrificium, quo immolandus ducebatur : portavit enim Dominus crucem suam. In quarta hydria dicit David .. « Surge, Deus, judica terram. Quoniam tu hæreditabis in omnibus gentibus (*Psal.* LXXXI). » Tanquam diceretur : Dormisti judicatus a terra, surge ut judices terram. In quinta ætate vidit Daniel lapidem præcisum de monte sine manibus, et fregisse omnia regna terrarum, et crevisse illum lapidem, et factum esse montem magnum, ita ut impleret universam faciem terræ (*Dan.* II). De quo monte prædicitur, nisi de regno Judæorum, unde Christus secundum carnem natus est, sine opere humano quando sine amplexu maritali? Ad sextam ætatem pertinet Joannes Baptista dicens : « Nolite dicere : Patrem habemus Abraham. Potens est enim Deus de lapidibus istis suscitare filios Abrahæ (*Matth.* III). » Lapides dicens gentes non propter firmitatem, sed stoliditatis duritiam; dum adorabant simulacra, similes facti sunt illis. Unde illud.

« Similes illis fiant qui faciunt ea, et qui confidunt in eis (*Psal.* CXIII). » Item sex hydriæ sunt perfecta corda sanctorum, in his ætatibus receptui Scripturarum Dei parata, in exemplum videndi atque credendi proposita. Et sunt lapidea, id est fortia in Christo lapide. Secundum purificationem Judæorum dictum est, quia illi tantum populo Judæorum lex data est, sed gratia per Christum omnibus facta est. Ideo non dictum est capientes metretas aliæ binas, aliæ ternas, sed binas vel ternas, ut ipse diceret binas quas ternas. Sunt ergo duæ mensuræ in Scripturis, dum Pater et Filius nominantur, sed ibi Spiritus qui Patris est et Filii intelligitur, ut ibi :
« Omnia in sapientia (*Psal.* CIII), » id est in Filio fecisti. Tres metretæ sunt, dum nominato Spiritu sancto Trinitas manifestius intelligitur, ut ibi :
« Baptizate eos in nomine Patris, et Filii, et Spiritus sancti (*Matth.* XXVIII). » Aliter binæ vel ternæ mensuræ sunt omnes gentes ad quas pertinent Scripturæ, binæ propter præputium, et circumcisionem, ternæ quia a tribus filiis Noe sunt disseminatæ.

jussu Domini impletæ sunt hydriæ, significat quia Scriptura ab eo est. Potuit quidem vacuas implere vino qui cuncta creavit ex nihilo, sed maluit de aqua vinum facere, ut doceret se non legem solvere, sed adimplere, et in Evangelio illa facere vel docere prædixit. Usque ad summum implentur hydriæ, quia nullum tempus fuit a salutari doctrina vacuum. Architriclinus intelligitur princeps in peritia Scripturæ continentis historias et moralitates et allegorias. Dum ergo tali velut Nicodemo, Gamalieli, discipulo ejus Saulo verbum Evangelii offertur, vinum de aqua factum architriclino propinatur. Nonnulli per aquam baptismum Joannis, per vinum passionem Christi accipiunt. Unde et vinum prius fertur architriclino, id est ipsi Joanni, qui ante bibit passionem quam Christus. Architriclinus, id est tres ordines in nuptiis discumbentium, altitudine distantes inter se, designant tres ordines fidelium in Ecclesia: conjugatorum, continentium, et doctorum. Et quia doctorum est veteribus institutis, gratiam Evangelii præferre, vocato sponso dixit architriclinus bonum vinum fuisse servatum. Quod autem dicitur, non sciebat unde esset, intelligendum est, quia multis in lege peritis secundum litteram nuntiaverunt Evangelium discipuli Christi, qui hauserant aquam, prudenter intelligendo et fideliter aperiendo veterem Scripturam. Omnis homo primum bonum vinum ponit, dictum est ad litteram secundum multorum consuetudinem. Mystice, homo, id est carnalis, deterius vinum bibit post bonum, id est cum animus ad falsa descendit. Sed spiritualis quotidie in visibili vino quod prius latuit in Scripturis, inebriatur et proficit. Maximus episcopus in sermone de Epiphania qui ita incipit: « Completa nobis, fratres, dicit: Sicut posteritati suæ fidelis mandavit antiquitas, hodie Salvator est a Chaldæis adoratus. Hodie fluenta Jordanis benedictione proprii baptismatis consecravit. Hodie invitatus ad nuptias aquas vertit in vinum. »

ITEM DE EODEM EVANGELIO.

« Implete hydrias aqua (*Joan.* II). » Galilæa interpretatur *transmigratio*. Vita ergo præsens Galilæa est transmigrans de præsentibus ad futura. In Galilæa nuptiæ fiunt, quia in transitu temporis sanctificatur copula permansuræ dilectionis Ecclesiæ ad Christum, animæ ad Deum. Sex hydriæ sunt sex ætates in mundo. Prima ab Adam usque ad Noe; secunda, a Noe usque ad Abraham; tertia, ab Abraham usque ad David; quarta, a David usque ad transmigrationem Babylonis; quinta, a transmigratione Babylonis usque ad Christum; sexta, a Christo usque ad finem sæculi. In vita hominis prima infantia, secunda pueritia, tertia adolescentia, quarta juventus, quinta virilis ætas, sexta senectus. Prima, id est infantia, quasi quodam diluvio lubrice oblivionis obruitur, ut non videatur in posterum, nec vestigia sui ulla relinquat. Secunda, id est pueritia, primum a diluvio oblivionis ad sensum exiens, per superbiam erigitur, et per concupiscentiam dividitur et dispergitur. Tertia est ab adolescentia. Primum per cohibitionem disciplinæ circumciditur; deinde præceptis informatur, et consilio regitur. Quarta, id est juventus servire jam cogitur et subjicitur regnum, ut per timorem hominis divinum distat. Quinta, id est virilis ætas post timorem hominis ad divinum venit. Sexta, id est senectus, quasi itura concupiscentia futurorum trahitur. Sic humanum genus, primum diluvio obrutum est, secundo in ædificatione turris elatum, in divisione linguarum dispersum, tertio in Abraham circumcisum, in Moyse præceptis informatum, sub judicibus consilio gubernatum, et quarto sub regibus dominatori subjectum, quinto sub pontificibus religioni parens, sexto sub gratia vera bonitate illustratum. Istæ sex hydriæ sive in decursu sæculi præsentis, sive in vita hominis, omnes aquis implentur, quia judicio plenus est mundus. Judicia tua, Domine, abyssus multa. Multa operatus est Deus ab initio sæculi, et operari non desinit usque in finem ejus, et circa hominem a principio usque ad finem ejus, et omnia hæc judicium sunt, et nihil sine causa fit. Sed quandiu dicere non potest homo: « Judicia tua jucunda (*Psal.* CXVIII), » nondum aqua in vinum conversa est. Deficiente vetere vino, hydriæ aqua implentur, quia cum in vita hominis carnales delectationes deficiunt, divinæ consolationes succedunt. Quæ quidem initiantibus minus saporis conferunt, proficientibus amplius dulcescunt, quia tunc aquæ in vinum convertuntur, quando in mente hominis opus Dei quod laboranti primum non sapuit, per spiritualem intelligentiam illuminato dulcescit. Item sex hydriæ sex ætates mundi, aqua in vinum conversa, opera priorum in figura spiritualium gesta. In prima ætate Abel agnum Deo obtulit, quem frater suus Cain occidit, et post hæc Dominus Enoch in cœlum transtulit. De hac hydria aquæ, verbum Dei sitientibus vinum hauritur, dum hoc mystice aperitur. Abel qui agnum sacrificavit, est Christus qui corpus suum pro nobis Deo Patri immolavit. Abel a fratre occiditur, et Christus a Judaico populo interimitur. Enoch de terra rapitur, et Christus post passionem in cœlum transfertur. In secunda ætate Noe plantans vineam vino inebriatur, dormiens denudatus, a filio subsannatur, a duobus veste velatur. Evigilans vero irrisorem servitio addicit, reliquos ad gloriam benedicit. Hæc hydria aquæ convertitur, cum tali modo intelligitur. Noe qui vineam plantavit, est Christus qui Ecclesiam fundavit, qui poculo amaræ passionis inebriatur, et a perfido populo irrisus deturpatur, sed a duobus velatur, id est ab Hebræis et gentibus fidelibus turpitudo passionis ejus veneratur. Qui a somno mortis evigilans, irrisorem populum Judaicum damnat, se honorantes ad vitam exaltat. In tertia ætate Joseph ob invidiam a fratribus venditur, a domina sua ob castitatem incriminatur, in carcerem retruditur, de carcere eductus, toti Ægypto præponitur. Hæc hydria aquæ suavis reficit nos sapore vini dulcioris. Joseph qui a fratribus distrahitur est Christus, qui a discipulo Judæis traditur, qui a Synagoga ut ille a domina reus accusatur, neci damnatus sepulcro clauditur, de barathro rediens universo orbi principatur. In quarta ætate David Goliam pugnans superat, et Salomon templum Hierosolymis ex auro et gemmis ædificat. De hujus hydriæ aqua dulce vinum bibitur, dum tali modo accipitur. Golias a David sternitur, et diabolus a Christo in cruce vincitur. Templum in Hierusalem a Salomone auro et gemmis construitur, quia Ecclesia quæ est templum Dei a Christo in cœlis ex perfectis colligitur. In quinta ætate Jesus sacerdos cum captivis de Babylone remeat, et ruinam templi in Hierosolymis reædificat. Hæc hydria aquæ nos vino inebriat, dum hæc spiritaliter gesta insinuat. Jesus qui a Babylone cum captivis revertitur, est Jesus Christus verus sacerdos, qui, ab inferno captivitatem reducens, ad cœlum regreditur. Ruina templi ab Jesu in Hierosolymis reparatur, et ruina angelicæ curiæ per Jesum Christum restauratur. In sexta ætate omnis populus ad Jesum venit, et ipse eos aqua abluens, fideles ab infidelibus secernit. Hujus etiam hydriæ aquæ saporem vertit nobis Christus in vini dulcorem. Altitudo populi ad Joannem, et eos in flumine separat, quia omnis populus ad Christum, in ultimis congregatur; et ab eo per igneum fluvium fidelis ab infideli segregatur. Hunc, charissimi, debetis diligere toto affectu mentis qui vestras animas recreat talibus sacramentis, qui vos ad nuptias suas invitavit et vino æternæ dulcedinis quandoque inebriabit.

DOMINICA TERTIA

Secundum Matthæum

Cum descendisset Jesus de monte, secutæ sunt turbæ multæ. Et ecce leprosus veniens adorabat eum, dicens: Domine, si vis, potes me mundare (*Matth.* VIII). Recte post doctrinam fiunt miracula, ut per virtutem sermo firmaretur. (BEDA.) Leprosus, secundum Marcum genu flectens (*Marc.* I), ut Lucas ait: « in faciem procidit (*Luc.* V), » quod humilitatis est et pudoris, ut unusquisque de suæ vitæ maculis erubescat, confessionem verecundia non reprimit, sed directo vulnere remedium quærit. Voluntati Domini curationis potestatem leprosus tribuit, nec quasi incredulus dubitat, sed suæ colluvionis conscius non præsumit dicere: Munda me Domine, et mundabor. Dum hic a lege exclusus se Domini potestate curari postulat, supra legem esse gratiam indicat. Sicut enim potestas auctoritas in Domino, ita in isto fidei constantia declaratur.

Et extendens manum tetigit eum Jesus, dicens: Volo, mundare. Et confestim mundata est lepra ejus. » Et extendens misericordiæ affectu manum lepram tetigit, ex humilitate docens nos nullum spernere pro aliqua corporis maculatione. Lex tangi leprosos prohibet. Sed de eo non erat prohibitum, qui Dominus legis est. Tetigit igitur non quod sine tactu sanare posset, sed ut indicet se non sub lege esse, imo Dominum legis qui non timet contagium, cum potius alios liberet. Ex pietate ait, volo, sanans eo genere quo fuerat obsecratus, cum diceretur: Si vis, potes me mundare, imperando subjunxit: « Mundare; » in quo majestatis aperitur potentia. Nihil enim medium est inter opus Dei et præceptum, quia inter præceptum est opus. Dixit enim, et facta sunt.

« Et ait illi Jesus: Vide, nemini dixeris, sed vade, ostende te sacerdoti, et offer munus quod præcepit Moyses in testimonium illi. » Non erat necesse ut sermone jactaret quod corpore præfere- bat. Docet Dominus non esse vulganda nostra beneficia, sed premenda, ut non solum a mercede abstineamus pecuniæ sed etiam gratiæ. Jactantia quippe vitata facit ne lepra possit transire in medicum. Ideo etiam imperatur silentium, quia melius fida magis spontaneam salutem quærere quam beneficiis invitari. Ostendere se sacerdoti jubetur leprosus, ut intelligeret sacerdos eum non legis ordine, sed gratia Dei curatum. Offerre sacrificium præcipitur ut ostenderet Dominus se non, legem solvere, sed implere secundum legem gradiens, et supra legem sanans. In lege ei præceptum erat, ut mundati a lepra munera offerrent sacerdotibus qua re humiliter ad ipsos mittit. Hæc oportebat significantia auferri sacrificia priusquam vera etiam in illis signata sacrificia confirmata essent in Christo et Ecclesia contestatione apostolorum et fide credentium. Offertur in testimonium illis qui vident leprosum mundatum, vel quod salvantur a lepra peccatorum et offert se Deo, si credunt, aut si non credunt, inexcusabiles erunt. Vel ita: Munus quod præcepit Moyses, illis videlicet sacerdotibus offerri in testimonium, id est in signum spiritualis oblationis, sicut curatio lepræ testatur curationem peccati. Illud inquam munus offert non solum in signo, sed in re, ut tu ipse a sordibus peccati emundatus in sacrificium Dei transeas. Moyses enim præcepit testimonium cujus te geris effectum. Ubi leprosus mundatur certus non exprimitur locus, ut ostendatur non unum populum alicujus specialis civitatis, sed multarum populos fuisse sanatos. Quia vero leprosus genus humanum peccatis languidum typice designat, recte in Luca plenus lepra describitur (*Luc.* V). Omnes enim peccaverunt et egent gloria Dei (*Rom.* III). Extensio manus Salvatoris significat incarnationem extensam ad salutem hominum. Unde illud alibi: Jam vos mundi estis propter sermonem quem locutus sum vobis (*Joan.* XIII). Ipse Christus est sacerdos in æternum, cui omnes a prisci erroris varietate mundati debent se ostendere confitendo quia templum ejus sunt, et offerre ei sua corpora hostiam viventem.

« Cum autem introisset Capharnaum, accessit ad eum centurio, rogans eum et dicens : Domine, puer meus jacet in domo paralyticus, et male torquetur. » Non est contrarium quod Lucas dicit : « Misit ad eum seniores Judæos, rogans (*Luc.* V), » sicut cum per amicum soleamus pervenire ad aliquem. Verumtamen non negligenter intuenda est etiam Matthei mystica solutio, secundum quam scriptum est in Psalmo : « Accedite ad eum et illuminamini (*Psal.* XXXIII). » Itaque fide venit centurio. Dici tamen potest quod etiam corpore venerit, et senioribus Judæis tanquam familiaribus Christi quod Lucas explicat verbum suum commiserit, ut quotidie fieri solet ante potentes. Jacet paralyticus, torquetur acuta scilicet passione. Hæc ita exprimit, ut et animæ suæ angustias indicet, et Christum ad misericordiam commoveat. Nunc discamus commisceri servis, ut Lucas ait; moriturus erat servus si non Domini sui fide et Christi pietate redderetur vitæ. Sic Ezechias rex, cui Dominus ter quinos addidit annos.

« Ait illi Jesus : Ego veniam, et curabo eum. » Ad sanandum reguli filium ire noluit, ne divitias honorasse videretur. Ad servum ire et sensit, ne servilem conditionem sprevisse putaretur. Sed in itinere verbo eum sanavit, ne putaretur ire ob impotentiam et non ob humilitatem.

« Et respondens centurio ait : Domine, non sum dignus ut intres sub tectum meum, sed tantum dic verbo, et sanabitur puer meus. Nam et ego sum sub potestate constitutus, habens sub me milites, et dico huic : Vade et vadit ; et alii : Veni et venit ; et servo meo : Fac hoc et facit. » Propter vitæ gentilis conscientiam metuebat gravari Dominum. Vidit Dominus fidem, humilitatem, prudentiam centurionis : fidem, quod ex gentibus credidit ; humilitatem, quod se judicavit indignum cujus tectum Dominus intraret; prudentiam quod divinitatem corpore tectam agnovit. Qua prudentia etiam dixit : Homo sum et mitto homines, sciens Dominum angelos mittere posse. Unde sequitur :

« Audiens autem Jesus miratus est, et sequentibus se dixit : Amen, amen, dico vobis, non inveni tantam fidem in Israel. » Quod Jesus miratus est, nobis mirandum significat, quia tales motus, cum de Deo dicuntur, non perturbati animi signa sunt, sed docentis magistri. De præsentibus dicit : Non inveni tantam fidem in Israel, non de patriarchis et prophetis, nisi forte in centurione fides gentium præponatur Israeli. Præsentibus ideo præfertur fides centurionis, quia illi legis prophetarumque monitis edocti erant ; ipse autem nemine docente sponte credidit.

« Dico autem vobis, quod multi ab Oriente et Occidente venient, et recumbent cum Abraham et Isaac et Jacob in regnum cœlorum. Filii autem regni ejicientur in tenebras exteriores : ibi erit fletus et stridor dentium. » Non solummodo iste centurio de gentibus recte credit in Deum, sed multi gentiles adhuc venient ad rectam credulitatem. De nationibus credituris dicit : multi venient et requiescent feliciter epulaturi. Filios autem regni dicit Judæos in quibus ante regnavit Deus. Tenebræ supersunt interiores, non exteriores. Scilicet exteriores ideo dictæ sunt, quomodo lumen reliquit qui a Domino foras expellitur. Ubi dicit fletus et stridor dentium, veram ostendit resurrectionem, cum fletus sit oculorum, et dentes et ossa.

« Et dixit Jesus centurioni : Vade, et sicut credidisti fiat tibi. Et sanatus est puer in illa hora. » Et reversus est centurio in domum suam, et invenit servum qui languerat sanum (*Luc.* VII). Meritum Domini famulo suffragatur. Intelligamus centurionem corpore tandem pervenisse ad Dominum, et cum his qui missi fuerant rediisse domum, cum Dominus dixerit ei : Vade; vel sicut per nuntios accessisse, sic et per nuntios reversus fuisse attendatur. Divina providentia Judæi missi sunt, ut inexcusabiles fierent, si viso miraculo et credente gentili viro non crederent. Seniores pro centurione et sancti pro nobis intercedunt ad Dominum. Milites centurionis possunt intelligi virtutes naturales quas multi secum deferunt ad Dominum venientes. De quibus in laudem Cornelii centurionis dicitur quia « erat vir justus et timens Deum cum omni domo sua, faciens eleemosynas multas plebi, et deprecans Deum semper (*Act.* X). » Qui autem non bene utuntur illis, minime sunt digni visitatione Dei. Centurio electos ex gentibus ostendit, qui quasi centenario milite stipati virtutum spiritualium sunt perfectione sublimes, et sola æternæ salutis gaudia sibi suisque requirunt. Numerus enim centenarius qui de læva transfertur ad dexteram cœlestem significat vitam. Unde arca Noe centum annis fabricata est; Abraham centenarius filium promissionis accepit; Isaac sevit, et in ipso anno centuplum invenit ; atrium tabernaculi centum cubitis longum fuit ; in centesimo psalmo, misericordia et judicium cantantur Domino. »

Quæstio de eo : si pares sint potestas Dei et voluntas Dei.

Quæritur de potestate Dei, si major est voluntate ejus. Si enim plus potest Deus quam vult, videtur potestas ejus major quam voluntas ejus. Si autem potestas ejus major est quam voluntas ejus, videtur in eo esse inæquale aliquid, et non totus sibi convenire Deus. Quomodo ergo unum est totum quod est, si majus et minus ibi est? Si vero idem est illi et velle et posse, eadem est potestas ejus, et voluntas ejus. Si autem idem illi est et posse et velle, quidquid vult potest, et quidquid potest vult. Vult autem omne quod fecit, quia contra voluntatem nihil facit, qui voluntarie facit quidquid facit. Rursum omne quod vult facit, quia ad omnia posse adest, cum velle non deest. Si ergo amplius non potest Deus facere quam vult, neque amplius facere vult quam facit, constat procul dubio, quia amplius facere non potest quam facit. Si potest Deus plus facere quam vult, potest contra voluntatem suam facere, et facere quod in voluntate non habet, et est potestas ejus contraria voluntati ejus. Unde consequens esse videtur, quia sicut omne quod potest et vult, facit, sic omne quod facit potest et vult sic ; omne quod potest vult, sic omne quod vult potest. Sed si hoc recipitur quod Deus alio modo, vel aliter nihil facere possit quam facit ex necessitate, operatur omnia, et alligatur atque constringitur lege operum suorum, ut dominetur ei conditio operis sui. Sed hoc nefas est confiteri. Quomodo ergo, inquiunt, idem est Deo velle et posse, si major est potestas ejus quam voluntas? Videte quid dicunt. Major, inquiunt, secundum vos est potestas Dei quam voluntas ejus. Quare? quia dicitis Deum plus posse quam velle. Intendite. Si idcirco major debet dici potestas quam voluntas ejus, quia multa facere potest, quæ facere non vult : ergo et voluntas major esse dicatur quam potestas, quoniam multa quæ facere potest non facit, quia facere non vult; si enim potestas major dicitur, quia voluntatem transcendit, et voluntas major dicatur, quia potestatem constringit. Sed sicut potestas non coarctatur, id est eo quod sine voluntate nihil operatur, ita et voluntas non superatur in eo quod non ad omnia quæ in potestate sunt dilatatur. Tria sunt, affectus, et effectus, et respectus. Voluntas igitur et potestas in Deo, affectu et effectu unum sunt, sed respectu ad unum non sunt. Quomodo hæc duo in Deo affectu unum sunt? quia in Christo nec voluntas sine potestate est, nec potestas sine voluntate. Potestas sine voluntate esset, si aliquam haberet potentiam quam habere nollet. Rursus voluntas sine potestate esset, si aliquando non ex virtute, sed ex infirmitate aliquid vellet. Quia ergo et potestas in ipso semper est voluntaria, et voluntas potestativa, quoniam quod potest omne posse vult, et quod vult omne, ex potestate vult : idcirco in Christo nec potestas sine voluntate est, nec voluntas sine potestate.

Similiter in effectu nec voluntas a potestate, nec potestas a voluntate ullatenus separari potest. Quidquid enim Deus voluntarie facit, facit et potestate. Et rursum : quidquid facit potestate, facit et voluntate, quia omnia quæ facit et voluntate, et potestate facit. Ergo in omni opere suo Deus et voluntatem et potestatem exercet, nec se dividunt in opere quæ dividi non possunt in operante. Sic ergo potestas Dei et voluntas et affectu in ipso, et effectu per ipsum indivisa perseverant respectu extra ipsum dissimiliter se demonstrant. Quia enim Deus veraciter non omne quod potest velle dicitur, quia multa facere potest quæ facere non vult ; nihil autem facere vult quod facere non potest : ideo ad quædam respicit potestas ejus ad quæ non respicit voluntas ejus ; ad omnia autem ad quæ respicit voluntas ejus respicit et potestas ejus. Sic igitur potestas divina respectu aliquo ad alia se habet quam voluntas, quia contra voluntatem nihil habet.

Sed dicunt: Si Deus aliquid facere potest quod non vult, aliquid facere potest contra voluntatem suam; si autem contra voluntatem aliquid facere potest, non est omnipotens, qui cogi potest invitus, et duci ad id quod non vult. Sed videte quomodo cohæreat. Quod dicunt, quia si Deus aliquid potest quod facere non vult, ergo contra voluntatem aliquid facere potest. Contra voluntatem suam quippe faceret, si faceret quod facere nollet : non autem idcirco, quia aliquid facere potest quod facere non vult, contra voluntatem suam facere potest, quia si id faceret quod facere potest, et non vult, jam illud facere vellet quod faceret, sicut modo, quia facere non vult, non facit, quod tamen facere posset, si vellet. Sic præscientia et prædestinatio in Deo, si secundum respectum considerantur, dissimiliter se habent, cum tamen in Deo unum sint. Præscientia enim et ad mala et ad bona se habet, prædestinatio ad bona tantum. Omnia quippe futura præscivit, electos autem tantum prædestinavit. Similiter et prædestinatio quando pro dispositione accipitur, in respectu tamen præscientiæ parificari non potest quia præscientia Dei et ad ea quæ facturus est pertinet et quæ permissurus, prædestinatio autem ad ea quæ facturus est tantum. Ambrosius enim dicit : « Prædestinavit Deus impiorum gehennam, sed non prædestinavit impiorum culpam. » Quod enim facturus fuit prædestinavit, quod autem facturus non fuit, sed permissurus, non prædestinavit, sed præscivit.

EXPOSITIO DE EODEM EVANGELIO.

« Cum descendisset Jesus de monte, secutæ sunt eum turbæ multæ, etc. (*Matth.* VIII). » Quia voluit, fratres charissimi, Christus inter homines habitare, et miraculis potentiam suæ divinitatis ostendere in factis suis nostram credulitatem mysticis informavit. Paucis discipulis in monte Dominus prædicaverat nec tunc turbæ ad eum ascenderant. Descendit Dominus de monte, et secutæ sunt eum turbæ multæ. « Et ecce leprosus veniens adorabat eum dicens : Domine, si vis, potes me mundare. » O quanta fides leprosi ? Audierat leprosus iste quia de Deo scriptum erat: « Omnia quæcunque voluit, Dominus fecit (*Psal.* CXXXIV). » Audierat quidem quia per Eliseum Naaman principem Syriæ, in Jordane tinctum, a lepra mundavit Dominus, et quia Dominus omnia fecit sola voluntate, ait ei : « Domine, si vis potes me mundare. » Non quidem te oportebat jubere, sed velle, quia et voluntatem tuam sequitur potestas. Ergo « si vis potes me mundare. » Videns itaque Dominus vocantis fidem, et voluntatem deprecantis ait : Cum ergo petas meam voluntatem et ores eam, volo, jubeo, manum impono. Cum ait : Volo, se velle ostendit; cum ait : Mundare, præcipit. Cum legitur quod extendens manum, tetigit eum, ostendit quia manum apposuit. Sed quare tetigit leprosum, cum immundus esset, cum sola voluntate mundare posset. Voluit enim superbiam nostram ostendere, et obtundere. Ideo non abhorruit carnem leprosi, ut prodesset, tractare. Quilibet enim dives, quælibet superbia infirmum et turpitudinem horrendam suæ corruptionis abhorret tangere, dedignatur videre, nec vult per commiserationem accedere. Sed hunc Dominus et facto et digito objurgat. Ecce creator cœli, rex angelorum descendit in mundum, ut tangeret leprosum. Ac si diceret: Ecce tangere veni eum per humilitatem, qui vobis sordet per superbiam; non sit vile servo quod facit imperator. Ait enim Salomon: Qui despicit pauperem, exprobrat factori ejus, quia ipse fecit nos, et non ipsi nos: hic tali increpat facto. Dicto increpabit superbos, cum dicit: « Infirmus fui: et non visitasti me (*Matth.* xxv). » — « Et confestim mundata est lepra ejus. »

Fecit et aliud miraculum in eodem Evangelio, ubi signum est magnæ humilitatis. Venit ad eum centurio continuo post leprosi mundationem, et rogavit eum, dicens: « Domine, puer meus jacet paralyticus in domo, et male torquetur. Et ait illi Jesus: Ego veniam, et curabo eum. Et respondens centurio, ait: Domine, non sum dignus ut intres sub tectum meum, sed tantum dic verbo, et sanabitur puer meus (*Matth.* vIII). » Gentilis erat centurio iste, et multos milites sub potestate habuit. Nullam legem habebat, quæ ei condolere proximo præciperet, et tamen dolet; non de filio, non de milite, sed de servo. Christiani principes, si servos suos videant infirmari, despiciunt, vilipendunt, de eis nullam curam habent. Gentilis autem iste curam magnam habens de servo, misit seniores Judæorum ad cœlestem medicum, rogans eum ut veniret et sanaret servum ejus, quia gentilis et alienigena erat; non est ausus ad Dominum accedere corporaliter, ut ait Lucas, sed misit seniores Judæorum quasi domesticos qui securius eum rogarent, quasi reputans se indignum, qui per pœnitentiam corporis non ausus est accedere, tamen accessit fide, et ideo dicitur in Evangelio: « Accessit ad eum centurio » sine corpore, tamen fide rogans per internuntios. « Jesus autem ibat cum illis. Et cum jam non longe esset a domo, misit ad eum centurio amicos suos dicens: Noli vexari, non sum enim dignus, etc. (*Luc.* vII). Rogavit tamen ut veniret, sed non dicebat hoc de adventu corporis, sed accessu commiserationis. Remotus erat a gentibus per idololatriam, rogatur ut accedat, non per justitiam, sed per misericordiam. Legati vero intellexerunt eum dixisse de adventu corporis. Rogaverunt itaque Judæi ut veniret « dicentes quia dignus est ut hoc illi præstes. Diligit enim gentem nostram et Synagogam ipse ædificavit nobis. Quibus ait Dominus: Ego veniam, et curabo eum. Ibatque cum illis. Audiens ergo centurio quia veniebat, misit iterum amicos dicens: Noli vexari quia non sum dignus, etc. (*ibid.*). » Notate verba fidelis gentilis. Mandat ei tres passiones servi sui qui jacet quasi paralyticus, et male torquetur, ut suæ animæ angustias demonstraret, et Dominum commovisset. « Puer, inquit, jacet in domo (*Matth.* vIII). »

Si aliquis quærat quare hunc non attulisset, sicut illi alii qui paralyticos in lecto attulerant, respondeo quia non est opus illum omnia videnti in conspectum afferre, cujus potentia ubique præsens est. Itaque mandat ei: « Puer jacet in domo, » ac si diceret: Non est opus ut ante te feratur. Cur ergo Dominus ait: « Ego veniam et curabo eum (*ibid.*), cum non petat adventum ejus? Regulus quidam cujus filius infirmabatur Capharnaum, rogavit eum ut descenderet, et sanaret filium ejus. Cui ait Jesus: Vade, filius tuus vivit (*Joan.* IV). [GREGORIUS.] Ad servum non petentis venire voluit, et ad filium regis persuadentis, descendere noluit. Quare hoc, fratres, nisi quia non est personarum acceptio apud Deum. Nos honoramus divitias et ad divites infirmos currimus; ad pauperes autem ire abhorremus. Ecce Rex regnum ad servum ire non differt, et ad filium regis ire contendit. Pauper fuit Christus et pauperes dilexit, ut pauperes divitiis suis ditaret. Dominus itaque voluit ire ad servum, sed centurio mandat ei: Non sum dignus. Cur non sum dignus? Quia gentilis sum, alienigena sum, miles sum, gladio accinctus sum; sanguinem fundens, non sum dignus conspectui tuo. Hoc revereretur iste gentilis, fratres charissimi, quod nullus miles Christianus. Qui licet immundus, non dicit: Non sum dignus, imo temerarie præbebit ei sordidum hospitium, et in eo recipit eum. Iste vero ait: « Non sum dignus ut intres sub tectum meum, sed tantum dic verbo et sanabitur puer meus. » Comparemus utrumque insimul leprosum et centurionem, videamus, cum utriusque fides magna esset, qui major fuisset. Dicit leprosus: « Si vis potes me mundare. » Ait autem centurio: « Dic tantum verbo et sanabitur puer meus. » Iste voluntatem, ille jussionem subtilius considerat divinæ potentiæ, sed qui per solam voluntatem credit esse potentem, majorem fidem habet, quia non solum in jussione, sed in sola credit voluntate, sed tamen magna est fides centurionis et mirabilis. Ait enim: Ego credo, quia verbo tuo poteris sanare. Ego enim sum inquit homo solummodo, et tu Deus. Ego sum homo habens sub potestate milites, et tu angelos, qui faciunt miracula! « Ego dico huic: Vade et vadit, et alii: Veni, et venit. » Non est hominis, cui parent homines, multo magis tibi angeli parebunt, et tota natura, quia omnia potes. Miratus est Christus fidem illius, ideoque sequentibus se dixit: « Non inveni tantam fidem in Israel. » Judaicus enim populus quamvis hunc vidisset per prophetas, tamen eum non cognovit, sed dicebat omnia miracula eum facere in Beelzebub (*Luc.* xi). Jairus etiam princeps Israel pro filia sua petens Deum, non dixit: Dic verbo; sed « veni velociter; antequam moriatur filiam (*Matth.* IX). » Nicodemus quoque rector Israel, de fidei sacramento audiens ait : « Quomodo potest hoc fieri? » (*Joan.* III.) Maria et Martha etiam dixerunt : « Domine, si fuisses hic (*Joan.* x), » quasi absens non posset eum salvare. Itaque « non inveni tantam fidem in Israel.» Ait ergo : « Sicut credidisti, fiat tibi. Et sanatus est puer in illa hora.» Discite, fratres, in istis aliquod exemplum vitæ nostræ. Descendit Jesus de monte, quia descendit de cœlo. Et postquam inter homines voluit conversari, turbæ secutæ sunt eum, quia ejus vestigia sunt imitatæ. Sed veniat ergo ad eum, si aliquis leprosus est. Lepra enim, fratres, peccata criminalia sunt, quibus anima nostra commaculata est. Si ergo aliquis verum lepra illa irretitus est, occurrat vero medico, et dicat : « Si vis, potes me mundare.» Præceptum erat in veteri lege ut si aliquis leprosus esset, extra castra ejiceretur, et sanus factus ostenderet se sacerdoti. Similiter qui in criminalibus reus est, extra Ecclesiam debet esse, et per sacerdotem in Ecclesiam sanus recipi. Invitat nos Dominus ad humilitatem, cum servum visitare cupiunt, ne pauper despiciatur. Et quia Dominus in paupere honoratur, pauperem Dominus honoravit. « Facite ergo vobis amicos de mammona iniquitatis (*Luc.* xvi). »

DOMINICA QUARTA.

Secundum Matthæum.

« Ascendente Jesu in naviculam secuti sunt eum discipuli ejus : Et ecce motus magnus factus est in mari, ita ut navicula operiretur fluctibus. Ipse vero erat in puppi, super cervical dormiens (*Matth.* vIII). » Cervical dicitur vel pulvillus, vel quodlibet aliud substratum cervici recumbentis ad dormiendum. Navicula videbatur operiri et impleri fluctibus, quare tanto magis timor conturbat discipulos.

« Et accesserunt et suscitaverunt eum dicentes : Domine, salva nos, perimus. Et dicit eis Jesus : Quid timidi estis, modicæ fidei? Tunc surgens imperavit vento et mari. Et dixit : Tace et obmutesce. Et facta est tranquillitas magna. » Licet diversis verbis evangelistæ narrent, una tamen sententia est, et totum dici potuit. Dominatur vento et mari, de quo dicitur : « Tu Dominaris potestatis maris (*Psal.* LXXXVIII); » Non errore hæreticorum imperavit qui omnia animantia putant animantia, sed majestate qua Deo sunt sensibilia, nobis insensibilia. Cujus signi typum in Jona legimus, quod Dominus cæteris periclitantibus secutus est, et dormit et suscitatur, et imperio ac sacramento passionis suæ liberat suscitantes. Itaque suæ personæ utramque naturam dignatus est ostendere dormiens ut homo, mare coercens ut Deus.

« Porro nomines mirati sunt, dicentes ad invicem : Quis aut qualis est hic, quia ventis imperat et mari, et obediunt ei. » Recte appellantur homines quicunque potentiam Salvatoris, nondum noverant, sive nautæ excipiantur, sive alii qui in navi erant sive et ipsi discipuli. Allegorice mare accipitur æstus hujus sæculi ; navicula passionis arbor, cujus beneficio fideles adjuti mundi fluctus transcendunt, et ad littus patriæ cœlestis perveniunt. De hoc quod discipuli cum Domino naviculam ascendunt alibi significationem aperit dicens : Si quis vult post me venire abneget semetipsum et tollat crucem suam et sequatur me. Discipulis navigantibus Christus dormit, quia fidelibus in spe quietis perpetuæ sæculum calcantibus, et post terga certatim mundi fastus jactantibus tempus Dominicæ passionis advenit. Unde Marcus hoc sero gestum fuisse perhibet, ut veri solis occubitum, non solum Domini dormitio, sed etiam ipsa hora significaret. Quo ascendente puppim crucis ut somnum mortis caperet, fluctus blasphemantium dæmoniacis excitati procellis assurgunt. Quibus non ejus patientia turbatur, sed discipulorum imbecillitas periclitatur. Puppis mortuis pellibus vivos contegit et fluctus arcet, et ligno solidatur, quæ innuunt cruce et morte Domini Ecclesiam salvari. Per cervical intellige corpus cui divinitas, sicut caput inclinata, recumbit. Suscitant Dominum discipuli ne pereant, quia maximis votis resurrectionem quærebant. Ventum resurgens Dominus increpavit, quia diaboli superbiam stravit, dum ejus imperium destruxit. Tempestatem aquæ cessare fecit, quia rabiem clamantium : Si Filius Dei es, descendat de cruce (*Matth.* xxvII), labefecit Recte arguuntur qui præsente Christo timebant, unde post resurrectionem etiam audierunt quædam ex ipsis : « O stulti et tardi corde ad credendum in omnibus quæ locuti sunt prophetæ (*Luc.* xxIV). » Nobis etiam sæpe navigantibus quasi inter æquoris fremitus obdormit Dominus, quando inter medios virtutum nisus crebrescente, vel immundorum spirituum vel hominum pravorum, vel cogitationum impetu, fidei splendor obtenebrescit, spei celsitudo contabescit, amoris flamma refrigescit. Sed tunc necesse est ad Deum curramus, quatenus ad tranquillitatem nos ducat et portum salutis indulgeat.

De mensura diligendi Deum.

« Nemini quidquam debeatis, ait Apostolus, nisi ut invicem diligatis. Qui enim diligit proximum, legem implevit (*Rom.* xIII). » Quali autem mensura Deus et proximus debeat diligi, diligentius considerandum est nobis. De mensura diligendi Deum Scriptura nobis manifestat cum dicit : « Diliges Dominum Deum tuum ex toto corde tuo, et ex tota mente, et ex tota anima tua (*Deut.* vI). » Quasi diceret : Non tibi præcipio ut tantum diligas, vel tantum Deum tuum. Quantum potes, tantum dilige : possibilitas tua erit mensura tua. Quanto plus amas, tanto plus habes ; et quanto plus habes, tanto felicior es. Extendere ergo et dilatare quantum potes ut totum impleatur quod in te est, etiam si non totum capiatur quod in illo est. Noli timere quasi tibi deficere debeat ille, si nimis capax fueris. Quantumcunque poteris, nunquam tantum poteris quantum ipse est. Si tantum posses, tantus esses. Nunc autem crescere in illo potes, æquari illi non potes. Cresce ergo et proflce. Quanto major eris in bono; tanto melior eris. Si summus esses, optimus esses. Nunc quia summus esse non potes, potes esse in summo. Et magnum tibi hoc est, et ex hoc tu magnus es, si in summo es, et tanto utique major quanto altior. Ascendis autem, cum diligis. Sursum pergis in charitate, quia charitas sursum ducit. Sicut ait Apostolus : « Adhuc excellentiorem viam vobis demonstrabo » (*I Cor.* xii). » Ascende ergo, dum potes : modo tempus est crescendi et proficiendi; postea, cum consummabuntur omnia, stabis in eo ad quod perveneris. Et hoc erit summum tuum in illo, supra quod non transies amplius; sed summum illius non erit in quo propterea, si stas, quasi non invenias amplius quo crescas. Idcirco ascende, dum potes, quantum potes : nunquam nimis potes, ubi nunquam potes totum. Dilige Dominum Deum tuum ex toto corde tuo, et ex tota anima tua, et ex tota mente tua, ut ex illo totum tuum impleatur; etiam si a tuo toto, illius non capiatur totum, replet te, et superabundat in se. Si vas non deficit oleum sufficit. Cor tuum vas est, amor illius oleum. Quandiu vas habes, ille infundere oleum non cessat (*IV Reg.* iv), et postea cum tu amplius vas non habes, ille adhuc amplius oleum habet. Propterea noli parcere illi, cape quantum potes. Dilige quantum sufficis, quia ille non deficit. Dilige ex toto corde tuo, et ex tota anima tua, et ex tota mente tua, id est ex toto intellectu tuo, et ex toto affectu tuo, et ex tota memoria tua. Quantum intelligis, quantum sapis, quantum sufficis, tantum dilige. Totum cognitione impleatur, totum dilectione afficiatur, totum memoria teneatur. Quantum illuminaris, tantum afficiaris, ut totum dulce sit quidquid de illo in cognitionem et memoriam venit. Si recte totum probatur, cur non totum diligatur. Quantum ergo innotescere dignatur nobis tantum diligatur a nobis. Totum quod capere possimus diligamus, et quantum possumus.

De mensura diligendi proximum.

De dilectione proximi dicit nobis Scriptura : « Diliges proximum tuum sicut teipsum (*Levit.* xix). » Quod mandatum tunc profecto implemus, si vera citra id quod nobis cupimus bonum, etiam illi cupiamus. In quibus enim nosmetipsos recte diligimus proximum nostrum, sive ad necessitatem corporis, sive ad animæ salutem, sine fictione diligere et quantum rationabiliter possumus, adjuvare debemus. Quærunt autem aliqui si id quod dictum est, « sicut teipsum, » secundum similitudinem tantum, sive etiam secundum æqualitatem intelligendum sit. Nam si proximos nostros tantum diligere jubemur quantum nosmetipsos, videtur quiddam scrupulosum inde oriri : quod non leviter explicare possumus. Ecce duo sunt quorum alterum perire necesse est. Datur uni optio quod velit eligat e duobus quorum alterum omnino evitari non possit. Si suam salutem magis eligit, minus proximum diligit. Si proximi salutem magis eligit, Deum minus diligit quam proximum, a quo seperari vult propter proximum. Sed forte quis dicat parem dilectionem facere non posse electionem : utrumque æqualiter velle, et utrumque æqualiter nolle, nec posse alterum alteri præferre in optione quæ paria omnino constant in dilectione. Sic ergo forte quis hanc objectionem evitare contendat. Sed quid dicemus? Si unum aliquem hominem tuum diligere debeo quantum meipsum, nonne, si duo sunt aut tres, aut quatuor, diligere amplius debeo quam meipsum. Sic vadunt quæstiones hominum, et inquietant homines semetipsos cogitationibus suis. Dicunt enim : Quod melius est, amplius diligendum est. Ponamus tres homines, unum hinc, duos inde. Dico quia perire necesse est aut unum istum, aut duos illos. Dic ergo tu mihi : Quid eligis, qui proximum tuum diligis tanquam teipsum? Melius est perire unum quam duos, quia melius est salvare duos quam unum. Ideo, inquis, magis eligo ut pereat unus et duo salventur. Ergo vis ut magis salventur duo isti quam ille unus. Nonne ergo illud magis diligis, quod potius est eligis : ita, inquis, omnino magis diligo. Vide ergo quid sequatur. Superius autem confessus es quia tantum diligis, vel, si non diligis, diligere debes proximum tuum quantum teipsum. Si ergo tantum diligis unum istum quantum teipsum, et rursum duos istos plus diligis quam teipsum, plus itaque duos illos diligis quam teipsum. Et si illos duos plus diligis quam teipsum, quantum videtur plus diligis illos quam Deum propter quos separari vis ab eo, ut Deum non habeas, neque diligas Deum ut pereas tu, ut illi salvi fiant. Et fortassis aliquis æstimabit ejusmodi dilectionem habuisse Moysen, qui irascenti Deo pro salute proximorum se opponens ait : « Si non dimittis eis hanc noxiam, dele me de libro quem scripsisti (*Exod.* xxxii). » Et Apostolus pro fratribus anathema esse cupit a Christo, ut illi salvi fiant in Christo (*Rom.* ix), et fortasse hoc aliquis etiam ad amorem Dei pertinere credat, ut cum tantum diligamus, ut gloriam ejus in aliis potius amplificari quam in nobis coarctari cupiamus. Et propterea pro salute multorum nostram nobis perditionem optandam, ut potius multi salventur et nos pereamus, quam multi pereant et nos salvemur.

Sed considerate quoniam ordo dilectionis talis est, ut ante se diligat homo quam proximum suum, cujus dilectionem a sua trahere et formare jubetur, cum dicitur : « Diliges proximum tuum sicut teipsum. » Si enim proximum suum diligit sicut seipsum, quomodo proximum diligit, cum seipsum non diligit. Si enim proximum suum diligit sicut seipsum, profecto hoc illi cupit et optat quod sibi. Si autem hoc illi evenire desiderat quod sibi, quomodo illius salutem desiderat qui suam perditionem optat.

Itaque primum seipsum bene diligere debet, ut postea secundum se bene diligat et proximum suum. Si autem se perdere vult ut salvum faciat proximum suum, non est ordinata dilectio, quia pro anima sua nullam commutationem dare potest homo. Hoc enim a te primum requirit Deus, ut animam tuam des illi, deinde cætera adjicias. Si quid pro isto dare volueris non accipitur, nisi dederis et istud. Primum istud, reliqua cum isto. Non autem dico duo aut tres aut quatuor homines, sed nec totum mundum contra animam tuam diligere debes. Si enim aliquid plus quam animam tuam diligis, idipsum profecto plus quam Deum diligere comprobaris, quia animam tuam non diligis nisi in eo solo, quia bonum illius quod Deus est diligis. Idcirco primum dilige animam tuam, diligendo bonum animæ tuæ. Deinde etiam dilige proximum tuum sicut teipsum, diligendo illi bonum quod diligis tibi. Hoc est enim illud diligere, bonum illi diligere. Nam bonum illius diligere posses, etiam si illum non diligeres. Posses enim tibi diligere, aut alteri cuilibet, et non illi, et ita illum non diligeres, quamvis bonum illius diligeres, quia illi non diligeres. Posses diligere equum illius, domum et agrum, pecuniam illius, fortitudinem, pulchritudinem aut sapientiam illius, quamvis illum non diligeres, quia tibi diligeres, non illi. Enim verum bonum non poteras diligere tibi, nisi illud diligeres et cuperes proximo tuo.

Distinxit ergo Scriptura dilectionem istam secundum illam qua in aliis et de aliis bonus est. Dilectionem primum præcipiens homini, ut Deum diligat, intendens utique ut in eo ipso seipsum diligat, quia diligere seipsum non aliud est quam bonum suum diligere, et bonum suum diligere non aliud est quam sibi diligere : hoc est velle illud et desiderare. Quia enim omnis qui bonum suum diligit, sibi diligit ; et rursum quia omnis qui Deum diligit, bonum suum diligit, constat profecto quia nemo Deum diligit, qui sibi illum non diligit ; et omnis qui diligit sibi diligit, quia desiderat et habere cupit quem diligit.

Item. Quia non omnis qui bonum alterius diligit, illum diligit cujus bonum diligit, quia non illi diligit bonum quod diligit. Distinxit Scriptura humanæ menti, secundum ea quæ in humanis divisa, aliquoties inveniuntur, id quod divina inseparabile habent, dicens homini ut, postquam Deum diligeret, diligeret et proximum suum, non quod istud sine isto facere possunt, sed ne posse putarent. Primum ergo dixit ut Deum diligeret, et in eo ipse dixit ut sibi diligeret, quia omnis qui bonum suum diligit, sibi diligit. Quia non omnis qui bonum alterius diligit, illi diligit cujus bonum diligit ; post dilectionem Dei statim subjunxit dilectionem proximi, ut hoc homo proximo suo cuperet diligendo illum, quod sibi diligendo Deum. Quod majus bonum mihi est, a me plus diligendum est, quia mihi primum insitum est, ut diligam bonum meum : illud maxime quod verum bonum est, et, post illud et secundum illud, diligam bonum proximi mei. Secundum me et post me aliquid illi debeo, ante me vel contra me nihil. Alioquin non staret : « Diliges proximum tuum sicut teipsum, » si illum diligerem, odio habens meipsum. Secundum hunc itaque modum non nisi duo sunt præcepta charitatis : primum de dilectione Dei, in quo homo veraciter diligit seipsum. Secundum de dilectione proximi, in quo proximum diligit sicut seipsum.

DOMINICA QUINTA POST THEOPHANIAM.

Secundum Matthæum.

Respondens Jesus dixit : « Confiteor tibi, Pater Domine cœli et terræ, quia abscondisti hæc a sapientibus et prudentibus et revelasti ea parvulis, etc. (*Matth.* xi). »

Exsultans de Spiritu sancto, de salute humilium quibus loquebatur, gratias agit et exsultat in Patre quod apostolis adventus sui aperuit sacramenta, quæ ignoraverunt Scribæ et Pharisæi, qui sibi sapientes videbantur. Unde supra : « Justificata est sapientia a filiis suis (*ibid.*). » Confessio non semper pœnitentiam, sed aliquando gratiarum actionem significat. (Augustinus.) In hoc quod ait Pater : ostendit se esse genitum a Deo, non creatum, ut hæretici dicunt ; in hoc quod dicit : Domine, creatorem cœli et terræ, pulchre sapientibus et prudentibus, non insipientes et hebetes, sed parvulos, id est humiles opposuit ut probaret se tumorem damnare, non acumen scientiæ. Humilitas enim clavis est scientiæ. De qua alibi dicit : « Tulistis clavem scientiæ (*Luc.* xi), » hoc est humilitatem fidei Christi, qua ad divinitatis ejus agnitionem pervenire poteratis.

« Etiam, Pater, quia sic fuit placitum ante te. » Sensus est : Certe, Pater, hæc fecisti, quia sic placuit ante te ; id est in conspectu tuo. His verbis exempla humilitatis accipimus, ne temere superna consilia de aliorum vocatione aliorumque repulsione præsumamus. Non enim rationem reddidit, sed sic Deo placitum dixit, ostendens quia injustum esse non potest quod placuit justo. Unde et in vinea laborantibus mercedem reddens ait : « Volo et huic novissimo dare sicut et tibi (*Matth.* xx). » In cunctis ergo a Deo dispositis aperta ratio est, occultæ justitia voluntatis.

« Omnia mihi tradita sunt a Patre meo. » Ideo confiteor Patri quia omnia mihi tradidit Pater. Non dicit omnia de elementis, sed de his qui per Filium accedunt ad Patrem, et ante erant rebelles. De his omnibus alias dixit : « Domine, quod dat mihi Pater ad me veniet (*Joan.* vi). » Vel ita : (Ambrosius.) Cum audis omnia, agnoscis omnipotentem, non decolorem non degenerem Patris. Cum autem audis tradita, confiteris Filium, cui per naturam unius substantiae omnia jure sunt propria, non dono collata, sed per gratiam. » Nota quia Christus in eo quod homo est, confitetur, id est gratias agit Patri, imo individuae Trinitati. In hoc quod ipse est splendor qui de Patre splenduit, supra intellectum, nullas refert gratias, licet omnia a Patre habeat, quia per naturam habet.

« Et nemo novit Filium nisi Pater, neque Patrem quis novit nisi Filius, et cui voluerit Filius revelare? » Erubescat Eunomius, dicens se plenam notitiam habere de Patre et Filio. Non ita intelligendum est hoc quasi Filius a nullo possit sciri nisi a Patre solo. Pater autem non solum a Filio, sed ab eis etiam quibus revelaverit Filius, sed utrumque referendum est quod ait, et an [cui] voluerit Filius revelare, ut intelligamus utrumque per Filium revelari. Verbo enim suo Pater se declarat, quia mentis nostrae lumen est. (Hilarius.) Tradita autem Filio non alia sunt, quam quae in eo soli Patri nota sunt. Nota Verbo Filio soli sunt quae Patris sunt, atque ita in hoc mutuae cognitionis secreto non aliud in Filio ignorabile exstitisse, quam quod in Patre ignorabile sit. Attende, ubi solus Pater, Filium, solusve Filius Patrem nosse dicitur, non nisi creaturarum fieri exclusionem. Neque enim Filius a notitia sui ipsius excipitur, neque Pater qui seipsum cognoscat excluditur, et Spiritus sanctus consubstantialis utrique ab utriusque plena cognitione nequaquam separatur. Unde Paulus : « Spiritus scrutatur omnia, etiam profunda Dei (*I Cor.* ii). »

« Et conversus ad discipulos suos dixit : Venite ad me omnes qui laboratis et onerati estis, et ego reficiam vos. »

De onere peccati dicit, vel pressos jugo legis invitat ad Evangelium. Qua ratione est Evangelii gratia levior lege, cum in lege adulterium, in Evangelio concupiscentia ; ibi homicidium, hic ira puniatur? In lege opera requiruntur, in Evangelio voluntas. Duae, licet affectum non habeat, praemium, tamen non amittit, ut, si virgo non voluntate corrumpatur, apud Evangelium virgo suscipitur, apud legem quasi corrupta repudiatur. Laboratis dicit, vel in legis difficultatibus, vel in divitiis acquirendis. « Reficiam vos, » id est recreabo vos exoneratos per Evangelium promittens regnum aeternum.

« Tollite jugum meum super vos, et discite a me quia mitis sum et humilis corde et invenietis requiem animabus vestris. » Jugum dicitur Evangelium Christi, Judaeos et gentes in una fide conjungens, ut terram cordis sui excolant per vomerem sacri eloquii. « Tollite jugum meum super vos, » in superiori scilicet mentis vestrae in honore habentes. Exemplo quoque meo discite mites esse corde, et humiles spiritu, ne lateat serpens in specie columbae. Humiles quippe neminem contemnunt, mites quoque in lenitate animi jugiter perseverantes nullum laedunt, et sic per quietem mentis invenient tandem sempiternam quietem animabus suis. « Jugum enim meum suave est, et onus meum leve. » (Hilarius.) Quid jugo Christi suavius? Quid onere levius? Probabilem fieri, a scelere abstinere, bonum velle, malum nolle, amare omnes, odisse nullum, aeterna consequi praesentibus non capi, nolle inferre alteri quod sibi ipsi perpeti sit molestum. Licet angusto initio sit arcta via, ut alibi dicit, quae ducit ad vitam (*Matth.* vii), processu tamen temporis ineffabili dilectionis dulcedine dilatatur. Jugum fidei suave est comparatione legis, quia ibi vulnerantur pueri, hic lavantur salvandi. Onus Evangelii leve est, quantum ad legem, quia ibi adulterium punitur per lapidationem, hic purgatur per poenitentiam.

De vitiis et operibus malis. De virtutibus quoque et operibus bonis.

« Venite ad me, omnes qui laboratis et onerati estis, et ego reficiam vos (*Matth.* xi). » Labore fatigati, onere gravati, inedia macerati, venite ad me. Qualis ad qualem? Clausi ad ostium, aegroti ad medicum, naufragi ad portum; ad ostium luminis, ad medicum salutis, ad portum quietis; ad ostium, ut egressi veritatem videatis; ad medicum, ut curati ad sanitatem convalescatis; ad portum, ut collecti post laborem quiescatis; vacui, ut lumine veritatis impleamini; laborantes, ut quiete adepta consulemini; onerati peccatis, ut pondere aliorum, alleviemini. Sunt etenim septem capitalia vitia, sive principalia sive originalia, quibus peccatores aggravantur et onerantur. Quae ideo Scriptura capitalia vel principalia, vel originalia nominat, quia reliquorum omnium caput sunt, et principium et origo. Omnia quippe alia ab istis septem vitiis oriuntur. Hoc autem interesse videtur inter peccata et vitia, quod vitia sunt corruptiones animae, ex quibus, si ratione non refrenentur peccata, modo actus injustitiae oriuntur. Ante autem tentanti vitio consensus adhibetur, actus injustitiae est : quod peccatum dicitur. Itaque vitium est infirmitas spiritalis corruptionis. Peccatum autem, ex corruptione oriens per consensum est actus iniquitatis.

Itaque vitium absque consensu est infirmitas. Cui, in quantum infirmitas est, misericordia debetur; praemium autem et corona, in quantum ab actu iniquitatis cohibetur. Cum consensu vero vitium culpa fit, ut in quantum vitium est, malum est ; in quantum voluntaria est, poena dignum est. Vitium ergo est in corruptione, peccatum autem est in actione. Actus vero peccati solo consensu perficitur, etiam si foris opus non fuerit, quia quod iniquitatis est, per consensum pravum in sola voluntate completur, etiam tunc, cum ab eo quod vult perficiendo foris invita restringitur. Facit enim quod suum est totum, et quod amplius non facit suum non est. Non ab ipsa est quod amplius non facit, sed contra ipsam. Ita in solo consensu opus judicatur, cui quidem id quod foris est opus, tantum in malitia adjicit, quantum ipsum qui intus operatur, motum voluntatis ad malitiam accendit. Sic ergo vitia origo peccatorum sunt, ex quibus nascuntur opera iniquitatis, quæ quidem, sicut dictum est, absque consensu pœnam habent, quia corruptio sunt; cum consensu autem culpam, quia voluntaria sunt. In quantum enim originalia sunt, pœna in ipsis exercetur; in quantum voluntaria, pœna ipsis debetur. Sunt autem hæc: prima, superbia; secunda, invidia; tertia, ira; quarta, acedia; quinta, avaritia; sexta, gula; septima, luxuria. Ex his, tria hominem despoliant, quartum spoliatum flagellat, quintum flagellatum ejicit, sextum ejectum seducit, septimum seductum servituti subjicit. Superbia aufert homini Deum, invidia proximum, ira seipsum; acedia spoliatum flagellat, avaritia flagellatum ejicit, gula ejectum seducit, luxuria seductum servituti subjicit. Anima rationalis in sanitate sua vas est solidum et integrum, nullam habens corruptionem: vitia quæque venientia in eam, hoc modo vitiant, et corrumpunt. Per superbiam inflatur, per invidiam arescit, per iram crepat, per acediam frangitur, per avaritiam dispergitur, per gulam inficitur, per luxuriam conculcatur et in lutum redigitur. Superbia est amor propriæ excellentiæ, invidia est odium felicitatis alienæ, ira irrationabilis perturbatio mentis, acedia est ex confusione mentis nata. Tristitia sive tædium est amaritudo animi immoderata, qua jucunditas spiritalis exstinguitur, et quodam desperationis principio mens in semetipsa subvertitur. Avaritia est immoderatus appetitus habendi; gula immoderatus appetitus edendi; luxuria est concupiscentia experiendæ voluptatis nimia, vel concubitus desiderium supra modum, vel contra rationem effervens. Superbiæ duo sunt genera: unum intus, aliud foris. Intus est superbia, foris jactantia. Superbia in elatione cordis; jactantia in ostensione operis. Superbia, in eo quod sibi placet, alienum testimonium despicit; jactantia autem, ut magis sibi placeat, alienum testimonium requirit. Propterea jactantia per lenitatem blandam se simulat, superbia vero in timore se crudelem demonstrat; nam timeri vult, jactantia vero amari. Et utraque tamen in eo quod appetunt, sibi placens diverse, diviso licet modo, inordinate convincitur gloriari. Si quis igitur superbiam et jactantiam sub uno computaverit membro, septem inveniet vitia capitalia, de quibus peccata omnia, id est iniquitatis actus et injustitiæ opera oriuntur.

Peccata autem alia venialia, alia criminalia dicuntur. Venialia sunt, quæ nec facile vitari possunt, ut aliquando non fiant, neque multam turpitudinem, vel læsionem magnam habent, si fiant. Criminalia dicuntur quæ vel læsionem magnam inducunt, vel turpitudinem ingerunt, in quibus vel Deus, vel proximus multum offenditur, vel ipse qui fecit maculatur. Talia sunt homicidia, adulteria, perjuria, furta, et quæ his similia adjunguntur, vel continentur in istis, sicut rapinæ, sacrilegia, et incestus, et cætera talia. Venialia sunt, sicut ira levis et transitoria, risus et ejusmodi quæ sine deliberatione agentium contingunt, sive ex negligentia incaute, sive ex infirmitate præcipitantur. Sed intus hæc sciendum, quod hi qui ab hujusmodi vitiis desipuerint, et digne pœnituerint, septem modis a Deo suscipiantur. Primo suscipiuntur ad sponsionem, secundo ad protectionem, tertio ad sustentationem, quarto ad reconciliationem, quinto ad approbationem, sexto ad consolationem, septimo ad remunerationem. Primum pugnaturos contra diabolum suscipit in causa, ut quasi spondeat pro eis, quando confidit in eis, quemadmodum causam beati Job quasi cujusdam agonistæ sive contra diabolum defendendam suscepit. Quosdam aut quasi timidos et merces a pugna fugientes suscipit ad sustentationem, ne conterantur; alios post ruinam surgentes suscipit ad reconciliationem, ut restituantur; alios jam bene agentes suscipit per approbationem, ut remunerentur; alios per bonam operationem suscipit per remunerationem, ut glorificentur; alios inter operandum fessos suscipit per internam aspirationem, ut refocillentur et consolentur.

DIVISIO.

Sicut superius diximus aliud vitium esse, atque aliud peccatum, quod ex ipso vitio procedit, ita intelligimus aliud esse virtutes, atque aliud opera justitiæ, quæ ex ipsis oriuntur. Virtus enim quasi quædam sanitas est, et integritas animæ rationalis, cujus corruptio vitium vocatur. Opus vero justitiæ est in motu mentis rationalis, quæ secundum Dominum incedit, a cordis conceptione surgens, et foris usque ad actionis corporalis completionem procedens. Virtutes in Scripturis plurimæ numerantur, maxime vero quæ in Evangelio quasi quædam antidota vel sanitates contra septem vitiorum corruptionem sub eodem numero disponuntur: prima est humilitas, secunda mansuetudo, tertia mentis compositio, quarta desiderium justitiæ, quinta misericordia, sexta cordis munditia, septima pax mentis interna. Homo igitur in peccatis jacens ægrotus est, vitia vulnera, Deus medicus, dona sancti Spiritus antidota, virtutes sanitates, beatitudines gaudia. Per dona enim Spiritus sancti vitia sanantur: sanitas vitiorum integritas est virtutum. Sanus operatur, operans remuneratur. Sic post virtutes opera bona sequuntur, et ex virtutibus opera bona oriuntur. Sex opera misericordiæ in Evangelio specialiter a Domino enumerantur (*Matth.* xxv), in quibus perfectio bonorum operum significatur. Primum est esurientem pascere, secundum sitientem potare, tertium hospitem colligere, quartum nudum vestire, quintum infirmum visitare, sextum ad incarceratum et clausum venire. In his enim necessitatibus omnis vitæ humanæ molestia vel comprehenditur vel figuratur, in quibus quisquis propter Deum proximo compatitur, misericordiam a Deo in sua necessitate meretur.

DOMINICA TERTIA IN SEPTUAGESIMA.

Secundum Matthæum.

«Simile est regnum cœlorum homini patrifamilias qui exiit primo mane conducere operarios in vineam suam, » etc. (*Matth.* xx.) Regnum cœlorum, id est Christus, cui comparatur paterfamilias, qui primos fecit novissimos, et novissimos primos. Ipse enim Christus, verus paterfamilias, totius humani generis curam habens, omni tempore universos ad culturam vineæ vocat. Qui, quando non agnoscitur, in secreto est, sed quando agnoscitur exiit conducere operarios, ex occulto procedens ad notitiam. Vinea autem est Ecclesia, quæ ab Abel justo usque ad ultimum electum, quasi tot palmites mittit, quot sanctos profert. Operarii vero sunt prædicatores, et unusquisque, dum fide recta persistit in divinæ legis obedientia.

« Conventione autem facta cum operariis ex denario diurno, misit eos in vineam suam. » Conventio fuit confirmata promissio quod ad imaginem Dei essent reformandi, si Ecclesiam ædificando Decalogi mandatis insisterent. In denario igitur figuram regis habente, qui olim per x nummos computabatur, et obedientiæ præmium, et quia ex Decalogi observantia operariis datur, manifeste significatur.

« Et egressus circa horam tertiam vidit alios stantes in foro otiosos, et dixit illis : Ite et vos in vineam meam, et quod justum fuerit dabo vobis. Illi autem abierunt. » Per forum mundus accipitur, in quo calumniæ, injuriæ, contentiones, diversorum negotiorum difficultates, semper tumultuosæ, et ubi omnia sunt venalia. Peccatores dicuntur mortui, non otiosi. Sicut enim surdus apud Dominum dicitur qui non audit quæ Dei sunt, sed quæ diaboli; cæcus, per cujus oculos diabolus videt, non Deus: sic qui diabolo vivit mortuus est Deo. Raptor non est otiosus, sed mortuus. Ebriosus, fornicarius non sunt otiosi, sed mortui; ille autem qui nihil tollit est otiosus, nisi de suis det impotentibus. Vis non esse otiosus? Nihil tollas, et de tuis des pro Deo, ut non tibi vivas, sed Deo. Vis non esse otiosus? Jejuna et da pro Deo quod manducare debes et bibere. Vis non esse otiosus? Si sine uxore es ne quæsieris uxorem, sed operare vitam castitatis. Si dicis : Non possum abstinere, ostendo tibi ut et uxorem habeas, et castitatis vitam colas. Abstine te a menstruata et prægnante, erubescere facere quod animalia non faciunt. Utquid servus, accipiens mnam a domino suo, audivit : « Serve nequam (*Matth.* VIII) ? » et utquid missus est in carcerem? quia nihil lucratus est de ea. Si ergo ille non erit impunis in die judicii qui otiosus stetit in foro, quid faciet peccator, et mnam suam perdens? «Iterum autem exiit circa sex am horam, et nonam, et fecit similiter. Circa undecimam vero exiit et invenit alios stantes, et dicit illis : Quid hic statis tota die otiosi? Dicunt ei : Quia nemo nos conduxit. Dicit illis : Ite et vos in vineam meam. » Prima hora, volunt Adam missum in vineam et reliquos patriarchas usque ad Noe; tertia, ipsum Noe et reliquos ad circumcisionem Abrahæ; sexta, ab Abraham usque ad Moysen, quando lex data est : nona, Moysen et prophetas; undecima apostolos et gentium populum, qui prius stabat tota die otiosus, ideo omni tempore pro salute laborare negligens. Lex quidem conduxerat Israel dicens : « Hoc fac et vives (*Deut.* VI.; *Luc.* x), » sed gentes nemo conduxit. Debitum namque erat per orbem terrarum Evangelium prædicari, et gentes fidei justificatione salvari. Aliter mane est pueritia; tertia, adolescentia proficiscens in altum quasi sol; sexta, juventus; nona, senectus; undecima, decrepita ætas. Videtur itaque primæ horæ esse operarios Samuelem et Jeremiam, Joannem Baptistam; tertiæ, illos qui a pubertate Deo servire cœperunt; sextæ, qui a matura ætate; nonæ qui jam declinante ætate ad senium; undecimæ qui ultima senectute. Torpentes ergo usque ad ultimam ætatem recte increpantur de otio, ut vel in ultimis resipiscant. Nullus quippe conduxit tales, licet eis vias vitæ prædicaret, quia solius Dei est intus docere cui nondum obedierunt.

« Cum sero autem factum esset, dicit Dominus vineæ procuratori suo, » hoc est, vel Pater dicit Filio, vel Filius Spiritui sancto : « Voca operarios et redde illis mercedem, incipiens a novissimis usque ad primos. » Considera quia sero non alio mane reddit mercedem. Ergo adhuc stante sæculo isto, judicium erit propter duas rationes. Primum quia ventura beatitudo est merces justitiæ, deinde ne peccatores videant beatitudinem, dicente propheta : « Tollatur impius ne videat gloriam Dei (*Isa.* XXVI). »

« Cum venissent ergo qui circa undecimam horam venerant, acceperunt singulos denarios. » Quamvis felicitatem resurrectionis omnes justi accepturi sunt, tamen quia alii accipient prius unam, alii post multas, illi dicuntur priores accipere, qui prius modicum temporis accipient. Itaque novissimi in labore erunt primi in præmio; et primi in labore, novissimi in præmio. Et quia denarius ille vita æterna est, æquales erunt in illa mercede primi, sicut Abel, Noe, tanquam prima vel tertia hora vocati ad regnum; et novissimi qui ab adventu corporeo Domini quasi in undecima hora sine aliqua tarditate præveniunt. Meritorum quidem diversitate fulgebunt, alius magis, alius minus.; ideoque paterfamilias promisit se daturum singulis quod justum fuerit. Verumtamen æqualis erit vita æterna, omnibus nulli longior vel brevior quia non habebit finem. Sero factum est, cuicunque finis vitæ venit. A novissimis denarios paterfamilias reddere cœpit; qui ad paradisi requiem prius latronem quam Petrum perduxit. Qui latro etsi per ætatem non venit ad undecimam, venit tamen sero per pœnam. Sic aliquando prius remunerantur sero venientes qui prius de corporibus exeunt quam qui in pueritiis vocati sunt. « Venientes autem primi arbitrati sunt quod plus essent accepturi. Acceperunt autem etiam ipsi singulos denarios. » Eamdem scilicet Trinitatem cum gentibus justificatis accipient retro vocati, conformati claritati Christi. Cum tamen primo venerunt qui populus Dei ab initio exstiterant, arbitrati sunt quod gentes, prius idolis servientes, minus essent accepturi.

« Et accipientes murmurabant adversus patremfamilias, dicentes : Hi novissimi una hora fecerunt, et pares illos nobis fecisti, qui portavimus pondus diei et æstus. » Antiqui qui post longa inferni tempora ad cœlum pervenerunt quasi post murmurationem denarium accipiant. Nos autem sine murmuratione, quia mox ut de corpore eximus, sine mora præmium accipimus. Et notandum quia denarius non totis insimul accipitur, sed veri cultores spiritualis vineæ in hac vita centuplum, deinde cœlum, et post judicii remunerationem duplicem stolam habebunt. Denarium igitur accipientes, non ex invidia gratiæ murmurant adversus novissimos operarios, sed ex ignorantia secretorum adversus patremfamilias. Talis ergo est piæ superiorum inquisitionis murmuratio. Quid causæ est quod tamdiu distulisti ignem cœli in terram mittere et accendere. Aut quare ad hoc tempus non reservasti nos. Vel novissimi cur tempora nostra nobiscum non habuerunt. Aut unde fit quod novissimi non habuerunt tempora nostra, et nos tempora novissima. Quare etiam dispari vocationi par datur præmium. Et plurima in hunc modum conqueruntur. Pondus significat opus justitiæ, æstus concupiscentiam sæculi. Hoc ideo dicitur, quia olim omnibus bonis mundus prosperabatur. Et ideo qui tunc fuerunt cum majori difficultate justitiam servaverunt, quia felicitas mundi impedimentum est animæ. Multum ergo tunc erat bonus qui justus poterat esse ; multum vero malus qui non fugit ad Deum, cum pluribus adversitatibus primi videat mundum. Pondus etiam possunt intelligi onerosa mandata legis, æstus vero urens error tentationum quo conflabant maligni spiritus in antiquos ad æmulationem gentium eos irritantes.

« At ille respondens, uni eorum dixit : Amice, non facio tibi injuriam. Nonne ex denario convenisti mecum ? Tolle quod tuum est, et vade. »

Uni dicitur respondisse, quia par erat in omnibus murmurandi occasio. Amicus iste protoplastus intelligitur, et illo tempore credentes. Cum dicit ex denario ; tale est quasi dicat : Mercedem promissam recepisti, hoc est imaginem et similitudinem meam, non alterius consortio minuitur tibi præmium meriti. Quid quæris amplius? Vade, persevera in adepta justitia.

« Volo autem et huic novissimo dare sicut et tibi. An non licet mihi quod volo facere? An oculus tuus nequam est, quia ego bonus sum? » Volo ut coæqualis et concorporalis tibi fiat populus gentilis. Nonne potestas est judicis vel justitiam facere, vel misericordiam cui vult impendere. Cave ergo ne occasione bonitatis invido oculo proximum respicias. Mihi autem soli invisibili et immortali sæculorum Regi secreta mea honor et gloria et sæcula sæculorum.

« Sic erunt novissimi primi : et primi novissimi. » Sic, videlicet, ut ostensum est, æquabuntur novissimi et primi. Sicut enim in corona nec initium est, nec finis ; ita inter sanctos, quantum ad tempus, in illo sæculo nemo novissimus dicitur, nemo primus.

« Multi enim sunt vocati, pauci vero electi. » Hoc non ad superiores sanctos, sed ad gentes pertinet, quia plures ad fidem veniunt, plures Ecclesiæ partes implent, sed ad regnum pauci perducuntur. Aliter : Nonnulli per primos intelligunt non solum bonos, sed et quosdam qui cœperunt in vinea, et non perseveraverunt. Hi ex invidia novissimorum murmurant ; velut illi qui initio nascentis Ecclesiæ vocatis ex gentibus se præferebant. Itaque de communiter dictis quædam referuntur ad bonos, ut illud : « Volo tibi sicut et huic novissimo dare. » Ad alios vero falso putantes denarium se accepturos, quædam pertinent, ut illud : « Et accipientes murmurabant. » Et deinde : « An oculus tuus nequam est, quia ego bonus sum ? — Erunt, inquit, novissimi primi, et primi novissimi : » quod Judæi de capite vertantur in caudam, et nos de cauda mutemur in caput. Unde Moyses in Deuteronomio : « Advena qui tecum moratur ascendet super te ; ille erit in caput, et tu eris in caudam (*Deut.* xxviii). » Quod tamen multi tam novissimi quam primi reprobentur terribili sententia subditur : « Multi enim sunt vocati » ad fidem, « pauci vero electi » ad regnum.

SERMO IN SEPTUAGESIMA.

« Lapidem caliginis et umbram mortis dividet torrens a populo peregrinante (*Job* xxviii). » Lapis est duritia Judæorum, caligo infidelitas eorum. Mors est diabolus, umbra ejus gentilis populus. Sicut enim umbra corpori conformatur, ita ipse diabolum imitando ei consimilatur. Populus peregrinans est fidelis populus in hujus vitæ exsilio suspirans. Torrens est igneus fluvius qui a facie Domini egreditur, per quem fidelis populus ab infideli in ultimis secernitur. Lapidem ergo caliginis, et umbram mortis torrens a populo peregrinante dividet, cum ignis extremi judicii Judæos in perfidia duros, et gentiles in malitia diabolo conformes, a Christiano populo ut zizania a tritico secludet, et camino infernali involvens, igni inexstinguibili exuret, et patria paradisi populum non exsulem in æterna tabernacula recipiet. Peregrinator autem hujus vitæ fidelis populi præsignabatur in populo Judaico, quos dura servitio longo tempore oppresserat Pharao. Olim namque Hebræus populus descendit in Ægyptum, dum cum fames afflixit, sed eum Pharao crudeli servituti addixit. Qui cum ad Dominum clamarent Moysen eis misit, qui multis plagis et signis Ægyptum percussit, populum Dei per mare Rubrum in terram fluentem lac et mel perduxit. Per Ægyptum hic mundus significatur, in quo genus humanum a paradisi patria peregrinatur, et a diabolo gravi oppressione subjugatur. Cui ad Deum per justos vociferanti, Christus ad liberandum mittitur, per quem mundus multis miraculis concutitur, populus per mare Rubrum, id est per baptismum, ad patriam paradisi reducitur, ubi mel et lac exundat, id est affluentia omnium bonorum exuberat.

Hæc peregrinatio nihilominus per eumdem populum præfigurabatur, dum in Babylonica captivitate per LXX annos morabatur. Nabuchodonosor etenim rex Babyloniæ, Hierusalem obsidens, destruxit, populum in Babyloniam captivum duxit, qui ibi LXX annis in tristitia habitabat, canticum lætitiæ non resonabat, organa ad salices suspendit, juxta sedens flevit. Finitis LXX annis, ad Hierusalem remeat, Pascha cum gaudio celebrat, postea cum uxores et filii venerunt, duplex gaudium habuerunt. Hæc omnia, charissimi, ad præsentem diem respiciunt: hæc omnia nostra tempora præsignaverunt. Hierusalem est paradisus, Nabuchodonosor est diabolus, Babylonia est hic mundus. Nabuchodonosor populum in Babyloniam captivum duxit, et diabolus genus humanum in hunc mundum seduxit, ubi organa in salices suspendit, et sedens lacrymis fluit. Salices facile terræ coalescent, facile incisæ revirescunt. Salices sunt mundi amatores qui radices suas in terrena miserunt, quibus transitoria pro voto affluunt. In has justi organa suspendunt, quia his gaudia mundi relinquunt. Deflent sedentes, quia humiles eorum interitum sunt cum magno dolore gementes. Per organa etiam cœlestis doctrina accipitur quæ in salices suspenditur, dum sæcularibus doctrina spiritalis subtrahitur, quia ab eis contemnitur. Per LXX annos quibus populus in Babylonia affligebatur, septem millia annorum intelliguntur, quibus genus humanum in hac vita peregrinatur. Sicut enim septem primis diebus tota creatura disponitur, ita per septem millia annorum hic mundus extendi creditur. Igitur si septem millia annorum in septuagies centenos annos diviseris, et annum de centum annis quasi decimam dederis, LXX annos habebis. Porro si de septuaginta annis diem pro anno decimabis, LXX dies computabis. Hi sunt isti dies quibus Ecclesia alia non resonat, quia LXX annos captivitatis ad memoriam revocat, qui septem millia annorum nostræ peregrinationis præsignant. Ideo etiam nunc liber Genesis legitur, in quo lapsus hominis de paradiso in hunc mundum describitur. Istud tempus dicitur Septuagesima, quia ab hodierna die usque in secundum Paschæ Sabbatum sunt dies LXX, quando duo cantantur alleluia. Populus ad Hierusalem reversus cum gaudio exsultat, quia fidelium animæ nunc gaudium Domini intrabunt.

Finito autem mundi termino, cum uxores et filios, id est corpora et opera recipiunt, tunc verum alleluia jubilabunt, quia cum corpore et anima simul perenniter in gloria exsultabunt.

DIVISIO.

Quia hodie, charissimi, canticum lætitiæ deposuimus, et canticum tristitiæ sumpsimus, volo vobis de libris gentilium breviter recitare qualiter melodiam delectationum mundi debeatis declinare, ut possitis prius cum angelis dulcem harmoniam in cœlis resonare. Gemmam namque in cœno inventam debet quilibet de luto tollere, et in regium ornamentum ponere. Ita et decet, si a nobis quidquam utile in libris gentilium reperiatur, ad ædificationem Ecclesiæ Christi sponsæ vertatur. Sæculi sapientes scribunt tres Sirenes in insula maris fuisse et suavissimam cantilenam divisis modis cecinisse. Una quippe voce, altera tibia, tertia lyra canebat. Hæ habebant facies mulierum, alas et ungues volucrum. Omnes naves prætereuntes suavitate cantus sistebant, nautas somno oppressos lacerabant, naves salo immergebant. Cumque quidam Ulysses necesse haberet ibi præternavigare, jussit se ad malum navis ligare, sociis autem cum cera aures obdurare, et sic periculum illæsus evasit, et eas fluctibus submersit. Hæc sunt, charissimi, mystica, quamvis per inimicos Christi scripta. Per mare istud sæculum intelligitur, quod continuis tribulationum procellis volvitur. Insula est mundi gaudium, quod crebris doloribus intercipitur, sicut littus crebris undis impetitur. Tres Sirenes, quæ suavi cantu navigantes demulcendo in somnum veniunt, sunt tres delectationes quæ corda hominum ad vitia molliunt, et in somnum mortis ducunt. Quæ humana voce cantat, est avaritia, quæ suis auditoribus hujuscemodi modulatur carmina: Multa oportet te congregare, ut possimus famam nominis tui ubique dilatare, sepulchrum quoque Domini et alia loca lustrare, ecclesias restaurare, pauperes consanguineos tuos adjuvare. Tali pestifero cantu cor avari demulcet usque dum eum sopor opprimet, et tunc carnem ejus lacerat; navim fluctus devorat, quia hic miser violenter doloribus a vitiis suis avellitur, et æternæ flammæ immergitur. Quæ canit tibia, est jactantia, quæ suis hæc profert cantica: Juvenis es et nobilis, debes te præclarum exhibere universis. Nulli inimicorum tuorum debes parcere, sed omnes quibus prævalere potueris occidere, tunc dicunt te bonum esse militem. Alii canit hæc: Hierusalem debes pergere, multas eleemosynas tribuere, tunc fies famosus, et ab omnibus diceris bonus. Conversis autem concinit sic: Sæpe debes jejunare, sæpe orare, alta voce cantare, tunc audies te omnes consono ore ut sanctum laudare. Talem cantilenam vano cordi insonat, usque dum miserum a bono vacuum vorago mortis devorat. Quæ melos exprimit lyra, est luxuria, quæ suis sequacibus talia præcinit modulamina: Adolescens es, poteris cum quibuslibet puellis ludere, postea in senectute corrigere. Hæc insigni forma splendet, bæc magnis opibus pollet ; hanc si habueris, magnum proficuum consequeris, tamen animam tuam bene salvare poteris. Tali modo permollit cor luxuriosi, usque dum repente morte perventum absorbet turbo Cocyti. Facies habebant mulierum, quia nil ita mentem hominis adeo alienat, quam amor mulierum. Alas habebant volucrum, quia semper est instabile desiderium mundanorum. Nam nunc hoc, vel hoc appetunt; nunc vero illud et illud concupiscunt. Ungues etiam habebant volucrum, quia quos ad peccata pertrahunt, doloribus lacerantes ad inferni cruciatus detrahunt. Ulysses dicitur sapiens. Hic illæsus præternavigat, quia Christianus populus vere sapiens in navi Ecclesiæ mare hujus sæculi supernatat. Timor Domini se ad arborem navis, id est ad crucem Christi, ligat, sociis cera, id est incarnatione Christi auditum obsigillat, ut a vitiis et concupiscentiis cor avertant et sola cœlestia appetant. Sirenes submerguntur, quia concupiscentiæ ab ejus vigore spiritus præmunitur. Ipsi illæsi evadunt periculum, quia post victoriam ad sanctorum perveniunt gaudium.

SERMO DE SEPTUAGESIMA, SEXAGESIMA ET QUINQUAGESIMA.

Charissimi, lectio hodierna nos admonet qualiter victoriam obtineamus, de qua loquebamur in superioribus. Dicit enim : « Nescitis quod hi qui in stadio currunt; omnes quidem currunt, sed unus accipit bravium (*I Cor.* IX). » Mos apud Græcos servabatur, quod præmium aliquod cursoribus proponebatur, quod tamen non omnibus currentibus, sed soli primitus prævenienti dabatur. Regnum cœlorum nobis in præmio proponitur, ad quod nos totis viribus currere sacra Scriptura hortatur, quia non omnibus per fidem currentibus, sed solis bonis operibus in finem perseverantibus donatur. Alius mos apud eos erat : Nudi oleo peruncti simul colluctabantur, atque victores auro et lauro coronabantur. Nos, dilectissimi, oleo chrismatis peruncti sumus ; ideo a vitiis nudi, cum diabolo luctari debemus, quia non est nobis colluctatio adversus carnem et sanguinem, sed adversus vitiorum et dæmonum infestationem (*Ephes.* VI). Si ergo luxuriam, iram, odium, vel aliud vitium vicerimus, coronam ex auro et lauro habebimus, quia splendorem æternæ claritatis in vernanti paradiso recipiemus. Quare autem hæc Dominica LXX, sequens LX, itemque alia vocetur L, diligenter perdicendum est. Fertur enim Telesphorum, Romanæ urbis papam, septimam hebdomadam addidisse, quam a sono præcedentis numeri, scilicet XL, Quinquagesimam nominavit. Octavam etiam hebdomadam viri justi addentes, similiter non ut LX sint dies usque ad resurrectionem, sed a sono præcedentis numeri Sexagesimam appellaverunt. Alii nonam septimanam addentes, a sono prioris numeri Septuagesimam nuncupaverunt. Et si nunc decima adderetur, non Decagesimæ, sed Octogesimæ nomen sortiretur, a præcedenti numero dictum. Quæ autem intentio addentium esset videamus. Illorum igitur qui septimam addiderunt intentio fuit VII auferre Dominicas ; unde remanent XLII, quæ etiam apud quosdam celebrabantur. Sed octavam addentium intentio fuit VIII auferre Dominicas , et VIII quintas ferias. Ablatis his XVI, remanent XL, ut totidem jejunarent, quot et Dominus. Similiter nonam addentium fuit intentio IX auferre Dominicos dies, et tot quintas ferias, et tot Sabbata. Dominicæ auferebantur propter resurrectionem, quintæ feriæ propter ascensionem, Sabbata ne sabbizarentur cum Judæis. Quadragesima finitur in cœna Domini, quod celebratum est typicum Pascha. Quinquagesima autem in prima feria, ipso resurrectionis die ; Sexagesima feria in IV feria, mediante solemni Pascliæ ; Septuagesima in VII feria, depositis albis vestibus. Inter Quadragesimam et Quinquagesimam, VI dies sunt ; inter Quinquagesimam et Sexagesimam VI , inter Sexagesimam et Septuagesimam VI. Et si ter ducti faciunt XVIII ; in quo mysterium reperitur. Nam divisus duplex simplici comparatur. Per duplicem duplex mors nostra, per simplicem simplex mors Domini designatur ; cujus morte simplici nostra mors duplex damnata est. Si enim ille duplicem gustasset, nos a nulla liberasset. Inter finem Quadragesimæ et Quinquagesimæ, duo sunt dies : similiter et in cæteris. Ter enim duo faciunt sex. In quo præcedens divisio, præcedensque mysterium reperitur. Verum si sensum spiritalium scripturarum generalem inspicias, in omnibus mysterium reperitur.

Dominica in Septuagesima.

« Exiit qui seminat seminare semen suum, etc. » *Matth.* XVIII.) Multa in parabolis loquitur, quia si cuncta parabolice loqueretur, absque emolumento recessissent auditores. Parabola est rerum in natura discrepantium sub aliqua similitudine facta comparatio. Sator qui exiit seminare, ipse Filius Dei intelligitur, qui exiens de sinu Patris venit in mundum ad seminandum per se ac per suos hominibus verbum veritatis quod apud Patrem vidit. « Et dum seminat, quædam ceciderunt secus viam et conculcata sunt, et venerunt volucres cœli, et comederunt ea. » Quædam ceciderunt, subaudis grana sive semina, secus viam. Via est mens malarum cogitationum sedulo meatu trita et arefacta. Ubi dupliciter perit semen, quia transitu carnalium cogitationum conculcatur, et dæmones comedunt illud ; id est quadam delectatione rapiunt et absorbent, ut nec memoria mens teneat quod ope neglexit. Dæmones autem volucres cœli appellantur, vel quia sunt cœlestis et spiritualis naturæ, vel quia in aere habitant. « Alia autem ceciderunt in petrosa, ubi non habebant terram multam. Et continuo exorta sunt, quia non habebant altitudinem terræ. Sole autem orto æstuaverunt, et quia non habebant radicem aruerunt. » Semina quæ cadunt in petrosa, id est super terram petris abundantem, germinare quidem cito queunt, sed non figitur radix, quia terræ altitudinem, hoc est, profunditatem non habet, et idcirco æstu solis arescit. Petra significat hic duritiam protervæ mentis, terra vero lenitatem animæ obedientis, sol autem fervorem persecutoris. Cadit ergo semen verbi super petram quando dulcedine promissionum movet indomitum cor, nullo veræ fidei vomere penetratum. Ubi non invenit, ut Lucas ait (*Luc.* xiii), humorem, id est virtutis amorem. Et statim exortum est per recordationem tantummodo, non per efficaciam, quoniam non habebat altitudinem terræ in profunditatem boni cordis, ubi solide fundaretur. Et quando exortus est sol, id est æstus persecutionis vel cujuslibet tribulationis, exæstuavit, id est ad siccitatem venit, et ex toto exaruit, eo quod firmi desiderii radicem non habebat. Altitudo quippe terræ est probitas animi disciplinis cœlestibus eruditi et in tentationibus probati. «Alia autem ceciderunt in spinas, et creverunt spinæ, et suffocaverunt ea.» Alia semina ceciderunt in spinas, hoc est inter spinas. Cadit quoque verbum Dei inter spinas, cum suscipitur a corde divitiarum cura, sollicitudo, et tunc multiplicatæ divitiæ quæ per spinas intelliguntur, occupant mentem, ut fructus spiritualis in ea proficere non possit. «Alia vero ceciderunt in terram bonam, et dabant fructum, aliud centesimum, aliud sexagesimum, aliud tricesimum.» Sic in terra mala tres fuere diversitates, sic sunt in bona tres. Alius enim bonus est, alius melior, et alius optimus. Cum denarius numerus pro perfectione soleat accipi, quia in decem præceptis legis custodia continetur, centenarius qui per multiplicatum denarium surgit, pro magna perfectione ponitur. Terra ergo bona fructu centuplo secundatur, quando mite cor et docile per amorem proximi activam, per amorem Dei contemplativam adipiscitur vitam et spiritualium ornatur perfectione virtutum. In senario autem numero quia mundi ornatus expletus est, congrue perfectio bonæ operationis, in adimpletione Decalogi, sexagesimus fructus intelligitur. Tricesimus vero fructus in fide sanctæ Trinitatis impletio legis.

Hæc dicens clamabat: «Qui habet aures audiendi audiat.» Ubicunque hæc admonitio interponitur mysticum esse, et attentius agendum ostendit, quod dicitur: qui habet aures cordis, id est intelligentiam mentis, audiat, hoc est spiritualiter hæc verba intelligat. «Et accedentes discipuli dixerunt ei: Quare in parabolis loqueris eis. Qui respondens ait illis: Quia vobis datum est nosse mysteria regni cœlorum, illis autem non est datum.» Mysteria regni cœlorum in secreta Scripturarum revelabuntur vobis, qui mecum estis et sequacibus vestris spirituali intelligentia introeuntibus ad me, «illis autem qui foris sunt,» ut Marcus scribit (*Marc.* iv), «in parabolis omnia fiunt.» Foris quippe dicens non solum esse illos qui neque curabant intrare navem, neque cognoscere veritatem, sed et omnes illis similes corporis sensus tantum sequentes, ut nihil spiritualiter intelligant. Nota, ubi dicitur in parabolis omnia fieri his qui foris sunt, insinuat non solum in verbis Domini,

sed et in factis parabolas esse, id est signa mysticarum rerum, quas perversi non penetrant. Seorsum autem discipulis suis disserebat omnia. Illi enim digni erant audire mysteria in intimo penetrabili sapientiæ, qui remotis cogitationum tumultibus in solitudine virtutum permanebant. «Ideo in parabolis loquor eis, quia videntes non vident, et audientes non audiunt, neque intelligunt, et adimpletur in eis prophetia Isaiæ dicentis (*Isa.* vi): Auditu audietis, et non intelligetis: et videntes videbitis, et non videbitis.» Videntes non vident, hoc est, ingenio præsumentes se videre, privantur spirituali intellectu; et audientes foris non audiunt corde quod est non intelligere. Unde Isaias: Auditu exteriori audietis prædicationem Christi et non intelligetis, et videntes frequenter videbitis exteriori visu miracula ejus, et non videbitis oculo mentis. «Incrassatum est cor populi hujus, et auribus graviter audierunt, et oculos suos clauserunt, nequando oculis videant, et auribus audiant, et corde intelligant, et convertantur et sanem eos (*ibid.*).» Abundantia malitiæ dicitur incrassatum cor Judæorum, Quapropter ingrate susceperunt verba Domini, quod fuit graviter audire. Oculos suos clausisse dicuntur, ne arbitremur esse culpam naturæ, non voluntatis. Cum enim possent cogitare et intelligere, averterunt præ invidia intuitum mentis, et ita ipsi sibi causa fuerunt ut Deus eos descendendo excæcaret. Unde Joannes: «Propterea non potuerunt credere, quia dixit Isaias: Excæcavit oculos eorum ut non videant (*Joan.* xii; *Isa.* xi).» Quia prædixit Isaias, in spiritu præscientis omnia, Judæorum excæcationem, non poterant credere: non quod ex necessitate non possent, et ita nulla culpa esset eis, sed quia nolebant. Non poterant credere, quia Dei ignorantes justitiam, suam statuere volebant. Excæcantur et indurantur, quia negando divinum adjutorium non adjuvantur. Quod autem dicitur non posse credere, ita est culpa voluntatis humanæ, sicut quod dicitur Deum seipsum non posse negare (*II. Tim.* ii), laus est voluntatis divinæ. Nolentes igitur oculos et aures aperire veritati, meruerunt ut nunquam videant oculis, et non audiant auribus, et non intelligant corde; quod est neque videre, neque audire; et non convertantur ad pœnitentiam, et non sanentur a peccatis, ut innocentiam recipiant. Vel ita: Non parabolas multi audierunt, quia excæcati erant, et inde excæcati, cum superbia incrassatum cor habebant. Excæcatio vero et parabolarum obscuritas fuit occasio ne quando, hoc est, ut aliquando salubrius converterentur per illum, qui est terribilis in consiliis super filios hominum (*Psal.* lxv), quibus vult misereretur; et quos vult juste deserit (*Rom.* ix). Non quia obscure dicta non intellexerunt, ideo non crediderunt in eum, et sic crucifixerunt, et sic post resurrectionem interriti miraculis de reatu majoris criminis compuncti sunt. Unde accepta indulgentia ampliori flagrant dilectione. De aliis dicit Dominus (*I Cor.* xiv): «Loquor eis in aliis linguis, et in aliis labiis, » manifesta scilicet apostolorum doctrina, « et nec sic exaudient me ; » de his vero dicere potest, vel sic exaulient me.

De Septuagesia, Sexagesima, Quinquagesima, ac de Quadragesima.

Septuagenarius eadem perfectionne perfectus est qua et quinquagenarius. Decies quippe septem LXX fiunt. Quadragenarius cum sexagenario vicinitatem habet, eo quod conflictus sine perfectione boni operis et perfectio sine conflictu esse non potest. Quinquagenarius similiter et septuagenarius vicinitatem habent, mentis et corporis significantes requiem. Enim scriptum est : « Datæ sunt sanctis stolæ singulæ, et dictum est eis : Requiescite et sustinete, donec impleatur numerus fratrum vestrorum *(Apoc.* VI). » Singulæ stolæ eis datæ sunt, qui mentis modo requiem in spe habent. Cum vero impletus fuerit numerus fratrum, binæ stolæ dabuntur, quoniam mentis et corporis tunc requiem possidebunt, sicut scriptum est : « In terra sua duplicia possidebunt *(Deut.* XXI). » Septuagesimam namque observamus in figuram, LXX annorum, per quos afflicti sunt filii Israel in Babylone, et sicut ipsi antequam LXX anni finirentur partim redeuntes, aliquantulum consolati sunt, sic et nos dum finitis LXX diebus, luctum pœnitentiæ licet non plene convertimus in gaudium, scilicet in die resurrectionis Dominicæ, licet Septuagesima nostra usque ad sequens Sabbatum porrigatur. Et sicut filii Israel ante Septuagesimum annum plenam pacem non habuerunt, sic nec nos, quamvis ad cœlestem Hierusalem revertamur per baptismum, vel per pœnitentiam libertatem plenam recipiemus ante Sabbatum, quando animæ sanctorum requiem æternam percipiunt. Jeremias ostendit Dominum nos velle cessare a voce gaudii quamdiu in Babylone fuerimus, ita dicens : « Et cessare faciam a vobis voces gaudii et lætitiæ *(Jer.* VII). » Quapropter *alleluia* in illo tempore non cantatur apud nos, et dulcissimus hymnus angelorum, *Gloria in excelsis Deo,* quæ cantica sunt cœlestia. Unde Joannes in Apocalypsi : « Post hæc audivi quasi vocem magnam tubarum multarum in cœlo dicentium : Alleluia *(Apoc.* XIX), » sed tractus pro alleluia canitur, qui suavis est auribus ; alleluia autem propter honorem primæ linguæ est præclarius. Per LXX annos captivitatis quos nos mutavimus in LXX dies jejunium erat apud Judæos. Unde Dominus per Zachariam : « Cum jejunaretis et plangeretis per hos LXX annos , nunquid jejunium jejunastis mihi? » *(Jac.* VII.) Græci proximam hebdomadam sanctificant suo jejunio. Clerici nostri, auctore Telesphoro papa, qui constituit VII hebdomadarum jejunium ante Pascha, tertiam suo. Præceptor tamen officii in superiori Dominica, quæ vocatur Septuagesima, majorem mutationem requirit quam agamus. Constitutione officii sui jejunium in tribulatione intimavit in prima oratione missæ dicens : « Ut qui juste pro peccatis nostris affligimur. » In Introitu dicit : « Circumdederunt me gemitus mortis, dolores inferni *(Psal.* XVII). » Propter hos dolores non possumus lætari et securi esse, sed præparare nos debemus ad bellum, ut Apostolus ait : « Omnis autem qui in agone contendit, ab omnibus se abstinet *(I Cor.* IX). » Juxta Ambrosium, ab his omnibus quæ vitanda eadem tradidit disciplina contra vitia; nobis luctamen est. Futurum est bellum ; abstineamus nos ab his quæ impediunt pugnam nostram. Unde videtur nobis præceptor officii velle tempus Septuagesimæ, tempus luctus esse, ut Introitus indicat et Graduale. Sexagenarius, quoniam numerus perfectus est, qui a senario nascitur. Senarius perfectus est, quia perfectio boni operis est. Sex enim diebus operatus est Deus, et sexta ætate mundi venit, etc. Et recte perfectus est, quia hæ animæ, quæ perfectæ in bono opere sunt, per hunc numerum designantur. Et de viro pacifico scriptum est : « Sexaginta reginæ et octoginta concubinæ, et adolescentularum non est numerus *(Cant.* VI). » Illi enim qui in perfectione boni operis consistunt reginæ vocantur. Illi autem qui minus aliquod a perfectione sunt , nomine concubinæ designantur, et qui in fide solummodo sunt, nomine adolescentularum vocantur. In Sexagesima circumdati sumus tribulationibus quammaximis, ac si non esset locus evadendi. Vendidimus nos sub peccato, in nobis non est virtus solvendi. Unde dicitur in prima oratione : « Deus, qui conspicis, quia in nulla nostra virtute subsistimus. » Inde etiam quasi dubitantes, an Dominus nobiscum sit, in Introitu dicimus : « Exsurge, quare obdormis, Domine ? » *(Psal.* XLIII.) In Epistola confortamur ab Apostolo, ut viam quæramus evadendi de captivitate, et despiciamus dominos, qui nos ad delendum tenent. Dicit indignando super eos qui malis cedunt : « Libenter suffertis insipientes, cum sitis ipsi sapientes *(II Cor.* XI). » Inde nos de tribulatione conscendentes ad requirendum proprium Dominum nostrum, dicimus : « Sciant gentes, quoniam nomen tibi Deus *(II Mach.* I). » Tractus *Commovisti* ostendit terram commotam conscientia peccatorum. Post terram commotam semen inducitur. In Septuagesima increpati sumus, quia otiosi stetimus, induci sumus ad vineam colendam ; in Sexagesima autem semen jacimus. Hæc procurrit ad quartam feriam in Pascha, in qua sancti ad percipiendum regnum vocantur. Ad quod nos per Sexagesimam currere oportet. Nam senarius per denarium ductus LX complet. Denarius autem ad mercedem operum respicit, senarius ad perfectiones, scilicet operum. Si quis igitur per perfectionem mercedem operum requirit, ipse percipiet regnum quod nobis promittitur in quarta feria paschali.

DIVISIO.

Quinquagenarius nec minus est perfectus eo quod a septenario nascatur. Septies enim septem fiunt XLIX. Si addas UNUM, L fiunt. Quinquagesimus annus jubileus vocabatur, id est annus remissionis, in quo omnis possessio revertebatur ad dominum proprium, et tunc omnis servus liber egrediebatur;

nec bos nec asinus operabatur. Et si aliquid terra sponte ferret, pauperibus tribuebatur. Quinquagesima in tertio gradu consistit. Antea dubitabamus utrum propius Dominus nobiscum esset, jam tenemus illum et dicimus : « Esto mihi in Deum protectorem et in locum refugii (*Psal.* xxx). » Ipsum precamur ducem militiæ nostræ dicendo : « Dux mihi eris et enutries me (*ibid.*). » Jam in expeditione sumus. Unde et Apostolus nobis indicat quibus armis muniamur : « Nunc autem manent fides, spes, charitas, tria hæc (*I Cor.* xiii). » De quibus dicit in alia Epistola : « In omnibus sumentes scutum fidei (*Ephes.* vi), » et reliqua. Triumphator militiæ nostræ Deus est. Cui dicitur : « Tu es Deus qui facis mirabilia (*Psal.* lxxvi). » Tractus vero Domino nos præcipit servire, quia nos fecit ; non ei cui nosmetipsos vendidimus. In lx seminavimus, in l fructum colligimus. Quid enim cæcus aliquid a Domino quæsivit, nisi ut frueretur lumine. Fructum quæsivit, fructum invenit. Ista luna secundum diem Paschæ tangit. Sicut autem senarius perfectionem bonorum operum demonstrat, ita quinquagenarius omnia opera bona quæ perficiuntur per v sensus corporis. Quinquies decem, l fiunt. Si quis per exteriorem administrationem x verba legis complevit in Spiritu sancto, non dubitet ad consortium perveniendum esse beatæ resurrectionis, quæ celebratur in Pascha Domini. Per Sabbatum venimus ad Dominicum diem, sic et per septiformem Spiritum legem implendo, ad resurrectionem. Tres gradus sunt officiorum trium, quia infiximus usque ad hunc locum : Primus continet planctum captivorum, qui esse nolunt sub dominiis vitiorum. Secundus voluntatem fugæ dæmonstrat, dummodo propriis Dominus velit eos suscipere ac non a se repellere. Tertius consilium agit quando fugiat, præsumens jam de susceptione. Bonum consilium adipiscitur juxta verba Introitus. Diximus tres gradus nitentium ad pugnam, similiter dicimus tres articulos triumphi, id est primam Sabbati, quartamque, et septimam. Per eosdem articulos populus Israel ad plenam libertatem pervenit. Nam revisio prima facta est sub Zorobabel duce et Jesu sacerdote magno. Secunda revisio sub Esdra, sicut ab eodem scriptum est ; sed nondum muri Hierusalem reædificati sunt, et qui remanserant et derelicti sunt de captivitate in afflictione erant. Tertia revisio facta est sub eodem, sic enim scriptum est : « Miserat autem rex principes militum et equitatus (*II Esdr.* ii), » et paulo post : « Et veni Hierusalem, et eram ibi tribus diebus (*ibid.*). » Postea Neemias ædificavit templum. Quadragenarius quoque numerus significat conflictum Ecclesiæ. Perfectus est enim eo quod a quaternario nascatur, quæ perfectio est totius creaturæ. In xi. aliqua pars pugnæ peracta est. Dicit nobis quem in Quadragesima protectorem invocavimus : « Invocabit me et ego exaudiam eum, » et reliqua. Epistola ita : Tempore accepto exaudivi te ; et in Responsorio : Angelus Domini, custodi. In Tractu : Scuto veritatis circumdati sumus. In Evangelio ad triumphum tendimus, ut dicamus inimico : Vade, Satanas, in interitum. A supradicta Dominica usque ad baptismum xlii dies computantur. Tot ecce mansiones fuerunt filiorum Israel, quando exierunt de terra Ægypti usque ad terram promissionis. Prima itaque mansio vocabatur Ramesse, id est motio vel tonitruum ; ii, Sochot, id est tabernaculum ; iii, Etham, id est fortitudo, vel perfectio ; iv, Philahiroth, id est os nobilium ; v, Mara, id est amaritudo ; vi, Elim, id est arietes fortes ; vii, mare Rubrum ; viii, Sin, id est rubus, vel odium, sive adjutorium ; ix, Depchapha, id est pulsatio ; x, Aliis, id est firmamentum ; xi, Raphidim, id est dissolutio fortium vel remissio manuum ; xii, Sina, id est rufus ; xiii, Sepulcra concupiscentiæ ; xiv, Aseroth, id est vincula vel disciplina ; xv, Rechma, id est sonitus vel juniperus ; xvi, Remonphares, id est punici mali divisio ; xvii, Lebria, id est laterem ; xviii, Ressa quod vertitur in frenos ; xix, Calta, id est ecclesia ; xx, Sepher, id est pulchritudo ; xxi, arada, id est miraculum ; xxii, Maceloth, id est cœtus ; xxiii, Thaad, id est pavor ; xxiv, Thare, id est militia vel pastura ; xxv, Methcha, id est dulcedo ; xxvi, Esmona, id est festinatio ; xxvii, Moseroth, id est vinculum, vel disciplina sæculi ; xxviii, Banetacan, id est filii necessitatis ; xxix, Galgad, id est nuntius sive accinctio vel occisio ; xxx, Hicthebata, id est bonitas ; xxxi, Ebrona, id est transitus ; xxxii, Asiongaber, id est ligna viri ; xxxiii, Sin, quæ est cades, id est sancta ; xxxiv, Or in monte ; xxxv, Salmona, id est imaguncula ; xxxvi, Phinon, id est omnes ; xxxvii, Oboth, id est imago, vel phitones ; xxxviii, Hieharun, id est acervus lapidum ; xxxix, Dibon, id est fortiter ; xl, helmondablataim, id est contemptus balatarum ; xli, Abarum in montibus contra faciem Nabor, id est in montes transeuntium, Nabor, id est conclusio ; xlii, in campestribus Moab super Jordanem. Hæc sunt xlii mansiones quæ notantur in xlii diebus. Tot etiam generationes Christi cum Jechonia bis computato et eodem Christo. Merito igitur eodem mansionum numero ad cœlestem patriam tenditur, quo filii Israel ad terram promissionis venerunt. Et merito qui ad Christum transeunt, per baptismum eodem numero ad eum perveniunt, quo Christus ad nos pervenire dignatus est.

DOMINICA IN QUINQUAGESIMA.

Secundum Lucam.

« Assumpsit Jesus duodecim discipulos suos, et ait illis : Ecce ascendimus Hierosolymam, et consummabuntur omnia quæ scripta sunt de Filio hominis. Tradetur enim gentibus, et illudetur, et flagellabitur, et conspuetur. Et postquam flagellaverin occident eum, et tertia die resurget (*Luc.* XVIII). » Si apostoli toties præmoniti de morte Domini, tum eum quando comprehensus est reliquerunt, quanto magis scandalizarentur, si præmoniti non fuissent. Crebro igitur prædixit eis, et passionis pœnam, et resurrectionis gloriam, ut cum morientem cernerent, etiam resurrecturum non dubitarent. Quod ostendit prophetarum præsagiis ad destructionem hæreticorum in Ecclesia futurorum. « Et ipsi nihil horum intellexerunt. Et erat verbum istud absconditum ab eis, et non intelligebant quæ dicebantur. »

Legimus in Evangelio secundum Joannem (*Joan.* XII), dicentem : « Si exaltatus fuero a terra, omnia traham ad meipsum, » respondisse turbam atque dixisse : « Nos audivimus ex lege, quia Christus manet in æternum, et quomodo tu dicis : Oportet exaltari Filium hominis. » Quid est ergo quod discipuli toties sibi replicatum Dominicæ passionis arcanum nequeunt [capere], et Judæi, ad unum verbum et tam obscure positum, ut hoc expositione dignum evangelista dicat : « Hoc autem dicebat, inquit, significans qua morte esset moriturus, » mox quia crucis exaltatio significetur intelligunt, nisi quia discipuli ejus vitam maxime desiderabant videre, ejus mortem audire non poterant, quem non solum hominem innocentem, sed et Deum verum sciebant. Hunc nullatenus mori vel posse putabant. Sed cum de passione sua eis loqueretur, putabant quod sibi per parabolas loqueretur.

« Factum est autem cum appropinquaret Jericho, cæcus quidam sedebat secus viam mendicans. Et cum audiret turbam prætereuntem, interrogabat quid hoc esset. Dixerunt autem ei, quia Jesus Nazarenus transiret. » Quod Lucas de uno, hoc Matthæus de duobus cæcis dixit ita exorsus : « Egrediente, inquiens, Jesu ab Jericho secuta est eum turba multa (*Matth.* XX). » Multi latrones erant in Jericho, qui egredientes de Hierosolymis in Jericho interficere consueverant et vulnerare. Et idcirco Dominus cum discipulis suis venit liberare vulneratos.

« Et ecce duo cæci, ex quibus erat Barthimæus filius Thimæi, sedentes secus viam, audierunt quia Jesus Nazarenus transiret, et clamaverunt dicentes : « Domine, miserere nostri, fili David (*Matth.* XX; *Marc.* X). » Quod Marcus de altero cæco tacet, ita solvitur, ut illa soluta est quæstio de duobus qui legionem dæmonum patiebantur in regione Gerasenorum. Nam duorum cæcorum unum fuisse famosissimum in hoc apparet, quod nomen etiam patris ejus commemoravit. Lucas vero quamvis omnino eodem modo factum de cæco commemorat, tamen in alio cæco intelligendum est par commemorare miraculum.

« Turba autem increpabat eos ut tacerent. At illi magis clamabant dicentes : Domine, miserere nostri, fili David. » Talis est natura fidei, quod quanto magis vetatur, teo magis accenditur. Virtus enim fidei secura est in periculis.

« Et stetit Jesus et convocavit eos et ait : Quid vultis ut faciam vobis ? Dicunt illi : Domine, ut aperiantur oculi nostri. » Filius David, id est humana natura, cæcos illuminare non potest ; Filius autem Dei, id est divina, illuminare potest. Ideo interrogo quid vultis. Tunc illi jam non dixerunt : Domine, fili David, sed tantum : « Domine, ut aperiantur oculi nostri. » Quamdiu dixerunt fili David, suspensa est sanitas ; mox ut dixerunt tantummodo, Domine, infusa est. Ad hoc etiam interrogat, ut cor ad orationem excitet, quia vult a nobis hoc peti quod prænoscit a se concedi ; vel idcirco requirit ut credamus non nisi confitentem posse salvari.

« Misertus autem eorum Jesus tetigit oculos eorum, et confestim viderunt, et secuti sunt eum, magnificantes Dominum. Et omnis plebs, ut vidit, dedit laudem Domino. » Tetigit oculos eorum carnaliter, non verbo, quia David filium eum dixerunt, sanavit ut Deus, quia crediderunt. Transiens quippe cæcos audit, stans vero illuminat, quia per humanitatem suam nostræ cæcitati compatitur ; sed per potentiam divinitatis lumen nobis gratiæ infundit. Videt autem et sequitur prætereuntem Jesum, qui bonum quod intelligit intuitu ejus operatur. Hic talis et proficit et alios ad laudem Dei accendit. Laudat plebs Deum, non solum pro impetrato munere lucis, sed et pro merito fidei impetrantis ; ideo non solum quod potenter et misericorditer illuminat, sed quia etiam clamorem fidei firmiter clamantis exaudit. Typice cæci appellantur, qui nondum dicere poterant : « In lumine tuo videbimus lumen (*Psal.* XXXV). » Secus viam dicit, quia videbantur habere legis notitiam, sed viam quæ Christus est ignorabant. Hos quidam intelligunt Pharisæos et Sadducæos ; alii vero utrumque populum, quorum alter legem scriptam, alter naturalem habebat. Si cæci referuntur ad Judæos, tunc per turbam intelligendi sunt ethnici ; sin ad utrumque populum, de utroque populo erat turba. Aliter : Secundum quosdam cæci significant duos populos ex gentibus, unum ex Cham, alterum ex Japheth. Cæci erant quia non apparuerat eis lux Unigeniti. Audierunt gentes de transitu Jesu, secundum testimonia prophetarum annuntiantibus apostolis. Cum egressus esset ab Jericho, id est de hoc mundo ; Jericho quippe luna interpretatur, per quam defectus nostræ mortalitatis intelligitur. Appropinquans ergo Dominus Jericho, secundum Lucam, cæco lumen reddidit, quia ante passionem populo tantum Judæorum prædicavit. Proficiscens ergo de Jericho cæcos illuminavit, quia prius resurrectionem et ascensionem per apostolos et Judæis et gentibus æternæ Divinitatis, et assumptæ humanitatis arcana patefecit. Quod Marcus unum illuminatum scribit, ad gentium salutem respicit, quarum cæcitas novissima erat. Matthæus recte duos illuminatos scribens Hebræis, sciebat enim notitiam Dei perventuram ad gentes.

Unde etiam asinam et pullum refert simul adductos Domino (*Matth.* xx), cum cæteri tres evangelistæ solummodo mentionem faciunt asini, utpote scribentes Ecclesiæ gentium. Vocat Dominus secundum Marcum cæcum clamantem ad se, cum populo gentium, scientiam veritatis desideranti, per sanctos prædicatores verbum fidei committit. Qui dicit cum propheta : « Accedite ad eum, et illuminamini (*Psal.* xxxiii). » Et iterum : « Surge, qui dormis, et exsurge a mortuis, et illuminabit tibi Christus (*Ephes.* v). » Per vestimentum accipe facultates, et retinacula mundi.

Beda in Lucam : Dum Conditor noster appropinquat Jericho, cæcus ad lumen redit, quia, dum Divinitas defectum nostræ carnis suscipit, humanum genus æternæ claritatis lumen quod amiserat recepit. Cæcus sedet juxta viam, dum incipit credere in ipsum qui dicit : « Ego sum via (*Joan.* xiv). » Mendicat dum rogat. Unde sequitur : « Et clamabat. » Qui Jesum venientem præcedunt et increpant, tumultum carnalium vitiorum designavit qui cogitationes nostras dissipant, et voces cordis in oratione perturbant, ne Jesus cor illuminare accedat. Sæpe occurrunt cordi phantasmata peccatorum quæ fecimus et turbant animum, sed tunc ardentius clamori orationis insistendum est. Unde phantasmata occurrunt, aliquatenus Jesum transire sentimus; cum vero orationi vehementer insistimus, tunc nobis Jesus appropinquat, et sic lux amissa reparatur.

DOMINICA IN QUINQUAGESIMA.

« Quam magna multitudo dulcedinis tuæ, Domine, quam abscondisti timentibus te (*Psal.* xxx). » Vere, charissimi, magna et ingens est multitudo dulcedinis, qua perfruendo justi affluunt omnibus deliciis. Hæc dulcedo nunc quidem Deum timentibus absconditur, tunc autem sperantibus in eum perficitur, cum in gaudio Domini oculo ad oculum Regem gloriæ indecore suo videbunt, et ipsi glorificati ut sol fulgebunt. Ad hanc itaque glorificationem perveniendam, scala nobis hodie erigitur, per quam a fidelibus cœli culmen attingitur. Hæc autem scala charitas est, per quam ad cœli fastigia tendit ecclesiæ humilitas. Hujus scalæ vero latera sunt geminæ dilectionis, Dei scilicet et proximi, præcepta. Porro gradus qui his lateribus inseruntur, sunt diversæ virtutes per quas charitatis præcepta complebuntur, per quas qui recte scandit faciem Domini, quæ est charitas, in jubilo videbit. Quindecim autem gradus texuntur, quia per quindecim ramos charitatis cœlestia petuntur. Unde et in templo Domini ad sanctuarium xv gradibus ascendebatur, quia scandens in hac scala ad cœlestis templi sanctuarium Christum sublevatur. Psalmi quoque xv gradus inscribuntur, quibus hæc virtutes instruuntur, per quas æthera a beatis scanduntur ; xv autem sunt ter quinque, quia per fidem sanctæ Trinitatis oportet nos v sensibus nostris opera charitatis implere. Primus itaque gradus hujus scalæ est patientia, in qua animas possideri docet æterna Dei sapientia. In hoc gradu scandentes gressum firmamus, si injurias et contumelias patienter pro Christi amore toleramus ; jam opprobria et flagella et ipsam mortem pro nobis patienter sustinuit, et se imitantibus præmia permanentis gloriæ restituit. Secundus gradus intexitur benignitas, per quam angelicæ societatis acquiritur dignitas. Huic gradui gressum imprimimus, si pro malis non mala, sed bona retribuimus, et proximis nostris necessaria, pro posse nostro, benigne impendimus ; quia Christus suis crucifixoribus pro malo bonum, scilicet vitam æternam pro sua passione reddidit : quam suis quoque imitatoribus tribuit. Tertius gradus inseritur pietas, per quam superiorum civium adipiscitur dulcis satietas. In hoc gradu pia mens scandens exaltatur, sed aliorum felicitatem non æmulatur. « Invidia enim diaboli mors intravit in orbem terrarum ; imitantur autem illum qui sunt ex parte ejus (*Sap.* ii). » Quartus gradus innectitur simplicitas, per quam cœlestis gaudii subitur multiplicitas. In hunc gradum pedem ponimus, si perperam id fraudulenter non agamus, scilicet si fidei servitio nihil subtrahimus, et bona, non populi favore, sed sola Dei causa facimus. Quintus gradus scalæ inditur humilitas, per quam attingitur angelica sublimitas. In hoc gradu scandens mens solidatur, si de accepta scientia non inflatur, et Dominum superbis resistere, humilibus autem dare gratiam recordatur.

Sextus gradus est mundi contemptus, per quem superni regni acquiritur census. In hoc gradu exsultat anima gloriosa, si non est ambitiosa, quia potentes potenter patientur tormenta (*Sap.* vi). Si autem, Domino placuerit docere : « Amice, ascende superius (*Luc.* xiv), » non renuat subire leve Domini onus, ut possit prodesse verbo et exemplo fratribus. Septimus gradus ponitur voluntaria paupertas, pro qua gloriæ et divitiarum in domo Domini accipitur ubertas. In hunc gradum figit homo vestigia, si non quærit quæ sibi solummodo, sed quæ omnibus sunt utilia et ad laudem Christi pertinentia. Hic talis scandat lætus, quia paravit in dulcedine sua pauperi Deus (*Psal.* lxvii). Octavus gradus est pax, quæ æternæ lucis est fax. In hoc gradu mens roboratur, si nec verbis nec factis, ab aliquo irritatur, et si corpus animæ in Dei servitio subjugatur, et anima spiritui concordans Domino Deo jugiter famulatur. In hoc gradu positi, beati dicuntur, quoniam filii Dei vocabuntur (*Matth.* v). Nonus gradus scribitur bonitas, per quam intratur vitæ cœlestis jucunditas. In hunc homo scandit gradum, si non solum non facit, sed nec cogitat malum. Decimus gradus est spiritale gaudium, per quod pertingitur ad angelorum contubernium. In hunc gradum lætetur homo se ascendisse, si non gaudet super iniquitate, si non gaudet super ruina inimici, nec de malis quæ eveniunt aliis; congaudet autem veritati (*I Cor.* xiii), scilicet omnibus gestis ad honorem Christi, qui est veritas et vitæ præmium et plenum omnium gaudium. Unde decimus gradus locatur sufferentia, per quam supernæ gloriæ adipiscitur eminentia. Hunc gradum scandere animus arripiet, si omnia mundi adversa pro Christo suffert. In hoc gradu constituti, beati, scribuntur, si persecutionem pro justitia patiuntur, quoniam regnum sortiuntur Dei.

Duodecimus gradus dicitur esse fides, quæ homines efficit angelis concives. Per hunc gradum homo gressum premit, si cuncta de Deo et æterna vita pie dicta vel scripta fideliter credit; quia est impossibile sine fide Deo placere (*Hebr.* xi). Tertius decimus gradus annectitur spes, quæ non confundit præstolantes spirituales res. In hunc gradum pedes mens sancta levat, si omnia bona de futura vita sperat. Quartus decimus sequitur longanimitas, per quam impetratur angelorum æqualitas. Hunc gradum quilibet scandens apprehendet, si omnes promissiones Dei æquanimiter sustinet, si onus Domini tamdiu bajulat, quousque ipse veniens, jugum de collo ejus excutiat, et eum a labore cessare, et in requie recumbere faciat. Quintus decimus gradus ultimus, ponitur perseverantia, per quam paradisiacæ amœnitatis capiuntur prata virentia. In hunc gradum mens alta petens se pervenisse congaudeat, si de Dei misericordia nunquam desperanda excidat. « Qui enim perseveraverit usque in finem, hic salvus erit (*Matth.* xxiv). » Qui per hos omnes gradus rite scandet, hunc Dominus charitas in cellaria æternæ dulcedinis introducet. Hæc scala, charissimi, per timorem erigitur, per quem charitas ad summum deducta, ipsa ut filius in hæreditatem Domini introducitur. Timor vero ut servus foras ejicitur (*I Joan.* iv). Sciendum autem quod duo motus sunt cordis, quibus anima rationaliter ad omne quod facit, agendum impellitur. Unus est timor, alter amor. Hæc duo, cum bona sunt, omne bonum efficiunt. Per timorem enim mala caventur; per amorem bona exercentur. Cum autem mala sunt, omnium malorum causa existunt. Per timorem enim malum a bono receditur; per amorem vero malum mala perpetrantur. Sunt ergo duo hæc quasi portæ duæ, per quam mors et vita ingrediuntur. Mors quidem, cum aperiuntur ad malum; vita autem, cum ad bonum reserantur.

De timore et amore Dei.

Timor est effectus mentis quo movetur ut superiori cedat : amore enim accedit, timore recedit. Si in justitia perstitisset homo, ex voluntate subjiceretur meliori : nunc autem ex necessitate subjicitur fortiori. Hæc est pœna illa timoris, ex qua servilis nominatur, quando qui voluntate prius meliori subjici noluit, nunc necessitate fortiori subjicitur, quia profecto pœnam tunc charitas foras mittit (*I Joan.* iv), quando subjectionem voluntariam facit. Quanto magis crescit charitas, tanto magis crescit voluntas; quanto magis crescit voluntas, tanto magis decrescit necessitas, et jam perfecta charitate amat, ad reverentiam meliorem voluntarius, non timet ad pœnam fortiorem invitus. Quæritur de Christo homine quomodo timorem Domini habuerit, sed facile est demonstrare quomodo voluntarie Patri, in quantum ipse homo erat, sibi superiori, subjiciebat, et spontanea reverentia cedebat illi quem superiorem cognoscebat, dicens : « Pater major me est (*Joan.* xiv). » Sicut igitur amor cum sit motus mentis naturaliter unus, secundum diversas qualitates diversa nomina sortitur, et dicitur aliquando cupiditas, quando scilicet ad mundum est, quando vero ad Deum charitas : sic timor cum sit motus mentis naturaliter unus, secundum diversos tamen motus habetur, vel operatur, diversis nominibus significatur. Quatuor sane timores sacra Scriptura discernit, servilem, mundanum, initialem, filialem. Servilis timor est pro evitanda pœna abstinere a malo, retenta voluntate mala. Mundanus timor est pro evitanda pœna abstinere a bono, retenta voluntate bona. Initialis vero timor est, pro evitanda pœna cum perverso opere etiam pravas cogitationes resecare. Filialis timor est bono firmiter adhærere, quia illud amittere nolis. Ex his quatuor duo mali sunt, id est servilis et mundanus : duo vero boni, id est initialis et filialis. Servilis timor pœnam quæ ab hominibus infertur metuit : idcirco ei sufficit cessare a malo opere, quia ad oculum famulatur; et reatum conscientiæ non metuit, hominibus placere volens. Mundanus vero timor, hominibus placere non quærens, tamen displicere metuens, et ipse fingens quod non est; tam mendax in neganda veritate quam fallax in falsitate tegenda, et uterque in veritate offendit : alter, quia timide negat quod est; alter, quia perverse sileat quod non est. Initialis vero timor, quia eam qua Deus comminatur pœnam, declinare satagit, nequaquam sibi sufficere videt, ut ab illicita se operatione contineat, quia ei qui cor intuetur, non est satis ad probationem si innocens fuerit actio, nisi etiam ipsa cordis cogitatio ante ejus oculos sincera atque impolluta appareat. Quia ergo illi displicere metuit qui videt totum, ad perfectam innocentiam coram eo necesse esse considerat, ut mundet totum; et ideo iste timor initialis dicitur, quia sub hoc p r bonam voluntatem, et virtutis initium capit et finem. Necdum tamen perfectio est, quia dum aliud agitur, et aliud intenditur, ipsum adhuc propter se bonum non amittatur. Tunc accedit charitas, et intrat per timorem istum. Qui dum monstrat quod fugere debeamus periculum, quodammodo appetere et desiderare facit præsidium. Convertit cor ad Deum, ut quodammodo de ipso fugiat ad ipsum, hoc est dum cavet habere iratum, studeat habere propitium.

Hunc sequitur timor filialis qui ex succedente charitate nascitur, ut ipsum timere nihil aliud sit, quam degustatum in charitate bonum jam nolle amittere, et hic quidem timor aliquid pœnæ adjunctum habet, dum in certo ambulamus, et potest in utramque adhuc partem declinare status vitæ mutabilis. Sed cum mutabilitas nulla erit, tunc nulla ex incerto suspicionis pœna inerit, et tunc timor quodammodo sine timore erit, ubi et de stabilitate certi erimus, et tamen reverentiam Creatori exhibere non desistimus.

DOMINICA IN QUADRAGESIMA.

Secundum Matthæum.

« Ductus est Jesus in desertum ut tentaretur a diabolo, etc » (*Matth.* IV.) Consulte Lucas primo posuit : « Jesus autem plenus Spiritu sancto regressus ab Jordane (*Luc.* IV) » ne dubitaretur a quo spiritu ductus fuerit in desertum secundum Matthæum, vel expulsus secundum Marcum. Procul dubio non virtute mali spiritus Jesus agitur in desertum, sed voluntate sui spiritus, ut sternat adversarium. Vere enim et absque ulla quæstione convenienter accipitur, ut a sancto Spiritu in desertum ductus credatur ut illuc eum suus spiritus duceret, ubi hunc ad tentandum spiritus malignus inveniret. Ubi nunc præmonstratur, ut post baptismum accingamur fortiter contra diabolum, relictis mundi illecebris, et societate pravorum. « Et cum jejunasset quadraginta diebus et quadraginta noctibus, postea esuriit. » Obtulit se tentatori quadraginta diebus et quadraginta noctibus ut indicet quia sive hic prospera blandiantur, quod ad dies pertinet, sive adversa feriant, quod noctis figuræ congruit, semper fidelibus adest adversarius non cessans eos impedire tentando. Esuriit torpore, ut diabolo tribueretur tentandi occasio, et vinceretur ab homine, cujus morte et calamitatibus gloriabatur. Movebatur diabolus XL dierum jejunio, sciebat totidem diebus aquas abyssi effusas, exploratam repromissionis terram, Moysi legem a Deo datam, filios Israel totidem annis in eremo pane angelorum vixisse. Cum vero sensit post jejunium esurire Dominum, quod non de Moyse vel Elia legitur, ut post jejunia esurirent, accessit tentando longe remotus malitiæ voto. Decem sunt præcepta legis, et quadripertitus est mundus, quod significat jam Christi gratiam jam diffusam per mundum, qui jejunavit spatio XL dierum. In quo jejunio quasi clamabat : « Abstinete vos a desideriis hujus sæculi (*I Petr.* II).» In comestione et bibitione post resurrectionem velut clamabat : « Ecce ego vobiscum sum usque ad consummationem sæculi (*Matth.* XXVIII). » Unde quamvis nondum gloriemur, tamen sperando jam pascimur. Congrue jejunium Quadragesimæ statutum est cum fine Dominicæ passionis, quod significat nos debere a mundi amicitia continere, ut Deum sequi valeamus. In abstinentia autem quadragenarius numerus custoditur, quia virtus Decalogi per quatuor libros Evangelii impletur, cum Evangelium custoditur, vel quia per Decalogum Deum et proximum diligere præcipimur, et motu corporis, quod ex quatuor subsistit elementis, charitas Dei et proximi violatur, apte ad diluenda peccata in quadragenarium numerum tempus pœnitentiæ surgit. « Et accedens tentator dixit ei : Si Filius Dei es, dic ut lapides isti panes fiant. Qui respondens dixit : Scriptum est : Non in solo pane vivit homo, sed in omni verbo quod procedit de ore Dei. » Credidit aliquando diabolus debellatorem suum venisse in mundum, sicut per obsessum hominem dixit : « Quid nobis et tibi, Fili Dei. Venisti ante tempus torquere nos (*Matth.* VIII). » Deinde et non illum esse dubitavit, mortalia patiendo. Scriptum est, dixit Dominus, quia humilitate, non potentia proposuerat vincere diabolum. Intendebat dæmonum princeps et mutatione lapidum in panes virtutem potestatis in Deo agnoscere, et in homine ex oblectamento cibi patientiam esuritionis illudere. Verum Dominus, de Deuteronomio testimonium sumens ostendit non in pane hoc solitario, sed in verbo Dei alimoniam æternitatis esse sperandam. Tribus modis tentatio fit, suggestione, delectatione, consensu. Christus autem suggestione sola tentatus est, quia delectatio peccati mentem ejus non momordit. Non fuit indignum tentari illi qui occidi venerat, ut sua tentatione nostras vinceret, sicut sua morte nostra tulit peccata.

Tunc assumpsit eum Diabolus in sanctam civitatem, et statuit eum supra pinnaculum templi. » Non est mirum si se permisit ab illo assumi, et duci et statui, qui se protulit a membris illius crucifigi. Potest autem sic intelligi : Assumpsit eum diabolus, id est tentando invasit, et statuit eum supra pinnaculum templi. Ideo occasio fuit, quare Dominus a suo spiritu sit ductus et statutus illic. Pinna vel pinnaculum est fastigium, id est summitas. Solebant enim antiqui, sicut adhuc fit in pluribus locis, superiora domorum vel templorum facere plano schemate, ut ibi possent stare et agere quod vellent. Unde Dominus ad apostolos : « Quod in aure auditis prædicate super tecta (*Matth.* X). » Sanctam autem civitatem Hierusalem dicebant in qua templum et cultus Dei secundum legem Moysi habebatur.

« Et dixit ei : Si filius Dei es, mitte te deorsum. Scriptum est enim : Quia angelis suis mandavit de te, et in manibus tollent te, ne forte offendas ad lapidem pedem tuum. » In omnibus tentationibus hoc agit diabolus, ut intelligat si Filius Dei sit. Sed Dominus sic responsionem temperat ut eum relinquat ambiguum. Dicens, « mitte te deorsum, » qui omnes præcipitare satagit, infirmus ostenditur : nam persuadere potest, præcipitare non potest. Testimonium autem quod inducit non de Christo tantum sed et de omni viro sancto prophetia est. Hieronymus psalmo xc sic exponit : « Quicunque duas naturas Dei et hominis perfectas crediderit in Salvatore, hic angelicis manibus vallatus, ad lapidem, id est ad Christum, non offendit pedem suum, qui lapis est offensionis et petra scandali. » Augustinus in eodem psalmo : « In manibus angelorum sublatus est Dominus, quando assumptus est in cœlum (*Act.* 1), non quia, si non portarent, ruiturus erat, sed quia obsequebantur Regi, Quod si dicas : Meliores sunt qui portant quam qui portatur, respondebo : Bene meliora sunt jumenta hominibus. Tacuit autem tergiversator de sui conculcatione, non subjungens Filium Dei super aspidem et basiliscum ambulaturum et conculcaturum leonem et draconem. Ait illi Jesus rursum : « Scriptum est : Non tentabis Dominum Deum tuum. » Veris Scripturarum frangit clipeis falsas diaboli sagittas de Scripturis, qui vel falsa proponit vel veris falsa persuadere conatur. Testimonia de Deuteronomio protulit Dominus, ut sedem legis sacramenta monstraret. Suggerebatur ei quasi homini ut signo aliquo exploraret quantum apud Deum valeret. Sed, sicut scriptum est, homo ne Deum tentare audeat, quando habet quid faciat, ut quod cavere oporteat evadat. Inde est illud : « Si vos persecuti fuerint in una civitate, fugite in aliam (*Matth.* x). » Postquam vero defecit humana providentia, si homo se totum committit divinæ potentiæ, non est dicenda tentatio. Nunc autem poterat Christus aliter de templo discedere quam per jactantiam se præcipitare.

« Iterum assumpsit eum diabolus in montem excelsum valde, et ostendit ei omnia regna mundi et gloriam eorum, et dixit ei : Hæc omnia tibi dabo, si cadens adoraveris me. » In montem, id est supra montem, ostendit regna, non quod visum ejus, qui omnia videt, amplificaverit, sed quantum in se fuit, verbo et promissione ostendit vanitatem humanæ pompæ quam amabat, speciosam, suadens Domino ut videlicet sic eum sibi subjiceret. Bene, quod Lucas commemorat, in momento temporis temporalia monstrantur, quia cito cadunt humanæ potestates ; dicens, « Hæc omnia tibi dabo, » superbe loquitur, non quod omnia regna dare posset. Procidens adoraveris dictum est, quia adoraturus diabolum, ante corruit. Nota quia omnis potestas et ordinatio potestatum a Domino est, sed a malo potestatis ambitio. Potestas itaque diabolo ad tempus promissa non mala est, sed is qui ambiendo male utitur potestate malus est. « Tunc dicit ei Jesus : Vade, Satanas. Scriptum est enim : Dominum Deum tuum adorabis, et illi soli servies. » Non, ut quidam putant, Satanas et Petrus eadem sententia damnantur : Petro enim dicit : « Vade retro, Satanas (*Matth.* xvi), » id est sequere me, qui contrarius es voluntati meæ. Hic non dicitur retro, ut subaudiatur, vade in ignem æternum. Omni homini scriptum est Deum adorare eique soli servire. Græce latria dicitur servitus illa quæ soli convenit Deo, non creaturæ. Unde idololatræ nuncupantur hi qui sacrificia quæ uni debent Domino idolis impendunt. Dulia autem est servitus communis sive Deo sive homini. Unde et servus dicitur Latine, quod dulôs dicitur Græce. Jubemur ergo per charitatem servire invicem, quod Græce est dulium, et Domino soli quod Græce est latrium.

« Et consummata omni tentatione tunc reliquit eum diabolus usque ad tempus. Erat quoque cum bestiis, et ecce angeli accesserunt et ministrabant ei. » Consummatam omnem tentationem dicit, quia his tribus tentationibus continentur origines omnium vitiorum, Joanne attestante, qui ait : « Omne quod in mundo est, concupiscentia carnis est, et concupiscentia oculorum et superbia vitæ (*I Joan.* 11). » Et in evangelica parabola tribus reprobi negotiis ab æternæ vitæ dapibus excluduntur. « Primus dixit : Villam emi, etc. Alter dixit : Juga boum emi, etc. Alius dixit : Uxorem duxi (*Luc.* xiv). » Uxoris appetitus ad concupiscentiam pertinet, sicut gulam. Villæ emptio, ad avaritiam et superbiam. Probatio quinque jugum refertur ad concupiscentiam oculorum ubi curiositas est et vana gloria. Triplici telo hostis quotidie arma defensionis oppone, ut concupiscentia carnis pellatur jejunio, avaritia eleemosynis, jactantia precibus. Antiquum hominem superavit diabolus gula, invento pomo. Vana gloria superavit eum, dicens : « Eritis sicut dii (*Gen.* iii). » Avaritia etiam superavit eum, quando dixit « scientes bonum et malum (*ibid.*). » Avaritia enim recte dicitur sublimitas ambitionis. Sic etiam tentavit Dominum, sed victus recessit. David Goliath tribus lapidibus de torrente prostravit ; Christus diabolum tribus testimoniis de lege. Quæ autem tentationum prima fuerit, quæ media, quæ ultima, et in qua forma tentator accesserit, an in sua propria, an specie hominis assumpta, non multum refert ignorare. Reliquit Dominum diabolus usque ad tempus postea per Judæos aperte cum impugnaturus. Sic etiam quando non prævalet in tentatione a nobis recedit usque ad aliud tempus. Inter bestias Dominus commoratur, ut homo, ministerio utitur angelico, ut Deus. Et nos cum in eremo sanctæ conversationis bestiales hominum mores toleramus, ministerium angelorum meremur ; a quibus corpore soluti ad æterna gaudia transferamur.

SERMO DE TENTATIONE DIABOLICA ET DE ALIIS QUATUOR TENTATIONIBUS.

Multis tentationum calamitatibus mens justi in hac vita pulsatur. Etenim et optat ab hoc sæculo funditus evelli, quo et ærumnis careat, et fixam illam securitatem inveniat. Inter eas pœnas quasi justus in corpore patitur, atque eas quibus mente per fraudem diaboli tolerat multum interest. Nam gravius fert quas interius luget, quam eas quas exterius sustinet. Has enim et loco evitat et tempore ; illas nec loco evitare potest nec tempore. Non amplius electos tentat diabolus quam Dei voluntas permittit. Tentando autem sanctorum profectibus servit

Etsi nolens, tamen sanctorum utilitati servit diabolus, quando eos tentationibus suis non decipit, sed potius erudit. Nam tentationes, quas ille ad humanum interitum movet, interdum Christus ad exercitium virtutum salubri utilitate convertit. Insidiae diaboli atque astutiae, quamvis huc atque illuc quaerentes quem devorent, diffundantur, a potestate divina tamen non egrediuntur, ne tantum noceant quantum malitiose contendunt. Nam quomodo sanctorum virtus tanta tolerare quivisset, si superna dispensatio pio moderamine nequitiam daemonum non frenaretur. Et licet diabolus tentationem justo semper inferre cupiat, tamen si a Deo potestatem non accipit, nullatenus adipisci potest quod appetit. Ante omnis voluntas diaboli injusta est, et tamen, permittente Deo, omnis potestas justa est. Ex se enim tentare quoslibet injuste appetit, sed eos qui tentandi sunt, nonnisi juste tentari Deus permittit. Unde et in libris Regum de diabolo scriptum est quia « spiritus Domini malus irruebat in Saul (*I Reg.* XVIII), » ubi juste quaeritur: Si Domini, cur malus? si malus, cur Domini? Sed duobus verbis comprehensa est et Dei potestas justa, et diaboli voluntas injusta. Nam spiritus malus per nequissimam voluntatem, et idem spiritus Domini per acceptam justissimam potestatem. Diabolus non est immissor, sed incentor potius vitiorum. Neque enim alibi concupiscentiae fomenta succendit, nisi ubi prius pravae cogitationis delectationem aspexerit. Quam si sperni uberius aspexerit, sine dubio ille confusus discedit, statimque franguntur jacula concupiscentiae ejus, contemptaque jacent, et sine luce faces illius exstinguuntur. Sollicite hostis insidias intelligere pariter et cavere Dei servum oportet, sicque innocentia vitae existere simplicem, ut tamen oporteat eum simplicitate prudentem esse. Qui prudentiam simplicitati non miscet, juxta prophetam (*Ose.* VII) columba est seducta, non habens cor.

Sed ideo columba est, quia simplex est; ideo autem cor non habens, quia ignara prudentiae est. Saepe fraus Satanae sanctorum cordibus aperitur, quando per speciem boni, angelum se simulans lucis dum nititur electos decipere, detegitur atque contemnitur. Sic et verba fallacis doctrinae Deus sanctos facit intelligere, quatenus diabolicum errorem interius cognoscant, ut sollicite caveant. Discretio sanctorum tanta esse debet, ut inter bonum et malum praediti ratione dijudicent, ne eos diabolus per speciem boni fallat. Tunc enim bene de se judicant sancti quando Deus fallacia daemonum tentamenta facit intelligere. Multi decipiuntur a diabolo et ignorant sese esse deceptos, prophetae Oseae testimonio declarante: « Comederunt, » inquit, « alieni robur ejus, et ipse ignoravit (*Ose.* VII). » Alieni namque maligni spiritus significantur, qui virtutes mentis comedunt; sed hoc corda negligentium non intellexerunt. Tanquam inermis diabolus vincitur, quando de aperta iniquitate hominem depravare conatur. Armatus vero tunc incedit, dum per spem sanctitatis et virtutis, ea quae sancta sunt destruit, quando et qui decipitur sua detrimenta non sentit, sed tanquam sint virtutes quae sunt vitia sectatur et diligit. In oculis carnalium diabolus terribilis est; in oculis electorum terror ejus vilis est. Ab incredulis ut leo timetur, a fortibus ut vermis contemnitur, ad momentum ostensus repellitur. Qui suggestiones diaboli non recipit iniquus, in insidias minime transit. Nam facile in consequenti operum repellitur, si prima oblectamenta illius respuantur. Diabolus enim serpens est lubricus, cujus si capiti, id est primae suggestioni, non resistitur, totus interna cordis, dum consentit, illabitur. Tentationum diabolicarum initia fragilia sunt. Quae si non caventur, sed per usum in consuetudinem transeunt, in novissimo fortiter convalescunt, ita ut nunquam aut cum difficultate vincantur.

DIVISIO.

Cum in tota vita diabolus praevaricare hominem cupiat, amplius tamen in fine molitur decipere. Proinde quamvis sit justus, tamen necesse est ut in hac vita nunquam sit securus, sed semper humilis caveat, semperque, ne in fine corruat, sollicitus pertimescat. Diabolus suis fautoribus blanditur, Dei servis vero molitur tentamenta contraria secundum exempla Domini, qui se post baptismum passus est a diabolo pertentari. Diabolus sanctos omnes non tenendo possidet, sed tantando persequitur. Nam quia in eis intrinsecus non regnat, contra eos extrinsecus pugnat, et qui interius amisit Dominum, exterius commovet bellum. Tunc contra eum quem possidet diabolus acrius saevit, quando se virtute ab eo expellendum cognoscit. Etenim et immundus spiritus tunc gravius decerpit puerum in quo habitabat (*Matth.* XII), quando ad Christi imperium exire ab eo coactus est. Quod factum et ad Job verba respicit, ubi in novissimis Vehemoth caudam suam quasi cedrus stringit (*Job* XL). Plus diabolus contra eos diversis tentationibus insistit, qui possunt et aliis sua utilitate prodesse, ut, dum illi impediuntur, non perficiant quod docendi sunt. Maligni spiritus hoc quod intra nos mundare cupimus, sine intermissione tentant iterum sordidare. Sancti autem praesago spiritu eorum insidias praecognoscunt, et quidquid in semetipsis terrenum sentiunt indesinenter operibus sanctis exhauriunt, ut de intimis puri inveniantur. Eodem blandimento decipiuntur nunc per diabolum homines quo protoplasti in paradiso sunt decepti. Multis enim vitiorum praestigiis mentes reproborum pertentando deludit. Nunc enim promissis decipit, nunc rebus transitoriis quasi necessariis illicit. Nunc enim ipsa inferni supplicia quasi levia ac transitoria suggerit, quatenus miserorum corda in cupiditate lasciviaque dissolvat secumque ad tartara ducat. Argumenta tentationum malarumque cogitationum, semina quae in corda hominum diabolus fundit, ita saepe undique captant et implicant mentem, ut ex qua parte evadere quisque tentaverit, sine periculo exire non possit : veluti si apud homines electi, apud Deum fenum existunt. jures hoc facere; quod si feceris pecces; si non feceris, reus perjurii sis. In tanto ergo mali discrimine ut evadendi aditus pateat, minora potius eligenda sunt, ut majora vitentur. Diabolus quando decipere [ult] quemquam, prius naturam uniuscujusque intendit, et inde se applicat unde aptum hominem ad peccandum inspexerit. Ex ea parte homines tentat, qua eos per exercentem humorem facile inclinare ad vitia conspicit, ut secundum humoris consparsionem adhibeat tentationem. Lege Balaam qui in figura diaboli contra populum Dei ex ea parte præcepit perniciosos prætendere laqueos, ex qua facilius sensit eos esse lapsuros (*Num.* xxiii). Nam et quia alicubi deducit, non eam per aliam partem mittit, nisi ubi ejus impetum intendit. Nullus culpam non existimet, quam ex propria passione sustinet, sed quantum valet contra id quod tolerat pugnet. Nam si consparsioni ceditur, tentationi vel vitio nequaquam resistitur. Ideo diabolus in sacris eloquiis Vehemoth, id est animal, dicitur, quia de cœlis lapsus ad terras cecidit; ideo Leviathan, id est serpens de aquis, dicitur, quia in hujus sæculi mare volubili versatur astutia; Avis propterea nominatur, quia per superbiam ad alta sustollitur. Et recte his vocabulis tribus appellatur qui pro suo merito aerem quasi avis pro carcere meruit, terram brutum animal comedit, serpens ut in hujus sæculi mare insana jactatur fluctuatione. Ex eo enim quod per membra sua diabolus operatur, sortitur vocabula, ita ut quod singuli agunt incitante illo, ipse nominetur ex eo. Quem enim non decipit diabolus unde animal est, hoc est per carnis luxuriam, tentat unde serpens est, hoc est cupiditatis ac nocendi malitia; quem autem nec sic decipit, insidiatur ei unde avis est, hoc est superbiæ ruina. Unde enim dolos præparat, quousque inveniat viam, per quam incautum decipiat.

DIVISIO.

Aliud est intrare diabolum in mentem cujusquam, aliud vero inhabitare. Nam in corda sanctorum ingreditur dum malas suggestiones insinuat, sed non inhabitat in eis, quia in suo corpore non eos traducit. Qui vero in corpore ejus sunt, ipsos inhabitat, quia ipsi sunt templum ejus. Etsi subripiat mentibus electorum diaboli, non autem in eis requiescit, sicut in cordibus reproborum. Nam calore fidei mox excitatur, ut exeat ab electis. Nonnulli, quos jam avido ore diabolus devoraverat, rursus divini judicii occulta miseratione ab ejus ore diripiuntur, et saluti restituuntur. Nam sæpe multos, quos antiquus hostis luxuriæ cœno mersos tenuit, potentia divina per pœnitentiam ab ejus faucibus traxit. Quomodo de bonorum interitu propheta dicit electos esse diaboli escam (*Habac.* 1), dum alibi scriptum est de illo : « Fenum ut bos comedet (*Job* xl), » nisi quod in oculis Dei fenum sunt, qui electus cibus secundum homines videntur. Ac per hoc qui de bonorum numero pereunt, apud homines electi, apud Deum fenum existunt. Tum diabolus jam deglutisse dicitur quem jam perfecto scelere devorasse videtur. Eum vero quem non deglutivit operis perfectione, sed tentationum illecebris mordet ut devoret, adhuc quasi in maxilla mandit. Unde et Paulus habet stimulos carnis quibus humilietur, non habet peccandi perfectionem qua deglutiatur. Os diaboli verba ejus sunt; verba vero ejus inspirationes occultæ sunt, quibus corda hominum alloquens occultis urit cupiditatibus. Quidam ob incorrigibilem iniquitatem, quia sponte non corriguntur, immundis spiritibus vexandi traduntur ut arripiendi eos dæmones corporaliter habeant potestatem, terroribusque eorum afflicti humilientur, et pœniteant ac salventur. Sicut et Apostolus Corinthiis scribens dicit : « Tradite hujusmodi Satanæ in interitum carnis, ut spiritus salvus sit (*I Cor.* v). » Utile est enim quosdam peccantes, ut animæ salventur, Satanæ corporaliter deputari, quatenus ex præsenti correptione futurum judicium timeant, et de cætero delinquere caveant. Quidam autem potestati dæmonum ad emendationem deputantur; quidam vero despecti ad solam perditionem traduntur. Nonnunquam diabolus adversus hominem justum aut tribulationes cordis illi exaggerat, aut dolores corporis suscitat. Hinc est quod Apostolus ait : « Datus est mihi stimulus carnis meæ angelus Satanæ, ut me colaphizet (*II Cor.* xii). » Sæpe justi mentem variis vexationum doloribus vis dæmonum cruciat, unde interdum usque ad desperationis angustiam coarctatur. Permanenti autem in Dei amore animæ et ipsa talis angustia ad meritum proficit. Nam sive in animo, sive in corpore per instinctum immundorum spirituum quilibet justus adversa patiatur, ex Dei itaque permissu id patitur. Quod si hoc ipsum ad Dei gloriam humilis referat, et dicat : « Si bona suscepimus de manu Domini, mala autem quare non sustineamus (*Job* 1), » iste non separatur a Deo, sed conjungitur, qualibet atroci angustia torqueatur. Multa justus adversa in anima patitur, instigatione dæmonum, sed talibus tentamentis perire vitæ æternæ non potest, quia pius Dominus ad damnationem culpæ non reputat quod de suæ majestatis permissu nolens quæ patitur portat. Nam ibi peccamus, ubi cupiditatem vel voluntatem deflectimus. Ubi vero violenter addicimur, etsi facinus aut flagitium non est, miseria tamen pro flagitio et facinore est. Sed quia Deum pro irrigata laudat miseria, commissa procul dubio evacuat facinora.

Præterea videndum quod quatuor sunt tentationes de quibus in psalmo centesimo sexto : « Confitemini Domino, » cujus secundus versus est : « Dicant qui redempti sunt a Domino. Confiteantur Domino misericordiæ ejus, et mirabilia ejus filiis hominum, » quater reperitur, quo numero, juvante Domino quantum scrutari valuimus, tentationes quatuor significantur. Ab his ergo quisque irretitus eripitur per eum cui omne genu flectitur. Est igitur prima tentatio erroris et famis : erroris quia in ignorantia se homo invenit, famis, quia veritatem noscere cupit, et ea satiari appetit. Qua tentatione cum fatigatus quis fuerit, et corde ad Deum clamaverit, ad viam fidei pervéniet, per quam ad civitatem quietis pergere incipiet. Perducitur itaque ad Christum, qui dicit : « Ego sum via (*Joan.* xiv). » Quapropter ab errore ac fame liberatus, et ad viam quæ Christus est perductus dicat : « Confiteantur Domino misericordiæ ejus et mirabilia ejus filiis hominum. » Hæc est prima tentatio, a qua proficiens liberatur, Christo sibi propitio. Secunda tentatio est, cum cibum veritatis acceperit et in via, quæ Christus est, positus fuerit, audit : Bene vive, et sicut accepisti ac nosti, meliorari satage. Sed de se præsumens, dum confligere adversus vitia conatur, ob suæ præsumptionis superbiam superatur. Sicut ergo erroris et famis prima fuit tentatio, ita secunda est difficultatis in bene operando. Propterea exclamet ad Dominum, tali difficultate gravatus : nam clamans ad eum liberabitur de necessitatibus. Rumpet enim vincula difficultatis, et constituet operarium suum in operatione æquitatis. Incipiet ergo ei jam esse facile quod fuerat difficile, scilicet bene facere, et a malis omnibus abstinere, et fiet facultas quod fuerat difficultas. Hoc vero sine difficultate Dominus potuit præstare, sed si hoc absque difficultate haberemus, largitorem hujus boni non agnosceremus. Nostris enim viribus hoc tribueremus, et Deum collatorem hujus gratiæ non sentiremus. Et quia humana fragilitas quod sibi est præceptum, licet velit, per se non valet ducere ad effectum, dicat item cum Psalmista : « Confiteantur Domino misericordiæ ejus, et mirabilia ejus filiis hominum. » Hæc est secunda tentatio : difficultas vincendarum concupiscentiarum.

Post has duas tentationes, tertia hominem excipit : ei vero loquor qui has duas jam transiit. Nam duæ istæ sunt multis notæ. Quis enim nescit se ad veritatem ab ignorantia venisse, ad verbum fidei a fame sapientiæ? Hæc vero tertia est tædium verbi divini, scilicet tædium orandi, legendi, vigilandi, et aliorum quibus posset ad melius provehi; et tantum incurrat interdum periculum, ut nil de prius bene gestis faciat eum securum; sed pro tædio se timeat periturum. Sicut enim fastidito cibo corporali corpus perimitur, ita fastidito spirituali victu anima periclitatur. Etenim rursus clamat ad Dominum et liberatur, et inde sequitur ut confiteatur. Ecce splendificatis tenebris, et difficultatibus veterum consuetudinum superatis et repulso tædio verbi Dei, talis jam aptus est qui ad regimen Ecclesiarum debeat provehi. Sed quanto magis exaltatur, tanto amplius periclitatur. Tunc enim insurgit tempestas maris, Ecclesiam quatientis et gubernatorem turbantis. Et sic periclitatur, modo ascendendo usque ad cœlos sperando, interdum descendendo ad abyssos desperando. Item clamat ad Dominum, et liberatur, et ideo merito ut prius confiteatur. Hæc est quarta tentatio, quæ vocatur periculum in regimine rerum publicarum. Nemo vero putet hanc tentationem ad solos pertinere prælatos, quia omnes in navi portantur, et qui operantur, et qui gubernantur, et simul in mari periclitantur, et simul in portu salvantur. Quatuor hæc tentationes in psalmo ponuntur; quæ per quatuor « Confiteantur » intelliguntur.

ITEM SERMO DE QUADRAGESIMA.

Charissimi, cum de paradiso expulsi sumus, dictum est nobis : « Pulvis es, et in pulverem reverteris (*Gen.* iii). » Ut ergo redire possimus, et pœnitentiam, in capite jejunii, in cinere et cilicio egimus. Pulvis quippe sumus et cinis, et vermis putredo filius hominis. Et quia repatriare contendimus, hostes, id est dæmones, iter salutis nobis obsidere novimus, ideo arma spiritalia, quod est oratio, humiliatio, afflictio, sustollimus, ut contra spiritalia nequitiæ pugnare, et omnia tela ignea nequissimi hostis exstinguere possimus. Cum enim illa die processionem cum crucibus fecimus, quasi hostibus armati ad pugnam obviam ivimus. Unde et per litaniam sanctos in adjutorium nostrum invocamus, quatenus viriliter decertare, et in cœlesti aula triumphare valeamus. Quarta ætate mundi ædificavit Salomon Domino templum vii annis. Quod destructum a Babyloniis reædificatum est a Jesu sacerdote xlvi annis. Salomon est Christus, templum Ecclesia. Hoc templum vii annis a Salomone ædificatur, quia Ecclesia vii donis Spiritus sancti a Christo informatur. A Babyloniis destruitur, quia a dæmonibus variis vitiis subruitur. Sed iterum ab Jesu xlvi annis reædificatur, quia his xlvi diebus Ecclesia in templum Deo coædificatur. Itaque a capite jejunii usque in Pascha, xlvi dies computantur. Templum quoque corporis Christi xlvi annis ædificatur : cui Ecclesia incorporatur. Maria quippe xii annorum exstitit, dum Christum genuit. Christus vero xxxiv annorum fuit, dum morte solutus corruit : qui anni simul juncti xlvi fiunt; totque dies a capite jejunii usque in Pascha existunt, qua die Christus templum corporis sui restituit, quod prius impulsio Judæorum solvit. Ideo quarta feria jejunium inchoamus, quia Christum suum jejunium quarta feria inchoasse prædicamus, quem secunda feria baptizatum non ignoramus, cui per jejunium incorporari desideramus; et Salomonem qui quarta ætate mundi templum in figura Ecclesiæ construxit similamus, in qua nunc coædificari a Christo optamus. Ideo istis quatuor diebus a capite jejunii jejunatur, quia Ecclesia a quatuor plagis mundi in ædificium templi Domini congregatur.

Deinde xl diebus jejunatur, quia per quatuor Evangelia et x legis præcepta, hoc templum in Christo consummatur; quia non venit solvere legem, sed implere. Ista quadragesima est Christianorum carrina. Nam multa in anno committimus quæ pertinent ad carrinam, et ideo Ecclesia statuit ut pro his jejunemus hanc XL. Est etiam decima vitæ nostræ. Sicut enim de aliis rebus, ita decimam debemus dare de diebus. Annus namque CCCLX diebus constat. Et cum nos de ista quadragesima, exceptis Dominicis diebus, XXXVI dies abstinemus, quasi decimam de diebus persolvimus. Lex quoque X præceptis completur, et annus quatuor temporibus, scilicet vere, æstate, autumno et hieme volvitur : et homo quatuor elementis, id est igne, aere, aqua, terra perficitur. Qui ergo quatuor nostri corporis qualitatibus in quatuor anni temporibus contra Dei præcepta decem fecimus, justum est ut his quaterdenis diebus Deo nostro satisfaciamus. Hoc autem ideo circa passionem Domini agimus ; quia, si compatimur, et conregnabimus. Scire autem debemus, dilectissimi, unde dies XL sint instituti. Cum Dominus populum suum de jugo Pharaonis eripuit, XL annos eum per desertum duxit, panem cœli eis pluit qui omne delectamentum habuit, aquam de petra produxit, quæ saporem mellis et olei præbuit, vestimenta illorum non sunt vetustate attrita, nec maculata sordibus, et non erat in tribubus eorum infirmus. In nocte præcessit eos angelus Domini in columna ignis, et repulit ab eis horrorem noctis ; in die vero protexit eos in nube ab æstu caloris. Qui post XLII mansiones intraverunt in terram repromissionis. Si XL annis diem pro anno decimabis, XL dies computabis. Hi sunt isti XL dies quos observat populus Christianus, quem de oppressione diaboli redemit Dominus, quem per custodiam decem præceptorum et IV Evangeliorum de corpore suo pascit, sanguinem de latere suo, ut aquam de petra producit. Quæ petra bis virga percussa est, scilicet caro Christi duobus lignis crucis affixa. Qui potus dat saporem mellis et olei, quia oleo misericordiæ vulnera peccatorum nostrorum sanat, et melle æternæ dulcedinis nos satiat. Et si vestimenta quæ in baptismo suscepimus vitiis non atteruntur, nec peccatis polluuntur, tunc præcedit nos igne sancti Spiritus in nocte hujus tenebrosæ vitæ, in die vero judicii proteget nos nube suæ humanitatis ab æterni incendii ardore Jesus Christus Dominus noster.

DOMINICA SECUNDA IN QUADRAGESIMA.

Secundum Matthæum.

« Egressus Jesus secessit in partes Tyri et Sidonis. Et ecce mulier Chananæa gentilis, Syro-Phœnissa genere, clamavit dicens : « Miserere mei, Domine, fili David. Filia mea male a dæmonio vexatur, etc. (*Matth.* xv). » Chananæi terras in quibus Judæa est incoluerunt. Qui vel bello consumpti, vel in loca vicina dispersi, vel in servitutem conditione devictorum subjecti, nomen tamen sine patria sede circumferunt. Ex illa ergo dispersione inter cætera contigit, quod hæc Chananæa quæ est Syro-Phœnissa genere, hic est ex Syris et Phœnicibus orta. Gentilis itaque est, et si Judæis admista proselytorum formam præferat. Merito namque existimatur ex lege cognovisse quod Christum et Dominum et David Filium confitetur. Typice autem significat Ecclesiam de gentibus, quæ pro filia rogat, cum pro animabus nondum credentibus supernæ pietatis misericordiam supplicat ut a fraudibus diaboli solventur. Bene, juxta Matthæum de finibus suis egressa fuit; et juxta Marcum ad pedes Domini procidit (*Marc.* vii), ut ex utroque colligatur quando illi recte pro errantibus orant qui priscas suæ perfidiæ mansiones relinquunt, et in Ecclesiam se pia devotione transferunt.

« Jesus autem non respondit ei verbum. Et accedentes discipuli ejus rogabant eum dicentes : Dimitte eam, quia clamat post nos. » Post ambulantem Dominum mulier Chananæa deprecatorias voces emittit, et prius in domo ad pedes ejus procidit, ut Marcus commemorat. Quod autem Dominus non respondit ei non fuit de supercilio superbiæ, sed ne sibi contrarius videretur, cum dixisset : « In viam gentium ne abieritis (*Matth.* x). » Et ne occasionem daret calumniatoribus, perfectam salutem gentium resurrectionis tempori reservans. Pro Chananæa discipuli rogabant nescientes mysteria Domini vel misericordia commoti, vel importunitate ejus carere cupientes.

« Jesus autem respondens ait : Non sum missus nisi ad oves quæ perierant domus Israel. » Hoc dixit quod primum missus sit ad Israel, quem negligentem Evangelium dimissurus erat et transiturus ad gentes.

« At illa venit et adoravit eum dicens : Domine, adjuva me. Qui dixit : Sine prius satiari filios. Non est enim bonum sumere panem filiorum et mittere canibus. » Tale est quod dicit. Futurum est ut et vos gentes salutem consequamini, sed prius oportet saltem aliquos Judæos, qui antiqua electione filii Dei nominantur, pane cœli refici ; et sic tandem gentibus vitæ pabula ministrari. Canes dicuntur ethnici propter idololatriam, qui esui sanguinis dediti et cadaveribus mortuorum, feruntur in rabiem. O mira conversio! Quondam Israel erat filius, nos canes. Et postea dictum est de eo : « Circumdederunt me canes multi (*Psal.* xxi). »

« At illa dixit : Etiam, Domine : nam et catelli edunt de micis quæ cadunt de mensa dominorum suorum. » Sensus est : Certe, Domine, verum est quod dicis, non esse bonum panem filiorum mittere canibus, sed ideo non desisto precari tuam misericordiam, quam mihi secundum similitudinem panis et canum convenienter facere potes; nam *et pro etiam*, id est corte catelli edunt de micis. Ergo si sum indigna cui integrum panem præbeas, saltem da mihi filiæ meæ sanitatem, quasi micam comparatione multorum mirabilium quæ fecisti. Mystice mensa est Scriptura sacra, panem vitæ ministrans. Hinc Ecclesia dicit : « Parasti in conspectu meo mensam (*Psal.* XXII). » Micæ sunt interna mysteria Scripturarum, quibus humilium corda reficiuntur, juxta illud : « Adipe frumenti satiat te (*Psal.* CXLVII). » Non ergo crustas edunt catelli, quia versi ad fidem de gentibus non litteræ superficiem, sed spiritualem requirunt, medullam, et hoc sub mensa dominorum, dum verbis sacri eloquii humiliter subditi officia cordis et corporis supponunt ad implenda præcepta. Vel Domini mensæ possunt intelligi Scripturarum compositores seu interpretes. Et tunc ait illi :

« O mulier, magna est fides tua. Fiat tibi sicut vis. Et sanata est filia ejus ex illa hora. » Sub persona mulieris Chananitidis magna fides Ecclesiæ, magna patientia et humilitas prædicatur, quæ credidit posse sanari filiam, et toties contempta passa est in precibus perseverare, et humilitate se non canibus, sed catulis comparavit. Quapropter liberata est filia. Ubi datur exemplum cathechizandi et baptizandi infantes, qui per fidem et confessionem parentum liberantur in baptismo a diabolo. Quod autem Dominus puerum centurionis et filiam Chananææ, non veniens ad eos sanat, significat gentes, ad quas non venit, per pœnitentiam corporis salvandas per verbum suam.

SERMO DE TRIBUS OSCULIS
PEDUM, MANUUM, ORIS ET DE LABIO SUPERIORI ET INFERIORI.

« Osculetur me osculo oris sui (*Cant.* I). » Tria sunt oscula : de quibus videndum est unde nominentur, unde sumantur, quis fructus inde perveniat, quibus personis vel meritis unumquodque congruat. Primum vocatur propitiatorium vel reconciliatorium, secundum promeritorium vel remuneratorium, tertium divinum vel contemplatorium. Primum sumitur ad pedes, secundum ad manus, tertium ad os. Primum convenit rationabiliter pœnitentibus, et in gratiam Dei redire volentibus. Pedes Domini quibus osculandi reconcilianda sunt misericordia et judicium, quæ incutiunt homini spem et timorem, ne vel pœnitentiam negligat per præsumptionem, solam attendens misericordiam, secundum illud : «Misericordia Domini plena est terra (*Psal.* XXXII) ; » et : « Miserationes ejus super omnia opera ejus (*Psal.* CXLIV). » vel indurescat in desperatione, solam pensans justitiam, secundum illud : « Quis novit potestatem iræ tuæ; et præ timore tuo, iram tuam dinumerare? (*Psal.* LXXXIX). » Sed utrumque pedem deosculetur dicens cum propheta : « Misericordiam et judicium cantabo tibi, Domine (*Psal.* C), » et «Universæ viæ Domini misericordia et veritas (*Psal.* XXIV). » De his pedibus dicitur : « In mari via tua et semitæ tuæ in aquis multis (*Psal.* LXXVI). » Et alibi : « Adoravimus in loco, ubi steterunt pedes ejus (*Psal.* CXXXI). » His pedibus venit Christus ad nos. Unde dicitur : « Misericordia et veritas obviaverunt sibi (*Psal.* LXXXIV). » Fructus hujus osculi remissio est peccatorum. Hunc consequitur civis sui adulter, proditor et homicida David, cui dixit Nathan : « Transtulit Deus peccatum tuum (*III Reg.* XII). » Sic Deo pedes osculatus est publicanus, qui rediit in domum suam justificatus. Hæc vestigia feliciter deosculata est Æthiopissa illa famosissima Maria Magdalena, de qua ejecit et Jesus septem dæmonia, cui et dixit : « Remittuntur tibi peccata (*Luc.* VII). » In cujus persona dicitur in Canticis : « Nigra sum » per culpam, « formosa » per gratiam (*Cant.* I). In his osculis ubi gratiam posuimus et consimilibus ponuntur inimici Domini scabellum pedum ejus. Manus Domini sunt munificentia et benevolentia in quibus ab omnibus differt Deus, excellentem habens pro omnibus copiam et liberalissimam voluntatem largiendi. De benevolentia ejus dicit Apostolus : « Qui vult omnes salvos fieri (*I Tim.* II). » De munificentia dicit propheta : « Aperis tu manum tuam, et imples omne animal benedictione (*Psal.* CXLIV). » O medicibilis largitas et liberalitas! ut sol irradiat, ut ros irrorat, ut fons gratis irrigat, qui pluit super justos et injustos. Non sufficit pedes Domini deosculari a malis cessando, nisi et osculemur manus ejus bene promerendo. Unde dicit Psalmista : « Declina a malo et » consequenter « fac bonum (*Psal.* XXXVI). » Et Isaias : « Quiescite agere perverse » et deinde « Discite bene facere (*Isa.* I). » Et est congruus ordo, ut cum Domini sui offensam incurrit, ad pedes ejus procidat, ploretque coram Domino qui fecit eum ; postquam Domini gratiam habuerit, accedat et subserviat manibus porrigendo, Christi ministris subserviendo, et sic pro meritis donabitur, accipiens benedictionem a Domino, et misericordiam a Deo salutari suo. Unde et fructus hujus osculi est profectus, et collatio virtutum. Post duo oscula in quibus est criminum condonatio et meritorum collatio, restat illorum tertium et dulce oris osculum, ubi felici animæ præstatur jucunda divinæ faciei contemplatio. De qua dicitur : « Osculetur me osculo oris sui. » Os Dei est Verbum, Dei Filius. Unde propheta : « Os ejus ad iracundiam provocavimus (*Thren.* I). » In quo omnia creavit, sicut dicitur : « Ipse dixit et facta sunt (*Psal.* CXLVIII) » et : « Semel locutus est Deus (*Psal.* LXI) : » qui et nobis locutus est, quando paterni cordis arcana aperuit. In humanis rebus adeo nulla res dulcis est ut amor inter sponsum et sponsam, quia propter hunc duo una caro efficiuntur. Similiter nulla conjunctio intelligitur tam districta, et sic proxima, ut spiritus creati et increati, quia ibi de duobus unus spiritus efficitur. Sponsa itaque amore languens, sponsum sitiens, dilectionem non sustinens, non imperative, sed votive et æstuanti desiderio exoptat. Unde et dicit : « Osculetur me osculo oris sui. » Duo sunt labia sponsæ : labium inferius voluntas, quæ appetitus dicitur; et consensualitas, quam habemus communem cum animalibus. Labium superius est ratio. Iterum, duo sunt labia Sponsi : labium inferius intelligentia, quando labium conjungitur voluntati, ut intelligat quidem libere velle et appetere, et dicat : Prius cupiebam carnalia, nunc vero « concupivit anima mea desiderare justificationes tuas in omni tempore (Psal. cxviii). Superius labium Sponsi est sapientia, quam tangit ratio ut nihil præter Deum sapiat, sicque suæ sensualitati præesse et dominari prævaleat, et ex ista sapientia gustans dulcedinem Dei cum propheta dicit : « Gustate et videte quoniam suavis est Dominus (Psal. xxxiii). » Reliquum est videre quibus personis in Ecclesia vel meritis in anima hæc singula oscula conveniant. Provolutus est ad pedes Job, radens saniem testa, id est corruptionem peccati dura pœnitentia. Osculum ad manus suscipiens est Esther, cui ad regem introeunti aurea virga, id est divina clementia et virtutum promotio de manu benefici largitoris porrigitur. Pertingens ad osculum oris est Moyses, qui in monte cum Domino commoratur, et ore ad os loquitur, vel Maria, quæ verbum ex ore Jesu aure intenta audire expetit.

DOMINICA TERTIA.

Secundum Lucam.

« Erat Jesus ejiciens dæmonium, et erat illud mutum. Et cum ejecisset dæmonium, locutus est mutus, et admiratæ sunt turbæ dicentes : Nunquid apparuit sic in Israel. Nunquid iste est filius David, etc. (Luc. xi) ? » Ac si dicant turbæ fideles : Non tantum est filius David iste, sed etiam Filius Dei. In Græco melius sonat surdum quam mutum ; sed Scriptura alterum accipit indifferenter pro altero. Egressis autem, subaudis de hoc sæculo, obtulerunt Domino prædicatores mutum, scilicet populum mutum, qui nihil adhuc erat locutus de gloria Dei, quod non habuerat prædicatores. Hic populus intelligitur fuisse de gentibus : unde et sequitur admiratio turbarum de ipsis dicentibus nunquam sic apparuisse in Israel, scilicet ut tot inde simul converterentur ad Christianismum.

« Pharisæi autem dicebant : In Beelzebub principe dæmoniorum hic ejicit dæmones. » Turbis minus eruditis facta Domini mirantibus, Scribæ et Pharisæi sinistra interpretatione de factis Domini laborabant attribuentes miracula ejus Beelzebub, quod deus erat Accaron. Beël ipse est Baal. Zebub autem musca vocatur. Hæc juxta quædam mendosa exemplaria, l, littera, vel d in fine est nominis legenda. Sed b, beel; zebub, aut vir muscarum, sive habens muscas interpretatur, ob sordes videlicet immolatitii cruoris, ex cujus spurcissimo ritu vel nomine principem dæmoniorum cognominabant. Nota quod Ninus, rex conditor Ninives Belo patri statuam consecravit, eique divinos honores constituit. Cujus simulacri similitudinem Chaldæi suscipientes, Bel vocabant. Inde Palæstini suscipientes, Baal dicebant. Moabitæ Beelphegor, Judæi autem, unius Dei cultores propter, derisionem gentium, Beelzebub appellabant, asserentes in hoc simulacro principem dæmoniorum habitare.

« Ipse autem ut vidit cogitationes eorum dixit eis. « Omne regnum in seipsum divisum desolabitur, et domus divisa adversus se non stabit. » Ad cogitationes Pharisæorum respondit ut vel sic compellerentur credere. Juxta litteram patet quod omne regnum solidum et firmum, si, per partes dividitur, cum alii ab aliis vel puniuntur vel perimuntur, in solitudinem redigitur, vacuatum ab habitatoribus. Cadere quoque ratio est domus sive civitas. Quod Matthæus ponit. Concordia namque parvæ res crescunt; discordia maximæ dilabuntur. Quo autem hæc spiritualiter attendantur, exponit.

« Si autem et Satanas in seipsum divisus est, quomodo stabit regnum ipsius. » Non potest stare, sed finem habet; quia dicitis in Beelzebub ejicere me dæmonia. Eligant quod velint. Si Satanas Satanam non potest ejicere, nihil contra Dominum dicunt. Si autem potest, recedant a regno ejus, quod divisum stare non potest ne in ruina ejus pariter involvantur. « Si autem ego in Beelzebub ejicio dæmonia, filii vestri in quo ejiciunt ? Ideo ipsi judices vestri erunt. » Filios Judæorum vel exorcistas gentis illius significant, vel apostolos ex eorum stirpe generatos. Quasi dicat : Si in filiis vestris expulsionem dæmonum Deo attribuitis, quare in me non idem facitis ? Apostoli, qui sunt ignobilia et contemptibilia hujus mundi, in quibus non malignitas, sed meæ virtutis simplicitas apparet, testes mei erunt, quod in Spiritu sancto ejicio dæmonia. Et erunt vestri judices de hoc quod mihi imponitis per Beelzebub operari. Vel exorcistæ, qui filii vestri sunt et dæmones fugant ab obsessis judices vestri erunt, non potestate ut mei discipuli, sed comparatione, dum illi expulsionem dæmonum Deo assignant, vos Beelzebub principe dæmoniorum.

« Porro, si in digito Dei ejicio dæmonia, profecto pervenit in vos regnum Dei. » Si ego in Spiritu Dei ejicio dæmones; nec aliter possunt filii vestri ejicere, procul dubio pervenit in vos regnum Dei, quo subvertitur regnum diaboli, cum quo et vos subvertimini. Regnum Dei est potestas qua dominantur impii et a fidelibus secernuntur. Vel ita: Regnum Dei vel seipsum significat, de quo alibi dicit : « Regnum Dei intra vos est (*Luc.* XVII) ; » et « Medius stat inter vos quem vos nescitis (*Joan.* I). » Vel regnum Scripturæ ablatum Judæis et traditum nobis, vel regnum cœlorum quasi dicat : Si in spiritu Dei ejicio dæmonia, sine dubio sciatis aditum regni cœlestis patefactum credentibus. Digitus Dei est quem confessi sunt Magi, qui contra Moysen et Aaron signa faciebant dicentes : « Digitus Dei est iste (*Exod.* VIII), » quo et tabulæ lapideæ scriptæ sunt in monte Sina. Ipse enim scripsit qui scribenda dictavit. Manus et brachium Dei Filius ejus est, et digitus ejus Spiritus sanctus. Qui digitus dicitur propter partitionem donorum qui in eo dantur, unicuique propria, sive hominum, sive angelorum. In nullis enim membris apparet magis partitio quam in digitis. Sicut autem digitus cum manu vel brachio; manus vero vel brachium cum corpore unum sunt in natura, ita Pater, et Filius, et Spiritus sanctus, tres quidem sunt personæ, una autem substantia divinitatis. Digiti vero Dei pluraliter sancti intelliguntur prophetæ, per quos Spiritus sanctus libros legis ac prophetarum sua inspiratione descripsit. De quibus in psalmo scriptum est : « Videbo cœlos tuos, opera digitorum tuorum (*Psal.* VIII). » Per cœlos enim libros legis ac prophetarum, per digitos vero sanctos, ut dictum est, prophetas mystice insinuavit.

« Aut quomodo potest quisquam intrare in domum fortis, et vasa ejus diripere in quibus confidebat, nisi prius alligaverit fortem, et tunc demum vasa illius diripiat ? » Ostendit Dominus per manifestam parabolam, quia virtute divinitatis homines a dæmonio liberantur. Fortis est diabolus, domus illius mundus, in maligno positus in quo usque ad adventum Salvatoris quasi pacato imperio sine contradictione quiescebat. Unde Dominus : « Venit princeps mundi hujus et in me non habet quidquam (*Joan.* XIV). » Et iterum : « Nunc princeps hujus mundi ejicietur foras (*Joan.* XII). » Fortior illo fuit ipse Dominus qui arma ejus abstulit, id est astutias et dolos nequitiæ spiritalis. Et sic adimendo potestatem a seductione electorum compescere coegit, quod fuit alligare fortem. Spolia seu vasa sunt homines ab eo decepti, quæ victor Christus distribuit. Quod est insigne triumphantis, quia captivam ducens captivitatem dedit dona hominibus (*Ephes.* IV), quosdam apostolos, alios evangelistas, hos prophetas, alios pastores ordinans et doctores. Fortis ergo domum fuit diripere, ereptos a diabolo Ecclesiæ adunare, et per distinctas graduum dignitates promovere. Atrium quod fortis armatus custodit, est cor ; fortis armatus malitia ; fortior superveniens, sapientia ; arma, membra. Sapientia primum malitiam capit per cognitionem, eam deprehendens, postea ligat, ab opere cohibens, deinde flagellat, quia pravus effectus quasi duris quibusdam flagellis cæditur, quando per studium disciplinæ ab eo quod appetit refrenatur. Novissime quasi membris in crucem extensis et divisis a se clavis configitur, quando divisis a se vitiis timore Dei animus penetratur. Quando simul sunt vitia, fortiora sunt, quæ ab alterutro se muniunt, ut gula luxuriam, pompa superbiam, etc. Divide illa et ab invicem disjunge, et sic confige timore Dei carnes tuas, et malitia in te moriatur. Non autem mireris si sapientia malitiæ facit quod a malitia ipsa prius sustinuit. Prius malitia crucifixit sapientiam ; postea sapientia prævalens crucifixit malitiam.

« Qui non est mecum est contra me ; et qui non congregat mecum, spargit. » Hoc consequenter non ad hæreticos, sed ad diabolum refertur, cujus opera Salvatoris operibus comparari nequeunt. Ille enim cupit animas hominum tenere captivas quas Dominus liberat. Ille trahit ad vitia, Dominus revocat ad virtutes. Quomodo ergo concordant quorum opera divisa sunt ? Qui non colligit, hoc est qui non congregat oves meas mecum, dispergit, hoc est dissipat eas a cœtu fidelium. Hic insinuat, quia non habens Spiritum sanctum, qui non cum illo congregat, quomodo unquam sub ejus nomine congreget ? Hic omnino vos compulit intelligere non alibi posse fieri remissionem peccatorum nisi in Christi congregatione quæ non spargit.

« Cum immundus spiritus exierit ab homine, ambulat per loca arida quærens requiem, et non invenit. » Possunt hæc non inconvenienter accipi de quolibet hæretico vel schismatico, vel etiam malo Catholico. De quo cum tempore baptismatis spiritus immundus exierit ambulat per loca inaquosa, id est circuit corda fidelium expurgata a mollitie fluxæ cogitationis. Requiem quærit et non invenit, quia castas mentes inhabitare non potest, nec quiescere nisi in pravo corde. Unde Dominus de illo inquit : « Sub umbra dormit, in secreto calami et locis humentibus (*Job* LX). » In umbra insinuat tenebrosas conscientias ; in calamo qui foris est nitidus, et intus vacuus est, mentes simulatrices ; in locis humentibus lascivas et molles. Tunc dicit : « Revertar in domum meam unde exivi. » Revertar ad illius conscientiam, unde in baptismo ejectus fueram, et pristinam possessionem consueto modo mihi subjiciam.

« Et veniens invenit vacantem scopis mundatam et ornatam. » Vacantem, scilicet a bonis actibus per negligentiam, mundatam a vitiis pristinis per baptismi gratiam, ornatam simulatis virtutibus per hypocrisim.

« Tunc vadit et assumit septem alios spiritus nequiores se, et intrantes habitant ibi. » Per septem spiritus universa vitia designat quæ merito dicuntur nequiora diabolo comparatione prioris inhabitationis. Cum enim diabolus malus sit et malos faciat ante baptismum quæcunque post baptisma sive pravitate hæretica seu mundana cupiditate arripuerit mox cum in omnium vitiorum ima prosternit. Et non solum habebit septem vitia VII spiritalibus virtutibus contraria, sed per hypocrisim ipsas servitutes habere simulabit. « Et fiunt novissima hominis illius pejora prioribus. » Melius quippe erat ei viam veritatis non cognoscere quam post agnitionem retrorsum converti. Hoc in Juda traditore et Simone Mago specialiter legimus impletum. Quid hæc parabola intendat, finis ejus insinuat. « Sic erunt et generationi huic pessimæ, » id est quod de uno specialiter narravi, hoc eveniet in gente hujus populi. Immundus spiritus a Judæis exivit quando legem acceperunt et transivit ad gentes. Sed cum postea cum incredentibus gentibus locum non inveniret, reversus est ad Judæos, vacantes a Christo, et superfluis observationibus legis mundatos prout putabant, atque ornatos. Ut autem firmius deinceps possideat, assumit universitatem dæmonum. Pejus ergo modo faciunt Judæi, majori numero dæmonum possessi quam prius, quia minus erat Christum venturum non credere quam postquam venit non suscipere.

« Factum est autem, cum hæc diceret, extollens vocem quædam mulier de turba dixit illi : Beatus venter qui te portavit et ubera, etc. » Magnæ devotionis et fidei ostenditur hæc mulier, quæ, Pharisæis blasphemantibus Dominum, tanta sinceritate ejus incarnationem confitetur, ut et pœnitentium et futurorum confundat perfidiam. Si enim caro Verbi Dei a carne virginis matris esset extranea, ut multi hæretici dixerunt, sine causa venit qui eum portavit, et ubera quæ eum lactaverunt beatificarentur. Unde dicit Apostolus contra hæreticos, « Quia misit Deus Filium suum, factum ex muliere, factum sub lege (Gal. IV). » Nec audiendi sunt qui legendum putant natum ex muliere, non factum. Alioquin verus Filius hominis non esset nisi ex matre carnem traxisset. Secundum physicos quoque ex eodem fonte et lac nutriendis, et semen procreandis pueris emanat. Ergo de semine Virginis potuit concipi qui ejus lacte potuit nutriri. Hæc mulier typum gessit Ecclesiæ credentis Christum, verum Dominum, et verum hominem, natum fuisse. Vere beata parens Christi, quæ sicut quidam ait : « Enixa puerpera Regem, qui cœlum terramque tenet per sæcula. » Cujus nomen et æterno complectens omnia gyro imperium sine fine manet. Quæ ventre beato gaudia matris habens cum virginitatis honore, nec primam simile visa est, nec habere sequentem.

At ille dixit : « Quinimo : beati qui audiunt verbum Dei et custodiunt illud. » Pulchre Salvator attestationi mulieris annuit, non matrem suam tantummodo asseveraus esse beatam, sed etiam omnes qui se Verbum Dei auditu fidei concipiunt et boni operis custodia cum in corde proximorum pariunt et nutriunt. Qua sententia Judæos clam percutit, qui Filium Dei Christum esse negant. Tota profecto vitæ cœlestis perfectio duobus his comprehenditur, ut verbum Dei audiamus et faciamus.

SERMO DE PECCATO
ET CONFESSIONE PECCATI.

Duobus modis peccatum committitur, id est aut amore cupiditatis, aut metu timoris, dum vel quisque vult adipisci quod cupit, vel timet ne incurrat quod metuit. Quatuor modis committitur peccatum in corde, quatuor et perpetratur in opere. Admittitur in corde suggestione dæmonum, delectatione carnis, consensione mentis, defensione elationis. Committitur in opere, nunc latenter, nunc palam, nunc consuetudine, nunc desperatione. In istis ergo gradibus et corde delinquitur, et opere malitia perpetratur. Tribus modis peccatum geritur, hoc est ignorantia, infirmitate, industria, periculo autem pœnarum diviso. Ignorantiæ namque modo peccavit in paradiso Eva, sicut Apostolus dicit : « Vir non est seductus, sed mulier seducta in prævaricatione fuit (I Tim. II). » Ergo Eva peccavit ignorantia, Adam industria, quia non seductus sed sciens prudensque peccavit. Qui vero seducitur quod consentiat, evidenter ignorat. De infirmitate autem Petrus deliquit, quoniam ad metum interrogantis ancillæ Christum negavit. Gravius est infirmitate quam ignorantia quemque delinquere, cujusque industria quam infirmitate peccare. Industria namque peccat qui studio ac deliberatione mentis malum agit ; infirmitate autem qui casu vel præcipitatione delinquit. Nequius autem et de industria peccant, qui non solum non bene vivunt, sed adhuc et bene viventes, si possunt, a veritate divertunt. Sunt ei qui ignorantes peccant, et sunt qui scientes. Sunt etiam qui per ignorantiæ excusationem scire nolunt, ut minus culpabiles habeantur. Qui tamen scipsos non muniunt sed magis decipiunt. Nescire simpliciter ad ignorantiam pertinet ; noluisse vero scire ad contumacem superbiam. Voluntatem quippe propriam Deum velle nescire, quod aliud est quam velle Deum superbiendo contemnere? Nemo igitur se de ignorantia excuset, quia Deus non solum eos judicat qui a cognitione sua revertuntur sed etiam illos qui nescierunt. Hæc de peccato. Quid autem de confessione peccati doctores sentiant, nunc quoque videndum erit.

Multam itaque dicunt esse malitiam hominis. Nemo quando male agere vult, auctoritatem quærit. Quando dicimus hominibus ut bona faciant, et ut confiteantur mala quæ fecerunt, dicunt nobis : Date auctoritatem. Quæ Scriptura hoc nobis præcipit, ut confiteamur peccata nostra? Si ergo Scriptura peccata confiteri non præcipit, respondete modo si Scripturam habetis quæ peccata tacere jubeat. Si ergo confiteri non vultis, cum auctoritatem confitendi non habetis, quare tacere vultis, cum auctoritatem tacendi non habetis. Tamen quia auctoritatem quæritis, accipite auctoritatem. Antiqua lex peccata confiteri jubet, et homines ad sacerdotes mittit, ut confincantur peccata sua, ut indulgentiam accipiant (*Num.* v). Illic ergo prævaricatio legis confessione et oblatione aboletur, quando adhuc umbra fuit; et adhuc confessio criminis pœnam potius timere debuit quam misericordiam exspectare. Si hæc auctoritas non sufficit, audite Scripturam, alibi manifeste dicentem : « Qui abscondit scelera sua non justificabitur (*Prov.* xxviii). » Quid est enim abscondere, nisi tacere et confiteri nolle. Nam qui scelera sua per impudentiam prave agendi manifestant, non justificationem merentur, sed damnationem. Igitur tegenda sunt mala quantum pertinet ad impudentiam pravi operis, et revelanda sunt per humilitatem confessionis. Vultis adhuc scire periculum taciturnitatis, et utilitatem confessionis. « Quoniam tacui, » inquit Psalmista « inveteraverunt ossa mea, dum clamarem tota die (*Psal.* xxxi). » Et iterum : « Delictum meum cognitum tibi feci, et injustitiam meam non abscondi. Dixi : Confitebor adversum me injustitiam Domino, et tu remisisti impietatem meam peccati mei (*ibid.*). » Vide ergo et considera : si taces peccata tua, inveterantur; et si confiteris, condonantur. Sed dicis : Ecce dico peccatum meum, sed Deo, non homini. Scripturam sequor. Illa mihi dicit ut Deo confitear peccatum meum, non me ad hominem mittit : in quo salus non est, sed illuc trahit confessionem, unde promittit remissionem : « Dixi : Confitebor adversum me injustitiam meam Domino, et tu remisisti impietatem peccati mei. » Quid facit homo? Audi quod facit. Nonne ille homo fuit, qui dixit : « Fili, dimittuntur tibi peccata tua (*Matth.* ix). » Et verum est, quia ille homo fuit qui hoc dixit. Et propterea qui illum hominem esse viderunt, Deum autem non cognoverunt, murmuraverunt inter se dicentes : « Quis est hic qui etiam peccata dimittit? (*ibid.*) » Sciebant enim quia peccata dimittere Dei erat, sed nesciebant quia quod Dei erat, homo a Deo acceperat. Et ille quidem homo quod habebat, inquantum homo erat, ideo habebat, quia acceperat ; inquantum vero Deus erat homo, idem ipsum habebat, et non acceperat. Propterea autem voluit accipere aliquando in humanitate quod semper habuit in deitate, ut e vicino homini appropinquaret in eo quod hominis erat : et in eo ipso quod hominis erat homini exhiberet quod Dei erat. In eo namque quod hominis erat familiarius, homini jungebatur ; in eo vero quod Dei erat potentius in homine operabatur. Propterea dixit : « Ut sciatis quia Filius hominis habet potestatem in terra dimittendi peccata, tunc ait paralytico : Surge et ambula (*ibid.*). » Ostendit quod videre poterant, ut per hoc crederent quod videre non poterant. Propter hoc ergo Deus factus est homo, ut se ad confabulandum homini proximum ac familiarem exhiberet, ut in una eademque persona et suum genus homo inveniret cui fiducialiter infirmitatem suam revelaret, et supra hominem Deum credens de accepta ab illo remissione peccatorum suorum non diffideret.

DIVISIO.

Ut dispensationis gratia largius multiplicaretur, Deus homo homines, qui puri homines erant, participes fecit potestatis suæ ut implerent officium ejus pœnitentium confessionem suscipiendo, et potestatem ejus exercerent pœnitentibus et confitentibus peccata remittendo. « Accipite, inquit, Spiritum sanctum : quorum remiseritis peccata : remittuntur eis, et quorum retinueritis retenta erunt (*Joan.* xx). » Ergo Christus homo discipulis suis, vicem ejus agentibus in terra, potestatem dedit dimittendi peccata. Sed dicis fortassis : Quare non similiter Christus præceptum dedit hominibus peccata sua confitendi, sicut discipulis potestatem dedit confitentium peccata dimittendi? Audi quare : voluit Christus, ut a temetipso surgeres, ut non quasi extorta vel coacta videretur confessio tua. Idcirco quod ad se pertinuit officium suum discipulis suis peragendum injunxit, ut medicorum more ægros ad se venientes exciperent et sanarent. Medicis dixit ut curarent, sed infirmis non dixit ut ad medicos currandi venirent. Hoc quasi certum esse voluit, quod ægri libenter salutem quærerent, et se curandos offerrent, si medicos invenirent. Propterea solos medicos monuit. Infirmum enim suus morbus sufficienter admonet neque opus præcepto hoc, si dolet. Tamen ipsi medici postea, quia negligentes in curatione sua ægros invenerunt, eos ad salutem quærendam et admonitione sua excitaverunt et præcepto attraxerunt. « Confitemini, inquit apostolus Jacobus, alterutrum peccata vestra, et orate pro invicem ut salvemini (*Jac.* v). » Quid est alterutrum? id est alter alteri, homo homini. Non solum homo Deo, sicut verus ille confessor ait : « Dixi confitebor adversum me injustitiam meam Domino, etc. » Tu remisisti impietatem peccati mei, scilicet homo homini propter Deum. Plus enim facit qui servo humiliatur propter Deum quam qui ipsi Deo humiliatur. Propterea « Confitemini alterutrum peccata vestra. » Quid est alterutrum? Non tamen unusquisque unicuique, sed alterutrum, hoc est inter vos homines hominibus, oves pastoribus, subjecti prælatis ; hi qui peccata habent his qui peccata dimittere potestatem habent. Debitum quidem erat ut confessionem facturi ad illum iretis qui est super vos. Nunc autem, pro indulgentiæ dispensatione, conceditur ut peccata ad invicem vobis confiteamini inter vos. Ille quidem qui solus confessionem acciperet confessionem non faceret, quia peccata non haberet. Hi autem qui peccatorum confessionem accipiunt, et confitentibus peccata sua dimittunt, necesse habent ut et ipsi peccata sua confiteantur, ut pœnitentibus et confitentibus peccata sua dimittantur.

Propterea ergo confitemini alterutrum peccata vestra et orate pro invicem. Ad quid? Ut salvemini : confitemini ut salvemini. Quid est confitemini ut salvemini? Hoc est non salvemini, nisi confiteamini. Hæc fortassis tu audire noluisti, qui latebras quæris et abscondis scelera tua ut non justificeris

Non tibi placet quod dicitur quia hi qui nolunt confiteri peccata sua salvari non possunt. Propterea fortassis conaris ad aliud dictum apostoli intorquere, ut intelligatur confitentibus quidem promisisse salvationem, tamen non confitentibus non negasse justificationem. Audi ergo, Augustinus dicit: « Non potest quis justificari a peccato nisi confessus fuerit ante peccatum. » Item, Beda in eadem epistola Jacobi, de qua superius testimonium sumpsimus : « Sine confessione, inquit, nequeunt dimitti peccata. » Si in hoc illa discretio esse dicitur, ut quotidiana leviaque peccata alterutrum coæqualibus confiteamur, ut orationibus invicem salvemur. Porro gravioris lepræ immunditiam sacerdoti pandamus et ad ejus arbitrium justificari curemus. » Videte quomodo concordant testimonia veritatis. Est quædam et communis in Ecclesia pœnitentia, quam quotidie adinvicem facimus, in qua oratione fusa pro invicem pro quotidianis et levioribus peccatis indulgentiam et remissionem consequamur; gravioris autem culpæ reatum singulari confessione sacerdoti aperimus, et secundum ejus consilium, munere satisfactionis oblato, indulgentiam peccati obtinemus. Sed dicis: Si salvari non potest homo nisi confiteatur peccata sua, quid est quod scriptum invenitur : « Lacrymæ lavant delictum quod ore pudor est confiteri. Inveniuntur enim quædam ejusmodi dicta, et rapiunt ea homines gaudentes, non quia veritatem capiant in eis, sed quia malitiam suam defendere volunt ex eis. Dicunt enim : Quid nos constringitis; quid nos arctatis? Pudenda sunt facta nostra, non nos permittit verecundia eloqui, erubescimus confiteri quod fecimus. Quod possumus tamen facimus, cor contritum et humiliatum offerimus, dolemus pro eo quod male egimus, lacrymas fundimus, carnis maceratione reatum punimus. Quid verba quæritis, ubi opera bona sunt ? Habemus Scripturam consolantem nos et dicentem : « Lacrymæ lavant delictum, quod ore pudor est confiteri. » Non malitia excusamus, sed verecundiæ parcimus. Quod ergo dicere homini erubescimus dicimus Deo, qui non improperat. Hujusmodi ergo occasionibus quærunt homines excusationem corpori suo, et perverterè conantur Scripturas, quia perversi sunt ipsi

DIVISIO.

Quid est, quod Scriptura dixit lacrymæ lavant delictum. quod ore pudor est confiteri. Nunquid ideo dixit : si erubescis confiteri peccatum tuum, quod tibi sufficiat, si tantum lacrymaris, etiam si non confitearis? Nonne multo melius est ut Scripturam hoc potius dicere voluisse intelligas quod lacrymæ, ex intima cordis contritione prolatæ illa etiam peccata lavare possunt ; quia sine pudore et verecundia ore profiteri non possunt? Quid ergo ? Si pudenda peccata lacrymæ lavant, ibi tacendum est, ubi divinum auxilium maxime necessarium est. Imo multo magis ibi confitendum est, ut humilitas confessionis lacrymas adaugeat contritionis. Similiter cum dicitur tibi : Si homini erubescis dicere peccatum tuum, ut dicas Deo qui non improperat, non tibi dicitur : Si erubescis dicere homini, ut homini, non dicas, sed Deo, sed mansuetudo Dei tibi demonstratur, qui tam mitis et suavis est omnibus ad se confugientibus, ut improprium ab ipso, aliquid te formidare non oporteat, etiam si talia fuerint peccata tua, ut ea te homini manifestare sine erubescentia non posse contingat. In eo enim de quo erubescis cum homini dicis, erubescere te non oportet cum Deo dicis quia non improperat dicenti, sed condonat confitenti. Dic ergo homini ut salubriter ad tempus confundaris coram eo, ut ista confusio gloriam tibi postmodum adducat, et fiduciam præstet, ne improperium timeas, cum manifestari cœperis coram Deo. Tamen ne forte diceret cogitatio tua : Si tam grave est homini revelare peccata, et si erubescimus ita coram homine, quid faciemus ante Dominum, cujus majestatem declinare non possumus, neque judicium effugere. Ne igitur sic de Deo cogitando temetipsum desperes, ostenditur tibi mansuetudo Dei erga pœnitentes et confitentes, quod peccata omnia et pœnitentibus condonat, et confitentibus non improperat. Sic ergo accipe quod dictum est: Dic Deo qui non improperat. Quasi diceret : Etiam si erubescas coram homine, ne erubescas coram Deo, quoniam Dominus mitior homine est et mansuetior, et est patiens miseris, ut non improperet. Secundum hunc itaque modum non tibi dicitur ut peccata tua homini non dicas, sed ut in his etiam quæ coram homine erubescenda sunt, de Dei pietate confidas (CHRYSOST.).

Opponis adhuc lacrymas illas Petri quas legis (*Matth.* II, 6), confessionem non legis lacrymæ lavant delictum quod ore pudor est confiteri. Has ergo lacrymas opponis, non quia amas compunctionem, sed quia fugis confessionem. Dicis ergo quia lacrymas Petri legis, satisfactionem non legis. Audisti quia fleverit, sed quid dixerit non audisti. Ideo lacrymæ lavant delictum, quod ore pudor est confiteri. Qui ergo : Hoc tibi dici putas ut quia Petrus lacrymatus legitur, confessus non legitur ; tu si lacrymaris, non confitearis. Nonne multo melius est ut illud potius hic demonstrari intelligas, quia si illic tantum lacrymæ valuerunt ubi confessionem oris non habuerunt, quanto magis, si veræ fuerint : nec valent ubi cum cordis contritione et etiam oris confessionem habent. Hoc enim tibi demonstratur, cum subditur prius flendum, postea confitendum. Hoc siquidem ad veritatem confessionis spectat, ut prius compungaris, postea confitearis. Nam sunt quidam sicut impudentes ad faciendum, sic inverecundi ad dicendum. Qui quoniam turpitudinem suam in faciendo non vident, verecundiam in dicendo non habent. Quibus utique per prophetam dicitur : « Frons mulieris meretricis facta est tibi : nescivisti erubescere (*Jer.* III). » Isti nonnunquam sine aliqua compunctionis metu, sine aliquo timoris vel amoris Dei attactu pro sola consuetudine explenda ad dicenda peccata, sua se ingerunt æstimantes se propter solum verborum prolationem a debito peccatorum suorum absolvi. Quibus recte dicitur : Prius flendum, postea confitendum. In confessione namque peccatorum hominem et verecundari oportet, ut humiliter quæ fecit agnoscat, et tamen non sic verecundari ut taceat. Hoc bene novit peccatrix illa mulier quæ et venit, ut peccata sua se abscondere nolle ostenderet (*Luc.* VII) : et tamen non ante, sed retro stetit, ut verecundiam turpitudinis suæ se attendere demonstraret. Propter hoc recte dicitur : Prius flendum, postea confitendum.

DOMINICA IN MEDIA QUADRAGESIMÆ.

«Abiit Jesus trans mare Galilææ, quod est Tiberiadis (*Joan.* VI).» Audiens Jesus quia Joannes Baptista decollatus esset, secessit a patria sua in qua tunc morabatur, in navicula in locum desertum seorsum.

« Et cum audissent turbæ secutæ sunt eum pedestres de civitatibus. Et exiens vidit turbam multam, et misertus est ejus, et curavit languidos eorum. » Bene dictum est secessit, non fugit, ut ostendatur magis eum persecutiones vitare quam timere. Opportunum namque tempus suæ passionis exspectans, et vitabat ne homicidio de Joanne jungeretur homicidium de se. Vel ideo secessit, ut nobis præberet exemplum vitandæ temeritatis, ultro tradendum se. Non enim omnes eadem constantia perseverant in tormentis qua se torquendos offerunt. Petendo etiam solitudinem turbarum fide an sequi curent explorat, et probatam digna mercede remunerat. Turbæ autem non jumentis, non vehiculis, sed proprio labore pedum iter deserti arripiunt, et salutis desiderium ostendunt. Rursus ipse excipiendo fatigatos, docendo inscios, sanando ægrotos, recreando jejunos, quantum de notione credentium delectetur insinuat. Aliter postquam apud Judæos prophetica vocem perdidit, transiit ad desertum Ecclesiæ, quæ viro carebat. Turbæ relinquebant civitates, id est pristinas conversationes et dogmatum varietates. Quod dicit exiens significat quod turbæ habuerint voluntatem eundi ad eum, scilicet vires non habuerunt, et ideo Salvator obviam pergit.

« Vespere autem facto accedentes duodecim dixerunt illi : Dimitte turbas, ut euntes in castella villasque, quæ circa sunt divertant, et inveniant escas, quia hic in deserto loco sumus. Jesus autem dixit illis : Non habent necesse ire, date illis vos manducare. » Provocat apostolos ad fractionem panum, ut, illis testantibus se non habere, magnitudo signi notitior fiat, simul insinuans, quia quotidie per eos sumus pascendi. Quid enim agunt Petrus et Paulus per epistolas, nisi ut mentes nostras alimentis coelestibus pascant? In vespere turbas reficit, quia in fine sæculi propinquitate cum sol justitiæ pro nobis occubuit, a diutina spiritualis inediæ fame sumus liberati. Nota ordinem mysterii. Post defectum legis evangelicus cibus incipit, sed prius per remissionem peccatorum vulneribus medicina tribuitur, et postea mensæ coelestis alimonia expenditur. Non est igitur necesse ut quæramus escas in villis et castellis, hoc est ne deseramus panem vitæ, pretio studii et laboris, ementes philosophorum doctrinas suis rationibus munitas, quarum pastu delectemur. Quod autem discipuli desertum dicunt esse locum, figurat Judæos murmurantes de conversione gentium. Hinc Isaias in eorum voce : « Ecce gentes quasi stilla situlæ (*Isa.* XL).» Item : « Omnes gentes quasi non sint, sic sunt coram eo (*ibid.*).»

« Respondit ei Philippus : Ducentorum denariorum panes non sufficiunt eis ut unusquisque modicum quid accipiat. Et dicit eis. Quot panes habetis? Dicit ei unus ex discipulis ejus, Andreas frater Simonis Petri : Est puer unus hic qui habet quinque panes hordeaceos et duos pisces. Sed hæc quid sunt inter tantos? Nisi forte nos eamus et emamus in omnem hanc turbam escas. Qui ait eis : Afferte illos mihi huc. Et præcepit illis ut accumbere facerent omnes secundum contubernia supra viride fenum. Et discubuerunt in partes per centenos et per quinquagenos.» Quæsierat Dominus a Philippo tentans eum, quod Joannes commemorat, unde esca dari posset turbæ? Etenim quia ignorantia populi erat in lege; quandiu enim legitur Moyses : Velamen positum est super corda eorum, propterea tentatio illa Domini ignorantiam discipuli demonstrabat. Eadem quippe simplicitate qua Philippus, loquitur et Andreas. Sed Dominus ostendit gratuitas credenti populo se largiri escas eadem benigna potestate qua gratis redimendo sanat. Puer ferens panes cum piscibus unus de discipulis fuit, vel forte aliquis de turba. Quod autem Philippus vel Andreas singulariter dicitur apud Joannem, hoc alii evangelistæ discipulos pluraliter dixisse referunt, intelligentes unum præ cæteris loqui vel ponentes pluralem numerum pro singulari. Contubernia intellige diversas hominum societates, qui de diversis villis venerant, juxta quod milites in eodem tabernaculo societatem habentes dici solent contubernales. Quinque panes sunt quinque libri Moysi, quia in operibus legis tanquam ex pane erat vita. Per legem enim divinæ æternitatis cognitio, mundi creatio, cursus labentis sæculi, et vera Deo serviendi religio humano generi innotuit. In duobus piscibus intelliguntur psalmi et prophetiæ temperantes austerum saporem legis, quia eruditum in lege Dei populum de promissione Dominicæ incarnationis novæ gratiæ dulcedine pascebant, quasi in virtute aquæ spem confoventes humanæ vitæ. Hinc est quod Dominus post resurrectionem ait : « Oportebat impleri omnia quæ scripta sunt in lege Moysi, et prophetis et psalmis de me (*Luc.* XXIV). » Hic quoque præcipiens sibi afferri panes et pisces, mystice præcepit intellectum Testamenti Veteris ad se referri. Bene autem per aquatilia figurantur prophetantes de nostro ævo, in quo populus fidelium sine aquis baptismi vivere nullatenus potest. Panes vero hordeacei fuerunt, qui cibus est rusticorum, quia rudibus auditoribus quasi grossiora committenda sunt præcepta. Animalis enim homo non percipit ea quæ sunt spiritus Dei. Unde Dominus unicuique pro juribus dona tribuens et semper ad perfectiora provocans, primo quinque panibus quinque millia reficit, secundo septem panibus quatuor millia hominum, tertio discipulis suæ carnis et sanguinis mysterium credit, ad ultimum dat ut edant et bibant super mensam suam in regno suo. Vel ita : Hordeacei erant panes, quia ad Vetus Testamentum pertinebant, et sicut vix pervenitur ad medullam hordei, ita Vetus Testamentum vestitur tegmine carnalium, sed sauciat, cum intus pervenitur. Duo autem pisces qui saporem dabant pani suavem, sunt duæ personæ sacerdotis et regis quibus populus Israel regebatur, ut per eas consiliorum moderamen acciperet. Quibus inter turbas fluctuantis sæculi, more piscium quassatis, nec deficientibus, figurabatur Christus verus sacerdos et rector. Puer portans est populus ille, puerilis in sensu, nec manducans, qui quasi onus clausa portabat, nec alios pascens. Item per quinque panes Scriptura et exempla Patrum, in quinque ætatibus degentium, intelliguntur, quibus quotidie fideles abunde reficiuntur. In prima ætate Enoch, pane scripti nos reficit, dum Dominum cum millibus sanctorum ad judicium venturum scribit. Pane exempli nos satiat dum eum ob justitiam Deo placuisse, et in paradisum raptum fuisse Scriptura commemorat. In secunda ætate panis nobis per Abraham ministratur, dum litteras Hebræas reperisse, transacta ab initio scripsisse, astronomiam in Ægypto docuisse, ac Deo in omnibus obedisse narratur. In tertia ætate per Moysen copiose reficimur, dum decem præceptis per ejus scripta instruimur, et ipse super omnes homines mansuetissimus fuisse et multis signis fulsisse describitur. In quarta ætate David, Salomon et omnes pene prophetæ nos dulci pane satiant, dum nos mysticis scriptis et factis informant. In quinta ætate Esdras nos pane saturat, dum legem incensam reiterat, et templum destructum reædificat. Hi panes turbis distribuuntur, dum horum scripta et facta a doctoribus mystice fidelibus exponuntur. Per duos quoque pisces duæ personæ, regis videlicet et sacerdotis designantur, quæ solæ in Veteri Testamento oleo sancto ungebantur. Christus autem fideles in salo sæculi ut pisces latentes per piscatores apostolos rete fidei cepit, et cunctos oleo chrismatis in reges et in sacerdotes ungere fecit. Per albam namque in baptismate acceptam, sacerdotium ; per mitram vero capiti impositam designatur diadema regium. Sequitur :

« Sed hæc quid inter tantos? » Ac si dicatur : Permultis alimenta petituris supra omnem sensum corporis, omnemque litteram, quid prodest littera vetus? Quia carnaliter sapiebant et in spe carnali quiescebant, quibus lex temporalia promiserat, præcipitur super viride fenum jacere : « Omnis enim caro fenum, et claritas hominis sicut flos feni (*Isa.* XL). » Discumbit ergo super fenum qui carnem suam calcat, et flores illius quasi arens fenum conterit, sæculi voluptates sibi subjiciens. Diversi discubitus convivantium diversos significant conventus Ecclesiarum. Quinquageni autem discumbunt, quia adhuc in pœnitentia positi auditum verbi percipiunt. Nam quinquagenarius numerus pœnitentiæ et remissionis est. Centeni vero discumbunt, quia per pœnitentiam quinquagenarii ad perfectum centesimi numeri culmen ascendentes, in solo jam vitæ æternæ desiderio suspirant.

« Acceptis autem quinque panibus et duobus piscibus respexit in cœlum, et benedixit illis, fregit, et distribuit discipulis ; discipuli autem turbis. Et manducaverunt omnes et saturati sunt. Tulerunt reliquias duodecim cophinos fragmentorum plenos. Manducantium autem fuit numerus quasi quinque millia virorum, exceptis mulieribus et parvulis. » In cœlum Dominus respexit, honorem Patris a quo ipse erat confessus, ut qui adessent intelligerent a quo tantæ virtutis accepisset effectum, dirigentes et ipsi illuc oculos mentis. Si panes non frangerentur, non alerent tantam turbam. Sic et lex, si non aperiretur, non pasceret multos, quos aperta pascit. Unusquisque apostolorum de reliquiis implet cophinum suum, ut vel habeat unde postea gentibus cibos præbeat, vel ex reliquiis veros fuisse panes doceat. Quinque millia virorum, id est perfectorum. Sexus fragilis et minor ætas indigni sunt numero. Unde et in Numerorum libro quoties sacerdotes, et Levitæ et turbæ pugnantium describuntur, servi, et mulieres et parvuli, et ignobile vulgus prætermittuntur. Non nova creat Salvator cibaria, sed præsentibus benedicit, quia in carne veniens, non alia prædicat, sed prophetiæ dicta mysteriis gratiæ gravida demonstrat. Unde sequitur quia fregit, id est clausa sacramenta legis et prophetarum patefecit. Panes frangendo multiplicantur, quia multi libri facti sunt exponendo legem. Frangens distribuit discipulis, et illi præfractum frangentes, distribuunt turbis, quia sanctis doctoribus aperuit sensum ut intelligerent Scripturas, et intellectas auditoribus toto orbe fideliter dispensaverunt. Quod turbis superest discipuli tollunt, quia mysteria quæ a rudibus non capiuntur, a perfectis inquiruntur. Sunt enim fragmenta quæ populus non potuit manducare, quædam secretiora intelligentiæ, quibus impleti sunt apostoli quasi cophini duodecim. Per cophinos apostoli figurantur, et per apostolos chori sequentium doctorum foris quidem hominibus despecti, sed intus ad alenda humilium corda cibis salutaribus cumulati. Solent enim opera servilia geri cophinis. Sed Dominus cophinos fragmentis implevit, qui, ut fortiora confunderet, infirma mundi eligit. Apostoli duodecim cophinos de fragmentis manducantium impleverunt, dum in sexta ætate scripta priorum sua doctrina disseruerunt. Cophinus de gracili vimine contexitur, et ordo apostolicus de humili stirpe eligitur. Hic reliquias edentium congregat, quia litteram popularibus erogat, mystica sapientibus reservat. Et quia quinque sunt sensus exterioris hominis quinque millia virorum secuti Dominum designant eos qui in sæculo bene noverunt uti exterioribus quæ possident. Qui recte quinque panibus aluntur, quia tales necesse est institui legalibus adhuc præceptis. Nam qui mundo ad integrum renuntiant, et quatuor sunt millia, et septem panibus refecti, hoc est et evangelica refectione sublimes et spirituali gratia docti. Cujus significationis causa, reor in introitu tabernaculi quinque columnas deauratas jussas fieri (*Exod.* xxxvi); ante oraculum vero, id est Sancta sanctorum quatuor, quia incipientibus per legem castigantur, ne peccent, perfecti per gratiam admonentur, ut Deo devotius vivant.

« Illi ergo homines, cum vidissent quod fecerat signum, dicebant : Quia hic est vere Propheta qui venturus est in mundum. Jesus ergo, cum cognovisset, quia venturi essent ut raperent eum, et facerent eum regem, fugit. » Recte senserunt tantum prophetam per salutis præconia venturum esse in mundum, id est ad communem hominum cognitionem. Discipuli et turbæ credentes in Dominum, putaverunt illum sic venisse, ut jam regnaret, et hoc est velle rapere et regem facere, prævenire tempus ejus, quod ipse apud se occultabat usque in finem sæculi. Unde illud : « Non est vestrum nosse tempora vel momenta (*Act.* 1). » Fugiens autem nobis exemplum monstravit, ut in bonis quæ agimus humani favoris retributionem vitemus, simulque insinuat quod altitudo sua non potest intelligi.

Item quædam de piscibus.

Quomodo de quinque panibus evangelicis quædam allegorice perstrinximus libet quoque aliqua commemorare de piscibus, cum beatus Ambrosius (*in Hexaemeron*) dicit diversa genera piscium diversos usus habere. Alii enim ova generant, alii vivos pariunt, atque formatos, et qui ova generant, non nidos texunt, ut aves, non diuturni fotus laborem induunt, non cum molestia sui nutriunt. Cecidit ovum quod aqua gremio quodam naturæ suæ quasi nutrix blanda suscepit, et animal celeri fotu reddidit. Continuo enim tactu parentis animatum ovum cecidit, et piscis exivit. Cujus deinde quam pura et inviolata successio, nullus alteri sed generi suo miscetur thymallus thymallo, lupus lupo. Scorpæna quoque castitatem immaculati connubii generi suo servat. Itaque habet pudicitiam generis sui, sed venenum generis sui non habet. Non enim percutit scorpæna, sed reficit.

De scaro. Scarus inter pisces ruminare perhibetur, ut ferunt quibus aut eventus aut usus fuit, aut studium talia comprehendere. Sane nec ipsi a suis potentiæ evasere violentiam, et avaritiæ potentiorum subjecti, ubique inferiores sunt. Quisque infirmior eo prædæ patet. Et plerique quidem herbis pascuntur, ac minutis vermibus. Sunt tamen qui invicem se devorant, et sua carne pascuntur. Minor apud illos esca majoris est, rursus ipse major a validiore invaditur, et fit esca alterius, prædator alieni. Itaque usu venit ut, cum ipse alium devoraverit, ab alio devoretur, et in unum ventrem uterque veniat cum voratore proprio devoratus, fitque similiter in uno viscere prædæ vindictæque consortium. Et ipsis postea sponte hæc accrevit injuria, sicut in nobis non ex natura cœpit, sed ex avaritia, aut, quia ad usum hominum dati sunt, in signum quoque facti sunt, ut in his nostrorum morum vitia videremus, et caveremus exempla, ne quis potentior inferiorem invaderet, daturus in se potentiori exemplum injuriæ. Itaque qui alterum lædit, sibi laqueum parat in quem ipse incidat. Et tu piscis es qui viscera invadis aliena, qui demergis infirmum, qui credentem persequeris usque in profundum. Cave ne, dum illum sequeris, incidas ipse in validiorem et deducat te in alienas insidias, qui tuas vitat, priusque tuam exspectet ærumnam, qui te persequente propriam reformidabat.

De ceto. Ceti sunt marinæ belluæ. Quæ si supernatant fluctibus ad mare insulas putes, montes altissimos summis ad cœlum verticibus eminere. Quæ non in acta nec in littoribus, sed in Atlantici maris profundo dicuntur videri, ut eorum conspectu nautæ a navigandi in illis locis præsumptione revocentur, nec secreta elementorum adire sine supremæ terrore mortis usurpent. Physiologus autem de ceto dicit; quoniam, si tamen creditur, duas naturas habet. Prima est, si esurierit, aperit os suum; et maximus odor et suavis exit ex ore ejus, ita ut minores pisces jucundentur ejus suavitate, et congregentur omnes in ore ejus, et, cum impletum fuerit os ejus, claudit os piscis, et glutit eos. Magni autem pisces et perfecti non appropinquant saltem ori ejus. Secunda vero natura est ejus, ut exhibeat se in modum insulæ. Navigantes autem suspicantur insulam esse. Ligant naves suas ad eam, et dum accenderit ignem super eam ad coquendum, atque ad calefaciendum se sentiens ignem dimergit se in profundum et trahit post se naves ligatas. Hæc de historia ceti. Nunc quoque jungenda est significatio ipsius. Viribus est Zabulus quasi cetus corpore magnus. Ut monstrant magni quos facit ille magi. Mentes cunctorum quæ sunt ubique virorum. Esurit atque sitit, quosque potest perimit. Sed modicos fidei trahit in dulcedine verbi, namque fide firmos non trahit ille viros. In quo quisquis confidit; vel specie certam sibi mittit. Ad stygia tunc rapitur quam male decipitur.

De murena et vipera. Viper est nequissimum genus bestiæ et super omne quod serpentini generis est astutior, ubi coeundi cupiditatem assumpserit murena maritima, notam sibi requirit copulam vel novam præparat, progressaque ad littus sibilo testificata præsentiam sui ad conjugalem amplexum illam evocat. Murena autem invitata non deest, et venenatæ serpenti expetitos usus suæ impartit conjunctionis. Quid sibi vult sermo hujusmodi nisi ferendos esse mores conjugum? et si absens est, ejus opperiendam præsentiam, licet sit asper, fallax, inconditus, lubricus, temulentus. Quid pejus veneno, quod in conjuge murena non refugit? Vocata non deest, et serpentis lubricum sedula charitate complectitur. Ille tua mala portat, et levitatis femineæ facilitatem, tu virum tuum non potes, mulier, sustinere. Adam per Evam deceptus est (*Gen.* III), non Eva per Adam. Quem vocavit ad culpam mulier justum est ut eum gubernatorem assumat, ne iterum feminea facilitate labatur. Sed horridus et incultus est. Sed semel placuit : Numquid vir frequenter est eligendus ? Comparem suum et bos requirit, et equus diligit, et si mutetur alius, trahere jugum nescit : compar alterius vel ad se non tutum putat, tu jugalem repudias tuum, et putas esse mutandum, et si uno deserit die, suspicaris ruinalem, et statim incognita causa quasi cognitam pudoris exsequeris injuriam. Vipera absentem requirit, absentem vocat, et blando proclamat sibilo, atque ubi adventare comparem senserit, venenum evomit, reverentiam marito deferens verecundata nuptialem gratiam, tu mulier, advenientem de longinquo maritum, contumeliis repellis.

De polypo. Polypus piscis, id est multipes : plurimos enim nexus habet. Iste ingeniosus hamum appetens, branchiis complectitur, non morsu : nec prius dimittit quam escam circumroserit. Vadoso autem in littore petram nactus affigitur ei; atque nebuloso ingenio colorem subit, et simili specie terga obtutus plurimos piscium sine ulla suspicione fraudis allapsos, dum non præcavent et saxum opinantur, casibus furtivæ artis includit, et sinu quodam suæ carnis intercipit. Sic spontanea venit præda, et talibus capitur argumentis : qualia sunt eorum qui ingenium suum sæpe commutant, et diversas nocendi artes movent, ut singulorum mentes sensusque pertentent, cum continentibus continentiam prædicantes, in coitu intemperantibus tanquam devii et studio castitatis, et demersi intemperantiæ volutabris, ut qui eos audiunt aut vident, incauta facilitate se credant, eoque citius labuntur, dum distinguere non norunt, nec cavetur quod noceat, dum gravior sit et magis noxia improbitas, benignitatis obumbrata velamine. Et ideo cavendi sunt quæ crines suæ fraudis et brachia longe lateque dispergunt, vel speciem induunt multiformem. Et isti enim polypi sunt nexus plurimos habentes et callidorum ingeniorum vestigia, quibus irretire possunt quidquid in scopulos suæ fraudis inciderit.

De cancro. Cancros vocari quasi conchæ, crura habentes, inimica ostreis animalia; eorum enim carnibus vivunt miro ingenio. Namque validam testam ejus aperire non potest, explorat quando ostrea claustra testarum aperiat, tunc cancer latenter lapillos injicit, atque impedita conclusione ostreæ carnes erodit. Tradunt quidam decem cancris cum ocimi manipulo alligatis omnes qui ibi sunt scorpiones ad eum locum colturos. Sunt ergo homines qui cancri usu in alienæ usum circumscriptionis irrepant, et infirmitatem propriæ virtutis astu quodam suffulciant, fratri dolum nectant et alterius pascantur ærumna. Tu autem propriis esto contentus, et aliena te damna non pascant. Bonus cibus est simplicitas innocentiæ suæ bona habens, insidiari nescit alienis, nec avaritiæ suæ face inardescit, cui lucrum omne ad virtutum dispendium est, ad cupiditatem incendium. Et ideo beata est si bona sua noverit cum veritate paupertas, et omnibus præferenda thesauris, quia melius est exiguum cum Dei timore, quam thesauri magni sine timore ejus (*Prov.* xv). Utamur ergo ingenio ad quærendam gratiam et salutem tuendam, non ad alienam circumscribendam innocentiam. Licet nobis uti exemplis maritimis ad profectum nostræ salutis, non ad alienum periculum.

De echino. Echinus iste terrenus, quem vulgo ericium vocant, si quid insidiarum persenserit, spinis suis clauditur, atque in sua se colligit arma, ut quicunque eum contingendum putaverit vulneretur. Idemque echinus futura prævidens, geminas sibi respirandi vias munit, ut quando boream flatu rum collegerit septentrionalem obstruat; quando noto cognoverit detegi aeris nubila ad septentrionalem se conferat, ut flatus declinet obvios, et e regione nocituros. Hæc de echino terreno. De echino autem marino dicitur quod sit animal exiguum, vile ac despicabile; maritimum plerumque index futuræ tempestatis, aut tranquillitatis annuntius solet esse navigantibus. Denique cum procellam ventorum præsenserit, calculum validum arripit, cumque velut saburram vehit, et tanquam anchoram trahit, ne excutiatur fluctibus. Itaque non suis se liberat viribus sed alieno stabilit et regit pondere. Quo indicio, nautæ velut signum futuræ perturbationis capessunt, et sibi præcavent ne eos imparatos turbo improvisus inveniat. Sæpe homines confusionem aeris vident, et sæpe falluntur quod plerumque eam sine tempestate discutiant; echinus non fallitur: echinum sua nequaquam signa prætereunt. Unde exiguo animali tanta scientia, ut futura prænuntiet?

Quo magis in eo nihil est, quo tantam habet prudentiam. Credo quod per indulgentiam Domini rerum omnium, id quoque præscientiæ munus acceperit. Etenim si fenum Deus sic vestit ut miremur, si pascit volatilia, si paravit corvis escam, pulli enim ejus ad Deum clamant. Si mulieribus dedit texturæ sapientiam, si araneam, quæ tam subtiliter ac docte laxos casses suspendit in foribus sapientiæ, non reliquit immunem, si ipse virtutem equo dedit, et solvit de cervice ejus formidinem ut exsultet in campo, et occurrens regibus arrideat, odoretur bellum eminus, excitetur sono tubæ, si hæc irrationabilia pleraque et alia insensibilia ut fenum, ut lilia replevit sua dispositione sapientiæ, quid dubitamus quod etiam in echinum contulerit hujus gratiam præscientiæ. Nihil enim inexploratum, nihil enim indissimulatum relinquit. Omnia videt qui pascit omnia: omnia replet Sapientia quæ omnia in sapientia fecit.

DOMINICA DE PASSIONE

« Quis ex vobis arguet me de peccato (*Joan.* VIII). » Non dedignatur ex ratione ostendere se peccatorem non esse. « Si veritatem dico, quare non creditis mihi? Qui est ex Deo, verba Dei audit. Propterea vos non auditis, quia ex Deo non estis. » Sunt nonnulli qui præcepta Dei nec aure corporis percipere dignantur, et sunt nonnulli qui percipiunt, sed nullo mentis desiderio complectuntur, et sunt nonnulli qui libenter audiendo compunguntur sed post lacrymas ad iniquitatem redeunt. Hi profecto verba Dei non audiunt, quia ea exercere in opere contemnunt. Licet igitur omnes sunt filii Dei per naturam, quod ostendunt parabolæ de filio frugi et prodigo; de duobus filiis invitatis ad vineam, illi tamen sunt ex diabolo per vitium, quia verba Dei non diligunt. Qui vero renascuntur ex Deo generationis adoptione, audiunt verbum Dei et custodiunt.

« Responderunt igitur Judæi, et dixerunt ei: Nonne bene dicimus nos quia Samaritanus es tu et dæmonium habes? » Receperant Samaritani Dominum, quando locutus est mulieri ad fontem, et cum eis conversatus erat. Vocant igitur eum Judæi Samaritanum quasi peccatorem, quia peccatores illos reputabant, nec eis contebantur.

« Respondit Jesus: Ego dæmonium non habeo, sed honorifico Patrem meum, et vos inhonorastis me. » Alterum de duobus objectis negavit. Samaritanus enim interpretatur *custos*: et custodem se esse non negavit. Non enim dormitat qui custodit Israel (*Psal.* CXX). Et nisi Dominus custodierit civitatem frustra vigilat qui custodit eam (*Psal.* CXXVI). Non contumeliosa verba respondit qui vere responderet posset: Vos dæmonium habetis. Sed superbia nostra hic confunditur. Jam quid nobis ex hoc innuitur, nisi ut eo tempore quo a proximis falsas contumelias accepimus eorum etiam verba mala taceamus, ne mysterium nostræ correptionis arma vertamus furoris.

« Ego gloriam meam non quæro, est qui quærat et judicet. » Non quæro gloriam sicut simulatores qui quærunt videri quod non sunt. Est Pater qui quærit gloriam meam, et judicet, id est discernat a gloria vestra, quia vos secundum sæculum gloriamini, non ego; sed ea gloria quam habui apud Patrem antequam mundus esset, quæ est ab humana inflatione discreta. Secundum pœnale judicium Pater non judicat quemquam, sed omne judicium dedit Filio; secundum judicium discretionis judicat ut in psalmo: « Judica me Deus (*Psal.* XLII). » Hujus judicii expositio sequitur: « Et discerne, inquit, causam meam de gente non sancta (*ibid.*). » Similiter duas tentationes intelligimus, quarum una decipit, altera probat. Nam scriptum est: « Deus neminem tentat (*Jac.* I). » Et iterum scriptum est: « Tentat vos Dominus Deus vester, ut sciat si diligatis eum (*Deut.* XIII). » Ut sciat dictum est pro *scire faciat*. Job latebat se, sed Deum non. Admisit Deus tentatorem, et fecit eum sui cognitorem. Sic et duo timores sunt: servilis, cum times ne patiaris pœnam; castus, cum times ne amittas justitiam. Alterum perfecta charitas foras mittit timorem (*Joan.* IV); alterum servat, nos ante Deum permanens in sæculum sæculi. Nam et mulier adultera timet ne vir ejus veniat, casta, ne vir ejus abscedat.

« Amen, amen dico vobis, si quis sermonem meum servaverit mortem non videbit in æternum. » Exemplo suo nos admonet ne, cum malorum perversitas crescit, prædicare cessemus, quia et boni meliores per contumelias fiunt et reprobi de beneficio pejores.

« Dixerunt ergo Judæi: Nunc cognoscimus quia dæmonium habes. Abraham mortuus est et prophetæ, et tu dicis: Si quis sermonem meum servaverit, mortem non gustabit in æternum. » De morte secunda, morte gehennæ, morte damnationis cum diabolo dicit, quia nec Abraham mortuus est, nec prophetæ. Illi enim mortui sunt, et vivunt; isti vivebant et mortui erant. Mortem videre vel gustare est eam experiri.

« Nunquid tu major es patre nostro Abraham, qui mortuus est. Et prophetæ mortui sunt. Quem teipsum facis? Respondit Jesus: Si ego glorifico meipsum gloria mea nihil est. Est Pater meus qui glorificat me, quem vos dicitis quia Deus vester est, et non cognovistis eum. Ego autem novi eum. Et si dixero quia non scio eum, ero similis vobis, mendax. Sed scio eum, et sermonem ejus servo. » Sermonem Patris ut Filius loquebatur: et ipse erat Verbum Patris, qui hominibus loquebatur. Si ergo cognovissent Patrem, Filium ejus recepissent, quem vox Patris glorificabat in baptismate, in monte, et in aliis hujusmodi. Ideo contra hoc quod dicunt: Quem teipsum facis, refert gloriam suam ad Patrem dicens: Si ego solus sine Patre glorifico meipsum, sicut simulatores, gloria mea nihil est.

« Abraham pater vester exsultavit ut videret diem meum: et vidit, et gavisus est. » Credens exsultavit sperando, ut videret intelligendo. Quod ait diem meum, incertum potest esse unde dixerit, utrum diem Domini temporalem in carne, an diem qui nescit ortum nec occasum: Sed utrumque Abraham vidit. Quando enim misit servum suum petere uxorem filio suo Isaac, ait: « Pone manum tuam sub femore meo, et jura per Deum cœli (Gen. XXIV). » Quid hoc sibi vult nisi quia significabatur de genere Abrahæ Deum cœli venturum in carne. Qui reprehendunt carnem Christi, reprehendunt factum Abrahæ. Abraham diem Domini vidit, cum in figura summæ Trinitatis tres angelos hospitio suscepit.

« Dixerunt Judæi ad eum: Quinquaginta annos nondum habes, et Abraham vidisti? Dixit eis Jesus: Amen, amen dico vobis, antequam Abraham fieret ego sum. » Non ait fui; sed sum, quia Divinitas tempus non habet. Ab intuitu carnis, ad divinitatem trahit; sed, duri ut lapides, putant hoc esse blasphemiam.

« Tulerunt ergo lapides ut jacerent in eum. Jesus autem abscondit se, et exivit de templo. » Quem intelligere non poterant obruere quærebant: sed Dominus se vindicare noluit, quia pati venerat. Et ideo se abscondit ut daret nobis exemplum dare locum iræ, vel ideo ut ostenderet quia ipsa veritas eis absconditur, qui ejus verba sequi contemnunt, et fugit mentem, quia non invenit humilem. Nota quia inconsiderate Judæi dixerunt ad Dominum: Quinquaginta annos nondum habes? Sunt qui fingunt ab incarnatione usque ad passionem multo plures annos quam ex historiis colligamus.

SERMO
DE CARNE QUAM VERBUM ASSUMPSIT; QUALIS FUERIT SECUNDUM PASSIBILITATEM ET AFFECTUS.

De carne Verbi commemorare oportet, quia illam ab ipsa conceptione Spiritus sancti operatione ita mundatam credimus, ut eam Verbum ipsum liberum prorsus et immunem ab omni peccato assumeret, pœna tantum peccato voluntate, non necessitate assumentis, remanente, ut dum ista in Salvatore sine culpa pateretur, illa qua in salvandis pro culpa pœna obnoxia fuerant liberaretur. De hac pœna passibilitatis sive mortalitatis quærunt quidam quomodo in carne Salvatoris erat. Sed facile est scire quomodo caro illa quandiu in massa generis humani sub originali debito fuit, pœnam quoque prævaricationis quæ totum tenebatur in toto ipso ex necessitate sustinuit. Postquam vero a toto ipso singulariter divisa est, ut nec in ipso esset, nec cum ipso in causa participaret, jam nihil penæ debuit, quia culpæ nihil habuit. Itaque quantum in ipsa fuit, non debuit sustinere pœnam, quoniam jam non habuit culpam. Poterat ergo juste Salvator in carne sua, quam sine culpa assumpsit, pœnam mortalitatis, passibilitatisque infirmitatem, non assumpsisse; sed eam non solum super id quod nos sumus mortales, quia peccator non erat, sed super id etiam quod primus homo ante peccatum fuit, quia probandus non erat a prima conceptione gloriam immortalitatis induisse. Primus quippe homo quia probandus erat, talis esse debuit, qui et peccare et non peccare potuisset, ut voluntatis non necessitatis esset utrumque. Neque enim vel obedienti meritum, vel non obedienti culpa esse potuisset, nisi et obedientiæ, et prævaricatio voluntaria fuisset. Itaque quia ad probationem est utrumque voluntas ejus exspectabatur, ad utrumque ei possibilitas præstabatur. Quia ergo peccandi et non peccandi possibilitatem habuit, oportebat ut et moriendi et non moriendi possibilitatem haberet. Si enim ex necessitate immortalis fuisset, etiam prævaricator et peccator mori non potuisset, atque ita inobedientia pœnam debitam non haberet. Nec se recognosceret aliquando peccator, si mortuus intus semper foris viveret.

Item: si ex necessitate mortalis fuisset, etiam inobedientia persistens mori debuisset, et injuste sine culpa puniretur, si non peccans moreretur. Quapropter quia probandus erat et utrum inobedientia persisteret exspectabatur, caro quoque illius secundum aliquid mortalis erat, quia poterat non mori, quatenus ex eo quod mori poterat moreretur si peccaret, et ex eo similiter, quia non mori poterat, non moreretur, si in obedientia perseveraret. Christus autem, quia homo perfectus a principio et probatus inventus est ad perfectionem vel ad probationem, expectatus non est, et idcirco sicut liberum arbitrium habuit, nec tamen ita ut peccare posset ita quoque et immortalitatem, quantum in se erat, habere debuit, et ita ut mori omnino non posset. Unde constat quod Christo homini a principio non solum illa immortalitas debebatur, quam primus homo habuit ante prævaricationem, sed illa quoque quam nunc secundus habet post resurrectionem, ut videlicet sicut ex consortio Deitatis spiritu confirmatus erat ad veritatem, ut peccare non posset, ita quoque ex merito virtutis carne confirmatus esset ad incorruptionem, ut mori non posset. Sed quia caro peccatrix a pœna peccati liberari non potuit, nisi ejus caro quæ sine peccato fuit, pateretur infirmitatis passibilitatis et mortalitatis in carne assumpta, retinuit potestate, sustinuit voluntate, non passus est necessitate. De sensu autem passionis in carne Christi quidam male sensisse inveniuntur, asserentes carnem illam, in omnibus his quæ in ea et circa eam exhibita sunt passionis genera, similitudinem quidem passionis et doloris suscepisse, sed nullum omnino dolorem aut passionem sustinuisse. Sed non attendunt quanta absurditas ejusmodi assertionem consequatur. Quomodo enim in Christo vera compassio fuit, si vera passio non fuit? Quomodo stabit quod dicit propheta: « Vere languores nostros ipse tulit, et dolores nostros ipse portavit (*Isa.* LIII). » Si Christus in cruce dolorem passus non fuit, quare tantopere calicem passionis transferri a se postulavit? (*Matth.* XXVI.) Quid sibi voluit sanguis ille desudans, angustiam imminentis mortis contestatus? Quid sibi voluit quod ipse Christus in infirmitate, secundum quam caro passionem timuit, et voluntate, secundum quam spiritus promptus fuit, exponens ait: « Spiritus quidem promptus est, caro autem infirma? » (*Ibid.*) Isti ergo qui negant in Salvatore secundum infirmitatem carnis veram fuisse passionem, quantum in se est, eam quæ per passionem Christi facta est, convincuntur negare redemptionem.

Sunt alii qui non minori dementia de affectibus humanis in Christo, secundum quos veritatem naturæ cum humanitate suscepit; quidam non solum falsa, sed horrenda etiam blasphemare non timuerunt. Quia enim Apostolus ait: « Non habemus pontificem, qui non possit compati infirmitatibus nostris, tentatum autem per omnia (*Hebr.* IV). » Asserunt humanum effectum in Christo motus vitiorum sensisse absque consensu tamen rationis, secundum concupiscendi infirmitatem quam nos, qui peccatores sumus, ex illa originali corruptione in carne, quam portamus, illicitos appetitus et motus concupiscentiæ surgentis et vitii tentantis delectationem, etiam inviti, solemus sentire. Nos autem motus idcirco Christum in carne sua voluntarie sustinuisse, ut quasi illis tentantibus resistendo victor existeret, quatenus et sibi tentationem vitiorum superando præmium justitiæ acquireret, et nobis in tentatione positis resistendi et vincendi in semetipso exemplum formaret. Sed absit a sensu Christiano ut ullam in carne sacrosancta Agni vernaculi inordinatæ delectationis et concupiscentiæ illicitæ illationem aliquo modo fuisse, aut dicat, aut credat, quia si ullam pravæ delectationis radicem aut motum concupiscendi inordinatum in illa fuisse diceremus, profecto ab omni initio liberam negaremus. Quomodo autem vitium mundaret, si vitium portaret? Motus quidem inordinatus ex infirmitate concupiscendi surgens cum ipsa corruptione, de qua oritur non solum pœna est, sed culpa: quia tamen in baptizatis ad damnationem non imputatur, quia per gratiam novæ regenerationis excusatur, sicut dicit Apostolus: « Jam nihil damnationis est his qui sunt in Christo Jesu (*Rom.* VIII). » Hæc tamen corruptio per gratiam sacramenti non quidem accipit ut culpa non sit, sed ut damnabilis non sit; quia si culpa omnino non esset, non haberet excusari, quia non debent imputari. Quapropter illam infirmitatem humanæ naturæ, quæ pœna est, solum cum susceptione carnis Christum assumpsisse veraciter dicimus: illam vero, quæ sic pœna est, ut etiam culpa sit, nullatenus admisisse indubitanter affirmamus. Neque enim sic victorem vitiorum dicere volumus, ut eum ipsa quæ vinceret vitia portasse aliquando ac sensisse dicamus. Propterea enim per solam pœnam infirmari consensit, ut eos qui in culpa et in pœna ægrotabant, primum a culpa justificaret, et postea a pœna liberaret.

DOMINICA IN PALMIS

« Cum appropinquassent Hierosolymis, et venissent Bethphage ad montem Oliveti, tunc Jesus misit duos discipulos, dicens eis: Ite in castellum quod contra vos est, et statim invenietis asinam alligatam, et pullum ejus cum ea alligatum, cui nemo unquam hominum sedit, solvite illum et adducite mihi. Et si quis vobis aliquid dixerit, dicite ei quia Dominus operam ejus desiderat et confestim dimittet eos (*Matth.* XXI). » Bethphage sacerdotum viculus erat et confessionis portabat typum, quia *domus buccæ* interpretatur. Pulchre ergo refertur situs in monte Oliveti, cum sit olei natura lucis ministrare et laborum dolorumque solamen, quia confitentes peccata sua Christo adhærent, qui nos unctione spiritali et scientiæ luce refovet. Ne autem absconderetur civitas supra montem hunc posita, mittit discipulos in castellum, quod contra eos est, ut per illos totius contra positi orbis munitiones penetret. Asina et pullus Judæi sunt, et gentes propter quasdam similitudines. Est enim hoc animal immundum, et præ cæteris jumentis stultum, et infirmum, et ignobile, et oneriferum. Sic fuerunt homines ante Christum. Ligati etiam a diabolo erant, nec sua virtute evadere poterant. Nam sicut navis, fracto gubernaculo, illuc ducitur quo tempestas impellit, sic homo divinæ gratiæ auxilio perdito per peccatum non quod vult agit, sed quod diabolus. Et sicut primum in potestate est populi facere sibi regem quem vult, factum autem de regno expellere jam non est in potestate ejus, et ita voluntas populi in necessitatem convertitur. Sic homo, priusquam peccet, liberum habet arbitrium, utrum velit esse sub regno diaboli. Cum autem peccando ei subjugatur non potest de potestate ejus exire, quia voluntas est conversa in necessitatem. Hoc est quod peccatores solent dicere: Vellemus esse sancti, sed non possumus. Verum dicunt, sed non habent excusationem, quia primum potuerunt non esse sub potestate diaboli, de qua nisi solus Deus nemo potest eripere. Populo quidem nationum perfidiæ vinculis irretito nemo unquam hominum sedit, id est nullus doctor frenum correctionis contulit, quo vel linguam a malo cohibere vel in viam vitæ cogeretur ire. Sederet namque ille homo id est ad utilitatem ejus requiesceret docendo, si quis rationabilius ejus stultitiam reprimendo corrigeret. Unde non immerito duo discipuli, duo ordines prædicatorum intelliguntur, Judæis videlicet et gentibus missorum. Quidam vero istos duos intelligunt Petrum et Philippum, quoniam ipsi primum gentes adduxerunt ad Christum, Philippus Samariam quasi asinam; Petrus Cornelium quasi Samariæ pullum. Bini vocantur apostoli, bini mittuntur, quia charitas non est in uno. Unde scriptum est : « Væ soli (*Eccles*. IV). » Duo educunt Hebræos de Ægypto. Duo portant botrum de sancta terra, ut semper præpositi jungant operi scientiam. Duo mandata de duobus proferant tabulis. Duobus fontibus abluantur et abluant, et duobus vectibus arcam Domini portent, et inter duo cherubim Dominum agnoscant; spiritu et mente psallentes : « Solvite, inquit, per doctrinam et per miracula. » Ac si diceret : « Quæcunque solveritis in terra erunt soluta et in cœlis (*Matth*. XVIII). » Alieni alligant ut possideant; Christus solvit ut teneat. « Confestim dimittet eos Dominus, » videlicet qui jure creationis desiderat ut omnis creatura suo servitio mancipetur. Primo homines vocantur per doctrinam et miracula apostolorum, deinde dimittit eos Dominus in arbitrio suo, ut vel in fide qua vocati sunt remaneant, vel in antiquas consuetudines redeant, Judæi videlicet in suas superstitiones generales, gentiles vero in spurcitias suas; nam quod vocati sumus Dei est. Quod autem digne invocatione vivimus, nimirum pariter et Dei est. Et hoc est quod ait : Dimittet eos, non ad diabolum, sed in arbitrio suo.

« Euntes autem discipuli fecerunt sicut præcepit illis Jesus. Solventibus autem illis dixerunt domini ejus ad eos : Quid solvitis pullum? Illi dixerunt : Quia Domino necessarius est. Et dimiserunt eis. Et duxerunt pullum ad Jesum; et jactantes vestimenta sua supra pullum, et eum desuper sedere fecerunt. » Marcus scribit pullum ante januam foris in bivio ligatum et inventum (*Marc*. XI). Janua est ipse qui ait : « Ego sum ostium ovium : per me si quis introierit salvabitur, et pascua inveniet (*Joan*. X). » His pascuis populus gentium carebat, dum extra januam, in bivio ligatus stabat. Recte in bivio, quia non unam fidei viam tenebat, sed dubios calles erroneus sequebatur. In bivio stabat qui in libertate arbitrii inter mortem et vitam dubitabat. Multos quippe Dominus habebat, quia per multa dogmata variis erroribus raptatus, quot vitiis deserviebat, tot dæmones cum possidebant. Sed dominatum sibi vindicare non poterant quos dominos fecerat non natura, sed culpa; et ideo cum Dominus dicitur, unus agnoscitur : nam et si multi dii et multi domini, generaliter tamen unus Deus et unus Dominus. Qui ergo in solvendo pullo contradixerunt, audito Domini nomine, quiescunt, quia magistri errorum, qui doctoribus Christi obsistebant, eatenus suas tenebras defenderunt, donec miraculis attestantibus Dei virtus emicuit. Sic ergo liber credentium populus qui Deum corde portet adducitur. Vestes apostolorum sunt præcepta divina et gratia specialis, quibus turpitudo nostræ carnis tegitur; his prius nudi populi, sed modo per apostolos ornati, Christum sessorem habent, ut non regnet peccatum in lasciva carne, sed justitia et pax et gaudium in Spiritu sancto.

« Hoc autem totum factum est, ut adimpleretur quod dictum est per prophetam dicentem : Dicite filiæ Sion : Ecce rex tuus venit tibi mansuetus, sedens super pullum asinæ subjugalis. » Hoc in propheta Zacharia scriptum est, a cujus sententia Matthæus et Joannes minime recedunt, etsi verba ponant diversa. Et quia ipsa est Hierusalem, quæ Sion filiam Sion dicit bonos in illo cæco populo. Dicite ei, prædicatores, ne timeat, sed exsultans agnoscat regem suum, mentes regentem, et ad regnum cœlorum perducentem, ne cum reprobis dicat : « Non habemus regem nisi Cæsarem (*Joan*. XIX). » Mansuetus venit non sedens in curru aureo purpura fulgens, nec super equum discordiæ amatorem, sed super bestiam pacis amicam. Secundum litteram in parvo itinere utrumque animal non videtur sedisse Dominus, sed magis competit ut pullo usus sit ad sedendum, asina ducta libera. Mystice autem super populum utrumque sub dominio ejus humiliatum sedit, Petro et Paulo missis ad eos. Quia ergo lascivus et indomitus gentilis populus credidit exemplo fidelium de Synagoga, quæ jugum legis traxerat, bene refertur pullus fuisse filius asinæ subjugalis. Considera quia sicut hoc genus jumenti, si quid errat, in simplicitate errat, et non in asperitate, ita homines qui crediderunt in Christum ex utroque populo ante Christum, non in malitia, sed in ignorantia peccaverunt.

« Eunte autem illo, multi substernebant vestimenta sua in via : alii autem cædebant ramos de arboribus, et sternebant in via. » Vide quoniam super jumentum apostoli posuerunt vestimenta sua, sub pedibus vero cæteri jumenti. Mandatis enim apostolorum sternuntur Christiani et adornantur, legis autem mandata conculcant, id est circumcisionem et cæteras consuetudines Judaicas. Vestimenta namque turbæ sunt legis mandata, in via, id est in Christo a Christianis conculcata. Turba enim quæ vestimenta sua sternebat in via credentes sunt ex circumcisione, qui videntes et agnoscentes Christum, gloriam quam habebant ex lege, dejecerunt in terram, seipsos humiliantes, et cum Apostolo dicentes : Quæ mihi fuerunt lucra, hæc existimavi propter Christum detrimenta, et arbitror stercora esse, ut Christum lucrifaciam (*Philipp*. III). Qui autem ramos cædebant de arboribus, sunt credentes et eruditi doctores, qui ex prophetis accipientes exempla quasi de arboribus ramos ante gentilem populum straverunt in via, id est in Christo, ut sine offendiculo intraret in sanctuarium Dei. Vel ita : Salvator jumento insidens Hierosolymam tendit, non solum quando cujusque fidelis anima regens ad pacem intimæ visionis ducit, sed etiam cum sanctæ Ecclesiæ universaliter providet et eam in supernæ pacis desiderium accendit. Pedes jumenti sunt extremi quos ad judicandum constituit Apostolus, qui et si non sint dorsum in quo sedit Deus, tamen instruuntur cum militibus a Joanne. Multi quippe sternunt vestimenta in viam, quia exercitus martyrum corpora sua animarum, vicum tegumenta pro Domino dant, quo sequentibus electis callem faciant recte vivendi. In via denique sternunt vestimenta, qui corpora sua edomant ut Domino iter ad mentem parent, vel exempla bona sequentibus præbeant. Frondes vero vel ramos de arboribus cædunt, qui Patrum sententias vel exempla carpunt, et in via Dei ad auditoris animum venientis humili prædicatione submittunt. Justi namque ut palma florebunt, angusti in radicibus, lati in floribus et fructibus, quoniam bonus odor Christi sunt, et sternunt viam mandatorum Dei bona fama.

« Et cum jam appropinquaret ad descensum montis Oliveti, cœperunt omnes turbæ descendentium gaudentes laudare Dominum voce magna. » Descendente Domino de monte Oliveti, id est humiliante se ad infirmitatem nostræ carnis, cum sit in forma Dei. Cum illo descendunt turbæ, id est humiliantur sub manu ejus qui misericordia indigent, ut ab eo exaltentur.

« Turbæ autem quæ præcedebant, et quæ sequebantur, clamabant dicentes: Hosanna filio David, Benedictus qui venit rex in nomine Domini. Pax in cœlo et gloria in excelsis. » Benedictus qui venit regnum patris nostri David: Hosanna in excelsis. Præcedunt prophetæ, sequuntur apostoli. Abyssus abyssum invocat (*Psal.* XLI); id est lex legem alteram. Præcessit Judaicus populus, secutus est gentiles. Homines fideles clamant filio David: Hosanna: quod Latine dicitur salus, quia credunt David filium Dei filium, unum filium salvare terrenos, ut justi in angelorum ruinam ædificentur. Confitentur etiam benedictum qui venit in nomine Domini, id est Patris sui, quoniam Filius de Patre suscipit nomen, et Pater de Filio. Benedictio quæ fit in Deo confessio sola est et laudatio bonorum quæ præstita est ab eo. Benedictio vero quæ fit a Deo in nobis impletur, dum ejus beneficiis implemur.

Quem ante fideles crediderunt venturum, hunc nos venisse credimus. In ejus quippe laude cœlestia et terrena concinunt, quia quo nascente cœlestes virtutes decantant gloria in excelsis Deo, et in terra pax hominibus, eodem mundi principe triumphatore mortales vicem laudis rependunt, dicentes: Pax in cœlo et gloria in excelsis. Turbæ quippe refectæ, de quinque panibus et duobus piscibus voluerunt rapere Jesum et constituere regem, sed ipse fugit in montem. Nunc autem non reprimit voces eorum qui regnum David restaurandum in eo concinunt. In quo apte docet quod æterni imperii rex esset in cœlis, non tantum in terris. Ad quod per contemptum mortis, et gloriam resurrectionis, et triumphum ascensionis perveniret. Hinc post resurrectionem ait discipulis: « Data est mihi omnis potestas in cœlo et in terra (*Matth.* XXVIII). » Consonat laus turbæ voci Gabrielis, qui ait matri Domini. « Hic erit Magnus et Filius Altissimi vocabitur, et dabit illi Dominus Deus sedem patris David ejus, et regnabit in domo Jacob in æternum (*Luc.* I). » Recte ergo clamant: « Hosanna in excelsis, id est salva nos in cœlestibus, ubi scilicet omne genu sibi flectetur, cœlestium, terrestrium et infernorum (*Philipp.* II). »

Notandum quod hosanna Hebraicum verbum compositum est ex corrupto et integro. Salva namque sive salvifica apud eos dicitur hosi et anna est interjectio deprecantis. Denique in psalmo CXVII, ubi LXX Interpretes transtulerunt: O Domine, salvum me fac, in Hebræo scriptum est: Anna adonai, hosi anna. Quod interpres noster Hieronymus diligentius elucidans ita transtulit: « Obsecro, Domine, salva, obsecro. » Idem namque significat, o Domine, per interjectionem obsecrantis, quod obsecro Domine per ipsum verbum obsecrationis. Hosanna itaque salva, obsecro significat, consumpta vocali, quæ verbum antecedens terminat cum perfecte dicitur hosi. Quod metrici scandendis versibus synalinpham vocant, quamvis scriptam litteram scandentes transiliant. In hoc autem verbo Hosanna, littera non scribitur, sed sensu loquentium salvo funditus intermittitur.

IN DIE PALMARUM.

« Dicite filiæ Sion: Ecce Rex tuus venit tibi mansuetus, sedens super asinam et pullum subjugalem (*Zachar.* IX). Mandat vobis rex cœlestis, fratres charissimi, per prophetam Zachariam, gaudium sui adventus. Venit ad reconciliationem Dominus, qui ex peccato primi parentis vobis fuerat alienus. Et antequam veniret, præmisit legatos, prophetas, patriarchas, dicens eis: « Dicite filiæ Sion, » id est annuntiate Ecclesiæ meæ. Quam filiam Sion ideo vocat, quia filia speculationis et delectationis debet esse. Sion enim *speculatio* interpretatur: quæ spiritualibus hostibus debet sibi providere. Sed quid dicat subjungit: « Ecce rex tuus venit. » Recesserat Dominus per peccatum ab humano genere, qui proximus ei fuerat rationabiliter viventi. Sed qui recesserat per injustitiam nostram, venit per misericordiam suam. Per viscera enim misericordiæ Dei, visitavit nos oriens ex alto (*Luc.* I). Inclinavit cœlos et descendit, et caligo sub pedibus ejus (*Psal.* XVII). Inclinavit cœlos, id est humiliavit cœlestia, scilicet Deitatem, et ipsos angelos per commiserationem, quam habuit de reparatione humani generis: et ipse descendit uniendo sibi humanam naturam. Inclinati sunt angeli, cum accedentes ad Deum, ministrabant ei. Sed quamvis humilis, quamvis particeps nostræ fragilitatis, tamen caligo, id est obcæcatio mundanorum fuit sub pedibus ejus, id est plenarie subjecta ; et cum fortis miles ad pugnam venisset, in sole posuit tabernaculum suum (*Psal.* xviii). Tabernaculum Christi illud intelligitur in quo militavit Deo Patri, illud posuit, id est constituit in sole, hoc est in Virgine, quæ fuit pulchra ut luna, electa ut sol. Luna, quia illuminans tenebras noctis; sol quia sola præ cæteris calore Spiritus sancti inarsit.

Parato itaque tabernaculo suo, procedens de thalamo suo, tanquam sponsus (*ibid.*) Ecclesiæ factus est per carnis conjunctionem. Procedens, inquam, de thalamo suo, id est de utero virginali, exsultavit ut gigas, id est ut fortis, ut invincibilis ad currendam viam militiæ suæ; et venit ad bellandum contra principem hujus mundi, dicens : « Nunc princeps hujus mundi ejicietur foras (*Joan.* xii), » scilicet a mentibus hominum, in quibus regnabat prius. Elegit autem paucos secum et pauperes, ut ait Apostolus : « Elegit quæ stulta sunt mundi ut confundat sapientes, et infirma mundi ut confundat fortia (*I Cor.* i); » Quid enim Petrus, quid Andreas, nisi insipientes et ignobiles ? Et tamen de illis paucis, unus succubuit, id est Judas, qui eum tradidit. Judas enim cupidus erat et fur et loculos habens, ea quæ mittebantur portabat (*Joan.* xii). Iste videns Mariam unguentum pretiosum super caput Domini fudisse, ait : Ut quid perditio hæc? Potuit enim istud venundari multo et dari pauperibus (*Matth.* xxvi). Itaque abiit ad summos sacerdotes, ut proderet eum. Infelix Judas ! Damnum credebat se habere in effusione unguenti : voluitque recompensare pretio magistri. Sed cum summa misericordia discipulum errantem vellet corripere, dicebat : « Qui intingit mecum manum in paropside, hic me traditurus est (*ibid.*), » ut cum sciret, cum cognosceret cogitationes suas, pœniteret. Aliis autem manus retrahentibus Judas impudentia, qua proditurus erat Dominum, manum cum Magistro in catinum misit, ut audacia sua bonam conscientiam mentiret. Et cum Dominus diceret : « Unus ex vobis tradet me (*ibid.*); » et alii dicerent : «Nunquid ego sum Domine ? » (*ibid.*) Judas ait : « Nunquid ego sum Rabbi ? » (*ibid.*) Hi vocabant Dominum, ille magistrum, quia volebat peccatum, quod conceperat, in hoc verbo quod dixerat, Magister, diminuere. Minus enim videbatur tradere Magistrum quam Dominum. Sed hunc Dominus patientia superavit, quia eum pertulit : et quamvis noverit eum proditorem, tamen lavare ei pedes non abnuit. Traditus est itaque Dominus Judæis et extra portam passus est ab eis, ut sanctificaret per suum sanguinem populum. « Exeamus igitur ad eum extra castra, improperium ejus portantes (*Hebr.* xiii). »

Recordari igitur debemus quantum improperium pro nobis passus est Dominus, quia, cum ad turpem duceretur mortem, extra civitatem ejectus est, quasi vilis et contemptibilis extra civitatem ejectus est, et crucem suam portavit et inter latrones crucifixus est in loco Calvariæ, et ubi rei decollabantur, interfectus est. Sed cum prava intentione hæc fecissent Judæi, pius Dominus magna dispensatione hæc tria fieri voluit : non solum enim in hoc genere mortis voluit dare redemptionem hominibus, sed etiam vitam nostram informare. Non enim sine causa voluit potius crucifigi quam lapidari, vel alio genere supplicii puniri, sed ut aliquid debeat in ejectione et crucifixione a nobis intelligi, docet Apostolus cum dicit : « Exeamus ad eum extra castra, » etc. Videamus igitur quomodo debeamus exire, et a quibus castris, et quod improperium portare. Quandiu in mortali hoc corpore sumus, a Domino peregrinamur. Sumus enim in his corporibus quasi in castris, bellantes contra spiritualem inimicum. Sed in his castris, id est in carne delectandum non est, quia ut ait Apostolus : « Debitores sumus non carni ut secundum carnem vivamus. Si enim secundum carnem vixeritis, moriemini (*Rom.* viii). » Exeundum ergo est ab his castris, ut non subjiciamur dominio carnis; debet enim servire, non imperare. Unde Apostolus : « Castigo corpus meum, et in servitutem redigo (*I Cor.* ix), » vel subjicio, id est ut serviat animæ. Hoc exire est illud, quod Dominus in Evangelio ait : « Qui vult venire post me, abneget semetipsum etc. (*Matth.* xvi). » Abnegare debemus in nobis ipsis, non quod ibi fecit Deus, sed nos facimus. Quodcunque bonum habemus a Deo est, quodcunque malum ab homine. Ergo qui furabatur, jam non furetur.

Audistis, quid est exire extra castra, modo videamus quid sit portare improperium Christi. Hoc idem est, quod in illo Dominico dicitur : « Et tollat crucem suam (*ibid.*). » Quid est tollere crucem Domini? Dominus ideo voluit hoc genus tormenti eligere, ut inde sumamus exemplum vel formam vitæ. Sicut enim crucifixus non potest membra sua ad aliquas actiones dirigere, eodem modo veterem hominem cum vitiis et concupiscentiis nostris debemus crucifigere, ut neque pes, neque manus, neque aliud membrum, possit aliquam fallaciam peragere nec cogitare. Tollamus ergo crucem hanc, et in nobis crucifigamus vitia. Nunc igitur exeamus, fratres, Christo obviam cum palmis, id est victoriis habitis super diabolo et opibus ejus, et cum floribus virtutum. Offerat alius florem dilectionis, quæ principalis est radix omnium virtutum. De qua ait Gregorius : « Sicut multi arboris rami, ex una radice prodeunt, sic multæ virtutes ex una charitate generantur. » Alius offerat florem virginitatis, et lilium castitatis. Hæc est illa virtus quæ commendavit Joannem, quem diligebat Jesus, quia virgo electus est a Domino, quem ipse laudat in Apocalypsi : « Hi sunt qui cum mulieribus non sunt coinquinati, » etc. (*Apoc.* xiv). Alius sit præditus flore humilitatis, imitatus eum qui ait : « Discite a me quia mitis sum et humilis corde (*Matth.* xi). » Alium decoret flos misericordiæ, quia « beati misericordes, quoniam ipsi misericordiam consequentur. » Alius teneat ramum pœnitentiæ, quia « beati qui fecerunt pœnitentiam, » etc. Alius concremet thura orationum, dicendo : « Dirigatur oratio mea, etc. (*Psal.* CXL). » Alius pascat in Christo pauperem, reminiscens illud Evangelicum : « Quod uni ex minimis meis fecistis, etc. (*Matth.* XXV). » Et nullus ita accedat vacuus ante Dominum, ut mereantur omnes æquari, et ut eos supersedens ducere et regere ad palmas Hierusalem dignetur. Igitur ingrediente Domino cum turbis civitatem, turba puerorum ac totum vulgus cum palmis obviam prorupt, et regem gloriæ cum hymnis

excipit. Quibus stipatus templum ingrediens ementes et vendentes columbas de illo cum flagellis ejecit, et templum sui corporis dissolvendum, sed post triduum reædificandum prædixit. In templo itaque multa signa faciebat, et turbas quotidie cœlestia docebat. Verum quia hic dies exemplo illius populi ab universa Ecclesia cum palmis et floribus celebratur, dies palmarum nuncupatur. Feria autem quarta a Juda traditur; feria quinta panis et vinum in corpus et sanguinem ejus nobis conficitur; feria sexta pro salute omnium crucifigitur; sabbato in sepulcro requievit; Dominica a morte resurgens vitam et gaudium omnibus in se sperantibus dedit.

IN CŒNA DOMINI.

Secundum Joannem.

« Ante diem festum Paschæ sciens Jesus, quia venit hora ejus ut transeat ex hoc mundo ad Patrem, cum dilexisset suos in finem dilexit eos (*Joan.* XII). » Pascha *transitus* dicitur, quia Dominus per Ægyptum transiit, percutiens primogenita ejus, et Filios Israel liberans, et quia filii Israel transierunt illa nocte de Ægyptia servitute. Quod significat Dominum transiturum de hoc mundo ad Patrem, et fideles ejus de temporalibus ad cœlestia. « In finem dilexit suos, » id est in seipsum. « Finis enim legis, ait Apostolus, est Christus (*Rom.* X). » Finis quousque feliciter eamus, non ubi infeliciter pereamus. Vel in finem, id est in mortem, non quod morte terminetur Christi dilectio, sed in tantum dilexit quod usque ad mortem dilectio eum perduxerit. In quo exemplum dedit, ut omnes in Dei veritate permaneant usque in finem.

« Surgit a cœna et ponit vestimenta sua. Et cum accepisset linteum, præcinxit se. Deinde misit aquam in pelvim et cœpit lavare pedes discipulorum, et extergere linteo quo erat præcinctus. » Ex magna humilitate non dedignatus est lavare pedes illi etiam cujus manus jam prævidebat in scelere. Quid mirum, si posuit vestimenta, qui cum in forma Dei esset semetipsum exinanivit? (*Philipp.* II). Quid mirum, si præcinxit se linteo, qui formam servi accipiens habitu inventus est ut homo? (*ibid.*) Quid mirum, si misit aquam in pelvim, unde lavaret pedes discipulorum, qui in terram sanguinem fudit, quo immunditiam dilueret peccatorum? Quid mirum, si linteo quo erat præcinctus pedes quos lavaret tersit, qui carne qua erat indutus evangelistarum vestigia confirmavit?

Venit ergo ad Simonem Petrum, et dicit ei Petrus : « Domine, tu mihi lavas pedes? » Non est intelligendum quod post aliquos venisset ad Petrum, sed ab illo incepit lavatio. Expavescit ergo primus apostolorum quod Deus lavet homini pedes.

« Respondit Jesus, et dixit ei : Quod ego facio, nescis modo, scies autem postea. Dicit ei Petrus :

Non lavabis mihi pedes in æternum, » hoc est nunquam lavabis. Sicut est homo humilis ad *serviendum*, ita servus non suscipiendo servitium.

« Respondit ei Jesus : Si non lavero te non habebis partem mecum. » *Te* dicit pro solis pedibus. Qui non lavatur per baptismum et confessionem pœnitentiæ, non habet partem cum Jesu.

« Dixit ei Simon Petrus : Domine, non tantum pedes meos, sed et manus et caput. » Territus ex Domini responsione de periculo salutis totum se offert ad abluendum turbatus amore et timore.

« Dicit ei Jesus : Qui lotus est non indiget nisi ut pedes lavet, scilicet est mundus totus. » Intelligendum est præter pedes. Totus homo abluitur in baptismo, sed tamen cum in rebus humanis postea vivitur, humani affectus, sine quibus non vivitur, quasi pedes sunt, quia si dixerimus peccatum non habemus, mentimur (*I Joan.* 1). Quotidie igitur lavat nobis pedes qui quotidie interpellat pro nobis. Unde etiam quotidie dicimus : « Dimitte nobis debita nostra (*Matth.* VI). » Et in Cantico canticorum : « Lavi pedes meos, quomodo inquinabo illos? (*Cant.* V). » Timeant inquinare pedes suos, qui surripiente amore humanæ laudis, placere hominibus affectant. Notandum quia erravit Petrus, ne nos erraremus, cum se totum lavandum Deo obtulit. Quem Deus correxit ostendens semel baptizatum non esse rebaptizandum.

« Et vos mundi estis, sed non omnes. Sciebat enim quisnam esset qui traderet eum. Propterea dixit : Non estis mundi omnes. Postquam ergo lavit pedes eorum, accepit vestimenta sua. Et cum recubuisset, iterum dixit eis : Scitis quid fecerim vobis? » Hoc vult aperire quod Petro dixerat : « Scies autem postea. » Mystice cœna, in qua cum discipulis Dominus recubuit, significat tempus universum quo ipse corporaliter in Ecclesia demoratus, et dapibus verbi salutaris ac miraculorum dulcedine cunctos fideles pavit, et fide ac dilectione audientium ipse pastus est. Surrexit ergo a cœna, et posuit vestimenta sua quando membra corporis deposuit in cruce. Linteo præcinxit se, quando sua membra circumdedit passionis exercitio. Solum namque per linteum quod multifario labore conficitur, afflictio passionis figuratur.

« Misit aquam in pelvim; » etc. Defunctus in cruce aquam cum sanguine de latere suo fundit, quibus credentes mundare et sanctificare dignatur. Postquam lavit pedes, accepit vestimenta sua, et recumbens aperuit eis mysterium lavationis, quia postquam patiendo in cruce lavacrum remissionis nobis consecravit, accepit membra jam immortalia, et post resurrectionem exposuit eis utilitatem suæ passionis.

« Vos vocatis me, Magister et Domine, et bene dicitis, sum etenim. Si ergo ego lavi pedes vestros Dominus et Magister, et vos debetis alter alterius lavare pedes. » Et ad litteram et ad mysticum sensum hoc debemus impleri : ad litteram, ut per charitatem serviamus invicem, non solum in lavando pedes fratrum, sed et in omnibus necessitatibus adjuvando; ad mysticum intellectum, ut sicut ille nobis pœnitentibus peccata dimittit, ita et nos dimittamus fratribus. Et sicut ille lavit nos a peccatis interpellando patrem pro nobis, ita et nos oremus pro fratribus.

« Exemplum enim dedi vobis, ut quemadmodum ego feci vobis, ita et vos faciatis. » Hoc est petere quod nesciebas quando lavari pedes non sinebas, hoc tibi postea sciendum permisit Dominus. Est consuetudo apud plerosque, ut cum se invicem hospitio suscipiunt, pedes sibi lavent. Ubi apud sanctos hæc consuetudo non est, corde faciunt; sed melius est ut manibus fiat quod Christus fecit. In quo admonemur ut confessi invicem delicta nostra, oremus pro nobis, sicut Christus interpellat pro nobis.

SERMO IN CŒNA DOMINI.

« Dominus noster Jesus Christus nocte in qua tradebatur accepit panem, et gratias agens fregit et dixit : Accipite et manducate; hoc est corpus meum, quod pro vobis tradetur, hoc facite in meam commemorationem. Similiter et calicem, postquam cœnavit dicens : Hic est calix, novum testamentum in meo sanguine, hoc facite, quotiescunque bibitis in meam commemorationem. Quotiescunque enim manducabitis panem hunc, et calicem bibetis, mortem Domini annuntiabitis donec veniat (I Cor. xi). » Imminente, fratres charissimi, Domini passionis articulo, quando jam pene erat in ipsa traditione, Dominus qui prius legales observantias et sacrificia tenuerat, quæ omnia figura fuerant incarnationis et passionis Christi, veniente veritate, voluit umbram destruere. Agnus immolatus in antiqua lege, et aliæ hostiæ immolandum verum agnum in cruce præfigurabant. Voluit igitur agnum figurativum comedere et immolare, et umbram rei futuræ tandiu servare, donec immolatio veri Agni fieret. Itaque ante tempus passionis suæ, voluit Pascha vetus cum discipulis celebrare, et agnum comedere; deinde veteribus figuris finem dare. Post cœnam igitur agni, novum Pascha finito veteri constituit, et discipulis corpus suum et sanguinem distribuit. Si enim prius daret corpus suum, et deinde agnum, non videretur vetus Pascha finisse, propter novum. Accepit itaque panem, et benedixit, et dedit illis; postea calicem. Sciendum quia tota natura humana in anima et corpore erat corrupta. Oportuit ergo ut Deo, qui veniebat utrumque liberare, uniretur uterque, ut anima per animam, corpus per corpus competenter liberaretur.

Ideo etiam in altari, ad utrumque repræsentandum panem et vinum apponimus, ut per panem corpus factum et a nobis digne acceptum nostrum corpus corpori Christi in immortalitate et impassibilitate quandoque conformandum credamus; et similiter per vinum in sanguinem conversum, et similiter a nobis susceptum, animas nostras animæ Christi credamus conformes fieri in mundo, dum vivimus, et in gloria, dum resurgemus; et cum anima Christi ad aliquid corporeum, sicut corpus per panem repræsentanda esset (7), nihil inventum in omnibus creaturis suis est, per quid vicinius repræsentaretur quam per sanguinem, qui sedes ipsius animæ dicitur. Sed quia sanguinem quasi horribile naturæ humanæ sumere videbatur, ideo vinum per sanguinem positum est ad designationem animæ. Nec tamen intelligendum est, quod in sanguine solam animam, et non corpus, vel in acceptione sanguinis totam animam et non totum corpus, quamvis separatim corpus, et separatim sanguinem, non tamen bis, sed semel Christum accipimus. Sed iste mos, ita separatim accipiendi, inde in Ecclesia inolevit, quod Christus in cœna discipulis separatim dedit, ut per hoc intelligerent, animæ et corpori Christi deberi conformari. Trina itaque refectione Deus animam fidelem pascit : per verbum, per sacramentum, per spiritum. Quando nos per verba sua et sacramenta reficit, favum nobis edendum proponit; quando vero intus per spiritum suum nos reficit, mel nobis gustandum effundit (8). Sed et hoc notandum quia aqua in sacramento ideo ponitur cum vino, ut aqua cum sanguine quæ de latere Christi fluxit repræsentetur. Quæ aqua significat populum, vel baptismum, in quo populus per effusionem sanguinis Christi mundatur. Nec dubitandum, quin panis per sacra verba benedictionis sacerdotis, versum in corpus Domini convertatur, ita ut substantia panis non remaneat; sed colorem et saporem panis remanere, et sub una (9) specie veram Christi corporis substantiam latere. Nam si in ea qualitate in qua revera

---

(7) De consec., dist. II, *Panis*. IV Sent. dist. II, cap. *Sub Alia*, et *Sed quare*.

(8) De consec. Dist. II, *in calice*, et IV Sent.

dist. II, cap. *qua de consecr.*

(9) De consecr, dist. III, cap. *Nos*

est appareret, vivum hominem animus hominis abhorreret assumere. Unde cum Dominus diceret: « Nisi manducaveritis carnem Filii hominis, et biberitis ejus sanguinem, » etc., (*Joan.* vi), hæc audientes quidam abierunt retrorsum, abhorrentes et putantes eum sub hac specie quæ eis apparebat jubere comedi.

Debet ergo necessario Christianus credere, manibus sacerdotis cujuslibet et tantummodo ordinem sacerdotii habentis sive boni seu mali, æqualiter per verba potestativa benedictionis, corpus Domini posse consecrari, et Spiritum sanctum in consecratione illa adesse. Hæc oblatio corporis Christi, ut Augustinus testatur, ideo quotidie iteratur, (10) licet Christus semel passus sit, quia quotidie cadimus in peccatis, sine quibus mortalis infirmitas vivere non potest. In specie vero panis invisibile de cœlo descendit, et unionem corporis in capite, in specie panis voluit designari, sicut ait Apostolus: « Unus panis, unum corpus sumus omnes, qui de uno pane participamur (*I Cor.* x). » Sicut enim ex diversis granis unus panis fit, sic ex diversis membris, nos unum corpus Christi, unione spei, fidei, et charitatis efficimur. Itaque qui corpori Christi suum sic membrum uniri vult pane cœlesti, cum aliis participet. Fregit enim Deus panem et dedit eis, quia quod unum est, ab omnibus voluit participari, dicens: Accipite per conformitatem, et comedite ipsum sacramentum. Hoc facite in meam commemorationem (*Matth.* xxvi). Accipiendo corpus et sanguinem habeamus passionis memoriam, ut sicut pro nobis mortuus est, ita pro eo, si necesse sit, moriamur. Et de calice similiter, quem vocavit Novum Testamentum, id est novam promissionem, quia per illum sanguinem non solum temporalia promittebat, sed etiam æterna. Et hæc commemoratio debet fieri, donec veniat, id est usque ad finem sæculi, quando scilicet veniet ad judicium. Sed videte quid sequitur: « Quicunque manducaverit panem vel biberit calicem Domini indigne, reus erit corporis Domini. Probet autem seipsum homo, et sic de pane illo edat, et de calice bibat (*I Cor.* xi). » Indignus est criminali peccato irretitus, vel in voluntate criminalium faciendorum remanens. Probet autem seipsum non comparatione aliorum, sed per se solum, qualis sit considerans, quia « qui manducat et bibit indigne, judicium sibi manducat et bibit (*ibid.*), » id est damnationem manducat. Ideo inter vos multi infirmi sunt quos Dominus propter corpus suum indigne assumptum in hac vita febribus et aliis infirmitatibus punit, et etiam (quod est pejus) dormiunt multi in mortem, sicut nos adhuc videmus, quod post Pascha sæpius accedit mortalitas.

ITEM SERMO IN CŒNA DOMINI.

Fratres, ista dies quam hodie celebramus magna est et excelsa, et nulla major per totum annum.

(10) De consec. dist. ii, *Utrum*, et cap. *Iteratur*, iv Sent. dist. xii, *Institutum*

Hodie cœnavit Dominus cum discipulis suis (*Matth.* xxvi). Hodie tradidit illis corpus et sanguinem suum. Hodie gloria Patri et Filio non canitur. Hodie consecratur tribus modis oleum trium officiorum. Hodie reservatur corpus Domini usque in crastinum, reficitur quoque in commemoratione refectionis Christi. Hodie lavantur pedes fratrum et pavimenta ecclesiæ. Hodie nudantur altaria usque in Sabbato sancto. Hodie pœnitentes veniunt ad absolutionem; et illud mysterium quod hodie fit, per totum observatur annum: sed hodie adimpletur, et hodie inchoatur. Hodie illa res efficitur quæ per totum annum non recuperatur, si dimittitur. Et ideo dies ista magna et consecrabilis est Domino, et plena lætitia et exsultatione. Per tres dies continuos, id est quintam, sextam, septimamque feriam triduanam sepulturam Domini celebramus: ac per hoc ut compaginemur humilitati sepulturæ ejus dimittimus excelsa nostra, id est gloria Patri et Filio, et campanarum signa, et alia hujusmodi. Quintam aut feriam sextæ septimæque ideo adjungimus pro triduo adimplendo, quia Dominica nox, quam Dominus sua resurrectione consecravit, quæ pertinet ad initium sequentis Dominici diei, cum magna gloria celebratur. In eadem quoque die consecratur oleum ad tria officia, oleum ad infirmos, ad neophytos, chrisma quoque unde confirmantur homines post baptismum; et unde ipsum baptismum consecratur, per quod homines salvantur (11). Potest tamen Deus sine oleo infirmos sanare, sanctificare quoque suos, dæmonesque effugare: potest spiritale oleum tribuere sine corporali; sed propter animales aguntur visibilia, ut invisibilia facilius capiantur. Si quis dixerit: Si potest, quare tanto studio observatur cultus consecrationis olei? Respondebitur: Nonne antiqui justi potuerunt Deo placere sine circumcisione? Potuerunt utique. Sed postquam eis præceptum fuit ut circumciderentur, nisi circumciderentur, peccati vinculis tenebantur, ut Augustinus Seleucio testatur. Apostoli quippe hac arte, id est oleo utebantur, in redintegratione infirmorum; apostolici autem viri in consignatione neophytorum. Unde Evangelium dicit de apostolis: « Et ungebant oleo multos ægrotos, et sanabantur (*Marc.* vi). » Item Beda: Patet ab ipsis apostolis hunc sanctæ Ecclesiæ morem traditum esse, ut energumeni vel alii quilibet ægroti ungantur oleo pontificali benedictione. De oleo quod infunditur super neophytos non aliquid tale legimus, sed tenemus apostolicam consuetudinem et auctoritatem, quam accepimus a Romana Ecclesia. Nam mos apostoli Dei et instituta majorum pro lege tenenda sunt, ut Augustinus Casulano presbytero testatur: Oleum pro infirmo consecratur in ipso officio consecrationis corporis et sanguinis Domini, antequam dicatur: Per quem hæc omnia, Domine, semper bona creas. Novissima oratio consecratio-

(11) De consecr., dist. iii, *Litteris*, et iv sent., dist xxiii, c. 1.

nis Dominici corporis ex voto pœnitentium fit, de quibus dicitur: « Sacrificium Domino spiritus contribulatus (*Psal.* L). » Congrue in ea consecratur oleum pro pœnitentibus, ubi eorum sacrificium Deo offertur. Consecratio chrismatis dicitur principalis, quia ad ejus unctionem principalis spiritus tribuitur. Consecratur in eo loco, ubi pacem inter nos solemus dare, hoc est opus gratiæ Domini, ut pax et concordia regnet in nobis. Nam ut Isidorus ait : « Olea est arbor pacis insignis. »

Sequitur exorcismus olei. Ut Isidorus ait : Exorcismus Græce, Latine conjuratio, seu sermo increpationis, est contra diabolum, ut discedat : et concludit sic : Per Dominum nostrum Jesum Christum, qui venturus est. Illo unguntur catechumeni, ut per hanc unctionem non possit diabolus repedare. Videndum est quid operetur Spiritus sanctus in singulis. Exorcismus olei jubet recedere diabolum a catechumeno, qui adhuc pro mortuo deputatur, quia nondum est baptizatus. Chrismalis unctio sanctificat jam viventem ex mortuis. Oleum pro infirmo medelam præstat sauciatis. Reservatur in eadem die corpus Domini usque in crastinum. In Parasceve enim non conficitur corpus Domini. Necesse est enim, ut hi quibus est voluntas communicandi, habeant sacrificium ex priori die. Sunt enim qui quotidie (12) eucharistiam sumere volunt. Nam, juxta Augustinum, neuter culpandus est, vel qui honorando non audet ulla die prætermittere. Deinde transitur ad convivium, ex quo cœna Domini vocatur. Unde Isidorus : Cœna Dominica dicta est, eo quod in eo die Salvator Pascha cum discipulis suis fecit. Vidi quemdam religiosum ea die primo aliquid sumere de cibo; et postea lavare pedes peregrinorum, et sic transire ad mensam. Domini nostri exemplo eo die lavamus, non solum pedes fratrum, sed etiam pavimenta ecclesiæ ad paschalem festivitatem ornanda. Præcipitur in Romano ordine ut, a quinta feria usque in Sabbato sancto, nuda sint altaria. Quod non aliud significat, ni fallor, nisi fugam apostolorum. Vestimenta altaris Christi sunt, de quibus dictum est: « Et relicto eo omnes fugerunt (*Matth.* xxvi). » In ipsa die peccatores qui propter peccata sua et crimina projecti fuerant de gremio sanctæ Ecclesiæ, peracta pœnitentia, jubente episcopo seu presbytero, ubicunque sint, ad matrem Ecclesiam revertuntur, et cum magno gaudio et lætitia ad remissionem peccatorum redeunt. In his omnibus cognoscimus præsentem diem valde consecratum esse remissioni peccatorum. Non enim putamus præsenti quintæ feriæ fortuitu hæc accidere.

Nos scioli interim dicamus quid nobis videatur, rationis habere, quod in ipso die voluit Dominus pedes lavare, cujus exemplo nos pedes et cætera lavamus. Quæ lavatio remissionem peccatorum significat. Quapropter et pœnitentes eadem die ad manus sacerdotum recurrunt. Et cur eadem die oleum consecratur? Christus unctus oleo lætitiæ in fine quintæ ætatis venit ad nos, ut consortes faceret regni sui. Unde et hæc unctio conficitur in quinta feria. Sic delatus est quidam modus unctionis a nativitate Domini, secundum Isaiam et Evangelium in specie columbæ, usque ad baptismum quamvis ab initio ex quo cœpit homo fieri, credamus unctionem in Jesu spiritalem manere. Non discrepat ab hac ratione, quod quinta feria consecratur oleum, et unctio servatur usque ad baptismum nostrum. Lex non solvebat peccata, sed puniebat. Christus in quinta feria veteri legi finem dat, ut Beda narrat super Lucam, et peccata absolvit. Idipsum in prima oratione missæ sonat sacerdos dicendo : Ita nobis ablato vetustatis errore, resurrectionis suæ gratiam largiatur. Affert et oleum, quo ungantur sui consortes, de quibus dicit Petrus: « Vos estis genus electum, regale sacerdotium (*I Petr.* ii). » Igitur cum ex his omnibus tanta lætitia sit hodiernæ diei et, sicut scimus et sæpe videmus tantam in terris lætitiam de peccatoris absolutione et pœnitentia, multo magis credendum est, in cœlis gaudium esse et lætitiam coram Deo et angelis ejus, sicut ipse dicit, qui diem et hominem constituit: « Gaudium est in cœlo coram angelis Dei super uno peccatore pœnitentiam agente (*Luc.* xv). »

De separatione animæ et corporis in Christo.

Quidam putaverunt in morte divinitatem a Christo homine recessisse, et mortem hominis aliud quam separationem divinitatis a carne non fuisse. Inveniunt enim quædam verba, in quibus ita dictum esse videtur : et invenientes ejusmodi litteræ adhæserent, non pertingentes ad spiritum. Beatus Ambrosius tale aliquid videtur dicere in Expositione psalmi illius, quem ipse Dominus in passione de se scriptum esse ostendit : « Deus meus, Deus meus, ut quid me dereliquisti? (*Psal.* xxi.) » Super hunc locum Ambrosius (13) ita dicit : Clamat homo separatione divinitatis moriturus, et alia quædam quasi ad ipsum probandum adducta : quia scilicet Deus vita est, et ubi vita fuit, mors esse non potuit; ac propterea nisi vita prius recessisset mors venire non potuisset. » Scriptum quippe est quia Jesus clamans magna voce dixit : « Deus meus, Deus meus, ut quid dereliquisti me (*Matth.* xxvii). » Clamat homo se derelictum a Domino, et conqueritur Deum a se recessisse, et quasi ideo se moriturum esse, quod Deus ab ipso recesserit. Ideo dixit, quia clamat homo separatione divinitatis moriturus. Sed videte quid dicitur; si enim agitur de illa separatione divinitatis pro qua Christus homo in cruce clamabat, illa utique jam facta erat. Non enim derelinquendum, sed derelictum jam se protestatur dicens : « Deus meus, ut quid dereliquisti me? » Si ergo de illa separatione divinitatis agitur, jam recesserat Deus, quando homo in cruce pendens,

---

(12) De consec. dist. ii, *Quotidie*, et iv Sent. dist. xii, cap. *Institutum*.

(13) I Sent. dis. xxi, cap. 1.

derelictum se a Deo vociferabatur, et utique, adhuc Christus in carne vivebat, quando sic Deus ab eo recesserat. Respondeant ergo. Si mors esse non poterat nisi prius vita discederet, quomodo vita manere potuit, postquam vita recesserat. Jam enim sic recesserat Deus, et adhuc Christus vivus in cruce pendebat, cum se derelictum causabatur. Si ergo in hac recessione Dei, et in hac divinitatis separatione illam quæ inter divinitatem et humanitatem constabat unionem personæ solutam dicunt, fuit quoddam tempus quando Christus adhuc vivus homo erat et Deus non erat. Sed quis hoc dicat? Quis sanæ fidei concordans non abhorreat Deo imponere quæ assumptum hominem usque ad mortem quidem comitando perduxit, et in morte, quando majori periculo jam imminente, majus auxilium necessarium erat, deseruit. Quare ergo tantopere mercenariis improperat, quod lupo veniente oves quas custodire debuerant, fugientes deserunt, cum ipse unicam illam ovem, et agnum illum ovis Virginis filium, quem non solum custodiendum, sed etiam glorificandum suscepit, lupo veniente, deseruit? Ovis prius de pastore secura, veniente lupo non timuit dicens : « Venit princeps mundi hujus, et in me non habet quidquam (Joan. XIV). »

Nunc autem a pastore derelicta causando et conquerendo clamat : « Quare dereliquisti me? » Solus homo fuit, et Deus non fuit, et jam Deus homo non fuit, quia jam ab homine recesserat Deus; nec homo Deus fuit, quia adhuc vivus in cruce pendens, a Deo derelictus est. Jam non solum ergo in morte, sed ante mortem divinitas ab homine recesserat, quando homo adhuc homo a se recessisse Deum, ac per hoc, ut isti aiunt, Deum se non esse plangebat. Quis hoc dicat? Quomodo ergo, inquiunt, intelligendum est quod Christus se a Deo derelictum esse clamat, et quod Scriptura hominem separatione divinitatis moriturum clamasse affirmat, si Deus ab homine non recesserat? Quid ergo? Non potuit divinitas humanitatem, etiam secundum aliquid deseruisse, in quantum videlicet eam potestati inimicorum ad tempus non defendit; et secundum aliquid non deseruisse, in quantum scilicet tunc etiam ab ea per præsentiam majestatis non recessit? Dereliquit illum, sed illam non dereliquit. Dereliquit illis, sed sibi non dereliquit. Dereliquit, quia auxilium non contulit; sed non dereliquit, quia præsentiam non abstulit. Subtraxit protectionem; sed non separavit unionem. Separavit se foris, ut ad defensionem contra inimicos non adesset; sed non separavit se intus, ut illi ad unionem personæ deesset. Sic ergo dereliquit, ut non adjuvaret; sed non dereliquit ut recederet. Vado per viam, mecum pergis, pariter ambulamus. Securus sum, quasi amicum meum habens. Venit hostis meus et irruens inermem et resistere non valentem, vulneribus afficit. Tu me plagari cernens, nihil moveris; sed patienter sustines, et stas juxta, quasi non curans vulnera mea, et dico : « Ut quid dereliquisti me? » (Matth. XXVII.) Adhuc stas juxta me, et causor te recessisse a me. Juxta es loco; sed longe auxilio. Juxta fuisti, quando præsentem exhibuisti in dilectione; longe factus es, quando in periculis constituto te subtraxisti a compassione. Sic ergo humanitas a divinitate in passione se derelictam clamabat, quia eam inimicorum potestati ad crucifigendum concesserat, sicut scriptum est : « Non haberes in me potestatem, nisi tibi datum fuisset desuper (Joan. XIX). » Quam tamen mortem, quia non pro sua iniquitate, sed pro nostra redemptione sustinuit, in cruce pendens quare sit derelicta, requirit, non quasi adversus Deum de pœna murmurans; sed nobis innocentiam suam in pœna demonstrans causam quærebat, quod peccatum nesciebat.

IN DIE SANCTO PASCHÆ.

Secundum Marcum.

« Maria Magdalena et Maria Jacobi et Salome emerunt aromata, ut venientes ungerent Jesum (Marc XVI). » In Evangelio Lucæ scriptum est, quod « revertentes monumento paraverunt aromata et unguenta. Et Sabbato quidem siluerunt secundum mandatum (Luc. XXIII). » Mandatum erat apud Judæos ut Sabbati silentium a vespera usque ad vesperam, id est a solis occasu usque ad solis occasum, servaretur. Quod et mulieres fecerunt, quæ visa sepultura Domini emerunt aromata in Parasceve ante solis occasum, vel in Sabbato post occasum solis, et præparaverunt aromata; ut mane corpus Domini ungerent. Recordantes ergo fideles sepulturam Domini, quasi aromata parata, si ad opera quibus Christus delectatur se convertant. Et Sabbatum quidem silent venturi post Sabbatum cum mulieribus ad Dominum, quia finita præparatione præsentis vitæ, in requie gaudent exspectare diem resurrectionis, et tunc Christo offerre spiritales actiones quasi aromata redolentes. Sexta die factus est homo, Sabbato quievit Deus (Gen. 1). Ideo sexta die Jesus pro homine moritur. Unde et dixit : « Consummatum est (Joan. XIX). » Id est, sexta die opus pro redemptione mundi expletum est, et in Sabbato requievit in sepulcro. Ita et nos in hac sexta ætate pro Domino pati debemus, et in septima, quæ est mortuorum, in secreta pace quiescere, donec octava resurrectionis veniat. In septima die vesperam habuisse non legitur, quia in illo sæculo requies animarum nullo mœrore consumitur, sed gaudio futuræ resurrectionis augetur.

« Vespere autem Sabbati quæ lucescit in primam

Sabbati, cum adhuc tenebræ essent, venit Maria Magdalena, et altera Maria, et Salome ad monumentum, portantes quæ paraverunt aromata. » Nomine vesperis noctem designat, a parte totum intelligens. Vespere enim principium noctis est. Ideo non ait: Qui lucescit, sed quæ lucescit, secundum intellectum relationem faciens ad noctem, quæ in aurora diei Dominicæ terminatur. Ea vero causa intelligitur eamdem noctem sic appellasse, quia jam a vespere licebat eis parare et afferre aromata transacto Sabbato. Ordinator temporum ultima noctis hujus parte surrexit. Quid est aliud resurgere Dei Filium, nisi reviviscere, id est ex morte ad vitam redire. Hac nocte per mysterium resurrectionis Domini temporum ordo mutatus est. Aptissime quondam nox sequebatur diem (*Gen.* 1); quia homo a luce paradisi peccando lapsus in hujus sæculi tenebras ærumnasque decidit; aptissime nunc dies sequitur noctem, quia per fidem resurrectionis a peccati tenebris, et umbra mortis ad lucem vitæ Christo largiente reducimur.

Illud ergo quod dicitur, Dominum fuisse tribus diebus et tribus noctibus in corde terræ, sicut Jonas fuit in ventre ceti (*Matth.* xii), restat ut hoc modo loquendi quo a parte totum intelligitur accipiamus, videlicet per extremam partem diei parascevem, quo sepultus est Dominus, totam diem cum sua nocte jam præterita, et per noctem sequentem, Sabbatum tertium diem totum. Prima autem Sabbati sive una Sabbati, vel Sabbatorum dies Dominica intelligenda est, quia omnis hebdomada in Sabbatum et in primam, et in secundam, et in tertiam, et in quartam, et in quintam, et in sextam Sabbati dividitur. Ipsa etiam hebdomada ex prærogativa Sabbati nonnunquam Sabbatum dicebatur, ut ibi: « Jejuno bis in Sabbato (*Luc.* xviii). » Id est in septimana.

« Et orto jam sole dicebant ad invicem: Quis revolvet nobis lapidem ab ostio monumenti? Erat quippe magnus valde. » Orto jam sole, id est cum cœlum ab orientis parte jam albesceret, quod non fit utique nisi solis orientis vicinitate. Ejus enim est ille fulgor, qui nomine auroræ appellari solet. Quod mulieres valde diluculo venerunt, magnus fervor inveniendi Dominum ostenditur. Mystice vero nobis datur exemplum, ut discussis vitiorum tenebris, ad Domini corpus accedamus. Nam sepulcrum altare Dominicum significat, in quo carnis ejus ac sanguinis mysteria celebrantur. Aromata autem, quæ mulieres deferunt, odorem virtutum et suavitatem orationum significant, cum quibus altari debemus appropinquare. Quæ autem mulieres hæ essent legitur quod una Maria soror Lazari fuisset, altera vero Maria mater Jacobi, postea Hierosolymorum episcopi; tertia quoque Maria soror matris Domini uxor Salomæi. Hæ tres cum pretiosis unguentis ad monumentum veniebant, quibus Dominum, ne a vermibus corrumperetur, ungere volebant. Viso vero angelo nimio pavore consternantur, sed blande ab angelo consolantur. Sequitur :

« Et ecce terræ motus factus est magnus. Angelus enim Domini descendit de cœlo. Et accedens revolvit lapidem. » Angelus revolvit lapidem non ut egressuro Domino januam panderet, sed ut egressus ejus facti indicium præstaret. Qui enim clauso utero mortalis exiit, immortalis jam factus sepulcro exire potuit, et exiit. Quod autem terræ motus resurgente Domino sicut et moriente factus est magnus, significat, terrena corda et cœlesti spe dejecta, per fidem passionis ac resurrectionis ejus concutienda ad pœnitentiam, ac saluberrimo pavore permota ad vitam sublimanda perpetuam. Lapidis autem revolutio reserata insinuat sacramentorum, quæ velamine litteræ tegebantur. Lex enim in lapide scripta est cujus ablato tegmine, gloria resurrectionis ostensa est.

« Et respicientes viderunt revolutum lapidem a monumento, et angelum sedentem super eum. Erat autem aspectus ejus sicut fulgur, vestimenta ejus sicut nix. » Quia Deus et terribilis est peccatoribus et blandus justis, recte sic angelus demonstratur, ut de sua specie et terreret reprobos, et mulceret pios. In fulgure enim terror timoris est, in nive blandimentum candoris. Candor etenim vestis angelicæ nostræ festivitatis gaudia nuntiavit. Illa etenim Domini resurrectio et nos ad vitam immortalitatis reduxit, et angelorum numerum restituens, cœlestis patriæ damna reparavit. Sedebat ergo regnantem indicans, qui in nativitate stando, bellaturum signaverat. Sedebat super lapidem quo monumentum claudebatur, ut claustra inferorum superata doceret. Sedebat, ut Marcus determinat, in dextris (*Marc.* xvi), id est, ad meridianam partem loci illius, ubi fuerat corpus Domini. Corpus enim Domini, resupinum jacens, caput habebat ad occasum; dexteram habebat ad austrum : quid autem per sinistram, nisi vita præsens; quid per dexteram, nisi vita perpetua signatur ? Unde illud : « Læva ejus sub capite meo, et dextera illius amplexabitur me (*Cant.* ii). » Quia igitur redemptor noster jam præsentis vitæ corruptionem transierat, recte angelus, quia nuntiare perennem ejus vitam venerat, in dextera sedebat. Sinistram ergo Deus, id est prosperitatem vitæ præsentis, quasi sub capite Ecclesiæ posuit : quam intentione summi amoris premit. Dextera vero Dei eam amplectitur, quia sub æterna ejus beatitudine tota devotione continetur

« Præ timore autem ejus exterriti sunt custodes, et facti sunt velati mortui. Respondens autem angelus dixit mulieribus : Nolite timere, vos. Scio enim quod Jesum, qui crucifixus est, quæritis. Non est hic, surrexit enim sicut dixit. Venite et videte locum ubi positus erat Dominus. » Ac si dicat : Si verbum non creditis, vacuo sepulcro credite. Angelus non consolatur custodes, sed mulieres. In incredulo, inquit, perseveret pavor ; cæterum vos, quia Jesum quæritis, audite quod resurrexit. Paveant illi qui non amant adventum supernorum civium, pertimescant qui carnalibus pressi desideriis ad eorum societatem se pertingere posse desperant. Vos autem cur timetis quæ vestros concives videtis. « Non est hic » dicitur per præsentiam carnis qui nunquam deest per præsentiam majestatis. Radix amara crucis evanuit, flos vitæ cum fructibus erupit, id est qui jacuit in morte resurrexit in gloria. Corpus Jesu mortuum non invenitur, sed vivum evangelizatur, quia etsi cognovimus secundum carnem, sed jam nunc non novimus (II Cor. v).

« Et factum est dum mente consternatæ essent de isto, ecce duo viri steterunt juxta illas in veste fulgenti. »

Angeli non solum verbo sed etiam fulgenti habitu gloriam annuntiant triumphantis. Mulieres angelos vident, quæ cum aromatibus venerunt, quia illæ mentes supernos cives aspiciunt quæ cum aromatibus ad Deum per sancta desideria proficiscuntur. Mente consternatæ erant, quia et magnum lapidem revolutum stupebant, et corpus non inventum dolebant. Dicitur autem hoc monumentum Domini, quod domus rotunda fuerit, et secundum Matthæum et Marcum de subjacente petra excisa tantæ altitudinis, ut intus consistens homo vix manu extenta culmen posset attingere. Quæ habet introitum ab oriente cui lapis ille magnus impositus est. In cujus monumenti parte aquilonari sepulcrum ipsum, hoc est locus Dominici corporis, de eadem petra factum est, septem habens pedes longitudinis, trium vero palmorum mensura cætero pavimento altius eminens. Qui videlicet locus non desuper, sed a latere meridiano, per totum patulus est, unde corpus inferebatur. Color autem ejusdem monumenti ac loculi, rubicundo et albo dicitur esse permistus : hoc itaque novum sepulcrum Domini, potest Mariæ virginalem uterum demonstrare; saxumque magnum ostio appositum ostendere non absque auxilio plurimorum sepulcrorum potuisse reserare (sic). Sicut in Mariæ utero nemo ante illum, nemo post illum conceptus est : ita in hoc monumento nemo ante, nemo post sepultus est. Sciendum quoque quod sicut angeli leguntur astitisse sepulcro Salvatoris, ita credendi sunt astitisse mysteriis corporis Domini tempore consecrationis. Unde Apostolus monet mulieres in ecclesia velari propter angelos (I Cor. xi).

« Cum timerent autem et declinarent vultum in terram, dixerunt ad illas : Quid quæritis viventem cum mortuis ? Non est hic, sed surrexit. Recordamini qualiter locutus est vobis, cum adhuc in Galilæa esset, dicens : Quia oportet Filium hominis tradi in manus hominum peccatorum, et crucifigi, et tertia die resurgere. » Impossibile non fieri quod dixit et constat cum inter discipulos et feminas quæ eum sequebantur, Dominus se resurrecturum prædixit. Quare ergo jam resuscitatum quærunt cum mortuis, id est in monumento, qui locus proprius est mortuorum. Nos exemplo feminarum quoties ecclesiam intramus, cum omni humilitate ingredi debemus. Ad conspectum angelorum vultum declinamus in terram, cum supernorum gaudia contemplantes, nos cinerem esse recolimus; sicut beatus Abraham inquit : « Loquar ad Dominum meum, cum sim pulvis et cinis (Gen. xviii). » Nota quia sanctæ mulieres non in terram cecidisse, sed vultum dicuntur inclinasse : unde mos ecclesiasticus obtinuit ut vel in memoriam Dominicæ resurrectionis, vel in spem nostræ, omnibus Dominicis diebus et toto quinquagesimo tempore, non flexis genibus, sed declinantes in terram vultibus oremus. Non immerito, una die et duabus noctibus in sepulcro jacuit Dominus, quia lucem suæ simplæ mortis tenebris duplæ nostræ mortis adjunxit. Ipse quippe sola carne mortem suscepit, et duas nostras carnis et spiritus absolvit.

« Et cito euntes, dicite discipulis ejus : Quia surrexit a mortuis. Et ecce præcedet vos in Galilæam. Ibi eum videbitis : ecce prædixi vobis. » Mulieribus dicitur ut nuntient apostolis vitam resurgentem, quia per mulierem mors fuerat annuntiata. Marcus autem dicit : « Ite, dicite discipulis ejus et Petro (Marc. xvi). » Quærendum est cur Petrus designetur ex nomine. Si enim hunc angelus nominatum non exprimeret, quia Magistrum negaverat, venire inter discipulos non auderet. Vocatur ergo ex nomine Petrus, ne desperet ex negatione. Qua in re nobis considerandum est cur Dominus eum, quem cunctæ Ecclesiæ præferre disposuerat, ancillæ vocem pertimescere permisit. Quod actum magnæ pietatis dispensatione cognoscimus, ut is qui summus erat pastor futurus Ecclesiæ in sua culpa disceret qualiter aliis misereri debuisset. Prius itaque eum ostendit sibi, et tunc præposuit cæteris, ut ex sua infirmitate agnosceret quam misericorditer aliena infirma toleraret. Galilæa autem *transmigratio facta* interpretatur. Et jam Redemptor a passione ad resurrectionem, a morte ad vitam, a pœna ad gloriam, a corruptione ad incorruptionem transmigraverat. Post resurrectionem in Galilæa a discipulis Dominus videtur, quia resurrectionis ejus gloriam post læti videbimus, si modo a vitiis ad virtutum celsitudinem transmigremus : vel ita : Præcedit eos in Galilæam, hoc est in volutabrum gentium, ubi ante error erat et lubricum, et firmo pede vestigium non ponebant. Præterea videnda sunt dicta Hieronymi contra Helvidium ex testimoniis quatuor evangelistarum, de tribus sororibus filiarum Annæ matris beatæ Mariæ. Sancta Maria mater Domini et Maria mater Jacobi, Alphæi et Joseph, et Maria mater filiorum Zebedæi (Marc. xvi), scilicet Majoris Jacobi, et Johannis evangelistæ tres sorores fuerunt. Maria mater Domini, filia Joachim et Annæ fuit, et Cleophas frater Joseph eamdem Annam accepit uxorem, defuncto Joachim, et generavit ex ea filiam quam vocavit Mariam. Hanc Mariam Cleophas et Anna dederunt cuidam, Alpheo nomine : unde ille Minor Jacobus et frater Domini dictus, natus fuit, et dicitur Jacobus Alphæi a patre.

Desponsavit autem Cleophas filiastram suam, scilicet sanctam Mariam matrem Domini virginem, Joseph fratri suo, qui ejus virginitatis integerrime custos et solatium fuit et connutritor. Mortuo autem Cleopha, quidam Salome accepit ipsam Annam et generavit ex ea filiam tertiam, etiam Mariam nomine : quam Zebedæus accepit uxorem, et genuit ex ea Jacobum et Johannem. Unde ita est intelligendum : Maria Jacobi, subaudis mater; et Salome, subauditur filia. Tres ergo viros Anna habuit, Joachim, Cleopham, et Salome.

SERMO DE RESURRECTIONE DOMINI.

Cum cæteræ festivitates in recordatione rerum gestarum lætitia spirituali fidelium mentes afficiant, in Christi resurrectione simili ratione corda simul lætantur et corpora ; quia Christo resurgente homo noster interior a morte peccati conresuscitatus est, et exteriori spes suæ resurrectionis per baptismi argumentum confirmata est. Merito ergo uterque lætatur, quia uterque Christo conresuscitatur : interior in re, a corruptione scilicet peccati ; exterior vero, in spe futuræ scilicet resurrectionis. Sed videndum si Christus cujus resurrectione lætamur, esset passibilis, vel mortalis. Igitur passio vel mors peccati pœna est, sed ipse absque peccato vixit. Ex hoc secundum naturam impassibilis et immortalis fuit, sed secundum potentiam utrumque esse voluit, passibilis scilicet et mortalis. Mortuus itaque est pro obedientia Patris, ut dicitur : « Factus est obediens Patri usque ad mortem (Philipp. II). » De hoc quærendum quoque est si Pater mortem ab eo exegerit. Minime. Sed cur occiderunt eum Judæi ? Quia justitiam vivendo et veritatem docendo indeclinabiliter tenuit. Hanc obedientiam humanitas divinitati debuit, hanc Deus ab omni rationali creatura exigit. Quomodo autem apud Deum justum fuit, quod optimum pro impio dedit ? Quia pessimus simplicem hominem seduxerat, justum erat ut optimus pro eo obses fieret, ut pessimum revinceret et innocentem pristinæ libertati restitueret. Valuit autem mors Christi ad exhaurienda omnia peccata. Transcendit etiam infinite. Quod sic probatur. Itaque si Christus coram te staret, et eum Dominum majestatis scires, et aliquis diceret : Interfice hunc aut totus mundus interibit, interficeres eum ut salvares mundum ? Nequaquam. Quare ? Quia ejus vita longe dignior videretur, quam infiniti mundi, et tale piaculum viderer committere quod innumerus mundus non posset expiare. Sicut ergo vita ejus dignior infinitis mundis, ita mors ideo longe pretiosior fuit, innumerabilibus mundis ; ideo suffecit ad redemptionem omnium.

Quot autem horas fuit mortuus? Quadraginta. Quare ? Ut quatuor partes quæ in Decalogo legis erant mortuæ vivificaret. Qui vero crucifixerunt eum ? Quia pro Judæis et gentibus mori voluit, Judæi mortem ejus consiliati sunt, pagani autem crucifixerunt eum. Ipse itaque Christus duas noctes et unum diem jacuerat in sepulcro. Duæ noctes significant nostras duas mortes, unam corporis, alteram animæ. Dies autem designat suam mortem, quæ fuit lux nostrarum mortium. Unam abstulit, alteram ad exercitium electis reliquit : quam denuo veniens exterminabit. Ipsius vero anima in cœlestem paradisum post mortem transierat, sicut latroni dixerat : « Hodie, inquiens, mecum eris in paradiso (Luc. XXIII). » Media autem nocte resurrectionis, qua hora angelus Ægyptum devastavit, ea hora, id est media nocte Christus infernum descendit et despoliavit. Inter hæc notandum quot inferni sunt. Sunt itaque duo inferni : unus superior, alter inferior. Superior, infirma pars hujus mundi, quæ plena est pœnis. Nam hic exundat nimius æstus, magnum frigus, sitis, fames; varii dolores corporis, ut verbera animi, timor, scilicet vel verecundia ; de his dicitur : « Educ de carcere animam meam (Psal. CXLI), » hoc est ab inferno vitam meam. Inferior autem locus spiritalis, ubi ignis inexstinguibilis. De quo dicitur : « Eruisti animam meam ex inferno inferiori (Psal. XXIX), » qui sub terra esse dicitur. Et sicut corpora peccantium terra cooperiuntur, ita animæ peccantium sub terra in inferno sepeliuntur, ut de divite dicitur : « Sepultus est in inferno (Luc. XVI). » In quo ix speciales pœnæ esse leguntur. Primo ignis qui ita semel accensus ut si totum mare influeret non exstingueretur. Sic istum materialem quoque vincit ignem, ut iste ignem depictum. Ardet et non lucet. Secunda pœna est intolerabile frigus, de quo dicitur : Si igneus mons immitteretur, in glaciem verteretur. De his duabus dicitur : « Fletus et stridor dentium (Matth. VIII). » Tertia vermes immortales, id est serpentes et dracones, visu et sibilo horribiles : qui ut pisces in aqua, ita vivunt in flamma. Quarta est fetor incomparabilis. Quinta, flagra cædentium, ut mallei ferrum percutientium. Sexta tenebræ palpabiles, ut dicitur : « Terra tenebrarum ubi nullus ordo, sed sempiternus horror inhabitat (Job X). » Septima, confusio peccatorum, qua omnia ibi omnibus patent ; et se abscondere non valent. Octava, horribilis visio dæmonum et draconum quos ignem scintillare vident, et miserabilis clamor flentium et insultantium. Nona sunt ignea vincula quibus singulis membris constringuntur. Quare autem tot miserias patiuntur ? Quia consortium ix ordinum neglexerunt, juste novem tormentis adjici meruerunt.

Et quia hic in igne concupiscentiarum exarserunt, juste ibi igne ardebunt ; quia vero veste nuptiali, id est charitate hic carebant, ibi merito frigore stridebunt. Dicuntur namque exterius igne candere, interius frigore, ut glacies in hieme, sicut dicitur : « Transeunt ab aquis nivium ad calorem nimium (Job XXIV). » Et quia invidia et odium hic eos ut vermes corroserunt, merito eos ibi vermes mordebunt; qui autem hic fetore luxuriæ dulciter delectabantur, juste ibi putrido fetore atrociter cruciantur. Et quia hic disciplinam recipere noluerunt, et cum hominibus flagellari non meruerunt, ideo ibi sine cessatione loris tunduntur, sicut dicitur : « Sunt parata judicia blasphematoribus, et percutientes mallei stultorum corporibus, » quia tenebras vitiorum hic amaverunt, et ad lucem Christum venire noluerunt, ideo horridis tenebris ibi obscurabuntur, sicut dicitur : « In æternum non videbunt. » Et quia hic peccata confiteri despexerunt, quæ facere non erubuerunt, ideo omnibus ibi nudis et apertis perpetuo confundentur. Quia hic bona videre et audire dedignabantur, juste ibi terribili visu et miserabili auditu replebuntur. Et quia hic per singula vitia erant diffluxi, juste erunt ibi per singula membra catenis constricti. « Optant mori, et fugiet mors ab eis (*Apoc.* IX). » Siquidem et capita sunt eis deorsum mersa, dorsa adinvicem versa, pedes sursum erecti, et undique distenti. Heu! quod unquam natus est homo, qui tali plectitur supplicio. Qui autem membra sunt diaboli, superbi, invidi, fraudulenti, invidi, gulosi, ebriosi, luxuriosi, homicidæ, crudeles, fures, prædones, latrones, immundi, avari, adulteri, fornicatores, mendaces, perjuri, blasphemi, malefici, detractores, discordes, qui in his fuerint detenti, ibunt in prædicta supplicia, nunquam redituri. In quibus quoque pœnis et justi malos videbunt, ut magis gaudeant quod has evaserunt. Mali etiam ante judicium videbunt bonos in gloria, ut magis doleant quod hanc neglexerunt. Post judicium autem boni quidem semper videbunt malos in pœnis; mali vero nunquam amplius videbunt bonos. Cum autem boni ita malos viderint torqueri, non ex hoc dolent. Licet pater videat filium, aut filius patrem in pœna; aut mater filiam, vel filia matrem ibi conspiciat, aut vir uxorem, aut uxor maritum, non solum non dolent, sed ita est eis delectabile hoc videre, sicut nobis cum viderimus pisces in gurgite ludere, ut dicitur : « Lætabitur justus, cum viderit vindictam peccatorum (*Psal.* XXXVII). » Sed quamvis eos videant in pœnis, tamen non orant pro eis. Nam contra Deum sentirent, si pro damnatis orarent. Ita enim Deo uniti sunt, quod eis Dei judicia per omnia placebunt : ideo et in eis gaudebunt. Hæc de inferno inferiori, nunc autem de superiori videndum est.

DIVISIO.

Justi in quo inferno erant ante adventum Christi? In superiori, in loco quodam juncto inferiori, in quo poterant alterutrum conspicere. Qui illi erant, quamvis carerent supplicio, videbatur eis se esse in inferno, cum essent separati a regno; illis autem qui erant in inferiori, videbatur refrigerium paradisi : unde et dives rogabat a Lazaro guttam super se stillari (*Luc.* XVI). Habebant aliquam ibi pœnam quasdam tantum tenebras, sicut dicitur : « Habitantibus in regione umbræ mortis, lux orta eis (*Isa.* IX). » Quidam quoque ex eis erant in quibusdam pœnis. Videndum quoque si et animæ justorum in illa vita se recognoscant. Justorum etenim animæ omnes justos cognoscunt, et nomine et genere et merita ipsorum; quasi semper cum eis fuissent.

Malos etiam omnes in tantum cognoscunt, ut et propter quod meritum unusquisque ibi sit, sciant. Mali quoque malos cognoscunt et bonos quos vident, in tantum ut etiam nomina illorum sciant, ut dives Abrahæ et Lazari. Illic quoque animæ pro caris suis hoc modo, videlicet ut justi orent pro his quos in Domino amaverunt, vel pro his qui eos invocabunt, ut a malo serventur, et a mundi tentamentis liberentur; et si in errore sunt, ut corrigantur et eis celerius associentur. Ordo illorum est desiderium eorum. Quidquid enim desiderant, sine dubitatione percipient. Illorum orare est etiam cruciatus corporis vel bene gesta pro Christo repræsentare. Non tamen aliquid orant, nisi quod Deus ipse disposuit facere. Alioquin incassum orarent. Item Augustinus ad Hesychium : Multi, in quæstionem adducunt si animæ sanctorum preces supplicantium audiunt; et cum ad intercedendum invocantur, si vota postulantium ad ipsorum usque cognitionem perveniant? Difficile est judicare de hoc homini. Quomodo enim scientia nostra certa esse potest de ipsis, qui eam quam de nobis habent scientiam, nec capere possumus, nec investigare. Hoc unum certum est, animas sanctorum, in secreto divinæ contemplationis constitutas, eorum quæ foris aguntur tantum scire quantum illis, vel ad gaudium, vel nobis ad auxilium prodesse constat. Habent plenum gaudium? Nequaquam. (GREGORIUS.) Sicut enim vocati, ad convivium venientes de sua susceptione sunt læti, de absentibus amicis solliciti, cum autem omnes simul convenient amplius gaudebunt : ita animæ justorum de sua nunc gloria quidem lætantur, de absentia autem nostra sollicitantur. Cum autem corpora receperint, et omnes in unum convenerint, tunc plenum gaudium habebunt. Animæ quoque justorum sciunt omnia quæ hic geruntur. Quæ autem in pœnis sunt, nesciunt, nisi quæ eis angeli vel sancti referunt. Qui vero in inferno sunt non plus quid agatur hic norunt, quam vivi sciunt quid ibi geratur. Ut autem prophetæ olim quædam sciverunt quæ alii ignoraverunt, non tamen omnia : ita quædam animæ inter malos, quædam sciunt quæ alii nesciunt, quamvis non omnia, quæ tamen eis vel divinitus revelantur, vel eis a morientibus et illuc venientibus nuntiantur. Possunt apparere quando volunt, et quibus volunt? Animæ sanctorum apparent quando volunt, et quibus volunt, sive vigilantibus, seu dormientibus. Quæ autem in pœnis sunt non apparent nisi ab angelis permittantur, ut pro liberatione sua rogent, aut liberatæ gaudium suum amicis nuntient. Quæ autem in inferno sunt, nulli apparere possunt. Si autem aliquando videtur apparere, sive in somnis, sive vigilantibus, non ipsæ, sed dæmones creduntur in illorum specie, qui etiam se in angelos lucis transfigurant, ut decipiant. Si autem veraciter contingit, pro alicujus merito fit, ut sancto Martino anima latronis apparuit, ubi altare destruxit; aut pro admonitione, ut anima Benedicti papæ in monstro apparuit, cujus caput et cauda asinus, medietas ursus fuit. In qua autem forma apparent? In humana, corpore assumpto de aëre.

De immortalitate quoque animæ dicit beatus Augustinus : Anima hominis immortalis est secundum quemdam motum suum, non tamen omni modo sicut Deus, de quo dictum est, quia solus habeat immortalitatem (*I Tim.* VI). Nam de animæ mortibus sacra Scriptura multa commemorat. Unde et illud est : « Sine mortuos sepelire mortuos suos (*Matth.* VIII). » Ita vero moritur alienata a vita Dei, ut tamen in natura sua vivere non omnino desistat : ita mortalis ex aliqua causa invenitur, ut etiam immortalis non sine ratione dicatur. Non est pars Dei anima. Si enim hoc esset, omnino incommutabilis et incorruptibilis esset. Idem si esset, nec deficeret in deterius, nec proficeret in melius, nec aliquid in semetipsa inciperet habere quod non habebat, quantum ad ipsius affectiones pertinet. Hæc beatus Augustinus. Cassiodorus vero sic ait : Singulariter autem Deus immortalis est, singulariter justus, singulariter potens, singulariter bonus, singulariter sanctus, quoniam licet ista vel similia his hominibus vel angelis inesse dicantur, nulla tamen ad altitudinem ejus reverendæ potestatis attinguntur. Solus omnipotens Deus est, cui hoc est esse quod sapere, hoc posse quod vivere, hoc velle quod facere. Et merito quando universa, quæ vere bona sunt, non ad illum veniunt ut inde proficiant, sed ab ipso procedunt. Quapropter hæc anima, quam diximus, non intelligenda est pars Dei, quia convertibilis est; neque angelorum, quia carni sociabilis est; neque ex aëre, neque ex aqua, neque ex terra, neque ex eis quæ mutua sibi complexione junguntur, sed simplex, et ex propria natura et ab aliis spiritibus discreta. Constat ergo animam in hoc mundo stabili et variabili voluntate converti bonarumque rerum esse amissibile ac receptibile; nec uno voluntatis suæ rigore subsistere, sed etiam contra dispositum suum multiplici se conversione mutare. Nunc sciendum est, hæc immortalis anima quemadmodum degere sentiatur. Vivit in se post hujus sæculi amissionem, non reflante spiritu, sicut corpus; sed æquali mobilitate, quæ illi attributa est, pura, subtilis, velox, cita, æterna; videt, audit, tangit, ac reliquis sensibus efficacius valet ; non jam ex partibus suis hæc intelligens, sed omnia spiritualiter ex toto cognoscens. Hæc de anima sufficiant dicta.

DIVISIO.

Venit Dominus ad infernum superiorem nascendo, ut liberaret oppressos a diabolo; descendit ad inferiorem moriendo, ut redimeret captivos a tyranno, ut dicitur : « Dicens his qui vincti sunt : Exite; et his qui in tenebris : Revelamini (*Isa.* XLIX). » Vinctos vocat qui erant in pœnis; alios vero in tenebris. Quos omnes ea hora qua angelus Ægyptum devastavit, et ea hora quæ electos suos in judicio de hoc mundo liberabit : ea hora scilicet media nocte resurrectionis, Christus infernum despoliavit, et cum triumpho inde rediens, raptos inde in paradiso collocavit; corpus in sepulcro visitavit, quod de mortuis excitavit. Quidam sentiunt quod ab hora mortis usque ad horam resurrectionis in inferno cum electis fuerit, et inde cum eis abiens resurrexerit. Quare autem non statim post mortem resurrexerit hæc causa fuit, scilicet ne aliqui dicerent eum non mortuum fuisse, sed in tormentis obstupuisse. Si autem post multum tempus resurrexisset, esset dubium an ipse esset. Cur ergo tam cito surrexit? Ut citius suos consolaretur, qui de sua morte tristabantur. Quare autem in prima die hebdomadæ? Ut ea die mundum innovaret qua eum creaverat. Cur tertia die passionis? Ut eos qui tribus temporibus ante legem, sub lege, sub gratia, in peccatis mortui erant sublevaret, et ut nos qui factis, dictis, cogitationibus labimur, per fidem sanctæ Trinitatis resurgamus. Surrexit itaque Christus tertia a mortuis die, ut nobis exemplum esset futuræ resurrectionis, quæ erit cum novissima tuba insonuerit (*I Cor.* XV). Quid est novissima tuba? Cum Dominus daret legem in monte, audita est vox tubæ. Ita angeli, ad hoc constituti corporibus et tubis de aëre sumptis, terribile judicium Dei, sonitu tubæ mundo intonant, ut dicitur : « Canet enim tuba (*I Cor.* XV), » et iterum : « Periit memoria eorum cum sonitu (*Psal.* IX). » Et altisona voce mortuis clamat : Surgite, ut dicitur : « Media nocte clamor factus est (*Matth.* XXV). » Ad quam vocem omnes mortui, boni et mali in ictu oculi, id est quam cito oculum possis aperire, resurgunt, imo aperto oculo lucem videre.

Quæ est resurrectio prima ? Sicut sunt duæ mortes, ita sunt duæ resurrectiones : una animarum, altera corporum. Cum homo peccat; anima moritur, quia a vita, id est a Deo deseritur, et in corpore quasi in sepulcro sepelitur. Cum vero per pœnitentiam ad vitam Domini redit, quasi a morte resurgit. Alia autem resurrectio erit corporum. Qua die ? In die Paschæ, ea hora qua Christus resurrexit. Erit aliquis tunc in mundo ? Ita plenus erit hominibus ut est hodie, qui ita sunt operantes ut hodie. Quidam arant, quidam navigant, quidam ædificant, quidam aliud et aliud faciunt. Quid de illis fiet ? Justi cum resurgunt, mox ab angelis in aëra obviam Christo rapiuntur (*I Cor.* XV), et in ipso raptu moriuntur, et reviviscunt. Reprobi vero de ipso terrore moriuntur, et confestim reviviscent et hoc est judicare vivos et mortuos. Resurgent qui in matribus sunt mortui ? Quotquot vitalem spiritum receperunt, resurgent. Qua ætate, vel qua mensura ? Qua erant. Cum essent XXX annorum vel futuri erant, si ante non moriebantur. Aliquando lupus devorat hominem, et caro hominis vertitur in suam carnem, lupum vero ursus, ursum leo, quomodo ex his resurgit homo ? Quod fuit caro hominis resurget, quod bestiarum remanet. Scit enim bene secernere qui scivit cuncta ex nihilo condere. Sive ergo membratim a bestiis, sive a piscibus, seu a volucribus devorentur, omnes in resurrectione reformabuntur : in tantum ut nec capillus de eis pereat (*Luc.* xii). Si capilli et ungues præcisi in locum suum redeunt, nonne deformes erunt? Non est intelligendum quod sint redituri in priorem locum. Sed sicut figulus si vas noverit factum, frangat, et de eodem luto aliud faciat, non attendens quod prius ansa vel fundus fuerit, ita formator Deus de eadem materia aliud corpus huic valde simile reformabit, cui omnis deformitas et infirmitas absit, et omnis integritas et decor adsit, quamvis unumquodque membrum Deus in suum locum decenter restaurare possit. Qui hic habuerunt bina capita vel plura membra, vel quibus defuerunt aliqua, aut pingues vel macri fuerunt, resurgent tales? Qui hic duo capita habuerunt duo etiam corpora resurgent, ut unaquæque anima habeat corpus suum, cui nihil indecens, nihil deforme adhæreat, et omnia membra sana et integra omni pulchritudine plena habeat. Quod sentitur de abortivis? In quantum est semen resurget in patre; in quantum sanguis matris resurget in matre. Qualia corpora habebunt? Immortalia et incorruptibilia, splendida ut vitrum prælucidum. Reprobi quamvis similiter immortalia, quamvis sine fine dolentia, habebunt etiam incorruptibilia in hoc, quamvis omnibus pœnis afficiantur, non consumuntur; et sicut illorum corpora immortalia incorruptibilia et splendida, ita et istorum immortalia, incorruptibilia et tenebrosa. Has duas resurrectiones, animarum, scilicet et corporum, Christus sua nobis resurrectione commendavit.

Ubi autem manserit illos xl *dies post resurrectionem, de hoc quæritur.* Creditur enim quod in terreno paradiso cum Elia et Enoch, et cum his qui cum eo surrexerant, quæ dicuntur suscitati ut Lazarus, mansitaret. Christianus doctor eximius (Chrysostomus) dicit, licet monumenta aperta in morte Christi fuissent (*Matth.* xxvi), tamen mortui ex eis non resurrexerint, nisi post Dominum resurgentem, ut sit primogenitus ex mortuis (*Rom.* viii). Nullus enim ante Christum immortalis resurrexit, sed omnes iterum mortui sunt ut Lazarus. Isti autem qui cum Christo surrexerunt, immortales resurrexerunt, et, eo ascendente, cum ipso ascenderunt. Qualem formam habuit Christus post resurrectionem? Septies splendidiorem quam sol. Quali forma viderunt cum sui? Tali ut ante cum videre consueverant. Apparuit vestitus? Vestes ex aere assumpserat, quæ eo ascendente, in aerem evanuerunt. Quoties apparuit? Duodecies; et prima die octies : Primo, Joseph ab Arimathea carcere in quo positus erat, eo quod cum sepeliverat, ut Scriptura Nicodemi declarat; secundo, matri suæ, ut Sedulius manifestat; tertio, Mariæ Magdalenæ, ut Marcus asserit; quarto, duobus a sepulcro revertentibus, ut Matthæus pandit; quinto, Jacobo, ut Paulus testatur, qui se in sexta feria devoverat non manducaturum, donec videret Christum vivum; sexto, quoque Petro, ut Lucas fatetur, qui propter negationem ab aliis segregatus, in fletibus permanebat; septimo, duobus in via Emmaus, ut iterum Lucas loquitur; octavo, omnibus januis clausis in sero, ut Joannes describit; nono in octava die, quando eum Thomas palpavit; decimo ad mare Tiberiadis; undecimo in monte Galilææ; duodecimo recumbentibus xi discipulis.

Hæc sunt gaudia nostræ festivitatis quæ Christus sua resurrectione contulit nobis. Igitur (*sic*) si verum Pascha celebrare volumus, si quod rerum et temporum mysteriis significamus, vita et moribus teneamus semper. Idcirco enim sanctum Pascha albis vii diebus celebramus, ut munditiam corporis, et lætitiam resurrectionis semper habere mereamur. Unde per Sapientiam dicitur : « Omni tempore sint tua vestimenta alba, et oleum de capite tuo nunquam deficiat (*Eccle.* ix). » Quod est dicere : Nunquam munditia a corpore, nunquam lætitia spiritalis absit a corde. Hoc idem significabat, cum Judaicus populus post esum agni septem diebus azymis vescitur : quod Apostolus in re significata ita interpretatur : « Expurgate vetus fermentum, etc. (*I Cor.* v.) » Ac si dicat : Ut ad celebrandum verum Pascha et edendum carnem veri Agni et immaculati sitis idonei, expurgate vetus fermentum, etc. Tolle vetus peccatum, ut sitis nova conspersio (*ibid.*), id est novitatem vitæ recuperetis, quam in lavacro baptismi accepistis. Cum enim populus ad fidem veniens cathechizatur quasi molitur. Et sicut diversitas granorum per molam ad unanimitatem cogitur, sic diversitas populorum per instructionem in quamdam unanimitatem adunatur. Sed nondum est conversio. Accedit aqua et fit panis, sicut alio loco dicit Apostolus : « Unus panis, unum corpus sumus in Christo quicunque de pane ejus edimus, et calice bibimus (*I Cor.* x). »

Sicut olim circumcisio quantum ad effectum remissionis peccatorum baptismi vicem gerebat, mare autem rubrum ejusdem baptismi similitudinem et figuram præferebat, ita agnus paschalis, cujus carnes a populo edebantur, et sanguine postes domorum signabantur (*Exod.* xii), in figura sacramenti corporis Christi præcessit. Postquam autem veritas venit, signum e medio sublatum est : ex quo jam non erat res quæ futura significaretur, sed quæ præsens perciperetur. Mansit tamen figura quamdiu res nondum fuit; et exhibitum prius est in similitudine quod postmodum complendum erat in veritate. Ægyptus mundus, exterminator diabolus, Agnus Christus, sanguis agni passio Christi, domus animarum corpora, domus cogitationum corda. Hæc sanguine tingimus per passionis fidem; illa sanguine tingimus per passionis imitationem, crucis signum intus et foris opponentes contra adversarias potestates. Denique carnes agni comedimus, quando, in sacramento verum corpus ejus sumendo, per fidem et dilectionem Christo incorporamur. Alibi. Quod manducatur incorporatur. Quando autem Christi caro manducatur, non qui manducatur, sed qui manducat ei quem manducat incorporatur. Idcirco voluit Christus a nobis manducari, ut nos sibi incorporaret, hoc est sacramentum corporis Christi, et res sacramenti corporis Christi. Qui manducat et incorporatur sacramentum habet, et rem sacramenti. Qui manducat et non incorporatur, sacramentum habet, sed rem sacramenti non habet. Sic qui incorporatur, etiam si manducare non contingit, rem sacramenti habet, quamvis sacramentum non habeat. Qui sumit, sacramentum habet. Qui credit et diligit, rem sacramenti habet. Melius ergo est illi, qui credit et diligit, etiam si sumere et manducare non possit, quàm ille qui sumit et manducat, et non credit, nec diligit; vel si credit, non diligit.

FERIA SECUNDA PASCHÆ.

Secundum Lucam.

Duo ex discipulis Jesu ibant ipsa die in castellum, quod erat in spatio stadiorum LX ab Hierusalem, nomine Emmaus. Et ipsi loquebantur adinvicem de his omnibus quæ acciderant (*Luc.* XXIV).

Narrant græci scriptores gigantem Herculem uno anhelitu CXXV passus cucurrisse. Quibus constiterit expletis, et astando hujusmodi spatium, stadium vocavit. Est autem stadium octava pars miliarii, et LX stadia VII conficiunt milliaria, et medietatem octavi. Quæ in summa redacta, leugas tres conficiunt, et dodran quartæ. Itaque LX stadia VII passus et quingentos significant. Quod spatium itineris bene congruit eis qui de morte ac sepultura Salvatoris certi, dubii de resurrectione gradiebantur. Nam resurrectionem quæ post septimam sabbati facta est, octavo numero contineri quis ambigit? Discipuli ergo qui de Domino loquentes incedebant sextum incepti itineris milliarium compleverunt, quia illum sine querela viventem usque ad mortem, quam sexta Sabbati subiit, pervenisse dolebant. Compleverunt et septimum, quia hunc in sepulcro quievisse non dubitabant. Verum octavum minime peregerunt, quia resurrectionis gloriam non perfecte credebant. Emmaus est Nicopolis civitas insignis Palestinæ, quæ post expugnationem Judææ sub Marco Aurelio Antonio principe restaurata, cum statu mutavit et nomen.

« Et factum est dum fabularentur, et secum quærerent, appropinquans ibat cum illis. Oculi eorum tenebantur, ne eum agnoscerent. » Fabularentur accipe pro loquerentur. Quærerent verbo, hoc est inquirerent Scripturas de Christo. Loquentes de se Dominus appropinquans comitatur, ut et fidem resurrectionis mentibus eorum incendat, et quod se promiserat facturum impleat: « Ubi sunt duo vel tres congregati in nomine meo, ibi sum in medio eorum (*Matth.* XVIII). » Apparuit quidem, sed speciem quam recognoscerent non ostendit. Sicut ipsi et intus amabant, et tamen dubitabant, sic et ipse foris et præsens adest, et quis sit non ostendit. De se ergo loquentibus præsentiam exhibet, sed de dubitantibus speciem cognitionis aufert. Hinc Augustinus Paulino episcopo in epistola illa, *Quod de perventione tam prospera fratris et compresbyteri nostri*: « Inquisitio tua solet multos movere, quomodo Dominus post resurrectionem quibusdam utriusque sexus hominibus et agnitus non sit, et agnitus sit. Ubi primum quæri solet utrum in ejus corpore an potius in illorum oculis aliquid factum sit quo non possit agnosci. Legitur enim : « Tenebantur oculi eorum ne agnoscerent eum. » Alibi aperte dicitur : « apparuit illis in alia effigie (*Marc.* XVI). »

Sed cur non movet quod in transfiguratione ante passionem vultus ejus splendidus fuit ut sol, et post resurrectionem movet aliquatenus lineamenta mutata esse, ut non posset agnosci. Et rursum sic tunc pristinum colorem, sic et post resurrectionem pristina lineamenta revocasse. Illi tres discipuli ante quorum oculos transfiguratus est in monte, non eum agnoscerent si talis ad eos aliunde venisset. Si quis juvenem videret quem non nisi infantulum vidisset, non utique agnosceret. An ad lineamenta mutanda non potest celeriter Domini potestas quod potest per annorum moras hominis ætas ?

« Et ait ad illos : Qui sunt hi sermones quos confertis ad invicem ambulantes et estis tristes? Et respondens unus, cui nomen Cleophas, dixit ei : Tu solus peregrinus es in Hierusalem, et non cognovisti quæ facta sunt in illa his diebus? Quibus ille dixit : Quæ? et dixerunt : De Jesu Nazareno, qui fuit vir propheta potens in opere et sermone coram Deo et omni populo; et quomodo tradiderunt eum summi sacerdotes et principes nostri in damnationem mortis, et crucifixerunt eum. Nos autem sperabamus quia esset redempturus Israel. » Socius Cleopha, vocabatur Amaon, teste Ambrosio in Lucam. Peregrinus putant quem non agnoscunt. Et vere peregrinus erat eis a quorum fragilitate per gloriam resurrectionis jam longe stabat, a quorum fide resurrectionis ejus nescia extraneus permanebat. Prophetam quidem et magnum fatentur, sed Filium Dei tacent, vel quia id nondum perfecte credunt, vel et si credunt, timent tradi in manus Judæorum, nescientes cum quo loquuntur. Quodammodo etiam redarguunt seipsos quod in illo redemptionem speraverant, quem mortuum viderant, nec resurrecturum videbant. Et maxime dolebant eum sine culpa occisum quem innocentem noverant, et ex hoc tristes incedebant.

« Et nunc super omnia tertia dies est hodie, quod

hæc facta sunt. Sed et mulieres quædam ex nostris terruerunt nos, quæ ante lucem venerant ad monumentum, et non invento corpore ejus venerunt, dicentes se etiam visiones angelorum vidisse, quæ dicunt eum vivere. Et abierunt quidam ex nostris ad monumentum, et ita invenerunt sicut mulieres dixerunt; ipsum vero non invenerunt. » Ex hac serie narrationis attende mulieres visiones angelorum prius vidisse; deinde Petrum et Joannem ad monumentum cucurrisse. A mulieribus itaque visionem referentibus territi fugerunt, qui de non invento corpore plus mœstitiam susceperunt quam de nuntiata resurrectione gaudio recrearentur.

« Et ipse dixit ad eos: O stulti et tardi ad credendum in omnibus quæ locuti sunt prophetæ. Nonne hæc oportuit pati Christum et intrare in gloriam suam? Et incipiens a Moyse et omnibus prophetis interpretabatur illis in omnibus Scripturas, quæ de ipso erant. » Hic gemina nos humiliandi necessitas incumbit, qui nec in Scripturis quantum oportet edocti, nec adimplenda quæ novimus, quantum decet, sumus intenti. Nam si Moyses et prophetæ de Christo locuti sunt, et eum per passionem gloriam intraturum prædixerunt, quomodo gloriatur se Christianum esse, qui neque Scripturas, quantum ad Christum pertinent investigat, neque gloriam quam cum Christo habere cupit, per passiones attingere desiderat.

« Et appropinquaverunt castello quo ibant; et ipse se finxit longius ire. Et coegerunt illum dicentes: Mane nobiscum, domine, quoniam advesperascit, et inclinata est jam dies. Et intravit cum illis. » Scripturæ sacræ mysteria quæ de se erant, illis duobus Dominus aperuit, et tamen, quia adhuc in eorum cordibus peregrinus erat a fide, ire se longius finxit. Fingere namque componere dicimus. Unde et compositores luti figulos vocamus. Nihil enim simplex veritas per duplicitatem fecit, sed talem se eis exhibuit in corpore qualis apud illos erat in mente. Probandi erant: si hunc quem nondum ut Deum diligebant, saltem ut peregrinum diligerent. Et quia extranei a charitate non poterant esse hi cum quibus Veritas grediebatur, eum ad hospitium ut peregrinum vocant, imo coegerunt eum. Ex quo colligitur, quia peregrini non solum invitandi sunt, sed etiam ad hospitium trahendi.

« Et factum est, dum recumberet cum illis, accepit panem et benedixit, ac fregit, et porrigebat illis. Et aperti sunt oculi eorum, et cognoverunt eum, et ipse evanuit ex oculis eorum. » Deum quem in expositione Scripturæ non cognoverunt in panis fractione cognoscunt. Audiendo illuminati non sunt, sed faciendo, quia scriptum est: « Non auditores legis justi sunt apud Deum, sed factores (*Rom.* II). » Qui ergo vult audita intelligere, festinet jam intellecta opere implere. Subtrahitur a carnalibus oculis species infirmitatis, ut mentibus incipiat apparere gloria resurrectionis. Unde subditur:

« Et dixerunt adinvicem: Nonne cor nostrum ardens erat in nobis, dum loqueretur in via, et aperiret nobis Scripturas? » Ex audito sermone Domini cor prius torpore incredulitatis et timoris frigidum, igne Spiritus sancti est accensum ut superno desiderio ardeat, et ad credendam veritatem se extendat. Quot præceptis instruitur homo quasi tot facibus inflammatur. Verumtamen non cognoverunt eum, donec in fractione panis. Certe mysterii causa factum est, ut eis in illo effigies ostenderetur quam non cognoscerent nisi in fractione panis, ne quisquam se Christum agnovisse arbitretur, si ejus corporis particeps non est: quod est Ecclesia, cujus unitatem in sacramento panis commendat Apostolus dicens: « unus panis, unum corpus multi sumus (*I Cor.* X). » Tunc enim vere cognoscimus cum per sacramentum Ecclesiæ eum pro nobis mortuum esse et revixisse fideliter intelligamus. Non incongruenter accipimus hoc impedimentum in oculis eorum a Satana venisse, ne agnosceretur Jesus. Sed tamen a Christo facta est promissio usque ad panem, ut nunc intelligatur a nobis removeri impedimentum inimicum, cum in Ecclesia digne intelligimus mysterium sacramenti corporis et sanguinis Domini.

« Et surgentes eadem hora regressi sunt Hierusalem; et invenerunt congregatos undecim, et eos qui cum ipsis erant, dicentes: Quod surrexit Dominus vere, et apparuit Simoni. Et ipsi narrabant quæ gesta erant in via, et quomodo cognoverunt eum in fractione panis. Nec illis crediderunt. » Notandum quia aliqui fuerunt ibi qui non crediderunt illis duobus, sed hi quibus jam Dominus apparuerat profecto crediderunt eis. Sicut ex mulieribus Mariæ Magdalenæ, ita ex viris Petro visus est primo. Quod si non dicat evangelista, quando vel ubi factum est, tamen quia sit, non tacet.

FERIA TERTIA.

Secundum Lucam.

« Stetit Jesus in medio discipulorum suorum; et dixit eis: Pax vobis. Ego sum; nolite timere (*Luc.* XXIV). » Moli corporis, ubi divinitas erat, ostia clausa non obstiterunt. Et procul dubio intelligendum quod inde Thomas exierat, antequam Dominus apparuisset aliis.

« Conturbati vero et exterriti existimabant se visum videre. » Credebant apostoli, sed non turbabantur: primo, quia paucorum opinionem sententia majoris partis excludit; denique quia Petrus, et si credit resuscitatum, turbari potuit, quod clausis ostiis Dominus cum corpore se improvisus infuderit. Putant ergo se spiritum videre; non carnem, quia non credunt, vel tertio die potuisse veram carnem de sepulcro resurgere, vel resuscitatum clausis januis ad eos posse penetrare.

« Et dixit eis : Quid turbati estis, et cogitationes ascendunt in corda vestra? » Cogitationes illæ non desuper descenderunt, sed de imo cordis ascenderunt, sicut herba mala de terra. Fidem quam in vobis plantavi exigo, quod ex vobis exortum est condemno. Si non est veritas resurrectionis, perditus est fructus passionis.

« Videte manus meas et pedes quia ego ipse sum. Palpate et videte, quia spiritus carnem et ossa non habet, sicut me videtis habere. Et cum hæc dixisset, ostendit eis manus, et pedes et latus. » Ad dubitantium corda sananda vulnerum sunt servata vestigia. Multis itaque documentis persuadet resurrectionem, præbendo se et oculis videndum et manibus contrectandum. Qui dum palpanda ossa carnemque monstrat, statum suæ vel nostræ resurrectionis significat, in qua corpus nimirum et subtile erit per effectum spiritalis potentiæ, et palpabile per veritatem naturæ. Unde beatus Job : « Et rursum circumdabor pelle mea, et in carne mea videbo Deum (Job xix). » Et sciendum quia sicut discipulis dignatus est Dominus pandere loca clavorum et lanceæ, ita in die judicii monstrabit et eadem judicia suæ passionis et ipsam pariter crucem, ut confundat superborum infidelitatem. Ob multas quippe causas voluit cicatrices in corpore suo remanere : Prima causa fuit ut astrueret discipulis fidem resurrectionis; secunda, Patri pro nobis supplicans, quale genus mortis pertulit pro homine semper ostendat ; tertia, ut misericordiam suam nobis innovaret talibus indiciis ; quarta, ut in die judicii ostendat perfidis quam juste debeant damnari ignibus æternis. Si quis miles fortissimus, jubente suo rege, pro salute suæ gentis hostem interficeret multis vulneribus acceptis, et spolia suæ genti reportaret ab hoste superato, et interrogaret a medico an ita vellet curari ut vestigia vulnerum nulla apparerent, an ita potius ut cicatrices remanerent sine aliqua deformitate, ipse responderet se velle sanari, ita ut in eo manerent signa triumphi, si hoc absque corporis deformitate posset fieri. Sic profecto fecit Dominus. Non ergo ex impotentia curandi cicatrices servavit, sed ut perpetuum victoriæ suæ circumferret triumphum.

« Adhuc autem illis non credentibus et mirantibus præ gaudio dixit : Habetis hic aliquid quod manducetur ? At illi obtulerunt ei partem piscis assi et favum mellis. Et cum manducasset coram eis, sumens reliquias dedit illis. » Pie sciendum est : Post resurrectionem Domini cibi quos sumpsit nullum saginæ adjumentum ei præbuerunt, sed quomodo in ignem missa aqua absumitur, ita mox comesti spiritali ejus virtute sunt assumpti. Profecto sicut non indiguit cibo post resurrectionem, sic nec nos indigebimus; sed veram vitam voluit ostendere, non imaginariam. Aliter enim absorbet aquam terra sitiens, aliter exsiccat solis radius candens. Illa absorbet indigentia ; iste exsiccat potentia. Piscis assus significat mediatorem, nimirum qui latere dignatus est in aquis humani generis, et capi voluit laqueo mortis, et assari tribulatione passionis. Sed qui piscis assus fuit in passione, favus mellis exstitit in resurrectione. Favus est mel in cera, id est dulcedo divinitatis in humanitate. In cibo suo pisci asso conjungere favum voluit, quia illos in suo corpore ad æternam requiem suscipit : qui cum hic tribulationes sentiunt, ab amore internæ dulcedinis non recedunt. Qui hic pro Deo quasi piscis assantur, illic quasi favo vera dulcedine satiabuntur.

« Et dixit ad eos : Hæc sunt verba quæ locutus sum ad vos cum adhuc essem vobiscum, quoniam necesse est impleri omnia quæ scripta sunt in lege Moysi, et prophetis, et psalmis de me. » Cum adhuc essem vobiscum, subaudis in carne mortali, locutus sum verba hæc, scilicet quoniam necesse est impleri quæ scripta sunt de me. Vide quomodo tulit Dominus omnes ambages. Visus est, tactus est, manducavit, Scripturas proposuit et exposuit. Tunc aperuit illis sensum ut intelligerent Scripturas.

« Et dixit eis : Quomodo sic scriptum est, et sic oportebat Christum pati, et resurgere a mortuis tertia die, et prædicari in nomine ejus pœnitentiam et remissionem peccatorum in omnes gentes, incipiens ab Hierusalem. » Commendata sui corporis veritate commendat unitatem Ecclesiæ, vult prædicari pœnitentiam et remissionem peccatorum in omnes gentes, ita ut prædicaturi inciperent ab Hierosolymis; non solummodo prædicantes Judæis, sed etiam prædicatio extenderetur ad gentium errores.

« Vos autem testes estis horum, et ego mitto promissum Patris mei in vos. » Vos qui vidistis et audistis, horum quæ prædicanda sunt testes estis, ut sufficiatis ad testandum, mittam vobis promissum Patris, id est gratiam Spiritus sancti.

DOMINICA IN OCTAVA PASCHÆ.

Secundum Lucam.

« Cum esset sero die illo una Sabbatorum, et fores essent clausæ ubi erant discipuli congregati, propter metum Judæorum, venit Jesus, et stetit in medio eorum (*Joan.* xx). » Quid mirum si, januis clausis, post resurrectionem suam in æternum jam victurus intravit, qui moriturus veniens non aperto utero Virginis exivit? Sed quia ad illud corpus quod videri poterat fides intuentium dubitabat, ostendit eis protinus manus et latus. Palpandam carnem præbuit, quam clausis januis introduxit. Clavus ei manus fixerat, lancea latus aperuerat ubi ad dubitantium corda sananda vulnerum servata sunt vestigia. Qua in re duo mira, et, juxta humanam rationem sibi valde contraria, ostendit, dum post resurrectionem suam corpus suum et incorruptibile et tamen palpabile demonstravit. Nam et corrumpi necesse est quod palpatur, et palpari non potest quod non corrumpitur. Sed miro modo atque inæstimabili Redemptor noster et incorruptibile post resurrectionem et palpabile corpus exhibuit, ut, monstrando incorruptibile invitaret ad præmium, præbendo palpabile formaret ad fidem. Et incorruptibilem se ergo et palpabilem demonstravit, ut profecto esse post resurrectionem ostenderet corpus suum et ejusdem naturæ, et alterius gloriæ.

« Et dixit eis: Pax vobis. » Pacem offerebat qui propter pacem venit. Et quibus antea dixit: «Pacem relinquo vobis, pacem meam do vobis (*Joan.* xiv), » modo dicit: « Pax vobis » quia pacem in nascente Christo angeli prædicaverunt mundo.

« Et cum hoc dixisset, ostendit eis manus et latus. Gavisi sunt ergo discipuli viso Domino. Dixit eis iterum: Pax vobis. » Iteratio confirmatio est. Dat pacem enim super pacem, sicut promisit per prophetam. Vel ideo iteratur, ut monstret pacificata per suum sanguinem quæ in cœlo et quæ in terra.

« Sicut misit me Pater, et ego mitto vos. » Sicut misit me Pater Deus Deum, et ego mitto vos homo homines. Pater amando Filium misit cum pati, et Dominus amans apostolos misit eos, non ad mundi gaudium, sed ad passionem. Mitti etiam Filium a Patre juxta naturam divinam potest intelligi. Eo enim modo a Patre Filius mittitur quo generatur. Si enim missio, solummodo incarnatio deberet intelligi, nullo modo Spiritus sanctus diceretur mitti, qui nequaquam incarnatus est. Sed ejus missio ipsa processio est a Patre et Filio. Sicut itaque Spiritus mitti dicitur qui procedit, ita Filius qui generatur.

« Hoc cum dixisset, insufflavit et dixit eis: Accipite Spiritum sanctum. Quorum remiseritis peccata remittuntur eis, et quorum retinueritis retenta sunt. » Insufflando significavit Spiritum sanctum non Patris solius esse Spiritum sed et suum. Ecclesiæ charitas quæ per Spiritum sanctum datur in cordibus nostris participum suorum peccata dimittit, eorum autem, qui non sunt ejus participes, tenet. Et ideo postea quam dixit, Accipite Spiritum sanctum, continuo de peccatorum remissione ac retentatione subjecit. In terra quippe datur Spiritus, ut diligatur proximus; e cœlo autem ut diligatur Deus.

Et sicut una est charitas et duo præcepta, ita unus Spiritus et duo data. Ante tamen discipulorum mentibus inerat Spiritus sanctus ad fidem; sed non ita manifeste, ut post resurrectionem. Unde illud: « Nondum erat Spiritus datus, quia Jesus nondum fuerat glorificatus (*Joan.* vii). » Unde et per Moysen dicitur: « Suxerunt mel de petra, oleumque de firma petra (*Deut.* xxxii). » Nihil tale juxta historiam legitur, si tota series Veteris Testamenti recenseatur. Sed quia secundum Paulum petra erat Christus, mel de petra suxerunt qui Redemptoris miracula viderunt. Oleum vero de firma petra suxerunt, qui post resurrectionem ejus effusione sancti Spiritus ungi meruerunt. Infirma petra dedit mel, cum adhuc esset mortalis, vera petra oleum fudit cum post resurrectionem fuit impassibilis.

« Thomas autem unus ex duodecim, qui dicitur Didymus, non erat cum eis quando venit Jesus. Dixerunt ergo ei alii discipuli: Vidimus Dominum. Ille autem dixit eis: Nisi videro in manibus ejus fixuram clavorum, et mittam digitum meum in locum clavorum, et mittam manum meam in latus ejus, non credam. » Non casu sed divina dispensatione gestum est, ut ille discipulus tunc deesset, post autem dubitans palparet, et palpans crederet. Plus enim infidelitas Thomæ ad fidem nobis profuit quam fides credentium, quia dum ad fidem palpando ducitur, nostra mens in fide solidatur.

« Et post dies octo iterum erant discipuli ejus intus et Thomas cum eis, venit Jesus januis clausis, stetit in medio, et dixit: Pax vobis. Deinde dixit Thomæ: Infer digitum tuum huc, et vide manus meas; et affer manum tuam, et mitte in latus meum, et noli esse incredulus sed fidelis. » Corpus Domini intravit ad discipulos januis clausis, quod per nativitatem clauso exiit utero Virginis: Nec mirum si in æternum victurus ad discipulos intravit, qui moriturus clauso Virginis utero exivit. Duo mira juxta humanam rationem sibi valde contraria Dominus ostendit, dum post resurrectionem corpus suum incorruptibile et palpabile demonstravit. Nam et corrumpi necesse est quod palpatur, et palpari non potest, quod non corrumpitur. Sed miro modo Redemptor noster se monstrando incorruptibilem apparuit, ut nos invitaret ad præmium, et palpabilem se præbuit ut formaret ad fidem. Divinum factum non est mirabile multum, si ratione capi queat, aut ratione probari. Hæc fidei meritis est congrua vis rationis.

« Respondit Thomas et dixit ei: Dominus meus et Deus meus. » Videbat hominem et tangebat et confitebatur Deum, quem non videbat neque tangebat. Dicit ei Jesus: « Quia vidisti me credidisti. » Aliud vidit et aliud credidit: hominem vidit, et Deum confessus est. Non ait teligisti, sed « vidisti, » quia generalis quodam modo sensus est visus; nam per alios quatuor nominari solet, ut cum dicimus: Audi et vide, quam bene sonet, Olfac, et vide quam bene oleat. Gusta et vide quam bene sapiat, tange et vide quam bene caleat. Unde et hic Dominus inquit :

« Infer digitum tuum huc, et vide manus meas, » hoc est tange et vide. Vidit ergo solummodo intuendo, sive etiam tangendo. Dici enim potest non ausum tunc fuisse discipulum tangere Dominum. Non enim scriptum est : Tetigit Thomas, sed quia vidit et credidit.

«Beati qui non viderunt et crediderunt.» Commendat fidem gentium, sed præteriti temporis usus est verbis ut ille qui id quod erat futurum in sua noverat prædestinatione jam factum. Sciendum est illum vere credere qui fidem complet opere. De his autem qui fidem nomine tenus retinent, Paulus dicit : « Confitentur se nosse Deum, factis autem negant (*Tit.* 1). » Et Jacobus : « Fides sine operibus mortua est (*Jac.* 11). »

« Multa quidem et alia signa fecit Jesus in conspectu discipulorum suorum, quæ non scripta sunt in libro hoc. Hæc autem scripta sunt ut credatis quia Jesus est Christus Filius Dei, et ut credentes vitam habeatis in nomine ejus. » Quasi finem libri ponit evangelista ad magnam commendationem sacramenti secuturæ narrationis, faciens ei quodammodo eminentiorem locum.

SERMO IN OCTAVA PASCHÆ.

Tres dies sunt invisibilis lucis, quibus illustratur interius spiritalis vitæ cursus. Primus dies est timor, secundus dies est veritas, tertius dies est charitas. Primus dies solem suum habet potentiam; secundus solem suum habet sapientiam; tertius solem suum habet benignitatem. Potentia ad Patrem, sapientia ad Filium, benignitas ad Spiritum sanctum pertinet. Alii sunt dies nostri, quos habemus exterius; alii, quos interius. Dies nostri exteriores, etiam cum nolumus, transeunt. Dies vero interiores, si volumus, in æternum permanere possunt. Ecce tres dies sunt : dies timoris, qui manifestat malum ; dies veritatis, qui aufert malum ; dies charitatis, qui restituit bonum. Dies veritatis clarificat diem timoris; dies charitatis clarificat et diem timoris et diem veritatis, donec perfecta fuerit charitas, et perfecte manifestetur omnis veritas, et timor pœnæ transeatur in timorem reverentiæ. De his diebus locutus est Osee propheta, dicens : « Vivificabit nos post duos dies, in die tertia suscitabit nos (*Ose.* vi). » Nam qualiter Dominus noster Jesus Christus per humanitatem quam assumpserat, tertia die resurgens a mortuis in se nos vivificaverit et suscitaverit, audivimus et gavisi sumus. Sed dignum valde est ut recompensemus ei beneficium suum , et quemadmodum nos in ipso tertia die resurgente resurrexerimus, ita et nos pro ipso et per ipsum tertia die resurgentes, eum in nobis resurgere faciamus. Nec credendum est quin a nobis sibi ipse velit retribui quod prior ipse voluit impertiri. Sicut ergo ipse, ut nostram in se et per se salutem operaretur, tres dies habere voluit, ita et nobis, ut nostram in nobis per ipsum salutem operemur, tres dies dedit. Qui tres dies, etiam in illa ave, quæ phœnix appellatur, designantur. De qua dicit physiologus quia, cum impleverit decem annos vitæ suæ, intrat in ligna Libani, et replet ambas alas suas diversis aromatibus ejusdem ligni, faciensque variis de pigmentis nidum, congregat sarmentorum acervum maximum, sub domum ponens, accedensque ad aerem, solis ignem attrahit secum et incendit sarmenta, ac ingreditur nidum suum mense Martio et comburit se ipsum, et cinis primo die vertitur in vermem, secunda die in volucrem, tertia die in pristinum statum. Hic itaque phœnix, qui post longam ætatem decem annorum igne consumitur in cinerem, ac deinde vertitur in vermem, et postremum restauratur in statum priorem, designat illum de quo Propheta : « Ego, inquit, sum vermis et non homo (*Psal.* xxi). » Cur totius Dominus creaturæ vermiculo se voluerit comparari in passione et in sepultura sua, possumus hoc quidem humilitati primitus assignare, quæ sanctorum virtus est maxima, sicut sanctus Moyses ante Deum animal se irrationale profitetur ; David se pulicem sæpe commemorat : sed magis illud accipiendum puto, quoniam vermis nulla extrinsecus admistione alieni corporis, sed de sola et pura terra procreatur : ideo illum comparatum Domino, quoniam et ipse Salvator de sola et pura Maria generatur.

Legimus et in libris Moysi de manna vermiculos procreatos (*Exod.* xvi). Digna plane et justa comparatio. Siquidem de manna vermiculus nascitur et Dominus Christus de Virgine procreatur ; quin potius ipsam Mariam mannam dixerim, quia est subtilis, splendida, suavis et virgo. Quæ velut cœlitus veniens, cunctis Ecclesiarum poculis cibum dulciorem melle defluxit. Qui cibus erat Christus, qui in passione ita opprobriis decoctus, quasi in vermem est redactus. Sed nunc ad historiam redeamus avis. Quingenti itaque, si per decenum multiplicantur, v millia faciunt. Fuerunt autem ab Adam usque ad Christum v millia annorum. Quo longo tempore, cum per prævaricationem Adæ pene mundus deperiret totus, de Virgine nascitur Christus qui dum duabus alis, Dei scilicet dilectione ac proximi, collegisset diversa aromata sanctarum virtutum, composuit sibi ex eis in cordibus hominum quasi nidum, id est mansiunculam. Cui dum sacram supponeret, hoc est aridam vel mordacem infidelitatem Judæorum, quam in se excitabat ex opibus justitiæ quas fecerat, in tantam exarserunt nequitiam, ut, in mense Martio feria vi, igne passionis eum consumerent, et quasi in cinerem verterent, dum pro mundi salute illum crucifigerent. Deinde in sepulcro ponitur, et quasi vermis in terra, sic die secundo in tumulo occultatur. Tertia vero die, sicut phœnix in priorem statum renovatur, ita et Christus de mortalitate ad immortalitatem resuscitatur. Aliter : Phœnix dicitur rubeus, et est Christus de quo dicitur : « Quis est iste qui venit de Edom, tinctis vestibus de Bosra ?

(*Isa.* LXIII.) » Edom, quod dicitur *rufus* est Esau appellatus, propter rufum pulmentum quo a fratre suo Jacob est cibatus. A quo dicta est regio Idumæa in qua caput regni erat civitas Bosra. In hac Job regnavit, qui sua infirmitate Christi passionem præfiguravit. Christus de Edom venit, dum a gentibus passus, caro ejus sanguine rubuit. Vestis ejus in Bosra tingitur, dum in Hierosolymam, quæ caput regni fuit, vestis ejus sanguine aspergitur. Hic ut phœnix sarmenta odoriferarum arborum in nidum collegit, dum scriptis prophetarum Hierosolymam replevit. Eisdem vero sarmentis conburitur, dum secundum dicta prophetarum in Hierosolymam igne passionis consumitur. Tertia die avis reparatur, quia Christus tertia die a Patre suscitatur. Illud autem quod gestum est in Christo, non tantum remedium, sed etiam fuit sacramentum. Oportuit igitur ut visibiliter foris fieret, quatenus illud quod in nobis invisibiliter fieri debuit, significaret. Dies ejus extrinsecus fuerunt nostri : dies intrinsecus quærendi sunt. Tres ergo dies habemus intrinsecus, quibus illuminatur anima nostra. Ad primum diem mors pertinet, ad secundum sepultura, ad tertium resurrectio.

Igitur in his tribus diebus notantur etiam tres diætæ medicinales, quæ sunt contra morbos veternosos salubre antidotum, contra quadriduanum Lazarum supercœleste balsamum. Has ituri sunt qui Domino sunt sacrificaturi. Hoc iter præceptum est filiis Israel ire ut sacrificarent Domino, cum eruerentur ex Ægypto. Mundus iste est relinquendus non loco, sed animo, non passibus proficiscendo, sed actibus proficiendo. Harum trium diætarum mentionem facit sacerdos orans pro se et pro populo, ubi dicit : « Memores divinæ passionis tuæ, nec non gloriosæ resurrectionis ab inferis, et ascensionis in cœlum. » Sane ducatum hujus religionis consecravit Christus caput nostrum tribus diebus mortis, resurrectionis, ascensionis. Passio, crucifixio, sepultura, totum est una diæta. Sicut enim Christus voluit ligari, crucifigi, per triduum quiescere, sic nos debemus sensus nostros, qui sunt pueri sine pædagogo, equus currens sine auriga et freno, a veterana consuetudine prohibere, et clavis justitiæ in cruce pœnitentiæ, immobiles valde et insensibiles ac mortuos efficere ut mundo crucifigamur in nobis. Multi crucifiguntur mundo non mundus ipsis : tales et despecti sunt mundo, sed ipsi amant mundum. Hi mundo mortui sunt, sed non mundus ipsis. Paulus ut purgamentum mundi erat, nec de mundo curabat. Unde ait : « Mihi mundus crucifixus est et ego mundo (*Galat.* VI). » Qui sic cum Christo crucifigitur, Christo consepelitur, ut agat spiritalem sabbatismum. Hæc est sancta requies quam præcepit Dominus observari. Hæc est prima diæta, scilicet declinare a malo. Tristitiam Dominicæ passionis secuta est gloria et gaudium resurrectionis : cui et nos conresurgamus, ut in « novitate vitæ ambulemus (*Rom.* VI). » Hæc est secunda diæta, hoc est facere bonum. Tertia diæta est cum Domino ascendere, ut quo præcessit caput, sequantur et membra, quæ sursum sunt quærendo et sapiendo. Hanc diætam facit justus quando superna contemplando, exprimit alterum Paulum vel alterum Martinum, dicens : « Cupio dissolvi, et esse cum Christo (*Philipp.* I). » Quod est « et inhabita in sæculum sæculi (*Psal.* XXXVI). » Si has diætas quas David in hoc versu : « Declina a malo et fac bonum, et inhabita in sæculum sæculi (*ibid.*), » commemorat, processeris, sacrificium Domino offers, qui non aliud a te nisi te, qui non aliud nisi se dedit pro te. Vel hæ tres diætæ sunt tres processus quorum primus est relinquere peccandi consuetudinem : hanc concedit non multum timens parti suæ. Secunda deserere actum peccatum, et hanc concedit Pharao sed invitus et timens. Restat tertia difficillima, ipsam quoque cogi expellere quæ est recordatio affectuosa. Si hanc diætam invito adversario nostro processerimus, ipsum cum omni militia in nihilum redigemus.

DOMINICA I POST OCTAVAS PASCHÆ.

« Ego sum pastor bonus. Bonus pastor animam suam dat pro ovibus suis (*Joan.* X). » Non ex accidenti sed essentialiter est bonus; qui formam bonitatis quam imitemur adjungit, dicens : «Bonus pastor animam suam dat pro ovibus suis. » Fecit quod monuit, ostendit quod jussit; animam posuit, ut in sacrario nostro corpus suum et sanguinem verteret, et oves quas redimeret carnis suæ alimento satiaret. Primum est exteriora nostra misericorditer ovibus impendere; postremum, si necesse sit, pro eisdem mori. Unde Joannes in Epistola sua : «Sicut Christus animam suam pro nobis posuit, sic et nos debemus pro fratribus ponere (*I Joan.* III). » Hoc est proprium pastoris ad differentiam mercenarii vel furis. Quicunque præpositi Ecclesiæ sunt filii sunt pastores. Si pastores quomodo unus pastor, nisi quia sunt omnes membra unius pastoris, cujus sunt oves propriæ ?

« Mercenarius autem, et qui non est pastor, cujus non sunt oves propriæ, vidit lupum venientem, et dimittit oves et fugit, et lupus rapit et dispergit oves. Mercenarius autem fugit, quia mercenarius est, et non pertinet ad eum de ovibus. » Quicunque præpositus Ecclesiæ quærit temporalia commoda, et non ea quæ sunt Christi, mercenarius est. De talibus dicit Dominus : « Amen dico vobis, receperunt mercedem suam (*Matth.* VI). » Mercenarii autem necessarii sunt, quia per eos vox Christi auditur. Audite Dominum monstrantem mercenarios.

« Scribæ, inquit, et Pharisæi super cathedram Moysi sederunt; quæ dicunt facite; quæ autem faciunt facere nolite (*Matth.* XXIII). » Quid aliud dixit, nisi Per mercenarios vocem pastoris audite? Nullus enim mercenarius ausus est dicere populo Christi: Tua quære, non quæ Jesu Christi. Inde ergo lædit, unde mala facit, non unde bona dicit. Botrum carpe, spinam cave. Botrus aliquando conseritur spinis, et portat spina non suum fructum, quando spinis palmes incumbit. Cathedra Moysi vitis erat, Pharisæorum mores spinæ, doctrina vera per malos, palmes in sepe, et botrus inter spinas. Caute elige, ne dum quæris fructum laceres mundum [manum?], et cum audis bona dicentem, ne imiteris mala facientem. Quæ dicunt facite, eligite uvas; quæ autem faciunt facere nolite, cavete spinas. Audite Apostolum de mercenariis loquentem: « Quid enim dum omni modo sive occasione, sive veritate Christi annuntietur? (*Philip.* I.) » Veritas, id est Christus a mercenariis occasione, a filiis veritate annuntiatur. Filii æternam hæreditatem prius patienter exspectant, mercenarii temporalem mercedem festinanter exoptant. Mercenarius itaque est qui locum pastoris tenet, sed lucrum animarum non quærit, quia terrenis commodis inhiat, et honore prælationis gaudet. Utrum tamen mercenarius sit, non bene dignoscitur, nisi cum lupus accedit, qui indicat quo animo grex a quoque custodiatur. Venit autem lupus cum quilibet injustus et raptor fideles opprimit. Fugit ergo qui pastor esse videbatur, et non erat, non mutando locum, sed subtrahendo solatium. Tacet enim, et non audet resistere injustitiæ. De quo per prophetam dicitur: « Non ascendistis ex adverso, neque opposuistis murum pro domo Israel, ut staretis in prælio in die Domini (*Ezech.* XIII). » Ex adverso ascendere est pravis libera ratione contraire. Murum opponere et stare in prælio in die Domini pro domo Israel est, cum et auctoritate justitiæ fideles contra perversorum injustitiam vindicamus. Est etiam malignus spiritus lupus mentes non corpora dilanians, caulas fidelium assidue circuiens. De quo dicitur: Et dispergit oves. Tunc enim dispergit cum alium ad luxuriam pertrahit, alium in avaritiam accendit, alium in superbiam erigit: hunc invidia stimulat, illum fallacia supplantat. Quasi ergo lupus gregem dissipat, cum fideles diabolus per tentationes necat. Mercenarius autem videns lupum fugit, quia mercenarius est et non diligit in ovibus Christum, sed lac et lanam: peccantem non libere audet arguere, excommunicandum non audet excommunicare, ne perdat commoditatem humanæ amicitiæ, et ne incurrat molestiam humanarum amicitiarum. Fugit ergo quia tacet, tacet quia timet; fuga animi timor est, ne perdat quem diligit. Corpore stat: spiritu fugit. Quod ille non faciebat qui dicebat: « Et si corpore absens sum, sed spiritu vobiscum sum (*Coloss.* II). » Pastores igitur non sibi fugiunt si cedunt persecutioni, ut ipse Apostolus submissus in sporta per murum. Oves namque pastori in cœlo sedenti orationibus commendabat, se autem utilitati earum fugiendo servabat, sicut quodam loco ait: « Manere in carne necessarium propter vos (*Philip.* I). » Ab ipso namque omnes audierant: « Si vos persecuti fuerint in una civitate, fugite in aliam (*Matth.* X). » In mercenario ergo reprehenditur, non corporis fuga, sed mentis, et quod sua quærit, non quæ Jesu Christi.

« Ego sum pastor bonus, et cognosco meas et cognoscunt me meæ. » Cognosco meas, id est diligo; et meæ diligunt me. In bonis est ostium, ostiarius, pastor, oves. In malis fures; latrones, mercenarius, lupus. Dominus dicit se esse ostium et pastorem. Sed si consideremus proprietates, Christus nec pastor est, nec ostium, similitudine autem et pastor, et ostium, et ovis. Tanquam enim ovis ad immolandum ductus est. Janua est in capite, pastor in corpore. Dixit Petro: « Pasce oves meas (*Joan.* XXI). » Quasi diceret: Quid mihi dabis, quia amas me? Hoc da mihi: Si amas me, pasce oves meas. Per januam intra; nam qui ex alia parte ascendit, ille fur est et latro. In his personis invenies quos diligas, quos toleres, quos caveas. Diligendus est pastor, tolerandus est mercenarius, cavendus est latro. Mercenarius enim canonice intrat, vera docet, quamvis intentione sinistra. Fur vero male intrat, falsa docet, et ideo est alienus.

« Sicut novit me Pater, et ego agnosco Patrem. » Quod Filius agnoscit Patrem per se, et Deum nemo videt nisi per Filium, manifestum est ex hoc capitulo et ex ejus canonicis capitulis.

« Et animam meam pono pro ovibus meis. » Hæc est probatio dilectionis ad Patrem et ad oves. Sic et Petrus tertio confitens amorem jubetur pascere oves, et pro eis mori. Tenete, quia Christus est verbum, anima, caro. Non defuerunt hæretici Appollinaristæ dicti, qui ausi sunt dogmatizare quod Christus non esset nisi Verbum, et caro sine anima.

« Et alias oves habeo quæ non sunt ex hoc ovili, et illas oportet me adducere, et vocem meam audient, et fiet unum ovile et unus pastor. » Unum ovile est unitas in Christo. Unde Paulus: « Ipse est pax nostra, qui fecit utraque unum (*Ephes.* II). » Ex hoc ovili dictum est de illis qui salvandi erant in Israel, de quibus Dominus dixit: « Non sum missus nisi ad oves quæ perierunt domus Israel (*Matth.* XV). » Hoc ideo dixit, quia præsentiam corporalem non exhibuit, nisi populo illi; ad gentes enim non perrexit, sed misit suos in quibus ipse locutus est.

SERMO DE PASTORIBUS ET MERCENARIIS ATQUE SUBJECTIS.

« Pastor bonus animam suam ponit pro ovibus suis (*Joan.* X). » Sicut pervigilat pastor qui contra bestias oves custodire solet, ita et Dei sacerdos supra gregem Christi sollicitus esse debet, ne inimicus vastet, ne persecutor impetat, ne potentioris cujusque cupiditas vitam pauperum inquietet. Pravi pastores non habent curam de ovibus; sed, sicut legitur in Evangelio de mercenariis, vident lupum venientem et fugiunt. Tunc enim fugiunt, quando potentibus tacent, et malis resistere metuunt. Scire etenim prælati debent, quia, si perversa unquam perpetrant, tot mortibus digni sunt, quot ad subditos suos perditionis exempla transmittunt. Unde necesse est ut tanto se cautius a culpa custodiant, quanto per prava quæ faciunt non soli moriuntur. Admonendi sunt illi, scilicet subjecti, ne districtius puniantur, si absoluti reperiri nequiverint saltem de se; isti scilicet prælati, ne subditorum erratibus judicentur, etiam si se jam de se securos inveniant; illi ut tanto circa se sollicitius vivant, quanto eos aliena cura non inplicat; isti vero ut sic aliorum curas expleant, quatenus et suas agere non desistant, et sic in propria sollicitudine ferveant, ut a commissorum custodia minime torpescant. Illi enim sibimet vacanti dicitur: « Vade ad formicam, et considera vias ejus, piger, et disce sapientiam (*Prov.* vi). » Iste autem terribiliter admonetur, cum dicitur: « Fili mi, si spoponderis pro amico tuo, defixisti apud extraneum manum tuam, et illaqueatus es verbis oris tui, et captus propriis sermonibus (*ibid.*). » Spondere namque pro amico est alienam animam in periculo suæ conversationis accipere. (GREGORIUS.) Unde et apud extraneum defigitur, quia apud curam sollicitudinis quæ ante deerat mens ligatur. Verbis oris sui illaqueatus est, ac propriis sermonibus captus, quia, dum commissis sibi cogitur bona dicere, ipsum prius necesse est quæ dixerit custodire. Illaqueatur igitur verbis oris sui, dum ratione exigente constringitur, ne ejus vita ad aliud quam admonet relaxetur. Unde apud districtum judicem cogitur tanta in opere exsolvere, quanta eum constat aliis voce præcepisse. Ubi et bene mox exhortatio subditur, ut dicatur: « Fac ergo quod dico, fili mi; et temetipsum libera, quia incidisti in manum proximi tui. Discurre, festina; suscita amicum tuum, ne dederis oculis tuis somnum, nec dormitent palpebræ tuæ (*ibid.*). » Quisquis enim aliis in exemplo ad vivendum præponitur, non solum ut ipse evigilet, sed etiam ut amicum suscitet admonetur. Ei namque vigilare bene vivendo non sufficit, si non et illum cui præest a peccati torpore disjungit. Bene autem dicitur: « Ne dederis somnum tuis oculis, nec dormitent palpebræ tuæ. » Somnum quippe oculis dare est intentione cessante, subditorum curam omnino negligere. Palpebræ vero dormitant, cum cogitationes nostræ ea quæ in subditis arguenda cognoscunt, pinguedine deprimente dissimulant. Plene enim dormire est commissorum acta nescire nec corrigere. Non autem dormire, sed dormitare est, quæ quidem reprehendenda sunt cognoscere, sed tamen propter mentis tædium dignis ea increpationibus non emendare. Dormitando vero oculus ad plenissimum ducitur somnum, quia, dum plerumque qui præest, malum quod cognoscit non resecat, ad hoc quandoque negligentiæ suæ merito pervenit, ut quod a subjectis delinquitur nec cognoscat.

Admonendi sunt itaque qui præsunt, ut per circumspectionis studium cœli animalia fieri contendant; oculos pervigiles intus et in circuitu habeant. (GREGORIUS.) Ostensa quippe cœli animalia in circuitu et intus oculis plena describuntur (*Ezech.* v), dignumque est ut cuncti qui præsunt intus atque in circuitu oculos habeant, quatenus et interno judici in semetipsis placere studeant, et exempla vitæ exterius præbentes, ea quæ in aliis sunt corrigenda deprehendant. Admonendi sunt subditi, ne præpositorum suorum vitam temere judicent, si quid eos fortasse gerere reprehensibiliter vident, ne unde recte mala redarguunt, inde per elationis impulsum in profundiora mergantur. Admonendi sunt ne, cum culpas præpositorum considerant, contra eos audaciores fiant, sed sic si qua valde sunt eorum prava apud semetipsos opera præpositorum dijudicent, ut tamen divino constricti timore ferre sub eis jugum reverentiæ non recusent. Quod melius ostendimus, si David factum ad medium deducamus. Saul quippe persecutor cum ad purgandum ventrem speluncam fuisset ingressus, illic David cum viris suis inerat (*I Reg.* xxiv), qui jam tam longo tempore persecutionis ejus mala tolerabat. Cumque eum viri ad feriendum Saulem accenderent, fregit eos responsionibus, quia manum mittere in Christum Domini non deberent. Qui tamen occulte surrexit, et oram chlamidis ejus abscidit. Quid enim per Saulem, nisi mali rectores; quid vero per David, nisi boni subditi designantur? Saulem igitur ventrem purgare est pravos præpositos, hoc est mercenarios conceptam in corde malitiam usque ad opera miseri odoris extendere, et cogitata apud se noxia factis exterioribus exsequendo monstrare. Quem tamen David ferire noluit, quia piæ subditorum mentes ab omni se peste obtrectationis abstinentes, præpositorum vitam nullo linguæ gladio percutiunt, etiam cum de imperfectione reprehendunt. Qui et si quando pro infirmitate sese abstinere vix possunt ut non extrema quædam, atque exteriora præpositorum mala, sed tamen humiliter loquantur, quasi oram clamidis silenter incidunt, videlicet dum prælatæ dignitati saltem innoxie et latenter derogant, quasi regis superpositi vestem fœdant. Sed tamen ad semetipsos redeunt, seque vehementissime de tenuissimi verbi laceratione reprehendunt. Unde bene illic scriptum est: « Post hæc David percussit cor suum eo quod abscidisset oram chlamidis Saul (*ibid.*). » Facta quippe præpositorum oris gladio ferienda non sunt, etiam cum recte reprehendenda judicantur. Si quando vero contra eos vel in minimis linguabitur [lingua labitur?], necesse est ut per afflictionem pœnitentiæ cor prematur, quatenus ad semetipsum redeat, et cum præpositæ potestati deliquerit, ejus contra se judicium a quo sibi prælata est perhorrescat. Nam cum præpositis delinquimus, ejus ordinationi qui eos nobis prætulit obviamus. Unde Moyses quoque cum contra se et Aaron conqueri populum cognovisset ait : « Nos enim quid sumus ? nec contra nos est murmur vestrum, sed contra Dominum (*Exod.* xvi). »

DOMINICA II POST OCTAVAS PASCHÆ.

Secundum Joannem

« Modicum et jam non videbitis me, et iterum modicum, et videbitis me, quia vado ad Patrem. Dixerunt ergo ex discipulis ejus ad invicem : Quid est hoc quod dicit modicum, et non videbitis me, et iterum, modicum et videbitis me, et quia vado ad Patrem ? Dicebant ergo : Quid est hoc quod dicit, modicum ? Nescimus quid loquitur (*Joan.* xvi). » Hoc eos movebat, quia dixit, Modicum. Sed postea manifestum fuit. Nam post paululum passus est, et non viderunt eum ; rursus post paululum resurrexit, et viderunt eum. Vel ita : Modico tempore non viderunt eum, dum requievit in monumento, et modico tempore viderunt eum quando eis apparuit XL diebus post resurrectionem. Propter ea modico tempore videbitis me quia vado ad Patrem, deposita mortalitate humanam naturam coelis inferens. Quod autem ait : « Et jam non videbitis me, » sic accipiendum est quomodo superius ait : « De justitia vero quia ad Patrem vado, et jam non videbitis me (*ibid.*), » quia scilicet mortalem eum non amplius viderent.

« Cognovit autem Jesus quia volebant eum interrogare, et dixit : De hoc quæritis inter vos, quia dixi : Modicum et non videbitis me, et iterum modicum, et videbitis me. Amen, amen dico vobis quia plorabitis et flebitis vos, mundus autem gaudebit. Vos autem contristabimini, sed tristitia vestra vertetur in gaudium. » Contristati sunt de morte Domini, sed mox de resurrectione lætati. Mundus autem significat hic inimicos, a quibus occisus est Christus.

« Mulier cum parit tristitiam habet, quia venit hora ejus. Cum autem peperit puerum, jam non meminit pressuræ propter gaudium, quia natus est homo in mundum. » Partus gaudio comparatur, tunc magis quando non puella, sed puer nascitur. Gaudium ipse est Christus, de quo Apostolus : « Christus, inquit, resurgens a mortuis jam non moritur (*Rom.* vi). »

« Et vos nunc quidem tristitiam habetis, iterum autem videbo vos, et gaudebit cor vestrum. Et gaudium vestrum nemo tollet a vobis. » Dominus exponit paradigma quod de muliere proposuit. Tristitiam enim habuerunt apostoli passo Domino, sed peracta resurrectionis gloria gavisi sunt viso Domino. Et gaudium eorum non tollitur ab eis, quia, et si postmodum persecutiones pro Christi nomine ac tormenta passi sunt, spe tamen resurrectionis et visionis illius accensi, libenter adversa quæque ferebant, imo gaudium existimabant cum in tentationes varias inciderent. Quod autem ait : Iterum autem videbo vos, et gaudebit cor vestrum, sic intelligitur : Eripiam vos ab adversariis, coronabo vos victores, probabo me semper vidisse vos certantes. Et in illo die non rogabitis me quidquam. In die visionis æternæ non petetis, vel non interrogabitis, quia tunc erit plena cognitio et sufficientia. Hoc verbum quod est rogare non solum petere, verum etiam interrogare significat, et Græcum unde hoc translatum est, tale habet verbum quod utrumque possit intelligi. Ergo ambiguum est. Possunt hæc et ita exponi, ut in discipulis universæ loquatur Ecclesiæ Dominus, velut ibi : « Ecce ego vobiscum sum usque ad consummationem sæculi (*Matth.* xxviii). » Modicum et jam non videbitis me, et ad hoc refertur, quia vado ad Patrem. Eundo scilicet ad Patrem, subtraham corporalem visionem, ut fructuose credat Ecclesia. « Et iterum modicum et videbitis me » æterna visione. Modicum secundum hanc sententiam intellige hujus pervolantis sæculi tempus. Plorabitis, inquit, quia plorant omnes boni in ærumnis hujus vitæ, sed mundi amatores gaudent. Mulierem dicimus sanctam Ecclesiam propter fecunditatem bonorum operum, et quia spirituales Domino filios gignere non desinit, qui nunquam in mundi tentationibus exerceri desistit, quandiu in mundo spiritalium virtutum profectibus insistit. At cum devicto laborum certamine ad palmam pervenerit, jam non meminit pressuræ præcedentis propter gaudium perceptæ retributionis. « Non sunt enim condignæ passiones hujus temporis ad futuram gloriam (*Rom.* viii), quando Deo similes erimus, et videbimus eum sicuti est (*I Joan.* iii), » ut ait Apostolus in epistola sua. Nunc parturit Ecclesia gemendo (*Rom.* viii) ; tunc pariet lætando. Et ideo masculum, quia ad fructum contemplationis cuncta officia referuntur actionis. Et sicut mulier nato in hunc mundum homine lætatur, ita Ecclesia nato in vitam futuram populo exsultatione repletur. Pro qua nativitate multum laborans et gemens in præsenti quasi parturiens dolet. Nec novum cuique deberet videri, si natus dicatur qui ex hac vita migraverit. Quomodo enim nasci dicitur cum quis de utero matris egreditur, ita etiam potest natus appellari, qui solutus a vinculis carnis ad lucem sublimatur æternam. Unde mos ecclesiasticus obtinuit ut dies martyrum sive confessorum Christi, in quibus de sæculo transierunt, Natales vocitemus, eorumque solemnia non funebria, sed natalitia dicantur. Sequitur :

« Et vos quidem tristitiam habetis. » Omnis Ecclesia per hujus vitæ labores et angustias ad æterna præmia cœlestium gaudiorum tendit, quia « per multas tribulationes, ut ait Apostolus, oportet nos intrare in regnum Dei (*Act.* XIV). » Dicens Dominus iterum « et videbo vos » secundum promittit adventum, in quo universam videbit Ecclesiam ad remunerandum ex integro. Et quia in plenitudine illius gaudii non rogabimus modo, petendum est ut illuc perveniamus.

SERMO DE VISIONE DEI.

Si quæris utrum Deus possit videri, respondeo : Potest. Si quæris unde sciam, respondeo : Quia in verissima Scriptura legitur : « Beati mundo corde, quoniam ipsi Deum videbunt (*Matth.* v), » et cætera talia. Si quæris quomodo invisibilis sit dictus, si videri potest, respondeo invisibilem esse natura. Videtur autem, cum vult, sicut vult. Plurimis enim visus est non sicuti est, sed quali specie illi placuit apparere. Quid est ergo quod eadem dicit auctoritas : « Deum nemo vidit unquam (*Joan.* IV). » Et quod amplius planius explicans : « Quem nemo, inquit, hominum vidit, nec videre potest (*I Joan.* IV). » Quomodo ergo vidit Deum Abraham, Isaac, Jacob, Job, Moyses, Michæas, Isaias, et si qui alii sunt de quibus veracissima Scriptura testatur quod Deum nemo hominum unquam vidit, nec videre potest. Magna quæstio est, quomodo non sit contrarium quod tot antiqui Deum viderunt, si Deum nemo vidit unquam, quia nemo hominum vidit, nec videre potest. Certe refelli non potest, dicit Ambrosius, vel Patrem vel Filium, vel certe Spiritum sanctum, si tamen est sancti Spiritus visio, ea specie videre [videri?], quam voluntas elegerit, non natura formaverit. Quoniam Spiritum quoque visum accipimus in columba, et ideo Deum nemo vidit unquam, quia eam quæ in Deo habitat plenitudinem deitatis, nemo aspexit, nemo mente aut oculis comprehendit. Unde Moyses ait Deo, cum quo amicus amico, facie ad faciem loquebatur : « Si inveni gratiam ante te, ostende mihi temetipsum (*Exod.* XXXIV). » Quid ergo ? ille, non erat ipse. Si non esset ipse, non ei diceret, Ostende mihi temetipsum, sed, Ostende mihi Deum. Et tamen si ejus naturam substantiamque conspiceret, multo minus diceret : Ostende mihi temetipsum. Ipse ergo erat in ea specie, qua apparere voluerat. Non autem ipse apparebat in natura propria, quam Moyses videre cupiebat. Ea quippe promittitur sanctis in alia vita. Unde quod responsum est Moysi verum est, quia nemo potest videre faciem Dei, et vivere (*Exod.* XXXIII); id est nemo potest eum in hac vita vivens videre sicut est. Nam multi viderunt, sed quod voluntas elegit, non quod natura formavit. Si quæris quomodo eum vidit vel Cain sceleratus, quando de suo scelere ab illo interrogatus et judicatus est; vel ipse etiam diabolus, quando venit cum angelis ut coram illo assisteret; vel « beati mundicordes, quoniam ipsi Deum videbunt (*Matth.* v), » respondeo : — hoc non esse consequens, ut etiam videant Deum qui voces ab eo factas aliquando audiunt. Neque enim viderunt quando dixit ad Filium : « Et clarificavi, et iterum clarificabo (*Joan.* XII). »

Verumtamen non esse mirandum, si aliquando etiam non mundicordes videant Deum in specie quam voluntas ejus fecerit, latente invisibili, et apud se incommutabili manente natura. — Si quæris utrum etiam sicuti dictum est aliquando possit videri, respondeo : Filiis hoc esse promissum, de quibus dictum : « Scimus quia, cum apparuerit, similes ei erimus, quoniam videbimus eum sicuti est (*Joan.* III). » Non enim quæritur quomodo videatur Deus, non ea specie, qua in isto sæculo voluit quibusdam apparere, sed quomodo videatur in illo regno, ubi eum filii ejus videbunt sicuti est. Tunc quippe satiabitur in bonis desiderium eorum. Non enim indigni Deum videbunt, de quibus dictum est : « Tollatur impius, ne videat claritatem Dei. » Quibus etiam dicetur : « Ite, in ignem æternum, qui præparatus est diabolo et angelis ejus (*Matth.* XXV). Promisit Deus se ostensurum dilectoribus suis, cum Patre unum Deum, non quomodo in hoc sæculo in corpore visus est a bonis et malis, et in judicio enim futuro, quo sic venturus est, quomodo visus est iens in cœlum, hoc est in eadem forma filii hominis. Eamdem itaque formam videbunt, quibus dicturus est : « Esurivi, et non dedistis mihi manducare (*ibid.*), » et quia Judæi videbunt in quem pupugerunt (*Apoc.* I), non illam Dei formam, in qua non arbitratus est rapinam esse æqualis Deo (*Philipp.* II). In illa die tunc videbunt Deum, qui videbunt sicut est. Nec ideo videbunt, quia pauperes spiritu in hac vita fuerunt, quia mites, quia lugentes, et cætera; sed quia mundo sunt corde. Quo mundo corde videbitur, qui nec in loco videtur, nec oculis corporalibus videtur, nec conscribitur visu, nec tactu tenetur, nec auditur affatu, nec sentitur incessu.

DOMINICA TERTIA.

Secundum Joannem.

« Vado ad eum qui me misit, et nemo ex vobis interrogat me : Quo vadis ? » (*Joan.* XVI.) Significat se tam manifeste iturum, ut non opus foret interrogare quo iret. Videbunt enim in nube ascendentem, certi de gloria, qui prius prædicta passione quæsierant : Domine, quo vadis ?

« Sed quia hæc locutus sum vobis, tristitia implevit cor vestrum. » Contristabatur humanus affectus, quia carnalis desolabatur affectus vel aspectus. « Sed ego veritatem dico vobis : Expedit vobis ut ego vadam. Si enim non abiero, Paracletus non veniet ad vos. Si autem abiero, mittam eum ad vos. » Si alimenta tenera quibus vos alui non subtraxero, solidum cibum non esurietis. Si carnali carnaliter adhæseritis, capaces spiritus non eritis. Sensus est : Non potestis plane capere Spiritum quandiu secundum carnem sum vobiscum. Unde ille qui acceperat Spiritum, inquit : « Et si noverimus secundum carnem Christum; sed nunc jam non novimus (*II Cor.* v). »

« Et cum venerit ille arguet mundum de peccato et de justitia et de judicio. » (AUGUSTINUS.) Hoc est dabit vobis, timore depulso, libertatem arguendi. Inseparabilia sunt opera Trinitatis, sed sigillatim commendantur personæ, ut sine confusione, et unitas intelligatur et trinitas.

« De peccato quidem quia non credunt in me. De justitia vero, quia ad Patrem vado, et jam non videbitis me. » Si aliquando justus arguitur de peccato, arguitur non de justitia. Hinc scriptum est : « Non est justus in terra : qui faciat bonum, et non peccet (*Eccle.* vii). » Item : « Noli effici justus multum (*ibid.*). » Non est hic notata justitia sapientis, sed superbia præsumentis. Qui enim fit multum justus, ipso nimio fit injustus. Multum autem facit justum qui dicit se non habere peccatum, aut qui se putat non gratia Dei, sed sua voluntate effici justum. Arguitur itaque mundus de peccato, quia non credit in Christum; arguitur de justitia quorumdam credentium ; nam fidelium comparatio est infidelium vituperatio. Sensus est : Erit vestra justitia qua mundus arguitur, quia ad Patrem vado, et jam non videbitis me, quia in eum quem non videbitis credetis. Quando autem me videbitis, videbitis me non humilem ut modo, sed excelsum ; non mortalem, sed sempiternum ; non judicandum, sed judicaturum : et de hac fide vestra idem justitia arguet Spiritus sanctus incredulos. Idem in secundo libro De baptismo parvulorum. Quæ est ista justitia, qua, cum eum non viderent, mundus argueretur, nisi ea qua justus ex fide, et qua nos non respicientes quæ videntur, sed quæ non videntur spiritu et fide, spem justitiæ exspectamus ? « De judicio autem quia princeps hujus mundi jam judicatus est. » Princeps mundi est diabolus, de quo alibi : « Ecce venit princeps hujus mundi, et in me non habet quidquam (*Joan.* xiv). » Mundus accipitur et in bono et in malo. Nam sicut arbor foliis et pomis, area pallis et granis, ita fidelibus et infidelibus plenus est mundus. Judicatus est diabolus, id est judicio ignis æterni destinatus. Judicio arguitur mundus, quando cum suo principe judicatur. Credant itaque homines, ne arguantur. Transeant in numerum fidelium, ne arguantur de justitia eorum quos justificatos non imitantur. Caveant futurum judicium, ne cum principe mundi judicentur. Claret quia Filius Dei cum esset in mundo arguebat mundum, id est sectatores mundi de peccato suæ incredulitatis ; de justitia, quia eum imitari nolebant ; de judicio, quia diabolum, qui jam judicatus et condemnatus erat, sequerentur. Sed non sine causa Spiritum cum veniret, hoc idem dicit acturum, quia per ejus inspirationem corroborandus erat animus discipulorum, ne mundum, qui contra se fremebat, arguere timerent. Judicatus est diabolus a Domino, cum et ipse dæmonia ejiceret, et discipulis daret potestatem calcandi super omnem virtutem inimici.

« Adhuc multa habeo vobis dicere ; sed non potestis portare modo. » Non est contra ad hoc quod superius dixit, « omnia quæ audivi a Patre meo nota feci vobis (*Joan.* xv), » quia simile est illi prophetico : Qui fecit quæ futura sunt.

« Cum autem venerit Spiritus veritatis docebit vos omnem veritatem. » Quidam codices habent : « Deducet vos in omni veritate. » Unde illud : « Deduc me, Domine, in via tua, et ingrediar in veritate tua (*Psal.* LXXXV). » Non arbitror hanc veritatem posse compleri in hac vita. Unde Apostolus : « Nunc ex parte cognosco, tunc autem cognoscam sicut et ego cognitus sum (*I Cor.* XIII). » Quis enim homo sicut angeli sapit Trinitatem. Quæritur utrum spirituales homines aliquid habeant in doctrina quod carnalibus taceant, et spiritalibus dicant. Si dixerimus *non*, officietur illud Apostoli ad Corinthios : « Non potui vobis loqui, quasi spiritalibus, sed quasi carnalibus (*I Cor.* III). » Si autem dixerimus *habent*, timendum est ne sub hac occasione in occultis nefaria doceant. Hoc igitur præcognito, quod ea quæ simul audiunt spiritales atque carnales quique pro suo modo capiunt, illi ut cibi solidamentum, isti ut lactis alimentum, in illa intelligitur necessitas, ut aliqua secreta doctrinæ taceantur fidelibus parvulis, seorsum dicenda intelligentioribus ? Quod enim ait Apostolus, ita intelligendum est : Non potuistis capere quæ loquebar quasi spiritales, sed quasi carnales. Unde ait ad Hebræos : « Facti estis opus habentes lacte, non solido cibo (*Hebr.* v). » Ex quo fit ut spirituales ista carnalibus non omnino taceant propter Catholicam fidem, quæ omnibus prædicanda est ; nec tamen sic desiderant ut volentes eam perducere ad intelligentiam, sermonem vertant in fastidium capacibus. Ipse homo Christus sincerum lac dicitur parvulorum, qui cum bene a spiritualibus capitur, invenitur solidus cibus, et Dominus angelorum. Proinde nec sic parvuli sunt lactandi, ut semper non intelligant Deum, nec sic ablactandi ut deserant hominem Christum.

« Non enim loquetur a semetipso, sed quæcumque audiet loquetur. » Et Filius et Spiritus sanctus æquales sunt Patri. Quid autem intersit inter procedere et nasci, et longum est disserere, et temerarium diffinire : quia si quid mens inde comprehendit, linguæ tamen difficillimum est explicare, quantuslibet præsit doctor, quantuslibet assit auditor. Sensus est : « Non loquetur a semetipso, » quia non est a semetipso. Ab illo ergo audiet a quo procedit. Audire illi scire est ; scire vero esse. Non moveat quod verbum futuri temporis positum est, quia in eo quod sempiternum est, cujuslibet temporis verbum ponatur, non mendaciter ponitur. Quamvis enim natura est, illa incommutabilis est, et non reipsa fuit et erit, sed tantum est. Inde illud : « Ego sum qui sum, et qui est misit me ad vos (Exod. III) ; » tamen propter mutabilitatem temporum in quo versatur nostra mutabilitas non mendaciter dicimus et fuit, et est, et erit.

« Et quæ ventura sunt, annuntiabit vobis. » Multi habuerunt spiritum prophetiæ, sed quia nonnulli infirmos curant, mortuos suscitant, dæmonibus imperant, nec tamen futura cognoscunt, potest sic accipi, quia Spiritus adveniens ventura nuntiaret, reducens ad memoriam gaudia cœlestia.

« Ille me clarificabit, quia de meo accipiet, et annuntiabit vobis. » Quasi dicat : Ista omnia faciet Deus per Spiritum, id est per bonitatem suam. Me clarificabit auferendo vobis timorem, et dando amorem ardentiorem. Quod ipsi facturi erant in Spiritu sancto, hoc eumdem Spiritum dixit esse facturum, ut illud : «Non enim vos estis qui loquimini, sed Spiritus Patris vestri qui loquitur in vobis (Matth. x). » Verbum Græcum quod est doxasse (δοξάσει), Latini interpretes, alius glorificabit, posuerunt. Nam doxa, unde dictum est doxasse, et claritas interpretatur et gloria. Et quia gloria facit claros, et claritas gloriosos, quod utroque verbo significatur, idem est. Gloria est frequens de aliquo fama cum laude, quæ Christo de seipso non magnum contulit aliquid, sed mundo. Bonum enim laudari non laudato, sed laudantibus prodest. Gloria falsa triplex est : in rebus, in hominibus, in utrisque. In rebus fallitur qui putat id verum esse quod malum est. In hominibus similiter. In utrisque quando et vitium virtus putatur, et ipse qui propter hoc laudatur non habet quod putatur, sive bonus sit sive malus. Donare quippe suas res histrionibus vitium estimmane, non virtus. Et scitis de talibus quam sit frequens fama cum laude, ut illud : « Laudatur peccator in desideriis animæ suæ (Psal. IX). » Laudatores talium non in hominibus falluntur, sed in rebus. Malum est enim quod bonum esse credunt. Ipsi vero vitiosi tales sunt quales cernuntur. Laudatores hypocritarum non falluntur in rebus, sed in hominibus. Laudatores autem illorum qui creduntur liberare patriam magicis artibus, in utroque falluntur. Vera gloria non beatificat justum, sed tamen gloriandum est, quia justa diligunt. Vera gloria est in Catholica Ecclesia. Unde Propheta : « Exaltare super cœlos, et super omnem terram gloria tua (Psal. LVI). » De meo, inquit Filius, accipit Spiritus, quia de Patre accipit Spiritus sanctus unde accepit Filius : Spiritus sanctus de Patre accepit procedendo, Filius nascendo. Pater de nullo natus est, de nullo processit. Et sicut Pater genuit Filium, vita scilicet vitam, sic ei dedit vitam procedere de illo, sicut procedit de ipso. Nascitur a Patre veritas, procedit ab utroque charitas ad sanctificandam creaturam. Nascitur a Patre sapientia ; exit ab utroque ad creaturas benevolentia. Nascitur a Patre consilium ; exit ab utroque ad creaturas dilectionis beneficium. Nascitur a Patre Verbum ; pervenit ab utroque benignitatis donum. Splenduit a Patre splendor æternus, processit ab utroque bonæ voluntatis affectus. Cum igitur tota Trinitas sit Spiritus, id est incorporea natura, Spiritus sanctus sigillatim dicitur Spiritus, tanquam Patris et Filii spiramen, seu spiraculum. Inspiratur enim Spiritus sanctus a Patre et Filio ad sanctificandum, nec venit sine Patre et Filio, quia Trinitas indivisa est. Procedit æternaliter Spiritus a Patre et Filio per effectum distribuendi donationes : procedit, inspiratur, mittitur, ex tempore per infusionem gratiarum. Hæc inspiratio, hæc temporalis processio, sive missio quotidie fit, dum quotidie diversis diversa dona conferuntur.

« Omnia quæcunque Pater habet, mea sunt. » Sensus est : Id ipsum quod Pater est, in me est, et ego ex illo ; ita quod Pater Filii est Pater, et Filius Patris est Filius.

« Propterea dixi quia de meo accipiet, et annuntiabit vobis. » Dixi quia de eodem sunt (sic) procedere Spiritus sanctus quo et ego genitus, ne putetur Spiritus minor me, vel natus de me, sicut ego de Patre.

SERMO DE TRIBUS DIEBUS PASSIONIS, RESURRECTIONIS ET ASCENSIONIS.

Egregius psalmista David commemorationem faciens trium dierum, scilicet passionis, resurrectionis atque ascensionis, sic ait in psalmis : « Similis factus sum pellicano solitudinis, factus sum sicut nycticorax in domicilio. Vigilavi, et factus sum sicut passer solitarius in tecto (Psal. CI). » Pellicanus avis Ægyptiaca est, deserta quærens, maxime tamen habitans in desertis ripis Nili fluminis. Hæc avis pullos suos, dum illos charius tractare cupit, rostro perimit, postea super eos plangit, et in tantum se alis et rostro vulnerat quod in tertia die sanguinem fundit. Quo mox ut irrorantur, reviviscunt pulli. Hoc autem Domino nostro Jesu Christo non disconvenit, qui avis est solitudinis, quia solus de Virgine natus, solus sine delectatione conceptus, et sine dolore natus. Qui pullos suos, id est homines a se factos justo judicio suo interfecit, et super eos planxit, quia pro eis infirmari voluit : post legem autem, id est in tempore gratiæ, quod quasi dies tertia est, quantum ad illud tempus quod ante legem et sub lege sanguine suo fuso in cruce, ipsos vivificavit. Et sicut pellicano solitudinis Christus similis factus fuerat, ita etiam factus fuerat nycticorax habitans in domicilio. Nycticorax est avis volitans in tenebris. Domicilium autem est destructum ædificium, ubi soli parietes sunt. Avi nycticoraci Christus comparatur, cum post crucem in domicilium sepulcri ponitur, ac per aliquot horas illic inhabitare docetur. Deinde tertia die vigilavit, et factus est sicut passer solitarius in tecto, quia cum in passione dormisset, ac deinde a morte resurrexisset factus est sicut passer avolans, hoc est in cœlum ascendens, ubi quasi solitarius in tecto, id est in cœlo ad dexteram Patris residet.

Isti sunt illi tres dies, ex quibus illuminatur anima: Sed primus dies est timor, secundus veritas, tertius est charitas. Dies timoris est dies potentiæ, qui est Patris; dies veritatis est dies sapientiæ, hoc est Filii; dies charitatis est dies benignitatis, id est dies Spiritus sancti. Dies quidem Patris, et dies Filii, et dies Spiritus sancti, in claritate divinitatis, unus dies est; sed in nostræ illuminatione mentis, quasi alium diem Pater, alium diem Filius, alium diem Spiritus sanctus habet, non quod ullatenus credendum sit Trinitatem, quæ inseparabilis est natura, in operatione posse separari, sed ut distinctio personarum in distinctione operum valeat intelligi. Quando ergo potentia Dei, considerata in admiratione, cor nostrum excitat, dies Patris est. Quando vero sapientia Dei inspecta agnitione veritatis, cor nostrum illuminat : dies Filii est. Quando autem benignitas Dei attenta ad amorem cor nostrum inflammat : dies est Spiritus sancti. Potentia terret, sapientia illuminat, benignitas lætificat. In die potentiæ per timorem morimur; in die sapientiæ per contemplationem veritatis a strepitu mundi sepelimur; in die benignitatis per amorem et desiderium æternorum bonorum resurgimus. Itaque in die potentiæ, sexto die Christus mortuus est; septimo die in sepulcro jacuit; octavo die ut leo resurrexit. De quo leone fertur quod apertis oculis dormiat, et cauda sua vestigia deleat, ne a venatoribus inveniri queat. Ita Dominus Jesus, leo de tribu Juda, dormivit, et somnum mortis cepit in humanitate; sed vigilavit in divinitate. Mysterium nostræ reparationis carne sic celavit, quod a dæmonibus in persecutionibus indagari non valuit. Dicitur etiam quod leæna catulos suos mortuos fundat, et ipsi ad vocem patris rugientis die tertio surgant. Sic triduo Christus qui in sepulcro jacuit mortuus, die tertia surrexit. Patris voce expergefactus, sicut olim de eo prædixit Jacob patriarcha præcipuus : « Juda dormiet ut catulus leonis : quis suscitabit eum? Ad prædam, fili mi, descendisti. Lavabit in vino stolam suam, et in sanguine olivæ pallium suum (Gen. XLIX). » Dominus de tribu Juda ut catulus leonis dormivit cum triduo in sepulcro delituit : quem Pater tertia die suscitavit. Ad prædam descendit; cum ad inferna descendens forti alligato spolia ejus diripuit. In vino stolam lavit, cum corpus suum sanguine maduit. In sanguine olivæ pallium suum lavit, cum Ecclesiam oleo chrismatis sanctificavit.

Est alia bellua quoque quam crocodilum dicunt, vicenorum pedum in longitudine. Hæc interdum in aquis, nocte vero moratur in terris; prætereuntes invadit, lacerat, devorat, in sole aperto ore dormiens recubat. Quis itaque per crocodilum, nisi diabolus, declaratur, qui ante Christi adventum influxis cordibus gentilium, nunc autem in aridis mentibus Judæorum versatur. Hic prætereuntes devorant, quia cunctos ante Christi passionem obeuntes ad tartara rapiebat. Sed adhuc aperto ore fluenta Jordanis absorbere inhiat, quia avidus baptizatos etiam devorare festinat. Est et alia bestia, nomine enidrus, spinis repletus velut ericius. Hæc luto se involvens apertum os crocodili ingreditur, moxque ab eo deglutitur. Quæ cuncta interna ejus spinis terebrat, et enecata bestia viva remeat. Bestiola spinosa est Christi caro, nostris miseriis ærumnosa. Hæc se luto involvit dum opprobriis mortis succubuit. Belluæ os ingreditur, dum insatiabili inferno devoratur. Sed interna belluæ eviscerat, et victrix egreditur, quia Christus infernum despoliat, et cum aliis a morte resurgens, victor ad astra revertitur. Et quomodo Lazarus mortuus resurrexit, resurrexerunt multa corpora, ut Dominum ostenderent resurgentem, et tum monumenta aperta sunt : sed non ante resurrexerunt quam Dominus ut esset primogenitus resurrectionis ex mortuis. «Intraverunt itaque sanctam civitatem (*Matth.* XXVII). » Sanctam civitatem dixit aut cœlestem Hierusalem, in qua visi sunt, aut terrestrem, quæ ante sancta a fuit propter templum, et sancta sanctorum, et ad distinctionem aliarum urbium, in quibus idola colebantur. Multis apparuerunt, his videlicet qui videre meruerunt. (REMIGIUS.) Hi creduntur cum Domino ascendente ascendisse tantum simul cum corpore. Igitur ut præfatum est, sicut in die potentiæ sexta die Christus mortuus est, septima die in sepulcro jacuit, octava die resurrexit, ita simili modo primum potentia in die suo per timorem nos a carnalibus desideriis foris occidat, deinde sapientia in die suo intus in abscondito contemplationis sepeliat; postremo benignitas in die suo per desiderium divini amoris vivificatos exsurgere faciat, quia sextus ad laborem, septimus, ad requiem, octavus pertinet ad resurrectionem. Quam nobis misericorditer tribuere dignetur Dominus noster Jesus Christus, qui pro nobis mortuus vivit et regnat Deus per omnia, etc.

DOMINICA QUARTA.

Secundum Joannem.

« Amen, amen dico vobis, si quid petieritis Patrem in nomine meo, dabit vobis (*Joan.* xvi). » Quidquid petitur contra salutem, non petitur in nomine Salvatoris. Cum dicit, in nomine meo, non vult intelligi de dono, sed de soni significatione. Unde qui male sentit de Christo, non petit in nomine ejus, etiam si ejus proferat nomen; qui vero, recte sentiendo de illo, petit salutem sempiternam, vel aliquid pertinens ad illam, accipit, quoniam debet accipere. Nec illi quædam negantur, quia ut congruo tempore dentur, differuntur. »

« Usque modo non petistis quidquam in nomine meo : petite, et accipietis, ut gaudium vestrum sit plenum. » Quidquid aliud petitur quam vita beata, vel quod ad eam pertinet, nihil est in tantæ rei comparatione. Duobus modis potest intelligi, « usque modo non petistis quidquam in nomine meo, » vel quia non novistis nomen meum sicut est cognoscendum, vel quia pro nihilo habendum est quidquid aliud petistis in comparatione tantæ rei, quam petere debuistis : quomodo autem possint petere plenum gaudium subdit, quoniam de animalibus quod sunt, facient spirituales ut abjectis imaginationibus corporum puritate mentis sinceræ cohæreant luci.

« Hæc in Proverbiis locutus sum vobis. » Homo animalis quæcumque audit de Dei natura carnaliter cogitat, non spiritualiter. Et ideo sunt illi proverbia quæ audit de incorporea Dei substantia; non quod ea tanquam proverbia deputet, sed quia sic cogitat quomodo illi qui proverbia audiunt et non intelligunt. Spiritalis autem homo in nomine ejus petit, quia ipsum ejusdem substantiæ cum Patre esse intelligit. Spiritales homines vanitatem et figmenta tanquam importunas muscas abigunt, et internis aspectibus, utcunque incorporeum, cognoscunt.

« Venit hora cum jam non in proverbiis loquar vobis, sed palam de Patre nuntiabo vobis. » Illam nimirum horam significat, qua eis Spiritus sancti gratiam daturus erat. Possumus etiam horam quam pollicetur in futura vita intelligere, in qua palam de Patre, annuntiabit electis, id est ostendet Patrem. Ubi veraciter in nomine petunt electi dum pro nostra fragilitate intercedunt, quatenus ad suæ salvationis sortem pertingamus. Bene dicitur in illo die, quia ibi non sunt tenebræ pressurarum, sed lux sempiterna. Possunt idem spiritus electorum in illa cœlesti civitate etiam pro se petere, quia tempus universalis judicii venire desiderant, ut etiam corporum beatitudinem recipiant. Unde Joannes ait : « Vidi sub altare Dei animas occisorum propter verbum Dei, et propter testimonium quod habebant, et clara voce dicebant : « Usquequo, Domine, sanctus et verus, non judicas et vindicas sanguinem nostrum de his qui habitant in terra (*Apoc.* vi). » Ubi continuo subinfertur : « Et datæ sunt illis singulæ stolæ albæ, et dictum est illis ut requiescerent tempus adhuc modicum, donec impleretur numerus fratrum eorum (*ibid.*). » Singulas quippe stolas nunc habent animæ cum sola sua felicitate fruuntur, binas tunc accipient cum impleto in fine numero fratrum corporum quoque immortalium receptatione lætabuntur.

« Illo die in nomine meo petetis. Et non dico vobis quia ego rogabo Patrem de vobis. » Hoc dicit propter consubstantialem Patri divinitatem in qua simul audiunt rogantes, simulque rogata donant Pater et Filius, quod non patet nisi oculis spiritalibus. Quod vero Petro ait : « Ego autem rogavi pro te ut non deficiat fides tua (*Luc.* xxii), et quod de illo Joannes ait : « Advocatum habemus apud Patrem Jesum Christum (*I Joan.* ii), » ad humanitatem respicit. Vel ita : Non rogabo pro vobis, quia potius impleho quod hucusque rogavi. Quomodo rogavit? quia nondum ascenderat. Si enim non ascendisset nulla certitudo ascendendi remansisset. Nunc autem sedens humanitas ad dexteram Patris certitudo et arrha est, quod et nos ascendemus. Hinc Hieronymus in Epistolam ad Romanos : Solent Ariani calumniam movere dicentes quod qui interpellatur, interpellante sit major. Quibus respondendum est Deum, oblivionem non pati ut pro ipsis commoneatur semper quos elegit, sed in hoc interpellare eum dicitur (*Rom.* viii), dum semper Patri hominem, quem suscepit, quasi nostrum pignus ostendit et offert ut verus pontifex et æternus.

« Ipse enim Pater amat vos, quia vos me amastis et credidistis, quia ego a Deo exivi. Amat nos Pater, quia nos amamus Filium, cum a Patre et Filio accipimus, ut amemus Patrem et Filium, data charitate, per Spiritum, quomodo ipsum amamus cum Patre et Filio. Prior amans facit in nobis quod ametur.

« Exivi a Patre, et veni in mundum, iterum relinquo mundum et vado ad Patrem. » Exiit a Patre, quia de illo est; et carne assumpta venit visibilis in mundum, non tamen deserens Patrem. Reliquit mundum corporali discessione, non gubernatione præsentiæ. Vadit ad Patrem, quia humanitatem ad invisibilia paternæ majestatis adduxit. Reliquit mundum, quia ab aspectu amatorum mundi quod viderunt abstulit. Redit ad Patrem, quia amatoribus suis se Patri æqualem credendum docuit.

« Dicunt ei discipuli ejus : Ecce nunc palam loqueris, et proverbium nullum dicis. Nunc scimus quia scis omnia, et non opus est tibi ut quis te interroget. In hoc credimus, quia a Deo existi. » Pa-

Iam loqui putabant cujus mysteria comprehendere non valebant. Aperte ostendunt quia Dominus loquebatur de his quæ illos delectabat audire, et quæ interrogare volebant. Unde Deum esse credebant. Apertum namque divinitatis indicium est cogitationum nosse secreta.

De ordine resurgendi, et qualiter aut qualia resurgant corpora.

Propheta Isaias : « Resurgent, inquit, mortui; et resurgent qui erant in sepulcris *(Isa. xxvi). »* Unde Apostolus : « Ipse Dominus in jussu, et in voce Archangeli, et in tuba Dei descendet de cœlo, et mortui qui in Christo sunt resurgent primi. Deinde nos viventes, qui reliqui sumus, similiter cum illis rapiemur in nubibus obviam Christo in aera, et ita cum Domino erimus (*II Thess.* IV). » Hæc verba apostolica resurrectionem mortuorum futuram, quando veniet utique Christus ad vivos et mortuos judicandos, præclarissime ostendunt. Sed quæri solet utrum illi quos hic viventes inventurus est Christus, quorum personas in se, atque illos qui tunc secum vivebant transfigurabat Apostolus, nunquam omnino morituri sunt, an ipso temporis puncto quo cum resurgentibus rapientur in nubibus obviam Christo in aera ad immortalitatem per mortem mira celeritate transibunt. Si ergo sanctos qui reperientur, Christo veniente, viventes, eique obviam rapientur, crediderimus in eodem raptu de mortalibus corporibus exituros, et ad eadem mox immortalia redituros, nullas in verbis apostoli patiemur angustias, sive ubi dicit: « Tu quod seminas non vivificabitur, nisi prius moriatur (*I Cor.* xv); » sive ubi dicit: « Omnes resurgemus, aut omnes dormiemus (*ibid.*), » quia nec illi per immortalitatem vivificabuntur, nisi quamlibet paululum, tamen ante moriantur. Ac per hoc a resurrectione non erunt alieni quam dormitione præcedunt, quamvis brevissima, non tamen nulla. Quomodo autem intelligendum sit quod scriptum est : Vivos et mortuos Deus judicabit, videndum erit. Duobus modis accipitur, quod vivos et mortuos judicabit, sive mortuos [vivos] intelligimus quos hic nondum mortuos, sed adhuc in ista carne viventes inventurus est ejus adventus; sive mortuos qui de corpore priusquam veniat exierunt vel exituri sunt; seu vivos justos et mortuos injustos, quomodo justi judicabunt, et injusti judicabuntur ?

Resurrectionem quoque corporum, qualiter aut qualia resurgant, nonnulli posse fieri desperant, cum hoc considerant, quod spiritus a carne solvitur, quod caro in putredinem vertitur, quod putredo in pulverem redigitur, quod pulvis in elementis solvitur, ut nequaquam ab humanis oculis videatur, et, dum arida ossa inspiciunt, hæc vestiri carnibus rursumque ad vitam viridescere posse diffiduntur; et qui resurrectionis fidem ex obedientia non tenent, certe hanc ex ratione tenere debuerunt. Quid enim quotidie, nisi resurrectionem nostram in elementis mundus imitatur? Per quotidiana quippe momenta lux ipsa temporalis quasi moritur, dum supervenientibus noctis tenebris ea quæ aspiciebatur subtrahitur, et quasi quotidie resurgit dum lux ablata, oculis suppressa, iterum nocte reparatur. Per momenta quoque temporum cernimus arbusta viriditatem foliorum amittere, a fructuum prolatione cessare. Et ecce quasi exarescente subito ligno, velut quadam resurrectione veniente, videmus folia erumpere, fructus grandescere, et totam arborem redivivo decore vestiri. Sed ecce resurrectionem audio ; effectum tamen ipsius resurrectionis exquiro. Credo namque quod resurrecturus sum, sed volo ut audiam qualiter. Sciendum quippe mihi est utrum in quodam alio subtili fortasse vel aerio, an in eo quo maneo corpore surgam. Sed si in aerio corpore surrexero, jam ego non ero qui resurgo. Nam quomodo est vera resurrectio, si vera non potuerit caro esse caro. Aperta ergo ratio suggerit quia, si vera caro non fuerit, procul dubio resurrectio vera non erit. Neque enim recta resurrectio dici potest ubi non surgit quod ceciderit. Unde etiam Redemptor noster dubitantibus de sua resurrectione discipulis ostendit manus et latus; palpanda ossa et carnem præbuit, dicens : « Palpate et videte quia Spiritus carnem et ossa non habet, sicut me videtis habere (*Luc.* xxii). »

Jam vero de resurrectione carnis, non sicut quidam revixerunt, iterumque sunt mortui, sed in æternam vitam sicut Christi ipsius resurrectio, quemadmodum possibiliter sit disputare, et in omnibus quæstionibus quæ de hac re moveri solent satisfacere non invenio. Resurrecturam tamen omnium carnem quicunque nati sumus, et nascuntur, et mortui sunt et morientur nullomodo Christianus dubitare debet. Unde primo occurrit de abortivis fetibus quæstio qui jam quidem nati sunt in uteris matrum, sed nondum ita nati, ut jam possint renasci. Si resurrecturos eos dixerimus, de his qui jam formati sunt, tolerari potest utrumque quod dicitur. Informes vero abortivos quis non proclivius perire arbitretur, sicut semina quæ concepta non fuerint? Sed negare quis audeat, et si affirmare non audeat, id acturam resurrectionem, ut quidquid formæ defuit impleatur, atque ita ut sit perfectio quæ accessura erat tempore, quemadmodum non erit vitiata quæ accesserit tempore, ut neque in eo quod aptum et incongruum dies allaturi fuerant, natura fraudetur, neque in eo quod adversum et contrarium dies attulerit natura turpetur; sed integretur quod nondum erat integrum, sicut restaurabitur, quod nondum fuerat vitiatum. Super hoc scilicet de abortivis et monstris utrum resurgant, et qualia resurgant, scrupulosissime quidem inter doctissimos quæri solet, et disputari potest. Quod utrum ab homine inveniri possit ignoro, quando incipit homo in utero vivere, utrum sit quædam vita occulta, quæ nondum motibus viventis appareat; nam negare vixisse puerperia, quæ propterea membratim exsecantur et ejiciuntur ex uteris prægnantium, ne matrem quoque si mortua ibi relinquantur occidant, impudentia nimia videtur. Ex quo autem incipit homo vivere, ex illo utique jam mori potest. Mortuus vero ubicunque mors illi potuit evenire, quomodo ad resurrectionem mortuorum non pertineat, reperire non possum. Neque enim monstra quæ nascuntur et vivunt, quamlibet cito moriantur, aut resurrectura negabuntur, aut vitiata resurrectura credenda sunt; ac non potius correcta emendataque natura. Absit enim ut illum bimembrem qui nuper natus est in oriente, de quo, fratres dilectissimi, qui eum viderunt, retulerunt, et beatus Hieronymus presbyter scriptum reliquit. Absit, inquam, ut unum duplicem hominem, ac non potius duos homines, quod futurum fuerat, si gemini nascerentur, resurrecturos æstimemus! Ita et cætera quæ singuli quique partus vel amplius, vel minus aliquid habendo, quadam nimia deformitate monstra dicuntur : ad humanæ naturæ figuram resurrectione revocabuntur, ita ut singulæ animæ, singula sua corpora obtineant, nullis cohærentibus etiam quæcunque cohærentia nata fuerant; sed seorsum sibi singulis sua membra gestantibus quibus humani corporis complebitur integritas. Non perit Deo terrena materies de qua mortalium creatur caro, sed in quemlibet pulverem cinerenve solvatur, in quoslibet alitus aurasque diffugiat, in quamcunque aliorum substantiam, vel in ipsa elementa vertatur, in quorumcunque animalium vel hominum cedat cibum, carnem quoque mutetur, illi animæ puncto temporis redit, quæ illa primitus, ut homo fieret, cresceret, animavit.

De modo resurrectionis.

Membrorum omnium reformator, ut Augustinus dicit De civitate Dei in libro, non solum ex terra, verum etiam ex aliorum elementorum secretissimo sinu, quo dilapsa cadavera recesserunt, in ipsis puncto reddenda et redeunte grandia promittitur (sic). Ipsa itaque materies terrena, quæ descendente anima fit cadaver, non ita resurrectione reparabitur, ut ea quæ dilabuntur, et in alias atque alias aliarum rerum species formasque vertuntur, quamvis ad corpus redeant unde dilapsæ sunt, ad easdem quoque corporis partes, ubi fuerunt, necesse sit redire. Alioquin si capillis redit quod tam crebra tonsura detraxit, si unguibus, quod toties dempsit exsectio, immoderata et indecens cogitantibus, et ideo resurrectionem carnis non credentibus occurrit informitas. Sed quemadmodum si statua cujuslibet volubilis metalli aut in igne liquesceret, aut contereretur in pulverem, aut confunderetur in massam, et eam velit artifex rursus ex illius materiæ quantitate reparare, nihil interesset ad ejus integritatem, quæ particula materiæ cuicunque membro statuæ redderetur, dum tamen totum ex quo consututa fuerat restituta resumeret. Ita Deus mirabiliter atque ineffabiliter artifex de toto quo caro nostra constiterat, eam mirabili et ineffabili celeritate restituet; nec aliquid attinebit ad ejus rei integritatem utrum capilli ad capillos redeant, aut ungues, an quidquid eorum perierat mutetur in carnem et in partes alias corporis revocetur, curante artificis providentia ne quid indecens fiat. Nec illud est consequens ut ideo diversa statura sit reviviscentium singulorum, quia fuerant diversa viventium, aut macri cum eadem macie, aut pingues cum eadem pinguedine reviviscant. Sed si hoc est in consilio Creatoris, ut in effigie sua cujuscunque proprietas et discernibilis similitudo servetur, in cæteris autem corporis bonis æqualia cuncta reddantur, ita modificabitur illa in unoquoque materies, ut nec aliquid ex ea pereat, et quod alicui defuerit ipse suppleat, qui et de nihilo potuit quod voluit operari. Si autem in corporibus resurgentium rationabilis inæqualitas erit, sic est vocum in quibus impletur cantus : hoc fiet de materia corporis sui, quod et hominem reddat angelicis cœtibus, et nihil inconveniens eorum ingerat sensibus. Indecorum quippe aliquid ibi non erit; sed quidquid futurum est, hoc decebit, quia nec futurum est, si non decebit. Exemplum supradictorum : Si enim statuam potest artifex homo, quam propter aliquam causam deformem fecerat, constare, et pulcherrimam reddere, ita ut nihil substantiæ, sed sola deformitas pereat : ac si quid in illa forma priore non decenter exstabat, nec parilitati pretium congruebat, nec de toto unde fecerat amputare atque separare; sed ita conspergere universo atque miscere, ut nec fœditatem faciat, nec minuat quantitatem, quod de Omnipotente sentiendum est?

Item Augustinus De civitate Dei : *Quod infantes non in eadem statura qui mortui sunt resurgent.* Quid ergo dicturi sumus de infantibus, nisi quia in ea resurrecturi sunt corporis exiguitate quæ mortui; sed quod eis tardius accessurum erat tempore, hoc sunt illo die opere Dei miro atque celerrimo recepturi. In sententia quippe Domini ubi ait : « Capillus capitis vestri non peribit (*Luc.* XXI), » dictum non defuturum esse quod fuit, non autem negatum est adfuturum quod defuit. Defuit autem infanti mortuo perfecta quantitas sui corporis. Perfectio quippe infanti deest, utique perfectio corporalis magnitudinis quæ, cum accesserit, jam statura longior esse non possit. Hunc perfectionis modum sicut habent omnes ut cum illo concipiantur atque nascantur; sed habent in ratione non mole, sicut ipsa membra jam omnia sunt latenter in semine, cum etiam natis nonnulla adhuc desint, sicut dentes, aut si quid ejusmodi. In qua ratione uniuscujusque materiæ indita corporali, jam quodammodo, ut ita dicam, limatum videtur esse quod non est, imo quod latet; sed accessu temporis erit; vel potius apparebit. In hac ergo infans jam brevis aut longus est qui longus brevisve futurus est. Restat ergo ut suam recipiat quisque mensuram qualem habuit in juventute, etiam si senex est mortuus, vel fuerat habiturus, si ante defunctus, ut nec ultra nec infra juvenilem formam resurgant corpora mortuorum; sed in ea ætate et robore usque ad quam hic Christum pervenisse cognovimus. Circa XXX quippe annos diffinierunt esse etiam sæculi hujus doctissimi homines juventutem, quæ cum fuerit spatio proprio terminata, et non jam hominem in detrimenta vergere gravioris ac senilis ætatis, et ideo non esse dictum in mensuram corporis, vel in mensuram staturæ, sed *in mensuram ætatis plenitudinis Christi* (*Ephes.* iv). Illud etiam quod Apostolus ait, « prædestinatos conformes imaginis Filii Dei (*Rom.* viii) » potest sic accipi, ut quemadmodum nobis ille mortalitate, ita et nos illi efficiamur immortalitate conformes. Sic autem in his verbis qua forma resurrectura sint corpora sumus admoniti, sicut illa mensura, ita et ista conformatio non quantitatis intelligenda est, sed ætatis. Resurgent itaque omnes magni corpore, quales erant vel futuri erant juvenili ætate. Si quis vero in eo corporis modo in quo defunctus est resurrecturum unumquemque contendit, non est cum illo laboriosa contradictione pugnandum.

Item Augustinus in Enchiridione : *Utrum reproborum corpora cum vitiis suis resurgant.* Quicunque ab illa perditionis massa, quæ facta est per hominem primum, non liberantur per unum Mediatorem Dei et hominum, resurgent quidem etiam ipsi unusquisque cum sua, sed ut cum diabolo et angelis ejus puniantur. Utrum sane ipsi cum vitiis suis et deformitatibus corporum suorum resurgant quicunque in eis deformia et vitiosa membra gestaverunt, inquirendo laborare quid opus est? Neque enim fatigare nos debet incerta eorum vel habitudo vel pulchritudo, quorum erit certa et sempiterna damnatio. Nec moveat quomodo erit in eis corpus incorruptibile, si dolere poterit, aut quomodo corruptibile, si non poterit. Non enim est vera vita, nisi ubi feliciter vivitur; nec vera, nisi ubi incorruptio : salus nullo dolore corrumpitur. Ubi autem infelix mori non sinitur, et, ut ita dicam, mors ipsa non moritur, et ubi dolor perpetuus non interimitur; sed affligit ipsa corruptio, et non finitur : hæc in Scripturis sanctis secunda mors dicitur. Hæc prima tamen qua suum corpus anima relinquere cogitur; nec secunda, qua pœnale corpus anima relinquere non permittitur, homini accidisset, si nemo peccasset. Mitissima sane omnium pœna erit eorum qui præter peccatum, quod originale traxerunt, nullum insuper addiderunt, et in cæteris quæ addiderunt, tanto quisque ibi tolerabiliorem habebit damnationem, quanto hic habebit minorem iniquitatem. »

IN ROGATIONIBUS.

Secundum Lucam.

« Quis vestrum habebit amicum, et ibit ad illum in media nocte, et dicet illi : Amice, commoda mihi tres panes, quoniam amicus meus venit de via ad me, et non habeo quod ponam ante illum. Et ille deintus dicat : Noli mihi molestus esse. Jam ostium clausum est, et pueri mei mecum sunt in cubili. Non possum surgere et dare tibi. Et si ille perseveraverit pulsans, dico vobis, et si non dabit illi surgens, eo quod amicus sit, propter improbitatem tamen ejus surget, et dabit illi quotquot habet necessarios (*Luc.* xi). » Quidam ibi faciunt interrogationem : « Non possum surgere et dare tibi, » sed etiam totum capitulum sub uno versu sic legi potest : Quis homo est « si quis vestrum habebit amicum, etc., et si ille deintus dicat : Noli mihi molestus esse, etc., et si ille perseveraverit pulsans, etc., » nisi Salvator qui non modo formam orationis, sed instantiam frequentiamque tradidit orandi usque ad similitudinem improbitatis? Usus est exemplo a contrario, sicut de illo judice qui nec Deum timebat, nec homines reverebatur, et tamen tædio victus vindicavit viduam (*Luc.* xviii). Venit amicus de via, de vita hujus sæculi mala, non inveniens veritatem qua beatus fiat. Venit ad te Christianum, et dicit : Redde mihi rationem, et fiam Christianus. Interrogat te quod forsitan nescis, et non est tibi unde reficias esurientem, sed cum vis docere cogeris discere. Ubi disces, nisi in dominicis libris? Sed fortassis in libris obscure positum est quod te interrogat, et tu Paulum vel Petrum non sineris interrogare, quia jam requiescit ista familia cum Domino suo. Media nox est valida ignorantia. Non ideo deserendus est amicus esuriens, qui te urget, sed pulsare debes ad ipsum Dominum, cum quo capiens familia requiescit. Qui si differt dare, vult tamen : sed vult ut amplius desideres dilatum, ne vilescat cito datum. Cum autem perveneris ad intelligentiam Trinitatis, habes tres panes unde pascas amicum peregrinum. Nil melius quam seipsum dat tibi Deus. Vel ita : Amicus qui venit de via noster est animus, qui toties a nobis recedit quoties ad appetenda terrena foris vagatur. Redit vero cœlestique alimonia refici desiderat, cum in se reversus superna ac spiritalia cœperit meditari. De quo petens pulchre adjungit non se habere quod ponat ante illum, quando in tantum secutus est sæcularia, ut nec sibi pabulum habeat divini verbi, nec alteri a se petenti. Et quia nec a se nec ab alio valet habere doctrinam, nisi per gratiam Dei, a Deo necesse est eum flagitare in nocte tribulationis tres panes, id est intelligentiam Trinitatis, qua præsentis vitæ consolentur labores. Ostium amici intelligentia est divini sermonis, quæ clausa est omni non intelligenti, donec aperiatur ei. Unde Apostolus, aperiri sibi orat ad loquendum mysterium Christi (*Coloss.* iv). «Noli mihi molestus esse.» Quasi Deus dicat : Si vis recipere quod petis, noli mihi amplius molestiam inferre. Noli, ut hactenus fecisti, me sæcularibus postponere. Revertere ad me, et ego revertar ad te. Pete ut debes, et ego tibi plus dabo quam speres. « Non possum surgere, » hoc est non possum te adjuvare per justitiam, nisi petas per fidem rectam. Surgere Dei adjutorium ejus est. Quamvis Dominus non det petenti, adjuvans illico eum, ideo quod amicus ejus sit, secundum hoc quod creatura ejus est, non tamen propterea intelligendus est negare misericordiam, sed differre ad gratiorem receptionem, et ad inculcandam petitionem. Unde sequitur : « Propter improbitatem tamen ejus, » hoc est propter instantiam petitionis ejus, « adjuvabit eum, et dabit illi necessaria. » Vult Deus fideliter peti a se quod disposuit petentibus erogare.

« Et ego vobis dico : Petite et dabitur vobis, quærite et invenietis, pulsate et aperietur vobis. » Quasi aliquis diceret : Quid sanctum vetas nos dare canibus, cum adhuc nihil sciamus ? Ideo hortatur petere spiritalia qui carnalia supra vetuerat postulari. Petitio pertinet ad impetrandam sanitatem firmitatemque animi, ut ea quæ præcipiuntur implere possimus. Inquisitio ad inveniendam veritatem, pulsatio ad possessionem. Ad hæc tria manifestanda ponamus aliquem infirmis pedibus ambulare non posse. Prius ergo sanandus est, et ad hoc pertinet petere. Sed quid prodest jam posse ambulare, si viam nescit. Non perveniet quo vult : ad hoc pertinet quærere. Si vero locum ubi vult habitare clausum invenerit, non proderit ei ambulasse ac pervenisse, nisi sibi aperiatur : ad hoc pertinet pulsare.

« Bis enim qui petit accipit, et qui quærit invenit, et pulsanti aperietur. » Juxta parabolam postulantis amici perseverantia opus est ut accipiamus quod in fide orando petimus, inveniamus quod spe recte vivendo quærimus, aperiatur id ad quod charitate pulsamus. Cui autem non datur apparet, quia bene non petitur. Petamus itaque et pulsemus januam Christi, de qua dictum est : « Hæc porta Domini ; justi intrabunt per eam (*Psal.* cxvii). » Ut cum intraverimus, aperiant nobis thesauri absconditi in Christo Jesu, in quo est omnis scientia.

« Aut quis ex vobis homo, quem si petierit filius suus panem, nunquid lapidem porriget ei ? Aut si piscem petit, nunquid serpentem porriget ei ? Aut si ovum petierit, nunquid porriget ei scorpionem ? » Petendi confidentiam præbet, et quid petendum sit explanat a minoribus ad majora, sicut superius de volatilibus cœli et liliis.

« Si ergo vos cum sitis mali, nostis bona data dare filiis vestris, quanto magis Pater vester, qui in cœlis est, dabit bona petentibus se. » Malos vocat sæculi amatores quorum dona secundum sensum eorum dicenda sunt bona. Vel bona sunt naturaliter omnia quæ Deus fecit.

« Si ergo nos cum simus mali dare novimus quod petimur, quanto magis Deus. » Apostolos malos dixit vel humanum genus sub persona apostolorum ad comparationem divinæ clementiæ. Quod Lucas ait, « dabit Spiritum bonum » pro quo Matthæus posuit, « dabit bona (*Matth.* vii), » ostendit Spiritum sanctum distributorem omnium bonorum spiritualium. (AUGUSTINUS.) Mystice panis intelligitur charitas propter appetitum tam necessarium, ut sine illa cætera nihil sint, sicut sine pane inops est mensa. Cui contraria est cordis duritia quam lapidi comparavit. Piscis est fides invisibilium. Sicut enim piscis sub tegumento aquarum nascitur, vivit et alitur; ita fides, quæ in Deum est, in corde invisibiliter gignitur, invisibili gratia Spiritus per aquas baptismi consecratur, invisibili auxilio divinæ protectionis ne deficiat nutritur, invisibili præmiorum intuitu bene operatur. Quod etiam fides hujus mundi fluctibus circumlatrata non frangitur, recte pisci comparatur. Cui contrarium posuit serpentem propter venena infidelitatis, quæ etiam primo homini male suadendo proseminavit. Spes ovo comparatur : nondum enim pervenit ad rem, sicut ovum nondum est pullus, sed fovendo speratur. Cui contrarium posuit scorpionem, cujus aculeus venenatus retro timendus est, sicut spei contrarium est retro respicere cum spes in anteriora bona extendatur.

SERMO IN ROGATIONIBUS.

« Oculi Domini super justos, et aures ejus in preces eorum (*Psal.* xxxiii). » Qui a malo declinant, fornicationes, adulteria, perjuria, furta, falsa testimonia, et his similia devitant. Et qui bona faciunt Deo sua, et hominibus solvunt sua. Hi justi sunt : et super hos oculi misericordiæ Dei respiciunt, et aures ejus ad preces eorum, quia, antequam invocent eum, dicet eis : Ecce adsum. « Vultus autem Domini super facientes mala (*ibid.*). » Ad quid ? « Ut perdat de terra memoriam eorum (*ibid.*). » Justi ergo a Deo respici et ab eo exaudiri gaudeant, et in melius proficiant; mei autem consimiles, scilicet in criminibus fetentes, peccata deserant, et ad orationis munimen confugiant, et se etiam exaudiendos sciant. Tribus autem modis orationes nostræ impediuntur quod a Deo non exaudiuntur. Qui orat ut de inimicis suis ulciscatur, hic non exauditur, sed oratio ejus in peccatum convertitur (*Psal.* cviii). Qui odium in corde retinet, et in se peccanti non dimittit, hunc orantem Deus non exaudiet. Qui criminalia peccata perpetrat, et in his delectabiliter perseverat, hic incassum preces fundit, quia Deus peccatores non audit (*Joan.* ix). Unde per prophetam dicitur : « Aures Dei non sunt aggravatæ ut non audiat, sed peccata vestra obstant ne vos exaudiat. » Item idem : « Propter peccata nostra, Domine, opposuisti tibi nubem, ne transeat oratio (*Thren.* iii). » Peccatum quippe grave est ut plumbum, et ideo pertrahit hominem in barathri profundum. Sicut enim rota in monte demittitur, et per præcipitium ad ima convallis devolvitur, sic anima sponte Deum deserens et in iniquitatem proruens, nunquam in imo lapsu morabitur, sed semper ulterius ad deteriora prolabitur, et peccatum quod citius pœnitentia non diluit, mox aliud suo pondere trahit, et de peccato in peccatum cadit, usque dum in profundum malorum venerit, inde in æternæ mortis puteum proruit. Super cujus os lapis damnationis ponitur, usque dum reddat novissimum quadrantem exire non promittitur.

Devotis ergo precibus, charissimi, a Deo poscite, « ne vos absorbeat profundum, neque urgeat super vos puteus os suum (*Psal.* LXVIII). » « Fugite mundi et carnis desideria, quæ sunt dæmonum servitia; quærite Dominum, et vivet anima vestra (*ibid.*). » Propheta namque vidit ubi mulier in amphora sedens in mari natabat, quam massa plumbi gravabat. Et ecce duæ mulieres alatæ amphoram cum muliere levabant, et eam in terram Babylonis ducebant (*Zach.* V). Mare turbulentum est hoc sæculum adversitatibus procellosum. Mulier quæ in amphora natat est anima nostra, quæ corpori præsidens in periculis sæculi laborat. Quam massa plumbi gravat, quia animam nostram gravis iniquitas onerat. Duæ mulieres, quæ amphoram cum muliere levant, sunt duo vitia, superbia scilicet et luxuria, quæ animam nostram et corpus nostrum ad illicita mollificant. Superbia enim animam in elationem erigit; luxuria vero carnem in immunditiam deprimit. Mox dum spiritus in superbiam extollitur, illico caro in luxuriam mergitur. Hæ alatæ describuntur, quia instabiles redduntur qui eas sequuntur. Amphoram cum muliere in terram Babylonis, quod *confusio* dicitur, ducunt, quia sibi consentientes duplici confusione induunt, dum et hic coram hominibus in corpore confunduntur, et in futuro in anima æterna confusione puniuntur, sicut dicitur : « Operientur duplici confusione, sicut diploide (*Psal.* CVIII). » Igitur, charissimi, superbiam et luxuriam exsecramini, atque in Domino delectamini, et dabit vobis petitiones cordis vestri (*Psal.* XXXVI).

DIVISIO.

Quia confluxistis hodie, verbum Dei intente audire debetis. Ipse Dominus noster dicit : Quidam semen suum seminare exiit, et dum seminat, aliud secus viam cadens conculcatur et a volucribus devoratur; aliud supra petram prosiliens, natum aruit, quia humorem non habuit. Aliud spinis commendatur et a spinis suffocatur. Aliud in bonam terram cecidit, et aliud tricesimum, aliud sexagesimum, aliud centesimum fructum obtulit (*Matth.* XIII). Qui semen seminat, est sacerdos; qui verbum Dei prædicat; ager in quo semen spargitur, sunt vestra corda in quibus verbum Dei jacitur. Semen in via jactum, et a prætereuntibus conculcatum, a volucribus devoratum, designat eos qui verbum Dei percipiunt, sed sæcularibus negotiis et mundanis desideriis intenti illud quasi proterunt, et dæmones a memoria eorum tollunt, et nullum pietatis fructum referunt. Supra petram autem cadens et ibi arescens duricordes designat, qui, quamvis verbum Dei aliquando avide audiant, in malitia tamen perdurant, et cum humorem supernæ gratiæ non habeant, necesse est ut verbum Dei in eis arescat. Quod autem spinæ suffocant, sunt hi quibus divitiæ, voluptates, vitæ sollicitudines aures a verbo Dei obdurant. Quod autem in terram bonam cadens fructificat, est multitudo fidelium, quæ verbo Dei obediens, bonis actibus insudat. Conjugati tricesimum fructum referunt, dum fidem sanctæ Trinitatis Decalogo legis perficiunt. Continentes vero sexagesimum proferunt, dum hæc actualiter et spiritaliter implere satagunt. Virgines autem centesimum ferunt, cum Deo corpore et spiritu placere perfecte contendunt.

Hunc, charissimi, debetis breviter auscultare unde decretum sit istis diebus cruces portare. Fertur quod terra siccitate, homines vero et animantia laburerunt mortalitate ; insuper feritas ursorum, luporum et aliarum bestiarum plurimos devastavit : quarum multitudo, passim civitates et villas ingrediens, parvulos in cunis etiam dilaceravit. Eo tempore, Mamertus episcopus Viennensem Ecclesiam regebat. Qui convocato populo triduo jejunare, orare, cruces portare monebat, ut misericordia Dei, quæ Ninivitas per triduanum jejunium liberasset a subversione, populo suo subveniret in præsenti afflictione. Quo facto plaga sedatur, gaudium et abundantia rerum afflictis donatur. Porro ille dies qui major litania dicitur, ea de causa institutus legitur. Tyberis plus solito inundavit, Romam ingrediens maximas regiones in ea occupavit, ecclesias diruit, multa ædificia cum populo subvertit. Per cujus alveum ingens draco cum magna multitudine serpentium mare ingreditur : cum quibus omnibus ibidem suffocatur. Qui in littus projecti aerem sua putredine corruperunt, et gravem mortalitatem humano generi intulerunt. Sagittæ namque cœlitus venire conspiciebantur, de quibus inguina hominum tacta sine mora moriebantur. Primitus papa Pelagius moritur; deinde populus Romanus pene totus subita morte consumitur. Gregorius itaque episcopus levatur qui populum jejunare, cruces portare et orare hortatur. Quod dum devote peragunt, plaga cessat, et populus pace Dei exsultat. Unde statutum est ut eadem dies annuatim in ecclesia agatur cum jejuniorum et litaniarum celebratione, quatenus nos Deus et animalia nostra custodiat a mortalitate. Et quia sæpe hoc tempore ex inclementia aeris solet evenire, quod jacta semina usibus nostris possunt deperire, decretum est ut isti dies eodem ritu, scilicet cum jejuniis et litaniis peragantur, ut totius anni fructus nobis ab omni infortunio custodiantur. Et ut pius Dominus det nobis fiduciam impetrandi, hortatur nos ad studium orandi. Dicit enim : « Si quis media nocte panes ab amico petat, quos ante amicum suum de via venientem ponat, si ei propter amicitiam non tribuat, propter improbitatem ejus qui poscit exhibeat (*Luc.* XI). » Amicus hic est Deus, qui nos dilexit et Unigenitum suum pro nobis tradidit. Ab hoc media nocte panem petimus, dum in tribulatione ejus auxilium quærimus.

Et si nobis propter peccata nostra subvenire tardat, tamen si perseveraverimus, misericordiam suam nobis prærogat. Absque dubio autem nos exaudiri noscamus, si instanti prece petimus, si intenta mente quærimus, si lacrymis pulsamus. Qui enim patrem panem petit, nullo modo ei lapidem dabit. Et qui a patre piscem exigit, minime serpentem accipit. Et si ovum poscit, nunquam ei scorpionem porrigit? Per panem, qui cor hominis confirmat, charitas declaratur, per quam homo in virtutibus corroboratur. Per piscem, qui pulsu fluctuum nutritur, fides intelligitur, quæ procellis persecutionum ad incrementa perducitur. Per ovum de quo fetus exspectatur, spes indicatur, per quam futura beatitudo speratur. Porro per lapidem cordis duritia, per serpentem veneniferum animal malitia; per scorpionem vero, qui cauda percutit, accipitur peccatorum vindicta. Qui ergo a Deo charitatem postulat, nunquam eum in malis indurat, et qui fidem ab eo poscit, nullo modo cum in malitia permanere sinit. Qui vero spem ab eo rogat, nequaquam ei supplicium irrogat. Per panem quoque fructus, qui nunc in herba surgit, accipitur; per ovum, fetus animalium intelligitur ; per piscem quidquid jam est quo quisque nutritur innuitur. Pro quibus oportet ut dilectio vestra preces Domino fundat, quatenus hic a lapide grandinis, a serpente mortalitatis, a scorpione tempestatis custodiat.

DIVISIO.

Multa, charissimi, habemus exempla quod multum valet deprecatio justi assidua (Jac. v). Cum populus quinque civitatum horrendis flagitiis iram Dei super se provocasset, Abraham Deum rogavit ut eis parceret, si decem justos inter eos inveniret. Dominus autem dixit, si decem justos in illis quinque regnis reperiret, aliis omnibus inter eos dimitteret ; insuper loca non subverteret. Sed quia non nisi unus justus est inventus, hic solus est ereptus. Pentapolis vero cum populo igne et sulphure subvertitur, et uxor justi, quæ eum corporaliter tantum comitabatur, cum Sodomitis autem morabatur mente, in statuam salis convertitur (Gen. xix). Hinc datur intelligi quod justorum cohabitatio est pravorum in hac vita sustentatio, dum per illorum orationes ultra dextera liberatur, ne eorum pravitas, ut meretur, subito in perditionem submergatur. Cum vero justi tolluntur, mox impii ad tormenta rapiuntur : sic Sodoma periit postquam Lot inde exiit. Cum populus Dei per Moysen de Ægypto educitur, ab hostibus in via armis invaditur. Moyses autem in monte extensis manibus orabat, et Israel hostes superabat. Si vero Moyses manus remisit, Amalec devicit (Exod. xvii). Hinc patet quod ille plus egit precibus quam armis populus. Nam victoriam obtinuit orando, quam populus adipisci non valuit pugnando. Similiter Samuel hostes precibus depulit, quos exercitus armis pellere non potuit. Populus olim a lege et cultu Dei avertitur et ad idolatriam convertitur. Quem cum Elias non posset corrigere prædicatione, clausit ei cœlum annis tribus et mensibus sex oratione (Jac. v). Pluvia vero a cœlo inhibita sitibunda tellus elanguit marcida, et cultoribus suis minatur famis discrimina. Fame itaque urgente, populus ad cultum vivi et veri Dei compellitur et orante Elia terra abundanti imbre perfunditur, et converso populo copia rerum redditur. En per orationem unius hominis cœlum omni populo clauditur, et rursum eo orante recluditur.

Quodam etiam tempore ob peccata hominum arva siccitate arescunt, et corda multorum timore famis tabescunt. Quibus jejunantibus, et cruces cum litaniis portantibus quidam patrum occurrit, causam afflictionis inquirit. Qui cum siccitatem responderent, dixit : Cur non orarent ? Qui cum affirmarent se plurimum orando laborasse, et parum impetrasse, dixit : Si intente peterent, utique petita acciperent. Stansque coram omnibus, manus ad orationem extendit, et ad prima verba precantis pluvia descendit, terraque diu negatum fructum agricolis impendit. Quidam etiam monachus erat in oratione assiduus. Unus vero dæmonum a Juliano imperatore pro quodam responso mittitur; sed ejusdem viri precibus xx diebus in uno loco figitur ; deinde vacuus ad regem revertitur. Dum ille causam moræ inquireret, ait : Et tardavi, et imperfecto negotio repedavi. Nam cum mihi per illum monachum esset transitus, orationibus illius sum impeditus. Cumque præstolarer si forte orationem finiret, ut mihi præterire liceret, ille finem non fecit precibus, et ego ultra ire non valens, reversus sum vacuus. Julianus autem minabatur ei supplicium, sed ipse non multo post bello occisus, subiit æternum. Penset, quæso, dilectio vestra, quantum se dilataverit hujus viri oratio. Certe diabolus potest per aëra transvolare, potest terras penetrare, potest etiam mare transmeare. Sed hujus oratio sese sursum ad cœlum porrigens transitum ei per aëra inhibuit, deorsum se ad tartara extendens pertransire prohibuit, fines orbis utrinque attingens in neutra parte transfugam spiritum a refuga homine prætergredi permisit. Et revera hic homo corpus aliquando cibo interdum somno reficiebat ; sed tota intentio cordis sui sic ad Deum jugiter ascendebat quod omnis actio ejus oratio erat.

DIVISIO.

Charissimi, omnes justi ab initio mundi, qui regna vitæ meruerunt beatæ ita orando obtinuerunt. Omnes namque justi orationi studuisse leguntur, et ideo pro quo oraverunt, pleno gaudio hodie perfruuntur. Itaque et nos frequenter orationi incumbamus, ut cum eis plenum gaudium adipisci valeamus. In nomine autem Jesu omnia petamus, si preces nostras exaudiri optamus. In nomine Jesu Patrem poscimus, si tantum animæ salutaria, et corporis necessaria petimus. Orantes vero debemus de meritis nostris diffidere, de ejus misericordia præsumere, quia ipse dixit : « Amen dico vobis, quidquid orantes petitis, credite quia accipietis, et fiet vobis. Si duo ex vobis consenserint, de omni re quacumque petierint, fiet a Patre meo (*Matth*. xviii).» Omnes ergo unanimes in oratione estote, corda cum manibus ad Deum levate, pro omnibus vivis et defunctis, et qui in aliqua pressura sunt orate. Si enim pro tota Ecclesia utpote pro matre vestra oretis, tota Ecclesia supplicat pro vobis, ut puta pro suis filiis. Si autem pro defunctis oratis, vos ipsos liberatis, quia si in gaudio sunt, ipsi rogant ut celerius ad eos veniatis; si vero in supplicio, postulant ut nunquam illuc veniatis. Denique qui orat, Domino confabulatur, et ideo necesse est ut qui fideliter petit, assequatur. Et cum ipse dicat: « Ubi duo vel tres congregati fuerint in nomine meo, ibi sum in medio eorum (*Matth*. xviii),» quanto magis credendus est hodie interesse tantæ multitudini in nomine ejus congregatæ ad postulanda suffragia sanctorum? Cum igitur largitor omnium bonorum sit in medio vestrum in nomine ejus congregatorum, ipsum piis precibus invocate, lacrymis et eleemosynis pulsate, ut vobis cuncta corporis et animæ necessaria tribuat, et de necessitatibus vestris vos eruat. Licet multæ sint necessitates, quinque tamen sunt principales, quæ si non remediis depellantur, homines per eas morte periclitantur. Ex necessitate enim homo comedit, quia si non comedit, fame moritur. Ex necessitate bibit, quia si non bibit, siti moritur. Ex necessitate digerit, quod si non fecerit, constipatione moritur. Ex necessitate corpus somno reficitur, quod si neglexerit, lassitudine deficit. Ex necessitate vestitur, quod si prætermiserit, frigore et ardore perimitur.

Hinc est totum quod laboramus, ut nobis in his necessitatibus subveniamus. « Primum, inquit, quærite regnum Dei, et justitiam ejus, et hæc omnia adjicientur vobis (*Matth*. vi).» Et ne sitis ultra modum anxii de terrenis et solliciti de caducis, quia hæreditabit homo vermes, bestias et serpentes. Rogate autem Deum, ut ab his necessitatibus vos eruat, atque illuc, ubi his non indigeatis, transferat: ubi non esurient, neque sitient amplius, et ubi animæ requiescunt a suis laboribus, et ubi vacant et vident quoniam ipse est Deus, in cujus visione reficiuntur angelici cœtus; ut hoc petamus ab ipso edocti sumus: « Petite, inquit, et accipietis, ut gaudium vestrum sit plenum (*Joan*. xvi).» Omne hujus mundi gaudium est fallax et mœrore plenum. Si enim quis de speciosa conjuge lætatur, morte interveniente tristatur. Si de charis natis jucundatur, morbo affectis, vel morte ablatis, contristatur. Si de possessione, vel pecunia gaudet, aliquo infortunio amissis mœret. Illud autem verum et plenum gaudium est omnibus fidelibus totis votis optandum, ubi in gaudio Domini super omnia bona sua constituuntur, et æternæ visionis claritate perpetuo perfruuntur, et ubi angelorum omnium gloria potiuntur, omniumque sanctorum contubernium sortiuntur, et hoc gaudium nunquam tolletur ab eis in ævum. Propterea mulier nunc cum parit, tristitiam habet, cum autem peperit puerum, jam pressuræ minime meminit, propter gaudium quod homo natus est in mundum (*Joan*. xvi). Hæc mulier est Ecclesia, quæ nunc in tristitia laborat, ut populum fidelem Christo pariat. Cum autem post resurrectionem æternæ vitæ peperit, jam pressuræ hujus vitæ non meminit, propter gaudium ineffabile quod tunc omnibus filiis suis dabitur plenum, quia tunc justi sicut sol fulgebunt, et æquales angelis erunt. Charissimi, quando crux ante nos portatur nos sequimur, ita exempla crucifixi Christi sequamur, ut per triumphum victoriosæ crucis ad illa gaudia pervenire mereamur quæ oculus non vidit, et auris non audivit (*I Cor*. ii).

IN ASCENSIONE DOMINI.

Secundum Marcum.

« Recumbentibus undecim discipulis, apparuit illis Jesus, et exprobravit incredulitatem illorum, et duritiam cordis, quia his qui viderant eum resurrexisse non crediderunt (*Marc*. xvi).» Undecim discipuli, ut Matthæus scribit, abierunt in Galilæam in montem, ubi constituerat illis Jesus. Et videntes eum adoraverunt; quidam autem dubitaverunt (*Matth*. xxviii). In monte apparuit, ut significaret corpus assumptum jam super omnia terrena sublevatum. Quare autem specialiter se in Galilæam præcessurum et ibi videndum prædixit, cum neque ibi solum, neque ibi primum visus sit? Quia Galilæa *transmigratio facta* vel *revelatio* dicitur, et utraque interpretatio ad unum finem respicit: significat quod sicut Christus de morte venit ad vitam, ita sequaces de morte transmigrant ad vitam, et in speciem suæ divinitatis eum contemplantes sine fine collaudant. Cui congruit revelatio, qua quocunque modo revelamus ad eum viam nostram et ejus vestigia sequimur, gloriam Domini speculantes in eamdem imaginem transformamur. Quidam autem dubitaverunt propter hoc quod Lucas ait: « Conturbati vero et conterriti existimabant se visum [spiritum] videre (*Luc*. xxiv).» Marcus autem ait: « Et exprobravit incredulitatem et duritiam cordis, quia his qui viderant eum resurrexisse non crediderunt.» Increpavit discipulos, cum eos corporaliter foret relicturus, ut verba, quæ revertens dicebat, in corde audientium arctius impressa remanerent. Exprobrat incredulitatem et duritiam cordis, ut succedat credulitas et cor carneum charitate plenum. Hinc est quod catervæ martyrum mortem hujus sæculi libenter affectant, quia volunt pro temporali interitu perpetuo se esse victuros : beatissima transmigratio ex hoc sæculo in æternitatem.

« Et dixit eis : Euntes in mundum universum prædicate Evangelium omni creaturæ. » Omni creaturæ non dicitur pro insensatis vel brutis animalibus, sed omnis creaturæ nomine significatur homo habens esse cum lapidibus, vivere cum arboribus, sentire cum animalibus, intelligere cum angelo, constare ex calido et frigido, humido et arido, quia minor mundus homo est. Cum ergo omnis creaturæ aliquid habeat homo, omni creaturæ prædicatur Evangelium, cum homini prædicatur, propter quem cuncta creata sunt, et cui cuncta sunt aliquomodo similia; vel per omnem creaturam potest designari natio gentium. Antea enim dictum erat : « In viam gentium ne abieritis (*Matth.* x). » Cum discipulos ad prædicandum Veritas mittit, grana seminis in mundo spargit, et pauca mittit in semine, ut multarum messium fruges recipiat ex nostra fide. Sequitur :

« Qui crediderit et baptizatus fuerit, salvus erit; qui vero non crediderit condemnabitur. » Quid hic dicimus de parvulis, qui per ætatem adhuc credere non valent? De majoribus nulla quæstio est. Per alios igitur parvuli credunt in Ecclesia, sicut ex aliis trahunt peccata quæ illis in baptismo remittuntur.

« Signa autem eos qui crediderint, hæc sequentur : In nomine meo dæmonia ejicient, linguis loquentur novis, serpentes tollent; et si mortiferum quid biberint, non eis nocebit. Super ægros manus imponent, et bene habebunt. » Nunquid quia hæc signa non facimus, non credimus? Hæc in exordio Ecclesiæ fuerunt necessaria, ut fides credentium miraculis nutriretur. Nos enim cum arbusta plantamus, tandiu eis aquam fundimus, quousque in terra convalescant. Hinc Paulus : « Linguæ in signum sunt non fidelibus, sed infidelibus (*I Cor.* xiv). » Sancta tamen Ecclesia quotidie spiritaliter facit quod tunc per apostolos corporaliter faciebat. Sacerdotes enim per exorcismi gratiam, manus credentibus imponentes, dæmonia ejiciunt, et fideles sæcularia verba relinquentes Conditoris sui laudes insonant, quod est linguis novis loqui. Qui etiam dum bonis exhortationibus malitiam de alienis cordibus auferunt, serpentes tollunt. Et dum pestiferas audiunt suasiones, sed tamen ad operationem pravam minime pertrahuntur, mortiferum quidem bibunt, sed non eis nocet. Dum autem vitam infirmorum in fide exemplo suæ operationis roborant, super ægros manus imponunt. Ergo tanto majora sunt miracula, quanto per hæc non corpora sed animæ suscitantur.

« Et Dominus quidem Jesus, postquam locutus est eis, benedixit illis, et recessit ab eis, et assumptus est in cœlum, et sedit a dextris Dei. » Quia Redemptor noster nunc omnia judicat, et tandem judex olim venturus est, Marcus eum sedere describit; Stephanus vero stantem vidit, quem adjutorem habuit (*Act.* vii). Sedere namque judicantis est, stare vero pugnantis est vel adjuvantis.

« Illi autem profecti prædicaverunt ubique, Deo cooperante, et sermonem confirmante sequentibus signis. » Præceptum obedientia, obedientiam signa comitantur. Legimus quod Elias sit raptus in cœlum (*IV Reg.* ii); sed aliud est cœlum aereum, aliud æthereum. Illud enim est terræ proximum, quia per illud aves volitant. Ergo raptus est Elias in aereum, ut repente duceretur in quamdam secretam regionem terræ, ubi usque ad finem vitæ vivat, et tunc inde redeat, et moriatur. Non enim evasit mortem, sed distulit. Redemptor autem noster non distulit, sed superavit, et gloriam resurrectionis ascendendo declaravit. Curru ascendit Elias, ut homo purus, indigens adjutorio, per angelos enim facta sunt illa adjumenta et ostensa. Redemptor autem noster nec curru nec angelis legitur sublevatus, sed propria virtute.

Enoch quoque translatus ad aereum cœlum Dominicam ascensionem designavit, sicut Joseph venditionem. Ascensionis ergo suæ Dominus testes habuit : unum ante legem, et alterum sub lege. Ordo in utraque sublevatione per quædam incrementa distinguitur : nam Enoch translatus, Elias subvectus memorantur, ut postmodum veniret qui nec translatus nec subvectus, cœlum æthereum sua virtute penetraret. Pensate ergo quomodo crevit munditia sanctitatis, quod aperte ostenditur in famulis et Domino. Translatus est Enoch, et per coitum genitus et per coitum generatus, uxorem enim habuit et filios. Raptus est Elias, per coitum genitus, sed non per coitum generans; neque enim uxorem habuit nec filios. Assumptus est autem Dominus neque per coitum generans, neque per coitum generatus.

SERMO IN ASCENSIONE DOMINI.

Hodie, fratres charissimi, est Ascensionis Domini jucunda festivitas. Hodie destructa est humani generis captivitas; hodie secunda victoria Christi completa est; hodie triumphalia vexilla ejus eriguntur, de despoliatione sua dolet cum principe suo tartarus. De restauratione damni sui gaudet cœlestis exercitus. Hodie illa caro, quæ de terris sublevata est, ad dexteram Patris collocata est, quia omni creaturæ prælata est, et omnis principatus et potestas ante eam curvata est. Hodie itaque via nova, de qua dicit Apostolus (*Hebr.* x), initiata est, quia per carnem Christi aditus cœli, per quem nulla prius caro transierat, reseratus est. Hodie apertio libri perfecta est, quem nemo potuit aperire nisi Agnus qui occisus est (*Apoc.* v), quando sacramenta ejus revelata sunt cum eis quæ in lege et prophetis inveniuntur de Christo. Hodie quoque completa est, consummata dispensatio humanitatis ejus. Descendit primo Omnipotens, ut nostræ particeps fieret naturæ, postremo ascendit, ut suæ nos participes faceret gloriæ. Descendit, ut nos exaltaret; ascendit, ut nos secum ascendere faceret.

Sed videndum est quare non statim post Ascensionem; sed post decem dies miserit apostolis Spiritum sanctum (*Act.* II). Ob tres utique causas : primo, ut apostoli jejuniis et orationibus se aptos esse adventui præpararent ejus; secundo, quod hi Spiritum sanctum perciperent, qui decem præcepta explerent; tertio, quod in quinquagesimo die a resurrectione, sicut populus Dei post liberationem ab Ægypto, quinquagesimo die accepit legem timoris, ita populus fidelium post liberationem suam a mundo quinquagesimo die acciperet legem amoris. In jubilæo etiam, id est quinquagesimo anno, recepit populus amissam libertatem et hæreditatem ; et hac die recepit populus Christianus amissam libertatem et paradisi hæreditatem. Habet itaque Christus nunc plenum gaudium; quodammodo habet, quodammodo non habet; quantum ad sui personam plenissimum ; quantum ad corpus suum, quod est Ecclesia, adhuc minime. A Judæis enim adhuc blasphematur, a gentibus subsannatur, ab hæreticis dilaceratur, a malis Christianis impugnatur, a sacerdotibus luxuriæ deditis, et ob hoc publice anathematizatis, vilipenditur. In membris etiam suis quotidie patitur. Cum hæc omnia ad se collegerit, tunc plenum gaudium habebit. Quomodo vero est Ecclesia ejus corpus, et electi membra? Sicut corpus capiti inhæret et ab eo regitur, ita Ecclesia per sacramentum corporis Christi ei conjungitur, imo unum cum eo efficitur, a quo omnes justi in suo ordine ut membra a capite gubernantur. Cujus capitis oculi prophetæ, qui futura prævidérunt; sancti apostoli, qui alios de via erroris ad lumen justitiæ deduxerunt. Aures sunt obedientes, nares sunt discreti; flegma quod per nares ejicitur, hæretici, qui judicio discretorum de capite Christi emunguntur. Os sanctos doctores, dentes sacræ Scripturæ expositores, manus Ecclesiæ defensores, pedes agricolæ Ecclesiam pascentes. Porro fimus, qui de ventre egeritur, sunt immundi et luxuriosi altaris ministri, et alii infra Ecclesiam facinorosi, qui ventrem matris Ecclesiæ onerant, quos per mortis egestionem dæmones ut porci devorant. Igitur quia in ascensione Domini induti sumus corporali ejus præsentia, ad æternam visionem ejus tota intentione festinemus.

DIVISIO

Dominicam ascensionem Habacuc propheta prævidens ait : « Elevatus est sol, et luna stetit in ordine suo (*Habac.* v). » Cum enim Dominus in mundo cum discipulis moraretur suis, apostoli in præsentia Domini confidentes, non ad cœlestia aspirabant, sed, postquam se Dominus ab eorum oculis absentavit, et in cœlum ascendit. Quo Dominus ascenderat, milites inhiando cupiunt ascendere. Hæc enim consuetudo inter nos est ut familia regem præcedentem sequi desideret. Unde ait Ecclesia in Canticis : « Trahe me post te (*Cant.* I). » Trahi enim desiderabat ad Regem ascendentem, postquam caruit consolatione ejus præsentiæ. Ideo elevatus est sol, qui illuminat omnem hominem venientem in hunc mundum (*Joan.* I), ad cœlestia, quia per ascensionem ejus luna stetit in ordine. Luna Ecclesia dicitur, quia sicut luna lumen recipit a sole, ita Ecclesiæ defectus a Christo illuminatur, et sicut luna patitur aliquando eclipsim, ita Ecclesia inter mundana tolerat. Sed hæc luna post ascensionem Christi stetit in ordine suo. Stetit, quia in prædicatione excrevit, quia ad tribulationes patiendas exarsit. Tunc Petrus, qui ad vocem ostiariæ succubuit, ad vocem Neronis resistentis non recessit. Hæc ascensio est unus de saltibus Domini, de quibus facit mentionem Salomon in Canticis : « Ecce veniet saliens in montibus, et transiliens montes (*Cant.* II). » Saliens venit, qui veniendo ad redemptionem nostram quosdam saltus dedit de cœlo, veniens in utero Virginis, de utero in præsepium, de præsepio venit in crucem, de cruce venit in sepulcrum, de sepulcro rediit in cœlum. Unde ait Propheta : « Exsultavit ut gigas, » etc. (*Psal.* XVIII.) Hanc exsultationem alibi denotavit : « De torrente in via bibet (*Psal.* CIX). » In mundo erat torrens mortis defluens a peccato primi parentis. De his in via bibit, quia mortem in transitu gustavit, atque ideo exaltavit caput, quia hoc quod moriendo in sepulcro posuit, resurgendo super angelos levavit. Levavit super angelos post resurrectionem humanam naturam, quæ prius erat minor angelis. Unde scriptum est : « Minuisti eum paulo minus ab angelis (*Psal.* VIII). » Quandiu enim passibilis fuit et mortalis, minor fuit angelica natura, quæ immortalis est. Sed postquam Deus Pater gloria resurrectionis et honore immortalitatis eum coronavit, qui prius minor erat, super angelos est factus.

Cum igitur angeli humanam naturam angelicæ prælatam viderent, qui prius ab hominibus se adorari patiebantur, ab humano genere ita exaltato se adorari postea timuerunt. Abraham adoravit angelum cum tres vidit, et unum adoravit, nec prohibuit (*Gen.* XVIII). Voluit adorare Joannes angelum post resurrectionem, nec ab angelo permissus est (*Apoc.* XIX). Despiciebant hominem prius quem videbant culpa sua exsulatum ; honoraverunt hominis naturam, quam videbant super se exaltatam. Sciebant quidem hominem factum esse ante peccatum ad restaurationem angelicæ legionis, qua cecidérat, sed redemptionem ejus per Filium ignorabant. In principio enim mundi fecit Deus angelum quemdam præcellentem aliis, valde speciosum et sapientem De quo postea per Prophetam : « Tu signaculum similitudinis Dei, plenus sapientia, et perfectus decore, in deliciis paradisi Dei fuisti (*Ezech.* XXVIII). » In eo enim erat subtilior natura, in illo imago Dei filiorum, quod insinuatur cum dicitur : « Omnis lapis pretiosus operimentum tuum (*ibid.*), » quia novem ordinibus ille primus angelus ornatus et opertus fuit, dum cunctis agminibus angelorum prælatus est et eorum comparatione clarior fuit. Sed ille versus in superbiam, ex nimia claritate dixit : « Ascendam in cœlum, ponam sedem meam ad aquilonem, et ero similis Altissimo (*Isa.* xiv). » Fuerunt enim consentientes ei ex angelis alii; qui, cum Deo similes volebant fieri et impares angelis, minores effecti sunt. Et primus ille angelus et sui complices de cœlo, aliis bonis spiritibus remanentibus, ceciderunt, ita quod de singulis novem ordinibus angelorum cecidisse creditur. Itaque cum essent octo ordines, de nono decimus factus est, qui periit, et ad locum illorum supplendum factus est homo. Qui nisi peccasset, omnes salvi fuissent, et angelis similes et immortales essent. Nisi enim peccaret Adam in paradiso, viveret de fructu arborum, et filios sine concupiscentia generaret, et tamen unusquisque in terra permaneret, donec ad terminum constitutum. Qualiter autem gignerent, si in paradiso permansissent? Quemadmodum manus manui, ita sine concupiscentia jungerentur; et sicut oculus se levat ad videndum, ita sine delectatione illud sensibile membrum perageret officium suum, sicque sine dolore absque sorde parerent. Esset infans ita debilis et non loquens, ut nunc? Mox ut nasceretur ambularet, et absolute loqueretur, et contra singulos defectus de lignis ibi positis uteretur, et præfixo a Deo tempore de ligno vitæ ederet, et sic in uno statu postmodum permaneret. Et tandiu debuerunt esse in paradiso, quousque impleretur numerus angelorum qui ceciderant, et ille numerus electorum qui erat implendus, si angeli non cecidissent. Quomodo autem posset paradisus omnes capere? Sicut nunc generatio per mortem, id est moriendo, præterit, et generatio per vitam, id est nascendo, advenit, ita tunc parentes in meliorem statum assumerentur; filii vero præfinito tempore quod creditur circa triginta annos post esum ligni vitæ suis posteris cederent, et ad extremum omnes pariter angelis in cœlis coæquarentur, et in cœlum vivi transferrentur. Sed peccante homine ingressa est mors in mundum, periit immortalitas, periit ascensus in cœlum. Sed Deus summæ misericordiæ hominem, homo factus, redemit; per mortem suam mortem nostram destruxit, per resurrectionem immortalitatem recuperavit, per ascensionem aditum nobis in cœlum fecit, et ipse Dominicus homo locum summi angeli supplevit. Alii vero homines inferiores inferiorum ordinum ruinam restauraverunt. Itaque Christus secundum humanitatem etiam super omnes creaturas est. Unde ait Psalmista : « Omnia subjecisti sub pedibus ejus (*Psal.* viii). » Sed Deus major est et superior eo homine, Pater vero et Filius et Spiritus sanctus, secundum divinitatem est. Unde Apostolus ait : « Tunc ipse Filius subjectus erit illi qui subjecit sibi omnia (*I Cor.* xv). » Hominum autem aliorum alii aliis pro meritis superiores erunt cum aliis positi. Unde in Evangelio : « In domo Patris mei mansiones multæ sunt (*Joan.* xiv). » Et alibi : « Et erunt omnes æquales angelis (*Luc.* xx). » Si quæritis quot salvi erunt, vel quot animæ ad cœlum perveniant, audite Augustinum : « Quot angeli ibi remanserunt, tanta illuc ascensura creditur multitudo hominum, et singuli singulis ordinibus angelorum associabuntur, prout in meritis a Deo discernuntur, sicut scriptum est in propheta : *Statuit terminos gentium secundum numerum filiorum Dei* (*Deut.* xxii). Hæc est ergo illa dies, fratres charissimi, in qua ruina angelorum restaurata est, in qua angelorum militia consortio hominum lætata est. Hæc est illa festivitas quæ fons omnium festivitatum est aliarum, sine qua utilitas omnium periret. Nisi enim esset ascensus in cœlum, cassa esset nativitas, infructuosa passio, inutilis resurrectio. Hæc est tanta quod in tempore Silvestri papæ in honore ascensionis, quinta feria, per singulas hebdomadas ita celebris habebatur; sicut nunc Dominica dies in memoriam resurrectionis. Congratulemur angelis, qui hodierna die cum magno gaudio occurrentes regali Filio ascendenti ad Patrem. Dixerunt enim : « Quis est iste Rex gloriæ? » (*Psal.* xxiii.) Alii Dominum comitantes responderunt : « Dominus fortis et potens, Dominus potens in prælio (*ibid.*); » et vere exstitit Filius regis. Sed quid valet liberatio sociorum, nisi efficiamur socii eorum? Laboremus, charissimi, ut sicut sumus eodem sanguine redempti, ita eodem præmio ascensionis simus remunerandi, præstante ipso Domino nostro Jesu Christo.

DOMINICA POST ASCENSIONEM.

Secundum Joannem.

Cum venerit Paracletus, quem ego mittam vobis a Patre, Spiritum veritatis qui a Patre procedit, ille testimonium perhibebit de me (*Joan.* xv). » Venit in die Pentecostes Spiritus sanctus in centum viginti homines congregatos, in quibus et apostoli omnes erant. Qui cum linguis loquerentur, plures ex his qui aderant tanto miraculo stupefacti et loquentes Petro corde compuncti conversi sunt et indulgentiam perceperunt. Hoc ergo intuens Dominus loquebatur tanquam diceret : Odio me habuerunt, sed tale de me Paracletus testimonium perhibebit, ut plures ex eis faciat in me credere. Venit Spiritus sanctus sponte, ut Deus mittit eum Filius a Patre, ad quem refert, et quod ipse de illo est, et quod Spiritus ab utroque procedit. Sic de Filio dictum per prophetam : « Cœlum et terram ego impleo (*Jer.* xxiii). » Quo missus est nisi ubi erat? Si de Patre, ubi potuit esse sine sapientia sua, « quia attingit a fine usque ad finem? » (*Sap.* viii.) Sed neque sine Spiritu suo usquam esse potuit. Ergo et Spiritus sanctus missus est ubi erat. Unde Psalmista : « Quo ibo a spiritu tuo, et quo a facie tua fugiam? » (*Psal.*

cxxxviii.) Pater nusquam legitur missus. Quæri solet cur Spiritus in igne apparuit, cur in igne simul et linguis, cur aliquando in columba, aliquando in igne monstratur; cur super Filium Dei in specie columbæ, et super discipulos in igne apparuit? Hæc quatuor proposita videamus. Spiritus in igne monstratur, quia Apostolus ait : « Deus noster ignis consumens est (*Hebr.* xii). » Verum est, quia per hunc rubigo peccatorum consumitur. De hoc igne Veritas dicit : « Ignem veni mittere in terram, et quid volo nisi ut ardeat? » (*Luc.* xii; *Act.* ii.) Terram dicit corda terrena, quæ infima congerendo, a malignis spiritibus conculcantur. In igneis linguis monstratus est, quia lingua verbo congruit, et Verbum, quod est Dei Filius, una est substantia in Spiritu sancto. Vel ideo in linguis, quia sicut per linguam procedit verbum, ita qui sancto Spiritu tangitur, Dei Unigenitum confitetur; vel ideo in igneis linguis, quia quos replet, ardentes et loquentes facit; qui enim Deum amando prædicant, corda audientium inflammant. Aliquando in columba, aliquando in igne monstratur, quia quos replet, simplices et ardentes facit. Non enim placet Deo aut simplicitas sine zelo, aut iste sine illa. Unde Veritas : « Estote prudentes sicut serpentes, et simplices sicut columbæ (*Matth.* x). » Prudentiam serpentis exponit Paulus, dicens : « Nolite pueri effici sensibus (*I Cor.* xiv). » De simplicitate etiam columbæ dicit : « Sed malitia parvuli estote (*ibid.*). » In Domino per columbam, in discipulis per ignem apparuit, quia justus judex noluit peccatores ferire, sed mansuete corrigere. Hi autem qui simpliciter sunt homines, et ideo peccatores, debuerunt spiritualiter contra ipsos accendi et per pœnitentiam salvari.

« Et vos testimonium perhibebitis quia ab initio mecum estis (*Joan.* xiii). » Ab initio scilicet prædicationis meæ. Dabit vobis loquendi fiduciam charitas diffusa in cordibus vestris per Spiritum sanctum. Hanc Petrus nondum habebat, quando negavit Dominum. Spiritus sanctus perhibebit in cordibus vestris, vos autem in vocibus vestris, ut impleatur illud : « In omnem terram exivit sonus eorum (*Psal.* xviii). » Hæc locutus sum vobis ut non scandalizemini. Absque synagogis facient vos. (*Joan.* xvi). » Exprimit quæ passuri erant. Hoc determinat quia Judæi non reciperent eum, et ideo expellerent eos qui de eo prædicarent. Sed prædixit de Spiritu qui confirmabit, ut non sit illis scandalum, quia pax multa diligentibus legem Dei, quæ est ipsa charitas.

« Sed venit hora ut omnis qui interficit vos arbitretur obsequium se præstare Deo (*ibid.*). » Quasi dicat : Extra synagogas facient vos, sed nolite solitudinem formidare. Separati quippe a congregatione eorum tot in nomine meo congregabitis, ut illi metuentes ne templum et lex eorum deserantur, interficient vos, arbitrantes se bene facere. Ecce quod ait Apostolus : « Zelum Dei habent, sed non secundum scientiam (*Rom.* x). » — « Et hæc facient vobis, quia non noverunt Patrem neque me. Sed hæc locutus sum vobis, ut cum venerit hora eorum reminiscamini quia ego dixi vobis. (*Joan.* xvi). » Ideo prædixi ne ignaros improvisa turbarent, scilicet provisa patienter ferantur, cum venerit hora tenebrosa malorum.

De decem descensionibus Christi, et octo ascensionibus animæ.

In libro quarto Regum legitur quia cum Ezechias rex usque ad mortem ægrotaret, Isaias propheta ad eum intraverit, et ei a Domino diceret quia sanari deberet. Cui ille : « Quod erit signum, quia Dominus me curabit? Ad hæc Isaias : Hoc erit, inquit, signum a Domino : Vis ut ascendat umbra decem lineis, an ut revertatur totidem gradibus? Et ait Ezechias : Volo ut revertatur et descendat in horologio retrorsum decem (*IV Reg.* xx; *Isa.* xxxviii). » Quod et ita contigit. Quod Ezechias pro signo conferendæ sibi salutis petiit, ut Sol retroiret per decem lineas horologii, quas jam transierat, significat decem ordines temporum, per quos Christus, sol justitiæ, quasi umbram legis descendit, et quasi quosdam saltus dedit, per quos iterum post resurrectionem ascendit. Primus gradus descensionis ejus fuit de Deo in angelum, quia ipse fuit magni consilii Angelus; secundus descensionis ejus gradus de angelo in patriarchas; tertius, in legis datione; quartus in Jesu Nave, ut populum in terram repromissionis introduceret; quintus, in judices, quia eum populum per eos judicabat et regebat; sextus, in reges Judæorum, quia in eis ipse regnavit; septimus, in prophetas, quia per eos nuntiatus est; octavus, in pontifices, quia ipse est summus sacerdos Patris; nonus, in hominem; decimus, in passionem. Per hos decem gradus quasi per umbram legis priscæ Christus descendit, et omnem umbram legis radio veritatis illustravit, obscura revelans, clausa reserans, et omnia tecta denudans. Denique sicut Christus his decem gradibus ad homines descendit, ita et Christus per sanctos suos homines octo gradibus ad Deum ascendere docuit. Ezechiel namque de ædificio loquens in monte constituto, ait : « In octo gradibus ascensus ejus (*Ezech.* xl). » Petrus quoque octo virtutum gradus numerat : fidem, virtutem, scientiam, abstinentiam, patientiam, pietatem, fraternitatis amorem, charitatem; quibus fugientes mundialis concupiscentiæ corruptionem ad cœleste regnum quasi de valle lacrymarum ad locum amœnum, scilicet paradisum, ascendere debemus. Ait itaque : Fugientes ejus quæ in mundo est concupiscentiæ corruptionem, ne videlicet corrumpamini, a concupiscentia, curam omnem subinferentes, ut in solo Deo sit omnis cura vestra; et in occulto cordis ne sitis molles et dissoluti; ministrate in fide vera virtutem, in servili et humili modo ostendite fratribus vestris constantiam bonæ conversationis, quæ fidei subjungenda est, ne sine operibus fides mortua sit, et ut alios vestro exemplo in bona conversatione confirmetis. In virtute autem scientiam, id est discite in bona conversatione bonum facere, spe æternorum, non temporalium. In scientia autem abstinentiam. Cum bona facere didiceritis, spe vitæ æternæ mox a malis abstinete, et in cogitatione et in opere, ne in vacuum scientia cœlestium decedat, si se ab illecebris sæculi aliquos non coerceat. In abstinentia autem patientiam, ut qui a voluptatibus mundi se continet, adversa ejus sustineat. In patientia autem pietatem, ut erga eos quos toleratis, pie solliciti sitis; in pietate autem, fraternitatis amorem, ut non alterius rei intuitu opera pietatis adversariis impendatis, nisi fraternæ dilectionis; ut pro eis oretis, ut convertantur qui doctrina vestra vel increpationibus noluerunt converti. In fraternitatis autem amore charitatem, scilicet Dei, quæ merito amori fraternitatis adjungitur, quia nec Deus sine proximo, nec proximus sine Deo diligitur; qui enim Deum non diligit, proximum tanquam seipsum non diligit, quia nec se ipsum diligit. Est quippe impius et iniquus. Qui autem diligit iniquitatem, plane non diligit, sed odit animam suam. Diligamus nos itaque invicem, sicut nos Christus. Ideo propter Deum habendum, et quidquid aliud præcipit facimus, ut ipsius adjutorio per has octo ascensiones ad eum ascendamus. Inter hæc videndum est quomodo terrena corpora in cœlo maneant.

Item quomodo terrena corpora in cœlo maneant.

Necesse est, aiunt quidam, ut terrena corpora naturale pondus vel in terra teneat vel cogat ad terram. Et ideo in cœlo esse non possunt. Primi quippe illi homines in terra erant nemorosa atque fructuosa, quæ paradisi nomen obtinuit. Et de ponderibus elementorum sic argumentatur. (August.) Quomodo scilicet magistro Platone didicerunt mundi duo corpora maxima atque postrema, duobus mediis, aere scilicet et aqua, esse copulata atque conjuncta, ac per hoc inquiunt quoniam terra abhinc sursum versus est prima; secunda aqua super terram; tertius aer super aquam; quartum super aerem cœlum. Non potest esse terrenum corpus in cœlo. Momentis enim propriis ut ordinem suum teneant elementa librantur. Ecce qualibus argumentis omnipotentiæ Dei humana contradicit infirmitas, quam possidet vanitas. Quid ergo faciunt in aere terrena tot corpora, cum a terra sit aer tertius, nisi forte qui per plumarum et pœnarum levitatem donavit avium terrenis corporibus, ut portentur in aere, immortalibus factis corporibus hominum, non poterit dare virtutem quia in cœlo etiam valeant habitare? Nam cum terrenorum corporum, sicut onera gestando sentire consuevimus, quia quanto major est quantitas, tanto fit major et gravitas; tamen membra suæ carnis leviora portat anima, cum in sanitate robusta sunt, quam in languore cum macra sunt, et cum aliis gestantibus onerosior sit sanus et validus quam exilis et morbidus: ipse tamen ad suum corpus movendum atque portandum agilior est, cum in bona valetudine plus habet molis quam cum in peste vel in fame minimum roboris. Tantum valet etiam in habendis terrenis corporibus, quamvis adhuc corruptibilibus atque mortalibus, non quantitatis pondus, sed tentationis modus. Et quis verbis explicat quantum distat inter præsentem, quam dicimus sanitatem et immortalitatem futuram? Non ita redarguunt nostrani quidem philosophi de corporum ponderibus. Est enim sic hinc sursum versus: terra prima, aqua secunda, aer tertius, cœlum quartum, ut super omnia animæ sit natura. Nam et Aristoteles quartum corpus eam dixit esse, et Plato nullum. Si quartum esset, certe superius esset cæteris. Cum vero nullum est, multo magis superat omnia. In terreno ergo quid facit corpore? In hac mole quid agit subtilior omnibus? In hoc pondere quid agit levior omnibus? In hac tarditate quid agit celerior omnibus? itane per hujus tam excellentis naturæ meritum non poterit effici, ut corpus ejus levetur in cœlum? Et cum valeat nunc natura corporum terrenorum depromere alas deorsum, aliquando et animæ levare sursum terrena corpora non valebunt? Postremo si ita est elementorum ordo dispositus, ut secundum Platonem duobus mediis, id est aere et aqua, duo extrema ignis et terra jungantur, cœli quoque obtineant illa summi locum. Hæc autem sunt velut fundamentum imi mundi, et ideo in cœlo non potest esse terra. Cur est ignis in terra? Secundum hanc quippe rationem, ita ista duo elementa in locis propriis, imo ac summo, terra et ignis esse debuerunt, ut quemadmodum nolunt in summo esse posse quod imi est, ita nec in imo esse posse quod summi est. Sicut ergo nullam putant vel esse vel futuram esse particulam terræ in cœlo, ita nullam particulam videre debuimus ignis in terra. Nunc vero non solum in terris, verum etiam sub terris ita est. Ut enim eructent vertices montium propter quod in usibus hominum et esse ignem in terra, et nasci videmus ex terra, quandoque et de lignis et de lapidibus nascitur, qui sunt corpora sine dubitatione terrena. Cur ergo volunt ut credamus naturam corporum terrenorum aliquando incorruptibilem, factam cœlo convenientem futuram; sicut nunc ignis corruptibilis his convenit terris? Nihil asserunt ex ponderibus atque ordine elementorum, unde omnipotenti Deo, quominus faciat corpora nostra talia, ut etiam in cœlo possint habitare, præscribant.

IN DIE SANCTO PENTECOSTES.

Secundum Joannem.

« Si quis diligit me, sermonem meum servabit, et Pater meus diliget eum, et ad eum veniemus, et mansionem apud eum faciemus. Qui non diligit me, sermones meos non servat *(Joan. xiv).* » Judas qui Domino dixit : « Domine, quid factum est quia nobis manifestaturus es te ipsum, et non mundo (*ibid*.)? » non est ille Iscariotes, scilicet iste cujus Epistola inter Scripturas canonicas legitur. Et Dominus respondit ei : « Si quis diligit me, » etc., ut ostenderet ei quia per dilectionem discernitur gens sancta a non sancta. Charitas enim facit unanimes in domo in qua faciunt Pater et Filius mansionem, qui donant et ipsam dilectionem. Erit itaque in æterna gloria visio et mansio non transitoria, sed æterna; et hæc erit manifestatio de qua ille quæsierat. Venit autem Deus ad hominem, dum homo venit ad Deum. Venit homo credendo, obediendo, intuendo, capiendo ; Deus venit subveniendo, illuminando, implendo. Verumtamen in quorumdam corda venit, et mansionem ibi non facit, quia per compunctionem Dei respectum percipiunt, sed interpretatione deficiunt.

« Et sermonem quem audistis non est meus, sed ejus qui misit me Patris. » Non est Filius minor Patre, et non est a seipso. Nec istud est contrarium ad hoc quod dixit : « Qui non diligit me, sermones meos non servat (*Joan* XIV). » Et fortasse propter aliquam distinctionem pluraliter dicit sermones. Hic autem sermonem dicit esse Patris Verbum, quod erat in principio.

« Hæc locutus sum vobis apud vos manens. » Adhuc manens corporali præsentia cito vobis auferenda dixi de spiritali mansione. Illa in æternum beatificat liberatos : hæc in tempore visitat liberandos.

« Paracletus autem Spiritus sanctus, quem mittet Pater in nomine meo, ille vos docebit omnia, et suggeret vobis omnia quæcunque dixero vobis. » In nomine meo, id est in notitia mei, videlicet confitentibus me mittet Pater Spiritum. Vel ita : Mittet in nomine meo, id est ad glorificationem mei in dilectoribus meis; vel, in nomine meo, hoc est in nomine Deitatis, quia unus Deus sumus ego et Pater et Spiritus sanctus. Ubi docet Spiritus sanctus, docet Pater et Filius. Sed quoniam Trinitas est, oportebat singulas insinuari personas. Paracletus interpretatur *advocatus*, quia quos repleverit exorantes facit. Unde Paulus : « Ipse Spiritus postulat pro nobis gemitibus inenarrabilibus (*Rom.* VIII). » Non ut minor postulat, sed nos ad postulandum inflammat. Idem Spiritus vocatur et Consolator, quia dum pœnitentibus viam præparat, a tristitia mentem levat. Quare dicit, « suggeret? » cum suggerere soleat minoris esse, quia suggerere aliquando dicitur subministrare, ut hic, non quod nobis scientiam ab imo inferat, sed ab occulto. Augustinus non habet, suggeret vobis omnia, sed, commemorabit vobis omnia. Et ita exponit : « Intelligere debemus quod jubemur non oblivisci saluberrimos monitus ad gratiam pertinere, quod nos commemorat Spiritus. »

« Pacem relinquo vobis, pacem meam do vobis. Non quomodo mundus dat, ego do vobis. » Iturus ad Patrem, sequentibus relinquo, pervenientibus do.

Hoc est quod legimus apud prophetam : « Pacem super pacem. » Pacem nobis relinquit in hoc sæculo qua hostem vincamus, qua invicem nos diligamus. Pacem suam nobis dabit in futuro, quando sine hoste et sine dissensione regnabimus. Pacem relinquit nobis, ne de occultis judicemus. Pacem suam dabit nobis, cum manifestabit cogitationes cordis. Ipse est pax nostra qui fecit utraque unum (*Ephes.* II). Sed quare non addidit meam, dicens relinquo, sicut ubi ait do? Quid si pacem suam voluit intelligi qualem ipse ait, in qua nulla repugnantia est : pacem autem quam nobis reliquit sine peccato esse? Unde dicimus : « Dimitte nobis debita nostra (*Matth.* VI). » Non est ergo pax hic plena, qua secundum interiorem hominem legi Dei condelectamur, sed videmus aliam legem in membris nostris repugnantem legi mentis nostræ (*Rom.* VII). Item pacem habemus, diligentes nos ; sed nec ipsa pax plena est, quia cogitationes nostras invicem non videmus, et quædam de nobis, quæ non sunt in nobis, vel in melius invicem, vel in deterius opinamur. Nec ignoro hoc sic accipi posse, ut repetitio videatur, et meam prius subaudiatur. Mundus autem, id est homines qui diligunt mundum, propterea dant sibi pacem, ut sine lite non Deo, sed mundo fruantur. Et quando justis dant pacem ut non eos persequantur, non est vera pax, quia corda disjuncta sunt.

« Non turbetur cor vestrum, neque formidet. Audistis quia ego dixi vobis : Vado et veniam ad vos. » Quia pacem do, ut vestrum cor sursum habeatis, ne turbemini de hoc quod dixi : Vado, quasi pastoris absentia gregem lupus invadat. Et si a vobis corpore vado, ut homo, maneo præsens per id quod Deus sum. Objiciunt nobis Ariani Dei Filium esse creaturam ex dictis Salomonis dicentis : « Dominus creavit me in principio viarum suarum, priusquam terram faceret (*Prov.* VIII). » Sed de humanitate dictum est, creavit me in initio viarum suarum, id est ut initia viarum et operum ejus per Evangelium demonstraret. Subsequens autem divinitati convenit : « Ante sæculum fundavit me (*ibid*.). » Quid est dicere Ante omnia tempora genuit me? Item dicunt : Quare carnem quam creaturam esse non negas, cum divinitate adoras? Propterea quia ita divinitati unita est, ut Dei Filius Deus sit et homo. Denique si hominem separaveris a Deo, nunquam ei servio, velut si quis purpuram aut diadema regale inveniat, nunquid adorabit? Cum vero rex fuerit eis indutus, periculum mortis incurret, qui ea cum rege contempserit adorare. Si quis ergo adorare contempserit carnem deitati unitam, pœnam æternæ mortis patietur.

« Si diligeretis me, gauderetis utique, quia vado ad Patrem, quia Pater major me est. » Secundum formam servi puer Christus etiam parentibus suis minor erat. Gauderetis, inquit, quia humanæ naturæ gratulandum est, quæ levatur ad dexteram Patris, quod idem sibi sperant cæteri.

« Et nunc dixi vobis, priusquam fiat, ut, cum factum fuerit, credatis. » Prædixit se ire ad Patrem et hi post mortem visuri erant eum viventem, et ad Patrem ascendentem. Quo viso credituri erant quod Filius Dei esset qui hoc potuit. Nam fides est rerum quæ creduntur et non videntur. Credituri, inquam, erant Filium Dei non nova fide, qua et prius crediderant, sed aucta fide et referta, quia et modo cum hæc diceret, parva erat, et cum moreretur pene jam nulla.

« Jam non multa loquar vobiscum. Venit enim princeps mundi hujus, et in me non habet quidquam. » Princeps peccatorum non naturarum venit accepta licentia a Deo, ut me tradat in manus Judæorum, et ego sponte sequar, cum in me non habet quidquam quod ad se pertineat. Noluit Dominus habere quod perderet. Pauper venit, ne haberet diabolus quod auferret. Princeps mundi hujus est diabolus; mundus, mundi amatores. Unde scriptum est : « Qui voluerit esse amicus hujus sæculi, inimicus Dei constituitur (Jac. iv). »

« Sed ut cognoscat mundus quia diligo Patrem, et sicut mandatum dedit mihi sic facio. » Hoc subjecit quasi ei diceretur : Cur moreris, si non habes peccatum? Quia Pater mandavit. Notandum sane quia Pater tradidit Filium, Filius seipsum, discipulus magistrum, diabolus Salvatorem, Judæi regem suum gentibus et cruci. Ecce opus commune, sed voluntates valde diversæ.

SERMO IN DIE PENTECOSTES.

« Verbo Domini cœli firmati sunt, et spiritus oris ejus omnis virtus eorum (Psal. xxxii). » Per Filium qui est Dei Verbum, non solum cœli, sed et omnia ex nihilo sunt creata, et ne in nihilum resolvantur, eodem verbo firmata, et spiritu oris ejus omnis virtus eorum ornata. Angeli quoque sunt cœli appellati, quia aliis corruentibus, per Verbum Dei in charitate sunt firmati, et per Spiritum ejus in omni virtute perornati. Unde scriptum est : Spiritus Dei cœlos ornavit (Job xxvi); quia et istos cœlos astris, et angelos virtutibus decoravit. Per Filium quippe angelici spiritus creantur, sed per Spiritum sanctum vivificantur. Per Filium lucis substantia eluxit; sed per Spiritum sanctum splendor ejus effusit. Per Filium firmamentum formatur; sed per Spiritum sanctum celeri volubilitate rotatur. Per Filium sol, et luna, et sidera temporibus præficiuntur ; sed per Spiritum sanctum lucis nitore perpoliuntur. Per Filium flumina funduntur; sed per Spiritum sanctum labilem cursum sortiuntur. Per Filium terra formatur ; sed per Spiritum sanctum fructibus et floribus decoratur. Per Filium diversa animalia producuntur ; sed per Spiritum sanctum vitali statu imbuuntur, et aves volatu, pisces natatu, bestiæ, reptilia, serpentia gressu per eum fulciuntur. Per Filium homo ad imaginem Dei plasmatur; sed per Spiritum sanctum in anima vivificatur. Spiritus sanctus inspirat diversa ingenia ; ipse etiam dat diversa artificia. Per Spiritum sanctum data sunt genera linguarum ; per ipsum de occultis thesauris sapientiæ producta sunt multimoda flumina Scripturarum. Per Spiritum sanctum patriarchæ de Christo et Ecclesia futura figuris designabant; per ipsum prophetæ locuti eadem Scripturis præmonstrabant. Per ipsum apostoli confirmati, transacta eadem in mundo prædicabant; per ipsum doctores inspirati Scripturas exponebant. Per Filium homo redemptus a morte liberatur; sed per Spiritum sanctum in baptismate ad vitam regeneratur. Per spiritum sanctum peccata relaxantur; per ipsum animæ a morte criminum resuscitantur. Per Spiritum sanctum multi sæculo contempto religiosam vitam duxerunt; per ipsum plurimi signis et prodigiis fulserunt. Per Spiritum sanctum etiam hodie plerique ad meliorem vitam convertuntur; per ipsum quamplures ad cœlestia mente rapiuntur. Per Filium fit resurrectio mortuorum; per Spiritum sanctum fit immutatio eorum. Per Filium mundus judicatur; per Spiritum sanctum utraque pars juste remuneratur. Per Filium Deus Pater cœlum novum et terram novam creabit, sed Spiritus sanctus universa in meliorem statum renovabit. Cœlum nempe per ipsum solis splendore induetur ; per ipsum sol septemplici lumine vestietur ; per ipsum radiabit luna solis claritate ; per ipsum vernabit terra paradisi amœnitate. Tunc Filius de labore translatos faciet discumbere, et transiens illis ministrabit, quia de judicio rediens, electos pro diversis meritis in diversis faciet mansionibus requiescere, et gloriam suæ deitatis eis facie ad faciem demonstrabit; Spiritus sanctus vero tribuit eis velut jubar solis pleno gaudio splendescere, et Trinitatem in unitate perfecte cognoscere.

DIVISIO.

Hæc festivitas Spiritus sancti per septem dies celebratur, quia ipse in septem donis veneratur, sicut per prophetam prænuntiatur : « Spiritus sapientiæ et intellectus, spiritus consilii et fortitudinis, spiritus scientiæ et pietatis, spiritus timoris Domini (Isa. xi). » Hæc sunt septem mulieres, quæ unum virum apprehenderunt (Isa. iv), quia septem dona Spiritus sancti solum Christum corporaliter possederunt. Hujus Spiritus dona cœlestia scandent omnes qui timent Deum. Per ipsum namque timor tribuitur, qui in duo dividitur. Nam est timor servilis et est timor filialis. Servus quippe timet Dominum, ne eum damnet; filius timet Patrem, ne eum exhæredet. (August.) « Timet adultera maritum, ne veniat; timet uxor casta, ne discedat. » Cum Spiritus sanctus, qui est charitas, mentem possederit, servilem timorem foras emittet; timor autem Spiritus Domini in sæculum sæculi permanet. Jam enim gehennam ut servus peccati non timebit, quia nullum peccatum committere quærit. Deo autem ut filius per delectationem virtutum adhærebit, et ideo ejus hæreditatem possidebit. Ab ipsius gratia obtineamus orando, quatenus nos servi Dominum Deum nostrum timeamus, a malo declinando, ne nos per contemptum præceptorum suorum aliquando pœnis subdat; imo velut hostes sibi rebelles æternis tormentis puniat. Rogemus eum ut instar filiorum Israelis vereamur, ut patrem, bonum faciendo, quatenus cohæredes filii sui simus facie Patris perfruendo. Post timorem dat Spiritus pietatem, ut homo factori suo devote serviat, et proximo quæ prævalent bona impendat. Deinde scientiam inspirat, ut quid homo facere vel devitare debeat, sciat. Post hanc fortitudo ab ipso donatur, ut homo nec blandis, nec adversis ad vitia flectatur. Deinde consilium rationi subministrat, ut utile eligat, nocuum respuat. Post hoc intellectum præstat, ut anima per visibilia sempiterna intelligat. Deinde sapientiam inspirat, ut rationalis creatura mutabilem creaturam despiciat, Creatorem suum qui est immutabile bonum diligat, solum fontem sapientiæ Christum in Spiritu sancto sapiat.

Qui per septiformem Spiritum in his virtutibus florebunt, per ipsum septem munera in corpore, septem dona in anima obtinebunt, quando in terra sua duplicia possidebunt, cum in corpore sicut sol fulgebunt, et in anima æquales angelis erunt. Ab ipso namque cujus pulchritudinem sol et luna mirantur, septies præ sole clarius in corpore illustrantur : Christus quippe per Spiritum sanctum reformabit corpus humilitatis veræ, configuratum corpori claritatis suæ (*Philipp*. III). Et cum sit corpus spiritale, ille cujus sermo velociter currit (*Psal*. CXLVII), tanta illud vestiet velocitate, ut quam cito nunc visus cœlum vel cogitatus orbis extremum attingit sua agilitate, tam concite tunc illuc feratur corporis mobilitate. Ab ipso etiam qui est omnium fortitudo, tanta roborabitur fortitudine, ut moles montium facile possit pede subvertere. Ab ipso quoque qui fuit inter mortuos liber (*Psal*. LXXXVII), tanta inerit eis gratia libertatis, ut omnis solida creatura sit ei penetrabilis. In cujus visione angeli magna dulcedine redundant; omnes sancti maximis deliciis exuberant, ab ipso omni affluentia voluptatis perfruuntur, dum in gaudio Domini sui super omnia bona sua constituuntur, ubi Regem gloriæ sicuti est cernent in suo decore, in quem desiderant prospicere, ubi omnium angelorum et sanctorum gloriam vident, et sua membra cuncta perlucida intus et extra inspiciunt; ubi jugiter audiunt resonare organa sanctorum et concentus angelorum; ubi cinnamomi et balsami odore suavissimo recreabuntur, et in aspectu Dei exsultantes epulentur, et in lætitia delectentur, atque ab ubertate domus Dei inebriabuntur, et torrente voluptatis ejus potabuntur (*Psal*. XXXV). Ab ipso qui est salus omnium tanta sanitate solidantur, ut sicut nunc radius solis nullam sectionem, ita ipsi tunc nullam corporis passionem patiantur. Ab illo qui est vita æterna, sic longævitate confirmantur, quod nunquam in æternum morte solventur. Hæc septem bona habebunt in corpore per septem sancti Spiritus dona. Totidem in anima habebunt, ubi de bonis Domini perenniter gaudebunt. Nam ipse fons sapientiæ tantum eis influit, quod eis notitia omnium rerum tribuit. Ineffabili amicitia copulantur, quia a Deo ut filii, ab angelis ut fratres amantur. Incomparabilis concordia eos conglutinat, quia nec Deus, nec aliquis sanctorum ab ipsorum voluntate discrepat. Inæstimabili potestate sublimantur, quia novo cœlo et novæ terræ principantur. Inenarrabili honore exaltantur, quia ab ipso Deo et ab universis angelis venerantur. Summa securitate pollent, quia nemo hæc ab eis unquam tollet. Plenum gaudium in his sine fine habebunt; omnes amicos suos, quos diligunt, iisdem bonis frui perpetuo gaudebunt. Hæc sunt dona quæ Christus in altum ascendens hominibus dedit, quos a diabolo captos, de morte captivos duxit, astrigerisque sedibus victor gloriosus invexit

DIVISIO.

In terra positis Dominus dona sua contulit, dum per charismata sancti Spiritus eos signis et novis linguis coruscare tribuit. Porro qui septem donis Spiritus sancti vacui inveniuntur, quot isti bonis perfruuntur, tot illi pœnis cruciabuntur. Hæc sunt olim in lege præfigurata; hæc per prophetas prænuntiata. De legali quippe candelabro septem lucernæ præcedunt (*Exod*. XV), quia de Christo septem dona Spiritus sancti Ecclesiæ prodeunt. Hæc sunt septem columnæ quibus domus Sapientiæ fulcitur (*Prov*. IX), quia donis septem Spiritus sancti Ecclesia, quæ est domus Dei, insignitur. Hi sunt septem oculi, quos propheta in uno lapide videt (*Zach*. III), quia videlicet petra Christus septem dona Spiritus sancti ad illuminationem animarum fidelibus dedit. Hæc sunt cornua Agni propter nos occisi (*Apoc*. V), quibus credentes proderunt capita septem draconis rufi. Unde et isdem Spiritus sanctus super Dominum baptizatum in columbæ specie descendisse prædicatur propter septem naturas quæ in columba esse memorantur. Columba in petra nidificat, quia Spiritus sanctus in Christo corporaliter habitat, alienos pullos nutrit, dum errantes a regno Dei alienos per pœnitentiam reducit; pura grana eligit, quia bonos de malis, ut grana de paleis secernit; felle caret, quia malitia eos evacuat quos possidet; non lædit rostro, quia Spiritu sancto repletus non insidiatur proximo; juxta fluenta habitat, quia Spiritus sanctus in sapientibus habitat; gregatim volat, quia congregatis in nomine Domini Spiritus sanctus sua munera donat. Unde propheta : « Ecce, inquit, quam bonum, et quam jucundum habitare fratres in unum! Sicut unguentum in capite quod descendit in barbam, barbam Aaron, quod descendit in oram vestimenti ejus, sicut ros Hermon, qui descendit in montem Sion. (*Psal*. CXXXII).» Fratres in unum unanimes cum jucunditate habitabant, quando multitudo credentium cor unum et animam unam habebant. Ideo unguentum de capite in barbam Aaron descendit, quia de capite omnium Deo scilicet Spiritus sanctus, qui est spiritalis unctio, in apostolos venit. Per Aaron, qui *mons fortitudinis* dicitur, Christus intelligitur, per quem fideles contra vitia fortes existunt, atque in altum de virtute in virtutem ibunt. Hujus barba apostoli erant, dum ei qui est os patris quasi barba ori adhæserant. De barba unguentum in vestimentum fluxit, dum Spiritus sanctus per impositionem manuum apostolorum se credentibus infudit. Ros de Hermon, quod *anathema* sonat, in montem Sion, quod *specula* dicitur descendit, dum superna gratia de Synagoga in Ecclesiam venit. Mons Hermon juxta Jordanem est situs, ubi Dominus est baptizatus. Ros ergo Hermon est Spiritus sanctus, qui super Dominum in baptismo ad istum montem venit, qui hodie in montem Sion in quo sita est Hierusalem, super credentes descendit.

Qualiter autem hoc contigerit, Scriptura nobis hodie retulit. Dum quinquaginta dies a resurrectione Christi transissent, et discipuli, ut sæpe ascendens præceperat, in Hierusalem pariter resedissent, subito ingens sonus tanquam vehementis venti advenit qui totam domum ubi erant sedentes replevit : atque igneæ linguæ illis apparuerunt, quibus incensi omnium gentium linguis magnalia Dei loqui cœperunt. Porro propter instantem festivitatem Judæi ex omni natione totius orbis in Hierusalem confluxerant, quia Pentecosten singulis annis ob acceptam illo tempore legem celebrabant; qui hoc audito simul convenerant, et singuli linguam in qua nati sunt de ore eorum stupefacti audiebant. Quos Petrus allocutus dixit hæc, per prophetas prædicta, per Jesum vero ab eis crucifixum completa. Qui pœnitentia ducti ad tria millia hominum baptizati sunt, et ipsi Spiritu sancto sicut alii repleti sunt. Alia die, cum Petrus et Joannes claudum per Spiritum sanctum sanassent, quinque millia baptizati sunt, qui omnes Spiritu sancto ditati sunt, et sanguinem Christi, quem prius furibundi fuderunt, postmodum tremebundi biberunt, ac perplures sanguinem suum pro ipso fuderunt. Apostoli autem, accepto Spiritu sancto, duodecim annos in Hierusalem eodem præcipiente commanebant, quæ in mundo docturi erant insimul conferebant, in circuitu Judæos ac gentiles docebant, signis ac prodigiis ad fidem plurimos convertebant. Qui omnes per impositionem manuum apostolorum Spiritum sanctum accipiebant, et virtutes Dei novis edebant linguis. Apostoli namque per Spiritum sanctum cæcis lumen refundebant, surdis aures recludebant; mutis linguam solvebant, claudos gressu erigebant, leprosos mundabant, dæmonia ab obsessis effugabant, mortuos resuscitabant, insuper per baculos vel per vestimenta, quidam illorum etiam per umbram suam debiles sanitate restaurabant. Post hæc duodecim per totum mundum diffusi, septeno munere Spiritus sanctus perfusi, per septenarium numerum duodeni officium suum peregerunt, dum quatuor partes mundi ad fidem sanctæ Trinitatis perduxerunt. Tres enim et quatuor, quod septem sunt, duodecim fiunt. Qui boni piscatores sagena fidei pisces olim ad vitam prædestinatos signis et miraculis de salo sæculi ad littus vitæ pertraxerunt, et Christi exemplo animas suas pro ovibus sibi commissis, prævii duces posuerunt. Postquam Deus omnia in principio sex diebus creavit, septimum sanctificavit, quia in ipso requiescens ab opere cessavit. Sic qui in sex ætatibus mundi in donis Spiritus sancti operari student, in septima per ipsum ab omni labore requiescent. Sic nos quoque sex diebus in hebdomada laboramus, in septima vacamus, quia per septiformem Spiritum nunc bonis operibus insistimus, in futuro ab omni opere feliciter requiescimus, ubi per ipsum vacabimus, et Deum sicuti est videbimus.

DIVISIO.

In diluvio columba ramum olivæ reportans (*Gen.* VIII), inclusis pacem nuntiavit, quia Spiritus sanctus per chrismatis unctionem animabus carne inclusis pacem amissam redonabit. Hic etiam digitus dextræ Dei appellatur, quia sicuti manus per digitos operatur, ita Christus qui est dextera Patris, cuncta per divisiones gratiarum Spiritus sancti operatur. Unde magi qui Moysi resistere non potuerunt, digitum Dei hoc esse dixerunt (*Exod.* VIII), qui evidenter signa per Spiritum sanctum fieri conspexerunt. Per hunc est lex in duabus tabulis descripta, quia per Spiritum sanctum in duobus præceptis charitas est disposita. In hoc digito ejicit Dominus dæmonia, quia opera Filii et Spiritus sancti erunt inseparabilia. Olim genus humanum habebat tantum unius linguæ usum; sed LXX, et duo gigantes turrim contra Deum construebant; inde offensus linguas eorum confundebat, ita quod nullus alterius linguam intelligebat, sicque per orbem disperserat quos omnes hodie Spiritus sanctus in unitatem fidei per genera linguarum congregaverat. Hebræus quoque populus, Ægyptiaca servitute in paschali nocte per paschalem agnum liberatus, ac per mare Rubrum translatus, ad montem Sinai quinquagesima die pervenit, quem fumus et ignis replevit, atque de medio ignis Dominus ei legem timoris in tabulis scriptam dedit. Sic Christianus populus, de diabolica oppressione in paschali nocte per paschalem Agnum Christum ereptus, per baptismum quasi per mare Rubrum transvectus, quinquagesimo die, scilicet hodie, in igne legem amoris accepit, quam eum Dominus in corde scribere præcepit, ut videlicet post facerent sponte Dei amore quod prius fecerant coacti timore. In lege etiam erat præceptum ut quinquagesimus annus jubileus, id est annus remissionis vocaretur, totusque ab opere servili feriaretur, atque amissa hæreditas propriis hæredibus redderetur. Per hoc Spiritus sanctus illud tempus præfigurari voluit in quo populum suum ab opere servili, id est a peccato vacare docuit, eique amissam hæreditatem paradisi restituit. (GREGORIUS.) Spiritus sanctus bis datus memoratur, dum semel in terra, semel de cœlo datur. In terra datur Spiritus, ut diligatur proximus : de cœlo datur Spiritus, ut diligatur Deus. Qui enim Deum diligit, sermonem ejus servabit (*Joan.* XIV). Hunc Deus Pater diligit et Trinitas ad eum veniet, et mansionem apud eum faciet.'

Ideo, charissimi, diligamus Deum; mandata ejus servando, ut ipse diligat nos mansionem sibi in nobis præparando. De hospitio cordis nostri stercus peccatorum : pœnitentia et confessione extergamus, lacrymis sordes diluamus, floribus bonorum operum ornare studeamus, ut Spiritus sanctus designetur adventare, et dignum habitaculum sibi in nobis præparare. Hic etiam super Dominum in columbæ speciem descendit, quia eum immunem a peccatis ostendit. Super discipulos autem in igne venit, quia peccata in eis consumens; chirographum peccati delevit. Unde et ignis filios Israel præcessit, et eis iter ad patriam suggessit, quia ignis Spiritus sancti eos præcedit, et iter per Scripturas ad patriam paradisi ostendit. Ideo nunc baptisma agitur, quia per Spiritum sanctum originale crimen remittitur. Ideo etiam his diebus jejunia celebramus, quia per Spiritum sanctum veniam accipere speramus. Qui Spiritum sanctum blasphemaverit, non remittetur ei, neque in hoc sæculo, neque in futuro. Per Spiritum sanctum datur remissio peccatorum. Qui de venia desperat, hic Spiritum sanctum blasphemat, atque irremissibile peccatum perpetrat. Quemadmodum, charissimi, est Nativitas Domini celebris, sic et ista festivitas omnibus fidelibus debet esse solemnis, quia sicut in illa Deus in carne veniens homines visitavit, sic in ista Deus in igne adveniens, a peccatis homines purgans, multa charismata eis donavit. Hæ festivitates et angelis et hominibus sunt venerabiles, quia ipsi Deo nostro sunt celebres. Denique in nativitate Domini, Dominus majestatis de solio gloriæ suæ surrexit, arma bellica induit, pro nobis pugnaturus in exsilium abiit. Parasceve autem dies belli atque victoriæ exstitit, cum Dominus fortis et potens in prælio principem mundi diabolum cum suis satellitibus devicit, victoriamque potenter obtinuit. Dies vero Dominicæ resurrectionis est dies qua peracto bello regnum tyranni vastavit, captivitatem ab eo captam ad se congregavit. Dies autem ascensionis est hæc, in qua cum nobili pompa Dominus virtutum regressus triumphavit, atque cum angelis malis susceptus carnem nostram super æthera exaltavit. Hodierna vero dies est qua militibus spolia distribuit, dum fidelibus varia dona Spiritus sancti contulit. Adhuc restat una dies qua sponsam suam de hac Babylonia est ducturus, quando in ultima die Ecclesiam in cœlesti Hierusalem est collocaturus. Nempe de his diebus præcinuit per totum Psalterium Spiritus sanctus, Insuper lex et omnes prophetæ persultavere hæc consona voce. Igitur, charissimi, conspectui ejus in justitia nunc appareamus, ut, cum apparuerit gloria ejus, in nuptiis ejus satiari valeamus ad videndum in bonitate electorum suorum, ad lætandum in lætitia gentis suæ, in plenitudine omnium bonorum (*Psal.* cv). Quæ oculus non vidit, et auris non audivit (*I Cor.* ii).

FERIA SECUNDA.

Secundum Joannem.

« Sic enim dilexit Deus mundum, ut Filium suum unigenitum daret, ut omnis qui credit in eum non pereat, sed habeat vitam æternam (*Joan.* iii). » Aperit causam humanæ salutis, dilectionem scilicet Dei Patris ex quo est omnis restauratio vel institutio per Filium suum in Spiritu sancto. Idem dicit ex Filio Dei quod supra ex filio hominis credentes consequi, ut per quem in deitate conditi sumus, per eumdem in homine restauremur.

« Non enim misit Deus Filium suum in mundum ut judicet mundum, sed ut mundus salvetur per ipsum. » Venit Salvator, ut salvet, non ut judicet, id est damnet, sed si judicatur homo, ex se habuit, quia non credidit.

« Qui credit in eum, non judicatur; qui autem non credit, jam judicatus est, quia non credit in nomine unigeniti Filii Dei. » Nondum apparuit judicium, sed jam factum est. « Novit enim Dominus qui sunt ejus (*II Tim.* ii). » Novit enim qui permaneant ad coronam, qui ad flammam. Novit in arca sua triticum, novit paleam, novit segetem, novit zizania. Non eos audiamus qui negant ex hoc loco diem judicii futurum. Dicunt enim : Si et ille qui credit non veniet in judicium, et ille qui non credit jam judicatus est, ubi sunt quos judicaturus est Dominus in die judicii? Non intelligitur præteritum tempus poni pro futuro. Nam judicatus est, dicitur damnatus est Dei præscientia, qui novit quid immineat non credentibus; et ubi dicit : non veniet ad judicium, ita intelligendum est : non venit ad damnationem.

« Hoc est autem judicium, quia lux venit in mundum : et dilexerunt homines magis tenebras quam lucem. Erant enim eorum opera mala. Omnis enim qui male agit odit lucem; et non venit ad lucem, ut non arguantur opera ejus. » Judicium dicit æternam damnationem, quod erit no ncognoscere Deum, sicuti æterna vita est cognoscere eum. Quia lux venit, Verbum scilicet in carne, et excitat et monet homines cognoscere sua mala, in quibus omnes sunt; profecto illi judicantur qui oderunt admonentem lucem, et fugant ne arguantur mala eorum quæ sunt impietas, incredulitas, odium æternæ lucis, et nolle eam aspicere, sed velle in tenebris peccatorum remanere. Utique omnis qui est in intentione mali et cum amore ipsius mali operatur, odit lucem, quia detegit mala, et ita non venit ad lucem, ut ei jungatur; sed fugat ne mala quæ diligit arguantur.

« Qui autem facit veritatem venit ad lucem, ut manifestentur opera ejus, quia in domo sunt facta. » Quia initium boni est accusatio mali, veritatem facit, id est ea quæ veritas jubet. Quicunque admonitus per lucem sua mala accusat, ut hæc ejus accusatio et alia bona quæ fecit manifestentur quod illuminatione divina sunt facta. Qui vult ergo venire ad lucem, non tantum a grandibus peccatis absti- neat, sed etiam a minoribus veram comessionem faciat, quoniam plura minuta peccata, si negligantur, occidunt. Nam minutæ guttæ flumen implent, et minuta grana arenæ si multa sunt opprimunt navem. Et hoc facit sentina neglecta, quod fluctus irruens. Paulatim intrat aqua per sentinam; sed diu intrando et non exhauriendo mergit navem. Et quia Deus peccatores flagellat in hoc sæculo ad emendationem, ferto patrem erudientem, ne sentias judicem punientem.

FERIA TERTIA.

Secundum Joannem.

« Amen, amen dico vobis, qui non intrat per ostium in ovile ovium, sed ascendit aliunde, ille fur est et latro (*Joan.* x). » Quia Pharisæi jactabant se videre (quod quidem posset si oves Christi essent) Dominus ob eorum arrogantiam proposuit hanc similitudinem. Ostendit itaque quia neque sapientia, neque observatio legis, nec bona vita quæcunque valet nisi per eum. Sive enim Judæus seu Pharisæus, seu gentilis, seu etiam philosophus doceat bene vivere, vel hæreticus sub nomine Christi, nec tamen in Christo prædicans omnes sine eo rapiunt et occidunt. Ovile est Ecclesia. In quam quicunque vult intrare, per Christum intret, Christi gloriam quærens, non suam. Humilis janua est Christus. Ergo qui intrat se humiliet, ne ascendens per maceriam, dum exaltatur cadat. Aliunde itaque ascendit, qui quomodo propter Christum intrat, vel non de eo bene sentiendo, vel non ejus gloriam, sed suam quærendo. Fur ergo est qui male intrat, et quod alienum est suum dicit, id est oves Dei suas facit. Latro est, quia quod furatus est occidit, dum malo exemplo seu perverse docendo oves vocem ejus audiunt. In quo cum sonet vox verbi Dei prædestinati ad vitam audiunt obediendo. Et notandum quod non omnis qui intrat per ostium, pastor est, quia et oves intrant. Verumtamen unitas universitatis Ecclesiæ verbo et exemplo quotidie pascit. Ostiarius est Christus, qui se ipsum aperit, vel Scriptura quæ ducit ad Christum, vel Spiritus sanctus ad omnem veritatem.

« Et proprias oves vocat nominatim, et educit eas. Et cum proprias oves emiserit, ante eas vadit, et oves illum sequuntur, quia sciunt vocem ejus. » Oves vocat nominatim qui ait discipulis suis : « Gaudete, quia nomina vestra scripta sunt in cœlo (*Luc.* x). » Unde alibi : « Novit Dominus qui sunt ejus (*II Tim.* II). » Educit eas hinc ad vitam æternam, emittit eas absolvendo a vinculis peccatorum, et præcedit eas surgens a mortuis. Aliter educit oves de tenebris ad lucem doctrinæ, et ante eas sic emissas quasi de Ægypto vadit velut in columna nubis et ignis, exemplo indicans quod docuit. Oves illum sequuntur quocunque ierit, perseverando usque in finem. Nec enim bene vivere dicendi sunt qui finem bene vivendi vel cæcitate nesciunt, vel inflatione contemnunt.

« Alienum autem non sequuntur, sed fugiunt ab eo, quia non noverunt vocem alienorum. Hoc proverbium dixit eis Jesus. Illi autem non cognoverunt quid loqueretur eis. » In bono convincuntur esse cæci. Interest enim inter illos et nos antequam ista verba cognoscamus, quoniam pulsamus et aperietur nobis, illi autem non.

« Dixit ergo eis iterum Jesus : Amen amen dico vobis, quia ego sum ostium ovium. » Sicut Filius per se novit Patrem, nos autem per illum, sic intrat in ovile, id est ad corda ovium per se et nos per ipsum. Oculus carnis se videre non potest, alia videt; sed intellectus et se et alia intelligit. Sic Christus et ad se, et ad te, et ad Patrem per se intrat. Nam et per verbum alia dicuntur quæ non sunt verbum, et ipsum verbum. Multi sunt pastores ut boni episcopi; ostium vero nemo est, nisi Christus. In Apocalypsi dicuntur sancti, non ostium, sed portæ per quas pervenitur ad ostium. Omnes quotquot venerunt fures sunt et latrones, sed non audierunt eos oves. Qui venerunt non qui missi sunt fuerunt. Unde in propheta : « Veniebant et ego non mittebam eos (*Jer.* XXIII). » In venientibus præsumptio temeritatis, in missis obsequium servitutis est. Vel ita : Quotquot venerunt, scilicet præter me, fuerunt latrones. Præcones veritatis non venerunt præter eum, qui est veritas, quia sic crediderit in eum venturum, quomodo nos credimus in eum qui venit. Tempora variata sunt, non fides. Unus canon Scripturarum est omnia non ad totum referri, sed ad partem maximam, ut ibi : « Omnes declinaverunt, simul inutiles facti sunt (*Psal.* XIII). » Similiter hic : « Omnes qui venerunt ante me, fuerunt fures et latrones. » Et Paulus ad Corinthios : « Omnibus, inquit, omnia factus sum, ut omnes lucrifacerem (*I Cor.* IX). » Et ad Philippenses : « Omnes enim quæ sua sunt quærunt, non ea quæ sunt Christi Jesu (*Philipp.* II). » Ita est illud

Patris ad Filium : « Omnia mea tua sunt (*Luc.* xv). » Sciendum est quia non omnes qui audierunt vocem pastoris oves fuerunt, ut Judas. Sub ovina pelle audiens pastorem, lupus erat pastori insidians. Aliqui eorum qui Christum crucifixerunt, non audiebant, et oves erant. De quibus Dominus ait : « Cum exaltaveritis Filium hominis, tunc cognoscetis quia ego sum (*Joan.* VIII). » Hoc aliquis ita solvit : « Quando non audiebant, adhuc erant lupi ; sed quando facti sunt oves , audierunt. Utcunque potest dici, sed per Ezechielem Dominus objurgando pastores dicit de omnibus : «Et errantem non revocastis (*Ezech.* XXXIV). » Errantem dicit et ovem appellat. Si errabat quando ovis erat, procul dubio non pastoris, sed furis et latronis vocem audiebat. Sed Dominus ait : « Quotquot venerunt præter me fures sunt et latrones, sed non audierunt eos oves. » Ergo secundum præscientiam Dei videntis qui sunt ejus, multæ oves sunt foris, et multi lupi intus. Multi namque blasphemant Christum, credituri in eum, qui sunt oves foris ; sed adhuc alienam vocem sequuntur. Item multi intus laudant blasphematuri, sed tamen quandiu recte sapiunt, vocem Christi audiunt. Sed est quædam præcipua vox pastoris, in qua oves non audiunt alienos, et in qua non oves non audiunt Christum. Quæ est illa vox ? « Qui perseveraverit usque in finem, hic salvus erit (*Matth.* x). » Hanc vocem non negligit proprius, non audit alienus.

Nam qui prædestinatus est et præscitus ad vitam, licet ad tempus erret, tandem redit et perseverat.

« Ego sum ostium ; per me si quis introierit salvabitur, et ingredietur, et egredietur, et pascua inveniet. » Exercet obscuris, pascit manifestis Magister veritatis. Quilibet non fictus, per claritatem sapientiæ Dei intrans catholicam Ecclesiam, salvabitur perseverando, et etiam prius erat in ovili prædestinatione divina. Ingredietur intus bene cogitando sanctum Apostolum dicentem habitare Christum per fidem in cordibus nostris (*Ephes.* III). Egredietur, extra operando secundum Psalmistam : «Exiet homo ad opus suum (*Psal.* CIII).» Aliter : Ingredietur credendo, operando egredietur ad pugnam contra hæreticos. Amplius : Ingredietur Ecclesiam ut hic per fidem vivat, quia «justus ex fide vivit (*Hebr.* x).» Et egredietur etiam per ostium fidei Christi de hac vita, ut in æternum vivat. Ubi enim subjungit : «Ego veni, ut vitam habeant, » videtur dicere, ut vitam habeant ingredientes, et abundantius habeant egredientes. Itaque pascua intellige gaudia sempiterna paradisi, præsentem Dei vultum, qui dum sine defectu conspicitur, sine fine mens vitæ cibo satiatur.

« Fur non venit, nisi ut furetur, et mactet, et perdat. Ego veni ut vitam habeant, et abundantius habeant. » Fur venit ut furetur, alienam rem sibi usurpando ; mactet, a fide retrahendo ; perdat in æternam damnationem.

DOMINICA IN OCTAVA PENTECOSTES.

Secundum Joannem.

« Erat homo ex Pharisæis, Nicodemus nomine, princeps Judæorum. Hic venit ad Jesum nocte, et dixit ei : Rabbi, scimus quia a Deo venisti magister. Nemo enim potest hæc signa facere quæ tu facis, nisi fuerit Deus cum eo (*Joan.* III). » Nicodemus venit ad Jesum nocte, vel quia metuit offendere populum, cum esset unus de principibus ; vel quia magister erat in Israel, palam discere erubuit. Nox itaque significat litteram legis, vel ignorantiam cordis, vel timorem. Nicodemus vero, unus ex his qui per signa crediderant, figura est catechumenorum. Nam licet credant, quadam tamen nocte sacramentorum ad baptismum perveniunt, ubi de invio tenebrarum ad viam cœlestis luminis renati transeunt. Si enim tantum valuit baptismatis figura, ut per Moysem baptizati in nube et in mari ad manna perducerentur, nonne per verum baptisma ad idem pervenire poterit ? Quid est manna ?

« Ego sum, inquit, panis vivus qui de cœlo descendi. Respondit Jesus et dixit ei : « Amen, amen dico tibi, nisi quis natus fuerit denuo, non potest videre regnum Dei, » id est non potest me cognoscere, qui sum regnum Patris, qui sum visio Veritatis. Quia Nicodemus aperta signa prudenter notavit, de secunda nativitate ac de cæteris fidei mysteriis plenius doceri meruit.

« Dicit ad eum Nicodemus : Quomodo potest nasci homo, cum sit senex ? Nunquid potest in ventrem matris suæ iterum introire, et nasci ? » Spiritus ei loquitur et ipse carnem sapit suam, non Christi, sicut illi qui putaverunt Dominum posse coquere, et manducare concisum, sicut agnum, quando Dominus dixit : «Nisi quis manducaverit carnem meam et biberit sanguinem meum, non habebit vitam in se (*Joan.* VI), » et statim recedentes non amplius sunt eum secuti. Dominus autem his remanentibus exposuit, dicens : « Spiritus est et vita quod dixi. Nam spiritus vivificat, caro autem nihil prodest (*ibid.*), » ne carnaliter intelligerent quod dixerat. Ita Nicodemus nondum noverat parentes qui generant ad vitam. Una enim generatio est carnalis, altera spiritalis. Sciendum quomodo uterus non potest repeti, sic nec baptismus. Qui nascitur de catholica Ecclesia, tanquam de Sara nascitur ; qui autem de hæresi, tanquam de ancilla (*Gen.* XXI; *Psal.* IV). Adverte cur Dominus dicat : « Ego sum Deus Abraham, et Isaac et Jacob (*Exod.* III), » quasi Noe, qui ante istos fuit, et Moyses qui post, sancti patriarchæ non essent. In istis quippe patribus invenimus liberas et ancillas : quod totum figura est, ut ait Apostolus : « Hæc autem in figura contingebant illis (*Cor.* x). » Et illud : « Scripta sunt autem propter nos, in quos fines sæculorum devenerunt (*ibid.*). » In generationibus autem liberarum et ancillarum quatuor sunt genera hominum, in quibus completur forma totius Christianitatis. Ancillas accipimus in malis, liberas in bonis. Aut igitur liberæ pariunt bonos, ut Sara, Isaac; aut malos et bonos, ut Rebecca, Esau et Jacob; aut mali malos, ut Agar Ismael; aut mali bonos et malos, ut ancillæ Jacob. Ad hanc similitudinem aut boni baptizant bonos, ut Ananias Paulum; aut malos, ut Philippus Simonem magum; aut mali bonos et malos, ut prædicatores quidam, quos dicit Apostolus non caste solere annuntiare Evangelium, tolerans eos in societate Christiana, dicens : « Quid enim dum omni modo sive occasione sive veritate Christus annuntietur ! et in hoc gaudeo (*Philipp.* 1). » Non alieno malo gaudebat, sed quia verum prædicabatur. Si quos isti similes sui baptizabant, tunc mali malos. Si quos vero tales quales admonet Dominus, cum dicit : «Quæ dicunt facite; quæ autem faciunt, facere nolite (*Matth.* xxiii); » tunc mali bonos baptizabant. Quomodo ergo in filiis Jacob non obfuit illis, qui nati sunt de ancillis, quominus tenerent terram repromissionis cum fratribus ex æquo, sed prævaluit semen paternum : sic quicunque per malos baptizantur, quanquam ex malis nati sint, tamen quia ex semine Verbi Dei, quod figuratur in Jacob, nati sunt, si boni esse voluerint, hæreditatem cum fratribus possidebunt. Sive ergo schismaticus, sive facinorosus quisque in confessione sanctæ Trinitatis baptizet, non valet ille rebaptizari a Catholicis, ne confessio vel invocatio tanti nominis videatur annullari. Et in utero Ecclesiæ magna luctatio est inter bonos et malos, sicut Jacob et Esau luctabantur (*Gen.* xv), et semper mali persequuntur bonos, ut Ismael Isaac. Ideo namque dixit Sara Abrahæ : « Ejice ancillam et filium ejus (*Gen.* xxi), » quia illusionem vidit in lusum, non ideo quia ludebat Ismael cum filio suo. Unde Apostolus : « Sicut tunc ille, qui secundum carnem natus erat, persequebatur eum qui secundum spiritum; ita et nunc (*Gal.* iv). » Secundum carnem nati sunt dilectores mundi, secundum spiritum amatores Christi. Plus ergo nos persequuntur qui nos illudendo seducunt, ita : « Veni, veni, baptizare : hic habes verum baptisma. » Ismael ergo non ideo fuit exhæreditatus, quia ex ancilla natus, sed quia superbus fuit. Nam si esset ideo exhæreditatus, filii Jacob non admitterentur ad hæreditatem. Quod et Sara affligit ancillam Agar, non dicitur persecutio, sed correctio. Unde etiam angelus fugienti dicit : « Revertere, et humiliare sub manu dominæ tuæ (*Gen.* xvi). » Sic boni principes hæreticos et quoslibet perniciosos Ecclesiæ exsiliis et aliis legalibus pœnis juste affligunt.

« Respondit Jesus : Amen, amen dico tibi, nisi quis renatus fuerit ex aqua et spiritu, non potest introire in regnum Dei. » Sensus est : Quisquis renasci contempserit, non habebit vitam, quia non fuerit renatus ex aqua et spiritu, id est ex fide et dilectione. Quomodo aqua sacramentum fidei est? Aquæ nomine intelligitur fides. Spiritus autem diffundit charitatem in cordibus nostris. Itaque parvuli cum per baptismum uniuntur Ecclesiæ, nascuntur ad vitam, ex fide et dilectione sanctorum, quarum nexu Ecclesia jungitur Deo, ex visibili sacramento aquæ et Spiritu sancto, et in bono neglecto si vitam finierit, a regno Dei in perpetuum exclusus erit. Quicunque vero non percepto regeneratoris lavacro pro Christi confessione moriuntur, tamen eis valet ad dimittenda peccata, quantum si abluerentur sacro fonte baptismatis. Qui enim dixit : « Nisi quis renatus fuerit ex aqua et spiritu, non intrabit in regnum cœlorum, » et alia sententia fecit istos exceptos, ubi non minus generaliter ait : « Qui me confessus fuerit coram hominibus, confitebor et ego eum coram Patre meo (*Luc.* xii). » Equidem sanguis et aqua, qui vulnere lateris Christi percussi exiverunt, typum martyrii et baptismi quo itur ad cœlum pariter protulerunt. Denique si quos in fide Christi et in charitate non ficta radicatos excludat articulus mortis a sacramento baptismi, constat quia non excluduntur a salute. Martyres enim sunt coram Deo, si puro corde martyrio parati erant et baptizati in igne vel spiritu, juxta quod Dominus dixit apostolis : « Vos autem baptizabimini Spiritu sancto, non post multos hos dies (*Act.* i). » Hinc est quod ait Ambrosius de Valentiniano : « Ventrem meum doleo, ut prophetico utar exemplo, quia quem regeneratus eram, amisi. » Ille tamen gratiam quam poposcerat non admisit. Augustinus, in lib. iv De baptismo : « Considerans latronem cui dictum est : Hodie mecum eris in paradiso, invenio non tantum passionem pro nomine Christi id quod ex baptismo deest supplere posse, sed et fidem conversationemque cordis, si forte ad celebrandum mysterium baptismi in angustiis temporum succurri non potest. » Quantum itaque valeat etiam visibili baptismi sacramento quod ait Apostolus : « Corde creditur ad justitiam, ore autem confessio fit ad salutem (*Rom.* x) »; tunc impletur invisibiliter, cum mysterium baptismi non contemptus religionis, sed articulus necessitatis excludit. Sciendum quod Augustinus hanc sententiam non retractavit, ut quidam falso putant, sed illud quod in exemplo dixerat latronem non fuisse baptizatum, quia incertum est utrum fuerit baptizatus an non. Quod ergo alibi ait : Cathecumenum enim quamvis in bonis operibus defunctum vitam habere non credimus, non martyr fuerit. Hæc et his similia de contemnentibus sacramenta baptismi dicta sunt.

« Quod natum est ex carne, caro est; et quod natum est ex spiritu, spiritus est. » Spiritalem nativitatem distinguit a carnali. Ex Spiritu sancto spiritus noster, id est anima, nascitur in Deo, cum ei per gratiam, quæ Spiritus sanctus intelligitur, peccata remittuntur, ne propterea damnationis pœnam incurrat. Non enim caro, sed anima potest vel puniri. »

« Non mireris quia dixi tibi : Oportet vos nasci denuo. Spiritus ubi vult spirat, et vocem ejus audis, et non scis unde veniat et quo vadat. » Sic est omnis qui natus est ex spiritu. Spiritus potestatem habet quibus vult gratiam remissionis impertire, et vocem ejus corporalem audis eo loquente in sanctis prædicatoribus, juxta illud : « Non enim vos estis, qui loquimini, sed Spiritus Patris vestri qui loquitur in vobis (Matth. x). ». Verumtamen ignoras an illa vox per intelligentiam ad quosdam veniat, id est de qua causa eodem Spiritu agente, quidam fortasse minus eruditi vocem illam intelligant, et quo, id est pro quo modo, vadat ab aliis æque pœnitentibus, hoc est sine intelligentia transeat ab illis. Ad hunc modum fit illa nativitas quæ est ex spiritu, te videlicet nesciente, discutere quomodo id Spiritus invisibiliter agat, ubi ipse nihil corporaliter operatur. Ne mireris ergo de hoc, scilicet quod agitur spiritu in illa generatione, si nescias. Vel ita : Spiritus in potestate habet ut cujus vult, cor illustret, et si, te pœnitente, quempiam ad horam repleverit, vocem quidem ejus spiritus audis, sed non scis unde veniat aut quo vadat, id est quomodo cor illius intraverit, vel quomodo redierit. Natura enim invisibilis est. Sic invisibiliter incipit renatus esse agente Spiritu, quod non erat, ita ut infidelis nesciat unde veniat, et quo vadat, in qua gratia veniat in adoptionem filiorum Dei, et vadat in perceptionem cœlestis regni. Quæ quia incognita sunt carnali, iterum quærit.

« Respondit Nicodemus, et dixit ei : Quomodo possunt hæc fieri? Respondit Jesus, et dixit ei : Tu es magister in Israel, et hæc ignoras? » Quid quasi insultabat Dominus magistro? Volebat illum nasci ex spiritu : quod nequit, nisi humilis. Ille autem inflatus erat, et alicujus momenti sibi esse videbatur, quia doctor erat Judæorum.

« Amen, amen dico tibi, quia quod scimus loquimur, et quod vidimus testamur, et testimonium nostrum non accipitis.» Si essent humiles ex spiritu nati, crederent ea quæ Dominus cum prophetis et apostolis testatur foris mundo de his quæ videntur in abscondito Dei. Evangelista Joannes in consuetudine habet geminare Amen in confirmatione divinorum verborum, illud attendens quod Dominus ait : « Sit sermo vester: Est est, » hoc est per duplicitatem nihil dicatis, sed sicut dicitis, proferatis ore, credatis corde. Tale est ergo Amen, amen, ac si diceret : Geminat, id est veritatem tam oris quam cordis pronuntiat.

« Si terrena dixi vobis, et non creditis : quomodo si dixero vobis cœlestia, credetis? » Sensus est : Si non creditis, nec etiam intelligitis quia templum possum suscitare dejectum a vobis, quod terrenum est, quomodo creditis quia per spiritum possunt homines regenerari? Nunc tamen per increpationem invitatum ad humilitatem instruit adhuc de divina et humana sui nativitate, de passione et ascensione et aliis pluribus. Unde sequitur : « Et nemo ascendit in cœlum, nisi qui de cœlo descendit Filius hominis qui est in cœlo. » Nemo ascendit, id est ascendere facit, ad eminentiam supernæ vitæ, nisi qui inde descendit humiliando se, id est Filius Dei, qui est Verbum Patris, nostram assumendo infirmitatem, secundum quam minor dicitur Patre. Descendit, inquam, per hoc filius hominis effectus, qui tamen in cœlo est, hoc est in illa æqualitate Patris quam antea habuit. Assumens quippe quod non erat, non amisit quod erat. Aliter : Deus divinitatem suam non indignam censuit nomine filii hominis, sicut carnem suam dignatus est nomine Filii Dei, ne quasi duo Christi dicerentur. Et ita per distantiam divinitatis et infirmitatis, Filius Dei manebat in cœlo, filius hominis manebat in terra. Per unitatem vero personæ, quæ in duabus naturis unus Christus est, et Filius Dei ambulabat in terra; et idem ipse Filius hominis dicitur descendisse de cœlo, et ante passionem fuisse in cœlo. Sensus ergo est : Nemo ascendit in cœlum, nisi Christus in corpore suo, quod est Ecclesia. Propterea namque descendit, ut in cœlo et cum illo unum essent qui per illum ascensuri erant. Dominus ascendit ; corpus autem non ascendit, sed levatum est in cœlum illo levante qui ascendit. Si quis enim descendit, verbi gratia de monte nudus; cum autem ascenderit, vestiat se recte : utique dicimus nemo ascendit nisi qui descendit; nec vestem consideramus quam secum levavit, sed ipsum qui vestitus est solum dicimus ascendisse.

« Et sicut Moyses exaltavit serpentem in deserto, ita exaltari oportet Filium hominis, ut omnis qui credit in ipsum, non pereat, sed habeat vitam æternam. ». Pertæsus in eremo longi laboris populus Dei murmuravit contra Dominum et Moysen. Ideoque Dominus immisit in illum ignitos serpentes. Cum igitur Moyses orasset, jussit eum Dominus facere serpentem æneum, et plagis percussos aspicere in eum, ut viverent. Qui sunt serpentes mordentes? Peccata. Quis serpens exaltatus? Mortuus Dominus in cruce, qui per effigiem serpentis figuratur, quia a serpente mors. Liberantur ergo qui eum in fide intuentur a plagis ignitorum serpentium, id est ab incentivis vitiorum, quæ animam pungunt in mortem.

Quid sit baptismus, et quare sacramentum institutum sit baptismi.

Quæritur a nonnullis quid sit baptismus, et quare institutum sit sacramentum baptismi. Baptismus itaque est aqua diluendis criminibus sanctificata per verbum Dei. (AUGUSTINUS). Aqua enim sola elementum esse potest ; sacramentum esse non potest, donec accedat verbum ad elementum, ut sit sacramentum. Quæritur quare institutum sit baptismi sacramentum, et quare circumcisio, quæ loco illius posita fuisse putatur, succedente baptismo ablata sit, vel mutata. Nam si olim per circumcisionem, similiter ut nunc per baptismum, peccata dimittebantur, quid necesse fuit ut ipsa circumcisio, succedente baptismi sacramento, mutaretur? Cur autem accepta minus profuisse credatur, qui neglecta non minus nocuisse affirmatur? Sicut enim nunc per Evangelium dicitur : « Nisi quis renatus fuerit ex aqua et Spiritu sancto, non intrabit in regnum Dei (*Joan.* III); » ita olim per legem dicebatur : « Masculus cujus caro præputii circumcisa non fuerit, peribit anima illa de populo suo (*Gen.* XVII), » nisi forte in hoc quod ille qui non est baptizatus, a regno Dei excludendus dicitur, ille vero qui non est circumcisus, periturus memoratur. Quis velit intelligere propterea baptismum aliquid amplius conferre, quam circumcisionem, quia circumcisio suscepta a perditione tantum potuit liberare, baptismus vero renatos etiam ad gloriam perducere potest. Nam illi antiqui Patres, qui sacramenti circumcisionis justificationem præceperant, a perditione quidem servabantur, sed ad gloriam regni non ducebantur, donec veniret ille qui sanguine suo frameam igneam exstinguens, aditum paradisi rursum patefaceret, et credentibus in se omnibus regni cœlestis januam ipse præcedens primus aperiret. Sed sciendum quod nullus nunquam ab initio sit salvatus, nisi aliquo modo baptizatus. Aliqui namque baptizati sunt, ut Abel in sanguinis effusione; plurimi in figura, ut Noe in diluvii effusione; plerique in signo, ut Abraham et sua posteritas; multi in Spiritu sancto, ut Christiani in aquæ immersione. In hoc baptismus amplius confert, quia renatos hinc exeuntes, statim ad regnum mittit : quod tamen ex virtute sanguinis fusi ipsam aquam sanctificantis condonatur.

Si igitur quis dicere velit idcirco circumcisionem baptismo mutatam ut in baptismo perficeretur quod circumcisio implere non potuit, fortassis videbitur convenienter illi responderi posse, quia hoc quod amplius non est in baptismo, ex baptismo non est, sed ex passione Christi baptismum sanctificante impletum. Idem vero circumcisionem facere potuisse, si illi passio Christi in cooperationem sanctificationis adjuncta fuisset. Nam in baptismo, quantum scilicet spectat ad virtutem baptismi, similiter ut in circumcisione, remissio tuorum percipitur peccatorum, quia sicut dictum est quod justificatis postea aditus patriæ cœlestis panditur, cruce Christi condonatur. Quæ remissio peccatorum duodecies fieri posse a doctoribus innuitur. Prima siquidem remissio est qua baptizamur in aqua, secundum illud : « Nisi quis renatus fuerit ex aqua et Spiritu sancto, non potest videre regnum Dei (*Joan.* III). » Secunda, charitatis affectio, ut est illud : « Remittuntur ei peccata multa, quia dilexit multum (*Luc.* VII). » Tertia, eleemosynarum fructus, secundum hoc : « Sicut aqua exstinguit ignem, ita eleemosyna exstinguit peccatum (*Eccli.* III). » Quarta, profusio lacrymarum, Domino dicente : « Quia flevit in conspectu meo, et ambulavit tristis coram me, non inducam mala in diebus illis (*III Reg.* XXI). » Quinta, criminum confessio, Psalmista dicente : « Dixi : confitebor injustitias meas Domino, et tu remisisti impietatem peccati mei (*Psal.* XXXI). » Sexta est cordis et corporis afflictio, Apostolo consolante : « Dedi hujusmodi hominem Satanæ, ut spiritus salvus fiat in die Domini (*I Cor.* V); » septima est enim datio morum, hoc est abrenuntiatio peccatorum, Evangelio contestante : « Jam sanus factus es, noli ultra peccare, ne quid tibi deterius contingat (*Joan.* V). » Octava est intercessio sanctorum. Unde illud : « Si quis infirmatur, introducat presbyteros Ecclesiæ, et orent pro eo. Multum enim valet deprecatio justi assidua (*Jac.* V). » Nona est misericordia, ac fidei meritum; unde est hoc : « Beati misericordes, quoniam ipsi misericordiam consequentur (*Matth.* V). » Decima est conversatio et salutatio alienorum, Jacobo confirmante : « Qui converti fecerit peccatorem ab errore viæ suæ, salvabit animam ejus a morte, » etc. (*Jac.* V). Sed melius tibi est ut infirmus sis, et solitariam vitam ducere, quam cum plurimis perire. Undecima est indulgentia et remissio nostra, veritate Christo permittente et dicente : « Dimittite, et dimittetur vobis (*Luc.* VI). » Duodecima est passio martyrum, spes unica salutis indulgentiæ crucifixo latroni, Domino dicente : « Amen, amen dico tibi, hodie mecum eris in paradiso (*Luc.* XXIII).

Omnia itaque sacramenta quædam esse signa ejus quæ per illa datur gratiæ spiritualis constat. Oportet autem ut, secundum processum temporum, spiritualium gratiarum signa magis ac magis semper evidentia ac declaranda formarentur, ut cum effectu salutis cresceret cognitio veritatis. Itaque sub lege naturali primum data sunt sacramenta, decimationes, sacrificia, et oblationes, ut in decimatione quidem peccatorum remissio, in sacrificiis vero carnis mortificatio, in oblatione autem doni operis exhibitio signaretur. Sed erat obscura significatio hæc in sacramento decimationis, ubi homo de his quæ possidebat, partem obtulit, partem retinuit, ut ad hunc modum in eo quod erat quod imperfectionis et defectus fuit sibi tribueret; quod vero ad bonitatem spectabat, Deo imputaret. Hoc sibi voluerunt novæ partes retentæ; quia novenarius signum est imperfectionis, a denario perfecto deficiens. Propterea autem quia obscurum signum fuit emendationis in decimatione, data est circumcisio, ut virtutem justificationis evidentius demonstraret, quando dictum est homini ut portionem carnis suæ non quidem superfluam, sed illius quod superfluum erat in homine signum auferret, ut per hoc agnosceret quia culpam quam natura per illam partem corporis traheret, gratia per sacramentum circumcisionis emundaret. Sed quia circumcisio tantum quæ foris sunt enormitates amputare potest, eas vero quæ intrinsecus sunt pollutionum sordes mundare non potest; venit post circumcisionem lavacrum aquæ, totum purgans, ut perfecta justitia præsignaretur. Rursum quia prioris populi qui sub timore serviebat mundatio laboriosa fuit, propterea sacramentum circumcisionis in carne, quod dolorem habet, illi datum est; novo autem populo qui voluntate et dilectione servit, sacramentum justificationis in lavacro aquæ, quæ suavem habet purificationem, propositum est.

EXPLICIT PARS PRIMA.

INCIPIUNT CAPITULA
LIBRI SECUNDI DEFLORATIONUM PATRUM
DOMINI WERNERI ABBATIS
A DOMINICA PRIMA POST OCTAVAS PENTECOSTES USQUE AD ADVENTUM DOMINI.

I. *Expositio duplex super evangelium* : « Quidam homo erat dives. » *Et de perdice ave. Deinde alius sermo de pœnis animarum. Item de locis pœniarum. Item, sermo de divite et paupere.*

II. *Expositio duplex super evangelium* : « Homo quidam fecit cœnam magnam. *Item, sermo de corpore Domini in quatuor partes divisus. De sacramento corporis et sanguinis Christi. Quando institutum est sacramentum corporis et sanguinis Christi. Utrum mortale an immortale corpus suum tradiderit. Si corpus Christi fuit, quod Judas per intinctam buccellam accepit. Quod sacramentum altaris et figura est quantum ad panis speciem et vini, et res est quantum ad corporis Christi veritatem. Tria esse in sacramento altaris: panis et vini speciem, corporis Christi veritatem, gratiam spiritualem. Quare in specie panis et vini sacramentum corporis et sanguinis sui instituerit. Qualiter intelligenda est mutatio panis et vini in corpus Christi. Quod corpus Christi, quando dividi videtur secundum solam speciem dividitur, secundum ipsum autem integrum manet, et sicut singulis partibus totum, sic in divisis locis unum et idem ipsum est. Quid significent tres portiones illæ, quæ de corpore Christi in sacramento altaris fiunt. Quod ea quæ in corpore Christi indigna videntur, secundum speciem solam fiant. Quid fiat de corpore Christi, et de corpore, et corporali ejus præsentia post susceptionem sacramenti.*

III. *Expositio super evangelium* : « Erant appropinquantes ad Jesum publicani. » *Item, sermo de lapsu primi hominis, et quæstio : si non habebat perseverantiam, quomodo sine vitio fuerit? De eo quoque qualem gratiam acceperit, et de aliis pluribus causis; de pœnitentia, de invidia.*

IV. *Expositio super evangelium* : « Estote misericordes. » *Item sermo de alternatione misericordiæ et veritatis hinc inde se accusantis ac defendentis. De amatoribus misericordiæ. De hypocritis.*

V. *Expositio super evangelium* : « Cum turbæ irruerent. » *Item sermo de Ecclesia. Item, de eodem, de ecclesiasticis doctoribus, de doctrina et eorum exemplis, de his qui bene docent, et male vivunt, de iracundis doctoribus; de superbis doctoribus; de doctrinæ discretione; de silentio doctorum.*

VI. *Expositio super evangelium* : « Amen dico vobis, nisi abundaverit. » *Item, sermo de ira, et de qualitate tormentorum gehennalium. Item, de gehenna, quod corporeus ignis gehennæ non tantum corpus cruciabit, sed etiam spiritum; et quod ignis gehennæ ad aliquem lucebit; ad aliquem non; et quod ignis gehennæ ab initio creatus sit. Item, de muneribus.*

VII. *Expositio duplex super evangelium* : « Misereor super turbam. » *Item, sermo de quinque septennis. Item, de septem petitionibus contra septem vitia. Item de petitionibus quæ conveniant præsenti vitæ, et quæ futuræ.*

VIII. *Expositio super evangelium* : « Attendite a falsis prophetis. » *Item, sermo de mendacio. Item, de falsis prophetis. Item de bono et malo; et alius de eodem.*

IX. *Expositio super evangelium* : « Homo quidam erat dives, qui habebat villicum. » *Item, sermo de quatuor debitoribus. Item, de misericordia.*

X. *Expositio duplex super evangelium* : « Cum appropinquaret Dominus Hierosolymam, videns. » *Item, sermo de Elia et Jezabel. Item, de verbis Sapientiæ* : « Transite ad me, omnes. »

XI. *Expositio duplex super evangelium* : « Duo homines ascenderunt in templum. *Item sermo de verbis David* : « Ascensiones in corde suo disposuit; *et de tribus ascensionibus et descensionibus. Item de jactantia et de compunctione.*

XII. *Expositio duplex super evangelium* : « Exiens Jesus de finibus Tyri. » *Item, sermo de sacerdotibus, et sex ætatibus sæculi, et de sacramentis baptismi in duas partes divisis.*

XIII. *Expositio duplex super evangelium* : « Beati oculi qui vident quæ vos videtis. « *Item, sermo de verbis* : « Egredimini, filiæ Sion. » *Et de tribus visionibus Christi. Item, alius sermo de prædictis verbis* : « Egredimini. » *Item, de verbis sancti Augustini, quibus nonnulli inconsiderate affirmant justos in futuro Dei regno Deum visuros corporeis oculis. Item, quomodo sanctus Augustinus ponit et exponit dicta sancti Ambrosii de eadem quæstione. Item, sententiæ Cassiodori et Hieronymi de visione Dei futura.*

XIV. *Expositio super evangelium* : « Dum iret Jesus in Jerusalem transiebat. » *Item sermo de septem speciebus lepræ. Item, moralitas de Naaman Syro, et de septem lavationibus in Jordane.*

XV. *Expositio super evangelium* : « Nemo potest duobus dominis servire. » *Item* : *Collatio Dei cum diabolo de jure Dei et hominis. Item de duobus dominis, et duabus civitatibus, etc. Item, de avibus exempla, de hirundine, de cornice, de aquila, de fulica, de turture, de vulture, de apibus, de luscinia, de noctua, de vespertilione, de gallo. Item, exempla de herbis, de lilia, de olea, de absynthio, de helleboro, de aconita, et cæteris.*

XVI. *Expositio super evangelium* : « Ibat Jesus in

civitatem Naim. » Item, sermo de morientibus; et de exitu animarum sermo in duo divisus. Item, de morte, quid sit mors; et de tribus generibus mortis. Item de origine animæ.

XVII. Expositio super evangelium : « Cum intraret Jesus in domum. » Item, sermo de avaritia. Item, de duobus generibus humilitatis, et de humilitate Scripturas legentium. Item de commendatione humilitatis, et de invectione in superbiam, ac de duobus generibus elationis.

XVIII. Expositio supra evangelium : « Accesserunt ad Jesum Sadducæi. » Item, sermo de charitate in duo divisus. Item, de anima, quare dicatur anima, et de appellatione animi, de mentis appellatione, de spiritus appellatione, et de diffinitione animæ.

XIX. Expositio super evangelium : « Ascendens Jesus in naviculam transfretavit. » Item, sermo de fide, quid sit fides, quid cognitio fidei; et de tribus gradibus utriusque. Item, de remissione peccatorum, et si sacerdotes, qui homines sunt, peccata dimittere possint, sermo in tres partes divisus.

XX. Expositio duplex super evangelium : « Loquebatur Jesus cum discipulis suis in parabolis. » Item, sermo de sacramento conjugii, et de origine conjugii et causa institutionis, et de duplici institutione conjugii.

XXI. Expositio super evangelium : « Erat quidam regulus. » Item, sermo de flagellis Dei et de gemina percussione. Item, de infirmitate carnis, et de tolerantia divina correptionis.

XXII. Expositio duplex super evangelium : « Simile est regnum cœlorum homini regi qui fecit. » Item, sermo de remissione peccatorum in duas partes divisus.

XXIII. Expositio super evangelium : « Cum sublevasset » reservatur in mediam Quadragesimam. Item, sermones duo ad eamdem Dominicam pertinentes. Item, sermones de quinque gradibus exercitationis quibus justi in hac vita exercentur, et de quinque statibus mutabilitatis hujus vitæ, et de quinque virtutibus animæ.

XXIV. Expositio super evangelium in Dedicatione ecclesiæ : « Ingressus Jesus perambulabat. » Item, sermones in Dedicatione Ecclesiæ : Primus, de his quæ visibiliter aguntur in ea; deinde de mysterio eorum, qui dividitur in duas partes; secundus, de eodem et de tribus silentiis, atque aliis ecclesiasticis mysteriis; tertius, de eodem, et de septem columnis Sapientiæ, atque aliis pluribus mysteriis Ecclesiæ divisus in duas partes; quartus, de eodem, et de mysterio dormitionis Adæ, et de foraminibus petræ, ac de mensa propositionis, atque aliis pluribus significationibus; quintus, de eodem et de visione Ezechielis, ubi assumptus fuerat a spiritu, et ductus in montem, et de duodecim gemmis, ac de significatione ecclesiasticarum rerum, divisus in duas partes; sextus de eodem, et de tribus dedicationibus Salomonis Jesu sacerdotis, et Judæ Machabæi, et de mysteriis earum, divisus in duas partes; septimus sermo est proprie pertinens ad altaris dedicationem, in quo notantur diversi gradus eorum, qui sunt in activa et in contemplativa vita, et de duobus altariis holocausti et incensi, ac eorum unctione, atque alia quamplurima multum utilia; et hic dividitur in duas partes.

Expliciunt capitula libri secundi.

INCIPIUNT

ABBREVIATÆ EXPOSITIONES

DOMINICALIUM EVANGELIORUM

LIBRI II DEFLORATIONUM.

DOMINICA I. POST OCTAVAM PENTECOSTES.

Secundum Lucam.

« Homo quidam erat dives, et induebatur purpura et bysso, et epulabatur quotidie splendide, » etc. (*Luc.* XVI.) In divitiis notatur concupiscentia oculorum; in pretiosis vestibus, superbia vitæ; in splendida epulatione, concupiscentia carnis. Idcirco dives iste, quasi ignotus apud Deum, nomine non designatur. Quæ est ista aviditas, cum ipsæ belluæ modum habeant. Tunc enim rapiunt, quando esuriunt; parcunt vero prædæ, cum sentiunt saturitatem. Inexplebilis est avaritia divitum, semper rapit, et nunquam satiatur, nec Deum timet, nec hominem reveretur. Non patri parcit, non matrem agnoscit, non fratri obtemperat, non amico fidem servat. Viduam opprimit, pupilli rem invadit. Quæ est insania acquirere aurum et perdere cœlum ? Hic tamen non abstulisse aliena reprehenditur, sed propria non dedisse, quamvis in lege non tenacia, sed rapina damnetur. Conchulæ marinæ ferro circumcisæ lacrymas purpureas emittunt, quibus lana tinguitur, unde purpura texitur. Byssum vero genus est lini candidissimi et mollissimi, quod Græci papaten vocant.

« Et erat quidam mendicus, nomine Lazarus, qui jacebat ad januam ejus, ulceribus plenus, cupiens saturari de micis quæ cadebant de mensa divitis, et nemo illi dabat. Sed et canes veniebant, et lingebant ulcera ejus. » Nec a se canes removere poterat, nec visitator erat qui removeret. Nota cum parabolæ propria non ponant nomina, et Dominus per humilitatis approbationem pauperis hujus nomen dicat, non parabola, sed rei gestæ narratio hæc est. Mendici hujus ulcera dives fastidiosus exhorret, ne inter pretiosas epulas unguentatosque convivas fetorem ulcerum lambentibus canibus sustineat. Cum ergo ante januam jaceret, ex visione pauperis diviti non miserenti cumulus damnationis infertur, et rursum ex visione divitis tentatus quotidie pauper probatur. Quem ad majorem ipsius probationem paupertas simul et ægritudo, et visa divitis copia, et nulla sibi adhibita consolatio afficiunt. Cavendum ergo ne pauperes despiciamus, etsi quæ in eis reprehensibilia videmus, quia fortasse quos morum infirmitas vulnerat, medicina paupertatis curat.

« Factum est autem ut moreretur mendicus et portaretur ab angelis in sinum Abrahæ. Mortuus autem et dives et sepultus est in inferno. » Sinus Abrahæ requies est beatorum pauperum ; sepultura inferni superbis et immisericordibus est profunditas pœnarum. Unde Gregorius in lib. XII Job : Non justorum animas ad infernum dicimus descendisse, ut in locis pœnalibus tenerentur, sed ut in superioribus requiescerent. Idem, XIII : Tædium, quo justi desiderabant videre Salvatorem, vocat Job tenebras, ubi ait : « In tenebris stravi lectulum meum (Job XVII). » Idem, in octo : « Sicut nubes consumitur et pertransit, sic qui descendit ad inferos non ascendet (Job VII). » Ac si aperte loqueretur Job, dicens : In altum currendo deficit qui superbiendo ad interitum tendit. Quem si semel culpa ad pœnam pertrahit, misericordia ulterius ad veniam non reducit.

« Elevans autem oculos suos, cum esset in tormentis, vidit Abraham a longe, et Lazarum in sinu ejus. » Cum dicimus Abraham, secundum fidem patrem nostrum, cœtus credentium, liberator exspectantium, sinus erat Abrahæ, ad quem ministerio angelorum directus fuit Lazarus, de mendico dives factus. Infideles autem pro varietate culparum per diversas mansiones in imo pœnarum positi fideles super se in requie a longe conspiciunt, quia illuc per meritum non attingunt.

« Et ipse clamans dixit : Pater Abraham, miserere mei et mitte Lazarum, ut intingat extremum digiti sui in aquam, ut refrigeret linguam meam, quia crucior in hac flamma. » Sicut Divinitas figurate per translationem oculos, linguam, digitos, cæteraque humana membra dicitur habere, ita animæ a corporibus separatæ. Petit ergo dives linguam suam refrigerari, id est pœnam quam cum lingua sua meruit, laxari. In conviviis enim quia loquacitas solet abundare, perhibetur dives ex lingua graviter ardere. Optat igitur ab extremo digiti se tangi, id est operatione justorum vel ultima recreari, et sic per aquam gratiæ Dei misericorditer sibi subveniri.

« Et dixit illi Abraham : Fili, recordare quia recepisti bona in vita tua, et Lazarus similiter mala. Nunc autem hic consolatur ; tu vero cruciaris. » Torquetur ante judicium, quia luxurioso carere deliciis pœna est. Abraham cæterique patres fideles, nequaquam secundum carnem filios a tormentis liberare student quos a fide deviasse considerant. Forte dives iste aliquid boni habuit quod felicitas transeuntis vitæ remuneravit, et Lazarus aliquid mali quod ignis inopiæ purgavit. Vel in hoc recepit dona, quia suum gaudium felicitatem transitoriam putavit. Justi vero, etsi in mundo bona habeant, quia ad æterna sanctis desideriis æstuant, quæ adsunt minime bona videntur.

« Et in his omnibus inter nos et vos chaos magnum firmatum est, ut hi qui volunt hic transire ad vos non possint, neque inde huc transmeare. » Chaos sive chaus, ut veteres codices habent, significat perpetuam dissimilitudinem, ut inter bonorum malorumque voluntates, quia post mortem non poterunt merita mutari. Non est dubium quin reprobi a pœnis transire cuperent, sicut adhuc faciunt ad sortem beatorum. Transire autem justorum est mente ire per misericordiam ad positos in tormentis, eosque velle liberare. Sed non possunt, quia justorum animæ, quamvis in suæ naturæ bonitate misericordiam habeant, tanta tamen rectitudine Auctoris sui constringuntur, ut nulla compassione ad reprobos moveantur. Aliter : Justi transire volunt, id est existimantur a multis transire velle ad illos præsertim eripiendos a pœnis qui eis in hac vita majori affectu jungebantur.

« Et ait : Rogo ergo te, pater, ut mittas eum in domum patris mei : Habeo enim ibi quinque fratres, ut testetur illis ne et ipsi veniant in locum hunc tormentorum. » Postquam ardenti de se spes tollitur, animus ad propinquos recurrit, quia reproborum mentem pœna sua quandoque inutiliter erudit ad charitatem, ut jam tunc suos etiam spiritualiter diligant, qui, dum peccata diligerent, nec se amabant. Servantur ergo diviti ad pœnam et cognitio pauperis quem despexit, et memoria fratrum quos reliquit. Et boni siquidem bonos, et mali malos, et boni malos, et mali cognoscunt bonos. In qua videlicet cognitione utriusque partis cumulus retributionis excrescit, ut et boni amplius gaudeant, quia secum lætari conspiciunt quos amaverunt, et mali, dum cum eis torqueantur quos in hoc mundo dilexerunt, eos non solum sua, sed etiam eorum pœna consumat. Fit autem in electis quiddam mirabilius, quia non solum eos agnoscunt quos hic noverant, sed velut visos ac cognitos recognoscunt bonos quos nunquam viderant.

« Et ait illi Abraham : Habent Moysen et prophetas : audiant illos. At ille dixit : Non, pater Abraham, sed si quis ex mortuis ierit ad eos, pœnitentiam agent. » Dives iste serus magister incipit esse, cum jam nec discendi tempus habet nec docendi. Et quia verba Dei despexerat, hæc audire suos sequaces non posse existimat.

« Ait autem illi : Si Moysen et prophetas non audiunt, neque si quis ex mortuis resurrexerit, credent. » Qui verba legis despiciunt, resuscitato credero renuunt. Iste dives Judaicum populum significat, qui cultum vitæ exterius habuit, et acceptæ legis deliciis inutiliter usus fuit. Lazarus ulceribus plenus gentilis est populus, qui dum conversus ad Deum peccata confitetur, virus quod intus latebat quasi rupta cute foras emittit. Lazarus cupiebat micas divitis, et nemo illi dabat, quia gentilem populum superbus Israel despiciebat. Qui dum de doctrina legis quasi de acceptis opibus tumuit, verba fluebant ei de scientia quasi micæ cadentes de mensa. Canes in sacro eloquio solent intelligi prædicatores, qui dum peccata confitentes instruunt, quasi vulnus mentis per linguam tangunt. Et dum loquendo a peccatis corripiunt, ad salutem reducunt, sicut canes curant vulnera, dum ea tangunt lingua. Unde bene Lazarus interpretatur *adjutus*, quia illi gentiles adjuvant, qui eorum vulnera per linguæ correctionem curant. Potest etiam per linctionem canum lingua signari adulantium, qui vulnera lingunt, dum mala nostra improbo favore attollunt. Abrahæ sinus significat cœlorum requiem, in qua recumbunt venientes ab oriente et occidente cum Abraham et Isaac et Jacob, sed filii regni hujus purpura et bysso induti foras ejicientur. Infidelis populus legem in ore tenuit, sed opere servare contempsit, et illo amplius ardebit. Dives in hac vita guttam aquæ mendicans in altera dicit se habere quinque fratres, quia Judaicus populus ex magna jam parte damnatus, novit sequaces suos super terram relictos, quinque libris Moysi carnaliter intellectis, vel quinque sensibus corporis deditos. Quomodo ergo in quinque virginibus, et in centum quinquaginta tribus piscibus innumera multitudo sanctorum intelligitur, ita in quinque fratribus divitis multa millia populi Judæorum intelliguntur, quos ad spiritalem intelligentiam non assurgere gemit. Optat igitur ad eos mitti Lazarum, sive alium de fidelibus; sed non ei credent si Moysen et prophetas non audiunt. Ex mortuis Dominus resurrexit, sed Judaicus populus, quia Moysi non credidit, Domino credere contempsit. Cumque Moysis verba spiritualiter intelligere renuit, ad eum quem Moyses prædixerat non pervenit. Unde Veritas : « Si crederetis, inquit, Moysi, crederetis utique et mihi (*Joan.* v). »

Expositio de eodem.

« Multi dicunt : Quis ostendit nobis bona ? » (*Psal.* IV). Revera, charissimi, multi verba Dei audire cupiunt, sed, heu ! qui dicant pauci sunt, imo (quod gravius est) plerique dum verbum vitæ proferre nolunt aut nesciunt, eos odiis persequuntur qui bona dicunt vel faciunt. Hi in tantum veritatem Christi abominantur, quod etiam de eo loqui audire dedignantur. Et quia eos verbum vitæ cruciat, utique Verbum Dei Christus, eos tantum a regno quo quantum tenebras a luce disgregat. Et cum a regno Dei excludantur, necesse est per omnia ut tartareo carcere cum diabolo auctore invidiæ includantur. Si nulla Scriptura esset, nisi hodiernum Evangelium sufficeret fidelibus ad vitæ exemplum. Refert namque Dominus quod quidam homo magnis divitiis affluxerit, quotidie solemnes epulas duxerit, pauperi Lazaro, insuper ulceroso, micas de mensa cadentes denegaverit. Qui mortuus inferno mancipatur. Lazarus vero in sinu Abrahæ collocatur. Dives ergo dum se graviter flammis cruciari, Lazarum vero cerneret gremio Abrahæ lætari, magno ejulatu Abraham postulat ut Lazarum mittat qui minimo digito guttam aquæ instillat, et linguam ejus ardentem refrigeret. Sed quia hic mendico denegavit panis micam, ibi ipse mendicus non meruit aquæ guttam. Postquam vero de se desperavit, pro salute fratrum rogavit. Quos Abraham scripta Moysi et prophetarum habere indicavit, quibus si non crederent, nec mortuis, si ad eos irent, credituros affirmavit (*Luc.* XVI). Hic homo rex fuisse insinuatur, cum purpura vestitus memoratur, quia olim soli reges purpura utebantur. Sed quia rex a regendo dictus est, et ipse servus peccati vitiis erat subjectus, non rex sed homo appellatur, quia voracitati tantum et libidini, ut animal irrationale famulabatur. Cujus nomen illo non exprimitur, quia libro viventium cum justis non scribitur. Lazarus autem pauper nominatur, quia nomen ejus in cœlo scriptum inveniebatur. Dives in inferno sepultus legitur, quia infernus sub terra esse fertur, et qui ibi mergitur, terra cooperitur, sicut corpus pulvere, cum in tumulo sepelitur. Sinus autem Abrahæ erat locus a pœnis quietus, in quo Christum exspectabat sanctorum cœtus. Ante Christi quippe adventum omnes descenderunt ad infernum. Et si Abraham cum Lazaro apud inferos fuit, quæritur quomodo dives elevatis oculis eos a longe viderit (*ibid.*). Duo inferni leguntur, inferior et superior. Inferior in quo animæ reproborum torquebantur, superior in quo electi Christum præstolabantur. De inferiori scribitur : « Eruisti animam meam ex inferno inferiori (*Psal.* LXXXV); » de superiori autem : « Educ de inferno animam meam ad confitendum tuo nomini (*Psal.* CXLI). » In inferiori, novem speciales pœnæ esse feruntur, scilicet ignis inexstinguibilis, horror frigoris incomparabilis, vermes immortales, fetor intolerabilis, mallei percutientes, tenebræ palpabiles, confusio peccatorum, visio dæmonum, et auditio insultantium, ignea vincula singulorum membrorum. Superior autem infernus erat ultima pars terræ, locus inferno vicinus, sed a pœnis disjunctus, in quo justi potuerunt a malis conspici qui erant in inferiori. Quidam dubitant utrum se animæ in illa vita cognoscant. Sed cum dives Abraham cognoverit quem nunquam ante viderat, constat quod mali bonos ibi agnoscant. Cum vero Abraham divitem ibi cognoverit, quem ante nunquam viderat, patet quod etiam boni malos ibi agnoscant. Rursum quæritur utrum justorum animæ quidquam de viventibus intelligant, vel animæ pravorum aliquid de vivis sentiant. Sed cum Abraham dicat, « Recepisti bona in vita tua et Lazarus mala, » constat quod boni homines actus viventium aspiciant; præsertim eum se invocantibus continuo subveniant.

Cum vero dives pro fratribus male viventibus preces fundat, patet quod damnati quædam non tamen omnia de vivis sciant. Ante judicium autem reprobi electos in gaudio conspiciunt ut magis doleant quod hoc assequi neglexerunt, aspiciunt electi et reprobos in supplicio, ut amplius gaudeant quod hoc Dei gratia adjuvante evaserunt. Post judicium vero boni semper quidem malos videbunt; mali autem nunquam bonos videbunt. Notandum vero quod is linguæ specialiter petit refrigerium (*Luc.* xvi), quem in omnibus membris coquebat incendium. Per hoc datur intelligi quemlibet in eo membro amplius tormenta passurum, in quo majorem exercuit peccandi usum. Et quia hic deditur edacitati, jugiter inserviebat loquacitati, juste dicitur in lingua plus cruciari quam semper laxabat inania fari.

Et notandum quod nulli legitur quidquam rapuisse, sed tantummodo propria non tribuisse. Et si is, fratres, tanto supplicio plectitur qui propria minime largitur, quid de his est sentiendum qui semper parati sunt ad rapiendum? Dicit Scriptura de otiose comedentibus : « Sulci clamabunt adversus eos (*Job* xxxi), » de furibus autem et rapacibus : « Terra convertetur eis in picem ardentem et sulphur (*Isa.* xxxiv). » Hic dives aliqua bona pro humana laude fecit, et bonam mercedem horum pro bona temporalia recepit ; Lazarus vero aliqua mala gesserat, quæ hic dolore corporis luerat. (GREGORIUS.) Pensate, quæso, charissimi, quam districta sunt judicia Dei. Ecce guttam aquæ petit, qui micas panis non dedit. Et quia micas negavit, guttam non impetravit. Unde vos, domini mei, quibus Deus concessit divitias hujus sæculi, cavete ne vos divitiæ ut servos possideant, et a veris divitiis vacuos ad tartara pertrahant. Possidete vos divitias egenis distribuendo, et veras divitias per has fallaces acquirendo. Non est malum divitias habere, sed valde grave est eas in pravum usum contorquere. David enim et Ezechias atque Josias, ut puta reges, aliique eorum similes, multas divitias possederunt, sed per eas indeficientes sibi comparaverunt. Cyrus et Antiochus illisque consimiles viri divitiarum erant, quia eas ad superbiam et luxuriam converterunt. Et quia hic suum regnum cœlorum habuerunt, obeuntes nihil in manibus suis invenerunt, sed cum illo divite in æterna egestate dolebunt. De talibus dicitur : « Facilius est camelum per foramen acus transire, quam divitem intrare in regnum cœlorum (*Matth.* xix). » Narrat Dominus cuidam plurimas divitias affluxisse, huncque destructis horreis majora construxisse, atque illic omnibus bonis collectis animæ suæ dixisse ut epularetur, lætaretur, quia multos annos victurus esset, et in his bonis lætos dies deliciis ducturus. Eadem nocte infelix mortuus alienis divitias suas reliquit ; ipse sola peccata secum portans, tartara subivit (*Luc.* xii). Quid huic profuerunt divitiæ qui his neglexerit æternas acquirere ?

In quatuor autem species dividuntur homines : Quidam divites, ut Abraham et Job, salvantur ; quidam vero divites, ut Cenchires, Pharaon et Nabuchodonosor, damnantur; quidam pauperes, ut Lazarus et monachi, ditabuntur ; quidam autem, ut Judas aliique fraudulenti, miseriis æternis traduntur. Dives etiam, qui purpura et bysso induebatur, est Judaicus populus, qui regno et sacerdotio legis gloriabatur. Per purpuram quippe regnum, per byssum designatur sacerdotium. Hic quotidie splendide epulabatur, dum in exteriori cultu de ferculis legis et prophetarum saginabatur. Per pauperem vero gentilis populus præfiguratur, qui ulceribus peccatorum sauciabatur. Hic micas de mensa cadentes non accipiebat, quia nec minimam sententiam de sacra Scriptura audiebat. Canes autem venientes ulcera ejus lingebant, quia apostoli canes Dei, eum copiose legem Dei instruebant, ulcera peccatorum medicamine pœnitentiæ claudebant. Hic mortuus in sinum Abrahæ portatur, dives in inferno tumulatur, quia « multi fideles ab oriente venient et occidente, et cum Abraham et Isaac et Jacob in regno cœlorum recumbent; filii autem regni, » scilicet perfidi Judæi, « ejicientur in tenebras exteriores (*Matth.* viii) », quia non crediderunt Moysi nec prophetis, nec Christo resurgentia mortuis. Nunc quoque bella leguntur regum et victoriæ illorum, ut per hæc instruamur peccata debellare, et victores existere vitiorum. Legitur autem quod quidam vir duas uxores habuerit, quarum una fecunda, altera sterilis fuerit, et tandem sterilis Samuelem genuerit (*I Reg.* v). Qui Heli sacerdotio, Saulem abdicavit a regno, David ungens oleo, sublimavit sceptro. Qui David Goliath fortem funda et lapide stravit, proprio ense caput amputavit, plurimis desudavit, devictis hostibus egregium Domino tabernaculum præparavit ; cujus filius Salomon templum toto orbe famosum constituit, pacem omnibus gentibus. Vir qui sibi duas uxores copulavit, est Deus, qui Synagogam et Ecclesiam sibi desponsavit. Ex quibus Synagoga fecunda fuit, quia Judaicum populum, ad carnales cæremonias generavit ; Ecclesia autem diu sterilis filium, scilicet Christianum populum ad spirituales observantias generavit, qui Heli a sacerdotio, et Saul a regno repudiaverunt, quia Judaicum incredulum populum a Christi sacerdotio et gentilem populum fideles persequentem a regno Dei alienat ; David, autem verum scilicet desiderabilem Christum, a Patre oleo lætitiæ præ omnibus consortibus unctum regem olim adorat. Hic fortem Goliath funda dejecit (*I Reg.* vii), dum fortem diabolum sua humanitate confregit. Funda quippe erat circumdata Christi humanitas, passionibus circumrotata. Lapis qui frontem Goliath penetravit, erat divinitas, quæ maxillam Leviathan perforavit. Porro mucrone caput ejus desecuit, dum per reges et philosophos, utique arma ejus, ad fidem conversos diaboli vires enervans ab idolatria depulit. Hic David multa bella constituit, dum milites suos apostolos et martyres debellare Judæos, paganos et hæreticos instituit. Prostratis hostibus, fecit Domino tabernaculum. In cujus regis militia, charissimi, contra vitia armis virtutum pugnemus, ut vitæ præmio laureati in superno regno triumphemus. Militia est enim vita hominis super terram, et sicut mercenarii dies ejus. Miles militat pro beneficio; mercenarius laborat pro annuo præmio. Ita nos, dilectissimi, militemus pro æterni Regis beneficio, desudemus pro perennis vitæ præmio. David gessit typum Christi, hic cum hominibus conversantis, et pro sponsa sua, scilicet Ecclesia, contra hostes dimicantis. Salomon expressit ejus figuram, jam in gloria Patris regnantis et in pace perpetua cum sanctis triumphantis. Devictis itaque ut David hostibus, sicut Salomon templum ædificavit, quando ultimo judicio damnatis hostibus supernam Hierusalem ex angelis et hominibus ut civitatem ædificans congregabit. Est avis perdix nuncupata, quæ fovet ova ab alia ave furata. Postquam pulli exeunt, audita voce matris ad eam redeunt. Deus Pater duos primos homines quasi duo ova in nido paradisi posuit, quos perdix diabolus, perditor animarum, furatos fovit, dum seductos a Deo omnem malitiam docuit. Qui de testa exeuntes ad matrem reversi sunt, quando tunicam peccati exeuntes ad matrem, scilicet Dei sapientiam Christum, redierunt.

SERMO DE POENIS ANIMARUM.

Quidam putant animas corporalibus pœnis cruciari non posse nisi per corpora et in corporibus manentes. Quapropter a corporibus exutas animas, nullas alias pœnas sustinere credunt, nisi eas solum quas conscientia intus accusatrix irrogat. Sed verissima auctoritate sacri eloquii et catholicæ veritatis testimonio probatur corporali et materiali igne animas etiam nunc ante susceptionem corporum cruciari. Si enim dæmonibus, qui sunt spiritus corporales, ignis præparatus dicitur, quid mirum est si animæ a corporibus exutæ corporali igne crucientur? Sed quomodo, inquiunt, animæ sine corporibus a rebus corporalibus pati possunt? Ecce dicamus: Nescimus quomodo id fieri possit. Nunquid ideo verum non est, quia nos nescimus quomodo est? Tamen quid mirum, si animæ extra corpora patiuntur? si læduntur dum cæduntur indutæ, cur non lædantur si cædantur exutæ? Si affici possunt, quando inter ipsas et illud a quo afficiuntur, medium est illud per quod afficiuntur, nonne probabile omnino est, multo magis eas affici debere, quando illi a quo afficiuntur immediate conjungantur? Tamen hoc ubique quærendum non est, ut quod credere jubemur, nostra semper ratione discutere conemur. Scriptura sancta magistra fidei nostræ hoc nobis dicit: Quod autem plus quærimus, suscipiamus, non contradicamus.

Beatus Gregorius dicit quia in eo ardent quod se ardentes vident. Quid sibi vult putatis hoc quod dicit, quia animæ in eo ipso ardent quod suum ardorem vident? In rebus corporalibus ita non est, ut ardorem sentiat quicunque ignem conspicatur. Quæ est ergo visio illa animæ quæ sentit omne quod videt, vel si non omne, hoc certe quod ad pœnam videt? An quia sensus animæ quando per corpus egreditur, ideo diversis modis percipit, quia per diversa instrumenta percipit? Et ob hoc quædam eminus constituta corporali sensu non percipit; quia ad percipienda illa instrumentum corporalis sensus non sufficit. Ibi enim sensus deficit, ubi amplius instrumentum non sufficit. Propterea illi sensus qui sufficientia instrumenta magna habent, majorem in percipiendo vim habent. Oculus longe posita videt, tactus vero sentire non potest, nisi immediate conjuncta. Si instrumentum tangendi? æque ut videndi perspicax esset, æque tactus ut visus eminus conjuncta perciperet. Quid igitur: Ubi instrumentorum diversitas nulla erit, quare non omnis sensus æqualis erit, ut vicissim sit illic videre quando tangere, tangere quando dolere? Hoc tamen nonnisi de illis intelligendum est quæ idcirco a tormentis affici possunt, quia hinc exeuntes in corruptione vitiorum secum passibilitatem ferunt. Hæc tamen quia sensum animæ eminus affici diximus, idcirco inter pœnas corporales et ipsam animam, quasi aliqua locorum spatia collocamus, quia ipsa quæ in sui naturam nulla dimensione tenditur, ubicunque præsens est sensu, per semetipsam etiam præsens esse probatur. Quia non in ipsa locus non est, inter ipsam et locum nullus est locus. Hæc tamen omnia, quia, ut dictum est, ratione humana investigari non possunt, in his mentem solidemus quæ fides non dubia probat, quia scilicet peccatrices animæ, quæ culpam non correxerunt in hac vita, pœnam habent post hanc vitam, quæ licet qualiter ab illis sentiatur, a nobis intelligatur, quod justum est, cur non ideo minus ab illis sentiatur, quamvis a nobis non intelligatur. Nihil enim refert a quibus rebus patiantur, sed quantum patiantur, quia vis doloris non in tormento, sed in sensu patientis consistit. Quid enim prodesset, si foris cruciatuum materia abesset, et patientium tamen dolor propterea minor non esset? Utquid ignem ac flammam times, nisi quia uri times? Si vulnera et plagæ non dolerent, quis arma, aut tela timeret? Vide ergo, quia omnia hæc a quibus dolor esse potest non timentur, nisi propter dolorem. Tolle sensum doloris, non est quod timeas. Poterat ergo Deus etiam sine elementis materialibus animabus cruciandis sensum doloris dare, sed dignum est ut in eis puniantur in quibus peccaverunt, prius quidem sine corporibus, sicut in ipsis perverse sunt delectatæ, postea vero in corporibus, sicut in ipsis quæ per corpora inique sunt operatæ.

SERMO DE LOCIS POENARUM.

Sicut peccatoribus cruciandis Deus pœnas corporales præparavit, ita etiam ad ipsas pœnas corporales, loca corporalia distinxit. Quia enim quæ foris sunt opera ejus, non solum instrumenta, sed etiam documenta eorum esse debent quæ invisibiliter operatur, idcirco corporalibus etiam locis, et tormenta impiorum et gaudia justorum distinxit. Infernus itaque appellatur eo quod infra sit. Sicut enim secundum corpus, si ponderis sui ordinem teneant, inferiora sunt omnia graviora, ita secundum spiritum inferiora sunt omnia tristiora. Unde et Græca lingua origo nominis appellatur infernus, ex eo quod nihil suave habeat, resonare perhibetur. Sicut autem cor animalis in medio ejus est, ita et infernus in medio terræ esse perhibetur. Infernus siquidem locus est tormentorum, cœlum est locus gaudiorum. Bene etenim locus tormentorum deorsum est, et locus gaudiorum sursum, quia et culpa deorsum premit, et justitia sursum sustollit. Maxima tormenta locum in imo habent, maxima gaudia in summo. Media autem bona et mala in medio, hoc est in hoc mundo mixta sunt. Dicitur infernus inferior esse locus in imo terræ, damnandorum pœnis præparatus. De quo tamen omnino certum non est, in qua parte ejus, id est utrum intra concavitatem illius, sive extrinsecus in aliqua regione ambitus ipsius dispositus sit, quamvis tamen verisimilius videatur : infra terram quasi carcerem quemdam, et vel ut ergastulum tenebrarum collocatur. In hoc inferno debent inexstinguibilem ignem, et qui ut semper ardeat, nutrimento non eget; ab initio mundi dæmonibus æternaliter cruciandis præparatum. In quo scilicet igne, etiam homines maligni cum dæmonibus æternam pœnam passuri sunt, quia eis in hac vita positis, ad culpam consenserunt. Ad hunc infernum animæ sceleratorum, a corporibus egressæ, statim retrudi æstimantur. Sic econverso perfectorum et justorum et qui ab hac vita purgati exeunt, sine mora ad cœlum, ubi secundum humanitatem suam Jesus Christus in dextra Patris, sedet in gloria, continuo deduci creduntur, sic scriptum est : « Ubicunque fuerit corpus, illuc congregabuntur aquilæ (*Matth.* xxiv). »

Est autem alia pœna post mortem quæ purgatoria dicitur, in qua hi qui ab hac vita cum quibusdam culpis, justi tamen, et ad vitam prædestinati exiverunt, ad tempus cruciantur ut purgentur. Quibus locus omnino non est determinatus, nisi quia multis exemplis et revelationibus animarum in ejusmodi pœna positarum : sæpe nimirum monstratum est in hoc mundo non exerceri illa. Et fortassis probabilius erit, ut in his potissimum locis pœnam singulæ sustinere credantur, in quibus culpam commiserunt, sicut multis sæpe documentis probatum est. Alia vero si quæ sint harum pœnarum loca, non facile assignantur. Beatus Augustinus in epistola Petri ostendit quod apostatæ angeli labentes in hujusmodi ima detrusi sunt, usque ad futuram in die judicii ultimam damnationem. Nam quod Petrus carcerem vocat caliginis inferni (*II Petr.* ii), id Paulus tenebras appellasse creditur, dicens : « rectores tenebrarum harum spiritalia nequitiæ in cœlestibus. (*Ephes.* vi). » Hunc autem carcerem, sive tenebras istas, intelligimus aerem istum esse. Unde et aeriæ potestates dicuntur, in quo modo maligni spiritus ante ultimi judicii diem, et secundum aliquid ligati sunt, inquantum scilicet conscientia futuræ damnationis constringuntur, et secundum aliquid soluti sunt, inquantum, scilicet homines ad tentandos secundum moderamen divinæ dispensationis ab illis interim maximis gehennæ tormentis laxati, vacare permittuntur. De inferno autem ubi ignis ille æternus præparatus est cruciandis, beatus Gregorius in lib. Dialogorum testatur : Hoc verisimilius judicari, ut sicut diximus, sub terra esse credatur, propter Scripturam quæ dicit nec in cœlo, nec in terra, nec sub terra inventum qui librum signatum aperire potuisset. Quæri autem non inconvenienter potest, utrum animæ damnandorum, eorum scilicet qui ab impiis et sceleratissimis quadam vivendi mensura in malitia inferiores fuerunt, egressæ a corporibus statim ad inferni loca rapiantur, sive in aliis quibusdam locis pœnalibus, secundum occultam dispensationem ab illis gravioribus gehennæ tormentis adhuc interim differantur, ut videlicet quemadmodum boni, qui cum culpis in quibusdam mansionibus detinentur, utrum statim ad gaudia cœlorum ascendant, ita quoque minus mali hinc egrediuntur quamvis damnandi, quibusdam tamen levioribus pœnis secundum modum culparum dispositis, non statim ad tormenta inferni descendant. De perfectis bonis dubium non est, quin egredientes, statim ad gaudia transeant. Similiter et de valde malis dubium non est, quin exeuntes hinc, sine mora ad inferni tormenta descendant. De non perfectis quoque bonis certum est, quod nunc interim quibusdam pœnis usque ad plenam videlicet purgationem a venturis gaudiis differantur. De imperfectis sive minus malis certum non est ubi nunc sint, donec in tempore universalis resurrectionis receptis corporibus ad illa tormenta descendant, ubi semper sint. Nam, si idcirco ab illis differri dicuntur, quia minus mali sunt, poterunt simili ratione non differenter credi quia damnandi sunt. Quid enim faciat dilatio, ubi emendatio et purgatio esse non potest ? Quod tamen, quia occultum omnino est, nequaquam temere diffiniendum est. Et hæc sufficiant de locis pœnarum et de pœnis animarum dicta.

SERMO DE DIVITE ET PAUPERE.

Sciendum est quod homo Christianus non debet divitiis abundare, sed semper se pauperem cognoscere. Et si habet divitias, scire debet quia non sunt veræ divitiæ, ut alias desideret. Qui enim falsas divitias desiderat, veras non quærit. Fallaces etenim sunt, quæ nobiscum diu permanere non possunt. Fallaces sunt, quæ mentis inopiam non expellunt. Solæ autem divinæ veræ sunt, quæ nos divites virtutibus faciunt. Qui autem veras quærit, adhuc pauper est, et recte dicit : « Pauper et dolens ego sum (*Psal.* lxviii). » Rursus ille, qui pauper est, et nequitia plenus, unde ille dicitur abundare, quia ei displicet quod pauper est, et justitia ipsa videtur abundare in corde suo adversus justitiam Dei. Non sunt autem veræ divitiæ illæ terrenæ, sed mendicitas, quia quanto magis abundant, tanto crescit inopia, et avaritia plus auget cupiditatem ei qui illas possidet.

Crescit amor nummi quantum ipsa pecunia crescit.
(JUVENAL., sat. 14, vers. 139.)

De his divitiis scriptum est : « Non proderunt in diem ultionis, justitia autem liberabit a morte (*Prov.* XI). » Et alibi : « Qui festinat ditari, non erit innocens (*Prov.* XXVIII). » Multum autem dives est cui nihil deest. Qui autem cupit nihil, illi nihil deest. Ideo quidam sapiens dixit :

Quis dives ? Qui nulla cupit. Quis pauper ? Avarus.

« Quare autem quæruntur istæ divitiæ ? Nemo vult dives esse, nisi ut infletur inter eos inter quos vivit, ut superior illis videatur. Divites vero et pauperes in corde interrogat Dominus, non in arca et domo. Habeat multas facultates pecuniarum : si in eis non extollitur, pauper est. Non habeat aliquid, et cupiat, et infletur : inter divites et reprobos eum deputat Deus. Unde Dominus ait : Facilius est camelum per foramen acus transire, quam divitem, id est amantem divitias, etsi non habeat, intrare in regnum Dei (*Matth.* XIX). » — « Nam qui volunt divites fieri, incidunt in tentationem et laqueum diaboli, » etc. (*I Tim.* VI.) « Radix enim malorum omnium est cupiditas (*ibid.*), » non aurum vel argentum. Hinc Salomon dixit : « Qui amat divitias, fructus non capiet ex eis (*Eccle.* V). » Ideo statim subinfert Apostolus (*I Tim.* VI) : « Tu autem, homo Dei, hæc fuge, sectare justitiam, » faciendo cuique quod suum est ; « pietatem, » compatiendo ; « fidem, » mundum plus essequam Deum non credendo ; « charitatem, » diligendo Deum ; « patientiam, » ferendo adversa ; « mansuetudinem, » nulli asper existendo, sed dulcis. Hæc habe in te ; pro aliis « certa bonum certamen fidei, » sed assidue et cum discretione, et pro his « apprehende vitam æternam, » id est, eam solam mercedem quære. Hæc omnia amittit cupidus, et eorum habet contraria qui amat plus habere quam oportet. Fideli homini totus mundus divitiarum est. Audi Paulum : « Nihil habentes, et omnia possidentes (*II Cor.* VI). » Et qui præstat nobis, non divitibus hujus sæculi omnia abundanter ad fruendum. Qui vult ergo esse dives, non hæreat parti, et totum possidebit. Illi hæreat qui totum creavit, et habet eas de quibus dicitur : « Redemptio animæ viri divitiæ ejus (*Prov.* XIII). » Quas qui non habet, pauper est, et non suffert minas.

DOMINICA II POST PENTECOSTEN.

Secundum Lucam.

« Homo quidam fecit cœnam magnam et vocavit multos, » etc. (*Luc.* XIV.) Omnipotens Deus in exordio mundanæ reformationis ad se cognoscendum, seque perpetualiter laudandum duas rationales creaturas, angelicam scilicet et humanam, condidit. Sed quia angelica magna ex parte per culpam superbiæ lapsa est, humanæ naturæ statim invidit, eamque ad lapsum peccandi conduxit, atque a paradisi deliciis privavit. De qua privatione Dominica parabola dicit :

« Homo quidam fecit cœnam magnam et vocavit multos. » Spiritualiter homo iste Deus est intelligendus, de quo scriptum est : homo est, et quis cognoscit eum ? Et iterum : « Homo natus est in ea, et ipse fundavit eam Altissimus (*Psal.* LXXXVI). » Qui homo vocatur ab humanitate, quia benignissima largitate quotidie generi humano suam exhibet gratiam. Qui fecit cœnam magnam, quia indeficientem satietatem in æterna dulcedine electis animabus præparavit. Vocavit autem multos, primum per seipsum Judæos prædicando, postmodum per prædicationem apostolorum ex quatuor mundi partibus populum gentium ad fidem vocando. Sed notandum quod vocatio fit tribus modis. Primus ergo modus vocationis ex Deo est ; secundus, per hominem ; tertius, ex necessitate. Ex Deo est, quoties inspiratio divina in cor nostrum immissa, nonnunquam etiam dormientes nos ad desiderium æternæ vitæ ac salutis exsuscitat, Deumque sequi et ejus inhærere mandatis compunctione saluberrima cohortatur, ut Abraham voce Dominica legimus vocatum. Sic enim dixit ei : « Exi de terra tua, et de cognatione tua (*Gen.* XII). » Quo etiam modo Antonius est accitus. Audiens quippe in Ecclesia illud evangelicum : « Qui non odit patrem et matrem (*Luc.* XIV), » etc. ; et illud : « Si vis perfectus esse, vade et vende omnia, et da pauperibus, et habebis thesaurum in cœlo, et veni, sequere me (*Matth.* XIX) ; » et confestim, renuntians cunctis, secutus est Christum, nulla exhortatione neque doctrina provocatus. Secundus vocationis modus est cum vel exemplis sanctorum, vel monitis ad desiderium salutis accendimur. Quo ordine per Moysen filii Israel de afflictione Ægypti sunt liberati. Tertius est, cum repente ingruentibus tentationibus, quæ vel mortis pericula comminantur, vel amissione bonorum ac proscriptione percutiunt, vel charorum morte compungunt, ad Deum quem sequi in rerum prosperitate contempsimus, saltem inviti properare compellimur. Cujus per se patent multa exempla. Secundum hanc vocationem multi vocantur, sed pauci veniunt, quia multi intrant in Ecclesiam per fidem, sed pauci salvantur per operationem. Et ne de ignorantia homines excusationem haberent, misit servum suum hora cœnæ dicere invitatis ut venirent. Servus iste, qui ad invitandos alios mittitur, ordinem prædicatorum significat. Qui, dum verbum divinum intra Ecclesiam annuntiant, quasi plurimos ad cœnam vocant. Non solum enim divinæ clementiæ satis fuit, quod æternas delicias nobis præparavit, sed etiam servis missis earum dulcedinem nobis enuntiavit. Hora cœnæ finis est sæculi, ille scilicet de quo Paulus ait : « Nos sumus in quos fines sæculorum devenerunt (*I Cor.* x). » Quamvis enim apud antiquos consuetudo fuerit, ut semel in die pranderent, et hoc convivium et prandium et cœna vocaretur, tamen apud usum nostræ locutionis post prandium cœna restat, post cœnam autem nullum convivium remanet. Unde non incongrue per hanc cœnam dies judicii sive illud æternum convivium figuratur, ad quod qui pervenire meruerint, non esurient neque sitient amplius. Tanto ergo festinantius ad hanc cœnam currere debemus, quanto post hanc aliam invenire non novimus. Nam ut fastidium auferret subjunxit dicens :

«Quia parata sunt omnia.» Omnia enim parata sicut quia ille singularis Agnus occisus est, in cujus præparatione omnia præcesserant. Sive omnia parata sunt, quia nullum exemplum virtutis, quod ad nostram imitationem in operibus sanctorum non sit declaratum. Jam enim innocentiam Abel audivimus, obedientiam Abrahæ, constantiam Isaac, tolerantiam Jacob, castimoniam Joseph, mititiam Moysi, misericordiam David, patientiam Job audivimus, et finem Domini vidimus.

« Et cœperunt omnes simul excusare. » Qui venire noluerunt excusant, et sic intercludunt sibi æternum convivium, quod Deus non rogatus gratis offert volentibus. Excusant omnes qui plus terrena quam cœlestia diligunt, etsi se ad cœlestia tendere dicunt.

« Primus dixit ei : Villam emi, et necesse habeo exire, et videre illam. Rogo te, habe me excusatum. » Villa designat terrenam substantiam, quam quidam magno labore vel etiam fidei damno sibi emunt, aut per superbiam, aut propter corporis substantiam. Exiit ergo videre illam, quia, relicta contemplatione interna, sola exteriora cogitat.

« Et alter dixit : Juga boum emi quinque, et eo probare illa; habe me excusatum. » Recte quinque sensus corporis juga vocati sunt, quia in utroque sexu geminantur. Qui sensus, quia sola exteriora cognoscunt, et non intima, recte per eos curiositas designatur. Grande vitium est curiositas, quæ dum investigat vitam proximi, mentem exterius ducit, sua intima postponens. Notandum quia, dum dicunt, « rogo te, habe me excusatum, » humilitas sonat in voce; dum venire contemnunt, superbia in actione. Sic peccator qui dicit : Ora pro me peccator, et peccatum non vult deserere, insinuat humilitatem, sed in superbia perstat.

« Et alius dixit : Uxorem duxi et ideo non possum venire. » In uxore voluptas carnis accipitur, non quod conjugium non sit bonum ad sobolem propagandam, sed quod nonnulli expetunt in uxore non fecunditatem prolis, sed desideria voluptatis. Conjugium ergo non reprehenditur, si integritas ad majorem honorem vocatur. Item in villa empta dominatio notatur, et superbia castigatur. Primus homo dominari voluit, quia dominum habere noluit. Quid est dominari, nisi propria potestate gaudere? Quinque juga sunt in sensibus; tria videlicet apparentia : nam duo sunt oculi, duæ aures, duæ nares. In gustu etiam duo sunt instrumenta, lingua et palatus. Voluptas carnis, quæ ad tactum pertinet, occultius geminatur. Est enim forinsecus et intrinsecus. Juga boum dicuntur, quia per sensus istos terrena acquiruntur, et boves terram versant. Et etiam sunt homines qui nihil volunt credere, nisi quod sensibus percipiunt. Uxor pertinet ad voluptatem carnis, quæ multos impedit.

« Tunc iratus paterfamilias, dixit servo suo. » Sicut enim tunc iratus rex dicitur, quando in peccatores vindictam exercet, ita Deus omnipotens illis iratus apparebit quos pro peccatis puniet.

« Et dixit servo suo : Exi cito in plateas et vicos civitatis, et pauperes ac debiles, cæcos et claudos compelle intrare. Quantæ sunt diversitates in hoc mundo, actuum tantæ sunt viæ quæ ducunt ad diabolum, generalem scilicet viam perditionis. Ideo ergo dicit : ite ad exitus viarum, sicut ait in alio evangelio (*Matth.* xxii), ut cujuslibet conditionis homines vocentur ad fidem. Potens est enim Dei gratia quoslibet barbaros mente corrigere, qui cor Nabuchodonosor ad feralem sensum mutavit, et iterum ad humanum sensum reduxit. Mittit ergo in plateas, et vicos et civitates, invitans pauperes, debiles, et cæcos claudosque, ut nulla fiat discretio locorum seu personarum venientibus ad fidem Christi. Ostendit enim quia debilitas corporis nullum excludit a regno Dei, rariusque delinquit, cui deest illecebra peccandi, et citius ad Deum convertitur qui non habet in mundo ubi delectetur. Aliter : Pauperes debiles, cæci et claudi dicuntur gentiles comparatione Judæorum, qui per legem et prophetias divites, fortes, illuminati et erecti esse debent; sed hoc esse falso præsumunt. Mittit ad plateas, cum peccatores dilatioribus viis vocat ad angustam viam vitæ. Mittit ad vicos, cum illos invitat quos temporalium vocat inopia. Mittit ad civitates, cum eos vocat qui culta ab incultis secernunt; qui tenere legem naturæ suburbana conversatione noverant.

« Et ait servus : Domine, factum est ut imperasti, et adhuc locus est. Et ait dominus servo : Exi in vias et sepes, et compelle intrare, ut impleatur domus mea. Dico autem vobis quod nemo virorum illorum qui vocati sunt gustabunt cœnam meam. » Implenda est domus Dei numero prædestinatorum; sed superbi peccatores, quia vocati venire noluerunt, se ipsos irrecuperabiliter excluserunt. Vocat Dominus per se, vocat per angelos, per patriarchas, per apostolos, per miracula, per flagella. Nemo contemnat venire, ne dum vocatus excusat, dum voluerit intrare, non valeat. Venerunt de plateis et vicis humiliati peccatores ex gentibus : veniant et de sepibus hæretici. Nam qui sepes construunt, divisiones quærunt. Trahantur a sepibus, evellantur a spinis. Cogi nolunt. Voluntate, inquiunt, nostra intremus. Non hoc Dominus imperavit qui ait : Compelle intrare. Foris inveniatur necessitas; intus nascatur voluntas. Itaque viæ et sepes intelliguntur erroneæ sectæ et hæreses. Liquet igitur quod alii vocantur, et venire contemnunt; alii vocantur, et veniunt; alii intrare compelluntur. Vocantur et venire contemnunt qui donum intellectus accipiunt; sed eumdem intellectum operibus non sectantur. Vocantur et veniunt, qui acceptam intellectus gratiam operando perficiunt. Compelluntur intrare, quos Ecclesia temporaliter punit, quia conversi sunt retrorsum, postquam posuerunt manum ad aratrum.

ITEM EXPOSITIO EJUSDEM EVANGELII.

« Beati qui ad cœnam nuptialem Agni vocati sunt! (*Apoc*. XIX). Refert Evangelium, charissimi, quod quidam magnum cœnam fecerit multosque vocavit. Paratis omnibus misit servum suum invitatos vocare. Et cœperunt omnes excusare. Et alius se dixit villam emisse, alius quinque juga boum comparavisse, alius uxorem duxisse, et ideo venire non posse. His auditis jussit dominus servum in plateas et vicos exire, pauperes, debiles, cæcos, claudos introducere. Et cum adhuc locus vacaret, præcepit servo ut de viis et sepibus compulsi intrarent, jurans quod nemo de vocatis cœnam suam gustaret (*Luc*. XIV). Homo qui cœnam magnam instruens multos vocavit, est Deus pro nobis factus homo, qui omnes gentes ad epulas æterni convivii invitavit. Hic misit servum suum ad convivium vocare, quando Moysen misit per legem populum ad vitam mutare. Sed omnes se a cœna excusant, quia profecto videri convivium Dei adire recusant. Primus namque dixit se emisse villam, et se iturum videre illam. Judaicus populus quasi villam emit, dum terram repromissionis per carnales observantias obtinuit. Exiit illam videre, dum de Ægypto exiit eam possidere. Is quoque quinque juga emit, dum bis quinque gemina dilectione jugata percepit, quibus se agrum Domini velut bobus colere debuit. Sed ivit illa probare, dum ea studuit pro terrenis tantum observare. Hic etiam uxorem duxit, quia legem carnali intellectu conjunxit, et ideo se a convivio Dei subtraxit. Per illum quoque qui villam emit intelligitur ordo principum Judæorum, qui terram populo divisit, et qui postmodum munitiones obtinuit. Per illum vero qui quinque juga boum emit, subjectus populus designatur, qui jugo legis ad subjectionem stringebatur. Per illum vero qui uxorem duxit leviticus ordo declaratur, cui lex specialiter ut uxor copulatur. Hi singuli quia terrenis negotiis insudant, se a convivio Dei excusant. Unde paterfamilias servo imperat ut in plateas et vicos civitatis exeat, pauperes ac debiles introducat. Servus, qui nunc mittitur, ordo prophetarum accipitur. Civitas autem Hierusalem notatur, in qua arca testamenti venerabatur, et in qua templum erat, in quo ab omnibus immolabatur. Hujus plateæ Israelitæ erant, qui se in latitudinem duodecim tribuum diffuderant. Vici autem Judæi exstiterant, qui se in angustiis duarum tribuum constrinxerant. De plateis itaque et vicis prophetæ introduxerunt, dum Israelitas et Judæos de errore scripti et dictis correxerunt. Hi pauperes erant, quia virtutibus carebant. Debiles exstiterant, quia vitiis languerant. Cæci erant, quia sensum legis non videbant. Claudi fuerant, quia cultum Dei relinquentes post idola declinaverant. His introductis adhuc locus vacat, et Dominus servo jubet ut in vias et sepes exeat, et intrare compellat. Servus qui de viis et sepibus intrare compellitur est ordo apostolorum qui de sectis et ritibus gentilibus multos in domum Dei collegerunt. Viæ namque sunt diversæ sectæ philosophorum, sepes, diversi ritus paganorum. De his compulsi intraverunt, dum gentes, per signa et prodigia apostolorum idolatriam respuentes, Deum verum crediderunt : Paulus etenim proconsul compulsus intravit, dum Paulus apostolus coram eo magum excæcavit. Constantinus compulsus intravit, dum Sylvester a lepra in baptismate curavit. Gente igitur introductæ cum Domino cœnabunt, Judæi vero nolentes intrare de cœna Domini non gustabunt. Et vos, dilectissimi, ad cœnam Dei estis vocati. Videte ne quolibet negotio impliciti, ne cujuslibet amicitia impediti, ab ea sitis excusati : nos etenim servi summi patris familias sumus ab eo missi, vos ad epulas æternæ satietatis invitamus. Igitur ad nuptias Agni festinate omnes ingredi antequam janua claudatur, et tunc pulsantibus et intrare desiderantibus nunquam aperiatur. Dicit Dominus : « Si oculus tuus dexter scandalizat te erue eum, et projice abs te. Et si pes tuus scandalizat te, abscide eum et projice abs te. Melius est tibi luscum vel debilem, vel claudum ad vitam ingredi, quam duos oculos, vel duas manus, aut duos pedes habentem in gehennam mitti, « ubi ignis non exstinguitur, et vermis eorum non moritur (*Marc*. IX). » Notandum autem quod tria a Salvatore ponuntur, scilicet oculus, manus, et pedes : per quæ infelices a convivio Dei retrahuntur, quia aut prælati, aut cognati, aut subjecti a cœna Domini nos retardant quos ista membra designant. Oculus qui nos ducit est sacerdos qui nos de tenebris mundi ad lucem vitæ dirigit. Qui ideo dexter oculus appellatur, quia nos de sinistris ad dexteros ducere conatur. Hic, si nos hæretica doctrina de via Dei abducere et in errorem nitatur ducere, aut pravo exemplo a cœna Dei retrahere, ab injuncto officio, ut inutile membrum, est ejiciendus. Manus dextera, per quam operamur, est pater, vel mater aut uxor, vel quilibet amicissimus, per quos in omnibus juvamur. Hi, si nos aliquo modo a convivio revocant, zelus Dei eos a nobis abscidat, et procul a sedulitate nostra abjiciat. Pes per quem portamur est quilibet subjectus, per quem in necessariis vitæ sustentamur. Hic, si quolibet modo nos a cœna Dei impedit est nobis evellendus, et a familiaritate nostra procul excludendus. Multo enim melius est absque his salvari, quam cum his perpetuo igni deputari. Nam qui talium amicus est, inimicus Dei constituitur, et qui his hominibus placet, confusus a Deo spernitur. Qui illam emit est is qui terrenis tantum lucris inservit, et ideo a cœna Dei recedit. Qui autem quinque juga bonum emit, et ea probare abiit, est is qui quinque sensus corporis per binarium jugatos ad alienos actus scrutandos convertit, et a convivio Dei divertit. Unde legitur quod Dina, filia Jacob, videre mulieres regionis egreditur, et a Sichen principe civitatis opprimitur (*Gen.* xxxiv). Penset, quæso, vestra fraternitas quam grave vitium sit curiositas. Ecce summi patriarchæ filia, dum curiositatem sectatur, a pagano homine constupratur, civitas cum omni populo ferro et flamma exterminatur. Dina quippe egressa violatur, dum quælibet anima alienos actus curiose perscrutans diabolo copulatur. Civitas cum populo incendio vastabitur, quia corpus curiosi cum malis actibus æterno igni cruciabitur. Qui vero duxit uxorem est is qui tantum luxuriæ studet explere ardorem. Et quia vestimenta nuptialia coinquinat, cœnæ Domini minime appropinquat. Et quia hi a convivio Dei excusantur, de plateis et vicis pauperes et debiles vocantur. Plateæ sunt latæ viæ publicæ atque per potentiam crimina perpetrantium; vici, angusta itinera occulte flagitiis insudantium. Pauperes sunt qui se bonis operibus vacuos agnoscunt. Debiles sunt qui se in præceptis Dominicis languisse conspiciunt. Cæci sunt qui oculos cordis a luce veritatis clauserunt. Claudi sunt qui in viis Domini non ambulaverunt. Sed hi omnes vocati ad convivium Dei veniunt, dum doctrina justorum correcti per pœnitentiam epulas æternæ dulcedinis adeunt. Porro plurimi de viis et sepibus intrare compelluntur, dum diversis erroribus ipsa mundi difficultate cogente ad pietatem convertuntur. Ii omnes in conspectu Dei epulentur, et in lætitia delectentur, quia magis gaudium est angelis Dei super uno peccatore pœnitentiam agente, quam super nonaginta novem justis qui non indigent pœnitentia (*Matth.* xviii). Ad has epulas, charissimi, sponte voluntaria omnes totis usibus curramus, ubi nunquam esuriamus et sitiamus, sed cum angelis in æternum gaudeamus.

SERMO DE CORPORE DOMINI.

« Homo quidam fecit cœnam magnam, » etc. (*Luc.* xiv.) Huic itaque cœnæ ille dives homo præposuit mensam, id est altare: in qua tria composuit, panem scilicet, vinum et carnem. Igitur Christus ipse est panis angelorum. In quo quia peccavit homo in paradiso, impositum est vinum, id est austeritas legis. Sed quia panis durus et solidus comeditur difficile, vinum quia parvulos enecat, apposita est caro, cum Verbum caro factum est et habitavit in nobis (*Joan.* i). Sic igitur panis durus et solidus in carnem, vinum austerum in lac conversum est. Hæc itaque tria, panis, vinum et caro, sacramentum sunt corporis et sanguinis Christi: unum, ex his in quibus principaliter salus constat, et inter omnia singulare, quia ex ipso omnis sanctificatio est. Hæc enim hostia semel pro mundi salute oblata, omnibus præcedentibus et subsequentibus sacramentis virtutem dedit, ut ex illa sanctificarent et per illam salvandos omnes. Sacramentum corporis et sanguinis sui ipse Dominus Jesus Christus instituit, quando post cœnam veteris Paschæ panem et vinum in corpus et sanguinem suum divina potentia transmutans, apostolis sumendum distribuit, et ut idem post hoc in memoriam sui agerent præcepit (*Luc.* xxii).

Solent quidam quærere quale corpus suum discipulis suis Dominus Jesus Christus tradidit, hoc est passibile an impassibile, mortale an immortale, etc., et alia quæ ad hanc pertinent quæstionem. Ego in ejusmodi, sicut in aliis professus sum, divina secreta magis veneranda quam discutienda censeo. Simplicitati fidei hoc sufficere puto, si dicimus quia tale dedit quale voluit; et rursum quale dedit, ipse novit. Ideo enim tale dedit quale voluit, quia omnipotens erat, et potuit omne quod voluit. Ideo autem ipse novit quale dedit, quia sapientia erat, et non potuit ignorare quod fuit. Propterea levius se quæstione absolvit, et fortassis tutius in semetipso subsistit, quod non dicitur: mortale dedit, ne videatur dicere contra sacramenti dignitatem, nec dicit: Mortale dedit, ne æstimetur credere contra eam quæ in Christo ante resurrectionem fuit mortalis corporis veritatem. Propter hoc fortassis melius est ut neutrum diffinire præsumamus, quamvis tamen alterum fuisse credamus. Sic itaque non dicatur: hoc vel hoc fuit, quamvis tamen credatur quia alterum fuit. Quod si alterum dicendum est, ego absque præjudicio veritatis magno sensu ad illud accedo, ut illud impassibile et immortale, quantum scilicet pertinet ad sanctificationem sacramenti tradidisse dicatur. Si quis autem objiciendum putet quod ante resurrectionem Dominus Jesus Christus corpus mortale portabat, et hoc ipsi indubitanter profitemur, mortalem fuisse Dominum Jesum secundum humanitatem susceptam, quia si mortalem fuisse non crederemus, mortuum negaremus. Humana ergo natura in Christo mortalis fuit, sed voluntate, non necessitate. Ex eo enim quod per gratiam ab omni peccato munda verbo Domini in unitatem personæ juncta est, ab omni mortis necessitate et debito libera facta est, ut nihil morti deberet, pro eo quod peccati nihil haberet. Sustinuit tamen sponte mortalitatem qua mortem sustinere volebat, quia si mortalitatem non sustinuisset, mori omnino non potuisset. Sic ergo sponte mortalitatem portavit quousque mortem gustaret et ita immortalitatem deponeret. Quia ergo voluntate, non necessitate mortalis fuit, in ipsius mortalitatis proprietate, secundum quod ratio et ordo temporis postulabat, priusquam eam per mortem totam exueret, aliqua ex parte, quando voluit, deposuit, et rursum, quando voluit, recepit, ut in hoc ipso probaret quia in quantum eam sustinuit, ex necessitate non esset, qui sic pro potestate in quantum voluit eam non habere, sustinere omnino non posset.

Legitur in Evangelio (*Luc.* IV) quia Dominus Jesus Christus cum verbum vitæ prædicaret, et ad vitam mortales et morituros invitaret, zelantes hostes quem ratione vincere non poterant, furore exstinguere volebant. Itaque quasi in eum qui nihil amplius mortale haberet, manus injecerunt in Jesum, et duxerunt in supercilium montis, ut illic eum præcipitarent. Cum non esset ducendus, teneri se patienter tolerabat; cum autem esset præcipitandus, potenter per medium illorum ibat: quantum voluit tenebatur, et quantum voluit non tenebatur. Quantum voluit, et quando voluit, naturam mortalitatis admisit. Quantum autem sustinere voluit eam, et quando voluit eamdem a se potestative removit. « Transiens, inquit, per medium illorum ibat (*ibid.*). » Nunquid putas, quod Christus luctando se de manibus inimicorum subtraxerit, cum ab eis teneretur, ut transiens liber per medium eorum iret? Ergo fortitudo corporis sola in ea laudanda est, non virtus deitatis. Non ita convenit, sed exhibuit se qualem voluit, admittens ad se ex eo quod sponte portabat quantum voluit. Si ergo Christus mortalitatis naturam secundum rationem dispensationis divinæ, priusquam eam, perenniter victurus exueret, secundum tempus aliquando ex parte deposuit, et iterum cum tempus postulabat, assumpsit, mirum est si dicitur aliquando pro causa et ratione temporis, secundum aliquod, et totam deposuisse, in qua tamen adhuc, cum tempus postulabat, passurus fuit. Si ergo, hoc esse potuit ut ipse seipsum manibus gestaret, et discipulis sine corruptione sui edendum distribuit, et tamen ipse qui dedit et qui dabatur, qui portavit et qui portabatur, idem esse, quid mirum est si dicitur quia ipse in eo quod dabat mortalis fuit, et in eo quod dabatur immortalis fuit, et tamen ipse qui mortalis dabat, et qui immortalis dabatur, non duo, sed unus fuit ipse. Quomodo enim immortalis non dabat qui invisibiliter sumebatur, et incorruptibiliter manducabatur? Invisibiliter sumebatur, quantum ad formam dico propriam corporis sui, non quantum ad speciem sacramenti sui. Invisibiliter enim sumebatur quia in eo quod sumebatur quod ipse erat, non videbatur : Christus enim sumebatur, et species panis et vini tantum videbatur. Ideo dico invisibiliter sumebatur, et quod erat non videbatur. Si ergo in eo quod dabat, quod ipse erat videbatur, et in eo quod dabatur quod erat ipse non videbatur; et si in eo quod dabat tenebatur et crucifigebatur; et in eo quod dabatur frangebatur et non dividebatur, edebatur et non corrumpebatur, quid miraris si in eo quod dabat mortalis dicitur, et in eo quod dabatur immortalis et impassibilis fuisse prædicatur? Hæc tantum sic dicta sint, ut nemini in eo quod latent præjudicium fiat.

DIVISIO SERMONIS.

Verum corpus Christi illud fuisse credendum sit quod ipse traditori suo per intinctam buccellam porrexit. Cum tinxisset, inquit, Jesus panem, dedit Judæ Simoni Iscariotæ. Sed, ut dicit beatus Augustinus, non, sicut putant quidam negligenter legentes, tunc Judas Christi corpus accepit. Intelligendum est quod jam omnibus distribuerat sacramentum corporis et sanguinis sui, ubi et ipse Judas erat, sicut sanctus Lucas evidentissime narrat. Ac deinde ad hoc ventum est, ubi secundum narrationem Joannis apertissime per buccellam tinctam atque porrectam suum exprimit traditorem, fortassis, per panis tinctionem illius significans fictionem. Non enim omnia quæ tinguntur abluuntur, sed ut inficiantur nonnulla tinguntur. Si autem bonum aliquod significat hæc tinctio, eidem bono ingratum, non immerito est secuta damnatio; et hæc quidem verba sunt beati Augustini, super eo quod quæsitum est si Judas in buccella Christi accepit corpus. Ex eo tamen quod traditori suo Dominus ad notandum eum buccellam intinctam dedit, consuetudo habet ut corpus Christi fideles intinctum non accipiant. Sunt queque et aliqui qui ex quibusdam Scripturarum locis in munimentum sui erroris ducere putaverunt, dicentes in sacramento altaris veritatem corporis et sanguinis Christi non esse, sed imaginem illius tantum, et speciem, et figuram. Propterea, quia Scriptura aliquoties dicat id quod in eucharistia altaris sumit, imaginem illius esse vel speciem, quod in participatione Christi Jesu percipietur. Qui perfecto in hoc erroris laqueum non inciderent, si vel sacramenta Dei recta et humili fide susciperent, aut Scripturas convenienti intelligentia tractarent. Nunc autem quia in sacramentis Dei sensum suum fidei præferunt, in Scripturis sacris sanam interpretationis formam tenere contemnunt : et fit ut sermo veritatis amplius eos caligare faciat, dum non recte intellectus errorem per veritatem ministrat. Quod tamen Scripturæ culpa non est, sed legentium et non intelligentium cæcitas, neque sacrorum Dei confusio, sed præsumentium pravitas. Hic autem perniciose erraverunt tot manifestis sententiis et assertionibus non dubiis quidam ambigua præferentes, et in ipsis magis mendacium quam veritatem eligentes, non quia hoc ibi magnum dicebatur, sed quia hoc ab illis magnum credebatur. Quid enim? Nunquid sacramentum altaris veritatis non est, quia figura? Ergo nec mors Christi veritas est, quia figura est; et resurrectio Christi veritas non est, quia figura est. Nam et mortem Christi et resurrectionem figuram esse, et imaginem et similitudinem et sacramentum et exemplum Apostolus manifeste declarat, dicens : Christus passus est pro nobis, vobis relinquens exemplum, ut sequamini vestigia ejus (*I Petr.* ii). » Ergo mors Christi exemplum fuit, ut peccato moriamur; et resurrectio exemplum fuit, ut justitiæ vivamus. Nunquid ideo veritas non fuit? Ergo Christus vere mortuus non est, et vere non surrexit, si mors ejus vel resurrectio vera non fuit. Absit! nam de ipso scriptum est : « Vere languores nostros ipse tulit, et dolores nostros ipse portavit (*Isai.* liii). » Ergo mors Christi vera fuit, et tamen exemplum fuit; et resurrectio Christi vera fuit, et exemplum fuit. Quare ergo sacramentum altaris similitudo esse non potest et veritas? In alio quidem similitudo, in alio veritas. Nam cum sit unum sacramentum, tria ibi discreta præponuntur, species videlicet visibilis, et veritas corporis, et virtus gratiæ spiritualis. Aliud est enim visibilis species, quæ visibiliter cernitur; aliud est veritas corporis et sanguinis, quæ sub visibili specie invisibiliter creditur; atque aliud gratia spiritualis quæ cum corpore et sanguine invisibiliter et spiritaliter præcipitur. Quod enim videmus, species est panis et vini. Quod autem sub specie illa credimus, verum corpus est et verus sanguis Jesu Christi, quod pependit in cruce, et qui fluxit de latere (*Joan.* xix). Hæc per panem et vinum corpus et sanguinem tamen significari credimus, sed sub specie panis et vini verum corpus et verum sanguinem consecrari, et speciem quidem visibilem sacramentum esse veri corporis et veri sanguinis; corpus autem et sanguinem sacramentum esse gloriæ spiritalis, et quemadmodum species illic cernitur, cujus res vel substantia ibi esse non creditur, sic res ibi veraciter et substantialiter præsens creditur, cujus species non cernitur. Videtur enim species panis et vini; et substantia panis et vini non creditur. Creditur autem substantia corporis et sanguinis Christi, et tamen species non cernitur. Quod vero videtur secundum speciem sacramentum est et imago illius quod creditur secundum corporis veritatem; et quod creditur secundum corporis veritatem, sacramentum est illius quod præcipitur secundum gratiam spiritalem. Sacramentum ergo altaris et eucharistia divina in verbo corpore et sanguine Domini nostri Jesu Christi imago est, secundum speciem panis et vini qua cernitur, et res est secundum substantiæ suæ veritatem; in qua creditur illic atque percipitur, et rursum quod nunc visibiliter secundum sacramenti speciem, et corporaliter secundum carnis et sanguinis Christi veritatem, Christum in altari sumimus: sacramentum est et imago, quod ipsum eumdem invisibiliter et Spiritaliter secundum gratiæ infusionem, et sancti spiritus perticipationem in corde sumere debemus. Ergo divinissima eucharistia quæ in altari secundum panis et vini speciem, et secundum corporis Christi veritatem visibiliter et corporaliter tractatur, sacramentum est et signum, et imago invisibilis et spiritalis participationis Jesu, quæ intus in corde per fidem et dilectionem perficitur.

DIVISIO.

Voluit Sapientia Dei, quæ se per visibilia manifestat, ostendere quoniam animarum cibus et refectio est corpus et sanguis ipsius; et propterea carnem assumptam in edulium proposuit, ut per cibum carnis ad gustum invitaret divinitatis. Sed ne rursum humana infirmitas contactum carnis in assumptione horreret, consueti et principalis edulii speciem illam velavit, et sic sumendam proposuit, ut sensus in uno foveretur, et fides in altero ædificaretur. Fovetur sensus in uno, dum solita tantum et consueta percipit. Ædificatur fides autem in altero, dum in eo quod videt, quale sit illud quod non videt agnoscit. Proponitur igitur species panis et vini, ut doceatur plena et perfecta refectio esse in sumptione corporis et sanguinis Christi ex divinitate Christi. Plena autem refectio cibus et potus est; cibi autem et potus panis et vinum principalis substantia est; et proponitur species ex principali substantia refectionis, ut in eo sumatur, et ut per eam veritas corporis et sanguinis Christi significaretur, sicut ipse testatur dicens : « Caro mea vere est cibus, et sanguis meus vere est potus (*Joan.* vi). » Quæ tamen corporis et sanguinis sumptio, quia sola sine spiritali effectu salutem non conferat, ipse idem Salvator manifestat dicens : « Caro nihil prodest; spiritus est qui vivificat (*ibid.*). » Virtus ergo et plenitudo spiritalis refectionis, quæ in corpore Christi et sanguine est, per speciem quidem panis et vini significatur; in perceptione autem gratiæ infusio internæ et æternæ refectionis perficitur. Et sic quidem cum tria in uno ibi sunt, in primo quod signum invenitur secundi, in secundo autem causa tertii; in tertio vero virtus secundi, et veritas primi : et hæc tria in uno sunt, et unum sacramentum. Claret itaque, quando divinissimæ eucharistiæ assumptio sacramentum est, et imago participationis Jesu, quia hoc quod ejus sacramentum visibiliter percipimus signum est, quod ei spiritaliter uniri debemus. Ipsa autem eucharistia, id est bona gratia, ipsa scilicet hostia sacra divinissima vocatur, quoniam divinos facit et participes divinitatis eos qui se digne participant, et quia ipsa signum est et veritas, in qua caro Christi sub specie panis sumitur, et in carne ejus digne sumpta, et ipsius etiam divinitatis susceptio et participatio et consortium condonatur. Propterea divinissima et sanctissima, et sanctificans sanctificantia omnia etiam sancta.

Per verbum sanctificationis vera panis et vera vini substantia in verum corpus et sanguinem Christi convertitur, sola specie panis et vini remanente, et substantia in substantiam transeunte. Conversio autem ipsa non secundum unionem, sed secundum transitionem consideranda est, quoniam nequaquam essentia in essentiæ augmentum accedit, et per id quod accedit, id ad quod accedit majus fiat, sed transitione, ut id quod accedit, cum illo ad quod accedit, unum flat. Nec sic in pane corpus Christi consecrari dicimus, ut de pane corpus Christi esse accipiat, nec quasi novum corpus subito factum de mutata essentia, sed in ipsum corpus verum mutatam essentiam; nec ipsam substantiam panis et vini in nihilum redactam, quia desiit esse quod fuit; sed mutata potius, quia coepit esse aliud quod non fuit, et ipsum quod coepit esse aliud, ex ea esse non accepit, quia panis fuit. Sed ipsa ejus esse accepit, quia prius panis fuit; sed ipsa ejus esse accepit quando desiit esse quod fuit. Hoc expressius distinximus propter eos qui ex sua ratione fidei praejudicium faciunt, et sensu suo incedentes asserere nituntur vel hoc esse solum quod cernitur, vel tale esse quod creditur, hoc est quod sola panis et species vini cernitur, solam ibi esse panis et vini substantiam; vel, quia ibi substantia corporis et sanguinis Christi creditur possibiliter ei inesse speciem et qualitatem panis et vini quae cernitur, quasi non possit species apparere cujus non adsit substantia, vel substantia latere cujus non appareat forma.

DIVISIO.

Quando partes videntur in sacro altaris, non putetur quasi divisum sit vel separatum a se, aut velut per membra discerptum corpus Christi. Ipse integer manet, et in se nec dividitur nec partitur. Sed tibi secundum speciem exhiberi oportebat quod ad mysticam significationem pertinuit. Tres igitur portiones quae in altari fiunt de corpore Christi mysticam significationem habent. Est enim corpus Christi universa Ecclesia, caput scilicet cum membris, et inveniuntur in corpore isto quasi tres partes, ex quibus totum corpus constat. Una pars est ipsum caput. Caput namque caput est et pars similiter corporis. Itaque caput ipsum pars corporis una est. Alia pars corporis est in membris illis, quae jam secuta sunt, et sunt cum ipso capite, ut est ipsum caput, sicut scriptum est : « Ubicunque fuerit corpus, ibi congregabuntur aquilae (*Matth.* XXIV).» Illi ergo qui jam de hac vita exierunt, quorum corpora in sepulcris requiescunt, et animae cum Christo sunt, isti sunt pars corporis altera; et sunt quasi simul duae partes istae : caput scilicet et haec altera pars corporis. Propterea in altari duae partes seorsum reservantur extra calicem quasi extra passionem, quoniam ipsum caput jam immortale et impassibile de morte resurrexit, amplius non moriturus neque passurus amplius, et similiter illi qui de hac vita egressi sunt sancti et cum ipso capite suo jam gloriantur et gaudent, exspectantes et ipsi resurrectionem carnis suae, et immortalitatem, jam neque dolorem neque passionem sentiunt ullam, et sunt simul istae duae partes extra calicem, et extra passionem, quoniam hinc priora transierunt. Tertia pars in calice ponitur, significans eos qui adhuc vivunt in passione, donec et ipsi ab hac vita exeant, et transeant ad caput suum ubi amplius nec moriantur nec patiantur.

Ex his igitur mysteriis monstratur tibi foris species in qua sensus tuus erudiatur, et servat intus tamen corporis sui incorruptionem, in qua unitas ejus non dividitur. Videtur pars una, et quasi pars esse videtur, si totum ibi est. Et pars altera videtur, et quasi altera videtur, et idem est totum ipsum. Et si tertia pars videtur, similiter idem ipsum est et totum. Totum hic et totum ibi, nec minus in parte quam in toto, nec majus in toto quam in parte. Quotcunque partes feceris, in singulis totum est. Nec mireris. Opus Dei est hic. Si in diversis locis potest esse unus, quare etiam non in singulis partibus potest esse totus? Utrumque mirum est. Sed non ideo falsum est, si mirum est. Et verum est quia mirum est; nec tamen sic mirum, quia opus Dei est. Non est mirum, si mirabilis mirabilia operatur. Quomodo, inquis, corpus unum eodem tempore in diversis locis esse potest? Hic est, ibi est, et totum utrobique est, et in multis locis. Similiter noli mirari. Qui locum fecit corpus fecit, et locum in corpore, et corpus in loco. Et qui fecit ut corpus unum in loco uno esset, fecit sicut voluit; et si voluisset, aliter facere potuisset. Nam et quando vult aliter facit, et est sicut ipse vult semper. Quia autem sic ipse fecit, ut corpus unum in loco uno esset, tu, quod factum vidisti, et nescis aliud nisi quod factum est quod vidisti, idcirco miraris quando aliud vides vel audis, quam videre et audire consuevisti. Ipse autem non miratur, quando aliud facit quam quod facere consuevit, quia quando illud fecit, scivit et tunc quod aliter facere potuisset, si voluisset. Idcirco cum quid mirari coeperis, et dixerit forte tibi cogitatio tua quomodo hic esse possit, cogita facientem, et desinet esse mirabile, quidquid illud fuerit. Et si forte mirabile non esse desierit, tamen incredibile non erit. Si factorum omnipotens cogitatur non erit impossibile quidquid erit. Quod si contingat aliquando, sicut contingere solet, ut videas si qua fieri in hoc sacramento quae minus esse videbuntur; noli horrere : sola species quae apparet hoc habet. Tibi monstrat speciem, sibi servat veritatem. Exhibet sensui tuo similitudinem cibi corporalis, ut sensus tuus per omnia in suo erudiatur. Servat corpori suo veritatem naturae inviolabilis et immortalis, ne in suo corrumpatur. Si in aliquo a similitudine recederet, verum sacramentum non esset et perderet se ibi, et tolleret locum fidei, neque jam crederetur, etiam si videretur. Quod ita fieri oportet. Itaque, quantum ad nos, servat per omnia corruptibilis cibi similitudinem, et tamen non amittit quantum ad se inviolabilis corporis veritatem. Videtur corrodi, et manet incorruptus. Videtur vel affici vel maculari, et perseverat inviolatus. Sustinet hic fieri circa se, ne sensus noster aliquid alienum percipiat; sed non recipit hic in se, ne incorruptibilis natura sinceritatem suam amittat. Tanta est dignitas et munditia corporis Christi, ut nec corruptione aliqua affici possit, nec sordibus maculari. Itaque si quando hoc fieri videris, noli timere ipsi; sed sollicitus esto tibi. Ipse laedi non potest; tu noceri potes, qui male credere potes.

Sed fortassis iterum dicit tibi cogitatio tua : Quid fiat de corpore Christi, postquam sumptum fuerit et comestum? Tales sunt cogitationes hominum, ut vix quiescere velint, in his maxime quæ quærenda non sunt. Dicit ergo tibi cor tuum : Quid factum est de corpore Christi, postquam illud sumpsi et manducavi? Audi ergo corporalem præsentiam Christi. Quæris? In cœlo quære. Ibi Christus ad dexteram Patris sedens, tecum ad tempus esse voluit, quando et quandiu necesse fuit. Exhibuit tibi ad tempus corporalem præsentiam suam, ut te ad spiritalem excitaret. Ideo corporaliter ad te venit, et exhibuit tibi præsentiam suam, ut per illam spiritualis inveniretur quæ non auferetur. Ita per carnem assumptam olim in mundum venit, et secundum præsentiam corporalem ad tempus cum hominibus conversatus est, ut eos ad spiritalem præsentiam quærendam excitaret et inveniendam. Postea completa dispensatione secundum corporalem præsentiam recessit, et secundum spiritalem præsentiam remansit. Nam ut ostenderet quia per spiritalem præsentiam non recedebat, quando scilicet corporalem præsentiam abire disponebat, ait : « Ecce ego vobiscum sum omnibus diebus usque ad consummationem sæculi (*Matth.* xxviii). » Sic ergo in sacramento suo modo temporaliter venit ad te, et est corporaliter tecum, ut per corporalem pœnitentiam ad spiritalem quærendam exciteris, et inveniendam adjuveris. Quando in manibus sacramentum ejus tenes, corporaliter tecum est. Quando ore suscipis, corporaliter tecum est. Quando manducas et quando gustas, corporaliter tecum est. Denique in visu, in tactu, in sapore corporaliter tecum est. Quandiu sensus corporaliter afficitur, pœnitentia ejus corporalis non auferetur. Postquam autem sensus corporalis in percipiendo deficit, deinceps corporalis pœnitentia quærenda non est, sed spiritualis retinenda. Dispensatio completa est per factum sacramentum; intus manet Christus, de ore ad cor transit. Melius est tibi ut eat in mentem tuam quam in ventrem tuum. Cibus iste animæ non corporis est. Noli in Christo quærere consuetudinem cibi corporalis. Venit ad te ut comedatur, non ut consumatur. Venit ut gustetur, non ut incorporetur. Augustinus vocem de cœlo audit, quia hoc de terrenis illi dici, aut responderi non potuit : Cibus sum grandium, cresce, et manducabis me; non ut me mutes in te, sicut cibum carnis tuæ; sed tu mutaberis in me. Itaque prudenter discerne quod in sacramento Domini sensui adhibitum sit, quod spiritui accommodatum, et, ut solet, si post completam perceptionem aliquid in tanto senseris, in hoc quoque species ad proprietatem sensus famulatur, ut veritas similitudinis ubique conservetur. Nam si in aliquo, quantum scilicet sensui exhibendum est, similitudo deficit, et illic procul dubio sacramentum non esset, sed res ipsa proderetur et manifestaretur evidenti miraculo : quod non convenit, quandiu fidelis locum habet. Post hoc ergo, si corporalem præsentiam Christi quæris, in cœlo quære. Ibi quære, ubi et prius fuit, quam per sacramentum suum corporaliter tecum esse inciperet, et unde non discessit quando ad te venit.

DOMINICA TERTIA.

Secundum Lucam.

« Erant appropinquantes ad Jesum publicani et peccatores ut audirent eum. Et murmurabant Scribæ et Pharisæi dicentes : Quia hic peccatores recipit, et manducat cum illis (*Luc.* xv). » (GREGORIUS.) Publicani et peccatores ad audiendum Dei verbum appropinquantes, non solum ad colloquendum; sed etiam ad vescendum recepti sunt. Quod videntes Pharisæi indignati sunt, quia vera justitia compassionem habet, falsa vero justitia dedignationem; quamvis et justi soleant recte peccatoribus indignari. Sed aliud est quod igitur typho superbiæ, aliud quod zelo justitiæ. Sed quia ægri erant, ita ut ægros se esse nescirent, quatenus quod erant agnoscerent, cœlestis eos medicus blandis fomentis curat, benignum paradigma objicit, et in eorum corde vulneris tumorem premit. Ait namque :

« Quis ex vobis homo qui habet centum oves, et si erraverit una ex eis, nonne relinquit nonaginta novem in deserto, et vadit quærere eam quæ erravit? Et si contigerit ut inveniat eam, imponit in humeros suos gaudens, et veniens domum, convocat amicos et vicinos, dicens illis : Congratulamini mihi, quia inveni ovem meam quæ perierat. » Quia centenarius numerus perfectus est, Dominus centum oves habuit, postquam angelos et homines creavit. Sed una ovis periit, cum homo deliquit. Dimisit autem, dum seipsum exinanivit dives pastor, cujus nos omnes centesima portio sumus, nonaginta novem in montibus, hoc est in cœlestibus vel in deserto, quia cohors angelorum reliquit in cœlo. Cur autem cœlum desertum vocatur, nisi quod desertum dicitur derelictum? Tunc enim cœlum homo descruit, cum peccavit. Quem Dominus humeris imposuit, quia humanam naturam suscipiens, peccata nostra portavit. Humeri Christi crucis brachia sunt. Illic peccata mea deposui; in illa nobilis patibuli cervice requievi. Qua inventa domum rediit, quia reparato homine cœlum intravit. Angeli sunt ejus amici, quia voluntatem ejus stabiliter custodiunt. Idem sunt vicini; quia claritate visionis illius fruuntur. Notandum quod non dicit : Congratulamini ovi, sed mihi, quia vita nostra gaudium ejus est, Amen dico vobis, quia gaudebit super eam magis quam super nonaginta novem, quæ non erraverunt, et non indigent pœnitentia.» Licet pastor et multo plus nimirum diligat nonaginta novem, quam solam centesimam ovem, tacitis tamen aliis de restaurata multis modis se gaudere ostendit. Sic quoque Salvator generis humani magis gaudet, hoc est magis et pluribus argumentis ostendit se gaudere, quam de angelorum stabilitate. Vel ita magis gaudet, id est magis gaudere nos inde facit. Sic non est voluntas ante Patrem vestrum qui est in cœlis, ut pereat unus de pusillis istis. Sicut non est voluntas pastoris unam ovem perire, sic non est voluntas ante Patrem, hoc est, sic non vult Pater ut unus pusillus pereat.

« Aut quæ mulier habens drachmas decem, si perdiderit drachmam unam, nonne accendit lucernam et evertit domum, et quærit diligenter donec inveniat? Et cum invenerit convocat amicas et vicinas dicens : Congratulamini mihi, quia inveni drachmam quam perdideram.» (GREGORIUS.) Drachma est numerus certæ quantitatis habens imaginem regis. Mulier ergo, id est Dei sapientia, decem drachmas habuit cum novem ordinibus angelorum est additus homo decimus ut compleretur electorum numerus. Mulier drachmam perdidit, quando homo, qui conditus ad imaginem Dei fuerat, peccavit. Sed mulier lucernam accendit, quia sapientia Domini in carne apparuit. Lucerna lux est in testa, id est divinitas in carne. De qua testa sui corporis dicit ipsa Sapientia : « Exaruit tanquam testa virtus mea (*Psal.* XXI).» Testa in igne solidatur, et virtus ejus exaruit, quando assumptam carnem ex tribulationis passionis roboravit ad gloriam resurrectionis. Accensa autem lucerna, id est carne per divinitatem glorificata, domus evertitur, quia humana conscientia reatus sui consideratione perturbatur. Sic ergo drachma reperitur, quia in homine similitudo Creatoris reparatur. Amicas et vicinas dicit potestates angelicas, quæ tanto juxta sunt paternam sapientiam, quanto ea vicinius contemplantur. (GREGORIUS.) Vicinas autem convocat, dum per exhibitionem gratiæ hominibus impensæ ad amorem sui vehementius accendit.

« Ita dico vobis, gaudium erit in cœlo super uno peccatore pœnitentiam agente, quam super nonaginta novem justis, qui non indigent pœnitentia.» Plerumque qui nullis se oppressos peccatorum molibus sciunt, pigri remanent ad exercenda bona, ut securi quod non commiserunt mala graviora. Ac contra nonnunquam hi qui se illicita gessisse meminerunt, ipso dolore compuncti inardescunt ad amorem Dei. Majus ergo gaudium fit in cœlo de peccatore converso quam de stante justo. Nam et dux in prælio plus illum militem diligit, qui post fugam reversus hostem fortiter premit, quam illum qui nunquam terga præbuit, et nunquam fortiter aliquid fecit. Quod vero angeli, utpote rationales, gaudent de reconciliato sibi homine, incendit nos ad probitatem, ut agamus quod illis gratum sit, quorum et affectare patrocinium et offensam timere debemus. In tertia quippe parabola de peccatorum susceptione, non suum tantummodo suorumque gaudium Dominus demonstrat, sed et invidentium murmur reprehendit.

SERMO DE LAPSU PRIMI HOMINIS
ET QUÆSTIO

Si non habebat perseverantiam, quomodo sine vitio fuerit.

Clamat veritas de primo homine, scilicet Adam, quod peccasset, et desertor boni fuisset. Unde oritur quæstio, cum bonum desereret, perseverantiam in illo non haberet. Quod si perseverantiam non habuerat, quomodo sine vitio fuerat? Huic quæstioni facile respondetur eum perseverantiam non habuisse, quia in eo bono in quo sine vitio fuit, in illo non perseveravit. Cœpit enim habere vitium ex quo cecidit. Et si cœpit, antequam cœpisset, utique sine vitio fuit. Aliud est enim non habere vitium, aliud est in ea bonitate in qua nullum vitium est, non manere. Item videndum est quod respondeamus illis qui dicunt : Si nulla rectitudine in qua sine vitio fuit factus, habuit perseverantiam, procul dubio perseveravit in ea; et si perseveravit, utique non peccavit, nec illam suam rectitudinem deseruit Deumque. Sed, ut præfati sumus, cum peccasse et desertorem boni fuisse veritas proclamat. Non ergo habuit perseverantiam in illo bono. Et si non habuit, non utique accepit. Quomodo enim et accepisset perseverantiam, et non perseverasset? Porro, si propterea non habuit, quia non accepit, quod ipse non perseverando peccavit qui perseverantiam non accepit. Neque enim dici potest ideo non accepisse quia non est discretus a massa perditionis gratiæ largitate. Nondum quippe erat illa perditionis massa antequam peccasset. Saluberrime igitur confitemur Deum, quia creavit omnia bona, et mala ex bonis exoritura præscivit et scivit ad suam omnipotentissimam bonitatem pertinere, etiam de malis benefacere, sic ordinasse angelorum vitam et hominum, ut in ea prius ostenderet quid posset eorum liberum arbitrium, deinde quid posset suæ gratiæ beneficium, justitiæ judicium.

Denique angeli quidam, per liberum arbitrium bonitatem Dei, qui beati fuerunt, refugientes, ejus judicium effugere non potuerunt : cæteri per liberum arbitrium in veritate steterunt, certi facti nunquam se casuros. Diabolus et angeli ejus, etsi beati fuerunt antequam caderent, se tamen casuros esse in miseriam nesciebant. Et si per liberum arbitrium stetissent, hoc eis adderetur, ut magna per Spiritum sanctum data abundantia charitatis Dei ulterius cadere non possent. Sed quia nesciebant suam futuram miseriam, minore quidem, sed tamen sine vitio fruebantur. Nam si casum suum futurum nossent æternumque supplicium, beati utique non possent esse, quos tanti mali metus jam miseros esse compelleret. Omnes tamen angeli æquales creati sunt, sed cadentibus quibusdam per super biam, cæteri Domino pia obedientia cohæserunt, accipientes certam suæ stabilitatis, quod illi nunquam habuerunt. (AUGUSTINUS.) Hi autem angeli qui ceciderunt vocantur dæmones, et sunt acria animalia, quoniam corporum aeriorum natura vigent. Propterea morte non dissolvuntur, quia prævalet in eis elementum, quod ad faciendum quam ad patiendum est aptius, duobus subterpositis, aqua scilicet et terra, uno quoque superposito, id est igne sidereo. Distribuuntur enim elementa ad patiendum duo, id est humor et humus; ad faciendum alia duo, aer et ignis. Si autem transgressores illi antequam transgrederentur, cœlestia corpora gerebant, nec hoc mirum est, si conversa sunt ex pœna in aeriam qualitatem, ut jam possint ab igne, id est ab elemento superioris naturæ aliquid pati. Hæc acris quoque spatia superiora atque puriora, sed ista caliginosa tenere permissi sunt, quæ eis pro suo genere quasi quidam carcer est usque ad tempus judicii. Igitur sicut angeli cum libero arbitrio creati sunt, sic et hominem Deus fecit cum libero arbitrio; et quamvis sui casus ignarum, tamen ideo beatum, quia et non mori, et miserum non fieri in sua potestate esse sentiebat. Quia vero per liberum arbitrium Deum deseruit, justo judicio Dei cum tota sua stirpe, quæ in illo adhuc posita fuit et tota cum illo peccavit, damnatus est.

De eo, qualem gratiam primus homo acceperit, et de aliis pluribus causis.

Talem gratiam habuit primus homo, in qua permanere si vellet, nunquam esset malus, et sine qua etiam cum libero arbitrio bonus esse non posset, sed eam tamen per liberum arbitrium deserere posset, non autem eam habuit gratiam qua non esse vellet malus. Quod adjutorium si homo per liberum arbitrium non deseruisset semper esset bonus; sed deseruit, et desertus est. Non enim desertus est ut desereret, sed ut desereretur deseruit. Ad malum quippe ejus prior est voluntas ejus; ad bonum vero ejus prior est voluntas Dei : sive ut faceret, quando non erat; sive ut refaceret quod perierat. Deseruit autem Deum placendo sibi. Distinguendum autem videtur adjutorium. Aliud quippe est sine quo aliquid non fit; aliud est, quo fit aliquid. Sine alimentis non possumus vivere, nec tamen eis fit ut vivamus. Ergo alimentorum adjutorium est sine quo non fit aliquid, non quo fit ut vivamus. Beatitudo vero cum data fuerit homini, adjutorium (sic) enim est, non solum sine quo non fit, verum etiam quo fit propter quod datur, quia si data fuerit homini continuo fit beatus, et si non fuerit data, nunquam erit. Primus itaque homo accepit adjutorium perseverantiæ, non quo fieret ut perseveraret, sed sine quo per liberum arbitrium perseverare non posset. Sanctis igitur nunc tale datur adjutorium perseverantiæ, ut perseverantia ipsa donetur, non solum ut sine isto dono perseverantes esse non possint, verum etiam ut per hoc donum non nisi perseverantes sint. Non solum enim dixit : « Sine me nihil potestis facere (*Joan.* xv) » sed etiam dixit : « Non vos me elegistis, sed ego elegi vos, et posui vos ut eatis, et fructum afferatis, et fructus vester maneat (*ibid.*). » Quibus verbis eis non solum justitiam, verum etiam perseverantiam se dedisse monstravit. Duo quippe sunt officia medicinæ, unum quo sanatur infirmitas, alterum quo sanitas custoditur. Juxta illud : « Salvum me fac, Domine, propter misericordiam tuam (*Psal.* vi) » dicitur. Juxta istud autem dicitur : « Judica me, Domine, secundum justitiam meam (*Psal.* vii). » Et iterum : « Justum adjutorium meum a Domino, qui salvos facit rectos corde (*ibid.*). » Et illa et ista salvos facit. Sed illa ex ægritudine transfert ad salutem, hæc in ipsa salute conservat. Itaque ibi misericors auxilium est, quia nullum habet meritum peccator, qui adhuc justificari desiderat; hic autem justum auxilium est, quia jam justo tribuitur. Si enim medicinam exhibet Dominus, qua sanemur infirmi, quanto magis eam, qua custodiamur sani et jam sani non corrumpamur, quoniam si cum adhuc essemus peccatores, Christus pro nobis mortuus est, quanto magis nunc justificati, salvi erimus ab ira per ipsum? (*Rom.* v.) Sic autem fuit prima libertas voluntatis posse non peccare, novissima autem non posse peccare, ita prima perseverantiæ potestas, bonum posse deserere. Nunc per Christum datur, ut non solum adsit sine quo permanere non possimus, etiam si velimus, verum etiam tale ac tantum sit ut velimus. Fit quippe in nobis in bono recipiendo et perseveranter tenendo non solum posse quod volumus, verum etiam velle quod possumus. Quod non fuit in primo homine. Unum enim horum in illo fuit, alterum non fuit. Nam ut reciperet bonum gratia non egebat, quia nondum perdiderat. Ut autem in eo permaneret, egebat adjutorio gratiæ sine quo omnino non posset; et acceperat posse si vellet, sed non habuit velle quod posset. Nam si habuisset perseveraret. Posset enim etiam perseverare si vellet. Quod ut nollet, de libero descendit arbitrio. Quod ita liberum erat, ut bene velle posset et male. Habuit enim adjutorium, non quo fieret ut vellet, sed in quo permaneret, si vellet, et sine quo non posset perseveranter bonum tenere quod vellet; sed quia noluit permanere ejus culpa fuit, cujus meritum fuisset, si permanere voluisset. Prima gratia fuit, qua fit ut habeat homo justitiam si velit; secunda plus potest, qua fit etiam ut velit, et tantum velit tantoque ardore diligat ut, carnis voluntatem contraria concupiscentem, voluntate spiritus vincat. Non enim adjutorium tale dat, quale primo homini, sine quo non possit homo perseverare si velit, sed in eis operatur et velle, ut quoniam non perseverabit homo nisi et possit et velit, perseverandi possibilitas et voluntas ei detur. Tanto quippe Spiritu sancto accenditur hominis voluntas, ut ideo possit, quia sic vult; ideo sic velit, quia Deus operatur ut velit. Inde fit ut voluntas hominis invalida et imbecilla in bono adhuc parvo perseveret, nec adversitate aliqua deficiat per virtutem Dei, cum prima voluntas hominis fortis et sana in bono ampliore non perseveraret, quamvis non de futuro adjutorio Dei, sine quo non posset perseverare, si vellet quamvis nulla lege repugnante in membris quamvis terrena habitatione nondum sensum ejus deprimente.

De pœnitentia.

Quia in præmissis aliqua de lapsu primi hominis denotavimus, restat ut et aliqua de pœnitentia loquamur. Pœnitentia alia est exterior, alia interior. Pœnitentia exterior est in afflictione carnis, pœnitentia interior est in contritione cordis. Per pœnitentiam exteriorem castigatur culpa pravi operis; per pœnitentiam interiorem emendatur pravæ culpa voluntatis. Secundum quantitatem delicti mensura correptionis pensanda est. Agite, inquit, fructus dignos pœnitentiæ. Aliud enim est fructus pœnitentiæ aliud ipsa pœnitentia. Sicut aliud est arbor, et aliud fructus ejus, sic aliud est pœnitentia, et aliud fructus ejus. Pœnitentia enim est dolor præteriti, quando doles te fecisse quod malum est. Quando ergo improbas et damnas mala tua, pœnitentiam habes. Quando autem satisfactione subsequente et punis et corrigis mala tua, fructus pœnitentiæ habes. Si displicet tibi quod fecisti, pœnitentiam agis. Si persequeris et punis quod fecisti, fructus pœnitentiæ agis. Pœnitentia est facti improbatio, fructus pœnitentiæ est delicti correctio. Sed quia secundum mensuram delicti mensura correctionis est pensanda, ideo fructus pœnitentiæ dignos facere oportet. Si in correctione minor est afflictio quam in culpa delectatio fuit, non est dignus fructus pœnitentiæ. Sed dicis mihi : Quomodo scire possum, quando condigna sit pœnitentia mea? Quia scire hic non potes, ideo necesse habes semper pœnitere. Satisfacere potes : nimis facere non potes. Melius est ut plus facias quam minus. Idcirco sollicitus esto, satage, da operam, studium impende, ut culpa sit cum fine, devotio sine fine. Tamen ut aliquando peccatrix conscientia consoletur, positus est modus et mensura pœnitentiæ exterioris, ut illa expleta, vel perfectam fiduciam habere incipias, et secura quadam præsumptione, in spe misericordiæ divinæ de indulgentia et remissione peccatorum confidere, et tanto verius, quanto utique sincerius injunctam pœnitentiam expleveris.

Sed fortasse tibi tacita cogitatione respondeas : Quomodo, inquis, certus esse possum de venia propter pœnitentiam et satisfactionem ab homine injunctam, etiam si illam studiose complevero, cum ipse homo, cui peccata mea confiteor, sæpe aut ignorantia nesciat, aut negligentia non consideret qualem mihi, secundum modum et mensuram delicti, debeat satisfactionem injungere? Ad hoc tibi breviter respondeo quia si homo nescit Deus scit. Tu tamen fac quod tibi præcipitur, obediens esto in eo quod tibi jubetur. Videat Deus devotionem tuam, etiam si homo non condigne moderetur afflictionem tuam. Perire non potes, si devotus fueris inventus. Sed decipior, inquis, putans me satisfecisse, cum non satisfecerim. Ille mihi injunxit, ut tantum facerem; et non amplius mihi præcepit : ecce totum perfeci, et non satisfeci. Vado quasi securus ad Deum putans me satisfecisse illi, cum adhuc teneor obligatus, quia non satisfecerim. Quare ergo, inquis, factum est, ut talem sacerdotem non habeam, qui mihi dicat : Hoc oportet? Audi quare. Propter peccata tua factum est hoc, quibus meruisti, ut malum haberes, quibus si districte judicaveris, et hic merueras ut nullum haberes. Quia, inquit Scriptura, « regnare facit hypocritam propter peccata populi (*Job* XIV). » Et ait : « Ego adhærescere faciam linguam tuam palato tuo, nec eris quasi vir objurgans, quia Dominus exasperans est (*Ezech.* III). » Nam ut scias quia malitia hoc fecit, vide ubi erat devotio tua. Si enim perfectam devotionem habuisses, etiam nullo admonente cessare tamen potuisses. Nunc autem pigritia tua et negligentia occasionem tortoris quæsivit non correctorum. Et vidit hoc Deus, et dedit tibi secundum cor tuum ut non invenires quod non quærebas accipere. Nec tamen dico ut desperes, etiamsi hoc contingat, ut homo qui exterius curandis vulneribus peccatorum medicamentum apponit, aliquid minus sufficiens tribuat. Sæpe quod minus foris agitur, efficacius intus operatur. In parvo opere magna devotio esse potest. Homo videt in faciem; Deus autem intuetur cor. Et, ut minus dicam, magnum est, si in hac vita incipere possis, et si non proficias. Nam et post mortem ignis quidam purgatorius dicitur, ubi purgantur et mundantur qui hic cœperunt et non perfecerunt. Qui autem in hac vita nec incipere voluerunt, ibi consummare non possunt. Quibus autem hic correctionem suam datur incipere, etiam si perficere non datur, illic correctionis perfectio reservatur. Tamen tutius omnino est, ut hic et incipere et perficere contendas, ut illic nihil faciendum tibi vel patiendum supersit. Durum est tormenta illa vel ad modicum sentire, propterea tutius omnino tibi est ut hic incipias et perficias quod facere debes. Quod si hic perficere non potueris, si tamen inchoaveris, noli desperare, « salvus eris, sic tamen quasi per ignem (*I Cor.* III). » Ardebit quidem, donec consumptum fuerit quod criminale portas. Tu autem salvus eris quoniam fundamentum in te permansit charitatis Dei.

De invidia.

Livor alieni boni suum punit auctorem. Nam unde bonus proficit, inde malus contabescit. Homines prave viventes sicut de bonorum lapsibus gratulantur, ita de eorum recte factis bonique perseverantia confunduntur. Invidus membrum est diaboli, ob cujus invidiam mors introivit in orbem terrarum, sicut et superbus membrum est diaboli, de quo scriptum est : « Omne sublime videt, et ipse est rex super omnes filios superbiæ (*Job* XLI). » Nulla est virtus, quæ non habeat contrarium invidiæ malum. Sola miseria caret invidia, quia nemo invidet misero, cui revera non livor objicitur, sed sola misericordia adhibetur. Multi et bonos imitari nolunt, et de bonorum perfectibus invidiæ livore contabescunt. Quo fit ut nec illi corrigantur a malo suo, sed per invidiam deteriorentur, et bonos a recto studio quantum in ipsis est, si potuerint, depravare conentur. Quando boni malos proficere vident, ne scandalizentur, sed quem sint finem habituri maxime cogitent. Hoc omnis invidus alienis virtutibus præstat : quod beato Job Satan præstitit (*Job* I). Nam dum cumulatus prosperitatibus commovit adversa, unum eum credidit diabolus posse prosterni, in eo aucta sunt merita, atque inde claruerunt probabiliora patientiæ documenta. Ita requirunt invidi aditum malæ famæ, per quam bonorum vitam maculent, sicut quærebant ostium Sodomitæ; ut Domum Lot nocituri introirent. Illi vero cæcitate erroris parietes videbant, ostium non inveniebant (*Gen.* XIX). Non aliter invidi videndo velut pariete virtutes dissimulant; vitia vero perquirunt, per quæ eorum conscientiam urant: Invidiæ diabolicum malum, de superbia et vana gloria principaliter procreatum, et nonnunquam per avaritiam auctum, quod cor hominis de temporalibus sive spiritualibus proximi bonis tabescere et ægrescere mortaliter facit ; juxta hoc : Justius invidia nihil est, quæ primitus ipsum auctorem rodit, excrucians animum. Qua invidia sævi non invenere tyranni majus tormentum, eique vel mala per se, seu per alios inferendo vel machinando, ipsique vel factis ejus, sive bonis sive malis derogando, etiam ea pervertendo nocere cupit. Bonæ quorum voluntatis dulcedinem amaro felle malitiæ penitus exstirpare vel inficere gestit charitatem proximorum, qua eorum vel bona vel mala nostra existimantes eis vel congaudere vel condolere debemus, una cum superioribus superbia scilicet et vana gloria prorsus expellit. Nam sine aliis hæc omnino locum habere non poterit. Invidia itaque exstinguitur charitas qua diligitur bonum, quod omnes possidere possumus, et singuli totum. Sed hoc a nemine possidetur, nisi qui perfecte deserit hujusmodi cupiditatem, quæ est mater invidiæ. Nam quidquid in hoc mundo concupiscimus, hoc procul dubio proximis invidemus. Videtur enim quia nobis desit, quod alter assequitur. Et quia semper invidia discordat a bona voluntate, mox, ut mentem hæc ceperit, illa discedit. Proximos autem diligimus sicut nos, si non propter aliquas utilitates nostras, non propter beneficia sperata vel accepta, sed propter hoc tantum, quod sunt naturæ nostræ seu divinæ gratiæ participes, vel ut fiant, diligimus.

DOMINICA QUARTA.

Secundum Lucam.

« Estote misericordes sicut et Pater vester misericors est (*Luc.* VI). » Natura Dei impassibilis est. Sicut autem zelat sine aliquo livore, irascitur sine aliqua perturbatione, pœnitet eum sine alicujus suæ pravitatis correptione, ita est patiens sine ulla passione, et miseretur sine aliquo dolore. « Estote ergo et vos perfecti, sicut et Pater vester cœlestis perfectus est (*Matth.* V, 28). » Sicut, similitudinis est, non quantitatis. Sensus ergo talis est : Prout potestis, perfecti estote, ut queatis prodesse etiam inimicis : quod Deum facere manifestum est.

« Nolite judicare ut non judicemini. In quo enim judicio judicaveritis, judicabimini. Nolite condemnare, ut non condemnabimini. » De dubiis judicare, et suspectos quasi reos condemnare, penitus repellit a nobis. Dubia ergo in melius interpretemur, quia de manifestis, ut sunt stupra, blasphemiæ, furta, ebrietates, et his similia, nobis tantum judicare permittitur. De dubiis scriptum est : « Nolite ante tempus judicare, quoadusque veniat Dominus, et illuminet abscondita tenebrarum (*I Cor.* IV). » Duo sunt in quibus temerarium judicium cavere debemus, cum incertum quo animo fiant quæ bene et male fieri possunt, vel cum incertum est qualis futurus sit qui nunc vel malus vel bonus apparet. Nunquid si temere judicaverimus, temere Deus de nobis judicabit? Absit ! Sed intelligendum est quoniam temeritas, qua punis alium, te puniat necesse est. Hinc alibi ait : « Qui percusserit gladio, gladio peribit (*Luc.* XXII), » videlicet peccati, quod cum gladio ferreo committit.

« Dimittite et dimittemini; date et dabitur vobis. » Dimittite injurias et date beneficia, ut peccata vestra vobis dimittantur, et vita detur æterna.

« Mensuram bonam et refertam et coagitatam et supereffluentem dabunt in sinum vestrum; » Huic simile est quod alibi dicitur : « Ut et ipsi recipiant vos in æterna tabernacula (*Luc.* XVI). » Illi quibus eleemosynas dabitis dabunt, id est causa erunt quare Dominus dabit in sinum vestrum, id est in magnum securitatem; mensuram bonam, vitam scilicet æternam, confertam, omnibus videlicet sanctis collatam et cum angelis coagitatam, id est conjunctam; et supereffluentem, hoc est super meritum nostrum abundantem. Sinus ideo accipitur pro securitate, quia valde securi sumus de his quæ in sinu recondimus. Vel per sinum intellige conscientiam sive cœtum sanctorum.

« Et in qua mensura mensi fueritis, remetietur vobis. » Generaliter de omnibus quæ mente, manu, lingua gerimus accipi potest, quia Deus reddet singulis secundum opera eorum.

« Quid autem vides festucam in oculo fratris tui, et trabem in oculo tuo non vides. Aut quomodo dicis fratri tuo : — Sine ejiciam festucam de oculo tuo, —et ecce trabes in oculo tuo? » Si quis ira peccat, tu non debes odio reprehendere. Tantum enim distat inter iram et odium, quantum inter festucam et trabem. Odium enim est ira inveterata.

« Hypocrita, ejice primum trabem de oculo tuo, et tunc videbis ejicere festucam de oculo fratris tui, » id est primo abs te, scilicet ab intentione tua et de corde tuo expelle odium; ut, de lumine mentis trabe mortalis criminis ejecta, exemplo potius quam dictis docere valeas minora excludi peccata, quæ in festuca significantur. Cum necessitas nos cogit aliquem reprehendere, primo cogitemus utrum tale vitium unquam habuimus, et si nunquam habuimus, cogitemus nos habere potuisse. Homines enim sumus. Hinc est illud sapientis : « Nihil humani alienum a me puto. » Si vero habuimus, tangat memoriam communis infirmitas, ut reprehensionem illam non odium, sed misericordia præcedat. Quod si nos idem vitium habemus in quo est ille quem reprehendere volumus, non reprehendamus illum, sed congemiscamus, et non illum ad obtemperandum nobis, sed ad pariter curandum invitemus. Multi vero criminibus præventi odio vel livore omnia accusare suscipiunt, et volunt videri consultores, sine exemplo suæ emendationis leviora peccata in fratribus vituperantes et damnantes.

De altercatione misericordiæ et veritatis, hinc inde se accusantis ac defendentis.

Deus sursum erat, et homo deorsum. Veritas erat in cœlo cum judice Deo, et misericordia in terra cum homine judicando. Ubi enim misericordia esset, si cum misero non esset : descenderat enim forte nesciente veritate, quoniam illam ad hominem venturam sciebat, et de illius adventu metuebat. Descendit ergo prius misericordia, ne, si veritas præveniret, accessum ad hominem ipsa postea non inveniret. Accepto igitur tempore assumpta veritate descendit Deus, ut rationem poneret cum homine. Quod cum vidisset misericordia, non ignara divini consilii, perrexit in obviam illi, Deum cupiens mitigare, et placatum adducere. Cernens autem veritatem obstinato vultu incedentem, primum occurrit illi rogans, ut gradum sisteret, nec nimis properaret, donec ipsa funderet orationem suam ad Dominum. Ibi ergo misericordia et veritas obviaverunt sibi. Tunc misericordia clementi causatione querelam coram Deo deposuit, dicens ægre se ferre quod ad hoc negotium socia advocata non fuerit, præsertim cum nunquam Deus sine utraque comite hac iter aliquod facere consuevit. Cum enim scriptum sit : « Universæ viæ Domini misericordia et veritas (*Psal.* XXXIV), » quomodo veritate sola contentus, misericordiam Dominus Deus non vocavit, præcipue cum non solum æqualem, sed priorem misericordiam esse debere Scriptura ubique commemoret? Neque enim scriptum est : Veritas et misericordia, sed misericordia et veritas, universæ viæ Domini. Quare ergo quæ prima esse debuit, nunc postrema; et, quod magis me gravat, ad comitatum tuum non vocata accedo? Econtrario veritas respondit, in hac via tua misericordiam comitem nec esse posse, nec debere, ideo quia consilium voluntati ejus contrarium sit ordinatum, et idcirco in ejus opere præsens ipsa esse non possit : tum etiam quia cum ipso egressa non sit. Dixit etiam ipsa misericordiam magis oportere rationem reddere quare ipsa egredienti Domino non affuerit, et absentia ejus magis esse (*sic*) Jesum Dominum, in tantum ut uno comite iter carpere compulsus sit. Ad hæc misericordia respondit se nec mala intentione egressam, nec malo opere occupatam, sed magis se honori et utilitati Domini sui consulere, quæ non perdere studeat et destruere, sicut ipsa veritas, sed salvare : illam autem esse notandam prius et accusandam, quæ famulos et ministros Domini velit interimi, ut cum omnes abierint, nullum patiatur per indulgentiam aliquam levari et revocari. Veritas autem respondit non esse decens bonum Dominum et justum malos servos et injustos habere. Misericordia dixit tantum Dominum sine ministris esse non debere. Veritas affirmavit nequam homines merito debere damnari. Misericordia respondit eos, ut boni fierent, spontanea etiam pietate debere revocari. Veritas dixit, quia Deus malis omnino parcere non deberet. Misericordia dixit : Si nemini parceret Deus, nunquam bonos haberet. Veritas dixit se nolle nec posse tot scelera hominum tolerare. Misericordia respondit gratiam Domini ad indulgendum superabundare. Veritas dixit : Unusquisque prout gessit in corpore accipiat. Misericordia dixit : Omnis homo magis convertatur ad Dominum, et vivat.

His ergo ita sibi obviantibus, et ad diversa voluntatem Dei inclinare desiderantibus, videns Deus tam diversas sententias ad effectum simul non posse procedere, ait : Scriptum est : « Misericordiam et veritatem diligit Deus (*Psal.* LXXXIII). » Quas ergo vult sibi semper præsto esse, et quia rursum dicitur de Deo : « In pace factus est locus ejus (*Psal.* LXXV), » non potest illas discordes sustinere. Concordia autem esse non potest, ubi voluntas tam diversa est. Veritas enim vult ut totum imputetur; misericordia vero, ut totum condonetur : quæ simul fieri non possunt. Propterea nec ego, qui amator pacis sum, compellar societatem vestram relinquere, necesse est ut vos studeatis utrinque vestras voluntates ad unum consensum inclinare. Ad hoc veritas respondit se minus laudabilem, si aliquid inultum relinquatur. Misericordia dixit se minus amabilem, si non totum gratuita pietate solvatur. Tunc Deus, si vellent ambæ, interrogavit suas voluntates in ejus arbitrio ponere, et quod ipse inde discerneret sine contradictione annuere. Quod utraque inquantum fieri possit, sine diminutione nominis et dignitatis suæ concedente, dixit Deus æquum sibi videri ut peccatum hominis et ex parte propter veritatem puniatur, et ex parte propter misericordiam dimittatur. In hoc ergo, ambabus consentientibus, veritas adjecit dicens, justum esse, ut sicut prius misericordia cum homine fuit, et ipsa in cœlo permansit, ita nunc ipsa in terra cum homine permaneat, et misericordia cum Deo cœlum conscendat. Scriptum est enim, ait : « Misericordia et veritas præcedent faciem tuam (*Psal.* LXXXVIII).» Si ergo misericordia præcessit, et veritas permansit, justum esse ut nunc misericordia maneat, et veritas præcedat. Tunc misericordia rogans veritatem memorem esse communis pacti, scilicet ne quidquam ultra concessum contra hominem moliatur, cum Domino ascendit. Veritas autem intrans cor hominis, invenit ibi omnia mala, et digna pœnis, et clamare cœpit de terra, hominem accusans. Misericordia vero non desistebat in cœlo Dominum orare pro homine postulans. Homo in terra per veritatem stimulatus, peccasse confitebatur, et Deus in cœlo per misericordiam flexus confitenti miserebatur. Homo confessionem ad salutem propriam ore faciebat, et misericordia precibus suis Dominum ad justificationem hominis compellebat. Veritas de terra per confessionem hominis oriebatur, et justitia de cœlo prospiciens, per misericordiam Dei ad terras mittebatur. Veritas dixit prius puniendum, qui prius malum fecerat; misericordia dixit postea justificatum salvandum, qui et malum confitendo bene fecerat. Per veritatem accusabatur, et per misericordiam propter veritatem justificabatur, quia veritas de terra orta est, et justitia de cœlo prospexit. Quia ergo misericordia cum Deo pro homine erat, et justitia et veritas a Deo cum homine erat, jam inter Deum et hominem pro justitia pax erat, et ascendit justitia ad Deum ab homine, pacem postulans; et descendit pax a Deo ad hominem, justitiam amplectens, et osculans. Tunc ait justitia ad pacem : Nunquid optimo satis est mala dimittere, nisi etiam studeat bona conferre? Laxavit peccata per indulgentiam, nunc conferat dona virtutum per gratiam. Respondit pax, et dixit : Dominus dabit benignitatem, et terra nostra dabit fructum suum (*Psal.* LXXXIV). » Nunc autem interim « justitia ante eum ambulabit, et ponet in via gressus suos (*ibid.*). » Quod audiens justitia præcurrens reversa est ad hominem, ut ab eo non discedat, donec Dominus ponat in via gressus suos, et veniat.

De amatoribus misericordiæ.

Graviter in Deum delinquunt, qui divitias a Deo concessas, non in rebus salutaribus, sed in usibus pravis utuntur. Nesciunt enim impartire pauperibus, oppressis subvenire despiciunt, et inde magis augent delicta, unde redimere debuerant. Hoc tantum bonum habet possessio præsentium rerum, si vitam reficiat miserorum. Propter hoc tentatio est mundi lucrum, tantoque majora supplicia in futuro dabunt, quanto et ipsa majora sunt. Potentes enim potenter tormenta patiuntur (*Sap.* VI). Terrena omnia servando amittimus, largiendo servamus. Patrimonium enim terrenum perit; manet ante erogatum. Diu enim cum rebus nostris durare non possumus, quia aut nos illas moriendo deserimus, aut ille nos viventes deserunt per diversitate usus. Alii de rebus mundanis pereunt, quas cupidius rapiunt : alii vero salvantur, dum in earum pulchritudine Conditoris pulcherrimam providentiam laudantes mirantur, vel dum per misericordiæ opus ex eis cœlestia bona merentur. Misericordia a compatiendo alienæ miseriæ vocabulum sortita est. Nullus autem in alieno misericors esse potest, quandiu prave vivendo, in se misericors non est. Qui enim sibi nequam est, cui bonus est ? Nulla scelera eleemosynis posse redimi, si in peccatis quisque permanserit. Tunc autem eleemosynarum fructu indulgentiam conceditur, quando ab scelerum opere desinitur. Verum est quia peccata omnia misericordiæ operibus expurgentur, sed si jam caveat peccare qui misericordiam impertitur. Cæterum nulla est delictis venia, quando sic procedit misericordia, ut eam sequantur peccata. Non est eleemosyna, quæ gloriæ magis causa, quam misericordiæ impertitur intuitu. Quali enim intentione ab unoquoque largitur taliter et apud Deum recipitur. Qui enim hic de bono opere laudem præsentem appetit, spem perdit, et gloriam mercedis in futuro non recipit. Dum enim causa jactantiæ pauper pascitur, etiam ipsum misericordiæ opus in peccatum convertit. Intantum eleemosynarum opera peccata exstinguunt, atque intantum ad regnum futuri sæculi perficiunt, ut etiam judex cœlestis in judicio futuro veniens, in dextra consistentibus dicat : « Esurivi, et dedistis mihi manducare; sitivi, et dedistis mihi bibere; hospes eram, et collegistis me ; nudus, et cooperuistis me (*Matth.* XXV). » Quibus etiam bene promittit dicens : « Venite, benedicti Patris mei, percipite paratum vobis regnum (*ibid.*). » His autem quos nulla præcedentia eleemosynarum facta sequuntur, æterni judicis voce sic dicitur : « Esurivi, et non dedistis mihi manducare, etc. (*ibid.*) » Quibus juste dicit : « Discedite a me, maledicti, in ignem æternum, qui paratus est diabolo et angelis ejus (*ibid.*). » Non solum itaque qui esurienti et sitienti et nudo beneficium largitatis impendit, vel si quid aliud indigenti largitur, sed et qui inimicum diligit : et qui lugenti affectum compassionis et consolationis impertit, aut in quibuslibet necessitatibus consilium adhibet, eleemosynam procul dubio facit. Nam et disciplinæ, vel doctrinæ bonum eleemosyna est, et eleemosynæ carnali eminentior est. Quicunque non egens poscit, cum se indigentem simulet, etiam toto corde illi commiserandum oportet. Et licet ille fortasse falsam indigentis speciem proferat, is tamen qui simpliciter impertit, fructum justitiæ non amittit. Quamvis quisquam sit egens, nullus tamen unde tribuat indigenti, excusationem inopiæ potest obtendere, quando ex præcepto Salvatoris etiam calicem aquæ frigidæ præcipiamur indigenti præbere. Nam si aliud non habentes, idipsum benigne tribuamus, mercedem procul dubio non amittamus. Cæterum si amplius possumus, et egestatem simulando minus largimur, non egentem sed Deum fallimus, cui conscientiam nostram abscondere non possumus. Duæ sunt eleemosynæ, una corporalis, egenti dare quidquid potueris; altera spiritalis, dimittere a quo læsus exstiteris. Harum prima adhibenda miseris, secunda malis. Erit ergo quod semper impertias, etsi non pecuniam, vel salutem et gratiam. Nunc erit eleemosyna cum mora præbenda, ne, comitante tristitia, merces pereat dispensata. Tunc autem bene tribuitur, quando cum mentis hilaritate præbetur. Unde et Apostolus : « Hilarem, inquit, datorem diligit Deus (II Cor. IX). » Metuendum est itaque ne pauper aut cum tædio accipiat oblata, aut ne omnino prætermissus, mœrens tristisque recedat. De rapinis alienis eleemosynam facere, non est officium miserationis, scilicet emolumentum sceleris. Unde et Salomon : « Qui offert, inquit, sacrificium de rapina pauperum, tanquam si quis victimet filium in conspectu patris sui (Eccli. XXXIV). » Qui enim injuste tollit, juste nunquam distribuit, nec bene alteri præbet quod ab alio male extorquet. Magnum scelus est res pauperum præstare divitibus, et de sumptibus inopum acquirere favores potentum; arentis terræ aquam tollere, et flumina quæ non indigent irrigare. Nonnunquam largitas divitum prædica, non ad utilitatem, sed ad elationem effunditur. Comparantur hypocritis, qui non ad ædificationem docent audientium, sed ad suæ gloriæ exaggerandum cumulum. Reprehensibilis est superflua effusio largitatis. Nam qui modum servat, avarus nulli est, sed omnibus ; largus dispensator non debet esse prodigus, sed discretus. Largiri enim debet quantum oportet, ut tenendo mensuram sufficiat plurimis.

De hypocritis.

Hypocrita verba sanctorum habet, vitam non habet ; et quos per sermonem doctrinæ genuerit non fovet exemplis, sed deserit, quia quos verbis ædificat, vita et moribus destruit. Hypocritæ simulatores dicuntur, qui justi esse non quærunt, sed tantum videri cupiunt. Hi mala agunt, et bona profitentur. Per ostentationem quippe boni apparent, per actionem vero mali existunt. Omnia possunt ex simplicibus vitia perpetrari, simulatio et hypocrisis non committitur, nisi a male astutis, per calliditatem valentibus vitia sub specie virtutum celare, et non veram sanctitatem objicere. Sancti non solum gloriam supra modum suum omnino non appetunt, sed etiam hoc ipsum videri refugiunt quod esse meruerunt. Hypocritæ autem malitiam suam occulte agentes, ante oculos hominum quadam innocentiæ sanctitate se vestiunt ut venerentur. Quibus bene divina voce dicitur : « Væ vobis, hypocritæ, quia similes facti estis sepulcris dealbatis, qui foris quidem apparent hominibus speciosa, intus vero sunt plena ossibus mortuorum (Matth. XXIII), » ita et vos foris quidem apparetis hominibus justi, intus vero pleni estis avaritia et iniquitate. Dupliciter damnantur hypocritæ, sive pro occulta iniquitate, sive pro aperta simulatione. Ex illo enim condemnantur quia iniqui sunt, ex isto quia ostendunt quod non sunt. Non semper latent hypocritæ, quia etsi in principio sui quidem non patent, prius tamen quam vita eorum finiatur, quam simulate vixerint deteguntur. Omne enim sincerum permanet, sed quæ simulata sunt, diuturna esse non possunt. Non eorum desperanda est salus, qui adhuc aliquid terrenum sapiunt, dum possint et in occultis agere unde justificentur. Hi meliores sunt hypocritis, eo quod mali sint in aperto, et in occulto boni. Hypocritæ vero occulte mali sunt, et bonos se palam ostendunt. Hypocritam justus arguere prohibetur, ne deterior castigatus existat, dicente Salomone : « Noli arguere derisorem, ne oderit te (Prov. IX). » Sciendum quoque quod vitia, non homines, odio sunt habenda. Flebiliter autem deplorandi sunt qui odio in fratre tabescunt, et contra alios perniciosum odium animi servant. A regno enim Dei se separant qui semetipsos a charitate dissociant. Sicut mater Ecclesia grave hominibus hæreticis premitur, sed tamen eos ad se venientes benigna charitate amplectitur, ita et singuli nimirum quoscunque inimicos sustinemus, revertentes materna imitatione amplecti statim debemus. Cito est ignoscendum cuique, dum veniam postulat. Non enim possunt peccata dimitti ei, qui in se peccanti debita non dimittit. Formam enim nobis indulgentiæ Deus ex merito conditionis nostræ imposuit, dum ita nos orare præcepit : « Dimitte nobis debita nostra, sicut et nos dimittimus debitoribus nostris (Matth. VI). » Justum est enim Dei judicium tantumque peccatori a se indulgeri ostendit, quantum alterutro unusquisque in se offenso indulget. Quidam de suis confidentes meritis, pigre in se delinquentibus veniam præstant. Sed nihil proficit illibatum esse a culpa qui non est paratus ad veniam, dum potius hoc magna sit culpa, quando tardius relaxantur fraterna delicta. Qui fratrem sibi tardius reconciliat, Deum sibi tardius placat. Frustra enim propitiari sibi Deum quærit, qui cito placare sibi proximum negligit.

DOMINICA QUINTA.

Secundum Lucam.

« Cum turbæ irruerent ad Jesum, ut audirent verbum Dei, et ipse stabat secus stagnum Genesareth

(*Luc.* v). » Stagnum Genesareth idem dicunt esse quod mare Galilææ, vel mare Tiberiadis. Sed mare Galilææ adjacente provincia est dictum mare Tiberiadis a proxima civitate. Porro Genesar Græco vocabulo quasi *sibi auram* dicitur a proprietate laci ipsius, qui a crispantibus aquis de se frequenter auras excitat. Aqua quidem dulcis est, sed Hebrææ linguæ consuetudine omnis aquarum congregatio, sive dulcis sive salsa, mare nuncupatur. Qui lacus interfluente Jordane XL stadiis in longitudinem, et XL extenditur in latitudinem. Quia ergo stagnum sive mare præsens sæculum designat, Deus secus mare stat, postquam stabilitatem perpetuæ quietis adiit devicta mortalitate labentis vitæ. Turbarum conventus gentium in fidem concurrentium typus est, de quibus ait : « Et fluent ad eum omnes gentes, et ibunt populi multi et dicent : Venite, ascendamus in montem Domini (*Isa.* II). »

« Et vidit duas naves stantes secus stagnum. » Duæ naves circumcisio sunt et præputium. Quas Jesus vidit, quia de utroque populo qui sint ejus novit (*II Tim.* II), et misericorditer ad futuræ vitæ tanquillitatem quasi ad littus provehit.

« Piscatores autem descenderant et lavabant retia. » Piscatores sunt doctores, qui nos retibus fidei comprehensos, et de profundo ad lumen elatos terræ viventium quasi littori advehunt. Quasi enim retia sunt complexæ dictiones prædicantium retinentes eos in fide quos capiunt. Retia namque quasi retinentia sunt vocata. Hæc retia modo laxantur in capturam, modo lota plicantur, quia nunc exercenda est doctoris lingua, nunc suimet cura agenda.

« Ascendens autem in unam navem quæ erat Simonis rogavit eum a terra reducere pusillum. Et sedens docebat de navicula turbas. » Navis Simonis est primitiva Ecclesia, de qua Paulus ait : « Qui operatus est Petro in apostolatu circumcisionis, operatus est et mihi inter gentes (*Gal.* II). » Una dicta quia « multitudinis credentium erat cor unum et anima una (*Act.* IV). » De qua docebat turbas, quia auctoritate ipsius Ecclesiæ docet usque hodie gentes.

« Ut cessavit autem loqui dixit ad Simonem : « Duc in altum, et laxate retia vestra in capturam. » Quod Simonem rogavit navem a terra reducere pusillum, significat vel temperate utendum verbo ad turbas, ne in profunda sacramentorum interim eatur, ut auditores non intelligant, vel in proximis regionibus prædicandum, ut quod dicitur, duc in altum, ad remotiores gentes pertineat, quibus postea prædicandum est. Joannes Chrysostomus : Habemus pro nave Ecclesiam, pro gubernaculis crucem, pro gubernatore Christum, pro proreta Patrem, pro vento Spiritum sanctum, pro velo gratiam, pro nautis apostolos, pro navigantibus prophetas, pro mare Vetus Testamentum, et Novum. Committamus ergo nos pelagi hujus profundo, ad perquirendam in Scripturis divinis margaritam latentem.

« Et respondens Simon dixit : Præceptor, per totam noctem laborantes, nihil cepimus, in verbo autem tuo laxabo rete. » Nisi Dominus cor illustraverit auditorum, doctor in nocte laborat; nisi in gratia superna laxatæ fuerint disputationes, frustra prædicator jaculat voces, quia fides non verbi sapientia provenit, sed munere divino. Aliter : « Præceptor, per totam noctem laboravimus, » etc. Sanctus Petrus tota nocte in piscatione laborans nihil cepit, in verbo autem Domini rete laxans, multitudinem piscium conclusit. Ita nos cum vitiis et peccatis contenebratis prædicamus, quasi in nocte frustra laboramus, et ideo nihil capimus, sed verba incassum fundimus, quia nimirum sermo Dei in hoc non capit, qui tantum terrena sapit. In hoc verbo Domini rete laxamus, dum populo justitia esurienti verbum vitæ administramus. Tunc multitudinem concludimus, quando plurimos rete sermonis captos de gurgite peccatorum ad littus pœnitentiæ producimus. Inde dicit Scriptura : « Loquere verbum auri audienti (*Eccli.* XXV). » Inaniter enim perstrepit vox loquentis : ubi aversa est mens audientis. Sequitur :

« Et cum hæc fecissent, concluserunt piscium multitudinem copiosam. Rumpebatur autem rete eorum. » Rete rumpebatur, quia nunc ad confessionem fidei tot cum electis etiam reprobi intrant, ut hæresibus Ecclesia scindatur. Rumpitur rete, sed non labitur piscis, quia suos Dominus etiam inter persequentium scandala servat.

« Et annuerunt sociis qui erant in alia navi, ut venirent et adjuvarent eos. » Alia navis est Ecclesia de gentibus, quia non sunt de Judæa tot credituri, quot ad vitam sunt prædestinati. Rete enim rumpitur in Ecclesia circumcisionis, quoniam Judas proditor et Simon Magus pisces nequissimi, et Ananias et Saphira, et multi alii abierunt retro antequam Barnabas et Paulus ad gentium apostolatum fuissent segregati.

« Et venerunt et impleverunt ambas naviculas, ita ut pene mergerentur. » Hæc impletio usque in finem sæculi crescit. Merguntur, hoc est in submersione premuntur. Non enim sunt submersæ, sed periclitatæ. Unde Apostolus : « In novissimis diebus erunt tempora periculosa, et homines se ipsos amantes (*II Tim.* III). » Mergi ergo naves est homines in sæculum relabi, quos Petrus adhuc in infirmitate positus demonstrat his verbis :

« Quod cum videret Simon Petrus, procidit ad genua Jesu dicens : Exi a me quia homo peccator sum, Domine. Stupor enim circumdederat eum, et omnes qui cum illo erant in captura piscium quam ceperant. Similiter autem Jacobum et Joannem filios Zebedæi qui erant socii Simonis. » Carnales in Ecclesia regimen spiritualium, in quibus maxime Christi persona eminet, a se quodammodo repellunt non lingua, sed moribus et actione, timentes non posse pati regimen eorum, et tamen eos maxime honorant, licet ab eis moribus et factis dissentiant. Honorificentiam significavit Petrus cadens ad pedes

Domini; mores autem dissimiles in eo quod ait : « Exi a me, quia homo peccator sum. » Dominus tamen non recessit ab eo, quod significat spirituales viros non debere commoveri peccatis turbarum ut deserant munus ecclesiasticum.

« Et ait ad Simonem : Noli timere. Ex hoc jam homines eris capiens. Carnales confortandi sunt a spiritualibus ne de conscientia culpæ suæ timentes, et aliorum innocentia stupentes, sanctitatis iter formident aggredi. Quod autem sequitur : « Ex hoc jam homines eris capiens, » ad Petrum specialiter pertinet : cui Dominus exponit quod captura piscium significabat capturam hominum per eum.

« Et crediderunt in eum discipuli ejus. Et subductis ad terram navibus relictis omnibus secuti sunt eum. » Multa reliquerunt qui in hoc sæculo nil amare studuerunt. Multa reliquerunt qui desideria habendi dereliquerunt. In his docemur Christum sequi, et sæcularis vitæ sollicitudine, ac paternæ domus consuetudine non teneri.

Nota quia viso miraculo de captura piscium tanquam firmius credentes qui vocabantur, non solum retibus, sed, omnibus relictis, secuti sunt Jesum ad manendum cum illo. Naves autem idcirco subduxerunt ad terram, licet non postea redituri ad propria ut sic cautius servarentur ad usum, quousque in alicujus possessionem transirent. Decebat enim apostolos quos Deus formam veræ religionis toto mundo constituebat, non superbe, non minus caute mundum contemnere : quod legimus philosophos fecisse. Crates enim Thebanus, ut ait Hieronymus ad Jovinianum, projecto in mari non parvo auri pondere : « Abite, inquit, pessum malæ cupiditates. Ego vos mergam, ne ipse mergar a vobis. »

SERMO DE ECCLESIA.

Christus et Ecclesia, qua designatur in istis evangelicis navibus, unum corpus constituunt. Christus itaque est caput, corpus vero Ecclesia. Nam sicut in capite vita et vegetatio totius corporis, ita in Christo vita et sustentamentum Ecclesiæ. Hæc si velit capiti conformari, et ei servire, pro diversitate personarum et officiorum fiet unum cum eo in æternum. Hujus corporis oculi qui debent membris inferioribus providere, sunt episcopi, qui non solum oculi, sed etiam pastores et subditi, non solum membrorum nomine, sed horum respectu dicuntur. Multum interest inter pastorem et ovem, prælatum et subditum. Ille regit, iste regitur; ille pascit, iste pascitur. Et sicut pastor præest ovibus, dignitate creationis, quia rationalis et erectus ad cœlum, oves autem pronæ ad pascendum, ita episcopi debent dici rationales et discreti comparatione subditorum. Hi debent habere canem, funem ad tenendum illum, baculum ad arcendum tum lupum, tum etiam et canem, si opus fuerit. Virgam quoque ad regendas oves, quæ non possunt baculum pati, peram ubi portet panem suum. In Ecclesia Dei sunt prædones, lupi scilicet, contra quos necessarius est canis, id est latratus asperæ correptionis, et commi-

natio de superponendo gladio materiali, si non sufficit spiritalis. Hic tamen canis fune tenendus est, ne impetuose discurrat, quia dandæ sunt induciæ, faciendæ vocationes pro modo facti, et dignitate personæ. Baculo excommunicationis arcendi sunt lupi. Si iterum quod debetur amori Dei, et utilitati proximi, et quod est justitiæ canis, ut impendet amori vel odio, utendum est baculo, id est non est sibi ipsi parcendum, quia justus primo accusator est sui (Prov. XVIII). Virga teneræ correctionis tangendæ sunt oves, id est simplices, ne aberrent. In pera debet habere panem verbi Dei reconditum, ut sit paratus rationem reddere omni poscenti. Nares itaque sunt archidiaconi, qui sagaci odoratu debent olfacere vitam subditorum, et ad episcopum referre. Aures sunt diaconi, qui debent audire judicia, ut et secundum quod audierint judicent. Unde : Quod audio, non quod odi, non quod amo. Os et lingua sunt presbyteri, diacones, prædicatores verbi Dei, qui sic esse deberent, sed modo omnia conversa sunt, et præposterata. Oculi non sunt erecti, imo inclinantur ad munera, ad odium, ad amorem. In eis est quod dicitur : « Tenebræ erant super faciem abyssi (Gen. I). » In eis facies Lazari ligata sudario. In eis sunt oculi apostolorum somno gravati. In eis est Saulus squamas habens super oculos. Nares amiserunt odoratum, putantes bonum malum, et econverso. Tuentur quos volunt, gravant quos volunt. Aures pervertunt judicia, os et lingua silent. Pectus, dorsum, brachia, et manus Ecclesiæ sunt milites. In pectore est cor, in quo est audacia. Hi audacter debent defendere ministros Ecclesiæ. Dorsum congruit oneribus portandis, brachia levandis, manus contrectandis. Hi debent portare, sustollere, contrectare diligenter ecclesiastica onera. Sed hæc omnia conversa sunt. Quam iniquæ manus quæ proprios tenebrant et eruunt oculos, quos deberent abstergere, obtruncant nares quos deberent emungere, amputant aures quas deberent purgare, claudunt os cui deberent ministrare ! Hæc autem est vita clericorum, qui litigant in conviviis, ac disceptationes habent in trufis. Venter autem, qui pro infirmitate sua vile habetur, et est receptaculum tantum ciborum, et nutritorium corporis, decoquit cibos, porrigit vitales succos superioribus et inferioribus membris. Sunt monachi et eremitæ, quos mundus despicit, et manus, id est milites opprimunt. Hi recipiunt cibum spiritalis doctrinæ : hi sustentamentum Ecclesiæ, significati per Moysen orantem in monte, per Samuelem excubantem in templo, per Eliam morantem in deserto. Hi porrigunt spiritales succos superioribus et inferioribus membris. His convenit quod dicitur humanum paucis vivit genus, quia nisi hi essent, mundus periret, vel fulmine, vel hiatu terræ. Pedes qui totum corpus portant, sunt rustici, de quorum labore vivunt omnes prædicti. Hos manus, id est milites persequuntur rapina, gladio, incendio, in carcerem mittunt, compedibus deputant, ad redemptiones cogunt. Hæc est concatenatio Ecclesiæ, si capiti suo velit uniri.

Item de Ecclesia.

Ecclesia sancta corpus Christi est, uno spiritu vivificata et unita fide una et sanctificata. Hujus corporis membra singuli quique fidelium existunt, omnes corpus unum propter spiritum unum et fidem unam. Quemadmodum autem in corpore humano singula quæque membra propria ac discreta officia habent, et tamen unumquodque non soli sibi agit quod solum agit, sic in corpore dona gratiarum distributa sunt et tamen, unusquisque non sibi soli habet etiam id quod solus habet. Soli enim oculi vident, et tamen sibi solummodo non vident, sed toti corpori. Solæ aures audiunt, nec tamen solummodo sibi audiunt, sed toti corpori. Soli pedes ambulant, et non sibi tamen solummodo ambulant, sed toti corpori, et ad hunc modum unumquodque habet solum in se, non solummodo habet per se quatenus secundum dispensationem optimi largitoris et distributoris sapientissimi singula sint omnium et omnia singulorum. Quisquis ergo donum gratiæ Dei percipere meruit, sciat non ad se solum pertinere quod habet etiam si solus habet. Hac itaque similitudine Ecclesia sancta, id est universitas fidelium corpus Christi vocatur propter spiritum Christi quem accepit. Cujus participatio in nomine designatur, quando a Christo Christianus appellatur. Hoc itaque nomen signat membra Christi participantia spiritui Christi, ut ab uncto sit unctus, qui a Christo dicitur Christianus. Christus quippe unctus in tempore illo videlicet oleo lætitiæ, quod præ cæteris participibus suis secundum plenitudinem accepit, et cunctis participibus suis quasi caput membris secundum participationem transfudit (*Psal.* XLIV). Sicut unguentum in capite quod descendit a capite in barbam, et deinde usque in oram (*Psal.* CXXXII), hoc est extremitatem vestimenti defluxit, ut ad totum deflueret, et totum vivificaret. Quando igitur Christianus efficeris, membrum Christi efficeris, membrum corporis Christi participans spiritui Christi. Quid est ergo Ecclesia, nisi multitudo fidelium, universitas Christianorum. Universitas hæc duos ordines complectitur, laicos et clericos, quasi duo latera corporis unius. Quasi enim ad sinistram sunt laici qui vitæ præsentis necessitate serviunt. Non ita dico ad sinistram quemadmodum illi ad sinistram statuentur, quibus dicetur : « Ite, maledicti, in ignem æternum (*Matth.* XXV). » Absit a me ut bonos laicos ibi statuere præsumam! Nam qui boni erunt, sive laici sive clerici, ibi non erunt, et qui mali erunt, sive laici sive clerici, ibi erunt. Non ergo ad illam sinistram laicos Christianos, qui vere Christiani sunt, constituo, sed ad illam sinistram de qua dicitur : « In dextra ejus longanimitas vitæ ; in sinistra autem ejus divitiæ et gloria (*Prov.* III). » Qui enim ad sinistram in corpore est, de corpore est, et bonum est, quamvis optimum non sit. Laici ergo Christiani, qua terrena et terrenæ vitæ necessaria tractant pars corporis Christi sinistra sunt : clerici vero quoniam ea quæ ad spiritalem vitam pertinent dispensant, quasi dextra pars sunt corporis Christi. Et constat ex his duabus partibus totum corpus Christi : quod est universa ecclesia. Laicus interpretatur *popularis*. Græce enim laos latine dicitur populus. Unde et basileos rex dicitur, et dicius putatur quasi basilaos, id est *sustentamentum populi*. Clericus dicitur a Græco cleros quod interpretatum sonat *sortem*, sive quod ipse sorte electus sit a Deo, et ad servitium Dei, sive quod ipse Deus sors illius sit, et quod portionem aliam in terra habere non debeat clericus nisi Deum, et ea quæ ad Dei partem spectant. Cui statutum est decimis et oblationibus quæ Deo offeruntur, sustentari.

Laicis Christianis fidelibus terrena possidere conceditur, clericis vero spiritualia tantum committuntur, quemadmodum olim in illo populo priore cæteræ turbæ, quæ typum laicorum præferebant, portiones in hæreditate acceperunt, sola tribus Levi, quæ clericos figurabat decimis et oblationibus et sacrificiorum victimis pascebatur. Gemina siquidem est Ecclesiæ pulchritudo, una quam hic bene vivendo consequitur, altera per quam illuc ex tribulatione glorificabitur. Ecclesiæ propter Christum geminæ tribulationes existunt, id est sive quos a paganis pertulit in martyribus, sive quos ab hæreticis perfert in divisis concertationibus. Utrosque autem per gratiam Dei exsuperat partim ferendo partim resistendo. Sancta Ecclesia Catholica, sicut male viventes in se tolerat patienter, ita male credentes a se repellit. Sancta Ecclesia contra gentilium atque hæreticorum pervicaciam, summopere sapientiæ et patientiæ studet. Sed exercetur sapientia cum tentatur verbis ; exercetur patientia cum tentatur gladiis. Causa pravitatis hæreticæ doctrinis propagata est Ecclesia. Nam antea simplici tantumdem fide vigebat. Hæreticorum igitur occasione propagati sunt doctores in fide et per acumen hæresium Ecclesiæ magistri creverunt. Nam tunc clarius manifestatur veritatis assertio quando patuerit quælibet dissensio. Sancta Ecclesia ideo dicitur Catholica, pro eo quod universaliter per omnem sit mundum diffusa. Nam hæreticorum Ecclesiæ in partibus mundi coarctantur ; hic vero in toto orbe expanditur diffusa. Hæreses aut in aliquo angulo mundi aut in una gente inveniuntur versari, Ecclesia vero Catholica, sicut per totum mundum extenditur, ita et omnium gentium societate construitur. Qui sunt hæretici, nisi qui, relicta Dei Ecclesia, privatas elegerunt societates. De quibus Dominus dicit : « Duo mala fecit populus meus : Me dereliquerunt fontem aquæ vivæ, et foderunt sibi cisternas quæ continere non valent aquas (*Jer.* II). » Causa hæresis ob quam rem fit, ad exercitationem fidei. Vis ergo per quam fit, obscuritas est divinarum Scripturarum, in qua caligantes hæretici, aliud quam se res habet intelligunt. Nec esse possunt hæreses, quia ipsum quod existunt hæreses, jam non sunt. Male enim sentiendo essentiam non acquirunt; ad nihilum enim tendunt hæretici, ingenti studio mendacia sua discunt, et labore vehementi, ne ad unitatem Ecclesiæ veniant, decertant. De quibus per prophetam congrue dicitur : « Docuerunt linguam suam loqui mendacium, et ut inique agerent laboraverunt (*Jer.* IX), » dum vicissim hæretici se mutuo lacerant quando alterutrum sese in proprias sectas inducunt. Sic tamen invicem collidunt sese, ut contra Ecclesiam pari erroris spiritu decertent, et qui invicem sunt divisi in adversitatem Ecclesiæ, simul existant uniti. Eis autem quibus, pro eo quod tantum valeant hæreses, videntur habere veritatem, hoc respondendum est : Num ideo saluti præponendi sunt morbi, quia plerumque ita generaliter mundum occupant, ut parvum locum saluti relinquant?

De ecclesiasticis doctoribus, de doctrina et eorum exemplis.

Ecclesiasticus doctor tam doctrina quam vita clarere debet. Nam doctrina sine vita arrogantem reddit; vita sine doctrina inutilem facit. Sacerdotis prædicatio operibus confirmanda est, ita ut quod docet verbo, instruatur exemplo. Vera est enim illa doctrina, quam vivendi sequitur forma. Nam nihil turpius est quam si bonum quod quisquam prædicat explere opere negligit. Tunc prædicatio utiliter profertur, quando efficaciter adimpletur. Unusquisque doctor et bonæ actionis, et bonæ prædicationis habere debet studium. Nam alterum sine altero non facit perfectum, sed præcedet justus bene agere, ut sequenter possit bene docere. Sicut in numismate metallum, et pondus et figura inquiritur, ita in omni doctore ecclesiastico quid sequatur, quid doceat, quomodo vivat! Per qualitatem igitur metalli doctrina, per figuram similitudo patrum, per pondus humilitas designatur. Qui vero ab his tribus discrepaverit, non metallum, sed terra erit.

Interdum doctoris vitio verax ipsa doctrina vilescit, et qui non vivit sicut docet, prædicat veritatem contemptibilem facit. Arcus perversus est lingua magistrorum docentium bene et viventium male, et ideo quasi ex perverso arcu sagittas emittunt, dum suam pravam vitam propere linguæ arcu confodiunt. Qui bene docet, et male vivit, quod dicit bene viventibus proficit; quod vero male vivit, seipsum occidit. Si sacerdos dignissime agit, ut sacerdotem decet, ministerium ejus et ipsi et aliis utile est. Indigne autem vivens, aliis quidem utilis est loquendo; se autem interficit male vivendo : ac per hoc quod in illo mortuum est, proprium ejus est; quod vero vivit in eo, ideo sacrum ministerium alienum est. Qui bene docet et male vivit, videtur ut cereus, qui aliis bonum exponit, lucem præstare; se vero in malis suis consumere, atque exstinguere. Qui bene docet et male vivit, bonum malo videtur conjungere, lucem tenebris commiscere, veritatem mendacio mutare.

Iracundi doctores per rabiem furoris disciplinæ modum ad immanitatem convertunt, et unde emendare subditos poterant, inde potius vulnerant. Ideo sine mensura ulciscitur culpas præpositus iracundus, quia cor ejus dispersum in rerum curis non colligitur in amorem unius deitatis. Mens enim soluta in diversis non astringitur catena charitatis, sed male laxata male ad omnem occasionem movetur. Bonus rector est qui in humilitate disciplinam, et per disciplinam non incurrit superbiam. Elati autem pastores plebes tyrannice premunt, non regunt quia non Dei sed suam gloriam a subditis exigunt. Multi sunt qui verbo doctrinæ non humiles sed arrogantes existunt, quique ipsa recta quæ prædicant, non studio correctionis, sed vitio elationis annuntiant. Multi sunt qui non ex consultu ædificandi, sed ex tumore superbiendi docent : nec ut prosint sapientes sunt, sed ut sapientes videantur docere student. Æstimatio prava arrogantium sacerdotum per quam imitantur sanctos rigore disciplinæ, et sequi negligunt charitatis affectionem, videri appetunt rigidi severitate, et formam humilitatis præsentare nequeunt, ut magis terribiles quam mites videantur. Superbi doctores vulnerare potius quam emendare norunt, Salomone attestante, qui ait : « In ore stulti virga superbiæ (*Prov.* XIV), » quia increpando rigide feriunt, et compati humilier nesciunt. Bene alieni peccati curanda vitia suscipit qui hoc ex cordis dilectione et humili conscientia facit. Cæterum qui delinquentem superbo vel odioso animo corripit, non emendat, sed percutit: Quidquid enim protervus vel indignatus animus protulerit furor est objurgantis ; non dilectio corrigentis.

DIVISIO.

Non omnibus una eademque doctrina est adhibenda, sed pro qualitate morum diversa exhortatio erit dictorum. Nam quosdam increpatio dura, quosdam vero exhortatio blanda corrigit. Sicut periti medici ad varios corporis morbos diverso medicamine serviunt, ita ut, juxta vulnerum varietates, medicina diversa sit, ita et doctor Ecclesiæ singulis quibusque congruum doctrinæ remedium adhibet, et quid cuique oporteat, pro ætatis processu ac professione annuntiabit. Non omnibus ea quæ sunt clausa, aperienda sunt. Sunt enim multi, qui capere non possunt. Quibus si indiscrete manifestentur, statim aut detrahunt aut negligunt. Prima quippe prudentiæ virtus est eam quam docere oporteat æstimare personam. Rudibus populis seu carnalibus plana atque communia, non summa atque ardua prædicanda sunt, ne immensitate doctrinæ opprimantur potius quam erudiantur. Carnalibus quippe animis, nec alta nimis de cœlestibus, nec terrena convenit prædicare, sed mediocriter, ut vitia eorum moresque eorum desiderant edoceri. Corvus dum pullos suos viderit albi coloris, nullis eos cibis alit, sed tantum attendit, donec paterno colore nigrescant, et sic illos frequenti cibo reficit. Ita et strenuus doctor Ecclesiæ, nisi eos quos docuerit viderit ad suam similitudinem pœnitentia confessionis crescere, et, nitore sæculari deposito, lamentationis habitum de peccati recordatione induere, utputa exterioribus adhuc, id est carnalibus, non aperit intelligentiæ spiritalis profundiora mysteria; ne, dum audita non capiunt, plus incipiant contemnere, quam venerari mandata cœlestia. Aliter agendum est erga eos qui nostro committuntur regimini, si offendunt, atque aliter cum his qui nobis commissi non sunt. Qui justi sunt, venerandi sunt; si vero delinquunt, pro sola charitate, ut locus est, corripiendi sunt; non tamen cum severitate, sicut hi qui nobis regendi sunt commissi. Prius docendi sunt seniores plebis, ut per eos infra positi, facilius doceantur. Ingenium bonum doctoris est incipientis a laudibus eorum quos salubriter objurgandos corrigere cupit, sicut Apostolus Corinthios facit, quos a laudibus inchoat, sed increpationibus probat (I *Cor.* 1). Sed erant apud Corinthios qui et laudibus et increpationibus digni essent. Ille vero indiscrete sic æque omnibus loquitur, ut omnibus utraque convenisse videatur. Pro malo merito plebis, aufertur doctrina prædicationis. Pro bono merito audientis, tribuitur sermo doctori. In potestate divina consistit, cui velit Deus doctrinæ verbum dare, vel cui auferre, et hoc, aut pro dicentis, aut pro audientis fit merito, ut modo pro culpa plebis auferatur sermo doctoris, modo vero pro utilibus meritis tribuatur. Nam et bonus docet bonum, et malus malum; quod tamen fit juxta meritum populorum. Non omnia tempora congruunt doctrinæ, secundum Salomonis sententiam dicentis : « Tempus tacendi, et tempus loquendi (*Eccle.* v). » Non quidem per timorem, sed per discretionem, propter malorum corruptibilem iniquitatem, nonnunquam electos oportet a doctrina cessare. Interdum doctores Ecclesiæ calore charitatis ardentes conticescunt, aut docendo, quia non est qui audiat, testante propheta : « Civitates austri clausæ sunt, et non est qui aperiat (*Jer.* xiii). » Qui docendi accipit officium, interdum ad tempus facta proximi taceat; quæ statim corrigere potest et dissimulat, verum est quod consensum erroris alieni habeat. Plerique sancti doctores pertinacia mali, quia iniquos emendare non possunt, his tacere disponunt. Sed calorem spiritus quo aguntur ferre non sustinentes, iterum in increpationem prosiliunt impiorum

DOMINICA SEXTA.

Secundum Matthæum.

« Amen dico vobis, nisi abundaverit justitia vestra plusquam Scribarum et Pharisæorum, non intrabitis in regnum cœlorum, etc.(*Matth.*v). » Tale est hoc ac si dicat : Studete mandata implere ac docere : ego enim, cujus verba non mutantur, dico vobis quod, nisi superaveritis injustitias Scribarum et Pharisæorum, qui propter novas traditiones justiores reputantur, non regnabitis in cœlis. Nota, cum justitia sit virtus unicuique reddens quod suum est, plures sunt partes justitiæ, quorum conventu justus efficitur : religio enim qua reddimus Deo quod suum est; et pietas, parentibus quæ sua sunt persolvens. Similiter virtus, quæ reddit majoribus et minoribus quæ sua sunt, necnon virtus quæ pauperibus quod suum est largitur. Hæc, inquam, omnia ad justitiam tanquam integrales referuntur.

« Audistis quia dictum est antiquis : Non occides. Qui autem occiderit, reus erit judicio. Ego autem dico vobis, quia omnis qui irascitur fratri suo reus erit judicio. » Pulchro ingressu opus legis cœpit excedere, non dissolvere. Aperit namque motum animi ad nocendum fratri in homicidio computari, cum prius non attenderent homicidium esse, nisi peremptionem corporis humani. Sensus est : judicio legis Moysi reus est qui occidit actu; sed ego dico vobis, quia judicio cœlestis legis, quam doceo, reus est omnis qui irascitur fratri suo. In quibusdam codicibus additur sine causa; sed radendum est, quia ira penitus tollitur, et quia inimicos nostros amare jubemur. Quod si contingat irasci, non fratri, sed peccato irascendum est ut ait Psalmista : « Irascimini (*Psal.* iv), videlicet peccato. Unde sequitur : « Nolite peccare (*ibid.*). » Sed notandum geminum esse divinum judicium : Unum, quo et hic judicantur homines; in futuro alterum. Quod propterea hic judicantur, ne illic judicentur. Ideoque quibusdam ad purgationem temporalis proficit pœna; quibusdam vero hic inchoat damnatio, et illic perfecta speratur perditio. In judicio reprobi humanitatem Christi, in qua judicatus est, videbunt ut doleant; divinitatem vero ejus non videbunt, ne gaudeant. Quibus enim divinitas ostenditur, utique ad gaudium demonstratur. Pro diversitate conscientiarum et mitis apparebit in judicio Christus electis, et terribilis reprobis. Nam qualem quisque conscientiam tulerit, talem judicem habebit, ut, manente in sua tranquillitate Christo, illis terribilis solis appareat, quos conscientia in malis accusat. Duæ sunt differentiæ vel ordines hominum in judicio, hoc est electorum et reproborum. Qui tamen dividuntur in quatuor : Perfectorum ordo unus est, qui cum Domino judicat, et alius qui judicatur. Utrumque tamen cum Christo regnabunt. Similiter ordo reproborum partitur in duobus, dum hi qui intra Ecclesiam mali judicandi sunt et damnandi. (*sic.*) Primus igitur ordo eorum qui judicantur et pereunt opponitur illi ordini bonorum, de quo sunt qui judicantur et regnant. Secundus ordo eorum qui non judicantur et pereunt opponitur illi ordini perfectorum, in quo sunt hi qui non judicantur et regnant,

Tertius ordo eorum qui judicantur et regnant : illi ordini est contrarius, de quo sunt qui judicantur et pereunt. Quartus ordo eorum qui non judicantur et regnant opponitur illi contrario ordini, in quo illi sunt qui non judicantur et pereunt. Gemina punitur sententia impius, dum aut hic prorsus pro suis meritis mentis cæcitate percutitur, ne veritatem videat; aut dum in fine damnabitur ut debitas pœnas exsolvat.

« Qui autem dixerit fratri suo : raca, reus erit consilio. Qui autem dixerit : fatue, reus erit gehennæ ignis. » Raca verbum proprie est Hebræorum. Raca enim dicitur cenos, id est inanis aut vacuus, quem nos vulgata injuria absque cerebro dicere possumus. Qui ergo vacuitatis opprobrium dicit fratri suo, Spiritum pleno (sic), nimirum reus fit consilio ac judicio sanctorum, contumeliam sancti Spiritus luiturus. Raca interjectio est, affectum indignantis ostendens. Hoc enim audivi a quodam Hebræo. Cum id interrogassem, dixit esse vocem non significantem aliquid, sed indignantis animi motum exprimentem. Frater noster est qui in Christum credit. Qui vero credenti in Deum dicit : fatue, impius est in religione. Qui ergo, quem salem Deus nuncupat vel vitio infatuati sensus lassescent (sic), prius hujusmodi maledicto æterni ignis pabulum erit, nisi inde satisfecerit. Justitia Pharisæorum est ut non occidatur ; justitia illorum qui intraturi sunt in regnum cœlorum, ut non irascantur. Qui non occidit continuo non est magnus et idoneus regno cœlorum, sed tamen ascendit aliquem gradum. Perficietur autem si non irascatur. Levius est irasci fratri quam dicere : raca; et levius dicere raca quam fatue. Primo enim est ira sola ; postea duo, ira et vox indignationis ; postea tria, ira, et vox, et certa expressio. Judicium est iræ, in quo adhuc datur locus defensioni. Est autem distinctio inter judicium et justitiam in eo quod differt justitia a judicio. Solet enim judicium pravum, quod injustum est exercere ; justitia vero iniqua et injusta esse non potest. In consilio non jam cum ipso reo agitur, sed judices inter se conferunt de supplicio. Concilii autem nomen tractum est ex more Romanorum. Tempore enim quo causæ agebantur, conveniebant omnes in unum, communique intentione tractabant. Unde et concilium a communi intentione dictum quasi consilium. Nam cilia oculorum sunt. Unde et considium, consilium, d in littera l transeunte. In gehenna certa est damnatio. Exprimuntur itaque pro modo peccati diversæ mansiones in æterna damnatione. Nota quamvis irasci fratri minus sit, quam conviciari, sæpissime tamen a Deo accenditur ira, ut et nomen et reatum homicidii suscipiat. Unde Joannes ait : « Qui odit fratrem suum homicida est (I Joan. III). » Raca interjectio est indignantis animi motum significans. Sed quod interjectiones in aliam non facile transferuntur, coegit tam Græcum quam Latinum interpretem ipsam ponere vocem Hebraicam. Nomen gehennæ in veteribus libris non invenitur, sed primum a Salvatore ponitur, ut inferni cruciatus designet. Tractum est itaque a nomine loci ex cæde hominum ibi interfectorum horribilis ac fetidissimi, qui dicitur gehenna, id est vallis filiorum Ennom, et significat futura supplicia. In hac valle lucus erat consecratus idolo Baal, cui dementia Israel immolabat, et filios suos dæmoniis incendebat. Est autem locus ipse juxta Hierusalem ad radicem montis Moria, ubi Siloa fluit. Hoc Regum volumen et Paralipomenon et Jeremias scribunt plenissime, et comminatur Deus se locum ipsum impleturum cadaveribus mortuorum, ut nequaquam vocetur Topheth et Baal, sed vocetur Poyandrum, id est tumulus mortuorum. Quoniam reus erit gehennæ ignis qui dixerit fatue fratri suo, ergo reconciliatio quærenda est a fratre læso. Et hoc est quod sequitur :

« Si ergo offers munus tuum ad altare, et ibi recordatus fueris quia frater tuus habet aliquid adversum te, relinque ibi munus tuum ante altare, et vade prius reconciliari fratri tuo, et tunc veniens offeres munus tuum. » Absurdum est transmarinum fratrem, si ita acciderit, credere quærendum. Ergo ad spiritalia refugere cogimus, ut quod dictum est : « Vade prius reconciliari fratri tuo, » sine absurditate possit intelligi. Nos sumus templum, altare est fides interior. Cum ergo in corde nostro Domino volumus offerre orationem, si in aliquo læsimus fratrem, pergendum est non pedibus corporis, sed motibus animi ad reconciliationem. Si autem præsens sit, revocandus est in gratiam, postulando veniam, si prius hic coram Deo feceris.

De ira.

Ira nihilominus est multimodis furiosa : ipsaque a superbia et invidia nata, nunc intrinsecus exardescens, nunc in vocem factumve prorumpens, nunc etiam inveterata se in odium vertens omne judicium et rationem mentis perturbat atque pervertit. Inter alia mala in patientiam, clamores, rixas, convicia, contentiones, indignationes, maledicta, sæpe etiam plurimas proximi læsiones, sanguis effusiones, et homicidia parit. Contra hanc quoque ipsa charitas et humilitas atque patientia non solum amicos et bona nobis facientes, seu nihil mali inferentes : verumetiam persecutores et ipsos inimicos nostros diligi, et pro eis benignas preces effundi, bonaque eis pro malis rependi poscentes, ipsum Dominum hæc præcipientem, et hæc inimicis facientem, sibi proponunt. Et non solum hoc a nobis fieri oportere demonstravit, sed etiam mala quæ patimur pro peccatis et meritis nostris minora æstimantes pro purgatione, seu probatione nostra ad toleranda adhuc majora damna, molestias et injurias, paratum et promptum animum adhibere, et ex nostra voluntate aliquid etiam boni persequentibus super impendere exposcunt, Domino sic præcipiente : « Qui te percusserit in dextram maxillam, præbe ei et alteram (Matth. V). » Et iterum : « Qui tibi abstulerit tunicam, da ei similiter et pallium. Et qui te angariaverit mille passus: vado cum illo alia duo *(ibid.)*. » Postulant etiam ut « passiones hujus temporis ad futuram gloriam, quæ revelabitur in nobis *(Rom.* viii*),* » nequaquam condignas esse scientes, non solum eas æquanimiter toleremus, sed etiam spe certioris præmii in tribulationibus gloriemur, et potius gaudeamus quam aut irascamur aut doleamus. Docent etiam omnia esse spernenda, ut ira vitetur, et omnia toleranda, ut dilectionis et pacis tranquillitas servetur. Sicut autem carnales adhuc pro terrena substantia disjungit inimicus citata bilæ (15), ita inter spiritales gignit discordiam pro intellectuum diversitate. Unde Salomon : « Odium suscitat contentio, universos autem qui non contendunt protegit amicitia *(Prov.* x*).* » — « Ergo servum Dei non oportet litigare, sed esse mansuetum ad omnes, et cum modestia corripientem eos qui resistunt veritati *(II Tim.* ii*).* » Stultas ergo et sine disciplina quæstiones, et in quibus non est profectus scientiæ devitet, sciens quia generant lites non ædificationem, errantes autem non cesset corrigere, si quando det illis Deus cognoscere veritatem, et resipiscant a laqueis diaboli, a quo captivi tenentur, ad explendam ejus voluntatem *(ibid.).* Non solum autem nulli nos irasci convenit, sed etiam alios suo commotos vitio nostra lenitate vincere, juxta illud : Noli vinci a malo sed vince in bono malum. Talibus remediis qui contra iram curatus fuerit, evadet illud evangelicum quod Dominus ait : « Qui irascitur fratri suo, reus erit gehennæ ignis *(Matth.* v*).* »

Qualia autem tormenta gehennalia sint, dignum videtur inquirere. Nam valde dignum inquisitioni videtur, utrum scilicet solus ignis cruciatibus damnatorum impositus sit, propterea quod illum solum veritas commemorat dicens : « Ite, maledicti, in ignem æternum, qui paratus est diabolo et angelis ejus *(Matth.* xxv*).* » Cum enim in hac vita, non solum ab igne, sed ab aliis quoque elementis pene ac cruciatus proveniant, quare illic non etiam in aliis elementis sicut et in igne pene damnatorum consistant. De tormentis quippe impiorum scriptum est : « Transeunt a frigoribus nivium ad calores ignium *(Job* xxiv*).* » Et iterum alibi : « Vermis eorum non morietur, et ignis eorum non exstinguetur *(Isa.* lxvi*).* » Nam si vermem quis ad solam compunctionem conscientiæ peccatricis referre velit, et ob ignem quidem corporalem vermem aut non corporalem, sed spiritalem putet, quid est quod alibi scriptum est : « Vindicta carnis impii ignis et vermis *(Eccli.* vii*).* » Si enim propterea ignis corporalis creditur, quia vindicta carnis est, quare non similiter vermis corporaliter dicitur, quia in vindictam carnis paratus commemoratur. Propter hujusmodi non leviter unum aliquid diffiniri potest. Tamen quod dixerit propterea carnis impii vindictam in verme futuram esse et igne, quia impius pro eo quod carnem maledixit, in carne cruciabitur per ignem, et in spiritu per conscientiæ vermem, sane intelliget, et vermem non moriturum in æterno cruciatu conscientiæ, et ignem non exstinguendum in carne. Sed quomodo illa frigora nivium et calores ignium interpretamur, ad quæ cruciandi impii alternatim transire dicuntur, an forte de illa tantum pœna intelligendum est quæ nunc in spiritu ante ultimi judicii diem cruciantur, ut videlicet per varietatem tormentorum ad illam unam et summam pœnam transeant, in qua sicut interminabiliter, ita etiam invariabiliter subsistant. Ultima quippe damnandorum pœna, sicut cunctis pœnis major esse non inconvenienter creditur, ita quæque in eo quod cæteris omnibus acrius est, et vehementius excrucians, tormento non irrationabiliter putatur. Quod propterea fortassis solum erit, ut semper summum esse possit, quia quidquid pro illo mitteretur, de illo minueretur.

Quidam tamen fuerunt qui, sicut dictum est, tormenta gehennæ spiritualiter tantum, et non corporaliter intelligenda putaverit, propterea quod quædam verba Scripturarum quasi idem asserentia invenerunt. Dicunt enim quædam Scripturæ quia substantia inferiorum spiritualis est, non corporalis, etsi stridores dentium et fletus spiritaliter animarum intelligi oportet *(Matth.* viii*),* flammas quoque et tormenta non corporalia, sed spiritualia cogitanda ejusmodi ambiguitatibus verborum fluctuant qui non sunt radicati in fide. Quid enim necesse fuit propterea tormenta gehennæ spiritualia tantum credere, quia substantia inferiorum spiritalis et non corporalis dicta est. Qui enim sunt inferi, nisi spiritus maligni, qui a summis ad infima, et per culpam lapsi sunt, et per pœnam depressi. Quorum nimirum substantia et post culpam non corporalis, sed spiritalis esse creditur, quia licet in eis voluntas per malitiam ad aliud mutata sit, natura tamen etiam post eadem permansit. Animarum quoque nunc in inferis damnatarum substantia non corporalis, sed spiritualis recte perhibetur, quia nunc a corporibus solutæ, in sola spirituali natura illic in tormentis detinentur et idcirco quod de ipsis in Scriptura sacra secundum naturam rerum corporalium commemoratur, merito non corporaliter sed spiritaliter intelligendum creditur. Nam si id quod ipsæ sunt, non corpus sed spiritus, quod in ipsis est non corporale, sed spirituale intelligendum est. In hunc ergo modum veraciter inferiorum substantia spiritualis et non corporalis æstimatur. Sed et aliud quoque quod dicitur quia, si fletus et stridores dentium spiritualiter accipimus, flammas quoque tormentorum in ipsis non corporales, sed spirituales credere debemus, sic sane intelligi potest, si cruciatus animarum, qui ex flammis corporalibus generari creduntur, non corporaliter, id est mediantibus corporibus, in ipsis fieri non intelligantur. Multa sunt alia, quæ vel ambigue dicta sunt, vel ambigue dici possunt. Sed aliud est rerum veritas, aliud verborum varietas, neque nos oportet propter

(15) Ita in originali.

multitudinem dicendi a simplicitate credendi deviare. Dicit Augustinus, in Enchiridion, quia tempus, quod inter hominis mortem et ultimam resurrectionem positum est, animas abditis continet receptaculis, sicut unaquæque digna est vel requie vel ærumna. Ergo abdita sunt receptacula animarum, nec potest ab homine diffiniri quod non potest ab homine sciri.

De gehenna.

Quod corporeus ignis gehennæ non tantum corpora cruciabit, sed et spiritus.

Qualis intelligendus sit ille ignis gehennæ, et quemadmodum igne corporali incorporei spiritus, sive animæ corporibus solutæ cruciari possunt, non solum fidei Christianæ sed sacri eloquii auctoritas commendat. Gehenna quid est? stagnum ignis et sulphuris dictum est (*Apoc.* xix). Corporeus ignis erit, et cruciabit corpora damnatorum et hominum, et dæmonum. Solida hominum, aëria dæmonum. Aut tantum hominum corpora cum spiritibus, dæmones autem spiritus sine corporibus habentes, sumendo pœnam, non impertiendo vitam corporalibus ignibus. (AUGUSTINUS.) Cur enim non dicamus, quamvis miris tamen veris modis, etiam spiritus incorporeos posse pœna corporali affligi, si spiritus hominum etiam ipsi profecto incorporei nunc potuerunt concludi in corporalibus membris, et tunc poterunt suorum corporum vinculis insolubiliter alligari. Si viventis hominis incorporeus spiritus tenetur in corpore, cur non post mortem, cum incorporeus sit, spiritus etiam corporeo igne teneatur. Et per ignem spiritum teneri dicimus, ut cum in tormento ignis sit videndo atque sentiendo. Ignem namque eo ipso patitur quo videt, et quia cremari se conspicit crematur. Sicque fit ut res corporea incorpoream exurat, dum ex igne visibili ardor ac dolor invisibilis trahitur, ut per ignem corporeum mens incorporea etiam corporea flamma crucietur. Et post pauca : Dum ergo peccatorem divitem damnatum Veritas in ignem perhibet (*Luc.* xvi), quisnam sapiens animas reproborum teneri ignibus neget. Illa ultrix flamma vitiorum cremationem habet, et lumen non habet. Ille ignis ad consolationem non lucet; et tamen ut magis torqueat ad aliquid lucet. Nam sequaces quoque suos secum in tormento reprobi flamma illustrante visuri sunt, quorum amore deliquerunt, quatenus vitam carnaliter contra præcepta Conditoris amaverunt, ipsorum quoque intuitus eos in augmento suæ damnationis affliget. Sicut electis ignis ardere novit ad solatium, et tamen ad supplicium ardere nescit, ita econverso gehennæ flamma reprobis et nequaquam lucet ad consolationis gratiam et tamen lucet ad pœnam, ut damnatorum oculis ignis supplicii et nulla claritate candeat, et ad doloris cumulum delictis qualiter crucientur ostendat.

Omnipotentis justitia futurorum præscia ab ipsa mundi origine gehennæ ignem creavit : qui in pœna reproborum semel esse inciperet, sed ardorem suum etiam sine lignis nunquam finiret. Ignis namque corporeus, ut esse ignis valeat, corporeis indiget fomentis : qui cum necesse est ut servetur per congesta ligna, procul dubio nutritur, nec valet nisi succensus esse, et nisi refotus subsistere. At contra gehennæ ignis cum sit corporeus, et immissos reprobos corporaliter exurat, nec studio humano succenditur, nec lignis nutritur; sed creatus semel durat inexstinguibilis, et succensione non indiget, ei ardore non caret. Bene ergo de iniquo dicitur . « Devorabit eum ignis qui non succenditur (*Job* xx). » Igitur ne ad hunc ignem, si fratri quandoque irascamur, veniamus, benigne his verbis nos imbuit Dominus : « Si, inquiens, offers munus tuum ad altare, » etc.

Sed nunc videamus diversas causas munerum. Siquidem ille qui recta judicat, et præmium inde remunerationis exspectat, fraudem in Dominum perpetrat, quia justitiam, quam gratis impertire debuit, acceptione pecuniæ vendit. Bona male utuntur, qui juste pro temporali lucro judicant. Tales quippe non defensio, sed amor provocat ad veritatem. Quibus si spes nummi subtrahitur, confestim a justitiæ defensione recedunt. Acceptio munerum, prævaricatio veritatis est. Unde et pro justo dicitur : « Qui excutit manus suas ab omni munere, in excelsis habitat (*Isa.* xxxiii). » Dives muneribus cito corrumpit judicem, pauper autem, dum non habet quod offerat, non solum audiri contemnitur, sed etiam contra veritatem opprimitur. Cito violatur ab avaritia justitia, nullamque reus pertimescit culpam, quam redimere nummis existimat. Plus enim obtinet mentem censoris amor lucri quam æquitas judicii. Tres sunt munerum acceptiones quibus justitiam humana vanitas mutat, id est favor amicitiarum, adulatio laudis, et corporalis acceptio muneris. Facilius enim pervertitur animus judicis rei corporali munere quam gratiæ laudisque favore. Quatuor modis humanum judicium pervertitur, timore, cupiditate, odio, amore. Timore, dum metu alicujus potestatis veritatem loqui pavescimus; cupiditate, dum præmio alicujus muneris corrumpimur ; odio, cum contra quemlibet adversari molimur; amore, dum amico vel propinquis præstare contendimus. His enim quatuor causis sæpe æquitas violatur, sæpe innocentia læditur. Hæc de muneribus quibus justitia violatur. De muneribus autem quibus cor mundatur, Gregorius sic ait : « Respexit Dominus ad Abel et ad munera ejus; ad Cain vero et ad munera ejus non respexit (*Gen.* iii). Ab omnipotente Deo munus ex manu non accipitur, quod corde obligato in malitia profertur. Mundari etenim prius debet animus qui munus offerre vult Deo; quia omne quod datur ex dantis mente pensatur. Cuncta itaque malitiæ macula ab interiori nostro homine cogitationis mundatione tergenda est, quia iram judicis placare nescit, nisi ex munditia placeat offerentis. Unde scriptum est : « Respexit Dominus ad Abel et ad munera ejus, ad Cain autem et ad munera ejus non respexit. » Neque etenim sacrum eloquium dicit, respexit ad munera Abel, et ad Cain munera non respexit; sed prius ait : quia respexit ad Abel; ac deinde subdidit : et ad munera ejus, et rursum dicit quia non respexit ad Cain, ac deinde subdidit et ad munera ejus. Ex dantis quippe corde id quod datur accipitur. Idcirco non Abel ex muneribus, sed ex Abel munera placuerunt oblata. Prius namque ad cum legitur Dominus respexisse qui dabat quam ad illa quæ dabat, ut audito scilicet narrationis hujus ordine discamus quia exteriora munera ex interna cordis munditia condiuntur, et discretionis virtus lectorem doceat qualis apud se esse debeat, cum exteriora bona, non solum Deo, sed etiam proximo subministrat. Hanc itaque cordis munditiam et æquanimitatem habere nos hortatur Dominus in reconciliatione fratris, cum ad altare munus offerre voluerimus (*Matth.* v). De quo munere et in officio missæ dicitur : Hæc dona, hæc munera. Solemus illos munerare a quibus aliquid molimur obtinere. Unde Domino in oblatione nostra dicimus, quando illam sibi in munditia cordis offerimus : Quia te pane terreno muneramus, fac ut inde cœlestem obtineamus. Quia te corporali cibo muneramus, fac ut inde alimentum spiritale consequamur. Quia te muneramus in substantia panis et vini, fac ut inde percipiamus corpus et sanguinem Christi.

DOMINICA SEPTIMA.

Secundum Marcum.

« Cum multa turba esset cum Jesu, convocatis discipulis suis dixit : Misereor turbæ, quia ecce triduo jam perseverant mecum, et non habent quod manducent, et dimittere eos jejunos nolo ne deficiant in via, etc. » (*Marc.* viii.) Quia infidelitatis error insolentium animos obtinebat, potius reliquisse eos quam dimisisse scribitur. Convocat autem discipulos ut doceant magistros cum minoribus communicare consilia sua, vel ideo, ut et collocutione intelligant signi magnitudinem. Turba triduo Dominum sustinet sanationem infirmorum, et electi in fide Trinitatis supplicant Domino pro languoribus animarum sui vel suorum. Vel triduo turba sustinet Dominum, quando multitudo fidelium peccata quæ perpetravit, per pœnitentiam declinans ad Dominum se in opere, in locutione atque in cogitatione convertit. Quos dimittere jejunos in domum suam Dominus non vult ne deficiant in via, quia videlicet conversi peccatores, in præsentis vitæ via deficiunt, si in sua conscientia sine doctrinæ sanctæ pabulo dimittuntur. Ne ergo lassentur hujus peregrinationis itinere, pascendi sunt sacra admonitione. Valde autem pensanda est pia sententia, quæ processit ex ore veritatis : quod Marcus ait : « Quidam ex eis de longe venerunt (*Marc.* viii.) » Est enim qui nihil fraudis et nihil carnalis corruptionis expertus, ad omnipotentis Dei servitium festinavit. Iste de longinquo non venit, quia per incorruptionem et innocentiam proximus fuit. Alius nulla impudicitia, nullis flagitiis inquinatus, sola autem conjugia expertus ad ministerium spirituale conversus. Neque iste venit de longinquo, quia usus conjunctione concessa per illicita non erravit. Alii vero per carnis flagitia, alii post falsa testimonia, alii post facta furta, alii post illicitas violentias, alii post perpetrata homicidia ad pœnitentiam redeunt atque ad omnipotentis Dei servitium convertuntur. Hi, videlicet ad Deum de longinquo veniunt. Quanto etenim plus quisque in pravo opere erravit, tanto ab omnipotente Deo longius recessit. Nam et prodigus filius qui patrem deseruit, abiit in regionem longinquam, in qua porcos pavit, quia vitia nutrivit. Dentur igitur alimenta eis etiam qui de longinquo veniunt, quia conversis peccatoribus doctrinæ sanctæ cibi præbendi sunt, ut in Deum vires reparent, quas in flagitiis amiserunt. Qui sæpe a doctoribus tanto necesse est ut largioribus cibis doctrinæ satientur quanto fessi majoribus vitiis venerunt.

« Et dicunt ei discipuli : Unde ergo nobis in deserto panes tantos, ut saturemus turbam tantam? Ait illis Jesus : Quot panes habetis? Et illi dixerunt : Septem et paucos pisciculos. Et præcepit turbæ, ut discumberet super terram. » Non otiosis, non in civitate Synagogæ vel sæculari dignitate residentibus, sed inter deserta Christum quærentibus cœlestis gratiæ alimonia impertitur. Qui enim non fastidiunt a Christo suscipiuntur, et spiritualiter, et corporaliter etiam, si indigent, curantur. Mystice prædicatores profectum mirantes Ecclesiæ dicunt : Unde nobis tanta facundia, ut tot millibus tamque avidis auditoribus sufficere possimus in hujus mundi deserto. At vero septem panes, id est septem dona Spiritus sancti sufficiunt omnibus, adjuncta apostolica auctoritate, quasi paucorum piscium sapore, qui nos exemplo suæ vitæ vel mortis reficiant. Qui vero ad septem panes pertinent, jam non supra fenum sedere, sed terram premere jubentur. In Novo Testamento, ipsam quoque terram et facultates temporales, ut perfecti simus, relinquere præcipimur.

« Et accipiens septem panes et pisces, gratias agens fregit, et dedit discipulis suis, et discipuli dederunt populo. » Dominus dedit panes discipulis ad dividendum turbæ doctrinam spiritualem. Fregit panes, id est aperuit sacramenta, seipsum scilicet qui panis est vitæ. « Gratias egit, » ut ostenderet quantum gaudeat de salute hominum, ut nos informaret ad agendas semper Deo gratias, cum vel in carne reficimur vel in anima. Si enim in septem panibus qui non leguntur fuisse hordeacei septiformis gratia Novi Testamenti signatur, quid in pisciculis, nisi sanctos conditores illius Scripturæ accipimus, vel illos quorum fidem et vitam et passiones ipsa Scriptura continet, qui de turbulentis hujus sæculi fluctibus erepti et consecrati, refectionem nobis internam exemplo suæ vitæ vel mortis præbuere, ne in hujus mundi excursu deficiamus.

« Et comederunt omnes et saturati sunt. » Comedimus attente audiendo, et exempla intuendo; saturamur, memoriæ recondendo et operando. Huic operationi congruit illud Psalmistæ: « Edent pauperes et saturabuntur, et laudabunt Dominum qui requirunt eum (*Psal.* II). Quod enim manducans populus satiatur significat famem in perpetuum ab electis repellendam, quando non esuriet qui acceperit cibum Christi.

Et quod superfuit de fragmentis tulerunt septem sportas plenas. Septem sportæ quæ superant sunt altiora præcepta vel consilia. Quæ multitudo non potest attingere servando, sed tantum illi qui majori gratia pleni sunt. Quibus dicitur: « Si vis perfectus esse, vende omnia quæ habes et da pauperibus (*Matth.* XIX). » Et quia sportæ junco et palmarum foliis solent contexi, merito in sanctorum significationem ponuntur. Juncus quippe super aquam nascitur, et electi radicem cordis ne ab amore æternitatis arescant, in ipso vitæ fonte collocant. Palma victricem ornat manum, et electi mundi victores memoriam æternæ retributionis in corde retinent. Cur autem quinque millibus hominum plus redundant, et quatuor millibus minus? (*Matth.* XV.) Quia quatuor millia triduo cum Christo fuerunt, et ideo amplius coelestis pabuli receperunt.

« Erant autem qui manducaverunt quatuor millia hominum extra parvulos et mulieres, et dimisit eos. » In superiori signo quinque millia fuerunt juxta numerum panum, quia vicini erant v sensuum. Isti qui de septem panibus hoc est sacrato aluntur numero, quatuor millia sunt. Qui numerus semper in laude ponitur. Et quadrangulus lapis non est instabilis, et in eo numero evangelistæ sunt. Numerus itaque refectorum docet eos pastos evangelicis cibariis; simulque insinuat innumerabilem multitudinem de quatuor orbis partibus ad coelestis cibi donum concursuram. Hoc igitur typice inter hæc refectionem distat, quod ibi littera vetus plena esse signata est gratia spirituali. Hic gratia Novi Testamenti monstrata est ministrando fidelibus quatuor ornata virtutibus, quarum prima est cognitio rerum appetendarum et vitandarum, secunda refrenatio cupiditatis ab his quæ temporaliter delectantur, tertia firmitas contra molesta sæculi, quarta quæ per omnes diffunditur dilectio Domini et proximi. Et ibi et hic mulieres atque par-

vuli excepti sunt, qui tam in Veteri quam in Novo Testamento non admittuntur ad numerum, quia non perdurant occurrere in virum perfectum, vel in firmitate virium vel levitate mentis. Utraque refectio celebrata est in monte, quia utrumque Testamentum altitudinem mandatorum Dei, et illius montis altitudinem, qui est mons domus Dei in vertice montium, consona voce nobis prædicat.

Item expositio de eodem.

Narrat Evangelium turbam multam Dominum triduo sustinuisse, eique victum defuisse, et quosdam ex eis de longe venisse. Unde Dominus misertus dixit si eos jejunos dimitteret, in via deficerent. Septem ergo panes cum paucis pisciculis inter eos divisit et plene saturatos dimisit: erant autem quatuor millia qui manducaverunt, et discipuli septem sportas de fragmentis tulerunt (*Marc.* VIII). Turba quæ Dominum triduo sustinet est populus fidelium qui signaculum fidei in tribus personis retinet. Hic victum non habet, dum verbo Dei caret. Sicut corpus pane pascitur, ita anima verbo Dei reficitur. Qui de longe venerunt, hi sunt qui post multa flagitia ad Dominum redibunt. Nam hi de prope veniunt qui a pueritia in sanctitate vivunt. De longe venientes, ne in via deficiant, reficiuntur, quia pœnitentes ne desperent sacræ Scripturæ consolatione pascuntur. Turba super terram discumbit, quia populus fidelium se pulverem attendit. Quem Dominus septem panibus reficit, dum ei septem dona Spiritus sancti distribuit. Uno pane eum satiat, dum ad divina sapienda cor ejus spiritu sapientiæ illuminat. Altero pane eum pascit, dum ei mysteria Scripturæ spiritum intellectus aperit. Tertio pane eum reficit, dum utile eligere, nocivum respuere, spiritum consilii tribuit. Quarto pane eum saturat, dum eum in bonis spiritu fortitudinis roborat. Quinto pane eum recreat, dum cum spiritu scientiæ illustrat. Sexto pane eum refocillat, dum eum ad sectandam justitiam spiritu pietatis informat. Septimo pane cor ejus confirmat, dum eum a malo spiritu timoris avocat. Pauci pisciculi adduntur, dum ei exempla fidelium proponuntur. Quatuor millia saturantur, quia quatuor mundi partes, per quatuor evangelia, ad septem dona Spiritus sancti vocantur. Septem sportæ de fragmentis superaverunt, quia septem libri Hagiographiæ de septem donis Spiritus sancti redundant; de quibus adhuc doctores refectionem, quasi de sportis, fidelibus ministrant. Prima siquidem sporta est liber Joannis per quem spiritus sapientiæ maximam sapientiam Ecclesiæ invexit. Secunda sporta est Psalterium, per quod spiritus intellectus quam maxime ad intelligenda spiritualia sensum Ecclesiæ aperit. Tertia sporta sunt Proverbia, per quem spiritus consilii per plura vitæ consilia Ecclesiæ donavit. Quarta sporta est Ecclesiastes, per quem spiritus fortitudinis Ecclesiam abunde contra vitia fortitudine cinxit. Quinta sporta est Cantica, in quibus spiritus scientiæ plurimam scientiam Ecclesiæ reseravit. Sexta sporta est liber Sapientiæ, in quo spiritus pietatis summa pietate. Ecclesiam erudivit. Septima est liber Ecclesiastes, de qua sporta spiritus timoris Domini magis quam in ullo libro timorem Domini Ecclesiam instruxit. Ex his septem sportis per septiformem Spiritum egregii doctores Augustinus et Gregorius, alii quoque et alii sua expositione sanctam Ecclesiam quasi ad satietatem refecerunt.

Pisce quoque turba pascitur, dum Christi corpore vescitur. Ipse namque piscis dicitur, sicut in Evangelio legitur. Dum homines ab illo exigerent censum, sui angeli devotum impendunt obsequium, jussum Petrum hamum in mare mittere, et de ore piscis qui primus ascenderet aureum didrachma tollere, pro se et pro semetipso censum solvere (*Matth.* xvii). Piscis hic erat Christus, qui in hujus sæculi undis latuit. Qui didrachma in ore habuit, quia geminam legem divinis factis splendentem protulit. Hic hamo divini consilii captus est, in igne passionis nobis ad esum assus. Didrachma pro Christo, et Petro census datur, dum utraque lex vel gemina dilectio ad Christi et Ecclesiæ honorem a fidelibus completur. Populus Dei septem panibus reficitur, et decem præceptis instituitur, populus autem Pharaonis septem capitibus draconis, id est septem principalibus vitiis captivatur, et decem plagis devastatur (*Exod.* vii). Prima plaga dum convertitur in sanguinem aqua. Aqua in sanguinem commutatur, dum baptisma vel sacra Scriptura illis in peccatum reputatur, qui baptisma per immunditiæ opera coinquinant, ac sacram Scripturam ad suos errores corroborantes depravant. Secunda plaga cum operuit terram rana. Ranarum loquacitas est poetarum garrulitas, per quorum fabulas miseri decipiuntur, dum eas in desideriis suis sequuntur. Tertia plaga sciniphes, qui ignitis stimulis terebrabant corpora. Hoc sunt hæretici, qui nocivis argumentis simplices circumveniunt mentes eorum perfidia terebrantes, et ad ignis æterni stimulos deducunt. Quarta plaga venit muscarum molestia. Et sunt importuni in sæculari eloquentia qui carnes alterutrum per avaritiam lacerant, et importune callidis verbis alios impetunt, ut bona eorum auferant. Quinta plaga est pestilentia perimens animalia. Est autem fœda libido irrationabiliter viventes interimens, at in turpitudine putrefactos dæmonibus quasi canibus lacerandos exponens. Sexta plaga producuntur vesicæ ferventes et ulcera. Ulcera sunt dolositates malitiosorum vesicæ inflationes superborum. Hi malos excruciant, et moribus suis fœdantes quasi peste deturpant. Septima plaga sunt grando, ignis et tonitrua. Tonitrua sunt terrores principum, grando et ignis, sævitia prædonum. Hi impios exterminant, dum eos cum rebus violenter dissipant. Octava plaga est bruchus et locusta. Bruchi sunt voraces, locustæ discordes, voluptatibus salientes. Hi flores arborum et segetum devorando corrodunt, quia tales bona desideria per prava exempla et mala collo-

quia corrumpunt. Nona plaga erat chaos tenebrarum palpabile, et murmur quoddam formidabile. Sunt autem infideles, qui futura non credunt, et a luce fidei retrahunt, et se tenebris æternæ mortis inserunt, ubi terribile est murmur, scilicet fletus et stridor dentium. Decima plaga sunt primogenita exstincta. Primogenita Ægypti sunt principes mundi, sæcularesque dignitates, quæ a dæmonibus bellis et variis modis exterminantur, ut potentes potenter tormenta patiantur. Charissimi, nitamur bonis actibus ab his decem plagis liberari, et septem panibus saturari, a septem capitibus draconis erui, et decem præceptis legalibus instrui. Imitemur illos qui nos præcesserunt, et per multas tribulationes gaudia vitæ intraverunt.

De quinque septenis.

Quinque septena sunt in sacra Scriptura, quæ prius singillatim distinguantur : postea vero quam inter se habeant convenientiam, eadem per singula sibi conferendo libeat demonstrare. Primo loco septem ponuntur vitia, id est superbia, secundo loco invidia, tertio ira, quarto tristitia, quinto avaritia, sexto gula, septimo luxuria. Contra hæc secundo loco constituuntur septem petitiones, quæ in Dominica Oratione continentur. Postea tertio loco septem dona Spiritus sancti. Deinde quarto loco succedunt virtutes. Primo scilicet loco, paupertas spiritus, id est humilitas; secundo mansuetudo, tertio compunctio sive dolor, quarto esuries justitiæ sive desiderium bonum, quinto misericordia, sexto cordis munditia, septimo pax. Novissimo vero loco septem beatitudines (*Matth.* v). Prima regnum cœlorum, secunda possessio terræ viventium, tertia consolatio, quarta justitiæ satietas, quinta misericordia, sexta visio Dei, septima filiatio Dei. Hæc ita primo loco distinguantur ut intelligantur ipsa vitia quidam animæ languores sive vulnera hominis interioris, ipsum vero hominem quasi ægrotum, medicum autem Deum; dona quoque sancti Spiritus antidotum, virtutes vero sanitatem, beatitudines autem felicitatis gaudium. Sunt ergo vitia capitalia septem, ex quibus universa mala oriuntur. Hi sunt fontes abyssi tenebrarum, de quibus flumina Babylonis exeunt, et in omnem terram deducta, stillicidia iniquitates diffundunt. De quibus fluminibus Psalmista in persona populi fidelis cecinit dicens : « Super flumina Babylonis, » etc. (*Psal.* cxxxvi).

De his septem vitiis vastatoribus humani generis et universam integritatem naturæ corrumpentibus simulque malorum omnium germina producentibus quantum ad præsens negotium explicandum sufficere putamus loquamur. Septem ergo sunt, et ex his tria hominem despoliant, quartum exspoliatum flagellat, quintum flagellatum ejicit, sextum ejectum seducit, septimum seductum subjicit. Superbia aufert homini Deum, invidia aufert ei proximum, ira aufert ei seipsum. Tristitia spoliatum flagellat, avaritia flagellatum ejicit, gula ejectum seducit, luxuria seductum servituti subjicit. Nunc reverlentes, singula per ordinem explicemus. Superbia namque est amor propriæ excellentiæ, quando mens bonum quod habet singulariter diligit, id est sine eo a quo bonum accepit. O superbia pestifera, quid agis? Cur suades rivulo ut se a fonte dividat? Cur suades radio ut se a sole vertat? Cur? nisi ut ille, dum infundi desinit, arescat, et iste, dum ab illuminante se avertit, tenebrosus fiat; uterque vero, dum accipere cessat id quod necdum habet, continuo illud etiam quod habet amittat. Hoc profecto totum agis, cum doces donum extra datorem diligere, ad hoc tendis ut qui partem boni quod ab alio datum est, perverse sibi vindicat, totum bonum quod in illo est amittat, sicque fiat ut nec id quod habet utiliter habere possit, dum illud in eo a quo habet non diligit. Sicut enim bonum veraciter a Deo est, ita nullum extra Deum bonum utiliter haberi potest, imo vero per hoc id ipsum quod habetur amittitur, quando in eo et cum eo a quo habetur non amatur. Nam quicunque non novit nisi hoc bonum quod habet, in semetipso diligere necesse est, ut, dum in altero bonum quod non habet aspexerit, tanto amarius sua eum imperfectio torqueat, quanto eum in quo omne bonum consistit, non amat. Et idcirco superbiam semper sequitur invidia, quia qui illic amorem non figit ubi bonum est, quantum de suo perverse extollitur, tantum gravius de bono alieno torquetur. Suæ igitur elationi justissimæ pœna deputata est ipsa, quam de se superbia gignit invidia. Quia quo commune omnium bonum diligere noluit, recte nunc boni alieni livore tabescit. Quam profecto alienæ felicitatis successus non ureret, si illum in quo omne bonum est, per amorem possideret. Nec enim alienum a se judicaret bonum alterius, si suum ibi diligeret, ubi et suum et alterius bonum similiter possideret. Nunc ergo quantum se per elationem contra Creatorem extollit, tantum per livorem sub proximo cadit, et quantum ibi fallaciter erigitur, tantum hic veraciter præcipitatur. Sed neque desistere potest semel cœpta corruptio. Mox enim ut de invidia superbia nata fuerit, iram ipsam de se parit, quia miser avis (15*). Propterea jam sibi ipsi de sua imperfectione irascitur, quia de bono alterius per charitatem non lætatur, atque ideo id etiam quod habet sibi displicere incipit, quem in alio id quod habere non potest agnoscit. Qui ergo per charitatem in Deo totum habere potuit, id etiam quod per elationem extra Deum habere conabatur, per invidiam et iram amittit, quia, postquam per superbiam Deum amittit, per invidiam perdit proximum, et per iram semetipsum. Quia ergo omnibus amissis nihil superest unde gaudeat, infelix conscientia per tristitiam in semetipsis colliditur, et quia de alieno bono pie lætari noluit, de suo malo cruciatur.

Post superbiam ergo, et invidiam, et iram, quæ hominem spoliant, continuo tristitia sequitur, quæ nudatum flagellat. Cui deinde succedit avaritia, quæ flagellatum ejicit, quia interno gaudio amisso, foris consolationem quærere compellit. Postea accedit gula, quæ ejectum seducit, quia animum exterioribus inhiantem, hoc vitium in primis quasi vicino tentans per ipsum naturalem appetitum ad excelsum illicit. Postremo superveniens luxuria, quæ seductum violenter servituti subjicit, quia, postquam caro per crapulam inflammata est, ardorem libidinis supervenientem emollitur atque enerviter resolutus animus vincere non potest. Servit igitur sævissime damnationi mens turpiter subacta, et nisi exorta subveniat Salvatoris pietas, non erit jam unde captivo servientia missa restituatur libertas.

De septem petitionibus.

Sequuntur septem petitiones contra septem vitia, quibus oratur ut subveniat qui nos et orare docuit (*Matth.* vi), et quod orantibus Spiritum bonum ad sananda vulnera nostra, et ad solvendum jugum captivitatis nostræ daturus esset repromisit. Sed nos antequam ad explanationem harum veniamus, prius alia adhuc similitudine demonstremus quantam in nobis corruptionem supra dicta generent, ut quanto periculosior languor ostenditur, tanto magis necessaria medicina comprobetur. Per superbiam igitur cor inflatur, per invidiam arescit, per iram crepat, per tristitiam conteritur et quasi in pulverem redigitur, per avaritiam dispergitur, per gulam inficitur et quasi humectatur, per luxuriam conculcatur et in lutum redigitur, ita ut jam miser dicere possit : « Infixus sum in limo profundi, et non est substantia. Veni in altitudinem maris, et tempestas demersit me (*Psal.* LXVIII). » Cumque huic limo profundi animus fuerit infixus, et luto coinquinationis et immunditiæ obvolutus, evelli nequaquam potest, nisi ad illum clamet et ejus auxilium postulet. De quo Psalmista loquitur dicens : « Exspectans exspectavi Dominum, et intendit mihi; et exaudivit preces meas, reduxit me de lacu miseriæ et de luto fæcis (*Psal.* XXXIX). » Propterea ergo ipse nos orare docuit ut totum bonum nostrum ab ipso sit, ut et quod petimus, et quod petentes accipimus, ejus donum non nostrum meritum esse intelligamus.

Prima ergo petitio contra superbiam est, qua Domino dicimus : « Sanctificetur nomen tuum (*Matth.* vi). » Hoc enim petimus, ut det nobis timere et venerari nomen suum, quatenus ei per humilitatem subjecti simus, qui per superbiam rebelles et contumaces exstitimus. Huic petitioni datur donum Spiritus timoris Domini, ut ille ad cor veniens virtutem in eo exerceat humilitatis, quæ superbiæ morbum sanet, quatenus ad regnum cœlorum quod angelus superbus per elationem perdidit, homo humilis pervenire possit.

Secunda petitio est contra invidiam, qua dicitur : « Adveniat regnum tuum. » Regnum siquidem Dei salus est hominum, quia tunc Deus in hominibus regnare dicitur, quando ipsi homines Domino sub-

---

(15*) Sic in codice : miser avis.

jiciuntur, et modo ei adhærendo per fidem, et post inhærendo per speciem. Qui ergo petit ut regnum Dei adveniat, ille profecto salutem hominum quærit. Ac per hoc dum pro communi omnium salute postulat, livoris vitium se reprobare demonstrat. Huic petitioni datur Spiritus pietatis, ut ipse ad cor veniens ad benignitatem illud accendat, quatenus ad eamdem homo æternæ hæreditatis possessionem, ad quam alios pervenire cupit, ipse perveniat.

Tertia petitio est contra iram, qua dicitur. « Fiat voluntas tua sicut in cœlo et in terra. » Non enim vult contendere qui dicit : « Fiat voluntas tua, » sed sibi placere indicat quidquid voluntatis Dei fuerit, sive in se seu in aliis secundum arbitrium suæ dignationis dispensat. Huic ergo petitioni datur Spiritus scientiæ, ut ipse ad cor veniens erudiat illud, et salubriter compungat, ut sciat homo malum quod patitur ex sua culpa provenire, si quid autem boni habuerit, ex misericordia Domini procedere, ac per hoc discat, sive in malis quæ sustinet, sive in bonis quæ non habet, contra Creatorem non irasci, sed per omnia patientiam exhibere. Optime ergo per compunctionem cordis quæ Spiritu scientiæ operante interius ex humilitate nascitur, ira et indignatio animi mitigatur, quia econverso stultum ira interficit, quando in adversis per impatientiæ vitium agitatus, atque cæcatus, vel malum quod patitur se meruisse, vel bonum quod habet, per gratiam accepisse non agnoscit. Hanc autem virtutem, id est compunctionem sive dolorem præmium consolationis sequitur, ut qui hic sponte coram Deo per lamenta affligitur, illic verum gaudium et lætitiam invenire mereatur.

Quarta petitio est contra tristitiam, qua dicitur : « Panem nostrum quotidianum da nobis hodie. » Tristitia namque tædium est animi cum mœrore, quando mens, quodammodo tabefacta et vitio suo emaricata, interna bona non appetit, atque omni vigore est mortua, nullo spiritualis refectionis desiderio hilarescit. Propterea ad sanandum hoc vitium deprecari nos oportet misericordiam Dei, ut ipsa solita pietate animæ tædio suo languenti internæ refectionis pabulum admoveat, ut quod ipsa absens nescit appetere, gustu misericordiæ præsentis admonita incipiat amare. Datur ergo huic petitioni Spiritus fortitudinis, ut fatiscentem animam exigat, quatenus illa pristini vigoris virtute recepta, a defectu sui tædii ad desiderium interni amoris convalescat. Creat ergo Spiritus fortitudinis in corde famem justitiæ, ut, dum hic per desiderium pietatis fortiter accenditur, illic pro præmio plenam beatitudinis satietatem consequatur.

Quinta petitio est contra avaritiam, qua dicitur : « Dimitte nobis debita nostra, sicut et nos dimittimus debitoribus nostris. » Justum enim est ut in reddendo debito non debeat esse anxius, qui in exigendo noluerit esse avarus. Et ideo cum a nobis per Dei gratiam vitium avaritiæ tollitur, qualiter a nostro debito absolvi debeamus, ex proposita salutis conditione donatur. Huic ergo petitioni datur Spiritus consilii, qui doceat nos in hoc sæculo libenter peccantibus in nos misericordiam impendere, quatenus in futuro cum pro peccatis nostris rationem reddituri sumus, mereamur misericordiam invenire.

Sexta petitio est contra gulam, qua dicitur : « Ne nos inducas in tentationem, » id est induci permittas in tentationem. Hæc est tentatio qua nos illecebra carnis sæpe per naturalem appetitum ad excelsum trahere nititur, et latenter voluptatem subjicit, dum manifeste nobis de necessitate blanditur. In quam profecto tentationem tunc nequaquam inducimur, si sic studemus secundum mensuram necessitatis naturæ subsidium impendere, ut tamen semper meminerimus appetitum ab illecebra voluptatis coercere. Quod ut impleri valeamus, datur nobis petentibus Spiritus intelligentiæ, ut interna refectio verbi Dei appetitum exteriorem cohibeat, et mentem spirituali cibo roboratam, nec valeat corporalis egestas frangere, nec carnis voluptas superare. Propterea namque Dominus ipse tentatori suo, dum esurienti sibi fraudulentam de exterioris panis refectione suggestionem faceret, respondit dicens : « Non in solo pane vivit homo, sed in omni verbo Dei (Matth. iv), » ut aperte demonstraret quia, cum mens illo pane intus reficitur, non magnopere curat si foris ad tempus famem carnis patiatur. Datur ergo contra gulam Spiritus intelligentiæ, sed ille ad cor veniens, emundat illud atque purificat, et illum interiorem oculum ex ratione verbi Dei quasi quodam collyrio sanans, eo usque luminosum atque senum efficit, ut ad ipsam etiam deitatis claritatem contemplandam perspicax fiat. Contra vitium igitur gulæ remedium opponitur, scilicet Spiritus intelligentiæ. Ex Spiritu autem intelligentiæ munditia cordis nascitur. Munditia vero cordis visionem Dei promeretur ; sicut scriptum est : « Beati mundo corde, quoniam ipsi Deum videbunt (Matth. v). »

Septima petitio est contra luxuriam, qua dicitur « Libera nos a malo. » Convenienter sane servus libertatem petit, et idcirco huic petitioni datur Spiritus sapientiæ, qui amissam captivo libertatem restituat, et jugum iniquæ dominationis quod suis viribus non valuit, per gratiam adjutus evadat. Sapientia namque a sapore dicitur, cum mens gustu internæ dulcedinis tacta, totam se per desiderium intus colligit, nec foris jam enervata in carnis voluptate dissolvitur, quia totum intus possidet in quo delectatur. Congrue igitur contra exteriorem voluptatem interior dulcedo opponitur, ut quanto plus illa sapere et placere incœperit, tanto liberius atque libentius ista condemnat, tandemque in semetipsa mens pacificata, dum nihil est foris quod appetat, tota per amorem intus requiescat. Spiritus ergo sapienter cor sua dulcedine tangens, et foris concupiscentiæ ardorem temperat, et sopita concupiscentia intus pacem creat, quatenus dum mens tota ad internum gaudium colligitur, plene ac perfecte homo ad imaginem Dei reformetur, sicut scriptum est : « Beati pacifici, quoniam filii Dei vocabuntur (*Matth.* v). »

De petitionibus quæ conveniant præsentibus et futuris.

Igitur sicut Ecclesia bipartita est, in parte scilicet triumphante, et in parte militante, ita iste numerus septenarius petitionum dividitur in quatuor et tria. Quatuor namque conveniunt parti militanti, tria vero triumphanti. Pars namque militans quandiu vivit, in lubrico est, et ideo necessaria est quidem ei quadrata forma petitionum quæ firma est, ne labatur. Hæc ergo quatuor petitiones, scilicet « panem nostrum quotidianum da nobis, (*Matth.* vi), » et cætera quæ sequuntur, præsenti vitæ conveniunt, in qua inchoantur et perficiuntur. In hac enim vita pane verbi Dei et pane corporis Christi reficimur, sed ea finita, nec pane Scripturarum, nec pane corporis Christi reficimur eo modo quo nunc reficimur. Verum quod modo quasi panem cum labore sumimus, tunc quasi potum facile percipiemus. In hac etiam vita dum quasi offendimus, dimitti et dimittere necesse habemus, sed in futuro, sicut nulla erit offensa, ita nulla erit necessario indulgentia. Hic etiam tentamur, et timendum est ne tentationi succumbamus. Ibi enim nulla prorsus erit tentatio. In præsenti quoque innumerabilia mala occurrunt, hostes sunt visibiles et invisibiles, non possumus penitus carere peccatis, quia semper macula est in luna (*Job* xxv) ; nec « justificabitur in conspectu Dei omnis homo vivens (*Psal.* cxlii). » Quia in angelis suis reperit pravitatem, et « inebriatus est in cœlo gladius meus (*Isa.* xxxiv), » et astra non sunt munda in conspectu ejus, et ideo liberari a malo necesse esse habemus. In futuro namque nulla erit mala incussio, nec ulla necessaria liberatio. Aliæ autem tres petitiones, scilicet « sanctificetur nomen tuum, adveniat regnum tuum, fiat voluntas tua, » etc., futuræ vitæ conveniunt, quia et si hic sanctificatione mentis incipiat et regnum et voluntas Dei, tamen omnia proficientur in futuro, ubi ex toto sanctificatis anima et corpore cum Christo regnabimus, et Dei voluntatem complebimus. Notandum vero quia tres petitiones, quamvis in futuro perficiantur, et ordine temporis sint posteriores, tamen in oratione sunt priores, vel pro ternario commendando, in quo Trinitatis mysterium fulget, vel quia digniores sunt.

Præterea septenarius iste numerus petitionum congruere potest præcedenti septenario donorum, virtutum et beatitudinum, de quo totus sermo in monte est habitus, ut singulis petitionibus singula dona appetantur, quæ singulas virtutes efficiant, quibus singulæ beatitudines aptantur. Petitiones ergo sunt, quas supra diximus, scilicet : « Sanctificetur nomen, » etc.; dona vero sunt, spiritus timoris, pietatis, scientiæ, fortitudinis, consilii, intellectus, sapientiæ. Virtutes autem sunt : Paupertas spiritus, mansuetudo, luctus, esuries, et sitis justitiæ; misericordia, munditia cordis, et pax. Beatitudines autem, regnum cœlorum, terræ possessio, consolatio, satietas, misericordiæ consecutio, visio Dei, et qui filii Dei vocabuntur. Videndum est autem qualiter et quæ petitiones, aut quæ dona petant, et quod faciant, et quare fieri postulentur. Accedat igitur iste fidelis orator geminæ dilectionis virtute, cœlum et mansio Dei factus, et dicat : « Sanctificetur nomen tuum. » Quasi diceret : Da nobis, Domine, Spiritum sancti timoris, qui in nobis faciat paupertatem spiritus, ut omnia temporalia postponamus, et sanctificationem in baptismo acceptam consequamur, ut tandem plene sanctificati regnum cœlorum possideamus. « Adveniat regnum tuum, » id est da nobis et Spiritum pietatis, quo mites, mansueti, et humiles facti, contra inimicos nocentes nulla iniquitate moveamur, ut interim nos ipsos regentes, et a te regi cupientes, tandem in terra viventium firmam possessionem obtineamus. « Fiat voluntas tua sicut in cœlo et in terra, » hoc est da et Spiritum scientiæ, qui doceat nos lugere pro peccatis nostris cum Petro et Maria, pro alienis quoque cum Apostolo qui dicit : « Quis scandalizatur, et ego non uror? » etc. (*II Cor.* xi.) Pro desiderio quoque patriæ cum Joanne qui dicit : « Et ego flebam multum (*Apoc.* v), » et cum David dicente : « Heu mihi quia incolatus meus prolongatus est! » (*Psal.* cxix.) Ut per luctum istum voluntas Dei tantum in nobis perficiatur, et consolationem lugentibus promissam mereamur. « Panem nostrum quotidianum da nobis hodie. » Quasi dicatur : Da nobis, Domine, Spiritum fortitudinis, quo contra omnia mala fortes pane verbi Dei et cibo corporis Christi reficiamur, ut esurientes et sitientes justitiam, tandem in beatitudine saturari mereamur : « Et dimitte nobis debita nostra, » id est, da nobis Spiritum consilii, ut si in præsenti offensas vitare non possumus, saltem hoc consilium habeamus, ut misericordes simus, et peccantibus ignoscamus, ut in futuro misericordiam consequamur. « Et ne nos inducas in tentationem, » id est da et Spiritum intelligentiæ, quo tentationibus circumplicati, quæ facienda sunt intelligamus, et corda nostra mundantes, aliquatenus Deum videamus, ut in futuro plena visione ipsum contueamur. « Sed libera nos a malo, » hoc est, da et Spiritum sapientiæ, quo ab omni malo liberemur, ut in arca cordis animalia domita simul et indomita requiescant, ut pravis motibus sedatis, et imagine Patris restituta, filii Dei et esse mereamur. Hæc hactenus de congruentia petitionum donorum virtutum et beatitudinum dicta sufficiant; quorum alia postulant, id est petitiones; alia postulantur ut faciant, ut dona; alia fiunt ut virtutes, alia perficiunt ut beatitudines

DOMINICA OCTAVA.

Secundum Matthæum

Attendite a falsis prophetis qui veniunt ad vos in vestimentis ovium, intrinsecus autem sunt lupi rapaces. A fructibus eorum cognoscetis eos (*Matth.* vii). » Quia paucorum est angustam viam invenire, fraudulentiam eorum qui eam quærere mentiuntur exponit. « Attendite, » id est cavete. De omnibus hypocritis hic potest intelligi, sed specialiter de hæreticis fructus animarum rapientibus. Unde et lupis comparantur. Præcipue cavendi sunt hæretici, cognitionem veritatis quam non habent promittentes. Vestimenta ovium sunt blanda verba innocentium, cæteraque religionis signa. Non autem ideo debent oves odisse vestimentum suum, quod plerumque illo se occultant lupi, dum aliud ad decipiendum, aliud excipiunt ad deprædandum. Verum per temporalis commodi tentationem, sive persecutionis tempore, aperitur quid sint. Fructus sunt mala opera eorum.

« Nunquid colligunt de spinis uvas, aut de tribulis ficus? » Sapientes non colligent uvas de spinis, id est dulcia verba de hæreticis, qui ideo dicuntur spinæ et tribuli, quia sauciant animas per verborum blanditias. Tribulus est genus herbæ spinosæ. « Neque de spinis colligunt fructus, neque de rubo vindemiant uvam (*Luc.* vi). » Spinæ et rubi sunt curæ sæculi, et punctiones vitiorum, de quibus peccatori dictum est : « Terra tua spinas et tribulos germinabit tibi (*Gen.* iii). » Ficus vero et uva dulcedo novæ conversationis est, quam Christus in nobis esurit, et fervor dilectionis qui lætificat cor hominis. Hinc scriptum est : « Ficus protulit grossos suos, vineæ florentes odorem dederunt (*Cant.* ii). » Non ficus de spinis, non uva de rubo colligitur, quia mens adhuc veteris hominis consuetudine depressa simulare potest, et fructus novi hominis ferre non potest. Quod si aliquando facta vel dicta malorum prosunt bonis, non hoc faciunt mali, sed consilium Dei ; sic de illis operatur.

« Sic omnis arbor bona fructus bonos facit. Mala autem arbor fructus malos facit. Non potest arbor bona fructus malos facere ; neque arbor mala fructus bonos facere. » Sicut verum est quod de tribulis non colliguntur ficus, sic verum est quod arbor bona fructus bonos facit. Arbor bona vel mala est homo, non ex natura, quæ a Deo in omnibus bona creata est, sed ex voluntate bona vel mala. Fructus sunt opera, quæ nec bona malæ voluntatis possunt esse, nec mala bonæ voluntatis. Tandiu ergo bona arbor, id est bonus homo, fructus malos non facit quandiu bonus est, et tandiu arbor mala, id est malus homo, manet in fructibus peccatorum, quandiu ad pœnitentiam non convertitur. Non potest esse calida nix. Nam cum incipit esse calida, non jam nivem sed aquam vocamus. Potest ergo mutari, non calefieri. Sic etiam potest fieri ut malus non sit qui malus fuit, non tamen potest fieri ut malus bene faciat. Nam et si aliquando utilis, non hoc ipse facit, sed divina providentia fit. Non quod Pharisæi utiliter audiebantur illorum erat, sed Dei. De quibus dicit propheta : « Seminastis triticum, sed spinas metitis. (*Jer.* xii). » Non ergo auditores eorum de spinis legebant uvas, sed per spinas de vite, ut si quis per spineam sepem ad se traheret uvam, uva illa non esset spinarum, sed vitis.

« Bonus homo de bono thesauro cordis sui profert bona, et malus homo de malo thesauro profert mala. Ex abundantia enim cordis os loquitur. » Idem est thesaurus cordis quod radix est arboris, et quod de corde profertur, idem est quod arboris fructus. Qui ergo in corde thesaurum patientiæ perfectique hujus amoris optimos fructus effundens, diligit inimicum, bene facit odienti se, benedicit maledicenti se. Omni petenti tribuit sua, errantem patienter corrigit. Atqui neque thesaurum in corde servat, odit amicum, diligenti malefacit, benedicenti maledicit. Sic quoque nec diabolus bona, nec Christus mala opera potest facere. Per oris locutionem universa quæ actu vel cogitatu de corde proferuntur, Dominus significat ; nam moris Scripturarum est verba pro rebus ponere, ut in Isaia dicitur de Ezechia : « Non fuit verbum quod non ostenderet eis (*Isa.* xxxix). » Rerum utique non verborum revelavit arcana. « Omnis arbor, » id est omnis homo, sive rex, sive princeps, sive senior, sive juvenis, nulli parcetur, sed omnis arbor « non ferens fructum bonum excidetur » a secantibus angelis, « et in ignem mittetur æternum. » Si ille qui non facit fructum bonum separandus est a justis, sicut hædi ab agnis, et in ignem mittendus est voce illa : « Ite, maledicti, in ignem æternum (*Matth.* xxv) ; » quid erit de illo qui agit quidquid mali potest ? Quia arbor mala fructus bonos facere non potest, igitur « ex fructibus eorum, » id est falsorum prophetarum « cognoscetis eos » falsos.

« Non omnis qui dicit mihi, Domine, Domine, intrabit regnum, sed qui facit voluntatem Patris mei, qui in cœlis est, ipse intrabit in regnum cœlorum. » Sicut propter dogma justitiæ cavendi sunt falsi prophetæ, habentes spem bonæ vitæ, sic et hi econtrario, qui cum integræ fidei et doctrinæ sint, tamen turpiter vivunt. Utrumque enim necesse est, ut opus sermone, et sermo operibus comprobetur. « Quid vocatis me, Domine, Domine ; et non facitis quæ dico ? » (*Luc.* vi.) Ac si aliis verbis diceret : Quid folia rectæ confessionis jactatis, qui bonos fructus non ostenditis ? Hinc Apostolus secreturus perfectum discipulum ab hypocrita, dixit : « Veniam ad vos et cognoscam non sermonem eorum qui inflati sunt, sed virtutem (*I Cor.* iv). » Ille ergo proprie dicit, Domine, Domine, qui voluntatem sono vocis enuntiat. Secundum hoc quod ait Apostolus : « Nemo dicit Dominus Jesus, nisi in Spiritu sancto (*I Cor.* xii). » Vere enim dicere Dominus Jesus, est corde credere, ore confiteri, operibus attestari. Nam unum sine alio negare est. Item : « Non omnis qui dicit mihi Domine, Domine, » etc. « Non in sermone est regnum Dei, sed in virtute (*I Cor.* iv). » Non te juvat hoc quod dicis, Domine, Domine, nisi in timore servieris Domino, nisi alacriter mandata ejus impleveris, nisi omnem ejus feceris voluntatem, nisi ab omni te immunditia abstinueris, omnemque iniquitatem deposueris. Gratis clamas, vociferas gratis, exaltas vocem tuam, dicens : Domine, Domine, testem inobedientiæ tuæ vocas, cum Dominum nominans, non timens sicut Dominum neque in tremore ei serviens. Non omnis qui sine facto, sed tantum ore me Dominum appellat, introibit in regnum cœlorum, sed quia opera digna meo nomine facit, et conversationem dignam meæ sanctificationi adimplet.

De mendacio.

Mendacium est falsa significatio cum voluntate fallendi. Non est autem falsa significatio, ubi etsi aliud ex alio significatur, verum est tamen quod significatur, si recte intelligatur. (Augustinus.) Est autem quoddam genus mentiendi, in quod omnes consentiunt, de quo inquirendum erit utrum aliquando sit utile falsum aliquod enuntiare, cum voluntate fallendi. Nam qui hoc sentiunt, adhibent testimonium sententiæ suæ, commemorantes Saram, cum risisset, angelis negasse quia riserit (*Gen.* xviii); Jacob quoque a patre interrogatum respondisse quod ipse esset Esau major filius ejus (*Gen.* xxvii); Ægyptias etiam obstetrices, ne infantes Hebræi nascentes interficerentur, etiam Deo approbante et remunerante, mentitas (*Exod.* i). Et multa ejusmodi exempla eligentes, eorum hominum mendacia commemorant quos culpare non audeant, atque ita fatearis aliquando esse posse non solum reprehensione non dignum, sed etiam dignum laude mendacium. Addunt etiam, quo non solos premant divinis libris deditos, sed etiam omnes homines sensumque communem, dicentes : Si quis ad te confugiat, qui mendacio tuo possit a morte liberari, non es mentiturus. Si aliquid ægrotus interroget quod ei scire non expedit, qui etiam possit te non respondente gravius affligi, audebisne aut verum dicere in perniciem hominis aut silere, potius quam honesto et misericordi mendacio valetudini ejus opitulari? His itaque talibus copiosissime se arbitrantur urgere, ut si consulendi causa exigit aliquando mentiamur. Contra illi quibus placet nunquam sic mentiendum multo fortius agunt, utentes primo auctoritate divina; quoniam in ipso Decalogo scriptum est : « Falsum testimonium ne dicas (*Exod.* xx). » Quo genere complectimur omne mendacium. Quisquis enim aliquid enuntiat, testimonium perhibet animo suo. Sed ne quis contendat non omne mendacium falsum testimonium esse appellandum, quid dicturus est ad id quod scriptum est : « Os quod mentitur occidit animam? » (*Sap.* i.) Quod ne quis arbitretur exceptis aliquibus mentientibus posse intelligi, alio loco legat : « Perdes omnes qui loquuntur mendacium (*Psal.* v). » Etenim ore suo ipse Dominus dicit : « Sit, inquit, in ore vestro, Est, est, Non, non : quod autem amplius est, a malo est (*Matth.* v). » Ex his et aliis hujusmodi argumentis probatur in ulla causa non licere mentiri.

Mentiendi autem octo genera sunt. Primum itaque est capitale mendacium : quod longe est fugiendum, quia fit in doctrina religionis ac pietatis, ad quod mendacium nulla conditione quisque debet adduci, quia magnum scelus est, et primum genus detestabilis mendacii. Secundum autem, quod tale est ut et nulli prosit et obsit alicui, quia nulli facienda est injuria, et in hoc genere non debet mentiri. Tertium, quod ita prodest uni ut obsit alteri, quamvis non ad immunditiam obsit corporalem; et in hoc genere nulli cum alterius injuria consulendum est. Quartum, quod fit sola mentiendi libidine fallendique, quod merum mendacium est, quia libido mentiendi per se ipsam vitiosa est. Quintum, quod fit placendi cupiditate de suaviloquio : in quo genere nec est mentiendum; quia si ipsa veritas sine placendi hominibus enuntianda non est, quanto minus mendacium per seipsum; quia mendacium est, utique turpe est. His omnibus penitus evitatis atque rejectis, est sextum genus? Quod et nulli obest et prodest alicui interroganti. Sed et in hoc genere non est mentiendum, quia nec recte corrumpitur etiam testimonii veritas, pro cujusquam temporali commodo ac salute. Ad sempiternam vero salutem nullus ducendus est opitulante mendacio : non enim malis convertentium moribus ad bonos mores convertendus est. Quoniam erga illum salus facienda est, debet etiam ipse conversus facere erga alios; atque ita non ad bonos, sed ad malos mores convertitur, cum hoc ei præbetur imitandum converso quod ei præstitum est convertendo. Septimum est quod et nulli obest et prodest alicui, excepto si judex interroget. Nec in hoc quoque genere mentiendum erit. Non enim cujusquam commoditas aut salus temporalis perficiendæ fidei præferenda est : nec si quisquam in recte factis nostris jam male moveatur, ut fiat etiam animo deterior, longeque a pietate remotior. Propterea recte facta deserenda sunt, cum id nobis præcipue tenendum sit, quo vocare atque invitare debemus quos sicut nosmetipsos diligimus; fortissimoque animo bibenda est illa apostolica sententia : « Aliis quidem sumus odor vitæ in vitam; aliis odor mortis in mortem (*II Cor.* ii). » Et ad hoc quis idoneus? Octavum genus est, quod et nulli obest, et ad hoc prodest, ut ab immunditia corporali aliquem tueamur, duntaxat ea ratione qua superius commemoravimus. Nec in hoc genere erit mentiendum, quia et in bonis castitas animi pudicitia corporis, et in malis id quod ipsi facimus eo quod fieri sinimus majus est.

In his ergo octo generibus tanto quisque minus peccat, cum mentitur, quanto emergit ad octavum, tantoque amplius quanto emergit ad primum. Quisquis autem esse aliquod genus mendacii quod peccatum non sit putaverit, decipiet seipsum turpiter, cum honestum se deceptorem arbitratur aliorum. Mendaces itaque faciunt ut nec vera dicentibus credatur; reddit enim saepe hominem multa falsitas etiam in veritate suspectum. Saepe vera promittit qui falsa dicturus est, ut, cum primum acquisierit fidem, ad reliqua mendacia audientes credulos faciat. Multis videntur vera esse quae falsa sunt, et ideo non ex Deo, sed ex suo mendacio loquuntur. Nonnunquam falsitas veriloquio adjungitur, et plerumque a veritate incipit qui falsa confingit; latent saepe vera circumlinita melle verborum, et tandiu deceptor veritatem simulat, quousque fallendo decipiat. Nonnunquam pejus est mendacium meditari quam loqui. Nam interdum quisque incautus solet ex praecipitatione loqui mendacium, meditari autem non potest nisi per studium. Gravius ergo ille ex studio mentiri perhibetur, quam is qui ex praecipitatione sola mentitur. Summopere cavendum est omne mendacium, quamvis nonnunquam sit aliquod mendacii genus culpae levioris, si quisquam pro salute hominum mentiatur. Sed quia scriptum est : « Os quod mentitur occidit animam (*Sap.* I), » et : « Perdes eos qui loquuntur mendacium (*Psal.* v), » hoc quoque mendacii genus perfecti viri summopere fugiunt, ut nec vitia cujuslibet per eorum fallaciam defendantur, nec suae animae noceant, dum praestare nituntur alienae carni, quanquam hoc ipsum peccati genus facillime credamus relaxari. Nam si quaelibet culpa sequenti mercede purgatur, quanto magis hoc facile abstergitur quam merces ipsa concomitatur. Multa mentiuntur, multa fingunt homines, propter hominum laudem : sicque fit ut et isti mentiendo pereant, et eos quos laudant ad vanae gloriae ruinam perducant. Sicut bene sibi conscius non metuit alienae linguae convicium, ita et qui laudatur ab alio, non debet errorem alienae laudis attendere, sed magis unusquisque testimonium conscientiae suae quaerat : cui ipse plus praesens quiam ille qui laudat. « Opus enim suum unusquisque probet, » ut ait Apostolus (*Gal.* vi), « et tunc in seipso quisque gloriam habebit, » occulte in sua conscientia, non palam in aliena lingua. Perfecti, qui alta radice fundati sunt, et si flamine laudis ac vituperationis, utcunque quasi ventorum interdum curventur impulsu, funditus tamen non dejiciuntur, sed protinus firmitate radicis ad se redeunt. Bona mens ad malum nec praemiis nec terroribus vincitur; nam iniqui terrorem blanditiis miscent, ut aut oblectatione quemquam decipiant, aut terroribus frangant.

De falsis prophetis.

Orare nihil aliud est quam verum putare quod falsum est, vel certum habere pro incerto, incertumve pro certo, sive falsum sit sive verum. Unde et haeretici vel falsi prophetae pseudoprophetae dicuntur, quia Scripturas non sano sensu sapiunt, sed eas ad errorem pravae intelligentiae ducunt; neque semetipsos earum sensibus subdunt, sed eas perverse ad errorem proprium trahunt. Doctores errorum, scilicet haeretici, pravis persuasionibus ita per argumenta fraudulentiae suos illigant auditores, ut eos quasi labyrintho implicent, a quo exire non valeant. Tanta est haereticorum calliditas, ut falsa veris malaque bonis permisceant, salutaribusque rebus plerumque errorum virus interserant, quo facilius possint pravitatem perversi dogmatis sub specie persuadere veritatis. Plerumque sub nomine catholicorum doctorum haeretici sua dicta conscribunt, ut indubitanter lecta credantur. Nonnunquam blasphemias suas latenti dolo in libris nostrorum interserunt, doctrinamque veram adulterando corrumpunt, scilicet vel adjiciendo quae impia sunt, vel auferendo quae pia sunt. Caute meditanda, cautoque sensu probanda sunt quae leguntur, ut juxta apostolica monita, et teneamus quae recta sunt (*I Thess.* v), et refutemus quae contraria veritati existunt; sicque bonis instruamur, ut a malis illaesi permaneamus.

Quod autem Joannes de talibus prophetis in Apocalypsi sua dicat videamus. « Vidi, » inquiens, « de ore draconis, et de ore bestiae, et de ore pseudoprophetae spiritus tres immundos in modum ranarum exisse (*Apoc.* xvi). » Quid est draco? hoc est et bestia et pseudopropheta, id est diabolus cum omni corpore suo. Tamen propter instantiam personarum et potestatum illa commemorat quae majorem habent potestatem in ipso malorum corpore, draconem scilicet, id est diabolum; bestiam, Antichristum; pseudoprophetam, id est, doctores ejusdem Antichristi cum subjectis plebibus. De ore omnium horum egrediuntur tres spiritus, qui nihil sunt aliud nisi unus spiritus. Tanta quippe malitia est unitas in omnibus daemonibus, ut, cum multi sint potestate et malitia, in unum tamen redigantur consensu, licet diverso modo, eadem potestate scilicet et malitia homines impugnent. Unde unus dicitur spiritus mendax, alius spiritus fornicationis, tertius spiritus immundus. Bene autem spiritus immundus dicitur propter peccata gravia quibus sordidatus est, et alios coinquinare non cessat. Ipsi quoque immundi spiritus, draco, bestia et pseudopropheta dicuntur, quia diabolus et omnes iniqui unum caput et membra sunt. De quorum ore ranae dicuntur exisse, quia sicut hujusmodi animalia molestiam inferunt hominibus, faciendo strepitum et in coeno versando; ita ministri Antichristi in coeno peccatorum versantes, electos Dei sua garrulitate, id est haeresi et blasphemia, persequuntur contra Christum, et inquietant. Ipsi quoque daemones, per eos quos inhabitabunt, facient signa, aut vera Dei permissu, aut falsa quibus reprobi decipiantur :

sicut olim fecerant magi, qui homines resuscitare videbantur, sicut Simon fecit in conspectu Neronis. Quapropter septem tubæ, de quibus alibi in Apocalypsi dicitur, ad interitum ipsorum sonabunt super eos. Dicit enim : « Vidi septem angelos stantes ante conspectum Domini; et datæ sunt illis septem tubæ (*Apoc.* VIII). » Ecclesia septenario numero sæpe commendata prædicationis officio mancipatur. Cujus prædicationis prima tuba desiguat impiorum interitum in igne et grandine ; secunda tuba diabolum de Ecclesia propulsum, mare sæculi ardentius incendentem ; tertia, hæreticos ab Ecclesia decidentes, et sanctæ Scripturæ flumina corrumpentes ; quarta, falsorum fratrum defectum in obscuratione siderum ; quinta, majorem hæreticorum infestationem tempus Antichristi præcurrentium ; sexta Antichristi apertum et suorum contra Ecclesiam bellum. Septima tuba sonat diem judicii, quo mercedem Dominus suis redditurus, et exterminaturus est eos qui corruperunt terram.

Et ideo hæretici, qui sacræ Scripturæ flumina corrumpunt, et super quos tuba condemnationis ecclesiasticæ insonat, non possunt habere veniam, nisi per Ecclesiam catholicam : sicut et amici Job non per se placare Deum sibi potuerunt, nisi pro eis Job sacrificium obtulisset (*Job* XLII). Opera bona, quæ hæretici faciunt, et justitia, nihil eis prodest, testante Domino per Jeremiam [Isaiam] : « Quia mei oblitus es, ecce ego annuntiabo justitiam tuam, et opera tua non proderunt tibi (*Isa.* V). » Hæretici, quamvis legem aut prophetas adimpleant, ex eo tamen quod catholici non sunt, non est Deus in eorum conventibus, ipso Domino testante : « Si steterit Moyses et Samuel coram me, non est anima mea ad populum istum. Ejice eos a facie mea, et egrediantur (*Jer.* XV). » Per Moysen quippe et Samuel legem accipe et prophetas. Quos quamvis hæretici opere implere contendant, propter erroris tamen impietatem a vultu Dei projiciuntur, et a justorum cœtibus separantur, paganus et hæreticus. Ille quia nunquam fuit cum Dei populo ; iste autem quia recessit a Dei populo. Uterque recedentes a Christo et diaboli pertinent corpus, qui ab idolola-tia ad Judaismum vel hæresim transeunt, juxta prophetam « De malo labuntur ad malum (*Jer.* IX). » Et Dominum non cognoverunt, quia de infidelitatis errore in errorem alium transierunt. Cujus doctrinam quisque sequitur, hujus et filius nuncupatur, sicut et per prophetam, Amorrhæum patrem, Cethæam matrem esse Israel Dominus dicit (*Ezech.* XVI), non utique nascendo sed imitando. Sic et in meliorem partem filii Dei nuncupantur qui præcepta Dei custodiunt. Unde et nos non natura, sed adoptione clamamus Deo dicentes : « Pater noster, qui es in cœlis. (*Matth.* VI), » non solum tantum nativitate, sed etiam imitatione filios posse alicujus vocari ; nam Judæi secundum carnem filii Abrahæ, secundum conversationem autem filii diaboli nuncupantur : ac per hoc illi sunt semen Abrahæ qui ejus imitantur fidem, non qui ex ejus generati sunt carne. De errore quoque auctoris a quibusdam et nomen et culpa trahitur, ut ipsius vocabulo censeatur cujus errorem et sequitur, sicut Ecclesiæ Pergami et Thyatiræ dicitur : « Habentes et tenentes doctrinam Balaam et Jezabel (*Apoc.* II). » Doctrinam igitur Balaam et Jezabel in Apocalypsi dicuntur habere propter imitationem, non propter præsentiam corporalem.

SERMO DE BONO ET MALO.

Deus facit bona opera sola sua bonitate, quoniam ipse creat voluntatem cum libero arbitrio et dat illi justitiam per quam operatur. Mala vero facit sola culpa hominis, quia non ea faceret, si homo illa facere non vellet. Deus igitur habet in bonis quidem quod bona sunt per essentiam, et quod bona sunt per justitiam ; in malis vero solummodo quod bona sunt per essentiam, non quod mala sunt per absentiam debitæ justitiæ : quæ non est aliquid. Homo autem habet in bonis quod mala non sunt, quia, cum posset deserere justitiam et mala facere, non deseruit, sed servavit per liberum arbitrium, dante et subsequente gratia. In malis vero hoc solum quod mala sunt, quia ea sola propria, id est injusta voluntate facit. Injustitia autem nihil est omnino, sicut cæcitas; non enim est aliud cæcitas quam absentia visus ubi debet esse : quæ non est magis in oculo ubi debet esse visus quam in ligno ubi non debet esse. Non enim est talis res injustitia qua inficiatur et corrumpatur anima, velut corpus veneno, et quæ faciat aliquid, sicut videtur quando malus homo facit mala opera. Nam quemadmodum cum indomita fera ruptis vinculis discurrendo sævit, et cum navis si gubernator dimisso gubernaculo dimittit eam, ventis vagatur et vehitur in quælibet pericula : dicimus quia hoc facit absentia catenæ aut gubernaculi ; non quod absentia eorum aliquid sit aut quidquam faciat, sed quoniam, si adessent, facerent ne fera sæviret aut navis periret. Ita quoque cum malus homo sævit et in quælibet animæ suæ pericula, quæ sunt mala opera, impellitur, clamamus quia hic operatur injustitia, non quod ipsa ulla essentia sit aut faciat aliquid, sed quod voluntas cui subditi sunt omnes voluntarii motus totius hominis, absente justitia sine qua utitur homo voluntate diversis appetitibus impulsa, se et omnia sibi subdita in multimoda mala levis et effrenata et sine rectore præcipitat, quod totum si justitia adesset, prohiberet ne fieret.

Ex his ergo facile cognoscitur, quia injustitia nullam habet essentiam, quamvis injustæ voluntatis affectus et actus, qui per se considerati aliquid sunt, usus injustitiam vocet. Hac ipsa ratione intelligimus malum nihil esse. Malum namque non est aliud quam absentia debiti boni. Nulla autem essentia quamvis mala dicatur est nihil, nec mala esse est illi aliquid esse. Nulli enim essentiæ est aliud mala esse quam bonum illi deesse quod debet habere. Quare mala esse, non est ulli essentiæ aliquid esse. Hoc de malo quod semper est nihil dictum sit. Sicut enim duo sunt bona, scilicet justitia et commodum, ita sunt duo mala eorum contraria, id est injustitia et incommodum. Hoc scilicet incommodum aliquando nihil est, ut cæcitas, aliquando est aliquid ut dolor et tristitia. Sed hoc malum cum aliquid est Deum facere non negamus, quia ipse est faciens pacem et creans malum (*Isa.* XLV). » Item : « Non est malum in civitate, quod non faciat Dominus (*Amos* III). » Ipse namque creat incommoda quibus exercet et purgat justos et punit injustos. Illud vero malum quod dicitur injustitia nunquam est aliquid, nec alicui rei est aliquid esse injusta esse. Vel sic creans malum et faciens bonum intelligitur : Creare est disponere et aptare aliquid. Unde dicitur : Creantur consules, id est ordinantur et aptantur ad hoc, ut postea formentur et fiant consules. Creat ergo Deus malum, id est peccatum, quando aptat et ordinat aliquem sic, ut habeat potentiam peccandi. Quod fit cum ei per liberum arbitrium dat potentiam et aptitudinem bene vivendi, sed ipsum affectum, id est bene vivere non dat, sicut facit cæcum dando potentiam videndi, et ipsum habitum, id est visum vel visionem negando. Facit vero bonum, id est format justum cui largitur non solum potentiam justitiæ, sed etiam ipsam justitiam, scilicet formam ejus potentiæ. Hinc dicitur : « Ipse dixit, et facta sunt ; mandavit et creata sunt (*Psal.* XXXII). » Mandamus his qui longe sunt remoti, dicimus his qui prope sunt. Dum vero nihil est longe, nisi quod ei est dissimile, prope quod est simile. Sed summæ essentiæ, id est Deo, quid est dissimilius, quam id quod nihil est? Quid similius quam id quod non solum est, sed etiam formatum est ? Mandavit igitur Deus his quæ non exstiterunt, et imo procul ab eo fuerunt, et creata sunt, id est aptata et disposita ad hoc ut formas suas reciperent. Dixit autem his quæ jam creata erant, et imo accesserant ei per potentiam recipiendi formam, et facta sunt, id est formata. Quod autem Deus omnia faciat, id est formet, inde probatur quia creat omnia. Qui enim initium dat creatis rebus, ipse quoque perficit eas.

Item de bono et malo.

Cum bona et mala sint contraria, contraria vero nulli rei simul inesse possunt, mala tamen et bona non solum esse possunt simul, sed mala omnino sine bonis, et nisi in bonis esse non possunt, quia si bonum non esset, prorsus nec malum esse potuisset, quia non modo ubi consisteret, sed et unde oriretur malum, id est corruptio naturæ, scilicet exterminatio boni, vel minui bono non haberet, nisi esset quod corrumperetur bonum : malum quippe, id est corruptio, privat semper naturam qualicunque bono. Nam minuit ejus speciem, vel modum, vel ordinem, sicut vitia animorum sunt privationes naturalium bonorum et morbi, et vulnera privant corpora sanitate. Hæc namque tria, ordo, modus, species, generalia sunt bona in rebus a Deo factis, sive in spiritu sive in corpore. Omnia quippe quæ a Deo facta sunt, et unitatem quamdam in se ostendunt, et speciem, et ordinem. Quidquid enim horum est, et unum aliquid est sicut naturæ corporum et ingenia animarum ; et aliqua specie formatur, sicut sunt figuræ vel qualitates corporum, ac doctrinæ vel artes animarum ; et ordinem aliquem petit aut tenet, sicut sunt pondera vel collocationes corporum, atque amores atque delectationes animarum. Hæc tria, ubi magna sunt, magnæ naturæ sunt ; ubi parva, parvæ naturæ sunt ; ubi nulla sunt, nulla natura est. Malum quippe, id est corruptio seu amissio, vel modi, vel speciei, vel ordinis naturalis, si omnem modum, speciem, ordinem auferat, nulla remanebit natura : ac per hoc quæ corrumpi potest, etiam ipsa aliquod bonum est : non enim ei nocere potest corruptio, nisi adimendo et minuendo bonum. Malum quoque bene ordinatum et loco suo positum, eminentius commendat bona ut magis placeant et laudabiliora sint, dum comparantur malis. Sicut autem contraria contrariis opposita sermonis pulchritudinem reddunt, ita quadam non verborum, sed rerum eloquentia contrariorum oppositione sæculi pulchritudo opponitur, atque ordo sæculorum tanquam pulcherrimum carmen etiam quibusdam antithetis honestatur. Unde scriptum est : « Contra malum bonum est, et contra mortem vita, sicut contra pium peccator. Et sic intuere omnia Altissimi. Bina bina, unum contra unum (*Eccli.* XXXIII). »

Ex bonis autem, id est ex libero arbitrio voluntatis orta sunt mala. Neque hoc Domini refragatur sententia qua dixit : « Non potest arbor bona fructus malos facere (*Matth.* VII), » id est bona voluntas non potest facere mala opera, scilicet tandiu mala arbor manet in peccatorum fructibus, quandiu ad pœnitentiam non convertitur, et tandiu bona arbor non facit malos fructus, quandiu in studio bonitatis perseverat; sed ex bona hominis natura oriri voluntas et bona potest et mala. Nunquam vero malum potest esse, ubi nullum est bonum. Unde mira res conficitur ut, quia omnis natura bona est, nihil aliud dici videatur, cum vitiosa natura mala dicitur : verbi gratia, malus homo quoniam malum bonum. Homo enim est natura, et bonum est, et vitium est malum. Non est tamen malum bonum, neque bonum malum : ideo quod homo malus non est nisi bonum malum. Homo nempe bonum est, malum iniquum. Et cavenda est illa prophetica sententia : « Væ his qui dicunt quod bonum est malum, et quod malum est bonum (*Isai.* V). » Opus enim Dei culpant quod est homo, et vitium hominis laudant quod est iniquitas. Omnis vero natura etsi vitiosa est, in quantum natura est bona est, in quantum vitiosa est mala est. Natura quoque sentiens, etiam cum dolet, melior est quam lapis quæ non potest dolere; rationalis vero præstantior est etiam misera, quam illa quæ rationis vel sensus est expers. Maledicti ergo sunt qui maledicunt diabolum, blasphemantes in eo opus ei pro malo ipsius. Primum sane malum, id est prima privatio boni rationalis naturæ, et causa malorum fuit voluntas mutabilis boni, ab immutabili bono deficiens. Porro malæ voluntatis initium non potuit esse nisi superbia, id est amor propriæ excellentiæ. « Initium enim omnis peccati superbia (*Eccli.* x). » Deinde etiam nolentibus subintravit ignorantia rerum agendarum et concupiscentia noxiarum, quibus comites subinferuntur error et dolor. Quæ duo mala, quando imminentia sentiuntur, ea fugitantis animi motus vocatur metus. Porro cum adipiscitur avaris concupiscentia, lætitia ventilatur. Ex his morborum fontibus omnis miseria emanat.

DOMINICA NONA

Secundum Lucam.

« Homo quidam erat dives, qui habebat villicum. Et hic diffamatus est apud illum quasi dissipasset bona ipsius, » etc. (*Luc.* xvi.) Nunc ad avaros superbosque Pharisæos, nunc ad discipulos illis audientibus loquitur Dominus, ut resipiscant. Villicus proprie gubernator et custos villæ est. Unde et a villa nomine accepit. Hic vero ponitur pro œconomo, id est dispensatore, qui scilicet universam domum dispensat. Œconomus enim tam pecuniæ quam frugum et omnium, quæ dominus possidet, dispensatorem significat. Villicus ergo est cui Deus aliquas pecunias ad erogandum commisit. Dissipat igitur cum male congregat, vel quando non bene expendit. « Et vocavit illum, et ait illi : Quid hoc audio de te? Redde rationem villicationis tuæ. Jam enim non poteris villicare. » Vocat Deus quando incutit timorem æternæ damnationis. Reddit homo rationem, si, cogitans villicationem cum ista vita finiendam, magis de acquirendis amicis quam de congregandis divitiis tractat.

« Ait autem villicus intra se : Quid faciam quia dominus meus aufert a me villicationem? Fodere non valeo, mendicare erubesco. Scio quid faciam, ut, cum amotus fuero a villicatione, recipiant me in domos suas. » Ablata villicatione fodere non valemus, quia post hanc vitam non licet nobis inquirere fructum bonæ conversationis ligone devotæ compunctionis. Mendicare confusionis est, eo modo quo fatuæ virgines mendicabunt. Domus sanctorum, quibus tempore hujus villicationis misericordiam impendimus, cœlestes mansiones sunt in domo Patris.

« Convocatis itaque singulis debitoribus domini sui, dicebat primo : Quantum debes domino meo? At ille dixit : Centum cados olei. Dixitque illi : Accipe cautionem tuam, et scribe quinquaginta. Deinde alii dixit : Tu vero quantum debes? Centum coros tritici. Ait illi : Accipe litteras tuas, et scribe octoginta. » Accipe litteras, subaudis in quibus debitum scripseras. Cautio est undecunque cavetur contra injuriam ut justitia teneatur. Cados [κάδος] Græce amphora est continens urnas tres ; Coros [κόρος] vero modiis triginta completur. Quod autem uni medietas, alteri quinta pars dimittitur simpliciter acceptum docet, quia omnis qui indigentiam cujuslibet pauperis sanctorum vel ex dimidia vel ex quinta parte relevaverit, certa misericordiæ suæ mercede donandus sit. Vel sic accipiatur, ut cum Judæi decimas dicant debere dari sacerdotibus et levitis, nos super justitiam eorum abundantes justitia Christi demus medietatem bonorum, sicut et Zachæus fecit non solum de fructibus, sed et de omnibus bonis suis. Aut certe duplicemus illorum decimas Ecclesiæ dando quintas « Et laudavit Dominus villicum iniquitatis, quia prudenter fecisset, quia filii hujus sæculi prudentiores sunt filiis lucis in generatione sua. » Cujus quisque opera facit ejus et filius dicitur. Unde et boni sunt filii lucis æternæ ; mali vero filii sæculi, id est tenebrarum. De quibus Salomon [Isaias] ait : « Væ qui sapientes estis in oculis vestris, et coram vobismetipsis prudentes (*Isai.* v). » In hoc dispensatore non debemus ad imitandum sumere, ut vel domino fraudem, vel de fraude eleemosynam faciamus, sed interdum similitudines econtrario ducuntur. Ut hic et de judice iniquo : unde Lucas in xviii capitulo. Si ergo Dominus dispendium passus tantum laudat prudentiam dispensatoris, non quod adversus eum fraudulenter, sed pro se prudenter egerit, multo magis Christus, qui nullum sustinere potest, et pronus est ad clementiam, laudabit discipulos, si ad ejus præceptum misericordes fuerint. Unde sequitur : « Et ego vobis dico : Facite vobis amicos de mammona iniquitatis, ut cum defeceritis recipiant vos in æterna tabernacula. » Mammona Syrorum lingua divitiæ nuncupatur, et iniquitatis additum est, quod de iniquitate collectæ sunt. Unde vulgata sententia dicitur : Quia dives aut est iniquus, aut hæres iniqui. Docet ergo de divitiis iniquitatis amicos facere, non quoslibet pauperes, sed eos qui nos possent recipere in cœlestes mansiones. Vel ita : Faciamus amicos de iniqua mammona, ut largiendo pauperibus angelorum nobis cæterorumque sanctorum gratiam comparemus. Hæc quidem male intelligendo rapiunt, ut quasi bene dispensent, sed gravantur potius quam adjuventur. Hostiæ enim impiorum abominabiles. Hinc et per Salomonem dicitur : « Qui offert sacrificium de superbia pauperis, ac si victimet filium in conspectu patris (*Eccli.* xxxiv). » — « Qui fidelis est in minimo, et in majori fidelis est. Et qui in modico iniquus, et in majori iniquus est. » In minimo est fidelis qui habet viscera pietatis et opera misericordiæ, dando eleemosynas, et diligendo proximos. In majori est fidelis qui omnino adhæret Creatori, et unus spiritus cum eo desiderat effici. Qui enim fratrem non diligit, quem videt, nec miseretur egeni, quomodo diligit Deum quem non videt; et quomodo seipsum Deo tribuet? Theophilus Antiochenus, qui quatuor evangelistarum in unum opus dicta compinxit, hæc super hanc parabolam in suis commentariis est locutus : « Dives habens villicum vel dispensatorem Deus omnipotens est, cujus dispensator fuit Paulus legem Dei discens a Gamaliele. Qui cum cœpisset Christianos persequi, et domini sui superbiam dissipare, correctus est a Domino, audiens : « Durum est tibi contra stimulum calcitrare (*Act.* IX). » Dixitque in corde suo : Quid faciam quia magister sui et villicus, nunc cogor esse discipulus et operarius? Fodere non valeo, id est mandata enim legis terræ incumbentia destructa sunt. Mendicare erubesco, ut qui doctor fueram Judæorum, nunc incipiam doctrinam salutis mendicare ab Anania. Faciam igitur ut me recipiant Christiani, cum ejectus fuero de villicatione mea. Cœpitque eis, qui prius versabantur in lege, et sic crediderant ut arbitrarentur se in lege justificandos, dicere legem abolitam, prophetas præterisse, et quæ ante pro lucro fuerant reputari ut stercora. Vocavit itaque duos de plurimis debitoribus. Primus qui debebat centum cados olei, congregatos videlicet ex gentibus Dei misericordia indigentes. Et de centenario numero, qui plenus est atque perfectus, fecit scribi quinquagenarium, qui proprie pœnitentium est juxta jubilæum annum, et illam parabolam in LXXIV luce, in qua alteri quingenti, alteri debitori L denarii dimittuntur. Secundum autem vocavit populum, scilicet Judæorum, qui tritico mandatorum Dei nutritus erat; et debebat ei centenarium numerum, et coegit eum, quod de centum faceret LXXX, id est crederet in Domini resurrectionem octava die factam. Octoginta enim complentur de VIII Decadibus, et ut de Sabbato transiret ad primam Sabbati. Ob hanc causam a Domino prædicatur bene fecisse, quod de legis austeritate mutatus sit in Evangelii clementiam. Quod si quæsieris quare vocetur villicus qui bene quidem offerebat, sed non bene dividebat credens in Patrem, sed Filium persequens, habens Deum omnipotentem, sed Spiritum sanctum negans. Prudentior itaque fuit Paulus in transgressione legis filiis quondam lucis, qui in lege versati Christum, qui Dei Patris verum lumen est, prodiderunt. Si autem de mammona iniquitatis bene dispensata recipiuntur in æterna tabernacula, quanto magis sermo divinus in quo nulla est iniquitas, qui apostolis creditus est bonos dispensatores levabit in cœlum? Quamobrem qui fidelis est in minimo, id est in carnalibus, et in majori fidelis erit, id est in spiritalibus. Qui autem in parvo iniquus est, ut non det fratribus ad utendum quod a Deo pro omnibus est creatum, iste et in spirituali pecunia dividenda iniquus erit, ut non pro necessitate, sed pro personis doctrinam Domini dividat. In minimo fidelem esse magnum est. Nam sicut ratio rotunditatis, id est ut a puncto medio omnes lineæ pares in extrema ducantur, eadem est in magno disco quam in numero exiguo, ita ubi parva juste geruntur, non minuitur justitiæ magnitudo.

De quatuor debitoribus.

Quatuor debitores sunt : Deus, spiritus, caro, mundus. Deus debet spiritui, ut eum et cognitione veritatis illuminet et amore virtutis inflammet; spiritus debet Deo in omnibus quæ agenda sunt ab ipso erudiri et secundum ipsum operari; spiritus debet carni, ut eam et a malis cohibeat, et in bonis exerceat; caro debet spiritui in bono agendo ministerium et in commodo appetendo modum ; caro debet mundo, ex ejus abundantia quod necessitatis est sumere, quod virtutis est exercere; mundus debet carni in necessitate subsidium, in exercitatione incitamentum. Sed spiritus Creatori debitum non persolvit, quia per superbiam elatus contemnit ab eo scientiam veritatis quærere vel per pigritiam ligatus acceptam intelligentiam fastidit opere exercere. Propterea et ipse Creator spiritui debitum juste negat, ut eum nec ad cognoscendum verum illuminet, nec ad bonum amandum inflammet. Nam superbum intus a cognitione veritatis abjicit, pigrum autem in opere foris affligit. Rursus quia idem spiritus carni debitum non persolvit, ut eam videlicet vel a malo cohibeat, vel in bono exerceat, fit ut et ipsa caro justa Dei dispensatione non ea exhibeat spiritui quæ debet, hoc est vel in bono agendo ministerium, vel in appetendo commodo modum. Item quia caro per negligentiam spiritus laxata mundo debitum non exhibet, sed eis affluentiam ad luxum voluptatis intorquet, et ad exercitationem virtutis ejus administrationem non obtinet, ipse quoque mundus justa recompensatione ad miseriam spiritus multiplicandam, eam et frangit adversis et prosperis dissolvit. Hujus autem discordiæ quia solus spiritus auctor est, necesse est ut ipse etiam prior ad pacem redeat, et cætera post se subsequenter ad pacem componat. Si enim ipse et Creatori debitam subjectionem, et carni justum regimen exhibere studuerit, perfecta et consummata justitia subsequitur, et reformata justitia concordia quoque et pax perfecta reparatur. Sicut enim ex ejus injustitia pax et concordia cunctorum solvitur, ita per ejus injustitiam universa reconciliantur. Hanc autem justitiam spiritus habitam perdere potuit ; amissam vero per se recuperare non potest, quia, ne debitum Creatori persolvat, ignorantia fallitur ; ne vero debitum carni persolvat, concupiscentia præpeditur : et si forte ex parte illuminatus verum agnoscere cœperit, et ex parte confirmatus bonum adimplere non potest, tamen hic quod perfectum est adipisci, sed, sicut scriptum est, ut de gustatam pro parte justitiam esurire et sitire incipiat, et non adepta plenitudine ad satietatem pertingat.

De misericordia.

« Misericordias Domini, » ait Psalmista, « in

æternum cantabo (*Psal.* LXXXVIII). » Cantabo in me, et cantabiles aliis faciam misericordias Domini, misericordias dico in æternum mansuras. Misericordias ideo pluraliter ponit, quia quot sunt miserati, id est per misericordiam reparati, totidem sunt et misericordiæ. In æternum autem ideo ponit, ut ostendat per hoc : sic ira per Adam fuit temporalis, sic et misericordia per Christum concessa est æternalis. Ideoque, bone Jesu, « in generationem et generationem annuntiabo veritatem tuam in ore meo (*ibid.*). » In generationem, inquam, et [generationem, cantabo misericordias, et annuntiabo veritatem tuam, non falsitatem meam, in ore jam meo, id est cordi consono, quia quod tuum est annuntio. Obsequantur itaque membra mea Domino meo, loquar, sed tua loquar, quia veritatem tuam annuntiabo in ore meo. Si enim non obsequor, servus non sum; et si mea loquor, mendax sum. Ideoque ut ego loquar, et tua loquar, duo quædam sunt : unum meum, alterum tuum; veritas quidem tua, os meum, et ideo veritatem tuam annuntiabo in ore meo, veritatem dico pertingentem in generationem et generationem, id est in æternum, sicut et misericordia. Quas autem misericordias cantet, et quam veritatem annuntiet videamus. « Quoniam dixisti in æternum, misericordia ædificabitur in cœlis, præparabitur veritas tua in eis (*ibid.*). » Ideoque secure cantabo misericordias tuas, et annuntiabo veritatem tuam, quoniam tu qui nec fallis nec falleris dixisti, id est permisisti misericordiam et veritatem, dicens ita in dispositione tua. Misericordia, id est reparatio futura, ædificabitur per gratiam, id est perficietur pertingens in æternum, hoc est : Sic ædifico ut non destruam. Et vere ita erit, quia in illis per misericordiam reparatis factis cœlum præparabitur, hoc est exhibebitur aliis ut non desperent, sed sperent quod veritas tua, id est completio promissorum tuorum evidenter appareat in eis. Erit enim in alio scientia linguarum, in alio gratia sanitatum, in aliis discretio spirituum; et cætera spiritualia dona, sicut tu promisisti. Quod videntes alii non desperabunt de completione promissorum tuorum, quia replesti in bonis desiderium eorum, qui per misericordiam reparati facti sunt cœli. Igitur quisquis per misericordiam reparatus, ac per hoc cœlum factus, hunc pius Dominus coronabit post repletionem bonorum suorum, et hoc modo coronabit, quia perducit eum ad illud bonum quod est summum omnium bonorum.

Itaque non in his bonis, ubi quocunque te vertas vilescit habitum, quod accendit desideratum. Nam quando non habeo, cupio ; postquam vero habuero, contemno : et per illa bona quibus replesti desiderium meum renovabitur juventus mea ut juventus aquilæ (*Psal.* CII). Præ senectute supercrescit aquilæ superius rostrum inferium in tantum ut nec os aperire, nec se reficere possit, et sic penuria cibi deficit. In tali angustia acutum lapidem quærit, et tandiu rostri incrementum contundit, donec se reficere possit, et tunc recipit et nitorem pennarum et vigorem virium. Sic anima nostra non erat idonea, ut pane illo quo vescuntur angeli reficeretur, quia os nostrum vetustate clausum tenebatur, sed data est nobis petra, id est Christus, ad quam, vetustate attrita, os nostrum novitate apertum idoneum factum est ad vescendum pane illo angelorum, qui de se dixit : « Ego sum panis vivus qui de cœlo descendit (*Joan.* VI). » Hic panis ab anima cujusque renovati hic etiam comeditur : tunc vero plenarie illo reficiemur, quando in angelicum habitum commutabimur, et ipse erit omnia in omnibus (*I Cor.* XV). Interim in hac peregrinatione quid? Utique non derelinquimur, quia Dominus faciens est misericordias : verumtamen non nisi facientibus misericordias. « Beati enim misericordes, quoniam ipsi misericordiam consequentur (*Matth.* V). » Quem autem modum misericordiæ exigit? Hunc scilicet, dilige inimicum tuum, et omni petenti te tribue. Videtur autem repugnare quod dicitur, scilicet « iniquum ne suscipias (*Eccli.* XII); » et illud : tandiu desudet eleemosyna in manu tua donec justum invenias cui des eam. Sed vult Dominus ut misericordiam facias etiam iniquo, non tanquam iniquo. Occurrit tibi homo iniquus, in quo homo opus est Dei ; iniquus vero opus est hominis. Da operi Dei, ita ut non attendas opus hominis, id est ut quod iniquus est non placeat tibi, quia, si recipis iniquum in nomine iniqui, mercedem iniqui recipies : sic qui recipit justum in nomine justi, mercedem justi accipiet (*Matth.* X). Sed aliquis perverse et nimis large misericordiam accipiens dicit : Nunquid non corrigam filium luxuriosum, nec servum sceleratum? Is sciat quia regula Domini non reprehendit hæc, si fiant : imo reprehendit, si non fiant. Debes enim corrigere omnes ad correctionem tuam pertinentes : si autem qui ad te attinent tibi inferunt injuriam, patienter sustineas eam, quia sicut misericors erit, si tu misertus fueris, ita etiam misericors erit, ut non remaneat inultum quidquid pro justitia pateris. Vere Dominus est faciens misericordias, quia est miserator et misericors. Misericors quidem affectione, miserator exhibitione, quia undique nos vocat ad conversionem, undique ad pœnitentiam, sicut Apostolus ait : « An ignoras divitias gratiæ Domini? An nescis quia patientia Dei ad pœnitentiam te adducit? » (*Rom.* II.) Vocat nos creaturæ beneficiis, vocat nos spiritalibus donis, et ideo est miserator et misericors. Sed ita intelligatur misericors, ut et videatur justus. Sicut enim nunc est misericors, ita tandem erit verax. Et ideo timendum est ne tandem experiamur justum, quoniam nunc contemnimus benignum. Siquidem ipse pius Dominus longanimis est et multum misericors. Longanimis est, quia non statim punit peccata nostra, sed longanimitate quærit bona opera. Si enim puniret peccatorem, quem haberet laudatorem? Nec tamen vult in corvina voce dilectationem, sed in columbino gemitu confessionem. Multum autem misericors est, quia remunerat in nobis non nostra merita, sed sua dona. Dominus itaque miserator et misericors, longanimis et multum misericors (*Psal.* CII). Ipse fecit notas vias suas, misericordiam scilicet et judicium, per quas ipse ad nos venit, et nos ad eum, Moysi. Per Moysen intelligendi sunt omnes perfecti, sed ideo eum potius ponit, quia per eum legem dedit, in qua lege data magnum mysterium est. Ad hoc enim lex data est, ut, crescente peccato, superbi humiliarentur, humiliati confiterentur, confessi sanarentur. Has occultas vias suas notas fecit Moysi, per quem lex data est, quæ superabundavit delictum, ut superabundaret et gratia. Nec hoc crudeliter a Deo factum est, sed salubriter. Multi enim et non sentiunt, nec medicum quærunt. Augetur morbus, crescit molestia, quæritur medicus, et sanatur ægrotus. Ecce quomodo pertinet ad legem misericordia. Judicium quoque per contrarium, scilicet quantum ad non attendentes hoc pertinere intelligas. Et non solum Moysi et aliis fecit vias suas notas; sed et etiam filiis Israel, id est quibuscunque minoribus nunc videntibus Deum fide, tandem visuris specie. Fecit notas voluntates suas. Hoc est autem voluntas sua, ut nos attendamus multiplicem nostram miseriam, et quæramus medicinam, et sic in perpetuum non irascetur. Hoc infert ad consolationem nostram. Non enim satagere debemus, ut futuram iram evadamus, sed etiam ut præsentem deponamus, de qua Apostolus : « Fuimus enim aliquando et nos natura filii iræ (*Ephes.* II). » Et ideo consolando nos dicit, quia non irascetur in perpetuum. Jam enim spe iram in qua adhuc sumus, id est poenas peccati evasimus, tandem penitus evademus, et sicut non in perpetuum irascetur, ita nec in æternum comminabitur. Hæc enim præsens ira comminatio est æternæ. A qua nos misericorditer Dominus Jesus Christus liberare dignetur. Qui vivit et regnat Deus.

DOMINICA DECIMA.

« Cum appropinquaret Dominus Hierusalem, videns civitatem flevit super illam, dicens : Quia si cognovisses et tu, et quidem in hac die tua quæ ad pacem tibi nunc autem abscondita sunt ab oculis tuis. Quia venient dies in te, et circumdabunt te inimici tui vallo et coangustabunt te undique, et ad terram prosternent te, et filios tuos qui in te sunt, » etc. (*Luc.* XIX). Litteram sic lege : Si cognovisses quia venient dies in te, et circumdabunt te inimici, etc.; etiam tu subaudis fleres. Quæ modo quia nescis quod imminent, exsultas, dum carnem voluptatibus das. Equidem in hac tua die, id est in hac tua prosperitatis claritate, quæ ad pacem tibi est temporalem, subaudis fleres, si cognovisses hæc superventura mala; sed nunc abscondita sunt ab oculis cordis tui. Vel potest a principio capituli sub uno versu legi usque ad pacem tibi, hoc modo : Flevit dicens : Quia si cognovisses etiam tu mecum, subaudis, ruinam quæ imminet, fleres. Equidem hoc est etiam certe in hac die tua, quæ ad pacem tibi est, subaudis fleres. Nunc autem abscondita sunt, erit alius versus usque ad finem capituli. Et non relinquent in te lapidem super lapidem eo quod non cognoveris tempus visitationis tuæ. Eversionem Hierusalem factam esse a Romanis principibus Vespasiano et Tito non ignoramus. Etiam ipsa transmigratio civitatis nunc constructæ extra portam ubi Dominus crucifixus fuit testatur, quod prior illa Hierusalem funditus eversa sit. Hæc est causa destructionis illius, quia non cognovit Dominum quando visitavit eam. Unde illud propheticum : « Milvus in coelo cognovit tempus suum, turtur et hirundo et ciconia custodierunt tempus adventus sui, populus autem meus non cognovit judicium Domini (*Jer.* VIII). » Turtur est genus volatile, et nescit inane amare. Nam semel uni nupta marito, semper abibit simul cum ipso. Nocte dieque juncta manebit sibi. Absque marito nemo videbit eam. Sed viduata, si caret ipso, non tamen ultra nubet amico, sola volabit, sola sedebit, et quasi corde tenebit amicum operiensque casta manebit. Sic anima quæque fidelis facta virili foedere felix, namque maritus est sibi Christus. Cum sua de se pectora replet, et bene vivit, semper adhæret. Non alienum quærit amicum. Quomodolibet orcus sumpserit illum, quem superesse credit in æthere, inde futurum spectat eumdem, ut microcosmum judicet omnem. Hirundo autem est volatile simili modo, et generat semel. Sic et Salvator meus natus est semel, in utero bajulatus semel, crucifixus est semel, et surrexit a mortuis semel. Unus Deus, una fides, unum baptisma. Ciconiæ aves vocatæ a sono quo crepitant quasi cicaniæ. Quem sonum oris potius esse dicunt quam vocis, quia cum quatiente rostro faciunt. Hæ veris nuntiæ, societatis comites, serpentium hostes maria transvolant, in Asiam collecto agmine pergunt ; cornices duces eas præcedunt, et ipsæ quasi exercitus eis obsequuntur adversus inimicas aves. Eximia illis circa filios pietas. Nam adeo impensius fovent in nidis filios, ut assiduo incubitu eis plumæ exeant. Quantum autem temporis impenderint fetibus educando tantum et ipsæ invicem a pullis suis aluntur, hoc est moralis denotatio clementiæ et compassionis. Semel itaque Dominus flevit super civitatem, cum perituram nuntiaret, sed quotidie per electos suos in Ecclesia plangit reprobos, qui nesciunt cur plangantur, quia, juxta Salomonem, « lætantur cum malefecerint et exsultant in rebus pessimis (*Prov.* II). » Qui si damnationem suam præviderent, seipsos cum electorum lacrymis plangerent. Suam igitur habet diem anima perversa, quæ transitorio gaudet in tempore.

Cui ea quæ assunt ad [pacem sunt, quia dum ex rebus temporalibus lætatur, dum honoribus extollitur, dum in carnis voluptate resolvitur, dum nulla venturæ pœnæ formidine terretur, pacem habet in die sua, sed grave scandalum damnationis habebit in die extrema. Inimici sunt maligni spiritus, qui animam a corpore exeuntem obsident, quam in carne positam deceptoriis delectationibus fovent. Vallo eam circumdant, quia reductis iniquitatibus, quas perpetravit ante oculos ejus, ad societatem suæ damnationis eam coarctant. Undique coangustant, quando ei non solum operis, verum etiam locutionis iniquitates replicant. Tunc anima per cognitionem reatus sui ad terram prosternitur, cum caro ad pulverem redigitur. Tunc in mortem filii ejus cadunt, cum cogitationes illicitæ ex illa prodeuntes in extrema ultione dissipantur, sicut scriptum est: « In illa die peribunt omnes cogitationes eorum (*Psal.* cxlv). » Lapis super lapidem intelligitur dura cogitatio super duram cogitationem. Perversam animam visitat Deus, quotidie præcepto, aliquando flagello, aliquando miraculo, ut qui nescit audiat; aut dolore compuncta redeat, aut beneficiis devicta malum quod fecit erubescat. Præterea notandum quod quondam spiritualem naturam in nobis habemus, ubi corporalium rerum formantur similitudines. Prima, cum aliquod corpus sensu corporis tangimus; secunda, sive cum absentia corpora jam nota cogitamus; tertia, sive cum corum corporum quæ non novimus, sed tamen esse non dubitamus intuemur; quarta, sive cum aliqua quæ non sunt vel esse nesciuntur, pro arbitrio vel opinatione cogitamus; quinta, sive cum neque id agentibus neque volentibus nobis variæ formæ corporalium similitudinum versantur in animo; sexta, sive cum aliqua corporaliter acturi, ea ipsa disponimus; septima quoque, cum jam in ipso actu, vel cum loquimur, vel cum facimus omnes corporales motus, ut exerceri possint, præveniuntur similitudinibus suis intus in spiritu; octava, sive cum a dormientibus somnia videntur, vel nihil vel aliqua significantia; nona, sive cum valetudine corporali turbatis intrinsecus itineribus sentiendi imagines corporum, spiritus veris corporibus ita miscet, ut internosci vel vix possint vel omnino non possint, aut significent aliquid, aut sine significatione ulla oriantur; decima, cum prorsus invalescente aliquo morbo vel dolore corporis, et intercludente intus vias quibus anima ut per carnem sentiret exercebatur, ac nitebatur intentio altius quam somno absentato spiritu corporalium rerum existunt aut monstrantur imagines vel significantes aliquid vel sine ulla significatione apparentes. Undecima cum nulla ex corpore causa existente, sed assumente atque rapiente aliquo spiritu, tollitur anima in hujusmodi videndas similitudines corporum, miscens ei visa corporalia cum similiter etiam corporeis sensibus utitur. Duodecima cum ita, spiritu assumente, alienatur ab omni corporis sensu et avertitur, ut solis similitudinibus corporum spirituali visione teneatur, ubi nescio utrum possint aliqua nihil significantia videri. Hæc igitur natura spiritalis, in qua non corpora, sed corporum similitudines exprimuntur, inferioris generis visiones habet quam illud mentis ac intelligentiæ lumen quo et ista inferiora dijudicantur et ea cernuntur, quæ neque sunt corpora, neque gerunt formas similes corporum, velut ipsa mens.

Item expositio de eodem.

« Viæ Sion lugent eo quod non sit qui veniat ad solemnitatem (*Thren.* 1). » Sion quod sonat *specula*, est Ecclesia, quæ regem gloriæ in decore suo est speculatura. Hujus viæ sanctorum vitæ et doctrinæ accipiuntur, per quos fideles ad mœnia cœlestis urbis perducuntur. Hæ viæ lugent paucos venire ad solemnitatem, quia justi graviter deflent raros frequentare Dominici sacramenti celebritatem. Nam qui se hic alienant ab Ecclesiæ festivitate, utique in futuro excluduntur ab angelorum solemnitate. Unde legitur hodie quod Dominus videns civitatem Hierusalem flevit, eamque ab hostibus obsidendam, circumfodiendam, cum omnibus filiis suis destruendam prædixit (*Luc.* xix). Civitas hæc super quam Deus flet, est quælibet anima, quæ non plangit sua crimina. Quam inimici circumdabunt, dum imminente morte catervæ dæmonum eam vallabunt. In circuitu vallum fodiunt, dum transacta mala ante oculos ejus ducentes, eam in foveam desperationis ducunt. Undique coangustabunt, dum horribili vultu et gestu eam ad pœnas exire compellunt. Ad terram autem prosternunt, dum corpus morte interimunt. Filios ejus trucidant, dum eam ad tartara perducentes pro malis operibus in supplicio cruciant. Lapidem super lapidem non relinquens, quia nullam duri cordis cogitationem impunitam dimittent. Et hoc totum ideo contingit, quia tempus visitationis suæ non agnoscit. Anima visitatur, quando cum hominibus a Deo flagellatur. Sed ipsa visitationem non agnoscit, quia disciplinam recipere renuit. Dominus autem de templo suo vendentes et ementes ejicit, quia culpas homines diabolo vendentes, et pœnas ementes, flagello pœnitentiæ a conversis expellit. Hoc præfiguravit Hierosolymorum subversio, quæ contigit hoc modo: Hierusalem visitatio, erat Christi incarnatio. Hanc quippe oriens ex alto visitavit, dum in medio ejus regnum cœlorum prædicavit, signis et miraculis illustravit. Sed ipsa tempus suæ visitationis non cognovit, dum hunc a lege et prophetis promissum Deum credere noluit. Insuper dum terrenam gloriam perdere timuit, regem gloriæ crucifixit, et ideo cœlestem gloriam amisit. Ipse autem alas crucis expandit, atque sub umbra alarum misericordiæ suæ congregare voluit, quemadmodum gallina pullos suos sub alis a milvo protegit. At illi calce Dominum abjecerunt, vocantem audire noluerunt, manus post eos extendenti, dorsa in faciem dederunt. Deus autem patiens et multum misericors, qui vineam de

Ægypto transplantavit, et eam agricolis locavit; cujus prophetas ipsi ad se missos contumelia affectos peremerunt; insuper et unicum Filium suum de vinea ejectum occiderunt, dedit eis quadraginta duo annos in pœnitentiam, quo possent reatus sui consequi indulgentiam. Ipsi vero tempore gratiæ abusi sunt in superbiam, et irritaverunt Deum jugiter augentes culpam; ideo ira Dei ascendit super eos et disperdidit eos.

Postquam enim prophetas sapientes et scribas ad eos missos a se repulerunt, insuper quosdam lapidaverunt; quosdam divisis pœnis interfecerunt, alios de finibus suis propulerunt; Dominus, ultionum, Dominus sanguinem eorum requirere est recordatus. Venitque super eos ac filios eorum sanguis Christi, omniumque justorum, quem a sanguine Abel effuderunt usquequo apostolos Christi occiderunt. Et quia Patrem et Filium offenderunt, pater Vespasianus, et filius Titus hoc vindicaverunt, ac vineam summi patrisfamilias, quam in vineam Sodomorum converterant, de qua vinum Gomorrhæ biberant, exterminavit aper de silva, et singularis ferus depastus est eam (Psal. LXXIX). Silva erat gentilitas, de qua aper Vespasianus exercitum ducitavit, et vineam, scilicet Judæam, ferro et igne exterminavit. Singularis ferus erat Titus, qui longa obsidione Hierosolymam est depastus. Sed antequam civitas everteretur, toto illo anno stella instar gladii super eam pendere videtur. Vitula etiam sacrificiis admota, agnum est enixa, et continuis XL noctibus igneæ acies in aere cernuntur, templi januæ media nocte ultro aperiuntur, maximaque luce intus coruscante voces hujusmodi audiuntur : « Transeamus de sedibus istis. » Igitur transactis post passionem Domini quadraginta duobus annis, Vespasianus et Titus, duces Romanorum, cum maximo exercitu Judæam intrantes, universam regionem incendio devastaverunt. Populus autem ex cunctis urbibus ob paschalem festivitatem in Hierosolymam confluxerat : quem exercitus in paschali tempore obsidebat, sicut ipse Dominum in paschali die crucifixerat. Itaque secundum verba Domini, civitas vallo circumdatur, machinis undique exstructis fortiter ab hostibus impugnatur : sed et summa vi a civibus defensatur. Sed quia in Domino Deo scutum protectionis non habuerunt, in manu hostili corruerunt. Quosdam namque fames, quosdam consumpsit tabes; quidam ab ipsis civibus crudeliter trucidati, quidam mortuorum fetore sunt præfocati. Nam pessimi quique ut canes civitatem circuibant, escam de manu mulierum, de ore infantium etiam rapiebant; cives in platea jacentes, extremum spiritum præ fame trahentes, impio ferro cruciabant; volentesque mori non ex toto exstinguebant, sed miseros vulneribus torquebant. Postquam vero asinos vel equos cæteraque animalia ad esum illicita, in cibos consumpserunt, ipsæ matres filios suos ad edendum mactaverunt. Unde magno clamore in civitate exorto milites propugnacula relinquunt, sed hostes undique muros irrumpunt. Civitatem violenter invadunt, universa voraci flammæ tradunt, cunctum populum diversis suppliciis exstinguunt, cunctas turres et ipsum templum, murumque in circuitu a fundamentis destruunt. Omnibus autem subversis, fertur quod in loco, quo civitas pridem fuerat, aratrum duxerint, salem pro semine sparserint.

In hac itaque obsidione legitur quod undecies centena millia fame perierint, totidemque gladio perempti sint, ejusdem numeri in captivitatem distracti, trecenti in ultionem Dominicæ necis crucifixi sunt. Traditur etiam quod XXX pro denario venditi sint, sicut ipsi Dominum pro XXX denariis tradiderunt; sic, charissimi, reddidit Dominus septuplum in sinu eorum, qui effuderunt sanguinem sanctorum (Psal. LXXVIII). Sic relicta est domus deserta, quam ipsi speluncam latronum fecerunt : sicque Romani et locum et gentem illorum tulerunt. En, dilectissimi, audistis captivitatem Judæorum, cavendum est nobis a captione dæmoniorum. Illa enim scripta est ad correctionem nostram, ne nos incautos circumcludant castra hostis maligni. Etenim ut nos essemus captivitate liberi, summi regis filius datus est obses pro redemptione nostri. Atque ut hoc tenaciter nostræ memoriæ imprimatur, panis Christi in modum denarii formatur, quia profecto ille pro XXX denariis traditus est, in manus impiorum : qui verus denarius dabitur in vinea usque ad vesperam laborantibus præmium omnium justorum. Hæc captivitas præcessit in figura sicut nobis refert sacra Scriptura : Cum Elias igneo curru in cœlum transferretur, et Eliseus pallio Eliæ Jordane diviso, ad Jericho reverteretur, eo inde ad Bethel ascendente pueri ei illuserunt « : Ascende, calve, ascende calve » clamaverunt (IV Reg. 1). Quibus dum ille malediceret, duo ursi de silva egressi sunt, qui XLII pueros laceraverunt. Elias erat in figura Christus; hic ad Bethel ascendit, dum de Hierusalem ad crucem tetendit. Huic pueri illuserunt : « Ascende, calve, » clamaverunt, dum Judæi puerili sensu Domino pro nobis flagellato, decalvato in Calvariæ loco in cruce illuserunt. Mos quippe apud antiquos erat crucifigendos prius flagellari ac decalvari, sic potest etiam in sacra Scriptura notari : « Devorabit, inquit, gladius carnes de cruore occisorum, et de captivitate nudati capitis inimicorum (Deut. XXXVI). » Nam et captivi decalvabantur, qui vendebantur. Hoc videtur nostra tonsura exprimere, qui censemur Christi figuram gerere. Pueris autem ab Eliseo maledicitur, dum maledictio sanguinis ejus super nos et super filios nostros Judæos inducitur; duo ursi de silva egressi quadraginta duos pueros laceraverunt, dum post XLII annos duo imperatores de gentilitate egressi, armis Judæos atrociter strangulaverunt. Nos ergo, charissimi, nitamur manus hostium effugere, captivitatem animarum effugere, ad verum regem nostrum provenire, veram libertatem obtinere.

De Elia et Jezabel.

« Elias timuit Jezabel, et fugit à conspectu mulieris fornicariæ, et surgens abiit quocunque eum ferebat voluntas, venitque in Bersabee Juda, et dimisit ibi puerum suum, et abiit in desertum via unius diei (*III Reg.* xix). » Primo jacenda sunt fundamenta historiæ, ut post quasi de pariete vel petra historiæ oleum moralitatis eliciatur. Jezabel interpretatur *fluxus sanguinis*; et significat carnalem concupiscentiam quæ occidit prophetas, id est videntes. Unde dicitur : « Ubi est domus videntis (*I Reg.* ix) ? » id est prophetæ. Hæc enim videlicet concupiscentia prophetas et sapientes exstinguit, dum voluptati blandissime quidem, sed turpissime et perniciosissime, et consimilibus vitiis se subjiciunt, de quibus scribitur : « Fluxus eorum, ut fluxus equorum (*Ezech.* xxiii).» (GREGORIUS:) Unde Elias, id est solitarius quilibet, quem Sol justitiæ illuminavit, timens sibi de regione ejus, fugit in Bersabee, quod interpretatur *septimus puteus*, id est Ecclesiam, redundantem septiformi gratia Spiritus sancti; Juda, id est *confessionis*, vel *puteus satietatis*, quia habet Ecclesia doctrinalia præcepta vel fluenta ad satietatem, in quibus, ut ait quidam, agnus potest ambulare, et elephans natare. Inde initialis et lactea doctrina proponitur rudibus, perfectis autem solidus cibus. Reliquit ibi puerum suum, id est pueriles actus et peccata quibus pueri nutant, tetendit quocunque eum voluntas ferret. Quod uniuscujusque qui peccata sua vult redimere, significat deliberationem, ut hoc genus vivendi aggrediatur, sed tandem vadit in desertum, id est deserit mundum : via unius diei. Tres sunt (*Exod.* iii) dietæ, quas ibunt qui Domino sacrificaturi sunt, quia omne quod Domino offerimus, in nomine sanctæ Trinitatis debet fieri. Prima dieta est incipere, secunda facere, tertia perficere vel perseverare. Vel prima declinare a malo, secunda facere bonum, tertia inhabitare vel permanere in sæculum sæculi, ut dicatur de prima : « Quiescite agere perverse (*Isa.* i); » et : « Qui furabatur, jam non furetur (*Ephes.* iv). » De secunda : « Discite bene agere (*Isa.* i) »; et « Induite novum hominem (*Ephes.* iv). » Tertia vero dieta est bonum consummare, de qua dicitur : « Ascensiones in corde suo disposuit (*Psal.* lxxxiii); » et in Canticis : « Quæ est ista quæ ascendit per desertum ? » (*Cant.* iii.) De his tribus diebus dicitur in Evangelio : « Petite et accipietis, quærite et invenietis, pulsate et aperietur vobis (*Matth.* vii). » Elias qui habet formam pœnitentis, unam dietam tantum processit. Unde et consedit quasi meditans.

Notandum quod tres sunt recordationes peccati : prima afficiens et delectans, quæ mala est; secunda exasperans, quæ pungitiva seu conjunctiva dicitur : hæc utilis est; tertia gloriosa, quæ perfectorum est. Affectuosa id est afficiens peccati recordatio est, quando homo afficitur desiderio et delectatione peccandi, quando recogitat ad ollas carnium Ægyptiarum, quam deliciose et suaviter vixerit, et quam arduum sit iter quod aggressus vel cursurus sit. Recordatio pungitiva vel compunctiva dicitur, quando reminiscitur quam sordide et vagitiose vixit, non ut ad priora redeat, sed ut digne eā defleat, et semper coram se statuat. Unde dicitur : « Peccatum meum coram me est semper (*Psal.* l), » ad modum alicujus qui novellat agrum, arbusta quidem resecat, sed de agro non aufert, imo reponit et sternit super agrum, et incendit ut ager habilior sit ad deferendum et fructificandum, secundum illud : « Concaluit cor meum intra me, et in meditatione mea exardescet ignis (*Psal.* xxxviii). » Tertia recordatio peccati gloriosa est, quando homo remeditans quis fuerit, qua gratia de lacu miseriæ et de luto fæcis liberatus sit gratias agit Deo, dicens : « Non nobis, Domine, non nobis, sed nomini tuo da gloriam (*Psal.* cxiii), » et cum Israelitis de Ægyptia servitute liberatis gratulabunde decantat : « Cantemus Domino : gloriose enim magnificatus est (*Exod.* xv). » et cum Zacharia : « Benedictus Dominus Deus Israel, quia visitavit et fecit remptionem plebis suæ (*Luc.* i). « Elias igitur viam unius diei processerat compunctiva recordatione præterita reminiscens, et sub umbra juniperi sedens (*III Reg.* xix), quæ est arbustula humilis et spinosa, significans compunctionem et amaritudinem pœnitentiæ. Unde ex lassitudine et tristitia obdormivit, quia insensibilis mundo, et tanquam mortuus fieri debet, quem prioris vitæ tædet. Unde et Elias ait : « Sufficit mihi, Domine, tolle animam meam (*ibid.*); id est animalem vitam. Qui sic obdormierit, Angelus magni consilii excitat eum dicens : « Exsurge a mortuis, et illuminabit tibi Christus (*Ephes.* v). » Unde scribitur : « Ecce angelus Domini tetigit eum dicens : Surge, comede (*III Reg.* xix). » Tactus iste est animi non corporis, spiritus non carnis, rationis, non sensualitatis, interioris hominis non exterioris. Iste angelus dormientes discipulos excitavit dicens : « Quid dormitis? Non potuistis una hora vigilare mecum? » (*Luc.* xxii.) Et ecce ad caput ejus subcinericius panis et vas aquæ. De interioris hominis capite est sermo, id est de mente. Panis subcinericius, qui exsufflandus est et tergendus, significat asperitatem victus, quo utuntur pœnitentes ; de quo David ait : « Cinerem tanquam panem manducabam (*Psal.* ci); » vas aquæ, lacrymosam compunctionem, quæ est aqua abluens et reficiens.

Cujus compunctionis mensura per vas signatur, quia juxta modum culpæ erit mensura pœnæ sicut dicitur : « Potum dabis nobis in lacrymis : in mensura (*Psal.* lxxix); » et « Exitus aquarum deduxerunt oculi mei (*Psal.* cxviii). »

Comedit ergo et bibit, et rursum obdormivit, scilicet in pace et quieta mentis tranquillitate. Et denuo reversus angelus Domini tetigit eum, dixitque illi : « Surge (*III Reg.* x), » id est ad superna te subleva, qui et ad discipulos : « Dormite jam, et requiescite : sufficit (*Marc.* xiv). » Comede, id est prælibá et gusta de interna dulcedine. Non determinatur quid comederint, quia gustus illius dulcedinis indicibilis est, imo inexcogitabilis; acquiri potest, æstimari non potest. Huic grandis via restat, id est charitas, quæ in mensa est, adeo quod Deum ad hanc vallem lacrymarum inclinavit ut se exinaniret. Grandis perfectio, quæ hominem usque ad Dei dexteram sublimavit. Qui in hac via pede inoffenso incesserit potest dicere : « Transivimus per ignem (*Psal.* LXV), qui consumit solida, constringit et dissilire facit, id est adversa, et per aquam quæ mollit, id est prospera. Notandum quod tribus modis dicitur panis : Panis purgatorius cum amaritudine, quem comedunt initiantes, quem significat panis subcinericius quo refectus est Elias. Panis consolatorius cum dulcedine : unde dicitur : Secundum multitudinem dolorum meorum in corde meo consolationes tuæ lætificaverunt animam meam (*Psal.* xcxiii). » Hoc rescuntur proficientes, quod significatur per hoc quod denuo comedit Elias. Panis solitarius cum fortitudine est charitas robusta et perfecta in cujus fortitudine ambulavit, xl diebus et xl noctibus, id est per impletionem decalogorum et quatuor Evangeliorum ad montem Dei Horeb. Horeb, solitudo vel conversus in vitam monasticam vel in eremum significatur, secundum illud « : Quis dabit mihi pennas sicut columbæ, et volabo et requiescam ? (*Psal.* LIV.) »

De verbis Sapientiæ : « Transite ad me. »

« Transite ad me, omnes qui concupiscitis me, et a generationibus meis implemini, » ait Sapientia (*Eccl.* xxiv). Fidelis sermo et exhortatorius, alacri devotione suscipiendus. Duæ sunt viæ maximæ inter se distantes : una quæ separat et seducit a Deo, altera quæ revocat et reducit ad Deum. In illa mundi amatores spatiantur, et errantes per devia exspatiatur ; per hanc Christo duce et comite contemptores sæculi, de luto Ægypti ad quietem et repromissam terram viventium feliciter ingrediuntur. Sunt etiam duæ concupiscentiæ : una culpabilis, altera laudabilis. Culpabilis est quæ nos immergit sæcularibus et carnalibus desideriis. Laudabilis duplex est. Una est ex privilegio naturæ; altera ex talento gratiæ. Naturalis est concupiscentia qua unusquisque amat et appetit, quamvis diversa via omnes ad idem tendant, alii per divitias, alii per honores, alii per magnificentiam et amplitudinem nominis, alii per voluptates, sicut dicit Boetius. At illi falluntur et errant. Ista affectio est amor extraneus de longe olfaciens bonum, sed non contemplans e vicino suavitatem illius. Bonum enim naturæ est, non reparatio gratiæ. Illa altera quam gratia confert est qua etiam vera et æterna bona affectantur, quando fidelis omnibus transitoriis calcatis in solum Deum suspirat, hunc sitit, hunc esurit, hunc cogitat. Est ergo transeundum de amore temporalium ad amorem æternorum, sicut transiit Moyses, qui vidit rubum ardere, nec comburi (*Exod.* v). Obstupuit quidem primo qui prius sensit alium ignem, scilicet amorem Æthiopissæ suæ, id est prius flagrabat ardore concupiscentiæ, qui offuscat amatores suos ; sed viso quod rubus ardebat nec consumebatur, ait : « Transibo et videbo visionem hanc magnam (*ibid.*), sicque transivit ad ignem divini amoris. Hic transitus non fit nisi gratia Dei. Quæ una secundum affectus suos triplex esse dicitur : Prima initiat ut vocemur et simus initium creaturæ ejus; secunda provehit ut justificemur; tertia consummat ut glorificemur. Prima dicitur beneplacitum, secunda meritum, tertia præmium. De prima dicitur : De plenitudine ejus omnes accepimus (*Joan.* i); » de duabus reliquis : « Gratiam pro gratia (*ibid.*). » id est pro merito temporalis militiæ, præmium æternæ gloriæ. Felix hic transitus quo transitur ad sapientiam. Quisquis sic transire incœperit, caveat summopere, ne ad modum uxoris Loth retro aspiciat ; qui jam manus misit ad aratrum, videat ne ad naufragium redeat, de quo nudus evasit ; nec ad ignem de quo semiustus exivit, nec ad latrones quibus semivivus relictus, miserante Samaritano reductus est ; ne miles Christi jam rapto cœlo ab ipso introitu revocetur, velut canis ad vomitum, sus ad volutabrum.

« Transite ad me, omnes qui concupiscitis me, et a generationibus meis implemini. » Tres sunt generationes, carnalis, sæcularis, spiritualis. Carnalis generatio est quam homo ex se genuit, opera scilicet immunda ac scurrilia, et cætera quæ sunt fructus malæ arboris. Sæcularis generatio est in acquisitione prædiorum, in celsitudine potentiæ et extensione nominis, sicut dicitur : « Vocaverunt nomina sua in terris suis (*Psal.* XLVIII), » Istæ generationes, ut dicit Origenes, non sunt ex Israëlitica nobilitate. Hi sunt laquei diaboli, retia Christianæ animæ, machinæ adversarii, quæ virtutum muros concutiunt. Spiritalis vero generatio est, de qua dicit Apostolus : « Fructus spiritus est charitas, pax, gaudium in Spiritu sancto, etc. (*Gal.* v). » Quæ sunt fructus bonæ arboris. Hoc semine hæreditamus terram viventium. Hi sunt masculi nostri, quos superstes Pharao usque in hodiernum diem nititur extinguere affligens nos luto, id est immundis operibus et paleis, id est levitate cogitationum, quibus quasi vento circumferimur. Unde Psalmista plangit dicens: « Quandiu ponam consilia in anima mea, dolorem in corde meo per diem (*Psal.* xii). » Transite, inquit. Duo sunt quæ faciunt muros inter nos et Deum : Superfluus amor nostri, et vanus amor sæculi. De hoc muro dicit Propheta : « In Deo meo transgrediar murum (*Psal.* xvii). » Transiliri potest murus hic in præsenti, destrui non potest penitus. Tribus modis destruitur peccatum ut non regnet, ut non

sit, aut esse non possit. At non regnet, potest hic A in vestro mortali corpore (*Rom.* vi), » duo alia scilicet ut non sit nec esse possit, erunt in futuro.
esse. Unde Apostolus dicit : « Non regnet peccatum

DOMINICA UNDECIMA.

Secundum Lucam.

« Dixit Dominus Jesus ad quosdam, qui in se confidebant tanquam justi, et aspernabantur cæteros, parabolam istam : Duo homines ascenderunt in templum ut orarent, unus Pharisæus et alter publicanus, etc. (*Luc.* xviii). » Ascenderunt, inquit, quia ascensus templi xv graduum erat. Diligenter ostendit non ex operibus esse gloriandum, sed humiliter in gratia confidendum. Publicanus pertinet ad humilitatem Ecclesiæ, Pharisæus ad nequitiam superbiæ.

« Pharisæus stans hoc apud se orabat : Deus, gratias tibi ago quia non sum sicut cæteri hominum, raptores, injusti, adulteri, velut et hic publicanus.» Quatuor sunt species quibus omnis tumor arrogantium demonstratur. Cum autem bonum a semetipsis habere existimant, aut si desuper datum credant pro meritis suis datum sibi, aut cum jactant habere quod non habent, aut despectis cæteris singulariter volunt videri habere quod habent, ut iste Pharisæus. Unde absque bona actione de templo discessit, quia publicano se jactanter prætulit.

« Jejuno bis in Sabbato ; decimas do omnium quæ possideo. » Ezechiel dicit animalia sibi ostensa fuisse oculis plena (*Ezech.* i), quia sanctorum actio undique debet esse circumspecta. Sed nos sæpe, dum aliis rebus intendimus, alias negligimus. Pharisæus ad abstinentiam, ad misericordiam oculum habuerat, sed ad humilitatis custodiam non habebat. Et quid prodest civitatem custodiri, si unum foramen relinquatur, unde ab hostibus intretur.

« Et publicanus a longe stans nolebat nec oculos ad cœlum levare, sed percutiebat pectus suum dicens : Deus, propitius esto mihi peccatori. » Dico vobis, descendit hic justificatus in domum suam ab illo, id est ad comparationem illius, vel plusquam ille, quia ille apud se de operibus, hic vero apud Deum ex fide justificatus est. A longe stare nec oculos levare indicia sunt humilitatis quam Deus de prope aspicit. Iste conscientiam premit, sed spem sublevat ; pectus percutit pœnas de se exigens, ut Deus parcat ; confitetur ut Deus ignoscat ; ignorat Deus quod iste agnoscit. Fundere autem pectus quid est, nisi arguere quod latet in pectore, et evidente pulsu occultum castigare peccatum? Typice Pharisæus Judæorum est populus, qui ex justificationibus legis extollit merita sua, et superbiendo recedit. Publicanus vero gentilis, qui humiliter peccata sua confessus, appropinquat Deo et exaltatur.

« Quia omnis qui se exaltat humiliabitur ; et qui se humiliat exaltabitur. » Et de utroque populo præfato et de omni superbo vel humili recte potest intelligi, sicut et illud quod alibi legimus : « Ante ruinam exaltabitur cor, et ante gloriam humiliabitur (*Prov.* xvi). » Quapropter et de verbis elati Pharisæi quibus humiliari meruit, possumus ex diverso formam humilitatis, qua sublimemur, assumere, ut sicut ille, consideratis et pejorum vitiis et suis virtutibus, est elatus ad ruinam, ita nos, ut nostra solum pigritia, sed et meliorum virtutibus inspectis humiliemur ad gloriam, quatenus unusquisque hæc apud se supplex ac submissus obsecret. Deus omnipotens, miserere supplici tuo, quia non sum sicut innumeri servi tui contemptu sæculi sublimes, justitiæ merito gloriosi, castitatis laude angelica nitidi, velut etiam multi illorum qui post flagitia publica pœnitendo tibi meruerunt esse devoti. Qui etiam si quid boni tua gratia largiente fecero, quo fine hæc faciam, quave a te districtione præsenter ignoro. Sed prætereundum non est quid sit quod legitur, quia Salomon ad honorem Domini templum ædificaverit, ad quod xv gradibus ascendebatur et hoc non vacat a mysterio. Templum enim illud præfigurabat templum illud quod in cœlesti Hierusalem ædificat Dominus ex vivis lapidibus : ad quod quasi xv gradibus ascenditur. Quindecim enim numerus est, et constat ex septenario et octonario. Septenarius vero hæc terrena significat, quæ volvuntur septenario numero. Quibus spretis et contemptis ascenditur ad templum Domini per octogenarium numerum, id est per cœlestia, quæ per octo beatitudines acquiruntur. Vel quia sunt septem criminalia vitia, possunt intelligi per septenarium numerum ; quæ quisque debet contemnere qui ad templum Domini vult ascendere, quomodo debet ascendere per octo beatitudines, quæ intelliguntur per octavum numerum.

Expositio de eodem.

« Beatus vir, cui non imputavit Dominus peccatum (*Psal.* xxxi). » Qui hic peccata sua lacrymis abluit, eleemosynis redimit, huic Dominus ea in futuro non imputabit, quia ipsemet ea hic puniens damnavit. Qui autem non cogitat quid jam fecerit, sed quid adhuc facere possit, hic provocat Dei vindictam, quia « qui diligit iniquitatem, odit animam suam (*Psal.* x). » Et qui animam suam odit, Deum utique odit ; hujus iniquitas invenietur ad odium. Sunt plerique in peccatis sordidi qui se justos reputant, et alios velut peccatores damnant. Horum pervicaciam Dominus hodierno evangelio reprimit, ab eis autem despectos ad spem veniæ erigit. Narrat quippe duos in templum Hierosolymis causa orationis ascendisse: unum Pharisæum, scilicet Judæorum clericum, alium publicanum fuisse (*Luc.* xviii)

Pharisæus altare appropinquans, manus et oculos ad cœlum elevans, Deo grates retulit, quod aliis hominibus dissimilis fuerit, qui raptores, injusti, adulteri forent, ut ille publicanus qui retro astaret; bis in hebdomada jejunaret, decimas omnium rerum suarum daret. Publicanus autem in angulo quodam latebat, et oculos ad cœlum levare non audebat; pectus tantum percutiebat, Deum sibi propitium fieri petebat. Deinde dicit Dominus quod peccata confitens descenderit justificatus, facta autem sua jactans abierit reprobatus, quia omnis se exaltans humiliabitur, et se humilians exaltabitur. Ideo, dilectissimi, cum ad orationem convenitis, non bene facta vestra jactare, nec alios damnare, sed vos ipsos accusare, alios omnes justos reputare debetis. Animas vestras in conspectu Dei humiliate, ipsum ore et corde invocate, et in die tribulationis vos liberabit et super inimicos vestros exaltabit. Prohibete linguam vestram a malo, et labia vestra a dolo, quia ex verbis suis quisque justificabitur, et ex verbis suis condemnabitur. Qui ita orat sicut Dominus docuit, hunc Dominus exaudiet; qui vero aliter orat, hujus oratio in peccatum fiet. Vitæ necessaria et gaudia æterna petite, et dabit vobis Pater utraque. Multi orant, et non impetrant; sed oratio eorum erit exsecrabilis, quia aurem suam avertunt a clamore pauperis. « Non enim omnis qui dicit ei : Domine, Domine, intrabit in regnum cœlorum; sed qui facit voluntatem Patris ejus, ipse intrabit in regnum cœlorum (*Matth*. VII). » Voluntas Patris est ut in nobis peccantibus dimittamus, et rebus nostris opem indigentibus feramus. Per hæc petitiones cordis nostri impetrabimus; per hæc regnum cœlorum intrabimus.

Per duos homines qui in templum ascendisse leguntur, duo populi, Judaicus scilicet et gentilis, intelliguntur. Pharisæus qui ad altare accedebat, est Judaicus populus, qui sanctuarium et arcam habebat. Hic merita sua in templo replicat, quia de observantia legis in mundo se jactat. Non erat sicut cæteri hominum, quia circumcisione discretus erat a populis nationum. Gentiles raptores erant, quia bona Domini quasi per vim rapiebant, dum ei de collatis beneficiis debitum servitium non reddebant. Injusti exstiterant, dum, Creatore spreto, creaturam colebant. Adulteri erant, dum vero sponso Deo deserto, cum dæmonibus se polluebant. Judæi quoque raptores erant, qui sibi merita justorum usurpabant. Rapina namque est laudem velle justi habere, et sanctitatem justi imitari nolle. Unde scriptum est : « Non rapinam arbitratus est esse se æqualem Deo (*Philipp*. II). » Quam æqualitatem dum primus homo rapere voluit, a beatitudine corruit. Injusti exstiterant, dum nec Deo sua, nec homini sua solvebant. Adulteri fuerant, dum lege, nobili sponsa abjecta, cum idololatria se commaculabant. Per septimanam omne tempus intelligitur, quod septem diebus volvitur. Bis in hebdomada jejunat qui opere et voluntate malum declinat. Decimas dat omnium quæ possidet qui decalogum legis per decem sensus corporis implet. Quinque namque duplicata decem faciunt, ut duo oculi, duæ aures, etc. Sed Judæi malum actu et voto operabantur, præcepta Dei cunctis sensibus transgrediebantur. Publicanus qui a longe stabat, est gentilis populus, qui a cultu Domini procul erat. Oculos ad cœlum non levabat, quia terrenis tantum inhiabat. Pectus percutiebat, dum errorem suum per pœnitentiam deflebat. Et quia se per confessionem humiliabat, Deus illum per veniam exaltabat.

Et nos ergo, charissimi, a longe stemus, ut nos Dominicis sacramentis et sanctorum consortio indignos judicemus. Oculos ad cœlum non levemus, ut nos indignos cœlo reputemus. Pectus tundamus, ut commissa fletibus puniamus. Ante Deum procidamus, coram Domino qui fecit nos ploremus, ut ipse planctum nostrum in gaudium convertat, et scisso sacco tristitiæ, lætitia nos induat. Non simus raptores, quia rapaces regnum Dei non possidebunt (*I Cor*. VI). Nullius rem concupiscamus, nullius laudem meritis nostris indebitam nobis ascribamus, quia hæc facientes erunt raptorum consortes. Non simus injusti, quia iniqui regnum Dei non consequentur. Deum diligamus, proximis nostris necessaria impendamus. Non simus adulteri, quia fornicatores et adulteros judicabit Deus. Rectam fidem servemus, ad nullam hæresim declinemus, quia hoc spiritalis fornicatio appellatur, et Deus perdet omnem qui ab eo fornicatur. Bis in hebdomada, scilicet IV et VI feria jejunemus, quia si hoc fecit Pharisæus, multo magis nos facere debemus. Et si cibis minime abstineamus, cor a mala voluntate, manus a prava actione contineamus. Decimas omnium rerum nostrarum Deo demus, quia si hoc fecit Judæus, multo magis debet hoc facere Christianus.

Non solum, charissimi, sacri apices ad vitam æternam nos ducunt, sed etiam gentilium litteræ nos instruunt : de quibus quædam ad ædificationem præferenda sunt. Et ut nemo inde scandalizetur, sacra auctoritate exemplificetur. Filii quippe Israel Ægyptios spoliaverunt, aurum, argentum, gemmas, vestes pretiosas tulerunt (*Exod*. V) : quæ postea in donaria Dei ad conficiendum tabernaculum obtulerunt. Dum vero ipsi de Ægypto exierunt, omnia templa idolorum corruerunt. De Ægypto exeunt, et ad terram repromissionis tendunt qui hoc sæculum deserunt, et se ad sanctam conversationem transferunt. Tunc namque delubra dissolvuntur, quia ipsi qui templa vitiorum erant, a peccatis destruuntur. Jam enim Dei habitaculum esse incipiunt, et ideo malignus spiritus in eis manendi locum diutius habere non poterit. Qui Ægyptios despoliant, dum sæcularia studia in spiritale exercitium commutant. Ad faciendum tabernaculum ea offerunt, dum philosophica argumenta ad ædificationem Ecclesiæ proferunt. Aurum Ægyptiorum donant, dum per sæcularem sapientiam spiritalem disciplinam ornant. Argentum Ægyptiorum offerunt, dum sæcularem eloquentiam ad utilitatem Ecclesiæ convertunt. Gemmas illorum donant, dum sententias bene prolatas ad exhortationem proximorum narrant. Vestes eorum offerunt, dum exempla gentilium ad imitationem fratribus referunt. In magna enim domo non solum vasa aurea et argentea, sed etiam ferrea et fictilia sunt necessaria (*II Tim.* II). Domus magna est Ecclesia. Vasa aurea et argentea, sunt sacræ auctoritatis volumina. Vasa ferrea et fictilia sunt sæcularium scripta ad exteriora necessaria. Sicut enim aurum per ferrum splendescit, sic sacra Scriptura per sæculares disciplinas fulgescit. Traditur etiam quod reversi a captivitate templum Dei reædificaverint per pecuniam quam apud Babyloniam acquisierint. Apud Babylonios captivi tenentur qui, a fide Catholica deviantes, apud hæreticos vel a sancto proposito apostatantes, apud sæculares in captione dæmonum habentur. Qui si Deo propitio ad Hierusalem, scilicet ad matrem Ecclesiam reverti fuerint, et utilia quæ foris didicerint, ad ædificationem proximorum protulerint, profecto templum Deo ex pecunia construunt, quam apud Babylonios lucrati sunt. In lege quoque præcipitur si populus civitatem obsideret, et aliquis puellam pulchram apud hostes conspiceret, ungues et crines ejus præscideret: postea uxorem duceret (*Deut.* XXI). Civitatem obsidemus dum aliquam per hæresim vel errorem gentilium scriptis vel disputatione impugnamus. Puellam pulchram apud eos conspicimus, cum aliquam sententiam bene ab eis prolatam invenimus. Cui debemus ungues et crines præscindere, et sic nobis conjungere, quia superflua et contra fidem posita debemus spernere; bene autem dicta, et fidei nostræ minime contraria ad instructionem fidelium libris nostris intexere.

Scribunt itaque philosophi quod mulier rotæ innexa jugiter circumferatur, cujus caput nunc in alta erigatur, nunc in ima demergatur. Rota hæc quæ volvitur est gloria hujus mundi, quæ jugiter circumfertur. Mulier rotæ innexa est, fortuna gloriæ intexta. Hujus caput aliquando sursum, aliquando fertur deorsum, quia plerique multoties potentia et divitiis exaltantur: sæpe etiam egestate et miseriis humiliantur. Dicunt etiam quod quidam apud inferos damnatus per radios rotæ sit divaricatus; quæ rota sine intermissione ab alto montis in ima vallis feratur, et iterum alta repetens denuo relabatur. Ferunt etiam quod quidam ibi saxum in altum montis evolvat, ac pondus saxi volventem de vertice montis præcipitem pellat, rursumque miser saxum in altum revolvat. Tradunt iterum quod cujusdam jecur ibi vultur excedat, quod jam consumptum iterum recrudescat. Hæc quia sapiens ratio composuit, debet scire vestra dilectio quid velint. Is qui in rotæ vertigine de monte in ima præcipitatur, est ille qui de altitudine potestatis vel divitiarum in profundum baratri præceps rotatur. Qui autem saxum in montem evolvit, quod ipsum mox revolvit, est is qui cum magna difficultate dignitates, vel quælibet cupita assequitur, et per eadem ad ima inferni dimergitur. Cujus vero jecur vultur vescitur, et denuo revirescere fertur, est is de cujus cordis luxuria pascitur, et expleta concupiscentia, iterum foeda libido renascitur. In jecore enim est concupiscentia; vultur vero amat mortuorum cadavera. De hac peste iterum dicunt quod Medusa egregia forma plurimos ad amorem sui incitaverit: quæ omnes se intuentes in saxa commutaverit. De hujus facie se Perseus crystallino clypeo protexit, eamque falcato ense interemit. Hæc femina est luxuria quæ se formosam fingit per hominum pectora. Sed se inspicientes in lapides commutat, quia corda libidinosorum per dilectionem indurat. Ab hac se Perseus crystallino clypeo protegit, quia vir fortis speculum virtutum intendens ab hujus intuitu vultum cordis avertit. Falcato ense eam interimit, quia timore æterni ignis eam a se abscidit. Unde legitur quod quidam Patrum parvulum filium in eremo nutrierit, quem adultum luxuria titillaverit. Pater autem jussit eum in) cremum secedere et solum jejuniis orationibus XL diebus vacare. Expletis vero XX diebus vidit tetram et nimis foetidam mulierem nudam super se irruere, cujus fetorem ferre non valens coepit a se repellere. At illa: « Cur, inquit, me interim exhorrescis, cujus amore tantum inardescis ? Ego enim sum luxuriæ imago, quæ dulcis in hominum cordibus appareo. Et nisi patri tuo obedisses, sicut et alii, a me prostratus esses. » Ille ergo grates Deo retulit, qui eum a spiritu fornicationis eripuit. Multa alia exempla deducunt nos ad vitæ itinera.

Legitur quod quidam Patrum egressus, vidit quemdam Æthiopem in silva ligna succidentem, ac ligata levare tentantem. Quæ dum viderentur gravia, dissolvens auxit onera. Et cum tunc magis essent onerosa, addens fecit ea importabilia. Quæ dum tollere nititur, a pondere opprimitur. Ille autem progressus vidit ubi quidam aquam in vas fundebat: quæ infusa subtus effluebat, quia vas fundum non habebat. Alterius progrediur, et ecce duo viri portæ civitatis appropinquabant, qui lignum transversum ante se ferebant, et neuter alteri volens cedere ambo foras remanebant. Æthiops qui auget onus lignorum est is qui semper cumulat pondus peccatorum. Et cum vix sufficeret tempus ad emendanda transacta, semper infelix non cessat addere recentiora, usque dum desperationem incidens poenitentiam non meretur, sed mole criminum in mortem deprimitur. Ille autem qui aquam vasi fundo carenti immittit, est is qui eleemosynas vel alia aliqua bona commitit, sed ea per immunditiam vel alia vitia amittit. Unde scriptum est: « Congregavit pecuniam, et misit eam in saccum pertusum (*Agg.* I). » Pecuniam in sacculum pertusum congregat qui bona quidem perpetrat, sed ea pravis operibus coinquinat. Qui vero ligna ferebant transversum, sunt hi qui ferunt grave jugum superbiæ. Qui dum alterutrum cedere nolunt, portam coelestis civitatis ingredi non poterunt. Qui autem suave jugum Domini cervicibus suis imponunt, et leve onus tollunt, hi portam supernæ urbis intrabunt. Ad hanc, charissimi, toto corde suspiremus, totis viribus properemus, quatenus puteum non habentem evadamus, et hostiam laudis Domino in atriis Hierusalem sacrificare valeamus. Ubi oculus non vidit (*I Cor.* II).

De verbis David : « *Ascensiones in corde.* »

« Ascensiones in corde suo disposuit, etc. (*Psal.* LXXXIII.) » Homo tres descensorios gradus ruinæ incurrit. Primus est propriæ voluntatis præsumptio ; secundus, carnalium illecebrarum abusio ; tertius, fallax temporalium affectatio. Eadem via qua descendit, ascendere debet reciprocis gressibus ; sed concurso ordine, ut primus gradus sit ascensionis sæcularibus abrenuntiare ; secundus, carnem mortificare ; tertius, propriam voluntatem abjicere. Istæ sunt tres diætæ, quibus ad Christum redimus. Unde Moyses : « Viam, inquit, trium dierum ibimus in desertum, ut sacrificemus Domino (*Exod.* III). » Sed abrenuntiantibus sæculo, et ad Christum redeuntibus, confessio pura et fidelis agenda est. Unde Apostolus : « Fidelis sermo et omni acceptione dignus, quia Christus Jesus venit in hunc mundum peccatores salvos facere (*II Tim.* I). » Peccator alius vero corde fideli sermone peccata confitetur. De quo dicitur : « Beati quorum remissæ sunt iniquitates (*Psal.* XXXI). » Alii sunt qui se excusant. De quibus Dominus per prophetam : « Plui, inquit, super civitatem unam : et super alteram non plui (*Amos.* IV). » Hoc est devotam animam per verbum doctrinæ compunctam irrigavi, duram et obstinatam in peccato reliqui. Alii partem de peccatis suis confitentur, de quibus pars quam confitentur compluta est verbis doctrinæ vel confessionis, et pars incompluta remanet. Præcepit Deus filiis Israel, ut ingredientes terram repromissionis, hostes omnes interficerent (*Josue* XXVI). « Si qui remanserint, inquiens, erunt vobis quasi clavi in oculis, et quasi lanceæ in lateribus vel in costis (*Num.* XXXIII). » Per confessionem enim de Ægypto, id est de mundo egredientes, terram repromissionis ingredimini, id est cœlestem patriam ; si vitia usque ad unum occidimus, quæ superfuerint ; erunt nobis quasi clavi in oculis, et quasi lanceæ in costis. Hoc est impedimenta bonæ intentionis sive tormentum in conscientia, ut per hæc et fortia virtutum dissipentur opera, quibus infirmiora nostra quasi costis interiora contecta muniuntur. Sed oportet scire qua via, et quo viatico utendum sit. Transceundum igitur est per Jericho, id est per defectum hujus vitæ. Jericho enim luna interpretatur. Et sicut luna nunc cava, nunc plena cernitur : ita hic alii pauperes, alii divites. Hæc mystica Jericho septem muris munita est (*Josue* VI). Quorum primus est superbia, acedia, et cætera vitia sibi cohærentia ; secundus invidia, tertius ira, quartus tristitia, quintus avaritia : singulæ cum cohærentibus sibi vitiis et peccatis. Et hæc quidem vitia sunt animæ ; alia vero duo sunt corporis, gastrimargia et luxuria. Hæc omnia præcipiuntur mortificari volentibus intrare et pervenire ad terram repromissionis ; nec intrabit quis nisi transeat Jericho, per locum sibi oppositum ingrediens, quia destructa superbia humilitati fit ingressus. Invidiæ charitas, iræ patientia, luxuriæ castitas, avaritiæ largitas, gastrimargiæ abstinentia opposita est. Hæc ergo via est, qua ad cœlestem patriam tendimus. Viaticum est corpus et sanguis Domini. Quo qui caret, ad destinatum locum non pervenit, aut magis inde discedit.

Sed quia quidam mendicant quibus non datur, ait Salomon : « Propter frigus piger arare noluit ; mendicabit ergo æstate, et non dabitur ei (*Prov.* XX). » Quod est dicere : Propter hoc sæculum reprobus quisque bonis actibus exerceri noluit ; mendicabit ergo in ultimæ diei claritate stipem salutis æternæ, et non dabitur ei. Hiems enim præsens sæculum intelligitur, ubi, quia abundat iniquitas, refrigescit charitas (*Matth.* XXIV) ; æstas autem dies judicii, ubi electis quasi bonis operariis de agricultura sua messis perpetuæ salutis redditur.

De jactantia.

Tam in dictis quam in factis est cavenda jactantia : flenda est tamen ruina velle sibi quemquam magis quam Deo placere, et laudem ab hominibus comparare. Vanus et erroris est animus plenus famam appetere, et ad capiendam terrenam laudem studium dare. Circumspice temetipsum, o homo ! nihilque tibi arroges quæ in te sunt præter peccatum. Non declinat ad dexteram qui non sibi, sed Deo tribuit bona quæ agit, neque ad sinistram se vertit qui de divina indulgentia peccandi licentiam non præsumit. Hoc est quod Propheta ait : « Hæc via : ambulate in ea, neque ad dexteram, neque ad sinistram (*Isa.* XXX). » Verum est quod natura exspectat delectari in laudibus, sed tunc recte, si in Deo, non in se, quisque laudetur. Sicut scriptum est : « In Domino laudabitur anima mea (*Psal.* XXXIII). »

Sæpe vanam gloriam contemnendo in aliud genus elationis inciditur, dum in se quisque gloriatur pro eo quod contempserit ab hominibus laudem. Quibusdam concessum est tantum bene agere, et fructum boni operis non habere, quem ipsi sibi auferunt per studium humanæ jactantiæ. Semper suam aspiciant fœditatem qui vanæ gloriæ favores diligunt, et perdidisse bonum se opus doleant, quod pro humana ostentatione fecerunt. Amator vanæ gloriæ unde possit semper laudari agere non quiescit, et subinde illi vires vanitatis pravus appetitus auget. Boni operis inchoatio non debet palam citius ad hominum cognitionem venire, ne dum boni inchoatio humanis oculis reseratur, a virtute perfectionis inanescat cœptio sanctitatis. Ante maturitatis enim tempus messes florentes cito pereunt, semina quoque inutilia fiunt. Virtutes sanctorum per ostentationis appetitum dominio immundorum spirituum subjiciuntur. Sicut Ezechias rex, qui divitias suas Chaldæis per jactantiam prodidit, et propterea perituras per prophetam audivit, ut significaret Dei servum virtutes suas, dum per vanæ gloriæ studium prodiderit perdere, et statim dæmones suorum operum dominos facere, sicut ille per ostentationem Chaldæos rerum suarum dominos fecit (*Isa.* xxxix). Optima est illa discretio, ut et nota sint opera nostra ad audiendam Dei gloriam, et occulta pro vitanda laude humana. Ille enim debet publicare bona quæ agit, qui tam perfecta humilitate fundatus est, ut nulla jam elatione contingatur. Nam is qui se intelligit adhuc amore laudis pulsari, facta sua bona in occulto agat, ne forte quod egerit perdat. Interdum viri sancti dum cupiunt funditus suam mutabilitatem corrigere, aliquando tanguntur tumore elationis suæ, conscii actionis suæ, sed ab hujus abreptionis malo humilitatis compunctione purgantur. Viri sancti nonnunquam quosdam de se audientes instruunt, et tamen in his alia consideratione se custodiunt, nec dum alios a terrena intentione erigunt, ipsi in terrenæ laudis appetitu dimergantur. Quidam per incautam virtutum jactantiam relabuntur ad vitia, et quidam, dum vitiorum impulsum frequenter plangunt, de infirmitate validius per humilitatem convalescunt. Plerumque utile est arrogantibus deseri a Deo, quatenus suæ infirmitatis conscii ad humilitatem redeant, et humiles post casum existant. Nonnulli falsa opinione arrogantiæ se esse perfectos existimant, dum non sint, quia obortis tentationibus innotescunt. Quanto quisque fit veritati vicinior, tanto longius se esse ab ea arbitretur. Hoc enim humilitatis est, quæ Deo hominem jungit. Cæterum jactantia oculos quibus Deus videri poterit dividit. Sicut solis radius lum conspicitur, acies oculi hebetatur, sic et qui immoderate altiora sibi scrutatur, ab intentione veri obtunditur. Sicut aquila ex alto ad escas collabitur, sic homo de alto bonæ conversationis per carnalem appetitum ad inferiora demergitur.

De compunctione.

Compunctio cordis est humilitas mentis cum lacrymis, exoriens de recordatione peccati et de timore judicii. Illa est conversis perfecta compunctionis affectio, quæ omnes a se carnalium desideriorum affectus refellit, et intentionem suam toto mentis studio in Dei contemplationem defigit. Geminam esse compunctionem, qua propter Deum anima cujusque electi afficitur : id est vel dum operum suorum mala considerat, vel dum desiderio æternæ vitæ suspirat. Quatuor esse qualitates affectionum, quibus mens justi tædio salubri compungitur, hoc est memoria præteritorum facinorum recordatione futurarum pœnarum, consideratione peregrinationis suæ in hujus vitæ longinquitate, desiderio supernæ patriæ, quatenus ad eam quantocius valeat pervenire. Quisquis peccatorum memoria compungitur ad lamenta, tunc Dei servus se visitari sciat per præsentia, quando id quod se amisisse recolit, interius erubescit, suoque judicio pœnitendo jam punit. Nam tunc Petrus flevit, quando in eum Christus respexit. Unde et Psalmista : « Respexit, inquit, et commota est, et contremuit terra (*Psal.* xvii). » Gressus Dei sunt in corde hominis interioris, qua bona desideria surgunt, ut calcentur mala. Quando ergo ista in corde hominis fiunt, sciendum est tunc esse Deum per gratiam cordi humano præsentem. Unde se tunc magis homo acuere ad compunctionem debet, quando sentit et Deum interius operantem. Quo mens hominis justi ex vera compunctione rapitur, et qualiter infirmata revertatur. Degustata lucis magnitudine illum nosse posse qui jam aliquid exinde gustavit. Sunt qui nec ex vera cordis compunctione sui accusatores fiunt, sed tantum ad hoc se esse peccatores assignant, ut ex ficta humilitate confessionis, locum inveniant sanctitatis. Ex eo unusquisque justus esse incipit, ex quo sui accusator exstiterit. Multi autem contra semetipsos peccatores fatentur, et tamen semetipsos a peccato non subtrahunt. Magna justitiæ pars est seipsum nosse hominem, quia parvus est, ut ex eo divinæ virtuti subdatur humilius ex quo suam infirmitatem agnoscit. Bene se judicat justus in hac vita, ne judicetur a Deo damnatione perpetua. Tunc autem judicium de se quisque sumit, quando per dignam pœnitentiam sua prava facta condemnat. Amaritudo pœnitentiæ facit animum et sua facta subtilius discutere, et dona Dei quæ contempsit flendo commemorare. Nihil autem pejus est, quam culpam agnoscere nec deflere. Duplicem debet habere fletum in pœnitentia omnis peccator, sive quia per negligentiam bonum non fecit, seu quia malum per audaciam perpetravit. Quod enim oportuit non gessit, et gessit quod agere non oportuit. Ille pœnitentiam digne agit qui reatum suum satisfactione legitima plangit, contemnendo scilicet hæc quæ deflendo gessit.

DOMINICA DUODECIMA.

Secundum Marcum.

« Exiens Jesus de finibus Tyri, venit per Sidonem ad mare Galilææ, quod est inter medios fines Decapoleos, etc. » (*Marc.* vii.) Decapolis est regio decem urbium trans Jordanem ad orientem circa Hippum et Pellam et Gadaram, contra Galilæam. Quod ergo dicitur, quia Dominus venit ad mare Galilææ inter medios fines Decapoleos, non ipsos fines Decapolis eum intrasse significat. Neque enim mare transnavigasse dicitur, sed potius usque ad mare venisse, et ad ipsum provenisse locum qui medios fines Decapoleos longe trans mare positos respicit. Inter, id est contra. Vel Galilææ quæ est inter medios fines Decapoleos.

« Et adducunt ei surdum et mutum, et deprecabantur eum ut imponat illi manum. Et apprehendens eum de turba seorsum, misit digitos in auriculas ejus, et expuens tetigit linguam ejus. Et suspiciens in cœlum ingemuit, et ait illi : Ephphetha, quod est adaperire. Et statim apertæ sunt aures ejus, et solutum est vinculum linguæ ejus, et loquebatur recte. » Surdus et mutus est qui nec aures nec os aperit ad audienda verba Dei et pronuntianda. Prima salutis janua est, infirmum de turba seduci. Quod fit cum apprehendens Dominus mentem peccatis languidam, evocat a consuetis moribus, et provocat ad sua præcepta. Mittit digitos in auriculas, cum per dona sancti Spiritus aures cordis aperit ad intelligentiam. Exspuens Dominus linguam tangit ægroti, cum ad confessionem fidei ora catechizatorum instruit. Sputum namque sapor est sapientiæ. Unde illud : « Ego ex ore Altissimi prodivi (Eccli. xxiv). » Suspexit Dominus in cœlum, ut inde mutis loquelam, surdis auditum, cunctis infirmis medelam doceret esse quærendam. Ingemuit ut daret nobis exemplum gemendi et pro nobis, et pro proximis. Ephphetha proprie pertinet ad aures. Unde et subditur : « Et statim apertæ sunt aures ejus. » Hic notatur utraque Redemptoris natura. Cœlum suscepit ut homo, curat ut Deus. Qui sic curatur, bene potest dicere : « Domine, labia mea aperies, et os meum annuntiabit laudem tuam (Psal. L). »

Aliter. Genus humanum tanquam unus homo varia peste assumptus in protoplasto cæcatur, dum videt; surdus fit, dum audit; dum odorat, emungitur; obmutescit, dum loquitur; mancus fit, dum manum erigit; incurvatur, dum erigitur; hydropicus fit, dum concupiscit; claudus, dum progreditur; lepra suffunditur, dum nudatur; dæmone impletur, dum divinitatem appetit; moritur morte, dum audacter excusat. Patriarchæ autem et prophetæ incarnationem desiderantes misericordiæ manum precantur imponi. Semper a turbulentis cogitationibus et actis inordinatis sermonibusque incompositis quasi de turba deducitur qui sanari meretur. Digiti qui in aures mittuntur sunt verba Spiritus sancti, de quo dicitur : « Digitus Dei est hic (Exod. VIII), » et : « Opera digitorum tuorum sunt cœli (Psal. VIII). » Sputum de capite descendens est sapientia ex Patre, quæ solvit labia humani generis, ut dicat : « Credo in Deum Patrem, » etc. « Suspiciens in cœlum ingemuit », id est gemere nos docuit, et in cœlum thesaurum nostri cordis erigere, quod post compunctionem a frivola lætitia carnis purgatur, ut dicitur : « Rugieham a gemitu cordis mei (Psal. XXXVII). » Aperiuntur aures ad hymnos et cantica, et psalmos. Solvitur lingua, ut eructet verbum bonum, quod non possunt minæ nec verba cohibere. Unde Paulus : « Ego vinctus sum ; sed verbum Dei non est alligatum (II Tim. II). »

« Et præcepit eis ne cui dicerent. Quanto autem eis præcipiebat, tanto magis plus prædicabant, et eo amplius admirabantur, dicentes : Bene omnia fecit; et surdos fecit audire et mutos loqui. » Non in virtutibus gloriandum esse docuit, sed in cruce et humiliatione. Humilitas enim præcedit super gloriam. Ordo verborum est : Quanto autem eis præcipiebat, tanto plus prædicabant. Civitas enim in monte posita undique circumspecta abscondi non potest (Matth. v). Sciebat igitur qui omnia novit ante quam fiant quia magis prædicarent, sed hoc præcipiendo voluit pigris ostendere, quanto studiosius quantoque frequentius prædicare debeant quibus jubetur ut prædicent, quando quidem illi qui prohibebantur, tacere non poterant.

Expositio Gregorii de eodem.

GREGORIUS : « Audivimus verba Dei. Si facimus, et tunc ea recte proximis loquimur, cum prius ipsi fecerimus. » Quod bene Marcus evangelista confirmat cum factum Domini miraculum narrat, dicens : « Adducunt enim surdum et mutum, et deprecabantur eum ut imponat illi manum (Marc. VII). » Cujus ordinem curationis insinuat, cum subdit dicens : « Misit digitos suos in auriculas, exspuens tetigit linguam ejus, et suspiciens in cœlum ingemuit, et ait illi : Ephphetha, quod est adaperire : et statim apertæ sunt aures ejus et resolutum est vinculum linguæ ejus : et loquebatur recte (ibid). » Quid est enim quod Creator omnium Deus, cum surdum et mutum sanare voluisset, in aures illius digitos suos misit, et exspuens linguam ejus tetigit? Quid per Redemptoris digitos, nisi dona sancti Spiritus designantur? Unde cum in alio loco ejecisset dæmonium, dixit : « Si in digito Dei ejicio dæmonia, profecto pervenit in vos regnum Dei (Luc. XI). » Qua de re per evangelistam alium dixisse describitur : « Si ego in Spiritu ejicio dæmones, igitur pervenit in vos regnum Dei (Matth. XII). » Ex quo utroque loco colligitur, quod digitus Dei Spiritus sanctus vocatur. Digitos ergo in auriculas mittere est per dona sancti Spiritus mentem surdi ad audiendum aperire. Quid est vero quod exspuens linguam ejus tetigit? Saliva nobis est ex ore Redemptoris accepta sapientia in eloquio divino. Saliva quippe ex capite defluit in ore. Cum ergo sapientia, quæ ipse est, dum lingua nostra tangitur, mox ad prædicationis verba formatur. Qui suspiciens in cœlum ingemuit, non quod ipse necessarium gemitum haberet qui dabat quod postulabatur, sed nos ad Deum gemere qui cœlo præsidet docuit, ut et aures nostræ per bona Spiritus aperiri, et linguam per salivam oris, id est per scientiam divinæ locutionis solvi debeat ad verba prædicationis. Cui mox « Ephphetha, id est adaperire » dicitur, « et statim apertæ sunt aures ejus, et solutum est vinculum linguæ ejus. » Qua in re notandum est quia propter clausas aures dictum est

« adaperire. » Sed cujus aures cordis ad obediendum apertæ fuerint, ex subsequenti procul dubio etiam linguæ ejus vinculum solvitur, ut bona quæ fecerit, etiam facienda aliis loquatur. Unde et bene additur, « et loquebatur recte. » Ille enim recte loquitur qui prius obediendo fecerit, quæ loquendo admonet etiam facienda. Aliter. Humani generis formam surdus ille et mutus habuit, quando Dominus ut sanaret per fines Decapoleos transivit. Decapolis est regio decem civitatum, et significat legem decem præceptorum. Per Decapolim Dominus transit, cum sub decalogo legis nasci voluit. Surdum et mutum ei adducunt, cum prædicatores genus humanum ad fidem convertunt, quod surdum erat, quia mandata Dei audire nolebat. Mutum erat, quia a laude Conditoris tacebat. Cui Dominus auditum reddidit, dum ei ad intelligendas Scripturas sensum aperuit. »

De sacerdotibus et sex ætatibus sæculi.

Populus ad fidem vocatus visibilibus sacramentis erat instruendus, ut per exhibitionem visibilium posset venire ad intellectum invisibilium. Nosse oportet Domini sacerdotes, qui hoc sacramentum contractant, modum et ordinem sacramentorum, et veritatem rerum significatarum. Alioquin dispensatores sunt tantum mysteriorum (*I Cor.* IV) tanquam cæci duces cæcorum, utilitatis tantum inde habituri quantum capiunt jumenta, quæ portant panes ad usus aliorum, licet divina gratia non deserat sacramentum, quod per eos ad salutem aliorum administratur. Attendant ergo Dominicorum sacramentorum dispensatores, quia Ecclesia Christi quotidie ex gentibus, operantibus iisdem sacramentis, aggregatur populus acquisitionis, cujus caput est Christus; per fidem generatur, per charitatem in virum perfectum nutritur, spe æternitatis in eadem fide et charitate solidatur, et omnium sanctorum administratione ad hunc finem refertur, ut intelligat Ecclesiam Dei tanquam domum in fide fundari dilectione Dei et proximi, tanquam parietes bene sibi-cohærentes superædificari, ejusdem altitudinem spe æternitatis gloriosissimæ cumulari. Hoc corpus Christi licet nativitate capitis sui consueto nascendi ordine subsecutum est, tamen hujus capitis nativitem in unitate subsecuturi, corporis quædam membra præcesserunt, patriarchæ scilicet et prophetæ, et multi justi qui prodigiis et præconiis multis nativitatem capitis et secuturi corporis præmonstraverunt. Quod bene ostensum est in Jacob interioris populi typum habentem: qui ad ortum festinans manum præmisit, plantam fratris majoris natu manu tenens (*Gen.* xxv), hoc facto significans quia reprobato priori populo, cujus typum gerebat Esau (*Rom.* IX), nasciturus esset minor populus, Christianus videlicet, qui benedictionem Dei Patris æterna hæreditate possideret. Illius quippe Patris sacramenta sunt nostra documenta, quibus ille tanquam parvulus est lactatus, et circa unius veri Dei cultum,

non post deos falsos vel alienos oberrantes occupatus.

Unde ab initio sæculi omni ætate sacramenta Christi et Ecclesiæ celebrata sunt, quibus ille populus nutriretur, et nostræ redemptionis modus insinuaretur. Nam prima ætate Adam de terra matre sine terreno patre homo ad imaginem Dei a Deo sexta die plasmatus est (*Gen.* 1), et in novissima ætate sæculi per Christum de terrena matre natum, sine terreno patre homo ad eamdem imaginem Dei reformatus est. Ad cujus rei consonantiam eadem ætate de latere Adæ, qui erat forma futuri, Eva formata est, et per sanguinem de Christi latere manantem cum aqua sanctificationis Ecclesia fabricata est. Secunda vero ætate mundi per octo animas e submersione diluvii, id est per arcam liberatas eadem Ecclesia figurata est, quæ in spe octavæ, id est resurrectionis per aquas baptismi non sine auxilio ligni salutaris a submersione exuberantium tentationum liberata est. Tertia denique ætate populus Dei ab Ægyptiaca servitute liberatus est, transiit mare Rubrum, cedit mare virga percussum a Moyse, præbet viam populo Dei. Hostes a tergo sequuntur et submerguntur, et hic repetita est baptismi per lignum salutiferum consecuti sanctificatio. Nam rubet mare Rubrum, rubet et baptismus Christi sanguine consecratus. Hostes a tergo sequentes moriuntur, quia peccata præterita et præsentia per baptismum delentur. Dehinc in quarta ætate in illa terrena æterna Hierusalem claruit regnum David, Christi et Ecclesiæ regnum præfigurans: de cujus semine idem Christus natus est, in Ecclesia sua spiritaliter regnans et eam sibi obtemperantem post tempora gloriose coronans. Inde est quod qui in Sabbato sancto sunt baptizandi, quarta hebdomada quadragesimalis observantiæ, quæ continentiæ nobis arma ministrat, et quarta hebdomade feria catechizandi et exorcizandi deferuntur ad Ecclesiam: ibi audituri et instruendi qualiter contra spirituales nequitias sint pugnaturi, sed tamen usque in Sabbatum paschale baptismus eorum differtur, hoc attendente Ecclesia, quia qui ad agonem in præsenti vita vocantur, in spe futuræ quietis baptizantur. Sicut enim contra visibiles hostes pugnaturi, non antequam quarta, id est juvenili ætate eliguntur: sic in hac ætate pugnaturi validiores ad invisibiles hostes repellendos, sicque ad Christianam militiam sub typo hujus numeri electi Christianum nomen viriliter exerceant, et ut coronari mereantur, ab acie non recedant.

Post tempora vero regni Israel quinta ætate inchoante propter perversitatem prætaxati populi captivante Babyloniæ rege transmigravit idem populus in Babyloniam, et qui confusioni servierat voluntarius, regi Babylonis, quod interpretatur *confusio*, servivit invitus. Post LXX annos faciente Christo Cyro reversus est idem populus, sicut prædixerat primo Isaac, deinde Jeremias. Quod bene ad statum pertinet Ecclesiæ, quæ post hujus sæculi finem quæ septenario numero volvitur dierum, post multas angarias quas passa vel passura est sub regibus hujus spiritualis Babyloniæ, in cœlestem Hierusalem reversa est, nulli ulterius confusioni servitura. Unde dicit Apostolus : « Vanitati creatura subjecta est non volens, sed propter eum qui subjecit eam in spe, quoniam et ipsa creatura liberabitur a servitute corruptionis hujus in libertatem gloriæ filiorum Dei (*Rom.* VIII). » Per hæc tempora omnia non defuerunt viri justi, futuræ Ecclesiæ membra; non defuerunt cuique tempori congrua sacramenta tanquam populi nutrimenta. De quibus possent multa recitari, nisi studeremus brevitati. Ad ultimum sexta ætate de Virgine natus est Christus, sicut sexta die de terra virgine plasmatus est protoplastus. Hic Christus finis est legis, et veritas et plenitudo omnium qui præcesserant in umbris sacramentorum. In plenitudine temporis, sicut dictum est, natus est Christus, crevit, ad virilem ætatem pervenit, tricesimo vitæ suæ anno (sicut tradunt evangelistæ) a Joanne baptizatus est, non quia indiguit, sed quia ejus vita Christianis disciplina morum fuit. Dehinc elegit apostolos, prædicavit Evangelium, crucifixus est, dans nobis exemplum humilitatis et patientiæ, tertia die resurrexit, in quo membra sua resurrectionis suæ spe confirmavit proxime cœlos ascensurus, discipulos quid agere deberent admonuit, dicens : « Ite, docete omnes gentes, prædicate omni creaturæ. Qui crediderit et baptizatus fuerit, salvus erit (*Marc.* XVI). » Hic paucis verbis docemur sacerdotes Domini apostolorum successores et vicarios, de quibus dicitur : «Pro patribus tuis nati sunt tibi filii (*Psal.* XLIV) : » qualiter debeant rudes populos terreni hominis imaginem adhuc portantes catechizare, qualiter in novitatem et Christi conformitatem lavacro aquæ in verbo transformare. Hoc ita factum est temporibus apostolorum et martyrum, qui in Judæis et gentibus Evangelium juris intelligentibus et quibuscunque personis verbi Dei capacibus annuntiaverunt.

DIVISIO.

Postquam Ecclesia dilatata est et congregata est in gentibus, nec inter fideles repertus est aliquis adultæ fidei non fidelis, ne parvuli eorum de hac vita ante rationabiles annos exeuntes alieni remanerent a consortio Christi, provisa est illis etiam medicina salutis, ut in sacramentorum genere vel fide ad catechizandos parvulos, exorcizandos, initiandos, et demum baptizandos: In quibus pro parvulo audit Ecclesia, et ad interrogata respondet, donec parvulus ad intelligibiles annos perveniat, et sacramenta fidei, charitatis et spei sibi imposita per se intelligat. De quibus quoque sacramentis quid significent, prout Dominus voluerit inspirare charitati vestræ aliquid dicere proposuimus, ut et ipsi virtutem sacramentorum intelligatis, et auditores vestros docere studeatis. Notandum ergo est prius quomodo baptizandus in utero matris Ecclesiæ puer concipiatur, quibus alimentis usque ad nativitatem novi hominis in eodem utero nutriatur. Tria quippe sunt quibus usque ad indumentum novitatis baptizandus concipitur, catechismi scilicet et exorcismi, et orationes. Catechizatur ad hoc qui ad fidem vocatur, ut ad quod vocatur, proprio moveatur voluntatis arbitrio. Exorcizatur, ut ab eo diaboli potestas iniqua depellatur. Additur pro eo oratio, ut gratia præveniat et sequatur, quæ vires præbeat libero arbitrio, et qua procul fiat maligni spiritus illusio. Signatur itaque primo baptizandus crucis signaculo in fronte, in pectore, in oculis, in auribus, in ore, cujus virtute victus est diabolus, et exaltatus est Christus. Unde Habacuc dicit : « Cornua in manibus ejus : ibi reposita est fortitudo ejus (*Habuc.* III). »

Hoc ergo signo muniuntur totius corporis sensus; cujus virtute et omnia nostra sacramenta complentur, et omnia diaboli figmenta frustrantur; sicut cum primogenita delerentur Ægypti, populus Hebræorum signatis postibus domorum suarum sanguine agni paschalis, in typo Dominicæ passionis, salvatus est, et populus Ægyptius qui hoc signo caruit, in primogenitis suis graviter percussus est. Sicut apud Ezechielem Hierusalem ab imminente clade liberanda esse promittitur, si tanquam figuram crucis exprimens gementium atque dolentium, id est pœnitentium signaretur. Postea datur sal benedictum in os pueri, ut per typicum sapientiæ salem conditus, fetore careat iniquitatis, ne a vermibus vitiorum ultra putrefiat, sed incorruptus servetur ad percipiendam Christi gratiam, neque ultra a condimento sapientiæ desipiat, neque retro aspiciat sicut uxor Loth. Exsufflatur postea malignus foras. Quæ mysteria sacra significant quod non parvulus exorcizatur, et exsufflatur, sed ille sub quo sunt qui sub peccato nascuntur, et nondum per sacrum baptisma renati sunt, sed jam per signum crucis in utero matris Ecclesiæ concepti sunt. Omnia enim charismata sacerdotalis ministerii crucis figura percipiuntur. Omnia autem sacramenta quæ acta sunt et quæ aguntur exorcismis, orationibus, insufflationibus, quasi esca sunt quæ parvulos reficiunt in utero, ut renatos aqua salutis hilares mater Ecclesia exhibeat Christo. Postea tanguntur ei aures et nares cum saliva. Saliva quippe a capite descendit in os supernam significans sapientiam, cujus tactu et aures cordis aperiuntur ad intelligendum verbum Dei, et nares ad repellendum fetorem noxiarum cogitationum et delectationum. Unde ait beatus Ambrosius in libro De sacramentis : « Quod egimus nempe apertio est, quia sacramenta sunt apertionis quando aures ejus tetigit et nares. Quod significat in Evangelio Dominus noster Jesus Christus cum ei oblatus esset surdus et mutus, cujus os tetigit et aures quia surdus erat; os quia mutus erat, et ait : « Ephphetha, quod est adaperire. »

Deinde venit sacerdos ad fontem, consecratur fons in nomine Patris et Filii et Spiritus sancti; quibus verbis si aqua salutis consecretur, nec a bono nec a malo pejus accipitur baptismus. Unde Augustinus in libro tertio De unico baptismo : « Non est aqua profana, nec adultera super quam nomen Dei invocatur, etsi a profanis et ab adulteris invocetur; quia nec ipsa creatura, nec ipsum nomen adulterum est. » Traditur etiam novæ vitæ auditoribus symbolum fidei : quod per duodecim apostolos ordinatum est, et totidem sententiis comprehensum. Postremo parvulus ad baptismum interrogatur a sacerdote : « Abrenuntias Satanæ et omnibus operibus ejus, et omnibus pompis ejus? » ut primum respuat errorem, et approximet ad veritatem, ut possit, juxta Apostolum, deponere veterem hominem cum actibus suis, scilicet pristinam conversationem, abnegans impietatem et sæcularia desideria (*Ephes.* IV). Respondet parvulus per ora gestantium. « Abrenuntio. » Unde Augustinus contra Julianum in lib. IV : « Quisquis negat per ora gestantium parvulos abrenuntiare et credere, et neget eos accipere baptismum, quia in manibus gestantium reluctantur. » Item in libro De pœnitentia : « Parvulis ad consecrationem et remissionem originalis peccati prodest eorum fides a quibus offeruntur, ut quascunque maculas delictorum per alios, a quibus nati sunt contraxerunt, aliorum etiam interrogatione et responsione purgentur. » Post abrenuntiationem ungitur catechumenus oleo sacro in pectore, tanquam muniatur adversus hostem invisibilem, ne ei immunda et noxia persuadeat desideria. Ungitur et inter scapulas, ubi est vigor portandi oneris, ut fortitudinem accipiat ad portandum pondus diei et æstus, sicut bonus athleta.

Exinde exquiritur ab eo si credat in Deum Patrem omnipotentem, et in Jesum Christum Filium ejus unicum Dominum nostrum, et in Spiritum sanctum, unum Deum in Trinitate, et trinum in unitate; si confiteatur unam esse sanctam Ecclesiam Catholicam, et si credat remissionem peccatorum et vitam æternam. Hæc omnia si profiteatur se credere, jam incipit in eo mori vetus homo, qui secundum Deum creatus est in justitia et sanctitate veritatis (*ibid.*). In abrenuntiatione prioris possessoris, suadente charitate, jam vult in jus legitimi possessoris transire : in quem jam profitetur se credere et ab eo æterna præmia exspectare. Jam expurgatum est vetus fermentum, sed nondum est nova conspersio, ubi sacri fontis sequatur ablutio (*I Cor.* v). Sub responsione trinæ interrogationis trina mersione catechumenus a sordibus vetustis abluitur, et novum hominem indutus, triduanæ Domini sepulturæ consepelitur. Unde Apostolus ait : « Consepulti enim sumus per baptismum in mortem, ut quomodo surrexit Christus a mortuis per gloriam Patris, ita et nos in novitate vitæ ambulemus. Si enim complantati facti sumus similitudini mortis ejus, simul et resurrectionis erimus (*Rom.* vi). » Hinc etiam beatus Ambrosius dicit in libro De sacramentis : « Interrogatus : Credis in Deum Patrem omnipotentem? dixisti : Credo, et mersus es, id est sepultus es. Iterum interrogatus es : Credis et in Jesum Christum Dominum natum et passum? dixisti : Credo; et mersus es, id est Christo consepultus es. Qui autem Christo consepelitur, cum Christo resurget. Tertio interrogatus es : Credis et in Spiritum sanctum? dixisti : Credo ; et mersus es tertio, ut multiplicem lapsum cogitationis, locutionis, operationis aboleret trina confessio. » Hanc sacri baptismatis emundationem in similitudinem mortis Christi celebratam præfigurabat aqua aspersionis in veteri lege, qua emundabatur qui mortuum tetigerat, ut in castra reverteretur : cui immistus erat cinis vitulæ rufæ extra castra combustæ, hyssopus quoque coccus et cedrus. Vitula quippe illa quæ femineus est sexus fragilitatem, id est passibilitatem carnis Christi significat, rufa propter sanguinis effusionem. Quæ etiam extra castra ejecta est. In quo figurabatur quod et Dominus passurus extra civitatem ductus est. Quod etiam sanguine ejusdem vitulæ aspergebatur septies tabernaculum, et omnia vasa tabernaculi, plenam significat emundationem quam intus et extra contulit sanguis Christi. Anima enim constat triplici virtute, corpus vero quaterna elementorum complexione, quia uterque mundata est Christi sanguinis effusione.

Quod vero carnes ejusdem vitulæ et corium et stercora comburebantur hoc significatum est quia tota humilitas et ignominia passionis versa est in gloriam resurrectionis. Quod bene ignis significat qui semper ad superiora tendit, et quod absumit in se convertit. Quod autem hyssopus huic aspersioni admiscetur, hoc significat quod in fide mortis Christi peccata mundantur. Unde ait Apostolus : « Fide mundans corda eorum (*Ephes.* v). » Hyssopus quippe ideo fidem significat, quod cum sit herba humilis, firmiter hæret in petra. Coccus quoque huic adhibetur emundationi, quæ flammeo colore charitatem significat sine qua mortuum est quidquid fides operatur. Cedrus etiam huic opitulatur mundationi, quæ imputribilis arbor dicitur, et in excelsis montibus radicat, et ideo spem incorruptionis et supernæ gloriæ significat. Horum omnium conjunctione aqua aspersionis consecratur, et qui mortuum tetigerat, ut dictum est, emundabatur, quia qui operibus mortuis, id est peccatis originalibus coinquinatur, liberatur baptismate sacro in fide mortis Christi et resurrectionis cum sponsione charitatis et spei baptizabatur.

DOMINICA DECIMA TERTIA.

Secundum Lucam.

Beati oculi, qui vident quæ vos videtis. Dico autem vobis, quod multi reges et prophetæ videre vo-

lucrunt quæ videtis, et non viderunt, et audire quæ auditis, et non audierunt (*Luc. xiij*). » Illos oculos dicit beatos qui sacramenta Christi cognoscunt. Prophetæ et justi sicut Isaias et Abraham viderunt in ænigmate et non in specie. Abraham exsultavit ut videret diem Christi : et vidit et gavisus est. Isaias et alii prophetæ viderunt gloriam Domini : unde et videntes sunt appellati; sed ænigmate viderunt, non in præsentiarum, ut apostoli, qui nequaquam per angelos ut varias visionum species opus habebant doceri. Quos Lucas reges dicit, Matthæus justos (*Matth. xiii*) appellat, quia magni reges sunt qui tentationum suarum motibus regendo præesse noverunt, non succumbere. Nota quia minor gratia minorque sacramentorum Christi notitia fuit in prophetis quam in apostolis, qui præsertim accepto Spiritu sancto mundum etiam illustraverunt. Verumtamen aliqui prophetarum, et aliquando supra hominem rapti, sine ænigmate contemplati sunt intellectuali visione, ut Apostolus (*II Cor. xii*). Unde Dominus in libro Numeri : « Si quis fuerit inter vos propheta Domini, in visione apparebo ei, vel per somnium loquar ad illum. At non talis servus meus Moyses. Ore enim ad os loquor ei et non palam, non per ænigmata et figuras Dominum videt (*Num. xii*). » Sequitur : « Et ecce quidam legisperitus surrexit tentans illum, dicens : Magister, quid faciendo vitam æternam possidebo? Pharisæi videntes quia silentium imposuisset Sadducæis, convenerunt in unum. Et accessit unus de Scribis, legis doctor, tentans eum, et dicens : Magister, quod est mandatum magnum in lege? » Videlicet Pharisæi et Sadducæi inter se contrarii essent, tamen pari mente consenserunt ad Dominum tentandum. Quod legimus fecisse Hærodem et Pilatum in nece Domini. Pharisæis sæpe confutatis, malitia et livor nutrit impudentiam. Itaque nudi a veritate multitudine se armaverunt dicentes apud se : Omnes loquamur per unum, ut si fuerit victus, videatur confusus. Magistrum vocat, cujus non vult esse discipulus. Simplicissimus interrogator et malignissimus insidiator de magno mandato interrogat qui nec minimum observat. Ille enim debet interrogare de majori justitia qui minorem complevit.

« Ait illi Jesus : Primum omnium mandatum est : Audi, Israel, Dominus Deus tuus Deus unus est. Et diliges Dominum Deum tuum ex toto corde tuo, et ex tota anima tua, et ex tota mente tua, et ex tota virtute tua. Hoc est primum et maximum mandatum. Secundum autem simile est huic : Diliges proximum tuum sicut teipsum. In his duobus mandatis universa lex pendet et prophetæ. » Primum et maximum est mandatum unum Deum super omnia diligere, et hoc ante omnia debemus quasi unicum pietatis fundamentum locare. Ideo non dixit cognosces, sed diliges, quia cognoscere unum Deum pene proprium est humanæ naturæ; diligere autem, religiosi cordis et recti. Huic simile est de dilectione proximi, quia imago Dei est homo. Dilectio in Deum est origo dilectionis in proximum, et dilectio in proximum cognitio est dilectionis in Deum. In tribus rebus dilectio Dei exprimitur, ut nihil remaneat in homine quod non divinæ dilectioni subdatur. Nam dum dicitur : « Dilige Deum ex toto corde tuo, » omnes cogitationes in Deum referendas præcepit. Dum vero dicitur « ex tota anima, » omnes affectiones animæ ad Deum referri jussit. Dum vero adjecit « ex tota mente » omnem rationem indicat humanam, qua intelligimus et discernimus in rebus divinis esse occupandam. Ubi autem dicit « ex tota virtute » bonum perseverantiæ injungit. Item duo sunt erga proximi dilectionem servanda, ut et beneficii impensione foveatur, et nulla malitia lædatur. Hoc est : « Quod tibi non vis fieri, aliis ne feceris (*Tob. iv*), » et : « Omnia quæcunque approbatis ut faciant vobis homines, hæc et vos facite illis (*Matth. vii*). » Licet igitur diversa sint præcepta, quibus aut utiliter quæ sunt appetenda cupimus, aut quæ vitanda sunt utiliter præcavemus, unum tamen sunt in radice charitatis, quia in dilectione Dei et proximi facere debemus. Recte itaque dicit legem et prophetas referri ad duo mandata charitatis, quia totus Decalogus et monita prophetarum ibi habent finem.

« Et ait illi Scriba : Bene, magister, in veritate dixisti, quia unus est Deus, et non alius præter eum, et ut diligatur ex toto corde, et ex toto intellectu, et ex tota anima, et ex tota fortitudine : et diligere proximum tanquam seipsum, majus est omnibus holocautomatibus et sacrificiis. » Ostendit ex hac responsione Scriba gravem sæpe inter Scribas et Pharisæos fuisse quæstionem quod esset mandatum maximum, quibusdam hostias et sacrificia laudantibus, aliis fidei et dilectionis opera præferentibus, eo quod plures Patres ante legem absque omni victimarum et sacrificiorum consuetudine ex fide tantum, quæ per dilectionem operatur (*Gal. v*) placuissent, nemo autem absque fide et dilectione per sacrificia. Nos autem magnum et primum mandatum dicimus quantum ad dignitatem. Alioquin utilitas mandatorum Dei una est, et sic omnia sibi cohærent, ut alterum esse non possit sine altero, ut fundamentum dicimus melius esse, cum tamen nec fundamentum sine ædificatione, nec ista sine illo esse possit. Non igitur fundamentum est utilius ædificatione, sed dignius, sicut caput dignius est membris :

« Jesus autem videns quia sapienter respondisset, dixit illi : Non es longe a regno Dei. Recte respondisti : hoc fac et vives. » Quia salus nostra consistit in cognitione veritatis et amore virtutis, Sadducæi longe sunt a regno Dei, cum nec cognoscenda cognoscant, nec diligenda diligant. Hic autem superbus tentator minus longe erat extra regnum, quia jam per scientiam evangelicæ perfectioni consensit. Esset autem in regno Dei si augeretur ei cognitio veri et dilectio boni, ut Christum tam in Deum quam in proximum susciperet.

« Ille autem, volens justificare seipsum, dixit ad Jesum : Et quis est proximus ? » Nemo proximior homini quam Deus, qui intrinsecus et extrinsecus novit, et omnia curare potest. Sed omnis incredulus vel tentator nec Deum nec hominem proximum habet. Legisperitus ob vulgi favorem captandam, quod sapienter respondisse jactaretur, interrogat Dominum quid faceret. Sed quia seipsum justificare desiderat, Dominus temperavit responsum suum parabolice loquens ei, ita ut et omnis qui misericordiam facit proximus intelligatur, et specialiter Dei Filius, qui nobis per humanitatem proximus factus est, designetur.

« Suscipiens autem Jesus dixit : Homo quidam descendebat ab Hierusalem in Jericho, et incidit in latrones. » Homo iste Adam intelligitur; Hierusalem civitas coelestis, a cujus beatitudine lapsus est in hanc vitam mortalem. Quod bene Jericho, quæ luna interpretatur, significat variis effectibus incerta. Latrones intellige diabolum et angelos ejus, in quos non incideret nisi prius vitiis tumuisset. Vera est enim sententia dicens : « Ante ruinam exaltabitur cor (*Prov*. xvi). »

« Qui etiam despoliaverunt eum, et plagis impositis, abierunt, semivivo relicto. » Despoliaverunt eum gloria immortalitatis et veste innocentiæ. Plagæ peccata sunt quibus naturæ humanæ integritas violata fuit. Abierunt autem non ab insidiis aliquatenus cessando, sed earumdem insidiarum fraudes occultando. Semivivum reliquerunt, quia rationem ejus abolere non valuerunt. Ex qua enim parte sapere et cognoscere Deum potest, vivit homo; ex qua vero peccatis tabescit, lethifero vulnere fœdatus jacet quasi mortuus.

« Accidit autem ut sacerdos quidam descenderet eadem via, et viso illo præterivit. Similiter et levita cum esset secus locum et videret eum pertransivit. » Sacerdos et levita qui sauciatum transierunt, sacerdotium et ministerium Veteris Testamenti significant, ubi mundi languentis vulnera monstrari poterant, non autem curari. Ait enim Apostolus, quia « impossibile erat sanguine vitulorum et agnorum et hircorum auferri peccata (*Hebr*. x). » Itaque sacerdos Dei, lege in mundum descendente per Moysen, nullam sanitatem contulit homini. Sic et descensus levitæ qui typum ostendit prophetarum, nullum sanat; sed cum peccata arguit pertransit, quia indulgentiam non largitur.

« Samaritanus autem quidam iter faciens venit secus eum, et videns eum misericordia motus est. » Samaritanus qui *custos* interpretatur Dominum significat, cui Propheta contra latrones istos ita supplicat. « Custodi me a laqueo quem statuerunt mihi, et a scandalis operantium iniquitatem (*Psal*. cxl). » Ipse Dominus homo factus vitæ præsentis iter arripuit, et venit secus vulneratum, compassionis nostræ finitimus et misericordiæ collatione vicinus. Lex autem non habuit misericordiam, sed judicium et vindictam.

« Et approprians alligavit vulnera ejus, infundens oleum et vinum. » Peccata enim quæ in hominibus invenit redarguendo cohibuit, spem veniæ pœnitentibus promittens, terrorem pœnæ peccanti incutiens. Alligat ergo vulnera, dum præcipit : « Pœnitentiam agite (*Matth*. iii). » Infundit oleum, dum addit : « Appropinquabit regnum cœlorum (*ibid*.) » Infundit et vinum, dum dicit : « Omnis arbor quæ non facit fructum bonum excidetur, et in ignem mittetur (*ibid*.). » Vel alligat vulnera in baptismo, infundit oleum et vinum, id est chrisma sancti Spiritus et calicem passionis suæ.

« Et ponens illum in jumentum suum, duxit in stabulum, et curam ejus egit. » Jumentum caro ejus est in qua peccata nostra portavit super lignum, et juxta aliam parabolam, ovem erroneam reportavit ad gregem. Itaque imponi jumento est incarnationem Christi credere, ejusque mysteriis tutari ab hostili incursione. Stabulum est Ecclesia præsens, ubi sperando reficiuntur viatores, in æternam vitam redeuntes. Stabuli nomine miserias et fetores hujus vitæ signanter insinuat, ne homo in hoc exsilio tanquam in patria gaudeat. Curam egit, ne æger in Ecclesiam ductus, præcepta quæ acceperat dimitteret.

« Et altera die protulit duos denarios, et dedit stabellario et ait : Curam illius habe, et quodcunque supererogaveris, ego, cum rediero, reddam tibi. » Altera dies est post Domini resurrectionem, quæ magis splendet quam tempus præcedens. Duo denarii duo sunt Testamenta, in quibus æterni Regis nomen et imago continentur. Stabularius est chorus discipulorum, quibus aperuit sensum ut intelligerent Scripturas per Spiritum sanctum. Supererogat stabellarius, quod in duobus denariis non accepit, cum Paulus dicit : « De virginibus præceptum Domini non habeo, consilium autem do (*I Cor*. vii). » Itemque supererogat cum dicit : « Dominus ordinavit his qui Evangelium annuntiant : de Evangelio vivere, sed nos non usi sumus hac potestate, ne quem vestrum gravaremus (*I Cor*. ix; *II Thess*. iii). » Debitor rediens reddet quod promisit, cum Dominus in judicio dicet : « Quia super pauca fuisti fidelis, super multa te constituam : intra in regnum Domini tui (*Matth*. xxv). »

« Quis horum trium videtur tibi proximus fuisse illi qui incidit in latrones? At ille dixit : Qui fecit misericordiam in illum. Et ait illi : Vade, et tu fac similiter. » Nemo nobis magis est proximus quam qui vulnera nostra curavit, quam caput membris. Diligamus ergo eum ut Deum et Dominum, diligamus quasi proximum, diligamus et omnes imitatores Christi. Quod ait : « Fac et tu similiter, » tale est. Quidquid vales in proximi necessitate sublevanda vel corporali, vel spirituali, devotus operare, ut manifesteris esse proximus. Recte misericordia proximum facit, quia est secundum naturam. Nihil enim secundum naturam, quam naturam juvare consortem.

Item expositio de eodem.

« Beatus vir qui non abiit in consilio impiorum

(*Psal.* 1). » Adam infelix vir fuit, qui per consilium impiorum de patria paradisi abiit, et omnes posteros suos in hoc exsilium traduxit. Nec in via peccatorum stetit, quia in peccatis stabilis mansit. In cathedra pestilentiæ sedit, quia peccata alios per mala exempla docuit. Christus autem beatus vir exstitit, qui consilio Patris de aula cœli in carcerem post perditum servum abiit, in consilio vero impiorum non abiit, quando diabolus omnia regna mundi et gloriam eorum ei ostendens, se adorare persuasit (*Matth.* IV). In via peccatorum non stetit, quia peccatum non fecit. In cathedra pestilentiæ non sedit, quia nec verbo nec facto malum docuit. Et ideo sicut ille infelix omnes carnales filios in mortem attraxit, ita iste beatus vir cunctos filios spirituales in vitam revexit. Sicut enim ipse refert in Evangelio, homo quidam descendit ab Hierusalem in Jericho, in quem latrones irruentes vulneraverunt, ac despoliantes eum, abierunt. Porro sacerdos eamdem viam pergens, ac semivivum videns, pertransiit. Similiter levita iter faciens, viso eo præterivit. Samaritanus autem per eamdem protendens, miseri misereretur, ac ligatis vulneribus, vino et oleo medetur, impositumique jumento in stabulum duxit; altera die duos denarios stabulario protulit, curam illius gerere petit, si quid de suo supererogaverit, in reversione se ei redditurum promittit (*Luc.* X). Homo quippe ab Hierusalem in Jericho descendit, dum primus parens de gaudiis paradisi ad defectum mortis venit. Jericho namque quod luna sonat, defectum nostræ mortalitatis designat. Qui latrones incidit, quia exsulem protinus turba dæmonum circumdedit. Qui etiam eum despoliaverunt, quia non solum deliciis paradisi, sed et veste immortalitatis denudaverunt. Plagas imposuerunt, quia ei peccata inflixerunt. Semivivum reliquerunt, quia in anima mortuum in corpore vero per Dei mysteria circumdatum dimiserunt. Per eamdem viam sacerdos descendit, dum patriarcharum ordo pariter mortalitatis tetendit. Qui vulneratum pertransiit, quia generi humano opem ferre non valuit, dum se etiam peccatis graviter sauciatum doluit. Levita quoque idem iter carpebat, quia ordo prophetalis etiam per callem mortis tendebat. Qui saucium præterivit, quia perdito homini adjutorium ferre non potuit, dum se quoque peccatis vulneratum ingemuit.

A Samaritano autem semivivus curatur, quia homo seductus per Christum sanatur. Samaria erat civitas caput regni Israelitici, cujus captivi ad idololatriam in Ninive erant captivati, et gentiles in ea locati. Quorum consortia in tantum Judæi exhorruerunt, ut illos participio eorum addicerent quibus maledicere voluerunt. Unde et Dominum maledicendo Samaritanum vocaverunt. Ipse enim verus Samaritanus erat, quod custos dicitur, quia ab eo genus humanum custoditur. Hic iter fecit, dum de cœlis in hunc mundum venit. Viatorem vidit plagatum, quia hominem conspicit peccatis et miseriis circumdatum. Super eo movetur misericordia, quia omnes dolores pro eo experitur et appropians vulnera ejus alligavit, dum vitam æternam nuntians a peccatis cessare prædicavit. Per duas partes ligaminis vulnera constrinxit, dum per duos timores peccata compescuit. Servilis enim timor pœnas a peccatis prohibet; filialis autem sanctus ad bona opera monet. Inferiorem partem ligaminis traxit, dum gehennæ timorem sic cordibus hominum incussit. « Vermis, inquit, eorum non moritur et ignis non exstinguitur. » (*Marc.* IX). Superiorem partem traxit, dum boni studii timorem instruxit. « Filii inquit, regni ejicientur in tenebras exteriores; ibi erit fletus et stridor dentium (*Matth.* VIII). » Vinum et oleum infudit, dum pœnitentiam et veniam docuit. Per vinum quippe putrida expurgantur; per oleum fota curantur. Vinum infudit, dum dixit: « Pœnitentiam agite (*Matth.* III). » Oleum addit dum subjunxit: « Appropinquabit enim regnum cœlorum (*ibid.*). » In jumentum posuit, dum peccata in corpore suo super lignum crucis pertulit. In stabulum duxit, dum eum supernæ Ecclesiæ conjunxit. Stabulum quo animalia in nocte congregantur, est præsens Ecclesia in qua justi in caligine hujus vitæ stabulantur, donec aspiret dies æternitatis et inclinentur umbræ mortalitatis. Altera die protulit duos denarios. Una dies erat mortis, altera vitæ. Dies mortis cœpit ab Adam in quo omnes moriuntur; dies vitæ inchoavit a Christo in quo omnes vivificabuntur. Ante Christi resurrectionem omnes homines ad mortem tendebant; post suam resurrectionem omnes fideles ad vitam surgebant. Altera vero die duos denarios protulit, dum post resurrectionem suam duo Testamenta per duo præcepta charitatis impleri docuit. Stabulario denarios dedit, dum ordini doctorum leges vitæ docendas commisit. Ægrum præcepit curari, quia genus humanum jussit a peccatis salvari. Quem ægrum fetor de stabulo exire compellit, quia justos adversitas hujus mundi ad cœlestia appetenda impellit. Duo etiam denarii stabulario dantur, dum doctores scientia Scripturarum et honore sæcularium sublimantur. Si quid ipsi supererogaverint, ille reddet cum redierit, quia si bona quæ populis prædicant, operibus exemplificant, cum verus Samaritanus ad judicium redierit, et olim saucium tunc jam sanatum de stabulo in cœleste palatium induxerit, sollicitis curatoribus sempiterna præmia recompensabit.

De verbis: « *Egredimini, filiæ Sion,* » *et de tribus visionibus Christi.*

« Egredimini, filiæ Sion, et videte regem Salomonem in diademate quo coronavit eum mater sua. (*Cant.* III). » Delicatis et infirmis proponitur hæc exhortatio per Spiritum sanctum. Delicati sunt qui in Ægypto et in Babylone volunt prosperari: hi propter infirmitatem suam femineo sexu appellantur filiæ; nondum perfecti filiorum nomine honorandi. De perfectis enim dicitur: « Filii Sion inclyti,

(*Thren.* IV).» Tres itaque sunt visiones regis nostri: Prima in hoc mundo, secunda in judicio, tertia in regno. De prima dicitur : « Multi prophetæ et reges voluerunt videre quæ vos videtis et non viderunt. » (*Luc.* X). Et illud : « Beati oculi qui vident quæ vos videtis (*ibid.*). » De secunda : « Videbit omnis caro salutare Dei. (*Luc.* III). » De tertia : « Videbimus eum sicuti est. (*I Joan.* III). » Prima visio durat quandiu est hodie præsentis vitæ. In hac apparuit humilis et pius, dicens : « Venite ad me, omnes qui laboratis (*Matth.* XI). » Hoc et hodie similiter dicit hominibus. In secunda apparebit terribilis et justus. Unde dicitur : « Judicabit populos in æquitate. (*Psal.* XCV). » In tertia gloriosus videbitur. Unde canitur : Gloriosus Deus in sanctis suis; mirabilis in majestate sua. In prima visus est a bonis et malis; sed non ab omnibus ; in secunda videbitur a bonis et malis omnibus; in tertia, a bonis tantum, quia non videbunt mali essentiam Deitatis. Unde scriptum est : « Tollatur impius, ne videat gloriam Dei. » In prima sui visione Dominus est corrector morum dicens : « Discite a me quia mitis sum et humilis corde (*Matth.* XI); » et in propheta : « Convertimini ad me, et salvi eritis (*Isa.* XLV).» In secunda discretor meritorum est, dicens bonis : « Venite, benedicti. (*Matth.* XXV). » Malis vero : « Ite in ignem æternum (*ibid.*).» In tertia distributor erit præmiorum pro diversitate morum, quia stella differt a stella in claritate (*I Cor.* XV). Omnibus tamen communis lætitia erit, etsi dispar singulorum gloria : nec erit labor in desiderio, nec in saturitate fastidium, quia tunc non esset perfectum bonum.

Juxta has tres visiones dicitur idem Rex et Dominus noster Jesus Christus tribus nominibus mystice appellari : Salomon, Ecclesiastes, Idida. Salomon, id est pacificus, quia in prima visione pacem fecit inter Deum et homines, inter angelos et homines. Unde dicit Apostolus : « Pacificans non solum quæ in terra, sed etiam quæ in cœlis sunt (*Coloss.* I). » Ecclesiastes, id est concionator, quia in secunda sui visione concionem et diversitatem gentium congregabit. Idida, id est dilectus, quia in tertia cognoscent sancti quomodo Filius diligat Patrem et diligatur a Patre, cum tradiderit regnum Deo et Patri, et ipse erit omnia in omnibus (*I Cor.* XV). Præterea notandum quod his tribus libris qui intitulantur : Proverbia Salomonis, Ecclesiastes, Canticum Canticorum, annotantur tres abrenuntiationes. Quarum prima est, qua corporaliter universas divitias mundi facultatesque contemnimus; secunda, qua mores ac vitia affectusque pristinos animi carnisque respuimus ; tertia, qua mentem nostram de præsentibus universis ac visibilibus evocamus, et futura tantummodo contemplamur, et ea quæ sunt invisibilia concupiscimus. Quæ tria etiam Abrahæ Dominus præcepit, cum diceret : « Exi de terra tua et de cognatione tua et de domo patris tui (*Gen.* XII). » Primum dixit « de terra tua, » id est de facultatibus mundi hujus operibusque terrenis. Secundo, de cognatione tua, id est de conversatione et moribus vitiisque prioribus, quæ nobis a nativitate nostra cohærentia velut quadam affinitate cognata sunt. Tertio, « de domo patris tui, » id est omni memoria mundi hujus, qui oculis occurrit. Quod ita fit, cum mortificati cum Christo ab elementis hujus mundi contemplamur, secundum apostolum, jam non ea quæ videntur, sed quæ non videntur. « Quæ enim videntur temporalia sunt, quæ autem non videntur æterna (*II Cor.* IV). » Et exeuntes corde de hac temporali ac visibili domo in illam in qua sumus jugiter oculos nostros mentesque dirigimus. Quod tunc implebimus cum in carne ambulantes non secundum carnem militare Domino cœperimus, juxta hoc : noster autem municipatus est in cœlis. His itaque tribus abrenuntiationibus, ut præfatum est, conveniunt proprie tres libri Salomonis. Nam Proverbia aptantur primæ, quibus concupiscentia carnalium rerum ac terrena vitia resecantur; secundæ, Ecclesiastes, ubi universa quæ aguntur sub sole vanitas pronuntiantur; tertiæ, Canticum canticorum, in quo mens visibilia cuncta transcendens verbo jam Dei rerum æternarum contemplatione conjungitur. Nam superata tellus sidera donat. Felix ergo qui potuit boni fontem visere lucidum. Quod facere valet mens, ab illicito amore penitus pura. Nam econtra qui tartareum in specus, scilicet in amorem temporalium victus lumina flexerit, quidquid præcipuum trahit perdit, dum videt inferos. Qui enim intentus est temporalibus, amittit quidquid boni acquisierat. Enimvero, heu! noctis prope terminos Orpheus Eurydicem suam vidit, perdidit, occidit. Nam inde summe dolendum est, cum aliquando sapiens et eloquens quispiam multos ad justitiam convertit prædicando, sed ipse propria victus in concupiscentia perit, quia dum ad terrenas cupiditates respicit, quas pene spreverat, omnia bona quæ egerat perdit, et ipse occidit de summo rationis ad ima terrenorum. Unde dicitur Orphœus, quasi aurea phone [φωνή], id est optima vox. Hujus conjux est Eurydices, id est naturalis concupiscentia. Eurydices nempe dicitur boni judicatio, quia quod quisque judicat bonum, sive ita sit sive non sit, id concupiscit. Quapropter festinare debemus, ut quemadmodum corpore petentes patriam, divitias mundi despeximus voluptatesque, ita etiam corde hæc omnia relinquentes, nulla rursus ad hæc, quæ dimisimus, concupiscentia revertamur. Sed non proderit primam abrenuntiationem cum summa devotione fidei suscepisse, si secundam non eodem studio et ardore implemus: et ita cum etiam hanc fuerimus indepti, ad illam quoque tertiam pervenire poterimus : qua egressi de domo prioris nostri parentis omnem mentis intuitum ad cœlestia deflectemus. Hujus tertiæ abrenuntiationis veram perfectionem tunc merebimur obtinere, quando mens nostra, nullo carneæ pinguedinis hebetata contagio, sed peritissimis eliminationibus expolita ab omni affectu et qualitate terrena, per indesinentem divinarum rerum meditationem spiritalesque theorias ad illa invisibilia transierit.

Item de eodem.

« Egredimini, filiæ Sion, ut videre possitis regem Salomonem (*Cant.* III); » Unde dictum est Abrahæ : « Egredere de terra tua, et de cognatione tua, et de domo patris tui (*Gen.* XII). » Terra lata et spatiosa : hæc est curiositas. Quæ dum late vagatur per exteriora, interim subintrat serpens : porrigit pomum, et subripit paradisum. Dina foris inventa corrumpitur (*Gen.* XXXIV): De hac curiositate exeundum est, conservando mentem. Cognatio autem dicitur voluptas quæ nobis innata est a primo parente, qui voluptuose voluit vivere sine jugo obedientiæ : de hac exeundum est, mortificando carnem. Qui propriam retinet voluntatem, patrem habet diabolum : qui se volu:t alterum facere principium, de domo ejus exeundum est, propriam voluntatem deponendo : imo, ut aliis verbis dicatur de cavea, de carcere, de compedibus fugiendum est. Mundus dicitur captivorum et redimendorum carcer. Infernus carcer est captivorum et non solvendorum. De mundano carcere liberat Dominus. Unde dicitur : « Dominus illuminat cæcos (*Psal.* CXLV). » illos videlicet quos mundana excæcant. Cavea est caro nostra, quæ elidit animam ; sed « Dominus erigit elisos (*ibid.*). » Compede tenetur qui propriam voluntatem sequitur : Dominus autem solvit compeditos (*ibid.*). Videte regem Salomonem. Multi vident regem, sed non Salomonem, qui regunt et cohibent in se motus illicitos, et tamen odio habent proximos. Sic econverso multi Salomonem, sed non regem vident, qui pacem servantes vitia non corrigunt. Illi regem et Salomonem vident qui motus pravos comprimunt, et ab odio cessant. « In diademate quo coronavit eum mater sua (*Cant.* III). » Tria sunt veri Salomonis diademata : Unum quo coronavit eum Judæa, quod est misericordiæ quantum ad illum, non quantum ad Judæos. Hoc fuit de spinis. Spinæ significant peccata quibus pungimur. Hæc ipse portavit, non per experientiam, sed per compassionem. Unde dicit propheta : « Ipse languores nostros tulit, et peccata nostra ipse portavit (*Isa.* LIII). » Secundum est carneum diadema, quo coronavit eum Maria mater sua, in quo affectiones nostras habuit. Tertium est diadema gloriæ, quo coronavit eum Pater suus sedentem ad dexteram suam : Unde Apostolus : « Videmus Jesum propter passionem mortis gloria et honore coronatum (*Hebr.* II). » Et in psalmo : « Gloria et honore coronasti eum (*Psal.* VIII). »

De eo quod nonnulli inconsiderate affirmant justos in futuro Dei regnum Deum visuros corporeis oculis. De verbis Augustini.

Quidam promittunt nobis, imo sibi, quod beatiores angeli sint futuri, asserentes quod non solum per hoc quod creati sunt ad imaginem Dei, visuri sunt Deum, sicut angeli beati vident Deum, sed etiam per corporeos oculos in spirituali corpore. Quod si verum fuerit, quia visio Dei est creaturæ rationalis beatitudo, sicut plures habebunt Dei visiones, scilicet et rationalem et corporalem, plures quoque habebunt beatitudines quam angeli. Nam angeli per hoc solum quod rationales sunt, videbunt Deum, secundum quod facti sunt ad imaginem Dei. Hoc autem, quod angeli futuri sint digniores, Veritas non pollicetur. Porro qui hoc asserunt quod corporeis oculis visuri sint Deum homines, ut tanta res eis credatur, adducunt beatum Augustinum in testimonium qui hoc eis affirmare videtur in ultimo libro De civitate Dei. Ait ergo finita quæstione quam proposuerat de hoc utrum visuri sint homines Deum per corpus, sicut videmus solem et lunam et cætera corpora, an non. Aut ergo, inquit, sic per illos oculos videbitur Deus, ut habeant aliquid in tanta excellentia menti simile, quo et incorporea natura cernatur, quod ullis exemplis sive Scripturarum testimoniis divinarum vel difficile est vel impossibile ostendere. Ecce audis ab Augustino quod impossibile sit ostendere ex divinis Scripturis quod Deus in futuro corporeis oculis videatur, et tu dicis eum affirmare hoc quod ipse negat aliquo modo posse probari. Ecce audis quod spiritale corpus habiturum esset simile aliquid menti, quo Deus invisibilis cerneretur, quia aliter non posset videri Deus per corpus, nisi imago Dei per quam solam videri potest Deus, ipso Augustino teste, crearetur in corpore spirituali. Quod si fieret, non jam corpus, sed spiritus futurum esset ipsum corpus : quod nefas est credere. Deinde alteram partem quæstionis subjungit, aut quod est facilius intelligendum : ita Deus nobis erit notus atque conspicuus, ut videatur spiritu a singulis nobis, in singulis nobis; videatur ab altero in altero ; videatur in seipso, videatur in cœlo novo et terra nova (*Apoc.* XII), atque in omni quæ tunc fuerunt creatura, videatur et per corpora in omni corpore, quocunque fuerint spiritualis corporis oculi acie perveniente directi. Ecce totam quæstionem quæ fuit bimembris recollegit sub disjunctione. Non enim dixit : Istud est; sed dixit : Aut istud est, aut illud : Et ideo quamvis alterum sit verum, affirmavit nihil tamen hic, suo more agens, nisi hoc solum quod præter quæstionem ex sententia posuit non posse ostendi exemplis ullis vel Scripturarum testimoniis, quod Dei incorporea substantia per corporis oculos videnda sit. Porro quod in posteriori parte quæstionis et disjunctæ dixit, videatur et per corpora in omni corpore, quocunque fuerint spiritualis corporis oculi acie perveniente directi ; aut idem est quod in parte superiori posuerat, scilicet per oculos corporeos videbitur Deus, et sic ipsa quæstio non constat ex contrariis partibus, et jam non erit quæstio, neque disjuncta ; aut si est aliud quam illud quod posuerat, ut sit quæstio sic ipse nominavit eam, et ut valeant illa signa disjunctionis, id est aut videndum est quid sit quod dixit : videatur et per corpora in omni corpore, et cætera. Nimirum idipsum quod supra præmiserat hoc, scilicet credibile est, sic nos visuros esse mundana corpora cœli novi et terræ novæ, ut Deum ubique præsentem et universa etiam corporalia gubernantem per corpora quæ gestabimus et quæ conspiciemus quocunque versum oculos duxerimus, clarissima perspicuitate videamus: sicut homines inter quos viventes motusque vitales exercentes vivimus, mox ut aspicimus, non credimus vivere, sed videmus: cum eorum vitam sine corporibus videre nequamus quam tamen in eis per corpora conspicimus.

Prius inspiciamus exemplum. Vita, quæ vegetat membra et qua vivunt corpora, invisibilis est, sicut ipse Augustinus dicit: Quare nullatenus ipsa videtur per oculos corporis, sed cordis. Unde ergo discernimus viventia a non viventibus corpora, nisi quod simul corpora vitasque videmus? Sic idem doctor asserit homines viventes vitalesque motus exercentes videmus. Quid enim est, videmus homines viventes, quod ipse mox exposuit subjungens, vitalesque motus exercentes, nisi videmus non ipsam vitam, sed motus factos a vita, quia sunt certissima signa vitæ, non ipsa vita? Sic enim dicere solemus: Audio illum in domo flentem, vel ridentem, vel absentem clamantem; id est auditu capio fletum, vel risum, vel clamorem ipsius, non ipsum. Sic dicitur: Video te juste agentem, benigne et hilariter tua distribuentem, cum tamen justitia, vel benignitas, vel hilaritas a nullo cernantur ipsæ, sed opera earum quæ testantur causas adesse sine quibus non fierent. Hoc modo dicimus Deum invisibilem omnia gubernantem nos visuros, cum in spirituali corpore clarissima perspicuitate oculorum spiritualium conspecturi sumus non ipsam ejus naturam, sed subtilissimam incorruptionem, et gloriosam immortalitatem, et cætera insignia, quæ Deus operabitur in futuris corporibus: quod pertinet ad gubernationem ejus. Notandum vero quod dicit quocunque oculos direxerimus. Per hoc enim innuitur oculos etiam tunc non ubique visuros, sed ibi tantum quo fuerint directi. Alioquin frustra posuisset conspiciemus corporalia quocunque versum oculos direxerimus. Denique si hoc exemplo demonstravit posse Deum videri corporeis oculis in futuro, contrarius est sibimet qui dixit paulo ante nullis exemplis hoc posse ostendi. Valde quippe sibi adversantur nullo exemplo posse ostendi illud et hoc exemplo posse ostendi illud. Et si contrarius est sibi, non potest non esse etiam falsus. Contraria enim simul non possunt esse vera. Sed absit, ut quod dicit Augustinus, aliquis præsumat dicere falsum esse. Quare nec contrarius est sibi. Restat ergo ut hoc exemplo non ostendat Dei substantiam ipsam corporalibus oculis posse videri, quando asseruit nullis exemplis ostendi posse. Quod ergo ostendit videri posse nisi quod diximus clarissima indicia suæ præsentis potentiæ, sapientiæ, benignitatis: quibus glorificabit et configurabit corpora immortalia facta corporis nostri Domini claritati, et renovabit cœlum et terram.

Quomodo sanctus Augustinus ponit et exponit dicta sancti Ambrosii de eadem quæstione.

Quod Deus videndus sit corporaliter in spirituali corpore post resurrectionem a sanctis, quid de hac re senserit beatus Augustinus videamus. Nam a Paulina Dei famula inquisitus de re ista, posuit et exposuit verba beati Ambrosii disserentis de hac quæstione, hic videlicet: « Deum nemo vidit unquam (*Joan.* 1), » quia eam quæ habitat in Deo plenitudinem divinitatis nemo conspexit, nemo mente aut oculis comprehendit. « Vidit » enim ad utrumque est referendum: Denique cum additur « unigenitus Filius ipse enarravit (*ibid.*), » mentium magis quam oculorum visio declaratur. Species enim videtur, virtus narratur: illa oculis, hic mente comprehenditur. Et quid mirum, si in præsenti sæculo, nisi quando vult, Dominus non videtur? In ipsa quoque resurrectione non facile est Deum videre, nisi his qui corde sunt mundo. Et ideo: Beati mundo corde ipsi enim Deum videbunt (*Matth.* v). Quantos jam nuntiaverat beatos; sed tamen videndi his Deum non promiserat facultatem. Si ergo Deum hi qui mundo sunt corde videbunt, utique non alii videbunt. Neque enim indigni Deum videbunt, neque is qui Deum videre noluerit, potest Deum videre. Nec in loco videtur Dominus, sed mundo corde nec corporalibus oculis Dominus quæritur, nec circumscribitur visu, nec tactu tenetur, nec auditur affatu, nec sentitur incessu, et cum absens putatur judicetur, et cum præsens est, non videtur. Denique nec apostoli omnes Christum videbant, et ideo ait: « Tanto tempore vobiscum sum, et adhuc non cognovistis me (*Joan.* xiv). »

« Si hæc verba intelligis, quid restat quod a me amplius requiratur, cum jam illa quæ difficilis videbatur soluta sit quæstio? Sed propterea Deum nemo vidit unquam, quia sicut ait disputator, cujus verba consideramus, plenitudinem divinitatis ejus nemo conspexit; nemo mente aut oculis comprehendit; restat inquirere quomodo angeli Deum videant. Si enim et ipsis non sicuti est, sed latente natura sua in spem quæ voluerit apparet, magis requirendum est, quomodo nos videbimus eum sicuti est. Hoc enim summum præmium in resurrectione promittitur quod erimus æquales angelis Dei; ac per hoc, si nec ipsi eum vident sicuti est, quomodo nos visuri sumus, ita cum eis æquales in resurrectionem facti fuerimus. Nota autem, quia istud est contra homines, qui dicunt nullam creaturam, nec angelos, nec homines visuros Deum in sua ipsius substantia, sed in phantasiis quibusdam. Sed vide quid consequenter dicat Ambrosius: « Denique, » inquit, cum additur, unigenitus Filius ipse narravit, mentium magis quam oculorum visio declaratur. Species enim videtur, virtus narratur: illa oculis; hæc mente comprehenditur. Quia vero species usitatius in corporibus dicitur, vel in similitudinibus corporum, ideo dixit: Species videtur, virtus narratur, Proinde narravit Unigenito, qui est in sinu Patris in narratione ineffabili, quod creatura rationalis munda et sancta, impletur Dei visione ineffabili, quam tunc consequamur, cum æquales angelis facti fuerimus. Eo quippe modo quo videbitur sicuti est, nunc fortasse videtur a quibusdam angelis : a nobis autem tunc ita videbitur, cum eis facti fuerimus æquales. Nunc sane quæritur quomodo videatur Deus, non ea specie qua et in isto sæculo quibusdam voluit apparere; quando non solum cum Abraham aliisque justis, verum etiam cum Cain fratricida locutus est, sed quomodo videatur in illo regno, ubi eum filii ejus videbunt sicuti est. Quo desiderio flagrabat Moyses, cui loqui ad Deum facie ad faciem non sufficiebat, et dicebat : « Ostende mihi temetipsum manifeste ut videam te (*Exod.* XXXIII), » quasi diceret quod in psalmo canitur ex eodem desiderio : « Cum manifestabitur gloria tua (*Psal.* XVI). »

De hac visione loquens etiam ipse amator et desiderator ejus Ambrosius : Non in loco, inquit, videtur Deus; et sicut ad ilicem Mambre, et sicut in monte Sina, sed mundo corde; et sequar, sciens quid desideret et quid æstuet, et quid speret : nec corporalibus, inquit, oculis quæritur Deus, quibus se ostendit Abrahæ, Isaac, Jacob et aliis in hoc sæculo, nec circumscribitur visu propter illud quod dictum est : « Posteriora mea videbis (*Exod.* XXXIII). » Nec tactu tenetur, sicut luctatus est cum Jacob; nec affatu auditur, sicut non solum a tot sanctis, verum etiam auditus est a diabolo; nec sentitur incessu, sicut aliquando cum in paradiso ambularet ad vesperam (*Gen.* III). Vides quemadmodum vir sanctus enitatur mentes nostras ab omnibus carnis sensibus evocare, ut aptas ad videndum Deum faciat. Et tamen quid agit talis extrinsecus plantator et rigator, nisi intrinsecus operetur, qui dat incrementum Deus ? Quis enim sine adjutorio spiritus Dei cogitare valeat esse aliquid ; magisque esse quam omnia quæ per corpus sentiuntur, quod nec in loco videatur, nec quærendum sit oculis, nec audiatur affatu, nec tactu teneatur, nec sentiatur incessu, et videatur tamen, sed mundo corde? Neque enim de hac vita ille loquebatur, cum hoc diceret : quandoquidem ab hoc sæculo in quo Deus apparuit, non sicuti est, sed in specie qua voluit, quibus voluit, satis discrevit futuri sæculi vitam discretione apertissima, ubi ait : et quid mirum, si in præsenti sæculo nisi quando vult Deus non videtur? In ipsa quoque resurrectione non facile est Deum videre, nisi his qui mundo sunt corde. Et ideo, « beati mundo corde, ipsi enim Deum videbunt (*Matth.* V). » Hinc jam de illo sæculo dicere exorsus est, ubi Deum videbunt non omnes qui resurgent, sed qui resurgent ad vitam æternam. De qualibet dixit ipse Dominus, cum præsens non videretur : « Qui diligit me, mandata mea custodit, et qui diligit me, diligetur a Patre meo, et ego diligam eum, et ostendam ei meipsum (*Joan.* XIV). » Et quæ est vita æterna, nisi quod ipsa alibi dicit : « Hæc est vita æterna, ut cognoscant te unum verum Deum, et quem misisti Jesum Christum ? » (*Joan.* XVII.) Sed sic quomodo promisit ostensurum se dilectoribus suis cum Patre unum Deum, non quomodo in hoc sæculo in corpore visus est bonis et malis. In illa quippe forma Dei, in qua non rapinam arbitratus est esseæ qualis Deo (*Philipp.* II), videbunt eum, qui videbunt eum sicuti est. Nec ideo videbunt quia pauperes spiritu in hac vita fuerunt, quia mites, quia lugentes, quia esurientes et sitientes justitiam, quia misericordes, quia pacifici, quia persecutionem passi propter justitiam, quamvis et hæc omnia idem ipsi sint, sed quia mundo corde sunt. Ideo quippe inter alias beatitudines cum omnia faciant qui cor mundum habent, non est tamen alibi positum Deum videbunt, nisi ubi dictum est : « Beati mundi corde, » quoniam mundo corde videbitur, qui nec in loco videtur, nec oculis corporalibus quæritur, nec visu circumscribitur, nec tactu tenetur, nec auditur affatu, nec sentitur incessu. « Deum enim nemo vidit unquam (*Joan.* I), » vel in hac vita sicuti est ipse, vel etiam in angelorum vita sicut visibilia ista quæ corporali visione cernuntur, quia unigenitus Filius qui est in sinu Patris ipse narravit (*ibid.*). Unde non ad oculorum corporalium, sed ad mentium visionem dictum est pertinere quod narrat, quomodo et verbum est, non sonus auribus instrepens, sed imago mentibus innotescens, ut illic interna et ineffabili luce clarescat quod dictum est : « Qui me videt, videt et Patrem (*Joan.* XIV). » Ecce sanctus Augustinus affirma per hæc verba sancti Ambrosii solutam esse quæstionem illam, quomodo videatur Deus a filiis suis in futuro sæculo : et verum est.

DIVISIO.

Beatus Ambrosius apertissime confirmat quod in resurrectione ab his etiam qui indigni erunt Dei visione non videatur corporalibus oculis, nec aliquo sensu corporis sentiatur, sed mundo corde. Sanctus quoque Augustinus in explanatione dictorum ejusdem sui dilecti Ambrosii asserit non ad corporalium oculorum, sed mentium visionem pertinere eam narrationem, qua Dei Verbum mentibus indicat seipsum et Patrem suum. Quod vero potest esse clarius ea sententia quam beatus Augustinus paulo ante posuit : « Deum nemo vidit unquam (*Joan.*I), » in hac vita sicut ipse est, nec in angelorum vita, sicut visibilia ista quæ corporali visione cernuntur. Audiamus adhuc Augustinum explanantem verba sui Ambrosii : Potest, inquit, movere quomodo ipsa Dei substantia videri potuerit a quibusdam in hac vita positis, propter illud : « Nemo potest videre faciem meam, et vivere (*Exod.* XXXIII) ; » nisi quia humana mens potest divinitus rapi ex hac vita ad angelicam vitam ante mortem carnis communem. Sic enim raptus est qui audivit illa ineffabilia verba quæ non licet homini loqui (*II Cor.* XIII), ubi usque adeo facta est ab hujus vitæ sensu quædam intentionis aversio, ut sive extra corpus fuerit, id est utrum, sicut solet in vehementiori exstasi, mens ab hac vita in illam vitam furit alienata, manente corporis vinculo, an omnino resoluta fuerit, qualiter in plena morte contingit, nescire se diceret. Ita fit ut et illud verum sit quod dictum est : « Nemo potest videre faciem meam et vivere (*Exod.* xxxiii). » Quia necesse est abstrahi ab hac vita mentem, quando in illius ineffabilitatem visionis assumitur. Deinde Augustinus subjungit dicens : Quod mihi proposueras, utrum explicatum sit, diligenter attende recolendo quæ dicta sunt. Si enim quæris utrum possit Deus videri, respondeo : Potest. Si quæris unde sciam, respondeo : Quia in verissima scriptura legitur : « Beati mundo corde, quoniam ipsi Deum videbunt (*Matth.* v). » Si quæris unde eum videbimus, respondeo : Unde angeli vident, quibus tunc erimus æquales. Sicut enim videntur ista quæ visibilia nominantur, Deum nemo vidit unquam : Nec videri potest, quoniam est natura invisibilis, sic est incorruptibilis; quæ contextim posuit Apostolus dicens : « Regi autem sæculorum invisibili, incorruptibili (*I Tim.* 1), » quia sicut nunc incorruptibilis, nec postea corruptibilis : ita non solum nunc, sed etiam semper est invisibilis. Nec in loco enim videtur, sed mundo corde ; nec corporalibus oculis quæritur, nec circumscribitur visu, nec tactu tenetur, nec afflatu auditur, nec sentitur incessu. Unigenitus autem Filius, qui est in sinu Patris, deitatis naturam atque substantiam insonanter narrat, et ideo dignis idoneisque tanto conspectu oculis etiam invisibiliter monstrat. Ipsi enim sunt oculi de quibus Apostolus dicit illuminatos oculos cordis nostri (*Ephes.* 1), et de quibus dicitur : « Illumina oculos meos, ne unquam obdormiam in morte (*Psal.* xii). » Dominus enim spiritus est. Unde : « Qui adhæret Domino, unus spiritus est (*I Cor.* v). »

Proinde qui potest Deum invisibiliter videre, ipse potest Deo incorruptibiliter adhærere. Puto jam non esse in quæstione quam proposuisti amplius quod requiras. Hæc sunt verba Augustini : Qui intelligit, certissime videt nunquam per oculos corporis se Deum visurum. Ut cætera omittam, Deus et nunc et semper est invisibilis, sicut nunc et semper incorruptibilis : ideo autem est invisibilis, quia non potest videri corporeis oculis, quibus videntur ista visibilia, et ob hoc dicta visibilia. Unigenitus etiam narrat et monstrat invisibiliter oculis cordis Dei substantiam et incorruptibiliter possumus Deo qui spiritus est, adhærere, si possumus eum invisibiliter videre. (CASSIODORUS.) In resurrectione divinæ sapientiæ agnitione replebimur, nec rerum intellectus veracissimus disciplinis onerosis imbuitur, sed in elaborato mentis lumine declaratur. Ibi beatis talis splendor mentis est, et lumen intelligentiæ, ut ipsum sicut in majestate sua est, mereantur conspicere Creatorem. Quocirca libris commonemur veris, quod pars illa emundata atque meliorata divino munere veraciter speculetur auctorem, qui ejus nihilominus portat imaginem. Inde denique Deum videbimus, unde credimus, et ex ea parte illud summum eximium singulare contemplabimur : Unde utique meliores sumus. (HIERONYMUS) : « Quicunque Spiritum sanctum repromissionis acceperit, simul consequetur et arrhabonem hæreditatis, quæ hæreditas vita æterna est. Quomodo autem arrhabo, qui nobis tribuitur, non est extra nos, sed intra, six et hæreditas ipsa, hoc est regnum Dei quod intra nos est, in nobis versatur intrinsecus. Quæ enim potest esse major hæreditas quam contemplari et videre sensu pulchritudinem Sapientiæ, et Verbi, et veritatis, et luminis, et ipsius Dei ineffabilem naturam considerare, omniumque quæ ad similitudinem Dei condita sunt substantia contueri. Iste autem Spiritus sanctus qui est arrhabo hæreditatis nostræ, ideo nunc sanctis datur ut redimantur et copulentur Deo.

DOMINICA DECIMA QUARTA.

Secundum Lucam.

« Cum iret Jesus in Hierusalem transibat per mediam Samariam et Galilæam. Et cum ingrederetur quoddam castellum, occurrerunt ei decem viri leprosi. Qui steterunt a longe, et levaverunt vocem dicentes : Jesu, præceptor, miserere nostri (*Luc.* xvii). » Leprosi sunt qui scientiam veræ fidei non habentes, varias erroris doctrinas profitentur. Veras falsis permiscent inordinate, quasi diversos lepræ colores ostendentes. Hi vitandi sunt ab Ecclesia, et longe remoti necesse habent, ut magno labore clament, quousque per cognitionem præceptoris redeant ad formam salutis.

« Quos ut vidit dixit : Ite, ostendite vos sacerdotibus. Et factum est, dum irent, mundati sunt. » Solos leprosos invenitur Dominus misisse ad sacerdotes, quia sacerdotium Judæorum figura erat sacerdotii quod nunc est in Ecclesia. Et quisquis vel hæretica pravitate vel gentili superstitione vel Judaica perfidia, vel etiam fraterno schismate per Dei gratiam mundatus caruerit, necesse est ut ad Ecclesiam veniat, coloremque fidei verum aliis similem ostendat. Unde Paulus ad Ananiam missus est (*Act.* ix), ut sacramentum fidei perciperet, et verus ei color approbaretur, non quod Dominus omnia per se nequeat, sed ut ipsa societas fidelium invicem communicando unam speciem veri coloris in fide confirmet. Cornelius etiam precibus ejus auditis jussus est mittere ad Petrum propter unitatem confirmandam (*Act.* x).

« Unus autem ex illis ut vidit quia mundatus est, regressus est cum magna voce magnificans Deum. Et cecidit in faciem ante pedes ejus, gratias agens.

Et hic erat Samaritanus. » Unus qui regressus est gratias agens significat humilitatem unitatis Ecclesiæ. Samaritanus interpretatur *custos*. Quo nomine ille significatur, qui omne robur suum Deo attribuit, juxta Psalmistam : « Fortitudinem meam ad te custodiam, quia tu es Deus susceptor meus (*Psal.* LVIII). » In faciem cadit qui de malis perpetratis erubescit. De persecutoribus vero Domini scriptum est quia « abierunt retrorsum et ceciderunt (*Joan.* XVIII). » Qui ante se cadit, videt quo cadat ; qui autem retro cadit non videt. Iniqui ergo retro cadunt, quia cor ante ruinam exaltatur, ut non videant quid eos sequatur. Justi autem ante se cadunt, quia compuncti humiliantur. « Respondens autem Jesus dixit : « Nonne decem mundati sunt, et novem ubi sunt? Non est inventus qui rediret et daret gloriam Deo, nisi hic alienigena. Et ait illi : Surge, vade quia fides tua te salvum fecit. » Si fides hunc salvavit, perfidia novem perdidit. Unum si addatur ad novem quædam effigies unitatis impletur, quo fit tanta complexio, ut ultra non progrediatur numerus nisi ad unum redeat. Novem itaque indigent uno ad quamdam unitatem, unum vero non indiget eis ad unitatem sui. Quamobrem unus qui gratias egit significat illos qui in unitate sunt Ecclesiæ ; novem vero illos qui extra sunt. Dominus quærit ubi sint, quia scire Dei eligere est ; nescire vero, reprobare. Quando mundati sunt cognoverunt Deum, sed abierunt retrorsum. De talibus dicit Apostolus : « Qui cum cognovissent Deum, non ut Deum magnificaverunt aut gratias egerunt (*Rom.* IX). » Sciendum quia unus dicitur prima unitas, decem vero secunda. Et illa confertur Deo, quia in se multiplicata, nec augetur nec minuitur ; hæc, Ecclesiæ, quia in se multiplicata crescit in centenarium. Dicitur vero in denario, qui est unitas centenarii, varietas per sui multiplicationem generatur ; bene dicuntur fuisse decem leprosi, qui a fide unius Dei fuerant diversi. Et sicut omnes fideles per denarium signari possunt ob custodiam decem mandatorum, sic omnes infideles eodem numero intelligi possunt econtrario ob negligentiam eorumdem mandatorum. Unus qui rediit ad Dominum curatus dicitur alienigena, vel quia prius alienus fuit ab Ecclesia, vel quia se alienavit a sociorum suorum perfidia. Aliter : Decem leprosi. Domino castellum introeunte mundati sunt : Dominus quippe intravit castellum, dum incarnandus descendit in Virginis uterum, Spiritus sancti sacellum. Decem viri leprosi erant omnes homines x Præceptorum transgressione vel x plagarum Ægypti percussione maculosi (*Exod.* VII). Sciendum est autem quod hæ decem plagæ contrariæ sunt decem præceptis legis. Prima plaga est aqua versa in sanguinem ; secunda, ranæ ; tertia, sciniphes ; quarta, omne genus muscarum ; quinta, mors in pecora Ægyptiorum ; sexta, pustulæ et vesicæ turgentes in hominibus et jumentis ; septima, grando super omnes fructus præter serotinos ; octava, locustæ, quæ co-medebant quod residuum fuit ; nona, triduanæ tenebræ ; decima, mors primogenitorum omnium. His ut jam diximus contraria sunt decem præcepta legis. Primum enim præceptum est : « Non habebis deos alienos. Ego enim sum Dominus Deus tuus (*Exod.* XX). » Compara primum præceptum primæ plagæ, scilicet unum Deum ex quo sunt omnia intellige in similitudinem aquæ a qua generantur omnia. Aqua igitur versa in sanguinem significat Deum, quem tunc homines verterunt in sanguinem, cum eum cœperunt credere corruptibilem. Unde Apostolus dicit : « Et mutaverunt gloriam incorruptibilis Dei in similitudinem imaginis corruptibilis hominis (*Rom.* I). » Imago enim corruptibilis est sicut sanguis. Secundum autem præceptum est : « Non assumes nomen Dei in vacuum (*Exod.* XX). » Ille assumit nomen Dei in vacuum qui in nomine Dei jurat, non credit se puniendum. Huic præcepto contrariæ sunt ranæ strepentes : quod significat fallaces homines veritati repugnantes, et mendacium per nomen Dei ponentes. Tertium præceptum est : « Memento ut Diem Sabbati sanctifices ; nihil operis facies in eo (*ibid.*). » In tertio isto præcepto insinuatur quoddam vacationis judicium. Quæ vacatio est tranquillitas mentis vel sanctificatio. Sabbati, quia ibi requiescit spiritus Dei, sicut ipse dicit : « Super quem requiescet spiritus meus, nisi super humilem, et quietum et trementem sermones meos ? » (*Isa.* LXVI). Huic tertio præcepto, scilicet vacationis, opponuntur sciniphes et muscæ, quæ sunt ingentis inquietudinis. Quartum præceptum : « Honora patrem tuum et matrem (*Exod.* XX). » Huic contraria est quarta Ægyptiorum plaga, scilicet caninæ muscæ. Caninum est enim parentem non agnoscere, et cæcitatem mentis, qua canes nascuntur, contra parentes exhibere. Quintum præceptum est : « Non mœchaberis (*ibid.*). » Huic præcepto opponitur quinta plaga, scilicet mors in pecora Ægyptiorum. Et coire et generare est pecudum, ratione intelligere humanum est. Ideo ratio, quæ præsidet imminentes motus inferiores carnis tanquam dominantes, debet non immoderate et illicite passim vageque laxare. Ideoque ipsis pecoribus natura datum est instituente Creatore ut non moveantur ad feminas nisi certis temporibus. Neque enim ratione se cohibet alio tempore pecus, sed ipso motu frangente torpescit. Homo autem ideo semper moveri potest, quia et refrenare motus potest. Sextum præceptum est : « Non occides (*ibid.*). » Huic sexta plaga contraria est, scilicet pustulæ et vesicæ in omni carne. Quod significat sicut caro acceditur ad odium proximi et ad fundendum sanguinem, sic ardebit igne æterni judicii. Septimum præceptum est : « Non furaberis (*ibid.*). » Huic præcepto contraria est septima plaga, scilicet grando in fructibus. Quod significat : Quidquid proximo furtim subtrahis, cœlestis judex vindicabit. Octavum præceptum est : « Non dices falsum testimonium (*ibid.*). » Huic contraria est octava plaga, locustæ, animal dente noxium. Quod significat quod fallax mordendo et mentiendo nitatur infestare proximum. Unde Apostolus ait: « Si mordetis et comeditis invicem, videte ne ab invicem consumamini (*Gal.* v). » Nonum præceptum est : « Non concupisces rem proximi tui (*Exod.* xx). » Huic opposita est octava plaga, scilicet densæ tenebræ. Quod significat in tenebris esse et ad æternas tenebras tendere qui quod sibi non vult, hoc alii meditatur inferre. Decimum præceptum est : « Non desiderabis uxorem proximi tui (*ibid.*). Non servum, non ancillam. » Huic præcepto contraria est decima plaga, scilicet mors primogenitorum. Quod significat quod qui volunt hæreditarie aliena possidere, et desiderant mortem momentaneam aliorum, incurrunt æternam. His decem plagis pro transgressione decem præceptorum legis erant homines maculosi, et quasi ex percussione earum leprosi. Qui a domino ad sacerdotes destinantur, sed in itinere mundantur, quia dum peccatores delicta sua confiteri ad sacerdotes currunt, protinus veniam de commissis habebunt. Unus qui pro sanitate grates retulit est catholicus populus qui pro salute sua jugiter Deo gratias agit.

De sex speciebus lepræ.

« Homo in cujus carne et cute ortus fuerit diversus color sine pustula, vel quasi lucens quidpiam, id est plaga lepræ, adducetur ad Aaron sacerdotem vel unumquemlibet filiorum ejus. Quisque cum viderit lepram in cute, et pilos in albo mutatos colore, lepra est, et ad arbitrium ejus separabitur (*Levit.* xiii). » Lepra quippe doctrina falsa est. Proinde leprosi non absurde intelliguntur hæretici qui unitatem veræ fidei non habentes varias doctrinas profitentur veraque falsis admiscent: sicut et lepra veris falsisque locis humana corpora variando commaculat. Hujus scilicet lepræ invenimus legislatorem sex species in homine posuisse: primam capitis et barbæ, secundam calvitii et recalvationis, tertiam carnis et cutis, quartam cutis et corporis et cicatricis albæ cum rubore; quintam ulceris et cicatricis; sextam ustionis (*ibid.*). In capite lepram portant qui in divinitate Patris vel in ipso capite, quod est Christus, peccant. Caput enim viri Christus. Hanc lepram habuerunt Judæi, Valentiniani, Marcianitæ et Fotiniani : qui omnes in calvitio lepram gerunt, quia errorem suum aperta pravitate defendunt. In barba lepram gerunt, qui de apostolis et sanctis Christi aliquid perverse sentiunt, atque eos pravum quodlibet prædicasse confingunt. Sicut enim barba ornamentum est fieri, ita scilicet Apostoli et doctores ornamentum præstant in corpore Christi. Corpore lepram habent qui Ecclesiæ detrahunt, sicut Exariani qui negant carnis resurrectionem, et sicut Novatiani, qui nuptias damnant, et peccantibus pœnitentibus denegant, et sicut ex calice qui inter alios errores regnum cœlorum parvulos habere non credunt; et Ariani qui vetant pro defunctis offerri sacrificium. In carne et cute lepram gerit, qui carnalia vel exteriora suadere conatur, ut Cerinthiani, qui resurrectionem futuram in carnis voluptate existimant, vel sicut illi qui dicunt in fide manentibus, quamvis carnaliter vivant, non posse imputari peccata. In cicatrice sanati ulceris lepram portat, qui post cognitionem et medicinam Dei et manifestationem fidei quam a Christo suscepit, rursus in ipsa cicatrice accedit ad aliquod erroris prioris indicium, aut ad perfidiam veteris dogmatis. In carne viva gestant lepram, qui de anima quæ vita est aliquod falsum existimant, sicut illi qui dicunt animam de carnis substantia propagatam, et sicut qui animam simul cum corpore mori putant. In cicatrice ustionis lepram habent Manichæi, qui inani abstinentiæ cruciatu corpora sua exurunt, et per infidelitatem non munditiam, sed lepram inde gignunt. De talibus enim dicit Apostolus : « Discedent, » inquit, « quidam a fide, attendentes spiritibus erroris et doctrinis dæmoniorum, in hypocrisi loquentes mendacium, et cauteriatam suam habentes conscientiam, prohibentes nubere, et abstinere a cibis quos Deus creavit (*I Tim.* iv). »

Sed adhuc adjicit colores leprarum, id est pallidam, rubentem, albam, lividam, nigram, florescentem (*Levit.* xiii). Itaque dum pallidam lepram dicit imbecillem et fragilem fidem animi denotat, quæ prodito colore nigritatis erroris infirmitate languescit. Cum autem rubicundam lepram ostendit, homicidii cruore infectos denotat et urit; cum vero albam, illos qui se mundos appellant, sive illos qui de falso merito gloriantur. Cum albam vel lividam lepram commemorat, invidiæ vel livoris notas exprimit. Cum vero nigram insinuat, sacrificiorum furno et busto idolatriæ denigratam conscientiam detestatur; cum florescentem, toto corpore, et cooperientem pelliculam corporis a capite usque ad pedes dicit, avaritiæ crimen ostendit, quia cum floridum et jucundum hominem putant felicem esse in hoc mundo et divitem videri, tunc pestis avaritiæ omne genus hominum quasi totum corpus crebro erroris illius contagio commaculat. Cum autem lepram habet cum rubore et pallore permistam, eum hominem denotat qui, cum sit imbecillis animo et mendax, facile in furorem prorumpit, et levitate mox facile petulat. Pallor mentientem linguam significat, rubor vero iracundiam. Est autem lepra peccati, quæ sacrificiorum oblationibus emundatur, id est corde contrito et humiliato. Est et idolatriæ, quæ aqua abluitur baptismi. Est hæreticorum qui, vii dierum purgatione extra castra esse jubentur, ut per septiformis Spiritus agnitionem purificentur. Est et quæ visui sacerdotum offertur per doctrinam. Ulcus autem lepræ quod omnino mundari non potest, eorum est qui in Spiritum sanctum peccant, nec dicunt pœnitentes posse consequi veniam. De his autem ait Veritas : « Qui peccaverit in Spiritum sanctum, non remittetur ei neque in hoc sæculo neque in futuro. Quod vero jubetur leprosis ut exeant de castris et sedeant foris, donec mundetur lepra eorum, intelligitur hæreticos debere projici ab Ecclesia, donec a proprio errore mundentur, et sic revertantur. Ejusmodi vero dissolutis tunicis, capite discooperto, et ore obvoluto sedere jubentur, mundationem lepræ exspectantes: dissolutis tunicis, id est omnibus secretis manifestis, capite discooperto, ut a cunctis ejus nudatio videatur; ore clauso, ne ulterius impia doceat vel loquatur. Sed adhuc adjecit Scriptura lepram esse in vasis, parietibus domus, in vestimento, intra maceriam. Lepra in parietibus domus hæreticorum congregatio denotatur, quæ per sacerdotem purgari debet. Lepra in vasculis unicuique homini proprii corporis delictum. Lepra in domibus vel in vestimento, quæ extra corpus nutriuntur, vel quæ in ipso corpore perpetrantur, tamen et hominis anima intelligitur, et turma mollissimi corporis sensus. Quod vero leprosi in lege ad sacerdotem mittuntur, judicatur pro mundatione hæreticorum annua sacrificia in Ecclesia debere offerri, et sic reconciliari unitate Ecclesiæ.

Moralitas de Naaman Syro, et die septimo lavatur in Jordane.

Naaman princeps militiæ regis Syriæ erat vir magnus et dives, sed leprosus, et habebat in domo sua puellam quamdam ancillam ex terra Israelis (*IV Reg.* v), Hæc est series historiæ quam retexuimus. Historia est doctrinalis area, in qua boni discursores flagellis diligentiæ et ventilabro inquisitionis grana à paleis separant. Sicut latet mel sub cera, et nucleus sub testa: sic sub cortice historiæ dulcedo moralitatis. Naaman interpretatur *decor*, vel *decorus*, et significat divites hujus mundi, qui videntur in oculis suis potentes et præclari. Hi præditi copia rerum, gloriosi titulis parentum, sublimes celsitudine notorum, habentes scientiam litteralem et forensem, leprosi tamen sunt varietate criminum. Multiplicati fructu frumenti, vini et olei sunt, quod est materia et opportunitas peccandi, proniores sunt ad vitia, et paratiores ad scelera, ad injuriam liberiores, sicut dicitur: « Prodiit quasi ex adipe iniquitas eorum (*Psal.* LXXII). » Cum tamen venerit tempus miserendi, et tempus visitationis eorum habent consilium puellæ. Puella ista est divina gratia vel sapientia quæ virgo est propter integritatem, sicut illa Abisag qua senes calefacit, juvenes non urit. Quæ etiam puella ancilla est, quia omnibus officiosa. Unde dicitur: « Sapientia clamitat in plateis. Usquequo, parvuli, diligitis infantiam (*Prov.* i). » Et subinde: « Donum bonum tribuam vobis (*Prov.* iv). » Et rursum: « Bibite vinum quod miscui vobis (*Prov.* ix). » Hæc tamen vel ancilla sedula et puella, cum in se non habeat maculam aut rugam, servit tamen leprosi principis conjugi, dum sceleratorum potentum naturali interius rationi salutis desiderium ac cognitionem subministrans, decoloratos peccatis præclaros reddit et fulgidos. Hæc ergo dat consilium Naaman, dicens: « Vade in Samariam ad Eliseum prophetam, et sanabit te a lepra quam habes (*IV Reg.* v). » Samaria interpretatur *custodia*. Vade in Samariam, redi ad tuam custodiam, vigila supra actiones tuas: pastoribus vigilantibus supra gregem suum angelica facta est visio et allocutio.

Scito teipsum, unde dicitur: « Redite, prævaricatores, ad cor (*Isa.* XLVI). » Dina quæ evagatur a principe terræ corrumpitur. Non vadit in Samariam qui excussus a propriis, aliena negotia curat. Consilio puellæ abiit ad Eliseum, et pulsavit ad ostium domus ejus (*IV Reg.* v). Eliseus *salus Domini* interpretatur. Hic est Jesus Salvator mundi, qui salvum fecit populum suum a peccatis eorum (*Matth.* i). De quo Propheta: « Salus tua, Deus, suscepit me (*Psal.* LXVIII). » Et ipse de se: « Salus populi ego sum (*Psal.* XXXIV). » Domus ejus sunt sanctæ Scripturæ, vel Ecclesia vel religiosæ personæ, in quibus habitat per gratiam. Ostium est pœnitentia, per quam intramus ad eum, et ipse ad nos. Unde dicitur: « Adhuc te loquente, dicam, ecce adsum (*Isa.* LII); » et illud: « Revertimini ad me, et ego revertar ad vos (*Zachar.* i). » Aversi sumus ab illo, et ille aversus est a nobis, revertamur ad illum, et ille revertetur ad nos: Eliseus sedens in cathedra sua, misit ad eum puerum suum in hæc verba: Vade, descende in Jordanem, et lavare septies, et mundaberis (*IV Reg.* v). Eliseus noster sublatus a nobis corporaliter, sedet ad dextram Patris, in his scilicet quæ sunt potiora, nec apparet modo corporaliter, sed mittit puerum suum. Puer iste intellectus est vel ratio pura, ad imaginem Dei facta. Hic est puer qui de strage filiorum et filiarum solus evasit, ut renuntiaret Job. Vel puer iste est Spiritus sanctus, quia pueros facit malitia parvulos, et pueros simplicitate. Vel puer in sacra Scriptura ob puritatem sermonis, et ob eloquia casta. Hic itaque puer dicit: « Descende de Syria, id est de elatione. Syria quippe *sublimis* interpretatur, in Jordanem, id est ad conformitatem Christi quæ est humilitas. » Titulus namque diaboli superbia est, titulus Christi humilitas. Hujus enim disciplinæ proposuit se scholarem magistrorum dicens: Non ad oracula prophetarum, non ad ænigmata vos mitto, sed « a me ipso discite quia mitis sum et humilis corde (*Matth.* XI). » Ipsum me propono vobis speculum. Humilitas autem exterior parum valet, nisi adsit interior, vera scilicet obedientia. Hæc tria exigit a te, ut humilitas sedeat in corde, patientia servetur in ore, perseverantia teneatur in opere. Verba etiam consonant, « descende in Jordanem. » Jordanis *descensus* interpretatur. Et hæc est quædam causa quare Dominus hunc fluvium specialiter eligeret, ut in eo baptizaretur. « Lavare septies, » id est perfecte. Et indignatus Naaman, respondit: « Nunquid non meliores sunt Abana et Parphar fluvii Damasci omnibus aquis Israel, ut laver in eis et munder? » (*IV Reg.* v.) Damascus interpretatur *bibens sanguinem*. Hic est mundus qui nostra æterna morte delectabiliter per cruentum peccati poculum inebriatur. Parphar *talpa* dicitur, illud deforme et cæcum animal pro domicilio latebras terræ et cavernas inhabitans;

hortosque et sata suffodiens. Significat autem aviditatem terrenorum, qui oculos suos statuerunt declinare in terram. Hæc est et mulier curva, quam Dominus erexit. Abana *latere lapides ejus* interpretatur.

Per quod præcipui quique signantur Ecclesiæ vel hujus sæculi. Ecclesiæ, secundum illud : « Dispersi sunt lapides sanctuarii in capita omnium platearum (*Thren.* IV); » sæculi, juxta illud ejusdem prophetæ contra Babylonem : « Tollite de via lapides (*Jer.* L), quia videlicet honores ambiunt qui humilitatis formam abnuunt. Hoc respondent quotidie dicentibus nobis ut visibilia contemnant : Nonne melius est divitias habere, epulari laute et delicate, molliter cubare, ad libitum deambulare, et in honoribus oblectari, quam expendere dies nostros in afflictionibus? Hoc est dicere : « Nunquid non meliores sunt Abana et Farphar omnibus aquis Israelis ? » Constipatores dixerunt ei et laterales : « Et si rem grandem dixisset tibi propheta, certe debueras facere ; quanto magis quia dixit tibi : Lavare et mundaberis, (*IV Reg.* v). » Laterales nostri angeli sunt, dati nobis ad custodiam, et viri religiosi qui dicunt : Etsi ultra facultatem esset quod præcipitur, facere debueras, et proponunt crucem Petri, ensem Pauli, equuleum Vincentii, craticula Laurentii. Ipse etiam camelus noster per foramen acus, id est Christus angustiam passionis transivit ; quæ si intueamur, etiam si grandis res nobis imperetur, recusare non debemus, quia non sunt condignæ passiones hujus temporis ad futuram gloriam (*Rom.* VIII). Et si rem grandem, in prima creatione Deus me dedit mihi, in regeneratione me mihi reddidit, se etiam pro me dedit. Quid magni faciam pro tali dato, pro tanto pretio, pro me erogato ? « Quid retribuam Domino, pro omnibus quæ retribuit mihi? » (*Psal.* CXV.) Moriar, dixit Propheta, hoc est enim, calicem salutaris accipiam (*ibid.*).

Eorum consiliis descendit, et lavit se septies in Jordane (*IV Reg.* V). Septem sunt lavationes vel purgationes : Lavatio extra corpus, lavatio circa corpus, lavatio in corpore, duplex in lingua, duplex in mente. Lavatio extra corpus est abrenuntiatio divitiarum et possessionum, quæ extra dicuntur, quia nec corpori adhærent, nec de ejus substantia sunt. Secunda lavatio circa corpus, est contemptus pretiosæ vestis, quia si non esset peccatum uti pretiosa veste, non diceret Apostolus : « Non in veste pretiosa (*I Tim.* II). » Item : si non esset laudabile uti veste vili, non tot haberemus testimonia, tot commendationes Christi de Joanne et Elia, qui vilibus usi sunt. Jacob quoque ait : « Si Dominus Deus meus dederit mihi panem ad edendum et vestimentum quo operiar. (*Gen.* XXVIII). » Non dixit quo superbiam, sed ad tegendam nuditatem. Tertia lavatio in corpore est mortificatio membrorum, castigatio corporis. Unde Paulus ait : « Castigo corpus meum, et in servitutem redigo (*I Cor.* IX). » Hæc videlicet caro est Agar , contradicens dominæ suæ. De qua Ambrosius : Jure pertulit injuriam, quæ induerat insolentiam. Caro nostra est animal lasciviens, asina petulca, sed castiganda est, ut dominæ obediat. Duæ lavationes in lingua sunt cavere verbum jactantiæ in prosperis, si quando prosperitatem dat Deus in carnalibus vel spiritualibus, et cavere verbum patientiæ in adversis. Qui juste punitur et impatiens est, socius est latronis a sinistra Domini pendentis ; qui injuste punitur et patienter fert, consors Christi est ; qui et juste punitur et patiens est, similis est latroni a dextris qui dixit : « Nos quidem digna factis recipimus (*Luc.* XXIII). » Duæ lavationes in mente sunt propriæ voluntatis abdicatio, et propriorum consiliorum non præsumptuosa defensio. Abdicanda est voluntas, ut qui habet exterius silentium et in prosperis et in adversis, non retineat interius propriam voluntatem, ne sit conformis diabolo. Sicut enim Deus se voluit unum esse principium omnium, ita et suam voluntatem retinens non submittens eam Deo, constituit quasi alterum principium voluntatum. Non est præsumendum de consilio. Quidam enim addunt auctoritatem Scripturæ ad obstruenda ora aliorum et astruendam sententiam suam. Hæ septem lavationes in Christo fuerunt. Lavatio extra corpus, quia cum dives esset, pauper pro nobis factus est ; lavatio circa corpus, quia natus est, in præsepi est positus, pannis obsitus ; in corpore, quia jejunavit et in oratione pernoctavit ; in linguam non offendit per prospera, quia cum vellent eum regem facere, fugit ; non offendit in adversis, quia sicut ovis coram tondente se obmutuit. Lavationem in corde habuit, quia non venit facere voluntatem suam, sed Patris, et divinum consilium præposuit consilio Petri dicentis : « Absit a te, Domine, non erit tibi hoc (*Matth.* XVI). » Iterum cum dicerent Joseph et mater sua : « Fili, quid fecisti nobis sic ? respondit : Quia in his quæ Patris mei sunt oportet me esse (*Luc.* II), » et tamen sequebatur eos, et erat subditus illis. (*ibid.*). « Et facta est caro ejus, sicut caro pueri (*IV Reg.* V), » id est ad similitudinem Christi. Iste est puer, de quo dicitur : « Puer natus est nobis (*Isa.* IX). » Adam perdidit conditionem, innocentiam, immortalitatem. Hæc tria retulit nobis iste puer. Ista est septem ablutio Naaman in Jordane.

DOMINICA DECIMA QUINTA.

Secundum Matthæum.

« Nemo potest duobus dominis servire. Aut enim unum odio habebit et alterum diliget : aut unum

sustinebit et alterum contemnet (*Matth.* vi). » Non potestis Deo servire et mammonæ, id est opus diversæ voluntati dominorum non convenit : Mammona Syriace, divitiæ nuncupantur Latine. Audiat hoc avarus. Non dixit, qui habet divitias, sed qui servit, id est qui custodit ut servus, et non distribuit ut dominus. Mammona apud Hebræos divitiæ dicuntur, Punice autem mammon, id est lucrum dicitur. Qui servit mammonæ diabolo servit, qui princeps hujus sæculi a Domino dicitur (*Joan.* xiv).
« Et alterum diliget, » id est Deum. Quis enim diabolum diligit? Patitur tamen aliquis eum, sicut qui in magna domo aliqua alienæ ancillæ conjunctus, propter cupiditatem suam duram patitur servitutem, etiam si dominus ancillæ non diligat.
« Et alterum contemnet. » Quis Deum potest odisse? Contemnit tamen aliquis eum, id est non timet, cum nimis de ejus misericordia præsumit. Unde illud : « Fili, ne adjicias peccatum super peccatum, et dicas : misericordia Dei magna est (*Eccli.* v). » Lucas habet « adhærebit (*Luc.* xiii), » ubi Matthæus dicit « sustinebit. » Et utrumque respicit ad diabolum, cui male acquirentes divitias adhærendo sustinebunt illum.

« Ideo dico vobis, nec solliciti sitis animæ vestræ quid manducetis, neque corpori vestro quid induamini. » De carnali cibo et vestimento hoc accipiendum est, quia de spiritualibus semper debemus esse solliciti. Labor exercendus, sed sollicitudo est tollenda, de carnalibus quidam addunt, neque quid bibatis.

« Nonne anima plus est quam esca, et corpus plus quam vestimentum? » Sensus est : Qui præstitit majora, præstabit et minora. Pro hac vita posuit animam, juxta illud : « Qui amat animam suam perdet eam (*Joan.* xii). »

Respicite volatilia cœli, quoniam non serunt neque metunt, neque congregant in horrea, et Pater vester cœlestis pascit ea : Nonne vos magis pluris estis illis? Hoc ad litteram intelligendum est, quia Dominus manifeste omnem curam rerum præsentium admonet, et attentos tantum reddit in spe futuri docet. Rationale animal cui æternitas promittitur plus est quam irrationale. « Magis pluris, » hoc est multo pluris pretii estis vos quam volatilia cœli aerii.

« Quis autem vestrum cogitans potest adjicere ad staturam suam cubitum unum ? » Si ergo neque quod minimum est potestis, quid de cæteris solliciti estis ? Illi relinquite tegendi corporis curam, cujus cura factum est.

« Considerate lilia agri quomodo crescunt : non laborant neque nent. » Non hic est igitur quærenda allegoria, sicut nec in avibus, sed de minoribus persuasio fit ad majora.

« Dico autem vobis quoniam nec Salomon in omni gloria sua coopertus est sicut unum ex istis. » Quæ purpura regum, quæ pictura textricum potest floribus comparari ? Ipse color dicitur operimentum florum, sicut dicitur : Operit istum rubor.

« Si autem fenum, quod hodie est et cras in clibanum mittitur, Deus sic vestit, quanto magis vos, modicæ fidei ? » Vestit, id est adornat Deus fenum, hoc est herbas, et pulchro colore et bono odore. Quod cum siccatum fuerit mittetur in clibanum, id est in acervum habentem speciem clibani. Modica fides est quæ nec de minimis certa est, nec dum æterna sperat. « Nolite ergo solliciti esse, dicentes : Quid manducabimus, aut quid bibemus, aut quo operiemur ? Hæc enim omnia gentes inquirunt. Scit enim Pater vester quia his omnibus indigetis. Quærite autem primum regnum Dei, et justitiam ejus : et hæc omnia adjicientur vobis. » Gentibus nulla cura est de futuris, sed semper præsentia quærunt. Filiorum autem est quærere regnum Dei ; et hæc omnia paterna gratia adjicientur etiam non quærentibus, ut nec in præsenti nec in futuro desit eis aliqua gratia. Verumtamen si præsentia subtrahuntur, ad probationem est ; si dantur, ad gratiarum actionem : quæ omnia comparantur in bonum. Scit enim cœlestis medicus quæ nobis daturus est ad consolationem ; quid vero subtracturus ad exercitationem. Non enim jumento suo homo cibaria sine causa detrahit. Cum dixit : « Primum quærite regnum Dei, » significavit temporale posterius quærendum non tempore, sed dignitate. Illud tanquam bonum, hoc tanquam necessarium, sed necessarium propter illud bonum. Aperte enim ostendit non temporalia sic appetenda, ut propter ipsa bene facere debeamus, licet sint necessaria. Quæcunque enim facimus, propter regnum Dei facere instituimur. Non enim evangelizare debemus ut manducemus, sed manducare ut evangelizemus ; quia quidquid propter aliquid aliud quæritur, vilius est quam id propter quod quæritur. Non omnes propter salutem Ecclesiæ ministrant, sed propter temporalia, aut propter utrumque. Sed supra dictum est : « Nemo potest duobus dominis servire ; » ergo tantummodo propter regnum Dei debemus operari bonum, et non in hac operatione vel sola vel cum regno Dei mercedem temporalium cogitare. Quorum omnium temporalium nomine Christianum posuit, dicens :

« Nolite solliciti esse de crastino. » Non enim dicitur crastinus dies, nisi in tempore. Nolite ergo solliciti esse in crastinum. Crastinus enim dies sollicitus erit sibi ipse.

« Sufficit diei malitia sua. » De præsentibus concedit esse sollicitos, non de futuris. Unde Apostolus : « Nocte et die manibus nostris laborantes, ne quem vestrum gravaremus (*I Thess.* ii). » Cras in Scripturis futurum tempus intelligitur, dicente Jacob : « Exaudiet me cras justitia mea (*Gen.* xxx). » Per diem intelliguntur homines quorum dies est, ut ait Apostolus : « Redimentes tempus quoniam dies mali sunt (*Coloss.* iv). » Sensus ergo est : Dies crastinus, id est futuri temporis, homines erunt solliciti sibi. Tu vero sis sollicitus de te in præsentiarum. Sollicitus in supradictis significat anxietatem; hic vero providentiam, quam futurum tempus afferet secum, ut cum necesse erit sumere aliquid temporale adsit, quia novit Deus quid indigemus. Curam autem præsentium malitiam vocat, quia pœnalis est et pertinet ad mortalitatem quam peccando meruimus; quæ in se satis onerosa est, necdum etiam futurorum curam superaddamus. Hoc loco vehementer cavendum est, ne cum viderimus aliquem servum Dei providere, ne ista necessaria desint vel sibi, vel sibi commissis, forte judicemus eum contra præcepta Domini facere. Nam et ipse Dominus loculos habere dignatus est cum pecunia: ne quis in hoc scandalum pateretur; Paulus etiam videtur cogitasse de crastino, cum dicit: « De collectis autem sicut ordinavi facite (*I Cor.* xvi). » Ad hanc ergo regulam totum hoc præceptum redigitur, ut etiam in istorum provisione regnum Dei cogitemus, in malitia vero regni Dei non ista cogitemus. Itaque non labor et providentia damnantur, sed mentem præfocans cura.

Collatio Dei cum diabolo de jure Dei et hominis.

Deus, per hominem mundum redempturus, in mundum venit, et toti mundo diabolum dominantem invenit. Deus per hominem mundum visitans in propria venit, et homo per Deum mundum non amans, ubi reclinaret caput non habuit. Deus homo in hoc mundo elementis imperavit, et homo Deus de hoc mundo regnum se non habere dixit. Ergo ad aliquid totum Dei erat, et ad aliquid totum diaboli. Totum Dei quod ipse fecerat; totum diaboli quod ipse possidebat. Deus in principio mundum creaverat, et diabolus a principio mundum possidebat. Ergo certamen factum est Deo, et certamen factum est diabolo. Deus dixit se quod suum erat debere recipere; diabolus dixit se in suo non debere calumniam sustinere. Deus dixit se post tam longam patientiam digne satisfactione honorandum; diabolus dixit se post tam longam negligentiam sua possessione non privandum. Deus dixit aliena eum fraudulenter abstulisse, violenter tenuisse; diabolus dixit eum nec cum abstulit contradixisse, nec cum tenuit aliquando repetisse. Deus dixit potenter se ad sua recipienda, si vellet, viribus uti; diabolus dixit eum contra justitiam non debere viribus abuti. Deus dixit justum non esse si quod pie creaverat perire permitteret; diabolus dixit injustum esse si quod sponte perierat, restauraret. Deus dixit se velle misereri per benignitatem propriam; diabolus dixit se nosse damnum pati per potestatem alienam. Deus dixit justum esse ut de peccato pœnitentes ad salutem reciperentur; diabolus dixit justum non esse ut in peccato persistentes ad salutem cogerentur. Deus dixit se venisse ut volentes non cogeret, sed ut volentes adjuvaret; diabolus dixit interim pro tempore æquanimiter se passurum volentes amittere, si nolentes retineret. Deus dixit in aliena se manum non mittere, si sua redderentur; diabolus dixit se aliena paratum reddere, si sua non auferrentur. Deus dixit se nullum a misericordia posse repellere; diabolus dixit, si omnes perderet, non se posse æquanimiter tolerare. Deus dixit se suadere ut in toto ab alieno jure secederet; diabolus dixit se postulare, ut saltem pro reverentia pristinæ dominationis aliquam in parte requiem sibi non negaret. Deus dixit se cum prius potiora elegisset, post illi abjectiora concessurum; diabolus dixit jure se, dum electionem habere non posset, saltem partitionem facturum. Deus dixit se privilegio dominationis utriusque potestatem vindicare; diabolus dixit se, quia jam amplius non posset, nihil ex jure, sed ex permissione postulare. Deus dixit se tantum permissurum quod etiam avari famem satiare posset; diabolus dixit se non tantum accepturum quin amplius cupiat, si fieri possit. His dictis jussit Deus tendi funiculos in partitionem, et invenit virentia et irrigua in vallibus imis; minora spatio, majora pretio, et hoc præcepit seponi ad partem alteram; deserta autem et arida in rupibus et montibus altis; lata et aspectui patentia magna spatio; vilia pretio, et hoc jussit ad alteram partem discerni. Tunc mandavit diabolum adesse. Et assistenti sic ait: Ne forte aut violentiam judicantis, aut avaritiam dantis causari valeas, quidquid oculus tuus videt, tibi dabo. Tunc diabolus qui omne sublime considerat, et humilia non valet intueri; levans oculos aspexit montes altos et saxa prominentia in rupibus, ac deserta patentia, et quasi totum sibi cessisse glorians, despexit quod Deus elegerat. Cui Deus increpans ac cæcitatem elati deridens ait: « Funes ceciderunt mihi in præclaris (*Psal.* xv). » Tu laudas quod vides, et ego laudo quod video. Tu in imo es, et propterea oculis tuis nisi alta et exstantia non patent: ego desuper contemplor quam habeant amœnitatem humilia, etenim hæreditas mea præclara est mihi.

De duobus dominis, et duabus civitatibus, et diversis aliis rebus.

Duæ sunt civitates, Hierusalem et Babylon, et duo populi; amatores Dei, cives Hierusalem, et amatores mundi, cives Babylonis; et duo reges, Christus rex Hierusalem et diabolus rex Babylonis. Inter has duas civitates et duos populos, et duos reges, bellum est jugiter, et discordia, et pugna, et signat uterque milites suos: Christus suos, et diabolus suos, ut agnoscant quique regem suum, et agnoscantur ab eo et sequantur eum. Hierusalem enim civitas est in cœlo, Babylon deorsum in terra; similiter Christus sursum est, diabolus deorsum. Milites Christi sequuntur regem suum, et milites diaboli sequuntur regem suum. Christus tribus exemplis viam nobis ostendit, quam cum sequi debeamus, similiter diabolus tria proposuit, quibus post eum præcipitentur qui eum sequuntur. Iter enim ad Christum, quia sursum est, arduum est et arctum est, et longum in sublime; iter ad diabolum, quia deorsum est, latum est, breveque in profundum et ad præcipitium facile. Ideo Christus exemplum paupertatis reliquit, ut exonerati sarcina terrenarum rerum, leves ascendamus per arduum exemplum humilitatis, ut modici sine difficultate transeamus per arctum exemplum patientiæ, ne deficiamus in longum. Exemplum paupertatis dedit cum dixit : « Vulpes foveas habent, et volucres cœli nidos, Filius autem hominis non habet ubi caput suum reclinet (*Luc.* IX). » Exemplum humilitatis dedit, cum dixit : « Discite a me quia mitis sum et humilis corde (*Matth.* XI). » Exemplum patientiæ dedit quando, cum percuteretur, non repercussit, cum joco cæderetur, sustinuit ; exemplum paupertatis, quia in hoc mundo divitias habere noluit ; exemplum humilitatis, quia gloriam sprevit, exemplum patientiæ, quia mala sustinuit. Cum laudaretur non lætabatur ; cum malediceretur, non tristabatur ; cum premeretur, non frangebatur. Ait quidam illi : « Magister bone. » Et respondit : Quid me dicis bonum ? » (*Marc.* x.) Ecce humilitas. Et alii dixerunt : « Dæmonium habes. Et dixit : Ego dæmonium non habeo, sed honorifico Patrem meum (*Joan.* VIII). » Ecce patientia. Et cum requireret eum populus, ut regem faceret, ille humilitatis exemplum nobis relinquens fugit, et gloriam sprevit : et multa sunt ad hæc pertinentia exempla.

Prima ergo est paupertas, ut abjiciamus quod gravat, in quo est peccandi occasio. Et quia paupertas despicitur, sequitur humilitas, qua ipsa etiam propter Dominum vilitas amatur, et quia rursum qui vilis est sine reverentia læditur, necessaria est post humilitatem patientia, cum omnia adversa propter Deum fortiter tolerentur. Paupertas levem facit et expeditum, humilitas modicum, patientia fortem et robustum. Econtra diabolus suos primum divitiarum pondere in amore et in sollicitudine onerat ut deorsum ruant ; secundo per superbiam inflat, ut per latum incedant ; tertio per impatientiam frangit ut cito deficiant. Hi duo populi ab initio sui duas civitates ædificaverunt : Babylon a Cain cœpit, et Hierusalem ab Abel.

Primus enim homo duos genuit filios, divisionis principium, et divisionis signum ; quia illa massa naturæ humanæ, quæ in ipso primum per conditionem tota condita erat ad gloriam, postea per prævaricationem tota erat addicta ad pœnam, ut ostenderetur quod misericordia et veritas jam tunc dividi cœperunt in vasa misericordiæ et in vasa iræ, et abjectus est primogenitus terræ, sicut primogenitus cœli corruerat, si tamen primogenitus erat qui genitus non erat. De ipso enim dictum est : « Ipse principium viarum Dei (*Job* XL). » Et reprobata sunt prima ut ostendatur quia finis principio melior est, quia quæ in principio facta sunt, a Deo bona quidem facta sunt, sed bona incipientia ; quæ autem in fine facienda erant, bona facienda erant, et bona consummata. Propter hoc etiam in ipsa rerum conditione primum materiam fecit, postea formam super-addidit (*Gen.* I) ; ut ostenderet quod similiter in rationali natura quod primum esse primum factum erat, postea autem pulchrum esse et formosum esse ; et melius addendum erat, ut non nimis gloriaretur in eo quod bonum primum acceperat, sed ad illud potius festinaret quod postea melius acceptura erat. Sed primogenitus primum dilexit ut perderet, novissimum, et ideo reprobatus est et ille in cœlo et in terra. Sed ille de cœlo ejectus in terram hominem per invidiam supplantavit ; iste in terra reprobus effectus fratrem suum zelando occidit, quia enim vita illius gravis ei fuit : ideo ad mortem illius festinavit. Cruciabatur enim nequam conscientia quotidie contra se testimonium cernens vitam justi, et quasi gravis ei ad videndum fuit, ex cujus pœnitentia sua condemnabatur malitia. Idcirco auferre festinavit e medio ipsum, ne cum videret ad confusionem suam quem videre noluit ad correctionem suam et emendationem, fortasse æstimans postea non fore Deum vindicem iniquitatis, si non superesset homo justus testis veritatis. Sic ergo Cain interfector fratris Babylonis fundamenta posuit, Abel autem interfectus sanguine suo primordia Hierusalem in terra consecravit. Sic Ismael primogenitus reprobus fuit, Isaac vero electus ; Esau quoque ab hæreditatis sorte et dono benedictionis reprobatur, et Jacob diligitur et erigitur ; et reprobato Eliab primogenito, David junior ad regni fastigium sublimatur. Semper autem milites diaboli furore pugnaverunt, et milites Christi patientia vicere, regem suum paupertatis amore et humilitatis studio sequentes, patientia autem ad ipsum pervenientes.

Exempla de variis generibus avium.

Quomodo in præsenti evangelio mentio facta est avium et herbarum, fatum duximus aliqua de eis huic operi inserere ad utilitatem moralitatis. Dicit enim beatus Ambrosius in Exameron de hirundine : Hirundo minuscula corpore, sed egregie pia, sublimis affectu : quæ indigna rerum omnium pretiosiores auro nidos struit, quia sapienter ædificat. » Nidus enim sapientiæ pretiosior est auro. Quid enim sapientius quam ut et volandi vaga libertate potiatur et hominum domiciliis parvulos suos et tecta commendet, ubi sobolem nullus incurset ? Nam et illud est pulchrum, ut a primo ortu pullos suos humanæ usu conversationis assuescat, et præstet ab inimicarum avium insidiis tutiores. Est tamen illud præclarum, qua gratia domos sibi sine ullo adjutore tanquam artis perita componat. Legit enim festucas ore, easque luto illinit, ut conglutinare possit. Sed quia lutum pedibus non potest deferre, summitatem pennarum aqua infundit, ut facile his pulvis adhæreat et fiat limus, quo paulatim festucas, vel minutos surculos sibi colligat, atque adhærere faciat. Eo genere nidi totius fabricam struit, ut quasi pavimenti solo, pulli ejus intra ædes suas sine offensione versentur, nec pedem aliquis interserat per rimulas texturarum, aut teneris frigus irrepat. Sed hoc industriæ officium prope commune multis avibus ; illud vero singulare, in quo est præclara cura pietatis et prudentis intellectus, et cognitionis insigne, tum quædam medicinæ artis peritia, quod si qua pulli ejus fuerint cæcitate suffusi in oculos sive compuncti, habet quoddam medendi genus quo possit eorum lumina intercepto visui reformare. Nemo igitur de inopia quæratur, quod vacuas pecuniæ proprias ædes reliquerit, pauperior est hirundo, quæ vacua æris abundat industria. Ædificat nec impendit, tecta attollit, et nihil aufert de proximi indigentia, nec paupertate ad nocendum alii compellitur, nec in gravi filiorum imbecillitate desperat. Nos vero et paupertas afficit, et plerosque indigentia cogit in flagitium, lucri quoque studio in fraudes versamus ingenium, atque in gravissimis passionibus spem deponimus, improvidi et inertes jacemus, cum de divina miseratione tunc sperandum amplius sit, cum præsidia humana defecerint.

De cornice.

Discant homines amare filios ex usu et pietate cornicum, quæ etiam volantes filios comitatu sedulo prosequuntur et sollicite, ne teneri forte deficiant, cibum suggerunt, ac plurimo tempore nutriendi officia non relinquunt.

De accipitribus.

Accipitres feruntur duram inclementiam in eo adversum proprios fetus habere, quod ubi eos adverterint tentare volatus primordia, nidis ejiciunt suis, continuoque eliminant, ac si morentur, propulsant, verberant alis, coguntque audere quod trepidant, nec ullum postea deferunt his munus alimoniæ. Cavent itaque ne in tenera ætate pigrescant, ne solvantur deliciis, ne marcescant otio, ne discant cibum magis exspectare quam quærere, ne naturæ suæ deponant vigorem. Intermittunt studia nutriendi, ut in usus rapiendi audere compellant.

De aquila.

Aquila plurimo sermone usurpatur, quod suos abdicet fetus; sed non utrumque verum : unum ex pullis duobus, quod aliqui putaverunt, geminandorum alimentorum fastidio occidere. Sed id non facile creditur, præsertim cum Moyses tantum testimonium pietatis in pullos suos huic dedit avi ut diceret : Sicut aquila protegit nidum suum, et super pullos suos considit, expandit alas suas et assumpsit eos, et suscepit super scapulas suas, Dominus solus ducebat eos (*Deut.* xxxii). Quomodo ergo expandit alas suas, si occiderit alterum? Unde non puto avaritia nutriendi eum inclementem fieri, sed examine judicandi. Semper enim fertur probare quos genuit, ne generis sui inter omnes aves quoddam regale fastigium degeneris partus deformitas decoloret. Itaque asseritur quod pullos suos radiis solis objiciat, atque in aeris medio pio parvulos ungue suspendat; ac si quis repercussus solis lumine intrepidam oculorum aciem inoffenso intuendi vigore servaverit; is probatur quod veritatem naturæ sinceri obtutus constantia demonstraverit; si vero lumina sua præstrictus solis radio inflexerit, quasi degener et tanto indignus parente rejicitur, nec æstimatur educatione dignus qui fuit indignus susceptione. Non ergo cum acerbitate naturæ, sed indicii integritate condemnat, nec quasi suum abdicat, sed quasi alienum recusat.

De fene vel fulica.

Avis quæ Græce dicitur fene susceptum illum sive abdicatum aquilæ pullum cum sua prole connectit, atque intermiscens suis, eodem quo proprios fetus maternæ sedulitatis officio et pari nutrimentorum subministratione pascit et nutrit. Ergo fene alienos nutrit; nos vero nostros immiti crudelitate projicimus. Aquila vero si projicit, non quasi suum projicit; sed quasi degenerem non recognoscit : nos, quod pejus est, quos nostros recognoscimus abdicamus.

De turturibus.

Turturibus Deus infudit hunc affectum, hanc virtutem continentiæ dedit : qui solus potest præscribere quod omnes sequantur. Turtur non uritur flore juventutis, non tentatur occasionis illecebra. Turtur nescit primam irritam facere, quia novit castimoniam servare, prima connubii sorte præmissa. Cætera de turture quæ in Evangelio, « Videns Dominus civitatem flevit super illam (*Luc.* xix). »

De vulture.

Negantur vultures indulgere concubitui et conjugali quodam usu nuptialisque copulæ sorte misceri, atque ita sine ullo masculorum concipi semine et sine conjunctione generare, natosque ex his in multam ætatem longæ vitæ procedere, ut usque ad centum annos vitæ eorum series producatur, nec facile eos angusti ævi finis excipiat. Quid aiunt qui solent nostra ridere mysteria, cum audiunt quod virgo generavit, et impossibilem innuptæ, cujus pudorem nulla viri consuetudo temerasset, existimant partum? Impossibile putatur in Dei matre, quod in vulturibus possibile non negatur. Alius sine masculo parit, et nullus refellit, et quia desponsata viro Maria peperit, pudoris ejus faciunt quæstionem. Nonne advertimus quod Dominus ex ipsa natura plurima exempla ante præmisit, quibus susceptæ incarnationis decorem probaret, et astrueret veritatem?

De apibus. Quomodo vivant.

Apes solæ in omni genere animantium communem omnibus sobolem habent, unam omnes inhabent mansionem, unius patriæ clauduntur limine; in commune omnibus laborum communis cibus, communis operatio, et communis usus et fructus est, communis volatus. Quid plura? Communis omnibus generatio, integritas quoque corporis virginalis; omnibus communis et partus, quoniam ullo neque concubitu miscentur, nec libidine resolvuntur, nec partus quatiuntur doloribus. Et subito maximum filiorum examen emittunt, e foliis et herbis ore suo prolem legentes. Ipsæ sibi regem ordinant, ipsæ sibi populos creant, et licet positæ sub rege, sunt tamen liberæ. Nam et prærogativam judicii tenent, et fide devotionis affectum, quia et tanquam a se substitutum diligunt, et tanto honorant examine. Apibus rex naturæ clarus formatur insignibus; ut magnitudine corporis præstet et specie, tum quod in rege præcipuum est morum mansuetudo. Nam etsi habet aculeum, tamen eo non utitur ad vindicandum. Sunt enim leges naturæ, non scriptæ litteris, sed impressæ moribus, ut leniores sint ad puniendum qui maxima potestate potiuntur. Sed et apes illæ quæ non obtemperaverint legibus regis pœnitenti se multant condemnatione, ut immoriantur aculei sui vulnere. Nullæ e domibus exire audent, non in aliquos prodire pastus, nisi rex fuerit egressus, et volatus sibi vindicaverit principatum. Processus autem est per rura redolentia, ubi inhalantis horti flores, ubi fugiens rivus per gramina, ubi amœna riparum : illic ludus alacris juventutis, illic campestre exercitium, illic curarum remissio. Opus ipsum suave de floribus, de herbis dulcibus : fundamina castrorum prima ponuntur. Quid enim aliud est favus, nisi quædam castrorum species? Denique ab his præsepibus apum succus arcetur. Omnes certant de munere, aliæ invigilant quærendo victui, aliæ sollicitam castris adhibere custodiam, aliæ futuros explorare imbres et speculari cursus nubium; aliæ de floribus ceras fingere, aliæ rorem infusum floribus ore colligere videntur. Nulla autem alienis laboribus insidiatur et rapto vitam quærit : atque utinam raptorum insidias non timeret! Habent tamen spicula sua, et inter mella fundunt venena. Si fuerint lacessitæ, animas quoque ponunt in vulnere ardore vindictæ. Ergo mediis castrorum vallibus humor ille roris funditur; paulatim processu temporis in mella cogitur : cum fuerit liquidus ab exordio et coalitu ceræ florumque odore flagrare melle incipit suavitatem. Quod mel non solum voluptati, sed etiam saluti est : fauces obdulcat et curat vulnera; internis quoque ulceribus medicamentum infundit. Itaque cum sit infirma robore, apis valida est vigore sapientiæ et amore virtutis. Denique regem suum summa protectione defendunt, incolumi rege nesciunt mutare judicium, mentem inflectere amisso; fidem servandi muneris derelinquunt, atque ipsæ sua mella diripiunt, quando is qui principatum habuit muneris interemptus est. Itaque cum aves aliæ vix in anno edant singulos fetus, apes geminos creant, et duplici cæteris fecunditate præponderant. Merito quasi bonam operariam Scriptura apem prædicat dicens : Vade ad apem et vide quomodo operaria est. Operationem quoque quam venerabilem mereatur, cujus laborem reges et mediocres ad salutem sumunt ! Audis quid dicat propheta. Mittit utique te, ut apiculæ illius sequaris exemplum, imiteris operationem, quia appetibilis est et omnibus clara.

De luscinia.

Luscinia est avis quæ pervigil custos, cum ova quodam sinu corporis et gremio fovet, insomnem longæ noctis laborem cantilenæ suavitate solatur, ut mihi videatur hæc summa ejus esse intentio, quo possit, non minus dulcibus modulis quam fotu corporis animare in fetus ova quæ fovet. Hanc imitatur tenuis illa mulier sed pudica, in usum molæ lapidem brachio trahens, ut possit alimentum panis suis parvulis non deesse nocturno cantu mœstum paupertatis mulcet affectum, et quamvis suavitatem lusciniæ non possit imitari, imitatur tamen eam sedulitate pietatis.

De noctua.

Noctua ipsa, quemadmodum magnis et glaucis oculis nocturnarum tenebrarum caligantem non sentit horrorem, et quo fuerit nox obscurior, eo contra usum avium cæterarum inoffensos exercet volatus. Exorto autem die, et circumfuso splendore solis, visus ejus hebetatur, quasi quibusdam erret in tenebris. Quo indicio sui declarat esse aliquos, qui cum oculos habeant ad videndum videre non soleant, et visus sui officium solis infundantur tenebris. Quos habent sapientes mundi et non vident, in luce nihil cernunt, in tenebris ambulant, dum dæmoniorum tenebrosa rimantur, et cœli alta se videre credunt, describentes radio mundum, mensuram aeris ipsius colligentes, et cætera hujusmodi; hebetes ad æterna, et quasi scientes omnia acuta ad vana.

De vespertilione.

Vespertilio, animal ignobile, a vespere nomen accepit. Est autem volatilis eadem quadrupes, et dentibus utitur : quos in aliis avibus reperire non soleas. Parit, ut quadrupedia, non ova, sed pullos viventes ; volitat autem in aere avium more, sed crepusculo vespertino consuevit offundi. Volitat autem non aliquo pennarum, sed membranæ suæ fulta remigio, quo suspensa velut pennarum volatu circumfertur atque vegetatur. Habet et illud hoc vile animal, quod sibi invicem adhærent, et quasi in speciem botri ex aliquo loco pendent; ac si se ultima quæque laxaverit, omnes resolvuntur. Quod fit quodam munere charitatis : quæ difficile in hominibus hujusmodi reperitur.

De gallo.

Galli cantus suavis est in noctibus : nec solum suavis, sed etiam utilis. Qui quasi bonus cohabitator et dormientem excitat, et sollicitum admonet, et viantem solatur, processum noctis canora significatione protestans. Hoc canente latro suas relinquit insidias. Hoc ipse lucifer excitatus oritur, cœlumque illuminat. Hoc canente mœstitiam trepidus nauta deponit, omnisque crebro vespertinis flatibus excitata tempestas et procella mitescit. Hoc devotus affectu exsilit ad precandum, legendi quoque munus instaurat. Hoc postremo canente ipse, Ecclesiæ petra, culpam suam diluit, quam priusque gallus cantaret, negando contraxerat. Istius cantu spes omnibus redit, ægris levatur incommodum, minuitur dolor vulnerum, febrium flagrantia mitigatur, revertitur fides lapsis. Jesus titubantes respicit, errantes corrigit. Denique respexit Petrum, et statim error abscessit, pulsa est negatio, secuta confessio. Respice nos quoque, Domine Jesu, ut et nos propria recognoscamus errata, solvamus piis fletibus culpam, mereamur indulgentiam peccatorum. Hæc de avibus dicta sufficiant. Quid autem de herbis considerandum sit, aliqua intimemus.

Exempla de herbis.

Admonet nos beatus Ambrosius in Exameron considerare lilia agri : quantus sit candor in foliis, quemadmodum stipata ipsa folia ab imo ad summum videantur assurgere, ut scyphi exprimant formam, ut auri quædam species intus effulgeat : quæ tamen vallo in circuitu floris obsepta nulli pateat injuriæ. Si quis hunc florem decerpat, et sua solvat in folia, quæ tanti est artificis manus quæ possit lilii speciem reformare? Quis tantus imitator naturæ, ut florem hunc redintegrare præsumat, cui Dominus tantum testimonium dedit, ut diceret : « Nec Salomon in omnia gloria sua sic vestiebatur, sicut unus ex istis (*Matth.* IV). Rex opulentissimus et sapientissimus inferior judicatur; quamque hujus floris pulchritudo est. Quid enumerem sucos herbarum salubres? quid virgultorum ac foliorum remedia? Cervus æger ramusculos oleæ mandit, et sanus fit : locustas quoque folia oleæ arrosa liberant ab ægritudine. Rubi folia superjecta serpenti interimunt eum. Culices non tangunt te, si absynthii herbam cum oleo coquas, et eo te perunxeris. Sed forte dicant aliqui : Quid? quod cum utilibus etiam lethalia et perniciosa generantur, cum tritico lolium, quod inter alimenta vitæ noxium reperitur, et nisi prævisum fuerit, consuevit saluti nocere. Inter alia quoque nutrimenta vitæ helleborum deprehenditur, aconita quoque fallunt frequenter et decipiunt colligentem, sed hoc ita est ac si reprehendas terram, quia non omnes homines boni : sed quod plus est accipe, quia non omnes boni angeli in cœlo. Num igitur dignum est ut in his quæ utilia sunt posthabentes conditoris gratiam confiteri, quam propter aliqua alimentorum noxia Creatoris prospicientiæ derogemus, quasi omnia gulæ causa debuerit procreari, aut exigua sint, quæ ventri nostro divina indulgentia ministraverit? Definitæ nobis escæ sunt et notæ omnibus quæ et voluptatem generent, et corporis salubritatem. Singula autem eorum quæ generantur e terris specialem quamdam habent rationem, quæ pro virili portione complent universæ plenitudinem creaturæ. Alia ergo esui, alia alii nascuntur usui. Nihil vacat, nihil inane germinat terra. Quod tibi putas inutile, aliis utile est : imo ipsi tibi frequenter alio est usui utile. Quod escam non adjuvat medicinam suggerit, et sæpe eadem quæ tibi noxia sunt, aut avibus, aut feris innoxium ministrant pabulum. Denique sturni vescuntur conio : nec fraudi est eis, quoniam qualitate sui corporis venenum succi lethalis evadunt. Frigida enim vis ejus est succi, quam subtilibus poris in cordis sui sedem ducentibus, præcoci digestione præveniunt, priusquam vitalia ipsa pertentet. Helleborum autem periti loquuntur escam esse coturnicum, eo quod naturali quodam temperamento sui corporis vim pabuli nocentis evitent. Etenim si ratione medicinæ plerumque ad salubritatem humani quoque corporis temperatur, cui videtur esse contrarium, quanto magis proprietati naturæ ad cibum proficit quod medica manu convertitur ad salutem? Per mandragoram quoque somnus frequenter accersitur ubi vigiliarum ægri afflictantur incommodo. Nam quid de opio loquar? quod etiam nobis quotidiano propensu innotuit, quantum dolores eo gravissimi internorum sæpe viscerum sopiuntur. Nec illud præterit quod conio plerumque furores libidinum marcuerunt, et helleboro vetustæ passiones ægri corporis sunt solutæ. Non solum igitur nulla in his reprehensio Creatoris, sed etiam incrementum est gratiarum. Si quidem quod ad periculum putabas esse generatum, ad remedia tibi salutis operatur. Nam et id quod periculi est per providentiam declinatur, et id quod salutis per industriam non admittitur. An oves et capræ ea quæ sunt sibi noxia declinare didicerunt, et solo odore per quoddam naturale mysterium, cum sint rationis expertes, rationem tamen evadendi periculi vel tuendæ salutis agnoscunt, noxiaque pariter ac profutura distingunt : ita ut plerumque cum armata venenis tela senserint, notas petere herbas, atque his remedium vulneri dicantur adhibere. Cibus illius medicina est, ut resilire sagittas videas e vulnere et fugere, venena non serpere. Denique cervis cibus venenum est. Coluber cervum fugit, leonem interficit. Draco elephantem ligat, cujus ruina mors victoris est : et ideo summe utrinque certant : ille ut pedem alliget, in quo casus victi sibi nocere non possit ; iste ne posteriore extremus pede aut calle capiatur angusto, ubi vel ipse se non queat retorquere, et draconem gravi proterere vestigio, vel sequentis elephanti auxilium non habere. Ergo si irrationabilia animalia norunt quibus sibi aut medicentur herbis, aut subsidiis opem afferant, homo nescit cui rationabilis sensus innascitur. Et ideo de irrationabilibus rebus dantur nobis exempla, ut per hæc veniamus ad rationabilitatem.

DOMINICA DECIMA SEXTA.

Secundum Lucam.

« Ibat Jesus in civitatem quæ vocatur Naim. Et ibant cum illo discipuli ejus, et turba copiosa. Cum autem appropinquaret portæ civitatis, ecce defunctus efferebatur filius unicus matris suæ. Et hæc vidua erat : et turba civitatis multa cum illa (*Luc* vii).» Naim civitas est Galileæ. Defunctus, qui coram multis extra portam effertur, significat criminaliter peccantem et multorum notitiæ per verba et opera, quasi per ostia suæ civitatis, peccatum propalantem. Qui bene unicus matris suæ perhibetur, quia licet mater Ecclesia multos habeat filios bonos et malos, pro una tamen persona mali accipiuntur, quantum ad malitiam pertinet : quemadmodum etiam boni una persona accipiuntur secundum bonitatem. Et electus quilibet, quando imbuitur ad fidem, filius est, quando alios imbuit mater est. Unde Paulus : « Filioli mei, quos iterum parturio (*Gal.* iv). » Cum igitur boni unanimiter studeant revocare malos, et boni mater et mali filius unicus nuncupantur. Porta civitatis, qua defunctus effertur, aliquis est de sensibus quo aliquis in peccatum corruit, ut qui videt ad concupiscendum, qui aurem otiosis vel turpibus audiendis, qui linguam commodat litigiis, cæterosque qui non servat sensus, mortis sibi reserat aditus. Omnis qui meminit Ecclesiam sponsi sui morte redemptam, agnoscat eam esse viduam Hujus miraculi multi fuerunt testes, ut multi fierent Dei laudatores. «Quam cum vidisset Dominus, misericordia motus super illam, dixit illi : Noli flere. » Pulchre evangelista Dominum prius misericordia motum esse super matrem, ac sic filium suscitare testatur, ut in uno nobis exemplum imitandæ pietatis ostenderet ; in altero fidem mirandæ pietatis astrueret.

«Et accessit et tetigit loculum. Hi autem qui portabant steterunt. » Loculus in quo mortuus efferebatur, male secura desperati peccatoris conscientia est. Qui vero sepeliendum portant vel immunda desideria sunt quæ homines rapiunt in interitum, vel venenata lenocinia blandientium, quæ peccantes quasi aggere terræ obruunt. Domino loculum tangente funeris bajuli steterunt, quia conscientia attacta formidine superni judicii revertitur ad seipsam, coercens carnales voluptates et injustos laudatores.

« Et ait : Adolescens, tibi dico, surge. Et resedit qui erat mortuus, et cœpit loqui. Et dedit illum matri suæ. » Residet qui erat mortuus cum interna compunctione reviviscit peccator. Incipit loqui, cum ostendit se redire ad veram vitam. Redditur matri, cum per sacerdotale judicium communioni sociatur Ecclesiæ.

« Accepit autem omnes timor et magnificabant Deum, dicentes : Quia propheta magnus surrexit in nobis, et quia Deus visitavit plebem suam. » Omnes magnificabant, id est laudabant Deum, quia quanto gravior est casus, tanto pietas erigentis gratior et spes salutis pœnitentibus est certior. Visitavit Deus plebem, et dum Verbum suum semel incorporari constituit, et quotidie Spiritum sanctum in corda nostra mittendo ut suscitemur.

« Et exiit hic sermo in universam Judæam de eo, et omnem circa regionem, id est in omnem regionem circa Judæam. » Allegorice fuit appropinquare Jesum portæ civitatis, quod Verbum caro factum gentilem populum per portas fidei ad cœlestem Hierusalem induxit. Ecce Judaicus junior populus perfidia defunctus effertur, quoniam mater Ecclesia nil in mundo quasi proprium possidens, multis populorum turbis circum septa pio affectu plorat, et ad vitam revocare laborat; quod et interim in paucis Judæorum conversis, et tandem in plenitudine impetrat. Locus quo defertur corpus est humanum, portitores sunt mali mores, qui ad mortem trahunt. Sed Jesus loculum tangit cum fragilem naturam in cruce erigit. Vel tangitur loculus mortui hominis a Deo, id est per lignum crucis, quia periit homo per lignum paradisi. Portitores mortui sunt quatuor elementa, quorum intemperantia est irritamentum peccandi in homine. Stant portitores, quia non valent sicut prius ad mortem trahere. Loqui Jesu est monita salutis infundere, unde languidus ad vitam erigitur bonis actibus, et sic redditur matri suæ. Timent omnes, quia unius exemplo multi corriguntur.

De morientibus, et de exitu animarum.

Scriptura dicit : « Beati mortui qui in Domino moriuntur (*Apoc.* xiv). » In Domino moriuntur qui, in carne quidem morientes, in Domino tamen viventes inveniuntur. Quid est in Domino ? Id est in fide, et spe et charitate. Per ista enim vivitur in illa vita qua vivitur in Domino. Est quædam vita qua corpus vivit ex anima, et est quædam vita qua anima vivit ex Deo. Nunc quidem fide, et spe et charitate ; postea vero pro fide et spe, contemplatione, remanente dilectione. Non igitur nocere potest animæ, si corpus vitam suam perdit, quando ipsa vitam suam, in fide, et spe et charitate persistens, non amittit. Nemo ergo mihi dicat : Qui parvam fidem, et spem parvam et parvam charitatem habent, non salvantur. Ego non mensuro. Crescant quantum volunt. Quanto majores, tanto meliores. Tamen ego illos condemnare non audeo quantumvis parvi sint. Ex quo nati sunt ex Deo, filii sunt Dei. Putas quia magnos filios Deus salvabit, et parvos condemnabit ? Scriptura mihi dicit : « Imperfectum meum viderunt oculi tui, et in libro tuo omnes scribentur (*Psal.* cxxxviii). » Si omnes ergo et magni et parvi, quid est « oculi tui viderunt? » Approbaverunt. Quid est « in libro scribuntur ? » Salvabuntur. Ergo imperfecti quoque salvabuntur. Qui enim imperfecti sunt, aliquid sunt ; et aliqui sunt : et in numero ponuntur et scribuntur. Qui nihil sunt, nulli sunt : nec scribi aut numerari habent qui nihil habent. Ergo « omni habenti dabitur, et abundabit (*Matth.* xv). » Omni habenti meritum dabitur præmium. Non dixit : Habenti magnum meritum dabitur præmium, et parvum meritum habenti non dabitur : sed omni habenti, inquit, dabitur, et abundabit. Ergo etiam ille qui parvum meritum habet, cum præmium acceperit satis habebit, quamvis non tantum habebit quantum ille qui magnum meritum habebit. Solus iste excluditur a percipiendo præmio qui nihil habet de merito. Omnes ergo qui in Domino moriuntur, beati sunt, quia post meritum virtutis perveniunt ad præmium beatitudinis.

De exitu autem animarum multi quærunt. Multa autem quæri possunt : si tamen omnia quæri debent quæ possunt quæri. Quærunt homines de exitu animarum qualiter a cordibus exeant, et quo exeuntes pergant, vel, cum pervenerint quo pergunt, quid inveniant, vel quid percipiant aut sustineant? Sed hæc omnia magis timenda sunt quam quærenda. Ideo quippe abscondita sunt, ne quærantur aut inveniantur, sed timeantur. Quis enim securus esse potest in incertum pergens? Hoc autem incertum solum esse non debet, quia bonam vitam sequi non potest mala mors. Mala enim mors non est, nisi ea sola quam mala sequuntur. Qui ergo bene mori vult, bene vivat, quoniam ea quæ post mortem veniunt, contra ea disponuntur, et secundum ea retribuuntur quæ ante mortem invita præcedunt. Usque ad mortem meritum est : post mortem vero præmium. Mors media est, in qua dies Domini incipit, dies hominis finem accipit. In die suo homo sibi relinquitur, ut quod vult operetur ; in die vero Domini jam in potestate sua non est homo, sed in illius potestate ad quem venit ut remuneretur. Propterea ad hominem pertinet ut id solum quod sibi commissum est bene disponere studeat ; illud vero quod non commissum, sed promissum sibi est, illius arbitrio a quo illud impleri oportet relinquat.

Multi quærunt de exitu animarum quomodo a corporibus egrediantur animæ, sive scilicet hoc modo ut essentialiter et localiter foras egrediantur, ut extra esse incipiant, quasi exclusæ : sive hoc solum eis egredi sit, quod se a vivificatione corporum subtrahunt, et quasi ad se colligentes a vegetatione corporum cessant, ut in semetipsis subsistant. Verbi gratia : Quando flatus iste corporeus spiratur, egreditur a corpore, incipit essentialiter atque localiter extra corpus esse, qui prius essentialiter atque localiter intra corpus continebatur. Unde vero cortex arescere incipit in arbore, exit humor ab illo, et contrahitur ad interiora, neque foras egreditur ut extra sit, sed interius remanet in eo quod intus est, sive in ligno, sive in medulla, ut in cortice ipso non sit. Tunc omnino exit a cortice, ut in cortice non sit, neque extra quasi exteriora effusus, sed exit quasi ad interiora collectus. Et si forte humor rursum ab interiori suo prodeat, ut se iterum effundat in corticem, rursum revirescit cortex ille, quoniam humor in ipso est vita ejus. Sic quærunt de anima quando exit a corpore utrum hoc solum illi exire sit, quod se retrahit ad se a vivificatione corporis, et in hoc ipso jam in corpore non est, quod corpus vivificare cessat. In hoc enim videtur, quia jam quodammodo extra omne corpus est, quod, in semetipsa sola subsistens, ad corporis vivificationem effusa non est. Quando vero in corpore non est, non est in loco; quia locus non est nisi in corpore. Quando autem extra corpus est, et extra locum est : inter ipsam et corpus non est locus, et æqualiter distat ab omni corpore, quia inter ipsam et corpus nullum est corpus. Si vero inter ipsam et corpus nullum est corpus, constat profecto quia inter ipsam et omne corpus nullus est locus, quia locus non est ubi non est corpus. Unde igitur extra omne corpus est quantum ad locum, æqualiter prope est omni corpori, quia si extra corpus posita uni corpori propior et alteri remotior esset, intra ipsam profecto et corpus spatium esset. Si spatium esset, locus esset ; si locus esset, corpus esset. Si autem inter ipsam et omne corpus, corpus esset, extra omne corpus corpus esset, quod fieri non potest.

Itaque dictum est quia anima neque per corpus a corpore recedit, neque per corpus ad corpus accedit. Et ideo nec loco movetur, ut recedat a corpore quod est a loco ; nec loco movetur ut accedat ad corpus quod est in loco. Inter omnem enim locum et id quod est in nullo loco nullus est locus. Propter hoc itaque dictum putant quod spiritus creatus tempore quidem movetur, quia motabilis est; sed loco non movetur, quia nec loco movetur recedens a corpore quod est a loco, nec loco movetur accedens ad corpus quod est in loco. Neque enim movetur, quando recedit a loco ; neque iterum loco movetur, quando accedit ad locum. Etiam quando in corpore posita anima corpus localiter movet, ipsa tamen localiter non movetur. Si enim idcirco localiter moveri æstimatur, quia in corpore est quod localiter movetur, quare non similiter sapientia localiter moveri dicatur, quia in corpore est quod localiter movetur? Nam si dicitur quia per animam ipsam in corde est sapientia, cum anima ipsa per corpus localiter motum moveri dicitur, quare non etiam per ipsam animam localiter motam sapientia, quæ in ipsa anima est, localiter moveri dicatur ? Si vero hæc ratio non probat ut sapientia localiter moveri dicatur, cum sit tamen in anima, quare anima localiter moveri dicatur, quamvis in corpore sit quod localiter moveri cernitur? Hujusmodi consideratio probat spiritum localiter non moveri, quamvis in corpore sit quod localiter movetur, temporaliter tamen moveri, quia vicissitudini subjacens de alio in aliud mutatur. Sed nos in occultis nimium curiosos esse non oportet, ne forte plus præsumamus quam possumus. Quæ sit via spiritus solus novit qui fecit eum. Nos autem neque scimus quomodo venit neque comprehendimus quomodo recedit. Quando flatus iste corporeus trahitur, corporaliter ingreditur; quando autem spiratur, corporaliter et localiter egreditur. Sed alia est natura spiritus, alia corporis. Quando primo homini data est anima, inspiravit Deus in faciem ejus spiraculum vitæ (*Gen.* II). Et quis dicere potest quomodo inspiravit Deus animam corpori vivificando, sive quia extra creaturam ad vivificandum immisit, sive quia ibidem fecit ubi posuit, et ab intus creatam vivificationem prodire jussit, nec alia fuit inspiratio, quam ipsa vivificatio. Si ergo nescitur, quomodo inspiratur, quomodo sciri potest qualiter exspiratur? Deus inspirat, homo exspirat. Deus mittit, homo remittit, quia mittitur, cum accedit : eadem remittitur, cum recedit. Hoc unum scimus, quia, recedente anima, corpus moritur, et ipsa separatio animæ mors corporis est. Hoc nobis sufficit scire, quia recedit. Quomodo recedit ex abundanti est perscrutari.

DIVISIO.

Multis exemplis didicimus in exitu animarum angelorum malorum sive bonorum præsentiam adesse, qui illas pro meritis vel ad tormenta pertrahant, vel ad requiem deducant. Sed et ipsas animas adhuc in corpore positas ante exitum multa aliquando de his quæ futura sunt super eas, sive ex responso conscientiæ interiori, sive per revelationes exterius factas præcise cognoscimus. Raptas etiam aliquando et iterum ad corpora reductas, visiones quasdam et revelationes sibi factas narrasse de tormentis impiorum sive de gaudiis justorum : in his tamen nihil nisi vel corporale vel corporalibus simile recitasse flamina, flammas, pontes, naves, domos, nemora, prata, flores, homines nigros et candidos, et cætera qualia in hoc mundo videri et haberi solent, et vel ad gaudium amari, vel ad tormentum timeri. Sic quoque solutas corporibus manibus trahi, pedibus deduci, collo suspendi, flagellari, præcipitari, et alia hujusmodi : qui nisi corporali naturæ convenire non possunt. Quæ omnia si ita illic visibiliter et corporaliter esse credimus, præter alia quæ absurda noscuntur, ipsas utique animas etiam a corporibus separatas corpora esse, et ad similitudinem corporum membris compactas atque distinctas confitemur.

Ego quiddam quod de hac re audivi tacere non debeo. Quidam probati testimonii frater narravit mihi se a suo abbate, veraciter hoc affirmante, audisse quia cum aliquando ille ad quosdam fratres eminus constitutos visitandos pergeret, ut fieri solet, quodam loco hospitium accepit, ubi factum, tunc apud omnes ejusdem loci habitatores celebre, ante diebus paucis contigisse didicit. Quidam peregrinus, orationis causa ad Sanctum Jacobum pergens, in eodem loco hospitatus est. Nocte, ut itinerantibus mos est, ante diluculum surrexit. Egressus de vico in silvam, quæ eidem vicina erat, pervenit. Ibi a comitibus itineris casu, ut solet, discrimine viæ disjunctus, deviare cœpit. Cumque longius processisset, obvium habet quemdam venerandi habitus et vultus virum : a quo interrogatus quis aut unde esset, vel pergeret, nomen, patriam simul et causam itineris exposuit. Ille se esse sanctum Jacobum, ad quem tenderet protestatur; se jam quidem omnia scisse; nunc vero quasi beneplacito et grato venisse obviam. Devotionem laudat, bonum propositum commendat, præmium apud se magnum parari, nec longe jam esse remunerationem. Multis post hæc verbis hinc inde currentibus, tandem miseriam et dolores vitæ hujus quales aut quanti sunt exponit. Omne quod hic amatur quam cito fugiat, et pari modo omne quod timetur vel doletur, quomodo sine mora pertranseat. Inter hæc et hujusmodi rationabili persuasione paulatim menti hominis nihil sinistrum suspicantis contemptum vitæ ingerit, metum mortis tollit. Postremo nihil magis viro virtutis expedire quam ut hic exire festinet, et si alia via non detur, manu sua mortem fortiter lacessat, et non permittat se in his doloribus diu teneri, qui gaudium sibi paratum esse non dubitat. Quid multa? Deceptus fraudulentæ persuasioni assensum præbet, et injecto ferro semetipsum jugulat. Comites ejus diu per devia quærunt, tandem exstinctum inveniunt; ad vicum unde exierant cadaver exanime reportatur. Et quia hospes apud quem nocte illa manserat hujus sceleris verisimiliter conscius videbatur, eumdem falsa criminatione ad pœnam exposcunt. Ille dum innocentiam suam sine causa periclitari cerneret, et divinum auxilium intima cordis devotione sibi adesse imploraret, ecce subito qui mortus fuerat surrexit; et rem gestam cunctis astantibus et mirantibus exponens innocentem absolvit. Referebat se ab angelo malo, a quo ad interfectionem sui persuasus fuerat, ad tormenta deductum. Sed dum duceretur quemdam splendida facie (ipsum autem sanctum fuisse aiebat Jacobum) euntibus occurrisse, eumque ereptum in cœlum ad thronum Judicis deduxisse, illicque precibus pro illo fusis ut vitæ denuo redderetur obtinuisse. Ibi se multa angelorum millia vidisse affirmabat. De quorum tamen statu et facie interrogatus, nihil in hoc mundo esse dicebat simile illis quo illam quam in ipsis viderat qualitatem exprimere potuisset, nisi forte ignem aut lucem et ipsam tam longe et valde dissimilem. Mœrorem quidem esse, sed exprimere nullo modo posse quod viderat.

Hoc quidem commemorare voluimus, ne mirum videatur, si animabus a corporibus egressis, signa quædam, corporibus similia, ad demonstrationem spiritualium præsentantur, qui nisi in talibus et per talia ab animabus corpore exutis videntur, nullo modo ab eisdem ad corpora reversis in corpore viventibus et corporalia tantum scientibus dicerentur. Quamvis enim illa aliter ibi a corporibus exutæ videre possunt, non tamen hoc nobis aliter narrare possunt, et manerent semper occulta illa, nec esse quod de illis nobis a redeuntibus diceretur, nisi exeuntibus et videntibus secundum ista monstraretur. Utrum autem animæ, quæ hinc amplius non reversuræ exeunt, secundum hunc modum illa videant aut sentiunt, omnino dubium est, nisi quia probabilius videtur quod illa quæ in corporibus viventes per delectationem rerum visibilium corporalibus imaginationibus injiciuntur, a corporibus in eisdem illic imaginationibus tormenta patiuntur. Neque enim omnino corporalem passibilitatem exeunt, quando corporalium imaginationibus delectationis pravæ usu impressis obvolutæ et involutæ exeunt. Quæ vero hic manentes ab ejusmodi delectoribus et cogitationum phantasiis mundare se ac despoliare studuerit, illic postmodum, postquam a corporibus egressæ fuerint, pœnam in eis et tormenta non sentiunt : quod in hoc ipso quodammodo impassibiles existunt, quia nihil pœna dignum secum ferunt.

De morte, et quid sit mors, et de tribus generibus mortis.

Mors dicta est, quod sit amara, vel a morsu primi hominis appellata. Nam cum primus humani generis parens lignum vetitum per inobedientiam contigit, per morsum mortem incurrit *(Gen.* III). Unde et a morsu mors ipsa appellatur. Tria autem sunt genera mortis, id est acerba, immatura, naturalis. Acerba infantum, immatura juvenum, naturalis est senum. Item mortis tria sunt genera. Una mors peccati est, de qua scriptum est : « Anima quæ peccaverit, ipsa morietur *(Ezech.* XVIII) ; » alia mystica, quando quis peccato moritur, et Deo vivit, de qua ait Apostolus : « Consepulti sumus cum Christo per baptismum in morte ipsius *(Rom.* VI) ; tertia mors, qua cursum vitæ hujus et munus explemus, id est animæ corporisque secessio. Advertimus igitur quod una mors sit mala, si propter peccata moriamur ; alia mors bona sit, qua is qui fuerit mortuus justificatur a peccato. Tertia mors media sit ; nam et bona justis videtur, et plerisque metuenda. Quæ cum absolvat omnes, paucos delectat ; sed non hoc mortis est vitium, sed nostræ infirmitatis, qui voluptate et delectatione vitæ istius capimur, et cursum hunc consummare trepidamus : in quo plus amaritudinis quam voluptatis est. An non sancti et sapientes viri, qui longævitatem peregrinationis hujus ingemiscebant dissolvi, et cum Christo esse pulchrius æstimabant? Et ideo quia quotidie de morte cogitabant, et quasi se de hoc migraturos credebant mundo, non dubium est quin hæc quotidiana meditatio mortis omne vitium in eis perimeret. Ad devitanda sane omnia tela certaminum, verum etiam ad universos motus omnium concupiscentiarum ac peccatorum comprimendos, nullus mihi videtur validior clypeus quam meditatio mortis et extremi terror examinis.

Pensandum quippe est, cum jam peccatrix anima vinculis incipit carnis absolvi, quam amaro terrore concutitur, quantis mordacis conscientiæ stimulis laceratur. Recolit vetita quæ commisit, videt mandata quæ neglexit implere et contempsit. Dolet indulta pœnitentiæ tempora sese inaniter percepisse, plorat immobilem districtæ ultionis articulum inevitabiliter imminere. Manere satagit, ire compellitur, recuperare vult perdita : non auditur. Post terga respiciens totius transactæ vitæ cursum velut unum brevissimum deputat itineris passum. Ante se oculos dirigit et infinitæ perennitatis spatia deprehendit. Plorat itaque quia intra tam breve spatium acquirere potuit omnium lætitiam sæculorum. Deflet etiam se propter tam brevis illecebræ voluptatem inenarrabilem perpetuæ suavitatis amisisse dulcedinem. Erubescit, quia propter illam substantiam, quæ vermibus erat obnoxia, illam neglexit quæ choris erat angelicis inferenda. Jam radios mentis attollit, et cum divitiarum immortalium gloriam contemplatur eam, propter vitæ hujus inopiam perdidisse confunditur. Cumque sub se reflectit oculos ad hujus mundi convallem tetramque caliginem, super se vero miratur æterni luminis claritatem, liquido deprehendit quia nox erat et tenebræ quod amavit. O si redivivum pœnitentiæ tempus mereri potuisset, quam duræ conversationis iter arriperet! qualia et quanta promitteret! quantis se devotionum vinculis innodaret! Interea dum hebescentes oculi contabescunt, dum pectus palpitat, raucum guttur anhelat, dentes paulatim nigrescunt, et quamdam velut æruginem contrahunt, pallescunt ora, membra cuncta rigescunt.

Dum hæc itaque et homini tanquam vicinæ morti præcedentia famulantur officia, assunt omnia gesta simul et verba. Hæc et ipsæ cogitationes desunt, et cuncta hæc amarum adversus auctorem testimonium reddunt. Coacervantur omnia ante respuentis oculos, et quæ conspicere refugit, coactus et invitus attendit. Adest præterea hinc horrenda dæmonum turba, illinc virtus angelica. In illo qui medius est liquido deprehenditur, cui parti jure possessio vindicetur. Nam si pietatis in eo videntur insignia, invitationis angelicæ blanditiis delinitur, atque harmonicæ melodiæ dulcedine ut exeat provocatur. Quod si eum sinistræ parti meritorum nigredo et fœditatis squalor adjudicat, intolerabili mox terrore concutitur, repentini impetus violentia perturbatur, præcipitanter invaditur, ac de miseræ carnis ergastulo violenter evellitur, ut ad æterna supplicia jam cum amaritudine pertrahatur. Jam vero post egressionem de corpore quis explicare valeat, quot armatæ iniquorum spirituum acies in insidiis lateant, quot frementes cunei feralibus telis instructi iter obsideant, et ne libera transire possit anima, velut militari more constipatæ legiones oppugnant. Hæc et homini frequenter in corde versare, quid est aliud quam lenocinantia vitæ hujus blandimenta respuere, mundo repudium dare, illicitos motus carnis elidere, solumque perfectionis adipiscendæ propositum indeclinabiliter custodire? His addendus est etiam extremi terror judicii, ut illius amaritudine valeat mundi hujus falsa dulcedo contemni. Ad devitandas namque diabolicæ pugnæ molestias valent ; assurgimus, si necessitatis ultimæ periculum provide pertractamus. Nam si repentinus ille atque terribilis adventus Christi digne perpenditur, quid erit in mundo ubi mens humana vel desipiens delectetur? Ille nempe dies est, ad quem omnis præcedentium sæculorum intentio, ac summa colligitur, cui cuncta sacrarum Scripturarum volumina famulantur : de quo beatus Petrus ut audientium corda digno terrore concuteret : « Adveniet, inquit, dies Domini sicut fur; in quo cœli magno impetu transient, elementa vero ignis calore solventur. Cum igitur hæc omnia dissolvenda sint, quales oportet esse vos in sanctis conversationibus et pietatibus, exspectantes et properantes in adventum diei Domini nostri Jesu Christi, per quem cœli ardentes solventur (*II Petr.* III). »

De origine animæ.

Legimus in conditione rerum, mox ut de limo terræ corpus effectum est, statim Dominum insufflasse, factumque esse Adam in animam viventem (*Gen.* II). Insufflavit enim dictum est ad exprimendam operis dignitatem, ut agnosceretur aliquid eximium quod ejus ore est prolatum. Cæterum hoc significat insufflatio ejus, quod mandatum et jussio. Nam insufflare quemadmodum potest, qui neque spiritum resolvit, neque buccam habet quæ constat esse corporea. Hoc nonnulli secuti dixerunt, mox ut semen humanum coagulatum fuerit in vitalem substantiam, illico creatas animas corporibus dare discretas atque perfectas. Medendi autem artifices periti quadragesimo die humanum ac mortale pecus animam dicunt accipere, cum se in utero matris cœperit commovere. Unde vero illas Deus faciat ignoro, sciens hoc quod ejus facere nihil aliud est quam voluntas et jussio. Sanctus quidem Augustinus scribens per Orosium et Paulinum ad beatum Hieronymum, sic ait : Proinde ne longum faciam, hoc certe sentis, quod singulas animas singulis nascentibus etiam modo Deus faciat. Cui sententiæ ne objiciatur quod omnes creaturas sexta die consummaverit Deus, et septimo requieverit (*ibid.*), adhibe testimonium Evangelii : « Pater meus usque nunc operatur (*Joan.* V). » Cum ergo animas creat Deus novas singulas singulis, suam cuique nascenti non aliquid facere dicitur quod ante non faceret. Jam enim sexto die fecerat hominem ad imaginem suam (*Gen.* I) : quod utique secundum animam rationalem fecisse intelligitur. Hoc et nunc facit, non instituendo quod non erat, sed multiplicando quod erat. Unde et illud verum est quod a rebus quæ non erant instituendis requievit, et hoc verum est, quod non solum gubernando quæ fecit, verum etiam aliquid non quod nondum, sed quod jam creaverat numerosius creando, usque nunc operatur. Quod si quæritur quare fecit animas eis quos novit cito morituros, possumus respondere, parentum hinc peccata vel convinci vel flagellari. Sciendum præterea originali animas peccato astringi, nec posse ab eo liberari, nisi per gratiam Domini nostri Jesu Christi. Hinc beatus Augustinus : Certus etiam sum animam, nulla Dei culpa, nulla Dei necessitate vel sua, sed propria voluntate in peccatum esse collapsam, nec liberari posse de corpore mortis hujus, vel suæ voluntatis virtute, tanquam sibi ad hoc sufficiente, vel ipsius corporis morte, sed gratia Dei per Jesum Christum Dominum nostrum, nec omnino esse animam ullam in genere humano, cui non sit necessarius ad liberationem « Mediator Dei et hominum, homo Christus Jesus (*I Tim.* II). » Quæcunque autem sine gratia mediatoris et sacramento ejus, id est baptismate, in qualibet corporis ætate de corpore exierit, et in pœnam futuram et in ultimo judicio corpus ad pœnam recepturam. Si autem post generationem humanam, quæ facta est ex Adam, regeneratur in Christo, ad ejus pertinere societatem, et requiem post mortem corporis habituram, et corpus ad gloriam recepturam. Hæc sunt quæ de anima firmissime teneo. (CASSIODORUS.) Hoc autem veraciter fixeque credendum est Deum animas creare, et occulta quadam ratione justissime illis imputare quod primi hominis peccato teneantur obnoxiæ.

Sed quoniam in hunc locum tenor nos disputationis adduxit, ut animas reas per traducem peccati generaliter esse diceremus, convenit animam Domini Christi in medium deducere, ne quis calumniosa intentione perversus simili eam putet conditione constrictam. Audiamus igitur originem ejus sanctæ Mariæ semper Virgini digno præcone fuisse prophetatam : « Spiritus sanctus superveniet in te, et virtus Altissimi obumbrabit tibi. Propterea quod nascetur ex te Sanctum, vocabitur Filius Dei (*Luc.* I). » Quis, rogo, in hac majestate nascendi, aut originalis peccati credat esse culpam, aut profanam aliquam carnis suspicetur offensam. Absque peccato sine dubio venit qui erat omnium peccata soluturus. Conceptus mystico inspiramine intus ex Virgine, virilem commixtionem prorsus ignorante, de Adam nihil traxit, quia sine concupiscentia et conceptus et genitus fuit, qui ut malum Adæ vinceretur advenit. Hinc ad ejus matrem dictum est : Concipies per aurem Deum, paries et hominem. Primus homo posteris transmisit exitium, veniens Christus Dominus credentibus contulit regna cœlorum. Per istum enim reparat amissum statum, quod per illum perdiderat meritum. Natus in gloria, conversatus sine macula, quid potuit de illo trahere quem contraria venit actione destruere. Sanctæ origini vita sancta respondit. Qui sine peccato est genitus, nulla est mundi labe superatus. Suscepit verum hominem natura non vitiis, respuit quod protoplastus deliquit, et assumpsit hominem purissimum quem creavit, non peccatum suscipiens, sed carnem peccati sine aliqua injuria pollutionis assumens. De hoc vero Deo et homine peccati destructore quidam Patrum sic ait : Ita e visceribus matris est editus, ut fecunditas pareret et virginitas permaneret : non alterius tamen naturæ erat ejus caro quam nostræ. Non enim illi alio quam cæteris hominibus anima est inspirata principio, quæ excelleret non diversitate generationis, sed sublimitate virtutis. Ex quibus verbis perpendimus animam Christi ejusdem naturæ esse, cujus et nostræ sunt animæ, sed cum nostræ et originali peccato, et actuali sint infectæ, illius animam credimus firmiter et tenemus omnis peccati expertem fuisse.

DOMINICA DECIMA SEPTIMA.

Secundum Lucam.

« Cum intraret Jesus in domum cujusdam principis Pharisæorum Sabbato manducare panem, et ipsi observabant eum. Et ecce homo quidam hydropicus erat ante illum (*Luc.* XIV). » Hydropisis morbus ab aquoso humore vocabulum trahit; Græce enim *udor* [ὕδωρ] aqua vocatur. Est autem subcutaneus de vitio vesicæ natus, cum inflatione et anhelitu fœtido, propriumque est hydropici, quanto magis abundat humore inordinato, tanto amplius sitire. Et ideo recte comparatur ei quem fluxus carnalium voluptatum exuberans aggravat, comparatur et diviti avaro, qui quanto copiosior est divitiis quibus non bene utitur, tanto ardentius alia concupiscit.

« Et respondens Jesus dixit ad legisperitos et Pharisæos, dicens : Si licet Sabbato curare. At illi tacuerunt. » Merito tacuerunt qui se contra dictum quidquid dixerint vident; si enim curare licet, cur observant si Sabbatum solverit. Si non licet, cur pecora curant. Dixit dicens : talis positio est qualis : « Exspectans exspectavi (*Psal.* XXXIX), » significans perseverantiam loquentis, donec expleat quod intendit.

« Ipse vero apprehensum sanavit eum, ac dimisit. Et respondens ad illos dixit : Cujus vestrum asinus aut bos in puteum cadet, et non continuo extrahet illum die Sabbati? Et non poterant ad hoc respondere illi. » Ideo ante Pharisæos hydropicum sanat, et mox contra avaritiam disputat, ut per ejus ægritudinem corporis in illis exprimeretur ægritudo mentis, et corporalis exemplo curationis discerent spiritualiter curari. Congruenter etiam hydropicum animali quod cecidit in puteum comparat. Humore enim laborat. Bos et asinus sapientes et hebetes significant, vel bos populum significat jugo legis attritum; asinus gentilem populum nulla ratione domitum, quasi animal stolidum et brutum. Nos a puteo concupiscentiæ Salvator extrahit : omnes enim peccaverunt.

« Dicebat autem et ad invitatos parabolam, intendens quomodo primos accubitus eligerent, dicens ad illos : Cum invitatus fueris ad nuptias, non discumbas in primo loco, ne forte honoratior te sit invitatus ab eo, et veniens is qui te et illum vocavit et dicat tibi : Da huic locum. Et tunc incipias cum rubore novissimum locum tenere. » Intendens quomodo de primis accubitibus laborent vel intendens in doctrina sua quomodo debeant accubitus in Ecclesia eligere docet humilitatem non solum apud Deum sed etiam apud homines. Et quoniam hæc admonitio ab evangelista vocatur parabola, intuendum est quid designet. Nuptiæ sunt conjunctio Christi et Ecclesiæ. Unde Matthæus ait : « Simile factum est regnum cœlorum homini regi qui fecit nuptias filio suo (*Matth.* XXII). » Ad has nuptias quilibet invitatus, id est Ecclesiæ membris conjunctus, non discumbat in primo loco, hoc est non extollat se gloriando de meritis suis quasi sit sublimior cæteris. Studeat veste nuptiali vestiri, hoc virtutum fulgore coruscare, sed cum humilitate. Honoratiori invitato dat locum, qui de aliis meliora cognoscens quidquid de sua operatione celsum sentiebat parva reputat, et cum Propheta se humiliat, dicens : « Pauper sum ego et in laboribus a juventute mea, exaltatus autem humiliatus sum et conturbatus (*Psal.* LXXXVII). » Merito cum rubore pœnitens novissimum locum in Ecclesia tenet qui se super alios exaltat plus quam Deum.

« Sed cum vocatus fueris ad nuptias, recumbe in novissimo loco, ut, cum venerit qui te invitavit, dicat tibi : Amice, ascende superius; tunc erit tibi gloria coram simul discumbentibus. » Quanto magnus es, humilia te in omnibus, cum Psalmista dicens : « Humiliatus sum usquequaque (*Psal.* CVII). » Veniens Dominus ad judicium vel ad quotidianam visitationem Ecclesiæ præcipit ascendere quem magis invenerit se humiliare. Unde illud : « Quicunque humiliaverit se sicut parvulus, hic major est in regno cœlorum (*Matth.* XVIII). » Pulchre dicitur : « Tunc erit tibi gloria, » ne nunc ad plenum velis recipere quod tibi servatur in fine. Hinc Salomon ait : « Hæreditas ad quam festinatur in principio in novissimo benedictione carebit (*Prov.* XX). » In hac etiam vita humilis sublimatur in Ecclesia ad majora dona sancti Spiritus impetranda.

« Quia omnis qui se exaltat humiliabitur, et qui se humiliat exaltabitur. » Qui se incaute de meritis allevat, humiliabitur a Domino, et si non coram hominibus; et qui provide se de benefactis humiliat, exaltabitur ab eo.

De avaritia et ejus remedio.

Avaritia multis et ineffabilibus modis humanum genus atterens et infestans, et ipsa de superbia quodam modo originem trahens, mentem hominis allicit, ut exteriora et visibilia bona sola diligat, concupiscat, et ea summa credat; ac variis curis ad ea acquirenda, multiplicanda custodiendaque animum et labores impendat. Nonnullos enim ita desiderio eorum facit exardescere, ut ea etiam per scelus acquirere vel vindicare, non timentes bella, homicidia, rapinas, violentias, prædas, sacrilegia, furta, falsa testimonia, perjuria, fraudes, mendacia, lites, rixas, oppressiones suorum vel quorumlibet inferiorum, inhumanitates, primorum deceptiones et alia hujusmodi ad læsionem proximi seu contemptum

Dei pertinentia exercere non pertimescant. Alios vero, quos ad tam scelerata seducere non potest, tamen turpis lucri cupidos et insatiabiles efficiens, res suas usuris et fenoribus multiplicare, mercimoniis non æquis jugiter insudare, omnes curas, labores et intentionem, ipsamque vitam suam spe et appetitu multiplicandæ rei familiaris impendere, quasi absque proximi læsione, et ideo etiam veluti sine peccato instigat. Alios qui etiam in hac parte suadenti resistunt, non adhuc deserens, suggerit ut ipsa, quæ dono Dei, hæreditate aut alicujus liberalitate honeste et sine peccato accepta possident, quamvis multiplicare per aliquod peccatum vel augere non appetant, tamen plus justo diligant, et in eis fruendis spem suam, et delectationem consolationemque ponant; vel in eorum qualicunque amissione seu diminutione plus æquo tristentur et doleant; vel in eorum repositione, aut in posterum reservatione nimis tenaces cauti parcique custodes indigentibus ea proximis largiri pro facultate sua renuant; vel quasi sub specie frugalitatis et parcimoniæ; fugaque effusionis, opibus adeo ad usum necessarium tam sui quam proximorum concessis, quasi sacris et non tangendis parcant; vel certe futuram inopiam contra præceptum Domini plus quam necesse est formidantes, et de crastino, id est futuro tempore sollicite et superflue cogitantes (*Matth.* vi), promissionibus ejus quibus necessaria pollicitus est increduli vel diffidentes appareant. Ipsos quoque qui consilium Domini quasi secuti cunctis quæ possident, abrenuntiare videntur impellit, ut aut partem sibi imperfecte abrenuntiantes retineant, aut ea quæ prorsus dimiserant denuo vesana apostasia concupiscant, aut certe plura quam vel prius habuerant affectent. Alios ad hoc adducit, ut sub obtentu relicti sæculi vel specie religionis, vel occasione ecclesiastici ordinis, vel multorum procurationis vel eleemosynarum largitionis, vel alicujus ædificii ad pium cultum pertinentis, ipsi divitiis locupletari appetant.

Denique cupiditas atque superbia in tantum unum sunt malum, ut nec superbus sine cupiditate, nec sine superbia possit inveniri cupidus. Si enim aliquod peccatum perpetrare non possum, nisi meæ delectationi consentiam (quod cupiditatis est proprium), et Dei præcepta contemnam (quod est superbiæ malum), quomodo non ex cupiditate, quæ est radix malorum omnium (*I Tim.* vi), et ex superbia quæ initium omnis peccati dicitur (*Eccli.* x), procedit omne peccatum. Si enim cupiditas amor est cujuslibet rei illicitæ vel amor habendi plus quam oportet, nullum peccatum sine cupiditate committitur. Quid vero avarius est illo cui non sufficit Deus, et qui bono universo plus appetit.

Adversus hanc igitur furiam, his et similibus versutiis armatam, charitas, misericordia, largitas, benignitas, contemptus divitiarum, et voluntaria paupertas mentem hominis defendere parantes, dum vanitatem et incertitudinem omnium præsentium rerum, ipsius quoque vitæ nostræ brevitatem et dubietatem demonstrant, dum naturæ paucula postulantis, et victu tantum vestituque, juxta Apostolum (*I Tim.* vi), contentæ mediocritatem intimant, pias mentes facile adducunt, ne pro vili incœpta et superflua qualibet re, grave certum et damnabile aliquod crimen seu peccatum incurrentes, juste damnandi divinorum transgressores præceptorum fiant. Quæ etiam dum stultissima esse docuerint, ut intentionem nostram, curas, studia, servitia, labores, quibus etiam minus impensis, æternam gloriam divitiasque perennis vitæ promereri potuissemus, procaducæ et fumaticæ rei vana spe incassum perdamus; profecto, si sapiens, minus pro his vanescentibus nugis amplius quam pro permanentibus bonis satagere et servire studebimus, maxime cum ipse Dominus dicat: « Non potestis Deo servire et mammonæ (*Luc.* xvi), et cum Scriptura iterum dicat: « Qui amat pecunias, fructus non capiet ex eis (*Eccle.* v). » Et iterum: « Avaro nihil est scelestius, nihilque iniquius quam amare pecuniam (*Eccli.* x), » et quoniam « avari et rapaces regnum Dei non possidebunt (*I Cor.* vi); » et: « Væ vobis divitibus qui habetis consolationem vestram (*Luc.* vi)! » Et cum ipsis inculcantibus fixum corde tenemus quod quælibet bona nobis a Deo pro usura in præsenti accommodata, non ut avare recondamus accepimus, sed ut necessariis usibus nostris superflua indigentibus proximis fideliter distribuamus, ipsique Domino inde servire satagamus, nimirum, sicut ipse jussit, necessitatem proximorum nostram reputantes, ut fideles dispensatores ex communis Domini donis eis, ut possumus, opem ferimus, eisque potius sua ex debito reddimus quam nostra tribuimus, quia si hoc quidem non fecerimus, non ut propriarum rerum cauti conservatores, sed ut alienarum iniqui fraudatores et violenti raptores ex divino judicio justæ ultioni subjacebimus. Ipsæ quoque persuadent perniciosiora et a remediis longinquiora esse vitia, quæ sub specie virtutum emergunt, quam illa quæ ex aperto exeunt pro carnali voluptate. Hi namque velut palam expositi ac manifesti languores, et arguuntur cominus et sanantur.

Illud namque valde ridiculosum est quod nonnulli post illum primæ abrenuntiationis ardorem, quo res familiares vel opes plurimas ac malitiam sæculi reliquerunt, tanto studio in his quæ penitus nequeunt in suo ordine non haberi, quamvis parva viliaque sint, esse devinctos, ut horum cura pristinarum omnium facultatum superet possessionem. Quibus profecto parum proderit majores opes contempsisse, quia affectus eorum ob quos illæ contemnendæ sunt, in res parvas atque exiguas transtulerunt. Nam vitium cupiditatis et avaritiæ quod erga species pretiosas exercere non possunt, circa viliores materias retinentes non abscidisse, sed commutasse se probant pristinam possessionem. Nam nimia devincti diligentia, erga curam sportellæ, sagelli, codicis, aliarumque similium rerum, quamvis vilissimarum, cadem tamen qua antea libidine detineantur. Quæ etiam tanta æmulatione custodiunt atque defendunt, ut pro ipsis adversus fratrem commoveri se, et (quod est turpius!) etiam litigare non pudeat. In hoc quoque sui cordis avaritiam designant, cum vel ea quibus uti necesse est propensius student habere quam cæteri, vel excedentes diligentiæ modum peculiarius ea attentiusque custodiunt et ab aliorum contrectatione defendunt, quæ universis fratribus deberent esse communia, quasi vero differentia tantummodo metallorum et non ipsa passio cupiditatis habeatur in noxa, et pro rebus quidem magnis irasci non liceat, pro vilioribus vero hoc ipsum fecisse sine culpa sit, et non idcirco pretiosiores abjecerimus materias quo facilius disceremus viliora contemnere. Quid enim differt utrum quis perturbationem cupiditatis erga opes amplas atque magnificas, seu [erga viliores exerceat species, nisi quod in eo reprehensibilior judicandus est quod dum maxima sprevit imis obligetur; ideoque perfectionem cordis abrenuntiatio ista non obtinet, quia cum censum habeat pauperis, non abjecit divitis voluntatem.

De duobus generibus humilitatis.

Duo sunt genera humilitatis. Primum ad se, secundum ad alios. Humilitas ad se est qua quisque de semetipso parva existimat; humilitas ad alios est, qua bona illorum homo sine invidia et livore commendat. Per primam humilitatem præesse non cupit; per secundam subesse non contemnit. Humilitas facit ut sua occulta homo non abscondat; pietas facit ut aliena occulta judicare non præsumat. Humilitas facit ut mala sua homo non excuset; pietas facit ut mala aliena non aggravet. Item humilitas facit ut quæ in se latent secundum veritatem judicet; pietas facit ut quæ in aliis non patent ad meliorem partem inclinet. Hinc est quod sancti viri semetipsos tam districte dijudicant, et cunctos sibi merito anteponendos putant. Vident enim et quæ manifesta sunt sua et quæ occulta; aliorum autem manifesta tantum. Cum itaque de alienis occultis judicare non præsumant, nisi quantum pietatem monente bona esse existimant, plura sunt quæ in se mala vident ubi et manifesta et occulta vident, quam qui in aliis vident ubi manifesta tantum vident. Nam, et si quando quædam occulta aliena ex manifestis deprehendunt, sua tamen districte per veritatem judicant; illa autem per pietatem judicare, nisi excusando non præsumunt. Hinc vero fit ut inferiores se cunctis existiment, et hoc illis sentire dulce sit, quod sua mala aggravare et aliorum alleviare possint.

Verum et hoc notandum est qualem humilitatem Scripturas legentes debeant habere. Principium itaque liberalis disciplinæ humilitas est. Cujus cum multa sint documenta, hæc tamen tria præcipue ad lectorem pertinent: primum, ut nullam scientiam, nullam scripturam vilem teneat; secundum, ut a nemine discere erubescat; tertium, ut, cum scientiam adeptus fuerit, cæteros non contemnat. Multos hoc decipit, quod ante tempus sapientes videri volunt. Hinc namque in quemdam elationis tumorem prorumpunt, ut jam et simulare incipiant quod non sunt, et quod sunt erubescere, eoque longius a sapientia recedunt, quo non esse sapientes, sed putari cupiunt. Cujusmodi multi hactenus erant qui cum primis elementis adhuc indigerent, non nisi summis interesse dignarentur, et ex hoc solummodo se magnos fieri putarent, si magnorum et sapientum vel scripta legerent vel verba audirent. Nos, inquiunt, vidimus illos; nos ab illis legimus; sæpe nobis illi loqui solebant, illi summi, illi famosi cognoverunt nos. Sed utinam me nemo agnoscat, et ego cuncta noverim! Platonem vidisse, non intellexisse gloriamini. Puto indignum est vobis deinceps ut me audiatis. Non ego sum Plato, nec Platonem videre merui. Sufficit vobis ipsum fontem philosophiæ potasti. Sed utinam adhuc sitiretis! Rex poscit aurea pocula de vase bibit testeo. Quid erubescitis? Platonem audistis, audiatis et Chrysippum. In proverbio dicitur:...

- *Quod non nosti, forlassis novit asellus.*

Nemo est cui scire omnia datum sit, neque quisquam rursus cui aliquid speciale a natura accepisse non contigerit. Prudens igitur lector omnes libenter audit, omnia legit, non scripturam, non personam, non doctrinam cujusquam spernit. Indifferenter ab omnibus quod sibi desse videt quærit, nec quantum sciat, sed quantum ignoret considerat. Hinc illud Platonicum aiunt: Malo aliena verecunde discere, quam mea imprudenter ingerere. Cur enim discere erubescis, et nescire non verecundaris? Pudor iste est major illo. Aut quid summa affectas cum tu jaceas in imo? Considera potius, quid vires tuæ ferre valeant. Aptissime incedit, qui incedit ordinate. Quidam dum magnum saltum facere volunt, præcipitium incidunt. Noli ergo nimis festinare. Hoc modo citius ad sapientiam pertinges. Ab omnibus libenter discere, quantum tu nescis, quia humilitas commune tibi facere potest quod natura proprium cuique fecit. Sapientior omnibus eris, si ab omnibus discere volueris. Qui ab omnibus accipiunt, omnibus ditiores sunt.

Nullam denique scientiam vilem teneas, quia omnis scientia bona est. Nullam, si vacat, scripturam, vel saltem legere contemnas. Si nihil lucraris; nec perdis aliquid, maxime cum nulla scriptura sit, secundum meam æstimationem, quæ aliquid expetendum non proponat, si convenienti loco et ordine tractentur, quæ non aliquid etiam speciale habeat quod diligens verbi scrutator alibi non inventum, quanto rarius tanto gratius carpat. Nihil tamen tam bonum est quod semel melius tollit. Si omnia legere non potes, ea quæ sunt utiliora lege, etiamsi omnia legere potueris, non tamen idem omnibus labor impendendus est. Sed quædam ita legenda sunt, ne sint incognita; quædam vero, ne sint inaudita, quia aliquando pluris esse credimus qui non audivimus, et facilius æstimatur res cujus fructus agnoscitur. Videre nunc potes quam necessaria tibi sit hæc humilitas, ut nullam scientiam vilipendas, et ab omnibus libenter discas. Similiter tibi quoque expedit ut cum tu aliquid sapere cœperis, cæteros non contemnas. Hoc autem tumoris vitium; hinc quibusdam accidit; quod suam scientiam nimis diligenter inspiciunt; et cum sibi aliquid esse visi fuerint, alios quos non noverunt, tales nec esse nec potuisse fieri putant. Hinc etiam ebullit quod nugigeruli nunc quidam nescio unde gloriantes priores patres simplicitatis arguunt, et secum natam, secum morituram credunt sapientiam. In divinis eloquiis simplicem loquendi modum esse aiunt, ut in eis magistros audire non oporteat posse satis quemque proprio ingenio veritatis arcana penetrare. Cor rugant, nasum et labium torquent in lectores divinitatis, et non intelligunt quod injuriam faciunt ei cujus verba, pulchro quidem vocabulo simplicia, sed sensu pravo insipida prædicant. Non est mei consilii hujusmodi imitari. Bonus enim lector humilis debet esse et mansuetus, a curis inanibus et voluptatum illecebris prorsus alienus, diligens et sedulus, ut ab omnibus discat libenter, nunquam de scientia præsumat sua, perversi dogmatis auctores quasi venena fugiat; diu rem pertractare, antequam judicet, discat; non videri doctus et esse quærat, dicta sapientum intellecta diligat, et ea semper oculis quasi speculum vultus sui tenere studeat; et si qua forte obscuriora intellectum ejus non admiserint, non statim in vituperium prorumpat, ut nihil bonum esse credat, nisi quod ipse intelligere potuit. Hæc est humilitas disciplinæ legentium.

De commendatione humilitatis, et invectione in superbiam.

O præclara humilitas qua amplexatur omnipotentis majestas! O beata humilitas, quam visitare, sanare, glorificare non dedignatur propitia divinitas! O prudens humilitas, quæ propriam contemnis excellentiam et Dominum solum magnificas animæ judicio et in ejus salutari exsultas spiritus gaudio. Dum teipsam despicis, Deus te in cœlo et in terra respicit. Dum te pulverem et cinerem confiteris, super inimicos tuos divinitus exaltaris. Tu conscientiam bonam modo a mordacibus curis facis quietam, in futuro a minacibus pœnis securam. Æmula tua superbia a superbis diabolum præcipitavit in infernum, de paradiso Adam expulit in exsilium, tu latronem introduxisti in paradisum, meretrices et publicanos in regnum cœlorum. Illa nititur supra se, et ruit infra se; tu, ut bene funderis, in altum fodis; ut Deum ipsum videas, in templum Dei erigeris. Illa se similem facit Altissimo, imo supra omne quod dicitur Deus aut colitur extollitur, et ab omni dignitate abjicitur, et amplius non erit: tu te pauperem et vermem asseris, et de stercore elevaris, ac cum cœli principibus collocaris. Illa bona sua laudat et pereunt; tu mala tua accusas, et evanescunt. Illa sibi vult sufficere et nequit deficere; tu gratia Dei inniteris sola, et in Domino potes omnia. Illa sicut dum est, non potest non esse quod est, id est superbia, sicut subdi non potest ulli præposito, nec ipsi Deo; tu quia es quod es, id est humilitas, omnibus etiam infimis spreta substerneris. Illa sublime omne videt; tu quia nihil per contentionem agis, ut aliis præponaris, vel per inanem gloriam, sed in humilitate facis tuos arbitrantes vere alios esse superiores sibi invicem, quia potest esse in alio occultum quo superior sit, et apud Deum dignior: et hoc ideo quia non quæ sua sunt singuli considerant, sed ea quæ aliorum bona. Illa sana sauciat, integra corrumpit; tu saucia sanas, corrupta integras. Illa communia et usitata, licet sint grandia; fastidit rara et singularia, et si vilia extollit; tu gaudes omnibus bonis tanquam Dei donis, et non tua, sed aliena quæris lucra. Illa virtutibus aliis armatur et elevatur; a te sola vincitur et exstinguitur. Tu laudem divinam, illa concupiscit humanam. Tu gloriaris in conscientiæ testimonio, illa in linguæ vaniloquio. Tu colis cor, illa corpus. Tu ornas animum, illa vultum. Tu places Deo, illa diabolo. Tu interemptrix es vitiorum, illa virtutum. Tu ædificas Hierusalem, illa Babyloniam. Tu doces animum, quidquid extra molitur suis retrusum possidere thesauris, illa quod stelliferum transabiit cœlum, tellure demersa petit. Tu es fons, incrementum, finis virtutum; illa incipit, adauget, perficit omne malum. Illa blasphemat Dei opera; quasi sapientior Deo, commutat ea quasi meliora Deo; tu quia scis sapientiæ nil inde convenire justitiæ Dei, nil pravum adhærere omnipotentiæ, nil posse resistere: idcirco omne quod est tanquam opus Dei pulcherrimum, optimum, perfectissimum judicas, dicis « omnia opera Domini magna et exquisita in omnes voluntates ejus (*Psal.* cx). »

Quapropter omnia opera Domini benedicis, laudas et superexaltas. Et sicut duo genera tui existunt quibus tu agnosceris, ita et duo genera illius existant, per quæ et ipsa agnoscitur. Duo itaque sunt genera elationis: aliud intus per superbiam mentis, aliud foris per typhum elationis. Superbia enim intus est, jactantia foris. Superbia alia est qua in sui consideratione animus intumescit, alia qua in sui comparatione cæteros despicit. Similiter jactantia foris alia est qua in sui ostentatione homo blandum se simulat, alia qua se crudelem et metuendum demonstrat. In prima placere nititur, in secunda placere dedignatur. Ex primo igitur genere superbiæ in quo homo sibi placet, primum nascitur genus jactantiæ, in quo cæteris placere desiderat, et ex secundo genere superbiæ in quo alios despicit; secundum nascitur genus jactantiæ, quo se aliis non amabilem sed metuendum monstrare laborat.

DOMINICA DECIMA OCTAVA.

Secundum Matthæum.

« Accesserunt ad Jesum Sadducæi; et interrogavit eum unus ex eis, tentans eum : Magister, quod est mandatum magnum in lege? » etc. (*Matth.* 22.) Primum omnium non pro ordine, sed pro dignitate intellige dictum, id est maximum omnium, sive primum, quia ante omnia debemus intimo corde singuli quasi unicum pietatis fundamentum locare. Ergo primum omnium et maximum mandatum est cognitio atque confessio divinæ unitatis, cum exsecutione bonæ operationis. Bona autem operatio dilectione Dei et proximi perficitur. Quod breviter aliis verbis commendat Apostolus dicens : « In Christo enim Jesu neque circumcisio aliquid valet, neque præputium, sed fides quæ per dilectionem operatur (*Gal.* v). »

Ostendit ex hac responsione Scribæ gravem sæpe inter Scribas et Pharisæos quæstionem esse versatam quod esset mandatum primum sive maximum divinæ legis, quibusdam videlicet hostias et sacrificia laudantibus, aliis vero majore auctoritate fidei et dilectionis opera præferentibus, eo quod plurimi patrum ante legem absque omnium victimarum et sacrificiorum consuetudine ex fide tantum, quæ per dilectionem operatur, placerent Deo, summique apud ipsum loci haberentur. Nemo autem unquam absque fide ac dilectione per holocausta solum et sacrificia Deo placuisse invenitur. In qua sententia Scriba iste etiam se fuisse declaravit.

« Ait illi Jesus : Diliges Dominum Deum tuum ex toto corde tuo, et in tota anima tua, et in tota mente tua. Hoc est maximum et primum mandatum. Secundum autem simile est huic: Diliges proximum tuum sicut te ipsum. In his duobus mandatis tota lex pendet et prophetæ. »

Totam magnitudinem et latitudinem divinorum eloquiorum secura possidet charitas, qua Dominum proximumque diligamus. Docet enim nos cœlestis unus magister et dicit : « Diliges Dominum Deum tuum ex toto corde tuo, » etc. (Augustinus.) Si ergo non vacat omnes paginas sanctas perscrutari, omnia in volumine sermonum, quod volvitur evolvere, omnia Scripturarum secreta penetrare, tene charitatem ubi pendent omnia. Ita tenebis, quia ita didicisti, tenebis etiam quod nondum didicisti. Si enim nosti charitatem, aliquid nosti, unde et illud pendet quod forte nosti, et in eo quod Scripturas non intelligis, charitas patet. Illa itaque tenet et quod patet et quod latet in divinis sermonibus. Qui charitatem tenet in moribus, hoc est quod breviatum sermonem faciet Dominus super terram.

« Congregatis autem Pharisæis, interrogavit eos Jesus, dicens : Quid vobis videtur de Christo? Cujus filius est? Dicunt ei : David. Ait illis : Quomodo ergo David in libro Psalmorum vocat eum Dominum, dicens : Dixit Dominus Domino meo : Sede a dextris meis, donec ponam inimicos tuos scabellum pedum tuorum? »

Istud dicere Domini Domino est æqualem sibi generare Filium. Domino meo dicit David, non secundum quod de eo natus est, sed secundum quod de Patre semper fuit. Quod autem a Patre subjiciuntur inimici, sive volentes sive nolentes, non infirmitatem Filii, sed unitatem naturæ qua in altero alter operatur significat; nam et Filius subjicit inimicos Patri, quia Patrem clarificat super terram. Sic interrogatio Jesu nobis proficit contra Judæos. Judæi autem frivola multa confingunt asserentes centesimum nonum psalmum, scriptum in persona Eliezer filii vernaculi Abrahæ, revertentis de cæde quinque regum : Sede ad dexteram meam. Sed sequentia psalmi non ad hoc concordant. Recte itaque opponitur, non quia Christum, quem confitentur esse venturum, David filium dicunt, sed quia simpliciter hominem et non Dei Filium credunt.

« Si ergo David in spiritu vocat eum Dominum, quomodo filius ejus est? Et nemo poterat ei respondere verbum, neque ausus fuit quisquam ex illa die eum amplius interrogare. » Quia in sermonibus confutantur, ultra non interrogant, sed aperte comprehensum potestati tradunt Romanæ. Unde patet venena invidiæ superari posse, sed difficile quiescere.

De charitate.

Geminam nobis Scriptura sacra charitatem commendat, Dei videlicet et proximi. Charitatem Dei, ut sic ipsum diligamus, ut in ipso gaudeamus; charitatem proximi, ut sic ipsum diligamus, ut non in ipso, sed cum ipso in Deo gaudeamus : hoc est ut Deum diligamus propter se ipsum, proximum autem propter Deum. Deus autem idcirco propter se ipsum diligendus est, quia ipse est bonum nostrum; proximus autem ideo propter Deum diligendus, quia cum ipso in Deo est bonum nostrum. Illum diligamus, ut ad ipsum veniamus, et in Christo gaudeamus, istum diligamus, ut cum ipso curramus, et cum ipso perveniamus. Illum ut gaudium, istum, ut gaudii socium. Illum ut requiem, istum ut requiei consortem. Quid est Deum diligere? habere velle. Quid est Deum diligere propter se ipsum? ideo diligere, ut habeas ipsum. Quid est proximum diligere propter Deum? ideo diligere quia habet Deum. Sicut diligimus hominem propter justitiam, id est quia habet justitiam, et sicut diligimus hominem propter sapientiam, id est quia habet sapientiam, sic diligimus hominem propter Deum; id est quia habet Deum, vel si forte nondum habet, tamen quia habiturus est eum velut habeat eum. Sic itaque propter Deum hominem diligimus, quem utique propter Deum non diligeremus, si Deum non diligeremus, quemadmodum cum hominem propter sapientiam diligo, ideo diligo, quia ipsam sapientiam diligo : quem profecto non diligerem, si sapientiam ipsam propter quam ipsum diligo non diligerem. Ita cum proximum propter Deum diligo, ideo diligo quia Deum diligo : quem utique non diligerem, si Deum propter quem ipsum diligo non diligerem. Sic igitur : si bene diligo, et bonum diligo. Non enim bene diligo, nisi cum bonum diligo : et cum bonum quod diligo, non ob aliud quam propter bonitatem sic diligo. Quomodo? Amicum in Deo, inimicum propter Deum. Quid est amicum diligere in Deo? ideo diligere quia Deum habet. Non in divitiis suis, non in fortitudine sua, non in pulchritudine sua, sed in justitia sua, in sanctitate sua, in bonitate sua. Illa enim, etsi a Deo sunt, extra Deum diligi possunt, et sæpe cum diliguntur, avertunt et pervertunt mentem diligentem se, ut Deum non diligant. Ideoque pro his est laudandus, quia cum dantur ab ipso dantur, et dona ejus sunt, sed in his non est amandus proximus, quia virtus ejus non sunt, neque bonum faciunt ista hominem, etiam si abundaverit, nec non si defuerit malum.

Bonitas autem bonum facit et justitia justum, et veritas verum, et hæc cum adsunt, adest Deus, quia Deus bonitas est, et justitia et veritas. Ideo in bonitate, et justitia, et veritate diligendus est homo, et quando in istis diligitur; in Deo diligitur, quia Deus bonitas est, et justitia et veritas. Si ergo bene diligimus, et bonum diligimus, boni sumus. Non enim bonos facit, nisi dilectio bona et dilectio boni. Si autem boni sumus, nullos amicos habemus nisi bonos; et nullos inimicos, nisi malos, quia si boni sumus, nihil nisi bonum diligimus, et nihil præter malum odimus. Si autem amicos bonos habemus, et inimicos malos, amicos quidem in bonitate sua diligere debemus, id est in Deo, quia boni sunt; inimicos autem, quia in bonitate diligere non possumus, quia boni non sunt : tantum propterea diligere debemus, ut bonitatem habeant, et boni sint. Et in his omnibus non nisi bonitas diligitur, quando nihil diligitur, nisi propter bonitatem. Simili modo cum Deus diligitur, propter se diligitur, quia ab alio non est, neque aliud ab ipso quod diligitur in ipso. Cum vero proximus diligitur, non propter se diligitur, sed propter Deum, alter ut amicus qui Deum habet, alter ut inimicus ut Deum habeat. Et in his omnibus non nisi Deus diligitur, quia aliud non est quam Deus, quod in illo diligitur quia est, in isto diligitur ut sit. Ergo cum Deus diligitur, et cum proximus diligitur, Deus diligitur. Quare ergo dicit Scriptura : « Ut et Deum diligas, et proximum (*Matth.* xxii). » Si in Deo Deum diligis, et in proximo Deum diligis, nec aliud in proximo quam quod in Deo diligis, quare sunt duo præcepta charitatis? Si enim utrobique Deus diligitur, in utroque unum impletur, nec opus fuerat præceptum geminari de opere uno : Sufficeret si dixisset : Dilige Dominum Deum tuum; in hoc enim totum est. Qui enim Dominum vere diligit, ubique diligit. Si vere diligitur, diligitur ubicunque invenitur. In se ipso et in proximo, intus et foris, sursum et deorsum, longe et prope. Si mel dulce est, dulcis est et favus. Si mel diligis, diligis et favum receptaculum mellis. Sed cum mel diligitur, ideo diligitur, quia dulcedo ipsum est. Cum vero favus diligitur, ideo diligitur quia dulcedo in ipso est. Mel propter se ipsum diligitur, favus autem propter mel diligitur. Et si forte videris favum non habentem mel, vides receptacula, ubi mel esse debuerat, et doles esse vacua, et non placent tibi quia arida sunt, et cupis mel illic esse, quod diligis : et si venerit, magis diligis. Ita diligito Deum tuum, quia dulcedo est, ipse et bonitas et veritas. Proximum autem tuum dilige, quia receptaculum est dulcedinis et veritatis, et si in eo inveneris quod habere debet, dulcedinem et bonitatem, et veritatem, dilige in ipso illas, et dilige ipsum propter illas. Si autem vacuum inveneris bonis suis, dole quia receptaculum inane vides, et opta ut veniant ad eum, et intrent in eum bona sua, ut fiat ipse bonus, habens bona sua, sine quibus bonus esse non potest.

DIVISIO.

Dilige Deum, quia bonitas est; dilige proximum, quia ex bonitate bonus est, vel si bonus non est, ut sit qui bonus esse potest. Qui enim jam esse non possunt boni, diligendi non sunt, quia nec proximi sunt, sed alieni et remoti et extranei. « Ne des, inquit, alienis honorem tuum, et annos tuos crudeli, ne forte impleantur extranei viribus tuis et labores tui sint in domo aliena (*Prov.* v). » Isti ergo sunt alieni et extranei nimis remoti, et longe facti quibus amplius non patet reditus ad bonum, dæmones scilicet et mali homines cum dæmonibus damnati. Qui idcirco a nobis amplius diligendi non sunt, quia ab illo bono propter quod diligitur omnis qui bene diligitur, irrecuperabiliter corruerunt. Nusquam nobis dicit Scriptura ut dæmones diligamus, neque illos homines qui jam cum dæmonibus damnati sunt. Illi enim proximi non sunt, sed remoti et alieni facti a nobis. Nos autem proximos diligere debemus, non alienos, id est homines, non dæmones, et illos homines, qui vel per bonitatem non recesserunt, vel per arbitrii libertatem redire possunt. Non enim omnino longe sunt qui, etsi abierint, adhuc redire possunt. Isti sunt proximi quos diligere debemus, vel in Deo, si recesserunt, vel propter Deum, si redire possunt. Quos quando diligimus, vel in eis Deum diligimus si boni sunt, vel eis bonum diligimus et optamus, cum quod non sunt boni esse possunt.

Propter hoc ergo duo sunt præcepta charitatis, Dei videlicet et proximi ut per charitatem Dei ipsum bonum diligas, per charitatem proximi bonum quod diligis proximo non invideas. Poteras aliquid diligere et proximo non diligere ; poteras aliquid velle habere, et tamen nolle ut illud haberet proximus tuus : in Deo tamen non poteras. Non enim poteras Deum diligere, nisi diligeres et proximum tuum, quia cum invidia et odio Deus diligi non potest, tamen quia in aliis rebus hoc facere poteras, ut aliquid velles et proximo tuo non velles, distinctum est ut utrumque tibi faciendum esse intelligas, quamvis alterum sine altero facere non possis. Quamvis simul sint, tamen duo sunt dilectio Dei et proximi. Neque ideo debuerunt in præceptione confundi, quamvis non possint in actione separari. Duo igitur præcepta sunt charitatis : unum quo Deum diligere præcipimur; alterum quo proximum amare jubemur. Sed dicis : Quare tria data non sunt præcepta charitatis ut similiter diligat homo se ipsum, sicut diligere jubetur Deum et proximum. Sed considera quia superfluum foret ut illud fieri juberetur ad quod faciendum sic homo pronus fuerat ex se, ut illud aut non posset, aut non vellet dimittere, etiamsi prohiberetur. Non igitur præcipiendum erat homini ut se diligeret, sed timendum vel cavendum magis erat ne nimis diligeret. Hoc siquidem naturæ insitum erat, ut se odire non posset secundum quam nemo carnem suam odio habuit cujus commodum qui naturæ insitus est appetitus inseparabiliter diligit, et quod adversum est illi, semper detestatur et fugit.

De anima. Quare sic dicatur. De appellatione animi. De mentis appellatione, et de spiritus appellatione.

Animæ concessum est a Deo ingenitium (sic) rerum secreta penetrare ac penetrata viventibus per eam reserare. Unde ineptum ducitur illam per quam plura cognoscimus, quasi a nobis alienam nos ignorare. In primis ergo insinuetur, cujus anima proprie dicatur et quare sic appelletur. Proprie igitur hominis anima et non pecudum dicitur, quoniam vita pecudum in sanguine tantum constituta noscitur. Hæc vero, quia immortalis est, anima recte quasi anæma [ἀναῖμα], id est a sanguine longe discreta vocatur, cum post mortem corporis perfectam ejus constet esse substantiam. Quidam animam dicunt appellatam, eo quod animet atque vivificet sui corporis substantiam. Animus autem appellatur, quia velocissima cogitatio ejus ad similitudinem venti motu celeri pervagatur, qui fit ex appetitu animæ commoto pro desiderii ejus qualitate. Mens dicitur a mene [μήνη], id est a luna, quia licet mutetur vicissitudine varia, se tamen restituit in id quod fuit quadam novitate perfecta. Spiritus etiam triplici modo dicitur. Appellatur enim veraciter et proprie nullius indigens, ipse vero a creaturis omnibus indiget, inspirans quod vult, et dispensans omnia prout vult, universa complens, totus in toto, immobilis loco, et voluntate æternus cunctaque quæ summa sunt singulariter potens. Vocamus et spiritum substantiam tenuem nobisque invisibilem, creaturam immortalem, quantum illi datum est, utiliter valentem. Tertio spiritum dicimus per totum corpus emissum atque receptum, per quem vita mortalium continetur; nec aliquando otium capiens, jugi mobilitate reparatur.

Sciendum est igitur animum et mentem proprie animam non vocari. Hæc Cassiodorus. Cæterum Isidorus sic ait : « Una est anima quæ dum contemplatur, spiritus est, dum sentit, sensus; dum sapit, animus; dum intelligit, mens; dum discernit, ratio; dum consentit, voluntas; dum recordatur, memoria; dum membra vegetat, anima est. » Hominis ergo anima, ut veracium doctorum consentit auctoritas, est a Deo creata spiritualis propriaque substantia sui corporis vivificatrix rationalis quidem et immortalis, sed in bonum malumque convertibilis. Edita est quasi parturiale ovum, ubi vita futuræ avis pennarum grata varietas continetur. Insuper a Deo fieri vel factas animas prudentium nullus nescit, quando Creator est aut creatura omne quod existit. Creatrix igitur nulla creatura potest esse substantia, quoniam ut ipsa subsistat indiget Deo, et dare non potest alteri subsistentiam, quam tantum habere accepit. Superest ut eam verissime a divinitate conditam esse fateamur quæ sola potest creare mortalia et immortalia. Evidenter enim legitur in Salomone : « Et revertetur pulvis in terram sicut erat, et spiritus revertetur ad eum qui dedit illum (*Eccli.* XII). » Et alibi : « Omnem flatum ego feci. » Illud autem quod diximus sui corporis vivificatrix, ideo dicitur quia mox ut data fuerit ineffabili conditione, diligit carcerem suum, amat propter quod libera esse non potest, doloribus ejus vehementer afficitur, formidat interitum quæ non potest mori ; et sic est ad corporis sui casus trepida, ut ipsam, quæ non potest deficere per naturam, magis sustinere credas extrema. Et licet rebus corporalibus nullatenus ipsa vescatur subductis tantum talibus gravissimo mœrore conficitur, desiderans non sibi naturaliter accommoda, sed adjunctis artubus profutura. Vita ergo corporis susceptæ animæ præsentia est, mors autem ejus probatur abscessus. Sic diem dicimus lustrante sole, qui cum discesserit nox vocatur. Vivit itaque corpus animæ præsidio, et ex ipsa probatur accipere, unde se prævaleat commovere. Per totum vero corpus quod animat, non locali diffusione, sed quadam vitali intentione porrigitur. Nam per omnes ejus particulas tota simul adest, nec minor in minoribus, nec in majoribus major, sed alicubi intensius, alicubi remissius, et in omnibus tota, et in singulis tota est. Quamvis enim in corpore non toto sentit, tamen tota sentit. Nam cum exiguo puncto in carne viva aliquid tangitur, et si locus ille totius corporis non sit, sed vix in corpore videatur, animam tamen totam non latet. Neque id quod sentitur per corporis cuncta discurrit, sed ibi sentitur tantum ubi fit. Unde ergo ad totum mox pervenit : quod in toto non fit, nisi quia ibi tota est ubi fit. Et cum tota ibi sit, non tamen cætera deserit. Vivunt enim ex illa ea præsente ubi nihil factum est tale. Quod si fieret et utrumque simul fieret, simul utrumque totam pariter non lateret. Proinde et in omnibus simul et in singulis particulis corporis sui tota simul esse non posset; si per illas ita diffunderetur, ut videmus corpora diffusa per spatia locorum minoribus suis partibus majora occupare et amplioribus ampliora. Latum est animæ quodammodo cogitationes apprehendere et per obsequium linguæ motione volubili disserere. In corpore posita quam multa cernit, a se non egrediens quam diversa circumspicit. Ubique quasi distenditur, et animæ fieri discessio non probatur. Movetur, erigitur, fluctuari cognoscitur, et in se ipsa tanquam in magno currens spatio pervagatur. Ad causas non exit, sed tractatibus suis repræsentat sibi quod sua cogitatione respicit, modo quod oculis carnalibus vidit, modo quod imaginatione phantastica concepit. Hanc proinde spiritualem substantiam probabilis et absoluta ratio confitetur, quia dum omnia corporalia tribus noverimus lineis contineri longitudine, latitudine, profunditate, nihil tale in anima probatur reperiri. Deinde quod corpori sociata, quamvis ipsius mole prægravetur, opiniones rerum sollicita curiositate perpendit cœlestia profunde cogitat, naturalia subtili indagatione investigat et de ipso quod conditore suo ardua nosse desiderat. Quod si esset corporalis, cogitationibus suis spiritualia nec cerneret utique nec videret.

DOMINICA DECIMA NONA.

Secundum Matthæum.

« Ascendens Jesus in naviculam, transfretavit et venit in civitatem suam (*Matth.* ix). » Christus Ecclesiæ navem semper mitigaturus fluctum sæculi transcendit, ut credentes in se ad cœlestem patriam tranquilla navigatione perducat. Marcus in Capharnaum (*Marc.* ii), Matthæus in civitate sua, Dominum curasse paralyticum narrant. Quæ quæstio difficilius solveretur, si Matthæus nominaret Nazareth. Nunc ergo quis dubitet Capharnaum fuisse civitatem Domini, quam non nascendo sed miraculis illustrando suam fecerat. Denique in comparatione exterarum regionum recte diceretur, quodcunque oppidum Galilææ civitas Domini, ne dum Capharnaum, quæ ita excellebat in Galilæa ut tanquam metropolis haberetur

« Et ecce quatuor viri portantes in lecto hominem qui erat paralyticus, et quærebant eum inferre, et ponere ante Jesum. Et non invenientes qua parte cum inferrent præ turba, ascenderunt supra tectum et per tegulas submiserunt illum cum lecto in medium ante Jesum. Quorum fidem ut vidit, dixit: Confide, fili, remittuntur tibi peccata tua. » Paralyticum quem sanavit non pro sua fide cum sensu careret, sed pro fide offerentium vocavit filium, ideo quia dimissa sunt ei peccata sua. Intuendum quantum valet fides propria, si tantum valuit aliena. Qui ergo peccato gravatur, adhibeat Ecclesiam quæ pro eo precetur. Hic datur intelligi plerasque corporum debilitates evenire propter peccata. Et ideo forsitan prius dimittuntur peccata, ut causis debilitatis ablatis sanitas restituatur. Hinc est quod hic paralyticus in Luca vocatur homo quasi peccator (*Luc.* v), et alio paralytico ad piscinam dicitur: « Ecce sanus factus es, jam noli peccare, ne deterius tibi aliquid contingat (*Joan.* v). » Quinque autem sunt differentiæ causarum, pro quibus in hac vita molestiis corporalibus affligimur. Aut enim ad merita augenda per patientiam justi infirmitate corporis gravantur, ut Job et Tobias et martyres, aut ad custodiam virtutum, ne superbiant, ut Paulus, qui ait: « Ne magnitudo revelationum extollat me, datus est mihi stimulus carnis meæ angelus Satanæ ut me colaphizet (*II Cor.* xii). » Aut ad corrigenda peccata, sicut Maria soror Aaron in eremo ob verba temeritatis percussa est lepra, et paralyticus iste aut ad gloriam Dei salvantis, sive per ipsum sive per famulos suos, sicut cæcus natus qui non peccavit, nec parentes ejus, sed ut manifestarentur opera Dei in illo (*Joan.* ix). Lazarus quoque cujus infirmitas non fuit ad mortem, sed ut glorificetur Filius Dei per eum (*Joan.* xi), aut ad inchoationem damnationis æternæ: quod reproborum est proprium, sicut Antiochus et Herodes, qui afflictionum miseria ostenderunt, quid passuri essent perpetuo in gehenna. Quibus congruit illud prophetæ: « Duplici contritione contere nos (*Jer.* xvii). »

« Et cœperunt cogitare Scribæ et Pharisæi dicentes: Quis est hic qui loquitur blasphemias? Quis potest dimittere peccata nisi solus Deus? » Verum dicunt Scribæ quia ipse solus potest dimittere qui per eos quoque dimittit quibus potestatem dimittendi tribuit. Putabant Dominum blasphemare arrogando sibi quod Dei est, sed eorum cogitationes revelando et signo visibili quod constat æquum divinæ potentiæ esse sicut peccata dimittere Deum se esse judicat.

« Et cum cognovisset Jesus cogitationes eorum, respondens dixit ad illos: Quid cogitatis mala in cordibus vestris? quid est facilius dicere: Dimittuntur tibi peccata, an dicere. Surge et ambula? Ut autem sciatis quia Filius hominis potestatem habet in terra dimittere peccata, tunc ait paralytico: Tibi dico: Surge, tolle lectum tuum, et vade in domum tuam. » Utrum sint paralytico peccata dimissa solus noverat qui dimittebat. Surgere autem et ambulare manifestum erat omnibus qui videbant. Fit igitur visibile signum ut probetur invisibile. Lectum tolle ut quod fuit testimonium infirmitatis sit probatio sanitatis.

« Ut autem sciatis, » etc. usque illuc : « ait paralytico ; » verba sunt evangelistæ, quasi dicat lectoribus Evangelii : Illi murmurabant de hoc quod dixerat : « Dimittuntur tibi peccata ; » sed ego dico vobis eum dixisse paralytico : «Surge, » ut per sanationem ejus sciatis quia Filius hominis, et tunc habuit, et habet potestatem dimittendi peccata. Vel verba Christi possunt esse ita : Vos cogitatis quod non possim dimittere peccata, sed ut sciatis quia Filius hominis, id est ego, hoc potest, ait, hoc est dicit ipse Filius hominis paralytico : « Surge. »

« Et confestim surgens coram illis, tulit lectum in quo jacebat, et abiit in domum suam magnificans Deum. Et repleti sunt timore, dicentes quia vidimus mirabilia hodie. Et glorificaverunt Deum qui dedit potestatem talem hominibus. » Magna Dei virtus ostenditur, ubi sine mora salus in jussu ejus completur. Unde merito qui aderant relictis blasphemiis stupentes ad laudem convertuntur tantæ majestatis, nec timerent si crederent sane et diligerent perfecte. Curatio paralytici indicat animæ salvationem suspirantis ad Christum post illecebræ carnis inertiam. Qui primo indiget ministris, qui eam Christo afferant, id est doctoribus, qui spem intercessionis suggerant. Marco narrante quatuor portitores fuerunt, sive quia quatuor evangelistis prædicantium virtus firmatur, sive quatuor virtutibus fiducia mentis ad promerendam sospitatem erigitur. De quibus in æternæ sapientiæ laude dicitur : « Sobrietatem, et sapientiam docet, et justitiam, et virtutem (Sap. VIII). » Has nonnulli prudentiam, fortitudinem, temperantiam, justitiam et virtutem appellant. Desiderantibus paralyticum offerre Christo ; turba obsistit, quia sæpe anima post corporis desidiam superna gratia renovari cupiens prisca consuetudine peccatorum retardatur, sæpe inter orationes et suave colloquium cum turba Domino cogitationum aciem mentis ne Christus videatur intercludit. Tunc ergo tectum domus in qua docet Christus est ascendendum, id est sacræ Scripturæ sublimitas appetenda, lexque Domini die noctuque meditanda. Patefacto tecto, æger ante Jesum submittitur, quia reseratis Scripturæ mysteriis ad notitiam Christi pervenitur. Domus Jesu tegulis contecta describitur, quia sub vili litterarum velamine, si sit qui reseret divina, spiritualis gratiæ virtus invenitur. Quod autem cum lecto deponitur, significat ab homine adhuc in ista carne constituto, Christum debere cognosci. De lecto surgere est animam se a carnalibus desideriis abstrahere. Dicit ergo : Surge de torpore negligentiæ, et corpus in cujus desideriis jacuisti in exercitia bonorum operum attolle, et sic domum habitationis æternæ ingredere. Vel ire in domum est redire ad internam sui custodiam, ne iterum peccet.

De eo quid sit fides, quid cognitio fidei, et de tribus gradibus utriusque.

Priusquam quæ ad fidem pertinent discutere incipiamus, quid sit fides ipsa inspicere debemus. Apostolus sic diffinit fidem : « Fides est substantia rerum sperandarum, argumentum non apparentium (*Hebr.* 11). » Cum enim res quælibet apud nos per actum, quando videlicet præsentes sensu comprehenduntur ; vel per intellectum, quando absentes, vel etiam non existentes in similitudine sua et imaginatione capiuntur ; vel per experientiam, quando ea quæ in nobis sunt sentiuntur a nobis, ut gaudium, tristitia, amor et timor : quæ subsistunt in nobis, et sentiuntur a nobis, nullo horum modorum invisibilia Dei capiuntur a nobis, quæ solum creduntur a nobis. Neque enim per actum præsentia sunt, neque in similitudine aliqua comprehendi possunt, nec quemadmodum illa quæ in nobis sunt, et sentiuntur a nobis. Ergo fide sola subsistunt in nobis, et subsistentia eorum est fides qua creduntur quia sunt, sed qualia sunt non comprehenduntur. Sic itaque per fidem solam subsistunt in nobis, et sola fide probantur a nobis, nec aliud argumentum habere possumus, nisi quia credimus illa fide qua ratione non comprehendimus. Nec descriptio fidei ostendit quid faciat fides, sed in ea non diffinitur quid sit fides. Est autem diffinitio fidei hæc. Fides est voluntaria quædam certitudo absentium supra opinionem et infra scientiam constituta. Et sciendum est quia aliud cognitio fidei, aliud fides. Cum enim fit sermo in auribus plurium, omnes æqualiter quod dicitur intelligunt, sed non omnes æqualiter credunt : et cognitionem dictorum omnes habent, sed fidem omnes non habent. Potest autem cognitio fidei esse sine omni fide ; fides autem sine omni cognitione esse non potest. Multi, cum credunt, et non habent cognitionem eorum omnium quæ credunt, quia credentibus et cognoscentibus credunt, et non norunt ipsi omne quod credunt, sed norunt illi quibus credunt. Ejusmodi est fides simplicium in Ecclesia, qui perfectioribus credendo et adhærendo salvi fiunt, sicut scriptum est : « Boves arabant, et asinæ pascebantur juxta eos (*Job* 1). » Hi enim in fide perfectorum amplius credunt ; quod credendo in se minus cognoscunt.

Duobus modis crescit fides : devotione sive constantia, et cognitione. Incrementa fidei per devotionem per tres gradus procedunt. Primus gradus est acquiescere, secundus ex timore, tertius gradus est certum esse. Secundum hos tres gradus tria sunt genera hominum, qui fidem sequuntur : est enim quoddam genus hominum in sancta Ecclesia ; quibus credere est solum, non contradicere fidei. Qui ita vivunt ut nati sunt, non amando, sed approbando, in quo nati sunt, qui etsi in alio nati essent, fideles non essent : consuetudine enim vivendi fidem tenent, non amore. Est autem aliud genus hominum attentius considerantium statum vitæ humanæ esse dubium, et ex eo quodammodo fluctuare incipientium in fide, quoniam multos conspiciunt aversos et alienos a fide, et tamen ducti pietate fidei e duobus dubiis hoc eligunt quod doctrina Catholica docente didicerunt. Istis pax necessaria est, tribulatio periculosa, ne forte de periclitantibus negantes efficiantur. Est aliud genus adhuc hominum, qui certi sunt et confirmati in fide sua: quos Deus vel per exteriora miracula confirmavit, vel per interiorem inspirationem edocuit. Isti tribulatione non subvertuntur, sed exercentur.

Sciendum etiam quod sicut tres sunt gradus per quos fides crescit, ita tres gradus sunt per quos crescit cognitio fidei. Primus gradus est cognitionis fidei, quo nihil minus unquam fides habere potuit, credere videlicet Deum esse, et eum salvatorem et remuneratorem exspectare. Hæc cognitio fidei simplicibus ante incarnationem Domini ad salutem sufficere potuit, ut et Deum crederent et Salvatorem exspectarent, quamvis ejusdem salvationis suæ modum et tempus non cognoscerent. Duo enim in homine tantum sunt: natura et culpa. Et Creator ad naturam refertur, Salvator ad culpam. Sub lege autem scripta crevit cognitio quando jam de persona Redemptoris manifeste agi cœpit, et Salvator per legem promitti, et post promissionem exspectari. Sub gratia autem adhuc amplius excrevit cognitio, cum jam ipse Salvator, non ut prius a multis putabatur solum homo, sed et Deus verus manifestatus est, et ipse redemptionis modus non in terrenæ culmine potestatis, sed in morte probatus est constare Salvatoris.

De remissione peccatorum, et si sacerdotes peccata dimittere possint.

Potestatem remittendi peccata quidam soli Deo ita ascribere conabantur, ut in ea hominem participem fieri posse nullo modo concedant. Et ad confirmationem hujus assertionis adducunt mundationem illius leprosi, quem Dominus prius per semetipsum sanitati restituit, ac si deinde ad sacerdotes misit, non ut ejus mundatio virtute illorum perficeretur, sed ut tantummodo testimonio illorum confirmaretur (*Luc.* v). Simili modo in præsenti Ecclesia dant ministeria sacerdotum nihil amplius virtutis habere nisi quædam tantummodo signa esse ut ille videlicet, qui prius per contritionem cordis intus a Domino absolvitur, postmodum in confessione ab eis absolutus esse ostendatur. Quod autem in sola cordis contritione etiam ante confessionem oris peccata dimittantur, prophetico illo testimonio approbare volunt quod dicitur: « Quacunque hora ingemuerit peccator, salvus erit (*Ezech.* xviii); » et alibi: « Quia adhuc te loquente, dicam. Ecce adsum (*Isa.* lxv). » Et Psalmista: « Dixi, inquit, confitebor adversum me injustitiam meam Domino, et tu remisisti impietatem peccati mei (*Psal.* xxxi). » Idcirco tamen post contritionem cordis, confessio quoque oris est necessaria, quia si quis etiam post impetratam veniam peccatorum confiteri eadem peccata sua neglexerit, quasi institutionis divinæ contemptor, quamvis non pro peccatis, quæ jam dimissa sunt, reus teneatur, tamen pro contemptu reus erit. Vel fortassis, quia peccata ipsa jam ad contumacem redeunt, quæ prius per compunctionem humiliato dimissa fuerunt.

Hac ergo ratione probant homines nullo modo potestatem habere dimittendi peccata, sed hanc solius Dei esse, sicut et in Evangelio Judæi contra Dominum murmurantes, quia dixit paralytico: « Dimissa sunt peccata tua, » aierunt solum Deum posse peccata dimittere (*Matth.* ix). Sed fortassis qui hoc de absolutione peccatorum dicunt, quomodo quisquam peccato ligetur non satis diligenter attendunt. Duobus enim modis peccator ligatus est. Ligatus est obduratione mentis, ligatus est debito futuræ damnationis: quandiu namque gratia Dei cum homine est, solutus est homo, et ad bene operandum expeditus. Sed cum per peccatum gratia Dei subtrahitur, statim ipsa sua obduratione mens intrinsecus obligatur. Ista obduratio sive excæcatio mentis interiores tenebræ sunt, in quibus homo pro peccato suo in præsenti obligatus tenetur, et nisi ab his in hac vita solutus fuerit, postmodum ligatis manibus et pedibus in exteriores tenebras projicitur. Sed quia nemo sua virtute post ruinam peccati surgere valeret, nisi divina misericordia gratuito præveniens eum suscitaret, ideo necesse est ut Deus gratiam suam quam peccantibus nobis juste subtraxerat, quando ad pœnitentiam vivificandi sumus, sola misericordia nullis nostris meritis præcedentibus reddat quatenus ipsa gratia adveniens cor nostrum a torpore infidelitatis et a peccati morte exsuscitet, ut scilicet qui primum ipsa sola operante ad pœnitentiam compuncti, a vinculis torporis absolvimur, etiam ipsa deinde cooperante, pœnitentes a debito damnationis absolvi mereamur. Hoc bene in resuscitatione Lazari significatum est, quem ipse Dominus per se prius intrinsecus a vinculo mortis absolvit, vivificat autem de foris ministerio ipsorum apostolorum cum solvi præcepit (*Joan.* xi). Sic namque in sancta Ecclesia nunc mortuos peccatis per solam gratiam suam interius vivificans ad compunctionem accendit, atque vivificatos per confessionem foras venire præcipit, ac sic deinde confitentes per ministerium sacerdotum ab exteriori vinculo, hoc est a debito damnationis absolvi. Bene autem debitum damnationis exterius vinculum dicitur, quia protinus ad tenebras exteriores quas evadere dignatus non est, quisquis prius in hac vita a tenebris interioribus solvi non meretur.

Sed male, inquiunt, de sacerdote Domini facitis qui ei potestatem dimittendi peccata, quæ Deo soli competit (*Marc.* ii), tribuitis. Non ego sacerdotes deos facio. Sermo divinus, qui mentiri non potest, sacerdotes deos dicit: « Diis, inquit, non detrahes, et principi populi tui non maledices (*Exod.* xxii). » Isti vero contra legis præceptum diis detrahunt, quia potestatem divinitus collatam sacerdotibus auferre volunt. Neque vere ego sacerdotibus potestatem dimittendi peccata tribui, ille hominibus potestatem divinam tribuit qui de hominibus deos facit. Sed tamen ipse sicut ex semetipso Deus est, ita etiam per semetipsum quando vult sine humana cooperatione peccata dimittere potest. Hi vero qui ex semetipsis dii non sunt, illi etiam nisi eo a quo sunt hoc quod sunt, in eis et per eos operante, et eis cooperante, peccata dimittere non possunt. Quod ergo solus Deus est bonus, nec tamen inde sequitur bonos non esse etiam eos quia Domino serviunt, et quod solus Deus mirabilia facit (*Psal.* LXXI), et tamen de justo homine dicitur: « Fecit enim mirabilia in vita sua (*Eccli.* XXXI), » ita etiam solus Deus peccata dimittit, tunc quoque quando sacerdotes ab eo et per eum dimittunt. Ipse enim hoc in homine facit quod homo per eum facit. Nec ideo dicendum est hominem ibi nihil facere, quia per eum Deus facit, imo vero ideo multo melius, et multo verius facere, quia per eum Deus facit. Hinc est quod Petro principi apostolorum dicit: « Tibi dabo claves regni cœlorum. Quodcunque ligaveris super terram, erit ligatum et in cœlis et quodcunque solveris super terram erit solutum et in cœlis (*Matth.* XVI). » Non dixit quodcunque solveritis, hoc est, ut illi aiunt, solutum ostenderitis, fuerit solutum, sed erit solutum, quia sententiam Petri non præcedit, sed sequitur sententia cœli. Ne autem hoc soli Petro concessum putes esse, audi quid omnibus apostolis ac per hoc omnibus apostolorum successoribus et apostolorum vice fungentibus dicat: « Accipite, inquit, Spiritum sanctum : quorum remiseritis peccata, remittuntur eis, et quorum retinueritis retenta sunt (*Joan.* XX). » Ubi dixit, si ostenderitis, fuit? Nusquam hoc dixit, sed dixit : Si feceritis, erit. Audiant ergo et intelligant: « Quorum remiseritis peccata, remittuntur eis. » Quibus hoc dicebatur prius dictum fuerat: « Accipite Spiritum sanctum (*ibid.*), » ne, vel quod dabatur crederetur contemptibile, vel quod accipientes operantur existimetur ex humana virtute procedere. Non ergo mirum est, si homines peccata dimittere possunt, quia ut hoc possint, non ex sua, sed ex divina virtute accipiunt, et hoc hominibus Deum dare, nihil est aliud quam Deum hoc per homines facere. Quod autem de mundatione leprosi opponunt, minime oppositioni eorum suffragatur, quia si ideo peccator ante confessionem absolvi credendus est, quia leprosus mundatus est ante demonstrationem eadem ratione peccator post compunctionem ad sacerdotem ire non debet peccatum suum plangere, sed justitiam demonstrare, quia et ille ad sacerdotes missus est, non ut sanitatem reciperet, sed ut sanitatem demonstraret : quod omnino fides Christiana abhorret. Propterea si miraculum, quod Dominus operatus est, sacerdotibus non ob reverentiam officii, sed ad improperium ostenditur, quid aliud quoque quam novi sacerdotii in spiritali curatione contemptus generatur?

DIVISIO.

Notandum quoque est et illud quod dicitur : « Quacunque hora ingemuerit peccator, salvus erit (*Ezech.* XVIII). » Ego de his præcipue dictum æstimo, qui totam vitam suam in peccatis agentes, in fine pœnitent, et tunc peccata sua deserunt, quando jam in hac vita tempus satisfactionis habere non possunt. Quibus dicitur, ne tamen ullo modo de venia desperent, quia et tunc quoque si vere pœnituerint, misericordiam consequi valent. Hoc est, quacunque hora, scilicet etiam in extremis, etiam in articulo necessitatis, si peccator ingemuerit, hoc est, ex tota cordis contritione conversus fuerit, salvus erit, ab æterna scilicet damnatione. Quasi aliis verbis diceretur : Quacunque hora in præsenti vita peccator vere pœnituerit, in futura vita non peribit. Quod si quis contendat illud quod dictum est, « salvus erit, » non esse dictum de salvatione quæ in futuro tribuitur, sed de illa potius quæ in præsenti absolutione peccatorum condonatur. Non necesse est tamen nos dicere quod peccator ab omni debito suo absolvatur, statim ex quo gemere cœpit, donec totum consecutus fuerit remedium, quod Deus ad obtinendam veniam instituit. Hoc est autem remedium, ut corde pœniteat, et ore confiteatur delictum : quod cum fecerit, jam amplius debitor damnationis non erit, etiam si satisfactio restat, quam pro peccato persolvit. Quod si forte peccator vere pœniteat, sed intercurrente articulo necessitatis ad confessionem venire non possit, confidenter pronuntio quod in eo summus sacerdos complet, quod mortalis non potuit, et apud Deum jam factum constat quod homo quidem vere voluit, sed non valuit adimplere, quia confessionem non contemptus exclusit, sed impedivit necessitas. Proinde id, quod dictum est : « Quacunque hora ingemuerit peccator salvus erit, » si de præsenti salute accipitur, sic intelligendum est, ac si diceretur. Tunc peccatoris salus incipit, quando veraciter pro delictis suis ingemiscit; quæ tamen salus tunc plene perficitur, quando id unde ingemuerit etiam ore confitetur. Item illud quod dicitur quia adhuc te loquente dicam : « Ecce adsum (*Isa.* LXV). » Sic convenienter potest accipi quia Deus pius adest per gratiam, ut cor ad pœnitentiam compungat, deinde adest, ut peccatorum indulgentiam confitenti tribuat

Postremo id quod de psalmo opponunt : « Dixi : Confitebor adversum me injustitiam meam Domino, et tu remisisti impietatem peccati mei (*Psal.* XXXI), » sanctus Gregorius de culpa cogitationis tantummodo decem esse asseruit in hæc verba : Sæpe misericors Deus eo citius peccata cordis abluit, quo hæc exire ad opera non permittit. Unde recte per Psalmistam dicitur : « Dixi : Confitebor adversum me injustitiam meam Domino; et tu remisisti impietatem peccati mei. » Et paulo post, quam facilis super hæc venia sit ostendit, qui dum se adhuc permittit petere, hoc quod se petere permittebat obtinuit, quatenus quia cum usque ad opus non venerat culpa usque ad cruciatum non perveniret pœnitentia, sed cogitata afflictio mentem tergeret, quam nimirum tantummodo cogitata iniquitas inquinasse. Quod si quis hoc de quolibet delicto velit accipere, sciat tamen aliud peccatum esse, aliud impietatem peccati. Impietas namque peccati ipsa rectissime obduratio cordis accipitur, quæ primum in compunctione solvitur, ut postmodum in confessione peccatum ipsum, id est debitum damnationis absolvatur. Sed sive hoc sive alio quocunque modo prædictæ auctoritates exponantur, nos verissime confitemur sacerdotes Dei in Ecclesia potestatem habere ligandi atque solvendi, non perfunctorie inusitato quodam genere loquendi significatam, sed veraciter a Deo concessam, quibus dictum est : « Quorum remiseritis peccata, remittuntur eis : et quorum retinueritis, retenta erunt (*Joan.* xx). » Sed forte quis opponet quia sacerdotes multos ligant in Ecclesia, qui apud Deum non ligantur : itemque multos solvunt, qui apud Deum ligati permanent. Sed sæpe et innocentes ligant, et in reatu permanentes absolvunt, et sic verum non erit : « Quorum remiseritis peccata remittentur eis, et quorum retinueritis retenta erunt (*Joan.* xx). »

Sed sciendum est quod sæpe sacra Scriptura sic de re aliqua loquitur ut quid inde venturum sit pronuntiare videatur, et tamen virtutem ejus magis quam eventum exprimat, quia non quid evenire debeat, sed quid evenire possit ostendat. Verbi gratia, dicit quodam loco Scriptura : « Qui crediderit et baptizatus fuerit salvus erit (*Marc.* xvi); » et tamen scimus quia multi credentes baptismum accipiunt, qui postea culpis suis exigentibus reprobati ad salutem æternam non pertingunt. Item in alio loco : « Qui manducat carnem meam et bibit sanguinem meum habet vitam æternam, et in judicium non veniet; sed transiet de morte ad vitam (*Joan.* vi). » Et tamen Paulus dicit : « Quia quisquis corpus Domini indigne manducaret et calicem bibere præsumpserit, judicium sibi manducat et bibit (*I Cor.* xi). » Ubique ergo magis virtus sacramentorum exprimitur, ne quod per ea quilibet participantes salvandi sint, sed quod salvari possint significatur. Quasi diceretur : Tanta virtus est baptismi, ut quisquis illud fideliter et devote acceperit, per illud ad æternam salutem pertingere possit. Item tanta virtus est in sumptione corporis et sanguinis mei, ut per illud quicunque digne sumpserit æternam vitam consequi possit. Simili modo hoc dictum æstimo : « Quorum remiseritis peccata, remittuntur eis, et quorum retinueritis, retenta erunt. » Ac si apertius diceretur : Tantam vobis potestatem in ligandis et solvendis peccatis tribuo, ut quisquis a vobis ligari meruerit, apud me solutus esse non possit, et quisquis a vobis solvi meruerit, jam apud me ligatus non sit. Audiant homines, et intelligant peccatores quod præsidium eis a Deo conceditur, quod rursum judicium præparatur. Fortassis Deum necdum interpellare præsumunt. Habent homines sacerdotes vice Dei fungentes, cum quibus interim causam suam sine periculo agere possunt. Ament intercessores, et timeant judices.

DIVISIO.

Quorumdam inquisitio est quid opus sit Deo ad solvenda peccata hominum homines cooperatores quærere, quasi per se quod voluerit non valeat adimplere. Sed certissime scire debemus quod in absolvendis peccatis nequaquam Deo humana cooperatio suffragetur. Ideo tamen hominem cooperatorem fieri, quia salus peccatoris eo modo competentius perficitur. Quid enim peccata, nisi plagæ quædam sunt ? et quid est pœnitentia, nisi medicina ? Et scimus quidem in sanandis vulneribus carnis, nisi congruum adhibeatur remedium dolori, nequaquam sequitur effectus curationis. Quia ergo per superbiam omnem peccatum geritur, necesse est ut per humilitatem omnis pœnitentia condiatur, quatenus inobedientiam obedientia frangat, et elationis tumorem humilitatis devotio premat. Conveniens ergo valde est, ut nos qui peccando Deo contumaces fuimus pœnitendo etiam servis Dei supplices simus, et homo qui ad Dei gratiam conservandam mediatore non eguit, jam eam recuperare non nisi per hominem mediatorem possit. Nam et hoc saluberrimum est peccatori, ut discat quam longe peccando a Deo recesserit. Cum autem difficulter pœnitendo ad Deum redit, quia et cautior de reliquo efficitur, cum non sine gravi labore pœnitenti aditus indulgentiæ aperitur. Gemat ergo peccator, et suspiret, et anxius pro peccato suo timeat, et expavescat, sollicitus discurrat, auxiliatores et intercessores quærat, prosternat se humiliter homini qui noluit humiliter astare Creatori, ut in hoc etiam facto quodammodo ad Deum clamet, et dicat : Vide, Domine, et considera, et attende quod facio. Scio quidem, Domine, et fateor quia tibi subjici nolle damnabilis fuit elatio, sed jam propter te coram homine prosterni non sit, quæso, tibi despicabilis devotio. Magnum est quod abstuli, nec parum est quod reddo. O quam suavis et jucunda Dei nostri miseratio totum bonum ipse nostrum in nobis operatur, et velut pater alludens in filiis sic totum facit, ut quasi nihil facere videatur ! Ecce peccator compunctus, gemit, suspirat, lacrymatur, confitetur reatum suum, postulat veniam, flagitat misericordiam; et hoc totum quasi ex homine esse creditur. Sed quis, quæso, hoc facit, nisi ille qui intus præsidet, et cor hominis ad hoc faciendum movet ? Obsecro ut non sit onerosum, si breve hujus rei quoddam exemplum proposuero :

Pater quidam quemdam contumacem filium cum magno furore expulit, ut ita afflictus humiliari disceret. Sed illo in contumacia sua persistente quadam discreta dispensatione consilii a patre mater mittitur, ut non quasi a patre missa, sed quasi materna per se pietate ducta veniens muliebri levitate obstinatum demulceat, contumacem ad humilitatem flectat, vehementer patrem iratum nuntiet, se tamen interventuram spondeat, veniam promittat, consilium salutis suggerat, intercessores quærere suadeat, non nisi magnis precibus patrem placari posse dicat, causam tamen rei se suscepturam asserat, et ad bonum finem rem omnem se perducturam promittat. Videte, quæso, si non ita causa nostra agitur. Peccantem filium Deus Pater quasi expulit iratus; cui tamen in proposito bonæ voluntatis suæ fortassis nunquam iratus fuit. Sed quia infirmitas humana per se de lapsu surgere non valet, ad cor peccatoris mira gratia mittitur, sacerdos intercessor quæritur, ut Deus cui iratus non fuerat complacetur. Quid dicam? Quis sapiens et intelliget hæc, et custodiet misericordias Domini? (*Psal.* cvi.) Nunquid enim superfluo ideo factum est quod factum est, quia Deus ab irato in propitium mutatus non est, qui suis nunquam propitius non est? Absit! Sed necesse est sic fieri, quia aliter reatus meriti sceleris non potest expiari. Necesse est ergo sic fieri, quia Deus hoc etiam quod dare desiderat, a se præcipit postulari. Necesse est ergo sic fieri, quia etsi in Deo secundum propositum erga nos rei non fuerat, in nobis tamen secundum reatum ira manebat. Quæ cum debita satisfactione solvitur, ut ita dicam, non Deus homini, sed Deo homo reconciliatur.

DOMINICA VIGESIMA.

Secundum Matthæum.

« Loquebatur Jesus cum discipulis suis in parabolis, dicens : Simile factum est regnum cœlorum homini regi, qui fecit nuptias filio suo, » etc. (*Matth.* xxii.) In parabolis audiunt quod aperte non merebantur audire. Sciens Dominus voluntatem sævientium contra se, nihilominus tamen increpat illos. Rex iste Deus Pater est. Qui fecit nuptias filio suo, quando in utero Virginis eum humanæ naturæ conjunxit. Quæ conjunctio ex duabus exstitit naturis, non ex duabus personis. Aperius dici potest : Nuptiæ sunt societas Christi et Ecclesiæ, tam ex Judæis quam ex gentibus congregatæ. Hujus Sponsi thalamus fuit uterus Virginis. Congregatio justorum regnum cœlorum dicitur, quia in ea cœlestes virtutes regnant. Quæ in hoc similis est Deo Patri, quia sicut ille Filio suo conjunxit Ecclesiam, ita illa congregatio filios suos quos Deo generat per verbum prædicationis, per fidei sacramenta conjunxit Ecclesiæ fidelium.

« Et vocavit plures, et hora cœnæ misit servos suos vocare invitatos ad nuptias, et nolebant venire. » Lucas describit sub appellatione cœnæ (*Luc.* xiv) quod Matthæus dicit prandium esse, cum apud antiquos quotidie ad horam nonam prandium fieret, quod cœna vocabatur. Prandium seu cœna doctrina est justitiæ et verba divina. Manna figuram habens verbi in deserto ideo dicebatur manna (*Exod.* xvi), quod Hebraice dicitur *quid est hoc*, ut quotiescunque audimus verbum admoneat nos ipsum nomen requirere : Quid est hoc quod audimus? Et sicut cibum cum masticaverimus, dimittimus in stomachum, ita et verbum bene tractatum commendandum est memoriæ quasi stomacho. Invitatio fuit quando Dominus dixit ad Abraham : « Exi de terra tua et de cognatione tua, et veni in terram quam monstravero tibi, et dabo tibi illam et semini tuo (*Gen.* xiii). » Quam terram? Orientalem, fluentem lac et mel. Quod verum non est de terra Judææ. Nunquam enim illa fluxit lac et mel. Sed est rationalis qua Christus suscepit, de cujus incarnatione lac et mel processerunt. Lac, id est opus miraculorum, per quod rudes quasi pueri sustentantur; mel, id est eloquium doctrinæ, ut ait Propheta : « Quam dulcia faucibus meis eloquia tua super mel et favum ori meo (*Psal.* cxviii). » Bene ergo dictum fuit Abrahæ : « Exi de terra tua, et de cognatione tua, » id est de Judaismo, et de circumcisione intellige exeundum esse qui salvari vult. Nec solum Judæi, sed et nullus homo potest manducare lac et mel Dei, nisi terram et cognationem suam relinquat, ut est illud : « Nisi quis reliquerit patrem et matrem, etc.; non potest esse meus discipulus (*Luc.* xiv). » Item : « Qui vult meus esse discipulus, abneget semetipsum (*Luc.* ix). » Relinquit ergo cognationem suam, qui non contemnit eam, sed qui plus diligit Deum quam parentes; relinquit terram suam, qui carnis suæ non sequitur voluptatem. Ex tempore Moysi cœpit convivium istud præparari quando lex data est. Quod convivium ita diversis speciebus justitiæ decoratum est, sicut regale prandium diversis cibis ornatur. Ex eodem tempore exierunt invitatores, id est prophetæ.

« Iterum misit alios servos, dicens : Dicite invitatis : Ecce prandium meum paravi, tauri mei et altilia occisa, et omnia parata. Venite ad nuptias. » Servi primi fuerunt prophetæ prænuntii incarnationis; secundi sunt apostoli, qui facta asserunt. Unde hic dicitur prandium paratum, id est mysterium incarnationis completum, et introitus regni apertus qui ante fuerat clausus. Tauri et saginata occisa intelliguntur sancti occisi. Omnes prophetæ et Christus ideo occisi sunt, ut hoc spirituale tabernaculum firmiter figeretur. Nam sicut viscera agni, id est eloquia Christi homines non manducaverunt, nisi postquam occisus est, sed post mortem ejus Evangelia prædicaverunt, sic et viscera, id est eloquia prophetarum non sunt suscepta, nisi postquam occisi sunt. Si enim suscepissent sermones Isaiæ, nunquam serrassent eum, sed postquam occisus est,

Judæi cœperunt eum lugere. Sicut enim nullius viventis animalis viscera manducantur, ita viventium prophetarum sermones nemo suscepit. Saginata sunt gratia Dei plena. Nec ideo dixit tauros et saginata quin tauri fuerunt saginati, sed non omnes saginati fuerunt tauri. Quidam enim tantum prophetæ fuerunt, quidam autem prophetæ et sacerdotes, sicut Jeremias et Ezechiel. Ergo saginata dicit prophetas tantummodo, quia repleti fuerunt Spiritu sancto; tauros autem qui et prophetæ fuerunt et sacerdotes. Sicut enim tauri duces sunt gregis, ita et sacerdotes principes populi. Aliter : Tauri sunt Patres Veteris Testamenti, qui inimicos suos ex permissione legis quasi cornibus virium repercutiebant. Altilia vero significant Patres Novi Testamenti, evangelica præcepta ferentes, et pennis sanctæ contemplationis ad sublimia elatos per gratiam æternæ pinguedinis perceptam saginatos, sicut altilia saginata dicimus, ab eo quod est alere. Nota quod in priori invitatione nihil de tauris et altilibus dicitur, sed in secunda, quia Deus, cum verba ejus audire nolumus, adjungit exempla. « Omnia, inquit, parata sunt, » quia quidquid ad salutem quæritur, totum jam adimpletum est in Scripturis. Qui ignarus est, inveniet ibi quid discat; qui contumax est et peccator, inveniet ibi futuri judicii flagella. Omnes cibi inveniuntur in Scripturis et parvulorum et majorum.

« Illi autem neglexerunt, et abierunt, alius in villam suam, alius vero ad negotiationem suam. » Non dixit malignati sunt, sed neglexerunt, quia non omnes Judæi crucifixerunt Christum, aut in morte ejus consenserunt. Omnis actus humanus duplex est, aut villa scilicet aut negotiatio. In villa intelligitur omne opus terrenum, sive in agro, sive in vinea, sive in ferro, et quidquid labore manuum fit. Quod autem in labore manuum, sed et aliis lucris consequimur, ut in honoribus permanere, aut in militia, aut in mercatione, omne hoc negotiatio appellatur. Duobus ergo verbis omne opus humanum conclusit sive honestum, ut est villæ cultura. Unde Salomon : « Ne oderis operationem rusticam (Eccli. vii), » sive inhonestam, ut est negotiatio dignitatis, sive militiæ, sive mercaturæ : unde nihil antea Judæi tenebant. Sed forte dicis : Et villam colere peccatum est, quia impedimentum est? Non est cultura villæ peccatum, sed in præferendo eam Deo facis esse peccatum. Aut ita : Villa est mundus iste, circa quem amatores mundi occupantur; negotiatio autem prædicatio legis et procuratio templi quam avari sacerdotes et cæteri ministri templi quasi negotiationem existimant. Sequitur :

« Reliqui vero tenuerunt servos ejus; et contumelia affectos occiderunt. » De sua morte tacet, quia in priori parabola inde dixerat : et ostendit mortem discipulorum suorum, quos post ascensum suum occiderunt Judæi.

« Rex autem cum vidisset iratus est, et missis exercitibus suis perdidit homicidas illos et civitatem illorum succendit. » Magni criminis arguuntur qui servos regis occiderunt. Quando venit ad ultionem homo siletur, et rex tantum dicitur. Exercitibus, id est malis angelis seu Romanis sub Vespasiano et Tito Judæos interemit, et prævaricatricem succendit civitatem. Vel ita : Exercitibus, id est sanctis angelis per quos judicium exercebit, persequentes perdet, et civitatem, id est carnem in qua habitaverant cum anima in gehenna cremabit.

« Tunc ait servis suis : Nuptiæ quidem paratæ sunt; sed qui invitati erant non fuerunt digni. Ite ergo ad exitus viarum, et quoscunque inveneritis vocate ad nuptias. » Si in Scriptura sacra vias actiones accipimus, exitus viarum intelligimus defectus actionum, quia illi plerumque facile ad Dominum veniunt, quos in terrenis actibus prospera nulla comitantur.

« Et egressi servi ejus in vias congregaverunt omnes quos invenerunt malos et bonos, et impletæ sunt nuptiæ discumbentium. » Per malos et bonos aperte ostenditur quia per nuptias Ecclesia designatur, quæ nunc et indiscreta suscipit, et postmodum in egressione discernit : Mali miscentur bonis, quia nequaquam perducit ferrum animæ ad subtilitatem acuminis si in hoc non eraserit lima alienæ pravitatis. Debent enim boni tolerare malos sicut in arca Noe diversa fuerunt genera animalium, et in horreo sunt grana cum paleis.

« Intravit autem rex ut videret discumbentes. Et vidit ibi hominem non vestitum veste nuptiali, et ait illi : Amice, quomodo huc intrasti non habens vestem nuptialem ? » Rex, id est Deus intravit, non quin ubique sit, sed ubi vult aspicere ibi dicitur præsens; ubi autem non vult, dicitur absens. Intravit ut videret, id est videri faciat singulorum merita. De futuro loquitur hic per tempora præterita. Dies aspectionis dies est judicii quando visitaturus est Christianos qui super mensam Scripturarum recumbunt, id est requiescunt, et cœlestibus replentur doctrinis. Vestem nuptialem accipe præcepta Domini : Si quis igitur in tempore judicii fuerit inventus, sub nomine Christiano indutus exuviis veteris hominis audiet illud : « Amice, quomodo huc intrasti? » Amicum vocat, quia invitatus fuit. Amplius : Vestis nuptialis est charitas, quam habere debet omnis baptizatus, et quæ ita habetur in duobus præceptis, id est in dilectione Dei et proximi, sicut in duobus lignis superiori et inferiori vestis texitur. Amice, dicit, ac si aperte dicat : Amice, et non amice : amice per fidem, sed non amice per operationem. At ille obmutuit : Hic abscondimus opera, et celamus corda nostra; sed in illo die quando sol et luna et totus mundus stabit adversum nos in testimonium peccatorum, et si omnia taceant, ipsæ tamen cogitationes nostræ et ipsa opera specialiter stabunt ante oculos nostros ante Deum, dicente Apostolo : « Cogitationibus invicem accusantibus aut etiam defendentibus in die quando judicaverit Dominus occulta hominum per Jesum Christum (*Rom.* II). »

« Tunc dixit rex ministris : Ligatis manibus ejus et pedibus, mittite in tenebras exteriores, ubi erit fletus et stridor dentium. » Ligatas manus et pedes fletumque oculorum et stridorem dentium, vel ad comprobandam resurrectionis veritatem intellige, vel certe ideo ligantur manus et pedes, ut desistant male operari, et currere ad effundendum sanguinem. Quæ nunc sponte ligantur in vitio, tunc in supplicio ligabuntur dolendo. In fletu quoque oculorum et stridore dentium per metaphoram membrorum corporalium magnitudo ostenditur tormentorum. Exteriores tenebræ sunt novissimæ, id est æterna nox damnationis, quia interiores sunt cæcitas cordis. Repulso uno iniquo omne corpus malorum exprimitur, et generalis sententia infertur.

« Multi autem sunt vocati, pauci vero electi. » Tale est quod dicit : Non unus tantum de vocatis est ejectus de nuptiis, sed de multis est intelligendum. Divini enim verbi nunc epulas sumimus, sed in die judicii rex intrans nos distinguet. Aliter : Ex hoc quod non dixit, intravit rex ut remuneraret, sed, ut videret, datur suspicio ne forte hoc non de vindicta judicii intelligatur. Neque enim dixit : Mittite eum in tenebras inferiores, id est in inferiora loca inferni. Unde alibi : « Et eripuisti animam meam ex inferno inferiori (*Psal.* LXXXV), » sed dixit exteriores. Ergo secundum hanc sententiam dies aspectionis dies tentationis est, quando dignatus est tentare Ecclesiam suam, ut videat qui fidem habeat et opera. Quoties ergo tentat Ecclesiam ingreditur ad eam, ut videat qui sunt digni nuptiis cœlestibus, et si tunc invenit indignum aliquem, interrogat eum. Quia humana simplicitas difficile fraudulentiam simulatæ mentis intelligit, idcirco hunc indignum cœtu nuptiali Deus solus invenit. Nuptiale autem vestimentum est fides vera. Unde Apostolus ait : « Exspoliate vos veterem hominem cum actibus ejus, vestientes vos novum qui secundum Deum creatus est in justitia et sanctitate veritatis. (*Coloss.* III). » Justitia pertinet ad conversionem bonam, sanctitas veritatis ad fidem veram. Interrogatio autem fit in cogitationibus impii, quasi dicat : Utquid Christianus es factus? Opera tua non sunt Christiani. Habet tale, cum viderit Deus non habentem quid respondeat conscientiæ suæ, tradit eum spiritibus inductionum. Nam mala per malos ministros reddit, et ligant ei manus, id est opera rectitudinis, et pedes, id est motus animæ, quibus incedit non de loco ad locum, sed de malo ad bonum, et de bono ad malum, ut sic laqueum perditionis incurrat. Et ita mittitur in exteriores tenebras, vel gentilium vel Judæorum vel hæreticorum. Et forsitan propinquiores sunt tenebræ gentilium qui veritatem spernunt quam non audierunt; exteriores autem Judæorum qui non crediderunt, magis exteriores hæreticorum qui didicerunt. Modo mittuntur in tenebras exteriores; postea patientur fletus et stridores dentium.

Expositio de eodem.

« Beati qui audiunt verbum Dei, et custodiunt illud ! » (*Luc.* XI.) Multi sunt, charissimi, qui verbum Dei nec aure corporis audire volunt. Plerique vero hoc aure quidem audiunt, sed minime beati sunt, quia illud operatione non diligunt. Qui autem illud sollicita aure audiunt, intento corde custodiunt, devoto opere implere satagunt. Hi beati sunt, quia cum verbo Dei in æternum exsultabunt.

Idem Verbum refert hodie in evangelio quod quidam rex fecit nuptias filio suo. Qui misit servos suos invitatos vocare, et nolebant venire. Iterum alios misit : quibus ut invitatis prandium paratum, tauros et altilia occisa, et omnia parata dicerent præcepit. At illi negligentes, alius in villam, alius ad negotiationem suam abierunt; alii tentos servos et contumeliis affectos occiderunt. Quos rex missis exercitibus perdidit, et civitatem illorum succendit. Deinde ad exitus viarum misit, et quoslibet advocari jussit. Postquam autem impletæ sunt nuptiæ discumbentium, intrans rex vidit quemdam non habere vestem in nuptiis utendum, jussit eum ligatis manibus et pedibus projici in tenebras exteriores, ubi esset fletus et stridor dentium ; dixitque multos esse vocatos, paucos vero electos (*Matth.* XXII). Rex qui nuptias filio fecit est Deus Pater, qui Jesu Christo Filio suo sponsam Ecclesiam conjunxit. Hujus nuptialis thalamus erat sacræ Virginis uterus. Servi qui invitatos vocaverunt, erant prophetæ, qui Judæis per patriarchas invitatos Christum incarnandum prænuntiaverunt. Qui venire nolebant, erant hi qui prophetis non credebant. Servi secundo missi apostoli fuerunt qui per totam Judæam Christum pro nobis incarnatum prædicaverunt. Prandium paratum erat saginati vituli, scilicet corpus pro nobis jam oblatum. Tauri feroces tyranni exstiterunt qui cuncta orbis regna perdomuerunt. Altilia vero erant philosophi, qui omnia perscrutando volaverunt mente usque ad sidera cœli. Hi occisi erant, dum Dei sapientia superborum colla, et sublimium calcaverat humiles et pauperes parentes elegerat, sapientiam prudentium reprobaverat, idiotas et simplices homines ad prædicandum constituerat. Omnia erant parata, quia cuncta ad salutem pertinentia fuerant prolata. Scripturam omnibus aperuerat, baptismus et pœnitentia cunctis patebat. At illi neglecta salute, ad nuptias Domini venire noluerunt, sed alius in villam, alius ad negotiationem abierunt, quia tantum terrenis lucris inhiaverunt, et ideo cœlestia amare non potuerunt. Reliqui vero servos regis contumeliis affectos occiderunt, quia Pharisæi et principes sacerdotum apostolos carcere, vinculis, verberibus affecerunt, quosdam ex eis occiderunt, alios de finibus suis cum contumelia propulerunt.

« Rex autem missis exercitibus homicidas illos perdidit, et civitatem illorum succendit, » quando nutu Dei Romani principes cum exercitibus Judæam intraverunt, parricidas Judæos variis suppliciis interemerunt, civitatem Hierusalem igni succenderunt. Deinde ad exitus viarum servi diriguntur, et quoslibet vocare præcipiuntur, quia profecto, dum Judæi ad nuptias Dei venire recusant, apostoli in viam gentium abeuntes, idololatras ad epulas Dei invitant. Bonos et malos congregaverunt, quia multos reprobos cum electis ad fidem traxerunt. Nuptiæ discumbentium implentur, quando numerus electorum implebitur. Rex intrabit discumbentes videre, quando ad judicium veniet cunctos pro meritis discernere, sicut scriptum est : « Veniet Dominus in judicium cum omni despecto, » hoc est tam diligenter judicabit in hoc mundo despectissimum, quam omni gloria excellentissimum. Non vestitus veste nuptiali foras projicitur, quia carens charitate Dei, nuptiis ejus qui est charitas non admittetur. Vestis namque nuptialis est charitas, per quam adipiscitur æterna claritas. Manus et pedes ibi funibus peccatorum ligabuntur, quæ hic pravis operibus constringuntur. Membra quippe quæ hoc ad malum laxantur, ibi ad supplicium coarctantur. In tenebras exteriores projicientur qui nunc interiores tenebras delectabiliter patiuntur. Ibi erit fletus et stridor dentium, quia transibunt ab aquis nivium ad calorem nimium (*Job.* xxiv). A fumo etenim ignis fletum, a nimio frigore patiuntur stridorem dentium. « Multi autem sunt vocati, pauci vero electi, » quia videlicet multi ad fidem vocantur, sed soli electi salvantur. Duæ vocationes sunt, una exterior, alia interior. Per exteriorem, multi per apostolos et prædicatores vocati sunt ad fidem; per interiorem pauci per Filium tracti sunt ad Patrem. Per exteriorem multi pisces sagenæ fidei inhæserunt, quos electores iterum foras miserunt; per interiorem pauci latuerunt, quos in vasa elegerunt. Nunc sunt reprobi permisti electis, ut paleæ granis ; Christo autem cum ventilabro veniente, paleæ excussæ igni inexstinguibili traduntur ; grana autem in horreum congregabuntur Dei.

Et nos, dilectissimi, ad nuptias Dei cum multis vocati sumus, studeamus bonis actibus, ut cum paucis electi simus. Prandium nobis quotidie paratur, dum sacra Scriptura cum corpore Christi nobis proponitur. Tauri ad hoc convivium occisi sunt, quia apostoli tauri gregis Domini pro invitatione harum epularum exstincti occubuerunt. Ad hoc etiam convivium altilia occisa sunt, quia quicunque ad cœlestia mente convolantes, pro his epulis prostrati sunt. Tauri quoque persecutores fuerunt, qui cornibus crudelitatis fideles ventilaverunt, sed Christo veniente jam enervati sunt. Volatilia autem hæretici exstiterunt, qui quodammodo ad alta volaverunt, quando in cœlum os posuerunt, et iniquitatem in excelso contra Deum locuti sunt ; sed a Catholicis victi et exterminati sunt. Et quia hæc omnia per Christi potentiam sunt sedata, omnia sunt nobis ad salutem parata. Ideo ob nulla negotia negligamus, quin tota festinantia ad epulas Dei veniamus. Dei quippe convivium est perennis vitæ gaudium. Ad hoc currit quisquis Dei precepta implere satagit. De exitibus viarum vocati ad nuptias jam discumbimus, quia de variis erroribus ad sacramenta dominica convenimus. Et ideo, dilectissimi, veste nuptiali resplendeamus, ut videlicet Deum pro omnibus, et proximos tanquam nos ipsos diligamus. Quem in hac veste rex intrans non invenerit, ligatum de convivio ejici in tenebras infernales jubebit. Horum autem civitates ipsis perditis cremantur a quibus servi missi injuriis affecti enecantur, quia nimirum dæmonibus perdendi permittuntur : a quibus prædicatores hic contumeliis affliguntur, et corpora illorum demum igni inexstinguibili succenduntur.

De his nuptiis texuit rex Salomon dulce epithalamium, dum in laudem Sponsi et Sponsæ per Spiritum concinuit Cantica canticorum. Filius quippe regis Hierusalem desponsavit sibi filiam regis Babylonis, acceptamque tradidit erudiendam, atque ornandam sub manu custodis ; ipse vero abiit instruere convivium, quoniam denuo reversus cum ingenti apparatu maximoque cultu installatum introducet thalamum secum ad nuptias, sponsæ ornatores ducens in palatium, ejus vero corruptores tradens in carceris supplicium. Rex Hierusalem est Deus, cujus filius est Christus. Rex Babylonis est diabolus. Gentilitas vero erat ejus filia, cum esset idololatriæ dedita. Hanc ipse a Patre desponsavit, dum pro ea sanguinem fundens de diabolo in cruce triumphavit. Hanc custodi tradidit, dum eam ordini doctorum divina lege instruendam, gemmis virtutum decorandam commendavit. Ipse vero abiit convivium procurare, quia profecto ascendit in cœlum, locum ei aptum in domo Patris per multas mansiones præparare. Denuo cum exercitu omnium angelorum veniet, eamque de Babylonicæ peregrinationis exsilio eruet, atque in civitatem Patris sui gloriosam Hierusalem cum summo tripudio introducet. Tunc Sponsæ ornatores simul intrabunt, quia qui Ecclesiam hic scriptis vel dictis instruxerint, et bonis exemplis perornaverint, cum illa tunc in nuptiis Agni ut sol fulgebunt. Persecutores vero qui eam lacerantes vim intulerunt, et hæretici atque schismatici qui eam corruperunt, tunc in stagnum ignis et sulphuris missi perpetuo ardebunt.

Ne hujus exsortes convivii simus, variis documentis instruit nos Dominus. Narrat enim quod quidam ficulneam in vinea sua habuerit, et per tres annos veniens, fructum in ea non invenerit, et ne diutius terram sterilis occuparet, succidere præceperit (*Luc.* xiii). Ficulnea sterilis in vinea erat Synagoga in lege infructuosa. De qua Dominus tribus annis fructum quæsivit, quia eam ante legem per patriarchas, sub lege per prophetas, sub gratia per apostolos ad fructum boni operis monuit. Sed quia per perfidiam arefacta terram sterilem occupavit, securim judicii sui ei ad radicem posuit, dum eam gladio Romanorum succidit. Ficus etiam sterilis in vinea, est quilibet homo sine bonis operibus in Ecclesia. De hoc fructus trium annorum quæritur, dum operatio fidei Trinitatis ab eo exigitur. Et nisi citius confessione circumfodiatur, et stercus pœnitentiæ mittatur, morte excidetur, et in ignem gehennæ mittetur.

Hoc quoque præfiguravit mulier inclinata, sed a Domino pie sanata (ibid.). Mulier ad terram inclinata erat, Synagoga sub pondere legis curvata. Quæ a Domino erigitur, dum multitudo de Judæis conversa de onere legis per gratiam eripitur. Mulier decem et octo annis incurvata est quælibet anima sub utraque lege infirma. Denarius namque ad Vetus Testamentum propter decalogum legis, octogenarius autem pertinet ad Novum Testamentum propter octavam Dominicæ resurrectionis. Decem ergo et octo annis mulier incurvatur, dum anima utriusque legis prævaricatione prægravatur, sed a Domino ad salutem sublevatur, dum gratia ipsius per pœnitentiam salvatur. Per pauperes, charissimi, debemus pervenire ad convivium Dei; præcepit enim Dominus ne ad prandium nostrum divites vel potentes invitemus, a quibus retributionem hic recipiemus; sed ut ad convivium nostrum pauperes, debiles, claudos, cæcos convocemus, a quibus nullam retributionem speremus. Hoc enim facientes, beati erimus, quia recipient nos in æterna tabernacula, cum defecerimus.

De sacramento conjugii et de origine conjugii, et causa institutionis, et de duplici institutione conjugii.

Dum omnia sacramenta post peccatum et propter peccatum sumpserint exordium, solum nuptiarum vel conjugii sacramentum etiam ante peccatum legitur institutum, non tamen ad remedium, sed ad officium. In conjugio autem hæc primum consideranda sunt et discernenda: origo et institutio cum modo et causis suis, et secundum tempus, et locus, et ritus variatio. Conjugii auctor Deus est. Ipse enim conjugium esse discernit, quando mulierem ad propagationem generis humani homini adjutorium fecit. Adam quoque in spiritu cognoscens ad quem usum mulier facta esset, cum adducta ad eum fuisset, dixit : « Hoc nunc os ex ossibus meis, et caro de carne mea. Propter hoc relinquit homo patrem suum et matrem suam, et adhærebit uxori suæ, et erunt duo in carne una (*Gen.* II). » Christus etiam in Cana Galilææ non solum præsentia corporali, sed exhibitione quoque miraculi nuptias consecravit (*Job.* II). In quibus omnibus ostenditur conjugium a Deo esse, et bonum esse. Institutio conjugii duplex est. Una ante peccatum ad officium, alia post peccatum ad remedium. Prima, ut natura multiplicaretur; secunda, ut natura exciperetur, et vitium cohiberetur. Prima institutio conjugium proposuit in fœdere dilectionis, ut in eo esset sacramentum societatis, quæ in spiritu constat inter Deum et animam. Officium autem conjugii in commistione carnis proposuit, ut in eo sacramentum esset societatis quod in carne futura erat inter Christum et Ecclesiam. Secunda institutio conjugium in fœdere dilectionis sancivit, ut per ejus bona id quod in carnis commistione infirmitatis erat et delicti excusaretur; officium autem conjugii in commistionem carnis concessit, ut in eo præter generis multiplicationem generantium infirmitas exciperetur (*Ephes.* v). Quare autem institutum sit conjugii sacramentum apostolis innuit, ubi virum imaginem Dei esse, ac per hoc quodammodo mulierem animæ rationalis typum portare ostendit. Quare iterum institutum sit primo conjugii officium, ipse Deus institutor et ordinator ostendit, dicens : « Crescite et multiplicamini, et replete terram (*Gen.* 1). » Officium conjugii, hoc est carnis commistionem, ante peccatum non ad remedium infirmitatis, sed ad multiplicationem prolis institutum esse; post peccatum autem idem ipsum ad remedium infirmitatis concessum, beatus Augustinus testatur his verbis dicens : « Utriusque sexus infirmitas propendens in ruinam turpitudinis, recta honestate nuptiarum excipitur, ut quod sanis esset officium sit ægrotis remedium. » Item in conjugio aliud esse et alterius rei sacramentum esse ipsum conjugium, et aliud esse et alterius rei sacramentum esse ipsum conjugii officium, idem ipse in libro De bono conjugii testatur, dicens : « In conjugio aliquid boni esse videtur, non solum propter propagationem filiorum, sed etiam propter naturalem in diverso sexu societatem. Alioquin tamen non diceretur conjugium in senibus si vel amisissent filios vel non genuissent, in quibus etsi emarcuerit ardor carnis, viget tamen ordo charitatis. » Item in nuptiis plus valet scientia sacramenti quam fecunditas ventris. » (AUGUSTINUS.) « Unde quidam non intelligentes hoc quod dictum est : Illa mulier non potest pertinere ad Christi et Ecclesiæ sacramentum, cum qua noscitur non fuisse carnale commercium, æstimant enim sacramentum conjugii esse non posse, ubi commistio carnalis non fuerit. Nesciunt enim quia officium conjugii, in carnis commistione; illam quæ inter Christum et Ecclesiam per carnis susceptionem facta est unionem figurat : propterea que Christi et Ecclesiæ sacramentum esse non possit. Ubi carnale commercium non fuerit, conjugium tamen verum, et verum conjugii sacramentum esse, etiam si carnale commercium non fuerit subsecutum. Imo potius tanto verius et sanctius esse, quanto nihil in se habet unde castitas erubescat, sed unde castitas glorietur. Nam et ipsum conjugium sacramentum est, sicut et ipsum officium conjugii sacramentum esse cognoscitur. Sed conjugium, ut dictum est, sacramentum et illius societatis quæ in spiritu est inter Deum et animam. Officium vero conjugii sacramentum est illius societatis quæ in carne est inter Christum et Ecclesiam. Scriptum est, inquit : « Erunt duo in carne una (*Gen.* II). » Et si duo in carne una, jam non duo, sed una caro. Hoc est sacramentum quod ait Apostolus : « Magnum in Christo et in Ecclesia (*Ephes.* v), » ad quod sacramentum pertinere non potest mulier, cum qua noscitur non fuisse carnale commercium : potest tamen pertinere ad aliud sacramentum, non magnum in Christo et Ecclesia, sed majus in Deo et anima. Quid enim? Si magnum est quod in carne est, magnum non est in uno multo majus quod in spiritu est. « Caro, inquit, nihil prodest, spiritus est qui vivificat (*Joan.* vi). » Si ergo magnum est quod in carne est, majus utique est quod in spiritu est, si recte per Scripturam sanctam Deus sponsus dicitur, et anima rationalis sponsa vocatur. Aliquid profecto inter Deum et animam ejus, cujus id quod in conjugio inter masculum et feminam constat, sacramentum et imago est : et forte, ut expressius dicatur, ipsa societas, quæ exterius in conjugio pacto fœderis servatur. Sacramentum et ipsius sacramenti res est dilectio mutua animorum, quæ ab invicem societatis et fœderis conjugalis vinculo custoditur. Et hæc ipsa rursus dilectio, qua masculus et femina in sanctitate conjugii animis uniuntur, sacramentum est et signum illius dilectionis qua Deus rationali animæ intus per infusionem gratiæ suæ et spiritus sui participatione conjungitur. Copula igitur carnis quæ ante peccatum in conjugio officium fuit, et post peccatum in eodem pro remedio concessa est, sic utrobique conjugio adjungitur, ut cum conjugio ipsa sit, non conjugium ex ipsa. Nam et ante ipsam conjugium verum est, et sine ipsa sanctum esse potest : tunc quidem si illa non adesset infructuosius, nunc autem si illa non affuerit sincerius. Quod enim post peccatum copula carnis in conjugio admittitur, indulgentiæ magis est et compassionis, ne vitium concupiscentiæ quod in humana carne post peccatum radicavit, turpius in omnem excessum proflueret, si nusquam licite excipi potuisset.

DOMINICA VIGESIMA PRIMA.

Secundum Joannem.

« Erat quidam regulus cujus filius infirmabatur Capharnaum. Hic, cum audisset quia Jesus adveniret a Judæa in Galilæam, abiit ad eum, et rogabat ut descenderet et sanaret filium ejus. Incipiebat enim mori. Dixit ergo Jesus ad eum : « Nisi signa et prodigia videritis, non creditis, etc. (*Joan.* IV). » Credebat regulus illum Salvatorem, a quo salutem quærebat; sed in fine dubitavit, in hoc quod potentiam ejus petivit. Agnoscens itaque Dominus cor diffidentis arguit illius diffidentiam, dicens : « Nisi signa et prodigia videritis non creditis. » Prodigia sunt quæ aliquid portendunt. Et dicitur prodigium quasi prodicium : quod porro dicat, id est significat aliquid futurum. Illa quæ tunc fiebant, ea quæ nunc aguntur portendebant. Omne prodigium est signum, sed non convertitur, quia signum est tam de præterito et præsenti quam de futuro; prodigium autem est tantum de futuro. Signum fuit de præsenti quod Dominus aquam vertit in vinum, designans gloriam suam sicut circulus significat in præsentiarum vinum venale. Signum de præterito, est vestigium pedum in nive apparens.

« Dicit ad eum regulus : Domine, descende priusquam moriatur filius meus. Dicit ei Jesus : Vade, filius tuus vivit. » Indicans se non deesse ubi invitatur, solo jussu sanat. In hoc ergo quod servo centurionis non dedignatur occurrere cum ad filium reguli dedignaretur ire (*Luc.* VII), nostra retunditur superbia, quia in hominibus non naturam qua ad imaginem Dei facti sunt, sed honores et divitias veneramur. Videte distinctionem. Regulus iste Dominum ad domum suam descendere cupiebat, centurio indignum se esse dicebat. Hic cessum est elationi, illic concessum est humilitati, tanquam huic diceretur : Noli mihi tædium facere : potentiam meam vis in domo tua : verbo possum filium tuum sanare. Centurio alienigena credidit me verbo hoc posse facere; vos nisi signa et prodigia videritis : non creditis.

« Credidit homo sermoni quem dixit ei Jesus, et ibat : jam autem eo descendente servi occurrerunt ei, et nuntiaverunt dicentes quia filius ejus viveret. Interrogabat ergo horam ab eis in qua melius habuerit. Et dixerunt ei quia heri hora septima reliquit eum febris. Cognovit ergo pater quia illa hora erat in qua dixit ei Jesus : Vade, quia filius tuus vivit; et credidit ipse et domus ejus tota. » Cœpit homo credere quia Dominus æque absens corpore, ut præsens sanaret; et sic meruit salutem filio. Non ergo diffidit de misericordia servos interrogando de hora, sed desiderat ut virtus divina servorum confessione plurimis innotescat. Vel ne casu sanitas contigisset interrogabat, quia forsitan nondum perfecte credebat. In figura sancti Spiritus septiformis, in quo omnis salus consistit, reliquit eum febris hora septima. Tarde credens regulus iste figurat Judæos ad fidem difficile venientes, qualis erat Thomas cum audiret : « Veni, mitte huc manum tuam : et noli esse incredulus, sed fidelis (*Joan.* xx).»

De flagellis Dei, et de gemina percussione.

Divinæ sapientiæ subtilitas sicut interius ut testis scrutatur conscientias, ita exterius irrogat pœnas, ut verum sit testimonium prophetiæ, quia ipse est et testis et judex. Ordinata est miseratio Dei quæ prius hominem hic per flagella a peccatis emendat, et postea ab æterno supplicio liberat. Electus enim Dei doloribus vitæ hujus atteritur, ut perfectior futuræ vitæ lucretur. Nequaquam Deus delinquenti parcit, quem peccatorem aut flagello temporali ad purgationem ferit, aut judicio æterno puniendum relinquit, aut ipse in se homo pœnitendo puniet quod male admisit : ac proinde est quod Deus delinquenti non parcet. Justo temporalia flagella ad æterna proficiunt gaudia : ideoque et justus in pœnis gaudere debet, et impius in prosperitatibus timere. Neque justo neque reprobo Deus misericordiam et justitiam subtrahit. Nam et bonos hic per afflictionem judicat, et illic per miserationem remunerat, et malos hic remunerat per temporalem clementiam, et illic punit per æternam justitiam. In hac vita Deus parcet impiis; et tamen non parcet electis. In illa parcet electis, non tamen parcet iniquis. Periculosa est in hac vita securitas malorum, et bonorum dolor tranquillus. Nam iniquus post mortem ducetur cruciandus; justus vero dormiet post laborem securus. Non tantum de corporalibus passionibus, sed etiam de spiritalibus debet intelligi, ut quanto quisque in corpore aut in mente flagella sustinet, tanto se in fine remunerari speret. Sæpe occulto Dei judicio extra flagella correptionum reprobi in hoc mundo sunt, dumque multa damnabilia commisisse videntur, despecti tamen a Deo nullo emendationis verbere feriuntur. Plus corripitur flagello qui a Deo diligitur, sic peccaverit, dicente Amos propheta : « Tantummodo vos cognovi ex omnibus nationibus terræ, idcirco visitabo super vos omnes iniquitates vestras (*Amos.* III). » Quem enim diligit Deus corripit : « Flagellat omnem filium quem recipit (*Hebr.* XIII). » Valde necessarium est justum in hac vita vitiis tentari et verberari flagello, ut, dum vitiis pulsatur, de virtutibus non superbiat : dum vero aut animi aut carnis dolore atteritur, a mundi amore retrahatur. Tentari autem oportet justum, sed tentatione plagæ, non tentatione luxuriæ. Durius circa suos electos in hac vita Deus agit, ut, dum fortioribus flagelli stimulis feriuntur, nulla oblectamenta præsentis vitæ delectent, sed cœlestem patriam, ubi certa requies exspectatur, indesinenter desiderent. Electos hujus vitæ adversitate probari, ut secundum Petrum judicium a domo Dei incipiat (*I Petr.* IV), dum in hac vita electos suos Deus judicii flagello castigat.

Gemina autem est percussio divina, una in bonam partem, qua percutimur carne, ut emendemur; altera, qua vulneramur conscientia et charitate, ut Deum ardentius diligamus. Gemino more Deus respicit, vel ad veniam vel ad vindictam. Ad veniam sicut Petrum; ad vindictam, sicut dum facta Sodomorum se descensurum et visurum testatur.

Trimoda ratione Deus quos voluerit percutit, id est ad damnationem reprobos, ad purgationem quos errare videt electos, ad probationem justos. Primo namque modo Ægyptus cæsa est ad damnationem, secundo modo, pauper Lazarus ad purgationem; tertio modo, percussus est Job ad probationem. Flagellatur homo plerumque a Deo ante peccatum, ne malus sit ut Paulus, qui Satanæ angelo instigante carnis tolerabat stimulos (*II Cor.* XII). Flagellatur etiam et post peccatum ut corrigatur, ut in Apostolo, qui traditus Satanæ in interitum carnis, ut spiritus salvus esset (*I Cor.* V). Non tamen juste murmurat qui nescit cur vapulat. Nam ideo Deus plerumque justum flagellat, ne de justitia superbiens cadat. In hac vita Deus tanto magis studet ut parcat, quanto magis exspectando flagellat, sed alios feriendo corrigit. De quibus dicit : « Ego quos amo arguo et castigo (*Hebr.* XII). » Alios feriendo punit quos incorrigibiliter delinquentes aspicit; quosque jam non sub disciplina ut filios pater, sed districta damnatione ut hostes adversarios percutit. De quibus dicit : « Flagello inimici percussi te castigatione crudeli (*Jer.* XXX). » Et iterum : « Quid clamas ad me super contritione tua? Insanabilis est dolor tuus (*ibid.*). » Unde unusquisque festinet et timeat, ne simul feriatur vita ejus cum culpa. Flagellum namque tunc diluit culpam cum mutaverit vitam. Nam cujus mores non mutat actiones non expiat. Omnis percussio divina, aut purgatio vitæ præsentis est, aut initium pœnæ sequentis. Nam quibusdam flagella ab hac vita inchoant, et in æterna percussione perdurant. Unde per Moysen Dominus dicit : « Ignis exarsit in ira mea, et ardebit usque ad inferos deorsum (*Deut.* XXXII). »

A quibusdam dici solet : « Non judicat Deus bis in idipsum (*Nahum* I, 9, juxta LXX). » Qui tamen non attendunt illud, quod alias scriptum est : « Jesus populum de terra liberans, secundo eos qui non crediderunt perdidit (*Jud.* V). » Quamvis enim si una culpa bis non percutitur, una tamen percussio flagellorum sequentium fit initium tormentorum. Hinc est quod in Psalmo scriptum est : « Operiantur sicut diploide confusione sua (*Psal.* CVIII). » Diplois enim duplex est vestimentum, quod figuraliter induunt qui et temporali pœna æterna damnantur. Unde et Jeremias : « Contritio » inquit « super contritionem (*Jer.* IV), » id est damnatio gemina, et hic et in futuro sæculo. Et idem alibi : « Et duplici contritione contere eos (*Jer.* XVII), » id est gemina pœna præsenti, scilicet et futura. Quibusdam secreto Dei judicio hic male est, illic bene, scilicet ut, dum hic castigati corriguntur, ab æterna damnatione liberentur. Quibusdam vero hic bene est, illic male, sicut illi accidit qui hic potentiæ claritate conspicuus, post mortem gehennæ ignibus traditur cruciandus. Porro quibusdam et hic et illic male est, quia corrigi nolentes et flagellari in hac vita incipiunt, et in æterna percussione damnantur. Certum est enim tanto immergi quosdam desperationis profundo, ut nec per flagella valeant emendari. De quibus per prophetam dicitur : « Frustra percussi filios vestros; disciplinam non receperunt (*Jer.* II). » Plerumque justus plangit, et nescit utrum pro omnibus peccatis suis pœnitentia patiatur flagella, an pro uno tantum : et nescit quæ sit culpa illa pro qua meruit pati ejusmodi supplicia, et pro ipso ambiguo maxime in mœrore versatur. Quamvis flagella justum a peccatis absolvant, adhuc tamen sub vindictæ metu turbatur, ne instantes ei plagæ sufficiant ad purganda delicta. Proinde ergo dum pœnitentia patitur, et futura pertimescit, quodam modo sicut ait propheta pro suis peccatis duplicia recipit.

De infirmitate carnis, et tolerantia divinæ correptionis.

Esse constat nonnullos ejusdem qualitatis homines qui nesciunt corrigi, nisi alios viderint flagellari, sicque proficiunt comparatione malorum dum sibi id accidere timent in quo alios perire vident. Quosdam videns Deus nolle proprio voto corrigere, adversitatum tangit stimulis ; quosdam etiam præsciens Deus multum peccare posse in salutem, flagellat eos corporis infirmitate, ne peccent, ut eis utilius sit frangi languoribus ad salutem, quam manere incolumes ad damnationem. Visitatio Dei nec semper in bonum accipitur, nec semper in malum. In bonum enim accipitur sicut: « Visita nos in salutari tuo (*Psal.* CV) : » in malum vero juxta illud : « In tempore visitationis suæ peribunt (*Jer.* X). » Tribus ex causis infirmitates accidunt corporibus, id est ex peccato, ex tentatione, et ex intemperantia carnis vel passionis. Sed huic tamen novissimæ humana potest medicina succurrere; illis vero sola pietas divinæ misericordiæ. Qui valentiores sunt et sani, utile est illis infirmari et non peccare, ne per vigorem salutis illicitis se sordidantes cupiditatum et luxuriæ desideriis peccent. Duritia quæ mentem premit nec sentitur uti- liter multatur in carne, ut sentiatur, atque intellecta emendetur. Nam citius vulnera carnis sentiuntur quam animæ : ideoque per carnis flagella errantes citius corriguntur. Hoc quippe indicant in Pauli oculis squammæ infidelitatis (*Act.* IX). Quæ dum multatæ sunt per increpationem in oculis carnis, confestim soluta est duritia mentis.

Est perniciosa sanitas quæ ad inobedientiam hominem ducit. Est et salubris infirmitas quæ per divinam correptionem mentis duritiam frangit. Languor animæ, id est peccatorum infirmitas perniciosa. De qua etiam Apostolus : « Quis infirmatur, et ego non uror (*II Cor.* XI), » Nam infirmitatem carnis utilem esse idem Apostolus approbat dicens : « Quando infirmor, tunc fortior sum (*II Cor.* XII). » Murmurare in flagellis Dei peccator homo non debet, quia maxime per hoc quo corripitur emendatur. Unusquisque autem tunc levius portat quod patitur, si sua discusserit mala pro quibus illi infertur retributio justa. Discat non murmurare qui mala patitur; etiamsi ignorat cur mala patiatur et per hoc juste se pati arbitretur per quod ab illo judicatur, cujus nunquam injusta judicia sunt. Qui flagella sustinet, et contra Deum murmurat, justitiam judicantis accusat. Qui vero se a justo cognoscit judice pati quæ sustinet, etiam si hoc pro quo patitur ignoret, pro hoc tamen justificatur per quod et seipsum accusat et Dei justitiam laudat. Dum ex rebus prosperis justus exempla præstet hominibus, necesse est eum iterum et adversitatibus tangi, quatenus ejus patientia comprobetur, ut denuo fortitudinis documenta ex eo sumant, qui prosperitatis ejus temperantiam agnoverunt. Qui passionibus animæ insidiante adversario cruciatur, non idcirco credat se alienari a Christo qui talia patitur, sed magis per hoc Deo commendabilem se esse existimet, si, dum hæc patitur; laudet Deum potius quam accuset. Ad magnam utilitatem divino judicio mens justi diversis passionum tentationibus agitatur. Pro quibus si Deo gratias egerit, suæque culpæ, quod talia dignus sit pati, reputaverit, hoc quod ex passione ei acciderit pro virtutibus reputabitur, quia et divinam agnoscit scientiam, et suam culpam intelligit.

DOMINICA VIGESIMA SECUNDA.

Secundum Matthæum.

« Simile est regnum cœlorum homini regi qui voluit rationem ponere cum servis suis (*Matth.* XVIII). » Familiare est Syris, et maxime Palæstinis, ad omnem sermonem suum parabolas jungere, ut quod per simplex præceptum teneri non potest, per similitudinem teneatur. Regnum cœlorum intellige Christum, ideo terreno regi assimilatum, ut ostendat oportere sine numero veniam dare conservis pœnitentibus, cum per Evangelii gratiam omnium omnino peccaminum veniam nobis suo munere, non nostro merito largitus sit.

« Et cum cœpisset rationem ponere, oblatus est ei unus qui debebat decem millia talenta. Cum autem non haberet unde redderet, jussit eum Dominus venundari et uxorem ejus et filios et omnia quæ habebat, et reddi. » Christus meritorum examinator jam per Scripturas cum servis rationem ponit. Decem millia talenta debebat qui de innumerabilibus peccatis vel criminalibus rationem redditurus erat. Cum autem non haberet vires neque gratiam unde satisfacere posset, sensit in Scripturis quia tales jubet Deus venundari, æterno incendio mancipari cum uxore et filiis, hoc est cum insipientia et cogitationibus malis. Justos vero cum uxore ac filiis, id est cum sapientia et cogitationibus bonis, se glorificaturum promittit. Pretium quippe venditi supplicium damnati intelligitur.

« Procidens autem servus ille rogabat eum, dicens: Patientiam habe in me, et omnia reddam tibi. » Timore gehennæ humiliatus dicit : « Parce mihi, Domine : et ego credens ac pœnitens charitate operiam multitudinem peccatorum. » Sed notandum unde hoc nomen servi primo in Latinam linguam inductum sit. Sed enim bella hoc fecerunt. Nam cum homo aliquis superatus ab alio jure belli et posset occidi, quia tunc servatus est, tamen servus est appellatus.

« Misertus autem Dominus servi illius, dimisit eum, et debitum dimisit ei. » Peccator rogans accipit donum decem millium talentorum, id est veniam suorum commissorum, cum sibi assumit medelam quam Deus ad hoc instituit. Hoc autem fit, si lavacrum baptismi non ficte; vel si postea baptismum pœnitentiæ devote suscipiat. Dimissus itaque a vinculis præsentis timoris egreditur in spem salutis.

« Egressus autem servus ille invenit unum de conservis suis qui debebat ei centum denarios, et tenens suffocabat eum, dicens: Redde quod debes. » Centum denariorum debitor erat quem de aliquibus commissis in fratrem per vindictam exardere constat.

« Et procidens conservus ejus rogabat eum dicens: Patientiam habe in me, et omnia reddam tibi. » Emendabo scilicet consilio vel judicio Ecclesiæ quod deliqui.

« Ille autem noluit; sed abiit et misit eum in carcerem donec redderet debitum. » Noluit seipsum considerare ut in spiritu lenitatis misericorditer ageret, sed recessit a bono gratiæ quam susceperat, mittens conservum in carcerem diræ tribulationis, quasi ad hoc fortassis ut ita debitum peccati solveret, ne quid in futuro gravius ulciscendi remaneret. Evenit itaque, juxta Apostolum, quod illa tristitia absorbetur, et iste periit qui fratrem odit, et in rigore justitiæ excedit (*II Cor.* II). Pro quo excessu scriptum est : « Est justus qui perit in justitia sua (*Eccle.* VII). »

« Videntes autem conservi ejus quæ fiebant contristati sunt valde. Et venerunt et narraverunt domino suo omnia quæ facta fuerant. » Spirituales qui omnia judicant talia videntes contristantur, et nuntiant Domino ad corrigendum, ejus implorantes auxilium.

« Tunc vocavit illum dominus suus, et ait illi : Serve nequam, omne debitum dimisi tibi, quoniam rogasti me. Nonne ergo oportuit et te misereri conservi tui, sicut et ego tui misertus sum? Et iratus dominus ejus tradidit eum tortoribus quoadusque redderet universum debitum. » Vocatio hæc fit intus in conscientia, scilicet cum quis in desperationem incidit. Deus autem apud quem nulla est transmutatio nec vicissitudinis obumbratio (*Jac.* I), modo misertus dicitur, quia opera misericordiæ impendit; modo iratus, quia in perpetuum puniendum justo judicio tartareis ministris tradit.

« Sic et Pater meus cœlestis faciet vobis, si non remiseritis unusquisque fratri suo de cordibus vestris. » Constat quia, si hoc quod in nos delinquitur, ex corde non dimittimus, et illud rursus exigitur quod nobis per pœnitentiam dimissum fuisse gaudebamus. Universum siquidem debitum merito persolvent duplices animo et inconstantes in omnibus viis suis, quos parabolæ exclusio specialiter percutit. Ipsi namque ficte conversantes in Ecclesia nec proximum sincero affectu diligunt, nec pure solius Dei intuitu aliquid faciunt. Quod ergo rogantibus dimiserat Deus, in hoc videlicet quia sacramentorum communionem contulerant, in vanum gaudent sibi esse dimissum quorum fictio impedivit ne veram susciperent remissionem. Rursus exigitur quamvis per pœnitentiam dimissum fuisse reputetur. Orationes namque, jejunia, eleemosynæ, et his similia, cum sint directe quærentibus summum bonum remedia peccatorum, fictis vaga fluctuatione mentis vertuntur in falsæ spei securitatem et in peccati fomentum : Hinc est illud : « Et oratio ejus fiat in peccatum (*Psal.* CVIII). » Prius acceptam quoque plenam peccatorum condonationem, et intimæ gratiæ adhæsionem multi criminaliter corruunt, ut Petrus et David, qui fortiores surrexerunt. Justus enim si ceciderit non collidetur, quia Dominus qui rapit justum ne malitia immutet ejus sensum ; cadenti supponit manum suam (*Psal.* XXXVI), ut qui cadit per infirmitatem carnis, per pœnitentiam resurgat. Quis ergo audeat dicere de sic assumptis in gratia, ut Deus quemque labi permittat usque ad damnationem. Verumtamen si quos damnari contingat; dicunt quidam juxta parabolam, quia peccata prius dimissa etiam judicio Ecclesiæ temporaliter punita redeunt, ut æternaliter puniantur. Sicut enim justitia delet acta peccata, sic injustitia succedens justitiam perimit, qua damnata contra priora peccata nulla remanet medicina. Dicit enim Dominus per prophetam : « Quia quacunque die justus peccaverit, omnes justitiæ ejus in oblivione erunt (*Ezech.* XVIII). » Ubi ergo non fuerit charitatis perseverantia, nulla sufficiens est pœnitentia. Unde a peccatis soluto dicitur : « Vade, et amplius noli peccare (*Joan.* VIII). » Sæculares quoque leges propter ingratitudines quasdam revocant manumissos ad priorem servitutem. Opponitur autem propheta : « Non consurget duplex tribulatio (*Nahum* I). » Vel juxta aliam translationem : « Non judicabit Deus bis in idipsum. » Sed non est, ut aiunt, duplex, imo una tribulatio et una punitio, cum qui non est hic sufficienter punitus, postea punitur. Non irrationabiliter quoque putant priores peccandi affectus redisse, juxta parabolam in qua spiritus immundus septem alios spiritus nequiores se assumens dicit : « Revertar in domum meam unde exivi (*Luc.* xi). » Etenim peccator in actu unius criminalis apparens multa intelligendus est habere in affectu, sicut justus multo plures habet virtutes affectu quam actu. Aliis vero videtur quod pro illis peccatis, de quibus homo Deo per pœnitentiam satisfecit, non sit amplius puniendus, etsi postea vel similia vel graviora committat. Peccator quidem fit sicut prius erat, et pro ingratitudine misericordiæ sibi impensæ magis reus efficitur. Universum ergo debitum persolvendum dicunt non illud quod jam condonatum erat, sed potius misericordiam quam aliis impendere debuit, pro eo quod misericordiam acceperat. Unde et alibi : « Qua mensura mensi fueritis, remetietur vobis (*Matth.* vii). » Talis ergo est parabola ac si dicatur : Si aliis non vultis misereri sicut Dominus misertus est vobis, peccata condonando, Pater cœlestis hoc debitum exiget a vobis. Æstimant igitur dictum ad terrorem esse quod expositores communiter asserunt rursus exigi quod per pœnitentiam dimissum erat. Nunc autem de remissione peccatorum diligentius videamus.

DE REMISSIONE PECCATORUM.

In reconciliatione peccatoris ad Deum tria consideranda sunt, videlicet cordis contritio, oris confessio, operum satisfactio. Præcipit enim Scriptura scindere corda et vestimenta, confiteri alterutrum peccata, et facere dignos fructus pœnitentiæ. Et notandum quia multi pro peccatis gemunt, non quod peccata eis displiceant propter Deum, sed propter pœnam. Talis igitur tristitia sive gemitus non est cordis contritio ad salutem, sed mentis consternatio ad damnationem. Sic etenim mali in futuro dolebunt. Nonnullos etiam pœnitet peccasse pro sola peccati turpitudine, juxta illud philosophi : « Si scirem deos condonaturos, et homines ignoraturos, non peccarem. » Fructuosa autem cordis contritio est, cum quis de peccato quo Deum offendit dolet, et inde turbatur, quia iniquitas amore justitiæ sibi displicet. Hinc est illud : « Peccator, qua hora ingemuerit, salvus erit (*Ezech.* xviii). » Etenim cum Deo nihil tardum fit, nihil absens, quanto citius vere aliquis pœnitet, tanto citius qui est præsens dimittit. Unde et David : « Dixi : Confitebor adversum me injustitiam meam Domino, et tu remisisti impietatem peccati mei (*Psal.* xxxi). » Deliberavi, scilicet in corde meo firmiterque disposui illud quod commisi contemnendo Deum exsecrare, propter Deum accusando meipsum. Unde et illud : « Justus in principio accusator est sui (*Prov.* xviii). » Est autem Deum peccatum dimittere, æternam pœnam pro illo debitam relaxare per collationem præsentis gratiæ. Hoc equidem fit in parvulis, cum baptismi lavacrum suscipitur : hoc et in adulteris cum mentis cæcitas compunctione solvitur. Hinc doctores sacri eloquii scripserunt originale peccatum in baptismo transire reatu, sed remanere actu : corporis scilicet dissolutio, et numerosa temporalium defectuum multitudo. Quod ad hoc quidem plurimum valet, quia omnis virtus in infirmitate perficitur (*II Cor.* xii) : simul etiam ne quis baptismi gratiam ob præsentis vitæ felicitatem peteret, et sic nec istam digne haberet nec ad æternam perveniret. Sic quoque actualis peccati per vivificationem mentis æterna pœna relaxata relinquitur temporalis, ut quod illicita animæ delectatione, sive etiam carnali voluptate commissum est satisfactionis amaritudine digne purgetur ab homine, dum licet, ne districtius a Deo puniatur in futuro. Nullum enim malum præterit impunitum.

Confessio igitur convenienter instituta est, ut qui in sua potestate positus a Deo discesserat, sub alio positus cum humilitate et devotione rediret. Ideo Deus instituit sacerdotem sive vicarium, et quasi medicum, cui peccatorum vulnera ad sanandum detegerentur, ut peccator non a se, sed ab alio majoris humilitatis causa satisfactionis medicinam suscipiat. Sunt enim sacramenta quasi quædam emplastra. Evenit itaque prius contritum et humiliatum confirmari in confessione, et plerumque peccator solo timore vel Ecclesiæ consuetudine sacerdoti præsentatus per sacerdotale officium vere compungitur, ac plenus charitate recedit. Nonnulli etiam nec tunc ex corde redeunt, sed tamen forma pœnitentiæ quam suscipiunt paulatim nutrit in eis charitatem cum humilitate. Plerisque similiter, cum resipiscant, prodest baptismus ad quem tantum ficte accesserunt. Mensuram autem temporis in agenda pœnitentia idcirco canones in arbitrio sacerdotis intelligentis statuunt, quia apud Deum non tantum valet mensura temporis quam doloris ; nec abstinentia tantum ciborum quantum mortificatio vitiorum. Propter quod pœnitentiæ tempora fide et conversatione pœnitentium abbrevianda præcipiunt, et negligentia protelanda existimant. Tamen pro quibusdam culpis modi pœnitentiæ sunt impositi, juxta quos cæteræ perpendendæ sunt culpæ, cum sit facile per eosdem modos vindictam et censuram canonum æstimare. Sciendum tamen quanto quis tempore moratur in peccatis, tanto ei agenda est pœnitentia. Cum igitur arbitrio sacerdotum temporalis pœna peccati proteletur vel abbrevietur, de ea plures intelligunt illud esse dictum : « Quorum remiseritis peccata, remittuntur eis, et quorum retinueritis, retenta sunt (*Joan.* xx). » Pœna enim peccati vocatur peccatum, juxta quod nomen causæ transfertur ad effectum. Ex prædictis itaque manifestum est quod aliis dimittit Deus per ministerium sacerdotum et peccatum et pœnam peccati ; aliis solam temporalem pœnam, quia jam peccati tenebras et gehennæ vinculum solverat : quod per Lazarum ostendit. Accessit enim et vocavit eum, et vocatum vivificavit, et vivificato ait : « Exi foras, » et de eo dixit discipulis suis : « Solvite eum, et sinite abire (*Joan.* xi). » Similiter venit ad peccatorem, et vocat eum per internam aspirationem, et morte peccati discedente vivificatur, et eo vivificato dicit ut exeat foras, id est per confessionem se sacerdotibus ostendat. De eo et sacerdotibus ait : « Solvite eum, » id est revocate ad Ecclesiam, « et sinite abire, » hoc est cum aliis fidelibus conversari et permanere.

DIVISIO.

Dimittit Deus peccata ex se ipso et per semetipsum, quando vult. Unde ait per prophetam : « Ego Dominus solus deleo iniquitatem et peccata populi (*Isai.* XLV). » Inde Ambrosius : « Ille solus peccata dimittit qui solus pro peccatis est mortuus. Sacerdotes tamen dicuntur interdum peccata dimittere, non ex se, sed ex gratia in eis et per eos operante secundum arbitrium non eorum, sed Dei. Sicut est illud : « Tu es solus qui facis mirabilia (*Psal.* LXXI), » cum multi homines mirabilia fecerint, sed non ex se sicut Deus. Item « Nemo bonus nisi solus Deus (*Marc.* XVI) : » quia ex se bonus. Et multi homines boni sunt : « sed non eo modo quo Deus. » Nullus igitur nisi Deus potest alium salvare. Quod quidem faceret, si ex se peccata dimitteret. Quod etiam nemo præter nosmetipsos possit nos damnare, ostenditur ibi : « Anima mea in manibus meis semper (*Psal.* CXVIII). » Notandum quod si is qui vult confiteri, articulo necessitatis imminente, non potest, quod ei ministraret visibilis sacerdos, si adesset, hoc supplere non dedignatur invisibilis. De quo in Ecclesiastico : « Ecce sacerdos magnus (*Eccl.* XLV). » Et Apostolus : « Plures facti sunt sacerdotes, idcirco quod morte prohiberentur permanere : hoc autem manet in æternum, sacerdotium habens sempiternum (*Hebr.* VII). » Si quis vero ex contemptu vel ex negligentia non confiteatur, constat quia non habet veram cordis contritionem, et tum pro illo peccato quod non vult confiteri eum, quia instituta Ecclesiæ negligit, æternaliter puniendus esse convincitur. Dicunt autem Leo et Ambrosius, de sacramentis et Maximus : « Lacrymas Petri lego, confessionem non invenio. » Delent ergo lacrymæ Petri peccata, quæ pudor est confiteri.

Sed sciendum quia confessionis institutio nondum promulgata fuerat in primitiva Ecclesia, vel quia Petrus confessus fuerit, licet Scriptura non referat, sicut credere cogimur apostolos baptizatos fuisse : quod quando vel quomodo factum sit non legimus. Quibusdam tamen videtur ex dispensatione Petrum reticuisse confessionem de negatione, quia si hunc tantum Ecclesiæ architectum tam graviter alii adhuc infirmi corruisse novissent, multum adversus eum scandalizati fuissent. Quo fit ut salubri dispensatione, ita quod non propterea æternaliter puniretur, reticeret aliquis id unde ei testaretur conscientia : quod si alicui diceret, celari non posset; et si sciretur Ecclesia inde scandalizaretur.

Si vero propter suam personam hoc faceret, ne scilicet infamis et contemptibilis apud alios fieret, superbia damnabilis esset.

Patet ergo ex antedictis, quia pœnitentia est medicamentum vulneris, spes salutis, et nomen ipsum sumptum est a pœna qua anima cruciatur, et caro mortificatur, et dicta est pœnitentia quasi punientia. Qui pœnitentiam agunt, ideo capillos et barbam nutriunt, ut monstrent abundantiam criminum, quibus peccator gravatur. Cilicium quod induunt indicat recordationem peccatorum propter hædos ad sinistram futuros. Quod autem cinere asperguntur peccatores, ostendit quia cinis sunt, et in pulverem revertentur. Lacrymæ pœnitentium apud Deum pro baptismate reputantur. Duplex est pœnitentiæ gemitus. Vel dum plangimus quod male gessimus, vel plangimus quod non egimus quod agere debuimus. Ille vere pœnitentiam agit qui nec pœnitere præterita negligit, nec pœnitenda committit. Qui vero lacrymas indesinenter fundit, et tamen peccare non desinit hoc lamentum habet, sed mundationem non habet, quia, dum ipsam quam flendo impetrare potuit veniam contemnit, fletibus suis munditia subtrahit, et ante Dei oculos sordidas etiam ipsas lacrymas facit. Qui vero a desiderio mentis quædam vitia resecant, dum in aliis graviter perdurant, pauciora quidem mala diligunt quam prius, sed nisi minus malum diligant, non fiunt minus mali. Tantus enim nonnunquam affectus mali est in uno crimine, ut magis alienet a Domino quam etiam multa. Illud autem certum est quod, dum quis in morte unius criminis jacet in alio irrigari, et vivificari non potest, ut prorsus deleatur, sed interdum ad diminutionem pœnæ compluitur, juxta illud prophetæ : « Pluit Dominus super unam civitatem, et non pluit super aliam (*Amos* IV). » Quorum autem peccata in publico sunt, in publico debet esse pœnitentia pro tempora quæ episcopus discernit. Eorum etiam reconciliatio in publico debet esse ab episcopo, sive a presbyteris, jussu tamen episcoporum, sicut canones Africani concilii testantur. De hac quippe solemni pœnitentia, ut ait Augustinus ad Macedonium, intelligi oportet quod dicit : « Non est locus secundæ pœnitentiæ. » Quamvis ergo caute salubriterque provisum sit, ut locus hujus humillimæ pœnitentiæ semel in Ecclesia concedatur, ne medicinalis minusve utilis esset ægrotis, quæ tanto magis salubris est, quanto minus contemptibilis fuerit. Quis tamen audeat Deo dicere : Quare huic homini, qui post primam pœnitentiam rursus se laqueis iniquitatis obstringit, adhuc iterum parcis? Quis audeat dicere erga istos non agi quod Apostolus ait : « Ignoras quia patientia Dei ad pœnitentiam te adducit? (*Rom.* II.) » Aut ad istos non pertinere quod scriptum est : « Beati omnes qui confidunt in eo (*Psal.* II), » et quod dicitur : « Viriliter agite, et confortetur cor vestrum, omnes qui speratis in Domino (*Psal.* III). » Cujus autem peccata occulta sunt, et spontanea confessione soli presbytero vel episcopo revelata, occulta debet esse pœnitentia, ne infirmi in Ecclesia scandalizentur, videntes pœnas eorum quorum pœnitus ignorant causas. Et sciendum quia similiter circumvenit Satanas per nimiam duritiam, ut peccatores pereant desperando, quomodo in nimia remissione corrigendo. Unde Salomon: « Non declines ad dexteram neque ad sinistram (*Prov.* iv). »

Expositio evangelii : « Simile est regnum cœlorum. »

« Beati qui custodiunt judicium, et faciunt justitiam in omni tempore (*Psal.* cv). » Duo sunt judicia: Unum quod hic per judices Christi vicarios exercetur; aliud quod in novissimis per Christum, qui a Domino constitutus est judex vivorum et mortuorum, exhibetur. Est autem judicium bonos a malis discernere, bonis bona, malis mala retribuere. Sic Christus in judicio bonos a malis est discreturus, et justis gaudia, impiis supplicia est redditurus. Judicium ergo custodiunt qui Domini cultores diligunt, Domini contemptores respuunt. Judicium quoque observare est suis malis meritis quempiam dignas pœnas irrogare. Qui enim se his vigiliis, jejuniis et aliis piis laboribus pro peccatis affligunt, beati sunt, quia non cum impiis æternum judicium subibunt. Duæ sunt etiam justitiæ, una naturalis, scilicet divina; altera consuetudinaria, videlicet humana. Naturalis est justitia Deo servire, parentibus obedire; consuetudinaria, leges, statuta prælatorum observare, et cum civibus concordare. Beati sunt ergo qui justitiam in omni tempore faciunt, quia a justitia Patris per Christum justa vitæ præmia percipiunt.

Hodiernum evangelium monet nos ad justitiæ judicium. Dicit namque quod quidam rex rationem cum servis suis posuit, cui oblatus est unus, qui decem millia talenta debuit. Et quia unde redderet non habuit, dominus eum cum uxore ac filiis omnibusque suis venundari jussit. Qui procidens misericordiam postulavit, et dominus misertus, omnia ei donavit. Illi vero egresso debitor centum denariorum obviat; quem tenens suffocat, violenter stringens ut debitum reddat. Qui etiam ipse procidens misericordiam poposcit, sed nihil ei profuit. Nam miserum carceri mancipat, donec debitum solvat. Quo audito dominus servum nequam revocat, dure increpat, tortoribus tradit, universum debitum ab eo exigi præcepit. Et quid per hæc verba significaverit, Dominus concludens innotuit : « Sic, inquiens, faciet vobis Pater meus cœlestis, si non remiseritis hominibus ex cordibus vestris (*Matth.* xviii). »

Charissimi, ista sunt nimis metuenda, ac jugiter in memoria retinenda. Rex qui rationem cum servis posuit est Christus, qui omnes homines pro actibus suis in judicium adducet. Debitor decem millium talentorum est quilibet transgressor decem præceptorum. Debitor vero centum denariorum est calumniator proximorum. Qui ergo volumus nobis a Deo dimitti gravia, dimittamus proximis levia. Levia quippe sunt omnia quæ nobis homines faciunt, quia cito transeunt; quæ autem nos contra Deum facimus valde gravia sunt, quia nos in interitum mergunt. Unde cœlestis scholasticus nos docuit ut conditionem cum judice faciamus, ut scilicet nobis debita nostra sic dimitti petamus, sicut nos debitoribus nostris relaxamus (*Matth.* vi). Et Petro interroganti quoties fratri peccati esset dimittendum si usque septies, non usque septies, inquit, sed usque septuagies septies (*Matth.* xvi), id est quadringentis nonaginta vicibus; hoc est ut quidquid in nobis delinquitur dimittamus. Et item Scriptura dicit : « Homo homini servat iram, et a Deo sperat misericordiam (*Eccles.* xxviii). » Qui ergo non dimittit homini in se peccanti nunquam dimittitur ei in Deum peccanti, imo in tormentis ab eo exigitur quod per pœnitentiam ei dimissum creditur. Sed dicis : Non possum dimittere ei qui mihi facit injuriam, nec amare illum a quo patior calumniam. O amice, quid fecit tibi is quem quæris occidere? Amicum meum, inquis, occidit. Et quid ad te occisio hominis. Omnes servi sumus unius Domini regis omnium, qui justus judex vindicabit omnes injurias hominum. Qui ergo hominem occiderit, non in te, sed in illum delinquit, cujus servum occidit. Et si inde ultionem quæris; dupliciter reus eris : in uno quod conservum tuum occideris, in altero quo domino tuo judicium suum abstuleris.

Igitur si homicidium facto vel consilio vindicaveris, cum homicidio utique damnaberis, quia « qui odit fratrem suum, homicida est; et hic non habet partem in æterna vita (*Joan.* iii). » At, tu bone vir, cur vis illius membra mutilare, quem summi Imperatoris Filius secum vult conregnare? Abstulit, inquis, bona mea. Quæ bona? Aurum, inquis, aut argentum, aut equum, aut aliquid ejusmodi. O homo, nonne nudus in hunc mundum venisti, et nihil horum tecum attulisti? Nec dubium quin nudus etiam de mundo discedas, et omnia hic relinquas. Huc universa de terra venerunt, et iterum in terram redibunt. Nihil habes hic proprium, sed totum est alienum : « Domini est terra et plenitudo ejus (*Psal.* xxiii). » De bonis suis partem tibi concessit, quamdiu sibi placuit; cum diutius te habere noluit, alium tollere jussit. Quandiu voluit bona sua Job tribuit; cum iterum sibi placuit ei auferens diabolo dedit. Unde et ipse : « Dominus, inquit, dedit, Dominus abstulit (*Job* i). » Non dixit : « Diabolus abstulit, quia Dominus solus inde potestatem habuit. » Cum ergo sis vermis et putredo, ne injuriam facias Deo, vindicans te in proximo. Tu autem, chare, cur vis illum fustigare, vel rebus suis privare? Male, inquis, locutus est mihi. O insensate! quid est verbum nisi ventus? Postquam enim de ore volaverit, mox in auras evanuit. Qui autem male locutus est non tibi, sed sibi nocuit, quia qui etiam fatue dixerit, reus gehennæ ignis erit (*Matth.* v). Sed si tu male vixeris, quid proderit tibi alicujus benedictio? Si vero bene vixeris, quid oberit tibi alicujus maledictio? Miserum est ergo horum miserorum augere miseriam per vindictam, cum ipsi miseri super se provocaverint iram Dei. Deus namque homicidas damnabit, raptores quoque pœnis subjugabit, maledictos etiam ab æterna benedictione segregabit. Igitur cuncta in nos commissa sunt dimittenda, in Deum commissa sunt a prælatis punienda. Quæ ipsi in Deum peccamus, digna pœnitentia puniamus, quæ nobis subjecti in legem Dei peccaverunt non crudeliter, sed misericorditer castigemus, ut animas eorum salvemus, quia « judicium sine misericordia ei qui non fecit misericordiam (*Jac.* II) ; » quæ autem in nos verbo vel facto commiserint, relaxemus et gaudium et lætitiam recipiemus.

Nunc vestra dilectio audiat quam juste Deus peccatores, et quam misericorditer se invocantes muniat. Ipse quippe est clemens Pater bonorum, potens Dominus malorum. Rex David Uriæ duci uxorem suam abstulit : ipsum quoque per consilium occidit. Quod Dominus ulciscens, infantem ex adulterio natum mortificavit, filiumque ipsius Absalonem, quem præcipue amavit, contra eum instigavit. Qui uxores patris publice violavit, insuper ipsum regno privavit. Quem sic castigatum, regno iterum Deus restituit, parricidam autem filium in reprobam mortem tradidit. David autem pœnitens, magis adhuc consolatur, dum Salomon, ex eadem femina ipsius filius, in regni solio collocatur. Legitur etiam quod rex Cambyses cupiens solus regnare, jussit Holofernem principem militiæ cuncta orbis regna sibi subjugare. Qui cum valida manu egressus omnes in circuitu civitates munitas confregit, tandem ad Judæam perveniens, Bethuliam obsedit. Populus autem Dei metuens ne Hierusalem sicut alias civitates destrueret, jejuniis et obsecrationibus invocat Deum, qui est protector omnium sperantium in se, ut clypeum suæ protectionis hostibus opponeret. Habitatoribus itaque Bethuliæ victus defecerat, quibus exercitus aquæductum succiderat. Quos jam deficientes principes consolantur, Domini auxilium pollicentur.

In eadem autem civitate religiosa vidua, Judith nomine, fuit : quæ post triduanum jejunium se omnibus ornamentis induit, ad castra Holofernis descendit (*Judith* VII). Qua visa statim capitur ejus pulchritudine, nuptias instruit, celebris cultus magnitudine. In nocte vero omnibus nimio vino soporatis, Judith surgens, Deum invocat, gladium in lectulo pendentem evaginat, caput ebrii ducis amputat, ad suos quantocius cum capite remeat, convocatoque universo populo, caput protulit ; Deum laudare monuit, qui eis liberationem et victoriam pariter contulit. At illi recuperato spiritu, Deum adoraverunt, atque cum magna lætitia laudes persultaverunt. In crastino de civitate, Judith consilio, cum magno tumultu exeunt : impetum in hostes faciunt. Illi vero ut dominum suum capite truncatum invenerunt, nimio timore perculsi, omnes pariter in fugam versi sunt. Quos insequentes, multa millia passim straverunt, reliquos cum magno decore profugaverunt. Reversique ingentem prædam collegerunt, Hierosolymam venerunt, victimas Deo obtulerunt, qui populum suum per feminam redemit, et tristitiam eorum in gaudium convertit. Sic Deus superbos dispersit, humiles autem exaltans protexit. Quod hæc vidua vicit tyrannum, significat quod caro Christi vicit diabolum.

Legitur quoque quod rex Assuerus grande convivium cunctis principibus et populis regni sui fecerit, et inter epulas reginam Vasthi corona redimitam introduci jusserit (*Esther* I). Quam intrare renuentem rex regno privavit, Esther pro ea sceptro sublimavit. Post hæc rex quemdam Aman super regnum exaltavit, cunctosque principes ei subjugavit. Cui cum omnes cœpissent genu curvare, Mardochæus reginæ patruus noluit eum adorare. Unde indignatus disposuit eum cum omni progenie sua neci tradi, cum regis sigillo decrevit omnes Judæos per regni Assueri fines exterminari, altumque erexit equuleum, in quo voluit suspendere Mardochæum. Interea duo volebant regem occidere, quos per Mardochæum proditos jussit rex perdere. Mardochæum vero jubet purpura et corona indui, regio equo per civitatem circumduci, Aman cum militibus præire, laudes ei concinere. Hoc facto Mardochæus reginæ dixit quia Aman eam cum omni parentela sua morti addixit. Quæ omni populo jejunium indixit, se cum eis vigiliis, jejuniis, orationibus afflixit. Quo peracto convivium instruxit, regem invitans, Aman quoque adesse jussit. Inter epulas regem pro sui populique vita rogat, se omnesque suos ab Aman damnatos narrat. Quem rex furore repletus, jussit suspendi in eodem equuleo, quem ipse præparavit Mardochæo. Porro ipsum Mardochæum pro eo principem constituit, qui omnem cognationem Aman suspendio interire jussit. Sic Deo disponente innocens populus liberatur, semen nequam juste exterminatur. Hic rex quamvis gentilis typum Christi gessit, qui verus Rex regum genitus, de radice Jesse surrexit.

Hic principibus et populi regni sui convivium magnum fecit, quia apostolis orbis principibus et fidelibus regni superni populis corpus suum et sacram Scripturam in epulas dedit. Reginam Vasthi coronatam ad convivium vocavit, quia Synagogam lege et prophetis redimitam ad cœlestes epulas invitavit. Quæ renuens intrare, regno privatur, Esther captiva in solio ipsius locatur, quia Judæa incredula de regno Christi ejicitur, Ecclesia de gentibus a diabolo captiva in thalamum regis consors cœlestis regni ducitur. Aman qui a rege exaltatur, est Judaicus populus, qui a Deo regno et sacerdotio, ac divino cultu sublimatur. Qui quærit reginæ progeniem exstirpare, quia Judaicus populus quærit Ecclesiæ populum exterminare. Aman quoque qui Mardochæo equuleum erexit, diabolum significat, qui crucem Christo erexit. In eumdem equuleum ipse suspenditur, quia diabolus in crucis patibulo comprehenditur. Duo qui super regem conjurabant, sunt duo infideles populi, Judaicus et gentilis, qui Christum regem occidi consilium dederant. Quos Mardochæus accusat, quia Christianus populus opera eorum improbat. Illi a rege enecantur, et isti a Christo damnantur. Mardochæus purpura et corona insignitur, et Christianus populus martyrio et æterna gloria vestitur. Equo regio per civitatem ducitur, quia Christianus populus a doctoribus per totum mundum colitur. Ordo namque prædicatorum equus Christi regis dicitur, in quo ipse per orbem vehitur. Aman cum militibus laudes ei consonat, quia Judaicus populus cum gentilibus, velit nolit, Christiani populi præconia celebrat. Regina regem ad convivium vocat, quia Ecclesia Christum ad solemnia sui corporis invitat. Aman etiam adesse jubet, quia infideli populo suas epulas prædicando præbet. Aman quoque qui Mardochæo erigit equuleum, est Antichristus qui populo fidelium indicit mortis supplicium. Qui eodem equuleo suspenditur, quia et ipse mortis supplicio interimitur. Mardochæus a rege princeps præficitur, quia fidelis populus peracto judicio super omnia bona Domini constituitur. Semen Aman exterminatur, quia tunc generatio malorum damnatur. Populus autem reginæ liberatur, et tristitia ejus in gaudium commutatur, quia generatio rectorum benedicetur, lætitia et exsultatione perfruetur. Nunc, charissimi, toto corde Dei obsecramus clementiam qui sedet super thronum et judicat æquitatem, faciens judicium omnibus injuriam patientibus, ut nos illa die ab infideli populo segreget, fideli autem in suo regno associet, ubi oculus non vidit, nec auris audivit (*I Cor.* ii).

DOMINICA VIGESIMA TERTIA.

Secundum Joannem.

« Cum sublevasset oculos Jesus et vidisset quia multitudo maxima venit ad eum (*Joan.* vi). » Quia hæc lectio evangelica secundum Ecclesiasticum ordinem debet in medio Quadragesimæ recitari, libet nunc in præsentiarum supersedere ejus expositioni, et ala huic Dominicæ, quæ intitulatur: Quinta ante Natale Domini, congruentia ad profectum audientium seu legentium exarare.

Nemo itaque vestrum, charissimi, dubitet duos esse nostri Redemptoris adventus: quorum primum jam præcessisse, alterum adhuc futurum esse certa fide cognoscimus. Utrumque vestræ fraternitati distinguere operæ prætium est, ut ex altero misericordiam sperare, et ex altero judicium formidare sciatis, quatenus vestra sollicitudo inter spem et metum posita diligenter invigilet, et mala cavere quæ judicio puniantur, et bona providere quæ misericordia remunerentur. Primo adventu suo Redemptor noster in formam nostræ humanitatis mansuetus et humilis, inter homines homo verus, apparuit. Secundo in gloria suæ majestatis excelsus et terribilis, super angelos Deus homo apparebit. Primo adventu pro nobis judicatus, maledictum crucis pendens in ligno crucis sustinuit; secundo, totum mundum judicaturus manifesta suæ passionis virtute impios condemnabit. Primo adventu latens in carne quasi ovis coram tondente se sic obmutuit; secundo, quasi Deus manifeste veniet et non silebit. Primo enim adventu siluit a judicio, sed non siluit a præcepto; secundo quasi parturiens loquitur, quia sicut ait Isaias: « Vociferabitur et clamabit, et super inimicos suos confortabitur (*Isai.* xlii). » O vox diei Domini amara, tribulabitur ibi fortis. Nam sicut ait sanctus David: « Ignis in conspectu ejus exardescet, etc. (*Psal.* xlix). » Tempestas illa impios procul pellet, quia tolletur impius ne videat gloriam Dei. Et ignis in æternum cruciandos involvet, quia « vermis eorum non moritur, ut ignis non extinguitur (*Isai.* lxvi) » Hujus ergo judicii figuram arcus ille in nubibus repræsentat, qui ex parte cæruleus, et ex parte videtur igneus, ut utriusque judicii testis sit : unius videlicet jam facti, quando aquæ diluvii erant super terram ; alterius adhuc faciendi, quando judicabit Deus sæculum per ignem. Contremiscite, fratres, a terrore tanti judicis, ut a facie arcus fugiatis : « Arcum suum tetendit , etc. (*Psal.* vii). » Sed ideo paululum moratur vos ferire, ut festinemus a facie tantæ animadversionis effugere. « Dedisti enim metuentibus te significationem, etc. (*ibid.*). » Sed « cavete ne fuga vestra hieme vel Sabbato fiat (*Matth.* xxiv). » Hieme enim fugit cui charitas refrigescens bonorum operum cursus impedit. Sabbatum quoque interveniens, id est terminus vitæ actionis bonæ exercitium intercidit tardantibus.

Si ergo, fratres, ab illo vultis fugere, ad ipsum fugite. Si adventum judicii pertimescitis, ad adventum misericordiæ respicite, et in hac hebdomada, quæ est quinta ante nativitatem Domini, et in sequenti, quæ quarta erit ante Natalem Domini, inchoate præparationem adventus sui. Dicitur enim hæc Dominica præparatio, quia ab hinc usque ad Natale Domini debet quisque Christianus sanctis studere bonis operibus, ut digne suscipiatur ab eo Christus natus. Hæc igitur hebdomada quinta ante Natale Domini in antiquis officialium libris intitulatur, sicque sequens hebdomada quarta denotatur. Sed hoc non vacat a mysterio nostræ spiritalis præparationis. In quinta enim hebdomada præparare vel initiare nos debemus propter quinque ætates mundi, in quibus fuerunt tales electi qui crediderunt, et speraverunt, et dilexerunt adventum Domini, in quarta, propter iv ordines librorum, scilicet legis Psalmorum prophetarum, et initium evangelii. Quamvis liber Moysis narrat, electos viros exstitisse in prima et secunda et tertia ætate mundi, tamen eo tempore scripsit totum in quo deputatur legislatio. Hæc autem utraque tempora, scilicet quinta hebdomada et quarta intimant nobis etiam rationalem præparationem propter quinque sensus hominis; qui insunt corpori nostro, et propter quatuor elementa, quibus constat corpus nostrum. At nunc tertius additur intellectus, qui non minus convenit præparationi adventus Domini. Dicimus duos ordines esse justorum in Ecclesia nostra, qui student se præparare ad suscipiendum venturum Dominum. Unus ordo in sæculari conversatione studet: alter in spirituali. De ordine sæcularium possumus intelligere quod lectio dicit in quinta hebdomada ante Nativitatem Domini, hoc est hodierno : « Propter hoc ecce dies veniunt, dicit Dominus, et non dicent ultra: Vivit Dominus, qui eduxit et adduxit semen demus Israel de terra aquilonis (*Jer.* xxiii).» Adduxit Dominus filios Israel de terra aquilonis, quando de Babylonia reversi sunt in Judæam; sed econtra melius adducit nostros bonos sæculares, Dominus ad Judæam, id ad veram confessionem de confusione Babyloniæ quando eos liberat de potestate diaboli et de corpore ejus. Hoc fit per baptismum quem habent sæculares, fideles et spirituales.

Qui enim in animo patiuntur aquilonis frigiditatem, membra sunt diaboli. Quanto pejor est diabolus totus in corpore suo, id est in capite, quam unum membrum ejus, tanto melius liberati sumus a diaboli potestate, quam essent filii Israel a regibus Chaldæorum. De ipsis sæcularibus memorat Evangelium quod in quanta memorata hebdomada legitur. Narrat enim quinque millia hominum Dominum pavisse ex quinque panibus (*Luc.* vii). Quod ita Beda exponit in evangelio super Lucam : Erant autem fere viri, quinque millia, quia quinque sunt exteriores hominis sensus; qui sensus recte viri dicuntur, quia fortissimi hostes animæ nostræ in eis habemus. Et cum esset ancilla, dominam sibi servire coegit (*Gen.* xvi). Quæ autem erat hæc ancilla? Caro videlicet, de qua ait Apostolus : « Caro concupiscit adversus spiritum, et spiritus adversus carnem : adversantur enim sibi hæc duo (*Gal.* v).» Hæc a Deo omnes corruperat : quod vix aliquis voluntati ejus resistere poterat, imo omnes Satanæ vendiderat. Nulla pugna gravior illa, quando inimicum suum homo portat, et inimicum suum pascit; quando de domo ejus est qui se impugnat, quando bona omnia ei facit, et ipse ei mala retribuet. Talis est caro : quæ quanto magis nutritur, tanto magis gloriatur, tanto magis in animam surgit. Quinque enim ministros habet, quinque sensus corporis, quibus animam ducit captivam. Quando scilicet aliquis peccat, vel videndo decipitur, vel audiendo attrahitur, vel odorando illicita

allicitur, vel comedendo delectatur, vel manibus male operatur. His quinque viribus caro superavit primum hominem, et homo succubuit, quamvis positus esset in paradiso, sed prius aggressa esse mulierem ut debiliorem partem. Audi de muliere quando quinque sensibus corporis peccavit. Auribus persuasionem diaboli accepit et consensit, cum ille talia intimaret dicens : « In quacumque die comederis ex eo, aperientur oculi vestri, et eritis sicut Dii, scientes bonum et malum (*Gen.* iii). » Ecce quando mulier per auditum succubuit; modo attende quando odoratu et visu decepta est. Ait Scriptura : « Vidit mulier quod bonum esset lignum, et ad vescendum suave, et pulchrum oculis, et aspectu delectabile (*ibid.*). » Cum dicit : « suave », capta est odoratu : cum ait : « pulchrum oculis », illaqueata est visu. Adhuc supersunt duo ministri, qui totum scelus perpetraverunt : tactus et gustus. Vide ergo quando per illos caro inceptum suum consummavit. Scriptum est autem : « Et tulit de fructu illius et comedit (*ibid.*). » Manus tulit, os comedit, tactus ministravit, gustus peccatum consummavit. Prostrata igitur origine omnium, totum mundum illi ministri deinceps subjugabant. Vidit igitur Dominus et Redemptor noster quia caro totum mundum ita expugnabat, quia ancilla dominam suam sibi subjugaverat (*Gen.* xvi), habuit cum misericordia sua consilium quod ab hac captivitate liberaret mundum. Inimicam ergo nostram carnem induit, ut cum ea pugnaret, et eam comprimeret, et ministros suos debilitaret, ut deinceps non possent ei resistere, et domina famulam suam gubernaret. Elegit itaque competentem pœnam, in crucem in qua hostem nostrum crucifigeret et sensus puniret nostros. Oculi turpitudinem pœnæ et insultantes viderunt, et tenebras mortis senserunt; aures opprobria turpissima audieruut, os ait: «Sitio (*Joan.* xix),» et fellis et aceti amaritudinem gustavit ; manus crucifixæ sunt, et tota caro ibi perpessa est, ut tota nobis subjaceat, et amplius animæ obediat. Ecce enim subjacet victa, ecce ancilla flagellata est. Inde est quod quinque millia viri Dominum sunt secuti, quia illi adhuc in sæculari habitu positi bene meruerunt uti exterioribus, quæ possident suis quinque sensibus. Qui recte quinque panibus aluntur, quia tales necesse est legalibus, id est sæcularibus adhuc præceptis institui.

Officia quoque quæ celebrantur in quarta hebdomada ante Nativitatem Domini spirituales per quatuor Evangelia ad potiorem perfectionem excitant. Unde dicit epistola quæ in eodem legitur : « Scientes quia hora est jam nos de somno surgere, nunc autem propior est nostra salus quam cum credimus (*Rom.* xiii).» De iisdem spiritualibus dicit in supra dicto libro (Beda.) « Nam qui mundo ad integrum renuntiant, et quatuor sunt millia, et septem panibus refecti, hoc est evangelica lectione sublimes et spirituali gratia sunt docti. Cujus significandæ distantiæ causa mystice, ut reor, in introitu quidem tabernaculi, quinque columnas deauratas, ante oraculum vero, id est sancta sanctorum, quatuor fieri jussas (*Exod.* xxxvi), quia videlicet incipientes per legem castigantur, perfecti autem per gratiam ut devotius Deo vivant admonentur. Typice per cantum, qui renovatur in quarta ante Nativitatem Domini hebdomada, gentilium mentium perfectionem intelligimus. Si per quinque hebdomadas illi intelliguntur qui adhuc pœnitentia deplorant recentia peccata, merito per quatuor hebdomadas eos intelligimus qui gaudio spirituali proficiunt de virtute in virtutem. Isti duo ordines fuerunt in Veteri Testamento, isti sunt, et modo. Renovatio cantus significat gaudium electorum qui gaudent plurimum in adventu Domini dilecti sui. Præparationem quoque necessariam nobis insinuat Paulus Apostolus in memorata epistola, quæ legitur quarta hebdomada ante Nativitatem Domini. Nox, inquiens, præcessit, dies autem appropinquabit. Abjiciamus ergo opera tenebrarum, et induamur arma lucis, sicut in die honeste ambulemus, non in comessationibus et ebrietatibus, non in cubilibus et impudicitiis, non in contentione et æmulatione; sed induamur Dominum nostrum Jesum Christum (*Rom.* xiii). Sic per plures nuntios et frequentiores movetur magis ac magis animus subditi ad sollicitudinem suscipiendi prælatum, ita renovatione cantus movetur magis ac magis ad curam nostræ præparationis in susceptionem Domini. Ideo octo dies ante Nativitatem Domini renovantur ferme tota nocte responsoria et antiphonæ, ut per hoc frequentius nos excitemus ad purgandas omnes quisquilias turpium cogitationum ac terrenarum, et dignum habitaculum ornatum, videlicet piis cogitationibus paremus Regi regum, et Domino dominantium.

DOMINICA V ANTE NATIVITATEM DOMINI.

SERMO.

« Beati omnes qui timent Dominum, qui ambulant in viis ejus (*Psal.* ii). » Deum timere est a malo declinare; in viis ejus ambulare est bonum facere. Qui ergo Deum timent peccata devitando, beati sunt, quia pœnas evadunt; et qui in viis ejus ambulant bona operando, beati sunt, quia gaudium Domini intrabunt. Viæ Domini præcepta illius sunt, quæ homines ad superna patriam ducunt. » Universæ autem viæ Domini misericordia et veritas (*Psal.* xxiv). » Viæ Domini sunt misericordia omnibus in eis ambulantibus; veritas cunctis ab eis declinantibus. Ideo Deus noster est, ut Dominus a servis timendus; ut Pater a filiis diligendus. Timore ejus peccata fugiamus, amore ipsius bonis actibus, quatenus de hac misera vita transeuntes, luctuosam vitam evadamus, et ad beatam vitam ipsius ope perveniamus. Tres vitæ sunt : una super nos beata, qua sancti cum angelis beate vivunt; altera misericordia, in qua justi adhuc hic suspirantes ingemiscunt; tertia subtus nos luctuosa, in qua spiritus damnatorum cum dæmonibus consistunt. Nobis ergo in media vita constitutis duæ viæ se offerunt : quæ quosdam ad superiorem; quosdam autem ad inferiorem ducunt. A dextris se præbet via arcta et angusta, ducens de hac misera, per se ambulantes ad beatæ vitæ amœnitatem (*Matth.* vii); a sinistris vero pandit se platea lata et spatiosa, ducens in se gradientes ad luctuosæ vitæ calamitatem. Arcta via et angusta est, mundi desideria et carnis concupiscentiam fugere, malum pro malo non reddere, vigiliis et jejuniis corpus macerare, orationibus et assiduis laudibus Dei insudare. Lata autem et spatiosa via est ludere, edere, bibere, fornicari, venari, inimicos opprimere, deliciis carnis diffluere. Hanc diabolus docuit et per eam genus humanum ad interitum deduxit : illam Christus factis et dictis ostendit, et per eam perditum hominem ad gloriam reduxit; et quia prophetæ per hanc solam viam genus humanum rediturum ad patriam prævideruut, ideo Christum veram et certam viam omnes consona voce prædixerunt, eumque omnes videre desideraverunt. Jacob namque moriens dixit : « Salutare tuum exspectabo, Domine (*Gen.* xlix). » Et Moyses : « Obsecro, inquit, Domine, mitte quem missurus es (*Exod.* iv).» David quoque ait : « Domine, inclina cœlos tuos, et descende (*Psal.* xvii). » Isaias etiam : « Utinam » inquit, « disrumperes cœlos et descenderes ! (*Isa.* lxiv.) » Et merito ejus desiderio deficiebant, qui eum futurum præsciebant. Nam ante ipsius adventum fusca mors mundum obtexit, omnesque per iter sinistrum in perditionem direxit. Omnes quasi in tenebris errabant, quia lumen Christum non habebant, et ideo per spatiosam viam a sinistris cæco corde in mortem ruebant. Christo autem sole solis in mundo apparente, imo vita angelorum se mortalibus exhibente, tetra mors pavefacta fugit seque in abdita tartari confusa abscondit, sicut oriente sole caligo noctis fugatur, et mundus jubare ipsius illustratur.

Idcirco, dilectissimi, cum iter salutis nobis per Jesum pateat et lucerna verbi Dei ex utraque parte viæ splendeat, toto corde sinistrum tramitem relinquentes, dextrum callem toto annisu carpamus, ut ad summam beatitudinem perveniamus. Hæc autem via est charitas, per quam aditur summæ beatitudinis claritas. In hanc tendunt xv semitæ ducentes ad atria vitæ, scilicet patientia, benignitas, et aliæ quas enumerat Apostoli subtilitas (*Gal.* v). Porro summa beatitudo in hac via ambulantes quasi septemdecim brachiis ad se attrahit, quia per decem præcepta legis et per septem dona Spiritus sancti, portas nos vitæ Christus intrare docuit. Has autem septemdecim distinctiones beatitudinis Spiritus sanctus per prophetam nominatim exprimit, ac singularem dignitatem subtiliter innuit. Primo dicit beatos, scuto fidei, vitia et concupiscentias superantes, et in lege Domini die ac nocte meditantes : « Beatus, » inquiens, « vir qui non abiit in consilio impiorum, quoniam novit Dominus viam justorum (*Psal.* I). » Primus homo infelix pravo consilio consensit, et omnes sequaces suos in mortem traxit. Christus beatus vir; et in via justorum omnes per se gradientes reducet ad gaudia angelorum. Qui ergo peccatis non consentit ad hunc tendens beatum virum, erit in summa beatitudine, ut lignum vitæ in paradiso plantatum. Secundo dicit beatos spe gaudentes, et in Domino, non in se confidentes. « Beati, » inquit, « omnes qui in eo confidunt (*Psal.* CXXIV), » quia in monte sancto ejus, id est in Christo, gaudebunt. Inde iterum : « Beatus vir, qui sperat in eo (*Psal.* XXXIII), » quia dies bonos videbit in cœlo. Et iterum : « Beatus vir, cujus est nomen Domini spes ejus (*Psal.* XXXIX), » quia canticum novum immittetur in os ejus. Tertio dicit beatos pœnitentia dilectione ferventes, quia charitas operit multitudinem peccatorum (*I Petr.* IV), et per Spiritum sanctum, qui est charitas, datur remissio delictorum. « Beati, » inquit, « quorum remissæ sunt iniquitates et quorum tecta sunt peccata (*Psal.* XXXI). » Per charitatem remittuntur, per bonam operationem conteguntur. Beatus vir talis erit, quia ei Dominus peccatum in judicio non imputabit. Hic in Domino cum justis exsultans lætabitur, cum rectis corde gloriabitur.

Quarto dicit beatos Deum pure colentes, et ejus hæreditas fieri cupientes : « Beata, » inquit, « gens cujus est Dominus Deus ejus, populus quem elegit in hæreditatem sibi (*Psal.* XXXII). » Hi exsultent in Domino, quia tales decet laudatio ! Inde iterum : « Beatus, » inquit, « populus, cujus Dominus Deus ejus (*Psal.* CXLIII), » quia hi canticum novum Deo cantabunt, cum de manu liliorum alienorum eruti exsultabunt. Quinto dicit beatos hospitalitatem sectantes, per pauperes sibi cœlestes divitias thezaurizantes. « Beatus, » inquiens, « qui intelligit super egenum et pauperem, quia in die mala liberabit eum Dominus (*Psal.* XL). » Dies mala est, cum homo aliquam afflictionem, vel manus inimicorum inciderit : unde eum Dominus statim liberabit. Dies etiam mala est dies ultima, ubi eum Dominus conservans in animam inimicorum non tradet, sed beatum in terra viventium faciet. Sexto dicit beatos de plebe Domini electos, et ad laudandum eum assumptos. « Beatus, » inquit, « quem elegisti et assumpsisti, inhabitabit in atriis tuis (*Psal.* LXIV). » De his iterum : « Beati, » inquit, « qui habitant in domo tua, in sæculum sæculi laudabunt te (*Psal.* LXXXIII). » Septimo dicit beatos orationi instantes, auxilium Domini invocantes jugiter : « Beatus vir, cui est auxilium abs te (*ibid.*). » Hi de virtute in virtutem ibunt : et Deum deorum in Sion videbunt (*ibid.*) ; » ubi est melior dies una super millia. Inde iterum : « Beatus cujus Deus Jacob adjutor ejus, spes ejus in Domino Deo, quia in sæcula regnabit cum eo (*Psal.* CXLV). » Octavo dicit beatos Deum laudantes, et cœlestia contemplantes. « Beatus, » inquit, « populus qui scit jubilationem (*Psal.* LXXXVIII), » quia hi in lumine vultus Domini ambulabunt, et in nomine ejus in æternum exsultabunt. Nono dicit beatos a Deo eruditos, et in lege ejus doctos : « Beatus, » inquit, « homo quem tu erudieris, Domine, et de lege tua docueris eum (*Psal.* XCIII). » Horum animas consolationes Domini lætificabunt, quando docti sicut splendor firmamenti fulgebunt, et quasi stellæ, qui multos ad justitiam erudiunt. Decimo ponit beatos justum judicium custodientes, et justitiam in omni tempore facientes. « Beati, » inquit, « qui judicium custodiunt, et justitiam in omni tempore faciunt (*Psal.* CV). » Hi de nationibus secernuntur, ut in laude Dei glorientur ad videndum, in bonitate Dei electorum, ad lætandum in lætitia gentis sanctorum (*ibid.*).

Undecimo ponit Deum, ut filii patrem timentes, et mandata ejus custodire cupientes. « Beatus, » inquit, « vir qui timet Dominum, in mandatis ejus volet nimis (*Psal.* CXI). » Hic timor sanctus permanet in sæculum sæculi, et introducit filios in conspectu Patris æterni. In hac beatitudine currentes, in memoria æterna erunt, gloriam et divitias in domo Domini possidebunt. Duodecimo ponit beatos in via id est in Christo macula peccati carentes, et in lege Domini, id est in charitate ambulantes. « Beati, » inquit, « inmaculati in via, qui ambulant in lege Domini (*Psal.* CXVIII). » Horum anima vivet in æternum, et laudabit Dominum in sæculum. Tertiodecimo ponit beatos mandata Dei ad faciendum perscrutantes, et in toto corde Dominum exquirentes. « Beati, » inquit, « qui scrutantur testimonia ejus, in toto corde exquirunt eum (*ibid.*). » Hi erunt a Domino benedicti, sicut hi qui declinant a mandatis ejus maledicti. Quarto decimo ponit beatos desiderium in bonis implentes. « Beatus, » inquit, « qui implevit desiderium suum ex ipsis, non confundetur cum loquetur inimicis suis in porta (*Psal.* CXXVI) ; » inimicos suos dæmones per humilitatem vincentes. Porta dies judicii est, per quam intratur in palatium cœli. In hac porta tales de peccatis non confundentur, cum inimicis suis insultantes loquentur ; sed ipsi hæreditas Domini erunt, fructum ventris Mariæ Christum mercedem habebunt. Quinto decimo ponit Deum ut servi Dominum timentes et in viis ejus ambulantes. « Beati, » inquit, « omnes qui timent Dominum, qui ambulant in viis ejus (*Psal.* XXVII). » Hic timor hominem a peccatis abducit, charitatem animæ adducit. Charitas vero intrans eum foras mittit, quia hic timor pœnam habet. In hac beatitudine festinantes bene

Hierusalem omnibus diebus vitæ suæ videbunt, et pacem Israel, id est Christum habebunt. Qui enim labores manuum suarum manducabit, id est qui bona opera in viis Domini fructificabit, beatus est, et bene ei erit (*Psal.* cxxvii). » Hujus uxor erit sicut vitis abundans (*ibid.*), id est caro ejus cum Christo qui est vitis vera exsultans. Filii ejus sicut novellæ olivarum (*ibid.*); scilicet opera in benedictione sanctorum. Sexto decimo ponit beatos Babyloniis et filiæ Babylonis retributionem retribuentes, mala nobis inferentes. « Beatus, » inquit, « qui retribuit retributionem, quam retribuisti nobis (*Psal.* cxxxvi). » Filia Babylonis est caro nostra, filia confusionis. Hæc mala nobis tribuit, cum nos ad peccandum illicit. Huic retributionem suam retribuimus, dum eam pro commissis illicitis affligimus. Qui hoc faciunt principium lætitiæ in die Hierusalem percipiunt. Septimo decimo ponit beatos parvulos Filiæ Babylonis tenentes, et ad petram allidentes. « Beatus, » inquit, « qui tenebit, et allidet parvulos tuos ad petram (*Psal.* cxxxvi). » Parvuli filiæ Babylonis sunt suggestiones carnalis delectationis. Ilos ad petram allidunt qui ob Christi passionem carnalia respuunt. Hi cum de Babylonia hinc ad Hierusalem remeabunt, hymnum de canticis Sion in æternum cantabunt.

Ecce quot beatitudines hæreditabunt hi qui in via Christi ambulabunt. Et quia prophetæ tot per spiritum dotalia Christum Ecclesiæ allaturum intellexerunt, ideo tantopere ejus adventum concupierunt. Hujus duos adventus prædicat Ecclesia : unum quo languidum mundum visitavit, alium quo collapsum mundum judicabit. Ipsius adventum per quatuor Dominicas extendimus, quia hunc a quatuor ordinibus, scilicet a patriarchis, a judicibus, a regibus, a prophetis pronuntiatum legimus. A patriarchis ubi Abel agnum, Melchisedech panem et vinum, Abraham filium suum obtulit. A judicibus vero Josue qui et Jesus hostes expugnavit, terram populo divisit, et ubi Gedeon vellus exposuit, in quod ros descendit ; qui et ipse hostes cum lagenis vicit; et ubi Samson in Gasan ad meretricem introivit, et per hostes in montem ascendit. A regibus ubi David Goliath stravit, et ubi Salomon templum ædificavit, et ubi Josias Pascha celebravit. A prophetis ubi Isaias de virgine nasciturum eum, Jeremias cum hominibus conversaturum, Daniel sanctum sanctorum venturum prædixit. Per quatuor etiam Dominicas adventum recolimus ejus, quia ante legem Abrahæ et patriarchis est promissus, a Moyse et prophetis præscriptus, sub gratia a Joanne et apostolis ostensus; adhuc venturus omnibus manifestus. Ideo nunc *Gloria in excelsis* intermittimus, quod in Nativitate ejus cantabimus, quia ipse nascens gaudium mundo attulit, qui prius tristitiam habuit. Hujus adventum Enoch et Elias prævenientes eum mundo affuturum prænuntiabunt, sicut olim illum prophetæ nasciturum prædixerunt. Per quorum prædicationem Judæi ad vesperam mundi ad fidem convertuntur et famem verbi Dei patientur ; atque ut canes civitatem, scilicet Ecclesiam circuibunt, et micas sermonum Dei de mensa Christianorum colligere cupiunt.

Illo tempore Antichristus regnabit, qui totum orbem diversis modis conturbabit. Nam cunctos principes sibi per pecuniam attrahit, cum divitibus in occultis ut leo in insidiis ad decipiendum sedet. Clerum per mundanam sapientiam decipiet, cum verba contra Altissimum proferet. Religiosos signis et prodigiis seducet, quando etiam ignem de cœlo descendere faciet. Vulgus terrore concutiet, cum maxima persecutione in Christianos sæviet. Enoch enim et Eliam interficiet, et omnes sibi resistentes crudeli exanimatione perdet. Quem Dominus Jesus spiritum oris sui, seu Michaelis archangeli ministerio interficiet, ipseque tunc ad judicium veniet. Qui prius venit judicandus, tunc veniet judicaturus. Qui prius venit occultus, tunc veniet manifestus. Ad cujus adventum omnes homines resurgent, eique catervatim occurrent. Omnes enim eum videbunt, et qui eum pupugerunt (*Apoc.* 1). Ignis ante ipsum præcedet, et inimicos ejus in circuitu consumet (*Psal.* xcvi). Sicut olim aqua diluvii super omnes montes xv cubitis excrevit; ita tunc ignis super omnia montium cacumina xv cubitis ascensurus erit. Tunc justis a dextris Christi positis, impiis autem a sinistris, omnia manifesta omnibus erunt, quæ unquam homines cogitando, loquendo, faciendo commiserunt; et singuli pro meritis dignam retributionem sortiuntur, dum justi in gaudia, impii in supplicia decernuntur. Ideo dies illa dies judicii dicitur, quia tunc justus Judex injuste judicatus omnia juste judicabit, qui orbem terrarum in justitia et populos in æquitate judicabit (*Psal.* ix). « Hæc etiam dies Domini vocatur, quia illa die unicuique pro opere suo justa merces a Domino recompensabitur. Tunc diabolus coram hominibus vinctus adducetur, et videntibus cunctis in stagnum ignis et sulphuris præcipitabitur, corpusque ejus scilicet malorum universitas cum eo mittetur, terraque convertetur eis in picem et sulphur ardentem in sæcula sæculorum. Tunc Ecclesia, Christi sponsa diu hic in peregrinatione a Babyloniis oppressa de exsilio Babylonio a sponso suo educetur, et cum magno angelorum tripudio in civitatem Patris cœlestem Hierusalem introducetur. Tunc justi sicut sol fulgebunt, et æquales angelis erunt, et innovatis omnibus erit Deus omnia in omnibus (*I Cor.* xv). »

Itaque, charissimi, hora est jam nos de somno desidiæ surgere, ut in bonis operibus pervigiles possimus. Christum venientem læti excipere, quatenus ipse conformet corpus humilitatis nostræ configuratum corpori claritatis suæ (*Philipp.* iii). Superius est dulcedo, inferius amaritudo, in hoc mundo qui consistit in medio utriusque umbratilis imago. Dulcedo ergo cœli nos sursum trahat, amaritudo inferni impellat, ut hujus mediæ vitæ perhorrescamus miseriam, et beatæ vitæ pleni gaudii percipiamus gloriam. Olim mundus gloria et opibus floruit, urbibus et viribus viguit, et tamen justi ornatum ejus spreverunt quo abunde nitescere potuerunt. Nunc mundi gloria aruit; nunc autem omnis sæculi honor extabuit, et nos miseri florem ejus aridum toto corde amplectimur; nos fugientem et arridentem toto desiderio sequimur. Et quia jam charitate frigescente nullius oratio, nullius meritum eum fulcit, jam senio confectus iniquitate nimia impulsus quantocius corruit, omnesque sibi mente inhærentes opprimit. Nunc, charissimi, corda cum manibus ad Deum levemus, faciem ejus in confessione præoccupemus, ut in appropinquante festo nos in salutari suo visitet, et in adventu suo sibi occursantes in cœlesti palatio collocet.

De quinque exercitationis gradibus quibus justi in hac vita exercentur, et de quinque statibus.

Quatuor sunt in quibus nunc exercetur vita justorum, et quasi per quosdam gradus ad futuram perfectionem sublevatur, videlicet lectio, meditatio, oratio et operatio. Quinta deinde sequitur contemplatio, in qua quasi quodam præcedentium fructu in hac vita, etiam quæ sit boni operis merces futura prægustatur. Unde Psalmista cum de judiciis Dei loqueretur, commendans ea, statim subjunxit: In custodiendis illis retributio multa (*Psal.* XVIII). De his quinque gradibus : primus gradus, id est lectio, quæ est incipientium; supremus, id est contemplatio, quæ est perfectorum. Et de mediis quidem, quanto plures quis ascenderit, tanto perfectior erit. Verbi gratia : prima lectio intelligentiam dat : secunda meditatio consilium præstat. Tertia oratio petit. Quarta operatio quærit. Quinta contemplatio invenit. Si ergo legis, et intelligentiam habes, et nosti jam quid faciendum sit, initium boni est ; sed adhuc tibi non sufficit, nondum perfectus es. Scande itaque in arcem consilii, et meditare qualiter implere valeas quid faciendum esse didicisti. Multi enim habent scientiam, sed pauci sunt qui noverunt qualiter scire oporteat. Rursus quoniam consilium hominis sine divino auxilio infirmum est et inefficax ad orationem erigere, et ejus adjutorium pete, sine quo nullum potes facere bonum, ut videlicet ipsius gratia quæ præveniendo te illuminavit subsequendo etiam pedes tuos dirigat in viam pacis, et quod in sola voluntate adhuc est, ad effectum perducat bonæ operationis.

Deinde restat tibi ut ad bonum opus accingaris, ut quod orando petis, operando accipere merearis. Tertium operari vult Deus, non cogeris, sed juvaris. Si solus, tu nil perficis ; si solus Deus operatur, nil mereris. Operetur ergo Deus ut possis; operaris et tu, ut aliquid merearis. Via est operatio bona qua itur ad vitam. Qui viam hanc currit, vitam quærit. Confortare, et viriliter age. Habet hæc via præmium suum quoties ejus laboribus fatigati, superni respectus gratia illustramur, gustantes et videntes quoniam suavis est Dominus. Sicque fit quod supra dictum est, quod oratio quærit, contemplatio invenit. Vides igitur quomodo per hos gradus ascendentibus perfectio occurrit, ut qui infra remanserit, perfectus esse non possit. Propositum ergo nobis debet esse semper ascendere, sed quoniam tanta est mutabilitas vitæ nostræ, ut in eodem stare non possimus, cogimur sæpe ad transacta respicere, et ne amittamus illud in quo sumus, repetimus quandoque quod transivimus. Verbi gratia : Qui in opere strenuus est, orat ne deficiat. Qui precibus insistit, nec orando offendat, meditatur quid orandum sit, et qui aliquando in proprio consilio minus confidit, lectionem consulit, et sic evenit ut cum ascendere nobis semper sit voluntas, descendere tamen aliquando nos cogat necessitas, ita tamen ut in voluntate non in necessitate propositum nostrum consistat. Quod ascendimus propositum est, quod descendimus propter propositum. Nunc ergo hoc, sed illud principale esse debet. Quot autem status humanæ mutabilitatis sint, hic videndum erit. Habet enim quinque status vita humana, per quos, quia nunquam in eodem statu diu permanere potest, sine intermissione mutatur, sive in melius proficiens, sive deficiens atque decrescens in pejus. Qui sunt gaudium vanitatis, dolor confusionis, gaudium consolationis, dolor exercitationis, gaudium felicitatis. Gaudium vanitatis est pro lucris temporalibus lætari. Dolor confusionis est pro damnis temporalibus contristari. Gaudium consolationis est ab impugnatione vitiorum quiescere. Dolor exercitationis est molestias tentationum sustinere. Gaudium felicitatis est internæ dulcedinis jucunditatem degustare.

Per gaudium vanitatis plus elongatur anima a Deo, quia tanto longius ab eo qui intus est recedit, quanto avidius se ad delectationes exteriores effundit. Dolor confusionis malam quidem delectationem quasi foris præcidit, et animam intus redire compellit : quæ tamen eo ipso quod non sponte, sed quodammodo coacta ad semetipsam retruditur, nec perfecte intimum deserit, neque ad virtutis integritatem veraciter reparatur. Gaudium vero consolationis jam quodammodo mentem intrinsecus fovet, atque componit, suadetque ut secum permanere eligat, neque extra dignetur quærere quod intus veracius atque securius possit possidere. Porro dolor exercitationis ita omnem exterioris dilectionis memoriam ab animo seclusit, ut, dum suo intrinsecus dolori intendere cogitur quid foris sit, delectabile minime recordetur. Postremo gaudium felicitatis hominem etiam seipsum oblivisci facit, quia, dum mens tota supernorum gaudiorum dulcedini inhiat, supra se elevata non solum infimæ delectationis non meminit, sed ipsa quoniam sibi quodammodo feliciter in oblivionem venit. Igitur gaudium vanitatis animum dispergit, dolor confusionis colligit, gaudium consolationis componit, dolor exercitationis ligat, gaudium felicitatis sanat. Fit tamen nonnunquam ut gaudium vanitatis vertatur quibusdam in gaudium consolationis : et econtrario gaudio consolationis abutantur quidam præ gaudio vanitatis. Rursum aliis dolor confusionis in dolorem exercitationis vertitur, et item aliis dolor exercitationis in dolorem confusionis commutatur.

His itaque quinque statibus humanæ mutabilitatis apponantur quinque virtutes animæ naturales. Quarum prima duplicem habet virtutem : et ideo sensibilis in utraque parte appellatur. Tribuit enim intelligentiæ nostræ sensum, quo imaginatione varia incorporalia noscimus ; facit etiam corporales vigere sensus, id est visum, auditum, odoratum, gustum et tactum : quo tactu dura et mollia, lenia asperaque sentimus. Secunda imperativa dicitur ; quæ jubet organis corporalibus motus diversos quos implere decreverit, hoc est transferri de loco ad locum, voces edere, membra curvare. Tertia principalis vocatur, cum ab omni actu remoti in otium reponimur, et corporalibus sensibus quietis profundius aliquid firmiusque tractamus. Hinc est A quod ætate maturi, non tamen nimia senectute quæ sensum minuit, debilitate melius sapere judicantur, quia senescentibus membris et corporalibus sensibus mollitis, pro maxima parte in consilium transeunt, ubi dum mens amplius occupatur, robustior virtute adunationis efficitur. Quarta est vitalis, id est calor animæ naturalis, qui nobis propter suum fervorem moderandum ut auras æthereas hauriendo atque reddendo vitam tribuit et salutem. Quinta est delectatio, hoc est appetitus boni et mali, quem sub jucunditate animus concupiscit. Hic vero appetitus in quatuor species dividitur. Prima est attractiva, rapiens de naturali quod sibi necessarium sentit ; secunda, detentoria, assumpta retinens donec ex his utilis decoctio procuretur ; tertia est
B translativa, quæ accepta in aliud convertit atque transponit ; quarta est expletiva, quæ ut natura fiat libera sibi nocitura depellit.

IN DEDICATIONE ECCLESIÆ.

Secundum Lucam.

« Ingressus Jesus perambulabat Jericho. Et ecce vir nomine Zachæus. Et hic erat princeps publicanorum, et ipse dives. Et videre quærebat Jesum quis esset, et non poterat præ turba, quia statura pusillus erat. Et præcurrens ascendit in arborem sycomorum ut videret eum, quia inde erat transiturus (*Luc.* xix). » Ecce camelus, deposita gibbi sarcina, per foramen acus transit, hoc est dives et publicanus, relicto onere divitiarum, contempto censu fraudium, angustam portam arctamque viam quæ ducit ad vitam ascendit. Et quia devotione fidei ad videndum Salvatorem, quod natura minus habebat, ascensu supplet arboris. Juste quod rogare non audebat Dominicæ susceptionis benedictionem accipit quam desiderabat. Quia etiam turba imperitiæ confusio multitudinis est quæ verticem sapientiæ videre nequit, merito non in turba, sed plebem transgressus insciam, quam benedictionem desiderat accipit. Zachæus autem interpretatur *justificatus*, et significat credentes ex gentibus per occupationem temporalium depressos ac minimos, sed à Domino sanctificatos. Ingressum Jericho Salvatorem quærunt, dum gratiæ fidei quam Salvator attulit participare cupiunt, sed turba noxiæ vitiorum consuetudinis tardat. Itaque necesse est ut pusillus turbæ obstaculum transcendat, terrena relinquat, arborem crucis ascendat. Sycomorus ficus fatua dicitur, arbor foliis moro similis, sed altitudine præstans. Unde et a Latinis celsa nuncupatur. Et Dominica crux credentes alit ut ficus, ab incredulis irridetur ut fatua. « Nos enim, » inquit Apostolus, « prædicamus Christum crucifixum, Judæis quidem scandalum, gentibus autem stultitiam ; ipsis vero vocatis Judæis atque gentibus Christum Dei C virtutem et Dei sapientiam (*I Cor.* 1). » Quam arborem pusillus ascendit, dum quislibet humilis et propriæ infirmitatis conscius clamat : « Mihi autem absit gloriari nisi in cruce Domini nostri Jesu Christi (*Gal.* vi). » Quasi transeuntem Dominum cernit qui in crucis mysterio cœlesti sapientiæ quantum potest, intendit. Denique inde, id est in illa parte transiturus erat, ubi sycomorus, id est Judaicus populus, vel ubi gentilis populus crediturus erat, ut et mysterium servaret, et gratiam seminaret. Sic enim venerat, ut per Judæos transiret ad gentes.

« Et cum venisset ad locum, suspiciens Jesus vidit illum. » Jam enim sublimitate fidei inter fructus novorum operum velut in fecunda altitudine arboris eminebat. Per præcones autem verbi sui, in quibus erat Jesus, et loquebatur, venit ad populum nationum, quia passionis ejus fide jam sublimis etiam divinitatem ejus agnoscere ardet. Suspiciens videt, quia per fidem a terrenis elevatum erigit erigentem se, et amat amantem se.

D « Et dixit ad eum : Zachæe, festinans descende, quia hodie in domo tua oportet me manere. Et festinans descendit, et excepit illum gaudens. » Invitatus invitat, quia si nondum audierat vocem invitantis, audierat affectum. Itaque hodie in domo pusilli Zachæi oportet illum manere, id est nova lucis gratia coruscantem in humili credentium nationum corde quiescere. Quod autem de sycomoro descendere, et sic in domo mansionem Christo parare jubetur, hoc est quod ait Apostolus : « Et si cognovimus secundum carnem Christum, sed jam non novimus (*II Cor.* v). » — « Et si enim mortuus est ex infirmitate carnis, sed jam vivit ex virtute Dei (*II Cor.* xiii). »

Et cum viderent omnes murmurabant dicentes

quod ad hominem peccatorem divertisset. » Manifestum est Judæos semper gentium odisse vel non intellexisse salutem. Unde etiam fideles fratres dixerunt adversus populorum principem : « Quare introisti ad viros præputium habentes, et manducasti cum illis? (*Act.* xi). »

« Stans autem Zachæus dixit ad Jesum : Ecce dimidium bonorum meorum, Domine, do pauperibus; et si quid aliquem defraudavi, reddo quadruplum. » Zachæus stans, hoc est in fide quam ceperat persistens, ostendit se omnino esse conversum ad Dominum. Ideo si quem aliquid defraudavit reddit quadruplum, quia in antiquis Ecclesiæ statutis decretum est ut qui aliena invadit, non exeat impunitus, sed cum multiplicatione omnia restituat. In legibus quoque sæculi cautum habetur, ut qui rem subripit alienam, in quadruplum ei restituat cui subripuit. Ubi autem Zachæus dimidium suorum se pauperibus erogaturum facile spondet, ut etiam totum dare non recuset insinuat.

« Ait Jesus ad eum : Quia hodie salus domui huic facta est, eo quod et ipse filius sit Abrahæ. » Filius Abrahæ dicitur, non de ejus stirpe generatus, sed ejus fidem imitatus. Salus quæ olim fuit Judæorum hodie illuxit populo nationum credenti in Dominum. Unde Apostolus : Si autem vos Christi, ergo semen Abrahæ estis? (*Gal.* III.) « Venit enim Filius hominis quærere et salvum facere quod perierat. » Unde alibi : « Non veni vocare justos, sed peccatores in pœnitentia (*Matth.* IX). »

SERMO IN DEDICATIONE ECCLESIÆ.

De sacramento dedicationis ecclesiæ, in qua cætera omnia sacramenta celebrantur, loquendum nobis videtur hæc ignorantibus. Sacramenta itaque alia constat esse salutis, alia administrationis, alia exercitationis : Prima ad remedium, secunda ad officium, tertia ad exercitium. Et illa quidem quæ administrationis sive præparationis sunt ordinibus cohærent, quoniam et ipsi ordines sacramenta sunt, et quæ circa ordines considerantur, qualia sunt indumenta sacra et vasa, et hujusmodi. Hæc omnia, quæ, ut dictum est, circa ipsos ordines considerantur, divisim tractari non debuerunt. Alia vero sacramenta omnia ad quæ conficienda et sanctificanda universa, hæc quasi quædam instrumenta præmissa sunt, subsequenter tractari exposcunt. Et primum, sicut dictum est, de dedicatione ecclesiæ quasi de primo baptismate, quo ipsa quodammodo ecclesia primum baptizatur, ut in ea postmodum homines ad salutem regenerandi baptizentur. Quasi enim primum sacramentum in baptismo cognoscitur, per quod fideles omnes inter membra corporis Christi per generationis novæ gratiam computantur. Idcirco hoc primum tractandum occurrit primum in dedicatione figuratum ecclesiæ, deinde in sanctificatione animæ fidelis exhibitum. Quod enim in hac domo orationis visibiliter per figuram exprimitur, totum in anima fideli per invisibilem veritatem exhibetur. Ipsa enim veritas Dei templum est consideratione virtutum, quasi quædam structura lapidum spiritualium ædificata, ubi fides fundamentum facit. Spes fabricam exigit, charitas consummationem imponit. Sed et ipsa Ecclesia ex multitudine fidelium in unum congregata est domus Dei ex vivis lapidibus constructa, ubi Christus fundamentum angulare positus est, duos parietes Judæorum et gentium in una fide conjungens. Hujus itaque sacramenti quod in dedicatione ecclesiæ exhibetur formam primum proposuimus, ut deinde mysticam intelligentiam fidei quæ in illo formatur exquiramus. Verum de his quæ invisibiliter in ea aguntur, primum videamus.

Pontifex aquam primitus benedicit, typicum sal admiscens, deinde ecclesiam ipsam extrinsecus ter gyrando aspergit, clero et populo subsequente. Interim vero in circuitu dedicandæ ecclesiæ intrinsecus duodecim accensa sunt luminaria. Per singulas autem vices ad portam basilicæ veniens, quam ob sacramenti figuram clausam esse oportet, percutit virga pastorali super liminare ipsius dicens : « Tollite portas, principes, vestras, et elevamini, portæ æternales, et introibit rex gloriæ (*Psal.* XXIII). » Cui diaconus intus positus respondet : « Quis est iste rex gloriæ? (*ibid.*) » Pontifex autem. « Dominus virtutum ipse est rex gloriæ (*ibid.*). » Tertia deinde vice reserato ostio, intrat pontifex cum clero et populo tertio, dicens : « Pax huic domui (*Luc.* x). » Deinde cum sacerdotibus et levitis et clericis ad orationem sternitur, pro sanctificatione ipsius domus dedicandæ. Postea consurgens ab oratione nondum salutans populum dicendo : « Dominus vobiscum, » tantummodo hortatur cunctos ad orandum. His completis incipit de sinistro angulo basilicæ ab oriente per pavimentum scribere alphabetum, usque in dextrum angulum occidentis, ac deinde a dextro angulo orientis in sinistrum occidentis. Dehinc ad altiora conscendet et stans ante altare, Deum sibi in adjutorium vocat dicens : « Deus, in adjutorium meum intende (*Psal.* LXIX). » Complens versum cum « Gloria Patri, » sine Alleluia. Post hæc aquam benedicit, salem et cinerem admiscens et faciens ter signum crucis super ipsam. Cui misturæ vinum etiam additur. Post hæc tingit digitum in aqua, et facit crucem per quatuor cornua altaris. Inde venit ante altare, et circuiens aspergit illud septem vicibus, aspersorio facto de hyssopo. Circuit dehinc ter totam ecclesiam intrinsecus, aspergens parietes ipsius de eadem aqua, faciens hoc etiam tertio. Interim vero cantatur psalmus : « Exsurgat Deus (*Psal.* LXVII), » cum antiphona. Cantatur etiam antiphona : « Qui habitat in adjutorio Altissimi (*Psal.* XC). » Circuit interim ipse pontifex, transiens per mediam ecclesiam, et cantans : « Domus mea domus orationis vocabitur (*Matth.* XXI). » Et item : « Narrabo nomen tuum fratribus meis : « in medio ecclesiæ : Laudabo te (*Psal.* XXI). » His autem peractis, pontifex ad orationem se consternit, precans, ut omnes qui eamdem domum oraturi intraverint, exauditos se gaudeant. Completa itaque expiatione, convertitur ad altare incipiens antiphonam : « Introibo ad altare Dei (*Psal.* XLII), » cum ipso psalmo, et quod reliquum fuerit de aqua purificationis, ad basim altaris effundit. Deinde seipsum altare linteo extergitur, pontifex incensum defert super illud. Postea facit crucem in medio altaris, et per quatuor angulos ejus de oleo sanctificato. Deinde in circuitu ecclesiæ duodecim cruces chrismantur in parietibus ab ipso pontifice, tres per singulos figuratæ. Reversus deinde itur ad altare accensum, thus super illud offert in modum crucis, et sic peracta denique consecratione, ipsum altare albis velaminibus operitur. Hæc de visibili dedicatione; quid autem mysterii ista contineant videndum est nobis.

DIVISIO.

Multa in his omnibus latent profunda mysteria, ex quibus pauca ad memoriam excitandam attingamus. Domus dedicanda sanctificanda anima est; aqua enim est pœnitentia, sordes abluens peccatorum. Sal, sermo divinus increpatione mordens et condiens corda insipida. Trina aspersio trina mersio est purificandi per aquam. Duodecim luminaria sunt apostoli. Ecclesiam per quatuor mundi partes illuminantes, et crucis mysterium per totum mundum deferentes. Pontifex Christus est; virga, potestas; trina superliminaris percussio, cœli terræque, et inferni dominatio. Interrogatio inclusi, ignorantia populi; apertio ostii, sublatio peccati. Pontifex ingrediens ecclesiam pacem Domini imprecatur, quia Christus mundum ingrediens pacem inter Deum et hominem facit. Prostratus pro sanctificatione domus orat, et Christus humiliatus pro discipulis et pro credituris omnibus Patrem orat dicens : « Pater, sanctifica eos in nomine tuo (*Joan.* XVII). » Surgens autem ab oratione populum non salutat, quoniam qui necdum sanctificati sunt applaudendum non est ipsis, sed orandum pro ipsis. Descriptio alphabeti, simplex doctrina fidei; pavimentum, cor humanum. In pavimento alphabetum describitur, quoniam carnalis populus prima ac simplici doctrina initiatur. Ductus a sinistro angulo orientis in dextrum occidentis, et item a dextro angulo orientis in sinistrum occidentis formam crucis exprimit, quia mentibus hominum per fidem evangelicæ prædicationis imprimitur. Et quia primum fides in Judæis fuit, et postea ad gentes transivit, et rursum in fine cum plenitudo gentium intraverit, tunc omnis Israel salvus erit. Utriusque ergo populi collectionem hi duo versus significant in crucis effigie compacti, hoc est quod Jacob filios Joseph benedicens, cancellatis manibus formam crucis exprimens dextram manum super caput Ephraim, et sinistram super caput Manasse posuit (*Gen.* XLVIII), quia, priori populo abjecto, junior ad dexteram collocatus est. Cambuca sive virga pastoralis quæ Scriptura figuratur, mysterium significat doctorum, quorum studio et prædicatione et conversione gentium facta est,

et perficienda est Judæorum. Quod stans ante altare Deum in adjutorium invocat, significat eos qui præcepta fidei cognitione se ad bona opera et ad luctam contra invisibiles hostes accingunt ; et quia de suis viribus minus præsumunt, divinum auxilium sibi adesse deposcunt. In quo quia certantium labor exprimitur, quasi inter suspiria et gemitus, nondum alleluia nominatur.

Post hæc aqua benedicitur cum sale et cinere, addito vino aqua mistio. Aqua populus est, sal doctrina, cinis passionis Christi memoria, vinum aqua mistum, corpus Deus et homo. Vinum divinitas, aqua mortalitas. Sic enim populus sanctificatur doctrina fidei, et memoria passionis Christi, unitus capiti suo Deo et homini. Post hæc ecclesia interius aqua sanctificata aspergitur, ut et intus et exterius anima sanctificata ostendatur. Aspersorium hyssopi humilitatem Christi significat, qua aspersa sancta mundatur Ecclesia. Circuit pontifex altare ecclesiam totam aspergendo, quasi omnes lustrando, et curam impendendo omnibus verbo et exemplo communem se præbens universis : propter quod etiam opus oratione consummat; orans ut exaudiantur ibi justa petentes, quoniam opus hominis sine divino auxilio esse potest : fructuosum esse non potest. Novissime completa expiatione pontifex ad altare convertitur, quod reliquum est de aqua purificationis ad basim ejus effundens, quasi committens Deo quod super est vires suas excedens in perfectione mysterii. Dehinc linteo altare extergitur. Altare Christus est, super quem offerimus Patri nostræ devotionis munus. Linteum caro ejus tunsionibus passionis ad candorem incorruptionis perducta. Incensum orationes sanctorum significat ; oleum autem gratiam Spiritus sancti demonstrat, cujus plenitudo in capite præcessit. Dehinc participatio ad membra defluxit. Propter hoc a sacrato altari duodecim cruces in parietibus chrismantur, quia spiritualis gratia a Christo in apostolos descendit, ut crucis mysterium per quatuor mundi partes cum fide Trinitatis prædicarent. Candidum velamen, quo post consecrationem altare operitur, gloriam incorruptionis designat, qua post passionem consumpta mortalitate Jesu humanitas induta est, sicut scriptum est : « Conscidisti saccum meum, et circumdedisti me lætitia (*Psal.* XXIX). »

SERMO DE DEDICATIONE.

« Sancti Spiritus, Domine, corda nostra mundet infusio, et sui roris intima aspersione secundet (*Orat. miss.*) » Novate vobis novale, et nolite serere super spinas (*Jer.* IV). Dominus dicit in Evangelio : « Nemo mittit vinum novum in utres veteres; alioquin disrumpunt utres, et vinum effundetur, et utres peribunt. Sed vinum novum in utres novos mittatur, et utraque servantur (*Matth.* IX). » Aliquid vinum hoc agit, ut homo aliquis irrumpat in lacrymas, aliquando et cor hominis lætificat. Novum vinum est Dei verbum, quod homini justo semper ingerit novum gaudium. Veteres vero utres sunt mentes carnales, quæ ex mala conscientia sua merentur animæ detrimenta. Hinc ex intimis præcordiis dicendum erit nobis : « Cor mundum crea in me, Deus (*Psal.* LII). » Si autem conversi fueritis, rectumque cor acquisieritis in præceptis Dominicis, continuo hoc adimpletur in vobis : Verte impios, et non erunt impii, et cum demum corda nostra efficiuntur nova, novumque retinebunt vinum. « Fundamenta ejus in montibus sanctis, diligit Dominus portas Sion super omnia tabernacula Jacob (*Psal.* LXXXVI). » Fundamenta Ecclesiæ sancti sunt prophetæ, duodecim sancti apostoli, nec non et sancta doctrina ex ore eorum prolata. Portæ quoque sanctæ Ecclesiæ, quæ Dei omnipotenti chariores sunt omnibus in Veteri Testamento præfiguratis, sunt virtutes sanctæ bonis operibus admistæ, sancta scilicet fides, spes, et charitas ; sanctum quoque baptisma. Qui peccaverunt post baptisma ad has portas salutis festinent, videlicet ad veram pœnitentiam, puram confessionem, perseverantem continentiam a peccatis. Super hanc itaque domum hodie supplicamus omnipotenti Deo, quatenus quidquid aliquis hominum postulaverit hic a Domino boni, id mereatur adipisci. Hodie quoque sancti angeli visitant hic suos concives, quibus dudum indignabantur, et corpus sumitur Jesu. Hinc scriptum est : « Angeli eorum semper vident faciem Patris (*Matth.* XVIII). » Hic itaque angeli sancti cum lætitia grandi hodierno ascendunt et descendunt, adventantes animæ, cum fuerit sopita in cunctis quæ per carnem adamaverat. Hæc anima dum quieverit a curis exterioribus in suis cogitationibus et quasi vigilanti corde fuerit in Dei contemplatione, sancti angeli procul dubio gaudentes occurrunt illi. Cum autem mens humana fuerit repercussa gravi corporis fragilitate, obscuratur quasi in nubilo, quod splendorem perpetuæ lucis ex illa perturbavit. Et cum item tempore tentationis reciderit in suos antiquos cogitatus, ac reciprocaverit mirabiles corporis actus, nostri concives nos aufugiunt, et angeli in cœlestibus erubescunt de nostris excessibus in suis agminibus.

Igitur, charissimi, conciliamini vobis spiritum consilii, uti causam vestram ita tractetis quod Deo placeatis, quod amicitiam angelorum habeatis, quod jus hæreditarium filiorum Dei possideatis. Charissimi : ecce in domo regis cœlestis constatis, hic vocat sponsam suam, animam scilicet uniuscujusque quam emit proprio cruore, ac dicat : Surge, amica mea, excutere de pulvere veteris peccati quo sopita jacebas. Adorna mihi templum in corde tuo, quia illud inhabitare volo, si peccata deserueris. Post omnes abominationes tuas revertere ad me, et ego revertar ad te. (AUGUSTINUS.) Jam, charissimi, recte festa Ecclesiæ colunt qui se filios Ecclesiæ cognoscunt. Sancta Ecclesia est mater vestra. Quod si et vos Ecclesiæ filii fueritis, festa dedicationis recte celebrabitis. Proinde « constituite diem solemnem in condensis usque ad cornu altaris (*Psal.* CXVII). » Hodie itaque vobiscum pertractate ubicunque vos in nomine Domini congregaveritis, ut beatius veniatis ad supremum diem resurrectionis. Denique et id providete in frequentationibus ab hora in horam, de die in diem usque ad cornua altaris. Hoc altare est ipse Christus, qui in cruce pro nobis obtulit pretium sui sacri cruoris. Cornua in manibus ejus (*Habac.* III), clavos quibus manus erant transfixæ designant in crucis patibulo. Orationibus itaque, jejuniis et castitate, aliisque bonis actibus id satagamus quotidie erga Dei bonitatem, ut cum finis venerit vitæ si ex toto non possimus in cruce pendere, saltem inveniamur suspensi in uno clavo crucis sacratæ. De hoc altari dixerat ipse Deus : « Altare de terra facietis mihi (*Exod.* XX). » Hoc altare est homo divinus erectus ex Maria virgine et ex regali suscitatus stirpe.

Ergo « cum medium silentium tenerent omnia, et nox in suo cursu iter haberet, omnipotens sermo tuus, Domine, a regalibus sedibus venit (*Sap.* XVIII). » Bina silentia contigerant in mundo : ita scilicet ut de Deo nihil pene audiretur in humano genere. Adhuc quoque adveniet unum silentium in æterna quiete, ubi siletur ab omni tumultu et mundana inquiete, quo et gaudium habebunt ineffabile inter coruscantes amœnosque paradisi lapides. Hoc est tertium silentium. Primum silentium erat ante legem ; tria millia et centum annorum perdurans ; secundum silentium post legem ante gratiam, quod medium silentium erat. In primo silentio nec peccata quæ gesserant, nec diuturnam mortem, quæ eis ingruebat, nequaquam agnoverunt : imo siluerunt. Dato vero lege per Moysen, ostensisque peccatis, peccatores salutem quærebant, ruptumque silentium prophetæ prædicaverunt nasci Salvatorem de virgine Maria. Cumque nonagentos annos vociferassent optando Domini adventum, venit Christus : unde omne quod in terra erat siluit, quia Christus advenit. Hoc est enim silentium in quo Christus natus omne quod fuerat feliciter natum exclamavit : Miserere, Domine, miserere. Medio namque silentio hoc modo rupto pax, quies, miseratio, peccatorum indulgentia est humano generi per Christum collata. Hoc Dei Verbum adhuc alloquitur mundum : « Discite a me, quia mitis sum et humilis corde (*Matth.* XI). » Cum autem ad beatitudinem mortales pervenerint, non ultra clamare nec orare habent, sed silent et quiescunt a pluribus gemebundis clamoribus quibus sibi aperiri cœlum vociferabant, juxta illud : « Conscidisti saccum meum et circumdedisti me lætitia (*Psal.* XXIX). » In illo medio silentio, ut præfatum est, omnipotens sermo a regalibus sedibus venit. Quis ? Dei Verbum, Filius Dei, Rex Filius Regis. Unde ? A concessu sui Patris. Quo ? In patibulum sanctæ crucis, a sede regali ad textrinam mortalis peccati, a splendore cœli ad tenebras inferni. Et ideo a regalibus non ab una sede regali, quia hi qui cœlestia cum labore petierint, horum quisque recipiet coronam vitæ singulis quibusque singulas coronas habentibus et cum Patre suo regnantibus in regne quod præparavit diligentibus se a mundi principio, sicut ibi : « Quotquot autem receperunt eum, dedit eis potestatem filios Dei fieri, his qui credunt in nomine ejus (*Joan.* I). » Si filii ejus fuerint et consequens erit ut et reges sint. Quod si reges, sequitur ut unusquisque regalem possideat sedem, unusquisque proprium habeat regnum. Rex terrenus, plures habens filios non nisi unum poterit imperio sublimare : rex autem regum quot filios habuerit, tot coronas unicuique in regno suo tribuit. Quod promissum non est nostrum, sed Christi qui dixit suo Patri cœlesti : « Non pro his tantum rogo, sed pro eis qui credituri sunt per verbum eorum in me, ut omnes unum sint, sicut tu Pater in me, et ego in te, ut et ipsi in nobis unum sint, et ut mundus credat quia tu me misisti (*Joan.* XVII). » Unde : « Nolite diligere mundum, neque ea quæ in mundo sunt (*I Joan.* II). »

Dixit enim Ecclesiastes : « Vanitas vanitatum et omnia vanitas (*Eccle.* I). » Omnia quæ in mundo sunt, corruptibilia et vana tamen. Et hoc describitur : « Vidit Deus cuncta quæ fecerat, et erant valde bona (*Gen.* I). » Quod si bona, unde vana ? Cœlum, terra, sol, luna, astra nobilia, splendida facies Moysi ; hæc omnia prodiere a bono Creatore, ideo bona. Tamen si hæc ad Deum conferantur, nihil sunt, et multo minus in comparatione Dei erunt, quam igniculus candelæ totius solis magnitudine. Omnes torrentes vadunt in mare et mare non impletur. Ad locum illum de quo torrentes exeunt, illuc ipsi revertentur, ut iterum fluant. Idipsum et Paulus pene tangit hoc modo : « Præterit enim figura hujus mundi (*I Cor.* VII). » Nobis itaque miseris pari modo contingit, qui de terra facti iterum in terram redimus. Sed hi nunc nascuntur beatius, qui post de terra resurrexerint, multo feliciores. Charissimi, quandoque renascamur ad laborem, uti avis ad volatum. Itaque cum nasceremur, continuo audiebatur a nobis A, a, a; sed non multo post præ acerbitate mortis idipsum A, a, a repetitur. Quam elegans caro fuerit : tamen cadaver futurum erit, ac deinde pulvis. Hinc notate quod Job dicat : « Paucitas dierum meorum finitur brevi ; dimitte me, Domine, sine plangam paululum dolorem meum, antequam vadam ad terram tenebrosam et opertam mortis caligine (*Job.* X). » Quis itaque horum memoriam his, qui dudum ante nos fuerunt. Pari modo et nos obliviscimur, post annos centenos aut prius. Primus autem et novissimus nostri memoretur. Ad quem toto corde sit nostra conversio in hunc hæc nostra dedicatio transferatur, ut ea quæ in hoc templo componuntur, in nobis ipsis transformentur. Scriptum est enim : « Templum Domini, templum Domini, templum Domini sanctum est (*Jer.* VII). » Hoc et Paulus his verbis indicat : « Templum Dei sanctum est, quod estis vos (*I Cor.* III). »

Nunc igitur quid cœmeterium, quod est ante templum, quid janua, quid limen, quid antes, quid postes, quid janua cum his omnibus, quid muralia, quid lapides angulares, quid pavimentum, quid fenestræ, quid altare, quid campanæ designent videndum vobis erit. Cœmeterium itaque denotat requiem quam in terra post mortem habemus usque in diem universalis resurrectionis, cum in patriam illam intraverimus. Unde scriptum est : « In domum Domini lætantes ibimus (*Psal.* CXXI). » Limen vero, ubi primum templum intramus, notat veterem legem ; antes autem apostolicam doctrinam et evangelicam; postes quos vel super liminare, quod utrumque continet, significat sancti Spiritus gratiam ; janua vero totaliter cum istis dinumeratis partibus fidem catholicam, per quam Ecclesiam intramus. Muralia, in quibus lapis super lapidem est positus, notat quod unusquisque nostrum damnum portet alterius, sicut scriptum est : « Alter alterius onera portate, etc. (*Gal.* VI). » Lapides quoque angulares sunt sancti Spiritus dona quæ continent in æterno templo duo genera hominum, Judæorum scilicet et gentium. Pavimentum quod pedibus teritur ab omnibus ecclesiam intrantibus, designat humilitatem, sicut ipse Christus ait : « Qui se exaltat humiliabitur (*Matth.* XVIII). » Alta vero fenestra quinque nostros sensus, quos a terra tam sublime portare debemus, ut lumen cœleste possimus capere, nec fur antiquus, scilicet diabolus, minime queat illos irrumpere. Altare vero est ipse Deus, quem in nostro inconcusso corde habeamus. De quo scriptum est : « Erexit Jacob lapidem in titulum, fundens oleum desuper (*Gen.* XXVIII). » Campanæ quoque significant nostram quotidianam vocationem in Ecclesiam, ut ibi : « Currite, dum lucem habetis (*Joan.* XII). » Et item : « Convertimini ad me in toto corde vestro (*Joel.* II). » Ac deinde : « Nolo mortem peccatoris (*Ezech.* XVIII). » Itemque : « Pœnitentiam agite ; appropinquabit enim regnum cœlorum (*Matth.* III). » Hanc vocationem, charissimi, Spiritus sanctus vobis dignetur donare, quatenus illam sic intelligatis, ut omnes pariter in aulam perveniatis, quæ non recipit ullam maculam. Quod ipse vobis præstare dignetur qui pro vobis mortuus vivit et regnat Deus per omnia sæcula sæculorum. Amen.

Item de dedicatione.

Sicut optime novit sanctitas vestra, fratres et domini mei, hodie celebramus festivitatem dedicationis templi, in qua, vel Benedictus vel unctus est lapis, in quo nobis et divina sacrificia consecrantur. Quando autem istas festivitates colimus, diligenter attendamus, ut quod in manufactis templis visibiliter colitur, totis viribus elaboremus, ut et in nobis invisibiliter compleatur. Quamvis enim sancta sint templa, quæ videmus de lignis et lapidibus fabricari, tamen sanctiora coram Deo sunt templa cordis et corporis nostri. Templa de lignis et lapidibus humano ingenio componuntur ; templa vero corporum et cordium nostrorum manu cœlesti fabricantur. De qua fabrica domo videlicet spirituali, sapiens Salomon ait : « Sapientia ædificavit sibi domum, excidit columnas septem (*Prov.* IX). » Quæ nimirum domus, quam sibi sapientia ædificavit, non solum a nobis exigitur ut dedicetur, sed ut interius a nobis ædificetur. Tempus enim nunc est eam in nobis ædificandi, non autem dedicandi. Dedicatio vero domus non potest, nec debet fieri, cum vel constructio ipsius inchoatur vel pars media exstruitur, sed potius cum consummatur. Unde magna quædam distantia inter ædificationem et dedicationem reperitur. Distat enim loco tempore, qualitate rerum, qualitate personarum : loco, quod hæc domus ædificanda est in terris, sed dedicanda in cœlis; tempore, quod ædificanda est in tempore, id est in hac vita, sed dedicanda erit in æternitate, hoc est in alia vita ; qualitate rerum, quod ædificatio nunc fieri debet in ipsa re, corde scilicet et corpore nostro, sed infra hanc ædificationem dedicatio non potest esse, nisi in sola spe. Verbi gratia, ut, cum hanc spiritalem domum in nobis sacris virtutibus ædificamus, interim quoque speremus quod et in æterna beatitudine dedicetur. Hæc autem ædificatio debet fieri per sapientiam, quæ ædificavit sibi domum, excidit columnas septem, posuit mensam, immolavit victimas, miscuit vinum, misit ancillas invitare ad convivium.

Sapientia, charissimi, quæ sibi domum ædificavit, est Christus Dei virtus et Dei sapientia, qui Ecclesiam de vivis et electis ad habitandum sibi fundavit. Ad hanc domum fulciendam septem columnas excidit, quia septem libros qui agiographa, id est sacra Scriptura appellantur, omni sapientia et scientia perpolivit, quorum doctrina totius Ecclesiæ structura ita ad cœlestia sustentatur, ut aliqua machina in aera columnis libratur. Prima igitur columna est liber Joannis Apocalypsi; secunda, liber Psalmorum; tertia, liber Proverbiorum; quarta, liber Ecclesiastes; quinta, Cantica canticorum; sexta, liber Sapientiæ; septima, liber Ecclesiasticus. Has septem columnas domui Dei suppositas nobiles pictores, Gregorius, Augustinus, alii quoque et alii, qui decorem domus Dei dilexerunt, postmodum exponendo depinxerunt et quasi præstanti pictura insignes reddiderunt. In tali domo sapientia mensam posuit, cum sacram fideles ubique Scripturam docuerit. Hæc mensa quæ tuorum pedibus fulcitur, quia sacra Scriptura quatuor modis intelligitur. Primus pes est historia, cum ita ut littera narrat accipitur ; secundus allegoria, cum aliud dicitur, aliud intelligitur; tertius moralitas, cum per ea quæ leguntur, mores instruuntur; quartus, anagoge, id est superior sensus, cum cœlestia et æterna docentur. Super hanc mensam diversi diversa fercula ministraverunt, et variis sententiis quasi variis epulis convivas satiaverunt. Moyses etenim dum mundi creationem, paradisi dispositionem, diluvii inundationem, Abrahæ obedientiam, Joseph castimoniam, filiorum Israel liberationem, et per maris Rubri ac eremi deambulationem eisdem manna de cœlo pluisse, et aquam de petra fluxisse retulit, quasi suavia et diversi generis fercula convivantibus intulit. David autem et cæteri prophetæ, dum de dulcedine supernæ patriæ dulciter narraverunt, quasi dulcia pocula epulantibus propinaverunt. In hac domo victimas immolavit, dum corpus suum pro humano genere Deo Patri sacrificavit: « Vinum miscuit (*Prov.* ix), » dum sanguinem suum pro nostra redemptione fudit. In quibusdam locis vinum propter fortitudinem cum aqua miscent: ideo dicit, « vinum miscuit, » quia de latere Christi aqua sanguine mista fluxit. Ad has epulas invitandum, non servos, sed ancillas misit, quia non nobiles, sed apostolos, rusticanos scilicet homines, ut puta piscatores invitare populos ad cœleste convivium misit.

Hujus domus quoque ædificatio debet fieri et per justitiam, id est per sanctas virtutes : quæ nobis ex gratia divina conferuntur; dedicatio vero erit in cœlesti gloria, cum virtutum opera fuerint consummata. In qualitate personarum ædificantium et dedicantium hanc domum distat multum, quia homo Deo cooperatur in ædificatione, sed solus Deus operabitur in dedicatione. Nunc igitur videndum quomodo cooperetur homo Deo in ædificatione, sicque videatur quomodo et Deus operetur in dedicatione. Dominus Christus Dei virtus est, et Dei sapientia. Ipsa Dei virtus et Dei sapientia Christus dicitur, id est unctus, eo quod Spiritus sanctus superveniens inunxerit eum, dans ei dona omnium gratiarum ultra mensuram præ cunctis cæteris hominibus : quos, et idem repleverat Spiritus sanctus. Ex hac unctione vel ex hac affluentia omnium gratiarum, placet ei nos inungere, et per ipsam nostram unctionem domum suam in nobis ædificare. Quæ domus, licet ipsius sit, licet eam ædificet, ut eam inhabitet, ibi tamen et nos ei cohabitamus, nec ipse quidem ea indignum sed soli nos indigemus. Igitur ex sola gratia qua ipse superaffluit, et ex unctione Spiritus sancti, quæ ipse præ cunctis mortalibus a Deo est unctus, domum suam in nobis vult inungere, id est dedicare. Quia vero ipse virtus est, prout vult, potest etiam eam ædificare.

Quamvis autem hæc tria, scilicet velle, scire, posse, sibi cooperentur in ædificatione domus Dei; tamen quædam domus est quam virtus ædificat sibi, et est quædam quam Christus, id est unctus, ædificat sibi, et est domus quam sapientia ædificat sibi. Domus, quam virtus ædificat sibi nobis et in nobis, tempore prima est, et dicitur domus virtutis vel dilectionis, quia virtus in dilectione est. Domus vero, quam Christus, id est unctio, ædificat sibi, secunda est, et dicitur domus unctionis vel delectationis, quia unctio qua quisque delectatur, est in delectatione. Domus vero, quam sapientia ædificat sibi, tertia est, et dicitur domus sapientiæ vel contemplationis, quia sapientia est in contemplatione. Cum autem hæc tres domus in uno ædificantur corde, ibi velut in unam junguntur domum, ut sit quodammodo domus una et trina : domus videlicet unius Dei, et sanctæ Trinitatis Patris et Filii et Spiritus sancti. Domus ista, cum ædificatur in nobis, non ædificatur sine nobis. Cooperatores namque

Dei esse debemus ad domum suam in nobis ædificandam. Ædificanda est autem a talibus qualis fuit Salomon, qui domum Dei ædificavit (*III Reg.* VI). Salomon quippe interpretatur *pacificus*. Talis pacificus profecto ille fuit qui venit ad nos, ut domum ædificaret in nobis, ut esset tabernaculum Dei cum hominibus, et habitaret cum illis, id est inter illos : et habitaret in illis, id est intra illos. Cum illis, quia habitu inventus est ut homo (*Philipp.* II) ; intra illos, quia non rapinam arbitratus est se esse æqualem Deo (*ibid.*). Quisnam vero iste est cœlestis domus Dei fabricator et inhabitator? Nempe ædificatrix sapientia, id est Deus et Dei Filius. Qui cum in forma Dei domum ædificasset in cœlis, id est in angelis, formam servi accepit, ut domum, id est Ecclesiam sibi ædificaret et in terris, hoc est in hominibus. Iste ædificator utriusque domus verus Salomon est, qui pacificat omnia seu quæ in cœlis, sive quæ in terris sunt (*Coloss.* I). Tales pacifici debent esse pro modo suo artifices, id est Ecclesiæ ministri, qui cooperari volunt huic Salomoni in construenda domo Dei.

DIVISIO.

Domus quam rex Salomon ædificavit primo erat de lapidibus quadratis ; secundo domum texit ab interiori lignis cedrinis, aureis clavis affigens laminas aureas, et fecit velut domum auream intra cedrinam (*III Reg.* VI). Exteriorem lapideam, interiorem cedrinam, intimam autem locavit auream : quæ cum ædificaretur, malleus et securis non sunt ibi auditi (*ibid.*). Domus prima, id est pars prima domus, primo nobis occurrit construenda ex quadratis lapidibus. Forma ista quadraturæ et Dei est et nostra est : Dei est, quia a Deo est ; nostra est, quia in nobis est. A Deo est expressa, et ab ipso in nobis impressa. Ipsa quadratura, id est firma et stabilis forma est in Christi divinitate et in Christi humanitate : est et in angelis et in hominibus : in divinitate est hæc forma quadraturæ qua ipsa divinitas sponte venit ad hominem, sponte vitiis deformatum ; sapientia ad stultum, charitas ad inimicum, justitia ad injustum, ut formatum secundum se tandem glorificaret in se. In humanitate est forma quadraturæ qua Dei Filius venit in carnem et quos sibi prius in spiritu vel anima conformarat, postea etiam et in carne, id est humanitate, illos sibi conformaret, ut qui portabant imaginem terreni, scilicet Adam, portarent et imaginem cœlestis, scilicet Christi. In angelis forma quadraturæ est, id est firma et stabilis forma qua perpetualiter Deo assistunt, eique die ac nocte deserviunt. In hominibus forma quadraturæ est, qua Christus factus est hominibus redemptio, sanctificatio, justitia et sapientia (*I. Cor.* I). Redemptio, cum seipsum pretium dedit pro nobis per sacramentum suæ passionis et mortis; sanctificatio, cum per eum in remissionem peccatorum sumus sanctificati per baptismi sacramentum. Justitia factus est nobis Christus, cum per eum dona sancti Spiritus confcruntur nobis per

sacramentum confirmationis. Sapientia quoque factus est per contemplationem in quadam præsenti remuneratione meritorum per sacramentum altaris. Ecce qualiter quadrantur et formantur, id est firmantur et stabiliuntur lapides vivi : a Christo et in Christo. At vero hi lapides vivi hic malleo et securi, id est terrore ignis æterni et terrore ignis purgatorii, vel comminatione miseriarum vitæ præsentis cædendi et poliendi a suis perversis sunt actionibus, ut in structuram cœlestis domus mittantur.

Hæc autem prima domus virtutis et dilectionis nuncupatur, quia dilectione Dei et proximi cæterisque virtutibus exstruitur. Post domum lapideam exteriorem sequitur cedrina, quæ unctionis vel delectationis seu gaudii domus dicitur. Ad hanc secundam si quis ingreditur, huic primum in priori domo jugum Christi effectum est suave et onus ejus leve (*Matth.* XI), ex perfecta Dei et proximi dilectione. Is quo minus diligit mundum, eo magis delectatur in Christo, aversusque a carnali gaudio gaudet in Spiritu sancto. Istius modi gaudia in domo secunda ligna sunt cedrina, quia sicut multa durities et asperitas fuit in virtutibus comparandis, exercendis et consummandis in ædificatione primæ domus, ita hic sola mollities et lenitas, id est sola dulcedo et jucunditas exstitit. Et sicut cedri proceræ altitudinis sunt et naturæ incorruptibilis, sic qui in bono delectatur, et in Spiritu sancto gaudet, et cor sursum extendit, et a vitiorum putredine illæsum custodit. Post domum primam et secundam, id est lapideam et cedrinam sequitur tertia ; hoc est aurea domus. Hæc ex aureis flammis affixa, erat lignis cedrinis per clavos aureos. Nuncupatur autem hæc domus aurea contemplationis et veritatis. Contemplatio vero veritatis aurum est. Cui veritati si aliquid falsitatis admistum fuerit, aurum est immundum. Contemplatio autem veritatis absque omni admistura falsitatis aurum est mundum. Quid est contemplatio veritatis? Hoc est contemplatio Creatoris. Et quid est contemplatio Creatoris? Contemplatio Creatoris est contemplatio summi boni absque cujus communione non est bonum quidquid nomine boni nuncupatur. Hoc summum bonum mundus corde contemplatur, qui per lapideam domum, id est per dilectionem Dei, et proximi, et per exercitationem virtutum transiens in cedrinam domum, hoc est in gaudium spiritale, pervenit in auream domum, id est ad cordis munditiam. Ubi contemplatur sapientiam, et veritatem quæ est in corporali creatura, secundum quam dictum est, quia cuncta quæ fecerat Deus erant valde bona (*Gen.* I). Contemplatur quoque sapientiam et veritatem mundus corde in illa spirituali creatura, de qua dictum est, quia facta est ad imaginem et similitudinem Dei (*ibid*). Contemplatur etiam veritatem et sapientiam in ipso summo bono, id est creatore Deo, a quo spiritalis creatura, hoc est homo interior creatus, justificatus et beatificatus est. Laminæ autem aureæ domus contemplatio Dei est in vita spiritali ; clavi vero aurei quibus laminæ aureæ affixæ fuerant, quædam delectationes sunt, quibus quisque delectatur, cum fuerit in contemplatione. Affixio autem clavorum major delectatio est virtutum, quam quisque spiritalis habebit, qui vitam contemplativam duxerit.

Cum igitur hæc domus tres in nobis ædificantur, et nos toti efficimur domus Dei. Corpus enim nostrum domus Dei efficitur propter primam, spiritus noster propter secundam, mens nostra propter tertiam. Hæc domus spiritalis, id est templum Ecclesiæ Dei, vii annis a Salomone ædificabitur, quia per totum tempus hujus sæculi quod vii diebus evolvitur, structura illius semper augmentatur. Octavo autem anno idem Salomon hanc ipsam domum Domino dedicavit, et cunctis filiis Israel celeberrimam ac maximam solemnitatem dedicationis exhibuit. Quæ profecto dedicatio designat venturam festivitatem universalis resurrectionis. Nam cum in fine mundi completus fuerit numerus electorum, mox secutura est solemnitas diu desideratæ immortalitatis. Peractaque communi resurrectione omnes qui ad pacifici regis, veri scilicet Salomonis, regnum pertinent, æterna gaudia patriæ cœlestis cum eo intrabunt. Ad quam patriam suæ perpetuæ visionis nos omnes pariter Jesus Christus Dominus noster introducat, qui vivit et regnat in unitate Spiritus sancti per omnia sæcula sæculorum. Amen.

SERMO DE DEDICATIONE.

« Christus dilexit Ecclesiam, et seipsum tradidit pro ea, ut illam sanctificaret, mundans lavacro aquæ in verbo vitæ, ut exhiberet ipso sibi gloriosam Ecclesiam, non habentem maculam, neque rugam, sed ut sit sancta et immaculata (*Ephes*. v). » Audite, fratres charissimi, apostolum Paulum nuntium nostræ exaltationis, præconem nostræ dignitatis. Audite quanto vel quali amore Christus conjunctus est Ecclesiæ; quantam gratiam ostendit in vobis suæ misericordiæ. Ait enim : « Christus dilexit Ecclesiam » ex gratuita bonitate, non ex meritorum processione, quia prior dilexit nos. Sed quantum dilexerit audite, « Seipsum tradidit pro ea, » et pro ejus redemptione. Non misit prophetam; non angelum, non archangelum, sed ut bonus pastor posuit animam suam pro ovibus suis (*Joan*. x), ut se humiliando nos ad humilitatem suam invitaret; humiliavit enim se usque ad mortem, etc. (*Philipp*. ii), hoc est ad mortem latronis; ideo prius se tradidit, ut postea illam sanctificaret, mundans lavacro aquæ baptismatis. Nihil enim potestatis acciperet unda baptismatis, nisi ex effusione sanguinis aqua sanctificaretur in officium purgationis. Dicitur igitur nata Ecclesia de latere Christi. Quod mysterium ab initio mundi fuit in Adam præfiguratum. Immisit enim Dominus soporem in Adam, et tulit unam de costis ejus, et fecit mulierem (*Gen*. ii). Dormitio Adæ mortem Christi significat. Quo in cruce pendente, sanguis et aqua de latere ejus fluxerunt. Quæ duo sacramenta sunt ortus Ecclesiæ. Hoc etiam arcam faciens in diluvio, in latere ostium fabricavit (*Gen*. vi) : quia arca, id est Ecclesia ostium fidei et salutis de latere Christi habuit. Unde Dominus in canticis : « Surge, amica mea, et veni, columba mea, in foraminibus petræ (*Cantic*. ii). » Surge a corruptione vitiorum, et veni per operationem bonam, considens in foraminibus petræ. Foramina petræ vulnera Christi sunt, qui est petra, id est firmitas Ecclesiæ. Unde Apostolus : « Petra autem erat Christus (*I Cor*. x). » Ideo igitur præmisit Apostolus quod Deus tradidit se et postea subjunxit, « ut sanctificaret lavacro » baptismatis. Sequitur : « In verbo vitæ, quia nobis redemptis baptizatis verbum, id est præcepta Domini necessaria, quæ sunt vitæ, quia non in solo pane vivit homo, sed in omni verbo Domini (*Matth*. iv). » Ideo ad ostium tabernaculi erat posita mensa propositionis, super quam erant xii panes (*Levit*. xxiv), quia ingredientibus Ecclesiam necessaria est esca doctrinæ et mensa divinarum Scripturarum, in quibus sententiæ xii apostolorum continentur, qui per xii panes significantur. Et ideo sanctificavit, « ut exhiberet sibi gloriosam Ecclesiam, » per immortalitatem, « non habentem maculam » magni peccati, « neque rugam » alicujus livoris « sed sancta » virtutibus « et immaculata » a vitiis. Vult enim Dominus in munda aula habitare : decore virtutum ornata. Unde Psalmista : « Domine, dilexi decorem domus tuæ (*Psal*. xxv). » Et alibi ait David ad Ecclesiam : « Et concupiscet rex decorem tuum (*Psal*. xlii). » Huic autem Ecclesiæ ita dilectæ et Domino desponsatæ thalamum et domum constituit Deus, in qua cum Sponso suo delectetur per prædicationis doctrinam, et lapsa reconcilietur per confessionem et pœnitentiam.

Hic locus, fratres charissimi, ubi modo convenistis, vocatur ecclesia sive basilica. Ecclesia *convocatio* interpretatur, quia hic omnes insimul convocantur, ut designent quia omnes in eadem fide et dilectione uniti unum corpus fiunt : Basilica, quia regalis domus est, basileus enim rex dicitur Græce, quia hic est inhabitatio veri Regis. Ipsa compositio domus vos ad vitæ vestræ institutionem commovet recordandam. Sunt enim in ædificio hujus materialis ecclesiæ diversa membra, quæ aliquid in nobis notare videntur. Est enim in hac ecclesia caput, turris cum campanis, columnæ sustentantes, fenestræ, ostium, duo parietes, lapides singuli colligati cum cæmento, quæ omnia mystice aliquid in nobis designant. Caput enim Christum significat, qui est caput Ecclesiæ, ut ait Apostolus : in quo est thesaurus divinorum secretorum reconditus (*Coloss*. ii). Caput enim ideo humilius est corpore quia humiliavit se Christus carnem servi accipiens (*Philipp*. ii) a Deo, quod minor fieret angelis secundum humanitatem. Quandiu minor angelis fuit passibilis effectus est, sed post resurrectionem elevatus est super angelos. Quæ utraque designat David dicens : « Minuisti eum paulo minus ab angelis (*Psal*. viii), » quia natura humana passibilis, corruptibilis, mortalis angelica minor erat; sed post resurrectionem, quia immortalitatis honore coronasti eum et constituisti eum super opera manuum tuarum (*ibid.*), id est super angelos et homines, qui proprie opera Dei videntur propter dignitatem suam, quia rationales sunt, quasi Deus propriis manibus eos creasset. Turris est confessio et pœnitentia, ad quam captivi refugium habent. Cymbala sunt sacerdotes, qui sunt præcones Ecclesiæ et ad confessionem homines invitant. Unde admonet per Isaiam: « Clama, ne cesses, quasi tuba, exalta vocem tuam (*Isa.* LVIII). » Et iterum : « Audies de ore meo verba mea, et annuntiabis eis ex me (*Ezech.* XXXVII). » Columnæ Ecclesiæ sunt prædicatores, qui prædicatione sua domum Dei sustentant : Argenteæ, quia prædicationis verbo renitent. Argentum est metallum nitidum et sonorum. Unde per argentum eloquium nitidum et sonorum intelligitur, dicente David : « Eloquia Domini, eloquia casta, etc., (*Psal.* XI). » Fenestræ divinæ Scripturæ accipiuntur, per quas sol justitiæ, id est Christus nobis lucet : nec tamen in præsenti aperte eum videmus. Unde Apostolus : « Nunc videmus per speculum in ænigmate (*I Cor.* XIII), » in obscuritate. Unde Ecclesia in canticis « Dilectus meus respiciens me per fenestras (*Cant.* II) : » id est per apertas sententias. Ostium est fides, quia per eam ingrediuntur homines ad Ecclesiam. Duo parietes, duo populi, id est Judaicus et gentilis : de quibus conversis constituta est Ecclesia. Singuli lapides sunt singuli fideles : qui colliguntur cæmento pacis. Unde Apostolus : « Servate unitatem spiritus in vinculo pacis (*Ephes.* IV). » Itaque non solum valet locus iste ad sacra peragenda, sed perutilis est in ædificatione.

Præterea tamen est valde venerabilis locus iste, quia corpus et sanguis Domini ibi ad nostram salutem sanctificantur. Ibi pueri baptizantur, ibi peccatores reconciliantur, ibi animæ pascuntur. Unde scriptum est : « Domus mea domus orationis vocabitur (*Matth.* XXI). » Quid in ea esset faciendum David promisit : « Introibo in domum tuam, etc. (*Psal.* LXV). » Adeo autem tam venerabilis est, quod Dominus ingrediens Hierusalem semper divertebat ad templum, dans nobis exemplum, quia quando ingredimur civitates prius ecclesia petenda est. Unde dicitur in Evangelio : « Cum intrasset Jesus Hierusalem, intravit in templum (*Matth.* XXI), et dedicavit domum suam in officium orationis ; vendentes et ementes de templo ejiciendo dicens : « Domus mea, etc. (*ibid.*). » Qua accusatione a Judæis tentus et crucifixus est. Cum enim Judæi viderent eum tantam potestatem habuisse, quod funiculo ejecisset eos de templo, aspiraverunt in eum, unde per David dixit : « Zelus domus tuæ comedit me (*Psal.* LXVIII), » scilicet amor Ecclesiæ meæ, quam defendi comedit me, et fuit causa meæ mortis. Sed diabolus per filios suos, per membra sua, Ecclesiam omnibus modis infestat, filios etiam Ecclesiæ quos generavit, quos nutrivit in mortem suam excitat. Unde et quærit mater, dicens in Canticis : « Filii matris meæ pugnaverunt contra me (*Cant.* I) ; » et alibi : « Filios enutrivi et exaltavi, etc., (*Isa.* I). » Quæ major despectio, quæ major violatio, quæ major temeritas quam in loco sancto, in aula Dei, in templo sancto sanctis ministris Ecclesiæ insidiari ? De his clamat Apostolus : « Qui violaverit templum Dei, disperdet illum Deus (*I Cor.* III). »

SERMO IN DEDICATIONE.

Hodiernæ diei festivitas, videlicet sancti templi dedicatio, longe antequam fieret, ab Ezechiele propheta per Spiritum sanctum prævisa et prænuntiata esse, verbis ipsius declaratur. Ait enim in ultima sui libri visione quia assumptus a spiritu ductus est in montem excelsum valde, et ostendebatur ei quasi ædificium civitatis vergentis ad austrum. Et erat ibi vir stans in porta habens speciem quasi æris, et in manu ejus quasi calamus mensuræ, et locutus est ei dicens : « Vide et intellige (*Ezech.* XL). » Alibi quoque idem Ezechiel de consecratione tabernaculi sub specie mulieris Judææ loquitur dicens : « Lavi te aqua, unxi te oleo, vestivi te discoloribus, et ecce facta es mihi (*Ezech.* XVI). » Scitis, dilectissimi, quod montes de terra sunt : tamen altitudine sua terram excedunt, et per hos significantur illi qui, tanquam lapides vivi, in ædificio Dei sunt collocandi. Hi vero tales, quamvis sint participes aliorum per infirmitatem carnis, tamen excedunt alios altitudine sanctitatis. De quibus David propheta dicit : « Levavi oculos meos in montes (*Psal.* CXX). » Lapidibus etiam vivis bene comparantur, quia sicut lapides multis prius tunsionibus conquadrantur et poliuntur, ut sic tandem sine strepitu et sonore in ædificio possunt aptari, sic sancti in hac vita multis tribulationibus opprimuntur, et diversis persecutionibus, quasi malleis, explanantur ut in ædificio æternæ domus sine mora et hæsitatione digni sint collocari. Quod totum præfiguratum est in ædificatione templi Salomonis, in quo non fuit auditus sonitus mallei vel securis (*III Reg.* VI). Quia vero propheta dicit se assumptum in montem excelsum valde, non sanctos per hunc montem, sed mediatorem Dei et hominum Jesum Christum debere intelligi demonstravit. De quo per alium prophetam dicitur : « Erit in novissimis diebus præparatus mons domus Domini in vertice montium, et elevabitur super colles (*Isa.* II), » hoc est ita ut sit caput et vertex aliorum montium. Qui quamvis sit factus particeps nostræ humanitatis, tamen omnes sanctos excedit eminentia deitatis. Super hunc montem propheta adductus est, hoc est in fide Christi positus et confirmatus. Quæ fides sacramentum Ecclesiæ est, de quo Apostolus ait : « Fundamentum aliud nemo potest ponere præter id quod positum est, quod est Christus Jesus (*I Cor.* III). » Isaias de eodem : « Liberabit nos post duos dies (*Isai.* XXXIV). » Et item ipse : « Languores nostros tulit, et dolores portavit (*Isai.* LIII). » Et de hoc fundamento dicit Petro :

« Tu es Petrus et super hanc petram ædificabo Ecclesiam meam (*Matth.* xvi), » id est super hanc fidem quam confessus es, ædificabo Ecclesiam meam. Confessus enim fuerat Deum et hominem. Sine hoc fundamento nemo ad prædictum ædificium pervenire poterit.

Huic fundamento propheta innixus, et Spiritu sancto repletus, vidit ædificium civitatis vergentis ad austrum. Sciendum est quod auster et aquilo sunt contrarii venti et loci positione, et oppositorum qualitatum differentia. Aquilo frigidus est, et significat diabolum, qui mentes pravorum hominum frigore congelatas tantum inhabitat. Qui per aquilonem bene significatur, quia ipse dixit : « Ponam sedem meam ad aquilonem (*Isa.* xiv). » Auster autem calidus est, et significat Spiritum sanctum. Unde dicitur : « Surge, Aquilo, et veni, auster, perfla hortum meum et fluent aromata illius (*Cant.* iv). » — « Surge, aquilo, » id est recede, diabole ; « et veni, auster, id est sancte Spiritus. Hortus sponsi Ecclesia est; quæ virtute Spiritus sancti procedit in augmentum virtutum. Recte ergo civitas ad austrum dicitur vergere, id est Spritui sancto apparere, quia ejus protectione et virtute tota machina cœlestis ædificii continetur et regitur. De ordine ædificii sciendum est quod quemadmodum in corporali machina sunt tres diversitates lapidum, ita et in spirituali ædificio. Quidam enim ibi lapides sunt qui tantum portant, quidam qui tantum portantur, quidam qui portant et portantur. Qui tantum portant sunt primitivi in Ecclesia, ut apostoli et prophetæ : qui ab aliis non sunt portati. Qui tantum portantur, sicut ultimi, felices erunt. Qui vero portant et portantur sunt præsentis temporis doctores et prædicatores. Notandum quoque quod horum trium ordinum, scilicet electorum merita distinguuntur per xii gemmas, in xii fundamentis cœlestis civitatis descriptas (*Apoc* xxi). Primus itaque lapis ponitur jaspis colore viridi, qui præfert virorem fidei. Qui scuto fidei sunt vitia et dæmonia expugnantes : erunt in hoc ædificio ut jaspis vernantes. Secundus sapphirus aerii coloris locatur, per quem spes cœlestium denotatur. Qui igitur sunt spe gaudentes, erunt in hoc ædificio ut sapphirus lucentes. Tertius est calcedonius habens ignis effigiem in publico subrutilans in nubilo, dans fulgorem ; designat bona opera propter favorem populi occultantes ; in secreto autem fraterno amore ardentes, hi erunt in hoc ædificio ut calcedonius splendentes. Quartus smaragdus superponitur : cujus viriditas herbas et frondes transgreditur, demonstrans eos qui per summam fidem signa et mirabilia sunt operantes ; hi erunt in hoc ædificio ut smaragdus coruscantes. Quintus sequitur sardonius, qui insignitur tribus coloribus nigro, albo, et rubeo, designans eos, qui humilitate nigrescunt, castitate albescunt, adversitatem a proximis patienter ferendo charitate rubescunt, eo quod hi in cœlesti ædificio ut sardonius fulgescunt.

Sextus est sardius colore sanguineus : hic judicat martyres, qui in hoc ædificio erunt ut sardius radiantes. Septimus est chrysolithus, qui est auricolor, et scintillat velut clibanus, insinuans eos qui sunt sapientia flammantes, variis sententiis scintillantes, qui erunt in hoc ædificio ut chrysolithus rutilantes. Octavus superadditur, betyllus qui est ut sol in aqua limpidis, præferens eos qui sunt pura mente spiritalibus intendentes : qui erunt in hoc ædificio ut beryllus nitentes. Nonus scribitur topazius, variis coloribus, sed maxime aureo et aereo præclarus, significans eos qui in contemplativa vita sunt sapientia micantes, cœlestia toto corde desiderantes, et bonis operibus vernantes : qui erunt in æthereo ædificio, ut topazius fulgurantes. Decimus est chrysoprasus viridis et aurei coloris, flammas emittens aureas notulasque purpureas, intimans fide virentes charitate ferventes flammas sententiarum sapientiæ ac notulas bonorum exemplorum emittentes : qui erunt in hoc ædificio, ut chrysoprasus fulgentes. Undecimus est hyacinthus colore cæruleo, qui in serenitate est decorus, in tempestate est obscurus, designat discretione præditos secundum temporis qualitatem, mores suos sine culpa mutantes : qui erunt in hoc ædificio ut hyacintus micantes. Duodecimus ponitur amethystus purpureus colore violaceus, punctis aureis interlitus, præferens mundi contemptores Christo commorientes, bonis actibus florentes : qui erunt in cœlesti ædificio ut amethystus resplendentes. Hæ sunt duodecim gemmæ, in quibus, ut præfatum est, distinguuntur merita electorum.

DIVISIO.

Vir quem Ezechiel viderat, cum sibi ostenderetur ædificium civitatis, et stabat in porta, ac habebat speciem quasi æris (*Ezech.* xl), Christum significat, qui fuit contra prospera et adversa firmus. Hic in porta stare dicitur. Unde in Canticis : « En ipse stat post parietem nostrum respiciens per fenestras, prospiciens per cancellos (*Cant.* ii). » In Christo enim duæ naturæ demonstrantur, quia sicut ille qui stat in porta ex parte videtur, et ex parte occultatur : sic Christus secundum alteram naturam visibilis mundo apparuit, et secundum alteram invisibilis in sua majestate permansit. Et habebat speciem quasi æris. Æs valde sonorum est, et natura durabile : sic Christi prædicatio atque doctrina sonora fuit, dum Judæos et gentes in unum congregavit. Durabilis est perpetua, sicut ipse testatur : « Cœlum et terra transibunt, verba autem mea non transibunt (*Matth.* xxiv). »

« Et in manu ejus calamus mensuræ (*Ezech.* xl). » Per calamum Scriptura significatur, quia antiquitus calamo scribebatur. Hæc Scriptura bene mensura dicitur, quia quantum quisque proficiat vel deficiat, ejus præceptis cognoscitur. Et mensura hæc in manu Christi, id est in ejus operatione esse dicitur, quia sermo doctoris frustra laborat exterius nisi gratia Spiritus sancti mentem illustret interius. De hoc calamo loquitur Isaias loquens de Ecclesia : « Orietur in ea viror calami et junci (*Isa.* xxxv). » Per virorem calami lumen Scripturarum, per virorem junci, qui in aquis nascitur, gratia Spiritus sancti significatur, qui in aquis datur baptizatis. Et locutus est ei dicens : « Vide et intellige (*Ezech.* xl). » Per hoc significatum est quod ad cognitionem hujus ædis perveniri non potest, nisi visu interiori et intellectu spirituali. Sicut superius diximus, idem Ezechiel de consecratione tabernaculi vel ecclesiæ taliter loquitur dicens : « Lavi te aqua, unxi te oleo, vestivi te discoloribus, et ecce facta es mihi (*Ezech.* ix). » Quæ omnia ab episcopis fieri in his templis manufactis palam est. Quod tamen totum fit propter nos, qui templum Dei sumus. Unde dicitur : « Templum Dei sanctum est, quod estis vos (*I Cor.* iii). » Quidquid enim fit in templis manufactis ab episcopis consecrantibus, hoc totum in templis animarum nostrarum fieri debet a nobis, nosmet templum Deo præparantibus.

Igitur nunc, dilectissimi, consideranda est nobis constructio templi Dei, hoc est hujus domus orationis, cujus hodie solemnia colimus festivæ dedicationis. Domus hæc secundum Ecclesiæ statum formatur : unde et ecclesia quod *convocatio* dicitur appellatur, quia in ea populus ad colendum et ad orandum unum et verum Deum convocatur. Quatuor parietibus compaginatur, et Ecclesia ex quatuor Evangeliis consolidatur. Sanctuarium habet in quo clerus, et anteriorem domum in quo populus consistit. Item et Ecclesia habet contemplativam vitam in qua spiritales habet, et activam in qua constituti sunt sæculares. Contemplativa vita est cuncta terrena pro Dei amore relinquere, sola cœlestia quærere, assidue orare, sæpe lectitare, hymnis et canticis jugiter Deum laudare. Activa vero vita est, castam vitam cum conjuge ducere, filios in Dei timore nutrire, pauperes cibo et potu recreare, infirmos et viduas visitare, et omnibus necessitatem patientibus propter dilectionem proximi pro viribus opem ferre. In sanctuario est altare, in quo sunt sanctorum reliquiæ : hoc est in Ecclesia Christus, in cujus contemplatione requiescunt mentes beatorum, et in cujus conspectu justi exsultent et epulentur, et in lætitia delectentur (*Psal.* lxvii). Fenestræ quibus hæc domus illustratur, sunt doctores, per quos cœleste lumen in Ecclesiam ingreditur. Laquear picturæ quo hæc Ecclesia Dominicalis decoratur, sunt vitæ et exempla sanctorum, quæ quique pii in Ecclesia imitantur. Continuum lumen quo illuminatur est Spiritus sancti gratia, qua Ecclesia jugiter irradiatur. Crux Christi hic fixa adoratur, et Christi passio a cunctis Christianis veneratur. Quo crux portatur sequimur, quia Christi vestigia sequi debemus, si ad cœleste templum venire volumus. Turres sunt Ecclesiæ prælati, campanæ eorum prædicationes. De hac domo ejecit vendentes et ementes columbas (*Matth.* xxi). Columbæ sunt spiritalia dona. Omnes ergo qui ecclesias vel ordines, aut aliquid spiritale donum emunt vel vendunt, de hoc templo cum Simone Mago ejiciuntur et in ignem æternum mittuntur.

Hæc omnia, charissimi, nos respiciunt. Hæc universa ad exemplum nobis facta sunt. Nos sumus Dei templum ad habitaculum Dei dedicatum, sicut scriptum est : « Vos estis templum Dei (*II Cor.* vi). » Et iterum : « Inhabitabo in eis, dicit Dominus, et ipsi erunt mihi in populum, et ego ero illis in Deum. Ero eis quoque in patrem, et ipsi mihi in filios et filias (*Exod.* xxv). » O quam beatus, in quo habitat Deus. Sicut namque hæc domus ex quatuor parietibus construitur, ita templum corporis nostri quatuor elementis conficitur. Et sicut ista domus in dedicatione prius aqua benedicta aspergitur, deinde chrismate consecratur : ita corpus nostrum aqua baptismatis prius abluitur, deinde sancto chrismate perungitur. Quædam basilicæ in modum crucis fabricantur, et corpus nostrum in modum crucis fabricatur. Sanctuarium hujus templi est mens nostra, quæ spiritalia tractat. Anterior domus est anima, quæ per sensus corporis vitæ necessaria dispensat. Altare super quod sacrificia offeruntur est cor nostrum, in quo mundæ cogitationes et puræ orationes Deo incenduntur. Turris est caput nostrum, campana est lingua, qua proximos debemus vocare ad cœlestia. In hac domo fenestræ sunt oculi nostri, pictura vero bona opera. Lumen lucernæ est lumen scientiæ. Sicut ergo sacrilegium perpetrat, qui hoc templum violat, ita et quæcunque templum Dei aliqua immunditia vel aliquo criminali peccato violaverit, hunc Deus disperdens damnabit. Domus hæc cum interius benedicitur, cinere, sale, vino, aqua, hyssopo, savina aspergitur. Per cinerem pœnitentia, per sal sapientia, per vinum spiritualium intelligentia, per aquam proximorum cura intelligitur. Cinere domum nostram aspergimus, si transacta mala per pœnitentiam diluimus. Sale aspergimus, si sola cœlestia sapimus. Vino aspergimus, si nos spiritalibus inebriamus. Aquam admiscemus, si proximorum curam non negligimus. Hyssopo et savina, quæ amaræ herbæ sunt, aspergimus, si jejuniis et vigiliis, quæ amara sunt, vitia in nobis mortificamus.

De tribus dedicationibus.

Dedicatio templi in magno honore habebatur ante adventum Christi. Unde et tres dedicationes templi ante Dominicam incarnationem referuntur celebratæ, cum maxima devotione plebis Judaicæ. Prima siquidem dedicatio a Salomone tempore autumni, media a Zorobabel et Jesu sacerdote tempore veris ; ultima a Juda Machabæo facta dignoscitur tempore hiemis. In hac, inquam, dedicatione specialiter legitur constitutum esse, ut eadem dedicatio per omnes annos revocaretur, in memoriam solemnibus officiis. Juxta quod usque ad tempus incarnationis Dominicæ hanc solemnitatem observatam fuisse comprobatur ex evangelica lectione. Ait enim Joannes evangelista : « Facta sunt encænia

Hierosolymis, et hiems erat, ambulabatque Jesus in porticu Salomonis (*Joan.* x). » Hæc autem fuit causa secundæ et tertiæ dedicationis, quia Salomon templi quidem opus, quod Domino condidit, septem annis perfecit; octavo autem anno decima die mensis septimi, quæ a nobis october appellatur : hoc in magna gloria dedicavit (*III Reg.* VIII). Quæ videlicet dies et antea per legem erat statuta solemnis, ita ut in ea tabernaculum omne per singulos annos majoribus hostiis expiari deberet. Hoc denique templum post annos CCCCXXX, incenderunt Chaldæi : et Hierosolymorum urbe destructa, Israeliticum populum in Babyloniam abduxere captivum. Quo post annos septuaginta patriam remisso, regnantibus Persis, rursum ædificatum est templum per annos XLVI, et tertia die mensis XII, quem nos Martium vocamus, opus ad finem perductum, et veris tempore dedicatum. Cui videlicet operi tunc præfuerunt duces plebis strenuissimi, ut diximus, Zorobabel de regio genere et Jesus sacerdos magnus : sed et prophetæ Aggæus et Zacharias adjuvantes eos, atque adversus insidias hostium impedientium opus cor populi corroborantes (*I Esdr.* III, 5). Unde post annos ferme, CCCLVI, rex nefandissimus. Græcorum Antiochus fraude capta Hierusalem templum idem cordibus idolorum profanavit, auferens inde et confringens altare Domini aureum, mensam propositionis, candelabrum laminis, et cætera vasa templi aurea quæ invenire potuit; sed et in templo Jovis simulacrum statuens, populum tormentis ad sacrificandum idolis cogens.

Sed Judas Machabæus, cum esset de genere sacerdotali, collecto exercitu justorum, adversus Antiochi duces arma corripiens, eosque de Judæa expellens, persecutioni sævissimæ finem imposuit; ac templum ab idolorum imaginibus emundans, nova rursus altaria et cætera vasa vel ornamenta faciens, atque in templo reponens, dedicavit ea simul cum templo, quod purgavit et renovavit vicesima quinta die mensis noni, id est Decembris, et ad hiemem pertinere nulli dubium constat. Statuitque decretum, ut prædiximus, omnibus annis diem encæmorum, id est innovationis ac dedicationis templi festa devotione celebrari (*I Macch.* IV).

Omnia, fratres charissimi, facta legis antiquæ sunt figura legis novæ, et propter vos commendata memoriæ. Salomon itaque qui domum Domini in Hierusalem septem annis ædificavit, octavo anno ipse et filii Israel eam Domino dedicaverunt. Fecit ergo Salomon in die illo festivitatem celebrem, et omnis Israel cum eo multitudo magna. Et oravit rex ad Dominum dicens : « Exaudi, Domine, orationem quam orat servus tuus in loco isto ut exaudias orationem populi tui Israel, quodcunque oraverit in loco isto, et cum audieris, propitius eris. Quod si peccaverit tibi (non est enim homo qui non peccet), egeritque pœnitentiam, et oraverit te, propitiaberis populo tuo, quia peccavit tibi (*III Reg.* VIII). » Dixitque Dominus ad eum : « Exaudivi orationem tuam, quam deprecatus es coram me (*III Reg.* IX). »

Templum Domini antiquitus factum typus erat ecclesiasticorum templorum, et dedicatio illius nostræ dedicationis exemplum. Si domus Domini vocata est ubi hostiæ et sacrificia offerebantur, multo magis nostræ orationis domus, ubi carnis et sanguinis ejus sacramenta celebrantur, vocanda est. Et si Dominus in illa orationem populi sui se promisit audire, quanto magis preces nostras recipientur in ista, ubi sunt veri oratores et memoratores passionis Dominicæ. Et si tanta festivitas ejusdem templi quod erat umbratile et typicum in dedicatione celebrata est, quantum gaudium putatis in consecratione nostræ matris agendum est. Quod autem septem annis ædificasse, et in octavo dedicationem ejus dicitur celebrasse, pro magno mysterio id constat accidisse. Hoc itaque templum Salomonis quod Domino septem annis ex sectis et quadratis lapidibus Hierosolymis fecit formam Mosayci tabernaculi habuit. Moyses etenim tabernaculum in eremo fecerat, atque illud in duo separaverat. In priori quidem tabernaculo erat aureum candelabrum, et mensa, et panum propositio, et hæc dicebantur sancta. Et ibi pendebat velum, post quod erat secundum tabernaculum, quod dicebatur sancta Sanctorum. In hoc erat aureum thuribulum, et arca ex ligno pretioso et auro purissimo, in qua erat urna aurea habens manna, et virga Aaron quæ fronduerat, et tabulæ testamenti, et super hæc propitiatorium, super quod duo angeli qui Cherubim dicebantur. Et in priori quidem tabernaculo quotidie sacerdotes sacrificabant; in secundo autem, semel in anno summus pontifex vitulam rufam pro omni populo immolabat (*Heb.* IX). Hoc tabernaculum Moyses maximo cultu dedicavit, et annuam festivitatem populo celebrari constituit. Et Altissimus suum tabernaculum sanctificavit, quando Spiritum sanctum mittens, Ecclesiam a peccatis purgavit, et multa charismata ac scientiam omnium linguarum ei donavit. Secundum hanc formam tabernaculi Salomon, ut dictum est, templum ædificavit.

DIVISIO.

Templum, quod a Salomone septem annis Hierosolymis ædificatur, est Ecclesia, quæ a vero pacifico Christo per septem dona Spiritus sancti in cœlis collocatur. Quod ex lapidibus, et cedris et auro construitur (*III Reg.* VIII), quia ex tribus ordinibus, scilicet ex conjugatis, ex continentibus et ex contemplativis cœleste ædificium erigitur. Lapides secti sunt per pœnitentiam ad hanc structuram electi, Porro quadrati sunt quatuor virtutibus, prudentia videlicet, fortitudine, justitia et temperantia, ad hoc ædificium præparati. In octavo autem anno ædificationis templi facta est dedicationis festivitas, quia post tempus hujus vitæ, quod septem diebus agitur et per septem annos designatur, sequitur summa festivitas supernæ Hierusalem, quæ celebrabitur in octavo anno, id est in futura resurrectione. Et sicut antiqua festivitas præsignabat festum nostræ dedicationis, ita hæc nostra dedicatio typus et summæ et æternæ festivitatis : ubi animo teneamus memoriam futuræ resurrectionis. Hæc sunt tres dedicationes : Prima siquidem Salomonis ; secunda, nostræ festivitatis ; tertia, futuræ resurrectionis. Quod templum ab hostibus incensum, sed rursum Domino miserante construitur, et quadraginta sex annis reædificatur (*I Esdr.* III), specialiter respicit ad significationem Dominici corporis, quod de Virgine assumpsit. Nam sicut quadraginta et sex annis est templum ædificatum, ita corpus Dominicum tertia die, a quo præfatus numerus assurgit, ad vitam est resuscitatum. — Fertur enim quod humanum corpus quadragesimo sexto die post conceptionis initium formetur in distinctionem membrorum, ita eo numero annorum templum quoque est reædificatum per Jesum sacerdotem, qui populum ducit a captivitate Babylonica. Hic Jesus est verus Jesus sacerdos magnus, qui Christianum populum reducit a captivitate diabolica. Qui templum reædificat, quia ruinam in cœlis per homines restaurat. Quadraginta et sex annis operi hujus templi instiit, quia omnes qui decem præcepta legis per quatuor Evangelia, et per sex opera misericordiæ implebunt, in hoc cœleste ædificium tendunt.

Quod autem idem templum ab idololatris coinquinatum, sed per Judam Machabæum purgatum, dedicatum, et aureis coronis ornatum(*I Matth.* IV) varios casus Ecclesiæ insinuat, quæ nunc persecutionibus premitur, nunc a persecutionibus liberatur : et in illa liberatione quasi in dedicatione tranquilla servitute Domino famulatur. Ecce secunda dedicatio. Festivitas autem tertiæ dedicationis tunc erit, quando in fine mundi numerus electorum fuerit expletus, et post generalem resurrectionem omnium sequitur festivitas immortalitatis æternæ. Mox omnes qui ad pacifici regis veri, scilicet Salomonis pertinent regnum, cum eo gaudia patriæ cœlestis intrabunt. Ecce tertia dedicatio.

Verum quia de mysterio quædam perstrinximus dedicationis, nunc attendamus et modum ejusdem festivitatis. Sed quia singula quæ in consecratione fiunt longum est enumerare, unum de illis breviter exponamus, ut in aliis similiter interioris templi nostri mundatio intelligatur. Aspergendis postibus ecclesiæ miscetur sal et cinis, aqua et vinum ; hyssopo autem asperguntur. Hæc non essent tanta observata diligentia, nisi aliquid utilitatis conferrent. Sit ergo sal in nobis, id est acritudo pœnitentiæ, quæ putredinem peccatorum consumat, integritatem virtutum incorruptam conservet. Hoc tamen sal non sufficit nisi addatur cinis, id est memoria terrenæ conditionis vel recordationis peccatorum. Unde dicit Psalmista : « Peccatum meum contra me semper (*Psal.* L). » Et iterum : « Reliquiæ cogitationis, » id est recordationum « diem festum agent tibi (*Psal.* LXXV). » Iste cinis movet aquam lacrymarum. Tibi autem hæc tria sunt, videlicet sal pœnitentiæ, cinis memoriæ conditionis et peccatorum ; non deerit etiam vinum spirituale, quo inebriabuntur filii hominum ab ubertate domus Dei (*Psal.* XXXV), ut nihil præter eum desiderent et dicant : « Quid mihi est in cœlo, et a te quid volui super terram ? (*Psal.* LXXII.) » Hyssopo humilitatis aspergenda sunt omnia ista. Qui enim virtutes sine humilitate congregat, quasi pulverem in ventum portat. Ad hanc consecrationem Ecclesiæ, id est matris nostræ omnes filii ejus, id est fideles debent convenire et lætari, et sanctificationi matris suæ aggratulari. Sed quia de multis partibus veniunt filii, et multo labore occurrunt matri, de tanta festivitate non debent discedere irremunerati. Statutum est enim a sanctis Patribus quod in dedicatione sanctæ ecclesiæ fiat venia peccatorum ut, cum aliis temporibus sit in ea ablutio criminum per baptismum, in festivitate ejus sentiant potius matris per orationes auxilium.

Sed cum vobis, fratres charissimi, venia ex labore et congratulatione hujus solemnitatis debeatur, tamen scire debetis quia non quælibet peccata vobis hic relaxantur, sed illa tantum de quibus confessi estis et dignam pœnitentiam egistis, de talibus indulgentiam consequamini. Si enim quis vult peccatorum sibi culpas relaxari, si vult sibi vulnera sanare, non debet ea medicum celare. Prius enim debet peccatorum culpam recognoscere, postea ostendere, deinde sibi medicinam erogare. Prius dicat : « Quoniam iniquitatem meam ego agnosco, » deinde subjungat : « Delictum meum cognitum tibi feci, » ad ultimum addat : « Miserere mei, Domine, quoniam infirmus sum (*Psal.* VI ; L). » Tali nempe confessione vel pœnitentia, promeretur peccatorum indulgentia.

Nunc igitur, fratres, recogitate et discite in hoc sacramento dedicationis quanta reverentia debeatur sanctuario vestræ matris. Hic enim per undam baptismi, abluuntur peccata ; hic consecrantur Dominici corporis et sanguinis sacramenta ; hic funduntur ad Dominum orationes ; hic dicuntur confessiones ; hic fiunt reconciliationes. Hæc est domus Dei ; hæc est porta cœli, per hanc ascenditur ad supernam Jerusalem, quæ est libera mater nostra. Purgate in ea maculas vestras, ut purgati pervenire possitis ad regales nuptias, præstante et adjuvante Domino nostro Jesu Christo, qui cum Patre et Spiritu sancto vivit et regnat Deus, per omnia sæcula sæculorum. Amen.

SERMO
IN DEDICATIONE ALTARIS PROPRIE DICENDUS.

Antiquæ religionis sacrosancta et venerabilis hoc habuit traditio, ut altaria ædificarentur et consecrarentur Domino. Hoc enim et Abraham, et ipse legis Moyses, et alii sancti viri exemplo et auctoritate sua hoc in cunctis generationibus nostris observandum reliquerunt. Hæc siquidem altaris dedicatio præfigurata fuit et Jacob temporibus filii Isaac. Nam cum relicto parente fugiens fratrem suum Esau, iretque ad Laban petiturus uxorem, in itinere tulit de lapidibus, qui terræ jacebant, et supposuit capiti suo, dormivitque in eodem loco, et vidit in somnis scalam usque ad coelum erectam, et angelos ascendentes et descendentes. Surgensque tulit lapidem et erexit in titulum, fundens oleum desuper : fecitque altare Domino dicens : « Non est hic aliud nisi domus Dei et porta coeli (*Gen.* xxviii). » Ecce iste antiquus sine lege, sine scripturis sanctificavit Deo altare ; et domum Domini vocavit, quia per Spiritum sanctum tabernaculum Dei ibi futurum præsciebat. Hæc omnia figura futurorum erant : Jacob namque, qui relicto parente ierat ad Laban petiturus uxorem, Jesum Christum designat, qui quasi relicto Patre coelum deseruit, carnemque nostræ corruptionis assumpsit. Deinde relictis illis parentibus, de quibus carnem assumpserat, scilicet Judæis, relicta quoque patria de Judæa perrexit ad gentes, ducturus sponsam, id est Ecclesiam. Hoc in itinere Jacob obdormivit, quia Christus in itinere præsentis vitæ mortem in ara crucis pertulit. Lapis, quem Jacob in itinere capiti supposuit, humanitatem Christi designavit, quæ subjecta divinitati Deus vere creditur esse caput Christi. Scala erecta ad coelum est via et ascensio graduum et virtutum. Ascenditur enim, id est ad coelestem vitam diversis gradibus. Sunt enim aliqui legali conjugio superna scandentes : alii in viduitate, alii in virginitate, alii in tumultu mundi contra mundum et contra diabolum pugnando. Alii quoque, strepitum mundi rugientes et spiritalem hostem debellantes, in actuali vita tot gradibus ascenderunt ad coelestia. Sunt et gradus in contemplatione, quos monachi ad superna transcendunt vel eremitæ : hi mundum exuerunt ; hi vilibus indumentis sese spreverunt ; hi obedientiam sectantes dilectionem ostenderunt. Tres itaque virtutes in eis specialiter regnant, tribus gradibus virtutum, charitate scilicet, humilitate et obedientia, coelestia transcendunt. Charitas fraternitatis in cohabitatione ostenditur, humilitas in vilitate vestimenti præmonstratur, obedientia in libenti servitute, dum parent voluntati fratrum declaratur. Illis diversis gradibus virtutum in actuali et in contemplativa penetratur coelum. Angeli quoque, quos Jacob viderat ascendere et descendere, sunt prædicatores sancti, nuntiantes nobis Verbum Dei. Qui dicuntur ascendere, dum aliquando altiora, descendere vero, cum prædicaverint humiliora : Altiora ut : « In principio erat Verbum (*Joan.* i); » humiliora : ut nos prædicamus crucifixum. Lapidem quoque quem Jacob supposuit capiti vocavit domum Dei et portam coeli. Iste lapis, id est Christus domus Dei est vocatus, quia ipse fuit inhabitatio Spiritus sancti, et in eo plenitudo divinitatis habitavit. Hunc lapidem sive hoc altare, id est Christum reprobaverunt ædificantes, id est Judæi traditiones Patrum sequentes. Homines murum contra Deum peccatis ædificare cœperunt. Cujus fundamenta primi parentes per inobedientiam posuerunt; sed super hoc fundamentum posteri eorum multa crimina exstruxerunt, seque hoc muro a Deo et ab angelis diviserunt. Ab hoc muro Judæi ædificantes Christum pretiosum lapidem reprobaverunt, quia nullas originalis peccati sordes cum cæmento hujus muri involverunt. Unde « factus est eis lapis offensionis et petra scandali (*I Petr.* ii). » Super lapidem istum bene fundata et firmata constat Ecclesia. Christus est et altare, quia in eo et per eum spirituales et corporales oblationes Deo Patri offeruntur. Eo mediante et propitio intercessore, Deus Pater præsentia nobis et futura largitur. Hoc altare, id est Christus legalibus unguentis quibus antiquitus altaria ungebantur, necnon et unguentis quibus ecclesiastica altaria perunguntur spiritaliter est delibutus. Ex quinque nempe speciebus aromatum, videlicet smyrna, cynnamomo, calamo, casia, oleum de olivis erat unguentum, quo altare antiquitus est consecratum et confectum. Nunc videamus naturas singularum specierum. Smyrnam alii calami, alii myrrhæ dicunt esse resinam et aptam inter pigmenta. Cinnamomum autem dictum est quod cortex ejus in modum cannæ sit rotundus et gracilis. Signitur in India et Ethiopia frutice brevi, duorum tamen cubitorum, colore subnigro vel cinereo, tenuissimarum virgarum. Nam quod in crassitudinem extenditur despectui habetur cum frangitur, visibile vero spiramentum emittit instar nebulæ seu pulveris. Calamus quoque aromaticus a similitudine calami usualis vocatur. Gignitur in India, multis modis geniculatus, fulvus, flagrans suavitate spiritus cum frangitur, in multas partes fit scissilis; similans gustu casiam, cum levi acrimonia remordenti. Casia etiam nascitur in Arabia, virga robusti corticis, et purpureis foliis, ut piperis. Est autem virtutis cinnamomi et similis, sed potentior imperio. Oleum itaque ab olea nominatur ; nam olea est arbor unde derivatur oleum. Sed quod ex albis olivis fuerit expressum, vocatur spanum; quod autem ex fulvis olivis et nondum maturis fuerit expressum, viride appellatur; quod vero ex nimium maturis commune dicitur. Ex his ad usum vitæ primum est spanum, secundum viride, tertium commune. Illud autem oleum, quod nullæ rei fuerit admistum, purum dicitur. Hoc quippe unguento harum quinque specierum quo inungebatur, aut sacerdos vel rex, sive propheta efficiebatur. Ad consecrationem quoque ecclesiastici altaris duo adhibentur, thus et oleum. Thus est arbor Arabiæ immensa atque ramosa, lenissimi corticis, succum aromaticum fundens. Hæc denique confectio septem specierum qua altaria inunguebantur, designabat inunctionem sancti Spiritus, qua perunctus est ipse rex. Et quæ est mirum unctio Spiritus sancti? Septem scilicet dona ipsius. Quæ sunt itaque dona Spiritus sancti? Donum seu unctio Spiritus sancti est timor, pietas, scientia, fortitudo, consilium, intellectus, sapientia (*Isa.* xi). Qua profecto unctione hoc altare, ideo Christus est perunctus, unde sacerdos rex et propheta est effectus : Propheta, juxta illud Mosaicum : « Prophetam suscitabit Deus vobis; illum tanquam me audictis *(Deut.* xviii). » Sacerdos quoque secundum illud : Tu es sacerdos in æternum secundum ordinem Melchisedech. Et sicut sacerdotum est thus offerre, sic Christus, qui est omni thure pretiosior, seipsum Deo Patri pro nobis obtulit acceptabile sacrificium in odorem suavitatis. Rex quoque Christus est, quia oleo spirituali delibutus Rex erat regum et Dominus dominantium. Regit namque et conservat naviculam Petri, id est Ecclesiam suam, ne inter hujus sæculi procellas deficiat. De hac ipsa unctione hujus regis et sacerdotis David testatus est, dicens : « Propterea unxit te Deus Deus tuus oleo lætitiæ *(Psal.* xliv). » Hunc quippe lapidem, id est Christum, cum Jacob inunxisset, domumque Dei hoc modo prænuntiasset, addidit : « Et vocabitur porta cœli *(Gen.* xxviii). » Christus vocatur porta cœli, quia ipse est ostium paradisi, ut ibi : « Ego sum ostium *(Joan.* x). » Porta cœli fides est et baptismus in porta cœli, post baptismum lapsis pœnitentia, confessio, et satisfactio. Per has portas cœli fidei et baptismatis, pœnitentiæ et confessionis, credentibus ac pœnitentibus ingressus panditur regni cœlestis. His allegorice de lapide et porta, id est Christo digestis, quomodo et duo altaria constent in nobis, diligenter considerandum est vobis.

DIVISIO.

Duo altaria dudum exstructa leguntur : unum in tabernaculo Mosaico, quod altare holocausti dicebatur; aliud in templo Salomonis, quod altare thymiamatis vocabatur. Altare holocausti erat constructum ex imputribilibus lignis setim, et habebat quinque cubitos in latitudine, et quinque in longitudine, tres quoque in altitudine, et coopertum erat ære *(Exod.* xxxviii). Hoc altare quatuor angulos habebat, et ex ipsis quatuor cornua procedebant. Erat inane et concavum, ut ad suscipienda tam ligna quam sacrificia locus spatiosus haberetur. Habebat hoc altare craticulam in modum retis æneam, ut per crebras aperturas ignis suppositus ad sumendas hostias libere penetraret. Altare igitur holocausti, ex incorruptibilibus lignis exstructum, corda sunt electorum, in quibus tanquam consecrata sacrificia Domino offeruntur bonorum operum studia. Quæ corda electorum ita incorrupta condecet esse ut digni sint Spiritum sanctum habitatorem suscipere. Hoc siquidem altare, v cubitos in longitudine et latitudine describitur habere; quid ergo longitudo vel latitudo altaris, nisi v sensus nostri corporis? Vel quid est altaris longitudo, nisi patientiæ perfectio? aut quid latitudo illius, nisi perfectio charitatis qua illi Domino consecrantur qui se in omnibus patientes exhibent? Hoc altare tres cubitos altitudinis habuit, quia mens electorum per hæc tria, fidem, spem, charitatem, ad amorem Dei ascendit.

Cooperiebatur et ære hoc altare, quia sicut æs diu incorruptibile perseverat, sic virtutes fidelium in eis usque in finem firmiter perdurant. Habuit quoque quatuor cornua ex quatuor angulis procedentia. Quatuor altaris cornua sunt sanctæ crucis latera, altitudo scilicet, profunditas, longitudo et latitudo. His quatuor lateribus crucis, scilicet altitudine, id est spe; profunditate, hoc est fide; longitudine, id est perseverantia patientiæ; latitudine quoque, hoc est charitate, munitur undique altare sanctæ Ecclesiæ. id est corda fidelium per mundum universum. Sunt enim cornua virtutum munimenta. Erat itaque hoc altare vacuum et inane, ut ad suscipienda tam ligna quam sacrificia locus spatiosus haberetur. Quisque altare Domini esse desiderat, hic se ab omni contagione mundanorum exinanivit, ut in eo ligna cœlestium verborum et hostia virtutum spatiosum locum habeant, et Spiritus sancti flammam, quo ecclesiasticæ hostiæ, id est corpus et sanguis Domini consecrantur, suscipiat. Nisi enim exinanierit quod infra se est, non merebitur suscipere quod supra se est. Habebat hoc altare craticulam in modum retis æneam, ut per crebras aperturas ignis suppositus ad sumendas hostias libere penetret. Necesse est enim, ut electi Dei corda sua aperiant divinæ gratiæ et quasi plurimis patefactis januis sedulo deprecentur, ut per singula bona quæ inchoant, quasi per singula victimarum frusta, sua eos gratia illustrare et ad amorem suum dignetur accendere. Hæc de altari holocausti, id est de corpore nostro, in quo offerantur bona opera Domino.

Nunc de altari incensi, quod in templo Salomonis positum erat consideremus *(I Reg.* vii). Altare hoc aureum erat, et in adolendum thymiama factum. Sicut enim in altari holocausti significantur electi, qui se crucifixerunt cum vitiis et concupiscentiis, nec secundum desideria carnis ambulabant; sed quasi Domino immolantes, omnes corporis sensus dedicaverunt, per ignem sancti Spiritus voluntati ejus : ita profecto et illi altari incensi non immerito comparantur qui majori perfectione mentis exstinctis prorsus illecebris carnis, sola orationum vota Domino offerunt, carnem suam subjicientes, omnes carnis illecebras evicerunt, et in carne non carnaliter viventes cœlestem in terris vitam ducunt. Hoc altare incensi quanto fulgore metalli eminebat, tanto quantitate minus erat.

Quanto enim sanctiores, tanto pauciores. Recte ergo in longitudine et latitudine altaris, quod quadrangulum erat, patientia et charitas designatur, quia perfectorum animæ fœderatis ad invicem virtutibus quantum diligere fratres student, tamen et ferre sufficiunt, et quantum ferre tantum diligere. Duos cubitos habet in altitudine, quia duplex præmium in supernis sperant se recipere animarum et corporum. Cornua ex ipso procedentia eminentiam fidei et virtutum significant. Ex ipso vero procedunt, quia electi opera sua non ad faciem hominum specie tenus ostendunt, sed in ima radice cordis immobili exercent affectu. Auro vestitur, quia quique perfecti luce internæ sapientiæ refulgent. Hujus altaris deauratur craticula, quæ parata erat in medio ejus ad suscipienda thymiamata cum interiori homine nostro resplendet per fidem Christi gratia.

Parietes deaurantur, cum eadem gratia divinæ dilectionis per bona opera exterius dilatatur. Cornua deaurantur, cum fiducia fortitudinis justorum splendore internæ lucis coruscat. His igitur in mente nostra rite dispositis, jam procul dubio Deo placitas et super omnem aromatum pulverem orationum hostias redolentes offerimus Domino nostro Jesu Christo, qui cum Patre et Spiritu sancto vivit et regnat Deus per infinita sæcula sæculorum. Amen.

Explicit liber Deflorationum Patrum, Basileæ impressus, anno Domini M.CCCC.XCIV.

ANNO DOMINI MC-MCX....

SANCTUS ROBERTUS
PRIMUS ABBAS MOLISMENSIS ET ORDINIS CISTERCIENSIS FUNDATOR

AD VITAM SANCTI ROBERTI
COMMENTARIUS PRÆVIUS.

(*Acta sanctorum Bolland.*, Aprilis tom. III, die 29, pag. 662.)

§ I. *Reformationes ordinis Benedictini, Roberti exordia, fundatio Molismensis.*

1. Cum celeberrimus sancti patriarchæ Benedicti ordo, ætatem jam agens quatuor sæculorum, incertum quo malo, ipsa certe temporum vetustate, quæ interitum rebus etiam firmissimis afferre solet, aliquam in Gallia avitæ disciplinæ jacturam fecisset, dati fuere divinitus sanctitate ac zelo insignes viri, qui depravatos sensim mores ad primi instituti leges ac rigorem reformarent. Primam in tam sancto ac utili negotio operam anno Domini 910 B. Berno posuit: qui, fundato in pago Matisconensi super Graunam fluvium Cluniacensi cœnobio, primus dicti inde novi quasi ordinis Pater, quam restituendo vetus institutum Benedictino ordini utilis fuerit, plurima propagata a Cluniaco optime constituta cœnobia, multi inde et sancti et principes in Ecclesia profecti viri docuerunt. Hunc secutus, sub initium sæculi undecimi, B. Bernardus de Tironio fuit; qui felicitate pari, progressu tamen minore, reformationem in diœcesim Carnotensem invexit. Sed nulla celebrior ea exstitit, quam S. Roberti auspiciis fundatum ab eo Cistercium primo admisit. Latissime enim patens, non sola se Gallia conclusit illa (quanquam *Firmitatem* in ea, *Pontiniacum, Claram-Vallem* et *Morimundum* amplissima cœnobia, quæ Cistercium filias appellat suas, molita), sed totam brevi Europam pervagata, Italiam, Hispaniam, Germaniam, Poloniam et Angliam innovavit. Auctores Sanmarthani sunt, virorum olim cœnobia supra mille octingenta, mulierum supra mille quadringenta numerasse; percurrenti Bibliothecam Cisterciensem Caroli de Visch, mille circiter hac nostra ætate se offerunt. Adeo ut mirum non sit complures summos pontifices, aliosque spectatos in Ecclesia viros in Cistercii et propagati ab eo ordinis laudes tantopere effusos fuisse.

2. Præclara laudati ab iis instituti encomia Henriquez in Apparatu ad Menologium Cisterciense colligit; unde hoc Clementis I est: « Ordo Cisterciensis, inquit ille, est fons hortorum irriguus, cæteras rigans religiones et ordines, ac in ipsos exemplis salutaribus scaturicans. Hic est fons amœnus varietate virtutum, præclarus munditiæ puritate, pietate patens, indeficiens sanctitate. Horum merito sic excrescere meruit, ut fontis nomen excedens fluvius censeatur, cujus processus laudabilis de virtute in virtutem, ut Deum deorum in Sion videat, gradientis universalis Ecclesiæ lætificat unitatem : in qua per meritorum evidentiam claræ lucis splendorem adeptus, quasi stella matutina resplendet in medio nebulæ mundi hujus; et in ea splendidos emittens radios instar solis, velut aquæductus de paradiso proveniens in aquas redundat plurimas, hortum plantationum suarum, cœtus quidem claustralium quos produxit, aquis irrigans gratiarum, et vino spiritualis lætitiæ fructus inebrians partus sui. Hujus siquidem ordinis sacra religio, a suæ institutionis auspiciis quasi deserta et invia, utpote paucis adhuc initiata cultoribus, tandem honoris et honestatis fructus parturiens, ramos suos quidem honoris et gratiæ quasi terebynthus extendit, germinans generationes et progenies germinavit. Eapropter lætatur et jubilat lætabunda et laudans

exsultat jam in multitudine numerosa spectabilis, quæ olim quasi despicabilis in solitudine delitebat. » Hæc pontifex. Quibus non insertum est illud, quanquam brevius, Richardi archiepiscopi Cantuariensis ac apostolicæ, sedis legati, ep. 96 : « O castra optabilia ! O congregatio veneranda ! O Cistercium quam magna est domus tua ! quam fecunda in filiis ! quam magnifica in linguis ! quam gloriosa in populis ! » Et illud Petri Cellensis, ep. 14, lib. vii, ita loquentis : « Gallina illa Molismensis, plena plumis et bene pennata, quot et quales de utero suo fetus produxit, dum ex se collegium Cisterciense originario germine pullulavit ! Deus meus ! de illo uno ovo quam innumerabilis arena monachorum et conversorum faciem terræ operuit ! quam lucido splendore cutem mundi, denigratam per infectam vivendi negligentiam, reformavit et illustravit ! »

3. Hujus igitur tam copiosæ spiritualis messis sator S. Robertus, natione Gallus, patria vel Campanus vel Normannus fuit ; natus circa annum Domini 1017, patre Theodorico, matre Ermegarde, opibus pariter ac genere nobilibus, a sæculari vita ad monasticam translatus anno ætatis decimo quinto : cujus tirocinium posuit in coenobio ordinis S. Benedicti, non procul urbe Tricassina in Campania, quod Cella S. Petri Trecensis, et aliis nominibus, *Coenobium insulæ Germanicæ, S. Petri de Cella, Nova Cella, Vetus Cella, Cella Bobini*, et vetustiore Gallorum idiomate *Monstier la Celle de Troyes* nuncupatur de cujus fundamento, a S. Frodoberto sub Clodoveo II et Chlotario III jacto, egimus ad Vitam dicti S. Frodoberti die viii Januarii. Post usitatas asceticæ vitæ probationes, ordini ascriptus Robertus ita deinde virtutem ac sanctimoniam coluit, ut omnium voluntate et assensu coenobii prior renuntiatus magis tunc quam cum privatus degebat, morum exemplar esset. Inde vero ad coenobium Tornodorense transiit, quod ejusdem ordinis in dioecesi Lingonensi situm divo Michaeli sacrum est, sortitum nomen ab oppido, ad quod pertinet, Tornodoro. Hic a monachis abbas creatus (Sanmarthani post Dodonem et Elfredum ordine tertium ponunt) istam aliquandiu præfecturam gessit. Cum enim comperisset adeo illic collapsam regularem disciplinam esse, ut quantumcunque niteretur, erigere non valeret, dignitatem exuens, privatus ad Cellenses rediit : pro cujus subinde abbate in S. Aigulphi coenobio prior ad tempus præfuit, donec Molismum coepit moliri.

4. Hujus coenobii initia ex Colano olim nemore prodiere : quod Tornodorensi vicinum oppido, quidam sacerdos, solitariam vitam agens, incolebat. Huic cum duo primum germani fratres, conceptum mutuæ cædis scelus expiaturi, ac quatuor deinde alii, idem amantes institutum, socios se junxissent, vitam aliquandiu studio quisque virtutis privato exercuere, nullis in commune legibus devincti. Placuit tamen paulo post vivendi quædam ratio et forma communis ; ac ea potissimum, quæ per id tempus erat per Galliam vulgatissima Benedictinorum.

Quare ut illius et notitiam et magistrum haberent idoneum, ex vicino Tornodorensi coenobio S. Robertum, cujus jam clara erat fama sanctitatis, abbatem petiverunt. Verum a monachis, admodum in hoc invitis, quia corruptis moribus erant et renascituram idcirco in proximo veterem disciplinam reformidabant, repulsam ad tempus passi fuere ; sic tamen, ut non omnem continuo obtinendi tandem Roberti spem abjicerent. Nam cum relictis ob morum corruptelam Tornodorensibus, S. Robertus ad Cellenses reversus, pro eorum abbate in S. Aigulphi coenobio prior præesset, Romam profecti, precibus institere apud pontificem, ut potestatem faceret, eum e vicinis Benedictini ordinis monachis in novæ ac regularis vitæ magistrum sibi assumendi, quem maxime ad hoc idoneum putarent. Quod cum concessum fuisset, petitus iterum S. Robertus, et quia pontifex auctoritatem interponebat, facile a Cellensi abbate impetratus fuit. Quare datus septem in Colano nemore eremicolis præses et magister, mores eorum ad S. Benedicti regulare institutum formare coepit, et sensim quoque augere discipulorum numerum. In iis B. Albericum fuisse, cujus Vitam ad 26 Januarii dedimus, Manriquez in Annalibus Cisterciensium auctor est : « Albericus, inquit, ad habitum susceptus sacravit initia, sanctior an doctior dubium, collatus sibi ; utrumque certum, si aliis conferatur, nec divinis tantum litteris instructus, sed humanis. Virum litterarum in divinis et humanis satis gnarum, amatorem regulæ et fratrum Exordium vocat. Spes omnes in sæculo conceptas cum paupere illo statu commutavit. Alios discipulos habuit sanctus Pater, dum Colani maneret, sed fere momentum rerum penes hunc fuit. »

5. Quia igitur ortus novæ admodum regularium congregationis adeo felix et auspicatus erat, majores in dies sui progressus et futura cœptorum incrementa pollicebatur ; quibus cum S. Robertus Colanum nemus non satis esse aptum provideret, sedem novis monachis commodiorem quæsiturus abiit ; silvamque egressus et perlustrans viciniam, in illam incidit quæ Molismus vocabatur. Hanc itaque majoribus rebus quas moliebatur accommodam ratus, sociis ac novo struendo coenobio sedem delegit. Coeptum est illud fundari anno Domini 1075, 20 Decembris, et retento silvæ in qua stabat nomine Molismus dici ; celebre postea et multis auctum fundis asceterium. Laudatur a Cæsario lib. i Miraculorum in hæc verba : « In episcopatu Lingonensi situm est coenobium, nomine Molismus, fama celeberrimum, religione perspicuum, viris illustribus nobilitatum, possessionibus amplum, virtutibus clarum. » Initiorum vero lib. viii Historiæ, ita Ordericus meminit : « In Burgundia locus est qui Molismus dicitur : ibi tempore Philippi regis Francorum, venerabilis Robertus abbas coenobium condidit ; et inspirante gratia Spiritus sancti, discipulos magnæ religionis aggregavit ; studioque virtutum in sancta paupertate juxta usum aliorum coenobiorum

comiter instruxit. » Fundato in hunc modum Molismensi coenobio, primus, uti par erat, cum potestate abbatis præfuit S. Robertus. Ita testantur publicæ donationum tabulæ apud Sanmarthanos, et diploma Daimberti Senonensis archiepiscopi apud Camuzatum in Promptuario sacrarum antiquitatum diœcesis Tricassinæ. Monachum ibi, teste Manriquez, redux ab apostolorum liminibus B. Stephanus induit, postea tertius Cisterciensium abbas factus, et illustratus a nobis ad 17 Aprilis.

6. Adeo autem prima Molismensium monachorum vita ac virtus illustris fuit, ut ex iis a principibus in vicinia viris, ad nova in eorum fundis constituenda cœnobia, petiti sint. Ita scilicet, auctore S. Roberto, asceterium in arce Vallis-Coloris fundatum fuit. Qua de re hujusmodi apud Sanmarthanos tomo IV Galliæ Christianæ tabulæ exstant : « In nomine Sanctæ et individuæ Trinitatis. Suavissimi odoris fama Molismensis cœnobii longe lateque redolente multi devotæ religionis viri beneficia contulerunt monachosque a prædicto loco ad cœnobia ædificanda suis prædiis et possessionibus postulaverunt. Quæ sanctitatis postulatio postquam auribus senis Joffridi, nobilissimi principis et sanctæ Ecclesiæ fidelissimi, insonuit; monachos a domno Roberto, primo ejusdem loci abbate, moribus ornato, conversatione vitæ probato, fulgore virtutum illuminato, humilitate, patientia, justitia, fortitudine, temperantia, prudentia decorato, similiter exinde petivit et impetravit; qui monachi cœnobium in castro quod dicitur Vallis-Coloris ædificaverunt, ibique sanctæ conversationis vitam duxerunt, » etc. Hæc tabulæ.

7. Corrupit tamen brevi tam sancta Molismi initia, remissior facta, ex nimia rerum temporalium felicitate, disciplina; tanta paulatim subsequente morum corruptela, ut quantumcunque S. Robertus exemplo et monitis anniteretur, revocari non possent ad pristinam integritatem. Desperata igitur medicina, quos fundaverat deserens, Aurum, vicinum Molismo monasterium, adiit; ubi privatus primo monachus, deinde vero abbas habitus, facem sanctæ vitæ prælucere perrexit. Narrat Manriquez, post S. Roberti discessum, cœnobii curam penes Albericum remansisse, qui, illo abbate, prioratum scilicet antea gesserat, quanquam, absente sancto Patre et depravatis adeo moribus, parum feliciter : mulctatum enim verberibus, quia disciplinam exigebat, in carcerem detruserunt. Quam injuriam dum Brito non post discessum S. Roberti, non Alberico sed Stephano irrogatam fuisse sustinet, ab eodem Manriquez corrigitur in hæc verba. « Errat igitur Brito Lusitanus dum tempus mutat; gravius, dum personas. Aureolas has Alberico Patri detrahit, ut iisdem Stephanum coronet; et quod mireris sermone facto aut ficto, quo Robertus prævaricatores dicitur increpasse sub tali themate : « Curavimus Babylonem « et non est sanata, derelinquamus eam. » Ego in Exordio parvo Cisterciensi, a primis nostris Patribus conscripto, qui rem ipsam hauserunt propriis oculis, non de Stephano, sed de Alberico scriptum lego : qui pro eo negotio, nempe reformationis Molismensium, multa opprobria, carcerem et verbera perpessus fuerat. » Hæc ille; addens, Alberici ac Stephani secessum in Unicensem solitudinem in hoc quoque tempus esse conferendum : « Quo , ut loquitur, absente nimirum Roberto Patre effectum est, ut e Molismo sine alicujus alterius licentia egredi et possent et vellent, forte etiam et pene cogerentur, acceptis plagis : nunquam alias vel a Patre etiam obtenta vel non petita a loco discessuri. » Ado seu quisquis alius Vitam infra dandam scripsit, carcere et verberibus suppressis, imo et durato in malum cædentium corde (suis id Molismensibus indultum) arctioris et salutariæ vitæ desiderio discessum docet. « Erant autem, ait, inter illos quatuor viri fortiores, Albericus et Stephanus, atque alii duo, qui post cœnobiticæ exercitationis rudimenta ad singulare eremi certamen suspirabant. Egressi ergo de cœnobio Molismensi, venerunt ad quemdam locum cui Unicus nomen est, » etc.

§ II. *Initia coenobii et ordinis Cisterciensis, et transitus S. Roberti ad eumdem.*

8. Destituti talibus viris Molismenses, brevi et orbitatis suæ pertæsi, et futuri deinceps meliores filii, Patrem quem amiserant ab ipso summo pontifice repetierunt; quo annuente, et negotium dante Lingonensi episcopo, ut absentium reditum præciperet, parens primo S. Robertus, deserto Auro, ac duo deinde alii Albericus, et Stephanus, Unicensi relicta silva, Molismo se reddidere. Revertisse tamen Albericum ac Stephanum dissimulat Ado , deserta Unicensi silva fundare statim Cistercium cœpisse asserens. Illud autem multum a vero abesse, ex ea, quam statim subjiciemus, Cisterciensi Historia constabat, potestque colligi ex eo quod ipse scribat, illos « a viro venerabili Joseranno, Lingonensi episcopo, nisi Molismum reverterentur, excommunicationis sententiam suscepisse. » Credi enim non potest, viros sanctos tantum contumaciæ crimen ac pœnam incurrere, quam ad Molismum redire maluisse; præsertim cum illic jam Patrem suum S. Robertum, et fratrum pronas in correctionem voluntates essent reperturi. Reditus certe eorum admodum salutaris fuit Molismensium rebus, occasio quippe Cistercio et ordini inde dicto fundandis : de quibus ista hæc ex Manriquez deprompta sunt : « Cunctis ergo Molismo restitutis atque uno rursus ex omnibus sub Roberto pastore ovili facto, instaurandæ disciplinæ ferventius institutum. Et quibusdam quidem omnimodis adnitentibus, quibusdam vero recenti lapsu territis non resistere ausis, pellendis vitiis facilior via fuit. Multa in melius mutata visebantur, etiam in his quibus peccandi consuetudo fecerat impatientiam corrigendi, et asperiora per dispensationem indulta, antiquis motibus, pleræque regulæ ad unguem servabantur. Satis superque actum judicaret, qui res præsentes præteritis

conferret : sed sanctis viris infimum videbatur, quidquid non summum, et minus afficiebat emensum iter quam quod restabat. » Et paucis interjectis, « Stephanus, in hac cura præcipuus, indulgentias prævaricationem, dispensationes piacula appellabat. Is Alberico et quibusdam aliis primo, inde Roberto Patri relegandarum dispensationum auctor exstitit, si fieri posset Molismi permanentibus, sin minus quocunque alio migraturis. » Hæc Manriquez.

9. Quibus vetustiorem multo et accuratiorem de tota Cistercii molitione narrationem ex lib. I Historiæ selectæ propagati inde ordinis subjicimus, quæ olim manuscripta in collegio nostro urbis Embricensis exstabat. Ea vero hujusmodi est : « Hi itaque servi Dei pauci numero, sed igne illo, quem Dominus Jesus misit in terram et vult vehementer accendi, fortiter inflammati; dum quotidianas Regulæ lectiones a capitulo audirent, et aliud Regulam præcipere atque aliud consuetudines ordinis tenere perpenderent, gravissime contristabantur, videntes se cæterosque monachos Regulam beati Patris Benedicti solemni promissione servaturos fore promisisse, sed secundum instituta ejus nequaquam vivere. Primitus ergo privatim sæpius inter se colloquentes, transgressionem suam conquerebantur; et quonam modo hujus tanti mali remedium invenire possent, sollicite tractabant. Cum vero postea verbum effusum esset in publicum, cæteri qui carnales erant, nec poterant dicere cum propheta, quia « de excelso misit ignem in ossibus meis et erudivit me (Thren. I, 13), » servos Dei deridere, modisque omnibus quibus poterant, ut a tam sancto proposito cessarent, infestare cœperunt. At illi qui spiritu Dei agebantur, et propterea liberi erant, non curantes eorum malevolas insectationes, toto mentis annisu ad Deum conversi precibus, instantissime postulabant ut Domini pietas eos ad talem locum dirigere dignaretur, in quo vota labiorum suorum, quæ secundum Regulam firmaverant sed non servaverant, reddere possent. Deinde considerantes quod Apostolus monet, non omni spiritui esse credendum (I Joan. IV, 1); et quod Regula, quam modis omnibus perfecte servare cupiebant, præcipit corripi eum qui sine permissione abbatis quidquam facere præsumpserit, abbatem suum humiliter adeunt, de transgressione Regulæ querimoniam proponunt, voti sui ferventissimum desiderium pandunt, et ut ejus auxilio pariter et consilio, quod Spiritu sancto aspirante mente conceperant perficere possint, suppliciter precantur. Nutu vero Dei, ad horam compunctus abbas ille, propositum servorum Dei laudat, et non solum consilium auxiliumque se præbiturum; verum etiam seipsum individuum comitem eorum in tam sancto proposito futurum, firmissime pollicetur. Quo audito humiles spiritu fratres illi magnifice corroborati sunt, tunc primum intelligentes quod vere a Domino egressus est sermo, nec somnia cordis sui in desiderio tali

secuti sunt, sed dexteram Dei vivi, virtutem operantem in eis.

10. Itaque magnanimi viri, innumerabilium militum Christi duces et signiferi futuri, non tam novarum quam magnarum rerum totique mundo profuturarum cupidi, cum assiduo tractatu quærerent inter se qualiter in quod cupiebant congruenti modo ad effectum perducerent, consulto rationis judicio prudenter adverterunt, loci vel ordinis sui mutationem absque sedis apostolicæ consensu se præsumere nequaquam debere. Erat tunc in Galliarum partibus sedis apostolicæ legatus venerabilis Hugo, Lugdunensis archiepiscopus, vir religione, prudentia et auctoritate venerandus. Hunc prædictus abbas et fratres, qui desiderio innovandæ monasticæ religionis flagrabant, adeunt; æstus et vota cordium suorum humiliter pandunt : consuetudines ordinis a Regula quam erant professi nimium discrepare conqueruntur; propterea manifeste perjurii crimen se scienter incurrisse dolende fatentur. Addunt præterea se vitam suam ex integro secundum instituta Regulæ sancti Patris sui Benedicti ordinare velle, et ut eis ad hoc liberius exsequendum idem legatus sui juvaminis robur apostolica auctoritate porrigat, instanter flagitant. Dominus autem legatus, cum esset prudens et discretus, consideratis subtiliter allegationibus eorum, laudabiliter eos moveri pronuntiavit; ipsorumque spiritualibus votis lætis auspiciis favens, tali epistola eos ad perficiendum tota libertate, quod pia mente conceperant, exhortatus est.

11. « Hugo, Lugdunensis episcopus et apostolicæ
« sedis legatus, Roberto Molismensi abbati et fra-
« tribus, cum eo secundum Regulam sancti Bene-
« dicti Deo servire cupientibus. Notum sit omnibus,
« de sanctæ matris Ecclesiæ profectu gaudentibus,
« vos et quosdam filios vestros Molismensis cœnobii
« fratres, Lugduni in nostra præsentia astitisse, ac
« Regulæ beatissimi Benedicti, quam illuc usque
« tepide ac negligenter in eodem monasterio tenue-
« ratis, arctius deinde et perfectius inhærere velle
« professos fuisse. Quod quia in loco prædicto pluribus impedientibus causis constat adimpleri non
« posse, nos utriusque partis saluti, videlicet inde
« recedentium atque illic manentium, providentes;
« in locum alium, quem vobis divina largitas desi-
« gnaverit, vos declinare, ibique salubrius atque
« quietius Domino famulari, utile duximus fore.
« Vobis ergo tunc præsentibus, videlicet Roberto ab-
« bati, fratribus quoque Alberico, Odoni, Joanni,
« Stephano, Lætaldo, Petro, sed et omnibus quos
« regulariter et communi consilio vobis sociare de-
« creveritis, hoc sanctum propositum servare et
« tunc consuluimus, et ut in hoc perseveretis præ-
« cipimus, et auctoritate apostolica per sigilli nos-
« tri impressionem in perpetuum confirmamus. »
Hoc legati pontificii diploma, quo potestatem facit S. Roberto ac sociis Cisterciensem ordinem fundandi, etiam a Miræo in dicti ordinis Chronico

refertur, et testatum facit (secus quam narratur in Vita) BB. Albericum ac Stephanum, antequam hæc facultas peteretur commigrarentque simul omnes ad Cistercium, ex Unicensi solitudine Molismum revertisse; non etiam Cistercium fundasse sine S. Roberto, totius videlicet negotii et administro et directore; quanquam primus rei suasor, in Exordio Magno, S. Stephanus fuisse memoretur his verbis : « Postmodum vero cum verbum innovandæ religionis in eadem domo motum fuisset, ipse Stephanus primus inter primos ferventissimo studio laboravit, ac modis omnibus institit ut locus et ordo Cisterciensis institueretur, cujus postmodum ordinante Deo pastor et doctor erat instituendus. »

12. Obtenta igitur a legato pontificio innovandæ religionis facultate, Cistercium, densa tunc Burgundiæ silva, opportunum fuit visum; quo antequam a Molismo S. Robertus migraret cum suis, B. Stephanum ad Odonem Burgundiæ ducem cum litteris ablegasse dicitur, quarum exemplum a Britone, ex ms. quodam cœnobii Alcobaciensis prolatum, damus infra. Hujus epistolæ responsoria, scripta ab Odone duce Burgundiæ, ex eodem memorato ms. affertur.

13. Transitum post hæc fecit, relicto Molismo, ad Cistercium : migrationis seriem ita narrare prosequitur auctor laudatæ jam supra Historiæ ms. Cisterciensis : « Posthæc, inquit, præfatus abbas et sui, tanta et tali auctoritate freti, Molismum redierunt, et de illo fratrum collegio socios, remissioris vitæ blanditias respuentes, ad puritatem simplicitatemque sacræ Regulæ pure simpliciterque tenendum prompto animo flagrantes, elegerunt : ita ut inter eos, qui legato Lugduni astiterunt et inter eos qui de cœnobio vocati sunt, viginti et unus monachus essent; qui perfectioris vitæ et Regulæ sancti Patris Benedicti ad litteram tenendæ desiderio, arctam et angustam viam ingressi sunt. Anno igitur Dominica ab Incarnatione millesimo nonagesimo octavo, Dominus Robertus, Molismensis cœnobii in episcopatu Lingonensi fundati abbas, et cum eo fratres, quorum Deus tetigerat corda, malentes cum dilecto Patre suo Benedicto pro Deo laboribus fatigari, quam vitæ hujus commodis resolvi, de Molismo egressi sunt; atque ad locum, quem proposito suo congruum jam ante per gratiam Dei præviderant, id est, ad eremum quæ Cistercium dicebatur, alacriter tetenderunt; qui locus in episcopatu Cabilonensi situs et præ nemorum spinarumque densitate tunc temporis accessui hominum insolitus, a solis habitabatur feris. Ad hunc itaque locum horroris et vastæ solitudinis viri Dei venientes, tantoque illum religioni, quam jam dudum mente conceperant, et propter quam illuc advenerant, habiliorem, quanto sæcularibus despicabiliorem et inaccessibiliorem, intelligentes, nemorum ac spinarum densitate præcisa ac remota, monasterium ibidem, voluntate Cabilonensis episcopi et consensu istius cujus ipse locus erat, construere cœperunt. Eodem itaque anno quo prædiximus, xii Kalendas Aprilis, solemni die natalis sanctissimi Benedicti, quem geminata lætitia tunc celebrem reddiderat ob Dominicam Palmarum, quæ in ipsum occurrerat, lætitibus angelis, tabescentibus dæmonibus, Cisterciensis domus, ac per hos totius Cisterciensis ordinis religio per viros, ad Christianam philosophiam penitus expeditos, exordium sumpsit. « Congruunt cum his quæ Cæsarius de Cistercii fundatione in Historia sua, sæculo proxime sequenti, memoriæ prodidit. Annum quoque fundati ordinis et primi illius cœnobii loquuntur sequentes versus, in fronte ecclesiæ Cisterciensis descripti :

Anno milleno, centeno, bis minus uno,
Pontifice Urbano, Gallorum rege Philippo,
Burgundis Odone duce et fundamina dante,
Sub Patre Roberto cœpit Cistercius ordo,
Cœnobia in toto producens plurima mundo,
Sic mansura diu per sanctum nomen Jesu.

14. Abest autem Cistercium a Divione quinque circiter leucis, situm in diœcesi Cabilonensi ducatus Burgundiæ, amplissimum nunc et multis auctum fundis monasterium. Nomen quidam a Cisternis, quidam a *Cistels*, voce Gallica, palustres juncos significante, deductum volunt. Fundus ad Raynardum vicecomitem Belnæ ejusque conjugem Hodiernam pertinuit, quorum et propterea ad inædificandum facultas necessaria fuit. Cesserunt vero illum per quam libenter, suamque in famulos Dei munificentiam perpetuis tabulis posteritati consecrarunt : quæ hujusmodi in Menologio ad 21 Martii ab Henriquez afferuntur : « Notum sit omnibus Christianis præsentibus ac futuris, quod Raynaldus Belnensis vicecomes, et uxor ejus Hodierna nomine, et eorum filii Hugo, Humbertus, Raynardus eorumque socer Raymundus, pro suorum peccatorum remissione antecessorumque suorum, domino Roberto et fratribus, qui cum eo Regulam S. Benedicti arctius ac perfectius quam illuc usque tenuerant observare cupiebant, contulerunt de prædio suo, quod antiquitus Cistercium vocabatur, quantumcunque ipsis et eorum successoribus Dei famulis ad monasterium et monasterii officinas construendas, ad arandum quoque, imo ad omnem usum necessarium fuerit. » etc.

15. Odo quoque dux Burgundiæ non parum Cistercium auxit; fundos enim a Belnensi vicecomite reservatos exceptosque adjecit, et primam novis habitoribus domum ædificavit. Prius in descriptis modo tabulis ita narratur : « De residuo quoque ipsius terræ, quod dicto Raynardo tunc placuit retinere, fecit Odo dux Burgundiæ, ad illius concessionem et libitum, talem cum eo commutationem et pactum, ad opus eorumdem monachorum, ut scilicet pro terra illa singulis annis in castro Belnensi solidos viginti susciperet, tam ipse quam et ipsius post eum hæredes. Præterea in eadem cambitione concessit ei ac filiis suis ipse dux, quantumcunque vinearum in territorio Belnensi possent

plantare et colere in propria dominicatura. » Posterius hunc in modum prosequitur historia Cisterciensis ms. collegii nostri Embricensis : « Cæterum archiepiscopus, apostolicæ sedis legatus, cujus benedictione, præcepto et auctoritate tantum bonum stabile fundamentum acceperat; considerans paupertatem servorum Dei, et quia in loco sterili quem occupaverant prorsus nec subsistere nec ædificia construere possent, nisi personæ alicujus potentis adminuculo fulcirentur, scripsit ad illustrem principem OJonem, tunc Burgundiæ ducem, petens et suadens, quatenus pauperes Christi, zelum gloriæ Dei et monastici ordinis habentes, foveret et manuteneret eorumque necessitatibus secundum magnificentiam principatus sui subveniret. Cujus petitioni et consilio Dominus Odo Burgundiæ dux acquiescens, fratrum etiam illorum fervore et devotione delectatus, monasterium ligneum, quod ipsi in sua paupertate incœperant, de suis impendiis totum consummavit, eosque ibidem in omnibus necessariis diu procuravit, terrisque et pecoribus abunde sublevavit. »

16. Auspicaturis novum ordinem fuisse locum monstratum divinitus, præter omnes auctores illius temporis, auctor Manriquez est, colligens id ex his, citatis a nobis paulo ante, magni Exordii verbis : « De Molismo egressi ad locum, quem proposito suo congruum jam ante per gratiam Dei præviderant, id est, eremum quæ Cistercium dicebatur, alacriter tetenderunt. » Templum almæ Dei parenti consecrarunt, more ad omnia reliqua propagati postea ordinis cœnobia derivato : unde hoc B. Humberti generalis ordinis Prædicatorum præclarum in suis sermonibus testimonium est. « Ordo iste habet in tanta reverentia B. Virginem, quod omnes ecclesiæ ejus sunt consecratæ in ejus honorem. Inde ipsi monachi in ecclesiis suis, quasi semper sunt ante beatam Virginem et Filium ejus. » Similiter a Gregorio X dictur : « Cisterciensis ordo, divinis mancipatus obsequiis, et inter religiones cæteras gloriosæ Virgini singularitate devotionis ascriptus ex institutione prima. »

17. Manriquez scribit, S. Robertum, antequam Molismo abiret, gravem ad illic remanentes orationem dixisse; illos vero abeuntem lacrymis prosecutos, utensilia ad monasterii novi officinas, præcipue autem quæ ad divinum cultum spectabant, officiose ac peramanter ministrasse. Subrogasse denique amantissimo Patri Gaufredum, aliis Goffridum dictum; « virum utique, ut ipse ait, moribus compositum, sacris etiam imbutum disciplinis, qui partes abbatis impleret non incongrue, si tales facere alios potens esset, qualem seipsum. » Cistercio autem, a Gualtero episcopo Cabilonensi, auctoritate legati pontificii, primus abbas S. Robertus fuit datus : de quo ista Historia ms. Cisterciensis : « Eodem tempore abbas qui advenerat, ab episcopo Cabilonensi, ad cujus diœcesim locus ipse pertinebat, virgam pastoralem cum cura animarum jussu prædicti legati suscepit, et monachos qui secum advenerant in eodem loco stabilitatem firmare regulariter fecit, sic quod ecclesia illa, divino pariter et humano favore vallata, apostolica quoque auctoritate munita, in abbatiam secundum Regulam S. Benedicti disponendam surrexit. » Hæc iisdem fere verbis Exordium Cisterciense parvum narrat, maximæ auctoritatis, utpote a primis Cistercii Patribus scriptum. Idem constat ex epistola episcopi Cabilonensis ad Lingonensem scripta, quam mox dabimus, et ex Cisterciensi Kalendario edito Divione, in quo B. Albericus secundus Cistercii abbas memoratur. Ita ut jam extra controversiam sit, S. Robertum primum Cistercio abbatem præfuisse, quod ad 26 Januarii in B. Alberici Vita indecisum relinquentes, rejeceramus in hunc locum.

§ III. *Revocatio et reditus S. Roberti a Cistercio ad Molismum : ejusdem ætas, cultus sacer, scriptores vitæ.*

18. Brevi tamen, abdicato apud Cistercienses magistratu, S. Robertus ad Molismum redire debuit, repetitus iterum a suis Molismensibus apud Urbanum II, nam, « haud multo post, » prosequitur Cisterciensis ms. Historia, « hoc elapso temporis spatio, Molismensis monachi, voluntate domini Gaufridi abbatis sui qui Roberto successerat, nuntios ad Romanam curiam destinarunt, a domino papa Urbano importune postulantes, quatenus præfatus abbas Robertus loco pristino, id est, Molismensi cœnobio ecclesiastice redderetur. Quorum importunitate dominus papa devictus, mandavit legato suo venerabili scilicet Hugoni, ut, si fieri posset, idem abbas reverteretur, et monachi eremum diligentes in pace consisterent. » Eadem, mutata nonnihil phrasi, Exordium parvum refert, in quo et hæc Urbani, super S. Roberti revocatione, scripta ad Hugonem archiepiscopum Lugdunensem epistola legitur : « Urbanus episcopus, servus servorum Dei, venerabili fratri et episcopo Hugoni, apostolicæ sedis vicario, salutem et apostolicam benedictionem. Molismensium fratrum magnum in consilio clamorem accepimus, abbatis sui reditum vehementius postulantium. Dicebant enim religionem in suo choro eversam, seque pro abbatis illius absentia odio apud principes et cæteros vicinos haberi. Coacti tandem a fratribus nostris, dilectioni tuæ per præsentia scripta mandamus, significantes gratum nobis existere, ut, si fieri possit, abbas ille ab eremo ad monasterium reducatur. Quod si implere nequiveris, curæ tibi sit, ut et qui eremum diligunt conquiescant, et qui in cœnobio sunt regularibus disciplinis inserviant. »

19. Hugoni, lecta hac epistola, nihil fuit antiquius, quam pontificis mandata exsequi : Manriquez scribit Lugduni super hac re ad Petram Incisam ab eo provinciale consilium fuisse convocatum : sequentes saltem, quæ utroque exstant in Exordio, ad Lingonensem episcopum litteras scripsit : « Hugo, Lugdunensis Ecclesiæ servus, charissimo fratri

Roberto, Lingonensium episcopo, salutem. Quid de negotio Molismensis Ecclesiæ... *Hanc epistolam vide in Hugone Lugdunensi, supra, hujus voluminis col. 523.*

20-21. Quemadmodum Hugonis litteræ effectum suum sint sortitæ, ita utrumque Exordium narrat : « Hæc omnia abbas ille laudavit et fecit; absolvendo Cistercienses ab obedientia quam ei in illo vel in Molismensi loco promiserant; et dominus Gualterus Cabilonensis episcopus abbatem a cura illius ecclesiæ liberum remisit, sicque reversus est, et quidam monachi cum eo. » Gualteri autem litteræ ad Lingonensem quoque episcopum scriptæ in parvo Exordio hujusmodi sunt : « Dilectissimo fratri et coepiscopo Roberto, Lingonensi episcopo, Gauterus, Cabilonensis Ecclesiæ servus, salutem. Notum sit vobis, fratrem Robertum, cui abbatiam illam in nostro episcopatu sitam, quæ Novum-Monasterium dicitur, commiseramus, a professione quam Cabilonensi Ecclesiæ fecit, et ab obedientia quam nobis promisit, secundum domini archiepiscopi definitionem, a nobis esse absolutum. Ipse autem monachos illos, qui in præfato Novo-Monasterio remanere decreverant, ab obedientia quam sibi promiserant et a professione liberos et absolutos dimisit. Illum ergo amodo suscipere et honorifice tractare ne vereamini. Valete. » Ex his prodit se manifestus error auctoris Vitæ, dicentis S. Robertum, post suum ad Molismenses reditum, cum potestate abbatis, et Molismo præfuisse et Cistercio : et Cistercio quidem, quia adesse non poterat, vicarium sibi B. Albericum primo, et hoc biennio post e vivis sublato, B. Stephanum præfecisse : ista enim vero adversari lector ex parvo Exordio colligit, ubi capite decimo ita scribitur : « Viduata igitur suo pastore Cisterciensis Ecclesia convenit, ac regulari electione quemdam fratrem, Albericum nomine, in abbatem sibi promovit. »

22. Reversus Molismum S. Robertus, cum duobus duntaxat monachis, Cistercienses tamen ex animo non delevit; crebris eos interpellasse litteris Chrysostomus Henriquez, in fasciculo sanctorum ordinis, auctor est, et earum unam, ex Chronico Briti transcribit. (*Vide infra.*)

23. De anno obitus S. Roberti inter scriptores consensio non est; Baronius in notis ad 29 Aprilis, secutus Chronicum Sigeberti, mortem anno 1098 ascribit. Fiteriensis, in notis ad Exordium Parvum, annum unum, duos in Annalibus Manriquez adjicit. Sed erroris convincuntur ex tabulis donationum, quibus apud Camuzatum in Antiquitatibus Ecclesiæ Trecensis S. Robertus anno Domini 1104, et apud Sanmarthanos in Molismo anno 1105 subscripsit. Hi illius Vitam anno 1110; ille, cum eoque Jonghelinus Claudiusque Robertus in Gallia Christiana, anno 1111 terminant. Quidquid sit, ætate ultra annum 1112 non processit : hoc quippe anno Molismo Guidonem præfuisse constat ex iis quæ loco citato attulerunt San-Marthani. Neque satis de die etiam, quo obiit, convenit : hunc Surius in Vita, et Bernardus Brito in Chronico Cisterciensi, 29 Aprilis dicunt. Verum translati festi dies ille est : unde Cistercienses, admonitu suarum Rubricarum, dum diem istum S. Roberto festum agunt, ex hymno *Jesu corona celsior*, quem de Confessoribus canit Ecclesia, hunc versum, *Anni recurso tempore*, cum tribus proxime sequentibus prætermittere jubentur. Rubricarum ista verba sunt : « Sequens versus non dicitur in festivitatibus sanctorum Remigii, Juliani, Roberti, in translatione S. Benedicti, nec quorumcunque confessorum, quoties ad aliam diem transferuntur. » Consonat versus de hoc ipso confectus antiquo more :

Remi, Rober, Juli, Translatio non canet anni.

Festum S. Roberti, antequam transferretur, diem 17 Aprilis occupabat, nempe juxta illam capituli Cisterciensis constitutionem : « De B. Roberto, primo Cistercii abbate, fiat festum quintodecimo Kalend. Maii, etc. Huic constitutioni inhærentes canonici regulares monasterii Bodecensis in diœcesi Paderbonensi, cum suo insigni codici fol. 178 inscripturi essent Vitam, quam inde a Joanne Gamansio transmissam damus, ita exorsi sunt : « Incipit prologus in Vitam B. Roberti, primi abbatis Molismensis nec non et Cisterciensis : cujus festivitas celebratur xv Kal. Maii. » Eodem die, juxta Fiteriensem, versus ille, in translatione festi postmodum facta prætermissus, omitti non solebat : unde recte colligimus, festum prius cum die obitus concurrisse, adeoque S. Robertum obiisse die Aprilis 17, sive xv Kal. Maii, uti habet auctor Vitæ in Bodecensi ms.

In mss. Additionibus quorumdam Carthusianorum Bruxellensium ad Usuardum 21 *Martii*, S. *Roberti abbatis Translatio* notatur, qui si hic Molismensis est, suspicari licebit alicujus posterioris translationis, ante unum forsitan sæculum aut paulo amplius factæ, hanc esse memoriam.

24. In numerum beatorum relatus fuit anno 1222 ab Honorio III summo pontifice, permittente Molismensibus, « ut eum tanquam sanctum in sua Ecclesia venerantes, ejus apud Dominum suffragia fideliter implorarent. » Manriquez in Annalibus ad hunc annum, non multo post beatificationem aut sub initium anni sequentis, canoni sanctorum ascriptum esse sustinet, et missa fuisse in hanc rem a pontifice diplomata. Hoc certum, decrevisse eodem anno capitulum generale Cisterciense, « Ut de S. Roberto, primo Cistercii abbate, fiat festum quintodecimo Kalend. Maii cum duodecim lectionibus, sicut de B. Hieronymo; et una missa, sicut de B. Benedicto. » Nomen variis Ecclesiæ fastis inscriptum legitur; Saussaii, Menardi, Wionis, Martyrologio Romano, Menologio Cisterciensi Chrysostomi Henriquez ad 29 Aprilis, et apud eumdem ad 21 etiam Martii, quo die eum e vita migrasse in Kalendariis Salmanticæ et Divione editis legi ait.

In Divionensi ad dictum diem ista vidimus: « Ordo Cisterciensis sub abbate Roberto feliciter incœpit anno 1098. Robertus ipse eodem die, qui sancto etiam P. N. Benedicto sacer est, obdormivit in Domino anno 1108. » Vitam, ut San-Marthani aiunt, Guido, primus post eum Molismi abbas conscripsit: aliam sæculo duodecimo, centum fere post S. Roberti mortem annis, Molismensis quidam anonymus monachus scripsit ex jussione, ut præfatur, « viri reverendissimi domini Adonis Molismensis abbatis, » quem San-Marthani docent anno 1197 obiisse, et *Odonem* appellant. « Nomen meum, inquit, subticui: ne forte apud imperitos opus ipsum vilesceret, si peccatoris nomen in prima fronte operis appareret. » Idem veritatis studium unice præ se ferens, non dubito quin ipsum etiam adhibuerit; fatendum est tamen a vero abductum aliquoties fuisse, dum suis Molismensibus, ex æmulatione adversus Cistercienses historiæ veritatem haud parum obscurantibus, nimium credidit. Sensit hoc primus, Joannes Grothusius noster piæ memoriæ, cum Embricæ in collegio nostro reperisset codicem Cisterciensis historiæ Ms. anno 1638, ipsumque et ea quæ in S. Bernardi Petrique Venerabilis operibus legerat contulisset cum Vita apud Surium edita. Et hic quidem accepto Ultrajectino ms. ecclesiæ S. Salvatoris ecgrapho, quale etiam nos habemus, non habuit prologum, utpote istic deficientem; et stylum aliquoties mutavit, verba etiam sæpius contractiora ut invenit sic reddidit. Nos integram invariatamque damus ex sæpe laudato codice Bodecensi: in qua quidquid minus sincerum, ex alieniori a Cisterciensibus animo scriptum, id vel jam correximus in hoc prævio commentario, vel porro in adnotatis cavendum monebimus. Annis post Adonis mortem 50, sub alio Adone sive Odone, actum pro obtinenda canonizatione est, peractumque ut diximus: qua de re monumenta exstant a Philippo Labbe inserta Bibliothecæ mss. tomo I et inde huc transcribenda; in quibus sub finem sit mentio Vitæ a Molismensium procuratoribus pontifici exhibendæ; quæ quin ipsa sit quam edimus, vix potest videri dubium. Ex recentioribus Vitam scripsere Gallice, Simon Martin ordinis Minimorum in *Floribus solitudinis*, Lusitanice Bernardus de Brito in parte prima Chronici Cisterciensis, Latine Manriquez in Annalibus ejusdem ordinis, et Chrysostomus Henriquez in fasciculo Sanctorum. Exstat etiam in Legenda Sanctorum excusa Lovanii anno 1485 et mss. Ultrajectinis S. Salvatoris, sed contractior.

VITA S. ROBERTI.

Auctore monacho Molismensi anonymo sub Adone abbate sæculo XII, ex ms. Bodecensi eruta a Joanne Gamans S. J., collata cum mss. Ultrajectino et Surio.

PROLOGUS.

1. Quoniam Jesu sacerdote magno per proprium sanguinem in sancta semel ingresso, propalata est via sanctorum; operæ pretium reor vitam illorum moresque describere, qui Salvatorem nostrum, quantum permisit humana fragilitas, imitantes, inter procellas vitæ præsentis, in agone certaminis fortiter perstiterunt, Christum Dominum in suis corporibus glorificantes et portantes, et usque ad finem vitæ constantissime permanentes in proposito sanctitatis. Hi enim sunt, de quibus Scriptura loquitur, « Justorum semita, quasi lux splendescens, crescit et proficit usque ad perfectum diem (*Prov.* IV). » Hi sunt stellæ, quas constituit summus pontifex in Ecclesiæ firmamento, quarum splendor humanæ ignorantiæ tenebras abigit, et laborantibus in hoc mari magno et spatioso portum salutis ostendit, inter quos specialiter effulsit vir vitæ venerabilis B. Robertus, Molismensis Ecclesiæ primus abbas, cujus sanctitas defæcata tanto jure gloriosior prædicatur, quanto vix aliquis in diebus nostris, qui vel Deum timeat, invenitur. Cujus ego vitam adorsus sum scribere, non de ingenio meo aut scientia præsumens, sed potius in illo spem profectus cœptique operis consummationem constituens, qui linguas infantium facit disertas, et ad corripiendam prophetæ vesaniam, subjugali muto quondam humanæ linguæ tribuit facultatem. Ad hæc accessit viri reverendissimi domini Adonis Molismensis abbatis, jussio, nec non et fratrum ejusdem loci instans et devota postulatio, quibus indignum prorsus arbitror aliquid denegari. Ne igitur coram Domino vacuus apparerem, licet non sim tantæ virtutis aut meriti, ut esse possim aliis in exemplum, dedi tamen operam, ne eis penitus lateat, qui merito sanctitatis Ecclesiæ sacrosanctæ datus est ad ornatum. Quique igitur lector accesseris, nomen quæso scriptoris in hoc non requiras, quia gloriam hominum fugiens et a Deo solo laudari quærens, in hoc opere nomen meum subticui, ne forte apud imperitos opus ipsum vilesceret, si peccatoris nomen in prima fronte operis appareret. Si quid autem minus eleganter minusve decenter dixero, veniam precor humiliter a lectore; commonens universos ad quos præsens scriptum venerit, ne verborum phaleras a me requirant, quia veri-

tas per se sibi sufficiens et decora, fuco verborum non appetit colorari, neque meretricis Jezabel stibio depingi. Denique Doctorem gentium, ipsiusque Veritatis discipulum audiant dicentem, quia regnum Dei non est in sermone, sed in virtute potius (*I Cor.* IV).

CAPUT PRIMUM.

S. Roberti natales, tirocinium vitæ religiosæ, et præfecturæ quædam.

2. Beatus igitur Robertus de Campaniæ (1) partibus oriundus, quasi quidam flos campi speciosus enituit, cujus nimirum decor in honestate morum intuentibus gratus erat; et sanctæ opinionis odor, longe lateque diffusus, ad imitationem sui plurimos invitabat. Hunc autem virum sanctum recte flori me æstimo comparasse; quia de sanctis dicit Scriptura, quod « florebunt de civitate sicut fenum terræ (*Psal.* LXXI). » Porro quia nobilitas est quædam laus procedens ex meritis parentum, a quibus vir beatus originem duxerit, ostendemus. Pater igitur ejus Theodericus, mater vero Ermegardis dicebatur, ambo quidem secundum sæculi dignitatem clari, sed ante Deum morum honestate clarissimi; rerum vero copia, quibus temporaliter abundabant, sic utebantur, ut summi Patrisfamilias potius viderentur dispensatores, quam terrenæ substantiæ possessores. Scientes autem, quod feneratur Domino, qui pauperi miseretur, pulverem terrenæ conversationis piis eleemosynis abstergebant : imo quia in carne positi, non secundum carnem vivebant, cogitatione et aviditate in cœlestibus habitantes, coronas suas virtutum operibus, quasi pretiosorum lapidum gloria, decorabant. Hæc idcirco dixerim, ut ostenderem, quam sancta radix exstiterit, de qua nobis sanctus iste, quasi quidam ligni vitæ surculus, pullulavit. Verum quia de parentibus ejus fecimus mentionem, qualiter eumdem virum sanctum Spiritus prævenerit sanctus in benedictione dulcedinis, dum adhuc matris utero clauderetur, breviter absolvemus. Prægnanti enim matri ejus gloriosa Dei genitrix Virgo Maria in somnis apparuit, aureum annulum habens in manu sua, dixitque ei : « O Ermegardis, volo filium, quem gestas in utero, ex isto mihi annulo desponsari. » In hæc verba mulierem dormientem relinquens beata Virgo, disparuit; illa vero de somno consurgens, animo cœpit revolvere visionem. Adjecit autem beata Dei genitrix apparere iterum mulieri; sicut olim ad confirmandam promissam suam, Dominus legitur apparuisse denuo Samueli.

5. Expletis igitur diebus mulier peperit filium (2), quem ablactatum tradidit litterarum studiis imbuendum; in quibus supra omnes coætaneos suos proficiens, de fontibus Salvatoris puro pectore hauriebat, unde salvationis gratiam postmodum populis cructaret. Qui cum esset annorum quindecim, mundana vitans contagia, totum se decrevit Domino consecrandum; unde florem gratissimæ juventutis Domino offerens, apud S. Petrum de Cella (3) suscepit habitum regularem; ubi jejuniis et orationibus vacans nocte et die, gratum Deo exhibebat obsequium, carnem spiritui, spiritum vero subjiciens Creatori. Cum vero tempus esset, ut in servo suo glorificaretur Deus et lucerna, quæ sub modio latuerat, super candelabrum ad illuminandam Ecclesiam poneretur : ille, in cujus manu corda sunt hominum, ejusdem domus fratribus inspiravit, ut virum Dei Robertum sibi eligerent in priorem. Dignum quippe erat, ut qui duce gratia longo usu didicerat tenere moderamina vitæ suæ, judex et moderator fieret aliorum. Erat tunc temporis in remotis nemorum (4) latebris eremita quidam, Deo cupiens eo liberius quo secretius deservire, qui cum assiduitate jejuniorum maceraret carnem et orationum instantia spiritum roboraret, respexit Dominus humilitatem ejus, nec sine grandi miraculo per ipsum crevit servientium Domino multitudo.

4. Duo enim milites, fratres quidem secundum carnem, sed secundum spiritum non eadem sentientes, studio inanis gloriæ dediti, ad ostentationem virium suarum, exsecrabiles nundinas, quas vulgus torneamenta nominat, expetebant. Qui cum per nemus, in quo præfatus eremita degebat, solitariam vitam ducens, iter agerent, cœperunt alterutrum secreta cogitatione de mutua nece tractare. Invidiæ quippe veneno miserabiliter tabescentes, apud se cogitabant, quod altero eorum mortuo, ille qui superesset, in defuncti possessionem succederet. Sed Deus omnipotens, qui sciebat eos vasa misericordiæ mox futuros, non permisit illos tentari supra quam poterant; sed fecit cum tentatione proventum, ne iniquitatem, quam conceperant, effectui manciparent. Ad hoc autem permisit eos Dei providentia tam iniqua tentatione vexari, ut postmodum in profectu virtutum positi sibi superbe non tribuerent quod haberent, sed magis in illum refunderent, cujus essent misericordia liberati. Cum igitur expleto negotio, ad quod ierant, in quo satis strenue secundum mores gentis illius egerant, in tantum, quod laudis humanæ fructum ab omnibus, qui adfuerant, reportarent; ad propria remeantes, ad locum, in quo de nece mutua secreta cogitatione tractaverant, gressu prospero pervenerunt; ibi, veluti ab ipso loco admoniti, quin potius divina inspiratione compuncti, cogitatam cœperunt exhorrere nequitiam, et in seipsis de concepto facinore conturbari. Ad memoriam vero reducentes, quod in proximo erat tugurium eremitæ superius memorati, pari voto iter suum ad illius mansiunculam direxetum est superius.

---

(1) Manrique *e Normannia oriundum* scripsit, proxima campaniæ provincia.
(2) Addit Surius, *vocans eum Robertum.*
(3) De hoc monasterio in suburbio Tricassino, ac-

(4) Colanum id nemus dicebatur, juxta Tornodorum, et nominatur infra num. 8.

runt; et per confessionem virus pestiferum, quod in cordibus eorum latuerat, evomentes, eliminata spurcitia gratum in semetipsis Deo habitaculum paraverunt. Denique a viro Dei super cogitata nequitia redarguti, ab eodem recesserunt salutaribus monitis informati, cujus nimirum sermo ardens tanquam facula cœlestes concupiscentias in illorum mentibus excitabat, terrenæ dignitatis ambitum in eis prorsus exstirpans, et virtutum fomitem non minus suaviter, quam salubriter in eisdem creans.

5. Cum igitur ad locum, in quo prius alter in alterum cogitarat insurgere, pervenissent, cœperunt dicere inter se, et mutuo loquebantur : « Quid hic, inquit alter eorum, frater charissime, nobis hesterna die transeuntibus cogitabas? » At illo cordis sui cogitationem reserante fratri suo : « Et ego, inquit alter, nihil prorsus dissimile cogitavi. Qui statim compuncti corde ad virum Dei regressi, sprèta sæculi pompa fastuque calcato, cum eodem cœperunt spiritualiter vivere, et ad portandum suave jugum cordis Christi cervicem humiliter inclinare, unde quis eorum conversionem meritis B. Roberti dubitet ascribendam? cujus magisterio, sicut sequens docebit lectio, disciplinis erant regularibus imbuendi. Deus autem, qui consolatur humiles, adjecit multiplicare servos suos, ut intra breve spatium ad septenarium numerum pervenirent, quo videlicet numero septiformis sancti Spiritus gratia figuratur, quem per famulum suum B. Robertum multorum salutem novimus operatum. Idem enim Spiritus hos septem viros, quasi septem columnas spiritualis ædificii præparavit, per hos enim cœpit ordo monasticus reviviscere, et missa radice ad humorem gratiæ fructum facere spiritalem, ut, cum penitus putaretur absumptus, rursum ad odorem gratiæ germinaret, faceretque comam, quasi cum primum plantatus est.

6. Interim vero B. Robertus, sanctitate et gratia apud Deum et homines satis clarus, a monachis S. Michaelis Tornodorensis (5) electus est in abbatem. Præfati vero eremitæ cum non haberent, qui eos disciplinis regularibus informaret, audientes famam beati viri, duos e fratribus suis ad ipsum transmittere curaverunt, qui cum ad locum pervenissent, in quo vir Domini sedulum Deo exhibebat obsequium, præpositum domus illius in auditorio repererunt. Qui cum eorum propositum, causamque itineris agnovisset, vix ab eo multis precibus obtinuerunt, ut ad viri Dei secretarium ducerentur. Invidiæ quippe mucrone confossus præpositus (6) sibi arbitrabatur perire, si quid laude dignum per servum suum Dominus de aliorum profectibus ordinasset, unde fratribus ejusdem domus, nec non et abbatis sociis persuasit, ne petitioni fratrum, qui ad requirendum, ut vir Dei sibi præesset, venerant, assentirent. Verumtamen B. Robertus eorum petitioni justisque votis aggratulans, ipsorum satisfecisset desiderio, nisi fratres Tornodorenses unanimiter obstitissent. Salutaribus tamen monitis informatos, comitatos orationibus et firmatos benedictionibus, remisit illos ad propria : et in spe singulariter illos constituit, quod, quam cito facultas ei tribueretur a Domino, ipsos adimpleret lætitia cum vultu suo. Libet autem hic paululum intueri dispensationem Dei, quamvis enim sanctum esset ipsorum propositum justumque desiderium, ad hoc tamen dilatum fuit, ut dilataretur et cresceret; ut cum id quod quæsierant adepti forent, id haberent charius atque cautius observarent.

CAPUT II.
Cœnobia Molismense et Cisterciense fundata.

7. Vir autem Domini semper cogitans, non quæ mundi sunt, sed quæ Domini; cum videret fratres loci illius ab æquitatis tramite declinare, timens ne malignus comes candido et simplici suam rubiginem affricaret, et pulchram animæ illius faciem deformaret; eo quod mores formari soleant a convictu, ad claustrum Cellense, unde digressus fuerat, remeavit. Ubi Lia, quæ laboriosa dicitur, ad tempus postposita, dilectæ diuque desideratæ Rachelis fruebatur amplexibus, hauriens in gaudio de fontibus Salvatoris quod postea propinaret fidelibus in salutem. Sed quia latere non potuit civitas supra montem posita, B. Robertus supra montem Christum radicatus firmiter et fundatus, defuncto priore S. Aigulfi (7) ad pascendum humilem gregem Christi rursus eligitur, in eadem domo unanimi fratrum voto parique desiderio prior effectus. Memorati autem eremitæ, amore vitæ cœlestis afflati, cum virum Dei semper viderent in Deum proficere et seipso effici meliorem, inito consilio duos ex fratribus suis ad sedem apostolicam transmiserunt, quatenus a summo pontifice (8) precibus obtinerent, ut vir Dei B. Robertus pusillo gregi Christi Pater fieret atque pastor; sciebant enim, quod nefarium esset summo pontifici contradicere, aut ejus jussionibus ausu temerario contraire. Summus autem pontifex audiens ipsorum propositum, gavisus est valde, petitionique eorum benigne annuens, apostolica benedictione fretos remisit ad propria gratulantes; abbati (9) de Cella per apostolica scripta mandans atque præcipiens, quatenus, quemcumque de fratribus elegis-

---

(5) Tornodorum vulgo *Tonnerre*, haud longe ab Armensione fluvio, ubi anno 980 exstrui monasterium cœperat.

(6) Guillericus hic forsitan fuit, cui ipse sanctus postea cedens, abbatiam dimiserit : certe Roberti successor eo nomine dictus videtur, quod Sammarthani ex diplomate Calteri Lingonensis episcopi anno 1171 acceperunt.

(7) Colitur S. Aigulfus, abbas Lirinensis et martyr, 3 Sept. sub cujus nomine in vicinia Cellensis cœnobii exstabat prioratus, subjectus abbati Cellensi.

(8) Alexander III hic videtur fuisse, sedit enim ab anno 1159 ad 1181.

(9) Guarinus credo, anno 1050 indicatus a Sanmarthanis, decessor Bernardi an. 1071 electi.

sent, ipsis traderet in abbatem. Abbate autem de Cella cognito, quod summus pontifex illi mandaverat, beatum Robertum concessit postulantibus : tristis quidem et mœrens, sed mandatis apostolicis contraire non audens. Videbat enim quod illorum consolatio sibi suisque esset tribulatio, eo quod de domo illius columna cedrina, firma utique et imputribilis, auferretur. Beatus autem Robertus curam pastoralis officii devotus accepit, videns quod labor ejus sine fructu non esset, eo quod unanimitas gregis, respuendo terrena et quærendo cœlestia, salutaribus ejus monitis obediret : unde iterum Liæ, vitæ scilicet activæ, copulatus est ad filios procreandos spirituales : secundum interiorem quidem hominem in spiritu humilitatis Domino serviens, secundum exteriorem vero satis strenue ministerium suum implens.

8. In loco igitur, qui nunc Colanus dicitur, Domino servientes, in fame et siti, in frigore et nuditate, jejunando et orando, pondus diei et æstus æquanimiter tolerabant, seminantes in lacrymis, ut in exsultatione secum ad Dominicum horreum justitiæ manipulos reportarent. Sed quia solatium est laboris, visio collaborantis, qui humilium vota respicit Deus, addidit ut multiplicaret servos suos, ut in brevi tredecim fierent, et apostolis, quantum in ipsis erat, honestate morum nec non et numero concordarent. Vir autem Domini Robertus congruentiam loci desiderans, relictis ibi custodibus, assumptis fratribus, in quoddam nemus, cui Molismus nomen est, secessit : ubi propriis manibus laborantes, ramos de arboribus exciderunt, ex eisdem domicilia in quibus possent quiescere, construentes, oratorium quoque simili schemate peregerunt, in quo Domino frequenter salutares hostias et sacrificium contriti spiritus offerebant; qui cum panem non haberent, quo post diuturnum laborem corpora possent reficere, tantummodo leguminibus utebantur. Contigit autem Trecensem episcopum (10) per nemus illud, in quo Dei homines in summa paupertate et humilitate Domino serviebant, iter agere, et ad locum illum refectionis hora cum sociorum frequentia pervenire. Quos viri Dei devote suscipientes, quodammodo confundebantur, quia non habebant quod refecturis apponerent ; in quorum humilitate et paupertate non mediocriter ædificatus episcopus et compunctus, valefecit et recessit. Procedente vero tempore, cum non haberent unde possent fratres vel ad modicum sustentari, ad B. Roberti consilium confugerunt. Ipse vero, qui nunquam posuit aurum robur suum, nec obrizo dixit: « Fiducia mea (*Job*, xxxi), » docuit illos ponere in Domino Deo spem suam, sciens quia non sineret Deus diutius affligi fame animam justi. Cum igitur pretium non haberent, nihilominus Trecas (11) transmisit eos ad victualia comparanda, secundum litteram prophetæ consiliis acquiescens : « Et qui non habetis argentum, venite, properate, emite et comedite (*Isa.* LV). »
Cum autem Trecensium civitatem nudis pedibus fuissent ingressi, statim de ipsis ad episcopum rumor ascendit, quos ad se faciens introduci, devote satis illos suscipiens, amorem, quem habebat erga Deum, in exhibita servis suis humanitate monstravit. Denique novis vestibus regulariter induens eos, cum quadriga pannis et panibus onerata remisit eos ad fratres suos. Hac autem benedictione non mediocriter confortati fratres, didicerunt inter adversa patientes esse ; quin etiam a die illa et deinceps non defuit, qui eis tam in cibis quam in vestibus necessaria ministraret.

9. Cum autem in Dei servitio constantissime perdurarent, multi veniebant ad illos, sæculum fugientes, et rejecta mundi sarcina cervices suas suavi jugo Domini supponebant. Quidam vero de remotis partibus eis necessaria transmittebant, ut mercedem justi reciperent, cum justis præsentis vitæ necessaria ministrarent. Sed quia plerumque rerum copia morum ingerit egestatem, cum cœpissent abundare temporalibus, cœperunt spiritualibus vacuari, ut eorum iniquitas prodire quasi ex adipe videretur. Beatus autem Robertus, cor suum divitiis affluentibus non apponens, magis ac magis in Deum proficere conabatur, et secundum instituta S. Benedicti juste et pie et sobrie conversari. Quod videntes filii Belial, in virum Dei atrociter insurgebant, ipsum ad amaritudinem provocantes, et justi animam iniquis operibus cruciantes. Nec te moveat, lector, quod in illa sancta congregatione locum sibi vindicet iniquitas, cum superbia, natione cœlesti cœlestes mentes revocans, ad proprios ortus, invadat ; et in cinere et cilicio lateat, quæ apparere in magno, in bysso et purpura consuevit. Denique Scriptura teste didicimus quia, cum « quadam die filii Dei venissent ut assisterent coram Domino, adfuit inter eos etiam Satan (*Job* 1) ; » sic ab initio non defuit in Ecclesia justus, qui proficeret, et impius qui probaret.

10. Videns autem vir Dei quod in corripiendo eos non proficeret et quod, disciplinæ regularis observatione postposita, unusquisque post pravitatem cordis sui ambularet, statuit illos relinquere, ne dum in eis frustra quæreret spirituale lucrum, ipse animæ suæ faceret detrimentum. Orta igitur inter eos discordia, recessit ab eis venitque ad locum, qui vocatur Aurum (12), in quo audierat habitare fratres, in spiritu humilitatis Domino servientes. Ad quos cum venisset, devote susceptus est ab eis, vixitque aliquandiu inter eos laborans propriis ma-

---

(10) Everardus de Avesnis, Trecensis episcopus, ab anno 1172 ad 1190.
(11) Distant Trecæ a Molismo intervallo duntaxat leucarum 8, ut non mirum sit illuc potius destinatos quam Lingonas, ad quorum diœcesim pertine-

bant, duplo majori spatio dissitos.
(12) Aurum, vicinum Molismo monasterium, appellat Manrique : ejus alibi indicium nullum invenimus, ex quo de situ aut præterito subsecutoque loci statu quidquam intelligamus.

nibus, ut haberet, unde tribueret necessitatem patienti. Vigiliis autem et orationibus incessanter insistens, infatigabiliter Domino serviebat : et cum in sanctitate cunctos excelleret, omnibus serviens, omnium se minimum reputabat. Unde non multo post ab eis electus est in abbatem, quibus præesse curavit in omni modestia, infirmis curam impendens, et sanos fovens, non quasi dominans in clero, sed forma gregis factus ex animo.

11. Molismenses autem-pœnitentia ducti, quod virum Dei offendissent, et a se quodammodo per inobedientiam expulissent, ruinam suam tam in moribus quam in possessionibus anxie deplorabant: et in casu suo experti sunt, quod B. Roberti meritis illis Dominus abundantiam etiam temporalium tribuisset. Inito ergo salutis consilio summum pontificem adierunt, cujus auctoritate freti, virum Dei revocavere Molismum, ubi jejuniis et orationibus incessanter intentus, æmulatione Dei æmulabatur subjectos sibi, ut in brevi observantiam eis disciplinæ monasticæ reformaret. Erant autem inter illos quatuor viri spiritu fortiores, scilicet Albericus (13) et Stephanus et alii duo, qui post claustralis exercitii rudimenta ad singulare certamen eremi suspirabant. Egressi igitur de monasterio Molismensi, venerunt ad locum, cui Vinicus (14) nomen est; quem cum aliquanto tempore incoluissent, ad instantiam Molismensium a viro venerabili Joceramno (15) Lingonensi episcopo, nisi reverterentur (16), excommunicationi sententiam susceperunt. Compulsi ergo præfatum locum relinquere, venerunt ad quamdam silvam, Cistercium ab incolis nuncupatam, ubi in honorem beatæ Dei Genitricis Mariæ oratorium construentes, nec minis, nec precibus a suo deinceps potuerunt proposito revocari,

A spiritu ferventes, et infatigabiliter die ac nocte Domino servientes. Audiens autem B. Robertus sanctam ipsorum conversationem, assumptis secum viginti et duobus fratribus, perrexit ad eos, ut sancti eorum propositi esset particeps et adjutor : a quibus summa cum devotione susceptus, eisdem aliquandiu paterna sollicitudine præfuit, regulariter ipsorum vitam et mores instituens, et semetipsum religionis et honestatis formam exhibens et exemplum.

12. Molismenses autem, ægre ferentes se a tanto pastore destitui, summum pontificem (17) adierunt, ut vir Domini B. Robertus ad Ecclesiam Molismensem, quam prius fundaverat, regredi cogeretur. Summus vero pontifex audiens novellam plantationem Cisterciensium in Christo firmiter radicatam, gavisus est valde, comperto quod in omni morum honestate pollerent, et quod B. Roberti exempla formati S. Benedicti Regulam ferventius observarent. Videns autem quod Molismensibus imminiret excidium, si viri Dei præsentia fraudarentur, scripsit episcopo (18) Cabilonensi quatenus, alio abbate Cisterciensibus ordinato, B. Robertum cogeret reverti Molismum. Quo comperto, B. Robertus, sciens quia « melior est obedientia quam victima (I Reg. xv), » et quod « quasi scelus » est « idololatriæ nolle acquiescere (ibid.), » dispositis ibidem, quæ ad novæ institutionis observantiam pertinebant, abbatem (19) eis præfecit virum Deo dignum, nomine Albericum, qui fuit unus de primis monachis Ecclesiæ Molismensis : sicque omnibus salubriter ordinatis, ad monasterium Molismense, quod ipse in honorem Beatæ Mariæ fundaverat, reversus est. Defuncto vero post biennium (20) Alberico, successit Stephanus a B. Roberto (21) abbas Cisterciensibus or-

(13) Albericus 26 Januarii, Stephanus 17 Aprilis coluntur, quando utriusque Vitam illustravimus : alii duo nominantur ab Orderico Vitali mox citando, Joannes et Hilbodus.
(14) Manrique Unicum scribit : Codex Ultrajectinus Vivificum. Neutrius appellationis nota ulla uspiam.
(15) Joceramnus sive Gauceramnus, episcopus Lingonensis, sedit ab anno circiter 1114 ad annum 1127. Est igitur in nomine, si non etiam in re, error gravis : nec est alius in cujus episcopatum hæc actio possit incurrere, quam vel Rainardus, circa annum 1065 consecratus et anno 1080 concilio Santonensi subscriptus ; vel ejus successor Robertus Burgundus, Joceranni decessor. Cum autem de tali eorum coactione, nihil scribant Cistercienses, et hic qui scribit ita exeret, veremur ne res tota conficta sit, nec nisi cum suo abbate Roberto illorum quisquam Cistercium habitaturus adiverit.
(16) Hinc intulimus, quod etiam aliunde probabatur, ex Vinico Molismum rediisse prædictos sanctos, non autem immediate Cistercium abiisse.
(17) Urbanus II hic fuit, qui ab anno 1088 ad 1090 præfuit.
(18) Gualterus episcopus Cabilonensis supra memoratus num. 21, a Sammarthanis Walterius nominatur, præfuitque ab anno 1080 ad 1115.
(19) Econtra ostensum superius est, post S. Roberti discessum, a fratribus electum fuisse.
(20) Imo post decennium : sic enim expresse Ordericus Vitalis lib. VIII agens de S. Roberto Molismum reverso : « Albericum magnæ religionis virum ad opus Cistercii vicarium sibi elegit, et Joanni ac Hilbodo Atrebatensibus aliisque duobus viginti fratribus abbatem Cistercii constituit : qui in magna egestate per decem annos ibi deguit, et cum suis contubernalibus Deo gloriose militavit. » Floruit et scripsit Ordericus circa annum 1120, monachus Uticensis in diœcesi Lexoviensi ; ut hæc necessario habuisse debuerit ex ipsis Molismensibus, primis de sua institutione scriptoribus ; ab iisdem in hoc uno deceptus, quod dicerent S. Robertum superioritatis aliquid in Cistercienses retinuisse cum rediit Molismum, cujus contrarium demonstratum est ex ipsis legati apostolici et Gauteri Cabilonensis episcopi litteris : quin ipse vitæ hujus auctor paulo ante indicat, papam Cabilonensi mandasse, ut alium abbatem Cistercii ordinaret.
(21) Vixeritne tandiu Robertus incertum est, hoc constat nihil ipsi juris in Cistercienses fuisse, ejus tamen consilio in utraque electione dirigi ipsos potuisse non negaverim. Obiit autem Albericus et electus est Stephanus prior, tunc absens, anno 1109, de quo prælaudatus Ordericus scribit, quod fuit « natione Anglicus, vir magnæ religionis et sapientiæ ; et plusquam viginti quatuor annis, doctrina et operatione sancta gloriose pollens, tenuit ; » seque anno 1133 regimine abdicans, obiit anno sequenti, ut suo loco ostensum est.

dinatus, sicque illius novellæ plantationis institutor existens, cum ad ejus arbitrium utriusque monasterii Molismensis videlicet et Cisterciensis ordinatio pertineret, cum duobus monachis Molismum rediit; Cisterciensibus quidem de ipsius discessione mœrentibus, Molismensibus vero econtra exsultantibus de regressu. Fueruntque obviam de Barensi (22) oppido honoratorum et plebis multitudo maxima, qui eum cum grandi tripudio et divinis laudibus exceperunt. At ille cum suo, imo Christi grege pusillo, scilicet Molismensi collegio, paratum sibi a Deo locum ingressus, divinam, quæ cuncta dispensabat, Providentiam tota mentis alacritate magnificans, gregem sibi commissum paterno confovebat affectu, disciplinis regularibus illos instituens, quinimo exemplum regulæ factus est illis, regulariter inter eos vivens.

CAPUT III.

Mors ac sepultura, S. Roberti quædam miracula ad funus.

12. Qualiter autem vir sanctus de ergastulo carnis migravit, quibus etiam signis pretiosam in conspectu suo mortem ejus Dominus illustraverit, vestræ libet plenius pandere charitati. Cùm igitur B. Robertus multis laborum certaminibus Domino militasset, vitæ præsentis tædio plurimum fatigatus, dissolvi et esse cum Christo ardenti desiderio cupiebat (*Philip.* 1). Cujus desiderium Deus exaudiens, ei sui exitus horam non paucis ante diebus, sicut ipse præoptaverat revelavit; quam ipse imminere prænoscens, fratribus indicavit. Aliquandiu itaque corporis infirmitate detentus, gratiarum merita virtute patientiæ cumulavit, et in infirmitatibus suis glorians, et virtuti Christi gratum habitaculum in se parans. Anno igitur ætatis suæ octogesimo tertio, decimo quinto Kalendas Maii (23), corpus terræ reddidit, spiritum vero ad Deum, cujus servitio indefessus adhæserat, terra plorante, cœlo gaudente, remisit. Filii autem ejus, scilicet monachi Molismenses, quorum omne gaudium in ipso erat atque solatium, amarissime flentes, reverendi Patris exsequiis ardentius insistebant. Qui licet de superna meritorum ejus retributione minime dubitarent, et suffragiis sibi per ejus merita conferendis; de Patris tamen præsentia sibi ab hac luce subtracta vehementius angebantur. Et quia lucis filium se fuisse, dum adhuc esset in terra, justis operibus comprobavit, quanti apud ipsum esset meriti, Deus in ejus transitu declaravit.

13. Nam super habitaculum, in quo B. Roberti corpus jacebat exanime, primo noctis crepusculo duo lucidissimi et diversi coloris arcus apparuerunt, qui ad amplitudinem magnæ plateæ se dilatantes, in quatuor partes terræ protrahi videbantur, quorum alter ab aquilone ad austrum, alter vero a septentrione ad occidentem protensus est. In summitate vero, ubi duo arcus jungebantur, clara lux, ad similitudinem lunaris circuli, præfulgebat; quæ se in altum protendens, tenebras noctis a loco illo penitus excludebat. In hac vero luce crux rutilans apparuit, primo quidem modica, sed paulatim excrescendo facta est magna: circa quam innumerabiles varii coloris erant circuli, in quibus singulis singulæ exortæ sunt cruciculæ rutilantes, cum suis circulis mirabiliter excrescentes, qui cum se usquequaque in firmamento dilatassent, totum Molismi locum mirabiliter illustrabant, ut signis evidentibus appareret, quod vir beatus, qui in eodem loco cum pietate dormitionem acceperat, filius lucis esset. Nec dubitandum, quin ad declarandum sanctitatis ejus meritum, lumen cum crucibus cœlitus sit emissum, ut per hoc daretur intelligi quod sanctus Dei, fugiens opera tenebrarum, carnem suam crucifixisset cum vitiis et concupiscentiis: quæ idcirco plures apparuerunt ut manifeste clareret quod futuri essent imitatores ejus plurimi, sicut et ipse fuit Christi. Quid vero de arcubus dicam, nisi quod signa erant fœderis inter Deum et hominem, inter creaturam et Creatorem: ut enim aliquid de veteri tangam historia, cum de sancti Noe patriarchæ oblationibus odoratus esset Dominus odorem suavitatis (*Gen.* VIII): « Ponam, inquit, arcum meum in nubibus cœli, et recordabor fœderis mei, quod pepigi tecum (*Gen.* IX). » Quod nimirum Scripturæ sacræ testimonium mihi non incongrue videor assumpsisse, licet magis sit ad mysterium referendum; quia pergens in Deum spiritus viri sancti, quasi quædam fuit delibatio sacrificii, et quasi quidam gustus odoris suavissimi. Et cum nullus dubitet per sanctorum merita stare mundum, credendum est indubitanter virum sanctum jam carne solutum sibi devotis veniam obtinere peccaminum, et gratiarum munera frequentius impetrare (24).

14. Ad cujus sanctitatem humanis mentibus altius imprimendam, etiam circa languentes operatus est salutem universitatis Conditor, qui devote viri sancti exsequiis assistebant, quod, adjuvante Domino, sequens lectio declarabit. Duo ægri fide fervidi ad locum, in quo sancti corporis gleba vitali spiritu vacuata jacebat, accedentes; postquam supponi feretro ejusque sudarium contingere meruerunt, statim receperunt pristinam sanitatem; planctumque fratrum mœrentium in solemne gaudium pro patrato per servum Dei miraculo converterunt. Sed et sicut quondam per puellam captivam virtus Elisæi prophetæ innotuit regi Syriæ, sic etiam per

---

(22) Barrum ad Sequanam (hoc enim addito distinguitur ab altero Barro ad Albam) duarum leucarum intervallo adjacet Molismo, ad ostium fluvioli in Sequanam influentis, cui monasterium incumbit.

(23) Surius, ratus errorem obrepsisse in numeros, erravit ipse, dum corrigens scripsit, « tertio Kalendas. »

(24) Sequens totus apud Surium in fine Vitæ invenitur.

sexum muliebrem apud Francigenas innotescere voluit servum Dei. Nivernensis (25) enim comitissa cum in quodam oppido cum puellarum militumque frequentia moraretur; cum firmaculum aureum haberet ad collum suum, tam auri materia quam incisione lapidum pretiosum, contigit, ut ad decorem ejus ostendendum et pretium, ipsum ablatum de collo suo teneret in manibus aliisque traderet bajulandum. Qui cum super firmaculi pulchritudine mirarentur, ipsumque vicissim traderent contuendum, contigit ut, cum de rebus aliis miscerent colloquia, obliviscerentur firmaculi, quod tenebant. Comitissa vero manum suam mittens ad collum suum, postea quam illud comperit reseratum, sollicite cœpit inquirere, cuinam præfatum firmaculum tradidisset : cumque sigillatim requisiti illud se dicerent non habere, cœpit matrona nobilis magis ac magis animo conturbari. Erat autem multum straminis in loco, quod præcepit eadem mulier ventilari, lucernam accendens, et inquirendo totam domum evertens. Sed cum illud quod quærebat, invenire non posset, puella quædam, quæ in ejus obsequio erat, accessit ad illam, constantissime asserens quod si beatum Robertum fideliter imploraret, idem sanctus ei sine dubio redderet firmaculum suum. Cujus consilio comitissa fideliter acquiescens, cereum in honorem beati Roberti abbatis accendi jussit. Quod cum factum fuisset, statim coram magna plebis multitudine firmaculum de gremio ejus inventum est. Convenerunt tam viri quam mulieres, pro tanto miraculo Deum glorificantes, et ipsum de B. Roberto famulo suo mirabilem prædicantes. Hoc autem miraculum tam celebre factum est, ut quicunque in tota regione illa quidquam amiserit, ad viri Dei auxilium confugere non moretur, et sic rem, quam prius amiserat, sine dilatione recipiat. Nec mirum si vir sanctus in restauratione rerum amissarum accepit a Domino gratiam singularem, cum ipse lucerna sit in domo Domini ardens et lucens, ut quique ad illum accesserit, illuminetur, et per illum drachma perdita reparatur [*f.* reperiatur; *sin*, reparetur].

15. Expletis autem ex more circa beati viri corpus exsequiis, gleba illa sanctissima a vicinis abbatibus, aliisque reverendis personis ad hoc ipsum congregatis, venerabiliter est tradita sepulturæ; et in ecclesia B. Virginis, quam ipse in honorem ejus fundaverat, honorifice tumulata. Deus autem omnipotens, ut post carnis depositionem famulum suum B. Robertum vivere comprobaret, multorum enim miraculorum gloria decoravit. Idem quoque vir sanctus, ut se ostenderet curam gerere filiorum, etiam postquam subtracta est ab eorum oculis, ejus visio corporalis; si quando essent in Dei servitio negligentes, aut ad Matutinas tardius surrexissent, multoties consuevit excitare sacristam, arguens negligentes et hortans ad meliora devotos. Hæc autem de vita et moribus beati viri stylo rudi sub brevitate transcurrimus, ita curantes devotis satisfacere, ne fastidiosos verborum copia gravaremus. Omnia vero sanctitatis ejus monumenta nullus æstimet potuisse conscribi; sed mihi noverit evenisse, quod poetis incrtibus accidere consuevit, ut cum materiam vires suas excedentem præsumpserint, ejusdem mole depressi, non perficiant quod cœperunt : sicque non solum Judæi, verum etiam Christiani nostri temporis signa quærunt, cum non sit sanctitas in miraculorum ostensione, sed potius in operatione virtutis. Ad satisfaciendum utrisque pauca de pluribus, quæ per illum operatus est Dominus, breviter attingemus.

16. Postquam autem vir sanctus felici transitu migravit ad Christum, cœpit virtutum ejus opinio longe lateque diffundi, et prope erat Dominus invocantibus nomen sancti. Beata quoque Dei genitrix, quæ sibi desponsaverat virum Dei, dum adhuc uteri materni clauderetur angustiis, gratiam, quam singulariter accepit a Domino, communicare non desistit servo suo. Nam a die exitus beati Roberti cœperunt miracula creberrime fieri in ecclesia Molismensi, quam idem vir sanctus construxerat, in honorem ejusdem Virginis, cui a primæva ætate totum se dederat, et devotione serviebat speciali. Divinæ igitur dispensationis gratia in omnem terram promulgante miracula, quæ Deus omnipotens precibus suæ matris et beati Roberti meritis operari dignatus est in Ecclesia Molismensi, cœpit undequaque gentium confluere multitudo.

17. Accidit autem quod quædam mulier paupercula, caduco laborans incommodo, ad ecclesiam Molismensem venire disponeret, auxilium a Matre Domini et beato Roberto ejus famulo quæsitura. Assumptis igitur secum duobus puerulis, quorum alter ad ejus pendebat ubera, alter vero gressu debili matris vestigia sequebatur, iter prosequitur destinatum. Inclinata autem jam die, venit ad monasterium Quincei (26), hospitium mendicans a monachis; sed quia illorum traditio intra fines suos sexum muliebrem non admittit, compulsa est misera mulier inde recedens in nemore pernoctare. Porro casu fortuito focum reperit, quem de sopito cinere reaccendens, cum duobus parvulis ibi mansit. Media autem nocte lupus advenit, et cum mulier ex una ignis parte sederet, crudelis bestia in altera recubuit. Quo viso, mulier fronti suæ signum cru-

---

(25) Fuerit hæc uxor Guillelmi III, qui hujus comitatus inter Burgundiam ac Ligerim siti, et nunc in ducatum conversi, titulum tenuit ab anno circiter 1100 ad 1148, quo grandævus et apud Carthusianos conversus obiit : uxoris nomen ignoratur. Nisi forte serius miraculum contigit comitissæ Idæ, uxori Guillelmi IV, nominatæ in quadam charta Pontiniacensi anno 1156.

(26) In diœcesi Lingonensi Quinceium monasterium, vulgo *Quincy*, fundatum anno 1133 ordinis est Cisterciensis; diversum a Quinciaco, vetusto plane apud Pictavos cœnobio, vulgo *Quincay*.

cis imprimens, se et pueros suos Deo et B. Mariæ Virgini et B. Roberto devotissime commendavit. Interea energumenam suam invasit infirmitas, et dum corpus exanime palpitat, lupus, velut de industria exspectasset, minorem puerum prædatus aufugit. Evanescente autem peste morbi, mulier quasi resurgens a mortuis, inter brachia quærit infantulum, quem paulo ante tenuerat, et se non alias dimisisse sciebat. Liberari se gaudet mulier a dolore, sed huic succedit dolor forte crudelior, quod majorem filium consulens, de minore rei eventum miserabilem prorsus agnovit. Quid faceret misera mulier? quo se verteret, nesciebat. Non enim poterit vim tanti doloris exprimere, nisi quis materna viscera induens, experimento didicerit sic dolere. Tamen inter ejulationis verba, ista erat verborum repetitio : « Redde, redde depositum, B. Maria : redde depositum, Pater Molismensis. » Mira res! dum hæc verba repetit, et B. Mariam sanctumque Robertum sæpius inclamando vim doloris exaggerat, ecce bellua suæ feritatis oblita (cui proprium est non parcere, sed vorare), de silva prodiens et ore mansueto puerum deferens, eum incolumem reddidit matri suæ, quæ subsequenti lætitia mœrore consumpto, cœptæ peregrinationis iter perficiens, in multorum præsentia rei seriem enarravit; et in dorso etiam pueri apparebant vestigia dentium, rei gestæ familiarius argumentum.

18. Quanta ad laudem suæ Matris et B. Roberti merita declaranda Dei Filius operetur in Ecclesia Molismensi, et patet ex præmissis et ex subsequentibus declaratur. In villa quæ vocatur Novallavies (27), homo quidam in exterioribus negotiis occupatus cum uxore sua, domo sua obserata solum reliquerat infantulum in cunabulis dormientem. Interea ignis inveniens suæ consumptionis materiem, paulatim crescendo sese exterius manifestat. Flamma jam in tecti superficiem debacchante, cucurrit [populus] (28) illi detrimento volens sucurrere, sed incassum : nam accessum prohibet flammæ vorago, circumquaque diffusa. Tandem parentes immaturius accurrentes; et pueri nomen sæpius inclamantes, tendunt pectora, rumpunt crines, et domus non sentit incendium parentum dilectio, de periculo pueri sævius acerbata. Si quando autem matrem vis doloris respirare permittit, hæc verba ingeminat :
« Tibi commendo filium meum, tu esto clypeus ejus a facie ignis devorantis in gyro, fons misericordiæ domina Molismensis. » Ad ultimum parentes accurrunt, orantes, ut de corpore inveniant saltem cinerem et favillas. Quis non miretur? Attendant, qui audiunt, et tanti miraculi novitatem miretur et stupeat totus orbis. Inveniunt infantulum carbonibus arridentem ; et cunabulo cum panniculis incineratis, in solo puero sævire nescit incendium. Ecce si quis velit exprimere similitudinem, et præsentia æquare præteritis, ad laudem suæ Matris et sancti Roberti merita declaranda, Filius Dei Patris antiquum renovare dignatus est miraculum Babylonis, nam cum tribus illis pueris iste quartus posset numerari, si flamma tantummodo panniculis pepercisset. Eo vero allato a parentibus et ecclesiæ præsentato, convenerunt plurimi Dominum collaudantes; quorum consilio, ne res a memoria tolleretur, fideli commendatur custodiæ litterarum.

CAPUT IV.
Varii morbi curati, cæcus illuminatus, erecta paralytica, energumenæ liberatæ.

19. Jam vero si universa, quæ per servum suum Dominus operatur, scribere tentavero, non potero labori sufficere, quoniam ante me tempus quam copia derelinquet. Quotidie quippe in Ecclesia Molismensi B. Roberti auxilium implorantibus adest misericordia Salvatoris : nam ejus intervenientibus meritis ad sepulcrum illuminantur cæci, debiles gressum recipiunt, ægri sanantur, maligni spiritus ejus præsentiam non ferentes ab obsessis corporibus expelluntur. Quod ne forte alicui incredibile videatur, pauca saltem e pluribus transmittere curavimus ad notitiam posterorum. Quamvis enim linguæ in signum sint non fidelibus, sed infidelibus, tamen quia nostris etiam temporibus necesse habet rigari fides marcida, fides ægra, jam ad solvendum, quod promisimus, accingamur (29). Vir quidam nobilis de Lotharingiæ partibus, terrenis quidem abundans opibus, sed salutis inops, longo vivendi usu et infirmitatis molestia prægravatus, lumen amiserat oculorum ; qui salutis propriæ cupidus, cum ad imploranda sanitatis remedia multorum circuisset loca sanctorum, impetrare non potuit, quod quærebat. Quia nimirum sancti B. Robertum suo gaudentes collegio sociatum, meritis ejus reservabant tanti miraculi novitatem, ut per virum nobilem etiam apud exteras nationes innotesceret nomen ejus. Idem vero vir cum filiorum et servientium turba ad S. Jacobum iter arripuit, peccatorum suorum veniam quæsiturus : iter autem destinatum prosequens (30), famam audivit miraculorum, quibus Dominus servi Roberti declararet sanctitatem. Viri autem, qui comitabantur cum eo, monebant illum et instantius hortabantur, ut ponens in Domino Deo spem suam, ad sepulcrum viri Dei devotus accederet. Quorum exhortationibus acquiescens ad sepulcrum hominis Dei pervigil excubabat. Audiens autem circum plurimam multitudinem Deum in sancto suo collaudantem, et pro recepta sanitate per

(27) Surius, *Novallames* : neutra scriptio placet : sed veram non est facile assequi divinando, dum nullum circumcirca locum exhibent tabulæ, cujus appellatio huc accedat : Ms. Ultrajectinum caret nomine.

(28) Vocem hanc, in ecgrapho nostro deficientem, supplevimus ex Surio.

(29) Hic sequuntur in Surio quæ jam habuimus capite superiori num. 14. Cætera apud ipsum desunt.

(30) Etique via recta ex Lotharingia per Campaniam, Burgundiam et Aquitaniam : quæ autem hic narrantur miracula de cæco et contracta, eorum testes juratos infra videbis num. 27.

ejus merita gratias referentem, anxiabatur spiritu peccata sua confitens, et præteritæ vitæ maculas fluentis abluens lacrymarum. Qui cum ibidem per hebdomadam cum omni comitatu suo moram fecisset, nec exauditus fuisset, clamans ad Dominum, rursus a liberis et familia sua commonitus parabat inde recedere : trahentes autem illum ad manus, usque ad ecclesiæ januam perduxerunt. Comperto vero quod in foribus esset ecclesiæ, vir devotione plenus et fide fervidus, convertit faciem suam ad sepulcrum flens et ejulans, nomen sancti frequenter inclamans. Quid multa? Dum prostratus humi jaceret, faciem lacrymis rigans, et Deum orans ut non respiceret peccata sua, sed per beati Roberti merita misericordiam faceret postulanti : subito eruperunt ab oculis ejus pelliculæ in modum membranarum, usque in faciem ejus descendentes. Quod ille sentiens manum apposuit, et detersis oculis lumen sibi redditum admirans gaudebat ; unde qui prius luxerat præ dolore, cœpit postmodum flere præ gaudio, ostendens omnibus, qui eum conabantur educere, sibi redditam luminis claritatem; qui pro tanto et inopinato miraculo Dominum collaudantes, ad ecclesiam sunt reversi, Deo gratias referentes, et sepulcrum viri Dei muneribus honorantes. Inde vero digressi cum gaudio, peregrinationem, quam cœperant, alacriter peregerunt.

20. Ad hoc autem miraculum plenius roborandum, aliud accessit forte non impar. Cum enim ex Dei beneficio non mediocriter confortati per viam suam gaudentes irent, contigit illos ingredi civitatem, cui Tudella (31) vocabulum est. Porro a viro quodam potente satis honorabiliter hospitio sunt recepti. Cumque simul amicabiliter loquerentur, vir nobilis per beati Roberti merita Dei misericordiam referebat. Audiens autem vir apud quem hospitabantur, quæ facta fuerant, altius ingemiscens ait : « Ecce, inquit, uxor mea a renibus et deorsum omni membrorum officio destituta loco moveri non potest, nisi servorum aut ancillarum manibus bajuletur : sed nec recens est plaga ista, imo jam lapsi sunt decem et septem anni, ex quod hoc ei accidit : verumtamen si tanti meriti est sanctus ille, quem dicitis, confido in Domino, quod uxor mea precibus ipsius restituenda sit sanitati. » Peregrinus autem referens, non solum quod in se expertus fuerat, sed etiam quæ in aliis viderat meritis beati Roberti ; hospitem suum, ad poscenda beneficia Dei, quantum poterat, animabat : cujus dictis idem vir fidem adhibens, hoc ipsum uxori suæ efficaciter persuasit. Postquam vero nocturnæ tenebræ recesserunt, et Phœbæa lampas orbem terrarum suis radiis illustrasset, recedentibus peregrinis vir fidelis uxorem suam imponens lecticæ, cum apparatu magno Gallias adiit, labori suo finem non faciens, donec veniret ad locum, in quo erat beati viri corpus venerabiliter tumulatum.

(31) Ita correximus, licet in ecgrapho nostro scriptum esset *Cudella* : est autem Tutela urbs ad

21. Cum autem venissent ad locum, in quo erat quædam congeries lapidum, quæ vocatur Mons-Gaudii-Dei, beati Roberti auxilium petitura, statim a servientibus suis deposita, solo prosternitur, et tota effusa in lacrymas salutem sibi restitui devotissime flagitabat. Multitudo autem languentium, cæcorum, surdorum, aridorum, qui per virum Dei cum gaudio remeantes ad propria, cum muliere de lectica deposita substiterunt, preces suas illius orationibus adjungentes ; et quæ in semetipsis experti fuerant, in aliis quoque viderant et audierant referendo, mentem ejus ad postulandum instantius inflammabant. Nec mora ; nervi femorum ejus, quos ægritudo longa contraxerat, paulatim cœperunt extendi, et proprium robur ossa recipere. Mulier quoque virtutem Dei in se sentiens operantem, pedetentim erigitur, et sine alicujus auxilio in pedes prosilit ; Deo et beato Roberto gratias agens, et subito in laudem Dei et sancti Roberti omnium, qui aderant, ora laxantur, et vox exsultationis diffundebatur procul. Mulier quoque cum a viro suo rogaretur ut iterum lecticam conscenderet ad ecclesiam profectura, noluit acquiescere, sed ante alios ibat ambulans et exsiliens, laudans Deum, ut juxta litteram videretur in ea impletum esse illud Isaiæ vaticinium : « Tunc claudus saliet sicut cervus, et aperta erit lingua mutorum (*Isa.* xxxv), » quæ enim prius impotens erat, ecce ante alios ibat ; et cui prius præ confusione non erat os aperire, tota in Dei laudibus effluebat. Veniens autem ad ecclesiam, in qua viri Dei corpus jacebat humatum, quæ fere duobus milliaribus distabat a loco, in quo mulier sanata fuerat; gratias egit Deo et beato Roberto, cujus se non dubitabat meritis, ab illa, qua detenta fuerat, ægritudine liberatam. Humi vero prostrata ante sepulcrum sancti, terram, in qua jacebat corpus ejus devotissime deosculans, cunctis qui aderant ministrabat materiam Deum in sancto suo mirabiliter prædicandi. Oratione vero completa, multisque muneribus honorando viri Dei sepulcro [oblatis], cum gaudio remeant ad propria, lecticam in qua fuerat deportata in testimonium suæ deliberationis derelinquens ; quod miraculum, ut etiam posteros non lateret, eadem lectica ante fores basilicæ longo tempore pependit.

22. Quantam iste sanctus in effugandis immundis spiritibus acceperit a Domino potestatem, ad ipsius invocationem miracula facta declarant. Nam ut cætera sileam, mulier quædam cum ingressa fuisset causa orationis ecclesiam Molismensem, et coram altari assisteret, occulto Dei judicio arrepta a dæmone miserabiliter vexabatur. Ad consilium autem monachi senioris, qui aderat, maritus mulieris, qui cum illa venerat, illam alligavit ad sepulcrum beati Roberti. Misera vero mulier tam crudeliter sæviebat, ut omnes, qui appropinquare vellent, conaretur dentibus attrectare, tandem a viro suo commonita,

Iberum fluvium nominata, ex Gallia in Gallaciam euntibus commoda, haud procul Calagurri.

beati Roberti nomen inclamat, dicens : « Sancte Roberte, roga beatam Virginem, ut ipsa mihi a Filio suo impetret liberationem. » Quo dicto, statim mulier coram omnibus liberata, gratias egit Deo. Altera quoque mulier de vico, cui nomen est Baignous (32), cum in cubiculo peperisset, nescio quo Dei judicio in insaniam versa, virum suum Evonga percussit et occidit; quæ constricta funibus et ad ecclesiam Molismensem perducta, quam cito sepulcrum beati viri contingere potuit, liberata est a dæmone, nihil deinceps tale perpessa. In se vero reversa, cum se videret funibus constrictam, mirari cœpit; et demum, agnito facinore quod patrat, pro causa duplici flere cœpit : hinc peccatum suum amarissime deflens, hinc vero pro liberatione sua gratias agens Deo. Hæc autem et his similia operari non desinit virtus Christi, per merita B. Roberti, ad laudem et gloriam nominis sui, cui est cum Patre et Spiritu sancto honor et gloria, in sæcula sæculorum. Amen.

23. Non abs re arbitror omissa repetere, et quam modestæ severitatis in subditos, quamque liberalis in pauperes beatus Robertus exstiterit, apicibus adnotare. Cum enim quodam die duo clerici virum Dei pro foribus ecclesiæ reperissent; cœperunt ab eo instanter alimoniam postulare. Vir autem Dei, sicut totus misericordiæ visceribus affluebat, illorum cupiens inopiæ subvenire, statim quemdam e fratribus, cujus erat officium ministrare mensis, accersiri præcepit. Cui cum præcepisset, ut aliquid daret egenis, responsum accepit ab eo, panes penitus in monasterio non haberi. « Unde ergo, ait sanctus, hodie reficient fratres ? » Respondit : « Nescio. » Nec mora : venit hora, qua fratres, peractis ex more missarum solemniis, parabant appropiare mensis. Cum sonitum cymbali, sicut illa hora moris est, vir sanctus audisset, ab œconomo requisivit unde panes haberet, quos fratribus refecturis apponeret. « Ego inquit, paucos reservavi, procuravi, ut refectionis hora fratribus cibaria non deessent. » Tunc vir Dei zelo incensus, fremens et indignans, quod in grege sibi commisso repertum fuisset inobedientiæ lolium et diffidentiæ zizania, ingressus refectorium panes mensis superpositos in sporta suscepit, ipsosque de quodam colliculo vicino ecclesiæ, in aqua (33), quæ subterfluebat præcipites dedit: nolens in filiis Dei culpam inobedientiæ reperiri. At vero zelum ipsius Deus ex alto prospiciens, jam quibusdam devotis mulieribus de Castellione (34) inspiraverat, ut panes deferrent fratribus refecturis. Vir enim Dei B. Robertus inde regrediens, ad portam monasterii tres quadrigas invenit panibus oneratas, quas de Castellione jam dictæ mulieres ad refectionem fratrum adduxerant. Tunc vir Dei, fratribus convocatis, diffidentem et inobedientem fratrem coram cunctis redarguit, cunctosque fratres, ad præsumendum de Dei misericordia in necessitatibus monitis salutaribus animavit (35).

(32) Vulgo *Baigneux-les-Juifs*, id est Balniola Judæorum, oppidum Burgundiæ prope Sequanam. Ita notatur in Alphabeto Francico P. Duval, videturque idem esse quod in Tabula ducatus Burgundici scribitur absque addito *Bagnaux*, una leuca distans a Molismo, ad eum rivulum qui sese in Sequanam exonerat infra Barrum prædictum.

(33) Michael Antonius Baudrand, qui Lexicon geographicum Ferrarii dimidia parte auctius nuper vulgavit, de Molismo agens, situm ait ad amnem *Leigne* (Latine Leniam seu Lineam dixeris) hic vero supra Barum Sequanæ sese ingerit.

(34) Castellio oppidum ad Sequanam, tribus ad orientem leucis Molismo distans.

(35) Totus hic paragraphus habetur in Surio post numerum nostrum 11.

PROCESSUS CANONIZATIONIS.

24. Processus hic canonizationis una cum originibus ordinis Cisterciensis exstat in tomo I Bibliothecæ mss. a Philippo Labbe editus. Convenerunt scilicet anno 1221 Cistercienses ad capitulum generale, in eoque statuerunt, ut intercessiones fierent, libellique supplices offerrentur Honorio III pontifici, ut is Robertum catalogo sanctorum adscriberet. Accessit Molismensium quoque studium, meritis communis Patris honores quærentium; junctisque sive litteris sive legatis id apud pontificem effecerunt utrique, ut æquum censens quod petebatur, antequam S. Roberto publicum cultum decerneret, ad explorandam vitæ ejus sanctimoniam ac miracula cognoscenda, ut mos Ecclesiæ est, certos idoneosque viros delegarit. Fuere ii episcopus Lingonensis Hugo II, et Valentinus Girondus sive Giraldus, ex Molismensi ac dein Cluniacensi abbate huc promotus, abbasque Cluniacensis Rolandus ad quos pontifex super faciendo hujusmodi examine sequentes litteras dedit : « Honorius episcopus, servus servorum Dei, venerabilibus fratribus Lingonensi et Valentino episcopis, et dilecto filio abbati Cluniacensi, Matisconensis diœcesis, salutem et apostolicam benedictionem. Gaudemus in Domino, et in ejus laudibus delectamur, quod sicut dilecti filii universi abbates Cisterciensis ordinis in capitulo generali congregati, nec non et abbas conventus Molismensis suis nobis litteris insinuarunt, felicis recordationis Robertus (qui primus monasterii Molismensis fuit abbas, primusque jecit

Cisterciensis Ordinis fundamentum, quod divina favente gratia crevit in templum sanctum in Domino) religiose vivens, tanta fulsit gratia meritorum, quod Dominus tunc multa et magna miracula per eum operatus, adhuc post ejus felicem obitum ad sepulcrum ipsius, ad ostensionem sanctitatis ejusdem, dignatur operari majora, ut quem virtus morum honestavit in via, miraculorum gloria nobis insinuet in patria honorari. Quare iidem nobis supplicarunt instanter; ut cum luce clarius pateat, ipsum in ordine confessorum regnare in ecclesia triumphante, etiam in militante sanctorum catalogo ascribere deberemus. Verum, quia in tanto negotio non est nisi cum gravitate plurima procedendum, nos de fide ac discretione vestra plenam in Domino fiduciam obtinentes, discretioni vestræ per apostolica scripta mandamus, quatenus tam de vita quam de miraculis sancti prædicti perquirentes sollicite, veritatem, quam inveneritis, per vestras nobis litteras fideliter intimetis; ut ex vestra relatione sufficienter instructi, procedamus exinde, prout secundum Deum viderimus procedendum. Quod si non omnes his exsequendis poteritis interesse, duo vestrum, ea nihilominus exsequantur. Datum Laterani octavo Kalendas Februarii, pontificatus nostri anno quinto. »

25. Hactenus pontifex de dicto examine (quod uterque episcopus, abbate Cluniacensi, aliis negotiis impedito, apud Molismum instituit) Manriquez scribit quod S. Roberto ante centum annos sublato e vivis, cum nulli ex æqualibus superstites essent, qui de miraculis a vivente patratis testimonium dicerent, examinatores contenti historia, quæ de vita signisque ejus scripta exstabat eam ad Honorium destinarint, unaque eam, quam subjungimus, quæque canonizationis processum complectitur, epistolam. Vitæ auctorem ipse, cœptum semel errorem prosequens, Odonem nominat; cum hoc fuerit nomen abbatis, cujus jussu ea scripta est, non auctoris. Epistola ipsa est hujusmodi : « Sanctissimo Patri ac domino Honorio, Dei gratia sanctæ et apostolicæ sedis summo et universali pontifici, H. eadem gratia Lingonensis et G. Valentiniensis episcopi; cum pedum osculo salutem et debitæ reverentiæ famulatum. Mandatum sanctitatis vestræ accepimus sub hac forma; *Honorius episcopus*, etc. Hujus igitur auctoritate mandati, ad locum personaliter accedentes (Domino abbate Cluniacensi collega nostro; nobis episcopo Valentiniensi committente vices suas) testes recepimus, quorum depositiones de verbo ad verbum scribi fecimus in hunc modum. Oddo Molismensis abbas juratus dixit, quo cum esset in habitu sæculari in pueritia constitutus, vidit quamdam mulierem cæcam a nativitate, habentem filiam, sicut ipsa mater firmiter asserebat, quam ipse ad venerabilis Patris Roberti, de quo agitur, adduxit sepulcrum; et cum ibi cum matre quadam nocte vigilaret visum

recepit. Huic facto interfuit idem abbas et vidit. Vidit etiam idem abbas, tempore dedicationis Ecclesiæ Molismensis, postquam habitum monachalem et ordinem sacerdotalem susceperat; quod cum sepulcra, propter reverentiam dedicationis, ab ecclesia tollerentur, et ventum esset ad sepulcrum ejusdem venerabilis Patris; ad motum sepulcri proprios oculos de terra liniens, recepit ibi mulier quædam visum.

26. « Altera de eadem terra comedens, recuperavit loquelam, cum per triennium muta fuisset, sicut maritus ejus et ipsa firmiter asserebant. Accidit postea, nondum a præsenti testium examinatione duobus annis elapsis, quod quædam vacca vulnerata fuit a lupo, quod sentiens mulier cujus erat, vulnus aqua benedicta respersit, statimque ipsam capitis et brachii tremor continuus et enormis invasit; quæ ipsa die ad memoratum sepulcrum rediens, statim curata et penitus est sanata. Hoc vidit idem Odo temporibus istis, jam abbas in eadem Ecclesia constitutus. Vidit præterea monachum Ragnerium nomine, qui factus fuerat furiosus, ad sepulcrum ejusdem venerabilis Patris ligari, ibidemque recuperare per divinam gratiam sanitatem. Willelmus presbyter juratus dixit de muliere, quæ visum receperat tempore dedicationis, idem quod abbas : de muliere vero, quæ loquelam recuperaverat, audivisse se sæpius, sed non vidisse. De muliere, quæ tremorem capitis et brachii patiebatur, idem quod abbas. Vidit præterea quamdam mulierem, quæ tempore festivo fuerat operata, propter quod ipsa die, sicut creditur, in manu percussa, et usque adeo orba fuit manu, ut desperaretur ipsam posse sanari; sed per divinam clementiam et sancti merita, ad sepulcrum ejus accedens, statim sanata est. Vidit etiam ibi quemdam furiosum sanari. Albericus monachus et presbyter juratus dixit, de miraculis factis in dedicatione, idem quod abbas : de muliere quæ recuperavit sanitatem manus, idem quod Willelmus.

27. « Jacobus monachus et presbyter juratus dixit, quod quidam frater ejus carnalis, in ætate puerili constitutus, ita enormiter læsus fuit in capite, quod oculus de proprio erutus loco ab ejus facie dependebat. Qui ad ipsius Jacobi instantiam ad sæpe dictum tumulum deportatus, statim per divinam clementiam sanatus est, et absque omni læsione oculus ad locum debitum est reversus. Hæc enim omnia vidit monachus Jacobus circa fratrem suum. De aliis autem duobus miraculis, factis in dedicatione, idem quod alii. Vidit etiam prædictus Jacobus quamdam mulierem de longinquis partibus deportari, quæ longo tempore fuerat contracta; statimque viso monasterio, in quo requiescit abbas venerabilis, cui se in spe recuperandæ salutis devoverat, curata est et omnino sanata. Milo laicus juratus dixit, de oculo eruto et restituto, idem quod Jacobus : de miraculis factis in dedicatione, et de

muliere quæ tremorem capitis et brachii patiebatur, idem quod abbas et alii. Bartholomæus monachus et presbyter juratus dixit, de duobus miraculis factis in dedicatione et muliere percussa in manu, idem quod alii.

28. « Hugo presbyter et monachus juratus dixit, quod vidit quemdam civem Metensem cæcum, venientem causa devotionis et spe recuperandi visus ad sæpe dictum sepulcrum : qui veniens ad illud visum recuperavit et vidit squammas ab ejus oculis visibiliter defluentes. Qui citius inde ad S. Jacobum proficiscens, hospitatus est in itinere, in domo mulieris cujusdam, quæ contracta jacebat in lecto : sed ad consilium illius ad sepulcrum sancti se portari faciens, sanata est. Hæc est autem illa, de qua superius loquitur Jacobus monachus et sacerdos, qui Jacobus convenit cum Hugone, sed de auditu. Guillelmus [monachus et presbyter juratus dixit, quod vidit quemdam clericum, qui longo tempore contractus fuerat, ad idem sepulcrum sanari : et, de duabus mulieribus in dedicatione, idem quod alii. Licelinus monachus et presbyter juratus dixit, de duobus miraculis in dedicatione, idem quod alii. Martinus juratus dixit, de miraculis factis in dedicatione, et de muliere quæ sanata fuerat a læsione manus, idem quod alii. Haymo monachus et sacerdos juratus dixit, quod vidit quemdam furiosum ibi sanari. Magister Simon presbyter juratus dixit, de miraculis factis in dedicatione, idem quod alii ; adjiciens, quod quidam laicus apud Melismum illudens conviciis venerabilem Patrem, et ejus miracula irridens, inde recedens, sequenti die infra fines ejusdem villæ a duobus militibus est occisus. Hoc etiam dixit Jacobus se vidisse. Vidit præterea quemdam laicum, qui contractus fuerat per undecim annos, ad sæpe dictum sepulcrum sanari.

29. « Fulco et Jacobus, monachi et sacerdotes, jurati dixerunt, quod cum quadam die essent juxta tumulum sæpe dictum, et viro sancto reverentiam exhiberent capita inclinando ; quidam monachus astitit cum eisdem, in hæc verba ipsis præsentibus et audientibus contumeliose prorumpens : *Ut quid ei capita inclinatis ? Sciatis pro certo, quod nunquam sanctus fuit.* Imo quidam rusticus multum deformis, sepulcrum pede percutiens, similia proclamabat : statim autem tumor arripuit pedem illum per totum corpus universaliter ascendendo ; ita quod infra quindenam illa infirmitate gravatus spiritum exhalavit. De furiosis et febricitantibus sanatis infinita multitudo clamabat coram nobis, et se esse sanatos firmiter asserebant. Ita quod communis opinio totius regionis in tantum invaluit circa ista, quod plurimum ipsum tenorem attestationum extollit. Hæc nostris temporibus accidisse dicuntur, sicut superius est expressum. A tempore autem obitus ipsius, cujus non exstat memoria, infinita miracula referuntur ; ita quod tota vicinia nequa-

A quam dubitat, ipsum sanctorum catalogo miraculis coæquatum. Cæterum vita ipsius sanctitati vestræ, per nuntios Ecclesiæ Molismensis, porrigetur in scriptis, quæ satis ostendit ipsum multis meritis claruisse. At quæ audivimus, cum summa diligentia fideliter inquirentes, beatitudini vestræ per scripta præsentia declaramus, ut vestra sancta paternitas videat, quid talibus sit agendum. »

30. Hactenus litteræ episcoporum ad pontificem. et examen de S. Roberti sanctitate ac miraculis, de quibus et testimonium suum plures in vicinia abbates ad Honorium perscripserunt his verbis. « Sanctissimo Patri et domino universali Honorio, divina providentia sanctæ sedis apostolicæ pontifici, S. Benigni Divionensis, et S. Stephani Rhemensis, S. Michaelis Tornodorensis, et S. Martini Melundensis abbates, Lingonensis diœcesis, cum pedum osculo salutem et debitæ reverentiæ famulatum. Cum Molismensis Ecclesia, et illæ ecclesiæ in quibus habemus ministrare, proximæ sint sibi invicem, et adeo vicinæ, ut vix aut nullatenus in aliqua earum aliquid magnum contingat, quod ad alias fama velox cito non deferat ; de sancti Patris nostri Roberti, Molismensis Ecclesiæ primi abbatis, et Cisterciensis ordinis fundatoris, vita, quæ innumeris veneranda virtutibus effulsit ; et de miraculis, quæ quotidie ad sepulcrum ipsius, divina operante clementia, fiunt, dignum duximus in præsenti articulo veritati testimonium perhibere. Nam incessanter totius regionis ejusdem populi vox clamat in auribus nostris, quod multitudo maxima contractorum, cæcorum, mutorum et aliorum variis languoribus detentorum, quotidie ad sepulcrum dicti sancti in ecclesia Molismensi confluentium, facta oratione et sancti nomine invocato, pristina sanitate recepta, incolumis videtur remeare ad propria. Inde est, quod ipsius sancti inflammati miraculis, sanctissimæ paternitati vestræ, in quantum possumus, humiliter et devote supplicamus, quatenus sæpe dictum S. Robertum, quem Deus inter electos suos coruscantibus meritis per miracula mirifice magnificavit in partibus nostris, canonizari et sanctorum catalogo aggregari decernatis. » Ita abbates.

31. Honorius his litteris atque memoratis testimoniis perlectis, cum ad universalem cultum per totam Ecclesiam S. Roberto decernendum, sanctumque eum pronuntiandum quædam alia desideraret ; potestatem interim fecit Molismensibus eum venerandi, atque officium de illo celebrandi, in ea tantum ecclesia, in qua sacra ejus ossa recondebantur, qua de re hujusmodi pontificis diploma est : « Honorius episcopus, servus servorum Dei, dilectis filiis abbati et conventui Molismensi, salutem et apostolicam benedictionem. Cum olim per litteras et nuntios vestros supplicassetis instanter, adjuti testimoniis et intercessionibus plurimorum, ut sanctæ memoriæ B. Robertum, cujus corpus in vestra re-

quiescens ecclesia multis et magnis miraculis coruscabat, sanctorum catalogo ascribere deberemus; nos, ne in tanto negotio videremur uti aliqua levitate, tam de vita ipsius, quam de miraculis, per venerabiles fratres nostros Lingonensem et Valentinensem episcopos, mandavimus inquiri, cum ad id ut aliquis habeatur ut sanctus in Ecclesia militanti, necesse sit, ut et veræ fidei, quæ per dilectionem operatur, merita cum perseverantia finali præcedant, et clara etiam miracula subsequantur; neque alia sine aliis plene sufficiant ad indicium sanctitatis; eo quod nonnulli faciunt opera sua, ut videantur ab hominibus; et nonnunquam angelus Satanæ transfigurans se in angelum lucis, hominibus frequenter illudit, sicut de magis legitur Pharaonis. Cum itaque inquisitores prædicti nobis super his plene rescripserint veritatem, quia, licet nobis quædam miracula quæ post mortem fecerat intimarunt, de his tamen quæ in vita fecisse dicitur, fidem plenariam non fecerunt : nos ne precibus vestris videremur omnino deesse, concedimus vobis, ut eum tanquam sanctum in vestra ecclesia venerantes, ejus apud Deum suffragia fiducialiter imploretis. Datum Laterani, vi Idus Januarii, pontificatus nostri anno sexto. »

Has litteras se ex Vaticano decerptas habuisse Manriquez ait; additque, hoc eodem anno aut initio sequentis, cum id, quod primo processu deerat, suppletum fuisset, S. Robertum absolute sanctorum canoni ascriptum fuisse, decretumque in generali capitulo Cisterciensis familiæ, ut festum ejus quintodecimo Kalendas Maii cum officio duodecim lectionum per universum orbem solemnius celebraretur.

S. ROBERTI EPISTOLÆ.

EPISTOLA PRIMA.

AD ODONEM DUCEM.

Illustrissimo duci ODONI, ROBERTUS abbas Molismensis Ecclesiæ, et qui cum eo Domini obsequium concupiscunt, salutem et felicitatem.

Pietatem et gratiam donatam vobis a Domino agnoscentes, nolumus absque beneplacito celsitudinis vestræ aliquid innovare; quamvis antiquum sit et non novum in virtutis apprehensionem currere. Quapropter noveritis, de aliquorum sociorum nostrorum consensu, quibus data est gratia agnoscendi seipsos, juxta sanctissimæ Regulæ præcepta, in vera paupertate et conscientiæ sinceritate vivere statuisse. Et quia reliquos in eamdem sententiam adducere non potuimus, et eosdem et eorum regimen dimittere, et cum his qui vestigia nostra, imo potius sancti Patris Benedicti sequi voluerint, ad eremum migrare decrevimus. Quia vero vestrum in nos animum sæpissime experti sumus, et nunc contra insurgentes procellas experiri oportet, de omnibus vos certiores fecimus, orantes Dominum et patrem gratiarum quod vos et domum vestram incolumes conservet. Amen.

EPISTOLA II.

ODONIS AD ROBERTUM.

Odo Burgundiæ dux, etc., venerabili Patri ROBERTO abbati Molismensi, et reliquis qui cum eo unum sunt in Domino, pax æterna in æterno Deo.

Allatæ sunt nobis litteræ sinceritatis vestræ per manus modestissimi viri Stephani socii vestri; quibus visis, et intentionem probamus et opus. Facite quod Spiritus jubet, ego non deero vobis, sed ab episcopis provincialibus, et si oportuerit a Romana sede, quidquid volueritis impetrabo. Locum solitudinis vestræ eligite, et pro me assidue Dominum orate. Vestram sinceritatem Dominus conservet, et puram intentionem augeat.

EPISTOLA III.

AD FRATRES CISTERCIENSES.

Fratribus, qui in montibus Cistercii ad montem perfectionis conscendunt, ROBERTUS, eorum quondam socius, nunc in vallem miseriarum demersus, post ascensum palmam, et sui in ascendendo recordationem.

Si lingua calami, lacrymæ atramenti, cor papyri vices subire possent, forte calamus aures, atramentum oculos, papyrus affectiones, et omnia simul, simul et vos omnes ad affectum commiserationis commovissent. Postquam enim vobis non adhæsi, adhæsit lingua mea faucibus meis : cum vos non viderunt oculi mei, lumen oculorum meorum et ipsum non est mecum. Dum cor a vobis, si a vobis unquam poterit, fuit avulsum, factum est tanquam cera liquescens in medio ventris mei. Sed a vobis avulso non tamen quemquam ex vobis ista separavit avulsio; quos enim jungit charitas Jesu Christi, frustra dividunt terrarum spatia. Habeat Molismus præsentiam corporis, legibus obedientiæ astrictam, dummodo Cistercium animæ desiderium possideat. Hoc disposuit Altissimus, cujus inscrutabilia sunt secreta, ut in diversa distractus, nec anima per corporis conversationem distrahatur, nec corpus distractum tam sancta conversatione [non] fruatur : pro anima vobiscum degente orationes fundite; corpus, cujus animam possidetis, tanquam optimæ partis suæ possessores, vos salutat in Domino.

ANNO DOMINI MXLVI—MCXV

MATHILDIS COMITISSÆ
VITA ET DIPLOMATA

(Vide *Patrologiæ* tom. CXLVIII, col. 959, in *Monumentis Gregorianis.*)

INDEX RERUM ET VERBORUM

QUÆ

IN OPERIBUS GOFFRIDI VINDOCINENSIS CONTINENTUR.

(Hujus voluminis col. 9-295.)

Revocatur Lector ad numerales notas crassiori charactere textui insertas.

Abbas S. Albini, 8, 18, 176. Angeriacensis, 41, 160, 165. Batiacensis, 45. Bellilocensis, 102. Biennensis, 40. Blesensis, 70. Bonævallis, 40, 182. Carrofensis, 40. S. Florentii, 168. S. Joannis, 150, 254. S. Launomari, 186. Lemovicensis, 189. S. Nicolai, 45, 111. S. Sergii, 170, 175, 180. Vindocinensis, 50. Vizeliacensis, 56. Abbas intrusus et Simoniacus, 40. Ob flagitium depositus, 40. In monachum suum calumniator, 111. Abbates Deus constituit, ipsi monachos, 192. Abbatibus episcopalia ornamenta concessa, 86. Abbatum professio apud episcopos, 67, 87, 500. Acephali abbates, 87.
Abnegatio sui, 258.
Adami primum peccatum non fuit esus vetiti, 361.
Adelardus de Castrogunterii, 212, 268.
Amicus erga amicum, nisi cum illum offendit, erubescere non debet, 75. Constans, 253, 255. In necessitate, 54, 84, 181.
Andegavis, 99, 109, 207, 210.
Andegavensis comes excommunicatus a legato, 41.
Andreas de Vitreio, 40.
Andreas monachus, 211, 291.
Angariæ, 153.
Angeli ad defunctos internuntii, 251.
Angelus peccans damnatur, homo libere. Alexander II abbates Vindocinenses ordinalitia ornat dignitate, 25, 50.
Aliter, *male*, 13, 60, 62, 140, etc.
Alodiarius, 54, 45.
Alodium, 5, 27, 52, 54, et passim.
Alogia, 229.
Altarium redemptio, 48, 123, 124.
Amblardus abbas Lemovicensis, 189.
Amicorum ope et consilio vitiosæ causæ relevantur, 237 ratur, 524. Angeli superbia unde, 562
Angeriacensis abbas, 41.
Anglicus rex, 41, 252.
Anima carnem infecit, non caro animam, 212.
Appellatio ad sedem apostolicam, 5, 9, 59, 148, passim.
Apostoli a Christo electi et consecrati, 117, 274, 502.
Arcæ fœderis mystica expositio, 291, 297.
Archemhaldus abbas S. Albini, 7, 176, 177. Cum Pagano de abbatia contendit, 8, 9, 10. Romam a Paschale vocatus, 18.
Archembaldus, 27.
Armannus mon., 26, 27.
Archidiaconus Andegavensis, 48, 52. Pictavensis, 40. Santonensis, 150, 154. Vindocinensis, 65, 74, 75.
Archiepiscopus Lugdunensis, 50, 76. Remensis, 52. Senonensis, 76. Turonensis, 31, 54, 51, 85, 140, 250.
Archiepiscopus in parochia suffraganei episcopi eo inconsulto agere nihil debet, 149.
Archilevita, 75.
Archipresbyter Saviniaci, 127, 129. Vindocin., 79, 65.

Astho, 152.
Aureliani, 50.

Banleuga castelli Vindocin., 72
Baptismus Christianum facit, 273. Necessarius re aut voluntate, 360.
Barbarini solidi, 40.
Batiacensis abbas, 45.
Beatitudo falsa, vera miseria, 58, 188, 248.
Bellilocensis abbas, 102.
Benedictus monasticæ vitæ institutor, 402. Ejus Regula cæteris perfectior, 408. Sermo vitæ historiam continens, 402.
Beneficia aliena tutius est prædicare, quam sua, 95.
Beneventana urbs, 231.
Bernardus abbas S. Launomari, 186.
Bernardus abbas S. Sergii, 170.
Bernardus mon. apud Castellum, 214.
Bernerius abbas Bonævallis, 40, 181, 182, etc. Bernerius prior Credonensis, 216.
Biennensis abbas, 40.
Blesis, Blesensis abbas, 70.
Bonavallis, 89, 97. Bonævallis abbas, 40.
Briccius cellararius Credonis, 210.
Britones monachi, 227.
Bruno episcopus sed. apost. legatus, 70.
Buatmundus, 65.
Bullatum privilegium, 89.
Burgenses, 54, 75.

Callistus II papa, 24, 25, 26, 28, 281, 288. Turonis spoliatur a furibus, 27. Beneventi moratur, 231.
Camerula monasterii, in qua flagitium commissum, Goffridi jussu destructa, 216.
Caortiæ castellum, 142.
Canones, sedis apost. leges, a Spiritu sancto dictati, 92.
Capillorum mystica significatio, 593.
Caput jejuniorum, 158.
Cantilena composita in legatum, 59.
Cantilenæ saltus non respondens, 59, 150, 154.
Capa, 93.
Carcer castrum, 126, 151. Ecclesia S. Nicolai, 140.
Cardinalis, 20, 33, 135, 151.
Carnotum, 63, 80, 97. Capitulum S. Mariæ, 70, 71. Secretarius B. Mariæ, 226.
Carrofensis abbas, 40.
Castellum, *loci nomen*, 214.
Castrum Gunterii, 212.
Castrum Ledæ, 126.
Cellararius, 168, 212.
Cenomanum, 151.
Census xii solidorum Romanæ Ecclesiæ penditur a monasterio Vindoc. 25.
Census pro altari, 125, 126.
Charitas *prioratus*, 199.
Charitas sine aliis virtutibus venialis, aliæ sine illa damnabiles, 108.
Christus ex tribus substantiis, 385.

Totum hominem simul suscepit, 536, 541, 585. Judex etiam in cruce, 555. 571. Christi incarnatio totius Trinitatis opus, 557, 584, 585. Transfiguratio non naturam divinam, sed carnis glorificandæ speciem exhibuit, 270. Mors iis tantum proficit, qui diligunt ipsum, 542. Cur ex latere dextro sanguis et aqua, 556. Resurrectio cur die tertia, 552, 562. Cur paucis tantum et bonis post illam apparuit, 363. Ascensionis miranda, 368. Tria opera quæ ab iis nemo faciet, 564. Judicandi munus et potestas, 568, 569, 570, 571. Intercessio in cœlis, 526. Christum sequi et mundum impossibile, 240.
Clamorem facere, 129, 503.
Clarus mons, 256.
Claves Ecclesiæ agitare, 91, 501.
Cluniacus secundus paradisus, 162
Comes Andegavensis, 18, 41, 46, 49, 109. Pictavensis, 21, 252, 254. Vindocinensis, 28, 72, 100, 100, 129
Comitissa Britannorum, 256, 260
Pictavensis, 258. Vindocinensis, 4, 78, 82, 127, 128, 150, 155.
Concilium Arvernense, 88. Ejus decretum de altarium redemptione, 48, 125, De spoliatis, 91, 92. Aurelianense Umbaldi legati, 50. Romanum Paschalis II, Callisti II, 21, 159.
Concilium nullum ratum sine apostolica auctoritate, 244.
Conductus, 56, 76, 80, 127, 129, 151.
Confessio quæ fit sacerdoti, fit Deo, 251. Ubi, cui, et quando facienda, 295. De quatuor peccatis universæ Ecclesiæ fieri debet, 251.
Confirmatio sacra, 298. Ejus vis, 555.
Cono episcopus legatus sedis apost., 54.
Consuetudines et exactiones perversæ, 5, 83, 93, 110, 155, 255.
Conversio ad Deum non differenda, 223.
Conversus monachus, 176. Laicus, 111.
Credonis castrum, 210, 243, 250, 255. Claustrum et curtis S. Clementis, 210, 216, 245.
Cremona, 159.
Criminis accusatus in accusantis potestate manere non debet, 112.
Crucem bajulare Christus jubet non quærere sepulturam, 28, 159
Curtis, 216

Damnati hominis miseria, 225, 224.
Decimas Ecclesiæ quando debeat Ecclesia, 156.
Decimæ salinarum, 156.
Dedicare, *commendare*, 141.
Dei misericordia charitatis ejus maximum opus, 554. De ea non præsumendum, 527. Misericordia et justitia, 224. Flagella ad conversionem peccatoris, 564, 529.
Diaboli idola qui sint, 546.
Dignitatum sublimitas graviora facit peccata, 108.
Dislaudare, *improbare*, 125.
Dispensatio interdum necessaria,

287. Quomodo in Ecclesia fieri debeat, 288.

Duellum capere, 154.

Eblo, 1, 144.
Ecclesia fide, castitate et libertate vivit, 15, 120, 279, 289. Ecclesiæ auctoritatem sæculares sua consuetudine annullare conantur, 85. Sic tueri convenit, ut discretio servetur, 286. Ecclesiæ injuria nihil gravius apud Christum, 122.
Ecclesiasticam causam sæculari aut peregrino judicio terminari est injustum, 82.
Efide, loci nomen, 403.
Electuarium, 269.
Episcopus Andegavensis, 4, 51, 57, 48, 49, 52. Carnotensis, 5, 27. Cenomanen. 4, 51, 57, 144. Engolismensis, 9, 51. Pictavensis, 40, 44, 47. Redonensis, 126, 233. Santonensis, 1, 4, 234.
Episcopus Dominus et imperator. Christianorum, 273, 278. Jure divino regibus et imperatoribus dominatur et illis debet reverentiam, 284. Qualis eligendus, 273. Episcopus non est, qui timet exsilium, dolorem, mortem 103. A fide errans redargui potest a subdito, 140. Deponi non potest a legato, 42. Episcopi a laicis investiti, 16. Episcopi ordinatio consistit in electione et consecratione, 117, 273. Canonica electio, quæ per clericos, 273. Episcopio obedire grave est, 74, 149.
Equitaturæ, *equi*, 129.
Eva inclusa, 222.
Ermengardis comitissa Britannorum redit ad sæculum, 259. Ejus pietatis opera, 260
Ernaldus decanus Carnot., 62.
Eucharistiæ sacramentum declaratur, 269. Cur sub speciebus, 270. Verum Christi corpus et sanguinem continet, 270, 384. Aliter a malis, aliter a bonis sumitur, 271. In eo panis et vini fit conversio, 272. Disputationem non postulat, sed fidem, 384.
Excommunicandus non est, qui multitudinem secum habet, 287.
Excommunicatis non communicandum, 22, 27, 100, 144. Ne mortuis quidem, 152. Sine satisfactione non absolvendi, 55, 128, 131, 132.
Excommunicationem a legato inflictam papa non probat, 41.

Femineus sexus fragilis et delicatus, 521. Etiam amicis inimicus, 47. Ad decipiendum usitatus, 153. Suspectos reddit etiam religiosos, 205. Ubi bonus nullus melior, ubi malus nullus pejor, 213. Rectores suos sæpe traxit ad mortem, 220. Multorum malorum auctor, 197.
Ferruchius custos palatii Later. præ Guiberto, 20, 21.
Festivitas B. Ægidii, 80. S. Beati, 82. S. Benedicti, 402. S. Clementis, 18. S Mariæ, 165. Assumptionis, 45. Omnium Sanctorum, 18. 54, 62. Theophaniæ, 64. Trinitatis, 141, 182, 208.
Fides sine dilectione diabolum imitatur, 512. Sine bono opere mortua est, 353. Fidem Christianam defendere licet etiam criminoso, 120, 270. Fidei defensio paradisum promeretur, 121 281.
Flaici insula, 151.
Flocellus, 62.
Florentii (S.) abbas, 168.
Fons Ebraldi, 45, 47, 207.
Formatæ et formosæ litteræ, 68, 134.
Formicam plaustrum trahere dedecet, 178.
Francia, 22.

G. Prior de Charitate, 195.
Garinus mon. cellararius de Pinu, 168.

Garinus Galandi fit monachus, 180.
Gilbertus mon., 217.
Giraldus Ostiensis episcopus, legatus, 56.
Girardus Normannus episc. Engolismensis legatus, 57. De exili loco sublatus, 59. Vulgi cantilena perstrictus, 39. Multa ejus improbe facta commemorantur, 40, 41, 42.
Gladii duo in Ecclesia, regnum et sacerdotium: retundi alter ab altero non debet, 285.
Gladiatorius spiritus, 166.
Goffridus episcop. Andegaven., 103. Carnotensis, 78, 80, etc.
Goffridus abbas Blesensis, 70.
Goffridus abbas Vindocinensis juvenis et novitius electus, 67. Ab Ivone sacratus, 56. Romæ presbyter ordinatus ab Urbano, 50, 48, 94. Lateranense palatium Urbano recuperat, eiq. pedem primus osculatur, 20, 25, 50. XII millia solidorum pro Ecclesia Romana expendit, 19, 25, 29. B. Priscæ ecclesiam recipit ab Urbano, 30. Item a Callisto, 28. Concilio Arvernensi interfuit, 91, 125. Carus Urbano quasi unicus filius, 26. Urbanum et Paschalem Vindocini excipit, 55. Cum Callisto veteri necessitudine conjunctus, 24, 25. Honorio munera mittit, 51, 47. Duodecies transalpinavit, ter captus est, 30. Lugduni apud primatem diversatur, 76. Monasterium Vindoc. locupletat, 22, 29. Æmulos patitur, 29. Alienus a Simonia et laica investitura, 29. et 94. Natura velox ad indulgentiam, 206 Ejus crebra infirmitas, 1, 8, 30, 33, 150, 198, 207. Ordinatio pro monachis in capitulo, 304. Soliloquium cum Deo, 205. Veniam a suis poscit, 199.
Goffridus de Alogia, 229.
Goffridus de Meduana, 203.
Goffridus Taunacensis, 146.
Gratus episcopus, 130.
Goffridus Danielis archipresbyter Vindoc 62, 65, 68.
Goffridus mon. de Surgeriis, 208.
Goscelinus archidiac. Santonensis, 154.
Gravia, 100.
Gregorius VII, papa in exsilio mortuus ne investituras laicis concederet, 16. Ejus decretum de investituris, 16, 118, 277.
Gualterius abbas S. Sergii, 180.
Gualterius mon. Vindocin., 97.
Gualterius thesaurarius, 229, 250.
Designatus archiepis. Turon., 250.
Guarnerius archidiaconus Andeg., 231, 232, 242, 243. Nutritor Goffridi abbatis, 243.
Guerræ in episcopatu Pictav, 47.
Guillelmus dux Aquitanorum, 232, 234, 235, 236. Formosus, 234. Hierosolyma profectus, 258
Guillelmus abbas S. Florentii, 168, 170, 175.
Guillelmus archidiaconus Andeg., 175. Pictavensis, 40.
Guillelmus præpositus Oleronis, 152 257.
Guillelmus monach. duellum capit, 154.
Guillelmus prior Castelli, 214, 215.
Guibertista hæresis, 20.
Guibertus, 20, 25, 50, 51.
Hæresis quid sit, 281.
Hæreticus hæretici testimonio, in eo hæresis genere quo conveniunt, minime damnatur, 17.
Haimericus de Rancone in excommunicatione peremptus, 151.
Hamelinus abbas S. Albini, 12.
Hamelinus prior Credonensis, 210.
Hamelinus de Monte Aureo, 131, 132.

Hamelinus monach. Vind., 114, 115 196, 291.
Harduinus de Malliaco, 51.
Henricus abbas Augeriac., 160, 165, 166.
Henricus rex Anglorum, dux Normannorum, 252.
Herbertus presbyter de Saviniaco, 217.
Herbertus mon., 213.
Herveus de Scalis, 86.
Herveus inclusus, 222, 226, 227
Hierosolyma peregrinari monachos vetat Urbanus, 187.
Hildebrandus archidiacono. Rom. Ecclesiæ legatus, 56.
Homicidarum tria genera, 193.
Hilgotus, 131.
Homo non sua solum, sed seipsum Deo debet, 299.
Homo pronior ad imitationem mali, 107.
Honorius II papa, 30, 51.
Honor Credonensis, 263.
Hospitum susceptio, 103, 167, 168, 176.
Hubertus archidiaconus Andeg., 104, 235, 256.
Hubertus cantor Andeg. Ecclesiæ, 231, 232, 233.
Hugo archiepisc. Lugdunensis, legatus, 49.
Hugo abbas Cluniacensis, abbatum excellentissimus, 160, 163.
Hugo decanus Carnotensis, 97. Præpositus Carnotensis, 27.
Hugo prior Vind., 199, 200.
Hugo Chaorcinus fit monachus, 245.
Ildebertus episcopus Cenomanensis post metropolitanum primus, 116 125, 126, etc.
Inclusus, 222.
Induciæ secundum canones, 86.
Ingebaldus monachus Vindoc , 199.
Injuriæ condonandæ, 253.
Innocentes, nec voce, nec voluntate martyres, 14.
Interdictum violatum, 73, 74.
Investituræ sacramentum, 118, 278, 279, 282, 284. A consecratore accipi debet, 278, 282. Per virgam et annulum, 278. Investitura laicorum hæresis, 15, 118, 277, 278. Simoniaca, 119, 158, 279. Ab apostolis damnata, 118, 277. Investitura ecclesiasticarum possessionum regibus permittitur, 285. Alia est quæ episcopum perficit, alia quæ pascit, 284. Investituræ judicium, 91, 97.
Isembertus Eblonis F., 144.
Italiæ calores mortiferi, 28.
Ivo episcopus Carnotensis lumen scientiæ mundo prælatum, 58. Professionem exigit a Goffrido, 60, 67. Ejus epistolæ, 78.
Jejunii ratio quæ probanda, 203
Jejunium animæ, 203.
Joannes abbas Dolensis, 167
Joannes filius comitis Vindoc., 100.
Joannes Fricapanem, 20, 50.
Joannes monachus cœmentarius, 4, 131, 138, 142, 143.
Jordanus mon. de Podio Rebelli, 208, 209.
Joscelinus monac. conversus apud Maironem, 176.
Judicii vocatio, 91. Per quos fieri debeat, 147. Judicii extremi utilis meditatio, 146.
Jueta uxor Eblonis, 140.
Junii mensis jejunium, 137
Justitia vera nec amicum juvat mendacio, nec inimico in veritate deest, 70. Justitiæ sepultura, 74, 81.
Justorum in judicio securitas, 585
Karilefus (S.), 127.

Lacrymarum preces meliores quam

verborum, 592.
Laicis de Ecclesiis, earumve rebus disponere nefas, 158, 278, 283.
Lambertus abbas S. Nicolai, 112.
Latro in cruce Dimas, 401. Ea hora salvatus, qua Adam expulsus, 555.
Confessor fit ex latrone, martyr ex confessore, 398. Cum Petro et apostolis confertur, 399.
Lavarzinum castrum, 137.
Laünomarus (S.), 101.
Legati a latere, 56. Legatus sedis apostol. Bruno episcopus, 70. Cono episc., 32. Girardus Ostiensis, 36. Girardus Engolismensis, 36. Hildebrandus archidiaconus, 36. Hugo archiepiscop., 49. Umbaldus archiepisc., 50. Raimbaldus, 36. Richardus episc., 34. Stephanus, 56. Legatus episcopos deponere non potest, 42. Potestate abutens, 96.
Legis interpres optimus, qui auctor 92.
Lemovicensis abbas, 189.
Leprosus Guillelmi filius, 80.
Liberum arbitrium, potestas sui, 561.
Libratæ, 95, 114, 128.
Linguæ perversitas, 18
Lugdunum, primas Lugdunensis, 76.
Luxuria non est superbia gravior sed turpior, 330.

Marcæ argenti, 29, 40.
Mairo, loci nomen, 176.
Majus Monasterium B. Martini, 79, 80, 81, 84. In archiep. insurgit, 85.
Malo nascenti occurrendum, 133.
Mala pro bonis retribuere, retributio quam Deus non novit, 25, 32, 59, 89, 113, 155, 161.
Malileonis vicecomes, 40.
Malliacus, 51.
Maria mater Christi et Christianorum, 380. Deo prima vovit virginitate, 345, 382. Virgo perpetua, 323, 358, 548, 582. Refelluntur qui in partu virginem negant, 348. Porta Domus Domini, 348. Deum et Dei filium peperit, 357. Mariæ pater, filius et sponsus Christus, 383. Purificatio, 575. Intercessio efficax, 266, 581, 585, 586. Theophilum liberat, 588. Qui eam honorat, filium honorat, 587.
Maria Magdalena apud Pharisæum, 590. Patriam voluntario exsilio reliquit, 396. Pœnitentiæ forma, 395.
Martyrium etiam contra voluntatem fructuosum, 14.
Masculi solidi Pictavenses, 41.
Mathildis comitissa Pictavensis, 259.
Mauricius abbas Blesensis, 70.
Mauricius de Credone, 250.
Mauricius Rotuniardus, 57.
Maurilius episcopus electus a Martino, 116.
Medici animæ, libri divini, 254.
Medicina de vulnere et vulnus de medicina, 330.
Michael clericus, 149.
Mima auctor electionis Rainaldi episc. Andeg., 116.
Minervam decore, 167.
Mittere in rationem, 72.
Monachare, 180, 227.
Monachatus summæ humilitatis signum, 503.
Monachus non est, qui obedientiam non facit, 211. Sine licentia superioris etiam bona patrare non potest, 202, 408. Sua et aliorum peccata revelare debet abbati, 216. Quomodo in capitulo se gerere debeat, 303. Monachis carnium esus vetitus, 4. Ægrotis permissus, 213. Vestem mutare non licet, 267. Peregrinatio interdicta, 187. Monachos non ægrotare turpam admittere, præsertim feminarum, 215. Quies decet, 6, 101. Monachi peregrini qui, 187. Monachus cœmentarius, 4. Fugitivus excommunicatur, 143. Monachum noti monasterii sine licentia abbatis sui retinere nefas, 164, 179. Facit paterna devotio, vel propria professio, 149. Monachorum consuetudines quæ a regula discrepant, laudari non possunt, 77. Ab eis nihil exigendum contra regulam, 252. Monastica professio, 187, 266. Prima non violanda, 165. Monasticæ religionis sacramentum, 94. Secunda regeneratio habitus, 165. Stola [secundæ regenerationis, 179, 188, 402.
Monitio, judicii vocatio, 147.
Mons aureus, castellum, 57, 131.
Mons Contorius, 46.
Mons laudatus, 79.
Mors non differenda, quæ fructuum facit meliorem, 13.
Mundum qui sequitur a via Christi aberrat, 258, 239. Relinquentium præmium, 247, 248. Ante oportet deserere, quam nos deserat, 265.
Muscipula Satanæ, 105.
Mussitare, mussitatio, 89, 191.
Navicularia benedictio, 67, 302.
Neptunus vel Æthiops, 298.
Neophytus. episcop. hæreticus, 2.
Nequam unum per alterum condemnare ars optima, 250.
Nicolaus II papa, 50.
Nicolai (S.) abbas, 45, 111.
Nivelo, 27, 63, 65, 69, 81, 97.
Noctes a laicis postulantur, ex canonibus induciæ, 86.
Obedientia prioratus, 22, 100, 101, 168, 253, xxv millibus solidorum redempta, 22. Obedientiæ forma et merces, 209. Perfectio, 408.
Oblationes confessionum, altaris mortui, 155.
Obliquo sidere res considerare, 30.
Odium inter prælatos perniciosum, 107. Sæpe mendacium parit, ut veritas odium, 218.
Olero insula, 45. Ecclesia B. Mariæ et S. Nicolai, 45. Præpositus Oleronis, 132.
Olona, 208.
Olricus de S. Karilefo, 127, 128.
Operibus sanctis ad vitam beatam festinamus, 222.
Orandi modus, 245.
Oratio ad Jesum, 316. Ad Matrem Domini, 316.
Orlandis monocula, 265.
Oves malam in partem, 171.
Paganus electus abbas S. Albini, 8.
Paganus Alberici F. monachus, 47, 97, 158, 178.
Paganus Nivelonis frater, 81.
Papa soli Deo innocentiam debet, 58, 87, 96.
Paratus, apparatus, 12.
Parisius, 89.
Paschalis primi papæ canon., 2.
Paschalis II, 2, 5. Teutonici regis violentiæ succumbit, 10. Reprehenditur a Goffrido ob concessas investituras, 13. Ejus concilium, 21.
Pastor Ecclesiæ a fide exorbitans non est pastor, 16. Fur et latro, qui a laico investitur, 120, 275. Lupus est, qui oves non pascit, sed de illis pascitur, 17. Tria habere debet, 304. Gravius est ejus peccatum, quam subditi, 108. Pastoribus honor et observantia debetur, 190, 191. Auctoritas nec major justis, nec minor injustis, 191.
Paupertatis voluntariæ laus, 240, 241, 242, 249.
Peccare est hominis, nihil corrigere diaboli, nihil peccare angeli, 218.
Peccati primi pœna bonos et malos sequitur, 561, 562. Peccata nostra indigent confessione et pœnitentia, 251. Prævenienda, ne ab eis præveniamur,
263. Tanto sunt majora, quanto majora in nos Dei beneficia, 224.
Peccatoris pœnitentis consolatio, 508. Se ipsum accusantis lamentatio, 310.
Pellicia grisia, 27
Perseverantia sola mercedem habet, 170.
Petro et Paulo datus Ecclesiæ principatus, 11. Utriusque sanguine Roma laureata, 12. Usi ambo dispensatione, 288. Petri Paulina reprehensio, 276.
Petri navis, quandiu Judam habuit, passa tempestatem, 11.
Petrus diaconus cardinalis, 33, 272.
Petrus episcopus Santonensis, 152, 153.
Petrus abbas Bellilocensis, 102.
Petrus archiepisc. Santonensis, 150.
Petrus archipresbyter de Saviniaco, 127, 129.
Petrus Goscelini mon. Vindoc., 162.
Petrus de Caortiis, 142.
Petrus de Monte Aureo, 57
Petrus de Monte Contorio, 46.
Philippicam retractare, 52, 179.
Pictavensis comes excommunicatus 21. Pictavenses masculi, 41
Pictavis, 166.
Pigritor, 1, 3, 83, 230.
Pinus, loci nomen, 168.
Pisostum, 81.
Placitare, litigare, 82
Podium rebelle, 208.
Pœnitentia quid sit, et quomodo agenda, 531, 558. Non differenda in finem, 532. Sola medicina peccati post baptismum, 553, 558, 559.
Pontius abbas Cluniacensis, 162.
Possessio triginta annorum, 40, 154, 161. Quinquagenaria, 40. Septuaginta, annorum, 45.
Prælatus communi aliorum pane et vino non contentus reprehenditur, 211. Fratrum necessitatibus providere debet, 211. Compati necessitatibus, 509. Contra Dei legem præcipiens auctoritatem amittit, 141. Erga pœnitentes mutare debet sententiam, 206. Prælatis ob murmurantium vel detrahentium pœna, 190, 191. Non in omnibus obediendum, 141. Male astutis obedire tutum non est, 113.
Præpositus Ecclesiæ a minori ordine reprehendi non debet, 193. Præpositus monasterii, 216.
Præpositus comitis Pictav., 255, 257.
Præsumptio fructuosa de Domini pietate, 529.
Primas Lugdunensis, 76.
Priscæ (B.) ecclesia, 8, 28, 29, 50.
Professio abbatum apud episcopos, 500, 501. Professio monastica, 165, 180, 189, 267.
Prosperitas in errorem non vertenda, 252.
Proximi utilitati providendum, 168. De profectu gratulandum, 176.
Puteus deceptionis, 60.

Radulfus archiepiscopus Turonensis, 54, 51, 250.
Radulfus de Balgentiaco, 266.
Raimbaldus sedis apost. legatus, 36.
Rainaldus episc. Andeg., 105, 103. Vitiosa ejus electio, 115, 175. Idem archiepisc. Remensis, 52.
Rainaldus de Credone, 264.
Rainaldus Chesnelli clericus Santonensis, 41, 154.
Rainaldus monast. Vind., 204.
Rainaldus Quartaldus monast., 208, 209, 253, 258.
Rainardus, 99.
Ramnulfus episcopus Santonensis, 144.
Reclamare, reclamatio, 95, 132, 154.

Recordari, quid sit, 53.
Recredi, 93.
Redemptio Ecclesiarum, 48, 123.
Redonensis episcopus captus, 126
Regula S. Benedicti in abdicatione abbatiæ porrecta, 9.
Remissio inordinata pietas non est, 55, 74.
Respectus, 82.
Resurrectionis nostræ modus, 363.
Richardus episcopus legatus, 54.
Richardus archidiaconus Andeg, 48, 52.
Robertus de Monte laudato, 79.
Robertus Fontis Ebraldi fundator, 218. Omnium in se oculos convertit, 220. Mira ejus simplicitas et confidentia, 220. Robertus mon. Vindoc., 102, 202.
Romanæ Ecclesiæ dignitatis excellentia a Christo in B. Petro collata, 64. Non omnia licet, 276. Universali omnium matri obedire utile et honorificum, non obedire damnosum, 10.
Romana Ecclesia nullam a Deo accepit injustam potestatem, 66. Omnem Christianitatem dijudicat, 67.
Romana sedes nunquam errare consuevit, 11. Oppressis materna pietate subvenit, 9, 62, 63.

Sacramenta Ecclesiæ Christus conficit, 284. Gratis dari et accipi debent, 500. Sacramenti iteratio, 299. Sacramentum investituræ, 118, 274. Monasticæ regenerationis, 94. Aquæ, salis, 119. Annuli et virgæ, 139. Sacramentum baptismi, 275. Corporis et sanguinis Domini, 271. Confirmationis, 298. Ordinationis episcoporum, 275, 274. Unctionis infirmorum, 298.
Sacrificium cordis, 196
Sanctimoniales Fontis Ebraldi, 267.
Savaricus monachus laicus S. Nicolai, 111, 112.
Saviniacus, Ecclesia Saviniacensis, 127, 135, 117.
Sanctorum invocatio, 13, 344, 393, 401.
Santonicum, 168.
Schisma Ecclesiæ vitandum, 286.
Senonensis archiepiscopus Lugdunensi tanquam primati obedientiam promittit, 76.
Sententia in re incerta non ferenda, 217. Nec absente reo, 152, 147.
Sepultura pauperibus permittitur tempore interdicti, 73.
Sepultura justitiæ, 74, 81. Sepulturæ paternæ locum ornare, 261.
Sergii (S.) abbas, 170, 180.
Sensa, 131
Sigebrannus, 129.
Simeon senex figura pœnitentiæ, 376.
Simon Magus hæreticus primus, 174 183, 281, 300.
Simonia a lingua, manu, obsequio, 301.
Simoniaca hæresis, 174, 183. 277, 281. Judam et Giezi imitatur, 302.
Simplicitate nimia nonnulli damnantur, 171.
Spes timori sociauda, 327, 391.
Spoliati rebus suis ad judicium aut concilium non vocantur, 69, 90, 91, 92, 93, 127, 148, 179.
Stampæ, 89.
Stephanus decanus Andeg., 116, 231, 232.
Superbia mater et matrix totius iniquitatis, 85.
Surgeriæ, Surgeriarum ecclesia, 154, 207.
Sutrium, 231.
Tabernaculi Moysis mystica expositio, 232.
Tauniacensis, 146.
Tethaldus de Gravia, 100.
Teutonicus rex Henricus alter Judas, 11. Rex sacrilegus, 17. Lucifer sui temporis, 18. Ejus in Paschalem violentia, 19.
Testes de domo prodeuntes non recipiendi, 58.
Theophilus a B. Maria liberatus, 588
Timor Dei duplex, 224.
Timor spei sociandus, 391.
Transgulatus, 188.
Tribulatio desideranda ubi Christus est causa, 201.
Trinitatis mysterium declaratu, 294, 295.
Turonum et Turoni, 27, 125, 133, 139, 204, 230.
Turtures et columbæ in Purificatione, 575.
Ulgerius episcopus Andeg, 122.
Umbaldus archiepiscopus Lugdun., legatus, 50.
Unctio infirmorum an iteranda, 77, 78, 299.
Urbanus II papa, 1. Retractat judicium suum contra Vindocinenses, 19.
Romæ latet apud Joannem Fricapanem, 20, 30. Lateranum et Turrim recipit opera Goffridi, 50. Professionem a Goffrido Ivoni factam infringit, 61, 87. Redemptionem altarium damnat in synodo Arvernensi, 123. Ejus privilegia duo pro Vindocinensibus, 87, 88.
Ursio Nivelonis F. 63, 65, 81.

Vavassores, 100.
Veritas falsa, 59.
Vicariorum redemptio, 122, 123.
Vicecomes de Maloleone, 40.
Victor II papa, 50.
Victoria Dei et victoria diaboli, 108.
Vindocinum, 14, 63. Castellum Vindocinense, 68. Castrum, 73, 100. Canonici regulares S. Georgii, 72.
Vindocinensis comes Hierusalem pergit, 28. Comitissa ecclesiam Saviniacensem monasterio Vindoc. aufert, 4, 127. Eamdem reddit, 155.
Vindocinense monasterium alodium B. Petri, 3, 27, 34. Nullum eo melius ordinatum in Francia, 22, 29. Locupletatur sub Goffrido, 22, 29. Censum XII solidorum Rom. Ecclesiæ debet, 23, 29. Ab episcoporum interdicto cum suis Ecclesiis liberum, 55. Solius papæ et abbatis dominationi paret, nec ab aliis excommunicari vel interdici potest, 35, 88. Pontificas epistolas servat ut reliquias, 6. De ejus rebus solus papa judicat, 147, 157. Ejus libertatem illibatam servant legati, 56. Persecutores excommunicantur, 58. Litteræ ad Paschalem, 5. Armaria aquis natant, 99. Cum monasterio S. Albini controversia, 19, 177, 179.
Vindocinensis abbas proprius et specialis filius papæ, 19. Inter eum et papam nulla persona media, 60. Nec subditus, nec professus est episcopi Carnotensis, 60. Ad concilium ire non cogitur, nisi a papa ipso celebretur, 36, 50. Nulli episcopo professionem facit, 61, 67, 87.
Vindocinensis monachus quilibet ab episcoporum potestate liber, soli papæ et abbati obnoxius, 88.
Vitam malam mors bona non sequitur, 340. Vita præsens ob futuram contemnenda, 222. Vitæ futuræ felicitas, 222, 247.
Vizeliacus, 33.
Vizeliacensis abbas necatus, 56.
Vocem oris Deus non attendit, sed cordis, 196.

INDEX EORUM

Ad quos mittuntur epistolæ et opuscula Goffridi Vindocinensis.

Adelardo de Castro Gunterii, lib. v, epist. 25.
Amblardo abbati Lemovicensi, IV, 22
Andreæ monacho, IV, 38, 29, 40. Opusc. 7.
Archembaldo abbati S. Albini, IV, 10, 11.

Bernardo abbati S. Launomari, IV, 20.
Bernardo abbati S. Sergii, IV, 8.
Bernerio abbati Bonævallis, IV, 14, 15, 16, 17, 18, 19.
Bernerio priori Credonensi, IV, 44, 45.
Briccio cellarario, IV, 56.

Callisto papæ, I, 10, 11, 12, 13. Opusc 5, 5, 6.
Cononi episcopo, legato, I, 18.

Ermengardi Britannorum comitissæ, V, 23, 24.
Evæ inclusæ, IV, 48.

Girardo episcopo Engolism., legato, I, 19, 20, 21, 22, 23, 24, 25, 26, 27.
Goffrido episcopo Andegavensi, III, 1.
Goffrido episcopo Carnotensi, II, 21, 22, 23, 24, 25, 26, 27, 28, 29, 30, 31, 52.
Goffrido de Alogia, V, 1.

Goffrido decano, V, 13.
Goffrido de Meduana, V, 26.
Goffrido monacho de Surgeriis, IV, 34.
Gualterio abbati S. Sergii, IV, 13.
Gualterio thesaurario S. Martini, V, 1, 2. Archiepiscopo Turon. designato, V, 3.
Gualterio archid. nutritori suo, V, 4, 5, 11, 12, 13, 14
Guillelmo duci Aquitanorum, V, 18, 19, 20, 21
Guillelmo abbati S. Florentii, IV, 7, 8, 9
Guillelmo archidiacono, IV, 9.
Guillelmo priori de Castello, IV, 41, 42, 43.
Guillelmo magistro suo, V, 16.
G. priori de Charitate, IV, 2.

Hainrico regi Anglorum, duci Norman. V, 17.
Hainrico abbati Angeriacensi, IV, 3, 4, 5.
Hamelino abbati S. Albini, IV, 12.
Hamelino priori, IV, 56, 57.
Hamelino monacho Vindocinensi, IV, 24. Opusc. 7.
Herveo incluso, IV, 48, 49, 50.
Herveo monacho de Olona, IV, 31.
Honorio II papæ, I, 14, 15.

Huberto cantori, archidiacono Andeg. v, 4, 5, 6, 7, 8, 9, 10.
Hugoni archiepiscopo Lugdun., legato, i, 28.
Hugoni abbati Cluniac. iv, 1.
Hugoni priori Vindoc. iv, 27.
Ildeberto episcopo Cenomannensi, iii, 13, 14, 15, 16, 17, 18, 19, 20, 21, 22, 23, 24, 25, 26, 27, 28, 29, 30.
Ingebaldo monacho Vindoc. iv, 26.
Ivoni episcopo Carnotensi, ii, 1, 2, 3, 4, 5, 6, 7, 8, 9, 10, 11, 12, 13, 14, 15, 16, 17, 18, 19.
Ivonis Goffrido. ii, 20.
I. episcopo, iii, 42.
I. priori, iv, 46.
Joann. abbati Dolensi, iv, 6.
Jordano monacho de Podio rebelli, iv, 45, 55.
Mathildi comitissæ Pictavensi, v, 22.
Monachis Vindocinens. iv, 25.
O. abbati, iv, 21.
Omnibus episcop. abbatibus, etc., iii, 30.
Omnibus Christianis opusc., 1.
Paschali II papæ, i, 2, 3, 4, 5, 6, 7, 8, 9.

Petro cardinali diacono, i, 16.
Petro Leonis cardinali, opusc., 2.
Petro episcopo Santonensi, iii, 38, 39, 40, 41.
Pontio abbati Clun., iv, 2.
Radulpho archiepiscopo Turon. i, 30.
Radulpho de Balgentiaco, v, 28.
Rainaldo Remorum archiepiscopo, i, 31.
Rainaldo episc. Andeg. iii, 2, 3, 4, 5, 6, 7, 8, 9, 10, 11.
Rainaldo de Credone, v, 27.
Rainaldo Cartaldo monacho, iv, 34, 35
Rainaldo monacho Vind., iv, 29.
Rannulfo episcopo Santonensi, iii, 31, 32, 33, 34, 35, 36, 37.
Richardo episc., legato, i, 17.
Roberto de Arbrussello, iv, 47
Roberto monacho Vindoc., iv, 28.
R. episcopo, iii, 43.
R. priori Vindoc., iv, 30, 31, 32, 33.
Stephano decano Andeg., v, 4, 5.
Ulgerio episcopo Andeg., ii, 12.
Umbaldo archiepiscopo Lugdunensi, legato, i, 29.
Urbano II papæ, i, 1.

ORDO RERUM QUÆ IN HOC TOMO CONTINENTUR.

GOFFRIDUS, ABBAS VINDOCINENSIS.

Notitia litteraria. 11
Opera.
Lectori. 29
Vita. 29
Testimonia veterum aliquot ejusdem ætatis scriptorum et neoterici unius de Goffrido abbate Vindocinensi. 31
EPISTOLÆ.
LIBER PRIMUS.
Epist. I. — Ad Urbanum papam. 33
Epist. II. — Ad Paschalem papam. 35
Epist. III. — Ad eumdem. 37
Epist. IV. — Ad eumdem. 38
Epist. V. — Ad eumdem. 40
Epist. VI. — Ad eumdem. 40
Epist. VII. — Ad eumdem. 42
Epist. VIII. — Ad eumdem. 46
Epist. IX. — Ad eumdem. 48
Epist. X. — Ad Calixtum papam. 51
Epist. XI. — Ad eumdem. 52
Epist. XII. — Ad eumdem. 53
Epist. XIII. — Ad eumdem. 54
Epist. XIV. — Ad Honorium papam. 55
Epist. XV. — Ad eumdem. 55
Epist. XVI. — Ad Petrum cardinalem. 57
Epist. XVII. — Ad Richardum episcopum. 57
Epist. XVIII. — Ad Cononem episcopum. 57
Epist. XIX. — Ad Girardum episcopum. 59
Epist. XX. — Ad eumdem. 60
Epist. XXI. — Ad eumdem. 61
Epist. XXII. — Ad eumdem. 64
Epist. XXIII. — Ad eumdem. 64
Epist. XXIV. — Ad eumdem. 65
Epist. XXV. — Ad eumdem. 65
Epist. XXVI. — Ad eumdem. 66
Epist. XXVII. — Ad eumdem. 67
Epist. XXVIII. — Ad Hugonem archiepiscopum. 68
Epist. XXIX. — Ad Um. archiepiscopum. 69
Epist. XXX. — Ad Radulfum archiepiscopum. 69
Epist. XXXI. — Ad R. archiepiscopum. 70
LIBER SECUNDUS.
Epist. I. — Ad Ivonem episcopum. 71
Epist. II. — Ad eumdem. 71
Epist. III. — Ad eumdem. 72
Epist. IV. — Ad Ivonem pontificem. 73
Epist. V. — Ad Ivonem episcopum. 75
Epist. VI. — Ad eumdem. 74
Epist. VII. — Ad eumdem. 74
Epist. VIII. — Ad eumdem. 77
Epist. IX. — Ad eumdem. 78
Epist. X. — Ad eumdem. 79
Epist. XI. — Ad eumdem. 79
Epist. XII. — Ad eumdem. 80
Epist. XIII. — Ad eumdem. 81
Epist. XIV. — Ad eumdem. 82
Epist. XV. — Ad eumdem. 82

Epist. XVI. — Ad eumdem. 83
Epist. XVII. — Ad eumdem. 85
Epist. XVIII. — Ad eumdem. 86
Epist. XIX. — Ad eumdem. 87
Epist. XX. — Ad Goffridum abbatem. 88
Epist. XXI. — Ad Goffridum episcopum. 88
Epist. XXII. — Ad eumdem. 89
Epist. XXIII. — Ad eumdem. 90
Epist. XXIV. — Ad eumdem. 90
Epist. XXV. — Ad eumdem. 92
Epist. XXVI. — Ad eumdem. 92
Epist. XXVII. — Ad eumdem. 94
Epist. XXVIII. — Ad eumdem. 97
Epist. XXIX. — Ad eumdem. 99
Epist. XXX. — Ad eumdem. 100
Epist. XXXI. — Ad eumdem. 103
Epist. XXXII. — Ad eumdem. 104
LIBER TERTIUS.
Epist. I. — Ad Goffridum episcopum. 105
Epist. II. — Ad Rainaldum episcopum. 105
Epist. III. — Ad eumdem. 106
Epist. IV. — Ad eumdem. 107
Epist. V. — Ad eumdem. 107
Epist. VI. — Ad eumdem. 108
Epist. VII. — Ad eumdem. 109
Epist. VIII. — Ad eumdem. 110
Epist. IX. — Ad eumdem. 111
Epist. X. — Ad eumdem. 112
Epist. XI. — Ad eumdem. 112
Epist. XII. — Ad Ulgerium episcopum. 118
Epist. XIII. — Ad Ildebertum episcopum. 120
Epist. XIV. — Ad eumdem. 121
Epist. XV. — Ad eumdem. 121
Epist. XVI. — Ad eumdem. 122
Epist. XVII. — Ad eumdem. 124
Epist. XVIII. — Ad eumdem. 124
Epist. XIX. — Ad eumdem. 125
Epist. XX. — Ad eumdem. 126
Epist. XXI. — Ad eumdem. 126
Epist. XXII. — Ad eumdem. 126
Epist. XXIII. — Ad eumdem. 127
Epist. XXIV. — Ad eumdem. 127
Epist. XXV. — Ad eumdem. 128
Epist. XXVI. — Ad eumdem. 129
Epist. XXVII. — Ad eumdem. 129
Epist. XXVIII. — Ad eumdem. 130
Epist. XXIX. — Ad eumdem. 151
Epist. XXX. — Ad omnes episcopos, abbates et universos sanctæ Ecclesiæ filios, præcipue tamen domno Ildeberto episcopo. 151
Epist. XXXI. — Ad Ranulfum episcopum. 152
Epist. XXXII. — Ad eumdem. 153
Epist. XXXIII. — Ad eumdem. 153
Epist. XXXIV. — Ad eumdem. 154
Epist. XXXV. — Ad eumdem. 154
Epist. XXXVI. — Ad eumdem. 155
Epist. XXXVII. — Ad eumdem. 156

QUÆ IN HOC TOMO CONTINENTUR.

Epist. XXXVIII. — Ad Petrum episcopum. 137
Epist. XXXIX. — Ad Petrum episcopum. 138
Epist. XL. — Ad Petrum episcopum et Goscelinum archidiaconum. 141
Epist. XLI. — Ad P. episcopum. 142
Epist. XLII. — Ad J. episcopum. 143
Epist. XLIII. — Ad R. episcopum. 144
LIBER QUARTUS.
Epist. I. — Ad Hugonem abbatem. 145
Epist. II. — Ad Pontium abbatem. 147
Epist. III. — Ad Hainricum abbatem. 149
Epist. IV. — Ad eumdem. 150
Epist. V. — Ad eumdem. 150
Epist. VI. — Ad Joannem abbatem. 150
Epist. VII. — Ad Guillelmum abbatem. 151
Epist. VIII. — Ad Guillelmum et Bernardum abbates. 152
Epist. IX. — Ad Guillelmum abbatem et ad Guillelmum archidiaconum. 155
Epist. X. — Ad Archembaldum abbatem. 156
Epist. XI. — Ad eumdem. 156
Epist. XII. — Ad Hamelinum abbatem. 157
Epist. XIII. — Ad Gualterium abbatem. 158
Epist. XIV. — Ad Bernerium abbatem. 159
Epist. XV. — Ad eumdem. 159
Epist. XVI. — Ad eumdem. 159
Epist. XVII. — Ad eumdem. 160
Epist. XVIII. — Ad eumdem. 161
Epist. XIX. — Ad eumdem. 161
Epist. XX. — Ad Bernardum abbatem. 161
Epist. XXI. — Ad Odonem abbatem. 162
Epist. XXII. — Ad Amblardum abbatem. 163
Epist. XXIII. — Ad G. priorem. 166
Epist. XXIV. — Ad Hamelinum et cæteros omnes. 167
Epist. XXV. — Ad dilectos in Christo fratres. 168
Epist. XXVI. — Ad dilectos in Christo discipulos, Ingebaldum et omnes alios. 168
Epist. XXVII. — Ad dilectos filios et fratres, Hugonem priorem et cæteros omnes. 169
Epist. XXVIII. — Ad Robertum. 170
Epist. XXIX. — Ad Rainaldum. 171
Epist. XXX. — Ad fratres et filios, R. priorem et cæteros omnes. 172
Epist. XXXI. — Ad fratres et filios, R. priorem et cæteros omnes. 172
Epist. — XXXII. — Ad dilectos filios, R. priorem et omnes alios. 175
Epist. XXXIII. — Ad dilectos filios, R. priorem et omnes alios. 175
Epist. XXXIV. — Ad Goffridum de Surgeriis, Jordanum de Podio Rebelli, Rainaldum, Cartaldum et Herveum de Olona. 174
Epist. XXXV. — Ad Jordanum et Rainaldum Cartaldum. 174
Epist. XXXVI. — Ad Hamelinum priorem et Briccium cellararium. 175
Epist. XXXVII. — Ad Hamelinum. 175
Epist. XXXVIII. — Ad Andream. 176
Epist. XXXIX. — Ad eumdem. 176
Epist. XL. — Ad eumdem. 176
Epist. XLI. — Ad Guillelmum et alios fratres apud Castellum manentes. 177
Epist. XLII. — Ad Guillelmum priorem de Castello et fratres qui cum eo sunt. 177
Epist. XLIII. — Ad Guillelmum et fratres cum eo apud Castellum manentes. 178
Epist. XLIV. — Ad Bernerium priorem. 178
Epist. XLV. — Ad eumdem. 179
Epist. XLVI. — Ad J. priorem et cæteros omnes dilectios fratres. 180
Epist. XLVII. — Ad Robertum. 181
Epist. XLVIII. — Ad Herveum et Evam. 184
Epist. XLIX. — Ad Herveum inclusum. 186
Epist. L. — Ad eumdem. 186
LIBER QUINTUS.
Epist. I. — Ad Gualterium et Goffridum de Alogia. 187
Epist. II. — Ad Gualterium, thesaurarium. 187
Epist. III. — Ad eumdem. 188
Epist. IV. — Ad Stephanum decanum, Hubertum cantorem et Guarnerium archidiaconum. 189
Epist. V. — Ad eosdem. 189
Epist. VI. — Ad Hubertum præcentorem. 190
Epist. VII. — Ad eumdem. 191
Epist. VIII. — Ad eumdem. 192
Epist. IX. — Ad eumdem. 192
Epist. X. — Ad eumdem. 192
Epist. XI. — Ad Guarnerium archidiaconum. 194

Epist. XII. — Ad eumdem. 195
Epist. XIII. — Ad eumdem. 195
Epist. XIV. — Ad eumdem. 196
Epist. XV. — Ad G. decanum. 198
Epist. XVI. — Ad Guillelmum. 199
Epist. XVII. — Ad ducem Northmannorum et regem Anglorum Hainricum. 200
Epist. XVIII. — Ad Guillelmum Aquitanorum ducem. 200
Epist. XIX. — Ad eumdem. 201
Epist. XX. — Ad eumdem. 202
Epist. XXI. — Ad eumdem. 203
Epist. XXII. — Ad Mathildem Pictaviensem comitissam. 204
Epist. XXIII. — Ad Hermengardem Britannorum comitissam. 205
Epist. XXIV. — Ad eamdem. 206
Epist. XXV. — Ad Adelardum de Castrogunterii. 207
Epist. XXVI. — Ad Goffridum de Meduana. 208
Epist. XXVII. — Ad Rainaldum. 209
Epist. XXVIII. — Ad Radulfum. 210
Monitum in epistolam sequentem. 211
Epist. ad Cluniacenses. 211
OPUSCULA.
I. — Tractatus de corpore et sanguine Domini Jesu Christi. 211
II. — De ordinatione episcoporum et de investitura laicorum. 214
III. — De Simonia et investitura laicorum; quare utraque dicatur hæresis. 218
IV. — De possessionum ecclesiasticarum investitura, quod regibus concedatur. 219
V. — Ad Calistum papam, qualiter in ecclesiam dispensationes fieri debent. 221
VI. — Quæ tria ecclesia specialiter habere debet; ad eumdem papam. 221
VII. — De arca fœderis. 222
VIII. — Quid baptismus, quid confirmatio, quid infirmorum unctio, quid corporis et sanguinis Christi perceptio in anima Christiana operentur. 223
IX. — Quid sit sacramenti iteratio. 226
X. — De promissionibus quas pro consecratione, sub nomine professionis, abbates faciunt episcopis. 227
XI. — De illis qui in capitulo inordinate clamant; et de his qui ibi inordinate respondent. 228
XII. — Quæ tria pastoribus inesse debeant. 229
XIII. — Invectio Dei contra peccatorem et peccatoris confessio precantis misericordiam. 229
XIV. — Alia invectio contra peccatorem et pœnitentis peccatoris consolatio. 230
XV. — Lamentatio cujusdam peccatoris accusantis se et judicantis. 231
XVI. — Oratio ad Jesum. 234
XVII. — Oratio ad matrem Domini. 234
XVIII. — Hymnus de S. Maria Magdalena. 235
SERMONES.
Sermo I. — In nativitate Domini I. 237
Sermo II. — In nativitate Domini II. 240
Sermo III. — In nativitate Domini III. 244
Sermo IV. — In nativitate Domini IV. 248
Sermo V. — De resurrectione Domini. 252
Sermo VI. — De ascensione Domini. 258
Sermo VII. — De purificatione sanctæ Mariæ. 262
Sermo VIII. — In omni festivitate B. Mariæ matris Domini. 266
Sermo IX. — In festivitate B. Mariæ Magdalenæ. 270
Sermo X. — De latrone salvato in cruce. 274
Sermo XI. — In festivitate beati Benedicti. 276
Lectori. 281
Tractatus de ordinatione episcoporum et de investitura laicorum. 281
Appendix. — Privilegium Theoderici Carnotensis episcopi, pro monasterio Vindocinensi, ipso dedicationis ejus die scriptum. 289

THIOFRIDUS ABBAS EFTERNACENSIS.

Notitia historica. 293
Notitia litteraria. 295
FLORES EPITAPHII SANCTORUM.
Proloquium dedicatorium. 297
Lectori. 301
Iterum lectori. 301
Vita Thiofridi. 303
Versus de suis floribus 313
Incipit proœmium in librum florum epitaphii sanctorum. 313
FLORES EPITAPHII SANCTORUM.
LIBER PRIMUS.

Cap. I. — De eo quod Dominus Deus noster, magnus in magnis, gloriosius operetur in minimis. 317
Cap. II. — De spiritus et carnis, post duellum, concordia et felicitatis utriusque prærogativa. 321
Cap. III. — Quod nulla carnis substantia carne sanctorum sit nobilior et in ipsa corruptione gloriosior. 524
Cap. IV. — De reliquiis Babylæ martyris, et in apostatam angelum, potestate hominis. 526
Cap. V. — De sanctorum somatum suavissimi odoris fragrantia, et templi Dei, et arcæ, et altaris coaptatione mystica. 528
Cap. VI. — De dote sanctæ animæ et de odoris in corpus exanimatum transfusione. 532
Cap. VII. — De distantia inter defuncta veteris Adæ, et novi Adæ filiorum somata. 535
LIBER SECUNDUS.
Cap. I. — De mausoleis sanctorum, et quare omnis lapis pretiosus et aurum sit eorum operimentum. 537
Cap. II. — Quod tanto cineri non comparetur materiale aurum, nec omne, quod in rebus volventibus est pretiosum. 541
Cap. III. — Quod jus sanctæ animæ sanctitatis suæ affluentiam transfundat in omnia pulveris sui ornamenta et operimenta. 543
Cap. IV. — Quod cives civitatis Uranicæ floccipendant quidem monstra avaritiæ; sed magnipendant devotionem fidei Christianæ. 547
Cap. V. — Quod per mundi concupiscibilia, comparentur etiam cœlestia. 550
Cap. VI. — Quod præclara sit sanctorum paupertas, quæ post carnis mortem, cœli et terræ meretur divitias, et quare habeant ciboria et pyramidas. 556
Cap. VII. — Quid sentiendum sit de illis electorum Dei pigneribus quæ consumuntur a bestiis et avibus, vel immerguntur fluminibus 558
LIBER TERTIUS.
Cap I. — De sanctorum nominum gratia et potentia. 565
Cap. II. — De umbris. 370
Cap. III. — De virgis et baculis. 572
Cap. IV. — De cujuscunque texturæ ac generis vestibus. 574
Cap. V. — De liquoribus aquæ, et vini, et olei et tumba Nicolai. 579
Cap. VI. — De Symmystæ Joannis polyandro. 581
Cap. VII. — De vasculis et lectulis. 582
LIBER QUARTUS.
Cap. I. — De ligno prævaricationis. 583
Cap. II. — De ligno reparationis. 585
Cap. III. — De clavis Dominicis et lancea militis. 591
Cap. IV. — Quod ex salutari crucis patibulo, in omne sanctorum supplicium transfusa sit sanctificatio. 595
Cap. V. — Quod nihil in mundo pretiosum comparetur crucibus Petri et Andreæ ac Pauli catenæ. 596
Cap. VI. — De lapidibus protomartyris Stephani et craticula Laurentii. 597
Cap. VII. — Qua illectus cupidine scriptor libelli hujus difficillimæ materiei præsumpserit ingenioli sui manum inserere. 599
SERMONES DUO.
Sermo I. — De sanctorum reliquiis. 405
Sermo II. — De veneratione sanctorum. 407
FRAGMENTA VITÆ DUPLICIS S. WILLIBRORDI.
I. — De primordiis monasterii S. Willibrordi. 411
II. — De translatione S. Willibrordi, et de Frithelone ex comite monacho. 411
III. — De eodem Frithelone, ex lib. IV Vitæ metricæ S. Willibrordi. 412
Rhythmus de S. Willibrordo. 413

PIBO EPISCOPUS TULLENSIS.
Notitia historica. 415
DIPLOMATA.
I. — Privilegium pro monasterio S. Apri. 419
II. — Controversiam Valonem inter abbatem S. Arnulfi et abbatissam Buxeriensem de ponte quodam exortam compescit. 421
III. — Confirmatio privilegiorum prioratus de Asmantia. 422
IV. — Charta pro ecclesia sancti Deodati. 424
V. — Litteræ de ecclesia de Munz. 425
VI. — Litteræ de cella Asmantiæ. 426
VII. — Fundatio monasterii S. Leonis Tullensis. 427
VIII. — Privilegium pro abbatia S. Leonis Tullensis. 431
IX. — Fundatio prioratus S. Theobaldi. 433
X. — Privilegium pro ecclesia S. Mariæ. 435
XI. — Fundatio prioratus S. Jacobi in Castello Novo pro abbatia S. Mansueti Tullensis 436
XII. — Fundatio prioratus de Landecourt. 439
XIII. — Charta Pibonis episcopi Tullensis de consecratione ecclesiæ de Porto. 440
XIV. — Privilegium pro ecclesia S. Gengulfi. 442
Appendix. — Gesta episcoporum Tullensium Incipit catalogus pontificum Tullensium a beato Mansueto et deinceps. 447

SUAVIUS ABBAS S. SEVERI.
Notitia historica. 475
Statuta Suavii pro S. Severi villa. 477

FOLCARDUS ABBAS LOBIENSIS.
Notitia historica. 481
EPISTOLA FOLCARDI ABBATIS HENRICO IMPERATORI. 481

ADELGORIUS ARCHIEPISCOPUS MAGDEBURGENSIS.
EPISTOLA ADELGORII et aliorum ad episcopos Saxoniæ, Franciæ, Lotharingiæ et omnes Christi fideles. 483

THEODORICUS ABBAS S. HUBERTI ANDAGINENSIS.
EPISTOLA AD LEODIENSES. 487

HUGO LUGDUNENSIS ARCHIEPISCOPUS.
Notitia historica. 487
Notitia litteraria. 499
EPISTOLÆ ET PRIVILEGIA.
I. — Epistola Hugonis Diensis episcopi ad Rodulfum archiepiscopum Turonensem de legatione sua. 507
II. — Alia ad eumdem, qua eum invitat ad concilium Divionense. 507
III. — Alia ad eumdem, qua eum invitat ad concilium Arvernense. 508
IV. — Alia ad eumdem, qua eum invitat ad concilium Augustodunense. 508
V. — Litteræ Hugonis archiepiscopi Lugdunensis de Ecclesia sanctæ Fidis de Castelleto data monasterio Conchensi. 509
VI. — Ad Gregorium VII pontificem Romanum. — De Augustodunensi concilio. 509
VII. — Ad eumdem. — De concilio Pictaviensi. 509
VIII. — Ad Mathildem comitissam. — De electione, promotione et consecratione Desiderii, abbatis Casinensis, in pontificem Romanum sub nomine Victoris III. 511
IX. — Ad eamdem. — De iisdem. 514
X. — Litteræ Hugonis archiepiscopi Lugdunensis ad Hugonem archiepiscopum Bisuntinum pro monachis S. Benigni Divionensis. 516
XI. — Litteræ ejusdem Hugonis ad Lambertum episcopum Atrebatensem, quibus eum invitat ad concilium Augustodunense. 516
XII. — Hugonis Lugdunensis archiepiscopi epistola ad Robertum comitem Flandriæ. — Vice SS Pont. ut Lambertum excipiat tueaturque rogat. 517
XIII. — Charta Hugonis archiepiscopi Lugdunensis et apostolicæ sedis legati, de absolutione Fulconis Andegavensis comitis. 517
XIV. — Hugo Lugdunensis archiepiscopus ecclesiam S. Desiderii in Brixia Cluniacensibus donat. 518
XV. — Ad Lambertum Atrebatensem episcopum. 519
XVI. — Ad eumdem. 519
XVII. — Ad Ivonem Carnotensem episcopum. 520
XVIII. — Ad eumdem. — Respondet epistolæ LX Ivonis. 520
XIX. — Ad archiepiscopum Senonensem, pro abbate S. Petri Vivi. 522
XX. — Ad Haganonem Æduensem episcopum, pro Hugone Flaminiacensi. 523
XXI. — Ad Urbanum papam. — De Roberto abbate S. Remigii Remensis. 523
XXII. — Epistola Hugonis legati, ad Robertum abbatem Molismensem, ordinis Cisterciensis institutorem. 523
XXIII. — Decretum Hugonis legati de toto negotio Molismensium atque Cisterciensium. 523
XXIV. — Epistola Hugonis Lugdunensis ad Paschalem papam. — Nuntios Alberici, abbatis Cisterciensis primi commendat. 523
XXV. — XXVI. — Hugonis ad S. Anselmum Cantuariensem episcopum. 525
XXVII. — Donatio Hugonis Lugdunensis de ecclesia S. Germani. 525

QUÆ IN HOC TOMO CONTINENTUR.

XXVIII. — Hugo Lugdunensis archiepiscopus coram episcopis Gratianopolitano, Diensi et Lingonensi, componit discordiam inter monachos S. Benigni Divionensis et clericos Bisuntinos pro ecclesiis Salinensibus. 526

XXIX. — Charta donationis ecclesiæ S. Joannis de Bruillolis ab Hugone archiepiscopo Lugdunensi Ecclesiæ abbatiæ Saviniensi. 527

XXX. — Charta donationis ab archiepiscopo Hugone Lugdunensi abbatiæ Saviniensi de capella S. Petri Camopseto. 528

XXXI. — Charta donationis ecclesiæ de Bessennaco abbatiæ Saviniacensi ab Hugone ecclesiæ Lugdunensi archiepiscopo. 528

PETRUS ALPHONSI EX JUDÆO CHRISTIANUS.

Notitia historica et litteraria. 527
Notitia altera. 531
DIALOGI.
Præfatio. 535
Incipit dialogus. 537
Titulus I. — Ostendit quod Judæi verba prophetarum carnaliter intelligunt et ea falso exponunt. 541
Tit. II. — De cognoscenda præsentis Judæorum captivitatis causa tractat, et quam diu durare debeat. 567
Tit. III. — De stulta Judæorum confutanda credulitate super mortuorum suorum resurrectione, quos credunt et resurrecturos esse, et iterum terram incolere. 581
Tit. IV. — Ad ostendendum Judæos de tota lege Moysi, nisi parum observare, et illud parum Deo non placere. 593
Tit. V. — De Saracenorum lege destruenda et sententiarum suarum stultitia confutanda. 597
Tit. VI. — De Trinitate. 606
Tit. VII. — Quomodo Virgo Maria, de Spiritu sancto concipiens, sine viri commistione peperit. 613
Tit. VIII. — Quomodo in corpore Christi incarnatum est Verbum Dei, et fuit Christus homo, simul et Deus. 617
Tit. IX. — Quod in eo tempore Christus venit, quo eum venturum fore a prophetis prædictum fuit, et quæcunque de eo prædicaverunt, in ipso et ejus operibus patuerunt. 624
Tit. X. — Quod voluntate spontanea a Judæis crucifixus est Christus et occisus. 639
Tit. XI. — De resurrectione et ascensu Christi. 650
Tit. XII. — Quod lex Christianorum legi Moysi non est contraria. 656
DISCIPLINA CLERICALIS. 671
Fabula prima. 673
Fabula II. 674
Fabula III. 677
Fabula IV. 679
Fabula V. 679
Fabula VI. 680
Fabula VII. 681
Fabula VIII. 682
Fabula IX. 682
Fabula X. 683
Fabula XI. 684
Fabula XII. 685
Fabula XIII. 686
Fabula XIV. 688
Fabula XV. 690
Fabula XVI. 691
Fabula XVII. 692
Fabula XVIII 693
Fabula XIX. 694
Fabula XX. 695
Fabula XXI. 695
Fabula XXII. 696
Fabula XXIII. 698
Fabula XXIV. 698
Fabula XXV. 700
Fabula XXVI. 702
Fabula XXVII. 703
Fabula XXVIII. 704
Fabula XXIX. 705
Fabula XXX. 705

GALTERUS AB INSULIS MAGALONENSIS EPISCOPUS ET LIETBERTUS ABBAS SANCTI RUFFI.

Notitia historica in Galterum. 707
Notitia historica in Lietbertum. 711
Notitia litteraria in eumdem Lietbertum. 711
EPISTOLA GALTERI ad Robertum præpositum insulanum. 713

DIPLOMA EJUSDEM pro monasterio Gellonensi 715
EPISTOLÆ LIETBERTI ABBATIS S. RUFI
I. — Ad Ogerium præpositum congregationis Ferraniæ. — Commendat ei ordinem canonicum. 715
II. — Ad amicum. — Dehortatur clericos a frequenti ad feminas accessu. 719

WERNERUS ABBAS S. BLASII IN SILVA NIGRA.

Notitia. 719
DEFLORATIONES SS. PATRUM.
Monitum. 721
Prologus. 725
Capitula libri primi. 725
Confessio fidei catholicæ Werneri abbatis. 727
LIBER PRIMUS DEFLORATIONUM.
Dominica quarta ante Nativitatem Domini. 729
Sermo de Adventu Domini. 733
Dominica tertia ante Nativitatem Domini. 739
Dominica secunda ante Nativitatem Domini. 749
Sermo de Adventu Domini. 751
Dominica proxima ante Nativitatem Domini. 757
In vigilia Nativitatis Domini. 765
Item expositio de eodem. 767
In Nativitate Domini. 775
Item in eodem die. 778
Sermo de Nativitate Domini 785
Sermo de Nativitate Domini. 788
Dominica proxima post Nativitatem Domini. 795
Sermo de tribus silentiis. 796
In Octava Domini. 799
Sermo in Octava Domini. 801
In Epiphania Domini. 805
Dominica prima post Epiphaniam. 815
Item expositio de eodem. 818
Dominica secunda post Epiphaniam. 819
Item de eodem evangelio. 825
Dominica tertia. 825
Expositio de eodem evangelio. 830
Dominica quarta. 835
Dominica quinta post Epiphaniam. 837
Dominica tertia in Septuagesima. 845
Sermo de Septuagesima, Sexagesima et Quinquagesima. 849
Dominica in quinquagesima. 855
Dominica in Quinquagesima. 859
Dominica in Quadragesima. 863
Sermo de tentatione diabolica et de aliis quatuor tentationibus. 866
Item sermo de Quadragesima. 872
Dominica secunda in Quadragesima. 875
Sermo de tribus osculis. 875
Dominica tertia in Quadragesima. 877
Sermo de peccato et confessione peccati. 882
Dominica in media Quadragesimæ. 887
Sermo de Passione. 895
Sermo de carne quam Verbum assumpsit : qualis fuerit secundum passibilitatem et affectus. 897
Dominica in Palmis. 899
In die Palmarum. 903
In cœna Domini. 907
Sermo in cœna Domini. 909
Item sermo in cœna Domini. 911
In die sancto Paschæ. 915
Sermo in Resurrectione Domini. 921
Feria secunda Paschæ. 929
Feria tertia Paschæ. 931
Dominica in octava Paschæ. 933
Sermo in octava Paschæ. 937
Dominica I post octavas Paschæ. 939
Sermo de pastoribus et mercenariis atque subjectis. 942
Dominica II post octavas Paschæ. 945
Dominica tertia. 947
Sermo de tribus diebus Passionis, Resurrectionis et Ascensionis. 952
Dominica quarta. 955
In Rogationibus. 961
Sermo in Rogationibus. 964
In Ascensione Domini. 969
Sermo in Ascensione Domini. 972
Dominica post Ascensionem. 975
In die sancto Pentecostes. 979
Sermo in die Pentecostes. 983
Feria secunda post Pentecosten. 989
Feria tertia post Pentecosten. 991
Dominica in octava Pentecostes. 993
Capita libri secundi deflorationum. 001
LIBER SECUNDUS DEFLORATIONUM.

Dominica I post octavam Pentecosten.	1003
Expositio de eodem.	1007
Sermo de pœnis animarum.	1011
Sermo de locis pœnarum.	1012
Sermo de divite et paupere.	1014
Dominica II post Pentecosten.	1015
Item expositio ejusdem evangelii.	1019
Sermo de corpore Domini.	1021
Dominica III post Pentecosten.	1029
Sermo de lapsu primi hominis.	1032
Dominica IV post Pentecosten.	1037
Dominica V post Pentecosten.	1045
Sermo de Ecclesia.	1047
Dominica VI post Pentecosten.	1055
Dominica VII post Pentecosten.	1061
Item expositio de eodem.	1064
Dominica VIII post Pentecosten.	1073
Sermo de bono et malo.	1080
Dominica IX post Pentecosten.	1083
De quatuor debitoribus.	1086
Dominica X post Pentecosten.	1089
Item expositio de eodem.	1092
De Elia et Jezabel.	1095
De verbis Sapientiæ: *Transite ad me*.	1097
Dominica XI post-pentecosten.	1099
Expositio de eodem.	1100
De verbis David : *Ascensiones in corde*.	1105
De jactantia.	1106
De compunctione.	1107
Dominica XII post Pentecosten.	1107
Expositio Gregorii de eodem.	1110
De sacerdotibus et sex ætatibus sæculi.	1111
Dominica XIII post Pentecosten.	1115
De verbis, *Egredimini, filiæ Sion*, et de tribus visionibus Christi.	1122
Dominica XIV post Pentecosten.	1131
De sex speciebus lepræ.	1135
Moralitas de Naaman Syro.	1137
Dominica XV post Pentecosten.	1139
Collatio Dei cum diabolo de jure Dei et hominis.	1143
De duobus dominis, et duabus civitatibus.	1144
Exempla de variis generibus avium.	1146
Exempla de herbis.	1151
Dominica XVI post Pentecosten.	1152
De morientibus, et de exitu animarum.	1154
De morte, et quid sit mors; et de tribus generibus mortis.	1159
De origine animæ.	1161
Dominica XVII post Pentecosten	1163
De avaritia et ejus remedio.	1164
De duobus generibus humilitati	1167
De commendatione humilitatis, e. invectione in superbiam.	1169
Dominica XVIII post Pentecosten.	1171
De Charitate.	1172
De anima, de spiritu, de mente.	1173
Dominica XIX post Pentecosten.	1177
De eo quid sit fides, quid cognitio fidei, et de tribus gradibus utriusque.	1180
De remissione peccatorum, et si sacerdotes peccata dimittere possint.	1181
Dominica XX post Pentecosten.	1187
De Sacramento conjugii, de origine et causa et institutione ejus.	1195
Dominica XXI post Pentecosten.	1197
De flagellis Dei, et de gemina percussione.	1199
De infirmitate carnis, et tolerantia divinæ correptionis.	1201
Dominica XXII post Pentecosten.	1201
De remissione peccatorum.	1205
Dominica XXIII post Pentecosten.	1213
Dominica V ante Nativitatem Domini, sermo.	1217
De quinque exercitationis gradibus quibus justi in hac vita exercentur, et de quinque statibus.	1225
In dedicatione ecclesiæ.	1225
Sermo in dedicatione ecclesiæ.	1227
Sermo de dedicatione.	1230
Item de dedicatione.	1234
Sermo de dedicatione.	1239
Sermo in dedicatione.	1242
De tribus dedicationibus.	1246
Sermo in dedicatione altaris.	1250

S. ROBERTUS PRIMUS ABBAS MOLISMENSIS ET ORD. CISTERC. FUNDATOR

COMMENTARIUS PRÆVIUS AD VITAM S. ROBERTI. 1253

§ I. — Reformationes ordinis Benedictini, Roberti exordia, fundatio Molismensis.

§ II. — Initia cœnobii et ordinis Cisterciensis, et transitus S. Roberti ad eumdem. 1260

§ III. — Revocatio et reditus S. Roberti a Cistercio ad Molismum; ejusdem ætas, cultus sacer, scriptores vitæ. 1266

VITA SANCTI ROBERTI.

Prologus. 1269

Cap. I. — S. Roberti natales, tirocinium vitæ religiosæ, et præfecturæ quædam. 1271

Cap. II. — Cœnobia Molismense et Cisterciense fundata. 1274

Cap. III. — Mors ac sepultura S. Roberti, miracula et funus. 1279

Cap. IV. — Varii morbi curati, cæcus illuminatus, erecta paralytica, energumenæ liberatæ. 1284

Processus canonizationis. 1287

S. ROBERTI EPISTOLÆ. 1293

MATHILDIS COMITISSA.

VITA ET DIPLOMATA. 1295

Index rerum et verborum. 1293

FINIS TOMI CENTESIMI QUINQUAGESIMI SEPTIMI.

Ex typis MIGNE, au Petit-Montrouge.

www.ingramcontent.com/pod-product-compliance
Lightning Source LLC
Chambersburg PA
CBHW070837250426
43673CB00060B/1557